France

  le guide
MICHELIN
2015

HOTELS & RESTAURANTS

Sommaire

Contents

Guide MICHELIN France 2015,
Tous nos terroirs à l'avant-garde !

Une très bonne année : voilà ce que nous inspire ce cru 2015 ! Avec 8 500 bonnes adresses recommandées, dont 450 nouvelles, plus de 600 tables étoilées (dont une cinquantaine de promus) et autant de Bib Gourmand, ce guide MICHELIN 2015 prouve s'il le fallait encore l'extraordinaire richesse des régions françaises. Oui, l'Hexagone demeure un paradis mondial pour tous les gastronomes, les voyageurs… et les inspecteurs du guide MICHELIN !

115 ans d'existence et toujours plus de renouveau

On mesure les distances en mètres… et les grands restaurants en étoiles. Depuis 1900, notre guide accompagne toute l'évolution de la haute cuisine en France et en Europe – et dorénavant en Asie, aux États-Unis, et bientôt au Brésil. Cette présence internationale nous le confirme chaque jour : la gastronomie française demeure un incomparable chef-d'œuvre collectif ! Il suffit de feuilleter les pages de ce guide 2015 pour se convaincre de la multitude de talents qui font la richesse de nos territoires : auberges de campagne, bistrots, tables branchées ou palaces, tous réunis par la culture de la qualité et du goût.

Telle est bien la magie particulière de la gastronomie, dont les meilleurs artisans se nichent dans les capitales comme dans les villages les plus reculés. Distinguer un restaurant n'est pas seulement promouvoir un chef et une équipe ; c'est mettre en valeur tout un environnement, une culture, un réseau de producteurs : éleveurs, maraîchers,

Kord.com/age fotostock

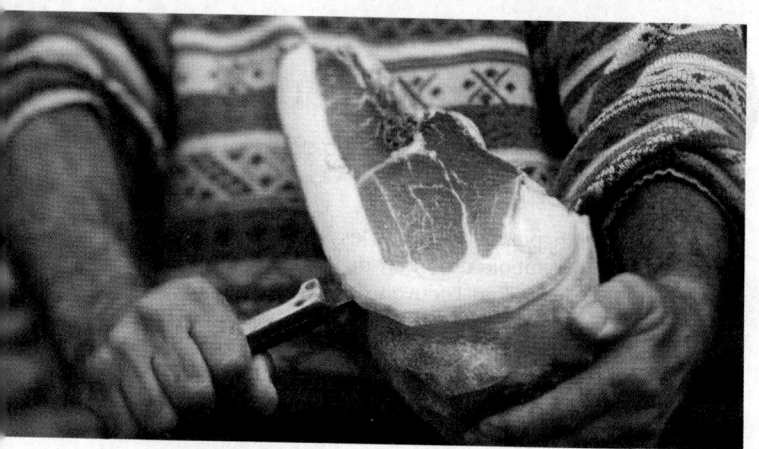

pêcheurs, charcutiers, fromagers, viticulteurs, etc., avec lesquels les cuisiniers travaillent de plus en plus étroitement – la grande tendance de ces dernières années, avec celle, non moins plaisante, du retour en grâce d'une cuisine vraiment « cuisinée », notamment adepte des jus, des sauces et des recettes gourmandes d'hier.

Voilà bel et bien ce que nous constatons en arpentant les routes de France en ces années 2010 : nul divorce entre la jeunesse et le passé, nulle opposition entre la tradition et l'invention, nul hiatus entre les recettes d'ici et d'ailleurs (que de métissages culinaires ! que de talents étrangers dans nos cuisines !). Point de contradictions, donc, mais un dialogue infiniment fécond entre un héritage remarquable, une soif de renouvellement intense et une diversité rare, au cœur de nos métropoles comme dans l'intimité de nos terroirs. Cette France des fourneaux procure d'immenses plaisirs, que la recette de son succès puisse devenir universelle !

Deux nouveaux
3 étoiles ✿✿✿ en 2015 ! ___

Faire plaisir en puisant à toutes les sources possibles du bon… Quel meilleur symbole de cet art de vivre que nos deux nouveaux trois-étoiles : le Pavillon Ledoyen de Yannick Alléno à Paris, et La Bouitte de René et Maxime Meilleur à Saint-Martin-de-Belleville. Un emblème historique de l'excellence parisienne, une table familiale ancrée en Savoie, tous deux comptant désormais parmi les meilleurs restaurants du monde !

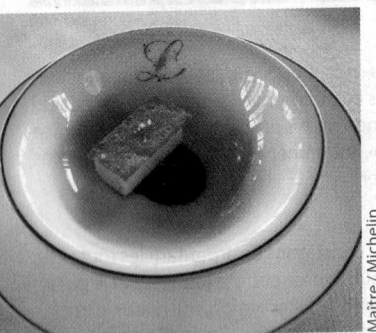

Maître / Michelin

On ne présente plus Ledoyen, prestigieuse institution posée dans les jardins des Champs-Élysées, dont le luxueux décor Second Empire, l'art de la table et du service incarnent le grand restaurant à la française. Un écrin historique à la gloire de la cuisine ! Mais un écrin qui montre une superbe vitalité, sous l'égide du chef **Yannick Alléno** qui a repris l'établissement en 2014 – après avoir fait, déjà, briller trois étoiles au fronton du Meurice. C'est un cuisinier au faîte de son art qui appose ici sa signature. L'excellence des produits sélectionnés, la discrète virtuosité technique, la richesse de la carte, le caractère des recettes qui s'imposent comme autant de compositions parfaitement abouties : tout s'inscrit dans la plus belle tradition, et semble même la réinventer… au service de saveurs éternelles !

Chagny (71)	Maison Lameloise
Eugénie-les-Bains (40)	Les Prés d'Eugénie-Michel Guérard
Fontjoncouse (11)	Auberge du Vieux Puits
Illhaeusern (68)	Auberge de l'Ill
Laguiole (12)	Bras
Lyon (69)	Paul Bocuse
Marseille (13)	Le Petit Nice
Megève (74)	Flocons de Sel
Monte-Carlo (MC)	Le Louis XV-Alain Ducasse
Paris 1er	Le Meurice-Alain Ducasse
Paris 4e	L'Ambroisie
Paris 7e	Arpège
Paris 8e	Épicure au Bristol
Paris 8e	Pavillon Ledoyen **N**

Michelin

Le goût de la perfection... C'est aussi ce qui distingue **René et Maxime Meilleur** en leur table savoyarde, La Bouitte. Quelle trajectoire pour ce qui n'était qu'une petite auberge, créée en 1976 par René et son épouse Marie-Louise. Issu d'une famille de paysans et d'ébénistes, l'homme est un autodidacte, qui s'emploie d'abord, noble artisan, à rendre hommage aux spécialités de sa région. Dans les années 1980, un repas décisif chez Paul Bocuse amorce le virage gastronomique, encore accentué quand Maxime rejoint la maison familiale. Dès lors, père et fils n'ont de cesse de faire progresser la table : une première étoile en 2003, une deuxième en 2008, et cette troisième en 2015 ! Un parcours qui ne doit rien au hasard : chaque assiette vaut comme une leçon d'exigence, de savoir-faire, d'inspiration et de complicité ; en un mot, de passion. Une fidélité au terroir et un grand art culinaire : voilà tout un héritage qui se porte à la pointe de la modernité.

Palmarès 2015
les 3 étoiles de l'année

Elles cultivent l'excellence et sont les meilleures ambassadrices de la haute cuisine française dans le monde : ces tables remarquables « valent le voyage ».

Paris 8e	Pierre Gagnaire
Paris 16e	Astrance
Paris 16e	Le Pré Catelan
Paris 17e	Guy Savoy
Reims (51)	L'Assiette Champenoise
Roanne (42)	Troisgros
Saint-Bonnet-le-Froid (43)	Régis et Jacques Marcon
Saint-Martin-de-Belleville (73)	La Bouitte **N**
Saint-Tropez (83)	La Vague d'Or
Saulieu (21)	Le Relais Bernard Loiseau
Valence (26)	Pic
Vonnas (01)	Georges Blanc

 Et découvrez toutes les étoiles 2015 en fin de guide, page 1894.

1965-2015 :
un jubilé 3 étoiles ✿✿✿
pour Paul Bocuse

Un demi-siècle au firmament, au sein d'un guide lui-même un peu plus que centenaire : quelle performance que celle de Monsieur Paul ! Elles brillent donc depuis 1965 sur sa fameuse Auberge du Pont de Collonges, aux portes de Lyon, ces trois étoiles dont il est devenu une sorte de héraut. Un anniversaire logique, tant Paul Bocuse symbolise la figure du grand chef français, à la fois rabelaisien et raffiné, habile technicien et grand gourmand, héritier et défricheur... L'homme aura véritablement joué un rôle de passeur entre le grand classicisme culinaire et la gastronomie contemporaine, jouant un rôle d'inspirateur pour tant de jeunes cuisiniers, qui émaillent aujourd'hui les pages de ce guide d'une manière qui aurait sans doute été tout autre sans lui. Qu'il nous soit donc ici permis de lui rendre hommage, en rappelant simplement qu'au cours de ces longues années, il a offert à plusieurs générations d'inspecteurs du guide MICHELIN des repas hautement mémorables, des plaisirs parmi les plus marquants. Et aujourd'hui les plus jeunes s'en convainquent : ce qui est bien cuisiné est éternel !

copyright BOCUSE

Ces grands chefs
qui font l'actualité

Richesse de ces années 2010, de nouveaux talents ne cessent d'éclore… et leurs aînés de se réinventer ! Ainsi **Marc Veyrat**, qui fait son retour avec La Maison des Bois, à Manigod, le village de son enfance, 30 km à l'est d'Annecy. Au cœur de ces alpages qui l'inspirent tant, le grand chef réserve à une poignée de privilégiés (une douzaine de couverts par service, et des tarifs qui tutoient les sommets) une cuisine « pastorale » pensée au plus près de la nature et de la montagne, entre cueillette des herbes alpestres et invention à tout crin. Une expérience inclassable, à la démesure du grand chef !

Autre événement, l'installation de **Joël Robuchon** au cœur de Bordeaux, dans un superbe hôtel particulier en pierre blonde, dont l'ouverture est prévue au cours de l'hiver 2014-2015. En association avec le propriétaire viticole Bernard Magrez (plus de 25 crus dans le Bordelais, dont le Château Pape Clément), le cuisinier aujourd'hui planétaire – avec ses nombreux restaurants de Las Vegas à Tokyo – entend sublimer l'art de vivre bordelais, entre haute gastronomie et vins d'exception. Une promesse qui, gageons-le, pourrait être tenue avec maestria…

Alain Benoit ©Deepix

Enfin, d'ici le printemps, citons la création d'une nouvelle table siglée Pacaud à Paris, près du Trocadéro : **Mathieu Pacaud** (qui préside avec son père Bernard aux destinées de l'Ambroisie, l'incontournable restaurant trois étoiles de la place des Vosges, dans le 4e arrondissement) signera là une œuvre toute à lui, dessinée par le fameux duo d'architectes intérieurs Gilles & Boissier. Au menu de ce restaurant dénommé Hexagone : une « réinterprétation contemporaine de la grande cuisine française ». Sous les auspices de la divine Ambroisie, la déclinaison est prometteuse…

Les engagements du guide MICHELIN

L'expérience au service de la qualité... et du plaisir de la table !

Qu'ils soient au Japon, aux États-Unis, en Chine ou en Europe, les inspecteurs du guide MICHELIN respectent exactement les mêmes critères pour évaluer la qualité d'une table ou d'un établissement hôtelier, et ils appliquent les mêmes règles lors de ses visites. Car si le guide peut se prévaloir aujourd'hui d'une notoriété mondiale, c'est notamment grâce à la constance de son engagement vis-à-vis de ses lecteurs. Un engagement dont nous voulons réaffirmer ici les principes.

● **LA VISITE ANONYME**
Première règle d'or, les inspecteurs testent de façon anonyme et régulière les tables et les chambres, afin d'apprécier pleinement le niveau des prestations offertes à tout client. Ils paient donc leurs additions ; après quoi ils pourront révéler leur identité pour obtenir des renseignements supplémentaires.

● **L'INDÉPENDANCE**
Pour garder un point de vue parfaitement objectif, la sélection des établissements s'effectue en toute indépendance, et l'inscription des établissements dans le guide est totalement gratuite. Les décisions sont discutées collégialement autour de l'inspecteur en chef, et les plus hautes distinctions font l'objet d'un débat au niveau européen.

● **LE CHOIX DU MEILLEUR**
Loin de l'annuaire d'adresses, le guide se concentre sur les meilleurs hôtels et restaurants, dans toutes les catégories de standing et de prix. Une sélection basée sur une méthode rigoureuse et identique pour tous les pays couverts par le guide MICHELIN. A chaque culture sa cuisine, mais la qualité se doit en effet de rester un principe universel...

● **UNE MISE A JOUR ANNUELLE**
Toutes les informations pratiques, tous les classements et distinctions sont revus et mis à jour chaque année afin d'offrir l'information la plus fiable. Le courrier des lecteurs fournit par ailleurs de précieux témoignages, qui sont pris en compte lors de l'élaboration des itinéraires de visites.

● **...ET UN SEUL OBJECTIF**
Tout mettre en œuvre pour vous aider dans chacun de vos déplacements, afin qu'ils soient toujours sous le signe du plaisir et de la sécurité. « L'aide à la mobilité » : c'est la mission que s'est donnée Michelin.

10

→ The MICHELIN Guide's commitments

Experienced in quality

Whether it is in Japan, the USA, China or Europe our inspectors use the same criteria to judge the quality of the hotels and restaurants and use the same methods of visiting. The guide can only boast this worldwide reputation thanks to its commitment to the readers and we would like to stress these here.

→ANONYMOUS INSPECTION • Our inspectors make regular and anonymous visits to hotels and restaurants to gauge the quality of products and services offered to an ordinary customer. They settle their own bill and may then introduce themselves and ask for more information about the establishment. Our readers' comments are also a valuable source of information, which we can follow up with a visit of our own.

→ INDEPENDENCE • To remain totally objective for our readers, the selection is made with complete independence. Entry into the guide is free. All decisions are discussed with the Editor and our highest awards are considered at a European level.

→ THE BEST CHOICE • The guide offers a selection of the best hotels and restaurants in every category of comfort and price. This is only possible because all the inspectors rigorously apply the same methods.

→ ANNUAL UPDATES • All the practical information, classifications and awards are revised and updated every year to give the most reliable information possible.

→ CONSISTENCY • The criteria for the classifications are the same in every country covered by the MICHELIN guide.

... THE SOLE INTENTION OF MICHELIN is to make your travels both safe and enjoyable.

11

Terroirs de France...
→ Regions of France...

① NORMANDIE

Demoiselles de Cherbourg à la nage,
Andouille de Vire, Sole dieppoise,
Poulet Vallée d'Auge,
Tripes à la mode de Caen,
Canard à la rouennaise,
Agneau de pré-salé,
Camembert, Livarot,
Pont-l'Évêque, Neufchâtel,
Tarte aux pommes au calvados,
Crêpes à la normande, Douillons

② BRETAGNE

Fruits de mer, Crustacés, Huîtres de Belon,
Galettes au sarrazin/blé noir, Charcuteries,
Andouille de Guéméné, St-Jacques à la bretonne,
Homard à l'armoricaine,
Poissons : bar, turbot, lieu jaune,
maquereau, etc., Cotriade, Kig Ha Farz,
Légumes : artichaut, chou-fleur, etc.,
Crêpes, Gâteau breton, Far, Kouing-aman

③ VAL DE LOIRE

Rillettes de Tours, Andouillette au vouvray,
Poissons de rivière : brochet, sandre, etc.,
Saumon beurre blanc, Gibier de Sologne,
Fromages de chèvre : Ste-Maure, Valençay,
Crémet d'Angers, Macarons, Nougat glacé,
Pithiviers, Tarte tatin

④ SUD-OUEST

Garbure, Ttoro, Jambon de Bayonne,
Foie gras, Omelette aux truffes,
Pipérade, Lamproie à la bordelaise,
Poulet basquaise, Cassoulet,
Confit de canard ou d'oie,
Cèpes à la bordelaise,
Tomme de brebis, Roquefort,
Gâteau basque, Pruneaux à l'armagnac

⑤ CENTRE-AUVERGNE

Cochonnailles, Tripous,
Champignons : cèpes, girolles, etc.,
Pâté bourbonnais, Aligot, Potée auvergnate,
Chou farci, Pounti, Lentilles du Puy,
Cantal, St-Nectaire, Fourme d'Ambert,
Flognarde, Gâteau à la broche

⑬ NORD-PICARDIE

Moules, Ficelle picarde,
Flamiche aux poireaux,
Poissons : sole, turbot, etc.,
Potjevlesch, Waterzoï,
Gibier d'eau,
Lapin à la bière, Hochepot,
Boulette d'Avesnes,
Maroilles, Gaufres

⑫ BOURGOGNE

Jambon persillé,
Gougère,
Escargots de Bourgogne,
Œufs en meurette,
Pochouse, Coq au vin,
Jambon chaud à la crème,
Viande de charolais,
Bœuf bourguignon,
Époisses, Poire dijonnaise,
Desserts au pain d'épice

⑪ ALSACE-LORRAINE

Charcuterie, Presskopf,
Quiche lorraine, Tarte à l'oignon,
Grenouilles, Asperges,
Poissons : sandre, carpe, anguille,
Coq au riesling, Spaetzle,
Choucroute, Baeckeoffe,
Gibiers : biche, chevreuil, sanglier,
Munster, Kougelhopf,
Tarte aux mirabelles ou aux
quetsches, Vacherin glacé

⑩ FRANCHE-COMTÉ/JURA

Jésus de Morteau, Saucisse de Montbéliard,
Croûte aux morilles, Soufflé au fromage,
Poissons de lac et rivières : brochet, truite,
Grenouilles, Coq au vin jaune, Comté, Vacherin,
Morbier, Cancoillotte, Gaudes au maïs

⑨ LYONNAIS-PAYS BRESSAN

Rosette de Lyon, Grenouilles de la Dombes,
Gâteau de foies blonds, Quenelles de brochet,
Saucisson truffé pistaché, Poularde demi-deuil,
Tablier de sapeur, Cardons à la mœlle,
Volailles de Bresse à la crème,
Cervelle de canut, Bugnes

⑧ SAVOIE-DAUPHINÉ

Gratin de queues d'écrevisses,
Poissons de lac : omble chevalier, perche, féra.
Ravioles du Royans, Fondue, Raclette, Tartiflette,
Diots au vin blanc, Fricassée de caïon,
Potée savoyarde, Farçon, Farcement,
Gratin dauphinois, Beaufort, Reblochon,
Tomme de Savoie, St-Marcellin, Gâteau de Savoie,
Gâteau aux noix, Tarte aux myrtilles

⑦ PROVENCE-MÉDITERRANÉE

Aïoli, Pissaladière, Salade niçoise, Bouillabaisse,
Anchois de Collioure, Loup grillé au fenouil,
Brandade nîmoise, Bourride sétoise,
Pieds paquets à la marseillaise, Petits farcis niçois,
Daube provençale, Agneau de Sisteron,
Picodon, Crème catalane, Calissons, Fruits confits

⑥ CORSE

Jambon, Figatelli,
Lonzo, Coppa,
Langouste,
Omelette au brocciu,
Civet de sanglier,
Chevreau,
Fromages de brebis (Niolu),
Flan de châtaignes,
Fiadone

Vignobles → *Vineyards*	Spécialités régionales → *Regional specialities*
BORDEAUX Pomerol	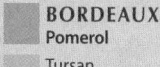 ⑥ **CORSE**
Tursan	Jambon

Choisir le bon vin...
→ Choosing the right wine

Grandes années
→ *Great years*

Bonnes années
→ *Good years*

Années moyennes
→ *Average years*

Les grandes années depuis 1970 :
→ *The greatest vintages since 1970:*

**1970 • 1975 • 1982 • 1985 • 1989 •
1990 • 1996 • 2005 • 2009 • 2010**

	2003	2004	2005	2006	2007	2008	2009	2010	2011	2012	2013
Alsace											
Bordeaux rouge											
Bourgogne blanc											
Bourgogne rouge											
Beaujolais											
Champagne											
Côtes du Rhône septentrionales											
Côtes du Rhône méridionales											
Jura											
Provence											
Languedoc											
Roussillon											
Sud-Ouest											
Val de Loire *Anjou-Touraine*											
Val de Loire - Centre											

Classification Officielle
→ *Official classification*

AOP Appellation d'Origine Protégée
Protected Designation of Origin

IGP Indication Géographique Protégée
Protected Geographic Indication

Associer mets & vins
→ Wine and food pairing

	Région vinicole	Appellation
Crustacés & coquillages Blancs secs → *SHELLFISH* *Dry whites*	Alsace Bordeaux Bourgogne Côtes du Rhône Provence Languedoc-Roussillon Val de Loire	Riesling Entre-deux-Mers Chablis • Mâcon Villages S¹ Joseph Cassis • Palette • Provence blanc Picpoul de Pinet Muscadet • Montlouis • Quincy • Reuilly
Poissons Blancs secs → *FISH* *Dry whites*	Alsace Bordeaux Bourgogne Côtes du Rhône Provence Corse Languedoc-Roussillon Val de Loire	Riesling Pessac-Léognan • Graves Meursault • Chassagne-Montrachet • S¹ Véran Hermitage • Condrieu Bellet • Bandol Patrimonio Coteaux du Languedoc • Côtes de Roussillon blanc Sancerre • Menetou-Salon
Volailles & Charcuteries Blancs et rouges légers → *POULTRY* *Whites & light reds*	Alsace Champagne Bordeaux Bourgogne Beaujolais Côtes du Rhône Provence Corse Languedoc-Roussillon Val de Loire	Pinot gris • Pinot noir Coteaux Champenois blanc et rouge Côtes de Bourg • Blaye • Castillon • Fronsac Mâcon • S¹ Romain Beaujolais Villages Tavel (rosé) • Côtes du Ventoux Coteaux d'Aix-en-Provence • Côtes de Provence blanc et rouge Coteaux d'Ajaccio • Porto-Vecchio Faugères • Côteaux du Languedoc Anjou/Vouvray
Viandes Rouges → *MEATS* *Reds*	Bordeaux/Sud-Ouest Bourgogne Beaujolais Côtes du Rhône Provence Languedoc-Roussillon Val de Loire	Médoc • S¹ Émilion • Buzet • Pécharmant Volnay • Hautes Côtes de Beaune Moulin à Vent • Morgon Vacqueyras • Gigondas Bandol • Côtes de Provence Fitou • Minervois • Côtes du Roussillon village Bourgueil • Saumur
Gibier Rouges corsés → *GAME* *Hearty reds*	Bordeaux/Sud-Ouest Bourgogne Côtes du Rhône Languedoc-Roussillon Val de Loire	Pauillac • S¹ Estèphe • Madiran • Cahors Pommard • Gevrey-Chambertin Côte-Rotie • Cornas Corbières • Collioure Chinon
Fromages Blancs et rouges → *CHEESES* *Whites & reds*	Alsace Bordeaux Bourgogne Beaujolais Côtes du Rhône Languedoc-Roussillon Jura/Savoie Val de Loire	Gewurztraminer S¹ Julien • Pomerol • Margaux • Moulis Pouilly-Fuissé • Santenay S¹ Amour • Fleurie Hermitage • Châteauneuf-du-Pape S¹ Chinian Vin Jaune • Chignin Pouilly-Fumé • Valençay
Desserts Vins de desserts → *DESSERTS* *Dessert wines*	Alsace Champagne Bordeaux/Sud-Ouest Bourgogne Jura/Bugey Côtes du Rhône Languedoc-Roussillon Val de Loire	Muscat d'Alsace • Crémant d'Alsace Champagne blanc et rosé Sauternes • Monbazillac • Jurançon Crémant de Bourgogne Vin de Paille • Cerdon Muscat de Beaumes-de-Venise Banyuls • Maury • Muscats • Limoux Coteaux du Layon • Bonnezeaux

Région vinicole	→	*Region of production*
Appellation	→	*Appellation*

Localité possédant au moins...

- ● un hôtel ou un restaurant
- ✿ une table étoilée
-  un restaurant « Bib Gourmand »
- 🏠 un hôtel ou une maison d'hôtes de charme

→ *Place with at least...*

- ● a hotel or a restaurant
- ✿ a starred establishment
-  a restaurant « Bib Gourmand »
- 🏠 a particularly pleasant accommodation

La France en 46 cartes

Toutes les localités citées dans le guide, par région

→ *Regional maps*

Regional maps of listed towns

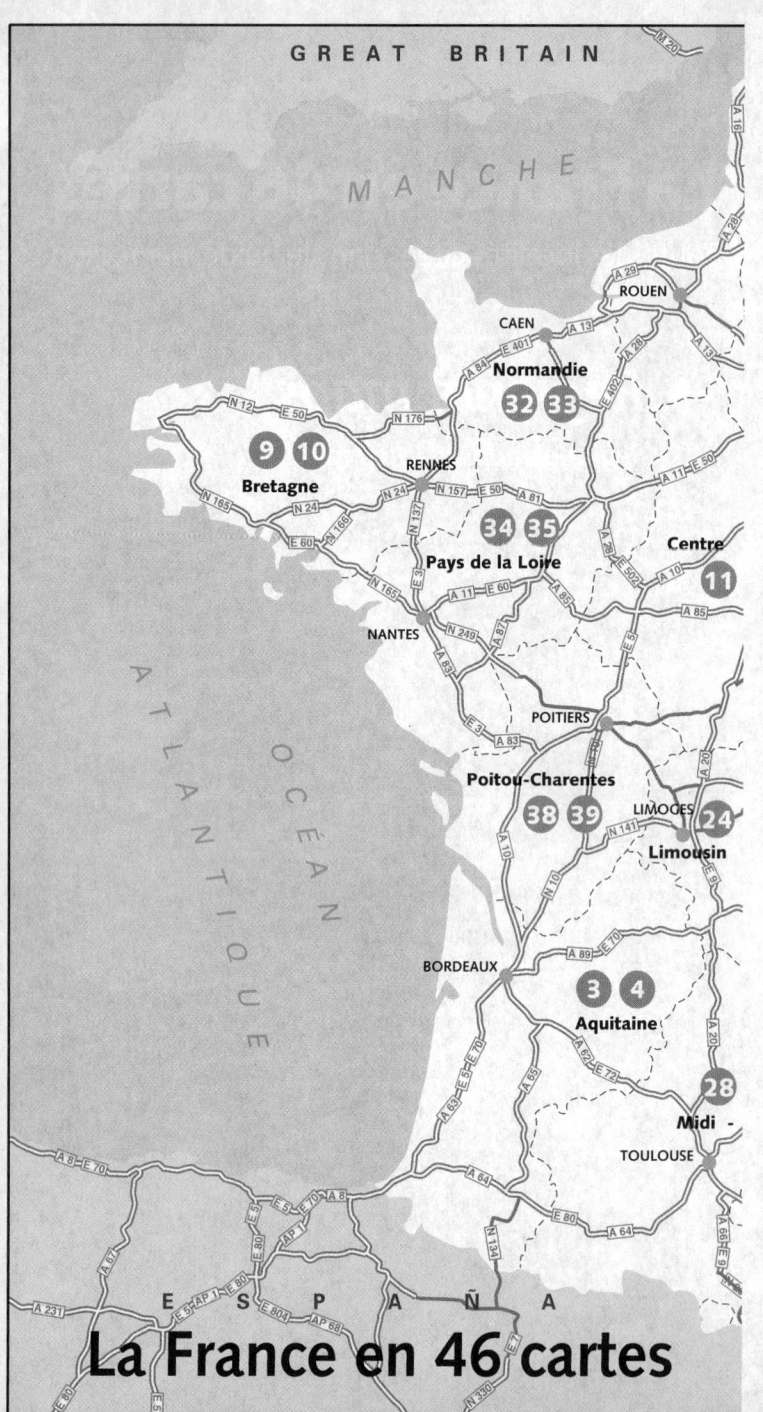

La France en 46 cartes

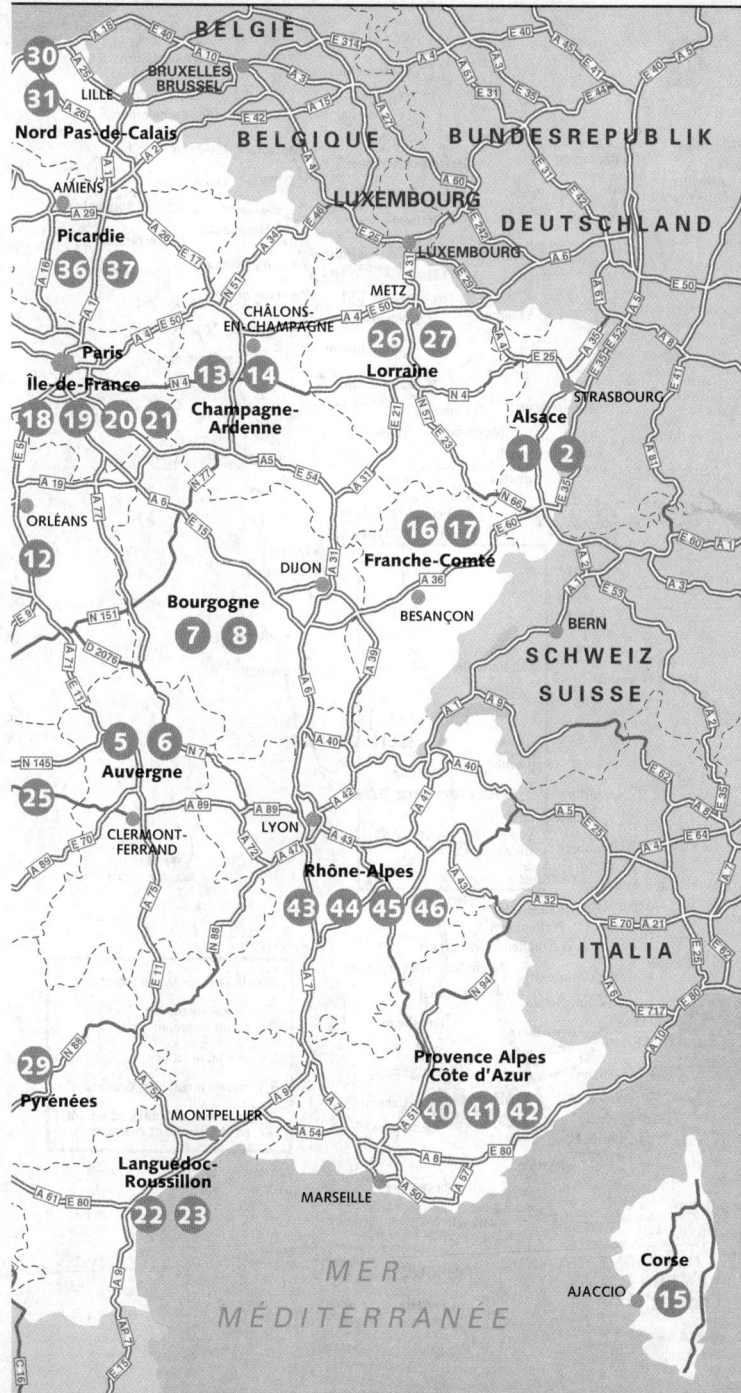

C

Natzwiller

Le Hohwald

Barr

Mittelbergheim

Andlau

BAS-RHIN
67

Itterswiller

Blienschwiller

Dambach-la-Ville

Ebersmunster

Dieffenthal

Scherwiller

La Vancelle

Lièpvre

N 59

Rathsamhausen

Sélestat

St-Hippolyte

Thannenkirch

Le Schnellenbuhl

Bergheim

ILLHAEUSERN

Ribeauvillé

Fréland

Zellenberg

Riquewihr

Beblenheim

Mittelwihr

HAUT-RHIN
68

Kaysersberg

Ammerschwihr

Labaroche

Katzenthal

Les Trois-Épis

Ingersheim

Turckheim

Colmar

Zimmerbach

Wihr-au-Val

Eguisheim

D 415

Husseren-les-Châteaux

Neuf-Brisach

C

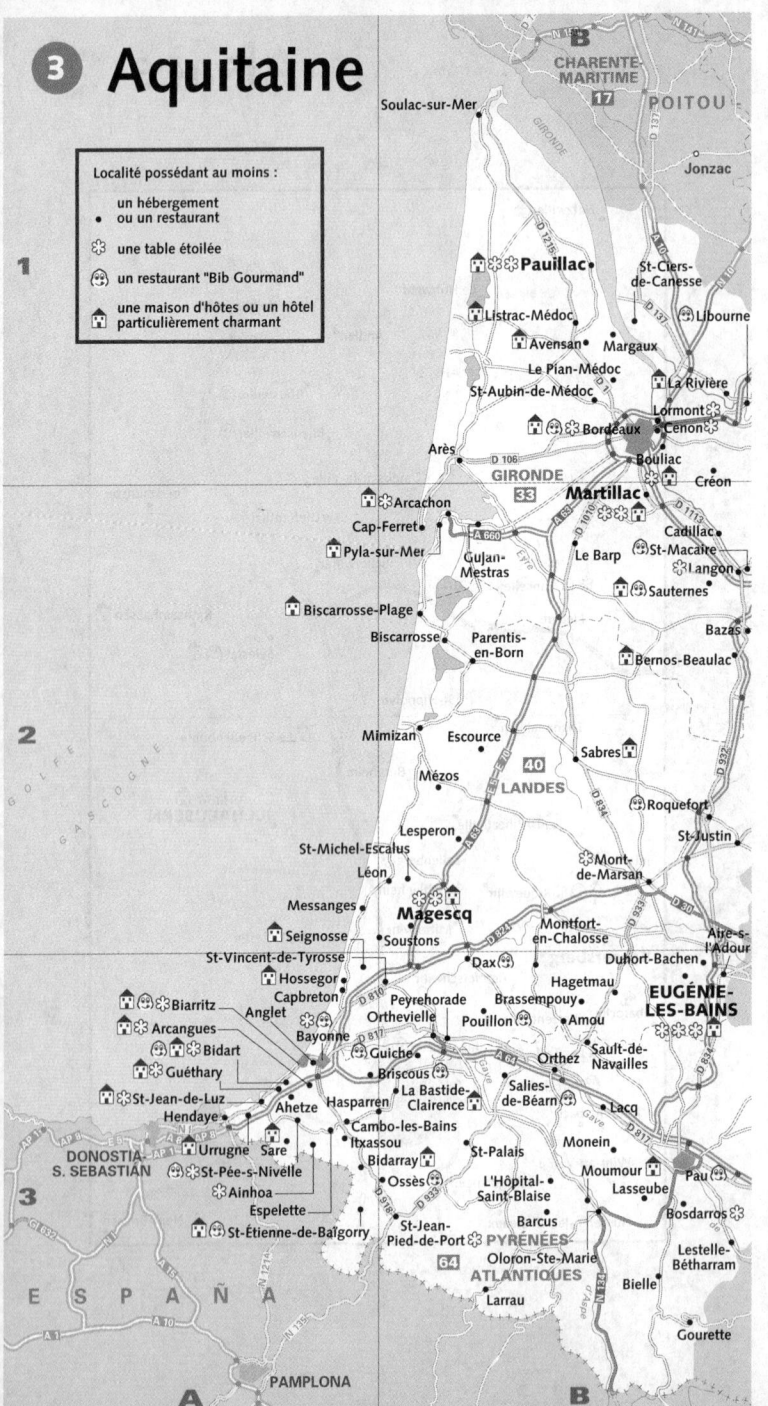

③ Aquitaine

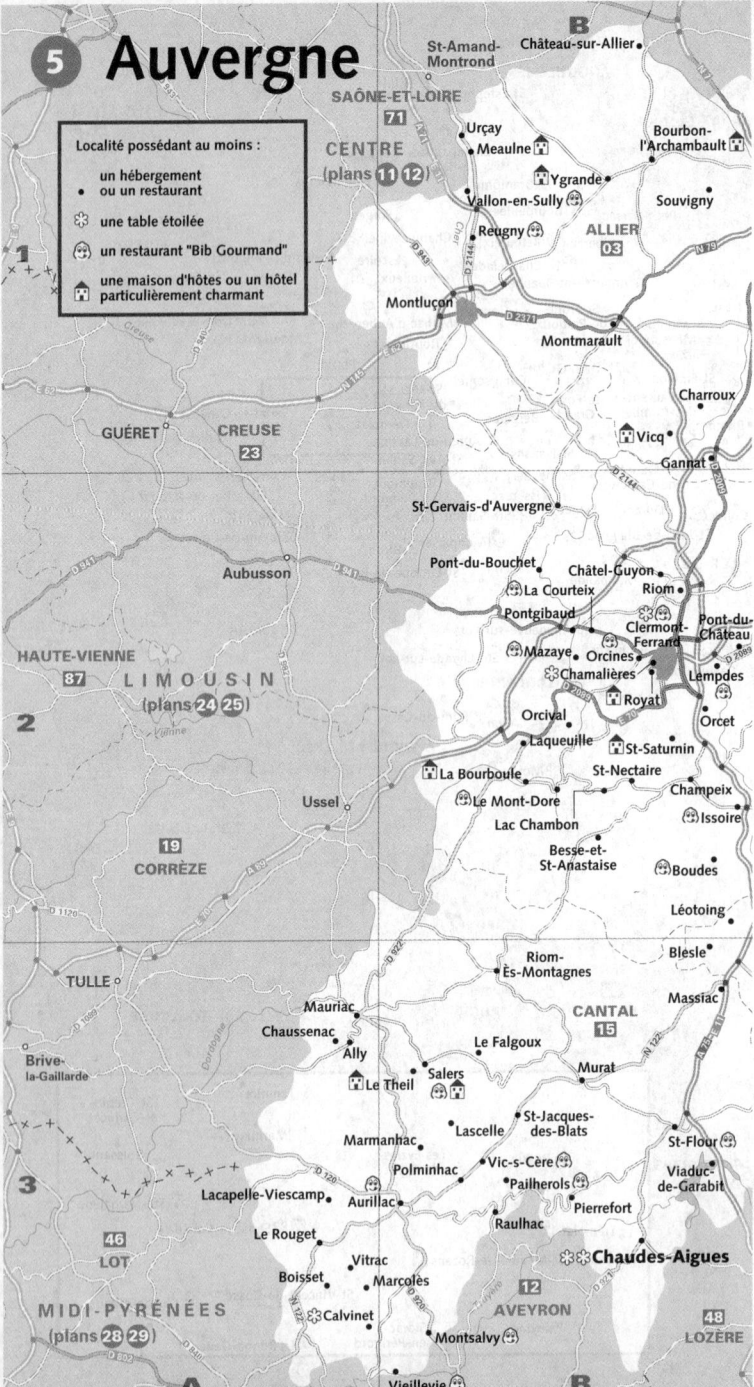

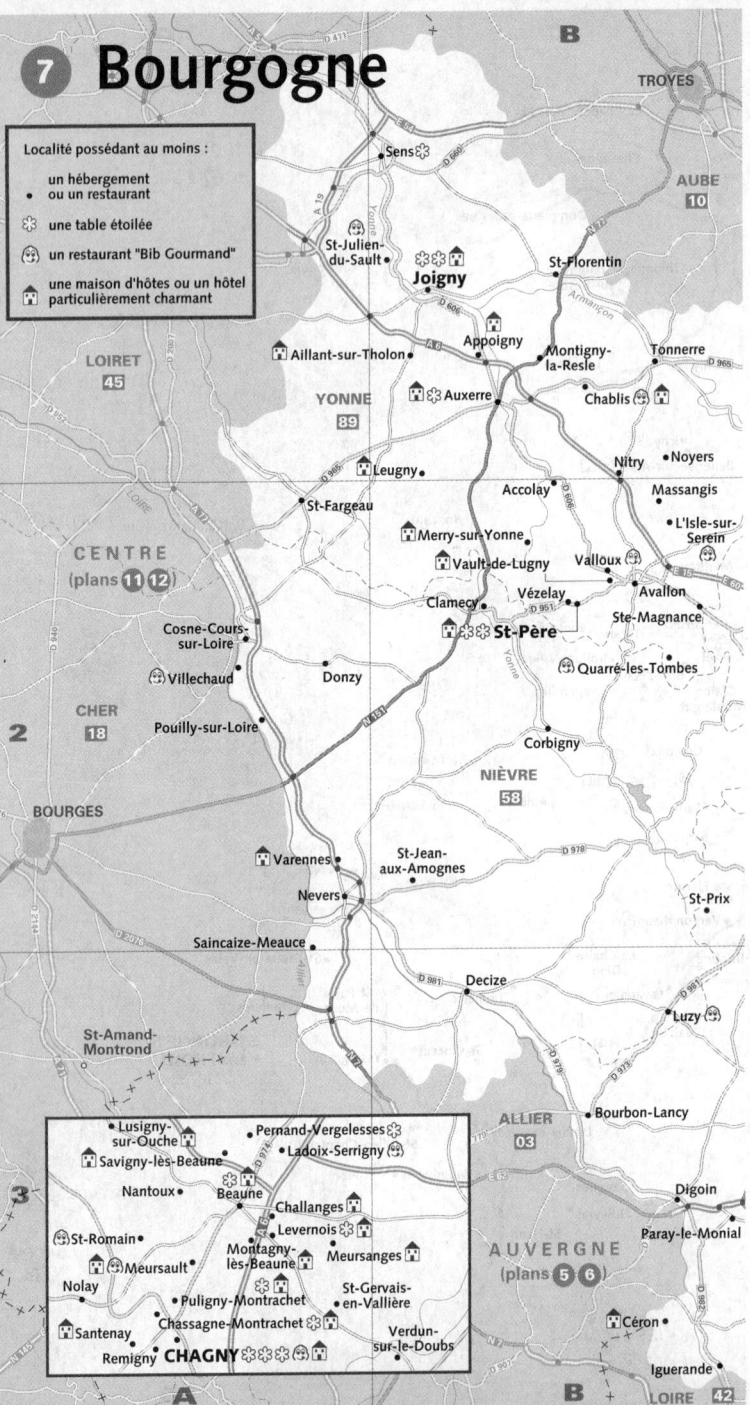

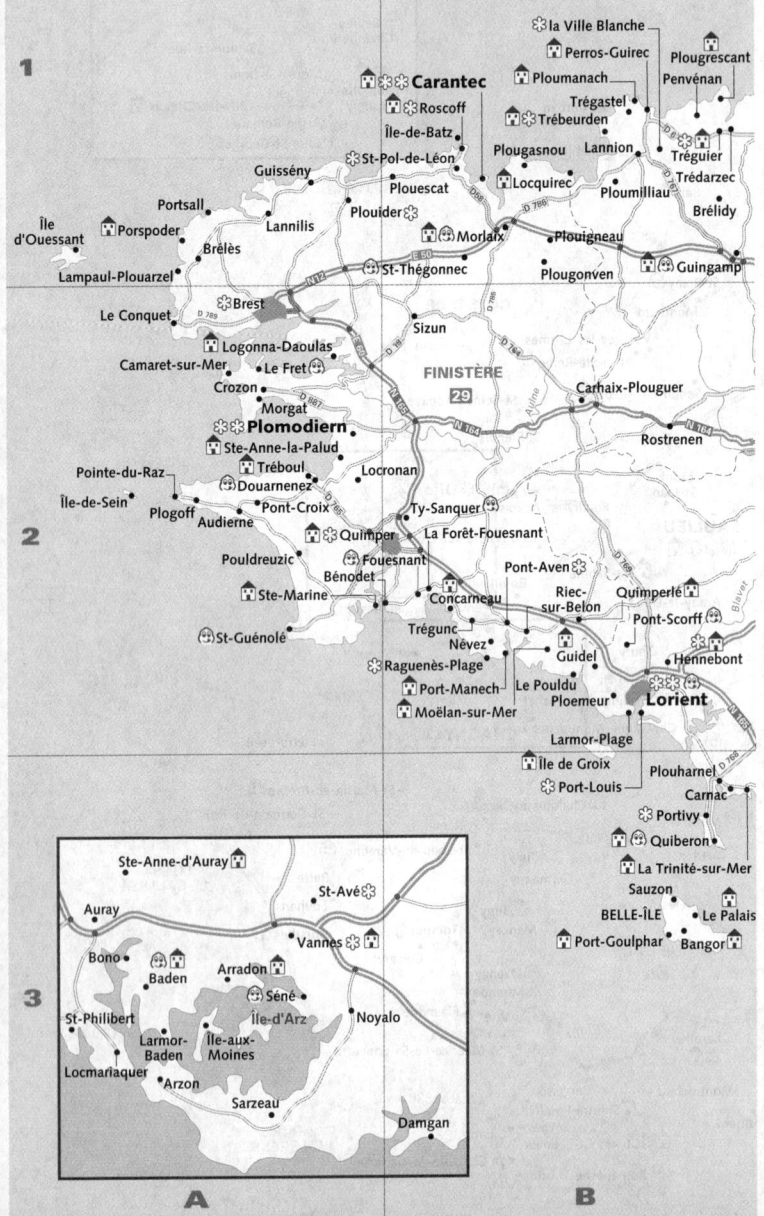

⑨ Bretagne

B

1

☼ la Ville Blanche
🏠 Perros-Guirec
Ploumanach ☼
🏠 Ploumanach   Plougrescant
                        Penvénan
                     Trégastel
🏠☼ Roscoff   🏠 Trébeurden
Île-de-Batz   Plougasnou   Lannion   ☼🏠 Tréguier
☼ St-Pol-de-Léon   🏠 Locquirec   Trédarzec
Guissény   Plouescat   Ploumilliau   Brélidy

🏠☼ **Carantec**
Portsall
🏠 Porspoder   Lannilis   🏠 👁 Morlaix
Île   Brélès   Plouider ☼   Plouigneau
d'Ouessant   🏠 👁 Guingamp
Lampaul-Plouarzel   🏠 St-Thégonnec   Plougonven
Le Conquet   ☼ Brest   Plougonven
                     🏠 Logonna-Daoulas   Sizun
Camaret-sur-Mer   ● Le Fret 👁   **FINISTÈRE**
Crozon   [29]   Carhaix-Plouguer
Morgat
☼☼ **Plomodiern**   Rostrenen
🏠 Ste-Anne-la-Palud
Pointe-du-Raz   👁 Tréboul
Île-de-Sein   Douarnenez   Locronan
Plogoff   Pont-Croix   Ty-Sanquer 👁
         Audierne   🏠 Quimper   La Forêt-Fouesnant
Pouldreuzic   Bénodet 🏠 Fouesnant Pont-Aven ☼
🏠 Ste-Marine   Concarneau   Riec-   Quimperlé 🏠
                     Trégunc   sur-Belon   Pont-Scorff
👁 St-Guénolé   Névez   🏠 Guidel   🏠 Hennebont
         ☼ Raguenès-Plage   Le Pouldu   ☼ 👁 **Lorient**
         🏠 Port-Manech   Ploemeur
         🏠 Moëlan-sur-Mer
                                          Larmor-Plage
                     🏠 Île de Groix   Plouharnel
                     ☼ Port-Louis   Carnac
                                          ☼ Portivy ●
                                          🏠 👁 Quiberon
                                          🏠 La Trinité-sur-Mer
                                             Sauzon
                                          BELLE-ÎLE Le Palais 🏠
                                          🏠 Port-Goulphar Bangor 🏠

3
         Ste-Anne-d'Auray 🏠
Auray   St-Avé ☼
         Bono 👁 🏠   Arradon 🏠   Vannes ☼ 🏠
St-Philibert Baden   👁 Séné
         Larmor-   Île-aux- Île-d'Arz   Noyalo
         Baden   Moines
Locmariaquer Arzon   Sarzeau
                                          Damgan

A   **B**

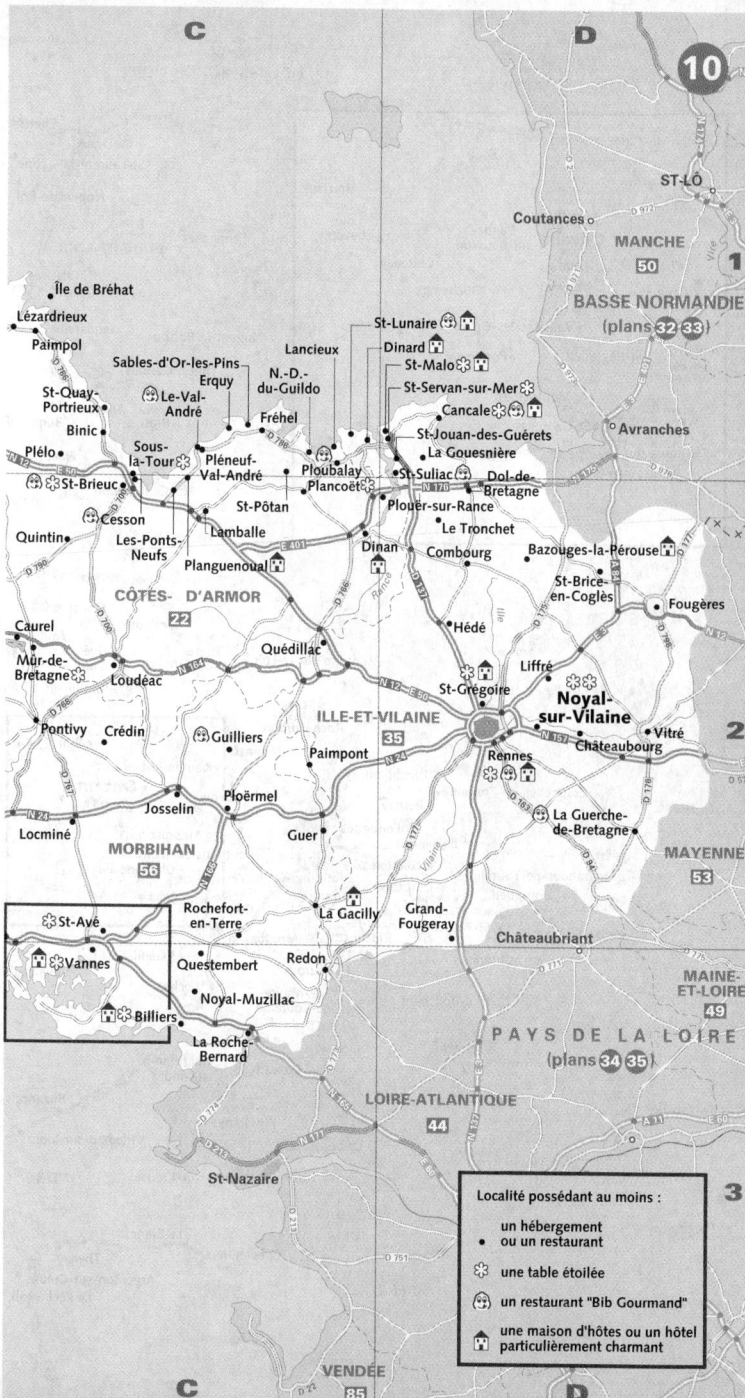

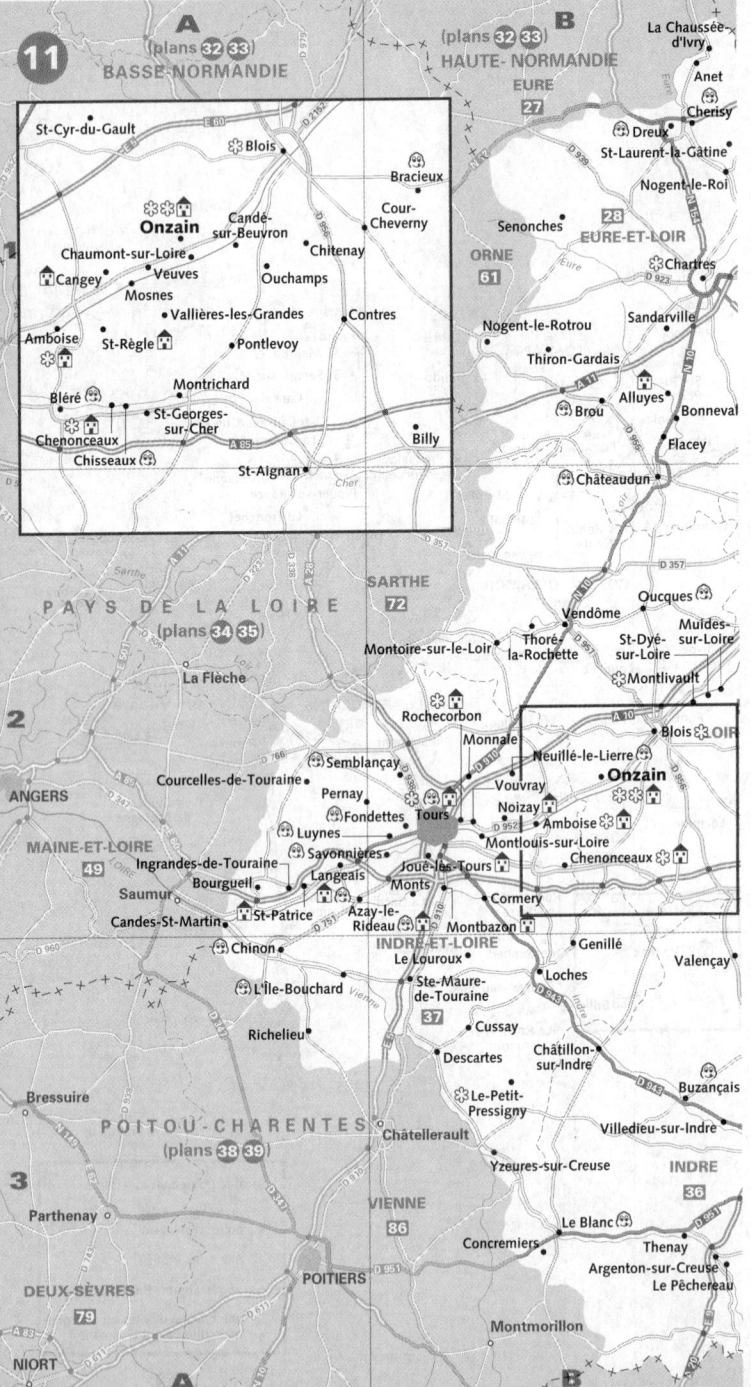

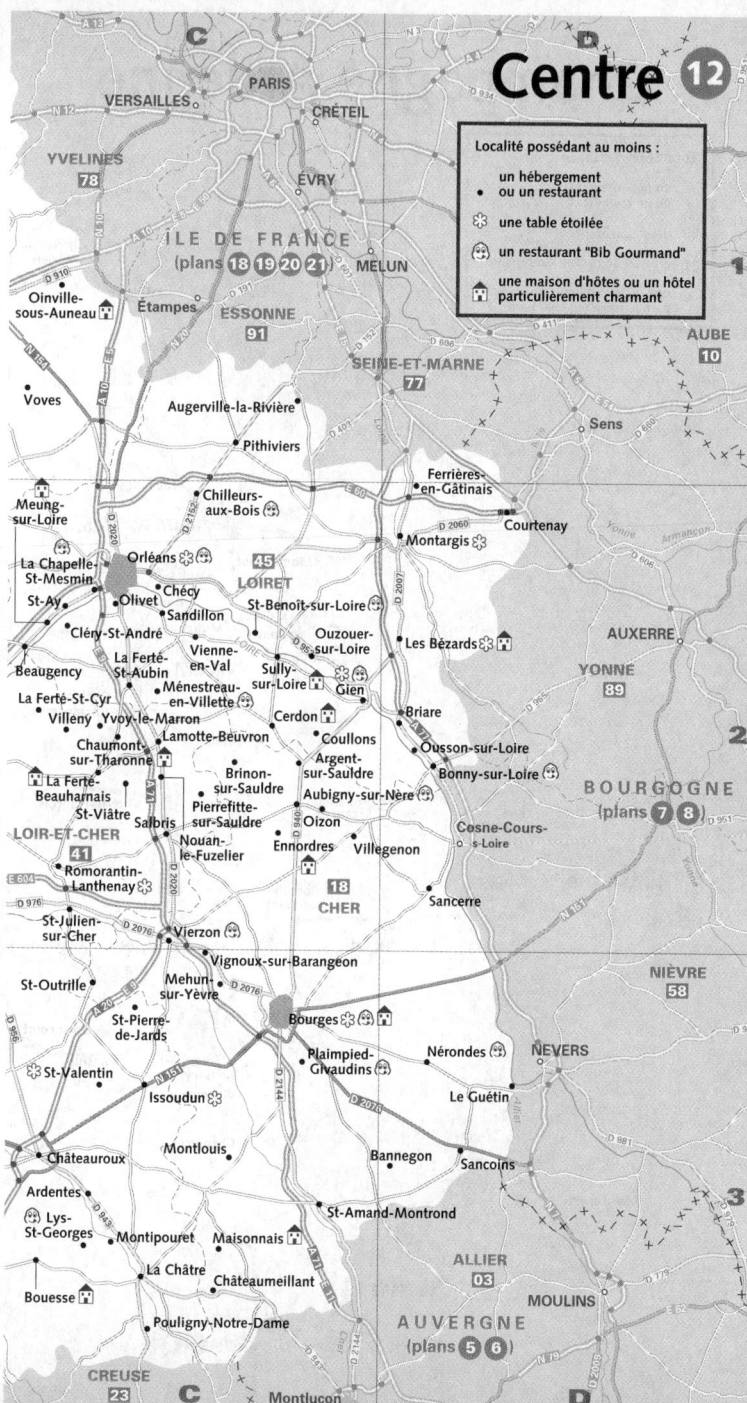

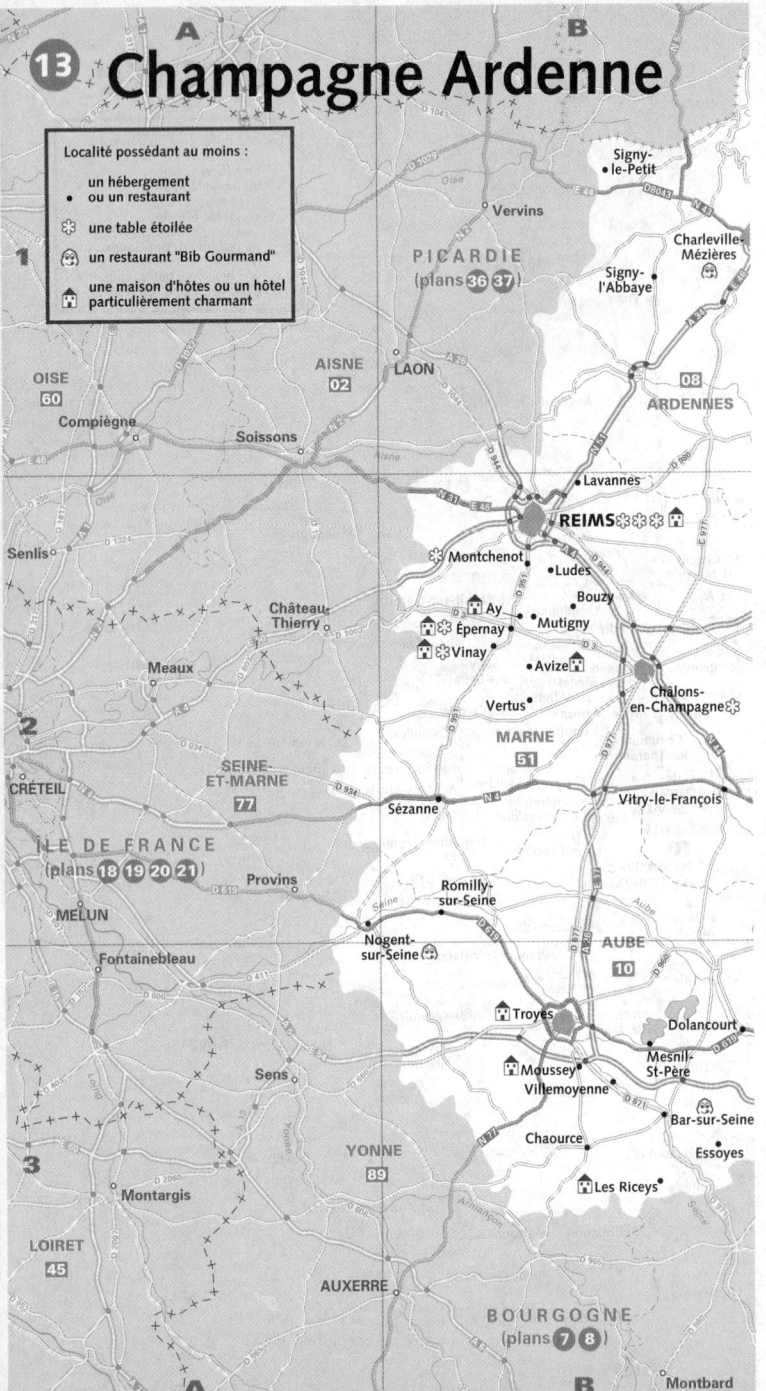

Champagne Ardenne

13

Localité possédant au moins :
- un hébergement ou un restaurant
- ⊛ une table étoilée
- 🅑 un restaurant "Bib Gourmand"
- 🏠 une maison d'hôtes ou un hôtel particulièrement charmant

A **B**

Signy-le-Petit

Vervins

PICARDIE (plans 36 37)

Charleville-Mézières 🅑

Signy-l'Abbaye

OISE 60

AISNE 02

LAON

ARDENNES 08

Compiègne

Soissons

Lavannes

Senlis

REIMS ⊛⊛⊛ 🏠

Château-Thierry

⊛ Montchenot

• Ludes

Bouzy

Meaux

🏠⊛ Ay

🏠 Épernay • Mutigny

🏠⊛ Vinay

• Avize 🏠

Châlons-en-Champagne ⊛

Vertus •

MARNE 51

SEINE-ET-MARNE 77

ÎLE DE FRANCE (plans 18 19 20 21)

Sézanne

Vitry-le-François

CRÉTEIL

Provins

MELUN

Romilly-sur-Seine

Fontainebleau

Nogent-sur-Seine 🅑

AUBE 10

🏠 Troyes

Dolancourt

Sens

🏠 Moussey •

Mesnil-St-Père

Villemoyenne

Bar-sur-Seine 🅑

YONNE 89

Chaource

Essoyes

Montargis

🏠 Les Riceys •

LOIRET 45

AUXERRE

BOURGOGNE (plans 7 8)

A **B**

Montbard

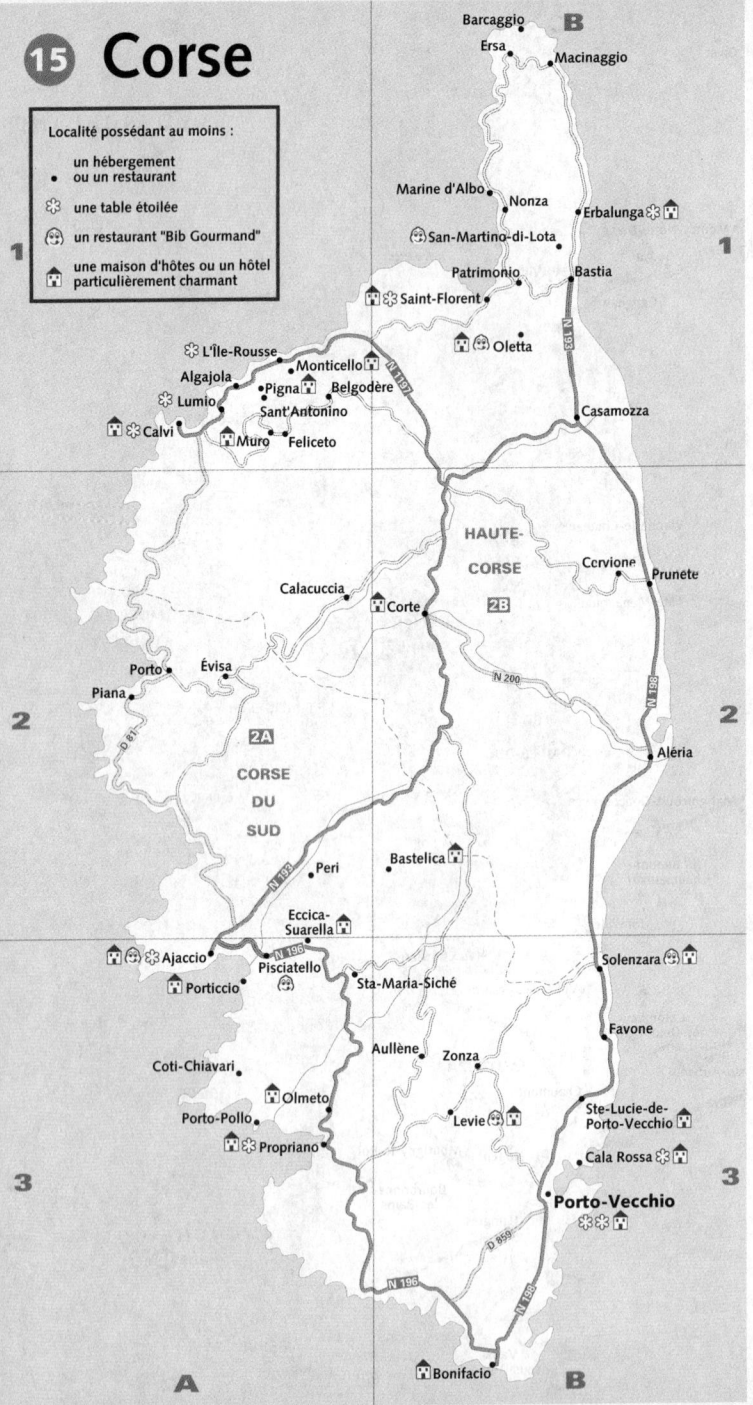

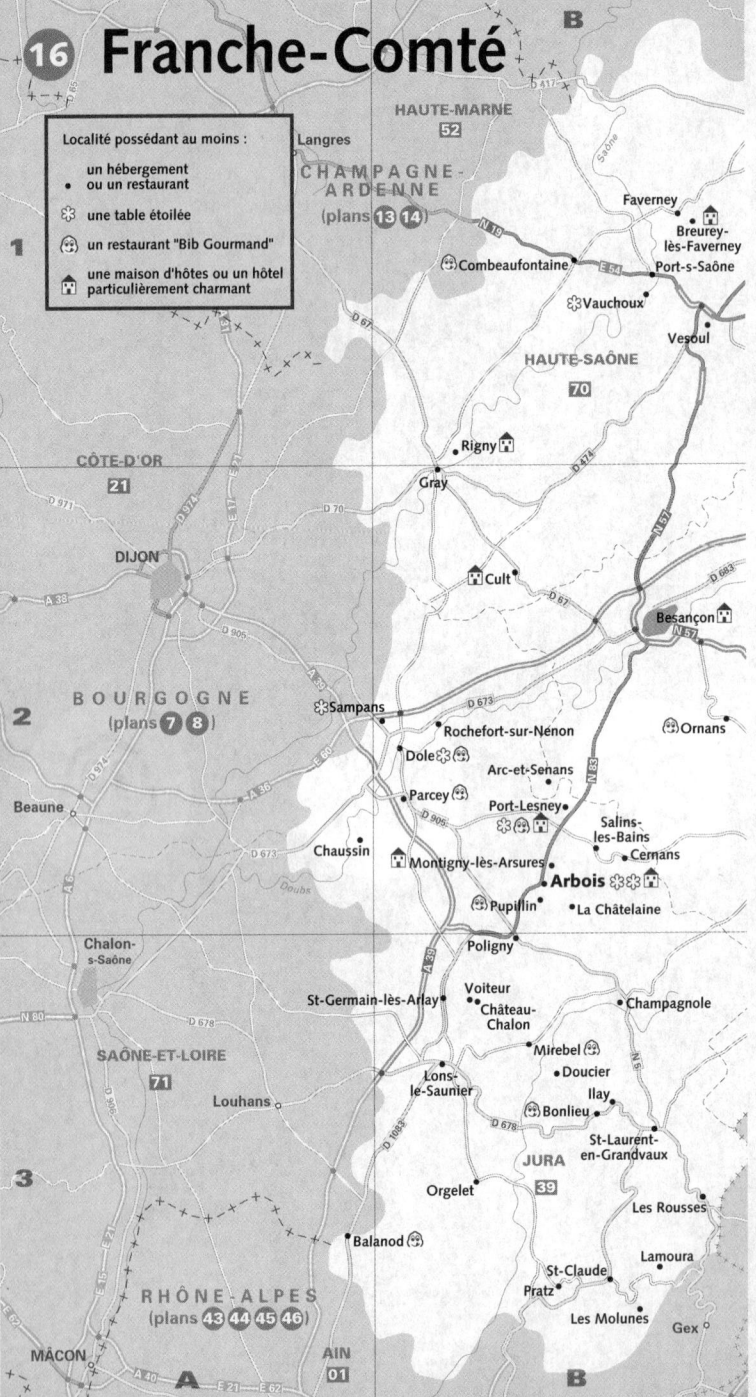

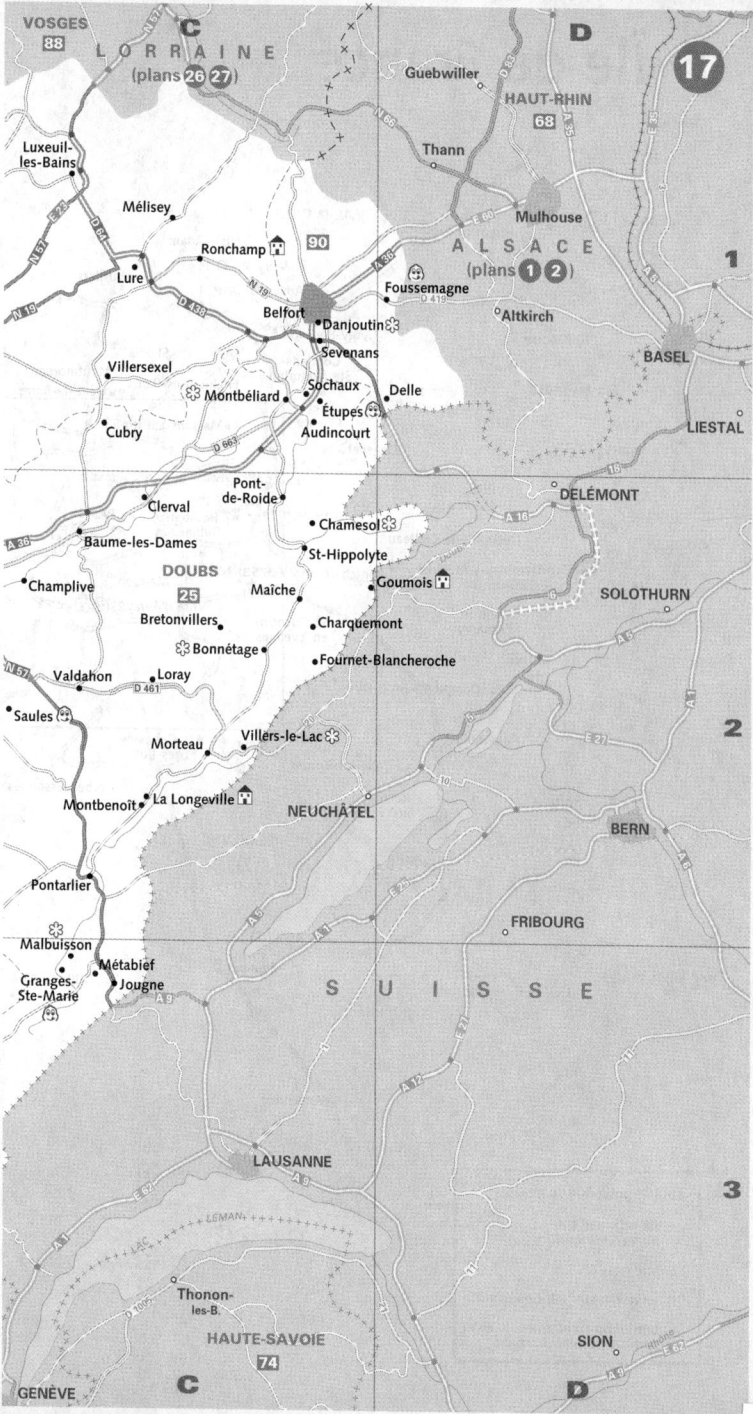

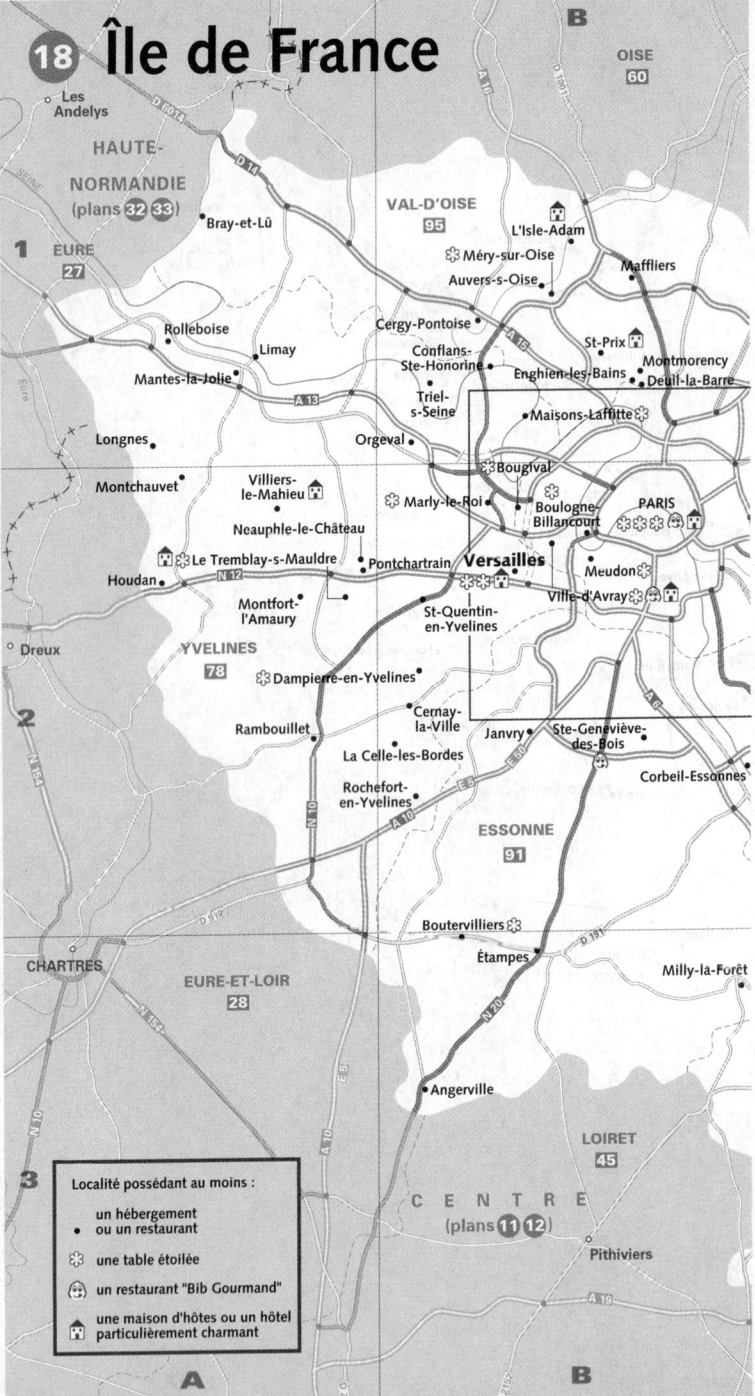

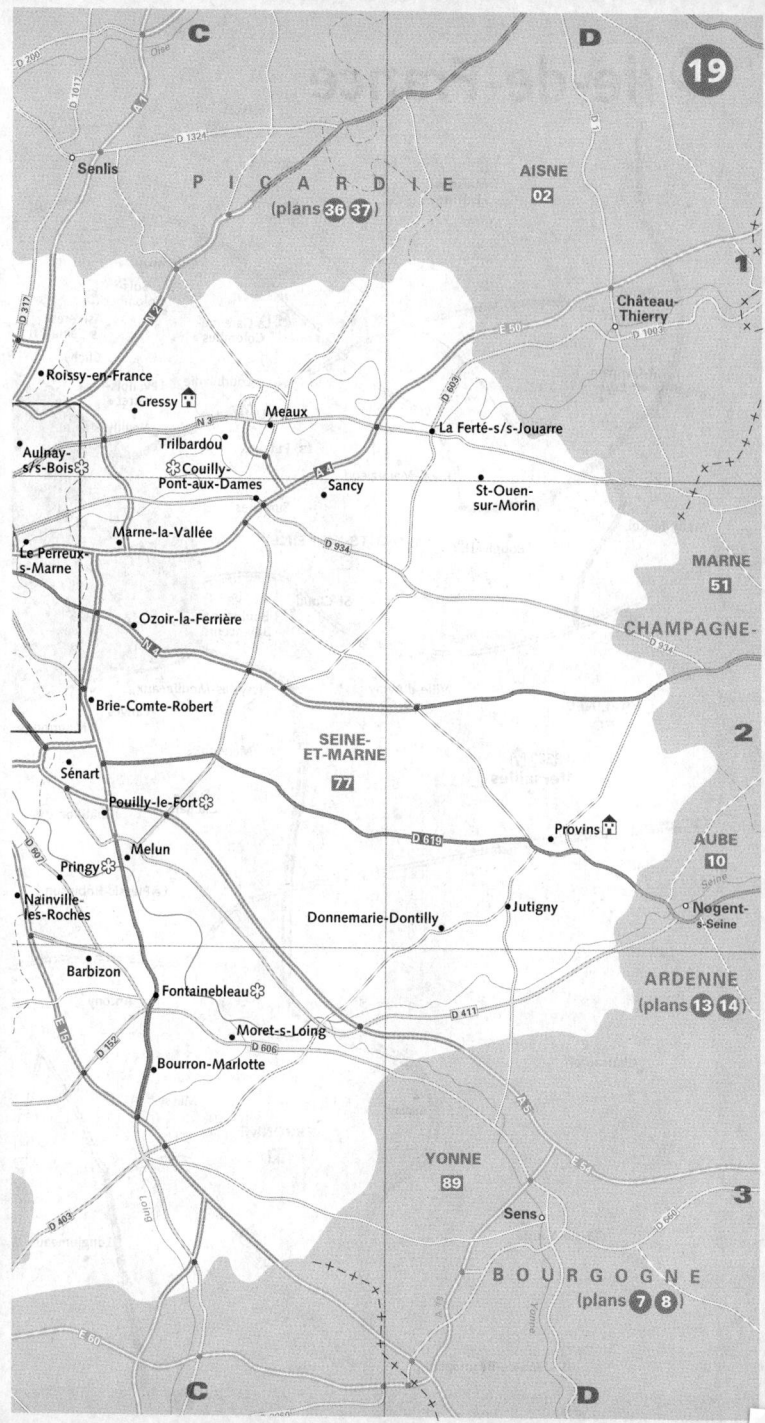

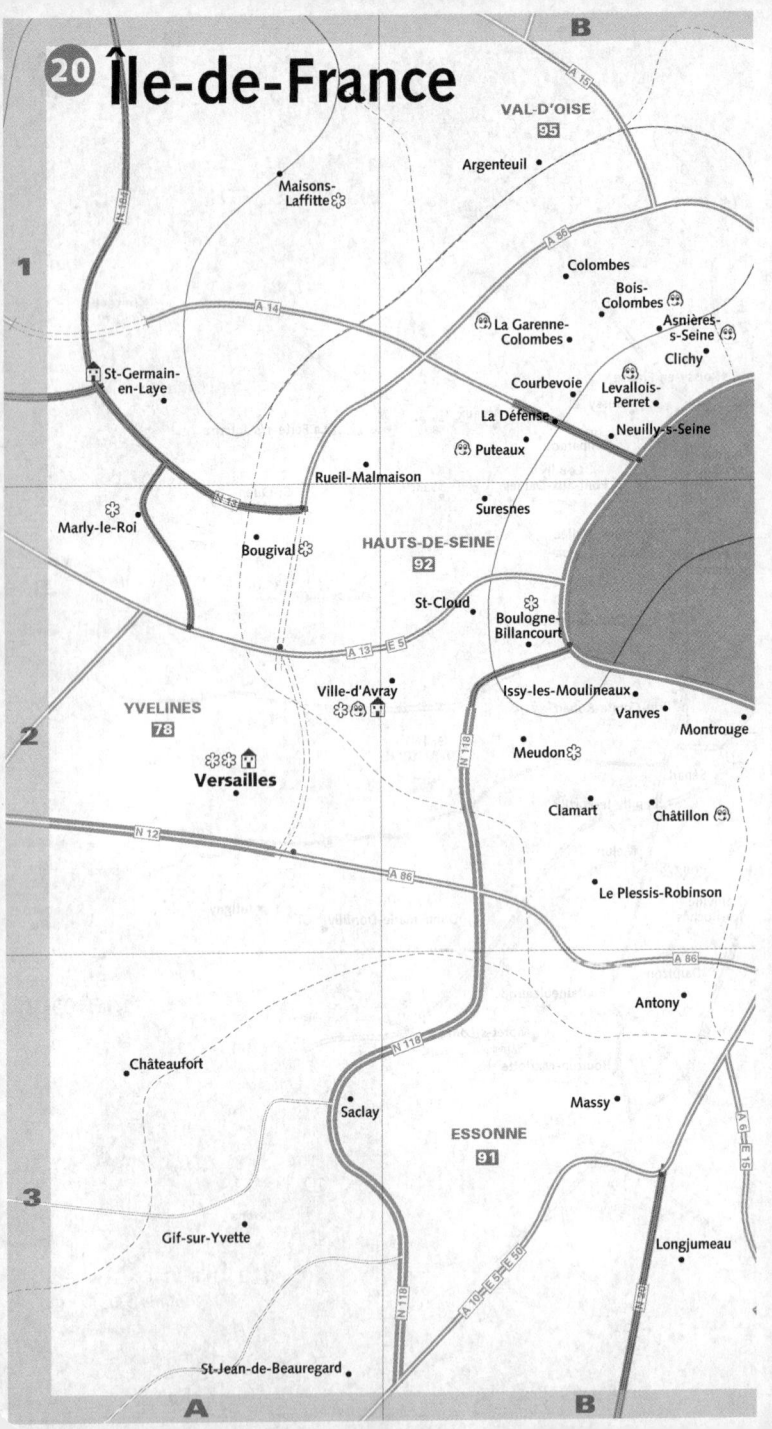

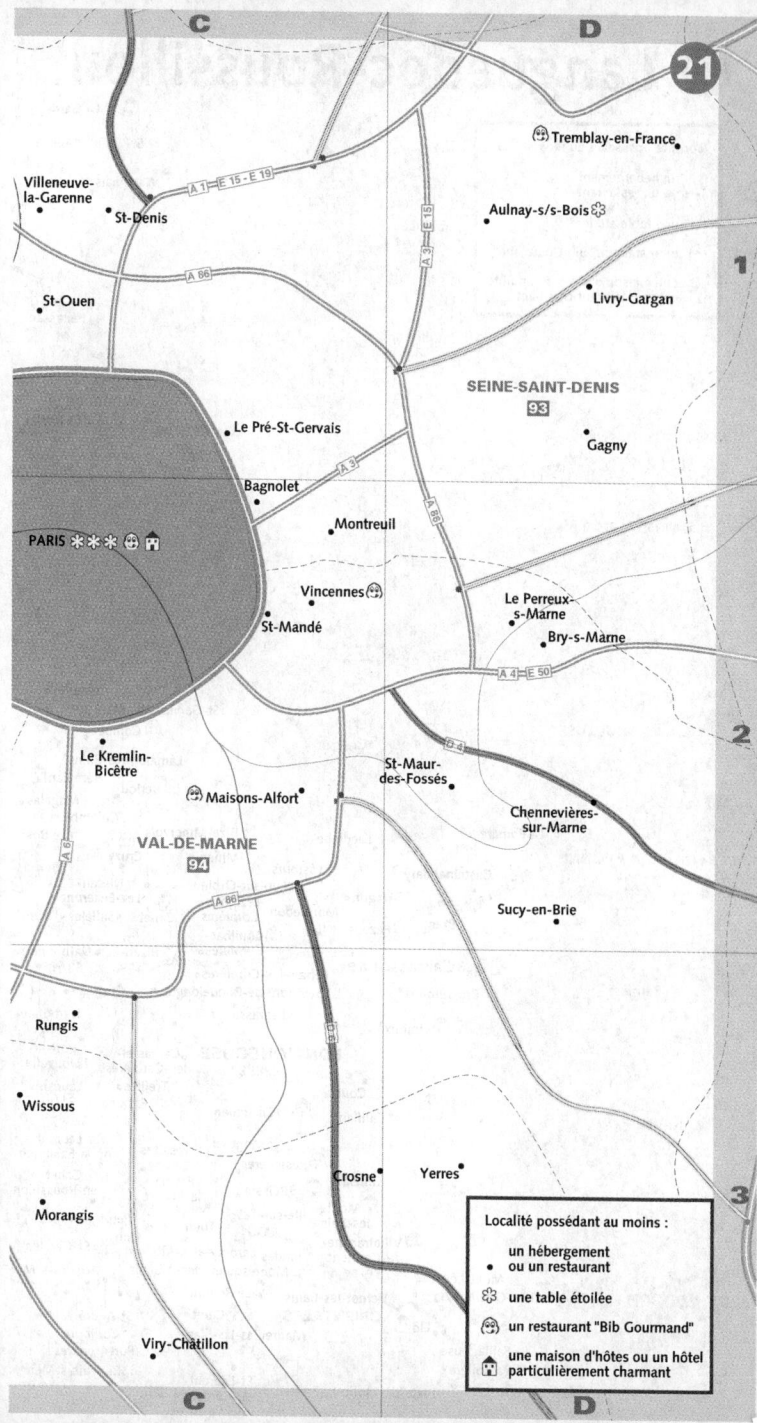

22 Languedoc-Roussillon

Localité possédant au moins :

- • un hébergement
  ou un restaurant
- ✿ une table étoilée
- 🐷 un restaurant "Bib Gourmand"
- 🏠 une maison d'hôtes ou un hôtel
  particulièrement charmant

CANTAL **15**

Figeac

Villefranche-de-Rouergue

RODEZ

La Garde
St-Chély-d'Apcher
Nasbinals

Banassac

TARN-ET-GARONNE **82**

AVEYRON **12**

Le Rozier

MONTAUBAN

Millau

ALBI

MIDI-PYRÉNÉES
(plans **28 29**)

TARN **81**

TOULOUSE

Castres

Muret

31

HAUTE-GARONNE **31**

La Pomarède

Lacombe

Bédarieux
St-Gervais-sur-Mare
Combes
Lamalou-les-Bains
Hérépian
Berlou
Magalas
Colombiers
Le Bosc
Béziers

Castelnaudary
Lastours
Aragon
Bram
Pezens
Montredon
Luc-sur-Orbieu
Lézignan-Corbières
Bize-Minervois
Minerve
Cruzy
Nissan-Lez-Enserune
Canet
Sallèles-d'Aude

Conilhac-Corbières
Bizanet
Narbonne

Carcassonne

Brugairolles
Ferrals-les-Corbières
St-André-de-Roquelongue
Lagrasse
Gruissan

Limoux

Narbonne-Plage
Port-la-Nouvelle

FONTJONCOUSE
Cascastel-des-Corbières
Treilles
Fitou
Leucate

AUDE 11

Pamiers

FOIX

ARIÈGE **09**

Couiza
Quillan
Cucugnan

Montner
Rasiguères
Rivesaltes
St-Laurent-de-la-Salanque

Gincla
Bélesta
Molitg-les-Bains
Ille-sur-Têt
Pézilla-la-Rivière
Canet-en-Roussillon

Thuir
Perpignan

PRICIPAUTÉ
D'ANDORRE

Mont-Louis
Font-Romeu-Odeillo-Via
Villefranche-de-Conflent
Vernet-les-Bains
PYRÉNÉES
Prades
Laroque-des-Albères
Montesquieu-des-Albères
Le Boulou
ORIENTALES **66**
Céret
Maureillas-las-Illas

Elne
St-Cyprien
Argelès-s-Mer
St-André
Collioure
Port-Vendres
Banyuls-s-Mer

ESPAÑA

Saillagouse
Valcebollère
Llo
Prats-de-Mollo-la-Preste
St-Laurent-de-Cerdans

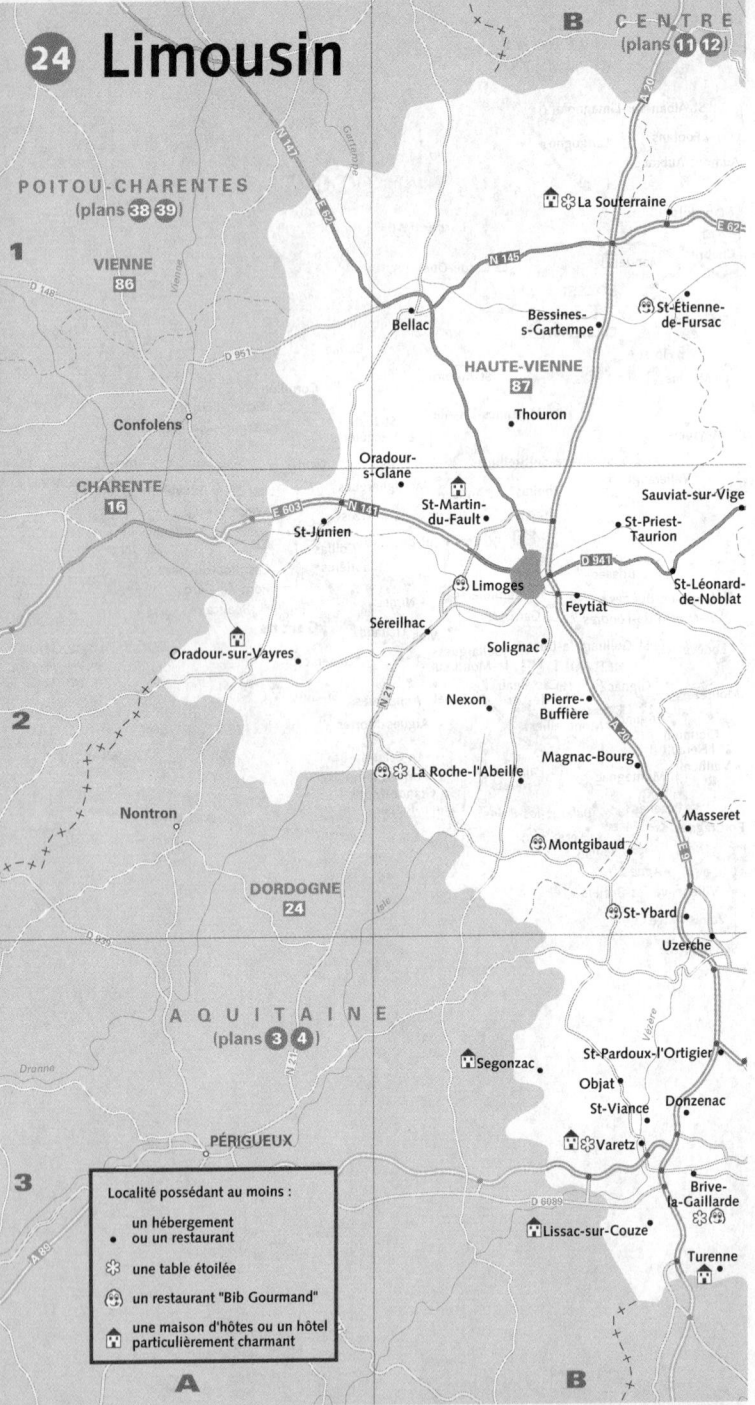

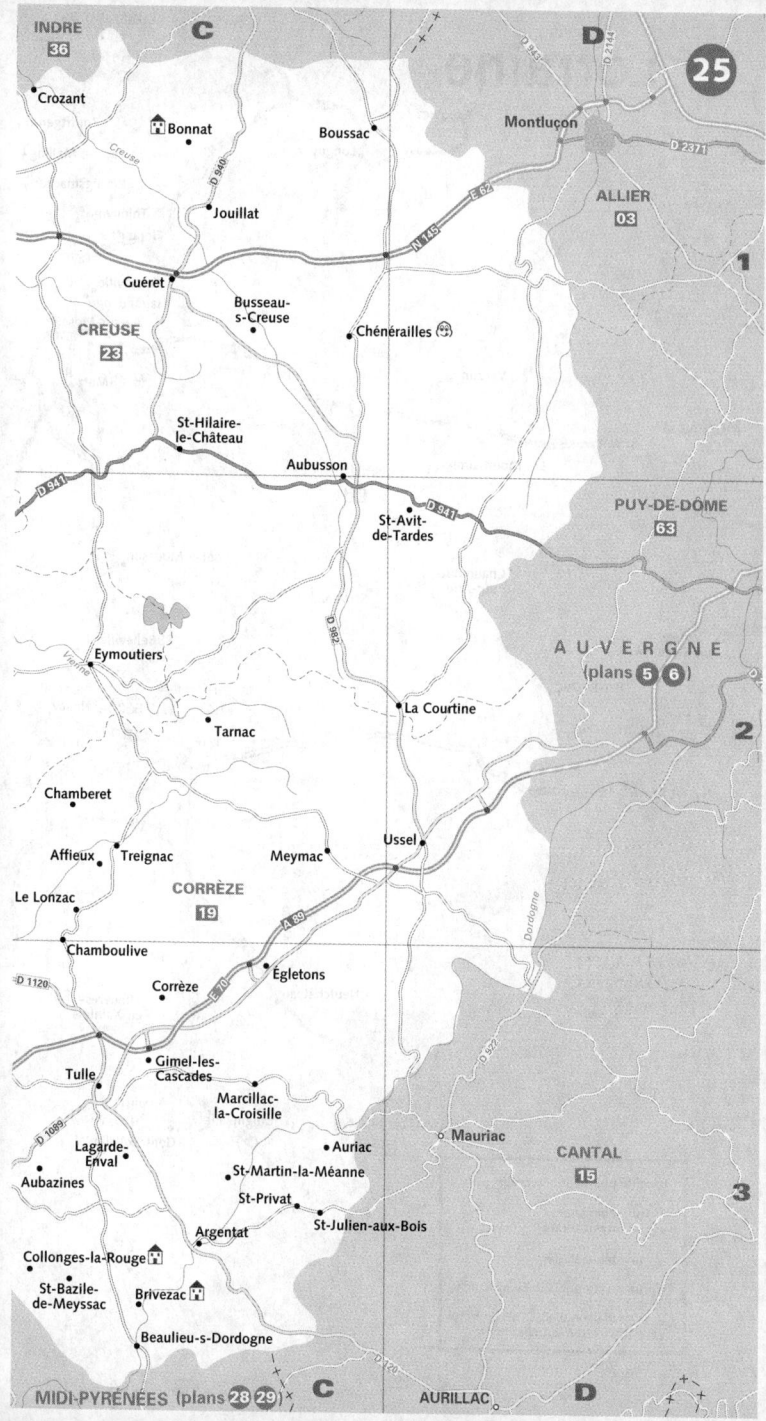

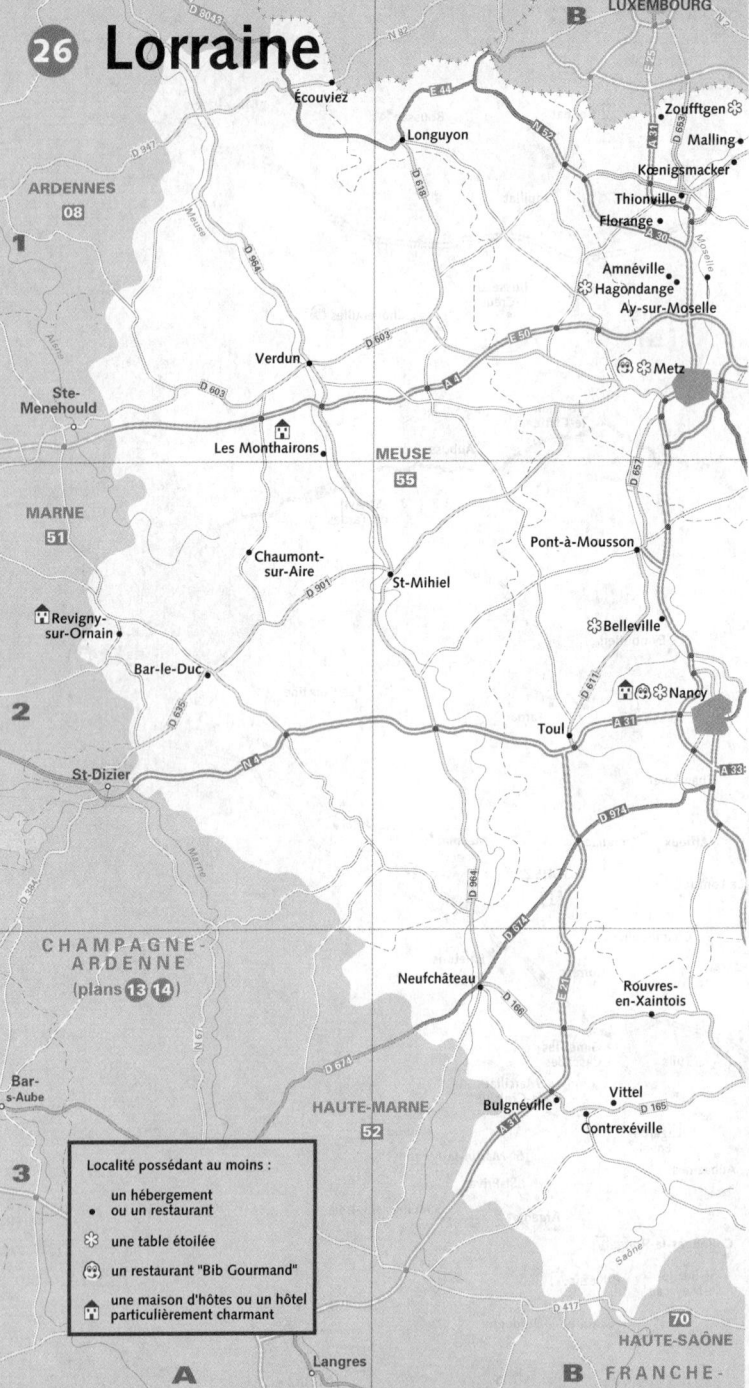

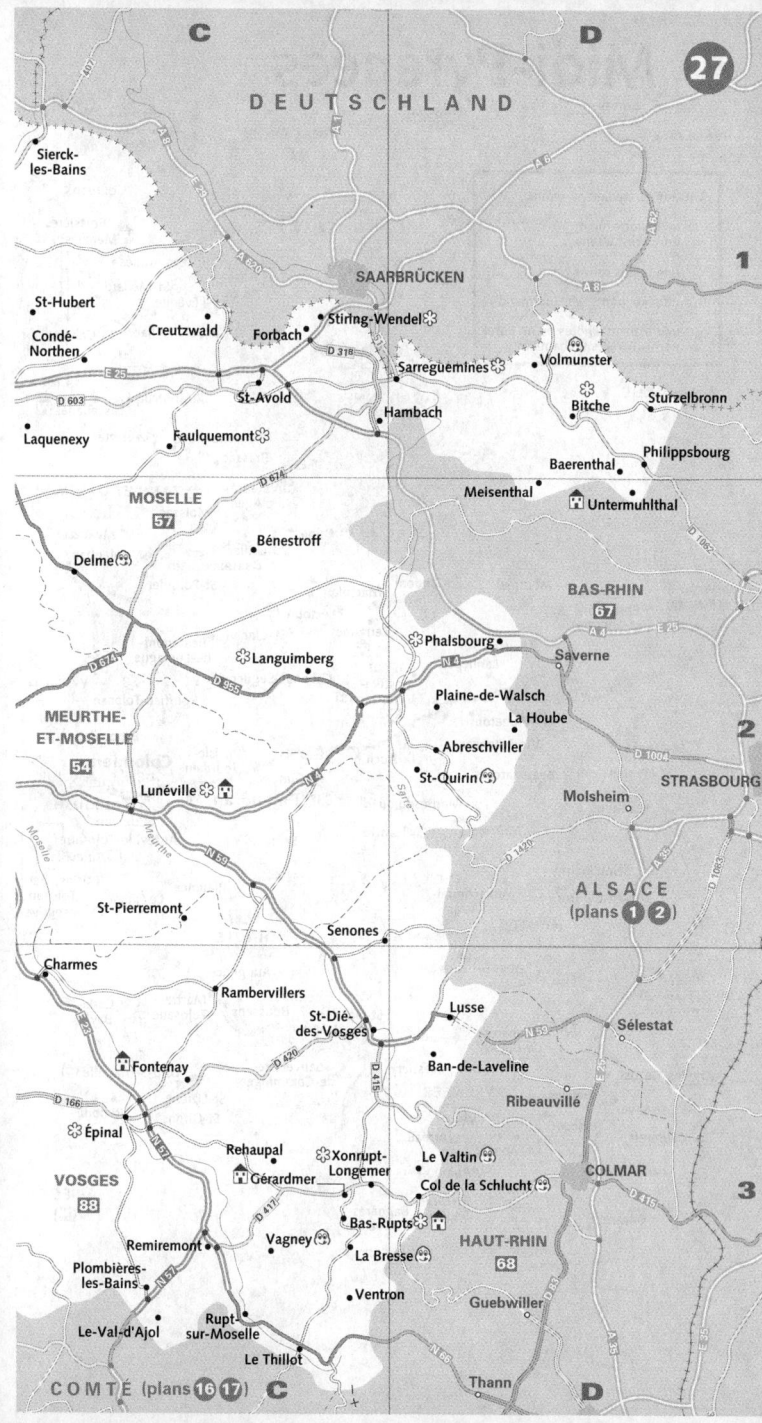

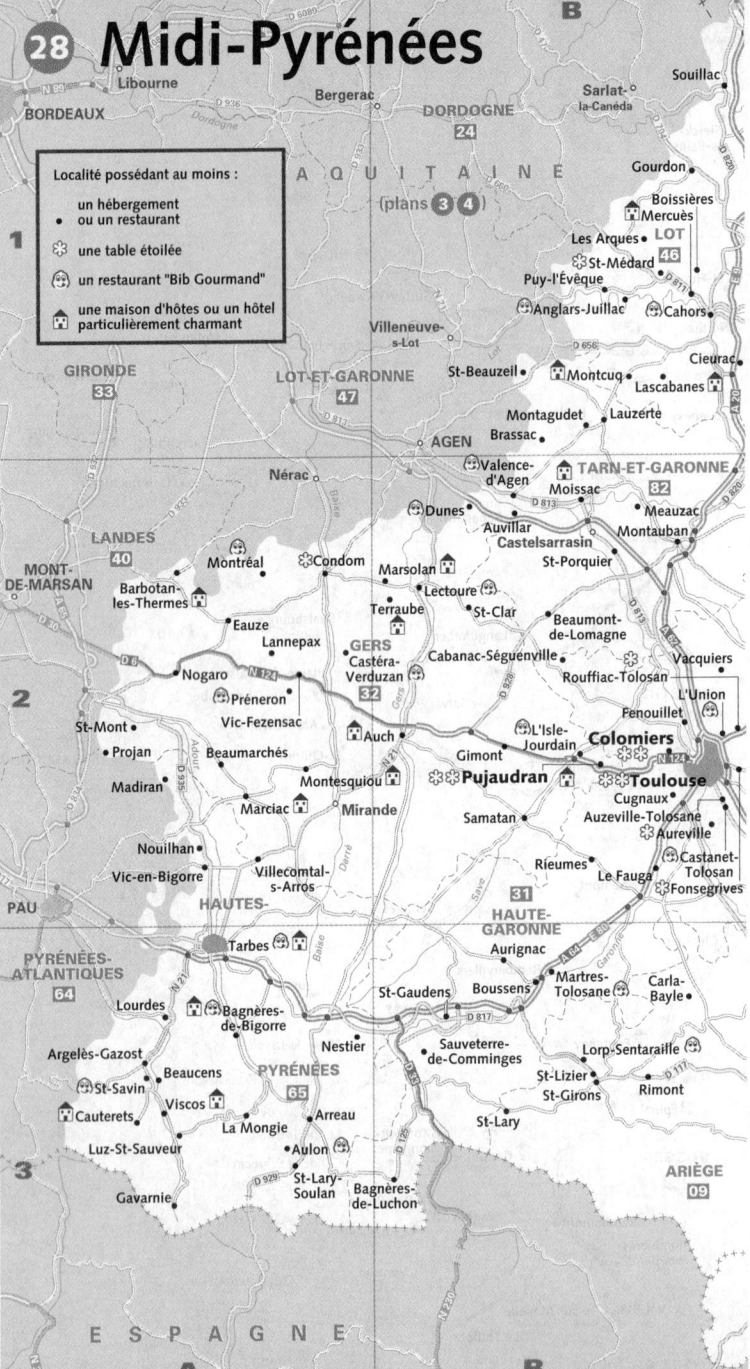

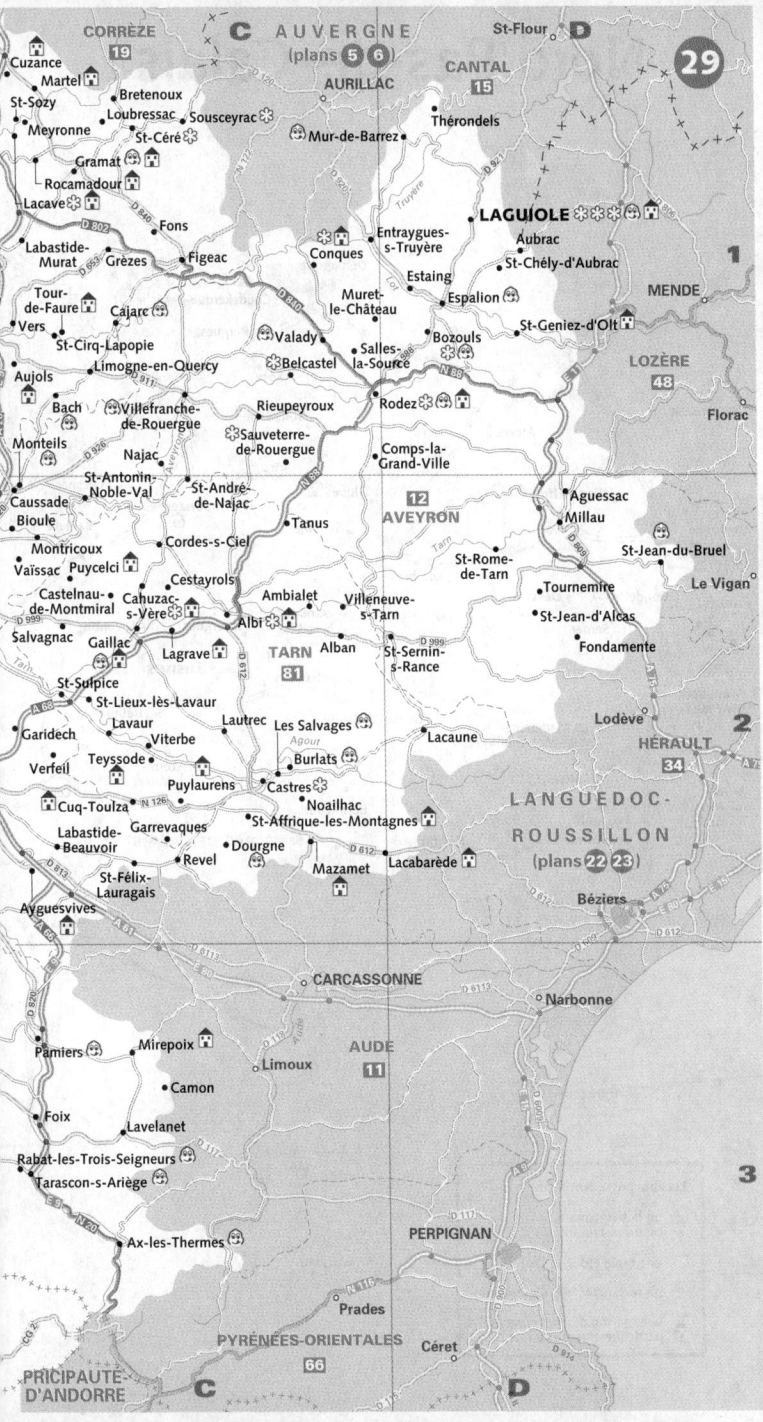

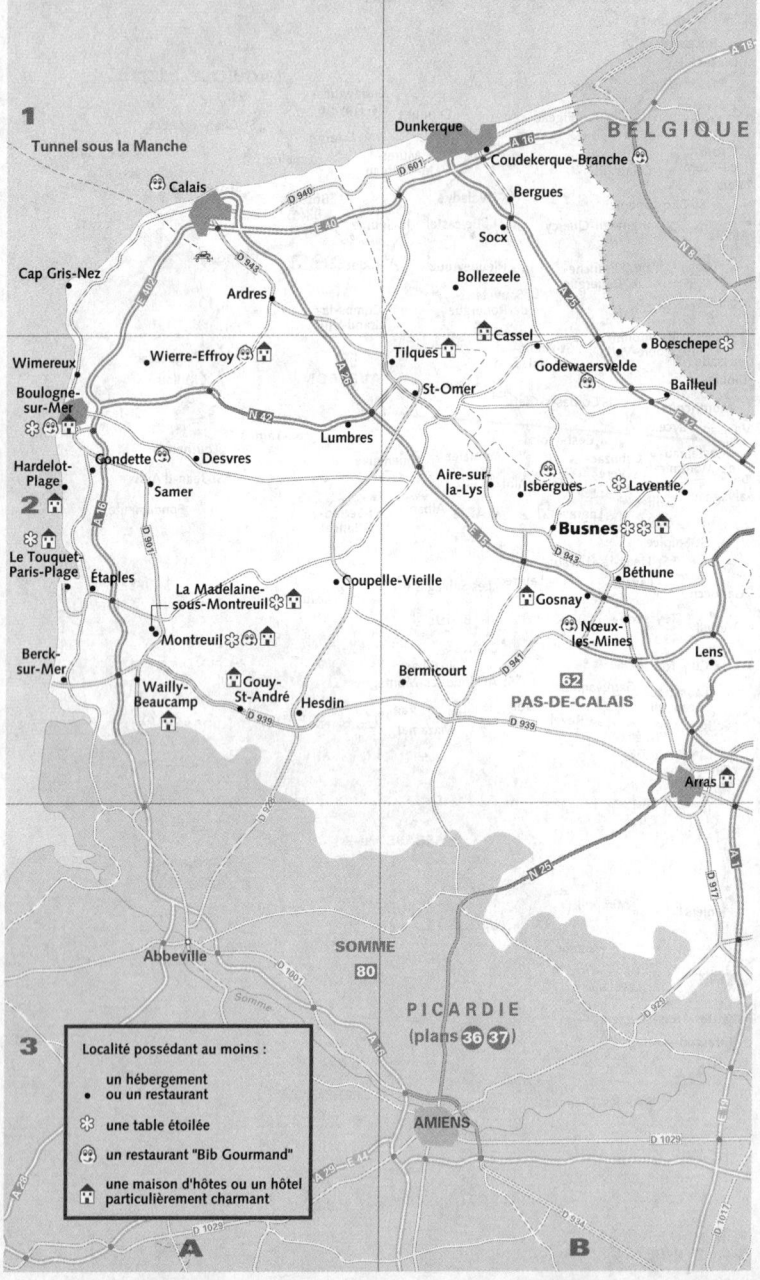

30 Nord Pas-de-Calais

1

Tunnel sous la Manche

BELGIQUE

Dunkerque
Coudekerque-Branche
Calais
Bergues
Socx
Cap Gris-Nez
Bollezeele
Ardres
Cassel
Boeschepe
Wimereux
Tilques
Godewaersvelde
Wierre-Effroy
Bailleul
Boulogne-sur-Mer
St-Omer
Lumbres
N 42
Hardelot-Plage
Gondette
Desvres
Aire-sur-la-Lys
Isbergues
Laventie
2
Samer
Le Touquet-Paris-Plage
Busnes
Étaples
Coupelle-Vieille
Béthune
La Madelaine-sous-Montreuil
Gosnay
Nœux-les-Mines
Montreuil
Bermicourt
Lens
Berck-sur-Mer
Wailly-Beaucamp
Gouy-St-André
Hesdin
PAS-DE-CALAIS
62

Arras

SOMME
80
Abbeville

PICARDIE
(plans **36 37**)

3

AMIENS

Localité possédant au moins :

• un hébergement
ou un restaurant

❀ une table étoilée

🍴 un restaurant "Bib Gourmand"

🏠 une maison d'hôtes ou un hôtel
particulièrement charmant

A   **B**

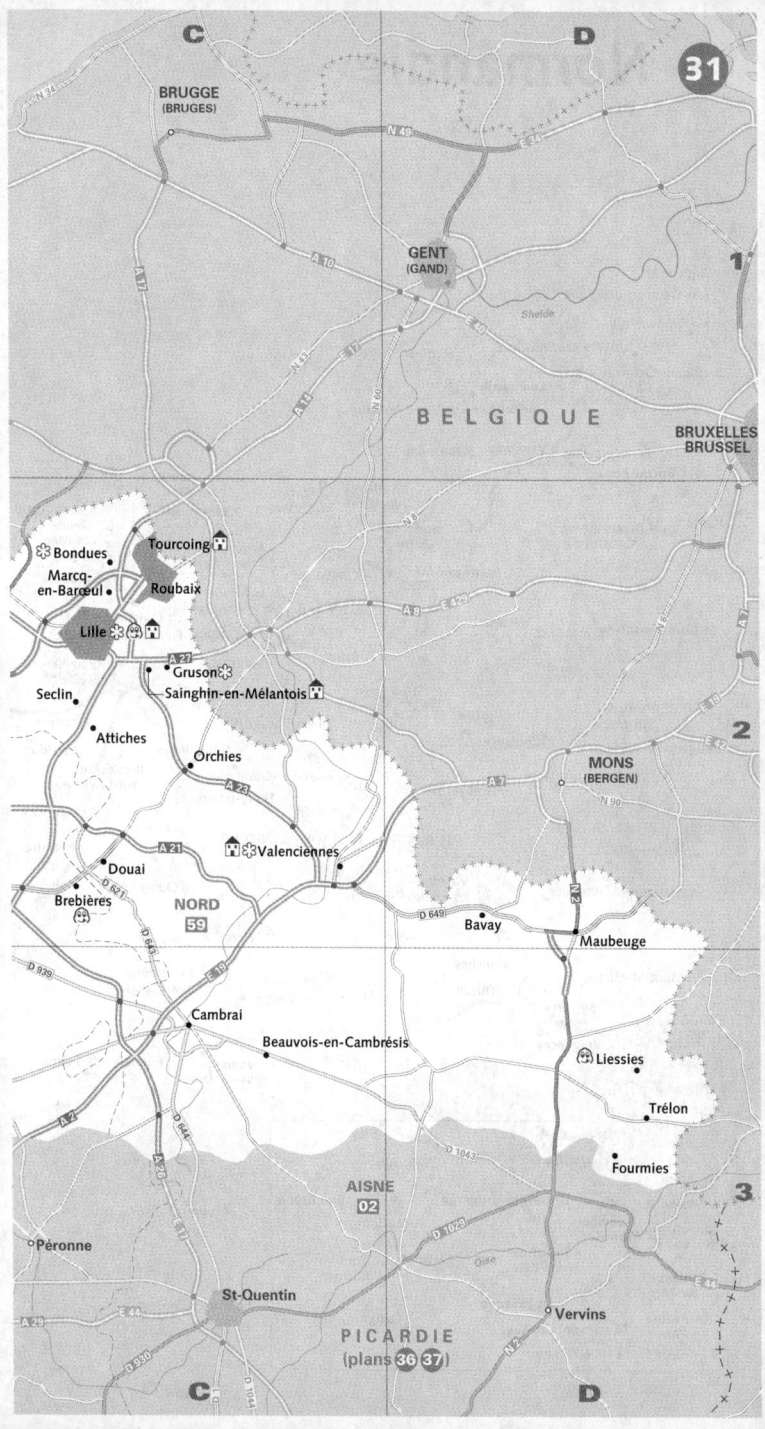

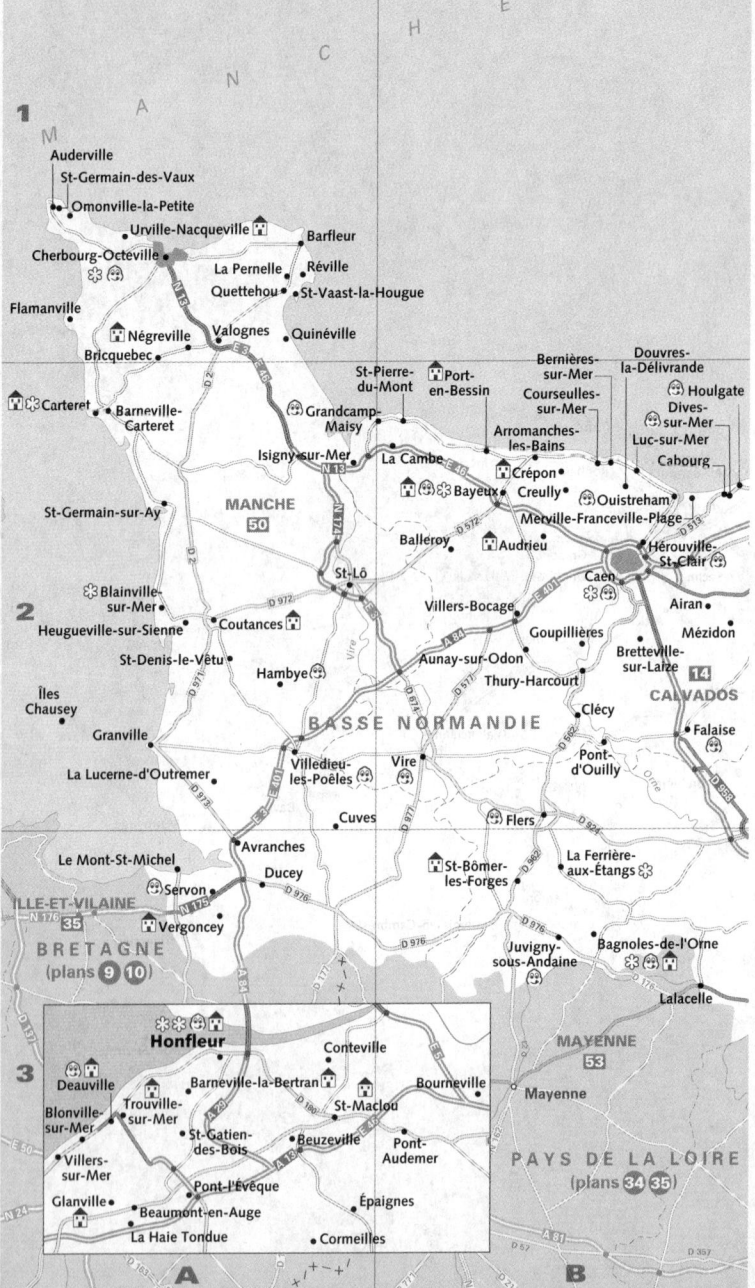

B

1

MANCHE

Auderville
St-Germain-des-Vaux
Omonville-la-Petite
Urville-Nacqueville
Barfleur
Cherbourg-Octeville
La Pernelle
Réville
Quettehou
St-Vaast-la-Hougue
Flamanville
Négreville
Valognes
Quinéville
Bricquebec

Carteret
Barneville-Carteret
St-Pierre-du-Mont
Port-en-Bessin
Bernières-sur-Mer
Douvres-la-Délivrande
Houlgate
Grandcamp-Maisy
Courseulles-sur-Mer
Dives-sur-Mer
Isigny-sur-Mer
La Cambe
Arromanches-les-Bains
Luc-sur-Mer
Cabourg
St-Germain-sur-Ay
Crépon
Creully
Ouistreham
MANCHE
50
Bayeux
Merville-Franceville-Plage
Balleroy
Audrieu
Hérouville-St-Clair
St-Lô
Caen
Airan

2

Blainville-sur-Mer
Villers-Bocage
Goupillières
Mézidon
Heugueville-sur-Sienne
Coutances
Bretteville-sur-Laize
St-Denis-le-Vêtu
Aunay-sur-Odon
CALVADOS
14
Hambye
Thury-Harcourt
Îles
Chausey
BASSE NORMANDIE
Clécy
Granville
Vire
Pont-d'Ouilly
Falaise
La Lucerne-d'Outremer
Villedieu-les-Poêles
Cuves
Flers
Le Mont-St-Michel
Avranches
St-Bômer-les-Forges
La Ferrière-aux-Étangs
Ducey
Servon
ILLE-ET-VILAINE
35
Vergoncey
Juvigny-sous-Andaine
Bagnoles-de-l'Orne
BRETAGNE
(plans 9 10)
MAYENNE
53
Lalacelle

3

Honfleur
Conteville
Deauville
Bourneville
Barneville-la-Bertran
Blonville-sur-Mer
Trouville-sur-Mer
St-Maclou
Mayenne
St-Gatien-des-Bois
Beuzeville
Villers-sur-Mer
Pont-Audemer
PAYS DE LA LOIRE
(plans 34 35)
Glanville
Pont-l'Évêque
Épaignes
Beaumont-en-Auge
La Haie Tondue
Cormeilles

A
B

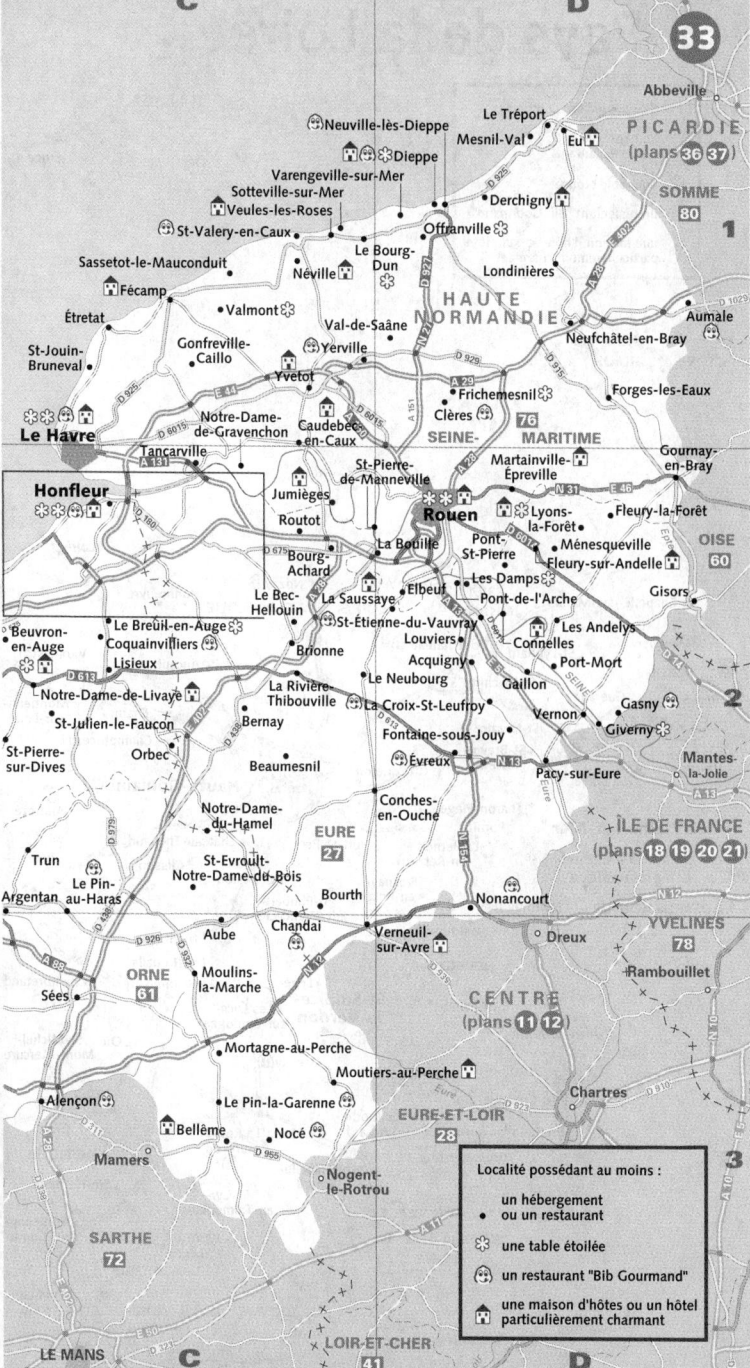

33

Abbeville

PICARDIE
(plans **36 37**)

Le Tréport
Mesnil-Val
Eu

SOMME
80

Neuville-lès-Dieppe
Dieppe
Varengeville-sur-Mer
Sotteville-sur-Mer
Veules-les-Roses
St-Valery-en-Caux
Néville
Le Bourg-Dun
Offranville
Derchigny

Sassetot-le-Mauconduit
Fécamp
Valmont
Val-de-Saâne
Londinières

HAUTE
NORMANDIE

Aumale

Étretat
St-Jouin-Bruneval
Gonfreville-Caillo
Yerville
Yvetot
Neufchâtel-en-Bray

Forges-les-Eaux

Le Havre
Notre-Dame-de-Gravenchon
Caudebec-en-Caux
Frichemesnil
Clères

SEINE-
MARITIME
76

Gournay-en-Bray

Tancarville
St-Pierre-de-Manneville
Martainville-Épreville

Honfleur
Jumièges
Routot
Rouen
Lyons-la-Forêt
Fleury-la-Forêt

La Bouille
Bourg-Achard
Pont-St-Pierre
Ménesqueville
Fleury-sur-Andelle

OISE
60

Le Bec-Hellouin
La Saussaye
Elbeuf
Les Damps
Pont-de-l'Arche
Gisors

Beuvron-en-Auge
Le Breuil-en-Auge
Coquainvilliers
Lisieux
St-Étienne-du-Vauvray
Louviers
Les Andelys
Connelles
Port-Mort

Notre-Dame-de-Livaye
Brionne
Le Neubourg
Acquigny
Gaillon
Vernon
Gasny
Giverny

St-Julien-le-Faucon
La Rivière-Thibouville
La Croix-St-Leufroy
Fontaine-sous-Jouy
Pacy-sur-Eure
Mantes-la-Jolie

St-Pierre-sur-Dives
Bernay
Évreux

Orbec
Beaumesnil
Conches-en-Ouche

ÎLE DE FRANCE
(plans **18 19 20 21**)

EURE
27

Trun
Notre-Dame-du-Hamel
Nonancourt

YVELINES
78

Le Pin-au-Haras
St-Evroult-Notre-Dame-du-Bois
Bourth
Dreux
Rambouillet

St-Pierre-sur-Dives
Aube
Chandai
Verneuil-sur-Avre

Sées
Moulins-la-Marche

ORNE
61

CENTRE
(plans **11 12**)

Alençon
Mortagne-au-Perche
Moutiers-au-Perche
Chartres

Bellême
Le Pin-la-Garenne
Nocé
EURE-ET-LOIR
28

Mamers
Nogent-le-Rotrou

SARTHE
72

Localité possédant au moins :

• un hébergement
ou un restaurant

✳ une table étoilée

🕸 un restaurant "Bib Gourmand"

🏠 une maison d'hôtes ou un hôtel
particulièrement charmant

LE MANS

LOIR-ET-CHER
41

34 Pays de la Loire

Localité possédant au moins :

- un hébergement
  ou un restaurant
- une table étoilée
- un restaurant "Bib Gourmand"
- une maison d'hôtes ou un hôtel
  particulièrement charmant

B

Fougères

Ernée

N 12

RENNES

ILLE-ET-VILAINE
35

CÔTES-D'ARMOR
56

BRETAGNE
(plans 9 10)

Redon

Segré

Loiré

Guenrouet

Nozay

Bonnœuvre

La Chapelle-des-Marais

Missillac

LOIRE-

ATLANTIQUE
44

Herbignac

Mesquer

St-Lyphard

Pontchâteau

Varades

La Turballe

St-Joachim

Sucé-
sur-Erdre

Ancenis

Montjean-
sur-Loire

Pen-Bron

Guérande

Drain

Le Croisic

St-Nazaire

Champtoceaux

Batz-sur-Mer

Pornichet

St-Brevin-
les-Pins

Couëron

Nantes

Haute-Goulaine

La Baule

Andrezé

Tharon-Plage

La Plaine-sur-Mer

Pornic

Château-Thébaud

Cholet

Bois-de-la-Chaize

La Bernerie-
en-Retz

Port-St-Père

Geneston

Clisson

L'Herbaudière

Fresnay-
en-Retz

ÎLE DE NOIRMOUTIER

Noirmoutier-
en-l'Île

St-Philbert-
de-Grand-Lieu

Bouin

Montaigu

Les Brouzils

Beaurepaire

Chambretaud

La Garnache

Legé

Challans

**St-Sulpice-
le-Verdon**

Les Lucs-
sur-Boulogne

L'Oie

St-Michel-
Mont-Mercure

St-Jean-de-Monts

Aizenay

Port-Joinville

Coëx

Chantonnay

ÎLE D'YEU

St-Gilles-Croix-de-Vie

Brétignolles-sur-Mer

La Mothe-
Achard

La Roche-
sur-Yon

85

VENDÉE

Brem-sur-Mer

Ste-Hermine

La Chapelle-
Achard

Les Sables-d'Olonne

St-Cyr-
en-Talmondais

Fontenay-
le-Comte

Château-d'Olonne

Luçon

Velluire

La Tranche-
sur-Mer

St-Michel-
l'Herm

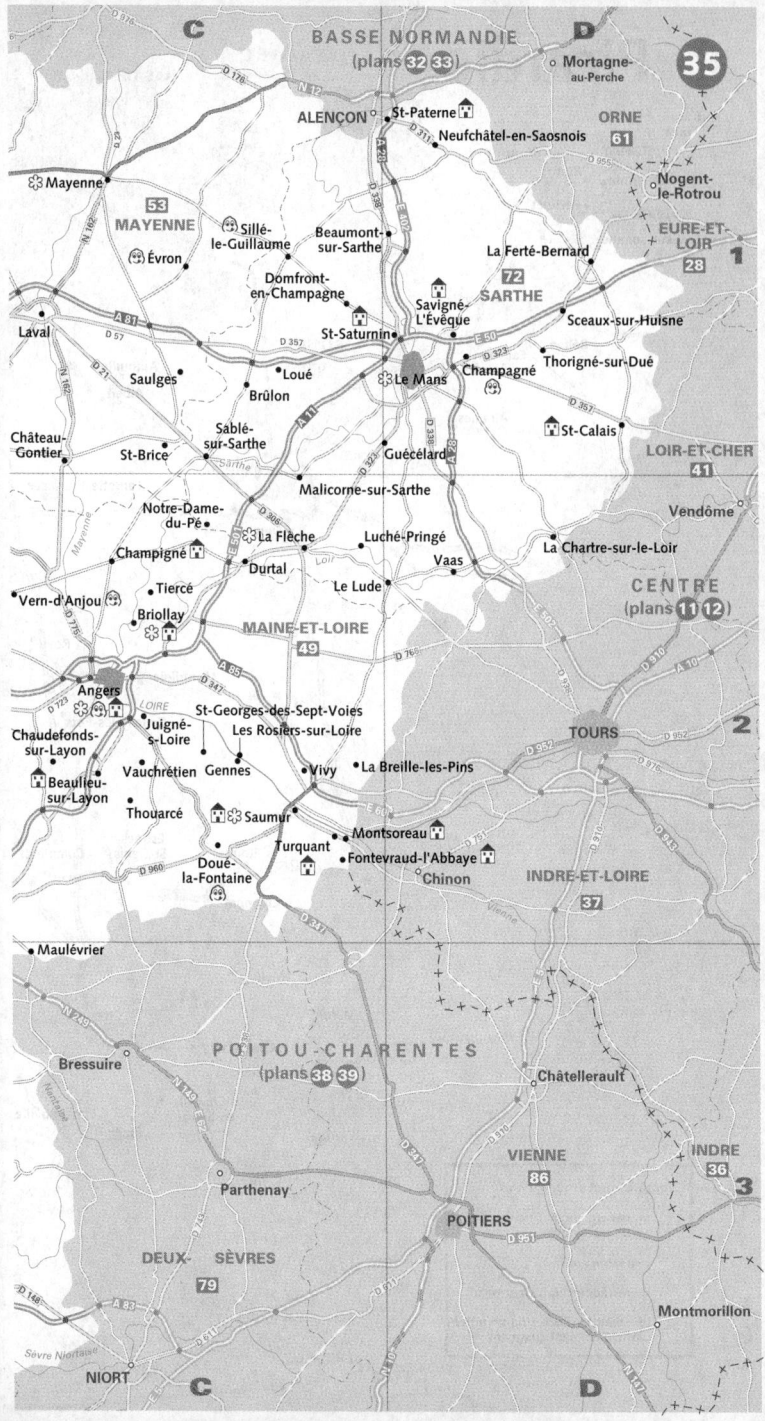

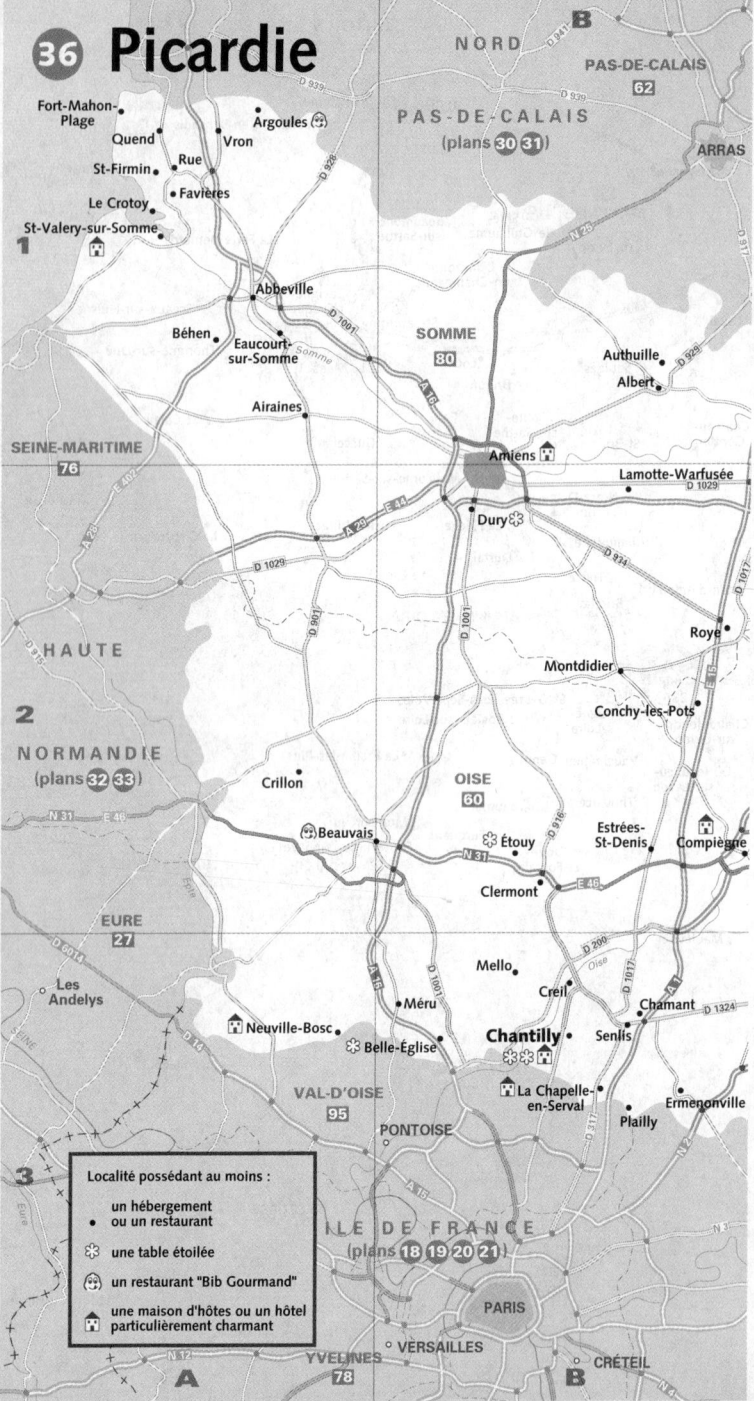

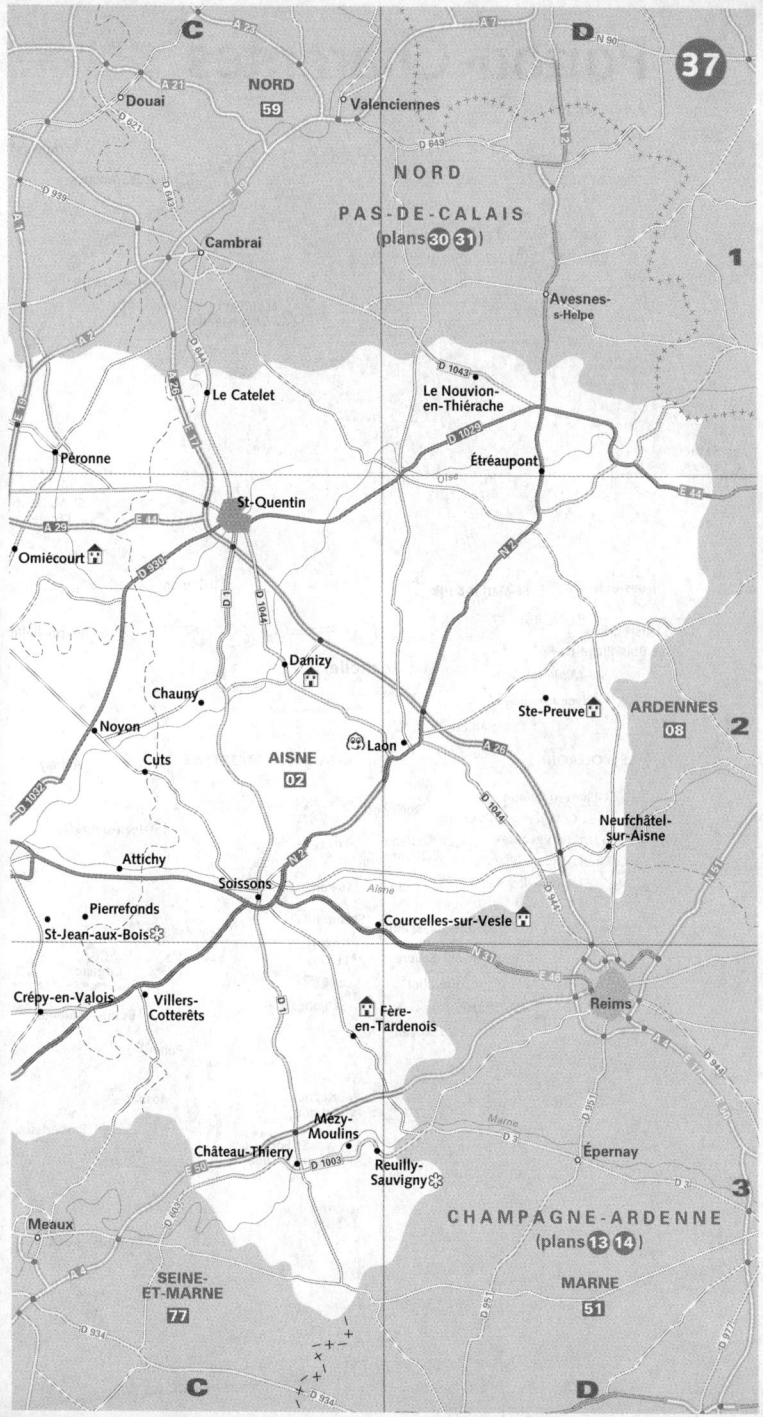

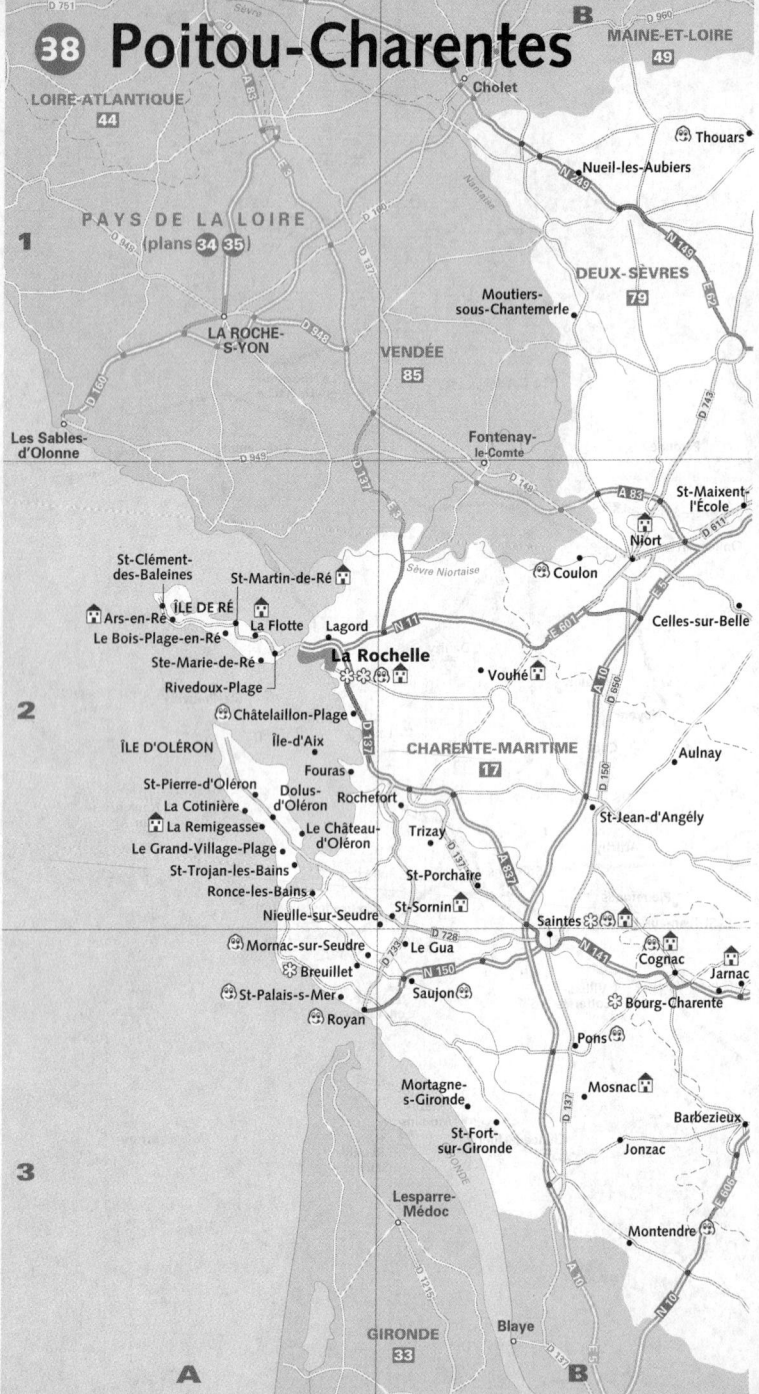

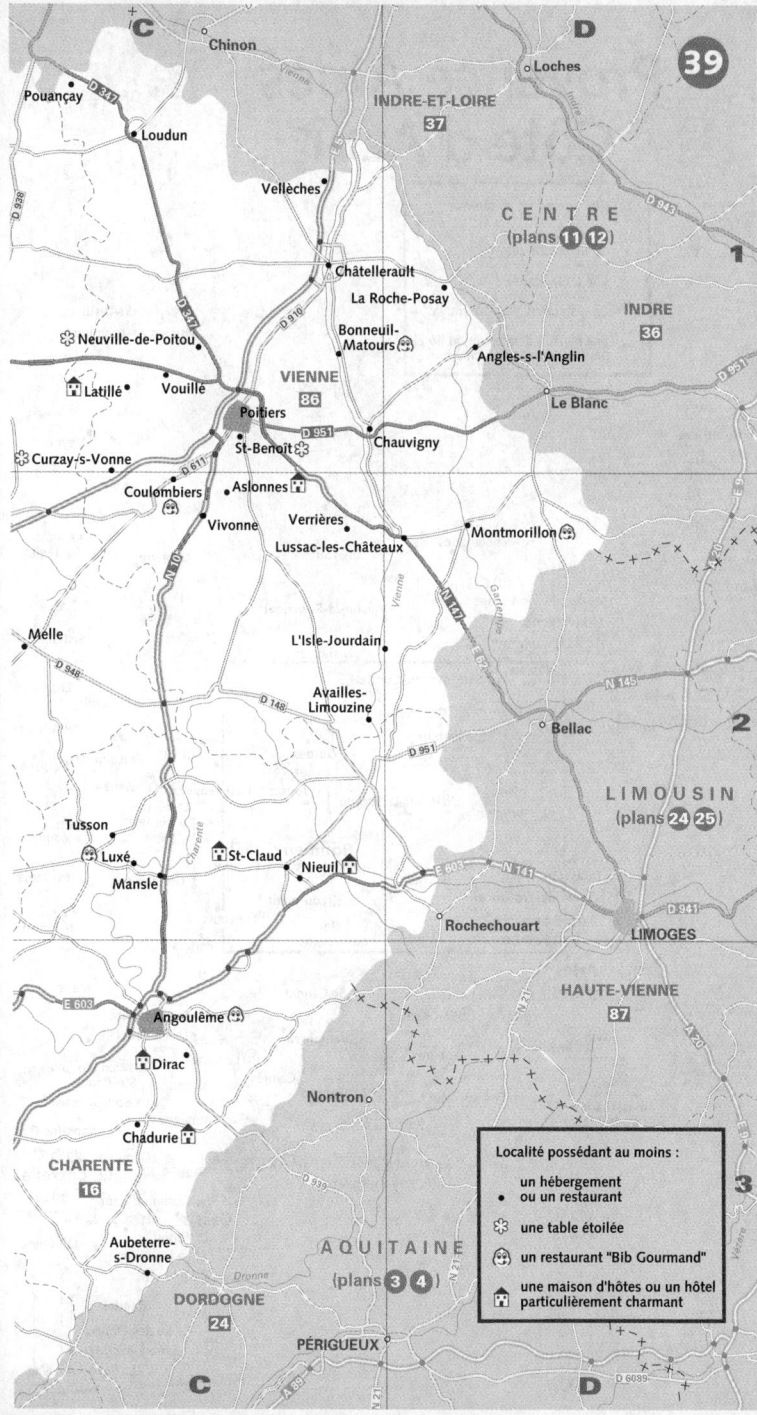

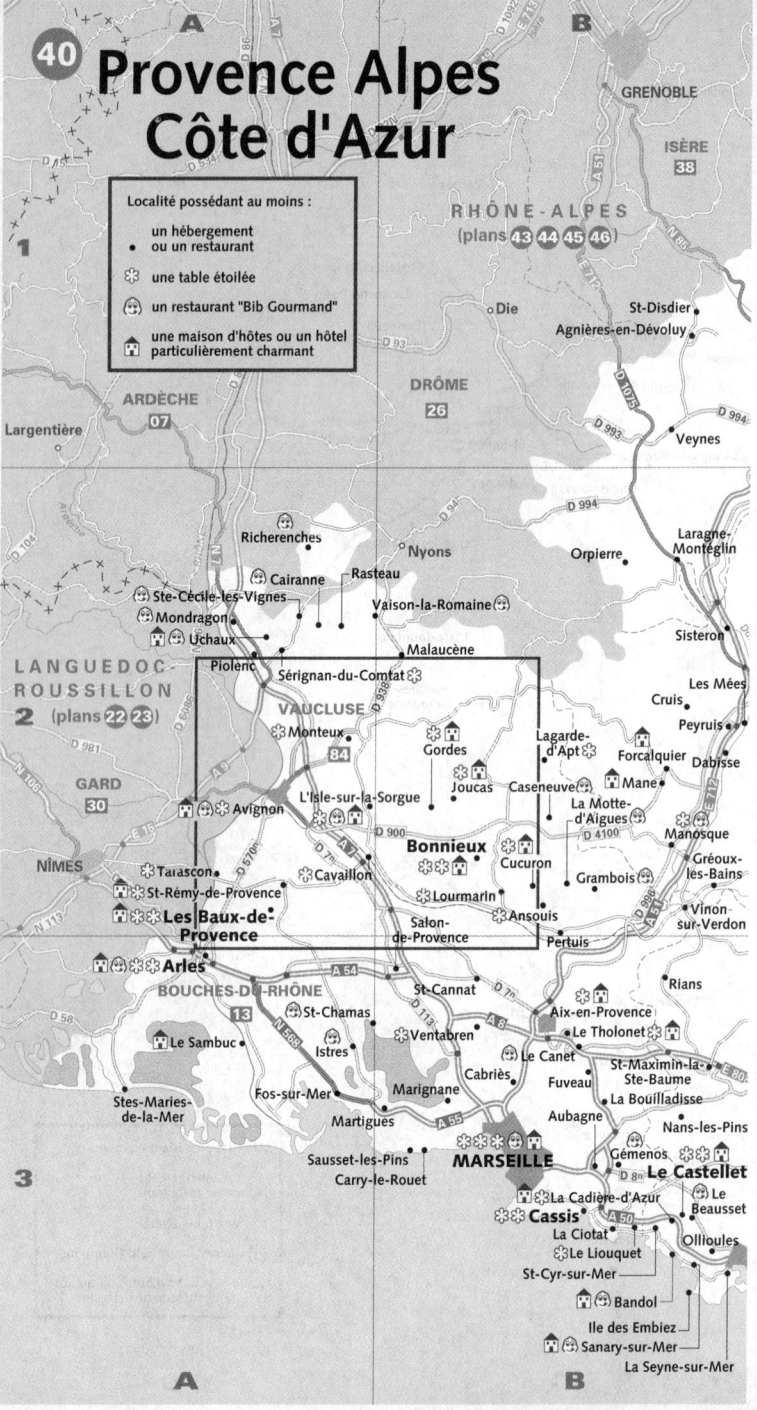

E

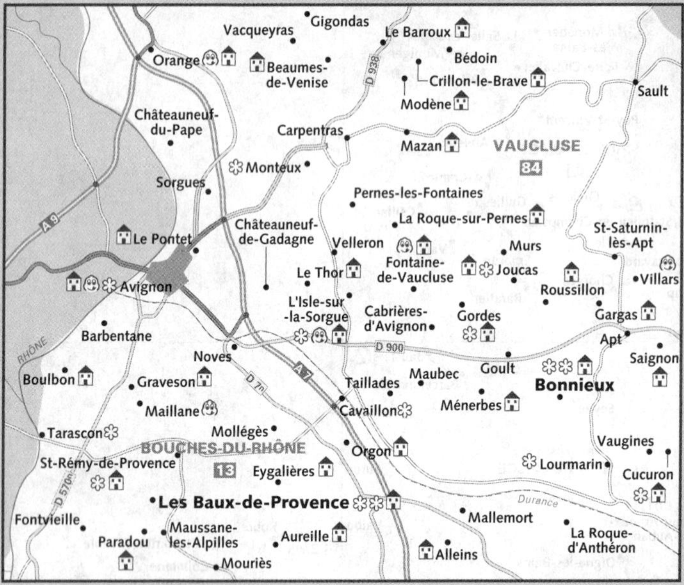

Vacqueyras · **Gigondas** · Le Barroux
Orange · **Beaumes-de-Venise** · Bédoin
Châteauneuf-du-Pape · Crillon-le-Brave · Modène · Sault
Carpentras · Mazan · **VAUCLUSE** **84**
Sorgues · Monteux
Châteauneuf-de-Gadagne · Pernes-les-Fontaines
Le Pontet · La Roque-sur-Pernes · St-Saturnin-lès-Apt
Velleron · Murs · Villars
Avignon · Le Thor · Fontaine-de-Vaucluse · Joucas · Roussillon
L'Isle-sur-la-Sorgue · Gordes · Gargas
Barbentane · Cabrières-d'Avignon · Apt · Saignon
Boulbon · Noves · Goult · **Bonnieux**
Graveson · Taillades · Maubec · Ménerbes
Maillane · Cavaillon · Vaugines
Tarascon · Mollégès · Orgon · Lourmarin · Cucuron
St-Rémy-de-Provence · **BOUCHES-DU-RHÔNE** **13** · Eygalières
Les Baux-de-Provence
Fontvieille · Maussane-les-Alpilles · Mallemort · La Roque-d'Anthéron
Paradou · Aureille · Alleins
Mouriès

1

RHÔNE

E

ALPES-MARITIMES **06** · Carros · Peillon · Gorbio · **Menton**
Vence · St-Roman-de-Bellet · La Turble · Beausoleil · Roquebrune
Tourrettes-sur-Loup · St-Paul · Falicon · Monaco · **MONTE-CARLO**
Courmes · Cap-d'Ail · **Èze**
Le Rouret · Èze-Bord-de-Mer
Le Bar-sur-Loup · La Colle-sur-Loup · **Nice** · Beaulieu-sur-Mer
Magagnosc · St-Jean-Cap-Ferrat
Grasse · Opio · St-Laurent-du-Var · Villefranche-sur-Mer
Valbonne · Biot
Cagnes-sur-Mer
Mougins · Villeneuve-Loubet
Tanneron · Pégomas · **Le Cannet** · Antibes
Mandelieu · Golfe-Juan · Juan-les-Pins · Cap d'Antibes
Cannes
Théoule-sur-Mer · Île Ste-Marguerite
Miramar · **La Napoule**
VAR **83**
Agay
Boulouris

2

E

Rhône-Alpes

43

Localité possédant au moins :

- un hébergement
  ou un restaurant
- une table étoilée
- un restaurant "Bib Gourmand"
- une maison d'hôtes ou un hôtel
  particulièrement charmant

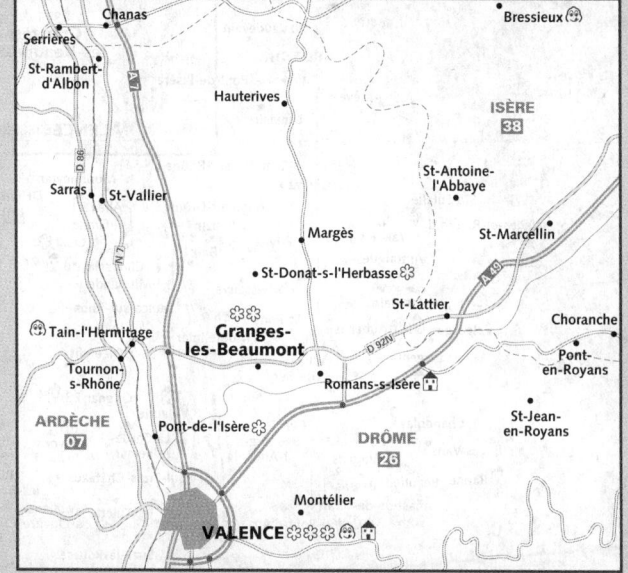

46

LÉMAN

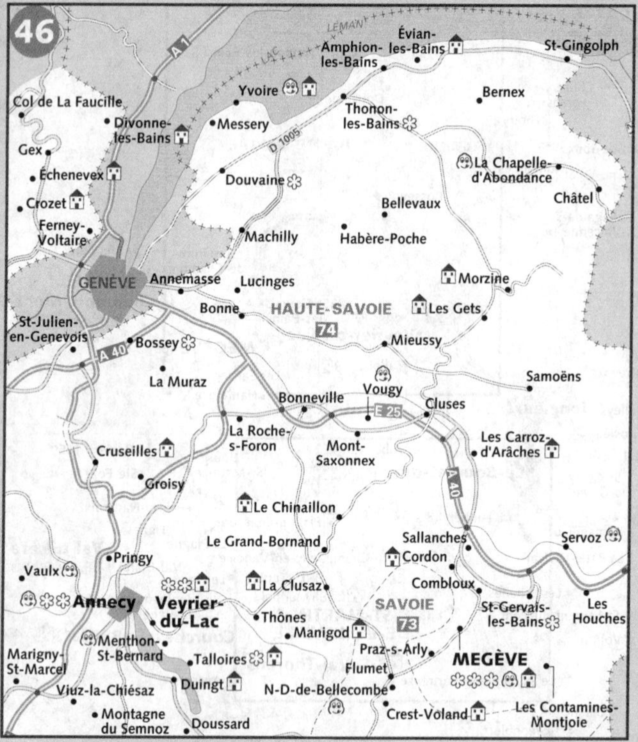

LAC

A 1

St-Gingolph

Évian-les-Bains

Amphion-les-Bains

Bernex

Col de La Faucille

Yvoire

Thonon-les-Bains

Divonne-les-Bains

Messery

Gex

La Chapelle-d'Abondance

Échenevex

Douvaine

Châtel

Crozet

Bellevaux

Ferney-Voltaire

Machilly

Habère-Poche

GENÈVE

Annemasse

Lucinges

Morzine

HAUTE-SAVOIE

Les Gets

74

St-Julien-en-Genevois

Bonne

1

Bossey

Mieussy

Samoëns

La Muraz

Vougy

Bonneville

Cluses

E 25

Cruseilles

La Roche-s-Foron

Mont-Saxonnex

Les Carroz-d'Arâches

A 40

Groisy

Le Chinaillon

Sallanches

Servoz

Vaulx

Le Grand-Bornand

Cordon

Combloux

Les Houches

Pringy

La Clusaz

St-Gervais-les-Bains

SAVOIE

Annecy

Veyrier-du-Lac

Thônes

73

Marigny-St-Marcel

Menthon-St-Bernard

Manigod

Praz-s-Arly

MEGÈVE

Talloires

Flumet

Viuz-la-Chiésaz

Duingt

N-D-de-Bellecombe

Les Contamines-Montjoie

Montagne du Semnoz

Doussard

Crest-Voland

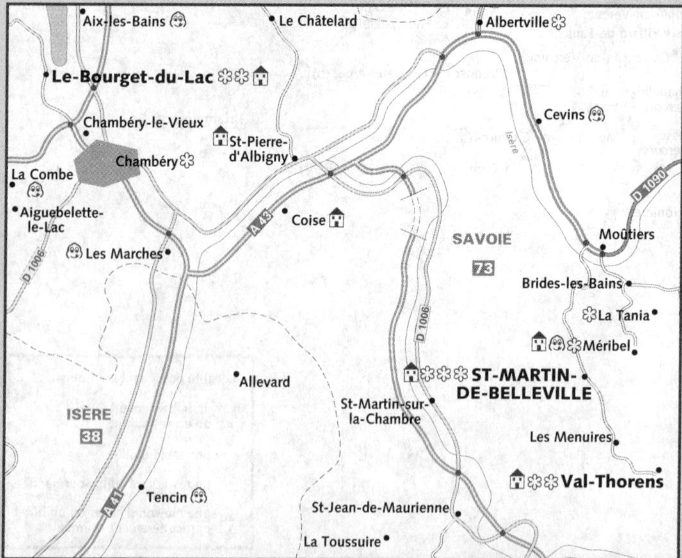

Aix-les-Bains

Le Châtelard

Albertville

Le-Bourget-du-Lac

Cevins

Chambéry-le-Vieux

St-Pierre-d'Albigny

La Combe

Chambéry

Aiguebelette-le-Lac

Moûtiers

Coise

SAVOIE

2

Les Marches

73

Brides-les-Bains

La Tania

Méribel

Allevard

ST-MARTIN-DE-BELLEVILLE

St-Martin-sur-la-Chambre

ISÈRE

Les Menuires

38

Val-Thorens

Tencin

St-Jean-de-Maurienne

La Toussuire

Distances entre les principales villes
→ *Distances between major towns*

807 km	Marseille - Strasbourg

Distance chart (triangular matrix, distances in km). Column and row cities in order:
Amiens, Angers, Bayonne, Besançon, Bordeaux, Brest, Caen, Calais, Cherbourg, Clermont-Ferrand, Dijon, Grenoble, Le Havre, Lille, Limoges, Lyon, Le Mans, Marseille, Metz, Montpellier, Mulhouse, Nancy, Nantes, Nice, Orléans, Paris, Perpignan, Reims, Rennes, Rouen, Saint-Étienne, Strasbourg, Toulon, Toulouse, Tours.

Ville	Amiens	Angers	Bayonne	Besançon	Bordeaux	Brest	Caen	Calais	Cherbourg	Clermont-Ferrand	Dijon	Grenoble	Le Havre	Lille	Limoges	Lyon	Le Mans	Marseille	Metz	Montpellier	Mulhouse	Nancy	Nantes	Nice	Orléans	Paris	Perpignan	Reims	Rennes	Rouen	Saint-Étienne	Strasbourg	Toulon	Toulouse
Angers	418																																	
Bayonne	908	529																																
Besançon	557	650	890																															
Bordeaux	722	343	185	712																														
Brest	618	378	962	813	627																													
Caen	246	252	794	644	608	376																												
Calais	159	512	1054	656	868	712	339																											
Cherbourg	367	371	846	765	660	409	124	461																										
Clermont-Ferrand	562	448	555	369	368	823	594	712	594																									
Dijon	474	551	827	97	641	862	542	573	665	298																								
Grenoble	708	685	821	315	679	1061	800	870	923	297	303																							
Le Havre	181	301	843	606	657	461	88	211	275	572	506	763																						
Lille	122	513	987	584	801	755	382	114	505	641	502	798	319																					
Limoges	531	266	406	499	220	606	680	606	484	223	437	534	609	609																				
Lyon	600	578	741	229	555	957	692	762	815	172	195	105	656	692	409																			
Le Mans	331	96	637	578	450	397	160	282	442	425	573	678	214	502	381	572																		
Marseille	912	731	541	648	581	1074	1135	1127	1004	309	509	309	967	1004	426	314	898																	
Metz	367	1013	1137	209	907	1028	425	250	693	535	771	898	267	294	771	378	188	769																
Montpellier	890	209	137	827	160	850	1060	1044	669	213	509	269	563	990	350	197	599	332	754															
Mulhouse	775	1036	1013	137	1036	1230	481	337	831	505	411	466	671	428	466	425	186	425	169	679														
Nancy	553	89	209	850	1074	1283	669	484	669	509	642	756	582	395	395	451	214	694	56	234	191													
Nantes	382	515	737	329	298	325	663	535	505	472	664	471	642	670	451	817	572	715	700	679	677	874												
Nice	1068	852	697	804	663	1123	1160	1065	924	186	503	341	800	529	472	186	898	188	819	325	874	1127												
Orléans	504	245	647	804	663	561	299	304	425	269	269	200	319	54	269	450	325	707	529	530	386	334	914											
Paris	89	403	647	461	428	281	304	305	316	395	343	192	211	188	334	473	681	807	386	386	334	145												
Perpignan	1068	135	297	771	415	585	421	357	529	466	451	488	254	570	63	570	207	155	156	312	350	933	299	135										
Reims	271	415	771	496	594	428	306	234	483	567	719	833	478	386	687	490	163	724	848															
Rennes	135	297	496	676	448	234	297	211	254	478	478	610	465	444	63	465	116	792	534	475	145	350	282											
Rouen	986	571	676	1067	972	1135	357	250	508	593	751	449	668	321	570	164	489	788	832	955	886	313												
Saint-Étienne	172	431	448	728	505	1103	442	211	442	329	386	388	490	444	386	534	156	853	471	269	484	614												
Strasbourg	431	905	1067	719	534	699	250	700	610	1030	63	520	465	688	489	864	771	955	621	932	721	636												
Toulon	129	630	1067	728	298	271	508	1067	449	570	1067	733	490	348	792	842	1112	205	299	133	553													
Toulouse	118	541	245	444	188	505	442	520	495	378	539	814	382	840	382	781	1034	350	218	932	636													
Tours	377	534	521	348	497	258	216	955	117	504	648	563	240	374	718	310	468	657	863	515														

Parce que le monde est mobile, **Michelin** améliore notre mobilité.

Par tous les moyens et sur toutes les routes.

Depuis l'avènement de l'entreprise – il y a plus d'un siècle ! –, Michelin n'a eu qu'un objectif : aider l'homme à toujours mieux avancer. Un défi technologique, d'abord, avec des pneumatiques toujours plus performants, mais aussi un engagement constant vis-à-vis du voyageur, pour l'aider à se déplacer dans les meilleures conditions. Voilà pourquoi Michelin développe, en parallèle, toute une collection de produits et de services : cartes, atlas, guides de voyage, accessoires automobiles, mais aussi applications mobiles, itinéraires et assistance en ligne : Michelin met tout en œuvre pour que bouger soit un plaisir !

→ Michelin Apps

Parce que le confort et la sécurité sont des notions essentielles, pour vous comme pour nous, MICHELIN a créé un bouquet de 6 applications mobiles gratuites. Un équipement complet pour que la route soit un plaisir !

→ **MICHELIN MyCar** • *Pour obtenir le meilleur de vos pneus, des services et des infos pour préparer sereinement vos trajets.*

→ **MICHELIN Navigation** • *Une nouvelle approche de la navigation : le trafic en temps réel avec une nouvelle fonctionnalité de guidage connecté.*

→ **ViaMichelin** • *Calcul d'itinéraires et données cartographiques : un incontournable pour se déplacer sans perdre de temps.*

→ **Michelin Restaurants** • *Parce que la route doit être un plaisir, retrouvez un très large choix de restaurants, en France et en Allemagne, dont la sélection complète du Guide MICHELIN.*

→ **Michelin Hôtels** • *Pour réservez votre chambre d'hôtel au meilleur tarif, partout dans le monde !*

→ **Michelin Voyage** • *85 pays et 30 000 sites touristiques sélectionnés par le Guide Vert Michelin. Et un outil pour réaliser votre propre carnet de route.*

Un pneu
→ c'est quoi ?

Rond, noir, à la fois souple et solide, le pneumatique est à la roue ce que le pied est à la course. Mais de quoi est-il fait ? Avant tout de gomme, mais aussi de divers matériaux textiles et / ou métalliques... et d'air ! Ce sont les savants assemblages de tous ces composants qui assurent aux pneumatiques leurs qualités : adhérence à la route, amortissement des chocs, en deux mots : confort et sécurité du voyageur.

1 **BANDE DE ROULEMENT**
Une épaisse couche de gomme assure le contact avec le sol. Elle doit évacuer l'eau et durer très longtemps.

2 **ARMATURE DE SOMMET**
Cette double ou triple ceinture armée est à la fois souple verticalement et très rigide transversalement. Elle procure la puissance de guidage.

3 **FLANCS**
Ils recouvrent et protègent la carcasse textile dont le rôle est de relier la bande de roulement du pneu à la jante.

4 **TALONS D'ACCROCHAGE À LA JANTE**
Grâce aux tringles internes, ils serrent solidement le pneu à la jante pour les rendre solidaires.

5 **GOMME INTÉRIEURE D'ÉTANCHÉITÉ**
Elle procure au pneu l'étanchéité qui maintient le gonflage à la bonne pression.

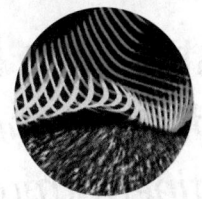
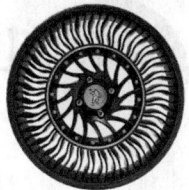

Michelin
➡ *l'innovation en mouvement*

Créé et breveté par Michelin en 1946, le pneu radial ceinturé a révolutionné le monde du pneumatique. Mais Michelin ne s'est pas arrêté là : au fil des ans, d'autres solutions nouvelles et originales ont vu le jour, confirmant Michelin dans sa position de leader en matière de recherche et d'innovations, pour répondre sans cesse aux exigences des nouvelles technologies des véhicules.

➡ *la juste pression !*

L'une des priorités de Michelin, c'est une mobilité plus sûre. En bref, innover pour avancer mieux. C'est tout l'enjeu des chercheurs, qui travaillent à mettre au point des pneumatiques capables de "freiner plus court" et d'offrir la meilleure adhérence possible à la route. Aussi, pour accompagner les automobilistes, Michelin organise, partout dans le monde, des campagnes de sensibilisation à la sécurité routière : les opérations "Faites le plein d'air" rappellent à tous que la juste pression des pneumatiques est un facteur essentiel de sécurité.

La stratégie Michelin :
→ *des pneumatiques multiperformances*

Qui dit Michelin dit sécurité, économie de carburant et capacité à parcourir des milliers de kilomètres. Un pneumatique MICHELIN, c'est tout cela à la fois.

Comment ? Grâce à des ingénieurs au service de l'innovation et de la technologie de pointe. Leur challenge : doter tout pneumatique – quel que soit le véhicule (automobile, camion, tracteur, engin de chantier, avion, moto, vélo et métro !) – de la meilleure combinaison possible de qualités, pour une **performance globale optimale**.

Ralentir l'usure, réduire la dépense énergétique (et donc l'émission de CO_2), améliorer la sécurité par une tenue de route et un freinage renforcés : autant de qualités dans un seul pneu, c'est cela Michelin Total Performance.

Chaque jour, **Michelin** innove en faveur de la mobilité durable.

DANS LE TEMPS ET LE RESPECT DE LA PLANÈTE.

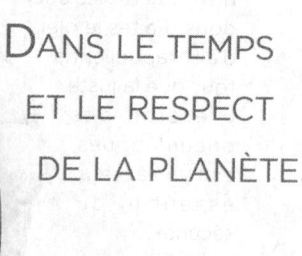

La mobilité durable
→ *c'est une mobilité propre...*
et pour tous

La mobilité durable c'est permettre aux hommes de se déplacer d'une façon plus propre, plus sûre, plus économique et plus accessible à tous, quel que soit le lieu où ils vivent.

Tous les jours, les 113 000 collaborateurs que Michelin comptent dans le monde innovent :

• en créant des pneus et des services qui répondent aux nouveaux besoins de la société,

• en sensibilisant les jeunes à la sécurité routière,

• en inventant de nouvelles solutions de transport qui consomment moins d'énergie et émettent moins de CO_2.

→ *Michelin Challenge Bibendum*

La mobilité durable, c'est permettre la pérennité du transport des biens et des personnes, afin d'assurer un développement économique, social et sociétal responsable. Face à la raréfaction des matières premières et au réchauffement climatique, Michelin s'engage pour le respect de l'environnement et de la santé publique. De manière régulière, Michelin organise ainsi le Michelin Challenge Bibendum, le seul événement mondial axé sur la **mobilité routière durable.**

Les adresses
par localités de A à Z

→ *Establishments*
  by town from A to Z

Le guide : mode d'emploi
→ How to use the guide...

... et retrouvez tous les
symboles page suivante !
...and all the symbols next page!

CATÉGORIES
DE STANDING

- Pour les hôtels & maisons d'hôtes :
  🏠🏠🏠🏠 à 🏠 - ⌂
- Pour les restaurants : XXXX à X

Les symboles en rouge : les adresses
les plus plaisantes !

→ CATEGORIES OF STANDING

- *For accommodation :* 🏠🏠🏠🏠 *to* 🏠 - ⌂
- *For restaurants :* XXXX *to* X

*Symbols in red: the most pleasant
establishment!*

DISTINCTIONS → AWARDS

ÉTOILES *STARS*

😊😊😊 Cuisine remarquable, vaut le voyage !
Exceptional cuisine, worth a special journey!

😊😊 Cuisine excellente, mérite un détour.
Excellent cooking, worth a detour.

😊 Très bonne cuisine.
A very good restaurant.

(Entre parenthèses : le nom du chef-propriétaire)
(in brackets: name of the chef-owner)

BIB GOURMAND 😊

Le meilleur rapport qualité-prix.
A good food at moderate price.

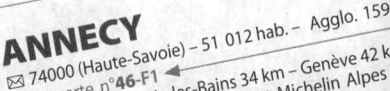

ANNECY
✉ 74000 (Haute-Savoie) – 51 012 hab. – Agglo. 159
– Voir carte n°**46-F1**
▶ Paris 536 km – Aix-les-Bains 34 km – Genève 42 k
Carte Michelin 328-J5 – Guide Vert Michelin Alpes

AGEN
✉ 47000 (Lot-et-Garonne
▶ Paris 662 km – Auch 74
Carte Michelin 336-F4 – Gu

🏠🏠🏠 **Les Jardins du Ch**
24 r. Jean Torthe – 𝒞 05
www.jardinsduchatea
15 ch – ♦90/115 € ♦♦1
Rest Les Augustins – v
Il règne dans cet hôtel pa
anciens, tissus raffinés et
simple du terroir aux Ter

🏠🏠 **Hôtel Jayan** sans rest
12 r. du Jardin Public – 𝒞 0
– Fermé 31 oct.-18 nov., 1
42 ch – ♦40/60 € ♦♦60/85
Une élégante demeure d
Chambres douillettes et cl
vue sur la verdure... Quiétu

XXX **Les Augustins** - Hôtel Le
32 r. des Augustins – 𝒞 05 9
– Fermé 14 nov. au 30 déc., 𝒞
Menu 27/45 € – Carte 45/85
Dans cette demeure bourge
notamment la lamproie à la b

XX **La Maison Agenaise** (É
😊 3 bd de la République – 𝒞 05 9
– Fermé dim. soir et lundi
Menu 45/95 € – Carte 78/110
Dans cette maison de maître d
cuisine de saison – fine et subtile
agenais sont séduits ; les autres
→ Œuf de poule cuit à 65 °C, pu
homard, jus tranché à l'huile de r

XX **La Table d'Annie**
😊 32 r. Richard-Coeur-de-Lion – 𝒞 0
– Fermé 15 juil.-1ᵉʳ août, 23 déc.-3
Menu 17 € (déj. en semaine), 20/
Installé au cœur de la vieille ville
le charme d'un

LOCALISER LA VILLE

Repérez la localité sur la carte régionale, au début du guide (n° de la carte et coordonnées).

→ LOCATING THE TOWN
Locate the town on the regional map at the begining of the guide (map number and coordinates).

LOCALISER L'ADRESSE

Repérez votre adresse sur le plan de la ville (coordonnées et indice).

→ LOCATING THE ADDRESS
Located on the town plan (coordinates and letter giving the location).

ÉQUIPEMENTS & SERVICES

→ EQUIPMENTS & SERVICES

LES PRIX

→ PRICES

PORTRAIT DE L'ÉTABLISSEMENT

Atmosphère, style, caractère, spécialités : tout savoir sur l'adresse pour faire le bon choix !

→ PORTRAIT OF THE ESTABLISHMENT
Atmosphere, style, character and specialities... all you need about the address to do the good choice !

NOUVEAU ! → NEW!

Nouvelle adresse dans le guide
New establishment in the guide

---

hab. – Alt. 448 m

_yon 138 km
Nord

3 981 hab. – Alt. 50 m – Voir carte n° **4**C2
- Bordeaux 141 km – Pau 159 km
Vert Michelin Aquitaine

au
01 46 46
n – Fermé mi-déc.-mi-avril
85 € – 3 suites
s restaurants ci-après
ier bâti en 1830 un bel esprit "demeure bourgeoise" : meubles
mbres joliment décorées, d'une tenue irréprochable. Cuisine
s, la brasserie attenante.

Plan : AX**b**

46 57 22 – www.hoteljayan.com
déc., dim. soir

Plan : CZ**a**

s. cachant un beau jardin très prisé lors des mariages.
ues (mobilier de style, pierre, tons clairs), la plupart avec
arme et caractère au cœur de la ville !

dins du Château
77 41 – www.lesaugustins.com
et lundi soir
iner)

Plan : DS**e**

édifiée par l'architecte Charles Garnier, on redécouvre
laise. Une agréable adresse traditionnelle.

ouvet)
39 07 – www.maisonagenaise.fr

Plan : AU**d**

s., tout est raffiné et soigné : l'accueil et le service, la
carte des vins étoffée et la jolie terrasse... Les gourmets
i !
de ratte aux truffes. Pied de cochon noir d'ici farci au
ette. Dessert "rouge".

3 61 39 07 – www.latabledannie.fr
, dim. et lundi
– Carte 32/45 €

Plan : AZ**f**

77

Tous les symboles
→ All the symbols

LES CATÉGORIES D'ÉTABLISSEMENT

CATEGORIES OF ESTABLISHMENTS

Les adresses sont classées suivant 5 catégories de standing :
Addresses are classified according 5 levels of standing :

Dans chaque catégorie, les établissements sont classés par ordre de préférence.

Within each category, establishments are listed in order of preference.

🏨🏨🏨…🏨	Hôtels, classés selon leur confort, de 5 à 1 pavillon(s) *Hotels, classified by their comfort, from 5 to 1 house*
⌂	Maison d'hôtes *Guesthouse*
XxXxX…X	Restaurants, classés selon leur standing, de 5 à 1 couvert(s) *Restaurants, classified by their standing, from 5 to 1 couvert*
sans rest	Hôtel sans restaurant *This hotel has no restaurant*
avec ch	Restaurant avec chambres *This restaurant also offers rooms*

LES DISTINCTIONS → AWARDS

Les meilleures tables, quel que soit leur genre, reçoivent une distinction pour la qualité de leur cuisine.

Choix des produits, maîtrise des cuissons et des saveurs, personnalité de la cuisine, constance de la prestation et bon rapport qualité-prix sont les critères retenus.

✸✸✸	Cuisine remarquable, la table vaut le voyage *Exceptional cuisine, worth a special journey*
✸✸	Cuisine excellente, la table mérite un détour *Excellent cooking, worth a detour*
✸	Une très bonne table *A very good restaurant*
🅑	Bib Gourmand Nos meilleurs rapports qualité-prix : ≤ 32 € (36 € à Paris) *Good value cooking: ≤ 32 € (36 € in Paris)*

LES PLUS ! → MOST PLEASANT!

🏨🏨🏨…🏨, ⌂	Les hébergements les plus agréables *The most pleasant accommodation*
XxXxX…X	Les restaurants les plus agréables *The most pleasant restaurants*
⌖	Au calme *Peaceful place*
≼	Belle vue *Greatest view*
🍷	Carte des vins particulièrement attractive *A particularly interesting wine list*

N Nouvel établissement dans le guide
New establishment in the guide

LES ÉQUIPEMENTS & SERVICES → *EQUIPMENTS & SERVICES*

30 ch	Nombre de chambres *Number of rooms*	
⅋O	Service de restauration dans l'hôtel *Hotel with restaurant*	
🏡 🏛	Parc ou jardin • Terrasse *Garden or park · Terrace*	
🏊 🏊 🆂	Piscine de plein air / couverte • Spa *Open-air / indoor swimming pool · Wellness centre*	
👟 🎾	Salle de remise en forme • Court de tennis *Tennis · Exercise room*	
🄰🄲	Air conditionné *Air conditioning*	
📶	Connexion Wifi *Wifi connection in bedrooms*	
🛗 ♿	Ascenseur • Aménagements pour personnes à mobilité réduite *Lift · Wheelchair access*	
⬖ 🛎	Salons pour repas privés • Salles de conférences *Private dining rooms · Equipped conference halls*	
🅿️	Restaurant proposant un service voiturier *Valet parking*	
🄿 🄿 🚗	Parking • Parking clos réservé à la clientèle • Garage *Car park · Enclosed car park · Garage*	
🐕‍🦺	Accès interdit aux chiens *No dogs allowed*	
🚫	Carte de crédit non acceptée *Credit cards not accepted*	
Ⓜ	Station de métro la plus proche *Nearest metro station*	

> **TABLES D'HÔTES**
> Les tables d'hôtes sont exclusivement réservées aux résidents, elles ne sont souvent ouvertes que le soir, et pas forcément tous les jours. Qu'on se le dise : pensez à réserver si vous voulez en profiter !
> 😊

LES PRIX → *PRICES*

🍴	Menu à moins de 20 € *Menu for less than 20 €*
Formule 15 €	Formule (entrée-plat ou plat-dessert) au déjeuner en semaine *2 course set lunch on weekdays*
Menu 16/38€	Menu le moins cher / le plus cher *Least / most expensive menu*
🍷	Boisson comprise (vin) *Drinks included*
ch-🛏🛇👤 50/80 €	Prix des chambres mini/maxi
ch-🛏🛇👥 60/110 €	1et 2 personne(s), petit-déjeuner inclus *Lowest / highest prices for single and double rooms, breakfast included*
🛇9€	Prix du petit-déjeuner *Breakfast price*
1/2 P	Hôtel proposant la demi-pension *Establishment offering half board*

Légende
des plans de ville

Hôtels •
Restaurants •

CURIOSITÉS

Bâtiment intéressant

Édifice religieux intéressant : catholique • protestant

VOIRIE

Autoroute, double chaussée de type autoroutier

❹ ❹ Échangeurs numérotés : complet, partiels

Grande voie de circulation

← ◄ ≡≡≡≡≡ Sens unique • Rue réglementée ou impraticable

Rue piétonne • Tramway

R. Pasteur 🅿 🅿 Rue commerçante • Parking • Parking Relais

⊹ ⵡ ⵖ Porte • Passage sous voûte • Tunnel

Gare et voie ferrée • Auto-Train

Funiculaire • Téléphérique, télécabine

△ 🅱 Pont mobile • Bac pour autos

EQUIPEMENTS

🚹 Information touristique

☪ ✡ Mosquée • Synagogue

• ∴ ⵊ 🏯 Tour • Ruines • Moulin à vent • Château d'eau

⵨ ⵟⵟⵟ ⵞ Jardin, parc, bois • Cimetière • Calvaire

○ ⵜ ⵞⵟ ⵟ Stade • Golf • Hippodrome • Patinoire

⵨ ⵨ ⵨ ⵠ Piscine de plein air, couverte

⵨ ⵨ ⵠ Vue • Panorama • Table d'orientation

■ ⊙ ⵙ Monument • Fontaine • Usine

⵨ ⵜ Centre commercial • Cinéma Multiplex

⥁ ⵙ ⵟ Port de plaisance • Phare • Tour de télécommunications

✈ ⵙ ⵠ S.N.C.F. Aéroport • Station de métro • Gare routière

⵨ ⵨ ⵜ Transport par bateau : passagers et voitures • passagers seulement

③ Sortie de ville

🖂 ☎ Bureau principal de poste restante et Téléphone

⊞ ⵟ ⵟ Hôpital • Marché couvert • Caserne

Bâtiment public repéré par une lettre :

A	C	• Chambre d'agriculture • Chambre de commerce
G	H	J	• Gendarmerie • Hôtel de ville • Palais de justice
M	P	T	• Musée • Préfecture, sous-préfecture • Théâtre
U	POL	• Université, grande école • Police (commissariat central)

⁴·⁵ 18T ⑱ Passage bas (inf. à 4 m 50) • Charge limitée (inf. à 19 t)

80

→ Key to town plans

- Hotels
- Restaurants

SIGHTS

Place of interest

Interesting place of worship: Catholic • Protestant

ROAD

Motorway, dual carriageway

4 Numbered junctions : complete, limited

Major thoroughfare

One-way street • Unsuitable for traffic or street subject to restrictions

Pedestrian street • Tramway

R. Pasteur P R Shopping street • Car park • Park and Ride

Gateway • Street passing under arch • Tunnel

Station and railway • Motorail

Funicular • Cable-car

B Lever bridge • Car ferry

EQUIPMENTS

Tourist Information Centre

Mosque • Synagogue

Tower • Ruins • Windmill • Water tower

Garden, park, wood • Cemetery • Cross

Stadium • Golf course • Racecourse • Skating rink

Outdoor or indoor swimming pool

View • Panorama • Viewing table

Monument • Fountain • Factory

Shopping centre • Multiplex Cinema

Pleasure boat harbour • Lighthouse • Communications tower

Airport • Underground statio • Coach station

Ferry services: passengers and cars • passengers only

③ Reference number common to town plans

Main post office with poste restante and telephone

Hospital • Covered market • Barracks

Public buildings located by letter :

A	**C**	Chamber of Agriculture • Chamber of Commerce
G **H**	**J**	Gendarmerie • Town Hall • Law Courts
M **P**	**T**	• Museum • Prefecture or sub-prefecture • Theatre
U	POL.	• University, College • Police (in large towns police headquarters)

18T ⑱ Low headroom (15 ft. max.) • Load limit (under 19 t)

ABBEVILLE

✉ 80100 (Somme) – 24 104 hab. – Alt. 8 m – Voir carte n°**36**-A1

▶ Paris 186 km – Amiens 51 km – Boulogne-sur-Mer 79 km – Rouen 106 km

Carte Michelin 301-E7 – Guide Vert Michelin Picardie

| 🏨 | **Mercure Hôtel de France** | ‖○ 🛏 ᚛ 🅰🅒 ⫯ 🕉 |

19 pl. du Pilori – 𝒞 03 22 24 00 42 – www.mercure.com

72 ch – ♦100/205 € ♦♦110/205 € – ⊊ 15 €

En plein centre-ville, cette bâtisse en brique rouge en impose. À l'intérieur, chambres contemporaines, junior suite avec baignoire balnéo, et bar feutré. Un ensemble confortable et bien tenu.

L'ABERGEMENT-CLÉMENCIAT – 01 (Ain) → voir Châtillon-sur-Chalaronne

---

ABRESCHVILLER

✉ 57560 (Moselle) – 1 510 hab. – Alt. 340 m – Voir carte n°**27**-D2

▶ Paris 433 km – Baccarat 46 km – Lunéville 62 km – Phalsbourg 23 km

Carte Michelin 307-N7

| 𝕏𝕏𝕏 | **Auberge de la Forêt** | 🍽 🛋 ᚛ 🅰🅒 🅿 |
| ⊜ | | |

276 r. des Verriers, 0,5 km à Lettenbach – 𝒞 03 87 03 71 78
– www.aubergedelaforet57.com – Fermé 8-19 oct., 1ᵉʳ-20 janv., mardi soir et lundi

Menu 14 € (déj. en semaine), 30/58 € – Carte 35/59 €

Une élégante auberge, au cœur de la vallée d'Abreschviller. Subtile alliance de classicisme et de modernité, le décor, chic et cossu, avec une belle terrasse face au jardin verdoyant, se prête à un agréable moment de gastronomie. Et dire que l'affaire n'était qu'un bistrot de campagne quand la famille le créa en 1963 !

ACCOLAY

✉ 89460 (Yonne) – 423 hab. – Alt. 125 m – Voir carte n°**7**-B2

▶ Paris 188 km – Avallon 31 km – Auxerre 23 km – Tonnerre 40 km

Carte Michelin 319-F6 – Guide Vert Michelin Bourgogne

| 𝕏𝕏 | **Hostellerie de la Fontaine** | 🍽 🛋 |

16 r. de Reigny – 𝒞 03 86 81 54 02 – www.hostelleriedelafontaine.fr – Ouvert
14 fév.-15 déc. et fermé dim. soir, mardi hors saison et lundi

Formule 14 € – Menu 31/46 € – Carte 35/51 €

Maison bourguignonne au cœur d'un paisible village de la vallée de la Cure. On y sert une cuisine traditionnelle dans les anciens chais ou, si le temps le permet, dans l'agréable jardin fleuri.

ACQUIGNY

✉ 27400 (Eure) – 1 544 hab. – Alt. 19 m – Voir carte n°**33**-D2

▶ Paris 105 km – Évreux 22 km – Mantes-la-Jolie 54 km – Rouen 38 km

Carte Michelin 304-H6 – Guide Vert Michelin Normandie Vallée de la Seine

| 𝕏𝕏 | **L'Hostellerie d'Acquigny** | 🛋 🍴 🅿 |

1 r. d'Évreux – 𝒞 02 32 50 20 05 – www.hostellerie-acquigny.fr – Fermé
12-29 juil., 3 semaines en janv., dim. soir, lundi et mardi

Formule 26 € – Menu 35/85 € ⛾ – Carte 42/97 €

Le bel exemple d'une auberge de village qui a su prendre le train de la modernité, sans oublier les fondamentaux : tons et aménagements contemporains d'un côté, recettes dans l'air du temps de l'autre, réunis par le savoir-faire d'un chef amoureux des beaux produits et de la nouveauté. Les assiettes pétillent...

AFFIEUX

✉ 19260 (Corrèze) – 370 hab. – Alt. 480 m – Voir carte n°**25**-C2

▶ Paris 472 km – Brive-la-Gaillarde 64 km – Limoges 83 km – Tulle 39 km

Carte Michelin 329-L2

| 𝕏 | **Le Cantou** | 🛋 ⟷ 🅿 |

au bourg – 𝒞 05 55 98 13 67 – Fermé 2-10 janv., dim. soir et merc.

Formule 12 € – Menu 25/60 €

L'hiver, on apprécie la petite salle rustique et son cantou ; l'été, on lui préfère la véranda. Mais en toute saison, on se régale de plats généreux et hauts en saveurs qui transcendent le terroir, tel ce magret de qualité servi avec une alléchante sauce au miel et un confit de canard aux pommes limousines...

AGAY

⊠ 83530 (Var) – Alt. 20 m – Voir carte n°**42**-E2
▶ Paris 880 km – Cannes 34 km – Draguignan 43 km – Fréjus 12 km
Carte Michelin 340-Q5 – Guide Vert Michelin Côte d'Azur

XX   **Les Flots Bleus** avec ch   ⇐ 🖙 ⅄ rest, 🗚 🛜 **P**
*83 rte St-Barthélémy, Anthéor Plage – ℰ 04 94 44 80 21
– www.hotel-cote-azur.com – Ouvert 1er avril-1er oct.*
18 ch – ♥72/90 € ♥♥82/115 € – � 9 € – ½ P
Formule 22 € – Menu 29/60 € – Carte 34/64 €
Au-dessus des flots bleus de la calanque d'Anthéor – seulement troublés par le
passage des trains sur l'impressionnant viaduc voisin –, cet hôtel-restaurant joue
la carte des saveurs régionales ou plus créatives, du farniente en terrasse et des
nuits en toute simplicité. Salade niçoise et soupe de poisson sont à l'honneur !

X   **Villa Matuzia**   🖙
*15 bd Ste-Guitte – ℰ 04 94 82 79 95 – http://matuzia.com – Fermé 1 semaine
en mars, 2 semaines en nov., dim. soir, jeudi soir de nov. à mai et lundi*
Formule 22 € – Menu 31/65 € – Carte 43/83 € *(réservation conseillée)*
En escapade au fil de la côte et de l'Esterel ? Cette villa de 1928 saura vous lancer
des œillades en bord de route : avec sa terrasse noyée dans la verdure – et éclairée à la bougie le soir – et son allure de bonbonnière bohème, elle permet une
halte sympathique, autour de recettes traditionnelles qui ont le parfum du Sud.

AGDE

⊠ 34300 (Hérault) – 23 999 hab. – Alt. 5 m – Voir carte n°**23**-C2
▶ Paris 754 km – Béziers 24 km – Lodève 60 km – Millau 118 km
Carte Michelin 339-F9

XX   **Le Bistrot d'Hervé**   🖙 ⅄ 🗚
😊   *47 r. Brescou – ℰ 04 67 62 30 69 – www.bistroherve.com – Fermé 24 déc.-2 janv.,
dim. et lundi*
Formule 16 € – Menu 32 € – Carte 40/55 € *(réservation conseillée)*
Voilà un sympathique bistrot ! Dans un décor contemporain, on déguste une
appétissante cuisine d'aujourd'hui : terrine de foie gras et son chutney de figue,
pièce de thon snackée et sa galette de socca, etc. Aux beaux jours, profitez de la
terrasse à l'ombre des parasols et de la glycine.

XX   **La Table de Stéphane**   🎇 🖙 🗚
*2 r. des Moulins-à-Huile, (ZI Les Sept Fonts) – ℰ 04 67 26 45 22
– www.latabledestephane.com – Fermé 2-16 janv., sam. midi, dim. soir et lundi*
Formule 16 € – Menu 24 € (déj. en sem.), 29/65 € – Carte 42/72 €
Dans la zone industrielle des Sept Fonts, une table dans l'air du temps, proposant
notamment poissons et produits de la mer locaux. Bon choix de vins du Languedoc-Roussillon.

au Grau d'Agde 4 km au Sud-Ouest par D 32E – ⊠ 34300

XX   **L'Envie** 🆕   🖙 🗚
*3 quai Cdt-Méric – ℰ 04 67 21 13 00 – www.lenvie-herault.fr – Fermé dim. soir,
merc. soir et lundi hors saison*
Formule 21 € ⅄ – Menu 26 € – Carte 40/56 €
Étagères garnies de vieilles casseroles, de bocaux à bonbons – fraises Tagada et
guimauve – et de casiers à bouteilles : autant de clins d'œil aux cafés d'antan
qui donnent à cette adresse un look unique ! Dans l'assiette, une bonne cuisine
bistronomique qui assume l'association des produits de la mer et du terroir.

X   **Les Vagues** 🆕   🖙 🗚 **P**
*chemin du Littoral-Prolongé – ℰ 04 67 39 08 63 – Ouvert de mi-fév. à fin oct. et
fermé dim. soir et lundi de sept. à mai*
Menu 35 € – Carte 45/60 €
Que l'on se rassure : nulle vague ne viendra à bout de cette paillote installée sur
l'une des plus belles plages de la station ! Évidemment, poissons et fruits de mer
sont les stars de l'endroit, souvent cuisinés à la plancha ; on se régale de la précision et de la maîtrise du chef, qui fait parler son expérience...

au Cap d'Agde 5 km au Sud-Est par D 32[E10] – ✉ 34300

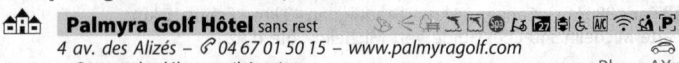

Palmyra Golf Hôtel sans rest   ❧ ≤ 🖮 ⌤ 🔲 ☺ 🛁 🖼 🛎 ⅙ 🖩 🤶 🚗 🅿
4 av. des Alizés – ℰ 04 67 01 50 15 – www.palmyragolf.com
– Ouvert de début avril à mi-nov.
                                            Plan : AX**p**
32 ch – ✚129/285 € ✚✚129/285 € – 2 suites – 🖵 16 €
Une architecture assez soignée de style méditerranéen (tons ocre, arcades) et un environnement très calme : les chambres, spacieuses, ouvrent sur le grand patio ou le golf... Jacuzzi, salles de massage et hammam vous attendent au sous-sol.

LE CAP D'AGDE

ST-MARTIN-DES-VIGNES

55
MONT △
ST-MARTIN

Rue St-Martin des Vignes

Rue des

Gallo - Romains

R. Sarret de Coussergue

R. de Brassac

Volvire de Brassac

Avenue

ST-MARTIN DES-CHAMPS

Av. des

Avenue des Alizés

Av. d'Outre-Mer

R. du Pacifique

R. des Corsaires

RICHELIEU

Aqualand

PLAGE   RICHELIEU

0   300 m

Capaô

🛏️

r. des Corsaires – ✆ *04 67 26 99 44* – *www.capao.com*
– *Ouvert avril-oct.*

Plan : AY**b**

55 ch – 🛏️90/195 € 🛏️🛏️90/195 € – ⚬ 13 €

Ambiance estivale dans ce complexe hôtelier proche de la plage Richelieu. Les chambres sont fonctionnelles et avec balcon. Sauna, hammam, fitness, activités sportives, etc. Au Capaô Beach, salades et poissons grillés les pieds dans le sable...

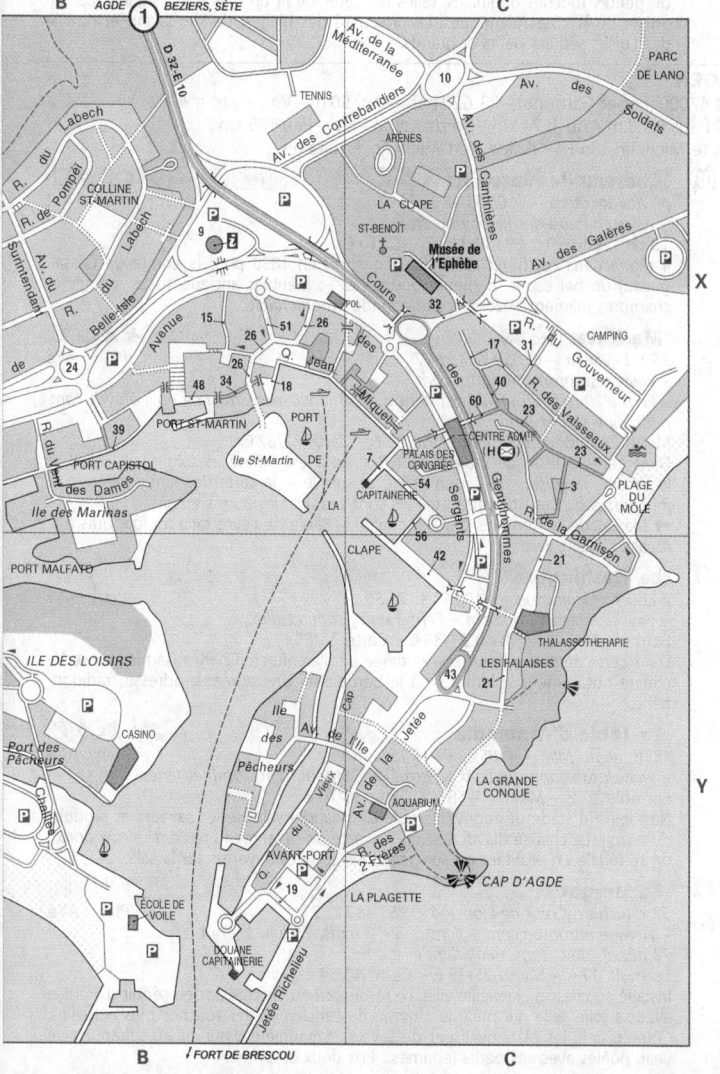

🛏 **La Bergerie du Cap** sans rest   ⌖ 🏊 ౬ 🄐 🛜 🄿

4 av. de Cassiopée – ℰ 04 67 01 71 35 – www.labergerieducap.com
– Ouvert de fin avril à début nov.
12 ch – †97/284 € ††97/284 € – ⌷ 16 €
Un lieu original au Cap, avec un certain cachet : à l'extérieur de la station, une ancienne bergerie du 18ᵉ s., aux abords très fleuris. Patio avec piscine.

🏠 **Les Grenadines** sans rest   ⌖ 🏊 ౬ 🄐 🛜 🄿

6 impasse Marie-Céleste – ℰ 04 67 26 27 40   Plan : AY**k**
– www.hotelgrenadines.com – Ouvert 15 fév.-10 nov.
20 ch – †60/165 € ††60/168 € – ⌷ 10 €
Un hôtel sympathique avec son ambiance familiale et ses chambres rehaussées de petites touches originales, telles ces têtes de lit en bois flotté signées par un artiste de la côte Atlantique... La proximité des plages, de l'Aqualand et de l'île des Loisirs séduira petits et grands.

AGEN

✉ 47000 (Lot-et-Garonne) – 33 620 hab. – Alt. 50 m – Voir carte n°**4**-**C2**
▶ Paris 662 km – Auch 74 km – Bordeaux 141 km – Pau 159 km
Carte Michelin 336-F4 – Guide Vert Michelin Aquitaine

🛏 **Château des Jacobins** sans rest   ⌖ 🄐 🞐 🛜 🄿

pl. des Jacobins – ℰ 05 53 47 03 31   Plan : AY**f**
– www.chateau-des-jacobins.com
13 ch – †80/90 € ††130/160 € – ⌷ 10 €
Il règne dans cet hôtel particulier (construit en 1830 pour le comte de Cassaigneau) un bel esprit "demeure bourgeoise" : meubles anciens, tissus raffinés et chambres joliment décorées, d'une tenue irréprochable.

👑👑👑 **Mariottat** (Éric Mariottat)   🎐 🞐 ౬ 🄐 ⇔ 🄿
🏵   *25 r. L.-Vivent – ℰ 05 53 77 99 77*   Plan : AY**s**
– www.restaurant-mariottat.com
– Fermé 20 avril-5 mai, 26 oct.-4 nov., 2-18 janv., merc. midi de nov. à avril, sam. midi, dim. soir et lundi
Menu 28 € (déj. en semaine), 50/89 € – Carte 77/87 €
Dans cette maison de maître du 19ᵉ s., tout est raffiné et soigné : l'accueil et le service, la cuisine de saison – fine et subtile –, la carte des vins étoffée et la jolie terrasse... Les gourmets agenais sont séduits ; les autres aussi !
→ Ma salade de tomates tout en couleurs. Râble de lièvre farci au foie gras à la royale. Dessert vert.

👑👑 **Le Washington**   🎐 🄐 ⇔

7 cours Washington – ℰ 05 53 48 25 50   Plan : AY**r**
– www.le-washington.com – Fermé août, sam. et dim.
Formule 15 € 🍷 – Menu 21/38 € – Carte 35/85 €
Dans cette demeure bourgeoise édifiée par l'architecte Charles Garnier, on redécouvre notamment la lamproie à la bordelaise. Une agréable adresse traditionnelle.

👑👑 **La Table d'Armandie**   🎐 ౬ 🄐 ⇔ 🄿

1350 av. du Midi – ℰ 05 53 96 15 15   Plan : AZ**a**
– www.latabledarmandie.fr – Fermé 11-25 août, dim., lundi et fériés
Formule 17 € – Menu 21/58 € – Carte 50/70 €
Non loin du stade de rugby, la Table d'Armandie valorise les saveurs et produits du terroir. Le chef se décarcasse et concocte un beau menu régional à prix doux ; on se régale en profitant du spectacle des cuisines ouvertes sur la salle.

👑👑 **Le Margoton**   🄐
☺   *52 r. Richard-Cœur-de-Lion – ℰ 05 53 48 11 55*   Plan : AY**e**
– www.lemargoton.com – Fermé 12-19 mars, 15 juil.-1ᵉʳaoût,
23 déc.-3 janv., sam. midi, dim. et lundi
Formule 17 € – Menu 25/35 € – Carte 44/54 €
Installé au cœur de la vieille ville, ce restaurant au charme ancien séduit d'emblée avec sa jolie salle qui mêle le charme de l'ancien et des touches plus actuelles. Côté cuisine, les plats rivalisent de saveurs : marinière d'huîtres au safran, ris de veau poêlés avec ses petits légumes... Prix doux en prime.

✗ La Part des Anges

14 r. Émile-Sentini – ℰ 05 53 68 31 00   Plan : BX**u**
– www.lapartdesanges.eu
– Fermé vacances de fév., dim. et lundi
Menu 15 € (déj. en semaine)/25 € – Carte 25/40 €
Ici, les couleurs de la salle mettent déjà en appétit ! On se sent un peu comme chez des amis et l'on savoure de copieux plats du terroir, à prix doux. Jolie terrasse intime.

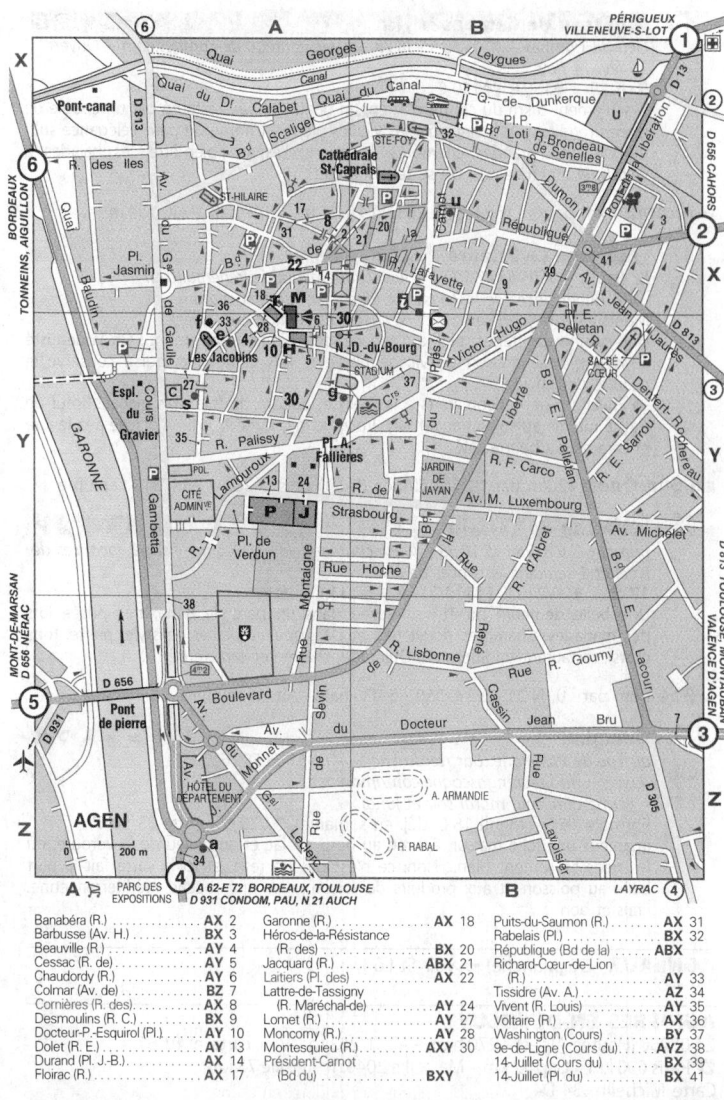

Banabéra (R.)	**AX** 2	Garonne (R.)	**AX** 18	Puits-du-Saumon (R.)	**AX** 31
Barbusse (Av. H.)	**BX** 3	Héros-de-la-Résistance		Rabelais (Pl.)	**BX** 32
Beauville (R.)	**AY** 4	(R. des)	**BX** 20	République (Bd de la)	**ABX**
Cessac (R. de)	**AY** 5	Jacquard (R.)	**ABX** 21	Richard-Cœur-de-Lion	
Chaudordy (R.)	**AY** 6	Laitiers (Pl. des)	**AX** 22	(R.)	**AY** 33
Colmar (Av. de)	**BZ** 7	Lattre-de-Tassigny		Tissidre (Av. A.)	**AZ** 34
Cornières (R. des)	**AX** 8	(R. Maréchal-de)	**AY** 24	Vivent (R. Louis)	**AY** 35
Desmoulins (R. C.)	**BX** 9	Lomet (R.)	**AY** 27	Voltaire (R.)	**AX** 36
Docteur-P.-Esquirol (Pl.)	**AY** 10	Moncomy (R.)	**AY** 28	Washington (Cours)	**BY** 37
Dolet (R. E.)	**AY** 13	Montesquieu (R.)	**AXY** 30	9e-de-Ligne (Cours du)	**AYZ** 38
Durand (Pl. J.-B.)	**AX** 14	Président-Carnot		14-Juillet (Cours du)	**BX** 39
Floirac (R.)	**AX** 17	(Bd du)	**BXY**	14-Juillet (Pl. du)	**BX** 41

✗ **L'Atelier**   AC ✗

☺ *14 r. du Jeu-de-Paume – ℰ 05 53 87 89 22 – Fermé sam. midi*   Plan : AY**g**
et dim.

☺ Menu 17 € (déj. en semaine), 24/35 € – Carte 40/49 €
Dans cet atelier-là, c'est Marjorie qui cuisine et Stéphane qui veille sur la salle. Est-
ce la touche féminine ? La cuisine est légère, tout en étant généreuse. De fait, ses
petits plats ne laissent pas indifférent : salade de lentilles et rocamadour chaud,
lomo cuit au grill et pommes grenaille... Gourmand !

à Pont-du-Casse 6 km par ② et D 656 – ⊠ 47480 – 4 299 hab. – Alt. 67 m

⌂ **Château de Cambes** sans rest   ⍈ ≼ ⌂ ⏚ ✗ ≋ P
*Lieu-dit Cambes – ℰ 05 53 95 38 73 – www.chateau-de-cambes.com – Ouvert
16 fév.-14 nov.*
5 ch ⊡ – †150 € ††150 €
À seulement 6 km du centre d'Agen, un beau château restauré par un couple de
jeunes retraités passionnés par les vieilles pierres. L'immense parc, l'élégance subtile des très grandes chambres, le calme, l'espace bien-être, les balades à
vélo (prêt au château)... On se sent si bien !

à Moirax 9 km par ④, N 21 et D 268 – ⊠ 47310 – 1 147 hab. – Alt. 154 m

✗✗ **Auberge Le Prieuré** (Benjamin Toursel)   ⌂ ⏚ AC
✿ *Le Bourg – ℰ 05 53 47 59 55 – www.aubergeduprieuredemoirax.fr
– Fermé vacances de la Toussaint, dim. soir, lundi et mardi*
Menu 25 € (déj. en semaine), 57/73 € (réservation conseillée)
Une cuisine spontanée, pleine d'audace, presque en mouvement ! On la déguste
dans une belle maison de village plusieurs fois centenaire, qui a conservé le
charme de l'ancien.
➜ Fraîcheur de haricots verts à la mélisse, poudre de foie gras glacée. Bœuf de
Galice mariné au soja et au whisky. Voile de lait, sarrasin, crème glacée à la levure
et caramel au beurre salé.

au Sud-Ouest 12 km par ④, rte d'Auch (N 21) puis D 268 – ⊠47310 Laplume

▥ **Château de Lassalle**   ⍠ ⍈ ⌂ ⏚ ⅋ ≋ ⥁ P
*Brimont – ℰ 05 53 95 10 58 – www.chateaudelassalle.com – Fermé vacances de
Noël et 1 semaine vacances de fév.*
17 ch – †99/219 € ††119/219 € – ⊡ 11 € – ½ P
Une belle demeure du 18ᵉ s. nichée dans un parc de 8 ha, très prisée lors
des mariages. Chambres douillettes et classiques (mobilier de style, pierre, tons
clairs), restaurant traditionnel... Quiétude, charme et caractère !

à Boé 4 km par ④, N 21 – ⊠ 47550 – 5 439 hab. – Alt. 46 m

✗ **Imagine**   ≼ ⌂ ⍈ ⏚ ⥀ P
☺ *au Lac de Passeigne, par rte du Lac – ℰ 05 53 68 58 16
– www.untraiteurengascogne.com/imagine
– Fermé dim. soir, mardi soir et lundi*
Formule 16 € – Menu 18 € (déj. en semaine), 27/39 € – Carte 35/50 €
Imaginez une jolie maison épurée au bord du lac et au milieu de la verdure, où
les gens se sentent bien... Non, ce n'est pas un rêve, et ici la carte fait la part
belle au poisson et aux produits de saison, avec une touche méditerranéenne.
Frais et bon.

AGNEAUX – 50 (Manche) ➜ voir St-Lô

AGNIÈRES-EN-DEVOLUY
⊠ 05250 (Hautes-Alpes) – 270 hab. – Alt. 1 263 m – Voir carte n°**40**-B1
◨ Paris 690 km – Gap 42 km – Marseille 204 km – Vizille 73 km
Carte Michelin 334-D4

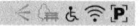

Le Refuge de l'Eterlou sans rest

La Joue du Loup, 4 km à l'Est – 𝒞 04 92 23 33 80 – www.hotel-eterlou.com
– Ouvert 28 juin-31 août et 21 déc.-21 avril
29 ch ⌿ – ✝68/78 € ✝✝95/120 €
Sur les hauteurs de cette station reliée à Superdévoluy, ce chalet moderne a tout de la bonne étape pour un séjour à la montagne, en toute simplicité et à prix doux. Avis aux skieurs : les pistes sont à deux pas !

AGUESSAC
✉ 12520 (Aveyron) – 872 hab. – Alt. 375 m – Voir carte n°**29**-D2
▶ Paris 628 km – Florac 76 km – Mende 87 km – Millau 9 km
Carte Michelin 338-K6

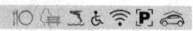

Auberge le Rascalat

2 km rte de Verrières par D 809 – 𝒞 06 87 35 64 17 – www.auberge-lerascalat.fr
– Ouvert 1er mars-31 déc.
15 ch – ✝76/92 € ✝✝110/145 € – ⌿ 13 € – ½ P
Entre Causses et rivière, cet ancien moulin à huile de noix se niche dans la verdure, au grand calme. Les chambres se révèlent champêtres, plutôt sobres et très bien tenues. Piscine à débordement et cuisine régionale : c'est vraiment bucolique !

AHETZE
✉ 64210 (Pyrénées-Atlantiques) – 1 856 hab. – Alt. 28 m – Voir carte n°**3**-A3
▶ Paris 767 km – Bordeaux 207 km – Pau 127 km – Donostia-San Sebastián 52 km
Carte Michelin 342-C2

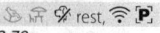

La Ferme Ostalapia avec ch

chemin d'Ostalapia, 3 km au Sud par D 855 – 𝒞 05 59 54 73 79
– www.ostalapia.fr – Fermé merc. sauf juil.-août et le midi du lundi au sam.
en juil.-août
5 ch ⌿ – ✝90/180 € ✝✝90/180 €   Carte 31/71 €
Ancienne ferme du pays dont la réputation locale n'est plus à faire. On y sert une bonne cuisine du terroir dans un décor typiquement basque. Terrasse au pied des vignes, face aux montagnes. Chambres coquettes et rustiques, bien tenues.

AIGUEBELETTE-LE-LAC
✉ 73610 (Savoie) – 244 hab. – Alt. 410 m – Voir carte n°**46**-F2
▶ Paris 552 km – Belley 34 km – Chambéry 22 km – Grenoble 76 km
Carte Michelin 333-H4 – Guide Vert Michelin Alpes du Nord

à St-Alban-de-Montbel (rive Ouest) 7 km par D 921 – ✉ 73610
– 621 hab. – Alt. 400 m

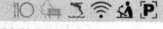

Les Lodges du Lac

La Curiaz, D 921 – 𝒞 04 79 36 00 10 – www.leslodgesdulac.com
13 ch – ✝57/77 € ✝✝57/77 € – ⌿ 9 € – ½ P
Hôtel situé en retrait du lac. Chambres joliment décorées dans le bâtiment principal ; celles de l'annexe, plus simples, donnent de plain-pied sur le jardin. Cuisine traditionnelle et spécialités savoyardes... à apprécier sous la véranda l'été venu.

à la Combe (rive Est) 4 km par D 921ᵈ – ✉ 73610

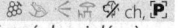

Chez Michelon avec ch

La Combe – 𝒞 04 79 36 05 02 – www.chez-michelon.fr – Fermé de mi-déc. à
fin janv., mardi sauf le midi d'avril à sept. et merc.
5 ch – ✝70/74 € ✝✝70/84 € – ⌿ 8 € – ½ P
Formule 17 € – Menu 23/45 € – Carte 37/57 €
La vue sur le lac d'Aiguebelette y est imprenable... En cuisine, on valorise de superbes produits régionaux – dont les poissons des lacs d'Annecy et du Bourget –, pour un résultat généreux et plein de saveurs. Mention spéciale pour le chariot de fromages et la carte des vins qui fait honneur aux domaines savoyards !

AIGUEBELLE – 83 (Var) ➜ voir Le Lavandou

AIGUES-MORTES

✉ 30220 (Gard) – 8 341 hab. – Alt. 3 m – Voir carte n°**23-C2**
▶ Paris 745 km – Arles 49 km – Montpellier 38 km – Nîmes 42 km
Carte Michelin 339-K7

Villa Mazarin   ⅋○ 🛏 ☐ 🛁 ⅋ 🖾 🛜 ⅍ ⌂
35 bd Gambetta – ℰ *04 66 73 90 48 – www.villamazarin.com*
23 ch – ♦140/380 € ♦♦140/380 € – ☐ 18 €
Rest *La Table* – voir les restaurants ci-après
Au cœur d'Aigues, une demeure du 15e s. tout en pierre blonde. Escalier à balustres, mobilier ancien, piscine intérieure, jardinet... on apprécie l'élégance et la
discrétion des lieux.

Canal sans rest   ⌿ 🛁 🖾 ⅋ 🛜 ⅍ 🅿 ⌂
440 rte de Nîmes – ℰ *04 66 80 50 04 – www.hotel-canal.fr*
– Fermé 25 nov.-15 déc. et 5 janv.-6 fév.
25 ch – ♦84/160 € ♦♦84/160 € – ☐ 12 €
À l'entrée de la ville, face au canal (hors les murs, donc), un hôtel moderne assez
agréable : décor sobre, piscine, solarium, copieux petit-déjeuner...

St-Louis   ⅋○ 🖾 ⅋ 🛜 ⌂
10 r. Amiral-Courbet – ℰ *04 66 53 72 68 – www.lesaintlouis.fr – Ouvert avril-oct.*
22 ch – ♦80/105 € ♦♦92/125 € – ☐ 10 € – ½ P
Intra-muros, à deux pas de la tour de Constance, cette bâtisse du 18es. allie simplicité et charme de l'ancien : un joli escalier dessert les chambres, apprêtées aux
couleurs de la Provence. Au restaurant, décor vert amande, agréable patio et
saveurs du Sud...

Les Arcades sans rest   ⅋ ⌿ 🖾 🛜
23 bd Gambetta – ℰ *04 66 53 81 13 – www.les-arcades.fr*
9 ch – ♦107/115 € ♦♦107/115 € – ☐ 12 €
Une maison à arcades du 16e s. dans le centre de la cité. Vieilles pierres, poutres,
tons clairs et détails déco contemporains créent un joli ensemble, alliant cachet et
ambiance reposante... Original : chaque chambre est dédiée à un oiseau marin
(mouette, aigrette, souffleur), à l'unisson de la Camargue toute proche.

✗✗   La Table – Hôtel Villa Mazarin   🛏 🍴 🛁 🖾 ⅋
35 bd Gambetta – ℰ *04 66 73 90 48 – www.villamazarin.com – Fermé 1 semaine*
en fév. , 1 semaine en oct., jeudi midi en juil.-août, mardi sauf le soir en saison et lundi
Formule 32 € – Menu 45 € – Carte 40/80 €
Bel esprit baroque dans ce restaurant, pour une cuisine fine et goûteuse. Filets de
saint-pierre marinés à l'huile d'olive et au citron, pigeonneau des Corbières délicatement rôti... La carte met déjà en appétit !

✗   Le Particulier   🍴 🖾 ⅋
5 r. Sadi-Carnot – ℰ *04 66 73 37 29 – www.leparticulier30.fr – Fermé dim. soir,*
jeudi midi et merc.
Formule 19 € – Menu 25 € (déj. en semaine)/47 € *(réservation conseillée)*
Dans une ruelle du centre-ville, un petit restaurant au cadre contemporain, tenu
par un jeune couple : elle en salle, lui en cuisine. Les recettes sont volontiers
"fusion", inspirées par les voyages du chef, et le produit frais a la part belle. Aux
beaux jours, on profite de la terrasse. Accueil tout sourire.

AILLANT-SUR-THOLON

✉ 89110 (Yonne) – 1 403 hab. – Alt. 112 m – Voir carte n°**7-B1**
▶ Paris 144 km – Auxerre 20 km – Briare 70 km – Clamecy 61 km
Carte Michelin 319-D4

au Sud-Ouest 7 km par D 955, D 57 et rte secondaire

Domaine du Roncemay   ⅋○ ⅋ ⌿ 🛏 ⌿ 🛁 🍴 🖾 ⅋ 🖾 ⅋ 🛜 ⅍ 🅿
✉ *89110 Chassy –* ℰ *03 86 73 50 50 – www.roncemay.com – Ouvert de mars*
à nov.
16 ch – ♦110/320 € ♦♦110/320 € – 2 suites – ☐ 18 € – ½ P
Idéal pour les golfeurs, au cœur d'un 18-trous, cet élégant château et ses dépendances assez pittoresques. Les chambres sont d'un grand confort, certaines avec
des salles de bains en pierre de Bourgogne. Le hammam est superbe.

AIMARGUES

✉ 30470 (Gard) – 4 576 hab. – Alt. 6 m – Voir carte n°**23**-C2

▶ Paris 740 km – Aigues-Mortes 16 km – Alès 62 km – Montpellier 40 km

Carte Michelin 339-K6

XX   **Un Mazet sous les Platanes**   AK

3 bd St-Louis – ℰ 04 66 51 73 03 – Fermé 21 déc.-14 janv., dim. et lundi
Carte 35/45 €

Une petite maison basse sur un cours planté de... platanes. Son décor comme sa cuisine sont chaleureux, entre recettes camarguaises et produits de la mer. Belle terrasse.

AINHOA

✉ 64250 (Pyrénées-Atlantiques) – 683 hab. – Alt. 130 m – Voir carte n°**3**-A3

▶ Paris 791 km – Bayonne 28 km – Biarritz 29 km – Cambo-les-Bains 11 km

Carte Michelin 342-C5 – Guide Vert Michelin Pays Basque et Navarre

🏠🏠🏠   **Ithurria**   ⅼⓄ 🍴 🍺 ♨ 🔥 🛗 AK 🛜 P.

pl. du Fronton – ℰ 05 59 29 92 11 – www.ithurria.com – Ouvert 3 avril-1er nov.
28 ch – ♥100/115 € ♥♥135/165 € – ⊡ 14 € – ½ P
Rest *Ithurria* ✿ – voir les restaurants ci-après

Un village typique, son incontournable fronton de pelote et... juste en face, cette ancienne ferme rouge et blanche (17e s.). On voudrait se coiffer d'un béret basque dans ce décor ! Belle parenthèse traditionnelle, donc, entre les murs de ce confortable hôtel-restaurant... À noter : un sympathique bistrot.

🏠🏠🏠   **Argi Eder**   ⅼⓄ 🌿 🍴 🍺 ♨ 🍽 🔥 🛗 ⅼ AK 🎀 🛜 P.

rte de la Chapelle-quartier Boxate – ℰ 05 59 93 72 00 – www.argi-eder.com
– Ouvert 1er avril-2 nov.
19 ch – ♥98/135 € ♥♥98/170 € – 7 suites – ⊡ 13 € – ½ P
Rest *Argi Eder* – voir les restaurants ci-après

À flanc de colline, une grande bâtisse régionale et sa piscine dans un parc arboré et fleuri. Vastes chambres d'esprit classique, avec balcon, et joli salon-bar (collection d'armagnacs). Pour l'anecdote, Argi Eder signifie "belle lumière".

XXX   **Ithurria** (Xavier Isabal) – Hôtel Ithurria   🎀 🍺 AK P.

✿   pl. du Fronton – ℰ 05 59 29 92 11 – www.ithurria.com – Ouvert 3 avril-1er nov. et
fermé jeudi midi et merc. hors saison
Menu 42/85 € – Carte 55/85 € (réservation conseillée)

Tomettes, poutres, cuivres et assiettes anciennes, vieux fourneaux... La couleur, mais aussi le goût du Pays basque : ici, on déguste une cuisine classique qui fait la part belle aux produits du terroir et du marché, travaillés avec grand soin.

➜ Rossini de pieds de porc, escalope de foie gras poêlée. Agneau de lait des Pyrénées, carré rôti, épaule confite, croquettes de pommes fondantes. L'izarra comme un petit jardin.

XX   **Argi Eder** – Hôtel Argi Eder   🎀 🍺 🍺 🍽 🔥 🛗 AK 🎀 P.

rte de la Chapelle - quartier Boxate – ℰ 05 59 93 72 00 – www.argi-eder.com
– Ouvert 1er avril-2 nov.
Formule 21 € – Menu 31/69 € – Carte 31/56 € (fermé merc. sauf le soir
en juil.-août, lundi midi et vend. midi)

Œuf piperade, ventrèche et boudin fermier ; véritable axoa de veau de lait, émulsion de pomme de terre et piment vert ; gâteau basque maison... Au menu de ce restaurant au cadre soigné, une fine cuisine aux accents du terroir basque, signée par un chef passionné par les produits locaux. Joli choix de vins et armagnacs.

XX   **La Maison Oppoca** avec ch   🍺 AK ch, 🛜 P.

r. Principale – ℰ 05 59 29 90 72 – www.oppoca.com – Fermé 5 janv.-12 fév.
10 ch – ♥77/147 € ♥♥87/157 € – ⊡ 11 € – ½ P
Formule 19 € – Menu 28/65 € – Carte 40/60 € (fermé vend. midi d'oct. à mars,
dim. soir sauf juil.-août et jeudi)

En rouge et blanc, une belle demeure typique (17e s.) idéale pour déguster une cuisine joliment ancrée dans la tradition régionale, à l'image de ces chipirons et anchois ou de ce gâteau basque revisité... Avec en complément un sympathique bistrot et des chambres confortables et spacieuses, l'adresse est parfaite pour un séjour.

Le Pilotari Menu 29 € (ouvert avril-sept. et fermé le soir et vend.)

AIRAINES

✉ 80270 (Somme) – 2 354 hab. – Alt. 30 m – Voir carte n°**36**-A1
▶ Paris 172 km – Abbeville 22 km – Amiens 30 km – Beauvais 69 km
Carte Michelin 301-E8

à Allery 5 km à l'Ouest par D 936 – ✉ 80270 – 804 hab. – Alt. 50 m

Relais Forestier du Pont d'Hure

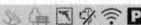

rte du Tréport – ☎ 03 22 29 42 10 – www.pontdhure.com – Fermé 1er-13 janv.,
1er-12 août, mardi et le soir sauf sam.
Formule 19 € – Menu 24 € (semaine), 26/40 €
Atmosphère pavillon de chasse (trophées, mobilier rustique) pleine de charme
après une balade en forêt... Au programme, rôtisserie et grillades au feu de bois.

AIRAN

✉ 14370 (Calvados) – 688 hab. – Alt. 25 m – Voir carte n°**32**-B2
▶ Paris 243 km – Alençon 124 km – Caen 22 km – Rouen 137 km
Carte Michelin 303-L5

Domaine de la Hurel *sans rest*

30 hameau de Coupigny – ☎ 02 31 44 68 85 – www.domainedelahurel.com
5 ch ⌂ – †80 € ††95/180 €
Touristes, randonneurs ou... cavaliers, cette adresse convient à tous ; les derniers
pouvant y loger leurs chevaux. Une adresse très nature donc, avec de belles
chambres cosy, un espace détente, un parc avec un étang pour pêcher, bref : de
quoi prendre un grand bol d'air !

AIRE-SUR-L'ADOUR

✉ 40800 (Landes) – 6 207 hab. – Alt. 80 m – Voir carte n°**3**-B3
▶ Paris 722 km – Auch 84 km – Condom 68 km – Dax 77 km
Carte Michelin 335-J12 – Guide Vert Michelin Aquitaine

à Ségos 9 km par N 134 et D 260 – ✉ 32400 – 246 hab. – Alt. 111 m

Domaine de Bassibé

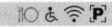

– ☎ 05 62 09 46 71 – www.bassibe.fr – Ouvert de Pâques à mi-nov. et fermé
mardi et merc. sauf juil.-août
8 ch – †140/215 € ††165/215 € – 6 suites – ⌂ 17 € – ½ P
Bassibé : "Là où l'on est bien" en patois. En pleine campagne, cette ferme devenue hôtel offre un charmant tableau : toits de tuile, cascades de vigne vierge,
environnement verdoyant, ancien pressoir transformé en restaurant... Les chambres, champêtres et romantiques, invitent à une douce paresse !

Minvielle et Les Oliviers

– ☎ 05 62 09 40 90
18 ch – †45/51 € ††52/59 € – ⌂ 8 € – ½ P
À l'entrée de ce village sur l'axe Bordeaux-Pau, un hôtel-restaurant
de construction récente – mais dans l'esprit de la région –, pratiquant des tarifs
intéressants. Avant de profiter de sa chambre (plus de confort côté annexe), passage obligé au restaurant avec sa généreuse cuisine traditionnelle.

AIRE-SUR-LA-LYS

✉ 62120 (Pas-de-Calais) – 9 874 hab. – Alt. 30 m – Voir carte n°**30**-B2
▶ Paris 236 km – Arras 56 km – Boulogne-sur-Mer 68 km – Calais 60 km
Carte Michelin 301-H4

Hostellerie des 3 Mousquetaires

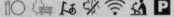

Château de la Redoute, rte de Béthune (D 943) – ☎ 03 21 39 01 11
– www.hostelleriedes3mousquetaires.com – Fermé dim. soir
26 ch – †98 € ††118/158 € – 2 suites – ⌂ 15 € – ½ P
Rest *Les Saveurs du Parc* – voir les restaurants ci-après
Construite sur les ruines d'une fortification de Vauban, cette belle demeure du
19e s. en briques et colombages dispose d'un joli parc aux arbres centenaires,
avec un plan d'eau. La décoration des chambres respire la douceur d'antan. Et
l'on est très bien accueilli !

XX **Les Saveurs du Parc** – Hostellerie des 3 Mousquetaires

Château de la Redoute, rte de Béthune (D 943) – ✆ *03 21 39 01 11*
*– www.hostelleriedes3mousquetaires.com – Fermé dim. soir, lundi midi et fériés
le soir*
Formule 20 € – Menu 31/78 € – Carte 50/90 €
Dos de saumon mi-fumé aux baies roses et aneth, suprême de volaille cuit à
basse température au vin jaune... Le chef n'a pas froid aux yeux : il prend le
parti d'une cuisine ambitieuse mais n'oublie jamais la tradition. Parfois surprenant
mais toujours savoureux !

à Isbergues 6 km au Sud-Est par D 187 – ✉ 62330 – 9 199 hab. – Alt. 25 m

XX **Le Buffet** avec ch   🛏 ⚹ rest, 🅰 rest, ⚹ ch, 🛜 ⚹

22 r. de la Gare – ✆ *03 21 25 82 40* – *www.le-buffet.com – Fermé 1er-21 août,
dim. soir et lundi*
5 ch – †62 € ††70 € – ⊑ 11 €
Formule 16 € – Menu 19 € (semaine), 30/89 € ♟ – Carte 49/71 €
L'ancien buffet de la gare a aujourd'hui fière allure ! Dans un cadre élégant et
cosy, on déguste une savoureuse cuisine créative et maîtrisée, qui suit le rythme
des saisons : le chef, Thierry Wident, travaille avec les meilleurs producteurs
locaux. Si besoin, de coquettes petites chambres permettent de prolonger l'étape.

AIX (ÎLE-D') – 17 (Charente-Maritime) → voir Île-d'Aix

AIX-EN-PROVENCE

✉ 13100 (Bouches-du-Rhône) – 140 684 hab. – Alt. 206 m – Voir carte n°**40-B3**
▶ Paris 752 km – Avignon 82 km – Marseille 30 km – Nice 177 km
Carte Michelin 340-H4 – Guide Vert Michelin Provence

© P. Jacques/hemis.fr

 Hôtels

Villa Gallici　　　　　　　　　⏐○ ⌖ ⌂ ⏚ ⤢ Ⅰ₆ & 🄰🄲 ⌃ 🅿
18 bis av. de la Violette – 📞 *04 42 23 29 23*　　　　Plan : BV**k**
– www.villagallici.com – Fermé 22-27 déc. et 2-30 janv.
16 ch – ♦230/810 € ♦♦230/810 € – 6 suites – ⌐ 30 € – ½ P
Rest *Villa Gallici* – voir les restaurants ci-après
Cyprès, fontaine, piscine, cigales... Un morceau de Provence idyllique en cette
discrète villa juchée sur les hauteurs d'Aix. Les chambres, raffinées, distillent
un charme très 19e s. Ravissant !

Renaissance ⓝ　　　　　　　⏐○ ⌧ 🆎 Ⅰ₆ 🛗 & 🄰🄲 ⌃ 🖳 ⌂
350 av. Wolfgang-Amadeus-Mozart – 📞 *04 86 91 55 00*　　Plan : AV**b**
– www.marriott.fr
132 ch – ♦170/1200 € ♦♦170/1200 € – 1 suite – ⌐ 18 €
Rest *Le Clos - Jean-Marc Banzo* ✿ – voir les restaurants ci-après
Renaissance, voilà un nom qui colle bien à cet hôtel flambant neuf, situé non
loin du centre-ville. La décoration s'inspire du patrimoine aixois : sculptures,
tableaux et photos... combinés à un design dernier cri. Un ensemble sobre et
élégant.

Grand Hôtel Roi René　　　　⏐○ ⤢ 🛗 & 🄰🄲 ⌃ 🖳 ⌂
24 bd du Roi-René – 📞 *04 42 37 61 00*　　　　　　Plan : BZ**b**
– www.grand-hotel-roi-rene-aix-en-provence.com
131 ch – ♦145/411 € ♦♦175/460 € – 3 suites – ⌐ 25 € – ½ P
Ce Grand Hôtel inspiré de l'architecture régionale des 17e et 18e s. est né en
1929 mais il n'a pas pris une ride ! Les chambres y sont cossues et très contemporaines – préférez celles donnant sur le patio et la piscine – et le restaurant
arbore des accents lounge...

Le Pigonnet　　　　　　⏐○ ⌖ ⌂ ⏚ ⤢ Ⅰ₆ 🛗 🄰🄲 ⌘ ⌃ 🖳 🅿
5 av. du Pigonnet ✉ *13090 –* 📞 *04 42 59 02 90*　　　Plan : AV**a**
– www.hotelpigonnet.com
44 ch – ♦145/460 € ♦♦185/830 € – 4 suites – ⌐ 25 €
Rest *La Table du Pigonnet* – voir les restaurants ci-après
En périphérie d'Aix, dans un beau parc verdoyant, une imposante bastide dont
les chambres cultivent le romantisme et l'élégance (préférez les chambres de
la demeure principale à celles de "La Résidence", de construction plus récente).
Sachez qu'en ces lieux Cézanne lui-même s'imprégna des parfums et couleurs
de la Provence !

AIX-EN-PROVENCE

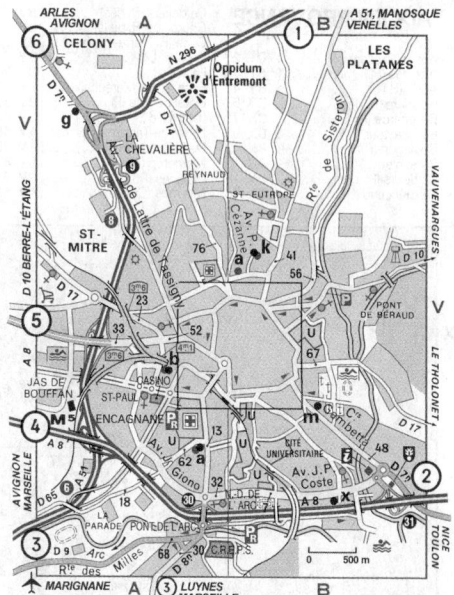

Hôtel de Gantès sans rest ⛨ & 🆔 🍴 🛜
1 r. Fabrot – ✆ 04 42 90 31 60 – www.hoteldegantes.com   Plan : BY**q**
11 ch – 🛏199/320 € 🛏🛏199/320 € – ☑ 11 €
Emplacement rêvé sur le célèbre cours Mirabeau pour cet hôtel particulier de 1671. Surprise en haut de l'escalier d'honneur : les chambres se révèlent très contemporaines et sont autant de variations sur des thèmes originaux (cinéma, théâtre, Picasso, etc.), avec terrasse au dernier étage... Un fort bel ensemble.

Cézanne sans rest 🛋 ⛨ & 🆔 🍴 🛜 🚗
40 av. Victor-Hugo – ✆ 04 42 91 11 11 – www.hotelaix.com   Plan : BZ**h**
53 ch – 🛏120/330 € 🛏🛏145/360 € – 2 suites – ☑ 20 €
De belles chambres design pour cet hôtel situé entre la gare et le centre-ville. Business center, open bar, garage payant sur réservation, et petit-déjeuner maison servi jusqu'à midi. Accueil et service aux petits soins.

Escale Océania sans rest 🏊 🛋 ⛨ & 🆔 🛜 🛝 🅿
12 av. de la Cible – ✆ 04 42 37 58 58   Plan : BV**x**
– www.oceaniahotels.com
90 ch – 🛏79/190 € 🛏🛏79/190 € – ☑ 11 €
À deux pas de l'autoroute et du centre-ville, des chambres fonctionnelles et bien insonorisées – même côté route. Envie de vous détendre après une réunion de travail dans l'une des salles de séminaire ? Faites donc quelques brasses dans la piscine !

Mozart sans rest ⛨ 🆔 🍴 🛜 🅿 🚗
49 cours Gambetta – ✆ 04 42 21 62 86 – www.hotelmozart.fr   Plan : BV**m**
– Fermé 10 janv.-3 fév.
48 ch – 🛏67/78 € 🛏🛏81/94 € – ☑ 10 €
Ici, point de notes de musique ou de partitions, mais des chambres d'inspiration provençale, sobres et bien tenues. Aux beaux jours, prenez donc votre petit-déjeuner sur la terrasse. Une adresse parfaite pour un séjour à prix sages.

AIX-EN-PROVENCE

Agard (Passage) . . . . **CY** 2
Albertas (Pl.) . . . . **BY** 3
Aude (R.) . . . . **BY** 4
Bagniers (R. des) . . . . **BY** 5
Bellegarde (Pl.) . . . . **CX** 7
Bon Pasteur (R.) . . . . **BX** 9
Boulégon (R.) . . . . **BX** 12
Brossolette (Av.) . . . . **AZ** 13
Cardeurs (Pl. des) . . . . **BY** 16
Clemenceau (R.) . . . . **BY** 18
Cordeliers (R. des) . . . . **BY** 20
Couronne (R. de la) . . . . **BY** 21
Curie (R. Pierre-et-Marie) . . . **BX** 22
Espariat (R.) . . . . **BY** 26
Fabrot (R.) . . . . **BY** 28
Foch (R. du Maréchal) . . . . . **BY** 30
Hôtel de Ville (Pl.) . . . . **BY** 37
Italie (R. d') . . . . **CY** 42
Lattre-de-Tassigny (Av. de) . . **AY** 46
De-la-Roque (R. J.) . . . . **BX** 25
Matheron (R.) . . . . **BY** 49
Méjanes (R.) . . . . **BY** 51
Minimes (Crs des) . . . . **AY** 52
Mirabeau (Cours) . . . . **BCY**
Montigny (R. de) . . . . **BY** 55
Napoléon-Bonaparte (Av.) . . **AY** 57
Nazareth (R.) . . . . **BY** 58
Opéra (R. de l') . . . . **CY** 62
Pasteur (Av.) . . . . **BX** 64
Paul-Bert (R.) . . . . **BX** 66
Prêcheurs (Pl. des) . . . . **CY** 70
Richelme (Pl.) . . . . **BY** 72
Saporta (R. G.-de) . . . . **BX** 75
Thiers (R.) . . . . **CY** 80
Verdun (Pl. de) . . . . **CY** 85
4-Septembre (R.) . . . . **BZ** 87

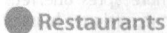

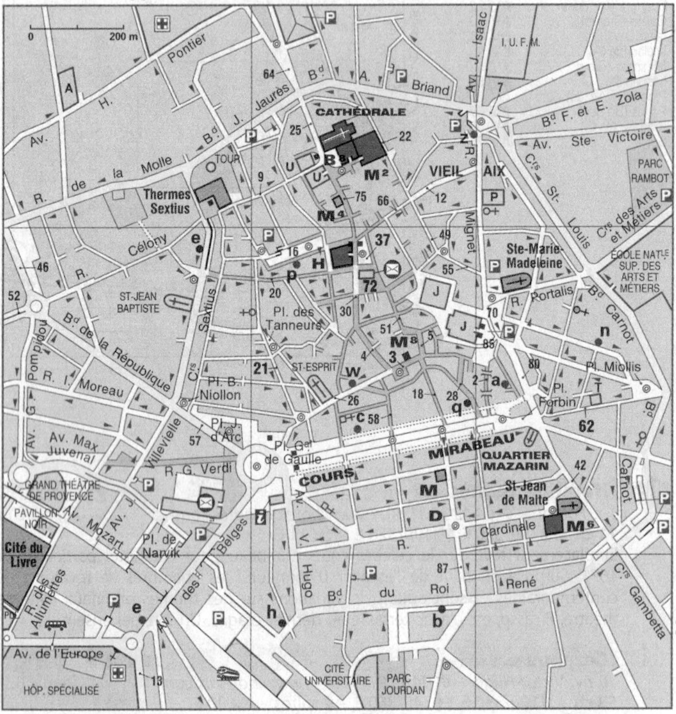

Hôtel du Globe sans rest

74 cours Sextius – ✆ 04 42 26 03 58 – www.hotelduglobe.com Plan : AY**e**
– Fermé de mi-déc. à mi-janv.
46 ch – 🛉71/88 € 🛉🛉88/123 € – ☕ 9 €

Accueil sympathique dans ce petit hôtel proposant des chambres fonctionnelles et bien insonorisées. Terrasse-solarium sur le toit d'où se déploie une belle vue.

Restaurants

La Table du Pigonnet – Hôtel Le Pigonnet

5 av. du Pigonnet ✉ 13090 – ✆ 04 42 59 61 07 Plan : AV**a**
– www.hotelpigonnet.com – Fermé lundi et mardi de nov. à mars
Menu 31 € (déj. en semaine)/59 € – Carte 54/94 €

Un endroit superbe ! La salle, élégante et immaculée, ouvre grand sur le charmant jardin, ses allées ombragées et ses massifs bien taillés... L'incarnation d'un bel art de vivre, dont témoigne aussi à sa manière la carte, inspirée par la tendance bistronomique.

✗✗✗ L'Esprit de la Violette ⓝ (Marc de Passorio) 🏫 ⛔ 🅰🅲 ⇔
❀

10 r. de la Violette – 𝒞 *04 42 23 02 50*   Plan : BV**a**
– www.lespritdelaviolette.com – Fermé 16-31 août, dim. et lundi
Menu 39 € (déj. en semaine), 49/128 € – Carte 82/105 €
Sur les hauteurs d'Aix, l'ancien Clos de la Violette a fait peau neuve ! Cette grande
villa bourgeoise, dont le jardin est planté d'arbres séculaires, est désormais le
"fief" du chef Marc de Passorio : il décline ici une cuisine moderne et colorée,
créative en diable, qui nous mène de belle surprise en belle surprise...
→ Langoustines rôties à la poudre d'orange. Saint-pierre, marinière de coques et
soupe coco-citronnelle. Millefeuille cannelle et châtaigne.

✗✗✗ Le Clos - Jean-Marc Banzo ⓝ – Hôtel Renaissance ⛔ 🅰🅲
❀

30 av. Wolfgang-Amadeus-Mozart – 𝒞 *04 86 91 55 01*   Plan : AV**b**
*– www.renaissanceaix-gourmand.com – Fermé 3 semaines en août, dim., lundi
et le midi*
Menu 90/130 € – Carte 78/99 €
Jean-Marc Banzo a relocalisé son Clos au cœur de l'hôtel Renaissance, sans doute
attiré par le dynamisme de ce "nouveau" quartier aixois ! Dans un bel intérieur
contemporain, la cuisine joue brillamment avec le classicisme, mêle les textures,
associe les saveurs méditerranéennes – un vrai fil rouge – et asiatiques. Des créations soignées et savoureuses...
→ Asperges vertes de Pertuis, écrasé de pois chiches, mousseline à l'huile d'ar-
gan. Turbot rôti, galette de fenouil cru et confit, jus brun à la badiane. Sablé au
thym citron, mousseux aux agrumes et sorbet aux herbes.

✗✗ Pierre Reboul 🍸 🅰🅲
❀

11 Petite-Rue-St-Jean – 𝒞 *04 42 20 58 26*   Plan : CY**a**
– www.restaurant-pierre-reboul.com – Fermé dim. et lundi
Menu 52/151 €
Dans la vieille ville, un lieu original et stylé : voûtes blanches, voilages intimes,
mobilier design... Effets de miroir avec la cuisine, avant tout créative, mêlant
notes ludiques et effets graphiques (menu unique). Beaux accords mets-vins.
→ Cuisine du marché.

✗✗ Villa Gallici – Hôtel Villa Gallici ≤ 🏫 🅰🅲 🎐 🅿
18 bis av. de la Violette – 𝒞 *04 42 23 29 23*   Plan : BV**k**
*– www.villagallici.com – Fermé 22-27 déc., 2-30 janv., lundi midi et merc. midi
sauf en juil.*
Formule 55 € – Menu 75 € (déj.), 98/120 € – Carte environ 104 € *(réservation
conseillée)*
Luxe et tradition, sans ostentation. Un décor raffiné et élégant au service d'une
cuisine classique gorgée de soleil, réalisée par un chef amoureux des bons produits. On déguste ses plats sur les tables basses des superbes salons, ou près
des platanes sur la jolie terrasse... L'esprit du Sud !

✗✗ Le Formal Les Caves Henri IV 🅰🅲 🎐
32 r. Espariat – 𝒞 *04 42 27 08 31*   Plan : BY**w**
*– www.restaurant-leformal.com – Fermé 1 semaine en mai, 1 semaine en août, 1
semaine en sept., vacances de Noël, sam. midi, dim. et lundi*
Formule 26 € – Menu 42 € (déj.) – Carte environ 54 € *(réservation conseillée)*
Une adresse installée dans de belles caves voûtées du 15ᵉ s. Le chef propose une
cuisine d'inspiration provençale avec un grand souci de la qualité.

✗✗ Côté Cour 🏫 🅰🅲
19 cours Mirabeau – 𝒞 *04 42 93 12 51*   Plan : BY**c**
– www.restaurantcotecour.fr – Fermé dim.
Menu 29 € (déj. en semaine)/43 € – Carte 54/91 €
Originale, cette verrière dans la cour d'un hôtel particulier ! C'est le domaine de
Ronan Kernen, qui s'est fait connaître à travers l'émission Top Chef en 2011. L'hiver, sa noix de veau de l'Aveyron aux salsifis et poire aigre-douce est un "must"
pour les habitués... Une cuisine qui ne manque pas de personnalité.

Yamato
%%% 🙊 🏠 🅰️🄲

21 av. des Belges – ✆ 04 42 38 00 20 Plan : AZ**e**
– www.restaurant-yamato.com
– Fermé mardi midi et lundi
Menu 44/98 € – Carte 48/70 €
Cette table japonaise promet aux amateurs une cuisine fine et soignée, réalisée avec des produits frais de qualité, tant du côté du poisson que de celui des bons desserts "fusion". De la salle à manger d'inspiration asiatique à la propriétaire qui assure l'accueil en costume traditionnel, le dépaysement est garanti !

Ze Bistro
🅰️🄲

31 bis r. Manuel – ✆ 04 42 39 81 88 Plan : CY**n**
– www.zebistro.com – Fermé mi-août à mi-sept., vacances de Noël, vacances de fév., sam. et dim.
Menu 25 € (déj. en semaine), 40/69 €
– Carte 40/75 € (réservation conseillée)
Un sympathique bistrot contemporain, au décor sobre et moderne. La cuisine joue la carte de la qualité : le jeune chef s'approvisionne au marché et auprès des producteurs locaux, et sait mettre les ingrédients en valeur…

Le Poivre d'Ane
🏠 🕸️

40 pl. des Cardeurs – ✆ 04 42 21 32 66 Plan : AY**u**
– www.restaurantlepoivredane.com – Fermé 18-27 déc., 8 janv.-début fév., merc. et le midi
Menu 37/45 € *(réservation conseillée)*
Sur cette grande place touristique et bordée de restaurants en tous genres, une petite adresse qui gagne à être connue ! On y apprécie le cadre coloré, l'entrain de la jeune équipe en salle, la grande terrasse pour profiter du soleil provençal… Et, bien sûr, la bonne cuisine au goût du jour et à petit prix.

Le Petit PiR
🅰️🄲

11 bis Petite-Rue-St-Jean – ✆ 04 42 52 30 42 Plan : CY**a**
– www.restaurant-pierre-reboul.com
– Fermé dim. et lundi
Formule 19 € – Menu 27/39 €
Quel souvenir d'école plus marquant que le nombre Pi ? Pour créer ce bistrot (en complément à sa table gastronomique), Pierre Reboul a replongé en enfance : la déco, colorée et emplie de clins d'œil, cultive une joyeuse nostalgie, et la carte ressuscite – entre autres – ses souvenirs de petit garçon, tel ce pain perdu au cassis !

Le Vintrépide 🆕
🅰️🄲

48 r. du Puits-Neuf – ✆ 09 83 88 96 59 – Fermé 2 semaines Plan : BX**z**
en août, 1 semaine en fév., lundi midi, merc. soir et dim.
Carte 35/53 €
Une agréable petite adresse tenue par deux associés qui ont le souci de bien faire. L'un, en cuisine, prépare de délicieux plats de saison : ravioles de joue de bœuf, sole aux légumes du moment, tarte au citron déstructurée… L'autre, sommelier, a toujours le bon conseil pour le choix des vins. Un duo gagnant !

au Tholonet 5km à l'Est par D 17 – ✉ 13100 – 2 266 hab. – Alt. 178 m

Les Lodges Sainte-Victoire
🍽️ 🕸️ ⪜ 🛏️ 🐟 🖥️ 🌀 ♨️ 🛗 🖥️ 🅰️🄲 📶 🛁

2250 rte Cézanne – ✆ 04 42 24 80 40 🅿️
– www.leslodgessaintevictoire.com
27 ch – 🛏️160/390 € 🛏️🛏️160/390 € – 8 suites – ☕ 25 € – ½ P
Rest *Le Saint-Estève* ✿ – *voir les restaurants ci-après*
Sur la route de la montagne Ste-Victoire chère à Cézanne, ce domaine inauguré en 2013 cultive une quiétude toute provençale… Dans la belle bastide du 18e s. comme dans les superbes lodges indépendants (avec piscine privée) règne la même alliance de modernité et d'esprit bourgeois : une montagne de confort !

ⵛⵛⵛ **Le Saint-Estève** – Hôtel Les Lodges Sainte-Victoire ⟨ 🛋 & 🅐🅒 ⇔ 🅿
ⵛ *2250 rte Cézanne – ℰ 04 42 27 10 14 – www.leslodgessaintevictoire.com – Fermé lundi*
Formule 45 € – Menu 85/135 € – Carte 120/204 €
C'est donc dans ce domaine luxueux que l'on retrouve Mathias Dandine, chef provençal dont le talent est déjà bien connu. Sa philosophie peut se résumer ainsi : les meilleurs produits de saison, une certaine simplicité et des parfums marqués. Tout l'éclat des saveurs de la région !
→ Langoustines aux parfums du Siam, pois gourmands, cébettes, gingembre et coriandre. Homard bleu rôti en cocotte, fricassée de morilles et de févettes. Feuille de chocolat noir au citron, glace chocolat et crémeux chocolat au lait.

au Canet 8 km par ② par D 7n – ⊠ 13100

ⵛⵛ **L'Auberge Provençale** 🐌 🛋 🅐🅒 🅿
imp. de Provence, au lieu-dit Le Canet-de-Meyreuil – ℰ 04 42 58 68 54 – www.auberge-provencale.fr – Fermé 15-31 juil., 24-30 déc., mardi sauf le midi d'oct. à mai et merc.
Menu 28/49 € – Carte 54/65 €
Dans cette jolie auberge provençale, proche de la N 7, on apprécie une cuisine traditionnelle soignée, ancrée dans la région – les produits d'une ferme voisine ont la préférence du chef – et accompagnée d'un beau choix de vins issus de la France entière.

à Beaurecueil 10 km par ②, N 7 et D 58 – ⊠ 13100 – 564 hab. – Alt. 254 m

ⵛⵛ **La Table de Beaurecueil** 🛋 & 🅐🅒 ⇔ 🅿
66 rte de Meyreuil, allée des Muriers – ℰ 04 42 66 94 98 – www.latabledebeaurecueil.com – Fermé dim. soir, lundi et merc.
Formule 25 € – Menu 33 € (semaine), 55/70 € – Carte 60/85 €
Dans une ancienne bergerie au décor résolument contemporain, on apprécie une cuisine dans l'air du temps teintée de notes régionales.

au Sud-Ouest 5 km par ③, D9 ou A 51, sortie Les Milles – ⊠ 13546 Aix-en-Provence

🏨🏨🏨 **Château de la Pioline** ⃝ 🍽 🔆 🍷 🚿 & 🅐🅒 🛜 ⛳ 🅿
260 r. Guillaume-du-Vair – ℰ 04 42 52 27 27 – www.chateaudelapioline.com
31 ch – ♦168/360 € ♦♦168/360 € – ⊑ 20 €
On accède par une allée de platanes à cette belle et vaste demeure classée du 18ᵉs. Jardin à la française, escalier d'honneur, terrasse sous les tilleuls, belle piscine... et des chambres qui cultivent cette forme de simplicité qui va si bien à l'esprit provençal.

à Celony 3 km par D 7n – ⊠ 13090

🏨🏨 **Le Mas d'Entremont** ⃝ 🍽 🍷 🛌 🍴 📱 🅐🅒 🛜 ⛳ 🅿
315 rte d'Avignon – ℰ 04 42 17 42 42 Plan : AV**g**
– www.masdentremont.com – Ouvert 15 mars-31 oct.
20 ch – ♦175/295 € ♦♦175/295 € – ⊑ 20 € – ½ P
Sur les hauteurs d'Aix, une bastide nichée dans un parc avec bassin, colonnes et jets d'eau. Les chambres y sont confortables et bien tenues ; plus spacieuses et modernes dans les maisonnettes du parc. Carte classique au restaurant.

AIX-LES-BAINS

⊠ 73100 (Savoie) – 28 585 hab. – Alt. 200 m – Voir carte n°**46**-F2
🚗 Paris 539 km – Annecy 34 km – Bourg-en-Bresse 115 km – Chambéry 18 km
Carte Michelin 333-I3 – Guide Vert Michelin Alpes du Nord

🏨🏨 **Golden Tulip** ⃝ 🍴 🔲 🌐 🛌 📱 & 🅐🅒 🛜 ⛳ 🅿 🚗
av. Ch.-de-Gaulle – ℰ 04 79 34 19 19 Plan : CZ**x**
– www.goldentulipaixlesbains.com
91 ch – ♦105/300 € ♦♦105/300 € – 10 suites – ⊑ 15 € – ½ P
À deux pas du casino où se produisirent jadis Sarah Bernhardt et Luis Mariano, cet hôtel totalement rénové propose des chambres fonctionnelles et très confortables. De quoi faire des rêves de paillettes... À moins que vous ne préfériez vous détendre dans le jardin japonais, ou au spa !

AIX-LES-BAINS

Mercure Domaine de Marlioz
111 av. de Marlioz, à Marlioz : 1,5 km – ℰ 04 79 61 79 79   Plan : AX**a**
– www.mercure.com
60 ch – ♦114/206 € ♦♦142/206 € – ⬜ 19 € – ½ P
Dans le parc des thermes de Marlioz, planté d'arbres centenaires, ce complexe hôtelier associe chambres spacieuses et balnéothérapie : salles de soins, fitness, piscine couverte, hammam, etc., le tout décoré à la manière d'un bateau.

 Grand Hôtel du Parc
28 r. de Chambéry – ℰ 04 79 61 29 11   Plan : CZ**n**
– www.grand-hotel-du-parc.com – Fermé 20 déc.-11 janv.
39 ch – ♦79/127 € ♦♦91/140 € – ⬜ 12 € – ½ P
Rest *La Bonne Fourchette* – voir les restaurants ci-après
Style contemporain, baroque ou victorien... Dans cet immeuble de 1817, on aime le mélange des genres ! Les chambres se révèlent spacieuses et fonctionnelles : une bonne option pour résider à proximité des thermes.

 Auberge St-Simond
130 av. St-Simond – ℰ 04 79 88 35 02   Plan : AX**e**
– www.saintsimond.com – Fermé 15 déc.-26 janv., lundi midi d'oct. à avril et dim. soir
25 ch – ♦70/120 € ♦♦75/120 € – ⬜ 12 € – ½ P
Rest *Auberge St-Simond* – voir les restaurants ci-après
Une auberge située non loin de la voie ferrée, appréciée pour son ambiance conviviale, ses chambres confortables et bien tenues – entièrement rénovées dans le bâtiment principal –, et son jardin avec une jolie piscine.

✗✗ **La Bonne Fourchette** – Grand Hôtel du Parc
2 av. de Tresserve – ℰ 04 79 61 29 11   Plan : CZ**n**
– www.labonne-fourchette.com – Fermé 20 déc.-11 janv.
Formule 26 € ♉ – Menu 29/82 € ♉ – Carte 52/72 € *(fermé merc. midi hors saison, dim. soir et lundi)*
Au sein du Grand Hôtel du Parc, dans un cadre confortable et stylé (alliance de références victoriennes et de mobilier contemporain), une table de qualité, mettant en valeur de beaux produits frais : cromesquis de cochon et brochette de homard au chorizo, omble chevalier sauvage aux amandes, parfait glacé au chocolat blanc...

✗✗ **Auberge St-Simond** – Auberge St-Simond
130 av. St-Simond – ℰ 04 79 88 35 02   Plan : AX**e**
– www.saintsimond.com – Fermé 15 déc.-26 janv., lundi midi d'oct. à avril et dim. soir
Formule 19 € – Menu 25 € (déj. en semaine), 32/45 € – Carte 36/50 €
Une déco plutôt soignée, une jolie vue sur le jardin planté d'oliviers, de platanes et de lavande... Dans cette auberge, la tradition comme la fraîcheur sont à l'honneur ; le tout accompagné d'une bonne sélection de vins légers. Rien que des plaisirs simples...

 Chaque restaurant étoilé est accompagné de trois plats évoquant le style de sa cuisine. S'ils ne figurent pas toujours à la carte, c'est souvent au profit d'autres savoureuses recettes, inspirées par la saison.
N'hésitez pas à les découvrir !

AIZENAY
✉ 85190 (Vendée) – 8 284 hab. – Alt. 62 m – Voir carte n°**34-B3**
◪ Paris 435 km – Challans 26 km – Nantes 60 km – La Roche-sur-Yon 18 km
Carte Michelin 316-G7

XX **La Sittelle**

33 r. du Mar-Leclerc – ℰ 02 51 34 79 90 – Fermé 1 semaine début mai, 3 semaines en août, 2-8 janv., lundi, mardi et le soir sauf sam.
Menu 27/38 € *(réservation conseillée)*
La sittelle ? C'est l'oiseau qui vit dans la forêt avoisinante. Pour tenter de l'entendre, faites une halte dans cette agréable demeure bourgeoise. La cuisine, classique, savoureuse et juste, témoigne du bien joli parcours du chef... et ravit les gourmands, tout simplement !

AJACCIO – 2A (Corse-du-Sud) ➜ voir Corse

ALBAN

✉ 81250 (Tarn) – 972 hab. – Alt. 600 m – Voir carte n°**29-C2**
◗ Paris 723 km – Albi 29 km – Castres 54 km – Toulouse 106 km
Carte Michelin 338-G7

X **Au Bon Accueil** avec ch

49 av. de Millau – ℰ 05 63 55 81 03 – www.hotel-bardy.fr – Fermé janv., dim. soir, lundi et vend. sauf juil.-août
10 ch – ♦49/60 € ♦♦49/75 € – ⬚ 8 € – ½ P   Menu 18/34 € – Carte 22/48 €
Pratique pour une étape entre Albi et Millau ! Cette petite auberge rustique propose en effet une généreuse cuisine traditionnelle – avec du gibier en saison – et l'on savoure un repos bien mérité dans ses chambres certes petites mais bien pratiques (plus calmes sur l'arrière).

ALBERT

✉ 80300 (Somme) – 9 837 hab. – Alt. 65 m – Voir carte n°**36-B1**
◗ Paris 156 km – Amiens 30 km – Arras 50 km – St-Quentin 53 km
Carte Michelin 301-I8

à Authuille 5 km au Nord par D 50 – ✉ 80300 – 169 hab. – Alt. 85 m

XX **Auberge de la Vallée d'Ancre**

6 r. du Moulin – ℰ 03 22 75 15 18 – Fermé 2 semaines en sept., vacances de fév., dim. soir, merc. soir et lundi
Menu 24/39 € – Carte 35/55 €
Perdue en pleine campagne, cette sympathique auberge de pays n'en est pas moins prisée ! L'accueil y est charmant, et dans sa cuisine ouverte – où le saluent les clients – le chef prépare une généreuse cuisine traditionnelle. Beau plateau de fromages.

ALBERTVILLE

✉ 73200 (Savoie) – 18 832 hab. – Alt. 344 m – Voir carte n°**46-F2**
◗ Paris 581 km – Annecy 46 km – Chambéry 51 km – Chamonix-Mont-Blanc 64 km
Carte Michelin 333-L3 – Guide Vert Michelin Alpes du Nord

🏨 **Million**

8 pl. de la Liberté – ℰ 04 79 32 25 15 – www.hotelmillion.com
25 ch ⬚ – ♦107/130 € ♦♦169/195 €
Rest *Million* ❀ – voir les restaurants ci-après
Cette belle bâtisse de 1770 illustre une certaine tradition de l'hôtellerie française, cossue et bourgeoise. Deux types de chambres : certaines au cachet d'antan (cheminée, mobilier en bois, parquet...) ; d'autres un peu plus modernes.

XXX **Million** (José de Anacleto) – Hôtel Million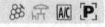

8 pl. de la Liberté – ℰ 04 79 32 25 15 – www.hotelmillion.com – Fermé 27 avril-18 mai, 1er-16 nov., sam. midi, dim. soir et lundi
Menu 38 € (semaine), 65/98 € – Carte 90/135 €
Distinguée et feutrée, voilà une délicate table de tradition. Sauces savoureuses, jus parfaitement réduits, produits nobles, etc. Le chef rappelle que le bel ouvrage est la condition de la finesse… et du plaisir. Cadre classique à l'unisson.
➜ Raviole de ris de veau au foie gras et truffe, consommé de poule de Bresse. Féra du lac Léman, pommes vapeur et beurre de baratte façon ravigote. Pomme rôtie à la gelée de pruneau, crème vanillée et glace au caramel.

✂ ☒ **Le Bistrot Gourmand**
8 pl. Charles-Albert – ℰ 04 79 32 79 06 – Fermé août, vacances de Noël, dim. soir, mardi et merc.
Menu 17 € (déj. en semaine), 26/45 € – Carte 48/68 €
Terrine de saumon aux pétoncles, émincé de dinde au citron vert, parfait à l'ananas... Ce bistrot familial séduit sous la houlette d'un chef-patron qui connaît bien ses gammes. Les prix sont doux et l'accueil est agréable.

à Monthion 7 km au Sud par rte de Chambéry (sortie 26) et D 64 – ☒ 73200 – 487 hab. – Alt. 375 m

✗✗ **Les 16 Clochers**   ← 🍴 **P**
91 chemin des 16-Clochers – ℰ 04 79 31 30 39 – http://les16clochers.fr – Fermé fin déc., dim. soir, lundi et mardi
Formule 21 € – Menu 27 € (déj. en semaine), 38/57 € – Carte 52/69 €
Qui dit mieux ? Ce restaurant gastronomique jouit d'une vue sur les seize clochers de la vallée ! C'est en terrasse que l'on profite le mieux du panorama, mais on appréciera aussi la salle, rustique et chaleureuse. Cuisine de bonne facture, accueil charmant.

ALBI

☒ 81000 (Tarn) – 49 179 hab. – Alt. 174 m – Voir carte n°**29-C2**
▶ Paris 694 km – Béziers 150 km – Clermont-Ferrand 286 km – Toulouse 76 km
Carte Michelin 338-E7

🏨 **La Réserve**   🍽 ⬥ ← 🛏 ⵦ ❀ 🎐 & 🕰 🛜 🔊 **P**
81 rte de Cordes, 3 km par ⑥ – ℰ 05 63 60 80 80 – www.lareservealbi.com – Ouvert de mai à oct.
19 ch – ♦180/428 € ♦♦258/548 € – 2 suites – ⬓ 20 € – ½ P
Rest *La Réserve* – voir les restaurants ci-après
Dans un grand parc verdoyant au bord du Tarn, une villa pleine de charme ! Meubles chinés et contemporains, tissus et papiers peints élégants : les chambres sont raffinées et donnent sur la jolie piscine ou la rivière. Et quand l'heure des gourmandises est venue, on n'est pas dépourvu...

🏨 **Hostellerie St-Antoine** sans rest   ⵦ 🎐 & 🕰 🛜 🔊 **P**
17 r. St-Antoine – ℰ 05 63 54 04 04   Plan : Z**d**
– www.hotel-saint-antoine-albi.com – Fermé 20 déc.-5 janv.
40 ch – ♦95/165 € ♦♦115/225 € – 2 suites – ⬓ 16 €
Cet hôtel fondé en 1734 – ce qui en fait l'un des plus vieux de France – cultive très joliment l'atmosphère cossue des maisons d'antan... Mobilier ancien, jolies tissus et très agréable jardin : un cocon très confortable !

🏨 **Chiffre**   🍽 🎐 🕰 🛜 🔊 **P** 🚗
50 r. Séré-de-Rivières – ℰ 05 63 48 58 48   Plan : Z**b**
– www.hotelchiffre.com – Fermé 15 déc.-15 avril
36 ch – ♦78/169 € ♦♦78/169 € – 1 suite – ⬓ 12 €
En ville mais à l'écart de l'agitation, un ancien relais de poste ordonné autour d'une cour fleurie. Les chambres, assez sobres, sont avant tout fonctionnelles. Pour les clients de l'hôtel, une offre de restauration traditionnelle bien pratique.

🏨 **Grand Hôtel d'Orléans**   🍽 ⵦ 🎐 & 🕰 🛜 🔊 🚗
pl. Stalingrad – ℰ 05 63 54 16 56 – www.hotel-orleans-albi.com   Plan : X**e**
56 ch – ♦82/122 € ♦♦92/132 € – 2 suites – ⬓ 11 € – ½ P
Depuis 1902, de père en fils, on prend soin des voyageurs venus chercher la tranquillité au pays de Toulouse-Lautrec ! Les chambres sont fonctionnelles, dans un esprit contemporain, et, pour les hôtes studieux, on compte aussi de nombreuses salles de réunion.

🏨 **Cantepau** sans rest   🎐 & 🛜 **P** 🚗
9 r. Cantepau – ℰ 05 63 60 75 80 – www.hotelcantepau.fr   Plan : V**a**
– Fermé 23-31 déc.
33 ch – ♦59/89 € ♦♦59/89 € – ⬓ 10 €
Un petit hôtel familial et accueillant, dans une rue tranquille. Côté déco, beaucoup de rotin, des tons crème et tabac, d'inspiration coloniale... Au petit-déjeuner, on profite des confitures maison. C'est simple, impeccablement tenu et plaisant.

ALBI

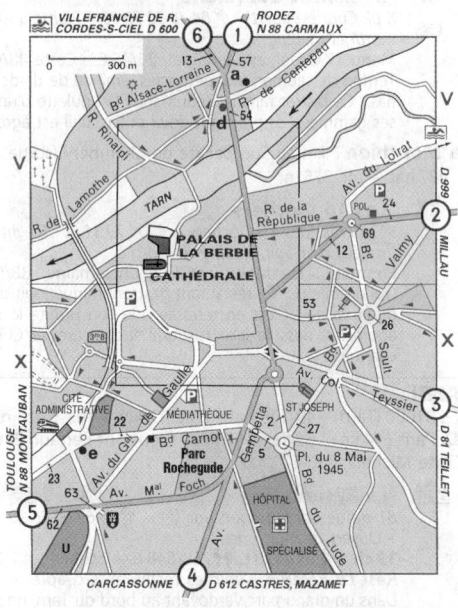

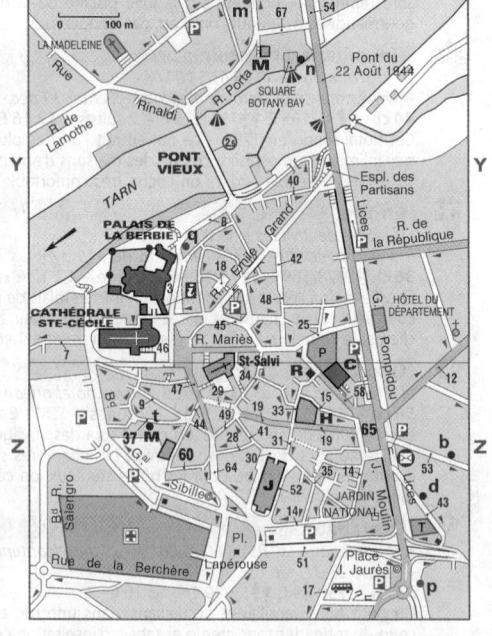

↑ **Le Pigné** sans rest ※ 🛜
8 r. du Chanoine-Birot – ℰ 06 11 04 55 07 Plan : Z**t**
– www.chambresdhotesalbi.fr
3 ch 🖙 – 🛉115/155 € 🛉🛉115/155 €
Atelier, Cheminée ou Tour ? Votre cœur risque de balancer ! À deux pas de la cathédrale, les chambres de cette belle demeure en brique distillent un charme indéniable. L'accueil est charmant et, l'été, on prend son petit-déjeuner sur la terrasse donnant sur le jardin. Idéal pour une escapade dans la capitale du Tarn.

XXX **La Réserve** – Hôtel La Réserve ← 🚗 🌫 🛓 🅰️ **P**
81 rte de Cordes, 3 km par ⑥ – ℰ 05 63 60 80 80 – www.lareservealbi.com
– Ouvert de mai à oct. et fermé le midi du lundi au vend. et mardi soir
Menu 49/105 € – Carte 77/107 €
De grandes baies vitrées donnant sur le parc verdoyant baigné par le Tarn, une belle terrasse et une cheminée qui nous réchauffe en hiver : cette Réserve est élégante, et l'on y savoure une cuisine attrayante, dans l'air du temps.

XX **David Enjalran - L'Esprit du Vin** 🕸 🅰️
🕸 *11 quai Choiseul – ℰ 05 63 54 60 44 – www.lespritduvin-albi.fr* Plan : Y**q**
– Fermé dim., lundi et le midi
Menu 75/105 € *(réservation conseillée)*
Une table chaleureuse au sein d'une maison du vieil Albi. David Enjalran signe une cuisine pleine de personnalité, recherchée et maîtrisée, au fil de menus "surprise" inspirés par ses produits de prédilection et rehaussés d'un beau choix de vins "coup de cœur". Avis aux amateurs, le chef propose aussi des cours de cuisine.
→ Salpicon de homard breton et cèpes, œuf cuit à basse température et mouillettes d'ail. Lotte rôtie, piperade douce et pistes à la plancha. Glace au cèpe laquée de chocolat, pied en meringue et coulis de Chartreuse.

XX **Le Jardin des Quatre Saisons** 🕸 🅰️ ⇆
5 r. de la Pompe – ℰ 05 63 60 77 76 Plan : V**d**
– www.le-jardin-des-quatre-saisons.com – Fermé dim. soir et lundi
Formule 16 € – Menu 29/41 €
En toutes saisons, un restaurant toujours aussi agréable... La cuisine, généreuse et authentique, ressemble au patron, un enfant du pays. Sous les voûtes du salon privé, on organise des dégustations de vin – l'autre passion dudit patron !

XX **L'Épicurien** 🌫 🛓 🅰️
42 pl. Jean-Jaurès – ℰ 05 63 53 10 70 Plan : Z**p**
– www.restaurantlepicurien.com – Fermé 23-30 déc., dim. et lundi
Formule 19 € – Menu 21 € (déj. en semaine), 30/69 € – Carte 40/58 €
C'est l'adresse branchée d'Albi, et à raison ! Ce n'est pas un hasard si la déco, au design épuré, témoigne d'un bel esprit nordique : le chef est d'origine suédoise, et il concocte de jolies assiettes dans l'air du temps, gourmandes, copieuses et bien ficelées. De quoi satisfaire plus d'un épicurien...

X **La Table du Sommelier** 🕸 🌫 🛓 🅰️
🍴 *20 r. Porta – ℰ 05 63 46 20 10 – www.latabledusommelier.com* Plan : Y**m**
– Fermé dim. et lundi
Menu 17 € (déj. en semaine), 25/35 € ▾ – Carte 34/49 €
L'enseigne et les caisses de bois empilées dans l'entrée annoncent d'emblée la couleur : voici l'antre de Bacchus ! Ici, on savoure des petits plats bistrotiers accompagnés de bons crus régionaux (joli choix de vins au verre). Et l'été, vive les terrasses : celle couverte et fleurie ou celle à ciel ouvert...

Ne confondez pas les couverts X et les étoiles 🕸 ! Les couverts définissent une catégorie de confort et de service, tandis que l'étoile couronne uniquement la qualité de la cuisine, quel que soit le standing de la maison.

à Castelnau-de-Lévis 7 km par ⑥, D 600 et D 1 – ⊠ 81150
– 1 543 hab. – Alt. 221 m

XX **La Taverne Besson** avec ch   🌫 📶 & rest, Ⓜ 📶
*r. Aubijoux – ℰ 05 63 60 90 16 – www.tavernebesson.com – Fermé vacances
de fév.*
8 ch – †74 € ††94 € – ⊇ 12 € – ½ P
Formule 20 € – Menu 54/72 € – Carte 35/70 € *(fermé dim. soir hors saison,
mardi midi et lundi)*
Voici une Taverne originale avec son décor lumineux, d'une élégance toute
contemporaine, et sa terrasse ouverte sur la campagne... On y déguste une cuisine séduisante, associant bons produits locaux et notes originales. On peut également réserver l'une des chambres, aménagées avec soin.

ALENÇON
⊠ 61000 (Orne) – 26 300 hab. – Alt. 135 m – **Voir carte n°33-C3**
▶ Paris 190 km – Chartres 119 km – Évreux 119 km – Laval 90 km
Carte Michelin 310-J4 – Guide Vert Michelin Normandie Cotentin

🏨 **Mercure** sans rest   📶 & 📶 🏊 **P**
*187 av. du Gén-Leclerc, 2 km par ④ – ℰ 02 33 28 64 64 – www.mercure.com
– Fermé 19 déc.-5 janv.*
53 ch – †83/137 € ††87/137 € – ⊇ 12 €
En périphérie de la ville (direction Le Mans), un Mercure fort utile pour une étape
confortable. Les chambres du 2e étage, mansardées, sont plus particulièrement
adaptées aux familles.

🏠 **Hôtel des Ducs** sans rest   📶 & 📶 **P**
50 av. du Prés. Wilson – ℰ 02 33 29 03 93   Plan : AY**r**
– www.hoteldesducs-alencon.fr
28 ch – †68/78 € ††78/88 € – ⊇ 9 €
Un bon petit hôtel, face à la gare, dans un immeuble datant de l'après-guerre. Les
chambres sont fonctionnelles et bien tenues, assez spacieuses dans la catégorie
supérieure.

🏠 **Ibis** sans rest   📶 & 📶 🏊
13 pl. Poulet-Malassis – ℰ 02 33 80 67 67 – www.ibishotel.com   Plan : CZ**y**
52 ch – †79/105 € ††79/105 € – ⊇ 10 €
En plein centre, tout près des commerces, cafés et restaurants, un Ibis moderne
parfait pour la clientèle d'affaires ou de passage. L'ensemble est très bien tenu.
À noter : au bar, on vous propose plus de 80 whiskys !

XX **Au Petit Vatel**   🌫
72 pl. du Cdt-Desmeulles – ℰ 02 33 26 23 78   Plan : BZ**s**
*– www.aupetitvatel.fr – Fermé 16 juil.-5 août, 19 fév.-4 mars, dim. soir, mardi
soir et merc.*
Formule 19 € – Menu 23/46 € – Carte 43/70 €
Des recettes indémodables, des produits de la région – dont un incontournable
plateau de fromages... Le classicisme est de mise dans cette maison de ville en
pierre du pays, dans le droit fil de la belle tradition !

XX **Rive Droite**   🌫 & 🌫
😊   *31 r. du Pont-Neuf – ℰ 02 33 27 79 73*   Plan : CZ**b**
– www.rivedroiterestaurant.com – Fermé 2-13 janv., dim. et lundi
Formule 20 € – Menu 23 € (déj.)/31 €
Raviole de homard, ris de veau braisé et légumes glacés au jus, aspic de fruits
frais... Qu'elles sont jolies, les recettes proposées par cette table alençonnaise, où
chaque saison apporte son lot d'images gourmandes ! Et que dire du décor, au
charme intemporel, chic et feutré (parquets, moulures, etc.). Un bel endroit.

ALENÇON

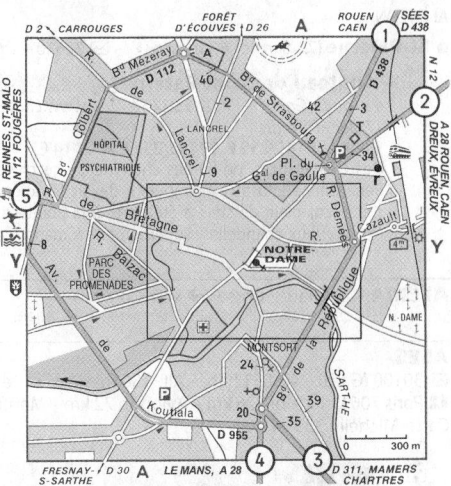

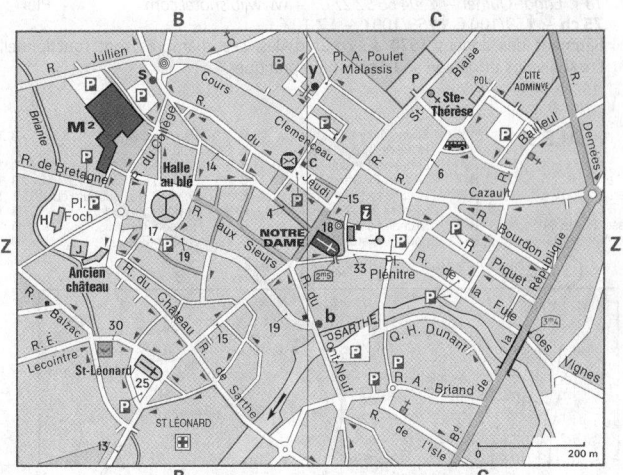

au Nord 3 km par ① D 438 et rte secondaire

⌂ Château de Sarceaux   ⫶○ 🍴 🚲 🛜 🅿

r. des Fourneaux ⊠ *61250 Valframbert –* 🕾 *02 33 28 85 11*
– www.chateau-de-sarceaux.com – Fermé fév. et nov.
5 ch ⌑ – ♦130/175 € ♦♦130/175 €
Dans un parc de 12 ha, un ancien pavillon de chasse (18e s.) mais surtout une
véritable demeure de famille, au décor classique à souhait : tissus imprimés, boiseries pastel, parquets, tableaux et mobilier des aïeux... La noble et sobre élégance du pays d'Alençon.

Un symbole passé en rouge désigne une maison particulièrement charmante : 🏠 ✕✕✕.

à St-Paterne (72 Sarthe) 4 km par ③ – ✉ 72610 – 1 606 hab. – Alt. 160 m

 Château de Saint-Paterne 〉ΙΟ ▷ ⊕ 🛄 🍽 🛜 🅿

4 r. de la Gaieté – 𝒞 02 33 27 54 71 – www.chateau-saintpaterne.com – Fermé 17 déc.-1ᵉʳ mars
11 ch – ♦145/255 € ♦♦145/255 € – ⎅ 14 €

Des toits élancés, de hautes cheminées : ce château est né entre Moyen Âge et Renaissance ! Jusqu'à nos jours il devait témoigner d'un certain art de vivre, car son décor plein de style a été porté à la pointe du goût contemporain... Le dîner est servi aux chandelles. Superbement romantique !

ALÉRIA – 2B (Haute-Corse) → voir Corse

ALÈS

✉ 30100 (Gard) – 40 851 hab. – Alt. 136 m – Voir carte n°**23**-C1
▶ Paris 706 km – Albi 226 km – Avignon 72 km – Montpellier 70 km
Carte Michelin 339-J4

 Ibis sans rest 📱 ⅃ 🅰🅲 🛜 🚘

18 r. Edgar-Quinet – 𝒞 04 66 52 27.07 – www.ibishotel.com Plan : B**e**
75 ch – ♦59/100 € ♦♦59/100 € – ⎅ 10 €

Bâtiment des années 1970 au cœur d'Alès. Les chambres sont fonctionnelles. Local à vélos et garage souterrain bien pratiques.

ALÈS

Albert-1er (R.) .... **B** 2	Edgar-Quinet (R.) .... **B**	Péri (Pl. Gabriel) .... **B** 13
Audibert (R. Cdt) .... **A** 3	Hôtel-de-Ville (Pl. de l') ... **A** 5	Rollin (R.) .... **A** 14
Avéjan (R. d') .... **B**	Lattre-de-Tassigny (Av. de) .. **B** 6	St-Vincent (R.) .... **B** 15
Barbusse (Pl. Henri) ...... **B** 4	Leclerc (Pl. Gén.) .... **B** 8	Semard (Pl. Pierre) .... **B** 16
Docteur-Serres (R.) .... **B**	Louis-Blanc (Bd) .... **B**	Soleil (R. du Faubourg du)... **B** 17
	Martyrs-de-la-Résistance (Pl.). **B** 9	Stalingrad (Av. de) .... **B** 18
	Michelet (R.) .... **B** 10	Taisson (R.) .... **B** 19
	Paul (R. Marcel) .... **B** 12	Talabot (Bd) .... **B** 20

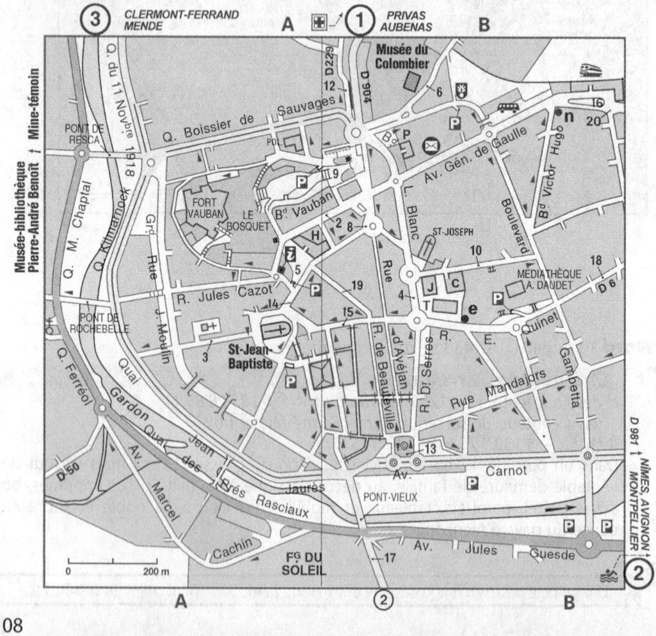

XX **Le Riche** avec ch   🌿 AC 🎗 ch, 📶 🔥

42 pl. Sémard – ☎ 04 66 86 00 33 – www.leriche.fr – Fermé août   Plan : B**n**
17 ch – 🛏64/74 € 🛏🛏84/94 € – ⊡ 10 € – ½ P   Menu 26/58 € – Carte 25/50 €
Dans ce bel immeuble du début du 20ᵉs., l'Art nouveau flamboie de tous ses
stucs, dorures et miroirs. On déguste ici aussi bien des involtinis au pélardon
que du lapin aux cèpes. Des chambres contemporaines permettent de ne pas
refermer trop vite cette jolie parenthèse culinaire.

X **L'Esprit des Mets** ⓝ   🌿 AC 🅿

148 av. d'Anduze, par ② – ☎ 04 66 52 21 80 – fermé janv., dim. soir et lundi
Formule 16 € – Menu 23/29 € – Carte 38/49 €
La première affaire d'un jeune chef originaire de Marseille. Il l'a voulue bien dans
son époque et conviviale, avec des cuisines ouvertes sur la salle pour ne pas se
couper des clients ! Ses recettes sont à l'image des lieux : pleines de peps, fraîches et précises, elles ne manquent ni de goût ni d'esprit.

à St-Martin-de-Valgalgues 2 km par ① – ✉ 30520 – 4 199 hab. – Alt. 148 m

�🏠 **Le Mas de la Filoselle**   🍽 🛁 🏠 ⌛ 🎗 📶 🍴

344 r. du 19-mars-1962 – ☎ 06 61 23 19 75 – www.filoselle.free.fr – Fermé en fév.
4 ch ⊡ – 🛏79 € 🛏🛏93 €
On se sent très vite chez soi dans cette ancienne magnanerie perchée sur les
hauteurs du village. Les chambres, thématiques (Lavande, Olivier, etc.), sont ravissantes, et l'on profite d'un beau jardin en terrasses, courant vers un bois de pins
et de châtaigniers. Table d'hôte le soir.

à St-Privat-des-Vieux 4 km par ②, rte de Montélimar, D 216 et rte secondaire –
✉ 30340 – 4 737 hab. – Alt. 180 m

XX **Le Vertige des Senteurs**   🏠 🌿 ⅙ ⌂ 🅿

35 chemin de l'Usclade – ☎ 04 66 91 08 84 – www.vertige-des-senteurs.fr – Fermé
1ᵉʳ-10 janv., sam. midi en juil.-août, dim. soir et lundi
Formule 19 € – Menu 38/75 €
Un joli mas au cœur des Cévennes... On y savoure les bons plats élaborés par
le chef : filet de féra à la fondue de poireaux, canard en magret et parmentier,
macaron aux figues, entre autres ! Et à l'heure de l'apéritif, on s'installe dans
l'agréable patio où flotte comme un air de vacances.

à Méjannes-lès-Alès 7,5 km par ② et D 981 – ✉ 30340 – 1 117 hab. – Alt. 141 m

XX **Auberge des Voutins**   🌿 AC ⌂ 🅿
🕊 *409 r. des Écoles, rte d'Uzès – ☎ 04 66 61 38 03 – Fermé mardi midi, dim. soir et*
lundi sauf fériés
Menu 30/50 € – Carte 46/62 €
Sur la route entre Alès et Uzès, faites étape dans cette belle maison de pays. On y
savoure une appétissante cuisine traditionnelle, et le décor se révèle rustique à
souhait avec son plafond... en voutins. À la belle saison, installez-vous sur la terrasse à l'ombre du joli tilleul.

à St-Hilaire-de-Brethmas 3 km par ② et D 936 – ✉ 30560
– 4 228 hab. – Alt. 125 m

�🏠 **Comptoir St-Hilaire**   🍽 🛁 ⪡ 🛁 ⌛ 🍴 🅿

Mas de la Rouquette, 2 km à l'Est – ☎ 06 04 59 94 66
– www.comptoir-saint-hilaire.com
5 ch ⊡ – 🛏250/425 € 🛏🛏250/425 €
La décoratrice Catherine Painvin a entièrement repensé ce mas du 17ᵉs. : chambres et suites follement originales, luxe omniprésent mais discret, à l'unisson du
superbe parc avec les Cévennes à perte de vue... À la table d'hôte, on apprécie
la cuisine régionale dont quelques spécialités mettant la truffe à l'honneur.

ALFORTVILLE – 94 (Val-de-Marne) ➜ voir Paris, Environs

ALGAJOLA – 2B (Haute-Corse) ➜ voir Corse

ALISE-STE-REINE – 21 (Côte-d'Or) ➜ voir Venarey-les-Laumes

ALIX

✉ 69380 (Rhône) – 710 hab. – Alt. 287 m – Voir carte n°**43**-E1

▶ Paris 442 km – L'Arbresle 12 km – Lyon 28 km – Villefranche-sur-Saône 12 km
Carte Michelin 327-G4

✗✗ Le Vieux Moulin   🛋 **P**

chemin du Vieux-Moulin – 𝒞 04 78 43 91 66 – www.lemoulindalix.com
– *Fermé 1er janv.-1er avril, lundi et mardi*
Menu 26/53 € – Carte 27/50 €
Ce moulin rhodanien en pierre a conservé tout son charme rustique ; c'est un
endroit paisible et plaisant, idéal pour savourer les mets traditionnels du
chef et ses suggestions du jour. L'été, cap sur la jolie terrasse ombragée.

ALLAS-LES-MINES – 24 (Dordogne) → voir St-Cyprien

ALLEINS

✉ 13980 (Bouches-du-Rhône) – 2 403 hab. – Alt. 180 m – Voir carte n°**42**-E1

▶ Paris 725 km – Aix-en-Provence 34 km – Avignon 47 km – Marseille 63 km
Carte Michelin 340-F3 – Guide Vert Michelin Provence

介 Domaine de Méjeans sans rest   🐾 🛏 🗹 🛋 🎿 🛜 **P**

quartier des Méjeans, 3 km par rte de Sénas D 71B – 𝒞 04 90 57 31 74
– *www.domainedemejeans.com*
5 ch 🖃 – †190/230 € ††210/295 €
Une allée de peupliers mène à ce domaine paisible et raffiné : parc luxuriant,
étang, piscine, cuisine d'été et... chambres aux noms et aux coloris délicats de
friandises (calisson, nougat, etc.). Le tout idéalement situé entre le massif du
Luberon et celui des Alpilles !

ALLERY – 80 (Somme) → voir Airaines

ALLEVARD

✉ 38580 (Isère) – 3 753 hab. – Alt. 470 m – Voir carte n°**46**-F2

▶ Paris 593 km – Albertville 50 km – Chambéry 33 km – Grenoble 40 km
Carte Michelin 333-J5 – Guide Vert Michelin Alpes du Nord

à Pinsot 7 km au Sud par D 525 A – ✉ 38580 – 204 hab. – Alt. 730 m

🏠 Pic de la Belle Étoile   🔟 🐾 ← 🛏 🗹 🔎 🖭 🛗 🛜 🛁 **P**

– 𝒞 04 76 45 89 45 – www.pbetoile.com
– *Fermé 24 avril-12 mai, 24 juil.-11 août, 29 oct.-17 nov., vend. soir, sam. et dim.
sauf 6 fév.-6 mars, 6-24 juil., 11-28 août et 20 déc.-2 janv.*
40 ch – †77/110 € ††98/142 € – 🖃 13 € – ½ P
À l'entrée du village, le jardin de cette imposante maison régionale dégringole
jusqu'à un torrent. On profite du paysage dans des chambres simples et bien
tenues, mais aussi de la piscine, du hammam, du sauna... Un bon point de chute
pour sillonner la région ou profiter des eaux thermales.

au Sud 17 km par D 525A et rtre secondaire

介 Auberge Nemoz   🔟 🐾 ← 🛏 🎿 🛜 **P** 🍴

au hameau "La Martinette" ✉ 38580 Allevard – 𝒞 04 76 45 03 10
– *www.auberge-nemoz.com* – *Fermé 2 semaines en avril et nov.*
5 ch 🖃 – †89/100 € ††99/110 €
Dans la vallée du Haut-Bréda, ce chalet en bois a su se parer de meubles anciens
et d'objets de famille. Au programme, la convivialité d'une cuisine rustique
(raclette), des promenades à cheval, et en hiver, tous en raquettes !

ALLEX

✉ 26400 (Drôme) – 2 485 hab. – Alt. 160 m – Voir carte n°**44**-B3

▶ Paris 588 km – Lyon 126 km – Romans-sur-Isère 46 km – Valence 24 km
Carte Michelin 332-C5 – Guide Vert Michelin Ardèche Drôme

La Petite Aiguebonne sans rest

chemin d'Aiguebonne, 2 km à l'Est par D 93 – $\mathcal{C}$ *04 75 62 60 68*
– www.petite-aiguebonne.com
6 ch $\square$ – $\dagger$100/125 € $\dagger\dagger$125/145 €
Zanzibar, Pondichéry, Louisiane... Dans cette ferme du 13ᵉs., la déco des chambres parcourt le monde ; tandis que dans le jardin une roulotte attend les plus téméraires. Et si, au réveil, vous avez envie de partir à l'aventure, pensez aux sentiers de la réserve naturelle de Ramières.

ALLEYRAS

$\boxtimes$ 43580 (Haute-Loire) – 171 hab. – Alt. 779 m – Voir carte n°**6-C3**
$\blacktriangleright$ Paris 549 km – Brioude 71 km – Langogne 43 km – Le Puy-en-Velay 32 km
Carte Michelin 331-E4

Le Haut-Allier

2 km au Pont d'Alleyras, au Nord par D 40 – $\mathcal{C}$ *04 71 57 57 63*
– www.hotel-lehautallier.com – Ouvert 21 mars-15 nov. et fermé mardi
sauf juil.-août et lundi
12 ch – $\dagger$95/135 € $\dagger\dagger$95/135 € – $\square$ 16 € – ½ P
Rest *Le Haut-Allier* $\mathcal{E}$ – voir les restaurants ci-après
Aux confins des gorges de l'Allier, comme au bout du monde... Dans cet environnement, cet hôtel fait preuve d'un confort bourgeois sans ostentation, d'une tenue parfaite et d'un calme salutaire. Et il serait dommage de se priver du restaurant !

XXX **Le Haut-Allier** (Philippe Brun)
$\mathcal{E}$
2 km au Pont d'Alleyras, au Nord par D 40 – $\mathcal{C}$ *04 71 57 57 63*
– www.hotel-lehautallier.com – Ouvert 21 mars-15 nov. et fermé mardi sauf le
soir en juil.-août et lundi
Menu 48/98 € – Carte 70/91 €
Dans ces rudes contrées, le cadre, raffiné et élégant, ne manque pas d'étonner ! La cuisine est plutôt inventive, volontiers recherchée, et met en valeur de très beaux produits du terroir avec une pointe d'exotisme.
→ Cappuccino de truffe de Lozère. Suprêmes de pigeonneau au crumble de cèpes. Zéphyr de fromage blanc et citron, fruits au gré des saisons.

LES ALLUES – 73 (Savoie) → voir Méribel

ALLUYES

$\boxtimes$ 28800 (Eure-et-Loir) – 756 hab. – Alt. 120 m – Voir carte n°**11-B1**
$\blacktriangleright$ Paris 118 km – Blois 82 km – Chartres 29 km – Orléans 75 km
Carte Michelin 311-E6 – Guide Vert Michelin Châteaux de la Loire

 Moulin de la Ronce sans rest

2 r. du Gué, 2,5 km au Nord-Ouest – $\mathcal{C}$ *06 31 17 48 80*
– www.moulin-de-la-ronce.com
3 ch $\square$ – $\dagger$110/130 € $\dagger\dagger$120/150 €
La propriétaire a eu le coup de foudre pour ce moulin à eau du 16ᵉ s. et on la comprend. Sa restauration a encore décuplé le charme des lieux, dans un esprit contemporain d'un goût très sûr. Le petit-déjeuner, les promenades en barque, le parc... un enchantement !

ALLY

$\boxtimes$ 15700 (Cantal) – 650 hab. – Alt. 720 m – Voir carte n°**5-A3**
$\blacktriangleright$ Paris 532 km – Aurillac 46 km – Clermont-Ferrand 119 km – Tulle 71 km
Carte Michelin 330-B3

 Château de La Vigne sans rest

1 km au Nord-Est par D 680 – $\mathcal{C}$ *04 71 69 00 20 – www.chateaudelavigne.com*
– Ouvert de Pâques à la Toussaint
3 ch – $\dagger$120/140 € $\dagger\dagger$120/140 € – $\square$ 9 €
Un beau jardin à la française face au panorama des monts du Cantal, des murs robustes remontant au 15ᵉ s., des fresques médiévales, de délicieux décors 18ᵉ s. ou Directoire : ce château invite à un véritable voyage au pays du temps jadis...

ALOXE-CORTON – 21 (Côte-d'Or) → voir Beaune

ALPE D'HUEZ

✉ 38750 (Isère) – 1 479 hab. – Alt. 1 860 m – Voir carte n°**45**-C2
▶ Paris 625 km – Le Bourg-d'Oisans 12 km – Briançon 71 km – Grenoble 63 km
Carte Michelin 333-J7 – Guide Vert Michelin Alpes du Nord

Au Chamois d'Or

169 r. Fontbelle, (rd-pt des pistes) – ℰ 04 76 80 31 32
– www.chamoisdor-alpedhuez.com – Ouvert 15 déc.-20 avril
40 ch – ½ P seult 250/333 € – 5 suites
Rest *Au Chamois d'Or* – voir les restaurants ci-après
Un grand chalet en bois aux balcons ciselés : sous la neige, une véritable image
d'Épinal... Des feux crépitent, le décor évoque une demeure particulière, les
enfants peuvent s'amuser dans "leur" salon (jeux, TV, etc.) et leurs parents profiter
du spa : un vrai havre au cœur des Alpes...

Alpenrose

rte de Fond-Morelle - Les Bergers – ℰ 04 27 04 28 04 – www.alpen-rose-hotel.com
– Ouvert 20 déc.-10 avril et 28 juin- 26 août
23 suites – ♥♥276/540 € – 4 ch – 🖵 15 €
Au cœur du quartier des Bergers, près de l'altiport, un imposant chalet à la fois
moderne et confortable. On pose ses valises dans des chambres spacieuses et
lumineuses, avant d'aller profiter de la piscine chauffée ou de la salle de massage... Pour voir les Alpes en rose !

Le Printemps de Juliette

68 av. des Jeux – ℰ 04 76 11 44 38 – www.leprintempsdejuliette.com – Fermé
sam. et dim. et nov.
9 ch 🖵 – ♥110/480 € ♥♥110/480 € – 1 suite – ½ P
C'est tous les jours le printemps, dans ce beau chalet niché au cœur de la station :
tons clairs et jouets à l'ancienne y cultivent l'innocence de l'enfance... Une véritable bonbonnière. Côté restaurant, c'est montagne et tradition !

Le Dôme

pl. du Cognet – ℰ 04 76 80 32 11 – www.dome-alpedhuez.com – Ouvert de déc.
à avril et juil.-août
24 ch – ♥74/142 € ♥♥87/197 € – 🖵 14 € – ½ P
Depuis 1923, cet ancien refuge de montagne est transmis de père en fils. Crépis
et lambris : les chambres – la plupart avec balcon – cultivent l'esprit montagnard
avec simplicité. Au restaurant, fondue et raclette à l'ancienne sont au rendez-vous.

Au Chamois d'Or – Hôtel Au Chamois d'Or

169 r. Fontbelle, (rd-pt des pistes) – ℰ 04 76 80 31 32
– www.chamoisdor-alpedhuez.com – Ouvert 15 déc.-20 avril
Formule 38 € – Menu 60 € – Carte 62/86 €
Cette jolie table n'est pas le moindre atout de l'hôtel Chamois d'Or : dans le décor
chaleureux et feutré d'une salle tout en bois, on apprécie des saveurs au naturel,
composées avec un soin indéniable. L'atmosphère de l'endroit se fait même
romantique le soir venu...

Au P'tit Creux

chemin des Bergers – ℰ 04 76 80 62 80 – www.ptitcreux.fr
– Fermé mai, nov., lundi soir et mardi soir hors saison et lundi midi et mardi midi
en saison
Menu 23 € (déj.) – Carte 34/61 € *(réservation conseillée)*
Loin de combler seulement les p'tits creux, ce chalet du vieux village fait œuvre
de gastronomie : risotto aux cèpes, montgolfière d'escargots, selle d'agneau farcie
aux aromates, ou encore tagliatelles de navets au miel et pavot... De jolies
saveurs dans un décor régional.

Si vous recherchez un hébergement particulièrement agréable pour un séjour
de charme, préférez les établissements signalés en rouge : 介, 俞...介介.

✗   **L'Altiport**   ≤ 🏛 **P**

à l'altiport Henri-Giraud – 𝒞 04 76 80 41 15
– www.restaurant-altiport-alpedhuez.com – Ouvert de juin à août et de déc.
à avril
Carte 32/59 €
Sous l'œil bienveillant de l'aviateur Henri Giraud, dont le nom orne la tour de
contrôle toute proche, Philippe et Véronique régalent leur clientèle avec une cuisine gourmande et pleine de saveurs. De la tourtine de foie gras au filet de turbotin, une seule règle : la passion !

à Huez 3,5 km au Sud-Ouest par D 211 – ⊠ 38750 – 1 398 hab. – Alt. 1 495 m

🏠   **L'Ancolie**   ❙○ ⌂ 𝓕ᕷ ⅌ **P**

av. de l'Église – 𝒞 04 76 11 13 13 – www.ancolie-hotel.com
– Ouvert 1er juin-23 août, 2-30 sept. et début déc.-début avril
16 ch ⌂ – ♦74/142 € ♦♦92/160 € – ½ P
Une bonne option que cet hôtel simple et bien tenu, aux tarifs compétitifs : dans
le cadre préservé du village d'Huez, on profite du calme et du caractère d'un chalet mêlant la pierre et le bois, et dont les chambres se montrent plutôt coquettes.

ALPUECH – 12 (Aveyron) ➜ voir Laguiole

ALTENSTADT – 67 (Bas-Rhin) ➜ voir Wissembourg

ALTKIRCH
⊠ 68130 (Haut-Rhin) – 5 761 hab. – Alt. 312 m – Voir carte n°**1-A3**
◘ Paris 457 km – Basel 33 km – Belfort 35 km – Montbéliard 52 km
Carte Michelin 315-H11

🏠🏠   **Auberge Sundgovienne**   ❙○ 🛋 ⅃ 𝔸𝔸 ⌂ 🄰 **P**

1 rte de Belfort, 4 km à l'Ouest par D 419 – 𝒞 03 89 40 97 18
– www.auberge-sundgovienne.fr – Fermé 19-29 juil. et 20 déc.-23 janv.
27 ch – ♦61/78 € ♦♦78/98 € – 2 suites – ⌂ 12 € – ½ P
Rest *Auberge Sundgovienne* – voir les restaurants ci-après
Cette grande construction d'apparence quelque peu banale est une vraie trouvaille : le parc paysagé est idéal pour se mettre au vert ; les chambres, urbaines
et contemporaines, sont plaisantes et raffinées ; quant au restaurant, il se prête à
la gourmandise.

✗✗   **Auberge Sundgovienne**   🏛 ⅃ 𝔸𝔸 ⇄ **P**

1 rte de Belfort, 4 km à l'Ouest par D 419 – 𝒞 03 89 40 97 18
– www.auberge-sundgovienne.fr – Fermé 19-29 juil., 20 déc.-23 janv., mardi
midi, dim. soir et lundi
Formule 16 € – Menu 25 € (semaine), 32/56 € – Carte 30/59 €
Ce restaurant d'hôtel est très sympathique : tout y est avenant, contemporain et
cosy, et l'on y apprécie une bonne cuisine d'aujourd'hui, concoctée par un chef
soucieux de bien faire.

à Wahlbach 10 km à l'Est par D 419 et D 19ᴮ – ⊠ 68130 – 498 hab. – Alt. 320 m

✗✗   **Auberge de la Gloriette** avec ch   ⇦ 🏛 𝔸𝔸 rest, 🎧 🄰 **P**

9 r. Principale – 𝒞 03 89 07 81 49 – www.lagloriette68.com – Fermé 2 semaines
en sept., lundi et mardi
8 ch – ♦55/85 € ♦♦65/95 € – ⌂ 7 € – ½ P
Formule 15 € – Menu 29/55 € – Carte 41/66 €
Dans cette maison ancienne règne une sympathique atmosphère familiale. On y
sert une cuisine traditionnelle simple et l'on propose aussi des chambres d'esprit
rustique, parfois un peu vieillottes mais bien tenues.

ALTWILLER
⊠ 67260 (Bas-Rhin) – 418 hab. – Alt. 220 m – Voir carte n°**1-A1**
◘ Paris 412 km – Le Haras 10 km – Metz 86 km – Nancy 73 km
Carte Michelin 315-F3

✕✕ L'Écluse 16   🔲 ⮃ 🅿

Bonne Fontaine, 3,5 km au Sud-Est – ℰ 03 88 00 90 42 – www.ecluse16.com
– Fermé 25 août-7 sept., 26 déc.-3 janv., vacances de fév., mardi et merc.
Menu 20 € (semaine), 31/48 €
Escargots alsaciens de Hirschland, sponge cake à l'ail des ours et crémeux noisette ; filet de canette rôti, croque-morilles et sauce poulette au vin jaune... On se régale de belles saveurs dans cet ancien relais de chevaux de halage, bordant le canal des houillères de la Sarre à quelques pas... d'une écluse.

AMBÉRIEUX-EN-DOMBES
✉ 01330 (Ain) – 1 600 hab. – Alt. 296 m – Voir carte n°**43**-E1
▶ Paris 437 km – Bourg-en-Bresse 40 km – Lyon 35 km – Mâcon 43 km
Carte Michelin 328-C5

🏠 Auberge des Bichonnières |1○ 🔲 & 🛜 🅿

545 rte du 3-Septembre-1944 – ℰ 04 74 00 82 07
– www.aubergedesbichonnieres.com – Fermé 20 déc.-25 janv., dim. et lundi
9 ch – ♦60/75 € ♦♦65/90 € – ☐ 9 € – ½ P
Rest *Auberge des Bichonnières* – voir les restaurants ci-après
Au calme de la campagne, une ancienne ferme typique de la Dombes (1850), mêlant bois et toits de tuiles autour d'une jolie cour fleurie... Les chambres sont à l'unisson avec leurs fresques représentant des scènes champêtres, mais quelques-unes sont plus contemporaines.

✕ Auberge des Bichonnières   🔲 🛜 & 🅿

545 rte du 3-Septembre-1944 – ℰ 04 74 00 82 07
– www.aubergedesbichonnieres.com – Fermé 20 déc.-25 janv., dim. soir, mardi midi et lundi
Menu 29/40 € – Carte 42/60 € *(réservation conseillée)*
Une petite auberge traditionnelle, agréable et rustique. En été, on s'attable volontiers dans la cour fleurie, impatients de déguster les spécialités du chef : croustillant de tête de veau, lapin au basilic, cassolette de grenouilles à la manière des Dombes, volaille au vin jaune... De bons petits plats !

AMBERT
✉ 63600 (Puy-de-Dôme) – 6 869 hab. – Alt. 535 m – Voir carte n°**6**-C2
▶ Paris 438 km – Brioude 63 km – Clermont-Ferrand 77 km – Thiers 53 km
Carte Michelin 326-J9 – Guide Vert Michelin Auvergne

✕✕ Les Copains avec ch   🔲 rest, 🛑 ch, 🛜

42 bd Henri-IV – ℰ 04 73 82 01 02 – www.hotelrestaurantlescopains.com
– Fermé 14-22 fév., 18-26 avril, 6 sept.-6 oct., dim. soir, sam. et fériés le soir
11 ch – ♦54/56 € ♦♦66/68 € – ☐ 8 € – ½ P
Menu 14 € (déj. en semaine), 22/58 € – Carte 39/46 €
En face de la pittoresque mairie en rotonde célébrée par Jules Romains dans *Les Copains*. Le décor, gris et rouge, est d'inspiration japonaise. Au menu : spécialités régionales, dont l'incontournable fourme d'Ambert. Les assiettes sont généreuses.

AMBIALET
✉ 81430 (Tarn) – 447 hab. – Alt. 220 m – Voir carte n°**29**-C2
▶ Paris 718 km – Albi 23 km – Castres 55 km – Lacaune 52 km
Carte Michelin 338-G7

🏨 Hôtel du Pont |1○ < 🔲 ⤴ 🔲 🛜 🔧 🅿

La Moulinquié – ℰ 05 63 55 32 07 – www.hotel-du-pont.com – Ouvert de mi-fév. à mi-nov.
20 ch – ♦60/73 € ♦♦60/75 € – ☐ 9 € – ½ P
Au bord du Tarn, un hôtel-restaurant tenu par la même famille depuis sept générations ! Jolie vue sur Ambialet, son église et son prieuré ; chambres donnant sur la campagne ou sur la rivière, et bungalows familiaux (plus simples mais plus spacieux) : une bonne étape.

AMBIERLE

✉ 42820 (Loire) – 1 808 hab. – Alt. 467 m – Voir carte n°**44-A1**
▶ Paris 379 km – Lapalisse 33 km – Roanne 18 km – Thiers 81 km
Carte Michelin 327-C3 – Guide Vert Michelin Lyon et sa région

XXX **Le Prieuré** (Thierry Fernandes) avec ch   ⌘ ⅙ rest, 🅰🅲 rest, 🛇 ch, 🛜
🕸 *r. de la Mairie* – *℘ 04 77 65 63 24* – *www.leprieureambierle.com* – *Fermé dim.*
soir, mardi et merc.
5 ch ⌁ – ♦120/150 € ♦♦120/150 € – ½ P
Formule 24 € – Menu 42/90 € – Carte 72/100 €
Au centre de ce village de vignerons, on se laisse surprendre par le terroir revu et
corrigé selon Thierry Fernandes, chef créatif et inspiré. Quels que soient les plats
proposés, la technique est au rendez-vous et les saveurs tout autant. Pour profiter
de la jolie terrasse, pensez à réserver ! Quelques chambres cosy pour la nuit.
→ Duo de foie gras de canard aux saveurs de fruits acidulés. Ris de veau rôti et
caramélisé dans son jus au vin de la côte Roannaise. Sphère chocolat noir de
Madagascar au cœur praliné.

AMBOISE

✉ 37400 (Indre-et-Loire) – 13 005 hab. – Alt. 60 m – Voir carte n°**11-A1**
▶ Paris 223 km – Blois 36 km – Loches 37 km – Tours 27 km
Carte Michelin 317-O4 – Guide Vert Michelin Châteaux de la Loire

🏠🏠 **Le Manoir Les Minimes** sans rest   ← ⇦ ⅙ 🅰🅲 🛇 🛜 🅿
34 quai Charles-Guinot – *℘ 02 47 30 40 40*   Plan : B**x**
– www.manoirlesminimes.com – *Fermé 25 janv.-11 fév.*
13 ch – ♦139/225 € ♦♦139/305 € – 2 suites – ⌁ 16 €
Cette demeure du 18ᵉ s. située en bord de Loire vous accueille avec élégance. De superbes meubles de style habillent ses beaux salons bourgeois et
ses chambres raffinées.

Concorde (R. de la)	B 4	J.-J. Rousseau (R.)	B 7	Orange (R. d')	B 15
Debré (Pl. M.)	B 5	Martyrs-de-la-R. (Av.)	A 12	Victor-Hugo (R.)	B
François-1er (R.)	B 6	Nationale (R.)	AB	Voltaire (R.)	A 19

Le Manoir St-Thomas sans rest
1 Mail St-Thomas – ☎ 02 47 23 21 82 Plan : B**d**
– www.manoir-saint-thomas.com – Fermé janv.
8 ch – ♦157/267 € ♦♦157/267 € – 2 suites – ☐ 17 €
Ce manoir Renaissance met tout en œuvre pour le confort de ses clients. Jardin avec piscine, agréables salons et chambres de caractère (antiquités, poutres apparentes ou plafonds peints, etc.).

 Novotel
17 r. des Sablonnières, 2 km au Sud par ③rte de Chenonceaux
– ☎ 02 47 57 42 07 – www.novotel.com
121 ch – ♦125/190 € ♦♦125/190 € – ☐ 16 €
Ce bâtiment domine Amboise et la vallée de la Loire. Chambres spacieuses et de style actuel, à l'image du dernier concept de la chaîne ; certaines ont vue sur le château. Salle trendy et carte "Novotel Café", conformes au nouveau look de l'enseigne.

 Le Pavillon des Lys sans rest
9 r. d'Orange – ☎ 02 47 30 01 01 – www.pavillondeslys.com Plan : B**g**
9 ch – ♦99/295 € ♦♦99/295 € – 1 suite – ☐ 14 €
À deux pas du château d'Amboise et du Clos-Lucé, cette belle demeure du 18e s. abrite des chambres joliment décorées. Il fait bon se détendre sur l'agréable terrasse ou dans l'un des salons raffinés. Une bonne adresse.

 Château de Pray
r. du Cèdre, 3 km, rte de Chargé par ② et D 751 – ☎ 02 47 57 23 67
– www.chateaudepray.fr – Fermé 17 nov.-4 déc. et 6-28 janv.
19 ch – ♦139/225 € ♦♦139/225 € – ☐ 17 € – ½ P
Rest *Château de Pray* ✿ – voir les restaurants ci-après
D'imposantes tours rondes, un grand parc arboré, quelques lits à baldaquin... Sur des fondations médiévales, ce petit château date essentiellement du 17e s. : à la croisée des époques, caractère et agrément !

 Le Clos d'Amboise sans rest
27 r. Rabelais – ☎ 02 47 30 10 20 – www.leclosamboise.com Plan : B**b**
18 ch – ♦105/305 € ♦♦105/305 € – 2 suites – ☐ 15 €
Un beau parc avec piscine chauffée et de coquettes chambres font l'attrait de cette maison de maître proche du château. Il fait bon se détendre devant la cheminée du salon et dans l'agréable sauna ; un espace restauration est mis à disposition des résidents.

 Domaine de l'Arbrelle
523 r. de la Berthellerie au Sud, par D31 – ☎ 02 47 57 57 17 – www.arbrelle.com
– Fermé 1er déc.-1er fév.
21 ch – ♦74/159 € ♦♦74/159 € – ☐ 13 € – ½ P
Au cœur d'un parc et en lisière de forêt, une ferme restaurée, au grand calme. Les chambres, confortables à souhait, ont un petit côté chalet à la campagne.

 Le Vinci Loire Valley sans rest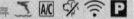
12 av. Émile-Gounin, 1 km au Sud par ④ – ☎ 02 47 57 10 90
– www.vinciloirevalley.com
26 ch – ♦79/149 € ♦♦79/149 € – ☐ 13 €
Dans les faubourgs de la ville, cet hôtel est idéalement situé sur la route des châteaux de la Loire. Les chambres sont confortables et bien équipées ; l'ensemble est fonctionnel et parfaitement entretenu.

⌂ **Au Charme Rabelaisien** sans rest
25 r. Rabelais – ☎ 02 47 57 53 84 Plan : B**e**
– www.au-charme-rabelaisien.com – Ouvert 15 mars-2 nov.
4 ch ☐ – ♦84/157 € ♦♦147/179 €
Cette demeure bourgeoise qui abrita banque, école et étude notariale, propose aujourd'hui des chambres soignées. Accueil familial et tranquillité ; petit jardin avec piscine.

XXX **Château de Pray** – Hôtel Château de Pray ⟨ 🏠 📶 **P**
🏵️ *r. du Cèdre, 3 km, rte de Chargé par ② et D 751 – 𝒞 02 47 57 23 67*
– www.chateaudepray.fr – Fermé 5 janv.-5 fév., 17 nov.-11 déc., mardi sauf le
soir de mai à sept., merc. midi d'avril à oct. et lundi
Menu 57/130 € – Carte 85/105 €
Un décor châtelain, très classique, pour une cuisine qui flirte joliment avec notre
époque. Finesse d'exécution, équilibre des saveurs, approvisionnement auprès
de producteurs locaux... en un mot, c'est très bon !
➔ Blanc de seiche juste nacré, parfait glacé à l'huile d'olive et oxalys. Selle
d'agneau rôtie lentement, chou pointu et ail des ours. Soufflé chaud au cassis de
Touraine, sorbet cassis.

X **Le Patio** ⓝ 🏠 ⅋ **AC**
🍵 *14 r. Nationale – 𝒞 02 47 79 00 00 – Fermé 1ᵉʳ janv.-7 fév.,* Plan : B**v**
mardi et merc.
Formule 17 € – Menu 19 € (déj.)/30 € – Carte 43/66 €
Crème de panais, homard canadien ; pastilla de pigeonneau aux fruits secs et jus
court ; millefeuille de crêpes au chocolat... Au cœur de la ville, dans un décor
d'atelier – poutres métalliques, murs blancs –, le chef réalise une cuisine du marché simple et bonne, avec des produits locaux triés sur le volet. Plaisant !

X **Le Lion d'Or** ⅋ **AC** ⟺
17 quai Charles-Guinot – 𝒞 02 47 57 00 23 Plan : B**a**
– www.liondor-amboise.com – Fermé 17 mars-6 avril, 17 nov.-8 déc., dim. soir et
lundi
Formule 17 € – Menu 21 € (semaine), 32/48 € – Carte 48/54 €
Au pied du célébrissime château d'Amboise, ce restaurant résolument contemporain est niché dans une grande maison datant de 1880. Le chef y compose des
assiettes dans l'air du temps, parfumées et colorées, où les beaux produits sont
légion. Le tout dans une ambiance conviviale !

à Limeray 7 km par ① et D 952 – ✉ 37530 – 1 216 hab. – Alt. 70 m

XX **Auberge de Launay** avec ch 🏠 🏡 ⅋ ch, **AC** rest, 📶 **P**
9 r. de la Rivière – 𝒞 02 47 30 16 82 – www.aubergedelaunay.com – Fermé de
mi-déc. à mi-janv., lundi midi, sam. midi et dim.
15 ch – ♦66/88 € ♦♦66/88 € – ⌑ 11 € – ½ P   Formule 21 € – Menu 30 €
Dans cette ancienne ferme du 18ᵉ s., le chef cuisine de délicieux produits du terroir – dont certains bio –, et les accompagne avec les herbes aromatiques du jardin. Le tout se déguste avec un petit vin de Loire, dans la véranda ou sur la terrasse aux beaux jours. Chambres sobres, tenues avec un soin méticuleux.

à St-Ouen-les-Vignes 6,5 km par ① et D 431 – ✉ 37530 – 1 025 hab. – Alt. 80 m

🏠 **L'Aubinière** ⅃◯ ⌀ 🏠 ⌁ ☁ 🏡 ⅋ **AC** ⅋ 📶 ⌂ **P**
29 r. Jules-Gautier – 𝒞 02 47 30 15 29 – www.aubiniere.com – Fermé
4 janv.-12 fév.
12 ch – ♦125/315 € ♦♦125/315 € – ⌑ 17 € – ½ P
Rest *L'Aubinière* – voir les restaurants ci-après
Six nouvelles chambres contemporaines spacieuses et confortables, un espace
bien-être (sauna, hammam, spa à débordement) et une piscine chauffée... L'auberge de l'Aubinière évolue avec son temps et demeure une étape agréable
dans le Val de Loire.

XXX **L'Aubinière** 🕷️ 🏠 ⅋ **AC** ⟺ **P**
29 r. Jules-Gautier – 𝒞 02 47 30 15 29 – www.aubiniere.com
– Fermé 4 janv.-12 fév., mardi soir de fév. à mai, merc. midi et mardi de juin
à sept., dim. soir et lundi
Formule 20 € – Menu 28 € (déj. en semaine), 38/75 € – Carte 50/86 €
Une belle salle contemporaine et lumineuse, une terrasse donnant sur un jardin,
une cuisine de saison qui ne triche pas sur la qualité des produits et une cave
riche en vins régionaux : le restaurant de l'Aubinière a vraiment tout pour plaire !

à St-Règle 3 km au Sud-Est par D 31 – ⊠ 37530 – 501 hab. – Alt. 80 m

🏠🏠🏠   **Château des Arpentis** sans rest   ⟡ ⟨ ⟨ 🍽 ⌁ 🖥 ⎙ 🔤 🕅 🛜 **P**
- *𝒞 02 47 23 00 00 – www.chateaudesarpentis.com – Fermé janv. et fév.*
12 ch – †145/190 € ††145/190 € – ⌸ 10 €
Un château entouré de douves, dans un parc de 30 ha, au grand calme. Les chambres sont raffinées et tendues de superbes tissus. On accède à la piscine par l'un des souterrains !

AMBRONAY
⊠ 01500 (Ain) – 2 365 hab. – Alt. 250 m – Voir carte n°**44-B1**
◨ Paris 463 km – Belley 53 km – Bourg-en-Bresse 28 km – Lyon 59 km
Carte Michelin 328-F4 – Guide Vert Michelin Franche-Comté Jura

🍴🍴   **Auberge de l'Abbaye** (Ivan Lavaux)   🏵 🏠
🕄   *47 pl. des Anciens-Combattants – 𝒞 04 74 46 42 54*
- *www.aubergelabbaye-ambronay.com – Fermé 20 juil.-13 août, 21 déc.-1ᵉʳ
janv., dim. soir, merc. soir et lundi*
Formule 32 € 🍷 – Menu 49/95 € 🍷 *(réservation conseillée)*
Une auberge contemporaine intime et lumineuse, dont le décor mêle murs gris pâle, chaises rouge vif, œuvres d'art, etc. Le chef annonce de vive voix le menu du jour, à choix unique, très souvent élaboré autour d'un plat principal à base de poisson sauvage. Beaucoup de soin, point de superflu : savoureux !
➜ Cuisine du marché.

L'AMÉLIE-SUR-MER – 33 (Gironde) ➜ voir Soulac-sur-Mer

AMIENS
⊠ 80000 (Somme) – 133 327 hab. – Agglo. 162 698 hab. – Alt. 34 m
– Voir carte n°**36-B2**
◨ Paris 142 km – Lille 123 km – Reims 173 km – Rouen 122 km
Carte Michelin 301-G8

🏠🏠🏠   **Marotte** sans rest   🖥 ⎙ 🛜 🕅
3 r. Marotte – 𝒞 03 60 12 50 00 – www.hotel-marotte.com   Plan : CZ**a**
12 ch – †145/350 € ††145/350 € – ⌸ 22 €
Bel établissement inauguré fin 2012 au cœur de la ville. Il prend ses aises dans une bâtisse de brique rouge du 19ᵉ s. (avec une extension contemporaine), dont il conserve le cachet – boiseries, moulures, etc. – et même l'esprit de demeure privée. Élégance, atmosphère feutrée et accueil charmant...

🏠🏠🏠   **Mercure**   🍽 🖥 ⎙ 🔤 🛜 🕅
21 r. Flatters – 𝒞 03 22 80 60 60 – www.mercure.com   Plan : CY**b**
98 ch – †99/157 € ††114/173 € – 4 suites – ⌸ 16 €
Cet hôtel propose des chambres spacieuses et bien équipées, dont le design chaleureux rappellerait presque les vitraux de la cathédrale voisine ; l'ensemble est confortable et conviendra autant à des familles en visite qu'à une clientèle d'affaires.

🏠   **Ibis Styles Cathédrale** sans rest   🖥 ⎙ 🔤 🛜 🕅
17 pl. au Feurre – 𝒞 03 22 22 00 20 – www.ibisstyles.com   Plan : BY**r**
47 ch ⌸ – †79/109 € ††99/129 €
En plein centre-ville, le charme d'un bel édifice du 18ᵉ s. avec le confort du 21ᵉ s ! Les chambres, contemporaines, sont bien équipées et insonorisées. Une bonne adresse pour une escapade dans la capitale picarde.

🏠   **Le Saint-Louis** sans rest   🛜
24 r. des Otages – 𝒞 03 22 91 76 03 – www.amiens-hotel.fr   Plan : CZ**h**
– Fermé vacances de Noël
24 ch – †79/99 € ††79/99 € – ⌸ 9 €
Entre la maison de Jules Verne et la tour Perret, cet hôtel est idéalement situé. Les chambres sont plutôt spacieuses et bien tenues. Agréable salle de petit-déjeuner.

XXX Le Vivier

593 rte de Rouen – ✆ 03 22 89 12 21   Plan : AZ**d**
– www.restaurantlevivier-amiens.com – Fermé 30 juil.-24 août, 24 déc.-3 janv.,
dim. et lundi
Menu 33 € (semaine), 48/75 € – Carte 49/116 €
Un vivier à crustacés, au centre de ce restaurant, donne le ton ! Ici, on célèbre la
mer et ses saveurs avec raffinement : salade de foie gras aux langoustines, blanc
de turbot aux girolles... Le cadre pour ce délicieux moment pourra être, au
choix, un élégant jardin d'hiver, une salle bistrot ou plus feutrée.

XX La Table du Marais

472 chaussée Jules-Ferry, par ③ – ✆ 03 22 46 17 44 – www.latabledumarais.fr
– Fermé 2-24 août, 23 déc.-6 janv., vacances de fév., dim. et lundi
Menu 29 € (déj. en semaine)/33 € – Carte 44/66 €
Un paysage de verdure, une terrasse tournée vers les étangs... Aux portes de la
ville, on est déjà à la campagne ! La carte, dans l'air du temps, change régulière-
ment, pour le plaisir des gourmands.

XX L'Orée de la Hotoie

17 r. Jean-Jaurès – ✆ 03 22 91 37 05 – www.loreedelahotoie.fr   Plan : BY**f**
– Fermé 26 juil.-19 août, 21-27 déc., sam. midi, dim. soir et lundi
Menu 21 € (semaine), 29/62 € – Carte 35/52 €
Il fait bon se restaurer dans cette maison aux abords du joli parc de la Hotoie. On
y savoure une cuisine de saison, généreuse et soignée, concoctée par un chef
passionné, qui sait révéler l'âme des bons produits.

XX Les Orfèvres

14 r. des Orfèvres – ✆ 03 22 92 36 01   Plan : CY**m**
– www.restaurant-relais-orfevres.fr – Fermé août, sam. midi, lundi midi et dim.
Menu 24 € (déj. en semaine), 37/56 €
À deux pas de la célèbre cathédrale, un restaurant chic et contemporain, à l'ambiance feutrée. Au menu : une cuisine d'aujourd'hui alliant références traditionnelles et notes originales.

X Le Bouchon

10 r. Alexandre-Fatton – ✆ 03 22 92 14 32 – www.lebouchon.fr   Plan : CY**t**
– Fermé dim. soir
Menu 19 € (déj. en semaine), 30/54 € – Carte 32/65 €
Proche de la gare, ce restaurant a l'avantage d'être toujours ouvert, sauf le dimanche soir ! Un sympathique bistrot avec une carte réjouissante : recettes traditionnelles, suggestions du marché et quelques plats canailles. De quoi satisfaire bien
des gourmands.

rte de Roye 7 km par ③, N 29 et D 934

Novotel

7 r. des Indres-Noires ✉ 80440 Boves – ✆ 03 22 50 42 42 – www.novotel.com
94 ch – ♦100/185 € ♦♦100/185 € – ☲ 16 €
Dans une zone commerciale et proche de l'A 29 menant au Havre, cet hôtel des
années 1970 a été rénové dans un esprit contemporain. Les chambres sont très
confortables et fonctionnelles. Agréable terrasse au bord de la piscine.

à Dury 6 km par ④ – ✉ 80480 – 1 245 hab. – Alt. 115 m

XXX L'Aubergade (Eric Boutté)

78 rte Nationale – ✆ 03 22 89 51 41 – www.aubergade-dury.com
– Fermé 26 avril-11 mai, 9-24 août, 20 déc.-4 janv., dim. et lundi
Menu 44/81 € – Carte 71/98 €
Une collection de guides MICHELIN, une salle mêlant blancheur immaculée et
tons chauds... Voilà pour le cadre de cette adresse considérée, à juste titre,
comme la bonne table de la région. Le chef privilégie les produits de saison ; sa
cuisine est actuelle, fine et savoureuse.
➔ Tartare de tomates multicolores, poêlée de champignons et sot-l'y-laisse. Véritable chou farci en hommage à Jean Delaveyne. Tube craquant à la fraise, crème
chiboust, émulsion de citron vert et sorbet.

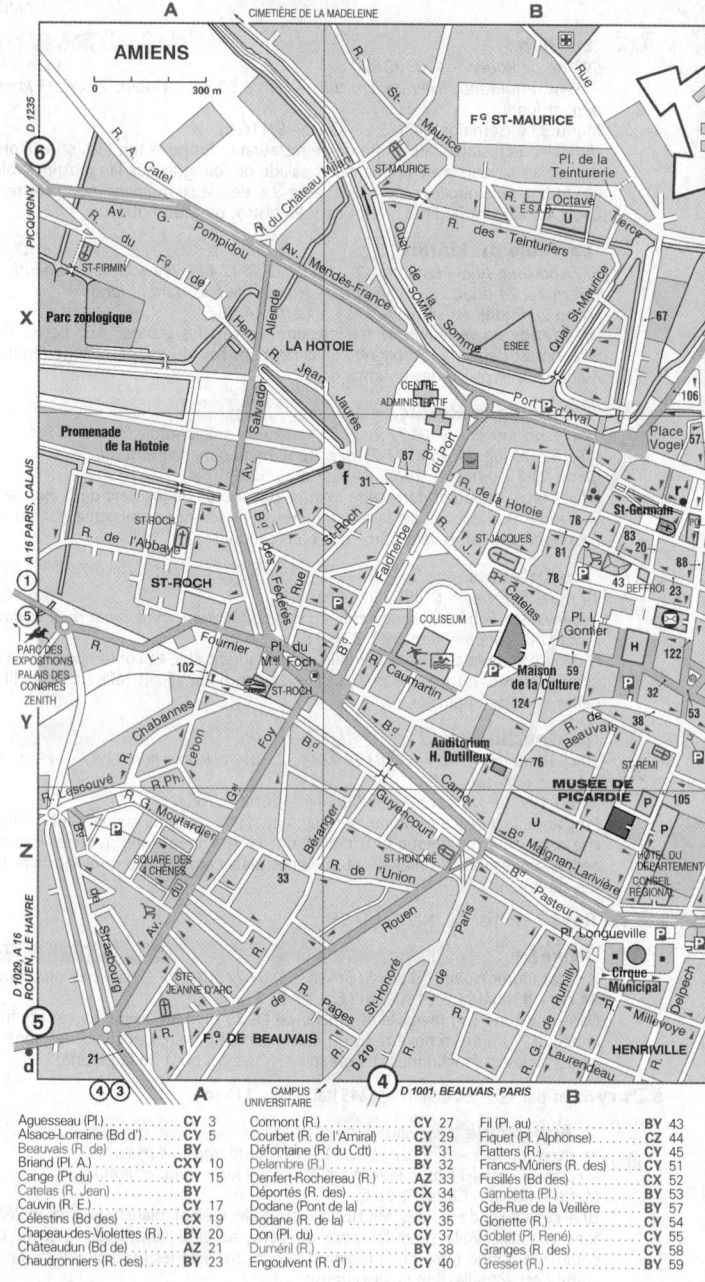

AMIENS

0   300 m

CIMETIÈRE DE LA MADELEINE

F^t ST-MAURICE

Parc zoologique

LA HOTOIE

Promenade de la Hotoie

ST-ROCH

PARC DES EXPOSITIONS PALAIS DES CONGRÈS ZÉNITH

COLISEUM

Maison de la Culture

Auditorium H. Dutilleux

MUSÉE DE PICARDIE

SQUARE DES 4 CHÊNES

STE JEANNE D'ARC

F^t DE BEAUVAIS

HENRIVILLE

Cirque Municipal

CAMPUS UNIVERSITAIRE

D 1001, BEAUVAIS, PARIS

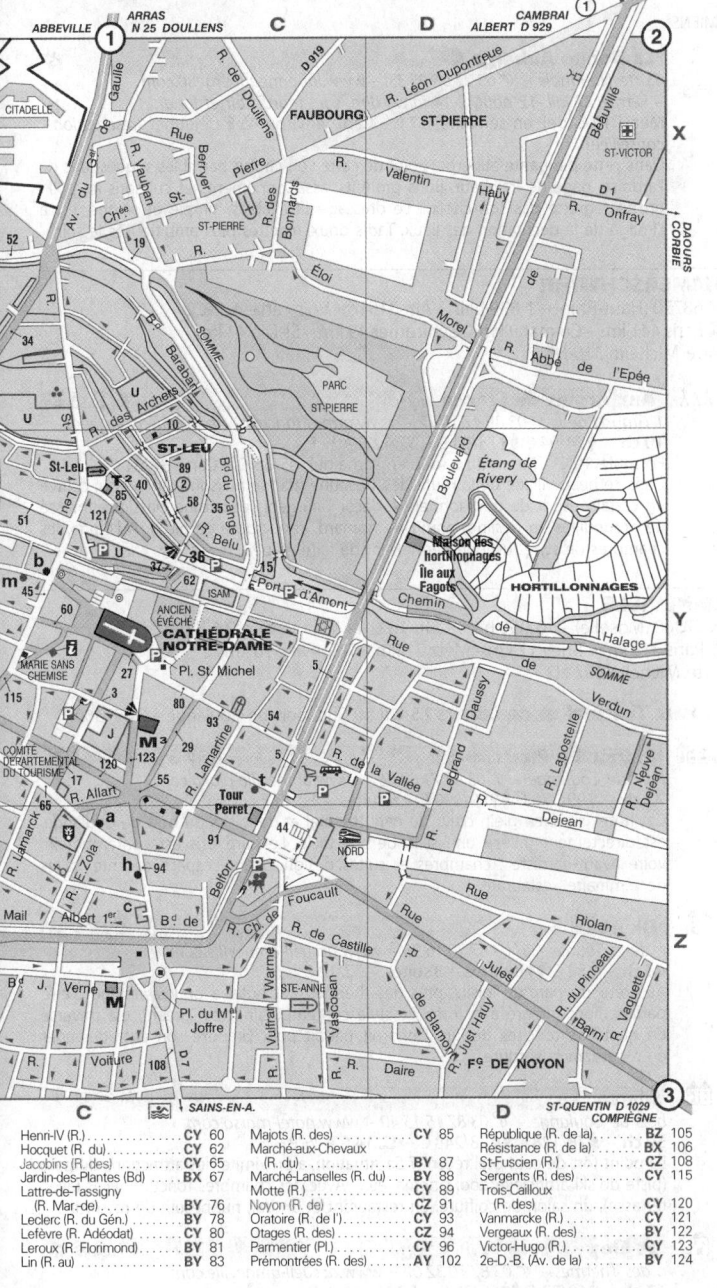

La Bonne Auberge ⓝ

&

63 rte Nationale – ℰ 03 22 95 03 33 – www.labonneauberge80.com
– Fermé 27 juil.-12 août, 2-14 janv., dim. soir, mardi soir et lundi
Menu 19 € (déj. en semaine)/37 € – Carte environ 45 € déjeuner *(réservation conseillée)*
Dans cette pimpante auberge, point de carte : on choisit parmi les suggestions de l'ardoise, gage de fraîcheur. Bons produits, assaisonnements et cuissons au poil : on ne regrette pas son choix ! Le dressage des tables, simple et soigné, est à l'image de la décoration des lieux. Tarifs doux, recettes plus ambitieuses le soir.

AMMERSCHWIHR

✉ 68770 (Haut-Rhin) – 1 839 hab. – Alt. 215 m – Voir carte n°**2-C2**
◻ Paris 441 km – Colmar 9 km – Gérardmer 49 km – St-Dié 44 km
Carte Michelin 315-H8

Aux Armes de France avec ch

1 Grand'Rue – ℰ 03 89 47 10 12 – www.armesfrance.fr – fermé merc. et jeudi
10 ch – †74/94 € ††74/94 € – ☐ 12 € – ½ P
Formule 19 € – Menu 30 € (déj. en semaine), 45/55 € – Carte 37/91 €
Dans ce beau village de la route des vins, une grande maison blanche qui cultive un certain esprit de tradition, entre décor bourgeois et cuisine classique (pressé de grenouilles au riesling, gratin de homard, choucroute garnie...). À l'étage, les chambres de style rustique permettent de faire étape.

AMNÉVILLE

✉ 57360 (Moselle) – 10 090 hab. – Alt. 162 m – Voir carte n°**26-B1**
◻ Paris 319 km – Briey 17 km – Metz 21 km – Thionville 16 km
Carte Michelin 307-H3

au Parc Thermal et de Loisirs 2,5 km au Sud, bois de Coulange – ✉ 57360

Amnéville Plaza sans rest

Parc de Coulange – ℰ 03 87 71 82 86 – www.amneville-plaza.com
72 ch – †99/370 € ††99/390 € – 6 suites – ☐ 17 €
Cet hôtel, situé en plein cœur du parc thermal et de loisirs du bois de Coulange, est directement relié à une salle de spectacle. Le parti pris est contemporain, voire avant-gardiste : chambres et suites design, casino, espace détente, salles de séminaire, restaurant...

Diane sans rest

r. de la Source – ℰ 03 87 70 16 33 – www.accueil-amneville.com
48 ch – †82 € ††82/91 € – 3 suites – ☐ 12 €
Au cœur du parc de loisirs, près des thermes, cet hôtel a pour avantage d'être parfaitement intégré à la forêt. Le style contemporain, très "green", est traversé de quelques touches design. L'endroit parfait pour prendre son petit-déjeuner en regardant la verdure...

Marso

bois de Coulange – ℰ 03 87 15 15 40 – www.hotel-marso.com
50 ch – †78/128 € ††78/248 € – ☐ 14 € – ½ P
Le point fort de cet hôtel récent ? Sa situation, à proximité des attractions du parc (piste de ski artificielle, zoo, cinéma, etc.). Avec des chambres fonctionnelles (avec terrasse), un salon de coiffure, un restaurant et un bar, nul besoin de ressortir...

St Eloy

r. des Thermes – ℰ 03 87 70 32 62 – www.accueil-amneville.com
47 ch – †68/73 € ††68/81 € – ☐ 11 € – ½ P
Un hôtel entouré de verdure, et rénové dans un esprit contemporain. Il abrite de petites chambres bien aménagées (douches à l'italienne, écrans plats), avec un mobilier design. Au restaurant, les charcuteries sont faites maison !

XX **La Forêt** 〰 🛋 ⚘ AC

1 r. de la Source – ℰ 03 87 70 34 34 – www.restaurant-laforet.com
– Fermé 21 juil.-10 août, 21 déc.-4 janv., dim. soir, fériés le soir et lundi
Menu 21 € (semaine), 35/45 € – Carte 37/61 €
"Penser, c'est chercher des clairières dans une forêt." On pourra méditer cette trouvaille de Jules Renard en s'attablant dans cette maison conviviale, face au bois de Coulange. Les recettes y sont empreintes de classicisme (foie gras maison, salade de homard, bourride, etc.) et s'accompagnent de jolis crus.

AMOU

✉ 40330 (Landes) – 1 541 hab. – Alt. 44 m – Voir carte n°**3-B3**
▶ Paris 760 km – Aire-sur-l'Adour 51 km – Dax 31 km – Mont-de-Marsan 47 km
Carte Michelin 335-G13 – Guide Vert Michelin Aquitaine

X **Le Commerce** avec ch 📶 🛜 🚗

🍴 *2 pl. de la Poste, (près de l'église) – ℰ 05 58 89 02 28*
– www.hotel-lecommerceamou.com – Fermé 23 fév.-9 mars, 9-30 nov., dim. soir et lundi sauf juil.-août
15 ch – ♥69/80 € ♥♥69/80 € – ⬜ 7 € – ½ P
Menu 18 € (semaine), 28/39 € – Carte 28/51 €
Le charme des anciennes auberges de village, la touche contemporaine en plus... Pâté maison, foie gras chaud aux piquillos, lamproie en matelote, anguilles persillées, tourtière flambée aux pommes : à la carte, la cuisine landaise et les bonnes recettes sont à l'honneur ! Quelques jolies chambres pour passer la nuit.

AMPHION-LES-BAINS

✉ 74500 (Haute-Savoie) – Voir carte n°**46-F1**
▶ Paris 573 km – Annecy 81 km – Évian-les-Bains 4 km – Genève 40 km
Carte Michelin 328-M2 – Guide Vert Michelin Alpes du Nord

🏨 **La Plage** 🍽 ⚘ ⬅ 🛋 🛏 ❌ 🖥 🛜 🏊 🅿

431 r. de la Plage – ℰ 04 50 70 00 06 – www.hotelplage74.com
– Fermé 30 nov.-10 mars
39 ch – ♥76/110 € ♥♥78/160 € – ⬜ 13 € – ½ P
Une hostellerie tenue par la même famille depuis quatre générations, au grand calme. Les chambres y sont confortables et bien tenues. Autres avantages de cet établissement : le jardin au bord du lac, le charmant restaurant traditionnel sur pilotis, face à la Suisse... Et le must : la plage, tout près !

XX **Le Tilleul** avec ch 📶 🛋 🖥 AC rest. ❌ ch, 🛜 🅿

🍴 *252 av. de la Rive, RN 5 – ℰ 04 50 70 00 39 – www.letilleul.com – Fermé 22 déc.-5 janv.*
19 ch – ♥65/85 € ♥♥75/95 € – ⬜ 9 € – ½ P
Menu 19 € (semaine), 34/44 € – Carte 36/63 €
N'hésitez pas à entrer dans cette auberge de bord de route qui ne paie pas de mine, mais dans laquelle on mange bien. Ici, le cadre est rustique et les plats classiques 100 % faits maison ; spécialités de perche et féra du Léman. Pour l'étape, des chambres fonctionnelles et bien insonorisées.

AMPUIS

✉ 69420 (Rhône) – 2 661 hab. – Alt. 150 m – Voir carte n°**44-B2**
▶ Paris 492 km – Condrieu 5 km – Givors 17 km – Lyon 37 km
Carte Michelin 327-H7 – Guide Vert Michelin Lyon et sa région

🏠 **Le Domaine des Vignes** sans rest 📶 ⚘ AC 🛜 🏊 🅿

41 rte Taquière - D 386 – ℰ 04 74 59 21 24 – www.hoteldomainedesvignes.com
12 ch – ♥79/85 € ♥♥95/105 € – ⬜ 7 €
Une bonne adresse que ce petit hôtel récent, au cœur du célèbre vignoble de Côte-Rôtie. Les chambres sont d'un agréable style contemporain. Ne manquez pas les dégustations de vins du domaine.

ANCELLE

✉ 05260 (Hautes-Alpes) – 870 hab. – Alt. 1 340 m – Voir carte n°**41-C1**
▶ Paris 671 km – Digne-les-Bains 104 km – Gap 19 km – Marseille 199 km
Carte Michelin 334-F5 – Guide Vert Michelin Alpes du Sud

Les Autanes

le village – ℰ 04 92 50 82 82 – www.hotel-les-autanes.com
– Fermé 11 nov.-20 déc.
32 ch – †86/122 € ††86/122 € – ⌧ 12 € – ½ P
Une vraie affaire de famille ! Cet hôtel-restaurant a été créé par l'aïeul des actuels
propriétaires, qui a également œuvré à la création de la station de ski. Tout près
des pistes, le refuge est chaleureux, mêlant décor montagnard, espace bien-être
et restaurant traditionnel. Un cadre bien agréable.

ANCENIS

✉ 44150 (Loire-Atlantique) – 7 535 hab. – Alt. 13 m – Voir carte n°**34-B2**
◲ Paris 347 km – Angers 55 km – Châteaubriant 48 km – Cholet 49 km
Carte Michelin 316-I3 – Guide Vert Michelin Pays de la Loire

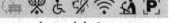 **Hôtel de La Loire**

2 km à l'Est, par D 723 rte d'Angers – ℰ 02 40 96 00 03 – www.hotel-loire.net
42 ch – †65/82 € ††70/105 € – ⌧ 11 € – ½ P
Aux portes de la ville, cet hôtel abrite des chambres fonctionnelles et bien tenues
(quelques familiales), la plupart avec balcon ou terrasse privative côté jardin.
Cadre moderne au restaurant, cuisine traditionnelle.

✗ **La Toile à Beurre**

82 r. St-Pierre – ℰ 02 40 98 89 64 – www.latoileabeurre.com – Fermé dim.
soir, mardi soir, merc. soir et lundi
Formule 18 € – Menu 30/55 € – Carte 35/45 €
Pierres, poutres et tomettes font le cachet rustique de cette maison de 1750, bordée d'une jolie terrasse. Le chef, Pierre-Yves Ladoire, y revisite la cuisine du terroir
en y mêlant sa patte personnelle. Résultat : des recettes gourmandes, mettant
notamment à l'honneur le poisson de la Loire. Service aimable.

LES ANDELYS

✉ 27700 (Eure) – 8 192 hab. – Alt. 28 m – Voir carte n°**33-D2**
◲ Paris 93 km – Évreux 38 km – Gisors 30 km – Mantes-la-Jolie 54 km
Carte Michelin 304-I6 – Guide Vert Michelin Normandie Vallée de la Seine

✗✗✗ **La Chaîne d'Or** avec ch

25 r. Grande – ℰ 02 32 54 00 31 – www.hotel-lachainedor.com – Fermé vacances
de fév., 20-28 déc., 2-6 janv., dim. soir et mardi du 15 oct. au 15 avril et merc.
12 ch – †95/150 € ††95/150 € – ⌧ 12 € – ½ P
Formule 22 € – Menu 30 € (déj. en semaine), 52/69 € – Carte 58/77 €
Une hostellerie couverte de vigne vierge au bord de la Seine... Entre charme de
l'ancien et belle vue sur le fleuve, le cadre ne manque pas de noblesse pour un
repas gastronomique qui épouse joliment l'air du temps. Et les chambres, décorées avec goût, se prêtent à une nuit reposante...

ANDLAU

✉ 67140 (Bas-Rhin) – 1 821 hab. – Alt. 215 m – Voir carte n°**2-C1**
◲ Paris 501 km – Erstein 25 km – Le Hohwald 8 km – Molsheim 25 km
Carte Michelin 315-I6

 Zinckhotel sans rest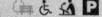

13 r. de la Marne – ℰ 03 88 08 27 30 – www.zinckhotel.com – Fermé
23 déc.-3 janv.
18 ch – †65/111 € ††65/111 € – ⌧ 11 €
Sur la route des Vins, dans le village d'Andlau, un ancien moulin et son extension
moderne et spacieuse. Chambres zen, pop, jazzy, Empire... Insolite et décalé !

ANDREZÉ

✉ 49600 (Maine-et-Loire) – 1 845 hab. – Alt. 87 m – Voir carte n°**34-B2**
◲ Paris 371 km – Angers 80 km – Nantes 62 km – La Roche-sur-Yon 84 km
Carte Michelin 317-D5

Le Château de la Morinière
 – ℰ 02 41 75 40 30
 – www.chateau-de-la-moriniere.com
5 ch ⌑ – †79/89 € †∤85/109 € – ½ P
Ce petit château Napoléon III domine la vallée du Beuvron. Ses propriétaires ont su capter toute l'essence raffinée et mystérieuse de son style néogothique : les chambres sont décorées sur le thème des fées... Passionnés de gastronomie et auteurs de livres sur le sujet, ils proposent aussi une belle table d'hôte et des cours. L'alliance du surnaturel et... du naturel.

ANDRÉZIEUX-BOUTHÉON
⌧ 42160 (Loire) – 9 732 hab. – Alt. 395 m – Voir carte n°**44**-A2
▶ Paris 460 km – Lyon 76 km – Montbrison 20 km – Roanne 71 km
Carte Michelin 327-E6

 Les Iris avec ch
 32 av J.-Martouret – ℰ 04 77 36 09 09 – www.les-iris.com – Fermé 1 semaine en janv., mardi midi, dim. soir et lundi
10 ch – †75/85 € †∤75/85 € – ⌑ 12 € – ½ P
Formule 20 € – Menu 36/70 € – Carte 50/59 €
Cette jolie maison apparaît très coquette avec son jardin fleuri. Un jeune chef de la région, riche d'un beau parcours, en a repris les rênes en 2013. Sa cuisine, bien dans l'air du temps, savoureuse et soignée, est pleine de promesses...

ANDUZE
⌧ 30140 (Gard) – 3 262 hab. – Alt. 135 m – Voir carte n°**23**-C2
▶ Paris 718 km – Alès 15 km – Florac 68 km – Montpellier 60 km
Carte Michelin 339-I4

au Nord-Ouest par rte de St-Jean-du-Gard – ⌧ 30140 Anduze

 La Porte des Cévennes
 2300 rte de St-Jean-du-Gard , à 3 km – ℰ 04 66 61 99 44
 – *www.porte-cevennes.com – Ouvert 3 avril-11 oct.*
34 ch – †92/97 € †∤92/97 € – ⌑ 12 € – ½ P
Non loin de la superbe Bambouseraie de Prafrance, cette paisible maison propose des chambres fonctionnelles, spacieuses et bien tenues, pour la moitié tournées vers la vallée du Gardon. Carte traditionnelle au restaurant, avec terrasse panoramique.

à Tornac 6 km au Sud-Est par D 982 – ⌧ 30140 – 887 hab. – Alt. 140 m

 Le Ranquet
 4161 rte de St-Hippolyte-du-Fort, 2 km – ℰ 04 66 77 51 63 – www.ranquet.com
 – *Fermé 2-15 janv.*
10 ch – †145/195 € †∤145/195 € – ⌑ 17 € – ½ P
Rest *Le Ranquet* – voir les restaurants ci-après
Le maquis et des bosquets de chênes, un grand jardin (avec une belle piscine où paresser), des murets de pierres sèches... Ce mas cévenol embaume le bel air de la région. Et chaque chambre dispose d'une terrasse privative !

 Le Ranquet
 4161 rte de St-Hippolyte-du-Fort, 2 km
 – *ℰ 04 66 77 51 63 – www.ranquet.com*
 – *Fermé 2-15 janv., lundi, mardi et merc. sauf le soir de mai à sept.*
Formule 37 € – Menu 49/75 €
Produits du pays, légumes du potager, herbes du jardin aromatique... À la croisée des Cévennes et de la Méditerranée, cette table gastronomique cultive le goût des bons produits et de la fraîcheur. Cadre chaleureux.

à Thoiras 8,5 km au Nord-Ouest par D 907 et D 258 – ✉ 30140
– 441 hab. – Alt. 200 m

⌂   **Le Mas de Prades ①** sans rest   🐾 🖿 ⌱ 🛜 🅿 ⇥
au hameau de Prades, 3 km au Nord-Ouest par D 57 – 𝒞 *04 66 85 09 00
– www.masdeprades.com – Ouvert de debut mai à fin sept.*
5 ch ⌸ – †90/100 € ††95/110 €
En pleine campagne, aux portes du parc national des Cévennes, ce mas tout en
pierre est un vrai refuge. La belle piscine dans le parc parfaitement entretenu,
les chambres très cosy, les salons où il fait bon prendre un livre, les vélos à disposition : tout invite à lâcher prise...

ANET

✉ 28260 (Eure-et-Loir) – 2 657 hab. – Alt. 73 m – Voir carte n°**11-B1**
▶ Paris 76 km – Chartres 51 km – Dreux 16 km – Évreux 37 km
Carte Michelin 311-E2 – Guide Vert Michelin Normandie Vallée de la Seine

✗✗   **Le Manoir d'Anet**   🕭
3 pl. du Château – 𝒞 *02 37 41 91 05 – www.lemanoirdanet.com – Fermé mardi
et merc.*
Menu 27 € (semaine), 38/52 € – Carte 53/73 €
Une brasserie idéalement située face au château de Diane de Poitiers ! Dans la
salle, rustique et coquette, on se régale des classiques du genre comme la blanquette. Une offre snacking est également proposée.

ANGERS

✉ 49000 (Maine-et-Loire) – 148 803 hab. – Agglo. 217 399 hab. – Alt. 41 m
– Voir carte n°**35**-C2

▶ Paris 294 km – Laval 79 km – Le Mans 97 km – Nantes 88 km
Carte Michelin 317-F4 – Guide Vert Michelin Pays de la Loire

© FoodCollection/Photononstop

● Hôtels & maisons d'hôtes

Hôtel d'Anjou
1 bd Mar.-Foch – ✆ 02 41 21 12 11 – www.hoteldanjou.fr   Plan : CZ**h**
53 ch – ♦95/205 € ♦♦95/220 € – ⌂ 18 € – ½ P
Rest La Salamandre – voir les restaurants ci-après
Au cœur d'Angers, cet hôtel né en 1845 conserve son cadre historique, mêlant les inspirations Renaissance, classique et Art déco. Les chambres sont cossues et bien insonorisées. Patine et confort...

Hôtel de France sans rest
8 pl. de la Gare – ✆ 02 41 88 49 42   Plan : AZ**t**
– www.hoteldefrance-angers.com
55 ch – ♦83/189 € ♦♦83/189 € – ⌂ 20 €
Face à la gare, derrière une belle façade classique, hôtel tenu en famille depuis 1893. Chambres cossues, contemporaines au dernier étage. Produits locaux et bio au petit-déjeuner.

Le Progrès sans rest
26 r. Denis-Papin – ✆ 02 41 88 10 14   Plan : AZ**f**
– www.hotelleprogres.com – Fermé 8-24 août et 24 déc.-4 janv.
41 ch – ♦55/82 € ♦♦65/95 € – ⌂ 10 €
À deux pas de la gare, adresse accueillante aux chambres claires et simples (murs blancs, tissus colorés, mobilier fonctionnel). Petit-déjeuner servi devant une courette fleurie.

21 Foch Ⓝ sans rest
21 bd du Mar.-Foch – ✆ 02 30 31 41 00 – www.21foch.fr   Plan : CZ**g**
14 ch – ♦110/145 € ♦♦110/145 € – ⌂ 14 €
Face au passage du tramway, cet ancien hôtel particulier (1850) a pris le virage de la modernité : sous l'impulsion de ses nouveaux propriétaires, il est devenu un hôtel ultracontemporain, décoré avec goût et confort. Une adresse à découvrir.

Le Continental sans rest
14 r. Louis-de-Romain – ✆ 02 41 86 94 94   Plan : BYZ**n**
– www.hotellecontinental.com
25 ch – ♦55/76 € ♦♦58/84 € – ⌂ 10 €
Situation très centrale, chambres aux couleurs ensoleillées, bonne insonorisation, salle des petits-déjeuners lumineuse et prix sages.

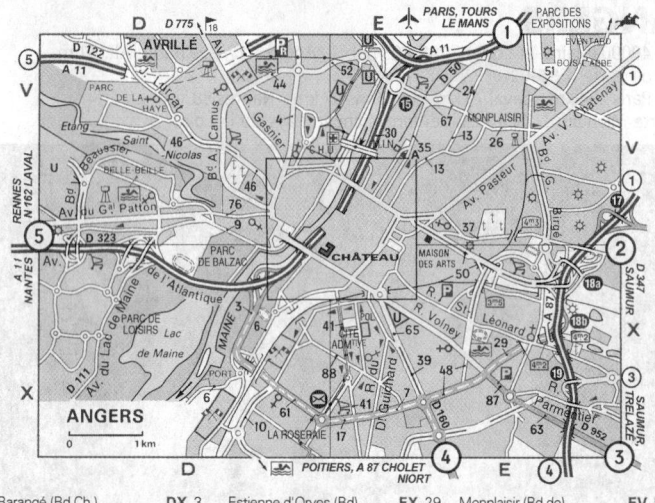

🏠 **Grand Hôtel de la Gare** sans rest 　　📶 🛜 📶
5 pl. de la Gare – ☏ 02 41 88 40 69 – www.hotel-angers.fr　　Plan : BZ**a**
– Fermé 1ᵉʳ-20 août, et 20 déc.-6 janv.
52 ch – ♦56/90 € ♦♦56/90 € – ☕ 10 €
Un artiste-peintre a égayé de fresques les couloirs et la salle des petits-déjeuners. Coquettes chambres contemporaines tournées vers le jet d'eau qui trône devant la gare.

🏠 **Maison Bossoreil** sans rest 　　　🛜 🛁
34 r. David-d'Angers – ☏ 06 20 41 75 03　　　Plan : CY**r**
– www.maison-bossoreil.fr
5 ch ☕ – ♦60/120 € ♦♦60/120 €
En plein cœur de la ville, cette maison d'hôtes est installée dans un hôtel particulier du 18ᵉ s., auquel on accède par une cour pavée ; à l'intérieur, des chambres colorées portant des noms inspirants (Délicatesse, Sérénité, Félicité...), où le confort est la règle. Plaisant !

● **Restaurants**

🍴🍴🍴 **Le Favre d'Anne** 　　　🍷 ≼ 🛜 ♻
18 quai des Carmes, (réouverture en mai 2015 après travaux)　　Plan : AY**t**
– ☏ 02 41 36 12 12 – www.lefavredanne.fr – Fermé 15 déc.-15 janv., dim. et lundi
Menu 30 € (déj. en semaine), 70/90 €
Une nouvelle page s'écrit pour le Favre d'Anne, dont la mue est programmée pour le printemps 2015. Que le nouveau décor surprenne ou pas, la cuisine ne devrait pas cesser d'étonner : par nature, le chef aime bousculer les habitudes, multiplier les notes exotiques, puiser à l'envi dans son jardin aromatique...

🍴🍴🍴 **La Salamandre** – Hôtel D'Anjou 　　　　　🍷
1 bd Mar.-Foch – ☏ 02 41 88 99 55　　　Plan : CZ**h**
– www.restaurant-lasalamandre.fr – Fermé dim. soir
Menu 29/49 € – Carte 44/71 €
La Salamandre, c'est une carte traditionnelle et un décor François Iᵉʳ : fresques, plafond à la française, sans oublier... des représentations de salamandre, l'emblème du roi.

Une Île (Gérard Bossé)

9 r. Max-Richard – ✆ 02 41 19 14 48 – www.une-ile.fr   Plan : AZ**g**
– Fermé 2 semaines en mai, 2 semaines fin août-début sept., dim. et lundi
Formule 36 € – Menu 52/90 € – Carte environ 80 € *(réservation conseillée)*
Une île en forme de loft contemporain, sobre et épurée, comme la cuisine : le
chef cultive le goût du produit, dans la simplicité et la précision. Madame, som-
melière, suggère les accords mets et vins.
➜ Foie gras de canard grillé et jus acidulé. Anguilles de la Loire sautées. Mille-
feuille à la vanille Bourbon.

Le Relais

9 r. de la Gare   Plan : BZ**k**
– ✆ 02 41 88 42 51
– www.lerelaisangers.fr
– Fermé 4-12 mai, 27 juil.-18 août, 25 déc.-1ᵉʳ janv., dim. et lundi
Menu 32 €
Banquettes, sol en mosaïque, belles fresques sur le thème du vin et du "bien
vivre" ajoutent à la chaleur de ce lieu élégant. Cuisine traditionnelle accompagnée d'une sélection de vins de Loire.

Provence Caffé

9 pl. du Ralliement, (1ᵉʳ étage) – ✆ 02 41 87 44 15   Plan : BCY**e**
– www.provence-caffe.com – Fermé dim. et lundi
Formule 19 € – Menu 23/35 € – Carte environ 36 €
Mobilier design, éclairage tamisé et fond musical : ambiance lounge pour
ce Caffé qui manifeste un fort tropisme vers le Sud (épices, poisson, notes méditerranéennes, etc.).

Le Crèmet d'Anjou

21 r. Delaâge – ✆ 02 41 88 38 38   Plan : BZ**e**
– www.cremetdanjou-restaurant49.com – Fermé 15 juil.-15 août, sam. et dim.
Formule 17 € – Menu 25 € – Carte environ 34 €
Du nom d'un fameux dessert régional, une bonne petite adresse réputée pour
son ambiance conviviale et ses robustes plats traditionnels (produits fermiers, préparations maison).

Autour d'un Cep

9 r. Baudrière – ✆ 02 41 42 61 00 – Fermé 17 août-13 sept., 1   Plan : BY**a**
semaine début janv. et dim.
Menu 31/45 € *(réservation conseillée)*
Ce "restaurant à vins" met le Val de Loire à l'honneur, autour des crus de petits
propriétaires locaux et d'une "ardoise du jour" réécrite par le chef au gré du marché. Dans l'assiette, les produits ont le goût de ce qu'ils sont, dans le droit fil de la
bonne tradition. Pourquoi faire compliqué quand on peut faire simple ?

Chez Rémi

5 r. des Deux-Haies – ✆ 02 41 24 95 44 – Fermé de mi-juil. à   Plan : BY**s**
mi-août, sam., dim. et lundi
Formule 18 € – Menu 21 € (déj.)/30 €
Chez Rémi s'est installé fin 2013 dans cette rue piétonne, près de la place du Ralliement. Le concept est le même : on vient se régaler de bons petits plats de saison, proposés à l'ardoise dans un agréable décor de bistrot. Tout est fait maison
(produits frais, bio), et le succès est toujours au rendez-vous !

Le Petit Comptoir

40 r. David-d'Angers – ✆ 02 41 43 32 00 – Fermé dim. et lundi   Plan : CZ**d**
Formule 14 € – Menu 17 € (déj. en semaine)/30 €
Sa façade rouge carmin cache une petite salle bistrot avec tables serrées
et ambiance bon enfant. Au menu : de belles recettes classiques et quelques
plats canailles. Le rapport qualité-prix est excellent : ce Petit Comptoir a l'âme
d'un grand !

ANGERS

Alsace (R. d') . . . . CZ
Aragon (Av. Yolande d') . AY 2
Baudrière (R.) . . . . BY 5
Beaurepaire (R.) . . . . AY
Bichat (R.) . . . . AY 8
Bon-Pasteur (Bd du) . . . . AY 9
Bout-du-Monde
(Prom. du) . . . . AY 12
Bressigny (R.) . . . . CZ
Chaperonnière (R.) . . . . BYZ 15
Commerce (R. du) . . . . . CY 19
David-d'Angers (R.) . . . . CY 21
Denis-Papin (R.) . . . . BZ 22
Droits-de-l'Homme
(Av. des) . . . . CY 25
Espine (R. de l') . . . . BY 27
Estoile (Sq. J. de l') . . . . . AY 28
Foch (Bd du Mar.) . . . . . BCZ
Freppel (Pl.) . . . . BY 31
Gare (R. de la) . . . . BZ 32
Laiterie (Pl.) . . . . AY
Lenepveu (R.) . . . . CY 40
Lices (R. des) . . . . BZ
Lionnaise (R.) . . . . AY
Lise (R. P.) . . . . CY 43
Marceau (R.) . . . . AZ 45
Mirault (Bd) . . . . BY 49
Mondain-Chanlouineau
(Sq.) . . . . BY 51
Oisellerie (R.) . . . . BY 53
Parcheminerie (R.) . . . . . BY 54
Pasteur (Av.) . . . . CY 55
Pilori (Pl. du) . . . . CY 56
Plantagenêt (R.) . . . . BY 57
Pocquet-de-Livonnières
(R.) . . . . CY 58
Poëliers (R. des) . . . . CY 59
Pompidou (Allées) . . . . . . CY 60
Prés.-Kennedy (Place du) AZ 62
Ralliement (Pl. du) . . . . . BY 66
Résistance-et-de-la-Déport.
(Bd) . . . . CY 68
Robert (Bd) . . . . BY 69
La Rochefoucauld Liancourt
(Pl.) . . . . ABY 38
Roë (R. de la) . . . . BY 70
Ronceray (Bd du) . . . . AY 71
Ste-Croix (Pl.) . . . . BZ 86
St-Aignan (R.) . . . . AY 72
St-Aubin (R.) . . . . BZ 73
St-Étienne (R.) . . . . CY 75
St-Julien (R.) . . . . BCZ
St-Laud (R.) . . . . BY 77
St-Lazare (R.) . . . . AY 79
St-Martin (R.) . . . . BZ 80
St-Maurice (Mtée) . . . . . . BY 82
St-Maurille (R.) . . . . CY 83
St-Michel (Bd) . . . . CY 84
St-Samson (R.) . . . . CY 85
Talot (R.) . . . . BZ 89
Tonneliers (R. des) . . . . . AY 90
Ursules (R. des) . . . . CY 91
Voltaire (R.) . . . . BZ 93
8-Mai-1945 (Av. du) . . . . CZ 94

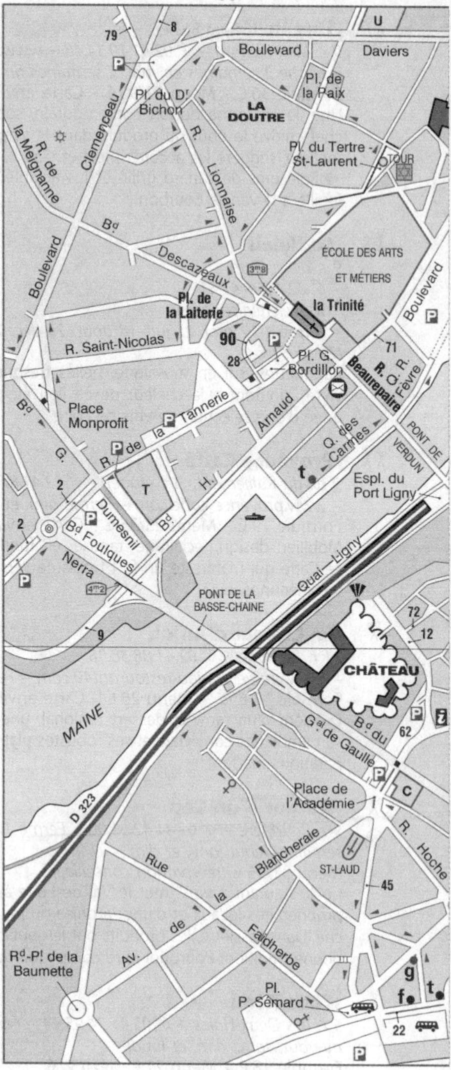

à Trélazé par ③ – ✉ 49800 – 12 562 hab. – Alt. 20 m

Hôtel de Loire

328 r. Jean-Jaurès
– ✆ 02 41 81 89 18
– www.hoteldeloire.com
49 ch – 70/128 € 72/135 € – 10 € – ½ P
Cet hôtel situé sur un axe assez fréquenté, en périphérie d'Angers, abrite des chambres fonctionnelles et bien tenues, mais préférez celles – plus calmes – sur l'arrière du bâtiment. Carte brasserie au restaurant.

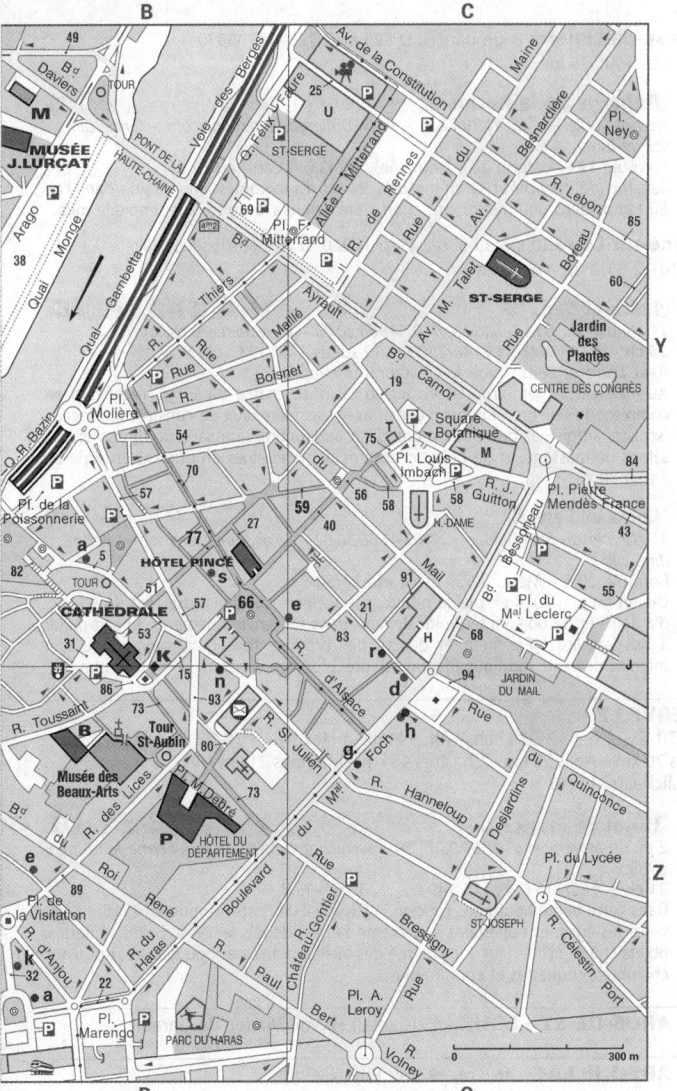

à **Beaucouzé** 7 km par ⑤ – ⊠ 49070 – 4 865 hab. – Alt. 54 m

L'Hoirie

2 r. Henri-Faris, zone commerciale, D 723 – ℰ 02 41 72 06 09 – www.lhoirie.com
– Fermé dim. soir et lundi
Menu 27 € (semaine), 38/57 € – Carte 46/55 €

Dans une zone commerciale en périphérie de la ville, la présence de cette belle demeure angevine est presque incongrue... Mais dans l'assiette, la cohérence est totale : la cuisine, inventive, met en valeur des produits bien choisis. Et la carte des vins (surtout du Val de Loire) ravira les amateurs !

à St-Jean-de-Linières 8 km par ⑤, D 323 et D 723 – ✉ 49070
– 1 771 hab. – Alt. 75 m

%%   **Auberge de la Roche**   ⚅ ✿ P

rte Nationale – ✆ 02 41 39 72 21 – www.auberge.de.la.roche.com – fermé dim.
soir et lundi
Formule 19 € – Menu 23 € (semaine), 30/43 € – Carte 40/62 €
Bavarois de poivron et sa crème d'ail, caviar d'aubergine... une cuisine dans l'air
du temps dans une maison ancienne. Côté véranda, ardoise plus simple le midi.

à Juigné-sur-Loire 10 km au Sud-Est par N 260, D 751 et rte secondaire –
✉ 49610 – 2 542 hab. – Alt. 25 m

🏠🏠🏠   **Loire et Sens** 🅽   ❨◯ 🕭 🛏 🖥 ⅃₆ ⚅ ✿ 🛜 🛁 P

11 chemin du Bois-Guillou – ✆ 02 41 66 30 03 – www.loireetsens.com
23 ch – ♦140/200 € ♦♦140/250 € – 12 suites – ⊑ 12 € – ½ P
Rest *Loire et Sens* – voir les restaurants ci-après
Au milieu d'un parc arboré, cet ancien relais de chasse du 17e s., reconverti en
complexe hôtelier, en impose : conçu avec des matériaux de construction locaux
(schiste, ardoise et bois), il comprend un auditorium, une salle de fitness et des
salons de massage, et de belles chambres dont certaines en duplex. Un superbe
ensemble !

%%   **Loire et Sens** 🅽   🕭 ⚅ ✿

11 chemin du Bois-Guillou – ✆ 02 41 66 30 03 – www.loireetsens.com – Fermé
dim. soir
Formule 20 € – Menu 27/34 € – Carte 34/50 €
Ouvert en juin 2014 en pleine nature, cet ancien relais de chasse tout de schiste,
d'ardoise et de bois s'intègre idéalement dans son environnement... et sait parler
à nos papilles ! Fraîcheur et qualité des produits (foie gras, saumon ou filet
mignon de veau, mais aussi légumes), précision des cuissons : c'est tout bon !

ANGERVILLE
✉ 91670 (Essonne) – 3 934 hab. – Alt. 141 m – Voir carte n°**18**-B3
▶ Paris 70 km – Ablis 29 km – Chartres 46 km – Étampes 21 km
Carte Michelin 312-A6

🏠🏠   **Hôtel de France**   ❨◯ 🖥 🛜 🛁 P

2 pl. du Marché – ✆ 01 69 95 11 30 – www.hotelfrance3.com – Fermé lundi midi
et dim.
21 ch – ♦85/115 € ♦♦115/149 € – ⊑ 15 € – ½ P
Dans cette petite bourgade, l'ancien Relais royal de Poste – fondé en 1715 – a traversé les âges, et appartient à la même famille depuis le 19e s. Belles tomettes,
objets chinés : l'intérieur a le charme des vieilles demeures bourgeoises, jusqu'aux
chambres, coquettes et confortables.

ANGLARDS-DE-ST-FLOUR – 15 (Cantal) ➜ voir Viaduc de Garabit

ANGLARS-JUILLAC – 46 (Lot) ➜ voir Puy-l'Évêque

ANGLES-SUR-L'ANGLIN
✉ 86260 (Vienne) – 381 hab. – Alt. 100 m – Voir carte n°**39**-D1
▶ Paris 336 km – Châteauroux 78 km – Châtellerault 34 km – Montmorillon 34 km
Carte Michelin 322-L4 – Guide Vert Michelin Poitou-Charentes

🏠🏠   **Le Relais du Lyon d'Or**   ❨◯ 🕸 🕭 🛏 ✿ 🛜 P

4 r. d'Enfer – ✆ 05 49 48 32 53 – www.lyondor.com
10 ch – ♦89/139 € ♦♦99/149 € – ⊑ 14 € – ½ P
Une maison du 14e s. avec un délicieux jardin et des chambres pleines de
cachet (mobilier chiné, tissus choisis, etc.). Le soir, autour de l'âtre et de petits
plats traditionnels, règne une sympathique atmosphère "auberge"...

ANGLET

✉ 64600 (Pyrénées-Atlantiques) – 38 581 hab. – Alt. 20 m – Voir carte n°**3-A3**
▶ Paris 769 km – Bayonne 5 km – Biarritz 4 km – Cambo-les-Bains 18 km
Carte Michelin 342-C4 – Guide Vert Michelin Pays Basque et Navarre

Plan : voir Biarritz-Anglet-Bayonne

🏠🏠 Hôtel de Chiberta et du Golf

104 bd des Plages – *C* 05 59 58 48 48
– www.hotel-chiberta-biarritz.com – Fermé 15-26 déc.   Plan : ABX
90 ch – ♦125/250 € ♦♦140/280 € – ⌷ 15 € – ½ P
Situé le long du prestigieux golf de Chiberta, ce bâtiment des années 1920 abrite
des chambres confortables et bien tenues. Cuisine basque servie dans la
véranda ou sur la jolie terrasse ombragée, face au lac.

🏠🏠 Atlanthal

153 bd des Plages – *C* 08 25 12 64 64   Plan : ABX
– www.biarritz-thalasso.com
99 ch – ♦100/179 € ♦♦130/288 € – ⌷ 17 € – ½ P
Un temple du bien-être : centre de thalasso, véritable club de sport dans un
cadre contemporain. Vue sur l'Atlantique depuis certaines chambres. Cuisine traditionnelle dans une salle d'esprit bistrot. Plats basques et bar à tapas pour les petites faims.

✗✗ La Fleur de Sel

5 av. de la Fôret – *C* 05 59 63 88 66   Plan : BX**a**
– www.lafleurdeselanglet.fr – Fermé 16 fév.-3 mars, 1 semaine en juin,
16-30 nov., mardi midi, merc. midi et lundi en saison, dim. soir hors saison
Formule 15 € – Menu 36/46 € – Carte 36/46 €
Cette belle villa avenante et conviviale abrite une salle spacieuse et lumineuse,
ouverte sur une terrasse. Le décor est chic et chaleureux ; la cuisine, traditionnelle, évolue en fonction du marché : galette de pieds de cochon et oreilles craquantes, ravioles océanes à la chair de crabe... Vraiment bon !

ANGOULÊME

✉ 16000 (Charente) – 41 776 hab. – Agglo. 108 304 hab. – Alt. 98 m
– Voir carte n°**39-C3**
▶ Paris 447 km – Bordeaux 119 km – Limoges 105 km – Niort 116 km
Carte Michelin 324-K6 – Guide Vert Michelin Poitou-Charentes

🏠🏠 Mercure Hôtel de France

1 pl. des Halles-Centrales – *C* 05 45 95 47 95   Plan : Y**e**
– www.mercure.com
86 ch – ♦95/145 € ♦♦105/155 € – 3 suites – ⌷ 16 €
Dans la ville haute, tout près des remparts, ce Mercure est installé dans une bâtisse
du 19e s., qui ouvre à l'arrière sur un agréable jardin. Dans les chambres, le style
est résolument contemporain, tout en design et en élégance. Une belle réussite.

🏠 L'Épi d'Or sans rest

66 bd René-Chabasse – *C* 05 45 95 67 64 – www.hotel-epidor.fr   Plan : X**v**
33 ch – ♦78/94 € ♦♦78/94 € – ⌷ 11 €
Un bâtiment des années 1970 sur un boulevard d'accès au centre-ville – un soin
particulier a été apporté à l'isolation phonique. Un bon point de chute avec ses
chambres modernes.

🏠 Champ Fleuri sans rest

chemin de l'Hirondelle, (au Golf), 2 km au Sud du plan par rte de Libourne
– *C* 06 85 34 47 68 – www.champ-fleuri.com
5 ch ⌷ – ♦80/90 € ♦♦90/100 €
À deux pas du golf, cette jolie maison ancienne se trouve en pleine nature, mais
ménage une vue superbe sur Angoulême... La ville à la campagne ! Les chambres
sont raffinées, dans une veine champêtre ; pour la détente, jardin et piscine.

133

ANGOULÊME

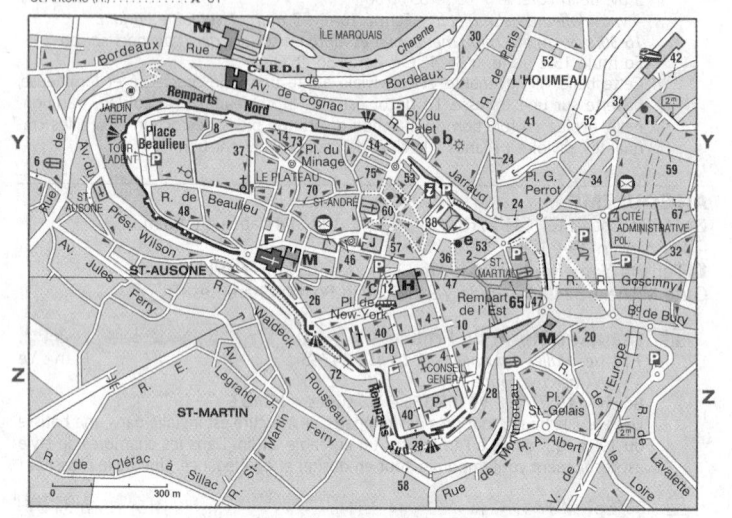

☆☆☆ La Ruelle ✿

6 r. Trois-Notre-Dame – ✆ *05 45 95 15 19* — Plan : Y**x**
– *www.restaurant-laruelle.com* – *Fermé 29 juil.-14 août, 2 semaines en janv.,
sam. midi, dim. et lundi*
Menu 23 € (déj. en semaine), 44/54 € – Carte 57/97 €
Une ancienne ruelle et ses maisons mitoyennes – avec leurs façades tout en
pierre – réunies en un même espace... Sans doute le plus beau restaurant de la
ville ! Le jeune chef, passé par plusieurs maisons de qualité, réalise une cuisine
gastronomique avec de bons produits. Joli repas en perspective...

✗✗ Le Terminus

3 pl. de la Gare – ✆ *05 45 95 27 13 – www.le-terminus.com*   Plan : Y**n**
– Fermé 2-9 janv. et dim.
Formule 15 € – Menu 21 € (déj.), 26/33 € – Carte 50/75 €
Terminus, tout le monde descend ! Devant la gare, une halte s'impose dans cette brasserie contemporaine qui affectionne le terroir, et plus encore les produits de la mer, venus tout droit de l'Atlantique (tartare de bar à la coriandre fraîche, lieu grillé aux légumes de saison...). Une brasserie qui sort de l'ordinaire.

✗ Agape

16 pl. du Palet – ✆ *05 45 95 18 13 – www.l-agape.com – Fermé*   Plan : Y**b**
2 semaines en août, 1 semaine en nov., 2-9 janv., sam. midi, dim. et lundi
Menu 20 € (déj. en semaine), 32/69 € – Carte 39/90 € *(réservation conseillée)*
Un bistrot chic dans une petite rue entre les remparts et la Charente. Formé dans de belles maisons, le chef propose un joli programme gourmand en se reposant sur des produits du marché. La carte est relativement courte mais bien ficelée, pour une expérience fraîche, délicate et parfumée... Douces agapes !

à Soyaux 4 km par ③ – ✉ 16800 – 9 538 hab. – Alt. 133 m

✗✗ La Cigogne

5 imp. Cabane-Bambou, à la mairie, prendre r. A.-Briand et 1,5 km
– ✆ *05 45 95 89 23 – www.la-cigogne-angouleme.com – Fermé 1er-15 mars,*
vacances de la Toussaint, merc. soir, dim. soir et lundi
Formule 15 € 🍷 – Menu 30/55 € – Carte 49/82 €
Cette Cigogne pleine de charme a installé son nid sur les hauteurs, face à la vallée, à la sortie d'Angoulême. Cadre contemporain élégant, terrasse verdoyante, et une cuisine fraîche concoctée avec de bons produits locaux : agneau du Poitou et légumes à la plancha, lasagnes de langoustine...

à Roullet 14 km par ⑤ et N 10, dir. Bordeaux – ✉ 16440 – 4 024 hab. – Alt. 50 m

🏠🏠 La Vieille Étable

Les Plantes, 16 rte de Mouthiers – ✆ *05 45 66 31 75*
– www.hotel-vieille-etable.com – Fermé dim. soir d'oct. à mi-mai
31 ch – 🛏95/140 € 🛏🛏95/315 € – 🍽 15 € – ½ P
Une "Vieille Étable" charentaise du 18e s., confortablement installée dans un grand parc arboré. Les chambres, à la fois rustiques et fonctionnelles, sont aménagées dans les dépendances, un peu à la manière d'un motel. Mais surtout, quel calme !

ANNECY

74000 (Haute-Savoie) – 51 012 hab. – Agglo. 159 124 hab. – Alt. 448 m
– Voir carte n°**46-F1**

Paris 536 km – Aix-les-Bains 34 km – Genève 42 km – Lyon 138 km
Carte Michelin 328-J5 – Guide Vert Michelin Alpes du Nord

© P. Jacques/hemis.fr

Hôtels

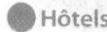 **L'Impérial Palace**

allée de l'Impérial – ℰ 04 50 09 30 00 — Plan : CV**s**
– *www.hotel-imperialpalace.fr*
91 ch – ♦200/485 € ♦♦200/485 € – 8 suites – ⊏ 25 € – ½ P
Rest *La Brasserie* **Rest** *La Voile* – voir les restaurants ci-après
1913 : l'année de naissance de ce grand hôtel qui trône majestueusement dans
un vaste parc, au bord du lac. L'Art déco et la sobriété contemporaine se mêlent
harmonieusement ; les chambres, spacieuses, donnent pour la plupart sur les flots
et tout est pensé pour votre agrément : casino, institut de beauté...

 Les Trésoms

3 bd de la Corniche – ℰ 04 50 51 43 84 — Plan : CV**f**
– *www.lestresoms.com*
53 ch – ♦169/269 € ♦♦189/349 € – ⊏ 25 € – ½ P
Rest *La Rotonde* – voir les restaurants ci-après
Au-dessus du lac, dans un environnement boisé, cette demeure des années 1930
conserve un certain charme Art déco, mais son aménagement est résolument actuel... et très confortable. Spa, piscines intérieure et extérieure : ici, on
se détend !

 Le Pré Carré sans rest

27 r. Sommeiller – ℰ 04 50 52 14 14 – *www.hotel-annecy.net* — Plan : EX**b**
– *Fermé 23-26 déc.*
27 ch – ♦174/224 € ♦♦204/254 € – 2 suites – ⊏ 16 €
Près de la vieille ville et du lac, cet ancien cinéma est désormais un bel hôtel sobre
et feutré. Les chambres, très confortables, disposent presque toutes d'un balcon.
Design, élégance et farniente sont au rendez-vous dans ce lieu dont on ferait
volontiers son Pré Carré.

 Splendid sans rest

4 quai E.-Chappuis – ℰ 04 50 45 20 00 – *www.splendidhotel.fr* — Plan : EY**d**
47 ch – ♦99/146 € ♦♦99/161 € – ⊏ 14 €
Idéalement situé entre le centre historique et le lac, cet hôtel d'esprit Art déco
se révèle très attachant. Les chambres sont spacieuses et parfaitement insonorisées ; au premier étage, l'agréable bar vous accueille le temps d'un verre. Chic et
chaleureux !

ANNECY

Novotel Atria

🍴 📶 ⚠ 🆎 🛜 🛁 🚗

1 pl. Marie-Curie – 𝒞 *04 50 33 54 54* – *www.novotel.com*   Plan : DX**h**
95 ch – ♦106/199 € ♦♦106/199 € – ♑ 16 €

Attenant au palais des congrès, un Novotel chaleureux, avec de belles chambres spacieuses et confortables ; il ravira autant la clientèle d'affaires que les voyageurs en route pour la Suisse...

Allobroges Park *sans rest*

📶 ⚠ 🆎 🛜 🛜 Ⓟ 🚗

11 r. Sommeiller – 𝒞 *04 50 45 03 11* – *www.allobroges.com*   Plan : DY**n**
49 ch – ♦99/149 € ♦♦99/169 € – ♑ 10 €

Du nom d'une ancienne tribu gauloise de la région, cet établissement en centre-ville bénéficie d'une bonne situation. Les chambres misent sur une déco chaleureuse et chic : bois wengé, coloris rouge, chocolat et beige... Idéal pour un déplacement professionnel ou pour une escapade touristique.

ANNECY

Carlton sans rest
5 r. des Glières – ℰ *04 50 10 09 09* – *www.bestwestern-carlton.com*   Plan : DY**g**
55 ch – †108/237 € ††108/237 € – 🖵 16 €
Tout près de la gare, un hôtel début 20ᵉ s. tenu par la même famille depuis plus de 50 ans ! Les chambres sont très bien tenues ; certaines ont été rénovées dans un style sobre et contemporain fort plaisant.

Mercure sans rest
26 r. Vaugelas – ℰ *04 50 45 59 80*   Plan : DY**a**
– *www.mercure-annecy-centre.com*
39 ch – †95/175 € ††95/200 € – 🖵 16 €
Au cœur de la ville – vous êtes à deux pas des canaux et de la cathédrale –, un Mercure confortable et bien tenu, dans la veine fonctionnelle et contemporaine propre à la chaîne.

Bonlieu sans rest
5 r. Bonlieu – ℰ *04 50 45 17 16* – *www.annecybonlieuhotel.fr*   Plan : EX**a**
– *Fermé 1ᵉʳ-11 nov.*
35 ch – †104/124 € ††114/134 € – 🖵 11 €
Dans une rue calme du centre-ville, un petit hôtel d'affaires sympathique, tenu en famille. Les chambres, plaisantes et de bon confort, affichent un style résolument contemporain. Une bonne adresse à prix doux.

Palais de L'Isle sans rest
13 r. Perrière – ℰ *04 50 45 86 87* – *www.palaisannecy.com*   Plan : EY**k**
34 ch – †80/115 € ††108/292 € – 🖵 14 €
Au cœur du quartier historique, un lieu atypique. Il y a d'abord ce dédale de couloirs – héritage de l'architecture ancienne du bâtiment –, puis des chambres design (mobilier Starck, Knoll...), dont certaines donnent sur le canal. Buffet au petit-déjeuner.

Kyriad Centre sans rest   A/C 🛇 📶
1 fg Balmettes – 𝒞 04 50 45 04 12 – www.icone-hotel.com   Plan : DY**t**
25 ch – ♦59/98 € ♦♦69/110 € – ☵ 9 €

Idéalement située dans le vieil Annecy, cette bâtisse du 16ᵉ s. abrite des chambres chaleureuses et bien tenues. Bref, voilà un endroit où l'on se sent bien. Buffet au petit-déjeuner.

Restaurants

XXX   **Le Clos des Sens** (Laurent Petit) avec ch   🕸 🛏 & ch, 🛇 ch, 📶
❀ ❀   *13 r. J.-Mermoz – 𝒞 04 50 23 07 90 – www.closdessens.com*   Plan : CU**u**
       – Fermé 30 août-14 sept., 1ᵉʳ-15 janv., dim. sauf vacances scolaires et sauf le soir en juil.-août, mardi midi et lundi
10 ch – ♦160/310 € ♦♦196/340 € – ☵ 23 €
Menu 70 € 𝕐 (déj. en semaine), 100/140 € – Carte 90/125 €

Épuré et raffiné, le cadre sert à merveille la cuisine subtile et inventive de Laurent Petit, qui fait la part belle aux aromates. Quant à la terrasse dominant Annecy, elle est si jolie... Une table superbe, une magnifique sélection de vins et des chambres aux allures de cocon luxueux et design : une expérience !
→ Quintessence d'écrevisses des lacs alpins. Féra en croustillant d'écailles. Monochrome presque parfait et myrtilles sauvages.

XXX   **La Ciboulette** (Georges Paccard)   🕸 🛏
❀   *10 r. Vaugelas, (cour du Pré Carré) – 𝒞 04 50 45 74 57*   Plan : EY**v**
       – www.laciboulette-annecy.com – Fermé 15-26 fév., 1ᵉʳ-24 juil., vacances de la Toussaint, dim. et lundi
Menu 39 € (déj. en semaine), 59/72 € – Carte 85/95 €

Boiseries contemporaines en chêne, verrière, cour fleurie... C'est le frère du propriétaire, architecte, qui a créé ce lieu feutré, élégant et presque intemporel. Dans l'assiette, on découvre une fine cuisine de saison, dont le beau classicisme n'a vraiment rien de figé. Un très bon moment !
→ Jambonnettes de grenouilles croustillantes, crème de pois frais et sarriette. Côte de cochon pata negra, jus à la gentiane. Soufflé chaud des Pères Chartreux et framboises.

XXX   **Le Belvédère** (Vincent Lugrin) avec ch   🛏 ≤ 🛋 🛇 rest, 📶 **P**
❀   *7 chemin Belvédère, 2 km, rte Semnoz au Sud-Est par r.*   Plan : CV**t**
       Marquisat – 𝒞 04 50 45 04 90 – www.belvedere-annecy.com – Fermé 2 semaines en nov., janv., dim. soir, mardi et merc.
4 ch – ♦130/200 € ♦♦130/200 € – ☵ 12 €
Menu 38 € (déj. en semaine), 60/110 €

Une maison perchée sur les hauteurs, une terrasse avec une vue superbe sur le lac, un cadre contemporain... et surtout une séduisante cuisine de chef, bien dans son époque et, pour tout dire, franchement créative. Pour prolonger l'étape, d'agréables chambres tendance.
→ Foie gras de canard mi-cuit à la vanille Bourbon et compotée de figues. Pigeon de Racan en deux cuissons, jus à l'estragon et espuma de maïs. Le classique cigare au chocolat noir et mousse café.

XXX   **La Rotonde** – Hôtel les Trésoms   🕸 ≤ 🛋 🛏 🛇 ♻ **P**
       3 bd de la Corniche – 𝒞 04 50 51 43 84 – www.lestresoms.com   Plan : CV**f**
       – Fermé le midi du 15 juil. au 30 août, sam. midi, dim. soir et lundi
Menu 37 € (déj. en semaine), 49/129 € – Carte 87/101 €

La grande verrière de cette Rotonde est un véritable belvédère surplombant le lac. Dans un décor chic – lustres en verre de Murano, salons avec piano –, on déguste une cuisine créative et fine : blanc manger d'œuf de caille avec des pointes d'asperges, ou encore tournedos de lotte au lard.

XXX   **La Voile** – Hôtel L'Impérial Palace   ≤ & A/C 🛇 **P**
       allée de l'Impérial – 𝒞 04 50 09 31 08   Plan : CV**s**
       – www.hotel-imperialpalace.fr
Menu 40 € (déj. en semaine), 55/95 €

Un restaurant élégant et lumineux, situé dans une charmante petite rotonde. Croustillant de chèvre, côtes d'agneau ou écrasé de pomme de terre à l'huile d'olive : une belle cuisine classique à déguster en profitant de la jolie vue sur le lac. Séduisant brunch le dimanche midi.

✗✗ Le Bilboquet   ఈ

14 fg Ste-Claire – ✆ 04 50 45 21 68   Plan : DY**m**
– www.restaurant-lebilboquet.fr – Fermé dim. sauf le soir en juil.-août et lundi
Menu 23 € (déj.), 31/61 € – Carte 42/66 €
Dans les rues piétonnes de l'ancienne ville, laissez-vous porter jusqu'à cet accueillant Bilboquet. La cuisine du chef y est partagée entre la tradition (tendance gastronomique) et les bonnes recettes du marché, au gré des saisons : on se délecte par exemple d'un poisson du lac, ou d'un foie gras maison...

✗✗ Auberge de Savoie   🛏

1 pl. St-François-de-Sales – ✆ 04 50 45 03 05   Plan : EY**n**
– www.auberge-de-savoie.fr – Fermé 18 oct.-4 nov., 3-13 janv., mardi sauf juil.-août et merc.
Formule 25 € – Menu 30/69 € – Carte 63/90 €
Des tableaux abstraits se découpent sur les murs en blanc et bleu pâle : un vent de fraîcheur souffle sur cette auberge adossée à l'église Saint-François, entièrement rénovée en 2013. La carte fait toujours la part belle au poisson : tartare de daurade, filet de féra au beurre blanc citronné...

✗✗ La Brasserie – Hôtel Impérial Palace   🛏

allée de l'Impérial – ✆ 04 50 09 32 32   Plan : CV**s**
– www.hotel-imperial-palace.com
Formule 21 € – Menu 25 € (déj. en semaine)/30 € – Carte 34/52 €
Une grande terrasse offrant une jolie vue sur les jardins et le lac, une salle contemporaine taillée pour les grands rendez-vous : imposante, la nouvelle brasserie de l'Impérial Palace ! À la carte, on trouve les grands classiques du genre, réalisés avec les meilleurs produits de la région.

✗ Contresens   🛏 AC ⇔

10 r. de la Poste – ✆ 04 50 51 22 10 – www.closdessens.com   Plan : DY**b**
– Fermé 29 déc.-13 janv., dim. et lundi
Formule 24 € – Menu 31 € – Carte environ 35 €
À Contresens ? Comme la déco design de ce bistrot dont le plafond ressemble à un sol dallé tel un échiquier, avec des lampes de chevet suspendues en guise de lustres ! Même esprit côté cuisine : le chef mixe terroir et inventivité de manière toujours ludique, avec de bons produits et... un vrai sens du goût.

✗ L'Esquisse   ⇔

21 r. Royale – ✆ 04 50 44 80 59 – www.esquisse-annecy.fr   Plan : DY**f**
– Fermé 2 semaines en août, 23-26 déc., merc. et dim.
Formule 24 € – Menu 33 € (déj. en semaine), 39/65 € *(réservation conseillée)*
Le décor ? Sobre et feutré, avec d'exquises esquisses... celles du père de Magali, la femme du chef. Sa cuisine ? Mûrie dans de grandes maisons, délicieusement épurée, délicate et privilégiant le goût simple et vrai des produits du marché. N'esquivez pas l'Esquisse !

✗ Arômatik'   🛏

1 passage des Clercs – ✆ 04 50 51 87 68   Plan : DY**z**
– www.restaurant-aromatik.com – Fermé dim. et lundi
Menu 22 € (déj.), 31/50 € – Carte 38/55 € *(réservation conseillée)*
Dans une rue piétonne, ce restaurant ne paye peut-être pas de mine mais mérite à coup sûr attention. Dans sa cuisine ouverte sur la salle, le jeune chef – passé par de belles maisons – réalise des recettes avec les produits du marché. Dans l'assiette, c'est soigné et goûteux... On ne s'appelle pas l'Arômatik' par hasard !

✗ Café Brunet   🚲 🛏 ఈ

18 pl. Gabriel-Fauré – ✆ 04 50 27 65 65   Plan : CU**a**
– www.cafebrunet.com – Fermé 21 déc.-4 janv., dim. sauf en juil.-août et lundi
Formule 24 € – Menu 31 €
Un vrai havre de paix que ce café de 1875 qui a su conserver son âme de bistrot authentique et convivial. On laisse le temps filer en savourant une sympathique cuisine canaille et de bons petits plats mijotés servis en cocotte, avec des grillades de viande ou poisson en été... Plaisirs intemporels !

✗ Le Denti   AC ✗ P

25 bis av. de Loverchy – ℰ 04 50 64 21 17 – Fermé dim. soir,   Plan : BV**a**
mardi et merc.
Menu 20 € (semaine)/31 € – Carte 35/45 € *(réservation conseillée)*
Ce restaurant, devenu la coqueluche des Annéciens, est tenu par un jeune couple
d'amateurs de denti (poisson méditerranéen), deux fins cuisiniers tout-terrain ; ils
proposent une savoureuse cuisine du marché, valorisant le poisson, suivant le
rythme des saisons, loin de l'agitation touristique de la ville... Courez-y !

✗ Bœuf Patate

9 r. Perrière – ℰ 04 50 32 60 59 – boeufpatate.com   Plan : EY**b**
– Fermé 22 déc.-13 janv., dim. et lundi sauf juil.-août
Menu 31 € – Carte 25/42 €
Bœuf Patate, c'est bien plus qu'un restaurant, c'est l'hommage d'un grand chef
– Laurent Petit, du Clos des Sens – à son père, artisan boucher. Au menu,
donc, rien que de belles viandes, impeccablement préparées et accompagnées
de "patate" sous toutes ses formes. Le tout se déguste avec un Opinel... Un
concept réussi !

✗ Le 20 sur Vins   AC

1 passage Golliardi – ℰ 04 50 23 50 15 – www.20-sur-vins.com   Plan : EY**a**
– Fermé dim. et lundi
Menu 27 € (semaine), 29/33 € – Carte 27/39 €
Dans le centre historique d'Annecy, ce restaurant propose un concept original de
bar à vins. Ici, le client se sert lui-même un verre parmi la quarantaine de références allant des nectars de pays aux grands crus bordelais... Le tout accompagné de
tapas réalisées avec des produits frais. Ambiance conviviale.

à Veyrier-du-Lac 5,5 km par ② – ⊠ 74290 – 2 272 hab. – Alt. 504 m

↑ Le Clos du Lac *sans rest*   ✂ ≤ ⇔ AC ✗ 🛜 P ⇔

50 r. de la Corniche, 2 km par rte de Mont-Veyrier
– ℰ 06 20 60 04 58 – www.annecyleclosdulac.com
– Fermé 2 nov.-19 déc. et 4 janv.-31 mars
4 ch – ♦160/180 € ♦♦160/180 € – 🍽 13 €
Une vue à couper le souffle sur le lac et... cette belle villa d'architecte, au luxe
épuré. Asia, Vintage, Riva ou Pop Art : les chambres ont toutes leur personnalité et
toutes sont élégantes et feutrées. Un lieu tendance, idéal pour se ressourcer.

✗✗✗ Yoann Conte *avec ch*   ✂ ≤ ⇔ 🛜 🖻 & AC 🛜 P
❀❀

13 Vieille-Route-des-Pensières – ℰ 04 50 09 97 49
– www.yoann-conte.com
8 ch – ♦235/350 € ♦♦275/450 € – 🍽 34 €
Menu 70 € (déj. en semaine), 110/220 € – Carte 109/169 € *(fermé lundi et
mardi sauf le soir en juil.-août et dim. soir de sept. à juin)*
Yoann Conte écrit une nouvelle page de cette institution du lac d'Annecy. À la
suite de Marc Veyrat, qui en fit la renommée, le chef érige cette superbe villa
bleue en véritable fief de la grande cuisine, en symbiose avec les produits du
lac, les herbes et fleurs des alpages... Un travail inspiré et de grande qualité !
Beau château côté hôtel.
➜ Langoustines laquées d'épices douces. Ris de veau paumé, vapeur de pimpio-
let. Tarte crémeuse au vin de Savoie, orange et glace citron.

à Sévrier 6 km au Sud par ③ – ⊠ 74320 – 4 005 hab. – Alt. 456 m

🏠🏠 Auberge de Létraz   ⅋○ ≤ ⇔ 🏊 🖻 & ✗ 🛜 P

921 rte d'Albertville – ℰ 04 50 52 40 36 – www.auberge-de-letraz.com
23 ch 🍽 – ♦88/135 € ♦♦88/221 € – ½ P
Rest B. Collon – voir les restaurants ci-après
Un jardin face au lac et cette belle auberge aux jolis airs de chalet. Dans les chambres, claires, confortables et dont certaines donnent sur les flots, tout invite au
repos ! À l'heure du déjeuner et du dîner, place à la gourmandise...

XXX **B. Collon** – Auberge de Létraz   ← 🚗 🍴 🍸 🐕 P

921 rte d'Albertville – ✆ 04 50 52 40 36 – www.auberge-de-letraz.com – Fermé de mi-nov. à mi-déc., dim. soir et lundi d'oct. à mai

Menu 43/75 € – Carte 72/79 €

Cannelloni de calamar à l'encre de seiche, maquereau en sashimis, enrubanné de filet de bœuf au foie gras... une belle cuisine traditionnelle, qu'on savoure en contemplant le lac, joyau d'Annecy !

à Pringy 8 km au Nord par ① et rte secondaire – ✉ 74370 – 4 031 hab. – Alt. 483 m

XX **Le Clos du Château**   🍴 🍷 🐕 P

70 rte de Cuvat, à Promery – ✆ 04 50 66 82 23 – www.le-clos-du-chateau.com – Fermé 2-24 août, 21 déc.-5 janv., dim. soir, merc. soir et lundi

Formule 21 € – Menu 26 € (déj. en semaine), 36/59 € – Carte 48/75 €

Un lieu contemporain et confortable, des serveurs aux petits soins et, last but not least, une cuisine bien dans son époque, délicate et goûteuse, mitonnée par un jeune chef talentueux. À noter, un menu du marché à prix très doux et... une agréable terrasse à l'ombre des platanes.

rte du Semnoz 3,5 km au Sud-Est par D 41 CV et rte forestière

X **Les Terrasses du Lac**   ← 🍴 P

7 rte du Semnoz ✉ 74000 Annecy – ✆ 04 50 45 34 86 – www.lesterrasses-dulac.com – Fermé 1 semaine en nov.-déc., janv., mardi soir, dim. soir et lundi

Formule 25 € – Menu 31/39 € – Carte 38/54 €

Pour information, depuis la terrasse de ce restaurant, vous aurez l'une des plus belles vues sur le lac d'Annecy ! Et en prime, vous pourrez vous régaler d'une sympathique cuisine dans l'air du temps faisant la part belle aux produits locaux. Rapport qualité-prix intéressant.

ANNEMASSE

✉ 74100 (Haute-Savoie) – 32 657 hab. – Agglo. 106 673 hab. – Alt. 432 m
– Voir carte n°**46**-F1

◗ Paris 538 km – Annecy 46 km – Bonneville 22 km – Genève 8 km
Carte Michelin 328-K3 – Guide Vert Michelin Alpes du Nord

🏨 **Mercure Porte de Genève**   🍴O 🚗 ⬛ 🖥 AC 🛜 🏋 P

9 r. des Jardins, par rte Gaillard ✉ 74240 – ✆ 04 50 92 05 25 – www.mercure.com

78 ch – †79/219 € ††79/219 € – �? 19 €

Pour une étape non loin de l'autoroute, ce Mercure, situé en bord de rivière, propose des chambres assez spacieuses, confortables et bien insonorisées. Le plus : la piscine extérieure.

🏨 **La Place** sans rest   🖥 AC 🛜 P

10 pl Jean-Deffaugt – ✆ 04 50 92 06 44 – www.laplacehotel.com

45 ch – †59/67 € ††59/128 € – �? 8 €

Un beau salon design, des chambres d'esprit contemporain, sobres et toutes climatisées, et un accueil des plus sympathiques, voici une étape centrale, agréable sur la route de la Suisse.

X **L'Amaryllis**   🍴 AC 🍷

5 r. Courriard – ✆ 04 50 87 17 27 – www.restaurant-lamaryllis.com – Fermé 27 avril-6 mai, 2 semaines en août, 2 semaines en janv., lundi soir, sam. midi et dim.

Formule 17 € – Menu 19 € (déj.), 48/62 € – Carte 55/65 €

Un restaurant en plein centre-ville, c'est déjà un atout ; et si en prime, on y mange bien, que dire ? Derrière les fourneaux, le chef réalise une cuisine bien dans son temps et respectueuse des saisons. Le tout à apprécier dans un cadre contemporain... Évidemment !

à Juvigny 5 km à l'Est par D 1206 et rte secondaire – ✉ 74100
– 638 hab. – Alt. 499 m

    ✕   **Auberge des Groulines**   🍽 ⌾ **P**

    235 rte des Groulines, Les Curtines – ✆ *04 50 37 03 96*
    – www.auberge-des-groulines.fr – Fermé 13-20 juilllet, 1ᵉʳ-15 sept., 2-17 janv.,
    mardi midi, dim. soir et lundi
    Menu 27 € (semaine), 37/52 € – Carte 40/54 €
    Une jolie maison au charme campagnard, avec un petit jardin sur le devant. Le
    chef valorise le terroir et la tradition ; il en résulte une cuisine goûteuse et géné-
    reuse, toujours en adéquation avec la saison. Et la carte change souvent, la meil-
    leure façon d'échapper à la routine !

à Gaillard 3 km au Sud-Ouest – ✉ 74240 – 11 290 hab. – Alt. 425 m

    ✕✕   **La Pagerie**   🍽 ⅚ **AC**

    12 r. de la Libération – ✆ *04 50 38 34 00 – www.restaurant-lapagerie.com*
    – Fermé 1ᵉʳ-25 août, dim. et lundi
    Menu 29 € (déj. en semaine), 55/98 €
    Le chef de ce restaurant feutré et charmant est un passionné ! Originaire de Per-
    pignan, il a fait ses classes dans de belles adresses de Genève, et il s'inspire des
    produits de la région (poissons du Léman, légumes, bœuf Simmental, escargots
    de Magland) pour réaliser une cuisine créative, fine et soignée.

ANNESSE-ET-BEAULIEU – 24 (Dordogne) → voir Périgueux

ANNONAY

✉ 07100 (Ardèche) – 16 445 hab. – Alt. 350 m – Voir carte n°**44-B2**
◗ Paris 529 km – St-Étienne 44 km – Valence 56 km – Yssingeaux 57 km
Carte Michelin 331-K2 – Guide Vert Michelin Ardèche Drôme

au Golf de Gourdan 6,5 km au Nord par D 519 et D 820 – ✉ 07430 Annonay

    🏨   **Domaine du Golf de Saint Clair**   🍽 ⌾ ⇚ ⌁ 🏋 🎬 🛗 **AC** 🛜 ⅚ **P**

    rte du Golf – ✆ *04 75 67 01 00 – www.domainestclair.fr*
    48 ch – 🛏115/135 € 🛏🛏140/225 € – 6 suites – ⬒ 12 € – ½ P
    Sur le site du golf 18 trous, très tranquille, ce complexe moderne dispose
    de chambres spacieuses et confortables, la plupart avec balcon. Espace bien-
    être. Restauration traditionnelle.

à St-Marcel-lès-Annonay 8,5 km au Nord-Ouest par D 206 et D 820 – ✉ 07100
– 1 384 hab. – Alt. 450 m

    🏨   **Auberge du Lac**   🍽 ⇚ ⌁ 🛗 📶 **AC** ⌾ 🛜 ⅚ **P**

    Le Ternay – ✆ *04 75 67 12 03 – www.aubergedulac.fr – Fermé vacances de la*
    Toussaint et janv.
    12 ch – 🛏85/195 € 🛏🛏85/195 € – ⬒ 14 € – ½ P
    Rest *Auberge du Lac* – voir les restaurants ci-après
    Un site superbe : cette grande villa ocre est nichée parmi les pins, à flanc de
    rocher au-dessus du lac du Ternay, avec pour horizon les collines verdoyantes du
    parc naturel du Pilat... Les chambres, décorées sur le thème des fleurs, la piscine à
    débordement et le petit espace bien-être prêtent à une agréable villégiature.

    ✕✕   **Auberge du Lac**   ⇚ 🍽 ⅚ ⌾ ⇔ **P**

    Le Ternay – ✆ *04 75 67 12 03 – www.aubergedulac.fr – Fermé vacances de la*
    Toussaint, janv., dim. soir, mardi midi et lundi
    Formule 33 € – Menu 39/51 €
    Velouté de petits pois, quenelles de volaille aux morilles et carottes glacées au
    romarin ; suprême de poulet fermier farci au foie gras et cannellonis de champi-
    gnon : une cuisine de belle facture, dans un cadre élégant. Le must : s'attabler en
    terrasse, en surplomb du lac du Ternay et de ses rives arborées.

ANNOT

✉ 04240 (Alpes-de-Haute-Provence) – 1 070 hab. – Alt. 708 m – Voir carte n°**41-C2**
◗ Paris 812 km – Castellane 31 km – Digne-les-Bains 69 km – Manosque 112 km
Carte Michelin 334-I9 – Guide Vert Michelin Alpes du Sud

L'Avenue

av. de la Gare – ℰ 04 92 83 22 07 – www.hotel-avenue.com – Ouvert d'avril à fin oct.

9 ch – †68/85 € ††68/95 € – ⌣ 9 € – ½ P

Posez vos valises dans ce sympathique établissement familial à la tenue irréprochable. Les chambres sont agréables – et pratiques pour randonner aux Grès d'Annot ! Le soir, le chef propose une goûteuse cuisine avec l'accent du Midi.

ANSE

✉ 69480 (Rhône) – 6 251 hab. – Alt. 170 m – Voir carte n°**43**-E1

▶ Paris 436 km – Bourg-en-Bresse 57 km – Lyon 27 km – Mâcon 51 km

Carte Michelin 327-H4

 St-Romain

rte des Graves – ℰ 04 74 60 24 46 – www.hotel-saint-romain.fr – Fermé 1 semaine en août

23 ch – †50/145 € ††60/145 € – ⌣ 10 € – ½ P

Une grande ferme beaujolaise en pierre avec des chambres décorées dans un style contemporain... Beaucoup de beige, des douches à l'italienne au rez-de-chaussée et des baignoires à l'étage : un hôtel-restaurant sympathique.

✗ **Au Colombier**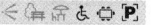

126 allée Colombier, (Pont St-Bernard) – ℰ 04 74 67 04 68 – www.aucolombier.com – Fermé janv., dim. soir et lundi de sept. à mai

Formule 21 € – Menu 31/62 € – Carte 40/70 €

En bord de Saône, une belle bâtisse du 18e s., entre guinguette branchée et maison de pays. La cuisine est résolument dans l'air du temps : carpaccio de daurade royale à la citronnelle, râble de lapin farci à la sarriette... sans oublier les classiques, telles ces belles cuisses de grenouille poêlées. Du goût et du caractère !

ANSOUIS

✉ 84240 (Vaucluse) – 1 144 hab. – Alt. 380 m – Voir carte n°**40**-B2

▶ Paris 751 km – Aix-en-Provence 35 km – Avignon 79 km – Marseille 63 km

Carte Michelin 332-F11 – Guide Vert Michelin Provence

✗✗ **La Closerie** (Olivier Alemany)

bd des Platanes – ℰ 04 90 09 90 54 – www.lacloserieansouis.com – Fermé 2 janv.-2 fév., dim. soir, merc. et jeudi

Menu 28 € (déj. en semaine), 44/68 € – Carte 50/70 € *(réservation conseillée)*

Cette Closerie est un hymne à la Provence ! Au piano, le chef compose des recettes riches en saveurs avec des produits d'une grande fraîcheur, que l'on accompagne de bons vins du Sud de la France. Une douce mélodie que les gourmands ne manquent pas d'apprécier, d'autant que l'accueil est charmant.

→ Salade de homard bleu et haricots verts du jardin. Pigeonneau rôti aux baies de cassis. Pain perdu caramélisé à la vanille Bourbon.

ANTHY-SUR-LÉMAN – 74 (Haute-Savoie) → voir Thonon-les-Bains

ANTIBES

✉ 06600 (Alpes-Maritimes) – 75 176 hab. – Alt. 2 m – Voir carte n°**42-E2**
▶ Paris 909 km – Aix-en-Provence 160 km – Cannes 11 km – Nice 21 km
Carte Michelin 341-D6 – Guide Vert Michelin Côte d'Azur

© CABH

 Hôtels

🏨 **Royal**   🍴 ⪜ 🌐 🛁 🎷 🔒 🎬 🛜 💆 🚗

16 bd Mar.-Leclerc – ✆ *04 83 61 91 91*   Plan : DY**b**
– www.royal-antibes.com
39 ch – ♦105/500 € ♦♦105/500 € – 25 suites – ☲ 15 €
Rest *Café Royal* **Rest** *Royal Beach* – voir les restaurants ci-après
Ouvert en 2011, cet établissement épouse les dernières normes des grands
hôtels internationaux : esprit contemporain, spa, restaurants, plage aménagée...
Une certaine idée des séjours en bord de mer, le tout au calme.

🏨 **Josse** sans rest   ⪜ 🔒 🎬 🛜 🅿 🚗

8 bd James-Wyllie – ✆ *04 92 93 38 38* – *www.hoteljosse.com*   Plan : BU**s**
– Fermé 24 nov.-16 déc.
24 ch – ♦95/199 € ♦♦95/199 € – 2 suites – ☲ 16 €
Près de la plage du Ponteil – un emplacement privilégié –, dans une construction
des années 1970 toute blanche, des chambres très contemporaines et confortables, celles du premier étage ont même un balcon... et vue sur la Grande Bleue !

🏨 **Mas Djoliba** sans rest   ⪜ 🎷 🏊 🎬 🍴 🛜 🅿

29 av. de Provence – ✆ *04 93 34 02 48*   Plan : CY**d**
– www.hotel-djoliba.com – *Ouvert 9 mars-2 nov.*
12 ch – ♦90/125 € ♦♦148/218 € – ☲ 14 €
Relaxez-vous entre palmiers et bougainvillées, à la piscine ou dans les jolies
chambres de cette villa 1920 ; celle du dernier étage dispose d'une agréable terrasse offrant une vue exquise sur le cap. Atmosphère familiale.

🏨 **La Place** sans rest   🎬 🍴 🛜

1 av. du 24-Août – ✆ *04 97 21 03 11*   Plan : CY**p**
– www.la-place-hotel.com
14 ch – ♦110/180 € ♦♦110/180 € – ☲ 13 €
Sur cette place animée du centre d'Antibes, une agréable petite adresse, au décor
moderne et lumineux. Les chambres, confortables et bien tenues, voient leurs
couleurs varier selon l'étage (parme, vert anis, gris...).

🏠 **Le Petit Castel** sans rest   🎬 🛜 🅿

22 chemin des Sables – ✆ *04 93 61 59 37*   Plan : BU**b**
– www.lepetitcastel.fr – *Fermé janv. et fév.*
16 ch – ♦78/138 € ♦♦88/158 € – ☲ 10 €
Dans ce petit pavillon blanc, sur la route d'Antibes, le propriétaire vous accueille
avec le sourire ! Les chambres sont petites, mais bien tenues.

ANTIBES

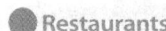

Châtaignier (Av. du) .... **AU** 13
Contrebandiers (Ch. des) ..... **BV** 16
Ferrié (Av. Gén.) .... **AU** 26
Gardiole-Bacon (Bd) .... **BUV** 31
Garoupe (Bd de la) .... **BV** 33
Garoupe (Ch. de la) .... **BV** 34
Grec (Av. Jules) .... **ABU** 38
Malespine (Av.) .... **BV** 50
Phare (Rte du) .... **BV** 62
Raymond (Ch.) .... **BV** 64
Reibaud (Av.) .... **AU** 65
Salis (Av. de la) .... **BV** 77
Sella (Av. André) .... **BV** 78
Tamisier (Ch. du) .... **BV** 79
Tour-Gandolphe (Av. de la) .... **BV** 82
Vautrin (Bd. du Gén.) .... **BU** 84
11-Novembre (Av. du) .... **BU** 91

Flèche noire Sens unique en saison

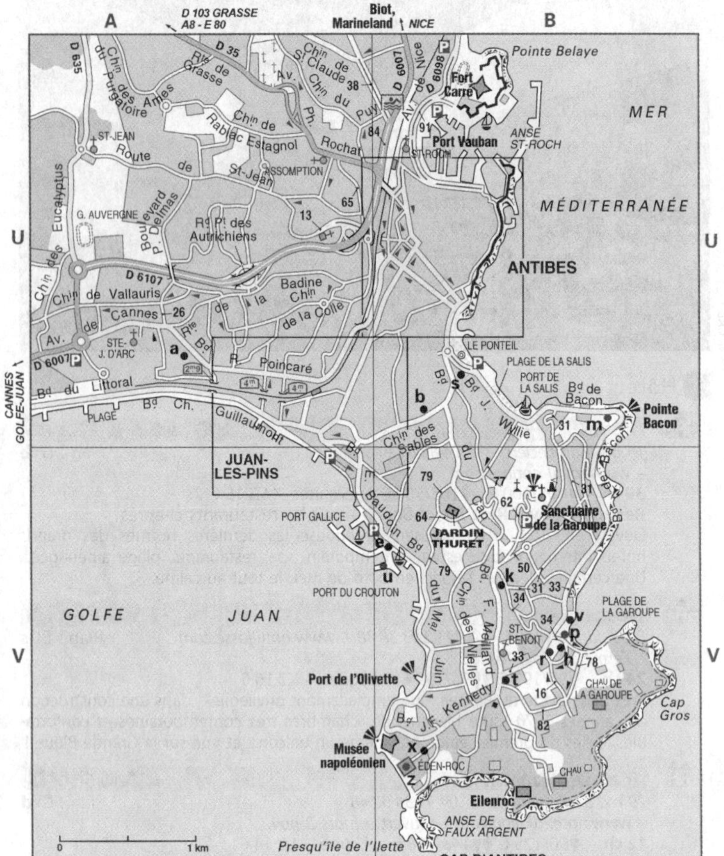

Restaurants

XXX **Le Figuier de St-Esprit** (Christian Morisset)

14 r. St-Esprit – ✆ 04 93 34 50 12 – www.christianmorisset.fr Plan : DX**a**
– Fermé 1er-8 mars, 22-30 juin, 2 semaines en nov., merc. sauf le soir de mai à oct., lundi midi de mai à oct. et mardi
Menu 78/118 € – Carte 95/170 €

Dans le vieil Antibes, cette maison de pays embaume la Provence : avec de beaux produits locaux, le chef réalise des plats d'aujourd'hui. Saveurs fines, joli patio... Une bonne adresse.

➜ Cannellonis de supions et palourdes à l'encre de seiche, jus de coquillages au basilic. Selle d'agneau des Alpilles cuite en terre d'argile de Vallauris, gnocchis aux truffes. Voyage autour du citron de pays et d'ailleurs.

ANTIBES

Plan : DYf

Les Vieux Murs
*25 promenade Amiral-de-Grasse – ℰ 04 93 34 06 73
– www.lesvieuxmurs.com – Fermé lundi*
Menu 36 € (déj.)/56 € – Carte 60/95 €
Original, ce restaurant qui fait aussi office d'épicerie-galerie-boutique, de quoi satisfaire toutes les envies... Dans l'assiette ? Une sympathique cuisine méridionale mettant en valeur les produits de la mer. Et que dire de la belle terrasse face à la Méditerranée ? Le rêve !

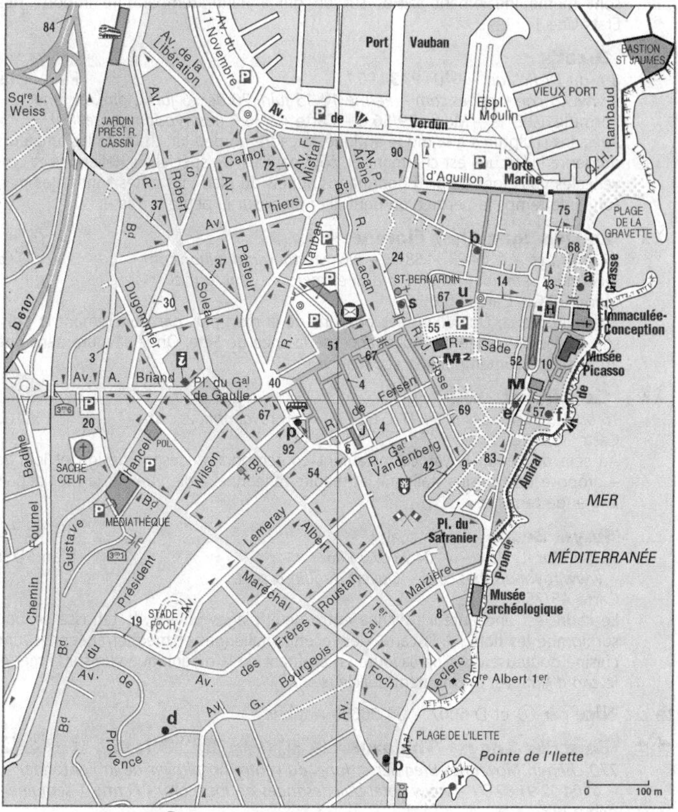

La sélection des hôtels et des restaurants changent tous les ans.
Chaque année, changez de guide MICHELIN !

✕✕ Nacional - Beef & Wine ⌂ ♿ 🄰🄺 ♻
61 pl. Nationale – ℰ 04 93 61 77 30 Plan : DX**u**
– www.restaurant-nacional-antibes.com – Fermé mi-fév. à mi-mars, dim. soir et lundi sauf juil.-août
Formule 24 € ♆ – Menu 29 € ♆ (déj. en semaine) – Carte 37/162 €
Les amateurs de saveurs carnées trouveront dans ce restaurant contemporain leur paradis (mais on y propose aussi quelques plats de poisson et des salades). En tartare, en carpaccio ou grillées, les viandes sont de grande qualité – elles sont même idéalement saisies sur un gril à haute température importé des États-Unis !

✕✕ Oscar's ⌂ 🄰🄺 ❄
😊
8 r. du Dr-Rostan – ℰ 04 93 34 90 14 Plan : DX**s**
– www.oscars-antibes.com – Fermé 1er-15 juin, 20 déc.-5 janv., dim. et lundi
Formule 19 € ♆ – Menu 29/56 € – Carte 42/76 € (réservation conseillée)
Avec ses sculptures à la mode antique, le cadre un peu kitsch ravira les amateurs du genre ! L'accueil est charmant et, côté papilles, les spécialités italiennes et provençales vous font de bien gourmands appels du pied ; les pâtes sont faites maison. Si le temps le permet, on peut aller dîner sur la petite terrasse.

✕✕ Le Don Juan Chez Florent ⌂ 🄰🄺
17 r. Thuret – ℰ 04 93 34 58 63 – www.restaurantdonjuan.com Plan : DX**b**
– Fermé 2 semaines fin déc., mardi et merc. de sept. à mai
Menu 39 € – Carte 50/65 €
Spécialité de ce Don Juan : les produits de la mer, plus particulièrement le poisson de Méditerranée en provenance de la criée de Sète. On le savoure dans une atmosphère contemporaine et... marine !

✕✕ Café Royal – Hôtel Royal ⌂ 🄰🄺
16 bd Mar.-Leclerc – ℰ 04 93 65 84 53 – www.royal-antibes.com Plan : DY**b**
Carte 38/67 €
Au sein de l'hôtel Royal, ce restaurant contemporain – esprit design et lounge – propose une cuisine italienne et méditerranéenne. Belle vue sur la mer depuis la grande terrasse.

✕ Royal Beach – Hôtel Royal ⟨ ⌂ ❄
16 bd Mar.-Leclerc – ℰ 04 93 67 14 06 Plan : DY**r**
– www.royal-antibes.com – Ouvert de juin à sept.
Carte 45/75 €
Le cadre est enchanteur : nichée entre deux plages privées, la terrasse en bois surplombe les flots... À la carte, des recettes italiennes et méditerranéennes, une cuisine goûteuse que l'on savoure en profitant de la magnifique vue sur la mer et le cap d'Antibes. Un moment délicieux !

rte de Nice par ① et D 6007 – ✉ 06600 Antibes

🏨 Baie des Anges - Thalazur 🍽 ⟨ ⟑ ▨ ♨ ♨ 🛗 ♿ 🛜 ⚒ 🄿
770 chemin Moyennes-Breguières, (près du centre hospitalier de la Fontonne)
– ℰ 04 92 91 82 00 – www.hotel-baiedesanges-antibes.com – Fermé 1 semaine début déc.
152 ch – � 118/310 € ♥♥ 118/310 € – 12 suites – ☐ 19 € – ½ P
Sur les hauteurs de la ville, dominant la baie, ces deux bâtiments contemporains ont fière allure. À l'entrée, un vaste lobby moderne et lumineux ; à l'étage, de belles chambres colorées et bien agencées, dont une partie possède une terrasse avec vue sur la mer... Angélique !

🏠 Bleu Marine sans rest 🈺 🄰🄺 ❄ 🛜 🄿
614 chemin des Quatre-Chemins, (près du centre hospitalier de la Frontonne)
– ℰ 04 93 74 84 84 – www.bleumarineantibes.com
18 ch – ♥ 60/68 € ♥♥ 70/88 € – ☐ 7 €
Un hôtel à proximité de l'hôpital. Les chambres sont simples, pratiques et bien tenues ; préférez celles des étages supérieurs.

CAP D'ANTIBES
✉ 06160 (Alpes-Maritimes) – Voir carte n°**42-E2**
◗ Paris 922 km – Antibes 6 km – Marseille 174 km – Nice 35 km

Hôtel du Cap-Eden-Roc

bd JF-Kennedy – 𝒞 04 93 61 39 01
– www.hotel-du-cap-eden-roc.com – Ouvert 17 avril-18 oct.   Plan : BV**x**
109 ch ⊑ – **♦**540/6550 € **♦♦**850/6550 € – 9 suites
Rest *Eden Roc* – voir les restaurants ci-après
Passage obligé de la jet-set et des stars de cinéma, ce majestueux palace du 19ᵉ s. est niché dans un parc de 9 ha verdoyant et paisible, face à la mer. S'il ne fallait retenir qu'elle : la piscine à débordement, idyllique. Classicisme, luxe et raffinement... Un lieu mythique et magique.

Impérial Garoupe

770 chemin de la Garoupe – 𝒞 04 92 93 31 61   Plan : BV**r**
– www.imperial-garoupe.com – Ouvert 24 avril-12 oct.
31 ch – **♦**340/820 € **♦♦**340/820 € – 4 suites – ⊑ 36 € – ½ P
Rest *Le Pavillon* **Rest** *Le Pavillon Beach* – voir les restaurants ci-après
Au bout du cap, la Garoupe, son phare, sa chapelle de pêcheurs et cette belle demeure méditerranéenne au cœur d'une végétation luxuriante (superbes cactus et plantes grasses). Contemporaines ou classiques, les chambres sont agréables et bien tenues ; toutes possèdent un balcon, une terrasse ou un jardinet privé.

Cap d'Antibes Beach Hôtel

10 bd du Mar.-Juin – 𝒞 04 92 93 13 30   Plan : BV**e**
– www.ca-beachhotel.com – Ouvert 1ᵉʳ avril-31 oct.
27 ch – **♦**390/950 € **♦♦**390/2400 € – ⊑ 29 €
Rest *Les Pêcheurs* ✿ **Rest** *Le Cap* – voir les restaurants ci-après
Chic balnéaire contemporain, design épuré, jardin noyé sous les essences méditerranéennes, plage privée de sable fin et, depuis les chambres des étages supérieurs, une vue imprenable sur le cap et les îles de Lérins : une certaine idée du luxe...

La Baie Dorée

579 bd la Garoupe – 𝒞 04 93 67 30 67 – www.baiedoree.com   Plan : BV**v**
14 ch – **♦**280/800 € **♦♦**280/800 € – ⊑ 13 €
Une villa provençale, baignée de soleil et bercée par les clapotis de la Méditerranée. Les chambres, accueillantes et soignées, ont toutes une terrasse ou un balcon donnant sur la baie. Quant à la piscine extérieure, face à la mer, elle est très belle !

Beau Site *sans rest*

141 bd JF-Kennedy – 𝒞 04 93 61 53 43   Plan : BV**t**
– www.hotelbeausite.net – Ouvert 1ᵉʳ avril-15 oct.
28 ch – **♦**85/155 € **♦♦**90/235 € – ⊑ 13 €
Terrasse ombragée d'essences méditerranéennes, agréable piscine et chambres d'esprit classique ou provençal : un joli pavillon blanc aux volets bleus, pour un séjour très Sud !

La Garoupe et Gardiole *sans rest*

60 chemin de la Garoupe – 𝒞 04 92 93 33 33   Plan : BV**k**
– www.hotel-lagaroupe-gardiole.com – Ouvert début avril à mi-oct.
37 ch – **♦**85/170 € **♦♦**105/205 € – ⊑ 13 €
Piscine, jardin et belle terrasse sous une pergola où l'on sert le petit-déjeuner : le charme typique des jolies maisons balnéaires des années 1920... Chambres fraîches à la Garoupe et rustiques à la Gardiole.

Levant *sans rest*

50 chemin de la Plage, (plage de la Garoupe)   Plan : BV**h**
– 𝒞 04 92 93 72 99 – www.hotel-levant-antibes.com – Ouvert d'avril à mi-oct.
24 ch – **♦**90/250 € **♦♦**90/250 € – ⊑ 13 €
Près de la mer, à une ruelle de la plage de la Garoupe : l'emplacement est exceptionnel. Les chambres sont agréables, quoiqu'un brin désuètes au niveau du décor, et la majorité d'entre elles ont un balcon – voire une terrasse ! – avec vue sur la Méditerranée.

ⵝⵝⵝⵝⵝ **Eden Roc** – Hôtel du Cap-Eden-Roc   🅿

bd JF-Kennedy – ✆ *04 93 61 39 01*   Plan : BV**z**
– *www.hotel-du-cap-eden-roc.com* – *Ouvert 17 avril-18 oct.*
Menu 72 € (déj.), 85/190 € – Carte 118/188 €
Superbe villa isolée sur un roc, en bordure de mer. Atmosphère huppée, cuisine méridionale subtile et terrasse exquise donnant sur la baie de Cannes... Tellement French Riviera !

ⵝⵝⵝ **Les Pêcheurs** – Cap d'Antibes Beach Hôtel

10 bd du Maréchal-Juin – ✆ *04 92 93 13 30*   Plan : BV**u**
– *www.lespecheurs-lecap.com* – *Ouvert 1ᵉʳ avril-31 oct. et fermé le midi*
Menu 85/125 € – Carte 100/140 €
Superbement ancrés au bord des flots, ces Pêcheurs mettent évidemment à l'honneur le poisson de la Méditerranée... et plus largement toutes les belles saveurs du Sud, délicatement ciselées ; on se régale dans l'élégante salle à manger, ou sur la magnifique terrasse panoramique. Un petit paradis très Côte d'Azur !
➜ Œuf de poule et girolles boutons. Chariot de poissons. Chocolat passion.

ⵝⵝⵝ **Le Pavillon** – Hôtel Impérial Garoupe

770 chemin de la Garoupe – ✆ *04 92 93 31 64*   Plan : BV**r**
– *www.imperial-garoupe.com* – *Ouvert 24 avril-12 oct. et fermé le midi de juin à sept. et merc. sauf juil.-août*
Menu 60/98 € – Carte 82/124 €
La terrasse sous les arbres est un hymne au romantisme, surtout éclairée à la bougie la nuit venue… Moment d'exception porté par une cuisine originale et inspirée, très respectueuse des produits de saison.

ⵝⵝⵝ **Bacon**

664 bd Bacon – ✆ *04 93 61 50 02*   Plan : BU**m**
– *www.restaurantdebacon.com* – *Ouvert 1ᵉʳ mars-31 oct. et fermé mardi midi et lundi*
Menu 55 € (déj. en semaine)/85 € – Carte 85/280 €
Une grande salle habillée de blanc, des œuvres d'art contemporain et une vue superbe sur la baie des Anges... La Méditerranée est reine ici, et plus encore dans l'assiette : l'un des plus beaux choix de poissons sur la Côte d'Azur, cuisinés avec art, dans leur prime fraîcheur. Une institution.
➜ Délice de loup aux truffes du Haut Var. Bouillabaisse. Millefeuille tiède.

ⵝⵝ **Le Pavillon Beach** – Hôtel Impérial Garoupe

770 chemin Garoupe – ✆ *04 92 90 23 97*   Plan : BV**r**
– *www.imperial-garoupe.com* – *Ouvert juin-sept. et fermé le soir*
Carte 55/110 €
Une carte méditerranéenne fraîche et raffinée, pour un restaurant de plage séduisant et huppé... et l'on est très vite happé par la vue sublime sur la Grande Bleue.

ⵝ **Le Cap** – Cap d'Antibes Beach Hôtel

10 bd du Maréchal-Juin – ✆ *04 92 93 13 30*   Plan : BV**a**
– *www.ca-beachhotel.com* – *Ouvert 1ᵉʳ avril-31 oct. et fermé le soir sauf du 1ᵉʳ juin au 14 sept.*
Carte 48/110 €
Sur la plage privée du Cap d'Antibes Beach Hôtel, une agréable option pour un repas face à la baie de Cannes et aux îles de Lérins. Au déjeuner : salades, sandwichs chic, burgers gourmands et... poisson grillé ; le soir, une carte internationale plus enlevée, autour du wok notamment, et toujours de beaux produits de la mer.

ANTONY – 92 (Hauts-de-Seine) ➜ voir Paris, Environs

ANTRAIGUES-SUR-VOLANE

✉ 07530 (Ardèche) – 541 hab. – Alt. 470 m – Voir carte n°**44-A3**
◗ Paris 637 km – Aubenas 15 km – Lamastre 58 km – Langogne 67 km
Carte Michelin 331-I5 – Guide Vert Michelin Ardèche Drôme

✗ **La Remise** ⌦ P ⌐

au pont de l'Huile – ℰ 04 75 38 70 74
– Fermé 16-30 juin, 31 août-14 sept., 20 déc.-6 janv., vend. sauf juil.-août et dim.
soir et jeudi soir
Menu 25/38 €
Charcuterie et cochonailles, soufflés, gigot d'agneau, desserts maison... Un hymne
à la tradition et au terroir dans cette ancienne grange au cachet rustique !
Authenticité et générosité sont au rendez-vous : du bon, rien que du bon.

ANZIN-ST-AUBIN – 62 (Pas-de-Calais) ➜ voir Arras

AOSTE
✉ 38490 (Isère) – 2 751 hab. – Alt. 221 m – Voir carte n°**45**-C2
▶ Paris 512 km – Belley 25 km – Chambéry 37 km – Grenoble 55 km
Carte Michelin 333-G4 – Guide Vert Michelin Alpes du Nord

à la Gare de l'Est 2 km au Nord-Est sur D 1516 – ✉ 38490 Aoste

✗✗✗ **Au Coq en Velours** avec ch
☺ *1800 rte de St-Genix – ℰ 04 76 31 60 04 – www.au-coq-en-velours.com*
– Fermé janv., 24-31 août, jeudi soir, dim. soir et lundi
7 ch – ♦75/85 € ♦♦75/85 € – ☐ 10 €
Formule 25 € – Menu 31/59 € – Carte 37/55 €
Entre Bresse et Dauphiné, cette bonne auberge de village est tenue par la même
famille depuis 1900. Ne passez pas à côté de la spécialité de la maison, le "coq en
velours", un délicieux coq au vin servi dans une sauce crémeuse, au grain de...
velours. Quelques chambres pour la nuit, bien au calme face au jardin.

APPOIGNY – 89 (Yonne) ➜ voir Auxerre

APT
✉ 84400 (Vaucluse) – 12 117 hab. – Alt. 250 m – Voir carte n°**42**-E1
▶ Paris 728 km – Aix-en-Provence 56 km – Avignon 54 km – Digne-les-Bains 91 km
Carte Michelin 332-F10 – Guide Vert Michelin Provence

⌂ **Sainte Anne** sans rest
62 pl. Faubourg-du-Ballet – ℰ 04 90 74 18 04 – www.apt-hotel.fr – Fermé fév.
7 ch – ♦89/92 € ♦♦119/139 € – ☐ 10 €
Cette maison du 19ᵉ s. abrite des chambres confortables et bien tenues. À noter,
le délicieux petit-déjeuner avec pain, confitures et gâteaux maison. Une adresse
parfaite pour partir à la découverte de la ville et visiter la Maison du parc régional
du Lubéron toute proche.

⌂ **Le Couvent** sans rest ⌐ ⌷ ⌦ ⌢
36 r. Barriol – ℰ 04 90 04 55 36 – www.loucouvent.com
5 ch ☐ – ♦98/130 € ♦♦98/130 €
Cet ancien couvent (17ᵉ s.) typiquement provençal a perdu en austérité ce qu'il a
gagné en sobre élégance. Chambres de charme, petit-déjeuner sous les voûtes du
réfectoire.

à Saignon 4 km au Sud-Est par D 48 – ✉ 84400 – 1 018 hab. – Alt. 450 m

⌂ **Chambre de Séjour avec Vue** sans rest
r. de la Burgade – ℰ 04 90 04 85 01 – www.chambreavecvue.com – Ouvert
de mars à nov.
5 ch ☐ – ♦90/110 € ♦♦90/110 €
Dans un charmant village, une maison d'hôtes atypique, à la fois lieu d'échange
culturel et résidence d'artistes : la décoration évolue au gré des œuvres exposées !
De confortables chambres design, chic et sobrement meublées.

✗ **La Petite Cave**

pl. de l'Horloge – ℰ 04 90 76 64 92 – www.lapetitecave-saignon.com – Ouvert de Pâques à fin oct., mardi, sam. le soir

Menu 24 € (dîner) – Carte 37/46 € *(réservation conseillée)*

Au cœur de Saignon, un Petit Café de village version 21ᵉ s. ! Le chef britannique signe un très court menu inspiré par le marché : soupe de petits pois aux écrevisses, chowder de haddock fumé... Ainsi que des salades et autres assiettes de tapas, pour les plus pressés ! Bonne sélection de crus de la région.

ARAGON – 11 (Aude) → voir Carcassonne

ARBOIS

✉ 39600 (Jura) – 3 547 hab. – Alt. 350 m – Voir carte n°**16-B2**

▶ Paris 407 km – Besançon 46 km – Dole 34 km – Lons-le-Saunier 40 km

Carte Michelin 321-E5 – Guide Vert Michelin Franche-Comté Jura

🏠 **Hôtel des Cépages**　　　　　　　　🔟 ≋ 📶 **P**

rte de Villette-les-Arbois – ℰ 03 84 66 25 25 – www.hotel-des-cepages.com

33 ch – ♦69 € ♦♦93 € – ⬭ 13 € – ½ P

Cet hôtel moderne abrite des chambres avant tout fonctionnelles ; côté route, elles bénéficient d'une bonne insonorisation. Belle surprise au réveil : le petit-déjeuner est copieux, et met à l'honneur des produits régionaux de qualité.

⌂ **Closerie les Capucines** sans rest　　　⇦ ⤓ 📶

7 r. de la Bourgogne – ℰ 03 84 66 17 38 – www.closerielescapucines.com – Fermé 21 déc.-31 janv.

5 ch ⬭ – ♦125 € ♦♦125/290 €

Ce couvent du 17ᵉ s. se niche dans une ruelle calme du centre-ville. Charme authentique, épure contemporaine dans les chambres, patio, jardin exquis... Un moment béni, une coupure salutaire !

✗✗✗ **Jean-Paul Jeunet** avec ch　　　　　⅜ ≋ 🆎 rest 📶 ⅗

❀❀ *9 r. de l'Hôtel-de-Ville – ℰ 03 84 66 05 67 – www.jeanpauljeunet.com – Fermé déc., janv., mardi et merc. sauf le soir de juil. à mi-sept.*

12 ch – ♦105/180 € ♦♦142/180 € – ⬭ 18 € – ½ P

Menu 72 € (déj.), 92/149 € – Carte 90/200 €

À l'origine, l'établissement n'était qu'un simple bistrot de village fondé par le père de Jean-Paul Jeunet... Celui-ci en a fait une véritable institution jurassienne, tout à la fois étape chaleureuse et ode gourmande au terroir brillamment mêlée d'inventivité. Avec une superbe carte des vins, pour ne rien gâcher !

→ Pomme de terre charlotte et truffe. Poularde de Bresse au vin jaune et morilles. Variation sur la morille et le cerfeuil tubéreux, glace au genièvre.

✗✗✗ **Les Caudalies** avec ch　　　　⅜ ⇦ ⅋ 📶 ⅗ **P P**

20 av. Pasteur – ℰ 03 84 73 06 54 – www.lescaudalies.fr – Fermé 23 fév.-11 mars, vacances de la Toussaint, lundi et mardi sauf le soir en juil.-août

9 ch – ♦57/85 € ♦♦75/115 € – ⬭ 12 € – ½ P

Formule 17 € – Menu 26 € 🍷 (déj. en semaine), 41/51 € – Carte 45/71 €

Au cœur des vignobles, une maison bourgeoise revue et joliment corrigée à la mode contemporaine... À sa tête œuvre un savant sommelier (finaliste Meilleur Ouvrier de France en 2011), qui a constitué une carte des vins de 400 références, superbe contrepoint à une cuisine tout en finesse. Pour une étape romantique, les chambres sont charmantes.

✗✗ **Le Caveau d'Arbois**　　　　　　　　🆎 ⇧ **P**

❀ *3 rte de Besançon – ℰ 03 84 66 10 70 – www.caveau-arbois.com – Fermé 2-10 juil., 19 nov.-11déc., 27 fév.-6 mars, merc. soir et jeudi*

Formule 16 € 🍷 – Menu 19 € (déj. en semaine), 26/35 € – Carte 30/54 €

Dans cette maison de pays, à la sortie de la ville sur la route de Besançon, le chef – un ancien ingénieur textile – sait tisser de beaux liens entre sa cuisine du terroir jurassien et les crus régionaux... Sympathique et chaleureux !

XX **La Balance Mets et Vins**

47 r. de Courcelles – 𝒞 03 84 37 45 00 – www.labalance.fr
– Fermé 12-20 avril, 27 juil.-3 août, 18 déc.-4 fév., dim. sauf juil.-août et lundi
Formule 17 € – Menu 29/60 € – Carte 42/64 €
Des mets en accord avec les vins du Jura, de jolis plats végétariens à base de pro-duits bio, le tout relevé de quelques épices du monde et d'un cadre chaleureux... Ne passez pas à côté du coq au vin jaune accompagné de belles morilles, la spé-cialité de la maison. Ça balance pas mal, à Arbois !

à Planches-Près-Arbois 4 km au Sud-Est – ✉ 39600 – 101 hab. – Alt. 340 m

🏠 **Castel Damandre**

18 r. de la Cascade – 𝒞 03 84 66 08 17 – www.casteldamandre.com – Fermé 16 nov.-4 fév.
18 ch – ♦75/160 € ♦♦95/330 € – ⌐ 14 € – ½ P
Rest *Castel Damandre* – voir les restaurants ci-après
L'attrait des vieilles pierres au cœur d'un cirque où coulent de jolies casca-des : autant dire que ce Castel cultive son charme bucolique. Les chambres y sont rustiques, avec des meubles d'époque et des lits à baldaquin.

XX **Castel Damandre**

18 r. de la Cascade – 𝒞 03 84 66 08 17 – www.casteldamandre.com – Fermé 16 nov.-4 fév. et le midi
Menu 45/59 € – Carte 61/78 €
Des produits de qualité travaillés avec précision : dans ce restaurant – d'es-prit champêtre et romantique –, on savoure une fine cuisine d'aujourd'hui, valori-sant le terroir avec goût et où tout est fait maison. L'été, on s'installe sur la ter-rasse face à une cascade pour un repas des plus charmants !

à Pupillin 3 km au Sud par D 469 et D 248 – ✉ 39600 – 251 hab. – Alt. 450 m

X **Le Grapiot**

r. Bagier – 𝒞 03 84 37 49 44 – www.legrapiot.com – Fermé 1 semaine vacances de printemps, 3-14 juil., 24 déc.-10 janv., mardi hors saison et merc.
Formule 20 € ⌾ – Menu 29/60 € ⌾ – Carte 36/46 €
Grapiot, vous avez dit grapiot ? Oui, une "grimpette" ou un "petit chemin mon-tant" en patois local. Le jeune chef, passionné de saveurs, travaille de beaux pro-duits, dont la délicieuse et trop rare grenouille fraîche du pays. La carte change tous les mois, et chaque passage donne envie d'y revenir !

ARBONNE – 64 (Pyrénées-Atlantiques) → voir Biarritz

ARCACHON

✉ 33120 (Gironde) – 10 776 hab. – Alt. 5 m – Voir carte n°**3-B2**
◨ Paris 650 km – Agen 196 km – Bayonne 181 km – Bordeaux 67 km
Carte Michelin 335-D7 – Guide Vert Michelin Aquitaine

🏠 **Ville d'Hiver**

20 av. Victor-Hugo – 𝒞 05 56 66 10 36   Plan : BZ**f**
– www.hotelvilledhiver.com
18 ch – ♦140/245 € ♦♦140/245 € – ⌐ 13 €
Rest *Ville d'Hiver* – voir les restaurants ci-après
Dans un quartier plein de cachet, un hôtel bourré de charme au cœur d'un beau jardin. À l'image de la station, il cultive un style balnéaire à la fois chic et décon-tracté... Les chambres sont douillettes, l'espace détente bien reposant ; on peut même déjeuner les pieds dans le sable pendant l'été !

🏠 **Point France** sans rest

1 r. Grenier – 𝒞 05 56 83 46 74 – www.hotel-point-france.com   Plan : BZ**q**
– Ouvert 14 mars-10 nov.
34 ch – ♦100/250 € ♦♦100/250 € – ⌐ 16 €
Juste derrière le front de mer et à proximité du palais des congrès, un agréable hôtel avec des chambres fraîches, spacieuses et bien insonorisées, toutes avec balcon. Petit plus bien sympathique : le petit-déjeuner généreux.

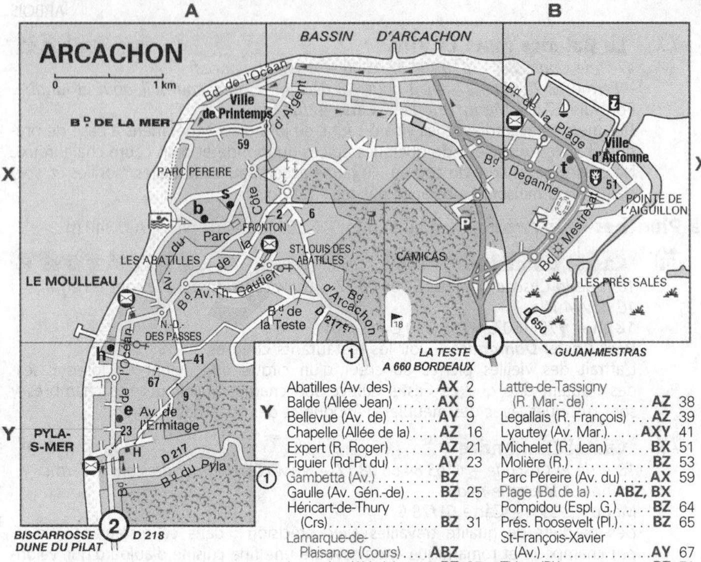

ARCACHON

BASSIN D'ARCACHON

0 ___ 1 km

Ville de Printemps

B^d DE LA MER

PARC PEREIRE

LE MOULLEAU

LES ABATILLES

N.D. DES PASSES

PYLA-S-MER

BISCARROSSE
DUNE DU PILAT

CAP FERRET

Ville d'Automne

POINTE DE L'AIGUILLON

LES PRÉS SALÉS

GUJAN-MESTRAS

LA TESTE
A 660 BORDEAUX

D 217

D 218

CAP FERRET

0 ___ 300 m

Jetée de la Chapelle

FRONT DE MER

Jetée Thiers

Jetée d'Eyrac

PALAIS DES CONGRÈS

PLAGE D'EYRAC

Notre-Dame

VILLE D'ÉTÉ

Casino

Musée Aquarium

VILLE D'HIVER

Parc Mauresque

Place Bremontier

Pl. Turenne

Pl. de Verdun

LYCÉE GRAND AIR

Hôtel de La Plage sans rest

10 av. Nelly-Deganne – ℰ 05 56 83 06 23
– www.hotelarcachon.com

Plan : BZ**t**

53 ch – ♦87/139 € ♦♦92/290 € – ♌ 13 €

À 50 m du casino et à 150 m de la mer, cet établissement affiche un chaleureux style bord de mer (lambris clairs, rotin)... Plaisant, bien insonorisé : idéal pour un séjour d'affaires ou d'agrément.

XX **Le Patio** (Thierry Renou)

10 bd de la Plage – ℰ 05 56 83 02 72   Plan : BX**t**
– www.lepatio-thierryrenou.com – Fermé 2-20 mars, 3-20 nov., dim. soir, mardi midi et lundi
Menu 38 € (semaine), 65/95 € – Carte 90/115 €
Asperge des Landes, agneau de Pauillac, huîtres du bassin, etc. Cette table honore les beaux produits aquitains, avec finesse et esthétisme. L'œuvre d'un chef passionné et généreux ! Décor contemporain raffiné... assorti d'un agréable patio.
→ Huîtres, chamallow et caviar d'Aquitaine, groseilles de mer et croustilles au citron. Pigeon en deux services : poitrines à la truffe, lard de Colonnata et baguette bécasse. Le tout-chocolat.

XX **Ville d'Hiver** – Hôtel Ville d'Hiver

20 av. Victor-Hugo – ℰ 05 56 66 10 36   Plan : BZ**f**
– www.hotelvilledhiver.com
Formule 18 € – Menu 25 € (déj. en semaine) – Carte 34/55 €
Dans l'un des meilleurs hôtels de la ville, un restaurant agréable et sympathique : le petit menu et les suggestions sont présentés à l'ardoise, et l'on profite d'une cuisine au goût du jour de bonne qualité... À déguster à l'intérieur – contemporain et épuré – ou sur la belle terrasse.

XX **Café de la Plage " Chez Pierre "**

1 bd Veyrier-Montagnères – ℰ 05 56 22 52 94   Plan : BZ**a**
– www.cafedelaplage.com
Formule 26 € – Menu 30/65 € ♥ – Carte 52/66 €
Sur le front de mer, près du palais des congrès, cette brasserie de luxe est une véritable institution locale. Un chef expérimenté, une brigade formée dans des restaurants étoilés : chacun est au service d'une cuisine inventive, où le poisson du bassin rencontre les saveurs du Sud-Ouest... Incontournable.

X **Chez Yvette**

59 bd Gén.-Leclerc – ℰ 05 56 83 05 11   Plan : BZ**b**
– www.restaurant-chez-yvette-arcachon.fr – Fermé dim. soir et lundi du 1er nov. au 31 janv.
Menu 28 € – Carte 36/80 €
Une institution locale, gérée par une famille d'ostréiculteurs depuis une quarantaine d'années et réputée pour ses produits de la mer. Le cadre est nautique, et l'ambiance animée.

aux Abatilles 2 km au Sud-Ouest – ✉ 33120

🏨 **Les Bains d'Arguin**

9 av. du Parc – ℰ 05 57 72 06 72 – www.thalazur.com   Plan : AX**b**
– Fermé 1er fév.-15 avril
94 ch – †100/230 € ††100/230 € – ☶ 16 € – ½ P
Entre mer et pinède, un hôtel imposant associé à un centre de thalassothérapie. Les chambres sont fraîches et confortables, et l'on profite aussi d'une belle piscine, d'un solarium et d'un restaurant où produits de la mer et menus diététiques sont à l'honneur.

🏨 **Parc** sans rest

5 av. du Parc – ℰ 05 56 83 10 58   Plan : AX**s**
– www.hotelduparc-arcachon.com – Ouvert 1er mai-30 sept.
30 ch ☶ – †79/105 € ††88/166 €
Construit dans les années 1970 par le père de l'actuel patron, cet hôtel entouré de pins est un havre de tranquillité ; les chambres (avec balcon) sont spacieuses, et il y a même une piscine et un jacuzzi.

au Moulleau 5 km au Sud-Ouest – ✉ 33120

🏨 **Yatt** sans rest

253 bd Côte-d'Argent – ℰ 05 57 72 03 72   Plan : AY**h**
– www.yatt-hotel.com – Ouvert 26 fév.-31 oct.
29 ch – †59/125 € ††59/125 € – ☶ 8,50 €
À 50 m de la plage et en plein cœur du Moulleau, un petit hôtel avec des chambres simples et très bien tenues, au décor nautique. Familial et convivial.

ARCANGUES – 64 (Pyrénées-Atlantiques) ➜ voir Biarritz

ARC-ET-SENANS
✉ 25610 (Doubs) – 1 512 hab. – Alt. 231 m – Voir carte n°**16**-**B2**
▶ Paris 396 km – Besançon 37 km – Pontarlier 62 km – Salins-les-Bains 16 km
Carte Michelin 321-E4 – Guide Vert Michelin Franche-Comté Jura

🍴 **Le Relais d'Arc et Senans** ⛱ ♿ ⌸
9 pl. de l'Église – ✆ 03 81 57 40 60 – www.le-relais-darc-et-senans.com – Fermé 5-13 oct., 22 déc.-22 janv., dim. soir et lundi
Formule 18 € – Menu 26/40 € – Carte 38/52 €
Une maison franc-comtoise à 800 m de la Saline royale (classée au patrimoine de l'Unesco). Salle rustique et cuisine actuelle privilégiant les produits locaux.

ARCHAMPS – 74 (Haute-Savoie) ➜ voir St-Julien-en-Genevois

ARCINS – 33 (Gironde) ➜ voir Margaux

ARCIZANS-AVANT – 65 (Hautes-Pyrénées) ➜ voir Argelès-Gazost

LES ARCS
✉ 83460 (Var) – 6 743 hab. – Alt. 80 m – Voir carte n°**41**-**C3**
▶ Paris 848 km – Cannes 59 km – Draguignan 11 km – Fréjus 25 km
Carte Michelin 340-N5

🍴🍴🍴 ✿ **Le Relais des Moines** (Sébastien Sanjou) 🌳 ⛱ AC 🅿
1 km à l'Est par rte de Ste-Roseline – ✆ 04 94 47 40 93 – www.lerelaisdesmoines.com – Fermé 16-22 mars, 16 nov.-10 déc., 5-11 janv., mardi de sept. à juin et lundi
Menu 42 € 🍷 (déj. en semaine), 58/120 € – Carte 73/95 €
Une cuisine colorée et imaginative : voici la proposition du chef, Sébastien Sanjou, dans cette ancienne bergerie (16e s.) élégante et chaleureuse. Au cœur de chaque assiette trône un beau produit, travaillé avec soin dans le respect du goût ! La terrasse, digne d'un nid de verdure, ajoute au plaisir du moment.
➜ Tomate verte, sériole, tourteau et condiments. Bœuf Black Angus, champignons des bois et roquette. Pêche de pays à la verveine, lait d'amande douce et champagne rosé.

🍴🍴 **Logis du Guetteur** avec ch 🐦 < ⛱ 🏊 AC ch, 📶 🅿
pl. du Château, (au village médiéval) – ✆ 04 94 99 51 10 – www.logisduguetteur.com
16 ch – 👤90/154 € 👥90/185 € – ☕ 17 € – ½ P
Menu 35/110 € – Carte 55/100 €
Une robuste demeure médiévale (11e s.), perchée à l'aplomb du village... En terrasse, où l'on guette le panorama à loisir, ou sous les voûtes séculaires du bâtiment, on savoure une cuisine généreuse, marquée par le terroir. De petites chambres pour l'étape.

ARC-SUR-TILLE
✉ 21560 (Côte-d'Or) – 2 473 hab. – Alt. 219 m – Voir carte n°**8**-**D1**
▶ Paris 323 km – Avallon 119 km – Besançon 97 km – Dijon 13 km
Carte Michelin 320-L5

🏠 **Les Marronniers d'Arc** |○ AC 📶 🅿
16 r. de Dijon – ✆ 03 80 37 09 62 – www.hotel-restaurant-lesmarronniers.com
19 ch – 👤75/90 € 👥75/90 € – ☕ 10 € – ½ P
Une auberge tenue en famille, avec des chambres bien équipées et un restaurant donnant la priorité aux poissons et fruits de mer. L'été, on dresse une terrasse à l'ombre des marronniers centenaires.

ARDENTES
✉ 36120 (Indre) – 3 786 hab. – Alt. 172 m – Voir carte n°**12**-**C3**
▶ Paris 275 km – Argenton-sur-Creuse 43 km – Bourges 66 km – Châteauroux 14 km
Carte Michelin 323-H6 – Guide Vert Michelin Limousin Berry

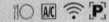

XX **La Gare**

2 av. de la Gare – ✆ 02 54 36 20 24 – www.restaurantdelagare.net – Fermé août, 21 fév.-9 mars, lundi et les soirs du dim. au jeudi
Menu 14 € (déj. en semaine), 22/35 € – Carte 25/31 €
Géré avec énergie par un jeune couple motivé, ce restaurant rustique, proche de l'ancienne gare, inspire tout de suite une certaine sympathie... La cuisine servie est traditionnelle, mais il flotte dans l'air un joli parfum de nouveauté !

ARDRES

62610 (Pas-de-Calais) – 4 245 hab. – Alt. 11 m – Voir carte n°**30**-A1
Paris 273 km – Arras 93 km – Boulogne-sur-Mer 38 km – Calais 18 km
Carte Michelin 301-E2 – Guide Vert Michelin Nord Pas-de-Calais

XX **Le François 1er**

pl. d'Armes – ✆ 03 21 85 94 00 – www.lefrancois1er.com – Fermé 27-31 mars, 29 août-15 sept., 24 déc.-14 janv., le soir et lundi
Menu 29 € (déj.), 39/49 € – Carte 52/66 € *(réservation conseillée)*
En 1520, la ville accueillit une entrevue entre Henri VIII et François 1er... d'où le nom du restaurant. Dans un cadre historique, la cuisine joue la carte de la tradition : croustillant de crustacés, carré d'agneau en croûte d'herbes, etc.

ARÈS

33740 (Gironde) – 5 724 hab. – Alt. 6 m – Voir carte n°**3-B1**
Paris 627 km – Arcachon 47 km – Bordeaux 48 km
Carte Michelin 335-E6 – Guide Vert Michelin Pays Basque et Navarre

XX **St-Éloi** avec ch

11 bd Aérium – ✆ 05 56 60 20 46 – www.le-saint-eloi.com – Fermé 5 janv.-10 fév., dim. soir, sam. midi hors saison et lundi sauf le soir en saison
8 ch – †55/95 € ††55/95 € – ☕ 8 € – ½ P
Formule 15 € – Menu 32/60 € – Carte 38/68 €
Ici, le vin a son importance... Avec une carte comptant près de 180 références, on trouve facilement son bonheur pour accompagner les bons petits plats traditionnels et régionaux du chef... Et dans cette jolie maison blanche entourée de pins, on peut aussi faire étape dans une chambre plaisante et très bien tenue.

ARGELÈS-GAZOST

65400 (Hautes-Pyrénées) – 3 139 hab. – Alt. 462 m – Voir carte n°**28**-A3
Paris 863 km – Lourdes 13 km – Pau 58 km – Tarbes 32 km
Carte Michelin 342-L6

Le Miramont

44 av. des Pyrénées – ✆ 05 62 97 01 26 – www.bestwestern-lemiramont.com – Fermé de mi-nov. à mi-déc.
18 ch – †56/150 € ††70/150 € – ☕ 13 € – ½ P
Rest *Restaurant Des Petits Pois Sont Rouges* – voir les restaurants ci-après
Cet hôtel-restaurant des années 1930 dénote par rapport au style architectural régional. Avec son joli jardin et ses chambres confortables, c'est un bon point de départ pour la visite de la vallée des Gaves ou une cure thermale.

Les Cimes

1 pl. d'Ourout – ✆ 05 62 97 00 10 – www.hotel-lescimes.com – Fermé 17-30 nov., 5-26 janv.
29 ch – †55/59 € ††70/80 € – ☕ 10 € – ½ P
Dans un quartier tranquille de la ville basse, un sympathique hôtel, aménagé dans un esprit contemporain. Chambres confortables, joli patio vitré – pour boire un verre ou prendre le petit-déjeuner –, piscine couverte et chauffée... L'ensemble est agréable et parfaitement entretenu.

Soleil Levant

17 av. des Pyrénées – ℰ 05 62 97 08 68 – www.hotel-soleil-levant-argeles.fr
– Fermé 23 nov.-20 déc.
32 ch – ♦55/63 € ♦♦55/63 € – ⬜ 10 € – ½ P
Derrière la grande façade blanche, une adresse tenue par la même famille depuis trois générations ! Les chambres sont fonctionnelles et pratiques ; certaines ont vue sur les montagnes d'Hautacam ou le mont de Gez. Terroir et tradition au restaurant.

Restaurant Des Petits Pois Sont Rouges – Hôtel Le Miramont

44 av. des Pyrénées – ℰ 05 62 97 01 26
– www.des-petits-pois-sont-rouges.com – Fermé de mi-nov. à mi-déc. et merc.
Formule 18 € – Menu 22/28 € ▼ – Carte 35/46 € *(réservation conseillée)*
Pas besoin d'être résident de l'hôtel Miramont pour apprécier la cuisine de son chef. Ce dernier rend hommage au terroir pyrénéen, bien sûr, mais n'hésite pas à faire quelques concessions à la modernité. Côté déco, on baigne dans une ambiance résolument contemporaine : table centrale rehaussée, mobilier design...

à St-Savin 3 km au Sud par D 101 – ✉ 65400 – 384 hab. – Alt. 580 m

Le Viscos avec ch

1 r. Lamarque – ℰ 05 62 97 02 28 – www.hotel-leviscos.com – Fermé lundi sauf le soir en juil. août et dim. soir
10 ch – ♦89/130 € ♦♦89/130 € – ⬜ 14 € – ½ P
Formule 17 € – Menu 29/92 € – Carte 37/95 €
Sous l'impulsion des fils du patron – dont l'un est aux fourneaux –, le restaurant s'est offert une nouvelle jeunesse : on se régale de délicieux plats célébrant le terroir : terrine de bœuf, crépinette de porc noir de Bigorre, moelleux à l'orange... C'est fin, juste et toujours travaillé dans le respect du produit.

à Arcizans-Avant 4,5 km au Sud par D 101 et D 13 – ✉ 65400
– 367 hab. – Alt. 640 m

Auberge Le Cabaliros ⓝ avec ch

16 r. de l'Église – ℰ 05 62 97 04 31 – www.auberge-cabaliros.com
– Fermé début nov. à début fév., mardi midi en juil.-août, mardi et merc. sauf vacances scolaires
7 ch – ♦49/69 € ♦♦69/98 € – ⬜ 10 € – ½ P   Menu 22/35 € – Carte 32/53 €
Cette sympathique auberge villageoise, à mi-chemin entre les célèbres cols d'Aubisque et du Tourmalet, tutoie les sommets pyrénéens. Dans l'assiette, de bonnes recettes de tradition – pavé de porc noir de Bigorre, ris de veau braisé –, goûteuses et joliment présentées. Et de petites chambres coquettes pour l'étape !

à Beaucens 6 km au Sud-Est par D 913 – ✉ 65400 – 421 hab. – Alt. 450 m

Eth Béryè Petit

15 rte de Vielle – ℰ 05 62 97 90 02 – www.beryepetit.com – Fermé 24 déc.-2 janv.
3 ch ⬜ – ♦70 € ♦♦75 €
Ce petit verger ("Eth Beryè petit" en basque) est une accueillante maison bigourdane de 1790. Chambres cosy (parquet, tapis, mobilier ancien) ménageant un splendide panorama sur la vallée. Dîner et petit-déjeuner dans un joli salon au coin du feu ou en terrasse.

ARGELÈS-SUR-MER

✉ 66700 (Pyrénées-Orientales) – 9 939 hab. – Alt. 19 m – Voir carte n°**22-B3**
▣ Paris 872 km – Céret 28 km – Perpignan 22 km – Port-Vendres 9 km
Carte Michelin 344-J7

Plans pages 159, 160

Le Cottage sans rest

21 r. Arthur-Rimbaud – ℰ 04 68 81 07 33   Plan : DY**a**
– www.hotel-lecottage.com – Ouvert de mi-avril à mi-oct.
28 ch – ♦75/245 € ♦♦75/245 € – 5 suites – ⬜ 14 €
Dans une zone résidentielle, un hôtel avec des chambres coquettes, lumineuses et calmes, très souvent avec un balcon ou une terrasse donnant sur le joli jardin. Côté détente : un espace bien-être avec piscine, jacuzzi et hammam.

ARGELÈS-SUR-MER

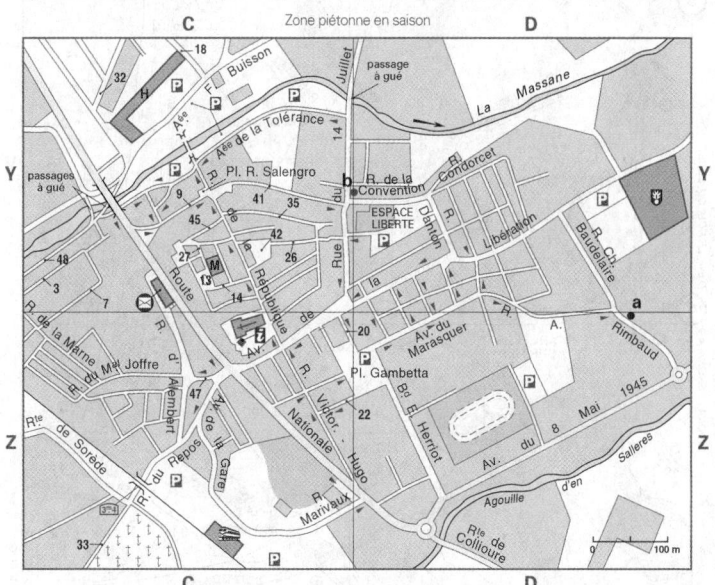

Zone piétonne en saison

⌂ **Château Valmy** sans rest
chemin de Valmy – ℰ *04 68 95 95 25*   Plan : AX**a**
– www.chateau-valmy.com
– Ouvert d'avril à nov.
5 ch ⌷ – †190/370 € ††190/370 €
Pour l'anecdote, ce beau château à l'allure majestueuse et peu commune a été érigé en 1900 par un architecte... danois. Aujourd'hui, c'est une maison de charme pour hôtes chic, au cœur d'un vignoble de 30 ha. Superbes chambres zen et épurées, vue splendide sur la mer et dégustation de vins au chai : quel style !

✕ **Le Coup de Fourchette du Cayrou**   AC
18 r. du 14-Juillet – ℰ *04 68 81 34 08*   Plan : CY**b**
– Fermé dim.
Formule 18 € – Menu 22 € (déj. en semaine)/32 €
Cette jolie maison doit son nom à la brique rouge traditionnelle fabriquée dans ces contrées catalanes... Dans l'agréable salle, simple et épurée, on déguste une bonne cuisine qui évolue au fil des saisons.

à Argelès-Plage 2,5 km à l'Est – ⊠ 66700 – 9 869 hab.

⌂ **Grand Hôtel du Lido**
50 bd de la Mer – ℰ *04 68 81 10 32 – www.hotel-le-lido.com*   Plan : BV**u**
– Ouvert 3 avril-4 oct.
66 ch – †84/256 € ††84/256 € – ⌷ 13 € – ½ P
Au bord de l'eau, le Lido est idéal pour des vacances en famille : chambres avec balcon, la plupart tournées vers la mer, restaurant traditionnel, plage privée...

ARGELÈS-SUR-MER

Albères (Bd des) . . . . BV 2
Arrivée (Rond-Point de l') . . . . . BV 6
Buisson (Allée Ferdinand) . . . . AV 10
Charlemagne (Av. de) . . . . BX 16
Corbières (Av. des) . . . . BV 17
Gaulle (Av. du Gén.-de) . . . . . . BV 21
Grau (Av. du) . . . . BX 24
Méditerranée (Bd de la) . . . . . . BV 29
Mimosas (Av. des) . . . . BV 30
Pins (Allée des) . . . . BV 37
Pins (Av. des) . . . . BV 38
Platanes (Av. des) . . . . BV 39
Port (R. du) . . . . BX 40
Racou (Allée du) . . . . BVX 42
Ste-Madeleine (Chemin) . . . . AX 43
Trabucaires (R. des) . . . . AV 44
14-Juillet (R. du) . . . . AV 49

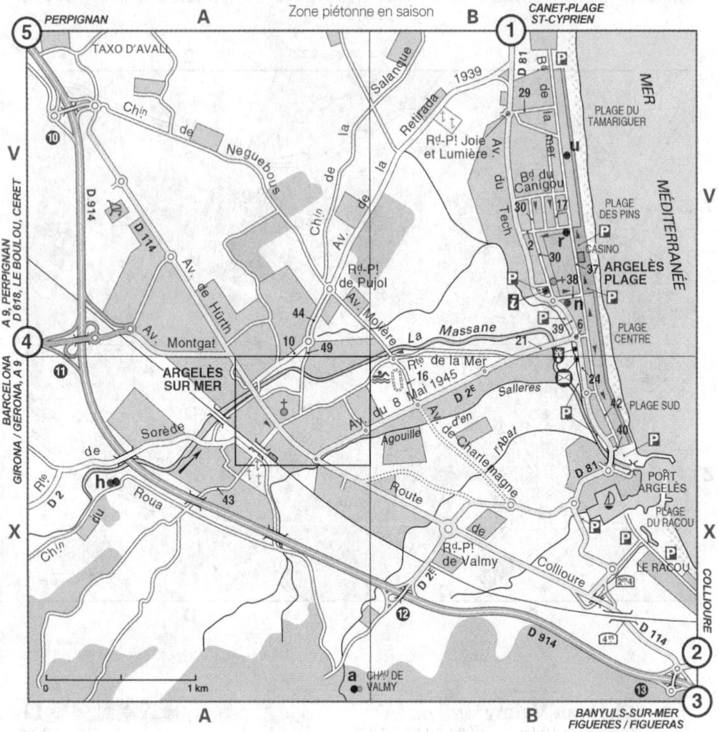

Plage des Pins sans rest

allée des Pins – ✆ 04 68 81 09 05 Plan : BV**r**
– www.hotel-plage-des-pins.fr
– Ouvert 1er juin-29 sept.
50 ch – †60/160 € ††70/170 € – ☕ 13 €

On vient là pour la plage, c'est vrai : l'hôtel se trouve sur le front de mer. La grande majorité des chambres – au décor plutôt sobre – jouissent d'un balcon ou d'une terrasse, une bonne partie avec vue sur la Méditerranée... La piscine vaut également le coup d'œil.

L'Amadeus

av. des Platanes – ✆ 04 68 81 12 38 Plan : BV**n**
– www.lamadeusrestaurant.com
– Fermé 2 janv.-13 fév., lundi et mardi sauf du 15 juin au 15 sept.
Formule 16 € – Menu 25 € 🍷/40 € – Carte 28/58 €

Sur la rue longeant les plages, un restaurant à la déco actuelle avec une agréable terrasse en zone piétonne. L'assiette mêle sagement tradition et nouveauté, pour un repas bien sympathique. Les saveurs sont là et... le plaisir aussi !

rte de Collioure 4 km au Sud-Est - DZ – ⊠66700 Argelès-sur-Mer

Les Mouettes *sans rest*

La Corniche – ℰ 04 68 81 82 83 – www.hotel-lesmouettes.com – Ouvert 10 avril-1er nov.
31 ch – †79/299 € ††79/299 € – ⊑ 14 €
Face à la mer, au-dessus de la route de Collioure, un hôtel chaleureux, de facture classique, situé dans un beau jardin. Les chambres et studios ont tous une terrasse ou une loggia et, pour la détente, on profite du jacuzzi, du hammam et de la piscine.

Grand Hôtel du Golfe

rte de Collioure – ℰ 04 68 81 14 73 – www.hoteldugolfe-argeles.com
– Ouvert 3 avril-1er nov.
36 ch – †85/124 € ††189/220 € – ⊑ 11 € – ½ P
Un bel hôtel sur la route de Collioure, face à la plage. Les chambres, récemment rénovées, disposent de petits balcons offrant une vue imprenable sur la mer. De quoi faire des rêves de grandes traversées ou de voyages au long cours ! Espace détente (spa, hammam) et grande piscine chauffée.

à l'Ouest 1,5 km par rte de Sorède et rte secondaire

Auberge du Roua

46 chemin du Roua – ℰ 04 68 95 85 85   Plan : AX**h**
– www.aubergeduroua.com – Fermé 11 nov.-26 déc. et 5-20 janv.
19 ch – †79/149 € ††79/189 € – 3 suites – ⊑ 12 € – ½ P
Rest *Auberge du Roua* – voir les restaurants ci-après
La campagne, les vignes, une délicieuse piscine dans un jardin fleuri et... le calme ! Un joli programme pour un joli mas du 17e s., qui joue le contraste de l'authenticité et de l'épure contemporaine. En deux mots : du Sud et du style !

Auberge du Roua

46 chemin du Roua – ℰ 04 68 95 85 85   Plan : AX**h**
– www.aubergeduroua.com – Fermé 11 nov.-26 déc., 5-20 janv. et le midi sauf dim. et fériés
Menu 27/57 € – Carte 45/65 €
Dans un cadre vraiment intime (pierres, poutres, voûtes...), on déguste une cuisine au goût du jour, personnalisée de petites touches asiatiques, réalisée avec de bons produits... Des saveurs franches et fraîches !

ARGENTAN

⊠ 61200 (Orne) – 14 315 hab. – Alt. 160 m – Voir carte n°**33-C2**
◲ Paris 191 km – Alençon 46 km – Caen 59 km – Dreux 115 km
Carte Michelin 310-I2 – Guide Vert Michelin Normandie Cotentin

La Renaissance

20 av. de la 2e-Division-Blindée – ℰ 02 33 36 14 20   **n**
– www.hotel-larenaissance.com – Fermé 9-17 mars et 21 juil.-17 août
14 ch – †89/135 € ††89/135 € – ⊑ 13 € – ½ P
Rest *La Renaissance* – voir les restaurants ci-après
Non loin du centre de la cité, cette imposante demeure d'après-guerre cache un hôtel confortable et feutré. Toutes les chambres ont été récemment rénovées dans un style contemporain et non moins cosy. Une étape plaisante au cœur de l'Orne !

La Renaissance

20 av. de la 2e-Division-Blindée – ℰ 02 33 36 14 20   **n**
– www.hotel-larenaissance.com – Fermé 9-17 mars, 21 juil.-17 août, sam. midi, dim. soir et lundi
Menu 21 € (déj. en semaine), 30/80 € – Carte environ 70 €
La bonne table d'Argentan. On passe un agréable moment dans cette maison élégante et feutrée, où l'on veille au plaisir du client. Derrière les fourneaux, le chef, Arnaud Viel, signe une cuisine créative, à la fois sophistiquée et esthétique.

au Nord-Est 11 km par D 926 et D 729

 Pavillon de Gouffern

l'Orée du bois – ℰ 02 33 36 64 26 – www.pavillondegouffern.com – *Fermé dim. soir et lundi*
20 ch – ♦110/130 € ♦♦130/250 € – ⌑ 15 € – ½ P
Rest *Pavillon de Gouffern* – voir les restaurants ci-après
Dans son vaste parc, ce pavillon de chasse tout en colombages (19ᵉ s.) exprime la noble richesse du pays d'Argentan, où abondent les prairies grasses et les bois touffus... Salons, chambres, restaurants : les lieux respirent l'aisance, dans une agréable veine contemporaine.

 Pavillon de Gouffern

l'Orée du bois – ℰ 02 33 36 64 26 – www.pavillondegouffern.com – *Fermé dim. soir et lundi*
Formule 26 € – Menu 38/65 € – Carte 44/54 €
Au cœur de cette belle propriété, une table élégante, lumineuse avec sa verrière zénithale et ses baies ouvrant sur le parc et la forêt. Un écrin parfait pour une cuisine qui suit étroitement les saisons et met en valeur les produits de la région. Le tout rehaussé d'une pointe d'invention… pour parfaire le plaisir.

à Fontenai-sur-Orne 4,5 km au Sud-Ouest – ⌧ 61200 – 247 hab. – Alt. 65 m

 Le Faisan Doré

– ℰ 02 33 67 18 11 – www.lefaisandore.com
16 ch – ♦75/110 € ♦♦85/140 € – ⌑ 10 €
Rest *La Table de Catherine* – voir les restaurants ci-après
Sur l'axe Argentan-Flers, on reconnaît cette auberge traditionnelle à sa façade à colombages. Les chambres sont peu à peu rénovées dans un style plus cosy et feutré ; préférez donc les plus récentes. Et dans le salon, vous pourrez même jouer du piano ! En résumé, l'adresse est tout indiquée pour une étape dans le pays d'Auge ornais.

✗✗ **La Table de Catherine** – Hôtel Le Faisan Doré

– ℰ 02 33 67 18 11 – www.latabledecatherine.com – *Fermé lundi midi, sam. midi et dim. soir*
Formule 16 € – Menu 24 € (semaine), 28/52 € – Carte 35/55 €
Surprise derrière la façade traditionnelle : des couleurs vives et de grandes fleurs sur les murs... Un décor d'une certaine fraîcheur, à l'unisson de la cuisine de la chef, Catherine, ambassadrice des produits de la région. Sa spécialité : la tarte fine à l'andouille de Vire et au camembert !

ARGENTAT

⌧ 19400 (Corrèze) – 3 016 hab. – Alt. 183 m – Voir carte n°**25-C3**
▶ Paris 503 km – Aurillac 54 km – Brive-la-Gaillarde 45 km – Mauriac 49 km
Carte Michelin 329-M5 – Guide Vert Michelin Limousin Berry

 Le Sablier du Temps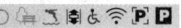

13 av. J.-Vachal – ℰ 05 55 28 94 90 – www.sablier-du-temps.com
– *Fermé 6 janv.-6 fév.*
24 ch – ♦54/95 € ♦♦57/98 € – ⌑ 10 € – ½ P
Ici, le temps s'écoule lentement... Cet hôtel proche du centre-ville est à la fois convivial et familial, avec son jardin, sa piscine et ses chambres modernes et colorées. Côté restaurant, le patron œuvre lui-même en cuisine. Une bonne adresse.

 Fouillade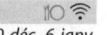

11 pl. Gambetta – ℰ 05 55 28 10 17 – www.fouillade.com – *Fermé 20 déc.-6 janv.*
15 ch – ♦57/60 € ♦♦58/79 € – ⌑ 8 € – ½ P
Immanquable, cet hôtel-restaurant centenaire se dresse sur une agréable petite place du centre ; on ne peut rater sa riante terrasse ! Avant tout fonctionnelles, les chambres sont fraîches et bien tenues.

XX **Saint-Jacques** 🔝 &

39 av. Foch – ☎ 05 55 28 89 87 – www.lesaintjacques-argentat.fr – Fermé 2-23 mars, 5-26 oct., dim. soir d'oct. à juin et lundi
Formule 15 € – Menu 20 € (semaine), 35/65 € ♈ – Carte 63/80 €
Une équipe jeune et motivée, un chef passionné par son métier, une cuisine à l'avenant, pleine de trouvailles, et réalisée avec de bons produits frais... Ce restaurant ne manque pas d'atouts pour nous séduire !

X **Auberge des Gabariers** 🔝

15 quai Lestourgie – ☎ 05 55 28 05 87 – www.aubergedesgabariers.com – Ouvert 1er avril-1er nov. et fermé mardi soir et merc. sauf juil.-août
Menu 16/36 € – Carte 35/50 €
Pour essayer une cuisine typique, entre Corrèze et Périgord, et célèbre confits, foie gras et cèpes, arrêtez-vous dans cette jolie maison du 16e s. au bord de la Dordogne. Les plats sont généreux, goûteux, et servis en toute simplicité. L'été, on apprécie tout cela en terrasse, à l'ombre du tilleul.

ARGENTEUIL – 95 (Val-d'Oise) ➜ voir Paris, Environs

ARGENTIÈRE – 74 (Haute-Savoie) ➜ voir Chamonix-Mont-Blanc

ARGENTON-SUR-CREUSE
✉ 36200 (Indre) – 5 070 hab. – Alt. 100 m – Voir carte n°**11-B3**
◪ Paris 297 km – Châteauroux 32 km – Limoges 93 km – Montluçon 103 km
Carte Michelin 323-F7 – Guide Vert Michelin Limousin Berry

🏠 **Le Cheval Noir** 🔟 ⌶ 𝑘 ☍ 🅿

27 r. Auclert-Descottes – ☎ 02 54 24 00 06 – www.le-chevalnoir.fr
19 ch – ♦46/75 € ♦♦58/90 € – ⌷ 8 € – ½ P
Rest *Le Cheval Noir* – voir les restaurants ci-après
Cet ancien relais de poste – sa jolie façade ne trompe pas – appartient à la même famille depuis plus d'un siècle. Les chambres sont agréables, dans une veine actuelle pleine de fraîcheur. Une étape toujours bien vivante !

XX **Le Cheval Noir** 🔝 🅰🅲 🅿

27 r. Auclert-Descottes – ☎ 02 54 24 00 06 – www.le-chevalnoir.fr – Fermé 1 semaine vacances de Toussaint, 1 semaine vacances de Noël et dim. soir hors saison
Formule 14 € – Menu 16 € (déj. en semaine), 26/32 € – Carte 30/40 €
Envie de tradition ? Sous ce nom qui fit autrefois florès sur les routes de France, une grande salle de banquet (décor modernisé) et une carte qui fait la part belle aux produits du marché. Formule déjeuner très attractive.

à Bouësse 11 km à l'Est par D 927 – ✉ 36200 – 369 hab. – Alt. 185 m

🏨 **Château de Bouesse** 🔟 🛇 ≤ ⌸ ☍ 🛁 🅿

1 rte d'Argenton – ☎ 02 54 25 12 20 – www.chateau-bouesse.com – Ouvert 5 avril-1er janv. et fermé lundi et mardi sauf du 16 mai au 30 sept.
11 ch – ♦95/180 € ♦♦95/180 € – 1 suite – ⌷ 13 € – ½ P
Jeanne d'Arc aurait séjourné dans ce château du Moyen-Âge entouré d'un parc. Qu'importe le mythe, les amateurs de mobilier ancien et de style médiéval se feront plaisir, surtout dans la magnifique chambre du donjon. Décor 18e s. au restaurant pour une cuisine du moment.

ARGENT-SUR-SAULDRE
✉ 18410 (Cher) – 2 183 hab. – Alt. 171 m – Voir carte n°**12-C2**
◪ Paris 171 km – Bourges 57 km – Cosne-Cours-sur-Loire 46 km – Gien 22 km
Carte Michelin 323-K1 – Guide Vert Michelin Limousin Berry

✗✗ **Relais du Cor d'Argent** avec ch

39 r. Nationale – ℰ 02 48 73 63 49 – www.lecordargent.com
– Fermé 17 fév.-20 mars, 30 juin-9 juil., 13-22 oct., mardi et merc. sauf fériés
7 ch – ☗47/51 € ☗☗47/57 € – ☖8 € – ½ P
Menu 21 € (semaine), 31/60 € – Carte 44/64 €
Un Cor d'Argent fleuri et rustique... On s'installe dans une des salles, décorées dans un esprit relais de chasse, ou sur l'agréable terrasse pour savourer une cuisine traditionnelle variant selon le marché et les saisons. À moins que vous ne préfériez le menu végétarien... Petites chambres fonctionnelles pour l'étape.

ARGOULES

✉ 80120 (Somme) – 330 hab. – Alt. 18 m – Voir carte n°**36-A1**
◨ Paris 217 km – Abbeville 34 km – Amiens 82 km – Calais 93 km
Carte Michelin 301-E5

✗ **Auberge du Coq-en-Pâte**

37 Grande-Rue, (rte de Valloires) – ℰ 03 22 29 92 09 – Fermé 20-27 avril,
2-15 sept., dim. soir, lundi et mardi sauf fériés
Menu 21 € – Carte 27/45 € *(réservation conseillée)*
Dans les années 1930, cette auberge typiquement régionale fut offerte par le châtelain d'Argoules à sa cuisinière. Plusieurs décennies plus tard, on perpétue l'amour de la bonne chère avec des plats qui magnifient le terroir picard, entre tradition et modernité. Une adresse sympathique.

ARLES

✉ 13200 (Bouches-du-Rhône) – 52 510 hab. – Alt. 13 m – Voir carte n°**40-A3**
◨ Paris 719 km – Aix-en-Provence 77 km – Avignon 37 km – Marseille 94 km
Carte Michelin 340-C3 – Guide Vert Michelin Provence

🏨 **Jules César**

9 bd des Lices – ℰ 04 90 52 52 52 – www.hotel-julescesar.fr Plan : Z**v**
48 ch – ☗149/289 € ☗☗149/289 € – 4 suites – ☖20 € – ½ P
Rest *Lou Marquès* – Voir les restaurants ci-après
Christian Lacroix, l'enfant du pays, a fait souffler un vent de fraîcheur sur le vénérable Jules César. Avalanche de couleurs vives (52 teintes en tout), jeux avec les formes et le style du mobilier, des escaliers et des luminaires... tout en respectant l'esprit des lieux. D'une fantaisie impériale !

🏨 **L'Hôtel Particulier** sans rest

4 r. de la Monnaie – ℰ 04 90 52 51 40 Plan : Z**d**
– www.hotel-particulier.com
16 ch – ☗289/369 € ☗☗289/369 € – 5 suites – ☖23 €
Sous le soleil arlésien, on pousse la porte de ce superbe hôtel particulier du quartier de la Roquette, mariant l'ancien et le moderne avec élégance. Les chambres claires et luxueuses, sont tournées vers les jardins ; massages et soins.

🏨 **Nord Pinus** sans rest

pl. du Forum – ℰ 04 90 93 44 44 – www.nord-pinus.com Plan : Z**t**
– Ouvert 1er mars-15 nov.
24 ch – ☗170/380 € ☗☗170/380 € – 2 suites – ☖18 €
Le superbe décor de cette institution arlésienne (mobilier signé du 20e siècle, collection de photographies) distille une atmosphère rétro. Idéal pour se balader en ville.

🏨 **Cloître** sans rest

18 r. du Cloître – ℰ 04 88 09 10 00 – www.hotel-cloitre.com Plan : Z**q**
19 ch – ☗75/100 € ☗☗90/180 € – ☖13 €
Montez dans la machine à remonter le temps ! Jouxtant le cloître de l'église St-Trophime, cet hôtel revisite le style des années 1950 : mobilier et coloris sont très séduisants. En prime, la terrasse sur le toit offre une belle vue sur la ville. Très bon rapport charme-prix.

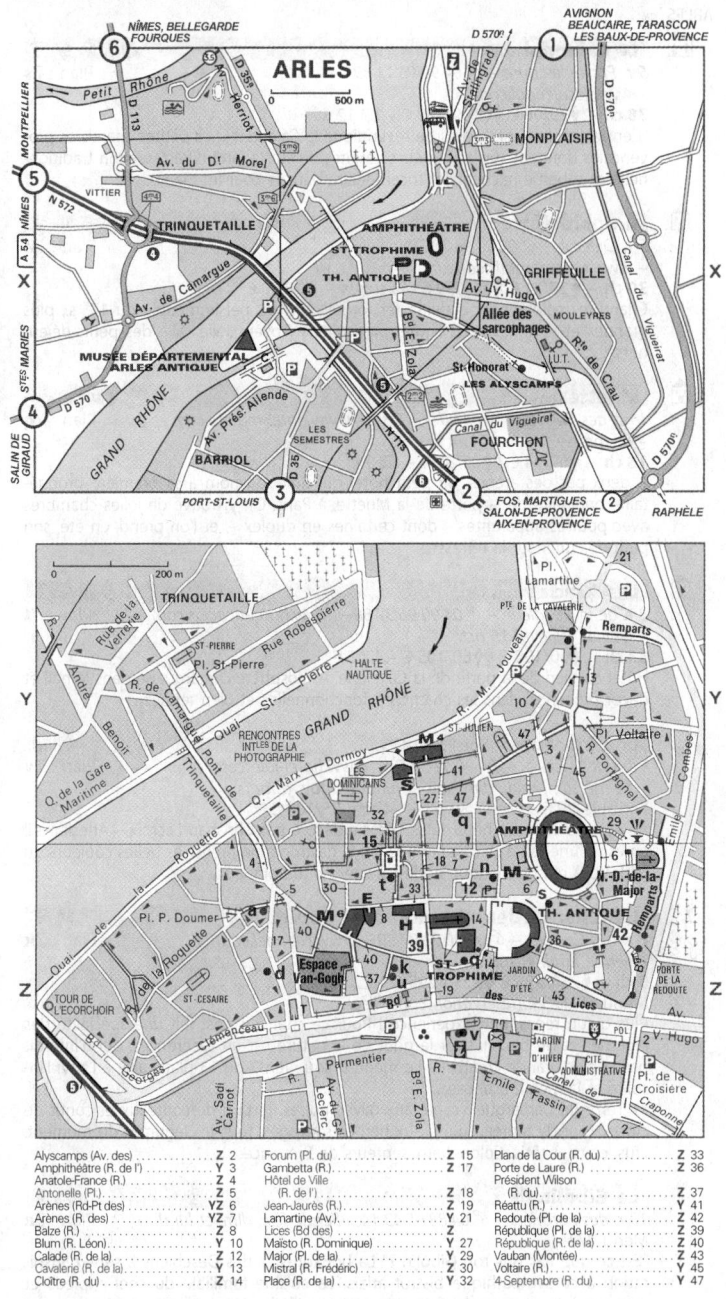

ARLES

AVIGNON BEAUCAIRE, TARASCON LES BAUX-DE-PROVENCE ①

NÎMES, BELLEGARDE FOURQUES ⑥

500 m

MONPLAISIR

MONTPELLIER

Av. du Dᵗ Morel

NÎMES ⑤

VITTIER

TRINQUETAILLE ④

AMPHITHÉÂTRE

ST-TROPHIME

TH. ANTIQUE

GRIFFEUILLE

Av. V. Hugo

Allée des sarcophages

MOULEYRES

Rᵗᵉ de Crau

I.U.T.

St-Honorat

LES ALYSCAMPS

MUSÉE DÉPARTEMENTAL ARLES ANTIQUE

GRAND RHÔNE

Av. Prés. Allende

BARRIOL

LES SEMESTRES

Canal du Vigueirat

FOURCHON

SALIN DE GIRAUD ④

STᵉˢ MARIES

PORT-ST-LOUIS ③

FOS, MARTIGUES SALON-DE-PROVENCE AIX-EN-PROVENCE ②

RAPHÈLE ②

---

200 m

TRINQUETAILLE

Rue de la Verrerie

ST-PIERRE

Pl. St-Pierre

Rue Robespierre

PTE DE LA CAVALERIE

Pl. Lamartine

Remparts

HALTE NAUTIQUE

R. Voltaire

André Benoît

Q. de la Gare Maritime

RENCONTRES INTLES DE LA PHOTOGRAPHIE

GRAND RHÔNE

ST-JULIEN

LES DOMINICAINS

AMPHITHÉÂTRE

N.-D.-de-la-Major

TH. ANTIQUE

Espace Van-Gogh

ST-TROPHIME

Jardin D'ÉTÉ

Lices

PORTE DE LA REDOUTE

TOUR DE L'ÉCORCHOIR

ST-CÉSAIRE

Bd Georges Clemenceau

JARDIN D'HIVER

CITÉ ADMINISTRATIVE

Pl. de la Croisière

Av. Sadi Carnot

Parmentier

Av. du Gᵗ Leclerc

Bᵈ E. Zola

R. Émile Fassin

Craponne

Le Calendal sans rest

Plan : Z**s**

5 r. Porte-de-Laure – *04 90 96 11 89*
– *www.lecalendal.com*
38 ch – †79/99 € ††109/199 € – ☐ 12 €

"Central, cool et chic" : ainsi se revendique le Calendal ! Ses petites chambres provençales donnent sur les fameuses arènes ou sur le jardin. Restauration traditionnelle et superbe micocoulier tricentenaire dans la cour intérieure...

Amphithéâtre sans rest

Plan : Z**n**

5 r. Diderot – *04 90 96 10 30*
– *www.hotelamphitheatre.fr*
30 ch – †57/71 € ††69/99 € – 3 suites – ☐ 8,50 €

Chambres colorées (bois peint, fer forgé) dans un bel immeuble du 17ᵉ s., plus grandes et raffinées dans l'hôtel particulier mitoyen. Jolie salle des petits-déjeuners.

Muette sans rest

Plan : Y**q**

15 r. des Suisses – *04 90 96 15 39* – *www.hotel-muette.com*
– *Fermé fév.*
18 ch – †60/74 € ††65/81 € – ☐ 9 €

À deux pas des arènes, un petit hôtel qui doit son nom à sa première propriétaire, originaire de la porte de la Muette, à Paris. On y trouve de jolies chambres avec poutres apparentes – dont certaines en duplex –, et l'on prend, en été, son petit-déjeuner sur la terrasse.

Les Acacias sans rest

Plan : Y**t**

2 r. de la Cavalerie – *04 90 96 37 88* – *www.hotel-acacias.com*
– *Ouvert 1ᵉʳ avril-15 oct.*
33 ch – †60/105 € ††60/105 € – ☐ 8 €

Hôtel au pied de la porte de la Cavalerie. Atmosphère camarguaise dans le hall et décor provençal dans les chambres, fonctionnelles et bien tenues.

Lou Marquès – Hôtel Jules César

Plan : Z**v**

9 bd des Lices – *04 90 52 52 52* – *www.hotel-julescesar.fr*
– *Fermé sam. midi, dim. soir et lundi de nov. à mars*
Formule 29 € – Menu 39/65 € – Carte 55/100 €

Au sein du superbe hôtel Jules César redécoré par Christian Lacroix – Arlésien s'il en est –, une table chic et raffinée, où la gastronomie prend les belles couleurs du Sud. Voilà qui ne manque ni de caractère ni de piquant...

L'Atelier de Jean-Luc Rabanel avec ch

Plan : Z**k**

7 r. des Carmes – *04 90 91 07 69* – *www.rabanel.com*
– *Fermé lundi et mardi*
3 ch – †250/295 € ††250/295 € – ☐ 27 €
Menu 65/125 € *(réservation conseillée)*

Plus qu'un repas, une expérience ! Pour ce chef qui s'est fait une spécialité des légumes et du bio, cultiver le goût de la nature est un sacerdoce... qui n'interdit pas la plus grande créativité. Le menu unique (en 7 ou 13 plats) allie à l'envi l'insolite et la métamorphose.

→ Terre de Camargue : sablé aux olives noires, tartare de couteaux et confit de citron. Filet de taureau fumé aux herbes sauvages, tous les légumes du moment, crus, cuits et rôtis. Colonel aux senteurs de Provence.

Le Gibolin 🆕

Plan : Z**a**

13 r. des Porcelets – *04 88 65 43 14* – *Fermé fév., dim. et lundi*
Menu 27 €

"Est-ce que t'as pris ton Gibolin ?" La boisson-star des Deschiens a servi d'inspiration à ce sympathique bistrot arlais. La cuisine familiale du chef – pieds et paquets à la provençale, foie de veau persillade – est accompagnée de bons vins régionaux (de préférence sans sulfites) choisis par la patronne. On se régale.

X **Bistro À Côté** 🍴 AC ⇔

21 r. des Carmes – ℰ 04 90 47 61 13 – www.bistro-acote.com   Plan : Z**u**
Menu 29/40 €

À côté de son bel Atelier, Jean-Luc Rabanel a ouvert ce bistrot où règne une atmo-sphère décontractée : les plats sont souvent présentés dans leur poêle de cuisson ou à partager, et on expose fièrement vins et jambons. D'une recette à l'autre, on pense Espagne, Provence ou Italie ; c'est la Méditerranée que l'on célèbre !

rte du Sambuc 17 km par ④, D 570 et D 36 – ⊠ 13200 Arles

X **La Chassagnette** (Armand Arnal) 🍴 🛋 & AC ⇔ P

– ℰ 04 90 97 26 96 – www.chassagnette.fr – Fermé fév., 2 semaines en nov., 24 déc.-1er janv., mardi et merc. sauf juil.-août et lundi de nov. à avril
Menu 85/125 € ▼ – Carte 60/74 € (réservation conseillée)

Un lieu magique que ce mas isolé ! Le chef mise sur une cuisine épurée, dans le respect des saisons et des produits du potager et du verger, pour une explosion de saveurs naturelles. Il réalise même son pain lui-même, avec de la farine de riz camarguais !

➔ Pulpe d'herbes amères, concombre glacé et eau de tomate. Pigeon des Costiè-res laqué au banyuls, aubergines et figues au poivre vert. Vacherin à la fraise mara des bois au thym citron et sorbet fraise.

ARNAGE – 72 (Sarthe) ➔ voir Le Mans

ARNAY-LE-DUC

⊠ 21230 (Côte-d'Or) – 1 585 hab. – Alt. 375 m – Voir carte n°**8**-C2
▶ Paris 285 km – Autun 28 km – Beaune 36 km – Chagny 38 km
Carte Michelin 320-G7 – Guide Vert Michelin Bourgogne

XX **Chez Camille** avec ch 📶 P

1 pl. Edouard-Herriot – ℰ 03 80 90 01 38 – www.chez-camille.fr
11 ch – †95/120 € ††95/120 € – ☑ 12 € – ½ P
Menu 25/54 € – Carte 57/67 €

Cette maison régionale (1800) perpétue la tradition sans se soucier des modes... et c'est tant mieux ! On (re-)découvre avec plaisir les recettes typiques de la Bour-gogne et les grands classiques de la cuisine bourgeoise, réalisés avec générosité et saveurs. Décor champêtre, avec quelques chambres simples pour la nuit.

LES ARQUES

⊠ 46250 (Lot) – 217 hab. – Alt. 254 m – Voir carte n°**28**-B1
▶ Paris 569 km – Cahors 28 km – Gourdon 27 km – Villefranche-du-Périgord 19 km
Carte Michelin 337-D4

X **La Récréation** 🛋

le bourg – ℰ 05 65 22 88 08 – www.restaurant-traiteur-lot.com – Ouvert 14 fév.-15 nov., fermé merc. sauf juil.-août et jeudi
Menu 26 € (déj.), 36/49 €

L'école est finie ! Dans cette sympathique maison, l'ancienne salle de classe est devenue celle du restaurant, et le préau, une jolie terrasse. Mais ici point de nos-talgie : le décor tout comme la cuisine sont bien dans l'air du temps.

ARRADON – 56 (Morbihan) ➔ voir Vannes

ARRAS

⊠ 62000 (Pas-de-Calais) – 41 322 hab. – Agglo. 86 519 hab. – Alt. 72 m
– Voir carte n°**30**-B2
▶ Paris 179 km – Amiens 69 km – Calais 110 km – Charleville-Mézières 159 km
Carte Michelin 301-J6

🏨 **Mercure Atria** 🍴🖥&🕸📶⚒

58 bd Carnot – ℰ 03 21 23 88 88 – www.mercure.com   Plan : CZ**b**
80 ch – †89/199 € ††99/209 € – ☑ 16 €

Derrière sa façade de verre et de brique, cet hôtel du centre d'affaires – tout pro-che de la gare – abrite des chambres fonctionnelles et contemporaines. Le lieu est parfait pour organiser des séminaires. Restauration traditionnelle.

ARRAS

Adam (R. Paul)	**AY**	2
Agaches (R. des)	**BY**	3
Albert-Ier-de-Belgique (R.)	**BY**	4
Ancien-Rivage (Pl. de l')	**BY**	5
Barbot (R. du Gén.)	**BY**	6
Baudimont (Rd-Pt)	**AY**	7
Carabiniers-d'Artois (R. des)	**AY**	8
Cardinal (R. du)	**CZ**	9
Delansorne (R. D.)	**BZ**	10
Doumer (R. P.)	**BY**	11
Droits de l'Homme (Av. des)	**CY**	12
Ernestale (R.)	**BZ**	13
Ferry (R. J.)	**AY**	15
Foch (R. Maréchal)	**CZ**	16
Gambetta (R.)	**BCZ**	
Gouvernance (R. de la)	**BY**	18
Guy Mollet (Pl.)	**CY**	19
Kennedy (Av. J.)	**AZ**	24
Legrelle (R. E.)	**BCZ**	25
Madeleine (Pl. de la)	**BY**	28
Marché-au-Filé (R. du)	**BY**	30
Marseille (Pl. de)	**BZ**	31
Robespierre (R.)	**BZ**	34
Ronville (R.)	**CZ**	35
Ste-Claire (R.)	**AZ**	37
Ste-Croix (R.)	**CY**	39
St-Aubert (R.)	**BY**	
Strasbourg (Bd de)	**CZ**	42
Taillerie (R. de la)	**CY**	43
Teinturiers (R. des)	**BY**	45
Théâtre (Pl. et R.)	**BZ**	47
Verdun (Cours de)	**AZ**	49
Victor-Hugo (Pl.)	**AZ**	51
Wacquez-Glasson (R.)	**CZ**	52
Wetz-d'Amain (Pl. du)	**BY**	53
29-Juillet (R. du)	**BY**	54
33e (Pl. du)	**BY**	55

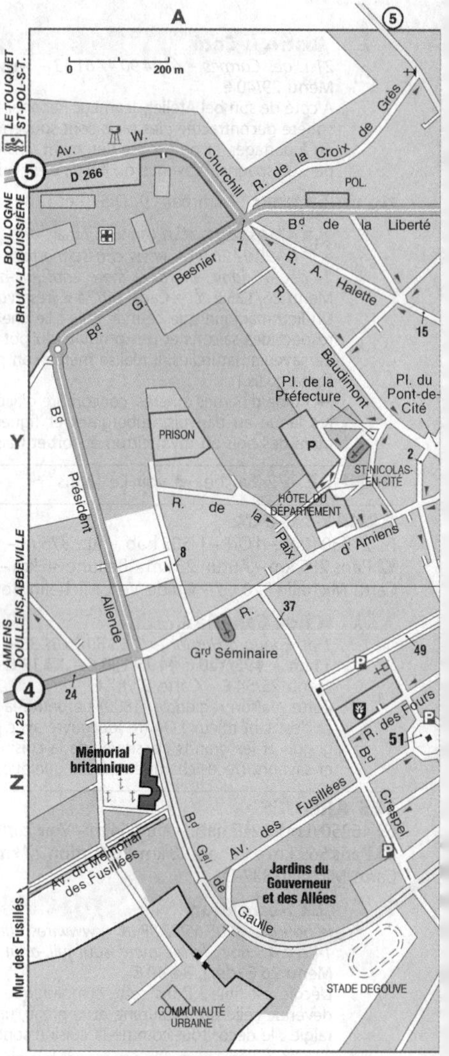

Hôtel de l'Univers

3 pl. de la Croix-Rouge – ✆ 03 21 71 34 01 Plan : BZ**v**
– www.univers.najeti.fr
38 ch – 99/185 € 99/185 € – 16 €
Dans une petite rue à deux pas du beffroi de la ville, cette élégante demeure du 17e s. abrita jadis un monastère, puis un hôpital... On s'y repose dans des chambres spacieuses et feutrées, avec trois niveaux de confort différents.

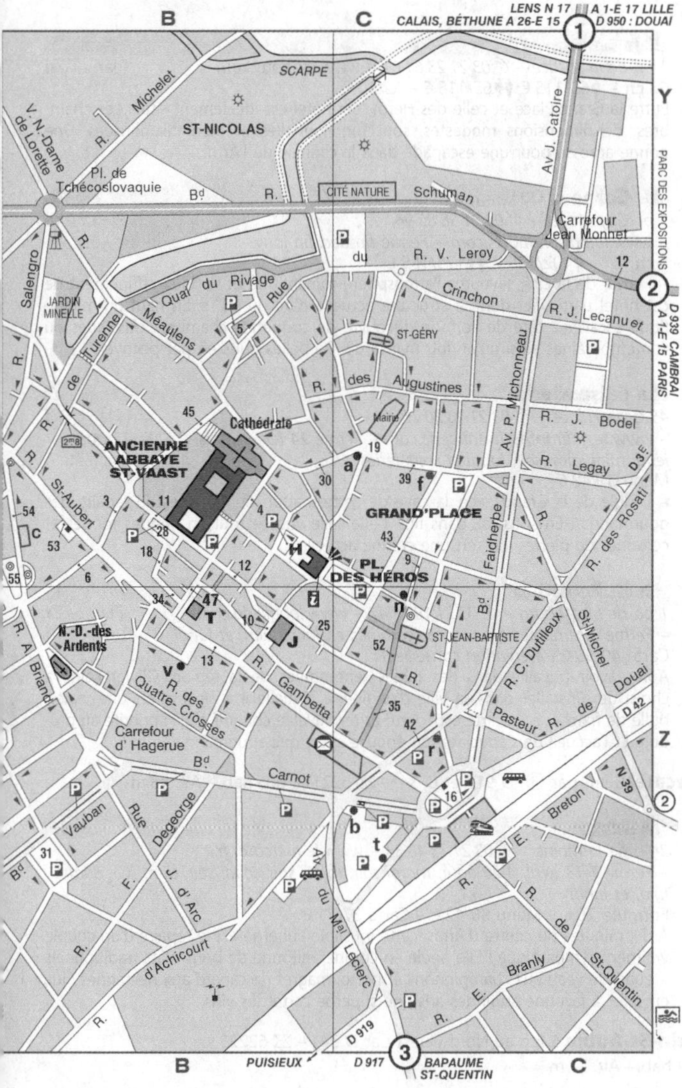

① ② ③

Holiday Inn Express sans rest

ſ♭ 🛋 ♿ 🅰🄲 📶 ⅄

3 r. du Dr-Brassart – ℰ *03 21 60 88 88*

Plan : CZ**t**

– www.holidayinn-arras.com

98 ch ⌁ – 🛉99/150 € 🛉🛉99/150 €

Bâtiment moderne à proximité immédiate de la gare, cet Holiday Inn propose des chambres assez spacieuses et de bon confort. L'établissement se prête parfaitement à un voyage d'affaires.

Ibis sans rest 🛗 ⓀⒸ 📶

11 r. de la Justice – ☏ *03 21 23 61 61 – www.ibishotel.com* Plan : CZ**n**
63 ch – ♦65/115 € ♦♦65/115 € – ☲ 10 €
Entre la Grand'Place et celle des Héros, cet hôtel est idéalement situé. Les chambres, de dimensions modestes, sont fonctionnelles et bien insonorisées. Une bonne adresse pour une escapade dans la capitale de l'Artois.

La Corne d'Or sans rest ⅜ 📶

1 pl. Guy-Mollet – ☏ *03 21 58 85 94* Plan : CY**a**
– www.lamaisondhotes.com – Fermé fin déc.-fin janv.
5 ch ☲ – ♦102/125 € ♦♦125/155 €
Au cœur de la cité, savourez l'atmosphère romantique et le doux raffinement de cet hôtel particulier dont la structure actuelle date du 18ᵉ s. En haut du magnifique escalier à tête de lion, on découvre de coquettes chambres classiques ou contemporaines ainsi qu'un loft mansardé. De belles nuits en perspective...

XXX **La Faisanderie** ⅜

45 Grand'Place – ☏ *03 21 48 20 76* Plan : CY**f**
– www.restaurant-la-faisanderie.com – Fermé 24 fév.-9 mars, 27 juil.-17 août, jeudi midi, dim. soir, lundi et soirs fériés
Menu 31/48 €
À l'angle de la Grand'Place, la cave de cette maison du 17ᵉ s. est le repaire des gourmands ! En sous-sol, dans une belle salle voûtée tout en briques rouges et colonnes de pierres, on sert une cuisine actuelle.

X **La Bulle d'O** Ⓝ ♿

1 bd de Strasbourg – ☏ *03 21 16 19 47 – www.labulledo.com* Plan : CZ**r**
– Fermé 3 semaines en août, 2 semaines en janv., dim. et lundi
Carte 40/55 € *(réservation conseillée)*
Après avoir travaillé dans des tables renommées de la région, Olivier Lainé a choisi de s'installer dans sa ville d'origine, à laquelle il a ainsi offert une vraie... bulle de fraîcheur. La carte est courte et renouvelée chaque mois : priorité au produit. Et l'accueil de Capucine, son épouse, n'est que sourire...

à Mercatel 8 km par ③, D 917 et D 34 – ✉ 62217 – 605 hab. – Alt. 88 m

XX **Mercator** ⅜ 🥂 ♿ ⇔

24 r. de la Mairie – ☏ *03 21 73 48 33 – www.le-mercator.fr*
– Fermé 7-13 avril, 4-20 août, mardi soir, merc. soir, jeudi soir, dim. soir, sam. midi et lundi
Formule 26 € – Menu 30/42 € – Carte 37/71 €
À dix minutes du centre d'Arras, cette inusable auberge est le repaire d'un couple vraiment sympathique ! Elle, seule en cuisine, mitonne de bons plats traditionnels – quasi de veau aux champignons et porto, magret de canard aux nectarines ; lui, en salle, a façonné au fil des ans une superbe carte des vins.

à Anzin-St-Aubin 5 km au Nord-Ouest par D 341 – ✉ 62223
– 2 651 hab. – Alt. 71 m

Hôtel du Golf d'Arras ⅈⓄ ⅜ ⟨ 📼 🛗 ♿ 📶 � 🅿

r. Briquet-Tallandier – ☏ *03 21 50 45 04 – www.arrasgolfresort.fr*
62 ch – ♦99/129 € ♦♦99/159 € – ☲ 15 € – ½ P
À l'entrée d'un golf 27 trous, cette bâtisse en bois clair évoque La Nouvelle-Orléans. Les chambres, classiques ou plus contemporaines, sont raffinées et donnent pour la plupart sur le green. Idéal pour se reposer tout en s'adonnant à son sport favori !

Envie de partir à la dernière minute ?
Visitez les sites Internet des hôtels pour bénéficier de promotions tarifaires.

ARREAU

✉ 65240 (Hautes-Pyrénées) – 809 hab. – Alt. 705 m – Voir carte n°**28-A3**
▶ Paris 818 km – Auch 91 km – Bagnères-de-Luchon 34 km – Lourdes 81 km
Carte Michelin 342-O7

🏨 Angleterre

🍴 🖐 🧺 ⌲ 🛋 🛁 ❀ 🎧 🗝 **P**

18 rte de Luchon – 𝒞 *05 62 98 63 30 – www.hotel-angleterre-arreau.com
– Ouvert de mi-mai à mi-oct., week-ends, vacances scolaires de Noël, de fév. et
fermé lundi en mai-juin et sept.*
18 ch – 🚹80/95 € 🚹🚹90/170 € – ⊑ 11 € – ½ P
Au calme d'un village à l'embranchement des vallées d'Aure et du Louron, sur la
route des pistes, on trouve cette bâtisse de caractère datant de 1812. Les chambres, confortables et décorées dans un esprit actuel, sont desservies par un
superbe escalier en chêne.

ARROMANCHES-LES-BAINS

✉ 14117 (Calvados) – 567 hab. – Alt. 15 m – Voir carte n°**32-B2**
▶ Paris 266 km – Bayeux 11 km – Caen 34 km – St-Lô 46 km
Carte Michelin 303-I3 – Guide Vert Michelin Normandie Cotentin

🏨 La Marine

🍴 ≤ 🛋 🛁 🎧

1 quai du Canada – 𝒞 *02 31 22 34 19 – www.hotel-de-la-marine.fr – Fermé
11 nov.-6 fév.*
33 ch – 🚹61/110 € 🚹🚹61/110 € – ⊑ 12 € – ½ P
Dans cet hôtel idéalement situé, la grande majorité des chambres offrent une vue
imprenable sur la mer et les vestiges de l'immense port artificiel de 1944. Un
ensemble bien tenu, dans un style marin accueillant.

à La Rosière 3 km au Sud-Ouest par rte de Bayeux – ✉ 14117

🏠 La Rosière *sans rest*

🧺 🛁 🎧 **P**

14 rte de Bayeux – 𝒞 *02 31 22 36 17 – www.hotellarosierebayeux.com
– Ouvert 28 mars-11 nov.*
24 ch – 🚹60/95 € 🚹🚹60/95 € – ⊑ 10 €
Un hôtel moderne en léger retrait de la route ; la mer n'est pas très loin. Les
chambres sont agréables, très bien tenues, majoritairement de plain-pied, et
donnent sur le jardin fleuri. Amabilité et discrétion.

ARS-EN-RÉ – 17 (Charente-Maritime) ➜ voir Île de Ré

ARTRES – 59 (Nord) ➜ voir Valenciennes

ARVIEUX

✉ 05350 (Hautes-Alpes) – 373 hab. – Alt. 1 550 m – Voir carte n°**41-C1**
▶ Paris 782 km – Briançon 55 km – Gap 80 km – Marseille 254 km
Carte Michelin 334-I4 – Guide Vert Michelin Alpes du Sud

🏨 La Ferme de l'Izoard

🍴 🖐 ≤ 🧺 🛋 🛁 **P** 🚗

La Chalp, rte du Col – 𝒞 *04 92 46 89 00 – www.laferme.fr
– Fermé avril et de nov. à mi-déc.*
23 ch – 🚹66/171 € 🚹🚹66/171 € – 3 suites – ⊑ 12 € – ½ P
Cette ferme queyrassine traditionnelle abrite de grandes chambres décorées dans
une veine locale ; celles-ci jouissent d'un balcon ou d'une terrasse avec vue sur la
vallée. Jacuzzi et hammam. Spécialités du terroir au restaurant.

ARZ (ÎLE-D') – 56 (Morbihan) ➜ voir Île-d'Arz

ARZAY

✉ 38260 (Isère) – 217 hab. – Alt. 500 m – Voir carte n°**44-B2**
▶ Paris 538 km – Bourg-en-Bresse 132 km – Grenoble 62 km – Lyon 80 km
Carte Michelin 333-E5

Château d'Arzay sans rest

156 r. de Vienne – ✆ 04 74 57 06 02 – www.chateaudarzay.fr – Fermé 24 déc.-2 janv.

3 ch ⌂ – ♦130 € ♦♦130 €

Avec leurs meubles chinés, linge brodé et ciels de lit, les chambres de cette grande maison de maître du 19e s. allient cachet et romantisme... Au fond du parc, à la lisière de la forêt, se cache une ravissante chapelle (1750). Tout est réuni pour une charmante escapade, à mi-chemin entre Lyon et Grenoble.

ARZON

✉ 56640 (Morbihan) – 2 107 hab. – Alt. 9 m – Voir carte n°**9-A3**
◻ Paris 487 km – Auray 52 km – Lorient 94 km – Quiberon 81 km
Carte Michelin 308-N9 – Guide Vert Michelin Bretagne Sud

au Port du Crouesty 2 km au Sud-Ouest – ✉ 56640

Miramar Crouesty

– ✆ 02 97 53 49 00 – www.miramarcrouesty.com – Fermé 1er-8 mars et janv.

104 ch – ♦118/276 € ♦♦146/354 € – 12 suites – ⌂ 21 € – ½ P

Arrimé à la pointe de la presqu'île de Rhuys, cet hôtel profilé comme un paquebot dispose de vastes chambres tournées vers l'océan. Centre de thalassothérapie et spa. Cuisine de produits au Ruban Bleu et inventive au Diététique.

Le Crouesty sans rest

r. du Croisty – ✆ 02 97 53 87 91 – www.hotellecrouesty.com – Ouvert de mars à mi-nov.

26 ch – ♦86/229 € ♦♦86/229 € – ⌂ 13 €

Idéalement situé sur la presqu'île de Rhuys, tout près du port de plaisance d'Arzon et des plages. Les chambres sont décorées avec bon goût – ambiance jeune et moderne – et très bien tenues.

à Port Navalo 3 km à l'Ouest – ✉ 56640

Grand Largue

à l'embarcadère – ✆ 02 97 53 71 58 – www.grandlargue.fr – Fermé 12 nov.-25 déc., 3 janv.-7 fév., mardi sauf juil.-août et lundi sauf fériés
Formule 29 € – Menu 39 € (semaine), 58/68 € – Carte 50/80 €

À l'étage de cette villa, on savoure aussi bien la vue panoramique sur le golfe du Morbihan qu'une cuisine gastronomique basée sur les beaux produits de la mer (homard, bar de ligne, coquillages). Au rez-de-chaussée, un vent marin souffle sur le bistrot Le P'tit Zeph.

Le P'tit Zeph ✆ 02 97 49 40 34 – Formule 26 € – Menu 32 € – Carte 38/47 €

ASLONNES – 86 (Vienne) → voir Poitiers

ASNIÈRES-SUR-SEINE – 92 (Hauts-de-Seine) → voir Paris, Environs

---

ASPRES-LES-CORPS – 05 (Hautes-Alpes) → voir Corps

ATTICHES

✉ 59551 (Nord) – 2 290 hab. – Alt. 52 m – Voir carte n°**31-C2**
◻ Paris 218 km – Arras 44 km – Lille 18 km – Mons 84 km
Carte Michelin 302-G4

L'Essentiel

19 r. de Neuville, à Petit-Attiches – ✆ 03 20 90 06 97 – www.essentiel-restaurant.fr – Fermé 3 semaines en août, dim. soir, mardi soir, sam. midi et lundi
Formule 25 € ♚ – Menu 40/85 € ♚ – Carte 62/76 €

Une belle bâtisse en brique rouge au croisement de deux rues, dans le hameau de Petit-Attiches. Photos en noir et blanc, terrasse et joli jardin à l'arrière : l'atmosphère est plaisante. Dans l'assiette, de belles présentations et des plats actuels réalisés avec soin ; bref : une cuisine qui va... à l'essentiel !

ATTICHY

✉ 60350 (Oise) – 1 909 hab. – Alt. 73 m – Voir carte n°**37**-C2

▶ Paris 101 km – Compiègne 18 km – Laon 62 km – Noyon 26 km

Carte Michelin 305-J4

⚙ ✕✕   **La Croix d'Or**   ⟳

13 r. Tondu-de-Metz – ℰ 03 44 42 15 37 – www.croixdor.fr – Fermé dim. soir, lundi et mardi

Formule 15 € – Menu 18 € (semaine), 36/47 €

Un restaurant installé dans un relais de poste datant du 19e s., au cœur d'un petit village proche de Compiègne. On y savoure une bonne cuisine régionale, mâtinée de touches actuelles.

ATTIGNAT

✉ 01340 (Ain) – 3 023 hab. – Alt. 227 m – Voir carte n°**44**-B1

▶ Paris 420 km – Bourg-en-Bresse 13 km – Lons-le-Saunier 76 km – Louhans 46 km

Carte Michelin 328-D3

✕✕   **Laurent Perréal** avec ch   

481 Grande-Rue, D 975 – ℰ 04 74 30 92 24 – www.llperreal.com – Fermé 4-24 août, 21-30 déc. et dim. soir

12 ch – ♦72/76 € ♦♦76/82 € – ⌕ 10 € – ½ P

Menu 25 € (déj. en semaine), 32/70 € – Carte 55/91 €

Grenouilles, volailles de Bresse, carpes, agneau du pays, crème d'Étrez... les incontournables de la région dans votre assiette ! Le chef a un beau parcours et cela se sent. Quelques chambres pour prolonger l'étape.

AUBAGNE

✉ 13400 (Bouches-du-Rhône) – 45 800 hab. – Alt. 102 m – Voir carte n°**40**-B3

▶ Paris 788 km – Aix-en-Provence 39 km – Brignoles 48 km – Marseille 18 km

Carte Michelin 340-I6 – Guide Vert Michelin Provence

🏠   **Souléia** sans rest   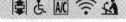

4 cours Voltaire – ℰ 04 42 18 64 40 – www.hotel-souleia.com

71 ch ⌕ – ♦61/147 € ♦♦68/154 €

Cet hôtel moderne abrite des chambres fonctionnelles et bien tenues, certaines adaptées aux familles. Une option utile pour résider au cœur de la capitale du santon.

AUBAZINE

✉ 19190 (Corrèze) – 890 hab. – Alt. 345 m – Voir carte n°**25**-C3

▶ Paris 480 km – Aurillac 86 km – Brive-la-Gaillarde 14 km – St-Céré 50 km

Carte Michelin 329-L4 – Guide Vert Michelin Périgord Quercy

🏠   **Hôtel de la Tour**

pl. de l'Église – ℰ 05 55 25 71 17 – www.hoteldelatour19.com – Fermé 5-19 janv., dim. soir et lundi midi sauf juil.-août

17 ch – ♦56/120 € ♦♦56/120 € – ⌕ 8 € – ½ P

Face à l'imposante abbaye (12e s.), cette vieille maison de caractère, flanquée d'une tour, abrite des chambres sobres et fonctionnelles. Côté restaurant, place à un décor résolument rustique, avec cuivres et étains, et à une carte qui honore les recettes régionales.

AUBE

✉ 61270 (Orne) – 1 379 hab. – Alt. 230 m – Voir carte n°**33**-C3

▶ Paris 144 km – L'Aigle 7 km – Alençon 55 km – Argentan 47 km

Carte Michelin 310-M2 – Guide Vert Michelin Normandie Vallée de la Seine

⚙ ✕   **Auberge St-James**

62 rte de Paris – ℰ 02 33 24 01 40 – Fermé dim. soir, merc. soir et mardi

Menu 16 € (déj.), 21/29 € – Carte 30/45 €

Le fait est méconnu : c'est dans ce village ornais que la comtesse de Ségur écrivit la plupart de ses romans. Sophie n'aurait sans doute pas été malheureuse dans cette auberge traditionnelle qui cultive le goût des terroirs de France (tête de veau sauce ravigote, ravioles de langoustine à la provençale, etc.).

AUBENAS

✉ 07200 (Ardèche) – 11 586 hab. – Alt. 330 m – *Voir carte n°***44-A3**
▶ Paris 627 km – Alès 76 km – Montélimar 41 km – Privas 32 km
Carte Michelin 331-I6 – Guide Vert Michelin Ardèche Drôme

Villa Elisa M 🔟 sans rest

r. Jean-Beaussier – ☎ *04 75 93 23 16 – www.villa-elisa-m.com*
8 ch – †95/175 € ††95/190 € – ☑ 13 €
Une jolie maison de style Art déco, datant des années 1930. Les chambres sont
spacieuses et répondent chacune d'un thème précis : la cerise, le vin ou même
la montagne... en hommage à Jean Ferrat, qui était un ami des propriétaires ! Un
ensemble tout en raffinement.

Ibis sans rest

rte de Montélimar – ☎ *04 75 35 44 45 – www.ibishotel.com*
63 ch – †75/86 € ††75/86 € – ☑ 10 €
À la sortie sud de la ville, des chambres conformes aux normes de la chaîne.
Petite restauration possible.

La Villa Tartary

64 r. de Tartary – ☎ *04 75 35 23 11 – www.restaurant-ardeche.com – Fermé 1
semaine début juil. , 1 semaine en sept., 24 déc.-7 janv., dim. et lundi sauf fériés*
Menu 21 € (déj. en semaine), 32/52 €
De belles voûtes en pierres de taille, un mobilier design, une terrasse face au château d'Aubenas... Cet ancien moulin à eau – qui intervenait dans la fabrication de
la soie – ne manque pas de charme ! Belles saveurs à la carte.

M Restaurant

17 r. Champalbert – ☎ *04 75 36 41 66 – www.m-restaurant.fr – Fermé 1 semaine
en août, dim. et lundi*
Menu 19 € (déj.)/32 € *(réservation conseillée)*
Vous aimez être étonné ? Dans ce cas, cette sympathique adresse, tout de blanc
et rouge vêtue, devrait vous plaire... Dans ses cuisines, le jeune chef, Michaël
Dumas, signe des recettes originales et pleines de parfums, proposées dans un
menu unique. Bon choix de vins au verre. Et l'on M aussi les petits prix !

Le Coyote

13 bd Jean-Mathon – ☎ *04 75 35 01 28 – www.restaurantlecoyote.com – Fermé
24 déc.-5 janv., dim. et lundi*
Formule 17 € – Menu 20 € (déj. en semaine), 27/35 € – Carte 35/46 €
(réservation conseillée)
Du foie gras et un chutney de figues, un confit de canard aux girolles fraîches,
des Saint-Jacques aux truffes... des saveurs classiques et raffinées ; une atmosphère conviviale.

Notes de Saveurs

16 r. Nationale – ☎ *04 75 93 94 46 – Fermé vacances de Pâques, de la Toussaint,
1er-14 janv., lundi soir de nov. à avril, mardi de sept. à juin, merc. sauf le soir
en juil.-août et dim. en juil.-août*
Formule 14 € – Menu 18 € (déj. en semaine) – Carte 32/39 € *(réservation
conseillée)*
Assis dans la salle voûtée en pierre, face aux ruines de l'ancien couvent bénédictin, on savoure une cuisine où les produits de qualité ont la part belle : dans l'assiette, c'est généreux, gourmand, parfumé et original. Une adresse conviviale et
agréable, qui mérite amplement son succès !

à Mercuer 6 km au Nord-Ouest par N 102 et D 223 – ✉ 07200
– 1 154 hab. – Alt. 230 m

Aux Vieux Arceaux 🔟 avec ch

quartier Farges – ☎ *04 75 93 70 21 – www.auxvieuxarceaux.com*
6 ch – †85 € ††85 € – ☑ 9 € – ½ P   Formule 19 € 🍷 – Menu 26/46 €
Benoit Court a pour ainsi dire grandi dans cette auberge en pierre créée par ses
parents. Très impliqué dans la défense de la gastronomie régionale, il porte le terroir avec passion, puisant à l'envi dans l'impressionnant potager de la maison. Une
adresse sympathique, où l'on peut aussi faire une agréable étape pour la nuit !

AUBETERRE-SUR-DRONNE

✉ 16390 (Charente) – 419 hab. – Alt. 72 m – Voir carte n°**39**-C3
▶ Paris 494 km – Angoulême 48 km – Bordeaux 90 km – Périgueux 54 km
Carte Michelin 324-L8 – Guide Vert Michelin Poitou-Charentes

☒☒   **Hostellerie du Périgord** avec ch   
⚭   *(quartier Plaisance) – ℰ 05 45 98 50 46 – www.hostellerie-perigord.com – Fermé 2 semaines en janv., dim. soir et lundi*
     11 ch – ♦60/75 € ♦♦60/75 € – � 9 € – ½ P
     Formule 14 € – Menu 18 € (déj. en semaine), 29/60 € ♈
     Au pied d'un des plus beaux villages de France – à découvrir –, un hôtel-restaurant familial dont la façade arbore volets colorés et vigne vierge... La tradition est à l'honneur à table (produits locaux) ; les chambres se révèlent confortables, dans une veine contemporaine assez fraîche.

AUBIGNY-SUR-NÈRE

✉ 18700 (Cher) – 5 680 hab. – Alt. 180 m – Voir carte n°**12**-C2
▶ Paris 180 km – Orléans 67 km – Bourges 48 km – Cosne-Cours-sur-Loire 41 km
Carte Michelin 323-K2 – Guide Vert Michelin Limousin Berry

🏨   **La Chaumière**   ⅠⓄ ♿ 🛜 🅿
     2 r. Paul-Lasnier – ℰ 02 48 58 04 01
     – www.hotel-restaurant-la-chaumiere.com
     – Fermé 15 fév.-15 mars, dim. soir et lundi
     19 ch – ♦65/92 € ♦♦85/146 € – ⊆ 12 € – ½ P
     Rest *La Chaumière*☺ – voir les restaurants ci-après
     Une belle maison ancienne qui soigne son image champêtre : les chambres, habillées de pierre et de bois, sont confortables et cosy. Cerise sur le gâteau, l'accueil est charmant.

🏠   **Villa Stuart**   ⅠⓄ ⯑ 🛜 🅿
     12 av. de Paris – ℰ 02 48 58 93 30 – www.villastuart.com
     5 ch ⊆ – ♦76 € ♦♦89 €
     Agréable séjour dans cette belle demeure bourgeoise. Chambres spacieuses et claires, décorées selon des thèmes variés (voyage, art, histoire...). Chefs en herbe, réjouissez-vous ! Le propriétaire réalise ses propres confitures et propose des cours de cuisine.

☒☒   **La Chaumière** – Hôtel La Chaumière   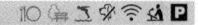
☺   *2 r. Paul-Lasnier – ℰ 02 48 58 04 01 – www.hotel-restaurant-la-chaumiere.com*
     – Fermé 15 fév.-15 mars, dim. soir et lundi
     Menu 23 € (semaine), 31/62 € – Carte 42/57 €
     Ne vous fiez pas à la sobriété extérieure de cette chaumière. Sitôt le pas-de-porte franchi, murs en brique et colombages composent un décor des plus chaleureux. Aux fourneaux, le chef concocte une cuisine fort agréable, qui met en valeur les saisons et les produits du marché.

☒   **Le Bien Aller**   🅰🅲
     3 r. des Dames – ℰ 02 48 58 03 92
     – Fermé mardi et merc. sauf juil.-août
     Formule 20 € – Menu 22 € (dîner)/29 €
     Le Bien Aller et... le bien manger ! Que vous aimiez l'esprit bistrot ou le baroque (deux atmosphères originales), composez votre menu à partir des suggestions proposées sur l'ardoise. Autant de recettes marquées par la tradition et où le terroir a la part belle.

AUBRAC

✉ 12470 (Aveyron) – Alt. 1 300 m – Voir carte n°**29**-D1
▶ Paris 581 km – Aurillac 97 km – Mende 66 km – Rodez 56 km
Carte Michelin 338-J3

La Dômerie

1 r. Audrain – 🕾 *05 65 44 28 42 – www.hoteldomerie.com*
– Ouvert 1ᵉʳ avril-15 nov. et déc.
23 ch – 💲72/98 € 💲💲72/98 € – ☐ 12 € – ½ P
Rest *La Dômerie* – voir les restaurants ci-après

Au cœur d'Aubrac, une belle demeure en basalte et granit. Les chambres, d'esprit classique, rustique ou plus cosy, sont agréables. Et le restaurant réserve son lot de gourmandises... Une bonne étape.

La Dômerie

1 r. Audrain – 🕾 *05 65 44 28 42 – www.hoteldomerie.com*
– Ouvert 1ᵉʳ avril-15 nov., déc. et fermé le midi en semaine sauf juil.-août
Menu 24/35 € – Carte 27/47 €

Ici, la cuisine est simple, familiale et exclusivement réalisée avec des produits du terroir : le bœuf d'Aubrac et l'aligot sont des incontournables de la maison, ainsi que la tête de veau sauce gribiche. Traditionnel et copieux !

AUBUSSON

✉ 23200 (Creuse) – 3 716 hab. – Alt. 440 m – Voir carte n°**25**-C2
▶ Paris 387 km – Clermont-Ferrand 91 km – Guéret 41 km – Limoges 89 km
Carte Michelin 325-K5 – Guide Vert Michelin Limousin Berry

Hôtel de France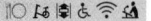

6 r. des Déportés – 🕾 *05 55 66 10 22 – www.aubussonlefrance.com – Fermé 22 déc.-4 janv.*
21 ch – 💲73/105 € 💲💲73/155 € – ☐ 10 € – ½ P

Près de l'église Ste-Croix, cette jolie demeure du 17ᵉ s. dispose de chambres confortables et aménagées avec goût : meubles chinés, tissus choisis, etc. Cuisine du terroir au restaurant et agréable petit espace détente (sauna, hammam...).

La Beauze sans rest

14 av. de la République – 🕾 *05 55 66 46 00 – www.hotellabeauze.fr*
10 ch – 💲65/80 € 💲💲65/80 € – ☐ 8 €

C'est une maison en pierre, typique du pays creusois. Les chambres sont décorées avec goût, dans un style contemporain, et donnent toutes sur le jardin, en bordure de rivière, avec des arbres – séquoia, épicéa – plus que centenaires. Quiétude, sans aucun doute !

AUCH

✉ 32000 (Gers) – 21 871 hab. – Alt. 169 m – Voir carte n°**28**-B2
▶ Paris 713 km – Agen 74 km – Bordeaux 205 km – Tarbes 74 km
Carte Michelin 336-F8

Château les Charmettes sans rest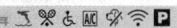

21 rte de Duran, 2 km à l'Ouest par D 924 et D 148 – 🕾 *05 62 62 10 10*
– www.chateaulescharmettes.com – Ouvert 1ᵉʳ avril-30 nov.
6 ch – 💲160/195 € 💲💲400 € – ☐ 20 €

Luxueux manoir ocre et bleu : chaque chambre est décorée selon une thématique différente (blues, fugue, concerto...). Suites avec jacuzzi. Parc, piscine... Une belle adresse.

France Ⓝ

2 pl. de la Libération – 🕾 *05 62 61 71 71*   Plan : AZ**f**
– www.hoteldefrance-auch.com – fermé sam. midi, dim. soir et lundi
Menu 28/58 € – Carte 48/70 €

Cette institution du centre-ville reprend aujourd'hui vie sous l'égide d'une jeune équipe – trois frères réunis ici après diverses expériences internationales ! Si le cadre reste hautement classique, la cuisine joue une partition contemporaine fine et soignée. C'est un plaisir de voir cette nouvelle page s'écrire...
Le 9 ème Formule 13 € – Menu 15 € (déj. en semaine)/23 € – Carte 28/44 €

AUCH

Le Bartok

🍴   🛋 AC ♿

1 r. Gambetta   Plan : AY**a**

– ℰ 05 62 05 87 82 – www.le-bartok.com
– *Fermé 11-31 août, 1ᵉʳ-6 janv., dim., lundi et feriés*
Formule 12 € – Menu 14 € (déj. en semaine), 26/42 €
À deux pas de la cathédrale, entre des murs du 14ᵉ s., vieilles pierres et esprit contemporain s'allient avec cachet... Ce Bartok fonde sa partition sur les produits du marché, le fil des saisons et l'invention : il dévoile de beaux accords de saveurs, à l'image de ce ris de veau à l'algue wakame et millas de maïs.

La Table d'Oste

🍴   🛋 AC ♿

7 r. Lamartine – ℰ 05 62 05 55 62   Plan : AY**b**
– www.table-oste-restaurant.com
– *Fermé 1 semaine en avril, 1 semaine en juin, 1 semaine en oct., 1 semaine fin janv., sam. soir, lundi midi et dim.*
Formule 21 € – Menu 28/38 € – Carte 26/62 € *(réservation conseillée)*
Près de la cathédrale, ce restaurant familial joue la carte de la cuisine régionale, avec des recettes du terroir gascon et des spécialités de canard (magret, daube, confit, etc.). Authentique.

177

rte d'Agen 7 km par ①

XX **Le Papillon**

N 21 ✉ 32810 Montaux-les-Crénaux – ✆ 05 62 65 51 29 – www.restaurant-lepapillon.com – Fermé 2 semaines en mars, 2 semaines en juil., 1 semaine en sept., dim. soir et lundi

Menu 15 € (déj. en semaine), 29/50 € – Carte 39/51 €

Ravioles de mousserons au foie gras, cassoulet, quasi de veau aux morilles, pastis gascon, etc. : une bonne cuisine par un vrai chef artisan, adepte du fait-maison et défenseur des produits du terroir gersois. Cadre lumineux – dans un bâtiment en forme de papillon –, avec une agréable terrasse pour les beaux jours.

à St-Jean-le-Comtal 10 km au Sud-Ouest par ③, N 21 et D150 – ✉ 32550 – 391 hab. – Alt. 190 m

XX **Le Château de Camille**

– ✆ 05 62 05 34 58 – www.lechateaudecamille.com – Fermé mardi soir, merc. soir et jeudi soir d'oct. à mai, dim. soir et lundi

Formule 15 € 🍷 – Menu 21 € – Carte 31/44 €

Une belle bâtisse du 17e s., très élégante, dans un parc planté d'essences anciennes. Porc noir gascon, foie et magret de canard pour le terroir, et cuisine du marché.

AUDERVILLE

✉ 50440 (Manche) – 261 hab. – Alt. 55 m – Voir carte n°**32-A1**

▶ Paris 382 km – Caen 149 km – Cherbourg 29 km – Saint-Lô 113 km

Carte Michelin 303-A1 – Guide Vert Michelin Normandie Cotentin

X **La Malle aux Épices**

– ✆ 02 33 52 77 44 – www.lamalleauxepices.com – Fermé de mi-janv. à mi-fév., sam. midi, dim. soir, lundi soir et mardi

Formule 21 € – Menu 26/38 € – Carte 25/40 € *(réservation conseillée)*

Atmosphère conviviale et invitation au voyage dans ce repaire villageois qui fait aussi office de point presse et café. De l'une des salles, on peut même voir le chef concocter ses plats savoureux aux délicieuses senteurs venues d'ailleurs... Un périple gastronomique qui donne une folle envie de se faire la malle !

AUDIERNE

✉ 29770 (Finistère) – 2 153 hab. – Alt. 5 m – Voir carte n°**9-A2**

▶ Paris 599 km – Douarnenez 21 km – Pointe du Raz 16 km – Pont-l'Abbé 32 km

Carte Michelin 308-D6 – Guide Vert Michelin Bretagne Sud

Le Goyen

pl. Jean-Simon – ✆ 02 98 70 08 88 – www.le-goyen.fr – Ouvert 1er avril-11 nov.

26 ch – †89/122 € ††89/179 € – ☕ 14 € – ½ P

Rest *Le Goyen* – voir les restaurants ci-après

On repère facilement cette bâtisse imposante plantée sur les quais, face au port et à l'estuaire du Goyen. Les chambres ont un joli petit côté "jeune fille" : meubles bourgeois, tentures fleuries et teintes douces... Une étape de choix dans cette charmante localité.

Hôtel de la Plage

21 bd Manu-Brusq, (à la plage) – ✆ 02 98 70 01 07 – www.hotel-finistere.com – Ouvert d'avril à nov.

22 ch – †66/110 € ††66/110 € – ☕ 11 € – ½ P

L'hôtel a bonne mine, juste en face de la plage et de l'océan. Les chambres, bien tenues et récemment rénovées, sont principalement orientées vers la baie d'Audierne. Restaurant panoramique, promenades à l'île de Sein : la douceur de vivre version bretonne.

Au Roi Gradlon

3 bd Manu-Brusq, (à la plage) – ✆ 02 98 70 04 51 – www.auroigradlon.com
19 ch – 🚹59/86 € 🚹🚹59/104 € – ☕ 11 € – ½ P
Un grand hôtel cubique, tout blanc, vraiment bien situé face à l'Atlantique ; d'ailleurs, la plupart des chambres – éblouissantes de blancheur – ont vue sur la mer. L'occasion de faire de belles balades et de s'oxygéner... La table met à l'honneur les produits de l'océan.

L'Iroise

8 quai Camille-Pelletan – ✆ 02 98 70 15 80 – www.restaurantliroise.com – Fermé 1 semaine en nov., 3 semaines en janv., dim. soir et mardi sauf du 13 juil. au 31 août et lundi
Formule 21 € 🍷 – Menu 29 € (déj. en semaine)/45 €
À l'abri des embruns de l'Iroise (la mer qui borde l'ouest de la Bretagne), on est accueilli dans une salle confortable, associant murs en pierre et toiles modernes. Père et fils proposent ici une cuisine où fruits de mer et produits locaux tiennent les premiers rôles... et le chariot de fromages ravira les amateurs !

Le Goyen – Hôtel Le Goyen

pl. Jean-Simon – ✆ 02 98 70 08 88 – www.le-goyen.fr – Ouvert 1er avril-11 nov.
Formule 19 € – Menu 34/79 € – Carte 50/61 €
Le restaurant, tout en conservant son élégance, a été relooké dans un style cosy et actuel, tout à fait en harmonie avec le travail du chef : ce dernier réalise une cuisine au goût du jour, qui met à l'honneur les artisans locaux et les produits de la mer achetés à la criée.

L'Auberge

24 r. Guezno – ✆ 02 98 70 59 58 – Fermé janv. et ouvert le soir du mardi au sam. en juil.-août et vend. soir et sam. soir hors saison
Carte 30/45 € *(réservation conseillée)*
Cette demeure des 17e-18e s., c'est le coup de cœur de Jane, Anglaise amoureuse de la France, longtemps chef à Paris et... devenue bretonne en épousant Alexis. Elle concocte une cuisine traditionnelle très goûteuse, d'esprit bio. So pretty !

AUDINCOURT

✉ 25400 (Doubs) – 14 966 hab. – Alt. 323 m – Voir carte n°**17-C1**
Paris 476 km – Basel 96 km – Belfort 21 km – Besançon 75 km
Carte Michelin 321-L2 – Guide Vert Michelin Franche-Comté Jura

Voir plan de Montbéliard agglomération.

à Taillecourt 1,5 km au Nord, rte de Sochaux – ✉ 25400 – 1 022 hab. – Alt. 330 m

Auberge La Gogoline

20 r. Croisée – ✆ 03 81 94 54 82 – www.aubergelagogoline.net – Fermé 22 fév.-10 mars, sam. midi, dim. soir, lundi et mardi Plan : Y**k**
Menu 28 € (semaine), 38/78 € – Carte 50/77 €
Un grand jardin, un toit de chaume, un décor à la fois rustique et bourgeois : cette grande maison est digne d'une chaumière. La cuisine, ancrée dans la tradition et accompagnée de bons vins, va bien au lieu.

AUDRIEU – 14 (Calvados) ➜ voir Bayeux

AUGEROLLES

✉ 63930 (Puy-de-Dôme) – 862 hab. – Alt. 540 m – Voir carte n°**6-C2**
Paris 411 km – Clermont-Ferrand 61 km – Montluçon 149 km – Roanne 65 km
Carte Michelin 326-I8

✕ **Les Chênes**   🚭 ఉ 🕁 **P**

😎 *rte de Courpière, 1 km à l'Ouest par D 42 – ℰ 04 73 53 50 34*
– www.restaurant-les-chenes.com – Fermé 20 août-1er sept., 21 déc.-3 janv., tous
les soirs sauf vend.
Menu 13 € 🍷 (déj. en semaine), 26/40 €
Les Chênes, c'est l'histoire d'une famille. Celle du chef qui, comme ses parents et
grands-parents, défend les produits de sa région (viande label Rouge, miel, myrtilles, etc.). Les années passent, la tradition se perpétue... avec la certitude qu'il ne
pouvait en être autrement !

AUGERVILLE-LA-RIVIÈRE

✉ 45330 (Loiret) – 235 hab. – Alt. 100 m – Voir carte n°**12**-C1
▶ Paris 92 km – Corbeil-Essonnes 62 km – Évry 59 km – Orléans 76 km
Carte Michelin 318-L2

🏯🏯 **Château d'Augerville**   🕀🕀 ⟳ 🚐 🖼 📞 ఉ 🎬 📶 🐾 **P**

pl. du Château – ℰ 02 38 32 12 07 – www.chateau-augerville.com – Fermé
19 déc.-12 janv. et 15 fév.-2 mars
38 ch – ♦149/398 € ♦♦149/398 € – 2 suites – � 19 € – ½ P
Des chambres signées par l'architecte Patrick Ribes, un domaine de 100 ha et un
parcours 18 trous : ce superbe château Renaissance (16e-17e s.) prête à mener
grand train – que l'on soit golfeur ou non. Cuisine de saison au restaurant.

AUJOLS

✉ 46090 (Lot) – 319 hab. – Alt. 200 m – Voir carte n°**29**-C1
▶ Paris 599 km – Agen 145 km – Cahors 18 km – Toulouse 114 km
Carte Michelin 337-F5

🏠 **Lou Repaou**   🕀🕀 ⟳ 🚐 🍴 ఉ 🎿 **P** 🍴

r. de la Croix-Blanche – ℰ 05 65 22 03 47 – www.lourepaou.fr – Fermé mi-nov. à
mi-déc.
5 ch ⊊ – ♦102/122 € ♦♦112/132 €
Déconnexion totale dans cette ancienne ferme baptisée Lou Repaou : "le repos"
en patois. Les chambres sont spacieuses et confortables, et les maîtres des lieux
se sont inspirés de leurs voyages pour les décorer : Pérou, Mali, Australie... Dépaysement garanti.

AULLÈNE – 2A (Corse-du-Sud) ➜ voir Corse

AULNAY

✉ 17470 (Charente-Maritime) – 1 448 hab. – Alt. 63 m – Voir carte n°**38**-B2
▶ Paris 424 km – Angoulême 66 km – Niort 41 km – Poitiers 87 km
Carte Michelin 324-H3 – Guide Vert Michelin Poitou-Charentes

🏠 **Hôtel du Donjon** sans rest   ఉ 📶

4 r. des Hivers – ℰ 05 46 33 67 67 – www.hoteldudonjon.com – Fermé 1 semaine
en oct. et vacances de Noël
10 ch – ♦61/92 € ♦♦61/92 € – ⊊ 9 €
Charmante maison saintongeaise non loin de l'église St-Pierre. Les chambres,
impeccablement tenues, ont le charme de l'ancien : pierres apparentes, poutres,
mobilier rustique, etc. Quant au jardin, il se révèle bien agréable aux beaux
jours. On peut même y prendre son petit-déjeuner !

AULNAY-SOUS-BOIS – 93 (Seine-Saint-Denis) ➜ voir Paris, Environs

AULON

✉ 65240 (Hautes-Pyrénées) – 81 hab. – Alt. 1 213 m – Voir carte n°**28**-A3
▶ Paris 830 km – Bagnères-de-Luchon 44 km – Col d'Aspin 24 km –
Lannemezan 38 km
Carte Michelin 342-N7

✗ Auberge des Aryelets

pl. du Village – ℰ 05 62 39 95 59 – Fermé de mi-nov. à mi-déc., dim. soir, lundi et mardi sauf vacances scolaires et jours fériés
Formule 19 € – Menu 24/38 € – Carte 44/52 €

Prêt pour une ascension gourmande ? Dans ce village haut perché des Pyrénées, les bons petits plats se méritent ! Dans une salle au décor on ne peut plus rustique, on déguste une généreuse cuisine de pays où les produits de première qualité ont la part belle. Ambiance conviviale.

AUMALE

✉ 76390 (Seine-Maritime) – 2 388 hab. – Alt. 130 m – Voir carte n°**33**-D1
▶ Paris 136 km – Amiens 48 km – Beauvais 49 km – Dieppe 69 km
Carte Michelin 304-K3 – Guide Vert Michelin Normandie Vallée de la Seine

Villa des Houx

6 av. du Gén.-de-Gaulle – ℰ 02 35 93 93 30 – www.villa-des-houx.com – Fermé janv. et dim. soir du 15 sept. au 15 juin
30 ch – †70/100 € ††80/120 € – � 9 € – ½ P
Rest *Villa des Houx* – voir les restaurants ci-après

Cette bâtisse en impose avec sa belle façade à colombages ! Une petite rivière coule paisiblement dans le parc... Une impression de calme que l'on retrouve dans les chambres, de facture classique.

✗✗ Villa des Houx

6 av. du Gén.-de-Gaulle – ℰ 02 35 93 93 30 – www.villa-des-houx.com – Fermé janv., dim. soir et lundi du 15 sept. au 15 juin
Menu 17 € (semaine), 26/44 € – Carte 40/62 €

Quel cachet ! L'architecture tout en colombages (19e s.), l'enceinte de verdure, le calme... Au menu, cuisine généreuse et savoureuse, amie du terroir – à l'image de cette caille désossée en croûte de sel. Côté décor, on joue la carte du classicisme, que ce soit dans la salle à manger ou en terrasse.

AUMONT-AUBRAC

✉ 48130 (Lozère) – 1 111 hab. – Alt. 1 040 m – Voir carte n°**23**-C1
▶ Paris 549 km – Aurillac 115 km – Espalion 57 km – Marvejols 25 km
Carte Michelin 330-H6

Chez Camillou sans rest

10 rte du Languedoc – ℰ 04 66 42 80 22 – www.camillou.com – Ouvert 28 mars-11 nov.
35 ch – †91/167 € ††91/167 € – 2 suites – ⊠ 11 €

En léger retrait de la nationale, un hôtel récent avec des chambres agréables, d'esprit contemporain et frais. Les plus qui font la différence : un petit-déjeuner copieux (charcuteries et fromages locaux), et un accueil à la fois gentil et pro !

✗✗✗ Cyril Attrazic

10 rte du Languedoc – ℰ 04 66 42 86 14 – www.chezcamillou.com
Menu 35 € (déj. en semaine), 47/85 € – Carte 65/70 € *(ouvert 1er avril-31 déc. et fermé mardi et merc. sauf le soir en juil.-août)*

Un restaurant élégant et bien dans son époque... pour un chef inspiré. Cyril Attrazic signe une belle cuisine créative, franche et expressive, colorée et parfumée, avec de magnifiques produits locaux (telles les viandes de son beau-père). Quant à son annexe, Le Gabale, elle embaume le terroir. L'Aubrac toujours !

→ Nouilles de céleri-rave, champignons et jus à l'huile de truffe. Bœuf d'Aubrac en tranche épaisse, crousti-fondant de bœuf confit et jus court. Sphère au chocolat, sorbet au thé d'Aubrac et brownies.

Le Gabale Formule 15 € – Menu 17/26 € – Carte 31/60 € *(fermé dim. soir et lundi de mi-nov. à fin mars)*

AUNAY-SUR-ODON

✉ 14260 (Calvados) – 3 099 hab. – Alt. 188 m – Voir carte n°**32**-B2
▶ Paris 269 km – Caen 36 km – Falaise 42 km – Flers 37 km
Carte Michelin 303-I5 – Guide Vert Michelin Normandie Cotentin

XX **St-Michel** avec ch

6 r. de Caen – ℰ 02 31 77 63 16 – Fermé 3 semaines en janv., lundi sauf le soir
en juil.-août et dim. soir de sept. à juin
6 ch – ♦53 € ♦♦53 € – ⌆ 9 € – ½ P   Menu 15/45 € – Carte 37/57 €
Au centre du village, voilà une auberge familiale qui invite à consolider ses
connaissances en matière de terroir normand, le tout dans un décor contemporain et coloré. Chambres pratiques pour l'étape.

AUPS
✉ 83630 (Var) – 2 095 hab. – Alt. 496 m – Voir carte n°**41**-C3
▶ Paris 818 km – Aix-en-Provence 90 km – Digne-les-Bains 78 km –
Draguignan 29 km
Carte Michelin 340-M4 – Guide Vert Michelin Côte d'Azur

X **Restaurant des Gourmets**

5 r. Voltaire – ℰ 04 94 70 14 97 – Fermé 22 juin-10 juil., 30 nov.-18 déc., mardi
midi, dim. soir et lundi
Formule 17 € – Menu 20 € (semaine), 27/37 €
Agréable petite adresse familiale dans ce village célèbre pour son marché aux
truffes. Cadre coloré (fresques évoquant la Provence), goûteuse cuisine traditionnelle où la "perle noire" est à l'honneur en saison.

à Moissac-Bellevue 7 km à l'Ouest par D9 – ✉ 83630 – 284 hab. – Alt. 599 m

🏠🏠🏠 **Bastide du Calalou**
rte de Baudinard, D 9 – ℰ 04 94 70 17 91 – www.bastide-du-calalou.com
28 ch – ♦99/180 € ♦♦179/335 € – 4 suites – ⌆ 18 € – ½ P
Rest Bastide du Calalou – voir les restaurants ci-après
Une grande bastide dans un écrin de verdure. Les chambres distillent un joli esprit
d'antan, avec leurs mobilier et tableaux chinés ; il fait bon se prélasser sous les oliviers, près de la belle piscine. Un cadre bucolique idéal pour la détente !

XX **Bastide du Calalou**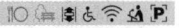
rte de Baudinard, D 9 – ℰ 04 94 70 17 91 – www.bastide-du-calalou.com
Menu 26/85 € – Carte 34/65 €
Le décor est provençal mais on retient surtout la vue plongeante sur la campagne, dans cette salle aux allures de balcon. Gâteau de topinambours, filet de
bœuf aux légumes oubliés, etc. : la carte explore la tradition.

AURAY
✉ 56400 (Morbihan) – 12 322 hab. – Alt. 35 m – Voir carte n°**9**-A3
▶ Paris 477 km – Lorient 41 km – Pontivy 54 km – Quimper 102 km
Carte Michelin 308-N9 – Guide Vert Michelin Bretagne Sud

🏠🏠 **Best Western Auray le Loch** ❶
2 r. Guhur, (La Forêt) – ℰ 02 97 56 48 33 – www.bestwesternaurayleloch.com
30 ch – ♦63/119 € ♦♦63/119 € – ⌆ 12 € – ½ P
Le matin, loin du tumulte, on prend son petit-déjeuner dans la véranda, avec vue
sur la forêt et la rivière. Les chambres, ornées de tissus originaux peints par une
artiste locale, sont confortables. Enfin, le service est efficace et souriant !

XXX **Closerie de Kerdrain**
20 r. Louis-Billet – ℰ 02 97 56 61 27 – www.lacloseriedekerdrain.com
– Fermé 1er-10 fév.,16-31 mars, 28 sept.-6 oct., dim. soir et lundi
Formule 28 € – Menu 40/90 € – Carte 65/98 €
Classique et raffiné : tel est ce beau manoir breton du 17e s. Le chef aime utiliser
les herbes et les fleurs du jardin, pour accompagner de beaux produits de la mer :
huîtres creuses, Saint-Jacques en chaud-froid de cresson, turbot de petit bateau...
Bien sûr, le tout s'accompagne de beaux flacons !

XX **Terre-Mer**

16 r. du Jeu-de-Paume – ℰ 02 97 56 63 60 – www.restaurant-terre-mer.fr
– Fermé 1 semaine fin juin, 2 semaines en oct., 23 déc.-4 janv., sam. midi, dim.
soir et lundi
Menu 25 € (déj. en semaine), 35/55 €
Après un joli parcours international, Anthony Jehanno a repris cette adresse avec
son épouse Anne-Sophie, et ce duo complice ne cesse de la faire évoluer. Dans
un élégant décor contemporain (nouveauté 2014), on déguste une cuisine très
aromatique et soignée. La terre épouse la mer... pour le meilleur !

X **La Chebaudière**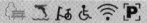

6 r. Abbé-Joseph-Martin – ℰ 02 97 24 09 84 – Fermé 1 semaine en juin, 1
semaine en oct., 1 semaine en fév., mardi soir, dim. soir et merc.
Carte 26/55 €
Un néobistrot de quartier, où l'on aime à se retrouver autour d'un bon petit plat
de saison : tartare de saumon aux algues bretonnes, pavé de cabillaud aux petits
légumes et jus à la fève de tonka... À choisir à l'ardoise ! Le décor, joliment coloré,
ajoute au plaisir du repas.

au golf de St-Laurent 10 km à l'Ouest par D 22 et rte secondaire – ⊠ 56400
Auray

▣ **Hôtel du Golf de St-Laurent**

– ℰ 02 97 56 88 88 – www.hotel-golf-saint-laurent.com – Fermé 21 déc.-16 janv.
42 ch – †82/140 € ††82/140 € – � 11 €
Sauna, jacuzzi, billard et piscine à deux pas du golf : dans cet hôtel, la
détente n'est pas en option ! Chambres fonctionnelles, avec balcon ou terrasse.

AUREC-SUR-LOIRE

⊠ 43110 (Haute-Loire) – 5 614 hab. – Alt. 435 m – Voir carte n°**6-D2**
▶ Paris 536 km – Firminy 11 km – Le Puy-en-Velay 56 km – St-Étienne 22 km
Carte Michelin 331-H1

▣ **Les Cèdres Bleus**

23 r. de la Rivière – ℰ 04 77 35 48 48 – www.lescedresbleus.com
– Fermé 2 janv.-2 fév. et dim. soir
15 ch – †48 € ††77 € – � 9 € – ½ P
Entre les gorges de la Loire et le lac de Grangent, un joli jardin où s'épanouissent des cèdres bleus, mais aussi une maison bourgeoise, son restaurant traditionnel et trois chalets en bois. Ces derniers abritent les chambres, bien
tenues et très paisibles.

AUREILLE

⊠ 13930 (Bouches-du-Rhône) – 1 521 hab. – Alt. 134 m – Voir carte n°**42-E1**
▶ Paris 719 km – Aix-en-Provence 59 km – Avignon 38 km – Marseille 73 km
Carte Michelin 340-E3

� **Le Balcon des Alpilles** sans rest

rte de Mouries, par D24 ᴬ – ℰ 04 90 59 94 24 – www.lebalcondesalpilles.fr
– Ouvert 15 avril-15 oct.
5 ch � – †120/130 € ††140/150 €
Ici les chambres portent des noms de fleurs. Le mas est décoré avec style ; oliviers, pins et lavandins parfument le jardin : tout est paisible. Superbe petit-déjeuner où tout est fait maison : confitures, jus de fruits frais, cake et gâteaux...

⚷ **La Table Alonso** Ⓝ

22 r. de la Poste – ℰ 04 90 55 79 07 – www.latablealonso.fr – Ouvert jeudi soir,
vend. soir, sam. et dim.
3 ch ⊔ – †75 € ††75 €
Après une belle carrière dans la restauration, Gérard et Josette Alonso ont pris
leur retraite dans la région... avant de créer – à force d'ennui, disent-ils – cette
maison d'hôtes. La bâtisse, du 17ᵉ s., allie charme et caractère, et la table d'hôte
est incontournable : les produits du marché sont superbement travaillés par le
chef qui n'a pas perdu la main... loin de là !

✗ **La Table des Alpilles**

10 r. de l'Armistice – ℰ 04 88 40 07 29 – fermé merc. soir, dim soir et lundi
Menu 18 € (déj. en semaine), 33/48 €
Pain perdu d'asperges vertes rôties et foie gras de canard poêlé, tartine d'agneau confit et son jus, baba au rhum et sa raviole d'ananas... On doit cette belle cuisine du marché à Stéphane Tougay, un enfant du pays ! La sobriété du décor, les chaises en paille et la simplicité du service ajoutent au plaisir du repas.

AUREVILLE – 31 (Haute-Garonne) → voir Toulouse

AURIAC

✉ 19220 (Corrèze) – 230 hab. – Alt. 608 m – Voir carte n°**25-C3**
▶ Paris 545 km – Aurillac 58 km – Limoges 153 km – Tulle 61 km
Carte Michelin 329-N4 – Guide Vert Michelin Limousin Berry

✗ **Les Jardins Sothys**

rte de Darazac - Le-Bourg – ℰ 05 55 91 96 89 – www.lesjardinssothys.com – Ouvert de mi-mars à mi-nov. et fermé dim. soir et mardi sauf juil.-août et lundi
Formule 18 € – Menu 26/46 € – Carte 36/47 €
Carrés d'herbes aromatiques, clos japonais, roseraie, etc. Ces jardins (entrée payante), dus à la célèbre marque de cosmétiques, mêlent poésie et culte des vertus de la nature... Leur restaurant est à l'unisson : en s'inspirant du potager, le chef donne une touche d'originalité au terroir corrézien. Une cuisine parfumée et maîtrisée.

AURIAC-DU-PÉRIGORD

✉ 24290 (Dordogne) – 421 hab. – Alt. 143 m – Voir carte n°**4-D1**
▶ Paris 516 km – Bordeaux 174 km – Périgueux 42 km – Tulle 70 km
Carte Michelin 329-H5

🏠 **Le Moulin de Mitou**

La Borie, rte de Montignac – ℰ 05 53 50 37 53 – www.hotel-lemoulindemitou.com
17 ch – ✝100/120 € ✝✝120/160 € – ☲ 14 € – ½ P
À deux pas des grottes de Lascaux, cet ancien moulin à eau, datant du 17ᵉ s., est un havre de confort... Les chambres, avec leur mobilier classique et leurs beaux tissus, ont ce supplément de caractère qui fait la différence, et la piscine et le parc nous éloignent encore davantage de l'âge de pierre.

AURIGNAC

✉ 31420 (Haute-Garonne) – 1 171 hab. – Alt. 430 m – Voir carte n°**28-B3**
▶ Paris 750 km – Bagnères-de-Luchon 69 km – St-Gaudens 23 km – St-Girons 41 km
Carte Michelin 343-D5 – Guide Vert Michelin Midi-Pyrénées

✗✗ **Saint Laurans** avec ch

pl. de la Mairie – ℰ 05 61 90 49 55 – www.hotelstlaurans.fr – Fermé 1ᵉʳ janv.-10 fév.
5 ch – ✝55/65 € ✝✝65/85 € – ☲ 10 € – ½ P
Menu 15 € (déj. en semaine), 20/38 € – Carte 27/40 €
Dans une salle au décor chaleureux ou dans le joli patio, on savoure une belle cuisine de saison réalisée avec le plus grand soin : ce suprême de volaille fermière, servi avec des champignons bien savoureux, fait forte impression ! On profite aussi de quatre chambres lumineuses. Accueil charmant.

AURILLAC

✉ 15000 (Cantal) – 27 338 hab. – Alt. 610 m – Voir carte n°**5-B3**
▶ Paris 557 km – Brive-la-Gaillarde 98 km – Clermont-Ferrand 158 km – Montauban 174 km
Carte Michelin 330-C5 – Guide Vert Michelin Auvergne

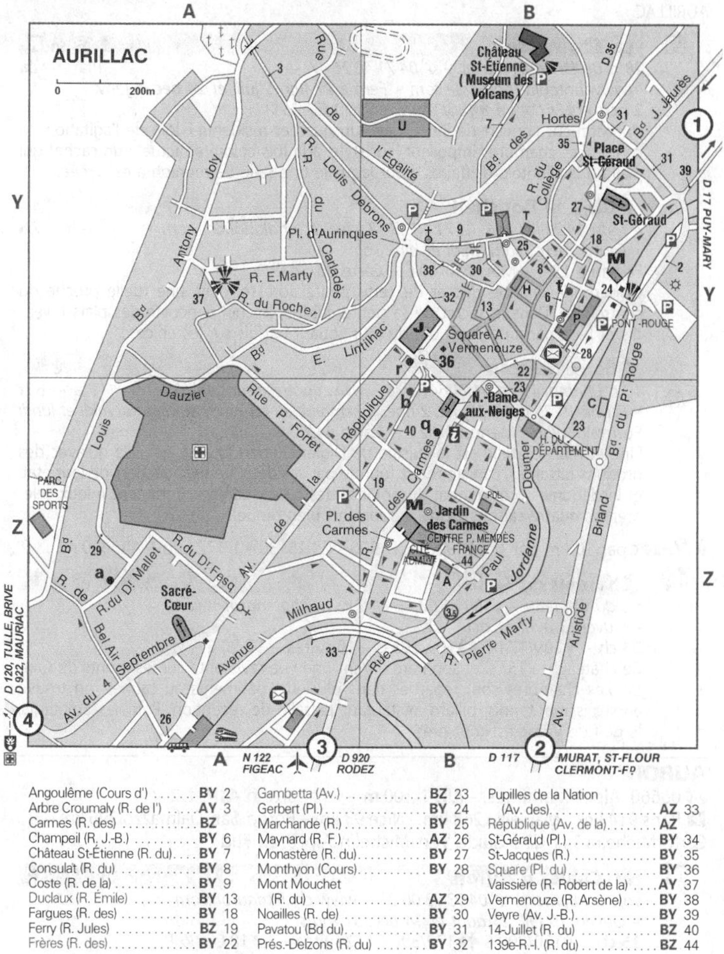

Angoulême (Cours d')	BY	2	Gambetta (Av.)	BZ	23	Pupilles de la Nation (Av. des)	AZ	33
Arbre Croumaly (R. de l')	AY	3	Gerbert (Pl.)	BY	24	République (Av. de la)	AZ	
Carmes (R. des)	BZ		Marchande (R.)	BY	25	St-Géraud (Pl.)	BY	34
Champeil (R. J.-B.)	BY	6	Maynard (R. F.)	AZ	26	St-Jacques (R.)	BY	35
Château St-Étienne (R. du)	BY	7	Monastère (R. du)	BY	27	Square (Pl. du)	BY	36
Consulat (R. du)	BY	8	Monthyon (Cours)	BY	28	Vaissière (R. Robert de la)	AY	37
Coste (R. de la)	BY	9	Mont Mouchet (R. du)	AZ	29	Vermenouze (R. Arsène)	BY	38
Duclaux (R. Émile)	BY	13	Noailles (R. de)	BY	30	Veyre (Av. J.-B.)	BY	39
Fargues (R. des)	BY	18	Pavatou (Bd du)	BY	31	14-Juillet (R. du)	BZ	40
Ferry (R. Jules)	BZ	19	Prés.-Delzons (R. du)	BY	32	139e-R.-I. (R. du)	BZ	44
Frères (R. des)	BY	22						

Grand Hôtel de Bordeaux sans rest

2 av. de la République – ☏ 04 71 48 01 84 Plan : BY**r**
– www.hotel-de-bordeaux.fr – Fermé 21 déc.-1er janv.
36 ch – 🚹74/117 € 🚹🚹84/117 € – 2 suites – ☕ 12 €

C'est sans doute le meilleur établissement de la ville : dans ce bel immeuble du début du 20e s. aux chambres claires et agréables, tout n'est qu'élégance et raffinement, avec une pointe d'originalité. À noter : la qualité de l'accueil.

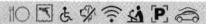

Delcher

20 r. Carmes – ☏ 04 71 48 01 69 – www.hotel-delcher.com Plan : BZ**q**
– Fermé 11-19 avril, 10-26 juil. et 18 déc.-3 janv.
23 ch – 🚹48/52 € 🚹🚹60 € – ☕ 8 € – ½ P

L'artiste danois Gorm Hansen a séjourné dans cet hôtel-restaurant en 1912 et payé son séjour en fresques décrivant les paysages environnants. Par ailleurs, l'hôtel propose d'agréables chambres, confortables et récemment rénovées.

🏠 La Thomasse   🏠 ⇦ 🍽 🛜 🏊 **P**
28 r. du Dr-Louis-Mallet – 𝒞 04 71 48 26 47   Plan : AZ**a**
– www.hotel-la-thomasse.com – Fermé 27 juin-5 juil. et 24 déc.-4 janv.
21 ch – ♦86/149 € ♦♦86/149 € – � 11 € – ½ P
Un bâtiment couvert de lierre, dans un quartier résidentiel, loin de l'agitation du centre. Les chambres imposent leur style, à la fois coloré et actuel ; un cachet qui plaira à la clientèle d'affaires, pour laquelle une salle de réunion a été créée.

✗ L'Oh à la Bouche !   **A/C**
4 r. du 14-Juillet – 𝒞 04 71 48 27 17 – www.lohalabouche.com   Plan : BZ**b**
– Fermé merc., sam. midi et dim. soir
Formule 23 € – Menu 30/40 € – Carte 35/54 €
On aime le charme discret de cette petite adresse, dans une ruelle proche du centre-ville. Dans le secret de sa petite cuisine, le chef concocte des plats inventifs et bien parfumés, au goût du jour, jouant parfois sur les épices...

✗ Quatre Saisons   ♿ **A/C**
🐝 *10 r. Champeil – 𝒞 04 71 64 85 38 – www.quatresaisons.onlc.fr*   Plan : BY**t**
– Fermé 19-25 août, 25 oct.-2 nov., 1 semaine en fév., dim. soir, mardi midi et lundi
Formule 19 € – Menu 25/62 € – Carte 44/60 €
Fine et maline : telle est la cuisine de Didier Guibert, qui ne travaille qu'avec des produits ultrafrais. La viande est fournie par ses deux frères, bouchers de leur état, et les légumes proviennent du potager des beaux-parents. Comment mieux célébrer les quatre saisons ? Une maison fort bien tenue !

à Vézac par 10 km par ③, D 920 et D 990 – ✉ 15130 – 1 172 hab. – Alt. 650 m

🏠🏠 Château de Salles   🍽 🌿 ⇦ 🍽 🏊 ⚡ 🏋 ♿ 🛜 🏊 **P**
rte du Château – 𝒞 04 71 62 41 41 – www.chateausalles.com
– Ouvert 3 avril-11 oct.
23 ch – ♦109/174 € ♦♦109/195 € – 10 suites – ⊒ 20 € – ½ P
Ce château du 15ᵉ s. et son parc offrent une vue ravissante sur les monts du Cantal. Les chambres sont réparties dans plusieurs bâtiments au calme ; on trouve aussi piscine, tennis, billard, restaurant et salle de réception. Pour les amateurs, le golf de Vézac est tout près.

AURON
✉ 06660 (Alpes-Maritimes) – Alt. 1 100 m – Voir carte n°**41-C-D2**
▶ Paris 914 km – Marseille 263 km – Nice 93 km – Borgo San Dalmazzo 206 km
Carte Michelin 341-C2 – Guide Vert Michelin Alpes du Sud

🏠🏠 Le Chalet d'Auron   🍽 🌿 ⇦ 🍽 🛜 **P**
voie du Berger – 𝒞 04 93 23 00 21 – www.chaletdauron.com
– Ouvert 19 juil.-25 août et 14 déc.-31 mars
15 ch – ♦120/200 € ♦♦170/390 € – 2 suites – ⊒ 18 € – ½ P
Un vrai chalet, douillet et confortable à souhait. Du bois, encore du bois, des tons chauds et de petits plats du terroir bien sympathiques après une journée de ski. Préférez les chambres avec vue sur la montagne !

AUSSOIS
✉ 73500 (Savoie) – 658 hab. – Alt. 1 489 m – Voir carte n°**45-D2**
▶ Paris 670 km – Albertville 97 km – Chambéry 110 km –
Lanslebourg-Mont-Cenis 17 km
Carte Michelin 333-N6 – Guide Vert Michelin Alpes du Nord

🏠 Hôtel du Soleil   🍽 🌿 ⇦ 🏋 🏊 🛜 **P**
15 r. de l'Église – 𝒞 04 79 20 32 42 – www.hotel-du-soleil.com – Fermé vacances de printemps et de la Toussaint
22 ch – ♦54/97 € ♦♦79/116 € – ⊒ 12 € – ½ P
Ce plaisant hôtel abrite des chambres de style rétro, tournées vers la montagne. Il fait bon se ressourcer au sauna ou au hammam. Cuisine traditionnelle au restaurant (salaisons, produits du marché, etc.). Accueil sympathique.

AUTHUILLE – 80 (Somme) → voir Albert

AUTRANS

✉ 38880 (Isère) – 1 640 hab. – Alt. 1 050 m – Voir carte n°**45-C2**
▶ Paris 586 km – Grenoble 36 km – Romans-sur-Isère 58 km – St-Marcellin 47 km
Carte Michelin 333-G6 – Guide Vert Michelin Alpes du Nord

La Poste

*1 pl. Julien-Bertrand – ✆ 04 76 95 31 03 – www.hotel-barnier.com – Fermé
15 avril-12 mai et 15 oct.-3 déc.*
28 ch – †70/98 € ††75/118 € – ☲ 10 € – ½ P
Rest *La Poste* – voir les restaurants ci-après
Au cœur de ce village du Vercors, un sympathique hôtel-restaurant qui respire la
tradition : il est tenu par la même famille depuis quatre générations ! Partout le
bois domine, avec chaleur et... non sans fraîcheur.

Les Tilleuls

*la Côte – ✆ 04 76 95 32 34 – www.hotel-tilleuls.com – Fermé 7-29 avril et
7-29 oct.*
18 ch – †65/70 € ††72/98 € – 2 suites – ☲ 11 € – ½ P
Rest *Les Tilleuls* – voir les restaurants ci-après
Dans une zone résidentielle assez tranquille, cette imposante maison de style
régional compte de nombreux habitués. Suites familiales, bonne literie, rénova-
tions régulières : une vraie satisfaction pour les clients.

Les Tilleuls

*la Côte – ✆ 04 76 95 32 34 – www.hotel-tilleuls.com – Fermé 7-29 avril, 7-29 oct.,
mardi soir et merc. hors saison sauf vacances scolaires*
Menu 26/50 € – Carte 33/62 €
Le patron et son beau-fils forment un duo efficace : ils concoctent à quatre mains
une sympathique cuisine traditionnelle et régionale – avec une spécialité maison,
la caillette. On apprécie ces petits plats dans une grande salle d'esprit montagnard, comme il se doit !

La Poste – Hôtel la Poste

*1 pl. Julien-Bertrand – ✆ 04 76 95 31 03 – www.hotel-barnier.com
– Ouvert 13 mai-14 oct., 4 déc.-14 avril et fermé dim. soir, mardi midi et lundi
hors saison*
Menu 26/48 € – Carte 37/59 €
Ravioles du Dauphiné au basilic, filet mignon au miel et épices douces, tête de
veau... Le chef, souriant et dynamique, est un véritable passionné qui
concocte une bonne cuisine ponctuée de notes régionales. Elle va comme un
gant à l'élégant décor montagnard de la salle !

AUTUN

✉ 71400 (Saône-et-Loire) – 14 426 hab. – Alt. 326 m – Voir carte n°**8-C2**
▶ Paris 287 km – Avallon 78 km – Chalon-sur-Saône 51 km – Dijon 85 km
Carte Michelin 320-F8 – Guide Vert Michelin Bourgogne

La Tête Noire

*3 r. Arquebuse – ✆ 03 85 86 59 99 – www.hoteltetenoire.fr
– Fermé 1 semaine en juil. et 21 déc.-24 janv.*
Plan : BZ**n**
31 ch – †75/90 € ††86/116 € – ☲ 12 € – ½ P
Dans le centre-ville, un hôtel classique et familial dont les chambres, colorées et
lumineuses, s'avèrent pratiques et bien insonorisées. Le petit-déjeuner est vraiment copieux : charcuterie, fromage, fruits et bonnes confitures !

Moulin Renaudiots

*chemin du Vieux-Moulin, 5 km au Sud-Est par N 80 et D 978 – ✆ 03 85 86 97 10
– www.moulinrenaudiots.com – Ouvert d'avril à nov.*
5 ch ☲ – †135/165 € ††135/165 €
Un magnifique moulin couvert de vigne vierge, avec un jardin à la française. L'intérieur, élégamment minimaliste, ose le cuir blanc et le béton ciré. Le petit-déjeuner est excellent et plusieurs fois par semaine, les propriétaires font table d'hôte,
exprimant ainsi leur amour d'une chère raffinée.

Maison Sainte-Barbe sans rest

7 pl. Ste-Barbe – *℘ 03 85 86 24 77*   Plan : BZt
– *www.maisonsaintebarbe.com*

4 ch ☐ – †77/102 € ††82/102 €

Cette ancienne maison canoniale (15e-18e s.) attend ses hôtes au pied de la cathédrale, un lieu chargé d'histoire que les propriétaires ne cessent d'embellir (vieux meubles, esprit familial, joli jardin...). Prochaine étape : l'aménagement de la belle chapelle attenante qui date du 12e s.

Le Chapitre

13 pl. du Terreau – *℘ 03 85 52 04 01*   Plan : BZd
– *www.restaurantlechapitre.com* – *Fermé 20 déc.-5 janv., dim. et lundi*
Formule 20 € – Menu 31/50 € – Carte 46/54 €

Installé au pied de la cathédrale, ce restaurant nous accueille dans un intérieur épuré et design, dans des tons gris et rouge ; la cuisine, fine et soignée, innove à partir de produits de qualité (ravioles de chèvre frais au jambon du Morvan, filet de lieu jaune à la mozzarella). Et même les prix sont doux !

AUTUN

X **Le Monde de Don Cabillaud** ⬚ AK

4 r. des Bancs – ℰ 07 60 94 21 10 – Fermé 23 fév.-2 mars, Plan : BZ**a**
1er -15 juin, dim. et lundi
Formule 27 € – Menu 30 €

Dans une agréable rue pavée, au cœur du pays charolais, ce petit restaurant est dédié... au poisson. L'ardoise évolue en fonction des arrivages de Bretagne, et le chef n'obéit qu'à deux règles : du poisson frais et des légumes bio ! Un résultat savoureux, et une excellente réputation amplement méritée.

AUVERS – 77 (Seine-et-Marne) → voir Milly-la-Forêt (Essonne)

AUVERS-SUR-OISE – 95 (Val-d'Oise) → voir Paris, Environs

AUVILLAR

✉ 82340 (Tarn-et-Garonne) – 954 hab. – Alt. 141 m – Voir carte n°**28-B2**
◗ Paris 652 km – Agen 28 km – Auch 62 km – Montauban 42 km
Carte Michelin 337-B7

XX **L'Horloge** avec ch ⬚ 🛜 🕭

⬚ *2 pl. de l'Horloge – ℰ 05 63 39 91 61 – www.lhorlogeauvillar.com*
– Fermé 20 déc.-8 janv.
10 ch – †65/95 € ††65/95 € – ⊇ 12 € – ½ P
Formule 16 € – Menu 20 € (déj. en semaine), 27/130 € – Carte 30/100 € *(fermé sam. midi et vend.)*

Jouxtant l'élégante tour de l'Horloge, cette maison est ravissante, avec ses volets vert tendre et sa terrasse sous les platanes... Le chef privilégie les producteurs locaux et concocte une jolie cuisine de saison, saine et savoureuse. Pour l'étape, des chambres agréables.

à Bardigues 4 km au Sud par D 11 – ✉ 82340 – 266 hab. – Alt. 160 m

XX **Auberge de Bardigues** ⬚ & AK

⬚ *au bourg – ℰ 05 63 39 05 58 – www.aubergedebardigues.com – Fermé dim. soir*
Formule 15 € – Menu 19 € (semaine), 30/53 € – Carte 27/42 €

Au cœur du village, cette bâtisse contemporaine est une sympathique halte bistronomique. En cuisine, Ciril concocte de bons petits plats, et son frère Fabien, sommelier, vous conseille de jolis crus. Aux beaux jours, on s'installe sur la grande terrasse ouverte sur la campagne.

AUXERRE

✉ 89000 (Yonne) – 35 534 hab. – Alt. 130 m – Voir carte n°**7-B1**
◗ Paris 166 km – Bourges 144 km – Chalon-sur-Saône 176 km – Dijon 152 km
Carte Michelin 319-E5 – Guide Vert Michelin Bourgogne

🏨 **Le Parc des Maréchaux** sans rest ⬚ 🗔 💺 AK 🛜 🅿

6 av. Foch – ℰ 03 86 51 43 77 Plan : AZ**u**
– www.hotel-parcmarechaux.com
25 ch – †91/156 € ††91/156 € – ⊇ 13 €
Demeure Napoléon III aux jolies chambres cosy, meublées dans le style Empire ; plus de calme côté parc. Bar feutré habillé de velours rouge.

🏨 **Normandie** sans rest 🛏 💺 AK 🛜 🕭 🚗

41 bd Vauban – ℰ 03 86 52 57 80 – www.hotelnormandie.fr Plan : AY**b**
– Fermé 20 déc.-5 janv.
47 ch – †84/115 € ††84/115 € – ⊇ 10 €
Cette demeure bourgeoise du 19e s. a tout pour plaire : cour paisible, chambres coquettes et colorées, billard, fitness, salon et salle de petit-déjeuner d'esprit Art déco...

🏨 **Le Maxime** sans rest 💺 AK 🛜 🕭 🅿

2 quai de la Marine – ℰ 03 86 52 14 19 Plan : BY**f**
– www.hotel-lemaxime.com
26 ch – †86/145 € ††86/145 € – ⊇ 13 €
Au 19e s., ce grenier à sel des bords de l'Yonne s'est mué en hôtel. Chambres coquettes et feutrées (tons gris, taupe...), avec vue sur le fleuve ou la cour.

AUXERRE

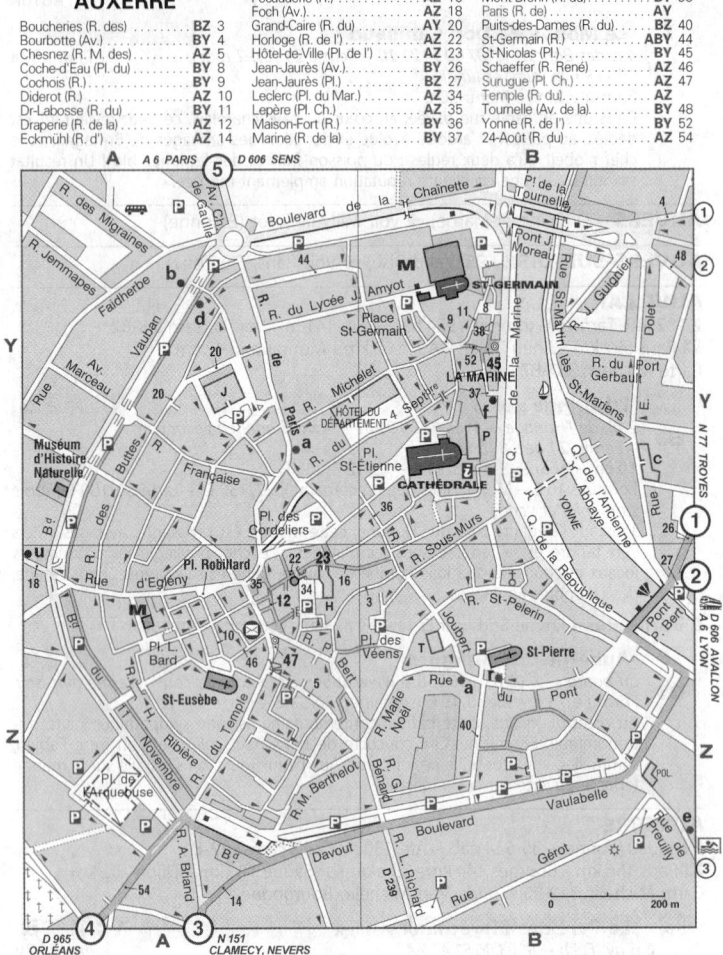

ⅩⅩ Le Jardin Gourmand

🕸 🛋 🏠 ⅙

56 bd Vauban – ☏ 03 86 51 53 52 **Plan : AYd**
– www.lejardingourmand.com – Fermé 9-17 mars, 15-30 juin, 31 août-8 sept.,
16 nov.-1er déc., lundi et mardi
Menu 59 € (déj. en semaine), 75/85 € – Carte 95/113 € (réservation conseillée)
Cette ancienne maison de vigneron distille charme classique et fantaisie
contemporaine... On y savoure une bonne cuisine du marché, qui varie avec les
saisons. Raffiné.

ⅩⅩ La Salamandre

🅰🅲 ⇆

84 r. de Paris – ☏ 03 86 52 87 87 **Plan : AYa**
– www.lasalamandre-auxerre.fr – Fermé merc. soir, sam. midi, dim. et fériés
Menu 31/49 € – Carte 62/104 €
Poissons (sauvages), coquillages et crustacés : dans ce restaurant du vieil Auxerre,
on respire le bon air de la mer ! Décor contemporain.

※ **Le Bourgogne** 　　　　　　　　　　　　　　　　　　　🖧 ⅙ AC P
15 r. de Preuilly – ☏ 03 86 51 57 50 – www.lebourgogne.fr　　　Plan : BZ**e**
– Fermé 9-23 août, vacances de Noël, dim. et lundi
Menu 32/65 € – Carte 52/80 € *(réservation conseillée)*
Cadre élégant et feutré, belle terrasse et petits plats du marché aussi appétissants
sur l'ardoise que dans l'assiette : reconversion réussie pour cet ancien garage !

※ **La Folie** Ⓝ 　　　　　　　　　　　　　　　　　　　　　🖧 🖧 ⇔ P
6 av. Maréchal-Juin – ☏ 03 86 33 76 79
– www.restaurantlafolie.fr
Formule 25 € – Menu 58 € – Carte environ 64 € *(réservation conseillée)*
Sur la route de Lyon, dans un parc bordant l'Yonne, cette petite folie baroque du
19ᵉ s., flanquée d'une tourelle crénelée, se révèle délicieusement romantique. La
cuisine revisite la Bourgogne mais pas seulement : au fil des inspirations du chef,
elle se fait aussi voyageuse, inventive et très visuelle... Un joli endroit !

※ **L'Aspérule** Ⓝ (Keigo Kimura) 　　　　　　　　　　　　　　　　　AC
🕃 *34 r. du Pont – ☏ 03 86 33 24 32 – Fermé 2 semaines en janv.,*　Plan : BZ**a**
1 semaine en sept., dim. et lundi
Formule 25 € – Menu 30 € (déj.)/58 € *(réservation conseillée)*
L'Aspérule, jolie fleur des bois, a donné son nom à ce restaurant qui ne
manque ni de fraîcheur ni de délicatesse. D'origine japonaise, formé dans de
belles maisons de l'Hexagone, Keigo Kimura signe une cuisine millimétrée,
très épurée, aux accords de saveurs et de textures harmonieux et limpides...
Menu unique le soir.
→ Cuisine du marché.

※ **Le Rendez-Vous** 　　　　　　　　　　　　　　　　　　　　　🖧 AC
37 r. du Pont – ☏ 03 86 51 46 36　　　　　　　　　　　　　Plan : BZ**r**
– www.restaurant-le-rendez-vous.com – Fermé 28 avril-5 mai, 14-28 juil.,
24 déc.-6 janv., le soir sauf vend. de début nov. à mi-mai, sam., dim. et fériés
Formule 22 € – Menu 35/49 € – Carte 30/64 €
Amateurs de la tradition, ce restaurant est pour vous ! Au pied de l'église St-
Pierre, le chef concocte de savoureuses spécialités bourguignonnes : jambon persillé, croustillant de pied de veau et autres plats mijotés... La générosité comme
les saveurs sont au rendez-vous.

à Vincelottes 16 km par ② D 606 et D 38 – ✉ 89290 – 333 hab. – Alt. 110 m

※※ **Auberge Les Tilleuls** avec ch 　　　　　　　　　　　　　🖧 🖧 🛜
12 quai de l'Yonne – ☏ 03 86 42 22 13 – www.auberge-les-tilleuls.com
– Fermé 20 déc.-13 fév., lundi soir d'oct. à Pâques, mardi et merc.
5 ch ⬜ – ♦78/98 € ♦♦90/110 € – 1 suite – ½ P
Menu 31/62 € – Carte 44/85 €
Pause bucolique au bord de l'Yonne. Ici, le chef mise sur les bons produits et
concocte une savoureuse cuisine traditionnelle ou des recettes plus actuelles. Terrasse à fleur d'eau et bon choix de bourgognes. Chambres pour l'étape.

à Lindry 14 km à l'Ouest par D 89 et D 22 – ✉ 89240 – 1 329 hab. – Alt. 182 m

※ **Les Grés** 　　　　　　　　　　　　　　　　　　　　　　　🖧 AC
9 r. du 14-Juillet – ☏ 09 52 31 64 10
– Fermé dim. soir, lundi et mardi
Menu 26 € (déj.), 50/80 € 🍷 *(réservation conseillée)*
L'esprit des cantines arty des quartiers branchés de Paris a gagné cette localité
de l'Yonne ! Le café du village est devenu un véritable repaire bistronomique
avec l'arrivée du jeune chef, autodidacte – hier artiste-peintre –, inspiré et
décomplexé. Respect du produit local et harmonie des saveurs : ses créations
sonnent juste.

Une bonne table sans se ruiner ? Repérez les Bib Gourmand 🍴.

à Appoigny 8 km par ⑤ et D 606 – ✉ 89380 – 3 130 hab. – Alt. 110 m

⌂ Le Puits d'Athie ⏸ 🛇 🛏 🛜 **P**
1 r. de l'Abreuvoir – 𝒞 03 86 53 10 59 – www.puitsdathie.com
– Ouvert 1er mars-30 nov.
5 ch ⬓ – †89/180 € ††89/180 €
Grand calme et confort sont les atouts principaux de cette demeure bourgui-gnonne, dont les chambres sont toutes originales, telles "Mykonos", en bleu et blanc, et "Porte d'Orient", décorée d'une porte du Rajasthan. Pour la table d'hôte, l'aimable propriétaire affectionne les recettes régionales ou méditerranéennes.

AUZEVILLE-TOLOSANE
✉ 31320 (Haute-Garonne) – 3 505 hab. – Alt. 170 m – Voir carte n°**28-B2**
◗ Paris 691 km – Albi 86 km – Foix 84 km – Toulouse 14 km
Carte Michelin 343-G3

✕✕ La Table d'Auzeville 🖼 **AC** ↔
◉ *35 chemin de l'Église – 𝒞 05 61 13 42 30 – www.la-table-dauzeville.fr – Fermé*
4-10 mai, 10 août-1er sept., 1er-10 janv., mardi soir, dim. soir et lundi
Formule 16 € – Menu 18/31 € – Carte 37/66 €
Dans ce village situé dans la banlieue de Toulouse, les gourmands sont à la fête ! On savoure de bonnes recettes traditionnelles, réalisées avec de beaux pro-duits, par un chef dont l'enthousiasme est communicatif. Transmettre son envie de bien faire : c'est peut-être ça, le secret ! Bon rapport qualité-prix.

AVAILLES-LIMOUZINE
✉ 86460 (Vienne) – 1 297 hab. – Alt. 142 m – Voir carte n°**39-C2**
◗ Paris 413 km – Chauvigny 61 km – Poitiers 66 km – Saint-Junien 40 km
Carte Michelin 322-J8

⌂ La Chatellenie ⏸ 🛏 🛜
1 r. du Commerce – 𝒞 05 49 84 31 31 – www.lachatellenie.fr – Fermé
23 fév.-9 mars et 1 semaine en nov.
8 ch – †55 € ††62 € – ⬓ 9 €
Sortez des sentiers battus : ce petit relais de poste, tenu par un jeune couple dynamique, se prête à une escapade à l'ancienne, sur les chemins détournés qui relient Poitiers et Limoges. Viande et légumes du pays : au restaurant, la tradition aussi a du bon. Parfait pour une étape qui sort de l'ordinaire.

AVALLON
✉ 89200 (Yonne) – 7 229 hab. – Alt. 250 m – Voir carte n°**7-B2**
◗ Paris 222 km – Auxerre 51 km – Beaune 103 km – Chaumont 134 km
Carte Michelin 319-G7 – Guide Vert Michelin Bourgogne

✕ Le Gourmillon **AC**
8 r. de Lyon – 𝒞 03 86 31 62 01
– www.legourmillon.com
– Fermé 2 semaines en janv., jeudi soir hors saison et dim. soir
Formule 13 € – Menu 23/35 € – Carte 25/39 €
Dans cette ancienne quincaillerie, les saveurs ne sont pas... en toc ! Au cœur de la cité, le Gourmillon décline produits du terroir et saveurs traditionnelles avec générosité (joues de porc braisées, couronne de Saint-Jacques au gingembre et baies roses, etc.). Prix doux, accueil et service aux petits soins.

à Pontaubert 5 km à l'Ouest par D 606 et D 957 – ✉ 89200 – 390 hab. – Alt. 160 m

✕✕ Les Fleurs avec ch 🛏 🖼 🛜 **P**
69 rte de Vézelay – 𝒞 03 86 34 13 81 – www.hotel-lesfleurs.com
– Fermé 15 déc.-31 janv., jeudi sauf le soir du 14 mai au 17 sept. et merc.
7 ch – †73 € ††78 € – ⬓ 10 € – ½ P
Menu 23 € (semaine), 32/53 € – Carte 31/59 €
Ah, le pouvoir des Fleurs... Voici une maison pleine de mérite, où l'on travaille avec sérieux de bons produits frais. Jambon persillé maison, cabillaud aux échalo-tes confites : sur des bases traditionnelles, le chef concocte de bons petits plats qui ont la grâce de la simplicité. Le tout servi avec le sourire !

dans la Vallée du Cousin 6 km à l'Ouest par D 606 et D 957, Pontaubert et D 427 – ⊠ 89200 Avallon

Hostellerie du Moulin des Ruats 🏩 🍽️ 🌿 ♿ 💈 ⚙️ P
23 r. des Isles-Labaumes – ℰ 03 86 34 97 00 – www.moulindesruats.com
– Ouvert de mi-fév. au 11 nov.
25 ch – †88/160 € ††88/160 € – ☕ 14 € – ½ P
Au calme dans la vallée du Cousin, ce joli moulin du 18e s. invite à la détente : atmosphère feutrée dans le salon-bibliothèque d'esprit british et dans les chambres, bien tenues, donnant côté jardin ou rivière – la vue sur le cours d'eau étant la plus appréciable. Carte classique au restaurant.

à Vault de Lugny 6 km au Nord-Ouest par D 606 et D 128 – ⊠ 89200
– 321 hab. – Alt. 148 m

Château de Vault de Lugny 🏰 🍽️ 🌿 ⬅ 🍴 🔲 ✗ 🛜 💈 P
11 r. du Château – ℰ 03 86 34 07 86 – www.lugny.fr
– Ouvert 27 mars-2 nov.
14 ch – †250/370 € ††250/710 € – 1 suite – ☕ 26 € – ½ P
Rest *Château de Vault de Lugny* – voir les restaurants ci-après
Dans son immense parc aux arbres centenaires, à l'abri derrière ses douves en eau et ses tours crénelées, ce château du 16e s. n'est que raffinement : tentures, lits à baldaquin, objets d'art… sans oublier la piscine logée sous des voûtes de pierre séculaires. Mémorable !

✗✗ Château de Vault de Lugny 🥂 ⬅ 🍴 🔲 ✗
11 r. du Château – ℰ 03 86 34 07 86 – www.lugny.fr
– Ouvert 27 mars- 2 nov.
Menu 30 € (déj. en semaine), 58/139 € – Carte 72/112 € *(réservation conseillée)*
Un cadre majestueux – dont une salle dans les anciennes cuisines du château ! – pour une carte élégante ; le chef, d'origine mauricienne, rend un juste hommage aux légumes du magnifique potager du domaine, et aux produits nobles en général, mâtinés de quelques touches exotiques… La carte des bourgognes est remarquable.

à Valloux 6 km au Nord-Ouest par D 606 – ⊠ 89200

✗✗ Auberge des Chenêts 🥂 AC

10 rte Nationale 6 – ℰ 03 86 34 23 34 – Fermé 22 juin-6 juil., 9 nov.-2 déc., mardi de sept. à avril, dim. soir et lundi
Formule 19 € – Menu 30/62 € – Carte environ 70 €
On oublie vite la route toute proche, lorsque l'on s'attable près de la cheminée de cette agréable auberge ! Au menu : de bons petits plats d'inspiration bourguignonne, joliment tournés et parfumés. La belle carte des vins fait honneur à la région.

à l'Est 6 km par D 606– ⊠ 89200 Avallon

Le Relais Fleuri 🏩 🍽️ ⬅ 🔲 ✗ ♿ AC 🛜 💈 P
La Cerce – ℰ 03 86 34 02 85 – www.hotel-relais-fleuri.com
48 ch – †95/105 € ††95/105 € – ☕ 14 € – ½ P
Rest *Le Relais Fleuri* – voir les restaurants ci-après
Il suffit de sortir de l'autoroute A 6 (direction Avallon) pour trouver le repos dans ce Relais aux airs de motel de campagne (chambres de plain-pied, parc de 4 ha, tennis et piscine chauffée). Idéal pour une étape revigorante.

✗✗ Le Relais Fleuri ⬅ ♿ AC P
La Cerce – ℰ 03 86 34 02 85 – www.hotel-relais-fleuri.com
Formule 20 € – Menu 27/51 € – Carte 34/67 €
Un certain esprit champêtre (cheminée, poutres, cuivres) règne dans cet ancien relais de poste, devenu le Relais Fleuri. On y apprécie une cuisine régionale soignée, traversée d'inspirations actuelles, et accompagnée si l'on souhaite de bons bourgognes. Un charme indéniable !

AVENSAN

✉ 33480 (Gironde) – 2 363 hab. – Alt. 25 m – Voir carte n°**3-B1**
▶ Paris 589 km – Bordeaux 30 km – Mérignac 28 km – Pessac 34 km
Carte Michelin 335-G4

Le Clos de Meyre sans rest   ⬡ ⌁ 🛜 🅿

16 rte de Castelnau – ℰ *05 56 58 22 84 – www.chateaumeyre.com – Ouvert 1ᵉʳ
mars-31 oct.*
9 ch ⌑ – ♦95/140 € ♦♦100/160 €
Entre vignobles de Margaux et de Haut-Médoc, ce château du 18ᵉ s. a de l'allure.
On y produit du vin depuis trois siècles, mais on y cultive aussi le sens de l'accueil. Chambres de caractère (plus fonctionnelles à l'annexe), piscine, roseraie...

AVIGNON

✉ 84000 (Vaucluse) – 90 194 hab. – Agglo. 445 501 hab. – Alt. 21 m
– Voir carte n°**42-E1**
▶ Paris 682 km – Aix-en-Provence 82 km – Arles 37 km – Marseille 98 km
Carte Michelin 332-B10 – Guide Vert Michelin Provence

© P. Jacques/hemis.fr

 Hôtels & maisons d'hôtes

La Mirande
🍽 ⋧ ❦ ⥮ 🛗 AC 🌣 🛜 🏊 🚗
4 pl. Amirande – 𝒞 *04 90 14 20 20 – www.la-mirande.fr*   Plan : EY**g**
26 ch – ♦370/640 € ♦♦370/640 € – 1 suite – ⌂ 28 €
Rest *La Mirande* – voir les restaurants ci-après
Cet hôtel particulier du 17ᵉ s. est absolument superbe : pierres ouvragées, déluge
d'objets d'art et de tentures dans l'esprit provençal du 18ᵉ s. et un délicieux jardin
clos, qui s'épanouit à l'ombre du palais des Papes. Raffinement exquis !

Hôtel d'Europe
🍽 🛗 AC 🛜 🏊 🚗
12 pl. Crillon – 𝒞 *04 90 14 76 76 – www.heurope.com*   Plan : EY**d**
39 ch – ♦230/1100 € ♦♦230/1100 € – 5 suites – ⌂ 22 €
Rest *La Vieille Fontaine* ✿ – voir les restaurants ci-après
Près des remparts, cet hôtel particulier du 16ᵉ s. s'ouvrit à la clientèle dès 1799.
Bonaparte, Hugo ou encore Dalí y séjournèrent. Les chambres se révèlent classi-
ques et soigneusement tenues. Au dernier étage, les suites toisent le palais des
Papes...

Cloître St-Louis
🍽 ⋧ 🏊 🛗 AC 🛜 🏊 🅿
20 r. Portail-Boquier – 𝒞 *04 90 27 55 55*   Plan : EZ**s**
– www.cloitre-saint-louis.com
80 ch – ♦82/339 € ♦♦82/339 € – ⌂ 16 €
Un bâtiment du 16ᵉ s. doublé d'une aile ultracontemporaine. Quel alliage ! S'il
conserve beaucoup de son atmosphère recueillie d'antan, cet ancien noviciat
jésuite – et son cloître tout en pierre – tutoie la modernité avec réussite. Belle
escale à la croisée des époques, au cœur d'Avignon.

Novotel Centre
🍽 🏊 ♨ 🅕🅐 🛗 ⴺ AC 🛜 🏊 🚗
20 bd St-Roch – 𝒞 *04 32 74 70 10 – www.accorhotels.com*   Plan : EZ**t**
130 ch – ♦135/296 € ♦♦135/296 € – 3 suites – ⌂ 16 €
Créé fin 2011, un établissement évidemment très contemporain, séduisant par la
qualité de ses prestations (espaces lumineux, spa, etc.) et sa situation, au pied des
remparts, non loin du centre-ville.

Mercure Pont d'Avignon *sans rest*
🛗 AC 🛜 🏊
r. Ferruce, (quartier Balance) – 𝒞 *04 90 80 93 93*   Plan : EY**r**
– www.accorhotels.com
87 ch – ♦130/180 € ♦♦130/210 € – ⌂ 16 €
Voilà qui s'appelle être au cœur du sujet : ce Mercure récemment rénové se
trouve à mi-chemin entre le palais des Papes et le "pont d'Avignon" (le pont St-
Bénézet de son vrai nom). Parfait pour découvrir la ville, donc.

AVIGNON

Amandier (Av. de l') . . . **CX**
Aulnes (Av. des) . . . . . **CX**
Avignon (Av. d') . . . . . . **CX**
Croix Rouge (Av. de la) **BX**
Docteur-Pons
(Rte Touristique) . . . **BV**
Eisenhower (Av.) . . . . . **AX**
Europe (Pont de l') . . . **AX**
Ferry (Bd J.) . . . . **AX**
Folie (Av. de la) . . . . . **BCX** 29
Foncouverte (Av. de) **BCX** 31
Gaulle
(Rocade Ch.-de) . . **ABX**
Lyon (Rte de) . . . . **BV**
Marseille (Rte de) . . . **BCX** 51
Monclar (Av.) . . . . **AX**
Monod (Bd J.) . . . . **AX** 58
Montfavet (Rte de) . . **BCX** 60
Morières (Rte de) . . . **BCV**
Moulin Notre-Dame
(Av. du) . . . . **BX** 61
Réalpanier (Carr.) . . . . . **CV**
Reine-Jeanne
(Av. de la) . . . . **BX** 81
Royaume (Pont du) . . . **AV** 92
St-Chamand (Av.) . . . . **BX** 95
St-Ruf (Av.) . . . . **AX**
Semard (Av. P.) . . . . . . **BX**
Sixte-Isnard (Bd) . . . . . **BX** 112
Souspirous (Av. de) . . . **CX**
Tarascon (Av. de) . . . . . **AX**
1re Division Blindée
(Bd de la) . . . . **BX** 125

LES ANGLES

Pinède (Ch. de la) . . . . **AV**

LE PONTET

Delorme (Av. Th.) . . . . **CV**
Gaulle (Av. Ch. de) . . . . **CV**
Goutarel (Av. G.) . . . . . **CV** 38
Lascours (Av. F.) . . . . . **CV**
Pasteur (Av. L.) . . . . . . **CV**

VILLENEUVE-LÈS-AVIGNON

Camp de Bataille (R.) . **AV** 15
Chartreux (Ch. des) . . . **AV** 16
Ducros (Bd Edmond) . **AV**
Fort St-André
(Montée du) . . . . **AV** 32
Gaulle (Av. Ch.-de) . . . . **AV** 36
Hôpital (R. de l') . . . . . . **AV** 43
Joffre (Rte) . . . . **AV**
Leclerc (Av. Gén.) . . . . **AV**
Monnaie (R. de la) . . . . **AV** 57
Pasteur (Av.) . . . . **AV**
Péri (Av. G.) . . . . **AV**
Ravoux (Av. Paul) . . . . **AV**
République (R. de la) . . **AV** 87
Tour (Montée de la) . . . **AV** 115
Verdun (Av. de) . . . . . . **AV** 117

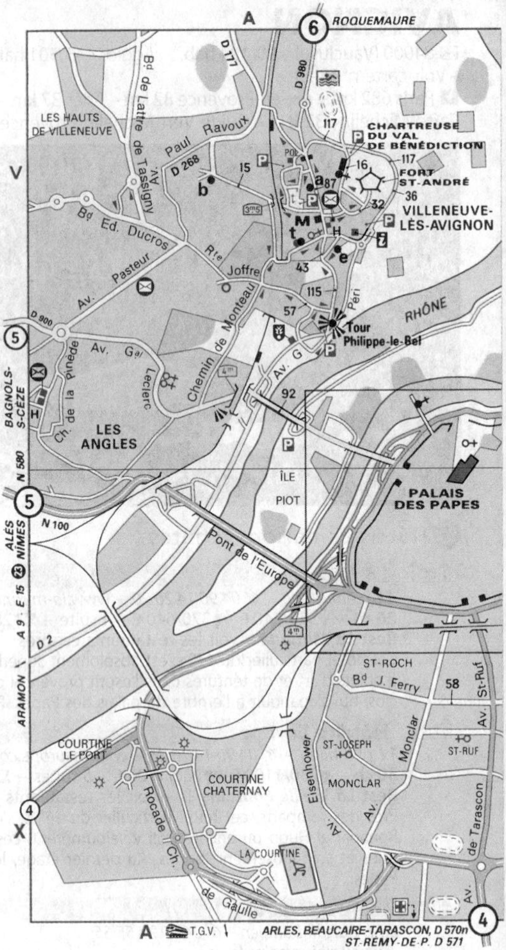

Bristol sans rest

44 cours Jean-Jaurès – *04 90 16 48 48* Plan : EZ**m**
– *www.bristol-avignon.com*
65 ch – 75/110 € 100/129 € – 2 suites – 13 €
Au cœur de l'animation urbaine, un hôtel très engageant avec sa façade aux accents bourgeois. Les chambres allient sobriété et confort. Une bonne option pour qui veut pouvoir parcourir la ville à pied.

Le Lavarin (N)

1715 chemin du Lavarin – *04 90 89 50 60* Plan : AX**b**
– *www.hotel-du-lavarin.fr*
29 ch – 85/175 € 85/220 € – 14 € – ½ P
En retrait de l'agitation du centre-ville, entouré de verdure, un établissement entièrement rénové en 2013. Chambres confortables, agréable piscine, beaux espaces pour les séminaires d'entreprise, restaurant traditionnel : autant d'atouts.

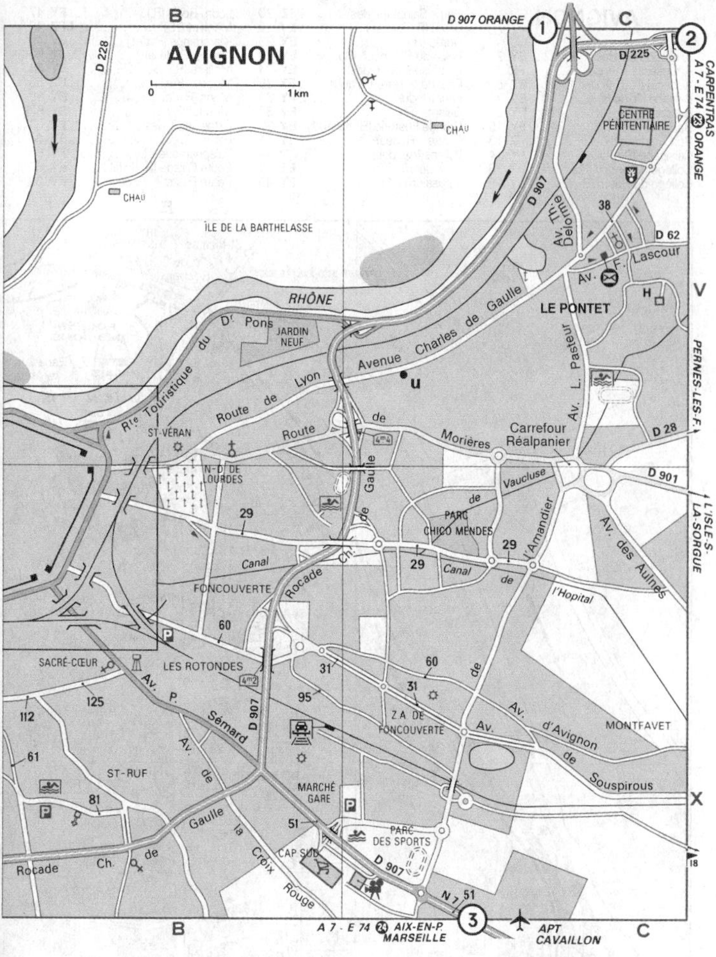

Hôtel de l'Horloge sans rest
1 r. F.-David, (pl. de l'Horloge) – ℰ 04 90 16 42 00
– www.hotel-avignon-horloge.com
Plan : EY**z**
66 ch – †96/299 € ††96/299 € – ☑ 18 €
Au cœur de la vie touristique et culturelle avignonnaise, un établissement à la fois
classique et chaleureux. Une préférence pour les chambres qui ouvrent sur la jolie
place de l'Horloge et celles qui jouissent d'une terrasse privative...

Le Colbert sans rest
7 r. Agricol-Perdiguier – ℰ 04 90 86 20 20
– www.avignon-hotel-colbert.com – Ouvert 1ᵉʳ avril-31 oct.
Plan : EZ**a**
12 ch – †68/130 € ††74/140 € – ☑ 8 €
Murs patinés, affiches du festival, quelques objets chinés, un agréable patio...
Dans cet hôtel traditionnel, la simplicité est vertu et l'on se sent un peu comme
à la maison ! Prix doux pour la ville.

AVIGNON

⌂ **Hôtel de Garlande** sans rest ⏃ ⚥ 🛜

20 r. Galante – 𝒞 04 90 80 08 85 – www.hoteldegarlande.com   Plan : EY**h**
– Fermé fév.
11 ch – †84/125 € ††84/125 € – ☡ 9 €
Dans une rue piétonne du centre historique, un petit hôtel convivial... à l'accent
provençal. La maison est ancienne car elle date du 18ᵉ s. Bon rapport qualité-prix.

⌂ **La Banasterie** sans rest ⏃ ⏃ 🛜

11 r. de la Banasterie – 𝒞 06 87 72 96 36   Plan : EY**d**
– www.labanasterie.com
5 ch ☡ – †100/145 € ††100/190 €
Derrière le palais des Papes, une jolie demeure en pierre blonde datant du 16ᵉ
s. Intimes et cosy, les chambres se révèlent romantiques – certaines ont même
un balcon... Un vrai nid douillet.

● **Restaurants**

XXX **Christian Étienne** ⏃ ⏃ ⏃

ද3   10 r. Mons – 𝒞 04 90 86 16 50 – www.christian-etienne.fr   Plan : EY**h**
– Fermé vacances de la Toussaint, dim. et lundi sauf en juil.
Menu 37 € (déj.), 75/135 €
Le poids des ans ne semble avoir aucune prise sur cette belle table, qui comme le
bon vin paraît se bonifier... Fidèle à son art, Christian Étienne rend un vibrant
hommage à sa Provence natale, sans cesser de se renouveler. Le tout dans
un cadre rare : celui d'une demeure médiévale chargée d'histoire.
→ Menu truffe. Menu homard. Dessert aux fruits de saison.

XXX **La Vieille Fontaine** – Hôtel d'Europe ⏃ ⏃

ද3   12 pl. Crillon – 𝒞 04 90 14 76 76 – www.heurope.com – Fermé   Plan : EY**d**
15 fév.-9 mars, 3-31 août, 26 oct.-2 nov., dim. et lundi
Menu 40 € (déj. en semaine), 68/140 € – Carte 92/135 €
Boiseries, moulures, cheminée... et les dessins de l'illustrateur Léo Lelée contribuent à l'élégance provençale de ce restaurant. Il faut y ajouter la calme terrasse sous un platane centenaire, au cœur de l'hôtel. Un cadre tout approprié
pour la dégustation d'une cuisine d'une belle facture, fine et sapide.
→ Bouillon thaï de homard bleu, ravioles aux herbes, huile de sésame grillé.
Médaillon de veau fumé et rôti au foin, aubergines brûlées et girolles au balsamique blanc. Tarte tiède au chocolat Carupano, crème glacée à la sarriette.

XXX **La Mirande** – Hôtel La Mirande ⏃ ⏃ ⏃ ⏃ ⏃ ⏃

ද3   4 pl. Amirande – 𝒞 04 90 14 20 20 – www.la-mirande.fr   Plan : EY**g**
– Fermé 10 janv.-10 février, mardi et merc.
Menu 42 € (déj.), 75/115 € – Carte environ 90 €
L'œuvre du soleil, le chatoiement des couleurs, la générosité des saveurs : les
assiettes respirent le Sud, ses produits et ses traditions. Le décor est délicieux :
superbe salle 18ᵉ s. ou ravissant jardin...

XXX **Le Diapason** (Erwan Houssin) ⏃ ⏃

ද3   1764 av. du Moulin-Notre-Dame, (Plan : BX)
– 𝒞 04 90 81 00 00 – www.lediapason-restaurant.com
– Fermé 18-31 août, 3 semaines en janv., mardi de sept. à juin, dim. soir
et lundi
Menu 32 € (déj. en semaine), 55/85 €
Aux portes de la ville... et déjà à la campagne ! L'escapade prend des accents
champêtres, mais sachez que la maison est résolument contemporaine et même
minérale. Esprit d'avant-garde également en cuisine, où règne un couple passionné – lui au chaud, elle à la pâtisserie. Deux talents au diapason !
→ Foie gras de canard poché au vin doux de Rasteau, poudre de dragées, pois
gourmands et cerises du Ventoux. Thon rouge de Méditerranée saisi à la plancha,
courgettes aux cébettes, basilic et parmesan. Tarte chocolat guanaja et truffe
noire.

XX **L'Essentiel**   🛋 ᵔ AC
😊 *2 r. Petite-Fusterie* – ℰ 04 90 85 87 12   Plan : EY**y**
*– www.restaurantlessentiel.com – Fermé vacances de la Toussaint et de fév., dim.
et lundi*
Menu 31/45 € – Carte 47/63 €
Comme son nom l'indique, cette table va à l'essentiel... des saveurs, et réjouira les
amateurs d'une cuisine généreuse et ensoleillée. Le décor, lui, joue la carte de la
modernité épurée. Aux beaux jours, on s'installe dans le joli patio. Quant au service et à l'accueil, ils sont irréprochables !

XX **Auberge La Treille** ℕ   🛋 AC ⇦ P.
26 chemin de l'Ile-de-Piot – ℰ 04 90 16 46 20   Plan : DY**a**
*– www.latreille-avignon.fr – Fermé 2-9 mars, 24-31 août, vacances de la
Toussaint, dim. soir et lundi*
Formule 25 € – Menu 31/75 €
Sur l'île Piot, cette jolie maison est installée dans la quiétude et le repos des bords
du Rhône. On y sert une cuisine respectueuse des saisons, dans laquelle on
devine au premier coup de fourchette la patte d'un chef passionné. En hiver, la
cheminée crépite à l'intérieur ; aux beaux jours, on profite de la terrasse !

XX **Hiély-Lucullus**   AC
😊 *5 r. de la République, (1ᵉʳ étage)* – ℰ 04 90 86 17 07   Plan : EY**n**
– www.hiely-lucullus.com – Fermé mardi et merc.
Menu 32/49 € – Carte 43/74 €
Une institution depuis 1938 ! La carte préserve jalousement les spécialités d'André et Pierre Hiély qui firent la renommée du lieu (pieds et paquets à la provençale, baba Lucullus, etc.). Le décor, lui, distille le charme de la Belle Époque version Art nouveau. Indémodable et toujours à la recherche de la qualité.

XX **Le Numéro 75**   🛋 ⇦
75 r. Guillaume-Puy – ℰ 04 90 27 16 00 – www.numero75.com   Plan : FZ**b**
– Fermé 25 déc.-1ᵉʳ janv. et dim.
Menu 30 € (déj.)/37 € – Carte 32/41 € déjeuner
Une demeure bourgeoise du 19ᵉ s. noyée sous la glycine : joli décor pour un
repas en terrasse... Cette adresse connaît un franc succès dans la ville : la faute à
son cadre chaleureux et à sa cuisine du marché pleine de sincérité !

X   **Les 5 Sens**   🛋 AC
18 r. Joseph-Vernet, (pl. Plaisance) – ℰ 04 90 85 26 51   Plan : EY**a**
– www.restaurantles5sens.com – Fermé dim. et lundi
Formule 22 € – Menu 35 € (semaine), 40/59 € – Carte environ 68 €
À l'écart sur une placette discrète, un restaurant gastronomique au cadre original,
chaleureux et feutré. Meilleur Ouvrier de France Traiteur, le chef travaille en artisan. À noter : il propose un bon menu végétarien (céréales, légumes frais...), mais
aussi, en hommage à ses racines du Sud-Ouest... un cassoulet !

X   **La Fourchette**   AC
17 r. Racine – ℰ 04 90 85 20 93 – www.la-fourchette.net   Plan : EY**u**
– Fermé 1ᵉʳ-8 fév., 1ᵉʳ-23 août, sam. et dim.
Menu 35 € – Carte environ 43 € *(réservation conseillée)*
Collection de fourchettes et de guides MICHELIN, vieilles photos, bibelots, etc. : un
bistrot au décor chargé, charmant et très chaleureux. Au menu, une cuisine traditionnelle aux savoureux accents du Sud : daube, pieds et paquets sont les spécialités de la maison. L'adresse affiche souvent complet !

X   **Le Moutardier du Pape**   🛋 AC ⌘
15 pl. du Palais-des-Papes – ℰ 04 90 85 34 76   Plan : EY**z**
– www.restaurant-moutardier.fr – Fermé 16 fév.-1ᵉʳ mars
Formule 17 € – Menu 35/49 € – Carte 37/59 €
Une adresse pour tous, y compris les vaniteux, ceux qui se croient le premier
Moutardier du Pape... Mais trêve de plaisanterie : on se régale ici d'une bonne cuisine au goût du jour, et l'on en prend plein les mirettes en s'installant sur la terrasse ombragée, qui fait face au palais des Papes. Magique !

X **L'Agape** Ⓝ   😋 🅰️🅲
21 pl. des Corps-Saints – ℰ *04 90 85 04 06*   Plan : EZ**n**
– www.restaurant-agape-avignon.com – Fermé dim. et lundi
Formule 17 € – Menu 22 € (déj.), 31/43 € – Carte 47/60 €
Julien Gleize a établi, en juin 2014, ses quartiers sur cette place sympathique au
cœur de la cité des papes. C'est en chef totalement épanoui qu'on le retrouve en
cuisine, composant des assiettes gourmandes et judicieusement pensées, dans
lesquelles les produits de saison sont bien mis en valeur.

X **C O 2**   😋 🅰️🅲
3 bis r. de la Petite-Calade – ℰ *04 90 86 20 74*   Plan : EY**r**
*– www.restaurant-lacuisinedolivier.fr – Fermé 23 août-1ᵉʳ sept., dim. et lundi
sauf juil.*
Formule 19 € – Menu 22 € (déj. en semaine), 31/39 € – Carte environ 40 €
Pile dans la tendance, un néobistrot convivial dans des tons gris et rouge, parfait
pour une bouffée de bonheur (et pas de dioxyde de carbone) autour de bons
petits plats bistrotiers : terrine de lapin ou salade d'ananas, c'est simplement
bon ! Excellent rapport qualité-prix au déjeuner.

X **Italie là-bas** Ⓝ
23 r. de la Bancasse – ℰ *04 86 81 62 27*   Plan : EY**x**
– www.facebook.com/italielabas – Fermé dim. soir et lundi
Formule 12 € – Menu 32 € (dîner) – Carte 34/44 € dîner
Aux manettes, un couple d'Italiens passionnés : pendant qu'il s'occupe du service
en salle, elle est en cuisine et prépare de bons plats transalpins, à base de produits frais. Flan de parmesan aux tagliatelles de carotte, ragoût d'agneau aux artichauts et mozzarella "di bufala"... On se régale, tout simplement !

X **Le 46**   😋 🅰️🅲
46 r. de la Balance – ℰ *04 90 85 24 83*   Plan : EY**e**
– www.le46avignon.com – Fermé vacances de Noël et dim. sauf juil.
Formule 15 € – Carte 23/35 €
Plancher en bois, suspensions en métal, chaises Starck, etc. : mi-resto, mi-bistrot,
ce 46 se montre agréable... et sans faire son numéro ! Côté assiette également, la
simplicité est de mise : on propose une carte de saison attractive, aux doux
accents de Provence, à base de bons produits frais. Le goût est au rendez-vous !

au Pontet 6 km vers ② par rte de Lyon – ✉ 84130 – 16 899 hab. – Alt. 40 m

🏠 **Auberge de Cassagne & Spa**   🍽 🐾 🖴 ⅃ 🗔 💮 ℔ ⅚ 🅰️🅲 🌠 🎧 🏊
450 allée de Cassagne – ℰ *04 90 31 04 18*   🅿
– www.aubergedecassagne.com – Fermé 3-29 janv.
38 ch – ♦194/582 € ♦♦194/582 € – ☲ 28 € – ½ P
Rest *Auberge de Cassagne* – voir les restaurants ci-après
Atmosphère chaleureuse dans cette bastide de 1850, qui préserve son charme
champêtre aux abords d'Avignon – abords aujourd'hui urbanisés. Patio verdoyant,
décors classiques, esprit provençal ou contemporain dans les chambres, spa de
qualité, souci du client... Un havre fort agréable à l'écart de la ville.

🏠 **Les Agassins**   🍽 🐾 🖴 ⅃ 🖳 ⅚ 🅰️🅲 🎧 🏊 🅿
52 av. Charles-de-Gaulle – ℰ *04 90 32 42 91*   Plan : CV**u**
– www.hotel-agassins.com – Ouvert 1ᵉʳ avril-30 oct. et fermé dim. et lundi
26 ch – ♦109/439 € ♦♦109/439 € – ☲ 19 € – ½ P
Une grande maison d'inspiration régionale dans un jardin fleuri protégé par de
hauts murs – un vrai cocon au bord de la piscine... Les chambres, contemporaines, bénéficient presque toutes d'une petite terrasse.

XXX **Auberge de Cassagne** – Hôtel Auberge de Cassagne & Spa   🕸 🖴 ⅚ 🅰️🅲
450 allée de Cassagne – ℰ *04 90 31 04 18*   🌠 🅿
– www.aubergedecassagne.com – Fermé 3-29 janv.
Formule 39 € – Menu 58/100 € – Carte 80/108 €
Poutres, tomettes, cheminée... Dans la tradition de ces auberges bourgeoises
dédiées aux plaisirs de la table, le classicisme est ici de mise, de même les produits nobles et certaines recettes plus rustiques.

à l'aéroport 8 km par ③ – ✉ 84140

Paradou

137 allée de la Chartreuse – ✆ 04 90 84 18 30 – www.hotel-paradou.fr – Fermé 24-25 déc.

98 ch – †85/250 € ††85/250 € – ☕ 14 € – ½ P

Dans une rue discrète à proximité de l'aéroport et du palais des expositions, cet hôtel-restaurant, né dans les années 1980 et agrandi en 2014, joue à la fois la carte de l'esprit provençal et du contemporain. Un ensemble confortable et tenu avec soin.

Voir aussi ressources hôtelières de Villeneuve-lès-Avignon

AVIZE – 51 (Marne) ➜ voir Épernay

AVRANCHES

✉ 50300 (Manche) – 7 950 hab. – Alt. 108 m – Voir carte n°**32-A3**

Paris 337 km – Caen 105 km – Rennes 85 km – St-Lô 58 km

Carte Michelin 303-D7 – Guide Vert Michelin Normandie Cotentin

La Croix d'Or

83 r. de la Constitution – ✆ 02 33 58 04 88 – www.hotel-restaurant-avranches-croixdor.fr – Fermé 1er-23 janv. et dim. soir du 15 oct. au 1er avril

27 ch – †73/90 € ††89/125 € – ☕ 11 € – ½ P

Rest ***La Croix d'Or*** – voir les restaurants ci-après

Façade à colombages, cuivres, mobilier ancien... un relais de poste du 17e s., une certaine image de la Normandie. Le décor des chambres (aménagées en partie dans les anciennes écuries) est plus actuel. Choisissez-les côté jardin !

La Ramade sans rest

2 r. de la Côte, 1 km au Nord-Ouest, à Marcey-les-Grèves – ✆ 02 33 58 27 40 – www.laramade.fr – Fermé 29 déc.-25 janv. et dim. de nov. à mars

22 ch – †75/149 € ††75/149 € – ☕ 12 €

Une demeure bourgeoise des années 1950, sur la route de Granville. Les chambres portent des noms de fleurs, qui inspirent leur décor assez douillet. Salon de thé l'après-midi, cocktails et vins en soirée.

La Croix d'Or – Hôtel La Croix d'Or

83 r. de la Constitution – ✆ 02 33 58 04 88 – www.hotel-restaurant-avranches-croixdor.com – Fermé 1er-23 janv. et dim. soir du 15 oct. au 1er avril

Formule 19 € – Menu 28/57 € – Carte 39/73 €

Vieilles pierres, poutres, cuivres, mobilier normand... on se retrempe avec bonheur dans l'esprit de la région, et l'on trempe avec encore plus de plaisir son pain dans les plats en sauce de la carte, évidemment traditionnelle.

à St-Quentin-sur-le-Homme 5 km au Sud-Est par D 78 (Plan : BZ) – ✉ 50220 – 1 236 hab. – Alt. 55 m

Le Gué du Holme

14 r. des Estuaires – ✆ 02 33 60 63 76 – www.le-gue-du-holme.com – Fermé 1er-8 fév., 8-30 nov. et dim. soir de mi-oct. à mi-mars

10 ch – †78/118 € ††78/118 € – ☕ 11 € – ½ P

Rest ***Le Gué du Holme*** – voir les restaurants ci-après

Cet établissement, aux portes de la baie du Mont-Saint-Michel, propose des chambres récemment rénovées dans un style cosy et feutré. Toutes sont impeccablement tenues et donnent sur un joli jardin. Une étape au grand calme !

Le Gué du Holme

14 r. des Estuaires – ✆ 02 33 60 63 76 – www.le-gue-du-holme.com – Fermé 1er-8 fév., 8-30 nov., sam. midi, dim. soir et lundi

Formule 23 € – Menu 26/52 € – Carte 41/61 €

Une maison en pierres de pays et sa façade en bois située juste en face de l'église. Dans une salle de style classique ou en terrasse, on apprécie des recettes dans l'air du temps qui suivent le rythme des saisons. Dans l'assiette, c'est bien réalisé et savoureux. Une bonne adresse.

AX-LES-THERMES

✉ 09110 (Ariège) – 1 348 hab. – Alt. 720 m – Voir carte n°**29-C3**
▶ Paris 803 km – Andorra-la-Vella 59 km – Carcassonne 106 km – Foix 44 km
Carte Michelin 343-J8

⛉ Le Chalet   🍽 🖩 ♿ 🌿 🛜

4 av. Turrel – ℰ 05 61 64 24 31 – www.le-chalet.fr – Fermé 12 avril-6 mai,
15 nov.-9 déc., dim. soir et lundi soir hors vacances scolaires et lundi midi
19 ch ⌸ – ♦60/82 € ♦♦60/82 €
Rest *Le Chalet* ⊕ – voir les restaurants ci-après
Un hôtel sympathique à deux pas des télécabines conduisant aux pistes. Sachez
que les chambres de l'annexe sont plus récentes et spacieuses. Pour prendre un
grand bol d'air, préférez celles avec un balcon.

⌂ La Grande Cordée   🍽 🖩 ♿ 🛜 🅿

31 av. Dr-François-Gomma – ℰ 05 61 65 77 00 – www.grande-cordee.com
– Fermé 2 semaines en avril et de mi-oct. à mi-déc.
26 ch – ♦48 € ♦♦62 € – ⌸ 8 € – ½ P
La vie de cet établissement est réglée comme du papier à musique avec, l'hiver,
les skieurs et, l'été, les randonneurs. Des sportifs qui s'y reposent dans des chambres bien tenues et décorées de photos de montagnes... Quoi de plus normal
pour une grande cordée ! Produits du terroir au restaurant.

✕✕ Le Chalet – Hôtel Le Chalet   🍴 🌿 ۞
⊛
4 av. Turrel – ℰ 05 61 64 24 31 – www.le-chalet.fr – Fermé 12 avril-6 mai,
15 nov.-9 déc., dim. soir et lundi soir hors vacances scolaires et lundi midi
Formule 28 € – Menu 31/52 € – Carte environ 45 €
Asperges blanches et jambon noir de Bigorre, épaule d'agneau confite, croquant
au chocolat amer... Dans ce Chalet contemporain, Frédéric Debèves revisite le terroir avec talent, jouant sur les saveurs et les textures, signant des assiettes forte-
ment dosées en goût ! L'été, direction la terrasse, au-dessus de la rivière.

AY – 51 (Marne) ➜ voir Épernay

AYGUESVIVES

✉ 31450 (Haute-Garonne) – 2 426 hab. – Alt. 164 m – Voir carte n°**29-C2**
▶ Paris 704 km – Colomiers 36 km – Toulouse 25 km – Tournefeuille 38 km
Carte Michelin 343-H4

⛰ La Pradasse sans rest   🌊 🍴 🍲 🆎 🌿 🛜 🅿

39 chemin de Toulouse, D 16 – ℰ 06 19 21 36 71 – www.lapradasse.com
5 ch ⌸ – ♦95/99 € ♦♦109/125 €
Dans cette grange superbement restaurée, les chambres rivalisent de
charme : brique, bois, fer forgé, baignoire sur pieds ou douche à l'italienne... Et
le parc est délicieux, avec son étang.

AY-SUR-MOSELLE

✉ 57300 (Moselle) – 1 519 hab. – Alt. 160 m – Voir carte n°**26-B1**
▶ Paris 327 km – Briey 31 km – Metz 17 km – Saarlouis 56 km
Carte Michelin 307-I3

✕✕ Le Martin Pêcheur   🎐 🍴 🍲 ۞ 🅿

1 rte d'Hagondange – ℰ 03 87 71 42 31 – www.restaurant-martin-pecheur.fr
– Fermé 27 avril-4 mai, 17 août-1ᵉʳ sept., 26 oct.-2 nov., 16-23 fév., merc. soir,
sam. midi, dim. soir et lundi
Formule 30 € – Menu 40 € (déj. en semaine), 50/100 € ⚐ – Carte 50/73 €
Entre le canal Camifémo et la Moselle, une ancienne maison de pêcheurs (1928)
où règne un bel esprit d'auberge de campagne, avec un agréable jardin où l'on
s'attable en été. Grenouilles, écrevisses, médaillons de chevreuil... la tradition se
mêle aux tendances actuelles, et la cave est bien fournie !

AZAY-LE-RIDEAU

✉ 37190 (Indre-et-Loire) – 3 452 hab. – Alt. 51 m – Voir carte n°**11-A2**
▶ Paris 265 km – Châtellerault 61 km – Chinon 21 km – Loches 58 km
Carte Michelin 317-L5 – Guide Vert Michelin Châteaux de la Loire

🏨 Le Grand Monarque 🕪 ℹ 🛜 🅿

3 pl. de la République – 𝒞 *02 47 45 40 08 – www.legrandmonarque.com – Fermé 20 déc.-20 fév.*
25 ch – †70/150 € ††80/160 € – � 12 €
À deux pas du château et au cœur de la ville, ce Grand Monarque cultive joliment son charme tourangeau : pierres et poutres apparentes, mobilier ancien, cour ombragée pour prendre le frais ou salon avec cheminée... Les résidents apprécient également le restaurant (cuisine au goût du jour).

🏠 Hôtel des Châteaux 🕪 ⅃ 🛜 🅿

2 rte de Villandry – 𝒞 *02 47 45 68 00 – www.hoteldeschateaux.com*
– Ouvert 10 mars-fin oct.
27 ch – †65/92 € ††69/92 € – ⊒ 11 € – ½ P
Une étape idéale sur la route des châteaux de la Loire ! Cet hôtel rénové dans un esprit contemporain dispose de chambres confortables et bien tenues. Au dîner, on savoure les petits plats traditionnels de la maîtresse de maison. Accueil aimable et très bon petit-déjeuner.

🏠 Hôtel de Biencourt sans rest ⅃ 🛜

7 r. Balzac – 𝒞 *02 47 45 20 75 – www.hotelbiencourt.com*
– Ouvert 27 mars-7 nov.
17 ch – †65/100 € ††65/100 € – ⊒ 10 €
Près du château, une maison tourangelle du 18ᵉ s., autrefois école primaire. Les chambres sont sobres, avec de beaux planchers. Agréable patio fleuri et bon petit-déjeuner.

✕✕ L'Aigle d'Or 🏵 ㎡ ℹ ℅ ⇔

10 av. A.-Riché – 𝒞 *02 47 45 24 58 – www.laigle-dor.fr – Fermé 2-9 sept.,*
11-27 nov., 4 janv.-13 fév., lundi soir de déc. à avril, mardi soir
sauf juil.-août, dim. soir et merc.
Menu 30/75 € ▼ – Carte 35/60 € *(réservation conseillée)*
À quelques centaines de mètres du château, voilà une adresse en or ! Dans cette maison de pays, on s'installe au coin de la cheminée ou sur la terrasse ombragée pour déguster une belle cuisine qui revisite la tradition. Au piano, le chef joue une savoureuse mélodie ! Le tout à petits prix.

✕ Côté Cour ㎡ ⅃

19 r. Balzac – 𝒞 *02 47 45 30 36 – www.cotecour-azay.com – Fermé*
15 nov.-15 fév., dim. soir, lundi soir et jeudi soir d'oct. à mars, mardi soir et merc.
Formule 18 € – Menu 23 € (déj.)/30 €
Œuf poché et huile de truffe, fricassée de veau et petits légumes, moelleux au chocolat et framboises, etc. Autant de recettes goûteuses et bien ficelées ! Et la maison est plutôt jolie, tout en pierres apparentes et poutres, avec une agréable terrasse juste devant... les grilles du parc du château.

à Saché 6,5 km à l'Est par D 17 – ✉ 37190 – 1 285 hab. – Alt. 78 m

✕✕ Auberge du XIIe Siècle ㎡ ⇔

1 r. du Château – 𝒞 *02 47 26 88 77 – Fermé 6-20 janv., 1ᵉʳ-10 juin, et*
1ᵉʳ-9 sept., dim. soir, mardi midi et lundi
Menu 25/95 € – Carte 90/102 € *(réservation conseillée)*
À deux pas du château qui l'accueillit si souvent, Balzac avait ses habitudes dans cette vénérable auberge à colombages. Dans ce cadre historique préservé, on apprécie une cuisine empreinte de classicisme. Une superbe terrasse en été, une agréable cheminée pour l'hiver : on se sent ici comme chez soi !

au Nord-Ouest 4 km par D 57 et rte secondaire - ✉31190 Azay-le-Rideau

✕ Auberge Pom'Poire avec ch ⌖ ㎡ ⅃ ㎡ rest. 🛜 🅿

21 rte de Vallères – 𝒞 *02 47 45 83 00 – www.aubergepompoire.com – Fermé*
1ᵉʳ-24 janv., dim. soir sauf juil.-août, lundi et mardi sauf le soir d'avril à juin et sept.
6 ch – †64/74 € ††74/84 € – ⊒ 10 € – ½ P   Menu 31/62 € – Carte 39/55 €
Au milieu des poiriers et des pommiers se cache parfois une bonne adresse... Un joli fruit coloré et acidulé : voilà ce qui pourrait symboliser la cuisine du chef. Du peps, de la justesse, de la subtilité : ses assiettes, composées avec de beaux produits fermiers, débordent de saveurs ! Un hôtel-restaurant à croquer.

BACH

✉ 46230 (Lot) – 166 hab. – Alt. 300 m – Voir carte n°**29**-C1
▶ Paris 602 km – Cahors 32 km – Montauban 65 km – Toulouse 117 km
Carte Michelin 337-G5

<table>
<tr><td>✗</td><td colspan="2">**Auberge Lou Bourdié**</td><td align="right">🛬 🍽</td></tr>
<tr><td>😊</td><td colspan="3">– 𝒸 05 65 31 77 46 – Fermé 22 août-8 sept., 23 déc.-6 janv., merc., sam. et le soir
Menu 15 € (semaine), 18/50 € – Carte 20/35 € (réservation conseillée)</td></tr>
<tr><td>😊</td><td colspan="3">Monique Valette est la patronne dont rêvent tous les gourmands de France et de Navarre ! Accueillante, respirant la joie de vivre, elle nous régale d'une cuisine authentique et généreuse, réalisée "à la fortune du pot" : civet, poule farcie, confit… On retrouve les saveurs d'antan. Une adresse comme on n'en fait plus !</td></tr>
</table>

BADEN

✉ 56870 (Morbihan) – 4 199 hab. – Alt. 28 m – Voir carte n°**9**-A3
▶ Paris 473 km – Auray 9 km – Lorient 52 km – Quiberon 40 km
Carte Michelin 308-N9

🏠🏠   **Le Gavrinis**   🔟 📶 🛜 ⛳ 🅿

1 r. de L'Île-Gavrinis, à Toulbroch, 2 km par rte de Vannes – 𝒸 02 97 57 00 82
– www.gavrinis.com – Fermé 15-30 nov. et 2 janv.-5 fév.
18 ch – ♦55/115 € ♦♦55/115 € – ⚏ 12 € – ½ P
Rest Le Gavrinis 😊 – voir les restaurants ci-après
Cette maison néobretonne des années 1970, ceinte d'un beau jardin, dispose de chambres fraîches (bois blond, teintes claires), ou plus simples mais bien tenues.

🏠   **Le Val de Brangon**   🔟 🛏 📶 🅿 🍽

Lieu-dit Brangon, 2 km à l'Est par D 101 et C 204 – 𝒸 02 97 57 06 05
– www.levaldebrangon.com
5 ch ⚏ – ♦160/200 € ♦♦170/210 €
Avant d'embarquer pour l'île aux Moines, arrêtez-vous dans cette longère de 1824 admirablement restaurée. Décoration élégante (pierres d'origine, objets chinées, œuvres d'art), grand jardin et piscine chauffée. Cuisine de saison fraîche et légère.

🏠   **Lueur des Îles** 🆕   🔟 🛏 🍴 📶 🅿

39 r. du Lenn – 𝒸 06 07 50 10 17 – Fermé 1 semaine en Novembre
5 ch ⚏ – ♦100/142 € ♦♦105/150 €
Dans un ravissant jardin paysager, au grand calme à 300 m de la côte, cette grande maison d'architecte resplendit dans la lumière du golfe du Morbihan. Tout est soigné et agréable, tout semble simple – mais tout a été pensé avec beaucoup de goût et un parfait sens du confort. Idéal pour un "break" de quelques jours…

✗✗   **Le Gavrinis** – Hôtel Le Gavrinis   🛬 🅿

1 r. de L'Île-Gavrinis, à Toulbroch, 2 km par rte de Vannes – 𝒸 02 97 57 00 82
– www.gavrinis.com – Fermé 15-30 nov., 2 janv.-5 fév., dim. soir de mi-sept. à mi-juin, lundi sauf le soir de mi-juin à mi-sept. et sam. midi
Formule 17 € – Menu 27/50 € – Carte 42/61 €
L'enseigne rend hommage à l'île de Gavrinis toute proche. Il faut dire qu'ici on cultive l'âme bretonne et la fierté d'un terroir riche et vivant : millefeuille de sardines et pissaladière ; poitrine de porc fermier confite et laquée… À savourer dans un décor soigné où dominent le bois flotté et les teintes douces.

BAERENTHAL

✉ 57230 (Moselle) – 774 hab. – Alt. 220 m – Voir carte n°**27**-D1
▶ Paris 449 km – Bitche 15 km – Haguenau 33 km – Strasbourg 62 km
Carte Michelin 307-Q5

🏠   **Le Kirchberg** sans rest   🛜 🛬 🅿

8 imp. de la Forêt – 𝒸 03 87 98 97 70 – www.le-kirchberg.com
– Fermé 1er janv.-9 fév.
20 ch – ♦44/56 € ♦♦66/71 € – ⚏ 8 €
Envie d'un peu de calme et d'air pur ? Cet hôtel des années 1990, sur les hauteurs d'un paisible village du parc naturel des Vosges du Nord, vous procurera les deux. Les chambres y sont fonctionnelles, certaines avec kitchenette. Préférez celles sur l'arrière, avec une jolie vue.

à Untermuhlthal 4 km au Sud-Est par D 87 – ✉ 57230

K sans rest

5 Untermuhlthal – ✆ 03 87 27 05 60 – www.hotel-k.fr – Fermé 31 déc.-20 janv., mardi et merc.

6 ch – †270/360 € ††270/360 € – 6 suites – ☕ 29 €

Ses lignes contemporaines et épurées constituent un magnifique contraste dans ce paysage où le bois domine. Les chambres, spacieuses et zen, avec balcon privatif, sont la promesse d'un doux repos. Une communion hi-tech avec la nature environnante...

L'Arnsbourg

18 Untermuhlthal – ✆ 03 87 06 50 85 – www.arnsbourg.com – Fermé 27 juil.-12 août, 31 déc.-21 janv., mardi et merc.

Menu 65 € (déj. en semaine), 95/165 € – Carte 100/160 € *(réservation conseillée)*

Une page se tourne en 2015 pour cette table vosgienne au nom mythique, avec le départ de son chef, Jean-Georges Klein, au terme d'une carrière d'exception. La recherche de la qualité est inscrite dans les gènes de cette si belle maison : gageons que ce nouveau chapitre sera fécond !

BÂGÉ-LE-CHÂTEL

✉ 01380 (Ain) – 786 hab. – Alt. 209 m – Voir carte n°**44-B1**

Paris 396 km – Bourg-en-Bresse 35 km – Mâcon 11 km – Pont-de-Veyle 7 km

Carte Michelin 328-C3

La Table Bâgésienne

19 Grande-Rue – ✆ 03 85 30 54 22 – www.latablebagesienne.com – Fermé 16-25 fév., 27 juil.-12 août, 22-30 déc., mardi et merc.

Menu 23 € (déj. en semaine), 31/72 € – Carte 54/72 €

La façade de cet ancien relais de poste est bien engageante ! Une fois passée la porte, on découvre une déco contemporaine (tons gris, lin et cacao) et une généreuse cuisine bressane que le chef n'hésite pas à interpréter à sa façon.

BAGES – 11 (Aude) → voir Narbonne

BAGNÈRES-DE-BIGORRE

✉ 65200 (Hautes-Pyrénées) – 7 906 hab. – Alt. 551 m – Voir carte n°**28-A3**

Paris 829 km – Lourdes 24 km – Pau 66 km – St-Gaudens 65 km

Carte Michelin 342-M4

Les Petites Vosges sans rest

17 bd Carnot – ✆ 05 62 91 55 30 – www.lespetitesvosges.com – Fermé 20-30 oct.

4 ch ☕ – †80/85 € ††85/100 €

Pimpante maison où meubles chinés et contemporains s'harmonisent avec originalité. Les chambres y sont confortables et bien tenues. La propriétaire saura vous conseiller de belles randonnées dans les environs.

Le Jardin des Brouches

22 bd Carnot – ✆ 05 62 91 07 95 – www.lejardindesbrouches.fr – Fermé merc. hors vacances scolaires et dim. soir

Menu 21 € (déj. en semaine), 31/65 € – Carte 42/96 €

Une fois franchi le portail et la petite cour, on découvre cette paisible maison avec son potager sur l'arrière ; l'intérieur est coloré, fleuri, et l'on s'y sent comme chez soi. Dans l'assiette, on trouve de bons produits frais et pleins de saveurs, préparés avec amour par un chef épris d'herbes et d'épices. Séduisant !

à Lesponne 8 km au Sud par D 935 et D 29 – ✉ 65710

Domaine de Ramonjuan

Par Dé Arribarat – ✆ 05 62 91 75 75 – www.ramonjuan.com

15 ch – †65/98 € ††65/98 € – ☕ 10 € – ½ P

Ferme de montagne muée en hôtel disposant de bons équipements de loisirs. Chambres claires et joliment arrangées, beaucoup de matières et teintes naturelles (lin, rotin...). Cuisine régionale dans la véranda ou sur la terrasse d'été.

BAGNÈRES-DE-LUCHON

✉ 31110 (Haute-Garonne) – 2 585 hab. – Alt. 630 m – Voir carte n°**28-B3**
Paris 814 km – St-Gaudens 48 km – Tarbes 98 km – Toulouse 141 km
Carte Michelin 343-B8

Hôtel d'Étigny

(face établ. thermal) – ✆ 05 61 79 01 42 – www.hotel-etigny.com – Ouvert 23 mai-26 sept.
63 ch – †60/135 € ††65/165 € – 5 suites – ☕ 12 € – ½ P
En face des thermes, cet ancien hôtel particulier (19es.) est tenu par la même famille depuis quatre générations. Chambres classiques, peu à peu rénovées dans un style contemporain ; au restaurant, la carte est classique, elle aussi.

Alti sans rest

19 allées d'Etigny – ✆ 05 61 79 56 97 – www.altiluchon.com
47 ch – †67/88 € ††83/147 € – ☕ 10 €
En plein centre-ville, cet hôtel répond aux attentes de la clientèle d'affaires et des vacanciers. Chambres agréables et bien équipées ; piscine intérieure idéale après le ski.

La Rencluse

à St-Mamet – ✆ 05 61 79 02 81 – www.hotel-larencluse.com – Ouvert 4 mai-12 oct. et vacances de fév.
23 ch – †56/90 € ††72/110 € – ☕ 10 € – ½ P
Voilà une sympathique auberge familiale sur la route de l'Espagne. Les chambres, de style montagnard, sont bien mignonnes, parfois mansardées (plus simples à l'annexe) ; certaines ont d'ailleurs une jolie vue sur les sommets. L'été, on s'installe sous la pergola pour déguster des plats traditionnels.

Pavillon Sévigné sans rest

2 av. Jacques-Barrau – ✆ 05 61 79 31 50 – www.pavillonsevigne.com
5 ch ☕ – †75/85 € ††85/95 €
Ce ravissant manoir du 19e s. ne manque pas d'attraits : fresques murales, escalier en bois, meubles anciens... et confort moderne ! Pour ne rien gâcher, l'accueil est délicieux. À la table d'hôte, menu unique. Qu'il fait bon s'installer dans la salle à manger...

L'Heptameron des Gourmets

3 bd Charles-de-Gaulle – ✆ 05 61 79 78 55 – www.heptamerondesgourmets.com
Menu 60 € *(réservation conseillée)*
Original : le chef et sa femme vous reçoivent... chez eux, au rez-de-chaussée de leur maison, dans une atmosphère très raffinée. Monsieur concocte un menu unique du marché (en sept services) et vous propose de choisir votre vin à la cave.

à St-Paul-d'Oueil 8 km par D 618 et D 51 – ✉ 31110 – 47 hab. – Alt. 1 000 m

Maison Jeanne sans rest

– ✆ 05 61 79 81 63 – www.maison-jeanne-luchon.com – Ouvert fév.-oct.
4 ch ☕ – †81/146 € ††87/146 €
La montagne, un jardin et cette belle maison de pays, idéale pour se ressourcer. L'accueil est chaleureux et les chambres vraiment jolies (poutres apparentes, meubles anciens...).

BAGNOLES-DE-L'ORNE

✉ 61140 (Orne) – 2 413 hab. – Alt. 140 m – Voir carte n°**32-B3**
Paris 236 km – Alençon 48 km – Argentan 39 km – Domfront 19 km
Carte Michelin 310-G3 – Guide Vert Michelin Normandie Cotentin

Le Manoir du Lys

2 km rte Juvigny-sous-Andaine par ③ – ✆ 02 33 37 80 69 – www.manoir-du-lys.fr – Fermé 2 janv.-13 fév., dim. soir et lundi sauf de mai à oct.
23 ch – †109/240 € ††109/240 € – 7 suites – ☕ 17 € – ½ P
Rest *Le Manoir du Lys* ✿ – voir les restaurants ci-après
Au milieu des bois et dans un superbe parc, cette belle demeure normande est empreinte de quiétude... Les chambres du manoir affichent un raffinement classique ou plus contemporain, toujours chaleureux ; dans le pavillon, des suites spacieuses.

BAGNOLES-DE-L'ORNE

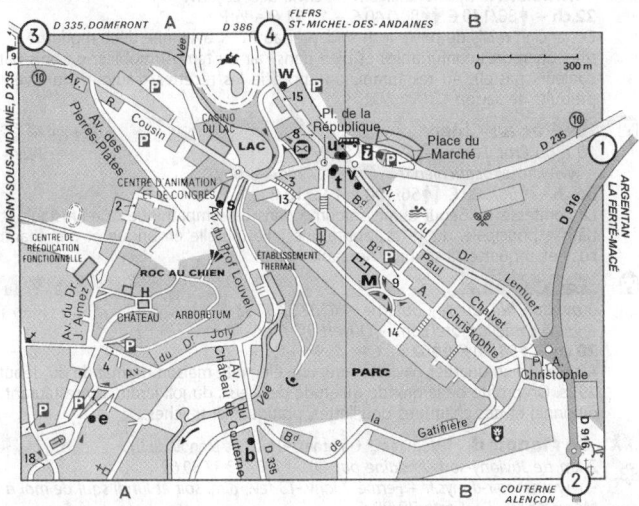

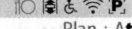

Bois Joli
⏸ 🔲 🛋 📶 **P**

12 av. Philippe-du-Rozier – ☏ 02 33 37 92 77   Plan : A**w**
– www.hotelboisjoli.com

20 ch – ♦99/179 € ♦♦139/179 € – ☕ 12 € – ½ P

Élégante villa anglo-normande (19ᵉ s.) dans un parc arboré. Avec ses meubles anciens, ses lambris d'origine et ses chambres si romantiques, elle distille une vraie atmosphère rétro... Près de la cheminée en bois sculpté, on savoure une agréable cuisine traditionnelle.

Nouvel Hôtel
⏸ 🔲 ✂ 📶 **P** 🚗

8 av. Dr-Pierre-Noal – ☏ 02 33 30 75 00 – www.lenouvelhotel.fr   Plan : A**e**
– Ouvert de mi-mars à fin oct.

30 ch – ♦59/120 € ♦♦59/120 € – ☕ 10 € – ½ P

Une jolie villa de 1912 avec des chambres pratiques, plaisantes et bien insonorisées, ainsi qu'un restaurant adapté aux curistes (menus traditionnels, diététiques et végétariens). Petits plus charmants : le salon avec son piano et le jardin, si paisible...

Bagnoles Hôtel
⏸ 🔲 ♿ 📶 **P**

6 pl. de la République – ☏ 02 33 37 86 79   Plan : A**t**
– www.bagnoles-hotel.com

20 ch – ♦78/108 € ♦♦78/108 € – ☕ 9 € – ½ P

Rest *Bistrot Gourmand* – voir les restaurants ci-après

Au cœur de la station, un hôtel avec des chambres avant tout fonctionnelles mais agréables et colorées, le plus souvent avec balcon ou terrasse. Celles du 3ᵉ étage sont mansardées : bien plaisant.

Ô Gayot
⏸ 🔲 📶

2 av. de la Ferté-Macé – ☏ 02 33 38 44 01 – www.ogayot.net   Plan : A**u**
– Fermé dim. soir du 15 nov. au 1ᵉʳ avril

15 ch – ♦60/75 € ♦♦60/95 € – ☕ 10 € – ½ P

Rest *Ô Gayot* – voir les restaurants ci-après

Au centre de la station thermale, hôtel au concept "tout en un" : chambres épurées sur le thème de l'eau ou de la forêt ; bar, salon de thé, boutique de produits régionaux et même un bistrot pour les gourmands.

🏠 Le Normandie   Ⅰ◎ 📶 🛜 🅿

2 av. du Dr-Lemuet – 🕿 *02 33 30 71 30*   Plan : B**v**
– www.hotel-le-normandie.com – Fermé déc. et janv.
22 ch – 🛏80/140 € 🛏🛏80/140 € – ⌹ 11 € – ½ P
Cet ancien relais de poste a su s'adapter au 21e s. avec une déco moderne et feutrée. Chambres confortables et bien dans l'air du temps (mobilier en bois patiné,
couleurs pastel). Au restaurant, on apprécie les recettes d'aujourd'hui avec des
produits de saison.

🏠 Le Roc au Chien   Ⅰ◎ 🚿 📶 🛜 🅿

10 r. du Prof.-Louvel – 🕿 *02 33 37 97 33*   Plan : A**s**
– www.hotelrocauchien.fr – Ouvert 7 mars-8 nov.
36 ch – 🛏56/100 € 🛏🛏56/100 € – ⌹ 10 € – ½ P
La comtesse de Ségur aurait séjourné dans ce sympathique hôtel-restaurant. La
bâtisse principale, du 19e s., abrite une jolie tourelle en brique et des chambres
cosy et coquettes à souhait. Agréable jardin.

🏠 Les Camélias   Ⅰ◎ 🚿 📶 🛜 ♨ 🅿

6 av. du Château-de-Couterne – 🕿 *02 33 37 93 11*   Plan : A**b**
– www.cameliashotel.com – Ouvert 1er mars-30 nov.
20 ch – 🛏54/70 € 🛏🛏62/78 € – ⌹ 9 € – ½ P
Au cœur d'un quartier pavillonnaire, une élégante maison normande du début du
20e s. On profite de la grande quiétude des lieux, du joli jardin, du restaurant traditionnel et des chambres douillettes, pratiques et fraîches...

𝕏𝕏𝕏 Le Manoir du Lys (Franck Quinton) – Hôtel Le Manoir du Lys   🐝 🚿 🛜 ♻

2 km rte Juvigny-sous-Andaine par ③ *–* 🕿 *02 33 37 80 69*   🅿
– www.manoir-du-lys.fr – Fermé 2 janv.-13 fév., dim. soir et lundi sauf de mai à oct.
Menu 45/95 € – Carte 70/80 €
De la pierre, des boiseries claires et une terrasse agréable pour une atmosphère
élégante et chaleureuse... Le chef concocte une cuisine fine et goûteuse qui valorise les beaux produits régionaux – en particulier les champignons de la forêt des
Andaines !
➜ Andouille de Vire en papillote et foin vert, crème au camembert et langoustine. Suprêmes de pigeonneau rôtis, reine des cuisines, roi des forêts. Macaron
aux champignons des bois, sorbet trompette.

𝕏 Ô Gayot – Hôtel Ô Gayot   🛜 ♿

2 av. de la Ferté-Macé – 🕿 *02 33 38 44 01 – www.ogayot.com*   Plan : A**u**
– Fermé dim. soir et lundi midi du 15 nov. au 1er avril et jeudi
Formule 17 € – Menu 21 € (semaine)/27 € – Carte 28/43 €
Une jolie maison en pierre et son bistrot, pile dans l'air du temps. Dans l'assiette,
de bonnes recettes... bistrotières, qui changent toutes les semaines. Œuf mollet et
crème de champignons, tartare de bœuf coupé au couteau et frites, sablé au
beurre et sa glace au caramel, etc. Une certaine idée de la gourmandise.

𝕏 Bistrot Gourmand – Bagnoles Hôtel   🛜 🅿

6 pl. de la République – 🕿 *02 33 37 86 79*   Plan : A**t**
– www.bagnoles-hotel.com – Fermé 18 janv.-7 fév.
Formule 12 € – Menu 19/25 € – Carte 29/41 €
Dans ce Bistrot gourmand, le chef prépare une cuisine qui suit le marché et les
saisons... C'est frais et sympathique.

BAGNOLS

✉ 69620 (Rhône) – 675 hab. – Alt. 400 m – Voir carte n°**43-E1**
🄳 Paris 444 km – Lyon 30 km – Tarare 20 km – Villefranche-sur-Saône 14 km
Carte Michelin 327-G4 – Guide Vert Michelin Lyon et sa région

🏰 Château de Bagnols   Ⅰ◎ 🛁 ≼ 🚿 ⛲ 📶 ♿ 🛜 ♨ 🅿

le bourg – 🕿 *04 74 71 40 00 – www.chateaudebagnols.com*
21 ch – 🛏450/1160 € 🛏🛏450/1160 € – 6 suites – ⌹ 32 €
Rest 1217 – voir les restaurants ci-après
Les mots manqueraient presque pour décrire la magnificence de ce château du
13e s. dominant le vignoble beaujolais. L'accès par le pont-levis au-dessus des
douves, les décors historiques (fresques Renaissance et tapisseries, mobilier d'art,
cheminées monumentales...), le superbe parc et son verger : tout est unique.

XXX **1217** – Hôtel Château de Bagnols   🏕 ← 🍴 🏠 🌊 🔄
le bourg – 𝒞 *04 74 71 40 00 – www.chateaudebagnols.com – Fermé dim. soir et lundi*
Menu 70/120 € – Carte 70/180 €
Un cadre d'exception que ce superbe château médiéval, qui semble cultiver des fastes immémoriaux... Sous le patronage d'une immense cheminée gothique délicatement sculptée, le repas se fait festin d'une belle finesse, et la tradition s'en trouve renouvelée. À noter : on propose une formule bistrot pour le déjeuner en semaine.

BAGNOLS-SUR-CÈZE

✉ 30200 (Gard) – 18 349 hab. – Alt. 51 m – Voir carte n°**23**-D1
▶ Paris 653 km – Alès 54 km – Avignon 34 km – Nîmes 56 km
Carte Michelin 339-M4

 Château du Val de Cèze   🍴◇ 🍴 🍽 ♿ 🎦 🎬 🛜 🏊 🅿
69 r. Léon-Fontaine, 1 km rte d'Avignon – 𝒞 *04 66 89 61 26*
– www.chateauvaldeceze.fr
22 ch – ♦90/129 € ♦♦100/139 € – 1 suite – ☑ 12 € – ½ P
Ce château du 17ᵉ s. et son parc sont très prisés par la clientèle d'affaires (séminaires, réunions...). Les chambres, sobres et confortables, disposent toutes d'une terrasse. Bonne option pour organiser un repas que le restaurant, dont le chef propose une cuisine assez soignée.

BAIE DES TRÉPASSÉS – 29 (Finistère) → voir Pointe du Raz

BAILLARGUES – 34 (Hérault) → voir Montpellier

BAILLEUL

✉ 59270 (Nord) – 14 517 hab. – Alt. 44 m – Voir carte n°**30**-B2
▶ Paris 244 km – Armentières 13 km – Béthune 31 km – Dunkerque 44 km
Carte Michelin 302-E3

 Belle Hôtel *sans rest*   ♿ 🎦 🛜 🅿
19 r. de Lille – 𝒞 *03 28 49 19 00 – www.bellehotel.fr – Fermé 2 semaines en août et 23 déc.-7 janv.*
31 ch – ♦93/99 € ♦♦160/180 € – ☑ 11 €
Près de la frontière belge, deux jolies maisons typiquement flamandes. Les chambres sont spacieuses et raffinées (meubles de style) dans l'une ; plus fonctionnelles mais tout aussi confortables dans l'autre. Un ensemble méticuleusement tenu.

BAIX

✉ 07210 (Ardèche) – 1 039 hab. – Alt. 80 m – Voir carte n°**44**-B3
▶ Paris 588 km – Crest 30 km – Montélimar 22 km – Privas 18 km
Carte Michelin 331-K5

🏠 **Les Quatre Vents** *sans rest*   ◇ 🍴 ♿ 🛜 🅿
rte de Chomérac, 2 km au Nord-Ouest – 𝒞 *04 75 85 80 64*
– www.hotel-les4vents.fr – Fermé 20 déc.-20 janv.
20 ch – ♦58/67 € ♦♦67 € – ☑ 8 €
Une bonne affaire que cet hôtel qui pratique des prix très compétitifs pour la région. Les chambres sont simples mais fort bien tenues, l'accueil est agréable et, l'été, on peut prendre son petit-déjeuner en terrasse.

BALANOD

✉ 39160 (Jura) – 332 hab. – Alt. 250 m – Voir carte n°**16**-A3
▶ Paris 447 km – Besançon 123 km – Bourg-en-Bresse 33 km –
Lons-le-Saunier 33 km

XX **Philippe Bouvard**   ♿ 🅿
Grande Rue – 𝒞 *03 84 48 73 65 – Fermé dim. soir, mardi soir, merc. soir et lundi*
Menu 13 € 🍷 *(déj. en semaine)*, 28/65 € – Carte 40/61 €
Une petite auberge chaleureuse et conviviale, portée par le chef Philippe Bouvard, passionné et généreux, qui... n'a pas la grosse tête ! Parmi ses spécialités, le soufflé au comté, mais il cherche à donner au terroir des accents de nouveauté. Une adresse où l'on se sent bien.

BALARUC-LES-BAINS

⊠ 34540 (Hérault) – 6 911 hab. – Alt. 3 m – Voir carte n°**23**-C2
🚗 Paris 781 km – Agde 32 km – Béziers 52 km – Frontignan 8 km
Carte Michelin 339-H8

✗✗✗   Le St-Clair   ⇐ 🌿 **AC**

quai du Port – ℰ 04 67 48 48 91 – www.restaurant-saintclair.com
Menu 23 € (semaine), 34/95 € – Carte 63/110 €
Une maison élégante sur les quais ; la terrasse sous les palmiers ouvre sur le bassin de Thau... On y apprécie une bonne cuisine de la mer.

BALDERSHEIM – 68 (Haut-Rhin) → voir Mulhouse

BALLEROY

⊠ 14490 (Calvados) – 969 hab. – Alt. 70 m – Voir carte n°**32**-B2
🚗 Paris 276 km – Bayeux 16 km – Caen 42 km – St-Lô 23 km
Carte Michelin 303-G4 – Guide Vert Michelin Normandie Cotentin

✗✗✗   Manoir de la Drôme   ⇐ 🌿 **P**

*129 r. des Forges – ℰ 02 31 21 60 94 – www.manoir-de-la-drome.com
– Fermé 2 janv.-12 fév., dim. soir, lundi et merc.*
Formule 26 € – Menu 49/70 € – Carte 70/77 €
Cette demeure de caractère (17ᵉ s.) fut la propriété d'un maître de forge. D'une élégance incontestable avec son agréable jardin fleuri où passe la Drôme, c'est le cadre parfait pour un repas d'un beau classicisme.

BALOT

⊠ 21330 (Côte-d'Or) – 84 hab. – Alt. 272 m – Voir carte n°**8**-C1
🚗 Paris 235 km – Auxerre 74 km – Chaumont 74 km – Dijon 82 km
Carte Michelin 320-G3

🏠   Auberge de la Baume   ⅠⅠ◯ 🌿 🛜

r. d'en haut – ℰ 03 80 81 40 15 – www.aubergedelabaume.com – Fermé 24 déc.-4 janv.
10 ch – 🛏60/62 € 🛏🛏60/62 € – ☷ 8 € – ½ P
Une auberge de village typique, en face de l'église... Accueil prévenant, chambres pratiques et bien tenues et, pour le cachet, une belle collection de soupières anciennes, dans une salle à manger rustique à souhait.

BANASSAC

⊠ 48500 (Lozère) – 872 hab. – Alt. 525 m – Voir carte n°**22**-B1
🚗 Paris 588 km – Florac 55 km – Mende 47 km – Millau 52 km
Carte Michelin 330-H8

🏨   Les 2 Rives *sans rest*   ♿ **AC** 🛜 **P**

*La Mothe, Sortie n°40 sur A 75 – ℰ 04 66 32 99 97 – www.hotel-les2rives.com
– Fermé 1ᵉʳ janv.-9 fév.*
29 ch – 🛏50/105 € 🛏🛏50/105 € – ☷ 9 €
Aux confins de la Lozère et de l'Aveyron, à deux minutes de la sortie de l'autoroute, on trouve cette imposante bâtisse en pierre du pays. On pose ses valises dans des chambres modernes, bien équipées ; l'accueil se révèle accueillant. Une sympathique étape.

BAN-DE-LAVELINE

⊠ 88520 (Vosges) – 1 309 hab. – Alt. 427 m – Voir carte n°**27**-D3
🚗 Paris 411 km – Colmar 59 km – Épinal 67 km – St-Dié 14 km
Carte Michelin 314-K3

✗✗   Auberge Lorraine *avec ch*   ⇐ 🌿 🛜 **P**

🐾   *5 r. du 8-mai – ℰ 03 29 51 78 17 – www.auberge-lorraine.biz – Fermé
25 août-9 sept. et 28 janv.-11 fév.*
7 ch – 🛏52 € 🛏🛏62 € – ☷ 11 € – ½ P
Menu 14 € (déj. en semaine), 24/45 € – Carte 36/54 € *(fermé dim. soir et lundi)*
Cette auberge du pays vosgien, tenue par un jeune couple, propose une cuisine traditionnelle en prise sur les saisons (dos de cabillaud sauce grenobloise, joue de veau façon blanquette). À l'étage, on trouve des chambres assez spacieuses et douillettes.

BANDOL

⊠ 83150 (Var) – 7 663 hab. – Alt. 1 m – Voir carte n°**40-B3**

▶ Paris 818 km – Aix-en-Provence 68 km – Marseille 48 km – Toulon 18 km

Carte Michelin 340-J7 – Guide Vert Michelin Côte d'Azur

Île Rousse

25 bd Louis-Lumière – ℰ 04 94 29 33 00 – www.ile-rousse.com
62 ch – ♦187/555 € ♦♦355/705 € – 5 suites – ☲ 28 € – ½ P
Une situation idéale pour cet hôtel chic, zen et les pieds dans l'eau ! Tout séduit : le décor contemporain, le superbe centre de thalasso, le hall d'accueil ouvert sur la piscine d'eau de mer... et la plage privée où l'on prend le soleil en toute tranquillité.

Golf Hôtel

10 promenade de la Corniche, sur plage Renécros par bd L.-Lumière
– ℰ 04 94 29 45 83 – www.golfhotel.fr – Ouvert avril-oct.
24 ch – ♦69/132 € ♦♦69/132 € – ☲ 11 € – ½ P
Une accueillante villa des années 1900 ancrée dans le sable fin, les pieds dans l'eau... Les chambres sont décorées avec sobriété, et certaines d'entre elles disposent d'une loggia ou d'un balcon. Restaurant de plage en saison.

✗✗ L'Espérance

21 r. du Dr-Louis-Marçon – ℰ 04 94 05 85 29 – Fermé 1 semaine en juin, 1 semaine en nov., 2 semaines en janv., dim. soir et mardi d'oct. à juin et lundi
Menu 31/70 € – Carte 50/62 € (réservation conseillée)
Légèrement en retrait du front de mer et de son agitation touristique, on s'attable dans ce petit restaurant discret, tenu par un couple charmant ; le chef, Gilles Pradines, y concocte une cuisine soignée et parfumée : dorade grise et fondue de tomates, veau rôti et purée de pomme de terre aux morilles... Un régal !

✗ L'Atelier du Goût ❶

2 r. Pons – ℰ 04 89 66 61 37 – www.atelierdugout-bandol.fr – Fermé mardi soir et merc. sauf juil.-août et vacances scolaires
Formule 23 € – Menu 29 € (déj.), 48/68 € – Carte 64/72 € dîner
Clafoutis de pleurotes et asperges, dos de lieu jaune aux carottes, cumin et coriandre, tarte aux poires façon Bourdaloue... Voilà le type de recettes goûteuses et gourmandes que l'on retrouve au menu de ce charmant petit restaurant, à deux sons de cloche de l'église. À midi, un menu plus simple est proposé à l'ardoise.

BANGOR – 56 (Morbihan) → voir Belle-Ile-en-Mer

BANNE

⊠ 07460 (Ardèche) – 702 hab. – Alt. 250 m – Voir carte n°**44-A3**

▶ Paris 680 km – Lyon 217 km – Nîmes 78 km – Privas 72 km

Carte Michelin 331-G7 – Guide Vert Michelin Ardèche Drôme

Auberge de Banne ❶

pl. du Fort – ℰ 04 75 89 07 78 – www.aubergedebanne.fr
12 ch – ♦145/225 € ♦♦145/425 € – ☲ 15 €
Rest *Auberge de Banne* – voir les restaurants ci-après
Sur sa colline à la frontière de l'Ardèche et du Gard, le village de Banne a tout d'une carte postale : un panorama superbe, un climat délicieux et... une ravissante auberge. Tombés amoureux de l'endroit, ses propriétaires ont tout repensé dans un bel esprit à la fois contemporain et rétro. Une réussite, à découvrir !

✗ Auberge de Banne ❶

pl. du Fort – ℰ 04 75 36 66 10 – www.aubergedebanne.fr
Formule 16 € – Menu 20/37 € – Carte 33/56 €
S'asseoir en terrasse, près de la fontaine, sur cette place du marché dominée par les ruines du château... Quel bonheur ! Dans l'assiette, une planche ardéchoise – caillette, saucisson, jambon et terrine –, une souris d'agneau confite, un tiramisu à la crème de marron : de la bonne tradition, franche et bien troussée.

BANNEGON

⊠ 18210 (Cher) – 256 hab. – Alt. 180 m – Voir carte n°**12-C3**

▶ Paris 284 km – Bourges 43 km – Moulins 70 km – St-Amand-Montrond 22 km

Carte Michelin 323-M6

Moulin de Chaméron

2,5 km par rte de Neuilly-en-Dun et rte secondaire – ✆ 02 48 61 83 80 – www.moulindechameron.com – Ouvert 20 mars-1er nov.
13 ch – 🚹79/120 € 🚹🚹79/120 € – ☕ 14 € – ½ P
Rest *Moulin de Chaméron* – voir les restaurants ci-après
Entendez-vous le doux clapotis de l'eau ? Dans cette construction récente, à côté d'un ancien moulin, on se repose dans des chambres de caractère, au grand calme. Celles en rez-de-jardin disposent d'une petite terrasse avec vue sur la piscine. Idéal pour un séjour au vert !

Moulin de Chaméron

2,5 km par rte de Neuilly-en-Dun et rte secondaire – ✆ 02 48 61 83 80 – www.moulindechameron.com – Ouvert 20 mars-1er nov. et fermé lundi sauf le soir en saison, mardi midi et jeudi midi
Menu 30 € (semaine), 45/69 € – Carte 63/76 €
Dans un cadre bucolique à souhait, ce moulin du 18e s. abrite un agréable restaurant et son musée de la meunerie. Derrière les fourneaux, le chef réalise une cuisine d'aujourd'hui avec de bons produits. Aux beaux jours, au décor cosy des salles, on préfère la terrasse en bordure de rivière. Une bonne adresse.

BANYULS-SUR-MER

✉ 66650 (Pyrénées-Orientales) – 4 661 hab. – Alt. 1 m – Voir carte n°**22**-B3
▶ Paris 887 km – Cerbère 11 km – Perpignan 37 km – Port-Vendres 7 km
Carte Michelin 344-J8

Les Elmes

plage des Elmes – ✆ 04 68 88 03 12 – www.hoteldeselmes.com
31 ch – 🚹58/170 € 🚹🚹58/170 € – ☕ 10 € – ½ P
Rest *Littorine* – voir les restaurants ci-après
Un hôtel accueillant, en bord de plage. Les chambres sont très bien tenues et affichent un style frais et moderne. Le petit-déjeuner est servi en terrasse, face au large, et après les bains de mer, on profite du jacuzzi et du sauna... Les vacances !

Le Fanal (Pascal Borrell)

17 av. du Fontaulé – ✆ 04 68 98 65 88 – www.pascal-borrell.com – Fermé dim. soir, lundi soir et merc. de nov. à mars
Formule 19 € – Menu 29/70 € – Carte 75/90 €
Autrefois chef d'une table cotée à Maury, non loin de Perpignan, Pascal Borrell a investi ce Fanal situé juste devant le port de Banyuls. Avec des produits de première fraîcheur (le matin, les poissons sont livrés encore vivants en cuisine...), il signe des recettes tout en épure, finesse et relief. À (re-)découvrir !
→ Poisson de pêche locale préparé en tartare iodé, crémeux de concombre et lait de coco. Lotte de Méditerranée, aïgo boulido au safran et risotto de fregola sarda aux saveurs de paella. Vacherin glacé, sorbet litchi et framboise.

Littorine – Hôtel les Elmes

plage des Elmes – ✆ 04 68 88 03 12 – www.restaurant-la-littorine.fr
Formule 20 € 🍷 – Menu 24 € 🍷 (déj. en semaine), 29/49 € – Carte 40/68 €
La propriétaire a du mal à reconnaître le restaurant de plage qu'elle a créé il y a plus de cinquante ans : ses enfants en ont fait un lieu contemporain et élégant, mais l'on s'y régale toujours d'une belle cuisine régionale et du marché, qui valorise le poisson. Les temps changent, et cela a du bon !

BARATIER

✉ 05200 (Hautes-Alpes) – 503 hab. – Alt. 855 m – Voir carte n°**41**-C1
▶ Paris 705 km – Gap 40 km – Grenoble 143 km – Marseille 215 km
Carte Michelin 334-G5

⌂ Les Peupliers 🍴 ⚫ ⬅ ⨯ 🛎 ♿ 🛜 🅿

chemin de Lesdier – ℰ *04 92 43 03 47* – *www.hotel-les-peupliers.com*
– *Fermé 12-29 avril et 18 oct.-5 nov.*
25 ch – ♦58/96 € ♦♦70/96 € – ☲ 10 € – ½ P
Rest *Les Peupliers* – voir les restaurants ci-après
Dans un village tranquille, ce chalet aux abords verdoyants est très avenant avec ses chambres coquettes et montagnardes (certaines avec balcon et vue sur le lac), son espace détente et son restaurant. Et il y règne un vrai esprit familial !

⤬ Les Peupliers ⬅ 🏠 ♿ 🅿

chemin de Lesdier – ℰ *04 92 43 03 47* – *www.hotel-les-peupliers.com*
– *Fermé 12-29 avril, 18 oct.-5 nov., mardi midi, merc. midi et jeudi midi sauf juil.-août*
Formule 18 € – Menu 22/47 € – Carte 31/44 €
Une atmosphère résolument chaleureuse et montagnarde, pour une cuisine d'aujourd'hui qui fait la part belle aux produits du terroir régional... L'hiver, on se réfugie près de la cheminée ; l'été, on profite du panorama sur les sommets en terrasse.

BARBENTANE

✉ 13570 (Bouches-du-Rhône) – 3 899 hab. – Alt. 40 m – Voir carte n°**42**-E1
▶ Paris 692 km – Avignon 10 km – Arles 33 km – Marseille 103 km
Carte Michelin 340-D2 – Guide Vert Michelin Provence

⌂ Castel Mouisson sans rest ⬛ 🏠 ⨯ ⅋ 🛜 🅿

247 chemin sous les Roches – ℰ *04 90 95 51 17* – *www.hotel-castelmouisson.com*
– *Ouvert 15 mars-15 oct.*
17 ch – ♦52 € ♦♦72/80 € – ☲ 10 €
Cette maison provençale, au pied de la Montagnette, dispose de chambres proprettes, ouvertes sur le beau et vaste jardin arboré.

BARBERAZ – 73 (Savoie) → voir Chambéry

BARBEZIEUX-ST-HILAIRE

✉ 16300 (Charente) – 4 774 hab. – Alt. 100 m – Voir carte n°**38**-B3
▶ Paris 480 km – Angoulême 36 km – Bordeaux 84 km – Cognac 36 km
Carte Michelin 324-J7 – Guide Vert Michelin Poitou-Charentes

⌂ La Boule d'Or 🍴 🏠 🛎 ⅋ 🛜 ⬭

9 bd Gambetta – ℰ *05 45 78 64 13* – *www.labouledor.net* – *Fermé 22 déc.-4 janv., vend. soir, sam. midi et dim. soir d'oct. à avril*
18 ch – ♦60 € ♦♦60 € – ☲ 7 € – ½ P
Une hostellerie d'autrefois (1852) au cœur de la "capitale" de la Petite Champagne cognaçaise. Les chambres sont simples mais assez spacieuses. Pause tradition au restaurant – l'été à l'ombre d'un marronnier centenaire...

à La Magdeleine 8 km au Nord-Ouest par D 1 et D 151 – ✉ 16240
– 130 hab. – Alt. 153 m

⌂ Le Logis du Paradis 🍴 ⚫ 🏠 ⨯ ⅋ 🛜 🅿

– ℰ *05 45 35 39 43* – *www.logisduparadis.com* – *Fermé 5 janv.-28 fév.*
5 ch ☲ – ♦85/135 € ♦♦95/145 €
Idéale pour s'initier à l'art du cognac, une ancienne distillerie datant de 1712, au cœur du vignoble. Un couple d'Anglais a rénové cette belle maison avec passion : atmosphère cosy et feutrée ; dégustation près des vieux alambics.

BARBIZON

✉ 77630 (Seine-et-Marne) – 1 357 hab. – Alt. 80 m – Voir carte n°**19**-C3
▶ Paris 56 km – Étampes 41 km – Fontainebleau 10 km – Melun 13 km
Carte Michelin 312-E5 – Guide Vert Michelin Île-de-France

⌂⌂⌂ Hôtellerie du Bas-Bréau 🍴 ⚜ ⚫ 🏠 ⨯ 🆎 🛜 ⛵ 🅿 ⬭

22 r. Grande-Rue – ℰ *01 60 66 40 05* – *www.bas-breau.com*
17 ch – ♦200/250 € ♦♦250/550 € – 3 suites – ☲ 21 €
Les séjours de R. L. Stevenson et de grands peintres ont fait la réputation du lieu. Les chambres sont d'une élégance classique, avec des meubles anciens et de jolis papiers peints et tissus imprimés, et donnent sur un parc abondamment fleuri.

Les Pléiades sans rest   🍴 🔲 ⊕ ♨ 🛏 ⅙ 🅰🅲 🛜 🕍 🅿

21 Grande-Rue – ℰ 01 60 66 40 25 – www.hotel-les-pleiades.com
15 ch – 🛏210/430 € 🛏🛏210/430 € – 6 suites – ⌒ 18 €
Après une balade dans ce village aimé de Corot et de Millet, laissez-vous tenter par
cet hôtel paisible et accueillant, dans une veine très contemporaine : design minimaliste, lignes épurées, espace bien-être et piscine, expositions diverses… Arty !

✗ **L'Ermitage Saint-Antoine**   🍽 ⅙ ⇔

*51 Grande-Rue – ℰ 01 64 81 96 96 – www.lermitagesaintantoine.com – Fermé
mardi*
Carte 33/41 €
On peut aimer la cuisine et être passionné par… les deux-roues ! À l'image du
chef de ce sympathique bistrot qui expose certaines de ses pièces très rétro.
Côté assiette, on se régale d'une bonne cuisine de bistrot : terrine de lapin, tortilla
de confit de canard… Jolie terrasse dans le patio.

BARBOTAN-LES-THERMES

✉ 32150 (Gers) – Voir carte n°**28**-A2
▶ Paris 703 km – Aire-sur-l'Adour 37 km – Auch 75 km – Condom 37 km
Carte Michelin 336-B6

La Bastide   🔟 ❧ ⇔ 🔲 ⊕ 🛏 ⅙ 🅰🅲 ⅌ 🛜 🕍 🅿

*av. des Thermes – ℰ 05 62 08 31 00 – www.bastide-gasconne.com
– Fermé 29 nov.-26 fév.*
18 ch – 🛏180/550 € 🛏🛏180/550 € – 7 suites – ⌒ 23 € – ½ P
Rest *La Bastide* – voir les restaurants ci-après
Omniprésence de l'eau (avec de superbes fontaines dans les jardins à l'andalouse, une galerie menant aux thermes et au centre de balnéo) ; décor raffiné
mêlant brique, bois, marbre et pierre ; chambres douillettes : cette bastide a un
charme fou !

🏠 **Beauséjour**   🔟 ❧ 🔲 ⅙ 🅰🅲 🛜 🅿

*6 av. des Thermes – ℰ 05 62 08 30 30 – www.hotel-barbotan.com
– Ouvert de mars à nov.*
24 ch – 🛏65/80 € 🛏🛏70/92 € – ⌒ 9 € – ½ P
Grande maison de style régional renfermant des chambres classiques, coquette-
ment rénovées, et un petit salon d'esprit british. Joli jardin arboré. Un menu
unique (cuisine traditionnelle) est prévu pour les pensionnaires. Réservation obligatoire pour les autres.

✗✗✗ **La Bastide** – Hôtel La Bastide   ❧ 🍽 ⅙ 🅰🅲 🅿

*av. des Thermes – ℰ 05 62 08 31 00 – www.bastide-gasconne.com
– Fermé 29 nov.-26 fév.*
Menu 35/80 €
Un lieu élégant, qui a une âme, et deux concepts culinaires : d'une part une cui-
sine santé destinée aux curistes (carte renouvelée tous les jours) ; de l'au-
tre des mets "d'appétit" mêlant avec raffinement terroir et air du temps.

à Cazaubon 5 km au Sud-Ouest par N 524 – ✉ 32150 – 1 728 hab. – Alt. 131 m

🏨 **Château Bellevue**   🔟 ❧ ❧ 🔲 ⅌ 🛜 🅿

*19 r. Joseph-Cappin – ℰ 05 62 09 51 95 – www.chateaubellevue.org – Fermé
2 janv.-13 fév.*
20 ch – 🛏85/118 € 🛏🛏85/132 € – ⌒ 13 € – ½ P
Dans un parc aux jolies frondaisons, ce castel du 19e s. dessine un havre tranquille et élégant. Derrière sa façade classique, les chambres associent tissus imprimés, mobilier de style et confort bourgeois. Quant au restaurant, il met à l'honneur les produits du terroir gascon.

BARCELONNETTE

✉ 04400 (Alpes-de-Haute-Provence) – 2 667 hab. – Alt. 1 135 m
– Voir carte n°**41**-C2
▶ Paris 733 km – Briançon 86 km – Cannes 161 km – Digne-les-Bains 88 km
Carte Michelin 334-H6 – Guide Vert Michelin Alpes du Sud

Azteca sans rest ⚓ 🎭 ♿ 🤝 ⛛ **P**

3 r. François-Arnaud – ℰ 04 92 81 46 36 – www.azteca-hotel.fr
– Fermé 15-30 nov.
27 ch – 🚹61/143 € 🚹🚹61/143 € – ⌷ 10 €
Jolie villa où meubles et objets artisanaux mexicains composent un décor original
évoquant l'épopée des Barcelonnettes au Mexique (19e s.). Une partie des chambres décline ce thème.

à St-Pons 2 km au Nord-Ouest par D 900 et D 9 – ⊠ 04400 – 753 hab. – Alt. 1 157 m

⌂ **Domaine de Lara** sans rest ⚓ ≼ 🤝 🕸 🤝 **P** ⊅

D 609 – ℰ 04 92 81 52 81 – www.domainedelara.com – Fermé 25 juin-4 juil.
et 12 nov.-19 déc.
5 ch ⌷ – 🚹95/101 € 🚹🚹100/106 €
Dans un parc avec une belle vue sur les sommets, bastide provençale et de caractère (poutres, tomettes, vieilles pierres, mobilier de famille, style cosy). Petit-déjeuner soigné.

au Sauze 4 km au Sud-Est par D 900 et D 209 – ⊠ 04400

 Montana Chalet sans rest ⚓ ≼ 🎭 🤝 🕸 🤝 **P**

au centre de la station – ℰ 04 92 81 05 97 – www.montana-chalet.com – Ouvert
de mi-juin à mi-sept. et de mi-déc. à mi-avril
20 ch – 🚹78/140 € 🚹🚹98/175 € – ⌷ 13 €
Un beau chalet en bois blond juste au pied des pistes, une cheminée où un
feu crépite, des chambres chaleureuses avec balcon, des recettes traditionnelles
au restaurant : l'équation montagnarde parfaite !

à Jausiers 8 km au Nord-Est par D 900 – ⊠ 04850 – 1 135 hab. – Alt. 1 240 m

 Villa Morelia ⏸O ⚓ 🤝 ⌿ 🕸 ♿ 🤝 **P**

– ℰ 04 92 84 67 78 – www.villa-morelia.com – Fermé 30 mars-29 avril
et 2 nov.-27 déc.
24 ch – 🚹75/140 € 🚹🚹95/210 € – ⌷ 18 € – ½ P
Rest *Villa Morelia* – voir les restaurants ci-après
Construite en 1900, cette fière villa "mexicaine" a conservé son cachet et propose
des chambres chic, plus contemporaines à l'annexe. Au spa, pur moment de
détente en perspective...

✕✕ **Villa Morelia** 🤝 🕸 🕸 ♻ **P**

– ℰ 04 92 84 67 78 – www.villa-morelia.com – Fermé
30 mars-29 avril, 2 nov.-27 déc., dim., lundi et mardi sauf de juin à sept. et le
midi
Menu 54 €
Cette Villa Morelia distille un certain charme bourgeois... Un écrin flatteur pour
une cuisine du marché fine, inventive et séduisante. De la fraîcheur, de belles
saveurs : un moment gourmet et gourmand.

BARCUS

⊠ 64130 (Pyrénées-Atlantiques) – 714 hab. – Alt. 230 m – Voir carte n°**3**-B3
◪ Paris 813 km – Mauléon-Licharre 14 km – Oloron-Ste-Marie 18 km – Pau 52 km
Carte Michelin 342-H5 – Guide Vert Michelin Pays Basque et Navarre

✕✕ **Chilo** avec ch ⚓ 🤝 ⌿ ♿ ch, 🤝 **P**

68 r. Principale – ℰ 05 59 28 90 79 – www.hotel-chilo.com – Fermé 5-20 janv.,
dim. soir, lundi sauf le soir de juin à sept. et mardi midi d'oct. à mai
8 ch – 🚹65/85 € 🚹🚹75/100 € – ⌷ 10 €
Formule 15 € – Menu 32/44 € – Carte 47/65 €
C'est ici, entre les murs de cette belle maison blanche aux volets bleus, que le
destin de la famille Chilo s'écrit depuis 1937. Le chef réalise une cuisine traditionnelle avec les produits du terroir local ; à déguster dans une salle ouverte sur le
jardin et la piscine, face aux montagnes. Chambres coquettes.

BARD

⊠ 42600 (Loire) – 620 hab. – Alt. 750 m – Voir carte n°**44**-A2
◪ Paris 474 km – Clermont-Ferrand 135 km – Lyon 102 km – St-Étienne 46 km
Carte Michelin 327-D6

✗ Auberge de la Grand'Font
🌐 *1 r. de la Grand'Font – ℰ 04 77 76 21 40 – www.auberge-lagrandfont-42.com
– Fermé 19 août-1ᵉʳsept., 1ᵉʳ-5 janv., vacances de fév., lundi et mardi*
Menu 16 € (déj. en semaine), 27/68 € ♈ – Carte 48/68 €
Jolie surprise que cette auberge rustique nichée à côté d'une belle église du 12ᵉ
s. que l'on peut admirer depuis la véranda. Aux commandes, un chef passionné et
exigeant – il a été récemment finaliste au concours du Meilleur Ouvrier de France
– signe une cuisine appétissante, à la fois simple et originale...

BARDIGUES – 82 (Tarn-et-Garonne) → voir Auvillar

BARFLEUR
✉ 50760 (Manche) – 643 hab. – Alt. 5 m – Voir carte n°**32**-A1
▶ Paris 355 km – Carentan 48 km – Cherbourg 29 km – St-Lô 75 km
Carte Michelin 303-E1 – Guide Vert Michelin Normandie Cotentin

🏠 Le Conquérant sans rest
*18 r. St-Thomas-Becket – ℰ 02 33 54 00 82 – www.hotel-leconquerant.com
– Ouvert 1ᵉʳ avril-1ᵉʳ nov.*
10 ch – †79/123 € ††79/123 € – ☲ 12 €
À deux pas du port, cette belle demeure en granit (17ᵉ s.) et son joli jardin à la
française. Charmant accueil familial ; chambres classiques parfaitement
tenues, plus au calme sur l'arrière.

✗✗ Le Moderne
*1 pl. du Gén.-de-Gaulle – ℰ 02 33 23 12 44 – Fermé 29 juin-5 juil., mardi soir et
merc. sauf juil.-août*
Formule 16 € – Menu 23 € ♈ (semaine), 30/59 € – Carte 32/51 €
Huîtres chaudes en trois façons ; cabillaud, bar et lotte au beurre blanc... Dans
une salle à manger au style actuel, on déguste cette cuisine de la mer simple et
goûteuse, concoctée avec de beaux produits locaux. Envie de simplicité ? Dans
l'ancien bar au cachet rétro, une formule bistrot est proposée à l'ardoise.

BARGEMON
✉ 83830 (Var) – 1 512 hab. – Alt. 550 m – Voir carte n°**41**-C3
▶ Paris 883 km – Marseille 137 km – Monaco 108 km – Toulon 99 km
Carte Michelin 340-O4 – Guide Vert Michelin Côte d'Azur

✗ La Pescalune ⓝ
*13 r. de la Résistance – ℰ 06 29 94 66 64 – www.la-pescalune.fr – Fermé dim.
soir, lundi et le midi en semaine*
Carte 35/52 € (réservation conseillée)
Ce bistrot de poche – seulement 15 couverts ! – est tenu par Virginie Martinetti,
une jeune autodidacte pleine de vie, passée par la case Top Chef en 2013. Dans
sa cuisine ouverte, elle réalise une cuisine du marché pleine de fraîcheur, dans un
esprit "bistronomie" bien dans l'air du temps... Voilà qui donne le sourire !

BARJAC
✉ 30430 (Gard) – 1 575 hab. – Alt. 171 m – Voir carte n°**23**-D1
▶ Paris 666 km – Alès 34 km – Aubenas 45 km – Mende 114 km
Carte Michelin 339-L3

🏠 Le Mas du Terme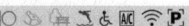
*4 km au Sud-Est par D 901 et rte secondaire – ℰ 04 66 24 56 31
– www.masduterme.com – Ouvert avril-nov.*
26 ch – †78/190 € ††78/450 € – ☲ 15 € – ½ P
Rest *Le Carré des Saveurs* – voir les restaurants ci-après
Un jardin entouré de vignes et d'oliviers, de jolies piscines... Qu'il fait bon paresser
au soleil de cette ancienne magnanerie et prendre le frais dans une chambre provençale, ou contemporaine (annexe récente).

X **Le Carré des Saveurs** 🖨 🏠 P

4 km au Sud-Est par D 901 et rte secondaire – ℰ 04 66 24 56 31
– www.le-carre-des-saveurs.com – Ouvert avril-nov.
Formule 19 € – Menu 29/44 € – Carte 49/58 €
De belles voûtes du 18ᵉ s., un aménagement contemporain aux notes baroques, une agréable terrasse une jolie cour intérieure : un cadre charmant que celui de cette ancienne magnanerie cernée par les vignes. La cuisine cultive l'esprit du terroir et de la tradition, tout à l'honneur des produits locaux : le plaisir est complet.

BAR-LE-DUC

✉ 55000 (Meuse) – 15 895 hab. – Alt. 188 m – Voir carte n°**26**-A2
▶ Paris 255 km – Metz 97 km – Nancy 84 km – Reims 113 km
Carte Michelin 307-B6

X **Bistro St-Jean** 🏠 AC

132 bd de La Rochelle – ℰ 03 29 45 40 40 – www.bistrosaintjean.fr – Fermé
1ᵉʳ-10 fév., 18 juil.-3 août, jeudi soir, sam. midi, dim. soir et lundi
Formule 28 € – Menu 34 € – Carte 43/51 €
Vous ne pouvez pas rater l'endroit : sa vitrine et sa devanture verte sont reconnaissables entre mille ! Cette ancienne épicerie est devenue un bistrot contemporain plein de saveurs et de couleurs, pile dans la tendance. Son chef signe une cuisine fine et bien ficelée, qui respecte joliment les produits.

BARNEVILLE-CARTERET

✉ 50270 (Manche) – 2 290 hab. – Alt. 47 m – Voir carte n°**32**-A2
▶ Paris 356 km – Carentan 43 km – Cherbourg 39 km – Coutances 47 km
Carte Michelin 303-B3 – Guide Vert Michelin Normandie Cotentin

à Carteret – ✉ 50270 – 2 324 hab.

🏨 **La Marine** 🟠 🛏 ⟨ 📶 & ⚥ 🛜 🛗 P

11 r. de Paris – ℰ 02 33 53 83 31 – www.hotelmarine.com – Fermé 23 déc.-15 fév.
26 ch – †105/295 € ††105/295 € – ⊑ 17 € – ½ P
Rest *La Marine* ⁂ – voir les restaurants ci-après
Quasiment les pieds dans l'eau ! Dans cette élégante maison immaculée, tenue par la même famille depuis 1876, les chambres sont très contemporaines, dans un esprit bains de mer chic et épuré. Et côté plage, elles ont toutes une jolie terrasse... Du style, indéniablement.

🏨 **Hôtel des Ormes** 🟠 🛏 ⟨ 🖨 & 🛜

prom. Barbey-d'Aurevilly – ℰ 02 33 52 23 50 – www.hoteldesormes.fr
– Fermé janv.-fév.
12 ch – †129/189 € ††129/189 € – ⊑ 14 € – ½ P
Face au port de plaisance, cette jolie demeure du 19ᵉ s. a été rénovée avec raffinement. Les chambres, assez petites, sont délicieusement cosy (tons beige et ivoire, meubles patinés), sans parler du salon et du jardin verdoyant... Une belle adresse.

XXX **La Marine** (Laurent Cesne) – Hôtel La Marine 🕮 ⟨ & AC ⚥ P
⁂
11 r. de Paris – ℰ 02 33 53 83 31 – www.hotelmarine.com – Ouvert de
mi-mars au 11 nov. et fermé dim. soir, jeudi midi et lundi en mars, oct. et nov.,
lundi midi et jeudi midi en avril, mai, juin et sept.
Menu 45/94 € – Carte 75/115 €
Contemporain, chic et très bord de mer. Vue panoramique sur les flots et superbe terrasse, au service d'une cuisine bien iodée et très soignée. Le chef, talentueux et créatif, révèle son savoir-faire... Un beau moment de gastronomie !
➔ Huîtres tièdes, jus aux algues nori et citron confit. Saint-pierre cuit vapeur, carottes, coques, jus terre et mer. Tarte chocolat, guacamole et sorbet banane-passion.

BARNEVILLE-LA-BERTRAN – 14 (Calvados) ➔ voir Honfleur

LE BARP

✉ 33114 (Gironde) – 4 688 hab. – Alt. 72 m – Voir carte n°**3**-B2
▶ Paris 604 km – Bordeaux 45 km – Mérignac 41 km – Pessac 32 km
Carte Michelin 335-G7

⛮   **Le Résinier** avec ch   🍽 ⊑ ⅙ ch, ⅋ ch, 🛜 **P**
68 av. des Pyrénées, D 10 – ℰ 05 56 88 60 07 – www.leresinier.com – Fermé dim.
soir sauf juil.-août
16 ch – ♦75/105 € ♦♦105/150 € – ⊑ 12 € – ½ P
Formule 18 € – Menu 23/80 € – Carte 40/60 €
Cette maison de pays, conviviale et sympathique avec sa terrasse sous une vigne,
a des airs d'auberge d'autrefois ; on y sert une cuisine de tradition où le canard
landais est roi... Confit, magret, foie gras : on ne sait que choisir. Quant aux chambres, d'esprit chaleureux et nature, elles sont bien agréables.

BARR

✉ 67140 (Bas-Rhin) – 6 971 hab. – Alt. 200 m – Voir carte n°**2**-C1
▶ Paris 495 km – Colmar 43 km – Le Hohwald 12 km – Saverne 46 km
Carte Michelin 315-I6

⛮⛮   **Aux Saisons Gourmandes**   🍽 **P**
23 r. Kirneck – ℰ 03 88 08 12 77 – www.saisons-gourmandes.com – Fermé
vacances de fév., 5-24 juil., dim. soir, lundi en janv., mardi et merc.
Formule 17 € – Menu 28/42 € – Carte 36/48 € (réservation conseillée)
Au menu de cette sympathique maison à colombages – contemporaine à l'intérieur –, une délicieuse cuisine du marché. Escargots de l'Horloge en cromesquis,
ragoût aux pleurotes et blettes, râble de lapin aux olives… Autant de mets qui
font aimer les quatre saisons ! Terrasse ombragée dans la cour intérieure.

LE BARROUX

✉ 84330 (Vaucluse) – 656 hab. – Alt. 325 m – Voir carte n°**42**-E1
▶ Paris 684 km – Avignon 38 km – Carpentras 12 km – Vaison-la-Romaine 16 km
Carte Michelin 332-D9 – Guide Vert Michelin Provence

⌂   **L'Aube Safran** sans rest   ⊑ ⅋ 🛜 **P**
450 chemin du Patifiage par rte de Suzette – ℰ 04 90 62 66 91
– www.aube-safran.com – Ouvert 13 avril-18 oct.
5 ch ⊑ – ♦160/200 € ♦♦170/220 €
Marie et François ont tout quitté pour s'installer dans ce joli mas, au pied du
mont Ventoux. L'endroit est idyllique, les chambres raffinées et spacieuses. Cuisine à disposition pour les hôtes.

⛮⛮   **Gajulea**   ⅙ ⅍ **AC**
201 cours Louise-Raymond – ℰ 04 90 62 36 94 – www.gajulea.fr – Fermé 3
semaines en mars, 3 semaines en nov., dim. soir sauf en juil.-août et lundi
Menu 41/97 € (réservation conseillée)
Dans cet ancien entrepôt mué en restaurant cossu, on se régale de belles saveurs
provençales renouvelées au plus près des saisons (avec un menu truffe l'hiver et
un menu homard l'été) et l'on peut boire un verre à l'Entre'Potes, bistrot à vin
proposant des petites recettes traditionnelles... Vue sur la garrigue en terrasse !
Entre' Potes ℰ 04 90 65 57 43 – Menu 16 € (déj. en semaine)/25 €
– Carte environ 38 € (Fermé le soir sauf week-end et de Pâques à oct.)

BAR-SUR-AUBE

✉ 10200 (Aube) – 5 214 hab. – Alt. 190 m – Voir carte n°**14**-C3
▶ Paris 230 km – Châtillon-sur-Seine 60 km – Chaumont 41 km – Troyes 53 km
Carte Michelin 313-I4 – Guide Vert Michelin Champagne Ardenne

⌂   **Le St-Nicolas** sans rest   ⊑ ⅙ **AC** 🛜
2 r. du Gén.-de-Gaulle – ℰ 03 25 27 08 65 – www.lesaintnicolas.com
27 ch – ♦68 € ♦♦72/89 € – ⊑ 9 €
Les chambres de ce joli ensemble de maisons en pierre, agréables et parfaitement tenues, s'articulent autour de la piscine. Un établissement calme, un peu à
l'écart du centre-ville.

XX **La Toque Baralbine** 🍷

18 r. Nationale – ℰ 03 25 27 20 34 – www.latoquebaralbine.com – Fermé dim. soir et lundi sauf fériés
Formule 22 € – Menu 28/48 € – Carte 40/67 €

Inventer à partir de bases classiques, c'est le défi que relève le chef de ce restaurant chaleureux. Une cuisine en mouvement, où priment les saveurs franches de beaux produits : suprême de volaille fermière avec une sauce au champagne, carpaccio de tête de veau, tian d'andouillette... On se régale !

LE BAR-SUR-LOUP

✉ 06620 (Alpes-Maritimes) – 2 860 hab. – Alt. 320 m – Voir carte n°**42-E2**
▶ Paris 916 km – Grasse 10 km – Nice 31 km – Vence 15 km
Carte Michelin 341-C5 – Guide Vert Michelin Côte d'Azur

XX **L'École des Filles** 🍴 **P**

380 av. Amiral-de-Grasse – ℰ 04 93 09 40 20 – www.restaurantecoledesfilles.fr – Fermé dim. soir, jeudi midi et lundi
Formule 24 € – Menu 39/45 € – Carte environ 50 €

Des ardoises et des plumiers évoquent la rentrée des classes au siècle dernier : un cadre coloré très sympathique ! Désormais, filles – et garçons – viennent ici déguster une cuisine ensoleillée, qui revise les parfums de la Provence. Aux beaux jours, direction la terrasse verdoyante... dans l'ancienne cour de récréation.

BAR-SUR-SEINE

✉ 10110 (Aube) – 3 203 hab. – Alt. 157 m – Voir carte n°**13-B3**
▶ Paris 197 km – Bar-sur-Aube 37 km – Châtillon-sur-Seine 36 km – St-Florentin 57 km
Carte Michelin 313-G5 – Guide Vert Michelin Champagne Ardenne

près échangeur 9 km autoroute A5, Nord-Est par D 443

🏠 **Le Val Moret** 🍴🚗🔲&🛁🎿🛜🏋️**P**

r. du Mar.-Leclerc – ℰ 03 25 29 85 12 – www.le-val-moret.com – Fermé janv.
49 ch – †72/100 € ††72/100 € – ☲ 11 €
Rest Le Val Moret 🍷 – voir les restaurants ci-après

Près de l'autoroute (mais sans nuisances sonores), quatre bâtiments de type motel, aux chambres fonctionnelles et plutôt grandes. Espace détente, salle de séminaire, aire de jeux : un hôtel adapté aux familles comme aux hommes d'affaires.

XX **Le Val Moret** 🚗🍴&🅰🍽️

r. du Mar.-Leclerc – ℰ 03 25 29 85 12 – www.le-val-moret.com – Fermé janv.
Menu 19 € 🍷 (semaine), 27/75 € – Carte 30/60 €

Derrière des atours de restaurant traditionnel, apprécié pour une étape – l'échangeur est tout proche –, c'est avant tout une table sérieuse, menée par un jeune chef au bon parcours. Il aime revisiter les recettes du terroir, en cuisinant notamment les produits de la ferme attachée à l'établissement, comme les viandes.

à Bourguignons 4 km au Nord par N 71 – ✉ 10110 – 273 hab. – Alt. 156 m

XX **Domaine de Foolz** avec ch 🌿🚗🍴🔲&🅰 rest.🛜🏋️**P**

D 671 – ℰ 03 25 29 78 86 – www.domainedefoolz.com – Fermé 2-30 janv., dim. soir et lundi
11 ch – †83 € ††83 € – ☲ 10 € – ½ P
Formule 15 € – Menu 35/48 € – Carte 36/66 €

Un corps de ferme champenois, dans un domaine verdoyant bordant la Seine. Le champagne est évidemment à l'honneur au restaurant, qui joue la carte de la tradition mais aussi des saveurs exotiques. Côté hébergement, on découvre, alignés dans le parc, des chalets tout en rondins de bois : ambiance canadienne garantie !

BAS-RUPTS – 88 (Vosges) ➜ voir Gérardmer

BASSAC – 16 (Charente) ➜ voir Jarnac

BASSE-GOULAINE – 44 (Loire-Atlantique) ➜ voir Nantes

LES BASSES-HUTTES – 68 (Haut-Rhin) ➜ voir Orbey

BASTELICA – 2A (Corse-du-Sud) → voir Corse

LA BASTIDE-CLAIRENCE

✉ 64240 (Pyrénées-Atlantiques) – 1 010 hab. – Alt. 50 m – Voir carte n°**3**-B3
▶ Paris 771 km – Bayonne 27 km – Bordeaux 185 km – Irun 59 km
Carte Michelin 342-E2 – Guide Vert Michelin Pays Basque et Navarre

⌂ **Maison Maxana**   ⅠO ⊒ 🖭 ⅋ 🛜
    r. Notre-Dame – ℰ *05 59 70 10 10 – www.maison-maxana.com*
    5 ch � – ♦80/110 € ♦♦90/120 €
    Rêveries, Voyages... Le nom des chambres de cette maison basque donne le ton.
    Mariage réussi de meubles anciens, contemporains et d'objets ethniques, dans un
    esprit toujours zen. À la table d'hôte (sur réservation), plats basques tradition-
    nels mâtinés d'épices.

LA BÂTIE-DIVISIN

✉ 38490 (Isère) – 895 hab. – Alt. 521 m – Voir carte n°**45**-C2
▶ Paris 539 km – Chambéry 41 km – Grenoble 45 km – Lyon 82 km
Carte Michelin 333-G4

✗ **L'Olivier**   🖾 ⅃ ⟳ **P**
    100 rte du Vernay, (Les Etrets) – ℰ *04 76 31 00 60 – www.restaurant-l-olivier.com*
    – Fermé dim. soir et lundi
    Menu 14 € (déj. en semaine), 19/50 € – Carte 20/56 €
    L'enseigne évoque l'un des produits préférés du chef, qui cuisine essentiellement
    à l'huile d'olive. Il cultive également une passion pour les effets visuels, qu'il
    exprime dans des assiettes très graphiques. Une bonne auberge d'aujourd'hui, à
    quelques minutes du lac de Paladru.

LA BÂTIE-NEUVE – 05 (Hautes-Alpes) → voir Gap

BATZ (ÎLE-DE-) – 29 (Finistère) → voir Île-de-Batz

BATZ-SUR-MER

✉ 44740 (Loire-Atlantique) – 3 055 hab. – Alt. 12 m – Voir carte n°**34**-A2
▶ Paris 457 km – La Baule 7 km – Nantes 84 km – Redon 64 km
Carte Michelin 316-B4 – Guide Vert Michelin Pays de la Loire

🏠 **Le Lichen** sans rest   ⅏ ⪕ 🖕 🛜 **P**
    4 rte de la Govelle, 2 km au Sud-Est par D 45 – ℰ *02 40 23 91 92*
    – www.le-lichen.com – fermé 15 nov.-15 déc.
    17 ch – ♦60/230 € ♦♦60/260 € – ⊒ 12 €
    Sur la côte sauvage, vaste villa néobretonne (1956) jouissant du spectacle unique
    de l'océan. La moitié des chambres, certaines avec terrasse, donne sur les flots.

LA BAULE

✉ 44500 (Loire-Atlantique) – 16 112 hab. – Alt. 31 m – Voir carte n°**34**-A2
▶ Paris 450 km – Nantes 76 km – Rennes 120 km – St-Nazaire 19 km
Carte Michelin 316-B4 – Guide Vert Michelin Pays de la Loire

🏨 **Hermitage Barrière**   ⅠO ⅏ ⪕ 🖕 ⊒ 🖫 ⅃₆ 🖭 ⅃ 🅐🅒 ⅋ 🛜 🄰 **P**
    5 espl. Lucien-Barrière – ℰ *02 40 11 46 46*   Plan : BZ**h**
    – www.hermitage-barriere.com – Ouvert 26 déc. à fin sept., week-ends d'oct. et 1
    semaine aux vacances de la Toussaint
    184 ch – ♦180/939 € ♦♦180/939 € – 16 suites – ⊒ 32 € – ½ P
    Rest *L'Eden Beach* – voir les restaurants ci-après
    Malgré les modes et l'usure du temps, le charme reste intact dans ce palace des
    années 1920, dont la façade anglo-normande se dresse face à la plage, au milieu
    des pins. Des vastes chambres pleines de charme à la piscine chauffée et au ham-
    mam, tout ici conspire à votre bonheur...

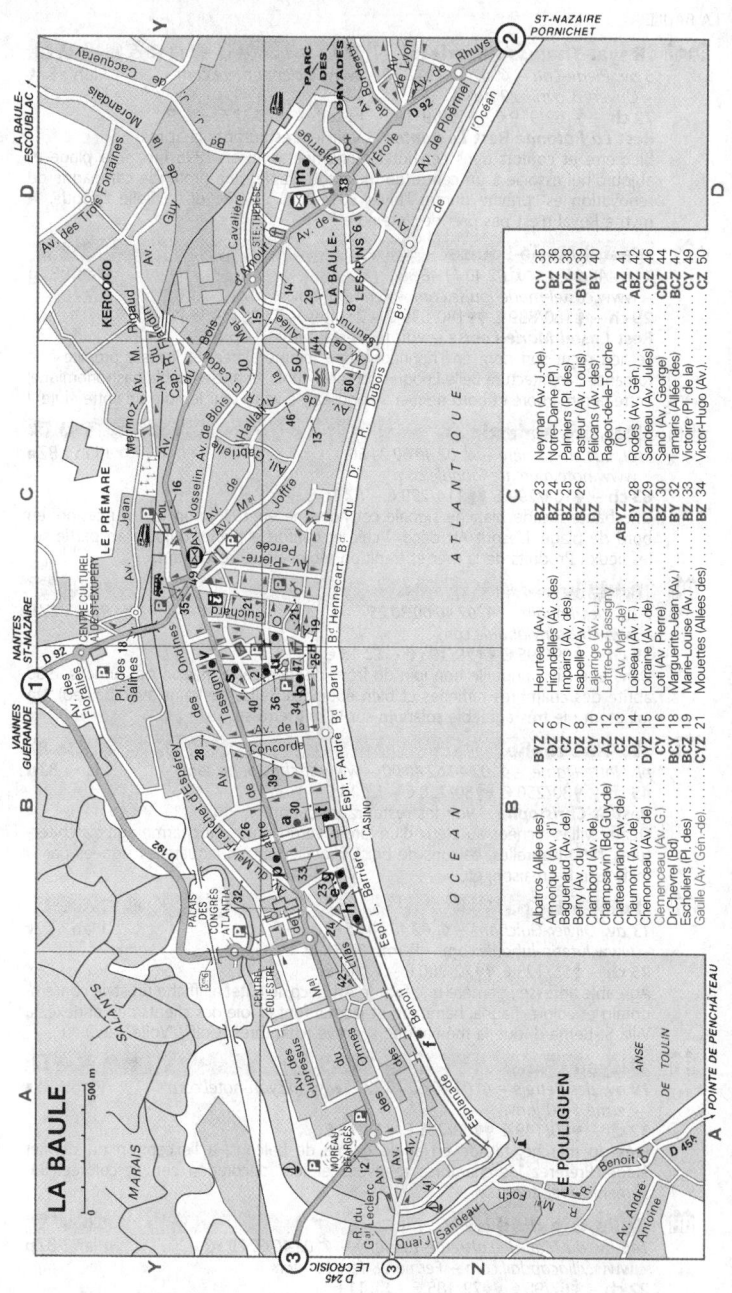

LA BAULE

223

Royal-Thalasso Barrière 🏨🏨🏨🏨 ⅰ○ ⌇ ⌄ ⌂ ⏋ ⊡ ⊛ ⨋ ⏸ ⚭ 🅐🅒 🛜 🅢🅐 🅿

6 av. Pierre-Loti – ✆ 02 40 11 48 48 – www.lucienbarriere.com   Plan : BZ**t**
– Ouvert 3 avril- 29 nov.
72 ch – ⚲169/919 € ⚲⚲169/919 € – 15 suites – ⚏ 32 € – ½ P
Rest *La Rotonde* **Rest** *Le Ponton* – voir les restaurants ci-après
Bien-être et confort dans cet hôtel monumental né en 1896 face à la plage et
aujourd'hui associé à un centre de thalassothérapie. Une profonde campagne de
rénovation est prévue durant l'hiver 2014-2015 : hérité de la Belle Époque, le
mythe Royal n'est pas prêt de s'éteindre !

Castel Marie-Louise 🏨🏨🏨 ⅰ○ ⌇ ⌄ ⌂ ⏸ 🛜 🅢🅐 🅿

1 av. Andrieu – ✆ 02 40 11 48 38   Plan : BZ**g**
– www.castel-marie-louise.com – Fermé 5 janv.-6 fév.
29 ch – ⚲180/839 € ⚲⚲180/839 € – 2 suites – ⚏ 28 € – ½ P
Rest *Castel Marie-Louise* – voir les restaurants ci-après
Le lieu reçut son nom en l'honneur d'une femme aimée, et il reste propice à la
romance : architecture Belle Époque, tentures, mobilier ancien, table gastronomique,
entre jardin arboré et bord de mer... Apposez-y à votre tour le nom de votre élu(e) !

Mercure Majestic 🏨🏨🏨 ⅰ○ ⌄ ⏸ ⚭ 🅐🅒 🛜 🅢🅐 🅿

espl. Lucien-Barrière – ✆ 02 40 60 24 86   Plan : BZ**e**
– www.hotelmercure-labaule.com
83 ch – ⚲104/299 € ⚲⚲114/299 € – ⚏ 16 € – ½ P
Une haute façade blanche signale cet hôtel né en 1930, non loin du casino, en
bord de plage. L'esprit Art déco – chic et confort – plane toujours en partie sur
les lieux ! Produits de la mer et tradition régionale au restaurant.

Brittany sans rest 🏨🏨 🅐🅒 🛜

7 av. des Impairs – ✆ 02 40 60 30 25   Plan : BZ**b**
– www.brittanylabaule.com
19 ch – ⚲69/195 € ⚲⚲79/195 € – ⚏ 13 €
Dans une rue tranquille non loin du front de mer, cette maison des années 1930
abrite des chambres raffinées et bien équipées (salles de bains avec balnéo). Un
joli atout : le très agréable solarium sur le toit-terrasse.

St-Christophe 🏨🏨 ⅰ○ ⌇ ⌂ ⚯ 🛜 🅢🅐 🅟

pl. Notre-Dame – ✆ 02 40 62 40 00 – www.st-christophe.com   Plan : BZ**u**
45 ch – ⚲80/250 € ⚲⚲80/250 € – ⚏ 14 € – ½ P
Rest *St-Christophe* – voir les restaurants ci-après
Quatre villas nichées au creux d'un jardin verdoyant... Le charme agit : architectures 1900 (tourelles, balcons de bois), mobilier ancien, aquarelles signées par la
maîtresse de maison, etc.

Lutetia & Spa 🏨🏨 ⅰ○ ⊛ ⨋ ⏸ 🛜 🅿

13 av. Olivier-Guichard – ✆ 02 40 60 25 81   Plan : CZ**r**
– www.lutetia-labaule.com – Fermé 8-23 fév.
25 ch – ⚲55/125 € ⚲⚲72/200 € – ⚏ 13 €
Agréable adresse : derrière une façade Art déco, le Lutetia affiche un style contemporain et coloré. Sauna, hammam et jacuzzi font la joie des clients ; en annexe, la
Villa St-Bernard joue la thématique sportive (chambres "Golf", "Voile", etc.).

Alcyon sans rest 🏨🏨 ⏸ ⚯ 🛜 🅢🅐 🅿

19 av. des Pétrels – ✆ 02 40 60 19 37 – www.alcyon-hotel.com   Plan : BY**s**
– Fermé 5-30 janv.
32 ch – ⚲80/149 € ⚲⚲80/265 € – ⚏ 12 €
Près du marché, façade en angle garnie de balcons, à l'exception du dernier
étage. Préférez les chambres rénovées et leur décoration zen et colorée. Bar
agréable avec terrasse.

Villa Cap d'Ail sans rest 🏨🏨 ⌂ ⚯ 🛜

145 av. du Mar.-de-Lattre-de-Tassigny – ✆ 02 40 60 29 30   Plan : BZ**p**
– www.villacapdail.com – Fermé 28 fév.-16 mars
22 ch – ⚲67/98 € ⚲⚲72/185 € – ⚏ 11 €
À 300 m de la plage, cette charmante villa des années 1920, décorée dans un
style actuel (bois peint, tons gris), a conservé son charme originel. Les chambres
y sont cosy et bien tenues. Accueil familial.

Hostellerie du Bois

⌂   ⏚ 🛏 🛜

65 av. Lajarrige – ℰ *02 40 60 24 78*   Plan : DZ**m**
– www.hostellerie-du-bois.com – Ouvert 14 mars-15 nov. et vacances de Noël
15 ch – †62/89 € ††62/89 € – ⬭ 8 € – ½ P
On aime le charme vieille France de cette maison à colombages (1923) bien tenue et dont les chambres sont ornées d'objets rapportés de voyage. Petit-déjeuner servi dans une salle rustique et feutrée. Baule oblige : réservez à l'avance !

Hôtel des Dunes ⓝ sans rest

⌂   📶 ⅍ 🛜 ♿ 🅿

277 av. de Lattre-de-Tassigny – ℰ *02 51 75 07 10*   Plan : BY**v**
– www.hotel-des-dunes.com
32 ch – †50/100 € ††60/115 € – ⬭ 10 €
Cette haute maison à colombages date de 1920 et a été transformée en hôtel en 1950 ; on y trouve des chambres cosy et confortables, joliment meublées par le nouveau propriétaire. Une étape de choix.

XXX Castel Marie-Louise – Hôtel Castel Marie-Louise

🐟 ≤ ⏚ ⅍ 🅿

1 av. Andrieu – ℰ *02 40 11 48 38*   Plan : BZ**g**
– www.castel-marie-louise.com – Fermé 5 janv.-6 fév., le midi sauf juil.-août et sauf dim. et fériés
Formule 39 € – Menu 59/110 € – Carte 80/165 €
Dans ce manoir début de siècle très feutré, on dîne près des grandes baies ou en terrasse, sous les pins... L'image vivante d'une Belle Époque, pour une cuisine gastronomique inspirée par les produits du moment.

XXX La Rotonde – Hôtel Royal-Thalasso Barrière

⏚ 🆎 ⅍ 🅿

6 av. Pierre-Loti – ℰ *02 40 11 48 48 – www.lucienbarriere.com*   Plan : BZ**t**
– Ouvert 3 avril- 29 nov.
Formule 29 € – Menu 36/52 €
Une Rotonde chic qui satisfait tous les palais ! Le chef et sa brigade concoctent une cuisine diététique, ainsi que de bons mets traditionnels : curistes et gourmets sont ravis.

XX Carpe Diem

⇱ 🅿

29 av. Jean-Boutroux, 5 km au Nord-Est par rte du golf de la Baule
– ℰ *02 40 24 13 14 – www.le-carpediem.fr – Fermé vacances de fév., dim., mardi soir et merc. hors saison*
Formule 17 € – Menu 21/50 €
Sur la route du golf, faites étape dans ce restaurant ! Ici, le mobilier contemporain cohabite avec la cheminée et les poutres apparentes. La carte laisse le choix entre des plats traditionnels ou plus créatifs.

XX St-Christophe – Hôtel St-Christophe

⏚ 🍴 ⅍ 🅿

pl. Notre-Dame – ℰ *02 40 62 40 00 – www.st-christophe.com*   Plan : BZ**u**
– Fermé dim. soir et lundi du 15 oct. au 31 mars
Menu 32 € – Carte 28/55 €
De la couleur et beaucoup de fraîcheur dans ce charmant bistrot chic... Le chef concocte une cuisine terre-mer qui varie au gré de son inspiration et des saisons, faisant le bonheur des habitués.

XX L'Eden Beach – Hôtel Hermitage Barrière

≤ 🍴 🆎

5 espl. Lucien-Barrière – ℰ *02 40 11 46 16*   Plan : BZ**h**
– www.hermitage-barriere.com – Ouvert 26 déc. à fin sept., week-ends d'oct. et 1 semaine aux vacances de la Toussaint
Formule 35 € – Menu 54 € – Carte 55/90 €
Face à la baie et presque les pieds dans l'eau... la carte met logiquement à l'honneur le poisson et les fruits de mer. En saison, le menu homard est fort apprécié !

X 14 Avenue

🍴

14 av. Pavie – ℰ *02 40 60 09 21 – www.14avenue-labaule.com*   Plan : BZ**a**
– Fermé 3 semaines en déc., dim. soir, lundi et mardi sauf juil.-août
Formule 18 € – Menu 41 € – Carte 34/81 €
Voilà une adresse dont les amateurs de poisson vont faire leur cantine ! D'emblée, on vous présente la pêche du jour, d'une fraîcheur sans faille : langoustes de gros calibre, soles, sardines de la Turballe... On se régale de ces beaux produits cuisinés dans le respect des saveurs.

✗ **Season's** ⇇ 🕸
av. du Jardin-Public, (plage Benoît) – ✆ 02 40 60 71 68   Plan : AZ**f**
– www.seasons-labaule.com – Fermé nov., mardi et merc. sauf juil.-août
Formule 26 € – Menu 30/59 € – Carte 40/55 €
Un restaurant de plage, posé sur le sable, rien de mieux pour se sentir en vacances ! Sur la carte – créée par le chef Éric Guérin (St-Joachim) – on ose les associations de saveurs, à l'image de ce quinoa à l'huile de fenouil, moules et citron vert, ou de ce merlu à la soupe de tomate ail-basilic. Accueil charmant.

✗ **Le Ponton** – Hôtel Royal-Thalasso Barrière ⇇ 🕸 🅰🄺 P
6 av. Pierre-Loti – ✆ 02 40 60 52 05 – www.lucienbarriere.com   Plan : BZ**t**
– Ouvert 3 avril- 29 nov.
Formule 20 € ☂ – Menu 26 € ☂/35 € – Carte 35/50 € *(fermé le soir d'oct.*
à nov.)
Un joli Ponton sur la plage, idéal pour savourer des produits de la mer et une cuisine de brasserie qui joue la carte de la simplicité.

BAUME-LES-DAMES
✉ 25110 (Doubs) – 5 290 hab. – Alt. 280 m – Voir carte n°**17**-C2
◨ Paris 440 km – Belfort 62 km – Besançon 30 km – Lure 45 km
Carte Michelin 321-I2 – Guide Vert Michelin Franche-Comté Jura

✗✗✗ **Hostellerie du Château d'As** avec ch ⇇ 🕸 🛜 P
24 r. Château-Gaillard – ✆ 03 81 84 00 66 – www.chateau-das.fr – Fermé dim.
soir, mardi midi et lundi
7 ch – ♥76/130 € ♥♥76/130 € – ☐ 13 € – ½ P
Formule 25 € – Menu 35/80 € – Carte 51/65 €
Charmante atmosphère d'antan dans cette grande villa 1930 : décor bourgeois, rotonde, lustre en nacre... Aux commandes, deux frères signent à quatre mains une cuisine gastronomique soignée et savoureuse. Pour prolonger l'étape, des chambres spacieuses et fort bien tenues.

LES BAUX-DE-PROVENCE
✉ 13520 (Bouches-du-Rhône) – 451 hab. – Alt. 185 m – Voir carte n°**42**-E1
◨ Paris 712 km – Arles 20 km – Avignon 30 km – Marseille 86 km
Carte Michelin 340-D3 – Guide Vert Michelin Provence

dans le Vallon

✗✗✗✗✗ **L'Oustaù de Baumanière** (Jean-André Charial) avec ch ❀ ⇇ 🕸 🍴 🕸
❀❀   *– ✆ 04 90 54 33 07 – www.oustaudebaumaniere.com*   📶 & 🅰🄺 🛜 P
– Fermé janv., fév., lundi soir et mardi en nov. et déc., jeudi midi et merc.
en mars et d'oct. à déc.
17 ch – ♥220/600 € ♥♥220/600 € – 13 suites – ☐ 27 € – ½ P
Menu 99 € (déj. en semaine), 166/199 € – Carte 135/230 €
Demeure du 16ᵉ s. aux voûtes séculaires, superbe terrasse avec les Alpilles en toile de fond : un lieu magique pour une cuisine gorgée de soleil. Belle cave. Confortables chambres et suites distinguées réparties entre la maison, un petit mas et une élégante bastide.
→ Œuf de poule, asperges vertes de Provence au fumet de truffe noire en chaudfroid. Rouget barbet, tomate, basilic et fleur de thym en vinaigrette. Millefeuille tradition Baumanière.

rte de Maussane Sud-Est par D 27

🏠🏠 **Domaine de Manville** Ⓝ 🍴 🏊 🄺 ❀ ⅃ 🖥 & 🅰🄺 🛜 🥗 P 🚲
au golf – ✆ 04 90 54 40 20 – www.domainedemanville.fr – Fermé 12 janv.-1ᵉʳ fév.
26 ch – ♥250/1050 € ♥♥250/1050 € – 4 suites – ☐ 28 €
Rest La Table – voir les restaurants ci-après
Dans un ravissant vallon situé entre les Baux-de-Provence et Maussane-les-Alpilles, cet ancien domaine agricole a été magnifiquement reconverti : golf 18 trous, vastes chambres luxueuses, piscine, cinéma privé et spa... L'alliance du luxe, des vieilles pierres et de la nature provençale.

XXX **La Table** Ⓝ – Hôtel Domaine de Manville
au golf – ✆ 04 90 54 40 20 – www.domainedemanville.fr – Fermé 12 janv.-1er fév. et le midi
Menu 70/95 € – Carte 78/90 €
Au sein du luxueux Domaine de Manville, une table soignée, rendant un vibrant hommage à la tradition régionale – comment pourrait-il en être autrement sur ces terres privilégiées, au pied des Alpilles et des Baux ? La terrasse, sous des platanes centenaires, évoque un roman de Pagnol... Carte plus simple au Bistrot.

rte d'Arles Sud-Ouest par D 27

La Cabro d'Or
à 1 km – ✆ 04 90 54 33 21 – www.lacabrodor.com
20 ch – †200/540 € ††200/920 € – 6 suites – ☕ 27 € – ½ P
Rest ***La Cabro d'Or*** – voir les restaurants ci-après
Pour les amateurs de quiétude et de raffinement, une belle demeure couverte de lierre, avec des chambres provençales très chic (certaines avec terrasse) et un ravissant jardin fleuri, au pied des Baux.

Mas de l'Oulivié sans rest
Les Arcoules, à 2 km, par D78F – ✆ 04 90 54 35 78 – www.masdeloulivie.com – Ouvert 28 mars-1er nov.
25 ch – †150/530 € ††150/530 € – 2 suites – ☕ 18 €
Bienvenue dans un mas qui voit la vie en... vert ! Les propriétaires utilisent autant que possible des produits écolo et locaux : mobilier de piscine créé à Maussane-les-Alpilles, savon de bain à l'huile des Baux, etc.

Benvengudo
Vallon de l'Arcoule, à 2 km, par D78F – ✆ 04 90 54 32 54 – www.benvengudo.fr – Ouvert 27 mars-10 oct.
22 ch – †115/235 € ††115/235 € – 5 suites – ☕ 18 € – ½ P
Dans son beau jardin paysager, cette bastide cache des chambres aussi jolies que confortables, déclinant le blanc sur tous les tons et avec fraîcheur... À noter : les chambres situées dans l'annexe sont plus anciennes. Cuisine régionale au restaurant.

XXX **La Cabro d'Or** – Hôtel La Cabro d'Or
à 1 km – ✆ 04 90 54 33 21 – www.lacabrodor.com – Fermé mardi midi, dim. soir et lundi de mi oct. à début avril
Formule 58 € 🍷 – Menu 80/130 € – Carte 109/120 €
Un site superbe, avec une terrasse à l'ombre de mûriers-platanes et une jolie vue sur ces éperons rocheux qui ont fait la célébrité de la cité et de ses environs... Quel meilleur cadre pour apprécier une cuisine toute dédiée aux saveurs de la Provence ?

BAVAY

✉ 59570 (Nord) – 3 480 hab. – Alt. 148 m – Voir carte n°**31**-D2
▶ Paris 229 km – Avesnes-sur-Helpe 24 km – Lille 79 km – Maubeuge 15 km
Carte Michelin 302-K6

XX **Le Bagacum**
r. d'Audignies – ✆ 03 27 66 87 00 – www.bagacum.com – Fermé jeudi soir, dim. soir et lundi sauf fériés
Menu 29 € 🍷 (déj. en semaine), 36/53 € 🍷 – Carte 37/61 €
Bagacum : le nom de la cité romaine devenue... Bavay. Pas étonnant que cette jolie grange du 19e s., rustique et joliment champêtre, cultive le goût de la belle tradition.

BAVELLA (COL DE) – 2A (Corse-du-Sud) ➜ voir Corse

BAYARD (COL) – 05 (Hautes-Alpes) ➜ voir Col Bayard

⊠ 14400 (Calvados) – 13 511 hab. – Alt. 50 m – Voir carte n°**32**-B2
▶ Paris 265 km – Caen 31 km – Cherbourg 95 km – Flers 69 km
Carte Michelin 303-H4 – Guide Vert Michelin Normandie Cotentin

  Villa Lara sans rest   ⊗ ⩽ ⌂ 🛗 ⩽ 🅰🅺 ℀ 🛜 ☆ 🅿
6 pl. de Québec – ℰ 02 31 92 00 55 – www.hotel-villalara.com   Plan : Z**b**
– Ouvert de mars à nov.
23 ch – ♦180/280 € ♦♦180/520 € – 5 suites – ☲ 22 €
Un hôtel inauguré en 2012 à deux pas de la célèbre Tapisserie de Bayeux. Les
chambres y sont raffinées et donnent toutes sur la cathédrale. Luxe discret et
sens du détail concourent à faire de cette adresse l'un des meilleurs établissements de la ville. Copieux petit-déjeuner.

  Le Lion d'Or   ⫶○ ⊗ 🛜 ☆ 🅿
71 r. St-Jean – ℰ 02 31 92 06 90 – www.liondor-bayeux.fr   Plan : Z**e**
31 ch – ♦69/209 € ♦♦99/289 € – 1 suite – ☲ 13 € – ½ P
Un porche, une cour pavée ; vous voilà prêt à faire un saut dans le passé. Dans le
salon trônent dédicaces et portraits des personnalités passées ici... Les clients
d'aujourd'hui apprécient le classicisme des chambres, le calme, le restaurant. Un
établissement de tradition, au cœur de la première ville libérée de France.

BAYEUX

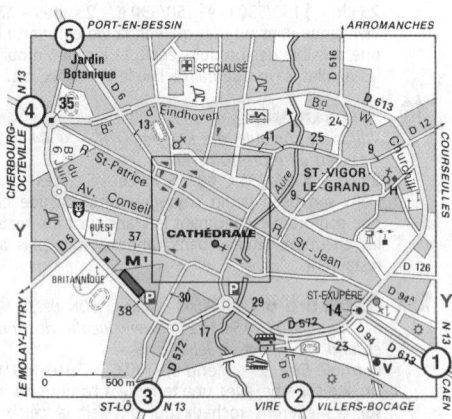

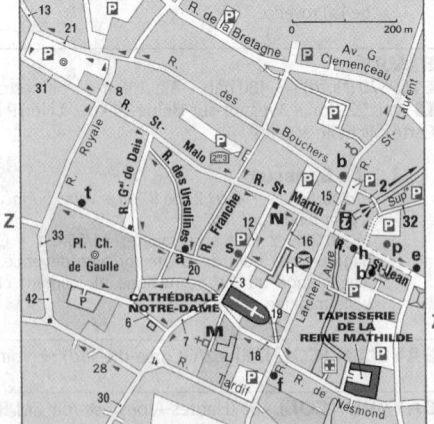

Château de Bellefontaine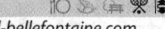
49 r. Bellefontaine – ℰ 02 31 22 00 10 – www.hotel-bellefontaine.com — Plan : Y**v**
20 ch – ♦70/130 € ♦♦90/160 € – ⚏ 14 € – ½ P
Aux portes de Bayeux, dans un parc planté d'arbres centenaires, cette belle demeure classique (18e s.) distille charme bucolique, fraîcheur et confort. Les familles pourront opter pour les duplex créés dans les anciennes écuries. Accueil charmant, restauration le soir pour les résidents.

 Churchill sans rest
pl. de Québec – ℰ 02 31 21 31 80 – www.hotel-churchill.fr — Plan : Z**h**
– Ouvert de mi-fév. à nov.
32 ch – ♦101/120 € ♦♦130/207 € – ⚏ 14 €
Au cœur de la cité, cet hôtel a des allures de petit musée du 6 juin 1944 (photographies, documents, etc.). Les lieux ont une âme et les prestations sont agréables : mobilier de style, bar lumineux, épicerie fine... Parfait pour un séjour sur les traces du Débarquement.

 Hôtel d'Argouges sans rest
21 r. St-Patrice – ℰ 02 31 92 88 86 – www.hotel-dargouges.com — Plan : Z**n**
– Ouvert de fév. à nov.
28 ch – ♦75/125 € ♦♦105/145 € – ⚏ 14 €
Un style très hôtel particulier ; on pénètre dans une cour en plein centre-ville pour découvrir une belle bâtisse blanche (18e s.) et son jardin fleuri. L'ensemble est cossu, élégant et de bon ton. Les salons, d'origine, sont magnifiques !

⌂ **Manoir Sainte Victoire** sans rest
32 r. de la Juridiction – ℰ 02 31 22 74 69 — Plan : Z**a**
– www.manoirsaintevictoire.com
3 ch ⚏ – ♦80 € ♦♦89 €
Dans le cœur historique de Bayeux, cette maison (15e et 17e s.) a le charme fou des vieilles bâtisses : les chambres, feutrées et toutes différentes, se trouvent dans la tour et donnent sur la cathédrale. Du cachet, c'est indéniable !

⌂ **Le Petit Matin** sans rest
9 r. des Terres – ℰ 02 31 10 09 27 – www.lepetitmatin.com — Plan : Z**t**
5 ch – ♦90/120 € ♦♦100/130 €
Cet hôtel particulier des 17e et 18e s. fait face aux superbes alignements de tilleuls de la place Charles-de-Gaulle – classés monuments naturels en 1932 ! La demeure allie beaux volumes et décors soignés ; les chambres, avec leur plancher de bois et leurs murs pastel, sont très reposantes... jusqu'au petit matin.

⌂ **Tardif Noble Guesthouse** sans rest
57 r. Larcher – ℰ 02 31 92 67 72 – www.nobleguesthouses.com — Plan : Z**f**
5 ch ⚏ – ♦65/175 € ♦♦85/195 €
Amoureux de demeures historiques, cette adresse est pour vous ! Un parc aux arbres centenaires, une architecture remarquable (18e s.), le tout près de la belle cathédrale. Une maison très reposante, avec un cachet certain.

XX **L'Angle Saint-Laurent**
2 r. des Bouchers – ℰ 02 31 92 03 01 — Plan : Z**b**
– www.langlesaintlaurent.com – Fermé vacances de fév., sam. midi, dim. soir et lundi
Formule 16 € – Menu 27/49 € – Carte 40/61 €
Un cadre plein de fraîcheur, à l'angle des rues St-Laurent et des Bouchers : pierres apparentes, poutres peintes, éclairage tamisé. Les produits de la région ont la part belle à la carte (cochon de Bayeux, huîtres normandes...), à travers des recettes savoureuses, originales et joliment ficelées. Voilà un Angle au carré !

XX **La Rapière**
53 r. St-Jean – ℰ 02 31 21 05 45 – www.larapiere.net — Plan : Z**p**
– Fermé 20 déc.-10 fév., dim. et lundi
Formule 16 € – Menu 29/52 € – Carte 39/65 € *(réservation conseillée)*
Cette maison du 15e s., nichée dans une ruelle pittoresque, s'est forgée une solide réputation. Poissons ruisselant de fraîcheur, belles spécialités normandes ou incursions dans un registre plus ensoleillé : en garde !

Le Pommier
40 r. des Cuisiniers – ✆ 02 31 21 52 10 Plan : Z**s**
– www.restaurantlepommier.com – Fermé 15 déc.-15 janv. et dim. hors saison
Formule 15 € – Menu 18 € (déj. en semaine), 25/39 € – Carte 32/55 €
Un Pommier très normand ! Dans un joli décor de poutres et pierres, très frais, on déguste un velouté de crustacés à la crème fraîche d'Isigny, des tripes à la mode de Caen, un foie gras à la pomme, etc. Pour ne pas se lasser du goût de la région.

rte de Port-en-Bessin 3 km par ⑤

Château de Sully
rte de Port-en-Bessin ✉ 14400 Bayeux – ✆ 02 31 22 29 48
– www.chateau-de-sully.com – Fermé 15 nov.-7 fév.
21 ch – 🚹175/289 € 🚹🚹175/289 € – 2 suites – ☕ 21 € – ½ P
Rest *Château de Sully* ✿ – voir les restaurants ci-après
De lourdes grilles, une grande allée ; une très belle entrée en matière pour ce château du 18e s. plein de charme. Les chambres cultivent un luxe discret et l'on aime à flâner sous les frondaisons du parc. Piscine, jacuzzi... Histoire et détente !

Château de Sully
rte de Port-en-Bessin ✉ 14400 Bayeux – ✆ 02 31 22 29 48
– www.chateau-de-sully.com – Fermé 15 nov.-7 fév. et le midi sauf dim.
Menu 55/99 € – Carte 70/85 € *(réservation conseillée)*
Dans le cadre classique et élégant de ce château du 18e s., on cultive le goût de la nature avec sensibilité : produits locaux – souvent bio –, créativité mesurée, finesse et harmonie... au rythme des saisons et de leurs caprices.
→ Œuf bio fermier, le blanc en mousse au cumin et le jaune servi à 55°. Ris de veau rôti au citron confit au sel, blettes et jus de cuisson. Abricot caramélisé en millefeuille croustillant, glace reine-des-prés.

à Audrieu 13 km par ① et D 158 – ✉ 14250 – 1 049 hab. – Alt. 71 m

Château d'Audrieu
– ✆ 02 31 80 21 52 – www.chateaudaudrieu.com – Fermé 29 nov.-14 fév.
25 ch – 🚹175/630 € 🚹🚹175/630 € – 4 suites – ☕ 26 € – ½ P
Rest *Château d'Audrieu* – voir les restaurants ci-après
Superbe ! Un château du 18e s., classé monument historique, au sein d'un parc ravissant. Jardin de fleurs blanches, de roses, d'herbes... Ce raffinement végétal n'a d'égal que les beaux salons et les chambres classiques. L'art de vivre à la française.

Château d'Audrieu
– ✆ 02 31 80 21 52 – www.chateaudaudrieu.com – Fermé 29 nov.-14 fév., lundi et le midi sauf week-end et fériés
Menu 52/95 € – Carte 68/96 €
En ce château du siècle des Lumières, le raffinement du cadre – entre parc et cour d'honneur – convie à un voyage gastronomique empreint de la noblesse des produits de la région, en particulier le poisson de la côte. Créativité et vins de choix sont également au rendez-vous.

BAYONNE

✉ 64100 (Pyrénées-Atlantiques) – 44 331 hab. – Agglo. 226 811 hab. – Alt. 3 m – Voir carte n°**3-A3**
▶ Paris 765 km – Bordeaux 183 km – Biarritz 9 km – Pamplona 109 km
Carte Michelin 342-D2 – Guide Vert Michelin Pays Basque et Navarre
Accès et sorties : voir à Biarritz.

La Villa Hôtel sans rest
12 chemin de Jacquette – ✆ 05 59 03 01 20 Plan : BZ**d**
– www.bayonne-hotel-lavilla.com
10 ch – 🚹65/160 € 🚹🚹105/285 € – ☕ 12 €
Au calme dans son jardin d'inspiration italienne, cette maison de maître offre une jolie vue sur la Nive et les Pyrénées. On s'y repose dans de belles chambres à la décoration soignée, pourvues de meubles anciens chinés. Idéal pour une escapade au Pays basque.

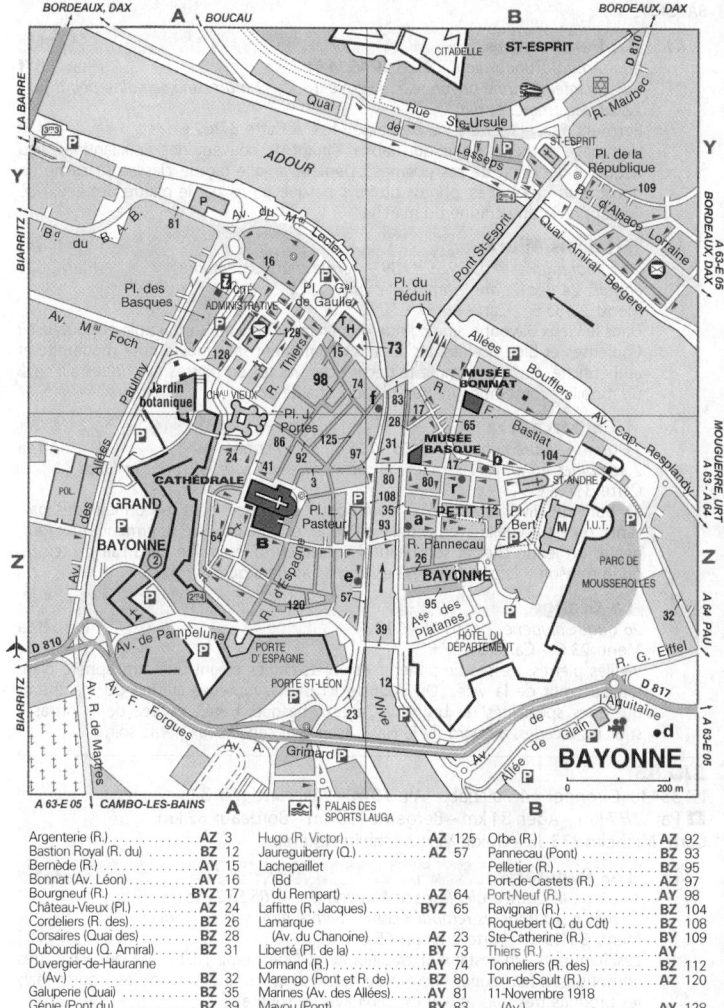

BAYONNE

0   200 m

XX

Auberge du Cheval Blanc (Jean-Claude Tellechea)   AC ⇧

☃ 68 r. Bourgneuf – ℘ 05 59 59 01 33   Plan : BZ**b**
– www.cheval-blanc-bayonne.com – Fermé 29 juin-8 juil., 29 juil.-2 août, sam.
midi, dim. soir et lundi
Menu 25 € (semaine), 45/84 € – Carte 55/66 €
Ce relais de poste du 18ᵉ s. est tenu par la même famille depuis 1959. La salle
arbore les couleurs blanc et rouge du Pays basque... et la cuisine revisite avec
saveur le répertoire régional, au profit des meilleurs produits bayonnais (sel, jambon, chocolat, irouléguy, etc.). Une valeur sûre.
➙ Œuf coulant sur un lit de cèpes, truffe d'été et écume de foie gras. Parmentier
de xamango au jus de veau truffé. Soufflé chaud au Grand Marnier.

✗✗ La Feuillantine   AC

quai Amiral-Dubourdieu – 𝒞 *05 59 46 14 94*   Plan : BY**f**
– www.lafeuillantine-bayonne.fr – Fermé 16 fév.-2 mars, une semaine début juil.,
22-28 déc., merc. et dim.
Formule 17 € – Menu 25 € (semaine)/40 € – Carte 37/62 €
Hommage à Victor Hugo qui habita, enfant, le couvent des Feuillantines, lieu
auquel il dédia un de ses poèmes... Derrière la jolie façade classée se cache un
décor feutré (boiseries, photos du Pays basque prises par le maître des lieux) où
l'on apprécie une cuisine du marché.

✗✗ François Miura   AC

24 r. Marengo – 𝒞 *05 59 59 49 89 – Fermé mars, 1 semaine*   Plan : BZ**r**
en juil., 24 déc.-2 janv., dim. soir et merc.
Menu 22/33 € – Carte 46/57 €
Dans le vieux Bayonne, une cuisine du marché 100 % maison, simple et goûteuse !
Copieuses et bien ficelées, les assiettes combinent sans fausse note modernité et
authenticité. Un peu comme le décor : des voûtes en pierres et briques alliées à
un mobilier contemporain. Bon rapport qualité-prix.

✗ L'Embarcadère   🏠

15 quai A.-Jauréguiberry – 𝒞 *05 59 25 60 13 – Fermé*   Plan : ABZ**e**
2 semaines en janv., 1 semaine en oct. , dim. soir sauf juil.-août et lundi
Carte 31/43 €
En bord de Nive, le long d'un quai dont les terrasses font le bonheur des pas-
sants, on est accueilli avec gentillesse dans cet embarcadère gourmand. Aux fourneaux, un jeune chef et son beau-père réalisent une cuisine dans l'air du temps,
où le poisson a la part belle. N'hésitez pas à embarquer...

✗ La Grange   🏠

26 quai Galuperie – 𝒞 *05 59 46 17 84*   Plan : BZ**a**
Menu 23 € – Carte 39/57 €
Vieilles pierres, tresses de piments et objets chinés créent une atmosphère d'antan au cœur de la ville... On déguste ici une savoureuse cuisine du marché et
quelques spécialités de bistrot à l'accent basque. L'été, profitez de la terrasse
sous les arcades, au bord de la Nive. Accueil et service aux petits soins.

BAZAS

✉ 33430 (Gironde) – 4 709 hab. – Alt. 70 m – Voir carte n°**3-B2**
▶ Paris 637 km – Agen 84 km – Bergerac 105 km – Bordeaux 62 km
Carte Michelin 335-J8 – Guide Vert Michelin Aquitaine

✗✗ Les Remparts   🏠 AC

49 pl. de la Cathédrale, (Espace Mauvezin) – 𝒞 *05 56 25 95 24*
– www.restaurant-les-remparts.com – Fermé dim. soir et lundi
Menu 38/89 € – Carte environ 65 €
Les Remparts, un restaurant traditionnel ? Que nenni ! L'équipe en place, très
enthousiaste, fait régner un vent de fraîcheur en cuisine. La carte est courte mais
les produits très frais et l'on est servi avec le sourire !

à Bernos-Beaulac 6 km au Sud par D932 – ✉ 33430 – 1 177 hab. – Alt. 66 m

↑ Dousud   🍴 ⅋ 🛁 ⚒ ✗ 🛜 P

au Doux Sud – 𝒞 *05 56 25 43 23 – www.dousud.fr*
5 ch 🛏 – ✝70 € ✝✝80/95 €
Un nom tout trouvé pour cette jolie ferme landaise, au cœur d'un parc de 9 ha
où trottent des chevaux. Les chambres, très douillettes, ont toutes une terrasse et,
le soir, la propriétaire concocte une cuisine traditionnelle simple et saine. Un lieu
charmant, idéal pour se mettre au vert en toute quiétude et à prix... doux !

BAZINCOURT-SUR-EPTE – 27 (Eure) → voir Gisors

BAZOUGES-LA-PÉROUSE

✉ 35560 (Ille-et-Vilaine) – 1 867 hab. – Alt. 106 m – Voir carte n°**10-D2**
▶ Paris 376 km – Fougères 34 km – Rennes 45 km – Saint-Malo 53 km
Carte Michelin 309-M4 – Guide Vert Michelin Bretagne Nord

Château de la Ballue sans rest
4 km au Nord-Est par D 91 et rte secondaire – 𝒞 *02 99 97 47 86*
– www.la-ballue.com
5 ch – †200/220 € ††200/240 € – ⬓ 19 €
De superbes jardins d'esprit baroque et à la française entourent ce château du
17ᵉ s. Grandes chambres raffinées : hauteur sous plafond, boiseries d'époque,
mobilier ancien.

BEAUCAIRE

✉ 30300 (Gard) – 15 894 hab. – Alt. 18 m – Voir carte n°**23**-D2
▶ Paris 703 km – Arles 18 km – Avignon 27 km – Nîmes 24 km
Carte Michelin 339-M6

au Sud-Ouest 6 km (rte de St Gilles) puis à gauche, écluse de Nouriguier

 Mas de Lafont sans rest
chemin du Mas-d'Aillaud ✉ *30300 Beaucaire –* 𝒞 *04 66 59 29 59*
– www.masdelafont.com – Ouvert 1ᵉʳ mai-1ᵉʳ oct.
3 ch ⬓ – †80/110 € ††80/110 €
Entre vignes et abricotiers, un mas du 17ᵉ s. aux chambres spacieuses, ornées
d'un superbe mobilier provençal. Toutes ouvrent sur le jardin. Cuisine à la disposition des hôtes.

LE BEAUCET – 84 (Vaucluse) ➔ voir Carpentras

BEAUCOUZÉ – 49 (Maine-et-Loire) ➔ voir Angers

BEAUGENCY

✉ 45190 (Loiret) – 7 580 hab. – Alt. 99 m – Voir carte n°**12**-C2
▶ Paris 152 km – Blois 35 km – Châteaudun 42 km – Orléans 31 km
Carte Michelin 318-G5 – Guide Vert Michelin Châteaux de la Loire

BEAUGENCY

Abbaye (R. de l') 2
Bretonnerie (R. de la) 3
Change (R. du) 4
Châteaudun (R. de) 5
Cordonnerie (R. de la) 6
Dr-Hyvernaud (Pl.) 8
Dunois (Pl.) 9
Maille-d'Or (R. de la) 10
Martroi (Pl. du) ....
Pellieux (Passage) 12
Pont (R. du) ....
Puits-de-l'Ange (R. du) 14
Sirène (R. de la) 15
Traîneau (R. du) ....
Trois-Marchands (R. des) ... 18

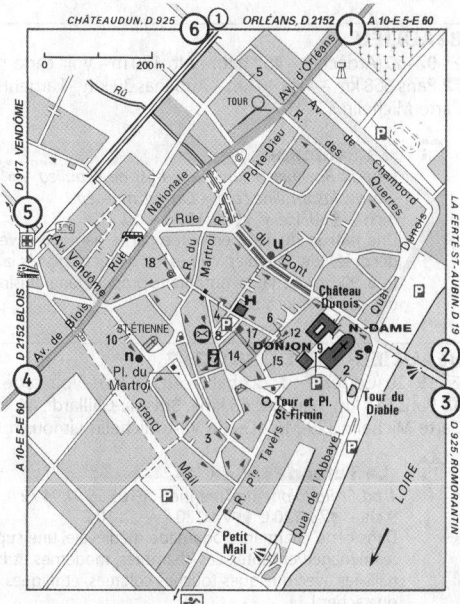

233

L'Écu de Bretagne

pl. du Martroi – *02 38 44 67 60* – *www.ecudebretagne.fr*   **n**
29 ch – ✚81/165 € ✚✚81/165 € – ☺ 10 €
Au cœur de la cité médiévale, cet ancien relais de poste du 17ᵉ s. attire encore les voyageurs ! Les chambres, récemment rénovées, sont confortables et joliment décorées. Un petit jardin et une piscine chauffée sont à la disposition des clients.

Grand Hôtel de l'Abbaye sans rest

2 quai de l'Abbaye – *02 38 45 10 10*   **s**
– www.grandhoteldelabbaye.com – *Fermé 4-31 janv.*
19 ch – ✚89/189 € ✚✚89/189 € – ☺ 16 €
En bord de Loire, une véritable demeure historique que cette ancienne abbaye des 12ᵉ-17ᵉ s. Vieilles pierres, escalier monumental, tomettes, mobilier de style... et de belles chambres aménagées dans les anciennes cellules des moines !

✗✗ Le P'tit Bateau

54 r. du Pont – *02 38 44 56 38* – *Fermé lundi et mardi*   **u**
Menu 35/75 € – Carte environ 56 €
Un jeune couple plein d'allant a pris le gouvernail de ce P'tit Bateau où il signe à quatre mains de bien jolies recettes : tout est généreux, précis, présenté avec soin et savoureux. À noter : le sympathique patio pour un repas à l'air libre. Une maison qui respire l'envie de bien faire !

à Tavers 3 km par ④ et rte secondaire – ✉ 45190 – 1 347 hab. – Alt. 100 m

La Tonnellerie sans rest

12 r. des Eaux-Bleues, (près de l'église) – *02 38 44 68 15*
– www.latonnelleriehotel.com – *Fermé 18 déc.-25 janv.*
20 ch – ✚80/155 € ✚✚80/155 € – 2 suites – ☺ 14 €
De nouveaux propriétaires ont réinvesti cette maison de 1870 bourrée de charme. Leur pari est réussi : le lieu offre désormais tout le confort moderne (isolation et équipements des chambres), mais son charme classique demeure. Agréable jardin avec piscine.

BEAULIEU

✉ 07460 (Ardèche) – 462 hab. – Alt. 130 m – Voir carte n°**44-A3**
▶ Paris 668 km – Alès 40 km – Aubenas 39 km – Largentière 29 km
Carte Michelin 331-H7

La Santoline

Lieu-dit Bouchet, 1 km au Sud-Est de Beaulieu – *04 75 39 01 91*
– www.lasantoline.com – *Ouvert mai-sept.*
8 ch – ✚80/165 € ✚✚80/165 € – ☺ 12 €
Une bâtisse du 16ᵉs. entourée par la garrigue cévenole, dont les chambres sont décorées de meubles chinés et d'objets glanés au fil de voyages. Charmant ! Et à 900 m de là, le restaurant propose une cuisine du marché concoctée avec des produits locaux.

BEAULIEU-SUR-DORDOGNE

✉ 19120 (Corrèze) – 1 223 hab. – Alt. 142 m – Voir carte n°**25-C3**
▶ Paris 513 km – Aurillac 65 km – Brive-la-Gaillarde 44 km – Figeac 56 km
Carte Michelin 329-M6 – Guide Vert Michelin Limousin Berry

Le Turenne sans rest

1 bd St-Rodolphe-de-Turenne – *05 55 91 94 72*
9 ch – ✚73/120 € ✚✚73/120 € – ☺ 10 €
Dans cette charmante bourgade médiévale, une superbe bâtisse datant du 12ᵉ s., réaménagée en hôtel. Les chambres, modernes et bien équipées, ont été personnalisées avec quelques touches colorées, ethniques ou baroques... et l'ensemble a du cachet !

XX **Les Charmilles** avec ch

🐌 *20 bd St-Rodolphe-de-Turenne – ℰ 05 55 91 29 29*
– www.auberge-charmilles.com – Ouvert de Pâques à fin oct.
8 ch – †64/98 € ††64/98 € – � 8,50 € – ½ P
Formule 16 € ▼ – Menu 19 € (semaine)/28 € – Carte 38/60 €
La terrasse au bord de la Dordogne, en pleine verdure, et la salle aux baies
vitrées sont tout simplement délicieuses ! Foie gras et magrets sauce câline,
salade aux gésiers, purée maison... On l'aura compris, la table est régionale.

à Brivezac 4 km rte d'Argentat par D 940, D 12 et rte secondaire – ✉ 19120
– 179 hab. – Alt. 140 m

⌂ **Château de la Grèze**

– ℰ 05 55 91 08 68 – www.chateaudelagreze.com – Ouvert 15 mars-16 nov.
5 ch ⊂ – †84/111 € ††99/125 €
Quel calme... Entourée d'un parc, cette élégante demeure du 18e s. abrite des
chambres spacieuses au décor soigné ; les tissus d'indienne fleurissent sur
les murs et la vue sur la vallée est imprenable. Piscine, promenades à pied ou à
cheval, dîners à la table d'hôte : une vraie vie de gentilhomme.

BEAULIEU-SUR-LAYON

✉ 49750 (Maine-et-Loire) – 1 426 hab. – Alt. 85 m – Voir carte n°**35**-C2
▶ Paris 316 km – Angers 25 km – Nantes 95 km – Niort 176 km
Carte Michelin 317-F5

⌂ **Château Soucherie** sans rest

2,5 km au Nord-Ouest par D 54 et D 209 – ℰ 02 41 78 31 18
– www.domaine-de-la-soucherie.fr – Fermé dim. d'oct. à mai et fériés
4 ch ⊂ – †95/120 € ††115/140 €
Sur les coteaux du Layon, un château au cœur d'un domaine viticole de 24 ha.
Dans les chambres, raffinées à souhait, mobilier ancien et confort moderne se
conjuguent à merveille ! Le plus : une visite de la propriété, avec dégustation,
est proposée aux nouveaux arrivants. Une belle adresse.

BEAULIEU-SUR-MER

✉ 06310 (Alpes-Maritimes) – 3 762 hab. – Voir carte n°**42**-E2
▶ Paris 935 km – Menton 20 km – Monaco 10 km – Nice 8 km
Carte Michelin 341-F5 – Guide Vert Michelin Côte d'Azur

🏨🏨🏨 **La Réserve de Beaulieu & Spa**

5 bd du Mar.-Leclerc – ℰ 04 93 01 00 01   Plan : Z**w**
– www.reservebeaulieu.com – Fermé 18 oct.-23 déc.
34 ch – †150/1550 € ††150/1550 € – 5 suites – ⊂ 40 € – ½ P
Rest *Restaurant des Rois* ❀ – voir les restaurants ci-après
Entre Nice et Monaco, cette architecture digne d'un palais florentin (1880) se
détache magnifiquement sur les falaises tombant dans la Méditerranée... Avec
ses décors fastueux (mobilier ancien, tapisseries, boiseries, etc.), sa superbe piscine en balcon sur la Grande Bleue, son ponton privé, etc., voilà bien l'une des
plus belles adresses de la Riviera !

🏨 **Carlton** sans rest

7 av. Edith-Cavell – ℰ 04 93 01 44 70   Plan : Z**s**
– www.carlton-beaulieu.com – Fermé 4 janv.-13 fév.
34 ch – †80/215 € ††80/215 € – ⊂ 11 €
Des chambres classiques au charme rétro, un accueil bienveillant, une jolie piscine, du calme : cette villa des années 1930, dans un quartier résidentiel proche
de la plage et du casino, a bien des atouts pour que l'on profite de la Riviera !

🏨 **Frisia** sans rest

2 bd Eugène-Gauthier – ℰ 04 93 01 01 04   Plan : Y**r**
– www.frisia-beaulieu.com – Fermé 9 nov.-16 déc.
34 ch – †65/159 € ††65/159 € – 1 suite – ⊂ 10 €
Cet hôtel balnéaire, d'esprit plutôt classique, s'élève sur le port de plaisance. Avec
la mer et la montagne pour horizon, la vue est délicieuse depuis le toit, aménagé
en solarium, et la piscine nichée sur l'arrière du bâtiment invite à la détente...

BEAULIEU-SUR-MER

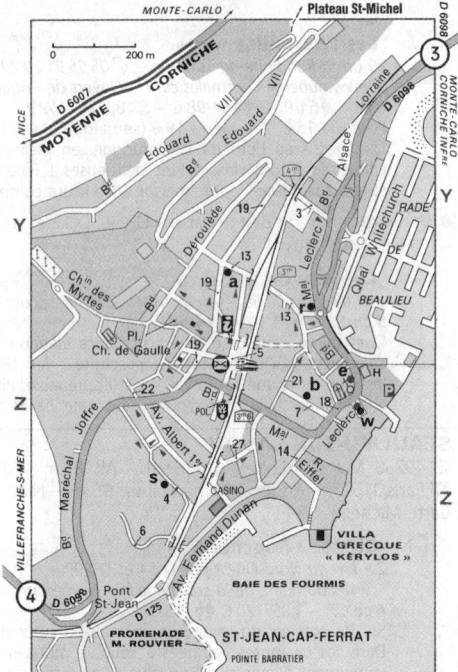

🏠 **Comté de Nice** sans rest   🖥 AC ⌀ 📶

25 bd Marinoni – ⌀ 04 93 01 19 70   Plan : Y**a**
– www.hotel-comtedenice.com – Fermé 19-26 déc.
32 ch – †68/109 € ††78/139 € – ⌷ 10 €
Dans une rue commerçante du centre-ville, cet hôtel fonctionnel, tenu avec soin, offre un bon rapport confort-prix. Certaines chambres jouissent d'une petite échappée sur la Grande Bleue...

🏠 **Riviera** sans rest   AC ⌀ 📶

6 r. Paul-Doumer – ⌀ 04 93 01 04 92 – www.hotel-riviera.fr   Plan : Z**b**
– Fermé 5 oct.-5 janv.
14 ch – †65/125 € ††65/125 € – ⌷ 10 €
Une jolie villa 1930 et... ses fidèles, qui y séjournent parfois tout l'été ! Pas de secret : les prix sont doux, les chambres – certes petites – pratiques et impeccablement tenues, et l'accueil charmant.

XXXX **Restaurant des Rois** – Hôtel La Réserve de Beaulieu & Spa   ⟨ 🌀 ⌖ ⌂
🕸 *5 bd du Mar.-Leclerc – ⌀ 04 93 01 00 01*   Plan : Z**w**
– www.reservebeaulieu.com – Fermé 5 janv.-31 mars, 18 oct.-23 déc. et le midi
Menu 155/225 € – Carte 175/250 €
Au pied de ce véritable palais de bord de mer, une superbe terrasse face à la Méditerranée et, en guise de salle, une longue galerie au faste classique, ouverte sur les flots... Un superbe écrin pour une cuisine cultivant la délicatesse et la générosité avec une maestria toute particulière !
→ Cuisine du marché

✗ **L'eSCentiel** 　　　　　　　　　　　　　　　　　　　　AC
26 bd Mar.-Leclerc – ℰ *04 93 01 17 33* 　　　　　　　　Plan : Z**e**
– www.lescentielbeaulieu.com – Fermé 25 juin-16 juil., 23 déc.-10 janv., mardi
soir, merc. soir, dim. midi €
Formule 19 € – Carte 29/43 € *(réservation conseillée)*
Charles Séméria, c'est l'enfant du pays : berlugan et fier de l'être. Fini les grands
hôtels de la Côte d'Azur, il revient aux fondamentaux dans ce restaurant de
poche situé à deux pas du centre. Les plats sont simples et goûteux, pleins de
savoir-faire, et réalisés à partir de superbes produits du marché : un régal !

Voir aussi ressources hôtelières à St-Jean-Cap-Ferrat

BEAUMARCHÉS
✉ 32160 (Gers) – 681 hab. – Alt. 175 m – Voir carte n°**28-A2**
◗ Paris 755 km – Agen 108 km – Mont-de-Marsan 65 km – Pau 64 km
Carte Michelin 336-C8

à Cayron 5 km à l'Est par D 946 – ✉ 32230

🏠 **Relais du Bastidou** 　　　　　　🍽 🌿 🍴 ⅃ & 🛜 **P**
2 km au Sud par rte secondaire – ℰ *05 62 69 19 94*
– www.le-relais-du-bastidou.com – Fermé 20 nov.-14 fév.
8 ch – ♥75/80 € – ♥♥75/80 € – ⌑ 10 € – ½ P
Calme garanti dans cette ancienne ferme isolée en pleine nature. Les chambres,
installées dans la grange, sont joliment décorées dans un style champêtre. Sauna
et jacuzzi. Cuisine du terroir, simple et plaisante, faisant honneur aux beaux produits du Gers.

BEAUMES-DE-VENISE – 84 (Vaucluse) → voir Carpentras

BEAUMESNIL
✉ 27410 (Eure) – 568 hab. – Alt. 169 m – Voir carte n°**33-C2**
◗ Paris 137 km – Bernay 13 km – Dreux 69 km – Évreux 38 km
Carte Michelin 304-E7 – Guide Vert Michelin Normandie Vallée de la Seine

✗✗ **L'Étape Louis 13** 　　　　　　　　　　　　🏠 ⇔ **P**
2 rte de la Barre-en-Ouche – ℰ *02 32 45 17 27 – www.etapelouis13.fr – Fermé*
1er-15 oct., lundi soir, merc. du 1er nov. au 31 mars et mardi
Formule 25 € – Menu 33/43 €
Près du château de Beaumesnil, au superbe style Louis XIII, ce presbytère du 17e
s. distille une ambiance intemporelle... Sous l'égide de ses jeunes propriétaires, il
est idéal pour se mettre au parfum de la tradition normande : huîtres chaudes
au camembert, soufflé léger au calvados, etc. Fraîcheur et saveurs sont au rendez-vous.

BEAUMONT-DE-LOMAGNE
✉ 82500 (Tarn-et-Garonne) – 3 884 hab. – Alt. 400 m – Voir carte n°**28-B2**
◗ Paris 662 km – Agen 60 km – Auch 51 km – Toulouse 58 km
Carte Michelin 337-B8

🏠 **Le Commerce** 　　　　　　　　　　　　　　　　🍽 🛜
58 r. Mar.-Foch – ℰ *05 63 02 31 02 – www.hotellecommerce.com*
14 ch – ♥50/55 € – ♥♥53/58 € – ⌑ 8 € – ½ P
À l'entrée du village, une auberge rustique tenue en famille. On vous y réserve un
accueil charmant, et les chambres sont simples, propres et pratiques. Au restaurant, cuisine traditionnelle et du terroir.

BEAUMONT-DU-PÉRIGORD
✉ 24440 (Dordogne) – 1 101 hab. – Alt. 160 m – Voir carte n°**4-C1**
◗ Paris 602 km – Agen 93 km – Bordeaux 153 km – Périgueux 82 km
Carte Michelin 329-F7 – Guide Vert Michelin Périgord Quercy

⌂ **Le Coteau de Belpech**   🍽 🦽 ⇇ 👜 ⤓ 🕸 ⇏ 🛜 **P**
– 📞 05 53 22 87 58 – www.coteau-belpech.com
4 ch ⌷ – 📞103/141 € 📞📞112/160 €
De quoi être aux anges... Sur un coteau, une chapelle romane du 11ᵉs. restaurée
par un couple amoureux des vieilles pierres. Chambres soignées, dont l'une dans
le clocher avec une vue à 360° ! Cuisine traditionnelle de qualité à la table d'hôte.

BEAUMONT-EN-AUGE

✉ 14950 (Calvados) – 442 hab. – Alt. 90 m – Voir carte n°**32-A3**
� Paris 199 km – Caen 42 km – Deauville 12 km – Le Havre 49 km
Carte Michelin 303-M4 – Guide Vert Michelin Normandie Vallée de la Seine

🍴🍴 **Auberge de l'Abbaye**
2 r. de la Libération – 📞 02 31 64 82 31 – www.aubergelabbaye.com
– Fermé 5 janv.-21 mars, lundi soir de nov. à mars, mardi sauf juil.-août et merc.
Formule 25 € – Menu 36/64 € – Carte 51/79 €
Elle est bien mignonne cette maison normande du 18ᵉ s. couverte de vigne
vierge, avec son décor rustique à souhait. On y sert une bonne cuisine traditionnelle avec, en vedette, langoustines, homard, foie gras, fromages... Autant dire
que les habitués sont nombreux !

🍴 **Le P'tit Beaumont** avec ch
🥜 20 r. du Paradis – 📞 02 31 64 80 22 – www.leptitbeaumont.fr – Fermé vacances
de Noël
5 ch – 📞75/95 € 📞📞75/95 € – ⌷ 8 €
Menu 14 € ⌕ (déj. en semaine)/20 € (fermé dim. et le soir sauf vend. et sam.)
Noblesse de l'attachement ! Les propriétaires de ce café, situé au centre du village, l'ont racheté pour ne pas le voir disparaître... Après travaux, le vieux troquet
s'est mué en un bistrot branché, avec nappes à carreaux et mobilier mixant bois
et métal, où l'on mange bien. Résultat : ça ne désemplit pas !

BEAUMONT-SUR-SARTHE

✉ 72170 (Sarthe) – 2 127 hab. – Alt. 76 m – Voir carte n°**35-D1**
� Paris 223 km – Alençon 24 km – La Ferté-Bernard 70 km – Mamers 25 km
Carte Michelin 310-J5

🍴 **Auberge de la Croix Margot**   🦽 **P**
122 av. de la Division-Leclerc – 📞 02 43 34 13 59
– www.aubergedelacroixmargot.com – Fermé 3 semaines en août, 2-17 janv.,
mardi et merc.
Formule 15 € – Menu 26/41 € – Carte 35/50 €
Il ne faut pas hésiter à s'arrêter dans cette petite auberge située en bordure de
route à la sortie de Beaumont ; deux frères jumeaux y sont à la manœuvre, réalisant une cuisine traditionnelle simple et goûteuse, qui privilégie les produits frais :
volaille de Mayenne, canette de Challans...

BEAUNE

⊠ 21200 (Côte-d'Or) – 21 872 hab. – Alt. 220 m – Voir carte n°**7-A3**
▶ Paris 308 km – Autun 49 km – Chalon-sur-Saône 29 km – Dijon 45 km
Carte Michelin 320-I7 – Guide Vert Michelin Bourgogne

© F. Cateloy/Mond Image/age fotostock

● Hôtels & maisons d'hôtes

🏨 Le Cep sans rest ⭐ ♨ 🛗 ♿ 🏧 🤶 🛗 🅿 🚗
27 r. Maufoux – ℰ 03 80 22 35 48 – www.hotel-cep-beaune.com Plan : AZ**z**
49 ch – ♦153/263 € ♦♦193/563 € – 16 suites – ⏛ 21 €
Le Cep ? Une myriade d'hôtels particuliers et de maisons anciennes (16ᵉ et 18ᵉ s.) dont les vastes chambres ont des airs de musée – lustres à pampilles, plafonds à la française et moulures... Avec un service conciergerie particulièrement appréciable !

🏨 Hostellerie Le Cèdre ⚟ ♨ 🛗 ♿ 🏧 🤶 🛗 🚗
12 bd Mar.-Foch – ℰ 03 80 24 01 01 – www.lecedre-beaune.com Plan : AY**t**
40 ch – ♦190/350 € ♦♦190/350 € – ⏛ 20 € – ½ P
Rest *Le Clos du Cèdre* ❀ – voir les restaurants ci-après
Dans le jardin, un cèdre majestueux et... cette belle demeure bourgeoise (début 20ᵉ s.) empreinte de classicisme. Boiseries, moulures, mobilier de style et sens du confort : rien ne manque.

🏨 L'Hôtel ⚟ 🛗 ♿ 🏧 🤶 🅿
5 r. Samuel-Legay – ℰ 03 80 25 94 14 Plan : AZ**p**
– www.lhoteldebeaune.com – Fermé 7 déc.-5 janv.
10 ch – ♦190/550 € ♦♦190/550 € – ⏛ 25 €
Rest *Bistro de l'Hôtel* – voir les restaurants ci-après
Dans une rue assez calme du centre-ville, cette demeure bourgeoise du 19ᵉ s. appartenait à Louis Jadot, le négociant en vins. Elle cultive un bel art de vivre avec ses chambres spacieuses, meublées dans le style classique et bien insonorisées... et un service qui fait la différence !

🏨 Hôtel de la Poste ⚟ ♨ 🛗 ♿ 🏧 🍽 🤶 🚗
5 bd Clemenceau – ℰ 03 80 22 08 11 – www.poste.najeti.fr Plan : AZ**f**
32 ch – ♦125/294 € ♦♦125/294 € – 4 suites – ⏛ 16 € – ½ P
Rest *Le Bistro* – voir les restaurants ci-après
Un relais de poste du 19ᵉ s. intemporel et élégant ! Styles contemporain et Art déco se mêlent harmonieusement, le niveau de confort est très bon : un établissement plaisant à vivre.

🏨 Henry II sans rest ♨ 🏧 🍽 🤶 🚗
12-14 r. du Faubourg-St-Nicolas – ℰ 03 80 22 83 84 Plan : AY**q**
– www.henry2.fr
65 ch ⏛ – ♦99/119 € ♦♦169/229 € – 3 suites
Sur la route de Dijon, en sortie de ville, un bâtiment imposant dont les chambres sont spacieuses et décorées dans des styles divers (néobaroque, Louis XV, ou contemporain pour certaines). L'ensemble est parfaitement tenu.

BEAUNE

🏨 **Belle Époque** sans rest   AC 🛜 ᗙᔓ 🅿️

15 r. du Faubourg-Bretonnière – 𝒞 03 80 24 66 15   Plan : AZ**h**
– www.hotel-belleepoque-beaune.com – Fermé 20-25 déc.
25 ch – †101/122 € ††101/122 € – 3 suites – 🍽 11 €
Cette maison ancienne a du cachet : verrière 1900, chambres classiques (vieilles poutres et boiseries, tentures, etc.) donnant sur la cour intérieure et bar au charme... rétro, évidemment !

🏨 **La Cloche** sans rest   ᕊ 🛜 🅿️

40 r. Faubourg-Madeleine – 𝒞 03 80 24 66 33   Plan : BZ**m**
– www.hotel-lacloche-beaune.com – Fermé 20-25 déc.
33 ch – †76/119 € ††76/119 € – 🍽 11 €
Dans cet ancien relais de poste du 16ᵉ s., situé à deux pas des Hospices de Beaune, les chambres cultivent une délicieuse atmosphère rustique : mobilier en chêne, poutres apparentes... Et la plupart d'entre elles donnent sur la cour, côté jardin.

Hôtel de la Paix sans rest   🕭 🕼 🛜 🏔 🅿

45 r. du Faubourg-Madeleine – 𝒞 *03 80 24 78 08*   Plan : BZ**n**
– www.hotelpaix.com
41 ch – †78/185 € ††78/185 € – ☲ 15 €
Près du centre-ville, un hôtel familial en bordure de route. Les chambres, très bien insonorisées, sont pratiques, sobres et agréables, certaines avec poutres et pierres apparentes. Un établissement très bien tenu.

Grillon sans rest   ⊗ ⌫ 🎗 🕭 🕼 🛜 🅿

21 rte de Seurre, 1 km par ② *–* 𝒞 *03 80 22 44 25 – www.hotel-grillon.fr*
– Fermé 1ᵉʳ-7 déc. et fév.
20 ch – †78/135 € ††78/135 € – ☲ 11 €
Une belle demeure bourgeoise dans un jardin japonisant... et beaucoup de sérénité. Les chambres, d'un entretien sans faille, sont cosy côté maison et ultracontemporaines dans l'annexe. Et pour jouer les grillons, rendez-vous autour de la piscine !

Ibis Styles sans rest   🕭 🕼 🕭 🕼 🛜 🅿

7 bd Perpreuil – 𝒞 *03 80 20 88 88 – www.ibisstyles.com*   Plan : BZ**a**
69 ch ☲ – †95/125 € ††105/135 €
Bien placé en ville, l'hôtel respecte en tous points les standards de la chaîne : couleurs vives, grandes chambres pratiques convenant à la clientèle d'affaires comme aux familles... Et le tarif inclut même l'accès au bassin de nage et au jacuzzi !

Hostellerie de Bretonnière sans rest   🕭 🛜 🏔 🅿

43 r. du Faubourg-Bretonnière – 𝒞 *03 80 22 15 77*   Plan : AZ**v**
– www.hotelbretonniere.com – Fermé 25 janv.-11 fév.
32 ch – †72/115 € ††72/115 € – ☲ 10 €
Situé au bord de la route menant à Pommard, ce relais de poste et ses dépendances cultivent un sympathique esprit motel : chambres sobres et pratiques, pour la plupart en rez-de-jardin, duplex familiaux... Une bonne tenue et des prix raisonnables !

La Villa Fleurie sans rest   ⌫ 🕼 🛜 🅿

19 pl. Colbert – 𝒞 *03 80 22 66 00 – www.lavillafleurie.fr*   Plan : BY**s**
– Fermé janv.
10 ch – †76/86 € ††76/86 € – ☲ 9 €
Belles chambres classiques (ou duplex, pour les familles) avec, très souvent, de jolis meubles anciens ; salon cosy et salle des petits-déjeuners vraiment charmante : cette Villa Fleurie a du cachet et... des airs de douillette maison d'hôtes.

Alésia sans rest   🕭 🛜 🅿

4 av. de la Sablière, 1 km rte de Dijon par ① *–* 𝒞 *03 80 22 63 27*
– www.perso.wanadoo.fr/hotel.alesia/ – Fermé 24 déc.- 1ᵉʳ janv.
16 ch – †60/98 € ††75/115 € – ☲ 10 €
C'est à une soixantaine de kilomètres d'ici qu'eut lieu le siège d'Alésia et la reddition gauloise... Mais cet hôtel familial et chaleureux, lui, ne capitule pas ! Des chambres très bien tenues, un service attentionné : une bonne solution budget.

Maison Fatien sans rest   ⊗ 🕼 🕅 🛜 ⌨

17 r. Ste-Marguerite – 𝒞 *03 80 22 82 84*   Plan : AY**k**
– www.maisonfatien.com – Fermé 15 déc.-15 janv.
4 ch ☲ – †249/310 € ††249/310 €
Mobilier chiné, cheminées, lustres de Murano, baignoires sur pieds... le luxe sans tapage, dans une belle bâtisse en pierre. Au petit-déjeuner, on savoure de bons produits du terroir et, pour la détente, visite du domaine viticole familial, location de vélos, etc. L'une des meilleures adresses de Beaune !

Les Jardins de Loïs sans rest   ⌫ 🕼 🛜 🅿

8 bd Bretonnière – 𝒞 *03 80 22 41 97 – www.jardinsdelois.com*   Plan : AZ**r**
– Fermé en janv. et fév.
5 ch ☲ – †155 € ††185/195 €
Dans cette élégante propriété viticole (18ᵉ s.), les chambres sont spacieuses et charmantes, dans un bel esprit maison de famille (mobilier ancien, tapisseries...). Dehors, un grand jardin (presque un demi-hectare !) planté d'arbres fruitiers... Et l'on déguste avec bonheur les vins de la propriété.

 **Restaurants**

✗✗✗ Le Jardin des Remparts (Christophe Bocquillon)   🕸 🏠 **P**

10 r. Hôtel-Dieu – 𝒞 03 80 24 79 41   Plan : AZ**a**
– www.le-jardin-des-remparts.com – Fermé 20-30 déc., 2 janv.-2 fév., dim. et lundi
Menu 29 € (déj.), 51/91 € – Carte 90/105 €

Dans cette élégante villa bourgeoise des années 1930, au pied des remparts, le jeune chef, Christophe Bocquillon, signe une cuisine tout en netteté et saveurs, où les meilleurs produits de saison dévoilent des accords originaux. Aux beaux jours, sachez que la terrasse est l'une des plus prisées de Beaune !
→ Tartare de bœuf charolais, huîtres et écume de mer. Ris de veau rôti et champignons de la forêt de Palleau. Mousse craquante de pain d'épice perdu et crème glacée aux bourgeons de cassis.

✗✗✗ L'Écusson   🏠 **AC**

2 r. du Lieutenant-Dupuis – 𝒞 03 80 24 03 82 – www.ecusson.fr   Plan : BZ**f**
– Fermé 23 fév.-11 mars, merc. et dim.
Menu 30 € (déj.), 43/85 € – Carte 60/100 €

Un Écusson classique, aux couleurs de la gourmandise ! Le chef, passé par des maisons de renom, concocte une cuisine du marché fraîche, goûteuse et inspirée. En prime, la terrasse est agréable et la carte fait honneur aux beaux bourgognes.

✗✗✗ Le Clos du Cèdre – Hostellerie Le Cèdre   🍴 🏠 **AC**

12 bd Mar.-Foch – 𝒞 03 80 24 01 01   Plan : AY**t**
– www.lecedre-beaune.com – Fermé 5-27 janv. et le midi sauf dim.
Menu 57/87 € – Carte 75/125 €

Une élégante maison de maître, cossue et pleine de cachet, dans un jardin verdoyant où l'on installe quelques tables l'été venu… Un cadre parfait pour un beau moment de gastronomie, dans la tradition française ! La technique du chef se dévoile dans des recettes fines et bien pensées, où les saveurs font mouche.
→ Œuf cuit à 64°, crémeux d'asperge à la truffe. Filet de bœuf charolais à la moelle, barigoule d'artichauts poivrade. Comme une tarte, pomme verte, cassis et sorbet cassis à la graine d'anis vert.

✗✗ Loiseau des Vignes   🕸 🏠 ✿ **AC**

31 r. Maufoux – 𝒞 03 80 24 12 06 – www.bernard-loiseau.com   Plan : AZ**z**
– Fermé fév., dim. et lundi
Formule 20 € – Menu 28 € (déj.), 59/95 € – Carte 55/120 €

La griffe "Loiseau" (sous la houlette de la maison mère de Saulieu), une belle carte des vins – avec un choix rare de 70 vins au verre –, un lieu au cachet sûr (poutres, pierres) et surtout des assiettes pleines de caractère : une multitude d'atouts pour cette bonne table au cœur de la gastronomie bourguignonne.
→ Œufs en meurette façon Bernard Loiseau. Suprême de volaille de Bresse en ballottine croquante, aubergine et labné en saveur de cédrat et pistache. Rose des sables Bernard Loiseau, glace pur chocolat noir et coulis d'orange confite.

✗✗ Le Bénaton (Bruno Monnoir)   🍴 🏠

25 r. du Faubourg-Bretonnière – 𝒞 03 80 22 00 26   Plan : AZ**b**
– www.lebenaton.com
– Fermé 1 semaine en fév., 27 août-3 sept., 1er-15 déc., sam. midi d'avril à nov., jeudi sauf le soir d'avril à nov. et merc.
Menu 34 € (déj. en semaine), 58/88 € – Carte 80/100 €

Créativité bien maîtrisée, belles associations de saveurs, présentations originales, qualité irréprochable des produits utilisés… Voilà ce qui distingue cet agréable restaurant familial. Le cadre mêle élégamment bois et pierres apparentes, et sur l'arrière, une ravissante terrasse donne sur un jardin japonais.
→ Grosses langoustines frites au son de moutarde et bouillon mousseux gribiche. Pigeon du Louhannais rôti au jus de mélilot. Comme un vacherin à la fraise, banane et mascarpone glacé.

✕✕ Caveau des Arches 🕸 AC

10 bd Perpreuil – 𝄞 03 80 22 10 37   Plan : ABZ**x**
– www.caveau-des-arches.com – Fermé 29 juil.-27 août, 20 déc.-15 janv., dim. et lundi
Menu 25/48 € – Carte 36/60 €

Insolite, ce restaurant logé dans un caveau souterrain en pierre (18ᵉ s.) intégrant les soubassements d'un pont du 15ᵉ s. Dans une ambiance animée et conviviale, on fait son choix dans une carte traditionnelle, tout en dégustant l'un des nombreux bourgognes sortis de la cave... Une adresse qui a la cote !

✕✕ Bistro de l'Hôtel – L'Hôtel 🕸 🍽 ⅻ ⇔ P

3 r. Samuel-Legay – 𝄞 03 80 25 94 10   Plan : AZ**p**
– www.lhoteldebeaune.com – Fermé 13 déc.-4 janv. et le midi sauf dim.
Menu 40 € – Carte 36/87 €

Une élégante salle de style bistrot chic, au service d'une cuisine qui honore la tradition et les très beaux produits. Quant à la carte des vins, elle est élaborée avec soin par le patron – un vrai passionné !

✕✕ Auberge du Cheval Noir 🍽 ⅻ ✗

17 bd St-Jacques – 𝄞 03 80 22 07 37   Plan : AZ**t**
– www.restaurant-lechevalnoir.fr – Fermé 1ᵉʳ-14 mars, dim. soir de nov.
à avril, mardi et merc.
Menu 23 € (déj. en semaine), 30/74 € 🍷 – Carte 38/58 €

Ne vous fiez pas à la façade un peu quelconque de cette maison : derrière, place à un restaurant épuré, intime et convivial tout à la fois. L'assiette, pile dans l'air du temps, s'y montre généreuse et pleine de fraîcheur. Et au sous-sol, un caveau voûté parfait pour les repas de groupe !

✕✕ Le Carmin 🆕 ⅻ AC

4B pl. Carnot – 𝄞 03 80 24 22 42   Plan : ZA**y**
– www.restaurant-lecarmin.com – Fermé 22 fév.-9 mars, 23-29 déc., dim. et lundi
Formule 25 € – Menu 31 € (déj.), 55/95 € – Carte 56/102 €

Sur cette place Carnot toute proche de l'Hôtel-Dieu, le Carmin vous accueille dans un intérieur élégant et raffiné. Le chef, Christophe Quéant, met à profit son expérience pour réaliser de bons plats au goût du jour, comme ce tajine d'escargots de Bourgogne et cornes d'abondance à l'œuf parfait. Un régal !

✕ Bissoh 🆕 🍽 ⅻ AC

42 r. Maufoux – 𝄞 03 80 24 01 02 – www.bissoh.com   Plan : AZ**y**
– Fermé janv., mardi midi et lundi
Formule 23 € – Menu 63 € (dîner)/78 € *(réservation conseillée)*

Dans sa cuisine ouverte, entourée d'un comptoir avec une douzaine de couverts, le chef japonais Mikihiko Sawahata s'affaire avec maestria. Couteaux, chou chinois, huîtres ou encore bœuf Ozaki : avec ces produits remarquables, il réalise de superbes assiettes, inventives et parfumées. Réservation indispensable !

✕ La Ciboulette AC ✗

🍽 *69 r. de Lorraine – 𝄞 03 80 24 70 72 – Fermé 3-19 août,*   Plan : AY**n**
2-25 fév., lundi et mardi
Menu 20/38 € – Carte 31/59 €

Près de la porte St-Nicolas, un petit restaurant traditionnel, dont la carte se mâtine de touches bourguignonnes. L'accueil est chaleureux, le décor frais et simple. Sympathique !

✕ Bissoh Sushi 🕸 🍽

1a r. du Faubourg-St-Jacques – 𝄞 03 80 24 99 50   Plan : AZ**d**
– www.bissoh.com – Fermé janv., lundi et mardi
Menu 47 € – Carte 30/40 €

Un restaurant tout simple, mais une cuisine nippone recherchée, authentique et vraiment soignée... Le plat vedette ? Le thon rossini préparé au teppanyaki ! Quant à la carte des vins, elle révèle la grande passion du chef et de sa femme – tous deux japonais – pour les jolis nectars et les bons sakés.

Le Comptoir des Tontons ⅍ ⅍

22 r. du Faubourg-Madeleine – ✆ *03 80 24 19 64*   Plan : BZr
– www.lecomptoirdestontons.com – Fermé août, 1ᵉʳ-16 fév., dim. et lundi
Menu 29/42 €

Dans ce bistrot authentique, la patronne – une autodidacte passionnée – concocte des plats du marché avec de bons produits locaux, souvent bio. Une cuisine saine... et sincère ! Côté cave, de nombreux vins "nature". Le tout se dégustant dans une atmosphère conviviale, très "Tontons flingueurs" (affiches, photos).

Ma Cuisine ⅍ AC ⅍

passage Ste-Hélène – ✆ *03 80 22 30 22 – Fermé août, 1*   Plan : AZs
semaine à Noël, merc., sam. et dim.
Formule 15 € – Menu 28 € – Carte 42/70 € *(réservation conseillée)*

Un bistrot convivial, où tout tourne autour du vin... avec un choix hors pair de quelque 800 crus ! Pour ce qui est de la cuisine, on se sent comme à la maison : velouté d'asperges, suprême de volaille à la crème, gâteau aux amandes, etc. De bons plats traditionnels sans prétention, pour une étape pleine de sympathie.

Le Bistro – Hôtel de la Poste ⌂ 🕏 & AC ⅍

5 bd Clemenceau – ✆ *03 80 22 08 11 – www.poste.najeti.fr*   Plan : AZf
– Fermé mardi et le soir
Formule 20 € – Menu 27 €

Le Bistro de l'hôtel de la Poste ? Un beau décor rétro tout en noir et blanc, face à un jardin verdoyant (terrasse), des petits plats de tradition et des vins du cru. Une bonne option pour un agréable déjeuner.

à Savigny-lès-Beaune 7 km par ①, D 18 et D 2 – ✉ 21420 – 1 363 hab. – Alt. 237 m

Le Hameau de Barboron sans rest ⅏ & 🕏 ⅍ P

– ✆ *03 80 21 58 35 – www.hameau-barboron.com*
14 ch – ✦113/206 € ✦✦113/206 € – ⌧ 15 €

Charmant si... on aime la campagne et le calme ! Au milieu d'une réserve de chasse de 450 hectares, de belles fermes fortifiées (16ᵉ s.) avec des chambres au cachet champêtre préservé.

La Cuverie ⅍

5 r. Chanoine-Donin – ✆ *03 80 21 50 03 – www.restaurantlacuverie.com – Fermé 26 août-1ᵉʳ sept., 22 déc.-12 janv., dim. soir, mardi soir et merc.*
Formule 17 € – Menu 29/38 € – Carte 31/49 €

Les propriétaires, jeunes et pleins d'allant, font souffler un vent de fraîcheur sur cette petite auberge rustique, à deux pas du château. En cuisine, monsieur remet au goût du jour de bons petits plats de la tradition bourguignonne, qui mettent en appétit.

à Pernand-Vergelesses 7 km au Nord par D18 – ✉ 21420 – 269 hab. – Alt. 275 m

Le Charlemagne (Laurent Peugeot) ⅍ ⋖ 🕏 & AC ⇔ P

❀ *1 rte des Vergelesses* – ✆ *03 80 21 51 45 – www.lecharlemagne.fr – Fermé 2 semaines en janv., mardi et merc.*
Menu 31 € (déj. en semaine), 61/102 € – Carte 85/110 €

Une maison épurée, une terrasse face aux vignes dédiées à la production du corton-charlemagne : c'est dans ce lieu zen et contemporain que s'épanouit le chef, Laurent Peugeot. Il réalise une cuisine franco-japonaise inspirée – parfois novatrice ! – qui porte fièrement les marques de son parcours de cuisinier.
➜ Foie gras de canard et thon rouge cru façon sushi, écume de soja. Pigeon de Bresse, éclatés de cassis et gelée gingembre. Bakudan : ananas déstructuré.

rte de Dijon 4 km par ①

Ermitage de Corton ⅋⏰ ⋖ ⌂ 🛁 AC 🕏 P

✉ *21200 Chorey-lès-Beaune* – ✆ *03 80 22 05 28 – www.ermitagecorton.com*
– Fermé mi-fév. à mi-mars et semaine de Noël
9 ch – ✦120/220 € ✦✦150/290 € – 3 suites – ⌧ 18 € – ½ P
Rest Ermitage de Corton – voir les restaurants ci-après

Une vaste auberge entre nationale et vignoble, avec sa piscine, ses chambres et suites spacieuses, mélange harmonieux de style ancien et de facture contemporaine. Une étape bien agréable – et gourmande – sur la route de Dijon.

XXX **Ermitage de Corton**   🕭 🖨 🚙 AC P

⊠ 21200 Chorey-lès-Beaune – ℰ 03 80 22 05 28 – www.ermitagecorton.com
– Fermé mi-fév. à mi-mars, semaine de Noël et merc. sauf le soir d'avril à oct.
Formule 24 € – Menu 32 € (déj.), 37/77 € – Carte 50/100 €
Un établissement élégant au service d'une cuisine de saison et de beaux produits
préparés avec soin ; on savoure ce moment dans un décor contemporain reposant, ou sur la terrasse donnant sur les vignes... Et l'on a même créé un petit
espace bistrot en complément du restaurant !

à Aloxe-Corton 6 km par ① – ⊠ 21420 – 157 hab. – Alt. 255 m

🏠 **Villa Louise** sans rest   🕭 🖨 🚙 🖫 🛜 ⚶ P

9 r. Franche – ℰ 03 80 26 46 70 – www.hotel-villa-louise.fr – Fermé
11 janv.-20 fév.
13 ch – ♦85/176 € ♦♦85/215 € – ⊑ 16 €
Une belle demeure vigneronne du 17ᵉ s. avec sa piscine nichée dans le pigeonnier et son beau jardin se perdant dans les parcelles de Corton... L'ambiance est
cosy à souhait, et les chambres, toutes différentes, dégagent un vrai charme !

à Ladoix-Serrigny 7 km par ① et D 974 – ⊠ 21550 – 1 836 hab. – Alt. 200 m

XX **Les Terrasses de Corton** avec ch   🖩 🛜 P
☺ 38-40 rte de Beaune – ℰ 03 80 26 42 37 – www.terrasses-de-corton.com – Fermé
10 janv.-6 mars, 23-30 déc., dim. soir de nov. à mars, jeudi midi et merc.
10 ch – ♦65 € ♦♦75/82 € – ⊑ 11 € – ½ P   Menu 26/48 € – Carte 30/55 €
Au cœur d'un petit village viticole, cette auberge familiale est bien attachante...
Côté mets et breuvages, la carte affiche un ancrage régional évident, proposant
du gibier en saison et mettant en valeur les appellations produites par les vignerons voisins. À l'étage, des chambres simples et bien tenues.

à Challanges 4 km par ② puis D 111 – ⊠ 21200

🏠 **Château de Challanges** sans rest   🕭 🖨 🛋 🕭 AC ☝ 🛜 P

478 r. des Templiers – ℰ 03 80 26 32 62 – www.chateaudechallanges.com
– Fermé fév. sauf week-ends,1ᵉʳ-17 déc. et 5-31 janv.
24 ch – ♦120/220 € ♦♦120/220 € – 4 suites – ⊑ 15 €
Cette gentilhommière de 1870 a un charme fou : classicisme, élégance châtelaine
ou style néobaroque dans les chambres ; parc ravissant avec de jolies maisons en
bois (idéales pour les familles). Et en été, on organise des vols en montgolfière...

à Levernois 5 km au Sud-Est par rte de Verdun-sur-le-Doubs, D 970 et D 111ᴸ
- BZ – ⊠ 21200 – 296 hab. – Alt. 198 m

🏠 **Hostellerie de Levernois**   🕭 🖨 🕭 🕺 ⚶ AC ⚶ P

r. du Golf – ℰ 03 80 24 73 58 – www.levernois.com – Fermé 1ᵉʳ fév.-10 mars
25 ch – ♦140/325 € ♦♦140/325 € – 1 suite – ⊑ 22 € – ½ P
Rest Hostellerie de Levernois ⚘ **Rest** Le Bistrot du Bord de l'Eau – voir les
restaurants ci-après
Le chant de la rivière qui traverse le parc, une élégante gentilhommière du 19ᵉ s.
et ses dépendances, un bistrot au bord de l'eau et un très bon "gastro"... Quant
aux chambres, elles mêlent avec beaucoup de finesse le contemporain et l'ancien.
Tenue parfaite, fonctionnement excellent, avec du style et du caractère !

🏠 **Golf Hôtel Colvert** sans rest   🕭 ⚶ 🖨 ⚶ AC 🛜 🚗

23 r. du Golf – ℰ 03 80 24 78 20 – www.colvert-golf-hotel.com – Fermé 4-15 janv.
24 ch – ♦99/155 € ♦♦99/155 € – ⊑ 14 €
Construction des années 1980 ouverte sur le golf, au calme. Les chambres, spacieuses et fonctionnelles, ont toutes un balcon côté green. Les plus : l'accueil
sympathique et les séjours "œnologie".

🏠 **Le Parc** sans rest   🕭 🖨 ⚶ 🛜 P

13 r. du Golf – ℰ 03 80 24 63 00 – www.hotelleparc.fr – Fermé 1ᵉʳ fév.-10 mars
17 ch – ♦75/100 € ♦♦75/100 € – ⊑ 8,50 €
Quiétude champêtre ! Dans cette ferme du 18ᵉ s., couverte de lierre, les chambres
sont classiques et douillettes, dans un style campagnard chic. Le beau parc, la
cour fleurie... c'est plaisant, tout simplement.

XXXX **Hostellerie de Levernois** ⊛ ⬚ 🞕 ⬚ ᐰ 🄰 ⬚ **P**

🕸 *r. du Golf – ℰ 03 80 24 73 58 – www.levernois.com – Fermé 1ᵉʳ fév.-10 mars et le midi sauf dim.*
Menu 70/105 € – Carte 90/120 €
Une cuisine de saison particulièrement raffinée, réalisée sur de belles bases classiques, dans un cadre à l'avenant : la maison est élégante (19ᵉ s.) ; la salle, contemporaine, donne sur le jardin à la française. Boutique et cave de dégustation.
→ Foie gras de canard aux fruits secs, compotée d'oignons rouges au ketchup de cassis. Canard de Challans rôti sur peau, sauce velours. Soufflé au Grand Marnier, sorbet orange sanguine.

X **Le Bistrot du Bord de l'Eau** – Hostellerie de Levernois ⬚ 🞕 ᐰ 🄰

r. du Golf – ℰ 03 80 24 89 58 – www.levernois.com ⬚ **P**
– Fermé 1ᵉʳ fév.-10 mars, mardi soir et merc. soir d'avril à oct.
Menu 29/38 €
Une belle âme rustique – des pierres, des poutres, une cheminée – pour une cuisine traditionnelle et des plats du terroir. Œufs façon meurette, poitrine de cochon, blanquette de veau, à déguster au coin du feu ou sur la terrasse, au bord de la rivière... Gourmand et appétissant !

X **La Garaudière** ⬚ 🞕 **P**

⬭ *10 Grand'Rue – ℰ 03 80 22 47 70 – Fermé 1ᵉʳ déc. à mi-janv., sam. midi, mardi midi d'avril à nov., dim. de mi-janv. à fin mars et lundi*
Menu 19 € (semaine), 25/38 € – Carte 33/54 €
Dans un petit village de la périphérie beaunoise, une grange reconvertie en auberge rustique et sympathique : grillades au feu de bois dans la cheminée monumentale – sous l'œil bienveillant des clients ! –, plats régionaux... Et l'été, on s'installe tranquillement sous la tonnelle.

à Meursanges 10 km au Sud-Est par D 111 – ⊠ 21200 – 495 hab. – Alt. 184 m

⯅ **Charm'Attitude** sans rest ⬭ ⬚ ⏚ 🞕 ⬚ **P**

2 r. du Gué – ℰ 03 80 26 53 27 – www.charmattitude.com – Fermé janv.
5 ch ⬚ – †116/166 € ††150/190 €
Pour se mettre au vert à 10 km du centre-ville de Beaune. Dans cette belle demeure viticole (1871), rien ne manque : parc verdoyant, salon avec cheminée et billard... Et de grandes chambres lumineuses avec pierres et poutres apparentes, où il fait bon poser ses valises pendant quelques jours.

à Montagny-lès-Beaune 3 km par ③ et D 113 – ⊠ 21200 – 661 hab. – Alt. 206 m

🄱🄰 **Le Clos** sans rest ⬭ ⬚ ᐰ 🄰 🞕 ⬚ ⬚ **P**

22 r. Gravières – ℰ 03 80 25 97 98 – www.hotelleclos.com – Fermé 22 nov.-20 janv.
25 ch – †99/175 € ††99/175 € – ⬚ 14 €
Dans cette belle propriété vigneronne (1779), le jardin est splendide, abondamment fleuri, et les chambres ont vraiment du cachet (meubles chinés, pierres et poutres). Dans une annexe, on en a même aménagé une autour d'un antique four à pain...

🄱🄰 **Adélie** sans rest ⬭ ⬚ ⏚ 🞕 **P**

r. des Gravières – ℰ 03 80 22 37 74 – www.hoteladelie.com – Fermé 24 déc. -20 janv.
18 ch – †70 € ††82 € – ⬚ 10 €
Près de la sortie de l'autoroute, un hôtel familial et son paisible jardin, avec piscine et aire de jeux pour les enfants. Les chambres sont fraîches et décorées avec des touches de couleur. Le choix idéal pour une agréable étape à petit budget !

à Pommard 4,5 km par ④ , N 74 et D 973 – ⊠ 21630 – 523 hab. – Alt. 250 m

🄱🄰 **Le Clos du Colombier** sans rest ⬭ ⬉ ⬚ ⏚ ⊛ 🄵⬭ ᐰ 🞕 ⬚ **P**

1 r. du Colombier – ℰ 03 80 22 00 27 – www.closducolombier.com
– Fermé 20 déc.-20 janv.
12 ch – †118/215 € ††118/215 € – ⬚ 14 €
Une belle demeure de maître (1835) raffinée – beaux parquets et moulures, trumeaux, mobilier ancien – et pleine de personnalité. L'espace bien-être (jacuzzi, sauna) donne directement sur les vignes qui entourent la maison... Nota bene : pas de télé !

XX **Auprès du Clocher**

1 r. de Nackenheim – ✆ 03 80 22 21 79 – www.aupresduclocher.com – Fermé 24 déc.-1 er janv., mardi et merc.

Menu 26 € (déj.), 32/72 € – Carte 53/77 € *(réservation conseillée)*

Au cœur du village, ce restaurant contemporain donne sur... l'église ; c'est charmant, bien sûr, mais on vient et revient surtout pour la fine cuisine actuelle et les quelques recettes bourguignonnes du chef. De plus, la carte des vins met à l'honneur de nombreux vignobles des environs... Simple et agréable !

à Bouze-lès-Beaune 6,5 km par ⑤ et D 970 – ✉ 21200 – 336 hab. – Alt. 400 m

X **La Bouzerotte**

25 rte de Beaune – ✆ 03 80 26 01 37 – www.labouzerotte.fr – Fermé vacances de fév., 23 déc.-4 janv., lundi et mardi

Menu 25/58 € – Carte 40/64 € *(réservation conseillée)*

Une auberge de campagne à l'entrée d'un petit village. Ici, le chef fait lui-même son marché et prépare une cuisine régionale immuable et alléchante, ainsi que d'appétissants plats de saison... Comme ce menu truffe en été et en hiver !

BEAURECUEIL – 13 (Bouches-du-Rhône) ➔ voir Aix-en-Provence

BEAUREPAIRE

✉ 85500 (Vendée) – 2 216 hab. – Alt. 95 m – Voir carte n°**34**-B3

Paris 371 km – Cholet 33 km – Nantes 59 km – La Roche-sur-Yon 51 km

Carte Michelin 316-J6

Château de la Richerie sans rest

4 km à l'Ouest par D 23 et D 37 – ✆ 02 51 07 06 06 – www.chateaularicherie.com – Fermé 15-30 déc.

20 ch – †60/70 € ††78/173 € – ☕ 12 €

Après trente ans passés en Afrique, les propriétaires ont élu domicile dans ce joli domaine, où bruisse une rivière... Leur petit château (1875) est fort paisible ; les chambres y sont élégantes et toutes différentes (mobilier de style, lits à baldaquin, souvenirs africains, etc.). Un havre de paix !

BEAUSOLEIL

✉ 06240 (Alpes-Maritimes) – 13 567 hab. – Alt. 89 m – Voir carte n°**42**-E2

Paris 947 km – Monaco 4 km – Menton 11 km – Monte-Carlo 2 km

Carte Michelin 341-F5 – Guide Vert Michelin Côte d'Azur

Voir plan de Monaco (Principauté de).

Capitole sans rest

19 bd Gén.-Leclerc – ✆ 04 93 28 65 65 – www.hotel-capitole.fr Plan : DX**t**

19 ch – †105/129 € ††129/169 € – ☕ 11 €

Monaco se trouve sur... le trottoir d'en face ! Avec ses tarifs raisonnables – pour la Riviera –, cet hôtel constitue une bonne option pour découvrir la principauté. Derrière sa jolie façade rose (1906), on découvre des chambres classiques, chaleureuses et soigneusement tenues.

LE BEAUSSET

✉ 83330 (Var) – 9 092 hab. – Alt. 167 m – Voir carte n°**40**-B3

Paris 817 km – Aix-en-Provence 67 km – Marseille 47 km – Toulon 18 km

Carte Michelin 340-J6

X **Auberge La Cauquière** Ⓝ

7 chemin du Puits-d'Isnard – ✆ 04 94 74 98 15 – www.lacauquiere.fr – Fermé 21 fév.-9 mars, dim. soir et mardi midi de fin sept. à fin mai et lundi

Formule 18 € – Menu 27 € (déj. en semaine), 32/40 € – Carte 44/54 €

Pour cette ancienne auberge, 2014 a été l'année de la renaissance ! Son nouveau chef et propriétaire y mitonne une cuisine au goût du jour, soignée et parfumée : pressé de légumes confits et de brousse de brebis, quasi de veau cuit au sautoir à l'ail confit et artichaut barigoule... De quoi repartir du bon pied !

BEAUVAIS

✉ 60000 (Oise) – 54 189 hab. – Agglo. 58 095 hab. – Alt. 67 m – Voir carte n°**36**-B2
▶ Paris 87 km – Amiens 63 km – Boulogne-sur-Mer 182 km – Compiègne 60 km
Carte Michelin 305-D4

🏠 Hostellerie St-Vincent ⑩ ⓘ & 🛜 🏛 🅿

241 r. de Clermont, 3 km par ③ (Espace St-Germain) – 📞 *03 44 05 49 99*
– www.stvincent-beauvais.com
79 ch – ✝84/115 € ✝✝84/185 € – 1 suite – 🛏 12 € – ½ P
À proximité de l'autoroute, voilà un hôtel fonctionnel avec des chambres bien
tenues (de style contemporain dans la partie récente). Une adresse pratique
pour prendre l'avion à Beauvais, par exemple.

BEAUVAIS

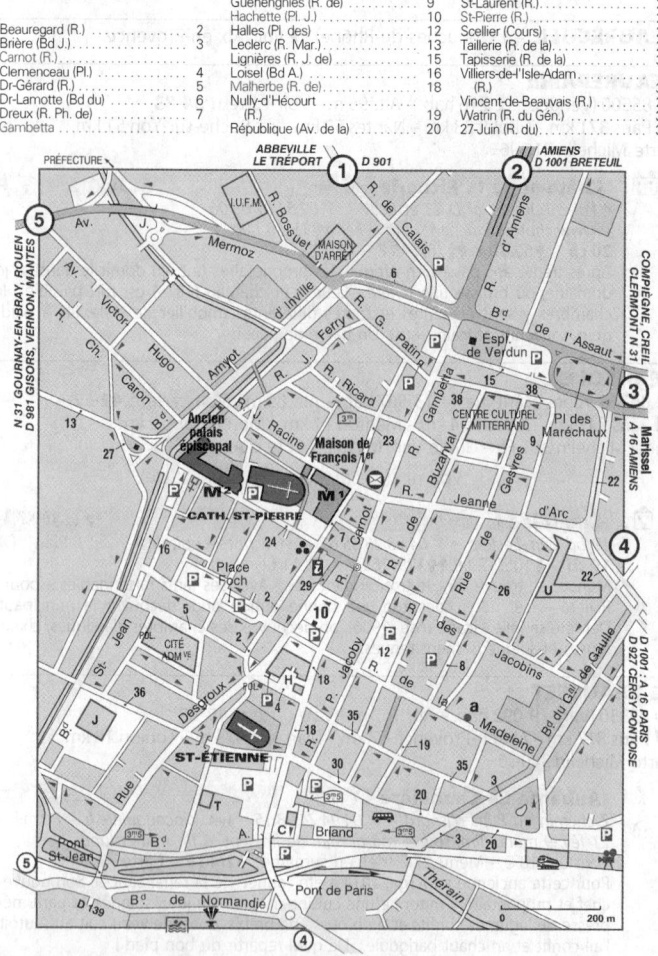

XX **Autrement**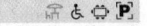

128 r. de Paris, (quartier Voisinlieu), 1,5 km par ④ – ℰ 03 44 02 61 60
– www.autrement-restaurant.fr – Fermé 25 juil.-15 août, 29 déc.-6 janv., merc.
soir de sept. à mars, sam. midi, dim. soir et lundi
Menu 29 € (déj. en semaine)/44 €
Légèrement à l'écart du centre-ville, une petite adresse tranquille qui permet de voir la vie... autrement. Le chef, originaire de la région, maîtrise parfaitement cuissons et assaisonnements et travaille de bons produits : ris de veau en petite brioche laqué aux épices douces, pavé de veau et risotto crémeux...

X **La Baie d'Halong**

49 r. de la Madeleine – ℰ 03 44 45 39 83 – Fermé 21-28 fév.,   **a**
1er-10 mai, 9-31 août, 20 déc.-4 janv., sam. midi, dim. et lundi
Formule 20 € – Menu 27 € (semaine), 32/45 € (réservation conseillée)
Fermez les yeux, vous êtes en Asie. Dans ce restaurant, le chef prépare une excellente cuisine vietnamienne alliant bons produits frais et savants dosages d'épices. Attention, l'adresse fait souvent salle comble le soir, d'autant que l'accueil, d'une gentillesse exquise, invite à prendre des habitudes...

BEAUVOIS-EN-CAMBRÉSIS

✉ 59157 (Nord) – 2 164 hab. – Alt. 89 m – Voir carte n°**31**-C3
▶ Paris 190 km – Arras 48 km – Cambrai 12 km – St-Quentin 40 km
Carte Michelin 302-I7

XX **La Buissonnière**

92 r. Victor-Watremez – ℰ 03 27 85 29 97 – www.la.buissonnière.beauvois.fr
– Fermé 1er-21 août, dim. soir, merc. soir et lundi
Formule 18 € – Menu 23/37 € – Carte 32/51 €
C'est dans un ancien atelier de tulle que cette confortable auberge prend ses aises. La tradition du Nord infuse la carte, qui s'enrichit également des opportunités du marché et, en semaine, d'une formule brasserie (buffet et plats du jour). Nul doute : le chef n'a pas fait l'école buissonnière !

X **Le Contemporain**

4 r. Jean-Jaurès – ℰ 03 27 76 03 17 – www.lecontemporainrestaurant.fr – Fermé
26 août-8 sept., mardi soir, merc. soir, sam. midi, dim. soir et lundi
Menu 27 € (déj. en semaine)/58 € – Carte 51/74 € (réservation conseillée)
Ah, les bonnes petites tomates du jardin rôties, les langoustines sur une tombée de fenouil et leur bouillon coco curry... Voilà le genre de délices que réserve cet établissement né au 19e s. et tenu par la même famille depuis cinq générations – ce qui ne l'empêche pas d'être contemporain !

BEAUZAC

✉ 43590 (Haute-Loire) – 2 762 hab. – Alt. 565 m – Voir carte n°**6**-C3
▶ Paris 556 km – Craponne-sur-Arzon 31 km – Le Puy-en-Velay 45 km –
St-Étienne 44 km
Carte Michelin 331-G2

XX **L'Air du Temps** avec ch

à Confolent, 4 km à l'Est par D 461 – ℰ 04 71 61 49 05
– www.airdutemps-restaurant.fr – Fermé janv., vacances de printemps et de la
Toussaint, dim. soir et lundi
8 ch – †53/58 € ††53/58 € – ⊑ 8,50 € – ½ P
Menu 14 € (déj. en semaine), 24/58 € – Carte 41/69 €
Dans ce petit hameau de la vallée de la Loire, une accueillante maison de pays, très lumineuse. La chef y concocte une copieuse cuisine régionale ; une étape généreuse que l'on peut prolonger grâce à l'hôtel, coquet et confortable.

BEBLENHEIM

✉ 68980 (Haut-Rhin) – 978 hab. – Alt. 212 m – Voir carte n°**2**-C2
▶ Paris 444 km – Colmar 11 km – Gérardmer 55 km – Ribeauvillé 5 km
Carte Michelin 315-H8

Le Clos des Raisins sans rest

5 r. des Raisins – ☎ 03 89 79 45 11 – www.clos-des-raisins.com
– Fermé 6 janv.-30 mars
4 ch ☲ – †125/160 € ††125/160 €
On a du mal à croire que cette ancienne ferme vigneronne date de 1722 tant elle est pimpante... Normal, elle a été entièrement rénovée il y a quelques années. Les chambres sont élégantes et fonctionnelles, avec un petit côté rustique ; autre avantage, on est au calme et tout près du centre du village !

Auberge Le Bouc Bleu

2 r. du 5-Décembre – ☎ 03 89 47 88 21 – Fermé merc., jeudi et le midi sauf mardi et dim.
Menu 29 € (semaine)/49 € (réservation conseillée)
Livres et objets anciens donnent un air de brocante à ce petit restaurant campagnard situé non loin de l'église. L'endroit est tenu par un couple sympathique, qui travaille en famille et met en avant les bons produits du marché. Quant à la carte des vins, elle fait carrément le tour de France !

LE BEC-HELLOUIN

✉ 27800 (Eure) – 420 hab. – Alt. 101 m – Voir carte n°**33**-C2
◨ Paris 153 km – Bernay 22 km – Évreux 46 km – Lisieux 46 km
Carte Michelin 304-E6 – Guide Vert Michelin Normandie Vallée de la Seine

Auberge de l'Abbaye

12 pl. Guillaume-le-Conquérant – ☎ 02 32 44 86 02 – www.hotelbechellouin.com
– Fermé 15 déc.-25 janv.
12 ch – †70/149 € ††85/155 € – ☲ 15 € – ½ P
À deux pas de la célèbre abbaye, cette vénérable auberge en colombages accueille les voyageurs depuis 350 ans ! Âme normande et mobilier rustique cohabitent avec des teintes et des équipements contemporains, et l'on peut profiter de l'espace bien-être et le restaurant traditionnel. Parfait pour un séjour dans la région.

BÉDARIEUX

✉ 34600 (Hérault) – 6 342 hab. – Alt. 196 m – Voir carte n°**22**-B2
◨ Paris 723 km – Béziers 34 km – Lodève 29 km – Montpellier 70 km
Carte Michelin 339-D7

La Forge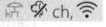

22 av. de l'Abbé-Tarroux – ☎ 04 67 95 13 13 – www.restaurantlaforgebedarieux.fr
– Fermé 22-30 déc., 20 janv.-13 fév., dim. soir et merc. soir sauf juil.-août et lundi
Menu 17/36 € – Carte 42/51 €
Les assiettes ont remplacé les chevaux et l'enclume dans cette ancienne écurie devenue une forge, avant d'être transformée en restaurant ! Sous les hautes voûtes en pierre du 17e s., les gourmands dégustent une bonne cuisine du terroir. En été, on y apprécie la fraîcheur. Prix raisonnables.

à Hérépian 6 km au Sud-Est par D 908 – ✉ 34600 – 1 483 hab. – Alt. 191 m

Le Couvent d'Hérépian sans rest

2 r. du Couvent – ☎ 04 67 23 36 30 – www.dghotels.com
7 ch – †133/308 € ††133/308 € – 6 suites – ☲ 14 €
Esprit et élégance. Au cœur du village, ce couvent du 17e s. allie charme de l'ancien et confort haut de gamme (tons doux, beaux tissus, équipements high-tech). Idéal pour une romance...

L'Ocre Rouge avec ch

12 pl. de la Croix – ☎ 04 67 95 06 93 – www.locrerouge.fr
– Fermé 15 déc.-15 janv., mardi midi et merc. midi hors saison, mardi soir de la Toussaint à mi-fév., dim. soir et lundi
5 ch ☲ – †59/81 € ††65/90 €
Formule 20 € � – Menu 28 € (semaine), 31/49 € – Carte environ 50 €
Un relais de poste à la façade... ocre rouge. Sous les voûtes des anciennes écuries ou dans la cour intérieure, on apprécie une cuisine de saison où dominent les produits frais et locaux. Quelques jolies chambres sous les toits.

à Villemagne-l'Argentière 8 km à l'Ouest par D 908 et D 922 – ✉ 34600
– 432 hab. – Alt. 193 m

Auberge de l'Abbaye ⓝ

*4 pl. de l'Abbaye – ℰ 04 67 95 34 84 – www.aubergeabbaye.com
– Fermé fin déc.-début janv., mardi soir, dim. soir et lundi.*
Formule 18 € – Menu 28/37 € *(réservation conseillée)*
Un petit village médiéval. Dans un recoin, une tour du 12ᵉ s. qui jette son ombre
sur un mur en pierres. Et derrière ce mur, cette délicieuse auberge qui gagne à
être connue ! On y sert une bonne cuisine traditionnelle qui ne dépare pas l'atmosphère monastique de l'endroit, tout de voûtes et de murs pierreux.

BÉDOIN

✉ 84410 (Vaucluse) – 3 197 hab. – Alt. 295 m – Voir carte n°**42-E1**
▶ Paris 692 km – Avignon 43 km – Carpentras 16 km – Nyons 36 km
Carte Michelin 332-E9 – Guide Vert Michelin Provence

Hôtel des Pins

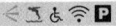

*171 chemin des Crans, 1 km à l'Est par rte secondaire – ℰ 04 90 65 92 92
– www.hoteldespins.net – Ouvert de mi-mars à mi-nov.*
26 ch – ♦80/115 € ♦♦80/115 € – ☑ 11 € – ½ P
Au calme d'une petite forêt de pins, un grand mas provençal, toits de tuile et
volets rouges. Le propriétaire, ancien des Beaux-Arts, a fait de chaque chambre
un univers singulier : œuvres abstraites de sa main, tons originaux (prune, olive,
etc.), mobilier design ou plus classique... Une villégiature agréable et atypique.

rte du Mont-Ventoux 6 km à l'Est

Le Mas des Vignes

*15 chemin des Jas, au virage de St-Estève – ℰ 04 90 65 63 91 – Ouvert d'avril
à sept. et fermé le midi en juil.-août sauf dim. et fériés, mardi midi et lundi
de sept. à juin*
Formule 30 € – Menu 38/50 €
Dans ce joli mas, le chef travaille de bons produits frais et concocte une cuisine
régionale fort sympathique : foie gras de canard du chef, pain toasté aux fruits
secs ; agneau rôti aux herbes de Provence et risotto d'épeautre ; sorbets de fruits
frais maison... Et en terrasse, la vue sur la Provence est magnifique !

à Ste-Colombe 4 km à l'Est par rte du Mont-Ventoux – ✉ 84410

La Garance sans rest

Ste-Colombe – ℰ 04 90 12 81 00 – www.lagarance.fr – Ouvert 15 mars -15 nov.
14 ch – ♦68/93 € ♦♦78/93 € – ☑ 12 €
Dans un hameau entre vignes et vergers, avec le Ventoux en ligne de mire,
cette ancienne ferme provençale, simple et bien tenue, est prisée des randonneurs
et... des cyclistes, désireux de revivre l'épreuve mythique du Tour de France ! À
noter : certaines chambres jouissent de leur propre terrasse de plain-pied.

BÉHEN

✉ 80870 (Somme) – 466 hab. – Alt. 105 m – Voir carte n°**36-A1**
▶ Paris 195 km – Amiens 77 km – Abbeville 19 km – Berck 59 km
Carte Michelin 301-D7

Château de Béhen

8 r. du Château – ℰ 03 22 31 58 30 – www.chateau-de-behen.com
7 ch ☑ – ♦115/139 € ♦♦125/149 €
Vivez au rythme de château dans ce bel édifice du 18ᵉ s. au cœur d'un parc verdoyant.
Belles boiseries, mobilier de style et chambres de caractère (mansardées au 2ᵉ
étage). À la table d'hôtes, recettes traditionnelles servies dans la salle à manger
classique.

BELCASTEL

✉ 12390 (Aveyron) – 228 hab. – Alt. 406 m – Voir carte n°**29-C1**
▶ Paris 623 km – Decazeville 28 km – Rodez 25 km –
Villefranche-de-Rouergue 36 km
Carte Michelin 338-G4

2

BELCASTEL

XX **Vieux Pont** (Nicole Fagegaltier et Bruno Rouquier) avec ch
– ℰ 05 65 64 52 29 – www.hotelbelcastel.com **P**
– *Fermé 2 janv.-14 mars, 29 juin-3 juil., dim. soir sauf juil.-août, mardi midi et lundi*
7 ch – †95/105 € ††110/115 € – ☐ 15 €
Menu 32 € (déj. en semaine), 52/85 € – Carte 60/85 € *(réservation conseillée)*
Dans ce ravissant village au bord de l'Aveyron, un vieux pont de pierre du 15e s. relie l'hôtel et son restaurant, au cadre moderne et élégant. Les beaux produits de la région y sont préparés avec un véritable sens de l'harmonie ! Une adresse de qualité où il fait également bon passer la nuit.
→ Ris d'agneau rissolé à l'huile d'agastache, carottes nouvelles et anis. Veau de l'Aveyron et du Ségala servi rosé, combava, amandes, citron et gingembre. Tarte au citron dans une tuile croustillante.

BÉLESTA

 66720 (Pyrénées-Orientales) – 223 hab. – Alt. 390 m – Voir carte n°**22-B3**
D Paris 877 km – Canillo 134 km – Montpellier 181 km – Perpignan 30 km
Carte Michelin 344-G6

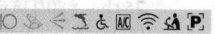

Riberach
2A rte de Caladroy – ℰ 04 68 50 30 10 – www.riberach.com – *Ouvert 4 avril-1er janv.*
18 ch – †140/290 € ††140/290 € – 1 suite – ☐ 18 €
Rest *La Coopérative* ✿ – voir les restaurants ci-après
Au pied du château médiéval, l'ancienne coopérative viticole s'est muée en hôtel de charme. Matériaux bruts, terrasses privatives : les chambres sont zen, design... avec vue sur les vignes. La piscine, filtrée naturellement, est ravissante.

XX **La Coopérative** – Hôtel Riberach
2A rte de Caladroy – ℰ 04 68 50 30 10 – www.riberach.com – *Ouvert 4 avril-1er janv.*
Menu 34/85 € – Carte 64/75 € *(fermé dim. soir et lundi hors saison et mardi)*
Cet ancien chai a conservé sa charpente métallique : l'endroit, très spacieux et confortable, a un charme fou ! Côté assiette, le chef nous régale avec des plats très inventifs, pleins de saveurs, faisant la part belle aux produits de saison... et sans renier le plaisir de la tradition, tel un délicieux pâté en croûte.
→ Plusieurs textures de tomates, fraises mara des bois, scamorza, burrata et basilic. Cèpes, café, lard fumé, terreau végétal et persil. Thé vert, crème d'azuki, agrumes et chocolat au lait.

BELFORT

 90000 (Territoire de Belfort) – 50 128 hab. – Agglo. 81 415 hab. – Alt. 360 m
– Voir carte n°**17-C1**
D Paris 422 km – Basel 78 km – Besançon 93 km – Épinal 95 km
Carte Michelin 315-F11 – Guide Vert Michelin Franche-Comté Jura

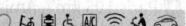

Novotel Atria
av. Espérance, (au centre des Congrès) – ℰ 03 84 58 85 00 Plan : Y**u**
– www.accorhotels.com
78 ch – †99/184 € ††129/219 € – 1 suite – ☐ 16 €
Intégré au centre des congrès, à cinq minutes à pied du centre-ville, un hôtel très moderne, à la fois fonctionnel et confortable (particulièrement les chambres "Executive"). Novotel Café.

 Boréal sans rest
2 r. Comte-de-la-Suze – ℰ 03 84 22 32 32 Plan : Z**r**
– www.hotelboreal.com – *Fermé 21 déc.-4 janv.*
50 ch – †69/125 € ††115/160 € – 2 suites – ☐ 11 €
Dans une rue résidentielle entre la gare SNCF et le centre-ville, un établissement bienvenu pour la clientèle d'affaires comme pour les touristes. Atmosphère contemporaine, accueil prévenant, entretien soigné : une bonne adresse.

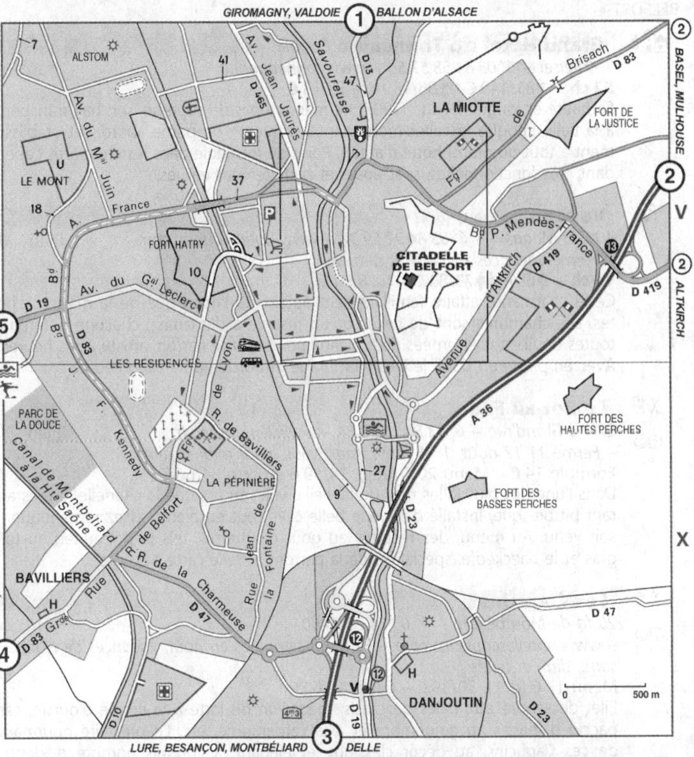

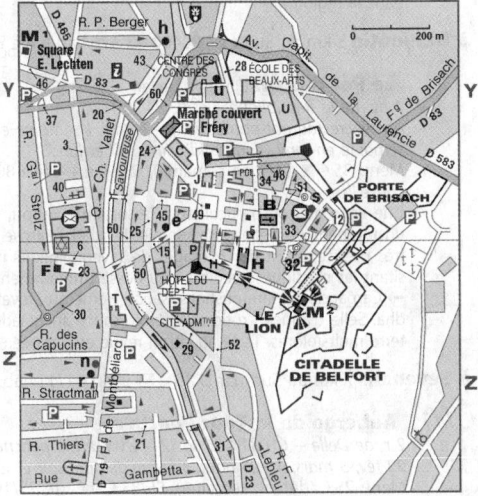

BELFORT

Grand Hôtel du Tonneau d'Or sans rest

1 r. Reiset – ℰ *03 84 58 57 56* – *www.tonneaudor.fr*   Plan : Y**e**
52 ch – ♦81/149 € ♦♦86/159 € – ⌴ 13 €
Sa haute et longue façade (1907) ne manque pas de superbe, son hall transporte à la Belle Époque (escalier monumental, vitraux) : de prime abord, cet établissement a tout du grand hôtel d'antan. Point de nostalgie dans les chambres cependant, très fonctionnelles, spacieuses et parfaitement tenues.

Vauban sans rest

4 r. du Magasin – ℰ *03 84 21 59 37* – *www.hotel-vauban.com*   Plan : Y**h**
– *Fermé vacances de Noël et dim. soir*
14 ch – ♦68 € ♦♦73/83 € – ⌴ 8,50 €
Cette charmante affaire familiale tient autant de l'hôtel que de la maison d'hôtes. Les chambres sont de celles qu'on réserve à des amis : chacune différente, toutes douillettes et ornées de tableaux peints par le patron, artiste à ses heures... Avec en prime un paisible jardin ombragé et bordé par la Savoureuse.

Le Pot au Feu

27 bis Grand'rue – ℰ *03 84 28 57 84* – *www.lepotaufeu.fr*   Plan : Y**s**
– *Fermé 11-17 août, 1er-5 janv., sam. midi, lundi midi et dim.*
Formule 14 € – Menu 20 € (déj.), 24/59 € – Carte 34/66 €
Dans l'une des plus jolies rues de la vieille ville, au pied de la citadelle, un restaurant pittoresque, installé dans une belle cave tout en pierre, assez romantique le soir venu. Au menu, des recettes au goût d'autrefois, tels le pot-au-feu au foie gras et le baeckeofe, spécialités de la patronne. Belle carte des vins.

Les Capucins

20 fg de Montbéliard – ℰ *03 84 28 04 60*   Plan : Z**n**
– *www.hotellescapucins.com* – *Fermé 3 semaines en août, vacances de Noël, sam., dim. et fériés*
Menu 17 € (déj.), 30/39 € – Carte 41/60 €
Filet de sandre aux baies de cassis, médaillon de lotte à la crème d'oursin, carpaccio d'ananas au gingembre et à la cardamome, etc. Le bréviaire gourmand de ces Capucins, au décor classique et élégant, a conquis nombre d'adeptes dans la région !

à Danjoutin 3 km au Sud – ⌷ 90400 – 3 476 hab. – Alt. 354 m

Le Pot d'Étain (Philippe Zeiger)

4 av. de la République – ℰ *03 84 28 31 95*   Plan : X**v**
– *www.restaurant-potdetain.fr* – *Fermé 1 semaine en mai, 2 semaines en juil., 1 semaine en janv., sam. midi, dim. soir et lundi*
Menu 35 € ♱ (déj. en semaine), 55/90 € – Carte 80/100 € (*réservation conseillée*)
Une vraie maison particulière à la sortie de Belfort, où il fait bon s'attabler pour un moment de belle gastronomie. Le chef maîtrise son art, signant une cuisine très précise, osant des mariages de saveurs inédits (terre/mer par exemple), revisitant les classiques avec brio (au dessert notamment). Très séduisant.
→ Carpaccio de langoustines, sauce vierge aux févettes et citron main de bouddha. Selle d'agneau rôtie au sautoir, sauce anchoïade et gnocchis de pomme de terre multicolores. Tarte au citron revue et corrigée.

à Sevenans 7 km au Sud par D 19 – ⌷ 90400 – 711 hab. – Alt. 350 m

Auberge de la Tour Penchée

2 r. de Delle – ℰ *03 84 56 06 52* – *www.latourpenchee.com* – *Fermé 22 fév.-3 mars, 15-25 août, sam. midi, dim. soir et lundi*
Menu 25 € (déj. en semaine), 55/85 € – Carte 75/109 € (*réservation conseillée*)
Une petite maison toute bleue, au décor délicieusement rococo : déluge de tissus de soie, de lustres à pendeloques, d'angelots peints, de miroirs vénitiens, etc. Beaucoup de chaleur pour déguster les créations d'un chef qui poursuit une démarche exigeante pour sélectionner des produits de qualité.

BELGENTIER

✉ 83210 (Var) – 2 438 hab. – Alt. 152 m – Voir carte n°**41-C3**
▶ Paris 826 km – Draguignan 71 km – Marseille 62 km – Toulon 23 km
Carte Michelin 340-L6

XX **Le Moulin du Gapeau**
pl. Édouard-Granet – ℰ 04 94 48 98 68 – www.moulin-du-gapeau.com – Fermé
15-30 mars, 15-30 nov., lundi midi en juil.-août, dim. soir, jeudi soir sauf juil.-août
et merc.
Menu 39/87 € – Carte 65/80 €
Dans un moulin à huile du 17e s., avec de vieilles meules en décor. Ici, la cuisine
est une histoire de famille : père et fils signent une cuisine savoureuse, à l'accent du Sud.

BELGODÈRE – 2B (Haute-Corse) → voir Corse

BELLAC

✉ 87300 (Haute-Vienne) – 4 259 hab. – Alt. 236 m – Voir carte n°**24-B1**
▶ Paris 379 km – Guéret 74 km – Limoges 45 km – Poitiers 82 km
Carte Michelin 325-D4

🏠 **Le Central Hôtel** ⅃O 🛜 ⅍
7 av. Denfert-Rochereau – ℰ 05 55 68 00 43
– www.centralhotel-restaurantlimousin.fr – Fermé 21 fév.-10 mars, 1 semaine
en juil., dim. soir et lundi
15 ch – †59/65 € ††59/65 € – ⊡ 8 €
Pratique, cet établissement situé dans la rue principale de Bellac. Les chambres,
simples mais impeccablement tenues, sont peu à peu rénovées ; préférez donc
les plus récentes. Cuisine traditionnelle au restaurant.

BELLE-ÉGLISE

✉ 60540 (Oise) – 592 hab. – Alt. 69 m – Voir carte n°**36-B3**
▶ Paris 53 km – Beauvais 32 km – Compiègne 64 km – Pontoise 29 km
Carte Michelin 305-E5

XXX **La Grange de Belle-Église** (Marc Duval) 🕸 🛜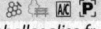
✿ *28 bd René-Aimé-Lagabrielle – ℰ 03 44 08 49 00 – www.lagrangedebelleeglise.fr*
– Fermé 16 fév.-2 mars, 9-26 août, dim. soir, mardi midi et lundi
Menu 26 € (déj. en semaine), 63/84 € – Carte 100/172 €
Des mets soignés et savoureux, des produits nobles de grande qualité, quelques
notes d'invention, une belle cave de bordeaux et de champagnes : la bonne
chère revêt ici ses plus beaux atours. Et le cadre ne manque pas de charmer : feutrée et élégante, la salle ouvre en partie sur un joli jardin...
→ Fraîcheur de thon rouge des Maldives. Aiguillettes de selle d'agneau, poivrade d'artichaut camus. Millefeuille chocolat aux framboises.

BELLEGARDE-SUR-VALSERINE

✉ 01200 (Ain) – 11 630 hab. – Alt. 350 m – Voir carte n°**45-C1**
▶ Paris 497 km – Annecy 43 km – Bourg-en-Bresse 73 km – Genève 43 km
Carte Michelin 328-H4 – Guide Vert Michelin Franche-Comté Jura

à Lancrans 3 km au Nord par D 1084 et D 991 – ✉ 01200 – 1 046 hab. – Alt. 500 m

🏠 **Le Sorgia** ⅃O ⌿ 🛜
39 Gde-Rue – ℰ 04 50 48 15 81 – Fermé 15 août-9 sept., 24 déc.-18 janv., dim. et
lundi
16 ch – †64/68 € ††64/68 € – ⊡ 10 € – ½ P
Rest *Le Sorgia* – voir les restaurants ci-après
Au cœur du village, la même famille reçoit les visiteurs dans son auberge depuis
1890. Les chambres y sont fonctionnelles et bien tenues. Une bonne adresse pour
les amoureux de la nature et de la montagne.

✗✗ Le Sorgia ⛿ 🏠 ♻ **P**

39 Gde-Rue – ☏ 04 50 48 15 81 – www.hotel-restaurant-sorgia.fr – Fermé 15 août-9 sept., 24 déc.-18 janv., dim. soir et lundi
Formule 15 € – Menu 18 € (semaine), 27/57 € – Carte 26/55 €
Ce sympathique restaurant champêtre – entièrement décoré dans un style contemporain – donne sur le jardin et la terrasse fleurie. Au menu, produits frais et recettes du terroir, tel ce délicieux pâté en croûte fait maison ou ce foie de veau poêlé avec ses légumes. Et, en plus, c'est très copieux !

BELLE-ÎLE-EN-MER

(Morbihan) – Voir carte n°**9-B3**
Carte Michelin 308-L10 – Guide Vert Michelin Bretagne Sud

BANGOR

✉ 56360 (Morbihan) – 939 hab. – Alt. 45 m
◪ Paris 513 km – Auray 34 km – Rennes 162 km – Vannes 53 km

🏠🏠 La Désirade ⏀ ⛿ 🏊 *ᵢᵢᵢ* ⛿ ᵢᵢᵢ **P**

Le Petit Cosquet, 2 km à l'Ouest par rte Port Goulphar – ☏ 02 97 31 70 70 – www.hotel-la-desirade.com – Ouvert 11 avril-1ᵉʳ nov.
31 ch – ♦105/250 € ♦♦105/250 € – 1 suite – � 17 € – ½ P
Rest *La Table de la Désirade* – voir les restaurants ci-après
Un hôtel de charme réparti dans plusieurs maisons récentes de style néobreton. On savoure le calme dans un charmant salon cosy et des chambres habillées de lambris. Espace bien-être.

✗✗ La Table de la Désirade – Hôtel La Désiderade ⛿ 🏠 ⛿ ᵢᵢ **P**

Le Petit Cosquet, 2 km à l'Ouest par rte Port Goulphar – ☏ 02 97 31 70 70 – www.hotel-la-desirade.com – Ouvert 11 avril-1ᵉʳ nov. et fermé le midi
Menu 31/80 € – Carte environ 60 €
Sans doute l'une des meilleures tables de Belle-Île-en-Mer ! Derrière les fourneaux, le chef signe une cuisine dans l'air du temps en privilégiant les petits producteurs de l'île. Ainsi, dans un charmant décor, tout de bois et pierre vêtu, les désirs des gourmets ne tardent pas à devenir réalité...

LE PALAIS

✉ 56360 (Morbihan) – 2 572 hab. – Alt. 7 m
◪ Paris 508 km – Lorient 3 km – Rennes 157 km – Vannes 48 km

🏠🏠🏠 Citadelle Vauban Hôtel-Musée ⏀ ⛿ *ᵢᵢᵢ* 🏊 ᵢ 🖥 ᵢ 🛜 ᵢᵢ **P**

– ☏ 02 97 31 84 17 – www.citadellevauban.com – Ouvert 2 mai-30 sept.
55 ch – ♦125/275 € ♦♦125/355 € – 1 suite – ⊂ 17 € – ½ P
Rest *La Table du Gouverneur* – voir les restaurants ci-après
Cet hôtel-musée a investi la citadelle Vauban. Les chambres, décorées sur le thème de la Compagnie des Indes, donnent presque toutes sur la mer et invitent à des rêves de voyage.

🏠 Le Clos Fleuri sans rest ⛿ ᵢᵢ 🛜 **P**

rte de Sauzon, à Bellevue – ☏ 02 97 31 45 45 – www.hotel-leclosfleuri.com – Fermé 13 nov.-18 déc. et 5 janv.-7 fév.
18 ch – ♦72/155 € ♦♦72/155 € – ⊂ 12 €
Sur les hauteurs de la ville, cet hôtel typique de l'architecture locale abrite des petites chambres coquettes, certaines donnant sur le jardin, forcément fleuri !

🏠 Château de Bordenéo sans rest ⛿ ⏀ 🖥 🛜 **P**

2 km au Nord-Ouest par rte de Sauzon, à Bordenéo – ☏ 02 97 31 80 77 – www.chateau-bordeneo.fr
5 ch ⊂ – ♦130/160 € ♦♦150/210 €
Cette gentilhommière du 19ᵉ s. rêve parmi les palmiers et les arbres exotiques, au grand calme... Ambiance feutrée dans les chambres, et repos absolu autour de la piscine intérieure et au sein de l'espace détente sous une rotonde de verre.

XXX **La Table du Gouverneur** – Citadelle Vauban Hôtel-Musée 🗕🗕&🅿
– ✆ 02 97 31 84 17 – www.citadellevauban.com – Ouvert 2 mai-30 sept.
Menu 24 € (déj.), 35/70 € – Carte 46/80 €
C'est vrai que l'on se sent l'âme d'un gouverneur dans ce restaurant de la citadelle Vauban ! Dans un cadre d'une luxueuse austérité, on s'adonne au plaisir
d'une cuisine d'aujourd'hui où les influences bretonnes ne sont jamais très loin...

PORT-GOULPHAR
✉ 56360 (Morbihan)
▶ Paris 517 km – Auray 38 km – Rennes 166 km – Vannes 57 km

🏨🏨 **Castel Clara** 🗎⌖ ⟨ 🗕 🗕 🗕 🗕 🗕 🗕 🗕 🗕 🗕 🗕 🅿
– ✆ 02 97 31 84 21 – www.castel-clara.com – Fermé de mi-nov. à mi-déc.
58 ch – ♦130/305 € ♦♦185/365 € – 5 suites – ⊡ 25 € – ½ P
Rest *Le Bleu Manière Verte* – voir les restaurants ci-après
Emplacement idyllique sur la côte sauvage, centre "thalasso", chambres et suites
raffinées, beau panorama : le luxe discret... au bout du monde. Ou comment respirer l'air du large en gardant les pieds sur terre ! Restaurant gastronomique ; buffets de fruits de mer et de crustacés au Café Clara.

🏨🏨 **Le Grand Large** 🗎⌖ ⟨ 🗕 🗕 🗕 🗕 🗕 🗕 🅿
chemin des Aiguilles de Port-Coton – ✆ 02 97 31 80 92
– www.hotelgrandlarge.com – Ouvert 13 fév.-31 oct.
34 ch ⊡ – ♦67/215 € ♦♦77/399 € – ½ P
Ce manoir, posé sur la Côte Sauvage, contemple l'océan et les aiguilles de Port-
Coton. Les chambres, dont certaines ont un balcon, donnent sur les flots ou la
lande. Restauration dans l'air du temps au Grand Phare ou traditionnelle au
Marie Galante.

XXX **Le Bleu Manière Verte** – Hôtel Castel Clara 🗕⟨ 🗕 🗕 🗕 🗕 🅿
– ✆ 02 97 31 84 21 – www.castel-clara.com – Fermé de mi-nov. à mi-déc. et le
midi
Menu 59/140 € – Carte 69/90 €
Cette expression belliloise veut désigner la couleur indéfinissable de la mer... On
pourra en effet ici deviser sur ses belles nuances : la salle offre une vue imprenable sur l'anse de Goulphar ! À la barre de ce bateau, le chef concocte des recettes originales, avec les meilleurs produits de l'île. Une jolie traversée.

SAUZON
✉ 56360 (Morbihan) – 908 hab. – Alt. 35 m
▶ Paris 515 km – Lorient 9 km – Rennes 164 km – Vannes 55 km

XX **Roz Avel** 🗕
r. du Lieutenant-Riau, (derrière l'église) – ✆ 02 97 31 61 48 – *Ouvert
16 mars-11 nov., 15-31 déc. et fermé merc.*
Formule 25 € – Menu 32/55 € – Carte 48/65 € *(réservation conseillée)*
Dans cette maison de pays, le mobilier est bel et bien breton ! Derrière les fourneaux, le chef signe une cuisine joliment tournée qui fait la part belle aux produits de la mer. De quoi en perdre le sens de l'orientation, s'il n'y avait le Roz
Avel (rose des vents)...

X **Café de la Cale** 🗕 🗕
quai Guerveur – ✆ 02 97 31 65 74 – http://cafedelacale.pagecom.fr – *Ouvert
d'avril à sept. et vacances scolaires d'hiver*
Menu 21 € (déj. en semaine) – Carte 27/51 € *(réservation conseillée)*
Face au port, une ancienne sardinerie transformée en bistrot marin. Ici, on
joue des coudes pour apprécier la fraîcheur des poissons et des coquillages,
issus pour partie de la pêche locale. À la carte, seule une viande subsiste :
l'agneau de Belle-Île-en-Mer. Une adresse sympathique et authentique.

BELLÊME
✉ 61130 (Orne) – 1 577 hab. – Alt. 241 m – Voir carte n°**33**-C3
▶ Paris 168 km – Alençon 42 km – La Ferté-Bernard 23 km – Le Mans 55 km
Carte Michelin 310-M4 – Guide Vert Michelin Normandie Vallée de la Seine

↑ **Hôtel de Suhard** sans rest
34 r. d'Alençon – ℰ 02 33 83 53 47 – www.hotel-de-suhard.fr – Fermé
20 déc.-30 janv.
5 ch ☑ – ♦83/140 € ♦♦83/140 €
Un magnifique hôtel particulier du 16ᵉ s. au cœur de Bellême. Les suites portent
le nom d'anciens habitants des lieux (Madame de Suhard) ou de personnages historiques du Perche (Nicolas Chartier). On se prélasse dans un décor de meubles
de famille et de literies épaisses, d'une rare élégance... Une adresse précieuse !

à Nocé 8 km à l'Est par D 203 – ☒ 61340 – 800 hab. – Alt. 120 m

XX **Auberge des 3 J**
🙂 *1 pl. du Dr-Gireaux – ℰ 02 33 73 41 03 – www.aubergedes3j.com – Fermé*
23 sept.-7 oct., 2-15 janv., dim. soir, lundi et mardi
Menu 27/44 € – Carte 35/42 €
Voilà plus de trente ans que le chef, Stéphan Joly, œuvre aux fourneaux : c'est
dire s'il maîtrise son art ! Il signe assurément une belle cuisine, fondée sur la tradition – mais pas seulement – et le terroir local : les saveurs sont au rendez-vous...
Et le cadre élégant de l'auberge ajoute au plaisir du repas.

BELLERIVE-SUR-ALLIER – 03 (Allier) → voir Vichy

BELLEU – 02 (Aisne) → voir Soissons

BELLEVAUX
☒ 74470 (Haute-Savoie) – 1 321 hab. – Alt. 913 m – Voir carte n°**46-F1**
🇩 Paris 572 km – Annecy 70 km – Bonneville 29 km – Genève 44 km
Carte Michelin 328-M3 – Guide Vert Michelin Alpes du Nord

🏨 **La Cascade**
Chef-lieu – ℰ 04 50 73 70 22 – www.hotel-lacascade.com – Fermé 23 mars-6 avril
et oct.
12 ch – ♦57 € ♦♦57 € – ☑ 8 € – ½ P
Au cœur de la petite station, cette jolie bâtisse de la fin du 19ᵉ s. abrite un hôtel-
restaurant de tradition, tenu en famille. Les chambres sont simples et rustiques,
d'une tenue irréprochable et toutes avec un balcon donnant sur les montagnes
alentour. Bon rapport qualité-prix.

🏠 **Les Moineaux**
Le Borgel – ℰ 04 50 73 71 11 – www.hotel-les-moineaux.com
– Ouvert 20 juin-10 sept. et 20 déc.-5 avril
14 ch – ♦55/70 € ♦♦55/70 € – ☑ 7 € – ½ P
En contrebas du village, deux chalets aux chambres pratiques et bien tenues,
avec un balcon face aux sommets. Il règne ici une sympathique atmosphère familiale, en particulier au restaurant...

à Hirmentaz 7 km au Sud-Ouest par D 26 et D 32 – ☒ 74470

🏨 **Le Christania**
Hirmentaz – ℰ 04 50 73 70 77 – www.hotel-christania.com – Ouvert 1ᵉʳ
juin-13 sept. et 14 déc.-31 mars
35 ch – ♦57/63 € ♦♦72/82 € – ☑ 8,50 € – ½ P
Au pied des pistes, un chalet des années 1970, avec des chambres propres et
fonctionnelles (la plupart avec balcon ; mansardées au dernier étage). En fin de
journée, les skieurs se régaleront de généreux plats savoyards au restaurant !

BELLEVILLE
☒ 54940 (Meurthe-et-Moselle) – 1 449 hab. – Alt. 190 m – Voir carte n°**26-B2**
🇩 Paris 359 km – Metz 42 km – Nancy 19 km – Pont-à-Mousson 14 km
Carte Michelin 307-H6

XXX **Le Bistroquet** 🛋 🅰 **P**

⌥ *97 rte Nationale – ☎ 03 83 24 90 12 – www.le-bistroquet.com – Fermé 3-11 mars,*
2 semaines en août, sam. midi, dim. soir, mardi soir et lundi
Formule 25 € – Menu 29 € (déj. en semaine), 52/79 € – Carte 71/93 €
(réservation conseillée)
Cette belle auberge a conservé son cadre bourgeois d'inspiration 1900 (miroirs,
affiches et lustres) et une cuisine classique en hommage aux créations de Marie-
France Ponsard qui fit la renommée des lieux.
→ Foie gras de canard lorrain poêlé. Carré d'agneau lorrain cuit au four, jus corsé.
Soufflé chaud à la liqueur de mirabelle de Lorraine.

BELLEVILLE

✉ 69220 (Rhône) – 7 966 hab. – Alt. 192 m – Voir carte n°**43**-E1
📍 Paris 416 km – Bourg-en-Bresse 43 km – Lyon 45 km – Mâcon 31 km
Carte Michelin 327-H3 – Guide Vert Michelin Lyon et sa région

⌂ **Le Clos Beaujolais** 🏊 Ⓢ 🛋 ⚙ **P**

166 rte des Poutoux – ☎ 04 74 66 54 73
– www.closbeaujolais.com
5 ch 🛏 – 🍸72 € 🍸🍸78/82 €
Dans un quartier résidentiel, un relais de chasse du 16e s. paisible et charmant,
tout en tomettes, plafonds à la française, colonnes de pierre... Les chambres sont
simples et agréables ; dans l'une, le lit se cache dans une immense cheminée !

X **Le Beaujolais** 🅰 **P**

⌥ *40 r. du Mar-Foch, (près de la gare) – ☎ 04 74 66 05 31*
– www.restaurant-le-beaujolais.com – Fermé 12-19 avril, 1er-23 août,
🙂 *28 déc.-3 janv., dim. soir, lundi soir, mardi soir et merc.*
Formule 14 € – Menu 18 € (déj. en semaine), 28/42 € – Carte 38/46 €
(réservation conseillée)
Ce Beaujolais se devait de faire honneur à cette région riche en saveurs et en
bons vins ! Le sympathique couple à la tête de cette maison relève le défi avec une
bonne cuisine traditionnelle. Un exemple ? L'andouillette beaujolaise pur porc
cuite en cocotte, avec pommes de terre rissolées au thym, un incontournable...

à Pizay 5 km au Nord-Ouest par D 18 et D 69 – ✉69220 St-Jean-d'Ardières

🏠 **Château de Pizay** 🏊 🛋 🍸 🅰 ⚙ 🚿 **P** **P**

rte des Crus-du-Beaujolais – ☎ 04 74 66 51 41 – www.chateau-pizay.com
– Fermé 18 déc.-4 janv.
62 ch – 🍸210/280 € 🍸🍸210/380 € – 🛏 23 €
Rest *Château de Pizay* – voir les restaurants ci-après
Passé la grande allée bordée de platanes apparaît ce beau château (15e-17e s.) au
cœur du vignoble. Ciels de lit et plafonds à la française ou charme plus contemporain : les chambres et suites sont toujours élégantes et soignées. Et pour se
détendre, on hésite longtemps : spa, tennis, grande piscine...

XXX **Château de Pizay** 🛋 🅰 **P**

rte des Crus-du-Beaujolais – ☎ 04 74 66 51 41 – www.chateau-pizay.com – Fermé
18 déc.-4 janv. et le midi en semaine sauf fériés
Menu 55/80 € – Carte 74/96 €
Un cadre châtelain qui sait mêler avec élégance charme historique et épure
contemporaine. Un lieu majestueux, au service d'une cuisine classique d'une
belle finesse.

BELLEY

✉ 01300 (Ain) – 8 755 hab. – Alt. 279 m – Voir carte n°**45**-C1
📍 Paris 507 km – Aix-les-Bains 31 km – Bourg-en-Bresse 83 km – Chambéry 36 km
Carte Michelin 328-H6 – Guide Vert Michelin Franche-Comté Jura

au Sud-Est 3 km sur rte de Chambéry

XX **La Fine Fourchette** ≤ ⌂ **P**
N 504 – ℰ 04 79 81 59 33 – www.aubergedelafinefourchette.fr
– Fermé 22-31 août, 26 déc.-5 janv., dim. soir et lundi
Menu 24/58 € – Carte 42/57 €
C'est ici le pays de Brillat-Savarin, grand épicurien devant l'éternel, auteur de la
Physiologie du goût (1826), et dont le buste trône dans la salle à manger. Fidèle
à la philosophie du maître, le chef propose une bonne cuisine classique, où le
poisson domine ; les terrines et les pâtisseries sont faites maison.

à Contrevoz 9 km au Nord-Ouest sur D 32 – ⊠ 01300 – 539 hab. – Alt. 320 m

XX **Auberge de Contrevoz** ⌂ ⌂ ⅗ **P**
⊛ *rte de Preveyzieu – ℰ 04 79 81 82 54 – www.auberge-de-contrevoz.com*
*– Fermé 17-23 oct., 2-16 janv., mardi soir, merc. soir et jeudi soir hors
saison, dim. soir et lundi*
Formule 15 € – Menu 21 € (déj. en semaine), 27/45 €
Terrine de bœuf aux olives et câpres, jarret de veau confit aux carottes en crépinette, polenta au beaufort... La région et les beaux produits sont à l'honneur, la
gourmandise se fait reine et, en saison, on se régale même de truffes du Bugey.
C'est simple et généreux : ah, terroir, mon beau terroir !

BELVÈS

⊠ 24170 (Dordogne) – 1 450 hab. – Alt. 175 m – Voir carte n°**4-D1**
◨ Paris 552 km – Bergerac 56 km – Bordeaux 197 km – Périgueux 66 km
Carte Michelin 329-H7 – Guide Vert Michelin Périgord Quercy

🏨 **Clément V** sans rest **AC** 📶
*15 r. J.-Manchotte – ℰ 05 53 28 68 80 – www.clement5.com – Ouvert d'avril
à oct.*
10 ch – ♦135/225 € ♦♦135/225 € – ⊡ 13 €
Voilà une adresse que n'aurait certainement pas dédaignée Clément V... Dans ce
village médiéval, ancien fief du pape, cette coquette maison propose des chambres de caractère, dont l'une aménagée dans une cave voûtée du 11ᵉs. Petit-
déjeuner servi sous la véranda ou dans la petite cour fleurie.

à Sagelat 2 km au Nord par D 53 – ⊠ 24170 – 361 hab. – Alt. 78 m

X **Auberge de la Nauze** avec ch ⌂ **AC** rest, 📶 **P**
⊛ *Fongauffier – ℰ 05 53 28 44 81 – www.aubergedelanauze.fr – Fermé
29 juin-7 juil., 23 nov.-7 déc., 25 déc.-1ᵉʳ janv., lundi sauf le soir en juil.-août,
mardi soir et sam. midi de sept. à juin*
8 ch – ♦48/60 € ♦♦48/64 € – ⊡ 7 € – ½ P
Formule 14 € – Menu 18 € (déj. en semaine)/55 € – Carte 37/72 €
Les gourmands des environs ne s'y sont pas trompés... Si bien que la réputation
de cette auberge dépasse désormais les frontières du département. Dans cette
maison en pierre de pays, on s'attable autour de bons petits plats dans l'air du
temps. L'auberge propose aussi des petites chambres, bien tenues.

à St-Germain-de-Belvès 6 km au Nord-Est par D 53 – ⊠ 24170
– 165 hab. – Alt. 230 m

⌂ **Les Boudines** sans rest
*Les Boudines – ℰ 05 53 29 15 03 – www.lesboudines.com – Fermé mars
et 4 nov.-31 déc.*
5 ch ⊡ – ♦69/105 € ♦♦69/105 €
En lisière de forêt, une ancienne ferme périgourdine en pierres sèches. Les chambres, décorées avec des matières naturelles, ont toutes une terrasse. Piscine à
débordement avec vue imprenable sur la campagne.

BENERVILLE-SUR-MER – 14 (Calvados) ➜ voir Deauville

BÉNESTROFF

⊠ 57670 (Moselle) – 526 hab. – Alt. 250 m – Voir carte n°**27-C2**
◨ Paris 414 km – Grevenmacher 138 km – Metz 89 km – Saarbrücken 59 km
Carte Michelin 307-L5

❌❌ **La Toque Blanche** 🗑 ᴋ AC
*49 Grand-Rue – ℰ 03 87 01 51 85 – www.latoque-blanche.fr – Fermé 5-20 janv.,
27 juil.-8 août, dim. soir, lundi et mardi*
Formule 20 € – Menu 28/60 € – Carte 45/66 €
L'ancien café du village a fait place à un lieu contemporain... et l'on peut dire que
le chef en a sous sa Toque ! Parmi les spécialités, entre tradition et touches exotiques : rognons de veau en cocotte, langoustines aux saveurs créoles, etc. Des
soirées jazz sont aussi organisées… de quoi faire swinguer les papilles.

BÉNODET
✉ 29950 (Finistère) – 3 392 hab. – Voir carte n°**9-A2**
▶ Paris 563 km – Concarneau 19 km – Fouesnant 8 km – Pont-l'Abbé 13 km
Carte Michelin 308-G7 – Guide Vert Michelin Bretagne Sud

🏨 **Kastel** 🎯 ◁ 🅿 ᴋ 🛜 🅿
*1 corniche de la Plage – ℰ 02 98 57 05 01 – www.kastel.relaisthalasso.com
– Fermé 6-20 déc.*
25 ch – ♦59/199 € ♦♦99/259 € – ⊡ 15 € – ½ P
À proximité de la plage et du centre de thalassothérapie, cet hôtel joue l'épure
contemporaine et c'est réussi. Après un soin à l'Espace Hydromarin, rien ne vaut
la vue sur la mer dont on jouit dans chaque chambre !

🏨 **Le Grand Hôtel Abbatiale** sans rest 🅿 ᴋ ⚄ 🛜 🎿 🅿
4 av. de l'Odet – ℰ 02 98 66 21 66 – www.hotelabbatiale.com – Ouvert 15 fév.-15 nov.
51 ch – ♦45/150 € ♦♦50/150 € – ⊡ 7 €
L'atout de cet hôtel de belle ampleur : son emplacement face au port, pour un
séjour très balnéaire. Les chambres, assez élégantes, sont fonctionnelles et adoptent progressivement un style plus actuel.

🏠 **Domaine de Kereven** sans rest 🦢 🖙 ⚄ 🛜 🅿
*2 km par rte de Quimper – ℰ 02 98 57 02 46 – www.kereven.fr – Ouvert
11 avril-30 sept.*
12 ch – ♦60/85 € ♦♦72/88 € – ⊡ 10 €
Un grand parc ombragé très paisible, où trône cette belle bâtisse régionale. On se
sent bien dans ces chambres coquettes et parfaitement tenues, et l'accueil est
charmant : c'est avec le sourire que l'on vous prête un vélo pour découvrir les
alentours !

🏠 **Les Bains de Mer** 🎯 🖙 🍴 🅿 🛜 🅿
*11 r. de Kerguelen – ℰ 02 98 57 03 41 – www.lesbainsdemer.com – Fermé de
mi-déc. à mi-janv.*
32 ch – ♦47/63 € ♦♦55/77 € – ⊡ 9 € – ½ P
Après un bon bain de mer, on a souvent envie d'une chambre propre et fonctionnelle : c'est ce que l'on trouvera ici. Et après une balade dans la cité d'adoption
d'Éric Tabarly, direction le restaurant et son décor coloré, histoire d'honorer la tradition bretonne.

❌ **Escapades** 🗑 AC
*37 r. du Poulquer – ℰ 02 98 66 27 97 – www.escapades-benodet.com – Fermé
12 nov.-4 déc., dim. soir et lundi de sept. à juin*
Formule 14 € – Menu 19 € – Carte 36/50 €
Au bout de la plage du Trez, deux chefs travaillent en duo dans ce sympathique
bistrot contemporain, qui réunit de nombreux suffrages dans le secteur. Le menu
du jour s'affiche à l'ardoise, au gré de leurs "escapades" : plancha de langoustines
aux épices douces, suprême de volaille fermière au cidre, etc.

à Clohars-Fouesnant 3 km au Nord-Est par D 34 et rte secondaire – ✉ 29950
– 2 260 hab. – Alt. 30 m

❌❌ **La Forge d'Antan** 🖙 🗑 AC ⚄ 🅿
*31 rte de Nors-Vraz – ℰ 02 98 54 84 00 – www.laforgedantan.com – Fermé mardi
sauf le soir en juil.-août, dim. soir et lundi*
Formule 22 € – Menu 30 € (déj. en semaine), 38/65 € – Carte 43/82 €
Dans cette plaisante auberge de campagne, on choisit son ambiance : cheminée
cosy, vieilles pierres ou vue sur le jardin. Les produits de la mer dominent et ils
sont très frais : croustillant de langoustines, velouté froid d'araignées, etc.

à Ste-Marine 5 km à l'Ouest par pont de Cornouaille – ⌧29120 Combrit

🏠🏠🏠 **Villa Tri Men**   🔟 ♨ ⧠ ⌂ 🛗 ♿ 🛜 ♨ **P**
*16 r. du Phare – ℰ 02 98 51 94 94 – www.trimen.fr – Fermé 11 nov.-20 déc.
et 4 janv.-6 fév.*
21 ch – †130/310 € **††**130/310 € – ⊑ 17 € – ½ P
Rest *Les Trois Rochers* – voir les restaurants ci-après
Le jardin de cette belle villa de 1913 descend en pente douce jusqu'à la mer,
et l'on peut, en toute quiétude, y lire ou prendre un verre. L'intérieur, feutré et
cossu, donne à l'ensemble un charme indéniable ; les chambres sont spacieuses
et élégantes dans leur parti pris minimaliste.

🏠 **La Ferme Saint-Vennec** sans rest   ♨ ⌂ ⌷ ♿ ⁂ 🛜 **P**
r. de la Clarté – ℰ 02 98 56 74 53 – www.lafermesaintvennec.com – Fermé janv.
4 ch – †85/190 € **††**85/190 € – ⊑ 13 €
Un lieu isolé, au grand calme, une vraie bouffée d'oxygène... Cette belle ferme de
1714, au milieu d'un grand parc, est divisée en plusieurs corps de bâtiment répar-
tis autour d'une jolie cour parsemée de massifs de fleurs ; pour se ressourcer, on a
le choix entre des chambres ou de superbes cottages bien entretenus. Charmant !

✗✗ **Les Trois Rochers** – Hôtel Villa Tri Men   ⧠ ⌂ 🖼 ♿ **P**
*16 r. du Phare – ℰ 02 98 51 94 94 – www.trimen.fr – Ouvert 1ᵉʳ avril-1ᵉʳ nov. et
fermé dim. et le midi*
Menu 39/79 € – Carte environ 60 €
Face au port de Bénodet, une adresse délicieuse, où la cuisine est fondée sur des
produits locaux de belle qualité, rehaussés d'épices et d'herbes fraîches. Aux
beaux jours, on profite de la terrasse, très agréable !

✗ **Bistrot du Bac** ⓝ avec ch   ⧠ 🖼 🛜
⊛ *19 r. du Bac – ℰ 02 98 56 34 79 – www.bistrotdubac.fr*
11 ch – †92/154 € **††**92/154 € – ⊑ 12 €
Formule 15 € – Menu 18 € (semaine)/29 € – Carte 35/60 €
Une maison bretonne sur les quais du petit port de Ste-Marine, face à Bénodet
– auquel il est relié par un bac en saison. La terrasse avec sa vue pittoresque sur
l'estuaire, la salle en bleu et blanc (comme les chambres) et surtout la cuisine qui
honore la mer avec fraîcheur et simplicité : l'escale est fort sympathique !

BÉNOUVILLE – 14 (Calvados) → voir Caen

BERCK-SUR-MER
⌧ 62600 (Pas-de-Calais) – 15 171 hab. – Alt. 5 m – Voir carte n°**30-A2**
◩ Paris 232 km – Abbeville 48 km – Arras 93 km – Boulogne-sur-Mer 40 km
Carte Michelin 301-C5

à Berck-Plage – ⌧ 62600

✗✗ **La Verrière**   🖼 ♿ 🆎
⊛ *pl. du 18-Juin – ℰ 03 21 84 27 25 – www.casinoberck.com – Fermé mardi soir
et merc. soir sauf juil.-août, dim. soir et lundi*
Formule 17 € – Menu 20 € – Carte environ 38 €
La gare routière est devenue un casino... et ce dernier abrite un restaurant fort
sympathique ! Dans la salle, avec vue sur les cuisines, on regarde le chef et sa brigade concocter de bons petits plats traditionnels : saumon fumé maison, soufflé à
l'orange et au Grand Marnier... Accueil et service aux petits soins.

à Rang-du-Fliers 3 km à l'Est par D 317 – ⌧ 62180 – 4 082 hab. – Alt. 5 m

🏠 **Bienvenue au Tortillard** sans rest   ♨ ⌂ ♿ ⁂ 🛜 **P** ⇗
*240 r. Jules-Chochoy – ℰ 03 21 84 15 92 – www.letortillard.com – Fermé
1ᵉʳ-15 juin*
4 ch ⊑ – **†**70 € **††**70/88 €
Inutile de se tortiller sur sa chaise, cette maison d'hôtes est une bonne option
pour séjourner près de Berck-Plage : accueil charmant de sa propriétaire, décor
chaleureux – il s'agit d'une ancienne grange –, sentier de randonnée et petit
parc animalier (en libre accès) à deux pas, confitures maison au petit-déjeuner...

BERGERAC

✉ 24100 (Dordogne) – 27 687 hab. – Alt. 37 m – Voir carte n°**4-C1**
▶ Paris 534 km – Agen 91 km – Angoulême 110 km – Bordeaux 94 km
Carte Michelin 329-D6 – Guide Vert Michelin Périgord Quercy

La Flambée   ⵌⵌ ⵌⵌ ⵌⵌ ⵌⵌ ⵌⵌ ⵌⵌ ⵌⵌ ⵌⵌ

49 av. Marceau-Feyry, 3 km par ① rte de Périgueux – ℰ *05 53 57 52 33*
– www.laflambee.com
20 ch – ✝57/77 € ✝✝80/90 € – ⵗ 9 € – ½ P
Rest *La Flambée* – voir les restaurants ci-après
À la sortie de la ville, une ancienne ferme (18ᵉ s.) dans un parc arboré. Les chambres sont spacieuses, avec un mobilier de style colonial ; celles de l'ancien chai ont même une terrasse !

Hôtel de France sans rest   ⵌⵌ ⵌⵌ ⵌⵌ ⵌⵌ ⵌⵌ
18 pl. Gambetta – ℰ *05 53 57 11 61*   Plan : AY**b**
– www.hoteldefrance-bergerac.com – Fermé vacances de fév.
20 ch – ✝65/95 € ✝✝69/100 € – ⵗ 10 €
En plein centre-ville, un hôtel face à la place du marché (mercredi et samedi). Préférez les chambres, plus calmes, côté piscine. Idéalement situé pour partir à la découverte de Bergerac.

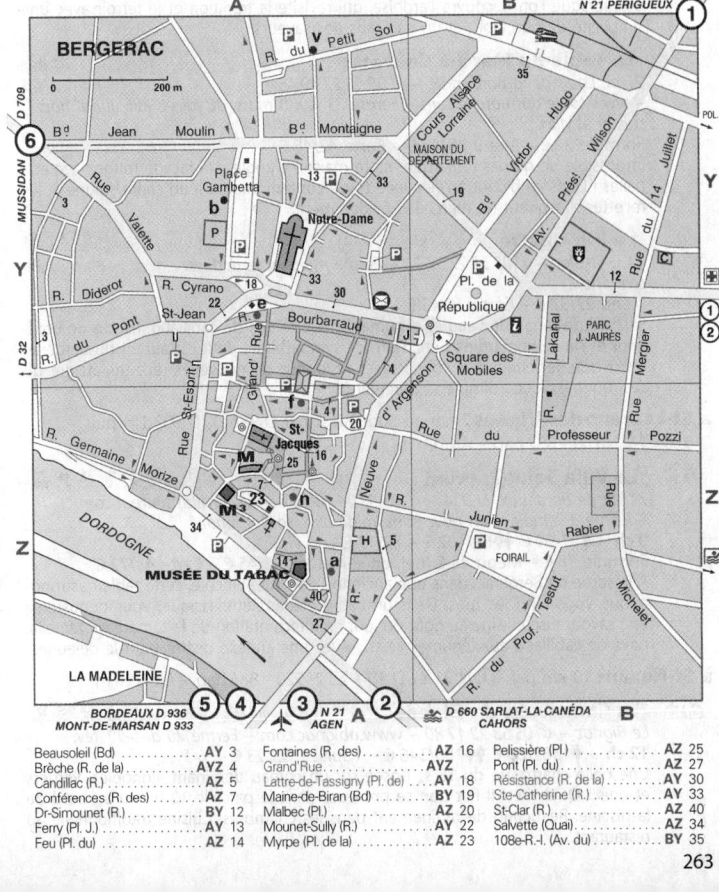

XX **L'Imparfait**

8 r. des Fontaines – ✆ 05 53 57 47 92 – www.imparfait.com Plan : AZ**n**

Menu 29 € (déj. en semaine)/49 € – Carte 41/90 €

Dans cette bâtisse médiévale du vieux Bergerac, l'art culinaire se conjugue au présent ! Cuisine goûteuse inspirée du terroir et teintée d'exotisme. Parfait rapport plaisir-prix.

XX **La Flambée** – Hôtel La Flambée

49 av. Marceau-Feyry, 3 km par ① rte de Périgueux – ✆ 05 53 57 52 33 – www.laflambee.com

Menu 19 € 🍷 (déj. en semaine), 28/38 € – Carte 35/45 €

Des pierres apparentes, des poutres et... une cheminée ! Dans ce cadre chaleureusement périgourdin, la cuisine a le bel accent du terroir – mais défend aussi le poisson, l'une des spécialités du chef. Amoureux du produit, ce dernier recherche avant tout la qualité : fromages fermiers, légumes bio, viande locale, etc.

X **Le Repaire de Savinien "Nouvelle Ere"**

15 r. Mounet-Sully – ✆ 05 53 24 35 46 Plan : AY**e**

– Fermé 24-30 déc.,21 fév.-9 mars, vacances de la Toussaint, merc. hors saison et lundi

Menu 39 € (dîner) – Carte 27/53 €

Nouvelle ère en ce repaire, repris par Vincent Lucas, le chef de la Gentilhommière, table fameuse à Ste-Sabine (à 30 km). La grande cuisine version bistrot ? Il y a de cela lorsque l'on découvre l'ardoise, qui revisite la tradition et le terroir avec une simplicité de bon aloi... et un vrai sens des saveurs.

X **La Table du Marché Couvert**

21 pl. Louis-de-la-Bardonnie – ✆ 05 53 22 49 46 Plan : AZ**f**

– www.table-du-marche.com – Fermé 23 fév.-8 mars, 30 juin-8 juil., lundi hors saison et dim.

Formule 22 € – Menu 35/46 € – Carte 42/48 €

Impossible de ne pas remarquer cette maison d'angle à la façade rouge, face aux halles ! Dans ce bistrot à l'élégance toute contemporaine – un cadre soigné –, les recettes s'inspirent du marché… évidemment.

X **Le Vin'Quatre**

14 r. St-Clar – ✆ 05 53 22 37 26 – Fermé merc. et le midi en semaine Plan : AZ**a**

Menu 27/32 € – Carte 36/45 €

Sashimi de longe de veau et espuma tandoori ; dos de cabillaud, risotto de boulgour et sauce homardine ; etc. Dans ce sympathique petit restaurant du Bergerac historique, le jeune chef concocte chaque jour de nouvelles recettes au gré de ses (bonnes) idées. Simple et percutant !

à St-Laurent-des-Vignes 7 km au Sud-Ouest par D 936e1, D 933d14 puis D 936 – ✉ 24100 – 852 hab. – Alt. 110 m

XX **La Villa Saint-Laurent** avec ch

rest,

71 rte de Bordeaux, D 936 – ✆ 05 53 24 16 16 – www.lavillastlaurent.com – Fermé 3 semaines en nov., sam. midi, dim. soir et lundi

9 ch – 🚹57/69 € 🚹🚹69/102 € – ☕ 12 € – ½ P

Formule 18 € – Menu 23 € (déj. en semaine), 35/45 € – Carte 43/72 €

À la sortie de Bergerac, dans une ancienne demeure viticole, cette table gastronomique vous tend les bras. Dans un cadre élégant et classique, vous dégusterez une savoureuse cuisine au goût du jour : réinterprétation de la tomate mozzarella, pavé de cabillaud aux légumes verts... Avec une annexe bistrot pour le déjeuner.

à St-Nexans 10 km par ③, N 21 et D 19 – ✉ 24520 – 886 hab. – Alt. 120 m

La Chartreuse du Bignac

Le Bignac – ✆ 05 53 22 12 80 – www.abignac.com – Fermé 20 déc.-1er fév.

12 ch – 🚹158/189 € 🚹🚹158/346 € – 1 suite – ☕ 23 € – ½ P

Une belle chartreuse du 18es., posée sur un coteau dominant vignobles, vergers et bois... Quel site ! Il fait bon se prélasser dans le parc de 12 ha ou au bord de la piscine. Beaucoup de raffinement dans les chambres. Cuisine traditionnelle au restaurant.

au Moulin de Malfourat 8 km par ④, dir. Mont-de-Marsan et rte secondaire – ⊠ 24240 Monbazillac

XXX   **La Tour des Vents** (Marie Rougier Salvat)   ≤ 🏠 🍽 **P**
ॐ   – 𝒞 05 53 58 30 10 – www.tourdesvents.com – Fermé 2 janv.-5 fév., mardi midi
sauf juil.-août, dim. soir et lundi
Formule 24 € – Menu 29 € (déj. en semaine), 43/99 € 🍷 – Carte 56/83 €
Priorité à la qualité des produits, des cuissons et des assaisonnements : la chef
réalise une belle cuisine traditionnelle, relevée d'une pointe d'originalité. En
prime, la salle offre une vue imprenable sur les vignobles de Monbazillac.
➜ Foie gras de canard poêlé. Ris de veau en cocotte, petits légumes de saison.
Soufflé chaud au Grand Marnier.

BERGÈRES-LÈS-VERTUS – 51 (Marne) ➜ voir Vertus

BERGHEIM

⊠ 68750 (Haut-Rhin) – 1 897 hab. – Alt. 235 m – Voir carte n°**2-C2**
◗ Paris 449 km – Colmar 18 km – Ribeauvillé 4 km – Sélestat 11 km
Carte Michelin 315-I7

🏠   **Chez Norbert** sans rest   🔤 🛜 🕭
9 Grand-Rue – 𝒞 03 89 73 31 15 – www.cheznorbert.com
– Fermé 23 fév.-13 mars
12 ch – ♀63/90 € ♀♀83/120 € – ⊑ 16 €
Une ferme viticole reconvertie en hôtel, avec des chambres toutes différentes,
dans un esprit d'autrefois... Elles sont disséminées dans plusieurs bâtisses des
17ᵉ et 18ᵉ s., auxquelles on accède par une jolie cour intérieure.

XX   **Wistub du Sommelier**   🍴 🍽 🕭
🍴   51 Grand-Rue – 𝒞 03 89 73 69 99 – www.wistub-du-sommelier.com – Fermé 3
semaines en janv., merc. et jeudi
Formule 18 € – Menu 28/42 € – Carte 36/58 €
Comptoir du 19ᵉ s., boiseries, poêle en faïence et convivialité... Pas de doute, derrière cette jolie façade alsacienne se cache bien une winstub ! On y passe un bon
moment autour de vrais plats du terroir assortis des incontournables vins régionaux. Une adresse sympathique à tous points de vue.

X   **La Bacchante**   🍽 🔤 ⟷
11 Grand-Rue – 𝒞 03 89 71 18 91 – www.la-bacchante.fr
– Fermé 18 fév.-12 mars, vend. midi et mardi
Formule 17 € – Menu 27/51 € – Carte 40/50 €
Il faut pousser une grande porte ancienne en bois pour découvrir cette Bac-
chante, un antre rustique aux airs de chai, niché dans une jolie cour fleurie.
Une maison de caractère où l'on déguste de sympathiques plats traditionnels
qui ont le parfum de l'Alsace.

BERGHOLTZ

⊠ 68500 (Haut-Rhin) – 1 072 hab. – Alt. 240 m – Voir carte n°**1-A3**
◗ Paris 488 km – Basel 55 km – Colmar 31 km – Strasbourg 101 km
Carte Michelin 315-H9

XX   **La Petite Auberge**   🕭 🔤 🍽
4 r. de l'Église – 𝒞 03 89 28 52 90 – www.restaurant-lapetiteauberge.fr – Fermé
mardi et merc.
Formule 19 € – Menu 25 € (déj. en semaine), 31/74 € – Carte 54/70 €
Foie gras et son chutney de fruits secs ; magret de canard sur lit de petits légumes... Le chef concocte une cuisine gastronomique 100 % maison, avec une
envie : "Faire ce qu'on m'a appris depuis que j'ai commencé ce métier." Pari
tenu avec réussite !

BERGUES

⊠ 59380 (Nord) – 3 898 hab. – Alt. 4 m – Voir carte n°**30-B1**
◗ Paris 279 km – Calais 52 km – Dunkerque 9 km – Hazebrouck 34 km
Carte Michelin 302-C2

Au Tonnelier

4 r. du Mont-de-Piété, (près de l'église) – $\mathcal{C}$ 03 28 68 70 05
– www.autonnelier.com – Fermé 22 déc.-5 janv.
40 ch – **†**65/75 € **††**75/87 € – $\square$ 12 € – ½ P

Une agréable hostellerie familiale, au pied de l'église du village – rendu célèbre par le film *Bienvenue chez les Ch'tis*. Les chambres sont fonctionnelles et bien tenues ; préférez les plus récentes dans l'annexe. Cuisine du terroir au restaurant.

BERLOU

✉ 34360 (Hérault) – 201 hab. – Alt. 140 m – Voir carte n°**22**-B2
◘ Paris 758 km – Albi 125 km – Carcassonne 77 km – Montpellier 103 km
Carte Michelin 339-C8

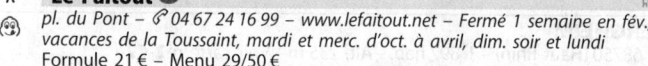

Le Faitout ❶

pl. du Pont – $\mathcal{C}$ 04 67 24 16 99 – www.lefaitout.net – Fermé 1 semaine en fév.,
vacances de la Toussaint, mardi et merc. d'oct. à avril, dim. soir et lundi
Formule 21 € – Menu 29/50 €

Qu'espérer du faitout d'un chef touche-à-tout ? Un maximum de gourmandise ! Frédéric Révilla, porté par sa passion pour la région, fait feu de tout bois : saveurs du jardin, veau catalan, chevreau du pays, navet de Pardailhan, vin de St-Chinian (le village est voisin) : tout s'associe avec soin et simplicité dans ses recettes à contre-courant, tout a du goût !

BERMICOURT

✉ 62130 (Pas-de-Calais) – 154 hab. – Alt. 118 m – Voir carte n°**30**-B2
◘ Paris 234 km – Arras 50 km – Lens 61 km – Lille 100 km
Carte Michelin 301-G5

La Cour de Rémi

1 r. Baillet – $\mathcal{C}$ 03 21 03 33 33 – www.lacourderemi.com
10 ch – **†**85/160 € **††**85/160 € – $\square$ 13 €

Nous voici dans les dépendances d'un petit château du 19e s., au bout d'une allée bordée d'arbres... Les chambres, réparties dans la grange et les écuries, sont sobres et spacieuses. Quant à Rémi, il fut le dernier exploitant de la ferme. Un bien bel hommage !

BERNAY

✉ 27300 (Eure) – 10 288 hab. – Alt. 105 m – Voir carte n°**33**-C2
◘ Paris 155 km – Argentan 69 km – Évreux 49 km – Le Havre 72 km
Carte Michelin 304-D7 – Guide Vert Michelin Normandie Vallée de la Seine

Hostellerie du Moulin Fouret

2 rte du Moulin-Fouret, 3,5 km au Sud par rte de St-Quentin-des-Isles
– $\mathcal{C}$ 02 32 43 19 95 – www.moulin-fouret.com – Fermé dim. soir et lundi sauf
fériés
Menu 26 € (déj. en semaine)/45 € – Carte 72/83 €

Du moulin subsistent les rouages... mais on découvre avant tout une belle et grande maison couverte de vigne vierge, au calme d'un cours d'eau, agréable pour un repas. Ravioles de champignons, pigeonneau rôti en cocotte, baba au rhum en souvenir de Gaston Lenôtre, etc. : la table est classique.

LA BERNERIE-EN-RETZ

✉ 44760 (Loire-Atlantique) – 2 586 hab. – Alt. 24 m – Voir carte n°**34**-A2
◘ Paris 434 km – Nantes 46 km – St-Herblain 46 km – St-Nazaire 38 km
Carte Michelin 316-D5

L'Artimon [AC]

17 r. Jean-du-Plessis – $\mathcal{C}$ 02 51 74 61 60 – Fermé 8-22 fév., mardi sauf le soir
en juil.-août, dim. soir et merc. de sept. à juin et lundi
Menu 20 € (déj. en semaine), 31/42 € *(réservation conseillée)*

Cet Artimon porte haut les valeurs de la bonne cuisine, attirant de loin les amateurs : il faut dire que le chef travaille en vrai artisan de beaux produits locaux. La petite salle – toute simple et d'esprit marin – ne désemplit pas !

BERNEX

⊠ 74500 (Haute-Savoie) – 1 245 hab. – Alt. 955 m – Voir carte n°**46**-F1

▶ Paris 590 km – Annecy 97 km – Évian-les-Bains 10 km – Morzine 32 km

Carte Michelin 328-N2 – Guide Vert Michelin Alpes du Nord

à La Beunaz 1,5 km au Nord-Ouest par D 52 – ⊠74500 Bernex – Alt. 1 000 m

ĤÎ **Bois Joli**   🍽 ॐ ← 🏠 🔼 ⼁🅑 🛜 🏊 🅿

210 rte du Chenay – € 04 50 73 60 11 – www.hotel-bois-joli.fr – Ouvert de mai à mi-oct. et de mi-déc. à fin mars

20 ch – †68/78 € ††86/96 € – 1 suite – ☑ 10 € – ½ P

Noyé dans la verdure et tout pimpant, ce beau chalet porte bien son nom... Les chambres, décorées à la mode savoyarde, ont toutes un balcon tourné vers la Dent d'Oche ou le mont Billiat. Espace bien-être, jolie piscine extérieure et restaurant traditionnel.

BERNIÈRES-SUR-MER

⊠ 14990 (Calvados) – 2 311 hab. – Voir carte n°**32**-B2

▶ Paris 252 km – Caen 20 km – Hérouville-Saint-Clair 21 km – Le Havre 107 km

Carte Michelin 303-J4 – Guide Vert Michelin Normandie Cotentin

XX **L'As de Trèfle**   🍽 & ॐ 🅿

420 r. Léopold-Hettier – € 02 31 97 22 60 – www.restaurantasdetrefle.com – Fermé 2 janv.-6 fév., lundi et mardi

Formule 18 € – Menu 25 € (semaine), 29/59 € – Carte 60/81 €

Légèrement en retrait des plages du Débarquement, nous voilà dans le repaire d'Anthony Vallette, un chef normand plein d'entrain. Au fil des saisons, il pioche dans le terroir local – poissons de la Manche, andouille de Vire, cochon de Bayeux – et compose des plats bien maîtrisés, avec juste ce qu'il faut d'audace !

BERNOS-BEAULAC – 33 (Gironde) → voir Bazas

BERRWILLER

⊠ 68500 (Haut-Rhin) – 1 169 hab. – Alt. 260 m – Voir carte n°**1**-A3

▶ Paris 467 km – Belfort 45 km – Colmar 31 km – Épinal 99 km

Carte Michelin 315-H9

XX **L'Arbre Vert**   ॐ & 🆎

😊   *96 r. Principale – € 03 89 76 73 19 – www.restaurant-koenig.com – Fermé 1er-8 mars, jeudi soir, dim. soir et lundi*

Menu 25 € (semaine), 29/54 € – Carte 38/64 €

Cinquième génération et toujours très Vert ! Cet Arbre pourrait bien être généalogique, tant son histoire se confond avec celle de la famille Koenig... Au menu : toute la fraîcheur du terroir alsacien, avec de beaux vins du cru.

BESANÇON

⊠ 25000 (Doubs) – 115 879 hab. – Agglo. 131 739 hab. – Alt. 250 m

– Voir carte n°**16**-B2

▶ Paris 405 km – Basel 167 km – Bern 180 km – Dijon 91 km

Carte Michelin 321-G3 – Guide Vert Michelin Franche-Comté Jura

ĤĤĤ **Le Sauvage** sans rest   🏠 🖭 & 🛜 🏊 🅿

6 r. du Chapître – € 03 81 82 00 21   Plan : BZ**m**

– www.hotel-lesauvage.com

23 ch – †95/280 € ††95/280 € – ☑ 14 €

Dans la vieille ville, le bâtiment est chargé d'histoire : couvent des minimes depuis le Moyen-Âge, saisi à la Révolution, il a été investi par les sœurs clarisses à partir de 1854... Salons intimes, belles boiseries et mobilier chiné, vues sur le Doubs et les remparts : les lieux ne sont qu'élégance et quiétude.

ĤÎ **Florel** sans rest   🖭 & 🆎 ॐ 🛜 🏊 🅿

6 r. de la Viotte – € 03 81 80 41 08 – www.hotel-florel.fr   Plan : BX**n**

53 ch – †69/129 € ††79/129 € – ☑ 12 €

Un hôtel bien confortable et idéalement situé pour les voyageurs : face à la gare et à proximité d'un arrêt de tram, qui permet de rejoindre le centre-ville en un clin d'œil. Un bon point de chute.

BESANÇON

🔒 Hôtel de Paris sans rest
🕹 📶 🚫 🗚 🛜 🛜 🅿
33 r. des Granges – ℰ *03 81 81 36 56*
Plan : ABY**a**
– www.besanconhoteldeparis.com
50 ch – ♦67/210 € ♦♦86/210 € – 🖵 12 €

Un bel établissement, au cœur de la vieille ville bisontine. Murs anciens empreints d'une certaine noblesse, grandes cours intérieures, beaux volumes – le tout mis en valeur dans une veine contemporaine feutrée et élégante...

🏠 Hôtel Vauban ⓝ
🍽 📶 🚫 🗚 🛜 🛜
9 quai Vauban – ℰ *03 81 82 02 08 – www.hotel-vauban.fr*
Plan : AY**r**
13 ch – ♦70/75 € ♦♦85/90 € – 🖵 10 €

À mi-hauteur du superbe quai Vauban, dont les maisons à arcades lui ont valu d'être classé au patrimoine mondial de l'UNESCO, l'hôtel rend hommage au génial architecte militaire et à ses différentes créations. Accueil sympathique, chambres fonctionnelles : une étape agréable.

🍴🍴 Le Manège
🛜 🗚 🔄
2 fg Rivotte – ℰ *03 81 48 01 48*
Plan : BZ**u**
– www.restaurantlemanege.com – Fermé 4-11 mai, 17-31 août, 2-19 janv., sam. midi, dim. soir et lundi
Formule 15 € – Menu 18 € (déj. en semaine), 30/50 € – Carte 33/52 €

Une vraie bonne table que cet ancien manège militaire (au pied de la citadelle) entièrement redécoré en 2013 ; on y déguste une cuisine délicate et savoureuse, signée par un chef autodidacte et amoureux du travail bien fait. Une valeur sûre.

🍴🍴🍴 Le St-Pierre
🗚 🔄
104 r. Battant – ℰ *03 81 81 20 99*
Plan : AY**t**
– www.restaurant-saintpierre.com – Fermé vacances de printemps, 3 semaines en août, vacances de Noël, sam. midi, dim. et fériés
Menu 40 € ♈/75 € – Carte 75/85 € *(réservation conseillée)*

Une cuisine gastronomique mettant le poisson et les bons produits à l'honneur ; beaucoup de finesse relevée d'une pointe d'originalité ; un cadre élégant et cosy (pierres apparentes) : ce Saint-Pierre est un petit paradis des saveurs !

BESANÇON

XX Le Poker d'As   [AC]

14 sq. St-Amour – ℰ 03 81 81 42 49   Plan : BY**u**
– www.restaurant-lepokerdas.fr – Fermé 12 juil.-11 août, vacances de Noël, dim. et lundi
Menu 24/56 € – Carte 35/68 €

Cette table tenue par toute une famille (le fils œuvre en cuisine) cultive une certaine identité franc-comtoise : décor rustique (tables sculptées dans le bois, cloches de vache, etc.) et, au menu, saveurs ancrées dans la tradition – mais pas seulement !

à Montfaucon 9 km par ②, D 464 et D 146 – ✉ 25660 – 1 508 hab. – Alt. 491 m

XX La Cheminée   ⇐ 🖙 ⅃ 🅿

rte du Belvédère – ℰ 03 81 81 17 48 – www.restaurantlacheminee.fr
– Fermé 15 août-8 sept., 4-27 janv., dim. soir, merc. soir et lundi
Menu 26 € (semaine), 34/59 € – Carte 57/81 €

Pour une bouffée d'air pur en dehors de Besançon, voilà un chalet tout indiqué : sur les hauteurs du village, dominant les reliefs alentour, il offre un joli décor pour apprécier les spécialités régionales. En prime, une piscine ouverte aux clients du restaurant.

à Geneuille 13 km par ⑤, N 57 et D 1 – ⌧ 25870 – 1 361 hab. – Alt. 220 m

🏨 Château de la Dame Blanche　　🕮 ⚏ 🛏 ⊕ ⚄ & 🤖 & P

1 chemin de la Goulotte – ℰ *03 81 57 64 64*
– *www.chateau-de-la-dame-blanche.com* – *Fermé 22-30 déc. et 2-5 janv.*
33 ch – ♦87/108 € ♦♦163/184 € – 2 suites – ⌑ 14 € – ½ P
Rest *Château de la Dame Blanche* – voir les restaurants ci-après
Une superbe propriété dans la campagne bisontine, digne d'une image d'Épinal :
cette belle demeure bourgeoise se dresse dans un grand parc boisé. Un lieu de
douce villégiature : spa, grand calme et... pour les amoureux de nature,
deux chambres perchées dans des cabanes en haut des arbres !

✕✕✕ Château de la Dame Blanche　　🛏 & ⟳

1 chemin de la Goulotte – ℰ *03 81 57 64 64*
– *www.chateau-de-la-dame-blanche.com* – *Fermé 22-30 déc., 2-5 janv., sam.
midi et dim. soir*
Formule 29 € – Menu 36/89 € – Carte 58/65 €
Une grande dame que cette demeure à l'abri des regards, dont les décors cultivent un élégant classicisme. Le chef signe une cuisine gastronomique goûteuse
et bien maîtrisée, à l'image de ce sandre d'inspiration du Doubs, sabayon au vin
jaune et vieux comté râpé... Service courtois.

BESSAS

⌧ 07150 (Ardèche) – 197 hab. – Voir carte n°**44-A3**
🖪 Paris 689 km – Lyon 226 km – Nîmes 79 km – Privas 73 km
Carte Michelin 331-H7

✕ Auberge des Granges　　　　　　　AC
😊

au village – ℰ *04 75 38 02 01* – *www.aubergedesgranges.com*
– *Fermé janv., fév., merc. et jeudi d'oct. à déc., lundi et mardi de sept. à déc.*
Menu 20 € (déj. en semaine), 32/48 €
Originaire du village, le chef avait à cœur de revenir sur ses terres natales... Grand
bien lui en a pris ! Sa cuisine est pleine de saveurs, et rend hommage au terroir :
croustillant de cèpes, magret de canard à l'écorce d'orange... Autant de délices
qui s'apprécient dans l'ambiance feutrée d'une ancienne grange.

BESSE-ET-ST-ANASTAISE

⌧ 63610 (Puy-de-Dôme) – 1 487 hab. – Alt. 1 050 m – Voir carte n°**5-B2**
🖪 Paris 462 km – Clermont-Ferrand 46 km – Condat 28 km – Issoire 30 km
Carte Michelin 326-E9 – Guide Vert Michelin Auvergne

🏨 La Gazelle　　　🕮 ⚏ ⬅ 🛏 🖵 ⚄ & 🤖 P

rte Compains – ℰ *04 73 79 50 26* – *www.lagazelle.fr* – *Fermé 23 mars-30 avril et
12 oct.-19 déc.*
36 ch – ♦67/84 € ♦♦67/84 € – ⌑ 8,50 € – ½ P
Cet hôtel aux allures de grand chalet moderne offre une belle vue sur Besse "la
médiévale" ; ses chambres, de style montagnard, disposent pour certaines d'un
balcon. Le tout à quelques minutes des pistes de ski !

✕✕ Hostellerie du Beffroy avec ch　　　　🤖

26 r. Abbé-Blot – ℰ *04 73 79 50 08* – *www.lebeffroy.com* – *Ouvert de Pâques à la
Toussaint et vacances d'hiver et fermé merc. hors saison*
12 ch – ♦68/90 € ♦♦75/140 € – ⌑ 12 € – ½ P
Formule 20 € – Menu 29/70 € – Carte 42/62 € *(réservation conseillée)*
Une maison du 15°s. décorée de meubles patinés par les ans. On y déguste de
beaux produits travaillés avec modernité : saumon fumé, agneau, parfait à la gentiane, etc. Chambres, un brin désuètes, mais bien tenues.

BESSINES-SUR-GARTEMPE

⌧ 87250 (Haute-Vienne) – 2 833 hab. – Alt. 335 m – Voir carte n°**24-B1**
🖪 Paris 355 km – Argenton-sur-Creuse 58 km – Bellac 29 km – Guéret 55 km
Carte Michelin 325-F4

Bellevue 🍴 &️ 🄰🄲 📶 🅿️

2 av. de Limoges – ℰ 05 55 76 01 99 – www.bellevue87.com
– Fermé 9 janv.-9 fév.
12 ch – †62 € ††62 € – ☒ 10 €
Pratique pour l'étape, cette auberge de village tenue en famille... Les chambres sont simples et fraîches, et l'on peut se restaurer d'une sympathique cuisine régionale.

Château Constant 🍴 🛏 📶 🅿️🗵

av. 11-Novembre-1918 – ℰ 05 55 76 78 42 – www.chateau-constant.com
5 ch ☒ – †75 € ††79/85 €
Une Salvadorienne, des voyages à travers le monde... et ce joli manoir du 19ᵉ s. dont elle a fait un lieu douillet et accueillant, à son image. Les chambres sont spacieuses et mêlent les styles avec caractère, et on a toujours de quoi s'occuper (instruments de musique, ping-pong), musarder (beau parc) et se repaître (table d'hôte). Sympathique !

BÉTHUNE

✉ 62400 (Pas-de-Calais) – 25 430 hab. – Agglo. 353 322 hab. – Alt. 34 m
– Voir carte n°**30-B2**
◗ Paris 214 km – Arras 34 km – Boulogne-sur-Mer 90 km – Calais 83 km
Carte Michelin 301-I4

🍴🍴🍴 **Au Départ** 🕸 ✧

1 pl. François-Mitterrand – ℰ 03 21 57 18 04 – www.restaurant-depart.fr
– Fermé 2-11 mars, 3-25 août, sam. midi, dim. soir, lundi et mardi
Formule 22 € – Menu 34/60 € – Carte 55/97 €
La bonne table de Béthune, à deux pas de la gare. La salle, colorée et audacieuse, interpelle, à l'image de la cuisine du chef, Jean-François Buche, généreuse, bien ficelée et en phase avec l'air du temps. Belle carte des vins.

à Labourse 4 km au Sud-Est par D 943 et D 65 – ✉ 62113 – 2 368 hab. – Alt. 25 m

🍴🍴 **Terre et Mer** 🕸 🌲 🕸 ✧

16 r. Achille-Larue – ℰ 03 21 64 03 57 – www.restaurant-terre-et-mer.fr – Fermé 1
semaine en fév., 3 semaines en août, merc. soir, sam. midi, dim. soir et lundi
Formule 16 € – Menu 20 € (déj. en semaine), 28/45 € – Carte 30/63 €
Mur parementé de briques, cheminée en marbre et poutres apparentes composent le cadre de ce restaurant familial. On y déguste une cuisine traditionnelle où les jus courts et les émulsions ont la part belle. Saumon fumé maison, ris et rognons de veau aux morilles, sole meunière... On se régale au rythme des saisons !

à Gosnay 5 km au Sud-Ouest par D 941 et D 181 – ✉ 62199 – 1 017 hab. – Alt. 29 m

🏨 **La Chartreuse du Val St-Esprit** 🍴 🕸 🛏 🕸 ⚕ &️ 🕸 📶 ⚓ 🅿️

1 r. de Fouquières – ℰ 03 21 62 80 00 – www.ledomainedelachartreuse.com
53 ch – †147/400 € ††147/400 € – 1 suite – ☒ 22 € – ½ P
Rest *Robert II* – voir les restaurants ci-après
Bâti sur les ruines d'une ancienne chartreuse dans un parc de 6 ha, ce château (1762) a beaucoup de charme et d'élégance. Les chambres arborent un style cossu : mobilier ancien, papiers peints et tentures dans la grande tradition... Un petit coin de paradis !

🏨 **La Métairie** sans rest 🛏 🕸 &️ 📶 ⚓ 🅿️

1bis r. de Fouquières – ℰ 03 91 80 11 20 – www.hotel-lametairie.com
40 ch – †115/198 € ††115/198 € – ☒ 14 €
Une grande façade en briques rouges typiquement régionale, posée juste au bord de la route : impossible de manquer cette Métairie ! Les chambres sont confortables et fonctionnelles (certaines d'entre elles sont installées dans une ancienne bergerie) et l'ensemble est parfaitement tenu.

🍴🍴🍴 **Robert II** – Hôtel La Chartreuse du Val St-Esprit 🕸 🛏 🌲 &️ 🅿️

1 r. de Fouquières – ℰ 03 21 62 80 00 – www.ledomainedelachartreuse.com
Menu 68/139 € ⍩ – Carte 64/138 €
Le Robert II fait dans l'exercice de style avec la découpe au guéridon et le flambage devant le client. La cuisine privilégie les saisons et les produits nobles : ris de veau, homard, bar, turbot... Quant à la carte des vins, elle est exceptionnelle : plus de 800 appellations !

à Busnes 14 km au Nord-Ouest par D943et D 187 – ⊠ 62350 – 1 257 hab. – Alt. 19 m

ⓐⓐⓐ **Le Château de Beaulieu**　🔟 🕸 🖙 🖳 🕭 🔃 🛜 🛦 🅿

1098 rte de Lillers – ℰ 03 21 68 88 88 – www.lechateaudebeaulieu.fr
16 ch – †170/450 € ††170/450 € – 4 suites – ⌧ 20 € – ½ P
Rest *Meurin* 🕸🕸 **Rest** *Le Jardin d'Alice* – voir les restaurants ci-après
Promesse d'un week-end de charme dans cette élégante demeure en brique de 1680, sise dans un grand parc (jardin aromatique, vignes). Élégantes et feutrées, les chambres sont très confortables et d'une quiétude incomparable. Grand espace séminaires.

ⓧⓧⓧⓧ **Meurin** (Marc Meurin) – Hôtel Le Château de Beaulieu　🕸 🖙 🕭 🔃 🛜 🅿
🕸🕸 *1098 rte de Lillers – ℰ 03 21 68 88 88 – www.lechateaudebeaulieu.fr – Fermé 2-24 août, 2-16 janv., le midi sauf vend. et dim., dim. soir et lundi*
Menu 80 € (semaine), 110/140 € – Carte 105/145 €
Moment de haute gastronomie dans le décor chic et feutré du Château de Beaulieu... Marc Meurin signe une cuisine d'excellente facture, fine et inventive. Bouillons, jus, produits, accords de saveurs, etc. Chaque assiette est un plaisir.
→ Tarte fine aux cèpes, crème d'oignon brûlé et pata negra. Saint-pierre à la vinaigrée de lingots du Nord au chorizo. Rhubarbe, billes de citron, feuilles de chocolat blanc et éclats de bêtises de Cambrai.

ⓧⓧ **Le Jardin d'Alice** – Hôtel Le Château de Beaulieu　🖙 🕾 🕭 🔃 🅿
1098 rte de Lillers – ℰ 03 21 68 88 88 – www.lejardindalice.fr
Menu 31 € (semaine), 38/63 € – Carte 39/75 €
La seconde table de Marc Meurin, au sein du Château de Beaulieu, version bistrot coloré et décalé : nul doute que la pétillante héroïne de Lewis Carroll aurait apprécié l'endroit (déco branchée, parc) et plus encore la belle cuisine dans l'air du temps. C'est très souvent complet, pensez à réserver...

BEUIL

⊠ 06470 (Alpes-Maritimes) – 496 hab. – Alt. 1 450 m – Voir carte n°**41-D2**
🄳 Paris 809 km – Barcelonnette 80 km – Digne-les-Bains 117 km – Nice 79 km
Carte Michelin 341-C3 – Guide Vert Michelin Alpes du Sud

ⓐ **L'Escapade**　🔟 ≼ 🛜
au village – ℰ 04 93 02 31 27 – www.hotelescapade.fr
11 ch – †67/100 € ††67/100 € – ⌧ 12 € – ½ P
Au cœur du village, un hôtel familial aux airs de bonne auberge de montagne. Sobre, bon marché et accueillante, l'Escapade est tout cela... et on aurait tort de se priver de son charme d'antan.

LA BEUNAZ – 74 (Haute-Savoie) → voir Bernex

BEUVRON-EN-AUGE

⊠ 14430 (Calvados) – 240 hab. – Alt. 11 m – Voir carte n°**33-C2**
🄳 Paris 219 km – Cabourg 14 km – Caen 32 km – Lisieux 25 km
Carte Michelin 303-L4 – Guide Vert Michelin Normandie Vallée de la Seine

⛫ **Le Pavé d'Hôtes** sans rest　🕸 🖙 🕾 🛜 🅿
ℰ 02 31 39 39 10 – www.pavedauge.com – Fermé 1 semaine en fév. et 24 nov.-27 déc.
5 ch ⌧ – †81/127 € ††88/134 €
Pavé d'Hôtes pour Pavé d'Auge, cette charmante ferme normande du 19e s. est tenue par l'épouse du chef de ce délicieux restaurant. Pourquoi ne pas profiter de l'un et de l'autre ? Les chambres, toutes différentes, conjuguent raffinement et modernité. En plus, le petit-déjeuner est frais et excellent.

ⓧⓧⓧ **Le Pavé d'Auge** (Jérôme Bansard)　🕸 🕾
🕸 – ℰ 02 31 79 26 71 – www.pavedauge.com – Fermé 16-23 fév., 24 nov.-26 déc., mardi sauf du 21 juil. au 31 août et lundi
Menu 40/75 €
Chaleureux et typiquement normand (colombages, cheminée en pierre), ce restaurant occupe les anciennes halles du village. C'est ici une vocation que de susciter l'échange autour de bons produits ! Au menu, de beaux classiques préparés avec finesse et une interprétation savoureuse de la gastronomie régionale.
→ Foie gras de canard poêlé et chutney de pomme-boudin. Lièvre à la royale. Soufflé au Grand Marnier.

BEUZEVILLE

✉ 27210 (Eure) – 4 293 hab. – Alt. 129 m – Voir carte n°**32-A3**
▶ Paris 179 km – Bernay 38 km – Deauville 26 km – Évreux 76 km
Carte Michelin 304-C5 – Guide Vert Michelin Normandie Vallée de la Seine

Le Petit Castel sans rest
🏠   📠 🛜 🅿

32 r. Constant-Fouché – ☎ 02 32 20 48 95 – www.lepetitcastel.com
16 ch – ♦74/84 € ♦♦74/104 € – ☷ 9 €
Un hôtel qui fait le buzz à Beuzeville : derrière sa façade bourgeoise traditionnelle, on découvre de jolies chambres, cosy et chaleureuses, ainsi qu'un charmant
salon commun et un agréable espace bien-être. Autres atouts : Honfleur n'est
qu'à 15 km et le pays d'Auge s'offre à vous !

Auberge du Cochon d'Or
🍴🍴   📠 🎽

64 r. des Anciens-d'AFN – ☎ 02 32 57 70 46 – www.le-cochon-dor.fr
– *Fermé janv., dim. soir, mardi midi et lundi*
Formule 15 € – Menu 20 € (semaine), 31/47 € – Carte 36/77 €
Croustillant de pied de cochon, fromages normands, teurgoule (cette spécialité
régionale de riz au lait cuit plusieurs heures dans une jarre en grès), etc. Tout le
goût du terroir dans cette auberge née au début du siècle dernier ! Les amoureux
de la tradition – revisitée avec justesse – sont ici à bon port... voire à bon porc.

à l'Ouest 3 km par N 175 – ✉ 14130 Quetteville

Hostellerie de la Hauquerie-Chevotel sans rest
🏠🏠🏠   🐴 ⪡ 📠 📮 ⅙ 🛜 ⅍ 🅿

Lieu-dit La Hocquerie – ☎ 02 31 65 62 40 – www.chevotel.com
– *Ouvert 1er avril-2 nov.*
17 ch – ♦110/135 € ♦♦110/210 € – ☷ 14 €
Avis aux amoureux du cheval : cet hôtel s'épanouit au sein d'un haras, avec
même quelques chambres au-dessus des écuries ! Un endroit chic, cosy et très
verdoyant : de quoi se laisser aller à une douce quiétude et piaffer de plaisir.

LES BÉZARDS

✉ 45290 (Loiret) – Voir carte n°**12-D2**
▶ Paris 136 km – Auxerre 79 km – Gien 17 km – Joigny 58 km
Carte Michelin 318-N5

Auberge des Templiers
🏠🏠🏠   🍴 🐴 📠 ⅃ 🎽 ⅙ 🄰 🛜 ⅍ 🅿 🚗

Boismorand, à 4 km de l'autoroute A 77, sortie 19 – ☎ 02 38 31 80 01
– *www.lestempliers.com – Fermé 3 semaines en fév.*
22 ch – ♦140/720 € ♦♦140/720 € – 8 suites – ☷ 25 € – ½ P
Rest *Auberge des Templiers* ⁂ – voir les restaurants ci-après
Une superbe architecture tout en colombages (17e s.), du mobilier d'époque, un
cottage aux toits de chaume niché au milieu d'un parc, un accueil et des prestations dans la grande tradition française : tels sont les trésors de ces Templiers !

Auberge des Templiers
🍴🍴🍴   🎐 📠 📠 ⟳ 🅿

⁂   *Boismorand, à 4 km de l'autoroute A 77, sortie 19* – ☎ 02 38 31 80 01
– *www.lestempliers.com – Fermé 3 semaines en fév.*
Menu 49 € (déj.), 82/132 € – Carte 85/160 €
Certaines beautés ne se démodent jamais... Dans un décor de tapisseries, de poutres et de cristal, on savoure une cuisine bien en prise avec son époque. Un
savoureux décalage !
➔ Ravioles de champignons sauvages, velouté au jus de truffe. Filet de bœuf
grillé aux échalotes grises confites, girolles du pays. Soufflé Rothschild, glace à la
vanille Bourbon.

BÈZE

✉ 21310 (Côte-d'Or) – 725 hab. – Alt. 217 m – Voir carte n°**8-D2**
▶ Paris 337 km – Dijon 34 km – Dole 86 km – Chenôve 47 km
Carte Michelin 320-L5 – Guide Vert Michelin Bourgogne

Le Bourguignon 🕙 ⅙ 🎬 🛜 🅿 🚗

8 r. Porte-de-Bessey – ℰ 03 80 75 34 51 – www.lebourguignon.com – Fermé 18 oct.-16 nov.
25 ch – ♦57/60 € ♦♦73/78 € – ⊊ 10 € – ½ P
Une auberge de village, jolie et typique. Les chambres sont fonctionnelles et bien tenues (les dernières rénovées étant les plus agréables) ; au restaurant, charme rustique, terroir et tradition.

BÉZIERS

✉ 34500 (Hérault) – 71 432 hab. – Agglo. 85 463 hab. – Alt. 17 m
– Voir carte n°**22-B2**
▶ Paris 758 km – Marseille 234 km – Montpellier 71 km – Perpignan 93 km
Carte Michelin 339-E8 – Guide Vert Michelin Languedoc

Mercure sans rest 🗄 ⅙ 🄰🄲 🛜 🚗

33 av. Camille-St-Saëns – ℰ 04 67 00 19 96   Plan : CY**f**
– www.mercure.com
58 ch – ♦90/260 € ♦♦90/260 € – ⊊ 15 €
Situation idéale pour ce Mercure à côté du palais des congrès. Les chambres arborent un style "cabine de péniche du canal du Midi" : boiseries, hublots et formes arrondies !

Le Clos de Maussanne 🕙 🍴 🔟 🄰🄲 🛜 🅿

5 km sur N 9 par ② – ℰ 04 67 39 31 81 – www.leclosdemaussanne.com
5 ch ⊊ – ♦92/105 € ♦♦125/155 €
En pleine nature à 5 km du centre de Béziers, dans un jardin clos de murs, cet ancien couvent abrite de grandes chambres au charme inclassable (meubles de style et antiquités). Table d'hôte où l'on goûte l'art de vivre méditerranéen avec plaisir !

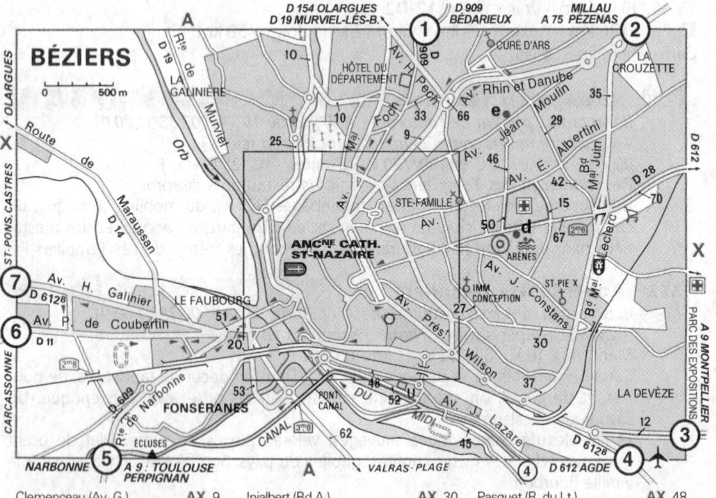

BÉZIERS

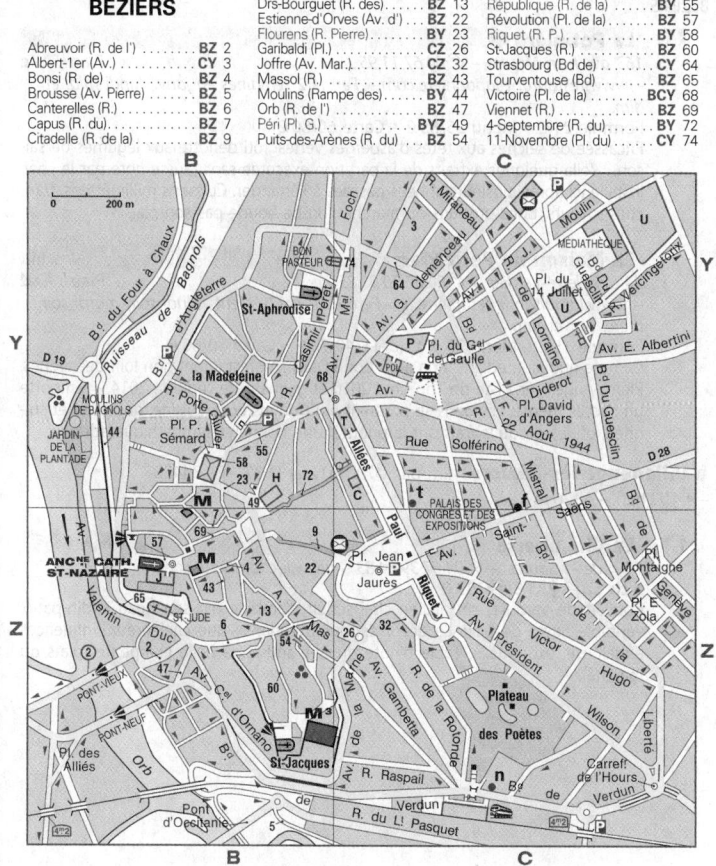

XXX **Octopus** (Fabien Lefebvre)

£3

12 r. Boïeldieu – ℰ 04 67 49 90 00 Plan : CY**t**
– www.restaurant-octopus.com – Fermé 16 août-8 sept., vacances de Noël, dim. et lundi

Formule 24 € ♈ – Menu 32 € (déj. en semaine), 50/85 € – Carte 65/105 €

Moment de belle gastronomie au cœur de Béziers, autour d'une savoureuse cuisine de saison, épurée et centrée sur le produit (superbes crustacés et poissons, viande rassise par le chef lui-même, agrumes de choix...), accompagnée d'une belle sélection de vins "nature". Chaleureux décor contemporain et agréable terrasse en prime !

→ Langoustines rôties aux fruits rouges acidulés. Octopus en civet. Aquarium.

XXX **L'Ambassade**

22 bd de Verdun, (face à la gare) – ℰ 04 67 76 06 24 Plan : CZ**n**
– www.restaurant-lambassade.com – Fermé dim. et lundi

Menu 30 € (semaine), 45/120 € – Carte 58/102 €

Une "ambassade" bien nommée, car le chef est très actif dans la promotion de la gastronomie régionale. Au menu, de bons produits locaux interprétés au goût du jour, et une belle carte de vins languedociens.

%% **La Potinière** Ⓝ 🏠 🆎

163 av. Jean-Moulin – ℰ 04 67 11 95 25 Plan : AX**e**
– www.restaurant-lapotiniere.com – Fermé 2 semaines en janv., lundi midi et dim.
Formule 21 € – Menu 35/85 € – Carte 60/80 €
Fricassée de seiches aux têtes d'asperges vertes, rôti de lotte aux légumes de saison... Voilà quelques extraits de la partition exécutée sans fausse note par le chef, installé ici après plusieurs années passées à l'étranger. Cuissons millimétrées, franches saveurs, bons produits du marché : on ne boude pas son plaisir !

% **La Maison de Petit Pierre** 🏠 ♿ 🆎

22 av. Pierre-Verdier – ℰ 04 67 30 91 85 Plan : AX**d**
– www.lamaisondepetitpierre.fr – Fermé 18 août-5 sept., lundi soir, mardi soir, merc. soir et dim.
Formule 15 € – Menu 23 € ♟ (déj.), 40/70 € – Carte 30/60 €
Comme quoi la médiatisation a du bon ! Dans son restaurant non loin des arènes, Pierre Augé – finaliste de Top Chef 2010 et gagnant de l'édition 2014 – remporte un succès mérité. Les gens se pressent pour déguster sa cuisine, goûteuse et soignée, où les produits frais ont la priorité. Une bonne et sympathique adresse.

à Villeneuve-lès-Béziers 7 km par ③, D 612 et D 37 – ✉ 34420
– 4 102 hab. – Alt. 6 m

⟨ **La Chamberte** 🍽 🛏 🆎 ⚭ 🛜

10 r. de la Source – ℰ 04 67 39 84 83 – www.lachamberte.com
5 ch 🛏 – ♦73 € ♦♦139 €
Couvert de verdure, cet ancien chai séduit d'emblée par son beau jardin-patio, véritable havre de paix. Le décor est aussi tendance que chaleureux (influences andalouse, exotique...). Table d'hôte dressée sous une belle charpente (plats du marché).

BIARRITZ

✉ 64200 (Pyrénées-Atlantiques) – 25 306 hab. – Alt. 19 m – Voir carte n°**3-A3**
▶ Paris 772 km – Bayonne 9 km – Bordeaux 190 km – Pau 122 km
Carte Michelin 342-C4 – Guide Vert Michelin Pays Basque et Navarre

© J.-. Sudres/hemis.fr

● Hôtels & maisons d'hôtes

🏠🏠🏠🏠 Hôtel du Palais   🍴 ⊗ ← 🛏 🔲 ⊗ 🔥 ⬚ ⬚ 🅿
1 av. de l'Impératrice – ☎ 05 59 41 64 00 – www.hotel-du-palais.com   Plan : EY**k**
122 ch – †335/645 € ††410/1125 € – 30 suites – ☑ 36 € – ½ P
Rest *La Villa Eugénie* ⊛ – voir les restaurants ci-après
Un véritable palais de bord de mer... Résidence d'été construite par Napoléon III
pour son épouse Eugénie, il fut ensuite l'un des hauts lieux de la Belle Époque (il
devint hôtel en 1893). Grand escalier magistral, antiquités, confort dans les moindres détails, somptueuse rotonde face à la plage... Luxe intemporel !

🏠🏠🏠 Sofitel Le Miramar Thalassa Sea & Spa   🍴 ⊗ ← 🔲 🔲 ⊗ 🔥 ⬚
13 r. Louison-Bobet – ☎ 05 59 41 30 01 – www.sofitel.com   ⬚ � ⎙ � ⬚ 🚤
126 ch – †180/1390 € ††180/1390 € – 17 suites – ☑ 29 € – ½ P   Plan : AX**k**
Cet hôtel, situé face au rocher de la Vierge, abrite un centre de thalasso et un spa.
Chambres spacieuses, certaines avec terrasse ouverte sur la mer ; accès direct à la
plage. Au B, ambiance moderne ou feutrée. Cuisine gastronomique ou allégée.

🏠🏠🏠 Radisson Blu   🍴 ← 🔲 🔥 ⬚ ⬚ 🍽 � ⬚ 🚤
1 carrefour Hélianthe – ☎ 05 59 01 13 13   Plan : DZ**t**
– www.radissonblu.fr/hotel-biarritz
150 ch – †190/400 € ††190/700 € – ☑ 23 € – ½ P
Agréable séjour dans les chambres spacieuses de cet hôtel qui ravira la clientèle
d'affaires. Tout le confort est au rendez-vous, de l'espace bien-être (sauna, hammam) à la grande terrasse avec piscine sur le toit. Cuisine du marché au restaurant.

🏠🏠🏠 Beaumanoir sans rest   ⊗ ← 🔲 ⬚ � 🅿
10 av. de Tamamès – ☎ 05 59 24 89 29   Plan : AX**n**
– www.lebeaumanoir.com – Ouvert d'avril à mi-nov.
5 ch – †250/550 € ††250/550 € – 3 suites – ☑ 29 €
Mobilier baroque et design, salle à manger d'esprit orangeraie, bar à champagne
et suites ! Un charme luxueux règne dans ces anciennes écuries, à deux pas du
centre et des plages.

🏠🏠🏠 Le Regina ⓝ   🍴 ← 🔲 ⊗ 🔥 ⬚ ⬚ � ⬚ 🅿
52 av. de l'Impératrice – ☎ 05 59 41 33 00   Plan : AX**r**
– www.hotelregina-biarritz.com
57 ch – †180/340 € ††180/900 € – 8 suites – ☑ 26 € – ½ P
Rest *N°1 by Georges* – voir les restaurants ci-après
Une élégante façade blanche dominant la baie de Biarritz... La quintessence même
du grand hôtel Belle Époque ! Après une complète réfection, l'établissement a
retrouvé tout son lustre, mêlant âme Art déco et esprit couture – avec des clins
d'œil à Coco Chanel. De la chambre "boudoir" au spa dernier cri, tout est superbe...

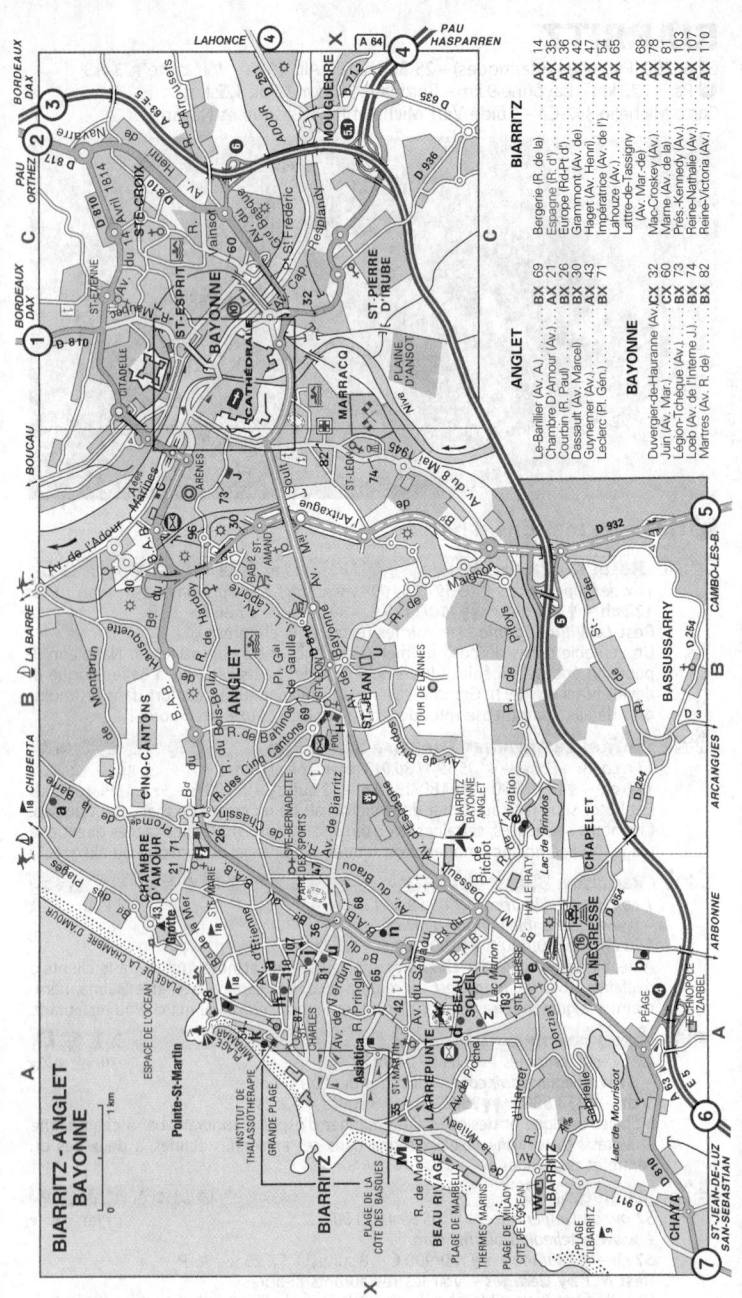

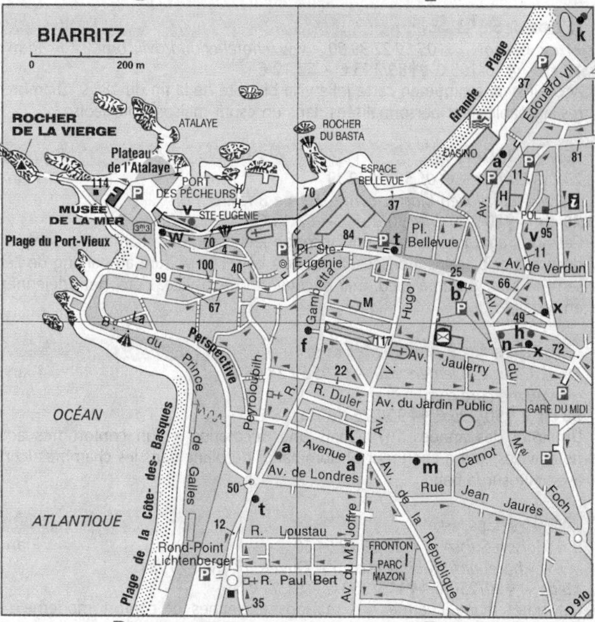

BIARRITZ

[Map of Biarritz with labels: ROCHER DE LA VIERGE, Plateau de l'Atalaye, ATALAYE, ROCHER DU BASTA, ESPACE BELLEVUE, Grande Plage, Édouard VII, CASINO, PORT DES PÊCHEURS, MUSÉE DE LA MER, Plage du Port-Vieux, STE-EUGÉNIE, Pl. Ste-Eugénie, Pl. Bellevue, Av. de Verdun, OCÉAN, La Perspective, Côte des Basques, Prince de Galles, R. Duler, Av. du Jardin Public, GARE DU MIDI, Av. Jaulerry, ATLANTIQUE, Avenue, Av. de Londres, Carnot, Rue Jean Jaurès, Foch, Plage de la Côte des Basques, R. Loustau, Rond-Point Lichtenberger, R. Paul Bert, Av. du Mal Joffre, FRONTON PARC MAZON, Av. de la République, D 910]

Atalaye (Pl.)	**DY** 4
Barthou (Av. Louis)	**EY** 11
Beaurivage (Av.)	**DZ** 12
Champ-Lacombe (R.)	**EZ** 22
Clemenceau (Pl.)	**EY** 25
Édouard-VII (Av.)	**EY**
Espagne (R. d')	**DZ** 35
Foch (Av. du Mar.)	**EZ**
Gambetta (R.)	**DEZ**
Gaulle (Bd du Gén.-de)	**EY** 37
Goélands (R. des)	**DY** 40
Helder (R. du)	**EY** 49
Hélianthe (Rd-Pt)	**DZ** 50
Larralde (R.)	**EY** 66
Larre (R. Gaston)	**DY** 67
Leclerc (Bd Mar.)	**DEY** 70
Libération (Pl. de la)	**EZ** 72
Marne (Av. de la)	**EY** 81
Mazagran (R.)	**EY** 84
Osuna (Av. d')	**EY** 95
Port-Vieux (Pl. du)	**DY** 99
Port-Vieux (R. du)	**DY** 100
Rocher de la Vierge (Espl. du)	**DY** 114
Sobradiel (Pl.)	**EZ** 117
Verdun (Av. de)	**EY**
Victor-Hugo (Av.)	**EYZ**

Le Café de Paris

🍽 ≤ 🛎 & 🅰🅺 🤖 🕍

5 pl. Bellevue – ℰ 05 59 24 19 53
– www.hotel-cafedeparis-biarritz.com

Plan : EY**t**

17 ch – †200/780 € ††260/790 € – 2 suites – ⌷ 20 € – ½ P

Ambiance jeune et animée dans cette institution de Biarritz au cadre résolument contemporain : mobilier design, murs ornés de peintures d'un artiste basque. Chambres avec vue sur l'Océan et le phare. Restaurant moderne avec belle terrasse ; carte brasserie.

Hôtel de Silhouette

🍽 🛎 🛎 & 🅰🅺 🤖 🅿

30 r. Gambetta – ℰ 05 59 24 93 82
– www.hotel-silhouette-biarritz.com

Plan : EZ**f**

20 ch – †129/259 € ††249/425 € – ⌷ 13 €

Une architecture noble et des décors originaux (notes colorées, papiers peints d'inspiration surréaliste, etc.) : cette demeure du 17e s. – ancienne propriété de la famille de Silhouette – a fait sa mue en 2011. Déco tendance et détente, surtout dans les chambres avec vue sur la mer...

Villa Koegui sans rest

🛎 🅰🅺 🛁 🤖

7 r. de Gascogne – ℰ 05 59 50 07 77
– www.hotel-villakoegui-biarritz.fr

Plan : EZ**x**

14 ch – †113/285 € ††113/285 € – 1 suite – ⌷ 8 €

Un hôtel résolument contemporain dans une rue tranquille du centre-ville. Dans les chambres, mobilier design et photos composent un décor assez branché. Aux beaux jours, on prend son petit-déjeuner – avec l'incontournable gâteau basque ! – dans le joli patio...

279

Édouard VII sans rest ⬚ ⬚ ⬚

21 av. Carnot – ☎ 05 59 22 39 80 – www.hotel-edouardvii.com Plan : EZ**k**
18 ch – ♦80/195 € ♦♦80/195 € – ☕ 12 €
Accueil sympathique en cette jolie villa biarrote de la fin du 18e s. Chambres clai-res, agréablement personnalisées dans un esprit maison bourgeoise.

Saint-Julien sans rest ⬚ ⬚ ⬚ ⬚ ⬚

20 av. Carnot – ☎ 05 59 24 20 39 Plan : EZ**a**
– www.saint-julien-biarritz.com – Fermé 8 fév.-6 mars
20 ch – ♦80/190 € ♦♦90/265 € – ☕ 13 €
Cet hôtel agréable connaît une seconde jeunesse ! Les chambres y sont joliment décorées et bien insonorisées. Il fait bon laisser sa voiture au parking de l'établis-sement pour partir, à pied, à la découverte de la ville. L'été, petit-déjeuner servi en terrasse.

Mercure Le Président sans rest ⬚ ⬚ ⬚ ⬚ ⬚

18 pl. Georges-Clemenceau – ☎ 05 59 24 66 40 Plan : EY**b**
– www.mercure.com
68 ch – ♦90/235 € ♦♦90/275 € – ☕ 18 €
Un hôtel des années 1970, mais une décoration et un confort très actuels : notes vives, surf à l'honneur et dominante de blanc dans les chambres (certaines avec vue sur la baie).

Alcyon sans rest ⬚ ⬚ ⬚ ⬚

8 r. Maison-Suisse – ☎ 05 59 22 64 60 Plan : EY**x**
– www.hotel-alcyon-biarritz.com – Ouvert 1er avril-19 déc.
15 ch – ♦90/250 € ♦♦115/250 € – ☕ 11 €
Cet hôtel marie charme des maisons anciennes et confort moderne : salon contemporain, salle des petits-déjeuners design et chambres aux tons chauds, dans l'air du temps.

Maïtagaria sans rest   ⬚ ⬚

34 av. Carnot – ☎ 05 59 24 26 65 Plan : EZ**m**
– www.hotel-maitagaria.com – Fermé 22 nov.-13 déc.
15 ch – ♦60/99 € ♦♦67/140 € – ☕ 10 €
Demeure de style régional et d'esprit maison d'hôte. Le mobilier chiné des cham-bres (fonctionnelles ou plus confortables) est largement Art déco. Salon ouvert sur le jardin.

Windsor sans rest ⬚ ⬚ ⬚ ⬚ ⬚ ⬚

11 av. Edouard-VII – ☎ 05 59 24 08 52 Plan : EY**a**
– www.hotelwindsorbiarritz.com
48 ch – ♦85/345 € ♦♦85/345 € – ☕ 18 €
Océan, ville ou cour : différentes expositions pour les chambres – rénovées en 2012 –, dans cet établissement installé sur la Grande Plage. Copieux buffet de petit-déjeuner et salle de séminaire.

Villa Le Goëland sans rest ⬚ ⬚ ⬚ ⬚ ⬚

12 plateau de l'Atalaye – ☎ 06 87 66 22 19 Plan : DY**w**
– www.villagoeland.com – Ouvert de mars à mi-nov.
4 ch – ♦130/250 € ♦♦130/250 € – ☕ 10 €
Grande villa érigée sur l'un des sites les plus agréables de Biarritz : le pano-rama, superbe, va de l'Espagne à la côte landaise. Certaines chambres ont une terrasse.

Nere-Chocoa sans rest   ⬚ ⬚ ⬚ ⬚

28 r. Larreguy – ☎ 06 08 33 84 35 – www.nerechocoa.com Plan : AX**e**
5 ch – ♦75/80 € ♦♦75/130 € – ☕ 10 €
Cette maison basque entourée de chênes a hébergé des hôtes illustres, telle l'im-pératrice Eugénie. Ambiance galerie d'art contemporain (vernissages, expositions), grandes chambres.

Restaurants

❀❀❀❀ La Villa Eugénie – Hôtel du Palais   🕭 🛋 🖧 🅿
❀ *1 av. de l'Impératrice – ☎ 05 59 41 64 00*   Plan : EY**k**
*– www.hotel-du-palais.com – Fermé 2 fév.-20 mars, lundi et mardi de sept. à juin
et le midi en juil.-août*
Menu 135 € – Carte 103/168 €
Pour marcher sur les traces de l'impératrice Eugénie, à laquelle Biarritz doit
tant. Au cœur de son ancien palais, dans l'intimité d'élégants salons, on déguste
une cuisine raffinée et... nullement figée : notes d'Asie, sucré-salé, épure, etc.
→ Homard bleu, tomates confites au citron vert, safran et huile d'olive. Truite de
Banka, huile d'olive, biscayenne de tomates, oignons et pimientos del piquillo.
Fraises des bois à l'orange, Grand Marnier et sorbet fromage blanc.

❀❀ N°1 by Georges 🆕 – Hôtel le Regina   ⬅ 🍽 🆎 🖧 🅿
52 av. de l'Impératrice – ☎ 05 59 41 33 00   Plan : AX**r**
– www.hotelregina-biarritz.com
Formule 24 € – Menu 40 € – Carte 40/74 €
Patronnée par Georges Blanc, la brasserie chic du Regina, petit bijou de l'hôtellerie biarrote. Atmosphère Art déco (vitraux au plafond, lustres à pampilles, etc.) et
belle terrasse face au phare et à l'Océan : un cadre charmant pour un repas placé
sous l'égide de la tradition, véritable ou revisitée.

❀❀ Philippe   🕭 🛏
30 av. du Lac-Marion – ☎ 05 59 23 13 12   Plan : AX**d**
*– www.restaurant-biarritz.com – Fermé 2 semaines en mars, 2 semaines
en nov., lundi sauf août, mardi d'oct. à juin et le midi*
Menu 40/85 € – Carte 59/75 € *(réservation conseillée)*
Cuisines ouvertes, décor avant-gardiste et atypique mêlant les formes et les couleurs : bienvenue dans l'antre de Philippe Lafargue, un chef qui a l'art de surprendre et de séduire. Laissant parler son inspiration de l'instant, il réalise des plats
inventifs et décalés à base de bons produits bio. Ça décoiffe !

❀❀ Les Rosiers (Andrée et Stéphane Rosier)   🆎
❀ *32 av. Beau-Soleil – ☎ 05 59 23 13 68*   Plan : AX**z**
*– www.restaurant-lesrosiers.fr – Fermé lundi sauf le soir en août et mardi sauf le
soir en juil.-août*
Menu 39 € (déj. en semaine), 83/113 € 🍷 – Carte 67/80 €
Cadre élégant, tout en sobriété, servant d'écrin à une séduisante cuisine "vérité"
réalisée à quatre mains, avec une maîtrise technique évidente. Madame a été la
première "Meilleure ouvrière de France" !
→ Crevettes sauvages poêlées, crémeux de carotte à l'orange et safran, vinaigrette passion. Pigeonneau fermier rôti et cuisses confites, foie gras poêlé. Financier pamplemousse rose-yuzu.

❀❀ L'Atelier (Alexandre Bousquet)   🆎
❀ *18 r. de la Bergerie – ☎ 05 59 22 09 37*   Plan : AX**h**
– www.latelierbiarritz.com – Fermé dim. et lundi sauf vacances scolaires et fériés
Formule 25 € – Menu 35 € (déj. en semaine), 65/100 € 🍷 – Carte 65/80 €
Un véritable atelier culinaire, par un jeune chef passionné qui signe des recettes
originales et décomplexées – mais pas complexes. Ses compositions se révèlent aussi intéressantes que savoureuses. Bref, cette table fait plaisir !
→ Cuisine du marché.

❀❀ L'Impertinent (Fabian Feldmann)   🛏 🆓 🆎
❀ *5 r. d'Alsace – ☎ 05 59 51 03 67 – www.l-impertinent.fr*   Plan : AX**a**
– Fermé dim. sauf vacances scolaires et lundi
Menu 36 € 🍷 (déj. en semaine), 72/89 € – Carte 70/85 €
Ici, point de conventions, le chef – d'origine allemande – laisse libre cours à sa
créativité. Dans l'assiette, les produits, d'une très belle fraîcheur, sont parfaitement
cuisinés et assaisonnés avec originalité. On est surpris, on se régale. Incontestablement, l'impertinence n'est pas contraire au talent !
→ Variation de fruits de mer à notre façon. Thon de ligne de la criée de Ciboure,
variation de carottes, concombre et kimchi. Le curry vert, écume coco, crème
anglaise à la coriandre, glace gingembre et crème cacahouète.

XX **Sissinou**   AC
5 av. Mar.-Foch – $\mathscr{C}$ 05 59 22 51 50 – www.sissinou.com   Plan : EZ**n**
– Fermé en fév., vacances de la Toussaint, dim. et lundi sauf août et le midi en août
Menu 40 € (déj. en semaine), 60/70 € – Carte 60/81 €
Agréable atmosphère néobistrot (banquettes, teintes chatoyantes, service décontracté) et recettes actuelles, généreuses et gourmandes.

XX **La Table d'Aranda**   AC
🌰 *87 av. de la Marne – $\mathscr{C}$ 05 59 22 16 04 – www.tabledaranda.fr*   Plan : AX**j**
– Fermé 1 semaine début juil., 3 semaines en janv., lundi sauf le soir en juil.-août et dim.
Formule 15 € – Menu 20 € (déj.), 30/55 € ⊺ – Carte environ 45 €
Bon bouche à oreille pour cette table vouée à la satisfaction de vos papilles... Ambiance rustique et basque (ancienne rôtisserie) ; cuisine personnelle, autour du sucré-salé.

X **Le Sin**   ⇐ ⓡ̄ AC
🌰 *1 av. de la Plage, (au 1ᵉʳ étage de la Cité de l'Océan)*   Plan : AX**w**
– $\mathscr{C}$ 05 59 47 82 89 – www.le-sin.com – Fermé 6-24 janv., dim. soir et lundi sauf juil.-août
Formule 30 € ⊺ – Carte 44/65 €
Au sein de la Cité de l'Océan, immanquable avec son architecture en forme de vague – une création de Steven Holl –, le Sin offre une vue magnifique sur la mer et le château d'Ilbarritz. Derrière les fourneaux, le chef surfe joliment sur l'air du temps et valorise de beaux produits. L'été, profitez de la terrasse.

X **Le SEn'S** Ⓝ   ⓡ̄
51 bis r. Gambetta – $\mathscr{C}$ 05 59 54 58 35   Plan : DZ**a**
– www.restaurant-le-sens-biarritz.fr – Fermé 5-12 juil., 4-18 oct., 4-18 janv., sam. midi, dim. midi et merc.
Formule 19 € – Carte 41/55 € *(réservation conseillée)*
SEn'S pour Sébastien (le chef, passé par de belles maisons), Emilie (son épouse britannique, qui assure le service) et Saori, leur fille... dont on se dit qu'elle est élevée dans le goût des bonnes choses ! De fait, la table honore les produits de la région, et allie générosité et finesse : les sens sont à la fête.

X **Léonie**   AC
7 av. Larochefoucauld – $\mathscr{C}$ 05 59 41 01 26   Plan : AX**u**
– www.restaurant-leonie.com – Fermé 1 semaine en mars, 23 juin-6 juil.,
24 nov.-7 déc., sam. midi, dim. soir et merc.
Formule 16 € – Menu 26 € – Carte 30/49 €
Cet ancien restaurant ouvrier, proche du rond-point de l'Europe, est devenu un bistrot moderne, coloré et... gourmand. On y déguste une cuisine fraîche et généreuse, et la carte est renouvelée chaque mois. L'ocassion d'y revenir régulièrement !

X **Le Clos Basque**   ⓡ̄
🏡 *12 r. Louis-Barthou – $\mathscr{C}$ 05 59 24 24 96 – Fermé fin fév. à*   Plan : EY**v**
mi-mars, fin juin-début juil., fin oct. à mi-nov., dim. soir sauf juil.-août et lundi
Menu 26/34 € *(réservation conseillée)*
Pierres apparentes et azulejos confèrent un esprit ibérique à la petite salle, où l'on mange au coude-à-coude. Derrière les fourneaux, le chef signe une goûteuse cuisine du marché teintée de notes basques. Pensez à réserver, c'est presque toujours complet – et la terrasse est un rendez-vous pour les Biarrots !

X **Chez Ospi**
🌰 *6 r. Jean-Bart – $\mathscr{C}$ 05 59 24 64 98 – www.chezospi.com*   Plan : EYZ**h**
– Fermé 1 semaine en mars, 1 semaine en juil., 3 semaines en nov., mardi et merc. de sept. à juin et le midi en juil.-août
Formule 16 € – Menu 20 € (déj. en semaine), 33/59 € – Carte 40/50 €
Dans une petite rue du centre-ville, ce bistrot de quartier tout simple se révèle très gourmand. En cuisine œuvrent deux frères, qui composent une belle cuisine du marché – produits du terroir basque en tête. Ils ont de qui tenir, ils sont de la famille Ospital, célèbre pour sa charcuterie à Hasparren !

✗ **Chez Albert**
au Port-des-Pêcheurs – ℰ 05 59 24 43 84 – www.chezalbert.fr   Plan : DY**v**
– Fermé 30 nov.-11 fév. et merc. sauf juil.-août
Carte 40/62 €
Si tous les chemins mènent à Rome, un seul conduit chez Albert. Dans cette
adresse animée et décontractée, sur le vieux port des pêcheurs, les produits de
la mer sont à l'honneur ! Mention spéciale pour les poissons sauvages.

au lac de Brindos 4 km au Sud-Est – ⊠ 64600 Anglet

🏰 **Château de Brindos**
1 allée du Château – ℰ 05 59 23 89 80   Plan : BX**e**
– www.chateaudebrindos.com
– Fermé 16 fév.-2 mars
24 ch – †175/275 € ††250/385 € – 5 suites – ☑ 26 € – ½ P
Rest *Château de Brindos* ✿ – voir les restaurants ci-après
Bel établissement dressé au bord d'un lac privé de 10 ha. Les chambres tutoient
la verdure ou les flots, mêlant confort contemporain et architecture éclectique : la
bâtisse principale fut bâtie dans les années 1920 comme un lieu de fête.

✗✗✗ **Château de Brindos**
✿ *1 allée du Château* – ℰ 05 59 23 89 80   Plan : BX**e**
*– www.chateaudebrindos.com – Fermé 16 fév.-2 mars, dim. soir et lundi sauf de
Pâques à la Toussaint*
Menu 34 € (déj. en semaine), 54/95 € – Carte 65/75 €
C'est d'abord un bel endroit – une élégante villégiature créée au début du 20ᵉ s.
sur les rives d'un lac bucolique –, et c'est aussi une bonne table dont les assiettes
se démarquent par leur qualité d'exécution et l'attention portée aux saveurs. Aux
beaux jours, profitez de la terrasse au bord de l'eau...
➜ Huître encapsulée et crème de cresson. Chipirons de nos côtes, riz vénéré, parmesan et beurre de yuzu. Millefeuille cylindrique fraise-rhubarbe, crème diplomate à la vanille.

rte d'Arbonne 4 km au Sud par La Négresse et D 255 – ⊠ 64200 Biarritz

🏨 **Le Château du Clair de Lune** sans rest
48 av. Alan-Seeger – ℰ 05 59 41 53 20   Plan : AX**b**
– www.hotelclairlune.com – Fermé 12 nov.-10 déc.
20 ch – †81/150 € ††91/250 € – ☑ 12 €
Dans un joli parc où flâner au clair de lune, charmante demeure bourgeoise
(1902) abritant des chambres raffinées ; décor plus contemporain dans le pavillon.

à Arbonne  7 km au Sud par La Négresse et D 255 – ⊠ 64210
– 2 034 hab. – Alt. 37 m

🏨 **Laminak** sans rest
rte de St-Pée – ℰ 05 59 41 95 40
– www.hotel-laminak.com
12 ch – †79/135 € ††79/135 € – ☑ 12 €
Jolie ferme du 18ᵉ s. dans un jardin verdoyant. Chambres au décor soigné ; petits-
déjeuners (confitures maison) servis sous la véranda, ouverte sur la piscine.

à Arcangues 8 km par La Négresse, D 254 et D 3 – ⊠ 64200 – 3 111 hab. – Alt. 80 m

⛫ **Les Volets Bleus** sans rest
chemin Etchegaraya, 2 km au Sud sur ancienne rte de St-Pée – ℰ 06 07 69 03 85
– www.lesvoletsbleus.fr – Ouvert 1ᵉʳ avril-15 nov.
5 ch ☑ – †113/168 € ††123/197 €
Quiétude, verdure, authenticité : les atouts de cette villa basque perdue en
pleine campagne. Matériaux nobles, chambres spacieuses aux murs patinés,
tommettes et boutis.

XX **Le Moulin d'Alotz** (Benoit Sarthou)
☼ *chemin Alotz-Errota, 3 km au Sud par rte d'Arbonne et rte secondaire
– ℰ 05 59 43 04 54 – www.lemoulindalotz.com – Ouvert 6 fév.-1er nov. et fermé
22-30 juin, merc. sauf le soir en juil.-août et mardi*
Carte environ 70 € *(réservation conseillée)*
Atmosphère bucolique et romantique en ce moulin basque du 17e s. niché dans
la verdure... Le chef signe une cuisine raffinée, remplie de sensibilité et d'émotion,
qui régale le corps comme l'esprit ! Une belle adresse, très courue : il est parfois
difficile d'y obtenir une table en saison.
→ Homard caramélisé, bisque crémeuse, pinces croustillantes, noix grillées et foie
chaud. Pigeonneau rôti, haricots plats, cacahouètes grillées et sauce diable.
Gâteau frangipane à la pistache, confit de tomate parfumé aux épices.

Voir aussi ressources hôtelières à Anglet

BIDARRAY

✉ 64780 (Pyrénées-Atlantiques) – 649 hab. – Alt. 110 m – Voir carte n°**3-A3**
◪ Paris 799 km – Biarritz 37 km – Cambo-les-Bains 17 km – Pau 127 km
Carte Michelin 342-D3 – Guide Vert Michelin Pays Basque et Navarre

🏠🏠🏠 **Ostapé** ⑩ ⌘ < ⇔ ⌂ 🔥 ♿ 🅰️ 🛜 ♨ 🅿️ 🚗
*rte d'Itxassou, 4 km au Nord par D 349 – ℰ 05 59 37 91 91 – www.ostape.com
– Ouvert de mars à nov.*
21 suites – ♛♛180/560 € – 1 ch – ⊑ 22 € – ½ P
Rest *Ostapé* – voir les restaurants ci-après
Plusieurs maisons basques parsemées dans un paysage de collines verdoyantes
– un domaine de 45 ha que l'on parcourt avec une golfette prêtée pour le séjour !
Avec des chambres spacieuses et raffinées, de belles prestations, une nature préservée et omniprésente, voilà bien un établissement à part...

XXX **Ostapé** < ⇔ ⌂ ♿ 🅰️ 🅿️
*rte d'Itxassou, 4 km au Nord par D 349 – ℰ 05 59 37 91 91 – www.ostape.com
– Ouvert de mars à nov. et fermé lundi midi, merc. midi et mardi sauf juil.-août*
Menu 39/105 € – Carte 40/74 €
Au sein d'un superbe domaine bucolique, entre de nobles murs du 17e s., cette
table élégante revisite avec bonheur la gastronomie navarraise. Les recettes sont
autant de variations autour des bons produits locaux, à l'unisson de cette grandiose nature basque !

BIDART

✉ 64210 (Pyrénées-Atlantiques) – 6 206 hab. – Alt. 40 m – Voir carte n°**2-A3**
◪ Paris 778 km – Bayonne 17 km – Biarritz 7 km – Pau 122 km
Carte Michelin 342-C4 – Guide Vert Michelin Pays Basque et Navarre

🏠🏠🏠 **Hostellerie des Frères Ibarboure** ⑩ ⌂ ⇔ ⌂ 🖥 ♿ 🅰️ 🎯 🅿️
*chemin Ttalienea, 4 km au Sud par D 810, rte Ahetze et rte secondaire
– ℰ 05 59 54 81 64 – www.freresibarboure.com – Fermé janv. et fév.*
12 ch – ♛120/258 € ♛♛138/258 € – ⊑ 16 € – ½ P
Rest *Table des Frères Ibarboure* ☼ – voir les restaurants ci-après
Beaucoup de fraîcheur et de calme dans les chambres de cette grande demeure
basque, qui est aussi une étape gastronomique reconnue dans la région. Bel
atout : l'écrin de verdure du parc. Petit-déjeuner gourmand servi, l'été, au bord
de la piscine.

🏠 **Villa L'Arche** sans rest ⌘ < ⇔ 🛜 🚗
*chemin Camboénéa – ℰ 05 59 51 65 95 – www.villalarche.com
– Ouvert 16 fév.-22 nov.*
10 ch – ♛145/450 € ♛♛145/450 € – 1 suite – ⊑ 18 €
Une grande villa ornée de mosaïques bleues, comme une œuvre de Gaudí sur la
falaise. L'intérieur a été entièrement refait dans un style design ; accès direct à la
plage par un petit chemin.

Itsas Mendia sans rest

11 av. de la Grande-Plage – ✆ 05 59 54 90 23 – www.hotelbidart.com – Fermé 11 nov.-20 déc. et 5 janv.-1er mars

15 ch – †110/355 € ††110/355 € – ☕ 14 €

L'enseigne - "mer et montagne" en basque - ne ment pas ! Dans cet hôtel proche de l'Océan, on aperçoit les Pyrénées... Construit dans les années 1920 par l'arrière-grand-père de la propriétaire actuelle, l'établissement n'a rien d'un musée, comme en témoignent les chambres, résolument design.

Ouessant-Ty sans rest

3 r. Erretegia – ✆ 05 59 54 71 89 – http://hotel.ouessant.ty.free.fr/

12 ch – †56/124 € ††56/124 € – ☕ 8,50 €

Un bâtiment tout blanc avec des volets bleus au centre du village, à deux pas des plages. Grandes chambres meublées de rotin et appart-hôtels à la semaine. Crêperie attenante.

Irigoian sans rest

1215 av. de Biarritz – ✆ 05 59 43 83 00 – www.irigoian.com

5 ch – †100/125 € ††100/125 € – ☕ 10 €

Ferme du 17e s. aux colombages bleus, typiquement basque, près d'un golf et de la plage. Jolies chambres simples, spacieuses et habillées de teintes pastel. Accueil convivial.

Table des Frères Ibarboure (Jean-Philippe et Xabi Ibarboure)

chemin Ttalienea, 4 km au Sud par D 810, rte Ahetze et rte secondaire – ✆ 05 59 54 81 64 – www.freresibarboure.com – Fermé janv.-fév., lundi sauf le soir d'avril à nov. et merc. de mi-sept. à juin

Menu 41 € (déj. en semaine), 61/112 € – Carte 76/110 €

La deuxième branche de la famille Ibarboure - l'autre faisant les beaux jours de Guéthary - confirme que la dynastie est incontournable dans le paysage de la gastronomie basque ! Sens des saveurs et de l'invention, qualité d'exécution et des produits : la table séduit, comme l'accueil et le cadre, délicieux face au jardin.
➜ Fleurs de courgette de notre jardin soufflées à la langoustine. Déclinaison de cochon kintoa. Dégustation de grands crus de chocolat.

Villa Ilbarritz

av. de Biarritz – ✆ 05 59 23 82 07 – www.villa-ilbarritz.fr – Fermé le midi en juil.-août, sam. midi, dim. soir et lundi hors saison

Formule 20 € – Menu 24 € (déj. en semaine), 30/60 € – Carte 47/76 €

Une belle villa autour d'un patio fleuri - atmosphère feutrée et contemporaine - pour une cuisine de produits sans chichis, qui mêle les influences avec éclectisme. Pigeon des Landes rôti en deux façons, ravioles fines de crevettes estragonnées, dos de cabillaud aux aromates et citron... Simple et goûteux !

Ahizpak Le Restaurant des Sœurs Ⓝ

av. de Biarritz, (Résidence Océanic) – ✆ 05 59 22 58 81 – Fermé merc. midi et dim.

Formule 11 € – Menu 28/31 €

C'est ici le repaire de trois *ahizpak* ("sœurs", en basque) absolument charmantes ! La plus jeune d'entre elles, Yenofa, travaille de superbes produits du terroir basque au bon vouloir des arrivages et des saisons ; ses plats, en plus d'être fins et goûteux, témoignent d'une générosité sans faille. Pensez à réserver !

BIELLE

✉ 64260 (Pyrénées-Atlantiques) – 448 hab. – Alt. 448 m – Voir carte n°**3-B3**

Paris 803 km – Laruns 9 km – Lourdes 43 km – Oloron-Ste-Marie 26 km

Carte Michelin 342-J6 – Guide Vert Michelin Aquitaine

L'Ayguelade

10 quartier de l'Ayguelade, 1 km par rte de Pau – ✆ 05 59 82 60 06 – www.hotel-ayguelade.com – Fermé vacances de la Toussaint et de Noël et 2 semaines en janv.

13 ch – †60/80 € ††60/80 € – ☕ 8 € – ½ P

Cet hôtel accueillant, situé sur la route d'Espagne, abrite des chambres à la fois fonctionnelles et coquettes (tissus et murs colorés, mobilier moderne), fort bien tenues. Restaurant traditionnel.

BIESHEIM – 68 (Haut-Rhin) → voir Neuf-Brisach

BIGNAN – 56 (Morbihan) → voir Locminé

BILLIERS
✉ 56190 (Morbihan) – 911 hab. – Alt. 20 m – Voir carte n°**10**-C3
🚹 Paris 461 km – La Baule 42 km – Nantes 87 km – Redon 39 km
Carte Michelin 308-Q9

🏨🏨🏨 **Domaine de Rochevilaine** ⏺ 🔟 🌿 ⬅ 🔲 🌐 📶 🎠 🛗 ⚡ 📶 ⛵ 🅿
à la Pointe de Pen Lan, 2 km par D 5 – ☎ 02 97 41 61 61
– www.domainerochevilaine.com
33 ch – 🚹173/477 € 🚹🚹173/477 € – 4 suites – ⏠ 24 € – ½ P
Rest *Domaine de Rochevilaine* ⏺ – voir les restaurants ci-après
Sur une pointe rocheuse fendant l'océan : l'âme du granit... alliée au luxe ! Le
domaine consiste en un hameau (avec quelques bâtisses très anciennes), mêlant
identité bretonne et décors ethniques – notamment au centre de balnéothérapie.

🍴🍴🍴 **Domaine de Rochevilaine** 🌿 < ⬅ 🎠 🍽 ⛲ 🅿
⏺ à la Pointe de Pen Lan, 2 km par D 5 – ☎ 02 97 41 61 61
– www.domainerochevilaine.com
Menu 42 € (déj. en semaine), 77/110 € – Carte 70/85 €
Envie de saveurs iodées, de fruits de mer rosés et savoureux, de poisson encore
nimbé de l'écume de la marée ? Cette table est tout indiquée, qui fait un sacerdoce de respecter le produit, au-dessus de tout. Vue sur les flots.
→ Tartelette de sardines brillantes aux condiments. Bar de ligne en croûte de sel.
Tartelette retournée infiniment chocolat et sorbet cacao.

BILLY
✉ 41130 (Loir-et-Cher) – 953 hab. – Alt. 90 m – Voir carte n°**11**-B1
🚹 Paris 252 km – Blois 40 km – Châteauroux 62 km – Orléans 127 km
Carte Michelin 318-G8

🍴🍴 **Le Pont de Sauldre** 🎠 🛗 🅰 🅿
⏺ 2 r. Nationale, 2 km au Nord, rte de Selles-sur-Cher – ☎ 02 54 96 21 65
– www.lepontdesauldre.fr – Fermé dim. soir et lundi
Menu 18 € (semaine), 25/42 € – Carte 38/44 €
Attention les yeux ! Dans ce restaurant aux murs d'un rouge éclatant, on savoure
une cuisine de tradition avec de beaux produits : galantine, jambon de pays, fromages de chèvre de la région, tarte au citron... Le chef fait même son pain ! Une
bonne adresse pour se régaler à prix raisonnables.

BILLY
✉ 03260 (Allier) – 835 hab. – Alt. 250 m – Voir carte n°**6**-C1
🚹 Paris 344 km – Clermont-Ferrand 83 km – Moulins 47 km – St-Étienne 157 km
Carte Michelin 326-H5 – Guide Vert Michelin Auvergne

🍴 **Auberge du Pont** 🆕 🎠 ⛲
⏺ 1 rte de Marcenat – ☎ 04 70 43 50 09 – www.auberge-du-pont-billy.fr – Fermé
vacances de printemps, 2 semaines fin août, 1 semaine début janv., dim. et lundi
Formule 17 € – Menu 20 € (déj. en semaine), 30/61 € 🍷
Malgré son récent rachat, les fidèles de cette auberge conviviale se pressent toujours à ses portes. Ils viennent se régaler d'une cuisine du marché simple et goûteuse, agrémentée d'herbes fraîches, réalisée par un jeune chef plein d'entrain. Et
pour couronner le tout, le prix sont particulièrement attractifs !

BINIC
✉ 22520 (Côtes-d'Armor) – 3 735 hab. – Alt. 35 m – Voir carte n°**10**-C1
🚹 Paris 463 km – Guingamp 37 km – Lannion 69 km – Paimpol 31 km
Carte Michelin 309-F3 – Guide Vert Michelin Bretagne

Le Benhuyc sans rest ◁ 🔌 & 🛜

1 quai Jean-Bart – *📞 02 96 78 79 79* – *www.le-new-benhuyc.com*
23 ch – †68/105 € ††68/115 € – ☑ 10 €
Au cœur de la station, près du port de plaisance, une bâtisse en pierre du pays, avec une véranda lumineuse en façade... Agréable ! Les chambres, contemporaines et fonctionnelles, raviront autant les clients d'affaires que les amoureux en goguette.

BIOT

✉ 06410 (Alpes-Maritimes) – 9 751 hab. – Alt. 80 m – Voir carte n°**42-E2**
▶ Paris 910 km – Antibes 6 km – Cagnes-sur-Mer 9 km – Cannes 17 km
Carte Michelin 341-D6 – Guide Vert Michelin Côte d'Azur

Domaine du Jas sans rest ◁ 🔌 ⊐ & 🎦 ⅍ 🛜 🅿

625 rte de la Mer, D 4 – *📞 04 93 65 50 50* – *www.domainedujas.com* – *Ouvert de mars à nov.*
19 ch – †85/115 € ††95/145 € – ☑ 14 €
Des chambres immaculées et fonctionnelles (dont trois familiales en duplex) dans de petites villas, avec balcon ou terrasse donnant sur la piscine, le jardin ou le village de Biot : vivez au rythme du Sud !

Bastide Valmasque sans rest 🔌 ⅍ 🛜 🅿 ⤢

1110 rte d'Antibes, (au Golf de Biot), 1,5 km au Sud – *📞 04 93 65 21 42* – *www.bastidevalmasque.com*
5 ch ☑ – †75/140 € ††145 €
Quelque part entre Bollywood et la Provence, il y a cette bastide rouge. De ses voyages, le propriétaire a rapporté des meubles ethniques et le goût des couleurs, pour une déco contemporaine fraîche et inattendue... juste en face du golf.

XXX Les Terraillers (Michaël Fulci) 🎦 🎦 ⟷ 🅿
🪑

11 rte Chemin-Neuf, au pied du village – *📞 04 93 65 01 59* – *www.lesterrailers.com* – *Fermé 24 oct.-30 nov., merc. et jeudi*
Menu 43 € (déj.)/110 € – Carte 97/119 €
Après le départ en retraite de ses parents, Michaël Fulci a pris les commandes de cette authentique poterie du 16ᵉ s., reconvertie en charmant restaurant. En cuisine, il signe des assiettes pleines des saveurs du Sud, raffinées et goûteuses, avec de beaux produits de saison : un rendez-vous à ne pas manquer !
→ Langoustines poêlées en fraîcheur de pastèque, pignons et olives. Saint-pierre, croustillant d'écorces de citron confit et petits pois. Tube cristal aux fraises des bois, espuma de yuzu et glace à la confiture de lait.

X Chez Odile 🎦

au village, chemin des Bachettes – *📞 04 93 65 15 63* – *Fermé déc., janv., merc. et jeudi sauf juil.-août*
Formule 19 € – Carte 34/50 €
Peynet, peintre des années 1960, avait son rond de serviette dans cette auberge rustique élevée au rang d'institution locale. On est accueilli par Odile, joviale et passionnée. Le menu met à l'honneur les recettes régionales, accompagnées de vins locaux... et le tout se déguste en terrasse, bien sûr !

BIOULE

✉ 82800 (Tarn-et-Garonne) – 1 067 hab. – Alt. 84 m – Voir carte n°**28-B2**
▶ Paris 613 km – Cahors 53 km – Montauban 22 km – Toulouse 75 km
Carte Michelin 337-F7

Les Boissières 🔟 ⬙ 🔌 🛜 🅿

708 rte de Caussade – *📞 05 63 24 50 02* – *www.lesboissieres.com* – *Fermé 2 semaines en fév., 2 semaines en août, vacances de la Toussaint, sam. midi, dim. soir et lundi*
8 ch – †80/120 € ††80/120 € – ☑ 11 € – ½ P
Au cœur d'un joli parc, cette maison de maître en brique et pierre du pays a de l'allure, sans parler de l'étable du 18ᵉ s., rénovée avec soin. Les chambres, confortables, mélangent avec raffinement le rustique et le moderne. Cuisine au goût du jour au restaurant.

BIRIATOU – 64 (Pyrénées-Atlantiques) → voir Hendaye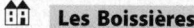

BIRKENWALD

✉ 67440 (Bas-Rhin) – 287 hab. – Alt. 295 m – Voir carte n°**1-A1**
▶ Paris 461 km – Molsheim 23 km – Saverne 12 km – Strasbourg 34 km
Carte Michelin 315-I5

🏨 Au Chasseur ⏸ 🕙 ⌕ ≤ 🚪 🗔 🖭 & 🛜 🏋 🅿

7 r. de l'Église – ℰ *03 88 70 61 32* – *www.chasseurbirkenwald.com*
– *Fermé 28 juin-10 juil. et 20 déc.-15 janv.*
19 ch – ♦75/99 € ♦♦99/125 € – 2 suites – ⌂ 15 € – ½ P
Rest *Au Chasseur* ⏸ – voir les restaurants ci-après
Dans un charmant village, une auberge régionale chaleureuse, proposant de belles chambres contemporaines, certaines tournées vers les Vosges. Parfait pour l'étape comme pour un plus long séjour...

✗✗ Au Chasseur ≤ 🚪 🕾 & 🖾 🅿
⏸

7 r. de l'Église – ℰ *03 88 70 61 32* – *www.chasseurbirkenwald.com* – *Fermé 28 juin-10 juil., 20 déc.-15 janv., lundi et le midi sauf dim.*
Menu 31/55 € – Carte 45/56 €
Plafond peint, boiseries couleur miel, trophées de chasse... L'Alsace éternelle, toujours à l'affût de plaisirs gourmands et de modernité : risotto aux gambas, champignons et petits légumes, foie gras au gewurztraminer, dampfnudel caramélisé, etc. Sous l'égide de toute une famille amoureuse de son métier !

BIRON

✉ 24540 (Dordogne) – 186 hab. – Alt. 200 m – Voir carte n°**4-C2**
▶ Paris 625 km – Agen 76 km – Bordeaux 172 km – Périgueux 100 km
Carte Michelin 329-G8 – Guide Vert Michelin Périgord Quercy

↑ Le Prieuré sans rest ≥ ≤ 🚪 🖾 🛜

– ℰ *05 53 61 93 03* – *www.leprieurebiron.com* – *Ouvert de Pâques à oct.*
5 ch ⌂ – ♦123/143 € ♦♦133/173 €
Historique ! De belles chambres dans les dépendances d'un château, avec vue imprenable sur la campagne. À noter, la magnifique cheminée en bois dans la "Cardinal".

BISCARROSSE

✉ 40600 (Landes) – 12 631 hab. – Alt. 22 m – Voir carte n°**3-B2**
▶ Paris 656 km – Arcachon 40 km – Bayonne 128 km – Bordeaux 74 km
Carte Michelin 335-E8 – Guide Vert Michelin Aquitaine

à Ispe 6 km au Nord par D 652 et D 305 – ✉40600 Biscarosse

🏨 La Caravelle 🕙 ≥ ≤ 🖾 🛜 🅿

5314 rte des Lacs – ℰ *05 58 09 82 67* – *www.lacaravelle.fr* – *Ouvert 1er mars-1er nov.*
15 ch – ♦68/128 € ♦♦68/128 € – ⌂ 9 € – ½ P
Un bel air de vacances règne sur cette maison blanche posée au bord de l'étang de Cazaux, au cœur de la pinède : des eaux claires, quelques palmiers, des transats et, pour la nuit, des chambres au décor simple et soigné. Restaurant traditionnel.

à Biscarrosse-Plage 10 km au Nord-Ouest par D 146 – ✉ 40600

🏨 Grand Hôtel de la Plage 🆕 🕙 ≥ ≤ 🎳 🖭 & 🖾 🛜 🏋 🅿

2 av. de la Plage – ℰ *05 58 82 74 00* – *www.legrandhoteldelaplage.fr*
33 ch – ♦115/235 € ♦♦115/465 € – ⌂ 15 € – ½ P
Telle Aphrodite née de l'écume, cette belle architecture contemporaine semble émaner du bleu de l'Océan, dominant les flots de ses lignes originales et surtout de sa blancheur immaculée. Très design, épuré, chic, plein de charme : de la piscine à débordement au restaurant de la mer, l'établissement vaut le coup d'œil... et un séjour !

BITCHE

✉ 57230 (Moselle) – 5 326 hab. – Alt. 300 m – Voir carte n°**27-D1**
▶ Paris 438 km – Haguenau 43 km – Sarrebourg 62 km – Sarreguemines 33 km
Carte Michelin 307-P4

XXX Le Strasbourg (Lutz Janisch) avec ch

24 r. du Col.-Teyssier – ℰ 03 87 96 00 44 – www.le-strasbourg.fr
– Fermé 2 semaines en sept., 12-26 janv., dim. soir, mardi midi et lundi
13 ch – †60/70 € ††70/110 € – ⌧ 12 €
Menu 38 € (semaine), 54/70 € – Carte 50/60 €

Une véritable auberge du 21e s., sobre et épurée, bien en phase avec son époque. La cuisine est appétissante, soignée et généreuse. Quant aux prix des menus, ils savent rester sages... Les chambres ont chacune leur style (Afrique, Asie, Provence, etc.), qu'elles cultivent avec discrétion.
→ Le bison façon petit-déjeuner du Tsar : tartare, œufs de caille, pumpernickel et caviar. Dos d'agneau du Bliesgau. Tartelette framboise et crème chibou15 à la pistache.

XX La Tour

3 r. de la Gare – ℰ 03 87 96 29 25 – www.latour-bitche.fr – Fermé vacances de fév., lundi soir, mardi soir et merc. soir
Menu 15 € (semaine), 26/65 € ⍦ – Carte 31/65 €

Entre gare et centre-ville, on reconnaît cette grande bâtisse à sa tourelle. Ses trois salles semblent tout droit sorties de la Belle Époque... On y savoure une bonne cuisine traditionnelle éprise de produits tripiers comme, par exemple, la tête de veau, les rognons, la cervelle, etc. Avis aux amateurs !

BIZANET
✉ 11200 (Aude) – 1 388 hab. – Alt. 42 m – Voir carte n°**22-B3**
▶ Paris 802 km – Beziers 46 km – Carcassonne 49 km – Narbonne 15 km
Carte Michelin 344-I4

X La Table du Château

16 r. de Paris – ℰ 04 68 93 51 19 – www.latableduchateau.fr
– Fermé 17 fév.-20 mars, dim. soir de nov. à mars, mardi sauf le soir en juil.-août et lundi
Formule 17 € – Menu 22 € (déj. en semaine), 31/50 € – Carte environ 55 €

Cette belle bâtisse a un certain charme avec ses pierres apparentes, son mobilier moderne et son agréable patio. Le chef puise son inspiration dans le terroir local : viandes cathares, fromage de brebis, herbes fraîches...

BIZANOS – 64 (Pyrénées-Atlantiques) → voir Pau

BIZE-MINERVOIS
✉ 11120 (Aude) – 1 086 hab. – Alt. 58 m – Voir carte n°**22-B2**
▶ Paris 792 km – Béziers 33 km – Carcassonne 49 km – Narbonne 22 km
Carte Michelin 344-I3

🛏 La Bastide Cabezac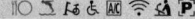

18 Hameau de Cabezac, 3 km au Sud par D 5 – ℰ 04 68 46 66 10
– www.la-bastide-cabezac.com
12 ch – †67/98 € ††83/118 € – ⌧ 12 € – ½ P

Tout ne se perd pas, comme l'atteste cet ancien relais de poste du 18e s. où l'on fait toujours bonne étape ! Les chambres sont plutôt spacieuses, joliment décorées de mobilier en bois cérusé ou en fer forgé.

BLAGNAC – 31 (Haute-Garonne) → voir Toulouse

BLAINVILLE-SUR-MER
✉ 50560 (Manche) – 1 569 hab. – Alt. 26 m – Voir carte n°**32-A2**
▶ Paris 347 km – Caen 116 km – St-Lô 41 km
Carte Michelin 303-C5

XX **Le Mascaret** (Philippe Hardy) avec ch
1 r. de Bas – ☎ 02 33 45 86 09 – www.lemascaret.fr – Fermé 2-22 janv., dim. soir du 1er sept. au 14 juil. et lundi
5 ch – †105/195 € ††105/195 € – ☕ 17 € – ½ P
Menu 25 € (déj. en semaine), 44/89 € – Carte 80/120 €
Un patio, un jardin d'herbes aromatiques et une cuisine précise et créative, mêlant avec bonheur les saveurs "terre et mer" : cette maison de pays a un charme fou ! Et comme il s'agit d'une ancienne pension de jeunes filles, on peut y faire halte très agréablement, dans une chambre originale et baroque.
→ Foie gras du pays d'Auge, magret fumé et sorbet à la moutarde. Sole rôtie à basse température, émulsion citron vert et légumes crousti-fondants. Fraises au naturel, sablé chocolat blanc, sorbet citron vert et coulis de fraise.

LE BLANC
✉ 36300 (Indre) – 6 960 hab. – Alt. 85 m – Voir carte n°**11-B3**
▶ Paris 326 km – Bellac 62 km – Châteauroux 61 km – Châtellerault 52 km
Carte Michelin 323-C7 – Guide Vert Michelin Limousin Berry

XX **Le Cygne**
8 av. Gambetta – ☎ 02 54 28 71 63 – www.lecygneleblanc.fr – Fermé 22 juin-8 juil., 2-22 janv., dim. soir, mardi sauf le soir en juil.-août et lundi
Menu 25/45 € – Carte 39/63 € *(réservation conseillée)*
Ce Cygne propose une cuisine à la croisée des chemins : des plats traditionnels avec des accents d'aujourd'hui, des créations originales où le terroir n'est jamais loin... On se régale d'une mousseline de langue de porc aux poireaux, d'une quenelle de brochet, etc. De quoi hésiter à voler vers d'autres horizons !

LE BLANC-MESNIL – 93 (Seine-Saint-Denis) → voir Paris, Environs (Le Bourget)

BLANQUEFORT – 33 (Gironde) → voir Bordeaux

BLANZY – 71 (Saône-et-Loire) → voir Montceau-les-Mines

BLENDECQUES – 62 (Pas-de-Calais) → voir St-Omer

BLÉNOD-LÈS-PONT-À-MOUSSON – 54 (Meurthe-et-Moselle) → voir Pont-à-Mousson

BLÉRÉ
✉ 37150 (Indre-et-Loire) – 5 234 hab. – Alt. 59 m – Voir carte n°**11-A1**
▶ Paris 234 km – Blois 48 km – Château-Renault 36 km – Loches 25 km
Carte Michelin 317-O5 – Guide Vert Michelin Châteaux de la Loire

XX **Le Cheval Blanc** Ⓝ avec ch rest,
5 pl. Charles-Bidault – ☎ 02 47 30 30 14 – www.lechevalblancblere.fr
8 ch – †77/115 € ††77/205 € – ☕ 12 € – ½ P
Formule 23 € – Menu 32/62 € – Carte 46/63 € dîner *(fermé 2-20 janv., lundi et mardi)*
Velouté de petits pois, jambon serrano et crème de chèvre ; pavé d'esturgeon à la mousseline de carottes... Au cœur de Bléré, dans cette demeure historique du 17e s. (qui abrite aussi de jolies chambres), le chef réalise une cuisine classique bien troussée, qui montre qu'il maîtrise son affaire. De quoi hennir de plaisir !

à l'Ouest 6 km par D 976 et rte secondaire – ✉ 37270 – 2 562 hab. – Alt. 90 m

XX **La Boulaye**
lieu-dit La Boulaye – ☎ 02 47 50 29 21 – www.laboulaye.fr – Ouvert 10 fév.-15 nov. et fermé mardi et merc.
Formule 20 € – Menu 30/41 € – Carte 38/49 €
Il faut se perdre un peu dans la campagne pour trouver cette grange du 17e s., qui se révèle romantique et chaleureuse... C'est la maîtresse des lieux qui cuisine et ses plats sont très personnels ; on la sent inspirée par le terroir. Ses créations sont généreuses, aromatiques et colorées.

BLESLE

✉ 43450 (Haute-Loire) – 624 hab. – Alt. 520 m – Voir carte n°**5-B3**
◪ Paris 484 km – Aurillac 92 km – Brioude 23 km – Issoire 39 km
Carte Michelin 331-B2 – Guide Vert Michelin Auvergne

> ✗ **La Bougnate** avec ch 🔲 🛜
> *pl. Vallat – ℰ 04 71 76 29 30 – www.labougnate.fr – Fermé 1ᵉʳ déc.-14 fév., lundi et mardi*
> **12 ch** – ♦89/97 € ♦♦89/119 € – 🍴 11 € – ½ P   Formule 19 € – Carte 35/47 €
> Elle a du charme cette Bougnate, paisible petite auberge de village aux volets bleus. En terrasse au pied de sa façade parcourue de vigne vierge, ou dans le décor rustique de sa salle, on apprécie une jolie cuisine du terroir, concoctée dans le souci de la qualité. Et pour la nuit, les chambres ont le charme de la simplicité...

BLIENSCHWILLER

✉ 67650 (Bas-Rhin) – 338 hab. – Alt. 230 m – Voir carte n°**2-C1**
◪ Paris 504 km – Barr 51 km – Erstein 26 km – Obernai 19 km
Carte Michelin 315-I6

> ⌂ **Winzenberg** sans rest   ⬜ 🛜 **P**
> *58 rte des Vins – ℰ 03 88 92 62 77 – www.winzenberg.fr – Fermé 2 semaines fin fév.-début mars, 24 déc.-3 janv. et 1 semaine en juil.*
> **10 ch** – ♦46/54 € ♦♦50/60 € – 🍴 8 €
> Un hôtel familial aménagé dans une ancienne maison de vigneron. Derrière la belle façade fleurie, les chambres sont charmantes avec leur mobilier en bois peint. Un établissement très bien tenu.

> ✗ **Le Pressoir de Bacchus**   🎭 ⏦
> *50 rte des Vins – ℰ 03 88 92 43 01 – Fermé lundi soir, merc. midi et mardi*
> Formule 15 € – Menu 27 € (déj. en semaine), 31/48 € – Carte 41/51 €
> *(réservation conseillée)*
> On se presse dans cette jolie maison de la route des vins : le week-end, il convient de réserver très à l'avance. Telle est la renommée de la cuisine de Sylvie Grucker, qui sait en effet accommoder la tradition régionale avec originalité et goût ! Et la carte des vins met à l'honneur les 27 vignerons de la commune...

BLOIS

✉ 41000 (Loir-et-Cher) – 46 390 hab. – Agglo. 67 004 hab. – Alt. 73 m
– Voir carte n°**11-A1**
◪ Paris 182 km – Le Mans 111 km – Orléans 61 km – Tours 66 km
Carte Michelin 318-E6 – Guide Vert Michelin Châteaux de la Loire

> 🏨 **Mercure Centre**
> *28 quai St-Jean – ℰ 02 54 56 66 66 – www.mercure.com*   Plan : Y**f**
> **96 ch** – ♦123/198 € ♦♦143/218 € – 🍴 16 €
> Sur les quais de Loire, cet hôtel propose des chambres contemporaines et de belles suites, dont quelques agréables duplex. Bar, piscine, sauna et hammam. Le restaurant est tourné vers le fleuve ; intéressante sélection de vins au verre.

> ⌂ **Anne de Bretagne** sans rest   ⚙ 🛜
> *31 av. du Dr-Jean-Laigret – ℰ 02 54 78 05 38*   Plan : Z**k**
> *– www.hotelannedebretagne.com – Fermé 22 nov.-6 déc. et 15 fév.-8 mars*
> **29 ch** – ♦47/56 € ♦♦60/82 € – 🍴 8,50 €
> Sur une place arborée voisine du château, une adresse familiale où il fait bon s'arrêter : salon cosy, chambres confortables et joliment colorées, petit-déjeuner servi en terrasse pendant les beaux jours... Et des vélos à louer pour partir en balade !

> ⌂ **Best Western Blois Château** ⓝ sans rest
> *8 av. du Dr-Jean-Laigret – ℰ 02 54 56 85 10*   Plan : X**e**
> *– www.hotelblois-gare.fr*
> **25 ch** – ♦80/150 € ♦♦90/210 € – 1 suite – 🍴 10 €
> En face de la gare, cet établissement moderne et fonctionnel se révèle un parfait pied-à-terre pour partir à la découverte du château de Blois et du jardin des Lices. Accueil sympathique.

BLOIS

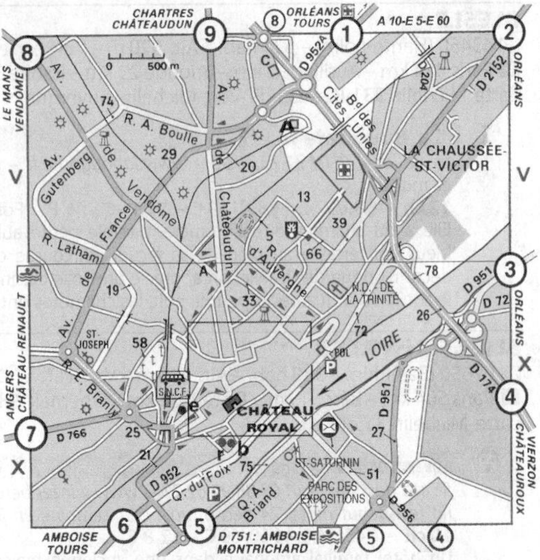

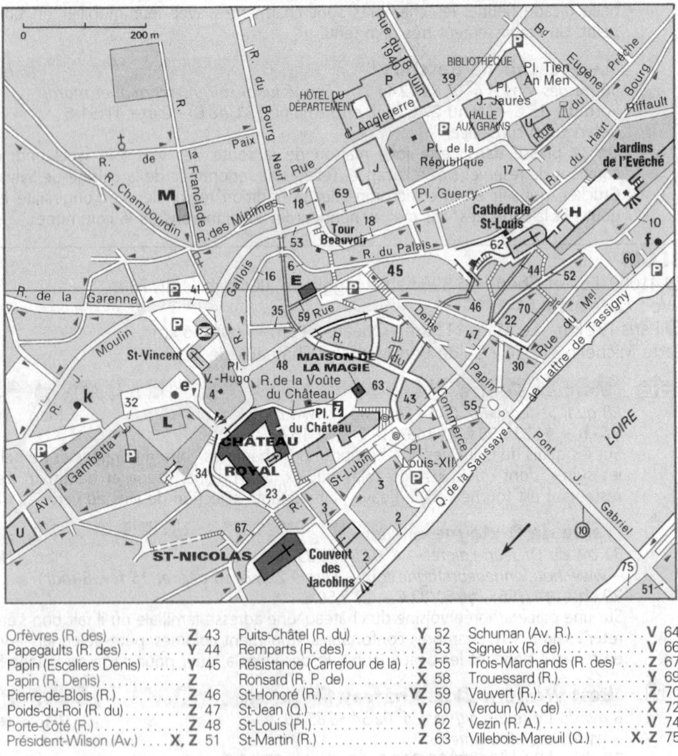

⌂ **Le Clos Pasquier** sans rest   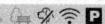
12 imp. de l'Orée-du-Bois, à 5 km par r. Albert-1ᵉʳ – ☏ 02 54 58 84 08
– www.leclospasquier.fr
4 ch ⌄ – **♦**90/120 € **♦♦**100/135 €
À l'orée de la forêt – au grand calme ! –, une belle demeure régionale (16ᵉ s.)
dans un jardin soigné. Chambres jolies et cosy, alliant cachet de l'ancien et
sobriété contemporaine.

✗✗✗ **L'Orangerie du Château** (Jean-Marc Molveaux)   ≤ 😊 AK ⇆ P
☃ *1 av. du Dr-Jean-Laigret – ☏ 02 54 78 05 36*   Plan : Z**e**
– www.orangerie-du-chateau.fr – Fermé 15 fév.-12 mars, dim. et lundi
Menu 39 € (semaine), 60/84 € – Carte 85/100 €
Dans une dépendance du château (15ᵉ s.), avec une belle terrasse ouvrant sur le
monument... L'esprit de la Renaissance n'est sans doute pas étranger à la cuisine,
à la fois fine, légère et soignée.
→ Menu autour du homard bleu. Sandre rôti sur sa peau, rillons de Touraine,
asperges et crème de moutarde. Gratin de potimarron, éclats de chocolat, sablé
solognot et glace marbrée orange-cacao.

✗✗ **Assa** Ⓝ (Fumiko et Anthony Maubert)   ≤ &
☃ *189 quai Ulysse-Besnard, par ⑥rte de Tours – ☏ 02 54 78 09 01*
*– www.assarestaurant.com – Fermé 7 avril-5 mai, 22-29 déc., dim. soir, lundi et
mardi*
Formule 27 € – Menu 36/62 € (réservation conseillée)
Chaque matin ("assa" en japonais), le jeune chef, Anthony Maubert, et sa compagne, Fumiko (pâtissière de formation), réécrivent le menu du jour... La fraîcheur
n'est pas le seul atout de leur table, audacieuse, pleine de savoir-faire et
de saveurs ! Et même la vue sur la Loire s'imprègne d'une poésie toute japonaise...
→ Cuisine du marché.

✗ **Au Rendez-vous des Pêcheurs**   AK 😊
27 r. du Foix – ☏ 02 54 74 67 48   Plan : X**r**
*– www.rendezvousdespecheurs.com – Fermé 4-25 août, 21 déc.-5 janv., dim. et
lundi*
Formule 24 € 🍷 – Menu 38 € (semaine)/82 € – Carte 80/105 € (réservation
conseillée)
Un ancien repaire de pêcheurs dont le décor cultive un bel esprit bistrotier ! Poissons de la Loire, légumes bio de maraîchers de la région : les assiettes mettent à
l'honneur de bons produits, qui bénéficient de la longue expérience du chef.

✗ **Côté Loire - Auberge Ligérienne** avec ch   😊 🛜
2 pl. de la Grève – ☏ 02 54 78 07 86 – www.coteloire.com   Plan : X**b**
*– Fermé 30 mars-4 avril, 9-13 juin, 31 août-5 sept., 23-30 nov., 1ᵉʳ janv.-10 fév.,
dim. et lundi*
8 ch – **♦**53/97 € **♦♦**53/97 € – ⌄ 10 € – ½ P
Formule 21 € – Menu 31 € (réservation conseillée)
Cette auberge fut fondée au 16ᵉs. ! Poutres d'origine, vaisselier ancien, tables en
bois verni, terrasse verdoyante et menu unique, évoluant au gré du marché et
proposé à l'ardoise. Petites chambres rustiques à l'étage.

BLONVILLE-SUR-MER

✉ 14910 (Calvados) – 1 584 hab. – Alt. 10 m – Voir carte n°**32-A3**
🚗 Paris 205 km – Caen 46 km – Deauville 5 km – Le Havre 50 km
Carte Michelin 303-M3

🏠 **L'Épi d'Or**   ⚟ 🏢 & 🛎 P
*23 av. Michel-d'Ornano – ☏ 02 31 87 90 48 – www.hotel-normand.com – Fermé
16-27 déc. et 7 janv.-13 fév.*
40 ch – **♦**63/78 € **♦♦**63/115 € – ⌄ 9 € – ½ P
Cette grande maison à la sortie de Blonville a vraiment le style de la région. Les
chambres, toutes semblables, sont fonctionnelles et très bien tenues. Un établissement familial qui comprend également un restaurant traditionnel et une brasserie.

BOÉ – 47 (Lot-et-Garonne) → voir Agen

BOESCHEPE

⊠ 59299 (Nord) – 2 193 hab. – Alt. 74 m – Voir carte n°**30-B2**

◨ Paris 264 km – Arras 78 km – Lille 41 km

Carte Michelin 302-E3

✗   **Auberge du Vert Mont** (Florent Ladeyn) avec ch   ⌂ 占 rest, 穼 🗛 **P**

✿   *1318 r. du Mont-Noir* – ✆ *03 28 49 41 26* – *www.aubergeduvertmont.fr* – *Fermé dim. soir, lundi et jeudi*

7 ch – †58/70 € ††58/70 € – � 8 € – ½ P

Menu 23 € (déj. en semaine), 35/52 €

Envie de prendre des nouvelles de Florent Ladeyn, finaliste de Top Chef 2013 ? Vous le trouverez aux fourneaux de son auberge familiale, nichée dans la campagne des Flandres, près de la frontière belge ; sa cuisine respire l'invention, l'audace – sans être hasardeuse – et l'amour pour les produits de son terroir. Que de cœur !

➔ Cuisine du marché.

BOIS-COLOMBES – 92 (Hauts-de-Seine) ➔ voir Paris, Environs

BOIS DE BOULOGNE – 75 (Ville-de-Paris) ➔ voir Paris (Paris 16e)

BOIS-PLAGE-EN-RÉ – 17 (Charente-Maritime) ➔ voir Île de Ré

BOISSET

⊠ 15600 (Cantal) – 601 hab. – Alt. 426 m – Voir carte n°**5-A3**

◨ Paris 559 km – Aurillac 31 km – Calvinet 18 km – Entraygues-sur-Truyère 48 km

Carte Michelin 330-B6

🏨   **Auberge de Concasty**   ⑩ ⌘ ⌂ 立 占 ℅ 穼 **P**

3 km au Nord-Est par D 64 – ✆ *04 71 62 21 16* – *www.auberge-concasty.com* – *Ouvert d'avril à nov.*

11 ch – †70/148 € ††70/148 € – 1 suite – ⊒ 18 € – ½ P

Ce domaine donnant sur la campagne cantalienne offre l'occasion d'une véritable bouffée d'air pur. Esprit nature et bio dans les chambres (plus spacieuses dans la remise et le sécadou) comme au restaurant. Massages sur demande.

BOISSIÈRES

⊠ 46150 (Lot) – 373 hab. – Alt. 229 m – Voir carte n°**28-B1**

◨ Paris 573 km – Cahors 16 km – Fumel 43 km – Souillac 64 km

Carte Michelin 337-E4

🏠   **Michel & Lydia**   ⑩ ⌘ ⌂ ▥ ℅ 穼 **P** ⇄

lieu-dit Bertouille, 1 km à l' Est par rte secondaire – ✆ *05 65 21 43 29* – *www.micheletlydia.fr* – *Fermé 1er déc.-10 janv.*

3 ch ⊒ – †80 € ††80 €

Dans cette belle demeure du Quercy, inspirée par l'architecture régionale, Michel et Lydia sont aux petits soins. Les chambres sont confortables et décorées de mobilier chiné. À table, on apprécie les produits du terroir dûment accompagnés de vins de Cahors, et surtout, en saison, la truffe est à l'honneur !

BOLLENBERG – 68 (Haut-Rhin) ➔ voir Rouffach

BOLLEZEELE

⊠ 59470 (Nord) – 1 421 hab. – Alt. 40 m – Voir carte n°**30-B1**

◨ Paris 274 km – Calais 45 km – Dunkerque 24 km – Lille 68 km

Carte Michelin 302-B2

🏨   **Hostellerie St-Louis**   ⑩ ⌘ ⌂ ▤ 穼 🗛 **P**

47 r. de l'Église – ✆ *03 28 68 81 83* – *www.hostelleriesaintlouis.com* – *Fermé 27 juil.-9 août et 26 déc.-14 janv.*

25 ch – †55/87 € ††71/96 € – ⊒ 10 € – ½ P

Imaginez une maison du 19e s. à l'élégance très rétro, avec un ravissant jardin, un joli bassin et des chambres impeccablement tenues... Voilà une adresse parfaite pour les amateurs de classicisme et de calme ! Cuisine traditionnelle au restaurant.

BONDUES – 59 (Nord) ➔ voir Lille

BONIFACIO – 2A (Corse-du-Sud) ➜ voir Corse

BONLIEU

✉ 39130 (Jura) – 266 hab. – Alt. 785 m – Voir carte n°**16-B3**
▶ Paris 439 km – Champagnole 23 km – Lons-le-Saunier 32 km – Morez 24 km
Carte Michelin 321-F7 – Guide Vert Michelin Franche-Comté Jura

⌂ Les Alpages   ⅰⓄ ⌷ ≤ 🛜 **P**
*1 chemin de la Madone – ℰ 03 84 25 57 53 – www.hotel-lesalpages.com
– Fermé 28 juin-6 juil., 1ᵉʳ nov.-25 déc. et 3 janv.-11 fév.*
8 ch – ½ P seult 73/79 €
Un établissement familial sur les hauteurs du village. Les chambres y sont fonctionnelles et bien tenues, et l'hiver, on s'installe confortablement au coin de la
cheminée... Avant, bien entendu, d'aller gambader dans les alpages !

✗✗ La Poutre avec ch   ⌸ **P**
*25 Grande-Rue – ℰ 03 84 25 57 77 – www.aubergedelapoutre.com
– Ouvert début mai à début nov. et fermé 1 semaine en juin, mardi et merc.
sauf juil.-août et lundi midi en été*
8 ch – ♦55/70 € ♦♦55/70 € – ⌷ 9 € – ½ P   Menu 26/85 € – Carte 53/87 €
Au cœur du bourg, cette auberge familiale de 1740 cultive son charme rustique.
Pour la petite histoire, sachez que la poutre qui soutient le plafond mesure 17 m
et provient d'une grume de sapin de 3 m³ ! Quant au chef, il vous régale d'une
jolie cuisine d'aujourd'hui, savoureuse et raffinée.

BONNAT

✉ 23220 (Creuse) – 1 295 hab. – Alt. 330 m – Voir carte n°**25-C1**
▶ Paris 329 km – Châtre 37 km – Guéret 20 km – Montluçon 72 km
Carte Michelin 325-I3

⊞ L'Orangerie   ⅰⓄ ⌷ ⌸ ⌻ ✗ ⅿ 🛜 ⅿ **P**
*3 bis r. de la Paix – ℰ 05 55 62 86 86 – www.hotel-lorangerie.fr – Ouvert d'avril
à oct.*
30 ch – ♦90/120 € ♦♦90/120 € – ⌷ 13 € – ½ P
Agréables salons, chambres confortables et douillettes, bon petit-déjeuner avec
des cakes et des confitures maison, recettes dans l'air du temps faisant la part
belle aux légumes du potager : cette séduisante demeure bourgeoise tient assurément ses promesses !

BONNATRAIT – 74 (Haute-Savoie) ➜ voir Thonon-les-Bains

BONNE

✉ 74380 (Haute-Savoie) – 2 907 hab. – Alt. 457 m – Voir carte n°**46-F1**
▶ Paris 545 km – Annecy 45 km – Bonneville 16 km – Genève 18 km
Carte Michelin 328-K3

⌂⌂⌂ Baud   ⅰⓄ ⌸ 🛜 ⅿ **P**
181 av. du Léman – ℰ 04 50 39 20 15 – www.hotel-baud.com
19 ch – ♦145/265 € ♦♦145/265 € – ⌷ 17 €
Rest Baud – voir les restaurants ci-après
À quelques minutes de la frontière suisse et des contreforts du Chablais, cet hôtel-
restaurant séduit par son design élégant (salons cossus, miroirs imposants, chambres grand confort). On se régale de produits artisanaux dès le petit-déjeuner.

✗✗✗ Baud   ⅿ ⌸ ⌸ ⅿ **P**
181 av. du Léman – ℰ 04 50 39 20 15 – www.hotel-baud.com – Fermé dim. soir
Formule 27 € – Menu 45/89 € – Carte 63/85 €
Imaginez de beaux produits frais mis en valeur par de jolies touches d'inventivité : carpaccio de bœuf charolais à l'huile de truffe, jarret d'agneau confit au
thym avec caviar d'aubergines et ratatouille... Le tout servi sur la terrasse donnant
sur le superbe jardin, par une équipe aimable et professionnelle. Un bon
moment !

au Pont-de-Fillinges 2,5 km à l'Est – ⊠ 74250

XX **Le Pré d'Antoine** 🕸 🎢 🕹 AC P
*15 rte de Chez-Radelet – ℰ 04 50 36 45 06 – www.lepredantoine.com – Fermé 3
semaines en juil., 1er-8 janv., dim. soir et lundi*
Formule 25 € – Menu 27 € (déj. en semaine), 44/60 € – Carte 53/73 €
Un élégant décor contemporain, un service de qualité : on ne regrette pas d'avoir
franchi le seuil de cette belle maison montagnarde, légèrement en retrait de la
route. Le chef, Bernard Binaud, met tout son savoir-faire au service d'une cuisine
de saison, savoureuse et sans fioriture. Du beau travail !

BONNE-FONTAINE – 57 (Moselle) → voir Phalsbourg

BONNÉTAGE

⊠ 25210 (Doubs) – 798 hab. – Alt. 960 m – Voir carte n°**17**-C2
◗ Paris 468 km – Belfort 69 km – Besançon 65 km – Biel/Bienne 62 km
Carte Michelin 321-K3

🏠🏠 **L'Étang du Moulin** ⅠⓄ ॐ ⇐ ⊕ ⊕ ⅓ 🏖 ᐸ ⓵ 🤶 P
*5 chemin de l'Étang-du-Moulin, 1,5 km par D 236 et chemin privé
– ℰ 03 81 68 92 78 – www.etang-du-moulin.fr – Fermé 21-28 déc., 12-22 janv.,
lundi sauf le soir de juin à sept. et mardi midi*
20 ch – ♦90/160 € ♦♦115/245 € – ⏄ 14 € – ½ P
Rest L'Étang du Moulin ⅏ **Rest Le Bistrot** – voir les restaurants ci-après
La nature pour écrin ! Ce grand chalet se dresse au bord d'un étang dont seul le
léger clapotis vient troubler le calme des environs... Les chambres ouvrent grand
sur la nature (certaines avec balcon) et leur décor contemporain rend zen.
Agréable espace bien-être.

XXX **L'Étang du Moulin** (Jacques Barnachon) 🕸 ⇐ ⊞ 🕹 P
⅏ *5 chemin de l'Étang-du-Moulin, 1,5 km par D 236 et chemin privé
– ℰ 03 81 68 92 78 – www.etang-du-moulin.fr – Fermé 21-28 déc., 12-22 janv.,
dim. soir du 15 nov. au 15 mars, mardi midi, merc. midi et lundi*
Menu 39/59 € – Carte 57/90 €
Comme un écho à un environnement très préservé, le terroir imprègne toute cette
cuisine, de l'entrée jusqu'au dessert (parfumé à la liqueur de sapin par exemple).
À noter : le menu dégustation entièrement dédié au foie gras. Service de qualité.
→ Palette de foie gras de canard, fruits rouges, morilles, figues et noix. Ris de
veau poêlé au miel de sapin et déglacé au vinaigre balsamique. Fraîcheur de gen-
tiane, extraits de bourgeons de sapin et croquant en caramel aux fruits secs.

X **Le Bistrot** 🎢 ᐸ
🍝 *5 chemin de l'Étang-du-Moulin, 1,5 km par D 236 et chemin privé
– ℰ 03 81 68 92 78 – www.etang-du-moulin.fr – Fermé 21-28 déc., 12-22 janv.,
dim. soir du 15 nov. au 15 mars, lundi sauf le soir de mi-juil. à sept. et mardi
midi*
Formule 15 € – Menu 18 € (déj. en semaine), 24/39 € – Carte 31/48 €
La nature pour écrin ! Ce grand chalet se dresse au bord d'un étang dont seul le
léger clapotis vient troubler le calme des environs... Les chambres ouvrent grand
sur la nature (certaines avec balcon) et leur décor contemporain rend zen.

BONNEUIL-MATOURS

⊠ 86210 (Vienne) – 2 065 hab. – Alt. 60 m – Voir carte n°**39**-C1
◗ Paris 322 km – Bellac 79 km – Le Blanc 51 km – Châtellerault 17 km
Carte Michelin 322-J4 – Guide Vert Michelin Poitou-Charentes

XX **Le Pavillon Bleu** 🍝
🍽 *D 749, (face au pont) – ℰ 05 49 85 28 05 – www.le-pavillon-bleu.fr
– Fermé 30 sept.-15 oct., merc. soir, dim. soir et lundi*
Formule 13 € – Menu 22/46 €
Une fière façade ocre, qui tranche avec le bleu des fenêtres, puis à l'intérieur des
pierres apparentes, poutres et tons sobres... Ne quittez pas ce village pittoresque
sans découvrir sa jolie auberge. Le chef réalise avec talent une cuisine de tradi-
tion, avec de très bons produits locaux !

BONNEVAL

✉ 28800 (Eure-et-Loir) – 4 674 hab. – Alt. 128 m – Voir carte n°**11-B1**
▶ Paris 121 km – Chartres 31 km – Lucé 34 km – Orléans 66 km
Carte Michelin 311-E6 – Guide Vert Michelin Châteaux de la Loire

Hostellerie du Bois Guibert   🍽 ⑤ 🍴 & 🛜 ⑤ 🄿

à Guibert, 2 km au Sud-Ouest – ℰ 02 37 47 22 33 – www.bois-guibert.com
– Fermé 2 semaines en nov. et 2 semaines en janv.
12 ch – ♦71/145 € ♦♦71/145 € – ⌚ 12 € – ½ P
Au cœur d'un parc ravissant, un gentilhommière du 18ᵉ s. d'une élégante simplicité ; dans l'annexe, des chambres spacieuses et modernes. Pour se restaurer, on
optera pour la salle d'un beau classicisme ou le charme bucolique de la terrasse.

BONNEVILLE

✉ 74130 (Haute-Savoie) – 12 201 hab. – Alt. 450 m – Voir carte n°**46-F1**
▶ Paris 556 km – Annecy 42 km – Chamonix-Mont-Blanc 54 km – Nantua 87 km
Carte Michelin 328-L4 – Guide Vert Michelin Alpes du Nord

à Vougy 5 km à l'Est par D 1205 – ✉ 74130 – 1 487 hab. – Alt. 471 m

𝕏𝕏𝕏 Le Capucin Gourmand   🏵 🍴 & 🄺 🍷 ⇔ 🄿

1520 rte de Genève, D 1205 – ℰ 04 50 34 03 50 – www.lecapucingourmand.com
– Fermé 7-30 août, 1ᵉʳ-8 janv., sam. midi, dim. et lundi sauf fériés
Menu 63 € – Carte 42/60 €
Dans une élégante salle aux tons café, on déguste une cuisine classique proposée
à travers une petite carte et un menu dégustation : tartare de féra du lac Léman,
côte de veau boulangère (un classique de la cuisine bourgeoise), sablé au café...
Voilà bien un capucin gourmand !
Le Bistro du Capucin🄝 – voir les restaurants ci-après

𝕏 Le Bistro du Capucin   🍴 🄺 🍷 🄿

🄝
1520 rte de Genève, D 1205 – ℰ 04 50 34 03 50 – www.lecapucingourmand.com
– Fermé 7-30 août, 1ᵉʳ-8 janv., sam. midi, dim. et lundi sauf fériés
Menu 31 € – Carte 35/52 €
Escargots de Magland en persillade, dos de cabillaud rôti aux premiers légumes
verts, vacherin maison, etc. : on profite ici d'une bonne cuisine canaille, gourmande et généreuse. Le tout à prix doux.

BONNIEUX

✉ 84480 (Vaucluse) – 1 413 hab. – Alt. 400 m – Voir carte n°**42-E1**
▶ Paris 721 km – Aix-en-Provence 49 km – Apt 12 km – Carpentras 42 km
Carte Michelin 332-E11 – Guide Vert Michelin Provence

🏨 La Bastide de Capelongue   🍽 ⑤ ≤ 🍴 🔟 🄺 🛜 🄿

rte de Lourmarin, (face au pont), 1,5 km par D 232 et voie secondaire
– ℰ 04 90 75 89 78 – www.capelongue.com – Fermé 13 nov.-20 déc. et
15 janv.-6 mars
18 ch – ♦140/480 € ♦♦140/480 € – 11 suites – ⌚ 22 € – ½ P
Rest *La Bastide de Capelongue* ❀❀ **Rest** *La Bergerie* – voir les restaurants
ci-après
Au sommet des collines plantées de cèdres, ce petit hameau est un hymne à la
Provence. La plupart des chambres, confortables et raffinées, jouissent d'une terrasse ou d'un balcon. Magnifique bassin de nage parmi la lavande. Idéal pour un
bol d'air gorgé de soleil et de senteurs !

Le Clos du Buis sans rest   ≤ 🍴 🔟 & 🄺 🍷 🛜 🄿

r. Victor-Hugo – ℰ 04 90 75 88 48 – www.leclosdubuis.com – Ouvert de mi-mars
à mi-nov.
8 ch ⌚ – ♦108/153 € ♦♦108/153 €
Cette jolie maison datant de 1850 – une ancienne boulangerie – accueille
aujourd'hui des chambres confortables et bien tenues. Et, dans le charmant jardin,
surprise : une belle cuisine est mise à votre disposition pour préparer votre repas !

XXX **La Bastide de Capelongue** (Edouard Loubet) 🕸 ≤ 🏠 🏠 🗚 🕸

🕸🕸 *rte de Lourmarin, (face au pont), 1,5 km par D 232 et voie secondaire*
– ℰ 04 90 75 89 78 – www.capelongue.com
– *Fermé 13 nov.-28 déc., 10 janv.-19 mars, mardi midi et merc.*
Menu 58 € (déj. en semaine), 140/190 € – Carte 112/166 €
De l'élégante salle, baignée de lumière, on aperçoit les champs de
lavande ; Édouard Loubet s'en inspire pour créer ses superbes assiettes, magni-
fiées par les produits du Luberon, notamment les herbes et les fleurs. Et sa
"Table du Chef" permet de s'installer directement... dans sa cuisine, avec vue sur
les fourneaux !
→ Barigoule d'artichauts à l'hysope lutée en soupière à la poudre de laurier. Carré
d'agneau au serpolet, fumé et infusé en cocotte de fonte. Tarte tiède à la
brousse au goût d'un fiadone, jus de cerise.

X **L'Arôme** 🏠

2 r. Lucien Blanc – ℰ 04 90 75 88 62 – www.laromerestaurant.com
– *Fermé 8 janv.-31 mars, merc. et jeudi*
Menu 31 € (déj.)/44 € – Carte 47/71 €
Au pied du village, cette adresse respire l'intimité avec le terroir. De la salle voûtée du 14ᵉ s. à la terrasse, le décor frais et champêtre est des plus charmants. La
cuisine elle-même cultive l'authenticité : en témoigne ce porc noir de Bigorre,
confit de 8 heures, fruits de saison aux épices et vin de Maury...

X **Le Fournil** 🏠

pl. Carnot – ℰ 04 90 75 83 62 – www.lefournil-bonnieux.com
– *Fermé déc., janv., mardi d'oct. à mai, sam. midi de mai à oct. et lundi*
Formule 25 € – Menu 30 € (déj.)/48 € – Carte 34/53 € *(réservation conseillée)*
Pittoresque et originale, cette maison adossée à la colline avec sa terrasse, sur
une placette à l'ombre des platanes, et sa salle troglodyte au décor contemporain. Au menu : une cuisine méridionale mettant en valeur de beaux produits,
notamment à travers le menu du soir, plus recherché qu'au déjeuner.

X **La Bergerie** Ⓝ – Hôtel la Bastide de Capelongue ≤ 🏠 🗚 🕸 🅿

rte de Lourmarin, (face au pont), 1,5 km par D 232 et voie secondaire
– ℰ 04 90 75 89 78 – www.capelongue .com – *Fermé dim. soir et lundi*
Menu 38 € – Carte 56/80 €
La Bastide de Capelongue version bistrot ! À l'unisson de la superbe vue dévoilée
par la terrasse, la carte braque les projecteurs sur les produits de la région : tapenade, gigot d'agneau à la ficelle et plats en cocotte, indémodables marquises au
chocolat et œufs à la neige. Et le savoir-faire de l'équipe n'est plus à prouver...

BONNOEUVRE

✉ 44540 (Loire-Atlantique) – 562 hab. – Alt. 46 m – Voir carte n°**34-B2**
◪ Paris 365 km – Angers 70 km – Nantes 55 km – Rennes 87 km
Carte Michelin 316-I2

🖬 **Le Prieuré des Gourmands** 🕪 ≤ 🏠 🖲 🛅 🕸 🛜 🛗 🅿

11 r. du Prieuré – ℰ 02 40 56 30 00 – www.prieuredesgourmands.com – *Fermé 1
semaine en août*
10 ch – †82 € ††82 € – ☵ 9 € – ½ P
Sur la place de l'église, un ancien prieuré du 16ᵉ s. transformé en hôtel-restaurant.
Les chambres – confortables et épurées – donnent sur la campagne et un joli
cours d'eau, pour des nuits au grand calme. Parfait pour une escapade au vert.

BONNY-SUR-LOIRE

✉ 45420 (Loiret) – 2 026 hab. – Alt. 190 m – Voir carte n°**12-D2**
◪ Paris 167 km – Auxerre 64 km – Cosne-Cours-sur-Loire 25 km – Gien 24 km
Carte Michelin 318-O6

XX
☺

Restaurant des Voyageurs avec ch   AC rest, 🛜 P

10 Grande-Rue – ℰ 02 38 27 01 45 – www.hotel-restaurant-des-voyageurs.fr
– Fermé vacances de fév., 22 août-4 sept., dim. soir, mardi midi et lundi
6 ch – ♦59 € ♦♦59/73 € – ⬭ 7 €
Formule 20 € – Menu 25 € (semaine), 28/50 € – Carte 31/50 €
Que les personnes de la région se rassurent, inutile d'être en voyage pour se
régaler dans cette auberge ! On y savoure une cuisine gourmande, où les produits de saison s'accordent avec justesse. Et si vous n'êtes pas du coin, vous pourrez profiter des quelques chambres, toutes simples, pour la nuit.

LE BONO
✉ 56400 (Morbihan) – 2 150 hab. – Alt. 10 m – Voir carte n°**9-A3**
▶ Paris 475 km – Auray 6 km – Lorient 49 km – Quiberon 37 km
Carte Michelin 308-N9 – Guide Vert Michelin Bretagne Sud

🏠

Alicia sans rest   ⅊ 🛜 P

1 r. du Gén.-de-Gaulle – ℰ 02 97 57 88 65 – www.hotel-alicia.com – Fermé de
mi-nov. à mi-fév.
21 ch – ♦59/102 € ♦♦59/102 € – ⬭ 10 €
À la sortie du village, un hôtel avec terrasse donnant sur la rivière du Bono. Les
chambres, décorées dans un style contemporain classique, respirent le confort ;
préférez celles avec vue sur le port. Nouvel espace bien-être (jacuzzi, salle de
massage).

BORDEAUX

✉ 33000 (Gironde) – 239 399 hab. – Agglo. 851 071 hab. – Alt. 4 m
– Voir carte n°**3-B1**
▶ Paris 579 km – Lyon 537 km – Nantes 323 km – Strasbourg 970 km
Carte Michelin 335-H5 – Guide Vert Michelin Aquitaine

© Jacques Palut/Fotolia.com

Hôtels & maisons d'hôtes

Grand Hôtel de Bordeaux & Spa
2 pl. de la Comédie – ✆ 05 57 30 44 44 Plan : **3**DX**r**
– www.ghbordeaux.com
95 ch – 310/1350 € 310/1350 € – 35 suites – 38 €
Rest *Le Bordeaux* – voir les restaurants ci-après
Sa façade néoclassique (1776), en parfaite harmonie avec celle du Grand Théâtre, est un petit joyau. Dans les chambres règne une atmosphère cossue, chatoyante et feutrée ; quant au spa de 1 000 m², il dispose d'une terrasse sur le toit offrant une vue imprenable sur Bordeaux. Un établissement de prestige, au cœur de la capitale du vin.

Burdigala
115 r. Georges-Bonnac – ✆ 05 56 90 16 16 Plan : **3**CX**r**
– www.burdigala.com
75 ch – 290/415 € 290/415 € – 8 suites – 26 €
Burdigala ? Le nom de l'ancienne cité gallo-romaine ayant donné naissance à la ville et... cet hôtel de grand confort, qui cultive un chic contemporain très affirmé et chaleureux, dans le quartier d'affaires Mériadeck. Burdigala version 21e s. !

Seeko'o sans rest
54 quai de Bacalan – ✆ 05 56 39 07 07 Plan : **2**BT**h**
– www.seekoo-hotel.com
45 ch – 165/398 € 165/398 € – 18 €
Seeko'o ? Un "iceberg" en inuit, un incroyable iceberg sur les bords de la Garonne. Design, épuré, pop : Seeko'o est tout cela ! Atout charme : les superbes salles de bains, ouvertes sur les chambres ; préférez celles du 5e étage avec vue sur les toits des Chartrons ou sur le fleuve.

Hôtel de Sèze
23 allée de Tourny – ✆ 05 56 14 16 12 Plan : **3**DX**t**
– www.hotel-de-seze.com
52 ch – 149/398 € 159/398 € – 2 suites – 23 €
Dans le triangle d'or, ce bâtiment du 18e s. a bénéficié d'une véritable cure de jouvence. À l'intérieur, élégance et classicisme jouent une partition sans fausse note. Pour se relaxer, on se rend à l'espace détente ou, dans un autre genre, au fumoir. Une adresse idéale pour goûter à l'art de vivre bordelais !

Normandie sans rest
7 cours 30-Juillet – 𝒞 05 56 52 16 80
Plan : **3**DX**z**
– www.hotel-de-normandie-bordeaux.com
82 ch – ✝105/180 € ✝✝125/305 € – ☲ 18 €
Élégance intemporelle d'un hôtel né avec le paquebot Normandie, dans les années 1930, et tenu par la même famille depuis les années 1950. Dans la plupart des chambres, on profite d'une vue sublime sur la place des Quinconces... celles des 5ᵉ et 6ᵉ étages disposent même d'un balcon. Belle traversée en perspective !

 Mercure Bordeaux Centre
5 r. R.-Lateulade – 𝒞 05 56 56 43 43 – www.mercure.com
Plan : **3**CY**v**
194 ch – ✝85/175 € ✝✝85/175 € – 2 suites – ☲ 17 €
Dans le quartier d'affaires Mériadeck, un hôtel de chaîne confortable et agréablement décoré sur le thème du cinéma. Autres atouts : les salles de séminaire très bien équipées et le parking public dans le bâtiment même. Idéal pour la clientèle d'affaires.

 Mercure Château Chartrons
81 cours St-Louis – 𝒞 05 56 43 15 00
Plan : **2**BT**k**
– www.hotel chateau chartrons-bordeaux.com
215 ch – ✝89/195 € ✝✝89/195 € – 1 suite – ☲ 17 €
Derrière cette étonnante façade victorienne (1850), des chambres de facture classique, spacieuses et bien insonorisées. Les plus sportifs apprécieront la salle de fitness ! Au restaurant, convivialité, tradition et, pour les amateurs de vins, une cave de dégustation recélant des petits trésors.

 Novotel Bordeaux Centre
45 cours du Mar.-Juin – 𝒞 05 56 51 46 46
Plan : **3**CY**m**
– www.novotel.com
137 ch – ✝119/250 € ✝✝122/250 € – 2 suites – ☲ 16 €
Au cœur du centre d'affaires Mériadeck, un Novotel aux chambres contemporaines bien insonorisées et impeccablement tenues. Avec ses nombreuses salles de séminaire, l'établissement est notamment idéal pour les professionnels.

 Le Boutique Hôtel sans rest
3 r. Lafaurie-de-Monbadon – 𝒞 05 56 48 80 40
Plan : **3**DX**u**
– www.hotelbordeauxcentre.com
20 ch – ✝169/420 € ✝✝169/420 € – 6 suites – ☲ 17 €
Au sein d'un immeuble du 18ᵉ s., à deux pas de la place Gambetta, ce nouvel hôtel allie le charme sûr d'une architecture classique à... un décor hautement contemporain, aussi stylé qu'élégant et design. Une réussite qui semble renouveler l'art de vivre à la bordelaise, en particulier le bar à vins et son agréable patio !

 Grand Hôtel Français sans rest
12 r. du Temple – 𝒞 05 56 48 10 35
Plan : **3**DX**v**
– www.grand-hotel-francais.com – fermé 23-26 déc.
35 ch ☲ – ✝134/190 € ✝✝152/219 €
Dans un bel immeuble du 18ᵉ s., cet hôtel mise sur le caractère de l'ancien (parquet, meubles de style), mais aussi – notamment dans les chambres du 3ᵉ étage – sur une allure ultracontemporaine. Un mix qui a du cachet et ne manque pas de séduire !

 Majestic sans rest
2 r. Condé – 𝒞 05 56 52 60 44 – www.hotel-majestic.com
Plan : **3**DX**a**
49 ch – ✝95/235 € ✝✝95/235 € – ☲ 14 €
Un bel immeuble bordelais (18ᵉ s.) dont les chambres, d'esprit feutré, célèbrent sobrement la musique classique... Point d'orgue de cette partition sans défaut : le parking privé, bien utile en centre-ville.

 Quality Hotel sans rest
27 r. Parlement-Sainte-Catherine – 𝒞 05 56 81 95 12
Plan : **3**DX**h**
– www.qualityhotelbordeauxcentre.com
84 ch – ✝90/250 € ✝✝90/250 € – ☲ 14 €
Un hôtel idéalement situé au cœur du quartier St-Pierre et à deux pas de la rue Ste-Catherine, la plus importante artère commerçante de Bordeaux. Les chambres y sont fonctionnelles et bien tenues. Parfait pour une escapade shopping ou une visite de la cité.

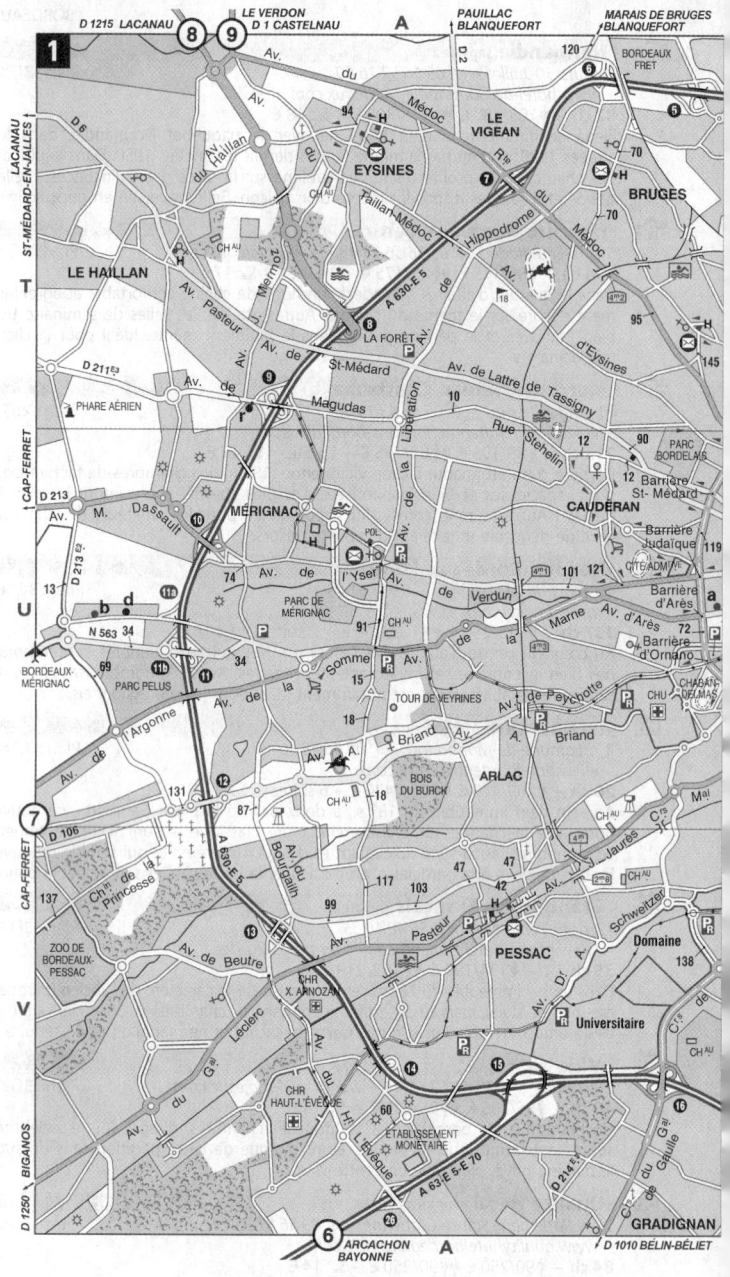

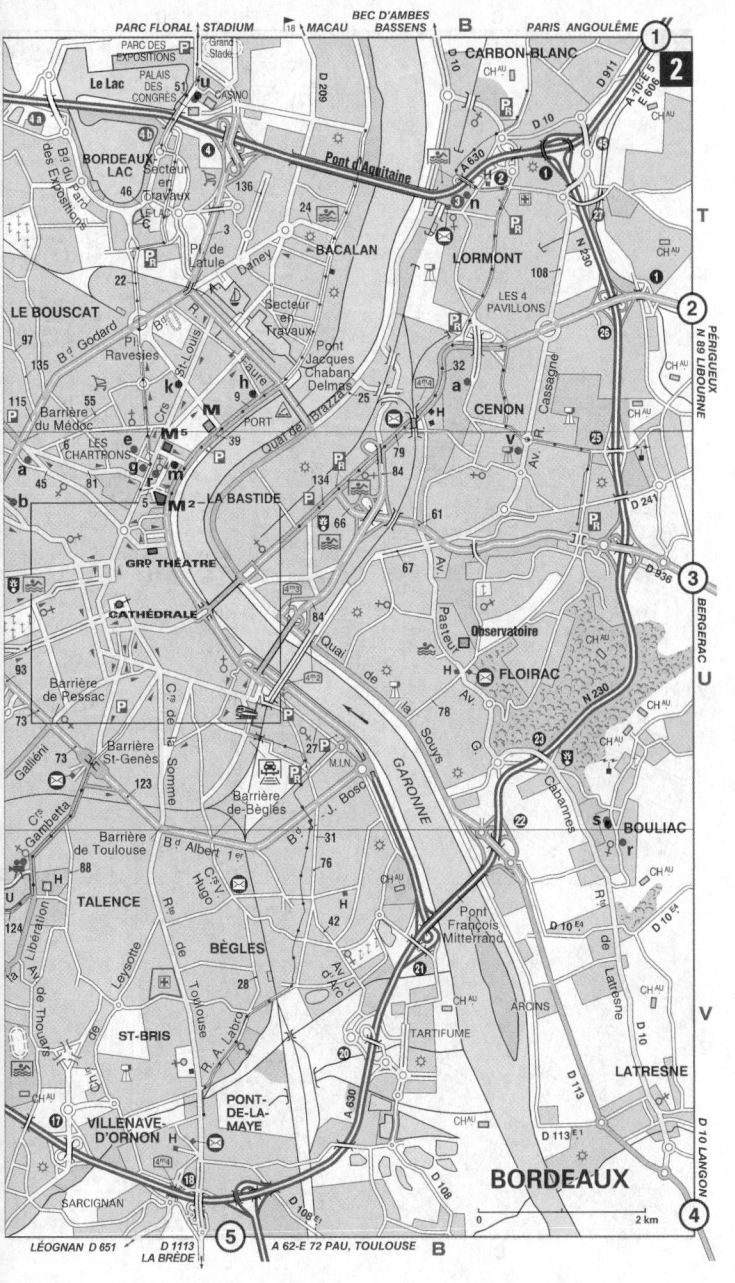

BORDEAUX

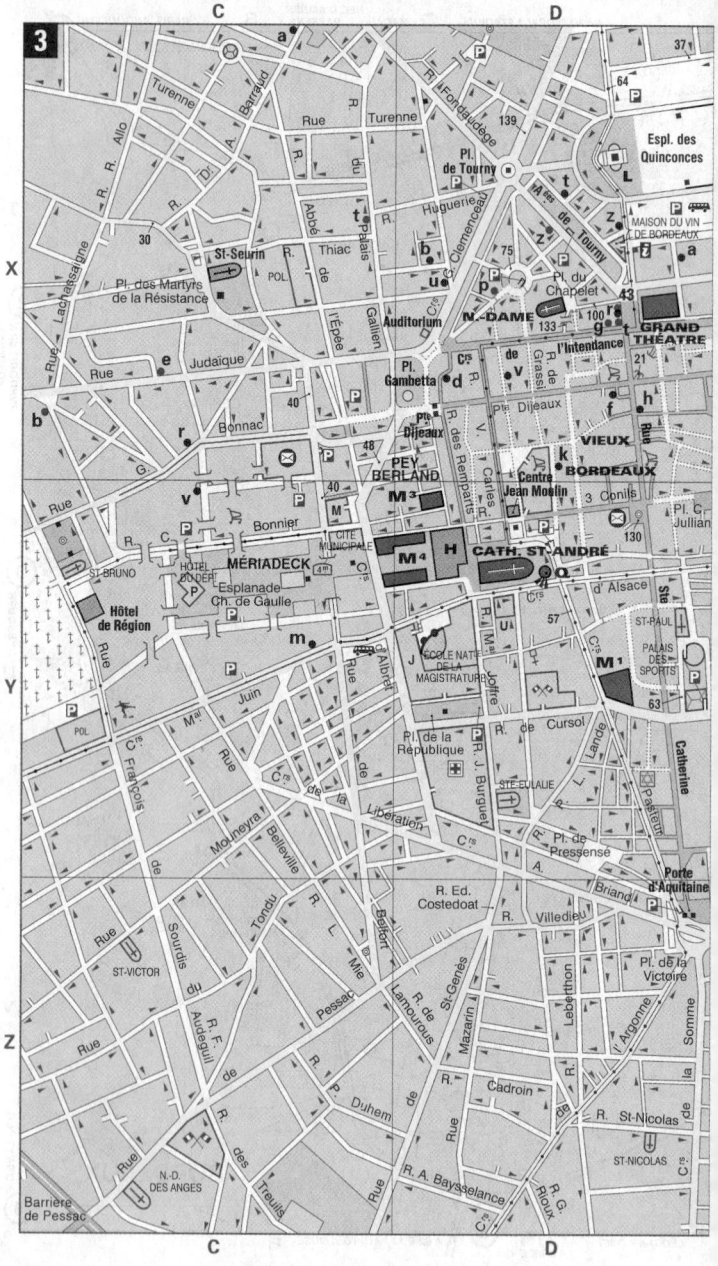

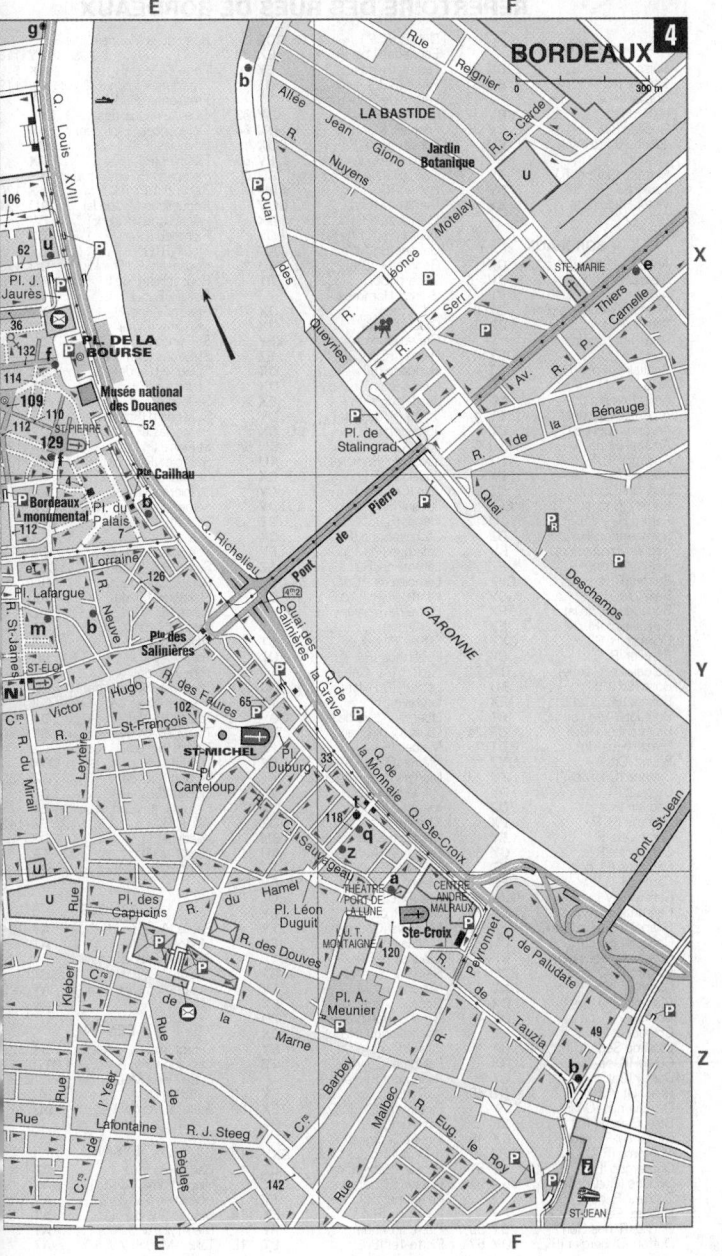

RÉPERTOIRE DES RUES DE BORDEAUX

⌂⌂ **Royal St-Jean** sans rest   🖥 ⌂ 🆔 📶

15 r. Charles-Domercq – ☎ 05 56 91 72 16   Plan : **4FZb**
– www.bestwestern-hotel-royal-st-jean.com
37 ch – ♦89/169 € ♦♦89/169 € – ☑ 14 €
À deux pas de la gare, un hôtel contemporain, coloré et bien insonorisé. Au petit-déjeuner, on savoure de bons canelés, puis l'on saute dans le tramway, tout proche... pour aller découvrir la ville.

⌂ **La Maison Bord'Eaux** sans rest   🆔 📶 🛁 🚗

113 r. du Dr.-Albert-Barrau – ☎ 05 56 44 00 45   Plan : **3CXa**
– www.lamaisonbordeaux.com – Fermé 2 semaines en janv.
14 ch – ♦99/299 € ♦♦99/299 € – ☑ 16 €
De ce relais de poste du 18ᵉ s., proche du Palais-Gallien – l'ancien amphithéâtre romain –, le propriétaire a fait un lieu design, coloré et élégant, d'esprit international et... bordelais. Le luxe raffiné d'un hôtel digne d'une demeure particulière, où l'on peut aussi déguster de grands vins ; le tout à 10mn à pied du cœur de la ville.

⌂ **Mama Shelter**   🍽 🖥 ⌂ 🆔 📶 🛁

19 r. Poquelin-Molière – ☎ 05 57 30 45 45   Plan : **3DXk**
– www.mamashelter.com
97 ch – ♦69 € ♦♦199 € – ☑ 16 €
Mama Shelter a accouché d'un nouveau bébé : après Paris, Lyon et Marseille, le concept se décline au cœur de la métropole bordelaise. On retrouve avec plaisir cette déco très urbaine (béton brut, détails insolites et colorés, etc.) et cette ambiance éclectique (notamment au restaurant) qui font toute la saveur du concept !

⌂ **L'Avant Scène** sans rest   ⌂ 🆔 🚗

36 r. Borie – ☎ 05 57 29 25 39 – www.lavantscene.fr   Plan : **2BUm**
9 ch – ♦95/175 € ♦♦95/175 € – ☑ 15 €
Murs du 17ᵉ s., poutres, joli patio ; meubles signés Knoll ou Starck, chambres Bauhaus, fifties... Au cœur du quartier des Chartrons, une maison très "particulière", pour les amoureux des vieilles pierres et du design.

⌂ **La Cour Carrée** sans rest   🆔 ✗ 📶

5 r. de Lurbe – ☎ 05 57 35 00 00 – www.lacourcarree.fr   Plan : **3DXb**
16 ch – ♦90/145 € ♦♦90/145 € – ☑ 9 €
Cet établissement organisé autour d'une jolie cour est une petite perle... Ses propriétaires l'ont aménagé avec goût : sa modernité ravira tous les amateurs d'art, de déco et d'architecture. Autres atouts : les chambres communicantes pour les familles et le parking situé juste en face (sur réservation). Un pied-à-terre idéal !

⌂ **La Tour Intendance** sans rest   📶 🗚 📶 🐴
16 r. de la Vieille-Tour – ℰ 05 56 44 56 56   Plan : **3DXd**
– www.hotel-tour-intendance.com
35 ch – †95/145 € ††125/165 € – ☲ 12 €
De jolies couleurs du Sud, du parquet, des pierres apparentes pour le cachet bordelais et parfois même une mezzanine... Dans ce petit hôtel sympathique, on se sent comme chez soi.

⌂ **Hôtel de la Presse** sans rest   📶 🗚 📶
6 r. Porte-Dijeaux – ℰ 05 56 48 53 88   Plan : **3DXf**
– www.hoteldelapresse.com – Fermé 23-27 déc.
27 ch – †80/144 € ††102/144 € – ☲ 11 €
Au cœur du secteur piétonnier et à deux pas de l'ancien siège du journal Sud-Ouest, une façade en pierre de taille abrite cet hôtel bien tenu, décoré autour du thème... de la presse ! On s'y repose dans des chambres fonctionnelles, à petit prix.

⌂ **Maison Fredon** sans rest   🍽 📶
5 r. Porte-de-la-Monnaie – ℰ 05 56 91 56 37   Plan : **4FYt**
– www.latupina.com
5 ch – †180/250 € ††180/250 € – ☲ 16 €
Face au restaurant La Tupina, cette demeure du 17e s. est un vrai petit bijou. Avec quelle passion son propriétaire a décoré chaque chambre, associant mobilier chiné et pièces de design, tons sobres et œuvres d'art colorées ! Une adresse où vous pourrez même piquer des idées déco...

● **Restaurants**

🍴🍴🍴🍴 **Le Chapon Fin**   🕸 🗚
5 r. Montesquieu – ℰ 05 56 79 10 10   Plan : **3DXp**
– www.chapon-fin.com – Fermé 25 juil.-25 août, dim., lundi et fériés
Formule 28 € – Menu 39 € (déj.)/98 € – Carte 86/121 €
Une institution locale, qui ravit par son décor de rocaille 1900 autant que par la finesse de sa cuisine, sagement inventive et joliment acidulée. Quant à la sélection de bordeaux, elle est superbe ! Enfin, pour connaître les secrets du chef, Nicolas Frion, on peut s'inscrire à ses cours.

🍴🍴🍴 **Le Gabriel**   ≤ ♿ 🗚 ⇄
10 pl. de la Bourse, (2ᵉᵐᵉ étage) – ℰ 05 56 30 00 70   Plan : **4EXf**
– www.bordeaux-gabriel.fr – Fermé vacances de fév., 1 semaine en nov., mardi midi, merc. midi, jeudi midi, dim. et lundi
Menu 95/120 €
Cadre d'exception pour cet établissement installé dans le pavillon central de la célèbre place de la Bourse, face au miroir d'eau. Ses délicieux salons 18e s. se prêtent à la dégustation d'une cuisine créative. Joli moment en perspective...
Le Bistrot du Gabriel 🍴 – voir les restaurants ci-après

🍴🍴🍴 **Le Pavillon des Boulevards** (Denis Franc)   🕸 🍴 🗚 🍽 ⇄
❀ *120 r. Croix-de-Seguey – ℰ 05 56 81 51 02*   Plan : **2BUa**
– www.lepavillondesboulevards.fr – Fermé 26 mai-2 juin, 16 août-4 sept., 22 déc.-4 janv., sam. midi, lundi midi et dim.
Menu 40 € 🍷 (déj.), 85/130 € – Carte 103/123 €
Blancheur immaculée, terrasse verdoyante : un endroit apaisant, idéal pour savourer un beau moment de gastronomie. Le chef, Denis Franc, connaît ses classiques et les revisite avec subtilité. Les associations d'arômes et de parfums font mouche !
→ Liégeois de caviar et homard à la crème de châtaigne. Turbot au beurre fumé, langoustine et jambon pata negra. Religieuse au caramel sucré-salé, sorbet nashi.

🍴🍴🍴 **Jean Ramet**   🗚
7 pl. Jean-Jaurès – ℰ 05 56 44 12 51   Plan : **4EXu**
– www.restaurant-jean-ramet.com – Fermé dim. et lundi
Formule 25 € (déj.) – Menu 31 € (déj.), 37/85 € – Carte 54/84 €
Tout près de la Garonne, une table chaleureuse et élégante. Sur les traces de Jean Ramet – qui fit la renommée de l'adresse il y a trente ans –, le jeune chef concocte une agréable cuisine classique, jouant sur les saisons et les saveurs épicées.

XXX L'Alhambra

AC ⇔

111bis r. Judaïque – ℰ 05 56 96 06 91 Plan : **3**CX**e**
– Fermé 20 juil.-15 août, sam. midi, lundi midi et dim.
Menu 21 € (déj.), 32/42 € – Carte 42/65 €

Quenelles de brochet, perdreau, gibier en saison : un vrai petit conservatoire de la cuisine classique, dans la grande tradition du *Guide culinaire* d'Escoffier... et cela dure depuis plus de 30 ans ! Le décor est à l'avenant, et les fidèles de longue date nombreux.

XX Le Clos d'Augusta

🚗 🛋 AC ⚙ P

339 r. Georges-Bonnac – ℰ 05 56 96 32 51 Plan : **1**AU**a**
– www.leclosdaugusta.fr – Fermé 27 juil.-16 août, 21-28 déc., sam. midi, dim., lundi midi et fériés
Menu 26 € (semaine), 47/67 € – Carte 55/69 €

Langoustines et leur cappuccino de pistache, turbot rôti et sa mousseline de betterave à la framboise... Voilà un aperçu de la cuisine créative proposée par le chef, qui fait tout maison, y compris les glaces ! Le tout à apprécier dans un cadre feutré et élégant, avec une jolie terrasse pour l'été.

XX L'Oiseau Bleu

🐾 🛋 ᴴ AC

127 av. Thiers – ℰ 05 56 81 09 39 – www.loiseaubleu.fr Plan : **4**FX**e**
– Fermé 25 avril-4 mai, 2-24 août, 19-28 déc., dim. et lundi
Formule 22 € – Menu 42 € (déj. en semaine)/58 € – Carte 61/68 €

Ce bel oiseau – un ancien poste de police – hébergea peut-être quelque pervenche... C'est désormais un joli nid de gourmands, avec sa cuisine du moment et sa belle cave (300 références) créée dans... l'ancienne cellule de dégrisement !

XX Le Bordeaux – Grand Hôtel de Bordeaux & Spa

🛋 ᴴ AC

2 pl. de la Comédie – ℰ 05 57 30 43 46 Plan : **3**DX**r**
– www.ghbordeaux.com
Formule 19 € – Menu 45 € – Carte 48/70 €

Cette élégante brasserie trône sur la place de la Comédie (belle terrasse). L'endroit tout indiqué pour savourer un bon plateau de fruits de mer ou des spécialités du Sud-Ouest. Tradition et fraîcheur !

XX La Tupina

🐾 🛋

6 r. Porte-de-la-Monnaie – ℰ 05 56 91 56 37 Plan : **4**FY**q**
– www.latupina.com
Formule 18 € – Menu 39 € 🍷 (déj. en semaine)/59 € – Carte 49/80 €

Cette auberge joliment champêtre a tout le goût d'autrefois... Le truculent patron, pétri de patrimoine gastronomique, défend le terroir avec conviction, et l'on se régale de copieux plats du Sud-Ouest, mais aussi de viandes rôties et de légumes de saison – de beaux produits exposés à la vue des clients et qui mettent en appétit !

X C'Yusha

AC ⚙

😊

12 r. Ausone – ℰ 05 56 69 89 70 – www.cyusha.com Plan : **4**EY**b**
– Fermé 1 semaine à Pâques, 3 semaines en août, 1 semaine en janv., vend. midi, sam. midi, dim. et lundi
Menu 19 € (déj. en semaine), 33/45 € – Carte 51/63 € *(réservation conseillée)*

Cuisine actuelle relevée d'épices, de plantes et d'herbes, signée par un chef qui travaille seul, sous le regard des gourmands. Et cerise sur le gâteau : les légumes sont ceux de son potager. Côté cadre, le minimalisme et l'intimité (peu de couverts) priment. Au cœur du vieux Bordeaux, un lieu résolument contemporain.

X Comptoir Cuisine

🛋 AC

2 pl. de la Comédie – ℰ 05 56 56 22 33 Plan : **3**DX**t**
– www.comptoircuisine.com
Formule 20 € – Carte 38/55 €

Chic, un néobistrot avec ses cuisines ouvertes et son atmosphère conviviale autour du comptoir, ou plus intime au premier étage ! La carte est courte mais alléchante, et le choix de vins au verre étoffé. Une bonne adresse.

❌ **Gravelier** ⏹AC
114 cours de Verdun – ✆ *05 56 48 17 15* Plan : **2**BU**r**
– www.gravelier.com – Fermé août, une semaine vacances de fév., sam. et dim.
Menu 25 € (déj.), 40/60 €
Un cadre original et tendance – matériaux bruts (teck, zinc), couleurs vitaminées, vue sur les fourneaux – pour une cuisine inventive, où les saveurs du Sud-Ouest se mâtinent d'Asie. L'esprit contemporain est au rendez-vous, dans le décor comme dans l'assiette.

❌ **Julien Cruège** ⏹⏹⏹⏹
😊 *245 r. de Turenne –* ✆ *05 56 81 97 86 – www.juliencruege.fr* Plan : **2**BU**b**
😊 *– Fermé 3-24 août, 1 semaine vacances de Noël et de fév., sam., dim. et fériés*
Menu 20 € (déj.), 31/53 € – Carte 53/65 €
Typiquement bordelaise, cette maison de la Croix-Blanche cache un cadre contemporain séduisant et une terrasse qui est un havre de verdure en ville... De quoi aiguiser son appétit pour déguster la savoureuse cuisine de Julien Cruège : de jolies recettes dans l'air du temps, soignées et d'un bon rapport qualité-prix !

❌ **Dubern - Bistrot Gourmand** ⏹⏹⏹
😊 *42 allées de Tourny –* ✆ *05 56 79 07 70 – www.dubern.fr* Plan : **3**DX**z**
Formule 21 € – Menu 26 € (déj. en semaine)/31 € – Carte 55/63 €
Voilà une adresse qui mérite son nom ! La gourmandise est bien de mise à travers des recettes bistrotières qui font résolument plaisir, comme le fameux boudin noir de Christian Parra ou ce pavé de thon jaune avec sa mousseline de carottes... Le menu change tous les jours, raison de plus pour y aller souvent.

❌ **Le Bistrot du Gabriel** – Restaurant Le Gabriel ⏹⏹⏹⏹
😊 *10 pl. de la Bourse, (1ᵉʳ étage) –* ✆ *05 56 30 00 30* Plan : **4**EX**f**
– www.bordeaux-gabriel.fr – Fermé vacances de fév., 1 semaine en nov., mardi midi, merc. midi, jeudi midi, dim. et lundi
Formule 23 € – Menu 30/43 € – Carte environ 50 €
Idéalement situé sur la place de la Bourse, sous l'égide du restaurant gastronomique Le Gabriel, un bistrot contemporain de grande qualité, où l'on se régale – sans se ruiner – d'un tartare de bœuf au couteau, d'un saumon fumé maison, ou encore d'une entrecôte... Et le chariot des desserts est très appétissant !

❌ **La Table du Quai** ⓝ ⏹⏹⏹
😊 *17 quai Louis-XVIII –* ✆ *05 57 30 99 05 – Fermé 1 semaine* Plan : **4**EX**g**
vacances de Noël, 3 semaines en août, dim. et lundi
Formule 25 € – Menu 32/41 €
Un bistrot au décor soigné et contemporain, avec un grand comptoir où l'on peut déjeuner sur le pouce : telle est la création du chef Pierre Bertranet, nouveau venu à Bordeaux. Sa cuisine, entre tradition et touches actuelles, met en avant de bons produits et régale sans artifices. À table !

❌ **Soléna** ⏹⏹
😊 *5 r. Chauffour –* ✆ *05 57 53 28 06* Plan : **3**CX**b**
– www.solena-restaurant.com – Fermé 11-26 août, 16 fév.-3 mars, lundi, mardi et le midi sauf dim.
Menu 39/62 €
Après un bon parcours – notamment en Californie, où il a rencontré sa compagne, américaine, qui assure l'accueil –, ce jeune chef bordelais a créé cette table contemporaine d'esprit gastro. Au menu, des recettes bien pensées, savoureuses et généreuses. Priorité aux produits locaux !

❌ **Le Davoli** ⏹
13 r. des Bahutiers – ✆ *05 56 48 22 19 – www.ledavoli.com* Plan : **4**EX**f**
– Fermé 3-21 août, lundi sauf le soir en juil.-août et dim.
Formule 17 € – Menu 33/50 € – Carte environ 69 €
Le quartier St-Pierre, ses petites rues, ses bars, ses restaurants et... Le Davoli ! Une adresse où les gourmands apprécient des recettes dans l'air du temps et fortes en goût, réalisées par un chef ayant travaillé dans de belles maisons. De plus, l'accueil est aux petits soins.

Le Vin Rue Neuve

23 r. Neuve – 𝒞 05 56 43 17 49   Plan : **4**EY**b**
– www.restaurantsdebordeaux.com – Fermé sam. midi, dim. et lundi
Formule 18 € – Menu 20 € (déj.)/90 € – Carte 65/100 €

Un immeuble parmi les plus anciens de la ville dans... la rue Neuve, cela ne s'invente pas ! Le chef, passionné par son métier et le vin, joue à fond la carte de la "bistronomie", en misant sur des produits du marché de très belle qualité. Un délice... comme la terrasse estivale.

Kuzina

22 r. Porte-de-la-Monnaie – 𝒞 05 56 74 32 92   Plan : **4**FY**z**
– www.latupina.com – Fermé dim., lundi et mardi midi
Formule 18 € – Menu 27 € (semaine) – Carte 28/40 €

Kuzina ? La cuisine, en grec... Et dans ce petit restaurant au décor sympathique, des centaines de photos évoquent la patrie de Socrate et la Crète, où remontent les origines du propriétaire. À table, on se régale d'une cuisine de la mer – poissons présentés sur la glace – fraîche et inspirée du régime... crétois !

Une Cuisine en Ville

77 r. du Palais-Gallien – 𝒞 05 56 44 70 93   Plan : **3**CX**t**
– www.une-cuisine-en-ville.com – Fermé vacances de Noël, dim. et lundi
Formule 16 € – Menu 19 € (déj.), 32/40 € – Carte 52/58 €

De Dax à Bordeaux, il n'y a qu'un pas que le chef, Philippe Lagraula, a franchi... pour le plus grand plaisir des Bordelais ! On peut désormais le retrouver dans ce bistrot à la déco résolument dans l'air du temps ; tout comme ses recettes : bœuf braisé, seiche grillée, gâteau au yuzu, etc. Et les prix sont mini...

Moshi Moshi

pl. Fernand-Lafargue – 𝒞 05 56 79 22 91   Plan : **4**EY**m**
– www.restaurantmoshimoshi.com – Fermé dim., lundi et le midi
Menu 55 € ♆ – Carte 34/58 € *(réservation conseillée)*

LA table japonaise de Bordeaux ! Incontournables makis et sushis, mais aussi des spécialités tel que le bœuf moshi moshi (des dés de filet grillés aux légumes frits) : une jolie palette de gastronomie nippone, qui donne envie de s'envoler pour le pays du Soleil-Levant...

L'Air de Famille

15 r. Albert-Pitres – 𝒞 05 56 52 13 69   Plan : **2**BU**e**
– www.lairdefamille.eresto.net – Fermé 25 juil.-14 août, 23 déc.-4 janv., sam. midi, mardi midi, dim. et lundi
Formule 18 € – Menu 21/31 €

Non loin du quartier des Chartrons, dans un décor couleur locale avec ses casiers à vin, les gourmands vont se trouver... un air de famille ! De fait, derrière les fourneaux, le chef prouve son amour du produit à chaque instant, et signe une cuisine généreuse et goûteuse, comme on l'aime. Excellent rapport qualité-prix.

Akashi

5 pl. des Martyrs-de-la-Résistance – 𝒞 05 56 15 53 85   Plan : **3**CX**n**
– www.restaurantakashi.com – Fermé mardi midi, dim. et lundi
Formule 17 € – Menu 21 € (déj. en semaine)/38 €

Une bonne surprise ! Sous des dehors a priori sans prétention (petite salle, repas au coude-à-coude), on découvre une vraie bonne table ; elle est menée par Akashi, jeune chef japonais converti à la cuisine française, ses techniques et ses bons produits. Les assiettes, précises et savoureuses, gagnent à être connues.

Café du Théâtre

pl. Pierre-Renaudel – 𝒞 05 57 95 77 20   Plan : **4**FZ**a**
– www.le-cafe-du-theatre.fr – Fermé août, 1 semaine en fév., sam. midi, dim. et lundi
Formule 17 € – Menu 21 € (déj. en semaine), 37/41 € – Carte 47/54 €

Du rouge, du noir, un grand comptoir... et une jolie cuisine du marché, soucieuse de révéler les saveurs des produits de saison. Pas de relâche pour le jeune chef, qui assure même un service tardif les soirs de spectacle... le Théâtre national de Bordeaux étant juste à côté. On applaudit !

X **La Petite Gironde** ⟨ 🏠 🕭 ᴬᶜ 🍴 **P**
75 quai des Queyries – ℰ *05 57 80 33 33* Plan : **4**EX**b**
– www.lapetitegironde.fr – Fermé vacances de Noël et dim. soir
Menu 17 € (déj. en semaine), 28/41 € 🍷 – Carte 32/55 €
Une terrasse sur la rive droite de la Garonne, beaucoup de convivialité et une
jolie cuisine régionale saupoudrée de quelques plats bistrotiers : voilà les ingrédients de cette petite adresse girondine.

à Bordeaux-Lac (près parc des expositions) – ⊠ 33300

🏠🏠 **Pullman** |○ ⬛ 🏢 ᴬᶜ 🛜 🕭 **P**
av. J.-G.-Domergue – ℰ *05 56 69 66 66* Plan : **2**BT**u**
– www.pullmanhotels.com
166 ch – 🛏125/230 € 🛏🛏125/230 € – 19 suites – ⊡ 26 €
Rest *L'Aquitania* – voir les restaurants ci-après
Un accès direct au palais des congrès, 2 000 m² de salles de réunion, des chambres design de couleur rouge pour les "Médoc" ou jaune pour les "Sauternes", et
un agréable restaurant traditionnel : cet hôtel a plus d'un atout et il est très
apprécié par la clientèle d'affaires.

X X **L'Aquitania** – Hôtel Pullman ᴬᶜ **P**
av. J.-G.-Domergue – ℰ *05 56 69 65 11* Plan : **2**BT**u**
– www.pullmanhotels.com
Formule 26 € – Menu 30 € – Carte 42/108 €
L'Aquitania ? Une table prisée à Bordeaux-Lac. La clientèle d'affaires, notamment,
affectionne son appétissante carte traditionnelle et son atmosphère feutrée. Une
adresse à noter dans ses tablettes.

par la rocade A 630 :

à Blanquefort 3 km au Nord, sortie n° 6 – ⊠ 33290 – 15 106 hab. – Alt. 17 m

🏠🏠 **Hostellerie des Criquets** |○ ⬛ ⬛ 🕭 ᴬᶜ 🛜 🕭 **P**
130 av. du 11-Novembre, D 210 – ℰ *05 56 35 09 24 – www.lescriquets.com*
21 ch – 🛏85/155 € 🛏🛏120/175 € – ⊡ 14 € – ½ P
Rest *Hostellerie des Criquets* – voir les restaurants ci-après
Atmosphère familiale et quiétude champêtre chez ces sympathiques Criquets,
avec des chambres douillettes pour paresser à la manière des cigales. Et le
matin, on prend le petit-déjeuner au bord de la piscine !

X X X **Hostellerie des Criquets** ⬛ 🏠 🍴 ⟳ **P**
130 av. du 11-Novembre, D 210 – ℰ *05 56 35 09 24 – www.lescriquets.com*
– Fermé sam. midi, dim. soir et lundi
Formule 18 € – Menu 20 € (déj. en semaine), 40/70 € – Carte 58/96 €
Cet élégant restaurant contemporain s'ouvre sur un joli jardin et une ravissante
terrasse ; la carte suit savamment les saisons et, pour ne rien gâcher, le chef
donne des cours de cuisine. Une agréable étape gastronomique aux portes de
Bordeaux.

à Lormont Nord-Est, sortie n°2 – ⊠ 33310 – 20 557 hab. – Alt. 60 m

X X **Le Prince Noir** (Vivien Durand) ᴬᶜ **P**
☆ *1 r. du Prince-Noir* – ℰ *05 56 06 12 52* Plan : **2**BT**n**
*– www.leprincenoir-restaurant.fr – Fermé 2 semaines en août, 1 semaine
vacances de Noël, sam. et dim.*
Formule 22 € – Menu 28 € (déj.)/72 € – Carte 55/75 €
Les écuries d'un château, un cube de verre et béton, une vue sur le pont d'Aquitaine, l'impression d'être suspendu dans la verdure... Un cadre original, pour une
cuisine peu ordinaire : Vivien Durand sait faire oublier sa grande technique pour
révéler toute son inspiration. Une fausse simplicité pour un maximum de saveurs !
→ Foie gras cuit longuement, pâte de citron, fenouil et pomme. Pigeon rôti, avocat à la plancha et cuisses confites à la livèche. Rhubarbe confite, chocolat blanc,
coriandre et nougatine au sésame.

à Cenon Est, sortie n° 25 – ⊠ 33150 – 22 131 hab. – Alt. 50 m

✗ **La Cape** (Thomas Brasleret) ⚭ 🍴 AC
🍴 *9 allée de la Morlette –* 𝒞 *05 57 80 24 25* Plan : 2BU**v**
– www.restaurant-lacape.com – Fermé 3 semaines en août, vacances de Noël, sam., dim. et fériés
Menu 26 € (déj. en semaine), 39/57 € – Carte 39/47 €
Thomas Brasleret a endossé cette Cape en 2012, mais il travaillait depuis long-temps dans la maison... Esprit de continuité donc, avec toujours le même souci de qualité et de soin apporté à la cuisine. Au menu : de belles saveurs du mar-ché, teintées d'une certaine créativité et rehaussées par une judicieuse sélection de vins bordelais.
→ Encornet farci au chorizo, sucrine rôtie et ketchup de piquillos. Saint-pierre confit, ratatouille minute et eau de tomate. Millefeuille au pain d'épice et citron glacé fumé à la badiane.

✗ **Ze Rock** 🍴 ♿ AC P
🍴 *1 bis r. Aristide-Briand, (au parc Palmer) –* 𝒞 *05 57 54 12 94* Plan : 2BT**a**
– www.zerock.fr – Fermé 3 semaines en août, 1 semaine à Noël, dim., lundi et fériés
Formule 17 € – Menu 20 € (semaine) – Carte 38/56 €
Béton ciré et chaises Starck : une brasserie design du "clan" Nicolas Magie, atte-nante au Rocher de Palmer, centre culturel et musical très original. Cochonnaille basque, frites au couteau... la belle tradition apaise les faims de rocker, à prix rai-sonnables.

Envie de partir à la dernière minute ?
Visitez les sites Internet des hôtels pour bénéficier de promotions tarifaires.

à Bouliac Sud-Est, sortie n° 23 – ⊠ 33270 – 3 140 hab. – Alt. 74 m

🏠 **Le Saint-James** 🍽 ⚭ ⇐ 🍴 ⤳ 🇮 AC 🛜 ♨ P
3 pl. Camille-Hostein, (près de l'église) – 𝒞 *05 57 97 06 00* Plan : 2BU**s**
– www.saintjames-bouliac.com – Fermé 4-27 janv.
18 ch – ♦195/485 € ♦♦195/485 € – 🍽 25 €
Rest *Le Saint-James* ⚭ – voir les restaurants ci-après
Conçue par Jean Nouvel, cette maison surplombant la ville et les vignes – classées premières-côtes-de-bordeaux – s'inspire des séchoirs à tabac typiques de la région. L'épure, la lumière et le design dominent avec élégance et harmonie... Le Bordelais est à vous.

✗✗✗ **Le Saint-James** ⚭ ⇐ 🍴 🍴 AC P
⚭ *3 pl. Camille-Hostein, (près de l'église) –* 𝒞 *05 57 97 06 00* Plan : 2BU**s**
– www.saintjames-bouliac.com – Fermé 4-27 janv., dim. et lundi
Menu 49 € ♟ (déj. en semaine), 70/135 € – Carte 110/190 €
Un écrin design et baigné de lumière, dominant les environs... Voilà un bel endroit pour un repas de qualité, ancré dans la région : le chef, Nicolas Magie, originaire du Bordelais, rend un bel hommage aux produits aquitains, avec finesse, invention et en accord avec les vins du cru.
→ Escargots cuisinés dans un bouillon aromatisé puis poêlés au beurre demi-sel. Turbot sauvage cuit vapeur à 56°, cèpes, ail nouveau et amandes fraîches. Tarte croustillante à la framboise, café, vanille Bourbon et sorbet verveine.

✗ **Café de l'Espérance** 🍴 ⚭ ⤳
⚭ *10 r. de l'Esplanade, (derrière l'église) –* 𝒞 *05 56 20 52 16* Plan : 2BV**r**
– www.saintjames-bouliac.com
Menu 18 € (déj. en semaine) – Carte 30/60 €
Buffets d'entrées et de desserts, grillades au feu de bois accompagnées de frites... Ici, tout est fait maison. C'est simple, très frais, copieux et bon. Les nostalgiques des troquets de village vont apprécier !

à Martillac 9 km au Sud, sortie n° 18, D 1113 et rte secondaire – ✉ 33650
– 2 628 hab. – Alt. 40 m

Les Sources de Caudalie ⁐ 🍽 ⚹ ⛲ ☖ 🄰 Ⓜ 🄵ₐ 📶 & 🄰🄲 📶 🄿
chemin de Smith-Haut-Lafitte – ℰ 05 57 83 83 83 – www.sources-caudalie.com
– Fermé 5-28 janv.
43 ch – ♦280/840 € ♦♦280/840 € – 18 suites – ⌷ 26 € – ½ P
Rest *La Grand'Vigne* ✿✿ **Rest** *La Table du Lavoir* – voir les restaurants ci-après
Au milieu des vignes, ce domaine superbe dédié au bien-être est le berceau de la vinothérapie. Bois brut, meubles chinés, ambiances délicates, plaisirs gastronomiques : le luxe sans ostentation, en harmonie avec la nature. Idéal pour s'enivrer de détente...

La Grand'Vigne – Hôtel Les Sources de Caudalie ✿✿ ⛲ 🄰 Ⓜ ✿ 🄿
chemin de Smith-Haut-Lafitte – ℰ 05 57 83 83 83 – www.sources-caudalie.com
– Fermé 5-28 janv., merc. midi, jeudi midi, vend. midi, lundi et mardi
Menu 75/108 € – Carte 91/106 €
Dans cette orangerie du 18ᵉ s., les assiettes ont le goût et les couleurs de la nature : l'œuvre d'un chef inspiré, Nicolas Masse, maître dans l'art d'associer saveurs et textures avec une remarquable précision, pour le plaisir des sens. Un moment d'excellence, porté de surcroît par un service de qualité.
→ Bœuf d'Aquitaine au caviar de Gironde et œuf de caille. Turbot sauvage, courgette jaune, girolles et livèche. Meringue, ananas et fruits exotiques.

La Table du Lavoir – Hôtel Les Sources de Caudalie ⛲ & 🄰 Ⓜ 🄿
chemin de Smith-Haut-Lafitte – ℰ 05 57 83 83 83 – www.sources-caudalie.com
– Fermé 5-28 janv.
Formule 34 € – Menu 38 €
Un cadre original que cette superbe halle tout en bois (18ᵉ s.), sous laquelle on lavait autrefois les vêtements utilisés pour les vendanges ! La cuisine joue la carte de la bonne tradition : truite marinée, dorade cuite à la plancha, côte de bœuf grillée et sa sauce béarnaise, canelés... Une adresse à voir et à déguster.

à Mérignac Ouest, sortie n° 9 – ✉ 33700 – 65 882 hab. – Alt. 35 m

Kyriad Prestige 🍽 ⛲ 🄵ₐ 🄸 & 🄰🄲 📶 🄿
116 av. Magudas – ℰ 05 57 92 00 00 Plan : **1AT r**
– www.bordeaux-hotels.net
75 ch – ♦95/125 € ♦♦95/125 € – ⌷ 14 €
Tout près de l'autoroute, cet établissement dispose de chambres spacieuses et bien insonorisées, et l'on peut profiter de la formule buffet du restaurant. Pratique lors d'une étape familiale ou pour la clientèle d'affaires.

à l'aéroport de Bordeaux-Mérignac – ✉ 33700

Ibis Styles Bordeaux Aéroport 🍽 🄸 & 🄰🄲 📶 🄿
95 av. J.F.-Kennedy – ℰ 05 56 55 93 42 – www.ibishotel.com Plan : **1AU d**
81 ch ⌷ – ♦79/149 € ♦♦89/159 €
Cet hôtel affiche un esprit jeune et pop avec des couleurs sobres relevées de touches acidulées. De quoi retrouver la pêche entre deux vols !

L'Iguane ✿ & 🄰🄲
83 av. J.F.-Kennedy – ℰ 05 56 34 07 39 – www.liguane.fr Plan : **1AU b**
– Fermé août, vend. soir, sam., dim. et fériés
Menu 30/75 € – Carte 53/71 €
Un cadre contemporain, feutré et élégant, pour une cuisine qui mêle teintes du temps et nuances exotiques, le tout accompagné d'une cave de 500 références aux jolies robes chatoyantes. De couleur et de piquant, le bistrot L'Olive de Mer n'en manque pas non plus, avec ses saveurs méditerranéennes et son atmosphère design.
L'Olive de Mer ℰ 05 56 12 99 99 – Formule 17 € – Menu 22 € (déj.)
– Carte 28/50 € *(fermé sam. midi et dim. midi)*

LES BORDES – 45 (Loiret) → voir Sully-sur-Loire

BORMES-LES-MIMOSAS

✉ 83230 (Var) – 7 548 hab. – Alt. 180 m – Voir carte n°**41**-C3
▶ Paris 871 km – Fréjus 57 km – Hyères 21 km – Le Lavandou 4 km
Carte Michelin 340-N7 – Guide Vert Michelin Côte d'Azur

↑   **La Bastide des Vignes** sans rest   ⬙ 🈂 🍽 💥 🛜 🅿 ⊟

*464 chemin du Patelin, 4 km au Sud par rte de Cabasson et chemin du Content
– ℰ 04 94 71 20 29 – www.bastidedesvignes.fr – Ouvert 1ᵉʳ mai-10 oct.*
5 ch ⊑ – †120/140 € ††120/140 €
Un véritable havre de paix et de gentillesse que cette maison de vigneron de
1902, cernée par les vignes. Les chambres, décorées aux couleurs de la Provence,
ouvrent sur le luxuriant jardin (pas de TV). Accueil très aimable.

✗✗   **La Rastègue** (Jérôme Masson)   ≤ 🛒
🕸 *48 bd du Levant, 2 km au Sud, quartier Le Pin – ℰ 04 94 15 19 41
– www.larastegue.com – Fermé janv., lundi et le midi sauf jeudi et dim.*
Formule 35 € – Menu 49 € – Carte 42/52 € *(réservation conseillée)*
Priorité au goût ! Les cuisines, ouvertes sur la salle, permettent d'admirer le travail
du chef, qui accommode de bons produits et arômes avec précision et équilibre.
Aucun artifice, beaucoup de simplicité et surtout de saveurs... Service attentionné.
➜ Parfait tiède de langoustines, le jus des têtes en bisque. Poitrine de pigeon
rôtie, les cuisses confites et cake aux légumes. Baba imbibé d'un sirop à la pas-
sion et crémeux banane.

au Sud 1 km – ✉ 83230 Bormes-les-Mimosas

🏨   **Le Domaine du Mirage**   � ⬙ ≤ 🈂 🍽 💥 🐟 🅔 🆔 🛜 🛁 🅿

*38 r. Vue-des-Iles – ℰ 04 94 05 32 60 – www.domainedumirage.com
– Ouvert 1ᵉʳ avril-30 sept.*
35 ch – †120/186 € ††120/186 € – ⊑ 14 €
Dominant la baie, une belle bâtisse de style victorien entourée d'un jardin fleuri.
Les chambres sont contemporaines, et la majorité d'entre elles offrent une vue
panoramique sur les flots.

au port 5 km au Sud par rte de la Favière puis D 198

✗✗   **Cap 120** ⓝ   ≤ 🛒

*quai d'Honneur – ℰ 04 94 92 73 56 – www.cap120.fr – Fermé janv., fév., mardi
soir, merc. soir et dim. soir de sept. à juin, le midi sauf dim. en juil.-août*
Menu 30/50 € – Carte 33/64 €
Ce restaurant, repris en 2013 par une famille du Nord, permet de profiter d'une
vue superbe sur le port de Bormes, avec ses centaines de yachts et de voiliers.
Les recettes marient tradition et touches originales : raviole de céleri aux truffes,
homard rôti au beurre de bière, millefeuille aux fruits rouges...

BORNY – 57 (Moselle) ➜ voir Metz

BORT-L'ÉTANG – 63 (Puy-de-Dôme) ➜ voir Lezoux

LE BOSC

✉ 34490 (Hérault) – Voir carte n°**23**-C2
▶ Paris 763 km – Albi 148 km – Carcassonne 95 km – Montpellier 77 km
Carte Michelin 339-F6

✗✗   **La Réserve** ⓝ   🛒 🅔 🅿

*hameau de Cartels, 2 km au Sud - A75 sortie 54 direction Lac du Salagou
– ℰ 04 67 88 50 22 – www.lareservedubosc.com – Fermé dim. soir, lundi soir et
mardi*
Formule 18 € – Menu 21 € (semaine), 32/68 € 🍷 – Carte 40/59 €
Tout près du lac du Salagou, cette maison est le repaire d'un jeune chef originaire
de Dunkerque, venu s'installer sous le soleil de l'Hérault... Avec talent et imagination, il concocte une cuisine au goût du jour, qui met bien en avant la fraîcheur
des produits sélectionnés. Acclimatation réussie !

BOSDARROS

✉ 64290 (Pyrénées-Atlantiques) – 1 022 hab. – Alt. 370 m – Voir carte n°**3**-B3
▶ Paris 790 km – Lourdes 36 km – Oloron-Ste-Marie 29 km – Pau 14 km
Carte Michelin 342-J5

XX **Auberge Labarthe** (Eric Dequin) 🔤 ⅍ ⟷
❀ *1 r. P.-Bidau, (pl. de l'École) – ℰ 05 59 21 50 13 – www.auberge-pau.com – Fermé 1 semaine en janv., dim. soir, lundi et mardi*
Menu 34 € (semaine), 54/78 € – Carte 76/86 € *(réservation conseillée)*
Voilà une bien belle auberge ! Derrière l'église, arrêtez-vous dans cette accueillante maison à la façade fleurie. Les gourmands y savourent une généreuse cuisine régionale, avec des produits de qualité, dans une salle cosy et sagement contemporaine.
→ Ravioles de girolles, jambon ibérique et bouillon crémeux au parfum d'estragon. Cuisse de pintade farcie au foie gras et suprême aux morilles des pins. Gros macaron, crème au citron, fraises mara des bois et jus au basilic.

BOSSEY – 74 (Haute-Savoie) → voir St-Julien-en-Genevois

LES BOSSONS – 74 (Haute-Savoie) → voir Chamonix

BOUDES

✉ 63340 (Puy-de-Dôme) – 271 hab. – Alt. 466 m – Voir carte n°**5**-B2
▶ Paris 462 km – Brioude 29 km – Clermont-Fd 52 km – Issoire 16 km
Carte Michelin 326-G10 – Guide Vert Michelin Auvergne

XX **Le Boudes La Vigne** avec ch 🕾 🔤 rest, 🛜
 pl. de la Mairie – ℰ 04 73 96 55 66 – www.leboudeslavigne.pagesperso-orange.fr – Fermé 29 juin-9 juil., 23 août-3 sept., 2-23 janv., dim. soir, lundi et mardi
6 ch – ♦48/60 € ♦♦48/90 € – ⵣ 8 € – ½ P Formule 17 € – Menu 24/57 €
Cette sympathique auberge, bâtie sur d'anciennes fortifications, se trouve au cœur de ce village de vignerons où l'on produit... le boudes, l'un des cinq crus des côtes d'Auvergne. Derrière les fourneaux, le chef réalise une cuisine généreuse et parfumée, bien en prise avec son époque. Chambres fonctionnelles à l'étage.

BOUËSSE – 36 (Indre) → voir Argenton-sur-Creuse

BOUGIVAL – 78 (Yvelines) → voir Paris, Environs

LA BOUILLADISSE

✉ 13720 (Bouches-du-Rhône) – 5 997 hab. – Alt. 220 m – Voir carte n°**40**-B3
▶ Paris 776 km – Aix-en-Provence 27 km – Brignoles 43 km – Marseille 31 km
Carte Michelin 340-I5

🏠 **La Fenière** 🅾 ⵤ 🛜 🅿
8 r. J. Pourchier – ℰ 04 42 72 38 38 – www.hotelfeniere.com
12 ch – ♦60 € ♦♦85 € – ⵣ 9 € – ½ P
Un établissement tenu en famille, par une mère et ses deux filles, dont l'une s'occupe de l'hôtel et l'autre du restaurant. Les chambres, contemporaines et toutes différentes, sont très bien tenues. Et l'on profite aussi de la piscine !

BOUILLAND

✉ 21420 (Côte-d'Or) – 186 hab. – Alt. 400 m – Voir carte n°**8**-C2
▶ Paris 295 km – Autun 54 km – Beaune 17 km – Bligny-sur-Ouche 13 km
Carte Michelin 320-I7 – Guide Vert Michelin Bourgogne

🏠🏠🏠 **Hostellerie du Vieux Moulin** 🅾 ⅏ ⵤ 🖥 🖧 ⅙ 🛜 🔐 🅿
1 r. de la Forge – ℰ 03 80 21 51 16 – www.moulin-de-bouilland.com – Ouvert 21 mars-22 nov. et 10-31 déc.
24 ch – ♦90/168 € ♦♦90/250 € – 2 suites – ⵣ 18 € – ½ P
Rest *Hostellerie du Vieux Moulin* – voir les restaurants ci-après
Dans cette charmante vallée verdoyante, un ancien moulin au bord de la rivière et ses dépendances. Beaucoup de tranquillité et un très bon confort (chambres plus spacieuses dans la bâtisse principale). Excellent petit-déjeuner.

XXX Hostellerie du Vieux Moulin

1 r. de la Forge – ℰ 03 80 21 51 16 – www.moulin-de-bouilland.com – Ouvert 21 mars-22 nov., 10-31 déc. et fermé le midi du mardi au jeudi et lundi
Formule 24 € – Menu 39/68 € – Carte 50/81 €
Une salle élégante et une très belle terrasse... Ce lieu ravit et met en appétit ! Les assiettes du chef ne déçoivent pas, car ce dernier concocte une cuisine d'aujourd'hui soignée et savoureuse.

X Auberge St-Martin

17 rte de Beaune – ℰ 03 80 21 53 01 – www.auberge-saint-martin.net – Fermé 27 juin-3 juil., 20 déc.-5 fév., mardi et merc.
Menu 26/36 € – Carte 29/40 € *(réservation conseillée)*
Une accueillante auberge (18e s.), campagnarde à souhait, en plein cœur d'un petit village près de Beaune. On y propose une appétissante cuisine, à la fois traditionnelle et actuelle, avec des spécialités telles que la terrine de faisan ou le coq au vin.

LA BOUILLE

✉ 76530 (Seine-Maritime) – 771 hab. – Alt. 5 m – Voir carte n°**33**-D2
◗ Paris 132 km – Bernay 44 km – Elbeuf 12 km – Louviers 32 km
Carte Michelin 304-F5 – Guide Vert Michelin Normandie Vallée de la Seine

Le Bellevue

13 quai Hector-Malot – ℰ 02 35 18 05 05 – www.hotel-le-bellevue.com – Fermé 24-30 août et 20 déc.-11 janv.
18 ch – †78/150 € ††78/150 € – ☐ 11 € – ½ P
Une demeure (début 20e s.) située sur une rive de la Seine. Les chambres sont petites mais bien tenues ; préférez celles bénéficiant d'une belle vue sur le fleuve. Au restaurant, généreuse cuisine traditionnelle.

XXX Le St-Pierre

4 pl. du Bateau – ℰ 02 35 68 02 01 – www.restaurantlesaintpierre.com – Fermé vacances de fév., dim. soir, lundi et mardi
Formule 18 € – Menu 25 € (semaine), 32/67 € – Carte 53/71 €
Une cuisine d'aujourd'hui réalisée avec de beaux produits, la Seine et les bateaux pour décor : un moment bien agréable ! Et l'été, on n'hésite pas à se rendre sur la terrasse.

XX Les Gastronomes

1 pl. du Bateau – ℰ 02 35 18 02 07 – www.lesgastronomes-labouille.eu – Fermé vacances de fév., 15 oct.-7 nov., merc. et jeudi sauf vacances scolaires
Menu 22 € (semaine), 32/51 € – Carte environ 50 €
Foie gras en terrine, tournedos de lotte au jambon, tarte Tatin : dans cette maison de pays, à côté de l'église, les patrons concoctent une jolie cuisine traditionnelle et vous reçoivent avec chaleur.

BOUIN

✉ 85230 (Vendée) – 2 188 hab. – Alt. 5 m – Voir carte n°**34**-A3
◗ Paris 435 km – Challans 22 km – Nantes 51 km – Noirmoutier-en-l'Île 29 km
Carte Michelin 316-E6 – Guide Vert Michelin Pays de la Loire

Domaine le Martinet sans rest

pl. du Gén.-Charette – ℰ 02 51 49 23 23 – www.domaine-lemartinet.com – Fermé de nov. à mars
23 ch – †80/145 € ††80/145 € – ☐ 12 €
Dans un bourg tranquille du marais breton vendéen, un hôtel tenu par un jeune couple sympathique. Toutes les chambres sont spacieuses et confortables, mais préférez celles qui ont été rénovées. Plaisant à souhait !

X Le Martinet

9 r. des Jardins – ℰ 02 51 49 23 48 – www.restaurant-lemartinet.com – Fermé janv., dim. soir hors saison, lundi midi et mardi midi
Menu 18/39 €
Dans cet ancien grenier à sel du 17e s., le chef réalise une cuisine traditionnelle... aux petits oignons ! Produits de la mer fournis par son propre frère, pêcheur et ostréiculteur, légumes du potager de la maison et saveurs franches : fraîcheur et gourmandise assurées.

BOULBON

✉ 13150 (Bouches-du-Rhône) – 1 522 hab. – Alt. 18 m – Voir carte n°**42-E1**
▶ Paris 703 km – Avignon 18 km – Marseille 113 km – Nîmes 34 km
Carte Michelin 340-D2 – Guide Vert Michelin Provence

 La Bastide de Boulbon ⅠⅠ ⓢ 🖼 🍽 ఈ 🔟 ⅀ 🛜 Ⓟ
r. de l'Hôtel-de-Ville – ⓒ *04 90 93 11 11* – *www.labastidedeboulbon.com*
– *Ouvert 2 avril- 13 oct.*
10 ch – ♦115/170 € ♦♦115/170 € – ⌧ 15 €
Au cœur d'un village, cette demeure bourgeoise (1850) aux allures de maison d'hôte
invite à la détente, avec son beau jardin aux platanes bicentenaires. Chambres actuelles. Cuisine du marché servie dans une salle intime ou sur la terrasse ombragée.

 La Maison Saint-Jean ⅠⅠ 🍽 🔟 ⅀ 🛜 Ⓟ
1 r. Mont Saint-Jean – ⓒ *04 90 91 24 54* – *www.lamaisonsaintjean.com* – *Ouvert*
12 juin-13 sept.
4 ch ⌧ – ♦135/185 € ♦♦135/185 €
Une belle demeure de caractère (1820) dans un village dominé par un imposant
château fort. Les chambres y sont spacieuses et raffinées : mobilier chiné,
tableaux anciens et touches contemporaines. Ravissant jardin ombragé. Une
adresse qui respire la douceur de vivre…

BOULIAC – 33 (Gironde) ➜ voir Bordeaux

BOULIGNEUX – 01 (Ain) ➜ voir Villars-les-Dombes

BOULOGNE-BILLANCOURT – 92 (Hauts-de-Seine) ➜ voir Paris, Environs

BOULOGNE-SUR-MER

✉ 62200 (Pas-de-Calais) – 42 680 hab. – Agglo. 88 197 hab. – Alt. 58 m
– Voir carte n°**30-A2**
▶ Paris 265 km – Amiens 130 km – Arras 122 km – Calais 35 km
Carte Michelin 301-C3 – Guide Vert Michelin Nord Pas-de-Calais

 La Matelote ⅠⅠ ⟨ 🖼 📂 🖼 ఈ 🔟 🛜 🏊 🚗
70 bd Ste-Beuve – ⓒ *03 21 30 33 33* – *www.la-matelote.com* Plan : Y**q**
35 ch – ♦90/130 € ♦♦130/265 € – ⌧ 16 € – ½ P
Rest *La Matelote* ⸙ – voir les restaurants ci-après
Fière bâtisse des années 1930 sur le front de mer, face au Nausicaa. Les chambres
y sont confortables et très bien tenues. Espace détente de qualité (avec par
exemple une piscine à contre-courant).

 Métropole sans rest 🍽 📂 🔟 🛜 🚗
51 r. Thiers – ⓒ *03 21 31 54 30* Plan : Z**e**
– *www.hotel-metropole-boulogne.com* – *Fermé 21 déc.-12 janv.*
25 ch – ♦69/72 € ♦♦85/98 € – ⌧ 11 €
Hôtel familial dans le centre-ville, près du port et des commerces, aux chambres
spacieuses et confortables. Jolie salle des petits-déjeuners, ouverte sur le jardin.

 Hamiot ⅠⅠ 📂 🛜 🏊 Ⓟ 🚗
1 r. Faidherbe – ⓒ *03 21 31 44 20* – *www.hotelhamiot.com* Plan : Z**h**
12 ch – ♦78/98 € ♦♦95/110 € – ⌧ 10 € – ½ P
Une véritable institution ! Idéalement situé, ce bâtiment d'après-guerre donne sur le
port de pêche et la criée ; on y trouve des chambres confortables, avec un beau mobilier en bois. Côté restauration, deux univers au choix : gastronomique ou brasserie.

🕱🕱🕱 **La Matelote** (Tony Lestienne) – Hôtel La Matelote
⸙ *70 bd Ste-Beuve* – ⓒ *03 21 30 17 97* – *www.la-matelote.com* Plan : Y**q**
– *Fermé 22 déc.-20 janv. et jeudi midi*
Formule 25 € – Menu 35 € (semaine), 61/82 € – Carte 71/91 €
Du nom du fameux plat de poisson cuisiné au vin, cette table est tout entière
dédiée aux produits de la mer, travaillés dans les règles de l'art et de la tradition.
De belles saveurs iodées au menu ! Le cadre, cossu et feutré, a tout d'une bonbonnière. L'été, profitez de la terrasse.
➜ Salade tiède de homard, sauce aux crustacés. Turbot rôti, beurre de thym, fon-
due d'épinards et coques en marinière. Framboises, petit beurre et sorbet fram-
boise-poivron rouge.

BOULOGNE-SUR-MER

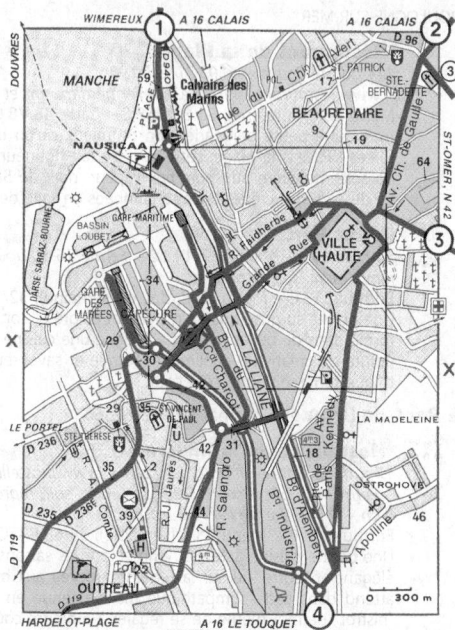

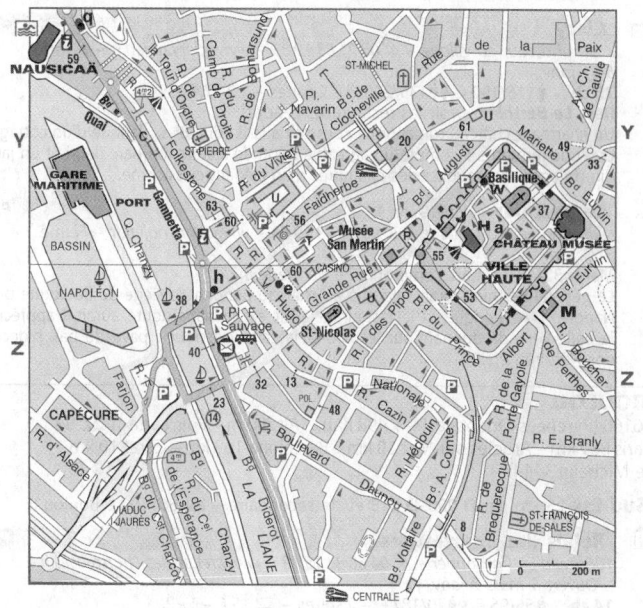

✕✕ Restaurant de la Plage 🏵️ ⇄
124 bd Ste-Beuve – ℰ 03 21 99 90 90   Plan : X**v**
– www.restaurantdelaplage.fr – Fermé dim. soir et lundi soir
Menu 26 € (semaine), 35 € 🍷/68 € – Carte 48/78 €
Après une petite baignade, rien de mieux qu'un bon repas pour reprendre des forces ! Face à la plage, cette adresse fait honneur aux produits de la mer : filet de sole meunière aux pommes vapeur, noix de Saint-Jacques en saison... Avec, au dessert, des crêpes Suzette flambées en salle devant le client. Délicieux !

✕ L'Îlot Vert 🌿 ⅋ ⇄
36 r. de Lille – ℰ 03 21 92 01 62 – Fermé 16-30 août, 24 déc.-18   Plan : Y**a**
janv., merc. soir et dim. soir
Formule 18 € – Menu 22 € (déj. en semaine), 32/43 € – Carte 40/50 €
Une bonne surprise que ce restaurant coloré et convivial, où œuvre un jeune chef formé dans de belles maisons : il signe une cuisine bien d'aujourd'hui – avec une pointe de créativité –, joliment tournée et savoureuse, aux prix mesurés. Sympathique terrasse fleurie côté cour.

à Pont-de-Briques 5 km par ④ – ⊠ 62360

✕✕✕ Hostellerie de la Rivière avec ch 🏵️ 🛏️ 🌿 ⅋ 🛜 P
17 r. de la Gare – ℰ 03 21 32 22 81 – www.lhostelleriedelariviere.fr
– Fermé 18 août-3 sept., 5-28 janv., dim. soir, mardi midi et lundi
8 ch – 🛏️79/99 € 🛏️🛏️79/99 € – � 13 €
Formule 18 € – Menu 23 € (semaine), 38/63 € – Carte 60/90 €
Une bonne cuisine actuelle rythmée par les saisons, à déguster dans un intérieur élégant et feutré, ou sur la terrasse arborée aux beaux jours : voilà ce qui vous attend dans cette sympathique maison tenue en famille. Le midi, une formule "bistrot" permet même de se régaler à moindre coût... Bien vu !

à Hesdin-l'Abbé 9 km par ④ et D 901 – ⊠ 62360 – 1 892 hab. – Alt. 50 m

🏰 Cléry 🍽️ 🛏️ 🛋️ 🛜 🧖 P
r. du Château, au village – ℰ 03 21 83 19 83 – www.clery.najeti.fr – Fermé
5-31 janv.
25 ch – 🛏️115/190 € 🛏️🛏️135/230 € – 2 suites – ⊡ 17 € – ½ P
Rest *Le Berthier* – voir les restaurants ci-après
Un charmant château romantique construit à la fin du 18e s., flanqué d'un cottage et d'une fermette. Il compte un agréable salon de lecture, un parc fleuri et un jardin potager, sans oublier des chambres d'un élégant classicisme.

✕✕ Le Berthier – Hôtel Cléry 🛏️ P
r. du Château, au village – ℰ 03 21 83 19 83 – www.clery.najeti.fr – Fermé
5-31 janv.
Menu 32/49 € – Carte environ 57 € *(fermé le midi)*
Le général Berthier aurait séjourné au château pendant le siège de Boulogne par Napoléon. À l'époque, si le restaurant avait existé, sans doute aurait-il apprécié la belle véranda donnant sur le parc et la carte classique : pavé de bar, pigeon des Flandres, etc.

LE BOULOU
⊠ 66160 (Pyrénées-Orientales) – 5 498 hab. – Alt. 90 m – Voir carte n°**22**-B3
▶ Paris 869 km – Argelès-sur-Mer 20 km – Barcelona 169 km – Céret 10 km
Carte Michelin 344-I7

au Sud-Est 4,5 km par D 900, D 618 et rte secondaire – ⊠ 66160 Le Boulou

🏠 Relais des Chartreuses 🍽️ 🛏️ 🛋️ 🛜 P
106 av. d'En-Carbouner – ℰ 04 68 83 15 88 – www.relais-des-chartreuses.fr
– Ouvert 5 mars-2 janv.
14 ch – 🛏️55/95 € 🛏️🛏️70/187 € – 2 suites – ⊡ 15 € – ½ P
Une terrasse sous les tilleuls, une piscine, un jardin... et ce mas en pierre (17e s.), édifié à flanc de montagne, au milieu d'une pinède. Dans les chambres, épure contemporaine et cachet de l'ancien se marient à merveille ; au restaurant, les saveurs sont au rendez-vous (uniquement pour les résidents). Bel endroit !

à Vivès 5 km à l'Ouest par D 115 et D 73 – ⌧ 66490 – 170 hab. – Alt. 228 m

✕   **L'Hostalet de Vivès** avec ch
    r. de la Mairie – ℰ *04 68 83 05 52* – *www.hostalet-vives.com*
    – *Fermé 13 janv.-28 fév., mardi hors saison et merc. du 15 juin au 15 sept.*
    3 ch – ♦72/80 € ♦♦99/119 € – ⌑ 13 €
    Menu 22 € (déj. en semaine)/34 € – Carte 35/54 €
    Le village est charmant et cette ravissante maison en pierre (12ᵉ s.) l'est tout
    autant. Ode à la bonne chère catalane dans une atmosphère conviviale, musique
    et costumes traditionnels compris : un restaurant à l'ancienne, comme on n'en
    fait presque plus ! Quelques chambres pour l'étape.

BOULOURIS – 83 (Var) → voir St-Raphaël

BOURBACH-LE-BAS

⌧ 68290 (Haut-Rhin) – 610 hab. – Alt. 340 m – Voir carte n°**1-A3**
◗ Paris 451 km – Altkirch 27 km – Belfort 26 km – Mulhouse 25 km
Carte Michelin 315-G10

✕   **A la Couronne d'Or** avec ch   **P**
    9 r. Principale – ℰ *03 89 82 51 77* – *www.alacouronnedor.com* – *Fermé mardi*
    soir et lundi
    7 ch – ♦43 € ♦♦59 € – ⌑ 7 € – ½ P
    Formule 11 € – Menu 26/35 € – Carte 25/56 €
    Dans ce village de la vallée de la Doller, une maison traditionnelle tenue en
    famille. Père et fils s'activent aux fourneaux – en l'occurrence dans de belles cuisi-
    nes fonctionnelles – et concoctent de jolis plats avec des produits bien choisis
    (on va même glaner quelques cèpes en saison). Pour l'étape, des chambres un
    peu vieillottes, mais d'une propreté sans faille !

BOURBON-LANCY

⌧ 71140 (Saône-et-Loire) – 5 241 hab. – Alt. 240 m – Voir carte n°**7-B3**
◗ Paris 308 km – Autun 62 km – Mâcon 110 km – Montceau-les-Mines 55 km
Carte Michelin 320-C10 – Guide Vert Michelin Bourgogne

⌂   **La Tourelle du Beffroi** sans rest
    17 pl. de la Mairie – ℰ *03 85 89 39 20* – *www.hotellatourelle.fr*
    8 ch – ♦63/79 € ♦♦63/79 € – ⌑ 12 €
    Un emplacement agréable et pratique, près des remparts de la vieille ville et à
    l'ombre du beffroi, pour ce petit établissement aux allures de maison d'hôtes.

BOURBON-L'ARCHAMBAULT

⌧ 03160 (Allier) – 2 558 hab. – Alt. 367 m – Voir carte n°**5-B1**
◗ Paris 292 km – Montluçon 53 km – Moulins 24 km – Nevers 54 km
Carte Michelin 326-F3 – Guide Vert Michelin Auvergne

⛤   **Grand Hôtel Montespan-Talleyrand**   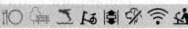
    pl. des Thermes – ℰ *04 70 67 00 24* – *www.hotel-montespan.com*
    – *Ouvert 3 avril-17 oct.*
    38 ch – ♦72/78 € ♦♦78/140 € – 2 suites – ⌑ 14 € – ½ P
    Rest *Le Talleyrand* – voir les restaurants ci-après
    Mme de Sévigné et Talleyrand y logèrent, la Montespan y mourut… Cet
    hôtel – 11ᵉ-18ᵉ s. – est au cœur de la station thermale. Décor de caractère et
    chambres spacieuses. Depuis la piscine, la vue sur le château des ducs de Bour-
    bon est superbe !

✕✕   **Le Talleyrand** – Grand Hôtel Montespan-Talleyrand
    pl. des Thermes – ℰ *04 70 67 00 24* – *www.hotel-montespan.com*
    – *Ouvert 3 avril-17 oct.*
    Menu 24/49 € – Carte 47/60 €
    À la table de la Montespan et de Talleyrand, le classicisme français et la tradition
    bourbonnaise sont à l'honneur, dans un cadre raffiné mêlant poutres et pierres.
    Du caractère !

BOURBONNE-LES-BAINS

✉ 52400 (Haute-Marne) – 2 197 hab. – Alt. 290 m – Voir carte n°**14**-D3
◗ Paris 313 km – Chaumont 55 km – Dijon 124 km – Langres 39 km
Carte Michelin 313-O6 – Guide Vert Michelin Champagne Ardenne

🏠 Orfeuil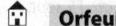

29 r. Orfeuil, (près des Thermes) – ℰ 03 25 90 05 71 – Ouvert 10 avril-25 nov.
30 ch – †50/70 € ††60/80 € – ⊻ 9 €
À 200 m des thermes, voilà un établissement parfait pour les curistes. Les chambres y sont fonctionnelles et équipées d'une kitchenette. L'été, au calme d'un joli jardin, on profite de la piscine.

LA BOURBOULE

✉ 63150 (Puy-de-Dôme) – 1 925 hab. – Alt. 880 m – Voir carte n°**5**-B2
◗ Paris 469 km – Aubusson 82 km – Clermont-Ferrand 50 km – Mauriac 71 km
Carte Michelin 326-D9 – Guide Vert Michelin Auvergne

🏠🏠 Le Parc des Fées

107 quai du Mar.-Fayolle – ℰ 04 73 81 01 77 – www.parcdesfees.com
– Fermé 2 nov.-26 déc. et ouvert vend., sam. et dim. en janv.
42 ch – †67/92 € ††67/92 € – ⊻ 12 € – ½ P
Le meilleur hôtel de la ville a la Dordogne pour voisine ! Cette bâtisse de 1874 fait face à la rivière et dissimule sur l'arrière un joli parc. Belle hauteur sous plafond, moulures, un salon où il fait bon lire, un espace bien-être... Le tout très bien tenu.

🏠🏠 Régina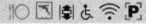

48 av. Alsace-Lorraine – ℰ 04 73 81 09 22 – www.hotelregina-labourboule.com
– Fermé 10-31 janv.
19 ch – †60/65 € ††70/100 € – ⊻ 8 € – ½ P
Hôtel parfait pour une étape, par exemple, sur la route du Mont-Dore. Un établissement traditionnel et fonctionnel.

🏠 Aviation sans rest

r. de Metz – ℰ 04 73 81 32 32 – www.hotel-aviation.com – Fermé 1ᵉʳ oct.-20 déc.
43 ch – †56/79 € ††62/80 € – ⊻ 9 €
Toute proche du parc Fenestre, cette maison du début du 20ᵉs. propose des chambres assez confortables. Cet établissement familial mise sur les loisirs : piscine, fitness, salle de jeux, billard... Idéal pour les vacances.

⌂ La Lauzeraie sans rest

577 chemin de la Suchère – ℰ 04 73 21 62 85 – www.lalauzeraie.net
4 ch ⊻ – †80/100 € ††99/125 €
Envie de vous ressourcer à côté des volcans d'Auvergne ? À 12 km de l'A 89, cette maison au toit de lauze est l'endroit rêvé avec son joli jardin et son bassin où cohabitent carpes et poissons rouges. Décoration soignée et accueil de qualité.

✗ L'Amuse Bouche

15 r. des Frères-Rozier – ℰ 04 73 21 68 85 – www.restaurant-lamusebouche.fr
– Fermé de mi-nov. à mi-déc., mardi et merc.
Menu 28/45 €
Il est des couples qui se forment en cuisine... Elle a raccroché le tablier pour s'occuper de la salle, lui est resté derrière les fourneaux pour travailler des produits frais et servir bien plus qu'un amuse-bouche. Beaucoup de goût en cette adresse !

BOURDEILLES – 24 (Dordogne) → voir Brantôme

BOURG-ACHARD

✉ 27310 (Eure) – 3 031 hab. – Alt. 124 m – Voir carte n°**33**-C2
◗ Paris 141 km – Bernay 39 km – Évreux 62 km – Le Havre 62 km
Carte Michelin 304-E5 – Guide Vert Michelin Normandie Vallée de la Seine

✗✗✗ L'Amandier

581 rte de Rouen – ✆ 02 32 57 11 49 – www.lamandier-bourgachard.fr
– Fermé vacances de fév., 4-13 août, dim. soir, mardi et merc.
Formule 20 € – Menu 29 € (déj. en semaine), 43/53 € – Carte 55/74 €
De bien jolis fruits naissent de cet Amandier, dont le chef cuisine avec justesse et savoir-faire des produits de qualité. Les assiettes se dégustent avec plaisir et l'on passe un agréable moment... À l'heure de l'apéritif et du café, n'hésitez pas à profiter du jardin !

BOURG-CHARENTE – 16 (Charente) ➔ voir Jarnac

LE BOURG-DUN

✉ 76740 (Seine-Maritime) – 434 hab. – Alt. 17 m – Voir carte n°**33-C1**
🚩 Paris 188 km – Dieppe 20 km – Fontaine-le-Dun 7 km – Rouen 56 km
Carte Michelin 304-F2 – Guide Vert Michelin Normandie Vallée de la Seine

✗✗✗ Auberge du Dun (Pierre Chrétien) ❀ **P.**

3 rte de Dieppe, (face à l'église) – ✆ 02 35 83 05 84 – www.auberge-du-dun.fr
– Fermé 20-29 oct., 10-20 janv., merc. sauf le midi du 1ᵉʳ mars au 15 oct., dim. soir et lundi
Menu 30 € (semaine), 54/96 € – Carte 80/100 € (réservation conseillée)
Cette petite maison provinciale vous accueille dans deux salles classiques et coquettes, dont l'une avec vue sur les cuisines. Depuis de nombreuses années, le chef et son épouse mettent toute leur passion au service de leurs hôtes ; les assiettes sont fines et savoureuses... Une adresse délicieuse dans son genre !
➔ Parfait d'araignée de mer, confit de tomate verte et jus de persil. Coquilles Saint-Jacques de Dieppe. Soufflé Alexandre le Grand.

BOURG-EN-BRESSE

✉ 01000 (Ain) – 39 882 hab. – Agglo. 58 393 hab. – Alt. 251 m – Voir carte n°**44-B1**
🚩 Paris 424 km – Annecy 113 km – Genève 112 km – Lyon 82 km
Carte Michelin 328-E3 – Guide Vert Michelin Bourgogne

Mercure ✐❀ ✦ & 🅰🅲 🛜 ✍ 🅿 🚗

10 av. Bad-Kreuznach – ✆ 04 74 22 44 88   Plan : X**e**
– www.mercure-bourg-en-bresse.com
60 ch – ✦85/145 € ✦✦85/145 € – ☲ 17 €
Rest Chantecler – voir les restaurants ci-après
Ce Mercure affiche un style frais et design, notamment dans le grand hall lumineux, et un confort bien réjouissant dans les chambres (très grands lits). On sert des produits bio au petit-déjeuner.

🏠 Le Griffon d'Or sans rest ✦ & 🅰🅲 ❀ 🛜 ✍ 🅿

10 r. du 4-septembre – ✆ 04 74 23 13 24   Plan : Y**a**
– www.hotelgriffondor.fr – Fermé 2-23 août, 20-27 déc. et dim.
17 ch – ✦93/160 € ✦✦115/160 € – ☲ 14 €
La propriétaire, décoratrice, a entièrement rénové ce relais de poste du 18ᵉ s. : vieilles pierres et colombages se marient avec soin et élégance. Le petit-déjeuner sort du lot (confitures bio, miel, yaourts et fromages locaux) et l'accueil est charmant. L'une des plus adorables bonbonnières de la région !

Hôtel de France sans rest ✦ 🅰🅲 🛜 ✍ 🚗

19 pl. Bernard – ✆ 04 74 23 30 24   Plan : Y**r**
– www.bestwestern-hoteldefrance.com
44 ch – ✦90/108 € ✦✦95/150 € – 1 suite – ☲ 14 €
À deux pas de l'église Notre-Dame, un immeuble dont le hall a été restauré dans son esprit 1900 d'origine. La décoration des chambres mélange classicisme et teintes plus actuelles ; les parquets des couloirs craquent sous nos pieds et donnent du cachet à l'endroit...

BOURG-EN-BRESSE

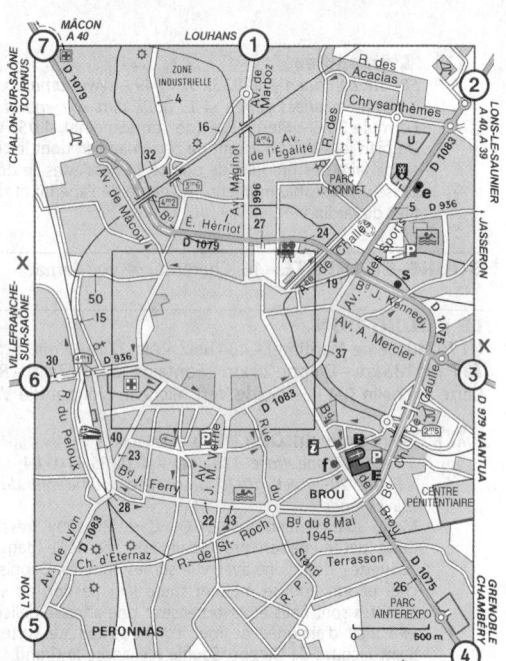

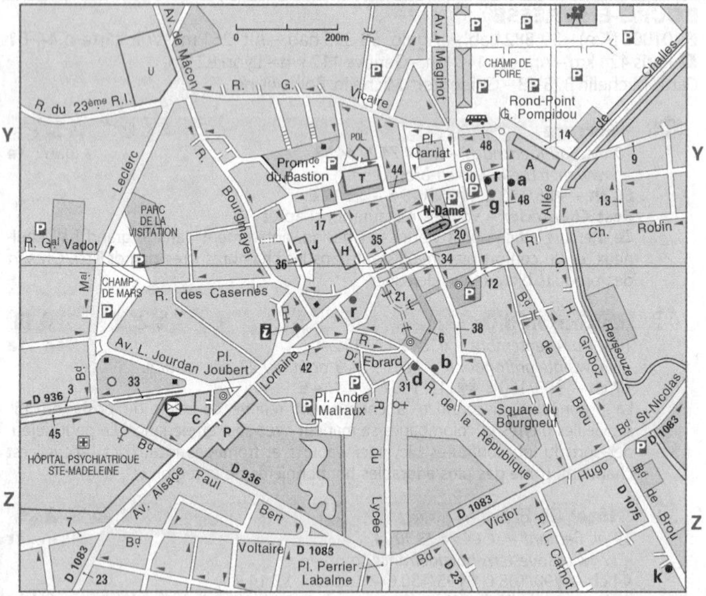

Kyriad 🏨 🍴 🛏 ☒ 🛎 ⅏ 🆎 📶 🏄 🅿 🚗

bd Kennedy – ℰ *04 74 22 50 88* – *www.kyriad.com* Plan : X**s**
40 ch – ✝65/120 € ✝✝65/120 € – ☲ 11 €
En retrait du boulevard circulaire, cette construction des années 1980 est devenue un hôtel de chaîne de type contemporain. Les chambres sont sobres et fonctionnelles, et l'arrière donne sur un agréable jardin avec terrasse et piscine.

Logis de Brou *sans rest* 🏠 🍴 🛎 📶 🏄 🅿 🚗

132 bd de Brou – ℰ *04 74 22 11 55* – *www.logisdebrou.com* Plan : Z**k**
30 ch – ✝75/86 € ✝✝83/99 € – ☲ 12 €
Ce petit hôtel familial des années 1970 est bien situé pour visiter l'église de Brou,
célèbre pour ses vitraux et ses sculptures. Les chambres, spacieuses et bien
tenues, ont un petit côté suranné. Jardin fleuri et bon petit-déjeuner.

XXX L'Auberge Bressane 🕸 ⪡ 🛋 🆎 🅿

166 bd de Brou – ℰ *04 74 22 22 68* – *www.aubergebressane.fr* Plan : X**f**
– *Fermé mardi*
Formule 26 € – Menu 34/81 € – Carte 60/110 €
Une table incontournable : la cuisine fait la part belle aux spécialités régionales
(volaille de Bresse, cuisses de grenouille, écrevisses...) et les vieux millésimes
abondent sur la carte des vins. Terrasse avec vue sur l'église de Brou.

XX Chantecler – *Hôtel Mercure* 🏠 🛋 ⅏ ✄ 🅿

10 av. Bad-Kreuznach – ℰ *04 74 22 44 88* Plan : X**e**
– *www.mercure-bourg-en-bresse.com* – *Fermé sam. midi et dim. midi*
Formule 20 € – Menu 26 € (dîner)/42 € – Carte 30/55 €
Un restaurant d'hôtel agréable, avec terrasse couverte et vue sur un jardin, décoré dans un esprit contemporain judicieux. Et l'adresse se démarque par
sa cuisine, soignée dans son registre régional, avec de bons produits frais.

XX Place Bernard 🛋

19 pl. Bernard – ℰ *04 74 45 29 11* – *www.georgesblanc.com* Plan : Y**g**
– *Fermé 2 semaines en oct.*
Formule 21 € ☕ – Menu 27/35 € – Carte 39/60 €
Une maison 1900 placée sous la houlette du chef étoilé Georges Blanc. Le décor
évoque une luxueuse brasserie : tons vifs, banquettes rouges, meubles anciens et
véranda rétro. Dans l'assiette, le répertoire régional domine : terrine de foie de
volaille maison, sandre au vin rouge et ses tagliatelles...

XX Le Français 🛋 🆎 ⇔

7 av. Alsace-Lorraine – ℰ *04 74 22 55 14* Plan : Z**r**
– *www.brasserielefrancais.com* – *Fermé 1er-25 août, 24 déc.-5 janv., sam. soir,
dim. et fériés*
Menu 28/65 € – Carte 40/76 €
Depuis 1932, la même famille vous accueille dans cette institution locale au cadre
Belle Époque. Volaille de Bresse à la crème et aux morilles, grenouilles de la Dombes et quenelles de brochet : le terroir régional est à l'honneur, avec en plus une
belle carte de fruits de mer. Tout cela sous un plafond classé !

XX Mets et Vins 🆎

11 r. de la République – ℰ *04 74 45 20 78* Plan : Z**b**
🙂 – *www.restaurant-metsetvins.com* – *Fermé 13-22 juil., 2-23 janv., dim. soir, lundi
et mardi*
Formule 18 € – Menu 24/55 € – Carte 32/53 €
Ici œuvre un vrai chef, grand adepte des produits du terroir local et du "fait maison" (dont le pain et les sorbets), et qui sait s'extraire des sentiers battus de la tradition. Terrine de taureau de manade aux trompettes-des-Maures, pot-au-feu de
cabillaud au jus de coquillages... Une adresse qui sort du lot !

Se régaler sans se ruiner ? Repérez les Bib Gourmand 🙂. Ils vous aideront à
dénicher les bonnes tables sachant marier cuisine de qualité et prix ajustés !

XX **Chalet de Brou**

168 bd de Brou, (face à l'église) – ℰ 04 74 22 26 28   Plan : X**f**
– Fermé 25 déc.-1ᵉʳ janv., merc. et jeudi
Menu 18 € (semaine), 25/65 € – Carte 34/59 €
Un vent de nouveauté souffle sur ce restaurant familial repris par la fille de la maison : si la carte mise toujours sur le terroir (cuisses de grenouille, poulet de Bresse), elle se fait parfois plus actuelle... Quant à la terrasse, elle reste charmante face à la superbe église de Brou !

X **La Fleur de Sel**

4 r. de la République – ℰ 04 74 45 33 18   Plan : Z**d**
– www.restaurant-lafleurdesel.com – Fermé 23 août-9 sept., 25 janv.-10 fév., sam. midi, dim. soir et lundi
Formule 20 € – Menu 29/46 € – Carte 43/62 €
Un nouveau venu dans le paysage burgien, niché dans le centre historique. Dynamisme et ambition, voilà ce qui caractérise son jeune chef, originaire de la ville. Sa savoureuse cuisine du marché fait la part belle aux saveurs méridionales : rafraîchissant !

à Péronnas 3 km par ⑤, D 1083 – ⊠ 01960 – 6 053 hab. – Alt. 281 m

XXX **La Marelle** (Didier Goiffon)

1593 av. de Lyon – ℰ 04 74 21 75 21 – www.lamarelle.fr
– Fermé 20 avril-4 mai, 16 août-6 sept., 2-17 janv., dim. et lundi
Menu 41 € (déj. en semaine), 58/95 € – Carte 64/108 €
De la terre jusqu'au ciel, retrouvez sur la carte de cette Marelle une séduisante cuisine, inventive et voyageuse : le chef met en avant de beaux produits comme les Saint-Jacques, le homard ou encore le bœuf Wagyu... Quant au cadre, il est chaleureux et raffiné, mêlant rustique et contemporain.
➔ Saint-Jacques et sorbet coraillé. Ormeaux sauvages de Bretagne. Poire tapée aux morilles et vin jaune.

à Lalleyriat 7 km par ⑤, N 83 et D 22 – ⊠ 01960

⛰ **Le Nid à Bibi**

Les Grandes Terres - 120 chemin des Sauvagères – ℰ 04 74 21 11 47
– www.lenidabibi.com
5 ch ⊡ – †95/120 € ††110/145 € – ½ P
Quiétude absolue, chambres coquettes et confortables, délicieux petit-déjeuner, pléiade d'activités, accueil adorable : on se sent ici comme dans sa propre maison de campagne ! La propriétaire est fine cuisinière et mitonne ratatouille, gratins et tartes avec les légumes du potager et les fruits du verger.

BOURGES

⊠ 18000 (Cher) – 66 602 hab. – Agglo. 82 717 hab. – Alt. 153 m
– Voir carte n°**12-C3**
◻ Paris 244 km – Châteauroux 65 km – Dijon 254 km – Nevers 69 km
Carte Michelin 323-K4 – Guide Vert Michelin Limousin Berry

🏨 **Hôtel de Bourbon**

bd de la République – ℰ 02 48 70 70 00 – www.hotel-bourbon.fr   Plan : Y**b**
58 ch – †117/185 € ††117/185 € – 4 suites – ⊡ 17 €
Rest L'Abbaye St-Ambroix – voir les restaurants ci-après
Près du centre-ville, cette ancienne abbaye du 17ᵉ s. abrite un hôtel très agréable, dont les chambres sont feutrées, élégantes et confortables. Un lieu chargé d'histoire !

🏨 **Hôtel d'Angleterre** sans rest

1 pl. des Quatre-Piliers – ℰ 02 48 24 68 51   Plan : Y**t**
– www.bestwestern-angleterre-bourges.com – Fermé 20 déc.-5 janv.
31 ch ⊡ – †114/175 € ††135/240 €
Cet hôtel bénéficie non seulement d'un emplacement de choix, près du palais Jacques-Cœur, mais aussi de chambres confortables et bien tenues. On y trouve également un bar privé proposant de bons vins, de la charcuterie et de beaux fromages. Une adresse très agréable.

BOURGES

Baffier (R. J.) . . . . X 3
Bérégovoy (Av. P.). . . . . X 6
Deux-Ponts (R. des) . . . . V 16
Dormoy (Av. M.) . . . . V 19
Farman (Rd-Pt H.) . . . . X 21
Foch (Bd du Mar.) . . . . X 23
Frères-Voisin (Av. des). . . . . X 25
Industrie (Bd de l') . . . . X 30
Joffre (Bd du Mar.) . . . . X 34
J.-J.-Rousseau (R.) . . . . X 33
Laudier (Av. H.) . . . . V 38
Liberté (Bd de la) . . . . X 41
Mitterrand (Av. F.) . . . . X 47
Orléans (Av. d') . . . . V 48
Pignoux (R. de) . . . . X 51
Près-le-Roi (Av. des) . . . . V 53
Prospective (Av. de la). . . . . V 56
Pyrotechnie (Pl. de la) . . . . X 57
Santos-Dumont (Bd) . . . . X 65
Sellier (R. H.) . . . . X 66
Semard (Av. P.) . . . . V 68

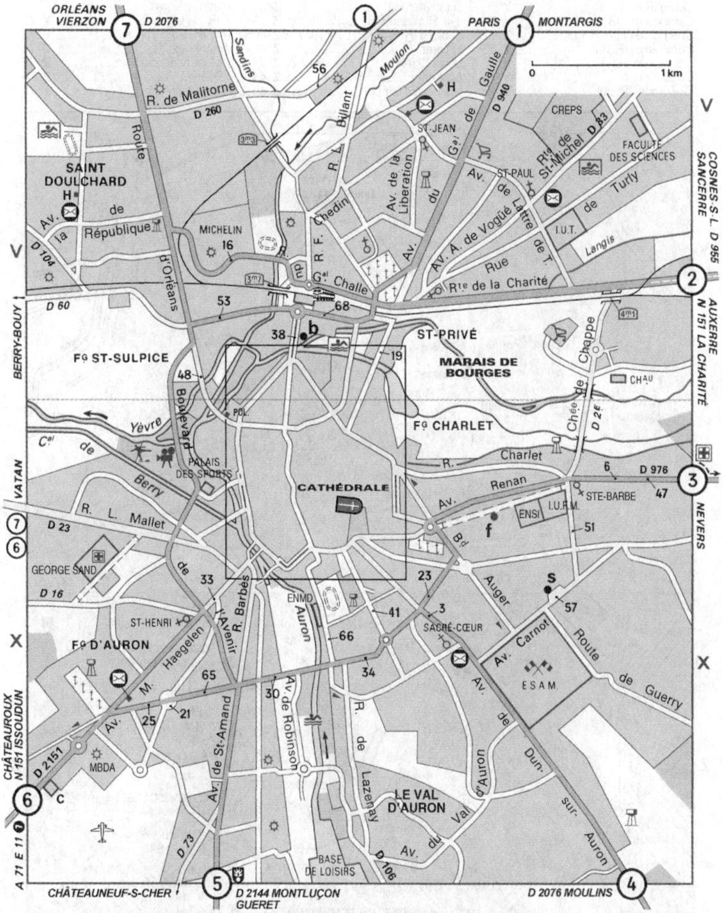

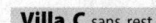

Villa C sans rest

20 av. Henri-Laudier – ✆ 02 18 15 04 00 – www.hotelvillac.com Plan : V**b**
– Fermé 21 déc.-4 janv.

12 ch – †95/220 € ††95/220 € – ☕ 13 €

À quelques pas de la gare, une belle demeure du 19e s. distillant une sobre élégance contemporaine... Joli salon feutré, quelques chambres avec terrasse.

Le Christina sans rest

5 r. de la Halle – ✆ 02 48 70 56 50 – www.le-christina.com Plan : Z**m**

64 ch – †60/105 € ††60/105 € – ☕ 9 €

Près du centre-ville, face à la jolie halle au blé du 19e s., cet hôtel familial a été entièrement rénové dans un esprit sobre et moderne. Les chambres sont fonctionnelles et bien tenues, avec mobilier en bois massif et TV à écran plat... Une belle évolution !

BOURGES

🛏️ Les Tilleuls sans rest 🛋️ 🔄 🕭 🅰🄲 🛜 🚗 🅿️

7 pl. Pyrotechnie – ℰ 02 48 20 49 04 – www.les-tilleuls.com   Plan : X**s**
39 ch – 🛏️60/90 € 🛏️🛏️60/90 € – 🍽️ 8 €

Dans les faubourgs, adresse familiale où règne la simplicité. Les chambres sont situées dans une maison de maître (19ᵉ s.) et une annexe moderne. Agréable petit jardin et piscine.

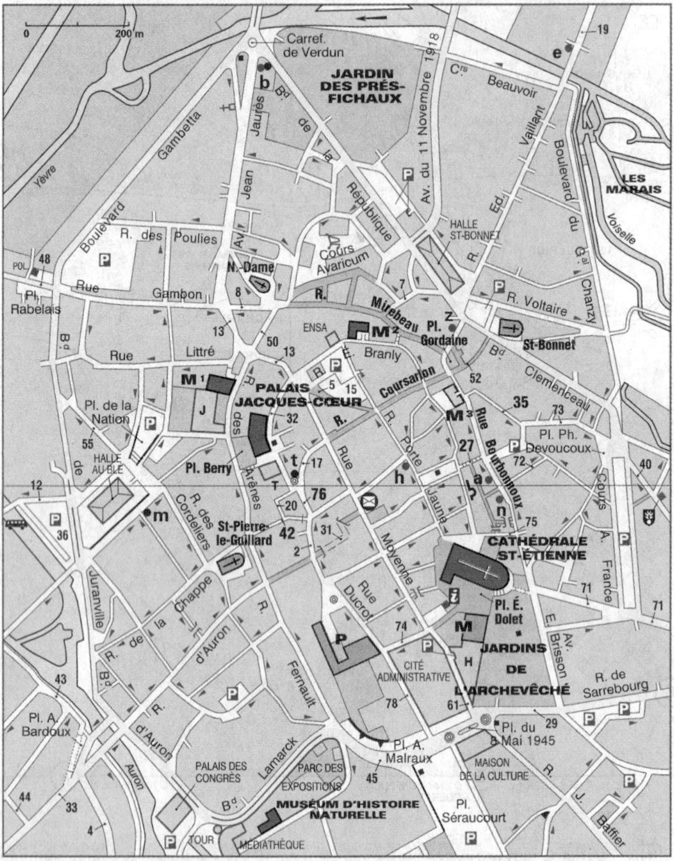

Si vous recherchez un hébergement particulièrement agréable pour un séjour de charme, préférez les établissements signalés en rouge : 🏠, 🏠...🏨🏨.

XXX **Le d'Antan Sancerrois** (Stéphane Rétif)   AC

£3 *50 r. Bourbonnoux –* $\mathscr{C}$ *02 48 65 96 26*   Plan : Z**n**
   – www.dantansancerrois.fr – Fermé 4-22 août, 22 déc.-1ᵉʳ janv., dim., lundi et
   fériés
   Menu 36 € (déj.), 52/86 € – Carte 57/70 €
   Ce restaurant a beau se situer au cœur du Bourges historique, il n'en propose pas
   moins une cuisine dans l'air du temps, avec juste ce qu'il faut d'inventivité. Dans
   l'assiette, les produits sont beaux, délicatement cuisinés, les saveurs bien marquées. Un délice pour les papilles, dans un cadre feutré.
   → Fraîcheur de homard breton, maki de tourteau et vinaigrette fruit de la passion. Ris de veau braisé au jus, girolles et asperges vertes. Opaline aux framboises,
   crème pistache et sorbet framboise.

XXX **Le Beauvoir**   88 ⅏ AC

   1 av. Marx-Dormoy – $\mathscr{C}$ *02 48 65 42 44*   Plan : Y**e**
   – www.restaurant-lebeauvoir.com – Fermé 5-31 août et dim. soir
   Menu 16 € (semaine), 30/105 € ⅌ – Carte 56/77 €
   Une table élégante et accueillante, avec une terrasse sur la cour à l'arrière. Le
   chef, Didier Guyot, concocte une appétissante cuisine traditionnelle où les produits frais ont la part belle. Une valeur sûre.

XXX **Le Cercle** (Pascal Chaupitre et Christophe Lot)   ⅏ & AC ⇔

£3 *44 bd Lahitolle –* $\mathscr{C}$ *02 48 70 33 27 – www.restaurant-lecercle.fr*   Plan : X**f**
   – Fermé 1ᵉʳ-10 mars, 26 avril-5 mai, 16 août-1ᵉʳ sept., vacances de la Toussaint
   dim. et lundi
   Menu 26 € (déj. en semaine), 52/90 € – Carte environ 70 €
   À l'écart du centre-ville, une maison bourgeoise revue et corrigée à la mode
   design. Bienvenue au Cercle, né fin 2011. Deux chefs expérimentés ont décidé
   d'y associer leurs talents. Leurs créations se révèlent savoureuses, précises, légères, bigarrées... Beau duo !
   → Foie gras mi-cuit à la pomme du coin, bagel et sauce barbecue. Filet de bœuf
   charolais poêlé au condiment cacahouète, aubergine, lait de coco et épinards. Fraises de Sologne sur un nuage et crème glacée citron-basilic.

XXX **L'Abbaye St-Ambroix** – Hôtel De Bourbon   88 ⅏ AC ⇔ P

   60-62 av. Jean-Jaurès – $\mathscr{C}$ *02 48 70 80 00*   Plan : Y**b**
   – www.hotel-bourbon.fr – Fermé lundi midi, sam. midi et dim.
   Formule 28 € – Menu 30 € – Carte 40/60 €
   Une ancienne chapelle et son immense voûte : un cadre original et superbe alliant
   classique et contemporain. On y célèbre une cuisine du temps présent, tout simplement bonne.

XX **Le Bourbonnoux**   AC

   44 r. Bourbonnoux – $\mathscr{C}$ *02 48 24 14 76*   Plan : Y**a**
   – www.bourbonnoux.com – Fermé 28 fév.-8 mars, 25 avril-2 mai,
   15 août-6 sept., sam. midi, dim. soir et vend.
   Menu 14 € (semaine), 20/34 € – Carte 35/51 €
   Dans ce restaurant du quartier historique, les gourmands se régalent d'une appétissante cuisine traditionnelle : rognons de veau, ravioles de foie gras, gigolettes
   de pintade et sauce aux cèpes, etc. Des petits plats à savourer au beau milieu
   d'une collection de canards en porcelaine... pour un repas sans couacs !

X   **La Prose**   ⅏ &

   7 r. Jean-Girard – $\mathscr{C}$ *02 48 70 70 30*   Plan : Y**z**
   – www.restaurant-la-prose.com – Fermé 14 sept.-2 oct., dim. et lundi
   Formule 18 € – Menu 21 € (semaine)/39 € – Carte 27/60 €
   Voilà une prose qui ne plaira pas qu'aux lettrés ! Dans ce restaurant au cadre
   design, une chef passionnée propose une jolie cuisine pleine de fraîcheur : compression de gambas et chèvre frais aux herbes, magret de canard aux fruits rouges et poêlée de petits légumes au romarin... à accompagner d'un vin bien
   choisi.

Au Rez-de-Chaussée Ⓝ
8 r. Porte-Jaune – ✆ 02 48 65 99 60 – Fermé 1 semaine en avril, 2 semaines en août, merc. soir, dim. et lundi Plan : Y**h**
Formule 13 € – Carte 36/46 €
Voilà LA bonne petite adresse "bistronomique" que l'on espérait à Bourges ! On aime le décor atypique – œuvre d'art métallique, plaques publicitaires, mobilier vintage – et la cuisine du nouveau chef : généreuse, évoluant chaque jour au gré du marché, elle régale à petit prix... et dans une ambiance vraiment sympa.

LE BOURGET – 93 (Seine-Saint-Denis) ➜ voir Paris, Environs

LE BOURGET-DU-LAC

✉ 73370 (Savoie) – 4 446 hab. – Alt. 240 m – Voir carte n°**46-F2**
▶ Paris 531 km – Aix-les-Bains 10 km – Annecy 44 km – Belley 23 km
Carte Michelin 333-I4 – Guide Vert Michelin Alpes du Nord

Ombremont
2 km au Nord par D 1504 – ✆ 04 79 25 00 23 – www.hotel-ombremont.com – Fermé de janv. à mi-fév., lundi et mardi
14 ch – †180/370 € ††180/370 € – 3 suites – ☕ 22 € – ½ P
Rest *Le Bateau Ivre* ✿✿ – voir les restaurants ci-après
Dans un superbe parc arboré face au lac et au massif des Bauges, une vaste demeure de 1930. Les chambres, au décor soigné (style contemporain ou raffinement bourgeois), jouissent presque toutes d'une vue magnifique. L'été, profitez de la belle piscine.

Le Bateau Ivre (Jean-Pierre Jacob) – Hôtel Ombremont
✿✿ *2 km au Nord par D 1504 – ✆ 04 79 25 00 23 – www.hotel-ombremont.com – Fermé de janv. à mi-fév., jeudi midi de mai à oct., lundi et mardi*
Formule 36 € – Menu 57 € (déj. en semaine), 87/145 € – Carte 92/124 €
Arthur Rimbaud aurait sans doute apprécié la vue de ce Bateau Ivre, les yeux rivés sur le lac et le mont Revard... La cuisine de Jean-Pierre Jacob a la rigueur et le classicisme d'un poème en alexandrins, mais aussi l'esprit de nouveauté et la fraîcheur d'une œuvre portée par les saisons et l'invention. Une belle table.
➜ Foie gras de canard poché, huîtres et feuilles végétales. Lavaret, pommes de terre ratte acidulées et jus de coco. Soufflé chaud au Grand Marnier, bonbons et crème glacée.

Auberge Lamartine (Pierre Marin)
✿ *rte du Tunnel du Chat, 3,5 km au Nord par D 1504 – ✆ 04 79 25 01 03 – www.lamartine-marin.com – Fermé 1er-7 sept., 21 déc.-21 janv., dim. soir, lundi et mardi sauf fériés*
Menu 30 € (déj. en semaine), 51/88 € – Carte 68/80 €
Face au lac cher à Lamartine – qui lui dédiera l'un de ses plus célèbres poèmes en souvenir de ses amours passées ("Ô temps, suspends ton vol...") –, cette table est une valeur sûre de la région : un cadre chic et élégant, un service très agréable, et surtout une cuisine toujours inspirée et savoureuse.
➜ Lavaret du lac poêlé, crémeux de céleri. Cœur de ris de veau braisé. Citron en déclinaison : crémeux, macaron, coulis limoncello, sorbet citron vert, meringue et nuage de citron.

Atmosphères (Alain Périllat-Mercerot) avec ch ch,
✿ *618 rte des Tournelles, 2,5 km au Nord-Ouest par D 1504 et D 42 – ✆ 04 79 25 01 29 – www.atmospheres-hotel.com – Fermé 18 oct.-3 nov., mardi midi et merc. midi en juil.-août, dim. de sept. à juin et lundi*
4 ch – †130 € ††130/150 € – ☕ 15 €
Menu 30 € (déj. en semaine), 49/90 € – Carte 80/97 €
Atmosphère, atmosphère... La grande bâtisse domine le lac du Bourget, splendide écrin pour une cuisine qui, sans renier des bases classiques, dévoile des recettes créatives et des saveurs délicates. Un très beau travail ! Chambres séduisantes, épurées et colorées.
➜ Biscuit de brochet du lac, herbes du jardin et consommé d'écrevisses. Lavaret du lac cuit à basse température, blettes et pormonier. Carré de chocolat gianduja, croustillant praliné et glace noisette du Piémont.

XX **La Grange à Sel** 🕱 🖛 🖀 & ✿ P

❀ *La Croix-Verte –* ☏ *04 79 25 02 66 – www.lagrangeasel.com – Fermé
2 janv.-10 fév., mardi midi, dim. soir et lundi*
Menu 30 € (déj. en semaine), 42/72 € – Carte 62/81 €
Pierres et poutres apparentes font le cachet de cette ancienne grange à sel du
17e s., bordée par un joli jardin où l'on s'attable aux beaux jours... Un chef de
métier y propose une cuisine dans l'air du temps, bien maîtrisée et très savoureuse. Agréable terrasse dans le jardin.
→ Langoustines rôties en salade, parmesan, viande des Grisons et truffe. Ris de
veau, mousseline d'artichaut et jus au vinaigre balsamique. Soufflé chaud à la
Chartreuse.

XX **Beaurivage** avec ch ≤ 🖀 🍴 rest, 🛜 P

1171 bd du Lac – ☏ *04 79 25 00 38 – www.beaurivage-bourget-du-lac.com
– Fermé vacances de la Toussaint, mi-déc. à mi-janv., merc. sauf le midi
en juil.-août, dim. soir et jeudi*
4 ch – ♦78 € ♦♦78 € – ☷ 10 €
Formule 26 € – Menu 30 € (dîner en semaine), 37/69 € – Carte 55/73 €
Il est des rivages difficiles à quitter ! Tel est le cas de ce restaurant dont la carte
étoffée fait la part belle aux produits régionaux et aux poissons du lac. Aux beaux
jours, profitez de l'agréable terrasse ombragée ; toute l'année, faites étape dans
l'une des chambres, qui jouissent d'une jolie vue.

BOURG-LÈS-VALENCE – 26 (Drôme) → voir Valence

BOURGOIN-JALLIEU

✉ 38300 (Isère) – 26 390 hab. – Alt. 235 m – Voir carte n°**44-B2**
▶ Paris 503 km – Bourg-en-Bresse 81 km – Grenoble 66 km – Lyon 43 km
Carte Michelin 333-E4 – Guide Vert Michelin Lyon et sa région

🏠 **Domaine des Séquoias** ❙❘❙ 🖛 ⲍ 🛜 🏊 P

*54 Vie-de-Boussieu, 2,5 km à l'Est par D 1006 et rte de Boussieu
–* ☏ *04 74 93 78 00 – www.domaine-sequoias.com – Fermé 3 semaines en août
et 21 déc.-6 janv.*
19 ch – ♦125/260 € ♦♦125/260 € – ☷ 20 €
Rest *Domaine des Séquoias* ❀ – voir les restaurants ci-après
Un hôtel élégant, bien au calme dans un grand parc. Vous pouvez choisir entre
les chambres classiques et spacieuses de la Demeure, ou celles plus modernes et
design de la Ferme. Indéniablement séduisant.

🏠 **Les Dauphins** sans rest 🖛 ⲍ 🕍 & 🛜 P

8 r. François-Berrier, 1,5 km à l'Ouest par D 312 – ☏ *04 74 93 00 58
– www.hotel-des-dauphins.fr*
20 ch – ♦65/80 € ♦♦65/80 € – ☷ 9 €
Dans cette pimpante maison bourgeoise (1910) et ses deux annexes, on découvre
des chambres coquettes, aux tons pastel et fort bien tenues. Pour la détente : terrasse face au jardin où trône un beau séquoia, piscine et petit fitness.

XXX **Domaine des Séquoias** (Eric Jambon) – Hôtel Domaine des Séquoias 🖛

❀ *54 Vie-de-Boussieu, 2,5 km à l'Est par D 1006 et rte de* 🍽 ✿ P
Boussieu – ☏ *04 74 93 78 00 – www.domaine-sequoias.com – Fermé 3 semaines
en août, 21 déc.-6 janv., dim. soir, mardi midi et lundi*
Formule 28 € – Menu 38 € (déj. en semaine), 65/125 €
On passe un agréable moment au sein de cette belle maison de maître, d'une
élégance toute classique, où de grandes toiles contemporaines projettent leurs
couleurs à travers la pièce. Le repas se décline au fil de mets très savoureux et
originaux, guidés par le souci du bon produit. Autre atout : l'accueil est charmant.
→ Cuisine du marché.

à La Grive 4,5 km à l'Ouest par D 312 – ✉ 38300

XX **L'Émulsion** 🍴 🖼 **P**

57 rte de Lyon – 𝒞 04 74 28 19 12 – www.lemulsion-restaurant.com – Fermé 3 semaines en août, 22 déc.-2 janv., dim. et lundi
Formule 18 € – Menu 26/50 € – Carte 31/59 €
Une Émulsion à la fois savoureuse et inventive. Le cadre, contemporain et élégant, sert à merveille des recettes telles que le foie gras choc-passion, le pigeonneau en croûte, ou encore ce millefeuille d'aubergines séchées, crème citron et sorbet basilic – un dessert surprenant... Une belle alchimie !

BOURG-ST-ANDÉOL

✉ 07700 (Ardèche) – 7 233 hab. – Alt. 36 m – Voir carte n°**44**-B3
 Paris 640 km – Aubenas 57 km – Montélimar 26 km – Orange 34 km
Carte Michelin 331-J7 – Guide Vert Michelin Ardèche Drôme

🏠 **Le Clos des Oliviers** ⅠⅠ◯ 🖼 🛜 🛗

*20 pl. du Champ-de-Mars – 𝒞 04 75 54 50 12 – www.closdesoliviers.fr
– Fermé 20 déc.-4 janv., sam. et dim. d'oct. à mars*
24 ch – ♦45/60 € ♦♦50/70 € – ☷ 8 € – ½ P
Sur la place principale du village, cette maison ancienne, bien rénovée, abrite de petites chambres fonctionnelles et colorées. Celles de l'annexe sont plus calmes. Au restaurant, terrasse au milieu des oliviers et... saveurs du Sud.

BOURG-ST-MAURICE

✉ 73700 (Savoie) – 7 723 hab. – Alt. 850 m – Voir carte n°**45**-D2
🔽 Paris 635 km – Albertville 54 km – Aosta 79 km – Chambéry 103 km
Carte Michelin 333-N4 – Guide Vert Michelin Alpes du Nord

🏨 **L'Autantic** sans rest ⊗ ⊲ 🖺 🛗 🛜 🛗 **P**

69 rte d'Hauteville – 𝒞 04 79 07 01 70 – www.hotel-autantic.fr
29 ch – ♦40/135 € ♦♦40/135 € – ☷ 11 €
Authentique, ce chalet en pierre et bois ! Les chambres, mêlant murs immaculés, bois et fer forgé, sont petites et bien tenues. Préférez celles avec terrasse ou balcon. Agréable piscine couverte.

X **L'Arssiban** 🍴

🏵 *253 av. Antoine-Borrel – 𝒞 04 79 07 77 35 – Fermé 18 juin-10 juil.,
26 oct.-4 nov., merc. soir, dim. soir et lundi*
Menu 28/49 € – Carte 41/66 €
Savez-vous ce qu'est un arssiban ? C'est ce "banc-coffre" en pin typique de la Savoie ! Telle est la pièce maîtresse du chaleureux décor de ce chalet : voûtes en pierre, tables en bois... Adepte inconditionnel des produits frais, le chef explore la tradition avec savoir-faire. Une sympathique adresse.

X **Le Montagnole** 🍴

🍝 *26 av. du Stade – 𝒞 04 79 07 11 52 – www.restaurantlemontagnole.com
– Fermé 1ᵉʳ-17 juin, 16 nov.-9 déc., lundi soir et mardi hors saison*
Formule 16 € – Menu 20/43 € – Carte 35/54 €
Les propriétaires, tous deux artistes, exposent leurs œuvres picturales et poétiques dans la salle. Ce n'est pas la moindre coquetterie de ce restaurant pour lequel ils donnent beaucoup. Dans l'assiette : le goût de la tradition.

BOURGUEIL

✉ 37140 (Indre-et-Loire) – 3 872 hab. – Alt. 42 m – Voir carte n°**11**-A2
🔽 Paris 281 km – Angers 81 km – Chinon 16 km – Saumur 23 km
Carte Michelin 317-J5 – Guide Vert Michelin Châteaux de la Loire

XX **La Rose de Pindare** 🍴 🛗

4 pl. Hublin – 𝒞 02 47 97 70 50 – www.larosedepindare.com – Fermé 1ᵉʳ-10 fév. et merc.
Menu 21/43 € – Carte 30/56 €
Anagramme de Pierre Ronsard – à deux lettres près –, La Rose de Pindare a conservé toute sa fraîcheur ! On s'installe dans une salle fleurie ou sur la terrasse pour déguster une cuisine dans l'air du temps, concoctée avec de beaux produits. Une bonne adresse.

X **Le Moulin Bleu**   ⇐ 🏠 🏠 ⇔ **P**
7 rte du Moulin-Bleu, 2 km au Nord par rte de Courléon – ℰ 02 47 97 73 13
– www.lemoulinbleu.com – Fermé, fin-déc. à mi-fév., dim. soir, mardi soir et merc.
Formule 19 € – Menu 25/35 € – Carte 35/60 €
Envie de manger dans un lieu insolite ? Dans ce cas, poussez la porte de ce moulin angevin (15ᵉ s.) avec vue sur le vignoble de Bourgueil ! Dans une salle rustique, au charme désuet, on déguste une cuisine traditionnelle généreuse et goûteuse. Ambiance chaleureuse.

BOURGUIGNONS – 10 (Aube) → voir Bar-sur-Seine

BOURNEVILLE
✉ 27500 (Eure) – 913 hab. – Alt. 124 m – Voir carte n°**32-B3**
▶ Paris 155 km – Brionne 25 km – Le Havre 45 km – Rouen 43 km
Carte Michelin 304-D5

X **Risle Seine**   🏠
⚭ *5 pl. de la Mairie – ℰ 02 32 42 30 22 – www.risle-seine.com – Fermé vacances de*
la Toussaint, de fév., mardi et merc. sauf fériés
Formule 14 € – Menu 19/33 € – Carte 20/36 €
Au cœur du village, l'une de ces bonnes auberges qui cultivent le goût de cuisiner : rosace d'andouille et de pomme, sauce au cidre ; filet de lotte à la crème
safranée ; sablé aux fraises et à la rhubarbe... La tradition, et plus encore.

BOURRON-MARLOTTE
✉ 77780 (Seine-et-Marne) – 2 683 hab. – Alt. 71 m – Voir carte n°**19-C3**
▶ Paris 72 km – Fontainebleau 9 km – Melun 26 km – Montereau-Fault-Yonne 26 km
Carte Michelin 312-F5 – Guide Vert Michelin Île-de-France

XXX **Les Prémices**   🏵 🏠 **P**
Château de Bourron – ℰ 01 64 78 33 00 – www.restaurant-les-premices.com
– Fermé 1ᵉʳ-15 août, vacances de Noël, dim. soir, lundi et mardi
Menu 42/80 € – Carte 92/125 €
Dans les dépendances du château de Bourron (fin 16ᵉ-début 17ᵉ s.), salle moderne et
terrasse fleurie. Cuisine inventive fervente des produits exotiques ; belle carte de vins.

BOURTH
✉ 27580 (Eure) – 1 247 hab. – Alt. 182 m – Voir carte n°**33-C2**
▶ Paris 125 km – L'Aigle 16 km – Alençon 78 km – Évreux 46 km
Carte Michelin 304-E9

XX **Auberge Chantecler**   🍃
6 pl. de l'Église – ℰ 02 32 32 61 45 – www.auberge-chanteclerc.fr – Fermé dim.
soir, merc. soir et lundi
Formule 19 € – Menu 29/42 € – Carte 32/49 €
Près de l'église, on repère aisément cette auberge avec sa façade en briques chau-
lées fleurie de géraniums en été. La carte rend hommage à la Normandie et à
ses produits, en particulier la spécialité de la maison : le soufflé froid au calvados !

BOUSSAC
✉ 23600 (Creuse) – 1 327 hab. – Alt. 376 m – Voir carte n°**25-C1**
▶ Paris 333 km – Aubusson 50 km – La Châtre 37 km – Guéret 41 km
Carte Michelin 325-K2 – Guide Vert Michelin Limousin Berry

à Nouzerines 10 km au Nord-Ouest par D97 – ✉ 23600 – 250 hab. – Alt. 407 m

XX **La Bonne Auberge** avec ch   🏠 ᴴ rest, 📶
1 r. des Lilas – ℰ 05 55 82 01 18 – www.la-bonne-auberge.net – Fermé
16 fév.-10 mars, 24-28 août et 21 sept.-6 oct., mardi midi de nov. à avril, dim. soir et lundi
6 ch – ♦68/82 € ♦♦70/85 € – ☱ 10 € – ½ P
Formule 17 € – Menu 21 € (semaine), 30/52 € – Carte 30/60 €
C'est une jolie petite auberge de village, avenante et pittoresque avec ses volets
verts. Les gourmands y apprécient une bonne cuisine de tradition qui met à
l'honneur les petits producteurs locaux. Et pour le repos, les chambres sont bien
pratiques. Un endroit où l'on se rend avec plaisir !

BOUSSENS

✉ 31360 (Haute-Garonne) – 1 092 hab. – Alt. 271 m – Voir carte n°**28**-B3
▶ Paris 742 km – Foix 101 km – Toulouse 67 km

🏨 Hôtel du Lac ⑩ 🛜 P

*7 promenade du Lac – ℰ 05 61 90 01 85 – www.hotelrestaurantdulac.com
– Fermé 3 semaines en nov. et 2 semaines en fév.*
12 ch – ♦62/70 € ♦♦62/70 € – 🛏 10 € – ½ P
Un lac dans lequel barbotent quelques canards et, tout à côté, cet hôtel. Ici, les chambres sont simples, mais agréables et très bien entretenues. Au restaurant, le patron prend plaisir à vous concocter une cuisine classique.

BOUTERVILLIERS – 91 (Essonne) → voir Étampes

BOUZEL

✉ 63910 (Puy-de-Dôme) – 704 hab. – Alt. 320 m – Voir carte n°**6**-C2
▶ Paris 432 km – Ambert 57 km – Clermont-Ferrand 23 km – Issoire 38 km
Carte Michelin 326-G8

✗✗ L'Auberge du Ver Luisant � 🔠 🕥 🔄

*2 r. Breuil – ℰ 04 73 62 93 83 – www.restaurant-leverluisant.com – Fermé 1
semaine vacances de Pâques, 16 août-6 sept., 2-9 janv., merc. soir, jeudi soir,
dim. soir, lundi et mardi*
Menu 17 € (déj. en semaine), 29/56 €
Voilà un ver luisant qui brille derrière les fourneaux ! Dans cette jolie maison de pays, on savoure une goûteuse cuisine traditionnelle, où transparaît tout l'amour du chef pour la gastronomie. Service attentionné et petits prix à la clé.

BOUZE-LÈS-BEAUNE – 21 (Côte-d'Or) → voir Beaune

BOUZIGUES – 34 (Hérault) → voir Mèze

BOUZY

✉ 51150 (Marne) – 936 hab. – Alt. 111 m – Voir carte n°**13**-B2
▶ Paris 168 km – Châlons-en-Champagne 29 km – Épernay 21 km – Reims 27 km
Carte Michelin 306-G8

⌂ Les Barbotines sans rest 🛁 🍴 🕥 🛜 🚗 P

*1 pl. A. Tritant – ℰ 03 26 57 07 31 – www.lesbarbotines.com – Fermé 1er-20 août
et 15 déc.-1er fév.*
5 ch 🛏 – ♦88 € ♦♦108 €
Un village viticole, entre Reims et Châlons-en-Champagne, voilà déjà une bonne raison de faire une halte dans cette belle maison de vigneron du 19e s. Joli mobilier chiné dans les chambres, accueil plein de petites attentions : une bonne adresse !

BOZOULS

✉ 12340 (Aveyron) – 2 752 hab. – Alt. 530 m – Voir carte n°**29**-D1
▶ Paris 603 km – Espalion 11 km – Mende 94 km – Rodez 22 km
Carte Michelin 338-I4

🏨 À la Route d'Argent ⑩ 🍽 🕥 🛜 🚗 P 🍴

*rte d'Espalion – ℰ 05 65 44 92 27 – www.laroutedargent.com – Fermé janv.
et fév.*
21 ch – ♦50/58 € ♦♦58/68 € – 🛏 9 € – ½ P
Rest *À la Route d'Argent* 🔄 – voir les restaurants ci-après
Un hôtel-restaurant des années 1970 avec des chambres simples et pratiques, toutes en boiseries et couleurs chaudes, plus agréables encore côté piscine ; celles situées dans l'annexe offrent un confort similaire. Une maison sérieuse !

⌂ Hameau des Brunes sans rest 🛁 🍴 🕥 🛜 P

*hameau les Brunes, 5 km au Sud par D 920 et rte secondaire – ℰ 05 65 48 50 11
– www.lesbrunes.com*
5 ch 🛏 – ♦92/158 € ♦♦92/158 €
Avec sa tourelle, cette demeure du 18e s. est charmante, et la propriétaire est aux petits soins pour ses hôtes. Un jardin-verger ravissant, du mobilier ancien, des produits régionaux au petit-déjeuner et la campagne pour bel horizon : du caractère !

XX **À la Route d'Argent** – Hôtel À la Route d'Argent

rte d'Espalion – ✆ 05 65 44 92 27 – www.laroutedargent.com – Fermé janv., fév., lundi sauf le soir de mi-juil. à fin août, dim. soir et mardi midi hors saison
Menu 21 € (semaine), 29/49 €
Au rez-de-chaussée de l'hôtel, un restaurant à la décoration moderne et lumineux, où l'on déguste des plats traditionnels généreux et gourmands. Feuilleté aux asperges, ris d'agneau à l'aligot et endive braisée, etc. : la carte varie au gré du marché et les cuissons sont toujours justes... Médaille d'argent !

X **Le Belvédère** (Guillaume Viala) avec ch

11 rte du Maquis Jean-Pierre, rte de St-Julien – ✆ 05 65 44 92 66 – www.belvedere-bozouls.com – Fermé 9 mars-26 avril, 12 nov.-3 déc., mardi midi, dim. soir et lundi
9 ch – †72/89 € ††72/89 € – ☕ 17 € – ½ P
Menu 33 € (déj. en semaine), 55/83 € *(réservation conseillée)*
On se laisse volontiers entraîner vers ce Belvédère chaleureux qui domine le "trou de Bozouls", superbe cirque naturel. Le jeune chef, Guillaume Viala, prépare légumes, herbes et produits du terroir avec beaucoup d'intelligence – on pense au travail de son mentor, Michel Bras –, créant des mariages malins et pertinents, colorés et parfumés. De la belle ouvrage !
→ Le "bouillon de cultures". Selle d'agneau allaiton de l'Aveyron. Spirale au cacao garnie de chocolat, crème glacée menthe et bergamote.

BRACIEUX

✉ 41250 (Loir-et-Cher) – 1 252 hab. – Alt. 70 m – Voir carte n°**11-B1**
▶ Paris 185 km – Blois 19 km – Montrichard 39 km – Orléans 64 km
Carte Michelin 318-G6 – Guide Vert Michelin Châteaux de la Loire

L'Orée des Châteaux sans rest

9 bis rte de Blois – ✆ 02 54 46 40 19 – www.oree-des-chateaux.com
16 ch – †63/72 € ††63/72 € – ☕ 8,50 €
Un petit hôtel minimaliste, très prisé par les touristes en route pour les châteaux de la Loire. En plus des chambres, confortables et accueillantes, on peut opter pour un petit appartement équipé.

X **Le Rendez-vous des Gourmets**

20 r. Roger-Brun – ✆ 02 54 46 03 87 – Fermé vacances de printemps, 25 août-5 sept., vacances de la Toussaint, 23 déc.-20 janv., dim. soir, sam. midi et merc.
Formule 16 € – Menu 20 € (semaine), 29/65 €
Cette auberge familiale est le repaire du chef Didier Doreau, qui travaille de beaux produits en respectant la tradition (lièvre à la royale, agneau confit aux herbes potagères, gratin d'agrumes, etc.). De fait, l'établissement s'est imposé comme un "rendez-vous des gourmets".

BRAM

✉ 11150 (Aude) – 3 368 hab. – Alt. 134 m – Voir carte n°**22-A2**
▶ Paris 749 km – Carcassonne 24 km – Castres 67 km – Montpellier 173 km
Carte Michelin 344-D3 – Guide Vert Michelin Languedoc

au Nord rte de Castelnaudary : 4 km par D 4, N 6113 et rte secondaire - ✉ 11150 Bram

Château de la Prade

– ✆ 04 68 78 03 99 – www.chateaulaprade.fr – Ouvert de mi-mars à mi-nov.
4 ch ☕ – †80/115 € ††95/125 €
Des paons, de superbes magnolias, des platanes centenaires... Le parc est ravissant, tout comme cette demeure bourgeoise, classique et élégante sans ostentation. Au petit-déjeuner, on se régale de confitures maison et, à la table d'hôte, d'une cuisine du terroir. Le tout à deux pas du canal du Midi !

BRANCION – 71 (Saône-et-Loire) → voir Tournus

LA BRANDE – 36 (Indre) → voir Montipouret

BRANNE

✉ 33420 (Gironde) – 1 307 hab. – Alt. 10 m – Voir carte n°**4-C1**
▶ Paris 593 km – Bordeaux 35 km – Bergerac 57 km – Libourne 13 km
Carte Michelin 335-J6

✗ **Le Caffé Cuisine**   🛖 AC

7 pl. du Marché, (au pont) – ℰ 05 57 24 19 67 – Fermé dim. soir et lundi
Menu 16 € (déj. en semaine)/28 € – Carte 33/75 €
Simple, frais et sans chichi ! Le chef valorise les produits et le terroir : canard des
Landes, pêche du jour, agneau de la région... tout près du pont sur la Dordogne.

BRANTÔME

✉ 24310 (Dordogne) – 2 166 hab. – Alt. 104 m – Voir carte n°**4-C1**
▶ Paris 470 km – Angoulême 58 km – Limoges 83 km – Nontron 23 km
Carte Michelin 329-E3 – Guide Vert Michelin Périgord Quercy

🏰 **Le Moulin de l'Abbaye**   ‖○ ≤ 🖙 & AC 🛜 🚗

1 rte de Bourdeilles – ℰ 05 53 05 80 22 – www.moulinabbaye.com
– Ouvert d'avril à nov.
20 ch – ✝165/285 € – ✝✝165/285 € – ☐ 18 € – ½ P
Rest *Le Moulin de l'Abbaye* – voir les restaurants ci-après
Un ravissant moulin et sa maison de meunier : voilà un cadre bucolique qui laisse
rêver ! Les chambres, empreintes de douceur romantique, sont bercées par le
murmure d'une cascade. Quiétude, quand tu nous tiens...

🏠 **Moulin de Vigonac**   ‖○ ⦾ 🖙 ⌶ & ⅏ 🛜 🏊 **P**

– ℰ 05 53 05 87 59 – www.moulindevigonac.com – Ouvert 15 mars-30 nov.
10 ch – ✝125/300 € ✝✝125/300 € – ☐ 17 € – ½ P
Esprit romantique en ce moulin du 16ᵉs., bercé par la Dronne. Les chambres,
confortables et bien tenues, sont joliment décorées. À la belle saison, on profite
du parc et de la piscine. Restauration traditionnelle.

🏠 **Les Jardins de Brantôme**   ‖○ 🖙 & AC 🛜

33 r. Pierre-de-Mareuil – ℰ 05 53 05 88 16 – www.lesjardinsdebrantome.com
– Fermé mi-déc. à fin-janv.
7 ch – ✝115/185 € ✝✝135/185 € – ☐ 13 €
Rest *Les Jardins de Brantôme* – voir les restaurants ci-après
Au cœur de la "Venise du Périgord", cette demeure du 18ᵉ s. a joui d'une belle
réhabilitation : tons apaisants, matériaux de qualité, vieilles pierres et esprit d'au-
jourd'hui... avec un agréable salon (cheminée), un joli jardin et sa piscine.
Une adresse où il fait bon séjourner.

🏠 **Charbonnel**   ‖○ 🛜

57 r. Gambetta – ℰ 05 53 05 70 15 – www.lesfrerescharbonnel.com – Fermé 1ᵉʳ
fév. -7 mars et 22 nov.-5 déc.
18 ch – ✝70/165 € ✝✝70/165 € – ☐ 12 € – ½ P
Rest *Charbonnel* – voir les restaurants ci-après
Une maison de tradition qui épouse pleinement son époque : des chambres
confortables et douillettes, une terrasse sur la Dronne et un restaurant traditionnel, le tout relooké avec fraîcheur... Une bonne étape !

✗✗✗ **Le Moulin de l'Abbaye** – Hôtel Le Moulin de l'Abbaye

1 rte de Bourdeilles – ℰ 05 53 05 80 22 – www.moulinabbaye.com
– Ouvert d'avril à nov. et fermé mardi midi, merc. midi, jeudi midi et lundi
Formule 29 € – Menu 38/75 € – Carte 62/89 €
Charme contemporain et intemporel, dépaysement en écoutant bruire la
Dronne... et une cuisine qui épouse joliment l'air du temps. Pour savourer pleine-
ment l'instant : oubliez votre montre !

✗✗ **Charbonnel** – Hôtel Charbonnel

57 r. Gambetta – ℰ 05 53 05 70 15 – www.lesfrerescharbonnel.com – Fermé
2 fév.-1ᵉʳ mars, de fin nov. à mi-déc., dim. soir d'oct. à juin et lundi sauf juil.-août
Menu 34 € (semaine)/70 € – Carte 46/140 €
Pigeon, foie gras, cèpes et truffes... des produits du terroir joliment relevés à la
sauce contemporaine, pour une cuisine pleine de goût ! Atmosphère cosy et,
aux beaux jours, jolie terrasse donnant sur la Dronne.

XX **Les Jardins de Brantôme** – Hôtel Les Jardins de Brantôme
*33-37 r. Pierre-de-Mareuil – ℰ 05 53 05 88 16 – www.lesjardinsdebrantome.com
– Fermé mi-déc. à fin janv., le midi sauf dim., jeudi hors saison et merc.*
Menu 29 € (semaine), 35/39 € – Carte 49/59 €
Dans les Jardins de Brantôme s'épanouit une savoureuse cuisine du terroir. Le chef met un point d'honneur à privilégier les petits producteurs. Ainsi un porc fermier du Périgord caramélisé et ses légumes confits. Joli cadre rustique.

à Champagnac de Belair 6 km au Nord-Est par D 78 et D 83 – ⊠ 24530
– 686 hab. – Alt. 135 m

Le Moulin du Roc ⅠO 🖂 ≤ 👜 ⅄ ※ 🛜 🄿
– *ℰ 05 53 02 86 00 – www.moulinduroc.com – Ouvert 4 avril-1er nov.*
15 ch – †111/270 € ††111/270 € – ⊊ 18 € – ½ P
Rest *Le Moulin du Roc* ❀ – voir les restaurants ci-après
Le lieu est magique : un luxueux moulin à huile sur la Dronne, entouré de verdure. Les chambres sont superbes elles et l'on se perd dans un dédale d'escaliers ou dans le jardin au bord de l'eau...

XXX **Le Moulin du Roc** (Alain Gardillou) 👜 🏠 🄿
❀ – *ℰ 05 53 02 86 00 – www.moulinduroc.com – Ouvert 4 avril-1er nov. et fermé le midi sauf dim. et mardi*
Menu 75/115 € – Carte 80/120 €
On peut être un Roc et à la fois d'une grande délicatesse : preuve en est cette cuisine subtile, qui puise dans le terroir des saveurs sensibles... mais fortes. L'environnement verdoyant ajoute au plaisir du moment. Ouverture au déjeuner en semaine à travers une formule simplifiée.
→ Foie gras poêlé, tartare de papaye aux agrumes et fèves de cacao. Tourtière de ris de veau et foie gras aux truffes. Le chariot de desserts.

à Bourdeilles 10 km au Sud-Ouest par D 78 – ⊠ 24310 – 765 hab. – Alt. 103 m

Hostellerie Les Griffons ⅠO ≤ ⅄ 🛜 🄿
Le Pont – ℰ 05 53 45 45 35 – www.griffons.fr – Ouvert 30 avril-27 sept.
10 ch – †96/117 € ††96/117 € – ⊊ 13 € – ½ P
Rest *Hostellerie Les Griffons* – voir les restaurants ci-après
Charme des poutres et des vieilles pierres, vue sur la Dronne : au pied du château, cette maison bourgeoise du 16ᵉs. cultive avec élégance un certain romantisme rural. Le matin, on prend son petit-déjeuner dans la véranda face à la rivière et au jardin.

XX **Hostellerie Les Griffons** ≤ 🏠 🄿
Le Pont – ℰ 05 53 45 45 35 – www.griffons.fr – Ouvert 30 avril-27 sept. et fermé le midi sauf dim. et fériés et mardi
Menu 38/60 €
Si vous souhaitez apprivoiser les Griffons – créatures légendaires décrites comme inapprochables – c'est l'occasion ou jamais ! Dans ce restaurant avec vue sur la Dronne, on savoure une bonne cuisine dans l'air du temps. Décor intime, avec cheminée, et véranda. Service attentionné.

BRAS

⊠ 83149 (Var) – 2 520 hab. – Alt. 280 m – Voir carte n°**41-C3**
▶ Paris 814 km – Aix-en-Provence 55 km – Marseille 62 km – Toulon 61 km
Carte Michelin 340-K5

Une Campagne en Provence ⅠO 🖂 👜 ⅄ ✿ 🄿
*Domaine Le Peyrourier, 3 km au Sud-Ouest par D 28 et rte secondaire
– ℰ 04 98 05 10 20 – www.provence4u.com – Ouvert 28 mars-31 oct.*
5 ch ⊊ – †92/158 € ††96/163 €
Idéale pour une retraite au plus près de la campagne, cette ancienne ferme des Templiers, remontant au 12ᵉs., se dresse parmi les prairies et les vignes. Chaleureux et charmant décor provençal. À la table d'hôte, cuisine régionale et vins de la propriété.

BRASSAC

✉ 82190 (Tarn-et-Garonne) – 258 hab. – Alt. 195 m – Voir carte n°**28**-B1
▶ Paris 638 km – Bordeaux 173 km – Montauban 53 km – Toulouse 91 km
Carte Michelin 337-B6

⌂ **Le Moulin de Jouenery**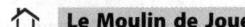
lieu-dit Jouenery, 2 km à l'Ouest par D 60, rte de Montjoi – ℰ 05 63 29 17 33
– www.jouenery.fr – Ouvert avril-oct.
3 ch ⌷ – ♦110/150 € ♦♦120/160 €
Pour accéder à cet ancien moulin du 17ᵉ s., au bord de la Séoune, on emprunte un
chemin longeant des champs de melons : une belle entrée en matière ! On se ressource ensuite dans de jolies chambres décorées avec goût (contemporaines ou
plus classiques) ; au petit-déjeuner, on se régale de délicieuses confitures maison...

BRASSEMPOUY

✉ 40330 (Landes) – 293 hab. – Alt. 120 m – Voir carte n°**3**-B3
▶ Paris 754 km – Bordeaux 175 km – Mont-de-Marsan 39 km – Pau 57 km
Carte Michelin 335-G13 – Guide Vert Michelin Aquitaine

🏠 **La Petite Couronne** sans rest
1459 rte d'Amou, 3 km au Nord, rte de St-Cricq-Chalosse par D21
– ℰ 05 58 79 38 37 – www.lapetitecouronne.fr – Fermé 1 semaine en déc.
10 ch ⌷ – ♦78/95 € ♦♦87/110 €
Défenseurs de la planète, cette adresse est faite pour vous ! En pleine campagne,
l'établissement, tout en bois, joue la carte écolo, et les chambres, confortables et
bien tenues, respectent les normes environnementales. Petit-déjeuner copieux,
servi face à la piscine.

✕ **L'Auberge du Laurier** 🅽
1459 rte d'Amou, 3 km au Nord, rte de St-Cricq-Chalosse par D21
– ℰ 05 58 75 08 05 – www.aubergedulaurier.fr – Fermé 1 semaine en fév.,
22-28 déc., 1 semaine en janv., merc. midi et mardi
Menu 22 € (déj.)/29 €
Tartine de gésiers gratinés, poulet fermier, crépinette de cochon au romarin, pannacotta aux pruneaux d'Agen, pain perdu aux pommes, etc. : une jolie cuisine de
tradition, valorisant les produits de la région, au menu de cette auberge d'aujourd'hui chaleureuse et lumineuse, dont la terrasse borde le jardin potager.

BRAY-ET-LU

✉ 95710 (Val-d'Oise) – 971 hab. – Alt. 28 m – Voir carte n°**18**-A1
▶ Paris 70 km – Rouen 61 km – Gisors 26 km – Pontoise 36 km
Carte Michelin 305-A6 et 106

🏨 **Les Jardins d'Epicure** 🅽
16 Grande-Rue – ℰ 01 34 67 75 87 – *www.lesjardinsdepicure.com*
19 ch – ♦95/310 € ♦♦95/310 €
Rest *Les Jardins d'Epicure* – voir les restaurants ci-après
Racheté en 2013 par un couple de trentenaires pleins d'allant, ce groupement de
maisons datant du 19ᵉ s. s'étend dans un joli parc traversé par une rivière. On s'y
prélasse dans des chambres aux ambiances très variées : contemporaines, romantiques ou de style Napoléon III. De quoi satisfaire les épicuriens !

✕✕✕ **Les Jardins d'Epicure** 🅽
16 Grande-Rue – ℰ 01 34 67 75 87 – *www.lesjardinsdepicure.com* – *Fermé dim.*
soir, mardi midi et lundi
Menu 29 € (déj. en semaine), 40/79 € – Carte 80/100 €
Épicure aurait-il célébré le plaisir d'un repas pris dans le décor pour le moins original de ces Jardins, avec leurs tables réparties autour d'une piscine, dans une
grande verrière ouverte sur la verdure ? En cuisine, le jeune chef travaille avec
soin de beaux produits de saison, qu'il agrémente au goût du jour.

BREBIÈRES – 62 (Pas-de-Calais) ➔ voir Douai

BRÉHAT (ÎLE-DE) – 22 (Côtes-d'Armor) ➔ voir Île-de-Bréhat

LA BREILLE-LES-PINS

✉ 49390 (Maine-et-Loire) – 590 hab. – Alt. 105 m – Voir carte n°**35-C2**
▶ Paris 283 km – Angers 70 km – Baugé 31 km – Chinon 29 km
Carte Michelin 317-J4

XX **L'Orée des Bois** avec ch 🛠 📶 & ch, �📺 rest, % rest, 🛜 🕍

⊘ *2 r. Saumuroise – 𝒞 02 41 38 85 45 – www.hotel-restaurant-loreedesbois.fr*
– Fermé 19 oct.-1ᵉʳ nov. et 2-15 janv.
7 ch – ♦60/72 € ♦♦62/72 € – ☷ 9 € – ½ P
Menu 15 € (déj. en semaine), 24/55 € – Carte 39/56 € *(fermé dim. soir et merc.)*
Au cœur du village, dans un bâtiment des années 1980, le restaurant joue la carte du classicisme, mêlant meubles de style Louis XIII et rustiques. Quant aux assiettes, elles embaument les parfums du terroir. Chambres simples et bien tenues pour l'étape.

BRÉLÈS

✉ 29810 (Finistère) – 825 hab. – Alt. 52 m – Voir carte n°**9-A1**
▶ Paris 616 km – Brest 25 km – Quimper 99 km – Rennes 264 km
Carte Michelin 308-C4

X **Auberge de Bel Air** avec ch 🛥 🛠 🛜 % ch, 🛜 **P.**

rte de Lanildut – 𝒞 02 98 04 36 01 – www.restaurbergedebelair.com – Fermé 10 oct.-15 déc.
3 ch – ♦70/80 € ♦♦78/88 € – ☷ 10 € – ½ P
Formule 19 € – Menu 25/38 € *(fermé mardi soir et merc. soir hors vacances scolaires, dim. soir et lundi) (réservation conseillée)*
Une charmante ferme en granit, posée au bord de l'aber Ildut, avec un grand jardin et un étang. Dans l'assiette, une cuisine de la mer typique de la Bretagne, à l'image de ce filet de lieu jaune à la crème de homard. Quant au cadre, rustique, il prête à la tranquillité...

BRÉLIDY

✉ 22140 (Côtes-d'Armor) – 304 hab. – Alt. 100 m – Voir carte n°**9-B1**
▶ Paris 503 km – Lannion 27 km – Rennes 151 km – St-Brieuc 55 km
Carte Michelin 309-C3

🏨 **Château de Brélidy** 🔟 🛥 🛠 🖼 ♨ 🛜 **P.**

– 𝒞 02 96 95 69 38 – www.chateau-brelidy.com – Fermé janv.
14 ch – ♦89 € ♦♦110/180 € – ☷ 14 € – ½ P
Une authentique demeure seigneuriale du 16ᵉ s., tout en vieilles pierres... Les chambres se répartissent entre le château et une aile plus récente, et mêlent joliment le moderne et l'ancien (meubles de style ou bretons, etc.). Une atmosphère historique que l'on retrouve au restaurant, dans les salons et dans le beau parc.

BREM-SUR-MER

✉ 85470 (Vendée) – 2 591 hab. – Alt. 13 m – Voir carte n°**3-A3**
▶ Paris 461 km – Nantes 90 km – La Roche-sur-Yon 39 km
Carte Michelin 316-F8 – Guide Vert Michelin Pays de la Loire

XX **Les Genêts** 🆕 🛠 🛜 & ⇔

⊘ *21 bis r. de l'Océan – 𝒞 02 51 96 81 59 – www.restaurant-les-genets.fr – Fermé lundi sauf le soir en saison, merc. soir de sept. à juin et dim. soir*
Formule 17 € – Menu 19 € 🍷 (déj. en semaine), 34/44 €
Nés en 2014 dans une maison bourgeoise rénovée avec originalité – une passerelle en bois conduit jusqu'à la porte –, ces Genêts s'imposent d'emblée comme une table de qualité. Le jeune chef, Nicolas Coutant, honore les produits de la région à travers de courts menus, d'esprit bistronomique au déjeuner, plus ambitieux le soir !

LA BRESSE

✉ 88250 (Vosges) – 4 480 hab. – Alt. 636 m – Voir carte n°**27-C3**
▶ Paris 437 km – Colmar 52 km – Épinal 52 km – Gérardmer 13 km
Carte Michelin 314-J4 – Guide Vert Michelin Alsace Vosges

Les Vallées 🔟 🛍 ☒ ❌ 🗐 ⚃ 🛜 ⚿ ⬛ 🚗

31 r. Paul-Claudel – ✆ 03 29 25 41 39 – www.lesvallees-labresse.com
56 ch – ♦66/119 € ♦♦66/119 € – ☲ 13 € – ½ P

Au cœur du bourg (à proximité du plus grand domaine skiable des Vosges : la Bresse-Hohneck), un vaste complexe hôtelier fréquenté hiver comme été : chambres fonctionnelles et bien tenues, nombreux équipements (espaces pour séminaires, grande piscine avec sauna, hammam et jacuzzi, restaurant du terroir, etc.).

La Table d'Angèle 🍴 ⚃ ❌ ⬛

30 Grande-Rue – ✆ 03 29 25 41 97
– Fermé 15-30 juin, 15-30 nov., lundi et mardi
Formule 17 € – Menu 31/75 € ☂ – Carte environ 43 €

Petits appétits s'abstenir : les portions sont gargantuesques ! Ce bistrot contemporain, tenu par une famille sympathique (un couple et leur fils sommelier), explore le terroir avec générosité. Truite de la Bresse et féra du Léman – fumées maison –, poitrine de cochon confite... La fraîcheur avant tout !

au Sud 3 km, rte de Cornimont par D 486

Le Clos des Hortensias ⬦ ⬛

51 rte de Cornimont – ✆ 03 29 25 41 08 – Fermé 9-23 nov., merc. soir, dim. soir et lundi
Menu 18 € (semaine), 25/43 € *(réservation conseillée)*

Au cœur du Parc régional des Ballons-des-Vosges, une jolie salle bourgeoise, un accueil d'une gentillesse rare et des petits plats traditionnels sans esbroufe – aile de raie sauce ravigote, paleron de bœuf braisé, île flottante – assaisonnés avec justesse... Un Ballon d'or pour cette table vosgienne !

BRESSIEUX

✉ 38870 (Isère) – 89 hab. – Alt. 510 m – Voir carte n°**43**-E2
▶ Paris 533 km – Grenoble 50 km – Lyon 76 km – Valence 73 km
Carte Michelin 333-E6 – Guide Vert Michelin Lyon et sa région

Auberge du Château 🕮 ⬉ 🏠 ⬛

67 montée du Château – ✆ 04 74 20 91 01 – www.aubergedebressieux.fr
– Fermé 1 semaine en juin, vacances de la Toussaint et de fév., dim. soir hors saison, mardi et merc.
Formule 23 € – Menu 30/62 €

Christèle et Xavier Vanheule, passionnés de cuisine et de bons vins, donnent le meilleur d'eux-mêmes pour faire de leur auberge une belle maison. Les produits viennent des fermes environnantes et débordent de fraîcheur. Tout en contemplant les monts du Lyonnais, on se régale de plats savoureux aux parfums méridionaux...

BRESSON – 38 (Isère) ➜ voir Grenoble

BREST

✉ 29200 (Finistère) – 140 547 hab. – Agglo. 199 463 hab. – Alt. 35 m
– Voir carte n°**9**-A2
▶ Paris 596 km – Lorient 133 km – Quimper 72 km – Rennes 246 km
Carte Michelin 308-E4 – Guide Vert Michelin Bretagne Nord

Océania 🔟 🗐 ⚃ 🅰 🛜 ⚿

82 r. de Siam, (rue piétonne) – ✆ 02 98 80 66 66 Plan : EY**r**
– www.oceaniahotels.com
82 ch – ♦90/170 € ♦♦90/170 € – ☲ 15 €

Au cœur de Brest, entre la gare ferroviaire et le port, cet imposant immeuble abrite des chambres contemporaines, parfaitement insonorisées, ainsi qu'un restaurant. Pour la clientèle d'affaires, un espace séminaire confortable.

L'Amirauté

41 r. Branda – ℰ 02 98 80 84 00 – www.oceaniahotels.com   Plan : BX**t**
84 ch – ♦85/150 € ♦♦85/150 € – ☲ 15 €

Un hôtel aux lignes élégantes, avec des chambres spacieuses, bien insonorisées et fonctionnelles, des salles de réunion et un garage privé, très utile dans le quartier ! De plus, rien à redire sur l'entretien : c'est professionnel et très sérieux.

La Paix

32 r. Algésiras – ℰ 02 98 80 12 97   Plan : EY**y**
– www.hoteldelapaix-brest.com – Fermé 23 déc.-2 janv.
28 ch – ♦59/130 € ♦♦69/250 € – ☲ 14 € – ½ P

En plein centre-ville, cet hôtel a été rénové dans un style épuré, avec des chambres agréables et assez calmes. Les gourmands iront faire un tour du côté du restaurant, qui s'est spécialisé dans les viandes (grillées, en tartare, carpaccio).

Loval sans rest

120 r. Francis-Thomas – ℰ 02 98 45 99 20   Plan : AV**a**
36 ch – ♦70 € ♦♦75 € – ☲ 10 €

Situé au cœur d'une zone d'activités, à proximité du centre hospitalier, cet hôtel récent propose des chambres fonctionnelles et bien tenues, à prix doux. Sur demande, petit service snack.

Le M (Philippe Le Bigot)

22 r. du Cdt-Drogou – ℰ 02 98 47 90 00 – www.le-m.fr   Plan : BV**b**
– Fermé 1er-10 mai, 10 août-4 sept., 4-21 janv., dim. et lundi
Formule 36 € – Menu 44 € (déj. en semaine), 50/85 €

Des associations de saveurs harmonieuses, une vraie maîtrise dans la conception des plats... Dans cette belle maison typiquement bretonne, on déguste une goûteuse cuisine d'aujourd'hui, qui met à contribution les producteurs locaux (poisson, volaille, légumes...). L'été, on met le cap sur l'agréable terrasse. On M !
→ Homard bleu, pomme et céleri. Lieu jaune de ligne cuit à basse température, pêche et coco. Tuile "caféssimo".

L'Armen (Yvon Morvan)

21 r. de Lyon – ℰ 02 98 46 28 34 – www.armen-restaurant.fr   Plan : EY**p**
– Fermé 19 juil.-10 août, dim. et lundi
Formule 28 € – Menu 34 € (déj.), 55/95 € – Carte 70/95 €

Situé dans une ancienne pâtisserie renommée de la ville, cet Armen s'inscrit dans une vraie tradition de gourmandise ! Le chef, Yvon Morvan, y propose une cuisine gastronomique fine et inspirée, qui met en valeur de beaux produits régionaux. Quant au cadre, cosy et feutré, il ne fait qu'ajouter à notre plaisir...
→ Homard breton cuit à la vapeur de sel fumé, jus parfumé à l'estragon. Feuilleté de pigeon farci au foie gras, chou frisé et lardons, légumes du moment. Ormeaux des Abers et Saint-Jacques de la rade.

L'Imaginaire

23 r. Fautras – ℰ 02 98 43 30 13   Plan : EY**e**
– www.imaginaire-restaurant.blogspot.com – Fermé 3-24 août,1er-16 janv., merc. soir, dim. soir et lundi
Formule 22 € ♈ – Menu 27 € ♈ (déj. en semaine), 36/62 €

Nouveau cadre contemporain pour cette adresse du centre-ville : depuis la salle, teintée de quelques touches rétro, une baie vitrée permet désormais d'observer les cuisiniers à l'œuvre ! On se laisse porter par le menu fixe, en 3, 6 ou 9 plats, proposé par le chef ; les préparations sont élaborées et pleines de saveurs.

Hinoki

6 r. des Onze-Martyrs – ℰ 02 98 43 23 68 – www.sushinoki.fr   Plan : EY**d**
– Fermé le midi, dim. et lundi
Menu 55/85 € (réservation conseillée)

Un vrai restaurant japonais sur Brest ? Bingo ! Le Hinoki est tenu par un chef... breton, passionné par la cuisine de l'archipel. Sa technique : profiter de la pêche locale pour obtenir des poissons de première fraîcheur, et réaliser ses sushis et makis. Une adresse que les initiés s'échangent sous le manteau...

BREST

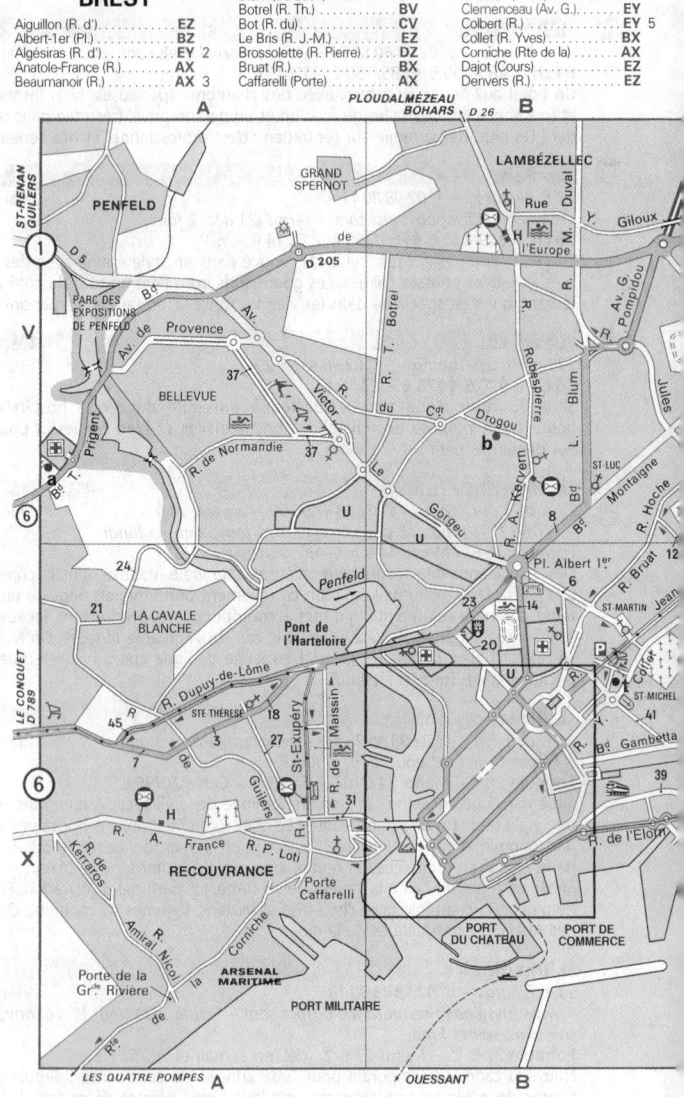

au Nord 5 km par D 788 CV – ⊠ 29850 Gouesnou

🏨 Escale Oceania
🍽 ⇔ ⊐ ⅋ 🅰 📶 🏕 🅿

32 av. Baron-Lacrosse – ℰ 02 98 02 32 83 – www.oceaniahotels.com

82 ch – ♦59/145 € ♦♦59/145 € – ☲ 11 €

Dans une zone commerciale et industrielle, cet hôtel-restaurant des années 1970 est malgré tout au vert, avec son joli jardin. Chambres fonctionnelles et spacieuses, certaines donnant sur la piscine.

(2) RENNES MORLAIX ✈ (2) LESNEVEN LANNILIS C

QUIMPER NANTES

D 788

R. G. Zédé

l'Europe D 205

B^d de

112 - E 50

R. du 8 Mai-1945

Gouesnou

R. de l'Eau Blanche

Z.I. DE KERGONAN

R. de la Villeneuve

Paris

LANDERNEAU D 712

38

R^{te} du Dourjacq

R. du Bot

de

V

Conservatoire botanique du vallon du Stang-Alar

A. Louppe

FRANCIS LE BLÉ

Pl. de Strasbourg

Jaurès

P R^{te} de Quimper

ST-JOSEPH

40

35

H

(5)

R. St-Marc R. de Verdun

R^{te} Sémard

Pierre

ST-MARC

QUIMPER NANTES

(5)

Richelieu

D 165 - E 60

15

du Vieux St-Marc

R^{te} R. du Tritshler

Av. de Kiel

X

RADE DE BREST

0   1 km

C

au port de plaisance du Moulin Blanc 7 km par ⑤ – ⊠ 29200

Plaisance Hôtel ⏐○ ⇐ 🛏 ♿ 🛜 💆 🚗
37 r. du Moulin-Blanc – ℰ 02 98 42 33 33 – www.hotelplaisance.fr
44 ch – †67/75 € ††75/82 € – ⊑ 9 € – ½ P
Au port de plaisance, cet hôtel-restaurant récent et accueillant propose des chambres pratiques, sobres et agréables, dans des teintes ensoleillées (orangé, jaune, bleu). Une adresse idéale pour visiter Océanopolis.

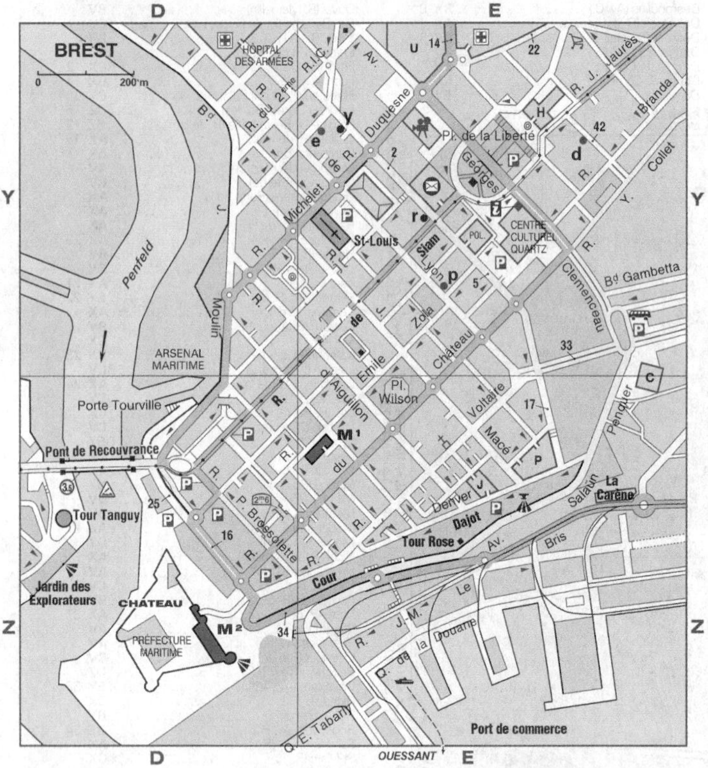

BREST

0 — 200 m

D — **E**

Y — **Z**

Penfeld

HÔPITAL DES ARMÉES

Pl. de la Liberté

St-Louis

Siam

CENTRE CULTUREL QUARTZ

Bd Gambetta

ARSENAL MARITIME

Porte Tourville

Pl. Wilson

Pont de Recouvrance

M¹

La Carène

Tour Tanguy

Tour Rose

Dajot

Jardin des Explorateurs

CHÂTEAU

PRÉFECTURE MARITIME

M²

Cour

Port de commerce

OUESSANT

Algésiras (R. d')	**EY** 2	Frégate-La-Belle-Poule			Marine (Bd de la)	**DZ** 25
Clemenceau (Av. G.)	**EY**	(R. de la)	**EZ** 17		Réveillère (Av. Amiral)	**EY** 33
Colbert (R.)	**EY** 5	Jean-Jaurès (R.)	**EY**		Roosevelt (Av. Fr.)	**DZ** 34
Foch (Av. Mar.)	**EY** 14	Kérabécam (R. de)	**EY** 22		Siam (R. de)	**EY**
Français-Libres		Liberté (Pl. de la)	**EY**		11-Martyrs	
(Bd des)	**DZ** 16	Lyon (R. de)	**DEY**		(R. des)	**EY** 42

BRETENOUX

✉ 46130 (Lot) – 1 353 hab. – Alt. 136 m – Voir carte n°**29**-C1

▶ Paris 521 km – Brive-la-Gaillarde 44 km – Cahors 83 km – Figeac 48 km

Carte Michelin 337-H2

au Port de Gagnac 6 km au Nord-Est par D 940 et D 14 – ✉46130 Gagnac-sur-Cère

Hostellerie Belle Rive

Port-de-Gagnac – ℰ 05 65 38 50 04 – www.bellerive-dordogne-lot.com
– Fermé 18 déc.-4 janv.
12 ch – †65/90 € ††75/110 € – ➚ 10 € – ½ P
Rest *Hostellerie Belle Rive* – voir les restaurants ci-après
Une belle maison lotoise dressée sur les rives de la Cère. Les chambres y sont confortables, avec de jolies notes printanières.

Auberge du Vieux Port

– ℰ 05 65 38 50 05 – www.auberge-vieuxport-lot.com – Fermé 1er-7 juil.,
23-30 sept. et 23 déc.-15 janv.
8 ch – †65/100 € ††65/100 € – ➚ 10 € – ½ P
Rest *Auberge du Vieux Port* – voir les restaurants ci-après
Entendez-vous le doux clapotis de l'eau ? Dans cette auberge au bord de la Cère, on se ressource loin de la ville et de la pollution. Les chambres y sont confortables et bien tenues. Idéal pour un week-end au vert !

XX **Hostellerie Belle Rive** – Hostellerie Belle Rive

Port-de-Gagnac – ℰ 05 65 38 50 04 – www.bellerive-dordogne-lot.com
– *Fermé 18 déc.-4 janv., vend. soir, sam. midi et dim. soir de mi-avril à mi-juil. et de fin août à mi-oct., et le week-end de mi-oct. à mi-avril*
Formule 14 € – Menu 17 € (déj. en semaine), 26/32 € – Carte 32/52 €
Croustillant de pied de porc, noisette d'agneau, nougat glacé maison, etc. Ici, on apprécie une cuisine de tradition au fil des jours... et de l'eau, car la jolie terrasse fleurie regarde la rivière.

XX **Auberge du Vieux Port** – Hôtel Auberge du Vieux Port

– ℰ 05 65 38 50 05 – www.auberge-vieuxport-lot.com – *Fermé 1er-7 juil.,*
23-30 sept., 23 déc.-15 janv., dim. soir, sam. midi et lundi sauf du 14 juil.-31 août
Menu 16 € (semaine), 25/40 € – Carte 35/55 €
La table de l'Auberge du Vieux Port est à l'image de l'établissement : conviviale et attrayante. On y savoure une cuisine appuyée sur le terroir. Mention spéciale pour les ris d'agneau et la flambée quercynoise. Jolie salle avec cheminée, bien agréable l'hiver venu.

BRÉTIGNOLLES-SUR-MER

✉ 85470 (Vendée) – 4 174 hab. – Alt. 14 m – Voir carte n°**34**-A3
◗ Paris 465 km – Challans 30 km – Nantes 86 km – La Roche-sur-Yon 44 km
Carte Michelin 316-E8 – Guide Vert Michelin Pays de la Loire

Hôtellerie des Brisants

63 av. de la Grand'Roche – ℰ 02 51 33 65 53 – www.lesbrisants.com – *Fermé*
15 fév.-13 mars et 12 nov.-11 déc.
14 ch – †89/119 € ††89/119 € – ⌑ 12 € – ½ P
Rest J.-M. Pérochon ❀ – voir les restaurants ci-après
Face à l'océan, cette agréable hôtellerie ne redoute nullement les brisants, ces grandes vagues nées au large et qui déferlent sur la côte... Les chambres se révèlent confortables, et l'on est accueilli avec simplicité et gentillesse.

XXX **J.-M. Pérochon** (Jean-Marc Pérochon) – Hôtellerie des Brisants

❀ *63 av. de la Grand'Roche* – ℰ 02 51 33 65 53 – www.lesbrisants.com – *Fermé*
15 fév.-13 mars, 12 nov.-11 déc., lundi sauf le soir en juil.-août, dim. soir de sept.
à juin et mardi midi
Menu 35 € (déj. en semaine), 59/75 € – Carte 70/86 €
Attablé derrière les grandes baies vitrées du restaurant, on admire les reflets du soleil sur l'Atlantique et les quelques gréements qui s'y découpent... Puis on découvre avec plaisir une cuisine savoureuse, sûre de ses fondamentaux, entre mer et terre (tourteau, langoustines, homard, poisson, volaille de Challans, etc.).
→ Sardines de Saint-Gilles-Croix-de-Vie, citron confit et betterave. Filet de saint-pierre, légumes cuits et crus et bouillon de légumes à l'huile de truffe. Chocolat, abricot et fève tonka.

BRETONVILLERS

✉ 25380 (Doubs) – 233 hab. – Alt. 727 m – Voir carte n°**17**-C2
◗ Paris 479 km – Besançon 67 km – Fribourg 163 km – Neuchâtel 75 km
Carte Michelin 321-J3

Hôtel de Gigot

à Gigot, 4,5 km au Sud-Ouest – ℰ 03 81 68 91 18
– www.hotel-gigot-vallee-dessoubre.com – *Fermé vacances de la Toussaint,*
15 janv.-28 fév., lundi soir, merc. soir et jeudi de mi-sept. à mi-mai
15 ch – †50/56 € ††50/56 € – ⌑ 8 € – ½ P
Un chalet en pleine nature, au cœur de la magnifique vallée du Dessoubre, paradis des pêcheurs... Cet hôtel-restaurant familial (troisième génération) a été rénové avec soin et est tenu méticuleusement. À table, la cuisine de tradition est de mise (spécialités : truite et grenouille).

BRETTEVILLE-SUR-LAIZE

✉ 14680 (Calvados) – 1 667 hab. – Alt. 54 m – Voir carte n°**32**-B2
◗ Paris 245 km – Caen 18 km – Hérouville-Saint-Clair 23 km – Lisieux 52 km
Carte Michelin 303-C2

Château des Riffets sans rest
– 𝒞 02 31 23 53 21 – www.chateau-des-riffets.com – Ouvert 11 avril-3 nov. et
20 déc.-5 janv.
4 ch ⊑ – †125/175 € ††125/175 €
Ce château du milieu du 19ᵉ s. est construit sur les ruines d'un ancien relais de
chasse de Guillaume Le Conquérant. On s'y repose, au grand calme, dans des
chambres qui ont du cachet : beaux parquets, mobilier d'époque, lits à baldaquin... En prime, le parc – où l'on peut voir gambader les lapins – est superbe !

LE BREUIL-EN-AUGE

✉ 14130 (Calvados) – 995 hab. – Alt. 38 m – Voir carte n°**33**-C2
◘ Paris 196 km – Caen 55 km – Deauville 21 km – Lisieux 10 km
Carte Michelin 303-N4 – Guide Vert Michelin Normandie Vallée de la Seine

❀❀ **Le Dauphin** (Régis Lecomte) ✧
❀ 2 r. de l'Église – 𝒞 02 31 65 08 11 – www.ledauphin-restaurant.com
– Fermé vacances de fév., 12 nov.-2 déc., dim. soir et lundi
Menu 44/54 € – Carte 70/95 €
Avec ses colombages et sa charmante atmosphère, cet ancien relais de poste
incarne la Normandie rêvée, vers laquelle on revient toujours... d'autant que la
cuisine de Régis Lecomte n'en finit pas de nous réjouir ! Qualité des produits,
grande maîtrise d'exécution : tout est savoureux, fin, délicat... Un vrai bonheur.
➜ Ragoût d'ormeaux aux escargots petits-gris. Pigeonneau rôti en cage. Soufflé
au Grand Marnier aux écorces d'orange confites.

BREUILLET

✉ 17920 (Charente-Maritime) – 2 655 hab. – Alt. 28 m – Voir carte n°**38**-A3
◘ Paris 509 km – Poitiers 176 km – La Rochelle 69 km – Rochefort 39 km
Carte Michelin 324-D5

❀❀ **L'Aquarelle** (Xavier Taffart) avec ch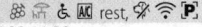
❀ 71 A rte du Montil, 2 km au Sud par D 140 – 𝒞 05 46 22 11 38
– www.laquarelle.net – Fermé 1 semaine en juin, 1 semaine en oct., 1 semaine
en janv., dim. soir sauf juil.-août, mardi midi et lundi
3 ch – †120/150 € ††120/150 € – ⊑ 17 €
Menu 35 € (déj. en semaine), 49/102 € ♟ – Carte 65/80 €
L'Aquarelle d'un chef arrivé en pleine maturité : c'est en créateur sage et inspiré
que Xavier Taffart travaille ses beaux produits locaux, et réinterprète des recettes
bien connues. Dans l'assiette, évidence, couleurs et... plaisir ! Et côté décor, dans
la grande salle panoramique, le design prévaut.
➜ Foie gras poché, bouillon aux algues kombu et champignons shiitakés. Bar
cuit au bouillon au beurre de tajine et pickles d'oignon. Château de sable mangue et passion, crème glacée à la ricotta.

BREUREY-LES-FAVERNEY – 70 (Haute-Saône) ➜ voir Faverney

BRIANÇON

✉ 05100 (Hautes-Alpes) – 11 876 hab. – Alt. 1 321 m – Voir carte n°**41**-C1
◘ Paris 681 km – Digne-les-Bains 145 km – Gap 89 km – Grenoble 119 km
Carte Michelin 334-H3 – Guide Vert Michelin Alpes du Sud

Parc Hôtel sans rest
Central Parc – 𝒞 04 92 20 37 47 – www.soleilvacances.com Plan : A**a**
60 ch – †77/227 € ††90/250 € – ⊑ 10 €
Cet établissement, certes fonctionnel et sans grand charme, ne manque cependant pas d'atouts : central, il abrite des chambres spacieuses et idéales pour les
familles, et pratique des tarifs très attractifs pour la clientèle d'affaires.

La Chaussée
4 r. Centrale – 𝒞 04 92 21 10 37 Plan : A**e**
– www.hotel-de-la-chaussee.com – Fermé 16 avril-4 mai, 24 oct.-11 nov.
16 ch – †70/82 € ††80/100 € – ⊑ 10 € – ½ P
D'emblée, on se sent bien dans cet hôtel familial transformé en "refuge montagnard" : meubles patinés par les ans, objets anciens, chambres coquettes et douillettes, belles salles de bains... Un endroit charmant !

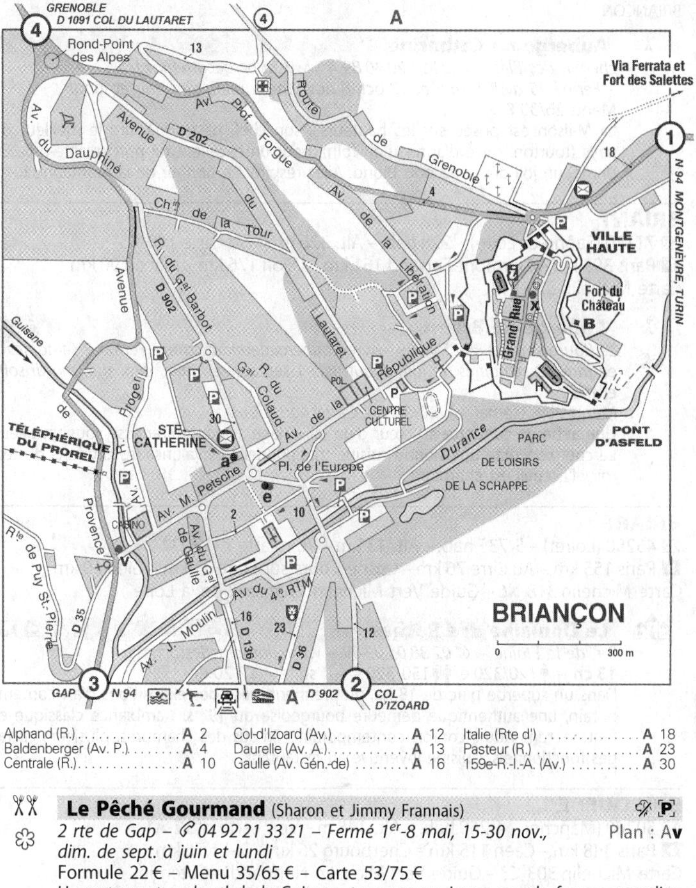

Alphand (R.) .... A 2	Col-d'Izoard (Av.) .... A 12	Italie (Rte d') .... A 18
Baldenberger (Av. P.) .... A 4	Daurelle (Av. A.) .... A 13	Pasteur (R.) .... A 23
Centrale (R.) .... A 10	Gaulle (Av. Gén.-de) .... A 16	159e-R.-I.-A. (Av.) .... A 30

Le Pêché Gourmand (Sharon et Jimmy Frannais)

2 rte de Gap – ✆ 04 92 21 33 21 – Fermé 1er-8 mai, 15-30 nov., dim. de sept. à juin et lundi — Plan : A**v**

Formule 22 € – Menu 35/65 € – Carte 53/75 €

Un restaurant au bord de la Guisane, tenu par un jeune couple franco-australien amoureux de gastronomie. Sharon concocte une belle cuisine de saison, soignée et savoureuse, et Jimmy vous régale de ses pâtisseries, délicates et délicieuses. Péché gourmand et... péché mignon !

➜ Langoustines rôties, pickles de concombre au citron confit. Ris de veau en croûte d'amandes. Cigare mis en scène.

Au Plaisir Ambré

26 Grande-Rue – ✆ 04 92 52 63 46 – Fermé 2 semaines en juin, 1er-15 déc., jeudi sauf juil.-août et merc. — Plan : A**x**

Menu 22 € (semaine), 31/42 €

Dans la cité Vauban, cette ancienne boucherie reste vouée aux bons produits. Fraîcheur : tel est le maître mot du chef, habile cuisinier qui sait révéler les meilleures saveurs. En salle, son épouse assure un accueil des plus souriants. Vous avez dit plaisir ?

à Puy-St-Pierre 3 km à l'Ouest par D 135 – ✉ 05100 – 506 hab.

Auberge de Catherine

chemin des Blés – ✆ 04 92 20 40 89 – www.aubergecatherine.fr – Fermé 25 avril-11mai et 17 oct.-8 nov.

11 ch – †52 € ††62 € – ☕ 8 € – ½ P

Rest ***Auberge de Catherine*** – voir les restaurants ci-après

À 10mn de Briançon, la montagne est à vous : la Maison profite d'une vue grandiose sur les cimes et la vallée ! Accueil familial et ambiance cosy : bois clair, fleurs séchées, bibelots... Parfait pour se ressourcer.

✗ **Auberge de Catherine** ⇐ 🗊 ὅ **P**
chemin des Blés – ℰ 04 92 20 40 89 – www.aubergecatherine.fr
– Fermé 25 avril-11mai et 17 oct.-8 nov., merc. midi, dim. soir et lundi
Menu 26/39 €
La Maison est posée sur les hauteurs ; son chef, passionné, tire le meilleur du pays (tourton, carré d'agneau au foin), pour un excellent rapport qualité-prix. En prime, un joli décor de bois blond. Allez respirer ce bon air de la montagne !

BRIANT
✉ 71110 (Saône-et-Loire) – 228 hab. – Alt. 326 m – Voir carte n°**8-C3**
▶ Paris 399 km – Clermont-Ferrand 161 km – Dijon 176 km – Mâcon 90 km
Carte Michelin 320-E12

✗ **Auberge de Briant** 🗊 ὅ **P**
⊗ *Le Bourg – ℰ 03 85 25 98 69 – www.aubergedebriant.com – Fermé 2 semaines en janv., 2 semaines fin juin-début juil., 1 semaine en nov., dim. soir, mardi soir et merc.*
Menu 20 € (semaine), 30/50 € – Carte 40/53 €
Une auberge coquette au cœur d'un joli village, avec une terrasse sous un tilleul. Le chef concocte une bonne cuisine traditionnelle et valorise les produits du terroir ; l'accueil est charmant.

BRIARE
✉ 45250 (Loiret) – 5 735 hab. – Alt. 135 m – Voir carte n°**12-D2**
▶ Paris 155 km – Auxerre 76 km – Cosne-Cours-sur-Loire 31 km – Gien 10 km
Carte Michelin 318-N6 – Guide Vert Michelin Châteaux de la Loire

🏚 **Le Domaine des Roches** 🍽 ⍤ ⇐ 🛏 🖳 ₤ₐ ❀ 🖩 ὅ 🖾 🛜 ⅍ **P**
2 r. de la Plaine – ℰ 02 38 05 09 09 – www.domainedesroches.fr
13 ch – ✝120/320 € ✝✝150/320 € – 1 suite – ⌘ 20 € – ½ P
Dans un superbe parc de 18 ha, où prennent place des expositions d'art contemporain, une authentique demeure bourgeoise du 19ᵉ s. : ambiance classique et feutrée, tons doux, confort contemporain... En sus des chambres, plusieurs cottages fonctionnels. Cuisine inventive au restaurant.

BRICQUEBEC
✉ 50260 (Manche) – 4 260 hab. – Alt. 145 m – Voir carte n°**32-A1**
▶ Paris 348 km – Caen 115 km – Cherbourg 26 km – St-Lô 76 km
Carte Michelin 303-C3 – Guide Vert Michelin Normandie Cotentin

🏚 **L'Hostellerie du Château** 🍽 🛜 **P**
Cour du Château – ℰ 02 33 52 24 49 – www.lhostellerie-bricquebec.com
– Fermé 20 déc.-31 janv.
17 ch – ✝89/100 € ✝✝89/120 € – ⌘ 12 € – ½ P
Dans l'enceinte même du château médiéval de Bricquebec, au sein d'une belle bâtisse gothique, un établissement de tradition, aux chambres classiques et confortables, apprécié notamment par la clientèle étrangère. À voir : le restaurant occupe l'ancienne salle des chevaliers, avec colonnes en pierre, armures et cheminée.

BRIDES-LES-BAINS
✉ 73570 (Savoie) – 546 hab. – Alt. 580 m – Voir carte n°**46-F2**
▶ Paris 612 km – Albertville 32 km – Annecy 77 km – Chambéry 81 km
Carte Michelin 333-M5 – Guide Vert Michelin Alpes du Nord

🏚 **Golf-Hôtel**
av. Greyffié de Bellecombe – ℰ 04 79 55 28 12 – www.golf-hotel-brides.com
– Fermé 2 nov.-25 déc.
52 ch ⌘ – ✝79/172 € ✝✝112/192 € – 2 suites – ½ P
Au cœur de la vallée, un imposant hôtel datant des années 1920, où l'on profite de chambres contemporaines et chaleureuses. Dans la grande salle du restaurant, lumineuse, on peut opter pour des spécialités savoyardes ou un menu diététique.

Amélie

r. Émile-Machet – ℰ 04 79 55 30 15 – www.hotel-amelie.com – Fermé 1er nov.-20 déc.

41 ch – ♦74/130 € ♦♦88/145 € – ☲ 13 € – ½ P

Un hôtel des années 1990, situé au cœur du village, à deux pas de la télécabine menant à Méribel. Chambres bien insonorisées, salles de bains en marbre et agréable bar cosy. Au restaurant, spécialités du terroir et menus diététiques. L'été, barbecue au jardin.

 Le Belvédère sans rest

r. Émile-Machet, quartier des Sources – ℰ 04 79 55 23 41
– www.hotel-73-belvedere.com – Fermé de fin oct. à mi-déc.

28 ch ☲ – ♦48/58 € ♦♦90/100 €

Voilà 20 ans que cette belle maison de 1830 ne résonne plus du bruit des machines à sous ! Ancien casino devenu hôtel, cet établissement dispose de chambres simples et bien tenues, dans un esprit chalet. Jacuzzi, hammam et piscine d'été chauffée.

BRIE-COMTE-ROBERT – 77 (Seine-et-Marne) ➜ voir Paris, Environs

---

BRINDAS

✉ 69126 (Rhône) – 5 585 hab. – Alt. 326 m – Voir carte n°**43-E1**
Ð Paris 472 km – Bourg-en-Bresse 94 km – Lyon 16 km – Saint-Étienne 51 km
Carte Michelin 327-H5

 La Maison de Franca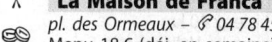

pl. des Ormeaux – ℰ 04 78 45 88 84 – Fermé 2 semaines en août, dim. et lundi
Menu 18 € (déj. en semaine)/30 € – Carte 26/35 € *(réservation conseillée)*

Une authentique trattoria dans un village du Lyonnais ! Speck et San Daniele pour le jambon cru, antipasti en tous genres, pâtes aux truffes ou au pesto... Les produits sont en provenance directe du nord de l'Italie, et l'ambiance, très conviviale, donne envie de revenir souvent.

BRINON-SUR-SAULDRE

✉ 18410 (Cher) – 1 019 hab. – Alt. 147 m – Voir carte n°**12-C2**
Ð Paris 190 km – Bourges 66 km – Cosne-Cours-sur-Loire 59 km – Gien 37 km
Carte Michelin 323-J1 – Guide Vert Michelin Limousin Berry

 Château des Bouffards

8 km sur D 923 rte de Lamotte-Beuvron – ℰ 02 48 58 59 88 – www.bouffards.fr
5 ch ☲ – ♦72/115 € ♦♦110/160 € – ½ P

En pleine campagne et au calme, une maison bourgeoise au cœur d'un joli parc de trois hectares, avec piscine. Les chambres y sont spacieuses et confortables, et les enfants sont les bienvenus : un parc pour bébé et des jouets sont à disposition !

 La Solognote 🅝

34 Grande-Rue – ℰ 02 48 58 50 29 – www.hotel-brinonsursauldre.fr
Formule 17 € ☿ – Menu 27/29 €

Dans la longue rue menant à l'église, cette auberge bien connue des locaux a repris des couleurs, sous l'impulsion d'un jeune couple motivé. Ils ont gardé le cachet rustique des lieux et dépoussiéré l'assiette, avec des préparations simples et bien tournées. Un exemple ? Les asperges à l'œuf poché et sabayon – un délice.

BRIOLLAY

✉ 49125 (Maine-et-Loire) – 2 713 hab. – Alt. 20 m – Voir carte n°**35-C2**
Ð Paris 288 km – Angers 15 km – Château-Gontier 44 km – La Flèche 45 km
Carte Michelin 317-F3

par rte de Soucelles 3 km (D 109) – ✉ 49125 Briollay

Château de Noirieux

26 rte du Moulin – ✆ 02 41 42 50 05 – www.chateaudenoirieux.com
– Fermé 18 fév.-20 mars, 8-24 nov., dim. et lundi d'oct. à mai
19 ch – 180/460 € 180/460 € – ☕ 25 € – ½ P
Rest *Château de Noirieux* ✿ – voir les restaurants ci-après
La douceur angevine n'est pas un mythe... Sous les frondaisons du parc, avec au loin le Loir qui apparaît entre des rideaux d'arbres, tout n'est que quiétude. Et dans les chambres – superbes dans le château du 17e s. comme dans le manoir du 15e s. –, l'on voudrait réciter : "Mignonne, allons voir si la rose..."

Château de Noirieux (Gérard Côme)

26 rte du Moulin – ✆ 02 41 42 50 05 – www.chateaudenoirieux.com
– Fermé 18 fév.-20 mars, 8-24 nov., dim. soir d'oct. à mai, mardi midi et lundi
Menu 62 € (déj. en semaine), 70/145 € – Carte 90/125 €
Dans un cadre éminemment classique, avec une vue dominante sur la campagne angevine... Plaisirs de toujours au gré des saisons et des meilleurs produits du terroir : le chef, Gérard Côme, signe une cuisine d'une très belle facture, subtile, appuyée sur la tradition mais nullement figée !
➜ Lasagnes d'araignée de mer à la truffe, soupe d'écrevisses. Zéphyr de homard bleu, quenelles de brochet et jus exotique. Soufflé au Cointreau, sorbet chocolat.

BRION – 01 (Ain) ➜ voir Nantua

BRIONNE

✉ 27800 (Eure) – 4 276 hab. – Alt. 56 m – Voir carte n°**33-C2**
Paris 156 km – Bernay 16 km – Évreux 40 km – Lisieux 40 km
Carte Michelin 304-E6 – Guide Vert Michelin Normandie Vallée de la Seine

Le Logis avec ch

1 pl. St-Denis – ✆ 02 32 44 81 73 – www.lelogisdebrionne.com
– Fermé 29 juil.-21 août, 28 déc.-12 janv., dim. soir et lundi
14 ch – 88/105 € 96/120 € – ☕ 14 € – ½ P
Menu 20 € (déj. en semaine), 35/69 € – Carte 55/75 €
Asperges vertes à la plancha, vieille mimolette et œuf cuit à 63° : l'une des recettes du chef, Alain Depoix, qui affectionne la nouveauté autant que les produits du cru – et plus encore les légumes de son propre potager, pour lequel il a engagé un jardinier. Une table qui respire la générosité !

BRIOUDE

✉ 43100 (Haute-Loire) – 6 637 hab. – Alt. 427 m – Voir carte n°**6-C3**
Paris 479 km – Clermont-Ferrand 69 km – Le Puy-en-Velay 62 km – St-Flour 52 km
Carte Michelin 331-C2 – Guide Vert Michelin Auvergne

La Sapinière

av. Paul-Chambriard – ✆ 04 71 50 87 30 – www.hotel-sapiniere-brioude.com
– Fermé fév. et dim. soir sauf juil.-août
11 ch – 98/122 € 124 € – ☕ 13 € – ½ P
Comme un air de campagne, en plein cœur de la cité. Cette construction récente s'intègre parfaitement à un joli parc boisé ; les grandes chambres adoptent elles aussi un esprit champêtre. Belle piscine couverte, jacuzzi, restaurant...

Artemis

11 Parc des Conchettes, Rocade N 102 : 2 km au Nord-Ouest – ✆ 04 71 50 45 04
– www.artemis-hotel.com – Fermé 20 déc.-5 janv.
40 ch – 69/92 € 79/98 € – ☕ 9 € – ½ P
Au bord de la nationale contournant Brioude, un hôtel récent tout à fait commode. Jardin, piscine, restaurant traditionnel et salles de séminaires.

Poste et Champanne ⫶〇 ⟨ ⚿ 🛜 🎿 **P**

1 bd Dr-Devins – ⟨ *04 71 50 14 62 – www.hotel-de-la-poste-brioude.com*
16 ch – ♦68 € ♦♦68/76 € – ⟋ 9 € – ½ P
Rest *Poste et Champanne* – voir les restaurants ci-après
Deux sœurs sont à la tête de cette affaire bien connue dans la région. Les chambres, récemment refaites, sont climatisées et confortables ; le service est très attentionné.

Poste et Champanne ⚿ � **P**

1 bd Dr-Devins – ⟨ *04 71 50 14 62 – www.hotel-de-la-poste-brioude.com – Fermé*
4-11 nov., vacances de fév., dim. soir et lundi midi
Menu 18 € (déj. en semaine), 26/52 €
La chef, membre des restauratrices d'Auvergne, ne conçoit pas sa cuisine sans convivialité et fait partager son savoir-faire à travers des plats typiquement régionaux, copieux et goûteux. Dès la première bouchée, on sait que la maison est sérieuse, généreuse et de qualité !

BRISCOUS

✉ 64240 (Pyrénées-Atlantiques) – 2 637 hab. – Alt. 50 m – Voir carte n°**2-B3**
▶ Paris 780 km – Bordeaux 195 km – Pau 97 km
Carte Michelin 342-D2

Maison Joanto ⓝ 🏠 ⟨ ⚿

chemin du Village – ⟨ *05 59 20 27 70 – www.maisonjoanto-restaurant.fr – Fermé*
une semaine fin janv., une semaine mi-juin, une semaine mi-oct., mardi soir et
merc. hors saison
Formule 12 € ⟁ – Menu 25/28 €
Joanto, c'est "Petit Jean" en basque... et pourtant, voilà bien une demeure qui ne mérite aucun diminutif ! Sa belle architecture traditionnelle, son décor plein de cachet, son ambiance chaleureuse, tout séduit, et plus encore sa cuisine, où le terroir basque explose de saveurs. Le rapport qualité-prix a tout... d'un grand.

BRISSAC

✉ 34190 (Hérault) – 619 hab. – Alt. 145 m – Voir carte n°**23-C2**
▶ Paris 732 km – Alès 55 km – Montpellier 41 km – Le Vigan 25 km
Carte Michelin 339-H5

Jardin aux Sources avec ch ⟿ 🏠 ⚿ ch, ⚿ ch, 🛜 🎿 **P**

30 av. du Parc – ⟨ *04 67 73 31 16 – www.lejardinauxsources.com – Fermé 3*
semaines à la Toussaint, 3 semaines en janv., dim. soir, lundi et merc. hors saison
3 ch ⟋ – ♦85/95 € ♦♦95/105 €
Menu 36/75 € ⟁ – Carte environ 50 € *(réservation conseillée)*
Maison en pierre au cœur d'un pittoresque village. Jolie salle de restaurant voûtée avec vue sur les cuisines, ravissante terrasse et carte inventive. Chambres coquettes.

BRIVE-LA-GAILLARDE

✉ 19100 (Corrèze) – 48 267 hab. – Alt. 142 m – Voir carte n°**24-B3**
▶ Paris 480 km – Albi 218 km – Clermont-Ferrand 170 km – Limoges 92 km
Carte Michelin 329-K5 – Guide Vert Michelin Périgord Quercy

La Truffe Noire ⫶〇 🛏 ⚿ 🛜 🎿 **P**

22 bd Anatole-France – ⟨ *05 55 92 45 00*　　　　Plan : CY**v**
– www.la-truffe-noire.com
27 ch – ♦105/150 € ♦♦120/160 € – ⟋ 14 € – ½ P
Au seuil de la vieille ville, cette grande maison régionale du 19e s. mêle avec élégance le charme des belles boiseries au raffinement contemporain. Les chambres, sobres et chic, offrent tout le confort nécessaire. Au restaurant, cuisine traditionnelle.

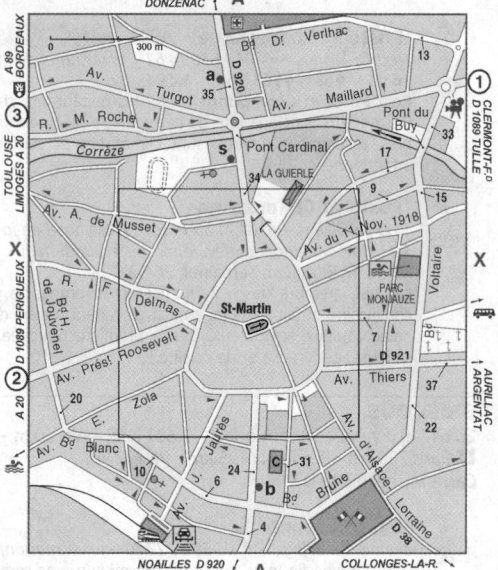

⛤ Le Quercy sans rest   🖪 🕴 ᴦ AC 🛜 🐴

8 bis quai Tourny – ℰ 05 55 74 09 26   Plan : CY**a**
– www.hotelduquercy.com
48 ch – †95/120 € ††115/140 € – 1 suite – ☲ 12 €

Un hôtel récent au cœur de Brive (l'une des portes des causses du Quercy). Les chambres ont été aménagées avec beaucoup de soin, dans un esprit design coloré et chaleureux. Au dernier étage, on trouve même une suite-appartement très confortable... Esprit contemporain au programme !

⌂ Le Collonges sans rest   🕴 🛜 🐴

3 pl. W.-Churchill – ℰ 05 55 74 09 58 – www.hotel-collonges.com   Plan : CZ**n**
24 ch – †75/90 € ††75/120 € – ☲ 10 €

Un hôtel bien situé, en léger retrait du boulevard qui ceinture le centre-ville. Les chambres – rénovées en 2013 – sont à la fois confortables et fonctionnelles, dans un esprit actuel ; on prend le petit-déjeuner en terrasse pendant les beaux jours !

✕✕ La Toupine   🏤 AC ⇔

😊   *27 av. Pasteur – ℰ 05 55 23 71 58 – www.latoupine.fr – Fermé*   Plan : AX**a**
1 semaine vacances de fév., 1 semaine en mai, 3 semaines en août, dim. et lundi
Formule 15 € – Menu 22 € (déj. en semaine), 30/43 € – Carte 36/47 € *(réservation conseillée)*

Dans une maison typiquement locale, ce restaurant affirme son look minimaliste chic (inox, pierre et bois exotique). Au menu : galette de pieds de cochon panés et escalope de foie gras ; pavé de veau en croûte de noix et gratin de cèpes, etc. Une savoureuse cuisine du marché, entre tradition et modernité.

✕ La Table d'Olivier (Pierre Neveu)   ᴦ AC

🍃   *3 r. St-Ambroise – ℰ 05 55 18 95 95 – www.latabledolivier.com*   Plan : BZ**b**
– Fermé 25 août-12 sept., 1ᵉʳ-15 janv., merc. midi, lundi et mardi
Formule 24 € – Menu 39 € (déj. en semaine)/57 € – Carte 45/60 € *(réservation conseillée)*

Dans cette maison cosy œuvre un jeune couple dont la passion fait mouche : elle, ancienne pâtissière, en tant que maîtresse de salle, lui en tant que chef, tous les deux investis pour le plaisir des clients. La cuisine de Pierre (et non Olivier !) se révèle très gourmande, aussi fine que colorée, aussi personnelle que précise...
➔ Homard, tourteau et yuzu. Saint-pierre au maïs, safran et salicornes. Fraises au wasabi, vanille et tomate.

BRIVE-LA-GAILLARDE

✕ Chez Francis
🕙 🅰🅺

🍽 61 av. de Paris – ℘ 05 55 74 41 72 – www.chezfrancis.fr   Plan : AX**s**
– Fermé 7-14 juin, 30 août-4 sept., 25-30 janv., dim. et lundi
Menu 18 € (semaine)/27 € – Carte 46/65 € (réservation conseillée)
Publicités rétro, objets en tout genre et dédicaces laissées par les clients : la parfaite ambiance d'un bistrot familial. On vient ici en ami, et l'on se sent à son aise pour déguster bons produits et jolies recettes : rémoulade de crabe, topinambours et pomme verte, encornets sautés au wok... Avec des vins du Languedoc !

✕ En Cuisine
📶

🍽 39 av. Edmont-Herriot – ℘ 05 55 74 97 53   Plan : AX**b**
– www.encuisine.net – Fermé 20 juil.-10 août, sam. midi, dim. soir et lundi
Formule 22 € – Menu 31/41 €
Prenez un jeune chef passionné, travailleur, entouré d'une équipe à son image. Ajoutez une cuisine raffinée, où les saveurs sont franches et où la présentation des plats met d'emblée l'eau à la bouche. Vous y êtes presque... Saupoudrez le tout d'un service avec le sourire. Vous pouvez savourer !

✗ **Bistrot Chambon**　　　　　　　　　　　　🛋 ⅙ AC ⇔

8 r. des Echevins – ℰ 05 55 22 36 83 – www.bistrot-chambon.fr　　Plan : CZ**g**
– Fermé 3 semaines en août, dim. et lundi
Formule 16 € – Menu 21 € (déj. en semaine)/32 € – Carte 34/60 €
L'ambiance est conviviale dans ce bistrot contemporain haut en couleurs. Le chef se met en quatre pour faire apprécier les spécialités du genre : sole meunière, tête de veau, pied de porc, etc. De bons produits frais, cuisinés avec soin et servis au pas de charge, affluence oblige !

à Ussac 5 km au Nord-Ouest par D 920 AX et D 57 – ✉ 19270
– 3 986 hab. – Alt. 350 m

🏠 **Auberge St-Jean**　　　　　　　　　　　　🛏 🛜 🖼 P

5 pl. de l'Église – ℰ 05 55 22 87 55 – www.auberge-saint-jean.fr – Fermé
24-31 août et 21 déc.-4 janv.
18 ch – 🛏62 € 🛏🛏62 € – ⊑ 8 € – ½ P
Rest *Auberge St-Jean* – voir les restaurants ci-après
Au centre du village d'Ussac, une sympathique auberge familiale où l'on peut passer une nuit tranquille. Si la bâtisse, tout en pierre, est typique de la région, les chambres sont modernes et fonctionnelles. Un intéressant point de chute.

✗ **Auberge St-Jean**　　　　　　　　　　　　🛋 ⇔ P

5 pl. de l'Église – ℰ 05 55 22 87 55 – www.auberge-saint-jean.fr – Fermé
24-31 août, 21 déc.-4 janv., sam. sauf le soir en juil.-août et dim.
Formule 23 € – Carte environ 30 €
Des produits frais, des recettes du terroir, un chef engagé justifiant d'un vrai savoir-faire : la tradition est bien servie dans cette auberge dont l'âme rustique a été revue à la mode contemporaine. Et au premier rayon de soleil, on se met au vert, sur la grande terrasse nichée dans le jardin...

rte d'Aurillac Est par D 921 CZ – ✉ 19360 Malemort

🏠 **Auberge des Vieux Chênes**　　　　　　　🛏 🛜 🖼 P ⌂

31 av. Honoré-de-Balzac, à 2,5km – ℰ 05 55 24 13 55
– www.auberge-des-vieux-chenes.com – Fermé dim. et fériés
16 ch – 🛏64/70 € 🛏🛏70/80 € – ⊑ 10 € – ½ P
Rest *Auberge des Vieux Chênes* – voir les restaurants ci-après
Aux portes de Brive, un hôtel-restaurant comme autrefois, qui fait également bar-tabac. Les chambres sont pratiques, petites, bien équipées et très propres, à des tarifs raisonnables.

✗ **Auberge des Vieux Chênes**　　　　　　　🛋 P

31 av. Honoré-de-Balzac, à 2,5km – ℰ 05 55 24 13 55
– www.auberge-des-vieux-chenes.com
– Fermé dim. et fériés
Menu 22 € (semaine), 32/49 € – Carte 45/68 €
Une belle carte traditionnelle, des produits venus tout droit de petits producteurs locaux, un accueil tout en gentillesse... Ce restaurant ne manque pas d'atouts. Aiguillettes de canard fumées aux jeunes pousses et copeaux de jambon croustillants, ravioles de queues de langoustine au piment d'Espelette...

à Varetz 10 km par ③, D 901 et D 152 – ✉ 19240 – 2 268 hab. – Alt. 109 m

🏨 **Château de Castel Novel**　　🛏 ⑂ ⇐ 🛜 ⚒ 🍴 🛗 AC 🛜 🖼 P

– ℰ 05 55 85 00 01 – www.castelnovel.com
– Ouvert de mi-avril à mi-nov.
35 ch – 🛏120/360 € 🛏🛏140/360 € – 2 suites – ⊑ 22 € – ½ P
Rest *Château de Castel Novel* ✿ – voir les restaurants ci-après
Pour un séjour au calme, sur les pas de Colette... Cette dernière vécut ici, dans ce château fort en grès rose (13e-15e s.) si joliment romantique. Les chambres, très raffinées, donnent sur le ravissant parc. Du style, c'est indéniable !

Château de Castel Novel

– ℰ 05 55 85 00 01 – www.castelnovel.com – *Ouvert de mi-avril à mi-nov. et fermé mardi midi, merc. midi et jeudi midi en juil.-août, lundi sauf le soir en juil.-août, sam. midi et dim. soir*
Formule 30 € – Menu 39 € (déj. en semaine), 55/108 € – Carte 84/99 €
Difficile de résister au charme de ce joli château... Les amoureux d'histoire et de gastronomie sont comblés. Dans un décor de caractère, ils savourent une belle cuisine d'aujourd'hui, qui met à l'honneur les produits du terroir – à la croisée du Limousin, du Périgord et du Quercy – au fil des saisons... Précis et délicat !
➔ Foie gras en chaud et froid, croustillant aux câpres, rhubarbe et pomme. Ris de veau braisé, navet boule d'or, mousseline de carotte. Soufflé à l'armagnac et orange, granité pamplemousse.

BRIVEZAC – 19 (Corrèze) ➔ voir Beaulieu-sur-Dordogne

BROU

✉ 28160 (Eure-et-Loir) – 3 470 hab. – Alt. 150 m – Voir carte n°**11-B1**
▶ Paris 142 km – Chartres 38 km – Châteaudun 22 km – Le Mans 86 km
Carte Michelin 311-C6 – Guide Vert Michelin Normandie Vallée de la Seine

L'Ascalier

9 pl. du Dauphin – ℰ 02 37 96 05 52 – *Fermé dim. soir, lundi soir et mardi*
Formule 15 € – Menu 22/35 € – Carte 25/48 € (réservation conseillée)
Dans la région, tout le monde – ou presque – connaît cet Ascalier ! Et pour cause, cette adresse a plus d'un atout avec sa terrasse fleurie, son cadre contemporain et pimpant, ses beaux produits régionaux, ses menus à prix doux... et bien entendu son "escalier" du 16e s. qui mène aux salles de l'étage.

BROUILLAMNON – 18 (Cher) ➔ voir Charost

LES BROUZILS

✉ 85260 (Vendée) – 2 631 hab. – Alt. 64 m – Voir carte n°**34-B3**
▶ Paris 427 km – Cholet 77 km – Nantes 46 km – La Roche-sur-Yon 37 km
Carte Michelin 316-I6

Manoir de la Thébline sans rest

rte de l'Herbergement au Nord-Ouest par D 7 : 2 km – ℰ 06 77 71 67 25
– www.manoirthebline.com
3 ch ⌑ – †98 € ††98/130 €
Dans un grand parc verdoyant – avec un étang –, une jolie demeure du 15e, 16e et 19e s. Ici, tout est pensé pour la détente : billard, bibliothèque, piscine et, évidemment, des chambres de facture classique, spacieuses, coquettes et parfaitement tenues. Idéal pour un séjour découverte de la région.

BRUAILLES – 71 (Saône-et-Loire) ➔ voir Louhans

BRUÈRE-ALLICHAMPS – 18 (Cher) ➔ voir St-Amand-Montrond

BRUGAIROLLES

✉ 11300 (Aude) – 255 hab. – Alt. 182 m – Voir carte n°**22-A3**
▶ Paris 770 km – Carcassonne 33 km – Castelnaudary 32 km – Castres 82 km
Carte Michelin 344-D4

Domaine Gayda

rte de Malvès – ℰ 04 68 20 65 87 – www.maisongayda.com – *Fermé janv., lundi et mardi*
Menu 25 € ⧙ (déj. en semaine), 29 € ⧙/42 €
Au-dessus du chai de ce domaine viticole, on découvre une jolie salle avec une véranda donnant sur les Pyrénées et les vignes. L'assiette varie avec les saisons et l'on peut aussi savourer des grillades dans les paillottes du jardin.

BRÛLON

✉ 72350 (Sarthe) – 1 540 hab. – Alt. 102 m – Voir carte n°**35-C1**
▶ Paris 239 km – Laval 55 km – Le Mans 41 km – Nantes 167 km
Carte Michelin 310-H7

Château de l'Enclos sans rest
2 av. de la Libération – ℰ *02 43 92 17 85* – www.chateau-enclos.com
5 ch ☑ – †120 € ††120 €
Une véritable arche de Noé (lamas, ânes, poney...), une étonnante "kota" (maison
lapone en bois) accrochée aux arbres, une roulotte tzigane... et aussi trois chambres plus académiques, mais tout aussi cosy. Cette belle maison bourgeoise
(1870) se prête à un séjour bohème (testez la kota !).

BRY-SUR-MARNE – 94 (Val-de-Marne) → voir Paris, Environs

BUELLAS

✉ 01310 (Ain) – 1 694 hab. – Alt. 225 m – Voir carte n°**43**-E1
▶ Paris 424 km – Annecy 120 km – Bourg-en-Bresse 9 km – Lyon 69 km
Carte Michelin 328-D3 – Guide Vert Michelin Lyon et sa région

✗ **L'Auberge Bressane de Buellas**
☺ *10 rte de Buesle, (pl. du Prieuré)* – ℰ *04 74 24 20 20* – www.auberge-buellas.com
– *Fermé vacances de la Toussaint et merc.*
Formule 15 € ♀ – Menu 21/45 € – Carte 27/45 €
Le meilleur de la Bresse, mais aussi de la Provence ! Dans cette auberge (une ex-
boulangerie) au décor méridional, on se régale de belles recettes du terroir avec
un zeste de saveurs du Sud et une dose d'inventivité. En prime, le service est
attentionné et les prix raisonnables.

LE BUGUE

✉ 24260 (Dordogne) – 2 728 hab. – Alt. 62 m – Voir carte n°**4**-C3
▶ Paris 522 km – Bergerac 47 km – Brive-la-Gaillarde 72 km – Périgueux 42 km
Carte Michelin 329-G6 – Guide Vert Michelin Périgord Quercy

rte de Sarlat 3 km à l'Est par D 703 et rte secondaire ✉ 24260

 Maison Oléa sans rest
La Combe-de-Leygue – ℰ *05 53 08 48 93* – www.olea-dordogne.com – *Fermé
21 déc.-4 janv.*
5 ch ☑ – †75/95 € ††85/105 €
Derrière cette architecture inspirée des anciennes granges à tabac se cache
un rêve mauresque ! Chambres avec loggia orientées plein sud et vue sur la vallée de la Vézère.

BUIS-LES-BARONNIES

✉ 26170 (Drôme) – 2 251 hab. – Alt. 365 m – Voir carte n°**44**-B3
▶ Paris 685 km – Carpentras 39 km – Nyons 29 km – Orange 50 km
Carte Michelin 332-E8 – Guide Vert Michelin Alpes du Sud

 Les Arcades-Le Lion d'Or sans rest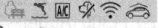
pl. du Marché – ℰ *04 75 28 11 31* – www.hotelarcades.fr – *Ouvert
1ᵉʳ avril-22 nov.*
14 ch – †58/73 € ††68/88 € – 1 suite – ☑ 10 €
Passez sous les arcades de la place principale (15ᵉ s.) pour entrer dans l'hôtel...
Les amateurs de couleurs vives apprécieront les chaleureuses chambres provençales. Aux beaux jours, il fait bon profiter de la terrasse, face à la piscine, ou du
charmant jardin intérieur à l'ombre d'une glycine.

LE BUISSON-CORBLIN – 61 (Orne) → voir Flers

LE BUISSON-DE-CADOUIN

✉ 24480 (Dordogne) – 2 094 hab. – Alt. 63 m – Voir carte n°**4**-C3
▶ Paris 532 km – Bergerac 38 km – Brive-la-Gaillarde 81 km – Périgueux 52 km
Carte Michelin 329-G6

X **Auberge de l'Espérance** Ⓝ

3 av. des Sycomores – ℰ 05 53 74 23 66 – Fermé vacances de fév., mardi et merc. sauf juil.-août
Formule 17 € – Menu 21/27 € – Carte 47/57 €
Âmes désespérées, courez dans cette adresse qui saura vous redonner foi en la vie ! L'accueil de la patronne n'est que sourire et chaleur, et la cuisine est pleine de jolies attentions, alliant fraîcheur et franche gourmandise. Voilà qui rappelle que les plaisirs simples sont parfois les plus marquants...

à Paleyrac 4 km au Sud-Est par D 25 et rte secondaire – ✉ 24480

⌂ **Le Clos Lascazes** sans rest

– ℰ 05 53 74 33 94 – www.clos-lascazes.com – Ouvert de mars à mi-nov.
5 ch – •76/105 € ••76/105 € – ⏛ 10 €
Ces trois maisons, issues de trois siècles différents, abritent des chambres confortables et lumineuses. On s'y repose au grand calme. Et durant la journée, du premier au dernier rayon de soleil, on profite du parc et de la piscine. Bon petit-déjeuner.

BULGNEVILLE

✉ 88140 (Vosges) – 1 463 hab. – Alt. 350 m – Voir carte n°**26-B3**
◆ Paris 342 km – Belfort 133 km – Épinal 55 km – Langres 71 km
Carte Michelin 314-D3

⌂ **Benoit Breton** sans rest

74 r. des Récollets – ℰ 03 29 09 21 72 – www.benoitbreton.fr
4 ch ⏛ – •75 € ••80 €
Antiquaire de son métier, monsieur Breton a donné une âme à sa maison : chambres spacieuses, meubles et bibelots raffinés. Petits-déjeuners campagnards devant la jolie cheminée.

XX **La Marmite Beaujolaise**

34 r. de l'Hôtel-de-Ville – ℰ 03 29 09 16 58
– www.restaurant-lamarmitebeaujolaise.com – Fermé 1 semaine en oct., 1 semaine en janv., dim. soir et lundi
Menu 15 € (déj. en semaine), 23/40 € – Carte 40/57 €
Cette auberge propose une cuisine traditionnelle soignée valorisant de beaux produits (pâté en croûte de canard et foie gras pistaché, lieu jaune en vapeur douce et tajine de légumes). Le cadre est à la fois rustique et raffiné, le sourire en plus !

BULLY

✉ 69210 (Rhône) – 2 075 hab. – Alt. 313 m – Voir carte n°**43-E1**
◆ Paris 471 km – Lyon 32 km – Saint-Étienne 92 km – Villeurbanne 41 km
Carte Michelin 327-G4

XX **Auberge du Château** (Yannick Bourgeois-Faucon)

pl. de l'Église – ℰ 04 74 01 25 36 – www.aubergedu-chateau.com – Fermé 1 semaine en mai, 2 semaines en août, 2 semaines en déc., dim. soir, lundi et merc.
Formule 23 € – Menu 28 € (déj. en semaine), 45/79 € – Carte 53/68 €
En face de l'église du village, cet ancien bistrot s'est mué en élégant restaurant contemporain. Le chef, Yannick Bourgeois-Faucon, signe une cuisine tout en maîtrise et sobriété, avec des produits de belle qualité travaillés sans fioritures. Autre bonne surprise : les prix, fort raisonnables !
➜ Saint-Jacques saisies, citron et chorizo. Filet de lièvre servi rosé et purée de betterave caramélisée. Financier au citron et framboises.

BURCIN

✉ 38690 (Isère) – 439 hab. – Alt. 520 m – Voir carte n°**45-C2**
◆ Paris 548 km – Bourg-en-Bresse 142 km – Grenoble 40 km – Lyon 80 km
Carte Michelin 333-F5

Relais St-Hubert   ⌂ 🐾 **P**

1 pl. de l'Eglise – ☎ 04 76 65 00 36 – www.relais-sthubert.com – Fermé 3-24 août, 26 déc.-12 janv., mardi soir, merc. soir, jeudi soir et lundi
Menu 14 € 🍷 (déj. en semaine), 24/38 € – Carte 28/44 €
Sous l'œil de saint Hubert, patron des chasseurs, on se lance à la poursuite des bonnes saveurs dans cette chaleureuse ferme dauphinoise transformée en restaurant. Gibier, champignons et autres produits du cru : le jeune chef, passionné, nous régale d'une cuisine traditionnelle rythmée par les saisons.

BURLATS – 81 (Tarn) → voir Castres

BURNHAUPT-LE-HAUT
✉ 68520 (Haut-Rhin) – 1 629 hab. – Alt. 300 m – Voir carte n°**1-A3**
▶ Paris 454 km – Altkirch 16 km – Belfort 32 km – Mulhouse 17 km
Carte Michelin 315-G10

Le Coquelicot 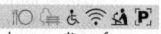   🍽 🛏 & 🛜 🅰 **P**

au Pont d'Aspach, 1 km au Nord – ☎ 03 89 83 10 10 – www.lecoquelicot.fr – Fermé 23 déc.-6 janv.
26 ch – ✦85/95 € ✦✦85/95 € – ⊑ 12 € – ½ P
Dans une zone commerciale, non loin d'axes routiers fréquentés, cet hôtel-restaurant dispose de chambres confortables et impeccablement tenues, dans un style hôtelier fonctionnel.

BUSNES – 62 (Pas-de-Calais) → voir Béthune

BUSSEAU-SUR-CREUSE
✉ 23150 (Creuse) – Voir carte n°**25-C1**
▶ Paris 368 km – Aubusson 27 km – Guéret 17 km
Carte Michelin 325-J4 – Guide Vert Michelin Limousin Berry

Le Viaduc avec ch   ⩽ & rest, 🛜

9 Busseau Gare – ☎ 05 55 62 57 20 – www.restaurant-leviaduc.com – Fermé 1 semaine en juin, 2 semaines en janv., dim. soir et lundi
5 ch – ✦48/65 € ✦✦48/65 € – ⊑ 7 € – ½ P
Formule 14 € – Menu 24/49 € – Carte 36/52 €
Rustique et sympathique, cette petite auberge de pays domine la vallée de la Creuse et offre une belle vue sur le viaduc de style Eiffel... On y déguste une cuisine traditionnelle généreuse et, pour l'étape, les chambres sont bien pratiques !

LA BUSSIÈRE-SUR-OUCHE
✉ 21360 (Côte-d'Or) – 142 hab. – Alt. 320 m – Voir carte n°**8-C2**
▶ Paris 297 km – Dijon 34 km – Chalon-sur-Saône 63 km – Beaune 34 km
Carte Michelin 320-I6 – Guide Vert Michelin Bourgogne

Abbaye de la Bussière    🍽 🛏 & 🅺 🛜 🅰 **P**

D 33 – ☎ 03 80 49 02 29 – www.abbayedelabussiere.fr – Fermé 6 janv.-13 fév.
18 ch – ✦225/580 € ✦✦225/580 € – ⊑ 25 € – ½ P
Rest *Abbaye de la Bussière* ✿ – voir les restaurants ci-après
Une abbaye cistercienne du 12ᵉ s. noyée dans la verdure. Si le cloître des moines a disparu, la quiétude reste entière : architectures gothiques, pièce d'eau, chambres luxueuses et... gourmandises !

Abbaye de la Bussière   🎐 🛏 **P**

✿

D 33 – ☎ 03 80 49 02 29 – www.abbayedelabussiere.fr – Fermé 6 janv.-13 fév., lundi, mardi et le midi sauf dim.
Menu 95/130 € – Carte 105/125 €
Sous les superbes voûtes en ogive de cette ancienne abbaye se joue une partition culinaire particulièrement harmonieuse... Le chef, fou amoureux des beaux produits, honore les saisons. Saveur, fraîcheur et inventivité : on passe un beau moment. Sans oublier la carte des vins qui fait la part belle à la région.
→ Langue de veau de lait et homard à la moutarde de Bourgogne. Faux-filet de bœuf charolais, pressé de pomme de terre et foie gras. Myrtilles sauvages et cassis noir de Bourgogne infusés au laurier, sorbet yuzu.

BUSSY-ST-GEORGES – 77 (Seine-et-Marne) → voir Paris, Environs (Marne-la-Vallée)

BUXY

✉ 71390 (Saône-et-Loire) – 2 184 hab. – Alt. 263 m – Voir carte n°**8-C3**
▶ Paris 351 km – Chagny 25 km – Chalon-sur-Saône 17 km – Montceau-les-Mines 33 km
Carte Michelin 320-I9

XX **Aux Années Vins**　　　　　　　　　　　　　　🕭 🗚 ⇔
*2 Grande-Rue – 𝒞 03 85 92 15 76 – www.aux-annees-vins.com – Fermé
24 août-2 sept., vacances de fév., merc. sauf le soir en juil.-août et mardi*
Formule 20 € – Menu 29/49 € – Carte 39/63 €
Dans les anciennes fortifications du village, cette auberge chic est une ode aux
jolis nectars. Sans remonter aux années 1920, la cuisine cultive un certain classicisme, avec même un beau choix de fromages affinés. L'hiver, on s'installe au
coin du feu pour un repas des plus chaleureux.

BUZANÇAIS

✉ 36500 (Indre) – 4 495 hab. – Alt. 111 m – Voir carte n°**11-B3**
▶ Paris 286 km – Le Blanc 47 km – Châteauroux 25 km – Chatellerault 78 km
Carte Michelin 323-E5

🏠 **L'Hermitage**　　　　　　　　　　　　10 🕭 🛜 🗚 🛜 🅿
*1 chemin de Vilaine – 𝒞 02 54 84 03 90 – www.lhermitagehotel.com
– Fermé janv. et dim. soir*
10 ch – 🛏70/90 € 🛏🛏75/95 € – ⊑ 11 € – ½ P
Rest *L'Hermitage* ⊛ – voir les restaurants ci-après
Cette maison de maître 1900 est bucolique à souhait : les chambres, parfaitement
tenues, donnent sur le grand jardin, où coule l'Indre... Apaisant et très accueillant !

XX **L'Hermitage**　　　　　　　　　　　　　　🕭 🛜 🗚 🛜 🅿
🍷 *1 chemin de Vilaine – 𝒞 02 54 84 03 90 – www.lhermitagehotel.com
– Fermé janv., dim. soir et lundi midi*
🍷 Menu 18 € (déj. en semaine), 30/56 € – Carte 46/82 € *(réservation conseillée)*
Entouré d'un parc baigné par l'Indre, un Hermitage gourmand pour se régaler d'une jolie cuisine traditionnelle. Le foie gras, notamment, est une réussite ! Et
aux beaux jours, on s'installe sous la pergola pour profiter du doux bruissement
de la rivière... Une adresse de qualité où les clients sont choyés.

CABANAC-SÉGUENVILLE

✉ 31480 (Haute-Garonne) – 171 hab. – Alt. 200 m – Voir carte n°**28-B2**
▶ Paris 668 km – Colomiers 39 km – Montauban 46 km – Toulouse 51 km
Carte Michelin 343-E2

🏠 **Château de Séguenville**　　　　　10 🛜 🕭 ⤢ 🛜 🛜 🅿
*par D 1 et D 89A – 𝒞 05 62 13 42 67 – www.chateau-de-seguenville.com – Fermé
15 déc.-15 janv.*
5 ch ⊑ – 🛏100/110 € 🛏🛏120/130 €
Joli château gascon du 19ᵉ s. au milieu d'arbres centenaires. Fer forgé, mobilier
chiné, baldaquin... les chambres sont bigarrées ; l'une d'elles ouvre sur une
grande terrasse face aux Pyrénées ! Saveurs régionales à la table d'hôte.

CABESTANY – 66 (Pyrénées-Orientales) → voir Perpignan

CABOURG

✉ 14390 (Calvados) – 3 800 hab. – Alt. 3 m – Voir carte n°**32-B2**
▶ Paris 220 km – Caen 24 km – Deauville 23 km – Lisieux 35 km
Carte Michelin 303-L4 – Guide Vert Michelin Normandie Vallée de la Seine

🏰 **Grand Hôtel**　　　　　　　　10 🛜 ⩽ 🖷 🗚 🛜 🋭
prom. Marcel-Proust – 𝒞 02 31 91 01 79 – www.mgallery.com　　Plan : A**s**
71 ch – 🛏155/630 € 🛏🛏155/630 € – 3 suites – ⊑ 25 €
Ce palace sur le front de mer, hanté par le souvenir de Proust, a retrouvé son lustre
dans une version ultracontemporaine : lignes épurées, mobilier haut de gamme...
Le temps retrouvé ! D'avril à septembre, la Plage propose salades et poissons sur
une superbe terrasse posée sur le sable.

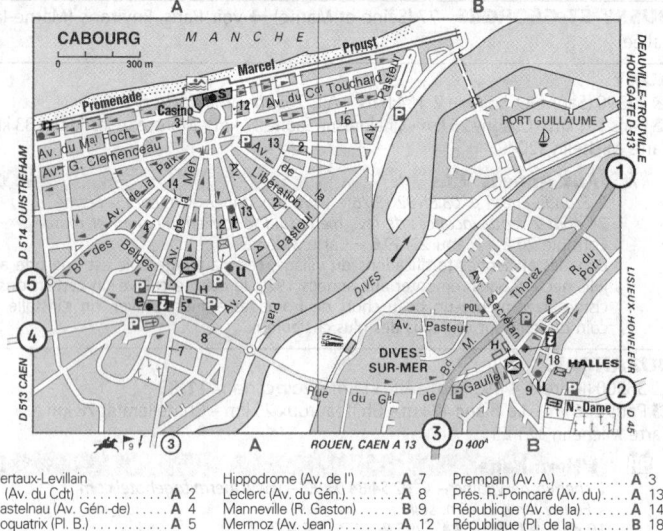

CABOURG

Les Bains de Cabourg

44 av. Charles-de-Gaulle – ℰ 02 50 22 10 00 – www.hotel-lesbains-cabourg.com
– Fermé 4-10 janv.
151 ch – ♦139/380 € ♦♦139/430 € – 14 suites – ☲ 19 €
Né en 2013, l'établissement a fait l'événement avec ses 10 000 m² de sur-
face – dont 600 consacrés au spa – dans un parc de 6 ha face à la mer... Sa
belle architecture moderne, ses volumes impressionnants, ses balcons ouvrant
sur la plage (dans la plupart des chambres) : tout inspire bien-être et confort !

Mercure Hippodrome sans rest

av. M.-d'Ornano, par av. Hippodrome A – ℰ 02 31 24 04 04
– www.hotel-cabourg-hippodrome.com
77 ch – ♦80/200 € ♦♦80/200 € – ☲ 16 €
Dans cette région où le cheval est roi, rien d'étonnant à ce que ces deux bâtiments
récents – d'inspiration normande – jouxtent l'hippodrome. Certaines chambres
donnent même sur le champ de courses ! Et pour se relaxer, il y a l'espace détente.

Hôtel du Golf

av. Michel-d'Ornano, par av. Hippodrome A – ℰ 02 31 24 12 34
– www.hotel-du-golf-cabourg.com – Fermé 16 nov.-2 mars
39 ch – ♦68/88 € ♦♦68/88 € – ☲ 9 € – ½ P
Entre golf et hippodrome, cet établissement comprend un restaurant et des
chambres de plain-pied, fonctionnelles, et donnant sur le jardin ou la terrasse. Un
hôtel qui convient aussi bien à des vacances sportives qu'aux voyages d'affaires.

Le Cottage sans rest

24 av. du Gén.-Leclerc – ℰ 02 31 91 65 61   Plan : A**e**
– www.hotel-cottage-cabourg.com
14 ch – ♦59/69 € ♦♦69/129 € – ☲ 10 €
Il règne comme une atmosphère de maison d'hôtes dans ce cottage 1900. Les
chambres, petites et colorées, ont été rafraîchies. Aux beaux jours, on prend le
petit-déjeuner dans le jardin. En toute simplicité... Accueil aux petits soins.

XX **Le Bouche à Oreille**   ⬆️

10 av. des Dunettes – ✆ 02 31 91 26 80   Plan : A**u**
– *www.boucheaoreille-cabourg.fr – Fermé déc. et janv., mardi midi, dim. soir*
sauf juil.-août et lundi
Menu 28 € (déj. en semaine), 36/52 € – Carte 44/52 €
Le chef de cette élégante maison, face à la place du marché, travaille avec deux
bateaux de pêche de Ouistreham. À la carte : des produits de la mer d'une éclatante fraîcheur, mais aussi de belles viandes, le tout préparé dans les règles de
l'art. Une bonne adresse.

XX **Le Beau Site**   ≤ 🌿 AC 🍽 P

30 av. Foch, (promenade Marcel-Proust) – ✆ 02 31 24 42 88   Plan : A**n**
– *www.lebeausite.fr – Fermé mi-déc. à fin janv., lundi et mardi*
Formule 22 € – Menu 37 € – Carte 43/51 €
Entrez donc dans cette maison superbement située sur le front de mer et profitez
de la vue sur la plage ! En toute logique, le poisson et les crustacés sont ici à
l'honneur : le restaurant travaille avec les mareyeurs de la région... mais n'oublie
pas ceux qui n'ont pas le pied marin avec quelques plats du terroir.

X **Le Baligan**   🌿 AC

🍝 *8 av. Alfred-Piat – ✆ 02 31 24 10 92 – www.lebaligan.fr*   Plan : A**t**
– *Fermé 24 nov.-27 déc. et merc. sauf de juin à sept., fériés et vacances scolaires*
Menu 18 € (déj. en semaine), 29/55 € – Carte 38/63 €
Cannes à pêche, lithographies, fresques, etc. Dans ce bistrot au décor marin, on
vous propose les produits de la criée locale : fraîcheur garantie ! Et pour les amateurs, le chef a fait de la cuisson à la plancha une de ses spécialités. Aux beaux
jours, on peut même manger en terrasse.

à Dives-sur-Mer Sud du plan – ✉ 14160 – 5 940 hab. – Alt. 3 m

X **Chez le Bougnat**

🍝 *27 r. Gaston-Manneville – ✆ 02 31 91 06 13*   Plan : B**u**
🥜 – *www.chezlebougnat.fr – Fermé janv. et le soir du dim. au merc. sauf vacances
scolaires*
Menu 18 € (semaine)/29 € – Carte 25/50 €
Cette ancienne quincaillerie est devenue un bistrot convivial. De vieilles affiches
aux murs et un étonnant bric-à-brac d'objets chinés donnent le ton pour une cuisine bistrotière enlevée et généreuse, avec des classiques tels que les harengs
pommes à l'huile et la tête de veau. Un conseil : réservez !

au Hôme 2 km par ⑤ – ✉ 14390

XX **Au Pied des Marais**

26 av. du Prés.-Coty – ✆ 02 31 91 27 55 – www.aupieddesmarais.com
– *Fermé 25 janv.-11 fév., 16-25 juin, 15-26 déc., mardi et merc. sauf le soir
en juil.-août*
Formule 20 € – Menu 36/56 € – Carte 48/81 €
À la sortie de Cabourg, un établissement où l'on s'installe dans une ambiance
chaleureuse, près de la cheminée ou dans la véranda. On y apprécie des plats traditionnels, des spécialités (dont de fameux pieds de cochon) et des grillades au
feu de bois. Une table où l'on passe un vrai bon moment !

CABRIÈRES

✉ 30210 (Gard) – 1 469 hab. – Alt. 120 m – Voir carte n°**23**-D2
▶ Paris 695 km – Alès 64 km – Arles 40 km – Avignon 33 km
Carte Michelin 339-L5

🏠 **L'Enclos des Lauriers Roses**   �🍽 🌿 🐾 ⬅️ 🏊 AC 🌐 🚗

71 r. du 14-Juillet – ✆ 04 66 75 25 42 – www.hotel-lauriersroses.com
– *Ouvert 14 mars-9 nov.*
23 ch – ♦80/120 € ♦♦140/190 € – ⌷ 15 € – ½ P
Des maisons gardoises dans un joli jardin planté de lauriers roses, quatre piscines,
des chambres d'esprit provençal (la plupart avec terrasse) : un enclos bien
agréable ! Au restaurant, le décor et les saveurs ont l'accent chantant du Sud.

CABRIÈRES-D'AVIGNON

✉ 84220 (Vaucluse) – 1 772 hab. – Alt. 167 m – Voir carte n°**42-E1**
▶ Paris 715 km – Aix-en-Provence 74 km – Avignon 34 km – Marseille 88 km
Carte Michelin 332-D10 – Guide Vert Michelin Provence

La Bastide de Voulonne   ⓘ ⌖ ⌂ ⌁ ⌂ ⌯ P

2133 rte des Beaumettes, 2,5 km au Sud-Ouest par D 148 – ℰ *04 90 76 77 55*
– www.bastide-voulonne.com – Ouvert de mi-fév. à mi-nov.
13 ch – ♦110/157 € ♦♦127/285 € – ⌷ 13 € – ½ P
Au milieu des vignes et des arbres fruitiers, une ravissante bastide de 1764.
Chambres coquettes et soignées, possibilité de séjours à thèmes (huile d'olive,
truffes...). Le soir, les produits du terroir sont à la fête avec le menu unique de la
table d'hôte.

CABRIÈS

✉ 13480 (Bouches-du-Rhône) – 8 800 hab. – Alt. 177 m – Voir carte n°**40-B3**
▶ Paris 773 km – Avignon 100 km – Marseille 21 km – Toulon 86 km
Carte Michelin 340-H5 – Guide Vert Michelin Provence

𝕏𝕏𝕏 La Bastide de Cabriès avec ch   ⌖ ⌂ ⌖ rest, 🆔 ⌖ rest, ⌯ ⌂ P

r. du Lac, par la D 9 – ℰ *04 42 69 07 81 – www.bastidecabries.com*
12 ch – ♦100/120 € ♦♦100/140 € – ⌷ 13 € – ½ P
Formule 35 € – Menu 45/90 € – Carte environ 74 € *(fermé 1er-15 août, sam. et*
dim.)
Cette bastide était autrefois une tisanerie. La quiétude infuse aujourd'hui les lieux
– une salle élégante et sa terrasse sous les platanes –, où l'on apprécie une cuisine du marché respectueuse des saisons. Toutes différentes, les chambres se
révèlent agréables. Enfin, la gare TGV d'Aix n'est qu'à 1 km !

CABRIS – 06 (Alpes-Maritimes) → voir Grasse

LA CADIÈRE-D'AZUR

✉ 83740 (Var) – 5 410 hab. – Alt. 144 m – Voir carte n°**40-B3**
▶ Paris 815 km – Aix-en-Provence 66 km – Brignoles 53 km – Marseille 45 km
Carte Michelin 340-J6 – Guide Vert Michelin Côte d'Azur

Hostellerie Bérard   ⓘ ⌖ ⌂ ⌁ ⓜ ⌵ 🆔 ⌯ ⌂ P ⌖

6 av. Gabriel-Péri – ℰ *04 94 90 11 43 – www.hotel-berard.com*
– Fermé 10 janv.-6 fév.
37 ch – ♦99/210 € ♦♦99/210 € – ⌷ 22 € – ½ P
Rest *Hostellerie Bérard* ✿ **Rest** *Le Bistrot de Jef* – voir les restaurants ci-
après
Une de ces adresses de tradition de l'hôtellerie française... Elle réunit plusieurs
maisons de ce joli village perché : charme de ces vieilles pierres, de l'esprit provençal
et d'un accueil prévenant – sans compter les plaisirs gastronomiques –, sous
l'égide de toute une famille animée par le désir de la qualité.

𝕏𝕏𝕏 Hostellerie Bérard (Jean-François Bérard)   ⌖ ⌖ 🆔 P

✿ *6 av. Gabriel-Péri –* ℰ *04 94 90 11 43 – www.hotel-berard.com – Fermé*
10 janv.-6 fév., mardi sauf le soir du 10 juil. au 15 sept. et lundi
Menu 36 € (déj. en semaine), 58/169 € – Carte 100/135 €
À la suite de son père René, Jean-François Bérard a repris le flambeau de la table
familiale. Jus corsés et émulsions subtiles, produits de qualité (dont les légumes et
herbes du jardin)... du beau travail au service du goût, entre héritage et nouveauté !
→ Salade terre et mer. Poulette de Bresse fourrée sous la peau, farce à la brousse
d'herbes. Chocolat grand cru en accord avec la framboise.

𝕏 Le Bistrot de Jef – Hostellerie Bérard   ⌖ ⌂ 🆔 P

16 av. Gabriel-Péri – ℰ *04 94 90 11 43 – www.hotel-berard.com – Fermé*
10 janv.-6 fév., jeudi sauf le soir du 1er juil. au 15 sept. et merc.
Formule 20 € ⌶ – Menu 31 € – Carte 35/57 €
Un bistrot convivial et accueillant, où une jeune équipe dynamique assure notre
bonheur. La cuisine sent bon la Provence et la Méditerranée, et ces couleurs du
Sud prennent d'autant plus de relief dans la véranda, où l'on jouit d'une vue
superbe sur la vallée environnante !

CADILLAC

✉ 33410 (Gironde) – 2 617 hab. – Alt. 16 m – Voir carte n°**3-B2**
▶ Paris 607 km – Bordeaux 41 km – Langon 12 km – Libourne 40 km
Carte Michelin 335-J7 – Guide Vert Michelin Aquitaine

⛨⛨ **Château de la Tour**   ⫻◉ ☜ ⊐ ◧ 🆊 ⌃ ⌂ P

2 av. de la Libération, D 10 – ✆ *05 56 76 92 00*
– www.hotel-restaurant-chateaudelatour.com
32 ch – ♦82/107 € ♦♦97/127 € – ☲ 11 € – ½ P
Rest *Château de la Tour* – voir les restaurants ci-après
Entre le château et la Garonne, au cœur d'un joli parc, cet hôtel propose des
chambres contemporaines et fraîches (côté parc). Sauna, belle piscine...

✗✗ **Château de la Tour**   ☜ ⌂ 🆊 P

2 av. de la Libération, D 10 – ✆ *05 56 76 92 00*
– www.hotel-restaurant-chateaudelatour.com – Fermé 1ᵉʳ-11 janv.
Formule 16 € – Menu 31/50 € – Carte 46/56 €
Sous une belle charpente ou dans le joli parc verdoyant donnant sur le château
des ducs d'Épernon, on savoure une agréable cuisine traditionnelle concoctée
avec des produits du terroir et au fil des saisons. Une bonne adresse.

CAEN

✉ 14000 (Calvados) – 108 793 hab. – Agglo. 196 688 hab. – Alt. 25 m
– Voir carte n°**32-B2**
▶ Paris 236 km – Alençon 105 km – Cherbourg 125 km – Le Havre 91 km
Carte Michelin 303-J4 – Guide Vert Michelin Normandie Cotentin

© G. Gerault/hemis.fr

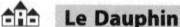 **Hôtels**

 Le Dauphin ⫼🛋️🔌♿🛜🚙🅿️
29 r. Gémare – ℰ 02 31 86 22 26   Plan : DY**a**
– www.le-dauphin-normandie.com
37 ch – ♦95/190 € ♦♦150/210 € – ⌑ 16 € – ½ P
Rest Le Dauphin – voir les restaurants ci-après
Idéalement situé au cœur de Caen, à deux pas du château de Guillaume le
Conquérant, l'établissement prend ses aises dans un ancien prieuré du 15ᵉ s. Les
chambres associent charme des vieilles pierres et confort de notre temps ; on
profite d'un superbe espace bien-être, le Spa du Prieuré...

 Hôtel Moderne sans rest 🔌🅰️🛜🚙
116 bd du Mar.-Leclerc – ℰ 02 31 86 04 23   Plan : DY**d**
– www.bestwestern-moderne-caen.com
40 ch – ♦95/190 € ♦♦120/260 € – ⌑ 15 €
Dans un immeuble datant des reconstructions de l'après-guerre, à deux pas du
théâtre, cet hôtel offre un confort sûr ; tenues avec soin, les chambres jouent la
carte du classique ou du contemporain. À noter : au 5ᵉ étage, la salle du petit-
déjeuner domine les toits de la ville...

 Mercure Port de Plaisance sans rest 🔌♿🅰️🛜🚙🚙
1 r. de Courtonne – ℰ 02 31 47 24 24   Plan : EY**b**
– www.mercure.com
122 ch – ♦105/159 € ♦♦105/194 € – 4 suites – ⌑ 16 €
Très bon confort dans ce Mercure qui jouit d'une belle situation, face au port de
plaisance – un quartier aujourd'hui en plein renouveau, à deux pas du centre-
ville.

Ivan Vautier ⫼🔌♿🅰️🍴🛜🅿️
3 av. Henry-Chéron – ℰ 02 31 73 32 71   Plan : AV**v**
– www.ivanvautier.com
19 ch – ♦125/225 € ♦♦140/280 € – ⌑ 17 € – ½ P
Rest Ivan Vautier ✿ – voir les restaurants ci-après
Certes un peu excentré, cet hôtel cultive le goût d'aujourd'hui avec réussite : on
se sent bien dans son décor design et épuré, au chic "so international". L'adresse
garde aussi le sens du terroir : dans le hall, la boutique fait la part belle aux produits de Normandie !

CAEN

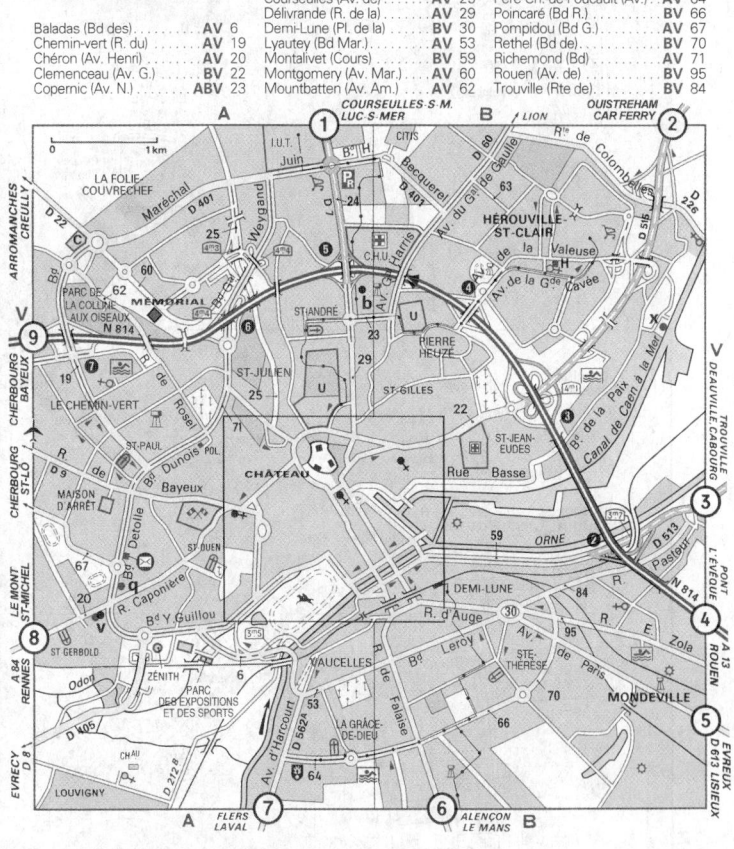

🏨 **Hôtel des Quatrans** sans rest 🛗 📶

17 r. Gemare – ℰ 02 31 86 25 57   Plan : DY**p**
– *www.hotel-des-quatrans.com* – Fermé 22 déc.-2 janv.
47 ch – 🛏59/159 € 🛏🛏59/159 € – ☲ 10 €

Au cœur de la ville, près du château, cet hôtel traditionnel abrite des chambres chaleureuses et très bien tenues – à préférer sur l'arrière pour plus de quiétude. À noter : le restaurant ArchiDona appartient au même propriétaire.

🏨 **Bristol** sans rest 🛗 📶

31 r. du 11-Novembre – ℰ 02 31 84 59 76   Plan : EZ**s**
– *www.hotelbristolcaen.com*
24 ch – 🛏74/89 € 🛏🛏89/99 € – ☲ 9 €

Tout près de la gare et de la Prairie (le poumon vert de la ville, où s'étendent aussi les pistes de l'hippodrome), ce sympathique hôtel familial se révèle fonctionnel et bien tenu. Un bon pied-à-terre !

🏨 **Hôtel de France** sans rest 🛗 ♿ 🅰🅺 📶

10 r. de la Gare – ℰ 02 31 52 16 99   Plan : EZ**e**
– *www.hoteldefrance-caen.com*
47 ch – 🛏72/89 € 🛏🛏72/89 € – ☲ 10 €

À deux pas de la gare, des chambres simples (dont certaines familiales), pratiques et très bien tenues. Parfait pour un voyage d'affaires comme pour une étape d'agrément.

365

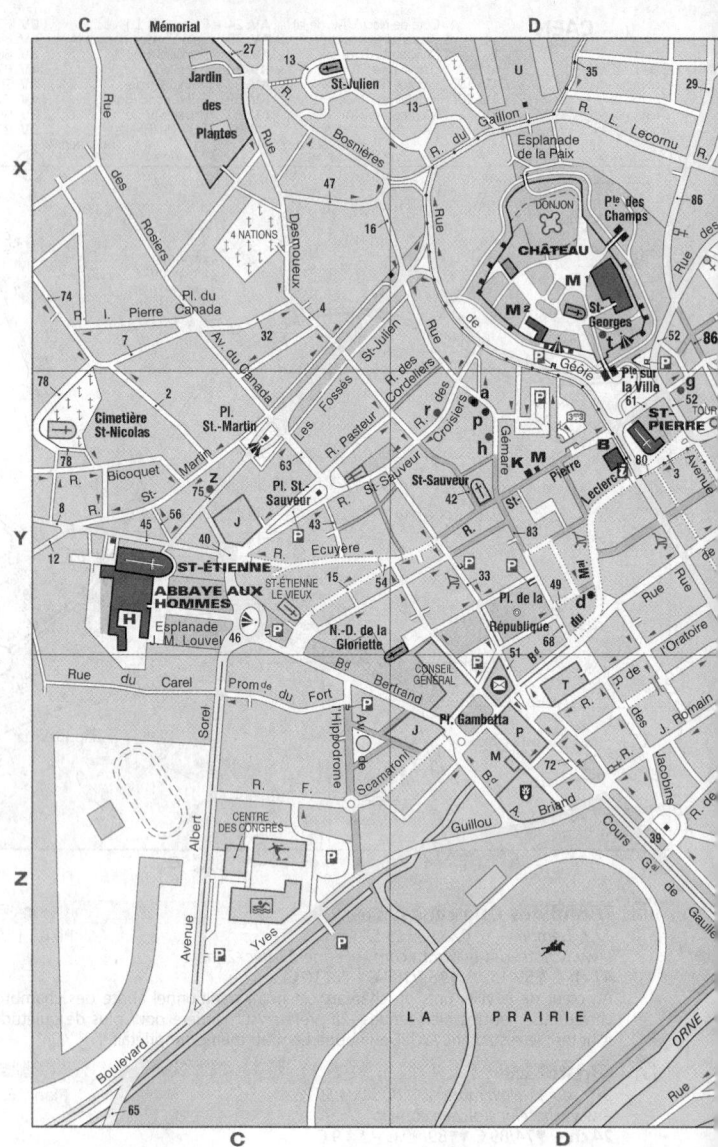

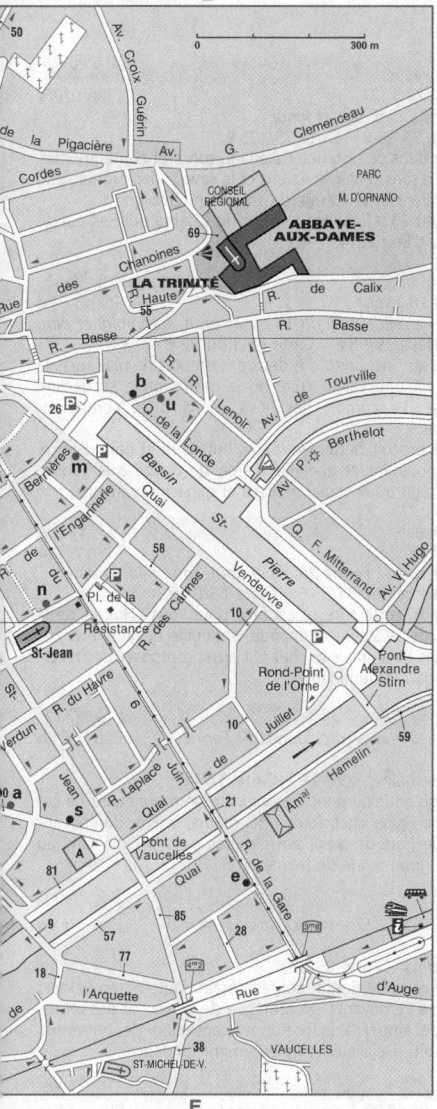

CAEN

Restaurants

XXX **Ivan Vautier** – Hôtel Ivan Vautier   🕸 🛇 & 🗛 **P.**
£3 *3 av. Henry-Chéron – ℰ 02 31 73 32 71*   Plan : AV**v**
– *www.ivanvautier.com – Fermé dim. soir et lundi*
Menu 31 € (déj. en semaine), 54/95 € – Carte 75/125 €
Limpidité, précision, maîtrise : dans ce restaurant élégant, sobre et contemporain,
les assiettes ont du style, et ce sans renier la nature et la saveur des produits, au
contraire... Ivan Vautier a du talent et sa cuisine de saison en témoigne !
→ Saint-pierre des "Chefs d'État 2014". Turbot à l'huile de sésame grillé et condiments. Feuillantine des "Chefs d'État 2014".

XXX **Stéphane Carbone**   🛇 & 🗛 ⟷
£3 *14 r. de Courtonne – ℰ 02 31 28 36 60*   Plan : EY**u**
– *www.stephanecarbone.fr – Fermé le midi du 10 au 24 août, sam. midi et dim.*
Formule 26 € – Menu 29 € (déj.), 39/98 € – Carte environ 92 €
Non, cette cuisine ne peut passer "incognito" ! À deux pas du port de plaisance, la
table de Stéphane Carbone est une valeur sûre, où la gastronomie se décline
avec créativité et délicatesse. Le confort des lieux, élégants et contemporains, ajoute au plaisir du repas.
→ Foie gras mi-cuit, pulpe de brocoli, betterave rouge, butternut et pain d'épice.
Ris de veau cuit au beurre moussant et quenelle de patate douce à la vanille.
Pomme de chocolat ivoire, biscuit au chocolat mokaya et ganache mangaro.

XXX **Le Dauphin** – Hôtel Le Dauphin   ⟷ **P.**
29 r. Gémare – ℰ 02 31 86 22 26   Plan : DY**a**
– *www.le-dauphin-normandie.com – Fermé 20 juil.-9 août, sam. midi et dim.*
Formule 20 € – Menu 25 € (semaine), 37/55 € – Carte 65/84 €
Amateurs de produits normands, cette adresse est faite pour vous ! Huîtres de la
baie d'Isigny-sur-Mer, pigeon de la Suisse normande, andouille de Vire, etc. Les
saveurs de la région ont la part belle, mais le chef sait aussi composer des recettes plus originales... Décor élégant et lumineux.

XX **ArchiDona**   🛇 & 🗛 ⟷
🕸 *17 r. Gémare – ℰ 02 31 85 30 30 – www.archidona.fr – Fermé*   Plan : DY**h**
dim. et lundi
Formule 18 € – Menu 22 € (semaine), 29/49 € – Carte 37/44 €
ArchiDona ? Du nom du village andalou dont est originaire le propriétaire de cet
agréable restaurant. Une toute jeune chef, formée ici même, œuvre dorénavant
aux fourneaux : son pressé de joue de bœuf au foie gras ou son lapin farci au
pistou confirment la vocation gourmande de la maison !

XX **Villa Eugène**   🛇 & 🕸 ⟷
75 bd André-Detolle – ℰ 02 31 75 12 12 – www.villa-eugene.fr   Plan : AV**q**
– *Fermé sam. midi et dim.*
Formule 16 € – Menu 21 € (déj.) – Carte 35/52 €
Le décor, original et chaleureux, mêle design contemporain, fauteuils en velours
et lumière naturelle ; la terrasse verdoyante est protégée de la rue par des arbustes. Dans l'assiette, tartare de kipper à la bretonne, capuccino de butternut,
risotto d'épeautre et potimarron... Délicieux et furieusement tendance !

XX **Le Carlotta**   🗛
16 quai Vendeuvre – ℰ 02 31 86 68 99 – www.lecarlotta.fr   Plan : EY**m**
– *Fermé le dim.*
Menu 25 € (semaine), 31/40 € – Carte 33/60 €
Agréable adresse que cette grande brasserie d'esprit Art déco, qui fait face au
port de plaisance. Tout y respire le sérieux, et en premier lieu la cuisine, qui
honore viandes et produits de la mer.

Envie de partir à la dernière minute ?
Visitez les sites Internet des hôtels pour bénéficier de promotions tarifaires.

X **Initial** Ⓝ &

24 r. St-Manvieu – ℰ *02 50 53 69 86*   Plan : CY**z**
*– www.initial-restaurant.com – Fermé 1 semaine en août, 1 semaine en janv.,
dim. et lundi*
Formule 22 € – Menu 26 € (déj. en semaine), 39/67 €
Créé en 2013 dans une ancienne boutique proche de l'Abbaye-aux-Hommes, ce
restaurant est né de la volonté de deux jeunes associés. Leur crédo : une cuisine
créative et variée, préparée avec beaucoup d'attention, et déclinée au dîner en 4,
6 ou 8 plats. Le tout accompagné de vins bien choisis !

X **À Contre Sens** (Anthony Caillot)   ᴀᴄ ⅏

ⵙ *8 r. des Croisiers –* ℰ *02 31 97 44 48 – www.acontresenscaen.fr*   Plan : DY**r**
– Fermé vacances de printemps, mi-juil. à mi-août, mardi midi, dim. et lundi
Menu 25 € (déj.), 44/64 € – Carte environ 60 € *(réservation conseillée)*
Jolie ironie dans le nom de ce bistrot contemporain, qui cultive non pas le
contresens, mais bien l'exactitude... et sans doute aussi la malice ! Anthony Caillot
est un excellent cuisinier, dont le style est enlevé, précis et audacieux – sans
dérouter. Sa table rencontre un grand succès : réservation impérative !
→ Bouillon fumant à l'andouille, foie gras poêlé, kimchi et battous de sarrasin.
Poisson de pêche de Port-en-Bessin cuit au beurre d'Isigny, courgette brûlée et
anchois. Cookies au chocolat et aux céréales, rhubarbe pochée et bière normande.

X **Café Mancel**   ᑯ & ᴀᴄ

🍴 *au Château –* ℰ *02 31 86 63 64 – www.cafemancel.com*   Plan : DX**t**
– Fermé vacances de fév., dim. soir et lundi
Formule 19 € – Menu 25/36 € – Carte 29/46 €
Le café du musée des Beaux-Arts de Caen – lequel vaut le détour – est une
vraie gourmandise : sur l'esplanade du château, à l'abri des remparts élevés
par Guillaume le Conquérant, le calme est délicieux, et la cuisine
regorge de belles saveurs normandes ! À noter : le lieu organise aussi soirées
jazz, poésie, etc.

X **Le Goût des Autres** Ⓝ

🍴 *17 r. des Equipes-d'Urgence –* ℰ *02 31 86 43 30*   Plan : EY**n**
– www.legoutdesautrescaen.fr
– Fermé 3 semaines en août, dim. et lundi
Formule 12 € – Menu 16 € (déj. en semaine)/38 € – Carte 19/43 €
Au pied de l'église Saint-Jean, ce Goût des Autres est à l'image de son chef,
Benoît Majorel : enjoué et plein d'allant ! Dans un décor sobre et épuré, on se
régale de recettes parfumées et originales, où la fraîcheur domine. Le tout à des
prix réjouissants : le menu déjeuner est la bonne affaire du secteur.

X **Le Chef et sa Femme**   ᴀᴄ

🍴 *11 r. du 11-Novembre –* ℰ *02 31 84 46 53 – Fermé 2 semaines*   Plan : EZ**a**
en fév., 1 semaine en août, lundi soir, mardi soir, merc. soir et dim.
Formule 15 € – Menu 19 € (déj.)/23 €
Éric et Anne Darcy avaient envie de créer une petite affaire pour travailler tous les
deux – et rien que tous les deux : ainsi est né Le Chef et sa Femme... On appréciera la charmante simplicité du décor et les doux parfums de la cuisine, inspirée
par le marché. Qualité et petits prix font très bon ménage !

X **Le Bouchon du Vaugueux**

🍴 *12 r. Graindorge –* ℰ *02 31 44 26 26*   Plan : DY**g**
*– www.bouchonduvaugueux.com – Fermé 1ᵉʳ-12 sept., 22 déc.-2 janv., dim.,
lundi et fériés*
Formule 16 € – Menu 21/33 € – Carte 27/37 € *(réservation conseillée)*
Sous des dehors simples, ce bistrot a l'âme d'un vrai bouchon lyonnais (comptoir,
repas au coude-à-coude) et son ardoise n'annonce rien que de bons petits plats
inspirés par le marché et les saisons. Autre bonne surprise : une jolie sélection de
vins de producteurs. On se régale !

à l'échangeur Caen-Université (bretelle du bd périphérique, sortie n° 5)
– ⊠ 14000 Caen

  Novotel Côte de Nacre ⫶○ 🕮 ⊼ 🖥 ᰓ 🛜 🏋 **P**
av. de la Côte-de-Nacre – 𝒞 *02 31 43 42 00* Plan : AV**b**
– www.novotel.com
126 ch – ♦81/172 € ♦♦81/172 € – ⊷ 16 €
Près du périphérique nord et du CHU, d'où l'on peut rejoindre la Côte de Nacre en moins de 15 min, ce Novotel confortable est idéal pour la clientèle de passage.

à Hérouville St-Clair 3 km au Nord-Est – ⊠ 14200 – 21 360 hab. – Alt. 20 m

XX **L'Espérance** ≤ ⫸ ⌂ **P**
😊 *512 r. Abbé-Alix, (au bord du canal) –* 𝒞 *02 31 44 97 10* Plan : BV**x**
– www.restaurant-esperance.com – Fermé 16-30 août, 2-16 janv., dim. soir et lundi
Formule 16 € – Menu 22 € (semaine), 30/38 € – Carte 41/49 €
Pressé de jarret de veau au foie gras et à la sauce au raifort, paleron de bœuf à l'andouille de Vire, fraises rôties accompagnées d'une onctueuse mousse vanillée : on mange fort bien dans ce restaurant bucolique et charmant. Quant à la vue sur le canal, elle est si reposante...

à Bénouville 10 km par ② – ⊠ 14970 – 2 041 hab. – Alt. 8 m

🔂 **La Glycine** ⫶○ ᰓ 🛜 🏋 **P**
11 pl. du Commando-N° 4, (face à l'église) – 𝒞 *02 31 44 61 94*
– www.la-glycine.com – Fermé 2 semaines à Noël et dim. soir d'oct. à mai
34 ch – ♦68 € ♦♦78 € – ⊷ 8 € – ½ P
Rest *La Glycine* – voir les restaurants ci-après
Près du fameux Pegasus Bridge (où débutèrent les opérations du D-Day), voici une base tout indiquée pour partir à l'exploration des plages du Débarquement. Rien de figé derrière les murs de cette maison en pierre couverte de glycine : toutes les chambres ont été rénovées avec soin (également une annexe moderne).

XX **La Glycine** 🆎 **P**
😊 *11 pl. du Commando-N° 4, (face à l'église) –* 𝒞 *02 31 44 61 94*
– www.la-glycine.com – Fermé 2 semaines à Noël et dim. soir d'oct. à mai
Menu 18 € (semaine), 28/58 € – Carte 34/57 €
Face à l'église de Bénouville, cette auberge traditionnelle se révèle accueillante : derrière une jolie façade en pierre de Caen, on découvre une salle contemporaine et une cuisine valorisant l'esprit du terroir et les produits de la mer. L'étape est intéressante à 7 km de la côte.

à Fleury-sur-Orne 4 km par ⑦ – ⊠ 14123 – 4 208 hab. – Alt. 33 m

XX **Auberge de l'Île Enchantée** ≤ ⌂
1 r. St-André, (au bord de l'Orne) – 𝒞 *02 31 52 15 52*
– www.aubergelileenchantee.com – Fermé vacances de fév., 1ᵉʳ-14 août, dim. soir, lundi et mardi
Formule 15 € – Menu 27/42 € – Carte 51/60 €
Face à l'Orne et à une toute petite île sauvage, cette auberge des années 1930 a été entièrement rénovée... Outre le cadre, on appréciera aussi le sérieux travail du chef, Stéphane Jacq, qui revisite les recettes classiques à l'aide de beaux produits.

CAGNES-SUR-MER

⊠ 06800 (Alpes-Maritimes) – 46 632 hab. – Alt. 20 m – Voir carte n°**42**-E2
▶ Paris 915 km – Antibes 11 km – Cannes 21 km – Grasse 25 km
Carte Michelin 341-D6 – Guide Vert Michelin Côte d'Azur

🏠 **Domaine Cocagne** ⫶○ 🍽 ᰓ ⊼ 🖥 🆎 🛜 🏋 **P**
30 chemin du Pain-de-Sucre, colline de la rte de Vence, 2 km par ①, D 36 et rte secondaire – 𝒞 *04 92 13 57 77 – www.sandton.eu/cocagne/*
22 ch ⊷ – ♦150/300 € ♦♦150/500 € – 15 suites – ½ P
Des palmiers, de la verdure, des chambres d'une blancheur immaculée mais aussi deux restaurants dont l'un tout de rouge et de noir vêtu... Sud et tendance, ce beau pays de cocagne !

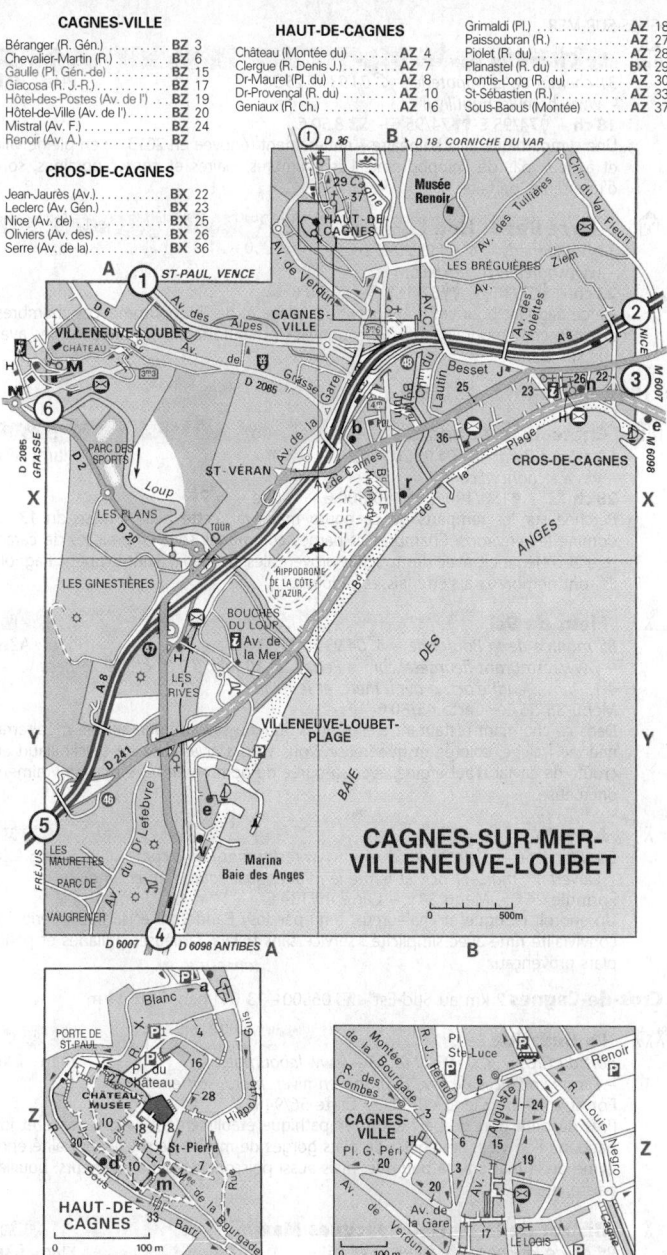

CAGNES-SUR-MER-
VILLENEUVE-LOUBET

Le Chantilly sans rest   ♿ 🍽 🛜 🅿

31 chemin de la Minoterie – ☎ *04 93 20 25 50*   Plan : BX**b**
– www.hotel-lechantilly.fr
18 ch – ♦74/95 € ♦♦74/95 € – ☲ 8,50 €
Une sympathique villa balnéaire – entièrement rénovée en 2013 – ; en pleine ville
et à deux pas de l'hippodrome. Les chambres, claires et contemporaines, sont
d'une tenue parfaite.

Tiercé Beach Hotel sans rest   📶 AC 🍽 🛜 🅿

33 bd Kennedy – ☎ *04 93 20 02 09*   Plan : BX**r**
– www.hoteltiercebeach.com
23 ch – ♦87/169 € ♦♦87/169 € – ☲ 10 €
Tiercé gagnant pour cet hôtel près de la plage et de l'hippodrome. Les chambres,
de style contemporain, sont fonctionnelles et confortables ; préférez celles avec
vue sur la mer.

au Haut-de-Cagnes – ✉ 06800

Château Le Cagnard   🍽 ♿ ⪡ 📶 AC 🛜 ⛷ 🅿

54 r. Sous-Barri – ☎ *04 93 20 73 22*   Plan : AZ**d**
– www.lecagnard.com
28 ch ☲ – ♦150/190 € ♦♦190/300 € – 1 suite – ½ P
Perchée sur les remparts de ce bourg médiéval, cette belle bâtisse du 13ᵉ s.
domine les environs. Chambres et parties communes sont empreintes de caractère et d'élégance, avec des touches provençales. Beauvoir, Saint-Exupéry, Pagnol :
ils sont nombreux à s'être laissés séduire...

Fleur de Sel   AC

85 montée de la Bourgade – ☎ *04 93 20 33 33*   Plan : AZ**m**
– www.restaurant-fleurdesel.com – Fermé 20-30 juin, 3-11 oct., 19-26 déc.,
4-13 janv., jeudi d'oct. à avril, merc. et le midi
Menu 35/56 € – Carte 45/80 €
Dans ce charmant restaurant d'esprit très Sud, on savoure une cuisine méditerranéenne fraîche, colorée et généreuse. Vous vous souviendrez de ce cabillaud en
croûte de caviar d'aubergine, avec sa purée de pomme de terre maison vraiment
onctueuse...

Josy-Jo   🍴 AC

2 r. Planastel – ☎ *04 93 20 68 76 – www.restaurant-josyjo.com*   Plan : AZ**a**
– Ouvert 1ᵉʳ mars-31 oct. et fermé le midi en juil.-août, dim. et lundi
Formule 24 € – Menu 34 € – Carte 49/134 €
Un endroit rustique et chaleureux, tenu par Josy Bandecchi et sa fille Valérie. Ici,
convivialité rime avec simplicité : service sans tralala, fameuses grillades et petits
plats provençaux.

à Cros-de-Cagnes 2 km au Sud-Est – ✉ 06800 – 13 041 hab. – Alt. 11 m

La Bourride   ⪡ 🍴 AC 🍽

port du Cros – ☎ *04 93 31 07 75 – www.labourride.com*   Plan : BX**e**
– Fermé vacances de fév., dim. soir en hiver, mardi soir et merc.
Formule 29 € – Menu 40/50 € – Carte 56/94 €
Près du petit port de pêche, un sympathique établissement avec terrasse et joli
patio, où l'on vient se régaler de plats gorgés de mer et de soleil. Spécialité éponyme de la maison : la bourride, mais aussi poissons de petits pêcheurs, bouillabaisse, etc.

Bistrot de la Marine - Jacques Maximin   🍴 AC

96 bd de la Plage – ☎ *04 93 26 43 46*   Plan : BX**n**
– www.bistrotdelamarine.com – Fermé mi-déc. à mi-janv., lundi et mardi
Formule 30 € – Carte 51/145 € (réservation conseillée)
Sous l'égide du chef Jacques Maximin, un sympathique bistrot pensé dans un
esprit "marin-malin". Poisson frais (en carpaccio, grillé, etc.), légumes locaux, produits du marché : le règne de la simplicité gourmande.

CAHORS

✉ 46000 (Lot) – 20 224 hab. – Alt. 135 m – Voir carte n°**28**-B1
▶ Paris 575 km – Agen 85 km – Albi 110 km – Brive-la-Gaillarde 98 km
Carte Michelin 337-E5

La Chartreuse
🏥 🍴 ◁ 🛁 🖪 🕭 🛗 🌐 👟 🅿 🚗

chemin de la Chartreuse – 𝒞 05 65 35 17 37   Plan : AZ**e**
– www.hotel-la-chartreuse.fr
50 ch – ♦76/100 € ♦♦76/100 € – 🖵 10 € – ½ P

À l'écart de la ville, cette construction récente – qui n'a rien d'une chartreuse
– abrite des chambres confortables, pour certaines ouvertes sur le Lot ! Salle de
séminaire et restaurant face à la rivière. Parfait pour la clientèle d'affaires.

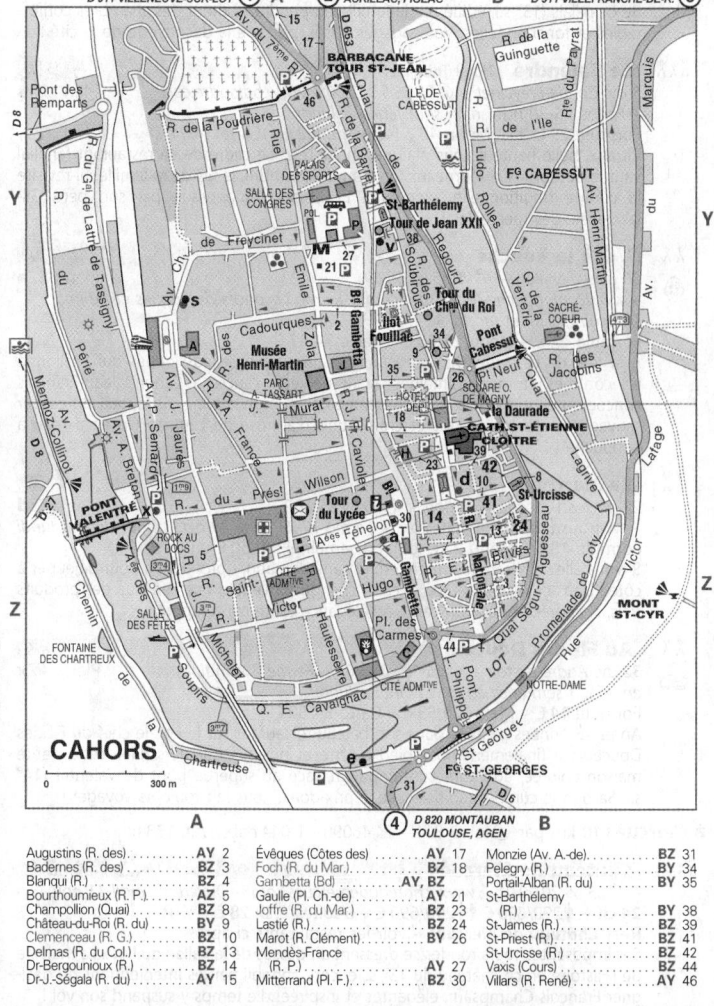

CAHORS

0   300 m

🏨 Terminus
5 av. Ch.-de-Freycinet – ℰ 05 65 53 32 00 – www.balandre.com   Plan : AY**s**
– Fermé 15-30 nov.
22 ch – †68/140 € ††73/165 € – ☲ 10 €
Rest *Le Balandre* – voir les restaurants ci-après

Terminus, tout le monde descend ! Face à la gare, cet hôtel de 1911 conserve quelques vestiges de la Belle Époque. Les chambres ne sont pas de prime jeunesse, mais elles sont spacieuses et confortables. Préférez celles avec des vitraux et du mobilier ancien. Une bonne adresse.

🏠 Jean XXII *sans rest*
2 r. E.-Albe – ℰ 05 65 35 07 66 – www.hotel-jeanxxii.com   Plan : BY**v**
– Fermé dim. de nov. à mai
9 ch – †57/66 € ††68/77 € – ☲ 8 €

Voici un point de chute pratique et calme, au pied de la tour Jean XXII. Les murs de ce palais (13ᵉ s.), édifié par la famille du pontife, abritent des chambres confortables et fonctionnelles. Vos bagages posés, partez à la découverte de la cité !

🍴🍴🍴 Le Balandre – Hôtel Terminus
5 av. Ch.-de-Freycinet – ℰ 05 65 53 32 00 – www.balandre.com   Plan : AY**s**
– Fermé 15-30 nov., dim. sauf fériés et lundi
Formule 29 € ☲ – Menu 40 € (semaine)/68 € – Carte 54/77 €

Vitraux, belle hauteur sous plafond, moulures... Le cadre de ce restaurant familial vaut le détour ! Aux fourneaux, on trouve Alexandre, le fils de la famille : il revisite la cuisine traditionnelle avec brio. Et la cave, supervisée par son père Gilles, recèle des merveilles !

🍴🍴 L'Ô à la Bouche
56 allée Fénelon – ℰ 05 65 35 65 69   Plan : BZ**a**
– www.loalabouche-restaurant.com – Fermé vacances de Pâques et de la Toussaint, dim. et lundi
Formule 22 € – Menu 28/40 € – Carte 34/47 €

À la tête de ce sympathique restaurant, un couple de passionnés qui a sillonné les contrées et mers lointaines avant de jeter l'ancre à Cahors. Jean-François concocte des plats gourmands, comme ce saumon mariné au fenouil ou ce bar sauvage, poêlée de blettes et cromesquis d'ail rose de Lautrec. On en a l'eau à la bouche !

🍴🍴 Le Marché
27 pl. Jean-Jacques Chapou – ℰ 05 65 35 27 27   Plan : BZ**d**
– www.restaurantlemarche.com – Fermé 12-27 avril, 20 oct.-3 nov., dim. et lundi
Formule 18 € – Menu 22 € (déj. en semaine), 36/50 €

Si vous allez au marché – mercredi et samedi matin – profitez-en pour déjeuner à côté ! Dans ce restaurant, où la carte change souvent, on ne sert que des produits frais. À apprécier dans un cadre à l'élégance toute contemporaine.

🍴🍴 Au Fil des Douceurs
32 av. André-Breton – ℰ 05 65 22 13 04 – Fermé 2 semaines   Plan : AZ**x**
en juin, 3 semaines en janv., dim. et lundi
Formule 14 € – Menu 20/55 € – Carte 34/80 €

Après 23 ans passées dans son bateau-restaurant sur le Lot, le chef du Fil des Douceurs a finalement posé pied à terre et pris ses quartiers dans cette petite maison colorée, au cadre contemporain, face au superbe pont de Valentré (14ᵉ s.). Sa bonne cuisine traditionnelle, à prix doux, nous fait toujours voyager !

à Mercuès 10 km par ① et D 811 – ✉ 46090 – 1 044 hab. – Alt. 133 m

🏨 Château de Mercuès
– ℰ 05 65 20 00 01 – www.chateaudemercues.com – Ouvert 1ᵉʳ avril-11 nov.
24 ch – †290/690 € ††290/690 € – 6 suites – ☲ 28 € – ½ P
Rest *Château de Mercuès* – voir les restaurants ci-après

Ses imposantes tours rondes se dressent au-dessus de la vallée du Lot... La majesté de l'Histoire en ce château du 13ᵉ s., encore annobli par les interventions du designer François Champsaur, élégantes et inspirées. Le temps y suspend son vol !

⌂ **Le Mas Azemar**   🛇 ⬚ 🔌 🎫 🎶 📶 🅿 ⊟
r. du Mas-de-Vinssou – ℰ 05 65 30 96 85 – www.masazemar.com
5 ch ⬚ – 🛏117 € 🛏🛏117 €
Les propriétaires de cette maison de maître du 18ᵉs., ancienne dépendance du
château de Mercuès, sont passionnés d'art et de mobilier ancien. Une belle atmosphère... Cuisine traditionnelle familiale dans un cadre chaleureux et rustique :
poutres, murs en pierre, cheminée, etc. Une adresse authentique.

𝔛𝔛𝔛 **Château de Mercuès** – Hôtel Château de Mercuès   🔌 🎶 🅿
– ℰ 05 65 20 00 01 – www.chateaudemercues.com – Ouvert 1ᵉʳ avril- 11 nov. et
fermé le midi sauf sem. et dim., dim. soir et lundi
Formule 29 € – Menu 67/147 € – Carte 75/113 €
On peut aller conter l'amour courtois dans ce superbe château du 13ᵉ s., posté sur
les hauteurs de Cahors, et aussi chanter les plaisirs d'une fine gastronomie, qui
apprête joliment les produits du Quercy...

à Caillac 13 km par ①, rte de Bergerac et D145 – ⊠ 46140 – 583 hab. – Alt. 161 m

𝔛𝔛 **Le Vinois** avec ch   🔌 ⛄ ch. 📶
Le bourg – ℰ 05 65 30 53 60 – www.levinois.com – Fermé 12-26 oct. et 5-27 janv.
10 ch – 🛏86/160 € 🛏🛏96/160 € – ⬚ 14 € – ½ P
Formule 20 € – Menu 22 € (déj. en semaine), 38/78 € – Carte 57/72 € (fermé
dim. soir, mardi midi et lundi)
Au cœur du vignoble de Cahors, ne ratez pas cette étonnante auberge au décor
résolument contemporain et sa goûteuse cuisine, actuelle et soignée, appuyée
sur de solides bases classiques. La spécialité de la maison : le canard à la presse,
réalisé sous vos yeux avec une authentique presse en argent du 18ᵉ s.

rte de Brive par ① et D 820 – ⊠ 46000 Cahors

𝔛𝔛 **La Garenne**   🔌 🎶 🅿
St-Henri, à 7 km – ℰ 05 65 35 40 67 – Fermé 1ᵉʳ fév.-1ᵉʳ mars, 26 juin-2 juil.,
13-21 nov., lundi soir, mardi soir et merc.
Formule 19 € – Menu 30 € (déj. en semaine)/42 € – Carte 34/68 €
Mangeoires, murs en pierre, charpentes apparentes, objets paysans... Ces anciennes écuries cultivent de glorieux temps oubliés ! Voilà qui se marie harmonieusement avec la cuisine du chef : des recettes tantôt classiques tantôt régionales, tels
les magrets de canard ou les escalopes de foie gras poêlées au verjus...

CAHUZAC-SUR-VÈRE

⊠ 81140 (Tarn) – 1 063 hab. – Alt. 240 m – Voir carte n°**29**-C2
▶ Paris 655 km – Albi 28 km – Gaillac 11 km – Montauban 60 km
Carte Michelin 338-D7

🏛 **Château de Salettes**   🛇 ⬚ ⬚ 🔌 ⛄ 🎬 📶 🍸 🅿
3 km au Sud par D 922 – ℰ 05 63 33 60 60 – www.chateaudesalettes.com
– Fermé 16-22 fév., 19 oct.-1ᵉʳ nov. et 1ᵉʳ-18 janv.
15 ch – 🛏145/375 € 🛏🛏145/375 € – 2 suites – ⬚ 21 € – ½ P
Rest Château de Salettes 🌸 – voir les restaurants ci-après
Il faut rentrer dans la cour pour découvrir ce beau château du 13ᵉ s. au milieu des
vignes, entièrement remanié au fil du temps. À l'intérieur, une déco résolument
contemporaine et design, des chambres spacieuses avec murs en pierres apparentes... Charme et personnalité, en toute quiétude !

𝔛𝔛𝔛 **Château de Salettes**   🔌 🎶 ⛄ 🎬 🅿
🌸 3 km au Sud par D 922 – ℰ 05 63 33 60 60 – www.chateaudesalettes.com
– Fermé 16-22 fév., 19 oct.-1ᵉʳ nov., 1ᵉʳ-18 janv., dim. et lundi d'oct. à Pâques et
le midi sauf vend. et sam..
Formule 33 € – Menu 46/90 € – Carte environ 90 €
Un bel écrin épuré – presque dépouillé – qui sert à merveille l'intéressante cuisine
du chef, créative et raffinée. Mises en bouche simples et bien réalisées, entrées
originales, poissons à la chair fondante et juteuse... Et pour accompagner ces
excellents plats, on peut déguster des vins de la propriété.
➜ Pâte de coco moutardée, foie gras doré, salade de haricots et pousses de moutarde. Canette aux dragées, légumes de plein champ et jus de roquette. Sablé
noisette, rhubarbe pochée, fraises et chapeau meringué.

à Donnazac 5 km au Nord-Est par D 922 et rte secondaire – ✉ 81170
– 82 hab. – Alt. 291 m

⌂ **Les Vents Bleus** sans rest   ⌾ 🈸 ⌶ ⌘ 🛜 **P** ⇥
rte de Caussade – ℰ 05 63 56 86 11 – www.lesventsbleus.com – Ouvert
1ᵉʳ avril-31 déc.
5 ch ⌑ – � 90/130 € ♦♦ 100/160 €
Au cœur du vignoble de Gaillac, une fière maison de maître (1844) flanquée d'un
pigeonnier. Les chambres, aménagées dans le chai de la propriété, mêlent l'ancien et le confort d'aujourd'hui avec raffinement. Convivial et paisible !

CAILLAC – 46 (Lot) ➜ voir Cahors

CAIRANNE
✉ 84290 (Vaucluse) – 1 014 hab. – Alt. 136 m – Voir carte n°**40-A2**
▶ Paris 650 km – Avignon 43 km – Bollène 47 km – Montélimar 51 km
Carte Michelin 332-C8 – Guide Vert Michelin Provence

✗✗ **Coteaux et Fourchettes**   🐝 ≤ 🈸 & 🆔 **P**
ⓐ *3340 rte de Carpentras, rte de Violés, croisement de la Courançonne (D 8 et*
D 975) – ℰ 04 90 66 35 99 – Fermé 1ᵉʳ-19 mars, 4-19 oct., dim. soir et lundi soir
sauf juil.-août et jeudi
Formule 24 € – Menu 32/59 € – Carte 38/60 €
Jolie enseigne... Dans cet ancien caveau, le terroir s'exprime aussi bien par l'assiette – savoureuse – que par le flacon – excellent choix de vins locaux. Agréable
décor contemporain, terrasse ouverte sur le vignoble.

✗ **Le Tourne au Verre**   🐝 🈸 & 🆔
ⓔ *rte de Ste-Cécile – ℰ 04 90 30 72 18 – www.letourneauverre.com – Fermé 24 déc.*
-22 janv., merc. soir et jeudi soir d'oct. à avril, dim. soir et lundi
Formule 15 € – Menu 16 € (déj. en semaine) – Carte 24/38 €
Tout tourne autour du verre dans ce sympathique bar à vins qui a récemment
changé de propriétaires. Et c'est à l'unisson des 200 références proposées que l'on
apprécie par exemple sauté de veau à la provençale, tartare de saumon mariné à
l'aneth ou encore amandine aux poires... Belle terrasse sous les platanes en prime !

CAJARC
✉ 46160 (Lot) – 1 130 hab. – Alt. 160 m – Voir carte n°**29-C1**
▶ Paris 586 km – Cahors 52 km – Figeac 25 km – Rocamadour 59 km
Carte Michelin 337-H5

🏨 **La Ségalière**   🍽 ⌾ 🈸 ⌶ & 🆔 🛜 ⚑ **P**
380 av. François-Mitterrand, rte de Capdenac – ℰ 05 65 40 65 35
– www.lasegaliere.com
24 ch – ♦ 68/122 € ♦♦ 68/150 € – ⌑ 11 € – ½ P
Adresse détente dans ce village qui vit naître Françoise Sagan. Cet hôtel moderne est
agréable à vivre, avec ses chambres confortables et bien tenues. Le Lot est à deux
pas, et une aire de pique-nique a même été aménagée au bord de la rivière...

✗✗ **L'Allée des Vignes**   🈸 & 🆔
ⓔ *32 bd Tour-de-Ville – ℰ 05 65 11 61 87 – www.alleedesvignes.com – Fermé dim.*
soir et merc. de nov. à mars, lundi et mardi
Formule 18 € – Menu 20 € (déj. en semaine), 33/62 € 🍷 – Carte 44/56 €
Dans cet ancien presbytère, les gourmands sont les nouveaux enfants de
chœur... À la tête du restaurant, un couple voyageur et dynamique souhaite faire
partager une nouvelle vision de la gastronomie, légère et ludique. Le soir, les plats
sont déclinables en bouchées et demi-portions : de quoi démultiplier les plaisirs !

✗ **Jeu de Quilles** ⓝ   🈸
ⓐ *7 bd Tour-de-Ville – ℰ 05 65 33 71 40 – Fermé dim. et lundi*
Menu 30/35 € – Carte environ 31 €
Porc noir gascon, volaille du Gers, agneau et veau aveyronnais... Bien à l'inverse
d'un chien dans un Jeu de Quilles, on se lèche les babines devant les délicieux
produits dénichés par le chef ! Il les utilise à merveille dans des plats simples et
nets, aux cuissons millimétrées. Une vraie cuisine du marché.

CALACUCCIA – 2B (Haute-Corse) → voir Corse

CALAIS

✉ 62100 (Pas-de-Calais) – 72 915 hab. – Agglo. 96 571 hab. – Alt. 5 m
– Voir carte n°**30-A1**
▶ Paris 290 km – Boulogne-sur-Mer 35 km – Dunkerque 46 km – St-Omer 43 km
Carte Michelin 301-E2

Meurice
🏠🏠🏠   ⫶O 🛏 ⚒ 📶

5 r. Edmond-Roche – ℰ *03 21 34 57 03* – *www.hotel-meurice.fr*   Plan : CX**v**
39 ch – ❧95/162 € ❧❧95/162 € – 🖙 14 € – ½ P
Près du musée des Beaux-Arts, l'hôtel le plus ancien de la ville (1771) a conservé
son charme suranné. Pour abriter leurs rêves, les voyageurs ont le choix entre des
chambres de style Empire ou contemporain. Restaurant traditionnel.

Holiday Inn
🏠🏠   ⫶O < 🛏 🗄 📶 🛗 🅿 🚗

bd des Alliés – ℰ *03 21 34 69 69* – *www.holidayinn.fr/calais-nord*   Plan : CX**a**
63 ch – ❧98/158 € ❧❧98/158 € – 🖙 15 €
En face du port de plaisance, cette bâtisse imposante dispose de chambres fonctionnelles et confortables. La moitié d'entre elles donnent sur la mer.

Mercure Centre sans rest
🏠🏠   🛏 & 🗄 📶 🛗 🅿

36 r. Royale – ℰ *03 21 97 68 00* – *www.mercure.com*   Plan : CX**d**
41 ch – ❧109/150 € ❧❧109/150 € – 🖙 15 €
Bordant une artère commerçante du centre-ville, un Mercure tout à fait fonctionnel, dont l'on préférera les chambres sur l'arrière, plus calmes. Aussi utile pour la
clientèle d'affaires que touristique.

CALAIS

Bossuet (R.) . . . . **BT** 9
Cambronne (R.) . . . . **AU** 12
Chateaubriand (R.) . . . . **BT** 15
Égalité (Bd de l') . . . . **BT** 18
Einstein (Bd) . . . . **AU** 19
La-Fayette (Bd) . . . . **AT** 39

Fontinettes (R. des) . . . . . . **ATU** 25
Four-à-Chaux
  (R. du) . . . . **AU** 27
Gambetta (Bd Léon) . . . . . . **AT** 28
Gaulle (Bd du Gén.-de) . . . **AT** 30
Hoche (R.) . . . . **ATU** 33
Jacquard (Bd) . . . . **AT** 34
Lattre-de-Tassigny
  (R. Mar.-de) . . . . **AT** 40

Lheureux (Quai L.) . . . . **BU** 41
Maubeuge (R. de) . . . . **BT** 43
Phalsbourg (R. de) . . . . **BT** 51
Prairies (R. des) . . . . **AU** 52
Ragueneau
  (R. de) . . . . **BTU** 57
Valenciennes
  (R. de) . . . . **AU** 69
Verdun (R. de) . . . . **AT** 73

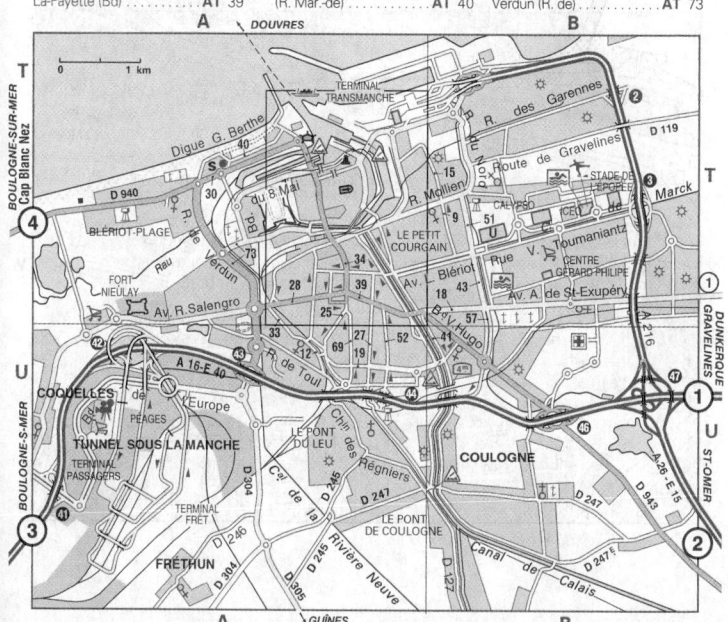

CALAIS

Ibis Styles sans rest 🏠 ⬧ ⬧ 📶 ♨

46 r. Royale – ✆ *03 21 97 45 00 – www.accorhotels.com* Plan : CX**m**
51 ch ⬭ – ✝59/120 € ✝✝69/140 €

Voilà un jeune hôtel qui n'a rien à envier à ses aînés ! Au cœur de la ville, cet immeuble ancien – entièrement réhabilité en 2012 – s'offre une seconde jeunesse avec sa décoration résolument design. Préférez les chambres les plus spacieuses, certaines aménagées pour les familles. Tarifs compétitifs.

XX **Au Côte d'Argent** ⩽ ⬧ ♨

1 digue Gaston-Berthe – ✆ *03 21 34 68 07* Plan : CX**f**
– www.cotedargent.com – Fermé 24 août-7 sept., 23 déc.-5 janv., 9-22 fév., merc. soir de sept. à mars, dim. soir et lundi
Menu 21 € (semaine), 31/47 € – Carte 33/63 €

Embarquement immédiat pour un voyage gourmand, riche en saveurs iodées ! Dans un cadre inspiré des cabines de bateau, les amateurs de poisson se régalent de la pêche locale. Intéressante carte des vins, dont une belle sélection de bordeaux.

XX **Le Channel** ⬦ ⬧ 🅰🅲

3 bd de la Résistance – ✆ *03 21 34 42 30* Plan : CX**e**
– www.restaurant-lechannel.com – Fermé dim. soir et mardi
Formule 18 € – Menu 22/58 € – Carte 39/110 €

À Calais, ce restaurant est une institution. Décor élégant, cuisine classique, produits de la mer issus de la pêche locale, et très belle carte des vins (cave ouverte sur la salle)... Voilà une plaisante escale avant la traversée du "channel" !

XX **Aquar'aile** ⩽ ⬧ 🅰🅲

255 r. Jean-Moulin, (4ᵉ étage) – ✆ *03 21 34 00 00* Plan : AT**s**
– www.aquaraile.fr – Fermé dim. soir
Menu 26 € (semaine), 33/48 € – Carte 45/80 €

L'atout de cet agréable restaurant, situé au 4ᵉ étage d'un immeuble ? Son panorama unique sur la Manche et les côtes anglaises ! La cuisine met en valeur la pêche locale : turbot grillé, sole meunière... À déguster en regardant passer les bateaux.

XX **Le Grand Bleu** 🏕

8 r. Jean-Pierre-Avron – ✆ *03 21 97 97 98* Plan : CX**n**
– www.legrandbleu-calais.com – Fermé 22 fév.-11 mars, 17 août-4 sept., dim. soir d'oct. à avril, mardi soir et merc.
Formule 18 € – Menu 21 € (semaine), 30/51 € – Carte 36/52 €

Est-ce l'appel du large qui a ramené dans son Calais natal le jeune chef, Matthieu Colin, après de belles expériences dans ses maisons étoilées ? Le fait est qu'il rend un joli hommage à la pêche locale, mais aussi aux produits du terroir, à travers des recettes qui aiment cultiver la différence. Accueil charmant de son épouse.

X **Histoire Ancienne** 🅰🅲

20 r. Royale – ✆ *03 21 34 11 20 – www.histoire-ancienne.com* Plan : CX**x**
– Fermé lundi sauf le midi hors saison et dim.
Formule 17 € – Menu 20 € (semaine)/29 € – Carte 38/54 €

Au cœur du centre-ville, ce bistrot rétro n'est pas de l'histoire ancienne ! La cuisine traditionnelle et les plats canailles y conservent toute leur fraîcheur : tête de veau sauce gribiche, cassoulet, etc. C'est goûteux, généreux et pas onéreux.

à Coquelles 6 km a l'Ouest par av. R. Salengro AT – ⬤ 62231 – 2 291 hab. – Alt. 5 m

🏠🏠🏠 **Holiday Inn** 🍴 ⬧ ⬧ 📺 🛁 🏠 ⬧ 🅰🅲 📶 ♨ 🅿

2099 av. Charles-de-Gaulle – ✆ *03 21 46 60 60 – www.hicoquelles.com*
118 ch – ✝105/135 € ✝✝125/150 € – ⬭ 16 €

Ce complexe, créé en 1994 à 3 km de la gare Eurostar de Calais-Fréthun, propose des chambres spacieuses et confortables. Avant le voyage, il fait bon se détendre à l'espace forme : sauna, hammam, club de gym, squash, piscine couverte...

CALALONGA (PLAGE DE) – 2A (Corse-du-Sud) ➜ voir Corse (Bonifacio)

CALA-ROSSA – 2A (Corse-du-Sud) ➜ voir Corse (Porto-Vecchio)

CALLAS

✉ 83830 (Var) – 1 823 hab. – Alt. 398 m – Voir carte n°**41-C3**
🚗 Paris 872 km – Castellane 51 km – Draguignan 14 km
Carte Michelin 340-O4 – Guide Vert Michelin Côte d'Azur

rte de Muy 7 km au Sud-Est par D 25 – ✉ 83830 Callas

🏠 Hostellerie Les Gorges de Pennafort

D 25 – ✆ 04 94 76 66 51 – www.hostellerie-pennafort.com
– Fermé 18 janv.-21 mars
13 ch – †200/220 € ††220/280 € – 2 suites – ☐ 20 € – ½ P
Rest *Hostellerie Les Gorges de Pennafort* ✿ – voir les restaurants ci-après
Le calme est envoûtant dans ce site naturel qui ravit l'œil : les gorges de Penna-fort, escarpées, rouges et noyées sous la végétation... Un véritable cocon de ver-dure ! Confort aux couleurs de la Provence ; belle piscine et espace bien-être de l'autre côté de la route.

🍴 Hostellerie Les Gorges de Pennafort

✿
D 25 – ✆ 04 94 76 66 51 – www.hostellerie-pennafort.com
– Fermé 18 janv.-21 mars, lundi sauf le soir du 28 juil. au 17 août, dim. soir
du 27 juil. au 17 août et merc. midi
Formule 52 € – Menu 75/150 € – Carte 100/155 €
Un élégant décor contemporain, une terrasse sous les platanes... Le cadre séduit, la cuisine plus encore : fleurs, épices, herbes et touches personnelles du chef marient tradition et générosité.
→ Raviolis de foie gras au parmesan. Saint-pierre rôti au gingembre confit et ciboulette. Macaron aux framboises et sorbet litchi.

CALVI – 2B (Haute-Corse) → voir Corse

CALVINET

✉ 15340 (Cantal) – 495 hab. – Alt. 600 m – Voir carte n°**5-A3**
🚗 Paris 576 km – Aurillac 34 km – Entraygues-sur-Truyère 32 km – Figeac 40 km
Carte Michelin 330-C6

🍴 Beauséjour (Louis-Bernard Puech) avec ch

✿
r. Châtaigneraie – ✆ 04 71 49 91 68 – www.cantal-restaurant-puech.com
– Fermé 5 janv.-14 fév., lundi sauf le soir en juil.-août, dim. soir de sept. à juin et mardi midi
6 ch – †65/80 € ††65/80 € – 4 suites – ☐ 11 € – ½ P
Menu 42/66 € – Carte 52/58 € *(réservation conseillée)*
Le chef, Louis-Bernard Puech, le dit lui-même : il est un enfant du pays passionné par les produits de son terroir. Il aime donc à revisiter la tradition locale au gré de son inspiration ; c'est concocté avec justesse, sans esbroufe, tout en saveurs... Une table qui cultive l'essentiel !
→ Œuf au pot de saison et sa mouillette gourmande. Volaille fermière et giboulée de légumes. Vacherin crémeux aux fruits de saison.

CAMARET-SUR-MER

✉ 29570 (Finistère) – 2 618 hab. – Alt. 4 m – Voir carte n°**9-A2**
🚗 Paris 597 km – Brest 4 km – Châteaulin 45 km – Crozon 11 km
Carte Michelin 308-D5 – Guide Vert Michelin Bretagne Nord

🏨 Thalassa

quai Styvel – ✆ 02 98 27 86 44 – www.hotel-thalassa.com – Ouvert d'avril à sept.
49 ch – †59/120 € ††59/138 € – ☐ 12 € – ½ P
Thalassa, divinité marine de la mythologie grecque, veille sûrement sur cet hôtel idéalement situé sur le port. L'établissement a été entièrement rénové en 2013 : esprit contemporain et confort sont au rendez-vous. En façade, les cham-bres offrent une jolie vue sur la mer ; piscine et jacuzzi vous tendent les bras...

🏨 Bellevue sans rest

r. de la Rampe – ✆ 02 98 17 12 50 – www.hotel-france-camaret.com – Fermé
15 déc.-15 janv.
15 ch – †79/149 € ††79/149 € – ☐ 10 €
Vue panoramique sur le port et tranquillité assurée dans cet hôtel, situé sur la pointe occidentale de la presqu'île de Crozon. Pratique : les différents studios – dont certains en duplex – sont équipés de cuisinettes.

Hôtel de France
quai G.-Toudouze – 𝒞 *02 98 27 93 06 – www.hotel-france-camaret.com*
– Ouvert 1ᵉʳ avril-30 nov.
20 ch – †68/126 € – ††68/126 € – ⊊ 10 € – ½ P
Sur le quai, un hôtel familial aux chambres fonctionnelles, bien tenues et insonorisées. On a le choix entre la vue sur les bateaux ou un maximum de calme
sur l'arrière du bâtiment. Fruits de mer au restaurant.

LA CAMBE
✉ 14230 (Calvados) – 631 hab. – Alt. 25 m – Voir carte n°**32-B2**
🚩 Paris 289 km – Bayeux 26 km – Caen 56 km – Saint-Lô 31 km
Carte Michelin 303-F3 – Guide Vert Michelin Normandie Cotentin

 Ferme Savigny sans rest
2,5 km par D 613 et D113 (direction Grandcamp-Maisy) – 𝒞 *02 31 21 12 33*
– www.ferme-de-savigny.fr
5 ch ⊊ – †45/80 € ††50/85 €
Un corps de ferme couvert de vigne vierge (16ᵉ-17ᵉ s.) : dans la tourelle se cache
le bel escalier à vis qui dessert les chambres, joliment champêtres. Pour le petit-
déjeuner, on se régale de confitures et de madeleines maison.

CAMBO-LES-BAINS
✉ 64250 (Pyrénées-Atlantiques) – 6 577 hab. – Alt. 67 m – Voir carte n°**3-A3**
🚩 Paris 783 km – Biarritz 21 km – Pau 115 km
Carte Michelin 342-D4 – Guide Vert Michelin Pays Basque et Navarre

 Le Bellevue
r. des Terrasses – 𝒞 *05 59 93 75 75 – www.hotel-bellevue64.fr – Fermé 8 janv.-12 fév.*
7 suites – ††60/115 € – ⊊ 7 €
Dans cette maison du 19ᵉs., bien rénovée, on trouve des suites familiales d'esprit
contemporain, spacieuses et bien tenues. Jardin verdoyant et transats autour de
la piscine. Au restaurant, décor soigné et cuisine dans l'air du temps.

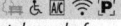 **Ursula** sans rest
quartier Bas-Cambo, 2 km au Nord – 𝒞 *05 59 29 88 88 – www.hotel-ursula.fr*
– Fermé 20 déc.-14 janv.
15 ch – †65/70 € ††70/80 € – ⊊ 9 €
Petit hôtel familial, convivial et coloré, au cœur du pittoresque quartier du Bas-
Cambo. Chambres très bien tenues et climatisées. Jambon et confitures maison
au petit-déjeuner.

✗ **Auberge Chez Tante Ursule**
fronton du Bas-Cambo, 2 km au Nord – 𝒞 *05 59 29 78 23*
– www.auberge-tante-ursule.com
Formule 14 € – Menu 28 € – Carte environ 34 €
Il est des proches qu'on apprécie plus que d'autres... Chez Tante Ursule, on est sûr
de se régaler de bonnes recettes régionales ! Au sein de cette maison basque du
19ᵉs., voisine du fronton, la salle a été aménagée dans un ancien atelier de
menuiserie. Original et authentique.

CAMBRAI
✉ 59400 (Nord) – 32 770 hab. – Alt. 53 m – Voir carte n°**31-C3**
🚩 Paris 179 km – Amiens 98 km – Arras 36 km – Lille 77 km
Carte Michelin 302-H6

 Beatus
718 av. de Paris, 1,5 km par ⑤ – 𝒞 *03 27 81 45 70 – www.beatus-cambrai.com*
31 ch – †76/114 € ††82/114 € – ⊊ 11 €
Légèrement excentré, cet hôtel familial est niché dans un joli parc fleuri. Ici, on vient
et revient pour l'accueil chaleureux et les chambres au calme (les plus récentes étant en outre très cosy). Le soir, les résidents profitent du restaurant traditionnel.

⌂ **Le Clos St-Jacques** sans rest

9 r. St-Jacques – ☏ 03 27 74 37 61 – www.leclosstjacques.com
– Fermé 14-25 août   Plan : BY**e**

5 ch ⌂ – †90/130 € ††101/141 €

"La maison aurait accueilli la confrérie de St-Jacques-de-Compostelle", dixit monsieur qui est un conteur né et ne manque pas d'anecdotes... Quant à madame, elle a su insuffler une âme "déco" à ce bel hôtel particulier, tout en préservant son cachet originel. En prime, le petit-déjeuner est excellent. Les hôtes sont ravis !

CAMBRAI

XXX **Maison Demarcq**　　　　　　　　　　　🔲 👥 ✥ 🅿
2 r. St-Pol – ✆ 03 27 37 77 78 – www.maisondemarcq.com　　　Plan : AY**a**
– Fermé sam. midi, dim. soir et lundi
Formule 24 € – Menu 30 € (semaine), 43/69 € – Carte 43/60 €
Cette demeure bourgeoise a été marquée par l'histoire de la ville : Napoléon y a
séjourné – tout près de l'endroit où aurait été signée la fameuse Paix des Dames
(1529). Le décor cultive un élégant classicisme, et la cuisine se révèle inventive et
soignée. Une belle adresse dans la capitale des "bêtises".

XX **Au Fil de l'Eau**　　　　　　　　　　　　　　　　　👥
1 bd Dupleix – ✆ 03 27 74 65 31 – www.aufildeleau-cambrai.fr　　Plan : AY**f**
– Fermé 2-9 mars, 14 juil.-13 août, dim. soir, merc. soir et lundi
Formule 25 € 🍷 – Menu 28/52 € – Carte 31/53 €
Sympathique petit restaurant près d'une écluse du canal de St-Quentin. Ici, convivialité rime avec déco colorée et saveurs traditionnelles iodées. Pour cause, la
propriétaire est originaire du Morbihan !

CAMON
✉ 09500 (Ariège) – 165 hab. – Alt. 349 m – Voir carte n°**29-C3**
▶ Paris 780 km – Carcassonne 63 km – Pamiers 37 km – Toulouse 103 km
Carte Michelin 343-J6

🏠 **L'Abbaye-Château de Camon**　　　　　　🔟 👥 ⪡ 🍷 ⚡ 🅿
– ✆ 05 61 60 31 23 – www.chateaudecamon.com – Ouvert 1ᵉʳ avril-31 oct.
5 ch – ♦135/195 € ♦♦135/195 € – ⛛ 18 €
Le temps semble s'être arrêté dans ce site enchanteur. L'abbaye s'adosse toujours
à l'église mais les chambres n'ont plus rien de monacal, tandis que la beauté du
jardin invite à la méditation. Le soir, on se dirige vers le cloître pour célébrer les
sens autour d'un menu dégustation...

CAMPAGNE – 24 (Dordogne) → voir Bugue

CAMPIGNY – 27 (Eure) → voir Pont-Audemer

CAMPSEGRET
✉ 24140 (Dordogne) – 387 hab. – Alt. 130 m – Voir carte n°**4-C1**
▶ Paris 578 km – Agen 103 km – Bordeaux 117 km – Périgueux 36 km
Carte Michelin 329-E6

🏠 **La Libertie** sans rest　　　　　　　　👥 ⪡ ⚡ 🛜 🅿
– ✆ 05 53 61 66 45 – www.lalibertie.com
5 ch ⛛ – ♦85/95 € ♦♦85/95 €
Ouvrir une maison d'hôtes, tel était le rêve de ce couple de Suédois tombé sous
le charme du Sud-Ouest... et passionné de gastronomie ! Leur choix s'est porté
sur cette belle maison en pierre du pays de Bergerac, où ils proposent des chambres au charme simple (de plain-pied sur le joli jardin), ainsi que... d'intéressants
cours de cuisine. Une certaine idée de La Libertie.

CANAPVILLE – 14 (Calvados) → voir Deauville

CANCALE
✉ 35260 (Ille-et-Vilaine) – 5 277 hab. – Alt. 50 m – Voir carte n°**10-D1**
▶ Paris 398 km – Avranches 61 km – Dinan 35 km – Fougères 73 km
Carte Michelin 309-K2 – Guide Vert Michelin Bretagne Nord

🏰🏰 **Les Maisons de Bricourt**　　　　　🔟 👥 ⪡ 🔲 ✥ 🛜
Lieu-dit Le Buot, par rte du Mont-St-Michel : 7 km par D 76, D 155 et voie secondaire
– ✆ 02 99 89 64 76 – www.maisons-de-bricourt.com – Fermé mi-janv. à fin fév.
11 ch – ♦195/335 € ♦♦195/335 € – 2 suites – ⛛ 24 €
Rest *Le Coquillage* ✿ – voir les restaurants ci-après
Dans un parc (plantes aromatiques, animaux) dominant la baie du Mont-St-
Michel, superbe villa de 1920 où séjourna Léon Blum. Chambres très raffinées,
accueil soigné.

CANCALE

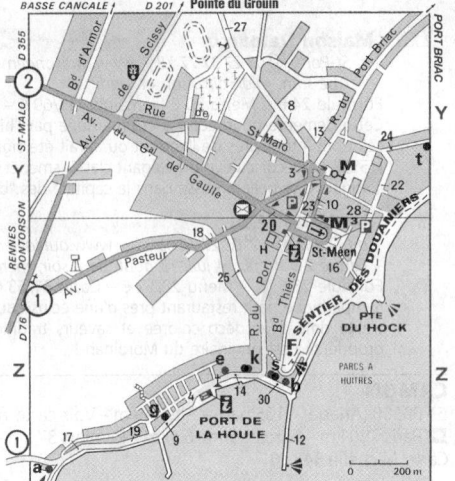

⬠⬠ Hostellerie de la Motte Jean sans rest ⌫ 🛜 P

4 km par ② et D 355 – ℰ 02 99 89 41 99 – www.hotel-mottejean.com – Fermé 1er nov.-1er avril

13 ch – †90/98 € ††100/150 € – ☲ 11 €

Au jardin ou au bord de l'étang, profitez des plaisirs de la campagne cancalaise ! Corps de ferme de 1707 doté de chambres classiques et romantiques ; accueil charmant.

⬠⬠ Le Continental 🍽 ⩽ ▤ & ⌀ 🛜

4 quai Thomas – ℰ 02 99 89 60 16 – www.hotel-cancale.com   Plan : Z**s**
– Ouvert 15 mars-15 déc.

17 ch – †110/140 € ††120/170 € – ☲ 15 € – ½ P

Rest L'Ormeau – voir les restaurants ci-après

Une petite adresse sympathique : situation privilégiée face au port, chambres confortables et très bien tenues et, pour les gourmands, confitures maison au petit-déjeuner...

⬠⬠ Le Manoir des Douets Fleuris sans rest ⌫ 🛜 ▨ & 🛜 P

2 km par ② et D 355 – ℰ 02 23 15 13 81 – www.manoirdesdouetsfleuris.com
– Ouvert mars-nov.

7 ch – †125/199 € ††125/199 € – 3 suites – ☲ 13 €

Un manoir du 17e s. dans la même famille depuis cinq générations. Chambres feutrées (dont une suite avec cheminée en granit), âtre monumental au salon : voilà une demeure qui a une âme !

⬠ Duguay Trouin sans rest & 🛜

11 quai Duguay-Trouin – ℰ 02 23 15 12 07   Plan : Z**g**
– www.hotelduguaytrouin.com

7 ch – †95/125 € ††100/135 € – ☲ 10 €

Hôtel du port de pêche où simplicité et gentillesse sont reines ! Chambres côté baie ou rochers, sobrement marines et décorées d'objets chinés dans de lointaines contrées... Et, agréable surprise, le patron propose des balades en mer sur son bateau !

⬠ Le Chatellier sans rest ⌫ & 🛜 P

2 km par ② et D 355 – ℰ 02 99 89 81 84 – www.hotellechatellier.com
– Ouvert mars-nov.

13 ch – †68/88 € ††78/115 € – ☲ 10 €

Belle demeure bretonne au charme familial préservé. Chambres sobres et cosy (mobilier patiné, parquet...), mansardées à l'étage ; certaines donnent sur l'agréable jardin.

Les Rimains *sans rest*   ⌂ ⊸ ≤ 🛁 🤚 📶 **P**

62 r. des Rimains – ℰ 02 99 89 64 76   Plan : Y**t**
– www.maisons-de-bricourt.com – Fermé de mi-janv. à fin fév.
4 ch – †255/345 € ††255/345 € – ⌷ 24 €
Olivier Roellinger a fait de ce ravissant cottage des années 1930 – ceint d'un jardin surplombant la mer et longeant le chemin des douaniers –, une charmante maison d'hôtes. Chambres raffinées (meubles chinés).

Le Coquillage – Hôtel Les Maisons de Bricourt   🛁 ⊸ ≤ 🛁 🤚 **P**

💠 *Lieu-dit Le Buot, par rte du Mont-St-Michel : 7 km par D 76, D 155 et voie secondaire*
– ℰ 02 99 89 25 25 – www.maisons-de-bricourt.com – Fermé mi-janv. à fin fév.
Menu 31 € (déj. en semaine), 65/139 €
Poissons et coquillages d'une grande fraîcheur, relevés de savants mélanges d'épices : la figure tutélaire d'Olivier Roellinger plane sur cette table – un menu reprend d'ailleurs ses créations. Grande salle lumineuse ouvrant sur le jardin en bord de mer. Belle carte des vins (blancs de Loire).
→ Huîtres aux aromates, sarrasin, wakamé, citron et poivre de Ceylan. Solettes dorées, pommes de terre écrasées et citron confit. La roulante des gourmandises.

Côté Mer   ≤ 🏠 **AC**

☺ *4 r. E.-Lamort, rte de la corniche – ℰ 02 99 89 66 08*   Plan : Z**a**
– www.restaurant-cotemer.fr – Fermé 1 semaine fin juin, 3 semaines
en nov., vacances de fév., mardi soir, dim. soir hors saison et merc.
Formule 24 € – Menu 29/76 € – Carte 42/63 €
Un charmant petit port, des maisons de pêcheurs, l'air iodé du large... À Cancale, impossible de ne pas regarder Côté Mer ! Dans ce restaurant, face à la baie, les poissons, coquillages et crustacés ont le vent en poupe à travers une cuisine goûteuse et soignée. Un bon rapport qualité-prix.

L'Ormeau – Hôtel Le Continental   🏠 💠

4 quai Thomas – ℰ 02 99 89 60 16 – www.hotel-cancale.com   Plan : Z**s**
– Ouvert 15 mars-15 déc., fermé mardi et merc.
Formule 23 € – Menu 28/79 € – Carte 30/72 €
Ce restaurant au cadre élégant (boiseries, miroirs et vue sur la flottille de pêche) comblera les amateurs de poisson et fruits de mer. En effet, comment refuser un plateau d'huîtres de Cancale, un filet de saint-pierre ou... des ormeaux ?

La Table de Breizh Café   ≤ **AC** 💠 ⟳

💠 *7 quai Thomas, (1ᵉʳ étage) – ℰ 02 99 89 56 46*   Plan : Z**b**
– www.breizhcafe.com – Fermé janv., mardi et merc.
Menu 38 € (déj. en semaine), 75/135 € *(réservation conseillée)*
Quand breton rime avec nippon... À l'étage même d'une crêperie à laquelle elle est associée, cette table gastronomique est menée par un chef japonais ! Sa cuisine franco-nippone se révèle aussi soignée que séduisante, comme le cadre qui transporte au Japon... avec vue sur la baie du Mont-St-Michel. Belle expérience.
→ Huître creuse de Cancale mi-cuite, chutney de tomate et huile d'olive au citron. Pavé de turbot poêlé, purée de céleri-rave et condiment au yuzukosho. Mousse de sucre noir d'Okinawa et brownie au café.

Le Surcouf   ≤ 🏠 🤚

7 quai Gambetta – ℰ 02 99 89 61 75 – Fermé 15 nov.-15 déc. et janv.   Plan : Z**k**
Formule 16 € – Menu 26/44 € – Carte 44/82 €
Du nom du célèbre corsaire Robert Surcouf, sur le port, ce joli petit bistrot surfe sur le haut de la vague ! Dans un décor d'inspiration marine (avec, depuis les tables les mieux placées du 1ᵉʳ étage, une superbe vue sur la baie), on apprécie une savoureuse cuisine de la mer et de bons petits vins. Le tout à prix doux.

Le Troquet   ≤ 🏠 🤚

19 quai Gambetta – ℰ 02 99 89 99 42   Plan : Z**e**
– www.restaurantletroquet-cancale.fr – Fermé mi-nov. à fin-janv., jeudi et vend.
sauf vacances scolaires
Formule 20 € – Menu 27/40 € – Carte 41/80 €
Un sympathique petit "Troquet" sur les quais, face à la baie. Le chef porte haut l'étendard du terroir local : poissons et crustacés de premier choix, selon les arrivages, dont les fameuses huîtres de Cancale. Le must : s'installer sur la terrasse et faire des rêves de voyage.

✗ **Breizh Café** avec ch  AC rest, ℅ ch, 🛜
7 quai Thomas, (rez-de-chaussée) – ℰ 02 99 89 61 76 Plan : Z**k**
– www.breizhcafe.com – Fermé jeudi et vend. sauf vacances scolaires
5 ch 🖙 – †98 € ††108 € – Carte 15/37 €
Sur le port de Cancale, ce Breizh Café n'a qu'une devise : "La crêpe autrement." Et pour cause : il est né... au Japon ! Son patron, Bertrand Larcher, a le premier exporté la galette bretonne à Tokyo, et après plusieurs enseignes nippones, a récidivé au sein de la mère patrie. La qualité est au rendez-vous.

à la Pointe du Grouin 4,5 km au Nord par D 201 – ⌧ 35260

✗✗ **La Pointe du Grouin** avec ch ≤ 🛜 P
– ℰ 02 99 89 60 55 – www.hotelpointedugrouin.com – Ouvert fin mars-12 nov. et fermé jeudi midi sauf du 14 juil. au 15 sept. et mardi
15 ch – †95/127 € ††95/170 € – 🖙 10 € – ½ P
Menu 25/84 € – Carte 47/72 €
Il règne comme un délicieux parfum de bout du monde dans cette demeure bretonne perchée sur la falaise, face aux îles et au Mont-St-Michel ! La carte cultive la tradition, et rend comme on l'attend un hommage particulier aux produits marins...

CANCON
⌧ 47290 (Lot-et-Garonne) – 1 332 hab. – Alt. 199 m – Voir carte n°**4-C2**
◗ Paris 581 km – Agen 51 km – Bergerac 40 km – Bordeaux 134 km
Carte Michelin 336-F2

à St-Eutrope-de-Born 9 km au Nord-Est par D 124 et D 153 – ⌧ 47210
– 695 hab. – Alt. 95 m

⌂ **Domaine du Moulin de Labique** �🍽 ⅋ ⬅ ⅀ ℅ 🛜 P
rte de Villeréal – ℰ 05 53 01 63 90 – www.moulin-de-labique.net
5 ch 🖙 – †85 € ††90/140 €
Tissus Liberty, toile de Jouy, meubles patinés par les ans... Un beau domaine au bord d'un ruisseau, dans un style "campagne chic" vraiment ravissant. Pour ne rien gâcher, les propriétaires sont très conviviaux et, au petit-déjeuner, rien de meilleur qu'une confiture maison ! Étang pour les amateurs de pêche.

CANDES-ST-MARTIN
⌧ 37500 (Indre-et-Loire) – 223 hab. – Alt. 35 m – Voir carte n°**11-A2**
◗ Paris 290 km – Angers 76 km – Chinon 16 km – Saumur 13 km
Carte Michelin 317-J5 – Guide Vert Michelin Châteaux de la Loire

✗ **Auberge de la Route d'Or** 🛖
⊜ *2 pl. de l'Église – ℰ 02 47 95 81 10 – Ouvert de début avril à mi-déc. et fermé mardi de sept. à juin, dim. soir en juil.-août et lundi*
Formule 15 € – Menu 19 € (déj. en semaine), 30/34 € *(réservation conseillée)*
Que les chercheurs d'or ne s'enthousiasment pas trop vite... Ici, point de métal précieux mais une appétissante cuisine du marché inspirée du terroir. À savourer dans le décor rustique de cette petite auberge du 17e s. au pied de l'église du village. Et aux beaux jours, profitez de la jolie terrasse !

CANDÉ-SUR-BEUVRON
⌧ 41120 (Loir-et-Cher) – 1 497 hab. – Alt. 70 m – Voir carte n°**11-A1**
◗ Paris 199 km – Blois 15 km – Chaumont-sur-Loire 7 km – Montrichard 21 km
Carte Michelin 318-E7

🏨 **Auberge de la Caillère**  ⅋🍽 ⅋ ⬅ ⅙ 🛜 P
36 rte de Montils – ℰ 02 54 44 03 08 – www.aubergedelacaillere.com
– fermé 1er janv.-13 fév.
16 ch – †70/80 € ††70/80 € – 🖙 11 € – ½ P
Après avoir travaillé en Australie et au Canada, Aurélie et Éric ont repris en 2013 cet hôtel-restaurant de tradition. Jardin, poutres, cheminée, etc. : cette ancienne fermette conserve son cachet rustique, et les chambres – dans une extension plus récente – sont bien tenues. Parfait pour sillonner le val de Loire.

LE CANET – 13 (Bouches-du-Rhône) → voir Aix-en-Provence

CANET - 11 (Aude) ➜ voir Narbonne

CANET-EN-ROUSSILLON

✉ 66140 (Pyrénées-Orientales) – 13 091 hab. – Alt. 11 m – Voir carte n°**22**-B3
▶ Paris 849 km – Argelès-sur-Mer 21 km – Narbonne 66 km – Perpignan 11 km
Carte Michelin 344-J6

Plan voir prochaine page

à Canet-Plage - ✉ 66140

Les Flamants Roses
1 voie des Flamants-Roses, par ① – ✆ 04 68 51 60 60 – www.hotel-flamants-roses.com
60 ch – 🚹150/390 € 🚹🚹150/390 € – 3 suites – ☕ 19 € – ½ P
Rest *L'Horizon* – voir les restaurants ci-après
Cet établissement récent borde la plage et est couplé à un centre de thalasso qui ravira les adeptes du genre : piscines intérieures, hammam et soins de qualité ! Quant aux chambres, ouvertes sur les flots ou le jardin, elles sont très chaleureuses.

Ibis Styles sans rest
120 prom. de la Côte-Vermeille – ✆ 04 68 80 28 59 – www.ibisstyles.com Plan : BZ**b**
48 ch ☕ – 🚹99/169 € 🚹🚹99/169 €
Un hôtel de bord de mer avec des chambres fonctionnelles et confortables (lits king size), à préférer côté Méditerranée, avec balcon.

Le Galion
20 bis av. du Grand-large – ✆ 04 68 80 28 23 – www.hotel-le-galion.com Plan : BZ**r**
28 ch – 🚹72/145 € 🚹🚹72/145 € – ☕ 11 € – ½ P
Cet hôtel familial abrite des chambres sobres et bien tenues ; certaines disposent d'un balcon. Les petits plus : la piscine chauffée et le parking clos. Idéal pour une étape.

L'Horizon – Hôtel les Flamants Roses
1 voie des Flamants-Roses, par ① – ✆ 04 68 51 60 60 – www.hotel-flamants-roses.com
Formule 24 € – Menu 30 € 🍷 (déj. en semaine), 46/65 € – Carte environ 50 €
Envie d'admirer l'horizon ? Rendez-vous dans ce restaurant en bord de mer ! Vous y dégusterez des poissons ultrafrais, de beaux légumes issus des producteurs locaux, etc. En toute logique, les plats sont résolument méditerranéens. Un menu diététique est aussi proposé.

Le Don Quichotte
22 av. de Catalogne – ✆ 04 68 80 35 17 – www.ledonquichotte.com Plan : BY**r**
Menu 20 € (déj. en semaine), 40/53 € – Carte 44/60 €
Dans ce restaurant, point de moulins à vent mais une belle cuisine traditionnelle à l'accent catalan ! Et si peu que vous soyez un amateur de vin, vous apprécierez la sélection de crus issus des quatre coins de la France. Bref, tout pour passer un bon moment.

CANGEY

✉ 37530 (Indre-et-Loire) – 1 089 hab. – Alt. 85 m – Voir carte n°**11**-A1
▶ Paris 210 km – Amboise 12 km – Blois 28 km – Montrichard 26 km
Carte Michelin 317-P4 – Guide Vert Michelin Châteaux de la Loire

Le Fleuray
7 km au Nord, par D 74 rte Dame-Marie-les-Bois – ✆ 02 47 56 09 25 – www.lefleurayhotel.com – Fermé 2-8 mars, 23-30 nov. et 21-25 déc.
24 ch – 🚹98/162 € 🚹🚹98/162 € – 1 suite – ☕ 15 € – ½ P
Une ferme restaurée, si charmante avec son verger et sa piscine ! On vous accueille avec le sourire, et les chambres, coquettes, ont des noms de fleurs... Restaurant façon jardin d'hiver, avec une belle vue sur la campagne.

CANET-PLAGE

CANNES

✉ 06400 (Alpes-Maritimes) – 72 607 hab. – Alt. 2 m – Voir carte n°**42**-E2
▶ Paris 898 km – Aix-en-Provence 149 km – Marseille 160 km – Nice 33 km
Carte Michelin 341-D6 – Guide Vert Michelin Côte d'Azur

© W. Dieterich/imagebroker/age fotostock

● Hôtels

🏨🏨🏨🏨 Grand Hyatt Martinez ⃝⃝ ◁ ⌿ ❀ 𝄽 🏠 ⅙ 𝔸𝔺 ᐧ 𝄐 ℙ
73 bd de la Croisette – ☏ 04 93 90 12 34   Plan : DZ**n**
– *www.cannesmartinez.grand.hyatt.com*
395 ch – †820/1600 € ††820/1600 € – 14 suites – ⌿ 40 €
Rest *La Palme d'Or* ❀❀ **Rest** *Le Relais* – voir les restaurants ci-après
Un véritable monument ! Majestueusement dressée face à la Méditerranée, sa
façade Art déco immaculée (1929) porte en elle l'histoire de la villégiature version
Côte d'Azur et... du festival de cinéma. Du spa, au dernier étage, jusqu'à la plage,
confort exquis et prestations haut de gamme cultivent le mythe de la Croisette !

🏨🏨🏨🏨 Majestic Barrière ⃝⃝ ◁ ⌿ ❀ 𝄽 🏠 ⅙ 𝔸𝔺 ᐧ 𝄐 ⃔
10 bd de la Croisette – ☏ 04 92 98 77 00   Plan : BZ**n**
– *www.majestic-barriere.com* – Fermé 13 fév.-5 mars
265 ch – †210/2690 € ††210/2690 € – 84 suites – ⌿ 39 €
Rest *Fouquet's* **Rest** *La Petite Maison de Nicole* – voir les restaurants ci-
après
Face au palais des Festivals, son imposante façade toute blanche évoque le faste
des Années folles. Les lieux rivalisent de luxe, de confort et de raffinement
contemporain, pour un séjour chic et exclusif, bien à l'image de la cité azuréenne !

🏨🏨🏨🏨 InterContinental Carlton ⃝⃝ ◁ 𝄽 🏠 ⅙ 𝔸𝔺 ᐧ 𝄐 ℙ ⃔
58 bd de la Croisette – ☏ 04 93 06 40 06   Plan : CZ**e**
– *www.intercontinental.com/cannes*
304 ch – †199/1365 € ††199/1365 € – 39 suites – ⌿ 42 €
Faut-il encore présenter le Carlton ? Inauguré en 1913, l'établissement s'est hissé
parmi les hôtels mythiques de la Riviera. L'histoire imprègne ses murs, où sont passés plusieurs générations d'hôtes illustres. Le classicisme est la marque des lieux !

🏨🏨🏨 Five Seas ⃝⃝ ⌿ ❀ 𝄽 🏠 ⅙ 𝔸𝔺 ᐧ 𝄐 ⃔
1 r. Notre-Dame – ☏ 04 63 36 05 05   Plan : BY**g**
– *www.five-seas-hotel-cannes.com* – Fermé 17 déc.-30 janv.
30 ch ⌿ – †195/450 € ††350/1000 € – 15 suites
Rest *Sea Sens* ❀ – voir les restaurants ci-après
À deux pas de la Croisette, cet hôtel inauguré en 2011 n'a rien d'impersonnel :
décor soigné jusque dans les détails, belles ambiances (principalement sur le
thème du voyage), équipements dernier cri, salon de thé – avec de délicieuses
pâtisseries –, petite piscine au 5ᵉ étage... Une très agréable villégiature !

CANNES

0   200 m

ÎLES DE LÉRINS

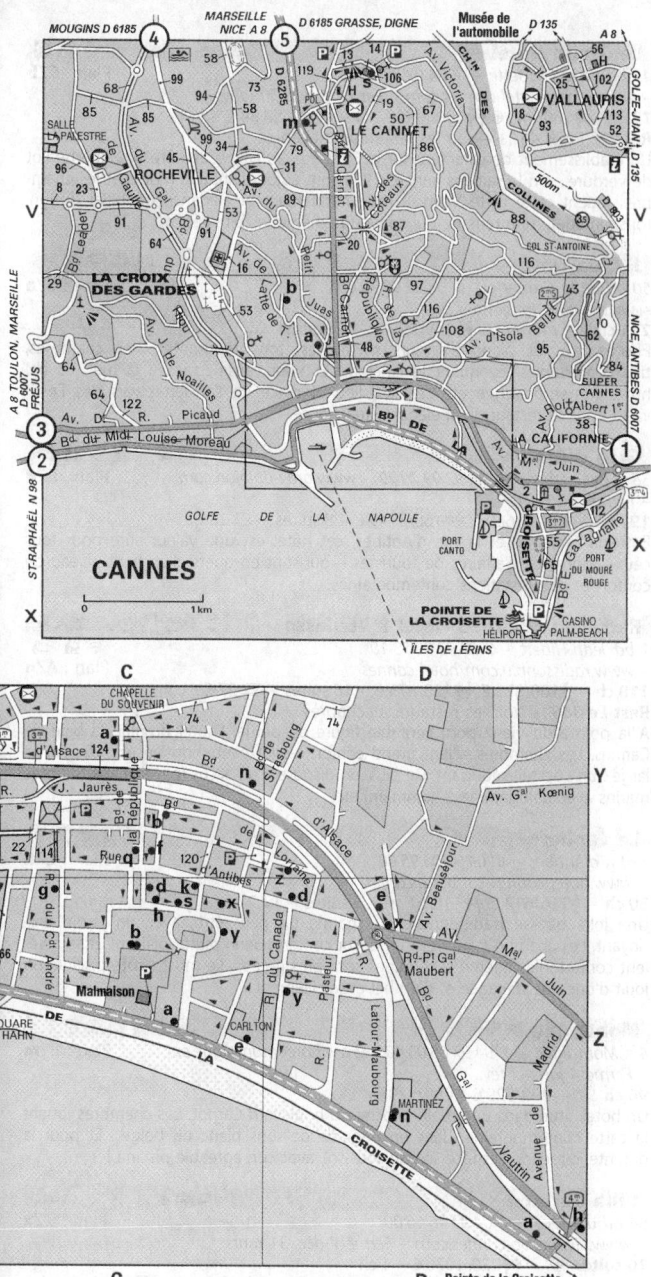

Le Grand Hôtel 🍽 ⚛ ⟨ 📶 ⌂ 🛗 AC 📶 🏋 **P**

45 bd de la Croisette – ☎ 04 93 38 15 45   Plan : CZ**b**
– www.grand-hotel-cannes.com – Fermé 6 déc.-30 janv.
72 ch – †180/840 € ††180/840 € – 3 suites – ☟ 34 € – ½ P
Rest *Le Park 45* ✿ – voir les restaurants ci-après

Un établissement de caractère sur la Croisette, au calme derrière un superbe îlot de verdure... On le sait, les années 1970 sont aujourd'hui à la mode, et les chambres jouent cette carte "revival" avec raffinement et élégance (mobilier design, tons vintage) : une réussite qui convertira même les plus rétifs.

JW Marriott 🍽 ⟨ 📶 📶 ⌂ 🛗 AC 📶 📶 ⌂

50 bd de la Croisette – ☎ 04 92 99 70 00   Plan : CZ**a**
– www.jwmarriottcannes.com
211 ch – †149/999 € ††149/999 € – 50 suites – ☟ 35 €

Photos noir et blanc d'acteurs mythiques, tons reposants : les chambres, très confortables, évoquent le cinéma... Et pour cause : face à la mer, ce bel hôtel contemporain a été créé en lieu et place de l'ancien palais des Festivals ! Pour se restaurer, un élégant steakhouse.

Gray d'Albion sans rest 📶 ⌂ AC 📶 📶 ⌂

38 r. des Serbes – ☎ 04 92 99 79 79 – www.gray-dalbion.com   Plan : BZ**d**
– Fermé 5-26 déc.
191 ch – †144/1669 € ††160/3149 € – 8 suites – ☟ 28 €

Entre la Croisette et la rue d'Antibes, cet hôtel est une valeur sûre pour tous ceux – hommes d'affaires ou touristes – qui sont en quête d'un haut niveau de confort et de prestations contemporaines.

Radisson Blu 1835 Hotel & Thalasso 🍽 ⟨ 📶 📶 🌐 📶 📶 ⌂ 🛗 AC

1 bd Jean-Hibert – ☎ 04 92 99 73 10   📶 🏋 ⌂
– www.radissonblu.com/hotel-cannes   Plan : AZ**n**
118 ch – †100/875 € ††150/875 € – 16 suites – ☟ 27 €
Rest *Le 360°* – voir les restaurants ci-après

À la pointe du vieux port, véritable figure de proue, l'hôtel domine la baie de Cannes. Les chambres allient grand confort, esprit contemporain et... vue sur le large : un cocktail séduisant. De plus, on dispose d'un accès (payant) aux thermes marins avec bain japonais, hammam, etc.

Le Canberra sans rest 📶 📶 📶 📶 📶

120 r. d'Antibes – ☎ 04 97 06 95 00   Plan : CZ**k**
– www.hotel-cannes-canberra.com
30 ch – †116/612 € ††116/612 € – 5 suites – ☟ 22 €

Une jolie bâtisse traditionnelle au charme un peu rétro, avec un jardin verdoyant. Les chambres arborent un décor contemporain plutôt plaisant et se révèlent confortables, même si certaines sont plus petites. Le must : côté piscine, on jouit d'une vue dégagée et d'un bel ensoleillement...

Montaigne & Spa sans rest 📶 🌐 📶 📶 AC 📶 ⌂

4 r. Montaigne – ☎ 04 97 06 02 40 – www.hotel-montaigne.eu   Plan : BY**m**
– Fermé 4 janv.-2 fév.
96 ch ☟ – †99/529 € ††99/529 €

Un hôtel situé dans une ruelle proche du boulevard Carnot. Les chambres jouent la carte contemporaine, dans un dégradé de tons blanc ou beige... Et pour la détente, direction l'espace spa au sous-sol, avec son agréable piscine !

Villa Garbo sans rest 📶 📶 ⌂ AC 📶 📶 🏋 ⌂

64 bd d'Alsace – ☎ 04 93 46 66 00   Plan : DZ**x**
– www.villagarbo-cannes.com – Fermé 7 déc.-31 mars
10 suites ☟ – ††220/1070 € – 1 ch

Cette villa Belle Époque (1884) cultive son charme luxueux et raffiné, ainsi qu'un certain esprit maison d'hôtes... Elle abrite non pas des chambres, mais de véritables appartements, design et cosy, avec un bel équipement high-tech. Enchanteur, ce Garbo !

Le Patio des Artistes sans rest

6 r. Bône – ℰ 04 97 06 99 00 – www.lepatiodesartistes.fr Plan : DYz
64 ch – ♦140/361 € ♦♦140/486 € – 9 suites – 立 20 €
Dans une ruelle tranquille du centre-ville, l'établissement a joui d'une rénovation complète en 2013. On découvre d'abord le ravissant patio, idéal pour un moment de détente, avant de gagner les chambres – toutes très confortables et chaleureuses. Dernier atout : le toit-terrasse avec solarium, dominant la ville et le port...

Eden Hôtel & Spa

133 r. d'Antibes – ℰ 04 93 68 78 00 – www.eden-hotel-cannes.com Plan : DZd
116 ch – ♦100/800 € ♦♦100/1500 € – 1 suite – 立 20 €
Des chambres sobres et élégantes (murs camel, parquets en teck...) dont certaines avec balcon ; un bel espace détente, avec deux piscines (dont une petite sur le toit), un hammam, un solarium, etc. Cet Éden a un petit goût de paradis...

Renoir sans rest

7 r. Edith-Cavell – ℰ 04 92 99 62 62 Plan : BYx
– www.hotel-renoir-cannes.com – Fermé fév.
29 ch – ♦109/499 € ♦♦109/499 € – 立 15 €
Une maison de caractère (1913) qui entretient savamment un certain esprit "Hollywood" : grandes photos noir et blanc de stars de cinéma, atmosphère contemporaine et touches néobaroques – un ensemble réussi. Préférez les chambres qui donnent sur la petite rue, moins bruyantes que du côté de la voie rapide.

Cavendish sans rest

11 bd Carnot – ℰ 04 97 06 26 00 – www.cavendish-cannes.com Plan : BYt
– Fermé 7 déc.-15 mars
34 ch – ♦135/290 € ♦♦175/650 € – 立 20 €
Un hôtel de tradition au fonctionnement haut de gamme. Il est certes situé sur un boulevard très passant, mais les chambres sont bien insonorisées, leur décor soigné, et le service se révèle aux petits soins. Autres atouts : le bar à discrétion pour les résidents et le délicieux petit-déjeuner avec gâteaux maison !

Croisette Beach sans rest

13 r. du Canada – ℰ 04 92 18 88 00 Plan : DZy
– www.croisettebeach.com – Fermé 14-25 déc.
94 ch – ♦102/590 € ♦♦102/590 € – 立 21 €
Proche de tout mais en retrait de l'animation : une situation séduisante ! Évidemment, il y a la plage privée sur la Croisette, mais aussi le petit jardin et la piscine en plein air. Quant aux chambres, elles se révèlent sobres et fonctionnelles, et la plupart jouissent d'un balcon...

Splendid sans rest

4 r. F.-Faure – ℰ 04 97 06 22 22 – www.splendid-hotel-cannes.com Plan : BZa
62 ch – ♦118/382 € ♦♦118/382 € – 立 20 €
À deux pas du palais des Festivals – un emplacement de choix –, ce bel hôtel (1871) cultive l'atmosphère de l'hôtellerie traditionnelle à la française. Bon à savoir : les chambres sont plus spacieuses et lumineuses sur l'avant, et toisent le port de plaisance...

La Villa Cannes Croisette sans rest

8 traverse Alexandre-III – ℰ 04 93 94 12 21 Plan : DZh
– www.hotel-villa-cannes.com – Fermé janv. à mi-fév.
30 ch – ♦99/325 € ♦♦109/325 € – 立 18 €
De grands miroirs ouvragés, des tissus délicats, de gros motifs stylisés, des dominantes d'or et de noir... Ces deux villas réunies par un jardin ont été entièrement rénovées en 2012 dans un style néobaroque : l'atmosphère est superbement glamour ! Préférez les chambres sur l'arrière, préservées de la voie ferrée voisine.

Hôtel de Paris sans rest

34 bd d'Alsace – ℰ 04 93 38 30 89 – www.hoteldeparis.fr Plan : CYa
– Fermé 6-27 déc. et 3-30 janv.
47 ch – ♦125/225 € ♦♦135/285 € – 10 suites – 立 18 €
Près d'un axe fréquenté, cet hôtel Belle Époque, bien insonorisé, a été rénové dans un élégant style contemporain. Les chambres sont bien tenues ; dans une maison voisine, on découvre sept beaux appartements, parfaits pour les longs séjours.

Victoria sans rest

🏠 ⬜📶📺📶 📶 📶

rd-pt Duboys-d'Angers – ☎ 04 92 59 40 00   Plan : CZx
– www.cannes-hotel-victoria.com
25 ch – †140/450 € ††140/450 € – ☕ 12 €
Tout près de la Croisette, dans un immeuble d'habitation. Les chambres sont
sobres (tons beige et bleu) et confortables, à préférer côté jardin – avec balcon ! En
prime, le bar donne sur la terrasse, face à la petite piscine.

Cézanne sans rest

🍵 📶 📶 📺 📶 📶

40 bd d'Alsace – ☎ 04 92 59 41 00 – www.hotel-cezanne.com   Plan : CYn
– Fermé janv.
28 ch – †109/499 € ††109/499 € – ☕ 17 €
Un hôtel de bon standing niché derrière un joli jardin, qui l'isole de la circulation
automobile sur le boulevard. Bien insonorisées et confortables, les chambres sont
résolument modernes et colorées. On peut prendre le petit-déjeuner en terrasse
aux beaux jours.

America sans rest

📶 📺 📶 📶

13 r. St-Honoré – ☎ 04 93 06 75 75 – www.hotel-america.com   Plan : BZr
– Fermé 15 déc.-15 janv.
29 ch – †80/500 € ††80/500 € – ☕ 15 €
Dans une petite rue calme proche de la Croisette, cet hôtel a quelque chose
de ces jolies maisons de vacances chic de la côte Est des États-Unis... Les chambres, cosy et dans l'air du temps, sont bien insonorisées. Good Morning America !

Fouquet's sans rest

📺 📶 📶

2 rd-pt Duboys-d'Angers – ☎ 04 92 59 25 00   Plan : CZy
– www.le-fouquets.com – Ouvert mai-oct.
14 ch – †120/290 € ††140/390 € – ☕ 15 €
Ce petit hôtel familial – qui peut compter une clientèle fidèle – a subi une belle
cure de jouvence : drapés rouges, balcons ouvragés... pour des chambres spacieuses et confortables.

Cannes Riviera sans rest

⬜ 📶 📶 📺 📶 📶 📶 📶

16 bd d'Alsace – ☎ 04 97 06 20 40 – www.cannesriviera.com   Plan : BYr
66 ch – †125/395 € ††140/425 € – ☕ 17 €
Sur la façade, le portrait géant de Marilyn Monroe attire l'œil et annonce l'esprit
des lieux : contemporain et cosy... Les chambres sont bien insonorisées, et l'on
peut profiter de l'espace bien-être et de la piscine panoramique sur le toit !

Château de la Tour

🍴 📶 📶 📶 ⬜ 📶 📺 📶 📶 🅿

10 av. Font-de-Veyre, par ③ – ☎ 04 93 90 52 52
– www.hotelchateaudelatour.com – Fermé fév.
34 ch – †170/500 € ††170/500 € – ☕ 17 € – ½ P
En périphérie de Cannes, un castel provençal (19ᵉ s.) dans un beau jardin, où l'on
cultive l'art de la quiétude. Les chambres ont été décorées dans un style contemporain cossu et glamour, qui prête au confort. Et l'on peut profiter de la très belle
terrasse du restaurant face à la piscine...

Villa de l'Olivier sans rest

⬜ 📶 📺 📶 📶 🅿

5 r. Tambourinaires – ☎ 04 93 39 53 28   Plan : AZe
– www.hotelolivier.com – Fermé 5 janv.-1ᵉʳ mars et 22 nov.-26 déc.
21 ch – †80/130 € ††80/165 € – 1 suite – ☕ 14 €
À proximité du quartier du Suquet, cet hôtel familial abrite des chambres coquettes et colorées (plus lumineuses sur l'avant), dont certaines jouissent d'une terrasse avec vue sur l'Esterel. On prend son petit-déjeuner dans la véranda ou
dans un paisible patio... Un bon point de chute !

Hôtel de Provence sans rest

📶 📶 📺 📶 📶

9 r. Molière – ☎ 04 93 38 44 35 – www.hotel-de-provence.com   Plan : CZs
– Fermé 5-28 fév.
34 ch – †75/295 € ††98/295 € – ☕ 10 €
Pour l'anecdote, la chambre n°15 de cet hôtel a accueilli François Hollande pendant la campagne présidentielle de 2012... Une chambre "normale", mais bénéficiant d'un balcon donnant sur un petit jardinet planté de palmiers ! Une bonne
étape.

🏠 **Idéal Séjour** sans rest   🌊 🖭 AC 🛜

6 allée du Parc-des-Vallergues, (par l'av. Jean-de-Lattre-de-
Tassigny) – 𝒞 *04 93 39 16 66 – www.hotel-ideal-sejour.com – Fermé*   Plan : X**b**
11 janv.-11 fév.

16 ch – ♦72/95 € ♦♦82/180 € – ♎ 11 €

Cette villa au calme, loin du centre-ville, pourrait vous surprendre... Cinéma, bande
dessinée, commedia dell'arte : la propriétaire, passionnée de littérature, a laissé
libre cours à son imagination pour décorer les chambres. Pour un séjour original !

🏠 **Molière** sans rest   🛗 AC 🛜

5 r. Molière – 𝒞 *04 93 38 16 16 – www.hotel-moliere.com*   Plan : CZ**h**
– Fermé 8 déc.-12 janv.

24 ch – ♦85/220 € ♦♦85/220 € – ♎ 11 €

Un établissement tendance, décoré dans des tons brun, beige et taupe. Côté sud,
les chambres avec balcon permettent de prendre un vrai bain de soleil cannois.
Au réveil, le petit-déjeuner est servi en terrasse, dans un décor de verdure...
Séduisant !

🏠 **Florian** sans rest   🛗 AC 🛜

8 r. du Cdt-André – 𝒞 *04 93 39 24 82*   Plan : CZ**g**
– www.hotel-leflorian.com – Fermé 1ᵉʳ déc.-15 janv.

20 ch – ♦58/88 € ♦♦68/98 € – ♎ 6 €

Un petit hôtel familial modeste et accueillant. Les chambres (certaines avec balcon) sont bien tenues, fonctionnelles, et les propriétaires sont aux petits soins
pour la clientèle. Dernière chose : les prix sont sages...

⬤ **Restaurants**

🍴🍴🍴🍴 **La Palme d'Or** – Hôtel Grand Hyatt Martinez   🐟 ⇔ 🏫 � AC ⌷ 🅿️
🔹🔹 *73 bd de la Croisette –* 𝒞 *04 92 98 74 14*   Plan : DZ**n**
– www.cannesmartinez.grand.hyatt.com – Fermé 2 janv.-4 mars, mardi sauf
de mai à oct., dim. et lundi

Menu 72 € ✧ (déj.), 185/205 € – Carte 160/240 €

Dans le somptueux cadre Art déco du Martinez, on domine la Croisette et la baie
de Cannes... tout en atteignant les hauteurs gastronomiques. Dans ce restaurant
au luxe discret et raffiné, le chef, Christian Sinicropi, signe une cuisine très créative et sophistiquée, gorgée de soleil, qui mérite bien sa Palme d'Or !
→ Araignée de mer en trois temps. Épaule d'agneau de lait confite soixante-
douze heures, ail nouveau et courgette du pays. Citron de Menton décliné en différentes textures, suprême glacé à la bergamote.

🍴🍴🍴 **Fouquet's** – Hôtel Majestic Barrière   🏫 AC ⌷
10 bd de la Croisette – 𝒞 *04 92 98 77 05*   Plan : BZ**n**
– www.majestic-barriere.com – Fermé 13 fév.-5 mars

Formule 37 € ✧ – Menu 79 € – Carte 67/147 €

Fauteuils bleu nuit, dorures et moulures créent une ambiance très chic, tandis
que la carte célèbre avec soin les incontournables des brasseries haut de
gamme, dans la lignée de la fameuse maison parisienne du même nom... À ceci
près qu'ici, la terrasse sous le soleil est éminemment cannoise !

🍴🍴🍴 **Le Park 45** – Le Grand Hôtel   ⇔ 🏫 ⅻ AC 🛜 ⌷
🔹 *45 bd de la Croisette –* 𝒞 *04 93 38 15 45*   Plan : CZ**b**
– www.grand-hotel-cannes.com – Fermé 6 déc.-30 janv. et le midi en juil.-août

Formule 38 € – Menu 60/130 € – Carte 85/120 €

Riche d'une belle expérience, le chef exécute une cuisine toute de fraîcheur et de
saveurs, et met le produit en valeur avec un plaisir évident. Le décor du restaurant, élégant et plein de couleurs, ajoute encore au plaisir du repas. Et depuis la
terrasse, on apprécie la vue sur le parc...
→ Foie gras de canard mi-cuit, abricot, amande fraîche, yuzu et huile lactée. Presa
de porc ibérique rôtie, cannellonis façon carbonara, girolles, cébette et artichaut.
Khéops : biscuit chocolat, ganache montée, nougatine et glace café.

XXX **Le Mesclun** AC

16 r. St-Antoine – ℰ 04 93 99 45 19 Plan : AZ**t**
– www.lemesclun-restaurant.com – Fermé 28 juin-2 juil., 1ᵉʳ fév.-4 mars, dim. et le midi
Menu 49 € – Carte 79/140 €

Lumière tamisée, boiseries, tableaux peints par la propriétaire elle-même... Une atmosphère cossue et cosy, idéale pour déguster une cuisine méditerranéenne goûteuse et soignée, en prise sur les saisons. Les spécialités ? Noix de Saint-Jacques rôties et compote de pommes vertes à l'estragon, filet de canette au miel d'épices, etc.

XX **Sea Sens** – Hôtel Five Seas ⩽ AC

1 r. Notre-Dame – ℰ 04 63 36 05 06 Plan : BZ**g**
– www.restaurant-seasens.com – Fermé 17 déc.-30 janv., dim. et lundi
Menu 55 € (déj. en semaine)/95 € – Carte 75/145 €

Un jeune chef passé par de grandes maisons et un pâtissier sacré champion du monde des desserts : tout au fil du repas, le duo fait mouche. Produits de qualité, maîtrise d'exécution, parfums marqués... et jolie vue sur les toits de la ville : nul doute, voilà une table qui monte ! Offre plus simple au déjeuner.
➜ Œuf de poule bio cuit à basse température. Black cod rôti au miso blanc. L'onde de choc, mousse chocolat lactée, cœur coulant praliné.

XX **Le Relais** – Hôtel Martinez ⅁ AC P.

73 bd de la Croisette – ℰ 04 92 98 74 12 Plan : DZ**n**
– www.cannesmartinez.grand.hyatt.com
Formule 24 € – Menu 34 € ☙ (déj. en semaine), 48/120 € ☙ – Carte 55/110 €

Une atmosphère décontractée règne dans cette brasserie moderne rattachée au célébrissime Martinez... ou comment allier esprit palace et ambiance informelle. La carte marie habilement les influences locales, la tradition et des touches plus actuelles.

XX **Le 360°** – Radisson Blu 1835 Hotel & Thalasso ⩽ 🍴 ⅁ AC

1 bd Jean-Hibert – ℰ 04 92 99 73 10 Plan : AZ**n**
– www.radissonblu.com/hotel-cannes
Formule 31 € – Menu 41 € (déj.)/49 € – Carte 50/83 €

Un cadre zen et épuré, une salle panoramique offrant une vue époustouflante – 360° oblige ! – sur la baie de Cannes et le massif de l'Esterel... Une situation de choix pour apprécier une savoureuse cuisine, dans l'air du temps, qui marie habilement produits de la région et horizons lointains, notamment asiatiques.

XX **La Petite Maison de Nicole** – Hôtel Majestic Barrière 🍴 ⅁ AC ⊐🍴

10 bd de la Croisette – ℰ 04 92 98 77 89 Plan : BZ**n**
– www.majestic-barriere.com – Fermé 13 fév.-5 mars et le midi
Formule 43 € – Carte 63/137 €

Pissaladière, petits farcis niçois, beignets de fleurs de courgette... Une cuisine niçoise parfumée et généreuse, au sein du célèbre hôtel Majestic. Le décor ancre lui aussi résolument dans la région : voilages blancs, meubles en ferronnerie, vieux bazar, etc. On dirait le Sud !

XX **Mantel** AC

22 r. St-Antoine – ℰ 04 93 39 13 10 – www.restaurantmantel.com Plan : AZ**c**
– Fermé mardi midi, jeudi midi, merc. et le midi en juil.-août
Menu 35/60 € – Carte 55/108 €

Dans un décor d'une sobriété toute contemporaine, une table de qualité pour se régaler de plats traditionnels bien ficelés, agrémentés de jolies saveurs provençales. Saumon mariné et sa salade de saison, risotto à l'italienne aux trois fromages et jus de veau, plateau de pâtisseries...

XX **La Toque d'Or** AC

11 r. Louis-Blanc – ℰ 04 93 39 68 08 Plan : AY**b**
– www.la-toque-dor.e-monsite.com – Fermé 25 janv.-12 fév., mardi sauf le soir en été et lundi
Formule 20 € – Menu 30 € (déj.), 50/65 € – Carte 55/75 € (réservation conseillée)

Satay, wasabi, citronnelle, curry, etc. Non, vous n'êtes pas dans un restaurant asiatique ! Après un voyage en Thaïlande, le chef a ramené dans ses valises toutes ces saveurs pour agrémenter des mets aussi hexagonaux que le turbot ou la joue de porc... Le résultat : une cuisine personnelle et pleine de surprises !

Da Bouttau - Auberge Provençale
🛋 AC ⟷

10 r. St-Antoine – ✆ *04 92 99 27 17* Plan : AZd
– www.dabouttau.com
Formule 23 € – Menu 32 € – Carte 50/90 €
Sur la route qui monte au Suquet, une auberge fondée par Alexandre Bouttau...
en 1860 ! On s'y installe dans l'une des petites salles de style classique pour
apprécier de bonnes recettes traditionnelles, bien faites et parfumées. Entre les
plats, on regarde des photos de célébrités ayant fréquenté cette table...

Yo'mo Lounge
🛋 ₺ AC
✆

25 r. Hoche – ✆ *04 93 39 50 00 – www.yomolounge.com* Plan : BYy
– Fermé dim.
Formule 16 € – Menu 20 € (déj. en semaine)/42 € – Carte 34/54 €
Un mot, d'abord, sur l'ambiance : la déco mêle mobilier des années 1950, touches
asiatiques et art contemporain. C'est réussi ! Du côté des assiettes, le métissage
est aussi de rigueur avec des recettes à tendance méditerranéenne qui passent
par le Liban, la Grèce ou l'Italie. De quoi donner des envies de grand départ...

Le Restaurant Arménien
AC

82 bd de la Croisette – ✆ *04 93 94 00 58* Plan : DZa
– www.lerestaurantarmenien.com – Fermé lundi hors saison et le midi sauf dim.
Menu 48 €
Le menu du jour – un bel assortiment de mezze frais et subtils – mène sur les routes parfumées d'Arménie... Un joli voyage ! En outre, on sert jusqu'à minuit, la carte
des vins est particulièrement attrayante et l'on peut même manger végétarien.

Relais des Semailles
AC ⟷

9 r. St-Antoine – ✆ *04 93 39 22 32* Plan : AZz
– www.lerelaisdessemailles.fr – Fermé lundi midi
Formule 24 € – Menu 35/49 € – Carte 50/76 €
Une vieille maison datant de la fin du 17ᵉ s., avec poutres apparentes, bibelots,
cheminée et meubles anciens. L'atmosphère est cosy, apaisante, et recèle un
charme indéfinissable, presque romantique... L'endroit idéal pour déguster de
sympathiques plats traditionnels à l'accent provençal !

L'Affable
AC ✿

5 r. La Fontaine – ✆ *04 93 68 02 09* Plan : CZd
– www.restaurant-laffable.fr – Fermé août, sam. midi et dim.
Formule 24 € – Menu 28 € (déj.)/44 € – Carte 67/85 €
Dans le centre de Cannes, ce bistrot contemporain a le vent en poupe et dévoile
de beaux atouts... au premier rang desquels sa carte, qui change avec le marché :
calamars poêlés aux olives et tomates, rognon de veau à la moutarde de Meaux,
sans oublier le soufflé au Grand Marnier, un best-seller de la maison !

Bistro Les Canailles
₺ AC

12 r. Jean-Daumas – ✆ *04 93 68 12 10* Plan : CYb
– www.bistro-lescanailles.com – Fermé dim. et lundi
Carte 28/43 €
Ce bistrot est un rendez-vous apprécié des Cannois... Chic ? Oui, mais également
décontracté et sympathique. Au comptoir, atmosphère de bar à vins autour de
jolis nectars proposés au verre. Et à l'ardoise ? D'incontournables plats bistrotiers
et canailles, ainsi qu'une jolie cuisine du marché, fraîche et tout simplement bonne.

Caveau 30
🛋 AC ✿

45 r. Félix-Faure – ✆ *04 93 39 06 33 – www.lecaveau30.com* Plan : AZf
– Fermé 10-20 janv.
Formule 17 € – Menu 27/38 € – Carte 37/81 €
Ce Caveau, au décor des années 1930, met à l'honneur les plats typiques de la
brasserie française – fruits de mer compris ! En été, la vaste véranda devient
une terrasse et l'on profite d'autant mieux de l'ambiance animée... Un lieu sympathique.

Ⓧ **La Table du Chef**   AC

5 r. Jean-Daumas – ℰ 04 93 68 27 40 – Fermé 1 semaine   Plan : CY**f**
en avril, 2 semaines en oct., 1ᵉʳ-15 janv., mardi soir, merc. soir, dim. et lundi
Formule 26 € – Menu 30 € (déj.)/42 € *(réservation conseillée)*
À deux pas de la rue d'Antibes, ce discret petit bistrot gagne à être connu. Ses
principaux atouts : un accueil prévenant et une cuisine de qualité – version bistronomie –, avec une formule du jour au déjeuner et, le soir, un unique "menu
surprise" en quatre plats. Une vraie table de chef !

Ⓧ **L'Antidote - Christophe Ferré**   🛖 AC

60 bd d'Alsace – ℰ 04 93 43 32 19   Plan : DZ**e**
– www.lantidote-christopheferre.fr – Fermé fin déc.-fin janv., lundi sauf le soir
de mars à oct. et dim.
Formule 17 € – Menu 21 € (déj.), 31/49 € – Carte 50/60 € dîner
Une ancienne maison de maître du début du 20ᵉ s., que l'on rejoint en traversant
une petite cour aménagée en terrasse pour les beaux jours. Au menu : des plats
d'inspiration méditerranéenne, cuisinés par le chef au gré du marché, avec de
nombreuses touches personnelles et modernes. Tout cela dans une ambiance
conviviale !

Ⓧ **La Cave**   🕸 AC

9 bd de la République – ℰ 04 93 99 79 87   Plan : CY**q**
– www.lacave-et-fils.com – Fermé 18-31 août, lundi midi, sam. midi et dim.
Formule 21 € – Menu 26 € (déj.)/34 € – Carte 40/70 €
Un vrai petit bistrot convivial, avec banquettes et repas au coude-à-coude de
rigueur. Les classiques ne manquent pas à l'appel (chou farci "Mamie Jeanne", ris
de veau aux morilles, aïoli aux légumes de saison, etc.) et le chef, passionné de
bons crus, a même constitué une admirable cave de près de 250 références !

Ⓧ **Aux Bons Enfants**   🛖 AC ✂

80 r. Meynadier – www.aux-bons-enfants.com   Plan : AZ**r**
– Fermé 28 nov.-3 janv., lundi hors vacances scolaires et dim.
Formule 22 € – Menu 28/38 € – Carte 32/42 € *(réservation conseillée)*
Le patron de ce sympathique bistrot ? Un vrai passionné, qui cultive avec bonheur l'art de recevoir et concocte une belle cuisine provençale, ainsi que des
plats canailles bien gourmands. Pas de téléphone et paiement en liquide, mais
les lieux rendent bon enfant !

Ⓧ **Côté Jardin**   🛖 AC

12 av. St-Louis – ℰ 04 93 38 60 28   Plan : X**a**
– www.restaurant-cotejardin.com – Fermé dim. et lundi sauf le soir en juil.-août
Formule 24 € – Menu 33/43 €
Petites figues fraîches farcies au chèvre frais fermier et miel, tartare juste saisi
façon "french riviera"... Installé dans la véranda, côté jardin, on savoure cette cuisine actuelle, réalisée au gré du marché. On peut y revenir à loisir : le menu est
renouvelé toutes les deux semaines !

au Cannet 3 km au Nord - V – ⊠ 06110 – 42 754 hab. – Alt. 80 m

ⓍⓍⓍ **Villa Archange** (Bruno Oger)   🛖 ♿ AC ⇔ 🅿

🕸🕸 *r. de l'Ouest, (par av. Campon-D 6285) – ℰ 04 92 18 18 28*   Plan : V**m**
– www.bruno-oger.com – Fermé 22 fév.-9 mars, dim., lundi et le midi sauf vend.
et sam.
Menu 68 € (déj.), 98/210 € – Carte 141/254 € *(réservation conseillée)*
Une jolie bâtisse du 18ᵉ s. décorée avec beaucoup de goût (parquets, tableaux,
mobilier chiné...) : un antre charmant pour découvrir la cuisine de Bruno Oger,
qui signe des plats très parfumés, savamment composés et extrêmement précis
dans leur exécution. Voilà qui fait pousser des ailes à la gastronomie méridionale !
→ Cappuccino de grenouilles et palourdes à l'échalote et au vin jaune. Jarret de
veau cuisiné vingt-quatre heures, pommes écrasées à la truffe. Traou mad aux
fruits de saison.

X **Bistrot St-Sauveur**   🍷 AC

⊜ 87 r. St-Sauveur – ℰ 04 93 94 42 03 – www.bistrotsaintsauveur.fr   Plan : V**s**
– Fermé 7-30 juil., dim. soir et lundi
Formule 17 € – Menu 30/32 € – Carte 35/54 € *(réservation conseillée)*
Fauteuils noirs, rideaux blancs : le décor est contemporain, dans un style épuré et
séduisant, jamais tape-à-l'œil. La cuisine bistrotière du chef se déguste avec bonheur : pâté en croûte "grande tradition", filet de veau Wellington, millefeuille à la
vanille... Tout est bon : le plus difficile sera de choisir !

X **Bistrot des Anges**   🍷 & AC P.

⊜ r. de l'Ouest, (par av. Campon - D 6285) – ℰ 04 92 18 18 28   Plan : V**m**
– www.bruno-oger.com – Fermé dim. soir de sept. à avril
Formule 26 € 🍷 – Menu 31/41 € – Carte 45/72 €
Dans l'échelle séraphique, l'équipe de la Villa Archange pense brasserie : ici, décor
moderne et élégant, formules ensoleillées et chariot de douceurs... angéliques.

LE CANNET – 06 (Alpes-Maritimes) → voir Cannes

CAPBRETON

✉ 40130 (Landes) – 8 087 hab. – Alt. 6 m – Voir carte n°**3-A3**
🚩 Paris 749 km – Bayonne 22 km – Biarritz 29 km – Mont-de-Marsan 90 km
Carte Michelin 335-C13 – Guide Vert Michelin Aquitaine

X **La Cuisine** 🆕

26 r. du Général-de-Gaulle – ℰ 05 58 43 66 58 – www.restaurantlacuisine.fr
– Fermé mi-mars à mi-avril, 1 semaine en oct., merc. et jeudi sauf le soir
en juil.-août
Formule 16 € – Menu 45 € – Carte 41/49 €
Au centre du bourg, la cuisine est bel et bien à l'honneur : le chef, Johann Duber-
net – secondé en salle par sa compagne Isabelle –, est un passionné, qui signe
des assiettes colorées, parfumées et visuelles... Ce charmant petit restaurant sait
allier subtilité et gourmandise !

quartier la Pêcherie

XX **Le Regalty**   🍷 🌿

⊜ port de plaisance, (quai Mille-Sabords) – ℰ 05 58 72 22 80 – www.leregalty.fr
– Fermé fin nov.-début déc., fin janv.-début fév., merc. soir et dim. soir de sept.
à juin et lundi
Menu 20/65 € – Carte 44/61 €
Au pied d'un immeuble moderne, une salle chaleureuse, en partie ouverte sur les
cuisines. Un mur végétal borde la terrasse. Menu homard, belle carte des vins.

CAP COZ – 29 (Finistère) → voir Fouesnant

CAP-d'AGDE – 34 (Hérault) → voir Agde

CAP d'AIL

✉ 06320 (Alpes-Maritimes) – 4 877 hab. – Alt. 51 m – Voir carte n°**42-E2**
🚩 Paris 945 km – Monaco 3 km – Menton 14 km – Monte-Carlo 4 km
Carte Michelin 341-F5 – Guide Vert Michelin Côte d'Azur

Voir plan de Monaco (Principauté de)

🏨 **Marriott Riviera La Porte de Monaco**   🍽️ ≤ 🏊 🔥 🖥️ & AC 🛜 🛁

av. du Port – ℰ 04 92 10 67 67 – www.marriottportedemonaco.com
171 ch – ♦149/349 € ♦♦149/389 € – 15 suites – 🍽️ 26 €   Plan : AV**n**
À deux pas de la marina de Cap-d'Ail, la porte de l'établissement ouvre sur...
Monaco ! Cet hôtel d'esprit international séduira la clientèle d'affaires comme les
touristes soucieux d'un confort sûr. Les chambres les plus agréables donnent sur
le port et la mer.

CAP d'ANTIBES – 06 (Alpes-Maritimes) → voir Antibes

CAPDENAC-LE-HAUT – 46 (Lot) → voir Figeac

CAP-FERRET

✉ 33970 (Gironde) – Alt. 11 m – Voir carte n°**3-B2**
◪ Paris 650 km – Arcachon 66 km – Bordeaux 71 km – Lacanau-Océan 55 km
Carte Michelin 335-D7 – Guide Vert Michelin Aquitaine

| 🛏️ | **La Frégate** sans rest | 🔟 & 🛜 ⚓ 🅿️ 🅿️ |

34 av. de l'Océan – ℰ 05 56 60 41 62 – www.hotel-la-fregate.net – Fermé déc. et janv.
30 ch – ♦57/175 € ♦♦57/175 € – ⍁ 10 €
Autour d'une agréable piscine, ces deux maisons arborent un joli style balnéaire, chic et sobre à la fois... Beaucoup de blanc, deux appartements pour les séjours en famille et des parties communes chaleureuses : un endroit plaisant.

| ✗ | **Le Pinasse Café** | ⇐ ⚓ & 🆔 ⇔ |

2 bis av. de l'Océan – ℰ 05 56 03 77 87 – www.pinassecafe.com
Formule 33 € – Menu 40 € – Carte 44/71 €
Avec sa terrasse idyllique donnant sur les flots, ce restaurant contemporain est une ode au bassin et à la dune du Pilat ! Poissons et crustacés du cru sont à l'honneur (huître en tête) et, pour l'anecdote iodée, la pinasse est le bateau traditionnel du littoral arcachonnais.

CAP GRIS-NEZ

✉ 62179 (Pas-de-Calais) – Voir carte n°**30-A1**
◪ Paris 288 km – Arras 139 km – Boulogne-sur-Mer 21 km – Calais 32 km
Carte Michelin 301-C2

| ✗✗ | **La Sirène** | ⇐ ⚓ 🅿️ |

376 r. de la Plage – ℰ 03 21 32 95 97 – www.lasirene-capgrisnez.com – Fermé 22-26 juin, 28 sept.-2 oct., 14 déc.-27 janv., le soir de sept. à fin mars, dim. soir et lundi
Menu 30 € – Carte 33/56 €
En front de mer, un paysage sauvage et préservé… Voilà qui transporte l'imagination, avant que la cuisine n'invite à une autre poésie, celle des papilles : sole meunière, homard grillé, etc. Ici, la tradition, c'est le poisson... À déguster dans un cadre contemporain épuré.

CAPINGHEM – 59 (Nord) ➜ voir Lille

CAPPELLE-LA-GRANDE – 59 (Nord) ➜ voir Dunkerque

CARANTEC

✉ 29660 (Finistère) – 3 129 hab. – Alt. 37 m – Voir carte n°**9-B1**
◪ Paris 552 km – Brest 71 km – Lannion 53 km – Morlaix 14 km
Carte Michelin 308-H2 – Guide Vert Michelin Bretagne Nord

| 🏨 | **L'Hôtel de Carantec** | 🔟 ⅋ ⇐ 🖥️ 🛜 ⚓ 🅿️ |

20 r. du Kelenn – ℰ 02 98 67 00 47 – www.hoteldecarantec.com – Fermé 17 nov.-10 déc., fin janv.-début fév., dim., lundi et mardi hors saison
12 ch – ♦105/199 € ♦♦126/239 € – ⍁ 19 €
Rest *Patrick Jeffroy* ✿✿ – voir les restaurants ci-après
Cette charmante maison de 1936 surplombe la baie de Morlaix. Les chambres, contemporaines et épurées, donnent toutes sur la Manche (terrasse au 1er étage). Le jardin descend vers la mer et l'on peut s'y installer, serein, pour lire, boire un verre... avant de profiter de la très belle table de Patrick Jeffroy.

| 🏠 | **La Baie de Morlaix** sans rest | ⅋ 🛜 |

17 bis r. Albert-Louppe – ℰ 02 98 67 07 64 – www.hotel-baiedemorlaix.com – Fermé 4-17 janv. et 4-17 oct.
16 ch – ♦62/75 € ♦♦64/99 € – ⍁ 8,50 €
Un établissement bien situé, au cœur de la ville, dans une rue commerçante. Entièrement rénové en 2010, il cache de petites chambres tout en sobriété et bien tenues. La plage n'est pas très loin, on peut y descendre à pied.

Patrick Jeffroy – L'Hôtel de Carantec

20 r. du Kelenn – ℰ 02 98 67 00 47 – www.hoteldecarantec.com – Fermé 17 nov.-10 déc., fin janv.-début fév., dim. soir, lundi et mardi sauf fériés et sauf vacances scolaires de mi-sept. à mi-juin, lundi midi et mardi midi sauf fériés de mi-juin à mi-sept.
Formule 46 € ♀ – Menu 54 € ♀ (déj. en semaine), 81/146 € – **Carte 100/160 €** *(réservation conseillée)*

C'est peu dire que la vue sur la baie de Morlaix y est superbe... Quel meilleur écrin pour l'une des plus belles cuisines bretonnes ! Patrick Jeffroy allie avec art classicisme et inventivité, mariant magnifiquement produits du terroir et pêche locale. Et la qualité du service rehausse encore le caractère du repas.
➜ Gâteau de sardines en escabèche. Bar de ligne au beurre d'herbes, carottes de sable et marmelade d'oignon au citron confit. Sablé sarrasin et pomme reinette confite, caramel de beurre salé à l'hydromel.

CARCASSONNE

✉ 11000 (Aude) – 47 268 hab. – Alt. 110 m – Voir carte n°**22**-B2
▶ Paris 768 km – Albi 110 km – Narbonne 61 km – Perpignan 114 km
Carte Michelin 344-F3

Les Trois Couronnes

2 r. des Trois-Couronnes – ℰ 04 68 25 36 10 Plan : BZ**v**
– www.hotel-destroiscouronnes.com – Fermé 1er-13 janv.
70 ch – †98/175 € ††98/175 € – � 13 € – ½ P

Joliment contemporain et... très bien situé : dans la plupart des chambres, on profite d'une loggia ouvrant sur la sublime cité médiévale hérissée de tourelles ! Autres atouts : la piscine panoramique (4e étage) et la terrasse braquée sur l'Aude, où l'on peut se restaurer.

Hôtel de L'Octroi sans rest

144 r. Trivalle, par ② – ℰ 04 68 25 29 08 – www.hoteloctroi.com
21 ch – †72/195 € ††72/195 € – 5 suites – ⊑ 12 €

À deux pas de la cité médiévale, un établissement résolument tourné vers le troisième millénaire avec ses chambres colorées et contemporaines ! Le tout organisé autour d'un patio avec piscine et solarium. À l'Hôtel de l'Octroi, l'on pourrait bien vous taxer d'immobilisme...

Le Parc Franck Putelat avec ch

80 chemin des Anglais, au Sud de la Cité - (Plan : C) – ℰ 04 68 71 80 80 – www.franck-putelat.com – Fermé 8-23 fév., dim. et lundi
7 ch – †170/320 € ††170/320 € – ⊑ 20 €
Menu 41 € ♀ (déj. en semaine), 71/149 € – Carte 96/141 €

Du grand art que celui de Franck Putelat ! Technique, inventivité, respect des produits (de grande qualité), effets visuels : sa cuisine est un concentré de justesse, de textures et de saveurs. Et le cadre très contemporain de cette villa, au pied de la citadelle, ajoute au caractère de l'expérience... d'autant que de belles chambres ont été inaugurées en 2013.
➜ Tartine de haricots de Castelnaudary confits à la sauge, mozzarella di bufala et truffe. Filet de bœuf "Bocuse d'Or". Satin ananas, citron vert et sorbet aux baies de genièvre.

Le Clos Occitan

68 bd Barbès – ℰ 04 68 47 93 64 Plan : AZ**s**
– www.restaurant-carcassonne-closoccitan.com – Fermé 3-17 mars, sam. midi, dim. soir et lundi
Formule 16 € ♀ – Menu 18 € (déj. en semaine), 23/43 € – **Carte 37/49 €**

Une petite table sympathique, créée dans... un ancien garage, transformé dans un esprit plutôt rustique. La cuisine joue tout simplement la carte de la tradition, et les prix sont attractifs – on fait d'ailleurs souvent salle comble au déjeuner. Mention spéciale pour l'agréable terrasse.

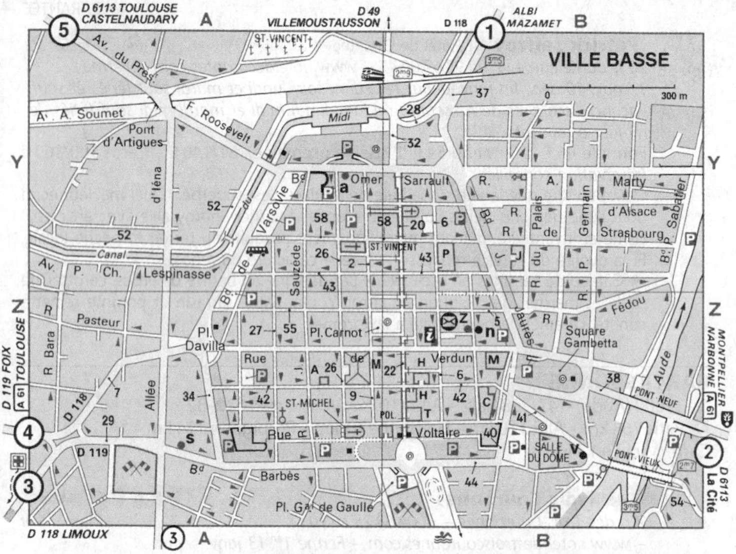

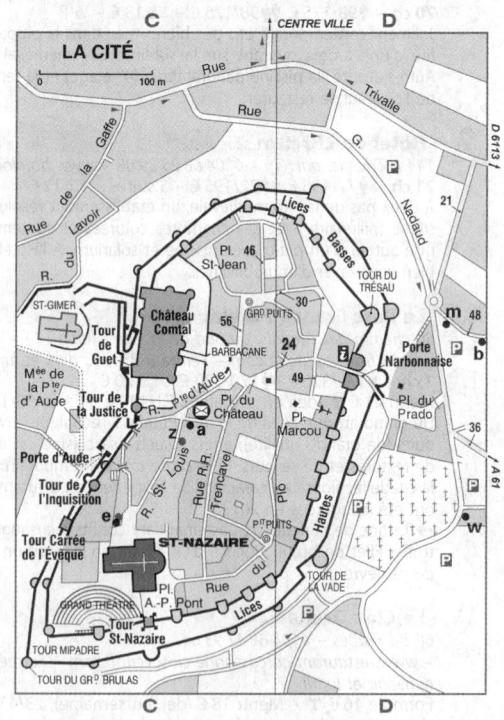

CARCASSONNE

VILLE BASSE

D 6113 TOULOUSE CASTELNAUDARY (5)
VILLEMOUSTAUSSON D 49
D 118 (1)
ALBI MAZAMET
B

300 m

Av. du Pret
ST-VINCENT
A. Soumet
Pont d'Artigues
F. Roosevelt
Midi
28
37
d'Iéna
52
Omer Sarrault
R. A. Marty
d'Alsace Strasbourg
Germain
52
Versaye
58
20 6
Canal
P. Ch. Lespinasse
ST-VINCENT
43
Sauzede
26
Palais
de
du
Pasteur
Bara
27 55
Pl. Carnot
Fédou
Square Gambetta
Pl. Davilla
22
Aube
38 PONT NEUF
Allée
34
de
H Verdun M
42
ST-MICHEL
9
H
Rue
A 26
POL.
T
Barbès
Rue
Voltaire
40
41
SALLE DU DÔME V
PONT VIEUX
s
Bd
44
54
D 119 FOIX / A 61 TOULOUSE (4)
D 118 (3)
D 119
29
Barbès
Pl. G. de Gaulle
D 118 LIMOUX (3)
A
MONTPELLIER NARBONNE A 61 (2)
D 6113 La Cité

LA CITÉ

C CENTRE VILLE D

100 m

Rue
Trivalle
Gaffe
Rue
D 6113
Rue de la Lavoir
21
Lices
Pl. 46 St-Jean
Basses
TOUR DU TRÉSAU
ST-GIMER
Château Comtal
GR° PUITS
30
56
m 48
BARBACANE
Porte Narbonnaise
b
Tour de Guet
24
P
Mée de la Pte d'Aude
Tour de la Justice
Pl. du Château
49
Pl. du Prado
36
Porte d'Aude
Tour de l'Inquisition
Pl. R.R.
Marcou
z
a
A 61
Tour Carrée de l'Évêque
ST-NAZAIRE
Hautes
W
GRAND THÉÂTRE
Pl. A.-P. Pont
Rue
du
TOUR DE LA VADE
Lices
Tour St-Nazaire
TOUR MIPADRE
TOUR DU GR° BRULAS
C D

XX **Robert Rodriguez**   🕸 🗛 ⇔
39 r. Coste-Reboulh – ℰ *04 68 47 37 80*   Plan : BZ**z**
– www.restaurantrobertrodriguez.com – Fermé merc. et dim.
Carte 41/87 € *(réservation conseillée)*
Un bistrot authentique, convivial et joliment rétro (objets chinés, vieux comptoir...), pour une cuisine résolument dans le ton. Le chef privilégie les produits bio et ses plats fleurent bon la générosité, avec même quelques belles canailles : cassoulet, parmentier, etc. En bref, on se régale !

à l'entrée de la Cité près porte Narbonnaise

 Mercure Porte de la Cité   ⫿◯ 🛏 🜲 🧖 ⅃ 🛗 ⅙ 🗛 🛜 🅿
18 r. Camille-St-Saëns – ℰ *04 68 11 92 82*   Plan : D**b**
– www.mercure-carcassonne.fr
80 ch – ✚100/190 € ✚✚110/200 € – 🍽 15 € – ½ P
Aux portes de la cité, un Mercure dans un quartier résidentiel. Les chambres, un peu petites mais joliment épurées, donnent – pour certaines – sur la piscine et les remparts tout proches.

 Hôtel du Château sans rest   🜲 ⅃ ⅙ 🗛 🛜 🅿
2 r. Camille-St-Saëns – ℰ *04 68 11 38 38*   Plan : D**m**
– www.hotelduchateau.net
17 ch – ✚132/255 € ✚✚132/255 € – 🍽 15 €
Dans un îlot de verdure à l'abri de l'agitation touristique, cette belle demeure mêle l'ancien et le design avec raffinement. Au programme : hammam, massage et farniente, au pied du défilé des remparts... Les petits plus : le petit-déjeuner qui met en avant les produits locaux et le bar ouvert 24h/24.

🛏 **Pont Levis Hôtel** sans rest   🜲 ⅃ 🗛 🕸 🛜 🅿
40 chemin des Anglais – ℰ *04 68 72 08 08*   Plan : D**w**
– www.pontlevishotel.com
12 ch – ✚126/300 € ✚✚156/340 € – 🍽 20 €
Au pied des remparts de la cité, l'adresse, née en 2013, prend ses aises dans l'ancien musée du Moyen-Âge. Désormais, la décoration est résolument tournée vers le 21ᵉ s. (acier, béton, etc.) même si dans certaines chambres, les lits sont suspendus par des chaînes... façon pont-levis !

🛏 **Montmorency** sans rest   ⅙ 🗛 🛜 🅿
2 r. Camille-St-Saëns – ℰ *04 68 11 96 70*   Plan : D**m**
– www.hotelmontmorency.com
30 ch – ✚100/195 € ✚✚100/195 € – 2 suites – 🍽 15 €
Une charmante maison de maître, dont la terrasse offre une vue imprenable sur les remparts de la Cité. Les chambres, contemporaines ou plus champêtres, sont toutes colorées et accueillantes.

dans la Cité - Circulation réglementée en été

🏨 **Hôtel de La Cité**   ⫿◯ 🛏 🜲 🧖 ⅃ 🛗 ⅙ 🗛 🛜 🅿 🚗
pl. Auguste-Pierre-Pont – ℰ *04 68 71 98 71*   Plan : C**e**
– www.hoteldelacite.com
53 ch – ✚210/425 € ✚✚210/715 € – 7 suites – 🍽 28 € – ½ P
Rest *La Barbacane* 🕸 – voir les restaurants ci-après
Luxe, douceur et quiétude au cœur de la cité. Les chambres dégagent une atmosphère chaleureuse – certaines dans un style médiéval ! – et, côté remparts, on profite du jardin et de la piscine. Une belle manière de vivre Carcassonne...

 Le Donjon   ⫿◯ 🛏 🜲 ⅙ 🗛 🛜 🕸 🅿
2 r. Comte-Roger – ℰ *04 68 11 23 00 – www.hotel-donjon.fr*   Plan : C**a**
59 ch – ✚105/200 € ✚✚105/450 € – 2 suites – 🍽 14 € – ½ P
Trois maisons lovées au cœur des remparts, et partout des traces de l'architecture du 12ᵉ s. : ici des poutres, là de jolies pierres apparentes ! À noter : certaines chambres arborent un décor contemporain, tout comme la brasserie. Un établissement très cosy...

La Barbacane – Hôtel De La Cité
pl. Auguste-Pierre-Pont – ✆ 04 68 71 98 71 Plan : C**e**
– www.hoteldelacite.com – Fermé 16 fév.-9 mars, mardi et merc.
Menu 38 € (déj.), 85/145 € – Carte 90/125 €
Vitraux, armoiries, confessionnal en bois sculpté, etc. Un décor néogothique tout à fait dans le ton de Carcassonne la médiévale ! On y déguste une cuisine raffinée et savoureuse, qui revisite la tradition en beauté. De qui conter l'amour courtois...
➜ Légumes d'été cuisinés en barigoule, truffe et toast aux aromates. Bœuf charolais au foie gras, joue braisée et churros de pomme de terre. Soufflé chaud au mascarpone, pain de Gênes aux amandes et son sorbet.

Comte Roger
14 r. St-Louis – ✆ 04 68 11 93 40 – www.comteroger.com Plan : C**z**
– Fermé 1 semaine en nov., vacances de fév., dim. et lundi sauf fériés
Formule 22 € – Menu 30/41 € – Carte 41/61 €
Dans une ruelle animée de la cité, un décor tout en épure contemporaine, avec un joli patio empreint de fraîcheur. Monsieur le comte sait recevoir et sa cuisine épouse l'époque avec une certaine noblesse. La bonne petite adresse du cœur touristique !

à Aragon 10 km par ① D 118 et D 935 – ✉ 11600 – 414 hab. – Alt. 195 m

La Bergerie
allée Pech-Marie – ✆ 04 68 26 10 65 – www.labergeriearagon.com
– Fermé 15 fév.-11 mars et 12-30 oct.
8 ch – †85/125 € ††105/135 € – ☕ 10 € – ½ P
Rest ***La Bergerie*** – voir les restaurants ci-après
À l'orée de ce pittoresque village perché, cette bâtisse méridionale domine le vignoble de Cabardès. L'accueil est sympathique et prévenant, tout en restant décontracté ; les chambres, bien agréables, donnent sur les vignes... Nul besoin de compter les moutons pour s'endormir dans cette Bergerie !

La Bergerie (Fabien Galibert)
allée Pech-Marie – ✆ 04 68 26 10 65 – www.labergeriearagon.com
– Fermé 15 fév.-11 mars, 12-30 oct., lundi midi de juin à sept., mardi et merc. sauf le soir de juin à sept.
Menu 29 € (déj. en semaine), 45/80 € – Carte environ 66 €
Des saveurs harmonieusement mariées, de l'originalité, de la technique... Le chef révèle son beau sens des produits et son seul souci : honorer la gastronomie avec générosité, faire plaisir, tout simplement.
➜ Thon mariné au citron et gingembre. Tartare d'agneau mi-cuit, carotte, cumin et artichaut. Gourmandise chocolat blanc abricot-framboise.

au hameau de Montredon 4 km au Nord-Est par r. A. Marty - BY – ✉ 11000

La Bastide Saint-Martin sans rest
– ✆ 04 68 47 44 41 – www.hotelbastidesaintmartin.com – fermé 12 nov.-1er déc. et 4-25 janv.
15 ch – †72/131 € ††89/131 € – ☕ 11 €
Dans un hameau proche de Carcassonne, au cœur d'un parc paisible, cette jolie maison a des airs de bastide et ses chambres, dans une veine rustique et champêtre, sont charmantes... Le matin, on peut prendre son petit-déjeuner face à la piscine avant de faire son premier plongeon de la journée !

Château Saint-Martin
– ✆ 04 68 71 09 53 – www.chateausaintmartin.net – Fermé 6-20 mars, 2 semaines en nov., 2-6 janv., dim. soir, lundi midi et merc.
Menu 36/66 € – Carte 48/68 €
Amateurs de vieilles pierres, vous serez séduits par cette demeure très ancienne, flanquée d'une tour du 12e s. ! Au menu : des mets classiques et raffinés, aux ingrédients bien choisis et subtilement cuisinés. Un joli moment de gastronomie que l'on peut notamment partager sur la terrasse verdoyante et fleurie, bien au calme...

au Sud par ③ 3 km et par D104 – ✉11000 Carcassonne

🏨 **Domaine d'Auriac** 🍽 🐴 ◁ 🌳 🏊 🎾 ⛳18 ⇅ A/C 🚫🐕 📶 👥 🅿 🚗
2535 rte de St-Hilaire – ✆ 04 68 25 72 22 – www.domaine-d-auriac.com – Fermé 1er-10 fév., 2-16 nov., dim. soir et lundi d'oct. à avril sauf fériés
24 ch – 👤120/450 € 👥120/450 € – ☕ 25 € – ½ P
Rest *Domaine d'Auriac* ✿ – voir les restaurants ci-après
Un grand parc arboré, un golf 18 trous et cette très belle maison de maître du 19e s. en pierre blonde. Toutes différentes et confortables, les chambres jouent la carte du classicisme bourgeois ou de la simplicité méridionale... Certaines, très spacieuses, sont idéales pour les familles.

XXX ✿ **Domaine d'Auriac** 🍇 🌳 ⛱ A/C ⊡ [🅿]
2535 rte de St-Hilaire – ✆ 04 68 25 72 22 – www.domaine-d-auriac.com – Fermé 1er-10 fév., 2-16 nov., 3-31 janv., dim. soir et lundi d'oct. à avril sauf fériés
Menu 49 € 🍷 (déj. en semaine), 69/117 € – Carte 81/95 €
Une demeure distinguée, au cadre éminemment bourgeois : un décor qui sert à merveille une assiette tout en classicisme – mais relevée d'une pointe de modernité – et de belle facture. Quand le temps le permet, on s'installe sur la terrasse ouvrant sur le parc. Plaisirs intemporels...
➜ Autour de l'anchois de Collioure. Cassoulet du domaine. Soufflé au Grand Marnier.

à Cavanac 7 km par ③ et rte de St-Hilaire – ✉ 11570 – 928 hab. – Alt. 138 m

🏨 **Château de Cavanac** 🍽 🐴 🌳 🏊 🎾 ⇅ ♿ A/C 🚫🐕 📶 👥 🅿
✆ 04 68 79 61 04 – www.chateau-de-cavanac.fr – Fermé 11 janv.-9 mars et 9-24 nov.
24 ch – 👤68/75 € 👥155/200 € – 4 suites – ☕ 12 €
Rest *Château de Cavanac* – voir les restaurants ci-après
Sur le domaine viticole du propriétaire, ce castel du 17e s. est ravissant. Les chambres portent des noms de fleurs et distillent, avec leur mobilier d'époque et leurs lits à baldaquin, un charme romantique et bucolique... Du cachet aux portes de Carcassonne.

XX **Château de Cavanac** 🌳 ⛱ [🅿]
– ✆ 04 68 79 61 04 – www.chateau-de-cavanac.fr – Fermé 11 janv.-9 mars et 9-24 nov. et le midi sauf dim.
Menu 45 €
En lieu et place des écuries du château, cette auberge se révèle très pittoresque. Mangeoires et poutres anciennes, cuisiniers "en vitrine" s'activant sous l'œil amusé des gourmands, et sympathique menu unique arrosé des vins du domaine : on cultive la tradition...

à Pezens 10 km au Nord-Ouest par ⑤ et D 6113 – ✉ 11170 – 1 344 hab. – Alt. 117 m

XX ✿ **L'Ambrosia** (Daniel Minet) ⛱ A/C 🚫🐕 [🅿]
carrefour la Madeleine, D 6113 – ✆ 04 68 24 92 53 – www.ambrosia-pezens.com – Fermé 23 juin-8 juil., 2-24 janv., merc. midi, dim. soir et lundi
Formule 27 € – Menu 48/80 € – Carte 80/90 €
Le jeune chef, Daniel Minet, n'avait que 22 ans lorsqu'il a repris cette affaire avec ses parents, et il a d'emblée révélé la précocité de son talent : sa cuisine de produits, directe et parfumée, témoigne d'une belle sincérité ! Côté décor, la fraîcheur et l'épure priment aussi. Et l'été, on profite de la terrasse...
➜ Foie gras au pain d'épice, tatin de coing et cardamome noire. Agneau "Voyage à Marrakech". Forêt-noire version 21e siècle.

à Moussoulens 14 km au Nord-Ouest par ⑤ et D 6113 – ✉11170 – 957 hab. – Alt. 175 m

⌂ **La Rougeanne** sans rest 🐴 ◁ 🌳 🏊 🚫🐕 📶 🅿 💳⃠
8 allée du Parc – ✆ 04 68 24 46 30 – www.larougeanne.com – Fermé 4 janv.- 15 mars
5 ch ☕ – 👤95/125 € 👥100/130 €
Une maison qui met le cap au sud, en regardant amoureusement la Malepère et les Pyrénées. Olivier, Tomette, Romarin... les chambres sentent bon la garrigue et évoquent les jours heureux des vacances familiales. On prend le petit-déjeuner dans la belle orangerie ou le jardin. Du soleil et du style !

CARGÈSE – 2A (Corse-du-Sud) → voir Corse

CARHAIX-PLOUGUER
✉ 29270 (Finistère) – 7 541 hab. – Alt. 138 m – Voir carte n°**9-B2**
▶ Paris 506 km – Brest 86 km – Guingamp 49 km – Lorient 74 km
Carte Michelin 308-J5 – Guide Vert Michelin Bretagne Sud

⌂ **Noz Vad** sans rest
12 bd de la République – ℰ 02 98 99 12 12 – www.nozvad.com – Fermé 2 semaines en déc. et 1 semaine en janv.
44 ch – ♦44/95 € ♦♦51/102 € – ☲ 9 €
À deux pas du centre historique de Carhaix – célèbre pour le festival des Vieilles Charrues –, un hôtel de la fin des années 1970 avec des chambres fonctionnelles, décorées de peintures et de photos sur le thème de la Bretagne. De quoi passer une *noz vad* ("bonne nuit" en breton) !

CARIGNAN
✉ 08110 (Ardennes) – 3 047 hab. – Alt. 174 m – Voir carte n°**14-C1**
▶ Paris 264 km – Charleville-Mézières 43 km – Mouzon 8 km – Montmédy 24 km
Carte Michelin 306-N5

XXX **La Gourmandière** 🎡 🍴 🏡 & ℙ
19 av. de Blagny – ℰ 03 24 22 20 99 – Fermé fin juin-début juil., fin sept.-début oct., fin janv.-début fév. et lundi sauf fériés
Formule 22 € – Menu 33/71 € – Carte 45/61 €
Cette maison bourgeoise de 1890 choie ses convives : cuisine gourmande et généreuse (à base de produits du potager), belle carte des vins, et espace lounge. La chef est désormais épaulée par son fils qui réalise de savoureuses pâtisseries.

CARLA-BAYLE
✉ 09130 (Ariège) – 786 hab. – Alt. 354 m – Voir carte n°**28-B3**
▶ Paris 742 km – Foix 33 km – Toulouse 67 km

XX **Auberge Pierre Bayle** 🏡 Ⓐⓒ
ⓒ *– ℰ 05 61 60 63 95 – www.auberge-pierrebayle.fr – Fermé janv., dim. soir, mardi soir et merc. soir de sept. à mars et lundi*
Formule 13 € – Menu 20 € (déj. en semaine), 29/42 € – Carte 38/57 €
Une auberge qui joue la carte de la tradition, tout en sachant allier jolies saveurs d'ici et d'ailleurs. Tartare de thon et d'espadon au wasabi, parmentier de canard aux panais : frais et plaisant... Une bonne raison pour venir découvrir ce village d'artistes et d'artisans, perché sur un piton face aux Pyrénées.

CARNAC
✉ 56340 (Morbihan) – 4 227 hab. – Alt. 16 m – Voir carte n°**9-B3**
▶ Paris 490 km – Auray 13 km – Lorient 49 km – Quiberon 19 km
Carte Michelin 308-M9 – Guide Vert Michelin Bretagne Sud

🏨 **Le Diana** ⅠⓄ ⋜ ⛲ ⒻⒶ 🛏 & Ⓐⓒ 🛜 ⅍ ℙ ⊖
21 bd de la Plage – ℰ 02 97 52 05 38 – www.lediana.com Plan : Z**r**
– Ouvert 3 avril-4 oct.
35 ch – ♦133/273 € ♦♦149/273 € – 3 suites – ☲ 22 € – ½ P
Rest Les Marquises – voir les restaurants ci-après
Atmosphère cossue dans cet hôtel à l'architecture d'inspiration bretonne. Les chambres, plutôt spacieuses, donnent sur l'océan ou – plus au calme – sur la cour, et leur entretien est impeccable. Pour se détendre, direction l'espace bien-être !

🏨 **Le Churchill** sans rest ⊗ ⋜ ⛲ 🛏 & Ⓐⓒ 🛜 ⊖
70 bd de la Plage, 1 km à l'Est par D 186 - (Plan : Z) - ℰ 02 97 52 50 20
– www.lechurchill.com – Ouvert de début mars à mi nov.
28 ch – ♦85/200 € ♦♦85/250 € – ☲ 16 €
Winston Churchill a promis un jour du sang, de la sueur et des larmes... Rassurez-vous : rien de tout cela ici ! Cet hôtel totalement rénové est confortable et bien tenu, avec d'agréables chambres donnant sur la mer. Espace bien-être et piscine.

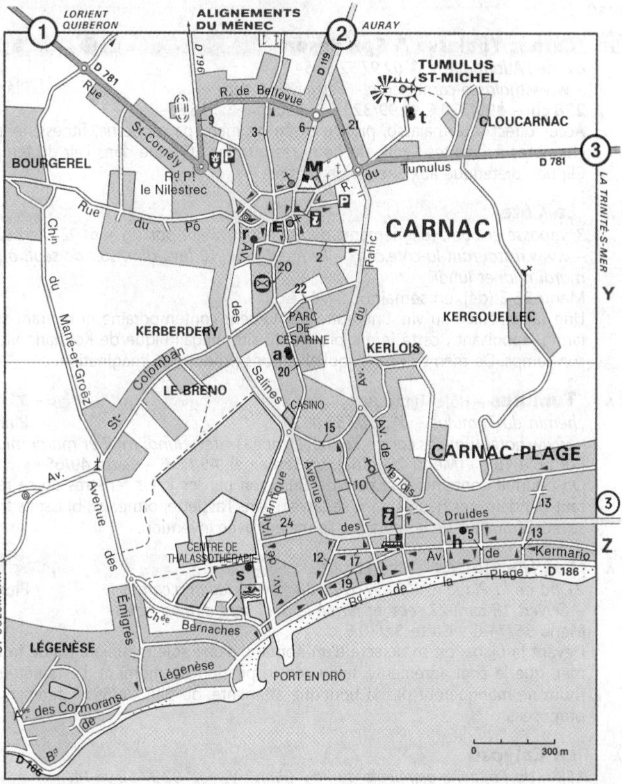

Colary (R.) .... Y 2	Menhirs (Allée des) .... Z 10	Port en Dro (Av. de) .... Z 19
Courdiec (R. de) .... Y 3	Miln (Av.) .... Z 12	Poste (Av. de la) .... Y 20
Cromlech (Allée du) .... Z 5	Montagne (Allée de la) .... Z 13	Poul Person (R. de) .... Y 21
Korrigans (R. des) .... Y 6	Palud (Av. du) .... Z 15	Roer (Av. du) .... Y 22
Ménec (R. du) .... Y 9	Parc (Allée du) .... Z 17	Talleyrand (Allée de) .... Z 24

Celtique

82 av. des Druides – ✆ 02 97 52 14 15 – www.hotel-celtique.com Plan : Z**h**

49 ch – 100/180 € 100/260 € – 4 suites – 15 € – ½ P

À proximité de la plage, cet hôtel abrite des chambres fonctionnelles. Agréable espace bien-être : piscine couverte, sauna, spa, hammam... Au restaurant, on sert une cuisine d'aujourd'hui.

Lann Roz sans rest

36 av. de la Poste – ✆ 02 97 52 68 00 – www.lannroz.fr – Fermé janv. Plan : Y**a**

15 ch – 79/145 € 79/145 € – 10 €

Cette maison familiale, fondée en 1967, a su évoluer avec son temps : c'est aujourd'hui un bel hôtel design et contemporain. Dans les chambres, le blanc des murs contraste avec les multiples couleurs des fauteuils et canapés... Original !

Tumulus

chemin du Tumulus – ✆ 02 97 52 08 21 Plan : Y**t**
– www.hotel-tumulus.com – Fermé 11 nov.-14 fév.

24 ch – 99/200 € 195/300 € – 16 € – ½ P

Rest *Tumulus* – voir les restaurants ci-après

Bien au calme, ce petit manoir des années 1920 est perché sur les hauteurs de Carnac. On loge dans des chambres confortables ; préférez les plus spacieuses, qui disposent d'une terrasse.

🏨 Carnac Thalasso & Spa Resort 〔🍴 ⌂ ⟵ 🛏 🖼 ⊕ Ⅼₛ ✕ 🛎 � 🔊

av. de l'Atlantique – ☎ 02 97 52 53 54 　　　　　　　　　　　ↆ **P**
– *www.thalasso-carnac.com* – *Fermé 6-19 déc.*　　　　　　Plan : Z**s**
228 ch – †99/320 € – ††99/320 € – 1 suite – ☲ 16 € – ½ P
Accès direct à la thalasso, piscine d'eau de mer, spa moderne, fitness, tennis et chambres avenantes : voilà un hôtel ressourçant ! Cuisine dans l'air du temps au Clipper, diététique aux Secrets de Cuisine.

✕✕ La Côte 　　　　　　　　　　　　　　　　　　　　⌂ 🛏 **P**

3 impasse er Forn, (alignements de Kermario), 2 km par ② – ☎ 02 97 52 02 80
– *www.restaurant-la-cote.com* – *Fermé 2 janv.-10 fév., dim. soir de sept. à juin, mardi midi et lundi*
Menu 26 € (déj. en semaine), 37/83 €
Une salle dédiée au vin, une autre résolument contemporaine et ouvrant sur un jardin japonisant : cette ferme proche du site mégalithique de Kermario vit avec son temps. De même la carte, qui allie bons produits et imagination.

✕✕ Tumulus – Hôtel Tumulus 　　　　　　　　　　⟵ ⌂ 🛏 ↆ **P**

chemin du Tumulus – ☎ 02 97 52 08 21　　　　　　　　　Plan : Y**t**
– *www.hotel-tumulus.com* – *Fermé 11 nov.-14 fév., lundi midi et mardi midi*
Formule 15 € – Menu 25 € (déj. en semaine), 45/85 € – Carte 49/65 €
On pourrait contempler la baie de Quiberon par les jolies fenêtres de ce restaurant pendant des heures, sans se lasser. Dans l'assiette, ormeaux, poissons frais et saveurs franches de la Bretagne se mêlent avec invention.

✕✕ Les Marquises – Hôtel Le Diana 　　　　　　　88 ⟵ 🛏 ↆ

21 bd de la Plage – ☎ 02 97 52 05 38 – *www.lediana.com*　　Plan : Z**r**
– *Ouvert 18 avril-27 sept. et fermé le midi sauf dim. et fériés*
Menu 35/71 € – Carte 52/80 €
Devant la plage, on se délecte d'un homard, d'une sole meunière ou de fruits de mer, que le chef agrémente selon son inspiration du moment. Les amateurs de rhum ne manqueront pas la boutique attenante, où plus de 300 références sont proposées.

✕ La Calypso

158 r. du Pô, zone ostréicole du Pô - (Plan : Y) – ☎ 02 97 52 06 14
– *www.calypso-carnac.com* – *Fermé 1 semaine en juin, de mi-nov. à début fév., dim. soir et lundi sauf vacances scolaires*
Carte 37/78 €
Les habitués ne s'y trompent pas : dans ce charmant bistrot marin, poissons, coquillages et crustacés sont d'une grande fraîcheur. Dans l'une des salles, dont le décor est à l'unisson, on fait même griller les mets dans la cheminée. Face au parc à huîtres, une adresse authentique à souhait !

✕ Côté Cuisine 　　　　　　　　　　　　　　　　　　🛏 ↆ ⟳

36 av. de la Poste – ☎ 02 97 57 50 35　　　　　　　　　Plan : Y**a**
– *www.cotecuisine-carnac.fr* – *Fermé 22-30 juin, 16-30 nov., mardi du 15 sept. au 15 juin et lundi*
Formule 19 € – Menu 23 € (déj. en semaine), 31/60 € – Carte environ 51 €
Dans l'enceinte de l'hôtel Lann Roz, ce restaurant arbore un décor résolument moderne, agréable pour un repas où les produits régionaux sont en bonne place, rehaussés de touches contemporaines : mi-cuit de langoustines au karigosse, filet de saint-pierre rôti au beurre salé...

✕ Auberge le Râtelier avec ch 　　　　　　　　　🐾 ch, 🔊 **P**

4 chemin du Douet – ☎ 02 97 52 05 04 – *www.le-ratelier.com*　Plan : Y**r**
– *Fermé mi-nov. à mi-déc., janv., mardi et merc. d'oct. à Pâques, mardi midi et merc. midi en juin et sept.*
8 ch – †55/70 € ††55/70 € – ☲ 8 € – ½ P
Formule 18 € – Menu 24/49 € – Carte 49/79 €
La façade en granit (19e s.) de cette auberge est recouverte de vigne vierge. Une touche bucolique qui séduit, tout comme l'ambiance conviviale et la cuisine, régionale et axée sur le poisson. Chambres rustiques à l'étage.

CARNON-PLAGE

✉ 34280 (Hérault) – Voir carte n°**23**-C2
▶ Paris 758 km – Aigues-Mortes 20 km – Montpellier 20 km – Nîmes 56 km
Carte Michelin 339-I7 – Guide Vert Michelin Languedoc

🏠 **Neptune** 🍴 ⟨ ⚟ 🕻 🗚 🛜 🛗 🅿

au port de plaisance – ✆ *04 67 50 88 00 – www.hotel-neptune.fr – Fermé
19 déc.-12 janv.*
53 ch – ♦90/130 € ♦♦90/140 € – ⚟ 12 € – ½ P
Rest *Le Trident* – voir les restaurants ci-après
Pour vivre l'agglomération montpelliéraine côté mer, cet hôtel moderne jouit
d'une situation avantageuse directement sur le port de plaisance de Carnon.
Chambres lumineuses et confortables, belle piscine et plage à moins de cinq
minutes.

🍴🍴 **Le Trident** – Hôtel Neptune ⟨ 🕼

au port de plaisance – ✆ *04 67 50 92 57 – www.restaurant-trident.fr – Fermé
14 déc.-14 janv., dim. soir, lundi midi et mardi midi sauf juil.-août*
Menu 20 € (déj. en semaine), 27/33 € – Carte 38/50 €
Alors que le dieu des mers lançait sa fourche contre ses ennemis, l'hôtel Neptune,
sur le port de plaisance de Carnon, dévoile, lui, un Trident en forme de table
agréable et amicale, autour de recettes traditionnelles bien tournées. Ne passez
pas à côté du saumon fumé et des glaces maison. Terrasse face aux bateaux.

CARPENTRAS

✉ 84200 (Vaucluse) – 28 815 hab. – Alt. 102 m – Voir carte n°**42**-E1
▶ Paris 679 km – Avignon 30 km – Digne-les-Bains 139 km – Gap 146 km
Carte Michelin 332-D9 – Guide Vert Michelin Provence

🏠 **Safari** 🍴 ⚟ 🕻 ⅙ 🗚 🛜 🛗 🅿

1060 av. Jean-Henri-Fabre, par ③ – ✆ *04 90 63 35 35 – www.safarihotel.fr
– Fermé 20 déc.-5 janv.*
35 ch – ♦71/112 € ♦♦82/183 € – ⚟ 12 € – ½ P
Aux portes de Carpentras, le meilleur hôtel de la localité, aussi confortable que
contemporain. Fil rouge des décors : des pièces d'art africain, la passion du propriétaire. Détail marquant : de l'ascenseur, vitré, on admire le mont Ventoux...

🏠 **Le Comtadin** sans rest ⅙ 🗚 🛜 🛗

65 bd Albin-Durand – ✆ *04 90 67 75 00* Plan : Z**u**
– www.le-comtadin.com – Fermé 1ᵉʳ-5 janv., 20 fév.-2 mars et dim. d'oct. à fév.
19 ch – ♦85/150 € ♦♦85/150 € – ⚟ 13 €
Au cœur de la capitale du Comtat Venaissin, un bel hôtel particulier de la fin du
18ᵉ s. Rien de daté dans le décor des chambres, chaleureuses et bien tenues. La
plupart donnent sur le patio, où l'on prend le petit-déjeuner en été.

🏠 **Maison Trevier** sans rest 🕉 🛜

36 pl. du Dr-Cavaillon – ✆ *04 90 51 99 98* Plan : YZ**f**
– www.maison-trevier.com
5 ch ⚟ – ♦150 € ♦♦150 €
Un hôtel particulier (1742) au cœur de la vieille ville. La propriétaire, esthète, passionnée de gastronomie et de voyages, a créé un lieu raffiné, mêlant rétro et
contemporain. Elle propose des cours de cuisine et ouvre aussi sa table à ses
hôtes (produits régionaux, vins naturels). Une maison à part.

🍴 **Chez Serge** 🕼 🕼 ⟲

90 r. Cottier – ✆ *04 90 63 21 24 – www.chez-serge.com – Fermé* Plan : Z**a**
20-27 oct.
Formule 17 € – Menu 27 € (déj.), 37/87 € – Carte 36/62 €
Serge Ghoukassian aime le vin (une passion et un métier, car il est un sommelier
exigeant), les truffes et la gourmandise ; rien d'étonnant si son restaurant a autant
de goût et de nez ! Le flacon séduit également : un joli décor de bistrot contemporain dans des murs du 16ᵉ s. parfaitement vieillis.

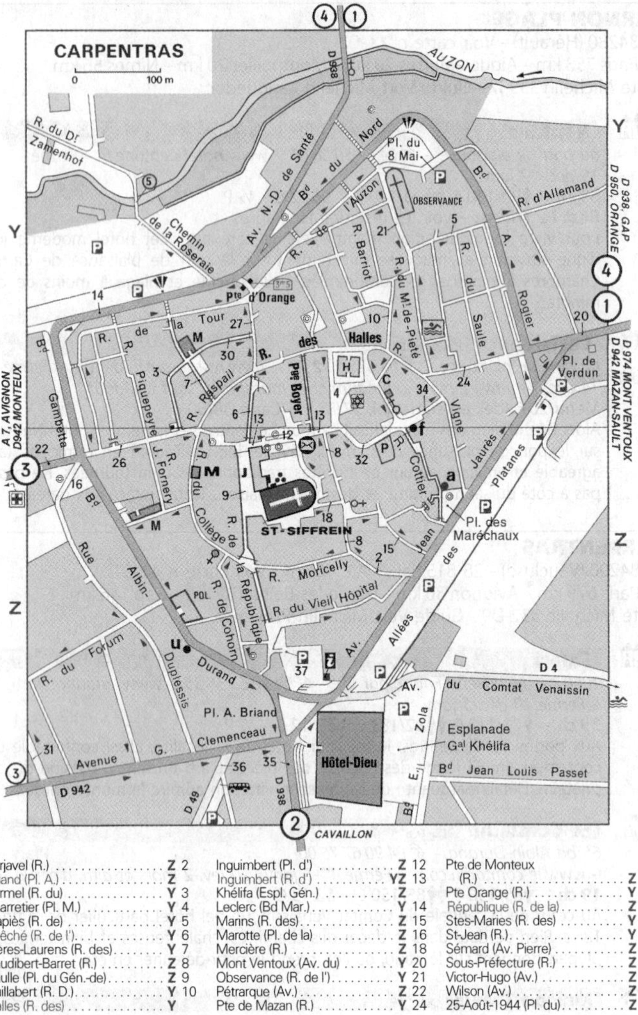

Barjavel (R.) . . . . Z 2
Briand (Pl. A.) . . . . Z
Carmel (R. du) . . . . Y 3
Charretier (Pl. M.) . . . . Y 4
Clapiès (R. de) . . . . Y 5
Évêché (R. de l') . . . . Y 6
Frères-Laurens (R. des) . . . . . Y 7
Gaudibert-Barret (R.) . . . . . . Z 8
Gaulle (Pl. du Gén.-de) . . . . . Z 9
Guillabert (R. D.) . . . . Y 10
Halles (R. des) . . . . Y
Inguimbert (Pl. d') . . . . Z 12
Inguimbert (R. d') . . . . YZ 13
Khélifa (Espl. Gén.) . . . . Z
Leclerc (Bd Mar.) . . . . Y 14
Marins (R. des) . . . . Z 15
Marotte (Pl. de la) . . . . Z 16
Mercière (R.) . . . . Z 18
Mont Ventoux (Av. du) . . . . . Y 20
Observance (R. de l') . . . . . . Y 21
Pétrarque (Av.) . . . . Z 22
Pte de Mazan (R.) . . . . Y 24
Pte de Monteux (R.) . . . . Z 26
Pte Orange (R.) . . . . Y 27
République (R. de la) . . . . . . Z
Stes-Maries (R. des) . . . . Y 30
St-Jean (R.) . . . . Y 34
Sémard (Av. Pierre) . . . . Z 31
Sous-Préfecture (R.) . . . . Z 32
Victor-Hugo (Av.) . . . . Z 35
Wilson (Av.) . . . . Z 36
25-Août-1944 (Pl. du) . . . . . . Z 37

à Beaumes-de-Venise 10 km par ① D 7 puis D 21 – ✉ 84190 – 2 360 hab. – Alt. 100 m

Le Clos Saint Saourde sans rest

1769 rte de St-Véran, 3 km au Sud-Est par D 21 et rte secondaire – ✆ 04 90 37 35 20 – www.leclossaintsaourde.com

5 ch – 180/470 € 180/470 €

Isolé dans la campagne, un mas du 18e s. tout en raffinement et caractère ! On hésite entre les chambres taillées dans la roche – superbes – et la somptueuse "cabane" en bois créée au fond du jardin (avec jacuzzi extérieur). Un lieu d'un grand charme, idéal pour jouer aux Robinson provençaux...

⌂ **Les Remparts** sans rest ⬛ 🄰🄲 🅿️

74 cours Louis-Pasteur – ✆ 04 90 62 75 49 – www.lamaisondesremparts.com
5 ch ⬜ – 🛏160/280 € 🛏🛏160/280 €
Une maison du 16ᵉ s. bâtie sur les anciens remparts de la cité... Voilà qui ne manque pas de cachet ! Les chambres – confortables et bien tenues – adoptent le style provençal avec élégance. Dès les premiers rayons de soleil, on profite du patio et de la piscine. Une belle adresse, authentique à souhait.

✗ **Dolium** ⓝ 🖾 🄰🄲 🅿️

228 rte de Carpentras, (Cave des Vignerons) – ✆ 04 90 12 80 00
– www.dolium-restaurant.com – Fermé 23 fév.-9 mars, 27 avril-4 mai,
1ᵉʳ-6 janv., mardi sauf le soir de juil. à sept. et lundi
Formule 25 € – Menu 31/45 €
Au cœur des grands bâtiments de la cave-coopérative, Dolium – du nom de ces énormes amphores de l'époque antique – a été repris par un couple expérimenté en 2013. Leur cuisine est généreuse et met le terroir à l'honneur ; la carte des vins est à l'unisson avec de nombreux crus locaux. Succès garanti !

à Mazan 7 km à l'Est par D 942 – ✉ 84380 – 5 791 hab. – Alt. 100 m

🏨 **Château de Mazan** 🍴 🄰🄲 ⬛ 🅿️

pl. Napoléon – ✆ 04 90 69 62 61 – www.chateaudemazan.com
– Fermé 2 janv.-6 mars
28 ch – 🛏115/300 € 🛏🛏115/300 € – 2 suites – ⬜ 18 €
Rest *L'Ingénue* – voir les restaurants ci-après
Cette demeure de 1720 appartint au marquis de Sade. Moulures, tomettes, objets chinés, baignoires à l'ancienne : toute l'élégance d'une maison de famille provençale, noble et pure. À noter : les chambres en rez-de-jardin disposent d'une terrasse.

✗✗ **L'Ingénue** – Hôtel Château de Mazan 🄰🄲 🅿️

pl. Napoléon – ✆ 04 90 69 62 61 – www.chateaudemazan.com
– Fermé 2 janv.-6 mars, le midi en semaine, lundi d'oct. à avril et mardi
Formule 16 € – Menu 39/47 € – Carte 46/66 €
Cassolette de brandade de morue au piment d'Espelette, dos de pigeon rôti à la vanille, palet chocolat-caramel, crème glacée à la fève de tonka... Gastronomie et invention prennent l'accent provençal dans cette belle demeure du 18ᵉ s., au cadre délicieux en salle comme en terrasse.

au Beaucet 11 km au Sud-Est par D 4 et D 39 – ✉ 84210 – 350 hab. – Alt. 275 m

✗✗ **Auberge du Beaucet** 🄰🄲

29 r. Coste-Chaude – ✆ 04 90 66 10 82 – www.aubergedubeaucet.com – Fermé 5-25 janv., le midi en hiver sauf dim., lundi midi et mardi midi en été
Formule 21 € – Menu 26 € (déj. en semaine), 35/52 € *(réservation conseillée)*
Au cœur de ce pittoresque village perché, cette charmante auberge de campagne réserve un accueil particulièrement chaleureux. Décor soigné, bonne cuisine provençale : le plaisir est complet.

CARROS
✉ 06510 (Alpes-Maritimes) – 11 462 hab. – Alt. 400 m – Voir carte n°**42**-E2
▶ Paris 943 km – Marseille 197 km – Monaco 40 km – Nice 25 km
Carte Michelin 341-E5 – Guide Vert Michelin Côte d'Azur

✗ **La Forge** 🖾 🄰🄲 ↻
⊛

av. Fernand-Barbary, à Carros Village – ✆ 04 93 29 31 50
– www.restolaforge.com – Fermé 1 semaine en juin, vacances de Noël, lundi soir, mardi soir et merc.
Formule 18 € – Menu 23 € (déj. en semaine), 32/65 € – Carte 40/60 €
Le restaurant est installé dans l'ancienne forge de ce village médiéval niché dans l'un des vallons de l'arrière-pays niçois. Karine, en cuisine, revisite les classiques "à l'instinct", avec une touche féminine assumée (assaisonnements, présentations...). Son péché mignon ? La truffe et son menu spécial... À découvrir !

LES CARROZ-D'ARÂCHES

74300 (Haute-Savoie) – Alt. 1 140 m – Voir carte n°**46**-F1

▶ Paris 580 km – Annecy 67 km – Bonneville 25 km – Chamonix-Mont-Blanc 47 km
Carte Michelin 328-M4 – Guide Vert Michelin Alpes du Nord

Les Servages d'Armelle
841 rte des Servages – ✆ 04 50 90 01 62 – www.servages.com – *Ouvert juil.-sept. et déc.-avril*
8 ch – ✝225/990 € ✝✝225/990 € – 2 suites – ☲ 25 € – ½ P
Rest *Les Servages* – voir les restaurants ci-après
Sur les hauteurs de la station, ce superbe chalet ancien a été transformé en un hôtel de grand charme. Une dizaine de chambres et de suites spacieuses, toutes en matériaux de prestige : vieux planchers, poutres, meubles polis par les ans... et vraies cheminées !

La Croix de Savoie
768 rte du Pernand – ✆ 04 50 90 00 26 – www.lacroixdesavoie.fr
28 ch – ✝98/163 € ✝✝98/255 € – ☲ 18 € – ½ P
Rest *La Croix de Savoie* – voir les restaurants ci-après
Derrière cette façade de bois, très contemporaine, se cache un hôtel "bioclimatique", où tout a été conçu dans le souci de l'environnement. Calme, écolo et high-tech ! Dans les chambres, lumineuses et bien équipées, les mariages de couleurs sont de mise ; on s'y sent comme chez soi.

Les Servages – Hôtel les Servages d'Armelle
841 rte des Servages – ✆ 04 50 90 01 62 – www.servages.com
– *Ouvert juil.-sept., déc.-avril et fermé mardi et merc. hors saison et lundi*
Carte 40/75 €
Une chose est sûre : le chef aime son métier, et cette passion est communicative. Il réalise une cuisine actuelle, soignée et généreuse, avec des produits de superbe qualité : poissons frais, crustacés, etc. Ses filets de Saint-Pierre et encornets cuits à la plancha en sont un délicieux exemple... parmi d'autres.

La Croix de Savoie
768 rte du Pernand – ✆ 04 50 90 00 26 – www.lacroixdesavoie.fr
Menu 31/65 € – Carte 55/62 €
Envie d'un grand bol de Savoie ? C'est exactement ce que propose Edwige Tiret, la chef expérimentée du "gastro" de la Croix de Savoie. Elle a le chic pour revisiter intelligemment la tradition, au fil de son inspiration et des produits qu'elle a sélectionnés. Une franche réussite !

CARRY-LE-ROUET

13620 (Bouches-du-Rhône) – 6 338 hab. – Alt. 5 m – Voir carte n°**40**-B3

▶ Paris 765 km – Aix-en-Provence 39 km – Marseille 34 km – Martigues 20 km
Carte Michelin 340-F6 – Guide Vert Michelin Provence

Le Madrigal
4 av. du Dr.-Gérard-Montus – ✆ 04 42 44 58 63
– www.restaurant-lemadrigal.com – *Fermé de mi-nov. à début déc.,*
22-26 déc., dim. soir et lundi de sept. à avril
Formule 19 € – Menu 35/62 € – Carte 41/59 €
Un madrigal, c'est historiquement une pièce musicale profane et galante. Et oui, ce Madrigal-là invite à la romance, en particulier sa terrasse qui offre une vue superbe sur la Grande Bleue ! Dans l'assiette, pieds et paquets d'agneau à la marseillaise, soupe de poisson ou poissons grillés... On se régale.

CARSAC-AILLAC

24200 (Dordogne) – 1 521 hab. – Alt. 80 m – Voir carte n°**4**-D3

▶ Paris 536 km – Brive-la-Gaillarde 59 km – Gourdon 18 km – Sarlat-la-Canéda 9 km
Carte Michelin 329-I6 – Guide Vert Michelin Périgord Quercy

La Villa Romaine 🍴 ⊗ ⇌ ⌿ & 🄰🄲 🛜 ⚕ P

St-Rome, 3 km par rte de Gourdon – 𝒞 *05 53 28 52 07 – www.lavillaromaine.com*
– Fermé 11 nov.-11 déc. et de mi-fév. à mi-mars
15 ch – †125/175 € ††145/205 € – 2 suites – ⊇ 17 € – ½ P
Rest *La Villa Romaine* – voir les restaurants ci-après
Bâtie sur un site gallo-romain proche de la Dordogne, cette ancienne métairie a
effectivement un petit air italien, avec ses cyprès ! Terrasses, jardin et piscine
sont très agréables.

✕✕ La Villa Romaine ⇌ 🍴 & 🄰🄲 P

St-Rome, 3 km par rte de Gourdon – 𝒞 *05 53 28 52 07 – www.lavillaromaine.com*
– Ouvert 1ᵉʳ mai-31 oct. et fermé lundi, mardi sauf du 12 juil.-23 août et le midi
Menu 39/51 € *(réservation conseillée)*
Tartare de bar à l'huile d'olive, carré d'agneau rôti aux herbes, belle ratatouille,
etc. Ici, on savoure une cuisine au bon goût du Sud, réalisée par un jeune chef
au sérieux savoir-faire. Pour ne rien gâcher, cette Villa Romaine est très plaisante...

CARTERET – 50 (Manche) ➜ voir Barneville-Carteret

CASAMOZZA – 2B (Haute-Corse) ➜ voir Corse

CASCASTEL-DES-CORBIÈRES

✉ 11360 (Aude) – 217 hab. – Alt. 140 m – Voir carte n°**22-B3**
▶ Paris 835 km – Carcassonne 70 km – Narbonne 48 km – Perpignan 52 km
Carte Michelin 344-H5

⌂ Domaine Grand Guilhem *sans rest* ⊗ ⇌ ⌿ ⅍ 🛜 ⇥

1 chemin du Col-de-la-Serre – 𝒞 *04 68 45 86 67 – www.grandguilhem.com*
4 ch ⊇ – †95/110 € ††95/110 €
Cette demeure en pierre (19ᵉ s.), au cœur d'une exploitation viticole, a tout
d'une maison de famille. Les chambres y sont coquettes et impeccablement
tenues. Au petit-déjeuner, on se régale de bons produits locaux : miel, fruits, jambon cru, viennoiseries... Et le propriétaire vigneron peut faire déguster ses vins !

CASENEUVE

✉ 84750 (Vaucluse) – 475 hab. – Alt. 595 m – Voir carte n°**40-B2**
▶ Paris 745 km – Avignon 63 km – Digne-les-Bains 83 km – Marseille 121 km
Carte Michelin 332-F10

✕ Le Sanglier Paresseux ⋜ 🍴 & 🄰🄲 ⅍

☺ *Le Village –* 𝒞 *04 90 75 17 70 – www.sanglierparesseux.com*
– Fermé 15 déc.-31 janv., lundi sauf le soir de sept. à mai et dim.
Formule 25 € – Menu 31/48 € – Carte environ 39 €
Brésilien, le chef a posé ses valises dans ce village du Vaucluse et repris l'ancienne
auberge communale pour en faire un lieu plein de vie et très accueillant. Sa cuisine, assez personnelle, est tout simplement savoureuse ; l'été, on la déguste en
terrasse, à l'ombre des canisses. Une vie de pacha... ou de sanglier paresseux !

CASSEL

✉ 59670 (Nord) – 2 287 hab. – Alt. 175 m – Voir carte n°**30-B2**
▶ Paris 250 km – Calais 58 km – Dunkerque 30 km – Hazebrouck 11 km
Carte Michelin 302-C3

Châtellerie de Schoebeque *sans rest* ⊗ ⋜ ⇌ ⌿ & 🛜 ⚕ P

32 r. du Mar.-Foch – 𝒞 *03 28 42 42 67 – www.schoebeque.com*
14 ch – †189 € ††189 € – ⊇ 18 €
Ce bel hôtel particulier (18ᵉ s.) hébergea d'illustres personnalités, dont le roi
George V et le maréchal Foch. C'est désormais à votre tour de profiter de son
charme paisible, de ses jolies chambres thématiques et de son centre de soins...
Et quoi de plus normal, en tant qu'hôtes de marque !

XX Haut Bonheur de la Table

18 Grand-Place – ℰ 03 28 40 51 03 – www.hautbonheurdelatable.com – Fermé 2 semaines en août, dim. soir, lundi soir, mardi soir et merc.

Menu 20 € (déj. en semaine), 30/40 €

Un restaurant sur la place principale de la ville ; on y déguste des recettes dans l'air du temps, plutôt bien ficelées, telles ces ravioles de lapin servies avec une gelée de champignons, savoureuse à souhait, ou encore cette volaille fermière tendre et juteuse. L'été, on profite de la jolie terrasse.

CASSIS

✉ 13260 (Bouches-du-Rhône) – 7 712 hab. – Alt. 10 m – Voir carte n°**40-B3**
▶ Paris 800 km – Aix-en-Provence 51 km – La Ciotat 10 km – Marseille 30 km
Carte Michelin 340-I6 – Guide Vert Michelin Provence

🏠 Royal Cottage sans rest

6 av. du 11-Novembre – ℰ 04 42 01 33 34 – www.royal-cottage.com – Fermé 6-28 déc.

25 ch – †95/250 € ††95/250 € – ⌷ 13 €

Bâtisse moderne sur les hauteurs disposant de chambres sobres avec balcon ou terrasse. Préférez celles avec vue sur le port. Belle piscine au milieu d'une luxuriante végétation.

🏠 Les Jardins de Cassis sans rest

r. Auguste-Favier – ℰ 04 42 01 84 85 – www.lesjardinsdecassis.com – Ouvert de mars à nov.

36 ch – †96/160 € ††96/160 € – ⌷ 14 €

Bâtiments ocre sur les hauteurs de Cassis. Chambres coquettes, souvent avec terrasse privée. Beau jardin méridional.

XXX La Villa Madie (Dimitri Droisneau)

av. du Revestel, (anse de Corton), au Sud-Est par D 41A – ℰ 04 96 18 00 00 – www.lavillamadie.com – Fermé de janv. à mi-fév., mardi hors saison et lundi

Menu 95/130 € – Carte 128/166 €

Vue sur le large et les pins, cadre design et épuré, terrasse dominant la mer : un lieu exceptionnel, tourné tout entier vers la Grande Bleue, pour une cuisine qui sublime... les saveurs méditerranéennes. De superbes produits, une vraie finesse, des recettes à la fois subtiles et percutantes : un régal !

→ Gamberoni rossi et pistes de Méditerranée marinées et saisies, moelleux d'aubergine. Rougets de roche finement grillés, amandines, fenouil étuvé et jus de bouille. Le citron en tarte.

La Petite Cuisine – voir les restaurants ci-après

X La Petite Cuisine – Restaurant La Villa Madie

av. du Revestel, (anse de Corton), Sud-Est par D 41A – ℰ 04 96 18 00 00 – www.lavillamadie.com – Fermé de début janv. à mi-fév., dim. soir, lundi, mardi d'oct. à avril et le soir

Menu 45/70 € – Carte environ 54 €

À l'étage du restaurant gastronomique La Villa Madie, cette Petite Cuisine joue la carte de la simplicité, autour de plats cuits au feu de bois et de saveurs du marché ("selon la criée" et "retour du boucher"). Aux beaux jours, on profite de la terrasse face à la jolie crique aux eaux turquoise...

X Romano

15 quai Jean-Jacques-Barthélemy, (port de Cassis) – ℰ 04 42 01 08 16 – www.restaurant-romano.com – Fermé dim. soir et mardi de nov. à avril

Formule 24 € – Menu 33/50 € – Carte 51/67 €

Un restaurant idéalement situé sur le port de Cassis. On y déguste une cuisine dans l'air du temps – à l'image de ce calamar grillé à l'émulsion de mayonnaise citronnée, ou de ce ceviche de rouget au citron confit. Aux beaux jours, on profite de la grande terrasse avec vue sur les bateaux.

CASTAGNÈDE – 64 (Pyrénées-Atlantiques) → voir Salies-de-Béarn

CASTANET-TOLOSAN – 31 (Haute-Garonne) → voir Toulouse

CASTELJALOUX

✉ 47700 (Lot-et-Garonne) – 4 678 hab. – Alt. 52 m – Voir carte n°**4**-C2
▶ Paris 674 km – Agen 55 km – Langon 55 km – Marmande 23 km
Carte Michelin 336-C4 – Guide Vert Michelin Aquitaine

XXX　　La Vieille Auberge　　　　　　　　　　　　　　　　　AC P

11 r. Posterne – ℰ 05 53 93 01 36 – www.la-vieille-auberge-47.com
– Fermé 16-23 fév., 29 juin-15 juil., 23 nov.-7 déc. et lundi
Menu 22 € (semaine), 31/45 € – Carte 51/69 €
Charmante maison de pierre bordant une ruelle de la bastide. Le décor est bourgeois et, côté papilles, on se régale d'une cuisine classique, gourmande et soignée. Incontournables de la maison : les ris de veau et le baba au rhum. En prime, la carte des vins propose un large choix de crus.

CASTELLANE

✉ 04120 (Alpes-de-Haute-Provence) – 1 565 hab. – Alt. 730 m – Voir carte n°**41**-C2
▶ Paris 797 km – Digne-les-Bains 54 km – Draguignan 59 km – Grasse 64 km
Carte Michelin 334-H9 – Guide Vert Michelin Alpes du Sud

à la Garde 6 km par D 559 et D 4085 – ✉ 04120 – 90 hab. – Alt. 928 m

XX　　Auberge du Teillon　avec ch　　　　　　　　　　　　　　　　🛜 P

rte Napoléon – ℰ 04 92 83 60 88 – www.auberge-teillon.com – Ouvert 25 mars-11 nov.
et fermé dim. soir hors saison, mardi midi en juil.-août et lundi
8 ch – ♦65/80 € ♦♦65/80 € – ☲ 9 €
Formule 22 € – Menu 29/56 € – Carte 41/61 €
Des produits au top, des assiettes qui débordent de saveurs : cette auberge rustique célèbre la tradition avec un bel accent du Sud. Accueil tout sourire et ambiance conviviale. À l'étage, quelques petites chambres fraîches, pratiques pour l'étape.

LE CASTELLET

✉ 83330 (Var) – 4 022 hab. – Alt. 252 m – Voir carte n°**40**-B3
▶ Paris 816 km – Aubagne 30 km – Marseille 46 km – Toulon 23 km
Carte Michelin 340-J6 – Guide Vert Michelin Côte d'Azur

au Circuit Paul Ricard 11 km au Nord par D 226, D 26 et D N8 – ✉ 83330 Le Beausset

🏨🏨🏨　　Hôtel du Castellet　　🕙 🌢 ⟨ 🌂 ☒ 🕾 ⑩ 🅵🅰 ✗ 🍴 & 🅰🅲 ✗ 🛜 🛋 P

3001 rte des Hauts-du-Camp – ℰ 04 94 98 37 77 – www.hotelducastellet.com
– Fermé 1ᵉʳ nov.-10 fév.
33 ch – ♦350/615 € ♦♦350/945 € – 9 suites – ☲ 35 € – ½ P
Rest *Christophe Bacquié* ❀❀ **Rest** *San Felice* – voir les restaurants ci-après
Trois cents hectares de pinède dominant l'arrière-pays varois, avec la Méditerranée à l'horizon. Si tous les paradis sont perdus, l'hôtel du Castellet en a conservé le goût : coursives, bassins, parterres de lavande... Félicité à la provençale !

🏨🏨　　Grand Prix　　🕙 🌢 ☒ 🅵🅰 🍴 & 🅰🅲 ✗ 🛜 🛋 P

3100 rte des Hauts-du-Camp – ℰ 04 94 88 80 80 – www.grandprixhotel.fr
– Fermé 11 déc.-18 janv.
117 ch ☲ – ♦99/150 € ♦♦99/163 € – ½ P
Sur la route qui mène au circuit, au milieu de la forêt, cet hôtel a grandi sous le patronage de la Formule 1 : fils rouges du décor, des photos de courses et un mobilier contemporain... fuselé comme un bolide ! Avec, en option, une brasserie moderne et gourmande.

XXXX　　Christophe Bacquié　– Hôtel du Castellet　　🍴 🌢 🌂 & 🅰🅲 ✗ ⟳ P

❀❀　*3001 rte des Hauts-du-Camp – ℰ 04 94 98 29 69 – www.hotelducastellet.com*
– Fermé 1ᵉʳ nov.-10 fév., lundi, mardi et le midi sauf dim.
Menu 90/195 € – Carte 150/170 €
Ici, on célèbre la grande cuisine ! Sous la conduite de Christophe Bacquié, cette table mérite assurément le détour, à deux pas du circuit du Castellet. Des produits choisis avec passion, un beau travail sur les textures et les saveurs... un délice ! L'atmosphère feutrée ajoute encore au plaisir.
➜ Tourteau, caviar, crème acidulée et parfumée au combava. Merlu de ligne, pommes de terre ratte et condiment truffe noire. Soufflé chaud au Grand Marnier, sorbet orange-safran.

XX **San Felice** – Hôtel du Castellet   ←⇦🛜よ𝕄 ⚓🅿

3001 rte des Hauts-du-Camp – ℰ 04 94 98 29 58 – www.hotelducastellet.com
– Fermé 1ᵉʳ nov.-10 fév.
Formule 38 € – Menu 48 € – Carte environ 64 €
La San Felice n'est pas qu'un roman de Dumas, c'est aussi – au sein de l'hôtel du Castellet – un bistrot chic et inventif ! Asperges au lard de Colonnata, agneau allaiton au jus de viande truffé et aux légumes d'hiver, baba au rhum : la carte est volontairement courte et met en avant de délicieux produits de saison.

CASTELNAUDARY

✉ 11400 (Aude) – 11 876 hab. – Alt. 175 m – Voir carte n°**22-A2**
◨ Paris 735 km – Carcassonne 42 km – Foix 70 km – Pamiers 49 km
Carte Michelin 344-C3

🏠 **Hôtel du Canal** sans rest   ⇘⇦よ🛜🆔🅿

88-108 av. A.-Vidal – ℰ 04 68 94 05 05 – www.hotelducanal.com
38 ch – ✦52/70 € ✦✦59/86 € – ⬛ 7 €
Un hôtel familial fort sympathique, au bord du canal du Midi... Les chambres sont fonctionnelles et parfaitement tenues. On prend son petit-déjeuner tout près de l'eau et de la verdure, avant d'entamer une balade sur les berges.

XX **Le Tirou**   ❀⇦🛖𝕄⇔🅿

90 av. Mgr de Langle – ℰ 04 68 94 15 95 – www.letirou.com – Fermé
20-27 juin, 20 déc.-20 janv., lundi et le soir sauf sam.
Menu 25 € (déj. en semaine), 33/44 € – Carte 44/69 €
Une jolie ménagerie dans le jardin, des mets du terroir 100 % maison – le cassoulet, notamment, est délicieux –, des produits et des vins du cru : cette auberge champêtre et familiale a tout pour plaire... et l'on peut aussi acheter les conserves du chef. Difficile de faire plus authentique !

CASTELNAU-DE-LÉVIS – 81 (Tarn) → voir Albi

CASTELNAU-DE-MONTMIRAL

✉ 81140 (Tarn) – 981 hab. – Alt. 287 m – Voir carte n°**29-C2**
◨ Paris 645 km – Cordes-sur-Ciel 22 km – Gaillac 12 km – Toulouse 69 km
Carte Michelin 338-C7

🏨 **Hôtel des Consuls** sans rest   ⇘🏊🎐よ🛜🅿

pl. des Arcades – ℰ 05 63 33 17 44 – www.hoteldesconsuls.com – Fermé
20 déc.-fin fév.
16 ch – ✦63/117 € ✦✦63/117 € – ⬛ 11 €
Bienvenue dans l'un des plus beaux villages de France, avec sa pittoresque bastide du 13ᵉ s. ! Ses propriétaires ont entièrement rénové ce lieu chargé d'histoire (deux maisons anciennes de 1630) ; l'endroit se révèle un véritable havre de paix et de repos.

X **Chez Niko**   🛖よ
⊝ *pl. des Arcades – ℰ 05 63 40 63 55 – Ouvert de mars à oct. et fermé dim. et lundi*
Menu 18 €
Vous ne manquerez pas de vous régaler dans ce restaurant au charme rustique... Ici, tout est fait maison, souvent parfumé d'épices et d'herbes fraîches ; c'est copieux, généreux et sans esbroufe. Une vraie cuisine de bistrot, comme on les aime !

CASTELNAU-LE-LEZ – 34 (Hérault) → voir Montpellier

CASTÉRA-VERDUZAN

✉ 32410 (Gers) – 945 hab. – Alt. 114 m – Voir carte n°**28-A2**
◨ Paris 720 km – Agen 61 km – Auch 26 km – Condom 20 km
Carte Michelin 336-E7

XX **Le Florida**

😊 *2 r. du Lac* – ✆ *05 62 68 13 22* – *www.restaurant-florida.fr*
– *Fermé 29 mars-4 avril, 1ᵉʳ-6 sept., 2-8 nov., 2-7 janv., dim. soir et lundi*
Formule 14 € – **Menu 27 €** (semaine), 30/44 € – Carte 46/64 €
Cette maison traditionnelle, située à la sortie de la station thermale, rend un vibrant hommage au patrimoine ! On s'y régale hier comme aujourd'hui d'authentiques spécialités locales, dans une salle réchauffée par les crépitements d'un bon feu de cheminée, l'hiver, ou sur la terrasse ombragée et fleurie, l'été.

CASTERINO – 06 (Alpes-Maritimes) ➜ voir Tende

CASTILLON-DU-GARD – 30 (Gard) ➜ voir Pont-du-Gard

CASTRES

✉ 81100 (Tarn) – 42 222 hab. – Alt. 170 m – Voir carte n°**29**-C2
▶ Paris 718 km – Albi 43 km – Béziers 107 km – Carcassonne 70 km
Carte Michelin 338-F9

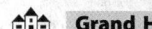 **Grand Hôtel** 🕐 🍽 ⟨ ❄ 🖥 ⛾ 🛗 📶 ⛾ 📶 🅿
11 r. de la Libération – ✆ *05 63 37 82 20* Plan : BZ**n**
– *www.grandhoteldecastres.com*
50 ch – ♦92 € ♦♦97 € – 3 suites – ⌸ 13 €
À deux pas de la cathédrale, un vrai "Grand Hôtel" ! Ce lieu classique connaît une nouvelle jeunesse, ses propriétaires en ayant fait un endroit élégant, design et épuré... Bois précieux, matériaux choisis, excellente insonorisation : les chambres ont beaucoup de style, sans ostentation.

 Occitan 🕐 🍽 ⟨ ❄ 🖥 ⛾ 🛗 📶 ⛾ 🅿
201 av. Ch.-de-Gaulle, par ③ – ✆ *05 63 35 34 20*
– *www.hotel-restaurant-l-occitan.fr* – *Fermé 21 déc.-4 janv.*
64 ch – ♦73/105 € ♦♦80/115 € – ⌸ 11 € – ½ P
Ce vaste hôtel-restaurant se situe à l'entrée de la ville, sur un axe passant, mais il est très bien insonorisé. Les chambres sont toutes climatisées, impeccablement tenues, arborant un style contemporain très frais. Pour la détente, on profite de la piscine et du sauna...

 Renaissance sans rest 🛗 ⛾ 📶
17 r. Victor-Hugo – ✆ *05 63 59 30 42* Plan : AZ**m**
– *www.hotel-renaissance.fr* – *Fermé 1ᵉʳ-6 janv.*
20 ch – ♦68/160 € ♦♦77/160 € – 2 suites – ⌸ 12 €
Derrière cette belle façade à colombages du 17ᵉ s. se cache un hôtel éclectique et charmant : les chambres ont toutes leur style (Empire, Napoléon III, Savane, New York, etc.) et foisonnent de tableaux, meubles chinés et bibelots. Un lieu cosy !

 Le Caussea 🕐 🍽 ⟨ 🖥 🛗 📶 🅿
38 av. de la Montagne-Noire, 6 km par D 85 et N 112 – ✆ *05 63 37 64 90*
– *www.le-caussea.com*
40 ch – ♦55/67 € ♦♦65/79 € – ⌸ 9 € – ½ P
Rest Le Caussea – voir les restaurants ci-après
Un hôtel récent, en périphérie de la ville, à quelques centaines de mètres du nouveau centre hospitalier de Castres-Mazamet. Fonctionnel et au calme, les chambres sont parfaitement tenues et bien équipées.

XX **Mandragore** 🛗
😊 *1 r. Malpas* – ✆ *05 63 59 51 27* – *Fermé 1 semaine en mars, 1* Plan : BY**e**
semaine en sept., dim. et lundi
Formule 13 € – **Menu 15 €** 🍷 (déj. en semaine), 23/34 € – Carte 26/46 €
Une maison toute simple dans le vieux Castres, où dominent bois blond et verre dépoli. Le chef concocte une bonne cuisine traditionnelle : pavé de saumon au chorizo et parmesan, salade de roquette au chèvre... Le rapport qualité-prix est bon : telle est la vertu de cette mandragore-là, sans nulle magie !

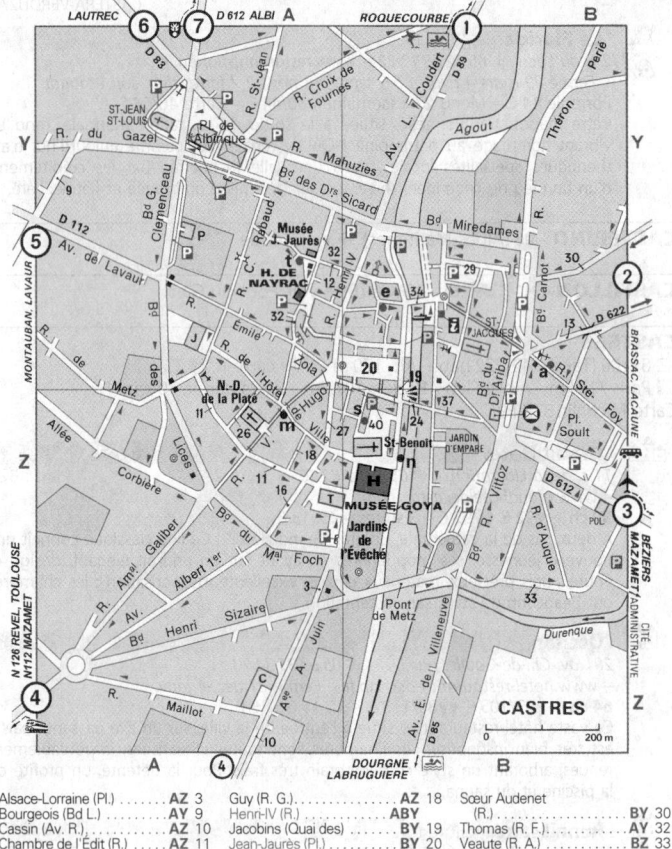

CASTRES

XX **Le Victoria**   AC

24 pl. du 8-Mai-1945 – ℰ 05 63 59 14 68   Plan : BZs
– www.le-victoria-restaurant.com – Fermé sam. midi et dim.
Formule 14 € – Menu 26/36 € – Carte 35/58 €
En plein cœur de la ville, à deux pas de la cathédrale St-Benoît, ce restaurant joue la carte de la tradition : la cuisine y est copieuse et semble intemporelle. Côté déco, une salle voûtée (celle d'un ancien couvent du 17ᵉ s.), des briques apparentes et un style... tout aussi classique.

X **Bistrot Saveurs** (Simon Scott)   🕸 🛇 AC 🛇

🕸 *5 r. Ste-Foy – ℰ 05 63 50 11 45 – www.bistrot-saveurs.com*   Plan : BYa
– Fermé 1 semaine en mars, 3 semaines en août, 1 semaine en nov., sam. et dim.
Formule 20 € – Menu 35 € (déj.), 45/115 € ▼
Messieurs les Anglais... cuisinez les premiers ! Voilà ce qu'en toute courtoisie l'on pourrait s'exclamer en découvrant les assiettes de Simon Scott, dont l'expérience l'a mené de Londres à la Provence, avant de s'installer dans le Tarn. Saveurs marquées, sucrés-salés en équilibre, contrastes de température... *Scrumptious !*
➜ Macaron au curcuma, gambas épicées et crème glacée au combava. Crumble d'agneau cuit comme un tajine, crème au piment d'Espelette, gigot rôti au four. Sphère chocolat noir maralumi aux agrumes, crème glacée à la reine-des-prés.

Le Caussea – Hôtel le Caussea

38 av. de la Montagne-Noire, 6 km par D 85 et N 112 – ✆ 05 63 37 64 90 – Fermé dim. soir

Menu 13 € (déj. en semaine), 20/39 € – Carte 23/68 €

Chef de métier, le patron de l'hôtel œuvre lui-même aux fourneaux, démontrant une jolie inspiration dans son interprétation de la cuisine traditionnelle. La qualité du produit est pour lui une priorité : la viande vient de producteurs locaux, et le poisson est livré tous les matins !

La Table du Sommelier

6 pl. Pélisson – ✆ 05 63 82 20 10 Plan : AY**t**

– www.la-table-du-sommelier-castres.fr – Fermé dim. et lundi

Formule 15 € – Menu 19/22 €

Un néobistrot dédié au vin, juste en face du musée Jean-Jaurès... Côté déco, des casiers et des bouteilles, et, côté papilles, une cuisine du marché qui s'accorde avec de jolis nectars : "autour du vin blanc sec", "autour du vin doux", etc. Avec en prime une boutique proposant près de 1 200 références de vins !

aux Salvages 5 km par ① et D 89 – ✉ 81100

Les Mets d'Adélaïde

36 av. Georges-Alquier – ✆ 05 63 35 78 42 – Fermé dim. soir de nov. à mai, lundi et mardi

Formule 19 € – Menu 27/58 € – Carte 40/63 € dîner

Nulle envie de retourner à l'école ? Parions que vous allez changer d'avis ! Ces Mets d'Adélaïde prennent leurs aises dans l'ancienne école du village. Mais point de nostalgie : le décor est épuré et le chef délivre une jolie leçon de gastronomie d'aujourd'hui. L'accueil mérite aussi une bonne appréciation !

à Burlats 9 km par ①, D 89 et D 58 – ✉ 81100 – 1 924 hab. – Alt. 191 m

Le Castel de Burlats

8 pl. du 8-Mai-1945 – ✆ 05 63 35 29 20 – www.lecasteldeburlats.com – Fermé 20-28 fév.

10 ch – 🚹80/130 € 🚹🚹80/130 € – ☕ 10 € – ½ P

Rest ***Le Castel de Burlats*** – voir les restaurants ci-après

Dans le charmant village de Burlats, au bord de l'Agout, ce castel des 14e et 16e s. mêle caractère et esprit historique. Le très beau salon de style Renaissance, comme les chambres, avec leur hauteur sous plafond et leur cheminée, distillent le charme d'autrefois... Le tout ouvert sur le parc.

Le Castel de Burlats

8 pl. du 8-Mai-1945 – ✆ 05 63 35 05 98 – www.lecasteldeburlats.fr – Fermé janv., dim. soir, lundi et mardi

Formule 21 € – Menu 28/50 € *(réservation conseillée)*

Après avoir travaillé auprès de Gilles Goujon, en sa célèbre auberge de Fontjoncouse, le chef vole désormais de ses propres ailes dans ce castel des 14e et 16e s. Sa patte ? Une cuisine rythmée sur les saisons et une technique mise au service du goût. Très bon rapport qualité-prix. Jolie terrasse face à la nature.

CASTRIES – 34 (Hérault) ➜ voir Montpellier

LE CATELET

✉ 02420 (Aisne) – 195 hab. – Alt. 90 m – Voir carte n°**37**-C1

Paris 170 km – Cambrai 22 km – Le Cateau-Cambrésis 29 km – Laon 66 km

Carte Michelin 306-B2

La Coriandre

68 r. du Gén.-Augereau – ✆ 03 23 66 21 71 – www.restaurant-la-coriandre.com – Fermé 27 juil.-20 août, 2-10 janv., dim. soir et lundi

Formule 20 € – Menu 25 € (déj. en semaine), 37/61 € – Carte 64/75 €

Entre St-Quentin et Cambrai, une auberge rustique bien appréciée dans la région. Le chef, Sébastien Monatte, travaille au plus près des saisons et aime enrichir son répertoire gastronomique de notes méditerranéennes, tout en honorant les grands classiques, à l'image de ce succulent millefeuille à la vanille de Madagascar...

CAUDEBEC-EN-CAUX

✉ 76490 (Seine-Maritime) – 2 266 hab. – Alt. 6 m – Voir carte n°**33**-C1
▶ Paris 162 km – Lillebonne 17 km – Le Havre 53 km – Rouen 37 km
Carte Michelin 304-E4 – Guide Vert Michelin Normandie Vallée de la Seine

Normotel
🏠   🍴 ⩽ 📶 🛜 🏊 **P**

18 quai Guilbaud – ✆ 02 35 96 20 11 – www.normotel-lamarine.fr – Fermé 22 déc.-12 janv.
31 ch – ✦75/105 € ✦✦75/105 € – � 9 € – ½ P
Sur la rue principale (face à la Seine), une grande bâtisse reconstruite après-guerre, dont les chambres sont progressivement rénovées dans un esprit contemporain et épuré. Au restaurant, les plats de tradition en appellent souvent aux produits normands.

Le Cheval Blanc
🏠   🍴 🛜

4 pl. René-Coty – ✆ 02 35 96 21 66 – www.le-cheval-blanc.fr – Fermé 25 déc.-3 janv.
14 ch – ✦58 € ✦✦62 € – ⊆ 8 € – ½ P
Simple et bien tenu, avec des chambres correctement insonorisées et mansardées au deuxième étage, idéales pour se loger à bon compte. Au restaurant, les plats du terroir sont préparés par le patron. Une petite adresse sympathique !

Manoir de Rétival
🏠   🍴 ⩽ 🛜 🛜

2 r. St-Clair – ✆ 06 50 23 43 63 – www.restaurant-ga.fr – Fermé janv., dim. soir, lundi et mardi
4 ch – ✦180/240 € ✦✦180/310 € – ⊆ 25 €
Quel charme... Ce manoir est superbe, avec sa tourelle, ses colombages, son beau jardin et sa chapelle. Les chambres cultivent un bel esprit maison de famille (parquet, jonc de mer, mobilier chiné, etc.) et la table d'hôte est agréable : le patron est un jeune chef allemand amoureux de la gastronomie française !

CAUREL

✉ 22530 (Côtes-d'Armor) – 380 hab. – Alt. 188 m – Voir carte n°**10**-C2
▶ Paris 461 km – Carhaix-Plouguer 45 km – Guingamp 48 km – Loudéac 24 km
Carte Michelin 309-D5

Beau Rivage
🍴🍴   ⩽ 🛜

au Lac de Guerlédan, 2 km par D 111 – ✆ 02 96 28 52 15
– www.le-beau-rivage.info – Fermé lundi soir en juil.-août et merc. de sept. à juin
Menu 20 € (semaine), 32/45 € – Carte 41/57 €
Les habitants de la région, comme les touristes, apprécient cette maison offrant une jolie vue sur le lac de Guerlédan. Dans l'assiette ? Une bonne et généreuse cuisine traditionnelle, tout simplement.

CAUSSADE

✉ 82300 (Tarn-et-Garonne) – 6 638 hab. – Alt. 109 m – Voir carte n°**29**-C2
▶ Paris 606 km – Cahors 38 km – Gaillac 51 km – Montauban 28 km
Carte Michelin 337-F7

Dupont
🏠   🍴 📶 ⛄ 🛜 🏊 **P**

25 r. Récollets – ✆ 05 63 65 05 00 – www.hotel-restaurant-dupont.com – Fermé 21 déc.-10 janv.
30 ch – ✦52/67 € ✦✦52/70 € – ⊆ 8 € – ½ P
Au cœur de la petite capitale du chapeau de paille, un relais de poste du 18e s. avec des chambres simples et propres, ainsi qu'un restaurant traditionnel. Pratique lors d'une étape.

à Monteils 3 km au Nord-Est par D 17 – ✉ 82300 – 1 300 hab. – Alt. 120 m

Le Clos Monteils
🍴   🛜 🛜

7 chemin du Moulin – ✆ 05 63 93 03 51 – Fermé 2-9 nov., mi-janv. à mi-fév., dim. soir, lundi et mardi
Formule 19 € – Menu 31/56 € *(réservation conseillée)*
Françoise et Bernard Bordaries ont fait de ce presbytère de 1771 un lieu convivial et intime, telle une maison de famille. Elle vous accueille avec gentillesse, tandis que lui s'active aux fourneaux. Son credo : cuisiner sur des bases simples et mettre en avant le produit avec des recettes vraiment bien ficelées. On se régale !

CAUTERETS

✉ 65110 (Hautes-Pyrénées) – 1 133 hab. – Alt. 932 m – Voir carte n°**28**-A3
▶ Paris 880 km – Argelès-Gazost 17 km – Lourdes 30 km – Pau 75 km
Carte Michelin 342-L7

🏠 Lion d'Or ⏐⏐◯ 🛏 🍽 📶

12 r. Richelieu – ℰ 05 62 92 52 87 – www.liondor.eu – Fermé 19 avril-7 mai et 4 oct.-19 déc.
18 ch – ♦76/158 € ♦♦80/162 € – ☷ 12 € – ½ P
Hôtel familial construit au 19e s. (portes-fenêtres, balconnets en fer forgé...). Chambres douillettes à la décoration soignée (objets chinés). Confitures et tourtes maison au petit-déjeuner. Cuisine de tradition servie dans une salle à manger ancienne.

🏠 Le Bois Joli sans rest 🛏 🍽 📶

1 pl. du Mar.-Foch – ℰ 05 62 92 53 85 – www.hotel-leboisjoli.com – Fermé 25 avril-5 juin et 11 oct.-5 déc.
12 ch – ♦95/125 € ♦♦105/135 € – ☷ 11 €
Au cœur de la station, bâtisse du 19e s. au cachet préservé. Chambres d'esprit chalet, très colorées et décorées suivant quatre thèmes : fleurs, animaux, arbres et monts.

✂✂ L'Abri du Benques ⟨ 🍽 🍽

2 km au Sud par D 920 au lieu-dit la Raillère – ℰ 05 62 92 50 15 – www.benques.com – Fermé 1er-20 déc., 1er-15 janv., lundi soir, mardi soir et merc. sauf vacances scolaires
Formule 13 € – Menu 16/42 € – Carte 31/48 €
Sur la route du pont d'Espagne, dans un cadre magique – entre montagne et torrents –, ce restaurant au décor contemporain propose une cuisine actuelle signée par un jeune chef du pays.

CAVAILLON

✉ 84300 (Vaucluse) – 25 486 hab. – Alt. 75 m – Voir carte n°**42**-E1
▶ Paris 702 km – Aix-en-Provence 60 km – Arles 44 km – Avignon 25 km
Carte Michelin 332-D10 – Guide Vert Michelin Provence

✂✂✂ Prévôt (Jean-Jacques Prévôt) 🆎

⬡ *353 av. de Verdun – ℰ 04 90 71 32 43 – www.restaurant-prevot.com – Fermé dim. et lundi sauf fériés*
Formule 29 € – Menu 35 € (déj.), 52/60 € – Carte 70/85 €
Dans cette sympathique maison familiale, on célèbre avec passion le melon de Cavaillon – un menu entier lui est même dédié en saison. Truffes et légumes du pays occupent aussi une place de choix sur la carte, qui sait mettre de beaux produits en valeur. Un travail de qualité, sans fioritures, au service des saveurs !
➜ Rouget poché dans un bouillon de poissons de roche, rouleaux de courgette et cœur de poivron doux. Homard mitonné au four et melon. Granité de gaspacho de fraise, framboise, tomate et poivron rouge, glace yaourt-citron vert.

✂ Carte sur Table 🍽 🆎 🍽

35 r. Gustave-Flaubert – ℰ 04 90 78 15 27 – www.restaurant-carte-sur-table.com – Fermé 1 semaine en août, vacances de Noël, dim. et lundi
Formule 16 € 🍷 – Menu 29 € – Carte 34/45 €
Oui, on joue ici Carte sur Table ! Les bons produits du marché sont à l'honneur, et l'on ne peut mettre en doute le professionnalisme des jeunes et charmants propriétaires, qui ont fondé l'adresse après un parcours dans de belles maisons. En prime, un accueil... plein de franchise.

à Cheval-Blanc 5 km à l'Est par D 973 – ✉ 84460 – 4 109 hab. – Alt. 83 m

✂✂ L'Auberge de Cheval Blanc 🍽 ♿ 🆎 ⟷

481 av. de la Canebière – ℰ 04 32 50 18 55 – www.auberge-de-chevalblanc.com – Fermé merc. et jeudi
Formule 20 € – Menu 28/69 € – Carte 37/58 € *(réservation conseillée)*
Des produits frais, une agréable cuisine de saison – dont un saucisson brioché fait maison par le chef avec l'aide de son papa charcutier : cette discrète auberge promet un agréable moment gourmand ! Détail non négligeable : la terrasse est idyllique. Cours de cuisine sur demande.

CAVALIÈRE

✉ 83980 (Var) – Alt. 4 m – Voir carte n°**41**-C3
▶ Paris 880 km – Draguignan 68 km – Fréjus 55 km – Le Lavandou 7 km
Carte Michelin 340-N7 – Guide Vert Michelin Côte d'Azur

🏨 Le Club de Cavalière & Spa   ⑩ ⤳ ⟵ ⊼ ⊛ Ⅎ☚ ❊ ۩ ⅏ 🄰 🛜 🄿 🚗
*30 av. du Cap-Nègre – ℰ 04 98 04 34 34 – www.clubdecavaliere.com
– Ouvert 1er mai-27 sept.*
32 ch – ½ P seult en été 303/618 € – 5 suites
Rest *Le Club de Cavalière & Spa* – voir les restaurants ci-après
Une demeure élégante ouverte sur la plage. Du style, assurément : un vrai esprit
bourgeois – très confortable – décliné dans une veine contemporaine. Piscine,
spa, sauna, jacuzzi, fitness, bateau privé... Détente assurée !

✕✕✕ Le Club de Cavalière & Spa   🕾 ⟵ 🝐 ۩ 🄿
*30 av. du Cap-Nègre – ℰ 04 98 04 34 34 – www.clubdecavaliere.com
– Ouvert 1er mai-27 sept.*
Formule 67 € – Menu 80/98 € – Carte 73/127 €
Rougets en filets, pistou d'herbes et fenouil confit ; loup de pleine mer rôti sur la
peau ; soufflé chaud aux fruits de la passion... De beaux produits de la mer (et
quelques viandes), cuisinés avec finesse. À apprécier face aux flots !

CAVANAC – 11 (Aude) → voir Carcassonne

CAYRON – 32 (Gers) → voir Beaumarchés

CEILLAC

✉ 05600 (Hautes-Alpes) – 301 hab. – Alt. 1 640 m – Voir carte n°**41**-C1
▶ Paris 729 km – Briançon 50 km – Gap 75 km – Guillestre 14 km
Carte Michelin 334-I4 – Guide Vert Michelin Alpes du Sud

🏠 La Cascade   🕾 ⤳ ⟵ 🄿
*au pied du Mélezet, 2 km au Sud-Est – ℰ 04 92 45 05 92
– www.hotel-la-cascade.com – Ouvert 1er juin -15 sept. et 20 déc.-30 mars*
21 ch – ♦52/68 € ♦♦62/117 € – ⌇ 10 € – ½ P
Dans le village au cœur de la vallée, cette belle affaire familiale voisine les remontées
mécaniques. Chambres et parties communes ont été rénovées dans un esprit de chalet de montagne : l'ensemble est coquet et chaleureux, parfait pour les nuits d'hiver !

CEILLOUX

✉ 63520 (Puy-de-Dôme) – 158 hab. – Alt. 615 m – Voir carte n°**6**-C2
▶ Paris 464 km – Clermont-Ferrand 50 km – Cournon-d'Auvergne 36 km – Riom 62 km
Carte Michelin 326-I9

🏠 Domaine de Gaudon sans rest   ⤳ ⤺ 🛜 🄿 ⤻
4 km au Nord par D 304 – ℰ 04 73 70 76 25 – www.domainedegaudon.fr
5 ch ⌇ – ♦95 € ♦♦120 €
Appel de la campagne ? Le Domaine de Gaudron, bordé d'un parc de 11
ha planté d'arbres centenaires, vit en symbiose avec la nature. Cette bâtisse du
19e s. offre un décor délicieusement classique, avec un centre de bien-être complet (jacuzzi, hammam, sauna, salle de relaxation...).

LA CELLE

✉ 83170 (Var) – 1 317 hab. – Alt. 260 m – Voir carte n°**41**-C3
▶ Paris 812 km – Aix-en-Provence 63 km – Draguignan 62 km – Marseille 65 km
Carte Michelin 340-L5

🏨 Hostellerie de l'Abbaye de la Celle   🕾 ⤺ ⊼ & 🄰 ❊ 🛜 🄰 🄿
*10 pl. du Gén.-de-Gaulle – ℰ 04 98 05 14 14 – www.abbaye-celle.com
– Fermé janv., mardi et merc. de mi-oct. à mi-avril sauf fériés*
10 ch – ♦250/550 € ♦♦250/550 € – ⌇ 24 €
Rest *Hostellerie de l'Abbaye de la Celle* ✿ – voir les restaurants ci-après
Cette ancienne hostellerie d'abbaye distille un bel esprit d'antan avec ses murs du
18e s. et son décor provençal bourgeois. Le matin, le soleil filtre à travers les
grands arbres, et l'on découvre avec bonheur le jardin environnant, avec son
potager et son conservatoire des vignes – 88 cépages différents !

Hostellerie de l'Abbaye de la Celle ✿ 🕭 🕭 & 🕱 🄿

*10 pl. du Gén.-de-Gaulle – ℰ 04 98 05 14 14 – www.abbaye-celle.com
– Fermé janv., mardi et merc. de mi-oct. à mi-avril sauf fériés*
Formule 38 € – Menu 48 € (déj. en semaine), 70/95 € – Carte 70/110 €
En cette demeure de charme, gérée par le groupe Ducasse, la cuisine méridionale
éclate de saveurs. Rien d'extravagant, une certaine simplicité même, mais tous les
produits – dont de beaux légumes – s'expriment avec justesse.
→ Légumes de Provence à la grecque, brousse du Rove. Merlu de ligne, aïoli et
légumes du moment. Entremets chocolat-pignons, glace café.

LA CELLE-LES-BORDES

✉ 78720 (Yvelines) – 909 hab. – Alt. 125 m – Voir carte n°**18-B2**
▶ Paris 62 km – Évry 49 km – Nanterre 49 km – Versailles 36 km
Carte Michelin 311-H4

L'Auberge de l'Élan 🕭 &

*5 r. du Village, (Les Bordes) – ℰ 01 34 85 15 55 – www.laubergedelelan.fr – Fermé
15 août-5 sept., 19-26 déc., 2-8 janv., dim. soir, lundi soir, mardi et merc.*
Menu 70 € – Carte 50/72 €
Au cœur de la vallée de Chevreuse, une maison de village où se mêlent déco rustique et objets modernes. Le chef et patron concocte une bonne cuisine du marché : ris de veau aux morilles, tournedos de bœuf Rossini... Voilà pour les plats
incontournables ! Petite terrasse toute indiquée pour les beaux jours.

CELLES-SUR-BELLE

✉ 79370 (Deux-Sèvres) – 3 744 hab. – Alt. 117 m – Voir carte n°**38-B2**
▶ Paris 400 km – Couhé 37 km – Niort 22 km – Poitiers 69 km
Carte Michelin 322-E7 – Guide Vert Michelin Poitou-Charentes

🏠 Hostellerie de l'Abbaye 🕪 & 🕭 🎿 🄿

*1 pl. des Époux-Laurant – ℰ 05 49 26 03 18 – www.hostellerie-de-abbaye.fr
– Fermé 22-30 déc.*
21 ch – †65/75 € ††65/75 € – 🖙 10 € – ½ P
Rest *Hostellerie de l'Abbaye* – voir les restaurants ci-après
Cette hostellerie traditionnelle s'épanouit au pied du clocher de la belle abbatiale
(17e s.). Derrière ses murs en pierre, on découvre des chambres tout à fait
contemporaines, fonctionnelles et confortables (certaines restent plus classiques).

Hostellerie de l'Abbaye 🕭 🕱 🖇

*1 pl. des Époux-Laurant – ℰ 05 49 26 03 18 – www.hostellerie-de-abbaye.fr
– Fermé 22-30 déc., sam. midi et dim. soir*
Menu 14 € (déj. en semaine), 31/49 € – Carte 40/52 €
De la viande au poisson, les produits sont très frais et de qualité, et le chef
démontre un vrai tour de main, revisitant la tradition au gré des saisons. Formule
brasserie au déjeuner. Le tout à savourer dans une salle des plus chaleureuses ou
sur la terrasse. Une bonne adresse.

CELLES-SUR-DUROLLE

✉ 63250 (Puy-de-Dôme) – 1 784 hab. – Alt. 660 m – Voir carte n°**6-C2**
▶ Paris 460 km – Clermont-Ferrand 55 km – Moulins 140 km – Saint-Étienne 101 km
Carte Michelin 326-I7

🏠 Auberge du Palais 🕪 ✿ 🕭 & 🎟 🕭

*4 pl. du Palais – ℰ 04 73 51 89 15 – www.aubergedupalais.com – Fermé
24-31 août et 16 janv.-16 fév.*
13 ch – †75/95 € ††75/95 € – 🖙 8 € – ½ P
Impossible de manquer cette auberge qui, sans être un palais, sait attirer l'attention ! Ainsi sa façade ocre, rappelant la terre d'Afrique, reste le meilleur des invitations. Les chambres y sont confortables et impeccablement tenues. Restauration
du terroir.

CELONY – 13 (Bouches-du-Rhône) → voir Aix-en-Provence

CÉNAC-ET-ST-JULIEN

✉ 24250 (Dordogne) – 1 194 hab. – Alt. 70 m – Voir carte n°**4-D1**
▶ Paris 547 km – Cahors 71 km – Périgueux 73 km – Sarlat-la-Canéda 12 km
Carte Michelin 329-I7

⌂ **La Guérinière**   ⑩ ⌖ ⇐ ⊐ ⚘ ⌚ **P** ⇥
*sur D 46 – ℰ 05 53 29 91 97 – www.la-gueriniere-dordogne.com – Ouvert
1er avril-2 nov.*
5 ch ⌑ – ✝90/105 € ✝✝90/105 €
Située face à la bastide de Domme, cette chartreuse périgourdine profite
d'un cadre verdoyant et serein. Chambres coquettes, grand parc et piscine sont
là pour vous assurer un séjour délicieux... Le soir, recettes régionales servies dans un agréable décor rustique.

CENON – 33 (Gironde) → voir Bordeaux

CERCOTTES – 45 (Loiret) → voir Orléans

CERDON

✉ 45620 (Loiret) – 1 016 hab. – Alt. 145 m – Voir carte n°**12-C2**
▶ Paris 185 km – Fleury-les-Aubrais 63 km – Olivet 59 km – Orléans 73 km
Carte Michelin 318-L6

⌂ **Les Vieux Guays**   ⑩ ⌖ ⇐ ⊐ ⚘ ⌚ **P**
*rte des Hauteraults, 3 km au Sud-Ouest par D 65 et rte secondaire
– ℰ 02 38 36 03 76 – www.lesvieuxguays.com – Fermé 1er fév.-10 mars*
5 ch ⌑ – ✝90 € ✝✝90 €
Superbe relais de chasse des années 1950, dans un parc avec étang, piscine et tennis. Les chambres y sont confortables, bien tenues et décorées avec raffinement.
Un cadre rustique, où l'on apprécie une cuisine de saison, inspirée par le terroir.

CÉRET

✉ 66400 (Pyrénées-Orientales) – 7 583 hab. – Alt. 153 m – Voir carte n°**22-B3**
▶ Paris 875 km – Gerona 81 km – Perpignan 34 km – Port-Vendres 37 km
Carte Michelin 344-H8

🏠 **Le Mas Trilles** sans rest   ⌖ ⇐ ⊐ 🗚 ⌚ **P**
*au Pont de Reynès, 3 km après Céret direction Amélie-les-Bains
– ℰ 04 68 87 38 37 – www.le-mas-trilles.com – Ouvert 17 avril-12 oct.*
8 ch – ✝85/219 € ✝✝85/219 € – 2 suites – ⌑ 13 €
Niché dans un vallon, ce beau mas du 17e s. possède le sens de l'accueil, et
ses chambres – la plupart avec terrasse ou jardin – cultivent un certain charme d'antan... Autres avantages : la piscine domine le Tech et, au petit-
déjeuner, on se régale des fruits des vergers alentour.

🏠 **Les Arcades** sans rest   🛗 ⌚ ⌖
1 pl. Picasso – ℰ 04 68 87 12 30 – www.hotel-arcades-ceret.com – Fermé fév.
30 ch – ✝52/70 € ✝✝52/70 € – ⌑ 7 €
Un hôtel familial, bien tenu et fonctionnel : certaines chambres disposent d'une
kitchenette et il y a un parking au sous-sol. Les amateurs d'art apprécieront la
déco avec des photos et des lithographies d'artistes passés par le village.
Au petit-déjeuner, on savoure de bons produits locaux.

🍽 **Le Chat qui Rit**
1 rte de Céret, (à la Cabanasse), 1,5 km par rte Amélie – ℰ 04 68 87 02 22
⊜ *– www.restaurant-le-chat-qui-rit.fr – Fermé 25 fév.-10 mars, 18-24 nov.,
23-29 déc., 7-13 janv., dim. soir, mardi soir et merc. sauf juil.-août*
Formule 16 € – Menu 20 € (déj. en semaine), 30/45 € – Carte 41/79 €
Aux environs de Céret, cette maison met les produits et saveurs catalans à l'honneur : effiloché d'agneau catalan à la crème d'ail, côte de veau de Cerdagne et
flan d'aubergine, etc. Mention spéciale pour la terrasse verdoyante, où l'on peut
paresser comme... un chat.

✗ **Del Bisbe** avec ch 🏠 ⌘ ch, 📶
*4 pl. Soutine – ⌂ 04 68 87 00 85 – www.hotelceret.com – Fermé 1 semaine
en fév., 1 semaine en juin, nov., lundi et mardi sauf juil.-août*
8 ch – ♦50/120 € ♦♦50/120 € – ☐ 8 €
Formule 19 € – Menu 28/36 € – Carte 38/50 €
Cette maison de l'évêque (sens de "Del Bisbe" en catalan) cultive son petit
côté rustique et authentique. On y savoure une cuisine typique de la région,
concoctée avec une majorité de produits locaux. Et l'été, il fait bon s'installer
sous la treille ! Quelques chambres simples et bien tenues.

CERGY – 95 (Val-d'Oise) → voir Paris, Environs (Cergy-Pontoise)

CERNANS

✉ 39110 (Jura) – 139 hab. – Alt. 645 m – Voir carte n°**16-B2**
▸ Paris 433 km – Besançon 54 km – Lons-le-Saunier 58 km – Neuchâtel 122 km
Carte Michelin 321-F5

⌂ **La Grange Combaret** 🔟 ⌘ **P** 📶
21 rte de Salins – ⌂ 03 84 73 52 90 – www.grange-combaret.com
4 ch ☐ – ♦50 € ♦♦68 €
Cette ancienne ferme se trouve au cœur d'une exploitation laitière dont les propriétaires ne sont autres que les éleveurs ! Les chambres sont confortables et bien
tenues. Ici, qu'on se le dise, l'atmosphère est très familiale. Côté gourmandises,
bon petit-déjeuner et table d'hôte sur réservation.

CERNAY

✉ 68700 (Haut-Rhin) – 11 451 hab. – Alt. 275 m – Voir carte n°**1-A3**
▸ Paris 461 km – Altkirch 26 km – Belfort 39 km – Colmar 37 km
Carte Michelin 315-H10

✗✗ **Hostellerie d'Alsace** avec ch 🔲 rest, 📶 ♿ **P**
*61 r. Poincaré – ⌂ 03 89 75 59 81 – www.hostellerie-alsace.fr – Fermé
27 avril-3 mai, 27 juil.-16 août, 21-31 déc., sam. et dim.*
10 ch – ♦59 € ♦♦75 € – ☐ 10 € – ½ P
Menu 22 € (semaine), 38/67 € – Carte 49/70 €
Dans cette grande maison à colombages, le chef propose une cuisine d'aujourd'-
hui valorisant le terroir local : carré d'agneau rôti en croûte d'herbes, lasagnes de
Saint-Jacques, etc. Pour l'étape, des chambres fonctionnelles et d'un bon rapport
qualité-prix.

CERNAY-LA-VILLE – 78 (Yvelines) → voir Paris, Environs

CÉRON

✉ 71110 (Saône-et-Loire) – 289 hab. – Alt. 290 m – Voir carte n°**7-B3**
▸ Paris 377 km – Clermont-Ferrand 126 km – Dijon 187 km – Mâcon 91 km
Carte Michelin 320-D12

🏨 **Château de la Frédière** 🔟 ⌂ ☜ 🏊 💆 ♿ 📶 ♿ **P**
golf de Céron – ⌂ 03 85 25 17 79 – www.golfdeceron.fr – Fermé 30 nov.-15 mars
12 ch ☐ – ♦100/180 € ♦♦180/200 €
Un domaine de plus de 60 ha avec un magnifique golf : voilà le cadre de cette
élégante demeure du 19e s. Les chambres – mobilier massif, tissus choisis, cheminée et parquet – ont beaucoup de caractère. Et on appréciera... le grand calme !

CERVIONE – 2B (Haute-Corse) → voir Corse

CESSON – 22 (Côtes-d'Armor) → voir St-Brieuc

CESSON-SÉVIGNÉ – 35 (Ille-et-Vilaine) → voir Rennes

CESTAYROLS

✉ 81150 (Tarn) – 480 hab. – Alt. 233 m – Voir carte n°**29-C2**
▸ Paris 660 km – Albi 19 km – Castres 59 km – Toulouse 71 km
Carte Michelin 338-D7

⚓ Lou Cantoun   ⌂ ♿ ⚘
Le village, (4 rte d' Albi) – ☏ 05 63 53 28 39 – www.loucantoun.fr
– Fermé mardi et merc.
Formule 15 € – Menu 19 € (déj. en semaine), 29/49 € – Carte 42/56 €
Ne vous fiez pas à l'aspect banal de cette maison de village : l'intérieur, rustique à
souhait, n'est pas dénué de charme, et la terrasse est très plaisante. Œufs pochés,
lentilles vertes et poitrine croustillante ; magret de canard aux fruits rouges et
légumes de saison... Une cuisine goûteuse et colorée !

CEVINS
✉ 73730 (Savoie) – 674 hab. – Alt. 400 m – Voir carte n°**46**-F2
▶ Paris 629 km – Aix-les-Bains 79 km – Annecy 57 km – Chambéry 63 km
Carte Michelin 333-L4

⚓⚓ La Fleur de Sel   ⌂ ⇔ P
15 rte du Portelin – ☏ 04 79 37 49 98 – www.restaurant-fleurdesel.fr – Fermé
mardi soir, dim. soir et lundi
Formule 18 € – Menu 21 € (déj. en semaine), 31/69 € – Carte 24/84 €
Entre mer et montagne... Sur la route des stations, cette maison récente mêle le
bois, la pierre et les inspirations marines (objets, peintures). On y apprécie une
appétissante cuisine de saison, servie par des produits de qualité.

CHABLIS
✉ 89800 (Yonne) – 2 302 hab. – Alt. 135 m – Voir carte n°**7**-B1
▶ Paris 181 km – Auxerre 21 km – Avallon 39 km – Tonnerre 18 km
Carte Michelin 319-F5 – Guide Vert Michelin Bourgogne

🏠 Hostellerie des Clos   ⅃O ⇔ 🍽 ♿ ⚘ 📶 ⌂ P P
18 r. Jules-Rathier – ☏ 03 86 42 10 63 – www.hostellerie-des-clos.fr
– Fermé 22 déc.-22 janv.
36 ch – ♦70/145 € ♦♦94/168 € – 4 suites – ⌐ 14 € – ½ P
Rest *Hostellerie des Clos* – voir les restaurants ci-après
Une agréable hostellerie au cœur de Chablis. On peut prendre ses aises au salon
– avec feu de cheminée l'hiver – avant de gagner l'une des chambres, traditionnelles et cosy. Préférez les plus récentes.

🏠 Hôtel du Vieux Moulin sans rest   AC 📶 P
18 r. des Moulins – ☏ 03 86 42 47 30 – www.larochehotel.fr
– Fermé 21 déc.-10 janv.
7 ch – ♦120/245 € ♦♦120/245 € – 2 suites – ⌐ 10 €
Au cœur même du village de Chablis, cet hôtel, installé dans un moulin à grain du
18e s., réalise une subtile alliance de tradition (poutres, pierres) et de modernité
(salles de bain design, écrans plats)... Une certaine idée du luxe, sans ostentation.

⚓⚓⚓ Hostellerie des Clos – Hostellerie des Clos   🎖 ⇔ ⌂ ♿ AC P
18 r. Jules-Rathier – ☏ 03 86 42 10 63 – www.hostellerie-des-clos.fr
– Fermé 22 déc.-22 janv.
Menu 35/92 € – Carte 69/102 €
Une certaine intimité règne dans ce clos, au décor élégant et feutré. On y
déguste des vins de Chablis évidemment, et une cuisine empreinte de classicisme
qui leur sied bien.

⚓ Au Fil du Zinc 🆕   ⌂ ♿ AC
18 r. des Moulins Chablis – ☏ 03 86 33 96 39 – www.restaurant-chablis.com
– Fermé mardi et merc.
Formule 25 € – Menu 31/52 € – Carte environ 39 € (réservation conseillée)
Un chef japonais passé chez Robuchon et Alléno, son épouse excellente pâtissière : de l'entrée au dessert, le professionnalisme du duo fait mouche, dans un
style néobistrot – la créativité au plus près du produit – porté avec brio ! Les
crus locaux sont à l'honneur, et le cadre charmant : un ancien moulin enjambant
la rivière...

CHADURIE

✉ 16250 (Charente) – 520 hab. – Alt. 150 m – Voir carte n°**39**-C3
▶ Paris 957 km – Angoulême 21 km – Barbezieux-St-Hilaire 31 km – Périgueux 77 km
Carte Michelin 324-K7

⌂ Le Logis de Puygâty 🍴 🦢 🖦 🛋 🌿 🛜 🅿
7 km au Nord par D 438, D 22 et rte secondaire – ℰ 05 45 21 75 11
– *www.logisdepuygaty.com* – *Ouvert avril-oct.*
4 ch – ♦165/298 € ♦♦165/298 € – � 14 €
À l'issue d'une allée de cèdres, une ferme fortifiée du 15ᵉ s. idéale pour un
séjour... fortifiant, dans le bon air des vignes et des bois. Les chambres, aménagées dans les dépendances, dégagent un charme fou : murs chaulés, bois patiné,
toile de jute et lin, lavabos en pierre de Combe... En un mot : nature.

CHAGNY

✉ 71150 (Saône-et-Loire) – 5 614 hab. – Alt. 215 m – Voir carte n°**7**-A3
▶ Paris 327 km – Autun 44 km – Beaune 15 km – Chalon-sur-Saône 20 km
Carte Michelin 320-I8

🏨 Maison Lameloise 🍴 🈂 🅰🅲 🛜 🚗
36 pl. d'Armes – ℰ 03 85 87 65 65 – *www.lameloise.fr* – *Fermé fin déc. à fév.,
mardi et merc. d'oct. à juin*
16 ch – ♦140/365 € ♦♦140/365 € – ⊑ 26 €
Rest *Maison Lameloise* ❀❀❀ – voir les restaurants ci-après
Cette haute maison bourguignonne – un ancien relais de poste datant du 15ᵉ s.
– incarne la grande hôtellerie de tradition ! Les chambres à l'élégance toute classique, le restaurant qui vaut le voyage, le service dévoué aux clients : tout honore
l'art de recevoir.

🏠 Hôtel de la Poste sans rest 🦢 🖦 🛜 🅿
17 r. de la Poste – ℰ 03 85 87 64 40 – *www.hoteldelaposte-chagny71.com*
– *Fermé 22 août-1ᵉʳ sept. et 21 déc.-5 janv.*
11 ch – ♦46/56 € ♦♦50/74 € – ⊑ 8 €
Ce petit hôtel familial et bien tenu se situe en plein cœur du bourg, non loin de
la Maison Lameloise. Une adresse calme et fonctionnelle.

𝕏𝕏𝕏𝕏 Maison Lameloise (Éric Pras) – Hôtel Maison Lameloise 🈳 🅰🅲 🕉 ↔
❀❀❀ *36 pl. d'Armes* – ℰ 03 85 87 65 65 – *www.lameloise.fr* – *Fermé 2 fév. au 6 mars et mi-déc.
à mi-janv., mardi et merc. d'oct. à juin, mardi midi, merc. midi et jeudi midi de juil. à sept.*
Menu 78 € (déj. en semaine), 135/195 € – Carte 135/185 € *(réservation conseillée)*
Entouré par une équipe de grande valeur, Éric Pras dévoile des créations subtiles
et réinterprète avec brio les classiques qui ont fait la réputation de cette illustre
maison... Au cœur de la gastronomie française, l'enseigne brille toujours d'un
superbe éclat, pour un moment d'exception.
→ Langoustines en tartare et croustillantes au riz soufflé, céleri, pomme, crème
de moutarde et caviar. Côte de veau de lait piquée de lard et rôtie au foin, pommes anna. Crêpes Suzette flambées au Grand Marnier, glace vanille et chocolat.

𝕏 Pierre & Jean 🍴 🕊 🅰🅲 🕉
➂ *2 r. de la Poste* – ℰ 03 85 87 08 67 – *www.pierrejean-restaurant.fr* – *Fermé de
mi-déc. à mi-janv., lundi et mardi*
Formule 19 € – Menu 31/34 € – Carte environ 37 €
Il ne s'agit pas du roman de Maupassant, mais de "la maison d'en face" du prestigieux Lameloise, du nom de ses fondateurs. Une "annexe" un rien canaille qui
explore avec finesse la cuisine du moment et... revisite les recettes des ancêtres.
Excellent moment sous les charpentes de ce chai du 18ᵉ s. avec vue sur les cuisines !

rte de Chalon 2 km au Sud-Est par N 6 et rte secondaire – ✉ 71150 Chagny

🏨 Hostellerie du Château de Bellecroix 🍴 🦢 🖦 🛋 🛜 🌊 🅿
20 chemin de Bellecroix – ℰ 03 85 87 13 86 – *www.chateau-bellecroix.com*
– *Fermé 18 déc.-13 fév. et merc. sauf de juin à sept.*
19 ch – ♦98/240 € ♦♦98/270 € – 1 suite – ⊑ – ½ P
Cette ancienne propriété des chevaliers de Malte en impose ; de même que son
restaurant, avec sa cheminée et ses boiseries ouvragées. Au choix : le château du
18ᵉ s. ou la commanderie du 12ᵉ s. Les chambres de cette dernière sont plus spacieuses et offrent davantage de caractère.

CHAILLY-SUR-ARMANÇON – 21 (Côte-d'Or) → voir Pouilly-en-Auxois

CHAINTRÉ

✉ 71570 (Saône-et-Loire) – 525 hab. – Alt. 284 m – Voir carte n°**8-C3**
▶ Paris 397 km – Bourg-en-Bresse 45 km – Lyon 70 km – Mâcon 10 km
Carte Michelin 320-I12

XX **La Table de Chaintré** (Sébastien Grospellier) ✿ ও 🅰🅲

☆ *72 pl. du Luminaire – ℰ 03 85 32 90 95 – www.latabledechaintre.com – Fermé
19 août-6 sept., 2-18 janv., dim. soir, lundi et mardi sauf fériés*
Menu 38 € (déj. en semaine)/58 € *(réservation conseillée)*
Un restaurant élégant, contemporain et très accueillant, au cœur du vignoble de
Pouilly-Fuissé. Du rouge cardinal sur les murs ; de beaux produits du marché aux
couleurs délicieuses ; des recettes plutôt tendance : le tout prête à une dégustation raffinée, accompagnée de beaux nectars de Bourgogne et du Beaujolais !
→ Homard bleu servi tiède, jeunes pousses de maïs doux et vinaigrette aux baies
de sureau. Lièvre à la royale. Tarte à la pistache et aux fruits rouges, sorbet framboise.

LA CHAISE-DIEU

✉ 43160 (Haute-Loire) – 725 hab. – Alt. 1 080 m – Voir carte n°**6-C3**
▶ Paris 503 km – Ambert 29 km – Brioude 35 km – Issoire 59 km
Carte Michelin 331-E2 – Guide Vert Michelin Auvergne

XX **L'Écho et l'Abbaye** avec ch ✿ ⌦ 🍽 🕽 🛜

*pl. Écho – ℰ 04 71 00 00 45 – www.echo-et-abbaye.com
– Ouvert 1er avril-10 nov. et fermé merc. sauf juil.-août*
5 ch – †44/135 € ††49/135 € – ⊆ 9 € – ½ P
Formule 19 € – Menu 29/48 € *(réservation conseillée)*
Tables joliment dressées, cuisine traditionnelle réalisée par le patron, carte des
vins étoffée, dont un bon choix de bordeaux : la clientèle V.I.P. du festival de
musique apprécie. Les chambres, sobres et rustiques, portent toutes un nom :
Sonatine, Menuet, Rêverie, etc.

CHALLANGES – 21 (Côte-d'Or) → voir Beaune

CHALLANS

✉ 85300 (Vendée) – 18 930 hab. – Alt. 8 m – Voir carte n°**34-A3**
▶ Paris 436 km – Cholet 84 km – Nantes 58 km – La Roche-sur-Yon 42 km
Carte Michelin 316-E6 – Guide Vert Michelin Pays de la Loire

🏠 **L'Antiquité** sans rest 🛒 🕽 🛜

*14 r. Galliéni – ℰ 02 51 68 02 84 – www.hotelantiquite.com – Fermé
25 déc.-4 janv.*
20 ch – †59/150 € ††59/150 € – ⊆ 12 €
Une maison vendéenne avenante dans une rue tranquille, pour une étape sympathique. Les chambres donnent toutes sur la cour et sont vraiment jolies (mobilier
chiné ou patiné...) ; celles de l'annexe sont spacieuses et particulièrement soignées.

X **L'Apart** 🍽 🅰🅲

*38 rte de Soullans – ℰ 02 51 68 00 66 – www.apart-restaurant-challans.fr
– Fermé 2 semaines en avril, 3-30 août, lundi soir, merc. soir et dim.*
Formule 13 € – Menu 29 € (dîner), 35/59 € 🍷
Il est des destins tout tracés comme celui de ce restaurant installé dans un ancien
magasin de cuisines ! On y déguste des plats savoureux, à l'image de ce risotto
aux pleurotes ou de ce merlu vapeur aux poireaux. De beaux produits, bien préparés... la garantie de passer un bon moment.

X **Chez Charles** 🅰🅲

*8 pl. du Champ-de-Foire – ℰ 02 51 93 36 65 – www.restaurantchezcharles.com
– Fermé 23 déc.-24 janv., dim. soir et lundi*
Formule 15 € – Menu 23/49 € – Carte 30/57 €
Un sympathique petit restaurant familial, au cœur de la cité. Le canard de Chal-
lans est évidemment l'une des vedettes de la carte, comme le homard, mais
aussi, selon les saisons, les langoustines, les grenouilles, les asperges et les Saint-
Jacques. Priorité aux arrivages du marché et aux produits du terroir !

à la Garnache 6,5 km au Nord-Est – ⊠ 85710 – 4 557 hab. – Alt. 28 m

XX **Le Petit St-Thomas**   ⌂ & AC
😊 *25 r. de Lattre-de-Tassigny – ℰ 02 51 49 05 99 – www.restaurant-petit-st-thomas.com*
– Fermé 22 juin-10 juil., 2-17 janv., dim. soir et lundi
🐸 Menu 20 € (déj. en semaine), 28/54 € – Carte 46/68 €
C'est une petite maison vendéenne aux volets bleus, mais l'image d'Épinal s'arrête
là... car sa déco est résolument contemporaine ! Le chef s'absente le temps du
marché pour sélectionner les meilleurs produits, avant de mitonner de belles
recettes traditionnelles, parfois revisitées, toujours généreuses. On se régale...

rte de St-Gilles-Croix-de-Vie – ⊠85300 Challans

🏠🏠 **Château de la Vérie**   ❚◯ 🍴 🛌 🛋 🍽 🎯 P
rte de Soullans, 2,5 km sur D 69 – ℰ 02 51 35 33 44 – www.chateau-de-la-verie.com
21 ch – ♦75/106 € ♦♦82/185 € – ☑ 15 € – ½ P
Rest *Château de la Vérie* – voir les restaurants ci-après
Une rivière, un étang, un parc immense (17 ha), et soudain apparaît ce beau château du 16ᵉ s. (classé monument historique), digne d'une rêverie romantique. Les
chambres, d'esprit classique, sont agréables et douillettes... pour rêver encore.

XXX **Château de la Vérie**   🛌 ⌂ P
rte de Soullans, 2,5 km sur D 69 – ℰ 02 51 35 33 44
– www.chateau-de-la-verie.com – Fermé 2 semaines en fév., 2 semaines fin oct.,
semaine de Noël, dim. soir, mardi midi et lundi
Formule 17 € ☝ – Menu 25 € ☝ (déj. en semaine), 32/57 € – Carte 54/65 €
Boiseries sculptées, cheminées anciennes, tentures dans une veine 18ᵉ s., etc. Cet
auguste château vendéen se prête à un moment élégant et romantique ! Au menu :
une gastronomie d'aujourd'hui, qui puise directement aux sources des saisons.

au Perrier 10 km au Sud – ⊠ 85300 – 1 864 hab. – Alt. 4 m

XX **Les Tendelles**   ⌂ P
😊 *1 rte de Grabat, 4 km rte de Challans – ℰ 02 51 35 36 94 – www.lestendelles.fr*
– Fermé mardi soir sauf juil.-août et merc.
Formule 15 € – Menu 18 € (déj. en semaine), 26/44 €
Au cœur du marais vendéen, une petite maison typique, au cadre champêtre, où
œuvrent deux jeunes frères dynamiques (l'un en salle, l'autre en cuisine). La cuisine se révèle savoureuse, aussi bien ficelée que pensée : tout en produits frais,
les recettes d'hier retrouvent une nouvelle jeunesse !

CHALLES-LES-EAUX – 73 (Savoie) → voir Chambéry

CHÂLONS-EN-CHAMPAGNE
⊠ 51000 (Marne) – 45 153 hab. – Alt. 83 m – Voir carte n°**13-B2**
🄳 Paris 188 km – Dijon 259 km – Metz 157 km – Nancy 162 km
Carte Michelin 306-I9 – Guide Vert Michelin Champagne Ardenne

🏠🏠 **Hôtel D'Angleterre**   ❚◯ 🛗 & AC 🎯 🛁 P 🛌
19 pl. Mgr-Tissier – ℰ 03 26 68 21 51 – www.hotel-dangleterre.fr   Plan : BY**g**
– Fermé 26 juil.-19 août, vacances de Noël, dim. et fériés
25 ch – ♦100/180 € ♦♦110/220 € – ☑ 16 €
Rest *Jacky Michel* ❀ **Rest** *Les Temps Changent* – voir les restaurants ci-après
Rien de perfide dans cette Albion, bien au contraire : les chambres sont très
confortables, parfaitement tenues, de style classique ou chalet pour certaines... Et
le personnel se révèle très aimable ! Côté gastronomie, on a le choix entre la
table de Jacky Michel et la brasserie où est d'ailleurs servi le petit-déjeuner.

🛗 **Le Renard**   ❚◯ 🛗 & 🎯 🛁 P
24 pl. de la République – ℰ 03 26 68 03 78 – www.le-renard.com   Plan : AZ**r**
38 ch – ♦89/107 € ♦♦97/120 € – ☑ 11 € – ½ P
Sur la place de la République, un Renard rusé et résolument design ! Ici, les chambres ont adopté un style contemporain, sobre et épuré, et les bâtiments (datant
du 15ᵉ s.) sont reliés entre eux par un patio, protégé par une grande verrière. Cuisine dans l'air du temps au restaurant.

CHÂLONS-EN-CHAMPAGNE

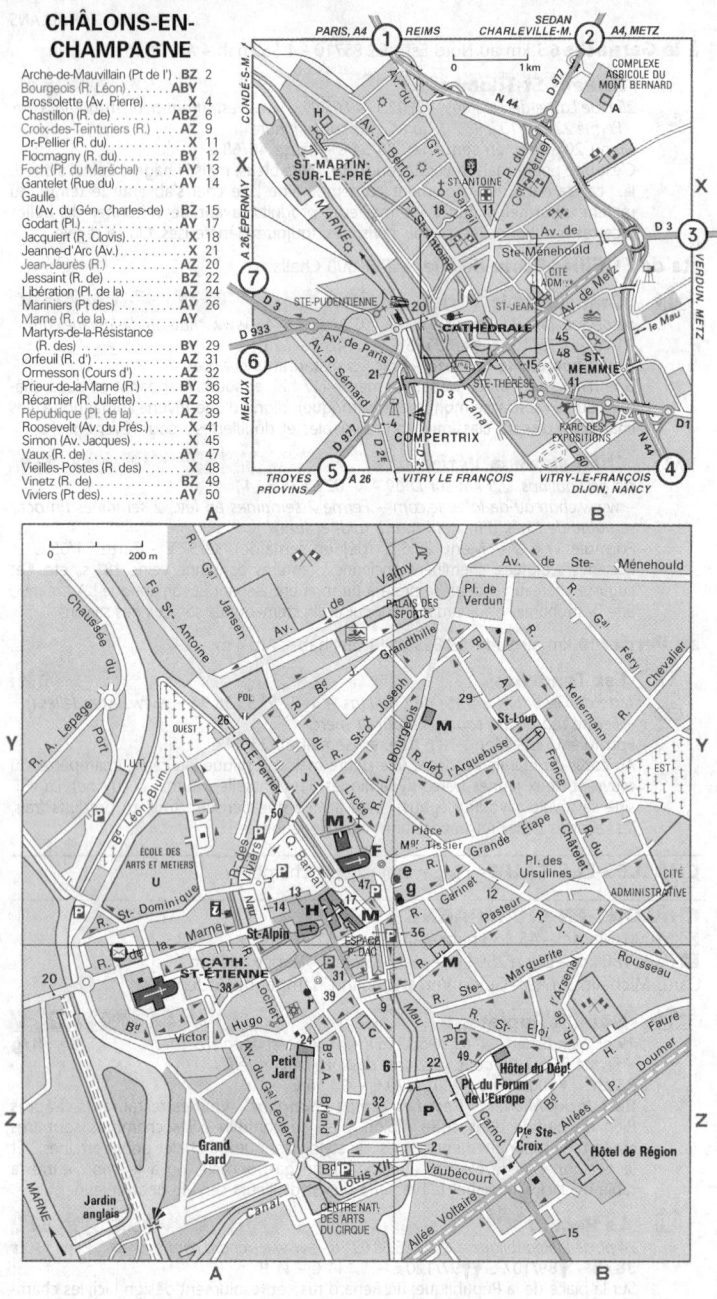

XXX **Jacky Michel** – Hôtel D'Angleterre   ⎣ ⒜ ✧

19 pl. Mgr-Tissier – 𝒸 *03 26 68 21 51*   Plan : BY**g**
*– www.hotel-dangleterre.fr – Fermé 26 juil.-19 août, vacances de Noël, lundi
midi, sam. midi, dim. et fériés*
Menu 65/99 € – Carte 87/100 €

De belles tables en bois, des teintes chaudes, des boiseries un peu partout... Ce
restaurant parvient à être élégant sans être guindé. Le chef réalise une cuisine
classique, maîtrisée, pour ainsi dire dans "les règles de l'art" et qui n'oublie pas
d'être généreuse. Service aux petits soins.
→ Langoustines rôties aux légumes de saison, tomate à la citronnelle. Cuisses de
caille en tourte de pomme de terre, ailes rôties et foie gras poêlé. Soufflé chaud
au chocolat.

XX **Au Carillon Gourmand**   ⎣ ⒜ ✧

15 bis pl. Mgr-Tissier – 𝒸 *03 26 64 45 07 – Fermé 1*   Plan : BY**e**
semaine vacances de fév., 3 semaines en août, dim. soir, merc. soir et lundi
Formule 23 € – Menu 29/38 € – Carte 38/50 €

Dans cette adresse chic et élégante, volontiers design, le carillon marque l'heure
de la tradition revisitée. Hamburger de foie gras à la mangue caramélisée, râble
de lapin farci aux pruneaux... voilà qui sonnera sans doute très bien aux oreilles
des gourmands !

X **Les Temps Changent** – Hôtel d'Angleterre   ⎣ ⒜

1 r. Garinet – 𝒸 *03 26 66 41 09 – www.hotel-dangleterre.fr*   Plan : BY**g**
– Fermé 26 juil.-19 août, vacances de Noël, lundi midi, sam. midi, dim. et fériés
Formule 28 € – Menu 34 € (semaine)/40 €

L'annexe du gastro de Jacky Michel propose de généreuses recettes traditionnelles qui suivent les saisons. Le tout à apprécier dans un cadre coloré et chaleureux
où l'ambiance est, de fait, conviviale. Alors oui, Les Temps Changent, et c'est très
bien ainsi !

à Matougues 11 km par ⑦ – ⊠ 51510 – 668 hab. – Alt. 82 m

🏠 **Auberge des Moissons**   ⅠⓄ ⤳ ⇚ ⅈ ⎣ ✿ 🛰 ⚙ Ⓟ

8 rte Nationale – 𝒸 *03 26 70 99 17 – www.auberge-des-moissons.com – Fermé
28 juil.-12 août et 22 déc.-13 janv.*
29 ch – ⫯79/111 € ⫯⫯89/124 € – ⊊ 11 € – ½ P

Dans cette ancienne ferme-auberge, on cultive l'art de recevoir de génération en
génération. Les chambres, contemporaines, sont tout ce qu'il y a de plus confortable ; quant au restaurant, il réserve de belles surprises... D'octobre à décembre,
on ne passe pas à côté du menu truffe concocté avec la récolte de la maison !

CHALON-SUR-SAÔNE

⊠ 71100 (Saône-et-Loire) – 44 847 hab. – Agglo. 73 400 hab. – Alt. 180 m
– Voir carte n°**8-C3**
▷ Paris 335 km – Besançon 132 km – Dijon 68 km – Lyon 125 km
Carte Michelin 320-J9 – Guide Vert Michelin Bourgogne

🏠 **Le St-Georges**   ⅠⓄ ⊕ 🛋 ⎣ ⒜ 🛰 ⚙ Ⓟ �️

32 av. J.-Jaurès – 𝒸 *03 85 90 80 50 – www.le-saintgeorges.fr*   Plan : AZ**s**
51 ch – ⫯92/145 € ⫯⫯115/165 € – ⊊ 14 € – ½ P
Rest *Le St-Georges* – voir les restaurants ci-après

Près de la gare TGV, derrière une belle façade classique, des chambres feutrées et
contemporaines, associant beaux matériaux et esprit design. Sans oublier l'espace
séminaire bien équipé. Idéal pour un voyage d'affaires.

🏠 **Ibis Styles**   ⅠⓄ ⅈ 🛋 ⎣ ⒜ ✿ 🛰 ⚙ Ⓟ

av. de l'Europe – 𝒸 *03 85 46 51 89 – www.ibisstyles.com*   Plan : X**a**
85 ch ⊊ – ⫯99/129 € ⫯⫯99/129 €

Près de l'autoroute, un hôtel qui a fait peau neuve. Les chambres y sont bien
insonorisées, spacieuses et confortables. On peut également profiter de la brasserie. Parfait pour une étape.

CHALON-SUR-SAÔNE

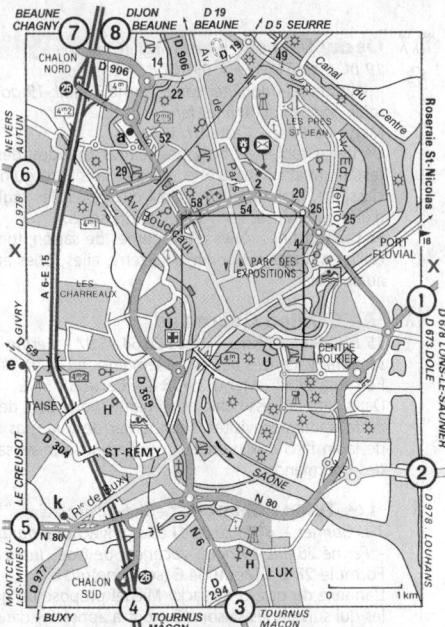

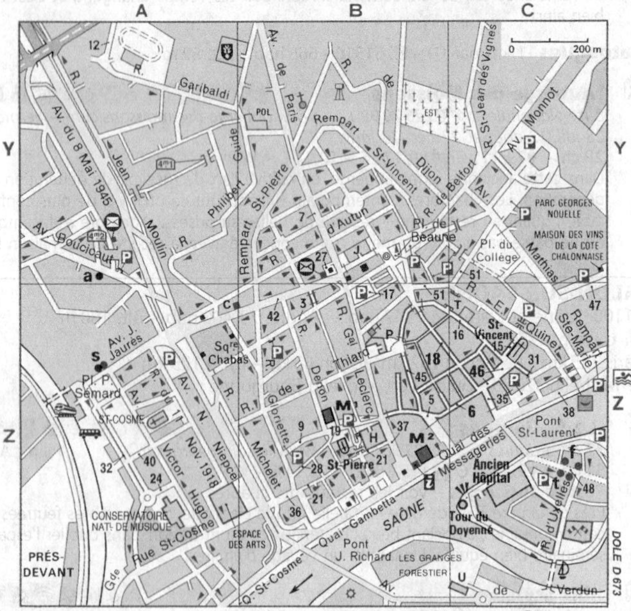

🏠 **À La Villa Boucicaut** sans rest   ৬ 🛜 🔌 **P**
33 bis av. Boucicaut – 𝒞 03 85 90 80 45   Plan : AY**u**
– www.la-villa-boucicaut.fr – Fermé 23 déc.-2 janv.
16 ch – **†**78/99 € **††**78/99 € – ☐ 12 €
Un lieu reposant, à cinq minutes du centre-ville et tout près de la gare. Les propriétaires ont su créer un hôtel élégant et charmant, dont l'esprit évoque une bonbonnière aussi bien qu'une maison de famille. Le petit-déjeuner, excellent, est servi en terrasse aux beaux jours.

✗✗ **Le Bourgogne**   🛜 🅰️ ⇔
☺ *28 r. de Strasbourg – 𝒞 03 85 48 89 18*   Plan : CZ**t**
– www.restau-lebourgogne-chalon.fr – Fermé 1 semaine vacances de fév.,
4-21 juil., sam. midi, dim. soir et lundi
Formule 16 € – Menu 20/34 € – Carte 30/45 €
Cette institution a été reprise par un jeune couple, qui a su mettre en valeur avec goût son cachet rustique (poutres apparentes, cheminée) et perpétuer la tradition d'une cuisine portant fièrement les couleurs de la région. Pour plus d'intimité, on choisit l'un des salons particuliers.

✗✗ **Da Nunzio**   🕸 🛜 🅰️
3 r. de Strasbourg – 𝒞 03 85 48 39 83   Plan : CZ**f**
– www.danunzio-restaurant.com – Fermé merc. et jeudi
Menu 31/42 € – Carte environ 51 €
Une ode à l'Italie, tout en finesse et subtilité... Dans un cadre aux accents vénitiens, on se régale d'une savoureuse cuisine, mettant en valeur de beaux produits français ou italiens (poisson de ligne, agneau de lait, truffe blanche d'Alba, etc.), sans parler des superbes vins transalpins. *Buon appetito !*

✗ **Le Bistrot**   🕸 ৬ 🅰️ ⇔
31 r. de Strasbourg – 𝒞 03 85 93 22 01 – Fermé vacances   Plan : CZ**f**
de fév., 2 semaines en août, sam. midi, dim. et lundi
Menu 26/56 € – Carte 46/58 €
Ce beau néobistrot est vraiment chaleureux... Côté papilles, entre le risotto de noix de Saint-Jacques, la volaille de Bresse, les légumes et fruits rouges du jardin (le chef possède deux potagers en dehors de la ville) et les beaux bourgognes de la cave vitrée, on se régale !

✗ **Chez Jules**   🅰️
☺ *11 r. de Strasbourg – 𝒞 03 85 48 08 34*   Plan : CZ**f**
– www.restaurant-chezjules.com – Fermé 1 semaine vacances de fév., 2 semaines
en août, jeudi soir et dim.
Menu 20/36 € – Carte 28/43 €
Tradition ! Sur l'île St-Laurent, ce Jules très sympathique fait la part belle aux spécialités locales... Et pour les amoureux du sucré, un beau choix de desserts est proposé. On appréciera également l'ambiance animée.

✗ **Le St-Georges** – Hôtel Le St-Georges   🕸 ৬ 🅰️
32 av. J.-Jaurès – 𝒞 03 85 90 80 50 – www.le-saintgeorges.fr   Plan : AZ**s**
Formule 21 € 🍷 – Menu 30 € – Carte 39/56 €
Le St-Georges ? Une agréable brasserie, dont le chef – sous la houlette de Georges Blanc – concocte une cuisine traditionnelle faisant la part belle au terroir, ainsi qu'aux bons petits plats bistrotiers.

à St-Loup-de-Varennes 7 km par ③ – ✉ 71240 – 1 131 hab. – Alt. 186 m

✗✗ **Le Saint-Loup**   🅰️ **P**
☺ *13 rte Nationale 6 – 𝒞 03 85 44 21 58 – www.lesaintloup.fr – Fermé merc. soir*
de sept. à juin, dim. soir et lundi
Formule 19 € – Menu 23 € (déj. en semaine), 31/56 € – Carte 32/74 €
Faites donc une halte gourmande dans cette auberge typiquement bourguignonne, au décor champêtre. Cuisses de grenouilles, ris de veau, œufs en meurette... Les recettes du terroir sont à l'honneur, comme les petits producteurs locaux ! Le tout à deux pas du musée de la photographie Nicéphore-Niépce.

à St-Rémy 4 km à l'Ouest (rte du Creusot) N 6, N 80 et rte secondaire – ⊠ 71100
– 6 293 hab. – Alt. 187 m

ξξξ **L'Amaryllis** (Cédric Burtin)   ⅋ 🕽 ⅋ 🅰🅲 ⇔ 🅿
⅋   *chemin de Martorey – 𝒞 03 85 48 12 98 – www.lamaryllis.com*   Plan : X**k**
     – Fermé 27 oct.-3 nov., 1ᵉʳ-7 janv., mardi midi, dim. soir et lundi
     Menu 28 € (déj. en semaine), 41/97 € – Carte 75/95 €
     Un paisible moulin du 19ᵉ s. baigné par son bief. Cédric Burtin a repris en 2010
     cette table bien connue dans la région, avec un nouveau nom de fleur... pour lais-
     ser s'épanouir une cuisine empreinte d'inventivité, de fraîcheur, et magnifiée par
     un dressage très travaillé. Bon choix de bourgognes.
     → Foie gras poêlé et émulsion de vinaigre balsamique. Couteaux de Bretagne,
     huîtres aux épinards et crème d'ail. Bulle de sucre à la pomme granny smith.

rte de Givry 4 km à l'Ouest sur D 69 – ⊠ 71880

ξξ **Auberge des Alouettes**   🅰🅲
     1 rte de Givry – 𝒞 03 85 48 32 15   Plan : X**e**
     – Fermé 15 juil.-5 août, 6-22 janv., dim. soir, mardi soir et merc.
     Formule 17 € – Menu 21/60 € – Carte 31/74 €
     Sur la route menant aux vignobles de Givry, cette sympathique auberge porte
     haut les saveurs de la région. Bœuf bourguignon, tête de veau, soufflé chaud au
     Grand Marnier... Des recettes généreuses qui se dégustent dans une atmosphère
     conviviale. Cette gentille Alouette a évidemment ses fidèles !

à Dracy-le-Fort 6 km par ⑥ et D 978 – ⊠ 71640 – 1 321 hab. – Alt. 180 m

🏠 **Le Dracy**   ⅋🍽 🕽 ⅋ 🖵 ⅋ 🅰🅲 🛜 🅰 🅿
     4 r. du Pressoir – 𝒞 03 85 87 81 81 – www.ledracy.com
     47 ch – ♦90/150 € ♦♦90/150 € – 🖵 13 € – ½ P
     Rest *La Garenne* – voir les restaurants ci-après
     Un ensemble moderne dans un environnement calme et verdoyant. Les cham-
     bres associent décor soigné et confort contemporain, certaines jouissant même
     d'une terrasse privative face au jardin. Agréable pour une parenthèse au vert.

ξξ **La Garenne** – Hôtel Le Dracy   🕽 🕽 ⅋ ⇔ 🅿
     4 r. du Pressoir – 𝒞 03 85 87 81 81 – www.ledracy.com – Fermé 21 déc.-3 janv.
     Menu 21 € (déj. en semaine), 29/44 € – Carte 45/59 €
     Marbré de lapin à l'estragon, croustillant de pieds de cochon et escargots,
     suprême de volaille et clafoutis aux champignons... Une belle garenne, où l'on
     se régale d'une cuisine traditionnelle soignée et respectueuse des saisons. Pour
     ne rien gâcher, le décor est sobre et élégant.

à Sassenay 9 km au Nord-Est par D 5, rte de Seurre – ⊠ 71530
– 1 555 hab. – Alt. 178 m

ξξ **Le Magny**   🅰🅲 ⇔
     29 Grande-Rue – 𝒞 03 85 91 61 58 – www.lemagny.com – Fermé 5-12 fév.,
     16-23 avril, 1ᵉʳ-20 août, dim. soir, mardi soir et lundi
     Formule 15 € – Menu 23 € (semaine), 30/40 € – Carte environ 45 €
     Cette auberge de village est fort avenante et l'on y mange bien. Escargots, volaille
     de Bresse... Avec de beaux produits, le chef concocte une cuisine régionale allé-
     chante et soignée ; à apprécier, en toute logique, dans un décor rustique.

CHAMAGNE – 88 (Vosges) → voir Charmes

CHAMALIÈRES – 63 (Puy-de-Dôme) → voir Clermont-Ferrand

CHAMANT
⊠ 60300 (Oise) – 915 hab. – Alt. 90 m – Voir carte n°**36-B3**
🖸 Paris 57 km – Amiens 111 km – Beauvais 57 km – Bobigny 44 km
Carte Michelin 305-G5

L'Aunette Cottage sans rest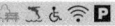

9-11 r. Alain-de-Rothschild – $\mathscr{C}$ *03 44 72 73 47 – www.launettecottage.com*
14 ch – ♦100/145 € ♦♦129/189 € – ☷ 12 €

Nul besoin de partir en Angleterre pour goûter au charme d'un cottage ! Au cœur du village, cet hôtel dispose de chambres confortables, calmes et cosy. Le matin, on prend le petit-déjeuner devant la cheminée. Et dans la journée, on profite du joli jardin. Une bonne adresse.

CHAMBERET

✉ 19370 (Corrèze) – 1 333 hab. – Alt. 450 m – Voir carte n°**25**-C2
▶ Paris 453 km – Guéret 84 km – Limoges 66 km – Tulle 45 km
Carte Michelin 329-L2

Hôtel de France

5 pl. du Marché – $\mathscr{C}$ *05 55 98 30 14 – www.hotelfrancechamberet.fr*
– Fermé 24 déc.-10 janv.
15 ch – ♦48/58 € ♦♦48/58 € – ☷ 8 € – ½ P

L'ambiance est familiale dans cette maison en pierre toute pimpante, située sur la place centrale du village. Des chambres bien tenues, un café apprécié dans les environs, une petite table traditionnelle : un vrai hôtel de France.

CHAMBÉRY

✉ 73000 (Savoie) – 58 437 hab. – Agglo. 180 974 hab. – Alt. 270 m
– Voir carte n°**46**-F2
▶ Paris 562 km – Annecy 50 km – Grenoble 55 km – Lyon 101 km
Carte Michelin 333-I4 – Guide Vert Michelin Alpes du Nord

Hôtel des Princes sans rest

4 r. de Boigne – $\mathscr{C}$ *04 79 33 45 36 – www.hoteldesprinces.com* Plan : B**r**
45 ch – ♦78/118 € ♦♦78/118 € – ☷ 12 €

Nul doute que vous serez reçu, ici, comme un prince ! Au cœur de la cité, cet hôtel abrite des chambres en majorité contemporaines mais aussi d'inspiration africaine et savoyarde... Cité de montagne oblige.

Mercure sans rest

183 pl. de la Gare – $\mathscr{C}$ *04 79 62 10 11 – www.mercure.com* Plan : A**s**
81 ch – ♦89/179 € ♦♦89/179 € – ☷ 19 €

Face à la gare, un hôtel à l'architecture résolument moderne (verre et béton). On s'y repose dans des chambres modernes, spacieuses et bien insonorisées. Lumineuse salle de petit-déjeuner. Cette adresse s'adapte aussi bien à la clientèle d'affaires que touristique.

Le Cinq ⓝ sans rest

22 Faubourg Reclus – $\mathscr{C}$ *04 79 33 51 18* Plan : B**d**
– www.hotel-chambery.com
50 ch – ♦110 € ♦♦140/210 € – 1 suite – ☷ 15 €

Ne tergiversons pas : avec son intérieur design et contemporain, son ambiance feutrée, ses éclairages qui rivalisent d'originalité et sa tenue impeccable, cet hôtel ne manque ni de classe ni de personnalité. En bonus : une piscine intérieure qui vaut le coup d'œil !

XX **Côté Marché** (Alexandre Ongaro)
ॐ *60 r. Vieille-Monnaie –* $\mathscr{C}$ *04 79 85 04 35* Plan : B**a**
– www.cotemarche-restaurant.com – Fermé 2 semaines en mai, 1er-15 sept.,
2-7 janv., dim. et lundi
Menu 29 € 🍷 (déj. en semaine)/58 € *(réservation conseillée)*

Vous ferez bien un tour Côté Marché... Tenu par un jeune couple – lui en cuisine, elle en salle et aux vins –, ce restaurant s'impose comme l'une des bonnes adresses de Chambéry. Derrière les fourneaux, le chef réalise des recettes dans l'air du temps sans pour autant couper les ponts avec le terroir.

➝ Foie gras de canard et lavaret fumé en compression, rhubarbe confite au vinaigre balsamique. Omble chevalier cuit à basse température, royale d'écrevisses et beurre blanc à la verveine citronnée. Brioche à la fève tonka façon pain perdu.

CHAMBÉRY

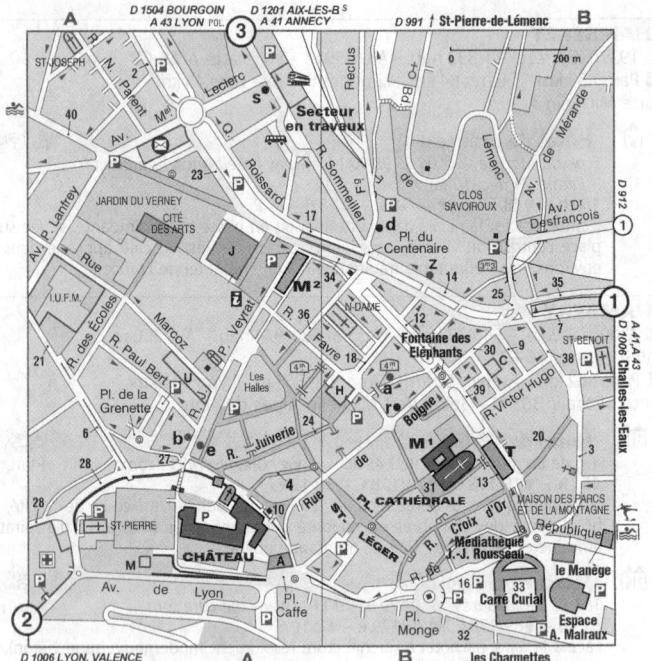

Les Barjots

688 av. Les Follaz, (face au phare), 2 km au Nord-Ouest par D 1A – ✆ 04 79 75 27 99 – www.brasserielesbarjots.fr – Fermé 2 semaines en août, dim. et fériés
Formule 18 € – Menu 29/39 € – Carte 32/72 €

Dans cette grande brasserie contemporaine tenue, entre autres, par deux anciens Barjots – surnom des membres de l'équipe de France de handball –, que les gourmands se rassurent : ça tourne rond ! À table, on savoure une bonne cuisine de brasserie, simple et bien ficelée. Spécialité : les viandes à la plancha.

Brasserie Le Z

12 av. des Ducs-de-Savoie – ✆ 04 79 85 96 87 – www.brasserielez.fr   Plan : B**z**
Menu 28 € – Carte 32/50 €

Le Z a beau être la dernière lettre de l'alphabet, ce restaurant n'est pas en reste quand il s'agit de cuisiner ! Dans un cadre plutôt branché, la carte revisite les spécialités de brasserie. Bon choix de fruits de mer.

Onze Grandes et Trois Petites ⓝ

16 r. Jean-Pierre-Veyrat – ✆ 04 79 62 66 74   Plan : A**b**
– www.onzegrandes.fr – Fermé 14-juil.-31 août, dim. et lundi
Formule 13 € – Menu 18/34 €

Depuis sa réouverture, cette table récolte tous les suffrages, et pour cause ! Un jeune chef qui met sa passion dans des plats gourmands et inspirés, une ambiance à la fois intime et cordiale, un sommelier dont les conseils sont toujours avisés... Quant à ce nom atypique, motus : le mystère reste à éclaircir.

✗ **Ô Pervenches** ⑩ avec ch 🏡 🕅 🛜 � **P**
600 chemin Charmettes – 𝒞 04 79 33 34 26 – www.lespervenches73.fr – Fermé
24 août-6 sept., 22 déc.-11 janv., dim. soir et lundi
9 ch – 🛏70/92 € 🛏🛏70/92 € – � 8,50 € – ½ P
Formule 16 € – Menu 21 € (semaine), 28/46 € – Carte 39/66 €
À deux pas du musée Jean-Jacques Rousseau, dans un vallon délicieusement
bucolique, ce restaurant est désormais le fief d'un jeune couple motivé. La cuisine, goûteuse et bien travaillée, valorise le terroir et revisite les classiques, pour
notre plus grand plaisir ! Pour l'étape, des chambres fraîches et fonctionnelles.

✗ **L'Émulsion** ⑩ 🚻
41 r. Jean-Pierre-Veyrat – 𝒞 04 79 84 24 15 Plan : A**e**
– *www.restaurant-lemulsion.fr – Férmé 3 semaines en août, vacances de Noël,*
dim. et lundi
Formule 17 € – Menu 20 € (déj. en semaine), 35/52 € 🍷
La devanture en arc de pierre incite à pousser la porte... Bonne idée ! Voilà
une table moderne et conviviale, orchestrée par un jeune chef passionné. Il prépare une alléchante cuisine du marché : maquereau mariné aux épices, salade de
chou blanc au wasabi, filet d'omble chevalier, beurre blanc et crozets au beaufort...

à Sonnaz 8 km par ① sur D 991 – ✉ 73000 – 1 559 hab. – Alt. 370 m

✗✗ **Auberge Le Régent** 🏡🏡 🕅 **P**
453 rte d'Aix-les-Bains – 𝒞 04 79 72 27 70 – Fermé 15 août-5 sept., dim. soir,
merc. et fériés le soir
Formule 17 € – Menu 32/55 € – Carte 43/60 €
Ça sent très bon par ici ! Dans cette ancienne ferme savoyarde (19ᵉ s.), on apprécie la cuisine traditionnelle. Aux beaux jours, profitez de la terrasse pour déguster
votre repas à l'ombre des platanes et face au jardin.

à St-Alban-Leysse 4 km par ①, D 1006 et rte secondaire – ✉ 73230
– 5 689 hab. – Alt. 285 m

🏠 **L'Or du Temps** ⑩🛏🚻🛜🚴**P**
814 rte de Plainpalais – 𝒞 04 79 85 51 28 – www.or-du-temps.com – Fermé
10-31 août et 1ᵉʳ-10 janv.
17 ch – 🛏70 € 🛏🛏70 € – ⊋7 € – ½ P
Rest *L'Or du Temps* – voir les restaurants ci-après
Au pied du massif des Bauges, au calme d'un quartier paisible, cette ancienne ferme
accueille des chambres simples et colorées, bien tenues, bref : idéales pour une étape !

✗✗ **L'Or du Temps** 🏡🚴**P**
814 rte de Plainpalais – 𝒞 04 79 85 51 28 – www.or-du-temps.com – Fermé
10-31 août, 1ᵉʳ-10 janv., sam. midi, dim. soir et lundi
Formule 25 € – Menu 37/55 € – Carte 40/70 €
Enseigne poétique pour cette table qui cultive le goût des produits les plus frais
et des recettes dans l'air du temps. Les ingrédients sont bien travaillés, les présentations soignées, et les saveurs au rendez-vous. Sur la grande terrasse à l'ombre
des mûriers, on oublie le temps qui passe...

✗ **Le Panoramic** 🏡**P**
260 chemin des Vignes, à Monterminod – 𝒞 04 79 85 28 99
– *www.lepanoramic73.com – Fermé dim. soir, mardi soir et lundi*
Formule 19 € – Menu 38/63 € – Carte environ 49 € *(réservation conseillée)*
Sur les coteaux de Monterminod, où l'on produit l'excellente roussette de Savoie (vin
blanc sec), ce chalet est bien connu des gourmands. Ici, le jeune chef, d'origine galloise,
réalise une cuisine originale, fine et soignée. Un vrai refuge accroché à la montagne !

à Barberaz 3 km par ①, N 201 (sortie 19 : La Ravoire) – ✉ 73000 – 4 585 hab. – Alt. 315 m

🏘 **Altédia Lodge** ⑩🛜🚴**P**
61 r. de la République – 𝒞 04 79 60 05 00 – www.hotel-altedia.com
36 ch – 🛏82/125 € 🛏🛏82/160 € – 10 suites – ⊋13 € – ½ P
Orange, vert, rouge, cet hôtel récent voit la vie en technicolor ! Fauteuils Louis XVI
revisités par Starck, écrans plats, grand spa, restaurant d'esprit lounge et quelques
chambres familiales dans l'annexe voisine.

à Challes-les-Eaux 7 km par ② par D 1006 et rte secondaire – ✉ 73190
– 5 100 hab. – Alt. 310 m

Château des Comtes de Challes   ⏐◯ ⊗ ≤ 🛏 🎿 🚹 ♿ 🛜 🖐 🄿 🅿
247 montée du Château – 𝒞 *04 79 72 72 72*
– www.chateaudescomtesdechalles.com – Fermé vacances de la Toussaint
48 ch – ♦94/188 € ♦♦128/268 € – 6 suites – ☕ 12 € – ½ P
Rest *Château des Comtes de Challes* – voir les restaurants ci-après
Dans le village de Challes-les-Eaux, on reconnaît ce château du 15ᵉ s. à ses deux
tours en façade. Arbres centenaires, chapelle et, dans trois bâtiments différents,
des chambres spacieuses alliant le cachet de l'histoire et le confort moderne. Et
au chai, dégustation quotidienne de bons crus !

✗✗✗ **Château des Comtes de Challes**   ⊛ 🛏 🎿 ♿ 🄿
247 montée du Château – 𝒞 *04 79 72 72 72*
– www.chateaudescomtesdechalles.com – Fermé vacances de la Toussaint
Formule 24 € – Menu 29 € (semaine), 46/62 € – Carte 66/73 €
Cheminée gothique, poutres anciennes, rideaux épais : un décor cossu et chaleureux, qui se prête idéalement au banquet qui s'annonce ! On se régale d'une cuisine gastronomique empreinte de classicisme, valorisant les produits nobles et
régionaux.

par ③ : 3 km sur D 201 (sortie La Motte-Servolex) – ✉ 73000 Chambéry

Alexander Park   ⏐◯ 🛏 🎿 🚹 ♿ 🄺 🛜 🖐 🄿
51 r. Alexander-Fleming – 𝒞 *04 79 68 60 00 – www.alexanderpark.fr*
100 ch – ♦102/170 € ♦♦102/187 € – ☕ 15 €
À la périphérie d'une zone commerciale proche de la voie rapide, un hôtel très
fonctionnel et parfaitement insonorisé. Idéal pour un déplacement professionnel.

à Chambéry-le-Vieux 5 km par ③ par N 201 et rte secondaire (sortie Chambéry-
le-Haut) – ✉ 73000

Château de Candie   ⏐◯ ⊗ ≤ 🛏 🎿 🚹 🛜 🖐 🄿
533 r. du Bois de Candie – 𝒞 *04 79 96 63 00 – www.chateaudecandie.com*
21 ch – ♦120/350 € ♦♦160/620 € – 4 suites – ☕ 22 € – ½ P
Rest *L'Orangerie* – voir les restaurants ci-après
Dans cette maison forte bâtie au 14ᵉs. par des croisés, l'esprit chevaleresque a
laissé place au sens de l'accueil. Les chambres, cosy, allient styles ancien et
contemporain. À noter : la superbe suite avec jacuzzi dans la tour... À défaut,
vous pourrez profiter de la piscine, agréable à souhait.

✗✗✗ **L'Orangerie** – Hôtel Château de Candie   ⊛ ≤ 🛏 🎿 🄿
533 r. du Bois de Candie – 𝒞 *04 79 96 63 00 – www.chateaudecandie.com*
– Fermé le midi sauf dim. en juil.-août
Menu 29 € (déj. en semaine), 54/65 € – Carte 80/100 €
À la table du Château de Candie, une cuisine dans l'air du temps axée sur des
produits locaux de qualité. Belle sélection de vins savoyards. Agréable moment
dans l'élégante salle habillée de boiseries.

CHAMBOLLE-MUSIGNY
✉ 21220 (Côte-d'Or) – 310 hab. – Alt. 280 m – Voir carte n°**8-D1**
◨ Paris 326 km – Beaune 28 km – Dijon 17 km
Carte Michelin 320-J6 – Guide Vert Michelin Bourgogne

Château André Ziltener sans rest   ⊗ 🛏 🛜 🖐 🄿 🚗
r. de la Fontaine – 𝒞 *03 80 62 41 62 – www.chateau-ziltener.com – Fermé*
30 nov.-15 mars
8 ch ☕ – ♦250 € ♦♦320 € – 2 suites
Le luxe raffiné et sans tapage du style Régence, pour une belle demeure seigneuriale du 18ᵉ s. ! Le bar à vins, élégant comme il se doit, permet de goûter la production du domaine.

✕✕ Le Millésime

1 r. Traversière – ☎ 03 80 62 80 37 – www.restaurant-le-millesime.com – Fermé 1er-15 août, 1er-15 janv., dim. et lundi
Menu 20 € (déj. en semaine), 30/49 € – Carte 40/62 €
Dans ce bistrot de village métamorphosé en restaurant contemporain, le jeune chef, aussi talentueux que sympathique, n'a pas son pareil pour vous mettre en appétit. Il prépare une cuisine actuelle, savoureuse et gourmande, à prix doux ; on l'accompagne de jolis vins de la région. Un bon Millésime !

✕ Le Chambolle

28 r. Caroline-Aigle – ☎ 03 80 62 86 26 – www.restaurant-lechambolle.com – Fermé 16 déc.-8 fév., jeudi soir et merc.
Formule 25 € – Menu 25/35 € – Carte 22/53 € *(réservation conseillée)*
Un lieu chaleureux et rustique (imposante cheminée) pour s'attabler autour de petits plats de terroir accompagnés de vins du village. Accueil tout sourire.

LE CHAMBON-SUR-LIGNON

✉ 43400 (Haute-Loire) – 2 649 hab. – Alt. 967 m – Voir carte n°**6-D3**
▶ Paris 573 km – Annonay 48 km – Lamastre 32 km – Privas 75 km
Carte Michelin 331-H3 – Guide Vert Michelin Ardèche Drôme

Bel Horizon

chemin de Molle – ☎ 04 71 59 74 39 – www.belhorizon.fr – Ouvert 2 mars-29 nov. et fermé dim. soir et lundi sauf juil.-août
30 ch – †85/118 € ††85/118 € – ☐ 12 € – ½ P
Atmosphère décontractée et... priorité aux loisirs, avec un centre de remise en forme très complet (jacuzzi, sauna, salle de sport, soins, etc.). Côté repos, des chambres d'esprit contemporain et des chalets confortables. Cuisine actuelle au restaurant.

à l'Est 3,5 km par D 157 et D 185 – ✉ 43400 Chambon-sur-Lignon

Clair Matin

Les Barandons – ☎ 04 71 59 73 03 – www.hotelclairmatin.com – Fermé 15 nov.-15 fév., lundi et mardi hors saison
25 ch – †80/130 € ††80/130 € – ☐ 13 € – ½ P
Ce chalet isolé est vraiment accueillant, et la vue sur les Cévennes des plus agréables. Pour l'anecdote, la salle à manger est chauffée avec un impressionnant poêle scandinave. Les chambres, quant à elles, ont été rénovées dans un style contemporain. Quiétude et air pur garantis !

CHAMBOULIVE

✉ 19450 (Corrèze) – 1 176 hab. – Alt. 429 m – Voir carte n°**25-C3**
▶ Paris 463 km – Bourganeuf 80 km – Brive-la-Gaillarde 43 km – Seilhac 10 km
Carte Michelin 329-L3 – Guide Vert Michelin Limousin Berry

Deshors Foujanet

9 rte Treignac – ☎ 05 55 21 62 05 – www.deshors-foujanet.com – Fermé 1er janv.-1er avril
20 ch – †60/65 € ††70/75 € – ☐ 8,50 € – ½ P
Au cœur du village, une hostellerie familiale tenue avec soin, où l'on se sent bien ; les chambres sont décorées dans un esprit contemporain, et sont très fonctionnelles. Quand le soleil tape, on se réfugie dans l'agréable piscine, à l'arrière.

CHAMBRETAUD

✉ 85500 (Vendée) – 1 480 hab. – Alt. 214 m – Voir carte n°**34-B3**
▶ Paris 373 km – Angers 85 km – Bressuire 50 km – Cholet 21 km
Carte Michelin 316-K6

Château du Boisniard 🉑 ⌂ ⛵ ⌨ 🌐 ♨ ✕ ⚒ ☎ 📶 ⚐ 🅿

– ✆ *02 51 67 50 01* – *www.chateau-boisniard.com*
27 ch – ☗215/850 € ☗☗215/850 € – 🍽 24 € – ½ P
Rest *La Table du Boisniard* – voir les restaurants ci-après
Tout près du Puy du Fou, un château du 15ᵉ s. avec ses étangs, ses chambres au charme médiéval et ses beaux chalets sur pilotis – à la fois nature et contemporains – disséminés dans le parc. Les amoureux d'échappées vertes et d'histoire seront comblés !

🍴🍴 La Table du Boisniard – Hôtel Château du Boisniard ⌨ ✕ ⚐ 🅿

– ✆ *02 51 67 50 01* – *www.chateau-boisniard.com* – *Fermé 23 fév.-9 mars,*
20 oct.-11 nov., 1ᵉʳ-5 janv., merc. soir, dim. soir et lundi d'oct. à avril
Menu 29 € (semaine), 38/68 € – Carte 55/75 €
La Table du Boisniard, ou le décor d'un château du 15ᵉ s. au service d'une cuisine classique qui flirte parfois avec l'air du temps. Dans l'assiette c'est goûteux, soigné et parfumé. Parmentier de canard délicat, baba au rhum réalisé dans les règles de l'art... On passe un bon moment !

CHAMESOL

✉ 25190 (Doubs) – 405 hab. – Alt. 730 m – Voir carte n°**17-C2**
▶ Paris 453 km – Besançon 91 km – Belfort 43 km – Montbéliard 30 km
Carte Michelin 321-K2

🍴🍴🍴 Mon Plaisir (Christian Pilloud) ⚒ ☎ ✕ 🅿
ۻ *22 lieu-dit Journal* – ✆ *03 81 92 56 17* – *www.restaurant-mon-plaisir.com*
– *Fermé 24 août-8 sept., 21-29 déc., dim. soir, lundi et mardi sauf midi fériés*
Menu 45/83 €
À l'entrée du village, cette accueillante maison de pays est tout entière dédiée à votre plaisir : ambiance cosy (confortable salon, élégante salle à manger bourgeoise) et belle cuisine du chef, fine et harmonieuse.
→ Cuisine du marché.

CHAMONIX-MONT-BLANC

✉ 74400 (Haute-Savoie) – 8 927 hab. – Alt. 1 040 m – Voir carte n°**45**-D1
▶ Paris 610 km – Albertville 65 km – Annecy 97 km – Aosta 57 km
Carte Michelin 328-O5 – Guide Vert Michelin Alpes du Nord

© J.-P. Forget/hemis.fr

Hôtels

 Hameau Albert 1er   🍽 ≤ 🏊 🏊 🔲 ⚙ ⅃₆ 🏨 ૯ 🎕 🛜 🌢 🄿 🚗
38 rte du Bouchet – ℰ 04 50 53 05 09 – www.hameaualbert.fr   Plan : AX**f**
– Fermé 8 nov.-3 déc.
36 ch – ∮160/245 € ∮∮380/600 € – 4 suites – ⌱ 25 €
Rest *Albert 1er* ✿ ✿ **Rest** *La Maison Carrier* 🏵 – voir les restaurants ci-après
Ce véritable hameau associant plusieurs chalets constitue un délicieux havre
montagnard, sous un beau tapis de neige l'hiver, tout en vert tendre aux beaux
jours... Noblesse des matériaux (dont des boiseries de vieux chalets d'alpage) et
chic contemporain, confort extrême et spa d'exception : un sommet de luxe !

 Mont-Blanc   🍽 🏊 🔲 ⚙ ૯ 🛜 🌢 🄿
62 allée du Majestic – ℰ 04 50 53 05 64   Plan : AY**a**
– www.hotelmontblancchamonix.com
38 ch – ∮270/1410 € ∮∮270/1410 € – 2 suites – ⌱ 25 € – ½ P
Rest *Mont-Blanc* – voir les restaurants ci-après
Renaissance de cet hôtel historique, après une rénovation de pied en cap. La
décoratrice Sybille de Margerie a su mettre en valeur tous ses charmes, révélant
la beauté des moulures anciennes et du grand escalier, et jouant partout la carte
d'un chic à la fois contemporain et intemporel... À redécouvrir !

 Grand Hôtel des Alpes sans rest   🔲 ૯ 🛜 🌢 🚗
75 r. du Dr-Paccard – ℰ 04 50 55 37 80   Plan : AY**r**
– www.grandhoteldesalpes.com – Fermé 7 avril-11 juin et 28 sept.-9 déc.
27 ch – ∮190/600 € ∮∮190/600 € – 3 suites – ⌱ 20 €
Ce "grand hôtel" mythique, bâti en 1840, a été merveilleusement restauré. Le
résultat est à la fois intime et raffiné : hall cossu, bar feutré, élégants salons, chambres raffinées et des suites tout en bois rustique. Le tout au cœur de la station.

Auberge du Bois Prin   🍽 ≤ 🏨 ૯ 🛜 🄿 🚗
69 chemin de l'Hermine, (aux Moussoux) – ℰ 04 50 53 33 51   Plan : AZ**a**
– www.boisprin.com – Fermé 20 avril-6 mai et 2 nov.-3 déc.
9 ch – ∮190/335 € ∮∮220/395 € – 4 suites – ⌱ 22 € – ½ P
Rest *Auberge du Bois Prin* ✿ – voir les restaurants ci-après
Ce joli chalet perché sur les hauteurs de la station, offrant une vue imprenable sur
Chamonix et le massif du Mont-Blanc... et c'est d'un calme olympien ! Les chambres ont le goût de la simplicité ; le mobilier classique, les poutres et le lambris
créent une vraie ambiance de chalet montagnard, à l'unisson de l'environnement.

CHAMONIX-MONT-BLANC

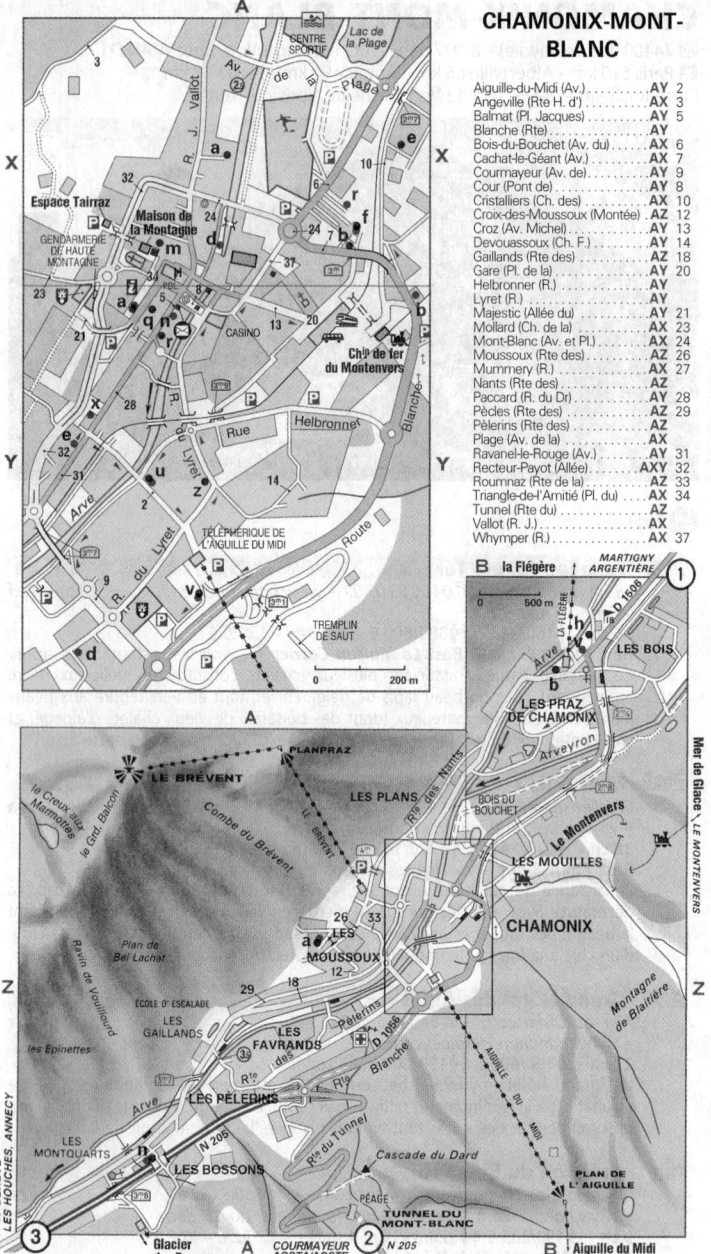

Le Morgane ⏹ ◁ 🔲 ⊕ 🖥 👤 🛜 🅿 🚗

145 av. de l'Aiguille-du-Midi – ☎ *04 50 53 57 15* Plan : AY**u**
– www.morgane-hotel-chamonix.com
56 ch – ♦90/390 € ♦♦90/410 € – ⏦ 15 €
Rest *Le Bistrot* ✿ – voir les restaurants ci-après
La nature est ici pleinement respectée : engagement environnemental (zéro carbone), cadre épuré et beaux matériaux (bois brut, pierre, coton bio). L'hôtel de montagne du 21e s. en quelque sorte. En sous-sol, on trouve spa, hammam, sauna, et même une petite piscine.

 L'Héliopic ⓝ ⏹ 🔲 ⊕ 🖥 👤 🛜 🏔 🚗

50 pl. de l'Aiguille-du-Midi – ☎ *04 50 54 55 56* Plan : AY**v**
– www.heliopic-hotel-spa.com – Fermé 3 semaines en nov.
102 ch – ♦80/320 € ♦♦90/320 € – ⏦ 15 € – ½ P
Rest *L'Héliopic* – voir les restaurants ci-après
Au départ du téléphérique de l'aiguille du Midi, ces deux grands chalets de pierre et de bois nous plongent dans un décor contemporain, parsemé de clins d'œil à l'alpinisme des années 1950. Plaids, coussins et rideaux donnent aux chambres une délicieuse touche vintage ; on passe de longs moments dans le superbe spa...

 Chalet Hôtel Hermitage sans rest ✎ ◁ 👤 🖥 ✗ 🛜 🏔 🅿

63 chemin du Cé – ☎ *04 50 53 13 87* Plan : AX**e**
– www.hermitage-paccard.com – Ouvert 19 juin-17 sept. et 19 déc.-7 avril
21 ch – ♦183/239 € ♦♦183/239 € – 7 suites – ⏦ 17 €
Tout le charme de la tradition montagnarde, réinterprétée dans une veine contemporaine des plus séduisantes. Certaines chambres offrent une très belle vue sur le massif : le tableau est alors complet ! On peut également opter pour les belles suites familiales nichées dans deux petits chalets voisins.

 Auberge du Manoir sans rest ◁ 👤 🛜 🏔 🅿 🚗

8 rte du Bouchet – ☎ *04 50 53 10 77* Plan : AX**b**
– www.aubergedumanoir.com – Fermé 13 avril-13 mai et 1er oct.-16 déc.
18 ch – ♦95/266 € ♦♦108/266 € – ⏦ 15 €
Un hôtel qui a su conserver son charme savoyard ! L'ensemble est décoré avec beaucoup de goût, mêlant boiseries et beaux tissus chaleureux... Au réveil, le petit-déjeuner privilégie les produits régionaux.

 L'Oustalet sans rest ◁ 👤 🏊 🖥 ✗ 🛜 🅿 🚗

330 r. du Lyret – ☎ *04 50 55 54 99 – www.hotel-oustalet.com* Plan : AY**z**
– Fermé mi-mai à mi-juin et mi-oct. à mi-déc.
15 ch – ♦100/147 € ♦♦117/190 € – ⏦ 14 €
Un hôtel sympathique, à la fois chaleureux et moderne, qui cultive totalement l'esprit montagne. Le petit-déjeuner est copieux et de qualité : charcuterie, fromage, œufs, bonnes viennoiseries et yaourt maison. Idéal en famille.

 Park Hotel Suisse ⏹ 🏊 🖥 👤 ✗ 🛜 🏔 🚗

75 allée du Majestic – ☎ *04 50 53 07 58* Plan : AY**q**
– www.chamonix-park-hotel.com – Ouvert 7 juin-27 sept. et 19 déc.-12 avril
64 ch ⏦ – ♦106/371 € ♦♦145/387 € – 2 suites – ½ P
Voilà un hôtel familial aux chambres spacieuses, rénovées dans un style contemporain. Au dernier étage, avec vue panoramique sur le mont Blanc, on trouve sauna, hammam et salon de détente ; puis on plonge dans l'eau délicieusement chaude de la piscine...

🏠 **Le Faucigny** sans rest 👤 🛜 🅿

118 pl. de l'Église – ☎ *04 50 53 01 17* Plan : AX**m**
– www.hotelfaucigny-chamonix.com – Fermé 26 mai-8 juin et 3 semaines en nov.
28 ch – ♦70/190 € ♦♦80/260 € – ⏦ 12 €
En centre-ville, un sympathique petit hôtel aux tons gris, sobre et contemporain, avec un mobilier de style scandinave ; au retour des pistes de ski, on profite du superbe salon-bibliothèque où crépite un feu de cheminée...

Hôtel de l'Arve sans rest 　　　　　　　　　　 ⩽ ⇐ I∆ 🛗 ℥ 🤍 ⑫

60 impasse des Anémones – ℰ 04 50 53 02 31 　　　　　　Plan : AX**a**
– *www.hotelarve-chamonix.com* – *Fermé mi nov.-début déc.*
37 ch – ♦65/170 € ♦♦75/240 € – ⌷ 12 €

Cet hôtel familial propose des chambres de style savoyard, petites mais fonctionnelles, entourées d'un jardinet face au mont Blanc. Pour les loisirs : salle de fitness
bien équipée, mur d'escalade et billard dans le salon.

Restaurants

XXXX **Albert 1er** (Pierre Carrier et Pierre Maillet) – Hôtel Hameau Albert 1er 　　 🕸 ⇐ 🛋

🕸🕸 *38 rte du Bouchet* – ℰ 04 50 53 05 09 – *www.hameaualbert.fr* 　　　　 ⑫
– *Fermé 26 avril-22 mai, 8 nov.-3 déc., mardi midi, jeudi midi et merc.* Plan : AX**f**
Formule 39 € – Menu 60 € (semaine), 85/156 € – Carte 125/175 €

De la subtilité et de l'exigence, des bases classiques interprétées avec finesse, de
beaux produits : cette cuisine raffinée est un plaisir pour les sens, et attire une
clientèle de tous horizons. On se souviendra par exemple de cette canette laquée
au miel de bourgeons de sapin, tout en tendreté et subtilité...
→ Pressé de foie gras de canard, féra mi-fumée et pomme verte. Poitrine de poularde de Bresse pochée et légumes mijotés à la truffe noire. Soufflé chaud à la
Chartreuse verte, glace Chartreuse.

XXX **Mont-Blanc** – Hôtel Mont-Blanc 　　　　　　　　　　　　 ⇐ 🛋

62 allée du Majestic – ℰ 04 50 53 05 64 　　　　　　　　　Plan : AY**a**
– *www.hotelmontblancchamonix.com* – *Fermé lundi du 1er avril au 15 déc.*
Formule 19 € – Menu 29 € (déj. en semaine), 46/95 € – Carte 61/134 €

Une déco contemporaine agréable et chaleureuse signée Sybille de Margerie, un
jeune chef pro et dynamique bénéficiant des conseils de Guy Martin (Le
Grand Véfour, Paris) : le restaurant du Mont-Blanc est né sous de bons auspices ! Dans l'assiette, saveurs franco-italiennes, finesse et couleurs : un programme
alléchant.

XXX **Le Bistrot** (Mickey Bourdillat) – Hôtel Le Morgane 　　　 🕸 🍴 🛋 ⑫

🕸 *151 av. de l'Aiguille-du-Midi* – ℰ 04 50 53 57 64 　　　　　Plan : AY**u**
– *www.lebistrotchamonix.com*
Formule 20 € – Menu 55/85 € – Carte 65/95 €

Vous ferez sans doute un détour par le Bistrot de Mickey Bourdillat, dont la formule déjeuner, à petit prix, attire la moitié de la ville ! La patte du chef ? Une cuisine du marché qui privilégie les produits de saisons, et un soin tout particulier
apporté à la préparation des assiettes. La recette du succès.
→ Tartare de féra du lac Léman, herbes et fromage blanc, jeunes légumes croquants. Tournedos de filet de bœuf, girolles et gnocchis piémontais. Pain perdu,
mirabelles de Lorraine et glace vanille.

XXX **Auberge du Bois Prin** – Hôtel Auberge du Bois Prin 　 ⩽ ⇐ 🍴 🛋 ⇔ ⑫

🕸 *69 chemin de l'Hermine, (aux Moussoux)* – ℰ 04 50 53 33 51 　Plan : AZ**a**
– *www.boisprin.com* – *Fermé 20 avril-6 mai, 2 nov.-3 déc., mardi midi, merc.
midi et lundi*
Formule 29 € – Menu 48/105 € 🍷 – Carte 78/97 €

Une table amoureuse des herbes alpestres et du bio : il n'est qu'à admirer le
potager au pied de l'auberge (dès que le tapis de neige s'estompe). Alliant simplicité et rigueur, art et nature, les assiettes respirent le bon air de la montagne,
comme la vue offerte sur les aiguilles de Chamonix toutes proches !
→ Truite du lac Léman fumée au Bois Prin. Pigeon du Poitou rôti, betterave du
jardin et sauce à la mondeuse. Sphère croustillante caramel et spéculos, compression de pommes de notre verger.

XX **La Maison Carrier** – Hôtel Hameau Albert 1er 　　　　 🕸 🍴 ⑫

🕸 *44 rte du Bouchet* – ℰ 04 50 53 00 03 – *www.hameaualbert.fr* 　Plan : AX**r**
– *Fermé 31 mai-19 juin, 8 nov.-11 déc., lundi sauf juil.-août et fériés*
Formule 20 € – Menu 25 € (déj. en semaine), 31/42 € – Carte 40/70 €

Une ferme typique, reconstruite pièce par pièce au sein du luxueux Hameau
Albert 1er. Lorsque l'on a goûté aux délicieux petits plats mitonnés ici, l'on est
totalement envoûté : élaborés avec de superbes produits du terroir, ils sont généreux, nobles et savoureux, comme l'étaient les recettes de nos grands-mères...

XX **Le Cap Horn** 🛋 ⟳
74 r. des Moulins – ✆ *04 50 21 80 80* Plan : AX**d**
– www.caphorn-chamonix.com
Formule 20 € – Menu 29/39 € – Carte 29/63 €
Un concept original, un restaurant à deux visages : sushi-bar d'un côté, spécialités savoyardes et produits de la mer de l'autre. Un choix varié qui fait la force de l'adresse ! Dans tous les cas, la cuisine est goûteuse, simple et légère, et le service et l'ambiance sont agréablement décontractés.

XX **Atmosphère** 🏖 AC
😊 *123 pl. Balmat –* ✆ *04 50 55 97 97* Plan : AY**n**
– www.restaurant-atmosphere.com
Formule 21 € – Menu 25 € (déj. en semaine), 29/32 € – Carte 37/75 €
Dans le centre-ville, cette adresse qui surplombe l'Arve ne manque pas d'atmosphère : une belle salle claire et des produits travaillés avec justesse, entre tradition savoyarde et fine cuisine d'aujourd'hui. Blanquette de veau à l'ancienne, tzatziki de saumon aux graines de sésame et crème au raifort... On est conquis.

XX **L'Impossible** AC
9 chemin du Cry – ✆ *04 50 53 20 36* Plan : AY**d**
– www.restaurant-impossible.com – Fermé nov., mardi soir hors saison et le midi en semaine
Menu 29 € – Carte 37/57 € *(réservation conseillée)*
À la carte de cette chaleureuse ferme du 18e s., beaucoup d'herbes et d'épices pour une cuisine italienne qui met à l'honneur de superbes produits bio : raviolis aux fèves et pecorino au jus de canard, raviolis de poisson blanc au velouté d'asperges et noix de Saint-Jacques gratinées au miel... Tout est possible !

X **Chez Constant** ⓝ 🛋
😊 *24 av. Ravanel-le-Rouge –* ✆ *04 50 53 96 74 – Fermé 3* Plan : AY**e**
semaines en nov. et merc.
Menu 27/31 € – Carte 38/48 €
Tartare de lieu jaune, féra de nos lacs aux saveurs d'Asie, pannacotta au citron vert... L'équipe en place fait des merveilles, entre bonnes recettes régionales et créations plus actuelles, avec une rigueur exemplaire dans le choix des produits. Et l'ambiance, conviviale, ajoute encore à notre plaisir !

X **Panier des 4 Saisons**
262 r. Dr-Paccard – ✆ *04 50 53 98 77* Plan : AY**x**
– www.restaurant-panierdes4saisons.com – Fermé de fin avril à mi-juin, de fin oct. à mi-déc., mardi et le midi
Menu 31/46 € – Carte 41/64 €
Les quatre saisons s'illustrent avec gourmandise dans ce chaleureux restaurant, qui nous accueille dans un décor de bois délicieusement montagnard. Canette caramélisée au miel, dos de bar et noix de Saint-Jacques grillées, ou encore risotto aux cèpes, y sont des plats incontournables... Traditionnel et bien ficelé !

X **Rèvolâ** 🛋
263 av. Cachat-le-Géant – ✆ *06 30 69 27 55* Plan : AY**b**
– www.revola-chamonix.fr – Fermé 2 semaines en mai, 2 semaines en nov., jeudi midi hors vacances scolaires et merc.
Formule 18 € – Menu 25/43 € – Carte 34/48 €
Le rèvolâ ? En patois savoyard, c'est le repas servi aux ouvriers agricoles pendant les moissons... Comme on l'imagine, la tradition est ici de mise, et avec panache : fraîcheur et soin distinguent chaque assiette. Les deux associés, Jérôme et Eric, ont entièrement imaginé ce restaurant dans des tons gris, noirs et rouges.

X **L'Héliopic** ⓝ *– Hôtel L'Héliopic* 🛋 &
50 pl. de l'Aiguille-du-Midi – ✆ *04 50 54 55 56* Plan : AY**v**
– www.heliopic-hotel-spa.com – Fermé 3 semaines en nov.
Menu 35 € – Carte 35/60 €
Comme l'hôtel, le restaurant nous accueille dans un beau décor tout en épure scandinave, égayé de touches colorées. Poireaux à l'étouffée et sauce carbonara, dos de truite laqué aux épices douces, perle du Japon coco vanille : au dîner, on se délecte de vraies créations de cuisinier, exigeantes et finement réalisées.

445

à Argentière 10 km par ①, D 1506 – ✉ 74400 – Alt. 1 252 m

Grands Montets sans rest
340 chemin des Arberons – ✆ 04 50 54 06 66 – www.hotel-grands-montets.com
– Ouvert 19 juin-30 août et 19 déc.-26 avril
39 ch ⌑ – †120/215 € ††134/275 € – 6 suites
Non loin du téléphérique et au calme, ce beau chalet distille le charme patiné des demeures savoyardes d'antan. Chambres au joli décor montagnard, mais aussi piscine couverte, fitness, hammam et jacuzzi... pour une atmosphère très cocooning.

Montana
24 clos du Montana – ✆ 04 50 54 14 99 – www.hotel-montana.fr
– Ouvert 20 déc.-3 mai et 27 juin-27 sept.
16 ch ⌑ – †150/210 € ††210/410 € – 4 suites – ½ P
Un chalet vert à l'entrée de la station, à l'atmosphère familiale. Certaines chambres ont été joliment rénovées dans un style montagnard, à la fois chic et contemporain. Piscine chauffée, jacuzzi, sauna et hammam offrent un parfait moment de détente.

La Remise
1124 rte d'Argentière – ✆ 04 50 34 06 96 – www.laremise.eu – Fermé
11-28 mai, 18 nov.-8 déc., dim. soir et lundi
Formule 19 € – Menu 31/72 € – Carte 50/75 €
Une Remise charmante et chaleureuse : des poutres, une cheminée et de la gourmandise à tous les étages. En cuisine, Francine concocte des petits plats séduisants, tandis que Sébastien, son mari, assure un accueil charmant. Et pendant l'hiver, la truffe a droit à un menu spécial en son honneur !

au Lavancher 6 km par ①, D 1506 et rte secondaire – ✉ 74400

Le Jeu de Paume
705 rte du Chapeau – ✆ 04 50 54 03 76 – www.jeudepaumechamonix.com
– Ouvert 1er juin-15 sept. et 15 déc.-1er mai
23 ch – †140/300 € ††140/300 € – ⌑ 15 € – ½ P
Rest *Le Rosebud* – voir les restaurants ci-après
En haut d'un hameau pris entre vallée et hauts sommets, cet hôtel possède de nombreux atouts : piscine couverte, sauna, jacuzzi, salons avec cheminée, billard... Son décor traditionnel "tout bois" est plutôt raffiné, et assure à la clientèle un repos sans faille.

Les Chalets de Philippe
700-718 rte du Chapeau – ✆ 06 07 23 17 26 – www.chaletsphilippe.com
13 ch – †130/300 € ††130/300 € – ⌑ 27 € – ½ P
Rest *Les Chalets de Philippe* – voir les restaurants ci-après
Insolite, unique, marquant... Voilà bien un hôtel exclusif ! Cet ensemble de superbes chalets, accrochés à flanc de montagne parmi les sapins, porte l'esprit savoyard à des sommets de charme et de luxe : bois ancien, objets rares, détails délicats, dans un esprit quasi baroque mais avec un goût toujours sûr... Enivrant !

Les Chalets de Philippe – Hôtel Les Chalets de Philippe
700-718 rte du Chapeau – ✆ 06 07 23 17 26 – www.chaletsphilippe.com
Menu 55/160 € *(réservation conseillée)*
Le chef de ces Chalets, un ancien de l'Auberge de l'Ill, prépare des menus dégustation au gré de son inspiration et en fonction du marché. Une belle cuisine, qui sied à cet établissement de charme.

Le Rosebud – Hôtel Le Jeu de Paume
705 rte du Chapeau – ✆ 04 50 54 03 76 – www.jeudepaumechamonix.com
– Ouvert 1er juin-15 sept., 15 déc.-1er mai et fermé mardi midi et merc. midi
Formule 22 € – Menu 35 € – Carte 43/67 €
Le voyage commence face aux montagnes que l'on aperçoit à travers les baies vitrées puis continue à table, entre spécialités régionales, grands classiques et saveurs du monde, presque toujours rehaussés d'herbes et d'épices. Avec une pointe d'exotisme !

aux Praz-de-Chamonix 2,5 km au Nord – ✉ 74400 – Alt. 1 060 m

Le Labrador sans rest
au golf – ℰ 04 50 55 90 09 – www.hotel-labrador.com – Fermé   Plan : BZ**h**
21 avril-7 mai et 19 oct.-6 déc.
33 ch – †97/300 € ††175/300 € – 2 suites – ⌷ 14 €
Ce grand chalet tout en bois, aux allures scandinaves, est situé en plein cœur du golf de Chamonix. Les chambres sont habillées de matériaux nobles, la vue sur le mont Blanc et la vallée est superbe. Un grand bol d'oxygène !

Les Lanchers
1459 rte des Praz – ℰ 04 50 53 47 19   Plan : BZ**b**
– www.hotel-lanchers-chamonix.com – Fermé 11 nov.-17 déc.
19 ch – †75/105 € ††85/130 € – ⌷ 11 € – ½ P
Des fresques typiques de la région égayent la façade de ce petit hôtel familial qui a trouvé un nouveau souffle à travers une rénovation complète et même la création d'une extension d'esprit contemporain. Cuisine traditionnelle au restaurant.

La Cabane des Praz
23 rte du Golf – ℰ 04 50 53 23 27   Plan : BZ**v**
– www.restaurant-cabane.com
Formule 21 € – Menu 29/39 € – Carte 36/68 €
Superbement rénovée, cette élégante cabane en rondins est à la fois chic et décontractée. L'ambiance est chaleureuse, que ce soit dans le salon avec cheminée ou sur la terrasse. En cuisine, le registre actuel rencontre la tradition et le terroir : tarte fine au reblochon, agneau fondant au miel... Efficace !

aux Bossons 3,5 km au Sud – ✉ 74400 – Alt. 1 005 m

Aiguille du Midi
479 chemin Napoléon – ℰ 04 50 53 00 65   Plan : AZ**n**
– www.hotel-aiguilledumidi.com – Fermé 6 avril-22 mai et 20 sept.-19 déc.
39 ch – †70/158 € ††76/158 € – ⌷ 13 € – ½ P
Rest *Aiguille du Midi* – voir les restaurants ci-après
Dans cet hôtel bâti en 1908, préférez les chambres récemment rénovées : dans un style montagnard contemporain, sobres et bien aménagées, elles sont très confortables. Le salon panoramique offre une magnifique vue sur le glacier des Bossons.

Aiguille du Midi
479 chemin Napoléon – ℰ 04 50 53 00 65   Plan : AZ**n**
– www.hotel-aiguilledumidi.com – Fermé 6 avril-22 mai, 20 sept.-19 déc. et merc. midi hors saison
Formule 20 € – Menu 24/53 € – Carte 19/59 €
Les légumes du potager de cet hôtel-restaurant se retrouvent directement dans de belles spécialités savoyardes et traditionnelles : ravioles du Dauphiné, filet d'omble-chevalier au beurre blanc, omelette au beaufort d'été... Sans oublier le plateau de fromages !

CHAMOUILLE – 02 (Aisne) ➜ voir Laon

CHAMPAGNAC-DE-BELAIR – 24 (Dordogne) ➜ voir Brantôme

CHAMPAGNÉ
✉ 72470 (Sarthe) – 3 795 hab. – Alt. 53 m – Voir carte n°**35**-D1
◗ Paris 205 km – Alençon 67 km – Le Mans 14 km – Nantes 204 km
Carte Michelin 310-L6

Le Cochon d'Or
49 rte de Paris, D 323 – ℰ 02 43 89 50 08 – Fermé 29 juil.-19 août, lundi et le soir sauf sam.
Formule 18 € – Menu 22 € (déj. en semaine), 30/35 € – Carte 38/52 €
Le marché, les saisons, la tradition et le sens des produits : voilà le credo du chef, Thierry Janvier, qui concocte une cuisine savoureuse, généreuse et fine ; à l'image de ces rognons de veau à la moutarde, du saumon fumé "maison", de ce filet de bœuf poêlé au vin de Chinon, etc. En prime, l'accueil est... en or !

CHAMPAGNEUX – 73 (Savoie) ➜ voir St-Genix-sur-Guiers

CHAMPAGNEY – 70 (Haute-Saône) → voir Ronchamp

CHAMPAGNOLE
✉ 39300 (Jura) – 8 058 hab. – Alt. 541 m – Voir carte n°**16-B3**
🚩 Paris 420 km – Besançon 66 km – Dole 68 km – Genève 86 km
Carte Michelin 321-F6 – Guide Vert Michelin Franche-Comté Jura

🏨 **Le Bois Dormant**
rte de Pontarlier, 1,5 km – ℰ 03 84 52 66 66 – www.bois-dormant.com
– Fermé 21-27 déc.
40 ch – †76 € ††87 € – ⚏ 11 € – ½ P
Dans un parc arboré, un hôtel au décor chaleureux. Bois blond, tons pastel... les chambres sont actuelles et pratiques ; il y a aussi une très jolie piscine côté jardin (avec jacuzzi, hammam et sauna) et un restaurant traditionnel !

rte de Genève 8 km au Sud – ✉ 39300 Champagnole

XX **Auberge des Gourmets** avec ch
1 la Billaude du haut, par N 5 – ℰ 03 84 51 60 60
– www.auberge-des-gourmets-jura.fr – Fermé 1er déc.-5 fév., dim. soir et lundi hors saison
6 ch – †80/95 € ††95/135 € – ⚏ 11 € – ½ P   Menu 28/49 € – Carte 37/66 €
Dans cette jolie maison colorée, on sert une cuisine de tradition bonne et bien faite... Le cadre est chaleureux, élégant et, pour prolonger l'étape, les chambres sont coquettes (plus calmes côté terrasse).

CHAMPAGNY-EN-VANOISE
✉ 73350 (Savoie) – 657 hab. – Alt. 1 240 m – Voir carte n°**45-D2**
🚩 Paris 625 km – Albertville 44 km – Chambéry 94 km – Moûtiers 19 km
Carte Michelin 333-N5 – Guide Vert Michelin Alpes du Nord

🏨 **L'Ancolie**
Les Hauts du Crey – ℰ 04 79 55 05 00 – www.hotel-ancolie.com
– Ouvert 21 juin-5 sept. et 21 déc.-11 avril
31 ch – †74/125 € ††74/150 € – ⚏ 11 € – ½ P
La fleur sauvage a prêté son nom à cet hôtel perché sur les hauteurs, dernier lieu de vie avant les pistes ! L'étape est toute trouvée pour les skieurs et les randonneurs, qui apprécieront là un hébergement à la fois fonctionnel et confortable, avec un restaurant d'esprit savoyard.

🏠 **Les Glières**
à Planchamp – ℰ 04 79 55 05 52 – www.hotel-glieres.com
– Ouvert 4 juil.-16 août et 19 déc.-12 avril
17 ch – †70/110 € ††80/155 € – ⚏ 12 € – ½ P
Non loin de la télécabine, dans un groupement de chalets bordant la station, des chambres mignonnes et chaleureuses, où dominent le bois et la couleur rouge. Après une journée sportive, il fait bon s'installer devant la cheminée du salon...

CHAMPCEVINEL – 24 (Dordogne) → voir Périgueux

CHAMPEIX
✉ 63320 (Puy-de-Dôme) – 1 345 hab. – Alt. 456 m – Voir carte n°**5-B2**
🚩 Paris 440 km – Clermont-Ferrand 30 km – Condat 49 km – Issoire 14 km
Carte Michelin 326-F9 – Guide Vert Michelin Auvergne

à Montaigut-le-Blanc 3 km à l'Ouest par D 996 – ✉ 63320 – 800 hab. – Alt. 500 m

🏠 **Le Chastel Montaigu** sans rest
au château – ℰ 04 73 96 28 49 – www.lechastelmontaigu.com – Ouvert d'avril à oct.
4 ch ⚏ – †140/170 € ††145/190 €
L'originalité de cette maison d'hôtes haut perchée : ses superbes chambres (lits à baldaquin) situées dans un donjon crénelé, avec vue plongeante sur les monts Dore et le Forez.

CHAMPIGNÉ

✉ 49330 (Maine-et-Loire) – 2 064 hab. – Alt. 25 m – Voir carte n°**35**-C2
▶ Paris 287 km – Angers 24 km – Château-Gontier 24 km – La Flèche 41 km
Carte Michelin 317-F3

au Nord-Ouest 3 km par D 768 et D 190 - ✉49330 Champigné

🏠 Château des Briottières   🔟 ⅋ 🐚 ⅃ ✖ 🛜 ⅍ 🅿

*voie Hercule-Charnacé, 4 km au Nord-Ouest par D 768, D 190 et rte secondaire
– ☏ 02 41 42 00 02 – www.briottieres.com – Ouvert avril-oct.*
17 ch – ♦169/210 € ♦♦169/350 € – ☲ 20 €
Un raffinement très 18e s. règne dans ce château familial entouré d'un parc avec
un étang. Chambres et salons sont décorés avec style et, le soir, on dîne aux
chandelles.

CHAMPILLON – 51 (Marne) ➜ voir Épernay

CHAMPLIVE

✉ 25360 (Doubs) – 266 hab. – Alt. 404 m – Voir carte n°**17**-C1
▶ Paris 438 km – Besançon 24 km – Lausanne 121 km
Carte Michelin 321-H3

✖✖ Auberge du Château de Vaite avec ch   🐚 🛏 🛜 🅿

– ☏ 03 81 55 20 66 – www.auberge-chateau-vaite.com – Fermé 23 déc.-3 fév.
9 ch – ♦60 € ♦♦70/80 € – ☲ 9 € – ½ P   Formule 13 € – Menu 23/40 €
Une ancienne ferme au cœur du village ? Oui, mais surtout un restaurant
moderne, dont le mur végétal en fait une curiosité dans la région ! Dans l'assiette,
on retrouve toujours la même cuisine traditionnelle bien tournée (truites, grenouilles, etc.). Thèmes décalés dans les chambres (blanc, nature, salle de jeux...).

CHAMPTOCEAUX

✉ 49270 (Maine-et-Loire) – 2 387 hab. – Alt. 68 m – Voir carte n°**34**-B2
▶ Paris 357 km – Ancenis 9 km – Angers 65 km – Beaupréau 30 km
Carte Michelin 317-B4 – Guide Vert Michelin Châteaux de la Loire

🏠 Le Champalud   🔟 🛏 ⅍ 🛜 ⅍

1 pl. du Chanoine-Bricard – ☏ 02 40 83 50 09 – www.lechampalud.com
19 ch – ♦63/109 € ♦♦63/109 € – ☲ 10 € – ½ P
Dans ce petit village des bords de Loire, on reconnaît cet hôtel sympathique à sa
longue véranda verte faisant face à l'église. D'apparence moderne, il abrite des
chambres ayant gardé un caractère classique et atypique, avec leurs poutres et
leurs vieilles pierres. Restaurant et bar-brasserie pour les repas.

CHANAS

✉ 38150 (Isère) – 2 339 hab. – Alt. 150 m – Voir carte n°**43**-E2
▶ Paris 512 km – Grenoble 89 km – Lyon 57 km – St-Étienne 75 km
Carte Michelin 333-B6

🏠 Mercure   🔟 ✖ 🛏 ⅍ 🄰 🛜 ⅍ 🅿

à l'échangeur A 7 – ☏ 04 74 84 27 50 – www.mercure.com
42 ch – ♦79/120 € ♦♦79/120 € – ☲ 15 €
La proximité de l'autoroute rend cet hôtel pratique pour poser ses valises au
cours d'un passage dans la région. On apprécie les chambres, claires, bien équipées, et la possibilité de se restaurer (carte traditionnelle). Simple et bien tenu !

CHANCELADE – 24 (Dordogne) ➜ voir Périgueux

CHANDAI

✉ 61300 (Orne) – 670 hab. – Alt. 200 m – Voir carte n°**33**-C3
▶ Paris 129 km – L'Aigle 10 km – Alençon 72 km – Chartres 71 km
Carte Michelin 310-N2

✕✕ L'Écuyer Normand

23 rte de Paris, D 926 – ✆ 02 33 24 08 54 – www.ecuyer-normand.com – Fermé merc. soir, dim. soir et lundi
Formule 16 € – Menu 21 € (déj. en semaine), 31/45 € – Carte 42/74 €
(réservation conseillée)
Le pays du percheron n'est pas si loin et cet Écuyer – une jolie auberge en brique et pierre – pourrait très bien arborer sur son blason cet animal emblématique, qui incarne autant la puissance que la douceur : de fait, la carte exalte le goût du terroir avec finesse et élégance. Le chef est un vrai artisan... À cheval !

CHANDOLAS

✉ 07230 (Ardèche) – 478 hab. – Alt. 115 m – Voir carte n°**44**-A3
◗ Paris 662 km – Alès 43 km – Aubenas 34 km – Privas 66 km
Carte Michelin 331-H7

⌂⌂ Auberge les Murets ⏸ ▭ ◷ ⌑ ⌁ ⌗ ◲ 🛜 P

D 104, quartier Langarnayre – ✆ 04 75 39 08 32 – www.aubergelesmurets.com – Fermé 30 nov.-18 déc. et 5 janv.-6 fév.
10 ch – †75/100 € ††75/100 € – ⭳ 10 € – ½ P
Rest *Auberge les Murets* – voir les restaurants ci-après
Les vignes et la nature à perte de vue pour cette jolie ferme cévenole du 18ᵉ s., avec ses chambres pimpantes, dont trois plus spacieuses et contemporaines. Bel espace détente : sauna, jacuzzi... Un endroit très sympathique !

✕✕ Auberge les Murets ⏸ ⏪ P

D 104, quartier Langarnayre – ✆ 04 75 39 08 32 – www.aubergelesmurets.com – Fermé 30 nov.-18 déc., 5 janv.-6 fév., lundi sauf le soir d'avril à oct. et mardi de nov. à mars
Formule 17 € – Menu 21/42 € – Carte 25/35 €
Des voûtes et... le terroir ! La cuisine du chef, préparée en toute simplicité, joue agréablement avec la tradition et, l'été, il fait bon s'installer sous le mûrier.

CHANTEMERLE – 05 (Hautes-Alpes) → voir Serre-Chevalier

CHANTILLY

✉ 60500 (Oise) – 10 959 hab. – Alt. 59 m – Voir carte n°**36**-B3
◗ Paris 51 km – Beauvais 55 km – Compiègne 44 km – Meaux 53 km
Carte Michelin 305-F5 – Guide Vert Michelin Île-de-France

⌂⌂⌂⌂ Auberge du Jeu de Paume ⏸ ▭ ◉ ⌧ ⌨ ⌑ ⌁ 🛜 ⌗ ◲ ◷

4 r. du Connétable – ✆ 03 44 65 50 00 – www.aubergedujeudepaumechantilly.fr
68 ch – †205/585 € ††305/895 € – 24 suites – ⭳ 32 € – ½ P
Rest *La Table du Connétable* ❀❀ – voir les restaurants ci-après
Beaucoup de raffinement dans ce luxueux établissement inauguré fin 2012 au sein du Domaine de Chantilly, entre les Grandes Écuries et le château. Les chambres spacieuses et à l'élégance classique (avec vue sur la ville ou le parc), les deux restaurants, le spa de 600 m²... tout est princier.

✕✕✕✕ La Table du Connétable – Auberge du Jeu de Paume ⌑ ⏸ ⌗ ◷

❀❀ *4 r. du Connétable – ✆ 03 44 65 50 00 – www.aubergedujeudepaumechantilly.fr – Fermé 3 semaines en août, 2 semaines en janv., mardi midi, merc. midi, jeudi midi, dim. et lundi*
Menu 68 € (déj.), 105/155 € – Carte 100/175 €
Au sein de la luxueuse Auberge du Jeu de Paume, sur le domaine du château, cette table feutrée et distinguée cultive l'excellence : dans chaque assiette, le jeune chef, Arnaud Faye, allie avec grande subtilité classicisme et originalité, harmonie et vivacité des saveurs, beaux produits et exécution soignée. Tout en finesse...
→ Bœuf maturé en deux services. Homard cuit en cocotte à la verveine, courgettes et cerises étuvées à l'amande fraîche. Vanille de Tahiti en déclinaison et meringue craquante.

à Apremont 6 km au Nord par D 606 – ⊠ 78200

XX **Auberge La Grange aux Loups** avec ch
*8 r. du 11 Novembre – ℰ 03 44 25 33 79 – www.lagrangeauxloups.com – Fermé
25 août-7 sept., 2-16 janv., dim. soir et lundi*
4 ch – †85 € ††85 € – ⊑ 10 €
Formule 23 € – Menu 28 € (semaine), 53/59 € – Carte 56/77 €
Auberge villageoise logée sous les poutres et solives d'une jolie salle rustique
(cheminée centrale). Terrasse d'été et choix classique à la carte. Chambres calmes
et bien tenues, installées dans une dépendance.

rte d'Apremont au Nord-Est par D 606

🏨 **Dolce Chantilly**
à 3 km – ℰ 03 44 58 47 77 – www.dolcechantilly.com – Fermé vacances de Noël
200 ch – †209/309 € ††309/520 € – ⊑ 23 € – ½ P
Rest Donatello – voir les restaurants ci-après
Dans ce resort avec golf, terrain de polo, espace détente et salles de séminaire,
on se met au vert... Et dans les chambres de ce grand bâtiment d'inspiration
classique, spacieuses et modernes, un fil rouge logique vers Chantilly : le cheval.

XXX **Donatello** – Hôtel Dolce Chantilly
*à 3 km – ℰ 03 44 58 47 57 – www.dolcechantilly.com – Fermé vacances
de Noël, août, dim., lundi et le midi*
Menu 36 € (semaine)/78 € – Carte 56/69 €
Au cœur du Dolce Chantilly Resort, le Carmontelle est devenu Donatello... et met
le cap sur de nouveaux horizons ! Dans un cadre toujours aussi plaisant – avec la
jolie vue sur le golf –, on déguste une cuisine moderne, fraîche et bien réalisée,
qui évolue au rythme des saisons.

à Montgrésin 5 km au Sud-Est par D 924ᴬ – ⊠ 60560

🏨 **Relais d'Aumale**
*37 pl. des Fêtes-Delaunay – ℰ 03 44 54 61 31 – www.relais-aumale.fr – Fermé
23 déc.-2 janv.*
22 ch – †99/165 € ††99/165 € – 2 suites – ⊑ 14 €
Rest Relais d'Aumale – voir les restaurants ci-après
Cet ancien pavillon de chasse du duc d'Aumale se niche dans un jardin, à l'orée
de la forêt de Chantilly. Les chambres sont confortables et ont été joliment décorées par Stafan Lauters, un designer suédois (tons passés, velours). Et l'on profite du calme !

XX **Relais d'Aumale**
*37 pl. des Fêtes-Delaunay – ℰ 03 44 54 61 31 – www.relais-aumale.fr – Fermé
23 déc.-2 janv.*
Formule 29 € – Menu 39 € (déj. en semaine) – Carte 59/89 €
Dans ce restaurant, deux styles de déco : l'une actuelle, l'autre châtelaine avec
boiseries, plafond à la française et tableaux. La cuisine, réalisée par un jeune
chef, est bien dans son époque et n'oublie jamais ses bases traditionnelles.

à Gouvieux 4 km à l'Ouest par D 909 – ⊠ 60270 – 9 409 hab. – Alt. 26 m

🏨 **Château de la Tour**
chemin du Château-de-la-Tour – ℰ 03 44 62 38 38 – www.lechateaudelatour.fr
41 ch ⊑ – †129/309 € ††129/309 € – ½ P
Rest Château de la Tour – voir les restaurants ci-après
Pour se mettre au vert pas trop loin de Paris, cette belle demeure du début du
20ᵉ s., cachée dans un joli parc de 5 ha, est tout indiquée. À l'intérieur, un salon
très "british", avec fauteuil club, bar en bois et billard, et des chambres classiques
et spacieuses.

🏨 **Le Pavillon St-Hubert**
à Toutevoie – ℰ 03 44 57 07 04 – www.pavillon-saint-hubert.com – Fermé 2-30 janv.
18 ch – †70/90 € ††70/90 € – ⊑ 9 € – ½ P
Rest Le Pavillon St-Hubert – voir les restaurants ci-après
On accède à cette maison de caractère, blanche et fleurie, par son joli jardin situé
au bord de l'Oise. Les chambres sont relativement petites mais confortables, avec
de jolies teintes douces.

XXX **Château de la Tour** – Hôtel Château de la Tour

chemin du Château-de-la-Tour – ✆ 03 44 62 38 38 – www.lechateaudelatour.fr – Fermé merc. midi, jeudi midi et vend. midi

Formule 30 € – Menu 35 € (déj. en semaine), 50/98 € – Carte 53/71 €

Dans cette superbe bâtisse de style anglo-normand, hauts plafonds ouvragés et cheminées en pierre blanche servent de cadre à une cuisine au goût du jour : velouté de potiron, œufs de caille et chips de chorizo, dos de cabillaud rôti et spaghettis à la coriandre, pain perdu à la sauce caramel et beurre salé...

XX **Le Pavillon St-Hubert** – Hôtel Le Pavillon St-Hubert

à Toutevoie – ✆ 03 44 57 07 04 – www.pavillon-saint-hubert.com – Fermé 2-30 janv., dim. soir, mardi midi et lundi

Menu 28 € (semaine), 37/45 € – Carte 52/75 €

Un restaurant meublé dans un style plutôt classique ; l'été, de la terrasse dressée à l'ombre des tilleuls, on regarde passer lentement les péniches. Carte et menus proposent des recettes de grande tradition : foie gras, sole meunière, ris de veau...

rte de Creil 4 km au Nord – ✉ 60740 St-Maximin

XXX **Le Verbois**

6 r. La Grande-Folie, D 1016 – ✆ 03 44 24 06 22 – www.leverbois.com – Fermé 13-27 août, 5-19 janv., dim. soir et lundi

Menu 30 € (déj. en semaine), 39/75 € – Carte 79/111 €

À l'orée de la forêt, cet ancien relais de chasse (1886) a délaissé les oripeaux bourgeois pour un intérieur sobre et contemporain, toujours élégant. Dans la belle véranda cernée par le jardin, on se régale d'une bonne cuisine du marché rythmée par les saisons (gibier notamment).

CHANTONNAY

✉ 85110 (Vendée) – 8 255 hab. – Alt. 58 m – Voir carte n°**34**-**B3**

Paris 410 km – Cholet 53 km – Nantes 79 km – La Roche-sur-Yon 34 km

Carte Michelin 316-J7

Manoir de Ponsay

7 km à l'Est par rte de Pouzauges (D 960) et rte secondaire (à Puybéliard direction St-Mars-des-Prés) – ✆ 02 51 46 96 71 – www.manoirdeponsay.com – Ouvert avril-sept.

5 ch – †66/180 € ††66/180 € – ☕ 10 €

Pour jouir de la vie de château en pleine nature, ce manoir classé, transmis de père en fils depuis 1644, est idéal. Les chambres sont spacieuses et chargées d'histoire. Et dès que le temps le permet, on profite du parc, où trône un magnifique cèdre bicentenaire... À la table d'hôte, cuisine familiale.

CHAOURCE

✉ 10210 (Aube) – 1 106 hab. – Alt. 150 m – Voir carte n°**13**-**B3**

Paris 196 km – Auxerre 66 km – Bar-sur-Aube 58 km – Châtillon-sur-Seine 52 km

Carte Michelin 313-E5 – Guide Vert Michelin Champagne Ardenne

Le Cadusia

21 rte de Troyes – ✆ 03 25 42 10 10 – www.le-cadusia.com

19 ch – †67/70 € ††70/75 € – ☕ 10 € – ½ P

À la sortie de Chaource, sur la route de Troyes, cet hôtel créé en 2010 propose des chambres fonctionnelles, au style résolument contemporain, et abrite un restaurant doublé d'une rôtisserie. Une étape utile.

à Maisons-lès-Chaource 6 km au Sud-Est par D 34 – ✉ 10210 – 186 hab. – Alt. 235 m

Aux Maisons

11 r. des AFN – ✆ 03 25 70 07 19 – www.logis-aux-maisons.com – Fermé dim. soir

20 ch – †78/88 € ††78/88 € – ☕ 12 € – ½ P

Au centre du village, la même famille tient cet hôtel-restaurant traditionnel depuis quatre générations ! Les chambres sont confortables, fonctionnelles et donnent sur la piscine ou les prairies, où gambadent parfois des chevaux.

LA CHAPELLE-ACHARD

✉ 85150 (Vendée) – 1 782 hab. – Alt. 36 m – Voir carte n°**34**-B3

◨ Paris 444 km – Nantes 89 km – La Rochet-sur-Yon 22 km

Carte Michelin 316-G8

🔢 **Vendée Mer** sans rest   🎦 ᴄ 📺 🛜 🎿 **P P**

r. Michel-Belin, Les Landes, (ZA Sud-Est des Achards), 2 km au Nord par D 21
– 𝒞 02 51 98 85 85 – www.hotelvendeemer.com – Fermé 24 déc.-2 janv.

41 ch – †65/155 € ††65/155 € – 2 suites – ☑ 10 €

Dans une zone industrielle et commerciale, cet hôtel flambant neuf vous accueille
dans un hall clair et agréable, très épuré ; à l'étage, de grandes chambres fonctionnelles vous attendent. Et il y a même une salle de fitness, pour les amateurs !

LA CHAPELLE-AUX-CHASSES

✉ 03230 (Allier) – 211 hab. – Alt. 225 m – Voir carte n°**6**-C1

◨ Paris 294 km – Bourbon-Lancy 22 km – Decize 25 km – Moulins 21 km

Carte Michelin 326-I2

ℵℵ **Auberge de la Chapelle aux Chasses**   🕸 🍽 🪑 ᴄ

– 𝒞 04 70 43 44 71 – www.aubergedelachapelleauxchasses.com
– Fermé vacances de fév., de la Toussaint, mardi et merc.

Formule 18 € – Menu 23 € (semaine), 30/72 € *(réservation conseillée)*

De cet ancien presbytère, les gourmands ont fait leur repaire ! Dans un cadre rustique, on déguste une appétissante cuisine du moment, qui évolue au gré des
saisons : lasagnes de jarret de veau mijoté à la tomate, risotto aux langoustines
et asperges... L'été, on profite de la terrasse ouverte sur le jardin.

LA CHAPELLE-D'ABONDANCE

✉ 74360 (Haute-Savoie) – 849 hab. – Alt. 1 020 m – Voir carte n°**46**-F1

◨ Paris 600 km – Annecy 108 km – Châtel 6 km – Évian-les-Bains 29 km

Carte Michelin 328-N3 – Guide Vert Michelin Alpes du Nord

🏨 **Les Cornettes**   🔟 🍽 📺 🌐 🎦 🛋 🛜 🎿 **P**

– 𝒞 04 50 73 50 24 – www.lescornettes.com – Fermé de mi-avril à
début mai et de mi-oct. à mi-déc.

45 ch – †80/120 € ††125/165 € – ☑ 14 € – ½ P

Rest *Les Cornettes*🕸 – voir les restaurants ci-après

Une affaire de famille depuis 1894 : cinq générations ont forgé cet hôtel-restaurant
plein de vie, qui abrite même un musée savoyard ! Les chambres sont accueillantes
et bien tenues, le restaurant honore le terroir local. Une corne d'abondance...

🔢 **Les Gentianettes**   🔟 🍽 📺 🪑 ᴄ 🛜 **P**

rte de Chevenne – 𝒞 04 50 73 56 46 – www.gentianettes.fr – Ouvert de mi-mai à
mi-sept. et de mi-déc. à fin mars

36 ch – †99/189 € ††99/189 € – ☑ 14 € – ½ P

Rest *Les Gentianettes*🕸 – voir les restaurants ci-après

Meubles en sapin sculpté, cloches de vache et objets anciens célébrant la vie
montagnarde : ce chalet a du cachet ! Les chambres sont charmantes, bien équipées, et l'accueil et le service sont particulièrement agréables.

🔢 **L'Ensoleillé**   🔟 🍽 📺 🪑 ᴄ 🛜 **P**

– 𝒞 04 50 73 50 42 – www.hotel-ensoleille.com – Ouvert de mi-mai à mi-sept. et
de mi-déc. à mi-avril

40 ch – †85/150 € ††95/165 € – ☑ 13 € – ½ P

Rest *L'Ensoleillé* – voir les restaurants ci-après

Aux commandes de ce chalet ? Une famille dynamique qui entretient de belles
chambres spacieuses, au style contemporain et montagnard ; pour se remettre en
forme, on profite d'un hammam et d'une piscine couverte. Un agréable moment !

ℵℵ **Les Gentianettes** – Hôtel Les Gentianettes   🪑 ᴄ ♻ **P**

🕸   *rte de Chevenne – 𝒞 04 50 73 56 46 – www.gentianettes.fr – Ouvert de mi-mai à*
mi-sept. et de mi-déc. à fin mars

Formule 20 € – Menu 25 € (déj. en semaine), 32/69 € – Carte 46/78 €

La neige, la montagne, l'envie de paresser près de la cheminée autour de jolis
plats... Ici, pas d'esbroufe, mais une cuisine traditionnelle pleine de finesse : les
travers de porc laqués, accompagnés de confit de cochon fermier de la vallée,
sont fameux. Et côté carnotzet, honneur aux spécialités savoyardes.

XX **L'Ensoleillé** – Hôtel L'Ensoleillé 🖨 🗟 ⅙ **P**
– ℰ 04 50 73 50 42 – www.hotel-ensoleille.com – Ouvert de mi-mai à mi-sept. et de mi-déc. à mi-avril et fermé le mardi
Formule 17 € – Menu 23/42 € – Carte 36/59 €
Cet imposant chalet n'a pas volé son nom : il jouit de l'ensoleillement exceptionnel de la vallée. On y apprécie une bonne cuisine du terroir alpin : savoureuses tommes, charcuteries salées et séchées par le patron en personne, etc.

XX **Les Cornettes** – Hôtel Les Cornettes 🖨 🗟 **P**
🙂 – ℰ 04 50 73 50 24 – www.lescornettes.com – Fermé de mi-avril à début mai et de mi-oct. à mi-déc.
Formule 20 € – Menu 25 € (semaine), 32/70 € – Carte 45/98 €
Avis aux Pantagruel : le terme "copieux" semble avoir été inventé pour cette adresse, où l'on reprend son souffle, lorsqu'après une entrée à base de charcuteries (jambon cru, saucisson fumé, etc.), arrive la potée savoyarde... La qualité est au rendez-vous, c'est simple et bon, et l'ambiance est rustique à souhait !

LA CHAPELLE-DE-GUINCHAY

✉ 71570 (Saône-et-Loire) – 3 829 hab. – Alt. 200 m – Voir carte n°**8-C3**
◻ Paris 412 km – Bourg-en-Bresse 50 km – Caluire-et-Cuire 64 km – Dijon 142 km
Carte Michelin 320-I12

XX **La Poularde** 🕸 🗟 ⅙ **AC**
pl. de la Gare – ℰ 03 85 36 72 41 – http://lapoularde.free.fr
– Fermé 23 fév.-9 mars, 2 semaines en août, dim. soir, mardi et merc.
Menu 37/60 € – Carte environ 80 €
Un nouveau chapitre s'ouvre pour cette table bien connue dans la région, reprise par un jeune couple du métier, Sophie et Franck Grobon. De nouvelles découvertes en perspective, toujours dans le même cadre élégant et apaisant.

LA CHAPELLE-DES-MARAIS

✉ 44410 (Loire-Atlantique) – 3 838 hab. – Alt. 5 m – Voir carte n°**34-A2**
◻ Paris 442 km – Nantes 67 km – Rennes 96 km – Vannes 53 km
Carte Michelin 316-C3 – Guide Vert Michelin Pays de la Loire

X **Le Penlys**
😊 41 r. de Penlys – ℰ 02 40 53 91 44 – www.restaurantlepenlys.com – Fermé 23 déc.-8 janv., lundi et le soir sauf sam.
Menu 15 € (déj. en semaine), 18/28 € 🍷 – Carte 27/36 €
De cet ancien "routier" au cœur d'un village de Brière, ses actuels propriétaires ont su faire un petit restaurant sans prétention, mais tout à fait sérieux : on y apprécie des recettes traditionnelles cuisinées sans chichis, dans une ambiance familiale qui va bien au décor, tout simple. Prix raisonnables.

LA CHAPELLE-EN-SERVAL

✉ 60520 (Oise) – 2 932 hab. – Alt. 104 m – Voir carte n°**36-B3**
◻ Paris 41 km – Beauvais 64 km – Chantilly 10 km – Compiègne 43 km
Carte Michelin 305-G6

🏠 **Mont Royal** 🔟 🕸 ≤ 🖨 🗔 🕰 🎇 📶 ⅙ **AC** 🛜 🎿 **P**
1 km à l'Est par D 118, rte de Plailly – ℰ 03 44 54 50 50
– http://montroyal-chantilly.tiara-hotels.com
104 ch – ♦160/400 € ♦♦160/400 € – 4 suites – 🍽 29 € – ½ P
Rest L'Opéra – voir les restaurants ci-après
Ce superbe château de 1909 se dresse au milieu d'un grand parc arboré et s'inspire des châteaux du 18e s. Dès l'entrée, hauts plafonds, miroirs et mobilier de style donnent le ton : luxe et raffinement. Un havre de paix !

XXX **L'Opéra** – Hôtel Mont Royal ⇐ 🕭 ᴋ 𝕍 🅿
1 km à l'Est par D 118, rte de Plailly – ℰ 03 44 54 50 91
– *http://montroyal-chantilly.tiara-hotels.com* – *Fermé août, vacances scolaires,
dim., lundi et le midi*
Menu 69/95 € – Carte 76/86 €
Un lieu superbe, au charme très classique : l'ancienne salle de bal du château, construite en rotonde et ornée de boiseries, lustres à pendeloques, etc. La
cuisine gastronomique, fine et délicate, y magnifie de délicieux produits de saison.

LA CHAPELLE-EN-VERCORS

✉ 26420 (Drôme) – 676 hab. – Alt. 945 m – Voir carte n°**43**-E2
▶ Paris 604 km – Die 41 km – Grenoble 60 km – Romans-sur-Isère 47 km
Carte Michelin 332-F4 – Guide Vert Michelin Alpes du Nord

🏠 **Hôtel des Sports** ⅊🕭 🎇 📶 🛋
av. des Grands-Goulets – ℰ 04 75 48 20 39 – *www.hotel-des-sports.com* – *Fermé
12 nov.-1ᵉʳ fév., dim. soir et lundi*
10 ch – ♦60 € ♦♦60 € – ⌷ 9 € – ½ P
À l'entrée du village, voici le pied-à-terre des cyclistes et randonneurs parcourant
le Vercors. Mais les non sportifs se rassurent, les chambres – très bien tenues
– ne leur sont pas interdites ! Au restaurant, plats traditionnels et spécialités
régionales redonnent des forces aux uns comme aux autres.

LA CHAPELLE-ST-MESMIN – 45 (Loiret) → voir Orléans

LA CHAPELLE-TAILLEFERT – 23 (Creuse) → voir Guéret

CHARBONNIÈRES-LES-BAINS – 69 (Rhône) → voir Lyon

CHARENTON-LE-PONT – 94 (Val-de-Marne) → voir Paris, Environs

CHARETTE

✉ 38390 (Isère) – 469 hab. – Alt. 250 m – Voir carte n°**44**-B1
▶ Paris 479 km – Aix-les-Bains 68 km – Belley 39 km – Grenoble 100 km
Carte Michelin 333-F3

X **Auberge du Vernay** avec ch ⅊🕭 🎇 📶 🛋 🅿
2411 rte d'Optevoz, D 52 – ℰ 04 74 88 57 57 – *www.auberge-du-vernay.fr*
– *Fermé 1 semaine en janv.*
7 ch – ♦60 € ♦♦75 € – ⌷ 10 € – ½ P
Formule 18 € – Menu 29 € (semaine), 42/52 € – Carte 38/57 € *(fermé dim. soir et lundi)*
Perdue en pleine campagne, au grand calme, cette ferme du 18ᵉ s. dégage une atmosphère campagnarde authentique et conviviale. On y déguste une cuisine imaginative
et pleine de saveurs, à l'image de ces encornets farcis sauce pistou, ou de cette daurade en écailles de courgettes. Le jeune chef a un beau parcours derrière lui...

CHARLEVILLE-MÉZIÈRES

✉ 08000 (Ardennes) – 49 433 hab. – Agglo. 60 979 hab. – Alt. 145 m
– Voir carte n°**13**-B1
▶ Paris 230 km – Luxembourg 168 km – Reims 85 km – Sedan 26 km
Carte Michelin 306-K4 – Guide Vert Michelin Champagne Ardenne

🏨 **Le Dormeur du Val** sans rest ⅊ ᴋ 📶 🛋
32 bis r. de la Gravière – ℰ 03 24 42 04 30 Plan : BY**d**
– *www.hotel-dormeur-du-val.fr*
17 ch – ♦71/161 € ♦♦71/161 € – ⌷ 13 €
Ode à la poésie rimbaldienne dans cette ancienne imprimerie... Ici, le design et
l'originalité arty sont de mise ; les chambres se font "Rime", "Strophe" ou "Poème".

🏠 **Kyriad** sans rest ᶥ5 ⅋ ᴋ 📶 🛋 🛋
pl. Bozzi – ℰ 03 24 26 32 32 – *www.kyriad.fr* Plan : ABX**n**
54 ch – ♦68/134 € ♦♦68/134 € – ⌷ 10 €
Un hôtel récent situé à quelques minutes à pied du centre-ville. Les chambres y
sont confortables et fonctionnelles. Buffet au petit-déjeuner. Enfin, les clients disposent d'un garage : pratique !

CHARLEVILLE-MÉZIÈRES

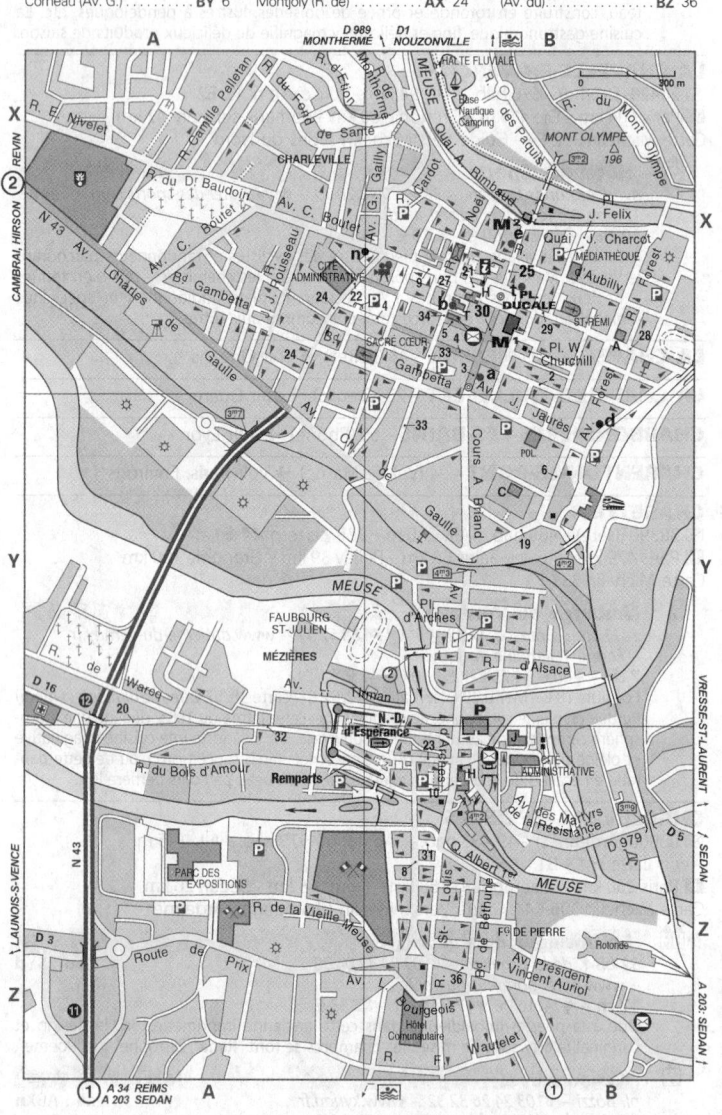

XXX La Clef des Champs   🖼 AC

33 r. du Moulin – 𝒞 *03 24 56 17 50 – www.laclefdeschamps.fr*   Plan : BX**e**
– Fermé dim. soir et merc.
Formule 27 € – Menu 37/65 € – Carte 52/72 €
Prenez la clef des champs près de la place Ducale, vous tomberez sous le charme de cette demeure du 17ᵉ s. Parquet, briques et poutres apparentes séduisent, tout comme la belle gastronomie contemporaine, teintée de touches japonisantes.

X La Papillote   & AC ⇔

🐾   *6 pl. du Théatre –* 𝒞 *03 24 37 41 34 – www.lapapillote08.fr*   Plan : BX**b**
– Fermé dim. soir et lundi
Menu 20 € (déj. en semaine), 32/43 € – Carte 35/48 €
Tout près de la place Ducale, en face du théâtre, ce bistrot est aussi moderne dans son décor – épuré, dans des tons gris et rose – que traditionnel dans l'assiette : le chef utilise volontiers les produits du terroir pour composer ses assiettes. Deux suites confortables pour l'étape.

X La Table d'Arthur "R"   🍸 & AC

🟢   *9 r. Bérégovoy –* 𝒞 *03 24 57 05 64 – www.latabledarthur.fr*   Plan : BX**a**
– Fermé vacances de printemps, 3 semaines en août, lundi soir, merc. soir, dim.
et fériés
Formule 21 € – Menu 28 € – Carte 25/40 €
Cette table à la mode propose deux formules. Recettes traditionnelles et beaux flacons dans la cave voûtée ; au rez-de-chaussée, bistrot contemporain et grands classiques (tête de veau, steak tartare, etc.). Décontracté et original !

X Amorini

46 pl. Ducale – 𝒞 *03 24 37 48 80 – Fermé 26 avril-11 mai, 3*   Plan : BX**t**
semaines en août, dim., lundi et le soir sauf vend. et sam.
Carte 23/31 €
Un petit restaurant italien, sur la place Ducale, avec un menu au diapason : antipasti, charcuterie, bonnes pâtes et vins transalpins. Il y a même une petite épicerie ouverte pendant le service !

à Montcy-Notre-Dame 4 km au Nord par D 1 BX – ⊠ 08090
– 1 584 hab. – Alt. 144 m

XX L'Auberge du Laminak   🍸 & P

🟢   *rte de Nouzonville –* 𝒞 *03 24 33 37 55 – www.auberge-ardennes.com – Fermé*
9-31 août, 2-8 janv., dim. soir, merc. soir et lundi
Formule 16 € – Menu 29/39 € – Carte 34/44 € *(réservation conseillée)*
Dans cette charmante auberge en lisière de forêt, le Pays basque – origine du chef – rencontre les beaux produits des Ardennes. Résultat, des recettes savoureuses, parfaitement maîtrisées, telle cette entrée pleine de fraîcheur, associant crabe, avocat et gaspacho, ou cette côte de veau aux girolles et pommes grenaille...

CHARLIEU

⊠ 42190 (Loire) – 3 717 hab. – Alt. 265 m – Voir carte n°**44-A1**
▶ Paris 398 km – Mâcon 77 km – Roanne 18 km – St-Étienne 102 km
Carte Michelin 327-E3 – Guide Vert Michelin Bourgogne

🏠 Relais de l'Abbaye   🛗 🤶 🚣 P

415 rte du Beaujolais – 𝒞 *04 77 60 00 88 – www.relais-abbaye.fr*
28 ch – 🛏65/125 € 🛏🛏65/125 € – 🍽 13 € – ½ P
Rest *Relais de l'Abbaye* – voir les restaurants ci-après
Un hôtel moderne à la sortie de la localité, avec sur l'arrière un grand jardin verdoyant (jeux pour les enfants). Deux générations de chambres coexistent : préférez les plus récentes, même si toutes sont bien tenues. Une bonne étape.

XX Relais de l'Abbaye   🍸 ⇔ P

🐾   *415 rte du Beaujolais –* 𝒞 *04 77 60 00 88 – www.relais-abbaye.fr*
Formule 16 € – Menu 18 € (déj. en semaine), 25/69 € – Carte 40/90 €
Dans ce Relais de facture moderne – et ouvert sur les prés environnants, ce qui est agréable –, la carte met à l'honneur les produits locaux et les mariages de saveurs : gambas et boudin noir, sandre et escargot, etc. Le tout bien ficelé.

rte de Pouilly 2,5 km au Sud-Ouest par D 487 et rte secondaire

XX   **L'Atelier Rongefer**   🛱 ᴋ ᴀᴋ **P**
22 r. Jean-Jaurès – 𝒞 *04 77 60 01 57 – www.atelierrongefer.fr*
– Fermé 20 fév.-10 mars, 16 août-10 sept., dim. soir, mardi et merc.
Formule 18 € – Menu 32/65 € – Carte 43/74 €
Nouveau lieu, nouveau décor : Carine et Fabien Gautier ont troqué le Moulin de
Rongefer pour ce superbe Atelier – une ancienne usine textile –, avec poutrelles
métalliques et élégant décor au classicisme très contemporain. On y apprécie une
cuisine gastronomique vive et colorée, dont un menu homard.

à St-Pierre-la-Noaille 5,5 km au Nord-Ouest par rte secondaire – ⊠ 42190
– 370 hab. – Alt. 287 m

↑   **Domaine du Château de Marchangy** sans rest   ⚏ ⩦ 🖙 ᴊ 🛜 **P**
– 𝒞 *04 77 69 96 76 – www.marchangy.com*
4 ch � – †95/115 € ††105/125 €
On accède à cette belle demeure du 18ᵉ s. par une allée bordée de vieux chênes... Les chambres sont situées dans la maison de vigneron mitoyenne, couverte
de vigne vierge. Meubles anciens, entretien impeccable, accueil charmant... et un
grand parc offrant de belles échappées sur les monts du Forez. Bel endroit !

à St-Nizier-sous-Charlieu à l'Ouest 6 km par D 4 – ⊠ 42190
– 1 668 hab. – Alt. 260 m

↑   **Aux Forêts** sans rest   🖙 ᴊ ᴀᴋ ⅌ 🛜 **P**
996 rte de Fleury – 𝒞 *06 22 48 75 95 – www.aux-forets.fr – Ouvert 18 avril-17 oct.*
3 ch ⊑ – †82 € ††102 €
Sur les hauteurs du village, cette ancienne maison de vigneron (1785), avec
son parc arboré et fleuri, a tout pour plaire ! Les chambres y sont confortables et
décorées avec du mobilier chiné ou de famille. Autre atout : un petit musée de la
vigne ouvert à la visite.

CHARMES
⊠ 88130 (Vosges) – 4 641 hab. – Alt. 282 m – Voir carte n°**27-C3**
🛈 Paris 381 km – Épinal 31 km – Lunéville 40 km – Nancy 43 km
Carte Michelin 314-F2

à Chamagne 4 km au Nord par D 9 – ⊠ 88130 – 457 hab. – Alt. 265 m

X   **Le Chamagnon**   🎜 🛱 ᴀᴋ
236 r. du Patis – 𝒞 *03 29 38 14 74 – www.lechamagnon.fr*
– Fermé 1ᵉʳ-24 juil., 23 oct.-3 nov., mardi soir, merc. soir, dim. soir et lundi
Formule 12 € – Menu 23/60 € – Carte 39/57 €
Dans le village de Claude Gellée dit Le Lorrain, ce restaurant chaleureux propose
une cuisine privilégiant le terroir – fricassée de rognons de veau, tournedos de
magret, menu truffe ou cèpes, etc. – comme la modernité – sashimis de thon, par
exemple. Le point commun de tout cela ? La qualité des produits et de jolis vins !

à Vincey 4 km au Sud-Est par N 57 – ⊠ 88450 – 2 255 hab. – Alt. 297 m

🏠🏠   **Relais de Vincey**   🎜0 🖙 ᴊ 🖵 ᴌ ⅌ 🛏 ᴋ 🛜 🕊 **P**
33 r. de Lorraine – 𝒞 *03 29 67 40 11 – www.relaisdevincey.fr – Fermé vacances de Noël*
41 ch – †66/110 € ††76/149 € – ⊑ 13 € – ½ P
Rest *Relais de Vincey* – voir les restaurants ci-après
Cet hôtel est dans la famille depuis les années 1960, et n'a pas cessé d'évoluer
depuis ! Deux piscines (extérieure et intérieure), d'agréables chambres contemporaines (bois exotique et tons chauds), un court de tennis et des VTT à disposition... Une bonne étape.

XX   **Relais de Vincey**   🖙 🛱 ⅌ 🕊 **P**
33 r. de Lorraine – 𝒞 *03 29 67 40 11 – www.relaisdevincey.fr – Fermé vacances*
de Noël et dim. soir
Formule 24 € – Menu 28 € (semaine), 31/40 € – Carte 33/58 €
Pour une étape entre Épinal et Nancy, au cœur des Vosges (spécialités traditionnelles) mais aussi un peu au milieu de l'océan – large choix de fruits de mer et
décor aux notes nautiques (panneaux de bois, hublots, etc.).

CHARMES-SUR-RHÔNE

⊠ 07800 (Ardèche) – 2 437 hab. – Alt. 112 m – Voir carte n°**44-B3**
🖪 Paris 571 km – Crest 23 km – Montélimar 44 km – Valence 11 km
Carte Michelin 331-K4 – Guide Vert Michelin Ardèche Drôme

XX **Le Carré d'Alethius** (Olivier Samin) avec ch   🔝 ఈ rest, 🗚 🤝 🕭
ఌ   4 r. Paul-Bertois – 𝒞 04 75 78 30 52 – www.lecarredalethius.com
      – Fermé 16 fév.-3 mars, 17 août-1ᵉʳ sept.,1ᵉʳ-12 janv., dim. soir, mardi midi, merc.
      midi et lundi
      9 ch – ♥75/85 € ♥♥75/117 € – ☲ 10 €
      Formule 20 € – Menu 26 € (déj. en semaine), 48/128 € 🍷 – Carte 60/75 €
      Au cœur du village, cette table vit au rythme de la cuisine d'Olivier Samin, jeune
      chef expérimenté (ancien second d'Anne-Sophie Pic à Valence). Il compose ici
      une cuisine au gré du marché, avec un sacré sens de l'équilibre : cuissons préci-
      ses, veloutés et crèmes d'une légèreté aérienne... Carrément délicieux !
      → Escargots de la vallée de l'Eyrieux fumés au bois de hêtre, mousseline de
      pomme de terre persillée. Osso-buco de homard et jarret de veau confit, risotto
      citronné et girolles. Tartelette aux fraises et gomasio, crémeux mascarpone
      vanillé.

CHARNY-SUR-MEUSE – 55 (Meuse) → voir Verdun

CHAROLLES

⊠ 71120 (Saône-et-Loire) – 2 781 hab. – Alt. 279 m – Voir carte n°**8-C3**
🖪 Paris 374 km – Autun 80 km – Chalon-sur-Saône 67 km – Mâcon 55 km
Carte Michelin 320-F11 – Guide Vert Michelin Bourgogne

🏠🏠🏠 **Hôtel de la Poste**   🝖🟰 ଽ ఈ 🗚 🤝 🕭
      2 av. de la Libération, (près de l'église) – 𝒞 03 85 24 11 32
      – www.hotel-laposte-doucet.com – Fermé 1 semaine en fév., 2 semaines
      en nov., dim. soir et lundi
      21 ch – ♥80/90 € ♥♥120/290 € – ☲ 17 €
      Rest Frédéric Doucet ఌ – voir les restaurants ci-après
      Cet hôtel-restaurant jouit d'une solide réputation – méritée – dans la région. Les
      chambres, réparties dans plusieurs maisons, sont spacieuses et résolument
      contemporaines. Au petit-déjeuner, on découvre les produits de la région.

🏠 **Le Clos de l'Argolay** sans rest   ଽ 🝖 🍽 🤝 ℙ 🟰
      21 quai de la Poterne – 𝒞 03 85 24 10 23 – www.closdelargolay.fr
      – Fermé déc.-janv.
      3 ch ☲ – ♥90/105 € ♥♥105/125 €
      Dans la "Petite Venise" charolaise, une belle demeure du 18ᵉ s. avec son jardin
      odorant, ses suites et son duplex rivalisant de charme. Au petit-déjeuner, on se
      régale du bon chèvre de la fromagerie familiale... quoi de plus bucolique ? 🍷

XXX **Frédéric Doucet** – Hôtel de la Poste   🕸 ଽ ఈ 🍽
 ఌ   2 av. de la Libération, (près de l'église) – 𝒞 03 85 24 11 32
      – www.hotel-laposte-doucet.com – Fermé 1 semaine en fév., 2 semaines
      en nov., mardi midi de juin à sept., jeudi soir de sept. à mai, dim. soir et lundi
      Menu 29 € (semaine), 57/93 € – Carte 80/95 €
      Le jeune chef a repris le restaurant familial il y a quelques années et, à force de
      passion, l'a fait entrer de plain-pied dans le 21ᵉ siècle. On passe un beau moment
      à cette table où techniques classiques et produits de tradition (le bœuf charolais,
      évidemment) se déclinent avec finesse et imagination.
      → Jarrets de grenouilles et mousseline de petits pois. Véritable entrecôte charo-
      laise cuite simplement au beurre. Soufflé chaud au Grand Marnier.

au Sud-Ouest 11 km par D 985 et D 270 – ⊠ 71120 Changy

X **Le Chidhouarn**   🝖 ଽ 🟰 ఈ 🗚 ℙ
      les Tardes, par D 270 – 𝒞 03 85 88 32 07 – restaurant-le-chidhouarn.com – Fermé
      8-18 juin, 31 août-10 sept., 11 janv.-4 fév., dim. soir de nov. à avril, lundi et mardi
      Formule 16 € 🍷 – Menu 25 € (semaine), 32/43 € – Carte 28/47 €
      Chidhouarn ? Le chaudron en breton. Dans cette enclave iodée en plein cœur du
      bocage charolais, les produits de la mer arrivent directement de Bretagne (pois-
      sons et coquillages), deux à trois fois par semaine. Une valeur sûre !

CHARQUEMONT

✉ 25140 (Doubs) – 2 491 hab. – Alt. 864 m – Voir carte n°**17**-C2
▶ Paris 478 km – Basel 98 km – Belfort 66 km – Besançon 75 km
Carte Michelin 321-K3

XX **Au Bois de la Biche** avec ch   ♨ ≤ 🖙 🏠 ℅ rest. 🛜 🅿
5 km au Sud-Est par D 10ᴱ et rte secondaire – ℰ 03 81 44 01 82
– www.boisdelabiche.fr – Fermé 2 janv.-4 fév., dim. soir sauf juil.-août et lundi
3 ch – †62 € ††62 € – ⛁ 8,50 € – ½ P
Menu 24 € (semaine), 36/48 € – Carte 30/66 €
Avis aux amoureux de la montagne : en pleine nature, cet hôtel-restaurant offre
une vue incomparable sur la vallée du Doubs et le Jura suisse... La cuisine est à
la hauteur, au cœur de belles saveurs de la région ! Et qui sait, entre deux bouchées, peut-être apercevrez-vous une biche sortant du bois ? Accueil charmant.

CHARROUX

✉ 03140 (Allier) – 386 hab. – Alt. 420 m – Voir carte n°**5**-B1
▶ Paris 344 km – Clermont-Ferrand 61 km – Montluçon 68 km – Moulins 52 km
Carte Michelin 326-F5 – Guide Vert Michelin Auvergne

XX **Ferme Saint-Sébastien**   🏠 ✿ 🅿
chemin de Bourion – ℰ 04 70 56 88 83 – www.fermesaintsebastien.fr
– Fermé 28 juin-10 juil., 19 déc.-25 janv., mardi sauf juil.-août et lundi
Formule 17 € – Menu 31/73 € – Carte 32/56 € *(réservation conseillée)*
Dans cette authentique ferme bourbonnaise, entièrement rénovée, il fait bon s'attabler autour des petits plats concoctés par la maîtresse des lieux... On y apprécie
une cuisine d'aujourd'hui fleurant bon le terroir. Une bonne adresse.

X **La Maison du Prince de Condé** avec ch   🖙 🏠 ⛶ rest.
8 pl. d'Armes – ℰ 04 70 56 81 36 – www.maison-conde.com – Fermé
20 oct.-10 nov. et 3-31 janv., lundi, mardi du 14 nov. au 20 mars, merc. et jeudi
5 ch ⛁ – †72/120 € ††76/120 €
Formule 19 € – Menu 27/55 € – Carte 39/70 €
Dans ce beau village médiéval, prenez place à la table du Prince, dans une maison dont les vieilles pierres et le décor racontent cinq siècles d'histoire (13ᵉ - 18ᵉ
s.). On y propose une alléchante cuisine du marché, composée par un chef
connaissant son métier sur le bout des doigts. Une délicieuse étape.

à Valignat 8 km à l'Ouest sur D 183 – ✉ 03330 – 77 hab. – Alt. 420 m

⌂ **Château de l'Ormet** sans rest   ♨ 🖙 ⛶ ℅ 🛜 🅿 ⇄
L'Ormet – ℰ 04 70 58 57 23 – www.chateaudelormet.com – Ouvert de mi-avril à
mi-nov.
4 ch ⛁ – †71/92 € ††77/100 €
"Champêtre", "Renaissance", "Romantique"... les chambres de cette gentilhommière
bourbonnaise du 18ᵉ s. ont du caractère ! Toutes donnent sur le parc, où s'épanouit un potager bio et un insolite miniréseau ferroviaire, la passion du patron.

CHARTRES

✉ 28000 (Eure-et-Loir) – 39 273 hab. – Agglo. 89 103 hab. – Alt. 142 m
– Voir carte n°**11**-B1
▶ Paris 89 km – Évreux 78 km – Le Mans 120 km – Orléans 80 km
Carte Michelin 311-E5 – Guide Vert Michelin Île-de-France

🏠🏠🏠 **Le Grand Monarque**   🕙 ⊛ 🕯 🛗 ₺ ℅ 🎿 🎐
22 pl. des Épars – ℰ 02 37 18 15 15   Plan : Z**e**
– www.bw-grand-monarque.com
50 ch – †143/270 € ††143/270 € – 5 suites – ⛁ 15 €
Rest *Le Georges* ❀ **Rest** *La Cour du Monarque* – voir les restaurants ci-après
L'hôtel de tradition par excellence, déjà recommandé par le guide Michelin
1900 ! Chambres spacieuses, élégantes et contemporaines, ou plus classiques.
Un tour au luxeux spa s'impose avant d'aller dîner au Georges.

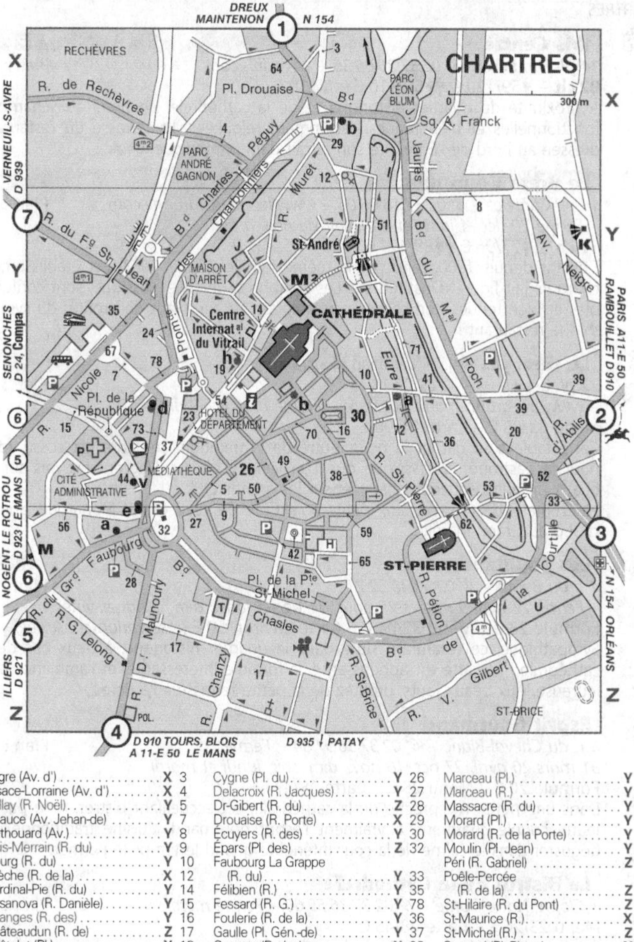
DREUX
MAINTENON
N 154
CHARTRES
0
300 m
RECHÈVRES
R. de Rechèvres
Pl. Drouaise
PARC LÉON BLUM
Sq. A. Franck
PARC ANDRÉ GAGNON
Bd Charles Péguy
R. des Charbonniers
R. Muret
VERNEUIL-S-AVRE D 939
R. du Fg St-Jean
St-André
MAISON D'ARRÊT
Centre Internat al du Vitrail
CATHÉDRALE
Bd du Mal Foch
Av. Neigre
PARIS A11-E 50
RAMBOUILLET D 910
SENONCHES D 24, Compa
Pl. de la République
HÔTEL DU DÉPARTEMENT
R. Eure
R. d'Ablis
R. St-Pierre
CITÉ ADMINISTRATIVE
MÉDIATHÈQUE
NOGENT LE ROTROU D 923 LE MANS
Faubourg
Pl. de la Pte St-Michel
ST-PIERRE
R. Pétion
Courtille
N 154 ORLÉANS
R. du Grd
R. G. Lelong
R. D. Maunoury
Chasles
Chanzy
R. St-Brice
Bd de Gilbert
ST-BRICE
ILLIERS D 921
POL.
D 910 TOURS, BLOIS
A 11-E 50 LE MANS
D 935 PATAY

Aligre (Av. d')	X	3
Alsace-Lorraine (Av. d')	X	4
Ballay (R. Noël)	Y	5
Beauce (Av. Jehan-de)	Y	7
Bethouard (Av.)	Y	8
Bois-Merrain (R. du)	Y	9
Bourg (R. du)	Y	10
Brèche (R. de la)	X	12
Cardinal-Pie (R. du)	Y	14
Casanova (R. Danièle)	Y	15
Changes (R. des)	Y	16
Châteaudun (R. de)	Z	17
Châtelet (Pl.)	Y	18
Cheval-Blanc (R. du)	Y	19
Clemenceau (Bd)	Y	20
Collin-d'Harleville (R.)	Y	23
Couronne (R. de la)	Y	24
Cygne (Pl. du)	Y	26
Delacroix (R. Jacques)	Y	27
Dr-Gibert (R. du)	Z	28
Drouaise (R. Porte)	X	29
Écuyers (R. des)	Y	30
Épars (Pl. des)	Z	32
Faubourg La Grappe (R. du)	Y	33
Félibien (R.)	Y	35
Fessard (R. G.)	Y	78
Foulerie (R. de la)	Y	36
Gaulle (Pl. Gén.-de)	Y	37
Grenets (R. des)	Y	38
Guillaume (R. du Fg)	Y	39
Guillaume (R. Porte)	Y	41
Halles (Pl. des)	Z	42
Koenig (R. du Gén.)	Y	44
Marceau (Pl.)	Y	49
Marceau (R.)	Y	50
Massacre (R. du)	Y	51
Morard (Pl.)	Y	52
Morard (R. de la Porte)	Y	53
Moulin (Pl. Jean)	Y	54
Péri (R. Gabriel)	Z	56
Poêle-Percée (R. de la)	Z	59
St-Hilaire (R. du Pont)	Z	62
St-Maurice (R.)	X	64
St-Michel (R.)	Z	65
Semard (Pl. Pierre)	Y	67
Soleil-d'Or (R. du)	Y	70
Tannerie (R. de la)	Y	71
Teinturiers (Q. des)	Y	72
Violette (Bd Maurice)	Y	73

Mercure Cathédrale sans rest

3 r. du Gén.-Koenig – ✆ 02 37 33 11 11 – www.mercure.com Plan : Y**v**

67 ch – 🛉90/250 € 🛉🛉90/250 € – ☕ 15 €

Une situation avantageuse en centre-ville, des chambres modernes et bien insonorisées (avec vue sur la cathédrale pour la catégorie Privilège) : cet hôtel récent a de nombreux atouts. La nuit, on remarque de loin sa façade illuminée.

L'Hôtel

28 r. du Gd-Faubourg – ✆ 02 37 18 52 77 – www.lhotel-chartres.com Plan : Z**a**

36 ch – 🛉81/146 € 🛉🛉81/146 € – 1 suite – ☕ 10 € – ½ P

Un établissement avec des chambres contemporaines de bon standing (parquet, esprit design, couettes). Au dernier étage, on apprécie la vue sur les toits et la cathédrale.

Ibis Centre 🍽 📶 ♿ 🅰️ 🛜 ⛷ 🅿️ 🚗
14 pl. Drouaise – 𝒞 02 37 36 06 36 – www.ibis.com Plan : X**b**
82 ch – ♦59/110 € ♦♦59/110 € – 🛏 10 €
À proximité du quartier historique et de la cathédrale, un hôtel aux chambres fonctionnelles et bien tenues, récemment relookées. La terrasse du restaurant, dressée au bord de l'Eure, tire son attrait d'un pittoresque lavoir.

Le Bœuf Couronné 🍽 📶 🛜
15 pl. Châtelet – 𝒞 02 37 18 06 06 – www.leboeufcouronne.com Plan : Y**d**
– Fermé 20 déc.-4 janv. et dim. soir de nov. à avril
17 ch – ♦77/96 € ♦♦89/121 € – 🛏 10 € – ½ P
Existant depuis 1900, tenu par la même famille depuis 1953, cet établissement chartrais fait figure d'institution... Les chambres, de style classique, sont confortables et bien tenues ; on commence la soirée au bar avant de profiter du sympathique restaurant !

XXX **Le Georges** – Hôtel Le Grand Monarque 🦀 🅰️
ॐ *22 pl. des Épars – 𝒞 02 37 18 15 15* Plan : Z**e**
– www.bw-grand-monarque.com – Fermé dim. et lundi
Menu 53/95 € – Carte 81/90 €
Cette table a su garder le goût feutré de la tradition. Le cadre est cossu, idéal pour la gastronomie classique que l'on vient y goûter. L'accent est mis sur de beaux produits, souvent locaux, et sur les grands crus.
→ Crémeux de tourteau aux petits pois. Côte de veau Grand Monarque. Soufflé chaud au Grand Marnier.

X **Les Feuillantines** 🌿 🔆
4 r. du Bourg – 𝒞 02 37 30 22 21 Plan : Y**a**
– Fermé 27 avril-5 mai, 3-25 août, 31 déc.-7 janv., dim., lundi et fériés
Formule 23 € – Menu 32/44 € – Carte environ 50 € *(réservation conseillée)*
Sympathique, ce restaurant situé dans le quartier historique, à deux pas de la cathédrale ! La carte est appétissante, la formule intéressante, et l'ambiance chaleureuse. Aux beaux jours, profitez de la petite terrasse à l'arrière...

X **Esprit Gourmand** 🌿
6 r. du Cheval-Blanc – 𝒞 02 37 36 97 84 – Fermé Plan : Y**h**
31 mars-20 avril, 27 oct.-16 nov., dim. soir, lundi et mardi
Formule 20 € – Menu 25 € – Carte 28/47 €
Dans une petite rue proche de la cathédrale, cet accueillant bistrot, tenu par un jeune couple charmant, a vraiment l'esprit gourmand. Cuisine traditionnelle à déguster dans le calme de la cour intérieure quand le temps le permet.

X **Le Bistrot de la Cathédrale** 🌿
1 Cloître Notre-Dame – 𝒞 02 37 36 59 60 – Fermé merc. Plan : Y**b**
Menu 23/26 € – Carte 28/45 €
Sur l'un des côtés du parvis de la cathédrale – que l'on peut admirer de la terrasse –, un bistrot à découvrir d'urgence ! L'assiette va à l'essentiel, avec des recettes traditionnelles où les produits de la région ont la part belle : pâté de Chartres, filet de pintade avec son risotto, etc. Savoureux !

X **La Cour du Monarque** – Hôtel Le Grand Monarque 🅰️
22 pl. des Épars – 𝒞 02 37 18 15 07 Plan : Z**e**
– www.bw-grand-monarque.com
Menu 30 € 🍷 (déj. en semaine) – Carte 25/67 €
Il faut traverser le hall de l'hôtel du Grand Monarque pour entrer dans sa "Cour". On vient dans cette jolie salle sous verrière pour savourer une cuisine de saison misant sur les beaux produits.

à l'Est 4 km par ② puis D 910 – ✉ 28000 Chartres

🏨 **Novotel** 🍽 🛝 🏊 ♨ 📶 ♿ 🅰️ 🛜 ⛷ 🅿️
av. Marcel-Proust – 𝒞 02 37 88 13 50 – www.novotel.com
112 ch – ♦85/160 € ♦♦85/160 € – 🛏 16 €
Entre zone commerciale et voies rapides, un Novotel "seventies" entièrement rénové dans un esprit contemporain. Les plus : le patio, la piscine extérieure et les jeux pour enfants.

à Chazay 12 km à l'Ouest par D 24 et D 121

⌂ **L'Erablais** sans rest ⬥ ⬥ 🛜 🅿 ⌂
38 r. Jean-Moulin – ℰ 02 37 32 80 53 – www.erablais.com
– Fermé 21 déc.-6 janv.
3 ch ⌂ – ✦49 € ✦✦59 €
Mais pourquoi ce nom ? La propriétaire se fera un plaisir de vous répondre, tout en vous faisant découvrir ses chambres, aménagées dans l'ancienne étable de cette ferme du 19ᵉ s. : "Pivoine", "Iris", "Hortensia"... paisible et bucolique.

à St-Luperce 13 km à l'Ouest par ⑥ puis D 121 et D 114 – ✉ 28190
– 871 hab. – Alt. 152 m

⌂ **La Ferme de Mousseau** sans rest ⬥ ⬥ ❄ 🅿 ⌂
Lieu-dit "Mousseau" – ℰ 02 37 26 85 01 – www.lafermedemousseau.com – Ouvert 15 mars-15 nov.
3 ch ⌂ – ✦55/60 € ✦✦65 €
Pour un séjour à la campagne dans une "vraie" ferme (encore exploitée). Cadre rustique et confortable, petit-déjeuner alléchant – confitures, brioches maison – dans les anciennes écuries : rien ne manque !

LA CHARTRE-SUR-LE-LOIR

✉ 72340 (Sarthe) – 1 463 hab. – Alt. 55 m – Voir carte n°**35-D2**
◘ Paris 217 km – La Flèche 57 km – Le Mans 49 km – St-Calais 30 km
Carte Michelin 310-M8 – Guide Vert Michelin Pays de la Loire

🏠 **Hôtel de France** ⅠⓄ ⬥ ⌐ 🛜 ⬥ 🅿
20 pl. de la République – ℰ 02 43 44 40 16 – www.lhoteldefrance.fr
– Fermé 26 déc.-8 janv.
21 ch – ✦70/85 € ✦✦70/100 € – ⌂ 9 € – ½ P
Au bord du Loir, l'un de ces hôtels-restaurants traditionnels bien appréciés des touristes étrangers : il y règne en effet une authentique atmosphère vieille France... Les chambres, rénovées en 2014, sont propres et fonctionnelles : on s'y sent bien.

CHASSAGNE-MONTRACHET

✉ 21190 (Côte-d'Or) – 334 hab. – Alt. 200 m – Voir carte n°**7-A3**
◘ Paris 327 km – Beaune 16 km – Dijon 64 km – Lons-le-Saunier 125 km
Carte Michelin 320-I8

⌂ **Château de Chassagne-Montrachet** sans rest ⬥ ≤ ⬥ 🆎 🛜 🅿
5 chemin du Château – ℰ 03 80 21 98 57
– www.chateaudechassagnemontrachet.com – Fermé 23 déc.-2 janv.
5 ch ⌂ – ✦260 € ✦✦260 €
Ce prestigieux domaine viticole vous ouvre les portes de son château (fin 18ᵉ s.) et de ses caves. Belles chambres très contemporaines, salles de bains créées par le sculpteur Argueyrolles, expositions d'art dans les élégants salons...

✗✗ **Ed.Em** (Edouard Mignot) 🆎 ⬥
⊛ *4 impasse Chenevottes – ℰ 03 80 21 94 94 – www.restaurant-edem.com*
– Fermé 16 fév.-3 mars, 1 semaine en août, 21-29 déc., lundi et mardi
Menu 35 € (déj. en semaine), 42/100 € – Carte 90/106 €
Ed.Em ? La contraction d'Édouard et Émilie, qui ont investi les locaux de l'ancien restaurant Chassagne. Lui, jeune chef au bon parcours, allie personnalité et subtilité dans de savoureux menus, où la délicatesse est toujours au rendez-vous ; elle, pâtissière, garantit des fins de repas délicieuses. On accourt !
➜ Foie gras de Vendée au poivre de cassis et pain d'épice. Pigeonneau du Louhannais, sucrine et gnocchi de sarrasin. Crémeux au chocolat guanaja, sablé diamant et glace au grué de cacao.

CHASSELAY

✉ 69380 (Rhône) – 2 680 hab. – Alt. 220 m – Voir carte n°**43-E1**
◘ Paris 443 km – L'Arbresle 15 km – Lyon 21 km – Villefranche-sur-Saône 18 km
Carte Michelin 327-H4

XXXX **Guy Lassausaie**   ⛬ ⟜ ⭑ 🅰 ⇄ 🅿
ↂↂ r. de Belle-Sise – ℰ 04 78 47 62 59 – www.guy-lassausaie.com – Fermé
9-19 fév., 3-27 août, mardi et merc.
Menu 65/115 € – Carte 75/85 €
Ce restaurant a été créée en 1906 par l'arrière grand-père du chef, du temps où
l'on jouait aux boules à côté de la maison, entre deux services... Aujourd'hui,
Guy Lassausaie propose une cuisine d'une grande finesse, revisitant les classiques et magnifiant les saveurs. Sûrement l'un des meilleurs rapports qualité-
prix de France !
➔ Gâteau de tourteau, avocat et velouté de fromage de brebis à la menthe fraîche. Féra du lac Léman, purée de petits pois, fondue d'oignons doux et crème
acidulée au caviar. Carpaccio d'ananas à la badiane et dacquoise coco.

CHASSENEUIL-DU-POITOU – 86 (Vienne) ➔ voir Poitiers

CHASSE-SUR-RHÔNE – 38 (Isère) ➔ voir Vienne

CHÂTEAU-ARNOUX-ST-AUBAN
✉ 04160 (Alpes-de-Haute-Provence) – 5 225 hab. – Alt. 440 m – Voir carte n°**41**-C2
◗ Paris 719 km – Digne-les-Bains 26 km – Forcalquier 30 km – Manosque 42 km
Carte Michelin 334-E8 – Guide Vert Michelin Alpes du Sud

🏠🏠🏠 **La Bonne Étape**   ⎮○ ⟜ 🔲 🅰 🛜 ⚿ 🅿
chemin du lac – ℰ 04 92 64 00 09 – www.bonneetape.com
– Fermé 5 janv.-12 fév.
18 ch – ♦130/320 € ♦♦190/590 € – ⊑ 24 € – ½ P
Rest La Bonne Étape ↂ – voir les restaurants ci-après
Comment ne pas tomber sous le charme de cette demeure du 18ᵉ s. qui fleure
bon la Provence ? Un beau jardin fleuri, un grand potager bio, des chambres spacieuses, du mobilier d'époque : une Bonne Étape dont on ne veut repartir !

XXXX **La Bonne Étape** (Jany Gleize)   ⛬ ⟜ 🅰 ⇄ 🅿
ↂ chemin du lac – ℰ 04 92 64 00 09 – www.bonneetape.com
– Fermé 5 janv.-12 fév., 16 nov.-1ᵉʳ déc., lundi et mardi hors saison sauf fériés
Menu 35 € (déj.), 75/115 € – Carte 75/120 €
On y apprécie une partition classique, à la croisée de la tradition gastronomique
française et des incontournables de la cuisine provençale. Le cadre – belle interprétation bourgeoise du répertoire local – ajoute à l'agrément du moment.
➔ Calmar farci aux herbes vertes et pignons de pin. Agneau de Sisteron rôti à
four l'entier, jus à la sarriette. Crème glacée au miel de lavande dans sa ruche.

XX **La Magnanerie** avec ch   🛜 🅰 ch, 🛜 ⚿ 🅿
😊 Les Fillières, 2 km au Nord par N 85 – ℰ 04 92 62 60 11
– www.la-magnanerie.net – Fermé 25 oct.-10 nov., 21-30 déc.,
22 fév.-10 mars, dim. soir d'oct. à juin et lundi
9 ch – ♦78/98 € ♦♦78/98 € – ⊑ 13 € – ½ P
Formule 18 € – Menu 31/75 € – Carte 52/72 €
Une équipe jeune et passionnée fait souffler un vent de modernité sur cet hôtel-
restaurant ! À l'unisson du décor très contemporain, le jeune chef réalise un travail minutieux et inspiré, en jouant sur les associations de saveurs, les textures et
les contrastes (acide/amer par exemple). Joli moment en perspective...

X **Au Goût du Jour**   🅰 ✂ ⇄
14 av. du Gén.-de-Gaulle – ℰ 04 92 64 48 48 – www.bonneetape.com
– Fermé 4 janv.-12 fév.
Formule 20 € ⚑ – Carte 24/35 €
Ne cherchez pas des plats particulièrement au goût du jour... Ici, le chef réalise une
goûteuse cuisine du terroir. Dans l'assiette, les produits du marché et du jardin
défilent au gré des saisons. Cadre tout en simplicité, aux couleurs de la Provence.

CHÂTEAUBOURG
✉ 35220 (Ille-et-Vilaine) – 6 196 hab. – Alt. 50 m – Voir carte n°**10**-D2
◗ Paris 329 km – Angers 114 km – Châteaubriant 52 km – Fougères 44 km
Carte Michelin 309-N6

🏠 Ar Milin' ⟨icons⟩

30 r. de Paris – ☎ 02 99 00 30 91 – www.armilin.com – Fermé 27 déc.-3 janv.
32 ch – †88/141 € ††125/215 € – 🍽 13 € – ½ P
Rest *Ar Milin'* – voir les restaurants ci-après

Un authentique moulin en pierre du 19e s., un parc immense où sont disséminées de monumentales œuvres d'art contemporain... et des chambres cosy réparties dans deux bâtiments : une douce idée de la tranquillité !

🍴 Ar Milin' ⟨icons⟩

30 r. de Paris – ☎ 02 99 00 30 91 – www.armilin.com – Fermé 27 déc.-3 janv., le midi du 15 juil. au 15 août, dim. soir de nov. à mars et sam. midi
Formule 18 € – Menu 29/48 € – Carte 33/47 €

Dans cet ancien moulin, on profite d'une vue panoramique sur la Vilaine et l'immense parc. Le décor est épuré : un cadre sympathique pour des plats bien de notre époque, à l'instar de ces tomates confites au chèvre frais, ou encore de ces magrets de canard rôtis au miel et au sésame... Appétissant !

CHÂTEAU-CHALON

✉ 39210 (Jura) – 159 hab. – Alt. 420 m – Voir carte n°**16-B3**
🚩 Paris 409 km – Besançon 73 km – Dole 51 km – Lons-le-Saunier 14 km
Carte Michelin 321-D6 – Guide Vert Michelin Franche-Comté Jura

🏠 Le Relais des Abbesses sans rest ⟨icons⟩

36 r. de la Roche – ☎ 03 84 44 98 56 – www.relais-des-abbesses.fr
5 ch 🍽 – †75/95 € ††80/95 €

Les propriétaires ont craqué pour cette maison de village surplombant les vignes et la vallée. Les chambres, baptisées Agnès, Marguerite et Eugénie offrent une superbe vue sur la Bresse ; Violette fait les yeux doux à Château-Chalon... Du cachet !

LE CHÂTEAU D'OLÉRON – 17 (Charente-Maritime) → voir Île d'Oléron

CHÂTEAU-D'OLONNE – 85 (Vendée) → voir Sables-d'Olonne

CHÂTEAUDUN

✉ 28200 (Eure-et-Loir) – 13 216 hab. – Alt. 140 m – Voir carte n°**11-B2**
🚩 Paris 131 km – Blois 57 km – Chartres 45 km – Orléans 53 km
Carte Michelin 311-D7 – Guide Vert Michelin Châteaux de la Loire

🏠 Entre Beauce et Perche sans rest ⟨icons⟩

9 La Varenne-Hodier, 3 km au Nord par rte de Chartres N 10 – ☎ 02 37 66 30 00 – www.hotelchateaudunlogis.fr
65 ch – †67/102 € ††67/102 € – 🍽 10 €

Entre Beauce et Perche en effet, voilà un hôtel moderne, sobre et engageant. Les chambres sont claires et fonctionnelles ; l'ensemble convient parfaitement à une étape touristique ou un voyage d'affaires. Bon point, le parking sécurisé.

🍴🍴 Aux Trois Pastoureaux ⟨icon⟩

31 r. André-Gillet – ☎ 02 37 45 74 40 – www.aux-trois-pastoureaux.fr – Fermé 1er-9 mars, 12 juil.-3 août, 25 déc.-7 janv., dim. et lundi
Formule 21 € – Menu 29/65 € – Carte 34/77 €

Jean-François Lucchese est un ancien pâtissier, d'où ses assiettes nettes et précises. Il se définit surtout comme un "artisan du goût", soucieux des associations d'ingrédients, des cuissons et des assaisonnements. Ses recettes pétillent de saveurs ! Parmi ses spécialités, le "menu médiéval" plonge droit dans la tradition…

à Flacey 8 km au Nord par N 10 – ✉ 28800 – 225 hab. – Alt. 157 m

🏠 Domaine de Moresville sans rest ⟨icons⟩

rte de Brou, 3.5 km au Nord-Ouest par D110 – ☎ 02 37 47 33 94 – www.domaine-moresville.com
17 ch – †78/179 € ††80/250 € – 2 suites – 🍽 12 €

Au cœur d'un parc planté d'arbres centenaires, un château du 18e s. plein de charme. Caractère historique dans les jolis salons comme dans les chambres, tout confort (dont cinq aménagées dans l'orangerie). Et pour se détendre, on profite du spa !

CHÂTEAUFORT – 78 (Yvelines) → voir Paris, Environs

CHÂTEAU-GAILLARD
✉ 01500 (Ain) – 1 830 hab. – Alt. 253 m – Voir carte n°**44**-B1
▶ Paris 464 km – Bourg-en-Bresse 32 km – Grenoble 140 km – Lyon 53 km
Carte Michelin 328-E5

※※ La Villa L   🏶 ⬗ 🍸 ♿ **P**
130 chemin des Vignes – ✆ 04 74 39 96 86 – www.lavillal.fr – Fermé 1 semaine en mars, 3 semaines en sept., dim. et lundi
Menu 24/49 € – Carte 32/54 €
Mélusine, Clochette et Morgane : ces trois fées prêtent leur nom aux attrayants menus de ce restaurant. Aux fourneaux, la chef réalise une cuisine inspirée, dans laquelle le terroir (ris de veau, filet mignon, foie gras, etc.) rencontre des épices de toutes sortes. Et la carte des vins sort de l'ordinaire !

CHÂTEAU-GONTIER
✉ 53200 (Mayenne) – 11 690 hab. – Alt. 33 m – Voir carte n°**35**-C1
▶ Paris 288 km – Angers 50 km – Châteaubriant 56 km – Laval 30 km
Carte Michelin 310-E8 – Guide Vert Michelin Pays de la Loire

🏠 Parc Hôtel sans rest   ⬗ 🍸 🛁 ♿ ⬗ 🏶 ♿ **P**
46 av. Joffre, au Sud par N 162 – ✆ 02 43 07 28 41 – www.parchotel.fr – Fermé 6-22 fév. et 27 déc.-3 janv.
20 ch – ♦85/145 € ♦♦85/145 € – 1 suite – ☐ 11 €
Dans le parc arboré et près de la piscine chauffée, on oublie vite la route toute proche. Les chambres sont résolument classiques, plus spacieuses dans la maison de maître du 19ᵉ s., et l'on profite de l'espace détente avec jacuzzi, hammam, fitness et salle de massage.

※※ L'Aquarelle   ⬗ 🏶 AC **P**
2 r. Félix-Marchand, 1 km au Sud par D 267, rte de Ménil – ✆ 02 43 70 15 44 – www.restaurant-laquarelle.com – Fermé 5-29 janv., dim. soir, mardi soir et merc.
Formule 12 € – Menu 21 € (déj. en semaine), 28/48 €
Croustillant d'avocat farci à la truite fumée et à l'aneth ; quasi de veau, jus réduit et légumes bio ; spéculos au chocolat... Au bord de la Mayenne – visible de la salle et à portée de main en terrasse –, la carte navigue entre tradition et notes originales, au rythme des saisons. Une adresse qui a ses habitués.

CHÂTEAUMEILLANT
✉ 18370 (Cher) – 2 008 hab. – Alt. 247 m – Voir carte n°**12**-C3
▶ Paris 313 km – Argenton-sur-Creuse 58 km – Châteauroux 55 km – La Châtre 19 km
Carte Michelin 323-J7 – Guide Vert Michelin Limousin Berry

※※ La Goutte Noire avec ch   🏶 ♿ rest, AC rest, 🛜 **P**
21 r. du Château – ✆ 02 48 96 98 87 – www.la-goutte-noire.fr – Fermé 1ᵉʳ-10 janv. , dim. soir et lundi sauf fériés
7 ch – ♦52 € ♦♦62/69 € – ☐ 8 € – ½ P
Formule 15 € – Menu 22 € (semaine), 32/60 € – Carte 41/66 €
Du nom du ruisseau qui coule dans le village, cette table ne manque pas d'attraits : une grande véranda très lumineuse, une cuisine qui explore le terroir avec goût et générosité (bons vins et fromages régionaux) et un accueil délicat. Chambres coquettes à l'étage.

CHÂTEAUNEUF-DE-GADAGNE
✉ 84470 (Vaucluse) – 3 270 hab. – Alt. 90 m – Voir carte n°**42**-E1
▶ Paris 694 km – Arles 47 km – Avignon 13 km – Marseille 95 km
Carte Michelin 84-C10

❌ **La Maison de Celou**　　　　　　　　≤ 斎 & 🅰🅒

🍜 *impasse de l'Alouette, (Portail du Thor) – ℰ 04 90 16 08 61*
– www.lamaisondecelou.com – Fermé vacances de la Toussaint et de fév., sam.
midi et dim. midi en juil.-août, dim. soir et merc. soir de sept. à juin et lundi
Menu 19 € (déj. en semaine)/36 € – Carte 45/65 €
Une maison familiale où le menu change tous les mois. L'équipe n'hésite pas à travailler sous l'œil des clients, que ce soit pour découper une entrecôte de taureau ou pour flamber au pastis des linguines de homard... À déguster sur la terrasse, avec un beau panorama sur le mont Ventoux et la montagne du Luberon !

CHÂTEAUNEUF-DU-PAPE

✉ 84230 (Vaucluse) – 2 159 hab. – Alt. 87 m – Voir carte n°**42**-E1
◨ Paris 667 km – Alès 82 km – Avignon 19 km – Carpentras 22 km
Carte Michelin 332-B9 – Guide Vert Michelin Provence

🏠🏠🏠　**Hostellerie Château des Fines Roches**　　🕙 ⊛ ⌘ ≤ 🖛 🍴 🅰🅒 🕸
　　　　　　　　　　　　　　　　　　　　　　　　　　　　　🛜 🏊 🅿
rte de Sorgues et voie privée – ℰ 04 90 83 70 23
– www.chateaufinesroches.com – Fermé dim. soir et lundi de nov. à avril
11 ch – ♦117/340 € ♦♦117/340 € – � 19 € – ½ P
Étonnante vision... À la fois médiéval, provençal et maure, ce castel du 19e s. ceint de tours crénelées surgit tel un mirage au milieu du fameux vignoble ! Un lieu raffiné, propice – si l'on souhaite – à une certaine fantaisie.

❌ **Le Verger des Papes**　　　　　　　　⊛ ≤ 斎 🅰🅒 🕸

🍜 *au château – ℰ 04 90 83 50 40 – www.vergerdespapes.com – Fermé*
21 déc.-1er mars, dim. soir et lundi
Menu 20 € (déj. en semaine)/31 € – Carte 42/50 €
Belle situation pour ce restaurant adossé aux remparts du château et dont la terrasse réserve une vue à couper le souffle. La cuisine provençale est à l'honneur : omelette mistral à la ratatouille, côte de taureau de Camargue grillée, vacherin au citron... De bons produits et des vins de la vallée du Rhône.

CHÂTEAUNEUF-VILLEVIEILLE

✉ 06390 (Alpes-Maritimes) – 891 hab. – Alt. 600 m – Voir carte n°**41**-D2
◨ Paris 957 km – Menton 42 km – Nice 22 km – Puget-Théniers 81 km
Carte Michelin 341-E5

🏠　**La Parare**　　　　　　　　🕙 ⌘ 🖛 🍴 🕸 🛜 🅿
67 Calade du Pastre – ℰ 04 93 79 22 62 – www.laparare.com – Fermé
1er- 20 déc.
4 ch ⊒ – ♦140/170 € ♦♦140/170 €
Les amateurs d'ancien seront comblés par cette superbe bergerie du 17e s., isolée parmi de magnifiques oliviers. Dans les chambres, soies chinoises, lin et kilims s'accordent à merveille avec les tomettes et les poutres... Quant au bassin de nage, entouré de murets en pierres sèches, il ne dépare pas !

CHÂTEAUROUX

✉ 36000 (Indre) – 45 521 hab. – Alt. 155 m – Voir carte n°**12**-C3
◨ Paris 265 km – Blois 101 km – Bourges 65 km – Limoges 125 km
Carte Michelin 323-G6 – Guide Vert Michelin Limousin Berry

🏠🏠🏠　**Colbert**　　　　　　　　🕙 🛗 & 🅰🅒 🛜 🏊 🅿
3 av. de la Châtre – ℰ 02 54 35 70 00 – www.hotel-colbert.fr　　Plan : BZ**a**
74 ch – ♦84/179 € ♦♦84/179 € – 16 suites – ⊒ 14 €
Nouveau souffle pour l'ancienne manufacture de tabac de la ville, fermée en 1997 : les aménagements sont très modernes et soignés (insonorisation et literie excellentes, quelques chambres en duplex). Le restaurant cultive "le pain, le vin et la broche" : on rôtit chaque jour un bon produit, tel le poulet du Berry !

🏠　**Ibis** sans rest　　　　　　　　🛗 & 🅰🅒 🛜 🏊 🍵
16 r. Victor-Hugo – ℰ 02 54 34 61 61 – www.ibishotel.com　　Plan : BY**v**
60 ch – ♦74/115 € ♦♦74/115 € – ⊒ 10 €
Un hôtel central, fonctionnel et plutôt confortable. Les chambres sont lumineuses, de bonne taille, et cultivent un esprit contemporain avec leur mobilier plaqué. On appréciera le garage au sous-sol.

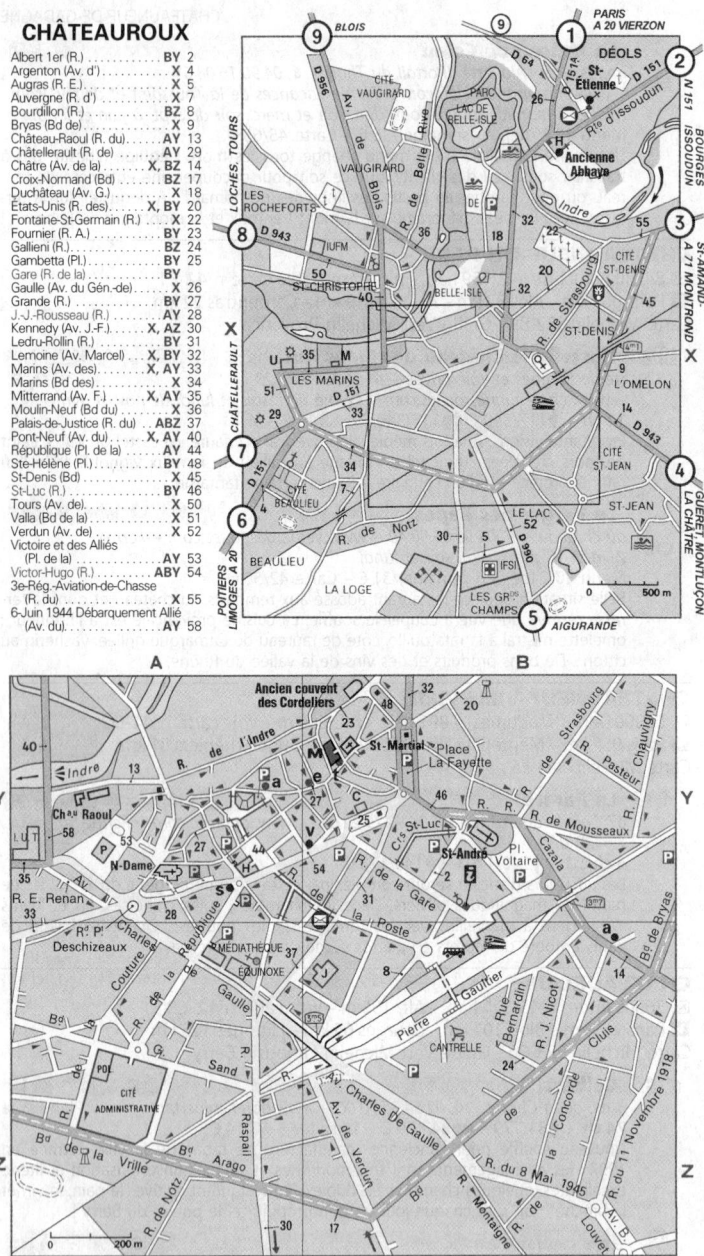

CHÂTEAUROUX

⌂ **Élysée Hôtel** sans rest ⊨ AC 🛜
2 r. de la République – ℰ *02 54 22 33 66* Plan : AY**s**
– www.elysee-hotel-chateauroux.com
16 ch – ♦84/105 € ♦♦89/130 € – ⌹ 10 €
En centre-ville, cet immeuble début de siècle a été entièrement rénové en
2010 : les chambres jouent tout simplement la carte de la fonctionnalité. Une
adresse utile.

✗✗ **Jeux 2 Goûts** AC
😊 *42 r. Grande –* ℰ *02 54 27 66 28 – www.jeux2gouts.fr – Fermé* Plan : BY**t**
2 semaines en août, vacances de fév., dim. et lundi
Formule 14 € – Menu 17 € (déj. en semaine), 27/49 € – Carte 32/48 €
Des associations de produits inattendues, des influences japonaises... De retour
dans sa région natale après plusieurs années à Paris, le jeune chef bouscule les
habitudes, comme avec cet effeuillé de lapereau, sauce citronnée et espuma de
betterave rouge.

✗ **Le P'tit Bouchon** 🏠
😊 *64 r. Grande –* ℰ *02 54 61 50 40 – www.leptitbouchon.fr* Plan : BY**e**
– Fermé 3 semaines en août, dim., lundi et fériés
Formule 15 € – Menu 18 € (déj. en semaine), 21/28 € – Carte 24/36 €
On apprécie son bon rapport qualité-prix, sa chaleur (le décor fourmille d'objets hétéroclites) et... ses propriétaires, grands épicuriens : le patron conseille les
vins, son épouse tient la crèmerie attenante et, en cuisine, le fiston fait mijoter
de jolis petits plats bistrotiers !

✗ **Le Bistrot Gourmand** 🌳 ✿
10 r. du Marché – ℰ *02 54 07 86 98* Plan : AY**a**
*– www.lebistrotgourmand36.com – Fermé 6-20 mars, 8-31 août, dim., lundi et
fériés*
Formule 14 € – Menu 26/33 € – Carte 29/68 €
Au cœur de la vieille ville, un bistrot de quartier où l'on va comme en voisin, pour
profiter, à prix justes, d'une côte de bœuf limousin, de rognons de veau ou de
profiteroles au chocolat. La tradition est respectée, le goût au rendez-vous ! Aux
beaux jours, direction le patio fleuri, sur l'arrière.

CHÂTEAU-SUR-ALLIER
✉ 03320 (Allier) – 180 hab. – Alt. 180 m – Voir carte n°**5-B1**
🚗 Paris 282 km – Bourges 63 km – Clermont-Ferrand 133 km – Moulins 38 km
Carte Michelin 326-F2

⌂ **Château Saint-Augustin** 🍴 🐴 🏖 🌿 **P**
Saint-Augustin – ℰ *04 70 66 42 01 – www.chateau-saint-augustin.fr – Fermé
3-31 janv.*
4 ch ⌹ – ♦125/330 € ♦♦137/342 € – 1 suite
Imaginez un cerf passant sous vos fenêtres... Dans ce château classé de 1730, au
cœur d'une forêt de 1 000 ha, la nature n'a pas perdu ses droits. Dans les chambres, on se repose parmi les meubles d'époque et les tableaux de valeur. À table,
on apprécie les produits du potager. Une adresse historique et authentique.

CHÂTEAU-THÉBAUD – 44 (Loire-Atlantique) → voir Nantes

CHÂTEAU-THIERRY
✉ 02400 (Aisne) – 14 413 hab. – Alt. 63 m – Voir carte n°**37-C3**
🚗 Paris 95 km – Épernay 56 km – Meaux 48 km – Reims 58 km
Carte Michelin 306-C8 – Guide Vert Michelin Champagne Ardenne

🏨 **Île de France** 🍴 🛏 🖥 ♨ 🛁 ⊨ 🛜 🏋 **P**
60 r. Léon Lhermitte, rte de Soissons – ℰ *03 23 69 10 12*
– www.hotel-iledefrance.com
36 ch – ♦89/109 € ♦♦109/150 € – 5 suites – ⌹ 13 € – ½ P
Hôtel surplombant la vallée de la Marne. Mobilier en fer forgé, rustique ou plus
contemporain dans les chambres, douillettes et confortables. Spa et centre de
remise en forme. Au restaurant, la carte change avec les saisons ; agréable terrasse panoramique.

CHÂTEL

✉ 74390 (Haute-Savoie) – 1 183 hab. – Alt. 1 180 m – Voir carte n°**46**-F1

▶ Paris 578 km – Annecy 113 km – Évian-les-Bains 34 km – Morzine 38 km

Carte Michelin 328-O3 – Guide Vert Michelin Alpes du Nord

Macchi

94 chemin de l'Etringa – ✆ 04 50 73 24 12 – www.hotelmacchi.com – Ouvert
15 juin-15 sept. et 15 déc.-20 avril

28 ch – †72/284 € ††110/436 € – ⌑ 16 € – ½ P

Derrière une jolie façade arborant des fresques tyroliennes, un hôtel charmant dont les chambres portent le nom de grands champions de ski alpin. Beau spa indien, piscine couverte... Cosy, élégant et dépaysant !

Fleur de Neige

564 rte de Vonnes – ✆ 04 50 73 20 10 – www.hotel-fleurdeneige.fr – Ouvert de
mi-mai à fin oct. et de mi-déc. à mi-avril

28 ch – †63/185 € ††90/265 € – ⌑ 14 € – ½ P

En haut de la station, un hôtel dans l'esprit chalet bucolique des années 1960... Certaines chambres ont été décorées dans un style contemporain plutôt réussi. On profite pleinement de l'espace balnéo avec piscine, sauna et hammam.

Belalp

382 rte de Vonnes – ✆ 04 50 73 24 39 – www.hotelbelalp.com – Ouvert 1er
juil.-23 août et 20 déc.-4 avril

25 ch – †70/145 € ††70/145 € – ⌑ 10 € – ½ P

C'est un joli chalet aux volets verts, on y vient à ski et on y trouve un repos bien mérité dans une petite chambre, mignonne et très bien tenue (préférez-la côté vallée). Espace bien-être. Plats savoyards au coin de la cheminée ou dans la salle panoramique offrant une vue à tomber !

Le Kandahar

1620 rte de la Dranse, 1,5 km au Sud-Ouest par rte de la Béchigne
– ✆ 04 50 73 30 60 – www.lekandahar.com – Fermé de mi-avril à mi-mai,
27 juin-12 juil. et 25 oct.-19 déc.

8 ch – †58/90 € ††58/90 € – ⌑ 10 € – ½ P

Kandahar ? Une célèbre course à ski ayant donné son nom à cet accueillant chalet familial en contrebas de la station. Chambres petites mais pratiques, avec balcon ; navettes pour le Linga. Aucun doute au restaurant : on est en Savoie ! Une raclette près de la cheminée ?

Le Choucas sans rest

303 rte Vonnes – ✆ 04 50 73 22 57 – www.hotel-lechoucas.com
– Ouvert 20 juin-15 sept. et 18 déc.-18 avril

12 ch – †55/75 € ††55/75 € – ⌑ 9 €

Un chalet largement fleuri... voilà de quoi attirer les choucas, ces oiseaux malicieux proches des corneilles. Pour les amateurs de montagne à prix modéré, les chambres sont pratiques et très bien tenues. Les vertus de la simplicité.

Le Vieux Four

55 rte du Boude – ✆ 04 50 73 30 56 – Ouvert 14 juin-13 sept., 7 déc.-20 avril et
fermé lundi

Menu 15 € (déj. en semaine), 27/47 € – Carte 28/55 €

Rustique et chaleureuse, cette vieille ferme (1852) joue la carte de l'authenticité et ravit ses hôtes. On admire les figurines nichées dans les mangeoires de l'étable, tout en se régalant de petits plats savoyards et du terroir.

La Poya

196 rte de Vonnes – ✆ 04 50 81 19 34 – www.lapoya.fr – Fermé
19 avril-7 mai, 7-26 juin, 20 sept.-23 oct., merc. et jeudi midi en hiver, dim. soir,
lundi soir, mardi soir et merc. hors saison

Formule 14 € – Menu 26/45 € – Carte 40/68 €

La Poya ? C'est le nom de ces peintures locales représentant la montée des troupeaux aux alpages. Situé au cœur de la station, ce restaurant propose de savoureuses recettes traditionnelles où les produits du terroir jouent les stars. Une bonne adresse pour reprendre des forces après quelques descentes !

CHÂTEL-GUYON

✉ 63140 (Puy-de-Dôme) – 6 239 hab. – Alt. 430 m – Voir carte n°**5-B2**
🚩 Paris 411 km – Clermont-Ferrand 21 km – Gannat 31 km – Vichy 43 km
Carte Michelin 326-F7 – Guide Vert Michelin Auvergne

🏨 **Le Bellevue** 🛇 🗒 ≤ ⎙ 📶
4 r. A.-Punett – 𝒞 *04 73 86 07 62 – www.hotelbellevuechatel.eu*
– Ouvert 1er avril-31 oct.
38 ch – 🚹71/91 € 🚹🚹71/91 € – ⌓ 10 € – ½ P
Dominant la station thermale, cet hôtel 1930 invite au repos. Les chambres sont pratiques, et le cadre verdoyant. Restauration traditionnelle servie exclusivement aux résidents.

🏨 **Spa Thermalia** 🆕 sans rest ⌧ 🕥 🖪 ⎙ 🕭 📶 📮
20 av. Baraduc – 𝒞 *04 73 86 00 11 – www.hotel-spa-thermalia.com*
26 ch – 🚹80/100 € 🚹🚹85/100 € – ⌓ 9 €
Au bout d'une impasse en centre-ville, une grande villa du début du 20e s., au charme classique et particulièrement bien insonorisée : tranquillité garantie ! L'ensemble a été rénové en 2013, et le spa (piscine, jacuzzis, massages, fitness...) est la clé de voûte de l'ensemble.

🏨 **Splendid** 🛇 🕥 ⌧ ⎙ 🕭 📶 🖫
5-7 r. d'Angleterre – 𝒞 *04 73 86 04 80 – www.hotesdefrance.com*
84 ch – 🚹55/105 € 🚹🚹65/130 € – 2 suites – ⌓ 12 €
Guy de Maupassant, qui fréquenta cet ancien palace bâti en 1872, a laissé son nom à l'un des salons. Des chambres confortables et bien tenues, une majestueuse salle du 19e s. (colonnes, belle cheminée en bois sculpté, etc.) : un établissement au délicieux charme d'antan...

CHÂTELAILLON-PLAGE

✉ 17340 (Charente-Maritime) – 5 983 hab. – Alt. 3 m – Voir carte n°**38-A2**
🚩 Paris 482 km – Niort 74 km – Rochefort 22 km – La Rochelle 19 km
Carte Michelin 324-D3 – Guide Vert Michelin Poitou-Charentes

🏨 **Mercure Les Trois Iles** 🛇 🗒 ≤ 🖙 ⌧ ⎙ 🕭 📶 📮
à la Falaise, 1,5 km – 𝒞 *05 46 56 14 14 – www.3iles.fr*
79 ch – 🚹77/185 € 🚹🚹77/185 € – ⌓ 16 € – ½ P
Rest *Les Trois Iles* – voir les restaurants ci-après
Oléron, Aix et Ré... de bien jolies îles à l'horizon. Les chambres sont contemporaines et confortables. Évidemment, on craque pour celles qui donnent sur la mer !

🏨 **Ibis** 🛇 ≤ ⎙ 🕭 📶 🖫
à la Falaise, 1,5 km – 𝒞 *05 46 56 35 35 – ibis.com*
70 ch – 🚹100/140 € 🚹🚹111/140 € – ⌓ 11 €
Loin de l'agitation touristique et face à la mer, cet hôtel moderne compte un centre de thalassothérapie et des chambres assez spacieuses, fonctionnelles et bien tenues. Priorité à la détente...

🍴🍴 **Les Trois Iles** – Hôtel Mercure ≤ 🖙 🕭 🕭 🖫 🍴 🖫
à la Falaise, 1,5 km – 𝒞 *05 46 56 14 14 – www.3iles.fr – Fermé sam. et dim. hors saison*
Formule 19 € – Menu 29/39 € – Carte 33/51 €
Poisson frais, fruits de mer et cuisine traditionnelle, avec la mer et la piscine pour horizon... Ici, le chef met un point d'honneur à travailler des produits de qualité. Une sympathique escale gourmande !

🍴 **L'Acadie St-Victor** avec ch ≤ 🕭 ch, 🍴 rest, 📶
35 bd de la Mer – 𝒞 *05 46 56 25 13 – www.hotel-acadie.fr – Fermé*
15 fév.-14 mars, 18 oct.-14 nov., vend. soir d'oct. à avril, dim. soir et lundi sauf du 15 juin au 15 sept.
15 ch – 🚹60/73 € 🚹🚹60/73 € – ⌓ 10 € – ½ P
Formule 20 € – Menu 25/44 € – Carte 32/65 €
Belle vue sur l'Océan depuis ce restaurant du front de mer qui met à l'honneur le poisson et les crustacés. Pour l'étape, les chambres sont bien tenues et idéalement situées pour rêver de grandes traversées !

⅍   **Les Flots** avec ch   ⪕ 🍃 🅰🅒 rest. 🛜 🅿

😊 *52 bd de la Mer – ℰ 05 46 56 23 42 – www.les-flots.fr – Fermé 16 déc.-31 janv. et mardi d'oct. à mars*
10 ch – ♦69/130 € ♦♦69/150 € – ⌁ 12 € – ½ P
Formule 17 € – Menu 29 € – Carte 32/54 €
Une jolie maison bleu et blanc (1890) face à la plage : ici, l'esprit marin est à l'honneur, dans le décor (maquette de navire, fresque représentant le fort Boyard...) comme dans l'assiette, pleine de fraîcheur, de générosité et de saveurs iodées ! Quant aux chambres, elles sont agréables et confortables.

LA CHÂTELAINE

✉ 39600 (Jura) – 127 hab. – Alt. 560 m – Voir carte n°**16**-B2
◻ Paris 422 km – Besançon 57 km – Lons-le-Saunier 46 km
Carte Michelin 321-E5

🏠   **Séquoia** sans rest   ⪕ 🍃 ⌁ ⅍ ⅍A 🅿

Grande-Rue, (Domaine d'Artois) – ℰ 03 84 66 14 73
– www.hotel-sequoia-jura.com – Ouvert 1ᵉʳ mars-14 déc. et fermé dim. et lundi hors saison
19 ch – ♦75/95 € ♦♦79/99 € – 3 suites – ⌁ 12 €
Un grand parc, un château du 15ᵉ s. et de jolies bâtisses en brique et bois formant un charmant hameau... Cachet, caractère, nature, voilà trois mots qui définissent parfaitement l'ambiance qui règne ici. Dans les chambres, déco champêtre ou montagne, pour un esprit très cocooning. Reposant !

LE CHÂTELARD

✉ 73630 (Savoie) – 658 hab. – Alt. 750 m – Voir carte n°**46**-F2
◻ Paris 595 km – Chambéry 47 km – Genève 75 km – Lyon 143 km
Carte Michelin 333-J7 – Guide Vert Michelin Alpes du Nord

⅍   **Auberge Les Clarines** avec ch   🍃 & rest. 🅰🅒 ch, 🛜 🅿

😊 *Les Granges – ℰ 04 79 54 80 80 – www.hotel-les-clarines.fr – Fermé 2 nov.-1ᵉʳ déc., dim. soir, lundi et mardi*
6 ch – ♦70/90 € ♦♦70/90 € – ⌁ 11 € – ½ P
Menu 18 € (déj. en semaine)/31 € – Carte 24/42 €
Au cœur du massif des Bauges, une ancienne ferme au cadre chaleureux... L'adresse est prisée des randonneurs – et de tous les bons vivants en général ! – qui s'y régalent d'une bonne cuisine régionale. Mention spéciale pour le poulet fermier en croûte de sel et le gâteau de Savoie. Chambres à la fois modernes et montagnardes.

CHÂTELLERAULT

✉ 86100 (Vienne) – 31 902 hab. – Alt. 52 m – Voir carte n°**39**-C1
◻ Paris 304 km – Châteauroux 98 km – Cholet 134 km – Poitiers 36 km
Carte Michelin 322-J4 – Guide Vert Michelin Poitou-Charentes

⅍⅍   **La Gourmandine** avec ch   ⪕ 🍃 🅰🅒 ch, 🛜 ⅍A 🅿

😊 *22 av. du Président-Wilson – ℰ 05 49 21 05 85*   Plan : ABZx
– www.la-gourmandine.com – Fermé 1 semaine début janv.
13 ch – ♦105/155 € ♦♦105/155 € – ⌁ 14 €
Formule 16 € – Menu 19 € (déj. en semaine), 26/74 € – Carte 35/75 € *(fermé dim. soir et lundi midi)*
Hauts plafonds, moulures, boiseries... une maison de maître estampillée 1905, à l'ambiance feutrée et élégante. Le service, de qualité, comme les recettes, créatives, lui vont bien ! Et pour la nuit, des chambres aussi confortables que contemporaines (Sérénade, Bambou, Romance, Chinoise, etc.).

⅍⅍   **Bernard Gautier**   🍃 🅰🅒

189 r. d'Antran – ℰ 05 49 90 24 74 – Fermé 1ᵉʳ-15 sept.,   Plan : AYt
15-30 mars, dim. soir, merc. soir et lundi
Formule 25 € 🍷 – Menu 34/44 € – Carte 37/50 €
Terrine de foie gras, morue poêlée aux agrumes, etc. Tradition et générosité dans cette petite maison où l'on fait la part belle aux recettes de toujours. Malgré des abords tristounets, la salle se révèle coquette et le service est aux petits soins... ce qui ne gâche rien !

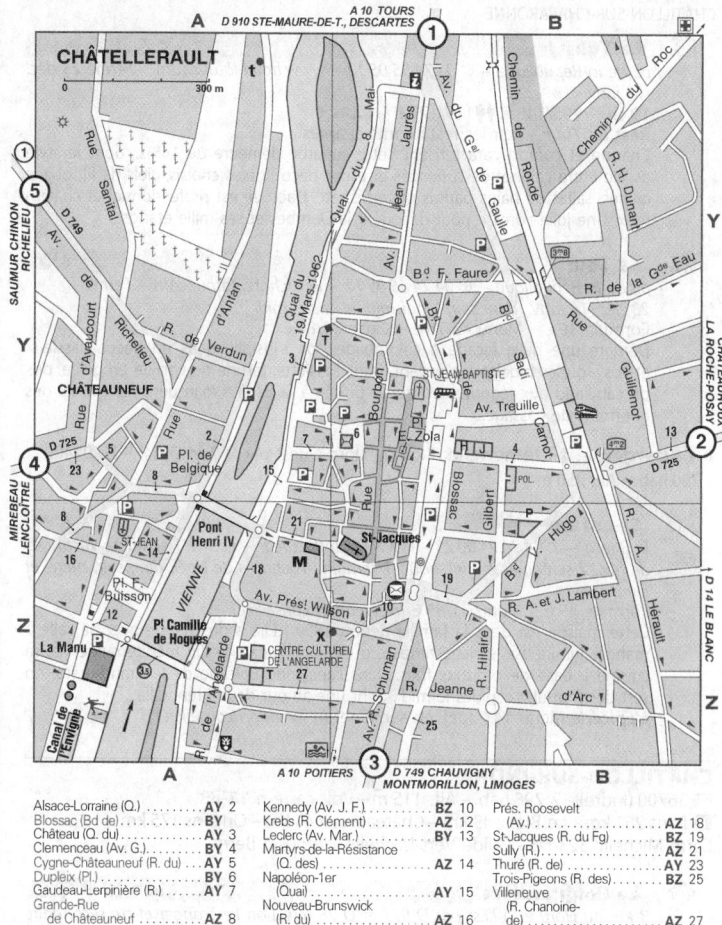

à Usseau 7 km par ⑤, D 749 et D 75 – ⊠ 86230 – 655 hab. – Alt. 82 m

⌂ **Château de la Motte** ⫶⃝ ⃝ ⃝ ⃝ ⃝ ⃝ ⃝ ⃝ **P**
– ℰ 05 49 85 88 25 – www.chateau-de-la-motte.net – Ouvert 4 avril-8 nov.
5 ch ⌷ – ♦100/170 € – ♦♦100/170 € – ½ P
Ce château du 15ᵉ s., qui surplombe la vallée, se mérite ! C'est, en effet, en haut d'un escalier pentu qu'un couple d'amoureux des vieilles pierres vous y accueille avec tous les égards. À l'intérieur, du caractère, de l'élégance : on est conquis ! La table d'hôte fait honneur aux légumes "oubliés" du potager et aux fruits du verger.

CHÂTILLON – 92 (Hauts-de-Seine) → voir Paris, Environs

CHÂTILLON-ST-JEAN – 26 (Drôme) → voir Romans-sur-Isère

CHÂTILLON-SUR-CHALARONNE
⊠ 01400 (Ain) – 4 940 hab. – Alt. 177 m – Voir carte n°**43**-E1
▶ Paris 418 km – Bourg-en-Bresse 28 km – Lyon 55 km – Mâcon 28 km
Carte Michelin 328-C4 – Guide Vert Michelin Lyon et sa région

La Tour ⅠⓄ ⌷ & 亙 ᯤ 𝄁 ᨶ

pl. de la République – ℰ 04 74 55 05 12 – www.hotel-latour.com – Fermé 23 déc. -14 janv.

19 ch – ♦95/145 € ♦♦119/179 € – ⌷ 12 €

Rest *La Tour* – voir les restaurants ci-après

Charme et confort caractérisent cette superbe demeure du 14ᵉ s., dont le style oscille entre cabinet de curiosités et esprit déco : tissus choisis, ciels de lit, objets chinés, salles de bains parfois ouvertes, etc. L'accueil est professionnel et chaleureux. Une jolie adresse pour découvrir la Dombes et ses mille étangs...

𝕏𝕏 La Tour & 亙

pl. de la République – ℰ 04 74 55 05 12 – www.hotel-latour.com – Fermé 23 déc.-14 janv., dim. soir, lundi midi et merc. midi

Formule 19 € – Menu 43/74 € – Carte 67/80 €

Derrière une belle façade à colombages, on s'installe dans un décor classieux et cosy, où les bibelots abondent. Dans l'assiette, terrine de volaille en gelée, dos de cabillaud aux légumes et crème brûlée à la vanille marquent les esprits des gourmets de passage...

à l'Abergement-Clémenciat 5 km au Nord-Ouest par D 7 et D 64ᶜ – ✉ 01400 – 780 hab. – Alt. 250 m

𝕏𝕏𝕏 St-Lazare 亙 & ✿

le Bourg – ℰ 04 74 24 00 23 – www.lesaintlazare.fr – Fermé 1 semaine vacances de fév., 2 semaines en juil.-août, 1 semaine vacances de Noël, dim. soir, merc. et jeudi

Formule 19 € – Menu 31/85 € *(réservation conseillée)*

Cette maison est dans la famille depuis 1899 ! Elle a du charme avec sa salle à manger lumineuse, sa jolie terrasse qui donne sur un jardin méditerranéen et sa cuisine à base de produits frais. Dans l'ancienne Épicerie de la grand-mère, on sert des formules rapides le midi, dont une autour de la grenouille...

L'Épicerie Menu 14 € (déj. en semaine) *(réservation conseillée)*

CHÂTILLON-SUR-INDRE

✉ 36700 (Indre) – 2 798 hab. – Alt. 115 m – Voir carte n°**11-B3**

▶ Paris 261 km – Le Blanc 43 km – Châteauroux 47 km – Orléans 175 km

Carte Michelin 323-D5 – Guide Vert Michelin Limousin Berry

⌂ La Poignardière ⅠⓄ ⍟ ⇦ ⌷ 𝕏 𝄐 亙 ℙ

3 km au Nord et à l'Est par D 975 et D 28 direction Le Tranger et rte secondaire – ℰ 02 54 38 78 14 – www.lapoignardiere.fr – Ouvert de mars à nov.

5 ch ⌷ – ♦95 € ♦♦105 €

Certaines demeures distillent un charme indéfinissable. Est-ce la promenade en barque sur l'étang, la beauté des arbres centenaires ou l'élégance sobre de cette demeure 1900 ? Est-ce le jardin d'hiver si romantique ou le dîner traditionnel ? Peut-être un peu tout cela...

𝕏 Auberge de la Tour 亙 ✿

2 rte du Blanc – ℰ 02 54 38 44 20 – www.auberge-de-la-tour36.fr – Fermé 15-30 sept., 1ᵉʳ -15 janv., mardi d'oct. à mars, dim. soir et lundi

Formule 17 € – Menu 23/40 € – Carte 24/46 €

Après un joli parcours dans de grandes maisons, Éric Souverin est rentré chez lui pour fonder son propre restaurant... Ici, il réinterpète les saveurs de son enfance selon l'inspiration du moment. Son leitmotiv ? Faire plaisir... Pari réussi !

CHÂTILLON-SUR-SEINE

✉ 21400 (Côte-d'Or) – 5 515 hab. – Alt. 219 m – Voir carte n°**8-C1**

▶ Paris 233 km – Auxerre 85 km – Chaumont 60 km – Dijon 83 km

Carte Michelin 320-H2 – Guide Vert Michelin Bourgogne

La Côte d'Or ⅠO 🍽️ ♿ 🛜 🅿️ 🚗

2 r. Charles-Ronot – ℰ 03 80 91 13 29 – www.hotel-delacotedor.fr
– Fermé 2 janv.-14 fév., lundi et mardi sauf fériés
10 ch – †70 € ††80 € – ☲ 10 €
Rest *La Côte d'Or* – voir les restaurants ci-après

Ce relais de poste s'est transformé en sympathique hôtel-restaurant, avec des chambres classiques (mobilier ancien ou de style) et bien tenues, ainsi qu'un joli jardin planté de marronniers et d'érables... Le charme douillet d'antan !

XX La Côte d'Or 🍽️ ♿ 🅿️

2 r. Charles-Ronot – ℰ 03 80 91 13 29 – www.hotel-delacotedor.fr – Fermé 2 janv.-14 fév., lundi et mardi sauf fériés
Menu 22 € (semaine), 35/45 € – Carte 38/65 €

On s'installe dans la belle salle rustique ou à l'ombre des arbres du jardin, puis on prend le temps de savourer l'appétissante cuisine traditionnelle et bourguignonne du chef. Les produits sont bien choisis... c'est simple et bon. Ne passez pas à côté du poulet de Bresse ou du bœuf charolais.

LA CHÂTRE

✉ 36400 (Indre) – 4 416 hab. – Alt. 210 m – Voir carte n°**12-C3**
◨ Paris 298 km – Bourges 69 km – Châteauroux 37 km – Guéret 53 km
Carte Michelin 323-H7 – Guide Vert Michelin Limousin Berry

X À l'Escargot

pl. du Marché – ℰ 02 54 48 03 85 – www.auberge-restaurant-escargot.com – Fermé 21 fév.-9 mars,18 août-7 sept., merc. en hiver, dim. soir et lundi
Formule 18 € – Menu 24/45 € – Carte 38/45 €

Pour la petite histoire, les parents de George Sand se seraient connus dans cet ancien relais de poste des 15ᵉ-16ᵉ s. Auraient-ils succombé à la sympathique cuisine traditionnelle qu'on y sert aujourd'hui, et la sobriété toute rustique de la décoration ? Certainement !

à Pouligny-Notre-Dame 12 km au Sud par D 940 – ✉ 36160
– 615 hab. – Alt. 376 m

Les Dryades ⅠO ♿ 🍽️ 🅿️

28 r. du Golf – ℰ 02 54 06 60 60 – www.les-dryades.fr
80 ch – †129/259 € ††129/259 € – 5 suites – ☲ 12 €

Dans la mythologie grecque, les dryades étaient les nymphes protectrices de la forêt... Un nom tout trouvé pour ce bel hôtel contemporain donnant sur un golf 18 trous très verdoyant. Tons clairs et apaisants dans les chambres, spa très agréable.

CHAUBLANC – 71 (Saône-et-Loire) → voir St-Gervais-en-Vallière

CHAUDEFONDS-SUR-LAYON

✉ 49290 (Maine-et-Loire) – 959 hab. – Alt. 45 m – Voir carte n°**35-C2**
◨ Paris 325 km – Angers 30 km – Laval 101 km – Nantes 89 km
Carte Michelin 317-E5

XX La Table du Square

au Domaine St-Pierre – ℰ 02 41 78 04 21 – www.latabledusquare.com – Fermé 3 semaines en août, vacances de Noël, dim. soir, lundi et mardi sauf fériés
Menu 19 € (déj.)/52 € – Carte environ 35 € déjeuner *(réservation conseillée)*

Au cœur du domaine viticole familial (Saint-Pierre, sur les coteaux du Layon), surplombant les vignes, le restaurant joue la carte des saveurs de saison – fort joliment tournées – et, évidemment, des vins du cru. Après le repas, il est même possible de visiter les chais et la cave. Vins et gastronomie ne font qu'un !

CHAUDES-AIGUES

✉ 15110 (Cantal) – 935 hab. – Alt. 750 m – Voir carte n°**5-B3**
◨ Paris 538 km – Aurillac 94 km – Espalion 54 km – St-Chély-d'Apcher 30 km
Carte Michelin 330-G5 – Guide Vert Michelin Auvergne

Beauséjour ⭑○ 🍽 📶 📶 P
9 av. G.-Pompidou – 𝒞 *04 71 23 52 37*
– www.hotel-beausejour-chaudes-aigues.com – Ouvert 1er avril-25 nov.
39 ch – 🛏51/58 € 🛏🛏65/85 € – � 8,50 € – ½ P
Une grande bâtisse blanche près du centre thermal. Les chambres, simples, claires et
confortables, donnent pour la grande majorité sur la rivière toute proche, au calme ;
pour l'agrément, une piscine chauffée bien appréciable et sa jolie terrasse.

Serge Vieira avec ch ⛬ ⅏ ◁ 🍽 ♿ 🍴 ch, 📶 P
𝄢𝄢 *Château du Couffour, 2,5 km au Sud par rte de Rodez (D 921) –* 𝒞 *04 71 20 73 85*
– www.sergevieira.com – Ouvert 3 avril-29 nov. et fermé mardi et merc.
3 ch – 🛏215 € 🛏🛏215 € – ⊡ 18 €   Menu 76/125 €
Dans son vaisseau contemporain (pierre, fer et verre) construit à l'aplomb d'une
forteresse des 14 et 16e s. dominant l'Aubrac, Serge Vieira fait des merveilles. Sa
cuisine révèle un grand savoir-faire... et elle a aussi une très belle âme, à l'unisson
de la région ! Une adresse délicieuse, jusqu'aux chambres conçues selon une
démarche écologique.
➜ Croquettes d'escargots de Massiac, haricots petit riz, tempura, raifort et bouillon de chou. Suprême de pigeon à la réglisse, ravioles au jus de betterave. Comme
une tarte aux myrtilles, pain de Gênes, pistache et crème glacée au lait d'amande.

CHAUMONT
✉ 52000 (Haute-Marne) – 22 705 hab. – Alt. 318 m – Voir carte n°**14**-C3
🅳 Paris 264 km – Épinal 128 km – Langres 35 km – St-Dizier 74 km
Carte Michelin 313-K5 – Guide Vert Michelin Champagne Ardenne

Ibis Styles ⭑○ 📶 ♿ 🅰 📶 P 🚗
25 r. Toupot-de-Béveaux – 𝒞 *03 25 03 01 11 – www.ibisstyles.com*   Plan : Z**s**
43 ch ⊡ – 🛏79/114 € 🛏🛏87/133 €
Tenu par la même famille depuis 60 ans, situé à l'entrée d'une zone piétonne du
centre-ville, cet hôtel propose des chambres confortables et bien équipées (air
conditionné, TV, wifi). Idéal pour la clientèle d'affaires.

Les Remparts ⭑○ 🅰 🍴 📶 ♿
72 r. de Verdun – 𝒞 *03 25 32 64 40 – www.hotel-les-remparts.fr*   Plan : Z**b**
– Fermé dim. sauf fériés
17 ch – 🛏78/92 € 🛏🛏98/120 € – ⊡ 12 €
Rest *Les Remparts* – voir les restaurants ci-après
En face d'un joli parc, des chambres colorées et confortables, agencées dans plusieurs immeubles. Un côté "labyrinthe" qui fait le charme du lieu... À noter
aussi, un petit salon et un bar où il fait bon siroter un cocktail.

Les Remparts 🅰 🍴 ↔
72 r. Verdun – 𝒞 *03 25 32 64 40 – www.hotel-les-remparts.fr*   Plan : Z**b**
– Fermé dim. sauf fériés
Formule 25 € – Menu 38/56 € – Carte 43/74 €
Au pied de cet hôtel de caractère situé à l'entrée du centre-ville, une table traditionnelle où la cuisine classique et les produits du terroir sont à l'honneur
(truffe, aile de raie au fromage de Langres, etc.). Ici, aucun rempart n'arrête le
plaisir des papilles !

CHAUMONT-SUR-AIRE
✉ 55260 (Meuse) – 158 hab. – Alt. 250 m – Voir carte n°**26**-A2
🅳 Paris 270 km – Bar-le-Duc 24 km – St-Mihiel 25 km – Verdun 33 km
Carte Michelin 307-C5

Le Chantoiseau ⭑○ ⅏ 📶 ♿ 🅰 📶 ♿ P
1 km à l'Est sur rte de St-Mihiel – 𝒞 *03 29 70 66 46 – www.moulinhaut.fr*
– Fermé dim. soir
10 ch – 🛏85/99 € 🛏🛏85/99 € – ⊡ 12 € – ½ P
Rest *Auberge du Moulin Haut* – voir les restaurants ci-après
À la sortie du village se trouve cette belle propriété ; prenez le temps d'observer
le moulin et l'auberge familiale, datant de 1787 ! Dans l'annexe, bien plus
récente, vous trouverez des chambres modernes et bien équipées, dont certaines
donnent sur la rivière...

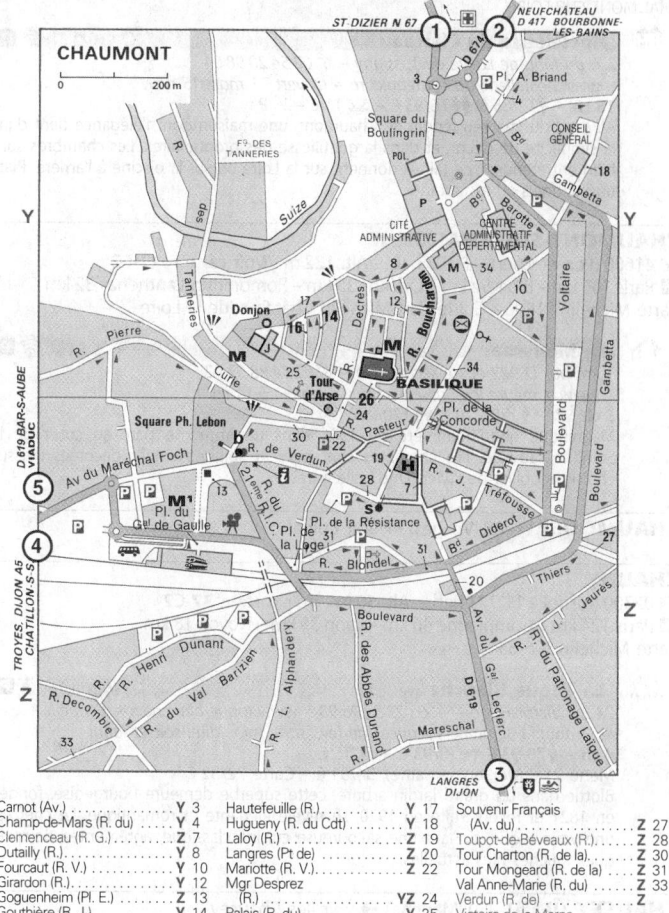

CHAUMONT

0 — 200 m

ST-DIZIER N 67 ① ②　NEUFCHÂTEAU
D 417 BOURBONNE-
LES-BAINS

Pl. A. Briand

CONSEIL
GÉNÉRAL

Square du
Boulingrin

F⁹ DES
TANNERIES

Gambetta

CITÉ
ADMINISTRATIVE

CENTRE
ADMINISTRATIF
DÉPARTEMENTAL

Voltaire

Donjon

Gambetta

Tour
d'Arse

BASILIQUE

Pl. de la
Concorde

Boulevard

Square Ph. Lebon

R. de Verdun

Av. du Maréchal Foch

Pl. du
G⁹¹ de Gaulle

Pl. de la Résistance

Pl. de
la Lége

R. Blondel

Diderot

Boulevard

R. Henri Dunant

R. du Val Barizien

R. Decombre

R. L. Alphandery

Mareschal

D 619

LANGRES
DIJON ③

TROYES, DIJON A5 ④⑤ D 619 BAR-S-AUBE VIADUC

Carnot (Av.)	**Y** 3	
Champ-de-Mars (R. du)	**Y** 4	
Clemenceau (R. G.)	**Z** 7	
Dutailly (R.)	**Y** 8	
Fourcaut (R. V.)	**Y** 10	
Girardon (R.)	**Y** 12	
Goguenheim (Pl. E.)	**Z** 13	
Gouthière (R. J.)	**Y** 14	
Guyard (R.)	**Y** 16	
Hautefeuille (R.)	**Y** 17	
Hugueny (R. du Cdt)	**Y** 18	
Laloy (R.)	**Z** 19	
Langres (Pt de)	**Z** 20	
Mariotte (R. V.)	**Z** 22	
Mgr Desprez (R.)	**YZ** 24	
Palais (R. du)	**Y** 25	
St-Jean (R.)	**YZ** 26	
Souvenir Français (Av. du)	**Z** 27	
Toupot-de-Béveaux (R.)	**Z** 28	
Tour Charton (R. de la)	**Z** 30	
Tour Mongeard (R. de la)	**Z** 31	
Val Anne-Marie (R. du)	**Z** 33	
Verdun (R. de)	**Z**	
Victoire-de-la-Marne (R.)	**Y** 34	

☓☓ **Auberge du Moulin Haut** – Hôtel le Chantoiseau　🍴 🌳 🔥 ⚡ 🅰🅲 ↔ 🅿

1 km à l'Est sur rte de St-Mihiel

– 𝒞 03 29 70 66 46 – www.moulinhaut.fr

– *Fermé vacances de la Toussaint et de fév., dim. soir et lundi*

Formule 17 € – Menu 30/62 € – Carte 38/67 €

Des pierres, des poutres apparentes, une cheminée... Cette auberge nous accueille dans une atmosphère chaleureuse et authentique. Sur la terrasse, bercée par le doux bruissement de la rivière, on savoure une bonne cuisine tradition-nelle. Un endroit charmant !

CHAUMONT-SUR-LOIRE

✉ 41150 (Loir-et-Cher) – 1 075 hab. – Alt. 69 m – Voir carte n°**11**-A1

▶ Paris 201 km – Amboise 21 km – Blois 18 km – Montrichard 19 km

Carte Michelin 318-E7 – Guide Vert Michelin Châteaux de la Loire

Hostellerie du Château
2 r. du Mar.-de-Lattre-de-Tassigny – ℰ 02 54 20 98 04
– www.hostellerie-du-chateau.com – Ouvert 21 mars-15 nov.
15 ch – ♦72/85 € ♦♦76/93 € – �) 11 € – ½ P
Au pied du château féodal de Chaumont, une maison dont l'élégance tient dans
la simplicité du décor, et dans la gentillesse des propriétaires. Les chambres sont
bien entretenues ; certaines donnent sur la Loire ou sur la piscine à l'arrière. Plats
traditionnels au restaurant.

CHAUMONT-SUR-THARONNE

✉ 41600 (Loir-et-Cher) – 1 105 hab. – Alt. 122 m – Voir carte n°**12**-C2
◗ Paris 165 km – Blois 52 km – Orléans 35 km – Romorantin-Lanthenay 32 km
Carte Michelin 318-I6 – Guide Vert Michelin Châteaux de la Loire

 Le Mousseau sans rest
3 km par D 922 et rte secondaire – ℰ 02 54 88 53 92
– www.demeure-lemousseau.com – Fermé 1ᵉʳ-15 fév.
5 ch �) – ♦170/270 € ♦♦170/270 €
Magnifique gentilhommière du 19ᵉˢ. dans un immense parc au cœur de la
Sologne sauvage. Les chambres sont cosy et soigneusement décorées : tissus
choisis, mobilier de style... Une belle adresse.

CHAUMOUSEY – 88 (Vosges) ➜ voir Épinal

CHAUNY

✉ 02300 (Aisne) – 11 771 hab. – Alt. 50 m – Voir carte n°**37**-C2
◗ Paris 124 km – Compiègne 46 km – Laon 35 km – Noyon 18 km
Carte Michelin 306-B5

XXX **La Toque Blanche** avec ch
24 av. Victor-Hugo – ℰ 03 23 39 98 98 – www.toque-blanche.fr – Fermé
4-23 août, 1 semaine vacances de fév., sam. midi, dim. soir et lundi
4 ch – ♦78/93 € ♦♦78/93 € – �) 15 €
Menu 21 € (déj. en semaine), 34/51 € – Carte 72/82 €
Blottie dans un grand jardin arboré, cette superbe demeure bourgeoise, fondée
en 1827 et reconstruite en 1920, se révèle élégante et romantique. Le chef est
une vraie toque, signant une savoureuse cuisine classique, agrémentée de quelques touches plus actuelles.

CHAUSEY (ÎLES) – 50 (Manche) ➜ voir Îles Chausey

LA CHAUSSÉE-D'IVRY

✉ 28260 (Eure-et-Loir) – 1 027 hab. – Alt. 57 m – Voir carte n°**11**-B1
◗ Paris 75 km – Chartres 60 km – Évreux 35 km – Orléans 141 km
Carte Michelin 311-E2

Le Gingko
404 r. des Moulins, (golf Parc de Nantilly) – ℰ 02 37 64 01 11
– www.hotel-gingko.com – Fermé 4-12 janv.
20 ch – ♦79/220 € ♦♦79/220 €
Cette maison de maître du 19ᵉ s. – aux dépendances plus récentes – est parfaite
pour les golfeurs : elle jouxte directement le golf ; l'accueil se fait d'ailleurs au
club-house. Chambres spacieuses et confortables, cuisine traditionnelle au restaurant : tout est réuni pour un bon séjour sportif.

CHAUSSENAC

✉ 15700 (Cantal) – 234 hab. – Alt. 692 m – Voir carte n°**5**-A3
◗ Paris 536 km – Aurillac 51 km – Clermont-Ferrand 133 km – Limoges 166 km
Carte Michelin 330-B3

La Fournio sans rest

Esclandines – 𝒞 04 71 69 02 68 – www.lafournio.fr – Ouvert 2 avril-31 oct.,
vacances de printemps, de Noël et de fév.
3 ch ☑ – †80/95 € ††80/95 €

Cette maison appartenait à la grand-mère du propriétaire. La voilà qui revit, décorée dans un charmant style maison de campagne (poutres, meubles de famille, objets chinés). Un lieu délicieux, parfait pour un week-end en amoureux.

CHAUSSIN

✉ 39120 (Jura) – 1 637 hab. – Alt. 191 m – Voir carte n°**16-A2**
▶ Paris 354 km – Beaune 52 km – Besançon 76 km – Chalon-sur-Saône 56 km
Carte Michelin 321-C5

 Chez Bach 🕽⚹ 🛜♨ 🅿

4 pl. Ancienne-Gare – 𝒞 03 84 81 80 38 – www.hotel-bach.com – Fermé
20 déc.-10 janv., vend. soir sauf du 14 juil. au 31 août et dim. soir
23 ch – †78/96 € ††78/96 € – ☑ 12 € – ½ P
Rest Chez Bach – voir les restaurants ci-après

À la sortie de ce village situé aux confins de la Bresse, de la Bourgogne et du Jura, un hôtel-restaurant familial, avec des chambres classiques et douillettes. Une étape bien agréable.

✕✕ **Chez Bach** 🍽⚹🅿

⊗ *4 pl. Ancienne-Gare – 𝒞 03 84 81 80 38 – www.hotel-bach.com – Fermé*
20 déc.-10 janv., vend. soir sauf du 14 juil. au 31 août, dim. soir et lundi midi
Formule 20 € – Menu 20 € (semaine), 29/70 € – Carte 55/65 € *(réservation conseillée)*

Ballottine de poulet de Bresse et salade de girolles fraîches, filet de féra du Léman, cassolette d'escargots de Bourgogne... Ce Bach-là compose un menu sur des bases traditionnelles avec un rien de tendance ; à déguster dans un cadre cossu.

CHAUVIGNY

✉ 86300 (Vienne) – 6 838 hab. – Alt. 65 m – Voir carte n°**39-C1**
▶ Paris 333 km – Bellac 64 km – Le Blanc 36 km – Châtellerault 30 km
Carte Michelin 322-J5 – Guide Vert Michelin Poitou-Charentes

 Lion d'Or 🕽 👍⚹🛜🅿

8 r. du Marché, (près de l'église) – 𝒞 05 49 46 30 28 – Fermé 24 déc.-15 janv.
26 ch – †54 € ††54 € – ☑ 8 € – ½ P

L'on y dort bien, dans cet ancien relais de poste (avec une annexe moderne) qui abrite des chambres fonctionnelles et bien tenues, aux tarifs mesurés ! Aux commandes des cuisines, le patron ne manque pas de générosité.

CHAVANOZ

✉ 38230 (Isère) – 4 306 hab. – Alt. 234 m – Voir carte n°**44-B1**
▶ Paris 494 km – Grenoble 101 km – Lyon 49 km – Villeurbanne 38 km
Carte Michelin 333-E3

✕✕ **Aux Berges du Rhône** avec ch

hameau de Grange-Rouge, 2 km au Sud-Est par D 55 rte de Loyettes
– 𝒞 04 72 02 02 50 – www.antonin-restaurant.com – Fermé dim. soir, merc. soir
et lundi
7 ch ☑ – †105/130 € ††105/130 € – ½ P
Menu 26 € (déj. en semaine), 39/79 € – Carte 53/67 €

Sur les bords du Rhône, l'adresse offre l'occasion d'une expérience culinaire inventive et moderne. Gelée de lapin au basilic, épaule d'agneau en pastilla et jus au cumin, grenouilles en persillade... des exemples parmi d'autres d'un alléchant registre actuel. Pour faire une étape, des chambres confortables au décor épuré.

CHAVIGNOL – 18 (Cher) ➜ voir Sancerre

CHAZAY – 28 (Eure-et-Loir) ➜ voir Chartres

CHAZELLES-SUR-LYON

⊠ 42140 (Loire) – 5 124 hab. – Alt. 630 m – Voir carte n°**44**-A2
▶ Paris 487 km – Lyon 46 km – Montbrison 28 km – Roanne 70 km
Carte Michelin 327-F6 – Guide Vert Michelin Lyon et sa région

🏠🏠 Château Blanchard   ⅠⓄ ⇦ 🛜 ⵚ P

36 rte de St-Galmier – 𝒞 04 77 54 28 88 – www.hotel-chateau-blanchard.com
– Fermé fin fév. à début mars, 15 août-4 sept. et dim. soir
12 ch – ♦67/84 € ♦♦67/84 € – 🍽 8 €
Rest *Château Blanchard* – voir les restaurants ci-après
Située à mi-chemin entre Lyon et St-Étienne, cette imposante villa des années 1920, entourée d'un parc, ne manque pas d'allure : architecture inspirée de la Renaissance italienne, haute façade blanche ornée de sgraffites, jardin verdoyant... Quelle élégance !

✕✕ Château Blanchard   🎀 ⇦ ⅋ ⇔ P

36 rte de St-Galmier – 𝒞 04 77 54 28 88 – www.hotel-chateau-blanchard.com
– Fermé fin fév. à début mars, 15 août-4 sept. et vend. soir, dim. soir et lundi
Menu 18 € (déj. en semaine), 41/70 € – Carte 54/61 €
Si vous êtes de passage au Château Blanchard, ne manquez pas de profiter du joli décor classique du restaurant ! On y travaille en famille ; en cuisine, le jeune chef fait preuve d'une belle maîtrise, et son amour du métier se ressent dans les assiettes. Une bonne table.

CHAZEY-SUR-AIN

⊠ 01150 (Ain) – 1 520 hab. – Alt. 235 m – Voir carte n°**44**-B1
▶ Paris 469 km – Bourg-en-Bresse 45 km – Chambéry 87 km – Lyon 43 km
Carte Michelin 328-E5

🏠 Les Chalets de Maramour sans rest   🎀 🛜 P

Le Luizard, 3 km au Sud par D 62 et rte secondaire – 𝒞 04 74 38 89 68
– www.hotelmaramour.com
10 ch – ♦65/75 € ♦♦74/85 € – 🍽 9 €
Un ensemble original à deux pas du parc du Cheval Rhône-Alpes : dix petits chalets en rondins de bois, flambants neufs, tous équipés de kitchenettes et d'une petite terrasse, et recouverts d'un toit végétal. À l'intérieur, le décor est contemporain et sobre, et l'on est au calme : un bon plan !

CHECY

⊠ 45430 (Loiret) – 8 415 hab. – Alt. 112 m – Voir carte n°**12**-C2
▶ Paris 142 km – Olivet 28 km – Orléans 10 km
Carte Michelin 318-J4 – Guide Vert Michelin Châteaux de la Loire

✕✕ Le Week-End   🎀 🏠

1 pl. du Cloître – 𝒞 02 38 86 84 93 – www.restaurant-leweekend.com – Fermé 2
semaines en mars, août, dim. soir, lundi et mardi
Formule 30 € – Menu 42/65 € – Carte environ 65 €
Poisson en arrivage direct des Sables-d'Olonne, viande de Sologne, légumes de maraîchers locaux : la maison porte une vraie attention à la qualité des produits et sait les mettre en valeur ! Mention spéciale pour le beau plateau de fromages et la superbe carte des vins, notamment du Val de Loire (dégustations dans la cave).

CHÉNAS

⊠ 69840 (Rhône) – 539 hab. – Alt. 253 m – Voir carte n°**43**-E1
▶ Paris 407 km – Bourg-en-Bresse 45 km – Lyon 59 km – Mâcon 18 km
Carte Michelin 327-H2 – Guide Vert Michelin Lyon et sa région

✕✕ Les Platanes de Chénas   🎀 < 🏠 ⇔ P

aux Deschamps, 2 km au Nord par D 68 – 𝒞 03 85 36 79 80
– www.platanes-chenas.fr – Fermé fév., mardi et merc. sauf en été
Menu 28/51 € – Carte 45/52 €
Dans ce joli village viticole dominant le Beaujolais, cette ancienne ferme a tout pour plaire : évidemment, il y a une terrasse sous les platanes – charmante –, mais aussi de vastes salles feutrées et accueillantes, où l'on sert une cuisine régionale qui se révèle goûteuse. Plein de charme !

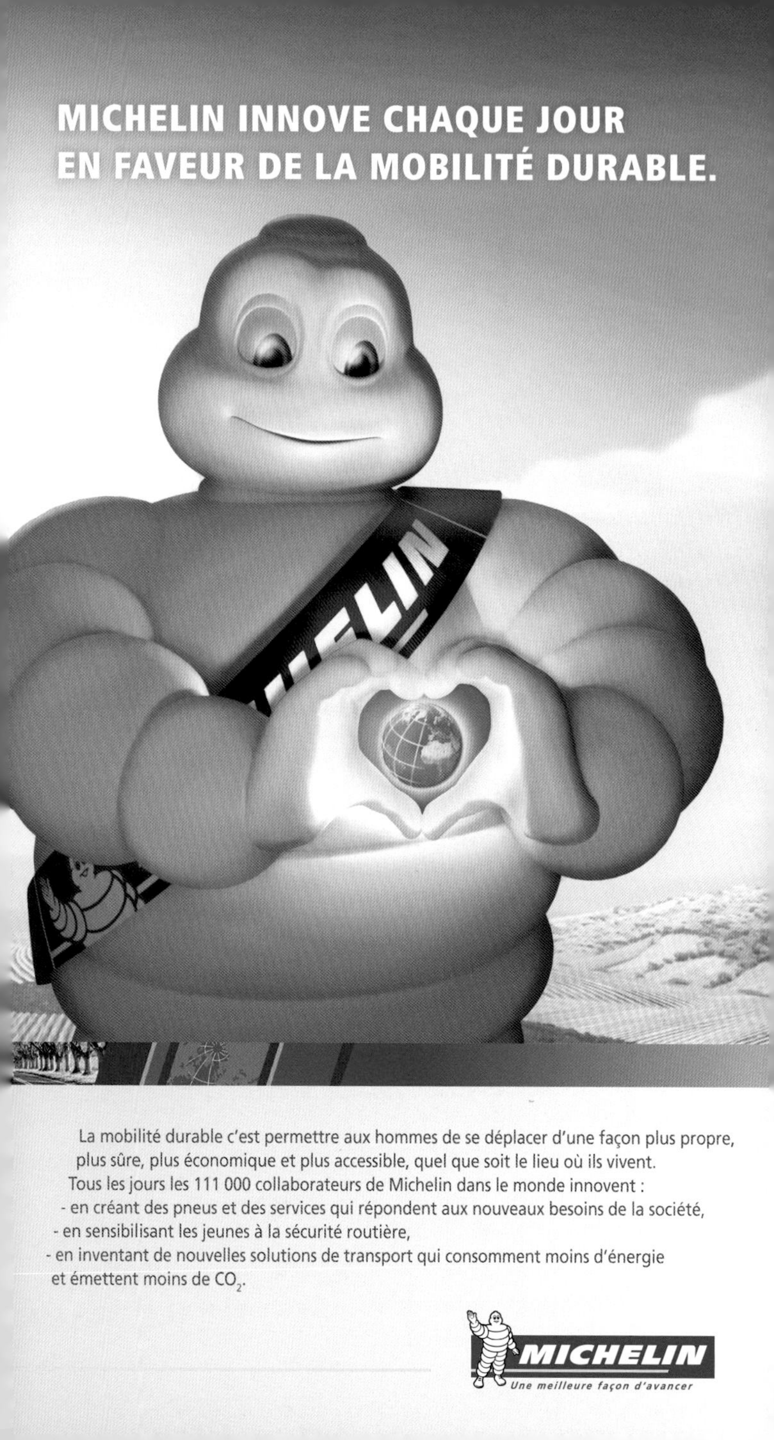

MICHELIN INNOVE CHAQUE JOUR EN FAVEUR DE LA MOBILITÉ DURABLE.

La mobilité durable c'est permettre aux hommes de se déplacer d'une façon plus propre, plus sûre, plus économique et plus accessible, quel que soit le lieu où ils vivent.

Tous les jours les 111 000 collaborateurs de Michelin dans le monde innovent :
- en créant des pneus et des services qui répondent aux nouveaux besoins de la société,
- en sensibilisant les jeunes à la sécurité routière,
- en inventant de nouvelles solutions de transport qui consomment moins d'énergie et émettent moins de CO_2.

Une meilleure façon d'avancer

CHÉNÉRAILLES

✉ 23130 (Creuse) – 757 hab. – Alt. 537 m – Voir carte n°**25**-C1
▶ Paris 369 km – Aubusson 19 km – La Châtre 63 km – Guéret 32 km
Carte Michelin 325-K4 – Guide Vert Michelin Limousin Berry

※※　　**Le Coq d'Or**　　　　　　　　　　　　　※ ✿
(☺)　*7 pl. du Champ-de-Foire – ℰ 05 55 62 30 83 – www.restaurant-coqdor-23.com*
– Fermé 21-30 juin, 20-30 sept., 1ᵉʳ-22 janv., merc. soir de mai à sept., mardi
d'oct. à avril, dim. soir et lundi
Formule 15 € – Menu 23/52 € – Carte 37/53 €
Une déco très... coquette, et pour cause : on trouve ici moults coqs rapportés des
quatre coins du monde par les clients ! Dans l'assiette ? Une cuisine fine et maîtrisée, alliant saveurs du terroir et créativité... qui donne décidément envie de
chanter "cocorico" !

CHENNEVIÈRES-SUR-MARNE – 94 (Val-de-Marne) → voir Paris, Environs

---

CHENONCEAUX

✉ 37150 (Indre-et-Loire) – 358 hab. – Alt. 62 m – Voir carte n°**11**-A1
▶ Paris 234 km – Amboise 12 km – Château-Renault 36 km – Loches 31 km
Carte Michelin 317-P5 – Guide Vert Michelin Châteaux de la Loire

🏠🏠　**Auberge du Bon Laboureur**　　　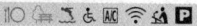
6 r. Dr-Bretonneau – ℰ 02 47 23 90 02 – www.bonlaboureur.com
– Fermé 5 janv.-13 fév. et 11 nov.-18 déc.
22 ch – †134/189 € ††134/314 € – 6 suites – 🖵 18 € – ½ P
Rest *Auberge du Bon Laboureur* ✿ – voir les restaurants ci-après
Près du "château des Dames", un véritable hameau de jolies maisonnettes couver-
tes de vigne vierge : chaque chambre y distille un charme particulier, comme si
tout un pittoresque village se faisait demeure de famille...

🏠　**La Roseraie**　　　　　　　　　　🔟 ╰ 🔁 ㅎ 🅰🅲 🤶 🅿
7 r. Dr-Bretonneau – ℰ 02 47 23 90 09 – www.hotel-chenonceau.com
– Ouvert 12 mars-17 nov.
22 ch – †65/130 € ††75/138 € – 🖵 12 € – ½ P
Cet hôtel, tapissé de vigne vierge, ne manque pas de charme. Les chambres (progressivement rénovées) y sont coquettes et fleuries, comme le jardin, mais quoi
de plus normal pour une Roseraie... Quant à la piscine, elle invite à la détente.
Ambiance chaleureuse et familiale.

※※※　**Auberge du Bon Laboureur** (Antoine Jeudi)　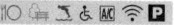
✿　*6 r. Dr-Bretonneau – ℰ 02 47 23 90 02 – www.bonlaboureur.com*
– Fermé 5 janv.-13 fév., 11 nov.-18 déc. et mardi midi
Menu 32 € (déj. en semaine)/55 € – Carte 67/101 €
Cette valeur sûre creuse un sillon très fertile : celui de la finesse et de la subtilité,
au service du produit et des saisons. Le chef signe une cuisine sans fausse note,
savoureuse et généreuse ; le tout accompagné d'un joli choix de vins. Une belle
table dans un cadre élégant.
→ Langoustines saisies, vinaigrette de betterave, déclinaison autour du persil. Ris
et tête de veau au présent et au passé, jus de veau et sauce gribiche. Millefeuille
chocolat, mousse chocolat-caramel, sorbet thym.

CHENÔVE – 21 (Côte-d'Or) → voir Dijon

CHERBOURG-OCTEVILLE

✉ 50100 (Manche) – 37 754 hab. – Agglo. 117 855 hab. – Alt. 10 m
– Voir carte n°**32**-A1
▶ Paris 359 km – Brest 399 km – Caen 125 km – Laval 224 km
Carte Michelin 303-C2 – Guide Vert Michelin Normandie Cotentin

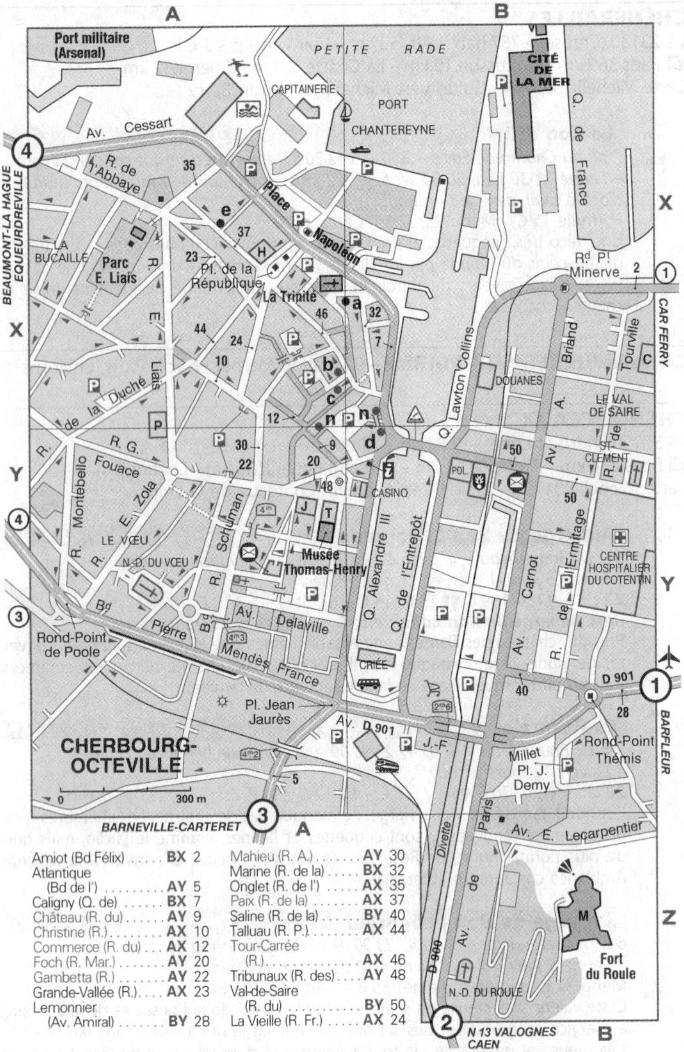

Map of CHERBOURG-OCTEVILLE

 Le Louvre sans rest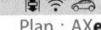
2 r. Henri-Dunant – ℰ 02 33 53 02 28   Plan : AX**e**
– www.hotel-le-louvre.com – Fermé 19 déc.-4 janv.
40 ch – ♦69/77 € ♦♦77/85 € – ☐ 9 €
Une situation aussi centrale que le Louvre à Paris, avec bien sûr beaucoup moins
d'espace et de luxe. Mais pour les prix, les chambres se révèlent confortables et
parfaitement tenues. De plus, l'accueil est charmant !

 Une bonne table sans se ruiner ? Repérez les Bib Gourmand ⊛.

La Renaissance sans rest
4 r. de l'Église – 𝒞 02 33 43 23 90
Plan : ABX**a**
– www.hotel-renaissance-cherbourg.com
12 ch – ♦51/69 € ♦♦59/82 € – ☑ 8 €
En léger retrait des quais, un petit hôtel familial, gai et bien tenu, pratiquant des tarifs très raisonnables. Mansardes au dernier étage...

Café de Paris
40 quai Caligny – 𝒞 02 33 43 12 36
Plan : BXY**d**
– www.restaurantcafedeparis.com – Fermé 3 semaines en mars, 3 semaines en nov., lundi midi et dim.
Menu 23/40 € – Carte 34/56 €
Une vraie brasserie de la mer ! Banc d'écailler au rez-de-chaussée, vue sur le port à l'étage – avec le spectacle, à l'heure de la marée, des chalutiers gorgés de poissons et crustacés... La cuisine est bien ficelée, préparée sans chichis avec de très beaux produits, et surtout pleine de goût.

Le Vauban
22 quai Caligny – 𝒞 02 33 43 10 11
Plan : BX**n**
– www.levauban-cherbourg.fr – Fermé 16 fév.-1er mars, 24 août-3 sept., sam. midi, dim. soir et lundi
Formule 16 € – Menu 24/45 € – Carte 42/61 €
Ce restaurant fait face au port de pêche mais... on n'y mange pas que du poisson ! Géré par un couple accueillant et dynamique (lui en cuisine, elle en salle), Le Vauban propose des recettes bien dans l'air du temps, pleines de saveurs : légumes du maraîcher, viandes locales et produits de la mer sont cuisinés avec soin.

Le Pily (Pierre Marion)
39 Grande-Rue – 𝒞 02 33 10 19 29 – www.le-pily.com – Fermé
Plan : AX**b**
3 semaines en sept., 2 semaines en janv., dim. sauf le midi d'oct. à mai, lundi sauf le soir de juin à sept. et sam. midi
Menu 42/75 € *(réservation conseillée)*
"Pily" ou Pierre en cuisine et Lydie en salle... Une histoire d'initiales, mais surtout une grande complicité : ce jeune couple a créé une jolie table contemporaine, entièrement dévouée à l'alphabet des produits. Des phrases ciselées, quelques rimes, un rien d'effets : des assiettes ? Un petit poème.
→ Cuisine du marché.

Le Pommier
15 bis r. Notre-Dame – 𝒞 02 33 53 54 60
Plan : AXY**n**
– Fermé 14-31 mars, 10 oct.- 3 nov., dim. et lundi
Formule 25 € – Menu 27/32 € – Carte environ 36 €
Original et cosy : le décor de ce Pommier très contemporain séduit... Bien installé sur une banquette en moleskine noire, on déguste une bonne cuisine au goût du jour, avec quelques suggestions à l'ardoise. Terrasse sur la rue.

L'Imprévu
32 Grande-Rue – 𝒞 02 33 04 53 90 – restaurantlimprevu.free.fr
Plan : AX**c**
– Fermé dim. et lundi
Formule 17 € ♈ – Menu 32/35 € – Carte environ 37 €
Soucieux de la qualité de ses produits, le chef s'approvisionne au jour le jour en poisson (sa spécialité) auprès des pêcheurs locaux. Il en résulte une cuisine de la mer bien fraîche et dans l'air du temps, parfois teintée d'épices et de notes sucrées-salées qui créent la surprise...

CHERISY – 28 (Eure-et-Loir) → voir Dreux

LE CHESNAY – 78 (Yvelines) → voir Paris, Environs (Versailles)

CHEVAGNES
✉ 03230 (Allier) – 691 hab. – Alt. 224 m – Voir carte n°**6-C1**
◗ Paris 309 km – Bourbon-Lancy 18 km – Decize 31 km – Digoin 43 km
Carte Michelin 326-I3

☓☓ Le Goût des Choses

12 rte Nationale – ☏ 04 70 43 11 12 – www.legoutdeschoses-03.com – Fermé 1 semaine vacances de printemps et de la Toussaint, dim. soir, lundi et mardi
Formule 17 € ♈ – Menu 27 € (semaine), 32/65 € ♈ – Carte 42/54 €
Venez donc vous abriter dans cette jolie salle lumineuse et pleine de couleurs ! Dans l'assiette, la cuisine mêle tradition et modernité ; le patron met un point d'honneur à travailler de bons produits locaux. Et en cas de grosse fatigue, deux belles chambres d'hôtes vous tendent les bras...

CHEVAGNY-LES-CHEVRIÈRES – 71 (Saône-et-Loire) ➜ voir Mâcon

CHEVAL-BLANC – 84 (Vaucluse) ➜ voir Cavaillon

CHEVERNY – 41 (Loir-et-Cher) ➜ voir Cour-Cheverny

CHÉZERY-FORENS

✉ 01410 (Ain) – 449 hab. – Alt. 585 m – Voir carte n°**45**-C1
◨ Paris 506 km – Bellegarde-sur-Valserine 17 km – Bourg-en-Bresse 82 km – Gex 39 km
Carte Michelin 328-I3

☓ Commerce

– ☏ 04 50 56 90 67 – www.hotelducommerce-blanc.fr – Ouvert de fév. à sept. et fermé de mi-juin à mi-juil., dim. soir, mardi et merc. sauf vacances scolaires
Formule 13 € – Menu 16 € (semaine), 27/47 € – Carte 27/52 €
Cette attachante maison propose une bonne cuisine régionale et familiale (vivier à truites et grenouilles en saison), servie avec le sourire dans un cadre authentiquement campagnard. Et sur la terrasse, on se laisse bercer par le bruit des eaux de la Valserine...

CHILLE – 39 (Jura) ➜ voir Lons-le-Saunier

CHILLEURS-AUX-BOIS

✉ 45170 (Loiret) – 1 838 hab. – Alt. 125 m – Voir carte n°**12**-C2
◨ Paris 96 km – Chartres 71 km – Étampes 47 km – Orléans 30 km
Carte Michelin 318-J3

☓☓ Le Lancelot

12 r. des Déportés – ☏ 02 38 32 91 15 – www.restaurantlelancelot.com – Fermé 2-24 août, 23 fév.-9 mars, merc. soir, dim. soir et lundi
Formule 19 € – Menu 29 € (semaine), 32/76 € – Carte 50/69 € *(réservation conseillée)*
Au centre du village, une accueillante maison fleurie avec jardin et terrasse. À l'intérieur, cheminée, fleurs fraîches et jeux en bois... On se sent bien ! La patronne propose ses créations personnelles, avec une spécialité qui met l'eau à la bouche : l'œuf cocotte à la crème de foie gras et miettes de truffe...

CHINAILLON – 74 (Haute-Savoie) ➜ voir Grand-Bornand

CHINON

✉ 37500 (Indre-et-Loire) – 7 911 hab. – Alt. 40 m – Voir carte n°**11**-A3
◨ Paris 285 km – Châtellerault 51 km – Poitiers 80 km – Saumur 29 km
Carte Michelin 317-K6 – Guide Vert Michelin Châteaux de la Loire

⌂ Hôtel de France *sans rest*

47 pl. Gén.-de-Gaulle – ☏ 02 47 93 33 91

Plan : A**s**
– www.bestwestern-hoteldefrance-chinon.com – Fermé 2 semaines en déc. et dim. soir de nov. à mars
29 ch – ♦90/135 € ♦♦99/195 € – 3 suites – ☐ 12 €
Dans ces deux maisons mitoyennes du 16e s., près du centre historique, les chambres sont confortables et certaines donnent sur le château. Jolie courette intérieure.

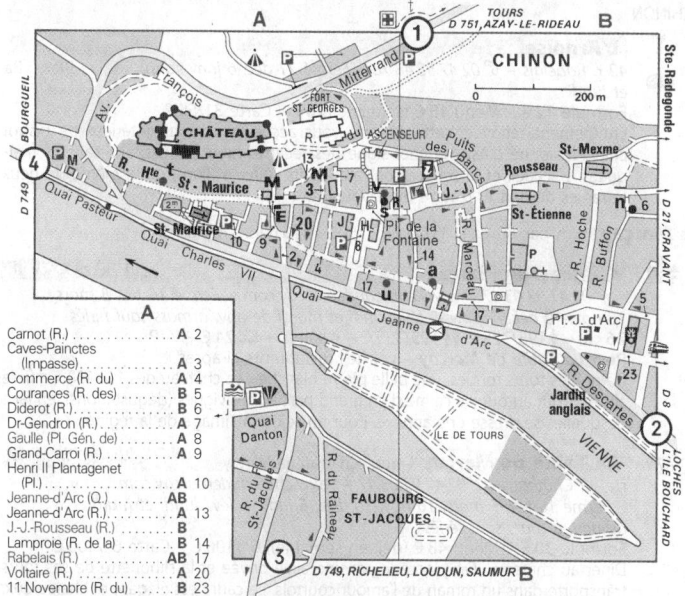

🏠 **Diderot** sans rest ⚠ ⚗ 📶 🅿

4 r. de Buffon – ℰ 02 47 93 18 87 – www.hoteldiderot.com   Plan : B**n**
– Fermé 11-30 nov., et 30 janv.-12 fév.
23 ch – ✝54/88 € ✝✝62/102 € – ☕ 10 €
Cette belle demeure du 18e s. propose des chambres joliment décorées dans un style ancien. Petit-déjeuner façon table d'hôte : produits fermiers et confitures maison.

🍴🍴🍴 **L'Océanic**   🝙 ⚠ 🆎

13 r. Rabelais – ℰ 02 47 93 44 55 – www.loceanic-chinon.com   Plan : A**u**
– Fermé 1er-12 janv., 28 fév.-15 mars, dim. soir et lundi
Formule 18 € 🍷 – Menu 27/39 € – Carte 40/81 €
Le vent de l'Océan souffle jusqu'à Chinon ! Comme l'enseigne l'indique, les produits de la mer sont ici à l'honneur. En cuisine, le chef prépare des poissons très frais, y ajoutant un zeste d'originalité, dont quelques touches d'épices et une pointe de sucré-salé. Bon rapport qualité-prix.

🍴🍴 **Au Chapeau Rouge**   🝙 ⚠ 🆎

49 pl. du Gén.-de-Gaulle – ℰ 02 47 98 08 08   Plan : A**v**
– www.auchapeaurouge.fr – Fermé 3 semaines en nov., 3 semaines vacances de fév., mardi midi, dim. soir et lundi
Menu 23 € (déj. en semaine), 29/56 € – Carte 41/70 €
Chapeau Rouge, comme celui que portaient les cochers des messageries royales. Le château de Chinon est, en effet, tout proche de ce restaurant devant lequel murmure une fontaine. On y déguste une belle cuisine fidèle aux saisons, avec des produits du terroir triés sur le volet. Menu truffe en hiver.

🍴🍴 **Les Années Trente**   🝙

78 r. Haute-Saint-Maurice – ℰ 02 47 93 37 18   Plan : A**t**
– www.lesannees30.com – Fermé 2 semaines fin juin, 2 semaines fin nov., mardi sauf le soir du 14 juil. au 14 sept. et merc.
Formule 18 € 🍷 – Menu 28/45 € – Carte 38/67 €
Ne vous fiez pas au nom de cet établissement ! Ici, point d'esprit années 1930 mais un décor chaleureux : tuffeau, poutres et même une cheminée... Les gourmands y apprécient une appétissante cuisine centrée sur les produits frais. Terrasse pour les beaux jours.

🍴 **L'Ardoise** ☂ ♿ AC

◎ *42 r. Rabelais – ✆ 02 47 58 48 78 – Fermé 21 déc.-6 janv., dim. et lundi* Plan : B**a**

Formule 12 € – Menu 15 € (semaine)/26 € – Carte 31/55 €

Entièrement rénovée, cette Ardoise vous accueille dans un intérieur de bistrot chic. Passionné d'Asie, le chef signe des recettes bien ficelées, aux saveurs marquées. L'accueil et le service sont aux petits soins, et l'on profite même de deux terrasses de part et d'autre du restaurant.

à Marçay 9 km par ③ et D 116 – ✉ 37500 – 470 hab. – Alt. 65 m

🏠 **Château de Marçay** ⊙ ◆ ≤ ♣ ☀ 🎾 ☗ ♿ ☆ P

– ✆ 02 47 93 03 47 – www.chateaudemarcay.com – Fermé 16 fév.-5 mars, 16 nov.-10 déc., 5 janv.-5 fév., lundi et mardi de nov. à mars sauf fériés

26 ch – 🯅195/325 € 🯅🯅195/325 € – 4 suites – ☕ 24 € – ½ P

Rest *La Table de Marçay* – voir les restaurants ci-après

De nobles tours rondes, une belle pierre blanche... ce château des 12e-15e s. a fière allure ! Tout autour : le calme d'un grand parc et des vignes (dégustations), en face desquelles se dresse une annexe. Pour un séjour à l'image de la région.

🍴🍴🍴 **La Table de Marçay** – Hôtel Château de Marçay ❀ ♣ ☂ P

rte du Château – ✆ 02 47 93 03 47 – www.chateaudemarcay.com – Fermé 16 fév.-5 mars, 16 nov.-10 déc., 5 janv.-5 fév., lundi et mardi de nov. à mars sauf fériés

Formule 30 € – Menu 48 € (déj. en semaine), 64/106 € – Carte 64/100 €

Dîner au château... On y accède par une allée privée et la silhouette de ses tours transporte dans un roman de l'amour courtois. Le cadre est élégant et chaleureux, la cuisine empreinte de jolies saveurs et... auréolée de vins de Loire, bien sûr.

à Seuilly 8 km par ③, D 751e et et D 24 – ✉ 37500 – 366 hab. – Alt. 45 m

🍴🍴🍴 **Le Plaisir Gourmand** ♣ ☂ AC ⇔ P

au Château du Coudray Montpensier, au Sud : 1 km – ✆ 02 47 98 00 86 – www.coudray-montpensier.fr – Fermé 2 semaines en janv., dim. soir, mardi midi et lundi

Formule 24 € – Menu 28 € (déj. en semaine), 37/85 € – Carte 60/75 €

Dans les dépendances du château de Coudray-Montpensier (15e s.), dont on peut admirer les hautes tours depuis la terrasse, une table gastronomique séduisante, dont la carte suit les saisons avec gourmandise. Ne sommes-nous pas au pays de Rabelais ? Mention spéciale pour le décor très contemporain.

CHISSAY-EN-TOURAINE – 41 (Loir-et-Cher) ➔ voir Montrichard

CHISSEAUX

✉ 37150 (Indre-et-Loire) – 631 hab. – Alt. 58 m – Voir carte n°**11-A1**

▶ Paris 235 km – Amboise 14 km – Loches 33 km – Tours 37 km

Carte Michelin 317-P5

🍴🍴 **Auberge du Cheval Rouge** ☂ ⇔

☺ *30 r. Nationale – ✆ 02 47 23 86 67 – www.auberge-duchevalrouge.com – Fermé janv., mardi et merc.*

Formule 25 € – Menu 29/75 € 🍷 – Carte 47/56 €

Noble nom que celui de cette auberge située sur la route des châteaux de la Loire. La cuisine est occupée par un chef au beau parcours (le Meurice à Paris, le Richelieu sur l'île de Ré), qui signe des recettes appétissantes : terrine de pied de porc au foie gras, bouillon crémeux de homard et langoustines...

CHITENAY

✉ 41120 (Loir-et-Cher) – 1 023 hab. – Alt. 90 m – Voir carte n°**11-A1**

▶ Paris 196 km – Blois 15 km – Orléans 72 km – Romorantin-Lanthenay 39 km

Carte Michelin 318-F7

🏠 Auberge du Centre 🍽 🏛 🛏 �🌊 ⛛ 🅰 📶 🅿

34 Grande-Rue, (pl. de l'Église) – 𝒞 02 54 70 42 11 – www.auberge-du-centre.com
– Fermé fév.

26 ch – †77/126 € ††89/144 € – ⊊ 12 € – ½ P

À proximité des châteaux de la Loire, une engageante auberge de village dont la façade est couverte de vigne vierge. Chambres propres et mignonnes (motifs floraux, couleurs gaies) ; jardin arboré. Cuisine traditionnelle dans un cadre frais et cosy.

CHOLET

✉ 49300 (Maine-et-Loire) – 54 421 hab. – Alt. 91 m – Voir carte n°**34-B2**
🅓 Paris 353 km – Ancenis 49 km – Angers 64 km – Nantes 60 km
Carte Michelin 317-D6 – Guide Vert Michelin Pays de la Loire

🏨 Mercure Ⓝ sans rest 🏢 🅰 📶 🏋

81 pl. Travot – 𝒞 02 41 29 40 25 – www.mercure.com Plan : Z**g**
68 ch – †85/135 € ††85/135 € – 2 suites – ⊊ 14 €

Sur la grande place centrale de Cholet, l'ancien théâtre de la ville est désormais un hôtel contemporain, aux lignes épurées et élégantes. Les chambres sont confortables, bien équipées – climatisation, douches italiennes – et s'articulent autour d'une belle cour intérieure.

🏨 San Benedetto sans rest 🎧 🏢 🅰 📶 🏋 🚗

– 𝒞 02 41 62 07 20 – www.sanbenedetto-hotel.com Plan : Z**e**
50 ch – †80/150 € ††90/160 € – ⊊ 13 €

C'est le plus ancien hôtel de la ville. Désormais, tout est très moderne, voire tendance, avec de beaux volumes. Les chambres, immaculées, sont ponctuées de touches colorées. Aux beaux jours, on prend le petit-déjeuner dans le joli patio.

🏠 Park Hotel sans rest 🏢 🅰 📶 🏋 🚗

– 𝒞 02 41 62 65 45 – www.park-hotel-cholet.fr – Fermé Plan : AY**x**
21 déc.-6 janv.
54 ch – †72/82 € ††72/82 € – ⊊ 9 €

Chambres fonctionnelles et bien insonorisées, grande salle de réunion et petit-déjeuner buffet : une adresse pratique et bien tenue, près de la patinoire de Cholet et du parc de Moine.

🏠 Demeure l'Impériale sans rest ⊊ 🗭 📶 🚗

28 r. Nationale – 𝒞 02 41 58 84 84 Plan : Z**t**
– www.demeure-imperiale.com
4 ch ⊊ – †70 € ††80 €

Accueil charmant dans cet hôtel particulier de 1860. Chambres lumineuses (fleurs, linge luxueux, parquet). Petit-déjeuner sous une verrière avec confiture et gâteaux maison.

✕✕ La Grange 🍴 🍽 🅰 🔄 🅿

😊 *64 r. de St-Antoine – 𝒞 02 41 62 09 83 – Fermé dim. soir, merc.* Plan : AY**g**
soir et lundi
Menu 18 € (semaine), 30/57 € – Carte 40/60 €

Côté pile, l'image d'Épinal, les poutres apparentes et la cheminée qui rappellent l'ancienne ferme du pays. Côté face, des touches de couleur, de l'épure et du design, bref : la modernité ! À cheval sur tout cela, bien en équilibre : la savoureuse cuisine du chef, inspirée et respectueuse des saisons.

✕✕ La Touchetière 🍽 🔄 🅿

41 r. du Dr-Roux – 𝒞 02 41 62 55 03 Plan : AX**b**
– www.restaurant-cholet.com – Fermé 3 semaines en août, sam. midi, dim. soir
et lundi
Formule 20 € – Menu 31/69 € – Carte 37/55 €

Cette vieille auberge a su préserver son cachet rustique : poutres blanchies, cheminée allumée en hiver, terrasse fleurie... pour une cuisine traditionnelle teintée de modernité.

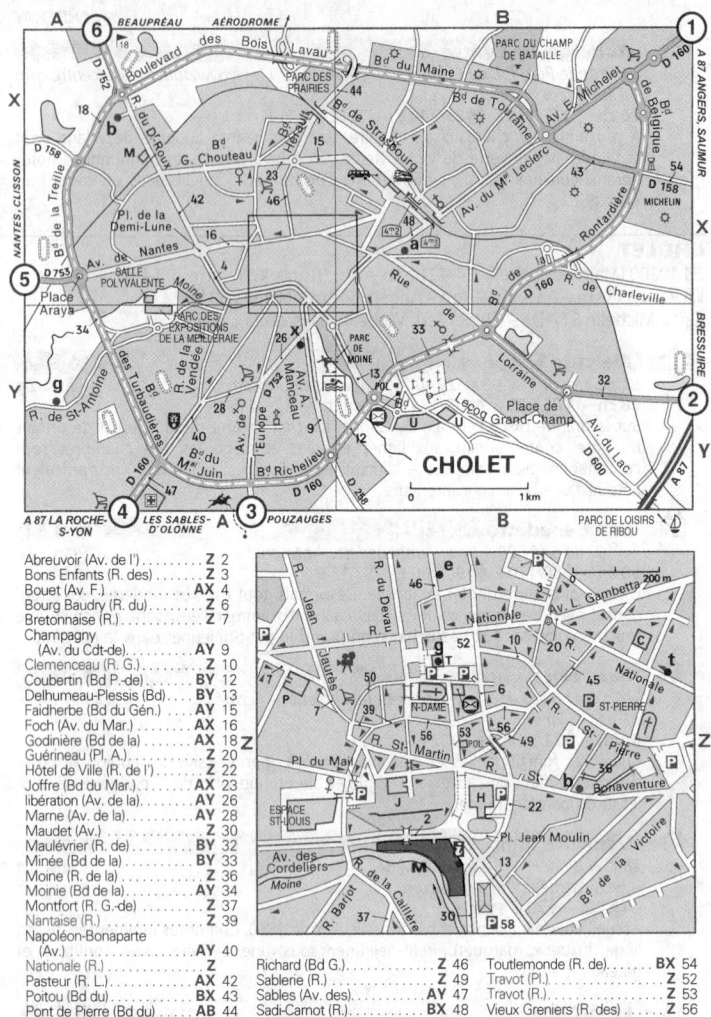

✗ L'Ourdissoir

🍽️ 40 r. St-Bonaventure – ℰ 02 41 58 55 18 – Fermé 1 semaine   Plan : Z**b**
vacances de fév., 29 juil.-15 août, dim. et lundi
Formule 15 € – Menu 19 € (déj. en semaine), 31/57 € – Carte 40/50 €
De beaux murs en pierre, témoins du travail des tisserands de la ville du mou-
choir. Le chef propose un menu découverte selon son inspiration et les propositions du marché.

✗ Le Pouce Pied   AC

🍽️ 1 r. du Lait-au-Beurre – ℰ 02 41 58 50 03 – www.lepoucepied.com   Plan : BX**a**
– Fermé 15 août-3 sept., mardi soir hors vacances scolaires, sam. midi, dim. soir et lundi
Menu 19 € (déj. en semaine), 31/45 € – Carte environ 42 € (réservation conseillée)
Un restaurant de poche un peu excentré, où les tables sont décorées de pouces-
pieds ! La cuisine est alléchante et gorgée de saveurs, le tout à prix raisonnable.

à Maulévrier 13 km par ② et D 20 – ✉ 49360 – 3 242 hab. – Alt. 130 m

🏠🏠 **Château Colbert** ⓘ⓪ ≋ ≤ 🛏 📶 🛗 **P**
pl. du Château – ℰ 02 41 55 51 33 – www.chateaucolbert.com
– Fermé 16-22 fév., 21 déc.-11 janv. et dim. soir
20 ch – 🛏97/175 € 🛏🛏97/250 € – 1 suite – ⌷ 12 € – ½ P
Rest *Château Colbert* – voir les restaurants ci-après
Ce château du 17ᵉ s. veille jalousement sur ses chambres meublées d'ancien. Celles du 1ᵉʳ étage sont magnifiques et donnent sur un splendide jardin japonais. Une belle manière de prolonger le rêve...

✗✗✗ **Château Colbert** ≤ 🛏 🚗 ⇆ **P**
pl. du Château – ℰ 02 41 55 51 33 – www.chateaucolbert.com – Fermé 16-22 fév., 21 déc.-11 janv. et dim. soir
Menu 29 € (déj. en semaine), 33/80 € – Carte environ 54 €
Quelle allure ! Au sein de ce beau château classique, les hauts plafonds et les lustres en cristal Grand Siècle rehaussent encore l'expérience gastronomique. Le chef signe une cuisine actuelle bien maîtrisée, inspirée par le terroir et les légumes du potager...

CHOMELIX
✉ 43500 (Haute-Loire) – 492 hab. – Alt. 910 m – Voir carte n°**6-C3**
◗ Paris 519 km – Ambert 36 km – Brioude 52 km – Le Puy-en-Velay 30 km
Carte Michelin 331-E2

✗✗ **Auberge de l'Arzon** avec ch 🛗 ch, ❄ rest, **P**
pl. Fontaine – ℰ 04 71 03 62 35 – www.auberge-de-larzon.com
– Ouvert de début mai à début oct. et fermé lundi et mardi sauf juil.-août et le midi
9 ch – 🛏58/68 € 🛏🛏65/90 € – ⌷ 8 € – ½ P   Menu 34/44 € – Carte 28/45 €
Au cœur du village, cette bâtisse en pierre invite à un joli repas traditionnel, avec en vedette les champignons du pays. Le patron ramasse lui-même ses morilles ! Une dépendance située à l'arrière abrite des chambres très bien tenues.

CHONAS-L'AMBALLAN – 38 (Isère) → voir Vienne

CHORANCHE
✉ 38680 (Isère) – 130 hab. – Alt. 280 m – Voir carte n°**43**-E2
◗ Paris 588 km – Grenoble 52 km – Valence 48 km – Villard-de-Lans 20 km
Carte Michelin 333-F7 – Guide Vert Michelin Alpes du Nord

🏠 **Le Jorjane** ⓘ⓪ 📶 **P**
105 Grande-Rue – ℰ 04 76 36 09 50 – www.lejorjane.com – Fermé 2 semaines en nov., dim. soir hors saison et lundi
7 ch – 🛏48/59 € 🛏🛏48/59 € – ⌷ 8 € – ½ P
Dans ce célèbre village aux sept grottes, cette auberge familiale propose des chambres bien pratiques. Les motards y sont particulièrement chouchoutés ; il faut dire que le patron est passionné de moto et de cuisine (plats traditionnels, grillades, salades, etc.).

CHORGES
✉ 05230 (Hautes-Alpes) – 2 654 hab. – Alt. 864 m – Voir carte n°**41**-C1
◗ Paris 717 km – Digne-les-Bains 98 km – Gap 18 km – Marseille 193 km
Carte Michelin 334-F5 – Guide Vert Michelin Alpes du Sud

🏠🏠 **Ax'Hôtel** ⓘ⓪ 🛏 🔲 ♨ 🛋 🛏 🛗 🎦 📶 **P**
ZA La Grande-Île – ℰ 04 92 21 45 17 – www.ax-hotel.com
39 ch – 🛏85/115 € 🛏🛏85/115 € – 1 suite – ⌷ 13 € – ½ P
Né en 2010, un édifice entièrement habillé de bois clair, au calme, près de Gap. La décoration est contemporaine, rehaussée d'illustrations évoquant les beautés naturelles – à l'unisson des montagnes environnantes. Le superbe spa ajoute à l'intérêt de l'établissement, unique dans la région.

CIBOURE – 64 (Pyrénées-Atlantiques) → voir St-Jean-de-Luz

CIEURAC

✉ 46230 (Lot) – 438 hab. – Alt. 247 m – Voir carte n°**28**-B1
▶ Paris 589 km – Cahors 16 km – Montauban 53 km – Toulouse 105 km
Carte Michelin 337-F5

✗ Table de Haute Serre   ♿ 🅿

*Château de Haute Serre – ℰ 05 65 20 80 20 – www.hauteserre.fr – Fermé 3
semaines en mars, 25 nov.-9 janv., jeudi hors saison, dim. soir et merc.*
Formule 19 € – Menu 29 € (semaine), 42/79 €
Dans l'ancien chai d'un château, ce restaurant au milieu des vignes a le charme
de l'authenticité. Dans la salle, en revanche, la déco est résolument contemporaine : sol en béton, mobilier en alu... Le cadre parfait pour apprécier une cuisine
ancrée dans son époque. Menu truffe en saison.

CINQ-CHEMINS – 74 (Haute-Savoie) → voir Thonon-les-Bains

LA CIOTAT

✉ 13600 (Bouches-du-Rhône) – 33 738 hab. – Voir carte n°**40**-B3
▶ Paris 802 km – Aix-en-Provence 53 km – Brignoles 62 km – Marseille 32 km
Carte Michelin 340-I6 – Guide Vert Michelin Provence

🏨 Vieux Port sans rest   ≤ ⚎ 🕭 🛗 ♿ 🅰 🛜 🎿 🚗

*252 quai François-Mitterrand – ℰ 04 42 04 00 00
– www.bestwestern-laciotat.com*
60 ch – †99/265 € ††99/309 € – 1 suite – ⌑ 14 €
La Ciotat – dont la gare est entrée dans l'histoire en 1895 grâce à Louis Lumière
– peut aussi s'enorgueillir de sa baie, de ses calanques et... de son hôtel du Vieux
Port ! Des chambres spacieuses avec balcon, une piscine (avec jacuzzi) sur le toit,
offrant une vue imprenable sur la mer : que demander de plus ?

au Liouquet 6 km à l'Est par D 559 (rte de Bandol) – ✉ 13600

✗✗ La Table de Nans - Auberge le Revestel ⓝ (Nans Gaillard)   ≤ 🍃

❀ *126 corniche du Liouquet – ℰ 04 42 83 11 06   🅰 ✍*
*– www.latabledenans.com – Fermé 10-30 nov., dim. sauf le midi de sept. à juin
et lundi*
Formule 21 € – Menu 42/85 € – Carte 53/71 €
Nans Gaillard, enfant du pays et jeune chef exigeant, avait un rêve de gamin :
ouvrir son adresse à la Ciotat, au bord de l'eau. C'est chose faite ! Sa cuisine, d'une
très belle facture et fort savoureuse, rappelle qu'il a fait ses armes chez les grands.
Depuis la terrasse, on se délecte devant les flots bleus : divin...
→ Pince de tourteau émiettée au zeste de citron confit. Saint-pierre doré au
sésame, épinards et sauce curry. Tonnelet crispy aux agrumes, sorbet clémentine.

✗ Roche Belle   🍃 🅰 🅿

*Corniche du Liouquet – ℰ 04 42 71 47 60 – www.roche-belle.fr – Fermé
26 oct.-11 nov., 16 fév.-11 mars, dim. sauf juil.-août et lundi*
Menu 21 € (déj. en semaine)/36 € – Carte 48/68 € *(réservation conseillée)*
Dans un chaleureux cadre provençal, une maisonnette couverte de vigne vierge
et sa terrasse plantée d'oliviers. La cuisine est goûteuse, ensoleillée, et fleure
bon le Midi.

CLAIRAC

✉ 47320 (Lot-et-Garonne) – 2 466 hab. – Alt. 52 m – Voir carte n°**4**-C2
▶ Paris 690 km – Agen 42 km – Marmande 24 km – Nérac 35 km
Carte Michelin 336-E3 – Guide Vert Michelin Aquitaine

✗ L'Auberge de Clairac   🍃 🅰

*12 av. du Gén.-de-Gaulle – ℰ 05 53 79 22 52 – www.aubergedeclairac.fr – Fermé
vacances de la Toussaint, dim. soir, mardi soir et merc.*
Formule 20 € ♈ – Menu 30 € – Carte environ 36 €
"Gargantua", "Marius", "Magellan"... La propriétaire, fine cuisinière, concocte de
jolies ardoises qui ravissent les habitués. Quant au menu, il change tous les deux
ou trois mois, au gré des saisons et des produits du potager. Aux beaux jours, on
s'installe sur la jolie terrasse fleurie.

CLAM – 17 (Charente-Maritime) → voir Jonzac

CLAMART – 92 (Hauts-de-Seine) → voir Paris, Environs

CLAMECY

✉ 58500 (Nièvre) – 4 227 hab. – Alt. 144 m – Voir carte n°**7-B2**
◪ Paris 208 km – Auxerre 42 km – Avallon 38 km – Cosne-Cours-sur-Loire 52 km
Carte Michelin 319-E7 – Guide Vert Michelin Bourgogne

⌂ Hostellerie de la Poste

9 pl. Emile-Zola – ℰ 03 86 27 01 55 – www.hostelleriedelaposte.fr
23 ch – †68/76 € ††68/99 € – ☷ 10 € – ½ P
Au cœur de cette jolie bourgade, tout près du palais de justice, une grande bâtisse où l'on sait recevoir : chambres confortables (rustiques ou plus contemporaines), accueil dynamique et petit patio pour prendre le petit-déjeuner aux beaux jours...

✗ Deux Pièces Cuisine

7 r. de la Monnaie – ℰ 03 86 27 25 07 – www.2pieces-cuisine.fr – Fermé janv. à fin mars et 15 nov.-20 déc.
Menu 27 € *(réservation conseillée)*
Une véritable petite bonbonnière, où se côtoient bibelots, oursons et même coucou suisse... L'âme cosy des lieux a conquis la clientèle locale. Cuisine actuelle.

✗ Angélus

11 pl. St-Jean – ℰ 03 86 27 33 98 – www.restaurantlangelus.com – Fermé vacances de la Toussaint, de Noël, de fév., mardi soir sauf juil.-août, dim. soir et merc.
Menu 22 € (semaine), 29/37 € – Carte 31/53 € *(réservation conseillée)*
Une maison à colombages au pied de l'église. On y savoure une bonne cuisine résolument centrée sur le produit (les fournisseurs sont choisis avec soin), à l'image de ce paleron de charolais fondant et sa crème légère à la moutarde. Aux beaux jours, on profite de la jolie terrasse.

CLARA – 66 (Pyrénées-Orientales) → voir Prades

LES CLAUX – 05 (Hautes-Alpes) → voir Vars

CLÉCY

✉ 14570 (Calvados) – 1 257 hab. – Alt. 100 m – Voir carte n°**32-B2**
◪ Paris 268 km – Caen 39 km – Condé-sur-Noireau 10 km – Falaise 31 km
Carte Michelin 303-J6 – Guide Vert Michelin Normandie Cotentin

⌂ Au Site Normand

*2 r. des Chatelets – ℰ 02 31 69 71 05 – www.hotel-clecy.com
– Fermé 8-16 avril, 9-18 nov. et 21-31 déc.*
18 ch – †62 € ††78/105 € – ☷ 12 € – ½ P
Rest *Au Site Normand* – voir les restaurants ci-après
C'est l'histoire d'un enfant du pays qui désirait ouvrir un hôtel-restaurant à son image : charmant et accueillant. Voilà qui est chose faite ! Les chambres ne sont certes pas très grandes mais fonctionnelles et confortables. Parfait pour une étape gourmande.

✗✗ Au Site Normand

*2 r. des Chatelets – ℰ 02 31 69 71 05 – www.hotel-clecy.com
– Fermé 8-16 avril, 9-18 nov. et 21-31 déc., dim. soir et lundi*
Formule 20 € – Menu 30/60 € – Carte environ 41 €
Le chef revisite la tradition avec maîtrise, à travers une carte qui change quatre fois par an. Et qui suit toujours le rythme des saisons ! À déguster dans une salle à manger qui ne manque pas de cachet : poutres peintes, cheminée...

CLÈRES

✉ 76690 (Seine-Maritime) – 1 361 hab. – Alt. 113 m – Voir carte n°**33-D1**
◪ Paris 155 km – Dieppe 45 km – Forges-les-Eaux 35 km –
Neufchâtel-en-Bray 36 km
Carte Michelin 304-G4 – Guide Vert Michelin Normandie Vallée de la Seine

à Frichemesnil 4 km au Nord-Est par D 6 et D 100 – ✉ 76690
– 440 hab. – Alt. 150 m

XX   **Au Souper Fin** (Eric Buisset) avec ch   ch, 🛜
🏵   *1 rte de Clères – ☎ 02 35 33 33 88 – www.souperfin.com – Fermé 10 août-3 sept.,*
      vacances de Noël, dim. soir, merc. et jeudi
      3 ch – ♦65 € ♦♦80 € – �'12 €
      Formule 30 € – Menu 36 € (semaine)/59 € – Carte 65/75 €
      Des mariages de saveurs réfléchis et flatteurs, des produits de qualité, très frais,
      beaucoup de soin... L'enseigne ne ment pas et c'est logique, tant le chef et son
      épouse veillent à satisfaire toujours davantage leurs clients ! Cette excellente
      adresse propose aussi de jolies petites chambres... pour rester un jour de plus ?
      → Langoustines, mousseline de cresson et émulsion au vinaigre d'agrumes.
      Agneau du Limousin rôti au four, cocos de Paimpol et piment d'Espelette. Boule
      meringuée craquante au chocolat.

au Sud 2 km sur D 155 – ✉76690 Clères

XX   **Auberge du Moulin**   🛜 **P.**
😊   *36 r. des Moulins-du-Tot – ☎ 02 35 33 62 76 – www.aubergedumoulin.org*
      – Fermé 17 août-3 sept., mardi sauf le soir de mai à oct., dim. soir et lundi
      Formule 22 € – Menu 29/51 € – Carte 41/64 €
      Une sympathique auberge tournée vers un vieux moulin, bordé par une
      petite rivière dont le cours est ponctué de cressonnières. On prend plaisir à
      déguster la cuisine dans l'air du temps concoctée par Marc Halbourg, qui valo-
      rise joliment marée et terroir normands. Agréable terrasse pour les beaux jours.

CLERMONT

✉ 60600 (Oise) – 10 758 hab. – Alt. 125 m – Voir carte n°**36**-B2
◫ Paris 79 km – Amiens 83 km – Beauvais 27 km – Compiègne 34 km
Carte Michelin 305-F4

à Étouy 7 km au Nord-Ouest par D 151 – ✉ 60600 – 802 hab. – Alt. 85 m

XXX   **L'Orée de la Forêt** (Nicolas Leclercq)   🍽 **P.**
🏵   *255 r. de la Forêt – ☎ 03 44 51 65 18 – www.loreedelaforet.fr – Fermé*
      25 juil.-25 août, 2-12 janv., sam. midi, dim. soir, vend. et fériés le soir
      Formule 32 € – Menu 52/110 €
      Une belle demeure bourgeoise de la fin du 19e s., dans un paisible parc arboré.
      L'intérieur, feutré et élégant, ne laisse pas de séduire ; le grand potager approvi-
      sionne la table en légumes frais. Il en résulte une belle cuisine, aux saveurs fran-
      ches et harmonieuses. Et le millefeuille vanillé est divin !
      → Comme un jardin : fleurs, herbes et œuf. Pigeonneau rôti au barbecue, légu-
      mes du potager. Millefeuille vanillé.

CLERMONT-FERRAND

⊠ 63000 (Puy-de-Dôme) – 140 957 hab. – Agglo. 261 926 hab. – Alt. 401 m – Voir carte n°**5-B2**

Paris 420 km – Lyon 172 km – Moulins 106 km – ST-Étienne 147 km

Carte Michelin 326-F8 – Guide Vert Michelin Auvergne

© Fanfo/Fotolia.com

Hôtels

Mercure sans rest — Plan : EX**p**

1 av. Julien – ☏ 04 63 66 21 00 – www.mercure-clermont-ferrand-centre.com

125 ch – 100/235 € 100/235 € – 18 €

Sur la place de Jaude, voilà un pied-à-terre de choix : on est accueilli – de jour comme de nuit – dans un grand hall lumineux, avec sa baie vitrée donnant sur la place ; les chambres spacieuses (au moins 24m²) sont sobrement décorées, et l'on s'y sent bien ! Sans doute le meilleur hôtel de la ville.

Océania — Plan : EX**h**

82 bd François-Mitterrand – ☏ 04 73 29 59 59 – www.oceaniahotels.com

129 ch – 100/180 € 100/180 € – 1 suite – 17 €

Entièrement rénové en 2013, cet imposant hôtel est tout simplement superbe : des chambres, spacieuses et modernes – ouvrant parfois sur la salle de bains –, aux lumineuses parties communes, en passant par l'espace bien-être (hammam et jacuzzi).

Novotel — Plan : CY**a**

Z.I. du Brézet, r. G.-Besse – ☏ 04 73 41 14 48 – www.novotel.com

136 ch – 110/180 € 110/220 € – 16 € – ½ P

En bordure d'autoroute et tout près de l'aéroport, un Novotel moderne et bien insonorisé. On profite aussi d'un espace bien-être avec un sauna et jacuzzis... et d'un terrain de pétanque !

Hôtel des Puys — Plan : FV**n**

16 pl. Delille – ☏ 04 73 91 92 06 – www.hoteldespuys.com

63 ch – 104/189 € 104/229 € – 14 € – ½ P

Si vous êtes perdu, demandez votre chemin aux Clermontois : ils connaissent tous la place Delille. Cet hôtel offre confort, modernité et... vue imprenable sur le puy de Dôme depuis la salle du petit-déjeuner, au 6e étage !

Kyriad Prestige — Plan : EX**m**

25 av. de la Libération – ☏ 04 73 93 22 22 – www.kyriad-prestige-clermont-ferrand.fr

81 ch – 80/196 € 80/196 € – 15 €

Ce bâtiment moderne, situé en centre-ville, abrite des chambres contemporaines colorées ; à partir du 3e étage, côté rue, elles bénéficient de la vue sur les volcans.

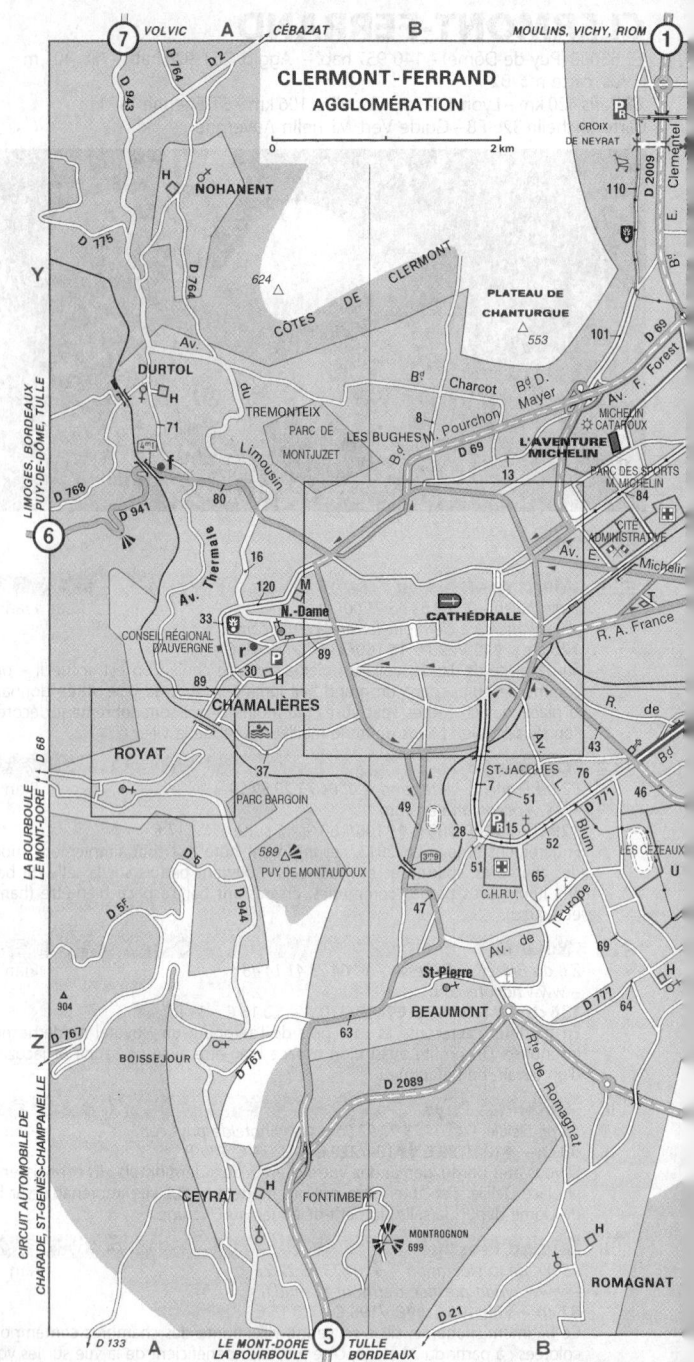

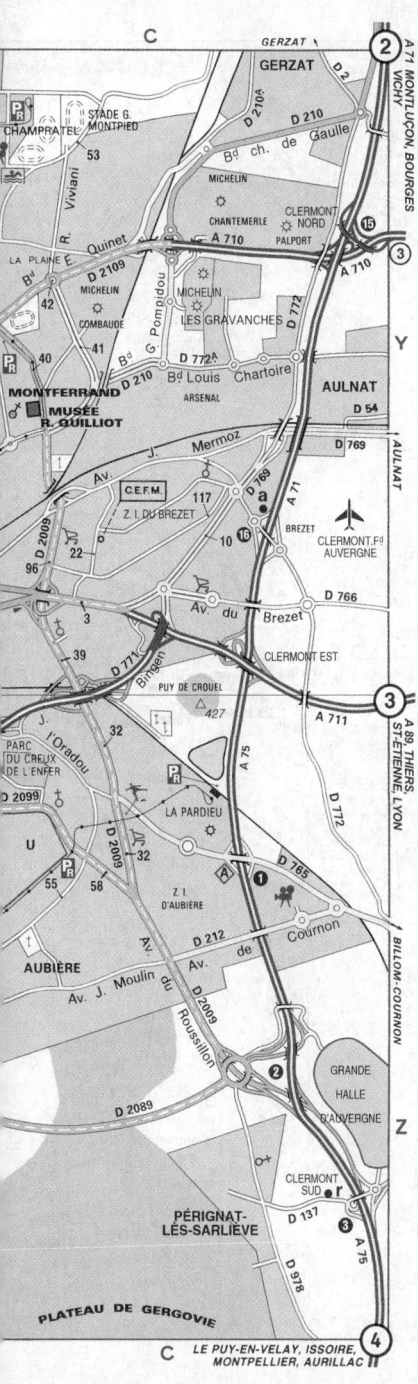

AUBIÈRE

BEAUMONT

CHAMALIÈRES

CLERMONT-FERRAND

DURTOL

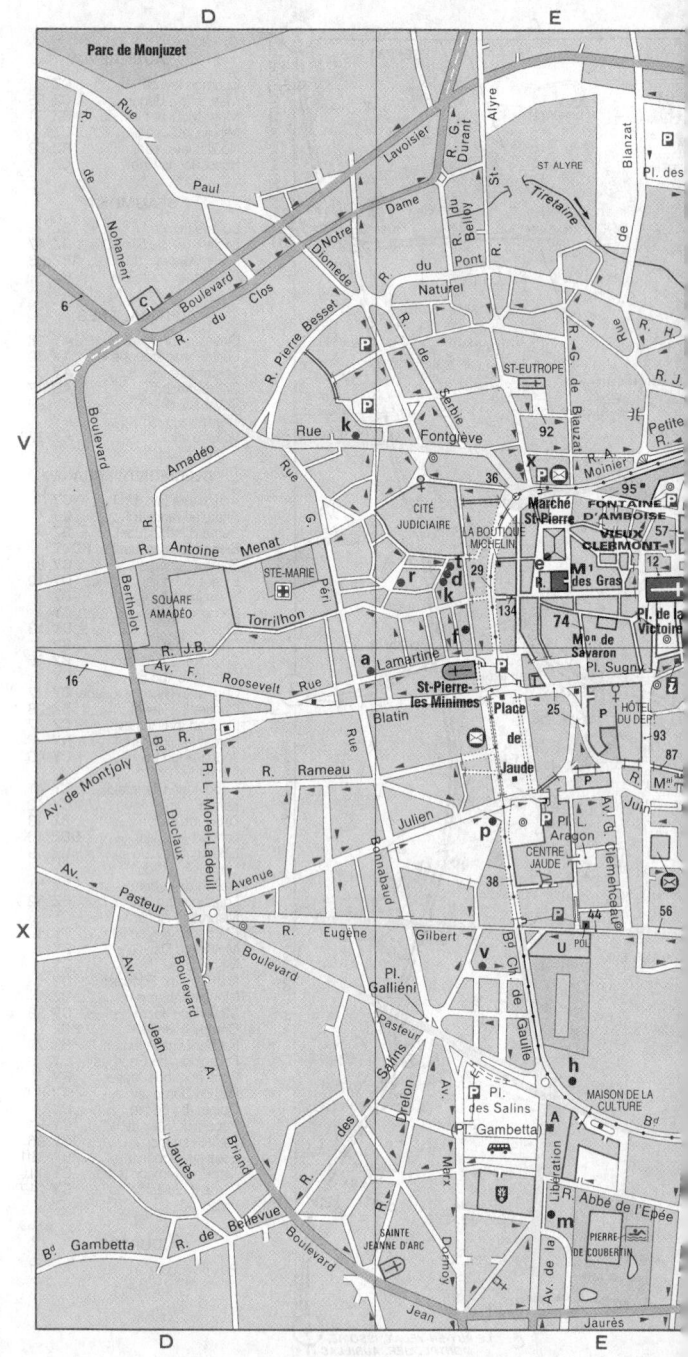

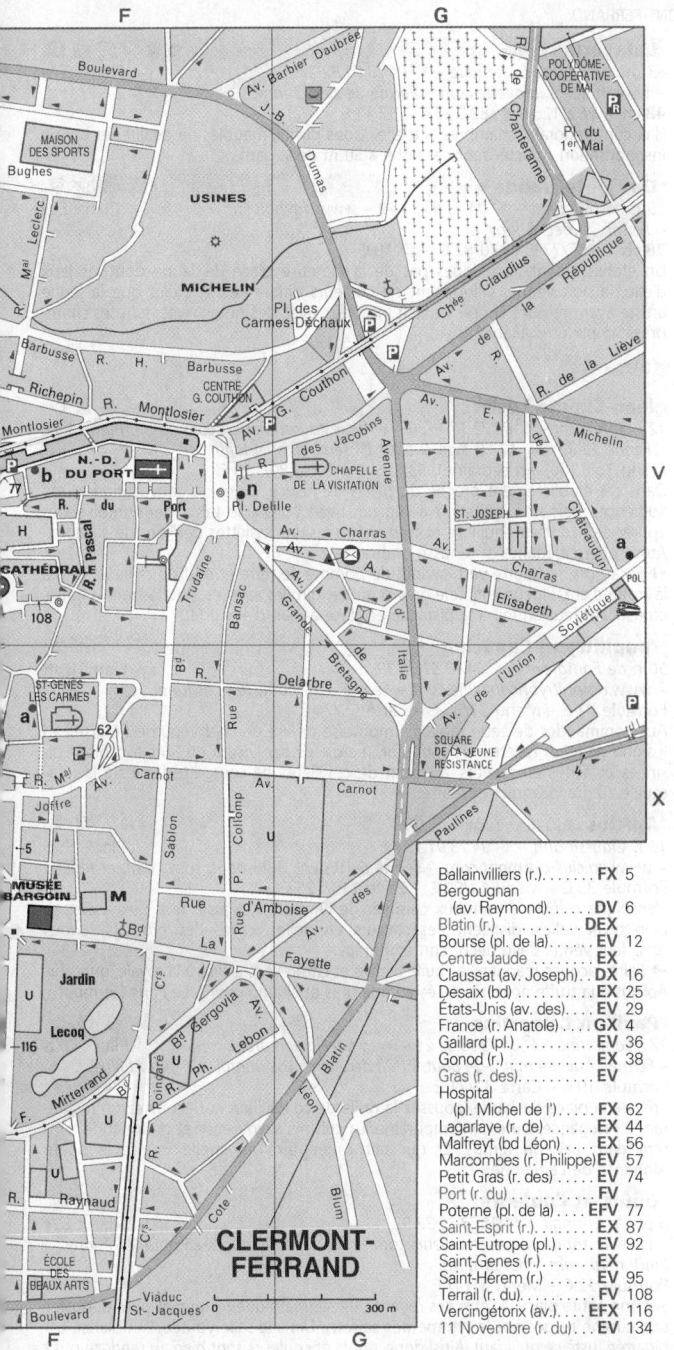

Lafayette sans rest ▣ ▣ ⌀ ⌂ ⌂ ℙ
53 av. de l'Union-Soviétique – ℰ 04 73 91 82 27   Plan : GV**a**
– www.hotel-le-lafayette.com – Fermé 24 déc.-3 janv.
48 ch – ♦82/125 € ♦♦82/125 € – ⌀ 11 €
Hall contemporain, chambres actuelles (tons pastel, meubles de qualité) et bonne insonorisation caractérisent cet hôtel à 50 m de la gare.

Dav'Hôtel Jaude sans rest ▣ ⌀ ⌂
10 r. des Minimes – ℰ 04 73 93 31 49 – www.davhotel.fr   Plan : EV**f**
– Fermé 24 déc.-5 janv.
28 ch – ♦67/77 € ♦♦70/82 € – ⌀ 10 €
Un établissement à quelques pas de la fameuse place de Jaude dont les jeux d'eau, la nuit venue, s'illuminent de couleurs différentes. À croire que la jeune artiste ayant relooké l'hôtel s'en est inspirée... avec des notes vives dans les chambres. Simple et vivifiant !

● **Restaurants**

XXX **Jean-Claude Leclerc** ⊞ ⌂ ▣ ⇔
⌘ 12 r. St-Adjutor – ℰ 04 73 36 46 30 – www.restaurant-leclerc.com   Plan : EV**k**
– Fermé 15-22 fév., 12-19 avril, 9 août-1er sept., dim. et lundi
Menu 36 € (déj. en semaine), 53/105 € – Carte 80/110 €
Dans cet établissement proche du palais de justice, point de convocation à une audience, mais une invitation à l'épicurisme ! Voilà une table clermontoise très appréciée : tout en équilibre et très maîtrisées, les assiettes pétillent de saveurs... Atmosphère élégante et terrasse ombragée.
→ Escargots au beurre vert, raviolis de pomme de terre et œuf de caille au plat à la truffe d'été. Pigeon rôti, foie gras chaud et girolles sautées. Rhubarbe à la fraise, croustillant feuillantine à la pistache et glace au lait d'amande.

XX **Amphitryon Capucine** ▣ ⇔
50 r. de Fontgiève – ℰ 04 73 31 38 39   Plan : DV**k**
– www.amphitryoncapucine.com – Fermé 3-20 août, dim. et lundi
Formule 21 € – Menu 31/85 € – Carte 55/74 €
Aux commandes de cette table clermontoise œuvre un chef venu de... Marseille ! Il signe de jolies recettes du moment, marquées par l'esprit du Sud, fort bien cuisinées et riches en saveurs, à l'instar de ces fleurs de courgette farcies à la ratatouille. Cadre classique et feutré.

XX **Apicius** (Arkadiusz Zuchmanski) ⌂ ⌀
⌘ 16 r. Claussmann – ℰ 04 73 91 13 61   Plan : FV**b**
– www.apicius-clermont.com – Fermé 6-10 avril, 3-28 août, sam., dim. et fériés
Formule 35 € – Menu 64/99 € – Carte 110/125 €
L'enseigne célèbre un fameux cuisinier de l'Antiquité, à juste titre : les assiettes, bien qu'actuelles, distillent des saveurs éternelles, celles des produits rendus dans leur vérité. Beau décor contemporain.
→ Saint-Jacques marinées à l'huile d'olive et citron vert. Lièvre à la royale, gnocchis Apicius à la truffe noire et glacés au foie gras et champignons. Le Paris-Clermont.

XX **Pavillon Lamartine** ⌂ ▣ ⇔
17 r. Lamartine – ℰ 04 73 93 52 25 – www.pavillonlamartine.com   Plan : DX**a**
– Fermé 27 avril-4 mai, 3-24 août, 21-28 déc., lundi soir, mardi soir, dim. et fériés
Formule 19 € – Carte 32/71 €
Près de la place de Jaude, poussez la grille de ce Pavillon et découvrez un restaurant à l'élégance toute contemporaine. La cuisine, savoureuse et gourmande, s'inscrit dans l'air du temps. Et qui sait ? Peut-être aurait-elle inspiré le poète Alphonse de Lamartine !

XX **Goûts et Couleurs** ⌂ ▣
6 pl. du Changil – ℰ 04 73 19 37 82   Plan : EV**r**
– www.restaurantgoutsetcouleurs.com – Fermé 4-11 mai, 3-25 août,1er-7 janv., lundi midi, sam. midi et dim.
Formule 22 € – Menu 31/47 €
Sur une petite place, à l'abri des regards, un sympathique restaurant pour déguster une cuisine respectant le rythme des saisons. Dans la salle voûtée, l'ambiance est bigarrée juste ce qu'il faut. Ainsi donc, goûts et couleurs sont bien au rendez-vous !

Fleur de Sel (Patrice Eschalier)
8 r. Abbé-Girard – ℰ *04 73 90 30 59* Plan : FX**a**
– www.restaurantfleurdesel.com – Fermé août, dim., lundi et fériés
Menu 32 € (semaine), 60/80 € – Carte environ 95 € *(réservation conseillée)*
Attention les yeux : ici, la façade jaune laisse place à un intérieur d'un blanc immaculé... L'effet de surprise passé, vous apprécierez une cuisine originale qui fait la
part belle à des produits de la mer au top de leur fraîcheur : cap sur les saveurs !
➜ Fricassée d'ormeaux bretons en persillade, risotto aux algues. Turbot sauvage
grillé à l'huile d'olive, mélange d'herbes et artichauts violets. Soufflé au chocolat
et sorbet aux fruits de saison.

Bath's
pl. du Marché-St-Pierre – ℰ *04 73 31 23 22 – www.baths.fr* Plan : EV**e**
– Fermé 1 semaine en mars, 18 août-6 sept., dim., lundi et fériés
Formule 17 € – Menu 28/38 € – Carte 35/52 €
Dans une zone piétonne au pied du marché St-Pierre, il fait bon s'installer en terrasse... Les salles sont tout aussi agréables avec leur déco soignée et branchée. Un
lieu très vivant ! On y savoure une cuisine du marché, simple et goûteuse. Original : l'Espagne est à l'honneur avec un menu et des vins ibériques.

Le Comptoir des Saveurs
5 r. Ste-Claire – ℰ *04 73 37 10 31* Plan : EV**x**
*– www.le-comptoir-des-saveurs.fr – Fermé 3 semaines en août, 2 semaines
en janv., mardi soir, merc. soir, dim. et lundi*
Menu 21 € (déj. en semaine), 29/43 €
Avec une technique impeccable et de bons produits, Hervé et Grégory réalisent
des préparations sans fausse note, dans lesquelles (comme promis !) les saveurs
sont au rendez-vous. Pressé de veau et foie gras, pavé de maigre et risotto aux
coques, verrines de fruits rouges et chocolat... Un condensé de plaisir.

Alfred 🆕
5 r. du Puits-Artésien – ℰ *04 73 35 32 06 – www.restaurant-alfred.fr*
– Fermé 1ᵉʳ-9 mai, 1ᵉʳ-22 août, 24 déc.-2 janv., dim. et lundi Plan : EX**v**
Formule 15 € – Menu 19 € (déj.)/35 € – Carte environ 40 €
Un espace ouvert sur deux niveaux façon loft, un escalier de fer en colimaçon et
de beaux parquets : l'endroit a du style ! Dans l'assiette, Saint-Jacques d'Erquy et
risotto d'orge au cantal, écume aux cèpes séchés : une cuisine originale, fraîche et
maison, à prix raisonnable... Alfred gagne à être connu !

L'Écureuil
18 r. St-Adjutor – ℰ *04 73 37 83 86* Plan : EV**t**
– www.restaurantlecureuil.com – Fermé 2 août-3 sept., merc. et dim.
Menu 14 € (déj. en semaine), 24/39 € – Carte 32/51 €
Lui voulait renouer avec ses origines en s'installant en Auvergne, elle y a apporté
l'entrain de ses racines italiennes, assurant un service pétillant... Benoît et Monika
ont créé en 2011 cet Écureuil chaleureux et gourmand. Au menu : une bien jolie
cuisine du marché ! Attention, formule simplifiée au déjeuner.

La Suite
16 r. St-Adjutor – ℰ *04 73 37 72 56 – Fermé dim.* Plan : EV**d**
Formule 14 € – Menu 24/34 € – Carte 32/54 €
La Suite du parcours de Jean-Claude Leclerc qui a ouvert cette adresse à côté de son
restaurant éponyme. Dans un décor de bistrot urbain, on déguste une cuisine centrée sur le produit, un brin rustique : rognons, gratin dauphinois... Simple et goûteux.

à Chamalières – ✉ 63400 – 17 467 hab. – Alt. 450 m

Radio
43 av. Pierre-et-Marie-Curie – ℰ *04 73 30 87 83* Plan : voir **Royat** B**w**
– www.hotel-radio.fr – Fermé 25 oct.-5 nov. et 1ᵉʳ-15 janv.
24 ch – ♦94/145 € ♦♦104/160 € – ☐ 15 €
Rest *Radio* ✿ – voir les restaurants ci-après
Héritage des années 1930, cet hôtel des hauteurs de Chamalières offre un beau
témoignage du style Art déco – celui des années radio ! À l'exception des chambres, spacieuses et feutrées, qui sont décorées de manière contemporaine, le côté
rétro domine... et séduit notamment la clientèle étrangère.

XXX   **Radio** – Hôtel Radio   😂 🛏 AC **P**

ಭ *43 av. Pierre-et-Marie-Curie* – 𝒞 *04 73 30 87 83*   Plan : **voir Royat** B**w**
– *www.hotel-radio.fr – Fermé 25 oct.-5 nov., 1ᵉʳ-15 janv., lundi midi, sam. midi et dim.*
Menu 30 € (déj.), 55/89 € – Carte 82/97 €
Dans ce bel hôtel qui a conservé son cachet Art déco, le restaurant plaira aux amateurs du style : lignes modernistes, alliance du verre et du miroir, sobriété du noir et blanc... Une source d'inspiration pour le chef ? Ses assiettes se révèlent esthétiques et recherchées, sans effets inutiles : de belles saveurs au menu.
➔ Pont-neuf de foie gras de canard et tartine de cœur d'artichaut. Suprêmes de pigeon fumés, les cuisses confites et abattis au foie gras. Chocolat gianduja et crème de calvados.

X   **Ô Gré des Saveurs**   ċ AC

☙ *22 r. du Pont-de-la-Gravière* – 𝒞 *04 73 36 99 35*   Plan : AY**r**
– *www.ogredesaveurs.com – Fermé 3-25 août, 28 déc.-13 janv., mardi soir, dim. soir et lundi*
Formule 14 € – Menu 16 € (semaine), 26/42 € – Carte 31/54 €
C'est à une jolie pérégrination qu'invite cette enseigne, où se cache aussi – l'avez-vous vu ? – un ogre. Pour sa première affaire, un jeune chef venu de Bretagne réécrit chaque jour ce petit itinéraire gargantuesque en fonction du marché. Notez qu'aucun ogre ne se cache dans la salle, où règne une ambiance conviviale.

à Pérignat-lès-Sarliève 8 km – ✉ 63170 – 2 671 hab. – Alt. 364 m

🏠   **Gergovie**   🍽 🛏 🖥 ċ AC ✿ 🛜 **P**
25 allée du Petit-Puy – 𝒞 *04 73 79 09 95*   Plan : CZ**r**
– *www.hotelgergovie-clermontferrand.com*
59 ch – 🚹78/180 € 🚹🚹78/200 € – ☐ 14 € – ½ P
Malgré le nom de cet établissement, aucune bataille à l'horizon ! La guerre des Gaules est loin, et c'est dans un grand bâtiment récent, à l'écart de l'autoroute, que les voyageurs posent leurs bagages. Les chambres sont résolument design, avec balcon ou terrasse. Restaurant traditionnel.

rte de la Baraque – ✉ 63830 Durtol

XX   **Le Pré - Xavier Beaudiment**   😂 AC ✿ ⇄ **P**
ಭ *rte de la Baraque* – 𝒞 *04 73 19 25 00*   Plan : AY**f**
– *www.restaurant-lepre.com – Fermé 20-30 avril, 1ᵉʳ-15 août, 2-8 janv., dim. soir, lundi et mardi*
Formule 36 € – Menu 59/89 €
Concept audacieux adopté par ce jeune chef : pas de carte, mais un menu unique élaboré selon l'inspiration du moment, avec la complicité de tout un réseau de petits producteurs et... les herbes sauvages de la région. Une "cuisine d'instinct", alliée à un vrai sens des saveurs, qui fait mouche !
➔ Pulpe de pomme de terre fumée, truffe d'été, herbes des champs et lard gras. Truite aux champignons des bois, sabayon acide et lierre terrestre. Glacé au rumex des prés, rhubarbe et oxalys.

à Lempdes 10 km par ③ – ✉ 63370 – 8 397 hab. – Alt. 330 m

X   **B2K6**   AC
☺ *6 r. du Caire, sortie Lempdes centre* – 𝒞 *04 73 61 74 71* – *www.b2k6.fr*
– *Fermé août, dim. et lundi*
Formule 19 € – Menu 31/54 € – Carte 46/56 €
Ce sympathique bistrot est né de la rencontre de deux jeunes passionnés : Jérôme Bru, ancien second d'Anne-Sophie Pic, et Romain Billard, sommelier, passé également par de fameuses maisons. Au menu : une belle cuisine, rythmée par les saisons et les produits locaux, accompagnée des vins adéquats. Une belle complicité !

à Orcines 8 km par ⑥ – ⊠ 63870 – 3 282 hab. – Alt. 810 m

XX **Auberge de la Baraque** ⇔ P.

2 rte de Bordeaux – ☏ 04 73 62 26 24 – www.laubrieres.com – Fermé 13-22 avril,
6-29 juil., 19-28 oct., lundi, mardi et merc.
Menu 30/57 €
Cette baraque-là, tout comme les plats qu'on y prépare, ne sont pas faits de bric et
de broc ! Dans le cadre rustique de cet ancien relais de diligence (1800), on apprécie une cuisine de qualité, savoureuse et bien présentée. Le tout à petits prix.

X **Auberge de la Fontaine du Berger** ⌂ &

167 rte de Limoges – ☏ 04 73 62 10 52 – www.auberge.fr – Fermé 3-6 mars,
12-15 mai, 28 août-3 sept., 22 déc.-15 janv., dim. soir, mardi soir et merc.
Formule 17 € – Menu 31/49 € – Carte 34/55 €
Cette maison de pays aux volets rouges regarde le puy de Dôme et le Pariou. On
y apprécie une jolie cuisine où les produits frais ont la part belle, à l'image de ce
saumon gravlax au tarama, de cette fricassée d'onglet de veau et linguines aux
cèpes... et d'un succulent paris-brest maison !

CLERMONT-L'HÉRAULT

⊠ 34800 (Hérault) – 8 121 hab. – Alt. 92 m – Voir carte n°**23-C2**
◨ Paris 718 km – Béziers 46 km – Lodève 24 km – Montpellier 42 km
Carte Michelin 339-F7

XX **Le Tournesol** ⌂

2 r. Roger-Salengro – ☏ 04 67 96 99 22 – www.letournesol.fr – Fermé dim. soir et
lundi d'oct. à mars
Menu 15 € (déj. en semaine), 24/39 € – Carte 34/60 €
Prenez une jolie véranda, ajoutez du mobilier en teck et une grande terrasse
plantée d'oliviers… et vous obtiendrez une certaine idée des vacances ! Dans ce
restaurant du centre-ville, où le Midi s'invite dans l'assiette, le chef signe une cuisine traditionnelle gorgée de soleil. Une bonne adresse.

à Brignac 3 km à l'Est par D 4 – ⊠ 34800 – 731 hab. – Alt. 60 m

⌂ **La Missare** sans rest ⌂ ⌂ ⌂ ⌂ ⌂ ⌂

9 rte de Clermont – ☏ 04 67 96 07 67 – http://la.missare.free.fr
4 ch ⌂ – †80 € ††80 €
La Missare ("le loir" en languedocien...) allie charme et sérénité : chambres spacieuses, meubles chinés – le maître des lieux est antiquaire –, beau jardin envahi
de fleurs, piscine... Un conseil : ne passez pas à côté du petit-déjeuner maison !

CLERVAL

⊠ 25340 (Doubs) – 1 051 hab. – Alt. 285 m – Voir carte n°**17-C2**
◨ Paris 459 km – Besançon 58 km – Delémont 103 km – Neuchâtel 111 km
Carte Michelin 321-I2 – Guide Vert Michelin Franche-Comté Jura

X **La Bonne Auberge** avec ch ⌂ ch, ⌂ P.

2 rte de Besançon – ☏ 03 81 97 81 01 – www.hotellabonneauberge.fr – Fermé
1 semaine en fév., 1 semaine en juin, 1 semaine en août, 1 semaine en oct., 1
semaine à Noël, sam. midi, dim. soir et vend.
6 ch – †72/82 € ††72/82 € – ⌂ 9 € – ½ P
Formule 11 € – Menu 17 € (semaine), 29/34 €
Voilà une enseigne qui donne le ton ! Dans cette belle maison en pierre, à la sortie du village à deux pas du Doubs, on savoure de bons petits plats traditionnels ;
les préparations sont maîtrisées, les produits de qualité. Et les chambres, d'esprit
contemporain, sont parfaites pour passer la nuit...

CLÉRY-ST-ANDRÉ

⊠ 45370 (Loiret) – 3 283 hab. – Alt. 94 m – Voir carte n°**12-C2**
◨ Paris 155 km – Blois 49 km – Chartres 99 km – Orléans 16 km
Carte Michelin 318-H5 – Guide Vert Michelin Châteaux de la Loire

Villa des Bordes

9 r. des Bordes – ℰ 02 38 46 94 60 – www.villadesbordes.com – Fermé 22 mars-2 avril, 19 oct.-3nov., 2-25 janv.
9 ch – †60/75 € ††75/110 € – � 10 € – ½ P

Une demeure du 19ᵉ s. – ancienne institution religieuse – à l'orée du village. Entièrement rénovées en 2014, les chambres arborent un style fonctionnel et des tonalités douces. Cuisine traditionnelle au restaurant. Sachez que l'on peut louer des vélos pour aller se balader au bord de la Loire toute proche...

CLESSÉ

✉ 71260 (Saône-et-Loire) – 830 hab. – Alt. 240 m – Voir carte n°**8-C3**
▶ Paris 397 km – Dijon 127 km – Lyon 85 km – Mâcon 15 km
Carte Michelin 320-I11 – Guide Vert Michelin Bourgogne

 Château de Besseuil

– ℰ 03 85 36 92 49 – www.chateaudebesseuil.com – Fermé dim. soir hors saison, mardi midi et lundi
14 ch – †79/229 € ††139/229 € – 6 suites – ⊑ 19 € – ½ P
Rest *Château de Besseuil* – voir les restaurants ci-après

Une superbe demeure du 16ᵉ s., posée en plein cœur d'un domaine viticole de quatre hectares, où le calme est roi. Dans ce cadre magnifique, on découvre des chambres épurées et colorées, qui raviront notamment les adeptes du design nordiste.

XX **Château de Besseuil**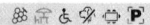

– ℰ 03 85 36 92 49 – www.chateaudebesseuil.com – Fermé dim. hors saison, mardi midi et lundi
Menu 39/79 € – Carte 51/74 €

Dans l'une des dépendances du château, ce restaurant met en valeur les produits bourguignons avec une patte moderne et créative. Les menus sont variés, et la carte des vins est tout simplement superbe !

CLICHY – 92 (Hauts-de-Seine) ➜ voir Paris, Environs

CLIOUSCLAT

✉ 26270 (Drôme) – 644 hab. – Alt. 235 m – Voir carte n°**44-B3**
▶ Paris 586 km – Montélimar 24 km – Valence 31 km
Carte Michelin 332-C5

 La Treille Muscate

Le village – ℰ 04 75 63 13 10 – www.latreillemuscate.com – Fermé 8 déc.-12 fév.
11 ch – †70/160 € ††70/160 € – 2 suites – ⊑ 12 € – ½ P
Rest *La Treille Muscate* – voir les restaurants ci-après

Cette belle bâtisse en pierre est tout imprégnée de douceur provençale : le jardin ouvre sur les vergers alentour, les chambres sont raffinées... La tranquillité avec l'accent du Sud.

X **La Treille Muscate**

Le village – ℰ 04 75 63 13 10 – www.latreillemuscate.com – Fermé 8 déc.-12 fév. et lundi
Formule 15 € – Menu 31 € – Carte 39/48 €

La terrasse, au cœur du village, dégage le charme de l'authenticité ; la salle voûtée est très cosy... Produits frais, saveurs régionales revisitées par le chef : l'assiette est au diapason. Tout est fait maison et cela se sent !

X **La Fontaine**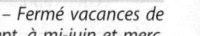

Le village – ℰ 04 75 63 07 38 – www.lafontaine-cliousclat.fr – Fermé vacances de la Toussaint, de Noël et de fév., dim. soir et mardi soir de sept. à mi-juin et merc.
Formule 13 € – Menu 29/38 € – Carte 35/45 €

Un bistrot de village vraiment sympathique. Regardez, depuis la salle, on aperçoit le chef s'activer en cuisine autour des bons produits... Et savourez, car ses petits plats du terroir sont alléchants ! Jolie terrasse sur la rue.

CLISSON

✉ 44190 (Loire-Atlantique) – 6 683 hab. – Alt. 34 m – Voir carte n°**34-B2**
▶ Paris 396 km – Nantes 31 km – Niort 130 km – Poitiers 151 km
Carte Michelin 316-I5 – Guide Vert Michelin Pays de la Loire

🏠🏠🏠 Villa Saint-Antoine   🕙 ⅗ ← ⚒ 🛎 ⅗ 🕎 ᯤ ⅘ 🅿

8 r. St-Antoine – ℰ 02 40 85 46 46 – www.hotel-villa-saint-antoine.com
43 ch – †82/226 € – ††82/226 € – ⬰ 13 € – ½ P
Au cœur de Clisson – cité connue pour son architecture d'inspiration toscane –,
cette ancienne filature (18ᵉ s.) propose de belles chambres contemporaines rendant hommage à l'art italien. Terrasse au bord de l'eau. Au restaurant, cuisine d'aujourd'hui dans un décor de brasserie.

XXX La Bonne Auberge   🍴 🍽 ᯤ

1 r. Olivier-de-Clisson – ℰ 02 40 54 01 90 – Fermé 9 août-2 sept., 4-21 janv., dim. soir, merc. soir, lundi et mardi
Formule 22 € – Menu 46/72 € – Carte 68/87 €
Dans cette jolie maison bourgeoise datant de 1850, située non loin de la gare, la tradition est reine ! Avec des produits de qualité, le chef réalise une cuisine bonne et généreuse, qui régale les habitués et tous les gourmands de passage. Une table qui porte bien son nom.

à Gétigné 3 km au Sud-Est par D 149 et rte secondaire – ✉ 44190
– 3 391 hab. – Alt. 26 m

XX La Gétignière   🍽 ⅗
🐌
3 r. de la Navette – ℰ 02 40 36 05 37 – www.lagetigniere.com – Fermé vacances de Noël, dim. soir, mardi soir et lundi
Formule 16 € – Menu 19 € (déj. en semaine), 26/44 € – Carte environ 50 €
Jolie maison fleurie au cœur du village. Salle contemporaine (murs gris, mobilier design) et terrasse ouvrant sur un petit jardin japonisant. Cuisine actuelle.

CLOHARS-FOUESNANT – 29 (Finistère) → voir Bénodet

CLUNY

✉ 71250 (Saône-et-Loire) – 4 689 hab. – Alt. 248 m – Voir carte n°**8-C3**
▶ Paris 384 km – Mâcon 25 km – Chalon-sur-Saône 49 km –
Montceau-les-Mines 44 km
Carte Michelin 320-H11 – Guide Vert Michelin Bourgogne

🏠 Hôtel de Bourgogne sans rest   ⅗ ⅗ ᯤ 🛋

pl. de l'Abbaye – ℰ 03 85 59 00 58 – www.hotel-cluny.com – Fermé   **n**
1ᵉʳ déc.-5 fév. et 1ᵉʳ-8 mars
14 ch – †85/89 € – ††98/135 € – 2 suites – ⬰ 11 €
En face de la célèbre abbaye, une maison de caractère où Lamartine avait jadis ses habitudes. Les chambres sont classiques, spacieuses et parfaitement tenues. À cela s'ajoute un accueil fort aimable. En résumé, la bonne adresse de la cité.

XX Hostellerie d'Héloïse avec ch   ⅗ rest, ᯤ

7 rte de Mâcon – ℰ 03 85 59 05 65 – www.hostelleriedheloise.com   **y**
– Fermé 25 juin-3 juil., 20 déc.-début fév., dim. soir, jeudi midi et merc.
13 ch – †69/80 € – ††69/80 € – ⬰ 10 € – ½ P
Formule 20 € 🍷 – Menu 28/52 € – Carte 37/48 €
Un établissement convivial et joliment rétro ! Les Héloïse et Abélard d'aujourd'hui pourront y savourer une cuisine traditionnelle et régionale d'une belle finesse... Et pour l'étape, quelques chambres bien tenues.

LA CLUSAZ

✉ 74220 (Haute-Savoie) – 1 845 hab. – Alt. 1 040 m – Voir carte n°**46-F1**
▶ Paris 564 km – Albertville 40 km – Annecy 32 km – Chamonix-Mont-Blanc 60 km
Carte Michelin 328-L5 – Guide Vert Michelin Alpes du Nord

Avril (R. d') 2
Conant (Espace K. J.) 3
Filaterie (R.) 4
Gaulle (Av. Ch.-de) 5
Lamartine (R.) 6
Levée (R. de la) 8
Marché (Pl. du) 9
Mercière (R.) 12
Prud'hon (R.) 14
Pte des Prés (R.) 13
République (R.) 15

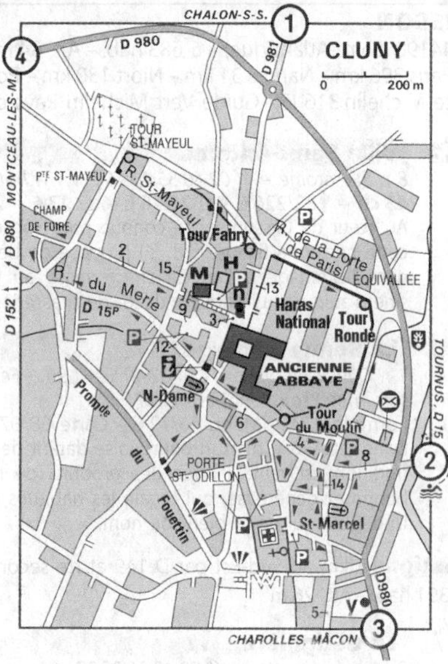

Au Cœur du Village

26 Montée du Château – ✆ 04 50 01 50 01 – www.hotel-aucoeurduvillage.fr – Fermé mai et oct.

37 suites – ††330/860 € – 20 ch – ☕ 25 € – ½ P

Rest ***Le 5*** – voir les restaurants ci-après

Le bois, le métal et le grès se mêlent... Mariage des matières et des styles – design, alpestre – réussi pour le meilleur hôtel de la station. Ouvert fin 2010, cet établissement a déjà fait battre le cœur de plus d'une personne !

Beauregard

90 sentier du Bossonet – ✆ 04 50 32 68 00 – www.hotel-beauregard.fr

95 ch – †105 € ††385 € – ☕ 15 € – ½ P

Un grand chalet typique, très confortable, au pied des pistes. Après une journée de ski, on se détend au salon ou dans la vaste piscine couverte. Pratique : le restaurant, traditionnel, propose au déjeuner un buffet de hors-d'œuvre et de desserts, dont on peut profiter en terrasse.

Les Sapins

105 chemin des Riffroids – ✆ 04 50 63 33 33 – www.clusaz.com – Ouvert 15 juin-15 sept. et 15 déc.-15 avril

24 ch – †70/170 € ††70/170 € – ☕ 13 € – ½ P

Le charme d'un joli chalet familial surplombant le village... Bois blond et tomettes au salon, accès direct aux pistes : rien ne manque – même pas l'espace bien-être – et l'on se sent bien. Un grand creux ? On se repaît de tartiflettes et de fondues en profitant de la vue sur les pentes enneigées.

Alp'Hôtel

192 rte col des Aravis – ✆ 04 50 02 40 06 – www.clusaz.com – Ouvert 15 juin-15 sept. et 15 déc.-26 avril

15 ch – †80/250 € ††90/270 € – ☕ 14 € – ½ P

Haut chalet au cœur de la station. Dans les chambres (toutes avec balcon) règne une agréable atmosphère savoyarde, et le restaurant devient un vrai lieu de vie pendant les beaux jours. Chaleureux !

XXX **Le 5** – Hôtel Au Cœur du Village

26 Montée du Château – ✆ 04 50 01 50 01
– www.hotel-aucoeurduvillage.fr/fr/restaurant-le-5 – Fermé mai et oct.
Formule 35 € – Menu 55/90 € – Carte 68/99 €
Ce restaurant chic, au cœur de la station, propose un grand choix de poissons et de viandes. Dans la salle, avec vue sur les cuisines, l'ambiance est animée. Aux beaux jours, préférez la terrasse à l'étage.

rte du Col des Aravis 4 km au Sud par D 909 – ✉ 74220

Les Chalets de la Serraz

3862 rte du Col des Aravis – ✆ 04 50 02 48 29 – www.laserraz.com
– Fermé 6 avril-22 mai et 27 sept.-16 oct.
10 ch – ½ P seult 150/170 €
Une ancienne ferme, la montagne à perte de vue et des chambres douillettes... Dans le jardin, de charmants chalets abritent les duplex, avec terrasse privative. Et, en prime, un bain finlandais vous attend en extérieur !

CLUSES

✉ 74300 (Haute-Savoie) – 17 416 hab. – Alt. 486 m – Voir carte n°**46**-F1
Paris 570 km – Annecy 56 km – Chamonix-Mont-Blanc 41 km – Thonon-les-Bains 59 km
Carte Michelin 328-M4 – Guide Vert Michelin Alpes du Nord

La Ferme du Lac sans rest

550 av. Louis-Coppel, lacs de Thyez – ✆ 04 50 18 94 00 – www.fermedulac.com
– Fermé août et 1 semaine vacances de Noël
20 ch – †77/100 € ††99/128 € – ☕ 12 €
Dans un quartier calme, face aux lacs de Thyez, ce chalet cossu et fonctionnel est parfait pour une étape. Bois et équipements high-tech : les chambres sont confortables et propices au repos.

XX **Le St-Vincent**

14 r. Fg-St-Vincent, au Sud-Est par rte de Chamonix – ✆ 04 50 96 17 47
– www.le-saint-vincent.com – Fermé 11-24 août, sam. midi et dim.
Formule 20 € – Menu 31/41 € – Carte 39/57 €
Un esprit "nouvelle auberge", une atmosphère chaleureuse et une cuisine soignée et délicate, que le jeune chef concocte avec de beaux produits : la valeur sûre de Cluses !

COCURÈS – 48 (Lozère) → voir Florac

COËX – 85 (Vendée) → voir St-Gilles-Croix-de-Vie

COGNAC

✉ 16100 (Charente) – 18 611 hab. – Alt. 25 m – Voir carte n°**38**-B3
Paris 478 km – Angoulême 45 km – Bordeaux 120 km – Niort 83 km
Carte Michelin 324-I5 – Guide Vert Michelin Poitou-Charentes

Le Valois sans rest

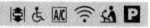

35 r. du 14-Juillet – ✆ 05 45 36 83 00 – www.hotellevalois.com Plan : Z**a**
– Fermé 19 déc.-4 janv.
56 ch – †76 € ††82 € – ☕ 10 €
À deux pas des chais de Cognac, dans un immeuble des années 1980, des chambres fonctionnelles et assez spacieuses (une partie dans l'annexe voisine). L'entretien se révèle très soigné.

Héritage

25 r. d'Angoulême – ✆ 05 45 82 01 26 – www.hheritage.com Plan : Y**z**
– Fermé 22 fév.-10 mars
19 ch – †68/73 € ††68/73 € – ☕ 8 € – ½ P
Des couleurs très flashy, une myriade de styles, plein de contrastes... Cet hôtel particulier du Second Empire (1865) bouscule son héritage avec décalage, jeunesse et chaleur. Cuisine classique au restaurant.

COGNAC

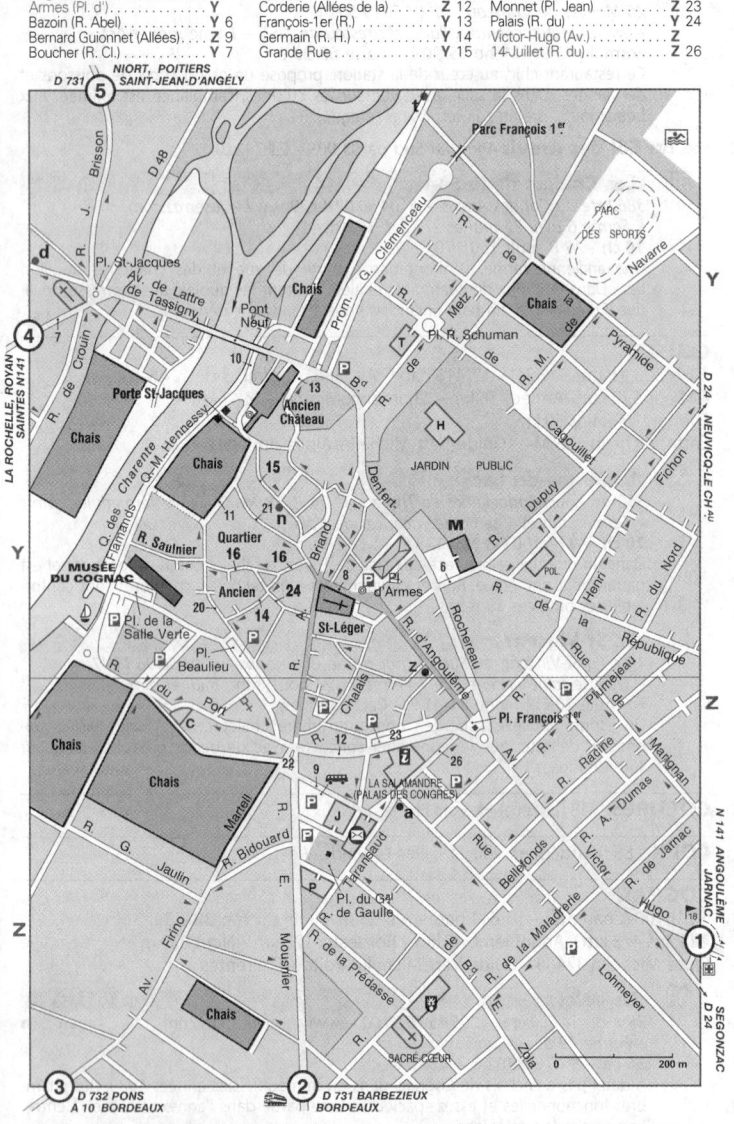

XX **Les Pigeons Blancs** avec ch

110 r. Jules-Brisson – ✆ *05 45 82 16 36*

– www.pigeons-blancs.com – Fermé dim. soir et lundi midi

Plan : Y**d**

6 ch – ♦65/95 € ♦♦80/115 € – ☑ 14 € – ½ P

Formule 27 € – Menu 38/65 € – Carte 48/83 €

Séparé du centre-ville par la Charente, un relais de poste du 17e s. dédié à la tradition, tenu par une famille très attachée au lieu. Dans le jardin, une terrasse permet de siroter un petit cocktail au grand air, en début de soirée... Délicieux.

✕ Le Bistro de Claude

35 r. Grande – ℰ 05 45 82 60 32 – www.bistro-de-claude.com   Plan : Y**n**
– Fermé 2 semaines en août, sam. et dim.
Formule 24 € – Menu 32 € 🍷 (dîner en semaine) – Carte 41/70 €
Vous ne connaissez pas Claude ? Son bistro est à son image : chaleureux, franc
et… gourmand, avec de belles assiettes fort bien mijotées (lotte rôtie à l'espa-
gnole, entrecôte du Limousin à la plancha, etc.). Tout Cognac connaît Claude !

✕ La Courtine

allée Fichon, parc François-1er – ℰ 05 45 82 34 78   Plan : Y**t**
– www.restaurant-la-courtine.fr – Fermé 24 déc.-10 janv.
Formule 19 € – Menu 28 € 🍷 – Carte 29/48 €
Pour s'encanailler sur les rives de la Charente, une ancienne guinguette dans un
site préservé… Le décor tout en bois fait remonter le temps, de même que la
cuisine simple et traditionnelle, aux prix mesurés. À noter : la jolie terrasse face
au ponton.

au Sud-Est 3 km par ① rte d'Angoulême et rte de Rouillac (D 15) – ✉ 16100
Châteaubernard

🏠 Château de l'Yeuse

65 r. de Bellevue, (quartier l'Échassier) – ℰ 05 45 36 82 60 – www.yeuse.fr
– Fermé 20 déc.-1er fév.
21 ch – †128/199 € ††128/199 € – 3 suites – ☟ 19 € – ½ P
Rest *Le P'tit Yeuse* ☺ **Rest** *La Table de l'Yeuse* – voir les restaurants ci-après
Atmosphère romantique en cette gentilhommière du 19ᵉ s. agrandie d'une aile
moderne. Mobilier ancien et décor raffiné dans les chambres ; belle collection de
cognacs dans le salon : beaucoup de charme !

🏠 Domaine de l'Échassier

72 r. de Bellevue, (quartier l'Échassier) – ℰ 05 45 35 01 09 – www.echassier.com
– Fermé 25 oct.-4 nov., 21-30 déc., 22 fév.-4 mars et dim. d' oct. à avril
26 ch – †82/130 € ††102/150 € – ☟ 13 € – ½ P
En périphérie de Cognac, une construction des années 1980, d'esprit classique.
Les chambres sont spacieuses et calmes, certaines avec balcon ou terrasse face
au joli jardin. Le restaurant gastronomique ouvre lui aussi sur la verdure… pour
une cuisine rythmée par les saisons.

✕✕ La Table de l'Yeuse – Hôtel Château de l'Yeuse

*65 r. de Bellevue, (quartier l'Échassier) – ℰ 05 45 36 82 60 – www.yeuse.fr – Fermé
20 déc.-1er fév., dim. sauf du 14 juil. au 31 août , lundi hors saison et le midi*
Menu 45/85 € – Carte 61/80 €
Dans cette jolie demeure bourgeoise dominant la Charente, le chef réalise des
préparations précises à partir de produits de qualité, qu'il sélectionne grâce à
son réseau de producteurs locaux. Beaucoup d'harmonie et d'élégance : une
belle maison.

✕ Le P'tit Yeuse – Hôtel Château de l'Yeuse

65 r. de Bellevue, (quartier l'Échassier) – ℰ 05 45 36 82 60 – www.yeuse.fr
– Fermé 20 déc.-1er fév., lundi, sam., dim. et le soir
Formule 25 € – Menu 29 €
Au Château de l'Yeuse, on a le choix entre le gastro et ce bistrot qui propose une
cuisine généreuse, d'un excellent rapport qualité-prix. Acras de morue, terrine de
bœuf et carottes au persil, ou encore dos de merlu à la plancha et galette de
courgettes du jardin… Ce P'tit Yeuse a tout d'un grand !

COGOLIN

✉ 83310 (Var) – 11 119 hab. – Alt. 20 m – Voir carte n°**41-C3**
▶ Paris 864 km – Fréjus 33 km – Ste-Maxime 13 km – Toulon 60 km
Carte Michelin 340-O6 – Guide Vert Michelin Côte d'Azur

XX **La Grange des Agapes** AC

7 r. du 11-Novembre, (pl. de la Mairie) – ℰ 04 94 54 60 97
– www.grangeagapes.com – Fermé 3-11 août, 24 déc.-5 janv., le midi du
12-31 août, dim. et lundi
Menu 23 € (déj.), 33/60 € – Carte 46/63 €
Comme tout véritable passionné, Thierry Barot est au four et au moulin. Non
content de proposer une cuisine savoureuse et d'appétissants menus thématiques
(tout légumes, provençal, asperges, truffe...), il donne régulièrement des cours de
cuisine et il est l'auteur d'un livre de recettes autour du chocolat. Quelles agapes !

X **Grain de Sel** AC

6 r. du 11-Novembre, (derrière la mairie) – ℰ 04 94 54 46 86
– www.grainsel-cogolin.fr – Fermé vend. midi en juil.-août, dim. et lundi sauf le
soir en juil. août
Formule 23 € – Menu 30 € – Carte 43/54 € *(réservation conseillée)*
Au cœur de Cogolin, un jeune couple dirige ce bistrot de poche qui ne manque
pas de sel. Julien est en cuisine – ouverte sur la salle – et réalise de bons plats
traditionnels, où la Provence occupe une bonne place ; en salle, Émilie est aussi
accueillante qu'efficace. Une agréable adresse !

COIRAC

✉ 33540 (Gironde) – 213 hab. – Alt. 100 m – Voir carte n°**4**-C2
▶ Paris 598 km – Bordeaux 49 km – Langon 20 km – Périgueux 131 km
Carte Michelin 335-J6

X **Le Flore**

1 Petit-Champ-du-Bourg – ℰ 05 56 71 57 47
– www.restaurantleflore.wordpress.com – Fermé mardi soir, merc. soir, dim.
soir et lundi
Formule 16 € – Menu 18 € (déj. en semaine), 31/35 € – Carte environ 38 €
On sait que les routes françaises cachent de jolies surprises. En voilà une avec
cette bonne petite table de campagne. Les gourmands s'y retrouvent autour
d'une cuisine du marché savoureuse et généreuse. Les propriétaires sont très
accueillants et il y a même une terrasse donnant sur un petit verger !

COISE-ST-JEAN-PIED-GAUTHIER

✉ 73800 (Savoie) – 1 190 hab. – Alt. 292 m – Voir carte n°**46**-F2
▶ Paris 582 km – Albertville 32 km – Chambéry 23 km – Grenoble 55 km
Carte Michelin 333-J4

🏰 **Château de la Tour du Puits** IO ⊗ ⇐ ⇔ ⅃ 🛜 ⅍ **P**

1 km par rte du Puits – ℰ 04 79 28 88 00 – www.chateaupuit.fr – Ouvert
15 mai-15 sept.
7 ch – †170/310 € ††170/310 € – � 26 € – ½ P
Ce gracieux château rebâti au 18ᵉs. dresse sa tour en poivrière au milieu d'un
superbe parc arboré. Chambres décorées avec soin (boutis, mobilier chiné...).
Héliport. Fine cuisine actuelle réalisée avec de bons produits ; jolie terrasse sous
une tonnelle.

COL BAYARD

✉ 05000 (Hautes-Alpes) – Alt. 1 248 m – Voir carte n°**41**-C1
▶ Paris 658 km – Gap 7 km – La Mure 56 km – Sisteron 60 km
Carte Michelin 334-E5 – Guide Vert Michelin Alpes du Sud

à Laye 2,5 km au Nord par N 85 – ✉ 05500 – 249 hab. – Alt. 1 170 m

X **La Laiterie du Col Bayard** 🛜 **P**

– ℰ 04 92 50 50 06 – www.laiterie-col-bayard.com – Fermé 11 nov.-20 déc. et
mardi soir, merc. soir et lundi sauf vacances scolaires
Formule 18 € – Menu 25/45 € – Carte 27/48 €
Une étape incontournable pour les amateurs de fromage ! Associé à une laiterie
et à une belle boutique de produits régionaux, tout près du col Bayard, le restaurant joue la carte de la qualité version affinage : au menu, fondues, raclettes, etc.,
et un plateau de plus de 60 fromages, la plupart des Alpes bien sûr !

COL DE CUREBOURSE – 15 (Cantal) → voir Vic-sur-Cère

COL DE LA CROIX-FRY – 74 (Haute-Savoie) → voir Manigod

COL DE LA FAUCILLE
✉ 01170 (Ain) – Alt. 1 320 m – Voir carte n°**46**-F1
▶ Paris 480 km – Bourg-en-Bresse 108 km – Genève 29 km – Gex 11 km
Carte Michelin 328-J2 – Guide Vert Michelin Franche-Comté Jura

 La Mainaz �🍽 ♨ ⋜ 🛋 🏬 📶 **P**
route col de la Faucille, 1 km au Sud par D 1005 – ✆ 04 50 41 31 10
– www.la-mainaz.com – Fermé 15 juin-3 juil. et 25 oct.-9 déc.
21 ch – †92/127 € ††92/127 € – � 14 € – ½ P
Atout incontestable de ce grand chalet en bois : la vue exceptionnelle sur le
Léman et les Alpes ! Il règne ici une ambiance familiale avec des chambres de
style montagnard ; certaines d'entre elles sont plus récentes et lumineuses. Au
petit-déjeuner, priorité aux fromages de la région !

COL DE LA MACHINE – 26 (Drôme) → voir St-Jean-en-Royans

COL DE LA SCHLUCHT
(Vosges) – Alt. 1 258 m – Voir carte n°**27**-D3
▶ Paris 441 km – Colmar 37 km – Épinal 56 km – Gérardmer 16 km
Carte Michelin 314-K4

 Le Collet �🍽 ⋜ 📶 **P**
9937 rte de Colmar, (au Collet), 2 km sur rte de Gérardmer – ✆ 03 29 60 09 57
– www.chalethotel-lecollet.com
25 ch – †84 € ††94/114 € – 6 suites – � 15 € – ½ P
Rest *Le Collet*⊕ – voir les restaurants ci-après
Un beau chalet, au cœur du parc régional des Ballons des Vosges. Les chambres,
très douillettes, fourmillent de détails soignés (tissu des Vosges brodé, bois,
pierre) et les environs... de sapins !

✕✕ **Le Collet** 🍴 **P**
⊕ *9937 rte de Colmar, (au Collet), 2 km sur rte de Gérardmer – ✆ 03 29 60 09 57*
– www.chalethotel-lecollet.com
Formule 18 € – Menu 28/56 € – Carte 36/47 €
Une "cuisine du terroir relookée", selon les propres mots du chef, qu'inspirent les
choses "vraies", les légumes du potager et les produits de la ferme. Le goût des
bonnes choses, dans un joli décor montagnard.

COL DU PAVILLON – 69 (Rhône) → voir Cours

COLIGNY
✉ 01270 (Ain) – 1 160 hab. – Alt. 298 m – Voir carte n°**44**-B1
▶ Paris 407 km – Bourg-en-Bresse 24 km – Lons-le-Saunier 39 km – Mâcon 57 km
Carte Michelin 328-F2

✕✕ **Au Petit Relais** 🍴 🍴 🍴
⊕ *Grande-Rue – ✆ 04 74 30 10 07 – www.aupetitrelais.fr – Fermé 7-17 avril,*
21 sept.-1ᵉʳ oct., 7-11 déc., dim. soir, merc. soir et jeudi soir
Menu 22 € (déj. en semaine), 31/75 € – Carte 49/94 € *(réservation conseillée)*
Ce Petit Relais propose une cuisine particulièrement goûteuse, assez sophistiquée, où se côtoient homard, poissons nobles, spécialités de la Bresse et vins
choisis. La salle à manger est pimpante, et, l'été, on dresse la terrasse dans la
cour intérieure.

COLLÉGIEN – 77 (Seine-et-Marne) → voir Paris, Environs (Marne-la-Vallée)

LA COLLE-SUR-LOUP
✉ 06480 (Alpes-Maritimes) – 7 701 hab. – Alt. 90 m – Voir carte n°**42**-E2
▶ Paris 919 km – Antibes 15 km – Cagnes-sur-Mer 7 km – Cannes 26 km
Carte Michelin 341-D5 – Guide Vert Michelin Côte d'Azur

Alain Llorca 〽️ ♨️ ⬅️ ⬜ 🛎️ 🅰️🅲 📶 🈂️ **P**
350 rte de St-Paul – ℰ *04 93 32 02 93* – *www.alainllorca.com*
10 ch – ♦175/600 € ♦♦175/600 € – ⬚ 20 € – ½ P
Rest *Alain Llorca* ✿ – voir les restaurants ci-après
Un "hôtel de chef", idéal pour parfaire l'expérience de la cuisine d'Alain Llorca. Pour décor : un jardin à flanc de colline ; pour horizon : la campagne provençale et le village de St-Paul-de-Vence... Beaux volumes et matériaux de qualité font toute l'élégance des chambres.

 Marc Hély sans rest ♨️ ⬅️ ⬜ 🛎️ 🅰️🅲 🈂️ 📶 **P**
535 rte de Cagnes, 800 m au Sud-Est par D6 – ℰ *04 93 22 64 10*
– *www.hotel-marc-hely.com* – Ouvert fév.-déc.
10 ch – ♦80/100 € ♦♦110/145 € – ⬚ 12 €
Cette grande maison, un peu en retrait de la route de Cagnes, offre une vue imprenable sur St-Paul-de-Vence et les monts alentour. Les chambres sont calmes, bien tenues et décorées dans un style provençal parfaitement accordé à cet environnement...

XX **Le Blanc Manger** 🈂️ **P**
1260 rte de Cagnes – ℰ *04 93 22 51 20* – *www.leblancmanger.fr* – Fermé mardi et merc.
Formule 26 € 🍷 – Menu 36/50 € – Carte 47/66 € *(réservation conseillée)*
Ce restaurant méridional est l'antre de Brigitte Guignery, une chef passionnée par la cuisine provençale, qui a à cœur de "donner du sens au goût". Sa cuisine porte autant sa marque que celle de la région, avec une réelle sincérité et en toute simplicité.

XX **Alain Llorca** – Hôtel Alain Llorca ⬅️ 🛎️ 🈂️ 🅰️🅲
✿ *350 rte de St-Paul* – ℰ *04 93 32 02 93* – *www.alainllorca.com*
Menu 42 € (déj.), 55/120 € – Carte 75/200 €
Ceux qui connaissaient déjà Alain Llorca, en particulier au Moulin de Mougins, ont le plaisir de le retrouver ici chez lui, signant une véritable ode à la cuisine méditerranéenne, revisitée avec finesse et sensibilité. À noter : spécialité de viandes et crustacés rôtis sur le gril. Terrasse panoramique.
➔ Ris de veau croustillant, poêlée de champignons. Pigeon et foie gras de Chalosse à la braise, tartelette aux champignons des bois, jus d'un rôti. Coque chocolatée à la pistache.

X **L'Atelier des Saveurs** 🅰️🅲
51 r. Georges-Clemenceau – ℰ *04 93 59 75 71* – *http://restaurantscordel.com*
– Fermé 12-27 oct.,16-30 nov.,1ᵉʳ-8 déc., lundi soir et mardi
Formule 26 € 🍷 – Menu 36 € 🍷 (déj. en semaine), 38/52 € – Carte 50/62 € *(réservation conseillée)*
C'est fort d'une solide expérience que Francis Scordel a créé cet Atelier des Saveurs, où la cuisine reste en effet un artisanat : soucieux de la fraîcheur des produits – au gré du marché –, le chef prône le fait maison... et le fait bien.

COLLIAS – 30 (Gard) ➔ voir Pont-du-Gard

COLLIOURE
✉ 66190 (Pyrénées-Orientales) – 3 036 hab. – Alt. 2 m – Voir carte n°**22-B3**
▶ Paris 879 km – Argelès-sur-Mer 7 km – Céret 36 km – Perpignan 30 km
Carte Michelin 344-J7

 Relais des Trois Mas 〽️ ♨️ ⬅️ ⬜ 🅰️🅲 📶 🈂️ **P**
rte de Port-Vendres – ℰ *04 68 82 05 07*   Plan : B**n**
– *www.relaisdestroismas.com* – Fermé déc. et janv.
21 ch – ♦100/170 € ♦♦155/475 € – 2 suites – ⬚ 18 € – ½ P
Rest *La Balette* ✿ – voir les restaurants ci-après
De ces mas enchâssés dans la roche, la vue est imprenable sur la baie de Collioure et Notre-Dame-des-Anges ! Les chambres s'égayent de tissus catalans ; la terrasse et sa magnifique piscine complètent ce décor paradisiaque.

COLLIOURE

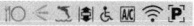

◄ : Sens unique en été

🏨 **Casa Païral** sans rest   ⚼ 🖾 🅰🅒 🛜 🅿
imp. des Palmiers – ✆ *04 68 82 05 81*   Plan : A**b**
– *www.hotel-casa-pairal.com* – *Ouvert 27 mars-1ᵉʳ nov.*
27 ch – †95/299 € ††95/299 € – ⌑ 16 €
Une jolie demeure catalane du 19ᵉ s. avec son traditionnel patio à l'andalouse, son
jardin planté de magnolias et d'essences méditerranéennes... Les chambres, plutôt sobres, sont néanmoins très soignées. Du caractère et un vrai parfum de
vacances !

🏨 **Madeloc** sans rest   ⚼ 🖾 🎗 🅰🅒 🛜 🅿
r. Romain-Rolland – ✆ *04 68 82 07 56* – *www.madeloc.com*   Plan : A**e**
– *Ouvert début fév.-11 nov.*
25 ch – †59/195 € ††74/279 € – ⌑ 12 €
Sur les hauteurs de la ville, dans un quartier résidentiel, un hôtel pratique et frais,
avec des chambres agréables (certaines avec terrasse), un jacuzzi, une piscine
panoramique et même un jardin à flanc de colline.

🏨 **L'Arapède**   ⑩ ⚼ 🖾 🎐 🅱 🅰🅒 🛜 🅿
rte de Port-Vendres, par ① – ✆ *04 68 98 09 59* – *www.arapede.com* – *Fermé*
11 nov.-1ᵉʳmars
20 ch – †60/120 € ††90/120 € – ⌑ 12 €
Un hôtel-restaurant posté sur les hauteurs de Collioure ; au programme : piscine à
débordement et vue sur la mer ! Dans les chambres, simplicité de bon aloi et
mobilier de style catalan. Un lieu qui joue avec brio la carte familiale et conviviale.

511

La Frégate

⌂ 🍽 ♨ 🄰🄲 📶

24 quai de l'Amirauté – 𝒞 04 68 82 06 05

Plan : B**a**

– www.fregate-collioure.com – Fermé de mi-nov. à début fév.

26 ch – ♦60/95 € ♦♦85/115 € – 1 suite – ⬡ 8 € – ½ P

Face au château royal, on est immédiatement séduit par la façade ocre et blanc cassé de cette Frégate, et par sa proue arrondie à la manière d'un phare ; on y trouve des chambres simples et claires, aussi épurées que fonctionnelles. Et au restaurant, on mange catalan !

Méditerranée sans rest

🚗 🄰🄲 📶 🚙

av. A. Maillol – 𝒞 04 68 82 08 60

Plan : A**h**

– www.mediterranee-hotel.com – Ouvert avril-nov.

23 ch – ♦84/126 € ♦♦84/126 € – ⬡ 10 €

Pratique ! Un petit hôtel coquet, datant des années 1970, proposant des chambres simples et très propres, toutes avec balcon ou petite terrasse. Pour le farniente, on profite du solarium et du jardin en terrasses.

La Balette – Hôtel Relais des Trois Mas

🕸 < 🛖 🄰🄲 🅿

rte de Port-Vendres – 𝒞 04 68 82 05 07

Plan : B**n**

– www.relaisdestroismas.com – Fermé déc., janv., mardi midi, merc. midi et lundi sauf d'avril à sept.

Formule 30 € 🍷 – Menu 48/105 € – Carte 80/110 €

Sur la route de Port-Vendres, tous les parfums de la région catalane se donnent rendez-vous dans les assiettes de ce restaurant baigné de soleil, qui regarde la belle Collioure les pieds dans l'eau… Respect des produits, poisson de première fraîcheur, intéressante carte des vins : cette table sort du lot.

→ Langoustine et jambon bellota, fricassée de coquillages. Rouget barbet, cromesquis de boudin et pommes de terre au jus de bouillabaisse. Éclair kalamensi, croquant macaron, sorbet framboise-hibiscus.

Le Neptune

< 🛖 🄰🄲 🅿

rte de Port-Vendres – 𝒞 04 68 82 02 27

Plan : B**s**

– www.leneptune-collioure.com – Fermé mardi et merc. hors saison

Menu 39/79 € – Carte 55/97 €

Exceptionnel ! Face au vieux port, un lieu magique avec ses terrasses nichées dans la roche, au cœur d'un beau jardin. Un restaurant ? Plutôt trois ! Selon son envie, on dînera d'une belle cuisine locale, de plats plus simples d'esprit brasserie, ou – en saison – de jolies spécialités de la mer (espace lounge).

Le 5ème Péché

🄰🄲

16 r. de la Fraternité – 𝒞 04 68 98 09 76 – www.le5peche.com

Plan : B**y**

– Fermé 2 semaines en fév., janv., dim. soir, merc. midi et lundi

Formule 18 € – Menu 24 € (déj. en semaine), 37/59 € (réservation conseillée)

Un chef tokyoïte passionné de mets français et de vins… et sa petite table du vieux Collioure : quand le Japon rencontre la Catalogne ! Alors bien sûr, on déguste ici une cuisine fusion, où le poisson ultrafrais est roi.

Côté Patio

🛖 ♿

14 r. du Dr-Coût – 𝒞 04 68 82 00 71 – www.cotepatio.fr – Fermé

Plan : A**e**

12 nov.-11 déc., 6 janv.-20 fév., mardi et merc. d'oct. à juil.

Formule 15 € – Menu 18 € (déj. en semaine), 28/36 € – Carte 45/55 €

Amoureux des beaux produits locaux ? Arrêtez-vous dans ce sympathique restaurant où vous apprécierez une cuisine du marché colorée à souhait : gaspacho de carottes, pavé de cabillaud accompagné de riz pilaf, etc. Le tout à savourer dans une salle en pierres apparentes des plus chaleureuses ou dans le joli patio.

COLLOBRIERES

✉ 83610 (Var) – 1 834 hab. – Alt. 154 m – Voir carte n°**41-C3**

▶ Paris 862 km – Marseille 108 km – Toulon 44 km

Carte Michelin 340-M6 – Guide Vert Michelin Côte d'Azur

Notre Dame ⬛ ⊠ 🅺 🛜 🅿 🚗

15 av. de la Libération – ℰ 04 94 48 07 13 – www.hotel-collobrieres.fr – Fermé fin déc. à mi-mars
10 ch – 🛏98/195 € 🛏🛏98/195 € – ⊠ 12 €
Au cœur du massif des Maures, on atteint le village par de jolies petites routes bordées de vignobles. La demeure (18ᵉ s.) n'est pas moins charmante ; elle revit sous l'égide de propriétaires passionnés (elle ancienne styliste de mode, lui ancien vigneron), qui en ont fait un vrai cocon, coloré et attachant...

COLLONGES-AU-MONT-D'OR – 69 (Rhône) → voir Lyon

COLLONGES-LA-ROUGE

✉ 19500 (Corrèze) – 475 hab. – Alt. 230 m – Voir carte n°**25**-C3
▶ Paris 505 km – Brive-la-Gaillarde 21 km – Cahors 105 km – Figeac 75 km
Carte Michelin 329-K5 – Guide Vert Michelin Périgord Quercy

Jeanne sans rest  ♿ ⟨ 🚪 🍽 🛜 🅿

au bourg – ℰ 05 55 25 42 31 – www.jeannemaisondhotes.com
5 ch ⊠ – 🛏100 € 🛏🛏100 €
Rouge, elle l'est aussi cette fière demeure en pierres flanquée d'une tour (15ᵉ s.). D'emblée, on se sent le bienvenu et les chambres séduisent avec leur mobilier d'antiquaire, leur cheminée, leurs poutres... Un style élégant et rustique que l'on retrouve au salon, puis au calme du jardin. Ah, les beaux jours !

✗ **Relais St-Jacques de Compostelle** avec ch ♿ 🍴 🛜 🅿

– ℰ 05 55 25 41 02 – www.hotel-stjacques.com – Fermé de mi-nov. à mi-mars et merc.
10 ch – 🛏70 € 🛏🛏75 € – ⊠ 9 € – ½ P
Formule 22 € – Menu 26/36 € – Carte 31/51 €
Dans cette bâtisse du 15ᵉ s., ancienne étape pour les pèlerins sur la route de Compostelle, on fait le plein de saveurs en découvrant les bons produits du terroir local – entre Dordogne, Corrèze et Lot – et l'on peut aussi profiter de l'une des jolies chambres pour passer la nuit.

COLMAR

✉ 68000 (Haut-Rhin) – 67 409 hab. – Agglo. 91 950 hab. – Alt. 194 m
– Voir carte n°**2-C2**
▶ Paris 450 km – Basel 68 km – Freiburg-im-Breisgau 51 km – Nancy 140 km
Carte Michelin 315-I8 – Guide Vert Michelin Alsace Vosges

© FoodCollection/Photononstop

 Hôtels

 Les Têtes ⏐○ 🦪 📶 ⚡ 📠 ❄ 🛜 🅿
19 r. des Têtes – ℰ *03 89 24 43 43 – www.maisondestetes.com* Plan : BY**y**
– Fermé fin janv. à début mars
21 ch – ♦145/270 € ♦♦145/270 € – ☲ 17 € – ½ P
À l'attrait historique de cette superbe demeure bâtie au 17ᵉ s. sur les vestiges
du mur d'enceinte de Colmar, s'ajoute le raffinement d'un élégant décor. On
retrouve ce même caractère typiquement alsacien dans la salle de restaurant
de la fin du 19ᵉ s. Et l'on appréciera la quiétude de la ravissante cour intérieure...

 Grand Hôtel Bristol ⏐○ 🛠 📶 ⚡ 📠 🛜 📠 🅿 🚲
7 pl. de la Gare – ℰ *03 89 23 59 59* Plan : AZ**g**
– www.grand-hotel-bristol.com
91 ch – ♦138/195 € ♦♦138/205 € – ☲ 17 € – ½ P
Rest *Rendez-vous de Chasse* ✿ – voir les restaurants ci-après
Face à la gare de Colmar, cet immeuble Belle Époque est fort engageant. Beaucoup de confort dans les chambres, contemporaines ou plus classiques, et de
beaux espaces, que ce soit pour les séminaires ou la détente. Deux options à
l'heure des repas : restaurant gastronomique ou auberge alsacienne.

 Le Colombier sans rest ⟿ 📶 ⚡ 📠 🛜
7 r. Turenne – ℰ *03 89 23 96 00 – www.hotel-le-colombier.fr* Plan : BZ**u**
41 ch – ♦99/264 € ♦♦99/264 € – ☲ 13 €
Qui pourrait croire que cette bâtisse régionale du 15ᵉ s., pleine de charme avec
son escalier Renaissance et son patio, dissimule... pareille modernité ? L'intérieur
a été entièrement repensé par un designer italien et c'est une réussite.

Hostellerie Le Maréchal ⏐○ 📶 ⚡ 📠 🛜 📠
4 pl. des Six-Montagnes-Noires – ℰ *03 89 41 60 32* Plan : BZ**b**
– www.le-marechal.com
30 ch – ♦95/225 € ♦♦115/275 € – ☲ 17 € – ½ P
Rest *A l'Échevin* – voir les restaurants ci-après
Les chambres de ces maisons de la Petite Venise sont garnies de meubles de
style (Louis XV, Louis XVI) et répondent aux noms évocateurs de Lully, Mozart,
Bizet... Quant au petit-déjeuner, copieux à souhait, il ne joue pas les arlésiennes.
Et le personnel se montre très à l'écoute des clients !

St-Martin sans rest

38 Grand'Rue – ℰ 03 89 24 11 51   Plan : BCZ**e**
– www.hotel-saint-martin.com – Fermé 23-26 déc. et 1ᵉʳ janv.-18 mars
40 ch – ♦105/130 € ♦♦115/170 € – ⌂ 12 €

Dans le quartier historique, ces quatre maisons des 14ᵉ et 17ᵉ s. s'ordonnent autour d'une cour intérieure avec tourelle et escalier à vis Renaissance. Les chambres, toutes différentes, ont le charme un peu rétro du style alsacien. Pittoresque... et idéalement situé pour découvrir la vieille ville !

Quatorze sans rest

14 r. des Augustins – ℰ 03 89 20 45 20 – www.hotelquatorze.com
14 ch – ♦125/165 € ♦♦145/260 € – ⌂ 18 €   Plan : BY**t**

Un boutique-hôtel urbain et contemporain, en plein cœur de la vieille ville. Le mari de la propriétaire est designer ; il a entièrement transformé le bâtiment – qui accueillait une pharmacie – en privilégiant les dégradés de blanc et de gris, allant même jusqu'à dessiner le mobilier. Produits bio au petit-déjeuner !

Turenne sans rest

10 rte de Bâle – ℰ 03 89 21 58 58 – www.turenne.com   Plan : CZ**x**
56 ch – ♦79/120 € ♦♦79/140 € – ⌂ 10 €

Architecture d'inspiration régionale, chambres fonctionnelles, copieux buffet au petit-déjeuner et prix sages : une adresse pratique à deux pas de la Petite Venise.

Restaurants

XXX   **Rendez-vous de Chasse** – Grand Hôtel Bristol

⌘   7 pl. de la Gare – ℰ 03 89 23 15 86   Plan : AZ**g**
– www.grand-hotel-bristol.com
Menu 55/80 € – Carte 71/93 €

Des lithographies de Daumier observent cette salle à la fois bourgeoise et cossue. Elles doivent souvent envier ceux qui peuvent prendre part au festin proposé par le chef, Julien Binz, dans une veine classique de fort belle facture. Service de qualité.
→ Foie gras de canard au muscat de Rivesaltes, chutney d'abricot au safran. Homard, ravioles d'épinard et bouillon de gruyère. Soufflé au Grand Marnier.

XXX   **A l'Échevin** – Hostellerie Le Maréchal

4 pl. des Six-Montagnes-Noires – ℰ 03 89 41 60 32   Plan : BZ**b**
– www.le-marechal.com – Fermé mardi de janv. à mars, mardi midi et merc. midi sauf déc.
Formule 19 € – Menu 28 € (déj. en semaine), 34/85 € – Carte 45/65 €

Cet Échevin, posé sur les bords de la Lauch, comblera les amateurs de classicisme. À la carte, de beaux produits régionaux : foie gras, sandre, écrevisses, pigeonneau, etc. Le soir, on dîne aux chandelles au son de la musique... classique.

XX   **JY'S** (Jean-Yves Schillinger)

⌘   17 r. de la Poissonnerie – ℰ 03 89 21 53 60   Plan : BZ**g**
– www.jean-yves-schillinger.com – Fermé 23 fév.-12 mars, dim. et lundi
Menu 41 € (déj. en semaine), 62/82 € – Carte 75/90 €

JY'S pour Jean-Yves Schillinger ! Dans cette jolie maison de 1750 à la façade en trompe-l'œil se cache l'adresse branchée de Colmar, où officie ce chef inventif et bouillonnant d'idées. Décor ultracontemporain signé Olivier Gagnère. Aux beaux jours, on profite de la terrasse au bord de la Lauch.
→ Souvenirs de plage. Bar sauvage cuit en double épaisseur et anchoïade de légumes. Dessert 100 % chocolat.

XX   **L'Atelier du Peintre** (Loïc Lefebvre)

⌘   1 r. Schongauer – ℰ 03 89 29 51 57 – www.atelier-peintre.fr   Plan : BZ**v**
– Fermé 3 semaines en août, 2 semaines en fév., mardi midi, dim. et lundi sauf déc.
Formule 24 € – Menu 29/79 € – Carte 67/73 €

Dans cet Atelier élégant, où les murs s'égayent de nombreux tableaux, le chef, Loïc Lefebvre, brosse un portrait convaincant de la gastronomie française actuelle. Une jolie palette de saveurs contemporaines !
→ Foie gras rôti, émulsion de pomme de terre, girolles et jus à l'amaretto. Bar sauvage grillé, mousseline de céleri, tartare d'huîtres, pomme verte et oseille. Pêche et framboise, structure et texture.

COLMAR

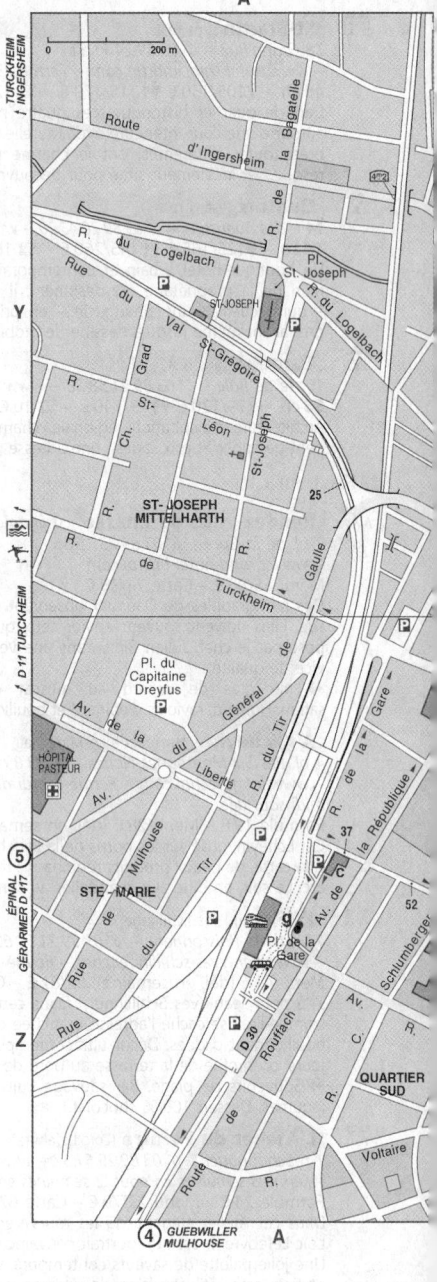

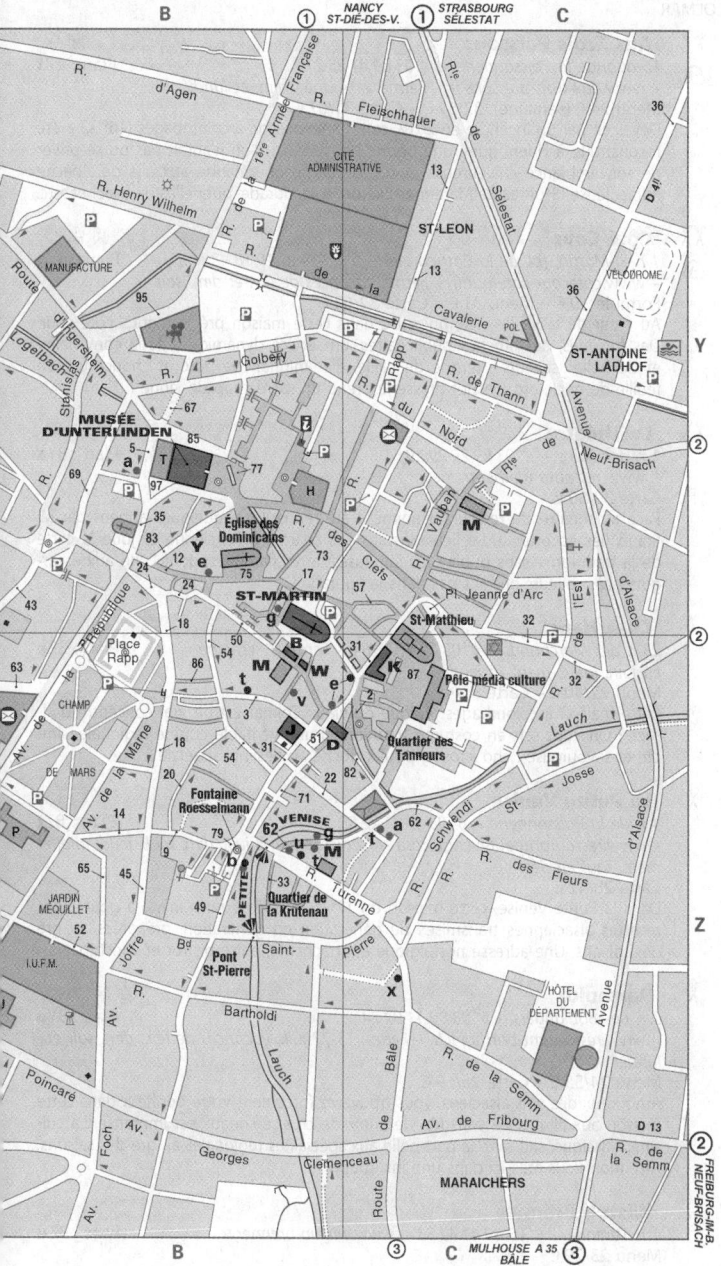

%% Aux Trois Poissons

15 quai de la Poissonnerie – $\mathcal{C}$ *03 89 41 25 21*
Plan : CZt
– www.aux-trois-poissons.fr – Fermé 2-14 août, dim. et lundi
Menu 24 € (semaine), 32/52 € – Carte 31/67 €

Dévastée par un incendie en 2012, cette belle maison à colombages (16ᵉ s.) a été reconstruite à l'identique : une bonne nouvelle, car l'on n'aurait pas pu se priver de son ambiance chaleureuse et de sa cuisine gourmande aux airs de... pêche miraculeuse ! Huîtres de Marennes-Oléron, sole, dorade, quenelles de brochet, etc.

%% Côté Cour

1 r. St-Martin, (pl. de la Cathédrale) – $\mathcal{C}$ *03 89 21 19 18*
Plan : BYg
– www.cotecour-cotefour.fr – Fermé vacances de fév. et dim. soir
Formule 19 € – Menu 31 € – Carte 32/63 €

Au cœur de la vieille ville, on entre dans cette maison précisément... côté cour. Des fresques, des affiches publicitaires, un service dynamique, de la convivialité et de belles saveurs : terrine de caille, filet mignon de porc et choucroute en feuille de brick, etc. L'esprit brasserie prend un sacré coup de jeune !

%% Le Théâtre

1 r. des Bains – $\mathcal{C}$ *03 89 29 29 29*
Plan : BYa
– www.restaurantletheatre.net
Carte 30/50 €

Face au théâtre, ce restaurant animé a été repris il y a quelques années par M. Staub (les cocottes...). Le lieu s'inspire des bistrots à l'ancienne et joue la carte de la tradition – sans oublier les fameuses tartes flambées, dont l'une aux escargots ! Les saveurs ne font pas dans la figuration...

% Chez Hansi

23 r. des Marchands – $\mathcal{C}$ *03 89 41 37 84 – Fermé 1 semaine*
Plan : BZe
en juin, janv., merc. et jeudi
Menu 22/40 € – Carte 35/45 €

Cette maison à colombages typique du vieux Colmar est un vrai concentré d'Alsace ! On vous sert en costume traditionnel une véritable cuisine régionale, simple et savoureuse : choucroute, poulet poché au riesling, spaetzle...

% La Petite Venise

4 r. de la Poissonnerie – $\mathcal{C}$ *03 89 41 72 59*
Plan : BZt
– www.restaurantpetitevenise.com – Fermé 24 juin-8 juil., dim. midi, jeudi midi et merc. sauf en déc.
Carte 28/42 €

Dans la Petite Venise, cette maison du 17ᵉ s. du même nom invite à goûter des recettes alsaciennes transmises de génération en génération, préparées au gré des saisons. Une adresse nostalgique et attachante, entre bistrot et winstub.

% Bartholdi

2 r. des Boulangers – $\mathcal{C}$ *03 89 41 07 74*
Plan : BYe
– www.restaurant-bartholdi.fr – Fermé 13-27 juil., vacances de fév., dim. soir et lundi
Menu 24/55 € – Carte 25/69 €

Amoureux des vins alsaciens, vous trouverez forcément votre bonheur dans cette maison aux allures de winstub : le choix de crus régionaux est immense. La cuisine, classique, sait faire la part belle aux spécialités régionales au gré des saisons. Attention vous êtes ici dans une institution !

% Wistub Brenner

1 r. Turenne – $\mathcal{C}$ *03 89 41 42 33 – www.wistub-brenner.fr*
Plan : BZu
Menu 23/29 €

Du mobilier chaleureux et rustique, des nappes à carreaux, on est bien dans cette authentique Wistub, qui a également pour elle une sympathique terrasse. La cuisine, on ne peut plus régionale, est à l'avenant : presskopf (hure de porc en gelée), salade au munster pané, choucroute !

✕ L'Épicurien ॐ

11 r. Wickram – ✆ 03 89 41 14 50 – epicurien-colmar.com   Plan : CZ**a**
– Fermé 22 juin-15 juil., 22 déc.-5 janv. , dim. et lundi
Menu 15 € (déj. en semaine), 21/26 € – Carte 33/51 € *(réservation conseillée)*
Ce bistrot à vin convivial – on mange au coude à coude – est tout proche de la Petite Venise. Un cadre aussi sympathique que la cuisine du chef et ses produits de qualité. La sélection de vins impressionne, avec environ 200 références. Une adresse idéale pour changer un peu des winstubs !

à Horbourg 4 km à l'Est par rte de Neuf-Brisach - CY – ⊠ 68180
– 5 108 hab. – Alt. 188 m

L'Europe 🍴 🔲 🖥 ఓ 🎬 🤶 శ్ 🅿️

15 rte de Neuf-Brisach – ✆ 03 89 20 54 00 – www.hotel-europe-colmar.com
– Fermé 3-22 janv.
116 ch – ♦75/165 € ♦♦89/230 € – 4 suites – ☑ 13 € – ½ P
Cet imposant hôtel de style néo-alsacien, un peu en dehors de la ville, propose des chambres très confortables. Mention spéciale pour les deux belles suites, plus design. Tout est parfaitement conçu pour l'organisation de séminaires mais les loisirs ne sont pas en reste : piscine, restaurant et brasserie, etc.

à Ste-Croix-en-Plaine 10 km par ③ – ⊠ 68127 – 2 777 hab. – Alt. 192 m

🏠 Au Moulin 🍴 �─ ← 🖨 🖥 శ్ 🅿️

rte d'Herrlisheim, par D 1 – ✆ 03 89 49 31 20 – www.aumoulin.net – Ouvert
1ᵉʳ avril-15 déc.
16 ch – ♦55/75 € ♦♦55/80 € – ☑ 9 €
Lorsqu'on arrive dans cet ancien moulin à grain du 15ᵉ s., on est tout de suite frappé par l'ambiance familiale qui y règne. Les chambres, fonctionnelles et bien tenues, ont vue sur les Vosges et les résidents pourront goûter à la cuisine maison dans un cadre très couleur locale. Il y a même un petit musée d'objets alsaciens !

à Wettolsheim 4,5 km par ⑤ et D 1bis II – ⊠ 68920 – 1 675 hab. – Alt. 220 m

✕✕ La Palette avec ch ॐ 🍴 ← ఓ 🎬 rest, శ్ 🅿️

9 r. Herzog – ✆ 03 89 80 79 14 – www.lapalette.fr – Fermé 23 fév.-9 mars, dim.
soir, mardi midi et lundi
16 ch – ♦84/145 € ♦♦84/145 € – ☑ 11 € – ½ P
Menu 15 € (déj. en semaine), 27/69 € – Carte 45/61 €
Le chef a beau être savoyard, on déguste ici une belle cuisine traditionnelle alsacienne qui ne dédaigne pas les clins d'œil à la modernité. La carte des vins est très complète et met à l'honneur les vignerons du village. Chambres claires et fraîches pour l'étape. Une bonne adresse.

à Ingersheim 4 km au Nord-Ouest - AY – ⊠ 68040 – 4 658 hab. – Alt. 220 m

✕✕ La Taverne Alsacienne ॐ 🎬

99 r. de la République – ✆ 03 89 27 08 41
– www.tavernealsacienne-familleguggenbuhl.com
– Fermé 26 juil.-18 août, 28 déc.-13 janv., jeudi soir, dim. soir et lundi
Formule 12 € – Menu 19 € (déj. en semaine), 22/52 € – Carte 39/66 €
Dirigée par la famille Guggenbuhl depuis 1964, cette taverne à la façade rouge typique mérite amplement sa réputation. Même ceux qui ne connaissent rien à la cuisine alsacienne seront conquis par sa divine choucroute traditionnelle (entre autres délices) ; le tout accompagné de beaux vins d'Alsace !

LA COLMIANE

⊠ 06420 (Alpes-Maritimes) – Alt. 1 500 m – Voir carte n°**41-D2**
◪ Paris 844 km – Marseille 244 km – Monaco 86 km – Nice 72 km
Carte Michelin 341-E3 – Guide Vert Michelin Côte d'Azur

🏠 Le Green 🍴 🌭 🤏 శ్

rte du Télésiège – ✆ 04 93 03 00 00 – www.greenecolodge.com
6 ch – ♦120/150 € ♦♦150/220 € – ☑ 15 €
Dans l'arrière-pays niçois, à l'orée du Mercantour, se cache cet hôtel qui sort – littéralement – des sentiers battus. Ici, on est "green" à tous les niveaux : déco en bois récupéré, nature omniprésente, menu bio au restaurant. Toute une expérience !

COLOMBES – 92 (Hauts-de-Seine) → voir Paris, Environs

COLOMBEY-LES-DEUX-ÉGLISES

✉ 52330 (Haute-Marne) – 668 hab. – Alt. 353 m – Voir carte n°**14**-C3
🚩 Paris 248 km – Bar-sur-Aube 16 km – Châtillon-sur-Seine 63 km –
Chaumont 26 km
Carte Michelin 313-J4 – Guide Vert Michelin Champagne Ardenne

🏠 **Hostellerie la Montagne** 🍽 🛏 ♿ 🤚 🐾

10 r. Pisseloup – ℰ 03 25 01 51 69 – www.hostellerielamontagne.com – Fermé 7-30 janv., lundi et mardi
8 ch – †120/170 € ††120/170 € – 1 suite – ☑ 14 €
Rest *Hostellerie la Montagne* ✿ – voir les restaurants ci-après
Jardin et verger, décor à l'ancienne plein d'élégance (mobilier en chêne, cheminées, salles de bains rétro...). Non loin du cimetière où repose le général de Gaulle, cette demeure en pierre cultive joliment les charmes de la France éternelle.

🍴🍴🍴 **Hostellerie la Montagne** (Jean-Baptiste Natali) 🤚 ♿ ✂ ✿

10 r. Pisseloup – ℰ 03 25 01 51 69 – www.hostellerielamontagne.com – Fermé 22-26 déc., 7-30 janv., lundi et mardi
Menu 28/88 € – Carte 85/100 €
Dans ce paisible village cher à de Gaulle, les beaux produits de nos terroirs... mais surtout un savoir-faire sans nostalgie, car la cuisine est ici affaire d'invention. La gastronomie française à l'heure contemporaine – et de même pour le décor !
→ Cèpes rôtis au lard de Colonnata, émulsion et copeaux au vieux parmesan. Pigeonneau rôti aux pralines roses, purée de betterave à la fleur d'oranger. Macaron chocolat-framboise, sorbet framboise du jardin.

🍴 **À La Table du Général** 🤚 ♿

57 r. du Général-de-Gaulle – ℰ 03 25 01 51 69 – Ouvert 1er avril-30 nov. et fermé lundi et mardi hors saison et le soir
Formule 16 € – Menu 20 €
Envie de déguster les plats préférés du général de Gaulle ? Poussez donc la porte de ce petit bistrot qui fait de la résistance pour préserver, intactes, les bonnes recettes de la tradition (blanquette de veau et daube de bœuf étaient les chouchous du grand homme). Un endroit sympathique où les prix le sont tout autant.

COLOMBIERS

✉ 34440 (Hérault) – 2 319 hab. – Alt. 25 m – Voir carte n°**22**-B2
🚩 Paris 779 km – Béziers 10 km – Montpellier 78 km – Narbonne 23 km
Carte Michelin 339-D9 – Guide Vert Michelin Languedoc Roussillon

🍴🍴 **Au Lavoir** 🆕 avec ch 🤚 🆒 ✂ ch, 🤚 🅿

r. du Lavoir – ℰ 04 67 26 16 15 – www.au-lavoir.com
4 ch ☑ – †100/150 € ††100/150 € – ½ P
Formule 22 € – Menu 29/59 € – Carte 43/55 €
Voisine du canal du Midi, cette belle maison jaune semble rayonner, particulièrement quand le soleil baigne son jardin verdoyant (avec terrasse). Pleinement inspirée par la Méditerranée, la cuisine fait la part belle au produit et embaume les parfums du Sud. N'hésitez pas à réserver l'une des élégantes chambres de l'étage.

COLOMIERS – 31 (Haute-Garonne) → voir Toulouse

COLROY-LA-ROCHE

✉ 67420 (Bas-Rhin) – 482 hab. – Alt. 475 m – Voir carte n°**1**-A2
🚩 Paris 412 km – Lunéville 70 km – St-Dié 33 km – Sélestat 31 km
Carte Michelin 315-H6

🏠 **Hostellerie La Cheneaudière** 🍽 🛏 🆓 🖼 ⊕ ♿ 🤚 🈂 🅿

3 r. du Vieux-Moulin – ℰ 03 88 97 61 64 – www.cheneaudiere.com
32 ch – †180/650 € ††180/650 € – 6 suites – ☑ 25 € – ½ P
Rest *Hostellerie La Cheneaudière* – voir les restaurants ci-après
À flanc de colline, cette imposante demeure d'esprit traditionnel se révèle chic et accueillante. Que ce soit dans les chambres spacieuses aux teintes apaisantes ou dans le superbe spa (2000 m2) sur le thème de la nature, on ressent comme un sentiment d'exclusivité...

XXX **Hostellerie La Cheneaudière**   ⚄ ≤ ⌂ ᵫ ⨯ **P**

3 r. du Vieux-Moulin – ℰ 03 88 97 61 64 – www.cheneaudiere.com
Menu 100 € – Carte 81/113 €
Dans cet établissement élégant, les salles à manger affichent clairement un style
cossu. La carte, courte et raffinée, fait d'alléchantes propositions : variations
autour du foie gras, fricassée de homard, pigeon de ferme rôti et farci...

COLY – 24 (Dordogne) ➔ voir Lardin-St-Lazare

LA COMBE – 73 (Savoie) ➔ voir Aiguebelette-le-Lac

COMBEAUFONTAINE

✉ 70120 (Haute-Saône) – 550 hab. – Alt. 259 m – Voir carte n°**16-B1**
▶ Paris 336 km – Besançon 72 km – Épinal 83 km – Gray 40 km
Carte Michelin 314-D6

XX **Le Balcon** avec ch   ⨯ 🌐 🏠
🙂   *2 Grande-Rue – ℰ 03 84 92 11 13 – www.le-balcon-70.fr – Fermé 22 juin-2 juil.,
26 déc.-19 janv., dim. soir, mardi midi et lundi*
14 ch – ♦52/82 € ♦♦52/82 € – � 10 € – ½ P   Menu 28/64 € – Carte 41/60 €
Digne héritier de son père, le jeune chef, Jean-Philippe Gauthier, perpétue la tradition de cette belle maison, avec ses incontournables – terrine de volaille campagnarde, sandre rôti sur la peau, ou encore le fameux poulet au vin jaune –,
que l'on savoure dans une salle alliant caractère et authenticité. Délicieux !

COMBLOUX

✉ 74920 (Haute-Savoie) – 2 080 hab. – Alt. 980 m – Voir carte n°**46-F1**
▶ Paris 593 km – Annecy 80 km – Bonneville 37 km – Chamonix-Mont-Blanc 31 km
Carte Michelin 328-M5 – Guide Vert Michelin Alpes du Nord

🏨 **Aux Ducs de Savoie**   ⅄O ⅏ ≤ ⌂ ⌸ ⎍ 🌐 ⨯ **P** 🏠
*253 rte du Bouchet – ℰ 04 50 58 61 43 – www.ducs-de-savoie.com – Ouvert de
début juin à début oct. et de mi-déc. à fin avril*
50 ch – ♦135/220 € ♦♦150/235 € – ⊊ 18 € – ½ P
Un vaste chalet tout en bois dans un superbe cadre alpin. Atmosphère conviviale
et feutrée, piscine face au mont Blanc, sauna, jacuzzi et restaurant de tradition
dans une salle panoramique : une sympathique villégiature.

🏨 **Au Cœur des Prés**   ⅄O ⅏ ≤ ⌂ ⌸ ⎍ ⨯ ⎍ 🌐 **P** 🏠
*152 chemin du Champet – ℰ 04 50 93 36 55 – www.hotelaucoeurdespres.com
– Ouvert de fin mai à fin sept. et de mi-déc. à début avril*
33 ch ⊊ – ♦♦110/160 €
Sur les hauts de Combloux, un beau chalet traditionnel tenu en famille, avec des
chambres fraîches et pimpantes, dans un esprit montagnard et bucolique. L'espace bien-être met à disposition sauna, hammam avec chromothérapie, etc. Les
habitués sont nombreux et on les comprend !

🏠 **Le Coin Savoyard**   ⅄O ≤ ⌂ ⌸ 🌐 **P**
*300 rte de la Cry, (Cuchet) – ℰ 04 50 58 60 27 – www.coin-savoyard.com
– Ouvert 6 juin-20 sept. et 13 déc.-6 avril*
14 ch – ♦88/104 € ♦♦106/168 € – ⊊ 12 € – ½ P
Une ancienne ferme datant du 19ᵉ s., où règne une délicieuse atmosphère rustique. Elle abrite de confortables chambres, qui donnent toutes sur les
monts. À l'heure du repas, spécialités régionales devant la cheminée ou sur la
terrasse.

COMBOURG

✉ 35270 (Ille-et-Vilaine) – 5 702 hab. – Alt. 45 m – Voir carte n°**10-D2**
▶ Paris 387 km – Avranches 58 km – Dinan 25 km – Fougères 49 km
Carte Michelin 309-L4 – Guide Vert Michelin Bretagne Nord

Hôtel du Château

1 pl. Chateaubriand – *02 99 73 00 38* – *www.hotelduchateau.com*
– Fermé 21 déc.-3 janv.
32 ch – †69/95 € ††103/175 € – ⌑ 11 € – ½ P

Une belle maison ancienne au pied du château célébré par Chateaubriand... Chambres de bonne tenue, fraîches et douillettes, de style bucolique ou plus contemporain. Une bonne petite adresse de campagne !

COMPIÈGNE

✉ 60200 (Oise) – 39 517 hab. – Agglo. 69 439 hab. – Alt. 41 m – Voir carte n°**36-B2**
▶ Paris 81 km – Amiens 80 km – Beauvais 61 km – St-Quentin 74 km
Carte Michelin 305-H4

Les Beaux Arts sans rest

33 cours Guynemer – *03 44 92 26 26*   Plan : AY**t**
– www.bw-lesbeauxarts.com
36 ch – †84/114 € ††94/124 € – 14 suites – ⌑ 12 €

Nul besoin d'être artiste dans l'âme pour séjourner dans cet hôtel sur les quais de l'Oise. Les chambres sont confortables ; certaines, plus spacieuses, sont idéales pour une halte en famille. Autre avantage : le garage, bien pratique en centre-ville.

Hôtel du Nord

1 pl. de la Gare – *03 44 83 22 30*   Plan : AY**b**
– www.hoteldunordcompiegne.com
20 ch – †78/109 € ††78/130 € – ⌑ 11 € – ½ P

À côté de la gare, un hôtel entièrement rénové en 2012. Les chambres y sont fonctionnelles et bien tenues. Idéal pour partir à la découverte de la ville !

Du Palais au Jardin sans rest

3 r. Henri-de-Serroux – *06 16 76 19 24*   Plan : BZ**x**
– www.dupalaisaujardin.com – *Fermé 15-30 août*
5 ch ⌑ – †100/130 € ††120/150 €

Dans cet ancien hôtel particulier du 19ᵉ s., à deux pas du château, le passé impérial de Compiègne n'est pas un mythe ! Des chambres, spacieuses et raffinées, au salon avec son piano à queue, en passant par la salle Napoléon III, chaque pièce est une parenthèse hors du temps...

L'Hostellerie du Royal Lieu avec ch

9 r. de Senlis, par r. de Paris (Plan : AZ) 2 km au Sud-Ouest – *03 44 20 10 24*
– www.host-royallieu.com
15 ch – †90/110 € ††90/110 € – ⌑ 10 € – ½ P
Menu 28 € (déj.)/43 € – Carte environ 58 €

Une hostellerie de tradition (19ᵉ s.) postée en lisière de forêt. Dans un décor classique et élégant – ou sous les arbres centenaires l'été –, on déguste une cuisine légère et fidèle aux saisons (Saint-Jacques en brochette, médaillons de lotte et artichauts...). De petites chambres coquettes pour l'étape.

Rive Gauche

13 cours Guynemer – *03 44 40 29 99*   Plan : BY**e**
– www.restaurantrivegauche.com – *Fermé lundi*
Menu 39/49 € – Carte 54/98 €

Foie gras des Landes poêlé, plusieurs fromages cuisinés (tartine de fourme d'Ambert, crème de Brie), desserts aux agrumes... Le chef signe une cuisine fraîche et soignée, alliée à une belle carte des vins. Quant à l'enseigne, elle dit vrai : nous sommes sur la rive gauche de l'Oise.

Bistrot du Terroir

13 r. Eugène-Floquet – *03 44 40 06 36*   Plan : BZ**u**
– www.bistrot-du-terroir.fr – *Fermé dim. et fériés*
Formule 18 € � – Menu 24 €/30 € – Carte 26/59 €

Au cœur de la vieille ville, un sympathique bistrot logé dans une ancienne imprimerie. Ici, on ne compose plus de textes mais de goûteuses recettes avec des produits de qualité. Escargots de Bourgogne gratinés au maroilles, croustillant de tête et langue de veau, tranché du Périgord... Une impression des plus savoureuses !

COMPIÈGNE

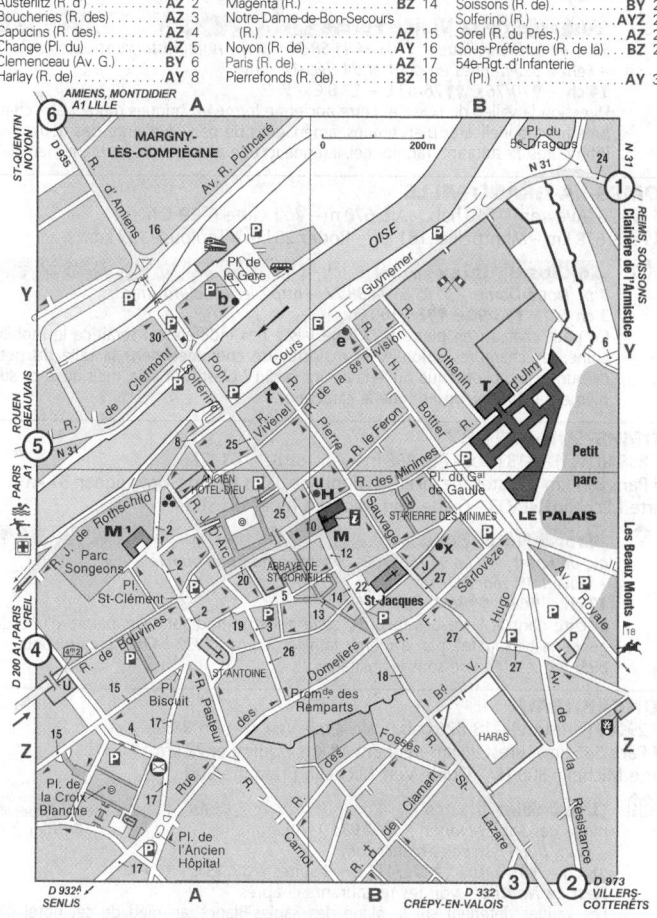

à Rethondes 10 km par ② – ⊠ 60153 – 734 hab. – Alt. 38 m

XXX **Auberge du Pont de Rethondes**   🏠 🛖 ᕗ ⇔

*21 r. du Mar.-Foch – ℰ 03 44 85 60 24 – www.aubergedupont-rethondes.fr
– Fermé dim. soir, lundi et mardi*
Menu 29 € (semaine), 49/82 € – Carte 55/100 €
Sa jolie façade traditionnelle exprime le charme de ce village des bords de l'Aisne.
Elle cache une salle à l'atmosphère classique et feutrée (tables rondes, nappes
blanches, mobilier de style, etc.), parfaite pour un repas porté par l'imagination
du chef et les bons produits de la saison... Terrasse côté jardin.

à Vieux-Moulin 10 km par ③ et D 14 – ⊠ 60350 – 600 hab. – Alt. 49 m

XX **Auberge du Mont St-Pierre**   🛖 P̄

*27 r. des Étangs – ℰ 03 44 85 60 00 – www.aubergedumontsaintpierre.fr – Fermé 3
semaines en août, vacances de fév., mardi soir, merc. soir, jeudi soir, dim. soir et lundi*
Formule 22 € – Menu 33/47 € – Carte 47/77 €
À l'orée de la forêt, cette auberge des années 1930 décline le thème de la chasse dans
le décor comme dans l'assiette (gibier en saison). Belle quiétude en terrasse.

523

au Meux 11 km par ⑤, D 200 et D 98 – ⊠ 60880 – 1 968 hab. – Alt. 50 m

▯ **Auberge de la Vieille Ferme** ⅠО 奈 à 🅿
58 r. de la République – ℰ 03 44 41 58 54 – *www.hotel-restaurant-oise.com*
– *Fermé 3 semaines en août et 24 déc.-1ᵉʳ janv.*
14 ch – ▮70/76 € ▮▮76/82 € – ⊑ 8 € – ½ P
Direction la vallée de l'Oise et cette ancienne ferme en briques rouges, aux chambres fonctionnelles et bien tenues, aménagées de part et d'autre des deux cours intérieures. Restaurant traditionnel. Il règne ici une authentique ambiance familiale.

COMPS-LA-GRAND-VILLE
⊠ 12120 (Aveyron) – 550 hab. – Alt. 670 m – Voir carte n°**29**-C1
▯ Paris 678 km – Montpellier 181 km – Rodez 20 km – Toulouse 152 km

⌂ **Le Clos d'Albray** sans rest ⅍ ⇎ 工 🖋 奈 🅿
3 pl. Notre-Dame – ℰ 05 65 74 38 77 – *http://leclosdalbray.free.fr*
3 ch ⊑ – ▮75/90 € ▮▮85/100 €
Ce petit château en pierre (1772) ne laisse pas indifférent : serait-ce le mobilier chiné, les chambres colorées, la majestueuse cheminée dans la salle du petit-déjeuner, la bibliothèque ou le ravissant jardin ? C'est tout cela, mais aussi ce supplément d'âme qu'on nomme le caractère...

COMPS-SUR-ARTUBY
⊠ 83840 (Var) – 313 hab. – Alt. 898 m – Voir carte n°**41**-C2
▯ Paris 892 km – Castellane 29 km – Digne-les-Bains 82 km – Draguignan 31 km
Carte Michelin 340-O3 – Guide Vert Michelin Alpes du Sud

▯ **Grand Hôtel Bain** ⅠО 奈
av. de Fayet – ℰ 04 94 76 90 06 – *www.grand-hotel-bain.fr*
– *Ouvert 1ᵉʳ mars-11 nov.*
17 ch – ▮68 € ▮▮68 € – ⊑ 10 € – ½ P
Inscrite dans le Livre des records, cette auberge traditionnelle, peinte d'une diligence, est exploitée par la même famille depuis... 1737 ! Chambres rustiques et bien tenues, terrasse sous les platanes.

CONCARNEAU
⊠ 29900 (Finistère) – 18 826 hab. – Alt. 4 m – Voir carte n°**9**-B2
▯ Paris 546 km – Brest 96 km – Lorient 49 km – Quimper 22 km
Carte Michelin 308-H7 – Guide Vert Michelin Bretagne Sud

▯▯ **Les Sables Blancs** ⅠО ≤ 🖪 ⅊ 🗚 奈 à 🅿
plage des Sables-Blancs – ℰ 02 98 50 10 12 Plan : A**n**
– *www.hotel-les-sables-blancs.com*
18 ch – ▮98/210 € ▮▮172/415 € – 3 suites – ⊑ 15 € – ½ P
Rest *Le Nautile* – voir les restaurants ci-après
Les vagues déferlent sur la plage des Sables-Blancs, au pied de cet hôtel d'un blanc immaculé ; les chambres, claires et tendance, ont toutes un balcon qui donne sur le large. De quoi prendre un véritable bain d'iode et de lumière !

▯▯ **Hôtel de l'Océan** ⅠО ≤ 🖵 ⅊ 🖪 ⅊ à 🅿
plage des Sables-Blancs – ℰ 02 98 50 53 50 Plan : A**r**
– *www.hotel-ocean.com*
70 ch – ▮95/139 € ▮▮99/185 € – ⊑ 13 € – ½ P
L'Océan ! Voilà l'atout majeur de cet imposant bâtiment moderne. Dans le salon, comme au restaurant (cuisine de la mer) et dans les chambres – avec un balcon pour celles qui donnent sur la plage –, il est partout. Fonctionnel, spacieux et bien équipé : un hôtel pour un séjour reposant.

▯ **Hôtel de France et d'Europe** sans rest ⅊ 🖪 ⅊ 🗚 奈 🅿
9 av. de la Gare – ℰ 02 98 97 00 64 Plan : C**b**
– *www.hotel-france-europe.com* – *Fermé 22 déc.-25 janv.*
22 ch – ▮77/82 € ▮▮84/133 € – ⊑ 12 €
Voici un hôtel pour le moins confortable, situé près d'un axe passant entre le port et la ville close. Les chambres ont été rénovées dans un style actuel et fonctionnel. Un pied-à-terre idéal pour découvrir la ville !

Hôtel des Halles sans rest

r. Charles-Linement, (pl. de l'Hôtel-de-Ville)

– *📞 02 98 97 11 41*

– *www.hoteldeshalles.com*

25 ch – 🛏52/56 € 🛏🛏64/88 € – 🍽 10 €

Plan : C**s**

Lambris lasurés, couleurs vives, photos de voiliers : pas de doute, on est en bord de mer. Il règne une ambiance familiale dans cet hôtel très central, ce qui ajoute à la sensation de villégiature... Et le petit-déjeuner est maison.

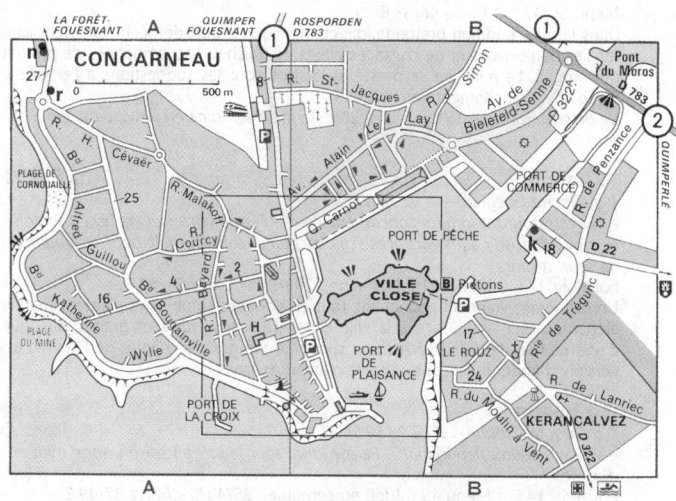

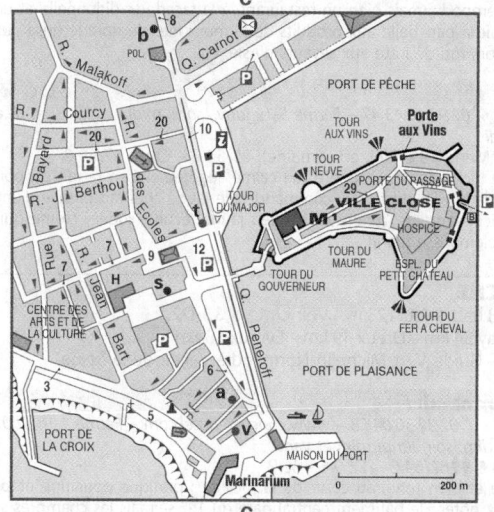

Ville close: Circulation réglementée l'été

Bougainville (Bd) **C** 3
Courbet
  (R. Amiral) . . . . **A** 4
Croix (Quai de la) **C** 5
Dr-P.-Nicolas
  (Av. du) . . . . . . **C** 6
Dumont-d'Urville
  (R.) . . . . **C** 7
Gare (Av. de la) **AC** 8
Gaulle
  (Pl. Gén.-de) . . **C** 9
Guéguin
  (Av. Pierre) . . . **C** 10
Jean-Jaurès (Pl.) . **C** 12
Le Lay (Av. Alain) **B**
Libération
  (R. de la) . . . . . **A** 16
Mauduit-Duplessis
  (R.) . . . . **B** 17
Moros (R. du) . . . **B** 18
Morvan (R. Gén.) **C** 20
Pasteur (R.) . . . . . **B** 24
Renan (R. Ernest) **A** 25
Sables-Blancs
  (R. des) . . . . . **A** 27
Vauban (R.) . . . . . **C** 29

XX **Le Nautile** – Hôtel Les Sables Blancs ⟨ 🗼 🕭 AC P

plage des Sables-Blancs – ☎ 02 98 50 10 12 Plan : A**n**

– www.hotel-les-sables-blancs.com

Menu 25 € (déj.), 34/52 € – Carte 40/70 €

On dirait un vaisseau prêt à s'élancer sur l'océan ! À l'intérieur, tout respire cette élégance marine qui évoque les croisières des années 1930. La mer est également dans l'assiette, avec des produits de belle fraîcheur (araignée, lieu jaune, etc.), cuits avec précision et présentés avec soin.

XX **La Coquille** 🗼 ⇔

1 quai du Moros – ☎ 02 98 97 08 52 Plan : B**k**

– www.lacoquille-concarneau.com – Fermé 1 semaine en janv., dim. soir et lundi

Menu 30/47 € – Carte 46/83 €

Dans la pure tradition bretonne, directement sur le port de pêche, on vient ici se régaler de poissons et de crustacés pleins de fraîcheur, accompagnés de produits du marché. Le midi, on se presse au Bistrot pour les suggestions à l'ardoise et l'ambiance franchement conviviale.

Le Bistrot Formule 15 € – Menu 20 € *(fermé 1 semaine en janv., dim., lundi et le soir)*

X **L'Amiral** 🕭 AC ⇔

1 av. Pierre-Guéguin – ☎ 02 98 60 55 23 Plan : C**t**

– www.restaurant-lamiral-concarneau.com – Fermé vacances de fév., 3 semaines en nov., dim. soir sauf vacances scolaires, lundi soir sauf juil.-août et lundi midi de sept. à mars

Formule 17 € – Menu 21 € (semaine), 29/43 € – Carte 34/60 €

Un restaurant vraiment engageant, tout en boiseries sombres et allusions marines élégantes. Bien situé, face à la ville close, il propose tous les grands classiques d'une cuisine de la mer. Avec une spécialité : la grande cocotte de l'Amiral, une version chaude de l'incontournable plateau de fruits de mer !

X **Le Buccin**

1 r. Duguay-Trouin – ☎ 02 98 50 54 22 Plan : C**v**

– www.restaurantlebuccin.fr – Fermé lundi sauf le soir en saison, sam. midi et dim. soir

Formule 14 € – Menu 19 € (déj. en semaine), 25/40 € – Carte 37/49 €

Dans une petite rue légèrement en retrait du port de plaisance, se cache un Buccin... Pas le gastéropode, mais bien un restaurant, à la façade traditionnelle et un brin rétro, qui fait la part belle aux produits de la mer : filet de dorade grise aux légumes de saison, rôti de lotte aux saveurs d'Asie, etc.

X **Le Flaveur** 🕭 🍽

4 r. Duquesne – ☎ 02 98 60 43 47 – *Fermé 5-19 janv., sam. midi,* Plan : C**a**

dim. soir et lundi

Formule 16 € – Menu 19 € (déj. en semaine), 25/54 € – Carte 47/69 €

Ce restaurant se niche dans une petite rue calme, légèrement en retrait du port de plaisance et de la ville close. Aux commandes, le jeune chef fait preuve d'une inventivité rafraîchissante, à l'image de ce lieu jaune, écume iodée, cromesquis d'huître et pamplemousse marin...

CONCHES-EN-OUCHE

✉ 27190 (Eure) – 4 978 hab. – Alt. 123 m – Voir carte n°**33-D2**

🚃 Paris 118 km – Bernay 34 km – Dreux 49 km – Évreux 18 km

Carte Michelin 304-F8 – Guide Vert Michelin Normandie Vallée de la Seine

🏠 **Hôtel de Normandie** 🍽 🕭 🛜

10 r. St-Étienne – ☎ 02 32 30 04 58 – *www.conches-hotel.com – Fermé 4-18 août, 24 déc.-5 janv., dim. soir, lundi midi et vend.*

17 ch – 🛏62/64 € 🛏🛏62/64 € – 🖵 9 € – ½ P

Un hôtel simple et bien tenu, au cœur de la localité : pratique pour une étape dans la région. À noter : le bâtiment central date du 12e s., mais les chambres se trouvent dans les deux ailes récentes. Restaurant traditionnel en complément.

✗ **La Grand'Mare** avec ch   🖐 🛜

13 av. Croix-de-Fer – 𝒞 02 32 30 23 30 – www.lagrandmare.com – Fermé mardi soir, lundi (sauf hôtel) et dim. soir
9 ch – †57 € ††62 € – ☑ 9 €
Formule 13 € – Menu 15 € (déj. en semaine), 22/42 € – Carte 45/76 €
La grande mare se trouve juste à côté – c'est même un étang – et ajoute à l'esprit rustique de cette maison à colombages du 19e s., située au cœur de Conches. Côté cuisine, la tradition est de mise, entremêlée de recettes plus contemporaines. Quelques chambres modernes sont disponibles pour l'étape.

CONCHY-LES-POTS

✉ 60490 (Oise) – 620 hab. – Alt. 106 m – Voir carte n°**36-B2**
▶ Paris 100 km – Compiègne 28 km – Amiens 55 km – Beauvais 68 km
Carte Michelin 305-H3

✗✗ **Le Relais**   🏠 🖐 ⇔ **P**

20 r. de Boulogne, (D 1017) – 𝒞 03 44 85 01 17 – www.lerelais-conchylespots.fr – Fermé 27 juil.-12 août, vacances de fév., dim. soir, merc. soir, lundi et mardi
Formule 23 € – Menu 33/85 € – Carte 60/89 €
Impossible de ne pas remarquer cet ancien relais routier dont la longue façade jaune borde la route Senlis-Roye. C'est aujourd'hui une table de tradition généreuse, cultivant des spécialités immuables : tête de veau sauce ravigote, rognons de veau à la moutarde... La salle, récemment relookée, se révèle cosy dans son genre.

CONCREMIERS

✉ 36300 (Indre) – 647 hab. – Alt. 82 m – Voir carte n°**11-B3**
▶ Paris 337 km – Châteauroux 66 km – Châtellerault 65 km – Orléans 212 km
Carte Michelin 323-C7

↑ **Château de Forges**

1 km à l'Ouest par D 53 – 𝒞 02 54 37 40 03 – www.chateaudeforges.fr
3 ch ☑ – †162 € ††174 €
Un authentique château fort, érigé à la fin du 15e s. par l'ancêtre des actuels propriétaires ! On remonte le temps lorsque l'on en franchit le porche couronné de mâchicoulis, avant de découvrir le superbe donjon... Et le confort des lieux n'a rien de médiéval (hammam, bain balnéo, savoureuse table d'hôtes, etc.). Unique !

CONDÉ-NORTHEN

✉ 57220 (Moselle) – 627 hab. – Alt. 208 m – Voir carte n°**27-C1**
▶ Paris 350 km – Metz 21 km – Pont-à-Mousson 52 km – Saarlouis 38 km
Carte Michelin 307-J4

🏢 **La Grange de Condé**   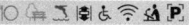

41 r. des Deux-Nieds – 𝒞 03 87 79 30 50 – www.lagrangedeconde.com
17 ch – †125/240 € ††125/240 € – 3 suites – ☑ 14 € – ½ P
Un ancien corps de ferme familial (1682) sur la route traversant le village. Les chambres y sont spacieuses avec des lits de belle ampleur. Pour se détendre, on profite du sauna, du jacuzzi ou du hammam. Cuisine traditionnelle au restaurant.

CONDETTE

✉ 62360 (Pas-de-Calais) – 2 574 hab. – Alt. 35 m – Voir carte n°**30-A2**
▶ Paris 245 km – Amiens 117 km – Arras 125 km – Lille 128 km
Carte Michelin 301-C4

✗ **L'Orée du Bois**   🏠 ⇔

20 r. de la Marne – 𝒞 03 21 87 34 73 – restaurant-loreedubois.com – Fermé 5-19 janv., mardi soir et jeudi soir d'oct. à juin, merc. soir, dim. soir et lundi
Formule 19 € – Menu 31/50 € – Carte 34/54 € (réservation conseillée)
Ce chef, au parcours sans faute, a posé ses valises à L'Orée du Bois. Non pas qu'il eut peur d'entrer dans la forêt... Avec ses savoureuses recettes dans l'air du temps, il est capable d'appâter n'importe qui. Mais voilà, Antoine Ducrocq est de ceux qui régalent les gourmands avec de beaux produits de saison !

CONDOM

✉ 32100 (Gers) – 6 925 hab. – Alt. 81 m – Voir carte n°**28-A2**
▶ Paris 729 km – Agen 41 km – Mont-de-Marsan 80 km – Toulouse 121 km
Carte Michelin 336-E6

Les Trois Lys

38 r. Gambetta – ✆ 05 62 28 33 33 – www.lestroislys.com Plan : Y**a**
– Fermé fév.-mars
10 ch – 🚹90/220 € 🚹🚹90/220 € – ☕ 9 € – ½ P
Cet hôtel particulier du 18^{e}s. abrite des chambres confortables et dispose d'une jolie piscine sur l'arrière. La cuisine, plutôt simple, est servie dans la salle ou sur la terrasse en teck dressée dans la cour.

Continental

20 r. du Mar.-Foch – ✆ 05 62 68 37 00 Plan : Y**d**
– www.lecontinental.net
– Fermé 14-29 déc.
24 ch – 🚹52/87 € 🚹🚹52/87 € – 1 suite – ☕ 9 € – ½ P
La Baïse coule au pied de cet hôtel. Les chambres, confortables et bien tenues, donnent pour la plupart sur une cour joliment aménagée (terrasse). Plats traditionnels dans un décor actuel, clair et lumineux.

Logis des Cordeliers sans rest

2 bis r. de la Paix – ✆ 05 62 28 03 68 Plan : Z**b**
– www.logisdescordeliers.com
– Fermé 2 janv.-3 fév.
21 ch – 🚹48/70 € 🚹🚹48/78 € – ☕ 8 €
Bâtiment des années 1970 situé dans un quartier tranquille. Chambres fonctionnelles ; optez pour celles donnant sur la piscine, agrémentées de petits balcons. Ambiance familiale.

CONDOM

Aquitaine (Av. d') . . . . Y 2
Armuriers (R. des) . . . . Y 5
Bonnamy (R.) . . . . YZ 8
Buzon (R. et Quai) . . . . Z 12
Carmes (Pont des) . . . . Z 14
Cazaubon (R. H.) . . . . Z 16
Charron (R.) . . . . Y 19
Cordeliers (R. des) . . . . Z 21
Foch (R. Mar.) . . . . Y 22
Gaichies (R.) . . . . Y 24
Gambetta (R. L.) . . . . Y 26
Jean-Jaurès (R.) . . . . Z 28
Lannelongue (Pl.) . . . . Y 31
Lion-d'Or (Pl. du) . . . . Y 35
Mendès France (Pont) . . . . Y 7
Monnaie (R. de la) . . . . YZ 38
Paix (R. de la) . . . . Z 40
Roquepine (R. de) . . . . Z 44
Roques (R.) . . . . Y 47
Saint-Exupéry (R.) . . . . Z 50
St-Pierre (Pl.) . . . . Y 53

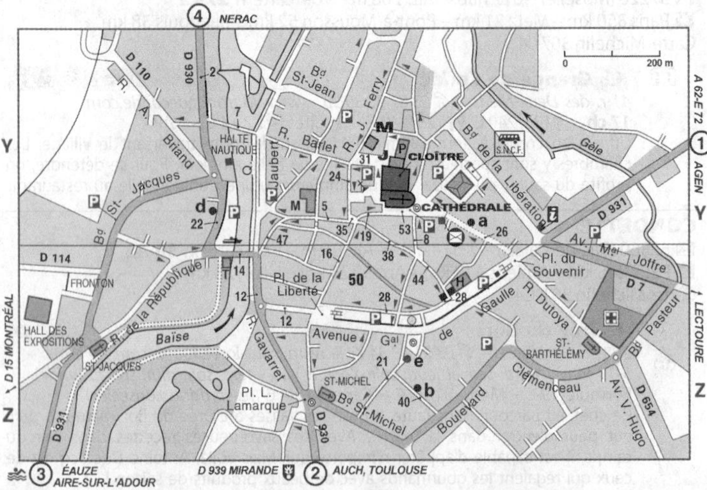

XXX **La Table des Cordeliers** (Eric Sampietro) ᑭ ᕟ ↔

❀ *1 r. des Cordeliers – ℰ 05 62 68 43 82* Plan : Z**e**
– www.latabledescordeliers.com – Fermé 2 semaines en janv., dim. soir et lundi
Menu 45/75 € – Carte 75/90 €
Un endroit rare que cet ancien couvent niché dans la verdure, avec sa chapelle
du 13ᵉ s. sous les voûtes de laquelle on prend place pour le repas... Le talentueux
Éric Sampietro a su lui redonner ses lettres de noblesse : face à la finesse, l'inven-
tivité et la justesse des assiettes, l'évidence est là, c'est un régal.
→ Cuisine du marché.
Côté Bistrot Menu 22 € *(Fermé 2 semaines en janv., dim. et lundi)*

CONDRIEU

✉ 69420 (Rhône) – 3 828 hab. – Alt. 150 m – Voir carte n°**44-B2**
🚹 Paris 497 km – Annonay 34 km – Lyon 41 km – Rive-de-Gier 21 km
Carte Michelin 327-H7 – Guide Vert Michelin Lyon et sa région

🏠 **Hôtellerie Beau Rivage** ⅠO ⪡ 🛏 🖥 ᕟ 🅰 🛰 ⅍ 🅿

2 r. Beau Rivage – ℰ 04 74 56 82 82 – www.hotel-beaurivage.com
20 ch – 🛏110/290 € 🛏🛏110/290 € – 10 suites – ⌇ 19 €
Rest *Hôtellerie Beau Rivage* – voir les restaurants ci-après
Dans l'un des plus fameux vignobles des côtes du Rhône, cet hôtel familial
semble rêvasser au bord du fleuve... Une douceur de vivre que l'on retrouve au
jardin et dans les chambres, élégantes. Une belle manière de découvrir cette
région viticole !

XXX **Hôtellerie Beau Rivage** ⪢ ⪡ 🛏 ᑭ ᕟ 🅰 ↔ 🅿

2 r. Beau Rivage – ℰ 04 74 56 82 82 – www.hotel-beaurivage.com
Menu 40 € (déj.), 62/95 € – Carte 76/106 €
Une table classique et soignée, où les mets tirent partie des produits régionaux : terrine d'escargot et mousseline de veau, lotte cloutée au saucisson, etc.,
accompagnés d'une belle sélection de vins en cave. Enfin, les grandes baies
vitrées et la terrasse permettent de profiter d'une vue exquise sur le fleuve.

CONFLANS-STE-HONORINE – 78 (Yvelines) → voir Paris, Environs

CONILHAC-CORBIÈRES

✉ 11200 (Aude) – 917 hab. – Alt. 125 m – Voir carte n°**22-B3**
🚹 Paris 802 km – Béziers 59 km – Carcassonne 31 km – Montpellier 120 km
Carte Michelin 344-H3

XX **Auberge Côté Jardin** avec ch ᑭ ᕟ 🅰 ch, 🛰 🅿

㊋ *7 av. 113 – ℰ 04 68 27 08 19 – www.auberge-cotejardin.com – Fermé dim. soir
d'oct. à avril, lundi sauf le soir en saison et mardi midi*
㊐ **12 ch** – 🛏70/139 € 🛏🛏70/139 € – ⌇ 12 € – ½ P
Menu 20 € 🍷 (déj. en semaine), 29/55 € – Carte 48/58 €
Cette auberge a beau se trouver sur la nationale, elle n'en est pas moins en
pleine nature : face à la verdure, le lieu est plein de fraîcheur ! Et c'est un havre
de gourmandise... Amoureux du beau produit, David Prevel signe une cuisine
recherchée – mais pas ampoulée –, très savoureuse. Avec des chambres cosy...

CONLEAU – 56 (Morbihan) → voir Vannes

CONNELLES

✉ 27430 (Eure) – 200 hab. – Alt. 15 m – Voir carte n°**33-D2**
🚹 Paris 111 km – Les Andelys 13 km – Évreux 34 km – Rouen 33 km
Carte Michelin 304-H6

Le Moulin de Connelles

40 rte d'Amfreville-sous-les-Monts – ℰ *02 32 59 53 33*
– *www.moulin-de-connelles.fr*
9 ch – ♦150 € ♦♦150/250 € – 3 suites – ⌂ 17 € – ½ P
Rest *Le Moulin de Connelles* – voir les restaurants ci-après
Sur un bras de la Seine, cet authentique manoir anglo-normand est un vrai joyau romantique ! Ses tourelles et colombages se reflètent dans le fleuve, le parc arboré est ravissant, l'accueil charmant, et les chambres d'un goût exquis. La délicatesse incarnée...

Le Moulin de Connelles

40 rte d'Amfreville-sous-les-Monts – ℰ *02 32 59 53 33*
– *www.moulin-de-connelles.fr* – *Fermé le midi en semaine et lundi hors saison*
Menu 35 € (semaine), 45/75 € – Carte environ 64 €
Dans cet ancien et superbe moulin surplombant un petit bras de la Seine, on se croirait presque à Chenonceau. Ici, le décor comme l'assiette ne sont qu'élégance, classicisme de bon aloi et douceur feutrée... Un joli songe à faire tout éveillé !

CONQUES

✉ 12320 (Aveyron) – 269 hab. – Alt. 350 m – Voir carte n°**29**-C1
🅳 Paris 601 km – Aurillac 53 km – Espalion 42 km – Figeac 43 km
Carte Michelin 338-G3

Ste-Foy sans rest

r. Principale – ℰ *05 65 69 84 03* – *www.hotelsaintefoy.com*
– *Ouvert 1er mai-12 oct.*
17 ch – ♦97/197 € ♦♦97/197 € – ⌂ 13 €
Au cœur de ce superbe et célèbre village niché dans les gorges de l'Ouche, cette demeure du 17e s. (belle façade à colombages) contemple la sublime abbatiale Ste-Foy. Aux beaux jours, le patio sent la glycine et il fait bon y entendre bruire la fontaine ; les chambres sont rustiques et charmantes : tout est plaisant !

Auberge St-Jacques

r. Gonzague-Florent – ℰ *05 65 72 86 36* – *www.aubergestjacques.fr* – *Fermé janv. et dim. soir et lundi de mi-nov. à fin mars*
Menu 20/39 € – Carte 29/48 €
Les visiteurs de ce village magnifique, comme les pèlerins sur la route historique de St-Jacques-de-Compostelle, trouveront dans cette maison de pays rustique une cuisine d'inspiration régionale, simple et copieuse. Installé sur la terrasse, on admire l'abbatiale romane et ses vitraux contemporains signés Soulage !

au Sud 3 km sur D 901 – ✉ 12320 Conques

Hervé Busset

Domaine de Cambelong – ℰ *05 65 72 84 77* – *www.moulindecambelong.com*
– *Ouvert 1er avril-31 oct. et fermé lundi hors saison*
8 ch – ♦140/240 € ♦♦140/330 € – 1 suite – ⌂ 20 € – ½ P
Rest *Hervé Busset* ✿ – voir les restaurants ci-après
Dans l'un des derniers moulins à eau du 18e s. en bordure du Dourdou, les chambres jouent la carte du contraste, additionnant les couleurs, affichant un style résolument contemporain et design... Calme, reposant et singulier.

Hervé Busset

✿ *Domaine de Cambelong* – ℰ *05 65 72 84 77* – *www.moulindecambelong.com*
– *Ouvert 1er avril-31 oct. et fermé mardi midi, merc. midi, jeudi midi et lundi hors saison*
Menu 35 € (déj. en semaine), 50/95 € – Carte environ 85 €
Épure contemporaine et élégance au service d'une cuisine de chef créative, maîtrisée et soignée. Hervé Busset, passionné par les herbes, les plantes régionales et les beaux produits, n'a de cesse d'innover : il varie les garnitures et superpose les saveurs, poudres, émulsions, avec aplomb... Une réussite !
➜ Shabu-shabu de foie gras de canard à l'oseille. Agneau allaiton de l'Aveyron au serpolet, coulis de pois chiches. Hérisson au mélilot façon omelette norvégienne.

LE CONQUET

✉ 29217 (Finistère) – 2 688 hab. – Alt. 30 m – Voir carte n°**9-A2**
▶ Paris 619 km – Brest 24 km – Brignogan-Plages 59 km – St-Pol-de-Léon 85 km
Carte Michelin 308-C4 – Guide Vert Michelin Bretagne Nord

à la Pointe de St-Mathieu 4 km au Sud – ✉ 29217

🏠🏠🏠 Hostellerie de la Pointe St-Mathieu   🍽 ⌫ ≤ 🖼 🛏 ᴴ 🤚 😷 🅿

– 🕾 02 98 89 00 19 – www.pointe-saint-mathieu.com
23 ch – ♦85/265 € ♦♦85/265 € – ☑ 13 € – ½ P
Rest *Hostellerie de la Pointe St-Mathieu* – voir les restaurants ci-après
Phare, sémaphores, vestiges d'abbaye... Pas de doute, c'est bien la pointe ouest de la Bretagne, et ses paysages de tempête. Heureusement, cette maison de pays élégante et contemporaine, tout en teintes douces, est un refuge de choix !

🏠🏠 Vent d'Iroise sans rest   ⌫ ≤ ᴴ 🤚 😷 🅿

r. du Lavoir – 🕾 02 98 89 45 00 – www.hotel-vent-iroise.com
24 ch – ♦54/145 € ♦♦54/145 € – ☑ 10 €
Idéalement placé pour partir en balade sur les sentiers de la pointe St-Mathieu, cet hôtel récent conviendra à ceux qui recherchent un maximum de calme. Un style dépouillé et plaisant, pour communier avec la mer.

XX Hostellerie de la Pointe St-Mathieu   ᴴ

– 🕾 02 98 89 00 19 – www.pointe-saint-mathieu.com – Fermé dim. soir
Formule 18 € – Menu 33/88 € – Carte 43/108 €
Vieilles pierres, cheminée monumentale et poutres se marient admirablement avec un mobilier franchement contemporain. Saint-Jacques, ormeaux, homard, foie gras de Bretagne : le chef met en valeur toute la noblesse du terroir. Avec, en prime, un chariot d'une quinzaine de desserts, qui clôt le repas en beauté !

LES CONTAMINES-MONTJOIE

✉ 74170 (Haute-Savoie) – 1 192 hab. – Alt. 1 164 m – Voir carte n°**46-F1**
▶ Paris 606 km – Annecy 93 km – Bonneville 50 km – Chamonix-Mont-Blanc 33 km
Carte Michelin 328-N6 – Guide Vert Michelin Alpes du Nord

🏠 Gai Soleil   🍽 ⌫ ≤ 🛋 😷 🅿

288 chemin des Loyers – 🕾 04 50 47 02 94 – www.gaisoleil.com – Ouvert 13 juin-13 sept. et 19 déc.-16 avril
18 ch – ♦60/90 € ♦♦80/95 € – ☑ 12 € – ½ P
Un joli chalet dominant la station, superbement fleuri en saison, tout comme son agréable jardin. Les chambres, d'esprit montagne, sont simples et d'une tenue parfaite ; dans la salle rustique et chaleureuse du restaurant, on sert des petits plats traditionnels.

XX L'Ô à la Bouche   😷 ᴴ

510 rte Notre-Dame-de-la-Gorge – 🕾 04 50 47 81 67 – www.lo-contamines.com – Fermé 25 mai-15 juin, 8 nov.-15 déc. et lundi hors saison
Menu 19 € (déj.), 29/49 € – Carte environ 41 € *(réservation conseillée)*
Un lieu, deux atmosphères, mais toujours l'eau à la bouche... Au rez-de-chaussée, cadre contemporain autour d'une cuisine gastronomique fraîche et goûteuse ; au sous-sol (et seulement l'hiver), raclettes, fondues, grillades et convivialité toute montagnarde !

CONTES

✉ 06390 (Alpes-Maritimes) – 7 095 hab. – Alt. 250 m – Voir carte n°**41-D2**
▶ Paris 954 km – Antibes 43 km – Marseille 206 km – Nice 21 km
Carte Michelin 341-E5 – Guide Vert Michelin Côte d'Azur

X La Fleur de Thym   🆊 😷 🅿

3 bd Charles Alunni – 🕾 04 93 79 47 33 – www.fleurdethym.contes.fr – Fermé 15-31 août, 19 déc.-5 janv., dim. et lundi
Formule 17 € – Menu 30/49 € – Carte 38/52 €
Si vous passez par le pays des Paillons, arrêtez-vous dans cette petite maison colorée : certes, près d'une station-service, elle ne paie pas forcément de mine, mais à l'intérieur on découvre un agréable décor d'esprit bistrot contemporain. Quant à la cuisine, elle suit le marché et les saisons.

CONTEVILLE

✉ 27210 (Eure) – 932 hab. – Alt. 33 m – Voir carte n°**32**-A3

▶ Paris 181 km – Évreux 102 km – Le Havre 34 km – Honfleur 15 km

Carte Michelin 304-C5 – Guide Vert Michelin Normandie Vallée de la Seine

XXX   Auberge du Vieux Logis   ⇔
48 rte de l'Estuaire – ℰ 02 32 57 60 16 – http://aubergeduvieuxlogis27.fr – Fermé 1 semaine en mars, 2 semaines en oct., 1 semaine en janv., mardi sauf juil.-août, dim. soir et lundi

Menu 30 € (déj. en semaine), 40/65 € – Carte 75/105 €

Au cœur de ce charmant village normand, une façade à colombages fleurie de géraniums en été, un décor de poutres, de briques et de cuivres : une parfaite auberge de tradition ! La carte cultive le classicisme, et fait notamment la part belle à la pêche locale.

au Marais Vernier 8 km à l'Est par D 312 et D 90 – ✉ 27680 – 496 hab. – Alt. 10 m

X   Auberge de l'Etampage   [AK]
82 quartier de l'Eglise – ℰ 02 32 57 61 51 – Fermé 23 déc.-1ᵉʳ fév., dim. soir et merc.

Menu 21/32 € – Carte 43/51 €

Les propriétaires de cette auberge tout en colombages – à flanc de colline au-dessus des marais – sont très attachés à l'idée d'un bistrot de campagne. Désossé de poulet fermier au cidre, tarte aux pommes... Les effluves qui s'échappent des cuisines attestent une cuisine 100 % maison. Fraîcheur, tradition et terroir !

CONTRES

✉ 41700 (Loir-et-Cher) – 3 470 hab. – Alt. 98 m – Voir carte n°**11**-A1

▶ Paris 203 km – Blois 22 km – Châteauroux 79 km – Montrichard 23 km

Carte Michelin 318-F7

🏠   Le Manoir de Contres   ❑🐾 🍴 🛎 ᴋ ᴀᴋ ⅌ 🛜 🅿
23 r. des Combattants-en-Afrique-du-Nord – ℰ 02 54 78 45 39 – www.manoirdecontres.com – Fermé 2 janv.-13 fév.

9 ch ⌷ – †145/160 € ††175/200 € – ½ P

Il ne s'agit pas ici d'être par ou Contres ! Dans ce ravissant manoir (1818), près des châteaux de la Loire et à 20mn du zoo de Beauval, il suffit de poser ses bagages. Les chambres sont cossues, spacieuses et très confortables. Restauration traditionnelle à apprécier, aux beaux jours, sur la terrasse.

🏨   Hôtel de France   ❑ 🍴 ⅌ ᴋ ⅌ 🛜 🅿 🐾
rte de Blois – ℰ 02 54 79 50 14 – www.hoteldefrance-contres.com – Fermé de fin janv. à début mars

32 ch – †72/117 € ††72/117 € – 2 suites – ⌷ 13 € – ½ P

Une bonne adresse familiale au centre de Contres. Chambres confortables, la plupart donnant sur le jardin et la piscine. Au restaurant, la carte est traditionnelle.

XX   La Botte d'Asperges   [AK]
52 r. P.-H.-Mauger – ℰ 02 54 79 50 49 – www.labotte-dasperges.com – Fermé 2 semaines fin août, 2 semaines début janv., merc. soir, dim. soir et lundi

Formule 20 € – Menu 25/51 € – Carte 38/51 €

Avec ce joli nom, ce restaurant joue la carte d'une cuisine savoureuse et faite dans les règles : fumaison de foie gras de canard, chutney de pommes ; dos de bar à la crème d'asperges et chorizo... Cerise sur le gâteau : le service et l'accueil sont aux petits soins !

CONTREVOZ – 01 (Ain) ➔ voir Belley

CONTREXÉVILLE

✉ 88140 (Vosges) – 3 337 hab. – Alt. 342 m – Voir carte n°**26**-B3

▶ Paris 337 km – Épinal 47 km – Langres 75 km – Nancy 83 km

Carte Michelin 314-D3

Cosmos

13 r. de Metz – ✆ 03 29 07 61 61 – www.hotelcontrexeville.com – Ouvert 15 mars-31 oct.
77 ch – 87/97 € 107/117 € – 6 suites – ☕ 13 € – ½ P
L'atmosphère vieille France de cet hôtel aux chambres confortables nous transporte à la Belle Époque. Un endroit idéal pour les adeptes de fitness et de balnéothérapie. Menus classiques et diététiques servis au restaurant.

COQUAINVILLIERS – 14 (Calvados) ➜ voir Lisieux

COQUELLES – 62 (Pas-de-Calais) ➜ voir Calais

CORBEIL-ESSONNES – 91 (Essonne) ➜ voir Paris, Environs

CORBIGNY

✉ 58800 (Nièvre) – 1 576 hab. – Alt. 203 m – Voir carte n°**7-B2**
Paris 236 km – Autun 76 km – Avallon 38 km – Clamecy 28 km
Carte Michelin 319-F8 – Guide Vert Michelin Bourgogne

Hôtel de L'Europe

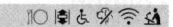

7 Grande-Rue – ✆ 03 86 20 09 87 – www.bourgogne-hotel-restaurant-morvan.com – Fermé 22 fév.- 9 mars et 22 déc.-3 janv.
18 ch – 53/58 € 67/93 € – ☕ 10 € – ½ P
Rest *Le Cépage* – voir les restaurants ci-après
Dans cette petite cité située à la croisée du Morvan et du Nivernais, un sympathique hôtel-restaurant familial aux chambres confortables et bien tenues, quoique plutôt petites. La journée commence bien avec les confitures maison au petit-déjeuner...

Le Cépage – Hôtel de L'Europe

7 Grande-Rue – ✆ 03 86 20 09 87 – www.bourgogne-hotel-restaurant-morvan.com – Fermé 22 fév.- 9 mars, 23 déc.-3 janv. et dim. soir sauf juil.-août
Formule 12 € – Menu 23/64 € – Carte 30/60 €
Voilà un cépage qui tient ses promesses ! Dans la salle – avec poutres et pierres apparentes – ou sur la terrasse, on déguste une bonne cuisine traditionnelle où le terroir a la part belle. Dans l'assiette, c'est savoureux et généreux. Belle carte des vins.

CORCELLES-EN-BEAUJOLAIS

✉ 69220 (Rhône) – 834 hab. – Alt. 210 m – Voir carte n°**43-E1**
Paris 419 km – Bourg-en-Bresse 55 km – Lyon 53 km – Mâcon 22 km
Carte Michelin 327-H3 – Guide Vert Michelin Lyon et sa région

Auberge de Corcelles

15 r. de la Mairie – ✆ 04 74 60 65 87 – Fermé de mi-fév. à mi-mars, dim. soir et merc. hors saison, merc. midi et mardi
Formule 15 € – Menu 26/40 € – Carte 38/46 € *(réservation conseillée)*
Impossible de rater cette maison ocre près de l'église du village. Surprise : un chef japonais œuvre aux fourneaux, mais comme nombre de ses compatriotes, il signe une vraie cuisine française – notamment lyonnaise –, façonnée dans les règles, avec de beaux produits frais. Gâteau de foie de volaille, quenelles de brochet...

CORDES-SUR-CIEL

✉ 81170 (Tarn) – 989 hab. – Alt. 279 m – Voir carte n°**29-C2**
Paris 655 km – Albi 25 km – Rodez 78 km – Toulouse 82 km
Carte Michelin 338-D6

Hostellerie du Vieux Cordes

*21 r. St-Michel – ℰ 05 63 53 79 20 – www.hotelcordes.com
– Fermé 2 janv.-13 fév.*
19 ch – ♦59/172 € ♦♦59/172 € – ⌂ 13 € – ½ P
Un monastère du 13ᵉ s. au cœur de la cité médiévale. Le bel escalier à vis, les chambres fraîches conservant leur petit cachet ancien, le joli patio et sa superbe glycine odorante, et surtout la terrasse avec sa superbe vue sur la vallée... Tout cela est bien agréable.

rte d'Albi

 L'Envolée sauvage

*La Borie – ℰ 05 63 56 88 52 – www.lenvolee-sauvage.com – Ouvert
30 avril-15 oct.*
4 ch ⌂ – ♦130/150 € ♦♦130/150 €
Rencontre du terroir et du raffinement pour cette ferme du 18ᵉ s. Authenticité des vieilles pierres, plaisir de la piscine, charme des chambres cosy : on n'a plus du tout envie de s'envoler ! Les produits de la ferme (fruits, légumes, foie gras maison) garnissent la table d'hôte.

CORDON

✉ 74700 (Haute-Savoie) – 1 006 hab. – Alt. 871 m – Voir carte n°**46**-F1
▶ Paris 589 km – Annecy 76 km – Bonneville 33 km – Chamonix-Mont-Blanc 32 km
Carte Michelin 328-M5 – Guide Vert Michelin Alpes du Nord

 Les Roches Fleuries

*90 rte de la Scie – ℰ 04 50 58 06 71 – www.rochesfleuries.com – Fermé de nov.
à mi-déc.*
21 ch – ♦120/280 € ♦♦120/280 € – 3 suites – ⌂ 20 € – ½ P
Perché sur les hauteurs de Cordon, ce chalet est ravissant et la vue y est superbe ! Décor chaleureux (boiseries et élégant mobilier régional ancien), restaurant feutré, chambres douillettes et jolie piscine, idéale après une journée sur les pistes... Une certaine idée du luxe made in Savoie !

 Le Cerf Amoureux

*à Nant-Cruy, 2 km au Sud (rte Combloux)
– ℰ 04 50 47 49 24 – www.lecerfamoureux.com
– Fermé 1ᵉʳ avril- 15 juin et 1ᵉʳ sept.- 15 déc.*
9 ch – ♦185/220 € ♦♦185/220 € – 2 suites – ⌂ 18 €
Un beau chalet – tout de pierre et de bois vêtu – raffiné et très cosy. Les chambres, délicieuses, avec balcon, donnent sur les Aravis ou le mont Blanc... On peut aussi profiter de l'espace bien-être et de la "cuisine familiale améliorée" proposée (dixit le propriétaire). Est-ce l'amour qui rend ce Cerf si charmant ?

 La Joubarbe au Balcon du Mont Blanc

2087 rte des Miaz – ℰ 04 50 91 15 35 – www.lajoubarbe.com
7 ch ⌂ – ♦139/210 € ♦♦155/224 €
La Joubarbe est une jolie fleur de montagne, dont la teinte varie entre le rose, le rouge et le violet. Un bel emblème pour ce chalet situé sur les hauteurs, où règne une charmante atmosphère de maison d'hôtes. Les chambres ont toutes un balcon ou une terrasse pour profiter de la vue.

 Le Chamois d'Or

*4080 rte de Cordon – ℰ 04 50 58 05 16 – www.hotel-chamoisdor.com
– Ouvert de juin à mi-sept. et du 20 déc. à début avril*
27 ch – ♦110/160 € ♦♦160/220 € – 1 suite – ⌂ 18 € – ½ P
Piscine, tennis, fitness, sauna, jacuzzi, billard, restaurant traditionnel... Dans ce fier chalet, tenu par la même famille depuis les années 1960, tout est pensé pour la détente. Quiétude et douceur dans les chambres et suites, dans un esprit montagnard élégant (tissus choisis).

Le Cordonant
🟊 ⟨ 🍴 🌿 🛜 ⚘ 🅿

120 rte des Miaz – 𝒞 04 50 58 34 56 – www.lecordonant.fr – Ouvert de mi-mai à fin sept. et de mi-déc. à mi-avril
16 ch – †85/105 € ††95/115 € – � 10 € – ½ P
Rest *Le Cordonant* – voir les restaurants ci-après
Un grand et beau chalet d'esprit familial, de jolies chambres avec des meubles en bois peint, un jardin et une terrasse donnant sur la vallée de Sallanches, les aiguilles de Varens et le massif du Mont-Blanc... Une bonne adresse pour un séjour montagnard.

Le Cordonant
🍴 🌿 🅿

120 rte des Miaz – 𝒞 04 50 58 34 56 – www.lecordonant.fr – Ouvert de mi-mai à fin sept. et de mi-déc. à mi-avril
Menu 25 € (déj.), 28/35 €
On se laisse facilement porter par la douce atmosphère savoyarde de ce joli chalet de moyenne altitude. On y (re)découvre la saveur d'une copieuse cuisine familiale, bien préparée, et fidèle à l'esprit de la région.

CORENC – 38 (Isère) → voir Grenoble

CORMEILLES
✉ 27260 (Eure) – 1 160 hab. – Alt. 80 m – Voir carte n°**32-A3**
🄳 Paris 181 km – Bernay 26 km – Lisieux 19 km – Pont-Audemer 17 km
Carte Michelin 304-C6 – Guide Vert Michelin Normandie Vallée de la Seine

L'Auberge du Président
🟊 🌿 ⚕ 🛜 ⚘ 🅿

70 r. de l'Abbaye – 𝒞 02 32 57 80 37 – www.hotel-cormeilles.com – Fermé 3-10 janv.
14 ch – †78/95 € ††88/95 € – ⊆ 10 € – ½ P
L'enseigne rend hommage au président René Coty qui fit halte dans l'auberge. La façade à colombages n'a pas changé depuis la IVe République, mais les chambres respirent la fraîcheur, dans une jolie veine cosy et romantique. On peut aussi profiter de l'espace détente (sauna, jacuzzi, fitness) et du restaurant du terroir.

CORMERY
✉ 37320 (Indre-et-Loire) – 1 679 hab. – Alt. 59 m – Voir carte n°**11-B2**
🄳 Paris 254 km – Blois 63 km – Château-Renault 48 km – Loches 22 km
Carte Michelin 317-N5 – Guide Vert Michelin Châteaux de la Loire

Auberge du Mail
🌿 ⚕

2 pl. du Mail – 𝒞 02 47 43 40 32 – www.aubergedumail-cormery.com – Fermé 1er-8 mars , 24 oct.-1er nov., 21-27 déc., le soir de mi-oct. à fin mars sauf vend. et sam., merc. et jeudi
Formule 19 € – Menu 22 € (semaine), 33/46 € – Carte 29/58 €
Dans cette maison de pays, proche de l'abbaye – célèbre pour ses macarons –, on déguste une cuisine de tradition avec de beaux produits frais. Mention spéciale pour la décoration, cossue et élégante, qui ne manque pas de cachet ! L'été, on s'installe sur la terrasse à l'ombre des tilleuls et de la glycine.

CORNILLON
✉ 30630 (Gard) – 937 hab. – Alt. 168 m – Voir carte n°**23-D1**
🄳 Paris 666 km – Avignon 50 km – Alès 47 km – Bagnols-sur-Cèze 17 km
Carte Michelin 339-L3 – Guide Vert Michelin Provence

La Vieille Fontaine avec ch
� 🌿 🍴 🌿 🍲 🄰🄲 ch, 🛜

r. du Château – 𝒞 04 66 82 20 56 – www.lavieillefontaine.net – Ouvert de Pâques à oct. et fermé lundi, mardi, merc. sauf juil.-août et le midi sauf dim. et fériés
4 ch ⊆ – †150/195 € ††150/195 € – 2 suites – ½ P   Menu 40/65 €
Maison de caractère adossée aux murailles médiévales. Dans la salle voûtée, on déguste une cuisine de tradition, dont la spécialité de la maison : les moules farcies à la diable. Piscine et jardin dominant la vallée ; chambres coquettes pour l'étape.

CORPS

⌧ 38970 (Isère) – 512 hab. – Alt. 939 m – Voir carte n°**45**-C3
🚩 Paris 626 km – Gap 39 km – Grenoble 64 km – La Mure 24 km
Carte Michelin 333-I9 – Guide Vert Michelin Alpes du Sud

à Aspres-les-Corps 5 km au Sud-Est par N 85 et D 58 – ⌧ 05800
– 138 hab. – Alt. 930 m

 Château d'Aspres
– 𝒞 04 92 55 28 90 – www.chateau-daspres.com – Ouvert 1er mars-15 nov.,
30 déc.-2 janv. et fermé dim. soir et lundi du 1er mars au 31 mai
8 ch – ♦90 € ♦♦90/200 € – 3 suites – ☷ 14 € – ½ P
Cette demeure seigneuriale (12e-17e s.) domine la vallée du Champsaur. Portraits
d'ancêtres, lourdes tentures, meubles d'époque : une décoration bourgeoise
également à l'honneur dans les chambres. La vue sur le paysage environnant
est superbe.

CORRENÇON-EN-VERCORS – 38 (Isère) → voir Villard-de-Lans

CORRÈZE

⌧ 19800 (Corrèze) – 1 154 hab. – Alt. 455 m – Voir carte n°**25**-C3
🚩 Paris 480 km – Aubusson 96 km – Brive-la-Gaillarde 45 km – Tulle 19 km
Carte Michelin 329-M3 – Guide Vert Michelin Limousin Berry

 Mercure Corrèze La Seniorie
11 r. St-Martial – 𝒞 05 55 21 22 88 – www.mercure.com – Ouvert
de mars à nov.
29 ch – ♦105/165 € ♦♦120/180 € – ☷ 16 €
À quelques kilomètres de l'autoroute, sur les hauteurs du village, impossible de
manquer cette élégante demeure du 19e s. Cet ancien pensionnat, fort heureusement transformé dans sa totalité, recèle des chambres spacieuses, confortables et
bien équipées.

 Le Parc des 4 Saisons
16 av. de la Gare – 𝒞 05 55 21 44 59 – www.leparc.info
5 ch ☷ – ♦58/98 € ♦♦65/105 €
Le jeune couple qui a aménagé cette ancienne maison de notable a voulu créer
une chambre d'hôtes "écolo". Objets chinés, chambres pimpantes et confortables,
parc agréable, piscine chauffée à l'énergie solaire : tout est prévu pour votre
confort. Et la table d'hôte met en avant les produits locaux...

CORSE

(Corse) – 305 674 hab. – Voir carte n°**15**-B2
Carte Michelin 345 – Guide Vert Michelin Corse

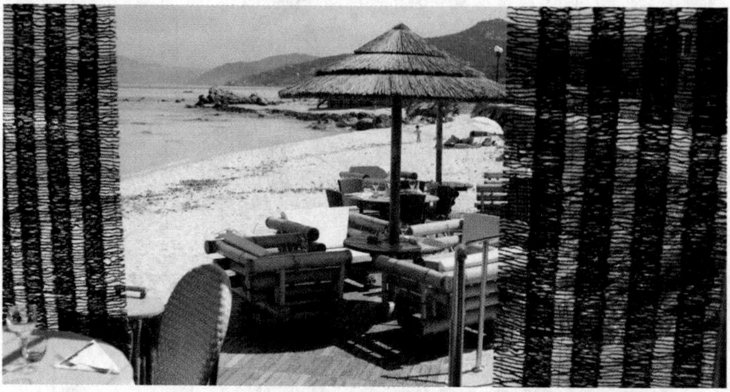

© J.-C. Amiel/hemis.fr

AJACCIO

20000 (Corse-du-Sud) – 66 809 hab. – Alt. 12 m – Voir carte n°**15**-A3
Bastia 147 km – Bonifacio 131 km – Calvi 166 km – Corte 80 km
Carte Michelin 345-B8

Les Mouettes sans rest

9 cours Lucien-Bonaparte, par ② – ☎ 04 95 50 40 40 – www.hotellesmouettes.fr – Ouvert 2 avril-1er nov.

28 ch – 100/550 € 100/550 € – 21 €

Une grande demeure rose de 1880, une vue superbe sur la piscine et la plage privée. Chambres sobres et spacieuses, la plupart avec loggia, pour rêver en regardant les mouettes.

Albert-1er (Bd) . . . . Y 2
Bévérini Vico (Av.) . . . . Y 4
Colonna d'Ornano (Av. du Col.) . . . . Y 10
Griffi (Square P.). . . . . Y 22
Leclerc (Cours Gén.) . . . . Y 25
Madame-Mère (Bd) . . . . Y 29
Maillot (Bd H.) . . . . Y 30
Masséria (Bd) . . . . Y 32
Napoléon-III (Av.) . . . . Y 37
Napoléon (Cours). . . . . Y
Nicoli (Cours J.) . . . . Y 38
Paoli (Bd D.) . . . . Y 41
St-Jean (Montée). . . . . Y 51

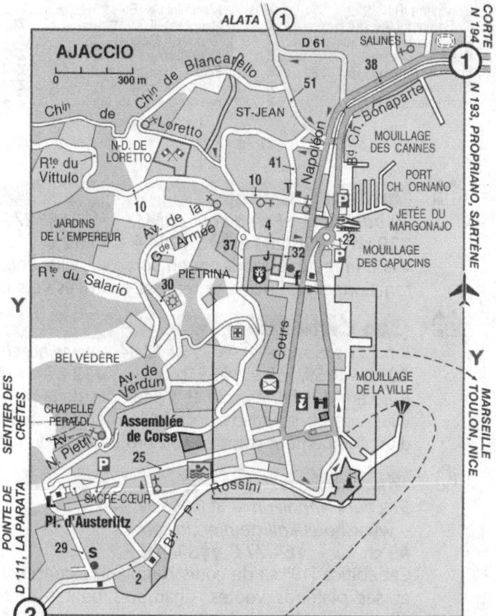

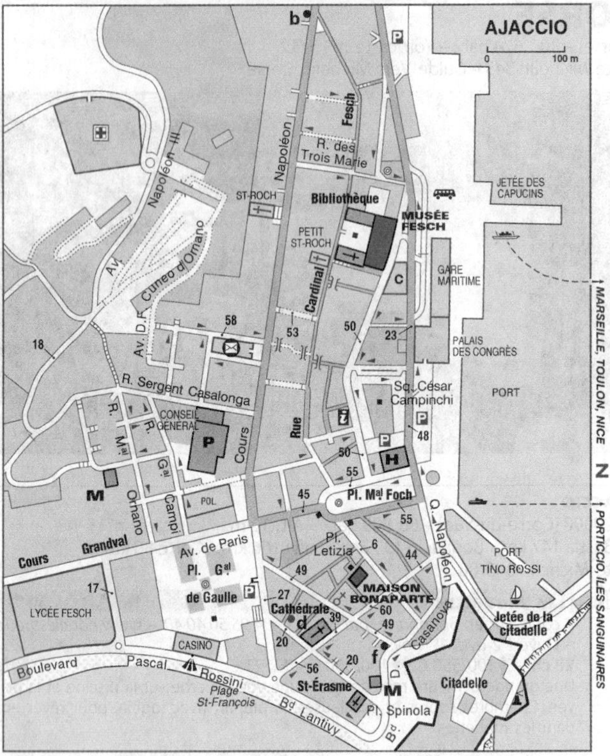

AJACCIO

0   100 m

MARSEILLE, TOULON, NICE

PORTICCIO, ÎLES SANGUINAIRES

🏨 **Amirauté** sans rest ⊠ 🖇 & 🅰🅲 ⚡ 🛜 🕸 🅿 🚗
20 bd Georges-Pompidou, par ① – 𝒞 04 95 27 22 57 – www.corsica-hotels.fr
129 ch – ♦56/284 € ♦♦67/284 € – 🖵 12 €
Vaste immeuble moderne en sortie de ville, vers l'aéroport. Les chambres y sont fonctionnelles. Piscine et terrasse tournées vers la mer.

🏨 **San Carlu Citadelle** 🎧 🖇 🅰🅲 ⚡ 🛜
8 bd Casanova – 𝒞 04 95 21 13 84 – www.hotel-sancarlu.com Plan : Z**f**
40 ch – ♦59/160 € ♦♦59/160 € – 🖵 12 € – ½ P
Au cœur du vieil Ajaccio et à deux pas de la plage St-François, cet hôtel offre une vue superbe sur la citadelle et la mer. Les chambres, au décor épuré, disposent d'un équipement complet ; on profite aussi du restaurant, de l'autre côté de la rue.

🏠 **Kallisté** sans rest 🖇 🅰🅲 🛜 🚗
51 cours Napoléon – 𝒞 04 95 51 34 45 Plan : Z**b**
– www.hotel-kalliste-ajaccio.com
45 ch 🖵 – ♦64/77 € ♦♦80/105 €
Cet édifice (19ᵉ s.) du cours Napoléon a conservé ses murs de brique et de granit et ses plafonds voûtés. Chambres petites et fonctionnelles, idéales pour une étape ou un court séjour.

✗ **A Nepita** 🛖 AK ❄

4 r. San-Lazaro – ℰ 04 95 26 75 68 – Fermé août, 23-30 déc.,   Plan : Y**f**
lundi soir, mardi soir, merc. soir, sam. midi et dim.
Menu 29 € (déj.)/42 € *(réservation conseillée)*
Dans ce petit établissement, un chef d'expérience concocte chaque jour un menu unique autour de deux plats au choix, au gré du marché et de ses envies. Fraîcheur et saveur !

✗ **L'Amuse Bouche** AK

3 bd Pugliesi-Conti – ℰ 04 95 52 11 43 – Fermé juil., dim. et lundi   Plan : Y**s**
Formule 29 € – Menu 39 €
Amuse-bouches et produits bien sélectionnés pour une cuisine aux parfums de la Méditerranée. Cadre intime et service prévenant.

✗ **A Merendella Citadina** ⓝ 🛖 AK

19 r. Conventionnel-Chiappe – ℰ 04 95 21 99 13   Plan : Z**d**
– www.a-merendella-soccia.fr – Fermé dim.
Formule 28 € – Menu 34/38 €
Un antre sympathique – avec une terrasse sur une rue piétonne et une salle en pierre plutôt intime – pour une cuisine qui honore le terroir insulaire avec originalité. Légumes et charcuterie corses, recettes traditionnelles revisitées chaque jour au gré d'un menu annoncé à haute voix : fraîcheur et parfums au menu !

Plaine de Cuttoli 15 km par ① par rte de Bastia, rte de Cuttoli (D 1) puis rte de Bastelicaccia – ✉ 20167 Mezzavia

✗✗ **U Licettu** avec ch ⏚ ≤ 🛖 🛖 ⌁ AK ch, ❄ **P**
🙂 ℰ 04 95 25 61 57 – www.u-licettu.com – Fermé 1ᵉʳ janv.-15 fév., dim. soir et lundi
5 ch ⌑ – ♦80 € ♦♦85 € – ½ P   Menu 43 € ⚐ *(réservation conseillée)*
Une villa dominant le golfe et noyée sous les fleurs, quelques chambres face au jardin, un accueil charmant, une cuisine corse copieuse et savoureuse (charcuteries maison, viandes rôties dans la cheminée, brocciu frais du matin même...) : autant de bonnes raisons de ne pas prendre le maquis !

à Pisciatello 12 km par ① et N 196 – ✉ 20117

✗ **Auberge du Prunelli** 🛖

😷 – ℰ 04 95 20 02 75 – www.auberge-du-prunelli.com – Fermé mardi
Menu 20 € (déj.)/34 € ⚐ – Carte 28/42 €
🙂 Charcuterie, fromages et miel de la vallée, légumes du potager, petits plats mijotés des heures sur le coin du fourneau, tartes concoctées avec les fruits du verger... Nul doute : si cette auberge née en 1870 est perdue en dehors d'Ajaccio, c'est pour mieux retrouver la tradition corse ! Authentique et intemporel.

rte des îles Sanguinaires par ② – ✉ 20000

🏨🏨 **Dolce Vita** ⅠO ⏚ ≤ 🛖 ⌁ AK 🛜 ⚘ **P**

à 9 km – ℰ 04 95 52 42 42 – www.hotel-dolcevita.com – Ouvert d'avril à oct.
32 ch – ♦220/480 € ♦♦220/480 € – ⌑ 24 € – ½ P
Rest *La Mer* – voir les restaurants ci-après
La vie est douce dans cet hôtel à fleur d'eau : beau jardin, piscine et plage privée. Chambres spacieuses et contemporaines, toutes avec vue sur la Méditerranée...

🏨 **Cala di Sole** ⅠO ⏚ ≤ ⌁ 🛁 ❄ AK 🛜 ⚘ **P**

à 6 km – ℰ 04 95 52 01 36 – www.caladisole.fr – Ouvert d'avril à mi-oct.
31 ch – ♦93/260 € ♦♦133/260 € – ⌑ 14 €
Pour un séjour tonique les pieds dans l'eau : piscine, fitness, plongée, jet-ski et planche à voile. Chambres avec terrasse ou loggia donnant sur la mer. En saison, grillades et salades servies midi et soir à la paillotte de l'hôtel, située sur la plage.

✗✗✗ **La Mer** – Hôtel Dolce Vita ≤ 🛖 🛖 ❄ **P**

à 9 km – ℰ 04 95 52 42 42 – www.hotel-dolcevita.com – Ouvert d'avril à oct. et fermé le midi sauf dim.
Menu 49 € (dîner) – Carte 53/69 €
La Mer et toutes ses splendeurs : on s'installe en terrasse, face aux Sanguinaires, pour déguster de beaux produits marins... Par temps frais, on apprécie la douceur bourgeoise qui règne dans la salle.

XX Palm Beach avec ch

à 5 km – *℘ 04 95 52 01 03 – www.palm-beach.fr – Ouvert de mars à oct. et fermé le midi*
8 ch – †145/300 € ††145/450 € – 1 suite – ☐ 18 €
Menu 69/109 € – Carte 81/114 €
Le restaurant embrasse le golfe d'Ajaccio, la Grande Bleue vient caresser sa terrasse… Dans ce lieu idyllique, on savoure une cuisine gastronomique raffinée, mettant en valeur les beaux produits du terroir. Menu plus simple au déjeuner au Sari. Chambres confortables face à la mer.
→ Foie gras poché à la fève tonka, racine de topinambour et châtaignes. Homard bleu mariné au cédrat et beignet croustillant des pinces. Soufflé chaud à la mandarine corse.
Le Sari Formule 19 € – Carte 50/75 € *(fermé lundi et le soir)*

ALÉRIA
✉ 20270 (Haute-Corse) – 2 129 hab. – Alt. 20 m – Voir carte n°**15-B2**
▶ Bastia 71 km – Corte 50 km – Porto Vecchio 72 km
Carte Michelin 345-G7

🏠 L'Empereur
320 av. St Alexandre Sauli, (N 198) – ℘ 04 95 57 02 13
– www.hotel-empereur.com – Fermé 1er nov.-1er mai
32 ch – †40/94 € ††50/100 € – ☐ 8 € – ½ P
À trois minutes de la plage, au bord de la nationale qui traverse le village, cette construction de style motel propose des chambres spacieuses et fonctionnelles donnant pour la plupart sur la piscine. Les duplex conviendront parfaitement aux vacances en famille.

ALGAJOLA
✉ 20220 (Haute-Corse) – 292 hab. – Alt. 2 m – Voir carte n°**15-A1**
▶ Bastia 76 km – Calvi 16 km – L'Ile-Rousse 10 km
Carte Michelin 345-C4

🏠 Stellamare sans rest
chemin Santa Lucia – ℘ 04 95 60 71 18 – www.stellamarehotel.com
– Ouvert 25 avril-12 oct.
16 ch ☐ – †84/154 € ††95/165 €
Sur les hauteurs de la station, un beau jardin très engageant, puis cette grande maison qui abrita jadis les locaux de l'ORTF. Chambres plaisantes et cosy donnant sur la mer ou la montagne.

🏠 Serenada sans rest
– ℘ 04 95 36 43 64 – www.hotel-serenada.com – Ouvert avril-oct.
12 ch ☐ – †109/253 € ††109/253 €
Presque les pieds dans l'eau, un hôtel récent vraiment accueillant. Les chambres sont très confortables – avec une préférence pour celles qui donnent sur la mer –, bien insonorisées et décorées dans un style sobre et contemporain.

AULLÈNE
✉ 20116 (Corse-du-Sud) – 184 hab. – Alt. 825 m – Voir carte n°**15-B3**
▶ Ajaccio 73 km – Bonifacio 84 km – Corte 103 km – Porto-Vecchio 59 km
Carte Michelin 345-D9

⌂ San Larenzu sans rest
Pasta di Grano, (près de la poste) – ℘ 04 95 78 63 12 – www.sanlarenzu.com
– Fermé 20-30 nov.
5 ch ☐ – †65 € ††70 €
En route pour le GR 20 ? Laurent propose des chambres bien tenues et… vend aussi sa charcuterie artisanale ! Bon petit-déjeuner (miel et confitures corses) face aux montagnes.

BARCAGGIO
✉ 20275 (Haute-Corse) – Voir carte n°**15-B1**
◨ Bastia 55 km
Carte Michelin 345-F1

 Petra Cinta sans rest
au port – 𝒞 04 95 36 87 45 – www.hotelpetracinta.free.fr – *Ouvert mai-oct.*
9 ch – ♦65/115 € ♦♦75/130 € – ☲ 8 €
Dans cette jolie maison blanche, en retrait du pittoresque port, les chambres sont décorées avec goût, vraiment avenantes, et certaines sont même conçues pour les familles. Tout est doux et reposant, à prix raisonnable.

BASTELICA
✉ 20119 (Corse-du-Sud) – 527 hab. – Alt. 800 m – Voir carte n°**15-B2**
◨ Ajaccio 43 km – Corte 69 km – Propriano 70 km – Sartène 82 km
Carte Michelin 345-D7

 Artemisia 🍽 ⌂ < 𝌆 ⬥ ☑ 🅿
Boccialacce, rte du Col de Scalella – 𝒞 04 95 28 19 13 – www.hotel-artemisia.com
– *Fermé début nov. à mi-déc.*
10 ch – ♦95/195 € ♦♦95/195 € – ☲ 14 €
Le charme de la différence ! Né en 2010, cet hôtel associe architecture contemporaine et esprit loft. Dans les chambres, les lits placés devant de grandes baies tutoient la montagne. Le patron, enfant du village, conseille balades et adresses d'artisanat. Recettes corses à l'heure du dîner. Détente absolue...

✗ **Chez Paul** < 🍴 ☒
quartier Stazzone – 𝒞 04 95 28 71 59
Formule 12 € – Menu 21/32 € – Carte environ 26 € dîner
Dans cette auberge, on se régale d'une bonne cuisine corse (charcuterie maison, daube de veau, cannellonis au brocciu) depuis quatre générations ! Dans l'assiette, c'est généreux et savoureux. Aux beaux jours, on profite de la terrasse avec vue plongeante sur le village et la vallée du Prunelli.

BASTIA
✉ 20200 (Haute-Corse) – 42 912 hab. – Alt. 18 m – Voir carte n°**15-B1**
◨ Ajaccio 148 km – Bonifacio 171 km – Calvi 92 km – Corte 69 km
Carte Michelin 345-F3

 Les Voyageurs sans rest
9 av. du Mar.-Sébastiani – 𝒞 04 95 34 90 80 Plan : X**r**
– www.hotel-lesvoyageurs.com
24 ch – ♦60/108 € ♦♦75/115 € – ☲ 14 €
Entre le port et la gare, cet hôtel accueille les voyageurs – touristes et clientèle d'affaires – depuis plus d'un siècle ! Chaque chambre arbore un décor différent, sur le thème de l'ailleurs ou du cinéma. Sympathique.

 Best western Bastia Centre sans rest
av. Jean-Zuccarelli, par ③ – 𝒞 04 95 55 05 10 – www.corsica-hotels.fr
71 ch – ♦56/200 € ♦♦66/200 € – ☲ 11 €
Sur les hauteurs de la ville, un hôtel récent et fonctionnel, où l'on se repose dans des chambres calmes et confortables. Petits plus bien appréciables : un parking, un garage et une carte snacking le soir.

 Posta Vecchia sans rest 🕮 ☒ 🛜
8 r. Posta-Vecchia – 𝒞 04 95 32 32 38 Plan : Y**s**
– www.hotel-postavecchia.com – *Fermé 14 déc.-5 janv.*
36 ch – ♦67/114 € ♦♦77/117 € – ☲ 9 €
Au cœur de Terra-Vecchia (la vieille ville bastiaise), un immeuble traditionnel avec ses volets bleus et sa belle teinte terre de Sienne. Les chambres sont petites, mais coquettes et avenantes.

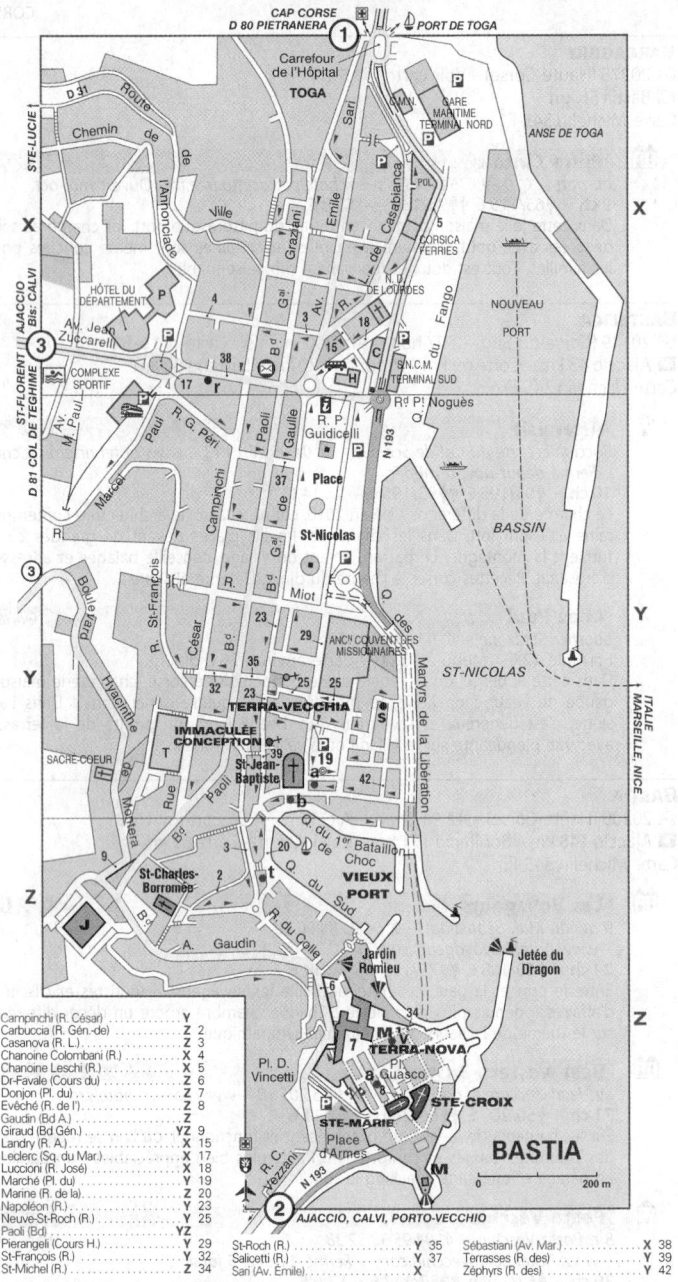

BASTIA

CAP CORSE
D 80 PIETRANERA ① ⚓ PORT DE TOGA

Carrefour
de l'Hôpital
TOGA

ANSE DE TOGA

GARE
MARITIME
TERMINAL NORD

CORSICA
FERRIES

NOUVEAU
PORT

HÔTEL DU
DÉPARTEMENT

Av. Jean
Zuccarelli

N.D.
DE LOURDES

COMPLEXE
SPORTIF

S.N.C.M.
TERMINAL SUD

R⁴ Pᵗ Noguès
N 193

Guidicelli

Place
St-Nicolas

BASSIN

Miot

ST-NICOLAS

ITALIE
MARSEILLE, NICE

ANCⁿ COUVENT DES
MISSIONNAIRES

TERRA-VECCHIA

IMMACULÉE
CONCEPTION

St-Jean-
Baptiste

SACRE-CŒUR

1ᵉʳ Bataillon
Choc

St-Charles-
Borromée

VIEUX
PORT

J

A. Gaudin

Jardin
Romieu

Jetée du
Dragon

Pl. D.
Vincetti

TERRA-NOVA

Pl.
Guasco

STE-CROIX

STE-MARIE

Place
d'Armes

BASTIA

0   200 m

② AJACCIO, CALVI, PORTO-VECCHIO

542

XX **Chez Huguette** ⟨ 🛱 AC
quai Sud, au Vieux-Port – ℰ 04 95 31 37 60 Plan : Z**t**
*– www.chezhuguette.fr – Fermé 1er-15 déc. et dim. sauf le soir du 15 juin au
15 sept.*
Carte 45/80 €
Un restaurant épuré, installé depuis 1969 en face des nombreuses embarcations
du vieux port. Cet agréable voisinage donne le ton à la cuisine, qui met à l'honneur fruits de mer et poisson frais. Et pour cause : trois à quatre fois par semaine,
on va directement se fournir chez les pêcheurs des environs.

XX **La Table du Marché St Jean** 🛱 AC
pl. du Marché – ℰ 04 95 31 64 25 – *Fermé 15 déc.-5 janv. et* Plan : Y**a**
dim.
Menu 30/68 € – Carte 45/60 €
Un jeune chef plein d'allant, une équipe dynamique... Cette Table a la charme de
la vivacité. Poissons et fruits de mer extrafrais, petits plats préparés en toute simplicité, jolie terrasse sous les platanes et banc d'écailler : on passe un bon moment.

XX **Le Guasco** 🛱 AC
6 r. du Dragon – ℰ 04 95 31 44 70 – *Fermé dim. soir hors saison* Plan : Z**a**
et lundi
Menu 28/38 € – Carte 32/48 €
Dans cet ancien moulin à huile, tout est chaleureux : la déco, bien sûr – avec ses
pierres apparentes, ses poutres, sa meule si pittoresque et sa presse à olives –, mais aussi l'appétissante viande régionale (menu autour du veau insulaire)
et la spécialité de la maison : la langoustine du cap Corse !

XX **A Vista** ⟨ 🛱 AC
🏵 *8 r. St-Michel, (La Citadelle)* – ℰ 04 95 47 39 91 Plan : Z**v**
– www.restaurantavista.com – Fermé 1er-15 janv., mardi hors saison et lundi
Menu 17 € (déj. en semaine) – Carte 20/50 €
La terrasse de ce restaurant ? Un petit paradis avec une superbe vue sur la mer...
Sans parler du décor résolument contemporain, de l'atmosphère chaleureuse et
– bien sûr – de la bonne cuisine méditerranéenne du chef, concoctée avec de
beaux poissons et légumes (souvent bio) de l'île.

X **Col Tempo** 🛱
4 r. St-Jean – ℰ 04 95 58 14 22 – *Fermé 25 fév.-18 mars,* Plan : Y**b**
24-30 nov., dim. soir et lundi
Carte 37/51 € *(réservation conseillée)*
Sur le quai de l'ancien port de Bastia, ce restaurant est le repaire "bistronomique"
d'un jeune chef formé à bonne école, Clément Calendini. Salade exotique de
gambas sauvages lardées à la pancetta, dos de merlu cuit vapeur façon aïoli :
une cuisine savoureuse, faite avec de bons produits... Une belle surprise !

à Palagaccio 2,5 km par ① – ⊠ 20200

🏠 **L'Alivi** 🍴 ⚊ ⟨ 🛋 🍽 AC ❄ 🛜 ♿ 🅿
rte du Cap – ℰ 04 95 55 00 00 – *www.hotel-alivi.com – Ouvert 15 mars-31 oct.*
36 ch – †90/245 € ††95/400 € – 1 suite – ⊆ 14 € – ½ P
Rest *L'Archipel* – voir les restaurants ci-après
La vie en bleu ! À 5mn du centre-ville, en direction du cap Corse, cet hôtel est
une ode à la mer. Accès direct à la plage et vue plongeante sur les flots, qu'on
paresse au solarium, crawle dans la piscine ou prenne l'air sur la terrasse de sa
jolie chambre.

XX **L'Archipel** – Hôtel L'Alivi ⟨ 🍴 🛱 AC ❄ 🅿
rte du Cap – ℰ 04 95 55 00 10 – *www.hotel-alivi.com – Ouvert 1er avril-31 sept.
et fermé dim. soir et lundi midi*
Carte 38/65 €
Pâtes aux langoustes, loup en croûte de sel... Cette cuisine du Sud est très appétissante, et on la déguste dans un cadre magique, face à l'archipel toscan et presque les pieds dans l'eau. Une impression de bout du monde, peut-être la plus
belle terrasse de Bastia !

à Pietranera 3 km par ① – ⊠ 20200

Pietracap sans rest · ⊗ ≤ ⌂ ⚒ AC ✄ 🛜 🏛 P
20 rte de San Martino, sur D 131 – ⌀ *04 95 31 64 63 – www.pietracap.com – Ouvert avril-nov.*
39 ch – ✝99/228 € ✝✝99/228 € – ⌧ 13 €
Parc luxuriant, vue sur la mer... un havre de paix ! Les chambres sont spacieuses, et disposent toutes d'un balcon donnant sur la verdure et la Grande Bleue. Au petit-déjeuner, goûtez la bonne confiture d'orange maison (avec les agrumes du jardin).

à Miomo 5,5 km par ① – ⊠ 20200

Torremare 🍴 AC P
2 rte Bord de Mer – ⌀ *04 95 33 47 20 – www.hotel-torremare-corse.com – Ouvert 1er mai -30 sept.*
7 ch – ✝70/120 € ✝✝110/150 € – ⌧ 10 € – ½ P
Sur la plage ! Ce petit hôtel-restaurant ne pouvait rêver meilleure situation... Toutes les chambres, lumineuses et épurées, donnent sur la mer. Simple et plaisant.

à San-Martino-di-Lota 13 km par ① et D 131 – ⊠ 20200 – 2 824 hab. – Alt. 350 m

La Corniche 🍴 ≤ ⌂ ⚒ ✄ 🏛 P
hameau de Castagneto – ⌀ *04 95 31 40 98 – www.hotel-lacorniche.com – Fermé 1er janv.-10 fév.*
20 ch – ✝50/109 € ✝✝56/130 € – ⌧ 13 € – ½ P
Rest *La Corniche*🐌 – voir les restaurants ci-après
Perchée sur les hauteurs du village, à flanc de colline, cette jolie maison toute jaune offre une vue à couper le souffle sur la vallée, la mer et, au loin, l'île d'Elbe. Déco colorée dans les chambres, jolie piscine et... prix assez doux.

Château Cagninacci sans rest ⊗ ≤ ⌂ ✄ 🛜 P ⇥
Hameau de Mola – ⌀ *06 78 29 03 94 – www.chateaucagninacci.com – Ouvert 15 mai-1er oct.*
4 ch ⌧ – ✝116/152 € ✝✝116/152 €
À flanc de montagne et au grand calme, ce joli couvent du 17e s. cultive un certain esprit monacal et hors du temps. Les chambres sont spacieuses, meublées à l'ancienne, et donnent – comme la terrasse – sur la mer et l'île d'Elbe... Un cachet fou !

La Corniche – Hôtel La Corniche 🐌 ≤ ⌂ ⚒ ✄ P
hameau de Castagneto – ⌀ *04 95 31 40 98 – www.hotel-lacorniche.com – Fermé 1er janv.-10 fév., dim. soir et le midi de nov. à avril, lundi et mardi midi*
Formule 24 € – Menu 31/71 € – Carte 36/67 €
Une maison chaleureuse accrochée à la montagne et donnant sur la mer, une belle terrasse sous les platanes... et une cuisine qui régale nos papilles, tels ces beignets de fromage corse ou cette côte d'agneau grillée aux légumes et aux herbes du maquis. Le tout accompagné de vieux millésimes de l'île. Réjouissant !

rte d'Ajaccio 4 km par ② – ⊠ 20600

Ostella 🍴 🐌 ⌂ 🔲 📺 🛁 🔧 ⌖ AC 🛜 🏛 P
av. Sampiero-Corso – ⌀ *04 95 30 97 70 – www.hotel-ostella.com*
52 ch – ✝60/90 € ✝✝70/250 € – 2 suites – ⌧ 12 € – ½ P
Ne vous fiez pas à son aspect un peu banal dans la banlieue de Bastia, cet hôtel est vraiment sympathique : agréable spa, joli jardin, piscine couverte, solarium, restaurant tendance, chambres fraîches et colorées...

rte de l'aéroport de Bastia-Poretta 18 km par ②, N 193 et D 507 ⊠ 20290 Lucciana

Poretta sans rest ⌂ 📶 ⌖ AC ✄ 🏛 P 🚗
rte de l'Aéroport – ⌀ *04 95 36 09 54 – www.hotel-poretta.com – Fermé 22 déc.-4 janv.*
43 ch – ✝70/80 € ✝✝80/95 € – ⌧ 9 €
En retrait de la route, un hôtel récent dissimulé derrière des palmiers. Les chambres, de style contemporain, sont fonctionnelles et propres. Également des duplex, bien pratiques lors d'une étape en famille.

BELGODÈRE

✉ 20226 (Haute-Corse) – 498 hab. – Alt. 320 m – Voir carte n°**15-A1**
▶ Bastia 68 km – Calvi 40 km – Corte 55 km – L'Île-Rousse 15 km
Carte Michelin 345-D4

🍴 **I Salti**

golf du Reginu – 𝒞 *04 95 34 35 59 – Ouvert avril-oct. et fermé le midi en août et le jeudi sauf juil.-août*
Carte 48/66 €
Dans la vallée du Reginu, non loin du golf, on emprunte un chemin sur quelques kilomètres avant de découvrir cette jolie maison entièrement rénovée. On y apprécie une cuisine au goût du jour, généreuse et bien maîtrisée, tout en profitant d'un service efficace et professionnel ! Une bonne adresse.

BONIFACIO

✉ 20169 (Corse-du-Sud) – 2 938 hab. – Alt. 55 m – Voir carte n°**15-B3**
▶ Ajaccio 132 km – Corte 150 km – Sartène 50 km
Carte Michelin 345-D11

🏨 **Genovese** sans rest

quartier de la Citadelle, (ville haute) – 𝒞 *04 95 73 12 34*
– www.hotel-genovese.com – Fermé 15 déc.-15 janv.
15 ch – †140/420 € ††140/420 € – 3 suites – ⊑ 20 €
Dans les remparts du fort, un établissement au minimalisme chic et moderne, propice à la détente. Les chambres, décorées avec goût, sont réparties autour de la cour, orientées côté marina ou citadelle. Trois superbes suites sont aussi disponibles sur le port, où un chauffeur pourra vous conduire !

🏨 **A Cheda**

rte de Porto-Vecchio, 2 km au Nord-Est par N 198 – 𝒞 *04 95 73 03 82*
– www.acheda-hotel.com
18 ch – †103/765 € ††103/765 € – 7 suites – ⊑ 19 €
Rest *Au Jardin d'A Cheda* – voir les restaurants ci-après
Pour se couper du monde : un jardin planté d'essences du Sud et des chambres délicieuses (terrasse privative, sauna) dans des maisonnettes.

🏨 **Santa Teresa** sans rest

quartier St-François, (ville haute) – 𝒞 *04 95 73 11 32*
– www.hotel-santateresa.com – Ouvert 7 avril-15 oct.
42 ch – †105/295 € ††105/295 € – ⊑ 15 €
Hôtel imposant surplombant les falaises. Chambres contemporaines très soignées ; certaines offrent une vue plongeante sur la Grande Bleue, avec la Sardaigne au loin !

🏨 **A Trama**

2 km à l'Est par rte de Santa-Manza – 𝒞 *04 95 73 17 17 – www.a-trama.com*
– Fermé 5 janv.-2 fév.
25 ch – †86/206 € ††96/206 € – ⊑ 12 € – ½ P
Les chambres sont disséminées dans cinq bungalows, au cœur d'un beau jardin planté d'oliviers et de palmiers. Décor soigné (mosaïques) et terrasses privées. Courte carte et cuisine méditerranéenne servies sous une véranda face à la piscine.

🏨 **A Madonetta** sans rest

r. Paul-Nicolaï – 𝒞 *04 95 10 36 39 – www.amadonetta.com*
22 ch – †72/199 € ††72/199 € – 2 suites – ⊑ 13 €
Un hôtel récent proche de la marina et assez calme. Chambres contemporaines et fonctionnelles, certaines avec mezzanine. Agréable spa (bain à remous, hammam, solarium).

🏠 **Domaine de Licetto** sans rest

2 km au Sud-Est par rte de Pertusato – 𝒞 *04 95 73 03 59 – www.licetto.com*
19 ch – †55/130 € ††55/130 € – ⊑ 11 €
Un établissement familial sur la route menant au sémaphore et au cap de Pertusato. Les chambres – rénovées peu à peu – sont assez spacieuses, fonctionnelles et bien tenues. Pour plus d'indépendance : quelques studios au milieu du maquis. Une adresse idéale pour se ressourcer au grand calme.

✗✗ **Au Jardin d'A Cheda** – Hôtel A Cheda

rte de Porto-Vecchio, 2 km au Nord-Est par N 198 – ℰ 04 95 73 03 82
– www.acheda-hotel.com – Fermé le midi et mardi d'oct. à mai, dim. soir, lundi
soir et merc. soir de nov. à mars
Menu 65/85 € – Carte environ 75 €

Bois, pierre, mosaïque... Un restaurant intime et une terrasse charmante, face à la piscine ! Tartare de veau bio, langoustines au four... On apprécie une belle cuisine d'aujourd'hui, qui met à l'honneur les produits corses.

✗✗ **Le Voilier**

quai Comparetti – ℰ 04 95 73 07 06 – www.restaurant-levoilier-bonifacio.com
– Fermé 14 janv.-14 fév., dim. soir et merc. hors saison
Formule 25 € – Menu 30/65 € – Carte 48/112 €

Voguez sans crainte vers cette étape gourmande ! Décor élégant et terrasse sur la marina, cuisine iodée d'une grande fraîcheur, embellie de légumes et d'herbes aromatiques.

✗✗ **Stella d'Oro**

7 r. Doria, (ville haute) – ℰ 04 95 73 03 63 – Ouvert d'avril à oct.
Formule 29 € – Carte 46/88 €

Une maison ancienne (poutres, pressoir à olives et meule en pierre) dans la vieille ville. Cuisine savoureuse faisant la part belle au terroir corse, ainsi qu'à la pêche locale et aux langoustes.

à Gurgazu 6 km au Nord-Est par rte de Santa-Manza – ✉ 20169

🏠 **Hôtel du Golfe**

Golfe Sant' Amanza – ℰ 04 95 73 05 91 – www.hoteldugolfe-bonifacio.com
– Ouvert d'avril à mi-nov.
12 ch – ½ P seult 70/90 €

Cette affaire familiale nichée dans un site sauvage du golfe de Santa Manza, à 50 m de la mer, séduit les amateurs de quiétude et de simplicité. Les chambres, entièrement refaites en 2014, sont parfaitement tenues, et la formule demi-pension proposée est intéressante (cuisine régionale).

au Nord-Est 10 km par rte de Porto-Vecchio (N 198) et rte secondaire – ✉ 20169

🏠🏠🏠 **U Capu Biancu**

Domaine de Pozzoniello, 10 km – ℰ 04 95 73 05 58 – www.ucapubiancu.com
– Ouvert 30 avril-11 oct.
42 ch – ♦225/1000 € – ♦♦225/1000 € – � 30 € – ½ P
Rest *U Capu Biancu* – voir les restaurants ci-après

Dans un splendide parc méditerranéen, au-dessus des eaux turquoise du golfe de Santa Manza, des suites luxueuses et des chambres ouvrant sur la mer ou le maquis, une piscine à débordement, un agréable espace détente... Nul doute : voilà un endroit idyllique !

🏠 **Version Maquis** 🆕 sans rest

lieu-dit Canetto-Pertuso, 8 km – ℰ 04 95 71 05 30
– www.hotelversionmaquis.com – Ouvert début avril-début nov.
8 ch � – ♦150 € – ♦♦360 €

Dans le calme du maquis corse, loin de la foule, une imposante demeure où l'on trouve de belles chambres confortables et climatisées. Le matin, on emprunte à pied le chemin menant à la mer, à une demi-heure de là... Dépaysement garanti !

✗✗ **U Capu Biancu**

Domaine de Pozzoniello, 10 km – ℰ 04 95 73 05 58 – www.ucapubiancu.com
– Ouvert 30 avril-11 oct.
Menu 62 € – Carte 54/146 €

Il y a le soleil, la mer et la Corse tout entière dans cet agréable restaurant... Le chef travaille des produits nobles et marie harmonieusement le terroir et les saveurs iodées ; il réalise des plats de tradition très appétissants.

CALACUCCIA
✉ 20224 (Haute-Corse) – 304 hab. – Alt. 830 m – Voir carte n°**15-A2**
▶ Bastia 78 km – Calvi 97 km – Corte 35 km – Piana 68 km
Carte Michelin 345-D5

🏠 **Acqua Viva** sans rest   ⟲ 🛜 **P**
– ☎ 04 95 48 06 90 – www.acquaviva-fr.com – Fermé 23-27 déc.
14 ch – ♦65/85 € ♦♦65/85 € – ☑ 10 €
Au débouché de la Scala de Santa Regina – taillée, dit-on, par la Vierge en personne –, un petit hôtel familial simple et engageant, avec des chambres d'une
tenue irréprochable. Aux beaux jours, le petit-déjeuner est servi sous la glycine...

🏠 **Auberge Casa Balduina** sans rest   📶 ⟲ 🍴 🛜 **P**
lieu-dit Le Couvent – ☎ 04 95 48 08 57 – www.casabalduina.com – Ouvert
1er mai-15 oct.
7 ch – ♦65/79 € ♦♦65/79 € – ☑ 9 €
Nichée dans un joli jardin, cette maison propose des chambres petites mais
coquettes. Idéal pour une étape entre randonnée et canyoning.

CALVI
✉ 20260 (Haute-Corse) – 5 598 hab. – Alt. 23 m – Voir carte n°**15-A1**
▶ Bastia 92 km – Corte 88 km – L'Ile-Rousse 25 km – Porto 73 km
Carte Michelin 345-B4

🏨 **La Villa**   🍴 📶 ⟲ ⟲ 🖇 🎞 🏊 ♨ 🍴 🛡 ⟲ 🔗 🛜 🏋 **P**
chemin de Notre-Dame-de-la-Serra, 1 km par ① – ☎ 04 95 65 10 10
– www.hotel-lavilla.com – Ouvert 18 avril-18 oct.
33 ch – ♦200/550 € ♦♦200/550 € – 16 suites – ☑ 35 €
Rest La Table by La Villa ✿ – voir les restaurants ci-après
La vieille ville et toute la baie semblent se prosterner devant cette Villa juchée sur
les hauteurs ! Ce palace au luxe discret, digne d'un couvent comme d'une villa
romaine, distille l'essence de l'Île de Beauté...

🏨 **Regina** sans rest   ⟲ ⟲ 🖇 🍴 ♨ 🍴 🛜 🏋 **P** 🚗
av. Santa-Maria, par ① – ☎ 04 95 65 24 23 – www.reginahotelcalvi.com
44 ch – ♦70/325 € ♦♦70/325 € – ☑ 13 €
En léger surplomb de la ville, cet agréable hôtel offre une vue partielle sur le port
et le golfe de Calvi. Les grandes chambres, à la décoration claire et actuelle, sont
tournées vers la mer ou la jolie piscine à déversoir...

🏨 **Hostellerie de l'Abbaye** sans rest   ⟲ 🍴 🛡 🍴 🛜 **P**
rte de Santore – ☎ 04 95 65 04 27 – www.hostellerie-abbaye.com   **a**
– Ouvert avril-oct.
43 ch – ♦120/220 € ♦♦190/320 € – ☑ 18 €
Une abbaye franciscaine du 16e s. couverte de lierre, son beau jardin ombragé et
odorant... et, en son sein, des chambres classiques et confortables. Un bon hôtel
de tradition.

🏨 **Le Rocher** sans rest   🍴 🛡 🍴 🛜
1 bd Wilson – ☎ 04 95 65 20 04 – www.hotel-le-rocher.com – Ouvert avril-oct.
20 ch – ♦85/270 € ♦♦85/270 € – ☑ 12 €
Un hôtel idéalement situé, à deux pas de la citadelle et du port de Calvi. Les
chambres se révèlent cosy et confortables, toutes avec balcon. Et au 5e étage,
les plus spacieuses regardent la mer !

🏠 **L'Onda** sans rest   🍴 🛡 🍴 🛜 **P**
av. Christophe-Colomb, 1 km par ① – ☎ 04 95 65 35 00 – www.hotel-londa.com
– Ouvert de mai à oct.
24 ch – ♦75/145 € ♦♦75/145 € – ☑ 9 €
À proximité de la plage et de la pinède, un petit immeuble ouvert en 1990, engageant avec sa façade jaune vif. Chambres simples et un peu rétro, très bien
tenues, toutes avec balcon. Parfait pour une étape.

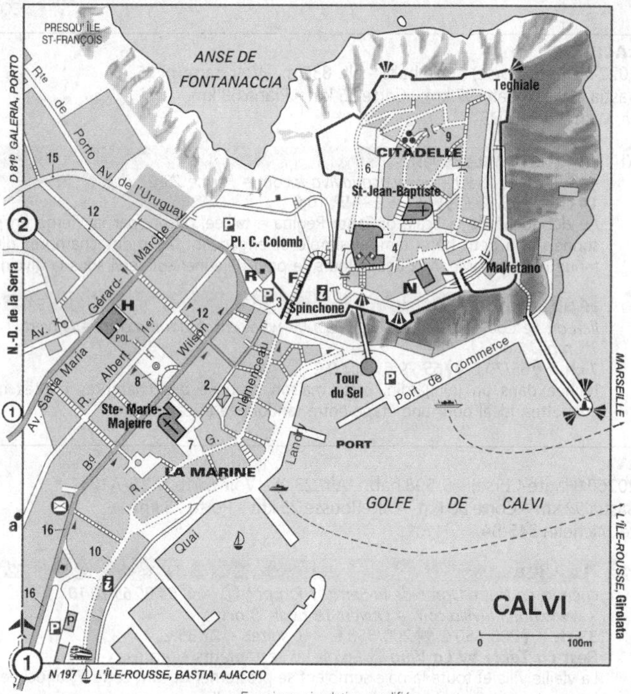

CALVI

XXX La Table by La Villa – Hôtel La Villa

chemin de Notre-Dame-de-la-Serra, 1 km par ① – ℰ 04 95 65 83 60
– www.hotel-lavilla.com – Ouvert 18 avril-18 oct. et fermé le midi
Menu 75/140 € – Carte 100/140 €

Au sein de la Villa, dont le luxueux décor s'efface devant la majesté du panorama
– la baie, la forteresse, les montagnes... –, cette Table cultive les beautés de l'île.
Saint-pierre, viandes ou agrumes : le chef, Laurent Renard, travaille chaque produit avec originalité, toujours dans le respect des saveurs. Doux moment...
→ Pomme d'amour de foie gras en gelée de verveine. Pintadeau et foie gras en
croûte, crème de petits pois et fruits des bois. Pêche et myrte en sphère glacée,
cœur fruits rouges et sablé breton.

X U Fanale

rte de Porto – ℰ 04 95 65 18 82 – www.ufanale.com – Ouvert 1ᵉʳ avril-31 déc. et
fermé mardi midi d'avril à sept., le mardi en oct. et du lundi au merc. en nov.
et déc.
Menu 21/27 € – Carte 42/61 €

Sur la route de Porto, un endroit idéal si l'on cherche une bonne cuisine traditionnelle : jolis produits et poissons locaux sont travaillés avec une pointe de créativité... et les prix sont raisonnables ! La salle, simplement décorée, réserve une
belle vue sur la baie et le phare de la Revelatta.

au Sud-Ouest 5 km par ① rte de l'aéroport et chemin privé - ✉ 20260 Calvi

La Signoria

rte de la Forêt-de-Bonifato – ℰ 04 95 65 93 00 – www.hotel-la-signoria.com
– Ouvert début avril à début janv.
17 ch – ♦180/620 € ♦♦180/620 € – 12 suites – � 32 €
Rest *La Palmeraie* – voir les restaurants ci-après
Nichée dans une pinède, cette demeure du 18e s. incarne à elle seule la Méditerranée : de l'ocre, du bleu, un mobilier corse d'époque, un beau jardin paysager et... des senteurs infinies, dans la plus grande quiétude !

La Palmeraie – Hôtel La Signoria

rte de la Forêt-de-Bonifato – ℰ 04 95 65 93 00 – www.hotel-la-signoria.com
– Ouvert début avril à début janv. et fermé le midi
Menu 120 € – Carte 70/130 €
Esprit boudoir, terrasse donnant sur un superbe jardin méridional : d'une élégance rare, le cadre est parfait pour profiter de cette cuisine locale, terrienne et marine, où cuissons et préparations sont bien maîtrisées. Raviole d'araignée, veau corse cuit au sautoir... De beaux produits pour un plaisir sincère !

CASAMOZZA

✉ 20290 (Haute-Corse) – Voir carte n°**15**-B1
▶ Bastia 20 km – Corte 49 km – Vescovato 6 km
Carte Michelin 345-F4

Chez Walter

N 193 – ℰ 04 95 36 00 09 – www.hotel-chez-walter.com
64 ch – ♦85/88 € ♦♦98/135 € – 2 suites – � 9 € – ½ P
Non loin de l'aéroport de Bastia-Poretta, un complexe hôtelier récent au cœur d'un jardin méditerranéen. Plats traditionnels et pizzas au restaurant, piscine, tennis et fitness : les loisirs à l'honneur... et un grand espace séminaires.

CERVIONE

✉ 20221 (Haute-Corse) – 1 703 hab. – Alt. 350 m – Voir carte n°**15**-B2
▶ Bastia 52 km – Ajaccio 140 km – Biguglia 45 km – Corte 78 km
Carte Michelin 345-F6

à Prunete 5,5 km à l'Est par D 71 – ✉ 20221

Casa Corsa sans rest

Acqua Nera – ℰ 04 95 38 01 40 – www.casa-corsa.net
5 ch � – ♦62/70 € ♦♦70 €
Une étape idéale sur la côte, entre Bastia et Aléria. Dans cette villa typiquement méditerranéenne, les chambres ont un petit côté provençal. Au programme : petit-déjeuner sous la tonnelle, promenade parmi les arbres fruitiers...

CORTE

✉ 20250 (Haute-Corse) – 7 098 hab. – Alt. 396 m – Voir carte n°**15**-B2
▶ Bastia 69 km – Bonifacio 150 km – Calvi 88 km – L'Île-Rousse 63 km
Carte Michelin 345-D6 – Guide Vert Michelin Corse

Duc de Padoue sans rest

2 pl. de Padoue – ℰ 04 95 46 01 37 – www.ducdepadoue.com – *Ouvert 1er avril-15 nov.*
11 ch � – ♦66/93 € ♦♦77/125 €
Au cœur de la ville et tout près de la citadelle, une jolie bâtisse du 19e s., avec de belles chambres d'esprit contemporain, aux couleurs douces et reposantes. Un bon hôtel.

Le 24

24 cours Paoli – ℰ 04 95 46 02 90 – www.restaurant-le24.fr – Fermé en janv. et dim. de nov. à mai
Formule 16 € ☂ – Menu 18/24 € – Carte 30/55 €

Sur le cours Paoli, une adresse sympathique dont le décor oscille entre touches contemporaines et vieilles pierres ; dans l'assiette, on sert surtout des produits corses, comme ces beaux poissons bien choisis et ces langoustes en vivier. Le verre n'est pas en reste avec une très belle sélection de vins locaux !

dans les Gorges de La Restonica Sud-Ouest sur D 623 – ✉ 20250

Dominique Colonna sans rest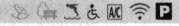

Vallée de la Restonica, à 2 km ✉ 20250 Corte – ℰ 04 95 45 25 65
– www.dominique-colonna.com – Ouvert avril-nov.
28 ch – †90 € ††320 € – 1 suite – ☲ 14 €

À l'entrée des gorges, dans l'arrière-pays de Corte, un hôtel paisible entre rochers et pins : les amoureux de la nature seront sous le charme ! Le confort est total, des jolies chambres à cette splendide terrasse qui surplombe les flots tumultueux de la rivière...

COTI-CHIAVARI

✉ 20138 (Corse-du-Sud) – 730 hab. – Alt. 625 m - Voir carte n°**15-A3**
▶ Ajaccio 42 km – Propriano 38 km – Sartène 50 km
Carte Michelin 345-B9

Le Belvédère

– ℰ 04 95 27 10 32 – www.lebelvederedecoti.com – Ouvert 1er mars-11 nov.
13 ch – †60/75 € ††60/75 € – ☲ 6 € – ½ P

Véritable nid d'aigle dans le maquis, cette maison familiale offre une vue époustouflante sur le golfe d'Ajaccio ! C'est peu dire que l'on est ici accueilli "comme à la maison", en particulier au restaurant, où mère et filles proposent une cuisine des plus authentiques : daube de veau, travers de porc au miel, etc.

ECCICA-SUARELLA

✉ 20117 (Corse-du-Sud) – 862 hab. – Alt. 300 m – Voir carte n°**15-A3**
▶ Ajaccio 19 km – Corte 87 km – Ghisonaccia 129 km – Propriano 52 km
Carte Michelin 345-C8

Carpe Diem Palazzu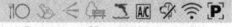

– ℰ 04 95 10 96 10 – www.carpediem-palazzu.com – Ouvert 1er mars-31 oct.
5 ch – †250/480 € ††250/480 € – ☲ 21 €

Une demeure du 18e s. sur les hauteurs de ce petit village au calme. Vieilles pierres, bois omniprésent, mobilier chiné, etc. : chaque chambre allie cachet et goût, et l'on profite à loisir du délicieux jardin avec sa petite piscine et sa vue sur les montagnes environnantes. Quant à la table, elle met à l'honneur le terroir corse avec créativité.

ERBALUNGA

✉ 20222 (Haute-Corse) – Voir carte n°**15-B1**
▶ Bastia 11 km – Rogliano 30 km
Carte Michelin 345-F3

Castel'Brando sans rest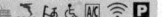

rte du Cap – ℰ 04 95 30 10 30 – www.castelbrando.com – Ouvert 2 avril- 2 nov.
44 ch – †105/259 € ††105/259 € – 6 suites – ☲ 14 €

Dans cette maison de maître édifiée par un médecin des armées napoléoniennes, tout est ravissant : le jardin luxuriant et ses jolis palmiers, les chambres raffinées (certaines dans des villas annexes), les piscines, l'espace forme et massage, la véranda... On aimerait rester toujours !

XX **Le Pirate**

au port – ℰ 04 95 33 24 20 – www.restaurantlepirate.com – Ouvert mars-oct. et
fermé lundi et mardi hors saison
Formule 42 € – Menu 75/90 € – Carte 80/110 €
Dans ce petit restaurant du port, original et pittoresque, le chef concocte une
belle cuisine d'aujourd'hui, fine et précise. Le meilleur de la pêche locale, la
viande des petits producteurs alentour : on ne triche pas avec les produits et
cela se sent ! Et pour l'anecdote, le capitaine Crochet veille sur les lieux...
➜ Brandade de denti. Notre interprétation des pâtes à la langouste du cap Corse.
Paris-brest via Erbalunga.

ERSA

✉ 20275 (Haute-Corse) – 155 hab. – Alt. 454 m – Voir carte n°**15-B1**
🚹 Bastia 48 km – Ajaccio 195 km
Carte Michelin 345-F2

🏠 **Le Saint-Jean**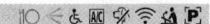

Botticella – ℰ 04 95 47 71 71 – www.lesaintjean.net – Ouvert de début avril à
fin oct.
9 ch – †70/90 € ††75/150 € – � 9 €
Au bout du cap Corse, cette maison de maître a été joliment rénovée ! Mexicaine,
Maroc, Mer, etc. : les chambres sont toutes différentes et dominent le maquis et
le cap. La terrasse, presque entièrement recouverte d'une verrière, fait face à l'île
de la Giraglia...

ÉVISA

✉ 20126 (Corse-du-Sud) – 196 hab. – Alt. 850 m – Voir carte n°**15-A2**
🚹 Ajaccio 71 km – Calvi 96 km – Corte 70 km – Piana 33 km
Carte Michelin 345-B6

🏠 **Scopa Rossa**

– ℰ 04 95 26 20 22 – www.hotelscoparossa.com – Ouvert mars-nov.
28 ch – †49/68 € ††52/85 € – ⊔ 8 € – ½ P
Un hôtel des années 1970, idéal pour un séjour en famille ou un week-end de
randonnée entre amis, à l'orée de la forêt d'Aïtone. Les chambres sont simples
et rustiques – sans télévision. Recettes du terroir au restaurant.

FAVONE

✉ 20135 (Corse-du-Sud) – Voir carte n°**15-B3**
🚹 Ajaccio 128 km – Bonifacio 58 km
Carte Michelin 345-F9

🏠 **U Dragulinu** sans rest

– ℰ 04 95 73 20 30 – www.hoteludragulinu.com – Ouvert 27 avril-20 oct.
34 ch ⊔ – †110/210 € ††120/230 €
Cet hôtel familial jouit d'un emplacement idyllique, idéal pour un séjour balnéaire. Chambres fonctionnelles ouvertes sur le parc ou la plage...

FELICETO

✉ 20225 (Haute-Corse) – 214 hab. – Alt. 350 m – Voir carte n°**15-A1**
🚹 Bastia 76 km – Calvi 26 km – Corte 72 km – L'Ile-Rousse 15 km
Carte Michelin 345-C4

🏠 **Cas'Anna Lidia** sans rest

au village – ℰ 04 95 61 81 24 – www.hoteldecharme-corse.com – Ouvert
1er mai-30 sept.
8 ch – †110/175 € ††110/175 € – ⊔ 15 €
Ce joli petit hôtel borde le village, en surplomb de la vallée : on y jouit d'une
vue superbe ! Dans les chambres, spacieuses et toutes différentes, la décoration
contemporaine côtoie tissus corses et mobilier cérusé... Une belle étape.

Mare e Monti sans rest
– ℰ 04 95 63 02 00 – www.hotel-maremonti.com – Ouvert 23 avril-7 oct.
16 ch – †79/139 € ††79/139 € – 🍽 13 €
Fortune faite dans la canne à sucre, les ancêtres de la famille revinrent de Porto Rico et édifièrent cette jolie maison de maître (1870), entre mer et montagne. Bel escalier, fresques et voûtes : un hôtel qui a du caractère.

L'ÎLE-ROUSSE

✉ 20220 (Haute-Corse) – 3 573 hab. – Voir carte n°**15-A1**
▶ Bastia 67 km – Calvi 25 km – Corte 63 km
Carte Michelin 345-C4

Liberata sans rest
La Marinella – ℰ 04 95 62 03 62 – www.hotel-liberata.com – Fermé de mi-déc. à fin fév.
22 ch – †100/430 € ††100/430 € – 🍽 18 €
À deux pas de la mer, on est arrêté par la grande façade bordeaux – aux volets verts ! – de cette magnifique demeure seigneuriale. On y pénètre par un beau lobby noir et blanc, délicieusement Art nouveau ; les chambres sont cosy, décorées en beige, chocolat et turquoise... Du goût !

Perla Rossa sans rest
30 r. Notre-Dame – ℰ 04 95 48 45 30 – www.hotelperlarossa.com – Ouvert de mi-avril à mi-oct.
8 ch – †160/590 € ††160/590 € – 2 suites – 🍽 18 €
Au cœur de la cité balnéaire, cette belle maison du 18ᵉ s. a du caractère, avec ses grandes chambres contemporaines, lumineuses et épurées. Sur la terrasse, très belle vue sur la baie, pour s'émerveiller d'être en Corse !

Santa Maria sans rest
rte du Port – ℰ 04 95 63 05 05 – www.hotelsantamaria.com
56 ch – †80/440 € ††83/440 € – 🍽 15 €
Sur la langue de terre conduisant à la presqu'île de la Pietra (le joyau de l'Île-Rousse), un hôtel moderne bien agréable, avec des chambres confortables et raffinées dont la plupart donnent sur la mer ou le jardin méditerranéen. Accès direct à une petite plage aménagée.

Cala di l'Oru sans rest
bd Pierre-Pasquini – ℰ 04 95 60 14 75 – www.hotel-caladiloru.com
– Ouvert mars-oct.
26 ch – †66/125 € ††69/145 € – 🍽 9 €
Un hôtel décoré avec goût et proposant des chambres avenantes, très bien entretenues, donnant sur la mer ou la montagne. Les fils de la propriétaire exposent photos et œuvres d'art contemporain, et il y a aussi un joli jardin méridional.

L'Amiral sans rest
bd Ch.-Marie-Savelli – ℰ 04 95 60 28 05 – www.hotel-amiral.com
– Ouvert avril-sept.
19 ch – †85/160 € ††85/160 € – 🍽 11 €
Embarquez à bord de cet hôtel très marin, presque les pieds dans l'eau : terrasse en teck, esprit bateau et chambres agréables et fonctionnelles, plus contemporaines côté plage.

La Pietra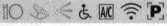
chemin du Phare – ℰ 04 95 63 02 30 – www.hotel-lapietra.com – Ouvert d'avril à mi-oct.
42 ch – †75/150 € ††75/150 € – 🍽 13 € – ½ P
Sur la route du phare de la Pietra, juste après le port, un hôtel-restaurant des années 1970, entièrement rénové en 2013 ; les chambres ont toutes un balcon donnant sur la mer ou la tour génoise (15ᵉ s.). Un lieu calme et sympathique.

⌂ **Escale Côté Sud** sans rest 📶 ᯤ 🅰️ 🛇 🛜
22 r. Notre-Dame – 𝒞 04 95 63 01 70 – www.hotel-ilerousse.com
19 ch ⌖ – †85/195 € ††85/195 € – 1 suite
Juste en face de la mer, dans un quartier riche en restaurants et boutiques, un hôtel d'esprit contemporain avec de petites chambres confortables ; les quelques-unes donnant sur le large sont un peu plus spacieuses ! Au bar, on peut manger sur le pouce.

✗✗ **Pasquale Paoli** (Ange Cananzi) 🛜 🅰️
🥰 *2 pl. Paoli – 𝒞 04 95 47 67 70 – www.pasquale-paoli.com – Fermé de mi-janv. à mi-mars, dim. et lundi d'oct. à fin mai*
Formule 29 € – Menu 50/85 € – Carte 68/92 € *(réservation conseillée)*
On célèbre ici Pascal Paoli, ce général corse qui mena, au 18e s., la lutte des insulaires contre les armées de Louis XV. Dans l'assiette, c'est un véritable concentré de l'île : le chef, passionné, travaille les meilleurs produits locaux avec justesse et finesse. Sur la terrasse, la vie est belle...
→ Œuf poché in trippa, croustillant de panzetta. Langouste de pêche locale, sabayon d'hydromel. Mi-tiède à la farine de châtaigne, caramel d'agrumes corses.

✗ **Le Bistrot de la Place** 🛜
3 pl. Paoli – 𝒞 04 95 60 12 90 – Fermé dim. soir et lundi du 1er sept. au 30 juin
Carte 50/75 €
Sur la place Paoli – si typique –, un restaurant rustique et chaleureux. On sert une sympathique cuisine du marché, ainsi que des plats de tradition incontournables, tels les abats. Le tout avec les conseils avisés de la propriétaire en matière de vins.

à Monticello 4,5 km au Sud-Est par D 63 – ⊠ 20220 – 1 681 hab. – Alt. 220 m

🏢 **A Piattatella** sans rest 🛇 ᯤ ⏖ 𝐿𝑔 🕭 🅰️ 🛇 🛜 🅿️
chemin St-François – 𝒞 04 95 60 07 00 – www.apiattatella.com
– Ouvert avril-oct.
13 ch – †178/348 € ††178/348 € – ⌖ 18 €
Piattatella, ou "cachette" en langue corse. Un nom tout trouvé pour ce bel hôtel niché sur les hauteurs du village, qui ne fait qu'un avec la nature environnante... Les paysages de Balagne, l'élégance sobre et reposante, et ce parfait sentiment d'exclusivité : tout est là !

✗✗ **A Pasturella** avec ch 🛜 🕭 🅰️ 🛜
pl. du Village – 𝒞 04 95 60 05 65 – www.a-pasturella.com – Fermé de début nov. à mi-déc.,1 semaine vacances de fév., dim. soir de déc. à mars
12 ch – †68/102 € ††78/115 € – ⌖ 12 € – ½ P
Menu 31/63 € – Carte 43/70 €
Sur la place de ce beau village perché trône ce restaurant familial très apprécié dans la région. On y honore le poisson (pêche du jour) et la tradition ; pour les petits appétits, tous les plats sont disponibles en demi-portion... Pour prolonger l'étape, des chambres sobres et élégantes.

à Pigna 8 km au Sud-Ouest par N 197 et D 151 – ⊠ 20220 – 100 hab. – Alt. 400 m

⌂ **Palazzu Pigna** 🍽️ 🛇 ᯤ 🕭 🛇 🛜 🅿️
𝒞 04 95 47 32 78 – www.hotel-palazzu.com – Ouvert avril-oct.
5 ch – †143/158 € ††220/250 € – ⌖ 16 €
Au cœur de Pigna, cette belle maison de maître du 18e s. offre une vue superbe sur la plaine et la mer. Toutes les chambres sont empreintes de charme et de sérénité, et certaines ont même une terrasse ; à table, on se régale d'une cuisine simple au milieu des vieilles poutres... Authentique et chaleureux.

✗ **A Mandria di Pigna** 🛜 🕭 🅿️
– 𝒞 04 95 32 71 24 – www.amandria.com – Ouvert avril-oct. et fermé lundi sauf juil.-août
Carte 38/75 €
À l'entrée de ce village attachant, une bergerie contemporaine qui ne l'est pas moins. Courgettes, tomates et herbes aromatiques du potager, agneau cuit et cochon de lait, en grillades ou à la broche : le terroir corse est à l'honneur ! Et le midi, on peut se rabattre sur des salades et des plats plus légers.

LEVIE

✉ 20170 (Corse-du-Sud) – 753 hab. – Alt. 645 m – Voir carte n°**15**-B3
▶ Ajaccio 101 km – Bonifacio 57 km – Porto-Vecchio 39 km – Sartène 28 km
Carte Michelin 345-D9

A Pignata
*5 km au Nord rte des sites Archéologiques de Cucuruzzu et Capula
– 𝒞 04 95 78 41 90 – www.apignata.com – Ouvert avril-déc.*
18 ch – ½ P seult 190/450 €
Rest *A Pignata* – voir les restaurants ci-après
Pour se ressourcer au grand calme, plusieurs maisons en pierre de pays, en pleine forêt... Les chambres, élégantes (gris et bruns chauds), ouvrent sur la verdure du massif de Bavella ; deux d'entre elles sont même perchées dans les arbres !

A Pignata
*5 km au Nord rte des sites Archéologiques de Cucuruzzu et Capula
– 𝒞 04 95 78 41 90 – www.apignata.com – Ouvert avril-déc.*
Menu 45 €
Dans ce restaurant rustique, en pleine nature, la cuisine familiale a le bon goût de la tradition... et de la simplicité, avec ce menu unique renouvelé tous les jours. Les produits sont d'une qualité exceptionnelle ; d'ailleurs, la charcuterie est fabriquée à partir des cochons de l'exploitation familiale !

La Pergola
r. Sorba – 𝒞 04 95 78 41 62 – Ouvert de mai à sept.
Formule 16 € – Menu 20 € *(réservation conseillée)*
Dans cette discrète adresse, le chef concocte des spécialités corses (gigot d'agneau et cannellonis au brocciu, charcuterie, fiadone maison...) en utilisant des produits bien choisis : le résultat est simple et bon ! Mais ce n'est pas tout : par beau temps, on prend son repas sur la petite terrasse, sous... la pergola.

LUMIO

✉ 20260 (Haute-Corse) – 1 252 hab. – Alt. 150 m – Voir carte n°**15**-A1
▶ Bastia 82 km – Calvi 10 km – L'Ile-Rousse 16 km
Carte Michelin 345-B4

Chez Charles
rte de Calvi – 𝒞 04 95 60 61 71 – www.hotelcorse-chezcharles.com – Ouvert 10 avril-2 nov.
29 ch – †140/320 € ††170/340 € – ⊡ 20 € – ½ P
Rest *Chez Charles* ⊛ – voir les restaurants ci-après
Agréable escapade en cet hôtel au décor contemporain et design, ouvrant sur le golfe de Calvi et la montagne (chambres avec balcon, piscine à débordement). Et à l'heure des gourmandises, faites donc un tour au restaurant...

Chez Charles
rte de Calvi – 𝒞 04 95 60 61 71 – www.hotelcorse-chezcharles.com – Ouvert 10 avril-2 nov.
Formule 26 € – Menu 72/120 € – Carte 80/100 €
Un restaurant au décor contemporain, une jolie terrasse : un cadre idéal pour déguster une cuisine qui respire la Méditerranée et le terroir corse. Le jeune chef, venu de Marseille, signe une cuisine au goût du jour, fine et pleine de parfums, où les plats sont parfaitement maîtrisés... Bon et généreux !
→ Pressé de foie gras de canard au rappu, réduction moka. Lasagnettes de homard à la farine de pois chiches, écume de bisque au corail. Carreau de mousse chocolat noir et mousse Nuciola.

Le Matahari
plage de l'Arinella – 𝒞 04 95 60 78 47 – www.lematahari.com – Ouvert de début avril à fin sept. et fermé lundi soir
Menu 42 € (dîner) – Carte 44/71 € *(réservation conseillée)*
Posée sur la plage de l'Arinella, cette Matahari est une séductrice pleine d'exotisme : les pieds dans le sable, à la lueur des bougies, on se régale de bons produits de la mer, d'incontournables spécialités insulaires et de plats aux influences asiatiques... Le soir, réservation indispensable.

MACINAGGIO

✉ 20248 (Haute-Corse) – Voir carte n°**15**-B1
▶ Bastia 37 km – Ajaccio 184 km
Carte Michelin 345-F2

U Libecciu sans rest

rte de la Plage – ℰ *04 95 35 43 22* – *www.u-libecciu.com* – *Ouvert 1ᵉʳ avril-15 oct.*
30 ch – †66/94 € ††70/155 € – 10 suites – ☐ 8 €
Près du port, un petit hôtel-restaurant d'esprit pension de famille, avec des chambres simples et spacieuses (avec terrasse), ainsi que des appartements loués à la semaine. Agréable piscine dans le jardin.

U Ricordu

– ℰ *04 95 35 40 20* – *www.hotel-uricordu.com* – *Ouvert 15 mars-15 nov.*
60 ch – †68/257 € ††68/257 € – ☐ 14 € – ½ P
Après une balade vivifiante sur le sentier des douaniers, on regagne sa chambre fraîche et pimpante avec plaisir, côté piscine ou côté montagne... Une bonne adresse pour une étape au cap Corse !

MARINE-D'ALBO

✉ 20217 (Haute-Corse) – 105 hab. – Alt. 110 m – Voir carte n°**15**-B1
▶ Bastia 40 km – Ajaccio 181 km
Carte Michelin 345-F3

Morganti

Marina D'albu ✉ *20217 Ogliastro* – ℰ *04 95 37 85 10*
– *www.restaurantmorganti.com* – *Fermé 21 déc.-9 fév. et du dim. soir au vend. midi de début nov. à fin mars*
Menu 24 € (semaine) – Carte 38/63 €
Un restaurant tout simple, avec une jolie terrasse bordée de mûriers-platanes. Ici, on cuisine du poisson extrafrais en arrivage direct de Balagne et du cap Corse, ainsi que les langoustes du vivier ; les assiettes se révèlent généreuses, pleines de saveurs, et vraiment respectueuses du produit. On y court !

MURO

✉ 20225 (Haute-Corse) – 245 hab. – Alt. 350 m – Voir carte n°**15**-A1
▶ Bastia 105 km – Ajaccio 160 km
Carte Michelin 345-C4

Casa Theodora sans rest

Piazza a u Duttore – ℰ *04 95 61 78 32* – *www.a-casatheodora.com*
– *Ouvert mai-oct.*
9 ch – †140/220 € ††140/220 € – ☐ 18 €
Palazzo du 16ᵉ s. réhabilité, portant le nom de l'éphémère roi de Corse, hôte des lieux en 1736. Architecture génoise, trompe-l'œil et fresques baroques, petite piscine intérieure.

NONZA

✉ 20217 (Haute-Corse) – 72 hab. – Alt. 100 m – Voir carte n°**15**-B1
▶ Bastia 33 km – Rogliano 49 km – Saint-Florent 20 km
Carte Michelin 345-F3

Casa Maria sans rest

au pied de la tour génoise – ℰ *04 95 37 80 95* – *www.casamaria.fr* – *Ouvert d'avril à oct.*
5 ch – †75/95 € ††75/95 €
Au pied d'une tour génoise et au cœur de ce joli village piétonnier, cette maison de maître (18ᵉ s.) est une bien agréable étape sur la route du cap : accueil chaleureux, chambres fraîches, mobilier ancien et... belle vue sur la mer.

OLETTA

✉ 20232 (Haute-Corse) – 1 518 hab. – Alt. 250 m – Voir carte n°**15-B1**
◣ Bastia 18 km – Calvi 78 km – Corte 72 km – L'Ile-Rousse 53 km
Carte Michelin 345-F4

U Palazzu Serenu sans rest
– *℘ 04 95 38 39 39* – www.upalazzuserenu.com
6 ch ☑ – †185/505 € ††200/520 € – 2 suites
Embrassant le golfe de St-Florent et les paysages superbes du Nebbio, ce palais d'inspiration toscane (17ᵉ s.) est un joyau ! Œuvres d'art contemporain et grand style, tout se mêle avec raffinement. Sérénité, charme et luxe discret...

A Magina
– *℘ 04 95 39 01 01* – Ouvert 15 avril-1ᵉʳ oct. et fermé lundi sauf juil.-août
Menu 28 € – Carte 40/60 €
Une vue à couper le souffle sur le golfe de St-Florent, pour une vraie cuisine corse préparée en famille et servie dans un cadre contemporain. Les beignets au fromage frais – l'une des spécialités de la maison – sont légers et croustillants, bref... délicieux ! Le soir, depuis la terrasse, sublime coucher de soleil...

OLMETO

✉ 20113 (Corse-du-Sud) – 1 217 hab. – Alt. 320 m – Voir carte n°**15-A3**
◣ Ajaccio 64 km – Propriano 8 km – Sartène 20 km
Carte Michelin 345-C9

à Olmeto-Plage 9 km au Sud-Ouest par D 157 – ✉ 20113

Ruesco
Capicciolo – *℘ 04 95 76 70 50* – www.hotel-ruesco.com – Ouvert de mi-avril à fin sept.
27 ch – †135/205 € ††150/215 € – 3 suites – ☑ 13 €
Dans une crique privée à l'issue d'une route étroite... Cet hôtel dispose de suites luxueuses et de chambres classiques ouvrant sur la mer et le jardin. La paillotte, entre piscine et plage, propose une carte simple mais aussi de la langouste et des poissons nobles.

au Sud 5 km par N 196 et rte secondaire – ✉ 20113 Olmeto

Marinca
lieu-dit Vitricella – *℘ 04 95 70 09 00* – www.hotel-marinca.com
– Ouvert 1ᵉʳ mai-12 oct.
54 ch ☑ – †330/695 € ††380/750 € – 4 suites – ½ P
Rest *Le Bougainvilliers* – voir les restaurants ci-après
Au bord d'une crique, dans un parc fleuri, avec trois piscines à débordement descendant vers la plage privée, cet hôtel est un véritable îlot de confort... Le décor mêle les influences (Maroc, Indonésie...) et les chambres offrent une superbe vue sur la mer !

Le Bougainvilliers – Hôtel Marinca
lieu-dit Vitricella – *℘ 04 95 70 09 00* – www.hotel-marinca.com
– Ouvert 1ᵉʳ mai-12 oct.
Formule 35 € – Menu 65/105 € ℙ – Carte 50/67 €
Il est des trésors que l'on aimerait garder pour soi seul ; ce Bougainvilliers en fait partie ! Derrière les fourneaux, le chef – Meilleur Ouvrier de France en 2000 – s'inspire de sa Bretagne natale pour travailler de très beaux produits avec une pointe d'originalité. Cadre élégant et jolie vue en terrasse.

PATRIMONIO

✉ 20253 (Haute-Corse) – 672 hab. – Alt. 100 m – Voir carte n°**15-B1**
◣ Bastia 16 km – St-Florent 6 km – San-Michele-di-Murato 22 km
Carte Michelin 345-F3

Vignoble sans rest

Santa Maria – 𝒞 04 95 37 18 48 – www.hotel-du-vignoble.com – Ouvert 15 avril-15 oct.
12 ch – ✝50/100 € ✝✝50/100 € – ⚏ 8 €

Au cœur du village, une belle maison de 1846 entièrement rénovée... Résultat : un lieu confortable et chaleureux avec ses murs patinés, ses meubles en fer forgé et sa boutique permettant de découvrir les vins de l'exploitation familiale.

PERI

✉ 20167 (Corse-du-Sud) – 1 744 hab. – Alt. 450 m – Voir carte n°**15-A2**
▶ Ajaccio 26 km – Corte 71 km – Propriano 82 km – Sartène 94 km
Carte Michelin 345-C7

Chez Séraphin

au village – 𝒞 04 95 25 68 94 – Ouvert début avril à début oct. et fermé lundi
Menu 48 € ♈ *(réservation conseillée)*

Une maison corse typique dans un charmant village à flanc de montagne. La patronne y travaille de bons produits du terroir avec simplicité ; elle les agrémente des fruits, légumes et herbes du jardin. Inusable Séraphin !

PIANA

✉ 20115 (Corse-du-Sud) – 468 hab. – Alt. 420 m – Voir carte n°**15-A2**
▶ Ajaccio 72 km – Calvi 85 km – Évisa 33 km – Porto 13 km
Carte Michelin 345-A6

Capo Rosso

rte des Calanche – 𝒞 04 95 27 82 40 – www.caporosso.com – Ouvert début avril-20 oct.
47 ch ⚏ – ✝120/260 € ✝✝140/310 € – ½ P

Vue imprenable sur le golfe de Porto et les calanques depuis la piscine et les vastes chambres, toutes avec balcon et décorées dans un élégant style contemporain. Au restaurant panoramique, cuisine de qualité à base de pêche locale et de produits du terroir.

Le Scandola sans rest

rte de Cargèse – 𝒞 04 95 27 80 07 – www.hotelscandola.com – Ouvert 1er avril-15 oct.
14 ch – ✝76/106 € ✝✝76/106 € – ⚏ 15 €

Au cœur d'un site exceptionnel, face à la presqu'île de Scandola. Une vue superbe dont on ne se lasse pas dans les chambres, elles-mêmes décorées avec soin et une pointe de romantisme...

PORTICCIO

✉ 20166 (Corse-du-Sud) – Voir carte n°**15-A3**
▶ Ajaccio 19 km – Sartène 68 km
Carte Michelin 345-B8

Le Maquis

– 𝒞 04 95 25 05 55 – www.lemaquis.com – Fermé janv.-fév.
20 ch – ✝160/800 € ✝✝180/900 € – 5 suites – ⚏ 28 €
Rest L'Arbousier – voir les restaurants ci-après

Cette demeure d'inspiration génoise, nichée dans un jardin luxuriant, est un petit bijou. Chambres spacieuses, décorées de mobilier ancien, avec une vue superbe sur la mer ; splendides piscines... Prenons le Maquis !

Sofitel Thalassa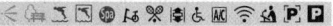

domaine de la Pointe – 𝒞 04 95 29 40 40 – www.sofitel.com – Fermé 5 janv.-13 fév.
96 ch – ✝185/705 € ✝✝185/705 € – 2 suites – ⚏ 29 € – ½ P

Thalassa, déesse grecque de la mer, est bien la figure tutélaire de ce complexe hôtelier : situation isolée à la pointe du cap de Porticcio, institut de thalassothérapie, piscine à débordement, sports nautiques, chambres tournées vers la Méditerranée, et produits de la mer au restaurant lui aussi face aux flots...

XXX **L'Arbousier** – Hôtel Le Maquis
– *𝒞 04 95 25 05 55 – www.lemaquis.com – Fermé janv.-fév.*
Menu 80 € (dîner) – Carte 82/112 €
Savourer des langoustines, du homard et des poissons de petits pêcheurs locaux
en regardant la mer... quel délice ! Une institution locale.

à Agosta-Plage 2 km au Sud – ⊠ 20128

🏨 **Radisson Blu** 🍴 ⇐ 🛄 🏖 🎏 🛗 🛗 ⟨ 🔌 ℅ 🤖 🏊 **P**
– *𝒞 04 95 77 97 97 – www.radissonblu.fr/resort-ajacciobay – Fermé 2 nov.-27 fév.*
165 ch – ♦115/400 € ♦♦115/400 € – 5 suites – ⊇ 20 € – ½ P
Inauguré en 2012 face à la plage, l'établissement compte le plus grand nombre
de chambres en Corse. Tout en lignes épurées et confort, elles ouvrent sur la
baie d'Ajaccio – et les Sanguinaires à l'horizon – ou le maquis. Spa de 900 m²,
club enfants, salles de séminaires, restaurant, etc. De belles prestations.

🏠 **Kallisté** sans rest 🛁 ⇐ ⇐ 🛄 🤖 **P**
*rte du Vieux-Molini – 𝒞 04 95 25 54 19 – www.hotel-kalliste-porticcio.com
– Ouvert 1er avril-1er nov.*
7 ch – ♦70/140 € ♦♦80/150 € – ⊇ 10 €
Une villa sur les hauteurs, avec une belle vue sur le golfe d'Ajaccio. Chambres
sobres, meublées de teck, certaines avec terrasse. Grande piscine et jardin face
à la mer.

PORTO

⊠ 20150 (Corse-du-Sud) – 544 hab. – Alt. 45 m – Voir carte n°**15-A2**
🅳 Ajaccio 84 km – Calvi 73 km – Corte 93 km – Évisa 23 km
Carte Michelin 345-B6

🏨 **Eden Park** 🍴 🛁 ⇐ 🛄 🛗 ℅ **P**
*4 km par rte de Calvi – 𝒞 04 95 26 10 60 – www.hotels-porto.com
– Ouvert 7 mai-26 sept.*
35 ch ⊇ – ♦70/135 € ♦♦140/270 €
Sur la route de Calvi, un vaste établissement composé de bungalows nichés dans
un jardin luxuriant, au grand calme. Bel espace lounge et palmiers autour de la
piscine. Que demander de plus ?

🏨 **Le Subrini** sans rest ⇐ 🎏 🛗 ℅ 🤖 **P**
à la Marine – 𝒞 04 95 26 14 94 – www.hotels-porto.com – Ouvert 4 avril-16 oct.
24 ch ⊇ – ♦80/174 € ♦♦100/174 €
Tout près de la mer, face à la tour génoise, un établissement créé dans les années
1980 mais respectant l'architecture locale avec sa façade en pierre. Décoration simple et chambres fonctionnelles avec vue sur la marina. Parking privé à deux pas.

🏨 **Le Belvédère** sans rest ⇐ 🎏 🛗 🤖
*à la Marine – 𝒞 04 95 26 12 01 – www.hotelrestaurant-lebelvedere-porto.com
– Ouvert 1er avril-31 oct.*
20 ch – ♦55/140 € ♦♦55/140 € – ⊇ 12 €
Au pied de la tour de Porto, un hôtel en pierre rouge, à l'entrée discrète. Chambres simples et confortables, certaines avec vue sur le port et les montagnes.

🏠 **Bella Vista** sans rest ⇐ ⇐ 🛗 🤖 **P**
rte de Calvi – 𝒞 04 95 26 11 08 – www.hotel-corse.com – Ouvert d'avril à oct.
17 ch – ♦60/86 € ♦♦70/160 € – ⊇ 12 €
L'enseigne ne ment pas : la vue est belle, c'est incontestable, sur le Capo
d'Orto... En outre, il règne dans ce petit hôtel une ambiance familiale. Chambres
accueillantes et bon petit-déjeuner. L'une des adresses les plus plaisantes de Porto.

🏠 **Le Romantique** sans rest ⇐ 🛗 ℅ 🤖
*à la Marine – 𝒞 04 95 26 10 85 – www.hotel-romantique-porto.com – Ouvert
20 avril-15 oct.*
8 ch – ♦78/98 € ♦♦78/98 € – ⊇ 9 €
Cet hôtel dispose de chambres spacieuses et bien tenues ; les balcons donnent
tous sur une petite marina et un bois d'eucalyptus.

PORTO-POLLO

✉ 20140 (Corse-du-Sud) – Alt. 140 m – Voir carte n°**15-A3**
➡ Ajaccio 52 km – Sartène 31 km
Carte Michelin 345-B9

 Le Golfe 🍴 ⌂ ⌂ ⌂ ⌂ ⌂ ⌂ ⌂
– ℰ 04 95 74 01 66 – www.hotel-corse-porto-pollo.com – Ouvert d' avril à oct.
14 ch – ✝210/440 € ✝✝210/440 € – 4 suites – ⌷ 25 €
Un bâtiment récent juste à côté du port. Les chambres sont sobres et élégantes, avec une jolie vue sur le golfe de Valinco où l'on peut se promener avec le bateau de l'hôtel. Cuisine régionale et produits de la mer à la brasserie, véritable cantine du golfe.

 Les Eucalyptus sans rest ⌂ ⌂ ⌂ ⌂ ⌂ ⌂ ⌂
– ℰ 04 95 74 01 52 – www.hoteleucalyptus.com – Ouvert 15 avril-8 oct.
32 ch – ✝68/138 € ✝✝68/138 € – ⌷ 12 €
Cet hôtel familial, situé en léger retrait de la route, domine le golfe de Valinco. De la plupart des chambres, on contemple la plage, toute proche...

PORTO-VECCHIO

✉ 20137 (Corse-du-Sud) – 10 957 hab. – Alt. 40 m – Voir carte n°**15-B3**
➡ Ajaccio 141 km – Bonifacio 28 km – Corte 121 km – Sartène 59 km
Carte Michelin 345-E10

 Casadelmar 🍴 ⌂ ⌂ ⌂ ⌂ ⌂ ⌂ ⌂ ⌂ ⌂ ⌂ ⌂
7 km par rte de la plage de Palombaggia – ℰ 04 95 72 34 34
– www.casadelmar.fr – Ouvert 17 avril-31 oct.
21 suites ⌷ – ✝✝820/3100 € – 11 ch – ½ P
Rest *Casadelmar* ❀ ❀ – voir les restaurants ci-après
Un long parallélépipède de bois, dans un parc planté de figuiers, de grenadiers et d'oliviers. Des lignes géométriques étudiées, des espaces design... et partout – notamment de la piscine à débordement –, une vue magique sur la baie de Porto-Vecchio : la Corse à l'heure contemporaine *"and so chic"* !

 Don Cesar 🍴 ⌂ ⌂ ⌂ ⌂ ⌂ ⌂ ⌂ ⌂ ⌂ ⌂ ⌂ ⌂
r. du Cdt.-Quilici, (au rond-point du centre commercial Leclerc prendre la direction de la clinique) – ℰ 04 95 76 09 09 – www.hoteldoncesar.com
– Ouvert 20 mai-5 oct.
37 ch ⌷ – ✝410/860 € ✝✝410/860 € – 2 suites – ½ P
Rest *Don Cesar* – voir les restaurants ci-après
Dans cet hôtel créé en 2012 dans l'esprit méditerranéen, le luxe a donné rendez-vous au raffinement. Les chambres sont superbes et spacieuses (50 m² au minimum) et leurs balcons se tournent vers le golfe de Porto-Vecchio... pour rêver éveillé. Piscine, spa, jardin paysager, etc., ajoutent à la beauté des lieux.

 Le Belvédère 🍴 ⌂ ⌂ ⌂ ⌂ ⌂ ⌂ ⌂ ⌂
5 km par rte de la plage de Palombaggia – ℰ 04 95 70 54 13
– www.hbcorsica.com – Ouvert 24 avril-29 nov.
15 ch – ✝110/390 € ✝✝110/390 € – 4 suites – ⌷ 20 € – ½ P
Rest *Le Belvédère* – voir les restaurants ci-après
Franchissez le lourd portail en bois sculpté et pénétrez dans une oasis de verdure. Les chambres sont disséminées dans plusieurs pavillons : l'île de Beauté en toute tranquillité. Outre le restaurant gastronomique, jolie formule à la Brocherie (cabri et cochon de lait au feu de bois).

 Les Bergeries de Palombaggia 🍴 ⌂ ⌂ ⌂ ⌂ ⌂ ⌂ ⌂
12 km par rte de Palombaggia – ℰ 04 95 70 03 23
– www.hotel-palombaggia.com – Ouvert mi-avril à fin-oct.
10 ch – ✝169/529 € ✝✝169/529 € – 7 suites – ⌷ 25 € – ½ P
Parmi les oliviers et les cyprès, plusieurs maisonnettes construites dans l'esprit des anciennes bergeries, mais très confortables… luxueuses même ! Matériaux bruts, vue sur la mer (en étage), cuisine fraîcheur au restaurant, etc. : pour une belle et discrète villégiature à deux pas de la célèbre plage de Palombaggia.

Le Goéland

🏠🏠 ⏺ 🏤 ❤️ 🅰️🅲 🖌️ 🏧 🛜 ♨️ 🅿️

à la Marine – 𝒞 *04 95 70 14 15 – www.hotelgoeland.com – Ouvert de fin mars à début nov.*

34 ch 🍽️ – ♦110/480 € ♦♦125/510 € – ½ P

Cet hôtel agréable a le pied marin : lampes-tempêtes, meubles aux peintures patinées... mais aussi plage privée et ponton d'amarrage ! Le restaurant s'ouvre totalement sur le golfe et le jardin ; cuisine traditionnelle, au gré du marché et des saisons.

Golfe Hôtel

🏠🏠 ⏺ 🏊 🌿 🍸 ♿ 🅰️🅲 🖌️ 🛜 ♨️ 🅿️

r. du 9-Septembre-1943 – 𝒞 *04 95 70 48 20 – www.golfehotel-corse.com – Fermé vacances de Noël*

45 ch 🍽️ – ♦75/302 € ♦♦95/345 € – ½ P

Sur la route du port, cet hôtel propose des chambres décorées avec soin (mobilier épuré, tons gris et blanc) disséminées autour de la piscine et du jardin. Produits du terroir, grillades et recettes du sud au restaurant.

San Giovanni

🏠 ⏺ 🌿 ⏺ 🏊 🍽️ ♿ 🅰️🅲 🛜 ♨️ 🅿️

rte d'Arca, 3 km au Sud-Ouest par D 659 – 𝒞 *04 95 70 22 25*
– www.hotel-san-giovanni.com – Ouvert 12 janv.-20 nov.

30 ch – ♦50/160 € ♦♦50/180 € – 🍽️ 13 € – ½ P

L'hôtel de loisirs par excellence, charmant et familial, au calme dans un très beau jardin fleuri. La plupart des chambres ont une terrasse ou un petit jardin privatif. Mieux vaut réserver ! Petit-déjeuner et cuisine traditionnelle servis sous la pergola.

Alcyon sans rest

🍸 ♿ 🅰️🅲 🛜 🚗

9 r. du Mar.-Leclerc, (près de la poste) – 𝒞 *04 95 70 50 50*
– www.hotel-alcyon.com

40 ch – ♦80/275 € ♦♦80/275 € – 🍽️ 14 €

Un établissement moderne en centre-ville, abritant des chambres fonctionnelles et bien rénovées. Certaines, plus spacieuses, peuvent convenir aux familles.

Les Jardins de Mathieu

🏠 ⏺ 🌿 ⏺ 🏊 🅰️🅲 🖌️ ♨️ 🅿️ 🛏️

Pascialella de Muratello, 12 km à l'Ouest par D 159 et rte secondaire
– 𝒞 *04 95 26 78 41 – www.lesjardinsdemathieu.net – Ouvert 1er avril-15 nov.*

4 ch 🍽️ – ♦150/250 € ♦♦150/250 €

Une sympathique maison au cœur du maquis corse. Depuis les chambres, à l'épure toute contemporaine, on aperçoit le golfe de Porto-Vecchio... Piscine chauffée, jacuzzi, etc. Idéal pour se ressourcer dans un écrin de verdure ! Recettes du terroir et produits du potager autour de la table d'hôte.

Casadelmar – Hôtel Casadelmar

🎗️ ⏺ 🏤 🍸 ♿ 🅰️🅲 🖌️ 🅿️

🏵️🏵️ *7 km par rte de la plage de Palombaggia –* 𝒞 *04 95 72 34 34*
– www.casadelmar.fr – Ouvert 17 avril-31 oct. et fermé le midi et le dim.

Menu 195 € – Carte 130/150 €

Dans le cadre ultracontemporain de ce superbe hôtel, cette table place la mer au cœur de tout : la vue sur la baie ensorcelle, et la cuisine semble plonger au sein même de la Méditerranée ! Fabio Bragagnolo met tout son talent et sa créativité au service des meilleurs produits, entre Corse et Italie. Une élégance d'orfèvre...

→ Cannelloni de denti au tourteau, caviar et légumes à la bergamote. Saint-pierre à l'huile d'olive, quinoa au baccala et raifort. Cube aux pistaches de Sicile, sorbet orange sanguine.

Le Belvédère – Hôtel Belvédère

🎗️ ⏺ 🏤 🍸 ♿ 🔄 🅿️

5 km par rte de la plage de Palombaggia – 𝒞 *04 95 70 54 13*
– www.hbcorsica.com – Ouvert 24 avril - 29 nov. et fermé lundi et mardi en oct. et nov., le midi de mai à sept.

Formule 35 € – Menu 70/95 € – Carte 60/127 €

La mer vient flirter avec les tables, les monts se découpent sur le ciel lointain... la terrasse est idyllique ! Au cœur du golfe de Porto-Vecchio, cette enclave discrète joue la carte des beaux produits et de la gastronomie d'aujourd'hui.

XXX Don Cesar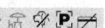

r. du Cdt.-Quilici, (au rond-point du centre commercial Leclerc prendre la direction de la clinique) – ☎ 04 95 76 09 09 – www.hoteldoncesar.com – Ouvert 20 mai-5 oct. et fermé lundi sauf juil.-août
Menu 75/120 € – Carte 81/97 €

Avec son décor luxueux et raffiné, et ses larges baies vitrées ouvertes sur la terrasse, le restaurant de l'hôtel Don Cesar ne manque pas de charme ! On y sert une cuisine entre France et Italie, soignée et pleine de saveurs, qui fait la part belle aux produits de la mer (déclinaison de calamars, bouillabaisse...).

XX Terraméa Ⓝ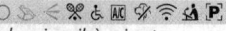

7 km par rte de Palombaggia – ☎ 04 95 50 03 94 – Ouvert avril-nov. et week-ends en déc. et janv. et fermé le midi et le dim. sauf juil.-août
Carte 52/64 €

Ah, le Terraméa ! Au milieu des arbres, sur les hauteurs de la baie de Porto-Vecchio, on comprend qu'il ait conquis le cœur des gourmands de cette partie de la Corse : on y mange de délicieux poissons bien préparés (sardines, saint-pierre, etc.) et de bons produits du terroir local.

X Tamaricciu

15 km par rte de la plage de Palombaggia – ☎ 04 95 70 49 89 – www.tamaricciu.com – Ouvert début avril-début oct. et fermé le soir sauf juil.-août
Formule 30 € – Menu 39 € – Carte 50/80 €

Sur la sublime plage de Palombaggia, face à la mer turquoise, on déguste des pâtes fraîches, des poissons frais du jour et de délicieux desserts. Ambiance détendue le midi et plus raffinée le soir.

au golfe de Santa Giulia 8 km au Sud par N 198 et rte secondaire – ✉ 20137

⭐ Moby Dick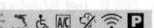

– ☎ 04 95 70 70 00 – www.sud-corse.com – Ouvert de mi-avril à mi-oct.
45 ch ☲ – ♦156/496 € ♦♦170/510 € – ½ P

Emplacement idyllique, sur la lagune, pour cet hôtel séparé du golfe aux couleurs polynésiennes par une plage de sable fin. Chambres spacieuses à choisir côté mer ou côté jardin. Grand buffet pour le déjeuner, cuisine méditerranéenne à l'honneur le soir.

⭐ Castell' Verde

– ☎ 04 95 70 71 00 – www.sud-corse.com – Ouvert début mai à fin sept.
32 ch ☲ – ♦120/324 € ♦♦120/390 €

Dans un parc protégé de 5 ha, de spacieux bungalows à portée de la Grande Bleue. Chambres contemporaines. Deux piscines, dont une chauffée ; accès direct à la plage.

⭐ Alivi sans rest

Marina di Santa Giulia – ☎ 04 95 52 01 68 – www.santa-giulia.fr – Ouvert 10 avril-3 nov.
10 ch – ♦135/375 € ♦♦135/375 € – ☲ 18 €

Pour passer ses vacances au calme, un hôtel contemporain entre mer et maquis, aux chambres reposantes avec une petite terrasse. Piscine circulaire face à la baie de Santa Giulia.

XX U Santa Marina

Marina di Santa Giulia, (plage) – ☎ 04 95 70 45 00 – www.usantamarina.com – Ouvert 1ᵉʳ avril-1ᵉʳ nov. et fermé le midi
Menu 65/115 € – Carte 64/104 €

La vue sur le golfe y est délicieuse, et le soir venu, l'on pourrait presque croquer le soleil couchant... Un bel endroit, donc, pour un repas placé sous les auspices de la Méditerranée : langoustines du cap Corse en sablé, denti aux fèves et asperges, etc. Restauration légère sur la plage le midi, grill côté piscine.

✗ **Les Hauts de Santa Giulia** 🛱 ⅜ P

Les Hauts de Santa Giulia dans la résidence – ℰ *04 95 70 40 84*
– Ouvert juin-sept. et fermé lundi et le midi
Carte 59/86 € *(réservation conseillée)*
Un restaurant original, avec son mobilier chiné des années 1960 et sa terrasse sous les canisses. Cuisine parfumée et raffinée, aux influences asiatiques et méditerranéennes.

à Cala Rossa 10 km au Nord-Est par N 198 et D 468 – ✉ 20137

🏨 **Grand Hôtel de Cala Rossa** � ⅜ ⇐ 🚗 🌃 ⊛ ♨ ✗ ⅃ 🄰 ⅜ 🤍
– ℰ 04 95 71 61 51 – www.cala-rossa.com – Ouvert 1er avril-31 oct.
31 ch ⊊ – ∮290/1195 € ∮∮330/1225 € – 9 suites – ½ P
Rest *La Table de Cala Rossa* ✿ – voir les restaurants ci-après
À demeure d'exception, écrin splendide : un jardin luxuriant, un ponton privé sur la plage et un spa luxueux. Cet hôtel empreint de classicisme a quelque chose d'intemporel...

✗✗✗ **La Table de Cala Rossa** 🍴 ⇐ 🚗 🛱 🄰 ⅜ P
✿ *– ℰ 04 95 71 61 51 – www.cala-rossa.com – Ouvert 1er avril-31 oct. et fermé le midi*
Menu 95/150 € – Carte 100/125 €
Dans ce domaine privé, la table se pare d'élégance – belle terrasse à l'ombre des pins parasols – et la cuisine méditerranéenne s'incarne dans le raffinement. Saveurs et parfums rendent hommage aux meilleurs produits.
➜ Travail autour de l'aubergine de notre potager, vinaigrette de basilic. Homard bleu rôti au beurre demi-sel. Sensation aux abricots rôtis et perle de nougat glacé.

à la presqu'île du Benedettu 10 km au Nord-Est par N 198 et D 468 – ✉ 20137 Porto-Vecchio

🏨 **La Plage Casadelmar** 🍴 ⅜ ⇐ 🚗 ⅃ 🄰 ⅜ 🤍 🛁 P
– ℰ 04 95 71 02 30 – www.laplagecasadelmar.fr – Ouvert mi avril-mi oct.
12 ch ⊊ – ∮390/1000 € ∮∮390/1700 € – 3 suites – ½ P
Rest *Le Grill* – voir les restaurants ci-après
Fermez les yeux et imaginez une superbe plage de sable fin en accès direct... Tel est l'un des atouts de ce bel établissement niché sur un petit cap du golfe de Porto-Vecchio. Un lieu à part, dont le design contemporain cultive un minimalisme chic et apaisant...

✗✗ **Le Grill** – Hôtel La Plage Casadelmar ⇐ 🚗 🛱 🄰 ⅜ P
– ℰ 04 95 71 02 30 – www.laplagecasadelmar.fr – Ouvert mi avril-mi oct.
Carte 82/116 €
La salle et la terrasse sont posées juste au-dessus d'une plage discrète du golfe de Porto-Vecchio. Comment se lasser de la vue sur la côte et la mer ? Au sein de ce bel hôtel contemporain, la cuisine évolue au gré du marché et de la pêche, avec des spécialités à la broche (coquelet, jarret de veau, cochon noir, etc.).

PROPRIANO

✉ 20110 (Corse-du-Sud) – 3 509 hab. – Alt. 5 m – Voir carte n°**15-A3**
🚗 Ajaccio 74 km – Bonifacio 62 km – Corte 139 km – Sartène 13 km
Carte Michelin 345-C9

🏨 **Miramar Boutique Hôtel** 🍴 ⇐ 🚗 ⅃ 🛁 🄰 🤍 🛁 P
rte de la Corniche – ℰ 04 95 76 06 13 – www.miramarboutiquehotel.com
– Ouvert de mai à fin sept.
21 ch – ∮168/490 € ∮∮168/490 € – 5 suites – ⊊ 25 € – ½ P
Au cœur d'un parc luxuriant, cette villa aux murs chaulés offre une vue plongeante sur le golfe de Valinco. Beaucoup de charme : objets chinés, espace et raffinement... Carte simple et légère le midi ; poisson à la plancha, terroir corse et langouste grillée le soir.

🏨 Le Lido

42 av. Napoléon-III – ℰ 04 95 76 06 37 – www.le-lido.com – Ouvert de mai à sept.
11 ch – ♦130/240 € ♦♦130/240 € – 🖵 15 €
Rest Le Lido ✿ – voir les restaurants ci-après

Sur une presqu'île, une maison les pieds dans l'eau, fondée en 1932... Bois exotique, objets chinés et mosaïques portugaises dans les chambres, qui donnent directement sur la plage ou sur le patio.

✕✕ Le Lido – Hôtel Le Lido
✿

42 av. Napoléon-III – ℰ 04 95 76 06 37 – www.le-lido.com – Ouvert de mai à sept. et fermé le midi
Menu 75 € – Carte environ 80 € *(réservation conseillée)*

Une superbe escale face aux flots, un accueil prévenant, un menu unique et très bien ficelé pour une cuisine délicate et pleine de saveurs... Le Lido ? Le goût de la Corse, entre terre, mer et création contemporaine.
→ Cuisine du marché.

✕✕ Chez Parenti

10 av. Napoléon-III – ℰ 04 95 76 12 14 – www.chezparenti.fr – Ouvert avril-oct. et fermé dim. soir et lundi sauf le soir en saison
Menu 48/75 € – Carte 50/78 €

Envie de poisson frais ou de homard ? Ce restaurant, tenu depuis 1935 par la famille Parenti, est exactement ce qu'il vous faut. Tartare de lotte aux légumes verts, sar grillé avec son jus de crustacés : de bons produits pleins de fraîcheur, à déguster confortablement installé sur la terrasse, face au port de plaisance.

✕ Terra Cotta

29 av. Napoléon-III – ℰ 04 95 74 23 80 – Ouvert de fin mars à mi-oct. et fermé dim. sauf le soir en juil.-août
Menu 49 € – Carte 50/60 €

Dans ce charmant petit restaurant du port, le frère du patron fournit la pêche du jour. Pagre, liche, chapon, mustelle et autres poissons frais sont préparés avec grand soin.

✕ Tempi Fà

7 av. Napoléon-III – ℰ 04 95 76 06 52 – www.tempi-fa.com – Ouvert 10 avril-31 oct. et fermé lundi midi
Formule 25 € – Menu 33 € – Carte 40/45 €

Tempi fà ou « au temps d'avant » en corse... C'est exactement là où ramène cette épicerie-bistrot ! On entre par la boutique, dont le décor original reproduit une place de village, avec un vrai marché local (charcuteries, fromages, vin de myrte, etc.). Et tous ces beaux produits sont proposés à la dégustation...

ST-FLORENT

✉ 20217 (Haute-Corse) – 1 622 hab. – Alt. 8 m – Voir carte n°**15-B1**
◗ Bastia 22 km – Calvi 70 km – Corte 75 km – L'Ile-Rousse 45 km
Carte Michelin 345-E3

🏨 Demeure Loredana sans rest

Cisterninu-Suttanu – ℰ 04 95 37 22 22 – www.demeureloredana.com – Ouvert 1er avril-15 nov.
18 ch – ♦195/440 € ♦♦195/440 € – 5 suites – 🖵 23 €

Une demeure de caractère qui rivalise de détails raffinés. La déco mêle les styles... avec style et, dans le salon douillet et cossu, on se prend à rêver de l'Empire des Indes. Et que dire de la vue sur la mer et de la piscine à débordement ?

🏨 La Dimora sans rest

rte de St-Florent, 4,5 km par D 82 rte d'Oletta – ℰ 04 95 35 22 51 – www.ladimora.fr – Ouvert 16 avril-18 oct.
15 ch – ♦145/350 € ♦♦145/450 € – 2 suites – 🖵 19 €

Matériaux nobles, authenticité et luxe contemporain discret... Dans l'arrière-pays, cette villa du 18e s. distille un vrai charme et vous reçoit en ami ; la piscine, l'espace bien-être et le jardin invitent délicatement au farniente.

La Roya
plage de la Roya, 1 km par rte de Calvi puis rte secondaire – ℰ 04 95 37 00 40
– www.hotelroya.com – Ouvert 26 mars-16 nov.
27 ch – †150/400 € ††150/580 € – 6 suites – ⌓ 25 € – ½ P
Rest *La Roya* ✿ – voir les restaurants ci-après
Sur la plage de sable fin de la Roya (accès direct) et dans un jardin ravissant
embaumant les senteurs méditerranéennes, cet hôtel récent est un havre de
paix. Les lits sont si douillets qu'on pourrait ne plus quitter la chambre, mais la
Corse est si belle...

 Dolce Notte sans rest
rte de Bastia – ℰ 04 95 37 06 65 – www.hotel-dolce-notte.com – Ouvert avril-oct.
20 ch – †80/172 € ††80/172 € – ⌓ 9 €
En bord de mer, une maison corse avec des chambres donnant toutes sur les
flots (balcon ou terrasse). Certaines arborent un style marin ; d'autres sont plus
contemporaines (galets, voûtes, bois flotté) et toutes sont plaisantes.

 Tettola sans rest
1 km au Nord sur D 81 – ℰ 04 95 37 08 53 – www.hoteltettola.com
– Ouvert avril-oct.
29 ch – †85/166 € ††105/186 € – ⌓ 12 €
Un petit hôtel d'esprit familial donnant sur une plage de galets. Accueil aimable
et chambres claires et bien tenues, plus calmes et spacieuses côté mer. Pratique
pour l'étape.

 La Florentine sans rest
1 km au Nord par D 81 – ℰ 04 95 37 00 99 – www.hotellaflorentine.com
– Ouvert avril-oct.
20 ch – †90/290 € ††90/290 € – ⌓ 18 €
Jardin fleuri, piscine chauffée, plage privée aménagée, chambres fraîches et
confortables avec terrasse privative... Autant d'atouts pour ce sympathique établissement de bord de mer.

 Maxime sans rest
centre village – ℰ 04 95 37 05 30 – Ouvert 8 mars-14 nov.
19 ch – †59/89 € ††59/89 € – ⌓ 10 €
Au cœur de la ville et au bord d'un petit canal (amarrage possible), une bâtisse
blanche aux volets bleus et des propriétaires fort accueillants ! Chambres simples,
pratiques et propres, le plus souvent avec une loggia ou un balcon.

 La Roya – Hôtel La Roya
✿ *plage de la Roya, 1 km par rte de Calvi puis rte secondaire* – ℰ 04 95 37 00 40
– www.hotelroya.com – Ouvert 26 mars-16 nov.
Menu 55/85 € – Carte 70/80 €
Atmosphère contemporaine et raffinée, terrasse dans le joli jardin, face à la plage :
un cadre idyllique au service d'une cuisine fine et créative, au goût du
jour, concoctée par un jeune chef... breton. Le personnel, souriant et attentionné,
rend cette expérience plus agréable encore... Royal !
➙ Langoustine et oursin. Veau corse. Macaron aux fraises mara des bois.

Question de standing : n'attendez pas le même service dans un X ou un 🛈
que dans un XXXX ou un 🏨🏨🏨.

XX **La Rascasse**
promenade des Quais, (1er étage) – ℰ 04 95 37 06 09 – www.larascasse137.com
– Ouvert d'avril à mi-oct. et fermé lundi sauf de juin à août
Menu 58 € – Carte 55/75 €
Envie d'un dîner gastronomique honorant les beaux produits et le poisson ? La
Rascasse s'ouvre à vous, face au port (salle à l'étage). Langoustes exclusivement
corses, rouget ou chapon : tout est d'une belle fraîcheur et travaillé avec passion
par le jeune chef...
Le 137 – voir les restaurants ci-après

Le 137

promenade des Quais – 𝒞 04 95 37 06 99 – www.larascasse137.com – Ouvert
d'avril à mi-oct. et fermé lundi sauf de juin à août
Menu 29 € – Carte 40/60 €

Ceux qui préfèrent les ambiances décontractées opteront pour le "petit frère" de
La Rascasse, au rez-de-chaussée du même bâtiment. Ils y dégusteront par exemple un denti moelleux à l'huile d'olive, ou un assortiment de "finger food", tout en
se laissant bercer par le clapotis des bateaux amarrés sur le quai... Tranquille !

STE-LUCIE-DE-PORTO-VECCHIO

✉ 20144 (Corse-du-Sud) – Voir carte n°**15**-B3
◣ Ajaccio 157 km – Ghisonaccia 42 km – Porto-Vecchio 16 km – Sartène 76 km
Carte Michelin 345-F9 – Guide Vert Michelin Corse

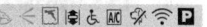 **Le Pinarello**

Marine de Pinarello, 3,5 km au Sud-Est par D 168 – 𝒞 04 95 71 44 39
– www.lepinarello.com – Ouvert de mi-avril à mi-oct.
27 ch – ♦257/494 € ♦♦271/562 € – 7 suites – ☖ 26 € – ½ P
Rest *Le Rouf* – voir les restaurants ci-après

Bel ensemble au luxe discret dans un cadre de rêve. Chambres et suites contemporaines, magnifique vue sur le golfe, centre de soins... et belle piscine couverte !
Au déjeuner, salades et charcuteries corses servies sur la terrasse face à la plage.

La Fleur de Sel

Marine de Pinarello, 3,5 km au Sud-Est par D 168 – 𝒞 04 95 71 06 49 – Ouvert
15 mars-15 oct.
Menu 39/55 € – Carte 47/87 € *(réservation conseillée)*

Face à la Méditerranée, une terrasse romantique noyée sous les jasmins, les roses
et les oliviers. Cuisine terre et mer réalisée avec des produits triés sur le volet. Le
tout à prix doux.

Le Rouf

Marine de Pinarello, 3,5 km au Sud-Est par D 168 – 𝒞 04 95 71 50 48
– www.lerouf.fr – Ouvert de mi avril à mi déc. et fermé la semaine hors saison
Carte 60/120 €

Une table feutrée et élégante, doublée – de l'autre côté de la route – d'une belle
terrasse en surplomb de la plage de Pinarello, sous un ombrage naturel... Un
must ! La carte fait la part belle aux produits de la mer, au gré de la pêche du
jour et de l'inspiration du chef : qu'espérer de mieux ?

SANTA MARIA SICHÉ

✉ 20190 (Corse-du-Sud) – 460 hab. – Alt. 420 m – Voir carte n°**15**-A3
◣ Ajaccio 36 km – Sartène 51 km
Carte Michelin 345-C8

 Santa Maria

– 𝒞 04 95 25 72 65 – www.santa-maria-hotel.com
23 ch ☖ – ♦61/86 € ♦♦76/120 € – ½ P

Ambiance de pension de famille dans cet hôtel des années 1970 prisé des randonneurs. Les chambres sont simples et bien tenues, certaines avec balcon. Salle
à manger rustique où l'on sert une cuisine familiale : charcuteries maison et spécialités corses.

SANT'ANTONINO

✉ 20220 (Haute-Corse) – 100 hab. – Alt. 500 m – Voir carte n°**15**-A1
◣ Bastia 99 km – Ajaccio 155 km – Corte 74 km
Carte Michelin 345-C4

✗ **I Scalini** ⟨⟩ ⌂

haut du village – ℰ 04 95 47 12 92 – www.i-scalini.com – Ouvert de mai à sept.,
fermé le merc. et dim. soir sauf juil.-août
Carte 37/54 € *(réservation conseillée)*
Dans ce superbe village de Balagne, on accède à ce restaurant par un escalier
étroit, avant de s'installer en terrasse sur le toit – réservation impérative ! De là-
haut, la vue est tout simplement éblouissante, et l'on se régale des incontournables saveurs corses traditionnelles, ou de plats plus osés... Une adresse à part.

SOLENZARA

✉ 20145 (Corse-du-Sud) – 1 169 hab. – Voir carte n°**15**-B3
▶ Ajaccio 118 km – Bonifacio 68 km – Sartène 77 km
Carte Michelin 345-F8

 La Solenzara sans rest ⟨ ⟨ ⟨ ⌂ ⚒ ⭑ Ⓜ �ᯤ ℙ⟩

quartier du Palais – ℰ 04 95 57 42 18 – www.hotel-lasolenzara.com – Ouvert de
mi-mars à fin oct.
28 ch ⌧ – ♦85/150 € ♦♦85/150 €
Grande demeure de style génois (18ᵉ s.) entourée d'un jardin. Chambres spacieuses, claires et sobres ; vue sur la mer à l'arrière. Espace bien-être, belle piscine à
débordement.

⌂ **Maison Rocca Serra** sans rest

Scaffa Rossa, 1,5 km au Nord par rte de Bastia (N 198) – ℰ 04 95 57 44 41
– Fermé déc. et janv.
4 ch ⌧ – ♦100 € ♦♦100 €
Une grande villa dans un jardin parfaitement entretenu. Avec leur mobilier de
famille ou chiné et leurs terrasses privatives, les chambres sont séduisantes...
mais le must, c'est l'accès direct aux petites criques situées en contrebas : la
Méditerranée est à soi !

✗ **A Mandria** ⌂ ⌂ Ⓜ ⚒ ℙ
⊛ *1 km au Nord par rte de Bastia (N 198) – ℰ 04 95 57 41 95 – Ouvert de fév.*
à oct. et fermé dim. soir et lundi hors saison
Menu 29/35 € – Carte 35/55 €
L'adresse parfaite pour déguster une bonne cuisine typique de l'île, tant au niveau
des viandes – comme cette côte de porc bien parfumée – que de ces belles langoustines fraîches et goûteuses. Quant au décor, il porte fièrement l'héritage de la
Corse rurale : mobilier rustique, outils agricoles, charcuteries suspendues...

ZONZA

✉ 20124 (Corse-du-Sud) – 2 412 hab. – Alt. 780 m – Voir carte n°**15**-B3
▶ Ajaccio 93 km – Bonifacio 67 km – Porto-Vecchio 40 km – Sartène 38 km
Carte Michelin 345-E9

 Le Tourisme sans rest ⟨ ⟨ ⚒ ⬚ Ⓜ ⚒ ᯤ ℙ⟩

rte de Quenza – ℰ 04 95 78 67 72 – www.hoteldutourisme.fr – Ouvert d'avril
à oct.
16 ch – ♦89/149 € ♦♦99/179 € – ⌧ 12 €
Cet ancien relais de diligences (1875) a conservé sa fontaine d'origine. Chambres
sobres et colorées avec balcon. Jardin et belle piscine chauffée avec vue sur la
forêt de Zonza. Accueil charmant.

CORTE – 2B (Haute-Corse) ➔ voir Corse

COSNE-COURS-SUR-LOIRE

✉ 58200 (Nièvre) – 10 484 hab. – Voir carte n°**7**-A2
▶ Paris 186 km – Auxerre 83 km – Bourges 61 km – Montargis 76 km
Carte Michelin 319-A7 – Guide Vert Michelin Bourgogne

X **Au Bistrot d'Anatole** 🕭 Ⓜ ℠

6 r. Anatole-France – ℰ 03 86 27 12 95 – www.chez-anatole.com – Fermé dim. soir, mardi soir, merc. soir et lundi
Formule 18 € – Menu 21 € (déj. en semaine), 23/28 €
Un bistrot contemporain dans une petite rue du centre-ville. On y savoure des classiques du genre comme ce pressé de poireaux, girolles et canard confit, ou ce médaillon de lotte rôti et caponata de légumes. L'accueil souriant et l'ambiance conviviale achèvent de nous convaincre de la sympathie de l'adresse !

à Villechaud 4 km au Sud par D 243 – ⊠ 58200

X **Le Chat** 🕮 🕭 ⅃ ⇆
☺ *42 r. des Guérins – ℰ 03 86 28 49 03 – Fermé 1ᵉʳ-8 janv., 15-31 août, dim. soir, lundi soir et mardi*
Formule 20 € – Menu 27 € (déj. en semaine), 30/45 €
Comment un ancien bar de village – baptisé Le Chat depuis 1856, tout de même – se mue-t-il en bonne table ? Demandez donc au chef, aussi sympathique que travailleur, qui sait faire rimer créativité et convivialité. On en ronronne de plaisir.

LE COTEAU – 42 (Loire) → voir Roanne

LA CÔTE-ST-ANDRÉ
⊠ 38260 (Isère) – 4 886 hab. – Alt. 370 m – Voir carte n°**44**-B2
🚘 Paris 525 km – Grenoble 50 km – Lyon 67 km – La Tour-du-Pin 33 km
Carte Michelin 333-E5 – Guide Vert Michelin Lyon et sa région

XX **Hôtel de France** avec ch 🕭 ⅃ rest, Ⓜ 🛜 🖫
16 pl. de l'Église – ℰ 04 74 20 25 99 – www.hoteldefrance-csa.fr – Fermé 1 semaine en mai, 1 semaine en juil., 1 semaine en oct., merc. soir, dim. soir et lundi
15 ch – ✦58/63 € ✦✦70/87 € – ⊡ 10 € – ½ P
Formule 25 € – Menu 38/110 € – Carte 52/91 €
Sacré coup de jeune pour ce restaurant au cœur de la cité natale de Berlioz : il affiche dorénavant un décor contemporain engageant. Et la cuisine s'est mise au diapason, tout en mettant en valeur les produits du terroir local. Des chambres simples permettent de faire étape.

COTI-CHIAVARI – 2A (Corse-du-Sud) → voir Corse

COTINIÈRE – 17 (Charente-Maritime) → voir Île d'Oléron

COUDEKERQUE-BRANCHE – 59 (Nord) → voir Dunkerque

COUËRON – 44 (Loire-Atlantique) → voir Nantes

COUILLY-PONT-AUX-DAMES
⊠ 77860 (Seine-et-Marne) – 2 155 hab. – Alt. 50 m – Voir carte n°**19**-C2
🚘 Paris 45 km – Coulommiers 20 km – Lagny-sur-Marne 12 km – Meaux 9 km
Carte Michelin 312-G2 – Guide Vert Michelin Île-de-France

XX **Auberge de la Brie** (Alain Pavard) 🕮 ⅃ Ⓜ Ⓟ
✿ *14 av. Alphonse-Boulingre, D 436 – ℰ 01 64 63 51 80 – www.aubergedelabrie.net – Fermé 26 juil.-25 août, 23 déc.-7 janv., dim. et lundi*
Formule 37 € – Menu 50/90 € – Carte 81/102 € (réservation conseillée)
Parmi les atouts que compte cette coquette maison briarde : son cadre contemporain raffiné, sa délicieuse cuisine actuelle personnalisée et son accueil tout sourire.
→ Carpaccio de daurade royale, émietté de tourteau, graines de moutarde de Meaux et semoule de chou-fleur. Ris de veau braisé au jus, fondue d'oignons et champignons de saison. Soufflé chaud rhum-coco et ananas.

COUIZA
⊠ 11190 (Aude) – 1 156 hab. – Alt. 228 m – Voir carte n°**22**-B3
🚘 Paris 785 km – Carcassonne 41 km – Foix 75 km – Perpignan 88 km
Carte Michelin 344-E5

Château des Ducs de Joyeuse
allée du Château – 𝒞 *04 68 74 23 50 – www.chateau-des-ducs.com*
– Ouvert 28 mars-1ᵉʳ nov.
35 ch – ♦118/152 € ♦♦118/152 € – ☑ 16 € – ½ P
Rest *Château des Ducs de Joyeuse* – voir les restaurants ci-après
Construit sous la Renaissance (16ᵉ s.), ce beau château fortifié n'en est pas moins totalement médiéval. Tours, pierres, poutres, baldaquins, salles voûtées... le tableau est complet. Et le parc, qui longe joliment la rivière, ne met pas moins en joie ! Insolite : le caveau de dégustation dans l'ancienne chapelle.

Château des Ducs de Joyeuse
allée du Château – 𝒞 *04 68 74 23 50 – www.chateau-des-ducs.com*
– Ouvert 28 mars-1ᵉʳ nov. et fermé le midi sauf sam. et dim.
Menu 36/70 € – Carte 47/63 €
Tartine mangue-crevettes, noisette d'agneau aux herbes fraîches et sa compotée de légumes de Méditerranée... Une cuisine dans l'air du temps, dans un élégant cadre châtelain. Le passé rencontre le présent, et c'est réussi.

COULANDON – 03 (Allier) ➜ voir Moulins

COULLONS
✉ 45720 (Loiret) – 2 462 hab. – Alt. 166 m – Voir carte n°**12**-C2
◘ Paris 165 km – Aubigny-sur-Nère 18 km – Gien 16 km – Orléans 60 km
Carte Michelin 318-L6

La Canardière
1 r. de la Mairie – 𝒞 *02 38 29 23 47 – www.restaurantlacanardiere.fr*
– Fermé 10-30 août, 21 déc.- 3 janv., ouvert du merc. midi au dim. midi et sam. soir
Formule 25 € – Menu 31/49 € – Carte 43/62 €
Le cadre a beau être rustique, avec ses poutres et sa cheminée en cuivre, la cuisine n'en est pas moins dans l'air du temps : légumes, herbes du jardin et respect des saisons. Autre option : l'ardoise du Bistrot, dans une atmosphère conviviale.
Le Bistrot Formule 18 € – Menu 21 € – Carte 18/40 €

COULOMBIERS
✉ 86600 (Vienne) – 1 079 hab. – Alt. 141 m – Voir carte n°**39**-C2
◘ Paris 352 km – Couhé 25 km – Lusignan 8 km – Parthenay 44 km
Carte Michelin 322-H6

Auberge Le Centre Poitou avec ch
39 r. Nationale – 𝒞 *05 49 60 90 15 – www.centre-poitou.com – Fermé*
23 fév.-8 mars, 21 sept.-5 oct., mardi midi, dim. soir et lundi
13 ch – ♦55/95 € ♦♦60/155 € – ☑ 11 € – ½ P
Formule 16 € ☙ – Menu 30/85 € – Carte 57/75 €
Depuis 1870, la même famille tient cet auberge qui fut autrefois un relais de poste et y cultive le sens de l'accueil. Dans l'assiette, on se régale d'une cuisine plutôt classique, concoctée avec des produits soigneusement choisis. Tout est fait maison, même les viennoiseries du petit-déjeuner pour les résidents...

COULON
✉ 79510 (Deux-Sèvres) – 2 219 hab. – Alt. 6 m – Voir carte n°**38**-B2
◘ Paris 418 km – Fontenay-le-Comte 25 km – Niort 11 km – La Rochelle 63 km
Carte Michelin 322-C7 – Guide Vert Michelin Poitou-Charentes

Le Central
4 r. d'Autremont – 𝒞 *05 49 35 90 20 – www.hotel-lecentral-coulon.com – Fermé 1 semaine en fév.*
13 ch – ♦63/70 € ♦♦74/95 € – ☑ 10 € – ½ P
Rest *Le Central* – voir les restaurants ci-après
Au cœur de ce charmant petit village de la Venise verte, des chambres chaleureuses, revues dans un esprit campagnard chic (mobilier patiné, ciels de lit ou boiseries, etc.) : cette auberge familiale – depuis trois générations – a su évoluer avec son temps !

Au Marais sans rest
46 quai Louis Tardy – 🕾 *05 49 35 90 43 – www.hotel-marais-poitevin.com*
– Fermé mi déc.-5 janv. et fév.
18 ch – ♦59/74 € ♦♦69/84 € – ⌴ 9 €
Face à l'embarcadère pour le Marais mouillé, deux anciennes maisons de bateliers
transformées en hôtel. Agréables chambres mêlant classique et contemporain, certaines avec vue sur la Sèvre.

🟼🟼 **Le Central** – Hôtel Le Central
😋 *4 r. d'Autremont –* 🕾 *05 49 35 90 20 – www.hotel-lecentral-coulon.com*
– Fermé vacances de fév., 5-16 oct., dim. soir et lundi
Formule 17 € – Menu 21 € (semaine), 30/45 € – Carte 39/57 €
Pour une escapade champêtre au cœur de la Venise verte : poutres blanchies,
vaisselier à l'ancienne... La cuisine navigue entre tradition et tendances, autour
de quelques produits fétiches : anguilles, escargots, fromage de chèvre, etc. Une
valeur sûre, petite boussole dans la géographie gourmande poitevine.

COUPELLE-VIEILLE
✉ 62310 (Pas-de-Calais) – 576 hab. – Alt. 147 m – Voir carte n°**30-A2**
🚩 Paris 232 km – Abbeville 58 km – Arras 64 km – Boulogne-sur-Mer 48 km
Carte Michelin 301-F4

🟼 **Le Fournil**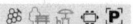
😋 *r. de St-Omer –* 🕾 *03 21 04 47 13 – www.restaurant-lefournil.com – Fermé mardi*
soir, dim. soir, fériés le soir et lundi
Formule 16 € – Menu 20 € (semaine), 27/34 € – Carte 35/57 €
Les apparences sont parfois trompeuses ! Ainsi, Le Fournil n'est pas installé dans
une ancienne boulangerie mais dans un relais de poste du 19e s. On y savoure
une cuisine traditionnelle accompagnée de bons vins... Terrasse avec vue sur
le jardin.

COURBAN
✉ 21520 (Côte-d'Or) – 167 hab. – Alt. 262 m – Voir carte n°**8-C1**
🚩 Paris 252 km – Dijon 101 km – Chaumont 43 km – Langres 58 km
Carte Michelin 320-I2

 Château de Courban
7 r. du Lavoir – 🕾 *03 80 93 78 69 – www.chateaudecourban.com*
24 ch – ♦99/200 € ♦♦99/200 € – ⌴ 18 € – ½ P
Rest *Château de Courban* – voir les restaurants ci-après
Charmante, champêtre, authentique et confortable : telle est cette belle gentilhommière de 1837. Les jardins, la piscine à débordement et le spa ajoutent encore au
cachet du lieu. Et l'on est reçu comme dans une maison de famille... Sympathique !

🟼🟼 **Château de Courban**
7 r. du Lavoir – 🕾 *03 80 93 78 69 – www.chateaudecourban.com*
Menu 45/89 € – Carte 58/88 €
Dans un bâtiment annexe de l'hôtel, une salle raffinée et élégante, aux allures
d'orangerie... Le service y est chaleureux et prévenant, ce qui permet de profiter
au mieux d'un gaspacho de tomates Green Zebra, émulsion de piment doux et
ses escargots, ou encore d'un filet de turbot au basilic et courgettes grillées...

COURBEVOIE – 92 (Hauts-de-Seine) ➔ voir Paris, Environs

COURCELLES-DE-TOURAINE
✉ 37330 (Indre-et-Loire) – 502 hab. – Alt. 85 m – Voir carte n°**11-A2**
🚩 Paris 267 km – Angers 74 km – Chinon 46 km – Saumur 46 km
Carte Michelin 317-K4

au golf 7 km à l'Est dir. Ambillou puis Château La Vallière – ✉ 37330

 Château des Sept Tours 🍴 🦞 ⇐ 🏠 ⏚ 🎬 🏢 🛜 ⛱ **P**

Le Vivier des Landes, D 34 – 𝒞 02 47 24 69 75 – www.7tours.com – Fermé
15 déc.-15 fév.
22 ch – ♦155/280 € ♦♦198/280 € – ☲ 17 € – ½ P
Ce beau château du 15ᵉs., entouré d'un golf 18 trous, est impressionnant avec
ses... sept tours ! Chambres agréables et fonctionnelles. Cuisine gastronomique
servie dans une salle bourgeoise ou sous la véranda. Petite restauration au Club
House, situé dans une ancienne chapelle.

COURCELLES-SUR-VESLE

✉ 02220 (Aisne) – 355 hab. – Alt. 75 m – Voir carte n°**37**-C2
🚊 Paris 122 km – Fère-en-Tardenois 20 km – Laon 35 km – Reims 39 km
Carte Michelin 306-D6

 Château de Courcelles 🍴 🦞 ⇐ 🏠 ⏚ 🍽 ⅙ 🛜 ⛱ **P**

8 r. du Château – 𝒞 03 23 74 13 53 – www.chateau-de-courcelles.fr
15 ch – ♦195/375 € ♦♦195/375 € – 3 suites – ☲ 21 € – ½ P
Rest *Château de Courcelles* – voir les restaurants ci-après
De longues enfilades de fenêtres, des toits à la Mansart, des allées de buis taillé...
la parfaite image d'un château français du 17ᵉ s., fréquenté en leurs temps par
Crébillon, Rousseau ou encore Cocteau. Grand style dans les chambres et belles
prestations.

XXX **Château de Courcelles** 🥂 🦞 🎐 🆎 **P**

8 r. du Château – 𝒞 03 23 74 13 53 – www.chateau-de-courcelles.fr
Menu 55 € 🍷 (déj. en semaine), 60/100 € – Carte 110/150 €
Noble demeure que ce château hérité du Grand Siècle, fastueux sans être opulent, et recélant un beau jardin d'hiver, d'inspiration Second Empire. Ce décor
prête à un élégant moment, autour de recettes inspirées par les tendances et
accompagnées d'un impressionnant choix de vins.

COURCHEVEL

✉ 73120 (Savoie) – Voir carte n°**45**-D2
▶ Paris 660 km – Albertville 52 km – Chambéry 99 km – Moûtiers 25 km
Carte Michelin 333-M5 – Guide Vert Michelin Alpes du Nord

© P. Dureuil/Es/Photononstop

à Courchevel 1850 – ✉ 73120 – Alt. 1 850 m

Les Airelles

Au Jardin Alpin – ℰ 04 79 00 38 38 – www.airelles.fr   Plan : Z**h**
– Ouvert 12-déc.-6 avril
37 ch ⌿ – †1120 € ††2700 € – 15 suites
Rest *Pierre Gagnaire pour les Airelles* ✿✿ – voir les restaurants ci-après
Le palace des neiges par excellence. Derrière le ballet des voituriers en tenue de
chasseur alpin et la magnifique façade de style austro-hongrois, tout n'est que
luxe et raffinement : un superbe univers à la tyrolienne, ouaté comme un tapis
de neige et… infiniment chaleureux. Quant au service, il est bien digne d'un tel
établissement.

Le K 2

r. des Clarines – ℰ 04 79 40 08 80 – www.hotelek2.com   Plan : Y**b**
– Ouvert de mi-déc. à mi-avril
26 ch ⌿ – †1350/2300 € ††1350/2300 € – 8 suites – ½ P
Rest *Le Kintessence* ✿✿ – voir les restaurants ci-après
C'est incontestablement l'un des joyaux de la station ! Personnel d'un grand professionnalisme et prestations d'excellence attendent les clients de cet établissement de 20 000 m², imaginé par les concepteurs du Kilimandjaro. L'élégance le
dispute au raffinement…

Cheval Blanc

au Jardin Alpin – ℰ 04 79 00 50 50 – www.chevalblanc.com   Plan : Z**m**
– Ouvert 11 déc.-6 avril
32 ch – ½ P seult 740/1450 € – 4 suites
Rest *Le 1947* ✿✿ – voir les restaurants ci-après
Du nom du célèbre château bordelais, un hôtel très "grand cru" ! Au sortir des
pistes, on se réfugie avec plaisir dans ce chalet aménagé dans un superbe esprit
contemporain, qui investit et réinvente tout l'imaginaire de l'hiver… Luxe et
confort dans les moindres détails, avec un spa délicieux et deux restaurants pour
toutes les envies.

Le Kilimandjaro

rte Altiport, (Plan : Z) – ℰ 04 79 01 46 46 – www.hotelkilimandjaro.com – *Ouvert
de mi-déc. à mi-avril*
32 ch ⌿ – †980/1790 € ††980/1790 € – 3 suites – ½ P
Rest *La Table du Kilimandjaro* ✿✿ – voir les restaurants ci-après
Bois vieillis, tissus chauds, cheminées… Tout le charme des Alpes est ici rendu
avec un grand raffinement : ainsi culmine ce Kilimandjaro, véritable hameau de
montagne constitué d'une collection de chalets. Équipements high-tech et
confort absolu : un sommet pour les sports d'hiver.

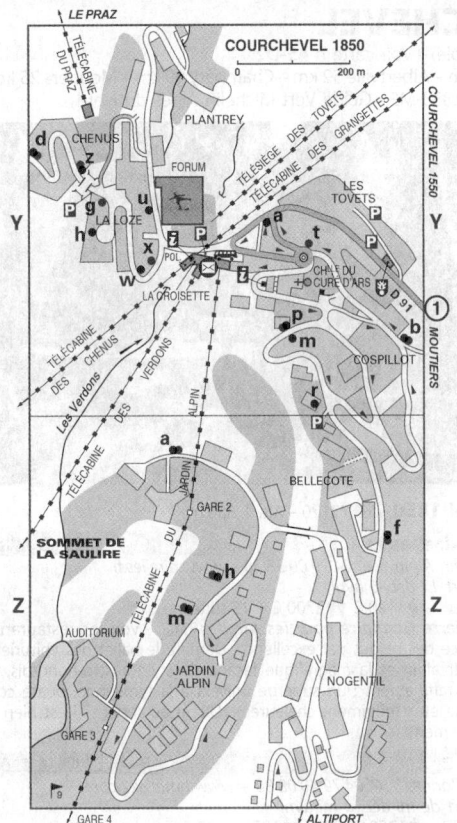

COURCHEVEL

🏠🏠🏠 **L'Apogée**

🍴🛏️ ≤ 🖼️ 🔄 🛎️ 👤 AC 🍽️ 🛜 🚗

au Jardin Alpin – 𝒞 04 79 04 01 04   Plan : Z**a**
– www.lapogeecourchevel.com – Ouvert 12 déc.-7 avril
35 suites 🖵 – 🛏️🛏️900/5300 € – 20 ch – ½ P
Rest *Le Comptoir de l'Apogée* – voir les restaurants ci-après
La déco de cet établissement flambant neuf est signée par les fameux Joseph
Dirand et India Mahdavi, au style inimitable : lignes rétro tout en rondeurs et
notes colorées ! Après une journée sur les pistes – dont l'accès est direct –, le
refuge se révèle aussi raffiné que cosy.

🏠🏠🏠 **Le Strato**

🍴🛏️ ≤ 🖼️ 🔄 🛁 🛎️ 👤 🛜 🚗

rte de Bellecôte – 𝒞 04 79 41 51 60 – www.hotelstrato.com   Plan : Z**f**
– Ouvert 6 déc.-9 avril
14 suites – ½ P seult 980/2305 € – 12 ch
Rest *Le Strato* ⌘ – voir les restaurants ci-après
À quelques pas du centre de la station, ce chalet associe luxe, grand confort et
esprit sportif : spa de 800 m², mobilier design, pièces anciennes, décor mélan-
geant contemporain et baroque, vue sur la vallée et... accès direct aux pistes.
Pour les rois de la glisse !

Le Lana
`🏨🏨🏨` ⓘⓞ 🛏 ⪡ 🗙 🌐 ♨ 🎿 🍴 👶 🛜 🚗

rte de Bellecôte – ℰ 04 79 08 01 10 – www.lelana.com – Ouvert   Plan : Y**p**
de mi-déc. à début avril
55 ch ⌑ – ♦690/1810 € ♦♦690/1810 € – 30 suites – ½ P
Rest *La Table du Lana* – voir les restaurants ci-après
L'un des premiers hôtels de la station, et toujours le chouchou de la jet-set ! Un soin tout particulier a été apporté aux décors – design et ultracossus – des chambres et des suites. Quant au spa, il est si agréable qu'il en ferait presque oublier les joies du ski...

Annapurna
`🏨🏨🏨` ⓘⓞ 🛏 ⪡ 🗙 🗙 🌐 ♨ 🍴 👶 🛜 ⛷ 🅿 🚗

rte Altiport, (Plan : Z) – ℰ 04 79 08 04 60 – www.annapurna-courchevel.com
– Ouvert de mi-déc. à mi-avril
63 ch ⌑ – ♦325 € ♦♦530/935 € – 7 suites – ½ P
Cet Annapurna-là n'a presque rien à envier à celui de l'Himalaya ! L'hôtel – le plus haut de la station – tutoie les cimes, dans un environnement immaculé. Décor d'esprit montagnard dans les chambres, qui dominent les pistes côté sud. Depuis la grande salle du restaurant ou sa terrasse, on admire la Saulire tout en reprenant des forces (cuisine traditionnelle).

Saint-Roch
`🏨🏨🏨` ⓘⓞ 🗙 🌐 🍴 👶 🛜

rte de Bellecôte – ℰ 04 79 08 02 66 – www.lesaintroch.com   Plan : Y**m**
– Ouvert de mi-déc. à mi-avril
19 suites – ½ P seult 630/2020 € – 5 ch
Un hôtel ostensiblement chic et moderne, au décor parfois détonant et à la personnalité bien affirmée ! Dans les chambres règne une ambiance de chalet feutré ; chacune d'entre elles possède son propre hammam et des équipements high-tech... Dépaysant !

Le Chabichou
`🏨🏨🏨` ⓘⓞ 🛏 ⪡ 🗙 🌐 ♨ 🍴 👶 🛜 ⛷ 🚗

r. des Chenus – ℰ 04 79 08 00 55   Plan : Y**z**
– www.chabichou-courchevel.com – Ouvert juil.-août et déc.-avril
36 ch ⌑ – ♦140/1014 € ♦♦190/1495 € – 5 suites
Rest *Le Chabichou* ✿✿ **Rest** *Le Chabotté* – voir les restaurants ci-après
Telle une hermine qui se pare de blanc l'hiver venu, un grand chalet immaculé comme la neige... Jolie osmose avec la montagne pour cet hôtel cossu, au décor très savoyard et chaleureux (omniprésence du bois). Et après une journée de ski, rien de tel pour se délasser qu'un passage au spa de 1 200 m² !

Aman Mélézin
`🏨🏨🏨` ⓘⓞ 🛏 ⪡ 🗙 🌐 ♨ 🍴 👶 🍽 🛜 🅿 🚗

r. Bellecôte – ℰ 04 79 08 01 33 – www.amanresorts.com   Plan : Y**r**
– Ouvert 18 déc. à mi-avril
23 ch ⌑ – ♦880/2200 € ♦♦880/2200 € – 8 suites
Au pied des pistes, cet hôtel élégant se révèle très intime et propice à la détente : spa complet, grandes chambres lumineuses et zen, certaines avec espace "day bed" (dédié au repos de jour)... Le tout décoré avec un goût très sûr. À noter aussi, le service de conciergerie particulièrement performant.

Les Suites de la Potinière
`🏨🏨🏨` ⓘⓞ 🗙 🌐 ♨ 🍴 👶 🍽 🛜 🚗

r. de Plantret – ℰ 04 79 08 00 16 – www.suites-potiniere.com   Plan : Y**u**
– Ouvert 12 déc.-12 avril
12 ch – ♦1000/3000 € ♦♦1000/3000 € – 4 suites – ⌑ 37 €
Luxe discret, raffinement et élégance en cet hôtel contemporain proche de la Croisette. Suites spacieuses dont certaines avec cheminée, œuvres d'art dans le hall, etc. Midi et soir, les skieurs peuvent se restaurer au séduisant bar-lounge.

La Sivolière
`🏨🏨🏨` ⓘⓞ 🛏 ⪡ 🗙 🌐 ♨ 🍴 👶 🛜 🚗

r. des Chenus – ℰ 04 79 08 08 33 – www.hotel-la-sivoliere.com   Plan : Y**d**
– Ouvert 12 déc.-12 avril
24 ch ⌑ – ♦435/995 € ♦♦750/1390 € – 12 suites – ½ P
Rest *1850* – voir les restaurants ci-après
Sur les hauteurs de la station, au grand calme, ce chalet de caractère distille un charme sûr. Décor contemporain et raffiné dans les espaces communs ; montagnard et cosy dans les chambres. Les must : le spa et la piscine face à la forêt.

La Loze sans rest

r. Park-City – ℰ 04 79 08 28 25 – www.la-loze.com — Plan : Y**w**
– Ouvert de déc. à mi-avril
27 ch � – †206/595 € ††206/595 € – 1 suite
Hôtel tourné vers les pistes, autrichien dans l'âme : bois couleur pain d'épice, chambres cosy ornées de frises et personnel en costume tyrolien. En rentrant du ski, les skieurs peuvent même profiter d'un bon goûter... Une certaine idée du bonheur !

Hôtel des Trois Vallées ◐

r. Park-City – ℰ 04 79 08 00 12 – www.hoteldestroisvallee.com — Plan : Y**h**
– Ouvert 11 déc.-fin avril
31 ch – †290/2480 € ††290/2480 € – ⊑ 17 €
À deux pas de l'animation du centre de "Courch", cet hôtel a été entièrement rénové dans un esprit vintage, avec quelques éléments de mobilier rappelant les années 1950. Une décoration harmonieuse, des chambres confortables avec balcon... et les pistes juste devant la porte !

Les Monts Charvin sans rest

impasse des Verdons – ℰ 04 79 04 19 10 — Plan : Y**a**
– www.lesmontscharvin-courchevel1850.com
19 ch – †155/365 € ††155/365 € – ⊑ 17 €
Un petit hôtel familial et authentique, au cœur même de la station : coquette décoration alpestre, salon avec feu de cheminée, tenue impeccable.

Le 1947 – Hôtel Cheval Blanc

au Jardin Alpin – ℰ 04 79 23 14 01 – www.chevalblanc.com — Plan : Z**m**
– Ouvert 11 déc.-6 avril et fermé le midi et lundi
Carte 195/390 €
1947... le millésime mythique du Cheval Blanc et, au sein de l'hôtel du même nom, cette table siglée Yannick Alléno. Dans un décor avant-gardiste, le grand chef délivre une superbe partition de cuisine contemporaine, où la créativité et l'audace technique sont tout entières guidées par la recherche des saveurs. Quelle leçon !
→ Tagliatelles de jaune d'œuf, truffe noire et extrait de poule. Sopina, soupe savoyarde de poissons de lac. Fuseaux croustillants à la truffe noire et fleur de sel.

Le Kintessence – Hôtel le K2

r. des Clarines – ℰ 04 79 40 08 80 – www.hotellek2.com — Plan : Y**b**
– Ouvert de mi-déc. à mi-avril et fermé le midi
Menu 195/300 € – Carte 175/207 €
Un nom en forme de programme… Pour le chef, Nicolas Sale, exprimer la quintessence des meilleurs produits semble un sacerdoce. Qualité des ingrédients, harmonie et créativité des recettes, finesse et esthétique des assiettes : tout séduit, de même que l'ambiance feutrée des lieux et la discrétion du service.
→ Langoustine de casier, champignons enoki aux pistaches, nuage coco et citron vert. Bar des côtes bretonnes, cresson à l'ail doux, pommes fondantes et soufflées. Onctueux citron, pain de Gênes, fragrance de thym et comète glacée.

Pierre Gagnaire pour les Airelles – Hôtel Les Airelles

Au Jardin Alpin – ℰ 04 79 00 38 38 – www.airelles.fr – Ouvert — Plan : Z**h**
12 déc.-6 avril et fermé le midi, sam. et dim.
Menu 220/495 € – Carte 300/450 €
Dans le décor fastueux des Airelles, rendant hommage à Sissi, une avalanche de saveurs ! Rien ne semble pouvoir brider l'inventivité de Pierre Gagnaire et de ses équipes : produits rares et superbes, mariages subtils et inattendus, etc. Une leçon de liberté, mais qui a un prix.
→ Autour de la langoustine. Le Grand Menu Pierre Gagnaire. Soufflés vanille et chocolat.

XXX **La Table du Kilimandjaro** – Hôtel Le Kilimandjaro ⚘ ≤ 👜 ♿ 🍴 **P**

rte de l'Altiport, (Plan : Z) – ℰ 04 79 01 46 46 – www.hotelkilimandjaro.com
– Ouvert de mi-déc. à mi-avril et fermé le midi
Menu 120/200 € – Carte 130/230 €
Une vue magnifique sur les sommets et... une belle illustration de la haute gastronomie. Les produits sont superbes, travaillés avec art, pour le seul plaisir des sens. Le service prévenant et le cadre chaleureux (bois brut, cheminée, bel espace) ajoutent à l'agrément du moment.
→ Chou-fleur cru et cuit, caviar osciètre, huître végétale et fleurs de bourrache. Saint-pierre rôti au safran de Savoie, artichaut en trois cuissons. Poire rôtie à la vanille, crémeux et émulsion à la fève tonka.

XXX **Le Strato** – Hôtel Le Strato ⚘ ≤ ♿ 🍴

rte de Bellecôte – ℰ 04 79 41 51 80 – www.hotelstrato.com   Plan : Z**f**
– Ouvert 6 déc.-9 avril
Menu 150/320 € – Carte 180/250 €
Le ski alpin pourrait symboliser la cuisine du Strato, qui slalome avec précision et élégance entre influences hivernales et inspirations provençales, la table étant affiliée au fameux Oustaù de Baumanière, des Baux-de-Provence. À noter : au déjeuner, on profite d'une formule plus décontractée.
→ Raviolis de truffe au poireau. Gigot d'agneau des Pyrénées piqué d'ail et d'anchois. Millefeuille Baumanière.

XXX **Le Comptoir de l'Apogée** – Hôtel L'Apogée ♿ 🅰🅺 🍴

au Jardin Alpin – ℰ 04 79 04 01 04   Plan : Z**a**
– www.lapogeecourchevel.com – Ouvert 12 déc.-7 avril et fermé le midi
Carte 89/244 €
Dans le cadre exceptionnel de l'hôtel Apogée, cette brasserie chic tient ses promesses, à travers une cuisine soignée et savoureuse ; on profite aussi des excellents vins et fromages des caves maison, et d'un service aimable et efficace.

XXX **1850** – Hôtel La Sivolière ⚘ ♿ 🍴

r. des Chenus – ℰ 04 79 08 08 33 – www.hotel-la-sivoliere.com   Plan : Y**d**
– Ouvert 12 déc.-12 avril
Formule 30 € – Menu 70 € (dîner)/250 € – Carte 86/168 €
En haut de la station, ce chalet de bois et de pierre a l'art de séduire en toute discrétion... Le chef concocte une carte tendance, à base de bons produits : féra fumée aux aiguilles de sapin, filet de chevreuil aux baies roses, déclinaison chocolat aux mandarines corses, etc.

XXX **La Table du Lana** – Hôtel Le Lana ⚘ ≤ ⚘ ♿ 🍴

rte de Bellecôte – ℰ 04 79 08 01 10 – www.lelana.com   Plan : Y**p**
– Ouvert de mi-déc. à début avril
Menu 80 € (dîner) – Carte 85/165 €
Bois vieilli et tissus épais : voici le décor cossu de la Table du Lana, feutrée et gastronomique le soir, plus décontractée au déjeuner – en particulier sur la terrasse ensoleillée, face aux pistes. Belle carte des vins.

XXX **Le Chabichou** (Michel Rochedy) – Hôtel Le Chabichou ⚘ ≤ ⚘

r. des Chenus – ℰ 04 79 08 00 55   Plan : Y**z**
– www.chabichou-courchevel.com – Ouvert juil.-août et déc.-avril
Menu 58 € (déj.), 75/250 € – Carte 130/175 €
Le Chabichou, c'est avant tout une cuisine empreinte de classicisme, où les produits nobles tiennent le premier rang et où les mets sont composés dans les règles de l'art : au service des saveurs, tout simplement. Décor montagnard, comme il se doit.
→ Poissons du lac en pot-au-feu sur une fine gelée et caviar. Truite d'eau douce confite à basse température, émulsion lait d'amande. Cylindre meringué et lacté glacé aux fruits des bois.

XX **Le Genépi**

r. Park City – ℰ 04 79 08 08 63 – www.legenepi-courchevel.com   Plan : Y**g**
– Ouvert sept.-avril et fermé sam. et dim. de sept. à nov.
Formule 32 € – Carte 56/97 €
Accueil sympathique en ce petit restaurant familial : le feu crépite dans le salon. Le chef, né à Courchevel, propose une cuisine régionale bien ficelée (menu skieur à midi). Une valeur sûre.

✗✗ **La Saulire** ⌗ ⌂ AK
pl. du Rocher – ☎ *04 79 08 07 52 – www.lasaulire.com* Plan : Y**t**
– Ouvert 1er déc.-25 avril
Formule 28 € – Menu 35 € (déj.)/40 € – Carte 71/125 €
Un décor tout de bois blond, rehaussé de vieux objets montagnards... C'est dans ce cadre authentique et chaleureux qu'il faut être vu à Courchevel, en atteste le passage de la jet-set et des têtes couronnées ! Carte traditionnelle au déjeuner, plus sophistiquée au dîner, où la truffe du Périgord est à l'honneur.

✗ **Le Chabotté** – Hôtel Le Chabichou ⅙
r. des Chenus – ☎ *04 79 01 46 86* Plan : Y**z**
– www.chabichou-courchevel.com – Ouvert juil.-août et déc.-avril
Formule 21 € – Menu 27 € (déj.)/30 € – Carte 35/68 €
Le Chabotté du Chabichou ? Une formule assez futée, créée dans une extension contemporaine construite... sous les pistes de ski. Après l'effort, le réconfort : tartiflette, raclette et viandes à la broche (entrecôte, gigot d'agneau, etc.).

✗ **Zinc des Neiges**
r. Park-City – ☎ *04 79 08 90 84 – www.restaurant-zinc.com* Plan : Y**x**
– Ouvert de mi-déc. à fin mars
Formule 19 € – Menu 25 € (déj.)/45 € – Carte 55/75 €
En plein cœur de la célèbre station, ce bistrot gourmand a tout de la bonne adresse de montagne : boiseries, cheminée, banquettes, et un grand bar en... zinc. L'accueil est à la fois décontracté et professionnel – un duo toujours gagnant ! –, au service d'une bonne cuisine de tradition, qui cultive une heureuse simplicité.

à Courchevel 1650 par ① : 4 km – ✉ 73120

🏨 **Manali** ❚❚❚ ⊱ < ▣ ⓦ ▮⑤ ▮❙ ⅙ 🛜 🚗
r. de la Rosière – ☎ *04 79 08 07 07 – www.hotelmanali.com – Ouvert*
17 déc.-12 avril
32 ch – ½ P seult 255/650 € – 5 suites
Du nom d'un village himalayen, un luxueux chalet mâtiné d'exotisme : au gré des chambres, le bois montagnard rencontre des inspirations indiennes (frises sculptées) ou canadiennes (rondins de bois), et le restaurant décline le thème Bollywood. Dépaysement garanti !

🏨 **Le Portetta** ❚❚❚ ⊱ < ⓦ ▮⑤ ▮❙ ⅙ ※ 🛜 🚗
r. du Marquis – ☎ *04 79 08 01 47 – www.leportetta.com – Ouvert 13 déc.-11 avril*
38 ch – ♦240/608 € ♦♦480/1200 € – 6 suites – ⊑ 20 € – ½ P
Aux pieds des pistes, cet hôtel offre un décor montagnard on ne peut plus cosy, avec espace détente (fitness, hammam, spa, sauna, etc.), terrasse ensoleillée, accueil aimable... Un bien agréable refuge.

🏨 **Le Seizena** ❚❚❚ ⅙ ※ 🛜
– ☎ *04 79 08 26 36 – www.hotelseizena.com – Ouvert juil.-août et de mi-déc. à*
mi-avril
20 ch ⊑ – ♦240/370 € ♦♦240/370 €
Un hommage original et réussi au Cessna et à l'aéronautique : chambres modernes évoquant des cabines, salles de bains façon cockpit, hélices, maquettes d'avions...

au Praz (Courchevel 1300) 8 km par ① – ✉ 73120

🏨 **Les Peupliers** ❚❚❚ ▮⑤ ▮❙ 🛜 P.
– ☎ *04 79 08 41 47 – www.lespeupliers.com – Fermé mai-juin et les week-ends*
de sept. à nov.
35 ch – ♦90/210 € ♦♦120/435 € – ⊑ 15 € – ½ P
Cet hôtel familial situé à deux pas d'un petit lac abrite des chambres chaleureuses et lambrissées ; elles sont dotées de balcons côté sud. Accueil sympathique. Jolies boiseries savoyardes et plats traditionnels à La Table de mon Grand-Père.

☼ **Azimut** (François Moureaux) ⇔

❀ *Immeuble l'Or Blanc – ℰ 04 79 06 25 90 – www.restaurantazimut.com
– Ouvert de mi-déc. à fin avril et fermé lundi midi et merc. midi*
Formule 28 € – Menu 32/99 € – Carte 57/100 € *(réservation conseillée)*
Une adresse sympathique, aux prix mesurés, où l'on déguste une cuisine très
sûre, simple et actuelle, à base d'excellents produits. Le tout accompagné de
bons vins du Jura – région où l'établissement prend ses quartiers d'été. Accueil
très aimable.
→ Ramequin de beaufort et crème de chorizo. Omble chevalier des Cévennes,
émulsion d'oignon doux. Parfait glacé au vin jaune, financier aux noix.

☼ **Le Bistrot du Praz** ⌂

*– ℰ 04 79 08 41 33 – www.bistrotdupraz.fr – Fermé mai et oct., du lundi au vend.
hors saison et dim. en hiver*
Menu 31 € – Carte 35/72 €
Dans le village du Praz, petit chalet au cadre savoyard chaleureux, proposant une
cuisine de bistrot bien gourmande et un menu qui évolue au fil des saisons. Ne
passez pas à côté des spécialités de foie gras (froid ou chaud).

à la Tania 12 km par ① – ⊠ 73120

☼☼ **Le Farçon** (Julien Machet) ⌂ ⌘

❀ *immeuble la Kalinka – ℰ 04 79 08 80 34 – www.lefarcon.fr – Ouvert de mi-juin à
mi-sept., de mi-nov. à fin-avril et fermé lundi en été*
Menu 35 € (déj.)/58 €
Si l'agréable décor façon chalet (dû au père du chef, menuisier de son état)
honore la Savoie, la cuisine explore un territoire de saveurs plus large, avec inventivité, soin et finesse. Pour une savoureuse escapade à l'écart de Courchevel.
→ Soupe de petits pois, framboises et parmesan. Cuisse et suprême de poularde cuits doucement en croûte de pain au citron. Tartelette framboise au chocolat au lait et basilic.

COUR-CHEVERNY

⊠ 41700 (Loir-et-Cher) – 2 717 hab. – Alt. 86 m – Voir carte n°**11-AB1**
🖸 Paris 194 km – Blois 14 km – Châteauroux 88 km – Orléans 73 km
Carte Michelin 318-F6

🏠 **St-Hubert** ⏸ 🛏 ❀ 🛜 🛗 🅿

122 rte Nationale – ℰ 02 54 79 96 60 – www.hotel-sthubert.com
21 ch – ❖55/75 € ❖❖68/85 € – ⊑ 11 € – ½ P
Un petit hôtel placé sous la protection du patron des chasseurs – logique dans
une localité avec une telle tradition de vénerie ! Plaisante ambiance provinciale,
âtre au salon... Salle de restaurant lumineuse et colorée ; cuisine traditionnelle et
gibier en saison.

🏠 **Relais des Trois Châteaux** ⓝ ⏸ 🛏 & 🄰 🛜 🛗 🅿

1 pl. Victor-Hugo – ℰ 02 54 79 96 44 – www.relaisdestroischateaux.com
36 ch – ❖120/255 € ❖❖120/255 € – ⊑ 16 € – ½ P
Ce relais est idéal pour partir à la découverte des châteaux de Blois, Chambord et
Cheverny, les joyaux de la Loire ! Une partie des chambres appartenait à un
ancien presbytère ; l'ensemble est cosy et décoré avec goût, avec notamment
de beaux objets faits à la main en Italie.

à Cheverny 1 km au Sud – ⊠ 41700 – 955 hab. – Alt. 110 m

🏰 **Château du Breuil** ⏸ ⸜ ⸜ ⸜ 🛏 & 🄰 🛜 🛗 🅿

*23 rte de Fougères, 3 km à l'Ouest par D 52 et voie privée – ℰ 02 54 44 20 20
– www.chateau-hotel-du-breuil.com – Fermé janv.*
34 ch – ❖120/195 € ❖❖150/255 € – 5 suites – ⊑ 16 € – ½ P
Visitez Cheverny et logez au Breuil : un parc arboré de 45 ha préserve ce petit
château (18e s.) du monde extérieur. Décor soigné ; quelques belles chambres
dans l'ancien corps de ferme, côté verger. Cuisine traditionnelle au restaurant.

COURCOURONNES – 91 (Essonne) → voir Paris, Environs (Évry)

COURLANS – 39 (Jura) → voir Lons-le-Saunier

COURLAOUX – 39 (Jura) → voir Lons-le-Saulnier

COURMES
✉ 06620 (Alpes-Maritimes) – 100 hab. – Alt. 630 m – Voir carte n°**42-E2**
▶ Paris 942 km – Marseille 214 km – Monaco 71 km – Nice 57 km
Carte Michelin 341-D5 – Guide Vert Michelin Côte d'Azur

✗ **Auberge de Courmes** avec ch
3 r. des Platanes – ✆ *04 93 77 64 70* – *www.aubergedecourmes.com*
– Fermé janv., fév., merc. sauf juil.-août, lundi en juil.-août et mardi
5 ch ☲ – †60 € ††65 € – ½ P
Formule 19 € – Menu 24/31 € *(réservation conseillée)*
Il faut la dénicher, cette auberge en pierre, dans ce petit village isolé de l'arrière-pays... On ne regrettera pas le trajet, tant ce véritable havre de paix est revigorant ! Outre les chambres, toutes sobres, on appréciera la cuisine du jeune chef, qui revisite la tradition avec goût... Une sympathique adresse.

COURS
✉ 69470 (Rhône) – 3 857 hab. – Alt. 543 m – Voir carte n°**44-A1**
▶ Paris 416 km – Chauffailles 17 km – Lyon 75 km – Mâcon 70 km
Carte Michelin 327-E3

au col du Pavillon 4 km à l'Est par D 64 – ✉ 69470 – Alt. 755 m

🏠 **Le Pavillon**
– ✆ *04 74 89 83 55* – *www.hotel-pavillon.com*
21 ch – †48 € ††58 € – ☲ 8,50 € – ½ P
Pour une véritable cure de repos parmi les sapins, au col du Pavillon, bon point de départ pour de nombreuses randonnées. Une cuisine simple et classique, des chambres confortables (avec terrasse ou balcon) : les amateurs sont comblés.

COURSAC
✉ 24430 (Dordogne) – 1 951 hab. – Alt. 200 m – Voir carte n°**4-C1**
▶ Paris 556 km – Angoulême 91 km – Bordeaux 127 km – Périgueux 14 km
Carte Michelin 329-E5

🏠 **Le Clos Bruyols** sans rest
7 impasse de Bruyols – ✆ *05 53 07 56 61* – *www.le-clos-bruyols.com* – Fermé fév.
4 ch ☲ – †90/140 € ††90/140 €
De chaque pièce de cette métairie, la propriétaire a fait un lieu unique (objets chinés, mobilier ancien). Mention spéciale pour la suite du colombier ! La piscine et le sauna sont à disposition pour se détendre sans voir le temps passer.

COURSEULLES-SUR-MER
✉ 14470 (Calvados) – 4 179 hab. – Alt. 5 m – Voir carte n°**32-B2**
▶ Paris 252 km – Arromanches-les-Bains 14 km – Bayeux 24 km – Cabourg 41 km
Carte Michelin 303-J4 – Guide Vert Michelin Normandie Cotentin

✗✗ **La Pêcherie** avec ch
pl. 6-Juin – ✆ *02 31 37 45 84* – *www.la-pecherie.fr*
7 ch – †90/120 € ††90/180 € – ☲ 12 € – ½ P
Formule 15 € – Menu 20/38 € – Carte 34/85 €
Derrière la façade à colombages, un intérieur empreint de nostalgie : horloges, portraits, poutres, jolie verrière... Poissons et crustacés sont à la fête, préparés par un chef qui aime son métier. Quelques chambres sont disponibles, pour rester tout près de la plage !

LA COURTEIX – 63 (Puy-de-Dôme) → voir Pontgibaud

COURTENAY
✉ 45320 (Loiret) – 3 990 hab. – Alt. 146 m – Voir carte n°**12-D2**
▶ Paris 118 km – Auxerre 56 km – Nemours 44 km – Orléans 101 km
Carte Michelin 318-P3

à Ervauville 9 km au Nord-Ouest par N 60, D 32 et D 34 – ⊠ 45320
– 575 hab. – Alt. 152 m

✗✗   Le Gamin   🖼 🏠

Le Bourg – ℰ 02 38 87 22 02 – www.restaurant-le-gamin.fr – Fermé
1er-16 juil., 2-25 nov., dim. soir, lundi, mardi, merc. et jeudi
Menu 60 € ℱ *(réservation conseillée)*
Pour une soirée romantique, une épicerie transformée en élégante auberge, avec terrasse et joli jardin. La cuisine est séduisante, employant volontiers des produits nobles.

LA COURTINE
⊠ 23100 (Creuse) – 766 hab. – Alt. 789 m – Voir carte n°**25**-D2
▶ Paris 424 km – Aubusson 38 km – La Bourboule 53 km – Guéret 80 km
Carte Michelin 325-K6

✗✗   Au Petit Breuil   avec ch   🚗 ♨ 🛁 🛎 ⟲ ⌂ 🅿 🐾

😊 *rte de Felletin – ℰ 05 55 66 76 67 – www.lepetitbreuil.com – Fermé*
19 déc.-12 janv., dim. soir et vend. soir du 15 sept. au 15 avril
9 ch – †54 € ††64 € – ⌂ 8 € – ½ P
Menu 14 € (déj. en semaine), 18/46 € – Carte 25/40 €
Un restaurant contemporain et lumineux ouvrant sur la verdure, tenu par la même famille depuis sept générations. Salade de ris de veau, foie gras chaud et, en saison, champignons : dans l'assiette, de jolies spécialités traditionnelles et régionales. Chambres fonctionnelles pour l'étape.

COUTANCES
⊠ 50200 (Manche) – 9 311 hab. – Alt. 91 m – Voir carte n°**32**-A2
▶ Paris 335 km – Avranches 52 km – Cherbourg 76 km – St-Lô 28 km
Carte Michelin 303-D5 – Guide Vert Michelin Normandie Cotentin

🏨   Cositel   ▯◯ 🛏 🚗 ⌂ ⟲ 🔊 🅿

29 r. de St-Malo – ℰ 02 33 19 15 00 – www.cositel.fr
55 ch – †65/143 € ††65/143 € – ⌂ 11 € – ½ P
Sur les hauteurs de la ville, au milieu des champs (et de quelques maisons), cet hôtel moderne se révèle agréable : un ensemble bien pensé, fonctionnel et lumineux. Les chambres y sont peu à peu rénovées ; préférez celles qui donnent sur le jardin. Cuisine traditionnelle au restaurant... où l'on a une jolie vue sur la cité.

🏠   Manoir de L'Ecoulanderie   sans rest   🛥 ⟨ 🚗 ▧ 🖼 ⟲ 🅿 🍴

r. de la Broche – ℰ 02 33 45 05 05 – www.l-b-c.com
4 ch ⌂ – †150/180 € ††160/200 €
Un enchantement ! Cette demeure blanche (17e s.) et son jardin, tout en fleurs et bassins, dominent la ville et sa superbe cathédrale. On peut même en admirer les tours effilées depuis la piscine ! "Sous-bois", "La Source", "La Suite" : les chambres sont idéales pour une romance au charme d'antan...

✗   Côté Saint-Pierre

55 r. Geoffroy-de-Montbray – ℰ 02 33 47 94 78 – www.cote-saint-pierre.fr
– Fermé dim. soir et lundi
Formule 15 € – Menu 25 € (dîner)/35 € *(réservation conseillée)*
À côté de l'église St-Pierre – d'où le nom –, cette maison du 17e s. abrite un sympathique bistrot ! Suggestions à l'ardoise le midi et menus courts le soir mettent en valeur les recettes du chef où les produits de saison côtoient ceux du terroir normand. Cadre rustique.

à Gratot 4 km à l'Ouest et D 244 – ⊠ 50200 – 659 hab. – Alt. 83 m

✗   Le Tourne-Bride   ♿ 🅿

😊 *85 r. d'Argouges – ℰ 02 33 45 11 00 – Fermé 7-23 fév., 1er-15 juil., dim. soir et lundi*
Formule 14 € – Menu 19/39 € – Carte 34/56 €
Près des ruines romantiques du château de Gratot, ce restaurant – et bar-tabac – fait œuvre de tradition : le chef cultive les classiques (telles les tripes à la mode de Caen) avec bonhomie et fraîcheur. Une cuisine généreuse qui ravira les bons mangeurs !

CRÈCHES-SUR-SAÔNE – 71 (Saône-et-Loire) → voir Mâcon

CRÉDIN

✉ 56580 (Morbihan) – 1 506 hab. – Alt. 124 m – Voir carte n°**10-C2**

▶ Paris 451 km – Pontivy 19 km – Vannes 49 km – Rennes 100 km

Carte Michelin 308-O6

⌂ **La Maison Blanche aux Volets Bleus**　　🍴 🐾 🛏 ⌁ 🕏 🛜 P 🚱

à Blézouan, 2,5 km à l'Est par D11 et rte secondaire – ☏ *02 97 38 58 61*
*– www.lamaisonblancheauxvoletsbleus.com – Fermé 2 semaines en déc. et 2
semaines en janv.*

4 ch ⌷ – ♦♦125/140 €

Une Maison Blanche aux volets bleus dans un joli hameau... C'est dans cette
atmosphère cosy que les Delhange – un charmant couple de Belges – vous reçoivent. Passionnés de cuisine, ils organisent des ateliers culinaires... Esprit de famille
à la table d'hôte.

CREIL

✉ 60100 (Oise) – 33 741 hab. – Alt. 30 m – Voir carte n°**36-B3**

▶ Paris 63 km – Beauvais 45 km – Chantilly 9 km – Clermont 17 km

Carte Michelin 305-F5 – Guide Vert Michelin Île-de-France

🏠 **La Ferme de Vaux**　　🍴 🛜 ⅏ P

11-19 rte de Vaux, par D 120, direction Verneuil – ☏ *03 44 64 77 00*
– www.la-ferme-de-vaux.com

28 ch – ♦75/83 € ♦♦75/83 € – ⌷ 10 € – ½ P

Cette ancienne ferme francilienne (19ᵉ s.), construite autour d'une cour fermée, se
situe entre Chantilly et Senlis : une étape pratique pour le tourisme. Les chambres
sont simples et bien tenues, plus spacieuses au rez-de-chaussée. Restauration traditionnelle.

CRÉMIEU

✉ 38460 (Isère) – 3 357 hab. – Alt. 200 m – Voir carte n°**44-B2**

▶ Paris 488 km – Belley 49 km – Bourg-en-Bresse 64 km – Grenoble 86 km

Carte Michelin 333-E3 – Guide Vert Michelin Lyon et sa région

🍴 **Auberge de la Chaite** avec ch　　🛏 🍴 🛜 P

pl. des Tilleuls, (21 crs Baron Raverat) – ☏ *04 74 90 76 63*
*– www.aubergedelachaite.com – Fermé 11-27 avril,
25 août-2 sept., 21 déc.-15 janv., merc. midi, dim. soir, et lundi*

9 ch – ♦49/62 € ♦♦51/70 € – ⌷ 10 €　Menu 20/40 € – Carte 31/59 €

Face à l'imposante porte de la Loi (vestige de l'enceinte du 14ᵉ s.), cette maison
de pays nous accueille dans un cadre rustique, ou en terrasse quand le temps le
permet. Le chef, véritable passionné, concocte une cuisine généreuse et goûteuse, ancrée dans la tradition. Une adresse simple et agréable !

CRENEY-PRÈS-TROYES – 10 (Aube) → voir Troyes

CREON

✉ 33670 (Gironde) – 4 263 hab. – Alt. 110 m – Voir carte n°**3-B1**

▶ Paris 597 km – Arcachon 88 km – Bordeaux 25 km – Langon 32 km

Carte Michelin 335-I6 – Guide Vert Michelin Aquitaine

🏰 **Château Camiac**　　🍴 🐾 🛏 🍴 📺 🛜 ⅏ P

rte de la Forêt, (D 121) – ☏ *05 56 23 20 85* – *www.chateaucamiac.com*
– Ouvert 2 mai-5 oct.

13 ch – ♦160/280 € ♦♦160/360 € – 1 suite – ⌷ 16 €

Un beau château des 18ᵉ et 19ᵉ s., au cœur du vignoble bordelais et d'un parc de
8 ha. Meubles de style, confort et authenticité : une étape pleine de charme... Les
sportifs sauront sans nul doute profiter de la grande piscine.

CRÉPON

✉ 14480 (Calvados) – 221 hab. – Alt. 52 m – Voir carte n°**32-B2**

▶ Paris 257 km – Bayeux 13 km – Caen 23 km – Deauville 66 km

Carte Michelin 303-I4 – Guide Vert Michelin Normandie Cotentin

Ferme de la Rançonnière-Manoir de Mathan

rte d'Arromanches-les-Bains – $\mathscr{C}$ *02 31 22 21 73*
– www.ranconniere.fr
56 ch – †70/195 € ††90/265 € – 3 suites – ⊊13 € – ½ P
Rest *Ferme de la Rançonnière* – voir les restaurants ci-après
Charme et caractère ! Imaginez une ferme médiévale fortifiée qui aurait conservé tout son cachet : pierres robustes, poutres patinées, mobilier d'époque... Les chambres sont à l'avenant et dégagent un luxe discret et authentique. Au cœur du Bessin.

Ferme de la Rançonnière

rte d'Arromanches-les-Bains – $\mathscr{C}$ *02 31 22 21 73* – *www.ranconniere.fr*
Formule 25 € – Menu 31/46 € – Carte 36/66 €
Un cadre historique admirablement préservé : grande cheminée, belles voûtes en pierre... Le cadre idéal pour une cuisine traditionnelle et raffinée : terrine de pavé d'Isigny, gourmandise de lotte en aïoli, etc.

CRÉPY-EN-VALOIS

✉ 60800 (Oise) – 14 374 hab. – Alt. 93 m – Voir carte n°**37**-C3
D Paris 72 km – Amiens 124 km – Beauvais 78 km – Bobigny 57 km
Carte Michelin 305-I5 – Guide Vert Michelin Île-de-France

Le Carré des Saveurs ❶

21 r. Jeanne-d'Arc – $\mathscr{C}$ *03 44 39 70 12* – *Fermé dim. et lundi*
Formule 19 € – Menu 23/46 € – Carte 47/64 €
Un Carré des Saveurs... pour des saveurs au carré ! Le chef, Vincent Lepaumier, aime sortir des sentiers battus, réinventer les classiques de la cuisine française, jouer sur les textures ou les émulsions... Le tout dans un cadre contemporain à l'unisson : résolument original.

CRESSERONS – 14 (Calvados) → voir Douvres-la-Délivrande

CREST

✉ 26400 (Drôme) – 8 008 hab. – Alt. 196 m – Voir carte n°**44**-B3
D Paris 585 km – Die 37 km – Gap 129 km – Grenoble 114 km
Carte Michelin 332-D5 – Guide Vert Michelin Ardèche Drôme

La Saleine

quartier Saleine, 1 km à l'Ouest par D 93 – $\mathscr{C}$ *04 75 57 90 68*
– www.la-saleine.com
20 ch – †69/88 € ††69/88 € – ⊊12 € – ½ P
Entre la vallée du Rhône et le massif du Vercors, cet hôtel-restaurant est idéal pour sillonner la région. Les chambres, sobres et lumineuses, permettent de se reposer avant de repartir pour de nouvelles découvertes ! Restaurant traditionnel.

Kléber (Sébastien Bonnet)

6 r. A.-Dumont – $\mathscr{C}$ *04 75 25 11 69* – *www.le-kleber.com* – *Fermé 2-19 janv., 17-31 août, dim. soir, merc. soir et lundi*
Menu 30 € (déj. en semaine), 55/129 € ⛫ – Carte 80/100 €
Dans cette maison du centre-ville, on sait réveiller les papilles ! De l'entrée au dessert, le jeune chef redouble d'efforts pour satisfaire les gourmands avec des plats fins et goûteux, à déguster dans un cadre contemporain.
→ Pannacotta de homard bleu et sorbet piquillos. Filet de bœuf de Salers, foie gras poêlé, jus de truffe et morilles. Moelleux de carottes confites et yuzu, biscuit dacquoise.

à La Répara-Auriples 8 km au Sud par D 538 et D 166 rte d'Autichamp –
✉ 26400 – 248 hab. – Alt. 350 m

Le Prieuré des Sources

lieu-dit Bouchassagne – $\mathscr{C}$ *04 75 25 03 46* – *www.prieuredessources.com*
5 ch – †135/235 € ††135/235 € – ⊊15 €
Zen, restons zen... Dans cet ancien prieuré, l'ambiance monacale a laissé place à une déco tout droit venue d'Asie. Les grandes et belles chambres, la salle voûtée ou la piscine donnant sur les champs sont autant d'invitations au repos et à l'apaisement. Une adresse authentique teintée d'exotisme.

CREST-VOLAND

✉ 73590 (Savoie) – 390 hab. – Alt. 1 230 m – Voir carte n°**46**-F1

▶ Paris 588 km – Albertville 24 km – Annecy 53 km – Chamonix-Mont-Blanc 47 km
Carte Michelin 333-M3 – Guide Vert Michelin Alpes du Nord

🏠 Le Caprice des Neiges

1175 rte des Saisies, à 1 km – 𝒞 *04 79 31 62 95*
*– www.hotel-capricedesneiges.com – Ouvert de début mai à fin sept. et de
mi-déc. à mi-avril*
16 ch – †70/115 € ††70/115 € – ⬜ 13 € – ½ P
Rest *Le Caprice des Neiges* – voir les restaurants ci-après
Un grand chalet fleuri en été, couvert de neige ouatée en hiver, à l'atmosphère
chaleureuse et familiale. Les chambres sont habillées de bois brut et, après le ski,
on se prélasse devant la cheminée. Sympathique caprice !

🏠 Mont Bisanne

292 rte d'Entre-deux-Villes – 𝒞 *04 79 31 60 26 – www.mont-bisanne.com
– Ouvert de mi-déc. à mi-avril et de début juil. à fin août*
14 ch – †60/100 € ††80/110 € – ⬜ 9 € – ½ P
Rest *La Table de Diamant* – voir les restaurants ci-après
Avec ce chalet, face au télésiège, vous serez le premier en haut des pistes ! Les
chambres, d'esprit savoyard, simples et fonctionnelles (lambris et mobilier vernis),
et la vue étendue sur l'espace skiable : tout invite à profiter de la montagne.

🍴 Le Caprice des Neiges – Hôtel Le Caprice des Neiges

1175 rte des Saisies, à 1 km – 𝒞 *04 79 31 62 95*
*– www.hotel-capricedesneiges.com – Ouvert de début mai à fin sept. et de
mi-déc. à mi-avril et fermé le midi du lundi au jeudi*
Menu 29/55 € – Carte 36/52 €
Un restaurant de style savoyard, avec des baies vitrées donnant sur le massif des
Aravis. Un jarret de veau à la fève de tonka, un crumble noisette aux poires
de Savoie et aux pruneaux : le chef trouve son inspiration entre terroir et tradition.

🍴 La Table de Diamant – Hôtel Mont Bisanne

– 𝒞 *04 79 31 60 26 – www.mont-bisanne.com – Ouvert mi-déc. à mi-avril et
début juil. à fin août*
Formule 17 € – Menu 28 € (dîner), 38/53 € – Carte 36/64 €
Son nom rend hommage à l'espace Diamant, le grand domaine skiable local. Pour
autant, la carte sait sortir des pistes balisées sans craindre le hors-piste, car le chef
fait montre d'un beau savoir-faire quand il s'agit de renouveler le registre traditionnel. Une table agréable.

CREULLY

✉ 14480 (Calvados) – 1 692 hab. – Alt. 27 m – Voir carte n°**32**-B2

▶ Paris 253 km – Bayeux 14 km – Caen 20 km – Deauville 62 km
Carte Michelin 303-I4 – Guide Vert Michelin Normandie Cotentin

🍴🍴 Hostellerie St-Martin avec ch

6 pl. Edmond Paillaud – 𝒞 *02 31 80 10 11 – www.hostelleriesaintmartin.com
– Fermé 20 déc.-10 janv.*
12 ch – †61/81 € ††61/81 € – ⬜ 8 € – ½ P
Formule 15 € – Menu 18 € (semaine), 24/36 € – Carte 22/63 €
Il a du caractère ce restaurant avec ses belles salles voûtées du 16ᵉ s., autrefois
anciennes halles du village. La cuisine est traditionnelle : fruits de mer, feuilleté
d'andouille, faisan au chou, etc. À l'étage, des chambres toutes simples, parfaites
pour cette étape gastronomique.

LE CREUSOT

✉ 71200 (Saône-et-Loire) – 22 620 hab. – Agglo. 89 795 hab. – Alt. 348 m
– Voir carte n°**8**-C3

▶ Paris 316 km – Autun 30 km – Beaune 46 km – Chalon-sur-Saône 38 km
Carte Michelin 320-G9 – Guide Vert Michelin Bourgogne

🏠 La Petite Verrerie

4 r. J. Guesde – ℰ *03 85 73 97 97* – *www.bestwestern-petite-verrerie.com* – *Fermé 21 déc.-3 janv.*

37 ch – ♦77/117 € ♦♦92/132 € – 6 suites – 🍽 16 €

Jadis, cette jolie maison bourgeoise était la pharmacie des usines ! Aujourd'hui, c'est un hôtel avec des chambres classiques et confortables, des salles de réception et un restaurant célébrant le terroir bourguignon et la tradition. Une autre manière de se soigner.

🍴 Le Restaurant

r. des Abattoirs – ℰ *03 85 56 32 33* – *Fermé août, 27 déc.-4 janv., lundi soir, mardi soir, merc. soir, sam. et dim.*

Carte 26/45 € *(réservation conseillée)*

Le patron de ce Restaurant est fou de beaux produits et de bons vins. Il fait le tour des tables, explique l'ardoise, conseille avec passion un cru de petit producteur ou un flacon d'exception. Grâce à lui, l'endroit respire le bien-vivre ! Dans l'assiette, c'est frais, fin et gourmand ; bref : on en redemande.

à Montcenis 3 km à l'Ouest par D 784 – ✉ 71710 – 2 208 hab. – Alt. 400 m

🍴🍴 Le Montcenis

2 pl. du Champ-de-Foire – ℰ *03 85 55 44 36* – *www.restaurantlemontcenis.fr* – *Fermé 13 juil.-13 août, dim. soir, lundi et mardi*

Formule 18 € – Menu 23 € (déj. en semaine), 31/59 € – Carte 40/84 € *(réservation conseillée)*

Du cachet dans le décor (cave voûtée, pierres et poutres) comme dans l'assiette. Le chef, Laurent Dufour, accompagné de sa brigade, propose une cuisine généreuse et sincère, réalisée avec de beaux produits ; il change sa carte cinq fois par an, histoire de tiller les gourmands. On parie que vous allez craquer ?

à Torcy 4 km au Sud par D 28 – ✉ 71210 – 3 187 hab. – Alt. 310 m

🍴🍴 Le Vieux Saule

lieu dit le Vieux Saule – ℰ *03 85 55 09 53* – *www.restaurant-vieux-saule.com* – *Fermé 1 semaine en fév., 27 avril-3 mai, 2 semaines en juil., 2-5 janv., dim. soir et lundi*

Menu 20 € (semaine), 36/58 € – Carte 50/69 €

Sandre en feuille de chou, râble de lapin farci aux légumes, crépinette de pied de cochon aux morilles... On vient ici pour la tradition et l'on n'est pas déçu !

CREUTZWALD

✉ 57150 (Moselle) – 13 540 hab. – Alt. 210 m – Voir carte n°**27-C1**
▶ Paris 376 km – Metz 53 km – Neunkirchen 61 km – Saarbrücken 37 km
Carte Michelin 307-L3

🍴🍴 Auberge Richebourg

17 r. de la Houve – ℰ *03 87 90 17 54* – *www.aubergerichebourg.com* – *Fermé 20 juil.-7 août, sam. midi, dim. soir et lundi*

Formule 15 € – Menu 28 € (semaine), 37/62 € – Carte 44/58 €

Façade rouge brique et décor contemporain, cette table suit la tendance. Et dans l'assiette, le même mouvement : pigeon au chutney de cerises, joue de bœuf mijotée, pastilla au chocolat... Quant à la terrasse, elle est bien agréable lorsque les beaux jours arrivent.

CREUZIER-LE-VIEUX – 03 (Allier) ➜ voir Vichy

CRICQUEBOEUF – 14 (Calvados) ➜ voir Honfleur

CRILLON

✉ 60112 (Oise) – 442 hab. – Alt. 110 m – Voir carte n°**36-A2**
▶ Paris 103 km – Aumale 33 km – Beauvais 16 km – Breteuil 33 km
Carte Michelin 305-C3

X **La Petite France** 　　　　　　　　　　　AC ⟷

7 r. du Moulin – ℰ 03 44 81 01 13 – www.lapetitefrance-restaurant.com – Fermé 27 juil.-7 août, dim. soir, mardi soir, merc. soir, jeudi soir et lundi
Menu 18 € (semaine), 29/42 € – Carte 36/55 €

Une accueillante auberge située dans un village du Beauvaisis, au délicieux charme d'antan. Aux fourneaux, le chef anglais – originaire de Newcastle – propose une cuisine… bien française ! Avec, comme spécialité de la maison, la tête de veau ravigote.

CRILLON-LE-BRAVE

✉ 84410 (Vaucluse) – 443 hab. – Alt. 340 m – Voir carte n°**42**-E1
 Paris 687 km – Avignon 41 km – Carpentras 14 km – Nyons 37 km
Carte Michelin 332-D9 – Guide Vert Michelin Provence

🏠🏠 **Crillon le Brave** 　　　　🛅 ⊗ ← 🖗 ⅉ 🕭 AC 🛜 🅿

pl. de l'Église – ℰ 04 90 65 61 61 – www.crillonlebrave.com
– Fermé 4 janv.-25 fév.
30 ch 🖵 – ✝310/675 € ✝✝310/675 € – 4 suites – ½ P
Rest Restaurant Jérôme Blanchet – voir les restaurants ci-après

Un village perché, le mont Ventoux pour horizon et ces belles bastides en pierre… Les chambres sont tout imprégnées de Provence et le jardin à l'italienne descend jusqu'à la piscine… Une élégance rare ! Pour se restaurer, on choisit entre la table gastronomique et le bistrot.

XXX **Restaurant Jérôme Blanchet** – Hôtel Crillon le Brave 　　🕸 🖗 🖫 🅿

pl. de l'Église – ℰ 04 90 65 61 61 – www.crillonlebrave.com
– Fermé 4 janv.-25 fév. et le midi
Menu 65/95 € – Carte 73/81 €

Niché au cœur d'un village tout en pierres, avec un grand morceau de Provence pour horizon (quelle terrasse romantique !), ce restaurant très élégant cultive évidemment le goût du Sud. À la carte : produits locaux et vins du cru.

CRISENOY – 77 (Seine-et-Marne) → voir Melun

LE CROISIC

✉ 44490 (Loire-Atlantique) – 4 043 hab. – Alt. 6 m – Voir carte n°**34**-A2
 Paris 459 km – La Baule 9 km – Nantes 86 km – Redon 66 km
Carte Michelin 316-A4 – Guide Vert Michelin Pays de la Loire

🏠🏠 **Le Fort de l'Océan** sans rest 　　🕭 ⊗ ← 🖗 ⅉ AC 🛜 🖭

pointe du Croisic, (Plan : AY) – ℰ 02 40 15 77 77 – www.hotelfortocean.com
– Fermé janv.
9 ch – ✝210/370 € ✝✝210/370 € – 🖵 22 €

Un fortin en granit (18ᵉ s.) isolé sur la côte sauvage : dans les chambres très confortables et feutrées (joli décor à l'ancienne), on admire à loisir l'océan se déchaînant sur les chaos de rochers… et le contraste est délicieux.

🏠🏠 **L'Océan** 　　🛅 ⊗ ← 🖾 ⅉ 🛜

à Port-Lin – ℰ 02 40 62 90 03 – www.restaurantlocean.com 　　Plan : AZ**v**
– Fermé 7-25 déc.
8 ch – ✝130/470 € ✝✝130/470 € – 2 suites – 🖵 14 € – ½ P
Rest Le Bistrot de l'Océan Rest L'Océan – voir les restaurants ci-après

Une situation unique pour cet hôtel, à même les rochers de la côte sauvage, magnifiquement illuminés le soir venu. Il abrite des chambres spacieuses, élégantes et confortables ; toutes disposent d'un grand balcon donnant sur les flots. Une séduisante adresse.

🏠 **Les Vikings** sans rest 　　← 🖾 AC 🛜 🕍

à Port-Lin – ℰ 02 40 62 79 05 – www.hotel-les-vikings.com 　　Plan : AZ**e**
– Fermé 6-25 déc. et 6-20 janv.
23 ch – ✝75/125 € ✝✝75/125 € – 🖵 14 €

Un bâtiment moderne au Croisic, en retrait de l'océan, mais la plupart des chambres – avec balcon ou bow-window – dominent la côte sauvage. Assez soigné et lumineux.

LE CROISIC

Aiguillon (Quai d') . . . . AY 2
Cordiers (R. des) . . . . BY 6
Europe (R. de l') . . . . AY 7
Gaulle (Pl. du Gén.-de) . . . . . AZ 9
Grande-Rue . . . . AY 12
Lénigo (Quai du) . . . . AY 13
Lepré (Pl. Donatien) . . . . AY 16
Mail de Broc (R. du) . . . . AY 17
Petite Chambre (Q. de la) . . BY 20
Pilori (R. du) . . . . BY 22
Poilus (R. des) . . . . BZ 23
Port Charly (Quai) . . . . AY 26
Port Ciguet (Quai du) . . . . . . AY 27
Port Lin (Av. de) . . . . AZ 28
Rielle (Quai Hervé) . . . . BY 32
Saint-Christophe (R.) . . . . . . BY 33
Saint-Goustan (Av. de) . . . . . AY 35
18-Juin-1940 (Pl. du) . . . . BZ 36

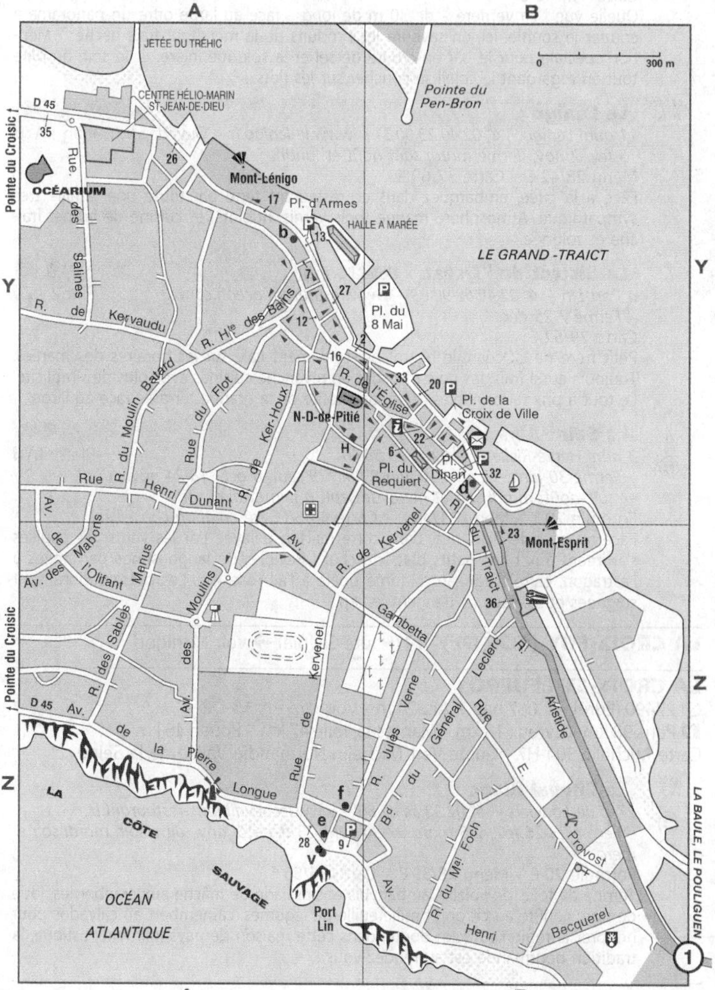

Les Nids sans rest

15 r. Pasteur, à Port-Lin – ✆ 02 40 23 00 63 Plan : AZ**f**
– www.hotellesnids.com – Ouvert 2 avril-1er nov.

24 ch – †62/86 € ††62/91 € – ☕ 10 €

L'immeuble est moderne, les chambres simplement décorées et l'ambiance familiale. Avec le jardinet, l'aire de jeu et la piscine couverte, les enfants seront ravis !

XXX **L'Océan** – Hôtel L'Océan   ⊞ ≤ ᵶ 🖭
à Port-Lin – ℰ 02 40 62 90 03 – www.restaurantlocean.com   Plan : AZv
– Fermé 7-25 déc.
Carte 41/140 €
Quelle vue ! La verrière – de 30 m de long – face au large offre un panorama à
couper le souffle. Ici, on savoure les produits de la mer "tout frais pêchés". Mention
spéciale pour le bar en croûte de sel et la sole meunière. Et le soir, on dîne
tout en regardant le soleil se coucher sur les flots...

XX **Le Lénigo**   ⌂ ᵶ
11 quai Lénigo – ℰ 02 40 23 00 31 – www.le-lenigo.fr – Ouvert   Plan : AYb
15 fév.-2 nov., fermé mardi sauf août et lundi
Menu 28/42 € – Carte 37/69 €
Face à la criée, embarquez dans ce restaurant tenu par toute une famille très
sympathique. Atmosphère marine (bois vernis, hublots) et cuisine de la mer fraîche
et soignée.

X **Le Bistrot de l'Océan** – Hôtel l'Océan   ⊞ ≤ ⌂ ᵶ 🖭
à Port-Lin – ℰ 02 40 62 90 03 – www.restaurantlocean.com   Plan : AZv
– Fermé 7-25 déc.
Carte 29/52 €
Petit frère de L'Océan, le bistrot est également calé sur les horaires des marées.
Toujours aussi frais, les poissons sont en revanche cuisinés avec plus de simplicité.
Le tout à prix raisonnables. L'été, on profite de la grande terrasse face au large.

X **Le Saint-Alys**   ᵶ 🖭 ᵶ
⊕ 3 quai Hervé-Rielle – ℰ 02 40 23 58 40   Plan : BYd
– Fermé 30 janv.-13 fév., 30 juin-8 juil., 29 sept.-6 oct., 18-24 nov., lundi
en juil.-août, mardi soir et merc. de sept. à juin et dim. soir
Formule 20 € – Menu 31/43 € – Carte 45/58 € (réservation conseillée)
Face au port de plaisance, dans cette maison balayée par les vents, les papilles
s'arriment aux bons petits plats du chef ! Ravioles de langoustines parfumées à
l'estragon, carré d'agneau mi-fumé poêlé à l'ail rose, etc. Les présentations sont
soignées et les saveurs tiennent le cap.

LA CROIX-FRY (COL DE) – 74 (Haute-Savoie) → voir Manigod

LA CROIX-ST-LEUFROY
⊠ 27490 (Eure) – 1 087 hab. – Alt. 24 m – Voir carte n°**33**-D2
◘ Paris 98 km – Évreux 18 km – Mantes-la-Jolie 47 km – Rouen 46 km
Carte Michelin 304-H7 – Guide Vert Michelin Normandie Vallée de la Seine

XX **Le Cheval Blanc**
⊕ 27 r. de Louviers – ℰ 02 32 34 82 86 – www.lechevalblanc-restaurant.fr
– Fermé 23-26 fév., 2-5 mars, 27-30 avril, 23 déc.-15 janv., dim. soir, mardi soir et
merc.
Formule 20 € – Menu 28/39 € – Carte 36/56 €
Terrine de foies de volaille au banyuls et sa salade de mâche aux cranberries, joue
de porc confite au citron et millefeuille de légumes, camembert au calvados pour
honorer la région... Aucun doute, dans cette maison de pays joliment rustique, la
tradition gourmande est au rendez-vous !

LA CROIX-VALMER
⊠ 83420 (Var) – 3 498 hab. – Alt. 120 m – Voir carte n°**41**-C3
◘ Paris 873 km – Draguignan 48 km – Fréjus 35 km – Le Lavandou 27 km
Carte Michelin 340-O6 – Guide Vert Michelin Côte d'Azur

🏠 **L'Orangeraie**   🕪 ᵶ 🌊 ⊠ ᵶ 🖭 ⌂ 🅿
545 bd Georges-Selliez, (rte de Ramatuelle) – ℰ 04 94 55 27 27
– www.hotel-lorangeraie.com – Ouvert 3 avril-12 oct.
35 ch – ┆95/259 € ┆┆95/430 € – ⊡ 19 € – ½ P
Couvent, puis orphelinat, puis hôtel à la Belle Époque... Passé le hall majestueux,
on découvre de vastes chambres au charme désuet, la plupart tournées vers la
palmeraie et la mer. Avec même une jolie piscine pour échapper à la chaleur.

⌂ **Les Trois Îles** sans rest   ♿ ≤ 🛏 ⛤ ㎉ ✄ 🛜 🅿

1799 bd du Littoral, Le Vergeron, rte de Gigaro – ✆ *04 94 49 03 73*
– www.3iles.com – Ouvert mi-mars à mi-oct.
5 ch ⊑ – †135/450 € ††135/450 €
En face des îles d'Or, cette belle villa récente niche dans un charmant jardin fleuri,
à flanc de colline. Les chambres sont chic et de bon goût, et les hôtes, charmants,
sont aux petits soins !

à Gigaro 5 km au Sud-Est par rte secondaire – ✉ 83420

🏨 **Château de Valmer**   ⅏ ⚲ ≤ 🛏 ⛤ ▤ ◉ 🛎 ♿ ㎉ 🛜 ♨ 🅿

81 bd de Gigaro – ✆ *04 94 55 15 15 – www.chateauvalmer.com – Ouvert*
de fin avril à mi-oct.
41 ch – †280/405 € ††280/705 € – ⊑ 28 € – ½ P
Rest *La Palmeraie* – voir les restaurants ci-après
Une belle allée de palmiers qui se fraie un chemin entre les vignes : la première
image offerte par ce domaine viticole du 19ᵉ s. Tout y confirme l'impression limi-
naire : raffinement, lumière, esprit azuréen... et pour une nuit très romantique,
deux magnifiques cabanes perchées dans les arbres !

🏨 **La Pinède-Plage**   ⅏ ⚲ ≤ 🛏 ⛤ ✄ ♿ ㎉ 🛜 🅿

382 bd de Gigaro – ✆ *04 94 55 16 16 – www.pinedeplage.com – Ouvert de*
début mai à début oct.
32 ch – †220/440 € ††340/1085 € – 3 suites – ⊑ 28 € – ½ P
Rest *La Pinède-Plage* – voir les restaurants ci-après
Cet hôtel-restaurant porte bien son nom : ombragé de pins parasols et directement sur la plage, face aux îles d'Or ! Un établissement avec beaucoup de charme
et de belles chambres ouvertes sur le large... Impression d'être loin de tout : parfait pour les vacances.

❌❌❌ **La Palmeraie** – Hôtel Château de Valmer   🛏 🏠 ♿ 🅿

81 bd de Gigaro – ✆ *04 94 55 15 17 – www.chateauvalmer.com – Ouvert de mai*
à mi-oct. et fermé le midi et lundi
Menu 55/95 € – Carte 82/92 €
Un joli savoir-faire de cuisinier dans cette charmante hostellerie (avec une élégante terrasse). Le chef travaille les légumes du jardin et du marché avec une
jubilation visible, concoctant des assiettes légères aux racines régionales. Et l'on
peut découvrir les vins du domaine !

❌❌ **La Pinède-Plage** – Hôtel La Pinède-Plage   ≤ 🛏 🏠 ⛤

382 bd de Gigaro – ✆ *04 94 55 16 16 – www.pinedeplage.com*
– Ouvert de fin avril à début oct.
Carte 55/112 €
Plaisir d'un repas en bord de mer, sur une plage privée – avec en prime une belle
vue sur les îles d'Or –, autour d'une jolie cuisine méridionale, mêlant poisson, terroir provençal et spécialités italiennes... La carte est simplifiée au déjeuner (salades, grillades, etc.).

CROS-DE-CAGNES – 06 (Alpes-Maritimes) ➜ voir Cagnes-sur-Mer

LE CROTOY
✉ 80550 (Somme) – 2 179 hab. – Alt. 1 m – Voir carte n°**36-A1**
🚗 Paris 210 km – Abbeville 22 km – Amiens 75 km – Berck-sur-Mer 29 km
Carte Michelin 301-C6

❌ **Auberge de la Marine** avec ch   ♿ rest, ✄ ch, 🛜

1 r. Florentin-Lefils – ✆ *03 22 27 92 44 – www.aubergedelamarine.com – Fermé 1*
semaine en juin, 1 semaine en nov., janv., mardi et merc.
7 ch – †75/105 € ††75/105 € – ⊑ 11 €
Formule 22 € – Menu 31 € ♟/44 € – Carte environ 35 €
Un jeune couple plein d'allant préside aux destinées de cette petite maison régionale, proche des quais. Dans l'assiette : filet de maquereau fumé et tartare d'algues, côtes de cochon poêlées, gâteau brioché façon pain perdu... Une cuisine simple et bien maîtrisée, un service aux petits soins : une bonne adresse !

CROZANT

✉ 23160 (Creuse) – 510 hab. – Alt. 263 m – Voir carte n°**25**-C1
◗ Paris 329 km – Argenton-sur-Creuse 31 km – La Châtre 46 km – Guéret 41 km
Carte Michelin 325-G2 – Guide Vert Michelin Limousin Berry

XX **Auberge de la Vallée**

⊛ *14 r. Guillaumin –* 𝒞 *05 55 89 80 03 – www.laubergedelavallee.fr*
*– Fermé vacances de fév., 2 semaines en sept., mardi et merc. de sept.
à début juin*
Menu 18 € (semaine), 38/54 € – Carte 50/67 €
Viandes d'éleveurs locaux (agneau, veau, bœuf), fromages de la région (chèvre, surtout !) et légumes de son grand potager... Le chef aime les produits du terroir, et cela se sent : il en tire une délicieuse cuisine dans l'air du temps, que l'on apprécie dans un joli décor rustique. Une sympathique auberge de campagne !

CROZET

✉ 01170 (Ain) – 1 913 hab. – Alt. 540 m – Voir carte n°**46**-F1
◗ Paris 537 km – Bourg-en-Bresse 105 km – Genève 16 km – Lyon 153 km
Carte Michelin 328-J3

🏠🏠 **Jiva Hill Resort**   �🝖 ⊛ < 🝖 🖾 ⊛ 🖪 ✗ 🝖 ℆ 🝖 ⧉ 🖪

rte d'Harée – 𝒞 *04 50 28 48 48 – www.jivahill.com*
33 ch – ♦398/590 € ♦♦398/590 € – ☑ 27 € – ½ P
Rest *Jiva Hill Resort* – voir les restaurants ci-après
Raffinement, luxe et lignes contemporaines à 10mn de l'aéroport de Genève. Cet hôtel, pensé comme un lodge sud-africain, est placé sous le signe de la sophistication chic. Les amateurs d'art apprécieront notamment les 200 œuvres disséminées dans tout l'établissement !

XXX **Jiva Hill Resort**   ⊛ < 🝖 🝖 ℆ 🖾 ✗ ⟳ 🖪

rte d'Harée – 𝒞 *04 50 28 48 48 – www.jivahill.com*
Formule 29 € – Menu 39 € (déj. en semaine), 57/108 € – Carte 96/134 €
Ce restaurant est décoré dans un style lodge, comme l'hôtel Jiva Hill Park où il se situe ; sa terrasse panoramique face au mont Blanc impressionne... Un lieu dans l'air du temps, comme sa goûteuse cuisine.

CROZON

✉ 29160 (Finistère) – 7 751 hab. – Alt. 85 m – Voir carte n°**9**-A2
◗ Paris 587 km – Brest 60 km – Châteaulin 35 km – Douarnenez 40 km
Carte Michelin 308-E5 – Guide Vert Michelin Bretagne Sud

🏠 **Hôtel de la Presqu'île**   ℆ 🝖 🝖

pl. de l'Église – 𝒞 *02 98 27 29 29 – www.hotel-lapresquile.fr – Fermé 3 semaines
en mars et 3 semaines en nov.*
13 ch – ♦65/95 € ♦♦65/95 € – ☑ 11 € – ½ P
Rest *Le Mutin Gourmand* – voir les restaurants ci-après
Sur la place de l'église, où se tient un marché tous les matins, cette maison bretonne abritait autrefois la mairie de Crozon. C'est aujourd'hui un hôtel familial, décoré avec goût, proposant des petites chambres fraîches et fonctionnelles.

XX **Le Mutin Gourmand** – Hôtel de la Presqu'île   ⊛ 🝖 🖾 ⟳

pl. de l'Église – 𝒞 *02 98 27 06 51 – www.lemutingourmand.fr – Fermé 3 semaines
en mars, 3 semaines en nov., dim. soir, lundi sauf le soir en saison et mardi midi
hors saison*
Menu 27/68 € – Carte 45/77 €
Pas de mutinerie en vue parmi la clientèle de ce restaurant, qui occupe les locaux de l'ancienne poste de Crozon. On cuisine de bons produits frais de saison, avec quelques touches exotiques : saumon fumé du mutin et rouleau de printemps, filet de lieu jaune aux légumes de saison... Avec un beau choix de vins !

au Fret 5,5 km au Nord par D 155 et D 55 – ✉ 29160

Hostellerie de la Mer
11 quai du Fret – ✆ 02 98 27 61 90 – www.hostelleriedelamer.com
24 ch – †58/130 € ††58/150 € – ☕ 11 € – ½ P
Rest *Hostellerie de la Mer* – voir les restaurants ci-après
Une hostellerie bretonne logée dans un petit port tranquille face à la rade de Brest ; on y propose des chambres simples mais fraîches, assez coquettes, dont certaines donnent sur la mer. Parfait pour profiter de cette presqu'île pittoresque.

XX **Hostellerie de la Mer**
11 quai du Fret – ✆ 02 98 27 61 90 – www.hostelleriedelamer.com – Fermé 2 janv.-6 fév., sam. midi, dim. soir et lundi midi de mi-oct. à mars
Formule 19 € – Menu 28/76 € – Carte 38/69 €
Le chef propose une cuisine bien en phase avec l'époque, mariant à merveille le poisson de la pêche locale et les produits du terroir breton, à l'image de cette royale de fenouil du Léon aux langoustines... Les cuissons sont précises et magnifient des produits bien choisis !

CRUIS

✉ 04230 (Alpes-de-Haute-Provence) – 626 hab. – Alt. 728 m – Voir carte n°**40-B2**
▶ Paris 732 km – Digne-les-Bains 42 km – Forcalquier 22 km – Manosque 42 km
Carte Michelin 334-D8 – Guide Vert Michelin Alpes du Sud

X **Auberge de l'Abbaye** avec ch
– ✆ 04 92 77 01 93 – www.auberge-abbaye-cruis.monsite-orange.fr – Fermé vacances de la Toussaint, de mi-déc. à mi-mars, dim. soir, mardi soir et merc. de sept. à juin et le midi du lundi au jeudi en juil.-août
8 ch – †55/75 € ††55/75 € – ☕ 12 € – ½ P
Formule 26 € – Menu 35/59 € *(réservation conseillée)*
Une sympathique auberge familiale avec sa terrasse ombragée face à l'église. En cuisine, le chef concocte de bons petits plats où les produits du terroir (canard, caille, agneau de Sisteron...) sont à l'honneur. Chambres simples mais impeccablement tenues. Pain maison au petit-déjeuner. Une adresse authentique !

CRUSEILLES

✉ 74350 (Haute-Savoie) – 3 978 hab. – Alt. 781 m – Voir carte n°**46-F1**
▶ Paris 537 km – Annecy 19 km – Bellegarde-sur-Valserine 44 km – Bonneville 37 km
Carte Michelin 328-J4 – Guide Vert Michelin Alpes du Nord

XXX **L'Ancolie** avec ch
au parc des Dronières, 1 km au Nord-Est par D 15 – ✆ 04 50 44 28 98 – www.lancolie.com – Fermé vacances de la Toussaint et 20 janv.-11 fév.
10 ch – †105/145 € ††105/145 € – ☕ 15 € – ½ P
Formule 26 € – Menu 32 € (déj. en semaine), 48/78 € – Carte 66/87 € *(fermé dim. soir, mardi midi et lundi)*
Au bord d'un petit lac, en toute quiétude, un agréable chalet où règne une charmante atmosphère savoyarde. À table, on déguste de bons petits plats traditionnels, tels ces médaillons de mignons de veau aux morilles ou ces filets de féra... Terrasse panoramique et jolies chambres pour l'étape.

aux Avenières 6 km au Nord par D 41 et rte secondaire – ✉ 74350 Cruseilles

Château des Avenières- La Maison des Écureuils
1060 rte du Château, lieu-dit Chenaz – ✆ 04 50 44 02 23 – www.avenieres.com – Fermé 19 oct.-3 nov. et 5-20 janv.
14 ch – †110/590 € ††110/590 € – 6 suites – ☕ 22 € – ½ P
Rest *Château des Avenières* – voir les restaurants ci-après
Bâti en 1907, ce manoir baroque semble nimbé de mystère. Son parc représentant un papillon, ses chambres de caractère – l'une d'elles dispose même d'un observatoire ! –, son annexe au chic très contemporain, sans parler de la vue imprenable sur la chaîne des Aravis. Bref, tout ici est romantique et romanesque.

XXX **Château des Avenières**

1060 rte du Château, lieu-dit Chenaz – ✆ 04 50 44 02 23 – www.avenieres.com – Fermé 19 oct.-3 nov. et 5 - 20 janv.

Formule 35 € – Menu 59/99 €

Un lieu superbe, atypique et rococo, pour une cuisine créative et colorée, qui mêle les saveurs avec originalité. Que diriez-vous par exemple d'un beau morceau de porcelet avec sa sauce au miel et aux épices, le tout accompagné d'une poêlée de légumes et de morilles ? En prime, la vue est à couper le souffle !

au Nord 5 km par D 1201 – ✉74350 St-Blaise

Rey sans rest

131 rte d'Annecy, au col du Mont-Sion – ✆ 04 50 44 13 29 – www.hotel-rey.com – Fermé 27 déc.-5 janv.

30 ch – †95/120 € ††99/124 € – ☕ 11 €

Séparé de la route par le jardin et le court de tennis, cet hôtel dispose de chambres fonctionnelles et bien tenues ; préférez celles qui ont été rénovées. Parfait pour un voyage d'affaires comme pour un séjour sportif.

XX **La Clef des Champs**

121 rte d'Annecy, au col du Mont-Sion – ✆ 04 50 44 13 11 – www.laclefdeschamps-restaurant.com – Fermé 26 déc.-15 janv., dim. soir, lundi et mardi

Formule 21 € – Menu 27 € (déj. en semaine), 37/49 € – Carte environ 43 €

Prenez la clef des champs juste en face de l'hôtel Rey. Le cadre est chaleureux et la cuisine traditionnelle : rognons au madère, soufflé chaud aux framboises, jambon de sanglier et gibier en saison... Dans l'assiette, c'est généreux et gourmand ! Enfin, l'été, on s'installe sur la petite terrasse.

CRUZY

✉ 34310 (Hérault) – 984 hab. – Alt. 92 m – Voir carte n°**22-B2**

▶ Paris 787 km – Albi 130 km – Carcassonne 59 km – Montpellier 98 km

Carte Michelin 339-C8

X **Le Terminus**

av. de la Gare, 1,5 km au Sud-Est, rte de Quarante par D 37 – ✆ 04 67 89 71 26 – www.leterminus-cote-gare.fr – Fermé 21 sept.-5 oct., 2 semaines fin fév.-début mars, mardi soir, merc. soir et dim. soir hors saison, mardi midi en été et lundi

Menu 16 € (semaine), 30/38 € – Carte 33/52 €

Terminus ! Tous les gourmands sont invités à descendre dans cette gare reconvertie en un petit bistrot convivial. Il est des arrêts indispensables, celui-ci en est un avec sa généreuse cuisine traditionnelle : gigot d'agneau et purée maison, baba au rhum... Bon rapport saveurs-prix !

CUBRY

✉ 25680 (Doubs) – 81 hab. – Alt. 340 m – Voir carte n°**17-C1**

▶ Paris 389 km – Belfort 49 km – Besançon 53 km – Lure 27 km

Carte Michelin 321-I2

Château de Bournel Ⓝ

– ✆ 03 81 86 00 10 – www.hotelrestaurantdebournel.com – Fermé 20 déc.-28 fév.

16 ch – †95/150 € ††95/150 € – 1 suite – ☕ 12 € – ½ P

Au cœur d'un superbe domaine vallonné et très arboré – avec un golf 18 trous –, face à l'élégant château néogothique élevé au 19e s., le "vieux château" de Bournel (18e s.) est devenu hôtel-restaurant. Décor soigné dans les chambres (mobilier ancien, tissus tendus, etc.), idéales pour un séjour au calme.

CUCUGNAN

✉ 11350 (Aude) – 135 hab. – Alt. 310 m – Voir carte n°**22-B3**

▶ Paris 847 km – Carcassonne 77 km – Limoux 79 km – Perpignan 42 km

Carte Michelin 344-G5

⌂ **La Tourette** sans rest   🅰️ 🛜 ☕ ⛔
4 passage de la Vierge – ☎ *06 09 64 60 47* – *www.latourette.eu*
3 ch ⚏ – †90/100 € ††100/120 €
Une jolie maison bourgeoise, nichée au cœur de ce village pittoresque, au
calme. "Prune", "Indigo", "Turquoise" : la couleur est le leitmotiv des chambres.
Au petit-déjeuner – servi l'été dans le joli patio à l'ombre d'un olivier –, on se
régale de préparations maison. Cosy et chaleureux !

XX **Auberge du Vigneron** avec ch   🍴 🅰️ ch, 🛜
2 r. Achille-Mir – ☎ *04 68 45 03 00* – *www.auberge-vigneron.com* – *Ouvert d'avril
à déc. et fermé lundi hors saison*
5 ch – †89/110 € ††89/160 € – ⚏ 12 € – ½ P
Formule 20 € – Menu 29 € – Carte 36/59 €
Une affaire de famille… et même de mère et fille, puisque la première passe actuel-
lement la main à la seconde ! Le terroir et la tradition restent à l'honneur : fricassée
de lapin à l'ancienne, crépine de pied de porc… En terrasse, on jouit d'une vue
superbe sur les vignobles. En prime : quelques chambres joliment arrangées.

X **La Table du Curé** avec ch   🍴 🅰️ ch, 🛜
∞ *25 r. Alphonse-Daudet* – ☎ *04 68 45 01 46* – *www.auberge-la-table-du-cure.com*
– *Fermé 11 nov.-31 janv. et merc. sauf juil.-août*
3 ch – †60/70 € ††60/70 € – ⚏ 8 € – ½ P
Formule 14 € – Menu 18/58 € 🍷 – Carte 23/51 €
Fruits et légumes cathares, agneau catalan, pain et pâtes du moulin de Cucugnan :
de beaux produits ancrés dans le terroir, au service d'une cuisine traditionnelle
goûteuse et généreuse ! Et l'on peut rester pour la nuit en profitant de l'une des
petites chambres rustiques.

à Duilhac-sous-Peyrepertuse 4 km au Nord-Ouest par D 14 – ✉ 11350
– 139 hab. – Alt. 336 m

🏠 **Hostellerie du Vieux Moulin** sans rest   🛜
24 r. de la Fontaine – ☎ *04 68 45 03 00* – *www.auberge-vigneron.com* – *Ouvert
1er avril-11 nov.*
14 ch – †59 € ††59/69 € – ⚏ 8 €
C'est un moulin en pierre digne des contes d'Alphonse Daudet. Les chambres,
impeccablement tenues, sont simples mais ont une âme – un petit côté rustique vraiment charmant. En prime, l'établissement se trouve sur le passage du
GR 36… Idéal pour les marcheurs !

CUCURON

✉ 84160 (Vaucluse) – 1 820 hab. – Alt. 350 m – Voir carte n°**42-E1**
🄳 Paris 739 km – Apt 25 km – Cavaillon 39 km – Digne-les-Bains 109 km
Carte Michelin 332-F11 – Guide Vert Michelin Provence

⌂ **Le Pavillon de Galon** sans rest   🛜 🅿️ ⛔
chemin de Galon – ☎ *04 90 77 24 15* – *www.pavillondegalon.com*
– *Ouvert mars-oct.*
3 ch ⚏ – †220/290 € ††240/310 €
Un magnifique parc classé (jardin à la française, vignes, verger, buis, oliviers et
autres arbres plusieurs fois centenaires…) entoure ce pavillon de chasse du 18e s.
Un domaine très privé, aux chambres raffinées.

XX **La Petite Maison de Cucuron** (Eric Sapet)   🏵️ 🍴 ✿
☸ *pl. de l'Étang* – ☎ *04 90 68 21 99* – *www.lapetitemaisondecucuron.com* – *Fermé
lundi et mardi*
Menu 48/70 € *(réservation conseillée)*
Il était une fois une petite maison jaune, près d'un étang, dans laquelle un excellent cordon bleu magnifiait les produits du marché. À sa table, tous revenaient
aussi souvent qu'ils le pouvaient. Mais gare à ceux qui oubliaient de réserver car
cette adresse affichait souvent complet !
➜ Charlotte d'asperges vertes, mayonnaise de chair de tourteau, pomme verte et
curry. Lièvre à la royale selon Antonin Carême et le sénateur Couteaux. Tarte
amandine aux fraises, crème citron-basilic.

CUERS

✉ 83390 (Var) – 10 333 hab. – Alt. 140 m – Voir carte n°**41-C3**
▶ Paris 834 km – Brignoles 25 km – Draguignan 59 km – Marseille 84 km
Carte Michelin 340-L6

🏠🏠🏠 Le Mas du Lingousto
934 av. Eugénie-et-Henri-Majastre, 2 km à l'Est par rte de Pierrefeu
– ℰ 04 94 28 69 10 – www.lingousto.fr – Fermé dim. soir
12 ch – 🛏99/150 € 🛏🛏140/170 € – ☲ 13 € – ½ P
Rest *Le Mas du Lingousto* – voir les restaurants ci-après
Une charmante bastide – rénovée en 2011 – au beau milieu des vignes. Les chambres y sont confortables et bien tenues ; certaines disposent même d'une terrasse. Piscine, fitness... Idéal pour goûter à l'art de vivre provençal !

✗✗✗ Le Mas du Lingousto – Hôtel le Mas du Lingousto 🍽 ☲ P
934 av. Eugénie-et-Henri-Majastre, 2 km à l'Est par rte de Pierrefeu
– ℰ 04 94 28 69 10 – www.lingousto.fr – Fermé lundi d'oct. à avril et dim. soir
Formule 24 € – Menu 36/76 € – Carte 49/78 €
Jean-Paul Lanyou, chef passé par de belles maisons (comme l'Île Rousse, à Bandol), a décidé de mettre son expérience au service de ce sympathique établissement... Grand bien lui en a pris ! Avec les bons produits du marché et d'un petit potager "maison", il revisite les classiques avec une générosité sans faille.

✗✗ Le Verger des Kouros
quartier des Cauvets, 2 km par rte de Solliès-Pont D 97 – ℰ 04 94 28 50 17
– www.levergerdeskouros.com
Formule 18 € – Menu 22 € (déj. en semaine), 38/42 €
Point de statues d'éphèbes, mais trois frères d'origine grecque à la tête de ce restaurant gastronomique qui cultive... le goût de la Méditerranée ! Recettes provençales, poisson des côtes, légumes de la région, etc. Et à l'arrière de la maison, au calme, une terrasse qui ancre résolument dans le Sud.

CUGNAUX

✉ 31270 (Haute-Garonne) – 16 049 hab. – Alt. 165 m – Voir carte n°**28-B2**
▶ Paris 690 km – Auch 79 km – Montauban 67 km – Toulouse 18 km

🏠 Domaine de Dubac *sans rest* 🍷 ☲ 🅰 ℅ 🛜 P
80 rte de Tournefeuille – ℰ 05 61 92 58 42 – www.domainededubac.com
3 ch ☲ – 🛏93 € 🛏🛏103 €
Cette maison de famille est nichée dans un parc, au milieu d'arbres séculaires... L'endroit a du caractère. Les belles chambres sont soigneusement décorées, toutes avec une mezzanine et une terrasse. Le matin, on se régale de gâteaux maison et d'œufs du poulailler, avant d'aller faire un plongeon dans la piscine !

CUISEAUX

✉ 71480 (Saône-et-Loire) – 1 812 hab. – Alt. 280 m – Voir carte n°**8-D3**
▶ Paris 395 km – Chalon-sur-Saône 60 km – Lons-le-Saunier 26 km – Mâcon 74 km
Carte Michelin 320-M11 – Guide Vert Michelin Bourgogne

🏠 Vuillot 🍽 ☲ 🛜 P 🚗
36 r. Edouard Vuillard – ℰ 03 85 72 71 79 – www.hotelvuillot.fr
– Fermé 21 fév.-1ᵉʳ mars, 18-25 oct. et 1ᵉʳ-15 janv.
16 ch – 🛏56/66 € 🛏🛏64/74 € – ☲ 9 € – ½ P
Rest *Vuillot* – voir les restaurants ci-après
Pour une étape au sud-est de la Bourgogne, ce village – qui a conservé les vestiges de ses anciennes fortifications – est tout indiqué avec cette maison en belles pierres du pays, qui propose des petites chambres colorées, bien tenues et fonctionnelles.

✗✗ Vuillot 🍴 🅰 P
36 r. Edouard Vuillard – ℰ 03 85 72 71 79 – www.hotelvuillot.fr
– Fermé 21 fév.-1ᵉʳ mars, 18-25 oct. et 1ᵉʳ-15 janv., dim. soir d'oct. à mars, mardi
midi d'avril à sept. et lundi midi
Formule 13 € – Menu 27/41 € – Carte 39/59 €
Dans cet ancien relais de poste, on honore la Bresse avec de bons produits régionaux (poulet, écrevisses, etc.). Le décor se révèle chaleureux avec ses tons ensoleillés et ses expositions de tableaux régionaux. Le bon goût de la tradition !

CUISERY

✉ 71290 (Saône-et-Loire) – 1 652 hab. – Alt. 211 m – Voir carte n°**8-C3**
▶ Paris 367 km – Chalon-sur-Saône 35 km – Lons-le-Saunier 50 km – Mâcon 38 km
Carte Michelin 320-J10 – Guide Vert Michelin Bourgogne

Hostellerie Bressane

56 rte de Tournus – ℰ 03 85 32 30 66 – www.hostellerie-bressane.fr
– Fermé 22 déc.-18 janv., dim. soir, mardi midi et lundi
15 ch – ♦88/95 € ♦♦90/125 € – ☑ 11 € – ½ P
Rest *Hostellerie Bressane* – voir les restaurants ci-après
Une hostellerie de tradition dans une bâtisse du 19ᵉ s. Les chambres sont spacieuses et agréables, certaines sous les combles des anciennes écuries. Quant au jardin, il se révèle charmant. Idéal, par exemple, pour découvrir le marché du livre qui se tient tous les premiers dimanches du mois dans les rues du village.

Hostellerie Bressane

56 rte de Tournus – ℰ 03 85 32 30 66 – www.hostellerie-bressane.fr
– Fermé 22 déc.-18 janv., dim. soir, mardi midi et lundi
Formule 19 € – Menu 29/55 € – Carte 48/69 €
Un restaurant classique et élégant, une jolie terrasse sous un superbe platane bicentenaire... pour une fine cuisine de tradition qui met volontiers en avant les petits producteurs locaux et honore le terroir avec subtilité. En prime, le service est souriant et attentionné. Une bonne adresse.

CULT

✉ 70150 (Haute-Saône) – 230 hab. – Alt. 270 m – Voir carte n°**16-B2**
▶ Paris 367 km – Besançon 35 km – Dole 44 km – Vesoul 56 km
Carte Michelin 321-E3

Les Egrignes sans rest

2 rte d'Hugier – ℰ 03 84 31 92 06 – www.les-egrignes.com
– Ouvert 1ᵉʳ mars-12 nov.
3 ch ☑ – ♦100/130 € ♦♦100/130 €
Belle demeure de caractère (1849) entourée d'un parc fleuri et ombragé. Chambres très spacieuses, décorées avec raffinement, comme l'élégant salon. Délicieux petit-déjeuner.

CUQ-TOULZA

✉ 81470 (Tarn) – 694 hab. – Alt. 203 m – Voir carte n°**29-C2**
▶ Paris 713 km – Albi 72 km – Castelnaudary 35 km – Toulouse 47 km
Carte Michelin 338-D9

Cuq en Terrasses

2,5 km au Sud-Est par D 45 – ℰ 05 63 82 54 00 – www.cuqenterrasses.com
– Ouvert 17 avril-18 oct.
6 ch – ♦75/150 € ♦♦85/195 € – 2 suites – ☑ 16 € – ½ P
Sur les hauteurs du village, cette charmante maison du 18ᵉ s. est un havre de paix : insolite jardin en terrasses, chambres calmes au décor raffiné, très "maison de famille". Côté restaurant, le chef met en valeur les produits du potager et la cuisine méditerranéenne.

CUREBOURSE (COL DE) – 15 (Cantal) → voir Vic-sur-Cère

CURTIL-VERGY – 21 (Côte-d'Or) → voir Nuits-St-Georges

CURZAY-SUR-VONNE

✉ 86600 (Vienne) – 461 hab. – Alt. 125 m – Voir carte n°**39-C1**
▶ Paris 364 km – Lusignan 11 km – Niort 54 km – Parthenay 34 km
Carte Michelin 322-G6

🏠🏠🏠 Château de Curzay
🔟 🦪 ⬅ 🚗 🎱 ⚓ 🖥 📶 🏔 🅿

rte de Jazeneuil – 📞 *05 49 36 17 00 –* www.chateau-curzay.com *– Fermé 3 janv.-19 mars*
20 ch – 🛏165/445 € 🛏🛏165/445 € – 2 suites – ⬭ 27 € – ½ P
Rest *La Cédraie* 🏵 – voir les restaurants ci-après
Superbe château (1710) au cœur d'un beau parc de 120 ha traversé par une rivière et abritant un haras. Chambres classiques au port tout aristocratique ; cuisine inventive ou saveurs traditionnelles ; bien-être et détente : on se rêve châtelain(e) !

✕✕✕ La Cédraie – Hôtel Château de Curzay
🚗 🍴 🅿

🏵 *rte de Jazeneuil –* 📞 *05 49 36 17 00 –* www.chateau-curzay.com *– Fermé 3 janv.-19 mars, lundi, mardi sauf juil.-août et fériés et le midi sauf dim.*
Menu 91 € – Carte 80/100 €
Dans le décor noble et altier de ce château du 18e s., une belle cuisine qui joue la carte des saisons et de l'invention, en lien avec le terroir poitevin et le littoral atlantique. Aux beaux jours, profitez de la terrasse installée au pied du monument, face aux frondaisons du parc...
➜ Foie gras, gelée de champagne, infusion d'hibiscus et marmelade d'oignon doux. Turbot sauvage rôti, crème de chou-fleur, croustillant de jambon serrano. Framboise et rhubarbe du jardin, génoise pistache, sorbet verveine.

CUSSAY

✉ 37240 (Indre-et-Loire) – 589 hab. – Alt. 105 m – Voir carte n°**11-B3**
🚩 Paris 303 km – Joué-lès-Tours 62 km – Orléans 179 km – Tours 67 km
Carte Michelin 317-N6

🏠 La Ferme Blanche
🔟 🦪 🚗 🎱 ✂ 🅿 🚭

La Chaume-Brangerie – 📞 *02 47 59 91 43 –* www.la-ferme-blanche.com *– Ouvert avril-oct.*
3 ch ⬭ – 🛏140 € 🛏🛏140/165 €
Un peu à l'écart du village, au grand calme, une ferme en pierre (18e s.) joliment restaurée. Ambiance "campagne chic" dans les chambres aussi bien qu'au salon. À la table d'hôte, on profite d'une cuisine traditionnelle inspirée du terroir tourangeau.

CUTS

✉ 60400 (Oise) – 941 hab. – Alt. 79 m – Voir carte n°**37-C2**
🚩 Paris 115 km – Chauny 16 km – Compiègne 26 km – Noyon 10 km
Carte Michelin 305-J3

✕✕ Auberge Le Bois Doré
🚗 ✿

⚙ *5 r. de la Ramée, D 934 –* 📞 *03 44 09 77 66 –* www.leboisdore.fr *– Fermé 24 août-2 sept., 22 fév.-1er mars, dim. soir, mardi soir et lundi*
Formule 16 € – Menu 19 € (déj. en semaine), 21/38 € – Carte 32/49 €
Sur la façade, une belle fresque en faïence représente l'établissement au début du 20e s. Voilà qui dit tout de l'esprit de cette maison plus que centenaire, où l'on cultive sans faillir la tradition gastronomique française !

CUTXAN – 32 (Gers) ➜ voir Barbotan-les-Thermes

CUVES

✉ 50670 (Manche) – 332 hab. – Alt. 78 m – Voir carte n°**32-A2**
🚩 Paris 334 km – Avranches 23 km – Domfront 42 km – Fougères 47 km
Carte Michelin 303-F7

✕✕ Le Moulin de Jean
🚗 🍴 🎱 ✿ 🅿

La Lande, 2 km au Nord-Est sur D 48 – 📞 *02 33 48 39 29 – –* www.lemoulindejean.com *– Fermé 5-23 janv., lundi et mardi d'oct. à avril*
Formule 32 € – Menu 38/52 €
Situé dans un site bucolique, cet ancien moulin donne dans le rustique chic, avec ses pierres et poutres apparentes, sa petite cheminée et sa mise en place soignée... Attablé, on admire la belle cave à vins, derrière une vitre, avant qu'arrive la spécialité de la maison : le pied de porc farci au boudin noir !

CUZANCE

⊠ 46600 (Lot) – 568 hab. – Alt. 233 m – Voir carte n°**29**-C1
◨ Paris 507 km – Cahors 80 km – Sarlat-la-Canéda 40 km – Tulle 61 km
Carte Michelin 337-F2

⌂ **Manoir de Malagorse**   10 ⌘ ⅏ ⇐ ⌂ ⌶ ⅌ **P**
Sud-Ouest 4,5 km par D103 rte de Rignac – ℰ *05 65 27 14 83*
– www.manoir-de-malagorse.fr – Ouvert 1ᵉʳ avril-15 nov.
5 ch ⌣ – †150/185 € ††150/280 €
Ce domaine de 5 ha situé en pleine campagne vous promet un séjour mémorable :
chambres personnalisées et salon-bibliothèque cosy logés dans une bâtisse régionale
en pierre (19ᵉ s.). La table d'hôte met à l'honneur les fruits et légumes du Causse.

DABISSE

⊠ 04190 (Alpes-de-Haute-Provence) – Voir carte n°**40**-B2
◨ Paris 734 km – Digne-les-Bains 34 km – Forcalquier 20 km – Manosque 27 km
Carte Michelin 334-D9

✕✕ **Le Vieux Colombier**   ⌂ **P**
rte d'Oraison, 2 km au Sud par D 4 – ℰ *04 92 34 32 32*
– www.levieuxcolombier.over-blog.fr – Fermé 1ᵉʳ-10 oct., 2-10 janv., dim. soir,
lundi et mardi
Menu 28/55 € – Carte 36/53 €
Au Vieux Colombier, on ne prend pas les gourmands pour des pigeons ! Dans
l'assiette, les recettes traditionnelles font mouche : produits de qualité, cuissons
et assaisonnements soignés, etc. Décor classique et terrasse à l'ombre des marronniers ; service agréable.

DACHSTEIN

⊠ 67120 (Bas-Rhin) – 1 650 hab. – Alt. 160 m – Voir carte n°**1**-A1
◨ Paris 477 km – Molsheim 6 km – Saverne 28 km – Sélestat 40 km
Carte Michelin 315-J5

✕✕ **Auberge de la Bruche**   ⌂ ✿
1 r. Principale – ℰ *03 88 38 14 90 – www.auberge-bruche.com*
– Fermé 1ᵉʳ-14 août, 27 déc.-5 janv., sam. midi, dim. soir et merc.
Menu 32/75 € ☉ – Carte 44/63 €
On est immédiatement séduit par cette auberge fleurie, presque adossée à la
porte du village et longée par un charmant ruisseau (la fameuse "Bruche"). Les
plats, savoureux et bien pensés, achèvent de nous convaincre : pâté en croûte
de canard au foie gras et pistaches, homard à la poêle et mousseline d'artichauts...

DAGLAN

⊠ 24250 (Dordogne) – 557 hab. – Alt. 101 m – Voir carte n°**4**-D2
◨ Paris 558 km – Bordeaux 203 km – Cahors 51 km – Sarlat-la-Canéda 23 km
Carte Michelin 337-D3 – Guide Vert Michelin Périgord Quercy

✕✕ **Le Petit Paris**   ⌂ ⅌
🌼 *au bourg –* ℰ *05 53 28 41 10 – www.le-petit-paris.fr – Ouvert 14 fév.-11 nov. et*
fermé mardi d'oct. à mars, dim. soir et lundi
Menu 29/44 € *(réservation conseillée)*
Au cœur d'un charmant village périgourdin, une table sympathique devancée par
une grande terrasse. Ici, le chef – un enfant du pays – met un point d'honneur à
valoriser les produits de sa région. C'est actuel, frais et savoureux !

DAMBACH-LA-VILLE

⊠ 67650 (Bas-Rhin) – 1 993 hab. – Alt. 210 m – Voir carte n°**2**-C1
◨ Paris 443 km – Obernai 24 km – Saverne 61 km – Sélestat 8 km
Carte Michelin 315-I7

Le Vignoble sans rest

1 r. de l'Église – & 03 88 92 43 75 – www.hotel-vignoble-alsace.fr
– Fermé de janv. à début fév.
7 ch – †66/76 € ††66/76 € – � 9 €

Attenante à l'église du village, cette ancienne grange alsacienne (1765) abrite des chambres coquettes et rustiques. Aux beaux jours, il fait bon profiter de la cour et du jardinet. Accueil chaleureux.

DAMGAN

✉ 56750 (Morbihan) – 1 629 hab. – Voir carte n°**9-B3**
▶ Paris 469 km – Muzillac 10 km – Redon 46 km – La Roche-Bernard 25 km
Carte Michelin 308-P9

 **Hôtel de la Plage**

38 bd de l'Océan – & 02 97 41 10 07 – www.hotel-morbihan.com
– Ouvert 13 fév.-1er nov.
16 ch – †85/170 € ††85/170 € – 1 suite – ☐ 14 € – ½ P

Cet hôtel n'est séparé de la plage que par une petite rue. Les chambres, peu à peu redécorées dans un style épuré, donnent sur la mer. Salle de détente (sauna et soins). Par beau temps, petit-déjeuner en terrasse.

 L'Albatros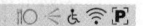

1 bd de l'Océan – & 02 97 41 16 85 – www.hotel-albatros-damgan.com
– Ouvert mars-mi-nov.
26 ch – †59/94 € ††59/94 € – ☐ 10 € – ½ P

L'atout majeur de cet hôtel est son emplacement, juste en face de la plage et des voiliers. La majorité des chambres, très bien tenues, donnent sur l'Océan. Au restaurant, grandes baies vitrées ouvrant sur les flots, plateaux de fruits de mer et poisson frais.

DAMPIERRE-EN-YVELINES – 78 (Yvelines) → voir Paris, Environs

LES DAMPS – 27 (Eure) → voir Pont-de-L'Arche

DANIZY

✉ 02800 (Aisne) – 580 hab. – Alt. 54 m – Voir carte n°**37-C2**
▶ Paris 148 km – Amiens 111 km – Laon 32 km – Saint-Quentin 28 km
Carte Michelin 306-C5

 Domaine Le Parc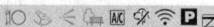

r. du Quesny – & 03 23 56 55 23 – www.domaineleparc.fr – Fermé 22 déc.-4 janv.
5 ch ☐ – †75/95 € ††75/95 €

Belle demeure du 18e s. nichée dans un magnifique parc boisé. Esprit classique et romantique dans les chambres, dont certaines regardent la vallée de l'Oise. Séduisante cuisine familiale concoctée par le sympathique propriétaire, originaire de Hollande.

DANJOUTIN – 90 (Territoire de Belfort) → voir Belfort

DANNEMARIE

✉ 68210 (Haut-Rhin) – 2 326 hab. – Alt. 320 m – Voir carte n°**1-A3**
▶ Paris 447 km – Basel 43 km – Belfort 25 km – Colmar 58 km
Carte Michelin 315-G11

 **Ritter**

15 r. de la Gare – & 03 89 25 04 30 – Fermé 15-30 juil.,
17-31 déc., 25 fév.-12 mars, lundi soir, jeudi soir et mardi
Formule 12 € – Menu 28/60 € ♇ – Carte 37/58 €

Face à l'ancienne gare (désormais une médiathèque), il y a l'ancien théâtre... devenu restaurant ! Rien ne se crée, tout se transforme, et l'on savoure ici une honnête cuisine traditionnelle et du terroir. Spécialité de la maison ? La carpe frite en filet, encore meilleure sur la jolie terrasse.

DAVAYÉ

✉ 71960 (Saône-et-Loire) – 678 hab. – Alt. 225 m
▶ Paris 407 km – Dijon 137 km – Lyon 74 km – Mâcon 8 km
Carte Michelin 320-I12

🍴 **Auberge de la Patte d'Oie**   ☆ ✆ **P**

☜ *La Patte d'Oie – ✆ 03 85 35 86 50 – www.lapattedoie.net – Fermé 2-8 mars,*
4-10 mai, 3-16 août, 26 déc.-4 janv., lundi soir, mardi soir et sam.
Formule 14 € – Menu 18/50 € – Carte 24/46 €
Estelle et David ont repris en 2012 cet ancien restaurant ouvrier, situé sur la route
de la Roche de Solutré (à 6 km). François Mitterrand y aurait sûrement fait étape
en découvrant la fine et savoureuse cuisine d'Estelle, concoctée avec de beaux
produits frais. Tout est fait maison, même le pain !

DAX

✉ 40100 (Landes) – 20 299 hab. – Alt. 12 m – Voir carte n°**3-B3**
▶ Paris 727 km – Biarritz 61 km – Bordeaux 144 km – Mont-de-Marsan 54 km
Carte Michelin 335-E12 – Guide Vert Michelin Aquitaine

🏨 **Le Grand Hôtel**   ⅂〇 ⌂ 👜 🖫 **AC** 🛜 🛁 **P** 🚗

r. de la Source – ✆ 05 58 90 53 00 – www.thermes-dax.com   Plan : B**f**
– Fermé 19 déc.-10 janv.
128 ch – ♦79/105 € ♦♦88/117 € – 8 suites – 🖵 10 € – ½ P
Au cœur de la cité, cet établissement fera le bonheur des curistes. Ici, nul besoin
de sortir pour faire ses soins : il suffit de descendre au sous-sol pour accéder
aux thermes. Les chambres, simples et bien tenues, disposent pour certaines
d'une kitchenette. Restauration traditionnelle.

🍴🍴 **L'Amphitryon**   **AC**

☜ *38 cours Galliéni – ✆ 05 58 74 58 05 – Fermé*   Plan : B**e**
23 août-5 sept., 1ᵉʳ-30 janv., dim. soir, lundi et mardi
🅐 Menu 20 € (semaine), 30/40 € – Carte 43/54 € *(réservation conseillée)*
Cet amphitryon-là est un hôte de choix ! Dans ce restaurant de poche, à la décoration marine, on déguste une cuisine traditionnelle à l'accent du Sud-Ouest. Les
assiettes sont copieuses, généreuses et soignées... à prix doux.

🍴 **La Tête de l'Art**   ☆ ♿ **AC**

☜ *2 pl. Camille-Bouvet, (marché couvert) – ✆ 05 58 74 00 13*   Plan : B**v**
– Fermé 13-20 juil., 17-24 août, mardi soir, merc. soir, dim. soir et lundi
Formule 17 € – Menu 19 € (déj. en semaine) – Carte 42/51 €
"Si l'art avait une tête, quelle serait-elle ?" Voilà une question digne de l'épreuve
de philo au bac ! Rassurez-vous, ici, on ne vous demandera pas de disserter mais
de savourer une agréable cuisine traditionnelle. Mention spéciale pour les viandes
cuites à la broche et les poissons à la plancha. Terrasse sur cour.

à St-Paul-lès-Dax – ✉ 40990 – 12 574 hab. – Alt. 21 m

🏨 **Sourcéo**   ⅂〇 ⌂ ⌂ 👜 ⊕ 🚿 🖫 ♿ **AC** 🛜 🛁 **P** 🚗

355 r. du Centre-Aéré, au lac de Christus – ✆ 05 58 90 66 00   Plan : A**n**
– www.hotelsourceo.com
147 suites – ♦♦95/180 € – 48 ch – 🖵 12 €
Architecture originale pour cet hôtel des années 1990 qui a la forme d'un calice !
Avec son centre de balnéothérapie intégré, cet établissement fait la joie des curistes. Les chambres, dont un grand nombre de suites, sont fonctionnelles. Restauration traditionnelle ou diététique. Le tout au cœur de la forêt des Landes.

🏨 **Hôtel du Lac**   ⅂〇 ⌂ 👜 🖫 ♿ 🛜 🛁 **P**

266 allée de Christus – ✆ 05 58 90 60 00 – www.brithotel.fr   Plan : A**t**
– Ouvert 2 mars-23 nov.
209 ch – ♦58/82 € ♦♦64/92 € – 🖵 10 €
Cet imposant ensemble hôtelier et thermal propose des chambres, confortables
et bien tenues, donnant sur le lac Christus. Au restaurant, on apprécie la cuisine
traditionnelle dans un cadre contemporain. Pratique pour les curistes.

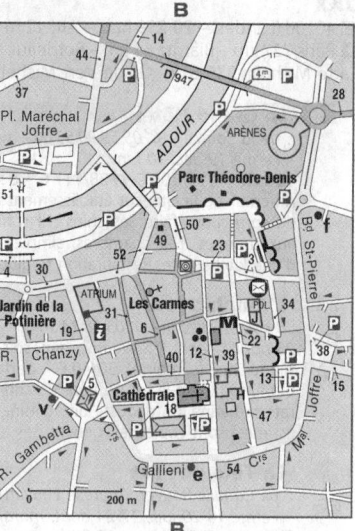

XXX Le Moulin de Poustagnacq

⌂ ⌂ **P**
Plan : A**r**

– 𝒞 05 58 91 31 03 – www.moulindepoustagnacq.com – *Fermé vacances de fév., de Noël, mardi midi, dim. soir et lundi*
Menu 31/79 € – Carte 76/82 €

Envie de manger au bord de l'eau ? Dans ce cas, faites un tour dans cet ancien moulin ! Le chef travaille les produits frais et livre une cuisine traditionnelle teintée d'un joli accent régional. Aux beaux jours, installez-vous sur la terrasse face au lac. Ambiance bucolique garantie.

DEAUVILLE

✉ 14800 (Calvados) – 3 816 hab. – Alt. 2 m – Voir carte n°**32-A3**
▶ Paris 202 km – Caen 50 km – Évreux 101 km – Le Havre 44 km
Carte Michelin 303-M3 – Guide Vert Michelin Normandie Vallée de la Seine

© Riou/SoFood/Photononstop

● Hôtels & maisons d'hôtes

🏨🏨🏨🏨 Normandy-Barrière   🌐 ⟨ 🛌 ✕ 🛎 👍 🛜 🛁 🚗
38 r. J.-Mermoz – ☏ *02 31 98 66 22* – *www.lucienbarriere.com*   Plan : AZ**h**
279 ch – ♦259/910 € ♦♦259/910 € – 11 suites – ☕ 35 €
Rest *La Belle Époque* – voir les restaurants ci-après
Un fier manoir anglo-normand reconnaissable entre mille : construit en 1912, cet hôtel mythique est tout simplement l'emblème de la station ! Toile de Jouy, boiseries… les chambres sont cosy et raffinées ; pour se détendre, on n'a que l'embarras du choix entre la piscine, le tennis ou le centre de remise en forme… Un rêve éveillé.

🏨🏨🏨🏨 Royal-Barrière   🌐 ⟨ ⊒ 🛌 ✕ 🛎 👍 🛜 🛁 🅿
bd Eugène-Cornuché – ☏ *02 31 98 66 33*   Plan : AZ**y**
– *www.lucienbarriere.com* – *Ouvert de mai à oct.*
250 ch – ♦275/910 € ♦♦275/910 € – 17 suites – ☕ 33 €
Rest *L'Etrier* – voir les restaurants ci-après
Imposante bâtisse 1900 appréciée par le jet-set et les stars de cinéma. Dans les chambres, luxueuses et chaleureuses, on se sent comme dans un petit palace ; certaines donnent sur la mer. Du style et du caractère, sans conteste !

🏨🏨 81 L'Hôtel sans rest   📶 ⊟ 👍 🆎 ✕ 🛜 🅿
81 av. de la République – ☏ *02 31 14 01 50*   Plan : AZ**p**
– *www.81lhotel.com* – *Fermé 2 semaines en janv.*
20 ch – ♦141/295 € ♦♦141/295 € – ☕ 14 €
Grand manoir anglo-normand (1906) dont la déco est, à la fois, atypique et intemporelle : parquets, moulures d'époque, mobilier de style laqué argent, pampilles et reproductions de Lichtenstein… Un établissement bien tenu.

🏨🏨 Almoria sans rest   🔲 👍 🆎 🛜 🛁
37 av. de la République – ☏ *02 31 14 32 32*   Plan : BZ**q**
– *www.almoria-deauville.com*
60 ch – ♦90/250 € ♦♦90/250 € – ☕ 13 €
En plein centre-ville, cet hôtel récent a fait du confort et de l'épure son crédo. Préférez toutefois les chambres donnant sur le patio, où l'on prend son petit-déjeuner aux beaux jours. Accueil aimable.

🏨🏨 Mercure Deauville Centre sans rest   🔲 🛜
2 r. Breney – ☏ *02 31 87 30 00* – *www.mercure.com/2876*   Plan : BY**b**
53 ch – ♦99/229 € ♦♦99/229 € – ☕ 17 €
Une bâtisse de style régional, pour un Mercure fonctionnel et contemporain donnant sur un jardin intérieur – où les chambres sont plus calmes – et sur la marina. Au petit-déjeuner, on peut même se régaler de produits bio !

DEAUVILLE

L'Augeval sans rest

15 av. Hocquart-de-Turtot – ℰ 02 31 81 13 18
– www.augeval.com
Plan : AZ**d**

40 ch – †106/252 € ††106/252 € – 2 suites – ⌧ 16 €

Près de l'hippodrome et des haras, un agréable manoir normand, un brin rétro, et une villa d'esprit contemporain, le Trait d'Union... Après une journée de balade, rendez-vous près de la piscine ou au sauna.

Le Trophée sans rest

81 r. du Gén.-Leclerc – ℰ 02 31 88 45 86 – www.letrophee.com
Plan : AZ**u**

35 ch – †99/249 € ††99/249 € – ⌧ 14 €

Tout près des mythiques planches et du centre-ville. Donnant sur la rue ou la piscine, les chambres de cet établissement sont confortables et sobres, certaines disposent même d'une baignoire balnéo. Et si ce n'est pas le cas, direction le sauna ou le hammam !

Continental sans rest

1 r. Désiré-Le-Hoc – ℰ 02 31 88 21 06
– www.hotel-continental-deauville.com
Plan : BZ**s**

42 ch – †74/121 € ††74/121 € – ⌧ 11 €

Construit en 1865 sur une avenue animée, cet hôtel est l'un des pionniers de la station. Les chambres y sont assez spacieuses, confortables et bien tenues. Et pour le petit côté "couleur locale", on vend même de bons produits régionaux !

Villa Joséphine sans rest

23 r. des Villas – ℰ 02 31 14 18 00 – www.villajosephine.fr
Plan : AZ**b**
– Fermé janv.

9 ch – †135/155 € ††145/255 € – ⌧ 22 €

Dans un quartier résidentiel – à quelques pas de la mer et un peu en retrait du centre-ville –, une charmante villa normande classée (fin 19e s.), entourée d'un jardin ravissant. Entre les couleurs poudrées, le mobilier de style, les portraits de famille, tout y est cosy et délicat, dans un esprit maison d'hôtes.

⌂ Marie-Anne sans rest ⚐ 🛜

142 av. de la République – 𝒞 *02 31 88 35 32*   Plan : AZ**f**
– www.hotelmarieanne.com – Fermé 1ᵉʳ-24 janv.
25 ch – †89/165 € ††155/265 € – ⌂ 13 €

Une villa à deux pas du casino, du golf et de l'hippodrome... Les chambres y sont spacieuses et élégantes, plus calmes sur l'arrière ou dans l'annexe qui donne sur un jardinet. Un établissement bien tenu.

⌂ Ibis ⏐🕽 ▤ & ⎕ 🛜 🛁 🕭

9 quai de la Marine – 𝒞 *02 31 14 50 00* – *www.ibishotel.com*   Plan : BZ**t**
95 ch – †71/121 € ††71/121 € – ⌂ 10 € – ½ P

Ibis d'esprit régional, juste à côté du port de plaisance. Les chambres y sont fonctionnelles et bien tenues ; certaines disposent même d'une petite terrasse. Une bonne adresse.

⌂ Le Chantilly sans rest 🛜

120 av. République – 𝒞 *02 31 88 79 75*   Plan : BZ**a**
– www.hotel-chantilly.com
17 ch – †67/82 € ††71/96 € – ⌂ 9 €

Petit hôtel familial tout près de l'hippodrome de la Touques et du centre-ville. Les chambres, très bien tenues, sont plus tranquilles sur l'arrière.

⌂ Manoir de Benerville sans rest 🌿 ⟨ ⚐ 🛋 ❀ 🕭 🛜 P

– 𝒞 02 31 14 68 80 – www.manoir-benerville.com
5 ch ⌂ – †190/320 € ††190/320 €

Sur les hauteurs de Deauville, cette villa anglo-normande (1874) cultive un style qui fait très "maison de poupée" : du rose, des fleurs, la mer ou le joli parc en toile de fond... Avec les chambres, on vous propose même des soins pour encore mieux vous détendre. Le tout au grand calme !

● **Restaurants**

XXXX L'Etrier – Hôtel Royal-Barrière 🌤 & 🕭 P

bd Eugène-Cornuché – 𝒞 *02 31 98 66 33*   Plan : AZ**y**
– www.lucienbarriere.com – Ouvert de mai à oct. et fermé le midi
Menu 69/119 € – Carte 90/110 €

Boiseries, lustres, tentures épaisses, etc. Mettre le pied à l'Étrier, c'est entrer dans un univers délicieusement cosy et très "palace", où l'on apprécie une cuisine mêlant beaux produits et influences du moment.

XXXX La Belle Époque – Hôtel Normandy-Barrière 🌤 & 🕭

38 r. J.-Mermoz – 𝒞 *02 31 98 66 22* – *www.lucienbarriere.com*   Plan : AZ**h**
– Fermé le midi
Menu 59 € – Carte 66/140 €

Le restaurant Belle Époque de l'élégant hôtel Normandy, se prête à la dégustation d'une sympathique cuisine de tradition. Sous une magnifique verrière ou l'été, dans la cour fleurie, on apprécie, par exemple, un émietté de tourteaux ou une sole meunière aux épinards. Un agréable moment !

XX Le Spinnaker

52 r. Mirabeau – 𝒞 *02 31 88 24 40*   Plan : BZ**v**
– www.spinnakerdeauville.com – Fermé 1 semaine en nov., 1 semaine en janv.,
lundi et mardi sauf juil.-août
Menu 28 € (déj. en semaine), 38/57 € – Carte 53/81 €

Une valeur sûre que ce Spinnaker. Loin des sentiers battus, on s'installe dans un cadre moderne et épuré ; la cuisine, au goût du jour, est savoureuse et soignée... et le service est aux petits oignons.

XX Augusto Chez Laurent

27 r. Désiré-Le-Hoc – 𝒞 *02 31 88 34 49*   Plan : BZ**k**
– www.restaurant-augusto.com – Fermé mardi sauf vacances scolaires et lundi
Formule 19 € – Menu 25 € (déj.), 39/59 € – Carte 50/75 €

Connue pour ses spécialités de homard et de poisson, cette institution tient le cap de la cuisine iodée depuis plus de 35 ans ! On se régale d'un tartare de bar posé sur un lit d'aubergines rissolées à l'huile d'olive ou d'un filet de turbot enrobé dans un crumble de noisettes et d'amandes. Décor chic façon bateau.

XX **La Flambée**

81 r. du Gén.-Leclerc – *02 31 88 28 46*　　　　　　　　Plan : AZ**t**
– www.laflambee-deauville.com
Formule 21 € ♈ – Menu 30/53 € – Carte 45/80 €
Pourquoi "La Flambée" ? Sans doute à cause de la grande cheminée où l'on prépare de belles grillades sous vos yeux... mais l'adresse aurait aussi pu s'appeler "Le
Homard", qui est son autre spécialité ! Derrière les fourneaux, le chef réalise des
recettes soignées, qui vont à l'essentiel ; le service est aux petits soins...

X **L'Essentiel**

29/31 r. Mirabeau – *02 31 87 22 11*　　　　　　　　Plan : BZ**f**
– www.lessentiel-deauville.com – Fermé 2 semaines en janv., lundi et mardi sauf
en saison et fériés
Formule 20 € – Menu 28 € (déj.)/60 € – Carte 48/62 €
Ce bistrot contemporain célèbre le mariage réussi de l'Hexagone et de l'Asie. Mira
– coréenne – et Charles – français – œuvrent à quatre mains à la ville comme en
cuisine et concoctent de jolis plats fusion... Une belle invitation au voyage ! L'été,
on profite du patio.

X **Le Comptoir et la Table**

1 quai de la Marine – *02 31 88 92 51* – Fermé 12-30 nov. et merc.　　Plan : BY**g**
Formule 15 € – Menu 20 € (déj. en semaine)/30 € – Carte 45/55 €
Un bistrot dans son jus "fifties" : fresque au plafond évoquant la vie trouvillaise,
comptoir en bois et... de la convivialité à revendre. Voilà le lieu idéal pour savourer des petits plats sans chichis, tout simplement frais et bons. On se régale !

à Canapville 6 km par ③ – ✉ 14800 – 213 hab. – Alt. 10 m

XX **Auberge du Vieux Tour**

36 rte départementale 677 – *02 31 65 21 80* – www.levieuxtour.com – Fermé une
semaine fin juin, vacances de Noël et de fév., mardi sauf juil.-août et merc. sauf fériés
Menu 27 € (semaine), 31/52 € – Carte 42/64 €
Une chaumière rustique près de la départementale, mais au calme et très accueillante ! Les patrons – de vrais passionnés – font surtout appel aux producteurs
locaux et vous concoctent une sympathique cuisine de tradition : asperges à la
polonaise, sole meunière avec une purée maison, tarte aux pommes, etc. Un régal !

au New Golf 3 km au Sud par D 278 - Plan :BAZ – ✉14800 Deauville

🏨 **Hôtel du Golf-Barrière**

– *02 31 14 24 00* – www.lucienbarriere.com – Fermé de 1er- 29 janv.
171 ch – ♦220/815 € ♦♦220/1355 € – ☲ 27 €
Rest *Le Club House* – voir les restaurants ci-après
Surplombant la côte et en pleine campagne, ce superbe hôtel typiquement normand (1929) est un vrai havre de paix ! Golf de 27 trous, vue sur la mer, chambres
spacieuses, restaurant et club-house, etc. : un lieu chic mais décontracté, qui a
joui en 2014 d'une nouvelle mise en beauté...

X **Le Club House** – Hôtel Du Golf-Barrière

– *02 31 14 24 23* – www.lucienbarriere.com – Fermé de 1er- 29 janv. et le soir
Formule 20 € – Menu 27 € (déj. en semaine) – Carte 42/48 €
Un Club House tout près du golf, où il fait bon se restaurer d'une sympathique
cuisine traditionnelle : tartares, salades, pâtes, etc. Formule snacking servie jusqu'à 17 h.

au Sud 6 km par D 278 et chemin de l'Orgueil – ✉ 14800 Deauville

🏨 **Les Manoirs de Tourgéville**

6 km au Sud par D 278 et chemin de l'Orgueil – *02 31 14 48 68*
– www.lesmanoirstourgeville.com
35 suites – ♦♦230/580 € – 22 ch – ☲ 23 € – ½ P
Rest *1899* – voir les restaurants ci-après
En plein bocage du pays d'Auge, ce manoir est vraiment séduisant : chambres raffinées, apaisantes et spacieuses (nombreux duplex et triplex). Pour se détendre, il
y a l'embarras du choix : piscine, vélo, massage, tennis, cinéma. Se lasser d'un tel
endroit ? Impossible !

XXX **1899** – Hôtel Les Manoirs de Tourgéville

6 km au Sud par D 278 et chemin de l'Orgueil – 𝒞 *02 31 14 48 68*
– www.lesmanoirstourgeville.com – Fermé le midi, dim. et lundi de sept. à mi-avril
Menu 47 € – Carte 59/78 €
Le 1899 ? Un restaurant chic, sobre et gourmand. Au déjeuner, la carte est volontairement courte (plats légers, snacking), mais à l'heure du dîner, l'assiette se pare de jolis mets cuisinés sur des bases traditionnelles. En prime, la terrasse donne sur un joli patio !

DECIZE

✉ 58300 (Nièvre) – 5 733 hab. – Alt. 197 m – Voir carte n°**7**-B3
◗ Paris 270 km – Châtillon-en-Bazois 34 km – Luzy 44 km – Moulins 35 km
Carte Michelin 319-D11 – Guide Vert Michelin Bourgogne

XX **Le Charolais**

33 bis rte de Moulins – 𝒞 *03 86 25 22 27 – Fermé 1ᵉʳ-9 janv., 1 semaine en fév., 1 semaine en sept., dim. soir, lundi et mardi*
Formule 14 € – Menu 19/51 €
Un agréable restaurant tenu par un couple aimable et engagé. La carte épouse l'air du temps et, l'été, on propose en terrasse grillades au barbecue et autres plats à la plancha. Enfin, les chefs en herbe pourront s'inscrire aux cours de cuisine proposés...

LA DÉFENSE – 92 (Hauts-de-Seine) → voir Paris, Environs

DELLE

✉ 90100 (Territoire de Belfort) – 5 906 hab. – Alt. 364 m – Voir carte n°**17**-D1
◗ Paris 448 km – Besançon 108 km – Belfort 25 km – Bâle 97 km
Carte Michelin 315-G11

XX **Hostellerie des Remparts**

1 pl. Raymond Forni – 𝒞 *03 84 56 32 61 – www.hostellerie-des-remparts.fr*
– Fermé 3 semaines en août, 1 semaine en fév. et lundi
Formule 14 € – Menu 24/49 €
Cette bâtisse de 1576 fait partie du patrimoine local. On prend place, au choix, sous la charpente de l'étage, très rustique ; dans la salle du bas, plus moderne ; ou aux beaux jours sur la terrasse en bord de rivière. La cuisine ? Celle d'un chef aussi jovial que généreux. Tout est dit.

DELME

✉ 57590 (Moselle) – 1 026 hab. – Alt. 220 m – Voir carte n°**27**-C2
◗ Paris 364 km – Château-Salins 12 km – Metz 33 km – Nancy 36 km
Carte Michelin 307-J5

🏠 **A la XIIe Borne**

6 pl. de la République – 𝒞 *03 87 01 30 18 – www.12eme-borne.com – Fermé 2 semaines en juil. et 2 semaines début janv.*
15 ch – †65 € ††65 € – ⌷8 € – ½ P
Rest A la XIIe Borne ⊕ – voir les restaurants ci-après
Une auberge accueillante, tenue par la même famille depuis 1954 ! Les chambres, fonctionnelles et bien tenues, sont très appréciées par la clientèle d'affaires en semaine. À noter, quelques chambres familiales plus spacieuses.

XX **A la XIIe Borne**

6 pl. de la République – 𝒞 *03 87 01 30 18 – www.12eme-borne.com – Fermé 2 semaines en juil., 2 semaines début janv., dim. soir, mardi soir et lundi*
Formule 13 € – Menu 25/56 € – Carte 49/68 €
Dans une ambiance familiale, on se retrouve autour d'une cuisine du terroir soignée et généreuse : effiloché de cabillaud lié aux herbes et présenté en raviole de concombre, pavé de truite rose assaisonné de sésame et citron au sel... Les cuissons sont justes et la fraîcheur est au rendez-vous.

DERCHIGNY

✉ 76370 (Seine-Maritime) – 569 hab. – Alt. 100 m – Voir carte n°**33**-D1
◨ Paris 206 km – Barentin 64 km – Dieppe 10 km – Rouen 74 km
Carte Michelin 304-H2

⌂ **Manoir de Graincourt**
10 pl. Ludovic Panel – ℰ 02 35 84 12 88 – www.manoir-de-graincourt.fr
5 ch ☲ – †93/121 € ††99/137 €
Pour l'anecdote, Renoir séjourna dans cet ancien couvent typiquement normand
(19ᵉ s.). Les chambres, thématiques (meubles de famille ou chinés, beaux tissus,
etc.), donnent sur un joli jardin clos ; la table d'hôte permet de savourer des
plats traditionnels dans la belle cuisine rustique, mais pensez à réserver !

DESCARTES

✉ 37160 (Indre-et-Loire) – 3 805 hab. – Alt. 50 m – Voir carte n°**11**-B3
◨ Paris 292 km – Châteauroux 94 km – Châtellerault 24 km – Chinon 51 km
Carte Michelin 317-N7 – Guide Vert Michelin Châteaux de la Loire

✗ **Moderne** avec ch
☜ 15 r. Descartes – ℰ 02 47 59 72 11 – www.modernehotel.fr – Fermé 1ᵉʳ-15 août
11 ch – †44/48 € ††50/54 € – ☲ 8 € – ½ P
Formule 12 € – Menu 16/36 € – Carte 26/47 €
À deux pas de la maison natale de René Descartes (devenue musée), ce restaurant sert une cuisine traditionnelle à base de produits frais. Quelques chambres
toutes simples pour dépanner.

DESVRES

✉ 62240 (Pas-de-Calais) – 5 190 hab. – Alt. 98 m – Voir carte n°**30**-A2
◨ Paris 263 km – Arras 98 km – Boulogne 19 km – Calais 40 km
Carte Michelin 301-E3

🏠 **Le Moulin aux Draps**
rte de Crémarest, 1,5 km par D 254ᴱ – ℰ 03 21 10 69 59
– www.hotel-moulinauxdraps.com – Fermé 15 déc.-15 janv.
20 ch – †75/155 € ††75/155 € – ☲ 13 € – ½ P
Au cœur de la forêt domaniale et près d'un moulin du 15ᵉ s., cet hôtel-restaurant
jouit d'un environnement préservé. Un peu comme à la ferme, confort compris !
Les chambres sont plaisantes, douillettes et mansardées à l'étage. Parfait pour se
reposer au grand calme.

DEUIL-LA-BARRE – 95 (Val-d'Oise) → voir Paris, Environs

LES DEUX-ALPES (Alpes de Mont-de-Lans et de Vénosc)

✉ 38860 (Isère) – Voir carte n°**45**-C2
◨ Paris 640 km – Le Bourg-d'Oisans 26 km – Grenoble 78 km
Carte Michelin 333-J7 – Guide Vert Michelin Alpes du Nord

🏠 **Chalet Mounier**
2 r. de la Chapelle – ℰ 04 76 80 56 90 – www.chalet-mounier.com **n**
– Ouvert 20 juin-29 août et 17 déc.-30 avril
38 ch – †161/294 € ††230/420 € – 5 suites – ☲ 18 € – ½ P
Tout en haut des Deux-Alpes, sur le site d'une ferme d'alpage, l'aîné des hôtels de
la station, né dans les années 1930 : les lieux ont la tradition de l'accueil chevillée
au corps – des chevilles en bois, évidemment ! Tout pour un beau séjour à la
montagne : grand confort, piscines, sauna, fitness...

🏠 **Souleil'Or**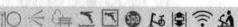
10 r. Grand Plan – ℰ 04 76 79 24 69 – www.le.souleilor@orange.fr **t**
– Ouvert 20 juin-31 août, 25 oct.-2 nov. et 28 nov.-15 avril
42 ch ☲ – †92/185 € ††116/248 € – ½ P
Skieurs en hiver, randonneurs en été : au pied des pistes, ce grand chalet vit
montagne ! La plupart des chambres ouvrent sur un balcon, pour un bol d'air
maximal... Une de ces adresses où lambrissé et simplicité riment avec douillet.

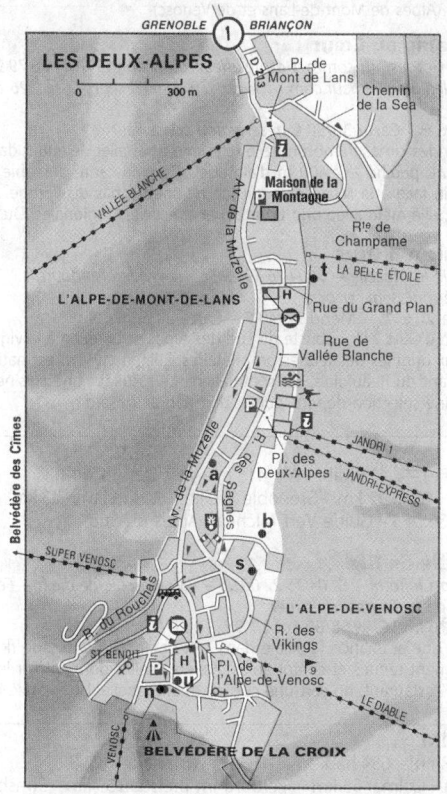

LES DEUX-ALPES

0   300 m

Pl. de
Mont de Lans

Chemin
de la Sea

VALLÉE BLANCHE

Av. de la Muzelle

Maison de la
Montagne

R¹e de
Champame

LA BELLE ÉTOILE

L'ALPE-DE-MONT-DE-LANS

Rue du Grand Plan

Rue de
Vallée Blanche

Av. de la Muzelle

Belvédère des Cimes

Pl. des
Deux-Alpes

JANDRI 1

JANDRI-EXPRESS

Rue des Sagnes

SUPER VENOSC

b

s

L'ALPE-DE-VENOSC

R. du Rouchas

ST-BENOIT

R. des
Vikings

Pl. de
l'Alpe-de-Venosc

n

u

LE DIABLE

VENOSC

BELVÉDÈRE DE LA CROIX

Les Mélèzes

⒑ ⟨ 🛋 🖳 📶 🚿 **P**

17 r. des Vikings – 𝒞 *04 76 80 50 50 – www.hotelmelezes.com*   **s**
– Ouvert 19 déc.-26 avril
34 ch – ♦95/140 € ♦♦145/230 € – ☐ 13 € – ½ P

L'expression "au pied des pistes" n'est pas galvaudée : on pourrait littéralement entrer dans l'hôtel les skis aux pieds ! Après avoir traversé un grand salon cosy, on découvre, à l'étage, des chambres où règnent le bois et un agréable esprit contemporain.

Côte Brune

⒑ 🛁 🕯 🔟 🍴 📶 🚿 **P**

6 r. Côtes-Brunes – 𝒞 *04 76 80 54 89 – www.hotel-cotebrune.com*   **b**
– Ouvert 13 juin-29 août, 2 déc.-30 avril
18 ch ☐ – ♦77/131 € ♦♦120/180 € – ½ P

Adieu le froid béton, bonjour la chaleur des boiseries ! En rénovant une ancienne structure des années 1970, située au pied des pistes de ski, la famille Bel a créé un hôtel chaleureux et accueillant, synthèse idéale entre rustique montagnard et confort moderne. Hammam, sauna et jacuzzi.

Serre-Palas sans rest

⟨ 📶

13 pl. de l'Alpe-de-Venosc – 𝒞 *04 76 80 56 33*   **u**
– www.hotelserre-palas.fr – Ouvert 13 juin-31 août, 24 oct.-2 nov. et
1ᵉʳ déc.-30 avril
24 ch ☐ – ♦28/69 € ♦♦40/138 €

Bon rapport qualité-prix pour cet hôtel proche de la télécabine de Venosc. Côté sud, chaque chambre possède son propre balcon avec, en point de mire, le massif de la Muzelle... Et l'ambiance est dans le ton : au menu, déco et mobilier montagnards !

☒ **Le Diable au Cœur** ⟨ 🏠

7 r. des Gorges, au sommet du télésiège du Diable – 𝒞 04 76 79 99 50
– www.lediableaucoeur.com – Ouvert 20 juin-1ᵉʳ sept., 5 déc.-26 avril et fermé le
soir
Menu 25 € – Carte 30/50 € *(réservation conseillée)*
Direction les cimes ! Empruntez le télésiège pour aller déjeuner dans ce diable de
restaurant, perché à 2 400 m d'altitude... Dans le cadre agréable d'un chalet en
bois clair, face à la Muzelle, la cuisine ne souffre pas du vertige : gourmande et
soignée, elle mêle avec brio tradition et spécialités régionales. Du cœur !

☒ **Le Raisin d'Ours** 🍴 🏠

🙂 *98 av. de la Muzelle – 𝒞 04 76 79 29 56 – www.leraisindours.fr* **a**
– Fermé mai, sept. et oct.
Formule 20 € ⟱ – Menu 26/40 € – Carte 30/54 €
Le Raisin d'Ours ? Un arbuste du sud des Alpes et un écho à la vigne : double clin
d'œil aux origines des jeunes propriétaires. Lui, en cuisine, est natif de la station ;
elle, enfant du Beaujolais, est sommelière. Le résultat : une cuisine fine et travaillée, et une sélection de vins qui ne doit rien au hasard !

DIE

☒ 26150 (Drôme) – 4 411 hab. – Alt. 415 m – Voir carte n°**44**-B3
▶ Paris 623 km – Gap 92 km – Grenoble 110 km – Montélimar 73 km
Carte Michelin 332-F5 – Guide Vert Michelin Alpes du Sud

🏠 **L'Escale de Die**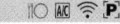

av. de la Clairette – 𝒞 04 75 22 00 95 – www.lescale-de-die.fr – Fermé vacances
de fév., de la Toussaint et merc.
9 ch – ✝68/80 € ✝✝68/80 € – ⊒ 9 € – ½ P
Il règne une ambiance familiale dans cette maison à la façade fleurie. Chambres
parfaitement tenues et confortables. Préférez celles donnant sur le massif du Vercors. Au restaurant, on sert une cuisine traditionnelle. Une escale bien agréable.

DIEBOLSHEIM

☒ 67230 (Bas-Rhin) – 654 hab. – Alt. 163 m – Voir carte n°**1**-B2
▶ Paris 529 km – Colmar 55 km – Freiburg im Breisgau 59 km – Strasbourg 44 km
Carte Michelin 315-J7

⌂ **Ambiance Jardin** sans rest

12 r. de L'Abbé-Wendling – 𝒞 03 88 74 84 85 – www.ambiance-jardin.com
4 ch ⊒ – ✝78/88 € ✝✝88/98 €
De cette grange, les propriétaires ont fait une charmante maison d'hôtes, qui foi-
sonne d'antiquités. Chambres aux tons pastel, spacieuses et cosy. Beau jardin.

DIEFFENTHAL

☒ 67650 (Bas-Rhin) – 249 hab. – Alt. 185 m – Voir carte n°**2**-C1
▶ Paris 441 km – Lunéville 100 km – St-Dié 45 km – Sélestat 7 km
Carte Michelin 315-I7

🏠 **Le Verger des Châteaux**

2 rte Romaine – 𝒞 03 88 92 49 13 – www.verger-des-chateaux.fr
32 ch – ✝65/135 € ✝✝65/135 € – ⊒ 10 € – ½ P
Cette imposante bâtisse borde le fameux vignoble alsacien. On y trouve des
chambres spacieuses, équipées de mobilier en bois blond, et quelques mansardes
familiales au dernier étage. Belle surprise : la salle à manger rustique, ouverte sur
la campagne.

DIEFMATTEN

☒ 68780 (Haut-Rhin) – 294 hab. – Alt. 300 m – Voir carte n°**1**-A3
▶ Paris 450 km – Belfort 25 km – Colmar 48 km – Mulhouse 21 km
Carte Michelin 315-G10

XXX **Auberge du Cheval Blanc** avec ch ⚜ 🍴 🛋 AC rest, 🛜 🏋 **P**
17 r. Hecken – ℰ 03 89 26 91 08 – www.auchevalblanc.fr – Fermé 20 juil.-5 août,
4-12 janv., lundi et mardi sauf midi fériés
5 ch – ♦65/75 € ♦♦65/75 € – ☲ 15 € – ½ P
Formule 17 € – Menu 23 € (déj. en semaine), 28/72 € – Carte 51/79 €
La déclinaison de foie gras ? L'un des grands classiques de cette élégante maison
alsacienne, où la cuisine gastronomique épouse les saisons – notamment autour
de menus à thème (truffe, bouillabaisse, etc.) et de vins bien choisis. Pour l'étape,
d'agréables chambres fonctionnelles.

DIEPPE
✉ 76200 (Seine-Maritime) – 31 148 hab. – Alt. 6 m – Voir carte n°**33-D1**
▶ Paris 197 km – Abbeville 68 km – Caen 176 km – Le Havre 111 km
Carte Michelin 304-G2 – Guide Vert Michelin Normandie Vallée de la Seine

🏠🏠 **Aguado** sans rest ≼ 🕮 🕸 🛜
30 bd de Verdun – ℰ 02 35 84 27 00 – www.hoteldieppe.com Plan : BY**s**
55 ch – ♦60/147 € ♦♦70/168 € – ☲ 10 €
Étonnant : l'immeuble enjambe une rue reliant le front de mer à la ville ! Quant
aux chambres, bien insonorisées, elles sont décorées avec soin dans des styles
variés... La moitié d'entre elles donnent sur la Manche, un plaisir à prolonger au
petit-déjeuner.

🏠🏠 **Mercure la Présidence** 🍴🕮 ᵴ AC 🛜 🏋 🚗
1 bd de Verdun – ℰ 02 35 84 31 31 Plan : AY**a**
– www.hotel-la-presidence.com
85 ch – ♦95/295 € ♦♦95/295 € – ☲ 17 €
Près du casino et du centre de thalasso, ne vous laissez pas intimider par la
façade un peu ingrate de cet hôtel : les chambres sont décorées avec goût (parquet, mobilier design et tons chatoyants) et la moitié ont vue sur les flots... Une
ambiance marine qui se confirme au restaurant de l'établissement.

🏠 **Hôtel de l'Europe** sans rest ≼ 🕮 ᵴ 🛜 🏋
63 bd de Verdun – ℰ 02 32 90 19 19 – www.hoteldieppe.com Plan : BY**t**
– Ouvert 3 avril à mi-nov.
60 ch – ♦80/167 € ♦♦90/167 € – ☲ 10 €
Sur le front de mer, du bois, du béton et... de l'allure ! À l'intérieur, les chambres,
grandes, colorées et meublées de rotin, regardent la Manche et ses flots aux couleurs sans cesse changeantes.

⌂ **La Villa Florida** sans rest ⑤ 🍴 🕸 🛜 **P** **P**↗
24 chemin du Golf, au Sud-Ouest par D 75 - (Plan : AZ) – ℰ 02 35 84 40 37
– www.lavillaflorida.com
4 ch ☲ – ♦77/110 € ♦♦77/110 €
Il flotte comme un parfum des Indes dans cette maison d'architecte dont la propriétaire est passionnée de yoga. Golf, Lotus, Bleue et... Yoga : les chambres, toutes plus apaisantes les unes que les autres, sont une invitation au voyage !

XX **Les Voiles d'Or** (Tristan Arhan) avec ch ⑤ 🕅 🕸 ch, 🛜
2 chemin de la Falaise, par rte du Tréport Plan : BY**c**
❁ *puis direction chapelle N.-D.-de-Bon-Secours – ℰ 02 35 84 16 84*
– www.lesvoilesdor.fr – Fermé 14 déc.-14 janv., dim. soir, lundi et mardi
3 ch ☲ – ♦120 € ♦♦120 €
Menu 38 € ♇ (déj. en semaine)/55 € – Carte 65/81 € *(réservation conseillée)*
À la barre de cette table perchée sur la falaise du Pollet, un chef amoureux fou
des beaux produits de la mer. Salade de raie généreuse et succulente, aiguillette
de bar à la cuisson parfaite : les préparations sont raffinées, et l'équilibre des
saveurs est au rendez-vous. À noter : quelques chambres originales dans un pavillon importé de Bali !
➜ Saint-Jacques rôties en coquilles au beurre demi-sel. Pêche du jour selon le
marché. Poire confite à la cannelle, farcie et voilée au caramel.

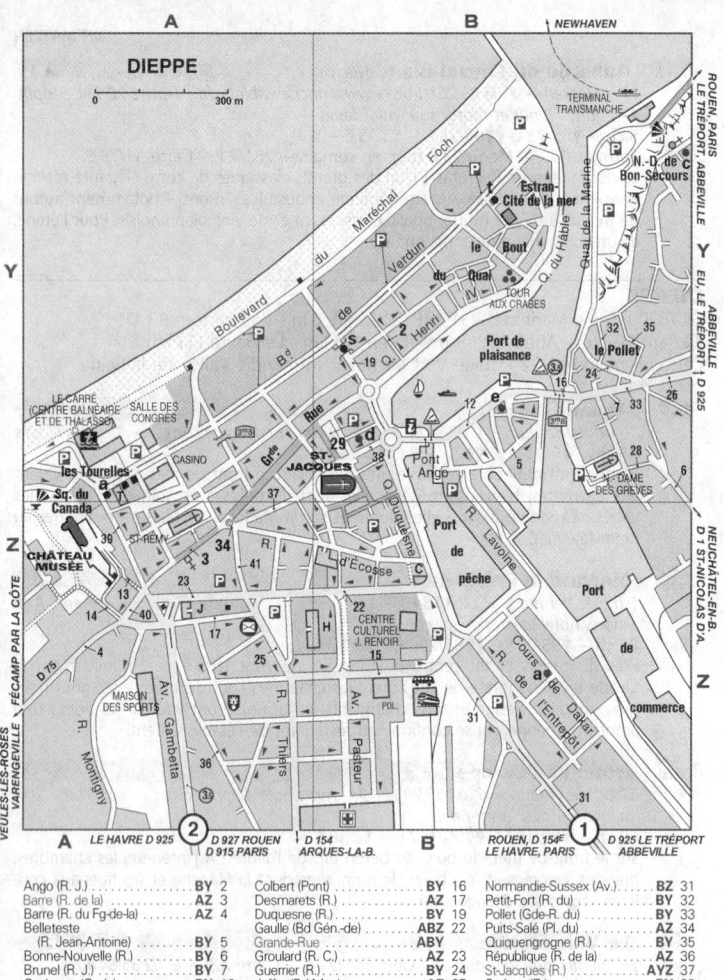

DIEPPE

300 m

✕✕ Le Coup de Torchon

4 r. Vauquelin – ℰ *02 35 85 94 84 – Fermé dim. soir, lundi soir,*   Plan : BY**d**
mardi soir et merc.
Formule 18 € – Menu 24/45 € – Carte 46/53 €
Coup de torchon dans cette rue un peu austère : derrière une façade rose, la cuisine de ce bistrot chic met en valeur d'excellents produits, certains dieppois. Les ardoises murales vous font d'alléchantes propositions... À quoi bon résister ?

✕ Comptoir à Huîtres

12 cours de Dakar, (quai de Norvège) – ℰ *02 35 84 19 37*   Plan : BZ**a**
– Fermé vacances de fév., 3 semaines en août, dim. et lundi
Carte 40/50 €
Loin de l'agitation du front de mer, le long des quais, ce comptoir est la nouvelle coqueluche des Dieppois. Après que l'on vous a présenté la pêche du jour, sans chichi, vient l'heure du choix. Quel poisson ? Entier, coupé ? À la plancha ? À moins que vous ne préfériez la carte des huîtres... Que de fraîcheur !

X **Bistrot du Pollet**

23 r. Tête-de-Bœuf – ☏ 02 35 84 68 57 – www.bistrotdupollet.fr   Plan : BY**e**
– Fermé 1 semaine en avril, 24 août-15 septembre, 1er-15 janv., dim. et lundi
Formule 20 € – Menu 30 € – Carte 28/46 € (réservation conseillée)
Qu'on se le dise : dans ce bistrot, c'est la mer qui décide, et les plats dépendent
directement des arrivages de la pêche locale. Encornets, foie gras du pêcheur,
sole du bistrot, noix de Saint-Jacques aux lentilles : la qualité et la fraîcheur sont
au rendez-vous, et quelle générosité dans les préparations !

à Martin-Église 6 km au Sud-Est par D 1 - (Plan : BYZ) – ✉ 76370
– 1 535 hab. – Alt. 11 m

XX **Auberge du Clos Normand** avec ch   🐾 🗓 🍴 ﴾ ch, 🛜 🗼 🅿

22 r. Henri-IV – ☏ 02 35 40 40 40 – www.closnormand.fr – Fermé 17 nov.-10 déc.
et 17 fév.-5 mars
10 ch – ♦75 € ♦♦75 € – 🖵9 €
Menu 27/37 € – Carte 39/49 € (fermé mardi midi, merc. midi et lundi)
Dans un jardin bordé par une rivière, cet ancien relais de poste (15e s.) est le
repaire idéal des amateurs de cuisine traditionnelle ! Devant la grande cheminée
en brique de Dieppe, on déguste huîtres, ris de veau et autres magrets... Quelques chambres calmes et feutrées dans les dépendances.

à Offranville 6 km par ②, D 927 et D 54 – ✉ 76550 – 3 316 hab. – Alt. 80 m

XX **Le Colombier** (Laurent Kleczewski)

🕸️ r. Loucheur, (parc du Colombier) – ☏ 02 35 85 48 50
– www.lecolombieroffranville.fr – Fermé 23 fév.-13 mars, 29 juin-16 juil.,mardi
sauf juil.-août, dim. soir et merc.
Formule 23 € – Menu 29 € (semaine), 43/52 €
Une vénérable maison normande en colombages (16e s.) aux portes de Dieppe. La
proximité de la Manche, l'écrin des prairies voisines et... le savoir-faire du chef,
Laurent Kleczewski : tout est réuni pour une ode aux beaux produits – le poisson
au premier rang –, à travers des assiettes fines, harmonieuses et pétillantes !
➜ Carpaccio de Saint-Jacques aux agrumes, vinaigrette au yuzu. Filet de turbot
roulé aux huîtres, huile de basilic thaï et citron. Crémeux au chocolat, glace
vanille.

à Pourville-sur-Mer 5 km à l'Ouest par D 75 (Plan : AZ) – ✉ 76550

XX **Le Trou Normand**

128 r. des Verts-Bois – ☏ 02 35 84 59 84 – Fermé 26 août-10 sept.,
25 déc.-18 janv., dim. soir et lundi
Formule 18 € – Menu 26/42 € – Carte 35/52 €
Cette auberge est toute proche de la plage où débarquèrent, en 1942, les Canadiens de l'opération Jubilee. On y déguste une bonne cuisine traditionnelle, crémeuse et généreuse, à moins de préférer la petite carte "terre et mer" qui varie
au gré du marché... où le patron fait ses emplettes deux fois par semaine !

à Neuville-lès-Dieppe 1,4 km à l'Est par av. de la République – ✉ 76370

X **Auberge du Vieux Puits** avec ch   🐾 🖼 🛜 🅿

15 av. Alexandre-Dumas – ☏ 02 35 84 47 35 – www.puys.fr – Fermé
3 janv.-12 fév., merc. et jeudi d'oct. à avril
8 ch 🖵 – ♦115/140 € ♦♦115/140 € – ½ P
Formule 20 € – Menu 26/48 € – Carte 37/60 €
Sur les hauteurs, face à la mer, une auberge à l'ancienne qui ne manque pas de
sel ! Huîtres d'Isigny gratinées à la mimolette, pavé de turbot rôti au vin blanc,
soufflé au Grand Marnier... Une cuisine goûteuse et généreuse, réalisée par un
chef maîtrisant parfaitement sa partition.

DIEULEFIT

✉ 26220 (Drôme) – 3 011 hab. – Alt. 366 m – Voir carte n°**44**-B3
▶ Paris 614 km – Crest 30 km – Montélimar 29 km – Nyons 30 km
Carte Michelin 332-D6 – Guide Vert Michelin Ardèche Drôme

au Poët-Laval 5 km à l'Ouest par D 540 – ⊠ 26160 – 938 hab. – Alt. 311 m

Les Hospitaliers
– *℘ 04 75 46 22 32 – www.hotel-les-hospitaliers.com – Ouvert 28 mars- 1ᵉʳnov.*
23 ch – ♦80/160 € ♦♦80/160 € – 🖵 12 € – ½ P
Référence aux Hospitaliers qui, au 12ᵉ s., s'installèrent dans le village. L'établissement, composé d'un bel ensemble de maisons en pierre sèche, abrite des chambres de caractère. Cuisine de saison au restaurant.

au Nord 9 km par D 538, D 110 et D 245 - ⊠ 26460 Truinas

La Bergerie de Féline
Les Charles – ℘ 04 75 49 12 78 – www.labergeriedefeline.com
5 ch 🖵 – ♦130/210 € ♦♦130/210 €
Vue sur le Vercors, belle piscine, hamac au fond du jardin... Dans cette bergerie du 18ᵉ s., la vie est bien douce ! Les chambres allient chaleur du bois brut et mobilier design. Autour de la table d'hôte, on savoure une bonne cuisine familiale.

DIGNE-LES-BAINS

⊠ 04000 (Alpes-de-Haute-Provence) – 16 886 hab. – Alt. 608 m – Voir carte n°**41**-C2
� Paris 744 km – Aix-en-Provence 109 km – Avignon 167 km – Cannes 135 km
Carte Michelin 334-F8 – Guide Vert Michelin Alpes du Sud

Le Grand Paris
19 bd Thiers – ℘ 04 92 31 11 15 – www.hotel-grand-paris.com – Ouvert 1ᵉʳ avril-30 nov.
16 ch – ♦85/135 € ♦♦95/185 € – 4 suites – 🖵 17 € – ½ P
Rest *Le Grand Paris* – voir les restaurants ci-après
Charme et authenticité pour ce couvent du 17ᵉ s. aux chambres délicieusement vieille France... Ici, on cultive le sens de l'accueil et la belle tradition hôtelière.

Le Grand Paris
19 bd Thiers – ℘ 04 92 31 11 15 – www.hotel-grand-paris.com – Ouvert 1ᵉʳ avril-30 nov. et fermé lundi midi, mardi midi, merc. midi et jeudi midi hors saison
Formule 28 € – Menu 38/75 € – Carte 66/88 €
Une maison pleine de cachet, avec un petit côté "à l'ancienne" tout à fait plaisant. La chef revisite les recettes classiques de son père (jadis aux fourneaux) ; ses plats sont savoureux. Ici, la tradition se perpétue d'une bien jolie façon.

rte de Nice 2 km par N 85 – ⊠04000 Digne-les-Bains

Villa Gaïa
24 rte de Nice – ℘ 04 92 31 21 60 – www.hotel-villagaia-digne.com – Ouvert 15 avril-25 oct.
10 ch – ♦79/99 € ♦♦85/120 € – 🖵 13 € – ½ P
Cette accueillante maison de maître du début du 18ᵉ s. a conservé le charme d'autrefois : un grand parc, une bibliothèque et des chambres de style rétro (sans TV !). Et un menu régional est même proposé pour les gourmands !

DIGOIN

⊠ 71160 (Saône-et-Loire) – 8 146 hab. – Alt. 232 m – Voir carte n°**7**-B3
� Paris 337 km – Autun 69 km – Charolles 26 km – Moulins 57 km
Carte Michelin 320-D11 – Guide Vert Michelin Bourgogne

à Vigny-les-Paray 9 km au Nord-Est par D 994 et D 52 – ⊠ 71160

Auberge de Vigny
– ℘ 03 85 81 10 13 – www.aubergedevigny.fr – Fermé 9-30 oct., 2-20 janv., dim. soir de nov. à mars, lundi et mardi
Formule 18 € – Menu 25/39 € – Carte 35/45 €
Dans cette ancienne salle de classe décorée avec soin, on sert désormais une cuisine qui joue parfois avec les codes de la tradition (un bourguignon de calamars !). Jolie terrasse donnant sur le jardin et le potager... pour une étape champêtre.

DIJON

⊠ 21000 (Côte-d'Or) – 151 672 hab. – Agglo. 237 920 hab. – Alt. 245 m
– Voir carte n°**8-D1**
▶ Paris 311 km – Auxerre 152 km – Besançon 94 km – Genève 192 km
Carte Michelin 320-K6 – Guide Vert Michelin Bourgogne

© J.-D. Sudres/hemis.fr

 Hôtels

 Grand Hôtel de la Cloche   ⏅ 🛏 🖥 🛗 🆓 🅰🅲 🛜 ⚙ 🅿 🚗
14 pl. Darcy – ℰ *03 80 30 12 32*   Plan : CY**f**
– www.hotel-lacloche.com
61 ch – 🛇160/275 € 🛇🛇180/370 € – 4 suites – ⧢ 25 €
Rest *Les Jardins de la Cloche* – voir les restaurants ci-après
Une bâtisse Belle Époque (1884) où il fait bon vivre. Les chambres allient classicisme contemporain, ameublement en bois blond et bonne insonorisation : c'est
cossu, charmant et douillet... Les amateurs apprécieront le cachet traditionnel,
très français, de l'ensemble !

Hostellerie du Chapeau Rouge   ⏅ 🖥 🅰🅲 🛜 ⚙
5 r. Michelet – ℰ *03 80 50 88 88 – www.chapeau-rouge.fr*   Plan : CY**a**
29 ch – 🛇110/250 € 🛇🛇110/250 € – 2 suites – ⧢ 17 €
Rest *William Frachot* ✿✿ – voir les restaurants ci-après
Une élégante "hostellerie" créée en 1863, mais toujours pleine de fraîcheur avec
ses chambres au décor soigné, certaines très contemporaines. Le must : profiter
de l'espace bien-être – massage, sauna, hammam – avant un bon dîner.

Mercure-Centre Clemenceau   ⏅ 🛏 🏊 🖥 🛗 🆓 🅰🅲 🛜 ⚙ 🚗
22 bd de la Marne – ℰ *03 80 72 31 13*   Plan : EX**z**
– www.hotel-mercure-dijon.com
123 ch – 🛇115/230 € 🛇🛇115/260 € – ⧢ 19 €
Rest *Le Château Bourgogne* – voir les restaurants ci-après
Un hôtel de grand confort, tout près de l'auditorium, des palais des congrès et
des expositions. Les chambres sont spacieuses et décorées avec personnalité, dans
des tons gris et noirs ; dans la cour centrale, la piscine vous tend les bras... Un
ensemble chaleureux.

Philippe Le Bon   ⏅ 🖥 🅰🅲 🛜 ⚙
18 r. Ste-Anne – ℰ *03 80 30 73 52*   Plan : DY**p**
– www.hotelphilippelebon.com
41 ch – 🛇99/300 € 🛇🛇99/300 € – ⧢ 15 € – ½ P
Dans le centre ancien, trois superbes hôtels particuliers des 15ᵉ et 18ᵉ s., autour
d'une jolie cour de style gothique... L'un des bâtiments accueille des chambres
luxueuses et spacieuses. Pour le repas, on choisira, selon l'humeur du jour, entre
restaurant traditionnel et bistrot.

⬛ Wilson sans rest
🏨 📶 ♨ 🚗

1 r. de Longvic – ☏ *03 80 66 82 50* – www.wilson-hotel.com   Plan : DZ**k**

27 ch – ♦89/110 € ♦♦89/142 € – 🍽 14 €

Des pierres apparentes, des poutres, une grande cheminée où le feu crépite en hiver et des chambres sobres et plaisantes, bien insonorisées : le charme de l'ancien – logique pour un relais de poste du 17ᵉ s. – et tout le confort moderne !

⬛ Hôtel du Nord
🍽 🏨 📶 ♨

pl. Darcy – ☏ *03 80 50 80 50* – www.hotel-nord.fr   Plan : CY**w**
– *Fermé 19 déc.-5 janv.*

27 ch – ♦93/108 € ♦♦105/120 € – 🍽 14 € – ½ P

Rest *Porte Guillaume* – voir les restaurants ci-après

Atmosphère, Atmosphère ? Cet Hôtel du Nord-là, tenu par la même famille depuis quatre générations, est idéalement situé au cœur du Dijon animé et commerçant. Et les chambres ? Elles sont fonctionnelles et bien insonorisées.

⬛ Hôtel des Ducs sans rest
🏨 ♿ ♨ 📶 🚗

5 r. Lamonnoye – ☏ *03 80 67 31 31* – www.hoteldesducs.com   Plan : DY**k**

35 ch – ♦70/119 € ♦♦70/119 € – 🍽 11 €

Gageons que les ducs de Bourgogne, du temps de leur domination dans la région, auraient goûté le repos en cette jolie adresse. Les chambres, spacieuses, et les prix, très raisonnables, en font une étape de choix, en plein cœur de la ville.

⬛ Ibis Styles
🍽 🏨 📶 ♨

3 pl. Grangier – ☏ *03 80 30 44 00*   Plan : CY**m**
– www.hotel-ibiscentral-dijon.fr

90 ch 🍽 – ♦106/116 € ♦♦116/126 €

Dans le cœur de ville, ce bâtiment des années 1930 a été remis au goût du jour, avec des chambres joyeuses et colorées, au look très actuel. En prime, les enfants pourront profiter de l'espace jeux.

⬛ Montigny sans rest
🏨 📶 🅿

8 r. de Montigny – ☏ *03 80 30 96 86*   Plan : CY**e**
– www.hotelmontigny.com – *Fermé 18 déc.-3 janv.*

37 ch – ♦65/71 € ♦♦71/73 € – 🍽 10 €

Non loin du centre-ville, avec un parking fermé. Les chambres, d'une tenue irréprochable, sont fonctionnelles et bien insonorisées. Simple, accueillant et pratique.

⬛ Victor Hugo sans rest
♨ 📶 🚗

23 r. Fleurs – ☏ *03 80 43 63 45*   Plan : CX**b**
– www.hotelvictorhugo-dijon.com

23 ch – ♦45/49 € ♦♦59/64 € – 🍽 6 €

Un petit hôtel dans une rue calme et résidentielle, à cinq minutes à pied du centre-ville. Les chambres, sobres mais très bien tenues, sont plus spacieuses côté cour. Dans tous les cas, les prix sont très attractifs.

⬤ Restaurants

🍴🍴🍴 Le Pré aux Clercs (Alexis Billoux) avec ch
📶 🏨 ♿ ch, 📶

❀ *13 pl. de la Libération* – ☏ *03 80 38 05 05*   Plan : DY**n**
– www.jeanpierrebilloux.com

5 ch – ♦120/180 € ♦♦150/250 € – 🍽 22 €

Menu 33 € (déj. en semaine), 58/102 € – Carte 77/136 € *(fermé 25-31 août, vacances de fév., dim. et lundi sauf fériés)*

L'heure de la passation a sonné ! Alexis Billoux a repris les rênes de la maison familiale... mais son père Jean-Pierre y distille toujours une présence bienveillante. Et si la cuisine révèle un beau classicisme, dans les règles de l'art, elle se mêle de nouveauté et de fantaisie. Le tout sur l'élégante place de la Libération, signée Hardouin-Mansart.

➜ Sandre poêlé, croûte de cazette du Morvan, sabayon au vin jaune et purée d'artichaut. Volaille de Bresse rôtie, purée aux truffes de Bourgogne. Tube cacao, confiture de lait, émulsion caramel et nougatine de noisettes.

DIJON

DIJON

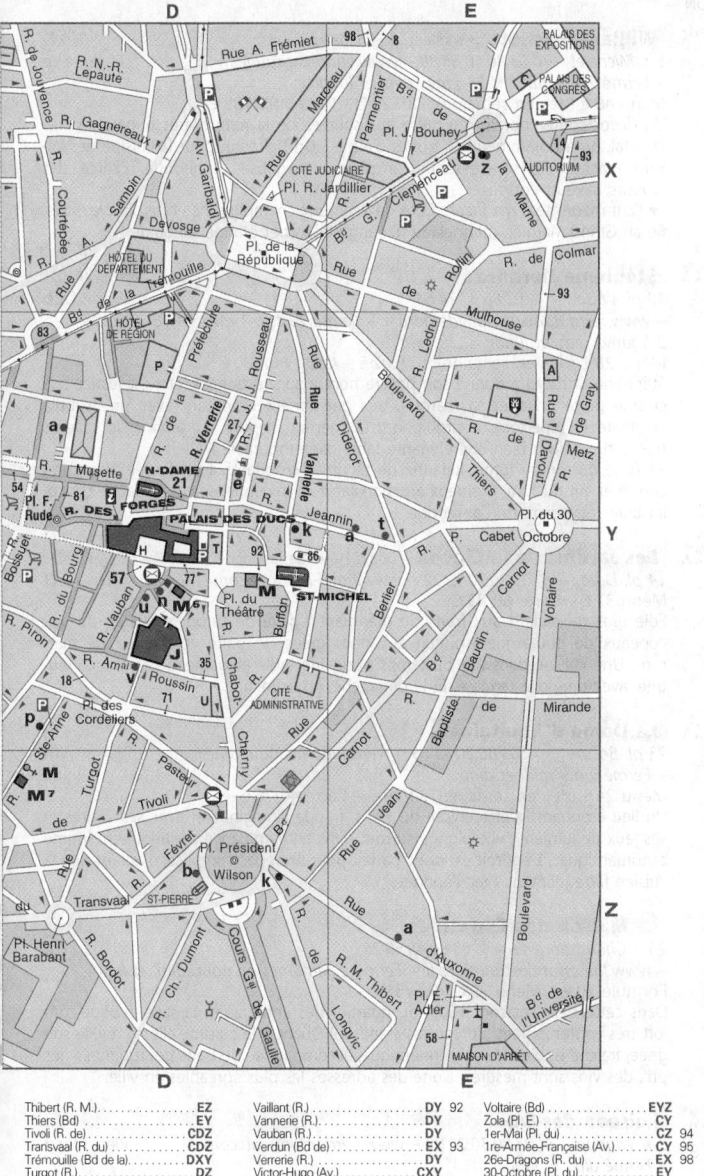

William Frachot – Hostellerie du Chapeau Rouge ☸ 🆊

☃ ☃ 5 r. Michelet – ☎ 03 80 50 88 88 – www.chapeau-rouge.fr Plan : CY**a**
– Fermé 2-17 août, 1ᵉʳ-25 janv., dim. et lundi
Menu 48 € (déj. en semaine), 78/120 € – Carte 105/135 €
Un décor contemporain qui puise aux sources de la nature, très minéral et très végétal, orné notamment de troncs d'arbre... Un bel écrin pour la cuisine de William Frachot, éprise d'essentiel, inspirée, voyageuse et aboutie. Écorce des saveurs, saveurs corsées !
→ Œuf meurette à ma façon. Côte de veau aux champignons et jus simple. Soufflé au Grand Marnier, marmelade d'orange et sorbet orange sanguine.

Stéphane Derbord ☸ 🆊 ⇔

☃ 10 pl. Wilson – ☎ 03 80 67 74 64 Plan : DZ**b**
– www.restaurantstephanederbord.fr – Fermé 23 fév.-4 mars, 4-18 août,
2-5 janv., dim. et lundi
Menu 28 € (déj. en semaine), 53/102 € – Carte 80/100 €
Stéphane Derbord a donné son propre nom à son restaurant, et c'est justice : sa cuisine porte en effet sa marque, très personnelle, revisitant avec une subtile créativité le répertoire bourguignon, et mettant l'épure au service de saveurs très nettes... Voilà bien une élégante table contemporaine !
→ Tube de sandre fumé, julienne de légumes croquants. Féra fumée, risotto au comté et vin du Jura. Crémeux au chocolat noir kayambe, sorbet-ganache chocolat blanc au poivre du Cambodge.

Les Jardins de la Cloche – Grand Hôtel de la Cloche

14 pl. Darcy – ☎ 03 80 30 12 32 – www.hotel-lacloche.com Plan : CY**f**
Menu 37 € – Carte 60/83 €
Foie gras de canard aux fruits du mendiant ; pavé de turbot sauvage rôti aux copeaux de poutargue ; biscuit aux noix, gelée de poire et espuma de marron... Une cuisine dans l'air du temps pour une table élégante, à l'ambiance feutrée, avec une jolie terrasse. Et le dimanche, on brunche !

La Dame d'Aquitaine 🆊 ⇔

23 pl. Bossuet – ☎ 03 80 30 45 65 – www.ladamedaquitaine.fr Plan : CY**m**
– Fermé lundi midi et dim.
Menu 24 € (déj. en semaine), 34/49 € – Carte 46/76 €
Un lieu étonnant ! Cette crypte du 13ᵉ s. frappe l'imagination avec ses voûtes et ses jeux de lumière ; elle plonge surtout dans une ambiance éminemment intime et romantique... L'endroit est donc parfait pour un repas complice, d'autant que la cuisine flirte joliment avec l'époque.

La Maison des Cariatides

28 r. Chaudronnerie – ☎ 03 80 45 59 25 Plan : DY**e**
– www.lamaisondescariatides.fr – Fermé 2 semaines en août, dim. et lundi
Formule 20 € – Menu 25 € (déj.)/55 €
Dans cette belle maison (1603) du quartier des antiquaires, la salle évoque... un loft très contemporain : le contraste séduit ! Quant à la cuisine, elle se révèle soignée, fraîche et bien dans notre époque, accompagnée de bons bourgognes – les prix des vins sont mesurés. L'une des adresses les plus agréables en ville.

Loiseau des Ducs

☃ 3 r. Vauban – ☎ 03 80 30 28 09 – www.bernard-loiseau.com Plan : DY**u**
– Fermé dim. et lundi
Formule 20 € – Menu 28 € (déj.), 51/95 € – Carte 80/120 €
Près du palais ducal, cette table du groupe Loiseau s'abrite dans l'hôtel de Talmay, du 16ᵉ s. Le cadre est élégant, mariant belles pierres et touches contemporaines ; de même, la cuisine, réalisée par un jeune chef formé à bonne école, associe racines bourguignonnes, touches créatives et... suaves parfums !
→ Jambonnettes de grenouilles à la purée d'ail et au jus de persil, façon Bernard Loiseau. Langoustines rôties, sucs de crustacés, bisque au combava. Sablé breton à la fraise et pomme verte au thym.

XX **Porte Guillaume** – Hôtel du Nord   🗚 ⟺
pl. Darcy – ℰ 03 80 50 80 50 – www.hotel-nord.fr – Fermé   Plan : CY**w**
19 déc.-5 janv.
Formule 24 € – Menu 29/46 € – Carte 34/56 €
Une table de tradition chaleureuse et accueillante. Au menu, donc : œufs en meurette, coq au vin, poire pochée à la vanille... L'adresse abrite également un caveau
voûté en guise de bar à vins, qui ravira les amateurs de bourgogne.

XX **Le Château Bourgogne** – Hôtel Mercure-Centre Clemenceau   🕾 ⇛ 🛱
22 bd de la Marne – ℰ 03 80 72 31 13   🕭 🗚 ⟺
– www.hotel-mercure-dijon.com   Plan : EX**p**
Formule 30 € – Menu 40/69 € – Carte 48/87 €
En guise d'accueil, un couloir en forme de vinothèque : nous voici bien en Bourgogne ! En salle, le design est élégant et conviendra parfaitement aux repas d'affaires. Dans l'assiette, les bonnes surprises s'enchaînent : fraîcheur des produits,
variété de la carte, plateau de fromages bien affinés...

X **DZ'envies**   🛱 🕭 🗚
   12 r. Odebert – ℰ 03 80 50 09 26 – www.dzenvies.com   Plan : DY**a**
😊 *– Fermé 1er-15 janv., dim. et fériés*
🏶 Formule 13 € – Menu 20 € (déj.), 29/36 € – Carte 30/46 € *(réservation conseillée)*
Des envies ? Faites confiance à David Zuddas et à ses initiales ! Dans son restaurant aux airs de cantine branchée, le chef laisse s'exprimer son amour du métier
et des beaux produits. On se souviendra de ces noix de Saint-Jacques et sot-l'y-
laisse dans un bouillon thaï à la citronnelle... Ses envies, notre plaisir !

X **So**
   15 r. Amiral-Roussin – ℰ 03 80 30 03 85 – Fermé dim. et lundi   Plan : DY**v**
😊 Formule 15 € – Menu 18 € (déj.)/27 € *(réservation conseillée)*
🏶 Épaulé en salle par Rié, sa compagne, le chef japonais, So Takahashi, seul aux
fourneaux après avoir œuvré dans de belles maisons, travaille les produits qu'il
achète directement au marché voisin. Le résultat : une cuisine française traversée
d'inspirations nippones, finement exécutée, légère et parfumée... So good !

X **Masami**
   79 r. Jeannin – ℰ 03 80 65 21 80   Plan : EY**t**
   – www.restaurantmasami.com – Fermé 2 semaines en août, dim. et fériés
Formule 15 € – Menu 24 € (déj.)/58 € – Carte 26/50 €
Un petit restaurant japonais au cadre épuré, où l'on savoure une cuisine authentique : les classiques sont au rendez-vous (sushis, makis et sashimis), les tempuras
se révèlent légères et croustillantes, le magret de canard sauce yuzu savoureux...
Pour ne rien gâcher, l'accueil est très sympathique et les tarifs mesurés.

X **Le Petit Vatel**   🗚
   73 r. d'Auxonne – ℰ 03 80 65 80 64 – Fermé 1 semaine   Plan : EZ**a**
😊 *en août, sam. midi et dim. sauf fériés*
Menu 18 € (déj. en semaine), 31/44 € – Carte 47/65 €
Un restaurant de quartier sympathique, rustique et accueillant. La carte est traditionnelle – référence au célèbre François Vatel oblige – et le pain est fait maison.
L'hiver, on mange au coin du feu... À l'ancienne !

X **La Fringale**   🗚
😊 *53 r. Jeannin – ℰ 03 80 67 69 37 – Fermé août, lundi soir et dim.*   Plan : EY**a**
Menu 18/35 € – Carte 35/75 €
Une véritable institution de la cuisine de la mer dans la ville. Au menu : du bon
poisson frais en arrivage direct du Guilvinec, cuisiné avec savoir-faire, et des desserts maison simples et bien faits. Pour remédier à une fringale, cette adresse est
tout indiquée !

X **Chez Septime**   🛱 🗚
😊 *11 av. Junot – ℰ 03 80 66 72 98 – www.chezseptime.fr – Fermé*   Plan : B**n**
3-15 août, dim. et lundi
Formule 14 € – Menu 17 € (déj. en semaine) – Carte environ 36 €
Un cadre très tendance (avec Superman qui vole sur un mur), une cuisine du
moment à base de produits frais, une belle sélection de vins au verre : ce restaurant contemporain attire les branchés comme les gourmets !

au Parc de la Toison d'Or 5 km au Nord par D 974 – ⊠21000 Dijon

🏨🏨🏨 **Holiday Inn-Centre Toison d'Or** ⏐O 🛏 📶 🕭 📺 🛜 🛎 🅿

1 pl. Marie de Bourgogne – 𝒞 03 80 60 46 00 Plan : B**r**
– www.holidayinn-dijon.fr
137 ch – ♦100/209 € ♦♦100/329 € – 4 suites – ⯐ 17 €
Derrière le centre commercial de la Toison-d'Or, l'établissement est idéal pour la
clientèle d'affaires et très pratique sur le chemin du nouveau tramway.

à Messigny-et-Vantoux 10 km au Nord par D 996, D 903 puis D 974 – ⊠ 21380
– 1 565 hab. – Alt. 312 m

✗ **Auberge des Tilleuls ❶** 🕭 🕭 ⇄

8 pl. de l'Église – 𝒞 03 80 35 45 22 – Fermé août, 2 semaines en fév., mardi soir,
merc. soir, jeudi soir, dim. et lundi
Formule 18 € – Menu 21 € (déj.)/31 €
Au cœur du village, cette ancienne épicerie est devenue une auberge traditionnelle des plus séduisantes ! Tables au coude-à-coude, nappes Vichy, aperçu sur
les cuisines où s'affaire le sympathique patron... Et dans l'assiette, la tradition : terrine maison, œufs pochés en meurette, ou encore quenelles de volaille.

à Chenôve 6 km par ⑥ – ⊠ 21300 – 14 014 hab. – Alt. 263 m

✗ **Auberge du Clos du Roy** 🕭 🕭

2 pl. Anne-Laprévote – 𝒞 03 80 27 17 39 – www.aubergeduclosduroy.com
– Fermé 22 fév.-1ᵉʳ mars, 9-30 août, lundi soir, mardi soir, merc. soir, jeudi soir et
dim.
Formule 17 € – Carte 29/40 €
Un néobistrot sympathique, entre vieilles pierres et décoration contemporaine,
cuisine canaille et plats bistrotiers revisités. Les amateurs de vins du cru aimeront
la carte 100 % locale, avec une belle sélection de marsannays. Le tout à prix d'ami...

à Marsannay-la-Côte 8 km par ⑥ – ⊠ 21160 – 5 187 hab. – Alt. 275 m

✗✗✗ **Les Gourmets** 🕸 🕭 🕭 ⇄

8 r. Puits-de-Têt, (près de l'église) – 𝒞 03 80 52 16 32 – www.les-gourmets.com
– Fermé 20 juil.-7 août, lundi et mardi
Formule 20 € – Menu 31/90 € – Carte 58/74 €
En toute discrétion, cette table se cache à l'ombre du clocher de ce joli village de
la côte de Nuits. Bien que tenue par un jeune chef, l'adresse joue tous les codes
d'un restaurant gastronomique très classique, en particulier dans son décor. Avis
aux amateurs.

à Talant 4 km – ⊠ 21240 – 11 118 hab. – Alt. 354 m

🏨🏨 **La Bonbonnière** sans rest 🕭 ⇐ 🖫 🕭 📺 🛜 🅿

24 r. des Orfèvres, (au vieux village) – 𝒞 03 80 57 31 95 Plan : A**s**
– www.labonbonnierehotel.fr
23 ch – ♦85/100 € ♦♦90/110 € – ⯐ 11 €
Dans un charmant village à quelques minutes du centre de Dijon, ce petit hôtel
familial domine la ville et le lac Kir. Avec des chambres spacieuses, bien tenues, et
un agréable jardin, l'étape est sympathique !

à Velars-sur-Ouche 11 km par ⑦ et A 38 – ⊠ 21370 – 1 754 hab. – Alt. 280 m

✗✗ **L'Auberge Gourmande** 🕭 📺 🅿

17 allée de la Cude – 𝒞 03 80 33 62 51 – www.auberge-velars.com – Fermé
14 août-10 sept., 2-15 janv., dim. soir, mardi et merc.
Menu 23 € (semaine), 31/58 € – Carte 35/60 €
Une vraie auberge de campagne ! L'atmosphère est cossue et chaleureuse ; la cuisine du terroir, bien généreuse, suit les saisons... et les patrons – de vrais passionnés d'œnologie – savent dénicher de bons vins.

à Prenois 12 km par ⑧ par D 971 et D 104 – ⊠ 21370 – 408 hab. – Alt. 485 m

XXX   **Auberge de la Charme** (Nicolas Isnard et David Le Comte)   🕸 &

❀   *12 r. de la Charme – ℰ 03 80 35 32 84 – www.aubergedelacharme.com*
    – Fermé 23-30 déc., dim. soir, lundi et mardi
    Menu 36 € 🍷 (déj. en semaine), 53/99 € *(réservation conseillée)*
    Dans un village réputé gourmand, cette ancienne forge cultive l'esprit d'invention
    et la surprise ! À quatre mains, ses jeunes propriétaires réalisent une cuisine déli-
    cate, spontanée, précise, directement inspirée par le marché. Il suffit de se laisser
    guider à travers le menu imposé qui se dévoile au fil du service...
    → Cuisine du marché

à Hauteville-lès-Dijon 6 km par ⑧ et D 107^F – ⊠ 21121 – 1 135 hab. – Alt. 402 m

XX   **La Musarde** avec ch   🦢 🍴 🛋 & rest, 🆎 rest, 🛜

    7 r. des Riottes – ℰ 03 80 56 22 82 – www.lamusarde.fr – Fermé 22 déc.-6 janv.,
    dim. soir, mardi midi et lundi
    13 ch – ♦68/73 € ♦♦73/80 € – ☐ 11 € – ½ P
    Formule 24 € – Menu 40 € (déj. en semaine), 50/69 € – Carte 56/75 €
    On peut musarder sans retenue dans cet hôtel-restaurant situé au calme, dans une
    ancienne ferme du 19e s. rénovée dans un esprit contemporain. Ouvert sur la ver-
    dure, avec une belle terrasse, le restaurant joue pleinement la carte de la tradition.

DINAN

⊠ 22100 (Côtes-d'Armor) – 10 851 hab. – Alt. 92 m – Voir carte n°**10-C2**
▶ Paris 400 km – Rennes 54 km – St-Brieuc 61 km – St-Malo 32 km
Carte Michelin 309-J4 – Guide Vert Michelin Bretagne Nord

🏨🏨🏨   **Jerzual**   🍴 🎏 🖥 & 🆎 🛁 🛜 🏋 🅿

    26 quai des Talards, (au port) – ℰ 02 96 87 02 02   Plan : BY**b**
    – www.bestwesterndinan.fr
    52 ch – ♦65/200 € ♦♦65/200 € – ☐ 14 € – ½ P
    Face au port, le long de la Rance, un hôtel très confortable : derrière la façade tra-
    ditionnelle (pierre et ardoise), les chambres se révèlent spacieuses, contemporaines
    et feutrées ; le restaurant chaleureux. Un ensemble parfaitement tenu et agréable.

🏨   **Le d'Avaugour** sans rest   🍴 🖥 🛜

    1 pl. du Champ – ℰ 02 96 39 07 49 – www.avaugourhotel.com   Plan : AZ**r**
    – Ouvert 1er mars-31 oct.
    24 ch – ♦95/190 € ♦♦120/190 € – ☐ 15 €
    Cette belle bâtisse en pierre du pays, adossée aux remparts de la ville, abrite de
    jolies chambres, décorées dans un style simple et romantique d'esprit breton. Aux
    beaux jours, on prend son petit-déjeuner dans le charmant jardin fleuri.

🏨   **Le Connétable** sans rest   🖥 & 🛜 🍴

    33 r. Louise-Weiss, par ③ – ℰ 02 96 87 29 29 – www.leconnetabledinan.com
    22 ch – ♦70/122 € ♦♦70/122 € – ☐ 10 €
    Cet hôtel récent est logé dans les murs d'une ancienne caserne militaire, en léger
    retrait du centre-ville. On s'y repose dans des chambres sobres et épurées, qui
    conviendront aussi bien à la clientèle d'affaires qu'aux touristes en quête de
    bien-être.

🏨   **Le Challonge** sans rest   🖥 & 🛜

    29 pl. Duguesclin – ℰ 02 96 87 16 30 – www.hotel-dinan.fr   Plan : AZ**e**
    18 ch – ♦67/75 € ♦♦73/158 € – ☐ 10 €
    En centre-ville, sur l'ancienne place du champ de foire, cet hôtel à la longue
    façade classique se découvre par un petit hall accueillant, tout en boiseries claires.
    Les chambres, confortables et bien insonorisées, sont impeccablement tenues.

🏠   **Arvor** sans rest   🖥 & 🛜 🅿

    5 r. Auguste-Pavie – ℰ 02 96 39 21 22   Plan : BZ**u**
    – www.hotelarvordinan.com – Fermé 2-31 janv.
    24 ch – ♦82/105 € ♦♦88/250 € – ☐ 10 €
    Un portail Renaissance sculpté donne accès à ce bâtiment du 17e s. qui fut autre-
    fois un couvent, et cultive aujourd'hui un certain romantisme. Les chambres
    comme le salon sont décorés avec des meubles chinés chez les antiquaires.

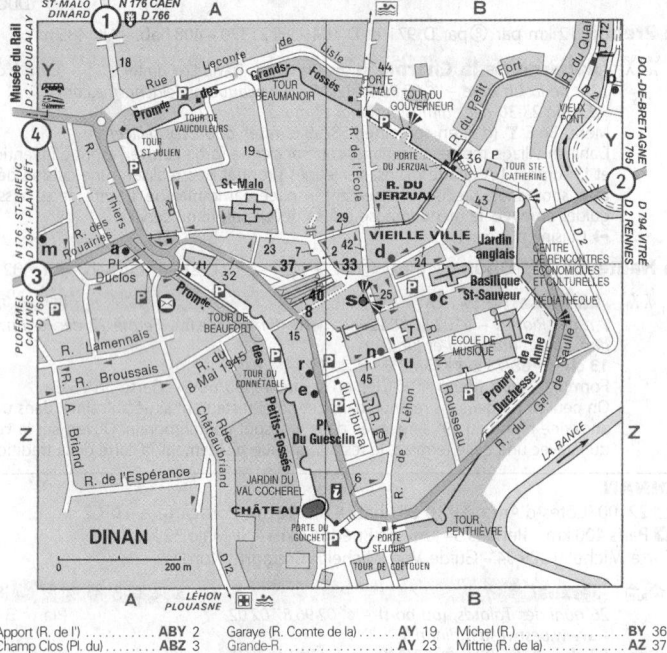

DINAN

Apport (R. de l')	**ABY** 2
Champ Clos (Pl. du)	**ABZ** 3
Château (R. du)	**BZ** 6
Cordeliers (Pl. des)	**AY** 7
Cordonnerie (R. de la)	**AZ** 8
Ferronerie (R. de la)	**AZ** 15
Gambetta (R.)	**AY** 18
Garaye (R. Comte de la)	**AY** 19
Grande-R.	**AY** 23
Haute-Voie (R.)	**BY** 24
Horloge (R. de l')	**BZ** 25
Lainerie (R. de la)	**BY** 29
Marchix (R. du)	**AYZ** 32
Merciers (Pl. des)	**BYZ** 33
Michel (R.)	**BY** 36
Mittrie (R. de la)	**AZ** 37
Petit-Pain (R. du)	**AZ** 40
Poissonnerie (R. de la)	**BY** 42
Rempart (R. du)	**BY** 43
Ste-Claire (R.)	**BZ** 45
St-Malo (R.)	**BY** 44

Ibis sans rest ⬚ ⬚ 🄰🄺 📶

1 pl. Duclos – ☏ *02 96 39 46 15* – *www.ibis.com*   Plan : AY**a**

62 ch – ♦69/115 € ♦♦69/115 € – ☂ 10 €

Fonctionnel et lumineux, un hôtel de chaîne situé en plein centre-ville, à proximité des remparts et du château. On s'y sent bien : les chambres, spacieuses et climatisées, plairont autant à la clientèle d'affaires qu'aux touristes en goguette.

La Maison Pavie 🅝   🔟 📶

10 pl. St-Sauveur – ☏ *02 96 84 45 37*   Plan : BZ**c**

– *www.lamaisonpavie.com*

5 ch ☂ – ♦75/160 € ♦♦75/160 €

Un charme indéniable ! Cette demeure du 15ᵉ s., classée monument historique, a été rénovée avec un goût sûr, dans un esprit contemporain mâtiné de références voyageuses (les chambres portent les noms d'Angkor, Vinh Long, Champassak...). Elle offre un cadre rare au cœur même du Dinan historique.

La Villa Côté Cour sans rest ⬚ 🅿 📶

10 r. Lord-Kitchener – ☏ *02 96 39 30 07*   Plan : AY**m**

– *www.villa-cote-cour-dinan.com*

– *Fermé 15 janv.-20 fév.*

5 ch ☂ – ♦79/229 € ♦♦89/239 €

Dans le quartier de la gare, cette imposante villa en granit gris séduit par son intérieur lumineux et son jardin où embaume un tilleul. Les chambres sont claires et confortables, avec leurs équipements privatifs : douche hydromassante, baignoire jacuzzi... De quoi repartir plus zen que jamais !

XX **L'Auberge du Pélican**

3 r. Haute-Voie – ☎ 02 96 39 47 05 – Fermé 5 janv.-3 fév., jeudi   Plan : BY**d**
soir et lundi sauf juil.-août
Formule 14 € – Menu 21/60 € – Carte 27/65 €
Au détour de l'une des vieilles rues du centre historique de Dinan, un restaurant traditionnel sympathique, où l'on profite d'une agréable terrasse aux beaux jours. Côté assiette, la carte fait honneur aux produits marins : soupe de poisson maison, choucroute de la mer... De quoi se rêver pélican !

XX **Au Coin du Feu**

39 r. Louise-Weiss, par ③ – ☎ 02 96 85 02 90 – www.coin-du-feu.com – Fermé
dim. soir et lundi soir
Menu 14 € (semaine), 25/35 € – Carte 32/58 €
À quoi cette brasserie doit-elle son succès auprès de la clientèle locale ? Son atmosphère chaleureuse y est pour quelque chose (cuisines ouvertes sur la salle, four à bois) ; mais la raison principale, c'est bien cette copieuse cuisine traditionnelle, généreuse et sans chichi, que l'on y sert avec le sourire !

X **Le Cantorbery**

6 r. Ste-Claire – ☎ 02 96 39 02 52 – Fermé 1er-15 mars,   Plan : BZ**n**
15-30 nov., dim. de nov. à mars et merc. de mars à juin et de sept. à oct.
Formule 14 € – Menu 18 € (déj.), 31/42 € – Carte 34/52 €
Mobilier rustique, chaises en bois et paille, et, au menu, terrines de foie gras et autres assiettes de fruits de mer... Cette maison de ville du 17e s. a le goût de la tradition ! Dans l'une des salles, on fait même rôtir les grillades dans une grande cheminée en pierre...

DINARD

✉ 35800 (Ille-et-Vilaine) – 10 230 hab. – Alt. 25 m – Voir carte n°**10**-C1
▶ Paris 408 km – Dinan 22 km – Dol-de-Bretagne 31 km – Rennes 73 km
Carte Michelin 309-J3 – Guide Vert Michelin Bretagne Nord

▲▲▲ **Grand Hôtel Barrière de Dinard**

46 av. George-V – ☎ 02 99 88 26 26 – www.lucienbarriere.com   Plan : BY**v**
– Ouvert 17 avril-1er nov.
88 ch – ♤191/610 € ♤♤191/610 € – 1 suite – ∞ 25 € – ½ P
Rest *Le Blue B* – voir les restaurants ci-après
Ce "grand hôtel" du 19e s., qui domine la promenade maritime du Clair-de-Lune, accueille les stars de cinéma lors du Festival du film britannique. Décor soigné, chambres raffinées, grand standing : une superbe étape !

▲▲ **Royal Emeraude** sans rest

1 bd Albert-1er – ☎ 02 99 46 19 19   Plan : BY**a**
– www.royalemeraudedinard.com
47 ch – ♤121/470 € ♤♤148/697 € – ∞ 20 €
Agatha Christie aurait aimé ce bel hôtel en pierre et brique rouge de 1876 ! Boiseries sombres et fauteuils clubs composent un intérieur chic et convivial, voire branché ; certaines chambres sont décorées sur le thème des Indes et de l'Orient-Express... Dépaysant !

▲▲ **Novotel Thalassa**

1 av. du Château-Hébert – ☎ 02 99 16 78 10   Plan : AY**r**
– www.accorthalassa.com – Fermé 1er-25 déc.
106 ch – ♤175/290 € ♤♤175/290 € – ∞ 19 € – ½ P
Sur la pointe de St-Énogat – quel cadre ! –, cet hôtel dispose d'un superbe centre de thalassothérapie ; repos dans des chambres contemporaines, ou façon chalet dans l'aile annexe. Cuisine diététique les yeux rivés sur la Manche : telle est la carte du restaurant.

▲ **Villa Reine Hortense** sans rest

19 r. de la Malouine – ☎ 02 99 46 54 31   Plan : BY**e**
– www.villa-reine-hortense.com – Ouvert fin avril à fin sept.
7 ch – ♤168/268 € ♤♤168/405 € – 1 suite – ∞ 19 €
Toute la splendeur de la Belle Époque revit dans cette villa typique de la "perle" de la Côte d'Émeraude. Les chambres, élégantes et luxueuses, portent les noms de reines et de princesses : Marie-Antoinette, Anne de Bretagne, l'impératrice Eugénie...

DINARD

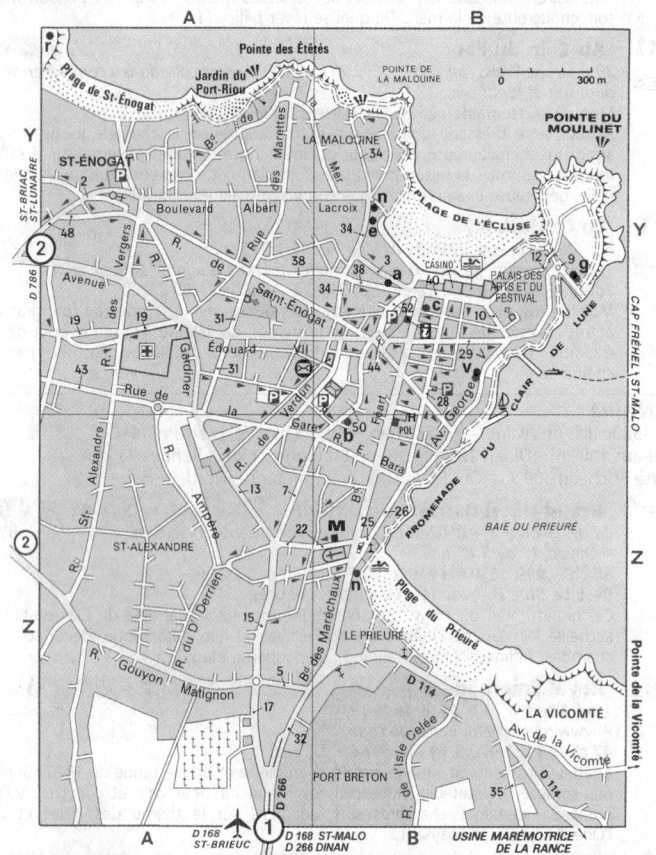

La Vallée

6 av. George-V – ℰ 02 99 46 94 00 – www.hoteldelavallee.com   Plan : BY**g**
– Fermé 5 janv.-11 fév.
23 ch – †80/195 € ††80/195 € – ☑ 15 € – ½ P
Rest *La Vallée* – voir les restaurants ci-après
Près de la plage de l'Écluse, une bâtisse au charme typique des stations balnéaires... Les chambres, élégantes et contemporaines, arborent une couleur différente
selon l'étage (rouille, turquoise, vert anis) et ouvrent pour la plupart sur la mer.

Crystal sans rest

15 r. Malouine – ℰ 02 99 46 66 71 – www.crystal-hotel.com   Plan : BY**n**
19 ch – †73/170 € ††73/170 € – 2 suites – ☑ 12 €
Les chambres de cet hôtel des années 1970 sont vastes et bien tenues, certaines
avec vue sur la plage et la pointe de la Malouine.

XXX **Le Blue B** – Grand Hôtel Barrière de Dinard ⩽ 🖾 &

46 av. George-V – ℰ 02 99 88 26 26 – www.lucienbarriere.com Plan : BY**v**
– Ouvert 17 avril-1ᵉʳ nov. et fermé le midi
Menu 41/51 € – Carte 46/79 €

Moulures, grand miroir : l'élégance du Second Empire revue et corrigée par le décorateur Jacques Garcia. C'est dans ce cadre opulent qu'on savoure la belle cuisine du moment du chef et... la vue sur la mer.

XX **Le Café Rouge** 🖾

3 bd Féart – ℰ 02 99 46 70 52 – www.lecaferouge-dinard.fr Plan : BY**c**
– Fermé 2-10 fév., 1 semaine en juin, 1 semaine en sept. et lundi sauf fériés
Formule 17 € – Menu 20 € (déj. en semaine), 27/46 € – Carte 40/70 €

Toute la famille Leroux – père et mère, fils et belle-fille – s'active avec professionnalisme pour le plaisir des clients. Le banc d'écailler posé à l'entrée annonce l'esprit de la carte : cap sur des fruits de mer et poisson d'une belle fraîcheur ; la qualité est au rendez-vous.

XX **Didier Méril** avec ch 🏯 ⩽ 🖾 **AC** rest, 🤶

1 pl. Gén.-de-Gaulle – ℰ 02 99 46 95 74 Plan : BZ**n**
– www.restaurant-didier-meril.com
6 ch – 🛏65/160 € 🛏🛏65/160 € – ⌑ 12 € – ½ P
Formule 25 € – Menu 31 € (semaine), 37/80 € – Carte 50/60 €

Si vous aimez les beaux paysages, installez-vous dans la salle panoramique de ce restaurant : la vue sur la baie du Prieuré y est superbe ! Les yeux rivés sur le large, les gourmands apprécient la cuisine traditionnelle du chef. Chambres cosy à l'étage.

XX **La Vallée** – Hôtel La Vallée ⩽ 🖾 &

6 av. George-V – ℰ 02 99 46 94 00 – www.hoteldelavallee.com Plan : BY**g**
– Fermé 22-25 déc., 5 janv.-11 fév., dim. soir, lundi, mardi sauf juil.-août et fériés
Formule 22 € – Menu 29 € (déj. en semaine), 33/43 € – Carte 39/108 €

Si la salle est agréable avec ses grandes baies vitrées, on ne résiste pas à la terrasse, orientée plein sud juste au-dessus de la pittoresque cale du Bec de la Vallée. Idéal pour déguster de beaux produits de la mer, cuisinés avec tout le respect qui leur est dû.

X **Le Balafon** 🖾 ⭗

31 r. de la Vallée – ℰ 02 99 46 14 81 Plan : BZ**b**
*– www.lebalafon-restaurant-dinard.fr – Fermé 1 semaine en juin, 3
semaines fin nov.-début déc., jeudi soir et dim. soir hors saison et lundi*
Formule 15 € – Menu 17 € (déj. en semaine), 29/39 € – Carte 32/46 €

Ce restaurant est installé dans une petite maison en granit, typique de l'architecture de la station. À l'intérieur, c'est un vrai bistrot : tables en bois, petites chaises, ardoises... On y sert une cuisine moderne et spontanée, faisant la part belle aux produits du marché. Convivial et sans prétention !

à St-Lunaire 5 km par ② par D786 – ⊠ 35800 – 2 314 hab. – Alt. 20 m

⌂ **Villa Christilla** sans rest 🖾 ⌗ 🤶 **P** ⩞

*319 bd de la Plage – ℰ 02 99 16 62 71 – www.villa-christilla.fr – Ouvert de
mi-mars à mi-nov.*
4 ch ⌑ – 🛏100/125 € 🛏🛏110/125 €

Non loin d'une jolie plage, une villa construite à la fin du 19ᵉ s. par un marin caphornier. Tout l'esprit d'une maison de maître version bord de mer : un bel endroit, particulièrement dans les chambres nichées sous les toits ! Et ses propriétaires, originaires du Nord, sauront vous faire partager leur amour de la région...

X **Le Décollé** ⩽ 🖾

*1 Pointe-du-Décollé – ℰ 02 99 46 01 70 – www.restaurantdudecolle.com – Fermé
12 nov.-1ᵉʳ fév., merc. et jeudi de fév. à mars, mardi sauf juil.-août et lundi*
Formule 21 € – Menu 31/44 € – Carte 44/86 € (réservation conseillée)

La carte fait la part belle aux produits de la mer, tandis que le sobre décor s'efface devant la vue superbe sur la Côte d'Émeraude... L'établissement jouit d'une situation privilégiée sur la pointe du Décollé ! En terrasse, le spectacle est total.

DIOU – 36 (Indre) → voir Issoudun

DIRAC

✉ 16410 (Charente) – 1 540 hab. – Alt. 147 m – Voir carte n°**39**-C3
▶ Paris 462 km – Angoulême 11 km – Périgueux 76 km – Poitiers 126 km
Carte Michelin 324-L6 – Guide Vert Michelin Poitou-Charentes

🏠🏠 Domaine du Châtelard 🛏 🅿️ ⌘ ⚒ ✕ 🛎 🤵

*1079 rte du Châtelard – 𝒞 05 45 70 76 76 – www.domaineduchatelard.com
– Fermé vacances de la Toussaint et 2-24 janv.*
12 ch – †80/152 € ††95/180 € – ⌷ 13 € – ½ P
Rest Domaine du Châtelard – voir les restaurants ci-après
Des bois, des prairies, un lac... Le domaine est superbe (80 ha) et cette "gentil-hommière" pleine de cachet ! Une ode à la vie au grand air et à la nature, des chambres mêlant classicisme et douceur champêtre : une certaine idée du chic.

✕✕ Domaine du Châtelard 🛏 🅿️ 🤵

*1079 rte du Châtelard – 𝒞 05 45 70 76 76 – www.domaineduchatelard.com
– Fermé vacances de la Toussaint, 2-24 janv., dim. soir et lundi sauf le soir
en juil.-août*
Formule 26 € – Menu 42 €
Gaspacho de fenouil, thon en marinade asiatique... Dans cette belle "maison de campagne", le chef choisit bien ses produits et réalise une cuisine dans l'air du temps, fraîche et fine. Le must ? Déjeuner sur la terrasse, avec vue sur le lac.

DISNEYLAND RESORT PARIS – 77 (Seine-et-Marne) ➜ voir Paris, Environs (Marne-La-Vallée)

DIVES-SUR-MER – 14 (Calvados) ➜ voir Cabourg

DIVONNE-LES-BAINS

✉ 01220 (Ain) – 8 388 hab. – Alt. 486 m – Voir carte n°**46**-F1
▶ Paris 488 km – Bourg-en-Bresse 129 km – Genève 18 km – Gex 9 km
Carte Michelin 328-J2 – Guide Vert Michelin Franche-Comté Jura

🏨🏨🏨 Le Grand Hôtel sans rest 🛏 ⌘ ⚒ ✕ 🛎 🤵 🅿️

av. des Thermes – 𝒞 04 50 40 34 34 – www.domainedivonne.com
121 ch – †149/285 € ††149/285 € – 12 suites – ⌷ 19 €
Ce "palace" de 1931 se dresse au cœur d'un parc (5 ha) planté d'immenses cèdres. Un cadre très Art déco, style qui domine aussi dans certaines chambres ; d'autres sont plus contemporaines, mais tout aussi raffinées et spacieuses. Le tout à côté du casino et du golf.

🏨🏨🏨 Château de Divonne 🛏 🅿️ ⌘ ⚒ ✕ 🛎 🤵

115 r. des Bains – 𝒞 04 50 20 00 32 – www.chateau-divonne.com
29 ch – †160/410 € ††160/410 € – 4 suites – ⌷ 24 € – ½ P
Rest Château de Divonne – voir les restaurants ci-après
Perchée au-dessus de la ville, cette imposante demeure du 19ᵉ s. se niche au cœur d'un superbe parc arboré. Belle hauteur sous plafond, escalier monumental, élégant salon avec sa bibliothèque, mobilier ancien dans les chambres. En résumé, un style très châtelain !

🏨🏨🏨 La Villa du Lac 🛏 🅿️ ⚒ 🛎 🤵

93 chemin du Chatelard – 𝒞 04 50 20 90 00 – www.lavilladulac.com
87 ch – †122/300 € ††122/300 € – ⌷ 15 € – ½ P
Un ensemble moderne et fonctionnel, au calme, entre lac et ville. Les chambres – toutes avec balcon – sont confortables et bien tenues, sans oublier les salles de séminaire dernier cri et le spa très complet. Un établissement qui s'adapte aussi bien aux déplacements professionnels qu'aux virées touristiques !

🏠 Le Jura sans rest 🛏 🅿️ 🤵

54 r. d'Arbère – 𝒞 04 50 20 05 95 – www.hotel-divonne.com
21 ch – †93/144 € ††101/151 € – ⌷ 11 €
Un hôtel familial dans un quartier résidentiel. Les chambres, petites, sont bien tenues ; on prend son petit-déjeuner dans la véranda... avec vue sur le jardin. Autre avantage : le parking au sein même de l'établissement.

XXX **Château de Divonne** – Hôtel Château de Divonne

115 r. des Bains – ☎ 04 50 20 00 32 – www.chateau-divonne.com

Formule 29 € – Menu 39 € (déj. en semaine), 69/110 € – Carte 76/97 €

La salle de ce château est vraiment élégante mais le point fort reste toutefois la terrasse panoramique... Un enchantement ! Côté assiette, les préparations goûteuses et particulièrement soignées respectent le rythme des saisons, à l'image de cette salade d'asperges ou ce filet de St-Pierre. On se régale.

XX **Le Rectiligne**

2981 rte du Lac – ☎ 04 50 20 06 13 – www.lerectiligne.fr – Fermé 15-23 fév., 12-27 avril, dim. et lundi

Formule 34 € – Menu 38 € (déj.), 50/98 € – Carte 69/101 €

Au bord du lac, cette bâtisse blanche abrite un restaurant résolument contemporain. Côté déco, chaises signées Philippe Starck, mur d'eau, cave vitrée et, dans l'assiette, le même esprit moderne : cuissons à basse température, azote liquide devant le client, etc. Tentant, n'est-ce pas ?

XX **Le Pavillon du Golf**

av. des Thermes – ☎ 04 50 40 34 13 – www.domainedivonne.com – Ouvert de mi-mars à mi-déc. et fermé lundi et mardi de mi-oct. à fin avril et le soir

Carte 40/60 €

Cette ancienne ferme borde le parcours de golf. Côté déco, on cultive une ambiance un rien vieille France ; derrière les fourneaux, le chef réalise une cuisine traditionnelle teintée de quelques touches d'originalité sans oublier, pour le déjeuner, une formule plus simple appréciée des golfeurs.

X **Gourmand'in**

76 Grande Rue – ☎ 04 50 28 93 02 – www.coulisses-gourmandes.fr – Fermé 1er-15 août et 1 semaine en janv.

Formule 18 € – Menu 33/66 € 🍷 – Carte 39/60 €

Côté rue, le Gourmand'in est un bistrot sympathique et sobre, où le chef concocte une bonne cuisine de tradition un brin actualisée. Côté cour, les Coulisses Gourmandes, une boutique et une école de cuisine ludique. De quoi faire de vous un gourmand doublé d'un cordon bleu !

DIZY – 51 (Marne) → voir Épernay

DOLANCOURT

✉ 10200 (Aube) – 139 hab. – Alt. 112 m – Voir carte n°**13**-**B3**

▶ Paris 229 km – Châlons-en-Champagne 92 km – Saint-Dizier 63 km – Troyes 45 km

Carte Michelin 313-H4 – Guide Vert Michelin Champagne Ardenne

Moulin du Landion

5 r. St-Léger – ☎ 03 25 27 92 17 – www.moulindulandion.com – Fermé 3-22 janv.

18 ch – †71/119 € ††71/154 € – ☕ 13 € – ½ P

Un moulin du 17e s., à proximité du parc d'attraction Nigloland. Les chambres sont confortables, avec des balcons donnant sur le parc ou la rivière. Et depuis le restaurant, les curieux pourront admirer la roue à aube et son mécanisme...

DOL-DE-BRETAGNE

✉ 35120 (Ille-et-Vilaine) – 5 376 hab. – Alt. 20 m – Voir carte n°**10**-**D2**

▶ Paris 378 km – Alençon 154 km – Dinan 26 km – Fougères 54 km

Carte Michelin 309-L3 – Guide Vert Michelin Bretagne Nord

Les Ormes

Domaine des Ormes, 7 km au Sud par rte de Combourg – ☎ 02 99 73 53 00 – www.lesormes.com – Fermé 1er janv.-30 mars

45 ch – †90/110 € ††105/140 € – ☕ 12 € – ½ P

Un domaine familial de 200 ha ! Activités sportives et ludiques à foison (équitation, golf, cabanes dans les arbres, etc.) et repos mérité dans des chambres sobres et pratiques. Pause gourmande simple et traditionnelle ; détente au bar, face à la piscine.

à Mont-Dol 3 km au Nord par D 155 – ⊠ 35120 – 1 210 hab. – Alt. 10 m

⌂ **Château de Mont-Dol** sans rest   ⬡ ⬡ 🖨 ✕ **P** ⬡
1 r. de la Mairie – ☎ *02 99 80 74 24 – www.chateaumontdol.com – Fermé*
12 nov.-15 déc. et 6 janv.-13 fév.
5 ch ⬡ – ✝95/105 € ✝✝95/110 €
Une délicieuse demeure bourgeoise du 19ᵉ s. située entre le Mont-St-Michel et St-
Malo. Les chambres sont élégantes et cosy, avec leur mobilier de famille ou
chiné ; l'accueil des propriétaires est véritablement charmant. Une maison qui
sort de l'ordinaire !

⌂ **Le Jardin des Simples** 🆕   ⍟ ⬡ 🖨 ✕ **P**
1 r. de la Mairie – ☎ *02 99 80 74 24 – www.jardin-des-simples.com – Fermé*
12 nov.-15 déc. et 6 janv.-13 fév.
5 ch ⬡ – ✝99/125 € ✝✝99/125 €
Les chambres de ce magnifique presbytère, datant de 1773, ont gardé leur
charme d'antan : parquets en chêne, beaux tissus, mobilier chiné... À table, les
produits de la mer et les légumes du potager sont à l'honneur, sous la houlette
d'un chef au beau parcours. Enchanteur, tout simplement !

DOLE

⊠ 39100 (Jura) – 24 009 hab. – Alt. 220 m – Voir carte n°**16-B2**
🅳 Paris 363 km – Beaune 65 km – Besançon 55 km – Dijon 50 km
Carte Michelin 321-C4 – Guide Vert Michelin Franche-Comté Jura

▥ **Au Moulin des Écorces**   ⍟ ⬡ 🖥 ⅏ 🛜 ⚐
14 allée du Pont-Roman – ☎ *03 84 72 72 00*   Plan : BZ**a**
– www.aumoulindesecorces.fr
18 ch – ✝85/190 € ✝✝100/190 € – ⬡ 13 €
Minimaliste et chic ! Ce moulin au bord du Doubs – où les écorces des arbres
étaient broyées pour tanner le cuir – a été restauré avec beaucoup de goût et
ses chambres cultivent un bel esprit contemporain. On peut aussi y déjeuner
tranquillement sur la terrasse, bercé par le bruissement de l'eau, ou manger sur
le pouce (côté bistrot).

▦ **La Chaumière**   ⍟ 🖨 ⅏ 🛜 ⚐ **P**
346 av. du Mar.-Juin, 3 km par ③ *–* ☎ *03 84 70 72 40 – www.lachaumiere-dole.fr*
– Fermé 25 oct.-1ᵉʳ nov. et 20 déc.-7 janv.
19 ch – ✝85/107 € ✝✝92/125 € – ⬡ 13 €
Rest *La Chaumière* ⍟ – voir les restaurants ci-après
Voilà une chaumière dont on n'a pas envie de repartir... C'est cosy, confortable et
chaleureux ; toutes les chambres ont été rénovées dans un joli style contemporain. Une adresse idéale pour partir en escapade dans le Jura !

⌂ **La Cloche** sans rest   🔧 🖥 ⅙ 🛜 ⚐ 🖨
1 pl. Grévy – ☎ *03 84 82 06 06 – www.la-cloche.fr – Fermé*   Plan : BY**v**
23 déc.-2 janv.
30 ch – ✝70 € ✝✝140 € – ⬡ 13 €
Stendhal aurait séjourné dans cet hôtel voisin du cours St-Mauris. Les chambres, récemment rénovées, sont très bien tenues et affichent un style contemporain et fonctionnel.

✕✕✕ **La Chaumière** (Joël Césari) – Hôtel La Chaumière   ⅏ 🖨 🖷 ⟳ **P**
⍟ *346 av. du Mar.-Juin, 3 km par* ③ *–* ☎ *03 84 70 72 40 – www.lachaumiere-dole.fr*
– Fermé 25 oct.-1ᵉʳ nov., 20 déc.-7 janv., lundi midi, sam. midi et dim.
Formule 25 € 🍷 – Menu 39 € (semaine)/85 € – Carte 85/103 €
Cachet des pierres apparentes et style contemporain : une élégante auberge du
21ᵉ s. La cuisine de Joël Césari, inventive et renouvelée au gré du marché, s'accompagne de beaux crus du Jura ou de vins naturels, choisis par un sommelier
ravi de prodiguer ses conseils avisés...
➔ Tarte aux escargots, crème glacée à la gentiane. Pigeonneau de Bresse doré au
sautoir, boulgour au citron confit et coriandre. Crème brûlée au vin jaune, croquant aux morilles et glace genièvre.

DOLE

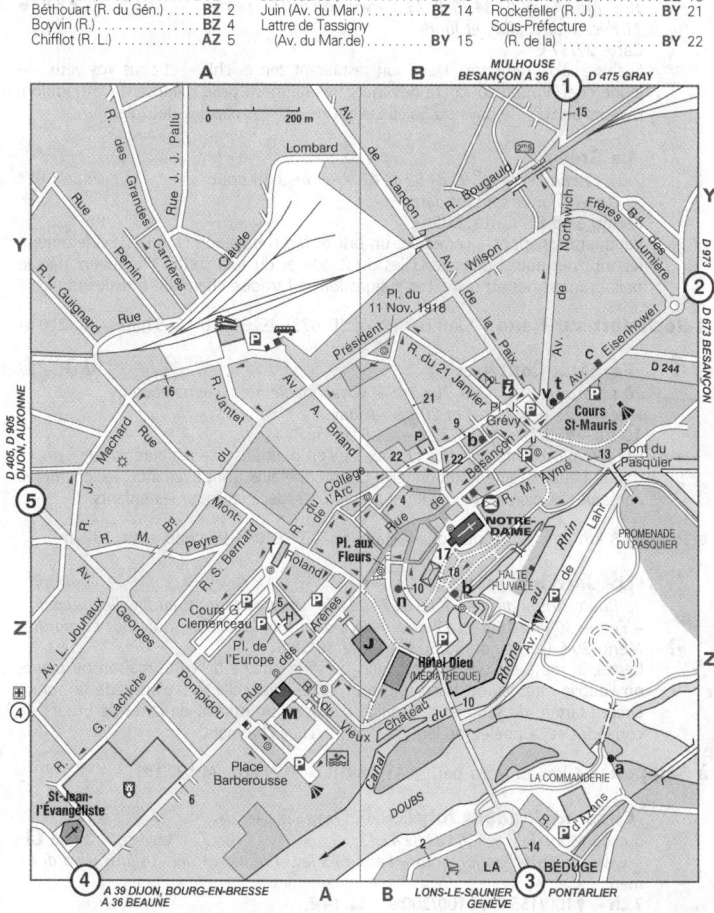

✗✗ Grain de Sel

😊 *67 r. Pasteur – ℰ 03 84 71 97 36*
Plan : BZ**b**
*– www.restaurant-graindesel.fr – Fermé 2 semaines en nov., dim. soir
sauf juil.-août et lundi*
Formule 16 € – Menu 26 €

Un cadre plutôt zen, une terrasse ombragée et des recettes originales, soignées
et savoureuses (queue de homard sur son lit de quinoa aux zestes d'agrumes ;
côte de porc rôtie au foin, pommes nouvelles et fèves...) : le jeune chef fait des
merveilles, et l'on a beau être au Grain de Sel, la note n'est pas salée !

✗✗ La Romanée

😊 *13 r. des Vieilles-Boucheries – ℰ 03 84 79 19 05*
Plan : BZ**n**
– www.laromanee.info – Fermé vacances de Noël, dim. soir, mardi soir et merc.
Menu 20 € (déj. en semaine), 28/44 € – Carte 30/47 €

Cette boucherie de 1717 est pleine de charme (salle voûtée) et le jeune chef, originaire de Guérande, fait la part belle au... poisson, sans pour autant laisser les
fous de viande au port.

✗ **Iida-Ya**   ♿ AC ✑

18 r. Arney – ✆ 03 84 70 98 73 – www.iida-ya.fr – Fermé   Plan : BY**b**
21 déc.-5 janv., dim. et lundi
Carte 27/57 €
Sushis, makis, tempura... Dans son restaurant zen et chic – et sous vos yeux –le
jeune chef nippon concocte des mets très raffinés ! Belle maîtrise de la tradition,
saveurs au top : le pays du Soleil-Levant réveille les papilles de Dole.

✗ **Le Grévy**   🏠

2 av. Eisenhower – ✆ 03 84 82 44 42 – Fermé 3-18 août,   Plan : BY**t**
21 déc.-1er janv., sam. et dim.
Formule 15 € – Carte 25/54 €
Banquettes, nappes à carreaux... un bistrot façon bouchon lyonnais. Évidemment,
les tripes et autres plats canailles du Rhône et du Jura sont à l'honneur, mais le
poisson n'est pas en reste. Les suggestions à l'ardoise changent tous les mois.

à Rochefort-sur-Nenon 7 km par ② par D 673 – ✉ 39700 – 565 hab. – Alt. 210 m

🏠 **Fernoux-Coutenet**   🍽 ⌘ 🛜 ⚒ **P** 🚗

10 r. Barbière – ✆ 03 84 70 60 45 – www.hotelfernoux-coutenet.com
– Fermé 25 oct.-2 nov. et 20 déc.-4 janv.
10 ch – †50/70 € ††55/72 € – 🍽 9 € – ½ P
Hôtel familial, simple et fonctionnel, où l'on peut aussi se restaurer d'une sympathique petite cuisine traditionnelle. Les propriétaires sont avenants ; les chambres
agréables et bien tenues et il y a même un espace jeu pour les enfants.

à Parcey 8 km par ③ rte de Lons-le-Saunier – ✉ 39100 – 954 hab. – Alt. 197 m

✗✗ **Les Jardins Fleuris**   🏠 ✿
⌘
    35 Route Nationale 5 – ✆ 03 84 71 04 84 – www.restaurant-jardins-fleuris.com
    – Fermé 30 juin-14 juil., 12 nov.-4 déc., dim. soir, lundi soir sauf août et mardi
🐸   Menu 20 € (semaine), 30/50 € – Carte 36/58 €
Certes, la route est très proche, mais passé le porche de cette maison de pierre,
on l'oublie vite. Ici, on trace une tout autre voie, celle des plaisirs de la bonne
chère : tartare de saumon à la pulpe d'avocat, croustillant de jarret de bœuf à la
coriandre et sa poêlée de légumes, etc. Accueil charmant.

à Sampans 6,5 km au Nord par ① – ✉ 39100 – 972 hab. – Alt. 222 m

✗✗✗ **Château du Mont Joly** (Romuald Fassenet) avec ch   🐾 ⌘ 🛏 🛟 ♿ rest,
🌸   *6 r. du Mont-Joly – ✆ 03 84 82 43 43*   AC rest, ✑ 🛜 ⚒ **P**
    – www.chateaumontjoly.com – Fermé 23 fév.-4 mars, 14 déc.-14 janv., mardi et
merc.
7 ch – †100/155 € ††100/200 € – 🍽 14 €
Menu 35 € (déj. en semaine), 40 € 🍷/98 € – Carte 83/91 €
Une maison de maître (18e s.) fort bien nommée... L'élégance et le raffinement
contemporain servent à merveille une cuisine de haute volée ; la tradition s'habille de modernité pour révéler toute sa subtilité. Après cette belle émotion culinaire, quel plaisir de prolonger son séjour : les chambres sont très agréables et
l'on s'y sent vraiment bien !
➔ Escargots poêlés sous une viennoise d'herbes, émulsion de fenouil à l'absinthe.
Poulette de Bresse aux morilles et vin jaune. Marbré tout chocolat, sorbet chocolat et fleur de sel.

DOLUS-D'OLÉRON – 17 (Charente-Maritime) ➔ voir Île d'Oléron

DOMFRONT-EN-CHAMPAGNE
✉ 72240 (Sarthe) – 986 hab. – Alt. 131 m – Voir carte n°**35-C1**
🚩 Paris 216 km – Alençon 54 km – Laval 77 km – Le Mans 20 km
Carte Michelin 310-J6

XX **Restaurant du Midi**

⊕ *33 r. du Mans, D 304 – ℰ 02 43 20 52 04 – www.restaurantdumidi.com*
– Fermé mardi soir, jeudi soir, dim. soir, lundi et merc.
Formule 13 € – Menu 15 € (déj. en semaine), 25/38 € – Carte 34/40 €
Terrine de campagne maison, pièce de bœuf au poivre, paris-brest... Dans cette
auberge de village, le chef concocte des recettes traditionnelles dans les règles
de l'art. Une adresse sympathique.

DOMMARTEMONT – 54 (Meurthe-et-Moselle) → voir Nancy

DOMMARTIN-LÈS-REMIREMONT – 88 (Vosges) → voir Remiremont

DOMME

✉ 24250 (Dordogne) – 1 018 hab. – Alt. 250 m – Voir carte n°**4**-D1
◘ Paris 538 km – Cahors 51 km – Fumel 50 km – Sarlat-la-Canéda 12 km
Carte Michelin 329-I7 – Guide Vert Michelin Périgord Quercy

XXX **L'Esplanade** avec ch

2 r. Pontcarral – ℰ 05 53 28 31 41 – www.esplanade-perigord.com
– Fermé 2 nov.-19 déc., 11 janv.-12 fév., lundi sauf le soir de mai à sept. et merc.
midi hors saison
15 ch – †82/113 € – ††82/165 € – ⌂ 9 € – ½ P
Formule 29 € – Menu 38/70 € – Carte 42/114 €
Une belle demeure ancienne, perchée sur les remparts, avec une terrasse sous les
tilleuls. La cuisine est sincère, sans artifice, et fait apprécier les saveurs franches de
la tradition. Chambres bourgeoises, certaines avec une jolie vue sur la vallée de la
Dordogne.

X **Cabanoix et Châtaigne**

⊕ *3 r. Geoffroy-de-Vivans – ℰ 05 53 31 07 11 – www.restaurantcabanoix.com*
– Fermé 1 semaine en juin et en sept., 10 déc.-1ᵉʳmars, mardi et merc.
sauf juil.-août
Formule 24 € – Menu 30/54 € – Carte 48/74 €
Au cœur de cette bastide de carte postale, Cabanoix et Châtaigne exalte les charmes de la région... mais sans traditionalisme. Pour le chef, travailler dans le respect de la terre et des saisons est une priorité, tout autant que leur rendre hommage à travers des recettes qui ont le goût de la nouveauté. Et quel goût !

DOMPIERRE-SUR-BESBRE

✉ 03290 (Allier) – 3 119 hab. – Alt. 234 m – Voir carte n°**6**-C1
◘ Paris 324 km – Bourbon-Lancy 19 km – Decize 46 km – Digoin 27 km
Carte Michelin 326-J3

XX **Auberge de l'Olive** avec ch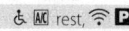

av. de la Gare – ℰ 04 70 34 51 87 – www.auberge-olive.fr – Fermé
25 sept.-12 oct., 2-12 janv., dim. soir de nov. à mars et vend. sauf juil.-août
17 ch – †65/75 € – ††65/75 € – ⌂ 8 € – ½ P
Formule 13 € – Menu 21 € (semaine)/53 € – Carte 42/55 €
Au bord de la route, une auberge familiale... On y apprécie une cuisine traditionnelle actualisée, à déguster sous la lumineuse véranda ou dans la salle rustique.
Chambres confortables et fonctionnelles, non loin du parc d'attractions et animalier du PAL.

DONCHERY – 08 (Ardennes) → voir Sedan

DONNAZAC – 81 (Tarn) → voir Cahuzac-sur-Vère

DONNEMARIE-DONTILLY

✉ 77520 (Seine-et-Marne) – 2 838 hab. – Alt. 89 m – Voir carte n°**19**-D2
◘ Paris 92 km – Créteil 79 km – Evry 67 km – Melun 46 km
Carte Michelin 312-H5

XX **La Croix Blanche**   ❤ 🎉

2 pl. du Marché – ℰ 01 64 60 67 86 – www.restaurantlacroixblanche.fr – Fermé 2 semaines en fév., 2 semaines en juil.-août, 1 semaine en nov., lundi soir, mardi soir et merc.

Formule 25 € – Menu 39/59 €

Aucun doute, vous allez marquer votre passage dans ce restaurant d'une croix blanche ! Derrière les fourneaux, le chef – originaire du coin – met un point d'honneur à n'utiliser que de beaux produits de saison. Dans l'assiette, le goût est au rendez-vous : une bonne adresse.

DONON (COL DU) – 67 (Bas-Rhin) ➜ voir Col du Donon

DONVILLE-LES-BAINS – 50 (Manche) ➜ voir Granville

DONZENAC

✉ 19270 (Corrèze) – 2 566 hab. – Alt. 204 m – Voir carte n°**24**-B3

▶ Paris 469 km – Brive-la-Gaillarde 11 km – Limoges 81 km – Tulle 27 km

Carte Michelin 329-K4 – Guide Vert Michelin Périgord Quercy

X   **Le Périgord**   ❤

9 av. de Paris – ℰ 05 55 85 72 34 – Fermé vacances de la Toussaint, vacances de fév., dim. soir, lundi soir, mardi soir et merc.

Formule 17 € – Menu 22/40 € – Carte 36/53 €

Si vous passez devant cette maison traditionnelle recouverte de vigne vierge, venez vous asseoir dans cet intérieur paré de bois massif, près de l'imposante cheminée. On vous fera goûter la spécialité de la maison : la tête de veau sauce gribiche, indémodable et toujours aussi bonne ! Du rustique comme on l'aime.

DONZY

✉ 58220 (Nièvre) – 1 613 hab. – Alt. 188 m – Voir carte n°**7**-A2

▶ Paris 203 km – Auxerre 66 km – Bourges 73 km – Clamecy 39 km

Carte Michelin 319-B7 – Guide Vert Michelin Bourgogne

🏠   **Le Grand Monarque**   ⅉ❤ 🛜

10 r. de l'Étape, (près de l'église) – ℰ 03 86 39 35 44
– www.legrandmonarque-donzy.fr – Fermé 2 semaines en nov. et 2 semaines en janv.

10 ch – ♦49/80 € ♦♦59/80 € – ☑ 10 € – ½ P

Dans un paisible village, ancien relais de poste remontant au 16ᵉs. Les chambres sont desservies par un escalier à vis et certaines arborent murs en pierre et ciel de lit. Le restaurant conserve un authentique fourneau à charbon ; plats du terroir.

DOUAI

✉ 59500 (Nord) – 41 915 hab. – Agglo. 508 070 hab. – Alt. 31 m
– Voir carte n°**31**-C2

▶ Paris 194 km – Arras 26 km – Lille 42 km – Tournai 39 km

Carte Michelin 302-G5

à Brebières 7 km par ③ – ✉ 62117 – 4 893 hab. – Alt. 48 m

XXX **Air Accueil**

😊 *D 950 – ℰ 03 21 50 01 02 – www.air-accueil-restaurant.com – Fermé 1 semaine vacances de Pâques, août, dim. soir, merc. soir et lundi*

Menu 30/60 € – Carte 39/62 €

Près de l'aérodrome de Vitry-en-Artois, cette vaste auberge fut autrefois un mess d'officiers. C'est aujourd'hui tout sauf une simple cantine ! On y déguste en effet une délicieuse cuisine, où transparaît toute l'expérience de son chef, Franck Gilabert. Les clins d'œil au terroir sont nombreux, et les saveurs décollent !

DOUAINS – 27 (Eure) ➜ voir Vernon

DOUARNENEZ

✉ 29100 (Finistère) – 14 815 hab. – Alt. 25 m – Voir carte n°**9**-A2

▶ Paris 585 km – Brest 76 km – Lorient 88 km – Quimper 23 km

Carte Michelin 308-F6 – Guide Vert Michelin Bretagne Sud

Le Clos de Vallombreuse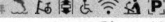

7 r. d'Estienne-d'Orves – ℰ 02 98 92 63 64 — Plan : Y**x**
– www.closvallombreuse.com
30 ch – ♦60/170 € ♦♦60/170 € – ☐ 13 € – ½ P
Rest *Le Clos de Vallombreuse* – voir les restaurants ci-après

Derrière l'église, cette belle demeure de 1902 domine la baie de Douarnenez ; les propriétaires ont su préserver son charme classique, tout en assurant un confort optimal dans les chambres. Avec, en prime, un espace bien-être avec sauna et jacuzzi !

Hôtel de France

4 r. Jean-Jaurès – ℰ 02 98 92 00 02 – www.lafrance-dz.com — Plan : Y**r**
– Fermé 2 semaines en fév., 1er-12 nov. et 22-27 déc.
23 ch – ♦59/76 € ♦♦59/76 € – ☐ 10 € – ½ P
Rest *L'Insolite* – voir les restaurants ci-après

Dans cet Hôtel de France, les chambres jouent les contrastes, mélange de style contemporain dépouillé, de couleurs vives et de mobilier breton. Il souffle un vent de fraîcheur sur cet établissement né en 1878...

✗✗ Le Clos de Vallombreuse – Hôtel Le Clos de Vallombreuse

7 r. d'Estienne-d'Orves – ℰ 02 98 92 63 64
– www.closvallombreuse.com – Fermé dim. soir, mardi midi — Plan : Y**x**
de nov. à avril et lundi
Formule 16 € – Menu 25 € (semaine), 35/70 € – Carte 38/65 €

Cette jolie villa distille un charme classique et bourgeois, mais ne vous y trompez pas : on y sert une cuisine bien en phase avec son époque. Le chef est très attentif au passage des saisons, et pioche autant sur les étals de fruits et légumes du marché, que dans les filets remontés de la pêche locale. Frais et bon !

✗✗ L'Insolite – Hôtel de France

4 r. Jean-Jaurès – ℰ 02 98 92 00 02 – www.lafrance-dz.com — Plan : Y**r**
– Fermé 2 semaines en fév., 1er-12 nov., 22-27 déc., dim. soir et lundi
Formule 15 € – Menu 31/71 € – Carte 47/100 €

Plutôt séduisants, ce topinambour en fin velouté à la crème de truffe, et cette poitrine de canette rôtie au miel et aux épices… Ici, le terroir s'offre des présentations originales, et les inventions sont légion. La faute aux deux jeunes chefs, passionnés et formés dans de belles maisons. À découvrir !

DOUARNENEZ

Sens unique en
saison: flèche noire

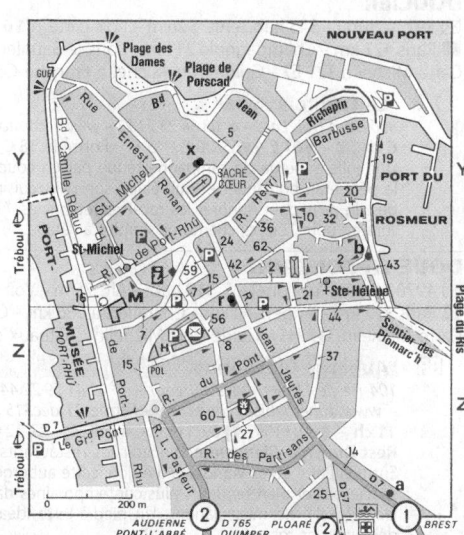

X **Le Kériolet** avec ch   ♨ ch, 🛜
🍽️ 29 r. Croas-Talud – ☎ 02 98 92 16 89 – www.hotel-keriolet.com   Plan : Z**a**
    – Fermé 1er-10 fév.
    8 ch – ♦55/68 € ♦♦55/68 € – ⭨ 8 € – ½ P
    Menu 14 € (semaine), 20/40 € – Carte 27/52 €
    Allez, on embarque ! Cuisine traditionnelle, produits du terroir et pêche locale en
    vue dans ce restaurant discrètement marin. Quelques chambres sont également à
    disposition, plutôt simples mais bien tenues.

X **Quai 29**   🛜
🍽️ 11 quai du Petit-Port – ☎ 02 98 92 24 41 – Ouvert de fin fév. à   Plan : Y**b**
    mi-oct. et fermé mardi soir et merc.
    Formule 15 € – Menu 18 € (déj. en semaine)/35 € – Carte 25/45 €
    C'est un peu la version bistrot de L'Insolite, le restaurant de l'Hôtel de France ;
    d'ailleurs, les propriétaires sont les mêmes. Bien protégé par la baie vitrée, on nar-
    gue la tempête devant tapas, fruits de mer et formule à la plancha. Le tout servi
    par une jeune équipe motivée, dans une ambiance sympathique !

à Tréboul 3 km au Nord-Ouest – ⊠ 29100

🏨 **Thalasstonic**   ⅉ◎ 📶 & 🛜 🏊 P
    r. des Professeurs Curie – ☎ 02 98 74 45 45 – www.hotel-douarnenez.com
    44 ch – ♦89/180 € ♦♦89/180 € – 6 suites – ⭨ 13 € – ½ P
    Cet hôtel respire l'air marin et vous garantit un séjour "tonic" dans des chambres
    spacieuses, fonctionnelles et bien tenues. La plage est à deux pas, et l'on profite
    d'un accès direct au centre de thalassothérapie. Quant au restaurant, il met en
    avant les produits du terroir breton et, évidemment, la pêche locale...

🏠 **Ty Mad**   ⅉ◎ ⊗ ⇐ 🏊 ⌧ 🛜 🏊 P
    plage St-Jean, (près de la chapelle St-Jean) – ☎ 02 98 74 00 53
    – www.hotelymad.com – Ouvert 14 mars-11 nov.
    16 ch – ♦80/95 € ♦♦190/220 € – ⭨ 14 €
    Ty mad : bonne maison en breton. Il faut dire que l'hôtel a du charme avec ses
    matériaux naturels (pierre et bois) et sa décoration franchement zen ; même la
    cour a des allures de jardin japonais. Cuisine bio aux herbes fraîches et piscine à
    contre-courant : on se sent bien.

DOUBS – 25 (Doubs) → voir Pontarlier

DOUCIER
⊠ 39130 (Jura) – 345 hab. – Alt. 526 m – Voir carte n°**16**-B3
🅳 Paris 427 km – Champagnole 21 km – Lons-le-Saunier 25 km
Carte Michelin 321-E7 – Guide Vert Michelin Franche-Comté Jura

XX **Le Comtois** avec ch   ⅏ 🌣 ♨ ch,
    806 r. des Trois Lacs – ☎ 03 84 25 71 21 – www.lecomtoisdoucier.com – Fermé dim. soir
    6 ch – ⭨ – ♦61 € ♦♦65/80 € – ½ P   Formule 18 € – Menu 26 € – Carte 34/51 €
    Une jolie auberge de campagne tenue par un couple charmant... Monsieur, dont
    le père était boulanger et qui réalise son pain, cuisine à base de plantes et d'her-
    bes du pays pour honorer les recettes régionales. Attrayante sélection de vins du
    Jura et, pour l'étape, chambres simples à l'étage.

DOUÉ-LA-FONTAINE
⊠ 49700 (Maine-et-Loire) – 7 519 hab. – Alt. 75 m – Voir carte n°**35**-C2
🅳 Paris 322 km – Angers 40 km – Châtellerault 86 km – Cholet 50 km
Carte Michelin 317-H5 – Guide Vert Michelin Châteaux de la Loire

🏨 **Auberge Bienvenue**   ⅉ◎ ⇐ ⌧ ⅃⅃ & 🅺 🛜 P
    104 rte de Cholet, (face au zoo) – ☎ 02 41 59 22 44
    – www.aubergebienvenue.com – Fermé 21 déc.-15 janv., dim. soir et lundi
    11 ch – ♦69/115 € ♦♦69/115 € – 4 suites – ⭨ 12 € – ½ P
    Rest Auberge Bienvenue🌣 – voir les restaurants ci-après
    Entre la Loire et les vignobles d'Anjou, cette auberge abrite des chambres calmes,
    spacieuses et bien tenues – plus contemporaines dans l'annexe. Piscine couverte,
    jacuzzi, salle de musculation... Un pied-à-terre idéal pour visiter le zoo local ou
    découvrir les roseraies.

XX **Auberge Bienvenue** 　　　　　　⊖ 🛱 ᚼ 📠

🙂 *104 rte de Cholet, (face au zoo) – ℰ 02 41 59 22 44*
– www.aubergebienvenue.com – Fermé 21 déc.-15 janv., dim. soir et lundi
Formule 15 € – Menu 30/46 € – Carte 44/54 €
Ici, vous serez toujours le bienvenu ! Confortablement installé sous les poutres et
les arcades de la grande salle, on est contraint... de constater que la tradition a
toujours du bon, surtout en cuisine. Ne passez pas à côté du bœuf au tanin d'Anjou. Bon rapport qualité-prix.

DOURGNE
✉ 81110 (Tarn) – 1 297 hab. – Alt. 250 m – Voir carte n°**29**-C2
◗ Paris 742 km – Carcassonne 52 km – Castelnaudary 35 km – Toulouse 67 km
Carte Michelin 338-E10

X **Hostellerie de la Montagne Noire** avec ch　　🛱 ᚼ 📠 rest, ℅ ch, 🛜
🍲 *15 pl. des Promenades – ℰ 05 63 50 31 12 – www.montagnenoire.net – Fermé*
dim. soir et lundi
🙂 **8 ch** – †54/62 € ††58/64 € – ☑ 8 € – ½ P
Formule 14 € – Menu 17 € (semaine), 26/35 € ☉ – Carte 28/45 €
Attention, la jeunesse arrive ! Les deux fils du propriétaire ont pris le pouvoir en
cuisine, dans ce sympathique restaurant situé au centre du village ; ils nous régalent d'une bonne cuisine traditionnelle, simple et savoureuse, sans chichis. Et
l'été, ça se passe sur la terrasse, à l'ombre des platanes...

DOUSSARD
✉ 74210 (Haute-Savoie) – 3 561 hab. – Alt. 456 m – Voir carte n°**46**-F1
◗ Paris 555 km – Albertville 27 km – Annecy 20 km – Megève 42 km
Carte Michelin 328-K6 – Guide Vert Michelin Alpes du Nord

🏠 **Arcalod** 　　　　　🔟 ⊖ ᚚ 🛊 ᚼ 🛜 🅿
237 rte de la Gare – ℰ 04 50 44 30 22 – www.hotelarcalod.fr
– Ouvert 20 mai-23 sept.
33 ch – †75/95 € ††75/110 € – ☑ 12 € – ½ P
Un chalet familial vraiment sympathique : les chambres sont fraîches, calmes et
agréables ; les propriétaires organisent de nombreuses activités gratuites (randonnée, tir à l'arc, vélo...), et il y aussi le jardin arboré, la grande piscine, le restaurant
traditionnel...

DOUVAINE
✉ 74140 (Haute-Savoie) – 5 069 hab. – Alt. 428 m – Voir carte n°**46**-F1
◗ Paris 555 km – Annecy 63 km – Chamonix-Mont-Blanc 87 km – Genève 18 km
Carte Michelin 328-K3

XXX **Ô Flaveurs** (Jérôme Mamet) 　　　　　　　🛱 🅿
🌼 *Château de Chilly, 2 km au Sud-Est par rte de Crépy – ℰ 04 50 35 46 55*
– www.oflaveurs.com – Fermé 24 juil.-6 août, 1ᵉʳ-10 janv., mardi et merc.
Menu 43 € (déj. en semaine), 76/108 €
Pierres apparentes, poutres, cheminée : un petit château du 15ᵉ s. authentique,
élégant et romantique à souhait. Autour d'un menu surprise, on découvre la cuisine pleine de saveurs et de fraîcheur d'un chef inventif et talentueux ; à l'image
de ce foie gras mi-cuit avec son coulis aux agrumes... Ô Flaveurs !
➜ King crab de Norvège en gelée de pomme verte. Saint-pierre de petite pêche
rôti au beurre de piment d'Espelette, déclinaison de tomates. Délice chocolat-
framboise, sorbet framboise de la région.

DOUVRES-LA-DÉLIVRANDE
✉ 14440 (Calvados) – 5 014 hab. – Alt. 19 m – Voir carte n°**32**-B2
◗ Paris 246 km – Bayeux 26 km – Caen 15 km – Deauville 48 km
Carte Michelin 303-J4 – Guide Vert Michelin Normandie Cotentin

à Cresserons 2 km à l'Est par D 35 – ⊠ 14440 – 1 207 hab. – Alt. 9 m

✕✕✕ La Valise Gourmande ⌂ ⌂ P

*7 rte de Lion-sur-Mer – ℰ 02 31 37 39 10 – www.lavalisegourmande-caen.com
– Fermé dim. soir, mardi midi et lundi*
Formule 24 € – Menu 31/51 € – Carte 38/68 € *(réservation conseillée)*
Une adresse aussi charmante que gourmande. Blotti au fond d'un délicieux jardin
clos, ce prieuré du 18ᵉ s. semble attendre votre visite. Un accueil très souriant, un
repas classique de qualité, des prix sages : on passe un bon moment.

DRACY-LE-FORT – 71 (Saône-et-Loire) → voir Chalon-sur-Saône

DRAGUIGNAN
⊠ 83300 (Var) – 37 501 hab. – Alt. 178 m – Voir carte n°**41-C3**
🛣 Paris 862 km – Fréjus 30 km – Marseille 124 km – Nice 89 km
Carte Michelin 340-N4 – Guide Vert Michelin Côte d'Azur

⌂ La Source Saint-Michel ⏸ ⌂ ⊐ ✕ AC ⌂ ⌂ P

*299 chemin de Seyran, au Nord direction centre hospitalier puis rte secondaire
– ℰ 04 94 84 59 05 – www.lasourcesaintmichel.com – Fermé 21 oct.-6 janv.*
4 ch ⊐ – †110/195 € ††145/210 €
À l'écart de la ville, entre champs d'oliviers et allées de platanes, cette demeure bourgeoise toute blanche (19ᵉ s.) distille le charme d'antan : tomettes, mobilier d'époque,
cheminées, etc. L'accueil charmant et les cours d'œnologie proposés permettent de
s'initier à l'art de vivre de la région... et la belle piscine vous tend les bras !

✕✕ Côté Rue (Benjamin Collombat) AC
⁂
42 Grande-Rue – ℰ 04 83 11 50 55 – www.restaurant-coterue.com Plan : Y**a**
– Fermé 15 fév.-3 mars, 1ᵉʳ-11 mai, 2-18 août, 1 semaine en janv., dim. et lundi
Formule 24 € – Menu 33/87 € – Carte 70/90 €
Derrière la massive porte en bois de cette maison bourgeoise du 19ᵉ s., un cadre
très moderne – et agréable – et une cuisine non moins contemporaine : précise,
technique, fine et soucieuse des meilleurs produits, elle prête au voyage avec de
jolies notes d'Asie, d'Afrique et d'Amérique... Une invitation au dépaysement !
→ Foie gras poêlé, soba, pamplemousse et jus gentiane. Onglet de bœuf Black
Angus à la plancha, crème d'anchois au basilic et légumes au barbecue. Tarte
citron, confit de fenouil et sorbet anis vert.

✕✕ Lou Galoubet AC

23 bd Jean-Jaurès – ℰ 04 94 68 08 50 – www.lougaloubet.com Plan : Z**e**
*– Fermé 1 semaine aux vacances de fév. et de printemps, 15-30 août, sam. midi,
dim. soir, mardi soir et merc.*
Formule 19 € – Menu 29/49 € – Carte 41/67 €
Foie gras au pain d'épice et chutney, faux-filet de bœuf à la sauce aux échalotes
confites, soufflé au Grand Marnier... Tradition, saisons et fraîcheur sont les maîtres-
mots de ce discret petit restaurant du centre-ville. Accueil tout sourire.

rte de Flayosc 4 km par ③ et D 557 – ⊠83300 Draguignan

⌂ Les Oliviers sans rest ⌂ ⊐ ⌂ P

rte de Flayosc, D 557 – ℰ 04 94 68 25 74 – www.les-oliviers.eu
12 ch – †59/75 € ††59/75 € – ⊐ 8 €
Un jeune couple charmant veille au bon fonctionnement de cet hôtel : si la simplicité est de mise, un vrai esprit chaleureux règne sur les lieux, parfaitement
tenus. Le jardin fleuri – avec piscine – accueille, en été, le petit-déjeuner. Dernier
atout : des prix mesurés !

à Flayosc 7 km par ③ et D 557 – ⊠ 83780 – 4 393 hab. – Alt. 310 m

✕✕ L'Oustaou ⌂

*5 pl. Joseph-Brémond, (au village) – ℰ 04 94 70 42 69 – www.restaurantloustaou.com
– Fermé dim. soir, mardi sauf le soir de mai à sept. et merc. d'oct. à avril*
Menu 28/49 € – Carte 34/58 €
Qu'il est agréable de prendre son temps à la terrasse de cette auberge familiale,
face à la place du village au caractère bien méridional... Au menu : des variations
originales inspirées de recettes régionales, conçues par le jeune chef, Mathieu
Cassin, qui a acquis son savoir-faire "chez les grands". Pensez à réserver !

DRAGUIGNAN

Cisson (R.) . . . . **YZ** 3
Clemenceau (Bd) . . . . **Z**
Clément (R. P.) . . . . **Z** 4
Droits-de-l'Homme (Parvis des) . . . . **Z** 5
Gay (Pl. C.) . . . . **Y** 6
Grasse (Av. de) . . . . **Y** 8
Joffre (Bd. Mar.) . . . . **Z** 9
Juiverie (R. de la) . . . . **Y** 12
Kennedy (Bd J.) . . . . **Z** 13
Leclerc (Bd Gén.) . . . . **Z** 14
Marchands (R. des) . . . . **Y** 15
Marché (Pl. du) . . . . **Y** 16
Martyrs-de-la-Résistance (Bd des) . . . . **Z** 17
Marx-Dormoy (Bd) . . . . **Z** 18
Mireur (R. F.) . . . . **Y** 19
Observance (R. de l') . . . . **Y** 20
République (R. de la) . . . . **Z** 23
Rosso (Av. P.) . . . . **Z** 24

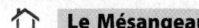

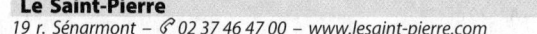

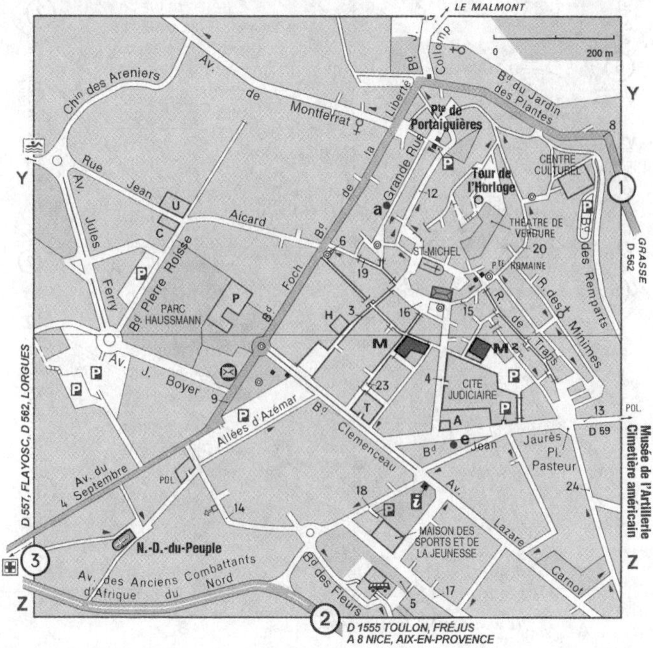

DRAIN

✉ 49530 (Maine-et-Loire) – 1 998 hab. – Alt. 53 m – Voir carte n°**34-B2**
Paris 359 km – Cholet 60 km – Nantes 41 km – Saint-Herblain 48 km
Carte Michelin 317-B4

Le Mésangeau

5 km au Sud par D 154 – ✆ 02 40 98 21 57 – www.loire-mesangeau.com – Ouvert 1er avril-31 oct.

5 ch – 80/100 € 90/110 €

En pleine campagne, au cœur d'un parc arboré avec plan d'eau, on découvre cette vaste gentilhommière de 1830 au bout d'une allée qui traverse la forêt... Belle entrée en matière ! Les chambres, simples et rustiques, la salle de billard et l'ambiance délicieusement passéiste achèvent de nous convaincre.

DREUX

✉ 28100 (Eure-et-Loir) – 30 536 hab. – Alt. 82 m – Voir carte n°**11-B1**
Paris 78 km – Chartres 36 km – Évreux 44 km – Mantes-la-Jolie 43 km
Carte Michelin 311-E3 – Guide Vert Michelin Normandie Vallée de la Seine

Le Saint-Pierre

19 r. Sénarmont – ✆ 02 37 46 47 00 – www.lesaint-pierre.com Plan : BY**r**
– Fermé 1 semaine en mars et sept., dim. soir et lundi

Menu 15 € (déj. en semaine), 20/39 € – Carte 32/47 €

Un restaurant bien sympathique, dans une petite rue du quartier commerçant. Dans la lignée des anciens propriétaires, le nouveau chef – arrivé en 2013 – réalise une bonne cuisine traditionnelle : marbré de joue de bœuf et foie gras, risotto aux asperges et langoustines, crème au caramel... Et en prime, les prix sont sages.

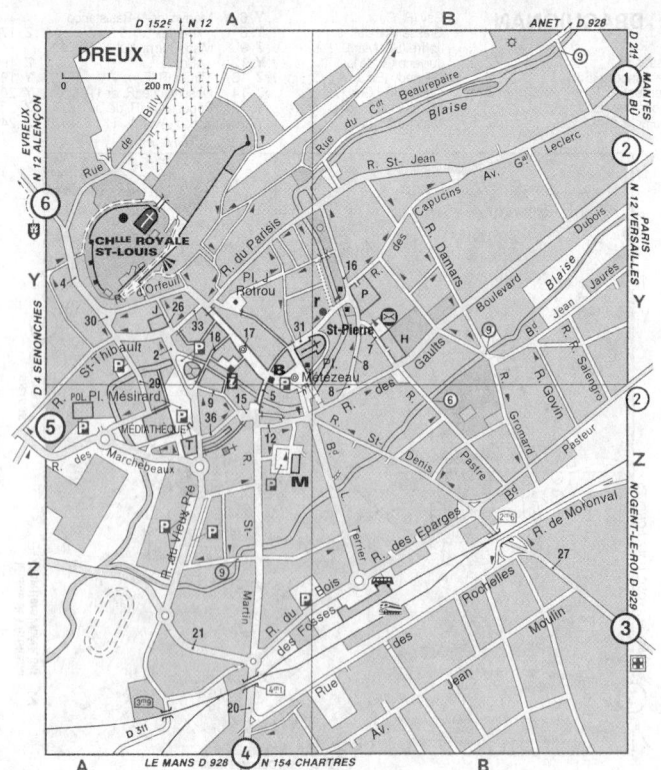

DREUX

à Chérisy 4,5 km par ② – ⊠ 28500 – 1 851 hab. – Alt. 88 m

XX · 😊 **Le Vallon de Chérisy** 🈂 **P**

12 rte de Paris – ✆ 02 37 43 70 08 – www.le-vallon-de-cherisy.fr
– Fermé 26 fév.-8 mars, 16 juil.-5 août, jeudi soir d'oct. à mars, dim. soir, mardi soir et merc.
Menu 30/59 € – Carte 38/70 €

L'enseigne ? Un clin d'œil à une ode de Victor Hugo composée dans cette même auberge en 1821. Ici, la cuisine, copieuse et volontiers rustique, s'inspire des saisons et met en avant les produits locaux, en particulier les légumes et les herbes aromatiques... Gourmand et bon !

à Ste-Gemme-Moronval 6 km par ②, N 12, D 912 et D 308¹ – ⊠ 28500
– 1 047 hab. – Alt. 79 m

XXX **L'Escapade** 🈂 🈲 **P**

pl. du Dr.-Charles-Jouve – ✆ 02 37 43 72 05 – www.aubergelescapade.fr
– Fermé 27 avril- 5 mai, 17 août-8 sept., 19-27 janv., dim. soir, lundi soir et mardi
Menu 35 € – Carte 53/94 €

Faites une escapade dans cette auberge champêtre vraiment accueillante : la carte met l'accent sur la fraîcheur et la tradition, et la terrasse est si plaisible...

à Vernouillet 2 km au Sud par D 311 AZ – ⊠ 28500 – 11 825 hab. – Alt. 97 m

XX **Auberge de la Vallée Verte** avec ch ⇆ & ch, ❀ ch, 🛜 ⚹ 🅿 ⌂
6 r. Lucien-Dupuis, (près de l'église) – ⌀ 02 37 46 04 04
– www.aubergevalleeverte.fr – Fermé 3 semaines en août, 2 semaines en déc.,
dim. et lundi
15 ch – †80/105 € ††85/105 € – ⊑ 10 € – ½ P
Menu 34/65 € ❢ – Carte 42/70 €
Poutres apparentes, cheminée et jolis tableaux participent à l'atmosphère sereine
de ce restaurant, où l'on savoure une cuisine de saison réalisée à partir de produits locaux. Les chambres, plus grandes dans l'annexe, sont simples et bien
tenues, avec un jardin pour se ressourcer.

DRUSENHEIM

⊠ 67410 (Bas-Rhin) – 5 088 hab. – Alt. 122 m – Voir carte n°**1-B1**
▶ Paris 499 km – Haguenau 17 km – Saverne 61 km – Strasbourg 33 km
Carte Michelin 315-L4

XX **Auberge du Gourmet** avec ch ⇆ 🏡 ❀ 🛜 🅿
rte Strasbourg, 1 km au Sud-Ouest – ⌀ 03 88 53 30 60
– www.auberge-gourmet.com – Fermé 2-21 mars et 3 semaines en août
11 ch – †46/50 € ††55/65 € – ⊑ 8 € – ½ P
Menu 23/42 € – Carte 33/64 € (fermé sam. midi, mardi soir et merc.)
Une auberge entourée d'un grand jardin l'isolant de la route. La cuisine, traditionnelle, est servie dans une salle chaleureuse. Les chambres – assez spacieuses, claires et fraîches – sont très bien tenues.

DUCEY

⊠ 50220 (Manche) – 2 487 hab. – Alt. 15 m – Voir carte n°**32-A3**
▶ Paris 348 km – Avranches 11 km – Fougères 41 km – Rennes 80 km
Carte Michelin 303-E8 – Guide Vert Michelin Normandie Cotentin

🏠 **Moulin de Ducey** sans rest ⌂ ← 🖥 🛜 🅿
1 Grande-Rue – ⌀ 02 33 60 25 25 – www.moulindeducey.com – Fermé
18 déc.-4 janv.
28 ch – †69/155 € ††69/155 € – ⊑ 12 €
Entre bief et Sélune, cet ancien moulin semble établi sur une île verdoyante... On
y trouve des chambres charmantes, à la déco épurée ; la salle du petit-déjeuner
surplombe le vieux pont de pierre, d'où l'on peut pratiquer la pêche au saumon !

🏠 **Auberge de la Sélune**  I◯ ⇆ 🛜 ⚹ 🅿
2 r. St-Germain – ⌀ 02 33 48 53 62 – www.selune.com – Fermé fév. et 2
semaines en oct.
20 ch – †72/135 € ††72/135 € – ⊑ 10 € – ½ P
Rest Auberge de la Sélune – voir les restaurants ci-après
Sur les bords de la Sélune qui part se jeter dans la baie du Mont-Saint-Michel, une
bonne option pour dormir un peu à l'écart du circuit touristique. Les chambres
sont simples et bien tenues, côté route ou côté jardin et rivière.

XX **Auberge de la Sélune**  ⇆ 🏡 & ⌂
⊛ 2 r. St-Germain – ⌀ 02 33 48 53 62 – www.selune.com – Fermé fév., 2
semaines en oct., dim. soir et mardi soir de fin sept. à mi-juil. et merc.
Menu 18 € (déj. en semaine), 28/49 € – Carte 39/50 €
Au bord de la Sélune – connue pour les saumons qui viennent y frayer –, un
cadre classique, lumineux, et une cuisine actuelle rythmée par les saisons :
tarte aux légumes parfumée à la truffe d'été, sablé aux fraises et sa crème au
basilic, etc. Les saveurs sont au rendez-vous et les prix restent mesurés !

DUHORT-BACHEN

⊠ 40800 (Landes) – 642 hab. – Alt. 72 m – Voir carte n°**3-B3**
▶ Paris 710 km – Bordeaux 150 km – Mont-de-Marsan 30 km – Pau 57 km
Carte Michelin 335-J12

XX **Les Arcades**　　　　　　　　　　　　　　　🏠 AC

☺☺ *232 pl. de la Mairie – ℰ 05 58 71 85 59 – Fermé mi-janv. à mi-fév., mardi soir, dim. soir et lundi*

Formule 12 € – Menu 14 € ♇ (déj. en semaine), 22 € ♇/31 € – Carte 26/41 €

Dire que cette adresse porte haut les couleurs du terroir est un euphémisme ! Dans une ambiance champêtre ou installés sous les arcades, les gourmands dégustent de bonnes recettes traditionnelles. Qui plus est, un vendredi soir par mois, un producteur du coin est mis en lumière lors d'une soirée thématique.

DUILHAC-SOUS-PEYREPERTUSE – 11 (Aude) ➜ voir Cucugnan

DUINGT

✉ 74410 (Haute-Savoie) – 877 hab. – Alt. 450 m – Voir carte n°**46**-F1

🚪 Paris 548 km – Albertville 34 km – Annecy 12 km – Megève 48 km

Carte Michelin 328-K6 – Guide Vert Michelin Alpes du Nord

🏠 **Clos Marcel**　　　🕙 ⪕ 🛏 ᴛ ⚹ 🀆 🄿

410 allée de la Plage – ℰ 04 50 68 67 47 – www.closmarcel.com – Fermé 25 oct.-11 déc.

14 ch – ♦149/240 € ♦♦149/270 € – 1 suite – ➱ 16 €

Rest *Comptoir du Lac* – voir les restaurants ci-après

Sur un site privilégié au bord du lac d'Annecy (ponton privé), une architecture repensée dans un esprit écologique, des chambres design et confortables : un Clos Marcel résolument 21ᵉ s.

X **Comptoir du Lac**　　　　　🛏 🏠 ⚹ 🄿

410 allée de la Plage – ℰ 04 50 68 14 10 – www.comptoirdulac.com – Fermé 25 oct.-11 déc. et dim. soir de déc. à avril

Formule 19 € – Menu 42/45 €

Un restaurant aux airs de grande verrière indus' et contemporaine, cerné par la verdure, la montagne et le lac... Un endroit vraiment sympathique, pour une cuisine actuelle qui l'est aussi !

DUNES

✉ 82340 (Tarn-et-Garonne) – 1 196 hab. – Alt. 120 m – Voir carte n°**28**-B2

🚪 Paris 655 km – Agen 21 km – Auvillar 13 km – Miradoux 12 km

Carte Michelin 337-A7

XX **Les Templiers**　　　　　　　🏠 AC ⚹ ⇔

☺ *1 pl. des Martyrs – ℰ 05 63 39 86 21 – Fermé vacances de la Toussaint, dim. soir, lundi et mardi*

Menu 21 € (semaine), 31/40 € – Carte 46/56 €

Au centre de cette jolie bourgade, dans une maison du 16ᵉ s. au charme préservé. Les grands principes du chef : "la tradition, qui garantit la qualité" et "l'innovation, qui préserve de la routine". Un gage d'authenticité et de surprise... L'été, on se régale en profitant de la terrasse sous les arcades.

DUNIÈRES

✉ 43220 (Haute-Loire) – 2 911 hab. – Alt. 760 m – Voir carte n°**6**-D3

🚪 Paris 549 km – Le Puy-en-Velay 52 km – St-Agrève 30 km – St-Étienne 37 km

Carte Michelin 331-I2

XX **La Tour** avec ch　　　　　　🏠 ᴛ rest, 🀆 🄿

☺ *7 ter r. Fraisse, (D 61) – ℰ 04 71 66 86 66 – www.hotelrestaurantlatour.com – Fermé 7 fév.-8 mars, 22-30 août, 23-29 nov., 31 déc.-4 janv., vend. soir d'oct. à mai, dim. soir et lundi*

11 ch – ♦62/68 € ♦♦62/68 € – ➱ 10 € – ½ P

Formule 19 € – Menu 28/65 € – Carte 45/78 €

Les produits locaux (lentilles vertes du Puy, escargots de Grazac, pintade fermière, etc.) se transforment en mets alléchants sous l'impulsion du chef. C'est bon, soigné, généreux, avec en prime, un beau chariot de fromages auvergnats. Tout est sympathique, y compris les chambres, bien pratiques.

DUNKERQUE

✉ 59140 (Nord) – 91 386 hab. – Agglo. 177 270 hab. – Alt. 4 m – Voir carte n°**30-B1**
▸ Paris 288 km – Amiens 205 km – Calais 47 km – Ieper 56 km
Carte Michelin 302-C1

Borel sans rest
6 r. L'Hermite – ℰ 03 28 66 51 80 – www.hotelborel.fr — Plan : CY**u**
48 ch – ✝86/145 € ✝✝96/145 € – ☄ 12 €
Tout près du port de plaisance, cet hôtel est idéalement placé. On s'y repose dans des chambres parfaitement tenues et on profite des petits salons cosy et des prix doux. Une bonne adresse pour un déplacement professionnel ou une escapade en ville.

Ibis
13 r. Leughenaer – ℰ 03 28 66 29 07 – www.ibishotel.com — Plan : CY**s**
120 ch – ✝69/95 € ✝✝69/95 € – ☄ 10 €
Non loin du port de plaisance, un hôtel de chaîne avec des chambres fonctionnelles et une offre de restauration toute simple mais pratique.

Le Vent d'Ange
1449 av. de Petite-Synthe – ℰ 03 28 25 28 98 — Plan : AX**f**
– www.leventdange.com – Fermé 23 fév.-8 mars, 17 août-2 sept., mardi soir, merc. soir, dim. soir et lundi
Formule 19 € – Menu 22 € (déj. en semaine), 32/50 €
Vent d'Ange ? Tout d'abord parce que le décor s'inspire des jolis angelots du baroque italien... et parce que la cuisine, fraîche comme un petit vent de printemps, fleure bon l'air du temps.

L'Estouffade
2 quai de la Citadelle – ℰ 03 28 63 92 78 — Plan : CZ**r**
– www.estouffade.com – Fermé 27 fév.-5 mars, dim. soir, mardi soir et lundi
Menu 21 € (semaine), 30/70 € ♈ – Carte 40/60 €
Royale de moules, noix de Saint-Jacques aux endives caramélisées... Tout près du port, ce restaurant met l'eau à la bouche et la mer à l'honneur ! Accueil charmant.

L'Essentiel
451 r. Winston-Churchill – ℰ 03 28 60 51 32 — Plan : BX**b**
– www.restaurant-lessentiel.fr – Fermé lundi soir, mardi soir et merc.
Menu 19 € ♈ (déj. en semaine)/28 € – Carte 25/60 €
À 500 m de la mer, dans un quartier peu touristique, une bonne surprise que cette assiette qui sait maîtriser l'essentiel : une cuisine d'aujourd'hui, pleine de mesure et de naturel (poisson frais). Décor moderne et ambiance feutrée.

L'Auberge de Jules
9 r. de la Poudrière – ℰ 03 28 63 68 80 – Fermé 3 semaines — Plan : CY**a**
en août, 1 semaine début janv., sam., dim. et fériés
Formule 22 € – Menu 26/36 € – Carte 30/55 €
Près du port de plaisance, un bistrot gourmand, convivial et... familial. La patronne accommode le poisson tout frais pêché par son frère : la fraîcheur est au rendez-vous ! Quant à son "jules", il s'occupe des desserts...

à Malo-les-Bains – ✉ 59240

L'Hirondelle
46 av. Faidherbe – ℰ 03 28 63 17 65 – www.hotelhirondelle.com — Plan : DY**r**
50 ch – ✝68/89 € ✝✝83/111 € – ☄ 10 € – ½ P
Au cœur de la petite station balnéaire, un sympathique hôtel familial, aux chambres contemporaines et sobres, aussi plaisantes que l'accueil réservé par les charmants propriétaires. Au restaurant, honneur aux produits de la mer.

à Téteghem 6 km au Sud-Est par D 601 (Plan : BX) – ✉ 59229 – 7 001 hab. – Alt. 1 m

La Meunerie avec ch
au Galghouck, 2 km au Sud-Est par D 4 – ℰ 03 28 26 14 30 – www.lameunerie.fr
– Fermé le midi, dim. et lundi
9 ch – ✝90/138 € ✝✝90/138 € – ☄ 11 € – ½ P — Menu 40 €
À la sortie du village, cette Meunerie ne s'endort pas sur ses lauriers : sa salle, toute contemporaine, ouvre sur les cuisines aux allures d'atelier (on y donne d'ailleurs des cours) et la carte revisite la tradition avec tact. Lors d'une étape, on appréciera aussi la quiétude des chambres, classiques et spacieuses.

639

à Coudekerque-Branche – ✉ 59210 – 22 264 hab. – Alt. 1 m

XXX   **Le Soubise**   ⊕ **P**
☺   *49 rte de Bergues – ℰ 03 28 64 66 00*   Plan : BX**g**
– www.restaurant-soubise.com – Fermé 25 avril-4 mai,
23 juil.-19 août, 18 déc.-6 janv., sam. et dim.
Menu 32/56 € ▼ – Carte environ 59 €
Une table élégante, où l'on se régale d'une cuisine pleine d'authenticité et de
générosité... à l'image du maître des lieux, Michel Hazebroucq. Connue et reconnue pour sa gentillesse, cette figure de Dunkerque a déjà passé plus de cinquante ans derrière les fourneaux. Une bien belle carrière !

à Cappelle-la-Grande 5 km au Sud sur D 916 – ✉ 59180 – 8 096 hab.

XX   **Fleur de Sel**   ⇡ ⊕ **P**
48 rte de Bergues – ℰ 03 28 64 21 80   Plan : BX**a**
– www.fleurdesel-restaurant.com – Fermé 10-23 août, 23 déc.-3 janv., dim. soir,
lundi soir et merc. soir
Formule 16 € – Menu 30/45 €
Le long du canal, l'adresse prend ses aises dans un ancien corps de ferme du 17ᵉ s.,
mêlant agréablement pierres apparentes et esprit contemporain. Au menu : une cuisine traditionnelle concoctée avec fraîcheur et générosité. Une adresse sympathique !

DUNKERQUE	Cambon (Bd P.) . . . . **BX** 17	Mendès-France (Bd) . . . . . **BX** 52
	Darses (Chaussée des) . . . . **AX** 25	Pasteur (R.) . . . . **BX** 56
	Jean-Jaurès (Bd.) . . . . **BX** 39	République (R. de la) . . . . . **AX** 61
Banc Vert (R. du) . . . . **AX** 8	Lille (R. de) . . . . **BX** 45	Waldeck-Rousseau
Berteaux (Av. M.) . . . . **AX** 10	Malo (R. Célestin) . . . . **BX** 50	(R.) . . . . **BX** 73

DUNKERQUE

DURAS

✉ 47120 (Lot-et-Garonne) – 1 326 hab. – Alt. 122 m – Voir carte n°**4-C2**
▶ Paris 577 km – Agen 90 km – Marmande 23 km – Périgueux 88 km
Carte Michelin 336-D1 – Guide Vert Michelin Aquitaine

Hostellerie des Ducs

bd. J.-Brisseau – ✆ 05 53 83 74 58 – www.hostellerieducs-duras.com
18 ch – 54/114 € 84/179 € – ☕ 11 € – ½ P
Rest *Hostellerie des Ducs* – voir les restaurants ci-après
Un presbytère voisin du château et deux dépendances, dont une bâtisse du 13e s. Ici, poutres et vieilles pierres sont omniprésentes. Et il faut bien avouer que certaines chambres tirent joliment parti du caractère des lieux ; d'autres sont plus simples mais tout aussi agréables.

Hostellerie des Ducs

bd. J.-Brisseau – ✆ 05 53 83 74 58 – www.hostellerieducs-duras.com – Fermé dim. soir d'oct. à juin, lundi sauf le soir de juil. à sept. et sam. midi
Menu 18/62 € – Carte 39/86 €
Dans la cuisine des ducs, le père et le fils s'activent aux fourneaux et vous concoctent des plats du terroir généreux et appétissants, avec de beaux produits. Le tout à accompagner d'un vin de Duras... forcément. Quant au grand-père, il prépare le pain maison. Classique et authentique !

DURTAL

✉ 49430 (Maine-et-Loire) – 3 356 hab. – Alt. 39 m – Voir carte n°**35-C2**
▶ Paris 261 km – Angers 38 km – La Flèche 14 km – Laval 66 km
Carte Michelin 317-H2 – Guide Vert Michelin Châteaux de la Loire

Restaurant des Plantes Ⓝ

54 av. d'Angers – ✆ 02 41 76 41 57 – www.restaurantdesplantes.com – Fermé 1 semaine en août, vacances de Noël, dim. soir, mardi soir et merc.
Formule 14 € – Menu 16 € (déj. en semaine), 29/52 €
Au bord d'une voie passante, ce restaurant est le repaire d'un couple motivé et attentionné. Au long d'un menu unique renouvelé tous les mois, ils proposent une cuisine actuelle pleine de saveurs : maquereau et andouille, moutarde basilic, salicorne ; pièce de bœuf, tomates et légumes croquants, jus à l'orientale...

DURY – 80 (Somme) ➜ voir Amiens

EAUCOURT-SUR-SOMME

✉ 80580 (Somme) – 411 hab. – Alt. 6 m – Voir carte n°**36-A1**
▶ Paris 174 km – Amiens 46 km – Arras 87 km – Lille 137 km
Carte Michelin 301-E7

L'Auberge du Moulin Ⓝ

lieu-dit du Moulin – ✆ 03 22 31 89 86 – www.auberge-moulin-eaucourt.fr – Fermé 2 semaines en janv., 2 semaines en fév., lundi et mardi
Formule 12 € – Carte 30/42 €
Nicolas Vo Ngoc, jeune chef autodidacte aux origines vietnamiennes est un hôte surprenant ! Avec de bons produits locaux (fromage le Rollot, agneau d'Estran) et quelques pincées d'Asie, il revisite les plats de la région à sa sauce. On se régale en profitant de la superbe vue sur la vallée de la Somme...

EAUZE

✉ 32800 (Gers) – 4 020 hab. – Alt. 164 m – Voir carte n°**28-A2**
▶ Paris 719 km – Auch 58 km – Mont-de-Marsan 64 km – Toulouse 131 km
Carte Michelin 336-C6

La Vie en Rose

22 r. Saint-July – ✆ 05 62 09 83 29 – www.restaurant-la-vie-en-rose.com – Fermé vacances de printemps et de la Toussaint, mardi soir et merc.
Menu 15 € 🍷 (déj. en semaine), 29/45 € – Carte 41/54 €
L'intérieur de ce restaurant a du charme et invite à apprécier, en toute sérénité, une cuisine mettant à l'honneur le terroir. Vins de Gascogne et accueil convivial.

EBERSMUNSTER

✉ 67600 (Bas-Rhin) – 471 hab. – Alt. 165 m – Voir carte n°**2**-C1
▶ Paris 508 km – Obernai 23 km – St-Dié-des-Vosges 55 km – Strasbourg 40 km
Carte Michelin 315-J7

XX **Restaurant des Deux Clefs** &
*23 r. du Gén.-Leclerc – ℰ 03 88 85 71 55 – www.restaurantauxdeuxclefs.fr
– Fermé 2 semaines en juil., 24 déc.-10 janv., lundi et merc. sauf fériés*
Formule 22 € – Menu 35/38 € – Carte 38/50 €
Ici, les poissons d'eau douce sont à l'honneur : friture, anguille, etc. On les déguste
dans un restaurant au sobre décor alsacien, agrémenté d'une salle winstub.

ECCICA-SUARELLA – 2A (Corse-du-Sud) ➜ voir Corse

LES ÉCHELLES

✉ 73360 (Savoie) – 1 208 hab. – Alt. 386 m – Voir carte n°**45**-C2
▶ Paris 552 km – Chambéry 24 km – Grenoble 40 km – Lyon 92 km
Carte Michelin 333-H5 – Guide Vert Michelin Alpes du Nord

à St-Christophe-la-Grotte 5 km au Nord-Est par D 1006 et rte secondaire –
✉ 73360 – 517 hab. – Alt. 425 m

⌂ **La Ferme Bonne de la Grotte**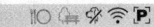
2027 rte du Pont-Romain – ℰ 04 79 36 59 05
4 ch ☒ – ♦85 € ♦♦85 €
Cette ancienne ferme du 18ᵉs. adossée à une falaise est le point de départ d'une
randonnée vers la superbe grotte de St-Christophe. Chambres coquettes et chaleureuses. Plats régionaux servis dans un charmant cadre rehaussé de meubles
authentiquement savoyards.

ECHENEVEX – 01 (Ain) ➜ voir Gex

LES ÉCHETS

✉ 01700 (Ain) – Alt. 276 m – Voir carte n°**43**-E1
▶ Paris 454 km – L'Arbresle 28 km – Bourg-en-Bresse 47 km – Lyon 20 km
Carte Michelin 328-C5

XXX **Christophe Marguin**
*916 rte de Strasbourg – ℰ 04 78 91 80 04 – www.christophe-marguin.com
– Fermé 3-24 août, 23 déc.-6 janv., sam. midi, dim. soir et lundi*
Menu 28 € (semaine), 52/85 € – Carte 55/78 €
Une table élégante de la région lyonnaise, avec des boiseries, une bibliothèque et
une cave riche en bordeaux et bourgognes. Cuisine classique et spécialités régionales (grenouilles, volaille à la crème, cervelle de canut...).

ÉCHIROLLES – 38 (Isère) ➜ voir Grenoble

ÉCLOSE

✉ 38300 (Isère) – 710 hab. – Alt. 500 m – Voir carte n°**44**-B2
▶ Paris 521 km – Bourg-en-Bresse 115 km – Grenoble 59 km – Lyon 54 km
Carte Michelin 333-E5

X **Auberge d'Éclose**
☜ *61 r. Sordette – ℰ 04 74 27 98 98 – www.laubergedeclose.fr – Fermé
23 déc.-4 janv., 1ᵉʳ-17 août, lundi et le soir sauf vend. et sam.*
Formule 14 € – Menu 16 € (déj. en semaine), 29/41 € – Carte 40/56 €
Une maison dauphinoise en pisé, nichée dans une rue calme du village. Le chef
travaille avec maîtrise de bons produits frais, pour un résultat séduisant : une cuisine qui fleure bon le marché (avec une prédilection pour les épices, les champignons et le gibier en saison), fraîche et goûteuse !

ÉCOUVIEZ

✉ 55600 (Meuse) – 509 hab. – Alt. 196 m – Voir carte n°**26**-A1
▶ Paris 296 km – Bar-le-Duc 131 km – Metz 95 km – Luxembourg 68 km
Carte Michelin 307-D1

✗ **Les Épices Curiens** avec ch 🛜 ⌖ ⌗ ⌨ **P**

*3b pl. de la Gare – 𝒞 03 29 86 84 58 – www.lesepicescuriens.com – Fermé 1
semaine à Pâques, 2 semaines en août, 1 semaine vacances de la Toussaint, 1
semaine en janv., dim. soir sauf en été, lundi soir, mardi soir et merc.*
4 ch – ♦59/79 € ♦♦59/79 € – ☲ 9 €
Formule 21 € – Menu 28 € (semaine), 34/52 € – Carte 53/73 € *(réservation
conseillée)*

En se baladant dans les parages, on passe facilement en Belgique sans s'en rendre compte... mais l'ancienne gare de ce village frontalier, transformée en un sympathique restaurant, saura vous retenir en France. On y déguste une cuisine inspirée et bien tournée, accompagnée de bons petits vins. Beaucoup de goût !

ÉCULLY – 69 (Rhône) → voir Lyon

ÉGLETONS

✉ 19300 (Corrèze) – 4 471 hab. – Alt. 650 m – Voir carte n°**25**-C3
▶ Paris 499 km – Aubusson 75 km – Aurillac 97 km – Limoges 112 km
Carte Michelin 329-N3 – Guide Vert Michelin Limousin Berry

🏠 **Ibis** 🍽 ⌖ ⌗ 🛜 ⌨ **P**

rte Ussel par D 1089 : 1,5 km – 𝒞 05 55 93 25 16 – www.ibishotel.com
41 ch – ♦69/80 € ♦♦69/80 € – ☲ 10 €

En pleine campagne de Haute-Corrèze, cet Ibis se démarque par ses chambres confortables (lits avec couettes) et son mobilier moderne. La salle à manger
intègre un salon avec cheminée ; à l'extérieur, le plan d'eau ajoute un supplément
d'âme au lieu.

EGUISHEIM

✉ 68420 (Haut-Rhin) – 1 752 hab. – Alt. 210 m – Voir carte n°**2**-C2
▶ Paris 452 km – Belfort 68 km – Colmar 7 km – Gérardmer 52 km
Carte Michelin 315-H8

🏨 **Hostellerie du Château** sans rest ⌗ 🛜

2 r. du Château – 𝒞 03 89 23 72 00 – www.hostellerieduchateau.com
10 ch – ♦74/135 € ♦♦74/172 € – ☲ 12 €

Sur une petite place pittoresque, cette demeure à colombages cache un hôtel qui
sort du lot : ses chambres, d'inspiration ethnique, sont lumineuses et très accueillantes. Un établissement idéal pour partir à la découverte de la vieille ville.

🏨 **St-Hubert** sans rest 🦌 ⪡ 🖃 ⌗ **P**

*6 r. des Trois-Pierres – 𝒞 03 89 41 40 50 – www.hotel-st-hubert.com
– Fermé 21 juin-2 juil., 8-19 nov. et 4 janv.-5 mars*
13 ch – ♦81/90 € ♦♦111/127 € – 2 suites – ☲ 12 €

Les vignes, la quiétude... pour un hôtel aux airs de gros pavillon, où l'on cultive
avec bonheur l'esprit maison d'hôtes. Dormez tranquille sous l'œil bienveillant
de St-Hubert (le patron des chasseurs, dont la statue trône dans l'entrée) : les
chambres sont agréables et certaines disposent même d'une petite terrasse.

🏨 **La Ferme du Pape** 🍽 🛏 ⌖ 🛜 ⌨ **P**

10 Grand'Rue – 𝒞 03 89 41 41 21 – www.hostellerie-pape.com
47 ch – ♦59/149 € ♦♦79/199 € – ☲ 11 € – ½ P

Non loin du château de la cité – où serait né le pape Léon IX –, un hôtel-restaurant aux chambres spacieuses, fonctionnelles et bien tenues. Préférez les plus
récentes, rénovées avec goût dans un joli style rustique (bois clair, tissus alsaciens, etc.).

🏠 **Auberge des Trois Châteaux** 🍽 ⌗ 🛜

*26 Grand'Rue – 𝒞 03 89 23 11 22 – www.auberge-3-chateaux.com
– Fermé 23 fév.-8 mars, 1 semaine en juil. et 1 semaine en nov.*
12 ch – ♦55/72 € ♦♦60/72 € – ☲ 8 € – ½ P
Rest *Auberge des Trois Châteaux* – voir les restaurants ci-après

Au cœur du village, trois maisons du 17ᵉ s. au charme typiquement alsacien. Les
chambres, rustiques, sont bien tenues et progressivement rafraîchies. Ambiance
familiale.

XX La Grangelière

59 r. du Rempart-Sud – ℰ 03 89 23 00 30 – www.lagrangeliere.fr – Fermé jeudi de janv. à avril, dim. soir et merc.

Menu 19 € (déj. en semaine), 30/49 € – Carte 31/61 €

Des poules, il y en a partout dans cette sympathique auberge : sur les murs, les rideaux, les tables... un peu comme dans la salle à manger d'une grand-tante collectionneuse. D'ailleurs, il règne ici une authentique atmosphère familiale, et l'on se régale d'une cuisine du terroir gourmande et inspirée !

XX Au Vieux Porche

16 r. des Trois Châteaux – ℰ 03 89 24 01 90 – www.auvieuxporche.fr – Fermé 15 fév.-15 mars, mardi et merc.

Menu 24/50 € – Carte 32/60 €

Cette demeure typique (1707) est installée sur le domaine viticole de la famille de la gérante. Son compagnon concocte de bons plats classiques et régionaux, mais il est également vigneron... Autant dire qu'on se délecte de bons vins locaux !

X Auberge des Trois Châteaux

26 Grand'Rue – ℰ 03 89 23 11 22 – www.auberge-3-chateaux.com – Fermé 23 fév.-8 mars, 1 semaine en juil., 1 semaine en nov., mardi soir et merc.

Menu 20/38 € – Carte 29/47 €

Quel meilleur décor qu'Eguisheim pour un repas ancré dans la tradition ? Dans l'esprit de cette jolie cité, on met ici en avant les recettes de toujours et les bons produits de la région. Le tout à déguster dans une salle au décor alsacien... Évidemment !

X Le Pavillon Gourmand

101 r. du Rempart-Sud – ℰ 03 89 24 36 88 – www.pavillon-gourmand.fr – Fermé 23 juin-1er juil., 12 janv.-17 fév., mardi et merc.

Menu 19/67 € 🍷 – Carte 26/60 €

Dans cette maison de village (1683), rustique comme il se doit, on savoure une cuisine traditionnelle et régionale soignée. Terrine de campagne aux pépites de foie gras, poulet au riesling, tarte flambée aux myrtilles... Gourmandises !

ELBEUF

✉ 76500 (Seine-Maritime) – 16 800 hab. – Alt. 6 m – Voir carte n°**33-D2**
❚ Paris 121 km – Evreux 44 km – Pontoise 109 km – Rouen 24 km
Carte Michelin 304-G6 – Guide Vert Michelin Normandie Vallée de la Seine

X Le 1900

33 r. Guynemer, angle de la r. Henry – ℰ 02 35 77 07 27 – www.restaurantle1900.com – Fermé jeudi soir, sam. midi, dim. soir et lundi

Formule 18 € – Menu 24/40 € – Carte 33/48 €

Proche du centre-ville, une jolie maison à colombages ; au plafond, des fresques Belle Époque représentent d'élégantes bourgeoises du temps jadis, et sur les tables un nappage froissé rouge et or... L'endroit a du style, et met en valeur une bonne cuisine traditionnelle, soignée, et servie avec le sourire !

ELNE

✉ 66200 (Pyrénées-Orientales) – 8 100 hab. – Alt. 30 m – Voir carte n°**22-B3**
❚ Paris 864 km – Argelès-sur-Mer 8 km – Céret 29 km – Perpignan 14 km
Carte Michelin 344-I7 – Guide Vert Michelin Languedoc Roussillon

X Au Remp'Arts avec ch

3 pl. Colonel-Roger – ℰ 04 68 22 31 95 – Fermé 30 nov.-15 déc., 2-15 janv., mardi et lundi sauf juil.-août

5 ch – †50/65 € ††59/68 € – ☁ 9 €

Formule 16 € – Menu 27 € – Carte 27/36 €

Si vous passez par Elne, arrêtez-vous dans ce restaurant sur les hauteurs de la ville. Derrière les fourneaux, le chef concocte une cuisine colorée, sans chichi, avec de beaux produits ; l'été, on profite de la jolie terrasse végétalisée. Cerise sur le gâteau, les prix sont très raisonnables !

EMBRUN

✉ 05200 (Hautes-Alpes) – 6 155 hab. – Alt. 871 m – Voir carte n°**41**-C1
▶ Paris 706 km – Barcelonnette 55 km – Briançon 48 km – Digne-les-Bains 97 km
Carte Michelin 334-G5 – Guide Vert Michelin Alpes du Sud

🏠🏠 Château La Robéyère ❶   ⏸○ ♨ ⬅ 🗂 🛏 ⚐ 🤝 🏊 P

quartier La Robéyère – ℰ 04 92 51 90 78 – www.chateaularobeyere.com
30 ch – ♦64/99 € ♦♦74/119 € – ⚏ 8 € – ½ P
Rest *Château La Robéyère* – voir les restaurants ci-après
Cette splendide bâtisse du 18e s., construite à même le roc, ouvre sur une cour
intérieure et surplombe la vallée de la Durance. On y trouve des chambres chaleureuses, toutes refaites à neuf, décorées dans un esprit de maison de famille.

✗✗ Château La Robéyère ❶   🏠 ♿

*quartier La Robéyère – ℰ 04 92 51 90 78 – www.chateaularobeyere.com – Fermé
dim. soir et lundi sauf juil.-août*
Formule 16 € – Menu 31 € – Carte environ 39 €
Ce restaurant est en parfaite harmonie avec la superbe bâtisse du 18e s. qui
l'abrite. Sous le plafond voûté de la salle ou en terrasse pendant la période estivale, on se régale de préparations au goût du jour, dont certaines sont issues de
l'imposante rôtissoire... Une adresse à ne pas manquer.

rte de Gap 3 km au Sud-Ouest par N 94 – ✉05200 Embrun

🏠🏠 Les Bartavelles   ⏸○ 🏠 ♨ ⊛ ✗ 🛏 🤝 🏊 P

*Clos des Pommiers, RN 94 – ℰ 04 92 43 20 69 – www.bartavelles.com
– Fermé 4-18 janv.*
42 ch – ♦88/101 € ♦♦98/121 € – 1 suite – ⚏ 11 € – ½ P
Rest *La Table de Paul* – voir les restaurants ci-après
Mélèze sculpté et pierres sèches locales : décor typé dans cette maison et ses
trois bungalows... Chambre ou duplex, on a le choix ; quant au spa, il se révèle
des plus agréables !

✗✗ La Table de Paul – Hôtel Les Bartavelles   🏠 🤝 ♿ AC P

*Clos des Pommiers, RN 94 – ℰ 04 92 43 20 69 – www.bartavelles.com
– Fermé 4-18 janv., dim. soir et lundi midi d'oct. à mai*
Formule 25 € – Menu 21/44 € – Carte 32/50 €
Cannelloni de truite et brousse des Hautes-Alpes, petit carré d'agneau en croûte
d'herbes fraîches... Une cuisine de tradition bien copieuse dans ce sympathique
hôtel-restaurant, au décor très nature. Et l'on n'oublie pas la cave bien fournie,
avec près de 300 vins référencés !

ENGHIEN-LES-BAINS – 95 (Val-d'Oise) ➜ voir Paris, Environs

ENNORDRES

✉ 18380 (Cher) – 216 hab. – Alt. 166 m – Voir carte n°**12**-C2
▶ Paris 191 km – Bourges 44 km – Orléans 102 km – Vierzon 38 km
Carte Michelin 323-K2

🏠 Les Chatelains   ⏸○ ♨ 🏠 ♨ P ✉

*Lieu dit les Chatelains, D 971, 7 km à l'Est par D 171 – ℰ 02 48 58 40 37
– www.leschatelains.com*
5 ch ⚏ – ♦81/111 € ♦♦88/118 €
Au carrefour du Berry et de la Sologne, une ferme restaurée dans
laquelle le charme d'antan (mobilier d'antiquaire et esprit brocante) rivalise avec la
gentillesse des propriétaires des lieux. Cerise sur le gâteau : la table d'hôte, joliment champêtre (attention : uniquement le dimanche), et la cuisine de tradition.

ENSISHEIM

✉ 68190 (Haut-Rhin) – 7 292 hab. – Alt. 217 m – Voir carte n°**1**-A3
▶ Paris 487 km – Basel 44 km – Colmar 27 km – Strasbourg 100 km
Carte Michelin 315-I9 – Guide Vert Michelin Alsace Vosges

Le Domaine du Moulin

44 r. de la 1ère-Armée – ℰ 03 89 83 42 39
– www.hotel-domainedumoulin-alsace.com
65 ch – 102/145 € 115/165 € – 16 € – ½ P
Rest *La Villa du Meunier* – voir les restaurants ci-après
Le jardin, l'étang, la piscine et... cette grande maison récente et confortable, d'esprit alsacien, située au cœur du village. Dans les chambres, spacieuses et confortables, les meubles en bois, conçus sur mesure, évoquent l'univers des moulins.

La Villa du Meunier – Domaine du Moulin

44 r. de la 1ère-Armée – ℰ 03 89 81 15 10
– www.hotel-domainedumoulin-alsace.com – Fermé sam. midi
Formule 15 € – Menu 22 € (semaine), 26/65 € – Carte 31/65 €
Imaginez une ancienne maison de meunier, authentique à souhait, dont l'une des salles abrite une très jolie cheminée... parfaite pour les repas d'hiver. Côté assiette, on savoure les bonnes recettes traditionnelles du chef, qui évoluent au rythme des saisons. Et l'été, on s'installe en terrasse !

ENTRAYGUES-SUR-TRUYÈRE

✉ 12140 (Aveyron) – 1 113 hab. – Alt. 236 m – Voir carte n°**29**-C1
▶ Paris 600 km – Aurillac 45 km – Figeac 58 km – Rodez 43 km
Carte Michelin 338-H3

La Rivière

60 av. du Pont-de-Truyère – ℰ 05 65 66 16 83 *– www.hotellariviere.com*
– Fermé 2 semaines en déc. et 2 semaines en fév.
31 ch – 71/87 € 97/157 € – 12 € – ½ P
Cet hôtel des bords de la Truyère cultive son style local (toit en lauzes, grande façade blanche) et... le goût de l'époque : les chambres, lumineuses et épurées, se révèlent fort agréables à vivre. Une belle étape dans la région.

Les Deux Vallées

7 av. du Pont-de-Truyère – ℰ 05 65 44 52 15 *– www.hotel-les2vallees.com*
*– Fermé 17-24 oct., vacances de Noël, fév., dim. soir, vend. soir et sam. d'oct.
à avril*
20 ch – 54 € 54 € – 9 € – ½ P
Au cœur d'Entraygues, une maison régionale en pierre, avec des chambres coquettes, colorées et bien tenues ; on apprécie particulièrement l'insonorisation de l'ensemble. Au restaurant, cuisine traditionnelle et atmosphère chaleureuse.

au Fel 10 km à l'Ouest par D 107 et D 573 – ✉ 12140 – 158 hab. – Alt. 530 m

Auberge du Fel

Le Fel – ℰ 05 65 44 52 30 *– www.auberge-du-fel.com – Ouvert 4 avril-3 nov.*
10 ch – 66/72 € 66/72 € – 9 € – ½ P
Rest *Auberge du Fel* – voir les restaurants ci-après
Dans un hameau surplombant le Lot, une maison coiffée de lauzes avec une agréable terrasse sous une treille ; les chambres sont joliment arrangées, confortables et impeccablement tenues. Et quel calme !

Auberge du Fel

Le Fel – ℰ 05 65 44 52 30 *– www.auberge-du-fel.com – Ouvert 4 avril-3 nov. et
fermé le midi hors saison sauf dim.*
Menu 22 € (dîner en semaine), 27/44 € – Carte 26/36 €
Dans cette agréable auberge, pounti, truffade, chevreau à l'oseille, poulet fermier et fricassée de chou vous attendent. Tout est fait maison et cela fleure bon le terroir ! Une halte sympathique dans ce joli petit village de vignerons.

ENTZHEIM – 67 (Bas-Rhin) ➔ voir Strasbourg

ÉPAIGNES

✉ 27260 (Eure) – 1 382 hab. – Alt. 159 m – Voir carte n°**32**-A3
▶ Paris 175 km – Le Grand-Quevilly 63 km – Le Havre 50 km – Rouen 69 km
Carte Michelin 304-C6

✕✕ Auberge de la Houssaye avec ch 🏠 ⅃ rest. 📶 P.

1 rte des Anglais – 𝒞 02 32 20 46 83 – www.hotelepaignes.com – Fermé dim. soir, mardi soir et lundi

7 ch – †54/74 € ††74 € – � 8,50 € – ½ P
Formule 14 € – Menu 29 € – Carte 36/44 €
C'est peu dire qu'on s'approvisionne ici en circuit (très) court : les propriétaires sont eux-mêmes éleveurs de volaille et producteurs de foie gras, entre autres ! Au menu, donc : une cuisine qui puise à la source du terroir, mais aussi originale et bien ficelée. Autre atout de l'auberge : des chambres soigneusement tenues.

ÉPENOUX – 70 (Haute-Saône) → voir Vesoul

ÉPERNAY

✉ 51200 (Marne) – 23 888 hab. – Alt. 75 m – Voir carte n°**13-B2**
▶ Paris 143 km – Châlons-en-Champagne 35 km – Château-Thierry 57 km – Reims 28 km
Carte Michelin 306-F8 – Guide Vert Michelin Champagne Ardenne

🏨 La Villa Eugène sans rest ⬅ ⅃ 📶 ⅃ 🅰 ⅏ 📶 P

84 av. de Champagne, 1 km par ② – 𝒞 03 26 32 44 76 – www.villa-eugene.com – Fermé 1 semaine à Noël

15 ch – †154/390 € ††154/390 € – ⊆ 19 €
Cette belle demeure bourgeoise appartenait à un certain Eugène... Mercier, de la célèbre maison champenoise ! À méditer au bar à champagne, puis dans les chambres Louis XVI ou plus modernes. On prend son petit-déjeuner sous une jolie verrière, face à la piscine et au jardin.

🏨 Jean Moët & Spa sans rest 🕧 📶 ⅃ 🅰 ⅏ 📶

7 r. Jean-Moët – 𝒞 03 26 32 19 22 – www.hoteljeanmoet.com   Plan : BY**t**
12 ch – †130/260 € ††130/260 € – ⊆ 15 €
Un bel hôtel particulier situé en plein centre d'Épernay, non loin du théâtre et du jardin de l'Hôtel-de-Ville, où l'on "bulle" avec plaisir dans des chambres raffinées et confortables. Leurs noms ? Jéroboam, Salmanazar... On ne se refait pas !

🏨 Le Clos Raymi sans rest ⅏ ⬅ 📶 P

3 r. Joseph-de-Venoge – 𝒞 03 26 51 00 58   Plan : BZ**a**
– www.closraymi-hotel.com – Fermé 21 déc.-12 janv.
7 ch – †120/190 € ††120/190 € – ⊆ 18 €
Cette jolie maison de maître en briques rouges fut celle de la famille Chandon, rien de moins ! L'ambiance est agréable dans le salon de style Art déco tout comme dans les chambres, lumineuses et élégantes. Par beau temps, le petit-déjeuner est servi sur la terrasse.

🏨 Les Berceaux 🍽 📶 ⅃

13 r. des Berceaux – 𝒞 03 26 55 28 84 – www.lesberceaux.com   Plan : AZ**a**
28 ch – †80 € ††95 € – ⊆ 12 € – ½ P
Rest *Les Berceaux* ❀ Rest *Bistrot le 7* – voir les restaurants ci-après
Au cœur de la pétillante cité, voilà un hôtel qui annonce la couleur dès le hall d'entrée : le sol vitré révèle de mousseuses bouteilles... Les chambres sont confortables, surtout après une belle étape gastronomique, qu'elle soit bistrot ou gastro.

✕✕✕ Les Berceaux (Patrick Michelon) – Hôtel Les Berceaux 🎀 🅰

❀   *13 r. des Berceaux – 𝒞 03 26 55 28 84 – www.lesberceaux.com*   Plan : AZ**a**
– Fermé 16 fév.-10 mars, 10-25 août, lundi et mardi
Menu 43 € (déj. en semaine), 72/85 €
Le chef Patrick Michelon s'attache à faire ressortir le meilleur de la gastronomie champenoise, dans une veine authentiquement classique et avec maîtrise : qualité des produits, finesse des préparations... Le cadre est tout aussi élégant. Quant au rapport qualité-prix, il est excellent !
→ Escargots au champagne, purée de cresson ! Veau limousin aux amandes fraîches, truffes et pommes anna. Fruits rouges du pays selon la cueillette.

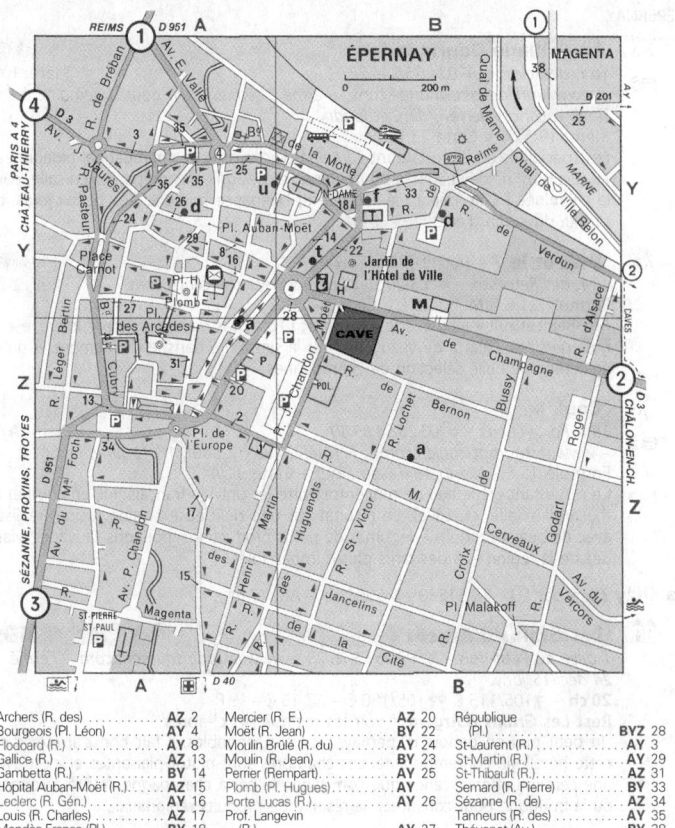

ÉPERNAY

XX **Le Théâtre**   ♿ AC ⇌

8 pl. Pierre-Mendès-France – ℰ 03 26 58 88 19   Plan : BY**f**
– www.epernay-rest-letheatre.com
– Fermé 13 juil.-3 août, 22-27 déc., 17 fév.-11 mars, dim. soir, mardi soir et merc.
Formule 20 € – Menu 26 € (semaine), 34/51 € – Carte 44/60 €

Près du théâtre, le rideau s'ouvre sur l'une des plus anciennes brasseries d'Épernay – début du 20ᵉ s. –, tout en moulures et hauts plafonds. Derrière les fourneaux, le chef fait rimer tradition et produits de saisons... Idéal pour se restaurer
après avoir assisté à une pièce !

XX **La Table Kobus**   AC ℅ ⇌

3 r. du Dr-Rousseau – ℰ 03 26 51 53 53   Plan : ABY**u**
– www.latablekobus.com
*– Fermé 1 semaine en avril, 3 semaines en août, 23 déc.-6 janv., jeudi soir, dim.
soir et lundi*
Formule 20 € – Menu 25 € (semaine), 39/52 € – Carte 48/72 €

Un sympathique restaurant décoré dans un esprit de brasserie à l'ancienne – sa
façade date tout de même de 1900 –, où l'on déguste une cuisine traditionnelle
revisitée. Une preuve de la qualité de l'adresse ? C'est simple : les Sparnaciens s'y
précipitent.

XX **La Grillade Gourmande**   🌿 🍃

16 r. de Reims – ℰ 03 26 55 44 22   Plan : BY**d**
*– www.lagrilladegourmande.com – Fermé 3 semaines en août, 1 semaine à
Noël, vacances de fév., dim. et lundi*
Menu 19/57 € – Carte 33/60 €
Les spécialités de ce restaurant ? Poêlée d'écrevisses au champagne, pigeonneau
au foie gras, ris de veau à la bourgeoise... et des grillades préparées en salle, dans
la cheminée ! Côté décor : la sobriété et l'élégance priment. Aux beaux jours, on
profite du jardin d'été.

XX **Bistrot le 7** – Hôtel Les Berceaux   AC

13 r. des Berceaux – ℰ 03 26 55 28 84 – www.lesberceaux.com   Plan : AZ**a**
Formule 21 € – Menu 29 € – Carte 44/59 €
Aux Berceaux, il y a aussi l'option Bistrot ! Foie gras maison, sole meunière, escargots persillés, picatta de veau... le 7 ou la simplicité dans le raffinement. À noter
également la belle sélection de champagnes.

X **Cook'in**   と

18 r. Porte-Lucas – ℰ 03 26 54 89 80   Plan : AY**d**
– www.restaurant-cookin.com – Fermé 28 juil.-17 août, 1er-15 janv.
Formule 15 € – Menu 19 € (semaine) – Carte 31/44 €
Ce restaurant est le lieu de rencontre entre les univers français (lui, en cuisine) et
thaïlandais (elle, en salle). Le résultat est une délicieuse cuisine fusion, réalisée
avec de beaux produits – légumes de petits producteurs, poissons sauvages, viandes de la région –, à des tarifs plutôt imbattables.

à Dizy 3 km par ① – ⊠ 51530 – 1 595 hab. – Alt. 77 m

🏨 **Les Grains d'Argent**   IO と AC ℒ 🛜 と P

*1 allée du Petit-Bois – ℰ 03 26 55 76 28 – www.lesgrainsdargent.com – Fermé
24 déc.-15 janv.*
20 ch – ♦105/115 € ♦♦105/180 € – � 15 € – ½ P
Rest *Les Grains d'Argent* – voir les restaurants ci-après
Un petit peu en dehors d'Épernay, face aux vignobles, il fait bon s'arrêter dans
cette hôtellerie contemporaine. Les chambres sont plutôt plaisantes et c'est avec
une certaine effervescence que l'on gagne le bar à champagne, feutré à souhait,
ou la boutique pour constituer sa réserve de produits régionaux.

XXX **Les Grains d'Argent**   と AC ℒ P

*1 allée du Petit-Bois – ℰ 03 26 55 76 28 – www.lesgrainsdargent.com – Fermé
24 déc.-15 janv., sam. midi et dim.*
Formule 25 € – Menu 49 € (déj.), 54/74 € – Carte 60/77 €
À look contemporain, cuisine dans l'air du temps ; tel est la combinaison
gagnante de ce restaurant ! Et avec de belles saveurs de saison – en été par
exemple, on se régale d'une salade de homard aux truffes –, le champagne de
vigneron indépendant fait merveille.

à Ay 4 km au Nord-Est par D 201 – ⊠ 51160 – 4 041 hab. – Alt. 76 m

🏨 **Castel Jeanson** sans rest   ⊜ ⟨ 🖥 ▣ と AC ℒ 🛜 と P ⟨⟨

*24 r. Jeanson – ℰ 03 26 54 21 75 – www.casteljeanson.fr – Fermé
20 déc.-31 janv.*
16 ch – ♦125/212 € ♦♦125/232 € – 1 suite – ⊻ 14 €
Lire, se reposer, siroter un thé ou un verre de champagne du domaine, voilà l'art
de vivre auquel on aime s'adonner dans cet hôtel particulier du 19e s. Remarquable, la superbe verrière de style Art nouveau, côté piscine.

🏠 **Le Manoir des Charmes** sans rest   ⊜ ⟨ ℒ 🛜 P

83 bd Charles-de-Gaulle – ℰ 03 26 54 58 49 – www.lemanoirdescharmes.com
5 ch ⊻ – ♦125/145 € ♦♦125/145 €
Cette jolie maison bâtie en 1906 porte bien son nom. "Paradis", "Romance", "Songes", "Secrète" : chaque chambre a été décorée avec soin par la propriétaire. Quant
au petit-déjeuner, il se prend sous une magnifique verrière. Que d'attentions !

ⅩⅩⅩ **Le Vieux Puits - Clos St-Georges** avec ch   ⌂ ⥮ ⌘ ⅔ rest, ⅊ ch,
7 r. Jules-Lobet – ☎ 03 26 56 96 53 – www.levieuxpuits.com – Fermé 2 semaines
en août, fin déc.-mi janv., dim. soir, merc. soir et lundi
4 ch ⌶ – †115/150 € ††115/150 €
Menu 43/65 € – Carte 55/78 € (réservation conseillée)
Blottie au cœur d'un jardin ombragé et fleuri, cette jolie maison de maître cultive
une douce atmosphère bourgeoise. On y apprécie de bons petits plats traditionnels accompagnés d'un beau choix de champagnes. Chambres confortables, pour
prolonger l'étape.

à Mutigny 8 km au Nord-Est par D 201 et rte secondaire – ✉ 51160
– 217 hab. – Alt. 221 m

⌂ **Manoir de Montflambert** sans rest   ⌂ ⥮ ⅊ ⧎ P
– ☎ 03 26 52 33 21 – www.manoirdemontflambert.fr
5 ch ⌶ – †114/129 € ††122/134 €
Il a belle allure, ce manoir du 17ᵉ s. dans son grand parc. Les chambres y sont
romantiques à souhait – meubles patinés, tentures fleuries, baldaquins – et donnent sur la cour, la forêt ou... les vignes, car on est ici dans un domaine viticole !

à Vinay 6 km par ③ – ✉ 51530 – 560 hab. – Alt. 102 m

🏨 **Hostellerie La Briqueterie**   ⅃⍜ ⥮ ▦ ⊛ ⅔ ᴬᴹ ⧎ ⒮ P ⌦
4 rte de Sézanne – ☎ 03 26 59 99 99 – www.labriqueterie.fr
– Fermé 14 déc.-18 janv.
40 ch – †210/480 € ††210/480 € – ⌶ 25 € – ½ P
Rest Hostellerie La Briqueterie ⌘ – voir les restaurants ci-après
Un havre de paix raffiné et cosy au cœur du vignoble ! Au salon, l'ambiance est
feutrée, presque "british", parfait pour déguster une coupe de champagne en
toute tranquillité. Dans les chambres, teintes douces et belles matières... pour
faire de beaux rêves.

ⅩⅩⅩ **Hostellerie La Briqueterie**   ▦ ⥮ ⅊ ⅔ ᴬᴹ ⅊ P
⌘ 4 rte de Sézanne – ☎ 03 26 59 99 99 – www.labriqueterie.fr
– Fermé 14 déc.-18 janv. et sam. midi
Menu 40 € (déj. en semaine), 65/110 € – Carte 96/114 €
À la sortie d'Épernay, sur la route de Sézanne, arrêtez-vous dans ce restaurant au
cœur des vignes. Dans un décor très cossu et classique, on apprécie une cuisine
gastronomique soignée, qui met l'accent sur des produits nobles. Sans oublier la
belle de carte de champagnes.
➔ Tartare de langoustines aux agrumes, toast melba et caviar. Bar de ligne en
croûte d'algues, sauce champagne et coquillages. Soufflé à la framboise.

à Avize 10 km au Sud-Est par D 40 et D 10 – ✉ 51190 – 1 755 hab. – Alt. 114 m

🏨 **Les Avisés**   ⅃⍜ ⌂ ⅔ ⧎ ᴬ P
59 r. de Cramant – ☎ 03 26 57 70 06 – www.selosse-lesavises.com
– Fermé 4-19 août, 20 déc.-13 janv., 23 fév.-4 mars, mardi et merc.
10 ch – †240/380 € ††240/380 € – ⌶ 20 €
Rest Les Avisés – voir les restaurants ci-après
Au cœur de la côte des Blancs – berceau du chardonnay –, au sein même d'une
célèbre maison de champagne, une demeure néoclassique confortable et élégante, dont la déco a été signée par l'architecte Bruno Borrione. Le must : une
chambre avec vue sur le vignoble. Une personne avisée en vaut deux : voilà une
adresse de charme !

Ⅹ **Les Avisés**   ▦ ⅊ ⅔
59 r. de Cramant – ☎ 03 26 57 70 06 – www.selosse-lesavises.com
– Fermé 4-19 août, 20 déc.-13 janv., 23 fév.-4 mars, mardi et merc.
Menu 39 € (déj.)/60 € (réservation conseillée)
Au cœur du domaine Selosse, réputé pour son champagne, le restaurant Les Avi-
sés cultive l'esprit d'une table d'hôte, autour d'un menu unique concocté avec
soin et évidemment accompagné de crus de choix, de la propriété et d'ailleurs.
Aux beaux jours, on profite de la grande terrasse...

ÉPINAL

✉ 88000 (Vosges) – 32 734 hab. – Alt. 324 m – Voir carte n°**27**-C3
▶ Paris 385 km – Belfort 96 km – Colmar 88 km – Mulhouse 106 km
Carte Michelin 314-G3

Mercure
13 pl. E.-Stein – 𝒞 03 29 29 12 91 – www.mercure.com   Plan : AZ**e**
60 ch – †89/175 € †‡89/175 € – ⌂ 17 €
À deux pas du musée d'Art et de la Moselle, bordé par un canal sur l'arrière, cet immeuble abrite des chambres confortables, mais surtout très fonctionnelles. Agréables prestations : piscine, sauna, hammam, jacuzzi, restaurant traditionnel, etc.

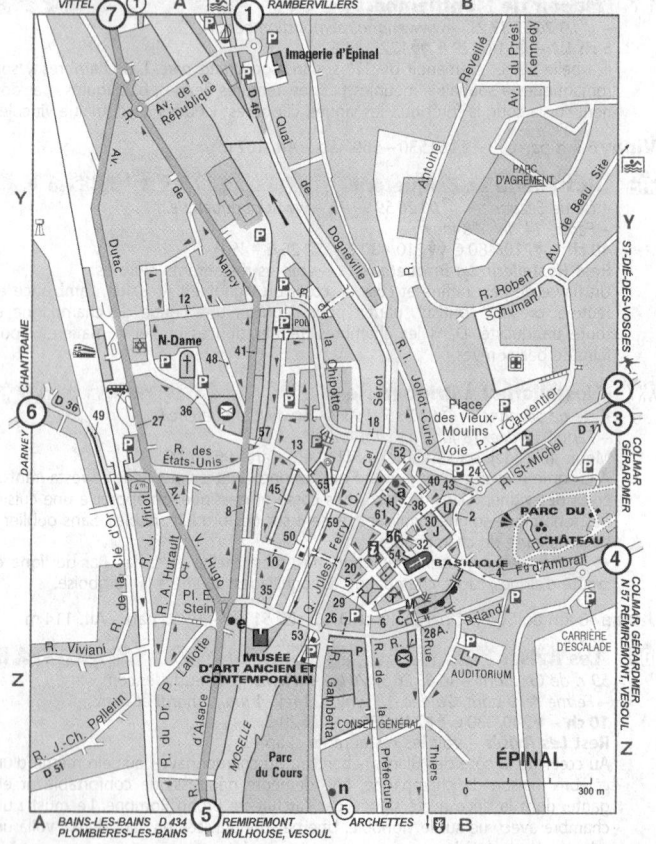

ÉPINAL

XXX **Les Ducs de Lorraine** (Claudy Obriot et Stéphane Ringer)
⸎ *5 av. de Provence – ℰ 03 29 29 56 00*   Plan : BZ**n**
– *www.restaurant-ducsdelorraine.com – Fermé dim.*
Menu 40 € (déj. en semaine), 75/100 € – Carte 94/160 €
La grande salle à l'ancienne (avec des clins d'œil très mode), les tables soigneusement dressées, la fine gastronomie, le délicieux chariot de desserts : une belle image d'Épinal ! Rien de figé en cette table lorraine renommée, mais une inspiration sans cesse renouvelée, beaucoup de fraîcheur et une exécution minutieuse.
→ Déclinaison de foie gras. Rognon de veau rôti entier. Chariot de desserts.

X **Le Petit Robinson**
⊛ *24 r. Raymond-Poincaré – ℰ 03 29 34 23 51*   Plan : BZ**a**
– *www.lepetitrobinson.fr – Fermé vacances scolaires sauf juil., sam. et dim.*
Menu 20 € (semaine), 31/41 € – Carte 36/55 €
Filets de sole belle meunière, caille rôtie glacée au miel des Vosges, tournedos aux morilles, etc. Tenu par un couple très aimable, ce Petit Robinson n'est pas en mal de bonnes saveurs traditionnelles ! Une valeur sûre à Épinal.

au Nord 3 km par ① D 46 - ⊠ 88000 Épinal

🏨 **La Fayette**   🔟 📺 🕯 ⅙ ₺ 🆔 🛜 🐾 P 🚗
3 r. Bazaine, (Le-Saut-le-Cerf) – ℰ 03 29 81 15 15 – www.epinalhotellafayette.com
57 ch – †111/137 € ††111/137 € – 1 suite – ⌚ 13 € – ½ P
Aux portes d'Épinal, dans une zone commerciale, cet hôtel moderne mérite attention : il recèle de beaux espaces, feutrés et confortables, un spa agréable (bassin à contre-courant, sauna, jacuzzi), le tout parfaitement tenu. Restaurant traditionnel.

à Chaumousey 10 km par ⑥ et D 460 – ⊠ 88390 – 871 hab. – Alt. 360 m

XX **Le Calmosien**   🕯 ⏪
37 r. d'Épinal – ℰ 03 29 66 80 77 – www.calmosien.com – Fermé 12-28 juil., dim. soir et lundi
Menu 24/64 € – Carte 48/57 €
Tout près de l'église de ce village vosgien – la campagne à 10mn d'Épinal –, une jolie maison de maître au cadre classique (tons pastel, tableaux, etc.) pour une cuisine de facture traditionnelle : filet de bar à l'oseille, carré d'agneau au thym...

à Fontenay 13 km au Nord-Est par D 420 – ⊠ 88600 – 512 hab. – Alt. 390 m

🏠 **La Grange**   🔟 📺 ⅙ 🛜 P ⇆
chemin de Framont – ℰ 06 98 40 27 72 – www.lagrange-vosges.com
5 ch ⌚ – †99/131 € ††125/189 €
Japonaise, africaine, indienne, mauresque... Chaque chambre invite au voyage, avec beaucoup de goût ! Ce n'est pas le moindre attrait de cette villa contemporaine, lumineuse et paisible, dont la charmante propriétaire prend grand soin.

ÉPINEAU-LES-VOVES – 89 (Yonne) → voir Joigny

ERBALUNGA – 2B (Haute-Corse) → voir Corse

ERMENONVILLE
⊠ 60950 (Oise) – 979 hab. – Alt. 92 m – Voir carte n°**36-B3**
🚩 Paris 51 km – Beauvais 70 km – Compiègne 42 km – Meaux 25 km
Carte Michelin 305-H6 – Guide Vert Michelin Île-de-France

XX **Le Relais de la Croix d'Or** avec ch   🕯 ₺ rest, 🆔 rest, 🛁 P
2 r. Prince Radziwill – ℰ 03 44 54 00 04 – www.lacroixdor.net – Fermé 25 juil.-11 août, dim. soir, mardi soir et lundi
8 ch ⌚ – †72/90 € ††81/105 €
Menu 22 € (déj. en semaine), 40/77 € – Carte 58/82 €
Atmosphère rustique – poutres, pierres apparentes, cave voûtée – en cette auberge dédiée à la tradition. Les spécialités maison : saumon fumé, foie gras de canard au muscat, filet de bœuf Rossini, rognons de veau à la moutarde à l'ancienne... Des classiques qui font toujours autant plaisir !

ERMITAGE-DU-FRÈRE-JOSEPH – 88 (Vosges) → voir Ventron

ERNÉE

⊠ 53500 (Mayenne) – 5 801 hab. – Alt. 120 m – Voir carte n°**34-B1**
◨ Paris 304 km – Domfront 47 km – Fougères 22 km – Laval 31 km
Carte Michelin 310-D5 – Guide Vert Michelin Pays de la Loire

XX **Le Grand Cerf** avec ch   🕹 ch, 🛇 ch, 🛜
19 r. Aristide-Briand – ℰ 02 43 05 13 09 – www.legrandcerf.net – Fermé
2-15 août, 15-31 janv., vend. soir, dim. soir et lundi midi
9 ch – ♦70/90 € ♦♦70/90 € – ⊂⊇ 10 € – ½ P
Formule 16 € – Menu 26/50 € – Carte 37/50 €
Ce relais de poste au cachet préservé (1870) est tenu par toute une famille : deux
générations œuvrent de conserve aux fourneaux, concoctant de jolies recettes
classiques (filets de caneton rôti aux cerises, baba au calvados, etc.) et les sculptures originales qui ornent les lieux sont signées par un fils de la maison !

ERQUY

⊠ 22430 (Côtes-d'Armor) – 3 903 hab. – Alt. 12 m – Voir carte n°**10-C1**
◨ Paris 451 km – Dinan 46 km – Dinard 39 km – Lamballe 21 km
Carte Michelin 309-H3 – Guide Vert Michelin Bretagne Nord

🏠 **Beauséjour** sans rest   ≼ 🛜 🅿
21 r. de la Corniche – ℰ 02 96 72 30 39 – www.beausejour-erquy.com
– Ouvert 7 avril-15 nov.
15 ch – ♦65/95 € ♦♦65/95 € – ⊂⊇ 12 €
À 100 m de la plage, cet hôtel familial abrite des chambres colorées, coquettes
et bien tenues, qui se révèlent très fonctionnelles. À noter : la moitié donne sur
le port de pêche. De plus, l'accueil est agréable !

XX **L'Escurial**   ≼
bd de la Mer – ℰ 02 96 72 31 56 – Fermé 3 semaines en janv., jeudi soir et dim.
soir hors saison et lundi
Formule 22 € – Menu 36/89 € 🍷 – Carte 55/91 €
Idéalement situé face à la plage et au port d'Erquy, cet Escurial a été repris par un
jeune couple, elle en salle et lui en cuisine. Ce dernier a choisi de perpétuer l'esprit de la maison, avec une cuisine dans l'air du temps, valorisant de beaux produits, notamment de la mer. Un travail soigneux !

à St-Aubin 3 km au Sud-Est par rte secondaire – ⊠ 22430

XX **Relais Saint-Aubin** avec ch   🖨 🖫 🛠 🕹 🛜 🅿
D 68 – ℰ 02 96 72 13 22 – www.relais-saint-aubin.fr
– Fermé 15 nov.-15 déc., 15 janv.-15 fév., mardi sauf juil.-août et lundi
3 ch ⊂⊇ – ♦85/95 € ♦♦85/125 €
Formule 18 € – Menu 24/46 € – Carte 29/61 €
Charmant et si bucolique, ce prieuré en pierre (17ᵉ s.) recouvert de vigne vierge !
Le jardin est ravissant et la déco – entre mobilier rustique et juke-box ! – est très
originale ; quant à l'assiette, elle fait honneur aux belles saveurs de tradition. En
face, trois chambres d'hôtes accueillent les gourmands repus...

ERSA – 2B (Haute-Corse) ➜ voir Corse

ERSTEIN

⊠ 67150 (Bas-Rhin) – 10 559 hab. – Alt. 150 m – Voir carte n°**1-B2**
◨ Paris 514 km – Colmar 49 km – Molsheim 24 km – St-Dié 69 km
Carte Michelin 315-J6

🏨 **Crystal**   🕪 🖫 🕹 🖾 🛜 🕍 🅿 🚗
41-43 av. de la Gare – ℰ 03 88 64 81 00 – www.hotelcrystal.fr
69 ch – ♦71/93 € ♦♦88/133 € – 3 suites – ⊂⊇ 13 € – ½ P
Rest *Le B* – voir les restaurants ci-après
On peut sans hésiter faire une étape dans cet hôtel-restaurant récent, tout près
de la voie rapide. Les chambres sont fonctionnelles (plus spacieuses au 3ᵉ étage)
et l'on organise des sorties et des dégustations de vin.

XXX   **Jean-Victor Kalt**   ⚙ ⅽ ⒜ℂ 🅿

*41 av. de la Gare – ☎ 03 88 98 09 54 – www.jean-victor-kalt.fr – Fermé 2
semaines en août, dim. soir et lundi sauf fériés*
Formule 24 € – Menu 28/62 € – Carte 48/81 €
Le chef aime son métier et le prouve : il élabore, au gré du marché, une belle cui-
sine classique et, lorsqu'il vient saluer ses hôtes, il prodigue de judicieux conseils.
La carte des vins, avec ses 1400 références issues de nombreux vignobles de
France, est tout simplement exceptionnelle.

XX   **Le B** – Hôtel Crystal   🍴 ⅽ ⒜ℂ ⇔ 🅿

*41-43 av. de la Gare – ☎ 03 88 64 81 00 – www.hotelcrystal.fr
– Fermé 1ᵉʳ-23 août, 24 déc.-3 janv., vend. soir, sam. midi, dim. et fériés*
Formule 12 € – Menu 26 € (semaine), 39/45 € – Carte 37/55 €
Au sein de l'hôtel Crystal, un cadre plaisant, assez élégant et feutré, pour une cui-
sine traditionnelle qui mise sur la fraîcheur : salade de langoustines et asperges
vertes, magret de canard de la ferme, pannacotta au citron vert, etc.

ERVAUVILLE – 45 (Loiret) → voir Courtenay

ESCOIRE

✉ 24420 (Dordogne) – 454 hab. – Alt. 100 m – Voir carte n°**4**-C1
🅳 Paris 485 km – Bordeaux 147 km – Périgueux 13 km – Sarlat-la-Canéda 72 km
Carte Michelin 329-G4

⌂   **Château d'Escoire** sans rest   ⚙ ⟨ 🍴 ⌧ 🕿 🛜 🅿 ⇆

– ☎ 05 53 05 99 80 – www.escoire-lechateau.com – Ouvert Pâques à mi-nov.
5 ch ⌂ – †75/80 € ††95/110 €
Dans un parc de 9 ha, une demeure romantique (18ᵉ s.) dominant le village. On
s'y repose dans des chambres spacieuses et bien tenues. Aux beaux jours, il fait
bon profiter de la piscine ou se balader dans le jardin à la française.

ESCOURCE

✉ 40210 (Landes) – 622 hab. – Alt. 75 m – Voir carte n°**3**-B2
🅳 Paris 681 km – Bordeaux 96 km – Mont-de-Marsan 61 km
Carte Michelin 335-E10

X   **La Table d'Escource** ⓝ   🍴 🍽 ⅽ 🅿

rte de Pontenx-les-Forges – ☎ 05 58 04 31 15 – Fermé le soir du dim. au merc.
Formule 18 € – Menu 35 € – Carte 38/49 €
Une jolie ferme landaise traditionnelle (1875), dans un agréable jardin planté d'arbres... Sous l'égide de la patronne qui possède une énergie impressionnante,
l'adresse se révèle conviviale et joyeuse, mais elle est surtout très gourmande,
honorant le terroir avec beaucoup de générosité et de goût !

ESPALION

✉ 12500 (Aveyron) – 4 313 hab. – Alt. 342 m – Voir carte n°**29**-D1
🅳 Paris 592 km – Aurillac 72 km – Figeac 93 km – Mende 101 km
Carte Michelin 338-I3

🏠   **Hôtel de France** sans rest   ▦ ⅽ ⒜ℂ 🛜 🅿

36 bd J.-Poulenc – ☎ 05 65 44 06 13 – www.hoteldefrance12.fr
23 ch – †49/55 € ††49/60 € – ⌂ 8 €
Juste en face de la mairie, des chambres simples, fonctionnelles et bien tenues ;
préférez celles des 2ᵉ et 3ᵉ étages, d'esprit plus contemporain. Un bon point de
chute au cœur de cette jolie cité.

XX   **Le Méjane**   ⒜ℂ

*r. Méjane – ☎ 05 65 48 22 37 – www.restaurant-mejane.fr – Fermé
22-28 juin, janv., merc. sauf juil.-août, dim. soir et lundi*
Formule 19 € – Menu 28/59 €
Le Méjane, c'est d'abord un endroit agréable et feutré, d'une sobre élégance
contemporaine. Et c'est surtout une cuisine qui ravit, soignée, fraîche et savoureuse : terrine de foie gras de canard maison, noix de veau de l'Aveyron jus à
l'estragon...

ESPALY-ST-MARCEL – 43 (Haute-Loire) → voir Puy-en-Velay

ESPELETTE

✉ 64250 (Pyrénées-Atlantiques) – 2 006 hab. – Alt. 77 m – Voir carte n°**3-A3**
🚩 Paris 775 km – Bordeaux 215 km – Pau 134 km – Donostia-San Sebastián 78 km
Carte Michelin 342-D2 – Guide Vert Michelin Pays Basque et Navarre

🏠 Euzkadi   ⎮○ ⚒ 🏢 & 💲 🛜 🄿

*285 Karrika Nagusia – ℰ 05 59 93 91 88 – www.hotel-restaurant-euzkadi.com
– Fermé 1er nov.-24 déc., mardi hors saison et lundi*
27 ch – †53/71 € ††67/90 € – ☲ 9 € – ½ P
Dans la capitale du piment, une belle façade à la gloire du pays. La plupart des chambres arborent un style basque épuré : murs blancs et poutres. La piscine est agréable...

ESSOYES

✉ 10360 (Aube) – 728 hab. – Alt. 170 m – Voir carte n°**13-B3**
🚩 Paris 222 km – Chaumont 65 km – Dijon 120 km – Troyes 49 km
Carte Michelin 313-H5 – Guide Vert Michelin Champagne Ardenne

🏠 Hôtel des Canotiers   ⎮○ ⤢ < 🕸 ⚒ 🏢 & 🄼 🛜 🄰 🄿

*1 r. Pierre-Renoir – ℰ 03 25 38 61 08 – www.hoteldescanotiers.com
– Fermé 23 déc.-5 janv. et 21 fév.-2 mars*
24 ch – †78/95 € ††78/95 € – ☲ 10 € – ½ P
Rest *Restaurant des Canotiers* – voir les restaurants ci-après
Fonctionnelles et bien tenues, les chambres de cet hôtel donnent pour la plupart sur la vallée de l'Ource et le village, où repose Auguste Renoir, à qui l'on doit le célèbre *Déjeuner des canotiers* – d'où l'enseigne. Dix chambres ont été récemment créées dans une annexe contemporaine : un ensemble agréable.

✕✕ Restaurant des Canotiers   🛜 & 🄼 💲 🄿

*1 r. Pierre-Renoir – ℰ 03 25 38 61 08 – www.hoteldescanotiers.com
– Fermé 23 déc.-5 janv., 21 fév.-2 mars et lundi midi d'oct. à mai*
Formule 17 € – Menu 22 € (semaine), 30/53 € – Carte 35/73 €
Une bonne option pour un déjeuner dans cette petite cité où vécut Renoir. Sur les hauteurs du village, on profite de la vue panoramique sur les environs – digne d'un tableau –, tout en dégustant une appétissante cuisine, éprise de tradition : escargots aux févettes, parmentier de confit de canard et foie gras poêlé...

ESTAING

✉ 12190 (Aveyron) – 596 hab. – Alt. 313 m – Voir carte n°**29-D1**
🚩 Paris 602 km – Aurillac 63 km – Conques 33 km – Espalion 10 km
Carte Michelin 338-I3

🏠 Le Manoir de la Fabrègues   ⎮○ 💲 🛜 🄿

rte d'Espalion, 3 km – ℰ 05 65 66 37 78 – www.manoirattitude.com – Ouvert de mi-mars à mi-nov.
10 ch – †72/102 € ††72/102 € – 1 suite – ☲ 10 € – ½ P
Les propriétaires ont su insuffler l'esprit d'une maison d'hôtes à ce manoir du 15e s. (pierres du pays, poutres apparentes, cantou). Quant aux chambres, elles ont toute leur style : baroque, Empire, etc. Un lieu qui a du caractère !

🏡 L'Auberge St-Fleuret   ⎮○ ⚒ 🛜

*19 r. François d'Estaing, (face à la mairie) – ℰ 05 65 44 01 44
– www.auberge-st-fleuret.com – Ouvert d'avril à oct.*
14 ch – †48/58 € ††48/58 € – ☲ 9 € – ½ P
Face à la mairie, ce relais de poste du 19e s. est désormais une sympathique auberge de tradition, avec des chambres colorées et pratiques. Par beau temps, on profite de la terrasse surplombant la piscine. Mets régionaux à prix doux au restaurant !

ESTIVAREILLES – 03 (Allier) → voir Montluçon

ESTRABLIN – 38 (Isère) → voir Vienne

ESTRÉES-ST-DENIS

✉ 60190 (Oise) – 3 553 hab. – Alt. 70 m – Voir carte n°**36-B2**
� Paris 81 km – Beauvais 46 km – Clermont 21 km – Compiègne 17 km
Carte Michelin 305-G4

XX **Le Moulin Brûlé** 🍴 🛋 🚗 ᴀᴄ ⬦

*70 av. de Flandre – 𝒞 03 44 41 97 10 – www.lemoulinbrule.fr – Fermé août,
1ᵉʳ-8 janv., dim. soir, lundi et mardi*
Formule 17 € – Menu 22/55 € 🍷 – Carte 34/60 €
Nul incendie à déplorer dans cette ancienne épicerie, devenue un restaurant
contemporain à l'âme rustique (poutres apparentes, cheminée). La cuisine du
chef – originaire de Touraine – est rythmée par les saisons ; on la déguste dans
une lumineuse véranda ouverte sur le jardin ! Bon choix de vins de Loire.

ÉTAMPES

✉ 91150 (Essonne) – 24 013 hab. – Alt. 80 m – Voir carte n°**18-B3**
� Paris 51 km – Chartres 59 km – Évry 35 km – Fontainebleau 45 km
Carte Michelin 312-B5 – Guide Vert Michelin Île-de-France

🏠 **Ibis** sans rest 📶 ᴔ ᴀᴄ 🛜 🚗

14 r. du Rempart – 𝒞 01 69 92 16 50 – www.ibishotel.com
67 ch – ♥59/90 € ♥♥59/90 € – ☐ 10 €
À deux pas de la gare RER et du centre-ville, des chambres fonctionnelles et bien
tenues. Préférez celles – plus calmes – sur l'arrière du bâtiment. Parfait pour la
clientèle d'affaires.

à Ormoy-la-Rivière 5 km au Sud par D 49 et rte secondaire – ✉ 91150
– 943 hab. – Alt. 81 m

X **Le Vieux Chaudron** 🛋

*45 Grande-Rue – 𝒞 01 64 94 39 46 – www.levieuxchaudron.com
– Fermé 3-24 août, 28 déc.-5 janv., dim. soir et lundi*
Formule 28 € – Menu 38/55 €
Une petite auberge face à l'église, au cadre campagnard agrémenté d'une belle
cheminée et d'une terrasse au calme. Appétissantes recettes dans l'air du temps
et gibier en saison.

à Boutervilliers 9 km à l'Ouest par D 191 – ✉ 91150 – 379 hab. – Alt. 151 m

XXX **Le Bouche à Oreille** (Aymeric Dreux) 🍴 🛋 🚗 ᴀᴄ ⌀ ⬦ **P**
❀ *11 r. de la Chapelle – 𝒞 01 64 95 69 50 – www.bao-restaurant.fr – Fermé dim.
soir, lundi soir et mardi*
Formule 24 € – Menu 32/44 € – Carte 60/100 €
Rien dans son environnement extérieur plutôt banal n'annonce une telle expérience. Le décor, très classique et bourgeois, constitue une première surprise, et
les assiettes d'Aymeric Dreux portent à une autre dimension : précises et maîtrisées, elles mettent en valeur de beaux produits dans toute la force de leur goût !
➜ Vol-au-vent de ris de veau aux girolles. Bœuf longuement confit, jus réduit.
Crêpes flambées au Grand Marnier.

ÉTANG-DE-HANAU – 57 (Moselle) ➜ voir Philippsbourg

LES ÉTANGS-DES-MOINES – 59 (Nord) ➜ voir Fourmies

ÉTAPLES

✉ 62630 (Pas-de-Calais) – 11 113 hab. – Alt. 10 m – Voir carte n°**30-A2**
� Paris 228 km – Abbeville 55 km – Arras 101 km – Calais 67 km
Carte Michelin 301-C4

XX **Aux Pêcheurs d'Étaples** ≤ ᴔ ᴀᴄ

*quai de la Canche – 𝒞 03 21 94 06 90 – www.auxpecheursdetaples.fr – Fermé 3
semaines en janv. et dim. soir d' oct. à mars*
Menu 21/54 € 🍷 – Carte 27/78 €
Au rez-de-chaussée, une grande poissonnerie ; au premier étage, un restaurant de
poissons et fruits de mer... Difficile de faire plus frais ! Mention spéciale pour la
bouillabaisse du pêcheur et le blanc de turbot grillé ou vapeur du chef. En prime :
vue sur l'aérodrome du Touquet... entre ciel et mer.

ÉTOUY – 60 (Oise) → voir Clermont

ÉTRÉAUPONT

⊠ 02580 (Aisne) – 916 hab. – Alt. 127 m – Voir carte n°**37**-D1
🚺 Paris 184 km – Avesnes-sur-Helpe 24 km – Hirson 16 km – Laon 44 km
Carte Michelin 306-F3

🏠 Le Clos du Montvinage 🔟 🕼 🛱 ⚒ & 💱 🛜 🖄 🄿

8 r. Albert Ledant – 𝒞 03 23 97 91 10 – www.hotel-clos-du-montvinage.com
– Fermé 10-17 août, 23 déc.-4 janv., dim. soir, lundi midi et merc. midi
20 ch – ♦40/70 € ♦♦80/115 € – � 11 € – ½ P

Dans ce village traversé par la N 2 (Laon-Maubeuge), une hôtellerie traditionnelle
parfaite pour une étape : cette demeure du 19e s., typique de la région avec ses
briques rouges et ses dépendances, abrite des chambres avenantes et bien tenues,
plus calmes côté jardin. Restaurant, salle de billard, tennis, vélos, jeu de croquet...

ÉTRETAT

⊠ 76790 (Seine-Maritime) – 1 469 hab. – Alt. 8 m – Voir carte n°**33**-C1
🚺 Paris 206 km – Bolbec 30 km – Fécamp 16 km – Le Havre 29 km
Carte Michelin 304-B3 – Guide Vert Michelin Normandie Vallée de la Seine

🏠 Dormy House 🔟 🍃 ⟨ 🛱 🕼 & 🛜 🖄 🄿

rte du Havre – 𝒞 02 35 27 07 88 – www.dormy-house.com
61 ch – ♦75/220 € ♦♦295/340 € – 2 suites – � 17 €

Une situation idyllique : à flanc de falaise, cette House domine Étretat et la falaise
d'Amont... Les chambres, élégantes, se répartissent entre le manoir de 1870 et
plusieurs dépendances. Dans le jardin, la vue à travers les pins se révèle poétique
tandis que résonnent, au loin, les bruits de la plage. Toute une atmosphère...

🏠 Domaine Saint Clair 🔟 🍃 ⟨ 🛱 🍸 🛜 🖄 🄿

chemin de St-Clair – 𝒞 02 35 27 08 23 – www.hoteletretat.com
21 ch – ♦90/570 € ♦♦90/570 € – � 14 € – ½ P
Rest *Domaine Saint Clair* – voir les restaurants ci-après

Sur les hauteurs, à l'issue d'un chemin tortueux, un lieu à part, où l'on renoue
avec les plaisirs de la Belle Époque... Le domaine réunit un castel et une villa :
autant d'espaces intimes et charmants, décorés dans un esprit baroque, canaille
ou moderne ! Les échappées sur la côte invitent, elles, à la contemplation...

🏠 Hôtel Ambassadeur sans rest 🕼 🛜 🄿

10 av. de Verdun – 𝒞 02 35 27 00 89   Plan : B**t**
– www.hotelcharmeetretat.com
20 ch – ♦59/133 € ♦♦59/169 € – � 11 €

Cette jolie villa du 19e s., avec sa façade en briques rouges et ses balcons blancs, se
trouve à un jet de pierre du Clos Lupin, la maison-musée du "gentleman cambrio-
leur". Les chambres se révèlent douillettes et personnalisées... Le tout a fière allure.

🏠 Villa sans Souci sans rest 🍃 🕼 ⚒ 🛜 🄿 🍽

27 ter r. Guy-de-Maupassant – 𝒞 02 35 28 60 14 – www.villa-sans-souci.fr
5 ch � – ♦55/85 € ♦♦95/165 €

Dans un grand parc arboré, cette villa du début du siècle est tenue par un couple passionné par le cinéma. Baptisées "Certains l'aiment chaud" ou "Out Of
Africa", les chambres, confortables, fourmillent d'objets chinés en hommage aux
grands films de l'histoire. Tant de caractère, ce n'est pas du cinéma !

🍴 Domaine Saint Clair – Hôtel Domaine St-Clair 🕾 ⟨ 🛱 🍸 🍸 ⚒ ♻ 🄿

chemin de St-Clair – 𝒞 02 35 27 08 23 – www.hoteletretat.com – Fermé le midi
sauf week-ends
Menu 25 € (déj.), 35/75 € – Carte 69/77 €

Au sein du beau Domaine St-Clair et de son élégant manoir normand, se cache ce
bon restaurant ! Le chef y réalise une cuisine bien tournée, soignée et généreuse ; on se souviendra notamment de ce tartare de magret de canard, une
entrée originale et savoureuse...

ÉTUPES – 25 (Doubs) → voir Sochaux

EU

✉ 76260 (Seine-Maritime) – 7 351 hab. – Alt. 19 m – Voir carte n°**33-D1**
🚗 Paris 176 km – Abbeville 34 km – Amiens 88 km – Dieppe 33 km
Carte Michelin 304-I1 – Guide Vert Michelin Normandie Vallée de la Seine

🏠 La Cour Carrée   🍴 🛜 🖧 🅿 🚗

rte de Dieppe – ℰ 02 35 50 60 60 – www.hotel-courcarree-eu.fr
28 ch – 🛏75/150 € 🛏🛏95/150 € – 🍽 11 €
Cette ancienne briqueterie, devenue ferme puis hôtel, est située au bord de la
route de Dieppe, juste après la sortie d'Eu. On y trouve des chambres à thèmes
– champêtre, ethnique, par exemple –, confortables et plutôt spacieuses. Le tout
autour d'une cour carrée.

🏠 Manoir de Beaumont sans rest   🖧 🌿 🛜 🅿 🚫

*rte de Beaumont, 3 km par D 49 puis direction Ferme de Beaumont
– ℰ 02 35 50 91 91 – www.demarquet.eu – Fermé janv.*
3 ch 🍽 – 🛏41/53 € 🛏🛏60/65 €
Dans cette demeure située à un saut de biche de la forêt d'Eu et à 5mn des plages, les propriétaires vous accueillent en amis. Les chambres, délicieusement
rétro, le salon Louis XVI et le joli parc contribuent tous au charme du lieu. On se
sent vraiment chez soi !

EUGÉNIE-LES-BAINS

✉ 40320 (Landes) – 426 hab. – Alt. 65 m – Voir carte n°**3-B3**
🚗 Paris 731 km – Aire-sur-l'Adour 12 km – Dax 71 km – Mont-de-Marsan 26 km
Carte Michelin 335-I12 – Guide Vert Michelin Aquitaine

🏯 Les Prés d'Eugénie   🍴 🛁 ⟨ 🖧 🏊 ❆ ⚒ 🖧 ⟩ 🅿

*pl. de l'Impératrice – ℰ 05 58 05 06 07 – www.michelguerard.com
– Fermé 5 janv.-12 mars*
21 ch – 🛏360/440 € 🛏🛏360/440 € – 17 suites – 🍽 32 €
Rest *Les Prés d'Eugénie - Michel Guérard* ❀❀❀ – voir les restaurants ci-
après
Les Prés du bonheur ! Loin d'être le simple écrin hôtelier de la célèbre table de
Michel Guérard, cette demeure du 19ᵉ s., ainsi que ses annexes – le Couvent des
Herbes et la "ferme thermale" –, dessinent un havre de charme, mêlant intime-
ment raffinement et goût de la nature, plaisir et forme. Un lieu magique et hors
du temps...

🏠 La Maison Rose   🍴 🛁 🖧 ⚒ 🛜 🅿

– ℰ 05 58 05 06 07 – www.michelguerard.com – Fermé 14 déc.-8 fév.
26 ch – ½ P seult 180/240 € – 5 suites
À côté des thermes, cette maison à la façade rose a des allures de guesthouse !
Les chambres sont confortables et bien tenues. Fleurs fraîches et meubles en
rotin ajoutent au romantisme des lieux.

🍴🍴🍴🍴 Les Prés d'Eugénie - Michel Guérard   🖧 🎴 🅰🅲 ⚒ 🅿

❀❀❀ *pl. de l'Impératrice – ℰ 05 58 05 06 07 – www.michelguerard.com
– Fermé 5 janv.-12 mars, lundi soir et le midi en semaine sauf du 13 juil. au
24 août et sauf fériés*
Menu 130 € (semaine), 195/220 € – Carte 155/190 €
Une signature à jamais associée à l'aventure de la Nouvelle Cuisine ! Une œuvre
sensible, légère et inventive… une véritable ode aux saveurs, rendues dans une
veine naturaliste. Mention spéciale pour la magie des lieux, occasion d'une véritable parenthèse bucolique.
➔ Blinis de truffe noire et blanche en galette soyeuse. Poisson en papier, bouillon
au maïs. Soufflé époustouflant à la verveine du jardin.

🍴🍴 La Ferme aux Grives avec ch   🖧 🎴 🛁 ⚒ 🛜 🅿

*– ℰ 05 58 05 05 06 – www.michelguerard.com – Fermé 5 janv.-11 fév., mardi et
merc. sauf du 13 juil. au 24 août et fériés*
4 suites – 🛏🛏530/650 € – 🍽 42 €   Menu 49/90 €
Cette vieille auberge de village a retrouvé ses couleurs d'antan. Jardin potager,
vieilles poutres et tomettes... Un cadre idéal pour savourer une cuisine du terroir
joliment ressuscitée. Suites exquises, pour des nuits paisibles.

ÉVIAN-LES-BAINS

✉ 74500 (Haute-Savoie) – 8 408 hab. – Alt. 370 m – Voir carte n°**46-F1**

▶ Paris 577 km – Genève 44 km – Montreux 40 km – Thonon-les-Bains 10 km

Carte Michelin 328-M2 – Guide Vert Michelin Alpes du Nord

Royal

13 av. des Mateirons, (réouverture en juillet après travaux) Plan : C**z**
– ✆ 04 50 26 85 00 – www.evianresort.com

150 ch – 🚹310/4350 € 🚹🚹310/4350 € – ☕ 35 €

Rest *Les Fresques* – voir les restaurants ci-après

L'établissement sommeillera au premier semestre 2015, pour renaître paré d'une nouvelle beauté, avec l'achèvement d'une longue et magnifique rénovation. Ainsi perdurera le mythe de ce luxueux palace né en 1907, dont le parc superbe, avec sa vue imparable sur le lac et les montagnes, a un goût d'éternité !

Ermitage

1230 av. du Léman – ✆ 04 50 26 85 00 Plan : C**a**
– www.evianermitage.com

80 ch – 🚹215/440 € 🚹🚹215/980 € – 6 suites – ☕ 28 € – ½ P

Cet imposant bâtiment Belle Époque se dresse sur les hauteurs d'Évian, dans un écrin de verdure. À l'intérieur, le style est épuré avec des matériaux évoquant la nature : bois précieux, ardoise, galets, etc. Côté papilles, deux options : le gastro La Table ou La Bibliothèque et ses recettes dans l'air du temps.

Hilton

27 quai Paul-Léger – ✆ 04 50 84 60 00 Plan : C**b**
– www.evianlesbains.hilton.com

165 ch – 🚹127/387 € 🚹🚹127/387 € – 5 suites – ☕ 25 € – ½ P

Un bâtiment imposant, au cadre design et ultracontemporain. La majorité des chambres disposent d'un balcon face au lac. Un endroit parfait pour le farniente chic, avec en prime une belle piscine et un superbe espace fitness.

La Verniaz et ses Chalets

1417 av. du Léman-Neuvecelle – ✆ 04 50 75 04 90 Plan : C**q**
– www.verniaz.com

32 ch – 🚹95/175 € 🚹🚹95/230 € – 4 suites – ☕ 15 € – ½ P

Rest *La Verniaz* – voir les restaurants ci-après

Cet ensemble de maisons et de chalets disséminés dans un très beau parc, noyé sous les fleurs, dégage un charme vieille France. De grandes chambres, des meubles anciens, la vue sur le lac... Ici, le temps semble suspendre son vol.

Littoral sans rest

9 av. de Narvik – ✆ 04 50 75 64 00 Plan : B**e**
– www.hotel-littoral-evian.com – Fermé 27 fév.-8 mars et 2-23 nov.

30 ch – 🚹92/118 € 🚹🚹92/118 € – ☕ 11 €

Pour trouver cet hôtel des années 1990, cherchez le casino, il est situé juste à côté. L'ensemble est cosy et chaleureux, dans un esprit montagne contemporain (bois et boutis dans les chambres) : comme une invitation au cocooning... Difficile à décliner !

L'Oasis sans rest

11 bd Bennevy – ✆ 04 50 75 13 38 – www.oasis-hotel.com Plan : A**v**
– Ouvert 1er avril-30 sept.

16 ch – 🚹75/210 € 🚹🚹75/210 € – ☕ 14 €

Sur les hauteurs d'Évian, un hôtel charmant aux chambres coquettes et cosy, dont certaines font face au lac. Le jardin est bien agréable et de la terrasse, où l'on prend le petit-déjeuner en saison, la vue est magnifique ! Accueil aimable.

Continental sans rest

65 r. Nationale – ✆ 04 50 75 37 54 Plan : B**m**
– www.hotel-continental-evian.com

32 ch – 🚹55/70 € 🚹🚹60/96 € – ☕ 8,50 €

Ce petit hôtel familial, logé dans un édifice de 1868, est situé dans une rue piétonne, bien pratique lorsque l'on fait une cure. Les chambres, dont le mobilier ancien a été chiné par le propriétaire, sont confortables et bien tenues ; préférez celles du 4e étage qui ont vue sur le lac.

ÉVIAN-LES-BAINS

Abondance (Av. d')	C 2
Bennevy (Bd de)	AB 5
Besson (Quai Ch.)	B 6
Clermont (R. de)	B 10
Cordeliers (R. des)	C 12
Cottet (Pl. Ch.)	B 15
Folliet (R. Gaspard)	B 19
Grottes (Av. des)	C 22
Larringes (Av. de)	A 25
Libération (Pl. de la)	C 26
Mateirons (Av. des)	B 27
Monnaie (R. de la)	B 29
Narvik (Av. de)	B 31
Nationale (R.)	B 33
Neuvecelle (Av. de)	C 36
Port (Pl. du)	C 37
Sources (Av. des)	B 39
Vallées (Av. des)	AB 40

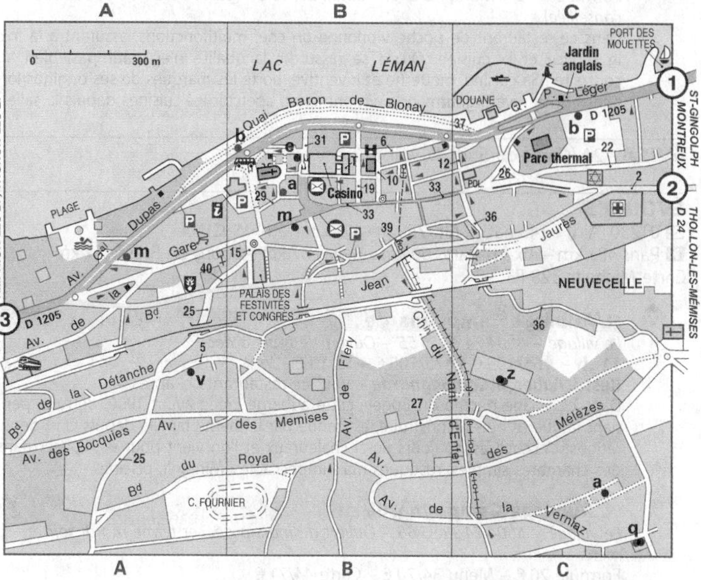

La Verniaz – Hôtel La Verniaz et ses Chalets

1417 av. du Léman, (à Neuvecelle) – ✆ 04 50 75 04 90 – www.verniaz.com Plan : C**q**

Formule 25 € – Menu 35/85 €

À la table de La Verniaz, le chef réalise une cuisine classique où pointe une certaine modernité. On y apprécie les poissons du lac Léman mais pas uniquement, comme en témoigne ce beau morceau de bœuf accompagné de pointes d'asperges et de morilles. Le tout à savourer sur la terrasse fleurie ou dans une salle très cosy.

Les Fresques – Hôtel Royal

13 av. des Mateirons, (réouverture en juillet après travaux) – ✆ 04 50 26 85 00 – www.evianresort.com Plan : C**z**

Carte 85/114 €

Les Fresques... comme celles, superbes, que l'on peut admirer pendant le repas, dans le cadre très élégant de l'hôtel Royal. Au menu : une délicate cuisine actuelle, façon brasserie de luxe, à l'instar d'un pâté en croûte et son mesclun, d'un pavé de thon aux légumes nouveaux ou d'un baba au rhum. Très beau choix de vins.

La Fourchette de l'Église

5 r. Bugnet – ✆ 04 50 79 93 43 – www.lafourchettedeleglise.fr – Fermé dim. et lundi Plan : B**b**

Formule 12 € – Menu 15 € (déj. en semaine), 26/32 € – Carte environ 38 €

Après avoir roulé sa bosse en Irlande et en Nouvelle-Zélande, le jeune chef a posé ses valises dans ce restaurant, juste derrière l'église. Et, très vite, le bouche-à-oreille a fait le reste... Dans l'assiette, les plats, traditionnels, sont teintés d'une certaine originalité. Et aux beaux jours, on profite de la terrasse.

✗ **Instant Gourmand** 🍴

😊 10 r. de l'Église – ℰ 04 50 04 74 98 – Fermé 1 semaine fin août, Plan : B**a**
vacances de la Toussaint, dim. et lundi
Formule 15 € – Menu 15 € (semaine), 29/40 € – Carte 30/50 € (réservation
conseillée)
Dans ce restaurant de poche vibrionne un chef multifonctions, assurant à la fois
le service et la cuisine. Qu'on se rassure : la qualité n'en pâtit pas, bien au
contraire ! Sa cuisine, moderne et inventive, porte les marques de ses origines lor-
raines et se révèle gourmande. En prime, on aperçoit les cuisines depuis la salle.

ÉVISA – 2A (Corse-du-Sud) ➜ voir Corse

ÉVOSGES

✉ 01230 (Ain) – 143 hab. – Alt. 750 m – Voir carte n°**45**-C1
▶ Paris 481 km – Aix-les-Bains 69 km – Belley 37 km – Bourg-en-Bresse 57 km
Carte Michelin 328-F5

🏠 **L'Auberge Campagnarde** 🍴 ⊗ 🖂 ⅃ ఉ **P**
Le village – ℰ 04 74 38 55 55 – Ouvert de mars à déc.
11 ch – ❶55/105 € ❶❶75/105 € – ⌦ 10 € – ½ P
Rest *L'Auberge Campagnarde* – voir les restaurants ci-après
Dans ce village perché du Bugey, cette auberge créée avant 1900, détruite pendant la guerre puis reconstruite, est tenue par la même famille depuis cinq générations. L'accueil est toujours aussi chaleureux et l'on vient pour se reposer dans
des chambres simples, rustiques mais impeccables. Minigolf, piscine.

✗ **L'Auberge Campagnarde** 🖂 🍴 **P**
Le village – ℰ 04 74 38 55 55 – Ouvert de mars à déc. et fermé mardi soir et
merc.
Formule 20 € – Menu 34/70 € – Carte 44/71 €
L'auberge porte bien son nom, avec sa salle à manger champêtre à souhait et sa
terrasse fleurie. Les produits sont frais et la cuisine, à la fois généreuse et féminine, a l'accent du terroir !

ÉVREUX

✉ 27000 (Eure) – 49 359 hab. – Alt. 64 m – Voir carte n°**33**-D2
▶ Paris 100 km – Alençon 119 km – Caen 135 km – Chartres 78 km
Carte Michelin 304-G7 – Guide Vert Michelin Normandie Vallée de la Seine

🏨 **Best Western Palais des Congrès** 🍴 🖃 ఉ ⓀⒸ 🛜 🏋 **P** 🚗
bd de Normandie – ℰ 02 32 38 77 77 – www.bw-evreux.com Plan : AZ**s**
60 ch – ❶72/125 € ❶❶82/135 € – ½ P
Près du palais des congrès, à la sortie de la ville, cet établissement contemporain
se révèle agréable : beaux espaces, déco design et colorée, restaurant proposant
une carte traditionnelle... Le meilleur hôtel des environs.

🏠 **L'Orme** sans rest 🖃 🎇 🛜 🏋
13 r. des Lombards – ℰ 02 32 39 34 12 – www.hotel-de-lorme.fr Plan : BY**t**
39 ch – ❶55/76 € ❶❶55/76 € – ⌦ 10 €
Un hôtel central et d'esprit familial, bien pratique : les chambres sont fonctionnelles, sobres et bien tenues ; l'accueil se révèle des plus aimables.

✗✗ **La Gazette** ⓀⒸ

😊 7 r. St-Sauveur – ℰ 02 32 33 43 40 Plan : AY**f**
– www.restaurant-lagazette.fr – Fermé 3-25 août, sam. midi, dim. et lundi
Menu 24/49 € – Carte 45/62 €
Une valeur sûre que ce restaurant dont le décor mêle harmonieusement le
contemporain et l'ancien, entre teintes claires et poutres centenaires... Aux fourneaux, Xavier Buzieux s'attache à mettre en valeur les petits producteurs locaux
et à suivre les saisons. De quoi faire parler les gazettes !

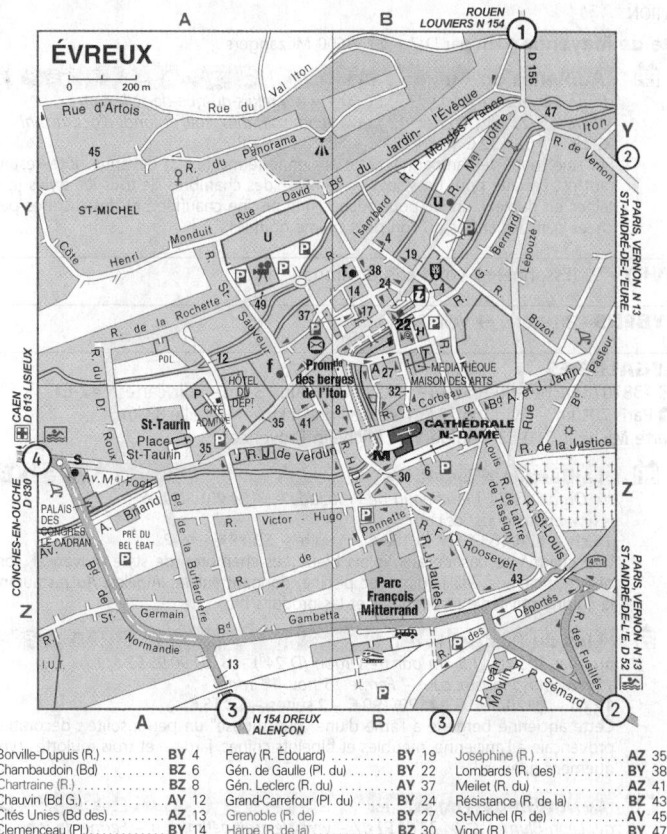

ÉVREUX

Borville-Dupuis (R.)	**BY** 4	Feray (R. Édouard)	**BY** 19
Chambaudoin (Bd)	**BZ** 6	Gén. de Gaulle (Pl. du)	**BY** 22
Chartraine (R.)	**BZ** 8	Gén. Leclerc (R. du)	**AY** 37
Chauvin (Bd G.)	**AY** 12	Grand-Carrefour (Pl. du)	**BY** 24
Cités Unies (Bd des)	**AZ** 13	Grenoble (R. de)	**BY** 27
Clemenceau (Pl.)	**BY** 14	Harpe (R. de la)	**BY** 30
Dr-Oursel (R. du)	**BY** 17	Horloge (R. de l')	**BZ** 32

Joséphine (R.)	**AZ** 35
Lombards (R. des)	**BY** 38
Meilet (R. du)	**AZ** 41
Résistance (R. de la)	**BZ** 43
St-Michel (R. de)	**AY** 45
Vigor (R.)	**BY** 47
7e-Chasseurs (R. du)	**AY** 49

🍴 **Ô Saveurs** 🛋️ ❄️

1 r. du Maréchal-Joffre – 𝒞 02 32 31 61 05 Plan : **BYu**
– www.osaveurs.wix.com – Fermé 2 semaines en août, dim. soir et lundi
Formule 18 € – Menu 26/38 € – Carte 43/102 €
Un restaurant d'esprit familial, à l'orée du centre-ville. On appréciera particulièrement la terrasse, au calme sur le jardin, à l'arrière de la maison. Le chef connaît ses classiques et les relève d'un soupçon d'air du temps.

ÉVRON

✉ 53600 (Mayenne) – 7 135 hab. – Alt. 114 m – Voir carte n°**35**-C1
▶ Paris 250 km – Alençon 58 km – La Ferté-Bernard 98 km – Laval 32 km
Carte Michelin 310-G6 – Guide Vert Michelin Pays de la Loire

🍴 **La Toque des Coëvrons**
😊 *4 r. des Prés – 𝒞 02 43 01 62 16 – www.latoquedescoevrons.com – Fermé 2 semaines en août, vacances de fév., merc. soir, dim. soir et lundi*
Menu 21 € (semaine), 28/34 €
Le chef, toqué de recettes traditionnelles et amoureux des terroirs des Coëvrons et de Mayenne, mitonne de savoureux petits plats mettant à l'honneur les produits locaux : pour ainsi dire, de la ferme jusqu'à l'assiette, tout un savoir-faire artisanal est à la fête ! En revanche, le décor est relativement simple...

rte de Mayenne 6 km par D 7 – ✉53600 Mézangers

Au Relais du Gué de Selle

rte de Mayenne – ✆ 02 43 91 20 00 – www.relais-du-gue-de-selle.com – Fermé 7-23 fév., 20 déc.-12 janv., vend. soir, dim. soir et lundi d'oct. à mai
27 ch – †63/132 € ††88/230 € – ☕ 12 € – ½ P
Sur une route de campagne, cette ancienne ferme (1843) devenue hôtel-restaurant est parfaite pour un séjour en famille : des chambres de tous les styles (certaines en duplex), un lac pour pêcher, une piscine chauffée... et des cabanes perchées dans les arbres où l'on peut même dormir !

ÉVRY – 91 (Essonne) ➜ voir Paris, Environs

EYBENS – 38 (Isère) ➜ voir Grenoble

EYGALIÈRES

✉ 13810 (Bouches-du-Rhône) – 1 752 hab. – Alt. 134 m – Voir carte n°**42**-E1
▶ Paris 701 km – Avignon 28 km – Cavaillon 14 km – Marseille 83 km
Carte Michelin 340-E3 – Guide Vert Michelin Provence

La Bastide d'Eygalières

rte Orgon (D 24^B) et chemin de Pestelade – ✆ 04 90 95 90 06 – www.hotellabastide.com
14 ch – †74/163 € ††86/198 € – 1 suite – ☕ 13 € – ½ P
Une charmante bastide aux volets bleus. Les chambres, de style provençal, sont des plus calmes. Joli jardin avec piscine, donnant sur les Alpilles. Au restaurant, la cuisine privilégie les légumes et les produits bio.

Mas du Pastre sans rest

quartier St-Sixte, 1,5 km par rte Orgon (D 24^B) – ✆ 04 90 95 92 61 – www.masdupastre.com – Fermé 15 nov.-1er mars
12 ch – †120/190 € ††120/190 € – 2 suites – ☕ 15 €
Cette ancienne bergerie a l'âme d'une "guesthouse" un peu insolite : décoration provençale à l'ancienne, meubles et bibelots chinés, jardin... et trois roulottes typiquement gitanes !

Le Jardin de Tim sans rest

av. Léon-Blum – ✆ 04 32 61 91 87 – www.lejardindetim.com – Fermé de janv. à mi-mars
5 ch ☕ – †125/360 € ††125/360 €
Une belle bâtisse (1870) dans ce village peuplé d'antiquaires et d'artisans d'art. On y accède par un discret portail s'ouvrant sur un joli jardin. Les chambres, ornées de bibelots anciens et de tableaux contemporains, portent des noms de thés : Darjeeling, Earl Grey, Sencha… De bien charmantes infusions !

La Petite Table

av. du Gén.-de-Gaulle, angle rte d'Orgon – ✆ 04 90 38 19 23 – www.lapetitetable-restaurant.com – Ouvert début avril-fin oct. et fermé mardi soir et merc.
Formule 25 € – Menu 49/70 € – Carte 61/100 €
Vol-au-vent de volaille et ris de veau servi en cocotte, œuf mollet frit sur un jardin de printemps, véritable dame blanche (glace à la vanille, chocolat et chantilly)... Une cuisine traditionnelle réalisée avec de bons produits frais : voilà le programme de cette Petite Table accueillante, que l'on quitte à regret !

Le Bistrot d'Eygalières "Chez Bru"

1 r. de la République – ✆ 04 90 95 93 17 – www.chezbru.com – Fermé lundi et mardi sauf en saison
Menu 25 € (déj. en semaine)/45 € – Carte 38/53 €
C'est au cœur du village que l'on retrouve Wout et Suzy Bru, qui ont fait jusqu'en 2014, à quelques kilomètres, la renommée de leur table gastronomique, la Maison Bru – connue jusqu'en Belgique, leur pays d'origine ! Au menu ici : ambiance décontractée et jolies recettes de saison, au bénéfice des produits de la région.

✗ **Bistrot l'Aubergine** avec ch　　　　🐾 🍴 🆔 ch, 🍴 ch, 📶

18 av. Jean-Jaurès – ℰ 04 90 95 98 89 – www.laubergine-eygalieres.com – Ouvert de mars à mi-déc. et fermé merc. sauf le soir en juil.-août

4 ch – ♦150/180 € ♦♦150/180 € – ⊊ 15 €　Formule 25 € – Carte 39/63 €

Une belle terrasse, un décor de bistrot cosy, des produits de qualité cuisinés sans chichis. Il n'en faut pas plus pour passer un agréable moment... Dans l'assiette, c'est frais et parfumé, telle cette belle tranche de thon en croûte d'épices bien relevée. Attention, carte réduite au déjeuner l'été, avec de copieuses salades.

EYMET

✉ 24500 (Dordogne) – 2 593 hab. – Alt. 54 m – Voir carte n°**4-C2**
◘ Paris 560 km – Arcachon 72 km – Bayonne 239 km – Bordeaux 101 km
Carte Michelin 329-D8 – Guide Vert Michelin Périgord Quercy

✗✗ **La Cour d'Eymet** avec ch　　　　🏠 ♿ rest, 📶

32 bd National – ℰ 05 53 22 72 83 – www.lacourdeymet.com
– Fermé fin juin-début juil., lundi, mardi, merc. sauf d'avril à oct. et dim. soir
2 ch ⊊ – ♦80 € ♦♦100 €
Formule 19 € – Menu 22 € (déj. en semaine), 29/52 € – Carte 35/70 €
(réservation conseillée)

Sur la rue principale du bourg, une maison de style régional, flanquée d'une petite cour où l'on dresse quelques tables aux beaux jours. Les gourmands s'y régalent d'une cuisine soignée à base d'excellents produits. Le tout accompagné de vins du pays. Quelques chambres spacieuses et plutôt coquettes.

EYMOUTIERS

✉ 87120 (Haute-Vienne) – 2 046 hab. – Alt. 417 m – Voir carte n°**25-C2**
◘ Paris 434 km – Guéret 63 km – Limoges 45 km – Tulle 71 km
Carte Michelin 325-H6 – Guide Vert Michelin Limousin Berry

✗ **La Cave**　　　　🏠

2 r. Karl-Marx – ℰ 05 55 69 45 34 – Fermé janv.
Formule 13 € – Menu 29 € – Carte 27/34 €

Le patron, autodidacte, est animé d'une véritable passion pour la cuisine et le vin ! On approuve son idée d'un restaurant mi-brasserie (salades, tapas, planches de charcuterie et viandes grillées), mi-gastro, où tout est fait maison.

EYRAGUES – 13 (Bouches-du-Rhône) → voir St-Rémy-de-Provence

LES EYZIES-DE-TAYAC

✉ 24620 (Dordogne) – 827 hab. – Alt. 70 m – Voir carte n°**4-C3**
◘ Paris 536 km – Brive-la-Gaillarde 62 km – Fumel 62 km – Périgueux 47 km
Carte Michelin 329-H6 – Guide Vert Michelin Périgord Quercy

🏨 **Les Glycines**　　　🍽 ⇐ 🍴 🔄 🔲 ♿ 🆔 📶 🛁 🅿

4 av. de Laugerie, rte de Périgueux – ℰ 05 53 06 97 07
– www.les-glycines-dordogne.com – Fermé 12 nov.-26 déc. et 22 fév.-3 mars
26 ch ⊊ – ♦105/198 € ♦♦128/335 € – ½ P
Rest *1862* – voir les restaurants ci-après

Cet ancien relais de poste au bord de la Vézère embaume la nature, avec son parc, sa tonnelle de glycine et son potager. Les chambres se révèlent charmantes et très confortables ; préférez les plus spacieuses.

🏨 **Hostellerie du Passeur**　　　🍽 🆔 📶 🅿

pl. de la Mairie – ℰ 05 53 06 97 13 – www.hostellerie-du-passeur.com
– Ouvert de Pâques à la Toussaint
19 ch – ♦85/124 € ♦♦95/185 € – ⊊ 14 € – ½ P

Sur la place de la mairie, cette imposante demeure périgourdine a tout pour elle : chambres coquettes (certaines de style contemporain et très colorées), restauration traditionnelle et même une boutique de produits du terroir et d'arts de la table.

🏠 Moulin de la Beune   🍽 ⌗ ⇦ P

2 r. du Moulin Bas – ℰ 05 53 06 94 33 – www.moulindelabeune.com – Ouvert 15 avril-20 oct.

20 ch – ♦57/66 € ♦♦66/80 € – ⏛ 8 € – ½ P

Rest *Au Vieux Moulin* – voir les restaurants ci-après

Au milieu du luxuriant jardin coule une rivière, la Beune. Puis il y a ces deux anciens moulins, cultivant avec bonheur leur ravissant charme champêtre et leur bel esprit maison de famille... Un lieu délicat, plaisant et reposant.

🏠 Le Cro Magnon   🍽 ⌿ P

54 av. de la Préhistoire – ℰ 05 53 06 97 06 – www.hotel-cromagnon.com – Ouvert 15 mars-1ᵉʳ nov.

15 ch – ♦75/85 € ♦♦85/98 € – ⏛ 11 € – ½ P

Cette demeure adossée aux rochers n'a rien de préhistorique, avec ses chambres spacieuses, son joli salon avec cheminée et sa piscine. Repas traditionnels servis dans la véranda ou en terrasse.

✕✕ 1862 – Hôtel Les Glycines   ⌸ ≼ ⇦ 🏠 ♿

4 av. de Laugerie, rte de Périgueux – ℰ 05 53 06 97 07 – www.les-glycines-dordogne.com – Fermé 12 nov.-26 déc., 12 fév.-3 mars, dim. soir, lundi et mardi de nov. à avril et le midi sauf dim.

Menu 60/109 € – Carte 73/94 €

Pour trouver ce restaurant, suivez l'odeur de la glycine ! Dans cette bâtisse de 1862, la cuisine est colorée, originale, alléchante... Les produits sont de qualité (tels les légumes du potager) et les vins bien choisis. L'été, profitez de la terrasse face au parc. Et pour le déjeuner, direction le Côté Bistro.

✕✕ Au Vieux Moulin – Hôtel Moulin de la Beune   ⇦ 🏠 P

2 r. du Moulin-Bas – ℰ 05 53 06 94 33 – www.moulindelabeune.com – Ouvert mi avril-mi oct. et fermé mardi midi, merc. midi et sam. midi

Menu 21/56 € – Carte 45/80 €

Une roue à aubes, le doux bruissement de l'eau et un décor rustique à souhait... Ce moulin est charmant et l'on y savoure une cuisine du terroir goûteuse et bien tournée. Aux beaux jours, on dresse les tables au bord de la rivière pour un repas des plus bucoliques. La carte des vins fait la part belle aux bordeaux.

Un important déjeuner d'affaires ou un dîner entre amis ?
Le symbole ✿ vous signale les salons privés.

ÈZE

✉ 06360 (Alpes-Maritimes) – 2 550 hab. – Alt. 390 m – Voir carte n°**42-E2**

▶ Paris 938 km – Cap d'Ail 6 km – Menton 17 km – Monaco 8 km

Carte Michelin 341-F5 – Guide Vert Michelin Côte d'Azur

🏰 Château de la Chèvre d'Or   🍽 ⌿ ≼ ⇦ 🏠 💆 ⌸ 🛜 ♨ P

r. du Barri, (accès piétonnier) – ℰ 04 92 10 66 66 – www.chevredor.com – Ouvert 5 mars-8 nov.

30 ch – ♦300/930 € ♦♦300/930 € – 7 suites – ⏛ 38 €

Rest *La Chèvre d'Or* ✿✿ **Rest** *Les Remparts* – voir les restaurants ci-après

Exceptionnel, divin, enchanteur... Un îlot céleste, agrippé aux rochers en surplomb de la Méditerranée. La plupart des chambres, disséminées dans le village, jouissent d'une vue splendide, tout comme les restaurants. Un petit paradis sur terre... au-dessus de la mer !

🏰 Château Eza   🍽 ⌿ ≼ ⌸ 🛜 ♨ P

r. Pise, (accès piétonnier) – ℰ 04 93 41 12 24 – www.chateaueza.com – Fermé 1ᵉʳ nov.-18 déc.

10 ch – ♦180/690 € ♦♦380/1300 € – 2 suites – ⏛ 30 €

Rest *Château Eza* ✿ – voir les restaurants ci-après

Dans cette demeure du 14ᵉ s. perchée entre ciel et mer, la vue sur la côte est littéralement... époustouflante ! Quant à la décoration des chambres, elle mêle charme des pierres anciennes et raffinement contemporain : c'est élégant et subtil. Et l'on vit le mythe de la Riviera...

XXX   **La Chèvre d'Or** – Hôtel Château de la Chèvre d'Or   🐟 🍷 ⟨ AC ℃ ⌂

ξ3 ξ3 *r. du Barri, (accès piétonnier) – ℰ 04 92 10 66 61 – www.chevredor.com*
– Ouvert 6 mars-8 nov. et fermé lundi midi, mardi midi, merc. midi en juil.-août
et lundi en mars
Menu 78 € (déj. en semaine), 140/230 € – Carte 200/255 € *(réservation conseillée)*

Perchée sur ce nid d'aigle qu'est Èze, la table gastronomique du célèbre Château de la Chèvre d'Or jouit d'une situation paradisiaque, face à l'azur de la mer et du ciel... La cuisine est au diapason : d'inspiration méditerranéenne, fine et variée, elle se fonde sur de superbes produits gorgés de fraîcheur.
➔ Petits légumes de Provence crus et cuits relevés de vinaigre de barolo, caponata sicilienne. Turbot côtier de Bretagne poché au beurre fermier demi-sel, velouté de coquillages au Noilly Prat. Vision d'un citron de Menton.

XXX   **Château Eza** – Hôtel Château Eza   ⟨ 🍷 AC ℃ ⌂ ⛴ **P**

ξ3 *r. Pise, (accès piétonnier) – ℰ 04 93 41 12 24 – www.chateaueza.com – Fermé*
1er nov.-18 déc., lundi et mardi de janv. à mars
Menu 55 € (déj.), 65/125 € – Carte 95/129 €

Évidemment, il y a le panorama éblouissant, ces variations du paysage en contrebas, le massif qui plonge ses forêts de pins dans la Méditerranée. Mais il y a surtout la cuisine du chef : des produits de qualité, des saveurs qui ne tombent jamais au hasard, des cuissons précises... Le plaisir est complet !
➔ Poulpe de roche aux brocoletti, jus iodé. Sauté de homard bleu et polenta, beurre noisette acidulé. Vacherin figue et miel, pointe de Porto.

XX   **Les Remparts** – Hôtel Château de la Chèvre d'Or   ⟨ 🍷 ☂ **P**

r. du Barri, (accès piétonnier) – ℰ 04 92 10 66 61 – www.chevredor.com
– Ouvert début avril à début nov. et fermé le soir
Carte 95/115 €

Une cuisine méridionale chic, servie le midi en saison sur une terrasse sublime, posée en bordure de falaise et offrant une vue magique sur la Grande Bleue, St-Jean-Cap-Ferrat, la baie des Anges... Pour un déjeuner d'exception !

XX   **Troubadour**   ℃

r. du Brec, (accès piétonnier) – ℰ 04 93 41 19 03 – Fermé 2-9 mars,
7-11 juil., 23 nov.-21 déc., dim. et lundi
Formule 20 € – Menu 40 € – Carte 50/81 € *(réservation conseillée)*

Dans une demeure ancienne, ce restaurant cultive son charme rustique. Le chef réalise une belle cuisine classique aux accents de Provence : une bonne table au cœur du vieux village !

au Col d'Èze 3 km au Nord-Ouest – ✉06360 Eze

🏠   **Hermitage**   🍴 🍷 🍴 & AC 🛜 **P**

1951 av. des Diables-Bleus, par la D 2564 (Grande Corniche) direction Nice
– ℰ 04 93 41 00 68 – www.ezehermitage.com
16 ch – †80/135 € ††80/135 € – ☲ 13 € – ½ P
Rest *Hermitage* – voir les restaurants ci-après

À deux pas du parc de la Grande-Corniche, cette maison d'architecture traditionnelle est chaleureuse : les chambres sont petites mais propres, très bien insonorisées et non dénuées de charme... La propriétaire aime chiner et s'est chargée de la déco !

🏠   **La Bastide aux Camélias** sans rest   🍷 🍴 ♨ 🛁 ℃ 🛜 **P**

23c rte de l'Adret – ℰ 04 93 41 13 68 – www.bastideauxcamelias.com – Ouvert
de début mars à mi-nov.
5 ch ☲ – †120/260 € ††120/260 €

Une belle bastide provençale noyée dans une végétation méditerranéenne luxuriante... Les chambres sont élégantes et décorées avec soin, et l'on profite à loisir de la piscine, du hammam, du sauna, du jacuzzi, etc. Une maison d'hôtes très agréable !

XX **Hermitage** – Hôtel Hermitage   🖨 🕿 ᵍ 🅰🄲 🅿

1951 av. des Diables-Bleus, par la D 2564 (Grande Corniche) direction Nice
– ℰ 04 93 41 00 68 – www.ezehermitage.com – Ouvert 10 avril-14 nov.
Formule 18 € – Menu 40 € – Carte 40/60 €
Dans ce sympathique hermitage méridional, le chef concocte une alléchante cuisine gorgée de soleil et de fraîcheur... La salle est ravissante avec ses murs en pierre et ses meubles patinés ; l'été, on profite du joli jardin.

ÈZE-BORD-DE-MER

✉ 06360 (Alpes-Maritimes) – Voir carte n°**42**-E2
▶ Paris 959 km – Menton 22 km – Monaco 8 km – Nice 14 km
Carte Michelin 341-F5 – Guide Vert Michelin Côte d'Azur

🏛🏛 **Cap Estel**   🍽 ⤳ ⤆ 🖨 ⚏ 🄳 🌐 🛴 ᵍ 🅰🄲 🛜 🎿 🅿 🚗

1312 av. Raymond-Poincaré – ℰ 04 93 76 29 29 – www.capestel.com
– Fermé 2 janv.-10 mars et 24 juil.-25 août
19 suites ⌷ – ♥♥580/10900 € – 9 ch – ½ P
Rest *La Table de Patrick Raingeard* ❀ – voir les restaurants ci-après
Sur une presqu'île privée, cette villa enchanteresse, construite par un prince russe à la fin du 19ᵉ s, cultive l'art du luxe discret. Ses salons magnifiques, ses chambres et suites somptueuses, son spa, son parc et sa piscine à débordement au-dessus de la mer... tout invite à un séjour de rêve, à l'abri des regards.

XXX **La Table de Patrick Raingeard** – Hôtel Cap Estel   ⤆ 🖨 🕿 ᵍ 🅰🄲 🅿
❀ *1312 av. Raymond-Poincaré*
– ℰ 04 93 76 29 29 – www.capestel.com
– Fermé 2 janv.-10 mars et 24 juil.-25 août, dim. soir, lundi et mardi en mars et avril sauf fériés et le midi de mi-mai à mi-sept.
Formule 45 € – Menu 52 € (déj. en semaine), 110/150 € – Carte 89/113 €
Dans le cadre luxueux de l'hôtel Cap Estel, cerné par la mer, Patrick Raingeard rend un bel hommage à la Méditerranée et ses rives : la qualité des produits, l'exécution soignée, la pointe d'inventivité qui rehausse l'ensemble, tout invite à un repas privilégié...
➔ Œuf de poule mollet aux champignons sauvages. Brandade de pintade fermière aux truffes. Tube chocolat aux poires.

FALAISE

✉ 14700 (Calvados) – 8 337 hab. – Alt. 132 m – Voir carte n°**32**-B2
▶ Paris 264 km – Argentan 23 km – Caen 36 km – Flers 37 km
Carte Michelin 303-K6 – Guide Vert Michelin Normandie Cotentin

XX **L'Attache**   𝒮
⊜ *rte de Caen, 1,5 km au Nord par N158 – ℰ 02 31 90 05 38 – Fermé 8-30 sept., mardi et merc. sauf fériés*
Menu 20/62 € – Carte 40/70 € *(réservation conseillée)*
À la sortie de la ville, sur la route de Caen, on découvre cette maison bien avenante. Le chef, passionné de plantes et de légumes oubliés (panais, blettes, cerfeuil tubéreux...), a même publié des livres sur le sujet. Son credo : tradition, fraîcheur et simplicité ! De quoi s'attacher très vite à cette adresse.

XX **La Fine Fourchette**
⊜ *52 r. Georges-Clemenceau – ℰ 02 31 90 08 59 – www.fine-fourchette.fr*
– Fermé 16-25 fév.
😊 Formule 15 € – Menu 19/58 € – Carte 38/63 €
On dit que les homards redoutent de croiser la route de Freddy Costil, le jeune chef de la Fine Fourchette. Mais ils ne sont pas les seuls à se faire du souci : pieds de cochon et tête de veau sont aussi de la partie... Des plats généreux, savoureux et inventifs, pour une adresse qui s'est offert une nouvelle jeunesse.

à St-Pierre-Canivet 4 km au Nord par N 158 et D 6 – ⊠ 14700
– 395 hab. – Alt. 150 m

 Domaine de la Tour sans rest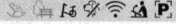
– 𝒞 02 31 20 53 07 – www.domainedelatour.fr
5 ch ⌑ – ♦65/74 € ♦♦70/110 €
Très nature, ces chambres dans le pavillon de chasse et les écuries du Château de
la Tour. Tout est prévu pour un séjour au calme et en famille ; les chambres sont
aménagées avec goût mais sans luxe ostentatoire. Et il y a même des jeux pour
enfants, un espace fitness, un joli parc... Que demander de plus ?

LE FALGOUX
⊠ 15380 (Cantal) – 139 hab. – Alt. 930 m – Voir carte n°**5-B3**
▶ Paris 533 km – Aurillac 57 km – Mauriac 29 km – Murat 34 km
Carte Michelin 330-D4

 Hôtel des Voyageurs
– 𝒞 04 71 69 51 59 – www.cantal-hotels.com – Fermé 11 nov.-1ᵉʳ fév. et
merc. hors saison
14 ch – ♦49 € ♦♦49 € – ⌑ 8 € – ½ P
Une auberge typique avec son restaurant traditionnel, sur la place du village,
juste en face de l'église. Les chambres, claires et fonctionnelles, offrent une vue
magnifique sur les hauteurs du Puy Mary. Un concentré d'Auvergne !

FALICON
⊠ 06950 (Alpes-Maritimes) – 1 907 hab. – Alt. 396 m – Voir carte n°**42-E2**
▶ Paris 935 km – Cannes 42 km – Nice 12 km – Sospel 41 km
Carte Michelin 341-E5 – Guide Vert Michelin Côte d'Azur

XX **Parcours Live**
1 pl. Marcel Eusebi, (près de la mairie) – 𝒞 04 93 84 94 57
– www.restaurant-parcours.com – Fermé 2-9 janv., 3-10 mars, 29 juin-12 juil.,
lundi midi, mardi midi, merc. midi et dim. soir
Menu 40/105 €
Du restaurant, bien situé au cœur du village perché de Falicon, le regard parcourt
les vallons environnants, Nice et même la Méditerranée... Mais le spectacle est
aussi en cuisine, dont l'activité est retransmise "en live" par un écran. Voilà qui
exprime l'esprit de la carte : créative et fondée sur les produits locaux.

FARROU – 12 (Aveyron) → voir Villefranche-de-Rouergue

LA FAUCILLE (COL DE) – 01 (Ain) → voir Col de la Faucille

LE FAUGA
⊠ 31410 (Haute-Garonne) – Alt. 200 m – Voir carte n°**28-B2**
▶ Paris 706 km – La Massana 165 km – Toulouse 33 km
Carte Michelin 343-F4

XX **Le Château de la Mandre**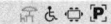
4 r. Cazaleres – 𝒞 05 61 56 74 94 – www.lechateaudelamandre.com
– Fermé 3-25 août, 23 déc.-2 janv., dim. soir, mardi soir et lundi
Menu 20 € (déj. en semaine), 37/42 €
Dans cette imposante bâtisse bourgeoise, le chef – qui a notamment travaillé au
Maupertu à Paris – concocte de belles recettes traditionnelles. Le résultat est à la
fois savoureux et coloré, à l'image de ces Saint-Jacques accompagnées d'un mille-
feuille à la mangue... Une bonne adresse !

FAULQUEMONT
⊠ 57380 (Moselle) – 5 492 hab. – Alt. 275 m – Voir carte n°**27-C1**
▶ Paris 367 km – Metz 38 km – Château-Salins 29 km – Pont-à-Mousson 46 km
Carte Michelin 307-K4

au Nord 3 km par rte de St-Avold et golf – ✉ 57380 Faulquemont

Hostellerie du Chambellan
av. Jean-Monnet, (au golf de Faulquemont) – ✆ 03 87 00 10 80 – www.lechambellan.fr – Fermé 2 semaines en août et 24 déc.-2 janv.
44 ch – †99/125 € ††105/145 € – ☕ 11 €
Rest *Toya* ✿ – voir les restaurants ci-après
Juste à côté du golf de Faulquemont, ce bâtiment récent propose des chambres à la fois sobres, contemporaines et confortables, dont certaines ont vue sur les greens. Deux options pour se restaurer : fine gastronomie au Toya, ou cuisine de brasserie et pizzas à la Mezzanine.

XXX ✿ **Toya** (Loïc Villemin) – Hostellerie du Chambellan
av. Jean-Monnet, (au golf de Faulquemont) – ✆ 03 87 89 34 22 – www.lechambellan.fr – Fermé 1 semaine en fév., 2 semaines en août, 24 déc.-2 janv., dim. soir, lundi et mardi
Menu 35 € (déj. en semaine), 60/99 €
Toya ? Un célèbre lac volcanique au nord du Japon et... cette table tendance zen (grande ouverte sur la verdure) pour une éruption de saveurs ! Beaux produits, technique soignée, inspiration maîtrisée, etc. Le jeune chef, Loïc Villemin, sait associer savoir-faire, sagesse et finesse.
→ Foie gras de canard, texture de pomme verte. Pintade rôtie, cannelloni de champignons et mousse de pomme de terre. Variation autour du fruit.

FAVERGES

✉ 74210 (Haute-Savoie) – 6 964 hab. – Alt. 507 m – Voir carte n°**45**-C1
Paris 562 km – Albertville 20 km – Annecy 27 km – Megève 35 km
Carte Michelin 328-K6 – Guide Vert Michelin Alpes du Nord

Florimont
1006 r. du Champ-Canon, (rte d'Albertville) – ✆ 04 50 44 50 05 – www.hotelflorimont.com – Fermé 6 déc.-10 janv.
27 ch – †72/85 € ††85/120 € – ☕ 12 € – ½ P
Rest *Florimont* – voir les restaurants ci-après
Le Florimont ? Un mot-valise composé de "fleur" et "mont" pour une enseigne qui dit vrai. Vue sur le mont Blanc, situation privilégiée près d'un golf et, pour ne rien gâcher, des chambres parfaitement tenues, un copieux petit-déjeuner où l'on savoure les délicieuses confitures maison, et un restaurant bien gourmand !

Hôtel de Genève sans rest
34 r. de la République – ✆ 04 50 32 46 90 – www.hotellegeneve.com – Fermé vacances de Noël
30 ch – †54/80 € ††63/90 € – ☕ 10 €
Un hôtel central reconnaissable entre mille avec sa jolie façade décorée de fleurs peintes. Des chambres pratiques (bien insonorisées côté rue) et très bien tenues ; une formule "soirée étape" intéressante... un bon point de chute !

XX **Florimont** – Hôtel Florimont
1006 r. du Champ-Canon, (rte d'Albertville) – ✆ 04 50 44 50 05 – www.hotelflorimont.com – Fermé 6 déc.-10 janv., dim. soir, lundi midi et sam.
Menu 20 € (déj. en semaine), 31/48 € – Carte 56/76 €
De beaux produits, des cuissons et des techniques maîtrisées, de la recherche et du caractère : la cuisine du chef est gourmande et pleine de saveurs ; à l'image de ce filet de lieu jaune accompagné d'asperges et d'une mousse d'artichaut. Quant au cadre, d'esprit montagnard, il ne manque pas de chaleur.

au Tertenoz 4 km au Sud-Est par D 12 et rte secondaire – ✉ 74210

XX **Au Gay Séjour** avec ch
58 rte de Tertenoz – ✆ 04 50 44 52 52 – www.hotel-gay-sejour.com – Fermé dim. soir et lundi
11 ch – †85/105 € ††105/125 € – ☕ 15 € – ½ P
Formule 35 € – Menu 40/85 € – Carte 48/65 €
Cette ferme-auberge du 17e s. a fière allure : belle vue sur la vallée, décor contemporain haut en couleurs... pour une cuisine traditionnelle fort alléchante ! Pour dépanner, des chambres simples.

FAVERNEY

✉ 70160 (Haute-Saône) – 949 hab. – Alt. 235 m – Voir carte n°**16**-B1
▶ Paris 364 km – Besançon 70 km – Lure 48 km – Vesoul 21 km
Carte Michelin 314-E6 – Guide Vert Michelin Franche-Comté Jura

à Breurey-lès-Faverney 3 km au Sud-Est par D 434 et D 6 – ✉ 70160
– 579 hab. – Alt. 233 m

 Château de la Presle ⊞ ◇ 🛏 🛗 🛋 🅿
3 r. Louis-Pergaud – ✆ 03 84 91 41 70 – www.chateaudelapresle.com
5 ch ⚏ – ♦100/135 € ♦♦110/145 €
Vous rêvez d'un week-end de charme à la campagne ? Ce château du 19ᵉs., dans
un parc de 6 ha, devrait vous plaire ! Les chambres sont ravissantes (toile de Jouy,
style gustavien, etc.), sans parler du salon avec piano, du billard sous les combles
et de l'espace bien-être. Cuisine bourgeoise servie dans une salle élégante.

FAVIÈRES

✉ 80120 (Somme) – 462 hab. – Alt. 1 m – Voir carte n°**36**-A1
▶ Paris 212 km – Abbeville 22 km – Amiens 77 km – Berck-Plage 27 km
Carte Michelin 301-C6

Les Saules ⊞ ◇ 🛏 ♿ 🛋 🎿 🅿
1075 r. des Forges – ✆ 03 22 27 04 20 – www.hotel-baie-somme.com
21 ch – ♦102/122 € ♦♦102/143 € – ⚏ 12 € – ½ P
Envie d'une étape au calme, après avoir visité le parc ornithologique du Marquenterre ? Ces Saules sont tout indiqués ! On enjambe un petit ruisseau pour entrer
dans la cour fleurie ; les chambres ont vue sur le jardin ou la campagne environnante. Délicieusement bucolique...

XX **La Clé des Champs** 🅰🅲 🅿
⊛ *pl. des Frères-Caudron* – ✆ 03 22 27 88 00 – Fermé 1 semaine en août, 3
semaines en janv., lundi et mardi sauf fériés
Menu 16 € (semaine), 22/37 €
Cette ancienne ferme picarde étend ses belles façades d'un blanc immaculé sur
un angle de rue, au calme d'un charmant village. Au menu, une cuisine du marché empreinte de simplicité : sole, asperges, escalope de foie gras...

FAVONE – 2A (Corse-du-Sud) ➜ voir Corse

FAYENCE

✉ 83440 (Var) – 5 285 hab. – Alt. 350 m – Voir carte n°**41**-C3
▶ Paris 884 km – Castellane 55 km – Draguignan 30 km – Fréjus 36 km
Carte Michelin 340-P4 – Guide Vert Michelin Côte d'Azur

 Les Oliviers 🆕 sans rest 🌙 🅰🅲 🛋 🅿
18 av. St-Christophe, (quartier La Ferrage), rte de Grasse – ✆ 04 94 76 13 12
– www.lesoliviersfayence.fr – Fermé déc. et janv.
22 ch – ♦70/99 € ♦♦75/107 € – ⚏ 10 €
Au pied du village, ce petit hôtel familial domine la plaine du Gué et son important centre de vol à voile. On y trouve des chambres sobres et fonctionnelles, ainsi
qu'une petite piscine. Un bon point de chute pour découvrir l'arrière-pays varois !

 La Bégude du Pascouren sans rest 🛏 🌙 🅰🅲 🎿 🛋 🅿
74 chemin de la Bane, 7,5 km au Sud par D 562 (rte de Draguignan)
– ✆ 04 94 68 63 03 – www.chambres-hotes-labegudedupascouren.fr – Fermé
15 janv.- 28 fév.
5 ch ⚏ – ♦129/182 € ♦♦132/185 €
Une partie de pétanque, quelques brasses dans la piscine chauffée, un tour en
vélo (gracieusement prêté) puis une sieste dans sa chambre ou au jardin... Cette
villa offre tous les plaisirs de la Provence.

X **La Table d'Yves**   🛋 AC P

😊 *1357 rte de Fréjus, 2 km par D 563 – ℰ 04 94 76 08 44 – www.latabledyves.com*
– Fermé jeudi sauf le soir en saison et merc.
Menu 30/60 € – Carte 45/81 €
Les vignes et le village de Fayence pour décor ! L'été, on s'installe sur la terrasse
de cette jolie maison aux volets bleus en laissant le temps filer... Douce quiétude
et agréables saveurs : Yves Merville concocte de bonnes recettes aux accents du
terroir, avec de jolis produits du marché. On se régale !

X **La Farigoulette**   🛋 AC

1 pl. du Château – ℰ 04 94 84 10 49 – Fermé 20-25 déc., 20 fév.-10 mars, mardi
sauf le soir en juil.-août et merc.
Formule 19 € – Menu 29/39 € – Carte 43/60 €
Des murs en pierre, des poutres... et une collection de cocottes anciennes (une
passion du chef) : cette ancienne bergerie, postée sur les hauteurs du vieux village, cultive le sens de la tradition ! Au menu, de bonnes recettes du terroir cuisinées avec des produits frais.

X **Le Temps des Cerises**   🛋

2 pl. de la République – ℰ 04 94 76 01 19 – www.restaurantletempsdescerises.fr
– Fermé mardi et merc.
Carte 33/51 €
Une terrasse sous la tonnelle, des cuisines ouvertes sur la salle et des tableaux
peints par le père du chef : l'ambiance est chaleureuse et provençale, même si
ce dernier est d'origine hollandaise ! Parfaitement acclimaté aux fourneaux, il y
chante "le temps des cerises" sans nostalgie.

à l'Ouest par rte de Seillans (D 19) et rte secondaire – ⊠ 83440 Fayence

🏠 **Moulin de la Camandoule**   🕙 🛏 ⪡ 🛋 🏊 AC 🛜 P

159 chemin de Notre-Dame, à 2 km – ℰ 04 94 76 00 84 – www.camandoule.com
9 ch – ♦60/98 € ♦♦120/178 € – 1 suite – ⊡ 10 € – ½ P
Rest *L'Escourtin* – voir les restaurants ci-après
Ce moulin à huile du 17ᵉ s., alimenté en eau par un aqueduc auquel on prête des
origines romaines, se dresse dans un bel écrin de verdure. Mobilier ancien dans les
chambres. L'âme des vieilles pierres... portée par une jeune équipe dynamique !

XX **L'Escourtin** – Hôtel Moulin de la Camandoule   ⪡ 🛋 AC P

chemin de Notre-Dame, à 2 km – ℰ 04 94 76 00 84 – www.camandoule.com
– Fermé lundi midi et mardi midi en juil.-août, jeudi sauf le soir de mai à sept.
et merc. sauf le soir en juil.-août
Formule 22 € 🍷 – Menu 33/62 € – Carte 41/73 €
L'Escourtin, c'est ce panier utilisé pour ramasser la pâte, après la presse des olives.
Beaucoup de cachet dans cet ancien moulin : rustique son mécanisme tout en
rouages et poulies ; rustiques ses poutres, sa cheminée, ses vieux objets... La
carte est exactement dans le ton : terroir et tradition provençale.

XX **Le Castellaras** (Quentin Jobley) avec ch   ⪡ 🛏 🛋 P

😊 *461 chemin Peymeyan, à 4 km – ℰ 04 94 76 13 80*
– www.restaurant-castellaras.com – Fermé 30 nov.-9 déc., 4 janv.-13 fév., lundi et
mardi
3 ch ⊡ – ♦100 € ♦♦100 €   Menu 45/75 € – Carte 60/82 €
On ne résiste pas au charme de cette maison dans son jardin arboré à flanc de colline, avec le village pour toile de fond – quel panorama ! Un cadre tout trouvé pour
un repas qui cultive les couleurs et la générosité de la Provence. Inspiré par le marché et les saisons, Quentin Jobley unit délicatesse et parfums pour le meilleur...
➜ Œuf bio aux morilles, jus de pata negra. Saint-pierre et gnocchis au jus d'herbes. Soufflé aux fruits de la passion.

LE FAYET – 74 (Haute-Savoie) ➜ voir St-Gervais-les-Bains

FÉCAMP

⊠ 76400 (Seine-Maritime) – 19 264 hab. – Alt. 15 m – Voir carte n°**33**-C1
◘ Paris 201 km – Amiens 165 km – Caen 113 km – Dieppe 66 km
Carte Michelin 304-C3 – Guide Vert Michelin Normandie Vallée de la Seine

"Quand je cherche l'inspiration, je la trouve dans une tasse de café."

Ferran Adrià

ARMANDO TESTA

Ferran Adrià, connu comme le chef le plus créatif au monde,
a choisi de se laisser inspirer par la qualité incomparable du café Lavazza.
Depuis 1895, Lavazza c'est une histoire de passion pour le café,
devenue synonyme d'excellence.
Quatre générations à votre service pour garantir, tout au long
de la journée, le plaisir de l'authentique espresso italien : chez vous,
dans les bars et les meilleurs restaurants.

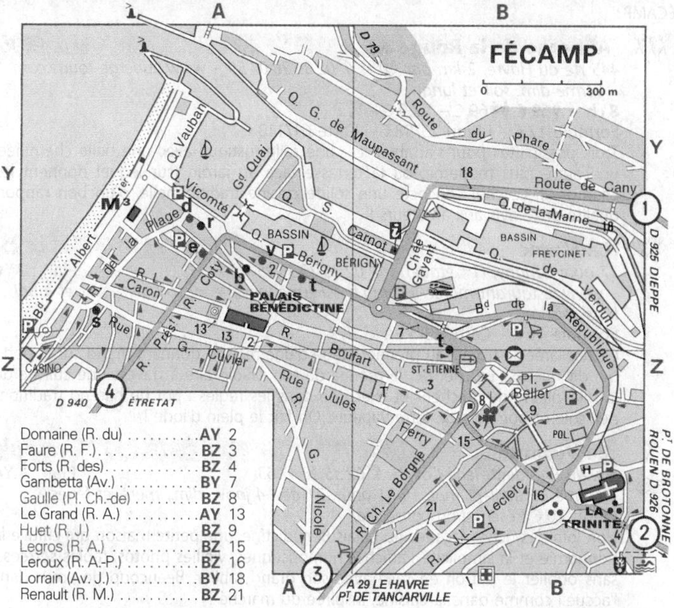

Domaine (R. du) .... AY 2
Faure (R. F.) .... BZ 3
Forts (R. des) .... BZ 4
Gambetta (Av.) .... BY 7
Gaulle (Pl. Ch.-de) .... BZ 8
Le Grand (R. A.) .... AY 13
Huet (R. J.) .... BZ 9
Legros (R. A.) .... BZ 15
Leroux (R. A.-P.) .... BZ 16
Lorrain (Av. J.) .... BY 18
Renault (R. M.) .... BZ 21

Le Grand Pavois sans rest

15 quai de la Vicomté – ✆ 02 35 10 01 01 Plan : AY**r**
– www.hotel-grand-pavois.com
35 ch – 91/133 € 103/335 € – 16 €
Sa façade moderne pavoise sur les quais : une situation idéale ! Les prestations sont de qualité : décor contemporain et boisé, confort (excellente literie, bonne insonorisation), accueil aimable... et le petit-déjeuner se prend face aux bateaux. L'un des meilleurs hôtels de la région.

Hôtel d'Angleterre

91 r. de la Plage – ✆ 02 35 28 01 60 Plan : AY**s**
– www.hotelangleterre.com
26 ch – 70/98 € 70/98 € – 2 suites – 8,50 €
Un hôtel accueillant, non loin de la plage : les chambres, gaies et cosy, sont agréables après une journée de baignade. Au rez-de-chaussée, on trouve un pub très fréquenté et une crêperie non moins sympathique !

Vent d'Ouest sans rest

3 av. Gambetta – ✆ 02 35 28 04 04 Plan : BY**t**
– www.hotelventdouest.tm.fr – Fermé dim. soir sauf de juil. à mi sept.
15 ch – 48/57 € 57/65 € – 8 €
Entre le port et le centre-ville, cet hôtel fonctionnel pratique des tarifs compétitifs : les chambres sont certes petites, mais bien tenues et décorées de jolies photos marines.

La Grande Maison sans rest

112 r. de Mer – ✆ 02 35 28 52 44 Plan : AY**b**
– www.lagrandemaison-fecamp.fr – Ouvert 15 mars-15 nov.
3 ch – 130/150 € 150/250 €
Cette demeure du 16e s. appartint il y a un siècle à un célèbre armateur qui y intégra des ornements de son yacht personnel et même des vitraux inspirés du palais Bénédictine. De là une ambiance rare, feutrée et distinguée, parfaitement mise en valeur par l'actuelle propriétaire. Charme et confort à deux pas du port !

XXX Auberge de la Rouge avec ch

445 rte du Havre, 2 km par ③ – ℰ 02 35 28 07 59 – www.auberge-rouge.com
– Fermé dim. soir et lundi
8 ch – ♦69 € ♦♦69 € – ☑ 9 € – ½ P
Formule 17 € – Menu 25/58 € – Carte 61/113 €
Trois possibilités pour s'attabler ici : une salle rustique avec une belle cheminée, une autre plus moderne, ou la terrasse face au jardin (sur lequel donnent les chambres). Le chef concocte une solide cuisine traditionnelle, d'un bon rapport qualité-prix : avis aux amateurs !

XX La Marée

77 quai Bérigny, (1er étage) – ℰ 02 35 29 39 15   Plan : AY**v**
– www.restaurant-maree-fecamp.fr – Fermé janv., jeudi soir, dim. soir et lundi hors saison
Formule 19 € – Carte 33/51 €
Cette Marée se trouve au premier étage d'une maison donnant grand sur le port : qui dit mieux ? Le chef fait la preuve de son savoir-faire à travers une cuisine de la mer pleine de fraîcheur et exécutée dans les règles : pot de hareng traditionnel, sole et pommes de terre vapeur... On fait le plein d'iode !

X Le Vicomté

4 r. du Président-René-Coty – ℰ 02 35 28 47 63   Plan : AY**e**
– Fermé 30 avril-11 mai, 15-31 août, 21 déc.-4 janv., dim., merc. et fériés
Menu 20 € *(réservation conseillée)*
Non loin des riches façades du palais Bénédictine, une petite maison qui cultive la bonhomie et la simplicité : affiches humoristiques, vieilles photos, tables serrées... sans oublier le patron en salle avec son grand tablier. Beaucoup de cœur dans l'accueil comme dans la cuisine, inspirée du marché !

X La Marine

23 quai de la Vicomté – ℰ 02 35 28 15 94 – Fermé 1 semaine   Plan : AY**d**
vacances de fév., vacances de Toussaint, 1 semaine à Noël, mardi soir de sept. à juin et merc.
Menu 15 € (semaine), 21/35 € – Carte 30/45 €
Une adresse simple et sympathique, menée par une équipe soucieuse du plaisir des clients. L'enseigne dit tout : priorité au poisson et aux fruits de mer ! La salle de l'étage réserve une petite vue sur le port de plaisance.

X Le Piano de Jean-Noël

63 quai Bérigny – ℰ 02 35 10 86 06 – Fermé 1 semaine   Plan : AY**t**
en juin, 15 janv.-4 fév., lundi et mardi
Carte 24/51 €
Après avoir travaillé auprès d'Alexandre Bourdas à Honfleur, Jean-Noël Ganachas a décidé de se lancer en solo. C'est au marché qu'il puise, chaque matin, son inspiration. Le chef a de l'instinct : fines et créatives, fraîches et savoureuses, ses assiettes font mouche... Joli choix de vins de propriétaires.

FEGERSHEIM – 67 (Bas-Rhin) → voir Strasbourg

FEILLENS
✉ 01570 (Ain) – 3 108 hab. – Alt. 186 m – Voir carte n°**44-B1**
▶ Paris 398 km – Bourg-en-Bresse 36 km – Lyon 80 km – Mâcon 8 km
Carte Michelin 328-C2

X La Feillentine

210 rte de l'Église – ℰ 03 85 30 03 53 – www.lafeillentine.fr – Fermé août, sam. midi, dim. soir, mardi soir, merc. soir et lundi
Formule 17 € – Menu 26/43 € – Carte 36/49 €
Juste à côté de l'église du village, entrez donc dans la cour de cette bâtisse en pierres apparentes, installez-vous sur la terrasse ombragée et laissez-vous servir... Au menu : une cuisine traditionnelle et goûteuse, réalisée par un jeune chef qui a déjà acquis une belle expérience dans la région. Une bonne adresse !

LE FEL – 12 (Aveyron) → voir Entraygues-sur-Truyères

FELDBACH

✉ 68640 (Haut-Rhin) – 469 hab. – Alt. 410 m – Voir carte n°**1-A3**
▶ Paris 461 km – Altkirch 14 km – Basel 34 km – Belfort 46 km
Carte Michelin 315-H11

✗✗ Cheval Blanc   🍃 😋 **P**

1 r. Bisel – 𝒞 *03 89 25 81 86 – Fermé 23 fév.-10 mars, 6-21 juil., lundi de fév.
à avril, merc. de mai à janv. et mardi*
Menu 13 € (déj. en semaine), 22/49 € – Carte 26/50 €
Dans cette maison typique du Sundgau, la cuisine est une passion qui se transmet de génération en génération : père et fils œuvrent en effet de concert aux
fourneaux, pour réaliser de belles recettes traditionnelles teintées de modernité.
Très beau choix de vins. Vraiment, ce Cheval Blanc est une bonne monture !

FELICETO – 2B (Haute-Corse) ➜ voir Corse

FENOUILLET

✉ 31150 (Haute-Garonne) – 5 170 hab. – Alt. 125 m – Voir carte n°**28-B2**
▶ Paris 671 km – Albi 82 km – Montauban 49 km – Toulouse 13 km
Carte Michelin 343-G2

✗✗ Le Virgil   🍃 ⅃ 🔼 ⇔ **P**

40 r. Jean-Jaurès – 𝒞 *05 61 09 14 72 – www.levirgil.com – Fermé 5-20 août,
24-30 déc., sam. midi, dim. soir et lundi*
Formule 17 € 🍷 – Menu 24/37 € – Carte environ 46 €
"Virgil", c'est la contraction de Virginie et Gilles, le charmant couple aux commandes. Dans un intérieur cosy et plein de charme, on se retrouve autour de plats du
terroir simples et copieux : cassoulet toulousain, cabillaud aux haricots tarbais et
petites seiches... Goûteux et gourmand !

FÈRE-EN-TARDENOIS

✉ 02130 (Aisne) – 3 231 hab. – Alt. 180 m – Voir carte n°**37-C3**
▶ Paris 111 km – Château-Thierry 23 km – Laon 55 km – Reims 50 km
Carte Michelin 306-D7

🏨 Château de Fère   🅃🄾 ❦ ← 🍃 ⅃ 🔼 ⊛ ✗ ᕦ 🛜 🚴 **P**

rte de Fismes, 3 km au Nord par D 967 – 𝒞 *03 23 82 21 13
– www.chateaudefere.com – Fermé de début janv. à mi-fév.*
27 ch – 🛏175/540 € 🛏🛏175/540 € – 2 suites – 🍽 22 € – ½ P
Rest *Château de Fère* – voir les restaurants ci-après
Non loin se dressent les vestiges du château d'Anne de Montmorency. En pleine
forêt et au grand calme, cette belle demeure du 16ᵉ s. est chargée d'histoire, mais
vit au présent : piscine, spa, chambres confortables...

✗✗✗ Château de Fère   🍃 ← 🍃 🄰🄲 **P**

rte de Fismes, 3 km au Nord par D 967 – 𝒞 *03 23 82 21 13
– www.chateaudefere.com – Fermé de début janv. à mi-fév. et lundi midi sauf
fériés*
Menu 38 € (déj. en semaine), 55/95 € – Carte 50/86 €
Noblesse des vieilles pierres et d'un parc soigné, élégance de salles en enfilade
tout en boiseries et parquet d'origine, fresques à la gloire des fables de la Fontaine,
mobilier classique, etc. : un lieu plein de cachet, pour une cuisine gastronomique
actuelle associée à une superbe carte de vins, notamment de champagnes...

FERNEY-VOLTAIRE

✉ 01210 (Ain) – 8 452 hab. – Alt. 430 m – Voir carte n°**46-F1**
▶ Paris 499 km – Bellegarde-sur-Valserine 37 km – Genève 10 km – Gex 10 km
Carte Michelin 328-J3 – Guide Vert Michelin Franche-Comté Jura

🏨 Novotel   🅃🄾 ← ⅃ & 🄰🄲 🛜 🚴 **P**

rte de Meyrin, par D 35 – 𝒞 *04 50 40 85 23 – www.novotel.com*
80 ch – 🛏84/211 € 🛏🛏84/211 € – 🍽 16 €
À deux pas de la frontière Suisse et de l'aéroport, ce Novotel propose des chambres contemporaines et fonctionnelles... au calme. Ici, tout est à la fois prévu pour
les affaires et la détente.

⌂ **Hôtel de France** ⅋〇 📶

1 r. de Genève – ℰ 04 50 40 63 87 – www.hotelfranceferney.com – Fermé 1er-15 août et 20 déc.-4 janv.

14 ch – ✝79/110 € ✝✝99/125 € – ⌑ 10 € – ½ P

Rest Restaurant de France – voir les restaurants ci-après

Cette maison du 18e s. a su conserver le charme de l'ancien (pierres et poutres, escalier d'époque). Les chambres sont confortables et coquettes avec leurs boutis et leurs meubles de famille ; on profite d'un copieux petit déjeuner sous forme de buffet.

✗✗ **Restaurant de France** – Hôtel de France 🕸

1 r. de Genève – ℰ 04 50 40 63 87 – www.hotelfranceferney.com – Fermé 1er-15 août, 20 déc.-4 janv., sam. midi, dim. et lundi

Formule 25 € – Menu 29 € (déj. en semaine), 43/75 € – Carte 39/80 €

Il est des lieux où l'on se sent bien dès la porte franchie ; tel est le cas du restaurant de l'hôtel de France. Ici, le chef propose une cuisine plutôt actuelle, qui change au gré des saisons, et célèbre les produits des marchés du pays de Gex, du Léman et de Bresse. Aux beaux jours, on profite de la terrasse ombragée.

✗ **Le Chanteclair** 🕸 🏠

13 r. Versoix – ℰ 04 50 40 79 55 – Fermé 1 semaine en mai, 3 semaines en août, dim. et lundi

Menu 32 € (déj.), 41/60 € – Carte 47/67 €

Impossible de ne pas remarquer la façade bleu du Chanteclair ! Dans ce restaurant de poche, la déco est contemporaine... et la cuisine au diapason. Le chef s'inspire notamment de diverses influences : terroir, Asie, Méditerranée. Judicieuse carte des vins.

FERRALS-LES-CORBIÈRES

✉ 11200 (Aude) – 1 155 hab. – Alt. 60 m – Voir carte n°**22-B3**
◖ Paris 807 km – Albi 145 km – Montpellier 119 km – Perpignan 85 km
Carte Michelin 344-H4

✗✗ **En Catimini** 🏠 ⅋ 🆔 💱

16 pl. de la République – ℰ 04 68 41 62 53 – www.en-catimini.fr – Ouvert 20 mars-31 déc. et fermé lundi sauf le soir de mi juin à début sept. et sam. midi

Menu 29/60 € – Carte 38/74 €

L'archétype de l'hôtel particulier (1884) avec son grand escalier, ses moulures, ses boiseries et même un patio. C'est ici qu'une mère et sa fille - anciennes autodidactes - concoctent de jolies recettes : sushis revisités, lotte grillée au jambon cru et muscat, faisselle à la menthe et au gingembre... De belles saveurs !

FERRETTE

✉ 68480 (Haut-Rhin) – 828 hab. – Alt. 470 m – Voir carte n°**1-A3**
◖ Paris 467 km – Altkirch 20 km – Basel 28 km – Belfort 52 km
Carte Michelin 315-H12

à Lutter 8 km au Sud-Est par D 23 – ✉ 68480 – 298 hab. – Alt. 428 m

✗✗ **L'Auberge Paysanne** avec ch 🕸 🏠 🅿
⅋ *1 r. de Wolschwiller – ℰ 03 89 40 71 67 – www.auberge-hostellerie-paysanne.com – Fermé 29 juin-13 juil., 21 déc.-12 janv., dim. soir hors saison, mardi midi et lundi*

16 ch – ✝58/78 € ✝✝58/78 € – ⌑ 10 € – ½ P

Menu 13 € (déj. en semaine), 26/47 € – Carte 29/52 €

Non loin de la frontière suisse, une maison pleine d'âme (vieilles photos, poêle en faïence, etc.), tenue en famille. Le chef, d'origine méditerranéenne, concocte une cuisine traditionnelle aux légères fragrances du Sud. Besoin de repos ? L'ancienne ferme voisine vous réserve d'agréables chambres d'esprit campagnard.

LA FERRIÈRE-AUX-ÉTANGS – 61 (Orne) ➜ voir Flers

FERRIÈRES-EN-GÂTINAIS

✉ 45210 (Loiret) – 3 462 hab. – Alt. 96 m – Voir carte n°**12-D2**
▶ Paris 99 km – Auxerre 81 km – Fontainebleau 40 km – Montargis 12 km
Carte Michelin 318-N3 – Guide Vert Michelin Bourgogne

🏠 **L'Abbaye**   🔟 🕸 📶 ♿ 🛜 💆 **P**
Carrefour des Trois-Platanes – 𝒞 02 38 96 53 12 – www.hotel-abbaye.fr
30 ch – 🛏80/125 € 🛏🛏80/125 € – 🍽 10 €
Cet hôtel doit son nom à l'abbaye bénédictine de St-Pierre-et-St-Paul. L'ensemble est relativement rustique, à l'exception d'une partie des chambres récemment rénovées. Parfait pour une étape ou un court séjour dans la région.

LA FERTÉ-BEAUHARNAIS

✉ 41210 (Loir-et-Cher) – 537 hab. – Alt. 101 m – Voir carte n°**12-C2**
▶ Paris 183 km – Blois 46 km – Orléans 45 km – Vierzon 56 km
Carte Michelin 318-I6 – Guide Vert Michelin Châteaux de la Loire

🏠 **Château de la Ferté Beauharnais** sans rest   🕸 📶 🛜 **P** ⇥
172 r. du Prince-Eugène – 𝒞 02 54 83 72 18
3 ch 🍽 – 🛏145/245 € 🛏🛏145/245 €
Ce château fut la résidence de la famille de Beauharnais et, notamment de Joséphine, première épouse de Napoléon. On s'y repose dans des chambres de style (parquet, moulures, cheminée). Grand parc où il fait bon se promener.

LA FERTÉ-BERNARD

✉ 72400 (Sarthe) – 9 154 hab. – Alt. 90 m – Voir carte n°**35-D1**
▶ Paris 164 km – Alençon 56 km – Chartres 79 km – Châteaudun 65 km
Carte Michelin 310-M5 – Guide Vert Michelin Pays de la Loire

✕✕ **Restaurant du Dauphin**   🍴 ♿
3 r. d'Huisne, (accès piétonnier) – 𝒞 02 43 93 00 39
– www.restaurant-du-dauphin.com – Fermé 2 semaines en août, jeudi soir, dim. soir et lundi
Formule 18 € – Menu 22 € (semaine), 32/85 € 🍷 – Carte 47/63 €
Une jolie maison du 16ᵉ s. au pied de la porte St-Julien, qui assume l'héritage de cette époque (pierres, cheminée), en le mariant harmonieusement à des teintes chaudes et ensoleillées. La cuisine est dans l'air du temps, avec des notes inventives et exotiques, comme dans cette quenelle de poisson au combava.

LA FERTÉ-ST-AUBIN

✉ 45240 (Loiret) – 7 144 hab. – Alt. 114 m – Voir carte n°**12-C2**
▶ Paris 153 km – Blois 62 km – Orléans 23 km – Romorantin-Lanthenay 45 km
Carte Michelin 318-I5 – Guide Vert Michelin Châteaux de la Loire

🏠 **L'Orée des Chênes**   🔟 🕸 📶 🏊 ♿ 💆 **P**
3,5 km au Nord-Est par rte de Marcilly – 𝒞 02 38 64 84 00
– www.loreedeschenes.com
Rest L'Orée des Chênes – voir les restaurants ci-après
Un agréable parc, un étang, une piscine et... ces jolies maisons solognotes, avec des chambres accueillantes, feutrées, chics et bucoliques). Quiétude, verdure et confort !

✕✕✕ **L'Orée des Chênes**   🍴 🍴 ♿
3,5 km au Nord-Est par rte de Marcilly – 𝒞 02 38 64 84 00
– www.loreedeschenes.com
Formule 29 € – Menu 43/56 € – Carte 53/72 €
Cachet et caractère pour cette table qui cultive avec élégance son atmosphère champêtre. Le chef concocte une cuisine de saison très joliment présentée. L'hiver, on savoure le repas en regardant crépiter le feu dans la belle cheminée.

LA FERTÉ-ST-CYR

✉ 41220 (Loir-et-Cher) – 1 031 hab. – Alt. 82 m – Voir carte n°**12-C2**
▶ Paris 170 km – Blois 32 km – Orléans 37 km – Romorantin-Lanthenay 35 km
Carte Michelin 318-H6

La Diligence ⑩   ⑩ 🛌 ⚹ 🛜 🅿
13 r. du Bourg – ☎ 02 54 87 90 14 – www.hotel-ladiligence.com
10 ch – ♦70/85 € ♦♦85/120 € – ⊑ 12 € – ½ P
Ne manquez pas cette Diligence ! Sur l'axe principal de la ville, sa façade a du
cachet ; derrière, le petit jardin à la française a beaucoup de charme. Les chambres, parées de couleurs vives, se révèlent confortables et bien entretenues.

LA FERTÉ-SOUS-JOUARRE
✉ 77260 (Seine-et-Marne) – 9 222 hab. – Alt. 58 m – Voir carte n°**19**-D1
▶ Paris 67 km – Melun 70 km – Reims 83 km – Troyes 116 km
Carte Michelin 312-H2

Château des Bondons   ⑩ 🍽 🛌 🛜 🅿
47 r. des Bondons, 2 km à l'Est par D 70, rte de Montménard – ☎ 01 60 22 00 98
– www.chateaudesbondons.com
11 ch – ♦135/300 € ♦♦135/300 € – 3 suites – ⊑ 15 € – ½ P
Rest *Le Castel* – voir les restaurants ci-après
Dans son parc planté d'arbres vénérables, ce château du 18ᵉ s. dégage un charme
bourgeois : meubles de style, chambres classiques et fleuries avec ciel de lit, cheminée... Un pied-à-terre de choix pour découvrir la région.

Le Castel – Hôtel Château des Bondons   🛌 🍴 🅿
47 r. des Bondons, 2 km à l'Est par D 70, rte de Montménard – ☎ 01 60 22 00 98
– www.chateaudesbondons.com – Fermé janv., lundi et mardi
Formule 40 € – Menu 55/95 € – Carte 65/135 €
Nappes blanches, beau parquet, baies vitrées : les amateurs de classicisme élégant seront comblés. Idem avec la sole pochée au champagne, le civet de
homard, le magret de canard à la bière de la Brie...

FEURS
✉ 42110 (Loire) – 7 922 hab. – Alt. 343 m – Voir carte n°**44**-A2
▶ Paris 433 km – Lyon 69 km – Montbrison 24 km – Roanne 38 km
Carte Michelin 327-E5 – Guide Vert Michelin Lyon et sa région

Etésia sans rest   🛌 ⌁ 🏊 🛜 🅿
4 chemin des monts, rte de Roanne – ☎ 04 77 27 07 77 – Fermé 22-29 déc. et
dim. en hiver
15 ch – ♦57/64 € ♦♦63/70 € – ⊑ 10 €
À la sortie de la ville, un hôtel moderne particulièrement bien tenu et confortable.
L'accueil sympathique des propriétaires ajoute à l'intérêt de l'étape, comme le jardin arboré avec sa piscine. Bon rapport qualité-prix.

Chalet de la Boule d'Or   🍴 ⌖
☞ 42 r. Cassin, (rte de Lyon) – ☎ 04 77 26 20 68 – www.chaletlabouledor.com
– Fermé 1 semaine en mars, 1 semaine en mai, 28 juil.-25 août, merc. soir, dim.
soir et lundi
Menu 18 € (semaine), 29/38 € – Carte 40/65 € *(réservation conseillée)*
Au menu de ce restaurant traditionnel, une cuisine bien maîtrisée et sûre de ses
classiques : filet de bœuf et gratin dauphinois aux morilles, homard thermidor,
rognons à la moutarde, etc. Les habitués vous le diront : il ne faut pas manquer
de profiter du menu déjeuner, à l'excellent rapport qualité-prix.

à Salt-en-Donzy 5 km rte de Lyon – ✉ 42110 – 540 hab. – Alt. 337 m

L'Assiette Saltoise   🍴 ⌖
au bourg – ☎ 04 77 26 04 29 – www.assiette-saltoise.com – Fermé 1ᵉʳ-9 janv. et
lundi
Formule 12 € – Menu 22/34 € – Carte 27/37 €
Au pied de l'église du village, un petit restaurant sympathique qui fait la part belle
à la tradition. Aux beaux jours, profitez du décor de la terrasse sous les tilleuls.

à Naconne 3 km au Nord-Ouest par N 89 et D 112 – ⊠ 42110

XX   **Brin de Laurier**
– ℰ 04 77 26 07 50 – www.brindelaurier.com
– *Fermé 29 avril-10 mai, 25 août-5 sept., 23 déc.-8 janv., mardi soir, merc. soir et jeudi soir sauf juil.-août, sam. midi, dim. soir et lundi*
Formule 18 € – Menu 22 € (déj. en semaine), 29/39 € – Carte environ 48 €
Thierry Laurier aime la couleur et ça se voit : il a peint sa propriété de tons chatoyants ! Il aime aussi les bons produits, la fraîcheur, les recettes qui changent... Sa table est vive et parfumée. Deux ambiances : une salle principale élégante et intime, et une terrasse sous des glycines aux accents provençaux.

FEYTIAT

⊠ 87220 (Haute-Vienne) – 6 004 hab. – Alt. 365 m – Voir carte n°**24**-B2
◼ Paris 398 km – Limoges 9 km – Saint-Junien 41 km – Panazol 5 km
Carte Michelin 325-E6

⌂   **Prieuré du Puy Marot**
8 allée du Puy-Marot, 2 km au Nord-Est par rte de St-Just-le-Martel (D 98)
– ℰ 05 55 48 33 97
3 ch ⌧ – †80 € ††90 €
Surplombant la vallée de la Valoine, ce prieuré du 12ᵉ s., plusieurs fois remanié, coule des jours paisibles au milieu d'un beau jardin. Du style, un accueil charmant et ce petit supplément d'âme qui fait la différence. Le soir, cuisine traditionnelle.

FIGEAC

⊠ 46100 (Lot) – 9 773 hab. – Alt. 214 m – Voir carte n°**29**-C1
◼ Paris 578 km – Aurillac 64 km – Rodez 66 km – Villefranche-de-Rouergue 36 km
Carte Michelin 337-I4

🏨   **Le Pont d'Or**
2 av. Jean-Jaurès – ℰ 05 65 50 95 00 – www.hotelpontdor.com   **x**
35 ch – †78/146 € ††78/146 € – ⌧ 12 €
Cet hôtel borde le Célé, face à la vieille ville. Les chambres y sont confortables ; préférez celles avec vue sur la rivière. Sauna, piscine et fitness sur le toit. Au restaurant, on apprécie les recettes traditionnelles.

🏠   **Le Champollion** sans rest
3 pl. Champollion – ℰ 05 65 34 04 37   **v**
10 ch – †52 € ††57 € – ⌧ 8 €
Une maison médiévale sur la jolie place Champollion, face au "moucharabieh typographique" (2009) qui rehausse la façade du musée éponyme. Les chambres sont épurées et agréables, avec leur beau parquet en châtaignier massif.

🏠   **Le Quatorze** ⓝ sans rest
14 pl. de l'Estang – ℰ 05 65 14 08 92 – www.le-quatorze.fr – Fermé   **a**
20 déc.-3 janv.
14 ch – †65/95 € ††65/95 € – ⌧ 12 €
Sur une petite place au cœur du vieux Figeac, ce joli hôtel accueille quatorze chambres confortables et simplement décorées, avec un beau mobilier – frêne, châtaignier – et tout le confort nécessaire.

XX   **La Cuisine du Marché** ⓝ
15 r. de Clermont – ℰ 05 65 50 18 55   **b**
– www.lacuisinedumarchefigeac.com – Fermé 4 janv.-13 fév., lundi midi et dim.
Formule 19 € – Menu 30/50 € – Carte 41/57 €
La vieille ville est un bel écrin pour ce restaurant agréable, dont le nom est déjà un manifeste ! On utilise de bons produits du marché pour réaliser une cuisine simple et goûteuse, mâtinée de quelques touches espagnoles – origines du chef obligent.

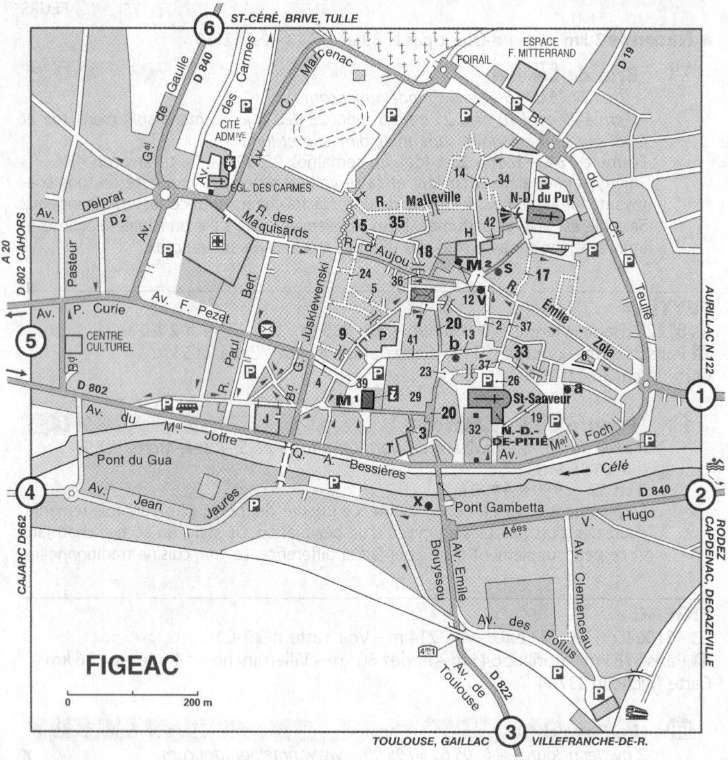

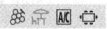

FIGEAC
ST-CÉRÉ, BRIVE, TULLE
TOULOUSE, GAILLAC
VILLEFRANCHE-DE-R.
RODEZ CAPDENAC, DECAZEVILLE
AURILLAC N 122
CAJARC D662
A 20 D 802 CAHORS
ESPACE F. MITTERRAND
FOIRAIL
CITÉ ADMIVE
EGL. DES CARMES
N.-D. du Puy
St-Sauveur
N.-D.-DE-PITIÉ
CENTRE CULTUREL
Pont du Gua
Pont Gambetta
Célé
R. Malleville
R. des Maquisards
R. d'Aujou
R. Émile-Zola
Av. Delprat
Av. Pasteur
Av. P. Curie
Av. F. Pezet
Bd Juskiewenski
Av. du Mal Joffre
Q. A. Bessières
Av. Jean Jaurès
Av. Émile Bouyssou
Av. Clemenceau
Av. des Poilus
Av. de Toulouse
Av. Mal Foch
Bd du Gal Teulié
C. Marcenac
R. des Carmes
Av. Gal de Gaulle
R. Paul Bert
Aées V. Hugo
D 840
D 802
D 822
D 19
D 2
200 m

Aujou (R. d')		Clermont (R.)	13	Ortabadial (R.)	29
Baduel (R.)	2	Colomb (R. de)	14	Raison (Pl. de la)	32
Balène (R.)	3	Crussol (R. du)	15	Roquefort (R.)	33
Barthal (Pl.)	4	Delzhens (R.)	17	St-Jacques (R.)	34
Bonhore (R.)	5	Ecritures (Pl. des)	18	St-Thomas (R.)	35
Canal (R. du)	6	Ferrer (R.)	19	Seguier (R.)	36
Carnot (Pl.)	7	Gambetta (R.)	20	Tomfort (R.)	37
Caviale (R.)	9	Herbes (Pl. aux)	23	Vival (Pl.)	39
Champollion (Pl. et R. des Frères)	12	Laurière (R.)	24	11-Novembre (R. du)	41
		Michelet (Pl. E.)	26	16-Mai (R. du)	42

XX **La Dînée du Viguier**

4 r. Boutaric – ✆ 05 65 50 08 08 – www.ladineeduviguier.fr **s**
– Fermé 17-30 nov., 19 janv.-8 fév., dim. soir d'oct. à mars, sam. midi et lundi
Formule 21 € – Menu 32/76 € – Carte 66/81 €
Au cœur de la cité médiévale, dans l'ancienne salle des gardes du château du Viguier : haut plafond de poutres peintes, cheminée au manteau sculpté... et cuisine pourtant bien dans l'air du temps ! Belle carte des vins.

à Capdenac-le-Haut 5 km par ② – ✉ 46100

Le Relais de la Tour

pl. Lucter – ✆ 05 65 11 06 99 – www.lerelaisdelatour.fr – Fermé vacances de la Toussaint et de fév.
11 ch – 59/67 € 67/93 € – ½ P
Cette maison villageoise du 15e s., entièrement restaurée, fait face à une tour médiévale qui surplombe la vallée du Lot. Chambres sobrement décorées. Plats du terroir au restaurant.

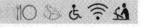

FITOU

✉ 11510 (Aude) – 1 012 hab. – Alt. 38 m – Voir carte n°**22-B3**

▶ Paris 823 km – Carcassonne 90 km – Narbonne 40 km – Perpignan 29 km

Carte Michelin 344-I5

✗ **Le Toit Vert** avec ch   🛆 ⴜ 🛜 **P**
chemin les Pujades – ℰ 04 68 70 47 38 – www.letoitvert.com
– Ouvert fin mars-fin oct. et fermé mardi, merc. et jeudi
3 ch ⴑ – ♦50/70 € ♦♦60/70 €   Formule 29 € – Menu 33 € *(menu unique)*
Si elle n'est pas dans son atelier de céramique, la propriétaire aide sa fille en salle, avec gentillesse et simplicité. Quant à son mari, il vous propose une carte des vins et des recettes renouvelées au gré de ses découvertes chez les producteurs locaux. C'est frais et sympathique ! Quelques chambres colorées pour la nuit.

FLACEY – 28 (Eure-et-Loir) → voir Châteaudun

FLAGEY-ÉCHEZEAUX – 21 (Côte-d'Or) → voir Vougeot

FLAMANVILLE

✉ 50340 (Manche) – 1 732 hab. – Alt. 74 m – Voir carte n°**32-A1**

▶ Paris 371 km – Barneville-Carteret 23 km – Cherbourg 27 km – Valognes 36 km

Carte Michelin 303-A2 – Guide Vert Michelin Normandie Cotentin

🏠 **Bel Air** sans rest   🛆 ⴜ 🛜 **P**
2 r. du Château – ℰ 02 33 04 48 00 – www.hotelbelair-normandie.com – Fermé 15 déc.-15 fév.
11 ch – ♦85/95 € ♦♦85/115 € – ⴑ 12 €
Une jolie dépendance du château, appréciée pour son grand calme. Les chambres, toutes différentes, sont propres et coquettes, dans un esprit province. Accueil charmant.

✗ **Le Sémaphore**   ⴜ
Chasse de la Houe – ℰ 02 33 52 18 98 – www.restaurantlesemaphore.com
– Fermé de Noël à début fév., dim. soir et lundi
Formule 17 € – Menu 22/50 € – Carte 30/58 €
Légèrement en retrait de Flamanville, cet ancien sémaphore est perché sur la falaise et offre une vue sublime sur les îles anglo-normandes ; on y sert une cuisine traditionnelle, réalisée avec de bons produits de la mer. L'accueil est assuré par le patron, connaisseur de la région et... au caractère bien trempé !

FLAYOSC – 83 (Var) → voir Draguignan

LA FLÈCHE

✉ 72200 (Sarthe) – 15 108 hab. – Alt. 33 m – Voir carte n°**35-C2**

▶ Paris 244 km – Angers 52 km – Laval 70 km – Le Mans 44 km

Carte Michelin 310-I8 – Guide Vert Michelin Pays de la Loire

🏠 **Le Vert Galant** sans rest   🛗 ⴜ 🛜 🛆 **P**
70 Grande-Rue – ℰ 02 43 94 00 51 – www.vghotel.com – Fermé   Plan : Y**r**
27 déc.-4 janv.
25 ch – ♦67/99 € ♦♦67/99 € – ⴑ 12 €
Dans la principale rue commerçante de La Flèche, non loin du prytanée (école militaire), un authentique relais de poste du 18ᵉ s. avec son porche qui dessert la cour à l'arrière. Les chambres se révèlent bien tenues et fonctionnelles : parfait pour une étape.

✗✗ **Le Moulin des Quatre Saisons** (Camille Constantin)   🛆 ⴜ 🛆 **AC**
😊 *r. Gallieni – ℰ 02 43 45 12 12 – www.camilleconstantin.com*   ⴜ **P**
– Fermé vacances de fév. et de la Toussaint, merc. soir, dim. soir   Plan : Z**e**
et lundi
Formule 25 € 🍷 – Menu 30 € (semaine), 38/82 € – Carte 62/90 €
Une flèche en plein cœur, au cœur de La Flèche : au centre de la ville, Cupidon semble veiller sur ce beau moulin du 17ᵉ s. posé sur les eaux du Loir ! Un cadre enchanteur... pour une cuisine fine et délicate, rythmée par les saisons et accompagnée de beaux vins, certains d'Autriche – pays d'origine de la propriétaire.
→ Foie gras poêlé, risotto aux girolles, cèpes et truffes. Saint-pierre, caviar d'aubergine, sauce et purée au safran. Coque au chocolat et crémet d'Anjou à la pistache, coulis de fruits rouges.

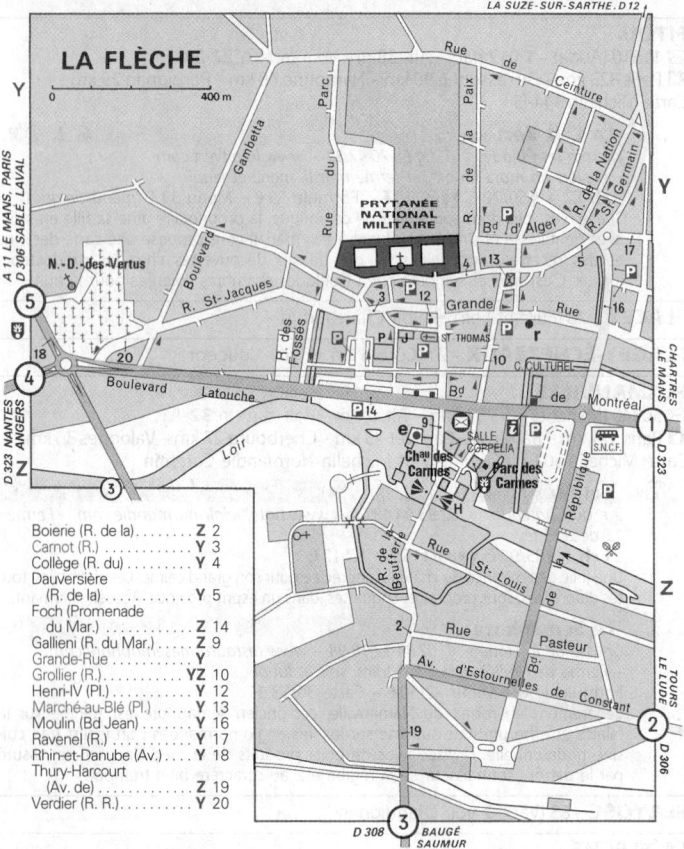

LA FLÈCHE

LA SUZE-SUR-SARTHE.D 12

0   400 m

FLERS

✉ 61100 (Orne) – 15 077 hab. – Alt. 270 m – Voir carte n°**32**-B2

▶ Paris 234 km – Alençon 73 km – Argentan 42 km – Caen 60 km

Carte Michelin 310-F2 – Guide Vert Michelin Normandie Cotentin

Le Galion sans rest   ⚅ ♿ ⌘ 🛜 **P** 🚗

5 r. Victor-Hugo – ☎ 02 33 64 47 47 – Fermé 23 déc.-6 janv.

31 ch – †65 € ††70 € – ☱ 9 €

Un établissement récent dans une rue calme du centre-ville : bien pensé, sobrement décoré et dont les chambres sont bien tenues. Une bonne option pour une étape à Flers.

Beverl'inn   ⅰ🔘 🛜 ♨

9 r. de la Chaussée – ☎ 02 33 96 79 79 – www.beverlinn.com – Fermé 22 déc.-5 janv.

16 ch – †45/49 € ††51 € – ☱ 6 € – ½ P

Un petit hôtel tout simple, bien tenu et bon marché, à deux pas du centre-ville. Grillades au feu de bois au restaurant.

✗✗ **Au Bout de la Rue**   ♿ 🄰🄲

60 r. de la Gare – ☎ 02 33 65 31 53 – www.auboutdelarue.com
– Fermé 1er-11 mai, 2-23 août, 2-7 janv., merc. soir, sam. midi et dim.

Formule 19 € – Menu 23 € – Carte 30/48 €

Gagnez le Bout de la Rue pour découvrir cette maison tenue par un jeune couple dynamique, Anaïs en salle et Yohan aux fourneaux. Ce dernier, passé par de belles maisons, signe des recettes pétillantes et maîtrisées : panacotta de Pont-l'Evêque, tartare de bœuf coupé au couteau... Du joli travail.

XX **L'Atelier**

115 r. Schnetz, à l'Ouest – ☎ 02 33 65 23 89 – www.latelier-flers.fr – Fermé 20 juil.-8 août, dim. et lundi

Formule 18 € – Carte 31/44 €

L'Auberge qui devient un Atelier : un vent de nouveauté a soufflé sur cette adresse. Dans un cadre contemporain et épuré, on apprécie une cuisine dans l'air du temps. Un conseil, ne passez pas à côté de la spécialité de la maison : la cassolette de ris de veau au calvados... Et le chef donne même des cours de cuisine !

au Buisson-Corblin 4 km à L'Est par D 924 – ✉ 61100

XX **Auberge des Vieilles Pierres**

– ☎ 02 33 65 06 96 – www.aubergedesvieillespierres.fr – Fermé 3 semaines en août, vacances de fév., dim. soir, mardi soir et lundi

Formule 18 € – Menu 28/62 € – Carte 43/57 €

Sous l'égide d'un couple de bons professionnels, cette auberge a su conquérir le cœur des gourmands de la région. On y déguste des recettes bien dans l'air du temps qui prennent leur origine dans la cuisine traditionnelle ; le tout rythmé par les saisons. Une bonne adresse.

à La Ferrière-aux-Étangs 10 km au Sud-Est par D 18 et D 825 – ✉ 61450 – 1 530 hab. – Alt. 304 m

XX ✿ **Auberge de la Mine** (Hubert Nobis)

le Gué-Plat, à 3 km par rte de Dompierre – ☎ 02 33 66 91 10 – www.aubergedelamine.com – Fermé 13 juil.-4 août, 4-26 janv., dim. soir, lundi et mardi

Formule 21 € – Menu 27 € (déj. en semaine), 39/97 € 🍷 – Carte 70/76 €

Ce tout petit coin de Normandie connut la prospérité après la découverte d'un filon de fer... Dans l'ancienne cantine des mineurs, Hubert Norbis cultive toujours les richesses de la terre avec une main de velours : technique éprouvée, parfums équilibrés... le terroir normand cuisiné comme un trésor.

→ Royale de foie gras aux truffes de Normandie. Ris de veau piqué à l'andouille de Vire. Poire de fisée au poiré et aux épices.

FLEURIE

✉ 69820 (Rhône) – 1 253 hab. – Alt. 320 m – Voir carte n°**43-E1**

Paris 410 km – Bourg-en-Bresse 46 km – Lyon 58 km – Mâcon 22 km

Carte Michelin 327-H2 – Guide Vert Michelin Lyon et sa région

Hôtel des Grands Vins sans rest

r. de la Grappe-Fleurie, 1 km au Sud par D 119^E – ☎ 04 74 69 81 43 – www.hoteldesgrandsvins.com – Fermé 9 déc.-10 fév.

20 ch – †75/89 € ††75/89 € – ☕ 11 €

Le jardin borde les vignes, et l'on est vraiment au calme dans ce petit hôtel tenu en famille, aux chambres fonctionnelles et bien tenues. On profite du bassin de nage à contre-courant et, après ces quelques brasses, on peut déguster et acheter les vins du domaine.

Domaine du Clos des Garands sans rest

Les Garands, 1 km à l'Est par D 32 – ☎ 04 74 69 80 01 – www.closdesgarands.fr

4 ch ☕ – †100/120 € ††100/120 €

Au cœur de 6 ha de vignes anciennes et d'un beau jardin, cette maison bourgeoise du 18e s. est un véritable havre de paix. Dans les chambres – toutes différentes et très soignées –, l'on jouit d'une vue imprenable sur Fleurie et les monts du Beaujolais. Et l'on peut évidemment déguster les vins de la propriété !

XX ✿ **Auberge du Cep**

pl. de l'Église – ☎ 04 74 04 10 77 – Fermé 20 nov.-11 fév., dim. soir, mardi midi et lundi

Formule 29 € – Menu 50/68 € – Carte 58/78 €

Dans le village, à l'ombre de l'église, cette auberge bien connue dans la région a changé de propriétaire en 2013. Le chef Alain Souliac fait honneur à la renommée de la maison : les recettes du terroir resplendissent de soin et de saveurs. Quant au décor, au charme rustique, il cultive lui aussi des bonheurs indémodables !

→ Terrine de canard rustique, condiment aigre-doux. Fricassée de volaille au vin de Fleurie. Œufs à la neige.

FLEURVILLE

✉ 71260 (Saône-et-Loire) – 485 hab. – Alt. 174 m – Voir carte n°**8**-C3
▶ Paris 375 km – Cluny 26 km – Mâcon 18 km – Pont-de-Vaux 8 km
Carte Michelin 320-J11 – Guide Vert Michelin Bourgogne

Château de Fleurville   ⅋ ⌂ ⤢ 🏊 ℁ 🅰️ ⅋ 🛜 🅿️
r. du Glamont – ℰ 03 85 27 91 30 – www.chateau-de-fleurville.com – Ouvert
7 fév.-31 oct. et 15 déc.-16 janv.
15 ch – ♦130/255 € ♦♦130/385 € – ☑ 18 €
Dans son ravissant parc, un petit château du 17e s. en pierre bourguignonne,
flanqué d'une jolie tour. Tissus tendus et meubles anciens ajoutent au caractère
et à la patine des chambres. Autres agréments : la piscine, le tennis et le restaurant gastronomique.

à Mirande 3 km au Nord-Ouest – ✉ 71260

La Marande (Philippe Michel) avec ch   ⅋ ⌂ ⤢ 🅰️ rest, ℁ 🛜 🅿️
rte de Lugny – ℰ 03 85 33 10 24 – www.hotel-restaurant-la-marande.com
– Fermé vacances de la Toussaint, 3 semaines en janv., mardi sauf le soir
en juil.-août et lundi
5 ch – ♦80 € ♦♦80 € – ☑ 10 €
Menu 30 € (déj. en semaine), 44/75 € – Carte 62/74 €
"Marander" en patois local signifie… aller manger. En cette belle maison bourgeoise, à l'élégance contemporaine, la cuisine est avant tout un art : le chef fait
montre de maîtrise et de délicatesse à travers des assiettes particulièrement graphiques. Et le choix de vins de Bourgogne en rehausse encore les saveurs !
→ Cromesquis d'escargots petits-gris et de pied de porc à la crème d'ail. Agneau
de Lozère, jus au romarin et parmentier au lard. Craquant de banane et de mangue, étuvée de fruits au lait d'amande.

FLEURY-LA-FORÊT

✉ 27480 (Eure) – 288 hab. – Alt. 161 m – Voir carte n°**33**-D2
▶ Paris 108 km – Beauvais 49 km – Évreux 99 km – Rouen 42 km
Carte Michelin 304-J5 – Guide Vert Michelin Normandie Vallée de la Seine

Château de Fleury-la-Forêt sans rest   ⤢ ⌂ ℁ 🅿️ ⤬
4 rte de Lyons, 1,5 km au Sud-Ouest par D 14 – ℰ 02 32 49 63 91
– www.chateau-fleury-la-foret.com
4 ch ☑ – ♦85 € ♦♦85 €
Un véritable monument – d'ailleurs ouvert à la visite –, superbe avec son appareillage de briques et ses toits élancés (16e-18e s.), ses chambres meublées
d'époque et – fait original – sa collection de poupées et d'objets anciens. Le
must : le petit-déjeuner servi dans la cuisine historique, saisissante d'authenticité...

FLEURY-SUR-ANDELLE

✉ 27380 (Eure) – 1 875 hab. – Alt. 29 m – Voir carte n°**33**-D2
▶ Paris 103 km – Evreux 54 km – Pontoise 69 km – Rouen 24 km

Château de Bonnemare sans rest   ⤢ ⌂ ⅀ ℁ 🅿️
à Bonnemare, 990 chemin de Bacqueville, 3,5 km par D 321 et rte secondaire
– ℰ 02 32 49 03 73 – www.bonnemare.com – Fermé 1er déc.-14 fév.
4 ch ☑ – ♦102/110 € ♦♦202/210 €
Renaître à l'époque de la Renaissance, telle est l'expérience unique à laquelle
invite cet ensemble : le châtelet d'entrée, les dépendances, la chapelle, le château
lui-même, tout transporte au milieu du 16e s. ! Décors historiques, fresques,
tableaux et mobilier des 17e et 18e s. : l'art de vivre dans la permanence...

FLEURY-SUR-ORNE – 14 (Calvados) → voir Caen

FLORAC

✉ 48400 (Lozère) – 1 963 hab. – Alt. 542 m – Voir carte n°**23**-C1
▶ Paris 622 km – Alès 65 km – Mende 38 km – Millau 84 km
Carte Michelin 330-J9

⌂ Gorges du Tarn ⏸ 🅟

48 r. Pêcher – ℰ 04 66 45 00 63 – www.hotel-gorgesdutarn.com – Ouvert de Pâques à la Toussaint et fermé merc.
23 ch – †65/95 € ††65/95 € – � 10 € – ½ P
Rest *L'Adonis*⌾ – voir les restaurants ci-après
Une sympathique auberge de village à l'entrée (ou à la sortie) des célèbres gorges du Tarn. Les chambres, globalement petites mais très coquettes, ont été joliment décorées par une artiste locale. Dans l'annexe, six autres chambres et quatre duplex.

✗✗ L'Adonis – Hôtel Gorges du Tarn ⏸ 🅟

48 r. Pêcher – ℰ 04 66 45 00 63 – www.hotel-gorgesdutarn.com – Ouvert de Pâques à la Toussaint et fermé jeudi midi, sam. midi et merc.
Formule 23 € – Menu 28/52 € – Carte 44/55 €
De bons produits cévenols (pélardon et châtaignes du cru, agneau et bœuf de Lozère, truite d'élevage local, coupétade...) pour une cuisine actuelle ; un service très attentionné et une jolie sélection de vins régionaux : un Adonis tout en gourmandise, feutré et accueillant.

à Cocurès 5,5 km au Nord-Est par D 806 et D 998 – ⌧ 48400 – 200 hab. – Alt. 600 m

⌂ La Lozerette ⏸ 🅟

– ℰ 04 66 45 06 04 – www.lalozerette.com – Ouvert 27 mars-Toussaint
20 ch – †63/96 € ††63/96 € – ⊒ 10 € – ½ P
Rest *La Lozerette*⌾ – voir les restaurants ci-après
Dans ce hameau cévenol, une jolie demeure avec des chambres d'esprit chalet, lumineuses et toutes avec un petit balcon en bois. Une déco simple mais vraiment mignonne, pour un lieu attachant.

✗✗ La Lozerette 🅟

– ℰ 04 66 45 06 04 – www.lalozerette.com – Ouvert du 27 mars à la Toussaint et fermé mardi soir hors saison, mardi midi et merc. midi
Formule 19 € – Menu 27/51 € – Carte 34/45 €
Dans cette charmante auberge, la propriétaire est sommelière : elle se fera un plaisir de vous guider dans l'accord de votre nectar avec la cuisine du chef, concoctée à base des meilleurs produits régionaux. Le plateau de fromages est superbe... Savoureux !

FLORANGE

⌧ 57190 (Moselle) – 11 472 hab. – Alt. 170 m – Voir carte n°**26**-B1
▶ Paris 329 km – Grevenmacher 60 km – Luxembourg 35 km – Metz 30 km
Carte Michelin 307-H3

✗✗ Villa Castellino 🅟

121 r. de l'Étoile – ℰ 03 82 82 64 89 – www.lavillacastellino.com – Fermé 23 déc.-2 janv., dim. soir et lundi soir
Carte 30/53 €
Entre Florange et Thionville, non loin de l'autoroute, une belle bâtisse crème aux volets rouges, qui détonne dans le paysage ! Mais asseyons-nous en terrasse, et concentrons-nous sur la cuisine. Antipasti (carpaccio de bœuf, beignets de scampi, nems de chèvre), risotto et autres bruschettas : l'Italie n'est pas loin...

FLUMET

⌧ 73590 (Savoie) – 834 hab. – Alt. 920 m – Voir carte n°**46**-F1
▶ Paris 582 km – Albertville 22 km – Annecy 51 km – Chamonix-Mont-Blanc 43 km
Carte Michelin 333-M3 – Guide Vert Michelin Alpes du Nord

⌂ Cœur de Marie 🅟

aux Glières, 3664 route des Aravis, 5 km au Nord par D 909 rte de la Giettaz – ℰ 04 79 31 38 84 – www.chalet-marie.com – Fermé en mai
5 ch ⊒ – †59 € ††69/82 €
Les mains vertes sauront que le "cœur de Marie" est une jolie fleur ancienne... Doux auspices pour ce chalet de 1810, qui se révèle très cosy, tout en bois doré, rideaux brodés et bibelots choisis. À l'étage, au coin du feu, la table d'hôte honore les spécialités savoyardes.

FOIX

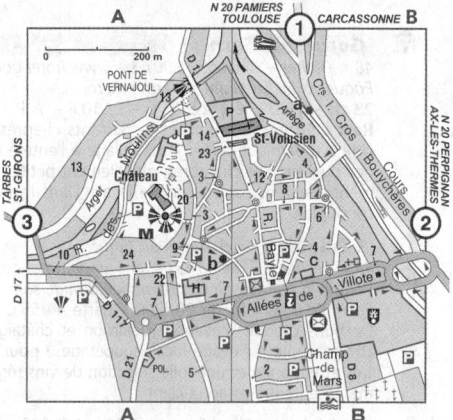

FOIX

✉ 09000 (Ariège) – 9 782 hab. – Alt. 375 m – Voir carte n°**29-C3**
🚗 Paris 762 km – Andorra-la-Vella 102 km – Carcassonne 89 km – St-Girons 45 km
Carte Michelin 343-H7

🏨 Hôtel du Lac   ⅋🏴 ⬚ 🚗 ⚙ 🆑 🛜 🎿 🅿

rte de Toulouse, 3 km par ① – ℰ 05 61 65 17 17 – www.hoteldulac-foix.fr
35 ch – ♦69/98 € ♦♦69/98 € – ⬚ 10 € – ½ P
Rest *Restaurant du Lac* – voir les restaurants ci-après

Voici un établissement qui porte bien son nom ; tout près du lac (sur le cours de l'Ariège) et de ses nombreuses activités nautiques, il jouit d'un environnement plutôt calme. Les chambres (dont 13 flambant neuves) se révèlent confortables et bien équipées.

🏠 Eychenne sans rest   🛜

11 r. N.-Peyrevidal – ℰ 05 61 65 00 04   Plan : A**b**
– www.hotel-eychenne.com
17 ch – ♦43/53 € ♦♦53/63 € – ⬚ 6 €

Au pied du château, cet hôtel ne passe pas inaperçu avec sa tour en bois et son bar de village façon pub anglais... Les chambres y sont bien tenues, mais préférez celles, plus spacieuses, nichées justement dans la tour.

🍽🍽 Phoebus   ⬚ 🆑

3 cours Irénée-Cros – ℰ 05 61 65 10 42   Plan : B**a**
– www.ariege.com/le-phoebus – Fermé juil., sam. midi, dim. soir et lundi
Formule 19 € – Menu 29/87 € 🍷 – Carte 30/70 €

Ici, le chef donne la priorité aux produits régionaux et concocte des recettes dans l'air du temps. En prime, les gourmands profitent de la vue imprenable sur l'Ariège et le château. Accueil soigné et pensé, notamment, pour les non-voyants (carte en braille).

🍽 Restaurant du Lac – Hôtel du Lac   ⬚ 🛎 🍽

rte de Toulouse, 3 km par ① – ℰ 05 61 65 17 17 – www.hoteldulac-foix.fr
– Fermé 24 déc.-1er janv. et le midi
Menu 29 € – Carte environ 37 €

Pour un repas à fleur d'eau, installez-vous près des fenêtres, face au lac sur l'Ariège. Côté assiette, on apprécie les classiques de la cuisine bistrotière réalisés avec des produits de qualité. Le tout bien travaillé.

FONDAMENTE

✉ 12540 (Aveyron) – 317 hab. – Alt. 430 m – Voir carte n°**29-D2**
🚗 Paris 679 km – Albi 109 km – Millau 43 km – Montpellier 98 km
Carte Michelin 338-K7

※ **Baldy** avec ch    rest, ✕ ch, 奈
Vallée de Sorgues, (Bourg Fondamente) – ℰ 05 65 99 37 38
– www.hotel-sorgues.com – hôtel : ouvert de Pâques à mi sept. et fermé dim.
soir et lundi
5 ch – ✝52 € ✝✝52 € – ☲ 11 € – ½ P
Formule 18 € – Menu 30/72 € *(ouvert de Pâques à début nov. et fermé dim. soir,*
jeudi midi et lundi) (réservation conseillée)
Truffes, tête de veau, tripoux, ris d'agneau, foie gras, pâté et charcuterie maison...
Dans cette sympathique auberge familiale, le chef – un ancien boucher – mise sur
la fraîcheur des produits et propose une carte régionale, courte mais très alléchante. Pour l'étape, des petites chambres simples et bien tenues.

FONDETTES – 37 (Indre-et-Loire) → voir Tours

FONS
✉ 46100 (Lot) – 393 hab. – Alt. 260 m – Voir carte n°**29**-C1
▶ Paris 562 km – Cahors 66 km – Toulouse 190 km –
Villefranche-de-Rouergue 47 km
Carte Michelin 337-H4

⌂ **Domaine de la Piale** sans rest   ⟡ ⟺ ⌻ 奈 **P**
La Piale, 1 km au Sud – ℰ 05 65 40 19 52 – www.domainedelapiale.com
4 ch ☲ – ✝90/125 € ✝✝90/125 €
Isolée en pleine campagne, cette ancienne ferme de pays abrite d'agréables chambres d'hôtes, rustiques et campagnardes, idéales pour un séjour au
vert. La piscine et le jacuzzi vous tendent les bras aux beaux jours, et des massages sont proposés.

FONTAINEBLEAU
✉ 77300 (Seine-et-Marne) – 14 708 hab. – Alt. 75 m – Voir carte n°**19**-C3
▶ Paris 64 km – Melun 18 km – Montargis 51 km – Orléans 89 km
Carte Michelin 312-F5 – Guide Vert Michelin Île-de-France

🏨 **Aigle Noir** sans rest   📶 ⼕ 🅰 ✕ 奈 ⟁
27 pl. Napoléon-Bonaparte – ℰ 01 60 74 60 00   Plan : AZ**a**
– www.hotelaiglenoir.fr
49 ch – ✝190 € ✝✝190 € – 4 suites – ☲ 18 €
Tout près du château, cet hôtel particulier construit au 18ᵉ s. cultive une
ambiance feutrée et élégante. Les chambres ont été décorées avec soin, en particulier avec quelques beaux meubles de style Empire.

🏨 **Hôtel de Londres** sans rest   ✕ 奈 **P**
1 pl. du Gén.-de-Gaulle – ℰ 01 64 22 20 21   Plan : AZ**v**
– www.hoteldelondres.com – Fermé 12-19 août et 23 déc.-6 janv.
16 ch – ✝108/180 € ✝✝138/218 € – ☲ 15 €
Cet hôtel, face au château, existe depuis le 16ᵉ s. Chambres amples et insonorisées, élégamment décorées : beaux tissus, meubles rustiques et de style, gravures
de chasse.

🏠 **Victoria** sans rest   ⟺ ⼕ 奈 **P**
112-122 r. de France – ℰ 01 60 74 90 00   Plan : AY**e**
– www.hotelvictoria.com
35 ch – ✝100/140 € ✝✝100/140 € – ☲ 12 €
Cet hôtel se partage entre deux maisons pleines de charme. Laquelle choisirez-
vous ? Côté 112 – une ancienne pension de famille –, mobilier classique et
ambiance familiale ; côté 122, des chambres plus contemporaines, au design
épuré... Dans les deux cas, un séjour bien agréable !

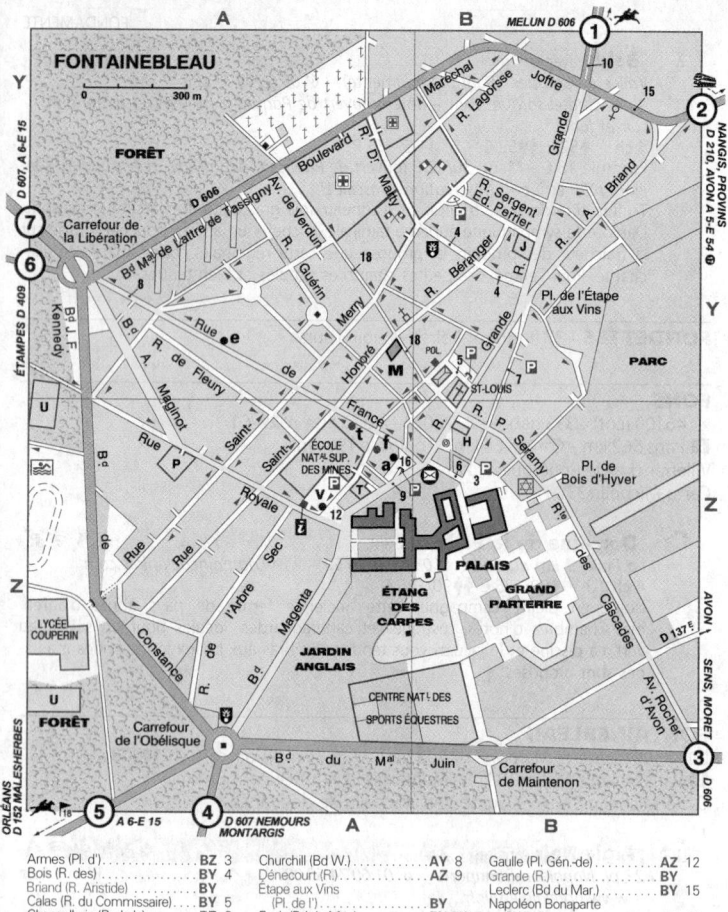

FONTAINEBLEAU

0   300 m

FORÊT

MELUN D 606

✕✕ L'Axel (Kunihisa Goto) ✿ 🏵 AK ✷

43 r. de France – ℰ *01 64 22 01 57 – www.laxel-restaurant.com*   Plan : AZ**t**
– Fermé 3 semaines en août, 2 semaines en janv., merc. midi, lundi et mardi
Menu 33 € (déj. en semaine), 52/90 € – Carte 90/140 €

Ne dit-on pas que tout esprit profond avance masqué ? Kunihisa Goto, le jeune chef japonais de l'Axel, peut en témoigner : à première vue, rien ne distingue son adresse d'une autre. Et pourtant ! Sa cuisine revisite magnifiquement la gastronomie française (oursins, soupe de truffes, langoustines), avec finesse et subtilité...
➜ Lasagnes de comté à la truffe, brioche et soupe de truffe. Ris de veau en croûte de pistaches, pâte d'épinard et sauce citronnelle. Crumble à la cannelle, pomme caramélisée, spéculos et sauce au praliné.

✕ Le Caveau des Lys 🆕 ✷

24 r. de Ferrare – ℰ *01 64 24 60 56 – www.lecaveaudeslys.com*   Plan : AZ**f**
– Fermé 1 semaine en fév., 3 semaines en août, mardi midi et lundi
Formule 29 € – Menu 40/65 € ▾ – Carte 44/60 €

En plein cœur de Fontainebleau, ce restaurant déroule son intérieur dans de superbes caves voûtées, datant du 17e s. Le jeune chef, François Le Touche, est originaire de la région ; il compose une cuisine harmonieuse et maîtrisée, dans laquelle la tradition s'agrémente de quelques touches plus contemporaines.

FONTAINE-DE-VAUCLUSE

✉ 84800 (Vaucluse) – 661 hab. – Alt. 75 m – Voir carte n°**42**-E1
▶ Paris 697 km – Apt 34 km – Avignon 33 km – Carpentras 21 km
Carte Michelin 332-D10 – Guide Vert Michelin Provence

Hôtel du Poète sans rest
– *C* 04 90 20 34 05 – www.hoteldupoete.com – Ouvert de mars à nov.
24 ch – †95/325 € ††95/325 € – ☑ 17 €
Ce charmant moulin du 19ᵉ s. est entouré d'un jardin luxuriant, traversé par la
Sorgue. Chambres aux notes provençales : "Temps des Cerises", "Transhumance",
"Brin de lavande", etc. On prend le petit-déjeuner au bord de l'eau.

✗ Philip
chemin de la Fontaine – *C* 04 90 20 31 81 – Ouvert 1ᵉʳ avril-30 sept. et fermé le
soir sauf du 16 juin au 31 août
Menu 30/45 € – Carte 49/69 €
Au pied de la célèbre fontaine d'où jaillit la Sorgue, cette adresse sait jouer de ses
charmes bucoliques, en particulier en terrasse... Père et fille (la maison est dans la
famille depuis 1926 !) travaillent à quatre mains de beaux produits : truites fraîches, asperges, truffes, fraises... Bon rapport qualité-prix.

✗ Chez Dominique
6 pl. de la Colonne – *C* 04 90 20 33 26 – http://chezdominique.wifeo.com
– Fermé merc. soir et jeudi de nov. à avril
Menu 27/39 € ♇ – Carte 31/46 €
Bienvenue chez Dominique ! Ici, le prénom est féminin, car c'est bien une "cheffe"
qui œuvre en cuisine. Parmi ses spécialités : la souris d'agneau confite aux épices
douces, et la marmite de Saint-Jacques et crevettes. Aux beaux jours, prenez
place sur le balcon donnant sur la Sorgue.

FONTAINE-SOUS-JOUY

✉ 27120 (Eure) – 770 hab. – Alt. 35 m – Voir carte n°**33**-D2
▶ Paris 90 km – Évreux 17 km – Rouen 55 km – Versailles 80 km
Carte Michelin 304-H7

Clos de Mondétour sans rest
17 r. de la Poste – *C* 06 71 13 11 57 – www.closdemondetour.com
4 ch ☑ – †90/120 € ††120/140 €
Dans ce petit village tranquille de la vallée de l'Eure, au sein d'un grand jardin
arboré, trône cette belle demeure du 16ᵉ s. restaurée avec goût. Toile de Jouy,
objets chinés, superbe cheminée dans le salon, patine de l'ancien : il y règne
un esprit maison de famille plein de charme !

FONTANGES – 15 (Cantal) ➜ voir Salers

FONTANS

✉ 48700 (Lozère) – 212 hab. – Alt. 1 030 m – Voir carte n°**23**-C1
▶ Paris 560 km – Mende 35 km – Montpellier 216 km – Le Puy-en-Velay 79 km
Carte Michelin 330-I6

La Grange d'Émilie
Le Comte de Fontans, 500 m à l'Est au croisement D 7 et D 4 – *C* 04 66 47 30 82
– www.chambrehote-emilie.com – Ouvert 1ᵉʳ mai-18 oct.
5 ch ☑ – †95/125 € ††105/125 €
De la ferme familiale, Émilie et son mari ont fait une maison d'hôtes accueillante
et une table honorant le terroir. Bois, pierres et poutres : la décoration, raffinée,
mêle le charme rustique, l'esprit champêtre et l'épure contemporaine ; les équipements (sauna, hammam) ajoutent au plaisir du séjour. Un lieu attachant !

FONTENAI-SUR-ORNE – 61 (Orne) ➜ voir Argentan

FONTENAY – 88 (Vosges) ➜ voir Épinal

FONTENAY-LE-COMTE

✉ 85200 (Vendée) – 14 204 hab. – Alt. 21 m – Voir carte n°**34-B3**
▶ Paris 442 km – Cholet 103 km – La Rochelle 51 km – La Roche-sur-Yon 64 km
Carte Michelin 316-L9 – Guide Vert Michelin Pays de la Loire

🛏️ Le Rabelais
🍽️ ⊗ 🛏️ ᔕ ℉ 🖥️ & ᕯ 🅿️ ⊗
19 r. Ouillette – 📞 *02 51 69 86 20* – *www.le-rabelais.com*   Plan : BZ**a**
54 ch – ♦80/120 € ♦♦80/140 € – ⊡ 12 €
Rest *Le Rabelais* – voir les restaurants ci-après
Une bâtisse de style vendéen à l'entrée de la ville. Dans les chambres du rez-de-jardin, l'atmosphère est nature tandis qu'à l'étage, l'ambiance se veut plus urbaine et design. Et le confort et le bien-être règnent jusque dans l'espace détente. Une bonne adresse.

🏠 Le Logis de la Clef de Bois sans rest
⊗ ᔕ ℉ ⊟
5 r. du Département – 📞 *02 51 69 03 49*   Plan : AY**b**
– *www.clef-de-bois.com* – Ouvert d'avril à oct.
4 ch ⊡ – ♦110/125 € ♦♦120/135 €
Un hôtel particulier raffiné (17ᵉ s. et 18ᵉ s.) avec parquet et cheminées d'origine, bibliothèque, billard, etc. "Simenon", "Queneau", "Ragon" : les chambres ont du caractère et la suite "Rabelais" évoque la commedia dell'arte avec originalité. Aux beaux jours, on profite de l'agréable jardin et de sa piscine.

🍴🍴 Le Vieux Pressoir
⊠ & 🅰🅺 🅿️
⊗⊗ *5 r. du Dr-René-Laforge* – 📞 *02 51 69 47 90* – *www.levieux-pressoir.com* – Fermé 26-30 déc., 25 juil.-15 août, dim. soir et lundi
Formule 12 € – Menu 16 € (déj. en semaine), 27/40 € – Carte 34/50 €
Tenu par un couple accueillant, ce Vieux Pressoir fait honneur à la tradition et aux bonnes spécialités régionales, comme en témoignent ce samoussa d'escargot croustillant à souhait, ou cette savoureuse andouillette au vin de Pisotte. Le tout à apprécier dans une salle confortable, au décor rustique.

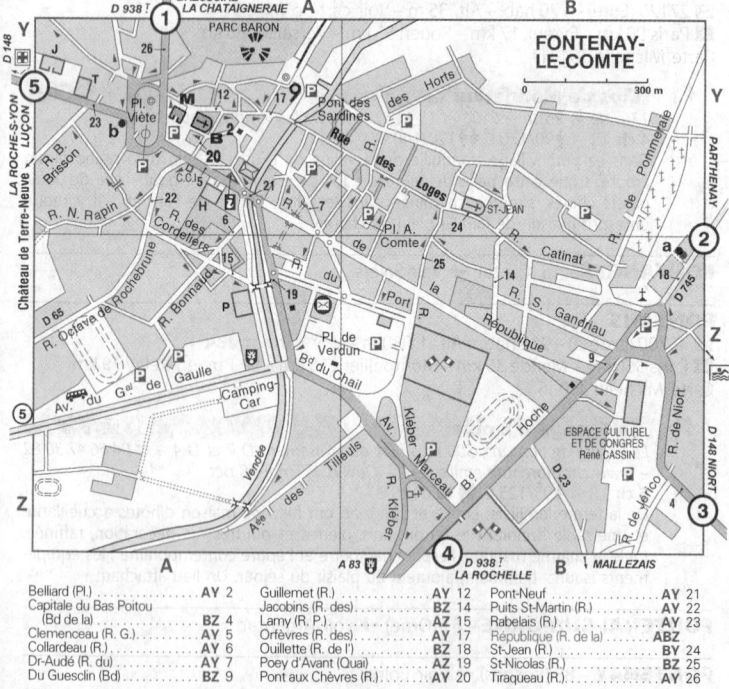

✕✕ Le Rabelais – Hôtel Le Rabelais   🛏 🏡 ♿ AC P

19 r. Ouillette – 𝒞 *02 51 69 86 20* – *www.le-rabelais.com*   Plan : BZ**a**
Formule 18 € – Menu 24/35 € – Carte 26/42 €
Le Rabelais ? Avec un nom pareil, pas de doute, ce restaurant saura combler les appétits gargantuesques ! Ici, on se régale de bonnes recettes traditionnelles dans une salle des plus lumineuses. Et aux beaux jours, on profite de la jolie terrasse donnant sur la piscine.

à Velluire 11 km par ④, D 938 ter et D 68 – ⊠ 85770 – 564 hab. – Alt. 9 m

✕✕✕ Auberge de la Rivière avec ch   🐾 🌿 🛜

😊   *r. du Port-de-la-Fouarne* – 𝒞 *02 51 52 32 15* – *www.hotel-riviere-vendee.com*
– *Fermé 15 fév.-9 mars, dim. soir d'oct. à mars et lundi*
11 ch – ♦60/94 € ♦♦60/104 € – ⬚ 11 € – ½ P
Formule 24 € – Menu 30/59 € – Carte 57/72 €
Le frémissement de la rivière toute proche, le lierre qui court sur la façade : cette auberge vendéenne invite à la rêverie... et à la gourmandise ! Beaux produits, herbes aromatiques, assaisonnements : on sent chez le chef la patte d'un vrai passionné de gastronomie. Et pour l'étape, des chambres modernes et au calme.

FONTETTE – 89 (Yonne) ➜ voir Vézelay

FONTEVRAUD-L'ABBAYE
⊠ 49590 (Maine-et-Loire) – 1 550 hab. – Alt. 75 m – Voir carte n°**35**-C2
◘ Paris 296 km – Angers 78 km – Chinon 21 km – Loudun 22 km
Carte Michelin 317-J5 – Guide Vert Michelin Châteaux de la Loire

🏨 Fontevraud L'Hôtel ⓝ   🍽 🌿 🛏 ♿ 🕸 🛜 🎿 P

38 r. St-Jean-l'Habit – 𝒞 *02 46 46 10 10* – *www.hotel-fontevraud.com*
54 ch – ♦125/185 € ♦♦125/185 € – 2 suites – ⬚ 15 € – ½ P
Après quelques années de fermeture, l'hôtel du prieuré St-Lazare, au sein même de la célèbre abbaye de Fontevraud, accueille de nouveau les voyageurs ! Un cadre unique, habilement mis en valeur à travers un style contemporain affirmé, dont la sobriété respecte parfaitement l'esprit monacal des lieux. Élégant et apaisant...

🏨 Hostellerie La Croix Blanche   🍽 🛋 ♿ 🕸 🛜 🎿 P

7 pl. Plantagenêts – 𝒞 *02 41 51 71 11* – *www.hotel-croixblanche.com* – *Fermé 4-25 janv.*
24 ch – ♦69/145 € ♦♦69/159 € – ⬚ 13 € – ½ P
Rest *Hostellerie La Croix Blanche* – voir les restaurants ci-après
On vient depuis plus de trois cents ans dans cette auberge, située juste en face de la célèbre abbaye royale (12ᵉ s.). Les chambres sont modernes et confortables, et certaines se distinguent par un décor moins standardisé (sur les thèmes de l'abbaye, de la France ou de l'Angleterre, de la chasse, etc.).

✕✕ La Licorne   🐾 🛏 🏡 ✧

allée Ste-Catherine – 𝒞 *02 41 51 72 49* – *Fermé 15 déc.-26 janv., merc. soir , dim. soir, et lundi d'oct. à avril*
Formule 19 € – Menu 29/65 € 🍷 – Carte 47/71 € *(réservation conseillée)*
Pas de vraie licorne dans cette demeure du 18ᵉ s. (tuffeau, poutres) mais la terrasse et le jardin fleuri sont délicieux. On y savoure des recettes traditionnelles cuisinées avec soin et une touche d'originalité, avec l'aide du verger et du potager pour l'approvisionnement en fruits et légumes frais !

✕✕ Hostellerie La Croix Blanche – Hostellerie la Croix Blanche   🏡 ♿ AC

7 pl. des Plantagenêts – 𝒞 *02 41 51 71 11*   🕸
– *www.hotel-croixblanche.com* – *Fermé 4-25 janv.*
Formule 20 € – Menu 26 € (dîner) – Carte 31/50 €
Dans l'une des pièces, une grande fresque représente Aliénor d'Aquitaine, femme de pouvoir et épouse illustre d'Henri II Plantagenêt... Pour autant, cette table ne regarde pas vers le passé ! La cuisine est actuelle, soignée, et respecte le rythme des saisons. Par beau temps, on profite d'une jolie terrasse.

FONTJONCOUSE

✉ 11360 (Aude) – 146 hab. – Alt. 298 m – Voir carte n°**22-B3**
▶ Paris 822 km – Carcassonne 56 km – Narbonne 32 km – Perpignan 65 km
Carte Michelin 344-H4 – Guide Vert Michelin Languedoc Roussillon

La Maison des Chefs sans rest 🐾 & 🖭 🤝 🅿

au bourg – ☎ 04 68 44 07 37 – www.aubergeduvieuxpuits.fr – *Ouvert*
3 avril-31 déc.
6 ch – ♦165 € ♦♦165 € – ☲ 26 €
Dans ce village niché au cœur des reliefs audois, cette maison traditionnelle est
située à quelques pas de l'Auberge du Vieux Puits. On y trouve six petites chambres charmantes, avec leurs tomettes vertes et orange, leurs murs multicolores et
leur mobilier rustique.

Auberge du Vieux Puits (Gilles Goujon) avec ch 🐾 🐾 🍽 & 🖭 🤝 🏂

❀ ❀ ❀ *5 av. St-Victor* – ☎ 04 68 44 07 37 – www.aubergeduvieuxpuits.fr 🅿
– *Ouvert 3 avril-31 déc. et fermé lundi sauf le soir du 1er au 16 août, mardi sauf*
le soir en juil.-août, et dim. soir de sept. à juin
8 ch – ♦255/285 € ♦♦255/285 € – ☲ 26 €
Menu 85 € (déj. en semaine), 160/190 € – Carte 160/190 €
Le produit est la star de cette cuisine inspirée qui porte certaines émotions gusta-
tives à l'incandescence. Saisons, terroir, invention : Gilles Goujon excelle dans
l'équilibre, avec précision et humilité, entouré d'une équipe proche du client.
Hébergement de qualité, mêlant cadre rustique et décor contemporain.
→ Œuf de poule pourri de truffes, briochine tiède et cappuccino à boire. Rouget
barbet, pomme bonne bouche fourrée d'une brandade en "bullinada". Citron de
Menton cassant, sorbet citrus bergamote et kumquat.

FONT-ROMEU

✉ 66120 (Pyrénées-Orientales) – 2 003 hab. – Alt. 1 800 m – Voir carte n°**22-A3**
▶ Paris 858 km – Andorra la Vella 73 km – Ax-les-Thermes 56 km –
Bourg-Madame 18 km
Carte Michelin 344-D7

Le Grand Tétras sans rest 🔲 🛗 🖬 🤝 🏂 🚗

14 av. Emmanuel-Brousse – ☎ 04 68 30 01 20 – www.hotelgrandtetras.fr
36 ch – ♦85/118 € ♦♦85/118 € – ☲ 10 €
Au cœur de la station, cet hôtel familial est vraiment plaisant. Les chambres sont
décorées dans un esprit contemporain et montagnard, certaines avec balcon et
vue sur les Pyrénées... et il y a même un jacuzzi extérieur et une piscine couverte
sur le toit.

Clair Soleil ⅼ○ ← 🖙 🖬 🖎 🛇 🤝 🅿

29 av. François-Arago, 1 km rte d'Odeillo – ☎ 04 68 30 13 65
– *www.hotel-clair-soleil.com* – *Fermé 15 avril-15 mai et 30 oct.-18 déc.*
29 ch – ♦53/62 € ♦♦53/62 € – ☲ 8 € – ½ P
Belle vue sur la vallée, atmosphère familiale et accueil aux petits soins... un hôtel
sympathique où l'on se repose dans des chambres fonctionnelles et disposant
toutes d'un balcon ou d'une terrasse. Cuisine traditionnelle maison au restaurant.

La Chaumière 🖼 &

96 av. Emmanuel-Brousse – ☎ 04 68 30 04 40 – www.restaurantlachaumiere.fr
– *Fermé 3 semaines en juin, 2 semaines fin oct.-début nov., dim. soir et mardi*
hors vacances scolaires et lundi
Formule 17 € – Menu 22 € (déj. en semaine), 30/58 € – Carte 42/54 €
Rangez les skis ! À l'entrée de la station, on ne résiste pas à cette sympathique chaumière où le bois domine. Au menu : une belle sélection de mets catalans, de délicieuses tapas et de bons vins régionaux. Le patron est un amoureux
des bonnes choses (viandes de choix, légumes locaux) et a même créé... une cave
à jambons !

à **Via** 5 km au Sud par D 29 – ✉ 66120

⬆ L'Oustalet   ⫽ ⪵ ⪪ ⛁ 🏢 **P**
av. du Mar.-Leclerc – ✆ 04 68 30 11 32 – www.hoteloustalet.com
– Fermé 6 avril-7mai et 11 oct.-4 déc.
26 ch – ♦47/62 € ♦♦47/62 € – ⌧ 8 € – ½ P
Étape idéale pour les skieurs et les randonneurs, ce joli chalet abrite des chambres fonctionnelles, la plupart avec balcon. Les pensionnaires peuvent dîner sur place, l'accueil est aimable, les prix doux : un endroit sympathique...

FONTVIEILLE
✉ 13990 (Bouches-du-Rhône) – 3 670 hab. – Alt. 20 m – Voir carte n°**42**-E1
▶ Paris 712 km – Arles 12 km – Avignon 30 km – Marseille 92 km
Carte Michelin 340-D3 – Guide Vert Michelin Provence

⬭⬭⬭ La Regalido sans rest   ⪼ ⪪ ⛁ 🗚 ⛌ **P**
r. Frédéric-Mistral – ✆ 04 90 54 60 22 – www.laregalido.com – Fermé
3 janv.-12 fév.
16 ch – ♦150/390 € ♦♦150/390 € – 2 suites – ⌧ 15 €
Ce vieux moulin à huile, blotti au cœur d'un jardin fleuri, est un régal ! Chambres contemporaines, sobres et élégantes, piscine et minispa. Et une belle terrasse verdoyante où l'on prend son petit-déjeuner !

⬆ Hostellerie de la Tour   ⫽ ⪪ ⛁ 🗚 ⛌ 🛜 **P**
3 r. Plumelets – ✆ 04 90 54 72 21 – www.hotel-delatour.com – Ouvert
27 mars-13 nov.
12 ch – ♦67 € ♦♦75/90 € – ⌧ 12 € – ½ P
Près de la tour des Abbés, un peu à l'extérieur du centre-ville, une sympathique auberge familiale ! Les chambres, fonctionnelles et confortables, entourent la piscine et le coquet jardin. Si vous voulez profiter du restaurant, ne ratez pas la spécialité du patron : les pieds et paquets à la provençale.

✗✗ Le Patio   ⛉ ⛌
117 rte du Nord – ✆ 04 90 54 73 10 – www.lepatio-alpilles.com – Fermé vacances
de fév., de la Toussaint, dim. soir hors saison, mardi soir et merc.
Formule 21 € ⛾ – Menu 31/47 € – Carte 57/67 €
Cette jolie bergerie du 18ᵉ s. s'égaye d'un bien agréable patio planté d'acacias et de palmiers. La spécialité ? Le gigot d'agneau cuit au foin de Crau, et la cuisse de lapereau confite à l'huile d'olive des Baux... La Provence dans tous ses états !

✗ La Table du Meunier   ⛉ 🗚 ⛌ **P**
42 cours Hyacinthe-Bellon – ✆ 04 90 54 61 05 – Fermé fév., nov., 20-29 déc.,
mardi sauf juil.-août et merc.
Formule 21 € – Menu 26/36 € *(réservation conseillée)*
Non loin du moulin d'Alphonse Daudet, plus de meunier mais une cuisine copieuse et gorgée de soleil : croustillant de sandre à l'oseille, petit pâté d'escargot à la provençale, gardiane de taureau... Mention spéciale pour la charmante terrasse et la bâtisse attenante, un ancien poulailler de 1765 !

FORBACH
✉ 57600 (Moselle) – 21 561 hab. – Agglo. 85 811 hab. – Alt. 222 m
– Voir carte n°**27**-C1
▶ Paris 385 km – Metz 59 km – St-Avold 23 km – Sarreguemines 21 km
Carte Michelin 307-M3

✗✗ Le Schlossberg   ⛉ 🗚 ⛌
13 r. du Parc – ✆ 03 87 87 88 26 – www.restaurantleschlossberg.com
– Fermé 20 juil.-6 août, dim. soir, mardi soir et merc. sauf fériés
Menu 21 € (déj. en semaine), 32/56 € – Carte 55/67 €
Deux tourelles en pierre, un porche et quelques créneaux : le bâtiment a des allures de petit château et il jouxte le parc du Schlossberg, face auquel il dévoile une belle terrasse. La cuisine, bien que traditionnelle, se pare de touches contemporaines. Accueil chaleureux.

à Stiring-Wendel 3 km au Nord-Est par D 603 – ✉ 57350 – 12 438 hab. – Alt. 240 m

XXX ✿ **La Bonne Auberge** (Lydia Egloff)

15 r. Nationale – ✆ 03 87 87 52 78 – Fermé 17-31 août, 28 déc.-4 janv., sam. midi, dim. soir et lundi

Menu 45 € (déj. en semaine), 75/110 € – Carte 75/95 €

L'antre de deux sœurs de talent, Lydia et Isabelle Egloff : la première œuvre en cuisine, où elle signe des recettes inventives et parfumées, tandis que la seconde supervise le service, d'un grand charme. Une serre en guise de jardin d'hiver, une salle lumineuse et originale, une belle carte des vins : l'enseigne dit la vérité !

➜ Bouchées d'aubergine en raviolis, jus réduit. Viennoise de rognon de veau, caramel d'endive au Picon bière. Cigare choco-sangria au vinaigre balsamique.

à Rosbrück 6 km au Sud-Ouest – ✉ 57800 – 761 hab. – Alt. 200 m

XXX **Auberge Albert Marie**

1 r. Nationale – ✆ 03 87 04 70 76 – Fermé sam. midi, dim. soir et lundi

Formule 17 € – Menu 22 € (déj. en semaine), 36/45 € – Carte 46/87 €

Une salle un rien bourgeoise, un plafond à caissons, des boiseries sombres... La tradition – savoureuse – est également à l'honneur sur la carte. Depuis quarante ans, cette maison enchante ses hôtes et n'usurpe pas sa belle réputation !

FORCALQUIER

✉ 04300 (Alpes-de-Haute-Provence) – 4 707 hab. – Alt. 550 m – Voir carte n°**40**-B2

Paris 747 km – Aix-en-Provence 80 km – Apt 42 km – Digne-les-Bains 50 km

Carte Michelin 334-C9 – Guide Vert Michelin Provence

La Bastide Saint Georges sans rest

rte de Banon, 2 km par D 950 – ✆ 04 92 75 72 80 – www.bastidesaintgeorges.com – Ouvert 6 mars-8 nov.

21 ch – †130/320 € ††130/320 € – 1 suite – ☕ 18 €

Beaucoup de charme en ce domaine ! Les chambres sont décorées avec goût – et au naturel : bois, pierre, lin –, la plupart avec terrasse. Piscine, spa et massages. Idéal pour un séjour farniente.

X **Les Terrasses de la Bastide**

quartier Beaudine, rte de Banon – ✆ 04 92 73 32 35 – www.lesterrassesdelabastide.fr – Fermé 25 nov.-26 déc., lundi sauf le soir de mai à sept., merc. midi de mai à sept., mardi midi et dim. soir

Formule 19 € – Menu 28/36 € – Carte 26/41 €

Entendez-vous les cigales chanter ? Installés sur la belle terrasse, face au jardin, les gourmands se régalent d'une bonne cuisine méditerranéenne. La spécialité du chef : les pieds et paquets. Et si d'aventure le temps n'était pas de la partie, réfugiez-vous dans la salle décorée sur le thème de l'olive.

à l'Est 4 km par D 4100 et rte secondaire – ✉ 04300 Forcalquier

Auberge Charembeau sans rest

Lieu-dit Charambau, rte de Niozelles – ✆ 04 92 70 91 70 – www.charembeau.com – Ouvert 1er mars-15 nov.

25 ch – †80/85 € ††80/140 € – ☕ 11 €

Une ferme du 18e s. dans un charmant parc vallonné. On s'y repose, au grand calme, dans des chambres de style provençal. Tennis, piscine : comme une invitation à la détente...

à Mane 4 km au Sud par D 4100 – ✉ 04300 – 1 380 hab. – Alt. 500 m

Couvent des Minimes

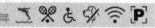

chemin des Jeux-de-Maï – ✆ 04 92 74 77 77 – www.couventdesminimes-hotelspa.com

42 ch – †150/565 € ††215/695 € – 4 suites – ☕ 29 € – ½ P

Rest ***Le Cloître*** – voir les restaurants ci-après

Un magnifique écrin que cet ancien couvent des Minimes datant de 1862, niché au cœur de la campagne ! On y trouve des chambres ravissantes, au décor sobre et raffiné ; le soir, il fait bon profiter des senteurs provençales du jardin, et de l'imposant spa signé L'Occitane. Tout simplement délicieux.

Mas du Pont Roman sans rest

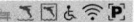

chemin de Châteauneuf, rte d'Apt – ✆ 04 92 75 49 46 – www.pontroman.com
10 ch – 80/100 € 100/145 € – ☕ 10 €
Suivez la route bordée de platanes, près d'un vieux pont roman, vous trouverez ce mas en pierre au cœur d'un joli jardin. Les chambres, de style provençal, sont ravissantes et bien tenues. Terrain de pétanque, piscines balnéo et à contre-courant viendront à bout des plus stressés...

Le Cloître – Hôtel Couvent des Minimes

chemin des Jeux-de-Maï – ✆ 04 92 74 77 77
– www.couventdesminimes-hotelspa.com – fermé lundi, mardi et le midi sauf dim.
Menu 70/120 € – Carte 95/102 €
Dans le Cloître de l'ancien couvent des Minimes, le chef Jérôme Roy voue un véritable culte... aux mariages de saveurs. Sa cuisine, volontiers créative, nous emmène de surprise en surprise ; on passe un excellent moment sur la terrasse ombragée. Difficile de repartir !

LA FORÊT-FOUESNANT

✉ 29940 (Finistère) – 3 300 hab. – Alt. 19 m – Voir carte n°**9-B2**
▶ Paris 552 km – Concarneau 8 km – Pont-l'Abbé 22 km – Quimper 16 km
Carte Michelin 308-H7 – Guide Vert Michelin Bretagne Sud

Auberge Saint-Laurent

6 rte de Beg-Menez, 2 km par rte de Concarneau, par la côte – ✆ 02 98 56 98 07 – https://fr-fr.facebook.com/aubergedusaintlaurent – Fermé lundi et mardi sauf juil.-août
Formule 17 € – Menu 26/44 € – Carte 40/60 €
Il est bon, parfois, de se délasser loin des circuits touristiques, et de s'attarder dans une auberge aux petites salles rustiques cosy et intimes. Le chef aime travailler le foie gras et la langoustine du Guilvinec ; sa cuisine est traditionnelle mais teintée de notes plus actuelles.

FORGES-LES-EAUX

✉ 76440 (Seine-Maritime) – 3 502 hab. – Alt. 161 m – Voir carte n°**33-D1**
▶ Paris 117 km – Abbeville 73 km – Amiens 72 km – Rouen 44 km
Carte Michelin 304-J4 – Guide Vert Michelin Normandie Vallée de la Seine

Le Continental sans rest

av. des Sources, rte de Dieppe – ✆ 02 32 89 50 50 – www.domainedeforges.com
44 ch – 66/82 € 75/82 € – ☕ 10 €
Cet édifice des années 1920 se trouve à deux pas du parc thermal et du casino. Les chambres sont spacieuses et contemporaines ; quant au salon et à la salle de petit-déjeuner, ils sont bien agréables. Une belle maison normande.

FORT-MAHON-PLAGE

✉ 80120 (Somme) – 1 278 hab. – Alt. 2 m – Voir carte n°**36-A1**
▶ Paris 225 km – Abbeville 41 km – Amiens 90 km – Berck-sur-Mer 19 km
Carte Michelin 301-C5

Auberge Le Fiacre

à Routhiauville, 2 km au Sud-Est par rte de Rue – ✆ 03 22 23 47 30
– www.hotel-le-fiacre.fr – Fermé 14 déc.-6 fév.
12 ch – 90/130 € 90/130 € – 2 suites – ☕ 15 € – ½ P
Rest *Auberge Le Fiacre* – voir les restaurants ci-après
Idéal pour se mettre au vert et découvrir la baie de Somme ! Dans cet ancien relais de poste du Marquenterre, on apprécie les chambres douillettes et le joli jardin. Sans oublier la piscine, même si la mer n'est pas très loin.

XX **Auberge Le Fiacre** 　　　　　　　　　　　　　　 ⇦ P
à Routhiauville, 2 km au Sud-Est par rte de Rue – ☎ 03 22 23 47 30
*– www.lefiacre.fr – Ouvert 15 mars-15 nov. et fermé le midi du lundi au jeudi
sauf fériés*
Menu 22 € (dîner en semaine), 29/49 € – Carte 39/58 €
Dans cet ancien relais du 18ᵉs., les fiacres ne s'arrêtent plus depuis longtemps !
En revanche, les gourmands sont toujours aussi nombreux à venir déguster une
savoureuse cuisine traditionnelle à l'accent ch'ti. Cadre rustique.

LA FOSSETTE (PLAGE DE) – 83 (Var) ➜ voir Le Lavandou

FOS-SUR-MER
✉ 13270 (Bouches-du-Rhône) – 15 499 hab. – Alt. 11 m – Voir carte n°**40-A3**
▶ Paris 750 km – Aix-en-Provence 55 km – Arles 42 km – Marseille 51 km
Carte Michelin 340-E5 – Guide Vert Michelin Provence

🏠🏠🏠 **Ariane Fos** 　　　　　　 ⅠO ⅏ ⇦ ⏚ ⓀⓀ 🀫 ⚿ P
chemin du Plan-d'Arenc, 3 km par rte d'Istres – ☎ 04 42 05 00 57
– www.arianefoshotel.com
72 ch – †75/141 € ††75/141 € – ⵣ 11 € – ½ P
Près de l'étang de l'Estomac, un hôtel confortable, pratique pour les réunions
d'affaires ou les réceptions. Chambres spacieuses et fonctionnelles, équipements
pour les séminaires, restaurant traditionnel.

FOUDAY
✉ 67130 (Bas-Rhin) – 365 hab. – Voir carte n°**1-A2**
▶ Paris 412 km – St-Dié 34 km – Saverne 55 km – Sélestat 37 km
Carte Michelin 315-H6 – Guide Vert Michelin Alsace Vosges

🏠🏠🏠 **Julien** 　　　　 ⅠO ⟨ ⇦ ⏚ 🔲 ⓦ ⓕ⛊ ⅋ 🀫 P ⌷
Route de Strasbourg, D 1420 – ☎ 03 88 97 30 09 – www.hoteljulien.com
– Fermé 4-22 janv.
68 ch – †140/238 € ††140/238 € – ⵣ 16 € – ½ P
Rest *Julien* 🈁 – voir les restaurants ci-après
Un bien beau chalet, impressionnant dans son magnifique parc fleuri traversé par
la Bruche. Les chambres sont raffinées, mariant la chaleur du bois à la richesse
des étoffes, certaines avec jacuzzi. L'espace bien-être est superbe ! Succès oblige,
pensez à réserver à l'avance.

XX **Julien** 　　　　　　　　　　　　　 ⇦ ⌂ ⅋ ⅌ P
🈁 D 1420 – ☎ 03 88 97 30 09 – www.hoteljulien.com – *Fermé 4-22 janv. et mardi*
Formule 15 € – Menu 21 € (semaine), 25/58 € – Carte 31/54 €
Personnel en costume traditionnel, décor typique des Vosges (tout en bois) : on
célèbre ici le folklore local dans ce qu'il a de meilleur. Dans une ambiance animée, on dévore de goûteuses – et copieuses – préparations régionales : choucroute, rognons et ris de veau, pressé de volaille au foie gras... Réjouissant !

FOUESNANT
✉ 29170 (Finistère) – 9 143 hab. – Alt. 30 m – Voir carte n°**9-B2**
▶ Paris 555 km – Carhaix-Plouguer 69 km – Concarneau 11 km – Quimper 16 km
Carte Michelin 308-G7 – Guide Vert Michelin Bretagne Sud

🏠 **L'Orée du Bois** sans rest 　　　　　　　　　　　　　　 🛜
4 r. Kergoadig, (près de l'église) – ☎ 02 98 56 00 06 – www.hotel-oreedubois.com
15 ch – †43/81 € ††43/81 € – ⵣ 8 €
Voilà un petit hôtel frais et sympathique où l'on vous accueille avec un grand
sourire ! Les chambres sont simples, d'une très bonne tenue, évoquant les plaisirs
de la mer toute proche. Prix tout doux, comme le climat...

au Cap Coz 2,5 km au Sud-Est par rte secondaire – ⊠ 29170

🏠 **Belle-Vue** ⏸️○ ≤ 🍴 & 🏵 🛜 **P**
*30 descente Belle-Vue – 🕐 02 98 56 00 33 – www.hotel-belle-vue.com – Ouvert
1ᵉʳ mars-1ᵉʳ nov.*
17 ch – ♦70/110 € ♦♦73/110 € – ☑ 12 € – ½ P
Rest *Belle-Vue* – voir les restaurants ci-après
Quelle vue sur la baie de la Forêt-Fouesnant ! Les chambres, parfaitement
tenues, sont pimpantes avec leurs couleurs claires et, bien entendu, elles donnent
sur les flots ou le jardin. S'installer en terrasse face à la plage est un vrai bonheur... et l'accueil est charmant.

🏠 **La Pointe du Cap Coz** ⏸️○ ≤ & 🏵 🛜 🏊
*153 av. de la Pointe-du-Cap-Coz – 🕐 02 98 56 01 63 – www.hotel-capcoz.com
– Fermé 25-30 nov. et 1ᵉʳ janv.-12 fév.*
17 ch – ♦71/112 € ♦♦81/112 € – ☑ 14 € – ½ P
Rest *La Pointe du Cap Coz* ⊕ – voir les restaurants ci-après
Ses chambres sont décorées sobrement, dans un esprit bord de mer (certaines
sont plus petites et plus simples), mais l'essentiel est ailleurs : cette bâtisse bretonne se dresse à l'extrémité de la pointe du Cap-Coz, cette bande de sable
prise entre l'Atlantique et l'anse de Port-la-Forêt !

✂✂ **Belle-Vue** – Hôtel Belle-Vue ≤ 🍴 🍽 & 🏵 **P**
*30 descente Belle-Vue – 🕐 02 98 56 00 33 – www.hotel-belle-vue.com – Ouvert 1ᵉʳ
mars-1ᵉʳ nov., fermé lundi et mardi*
Formule 18 € – Menu 27/46 € – Carte 33/98 €
Quelle belle vue ! De la salle du restaurant, on peut apercevoir la plage, les eaux
cristallines et les arbres courbés par le vent... Au menu : une cuisine au goût du
jour, orientée poissons et fruits de mer, que le chef travaille avec précision, en
n'oubliant jamais d'y mettre une touche personnelle.

✂✂ **La Pointe du Cap Coz** – Hôtel de la Pointe du Cap Coz ≤ & 🏵
⊕ *153 av. de la Pointe-du-Cap-Coz – 🕐 02 98 56 01 63 – www.hotel-capcoz.com
– Fermé 25-30 nov., 1ᵉʳ janv.-12 fév., lundi sauf le soir en juil.-août, dim. soir,
mardi soir de sept. à juin et merc. en juil.-août*
Menu 31/74 € – Carte 48/88 €
Une petite maison blanche qui semble posée sur l'océan... C'est là, presque au
bout du monde, qu'on apprécie la cuisine du chef, à la fois ambitieuse et bien
maîtrisée. Elle valorise les produits de la pêche et du terroir, avec des présentations soignées et des cuissons précises. En un mot : délicieux !

à Beg-Meil 5 km au Sud par D 45 – ⊠ 29170

✂✂ **Bistrot Chez Hubert** 🍽 &
*16 r. des Glénan – 🕐 02 98 94 98 04 – www.bistrotchezhubert.fr
– Fermé 15-30 juin, 10 nov.-3 déc., mardi de sept. à juin et lundi*
Formule 17 € – Carte 35/55 €
Un bistrot de famille : c'est l'arrière-grand-mère du chef qui le fonda en 1903. La
cuisine bourgeoise y a toujours cours : poisson, gibier en saison et, en spécialité,
pied de porc désossé farci au foie gras. La tradition est respectée ! En prime, une
formule tapas est proposée au bar, pour les amateurs.

à la Pointe de Mousterlin 6 km au Sud-Ouest par D 145 et D 134 – ⊠ 29170

🏠 **Hôtel de la Pointe de Mousterlin** ⏸️○ 🏖 🍴 🏊 ♨ 🏵 🛜 🏊 **P**
*108 rte de la Pointe – 🕐 02 98 56 04 12 – www.hoteldelapointefouesnant.com
– Fermé 1ᵉʳ-23 fév., 23 nov.-1ᵉʳ déc., dim. soir et lundi du 15 oct. au 15 avril*
42 ch – ♦67/82 € ♦♦84/190 € – 1 suite – ☑ 13 € – ½ P
Rest *L'Intemporel* – voir les restaurants ci-après
À la pointe de Mousterlin, une dune plantée de pins et puis... la plage. L'hôtel
est grand, avec des chambres spacieuses et agréables, et les familles y trouveront
quantité de loisirs (tennis, piscine chauffée, salle de jeux, salle de fitness…).

XX L'Intemporel – Hôtel de la Pointe de Mousterlin

108 rte de la Pointe – ℰ 02 98 56 04 12 – www.hoteldelapointefouesnant.com
– Fermé 1ᵉʳ-23 fév., 23 nov.-1ᵉʳ déc., dim. soir, mardi midi et lundi du 15 oct. au 15 avril
Formule 21 € – Menu 30/65 €

Le chef a beau être anglais, sa cuisine a l'accent du terroir… marin, mais pas seulement ! Oui, il y a les fruits de mer, le poisson frais, mais aussi du lapin braisé, de l'andouille aux pommes caramélisées, etc.

FOUGÈRES

⊠ 35300 (Ille-et-Vilaine) – 19 775 hab. – Alt. 115 m – Voir carte n°**10**-D2
◨ Paris 326 km – Avranches 44 km – Laval 53 km – Le Mans 132 km
Carte Michelin 309-O4 – Guide Vert Michelin Bretagne Nord

Hôtel des Voyageurs sans rest

10 pl. Gambetta – ℰ 02 99 99 08 20 – www.hotel-fougeres.fr   Plan : BY**e**
– Fermé 22 déc.-2 janv. et sam. de mi-déc. à fév.
32 ch – ♦61/87 € ♦♦74/162 € – ☲ 12 €

Cet établissement centenaire, tout de brique rouge vêtu, est situé au cœur de la ville haute. Les chambres, entièrement rénovées, sont chaleureuses et agréables. Un ensemble confortable.

XX Haute Sève

37 bd Jean-Jaurès – ℰ 02 99 94 23 39 – www.lehauteseve.fr   Plan : BY**z**
– Fermé 15-30 mars, 25 juil.-23 août, dim. soir et lundi
Formule 22 € ⟟ – Menu 29/45 € – Carte 37/49 €

Derrière une façade à colombages, une salle à l'ambiance intime et feutrée. Le chef sait cuisiner les bons produits du terroir et propose, au fil des saisons, des accords terre et mer bien au diapason de la nature bretonne.

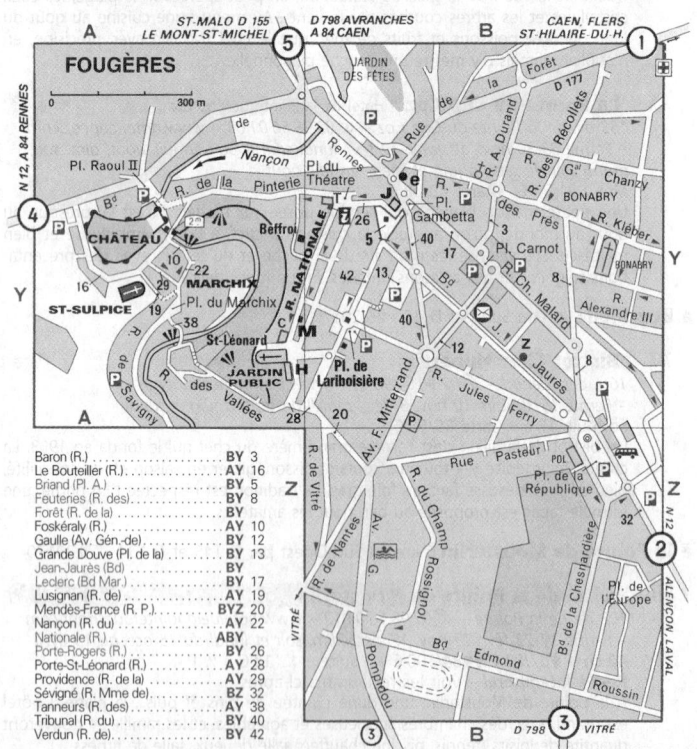

LA FOUILLOUSE – 42 (Loire) → voir St-Étienne

FOURAS

✉ 17450 (Charente-Maritime) – 4 099 hab. – Alt. 5 m – Voir carte n°**38**-A2
▶ Paris 485 km – Châtelaillon-Plage 18 km – Rochefort 15 km – La Rochelle 34 km
Carte Michelin 324-D4 – Guide Vert Michelin Poitou-Charentes

Grand Hôtel des Bains sans rest
15 r. du Gén.-Bruncher – ℰ 05 46 84 03 44 – www.grandhotel-desbains.fr
34 ch – ♦59/79 € ♦♦59/114 € – � 10 €
Un ancien relais de poste (1896) à 50 m de la plage. Les chambres donnent sur la bourgade (double-vitrage) ou la cour intérieure, arborée et bien agréable l'été – d'autant que l'on y prend le petit-déjeuner. Parfait pour un week-end avec le fort Boyard en ligne de mire !

FOURMIES

✉ 59610 (Nord) – 12 608 hab. – Alt. 200 m – Voir carte n°**31**-D3
▶ Paris 214 km – Avesnes-sur-Helpe 16 km – Charleroi 60 km – Hirson 14 km
Carte Michelin 302-M7

aux Étangs-des-Moines 2 km à l'Est par D 964 et rte secondaire – ✉ 59610

Ibis sans rest
r. des Étangs-des-Moines – ℰ 03 27 60 21 54
31 ch – ♦64/71 € ♦♦64/71 € – � 10 €
En lisière de forêt, un agréable hôtel de chaîne dont le propriétaire organise des excursions "moto verte". On se repose dans des chambres fonctionnelles et bien tenues, donnant sur les étangs ou la verdure. Paisible !

FOURNET-BLANCHEROCHE

✉ 25140 (Doubs) – 348 hab. – Alt. 970 m – Voir carte n°**17**-C2
▶ Paris 486 km – Besançon 74 km – Delémont 74 km – Neuchâtel 39 km
Carte Michelin 321-K3

L'Authentique
4 bis r. du Lt.-Col.-Loichot – ℰ 06 71 92 61 37
– www.chambres-hotes-lauthentique.com
5 ch � – ♦65 € ♦♦75/80 €
Besoin d'un grand bol d'air ? Dans cet agréable chalet, les chambres, toutes de plain-pied, ont une terrasse s'ouvrant sur la forêt ! Il fait bon profiter du coin détente : sauna, jacuzzi... À la table d'hôte, on apprécie une cuisine régionale et familiale. Une adresse auhentique, oui.

FOURQUEUX – 78 (Yvelines) → voir Paris, Environs (St-Germain-en-Laye)

FOUSSEMAGNE

✉ 90150 (Territoire de Belfort) – 955 hab. – Alt. 350 m – Voir carte n°**17**-D1
▶ Paris 451 km – Belfort 14 km – Besançon 110 km – Delémont 57 km
Carte Michelin 315-G11

XX **Le Relais d'Alsace**
28 r. d'Alsace – ℰ 03 84 19 40 06 – Fermé 3 semaines en août, 1 semaine en janv., dim. soir, lundi et mardi
Menu 14 € (déj. en semaine), 29/39 € – Carte 35/50 €
Tout en pans de bois, ce relais de poste ne peut mentir sur son âge : plus d'un siècle ! Une équipe jeune et dynamique le fait aujourd'hui revivre avec beaucoup de fraîcheur. La carte explore la tradition – mais pas seulement – en privilégiant les produits locaux. Une alliance de choc !

FRÉHEL

✉ 22240 (Côtes-d'Armor) – 1 661 hab. – Alt. 72 m – Voir carte n°**10**-C1
▶ Paris 433 km – Dinan 38 km – Lamballe 28 km – St-Brieuc 40 km
Carte Michelin 309-H3 – Guide Vert Michelin Bretagne Nord

Le Victorine

XX

3 pl. Chambly – ✆ 02 96 41 55 55 – www.levictorine.net – Fermé vacances
de fév., 3 semaines fin oct.-mi nov., dim. soir et lundi
Menu 16 € (déj. en semaine), 23/37 € – Carte 30/50 €

Sur la place du village, un restaurant traditionnel tenu en famille. Le chef, alsacien, fait honneur à ses origines en réalisant une cuisine généreuse et rythmée
par les saisons. Les spécialités ? Soupe de poisson maison, ris de veau à la normande, filet mignon de porc au beurre de cacahuètes...

FRÉJUS

✉ 83600 (Var) – 52 344 hab. – Alt. 20 m – Voir carte n°**41-C3**
▶ Paris 868 km – Cannes 40 km – Draguignan 31 km – Hyères 90 km
Carte Michelin 340-P5 – Guide Vert Michelin Côte d'Azur

Mercure Thalassa Port Fréjus N

16 quai Dei-Caravello – ✆ 04 94 52 55 00 – www.thalassa.com
116 ch – ♦79/330 € ♦♦79/330 € – 1 suite – ☕ 19 €   Plan : A**t**

Au bord de la Marina, un grand hall moderne et séduisant, aux tons pastel, et de
grandes chambres fonctionnelles, égayées de quelques agréables touches de
couleur. Mais on y viendra aussi pour les vastes installations de thalassothérapie.

FRÉJUS

Agachon (Av. de l')	**A** 2
Alger (Bd)	**B** 5
Brosset (Av. du Gén.)	**AB** 13
Carrara (R. Jean)	**A** 16
Decuers (Bd S.)	**A** 23
Donnadieu (R.)	**B** 24
Einaudi (R. Albert)	**A** 25
Europe (Av. de l')	**A** 26
Fabre (Av. Hippolyte)	**B** 27
Garros (R. Roland)	**B** 32
Libération (Bd de la)	**B** 40
Papin (R. Denis)	**B** 46
Triberg (R. de)	**A** 53
Verdun (Av. de)	**A** 56
Victor-Hugo (Av.)	**B** 60
XVe-Corps (Av. du)	**B** 62

ST-RAPHAËL

Coty (Promenade René)	**B** 20
Gaulle (Av. du Gén.-de)	**B** 33
Leclerc (Av. Mar.)	**B** 39
Mimosas (Bd des)	**B** 43
Myrtes (Av. des)	**B** 45
Poincaré (Av. Raymond)	**B** 47
Rivière (Av. Théodore)	**B** 51
Valescure (Av. de)	**B** 54

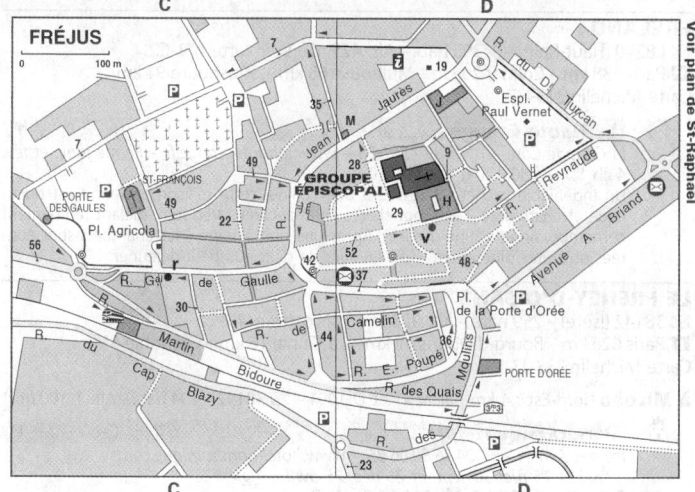

FRÉJUS

🏨 L'Aréna   🍽 ⌘ 🛗 ⚑ 🅰🅲 🤙 ⟨A⟩ 🅿

145 r. du Gén.-de-Gaulle – ℰ *04 94 17 09 40*   Plan : C**r**
– www.hotel-frejus-arena.com – Fermé en nov.
26 ch – 🛏69/154 € 🛏🛏69/347 € – 8 suites – ⌷ 17 € – ½ P
Chambres cosy (tissus régionaux, mobilier peint, faïence…), jolie terrasse donnant sur la verdure, piscine bleu azur : un concentré de Provence dans cette agréable maison proche des arènes. Cuisine du Sud au restaurant.

🍴🍴 L'Amandier   🅰🅲

😊 *19 r. Marc-Antoine-Desaugiers –* ℰ *04 94 53 48 77*   Plan : D**v**
– www.restaurant-lamandier.com – Fermé 3 semaines en nov., lundi midi, merc. midi et dim.
Formule 22 € – Menu 28/40 € – Carte 39/51 € *(réservation conseillée)*
Soupe de carotte à la thaïe et gambas, pavé de maigre aux moules safranées, pomme cuite au four… À deux pas du centre-ville, un couple sympathique et motivé propose de belles recettes à l'accent méridional, réalisées avec de jolis produits de saison. Une vraie pause gourmande à prix sages !

à Fréjus-Plage (Plan : AB) – ✉83600 Fréjus

🍴 Le Mérou Ardent   ⌂ 🅰🅲

😊 *157 bd de la Libération –* ℰ *04 94 17 30 58 – Fermé 1 semaine*   Plan : B**e**
en juin, 20 nov.-20 déc., 1 semaine en janv., sam. midi, lundi midi et jeudi midi en juil.-août, merc. et jeudi de sept. à juin
Menu 20/37 € – Carte 25/70 €
Un sympathique restaurant du front de mer tenu par un jeune couple. Comme l'indique le nom du restaurant, la carte met à l'honneur les recettes de la mer : soupe de poisson, huîtres, sardines poêlées à la fleur de sel, aïoli de morue… Aux beaux jours, service en terrasse, avec la plage en ligne de mire.

au Nord 3 km par ④ et D 37

🏨 La Bastide du Clos des Roses 🆕   🍽 ⌗ ⌂ 🛗 🅰🅲 ⟨A⟩ 🅿

1609 rte de Malpasset ✉ *83600 Fréjus –* ℰ *04 94 53 32 31*
– www.clos-des-roses.com – Fermé 20 déc.-12 janv.
7 ch – 🛏160/285 € 🛏🛏160/285 € – ⌷ 15 €
Sur un grand domaine viticole, les anciens chais sont devenus cet hôtel de charme avec son petit restaurant attenant. De très belles chambres entre tradition et modernité, une superbe terrasse en face des vignes et des oliviers… Un endroit délicieux !

701

FRÉLAND

⊠ 68240 (Haut-Rhin) – 1 393 hab. – Alt. 425 m – Voir carte n°**2**-C2
▶ Paris 438 km – Colmar 20 km – Mulhouse 63 km – Strasbourg 91 km
Carte Michelin 315-H7

     La Haute Grange sans rest

la Chaude Côte – ℰ 03 89 71 90 06 – www.lahautegrange.fr – Fermé janv. et fév.
4 ch ⊑ – ♦80/120 € – ♦♦110/150 €
Un indéniable cachet ! Adossée à une colline, cette maison ancienne est bucolique et charmante. Les propriétaires l'ont décorée avec soin, mêlant raffinement
contemporain et patine des ans. Après une nuit sereine – les chambres sont épurées et toutes différentes –, on savoure un délicieux petit-déjeuner.

LE FRENEY-D'OISANS

⊠ 38142 (Isère) – 259 hab. – Alt. 926 m – Voir carte n°**45**-C2
▶ Paris 626 km – Bourg-d'Oisans 12 km – La Grave 16 km – Grenoble 64 km
Carte Michelin 333-J7

à Mizoën Nord-Est : 4 km par N 91 et D 1091 – ⊠ 38142 – 194 hab. – Alt. 1 100 m

     Panoramique   10 ⬙ ⪡ ⪢ ⁒ ⬙ ⬚ P

rte des Aymes – ℰ 04 76 80 06 25 – www.hotel-panoramique.com
– Ouvert 15 mai-30 sept. et 26 déc.-25 avril
9 ch ⊑ – ♦75/82 € ♦♦101/115 € – ½ P
Un authentique Panoramique ! Perché sur les hauteurs du village, cet imposant chalet semble tutoyer les sommets... Les balcons sont fleuris en été, l'accueil
est charmant (les propriétaires sont d'anciens libraires) et le bois prête sa chaleur
à toutes les chambres. La montagne apprivoisée...

LE FRENZ – 68 (Haut-Rhin) ➜ voir Kruth

FRESNAY-EN-RETZ

⊠ 44580 (Loire-Atlantique) – 1 239 hab. – Alt. 15 m – Voir carte n°**34**-A2
▶ Paris 425 km – Nantes 40 km – La Roche-sur-Yon 64 km – Saint-Nazaire 51 km
Carte Michelin 316-E5

XX   **Le Colvert**   & AC ⟨⟩
⊂⊃
14 rte de Pornic – ℰ 02 40 21 46 79 – www.lecolvert.fr – Fermé 17 août-12 sept.,
dim. soir, mardi soir, merc. soir et lundi
Formule 16 € – Menu 20 € (déj. en semaine), 29/65 € – Carte 46/66 €
Nul besoin de se hausser du col pour pénétrer dans ce restaurant gastronomique,
qui a opéré une jolie mue : fini la salle rustique, place à un décor contemporain
intime et... à des saveurs qui aiment flirter avec la nouveauté. Dans l'annexe, Chez
P'tit Père, priorité aux petits plats traditionnels et aux bons vins.
Chez P'tit Père Menu 11 € ♇ (déj. en semaine), 19/24 € *(fermé 17-31 août,*
lundi et le soir sauf vend. et sam.)

LE FRET – 29 (Finistère) ➜ voir Crozon

FRICHEMESNIL – 76 (Seine-Maritime) ➜ voir Clères

FROENINGEN – 68 (Haut-Rhin) ➜ voir Mulhouse

FRONTONAS

⊠ 38290 (Isère) – 1 943 hab. – Alt. 260 m – Voir carte n°**44**-B2
▶ Paris 495 km – Ambérieu-en-Bugey 44 km – Lyon 34 km – La Tour-du-Pin 26 km
Carte Michelin 333-E4

     Comptoir et Dépendances   10 & AC ⁒ ⬙ P

La Place – ℰ 04 74 95 14 14 – www.comptoir-dependances.fr – Fermé dim.
8 ch – ♦75/90 € ♦♦75/90 € – ⊑ 8 € – ½ P
Ah ! Quel plaisir pour le voyageur de pousser la porte de cette petite auberge,
située sur la place d'un paisible village dauphinois... L'endroit est chaleureux et
convivial, les chambres sont modernes et bien tenues : on est ici chez soi. Cuisine
bistrotière au restaurant.

XX **Auberge du Ru**   ⚘ ⌂ ♨ ⇄ **P**
Le Bergeron – 𝒞 04 74 94 25 71 – www.aubergeduru.fr – Fermé 2-10 mars,
13-28 juil., dim. et lundi
Formule 22 € ♈ – Menu 29 € ♈/57 € – Carte 35/44 €
Au menu de cette petite maison régionale, une déco fraîche et originale (tons mode,
clins d'œil culinaires, toiles monochromes, etc.) et... des saveurs du moment. Le
patron, Meilleur Ouvrier de France en sommellerie (2007), saura vous conseiller de
jolis côtes-du-rhône pour accompagner cette cuisine goûteuse et parfumée.

FUISSÉ – 71 (Saône-et-Loire) → voir Mâcon

LA FUSTE – 04 (Alpes-de-Haute-Provence) → voir Manosque

FUTEAU – 55 (Meuse) → voir Ste-Menehould (51 Marne)

FUVEAU
✉ 13710 (Bouches-du-Rhône) – 9 350 hab. – Alt. 283 m – Voir carte n°**40**-B3
▶ Paris 765 km – Brignoles 53 km – Manosque 73 km – Marseille 36 km
Carte Michelin 340-I5

🏠 **Aix Ste-Victoire**   ⅠⓄ 🛏 ၆ 🏖 ₺ 🆗 ⬆ ⚃ **P**
375 R.D 6, (face au golf de la Sainte-Victoire) – 𝒞 04 42 68 19 19
– www.bestwestern-aix-saintevictoire.fr
81 ch – ♀69/169 € ♀♀69/169 € – ☲ 13 €
Pour les amateurs de 18-trous ou... de séminaires professionnels, un hôtel récent
et confortable situé entre le golf de la Ste-Victoire (belle vue sur la montagne de
certaines chambres) et une petite zone d'activités. Équipements pour affaires.

LA GACILLY
✉ 56200 (Morbihan) – 2 198 hab. – Alt. 22 m – Voir carte n°**10**-C2
▶ Paris 415 km – Nantes 96 km – Rennes 64 km – Vannes 65 km
Carte Michelin 308-S8 – Guide Vert Michelin Bretagne Sud

🏠 **La Grée des Landes**   ⅠⓄ ⬆ ≤ ▢ ⬡ 🛏 ₺ ♨ ⚃ **P**
1,5 km au Sud-Est par rte de Cournon – 𝒞 02 99 08 50 50
– www.lagreedeslandes.com – Fermé 1 semaine en janv.
29 ch – ♀120/160 € ♀♀120/160 € – ☲ 15 € – ½ P
Rest *Les Jardins Sauvages* – voir les restaurants ci-après
Un vrai concept que cet "éco-hôtel spa" Yves Rocher : architecture bioclimatique
et matériaux bruts (lin, coton, chêne). Soins esthétiques et repos total face à la
vallée de l'Aff.

XX **Les Jardins Sauvages** – Hôtel La Grée des Landes   ≤ ⌂ ₺ ♨ ⇄ **P**
1,5 km au Sud-Est par rte de Cournon – 𝒞 02 99 08 50 50
– www.lagreedeslandes.com – Fermé 2-9 janv.
Formule 23 € – Menu 28 € (déj. en semaine), 39/71 € – Carte environ 53 €
La Grée des Landes, hôtel écolo made by Yves Rocher, se devait d'avoir un restaurant en accord avec ses principes. C'est chose faite avec ces Jardins Sauvages,
où traçabilité et produits locavores (potager bio) dominent.

GAGNY – 93 (Seine-Saint-Denis) → voir Paris, Environs

GAILLAC
✉ 81600 (Tarn) – 13 629 hab. – Alt. 143 m – Voir carte n°**29**-C2
▶ Paris 672 km – Albi 26 km – Cahors 89 km – Castres 52 km
Carte Michelin 338-D7

🏠 **Domaine de Perches**   ⅠⓄ ⬆ ≤ ⇲ ⬆ ♨ 🔊 **P** ⊟
lieu-dit Perches, 2083 rte de Laborie, 7 km au Nord-Ouest par D 4
– 𝒞 05 63 56 58 24 – www.domainedeperches.com
3 ch ☲ – ♀145/165 € ♀♀155/195 €
Il est des lieux qui traversent les époques sans se démoder : c'est le cas de cette
maison de maître, située à quelques kilomètres du centre de Gaillac. Ici, le mobilier ancien côtoie celui d'aujourd'hui, les chambres sont raffinées, élégantes et
offrent une jolie vue sur les vignes. Champêtre !

✕ Vigne en Foule ⚜ 🗊 ⅙ 🆔 ✿
80 pl. de la Libération – ℰ 05 63 41 79 08 – www.vigneenfoule.fr – Fermé dim.
soir
Menu 16 € (déj. en semaine)/31 € – Carte 30/46 €
Un sympathique bar-restaurant dans lequel la vigne règne en maître : près de 300 références s'offrent à votre choix, principalement des vins nature ou en biodynamie. Et les gourmands ne sont pas en reste, se régalant d'une croquette de pied et tête de cochon, de pimientos farcis ou encore d'un coustellous laqué... Miam !

✕ La Table du Sommelier 🗊 🆔
34 pl. du Griffoul – ℰ 05 63 81 20 10 – www.latabledusommelier.com – Fermé dim. sauf juil.-août et lundi
Formule 15 € – Menu 20 € (semaine), 25/47 € ☐ – Carte 32/42 €
Avec une telle enseigne, nul doute, c'est Bacchus que l'on célèbre dans ce "bistrot-boutique" situé sous les arcades de la place du marché. Les accords metsvins y sont à l'honneur, bien sûr ! Et l'on ne rechigne pas devant la cuisine du chef, honnête, typiquement bistrot, qui ne triche pas sur la qualité des produits.

GAILLARD – 74 (Haute-Savoie) → voir Annemasse

GAILLON
✉ 27600 (Eure) – 7 208 hab. – Alt. 15 m – Voir carte n°**33-D2**
🚩 Paris 94 km – Les Andelys 13 km – Évreux 25 km – Rouen 48 km
Carte Michelin 304-I7 – Guide Vert Michelin Normandie Vallée de la Seine

à Vieux-Villez 4 km à l'Ouest par D 6015 – ✉ 27600 – 201 hab. – Alt. 125 m

🏠 Château Corneille ⅃○ ⅙ 🗊 🆔 ℗
17 r. de l'Église – ℰ 02 32 77 44 77 – www.chateau-corneille.fr
20 ch – 🛏78 € 🛏🛏98 € – ☐ 13 € – ½ P
Est-ce la quiétude du parc planté d'arbres centenaires, le cachet de ce manoir du 18ᵉ s., le confort sobre et douillet de ses chambres, ou encore le restaurant traditionnel aménagé dans l'ancienne bergerie ? En tout cas, on prendrait bien racine au Château Corneille !

à St-Aubin-sur-Gaillon 2 km au Sud – ✉ 27600 – 1 742 hab. – Alt. 130 m

✕ L'Atelier de Jacques 🗊 ✿ ℗
r. du Bois-de-Saint-Paul, (ZA des Champs-Chouette), sortie 17 par A13
– ℰ 02 32 54 06 33 – www.erisay-brasserie.fr – Fermé 26 juil.-24 août,
24 déc.-4 janv., le soir du lundi au jeudi, sam. midi et dim.
Formule 12 € – Menu 27 € (dîner)/39 € – Carte 26/49 €
Une brasserie des temps modernes, à la fois conviviale et contemporaine dans son bâtiment cubique et lumineux. Ravioles de homard, assiette du boucher, superbes légumes, etc. L'adresse plaira aux amateurs de cuisine traditionnelle revisitée et de produits de saison !

GALLARGUES-LE-MONTUEUX
✉ 30660 (Gard) – 3 351 hab. – Alt. 55 m – Voir carte n°**23-C2**
🚩 Paris 735 km – Arles 51 km – Montpellier 36 km – Nîmes 26 km
Carte Michelin 339-J6

✕ Orchidéa 🗊 ⅙
9 pl. Coudoulié – ℰ 04 66 73 34 07 – Fermé dim.
Formule 19 € – Menu 30 € (déj.)/34 € – Carte environ 45 €
Une maison conviviale, d'esprit "table d'hôte". Au gré de son inspiration et du marché, le chef concocte une ardoise du jour teintée de saveurs méridionales.

GAMBSHEIM
✉ 67760 (Bas-Rhin) – 4 571 hab. – Alt. 130 m – Voir carte n°**1-B1**
🚩 Paris 491 km – Karlsruhe 67 km – Stuttgart 133 km – Strasbourg 25 km
Carte Michelin 315-L4

✕✕ Fleur de Sureau 🛆 & ⇔

22 r. du Chemin-de-Fer – ℰ 03 88 21 85 22 – www.fleurdesureau.fr – Fermé sam. midi, mardi soir et merc.

Formule 16 € – Menu 45 € – Carte 35/66 €

Cette Fleur de Sureau a poussé face à la gare ! À ceci près que son jardinier est un chef qui a fait ses classes auprès de Pierre Gagnaire. Il réalise une cuisine du marché soignée et savoureuse. À noter, un menu surprise avec des plats plus créatifs. Une adresse pour ceux qui ont la main verte... ou pas.

GANNAT

✉ 03800 (Allier) – 5 806 hab. – Alt. 345 m – Voir carte n°**5-B1**

▶ Paris 383 km – Clermont-Ferrand 49 km – Montluçon 78 km – Moulins 58 km

Carte Michelin 326-G6 – Guide Vert Michelin Auvergne

✕✕ Le Frégénie &

4 r. des Frères-Bruneau – ℰ 04 70 90 04 65 – www.le-fregenie.com
– Fermé 1er-10 sept., 1er-7 janv. et le soir sauf vend. et sam.
Menu 15 € (déj.), 24/37 €

Gaperon coulant en croûte, joues de cochon fermier confites, pavé de sandre à la vigneronne, croquant chocolaté au citron vert... Dans cet ancien relais de poste bourbonnais on savoure une cuisine gourmande, respectueuse des produits et toujours de saison. Accueil chaleureux.

GAP

✉ 05000 (Hautes-Alpes) – 40 654 hab. – Alt. 735 m – Voir carte n°**41-C1**

▶ Paris 665 km – Avignon 209 km – Grenoble 103 km – Sisteron 52 km

Carte Michelin 334-E5 – Guide Vert Michelin Alpes du Sud

🏠 Kyriad sans rest 🖨 & 🛜 🅿

5 chemin des Matins Calmes, par ③ : 2,5 km (près de la piscine), rte de Sisteron
– ℰ 04 92 51 57 82 – www.kyriad.com

26 ch – ♦65/98 € ♦♦65/98 € – ☑ 10 €

Aux portes de Gap, sur la route Napoléon, un hôtel très fonctionnel, auquel sa propriétaire insuffle un petit supplément d'âme : l'entretien est extrêmement soigné et l'ensemble très fleuri. En outre, le jardin où l'on peut prendre le petit-déjeuner se révèle charmant.

✕✕✕ Patalain 🖨 🛆 ⇔ 🅿

2 pl. Ladoucette – ℰ 04 92 52 30 83 – www.lepatalain.fr   Plan : Y**d**
– Fermé 31 déc.-31 janv., dim. et lundi
Menu 42/46 €

Un joli jardin, une terrasse sous une glycine, un décor de moulures, de parquet et d'objets anciens... À l'entrée de la ville, cette maison de maître de 1895 conserve un cachet certain. La carte y fait profession de classicisme : quoi de plus logique ? Bonne formule également au Bistro, digne d'un bouchon lyonnais !

Bistro du Patalain Formule 18 € – Menu 22/26 € – Carte environ 38 €

✕✕ Le Pasturier 🐝 🛆 🆔

18 r. Pérolière – ℰ 04 92 53 69 29   Plan : Y**a**
– www.restaurantlepasturier.com – Fermé mardi midi, dim. soir et lundi
Menu 31/49 € – Carte 47/59 €

Dans une rue piétonne assez animée, le Pasturier a tout du bon petit restaurant traditionnel : le décor n'a rien de révolutionnaire, pas plus que la cuisine, mais le chef est un sérieux professionnel qui privilégie les produits frais et les approvisionnements locaux. À savoir : on trouve sur l'arrière une sympathique terrasse.

✕✕ La Menthe Poivrée 🆕 🛆

20 Bis r. du Centre – ℰ 09 52 77 55 73 – Fermé 1er-19 avril,   Plan : Z**a**
1er-20 sept., dim. soir de mi août à mi juil. et lundi
Formule 16 € – Menu 19 € (déj.), 29/42 €

Un joliment petit restaurant au plafond voûté, avec une agréable terrasse au calme. L'adresse est prisée dans la ville et on le comprend : la formule déjeuner offre un excellent rapport qualité-prix et, le soir, le chef met en valeur des produits plus nobles à travers une cuisine plus ambitieuse. Réussite dans les deux cas.

GAP

X **Le Bouchon**
4 La Placette – ℰ 04 92 46 02 43 – Fermé 2 semaines en mai,   Plan : Y**b**
24 août-3 sept., 21 déc.-6 janv., dim. et lundi
Formule 18 € – Carte 35/55 €
Des assiettes pleines d'arômes, généreuses et fort bien cuisinées, mettant en valeur des produits de belle qualité (bio et productions locales) : non, on ne pousse pas le Bouchon trop loin ! Cette table s'impose pour un savoureux repas, et l'ambiance sympathique donne envie de revenir...

à La Bâtie-Neuve 10 km par ② – ⊠ 05230 – 2 431 hab. – Alt. 852 m

⌂ **La Pastorale** sans rest   🐾 ⌂ 🛏 🕭 🎧 🅿
Les Brès, 4 km au Nord-Est par D 214 et D 614 – ℰ 04 92 50 28 40
– www.lapastorale.net – Ouvert début mai à fin oct.
8 ch – †89/109 € ††89/109 € – ⌗ 10 €
Sortez de Gap... et des sentiers battus ! Il faut emprunter de petites routes en lacets pour rallier cette ferme du 16ᵉ s. Le trajet est digne d'une pastorale et la bâtisse va bien à cet environnement : entre ses murs épais et biscornus, on découvre des chambres au charme champêtre, à l'unisson du calme alentour.

GARABIT (VIADUC DE) – 15 (Cantal) → voir Viaduc de Garabit

LA GARDE – 04 (Alpes-de-Haute-Provence) → voir Castellane

LA GARDE – 48 (Lozère) → voir St-Chély-d'Apcher

LA GARDE

✉ 83130 (Var) – 25 613 hab. – Alt. 8 m
▶ Paris 849 km – Marseille 73 km – Toulon 9 km
Carte Michelin 340-L7 – Guide Vert Michelin Côte d'Azur

> ✗ **Auberge Ste-Marguerite** ❶
> *8 pl. de la Chapelle, (angle av. Commandant-Houot)* – ✆ *04 94 23 90 97*
> *– www.aubergestemarguerite.com – Fermé dim. soir, lundi, mardi et le midi du
> merc. au vend.*
> Menu 35/55 € – Carte 45/58 €
> Esprit de renouveau dans cette auberge fondée dans les années 1950, dans un
> ancien bâtiment des douanes. Velouté de petits pois, œuf mollet et chips de cho-
> rizo ; carré d'agneau, jus au thym et caviar d'aubergine... Sous la pergola, aux beaux
> jours, on profite de créations bien composées, où les saveurs sont au rendez-vous.

LA GARDE-ADHÉMAR

✉ 26700 (Drôme) – 1 107 hab. – Alt. 178 m – Voir carte n°**44**-B3
▶ Paris 624 km – Montélimar 24 km – Nyons 42 km – Pierrelatte 7 km
Carte Michelin 332-B7 – Guide Vert Michelin Ardèche Drôme

> 🏠 **Le Logis de l'Escalin**
> *Les Mamarteaux, 1 km au Nord par D 572* – ✆ *04 75 04 41 32*
> *– www.lescalin.com – Fermé 19 oct.-2 nov.*
> **14 ch** – †80/115 € ††80/115 € – ⌑ 14 € – ½ P
> **Rest** *Le Logis de l'Escalin* – voir les restaurants ci-après
> Incroyable destin que celui d'Antoine Escalin. À l'origine simple berger, puis sol-
> dat, il fut anobli et devint ambassadeur de François Ier... Sous l'égide de l'illustre
> personnage, cet établissement aux allures de mas provençal propose des cham-
> bres calmes et de bon confort.

> ✗✗✗ **Le Logis de l'Escalin**
> *Les Mamarteaux, 1 km au Nord par D 572* – ✆ *04 75 04 41 32*
> *– www.lescalin.com – Fermé 19 oct.-2 nov., dim. soir et lundi*
> Formule 23 € ♈ – Menu 29 € (semaine), 43/73 € – Carte 63/97 €
> Ici, la Provence est à l'honneur ! Le chef signe une goûteuse cuisine traditionnelle,
> à savourer dans le décor moderne de la salle pensée en noir et blanc, ou bien sur
> la terrasse ombragée.

LA GARDE-GUÉRIN

✉ 48800 (Lozère) – Voir carte n°**23**-C1
▶ Paris 610 km – Alès 59 km – Aubenas 69 km – Florac 71 km
Carte Michelin 330-L8

> 🏠 **Auberge Régordane**
> *Prévenchères* – ✆ *04 66 46 82 88 – www.regordane.com – Ouvert
> 18 avril-27 sept.*
> **16 ch** – †63 € ††63/74 € – ⌑ 10 € – ½ P
> Au cœur d'un village fortifié entouré de lande et interdit à la circulation, cette
> demeure seigneuriale (16e s.) mêle charme des vieilles pierres et esprit monacal :
> on remonte le temps... Au restaurant, on admire la salle voûtée et son superbe
> cantou (cheminée) ; cuisine du terroir.

LA GARENNE-COLOMBES – 92 (Hauts-de-Seine) → voir Paris, Environs

GARGAS

✉ 84400 (Vaucluse) – 2 900 hab. – Alt. 275 m – Voir carte n°**42**-E1
▶ Paris 735 km – Aix-en-Provence 91 km – Avignon 53 km – Marseille 107 km
Carte Michelin 332-F10

🏨 **Domaine de la Coquillade** 🍽 ⏣ ⫷ 🀙 ⚒ ✖ 🛎 ⅙ 🖽 🛜 🛁 **P**

hameau Le Perrotet, 4,5 km au Sud-Ouest par D 83 – ℰ 04 90 74 71 71
– www.coquillade.fr – Ouvert 1ᵉʳ avril-22 nov.
45 ch – 🛉170/495 € 🛉🛉170/495 € – 18 suites – � 22 €
Rest *Coquillade-Gourmet* Rest *Coquillade-Bistrot* – voir les restaurants ci-
après

Un hameau provençal dont les origines remontent au 11ᵉ s. : tel est le cadre de ce luxueux domaine hôtelier ! Le jardin s'étage en terrasses face au Luberon ; les chambres, épurées, expriment la quintessence des lieux (vieilles pierres, charpentes) ; le tout au sein d'un vignoble de 30 ha. Vendange de plaisirs...

🍴🍴🍴 **Coquillade-Gourmet** – Hôtel Domaine de la Coquillade ⫷ ⫸ 🎏 ⅙ 🖽

hameau le Perrotet, 4,5 km au Sud-Ouest par D 83 – Ouvert ✖ **P**
1ᵉʳ avril-22 nov. et fermé le midi, mardi et merc.
Formule 38 € – Menu 75/120 € – Carte environ 115 €

On est un peu au royaume de Bacchus dans ce restaurant situé au cœur d'un domaine viticole : les gourmets honorent les vins du cru et... tous les produits de la terre provençale, auxquels la carte fait la part belle. À l'image de l'hôtel, le décor ne manque pas de superbe (colonnes, charpente).

🍴 **Coquillade-Bistrot** – Hôtel Domaine de la Coquillade ⫷ ⫸ 🎏 ⅙ 🖽 ✖

hameau Le Perrotet, 4,5 km au Sud-Ouest par D 83 **P**
– ℰ 04 90 74 71 71 – www.coquillade.fr – Ouvert 1ᵉʳ avril-22 nov.
Menu 39 € – Carte environ 66 €

Dans le bistrot ou dans le jardin au milieu du vignoble l'été... Un fil très rouge, donc, pour cette adresse gourmande : le travail des saisons et le sens du terroir – au sein d'un hôtel qui vaut le coup d'œil !

GARIDECH

✉ 31380 (Haute-Garonne) – 1 610 hab. – Alt. 180 m – Voir carte n°**29**-C2
🚩 Paris 687 km – Albi 58 km – Auch 96 km – Toulouse 21 km
Carte Michelin 343-H2

🍴🍴 **Le Club** 🎏 ⫸ 🎏 **P**

rte d'Albi – ℰ 05 61 84 20 23 – www.leclubchampetre.com – Fermé 3 semaines en août, sam. midi, dim. soir et lundi
Formule 17 € – Menu 20 € (déj. en semaine), 30/38 € – Carte 46/58 €

Ici, le goût de la tradition est roi ! Sur la route d'Albi, en pleine campagne (l'une des salles offre une belle vue sur les champs), le cadre est résolument classique, et la cuisine honore les beaux produits du terroir et les saisons. Mention particulière pour le service, souriant et dynamique.

GARNACHE – 85 (Vendée) → voir Challans

GARONS – 30 (Gard) → voir Nîmes

GARREVAQUES

✉ 81700 (Tarn) – 389 hab. – Alt. 192 m – Voir carte n°**29**-C2
🚩 Paris 727 km – Carcassonne 53 km – Castres 31 km – Toulouse 52 km
Carte Michelin 338-D10

🏨 **Le Pavillon du Château** 🍽 🎏 ⏣ 🎏 🀙 ⊛ ✖ 🛎 ⅙ 🖽 ✖ 🛜 🛁 **P**

Château de Garrevaques – ℰ 05 63 75 04 54 – www.garrevaques.com
15 ch – 🛉110/250 € 🛉🛉110/250 € – ⊑ 12 € – ½ P

Au cœur du pays cathare, dans un parc de 7 ha, ce bel hôtel occupe les écuries d'un château du 16ᵉ s. remanié au 19ᵉ s. Charme, authenticité et tableaux contemporains ; meubles chinés et équipements dernier cri ; superbe spa ; restaurant classique et salle voûtée au dîner : tout se mêle avec élégance...

GARRIGUES

✉ 34160 (Hérault) – 168 hab. – Alt. 62 m – Voir carte n°**23**-C2
🚩 Paris 756 km – Alès 51 km – Montpellier 37 km – Nîmes 46 km
Carte Michelin 339-J6

Château Roumanières sans rest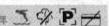
*2 pl. de la Mairie – 𝒞 04 67 86 49 70 – www.chateauroumanieres.com
– Fermé déc., janv. et fév.*
5 ch 🖵 – ✝90/120 € ✝✝95/125 €
Cette maison familiale – ancien château du village – jouxte le domaine viticole et
sa ferme fortifiée. Salle de réception du 13ᵉs., belles chambres mariant l'ancien et
le moderne.

GASNY
✉ 27620 (Eure) – 3 067 hab. – Alt. 36 m – Voir carte n°**33-D2**
🚩 Paris 77 km – Évreux 43 km – Mantes-la-Jolie 20 km – Rouen 71 km
Carte Michelin 304-J7

✗✗ **Auberge du Prieuré Normand**
😊 *1 pl. de la République – 𝒞 02 32 52 10 01 – www.aubergeduprieurenormand.com
– Fermé 24-30 déc., mardi soir et merc.*
Formule 21 € – Menu 32/45 € – Carte 43/54 €
Depuis La Roche-Guyon, en suivant les boves crayeuses, votre route vous mènera
à Gasny, où cette auberge familiale aussi pittoresque que sympathique anime joliment la place centrale. Produits de qualité, sauces sapides, saveurs franches : la
cuisine du chef – un sérieux professionnel, très investi – est généreuse et soignée !

GASSIN
✉ 83580 (Var) – 2 832 hab. – Alt. 200 m – Voir carte n°**41-C3**
🚩 Paris 872 km – Fréjus 34 km – Le Lavandou 31 km – St-Tropez 9 km
Carte Michelin 340-O6 – Guide Vert Michelin Côte d'Azur

✗✗ **La Verdoyante**
😊 *866 chemin vicinal Coste-Brigade – 𝒞 04 94 56 16 23 – www.la-verdoyante.fr
– Ouvert de mi-mars à mi-oct. et fermé lundi midi et merc.*
Menu 29/55 € – Carte 43/61 €
Posée au cœur des vignes, cette ancienne ferme rustique jouit d'un très beau
panorama... Mais la Verdoyante ne serait rien sans la passion du jeune couple
qui en tient les rênes ! Dans un décor coquet ou sur la charmante terrasse, on
se régale d'une délicieuse cuisine provençale aux parfums de garrigue.

GAUJAC
✉ 30330 (Gard) – 1 026 hab. – Alt. 90 m – Voir carte n°**23-D2**
🚩 Paris 673 km – Avignon 39 km – Montpellier 93 km – Nîmes 45 km
Carte Michelin 339-M4

✗ **La Maison**
😊 *r. du Presbytère – 𝒞 04 66 39 33 08 – www.lamaison.gaujac.com
– Fermé 21 août-1ᵉʳ sept., mardi midi, merc. midi, jeudi midi, sam. midi et dim.*
Menu 32 € *(réservation conseillée)*
On se sent bien, un peu comme à La Maison, dans cette ancienne demeure de
vignerons ! Dans les salles, magnifiques écrins de pierre, on savoure une goûteuse
cuisine du marché, réalisée par madame. Monsieur, lui, s'occupe de la belle sélection de vins qui comprend notamment des crus du village. Le tout à petits prix.

GAVARNIE
✉ 65120 (Hautes-Pyrénées) – 139 hab. – Alt. 1 350 m – Voir carte n°**28-A3**
🚩 Paris 901 km – Lourdes 52 km – Luz-St-Sauveur 20 km – Pau 96 km
Carte Michelin 342-L8

à Gèdre 9 km au Nord par D 921 – ✉ 65120 – 250 hab. – Alt. 1 000 m

🏠 **Brèche de Roland**
*Le Village – 𝒞 05 62 92 48 54 – www.pyrenees-hotel-breche.com – Fermé
1ᵉʳ-12 avril et 20 oct.-20 déc.*
24 ch – ✝85/105 € ✝✝105/175 € – 1 suite – 🖵 11 € – ½ P
Au pied des cirques de Gavarnie et de Troumouse, auberge familiale aménagée
dans une maison de pays ; les chambres, modernes et bien équipées, sont idéales
pour prendre un bon repos avant de partir à la découverte de la nature environnante. Recettes du terroir au restaurant.

GAZERAN – 78 (Yvelines) → voir Rambouillet

GÈDRE – 65 (Hautes-Pyrénées) → voir Gavarnie

GÉMENOS

✉ 13420 (Bouches-du-Rhône) – 6 165 hab. – Alt. 150 m – Voir carte n°**40**-B3
▶ Paris 788 km – Aix-en-Provence 39 km – Brignoles 48 km – Marseille 25 km
Carte Michelin 340-I6 – Guide Vert Michelin Provence

🏠🏠🏠 **Bastide Relais de la Magdeleine** ⓘⓄ ⬦ 🍴 🔳 📱 Ⓜ ♨ 🛜 ♨ 🅿

40 av. du 2ème-Cuirassier, au rond-point de la Fontaine – 𝒞 *04 42 32 20 16*
– www.relais-magdeleine.com – Ouvert 30 mars-3 nov.
28 ch – 🛉120/160 € 🛉🛉138/200 € – 1 suite – ☲ 16 € – ½ P
Rest *Relais de la Magdeleine* – voir les restaurants ci-après
C'est toute la noblesse provençale qui s'exprime dans cette demeure du 18ᵉ s. :
mobilier ancien, tableaux, tissus... même le chant des cigales semble élégant !

🍴🍴🍴 **Relais de la Magdeleine** – Hôtel Bastide Relais de la Magdeleine 🏠 🏠

40 av. du 2ème-Cuirassier, au rond-point de la Fontaine ⬦ 🅿
– 𝒞 *04 42 32 20 16 – www.relais-magdeleine.com – Ouvert 30 mars-3 nov.*
et fermé lundi midi et merc. midi
Formule 35 € – Menu 48 € – Carte 58/77 €
Une superbe maison provençale, où il fait bon s'attabler à l'ombre des platanes
ou à la lueur des bougies... Côté papilles, on savoure une cuisine traditionnelle
ensoleillée.

🍴🍴 **Les Arômes** 🏠 Ⓜ ⬦

😊 *230 av. 2ème-Cuirassier –* 𝒞 *09 80 73 06 60 – www.lesaromesgemenos.fr – Fermé*
mardi soir, merc. soir, dim. et lundi
Formule 25 € – Menu 31/49 € *(réservation conseillée)*
Avis aux habitués : sachez que le restaurant a déménagé en 2014 d'Aubagne à
Gémenos, pour cette maison des années 1930 regardant la Sainte-Baume. Yannick
Besset, le chef, régale toujours avec sa cuisine régionale où les produits de saison
mêlent avec bonheur leurs arômes. Même le vin embaume parfois la garrigue...

GENAS – 69 (Rhône) → voir Lyon

GÉNÉRAC

✉ 30510 (Gard) – 3 983 hab. – Alt. 72 m – Voir carte n°**23**-C2
▶ Paris 730 km – Marseille 119 km – Montpellier 50 km – Nîmes 14 km
Carte Michelin 339-L6

🍴 **L'Instant du Sud** Ⓝ 🏠 Ⓜ

😊 *39 Grand-Rue –* 𝒞 *04 66 02 03 93 – www.instantdusud.fr – Fermé 2 semaines*
en août et dim.
Formule 24 € – Menu 29 €
Une jolie maison en pierre au cœur de ce village proche du Parc naturel régional
de Camargue. Une terrasse sous les canisses, une petite salle à l'atmosphère
intime : l'endroit est accueillant et les assiettes du chef achèvent de nous séduire.
Bien tournées et actuelles, elles révèlent un excellent rapport qualité-prix !

GENESTON

✉ 44140 (Loire-Atlantique) – 3 558 hab. – Alt. 28 m – Voir carte n°**34**-B2
▶ Paris 398 km – Cholet 60 km – Nantes 20 km – La Roche-sur-Yon 47 km
Carte Michelin 316-G5

🍴🍴 **Le Pélican** 🛇 Ⓜ

😊 *13 pl. Georges-Gaudet –* 𝒞 *02 40 04 77 88 – www.restaurantlepelican.fr*
– Fermé 27 juil.-16 août, vacances de fév., dim. soir, lundi et mardi
Formule 20 € – Menu 25/43 €
Comme le Pélican, ouvrez grand le bec et profitez d'une savoureuse cuisine,
mêlant tradition et modernité. L'exemple parfait : un magret de canard sauté aux
pommes macaire, une viande tendre et parfaitement cuite, avec un petit jus de
cuisson pour relever le tout... Délicieux et à petit prix : ce Pélican a tout compris !

GENEUILLE – 25 (Doubs) → voir Besançon

GENILLÉ

⊠ 37460 (Indre-et-Loire) – 1 613 hab. – Alt. 88 m – Voir carte n°**11-B3**
▶ Paris 239 km – Blois 57 km – Châtellerault 67 km – Tours 48 km
Carte Michelin 317-P5 – Guide Vert Michelin Châteaux de la Loire

✗ **Agnès Sorel**

*6 pl. Agnès-Sorel – ℰ 02 47 59 50 17 – www.agnessorel.com – Fermé
16 sept.-1er oct., 1er-15 janv., dim. soir, jeudi midi et merc.*
Formule 19 € – Menu 23 € (déj. en semaine), 37/41 € – Carte 55/65 €
Au 15e s., Genillé abrita les amours illégitimes de Charles VII et de la belle Agnès
Sorel. Joli hommage rendu à la favorite du roi dans ce restaurant où la cuisine
traditionnelle séduit le cœur – et les papilles – des gourmands : carpaccio de
tête de veau, sandre au beurre blanc... Accueil charmant.

GÉNIN (LAC) – 01 (Ain) → voir Oyonnax

GENNES

⊠ 49350 (Maine-et-Loire) – 2 148 hab. – Alt. 28 m – Voir carte n°**35-C2**
▶ Paris 305 km – Angers 33 km – Bressuire 65 km – Cholet 68 km
Carte Michelin 317-H4 – Guide Vert Michelin Châteaux de la Loire

✗✗ **L'Aubergade**

*7 av. des Cadets – ℰ 02 41 51 81 07 – www.restaurant-laubergade.com
– Fermé vacances de la Toussaint, de fév., mardi et merc.*
Menu 29 € (semaine), 39/99 € 🍷 – Carte 56/67 €
Le chef de cette auberge n'hésite pas à mêler les influences et à parfumer sa cui-
sine de touches exotiques, avec habileté. Une invitation au voyage, dans un décor
fort élégant...

GENNEVILLE – 14 (Calvados) → voir Honfleur

GENSAC

⊠ 33890 (Gironde) – 865 hab. – Alt. 78 m – Voir carte n°**4-C1**
▶ Paris 554 km – Bergerac 39 km – Bordeaux 63 km – Libourne 33 km
Carte Michelin 335-L6

au Sud-Ouest 2 km par D18 et D15E1 – ⊠ 33350 Ste Radegonde

🏢 **Château de Sanse**   �🅾 ⌦ ⟨ 🍴 ♨ & ⅏ 🛜 ⚙ **P**

– ℰ 05 57 56 41 10 – www.chateaudesanse.com – Fermé 1er nov.- 31 mars
12 ch – ♦120/220 € ♦♦140/220 € – 4 suites – ⊑ 12 € – ½ P
Dominant la campagne et les vignobles, cette belle demeure (18e s.) en pierre
blonde est vraiment au grand calme ! Parc verdoyant, grande piscine chauffée,
restaurant, chambres spacieuses et charmantes : une étape pleine de cachet.

GÉRARDMER

⊠ 88400 (Vosges) – 8 561 hab. – Alt. 669 m – Voir carte n°**27-C3**
▶ Paris 425 km – Belfort 78 km – Colmar 52 km – Épinal 40 km
Carte Michelin 314-J4

🏨 **Le Grand Hôtel**   ⚫🅾 ⌦ ♨ 🖭 ⊛ 🖂 & 🛜 ⚙ **P**

pl. du Tilleul – ℰ 03 29 63 06 31   Plan : AZ**f**
– www.grandhotel-gerardmer.com – Fermé 12-18 nov.
75 ch – ♦91/150 € ♦♦106/220 € – 14 suites – ⊑ 22 € – ½ P
Rest *Le Pavillon Pétrus* **Rest** *L'Assiette du Coq à l'Âne* – voir les restaurants
ci-après
Né au 19e s., il cultive sans faillir l'âme de la station vosgienne. Des chambres spacieuses classiques ou contemporaines, de superbes suites tout en bois dans un
chalet indépendant, un spa magnifique, trois restaurants... Un fleuron en matière
d'accueil et de confort.

GÉRARDMER

0 — 500 m

D 423 BRUYÈRES

D 417, COL DE LA SCHLUCHT, COLMAR
RTE DES CRÊTES, ST-DIÉ-DES-VOSGES

REMIREMONT, ÉPINAL

D 417

TOUR DU LAC

LA BRESSE, COL DU BALLON D'ALSACE
LURE, BELFORT

LA MAUSELAINE

B	
Déportés (Pl. des)	**AY** 3
Ferry (Pl. Albert)	**AZ** 5
Gaulle (R. Ch.-de)	**ABZ**
Kelsch (Bd)	**BY**
Leclerc (Pl. Gén.)	**AY** 6
Mitterrand (R. F.)	**AY** 8
Ville-de-Vichy (Av. de la)	**AZ** 9
Xettes (Bd des)	**AY** 12

☆☆☆ Le Manoir au Lac   🅞 🗺 ⟨ 🛏 📺 ⅃ ⚒ 🛜 🏊 🅿 🚗

chemin de la Droite-du-Lac, rte d'Épinal, 1 km par ③ – ℰ 03 29 27 10 20
– www.manoir-au-lac.com – Fermé 12 nov.-3 déc.
10 ch – 🚹180/330 € 🚹🚹180/330 € – 2 suites – ☕ 20 €
Dans son parc escarpé dominant le lac, cet imposant chalet de 1830 fut jadis fréquenté par Maupassant... qui aurait pu écrire un roman sur la beauté du panorama. À l'intérieur, tout n'est que raffinement et confort : mobilier de style, épais édredons sur chaque lit, piscine couverte, etc. Une adresse de charme !

☆☆☆ Beau Rivage   🅞 ⟨ 🗺 🕛 🛏 ⅃ 🛜 🏊 🅿 🚗

esplanade du Lac – ℰ 03 29 63 22 28   Plan : AY**e**
– www.hotel-beaurivage.fr
50 ch – 🚹80/318 € 🚹🚹80/318 € – 4 suites – ☕ 13 € – ½ P
Rest *Côté Lac* – voir les restaurants ci-après
Tel un paquebot (le bâtiment date des années 1950), il est posé face au lac et ses rives verdoyantes... Les chambres sont confortables, et les mieux exposées offrent une vue superbe ! À l'heure des repas, deux options : gastronomie côté lac ou plats à la plancha sur le toit-terrasse.

☆☆ La Jamagne   🅞 🗺 🕛 🛏 ⅃ 🆔 🛜 🏊 🅿

2 bd Jamagne – ℰ 03 29 63 36 86 – www.jamagne.com   Plan : AY**g**
– Fermé 11 nov.-12 déc.
48 ch – 🚹70/130 € 🚹🚹90/160 € – ☕ 12 € – ½ P
Un hôtel-restaurant de tradition, tenu par la même famille depuis 1905. L'établissement est confortable, parfaitement tenu et il sait vivre avec son temps – comme en témoigne son agréable spa, avec une belle piscine traitée à l'ozone.

⌂ **Gérard d'Alsace** sans rest   🖔 ⌶ 🕉 🛜 **P**
14 r. du 152ᵉ-R.I. – 𝒞 03 29 63 02 38   Plan : AZ**v**
– www.hotel-gerard-dalsace.com – Fermé 15 juin-2 juil.
13 ch – ♦59/90 € ♦♦59/90 € – ⏼ 9 €
Une maison traditionnelle, à la façade blanche et aux volets bleus, à 300 m du lac.
Les chambres sont douillettes, avec de jolis boutis et des tissus aux couleurs
vives. Agréable surprise : la piscine dans le jardin. Une bonne adresse.

⌂ **Les Reflets du Lac** sans rest   < 🕉 🛜 **P**
201 chemin du Tour-du-Lac, au bout du lac, 2,5 km par ③ – 𝒞 03 29 60 31 50
– www.lesrefletsdulac.com – Fermé 15 nov.-15 déc.
14 ch – ♦60/70 € ♦♦60/70 € – ⏼ 8 €
Son nom ne ment pas : la plupart des chambres – certaines avec balcon – offrent
une vue apaisante sur les reflets du lac... Accueil simple et sympathique, décor
d'esprit chalet : un établissement où l'on vient volontiers se détendre.

XXX **Côté Lac** – Hôtel Beau Rivage   🕉 & **P**
esplanade du Lac – 𝒞 03 29 63 22 28   Plan : AY**e**
– www.hotel-beaurivage.fr
Menu 27 € (déj. en semaine), 30/48 € – Carte 57/71 €
Sa grande terrasse toise évidemment le lac... Belle situation pour ce restaurant
très confortable, dont la carte affectionne les produits nobles et les vins d'Alsace.
Une valeur sûre de la gastronomie locale.

XXX **Le Pavillon Pétrus** – Le Grand Hôtel   🕸 🖔 & 𝔸ℂ 🕉 **P**
pl. du Tilleul – 𝒞 03 29 63 06 31   Plan : AZ**f**
– www.grandhotel-gerardmer.com – Fermé 12-18 nov., jeudi midi, mardi et
merc.
Menu 48/92 € – Carte 65/104 €
À l'unisson de l'ambiance feutrée des parties communes (bar, billard, fumoir),
la salle de ce Pavillon est spacieuse et élégante – lustres de Murano, fauteuils en
velours... On y découvre une belle cuisine gastronomique, tel ce loup de ligne à la
peau, minute de courgette et caviar d'aubergine. Que de saveurs !

XX **La P'tite Sophie** ⓝ   & 𝔸ℂ
40 r. Charles-de-Gaulle – 𝒞 03 29 41 76 96 – Fermé dim. soir et   Plan : AZ**t**
lundi
Formule 18 € – Menu 23 € (déj. en semaine), 29 €
L'annexe des Jardins de Sophie, avec son cadre lumineux et contemporain, n'a pas
à rougir de la comparaison avec son grand frère ! On y met en valeur une bonne
cuisine du marché – pâté en croûte de canard, jarret de veau cuit 48h, tartelette à
la rhubarbe caramélisée –, et l'accueil y est particulièrement sympathique.

X **L'Assiette du Coq à l'Âne** – Le Grand Hôtel   🕉 & **P**
⊜ *pl. du Tilleul – 𝒞 03 29 63 06 31*   Plan : AZ**f**
– www.grandhotel-gerardmer.com – Fermé 12-18 nov.
Menu 20 € 🍷 (semaine), 25/28 € – Carte 36/51 €
Sautez allégrement sur l'Assiette du Coq à l'Âne, le bistrot "terroir" et convivial du
Grand Hôtel de Gérardmer, en forme de chalet vosgien. Spécialités : la choucroute, généreuse et goûteuse, la tartiflette, revigorante dès les premiers frimas,
ou encore un authentique... "hamburger du bûcheron".

à Xonrupt-Longemer 4 km par ① – ⊠ 88400 – 1 558 hab. – Alt. 714 m

🏠 **Les Jardins de Sophie**   🍽 🌲 🖔 🔲 🕸 ♨ 🛋 & 🛜 🐾 **P**
Domaine de la Moinaudière, rte du Valtin, 4 km au Nord-Ouest par D23 et rte
secondaire – 𝒞 03 29 63 37 11 – www.hotel-lesjardinsdesophie.com
32 ch – ♦130/240 € ♦♦155/289 € – ⏼ 16 € – ½ P
Rest Les Jardins de Sophie 🏵 – voir les restaurants ci-après
Sentiment d'exception dans ce chalet luxueux blotti dans une forêt d'épicéas... Ici,
l'esprit montagnard n'est que raffinement et douceur, confort et chaleur. Une
adresse délicieuse pour profiter pleinement des Vosges !

Les Jardins de Sophie

*Domaine de la Moinaudière, rte du Valtin, 4 km au Nord-Ouest par D23 et rte
secondaire – ✆ 03 29 63 37 11 – www.hotel-lesjardinsdesophie.com – Fermé
mardi et merc. hors saison sauf fériés*
Menu 33 € (déj. en semaine), 49/88 € – Carte 69/82 €
À l'occasion d'une escapade dans la forêt vosgienne depuis Gérardmer, vous ne
serez pas dépourvu quand l'heure du repas sera venue : voici une table gastronomique empreinte de finesse et d'originalité. Bons produits, exécution soignée,
recettes bien pensées : des Jardins très raffinés parmi l'étendue des sapins...
→ Foie gras poêlé aux brimbelles, tuile sésame et pain du grand-père. Ris de
veau doré, crémeux de chou-fleur, morilles et poireaux. Cocotte chocolat-griottes,
sorbet cerise.

aux Bas-Rupts 4 km par ② – ✉ 88400

Les Bas-Rupts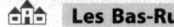

181 rte de la Bresse – ✆ 03 29 63 09 25 – www.bas-rupts.com
21 ch – †150/240 € ††150/340 € – 4 suites – ☑ 22 € – ½ P
Rest *Les Bas-Rupts* ✿ – voir les restaurants ci-après
Un parfait décor pour un séjour de charme à la montagne : boiseries, cheminées,
salons confortables, objets anciens, tableaux, piscine intérieure, etc. – sans
compter l'accueil exquis. On ne peut quitter les lieux sans nostalgie...

Auberge de la Poulcière

*10 chemin du Bouchot – ✆ 03 29 42 04 33 – www.auberge-poulciere.com
– Fermé 15 oct.-20 déc.*
7 ch – †93/113 € ††93/113 € – 1 suite – ☑ 10 € – ½ P
Une auberge en pleine nature, cernée par les jonquilles au printemps... Entre ses
murs de 1775, âme rustique et confort contemporain se conjuguent avec charme.
Chaque chambre dispose d'une kitchenette, mais vous pouvez aussi profiter du
restaurant : le patron ne jure que par les produits frais !

Les Bas-Rupts (Michel Philippe) – Hôtel Les Bas-Rupts

181 rte de la Bresse – ✆ 03 29 63 09 25 – www.bas-rupts.com
Menu 36 € (déj. en semaine), 48/98 € – Carte 70/125 € *(réservation conseillée)*
La table des Bas-Rupts est une valeur sûre, idéale pour apprécier une cuisine clas-
sique revisitée, réalisée dans les règles de l'art et aux saveurs très flatteuses.
Même la rusticité de certains mets – telles les tripes au riesling – se fait raffine-
ment... Superbe carte des vins.
→ Tripes au riesling à la crème et moutarde. Côtelette de caille des Vosges farcie
au foie gras. Ruches glacées au miel de montagne, crème à la vanille.

GERMAGNY

✉ 71460 (Saône-et-Loire) – 205 hab. – Alt. 265 m – Voir carte n°**8**-C3
▶ Paris 361 km – Chalon-sur-Saône 27 km – Mâcon 54 km –
Montceau-les-Mines 28 km
Carte Michelin 320-H9

Les Vignes

*Le Bourg – ✆ 03 85 49 23 23 – www.lesvignes-germagny.fr – Fermé mardi soir
de sept. à juin et merc.*
Formule 13 € ♈ – Menu 23/32 € – Carte 26/38 €
Terrine de bœuf au foie gras, petit pain aux fruits secs ; tournedos de lieu à la
saucisse de Morteau, tomate rôtie et fondue de poireaux... Dans cette auberge
de village, on sert une cuisine traditionnelle et régionale bien alléchante. Et la
viande bovine provient d'un abattoir tout proche.

GERMIGNY-L'ÉVÊQUE – 77 (Seine-et-Marne) → voir Meaux

GÉTIGNÉ – 44 (Loire-Atlantique) → voir Clisson

LES GETS

✉ 74260 (Haute-Savoie) – 1 257 hab. – Alt. 1 170 m – Voir carte n°**46**-F1
▶ Paris 579 km – Annecy 77 km – Bonneville 33 km – Cluses 19 km
Carte Michelin 328-N4 – Guide Vert Michelin Alpes du Nord

Le Labrador
266 rte du Léry – ℰ 04 50 75 80 00 – www.labrador-hotel.com
– Ouvert 21 juin-5 sept. et 20 déc.-11 avril
20 ch ☲ – †90/200 € †† 120/290 € – 1 suite – ½ P
Délicieuse halte près de la cheminée du salon, dans ce chalet à la décoration typiquement savoyarde. À l'étage, les chambres sont habillées de bois, confortables et bien tenues. Au petit-déjeuner, le patron sert les œufs de sa propre ferme !

 La Marmotte
61 r. du Chêne – ℰ 04 50 75 80 33 – www.hotel-marmotte.com – Ouvert de mi-juin à mi-sept. et de mi-déc. à mi-avril
56 ch ☲ – †67/401 € †† 94/419 € – ½ P
Après une journée de ski, détendez-vous près de la cheminée avant de vous faire dorloter dans le superbe spa (750 m²). En sus de la partie traditionnelle de l'établissement, on propose des chambres supplémentaires, tout en vieux bois et très confortables avec leur poêle à bois près duquel paresser comme... une marmotte !

 Alpina
55 imp. de la Grange-Neuve – ℰ 04 50 75 80 22 – www.hotelalpina.fr – Ouvert 25 mai-25 sept. et 15 déc.-15 avril
38 ch – †80/104 € †† 104/186 € – ☲ 12 € – ½ P
Non loin du téléphérique, ce beau chalet familial domine le bourg... Les chambres, de style savoyard, offrent plusieurs conforts différents (familiale, montagnarde ou standard). Le restaurant se révèle sympathique : cuisine aux accents du pays, et vue sur la vallée !

 Crychar
136 imp. de la Grange-Neuve, par rte de la Turche – ℰ 04 50 75 80 50
– www.crychar.com – Fermé 15 avril-25 juin et 15 sept.-12 déc.
14 ch – †75/215 € †† 125/335 € – 1 suite – ☲ 16 € – ½ P
Un petit chalet au pied des pistes, chaleureux et confortable. Le feu crépite dans le salon ; les chambres, tout en bois clair, sont pimpantes et jouissent d'un balcon. Au restaurant, bons produits et jolie carte des vins. Un concentré de Savoie !

GEVREY-CHAMBERTIN
✉ 21220 (Côte-d'Or) – 3 065 hab. – Alt. 275 m – Voir carte n°**8-D1**
▶ Paris 315 km – Beaune 33 km – Dijon 13 km – Dole 61 km
Carte Michelin 320-J6 – Guide Vert Michelin Bourgogne

 La Rôtisserie du Chambertin
6 r. du Chambertin – ℰ 03 80 34 33 20 – www.rotisserie-chambertin.com
11 ch – †115/250 € †† 115/250 € – ☲ 17 €
Rest *Bistrot Lucien* – voir les restaurants ci-après
Le chef de la Maison des Cariatides, à Dijon, est dorénavant à la tête de cette accueillante bâtisse en pierre située au sud de la ville. On y trouve de belles chambres actuelles, dont deux duplex, et un beau salon avec sa cheminée monumentale...

 Grands Crus sans rest
r. de Lavaux – ℰ 03 80 34 34 15 – www.hoteldesgrandscrus.com – Ouvert de début mars à fin nov.
24 ch – †87/97 € †† 87/97 € – ☲ 13 €
Des "Grands Crus" au milieu de célèbres vignobles, quoi de plus logique ? Un peu à l'écart du village, on profite du calme environnant, du jardin fleuri et des chambres classiques (mobilier ancien), tenues avec soin.

 Arts et Terroirs sans rest
28 rte de Dijon – ℰ 03 80 34 30 76 – www.arts-et-terroirs.com
20 ch – †95/128 € †† 95/128 € – ☲ 13 €
Sur la route de Dijon, à la sortie du village, cet hôtel bourguignon a le charme cosy d'une maison particulière... Les chambres sont classiques et spacieuses, la majorité d'entre elles ouvrant sur le joli jardin à l'arrière. Belle sélection de crus locaux en dégustation.

XX **Chez Guy** ♨ 🍴 🆔

3 pl. de la Mairie – ℰ 03 80 58 51 51 – www.chez-guy.fr – Fermé 17-30 août,
vacances de Noël et dim. soir de nov. à mars
Formule 24 € – Menu 31/60 €

On peut être moderne en apparence et fidèle à la tradition sur le fond ! La preuve
avec ce restaurant au cadre contemporain... dont la cuisine est enracinée dans le
terroir : foie gras de canard poché au pinot noir, jambon persillé, gibier en saison,
etc. Sans oublier la remarquable cave qui met toute la Bourgogne à l'honneur.

X **Bistrot Lucien** Ⓝ – Hôtel La Rôtisserie du Chambertin ⇔

6 r. du Chambertin – ℰ 03 80 34 33 20 – www.rotisserie-chambertin.com
Menu 24 € (déj. en semaine), 35/55 €

Avec ses pierres apparentes, ses banquettes et son superbe bar en bois, ce bistrot
est le complément parfait de l'hôtel qui l'accueille. Au programme, une belle cuisine bourguignonne : escargots en coquille au beurre persillé et pata negra, pâté
en croûte de lapin et foie gras, quenelle de brochet... Simple et bon !

GEX

✉ 01170 (Ain) – 10 446 hab. – Alt. 626 m – Voir carte n°**46**-F1
▶ Paris 490 km – Genève 19 km – Lons-le-Saunier 93 km – Pontarlier 110 km
Carte Michelin 328-J3 – Guide Vert Michelin Franche-Comté Jura

à Echenevex 4 km au Sud par D 984ᶜ et rte secondaire – ✉ 01170 – 1 722 hab. – Alt. 580 m

🏠 **Auberge des Chasseurs** �🍴 ♨ ⇐ 🍽 🦶 🅿

711 rte de Naz-Dessus – ℰ 04 50 41 54 07 – www.aubergedeschasseurs.com
– Ouvert de mi-fév. à mi-nov.
15 ch – ♦90/150 € ♦♦110/180 € – ⊡ 12 €

Une jolie maison recouverte de vigne vierge avec le mont Blanc en toile de fond.
À l'intérieur, le décor est scandinave avec des boiseries peintes, des photographies
de Cartier-Bresson qui fut jadis un client ! Tout ici respire la sérénité et l'art de
vivre... Idéal pour se ressourcer.

GIEN

✉ 45500 (Loiret) – 14 685 hab. – Alt. 162 m – Voir carte n°**12**-C2
▶ Paris 149 km – Auxerre 85 km – Bourges 77 km – Cosne-Cours-sur-Loire 46 km
Carte Michelin 318-M5 – Guide Vert Michelin Châteaux de la Loire

🏠 **Rivage** sans rest ⇐ 🛜 🦶 🅿

1 quai de Nice – ℰ 02 38 37 79 00 – http://www.hotel-du-rivage-gien.fr/ – Fermé
4-24 août et vacances de Noël
16 ch – ♦72/123 € ♦♦82/123 € – 3 suites – ⊡ 11 €

Ancien relais de poste du 19ᵉ s., bien situé face à la Loire et non loin du vieux
pont. Les chambres sont fonctionnelles, idéales pour l'étape. Bar avec piano et
salon confortable.

XX **Côté Jardin** (Arnaud Billard) 🆔 🍴

14 rte de Bourges – ℰ 02 38 38 24 67 – www.cote-jardin-restaurant.com – Fermé
21 juil.-10 août, 28 déc.-17 janv., dim. soir, mardi et merc.
Formule 23 € – Menu 36 € (réservation conseillée)

Sur la rive gauche de la Loire, on s'installe Côté Jardin ! Ici, la fraîcheur vient
autant de la brise que des produits sélectionnés avec soin. Au piano, Arnaud Billard signe une savoureuse cuisine du marché, tout en subtiles associations d'ingrédients. La finesse est autant aromatique que visuelle...
→ Saumon mi-cuit aux asperges blanches. Suprême de poulet fermier. Pommes
confites, glace vanille.

X **Le P'tit Bouchon**

66 r. B.-Palissy – ℰ 02 38 67 84 40 – Fermé 28 avril-7 mai,
18 août-10 sept., 23 déc.-4 janv., dim. et lundi
Formule 19 € – Menu 25/29 €

Un vrai repaire bistronomique ! Le chef travaille avec soin de jolis produits de saison, et n'hésite pas à les accompagner d'huiles bien parfumées (notamment à
la noisette) et de condiments ou d'épices en tout genre : graines de moutarde,
mayonnaise au curry, piment d'Espelette, etc. On ne boude pas son plaisir.

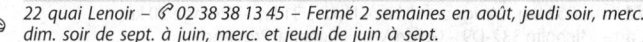

X **L'Olivier**
22 quai Lenoir – ℰ 02 38 38 13 45 – Fermé 2 semaines en août, jeudi soir, merc.,
dim. soir de sept. à juin, merc. et jeudi de juin à sept.
Formule 14 € – Menu 16 € (déj. en semaine) – Carte 30/45 €
Une petite adresse rafraîchissante, menée par un duo complémentaire : Céline
pour le salé et Stéphane pour le sucré. Tout est fait minute et les recettes révèlent
une belle générosité – le tout avec un accent méridional, le couple s'étant formé
dans le sud de la France, d'où le nom choisi pour leur premier restaurant...

X **La Poularde** avec ch
13 quai de Nice – ℰ 02 38 67 10 13 – http://www.lapoularde.fr
– Fermé 22 déc.-2 janv., vend. midi, dim. soir et lundi
9 ch – ♦55/71 € ♦♦62/78 € – ☑ 11 € – ½ P
Formule 20 € – Menu 25/29 € – Carte 30/53 €
En bordure de Loire, une maison bourgeoise qui honore la cuisine traditionnelle : croustillant d'escargots de Bourgogne, crème d'ail et son pistou, fricassée
de rognons de veau sauce crémeuse aux trois moutardes, etc. Agréable moment
que l'on peut prolonger dans l'une des chambres, fonctionnelles et bien tenues.

au Sud 3 km par D 940 et rte secondaire - ✉ 45500 - Poilly-Lez-Gien

🏠 **Villa Hôtel**
ZA le Clair Ruisseau, allée du Vieux-Cours – ℰ 02 38 27 03 30
– www.villa-hotel-restaurant.fr
24 ch – ♦45 € ♦♦45 € – ☑ 7 € – ½ P
Dans une zone artisanale, on apprécie cet hôtel moderne au confort simple,
formé de plusieurs maisons pavillonnaires dont les chambres profitent du calme
alentour. Bonne surprise : la direction est véritablement à l'écoute de ses clients.
Parfait pour une étape à prix doux !

GIFFAUMONT-CHAMPAUBERT
✉ 51290 (Marne) – 260 hab. – Alt. 130 m – Voir carte n°**14**-C2
▶ Paris 208 km – Bar-le-Duc 53 km – Chaumont 75 km – St-Dizier 25 km
Carte Michelin 306-K11 – Guide Vert Michelin Champagne Ardenne

🏠 **Le Cheval Blanc**
21 r. du Lac – ℰ 03 26 72 62 65 – www.lecheval-blanc.net – Fermé 2-15 sept.
et 1er-17 janv.
14 ch – ♦75/90 € ♦♦75/90 € – 1 suite – ☑ 10 € – ½ P
Cette accueillante maison ne se trouve qu'à 500 m de l'un des plus grands lacs
artificiels d'Europe : le lac du Der. Chambres confortables et impeccablement
tenues, jardin, jacuzzi : le repos est total ! Cuisine traditionnelle au restaurant.

GIF-SUR-YVETTE – 91 (Essonne) ➜ voir Paris, Environs

GIGARO – 83 (Var) ➜ voir La Croix-Valmer

GIGNAC
✉ 34150 (Hérault) – 5 515 hab. – Alt. 53 m – Voir carte n°**23**-C2
▶ Paris 719 km – Béziers 58 km – Lodève 25 km – Montpellier 30 km
Carte Michelin 339-G7

XXX **Restaurant de Lauzun** (Matthieu de Lauzun)
3 bd de l'Esplanade – ℰ 04 67 57 50 83 – www.restaurant-delauzun.com – Fermé
2 semaines en juil., 2 semaines en nov., dim. sauf le midi hors saison, sam. midi,
lundi et fériés
Formule 27 € – Menu 47/79 € – Carte environ 65 €
Face à l'esplanade, une maison menée tambour battant par un jeune chef passionné. Décor sobre et soigné à l'image de la cuisine, séduisante et festive, avec ses
belles associations de saveurs – originales et bien pensées – et ses assiettes très
graphiques. Bon choix de vins locaux.
➜ Saumon mariné au citron vert, vinaigrette au combava. Épaule d'agneau
confite au jus de viande, salade tiède de légumes. Chocolat noir et blanc, tuile
craquante et glace café.

GIGONDAS

✉ 84190 (Vaucluse) – 531 hab. – Alt. 313 m – Voir carte n°**42**-E1
▶ Paris 662 km – Avignon 40 km – Nyons 31 km – Orange 20 km
Carte Michelin 332-D9 – Guide Vert Michelin Provence

Les Florets

rte des Dentelles, 2 km à l'Est – ℰ 04 90 65 85 01 – www.hotel-lesflorets.com
– Fermé de janv. à mi-mars
15 ch – ♦105/120 € ♦♦120/165 € – ☐ 16 € – ½ P
Situation rare pour cette hostellerie fondée en 1870 au pied des Dentelles de Montmirail, au cœur du vignoble du Gigondas... Colorées et tranquilles, les chambres sont charmantes, et l'on ne résiste pas à la terrasse du restaurant ombragée de majestueux platanes (produits du terroir, recettes actuelles et vins du domaine).

L'Oustalet avec ch

pl. du village – ℰ 04 90 65 85 30 – www.loustalet-gigondas.com – Fermé
1er déc.-5 janv., dim. et lundi
3 ch – ♦130/210 € ♦♦130/210 € – ☐ 15 €
Formule 35 € – Menu 39/125 € – Carte 50/75 € (réservation conseillée)
Dans ce charmant et fameux village de vignerons, une jolie maison en pierre dont la terrasse déborde sur une placette nantie de vieux platanes. Ici, c'est le vin qui commande le plat : lièvre à la royale, agneau rôti en croûte de pignes, etc., le tout signé par un chef passionné, avec une superbe carte de crus locaux et... de belles chambres d'hôtes !

GILLY-LÈS-CÎTEAUX – 21 (Côte-d'Or) ➔ voir Vougeot

GIMBELHOF – 67 (Bas-Rhin) ➔ voir Lembach

GIMEL-LES-CASCADES

✉ 19800 (Corrèze) – 733 hab. – Alt. 375 m – Voir carte n°**25**-C3
▶ Paris 493 km – Brive-la-Gaillarde 40 km – Limoges 104 km – Tulle 13 km
Carte Michelin 329-M4 – Guide Vert Michelin Limousin Berry

Hostellerie de la Vallée

au bourg – ℰ 05 55 21 40 60 – Fermé 18 déc.-4 janv. et dim. soir d'oct. à mai
9 ch – ♦73 € ♦♦73/121 € – ☐ 10 € – ½ P
Gimel est réputé pour ses cascades ; cette maison de pays bien rénovée permet d'y faire une halte de choix en profitant de chambres confortables. Un jeune couple dynamique et motivé veille au grain, y compris en cuisine. Ambiance conviviale !

LA GIMOND

✉ 42140 (Loire) – 283 hab. – Alt. 625 m – Voir carte n°**44**-A2
▶ Paris 485 km – Annonay 67 km – Lyon 58 km – Saint-Étienne 18 km
Carte Michelin 327-F6

Le Vallon du Moulin

ℰ 04 77 30 97 06 – Fermé vacances de fév., 18-31 août, dim. soir, lundi, mardi
soir et merc.
Menu 23 € (déj. en semaine), 30/51 €
Au cœur du village, ce sympathique restaurant contemporain propose une bonne cuisine (saumon à la niçoise, croustillant de framboise...) qui suit le rythme des saisons. Preuve d'authenticité : le pain est fait maison avec la farine du moulin voisin !

GIMONT

✉ 32200 (Gers) – 2 817 hab. – Alt. 180 m – Voir carte n°**28**-B2
▶ Paris 701 km – Colomiers 40 km – Toulouse 51 km – Tournefeuille 40 km
Carte Michelin 336-H8

Villa Cahuzac

1 av. de Cahuzac – ℰ 05 62 62 10 00 – www.villacahuzac.com – Fermé
20 déc.-10 janv., dim. et lundi sauf de juin à août
11 ch ☐ – ♦110/112 € ♦♦140/162 € – ½ P
Rest Villa Cahuzac – voir les restaurants ci-après
Maison typique de la région (1885) avec des chambres pratiques et soignées (lambris et parquet). Celles du 1er étage ouvrent sur un corridor qui plonge sur le patio fleuri.

Château de Larroque

rte de Toulouse – ℰ 05 62 67 77 44 – www.chateaularroque.fr
– Fermé 2-23 janv., dim. soir, mardi midi et lundi d'oct. à avril
16 ch – 🛏85/96 € 🛏🛏96/180 € – 1 suite – 🍽 13 € – ½ P
Un beau château, édifié en 1805, entouré d'un parc paisible avec piscine et tennis.
Certaines chambres, et l'un des salons, ont été décorés dans un style plus contempo-
rain. Cuisine traditionnelle dans un cadre élégant, à déguster sous la tonnelle en été.

✗✗ Villa Cahuzac – Hôtel Villa Cahuzac [AC]

1 av. de Cahuzac – ℰ 05 62 62 10 00 – www.villacahuzac.com – Fermé
20 déc.-10 janv., dim. et lundi et le midi
Formule 18 € – Menu 33/45 € – Carte environ 45 €
Une longue galerie scandée de douze piliers, avec de larges baies ouvertes sur un
patio verdoyant : tel est le cadre original de ce restaurant, aux accents d'élégant
jardin d'hiver. Actuelle et soignée, la cuisine valorise les produits du terroir local
et évidemment le foie gras. Espace brasserie pour le déjeuner.

GINCLA

✉ 11140 (Aude) – 50 hab. – Alt. 570 m – Voir carte n°**22-B3**
🅿 Paris 821 km – Carcassonne 77 km – Foix 88 km – Perpignan 67 km
Carte Michelin 344-E6

Hostellerie du Grand Duc

2 rte de Boucheville – ℰ 04 68 20 55 02 – www.hostellerieдugrandduc.com
– Ouvert 29 mars-28 oct.
12 ch – 🛏70/75 € 🛏🛏86/100 € – 🍽 12 € – ½ P
Rest *Hostellerie du Grand Duc* – voir les restaurants ci-après
Cette belle maison de maître (18e s.) recouverte de lierre est charmante. Toile de
Jouy, mobilier chiné, poutres, pierres apparentes : les chambres ont toutes leur
propre style. Sans parler du beau jardin... et de cette précieuse quiétude que
rien ne vient troubler.

✗✗ Hostellerie du Grand Duc

2 rte de Boucheville – ℰ 04 68 20 55 02 – www.hostellerieдugrandduc.com
– Ouvert 29 mars- 28 oct.
Menu 30/85 € – Carte 38/72 €
À la table de l'Hostellerie du Grand Duc, on passe de toute évidence un bon
moment. Derrière les fourneaux, le chef met toute sa passion et son envie de
faire plaisir au service d'une belle cuisine du terroir à l'accent provençal. Une
vraie tournée des grands ducs !

GIRMONT-VAL-D'AJOL – 88 (Vosges) → voir Remiremont

GISORS

✉ 27140 (Eure) – 11 474 hab. – Alt. 60 m – Voir carte n°**33-D2**
🅿 Paris 73 km – Beauvais 33 km – Évreux 66 km – Mantes-la-Jolie 40 km
Carte Michelin 304-K6 – Guide Vert Michelin Normandie Vallée de la Seine

✗✗ Le Cappeville ᴬ ✗

17 r. Cappeville – ℰ 02 32 55 11 08 – www.lecappeville.com – Fermé merc. et jeudi
Formule 17 € 🍷 – Menu 29/52 € – Carte 54/74 €
Pigeon rôti à la crème de laitue, langoustines et potiron confit, carré de veau et
sauce aux épices, etc. : au cœur de la capitale du Vexin normand, le terroir prend un coup de jeune et la carte suit les saisons. Une formule sympathique
dans un cadre classique.

à Bazincourt-sur-Epte 6 km au Nord par D 14 – ✉ 27140 – 713 hab. – Alt. 55 m

Château de la Rapée

2 km à l'Ouest par rte secondaire – ℰ 02 32 55 11 61 – www.hotelrapee.com
– Fermé 16 août-1er sept. et 15 fév.-9 mars
12 ch – 🛏90/110 € 🛏🛏98/170 € – 🍽 14 € – ½ P
Sommes-nous en Normandie ou... en Angleterre ? À la lisière d'un domaine dédié
à l'élevage des chevaux, ce manoir aux allures de cottage anglais tutoie le bocage
environnant. Les chambres cultivent le classicisme (de même que le restaurant) :
une valeur sûre pour les amateurs de confort bourgeois et de quiétude.

GIVERNY

✉ 27620 (Eure) – 501 hab. – Alt. 17 m – Voir carte n°**33**-D2
▶ Paris 75 km – Cergy 47 km – Évreux 37 km – Rouen 65 km
Carte Michelin 304-I6 – Guide Vert Michelin Normandie Vallée de la Seine

⛩ **La Réserve** sans rest   ⌂ ⬅ & ⌘ 🛜 **P**
*(près de la mairie), 2 km au Nord par r. Blanche-Hochedé-Monet et C3 direction
Bois-Jérôme –* ℰ *02 32 21 99 09 – www.giverny-lareserve.com – Ouvert avril-oct.*
5 ch ⌧ – ✦110/140 € ✦✦140/170 €
Cette belle demeure familiale à la façade jaune safran, perchée sur les hauts de
Giverny, n'est pas sans rappeler la maison de Monet elle-même. Le parc planté
de pommiers, les chambres spacieuses et pleines de charme, le salon avec sa cheminée : tout laisse une impression impérissable...

XXX **Le Jardin des Plumes** avec ch   ⬅ 🛋 🐎 & 🛜 **P**
☆ *1 r. du Milieu –* ℰ *02 32 54 26 35 – www.lejardindesplumes.fr – Fermé lundi et
mardi*
8 ch – ✦180/290 € ✦✦180/290 € – ⌧ 17 €
Formule 33 € – Menu 45/75 € – Carte environ 70 €
On connaît l'inspiration naturaliste d'Éric Guérin à St-Joachim ; cette
adresse créée à Giverny est dans l'ordre des choses : où mieux proposer que
dans ce fief de l'impressionnisme de nouvelles sensations visuelles et... gustati-
ves ? L'expérience est pleine de finesse et, de plus, la demeure, entre Art déco
et vintage, est charmante pour un week-end.
→ Œuf fumé, tourteau, céleri croquant et bouillon de crustacés à la fève tonka.
Lieu jaune de ligne, bouillon citronnelle et légumes croquants. Tarte fine aux poires, poire de fisée confite et sorbet vin chaud.

GIVET

✉ 08600 (Ardennes) – 6 626 hab. – Alt. 103 m – Voir carte n°**14**-C1
▶ Paris 287 km – Charleville-Mézières 58 km – Fumay 23 km – Rocroi 41 km
Carte Michelin 306-K2 – Guide Vert Michelin Champagne Ardenne

🏨 **Les Reflets Jaunes** sans rest   🛗 🆎 🛜 **P**
2 r. du Gén.-de-Gaulle – ℰ *03 24 42 85 85 – www.les-reflets-jaunes.com – Fermé
20 déc.-5 janv.*
17 ch – ✦58/80 € ✦✦64/99 € – ⌧ 12 €
Près du centre historique, cet hôtel en briques rouges – façade typique de la
région – dispose de chambres confortables dont une, plus grande, pour les familles. Copieux petit-déjeuner.

🏠 **Le Roosevelt** sans rest   🛜
14 quai des Remparts – ℰ *03 24 42 14 14 – www.hotel-le-roosevelt.com
– Fermé 19 déc.-5 janv.*
8 ch – ✦72 € ✦✦82 € – ⌧ 9 €
C'est vrai qu'il est joli ce val d'Ardenne... Alors, pourquoi ne pas faire étape sur le
quai ? Cette maison en pierre typique vous propose des chambres fonctionnelles
et bien tenues. À noter : on propose croques, salades, glaces, etc., à la crêperie-
salon de thé.

GIVORS

✉ 69700 (Rhône) – 19 718 hab. – Alt. 156 m – Voir carte n°**44**-B2
▶ Paris 480 km – Lyon 25 km – Rive-de-Gier 17 km – Vienne 12 km
Carte Michelin 327-H6 – Guide Vert Michelin Lyon et sa région

à Loire-sur-Rhône 5 km par N 86, rte de Condrieu – ✉ 69700
– 2 445 hab. – Alt. 140 m

XX **Mouton-Benoît**   ⬅ 🛋 ⌘
1167 rte de Beaucaire – ℰ *04 78 07 96 36 – www.restaurant-moutonbenoit.com
– Fermé 3 semaines en août, le soir sauf vend. et sam.*
Menu 27 € (déj. en semaine), 37 €
Au bord de la route, cet établissement fondé en 1822 abritait autrefois les fourneaux des "mères" Dumas. Aujourd'hui, la cuisine cultive joliment la tradition
comme les saveurs actuelles : vapeur de cabillaud aux asperges, pavé de lieu
jaune au miel épicé, flanchet de veau de lait aux légumes de saison...

GLAINE-MONTAIGUT

✉ 63160 (Puy-de-Dôme) – 530 hab. – Alt. 350 m – Voir carte n°**6-C2**
▶ Paris 440 km – Clermont-Ferrand 31 km – Issoire 37 km – Thiers 21 km
Carte Michelin 326-H8

ℵ **Auberge de la Forge** avec ch   ⌘ 🔕 📶

pl. de l'Église – 𝒞 04 73 73 41 80 – www.aubergedelaforgeglainemontaigut.com
– Fermé 25 oct.-13 nov., dim. soir et merc.
4 ch – ♦39/49 € ♦♦39/49 € – ☲ 7 € – ½ P
Menu 17 € 🍷 (déj.), 22/46 € – Carte 27/55 €
Face à l'église romane, cette sympathique auberge est l'exacte reproduction de l'ancienne forge du village : murs en pisé, poutres apparentes, soufflet pour attiser le feu de la cheminée ! Le chef joue sur l'effet de surprise avec notamment une fricassée de crêtes de coq pour le moins surprenante.

GLANVILLE

✉ 14950 (Calvados) – 175 hab. – Alt. 73 m – Voir carte n°**32-A3**
▶ Paris 201 km – Caen 42 km – Évreux 124 km – Rouen 95 km
Carte Michelin 303-M4

⌂ **Le Clos Devalpierre**   ¶○ ⌘ 📶 📶 🔕 📶 **P**

171 rte de Bourgeauville – 𝒞 02 31 64 02 66
– www.chambres-dhotes-devalpierre.com
5 ch ☲ – ♦105/132 € ♦♦130/135 €
Vous voulez vous reposer au grand calme ? Ne cherchez plus : cette belle bâtisse normande, en plein bocage, conviendra à merveille ! Les chambres, à colombages, sont absolument charmantes... Tout comme les propriétaires, amoureux de leur maison et de leur région, qui sauront vous transmettre leur passion.

GLUIRAS

✉ 07190 (Ardèche) – 378 hab. – Alt. 800 m – Voir carte n°**44-B3**
▶ Paris 606 km – Le Cheylard 20 km – Lamastre 40 km – Privas 33 km
Carte Michelin 331-J4

ℵ **Le Relais de Sully** avec ch   ⌘ 🔕 📶

pl. centrale – 𝒞 04 75 66 63 41 – www.lerelaisdesully.com – Fermé 18-29 déc.,
15 janv.-15 mars, dim. soir, merc. soir et lundi sauf juil.-août
4 ch – ♦41 € ♦♦41 € – ☲ 7 € – ½ P
Formule 17 € – Menu 21 € (semaine), 28 € 🍷/33 € 🍷
Au cœur de ce village perché ardéchois, une maison en pierre devancée par une véranda. Le jovial patron est un passionné qui aime cuisiner les produits du terroir local, de même que le poisson, selon les arrivages. Son travail ne manque ni de générosité ni de goût ! Chambres modestes, utiles en dépannage.

GODEWAERSVELDE

✉ 59270 (Nord) – 2 026 hab. – Alt. 45 m – Voir carte n°**30-B2**
▶ Paris 263 km – Arras 90 km – Brugge 97 km – Lille 41 km
Carte Michelin 302-D3

ℵ **L'Estaminet du Centre**   🔕 **P**

11 rte de Steenvoorde – 𝒞 03 28 42 21 72 – www.estaminetducentre.com
– Fermé 1er-15 déc., lundi soir, mardi et merc.
Formule 22 € – Menu 29 € – Carte 22/38 €
Un estaminet typique et convivial, où l'on se régale encore et toujours de bonnes recettes traditionnelles : harengs, flamiche au maroilles, carbonade... Le chef fait parler avec précision ce terroir qu'il aime tant ! Et en salle, Béatrice, l'âme de la maison, conseille avec chaleur les novices sur la gastronomie du Nord...

GOLFE DE SANTA-GIULIA – 2A (Corse-du-Sud) ➜ voir Corse (Porto-Vecchio)

GOLFE-JUAN

✉ 06220 (Alpes-Maritimes) – Voir carte n°**42-E2**
▶ Paris 905 km – Antibes 5 km – Cannes 6 km – Grasse 23 km
Carte Michelin 341-D6 – Guide Vert Michelin Côte d'Azur

Beau Soleil sans rest

6 impasse Beau-Soleil, par D 6007 (dir. Antibes) – ℰ *04 93 63 63 63*
– www.hotel-beau-soleil.com – Ouvert 10 mars-10 oct.
30 ch – ♦64/93 € ♦♦78/146 € – ⌧ 10 €

Dans une impasse tranquille à 500 m de la plage, un hôtel avec des chambres fonctionnelles, ainsi qu'une jolie piscine autour de laquelle on peut musarder sur un transat. Enfin, le patron étant un fan de moto, tout est prévu pour les motards : garage, penderie pour sécher les combinaisons, etc.

XX **Nounou** ⪡ 🍴 ⫍ **P**

bd des Frères-Roustan, (à la plage) – ℰ *04 93 63 71 73 – www.nounou.fr*
Menu 41/75 € – Carte 57/152 €

Nounou vit sur la plage ! Près des baies vitrées, la vue sur le rivage est superbe et, dans l'assiette, on se régale de spécialités telles que la soupe de poissons, la bouillabaisse ou encore la bourride. Une bonne adresse pour les amateurs de saveurs iodées.

à Vallauris Nord-Ouest : 2,5 km par D 135 – ⌧ 06220 – 27 411 hab. – Alt. 120 m

Le Mas Samarcande sans rest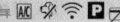

138 Grand-Boulevard de Super-Cannes – ℰ *04 93 63 97 73*
– www.mas-samarcande.com – Fermé janv.-fév.
5 ch ⌧ – ♦120/135 € ♦♦120/135 €

Sur les hauteurs de Vallauris, cette belle villa est une véritable invitation à la détente ! Les chambres, originales et raffinées, mêlent inspiration provençale et exotique... et sur la terrasse, on peut lézarder en profitant de la jolie vue sur la baie.

GONFREVILLE-CAILLOT

⌧ 76110 (Seine-Maritime) – 334 hab. – Alt. 119 m – Voir carte n°**33**-C1
▣ Paris 196 km – Caen 112 km – Évreux 124 km – Rouen 74 km
Carte Michelin 304-C4

XX **L'Auberge de la Motte**

196 rte de Goderville – ℰ *02 35 28 71 84 – www.aubergedelamotte.com*
– Fermé 28 sept.-11 oct., 2-10 janv., dim. soir de nov. à fév., merc. soir et lundi
Menu 37/72 € ⫙ – Carte 40/59 € (réservation conseillée)

Dans un paisible village, une jolie chaumière coiffée de chaume, et à l'intérieur, une cheminée monumentale : le cadre est charmant, très rustique – mais nullement figé. Aux commandes, le jeune chef signe avec maîtrise une cuisine créative aux parfums marqués et aux présentations soignées. Une excellente auberge !

GORBIO

⌧ 06500 – 1 294 hab. – Alt. 360 m – Voir carte n°**42**-E2
▣ Paris 961 km – Marseille 215 km – Monaco 13 km – Nice 27 km
Carte Michelin 341-F5

X **Le Beau Séjour**

20 pl. de la République – ℰ *04 93 41 46 15 – Ouvert 1ᵉʳ avril-10 oct.*
et fermé merc. et le soir sauf en juil.-août
Menu 29 € (déj.)/44 € – Carte 34/58 €

Au cœur de ce petit village situé sur les hauteurs entre Menton et Monaco, ce Beau Séjour échappe à l'agitation de la côte. Le joli décor, aux teintes claires et lumineuses, donne une patte classique au restaurant ; la cuisine se décline en deux menus composés de plats locaux, où tout est fait maison... Charmant !

GORDES

⌧ 84220 (Vaucluse) – 2 056 hab. – Alt. 372 m – Voir carte n°**42**-E1
▣ Paris 712 km – Apt 19 km – Avignon 38 km – Carpentras 26 km
Carte Michelin 332-E10 – Guide Vert Michelin Provence

La Bastide de Gordes & Spa   🅗🅗🅗 ⫼◯ 🕸 🛆 ⟵ ⤓ 🌀 🖼 ⌂ 🖦 🅰🅲 🛜 ♨ 🅿

au village, (réouverture en juin 2015 après travaux) – ℰ *04 90 72 12 12*
– www.bastide-de-gordes.com – Ouvert de juin à déc.
33 ch – ❶220/780 € ❷❷220/780 € – 7 suites – ⵣ 35 € – ½ P
Si un bâtiment avait de la prestance comme une personne, cette bastide du 16e
s., dressée à flanc de rocher face aux Alpilles, en aurait beaucoup ! Déjà superbe,
elle bénéficie début 2015 d'importants travaux, inspirés par l'esprit des châteaux
du 18e s. Et Pierre Gagnaire devrait superviser le restaurant à la réouverture...

Les Bories & Spa   🅗🅗🅗 ⫼◯ 🛆 ⟵ ⤓ 🌀 🖼 🖦 ⌂ 🖦 🅰🅲 🛜 ♨ 🅿

rte de l'Abbaye de Sénanque, 2 km – ℰ *04 90 72 00 51 – www.hotellesbories.com*
– Fermé 3 janv.-14 fév.
31 ch – ❶305/520 € ❷❷305/520 € – 2 suites – ⵣ 23 € – ½ P
Rest *Les Bories* ⍟ – voir les restaurants ci-après
Les "bories", ce sont ces cabanes en pierres sèches des anciens bergers de Provence... Un modèle pour l'architecture de ce luxueux établissement, qui semble
vivre en communion avec la garrigue, entre lavandes et oliviers. Lumière, raffinement...

Le Mas des Romarins   🅗🅗 ⫼◯ 🛆 ⟵ ⤓ 🅰🅲 🛜 🅿

rte de Sénanque – ℰ *04 90 72 12 13 – www.masromarins.com – Fermé*
16 nov.-17 déc. et 11 janv.-11 fév.
13 ch – ❶100/220 € ❷❷100/220 € – ⵣ 16 € – ½ P
Ferme centenaire dominant Gordes. Les chambres sont fraîches et cosy ; de la
terrasse, à l'ombre des mûriers, la vue sur le village est un véritable délice...

Les Bories – Hôtel Les Bories & Spa   🍴🍴🍴 🕸 ⟵ 🏠 🅰🅲 🛜 🅿
⍟

rte de l'Abbaye de Sénanque, 2 km – ℰ *04 90 72 00 51 – www.hotellesbories.com*
– Fermé 3 janv.-14 fév.
Formule 29 € – Menu 65/85 € – Carte 91/101 € *(réservation conseillée)*
Un cadre idyllique, à la fois secret et grand ouvert sur la garrigue... Les saveurs
provençales prennent ici toute leur dimension : parfums sublimés, textures équili-
brées, accords harmonieux... le travail du chef est très délicat.
➜ Fleur de courgette soufflée au basilic. Carré d'agneau laqué au citron. Pêche
jaune rôtie à la verveine, financier pêche et miettes à la vanille.

rte d'Apt 2 km à l'Est par D 2 – ✉ 84220 Gordes

Carcarille   🅗🅗 ⫼◯ 🛆 ⟵ ⤓ 🅰🅲 ♨ 🛜 🅿

rte d'Apt, 4 km par D 2 – ℰ *04 90 72 02 63 – www.carcarille.com – Fermé*
11 nov.-5 fév.
20 ch – ❶81/145 € ❷❷81/145 € – ⵣ 14 € – ½ P
Passé l'allée de cyprès, on découvre cette jolie maison en pierre sèche qui
embaume le bon air de la Provence. Chaque chambre ouvre sur un balcon ou
une terrasse, la piscine est entourée d'oliviers... les cigales chantent tout l'été.
Recettes régionales au restaurant.

La Ferme de la Huppe   🅗 ⫼◯ 🛆 🌀 🅰🅲 ♨ 🛜 🅿

5 km par D 156 rte de Goult – ℰ *(00-33) 04 90 72 12 25*
– www.lafermedelahuppe.com – Ouvert mi-mars à début nov.
10 ch ⵣ – ❶128/145 € ❷❷148/177 € – ½ P
Rest *La Ferme de la Huppe* – voir les restaurants ci-après
Jolie fermette du 18e s. en pierre sèche. Les chambres fleurent bon le lin et la
lavande, comme un rêve provençal. Très jolie piscine parmi les arbustes.

La Ferme de la Huppe   🍴🍴 🏠 🅿

5 km par D 156 rte de Goult – ℰ *04 90 72 12 25 – www.lafermedelahuppe.com*
– Ouvert mi-mars à début nov. et fermé lundi midi, mardi midi et dim.
Formule 24 € – Menu 29 € (déj.), 45/65 € – Carte 52/67 €
Daube de paleron et joue de bœuf au vin rouge du Ventoux, "trofie al pesto
genovese" : la cuisine provençale est ici à l'honneur, avec quelques plats transalpins en clin d'œil aux origines ligures de la patronne... Saveurs bien marquées,
cuissons maîtrisées, service aux petits soins : on se régale !

rte des Imberts 4 km au Sud-Ouest par D 2 – ⊠ 84220 Gordes

🏠🏠   **Mas de la Senancole**   ⑩ 🍴 ⌇ & 🅰 🛜 🛉 🅿

Hameau les Imberts – ℰ 04 90 76 76 55 – www.mas-de-la-senancole.com
– Fermé 4 janv.-8 fév.
21 ch – †99/246 € ††99/246 € – ⌑ 14 € – ½ P
Rest *L'Estellan* – voir les restaurants ci-après
La Sénancole coule à proximité de ce petit mas en pierre. Chambres ornées de
bois peint et fer forgé, certaines avec terrasse. Espace détente avec sauna, hammam, jacuzzi. Jardin bien fleuri.

✗✗   **Le Mas Tourteron**   🍴 🍽 🅿

chemin de St-Blaise – ℰ 04 90 72 00 16 – www.mastourteron.com
– Ouvert 13 mars-1ᵉʳ nov. et fermé lundi, mardi et le midi sauf dim. et fériés
Menu 62 € – Carte 84/98 €
Ce joli mas et sa terrasse sous les mûriers dégagent un charme à la Pagnol. Le
credo du lieu : une "cuisinière dans sa maison", laquelle régale de recettes provençales aussi soignées que délicieuses. Un petit conseil : laissez-vous tenter par
les pieds et paquets à la marseillaise, un modèle du genre...

✗   **L'Estellan** – Hôtel Mas de la Senancole   🍴 🍽 & 🅿

Hameau les Imberts – ℰ 04 90 72 04 90 – www.restaurant-estellan.com
– Fermé 4 janv.-8 fév., lundi et mardi de nov. à mars
Formule 19 € – Menu 25 € (déj.), 37/49 € – Carte 50/61 €
Un restaurant au charme poétique et rétro, dans un mas en pierre. On se régale
de pieds et paquets au vin du Luberon et de tagliatelles faites maison, le tout
accompagné d'ail, d'olives et de plantes aromatiques... Une goûteuse cuisine
provençale.

GORGES DE LA RESTONICA – 2B (Haute-Corse) → voir Corse (Corte)

GOSNAY – 62 (Pas-de-Calais) → voir Béthune

LA GOUESNIÈRE

⊠ 35350 (Ille-et-Vilaine) – 1 665 hab. – Alt. 22 m – Voir carte n°**10-D1**
◘ Paris 390 km – Dinan 25 km – Dol-de-Bretagne 13 km – Lamballe 65 km
Carte Michelin 309-K3

🏠🏠🏠   **Maison Tirel-Guérin**   ⑩ 🍴 🅾 ⅃ 🍽 ⬛ & 🛜 🛉 🅿 🚗

à la gare, rte de Cancale : 1,5 km par D 76 – ℰ 02 99 89 10 46
– www.tirelguerin.com – Fermé 1ᵉʳ-13 fév., 20 déc.-31 janv.
55 ch – †60/83 € ††150/190 € – 2 suites – ⌑ 17 € – ½ P
Rest *La Gouesnière* – voir les restaurants ci-après
Face à la gare, dans un environnement pourtant sans attrait, cet ancien relais de
poste ne manque pas de séduire : accueil prévenant, espace et confort, piscine
couverte... Une adresse familiale d'excellente tenue.

✗✗✗   **La Gouesnière**   🍴 & 🅰 ⇔ 🅿

à la gare, 1,5 km par D 76, rte de Cancale – ℰ 02 99 89 10 46
– www.tirelguerin.com – Fermé 1ᵉʳ-13 fév., 20 déc.-31 janv., lundi de nov. à avril
et dim. soir
Menu 33 € (déj. en semaine), 43/104 € – Carte 75/135 € *(réservation conseillée)*
Une page s'est tournée pour cette table bretonne avec un changement de nom
et l'arrivée du chef Olivier Valade. Ce dernier signe une cuisine terre et mer tout
indiquée dans cet arrière-pays cancalais situé à la croisée de l'armor et de l'argoat... Cadre classique et confortable.

GOULT

⊠ 84220 (Vaucluse) – 1 154 hab. – Alt. 258 m – Voir carte n°**42-E1**
◘ Paris 714 km – Apt 14 km – Avignon 41 km – Bonnieux 8 km
Carte Michelin 332-E10 – Guide Vert Michelin Provence

❌❌ **La Bartavelle**

r. du Cheval-Blanc – ℰ 04 90 72 33 72 – www.bartavelle.free.fr – Fermé mi-nov. à fin fév., le midi, mardi et merc.
Menu 45 € *(réservation conseillée)*
Le petit Marcel Pagnol et son père bien-aimé auraient apprécié cette salle voûtée avec ses superbes carreaux de terre cuite. Dans une ambiance chaleureuse, on se régale d'une caille fermière du Luberon, croûton de foie gras et morilles, ou d'une selle d'agneau de Haute-Provence à la moutarde en grains... Du bel ouvrage !

❌ **Le Carillon**

av. du Luberon – ℰ 04 90 72 15 09 – www.lecarillon-restaurant.com – Fermé merc. de fin sept. à mai et mardi
Menu 24/47 €
Face au carillon de la grande place de Goult, ce restaurant a été entièrement rénové en 2013. Le menu, où l'on trouve de bons plats de saison, évolue tous les mois et demi. Fraîche terrasse ombragée.

GOUMOIS

✉ 25470 (Doubs) – 177 hab. – Alt. 490 m – Voir carte n°**17**-C2
▶ Paris 513 km – Besançon 92 km – Montbéliard 55 km – Morteau 47 km
Carte Michelin 321-L3 – Guide Vert Michelin Franche-Comté Jura

🏨 **Taillard**

3 rte de la Corniche – ℰ 03 81 44 20 75 – www.hotel-taillard.fr – Ouvert 15 mars-8 nov.
16 ch – †90/120 € ††90/198 € – 4 suites – ☐ 14 € – ½ P
Rest *Taillard* – voir les restaurants ci-après
Situé à flanc de colline, un hôtel familial (1875) plaisant avec un très joli jardin, pour les amoureux de la nature. Les chambres, classiques ou plus contemporaines à l'annexe, sont confortables et soignées (meubles chinés, tableaux, etc.).

❌❌❌ **Taillard**

3 rte de la Corniche – ℰ 03 81 44 20 75 – www.hotel-taillard.fr – Ouvert 15 mars-8 nov. et fermé merc. soir d'oct. à avril, lundi soir sauf juil.-août, fériés, lundi midi et merc. midi
Formule 25 € – Menu 38/78 € – Carte 50/85 €
La vue sur la vallée est très agréable et la cuisine du terroir concoctée par le chef – savoureuse et très raffinée – n'a rien à lui envier ! Une maison familiale et de tradition.

GOUPILLIÈRES

✉ 14210 (Calvados) – 178 hab. – Alt. 162 m – Voir carte n°**32**-B2
▶ Paris 255 km – Caen 24 km – Condé-sur-Noireau 27 km – Falaise 34 km
Carte Michelin 303-J5

❌❌ **Auberge du Pont de Brie**

Halte de Grimbosq, 1,5 km à l'Est – ℰ 02 31 79 37 84 – www.pontdebrie.com – Fermé 6-16 juil., 26 oct.-6 nov., 21 déc.-22 janv., nov., déc. sauf week-ends, dim. soir, merc. soir de sept. à Pâques, mardi et lundi
Menu 25/42 € – Carte 36/66 €
Avec ses escarpements et ses jolis points de vue, la vallée de l'Orne mérite une visite ! Faites donc une halte dans cette auberge en pleine campagne, où l'on peut déguster une andouillette de canard, une entrecôte au camembert ou une côte de veau grand-mère... Sympathique et traditionnel !

GOURDON

✉ 46300 (Lot) – 4 497 hab. – Alt. 250 m – Voir carte n°**28**-B1
▶ Paris 543 km – Bergerac 91 km – Brive-la-Gaillarde 66 km – Sarlat-la-Canéda 26 km
Carte Michelin 337-E3

⌂⌂ Hostellerie de la Bouriane

pl. du Foirail – 𝒞 05 65 41 16 37 – www.hotellabouriane.fr
– Fermé 16-25 oct., 20 janv.-10 mars, dim. soir et lundi d'oct. à avril
20 ch – †87/127 € ††87/127 € – ⌑ 14 € – ½ P
Rest *Hostellerie de la Bouriane* – voir les restaurants ci-après
Cette maison cultive le sens de l'hospitalité depuis 1898 ! On s'y repose dans des chambres rustiques bien tenues et mansardées au dernier étage. L'été, il fait bon profiter de l'agréable jardin. Un point de chute parfait pour partir à la découverte de ce village médiéval remarquablement préservé.

✕✕ Hostellerie de la Bouriane

pl. du Foirail – 𝒞 05 65 41 16 37 – www.hotellabouriane.fr
– Fermé 16-25 oct., 20 janv.-10 mars, le midi sauf dim., dim. soir et lundi d'oct.
à avril
Menu 30/46 € – Carte 41/77 €
Cette hostellerie de campagne mise sur les beaux produits du terroir : agneau du Quercy, petits gris du village, rocamadour fermier, liqueur de prune de Souillac, etc. Grande spécialité de la maison : le tournedos Rossini. Belle carte des vins.

GOURETTE

✉ 64440 (Pyrénées-Atlantiques) – Alt. 1 400 m – Voir carte n°**3**-B3
▷ Paris 829 km – Argelès-Gazost 35 km – Eaux-Bonnes 9 km – Laruns 14 km
Carte Michelin 342-K7 – Guide Vert Michelin Aquitaine

⌂ Boule de Neige

(accès piétonnier) – 𝒞 05 59 05 10 05 – www.hotel-bouledeneige.com – Ouvert 22 juin-6 sept. et 1er déc.- début avril
22 ch – †55/100 € ††65/110 € – ⌑ 9 € – ½ P
Les atouts de cet hôtel : sa situation au pied des pistes, face aux sommets, et ses petites chambres de style chalet (la moitié avec mezzanine). Restaurant contemporain décoré de rondins de bois et de pierres apparentes. Cuisine traditionnelle ; snack à midi.

GOURNAY-EN-BRAY

✉ 76220 (Seine-Maritime) – 6 402 hab. – Alt. 94 m – Voir carte n°**33**-D2
▷ Paris 97 km – Amiens 78 km – Les Andelys 38 km – Beauvais 31 km
Carte Michelin 304-K5 – Guide Vert Michelin Normandie Vallée de la Seine

⌂⌂ Le Saint Aubin

550 chemin Vert, 3 km par D 915 rte de Dieppe – 𝒞 02 35 09 70 97
– www.hotel-saint-aubin.fr
60 ch – †75/125 € ††78/125 € – ⌑ 8 € – ½ P
Cette construction en brique rouge, prisée par la clientèle d'affaires (plusieurs salles de réunion), se trouve légèrement en retrait de la route de Dieppe. Les chambres sont fonctionnelles et utiles pour l'étape.

⌂ Le Cygne sans rest

20 r. Notre Dame – 𝒞 02 35 90 27 80 – www.hotellecygne.fr
29 ch – †55 € ††64/85 € – ⌑ 8 €
Hôtel familial et accueillant, situé au centre de cette petite cité du pays de Bray. Les chambres sont bien tenues et parfaitement insonorisées, et l'entretien est irréprochable. Une petite adresse bien pratique !

GOUVIEUX – 60 (Oise) ➜ voir Chantilly

GOUY-ST-ANDRÉ – 62 (Pas-de-Calais) ➜ voir Hesdin

GRAMAT

✉ 46500 (Lot) – 3 555 hab. – Alt. 305 m – Voir carte n°**29**-C1
▷ Paris 534 km – Brive-la-Gaillarde 57 km – Cahors 58 km – Figeac 36 km
Carte Michelin 337-G3

🏠 Le Centre ⏸️ ⚙️ 🅰️ 📶

pl. de la République – ☎ *05 65 38 73 37 – www.lecentre.fr*
20 ch – 🛏65/81 € 🛏🛏65/81 € – ⬜ 10 € – ½ P

Un bon point de chute, associant belles prestations et esprit contemporain – l'adresse a été rénovée de pied en cap ! Les chambres offrent un bon confort et des literies king size. Restauration traditionnelle et spécialités de brasserie.

🏠 Lion d'Or ⏸️ 🛗 🅰️ 📶 ⚙️ 🚗

8 pl. de la République – ☎ *05 65 10 46 10 – www.liondorhotel.fr*
14 ch – 🛏55/78 € 🛏🛏65/95 € – ⬜ 10 € – ½ P
Rest Lion d'Or – voir les restaurants ci-après

En plein centre-ville, une jolie demeure régionale de caractère. On y trouve des chambres spacieuses et plutôt agréables, avec leur décoration aux couleurs pastel.

🏠 Hostellerie du Causse ⏸️ 🍴 ⚙️ 📶 ⚙️ 🅿️

2 km par rte de Cahors – ☎ *05 65 10 60 60 – www.hostellerieducausse.com – Fermé 2-31 janv.*
31 ch – 🛏60/70 € 🛏🛏75/85 € – ⬜ 9 € – ½ P

À l'écart du centre, cette belle bâtisse récente, inspirée du style local, possède des chambres assez spacieuses, à la fois modernes et fonctionnelles. Au restaurant, cuisine traditionnelle.

🏠 Moulin de Fresquet sans rest 🌿 🍴 ✂️ 📶 🅿️ 🚫

1 km par rte de Figeac – ☎ *(00-33) 05 65 38 70 60 – www.moulindefresquet.com – Ouvert 16 avril-14 oct.*
5 ch – 🛏83/99 € 🛏🛏83/119 €

Ce moulin où cohabitent trois époques (14ᵉ, 18ᵉ et 19ᵉ s.) se dresse au sein d'un jardin baigné par un bief. Meubles, tableaux, tapisseries et objets anciens habillent les chambres, bien décorées et très cosy. Joli jardin... avec des canards !

XX Le Relais des Gourmands avec ch 🍴 🍴 📶

2 av. de la Gare – ☎ *05 65 38 83 92 – www.relais-des-gourmands.com – Fermé 8-28 fév., 1 semaine en oct., 22 déc.-4 janv. dim. soir de sept. à juin et lundi sauf le soir en juil.-août*
16 ch – 🛏69/82 € 🛏🛏70/86 € – ⬜ 10 € – ½ P
Formule 18 € – Menu 21 € (semaine), 23/45 € – Carte 36/70 €

Face à la gare, les gourmands qui descendent du train ont un pied-à-terre tout trouvé ! En cuisine, les petits plats du terroir mijotent sous l'œil attentif des chefs, Carl Jenner et Gérard Curtet. Avec eux, les recettes du pays sont joliment actualisées. Aux beaux jours, profitez de la terrasse sous les marronniers.

XX Lion d'Or – Hôtel Lion d'Or 🍴 🅰️ ✂️

8 pl. de la République – ☎ *05 65 10 46 10 – www.liondorhotel.fr – Fermé dim. soir et lundi du 15 nov. au 15 avril*
Formule 19 € – Menu 25 € (semaine), 34/49 €

Que le chef soit de la région ne fait, ici, aucun doute ! En cuisine, il concocte des recettes traditionnelles bien ancrées dans le terroir. De bons petits plats à déguster en terrasse ou dans la salle un brin bourgeoise de cet hôtel-restaurant. Une bonne adresse.

GRAMBOIS

✉ 84240 (Vaucluse) – 1 110 hab. – Alt. 390 m – Voir carte n°**40-B2**
◗ Paris 759 km – Aix-en-Provence 36 km – Apt 41 km – Digne-les-Bains 82 km
Carte Michelin 332-G11

XX L'Auberge des Tilleuls 🆕 avec ch 🍴 📶

au Moulin du Pas à 1,5 km par D 122 – ☎ *04 90 77 93 11 – www.tilleuls.com – Fermé 21-29 déc., 2 semaines vacances de fév., mardi midi d'oct. à mars, dim. soir, mardi soir et lundi*
5 ch ⬜ – 🛏85 € 🛏🛏85 € Menu 23 € (déj. en semaine), 32/48 €

Au pied du village, une bâtisse ancienne précédée d'une terrasse sous les tilleuls. La salle est contemporaine et il fait bon y déguster les agréables spécialités régionales préparées par le chef, qui utilise exclusivement des produits frais, légumes et fruits de la région. Petites chambres classiques.

LE GRAND-BORNAND

✉ 74450 (Haute-Savoie) – 2 185 hab. – Alt. 934 m – Voir carte n°**46**-F1
▶ Paris 564 km – Albertville 47 km – Annecy 31 km – Bonneville 23 km
Carte Michelin 328-L5 – Guide Vert Michelin Alpes du Nord

Les Écureuils
🏠🏠   ��O ⟨ ⛴ ⚹ ⚹ 🛜 🅿 🚗

Le Villard, à la télécabine de la Joyère – ☎ 04 50 02 20 11
– www.hotel-les-ecureuils.com – Ouvert début juin-fin sept. et mi déc.-début avril
17 ch – †72/180 € ††72/180 € – ☐ 9 € – ½ P
À deux pas de la télécabine (parfait pour les skieurs), un chalet entièrement
rénové dans un style contemporain, chic et original à la fois. Cuisine traditionnelle
faite de produits frais, sauna avec vue sur l'extérieur... Un endroit qui sort du lot !

Les Fermes de Pierre et Anna sans rest
🏠   ⧖ ⟨ ⚹ 🛜 🅿

Les Plans, (au golf), 5 km à l'Est par D 4e – ☎ 04 50 51 54 99
– www.fermes-pierre-anna.com – Fermé 1er nov.-10 déc.
8 ch – †98/118 € ††106/136 € – ☐ 12 €
Authentique ! Tel est ce confortable chalet du 18e s. Le golf et les pistes de ski
de fond sont à deux pas, tandis que la quiétude et la douceur de vivre sont ici
même, chez Pierre et Anna.

Le Delta sans rest
🏠   🔥⚹ 🛜 🅿

*rte de la Patinoire – ☎ 04 50 02 26 25 – www.hotel-delta74.com – Ouvert de juin
à sept. et de déc. à avril*
19 ch – †70/105 € ††79/105 € – ☐ 9 €
À la périphérie du village, à côté de la patinoire et du stand de tir du biathlon,
un petit hôtel récent aux chambres chic et montagnardes, certaines en duplex.
Les amateurs de glisse apprécieront la présence d'une boutique de vente et location de skis.

Croix St-Maurice
🏠   ⱵO ⟨ 🍴 🛜 🚗

*(face à l'église) – ☎ 04 50 02 20 05 – www.hotel-lacroixstmaurice.com – Fermé
21 sept.-19 oct.*
22 ch – †70/150 € ††70/150 € – ☐ 9 € – ½ P
Un chalet traditionnel au cœur de la station. On se repose dans de petites chambres chaleureuses, dans le style local, avant de profiter de l'espace bien-être, avec
sauna et hammam. Spécialités savoyardes au restaurant.

Confins des Sens
✗✗   🛜 ⚹

*Le Villavit – ☎ 04 50 69 94 25 – www.confins-des-sens.com – Fermé 3 semaines
en juin, 3 semaines en oct., dim. soir et merc.*
Menu 25 € (déj. en semaine), 42/78 € – Carte environ 58 €
La spécialité de la maison ? La délicieuse soupe de foie gras au muscat, avec
une compotée d'oignons rouges et ses cromesquis. Le terroir, avec la touche de
créativité qui fait la différence !

au Chinaillon 5,5 km au Nord par D 4 – ✉ 74450

Les Cimes sans rest
🏠   ⟨ ⚹ 🛜 🅿

*– ☎ 04 50 27 00 38 – www.hotel-les-cimes.com – Ouvert 19 juin-6 sept.
et 4 déc.-19 avril*
8 ch – †99/119 € ††129/289 € – 3 suites – ☐ 17 €
Au cœur de la station du Chinaillon, ce chalet cultive un esprit atypique, proche
d'une maison d'hôtes. Les chambres sont charmantes avec leurs murs entièrement tapissés de bois et ornés de motifs peints à la main. De véritables cocons
de montagne ! Spa et bar lounge.

La Crémaillère
🏠   ⱵO ⟨ 🛜 🅿 🚗

*Le Chinaillon – ☎ 04 50 27 02 33 – www.hotel-la-cremaillere.fr – Ouvert
15 juin-15 sept. et 20 déc.-20 avril*
15 ch – †49/114 € ††49/114 € – ☐ 8 € – ½ P
Dans les chambres, petites mais très propres, vue sur les pistes ! Et l'on peut
même entendre bruire le cours d'eau qui a donné son nom au village. Le patron
cuisine de sympathiques plats savoyards, et l'on propose des confitures maison
au petit-déjeuner.

GRANDCAMP-MAISY

✉ 14450 (Calvados) – 1 740 hab. – Alt. 5 m – Voir carte n°**32**-B2
▶ Paris 297 km – Caen 63 km – Cherbourg 73 km – St-Lô 40 km
Carte Michelin 303-F3 – Guide Vert Michelin Normandie Cotentin

⩘ **La Faisanderie** sans rest   🕸 🖚 ✗ 🤶 P ⇄
    av. du Col-Courson – 🕾 02 31 22 70 06
    3 ch � – ♦60 € ♦♦80 €
    Une charmante demeure tapissée de vigne vierge, au cœur d'un domaine où l'on
    élève des chevaux. On vous accueille dans un salon cossu avec cheminée avant
    de vous accompagner à votre chambre ; une vraie maison de famille, au calme !

XX **La Marée**   🕸
⊕   5 quai Henri-Chéron – 🕾 02 31 21 41 00 – www.restolamaree.com
    – Fermé 1er janv.-10 fév.
☺   Formule 16 € – Menu 20/27 € – Carte 42/63 € *(réservation conseillée)*
    Un ancien bar de pêcheur joliment contemporain, décoré de belles photos ayant
    pour thème la mer, avec, à l'étage, une vue plongeante sur le port... Le chef n'a
    qu'à traverser la rue pour se fournir à la criée. Résultat : une cuisine inventive et
    d'une totale fraîcheur, vivement conseillée.

LA GRANDE-MOTTE

✉ 34280 (Hérault) – 8 488 hab. – Alt. 1 m – Voir carte n°**23**-C2
▶ Paris 747 km – Aigues-Mortes 12 km – Lunel 16 km – Montpellier 28 km
Carte Michelin 339-J7

🏨 **Les Corallines**   🕪 🕸 ⪦ 🛒 🖥 🕲 ⽁ 🖩 ⅄ 🗚 🤶 🖐 🚗
    615 allée de la Plage, (Le Point Zéro) – 🕾 04 67 29 13 13
    – www.thalasso-grandemotte.com – Fermé 20 déc.-24 janv.
    39 ch – ♦134/202 € ♦♦134/202 € – 3 suites – ⊑ 15 € – ½ P
    Sur le bord de mer, un complexe hôtelier moderne avec centre de thalassothéra-
    pie et spa. Chambres avec balcon, belle piscine et terrasse panoramique face au
    littoral. Au restaurant, cadre japonisant et zen pour une cuisine aux parfums
    méditerranéens.

🏨 **Novotel**   🕪 🕸 ⪦ 🛒 🖥 ⅄ 🗚 🤶 🖐 P
    1641 av. du Golf – 🕾 04 67 29 88 88 – www.novotel.com
    83 ch – ♦110/200 € ♦♦230/320 € – 3 suites – ⊑ 16 € – ½ P
    Des prestations modernes à l'entrée du golf : hall monumental coiffé d'une cou-
    pole en verre, grandes chambres aux normes de la chaîne, belles suites. Au res-
    taurant ouvert sur la piscine, formules traditionnelles et saveurs de Méditerranée.

🏨 **Mercure**   🕪 ⪦ 🛒 🖥 ⅄ 🗚 🤶 🖐 P
    140 r. du port – 🕾 04 67 56 90 81 – www.mercure.com
    99 ch – ♦101/178 € ♦♦101/178 € – 18 suites – ⊑ 18 €
    Cette imposante bâtisse domine le port de plaisance, au cœur de la station. Les
    chambres, spacieuses, bénéficient d'un balcon tourné vers la mer. Carte tradition-
    nelle proposée dans un décor actuel ou sur une terrasse ombragée de platanes.

🏨 **Golf Hôtel** sans rest   🕸 🖚 ⪦ 🛒 🖥 🗚 🤶 P 🚗
    1920 av. du Golf – 🕾 04 67 29 72 00 – www.golfhotel34.com – Fermé
    18 déc.-18 janv.
    44 ch – ♦105/225 € ♦♦105/225 € – 1 suite – ⊑ 14 €
    Dans un quartier calme, face à une pinède, un hôtel construit à la fin des années
    1980. Les chambres ouvrent par une loggia sur le golf ou le plan d'eau du Ponant.

🏨 **Hôtel de la Plage**   🕪 🕸 ⪦ 🛒 🗚 ✗ 🤶 🖐 P
    allée du Levant, direction Grau-du-Roi – 🕾 04 67 29 93 00
    – www.hp-lagrandemotte.fr – Fermé déc.
    36 ch – ♦89/330 € ♦♦89/330 € – 1 suite – ⊑ 14 € – ½ P
    Sur la plage évidemment... Cet hôtel tenu par un jeune couple a bénéficié de tra-
    vaux de modernisation (décor contemporain). Les balcons face à la Méditerranée
    sont bien agréables. Au restaurant ouvert le soir, cuisine estivale face à la piscine.

Azur Bord de Mer sans rest

pl. Justin – 𝒞 *04 67 56 56 00 – www.hotelazur.net*
20 ch – †79/308 € ††89/308 € – � 14 €
Telle une vigie scrutant la Grande Bleue, un hôtel familial ancré sur le môle fermant le port au sud. Chambres douillettes, au décor classique ou contemporain. Piscine chauffée.

Alexandre ≤ 🅰 ✛ 🅿

esplanade Maurice-Justin – 𝒞 *04 67 56 63 63 – www.alexandre-restaurant.com*
– Fermé janv., dim. soir sauf juil.-août, mardi d'oct. à mars et lundi
Formule 32 € – Menu 48/85 € – Carte 48/89 €
La table gastronomique se situe à l'étage et bénéficie d'une belle vue sur le port et le large... On y propose une cuisine très classique, où dominent les produits de la mer. Côté Bistrot, au rez-de-chaussée, ambiance décontractée et viandes ou poissons grillés.
Bistrot d'Alexandre Menu 23 € *(ouvert 5 juin-5 sept. et fermé le soir)*

GRAND-FOUGERAY

✉ 35390 (Ille-et-Vilaine) – 2 370 hab. – Alt. 40 m – Voir carte n°**10**-D2
◘ Paris 392 km – Bruz 41 km – Cesson-Sévigné 52 km – Rennes 49 km
Carte Michelin 309-L8

Les Palis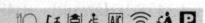

15 pl. de l'Église – 𝒞 *02 99 08 30 80 – www.hotelcharmebretagne.com*
16 ch – †85/180 € ††85/180 € – � 12 € – ½ P
Avec sa grande façade blanche (18ᵉ s.) sur la place centrale du village, l'établissement a tout de l'hôtel-restaurant d'autrefois, et pourtant... On y découvre des chambres très contemporaines (dont l'une avec un lit rond !), un espace bienêtre avec fitness, sauna, jacuzzi, etc. Le tout à mi-chemin entre Nantes et Rennes.

LE GRAND-VILLAGE-PLAGE – 17 (Charente-Maritime) → voir Île d'Oléron

GRANE

✉ 26400 (Drôme) – 1 769 hab. – Alt. 175 m – Voir carte n°**44**-B3
◘ Paris 599 km – Lyon 136 km – Montélimar 35 km – Valence 32 km
Carte Michelin 332-C5

La Demeure de Grâne avec ch 🏠 ⅀ ch, 🛜

8 pl. de l'Église – 𝒞 *04 75 62 60 64 – www.lademeuredegrane.com*
7 ch – †68 € ††68 € – ⊀ 7 € – ½ P
Formule 18 € – Menu 28/55 € *(fermé dim. soir, lundi et mardi)*
Sur la place de l'église, cette sympathique auberge propose une cuisine traditionnelle. Aux beaux jours, préférez la terrasse à l'ombre des platanes. Chambres pour l'étape.

GRANGES-LÈS-BEAUMONT – 26 (Drôme) → voir Romans-sur-Isère

GRANGES-STE-MARIE – 25 (Doubs) → voir Malbuisson

GRANVILLE

✉ 50400 (Manche) – 12 999 hab. – Alt. 10 m – Voir carte n°**32**-A2
◘ Paris 342 km – Avranches 27 km – Cherbourg 105 km – St-Lô 57 km
Carte Michelin 303-C6 – Guide Vert Michelin Normandie Cotentin

Mercure Le Grand Large sans rest ≤ 🛗 🅲 🅰 ✂ 🛜 🗘 🚗

5 r. de la Falaise – 𝒞 *02 33 91 19 19 – www.mercure-granville.com*
66 ch – †78/255 € ††78/255 € – ⊀ 15 €
Dans le centre de Granville, non loin du casino, cet hôtel est perché sur la falaise au-dessus de la plage ; on y jouit d'un panorama somptueux sur la Manche ! Sobriété feutrée dans les chambres, grandes, climatisées et bien équipées. Parfait pour un déplacement professionnel comme pour les vacances.

XX **La Citadelle**

34 r. du Port – ℰ 02 33 50 34 10 – www.restaurant-la-citadelle.com – Fermé 3 semaines en janv., mardi d'oct. à mars et merc.

Formule 21 € – Menu 29/35 € – Carte 30/50 €

Une adresse qui se démarque sur le port de Granville. On admire les petits bateaux de plaisance en partance pour les îles, tout en dégustant homards de Chausey et autres crustacés... Cap sur les produits de la mer !

à Donville-les-Bains 1,5 km au Nord par D 911 et D 468 – ✉ 50350
– 3 253 hab. – Alt. 40 m

🔒 **Hôtel de la Baie**

r. de l'Ermitage – ℰ 02 33 90 31 10 – www.previthal.com

76 ch – †75/110 € ††85/400 € – 2 suites – ⊡ 12 € – ½ P

Sur la côte juste au nord de Granville, cet établissement au décor contemporain et épuré – ouvert en 2013 – a de quoi séduire touristes et curistes... puisqu'il est relié au centre de thalassothérapie. Les chambres, sobres et bien tenues, disposent d'une vue sur la mer.

GRASSE

✉ 06130 (Alpes-Maritimes) – 51 631 hab. – Alt. 250 m – Voir carte n°**42-E2**

◗ Paris 905 km – Cannes 17 km – Digne-les-Bains 118 km – Draguignan 53 km
Carte Michelin 341-C6 – Guide Vert Michelin Côte d'Azur

🏨 **La Bastide St-Antoine**

*48 av. Henri-Dunant, (quartier St-Antoine), 1,5 km par ② et rte de Cannes
– ℰ 04 93 70 94 94 – www.jacques-chibois.com – Fermé 23 fév.-1er mars*

11 ch – †270/465 € ††270/465 € – 5 suites – ⊡ 31 € – ½ P

Rest *La Bastide St-Antoine* ⍟ – voir les restaurants ci-après

Cette imposante bastide du 18e s. trône dans un parc magnifique, doublé d'une immense oliveraie aménagée en restanques. L'image même de la Provence éternelle ! Luxueux mais sans ostentation, l'établissement cultive l'élégance aussi bien que la discrétion : la promesse d'un séjour enchanteur...

🔒 **Élixir**

*r. Martine-Carol, (quartier St-Claude), 2,5 km par ② et rte de Cannes
– ℰ 04 93 70 70 70 – www.bestwestern-elixir-grasse.com*

63 ch – †99/178 € ††110/268 € – ⊡ 15 € – ½ P

Les vertus de cet Élixir situé aux portes de la cité des parfumeurs : des chambres contemporaines confortables et bien aménagées (complètement rénovées en 2013), une agréable piscine, un espace bien-être (jacuzzi, massages) et un restaurant traditionnel. Parfait pour une étape à Grasse.

🏠 **Le Patti**

pl. du Patti – ℰ 04 93 36 01 00 – www.hotelpatti.com　　　　　Plan : Y**a**

73 ch – †75/85 € ††89/110 € – ⊡ 9 € – ½ P

Vous voilà au parfum, les chambres de cet établissement, simple et bien tenu, sont bien utiles si l'on souhaite visiter la vieille ville ou le musée international de la Parfumerie.

⌂ **Moulin St-François** sans rest

*60 av. Guy-de-Maupassant, 2 km à l'Ouest par rte de St-Cézaire
– ℰ 04 93 42 14 35 – www.moulin-saint-francois.com*

3 ch ⊡ – †230/350 € ††230/350 €

Sur les collines bordant Grasse, dans un parc planté d'oliviers, cette luxueuse demeure, créée sur les fondations d'un moulin du 18e s., cultive charme, raffinement et quiétude... Tout de blanc, le décor intérieur concentre la lumière, crée une atmosphère apaisante et fraîche. Sentiment d'exclusivité...

⌂ **Moulin Ste-Anne** sans rest

*9 chemin des Prés, (quartier Ste-Anne), 1,5 km par ③ – ℰ 04 92 42 01 70
– www.moulin-sainte-anne.com*

5 ch ⊡ – †110/195 € ††110/195 €

Un puits, une rivière, un ancien moulin à huile du 18e s. (avec son mécanisme intact) : presque un hameau au sein du quartier Ste-Anne, à proximité du cœur de la ville. Les amateurs de vieilles pierres apprécieront ce décor authentique, l'âme rustique des chambres, le calme des lieux...

GRASSE

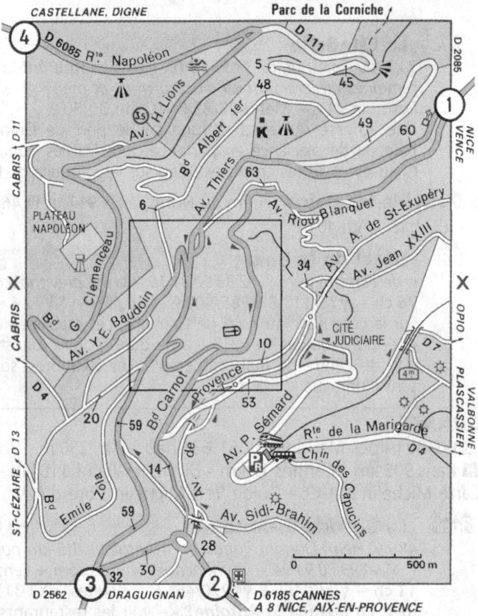

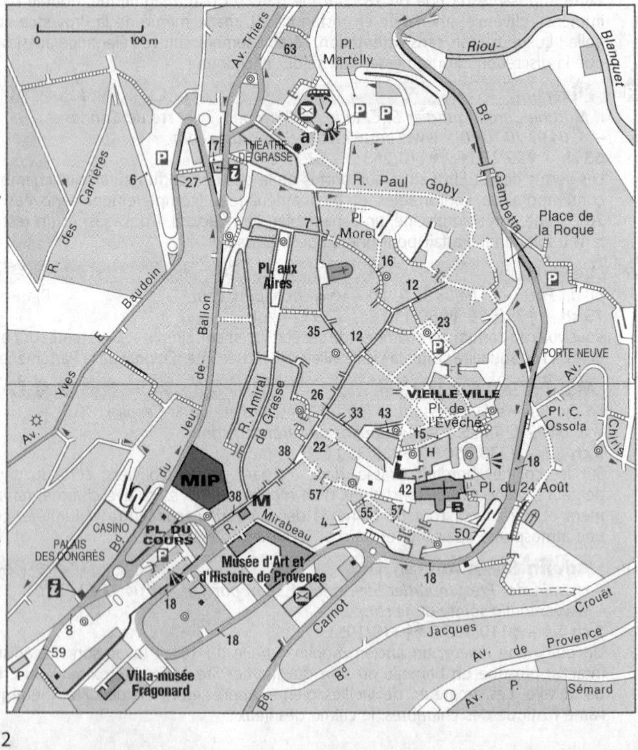

XXXX **La Bastide St-Antoine** (Jacques Chibois) – Hôtel La Bastide St-Antoine

£3 *48 av. Henri-Dunant, (quartier St-Antoine), 1,5 km par*
② et rte de Cannes – ℰ 04 93 70 94 94 – www.jacques-chibois.com – Fermé
23 fév.-1er mars
Menu 66 € (déj.), 155/205 € – Carte 170/235 €
Si Grasse est la cité du parfum, la table de Jacques Chibois – l'un des chefs de file
de la "cuisine du soleil" depuis trente ans – est la reine des arômes ! Agrumes,
herbes, huile d'olive : chaque assiette exalte les saveurs provençales, et certaines
créations, tel le papillon de langoustines, sont de véritables anthologies.
➜ Papillon de langoustines en émulsion de pulpe d'orange à l'huile d'olive et au
basilic. Saint-pierre cuit à l'étuvée, purée de fenouil et coulis de citron. Petit
rucher en vacherin à la fraise ou au coing.

à Magagnosc 5 km par ① rte de Nice – ✉ 06520

XX **Au Fil du Temps** (Sébastien Giraud)

£3 *83 av. Auguste-Renoir – ℰ 04 93 36 20 64 – www.restaurantaufildutemps.com*
– Fermé vacances de la Toussaint, le midi en juil.-août, merc. et dim.
Formule 29 € – Menu 39/79 € (réservation conseillée)
Au fil du temps, du marché, des saisons... et avec toutes les couleurs de l'époque.
Dans cette maison qui domine le pays de Grasse, on déguste une cuisine savou-
reuse, sans fioritures, où le terroir provençal s'exprime avec une belle fraîcheur.
➜ "Lou crespeou" de cèpes et de truffes. Gibier de saison. Œuf flambé au choco-
lat et orange, sorbet mangue.

au Sud-Est 5 km par D 4 - ✉06130 Grasse

XX **Lou Fassum**

381 rte de Plascassier – ℰ 04 93 60 14 44 – www.loufassum.com
– Fermé vacances de la Toussaint, de fév., dim. et lundi hors saison
Menu 30 € (déj. en semaine), 39/76 € – Carte 74/123 € (réservation conseillée)
De la terrasse dressée sous les tilleuls, la vue sur Mouans-Sartoux et le golfe de
Théoule est exceptionnelle. Le chef travaille des produits d'une belle fraîcheur et
privilégie les producteurs locaux. Pour un agréable moment...

au Val du Tignet 8 km par ③ rte de Draguignan par D 2562 – ✉ 06530
Peymeinade

XX **Auberge Chantegrill**

291 rte de Draguignan – ℰ 04 93 66 12 33 – www.aubergeduchantegrill.fr
– Fermé 13-24 nov., dim. soir et lundi d'oct. à avril
Formule 20 € – Menu 24 € (semaine), 32/52 € – Carte 42/63 €
Une grande cheminée, une terrasse fleurie, un accueil chaleureux et une cuisine
enracinée dans la tradition, copieuse et goûteuse. Tout cela fleure bon la Pro-
vence : une sympathique auberge !

à Cabris 5 km à l'Ouest par D 4 - X – ✉ 06530 – 1 427 hab. – Alt. 550 m

🏠 **Horizon** sans rest

100 promenade St-Jean – ℰ 04 93 60 51 69 – Ouvert 25 avril-15 oct.
22 ch – †92/159 € ††92/159 € – ☲ 13 €
Dans ce joli village perché où résida Saint-Exupéry, ce petit hôtel familial se révèle
fort avenant. La terrasse, la piscine et certaines chambres offrent une vue à couper le souffle : Grasse, le golfe de Cannes, l'Estérel... L'accueil est charmant.

XX **Auberge du Vieux Château** avec ch

pl. du Panorama – ℰ 04 93 60 50 12 – www.aubergeduvieuxchateau.com
– Fermé lundi et mardi sauf juil.-août
4 ch – †59/139 € ††59/139 € – ☲ 9 €
Formule 29 € – Menu 39 € (déj. en semaine), 45/55 € – Carte 30/48 €
Un charmant restaurant, niché sur une placette médiévale. On profite de ce décor
de vieilles pierres en terrasse, ou l'on se réfugie dans la jolie salle provençale... En
cuisine œuvre une jeune chef inspirée par le marché et la Méditerranée : saveurs
et couleurs n'ont rien de féodal ! Et les chambres sont ravissantes...

Auberge de la Chèvre d'Or

1 pl. du Puits – ☎ 04 93 60 54 22 – www.restaurant-chevre-dor-cabris.fr – Fermé 15-28 nov., janv., mardi et merc. sauf juil.-août

Formule 19 € – Menu 26/36 € – Carte 36/51 €

À l'entrée du village, voici une sympathique auberge familiale où déguster une cuisine traditionnelle savoureuse et copieuse... Décor rustique et provençal, feu de cheminée en hiver et jolie terrasse : vive la Chèvre d'Or de Cabris !

GRATENTOUR – 31 (Haute-Garonne) ➜ voir Toulouse

GRATOT – 50 (Manche) ➜ voir Coutances

LE GRAU-D'AGDE – 34 (Hérault) ➜ voir Agde

LE GRAU-DU-ROI

✉ 30240 (Gard) – 8 338 hab. – Alt. 2 m – Voir carte n°**23-C2**

Paris 751 km – Aigues-Mortes 7 km – Arles 55 km – Lunel 22 km

Carte Michelin 339-J7

Splendid

bd Mar.-Alphonse-Juin – ☎ 04 66 51 41 29 – www.splendid-camargue.com

51 ch – †77/140 € ††77/140 € – ☕ 12 € – ½ P

Face à la mer, un hôtel moderne avec des balcons à tous les étages. Depuis les chambres, la vue est... splendide ! L'ensemble est propre et bien tenu. Accueil aimable. Cuisine méditerranéenne au restaurant.

Les Acacias sans rest

21 r. de l'Egalité – ☎ 04 66 51 40 86 – www.hotel-les-acacias.fr – Fermé 30 nov.-15 fév.

28 ch – †60/94 € ††60/94 € – ☕ 10 €

Un hôtel familial tout près de la plage, constitué de deux maisons séparées par une terrasse fleurie, où l'on peut prendre son petit-déjeuner aux beaux jours. Un ensemble fonctionnel et bien tenu.

Le Dauphin Ⓝ

48 quai Général-de-Gaulle – ☎ 04 66 53 91 44 – www.restaurantledauphin.fr – Fermé de mi-nov. à mi-fév.

Formule 16 € – Menu 20/28 € – Carte 31/47 €

Sur les quais (avec une petite terrasse), un bistrot de la mer qui sort du lot : il est tenu par une authentique famille de restaurateurs-pêcheurs – la propriétaire s'occupe du service, son fils œuvre en cuisine et son époux possède un chalutier ! Difficile d'espérer un poisson plus frais...

à Port Camargue Sud : 3 km par D 62B – ✉ 30240

Spinaker

pointe de la Presqu'île – ☎ 04 66 53 36 37 – www.spinaker.com – Fermé 15-25 déc. et 2 janv.-9 fév.

16 ch – †89/265 € ††89/265 € – 5 suites – ☕ 16 € – ½ P

Rest ***Spinaker*** – voir les restaurants ci-après

Un hôtel avec ponton privé ! Ce complexe moderne est amarré à la marina, au bout de la presqu'île. Toutes les chambres donnent de plain-pied sur le jardin et... sur la jolie piscine bordée de palmiers.

Les Bains de Camargue

rte des Marines – ☎ 04 66 73 60 60 – www.thalazur.fr

87 ch – †85/185 € ††95/195 € – ☕ 16 € – ½ P

Détente face aux dunes et à la mer : cet ensemble hôtelier comprend un centre de thalasso et la plupart de ses chambres regardent les flots (toutes avec balcon). Cuisine traditionnelle et recettes diététiques au restaurant, perché au 6e étage.

L'Oustau Camarguen 🔟 ⬡ ⬡ ⬡ ⬡ 🅐🅒 ⬡ 🛜 ⬡ 🅿

*3 rte des Marines – ℰ 04 66 51 51 65 – www.oustaucamarguen.com
– Ouvert 20 mars-3 nov.*
32 ch – ▮75/145 € ▮▮75/145 € – 8 suites – ⬡ 13 € – ½ P
Un petit mas camarguais qui a le goût de la Provence : fer forgé, terre cuite, bois
patiné... Les chambres sont assez spacieuses et jouissent de terrasses ou de jardins privatifs au calme ! Le restaurant est agréable : on sert une cuisine régionale
au bord de la piscine.

Spinaker – Hôtel Spinaker ⬡ ⬡ ⬡ 🅿

*pointe de la Presqu'île – ℰ 04 66 53 36 37 – www.spinaker.com – Fermé
15-25 déc., 2 janv.-9 fév., lundi et mardi sauf juil.-août et fériés*
Formule 36 € – Menu 45 € – Carte 48/100 €
Une cuisine dans l'air du temps à savourer dans une salle moderne ou sur la
superbe terrasse ouverte sur la marina et ses bateaux de plaisance.

L'Amarette ⬡ ⬡ 🅐🅒

*8 av. Jean-Lasserre – ℰ 04 66 51 47 63 – www.l-amarette.com – Fermé 1er
déc.-24 janv. et merc.*
Formule 26 € – Menu 43/65 € – Carte 40/80 €
Près de la plage, ce restaurant dispose d'une terrasse en étage qui offre une belle
vue sur la baie d'Aigues-Mortes. Agréable cuisine de la mer.

GRAUFTHAL – 67 (Bas-Rhin) ➜ voir La Petite-Pierre

LA GRAVE

✉ 05320 (Hautes-Alpes) – 486 hab. – Alt. 1 526 m – Voir carte n°**41**-C1
▶ Paris 642 km – Briançon 38 km – Gap 126 km – Grenoble 80 km
Carte Michelin 334-F2 – Guide Vert Michelin Alpes du Nord

Les Chalets de la Meije sans rest ⬡ ⬡ ⬡ ⬡ ⬡ ⬡ 🛜 ⬡

*– ℰ 04 76 79 97 97 – www.chalet-meije.com – Ouvert 25 mai-15 sept.
et 26 déc.-20 avril*
18 ch ⬡ – ▮80/98 € ▮▮98/120 € – 9 suites
Une superbe situation face aux Écrins et au glacier de la Meije ! L'hôtel se compose de plusieurs chalets reliés par de petits chemins piétonniers, le petit-déjeuner étant servi dans le chalet principal, un peu comme si l'on vivait dans la vallée... Magnifique panorama également depuis l'espace bien-être.

GRAVESON

✉ 13690 (Bouches-du-Rhône) – 4 032 hab. – Alt. 14 m – Voir carte n°**42**-E1
▶ Paris 696 km – Avignon 14 km – Carpentras 40 km – Cavaillon 30 km
Carte Michelin 340-D2 – Guide Vert Michelin Provence

Le Cadran Solaire sans rest ⬡ ⬡ 🅐🅒 ⬡ 🛜 🅿

*5 r. du Cabaret-Neuf – ℰ 04 90 95 71 79 – www.hotel-en-provence.com
– Ouvert 15 mars-15 nov.*
12 ch – ▮78/100 € ▮▮78/125 € – ⬡ 10 €
Quelle que soit l'heure donnée par le cadran solaire, ce relais de poste du 16e s.
dégage un vrai charme ! Les chambres, avec leur mobilier chiné, sont séduisantes ; le jardin tout autant.

GRAY

✉ 70100 (Haute-Saône) – 5 876 hab. – Alt. 220 m – Voir carte n°**16**-B2
▶ Paris 336 km – Besançon 45 km – Dijon 50 km – Dole 46 km
Carte Michelin 314-B8 – Guide Vert Michelin Franche-Comté Jura

à Rigny 5 km au Nord-Est par D 70 et D 2 – ✉ 70100 – 608 hab. – Alt. 196 m

Château de Rigny 🔟 ⬡ ⬡ ⬡ ⬡ ⬡ 🍴 ⬡ 🛜 ⬡ 🅿 ⬡

70 r. des Époux-Blanchot – ℰ 03 84 65 25 01 – www.chateau-de-rigny.com
28 ch – ▮89/150 € ▮▮98/240 € – ⬡ 14 € – ½ P
Dans cette demeure du 17e s., nichée au cœur d'un magnifique parc à l'anglaise,
le temps semble s'être arrêté. Mobilier d'époque dans les chambres – certaines plus modernes –, superbe salle des gardes, salon avec tapisseries... renvoient
400 ans en arrière !

GRENOBLE

✉ 38000 (Isère) – 157 424 hab. – Agglo. 501 045 hab. – Alt. 213 m
– Voir carte n°**45-C2**
▶ Paris 566 km – Chambéry 55 km – Genève 143 km – Lyon 105 km
Carte Michelin 333-H6 – Guide Vert Michelin Alpes du Nord

© tashka2000/Fotolia.com

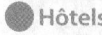 **Hôtels**

 Park Hôtel sans rest 🛗 &ᵭ 🅰🅲 🛜 ♨ 🏨
10 pl. Paul-Mistral – ℰ 04 76 85 81 23   Plan : FZ**w**
– www.park-hotel-grenoble.fr
40 ch – ♦109/299 € ♦♦129/299 € – ☲ 18 €
On profite pleinement du décor de cet hôtel, situé en bordure du parc Paul-Mistral. Les chambres, spacieuses, marient sobriété et raffinement. Au bar ou dans la salle de réunion, c'est la même élégante décontraction : un must pour les hommes d'affaires.

 Le Grand Hôtel sans rest 🛗 &ᵭ 🅰🅲 🛜 ♨
5 r. de la République – ℰ 04 76 51 22 59   Plan : EY**a**
– www.grand-hotel-grenoble.fr
66 ch – ♦90/249 € ♦♦99/499 € – 1 suite – ☲ 19 €
À deux pas de la maison natale de Stendhal, ce "grand hôtel" marie à merveille luxe et design. Pour accéder aux chambres, sobres et contemporaines, on emprunte le magnifique escalier d'époque. Un conseil : ne manquez pas le petit-déjeuner, les fromages sont délicieux !

 Novotel Centre 🍽 ƒᵭ 🛗 &ᵭ 🅰🅲 🛜 ♨ 🅿
à Europole, 5 pl. Robert-Schuman – ℰ 04 76 70 84 84   Plan : AV**r**
– www.novotel.com
116 ch – ♦113/175 € ♦♦113/175 € – 2 suites – ☲ 16 €
Impossible de manquer cet hôtel, il fait partie intégrante du centre de congrès de l'Europole. Les chambres sont presque japonisantes, modernes comme l'ensemble du bâtiment et le beau fitness. Les hommes d'affaires pressés pourront profiter de la cuisine traditionnelle et des grillades.

 Mercure Président 🍽 ƒᵭ 🛗 &ᵭ 🅰🅲 🛜 ♨ 🅿 🏨
11 r. du Gén.-Mangin – ℰ 04 76 56 26 56   Plan : AX**y**
– www.mercure-grenoble-president.com
105 ch – ♦89/189 € ♦♦99/219 € – ☲ 19 €
Un hôtel plaisant, dont le confort correspond aux nouveaux standards de la chaîne. Tout a été relooké, des parties communes aux chambres, bien équipées. Au sous-sol, on trouve un espace fitness avec sauna, et un beau jacuzzi en véranda.

Une bonne table sans se ruiner ? Repérez les Bib Gourmand 🍲.

Patrick Hotel sans rest 🖼 🗚 🛜 🖳 **P**
116 cours de la Libération – 𝒞 *04 76 21 26 63* Plan : AX**n**
– www.patrickhotel-grenoble.fr
56 ch – ♦63/103 € ♦♦63/113 € – � 12 €
Cet hôtel moderne et fonctionnel offre un bon niveau de confort. À proximité de la rocade sud, on peut compter sur la très bonne insonorisation des chambres. Plutôt plaisants, le petit bar et le salon.

Lesdiguières 🍽 ⌂ 🖼 🛜 🖳 **P**
122 cours de la Libération – 𝒞 *04 38 70 19 50* Plan : AX**b**
– www.hotellesdiguieres.com
– Fermé vacances scolaires, vend., sam. et dim.
23 ch – ♦73/82 € ♦♦73/82 € – 1 suite – ⊽ 9 €
Expérience originale dans cette institution grenobloise, à la fois hôtel, restaurant et école hôtelière réputée depuis 1917 ! Les chambres sont confortables et le service... assidu : une bonne manière de joindre l'utile à l'agréable.

Terminus sans rest 🖼 🛜 🖳 🚗
10 pl. de la Gare – 𝒞 *04 76 87 24 33* Plan : DY**t**
– www.terminus-hotel-grenoble.fr
39 ch – ♦79/149 € ♦♦99/149 € – ⊽ 12 €
Impossible de manquer son train, cet hôtel familial se trouve juste en face de la gare. Les chambres sont décorées simplement et souvent spacieuses – avec une vue sur le Moucherotte et le massif du Vercors aux derniers étages.

Angleterre sans rest 🖼 🗚 🛜
5 pl. Victor-Hugo – 𝒞 *04 38 88 40 40* Plan : EZ**z**
– www.hotel-angleterre-grenoble.com
62 ch – ♦49/159 € ♦♦55/165 € – ⊽ 14 €
Un hôtel bien situé, sur la place la plus chic de la ville et face au jardin public. Ses chambres sont fonctionnelles ; certaines mansardées, d'autres équipées de baignoires balnéo. À noter : bon buffet de petit-déjeuner !

Splendid sans rest 🖼 🛜 **P**
22 r. Thiers – 𝒞 *04 76 46 33 12 – www.splendid-hotel.com* Plan : DZ**q**
50 ch – ♦59/135 € ♦♦79/145 € – ⊽ 10 €
Trouvez la clef des songes dans des chambres enjolivées de fresques originales. Pour les séjours prolongés, l'annexe La Villa propose des chambres avec kitchenettes.

Europe sans rest 🖼 🗚 🛜
22 pl. Grenette – 𝒞 *04 76 46 16 94 – www.hoteleurope.fr* Plan : EY**t**
39 ch – ♦64/87 € ♦♦64/101 € – ⊽ 10 €
Au cœur du vieux Grenoble, l'hôtel le plus ancien de la ville (1890) propose des chambres au style sobre et agréable, et très bien tenues. De bonnes prestations, également adaptées à l'organisation de séminaires.

Institut sans rest 🖼 🛜 🚗
10 r. L.-Barbillon – 𝒞 *04 76 46 36 44 – www.institut-hotel.fr* Plan : DY**h**
48 ch – ♦50/66 € ♦♦53/69 € – ⊽ 8 €
L'accueil tout sourire, la bonne tenue et les prix modérés sont les atouts de cet hôtel fonctionnel, aux chambres bien équipées (pour moitié climatisées). En outre, il est très bien situé, entre la gare et le centre des congrès.

Trianon sans rest 🖼 🛜 🚗
3 r. Paul-Arthaud – 𝒞 *04 76 46 21 62* Plan : DZ**v**
– www.hotel-trianon.com
35 ch – ♦45/95 € ♦♦49/105 € – ⊽ 10 €
Un hôtel aux prix modérés, où l'on est sûr d'être reçu avec gentillesse et hospitalité dans une ambiance familiale. Les chambres sont simples, certaines avec une déco à thème ("Pompadour", "Bergerie", etc.).

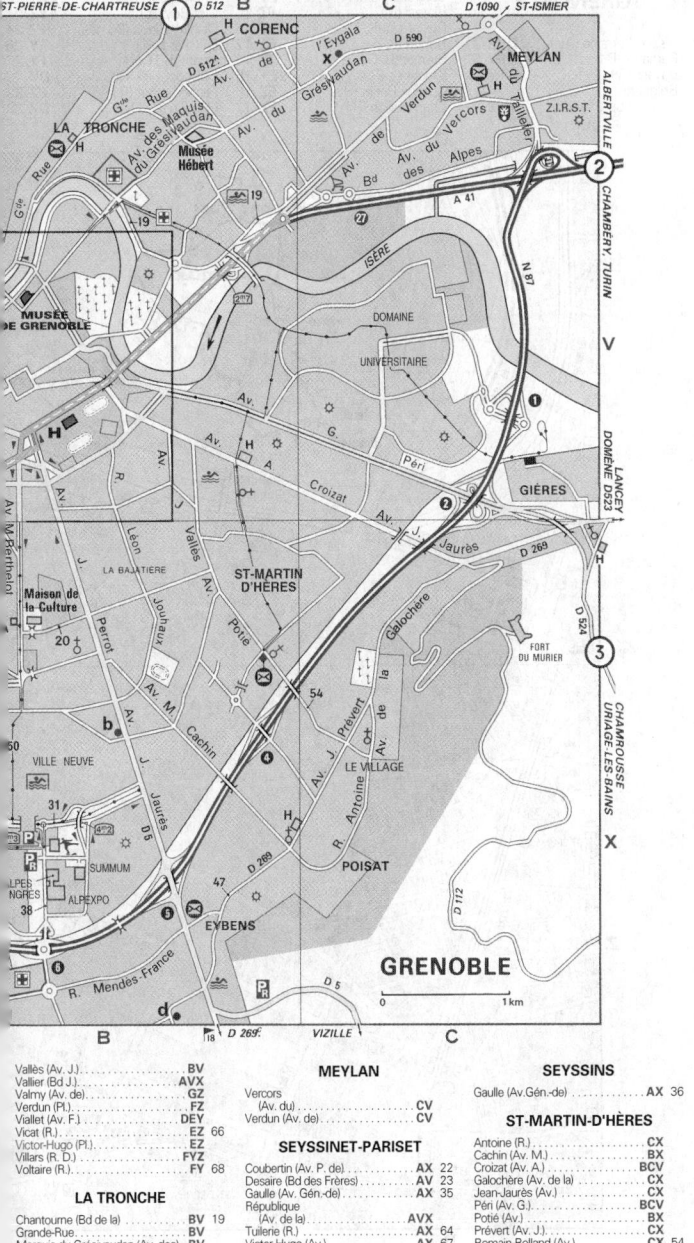

GRENOBLE

0   1 km

GRENOBLE

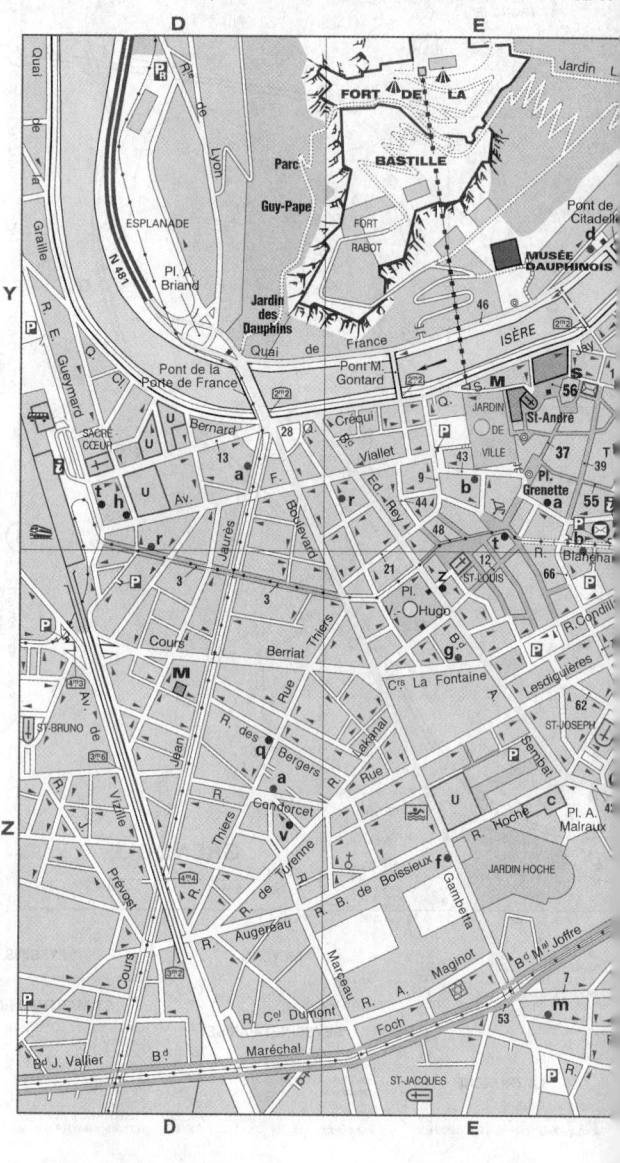

● Restaurants

🍴🍴🍴 Auberge Napoléon   AC

7 r. Montorge – ✆ *04 76 87 53 64* – *www.auberge-napoleon.fr*   Plan : EY**b**
– *Fermé 1ᵉʳ-15 mai, 10-26 août, 8-14 janv., dim. et le midi*
Menu 51/78 € – Carte 65/86 € *(réservation conseillée)*

La maison entretient le souvenir de Napoléon Bonaparte, son hôte le plus célèbre, avec un décor Empire assez théâtral. Mais dans l'assiette, point de nostalgie ! La jeune chef laisse aller son inspiration et joue sur les textures ; les saveurs sont bien marquées et la délicatesse est au rendez-vous. Impérial...

🍴🍴🍴 Le Fantin Latour - Stéphane Froidevaux   🍴 🛋 AC ⇔

1 r. Gén.-Beylié – ✆ *04 76 24 38 18* – *www.fantin-latour.net*   Plan : FZ**a**
– *Fermé dim., lundi et le midi sauf sam.*
Menu 45/84 € – Carte 39/67 €

Une grande sensibilité, beaucoup de personnalité... On se laisse porter par la cuisine de Stéphane Froidevaux, inspirée et originale, littéralement mise en scène mais toujours sincère. La gastronomie de montagne est pour ainsi dire réinventée ! Et le cachet de cet hôtel particulier du 19ᵉ s. séduit tout autant...

La Brasserie du Fantin Latour 🌿 – voir les restaurants ci-après

🍴🍴 Sens   ♿ AC 🌿 ⇔

50 bd Gambetta – ✆ *04 76 95 03 58* – *www.michaelbreuil.fr*   Plan : EZ**f**
– *Fermé dim., lundi et le midi sauf vend.*
Menu 28 € (déj.), 58/128 € 🍷 – Carte 39/79 €

Parler de cuisine créative en évoquant l'univers de Michael Breuil est un euphémisme : ses créations sont insolites, et son imagination semble n'avoir pas de limite. Des petits pois au filet de bar, du veau à la glace à la violette, tout est détourné, repensé, réinventé... et cette énergie est communicative !

🍴🍴 La Brasserie du Fantin Latour   🛋 ♿ AC ⇔

🌿   *1 r. Gén.-Beylié* – ✆ *04 76 01 00 97* – *www.fantin-latour.net*   Plan : FZ**a**
Formule 23 € 🍷 – Menu 30 € 🍷 – Carte 32/59 €

Juste au-dessus de son restaurant gastronomique, Le Fantin Latour, Stéphane Froidevaux joue la carte de la convivialité. On retrouve la passion du chef pour les beaux produits et l'originalité, déclinée dans un esprit brasserie : tout est aromatique, parfumé... Une version "bis" très gourmande !

🍴🍴 Le Mas Bottero   🛋 AC 🌿

168 cours Berriat – ✆ *04 76 21 95 33* – *www.lemasbottero.com*   Plan : AV**n**
– *Fermé 8-16 fév., 12-20 avril, 26 juil.-19 août, dim. et lundi*
Formule 24 € – Menu 28 € (déj.), 40/80 € – Carte 67/87 €

Truite du Vercors, fruits et légumes du Grésivaudan, noix de Grenoble, desserts à la chartreuse... Le credo de ce mas tient en quelques mots : terroir, marché et saisons ! Les plats sont fins et inventifs, soigneusement présentés, et l'on est enchanté du dynamisme qui règne, tant en cuisine qu'en salle.

🍴🍴 Marie Margaux   AC

12 r. Marcel-Porte – ✆ *04 76 46 46 46*   Plan : EZ**m**
– *www.lemariemargaux.com* – *Fermé 9-31 août, dim. soir, mardi soir et lundi*
Formule 16 € – Menu 21 € (déj. en semaine), 36/46 € – Carte 48/58 €

Marie et Margaux sont les grands-mères tutélaires de cette avenante maison familiale. À la carte : filet de saint-pierre au corail d'oursin, bar au pastis et safran... Un style provençal et chaleureux, avec le poisson en vedette, et un bon choix de vins au verre !

🍴🍴 Chasse-Spleen   ♿ AC 🌿

6 pl. de Lavalette – ✆ *04 38 37 03 52*   Plan : FY**e**
– *www.le-chasse-spleen.com* – *Fermé lundi midi, sam. midi et dim.*
Formule 18 € – Menu 23 € (déj.), 29/39 € – Carte 37/55 €

Le nom d'un vin que Baudelaire lui-même aurait baptisé ainsi lors d'un séjour à Moulis-en-Médoc. Aux murs, poèmes de l'auteur pour la nourriture spirituelle et, dans l'assiette, cuisine généreuse pour le plaisir des sens : pressé de foie gras et jus de cochon, filet de féra aux endivettes braisées...

Brasserie Chavant 🍴 ♿ AC

2 cours Lafontaine – ℰ *04 76 87 61 83*　　　　　　　　Plan : EZ**g**
Carte 35/55 €
Dernière née des brasseries grenobloises, cette adresse en impose avec son décor
chic et baroque ! Au menu, les bons classiques du genre : tartare de bœuf, épaule
d'agneau confite... Pour l'anecdote : Chavant était le nom des ancêtres du maître
des lieux, restaurateurs depuis 1852.

L'Exception AC ⇔

4 cours Jean-Jaurès – ℰ *04 76 47 03 12*　　　　　　　　Plan : DY**a**
*– www.restaurant-lexception.com – Fermé 23 juil.-15 août, 1er-9 janv., sam.
midi et dim.*
Formule 15 € – Menu 18 € (déj.), 28/56 € – Carte 50/69 €
Une adresse simple qui ne désemplit pas ; on s'y presse pour cette belle cuisine
de terroir, préparée avec soin. La qualité des produits utilisés est indéniable, et le
résultat bluffe par les saveurs franches et la générosité qui s'en dégagent. Que
dire de plus ? Ah, si : allez-y aussi pour la douceur des prix.

Le Village AC

20 r. de Strasbourg – ℰ *04 76 87 88 44*　　　　　　　　Plan : FZ**b**
– Fermé 28 juin-27 juil., 23 déc.-6 janv., mardi midi, dim. et lundi
Formule 16 € – Menu 20 € (déj. en semaine), 32/46 € – Carte 36/50 €
(réservation conseillée)
Est-ce à cause de la cuisine du chef, de sa passion, ou de la décoration d'inspiration industrielle – ou grâce à tout cela ? –, toujours est-il que ce Village a beaucoup de succès. La cuisine est travaillée avec soin et justesse, à base de bons produits. C'est souvent plein : il convient donc de réserver.

Verreveine 🆕 ♿ 🚭

87 r. Saint-Laurent – ℰ *09 83 77 20 34 – Fermé dim. midi,*　　Plan : EY**d**
lundi et mardi
Menu 25 € (déj.), 40 € (dîner)/55 € 🍷 – Carte 44/69 € *(réservation conseillée)*
Mathieu Redeuilh a quitté sa carrière de moniteur de ski par amour de la cuisine. Il
est un authentique autodidacte, et pourtant ! son savoir-faire et son inspiration
sont dignes d'un grand cuisinier... Dans chaque assiette règnent la grâce et simplicité, tout tombe juste, les produits de saison sont sublimés. Que de goût !

Le Grill Parisien AC

34 av. Alsace-Lorraine – ℰ *04 76 46 10 16 – Fermé 2-26 août,*　　Plan : DYZ**r**
1er-6 janv., sam., dim. et fériés
Formule 25 € – Menu 33/42 € – Carte environ 53 €
Rémoulade de bulots et granny smith, aïoli de morue, lotte aux blettes ou ris de
veau : voilà qui n'est pas si parisien que cela ! C'est plutôt vers le Sud qu'il faut
chercher les inspirations des époux Cartillier, les propriétaires de ce lieu indémodable, où les Grenoblois aiment se retrouver à la bonne franquette.

Gillio 🆕 AC

16 r. Condorcet – ℰ *09 52 15 42 32 – www.restogillio.com*　　Plan : DZ**a**
– Fermé 1er-10 janv., 3 semaines en août, sam. midi et dim.
Formule 19 € – Menu 25 €
Dans un quartier commerçant du centre-ville, Gillio abrite en cuisine un jeune
chef discret, originaire de la vallée du Grésivaudan. Sa cuisine, basée sur des produits frais directement issus du marché, séduit surtout par sa simplicité. Les spécialités de la carte ? Grenouilles fraîches et côte de bœuf. Miam !

La Girole AC

15 r. Dr-Mazet – ℰ *04 76 43 09 70 – www.lagirole.com*　　Plan : EY**r**
– Fermé août, sam. midi, dim. et lundi
Formule 20 € – Menu 26 € (déj.), 30/49 € – Carte 40/58 €
Dans une rue commerçante, un restaurant familial avec une salle en pierres apparentes. On y apprécie les recettes traditionnelles du chef, dont la spécialité est la
préparation des champignons. Avis aux amateurs en saison ! Accueil et service
aux petits soins.

X **La Baratte**   ♿ AK

6 pl. Championnet – ☎ *04 76 43 86 48*   Plan : EZ**b**
*– www.restaurant-la-baratte.fr – Fermé 1 semaine en mai, 3 semaines en août, 1
semaine en janv., mardi soir, merc. soir, dim. et lundi*
Formule 16 € – Menu 21 € (déj.)/53 € ☗ – Carte 36/57 € dîner
Un charmant bistrot de poche. Aux fourneaux, la jeune chef propose une cuisine
soigneusement travaillée, notamment à base de bons légumes du marché. C'est à
la fois simple, gourmand et toujours goûteux, de quoi passer un bon
moment... d'autant que les prix sont très attractifs !

à Corenc 3,5 km – ✉ 38700 – 3 898 hab. – Alt. 450 m

XX **La Corne d'Or**   ≼ ♿ AK P

159 rte de Chartreuse, par ① *: 3,5 km sur D 512 –* ☎ *04 38 86 62 36*
– www.cornedor.fr – Fermé dim. soir et lundi midi
Formule 22 € – Menu 26 € (déj. en semaine), 54/75 € – Carte 56/82 €
Depuis la terrasse, le panorama sur Grenoble et la chaîne de Belledonne est pour
le moins enchanteur. Le chef, passionné de botanique, invente des recettes
embaumant l'humus, le fenouil sauvage, l'ail des ours, la berce, le serpolet et
tant d'autres... Ah, les bienfaits des hauteurs !

XX **Le Provence**   ♿ AK ⚘ ♢

28 av. du Grésivaudan – ☎ *04 76 90 03 38 – www.leprovence.fr*   Plan : CV**x**
– Fermé dim. sauf le midi de sept. à juin, sam. midi et lundi
Formule 26 € ☗ – Menu 28 € ☗ (déj. en semaine), 38/49 € – Carte 36/67 €
Ici, le chef fait lui-même son marché, d'où les suggestions à l'ardoise ; on peut
aussi le voir travailler en cuisine via un écran. Sa spécialité : de grosses pièces de
poissons cuites entières (pageot, pagre, denti, bar...). Le soleil de la Provence en
direct et cuisine à l'huile d'olive !

à Eybens 5 km – ✉ 38320 – 9 728 hab. – Alt. 230 m

🏨 **Château de la Commanderie**   ⚇ ♨ ♿ AK 📶 ⚑ P

17 av. d'Échirolles – ☎ *04 76 25 34 58 – www.commanderie.fr*   Plan : BX**d**
– Fermé 21 déc.-5 janv.
42 ch – ♟99/196 € ♟♟99/205 € – ▢ 17 € – ½ P
Cette ancienne commanderie des Templiers a gardé le charme d'antan – meubles
ancestraux, portraits de famille, tapisseries d'Aubusson –, ce qui n'empêche pas
certaines chambres d'être contemporaines. Quant au restaurant, il célèbre la tradition et le terroir...

X **La Table du 20**   ♿ ♿ AK P

20 av. Jean-Jaurès – ☎ *04 76 24 76 93 – www.latabledu20.fr*   Plan : BX**b**
– Fermé 11-31 août, 21 déc.-8 janv., sam. et dim.
Formule 17 € – Menu 25 € (déj.) – Carte 26/48 €
Situé au rez-de-chaussée d'un hôtel des années 1980, ce bistrot convivial fait le
plein sans difficulté. Deux compères sont à l'origine de ce succès : Franck, au
piano, propose une belle cuisine canaille, pleine de peps et de saveurs, tandis
que Luc, sommelier, a toujours le vin qu'il vous faut... Plaisir garanti !

à Bresson Sud par av. J. Jaurès : 8 km par D 269c – ✉ 38320 – 692 hab. – Alt. 300 m

XXX **Chavant** avec ch   ♿ ♨ AK 📶 ⚑ P

2 r. Emile-Chavant – ☎ *04 76 25 25 38 – www.chavanthotel.com – Fermé
20-28 déc., sam. midi et dim. soir*
7 ch – ♟110/140 € ♟♟140/200 € – ▢ 16 €
Menu 35 € (déj.), 54/122 € – Carte 65/110 €
En 2014, un nouveau chef s'est installé dans cette auberge tenue par la famille
Chavant depuis 1852. Fraîcheur de thon et croq'poivron, homard "brûleur de
loups" – un clin d'œil à l'équipe de hockey-sur-glace grenobloise... Pour le reste,
fumoir, cave à vins, piscine, chambres spacieuses : on sait choyer les clients.

à Échirolles 4 km – ⊠ 38130 – 35 995 hab. – Alt. 237 m

Dauphitel � 🗖 ⓵ 🖺 📶 🛜 🛗 **P**
16 av. Kimberley – 𝒞 04 76 33 60 60 – www.dauphitel.fr Plan : AX**e**
68 ch – ✝83/124 € ✝✝83/124 € – ☑ 11 € – ½ P
Cet hôtel d'architecture récente contemple les montagnes toutes proches. Chambres confortables, salles de séminaire bien équipées, restaurant traditionnel et piscine entourée de verdure : un bon compromis entre hôtel d'affaires et de loisirs.

à Seyssins 6,5 km – ⊠ 38180 – 6 887 hab. – Alt. 330 m

L'Atelier des Gourmets 🕸 😊 🕭 ⟷ **P**
8 r. Dr-Schweitzer – 𝒞 04 76 21 62 61 Plan : AX**r**
– www.atelierdesgourmets.fr – Fermé 9 août-1er sept., 28 déc.-5 janv., merc. soir, sam. midi, dim. et lundi
Menu 26 € (déj.) – Carte 41/56 €
Entre ici, gourmet, cet endroit est le tien ! Pyramide de pintade fermière et glace au foie gras, ravioles du Royans au bleu du Vercors-Sassenage... L'âme du Dauphiné résonne dans ce restaurant à la décoration moderne et épurée. Le chef est également passionné de vin, et conseille la clientèle avec talent.

près échangeur A 48 12 km : sortie n° 12/13 – ⊠38340 Voreppe

Novotel ⊃ 🕭 🗖 ⓵ 🕭 📶 🛜 🛗 **P**
1625 rte de Veurey – 𝒞 04 76 50 55 55 – www.novotel.com
114 ch – ✝113/139 € ✝✝113/139 € – ☑ 16 €
À deux pas du péage de Voreppe (A 48), en plein milieu des champs, des chambres grandes et confortables, bien tenues. L'ensemble est parfait pour une étape ou l'organisation d'un séminaire d'entreprise.

GRÉOUX-LES-BAINS
⊠ 04800 (Alpes-de-Haute-Provence) – 2 581 hab. – Alt. 386 m – Voir carte n°**40**-B2
▶ Paris 783 km – Aix-en-Provence 55 km – Brignoles 52 km – Digne-les-Bains 69 km
Carte Michelin 334-D10 – Guide Vert Michelin Alpes du Sud

La Crémaillère ⊃ 🍴 🕭 🗖 ⓵ 🕭 📶 🛜 🛗 **P**
776 av. des Thermes, rte de Riez – 𝒞 04 92 70 40 04
– www.mascremailleregreoux.com – Ouvert 29 mars-12 déc.
51 ch – ✝100/145 € ✝✝135/155 € – ☑ 13 € – ½ P
À deux pas des thermes troglodytiques, cet hôtel, confortable et chic, est idéal pour se ressourcer. Chambres contemporaines et lumineuses, avec balcon ou loggia. Au restaurant, cuisine "santé nature" pour les curistes.

Villa Borghèse ⊃ 🍴 🕭 🗖 🎵 😊 ⓵ 🕭 📶 🛜 🛗 **P** 🚗
av. des Thermes – 𝒞 04 92 78 00 91 – www.hotel-villaborghese.com – Ouvert 14 mars-29 nov.
65 ch – ✝73/189 € ✝✝99/189 € – ☑ 14 € – ½ P
Cette Villa Borghèse, tapissée de vigne vierge, abrite de grandes chambres traditionnelles avec loggia. Sauna, espace beauté et cours de bridge. Cuisine provençale au restaurant.

Les Alpes ⊃ 🍴 🗖 🕭 📶 🛜 🛗 **P**
19 av. des Alpes – 𝒞 04 92 74 24 24 – www.hoteldesalpes04.fr
– Fermé 19 déc.-18 janv.
26 ch – ✝78/147 € ✝✝85/147 € – ☑ 12 € – ½ P
Ce petit hôtel familial, au pied du château des Templiers, dispose de chambres confortables, certaines avec terrasse. Au restaurant, on apprécie les recettes provençales.

Le Verdon ⊃ 🍴 ⓵ 🕭 📶 🛜 🛗 **P**
43 av. du Colombier – 𝒞 04 92 70 40 03 – www.hotel-le-verdon.fr
– Ouvert 2 mars-28 nov.
64 ch – ✝70/88 € ✝✝70/88 € – ☑ 12 € – ½ P
Cet hôtel abrite des chambres fonctionnelles et bien tenues, avec un balcon donnant sur le village ou la garrigue. Agréable jardin avec terrain de pétanque. Recettes dans l'air du temps au restaurant.

GRESSE-EN-VERCORS

 38650 (Isère) – 400 hab. – Alt. 1 205 m – Voir carte n°**45-C2**

▶ Paris 610 km – Clelles 22 km – Grenoble 48 km – Monestier-de-Clermont 14 km
Carte Michelin 333-G8 – Guide Vert Michelin Alpes du Nord

Le Chalet

Le Village – *℘ 04 76 34 32 08* – *www.hotellechalet.fr* – *Fermé 9 mars-8 mai et 11 oct.-19 déc.*
25 ch – ♦65/75 € ♦♦79/89 € – ☑ 12 € – ½ P
Rest *Le Chalet* – voir les restaurants ci-après
L'âme du Vercors et de la montagne, déclinée avec fraîcheur et simplicité : un vrai chalet d'aujourd'hui, tenu avec un soin méticuleux. Et aux commandes : toute une famille animée par le désir de bien faire.

Le Chalet

Le Village – *℘ 04 76 34 32 08* – *www.hotellechalet.fr* – *Fermé 9 mars-8 mai, 11 oct.-19 déc., merc. midi hors vacances scolaires et mardi midi*
Menu 19 € (semaine), 29/53 € – Carte 31/59 €
Paupiette de lapin aux chanterelles et gratin dauphinois, omble chevalier et crêpes aux orties, fromages du pays, etc. En deux mots : tradition et générosité. Tels sont les maîtres mots de cette table familiale, confortable et impeccablement tenue...

GRESSY – 77 (Seine-et-Marne) → voir Paris, Environs

GRÈZES

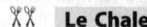 46320 (Lot) – 162 hab. – Alt. 312 m – Voir carte n°**29-C1**

▶ Paris 562 km – Aurillac 84 km – Cahors 50 km – Figeac 21 km
Carte Michelin 337-G4

Le Grézalide

– *℘ 05 65 11 20 40* – *www.grezalide.com* – *Ouvert avril-sept.*
19 ch – ♦65/85 € ♦♦85/145 € – ☑ 11 €
Au cœur de ce village du Quercy, une adresse qui vous entraîne sur les chemins de l'art avec ses chambres dédiées à des artistes (Dalí, Rodin...) et son espace exposition. Une cuisine aux accents du terroir vous attend dans une jolie salle à manger voûtée.

LA GRIÈRE – 85 (Vendée) → voir La Tranche-sur-Mer

GRIGNAN

 26230 (Drôme) – 1 625 hab. – Alt. 198 m – Voir carte n°**44-B3**

▶ Paris 629 km – Crest 46 km – Montélimar 25 km – Nyons 25 km
Carte Michelin 332-C7 – Guide Vert Michelin Ardèche Drôme

Manoir de la Roseraie

1 chemin des Grands-Prés, rte de Valréas – *℘ 04 75 46 58 15*
– *www.manoirdelaroseraie.com* – *Ouvert 18 mai-27 sept. et week-ends du 6 fév. au 17 mai et du 28 sept. au 2 nov.*
21 ch – ♦170/415 € ♦♦170/415 € – ☑ 20 € – ½ P
Rest *Manoir de la Roseraie* – voir les restaurants ci-après
Dans un village du Tricastin, ce manoir du 19ᵉ s. doit son nom à sa roseraie. Il fait bon se promener dans le joli parc ou faire quelques brasses dans la piscine. Les chambres sont spacieuses et confortables, dans une veine traditionnelle.

Le Clair de la Plume

2 pl. du Mail – *℘ 04 75 91 81 30* – *www.clairplume.com*
16 ch – ♦99/495 € ♦♦99/495 € – ☑ 20 € – ½ P
Rest *Le Clair de la Plume* ❀ **Rest** *Le Bistro* – voir les restaurants ci-après
Le nom de cet hôtel aurait plu à Madame de Sévigné, qui résida à Grignan ! Cette demeure provençale du 18ᵉ s. propose des chambres ravissantes avec leur mobilier chiné – et plus encore lorsqu'elles donnent sur le joli jardin de curé. Au choix selon l'heure du repas, restaurant gastronomique ou bistrot.

La Bastide de Grignan sans rest

120 chemin de Bessas, 1 km par D 541 rte de Montélimar – ℰ *04 75 90 67 09*
– www.labastidedegrignan.com
16 ch ⌧ – ♦75/135 € ♦♦75/165 € – ⌧ 12 €
À 800 m du château de Grignan, cette demeure récente est entourée de chênes
truffiers. Dans les chambres, coquettes et provençales, vous passerez des nuits
calmes. Agréable piscine dans le jardin.

Le Pré de l'Aube ⓝ sans rest

hameau le Fraysse, 6 km au Nord-Ouest par D 4 – ℰ *04 75 92 44 84*
– www.lepredelaube.com
5 ch ⌧ – ♦145/175 € ♦♦175/195 €
Une grande bastide du 17ᵉ s., tout en vieilles pierres, au cœur d'un
hameau entouré de champs de lavande... L'aménagement intérieur, élégant et
soigné, met bien en valeur la noblesse provençale des lieux, et le calme comme
le confort sont complets.

La Table des Délices

1 km par D 541 rte de Montélimar – ℰ *04 75 46 57 22*
*– www.latabledesdelices.com – Fermé 15-30 nov., 1ᵉʳ-15 janv., mardi midi
en juil.-août, mardi soir hors saison, dim. soir et lundi*
Menu 27/90 € – Carte 49/77 €
La maison, des années 1980, est sur la route de la grotte où Mme de Sévigné
aimait se retirer. Le chef concocte une goûteuse cuisine régionale, dans un esprit
gastronomique. Belle carte des vins.

Manoir de la Roseraie – Hôtel Manoir de la Roseraie

1 chemin des Grands-Prés, rte de Valréas – ℰ *04 75 46 58 15*
*– www.manoirdelaroseraie.com – Ouvert 18 mai-27 sept. et week-ends du 6 fév.
au 17 mai et du 28 sept. au 2 nov.*
Formule 22 € – Menu 29 € (déj. en semaine), 42/67 € – Carte 60/75 €
(réservation conseillée)
Une rotonde, une verrière et une terrasse donnant sur le joli parc : un lieu indéniablement cossu. Le chef s'approvisionne en priorité chez les producteurs locaux
et concocte une cuisine gastronomique dans l'air du temps.

Le Clair de la Plume – Hôtel Le Clair de la Plume

2 pl. du Mail – ℰ *04 75 91 81 30 – www.clairplume.com – Fermé le midi sauf
dim. et sauf fériés*
Menu 45/95 € – Carte 60/79 €
Le Clair de la Plume... ou le raffinement côté Sud ! Le chef, Julien Allano, sait faire
partager sa passion du bon : sa cuisine se révèle très expressive et à la fois limpide, sans artifices inutiles, car centrée sur l'authenticité des produits. Le repas
est un plaisir, d'autant plus qu'entre ces murs charmants du 18ᵉ s.
→ Foie gras rôti et poché dans un bouillon clair à l'ail fumé. Agneau en déclinaison gourmande, pomme de terre ratte confite et jus réduit. Profiteroles au nougat.

Le Poème de Grignan

r. St-Louis – ℰ *04 75 91 10 90 – www.lepoemedegrignan.com – Fermé 2
semaines en nov., 1 semaine en janv., mardi et merc. de nov. à janv.*
Menu 25 € *(réservation conseillée)*
Tout un poème, cette maison de village avec ses porcelaines anciennes et ses
fleurs ! Ici, tout est soigné, goûteux, fait sur place... et sent bon la Provence. Une
invitation aux plaisirs de la région.

Le Bistro – Hôtel Le Clair de la Plume

2 pl. du Mail – ℰ *04 75 91 81 30 – www.clairplume.com – Fermé le soir, dim. et fériés*
Formule 25 € – Menu 30 € – Carte 38/65 €
Le "côté bistro" de ce joli hôtel-restaurant qu'est Le Clair de la Plume. Sous la
belle verrière ou en terrasse, on se régale d'une cuisine bien pensée et colorée,
tout simplement : tomates anciennes, pistou et roquette à l'huile de basilic ;
épaule d'agneau confite sept heures ; glaces artisanales...

GRIMAUD

✉ 83310 (Var) – 4 106 hab. – Alt. 105 m – Voir carte n°**41**-C3
▶ Paris 861 km – Fréjus 32 km – Le Lavandou 32 km – St-Tropez 12 km
Carte Michelin 340-O6 – Guide Vert Michelin Côte d'Azur

Le Verger Maelvi sans rest

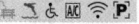

2 km à l'Ouest par D 14, rte de Collobrières – ☎ 04 94 55 57 80 – www.hotel-grimaud.com – Ouvert 26 mars-27 oct.
12 ch – 95/560 € 110/590 € – 2 suites – ☕ 16 €
Un agréable mas champêtre avec son pavillon tout de bois vêtu, au fond du jardin. Les chambres se révèlent coquettes et décorées avec soin ; l'été, odeurs de glycine et copieux petit-déjeuner sous l'agréable pergola, face à la piscine chauffée.

La Boulangerie sans rest

2 km à l'Ouest par D14, rte de Collobrières – ☎ 04 94 43 23 16 – www.hotel-laboulangerie.com – Ouvert 1er mai-8 oct.
10 ch – 119/132 € 122/152 € – 1 suite – ☕ 12 €
Sur les hauteurs du village, un agréable petit mas niché dans la verdure. Les chambres, simples et confortables, portent le sceau de la Provence ; l'ambiance est détendue et familiale. Résultat : le bien-être est au rendez-vous !

Les Santons

743 rte Nationale – ☎ 04 94 43 21 02 – www.restaurant-les-santons.fr – Fermé 3 semaines en déc., le midi en semaine en juil.-août, dim. soir et merc. hors saison, et lundi
Menu 39 € (déj.)/56 € – Carte 75/110 €
Une belle auberge provençale, pleine de caractère, avec ses poutres apparentes, ses compositions florales et sa collection de... santons ! Dans l'assiette, une cuisine classique alléchante et bien troussée : tarte fine aux noix de Saint-Jacques et caviar d'Aquitaine, selle d'agneau rôtie, baba au rhum...

Le Mûrier

177 rte de Ste-Maxime, 1,5 km par D 14 – ☎ 04 94 56 31 62 – www.restaurant-lemurier.fr – Fermé 23 fév.-9 mars, dim. soir du 15 oct. à Pâques et lundi
Menu 33 € – Carte 44/58 €
C'est un couple franco-japonais qui préside à la destinée de cette villa escortée par trois mûriers centenaires. Sur une courte carte alléchante, on trouve de bons plats aux inspirations méditerranéennes : beignets de gambas en tempura et sauce soja, filet de veau aux morilles... À déguster sur la terrasse en été.

Fleur de Sel Ⓝ

4 pl. du Cros – ☎ 04 94 43 21 54 – Ouvert avril-oct. et fermé sam. midi et lundi
Formule 17 € – Menu 39/49 € – Carte 51/66 € *(réservation conseillée)*
Sur les hauteurs de ce village délicieusement pittoresque, au détour d'une petite ruelle, l'ancienne boulangerie du village s'est muée en une bien séduisante Fleur de Sel... Un jeune couple dynamique mène cette affaire tambour battant, y proposant une cuisine gourmande et dans l'air du temps. Une belle découverte.

LA GRIVE – 38 (Isère) ➜ voir Bourgoin-Jallieu

GROISY

✉ 74570 (Haute-Savoie) – 3 147 hab. – Alt. 690 m – Voir carte n°**46**-F1
▶ Paris 534 km – Annecy 17 km – Bellegarde-sur-Valserine 40 km – Bonneville 29 km
Carte Michelin 328-K4

Auberge de Groisy

34 rte du Chef-Lieu – ☎ 04 50 68 09 54 – www.auberge-groisy.com – Fermé 1er-15 sept., vacances de Noël, dim. soir, lundi et mardi
Formule 20 € – Menu 34/81 € – Carte 50/82 € *(réservation conseillée)*
Une jolie ferme du 19e s. revue à la mode d'aujourd'hui : pierres apparentes et poutres pour le cachet ; douceur contemporaine tout en beige et lin. Un endroit charmant pour déguster une cuisine bien dans son temps, qui valorise les produits de la région. Enfin, cerise sur le gâteau, le pain et les glaces sont fait maison.

GROSLEE

⊠ 01680 (Ain) – 352 hab. – Alt. 280 m – Voir carte n°**45-C2**
▶ Paris 505 km – Bourg-en-Bresse 73 km – Genève 127 km – Lyon 74 km
Carte Michelin 328-G6

XX **Hostellerie du Port de Groslée** ≤ ⇧ **P.**
*Le Port – ℰ 04 74 39 71 01 – www.hostellerieduportdegroslee.fr – Fermé janv. et
du lundi au jeudi*
Formule 21 € – Menu 29/98 € – Carte 49/78 €
Une institution reprend vie sur les rives du Rhône... Cette table réputée renaît
sous l'égide d'une nouvelle équipe. Bons plats de bistrot et préparations plus élaborées : un repas y convainc qu'elle renoue avec la belle gastronomie, en finesse
et justesse. À noter : la vue magistrale sur le fleuve et le pont suspendu !

GRUISSAN

⊠ 11430 (Aude) – 4 644 hab. – Alt. 2 m – Voir carte n°**22-B3**
▶ Paris 796 km – Carcassonne 73 km – Narbonne 15 km – Perpignan 76 km
Carte Michelin 344-J4

🏠 **Le Phoebus**
bd Planasse, (au casino) – ℰ 04 68 49 03 05 – www.phoebus-sa.com
50 ch – †59/120 € ††59/120 € – ⌷ 11 €
Bordant l'étang et intégré au complexe du casino, ce Phoebus prend des airs de
motel : toutes les chambres – plutôt joliment arrangées – jouissent d'une entrée
indépendante, et celles du rez-de-chaussée ont même une petite terrasse avec
vue sur l'eau. Confortable et pratique.

X **L'Estagnol** ≤ ⇧ 🎿
*12 av. Narbonne – ℰ 04 68 49 01 27 – Fermé vacances de fév., lundi et le soir en
hiver sauf vend. et sam.*
Formule 14 € – Menu 25/32 € – Carte 32/56 €
Face à l'étang, cette authentique maison de pêcheur a fait du poisson la star de
ses assiettes ! Les produits sont toujours frais et souvent locaux. Quant à l'ambiance, elle est décontractée et méridionale à souhait.

GRUSON – 59 (Nord) → voir Lille

LE GUA

⊠ 17600 (Charente-Maritime) – 2 067 hab. – Alt. 3 m – Voir carte n°**38-B3**
▶ Paris 493 km – Bordeaux 126 km – Rochefort 26 km – La Rochelle 63 km
Carte Michelin 324-E5

XX **Le Moulin de Châlons** avec ch
*à Châlons, 1 km à l'Ouest par rte de Royan – ℰ 05 46 22 82 72
– www.moulin-de-chalons.com – Fermé 15-30 mars, 16 nov.-9 déc., dim. soir et
lundi midi d'oct. à avril*
10 ch – †90/170 € ††90/170 € – ⌷ 14 € – ½ P
Formule 20 € – Menu 29/56 € – Carte 61/94 €
Tartare de thon à l'ananas, filet de bar poêlé au parfum de badiane... le chef
connaît son métier – cuissons millimétrées, saveurs harmonieuses – et concocte
une appétissante cuisine d'aujourd'hui, qu'il fait évoluer trois fois par an. Cadre
élégant dans un joli moulin ; chambres donnant sur le parc bucolique.

GUEBERSCHWIHR

⊠ 68420 (Haut-Rhin) – 832 hab. – Alt. 260 m – Voir carte n°**1-A2**
▶ Paris 487 km – Colmar 12 km – Guebwiller 18 km – Mulhouse 36 km
Carte Michelin 315-H8

🏠 **Relais du Vignoble**
33 r. des Forgerons – ℰ 03 89 49 22 22 – www.relaisduvignoble.com – Fermé fév.
30 ch – †64/78 € ††68/135 € – ⌷ 10 € – ½ P
Rest Belle Vue – voir les restaurants ci-après
Situé à flanc de coteau, cette grande bâtisse jouxte une cave – quoi de plus normal dans un village de vignerons ! Les chambres, fonctionnelles et bien tenues,
donnent sur les vignes.

X   **Belle Vue** – Hôtel Relais du Vignoble   ☜ **P**
29 r. des Forgerons – ℰ *03 89 49 31 09* – *www.belle-vue-gueberschwihr.com*
– *Fermé fév., jeudi midi et merc.*
Formule 17 € – Menu 21 € (semaine), 25/45 € – Carte 41/62 €
Il est vrai que la vue est belle de la terrasse de ce restaurant où le regard
embrasse les vignobles... Quant aux papilles, elles se régalent de plats traditionnels (pâté en croûte, choucroutes, poissons) et des vins du domaine.

GUEBWILLER

✉ 68500 (Haut-Rhin) – 11 517 hab. – Alt. 300 m – Voir carte n°**1-A3**
▶ Paris 474 km – Belfort 52 km – Colmar 27 km – Épinal 96 km
Carte Michelin 315-H9

🏠   **Domaine du Lac**   ⅰ◯ 🖙 🕽 ﴾ 🗚 ☞ 🛋 **P**
244 r. de la République, vers Buhl – ℰ *03 89 76 15 00*
– *www.domainedulac-alsace.com*
63 ch ⥥ – †65/150 € ††80/180 € – ½ P
Rest *Les Terrasses* – voir les restaurants ci-après
Deux hôtels en un ! Le Lac, avec de petites chambres colorées, design et fonctionnelles ; les Rives, plus confortables et cosy, dans une belle veine contemporaine. Vue sur le lac ou le ruisseau à l'arrière.

XX   **Les Terrasses** – Hôtel Domaine du Lac   🖙 ☜ ﴾ 🗚 🎸 ⇔ **P**

244 r. de la République, vers Buhl – ℰ *03 89 76 15 76*
– *www.domainedulac-alsace.com*
– *Fermé sam. midi*
Formule 17 € – Menu 20 € (déj. en semaine), 45/65 € – Carte 46/70 €
Un cadre contemporain et soigné, ouvert sur la verdure, et une belle terrasse au
bord du plan d'eau : un lieu agréable, où l'on apprécie une cuisine contemporaine et très fraîche (tout est fait sur place, y compris le pain au levain).

à Murbach 5 km au Nord-Ouest par D 40ⁱⁱ – ✉ 68530 – 140 hab. – Alt. 420 m

🏠   **Le St-Barnabé**   ⅰ◯ ⬥ 🖙 🍸 ⬤ ☞ 🛋 **P**
53 r. de Murbach – ℰ *03 89 62 14 14* – *www.le-stbarnabe.com*
– *Fermé 4-18 mars et 3 semaines en janv.*
27 ch – †76/199 € ††76/199 € – ⥥ 15 € – ½ P
Rest *Le Jardin des Saveurs* – voir les restaurants ci-après
En plein cœur de la forêt et au milieu d'un jardin verdoyant, cette maison alsacienne est charmante... Les chambres sont décorées avec soin dans un style
coloré et reposant ; quant au spa, il se révèle très plaisant !

🏠   **Le Schaeferhof** sans rest   ⬥ 🖙 🖊 🎸 ☞ **P**
6 r. de Guebwiller – ℰ *03 89 74 98 98* – *www.schaeferhof.fr*
– *Fermé 10-30 janv.*
5 ch ⥥ – †170/210 € ††190/230 €
Cette métairie du 18ᵉ s. est tout simplement superbe ! Partout, la propriétaire,
amoureuse du beau, a imprimé sa patte. Mobilier chiné, tissus raffinés... chaque
détail a été soigneusement pensé. Du cachet et une âme authentique ! Avec, en
prime, un espace bien-être avec jacuzzi.

XX   **Le Jardin des Saveurs** – Hôtel Le St-Barnabé   🖙 ☜ 🗚 **P**
53 r. de Murbach – ℰ *03 89 62 14 14* – *www.le-stbarnabe.com*
– *Fermé 4-18 mars, 1ᵉʳ-11 juil., 3 semaines en janv., dim. soir, jeudi midi*
et merc.
Formule 18 € – Menu 32/72 € – Carte 51/65 €
Un coin de nature vosgienne... et de gourmandise ! Sous l'œil du propriétaire – cuisinier de formation –, le chef travaille de beaux produits et concocte des
plats réjouissants, qui font la part belle aux saisons et au bio. Le tout à petits
prix. Voilà un Jardin rafraîchissant où l'on aimerait prendre racine...

à Rimbach-près-Guebwiller 11 km à l'Ouest par D 5ᴵ – ⊠ 68500
– 235 hab. – Alt. 550 m

X **L'Aigle d'Or** avec ch 　　🕸 ⇦ 🏚 🛜 🛁 **P** 🚗
　　5 r. Principale – ℰ *03 89 76 89 90 – www.hotelaigledor.com*
　　– Fermé 23 fév.-23 mars et lundi
　　15 ch – †40 € ††55/85 € – � 9 € – ½ P
　　Formule 12 € – Menu 21/40 € – Carte 22/53 €
　　Une vraie auberge champêtre, avec son ravissant jardin, tenue par la même
　　famille depuis 1926. Le chef concocte une cuisine valorisant le terroir et la tradi-
　　tion ; pour prolonger l'étape, on propose des chambres sobres et fraîches.

GUÉCÉLARD

⊠ 72230 (Sarthe) – 2 793 hab. – Alt. 45 m – Voir carte n°**35-C1**
◪ Paris 219 km – Château-du-Loir 38 km – La Flèche 26 km – Le Grand-Lucé 38 km
Carte Michelin 310-J7

XX **La Botte d'Asperges**
　　49 r. Nationale – ℰ *02 43 87 29 61 – www.la-botte-dasperges.fr*
🞤　*– Fermé 17-23 mars, 4-27 août, 6-12 janv., dim. soir et lundi sauf fériés*
　　Formule 14 € – Menu 18/59 € – Carte 35/74 €
　　Cette auberge de tradition est un repaire de gourmands. La chef, Karine Lefriec,
　　dont la spécialité est le pigeon farci au ris de veau et foie gras, travaille surtout
　　des produits locaux comme les asperges... et ça nous botte !

GUENROUËT

⊠ 44530 (Loire-Atlantique) – 3 115 hab. – Alt. 30 m – Voir carte n°**34-A2**
◪ Paris 430 km – Nantes 56 km – Redon 21 km – St-Nazaire 41 km
Carte Michelin 316-E2

XXX **Le Relais St-Clair** 　　🕸 **AC** ℅
　　31 r. de l'Isac, (rte de Nozay) – ℰ *02 40 87 66 11 – www.relais-saint-clair.com*
🞤　*– Fermé 2 semaines en fév., 1 semaine en nov., dim. soir et lundi*
　　Formule 25 € 🍷 – Menu 30/99 € 🍷 – Carte 49/78 €
　　Dans cette bâtisse fleurie qui surplombe le canal de Nantes à Brest, on privilégie
　　les menus et les produits locaux (poissons, coquillages). Belle carte des vins.
　　À l'étage inférieur, sous les glycines, formule brasserie (grillades et buffets) au Jar-
　　din de l'Isac.
　　Le Jardin de l'Isac Formule 10 € – Menu 13 € (déj. en semaine)/20 €
　　– Carte 32/53 €

XX **Le Paradis des Pêcheurs** 　　⇦ ℅ **P**
　　au Cougou, 5 km au Nord-Ouest par D 102 – ℰ *02 40 87 64 10*
🞤　*– www.restaurant-leparadisdespecheurs.fr – Fermé vacances de fév., de la*
　　Toussaint, dim. soir, lundi soir, mardi soir, jeudi soir et merc.
　　Menu 14 € (déj. en semaine), 26/42 € – Carte environ 43 €
　　Dans son hameau de l'arrière-pays nazairien, cette grande auberge des années
　　1930 respire le charme provincial : poutres et cheminée, abords verdoyants (on
　　peut se promener dans le parc attenant) et, dans l'assiette, des recettes tradition-
　　nelles qui font le bonheur des habitués.

GUER

⊠ 56380 (Morbihan) – 6 240 hab. – Alt. 40 m – Voir carte n°**10-C2**
◪ Paris 398 km – Nantes 99 km – Rennes 48 km – Vannes 71 km
Carte Michelin 308-N7

XX **Auberge Tiegezh** ⓝ 　　🏚 ⅊ **AC**
　　7 pl. de la Gare – ℰ *02 97 22 00 26 – www.restaurant-aubergetiegezh.com*
　　– Fermé 2 semaines en janv. et en août, sam. midi, dim. soir et lundi
　　Formule 18 € – Menu 25 € (semaine), 35/75 € – Carte 45/60 €
　　Tiegezh, c'est "famille" en breton, tout est dit ! Baptiste Denieul, moins de
　　25 ans, a transformé la crêperie de sa maman (qui continue d'officier à côté)
　　en... un étonnant et élégant antre contemporain. Une nouvelle parabole du fils
　　prodigue ? Le fait est que le jeune chef est passé par de belles maisons et
　　donne déjà toute la mesure de son savoir-faire. Prometteur !

GUÉRANDE

✉ 44350 (Loire-Atlantique) – 15 693 hab. – Alt. 54 m – Voir carte n°**34-A2**
▶ Paris 450 km – La Baule 6 km – Nantes 77 km – St-Nazaire 20 km
Carte Michelin 316-B4 – Guide Vert Michelin Pays de la Loire

🛏🛏 Hôtel de la Cité sans rest

2 pl. Dolgellau, (av. Gustave Flaubert) – ℰ 02 40 22 02 20
– www.hotel-guerande.com
60 ch – ♦69/135 € ♦♦79/155 € – ⏛ 12 €
Un hôtel à 1 km de la cité, dans une zone d'activités. Literie moelleuse, matériaux contemporains (résine, stuc), photos graphiques... Une adresse où l'on se sent bien !

🏠 La Guérandière sans rest

5 r. Vannetaise – ℰ 02 40 62 17 15 – www.guerandiere.com
5 ch – ♦65/95 € ♦♦65/95 € – ⏛ 10 €
Cette demeure pleine de charme, au pied des remparts, a été construite en 1870 puis abandonnée au début de la Première Guerre mondiale. Elle offre aujourd'hui des chambres cosy et colorées, dont plusieurs possédant une cheminée. L'été, petit-déjeuner servi dans le jardin ou sous la verrière.

✗ La Tête de l'Art

11 r. de Porte-Calon, (au manoir de Porte Calon, perpendiculaire à la r. Gustave Flaubert) – ℰ 02 40 88 53 40 – www.restaurantlatetedelart.fr – Fermé mardi soir, dim. et lundi
Carte 24/39 €
Avant de franchir les remparts de Guérande, faites donc une halte dans les dépendances de ce manoir du 13e s. Le chef signe des plats savoureux et enlevés, tels ce bouillon de homard et ses ravioles aux saveurs asiatiques, ou ce filet de bœuf poêlé et son jus de bœuf à l'huile de truffe. Succès mérité pour cette table !

LA GUERCHE-DE-BRETAGNE

✉ 35130 (Ille-et-Vilaine) – 4 264 hab. – Alt. 77 m – Voir carte n°**10-D2**
▶ Paris 324 km – Châteaubriant 30 km – Laval 53 km – Redon 84 km
Carte Michelin 309-O7 – Guide Vert Michelin Bretagne Sud

✗✗ La Calèche avec ch

16 av. du Gén.-Leclerc – ℰ 02 99 96 21 63 – www.restaurant-la-caleche.com
– Fermé 2-31 août, 25-31 déc. (sauf hôtel), vend. soir, dim. soir et lundi
13 ch – ♦57 € ♦♦70 € – ⏛ 12 € – ½ P
Formule 16 € – Menu 30 € – Carte 34/55 €
Proposer une cuisine qui soit "un concentré de l'ADN gastronomique local", tel est le sacerdoce du chef, Gérard Tanvier, depuis vingt ans ! Dans cette maison bourgeoise, il ne ménage pas ses efforts pour choisir des produits de qualité et faire parler son savoir-faire. Le terroir le lui rend bien...

GUÉRET

✉ 23000 (Creuse) – 13 563 hab. – Alt. 457 m – Voir carte n°**25-C1**
▶ Paris 351 km – Châteauroux 90 km – Limoges 93 km – Montluçon 66 km
Carte Michelin 325-I3 – Guide Vert Michelin Limousin Berry

🛏🛏 Auclair sans rest

19 av. de la Sénatorerie – ℰ 05 44 00 03 93 – www.hotelauclair.fr
31 ch – ♦66/71 € ♦♦66/71 € – ⏛ 8,50 €
Dans le centre-ville, un hôtel d'esprit contemporain... Tons chocolat et or, décor épuré dans les chambres, terrasse avec piscine : un endroit sympathique et tendance où il fait bon s'arrêter pour découvrir la Creuse.

✗✗✗ Le Coq en Pâte

2 r. de Pommeil – ℰ 05 55 41 43 43 – www.restaurant-lecoqenpate.com – Fermé 23 fév.-10 mars, 28 juin-16 juil., dim. soir et lundi soir
Menu 18 € (semaine), 28/60 € – Carte 46/93 €
Dans cette maison bourgeoise et cossue (19e s.), on sert une belle cuisine classique qui varie selon les saisons. Mais rassurez-vous : le homard du vivier et le filet de bœuf sont aussi des résidents permanents ! On les accompagne d'un des nombreux bordeaux présents sur la carte... Un agréable moment gastronomique.

à La Chapelle-Taillefert 8 km au Sud par D 940 – ⊠ 23000 – 383 hab. – Alt. 497 m

✕ **Influence**
🍽 1 r. des Remparts – ℰ 05 55 81 98 32 – www.restaurant-influence.com – Fermé 1 semaine en fév., 1 semaine en avril, 27 juil.-10 août, 24 déc.-1er janv., dim. (sauf les 2 premiers de chaque mois) et lundi
Menu 13 € ♈ (déj. en semaine), 24/42 € – Carte 29/38 €
Pavé de bœuf de la ferme de la Courtine, feuilleté de tête de veau sauce gribiche... Le patron – chef particulier d'un préfet pendant dix ans – aime les beaux produits et nous régale d'une belle cuisine de saison. Le tout à apprécier dans une maison du 18e s. joliment restaurée.

GUÉRY (LAC DE) – 63 (Puy-de-Dôme) → voir Mont-Dore

GUÉTHARY
⊠ 64210 (Pyrénées-Atlantiques) – 1 326 hab. – Alt. 15 m – Voir carte n°**3-A3**
▶ Paris 780 km – Bayonne 19 km – Biarritz 9 km – Pau 125 km
Carte Michelin 342-C4 – Guide Vert Michelin Pays Basque et Navarre

🏠 **Villa Catarie** sans rest
415 av. du Gén.-de-Gaulle – ℰ 05 59 47 59 00 – www.villa-catarie.com
14 ch – ♦130/160 € ♦♦130/220 € – ⊡ 12 €
Ravissante demeure basque de 1830, à deux pas du port et des plages. Chambres cosy, aux tons pastel. L'été, petit-déjeuner servi au jardin. Il règne ici un esprit familial.

🏠 **Brikéténia**
r. de l'Église – ℰ 05 59 26 51 34 – www.briketenia.com – Fermé 2-20 nov.
14 ch – ♦85/230 € ♦♦85/230 € – ⊡ 12 €
Rest Brikéténia ✤ – voir les restaurants ci-après
Sur le site d'une ancienne briqueterie (d'où "Brikéténia"), ce relais de poste du 17e s., blanc et rouge, offre une vue dégagée sur les environs. Refaites à neuf, les chambres allient confort et esprit contemporain : idéal si l'on veut profiter du (bon) restaurant.

🏠 **Arguibel** sans rest
1146 chemin de Laharraga – ℰ 05 59 41 90 46 – www.arguibel.fr
– Fermé 4 janv.-14 fév.
5 ch – ♦135/300 € ♦♦135/300 € – ⊡ 17 €
Superbe villa de style néobasque, à l'intérieur très raffiné, mariant objets design, meubles traditionnels et toiles d'artistes contemporains... Chaque chambre a sa personnalité.

✕✕✕ **Brikéténia** (Martin et David Ibarboure) – Hôtel Brikéténia
🍽 r. de l'Église – ℰ 05 59 26 51 34 – www.briketenia.com – Fermé 2-20 nov. et mardi du 15 sept. au 30 juin
Menu 35 € (déj. en semaine), 58/98 € – Carte 75/110 €
Dans cette demeure basque des années 1930, père et fils signent une cuisine de grande qualité : assaisonnements subtils, effets de transparence ou de contraste, produits choisis à leur parfaite maturité... Un vrai travail sur le naturel, mis de surcroît en valeur par un service charmant.
→ Langoustines en cinq états, souvenir de Hong Kong. Ris de veau sauce teriyaki, jeu de carottes coco-curry. Chocolat jivara, nougatine noix de pécan et caramel.

✕ **Gétaria** ⓝ
360 av. du Général-de-Gaulle – ℰ 05 59 51 24 11 – www.getaria.fr – Fermé une semaine en fév., lundi midi en été, mardi et merc. sauf le soir en juil. août
Formule 19 € – Menu 24 € – Carte 39/52 €
Un joli bistrot contemporain, créé après un sérieux parcours par un jeune chef prometteur. Opéra de foie gras à la framboise, suprême de poulet fermier farci aux noisettes, moelleux chocolat au cœur de confiture de lait, etc. : autant d'assiettes franches et gourmandes, valorisant de beaux produits locaux !

LE GUÉTIN

✉ 18150 (Cher) – Voir carte n°**12**-D3

▶ Paris 252 km – Bourges 58 km – La Guerche-sur-l'Aubois 11 km – Nevers 13 km
Carte Michelin 323-O5

X **Auberge du Pont-Canal**

37 r. des Écluses – ℰ 02 48 80 40 76 – www.auberge-du-pont-canal.fr
– Fermé 2-15 janv. et lundi
Menu 14 € (déj. en semaine), 23/32 € – Carte 25/48 €
Dans cette petite auberge familiale jouxtant le pont de l'Allier, la tradition est à l'honneur... Ris de veau, cuisses de grenouilles et friture font la fierté de la maison. Le jeune chef travaille les beaux produits avec générosité et simplicité. L'été, on s'attable sur la jolie terrasse avec vue sur la rivière.

GUEWENHEIM

✉ 68116 (Haut-Rhin) – 1 326 hab. – Alt. 323 m – Voir carte n°**1**-A3

▶ Paris 458 km – Altkirch 23 km – Belfort 36 km – Mulhouse 21 km
Carte Michelin 315-G10

XX **La Gare**

2 r. de Soppe – ℰ 03 89 82 51 29 – Fermé 16 fév.-3 mars, 24 juil.-13 août, mardi
soir et merc.
Formule 11 € – Menu 32/48 € – Carte 38/63 €
Une très contemporaine institution locale (depuis 1874) ! Ou comment mixer élégance, peps et convivialité ; mêler brasserie sur le pouce et joli repas traditionnel sur la belle terrasse verdoyante... Ou comment présenter l'une des plus belles cartes des vins de France – rien que ça – tout en restant simple.

GUICHE

✉ 64520 (Pyrénées-Atlantiques) – 920 hab. – Alt. 98 m – Voir carte n°**3**-B3

▶ Paris 770 km – Bordeaux 184 km – Mont-de-Marsan 102 km – Pau 89 km
Carte Michelin 342-E1 – Guide Vert Michelin Aquitaine

X **Le Gantxo**

quartier du Port, (au Trinquet) – ℰ 05 59 56 46 63 – www.restaurant-le-gantxo.fr
– Fermé merc. soir et jeudi soir d'oct. à mars, dim. soir, lundi et mardi
Formule 13 € ♟ – Menu 20/34 € – Carte 23/36 €
Bienvenue en terre basque ! Ce Gantxo – du nom d'une passe de pelote – donne directement sur le "trinquet", l'aire de jeu du célèbre sport local. En cuisine, le chef sait aussi faire rebondir les saveurs des bonnes recettes de la région. Des plats parfois très fins, souvent copieux, toujours goûteux !

GUIDEL

✉ 56520 (Morbihan) – 10 260 hab. – Alt. 38 m – Voir carte n°**9**-B2

▶ Paris 511 km – Lorient 14 km – Pont-Aven 26 km – Quimper 60 km
Carte Michelin 308-K8

🏠🏠🏠 **Le Domaine de Kerbastic**

rte de Locmaria – ℰ 02 97 65 98 01 – www.domaine-de-kerbastic.com
– Fermé 2 janv.-12 fév.
17 ch – ♦111/370 € ♦♦176/370 € – ⏄ 18 € – ½ P
Colette, Proust, Cocteau... que d'hommes illustres ont séjourné dans cette demeure princière ! Elle s'est entretemps muée en hôtel luxueux, très privé... à votre tour de vous délecter de son charme raffiné ! Au restaurant règnent l'élégance et la tradition.

GUILLESTRE

✉ 05600 (Hautes-Alpes) – 2 332 hab. – Alt. 1 000 m – Voir carte n°**41**-C1

▶ Paris 715 km – Barcelonnette 51 km – Briançon 36 km – Digne-les-Bains 114 km
Carte Michelin 334-H5 – Guide Vert Michelin Alpes du Sud

X **Dedans Dehors**

ruelle Sani – ℰ 04 92 44 29 07 – Ouvert de juin à août
Carte 35/45 €
Une ruelle médiévale dessert cette cave voûtée : tartines, salades et cuisine du terroir à la plancha, le tout agrémenté de fleurs et d'herbes folles. Un bistrot éclectique !

à Mont-Dauphin 6 km au Nord-Ouest par D 37 – ⊠ 05600 – 149 hab. – Alt. 1 050 m

⌂ **La Maison du Guil** 🕮 🎯 🛜 P
La Font d'Eygliers – ☏ *04 92 50 16 20* – *www.lamaisonduguil.com*
4 ch ☲ – ♦120/130 € ♦♦120/130 €
Au-dessus des gorges du Guil, un ancien prieuré du 16ᵉ s. restauré avec inspiration :
entre vieilles pierres et mobilier design de qualité, le charme est au rendez-vous.

GUILLIERS

⊠ 56490 (Morbihan) – 1 360 hab. – Alt. 86 m – Voir carte n°**10-C2**
🄳 Paris 418 km – Dinan 66 km – Lorient 91 km – Ploërmel 13 km
Carte Michelin 308-Q6

⌂ **Au Relais du Porhoët** 🕮 🚗 🛜 🏦 P
11 pl. de l'Église – ☏ *02 97 74 40 17* – *www.aurelaisduporhoet.com* – *Fermé 2
semaines en janv.*
12 ch – ♦46/57 € ♦♦51/65 € – ☲ 8,50 € – ½ P
Rest *Au Relais du Porhoët*🍴 – voir les restaurants ci-après
Une discrète auberge de village, dont les habitués taisent comme un secret le
bon confort, l'entretien sans défaut et les tarifs très compétitifs. La plupart des
chambres, classiques, donnent sur l'église.

✗✗ **Au Relais du Porhoët** 🚗 P
11 pl. de l'Église – ☏ *02 97 74 40 17* – *www.aurelaisduporhoet.com* – *Fermé 2
semaines en janv., dim. soir et lundi sauf en juil.-août*
Formule 10 € – Menu 15 € (semaine), 24/48 € – Carte 26/47 €
Des pierres apparentes, une cheminée monumentale, quelques notes colorées :
une âme rustique mais nullement écrasante, pour une cuisine régionale généreuse et bien tournée, dont les prix tout doux font aussi plaisir.

GUINGAMP

⊠ 22200 (Côtes-d'Armor) – 7 276 hab. – Alt. 81 m – Voir carte n°**9-B1**
🄳 Paris 484 km – Carhaix-Plouguer 49 km – Lannion 32 km – Morlaix 53 km
Carte Michelin 309-D3 – Guide Vert Michelin Bretagne Nord

🏨 **La Demeure** sans rest 🚗 🎯 🛜
5 r. du Gén.-de-Gaulle – ☏ *02 96 44 28 53* – *www.demeure-vb.com*
– Fermé 1ᵉʳ-22 août, 26 déc.-4 janv. et dim. d'oct. à avril
10 ch – ♦75/145 € ♦♦85/145 € – ☲ 10 €
Cette belle maison de maître (18ᵉ s.) hébergea un temps la gendarmerie.
Aujourd'hui, point de plaintes en ces lieux, où l'accueil est charmant ! Les chambres, élégantes et toutes différentes (tissus choisis, atmosphère feutrée), sont
d'esprit classique ou bord de mer chic.

⌂ **Ibis** sans rest 🖳 ⅋ 🆎 🛜 🏦 P
6 r. de la Chesnaye, sortie Guingamp-centre – ☏ *02 96 21 09 41* – *www.ibis.com*
49 ch – ♦66/89 € ♦♦66/89 € – ☲ 10 €
Près des axes routiers et non loin du centre-ville, un hôtel qui propose des chambres très fonctionnelles. Dès 4h du matin, on prend le petit-déjeuner dans une salle
lumineuse, avec de grandes baies vitrées ; une adresse commode pour l'étape.

⌂ **Hôtel de l'Arrivée** sans rest 🛗 🖳 ⅋ 🛜 🏦
19 bd Clemenceau, (face à la gare) – ☏ *02 96 40 04 57* – *www.hotel-arrivee.com*
27 ch – ♦47/96 € ♦♦60/96 € – ☲ 9 €
L'enseigne évoque la proximité de la gare ferroviaire. À l'arrivée ou au départ de
Guingamp, cet hôtel propose de petites chambres bien rénovées. Utile et bon
marché !

✗✗ **La Boissière** 🚗 ⌂ 🎯 🔄 P
90 r. Yser, dir. Tréguier, Plouisy – ☏ *02 96 21 06 35* – *Fermé vacances de fév.,
25 août-8 sept., sam. midi, dim. soir et lundi*
Formule 15 € – Menu 24/60 € – Carte 38/58 €
Dans une maison de maître datant du début du 20ᵉ s., au milieu d'un grand parc
arboré, on gravit quelques marches pour découvrir un intérieur résolument classique (belle cheminée, boiseries murales), et une cuisine traditionnelle. La spécialité de la maison ? Le saucisson de langoustines à la chair de tourteau. Un régal !

✗✗ Le Clos de la Fontaine

9 r. du Gén.-de-Gaulle – ℰ 02 96 21 33 63 – Fermé 16-24 fév., 12 juil.-1er août, dim. soir, mardi soir et lundi

Formule 14 € – Menu 17 € (déj. en semaine), 30/43 € – Carte 36/49 €

Le patron est passionné par le poisson et ne transige pas : dans votre assiette, toute la fraîcheur de la pêche côtière, cuisinée sans chichis et mise en valeur par des sauces délicates et des cuissons précises. Quelques plats rendent aussi hommage au terroir breton, comme le kouign patatez, le traou mad, etc.

GUISSENY

✉ 29880 (Finistère) – 2 026 hab. – Alt. 18 m – Voir carte n°**9**-A1

▶ Paris 591 km – Brest 35 km – Landerneau 27 km – Morlaix 56 km

Carte Michelin 308-E3

🏠 Auberge de Keralloret   ❚○ ⬧ ⇔ 👌 🤝 **P**

3 km au Sud par D 10 et rte secondaire – ℰ 02 98 25 60 37 – www.keralloret.com
11 ch – ♦68/79 € ♦♦68/79 € – ⌧ 10 € – ½ P

Charme, tranquillité et caractère : trio gagnant pour cette ancienne ferme joliment rénovée. Le décor contemporain des chambres, réparties dans plusieurs bâtisses de granit, s'inspire de la région et de son identité, celle de l'estran et du pays pagan. Au restaurant, kig-ha-farz, fruits de mer, etc.

GUJAN-MESTRAS

✉ 33470 (Gironde) – 19 815 hab. – Alt. 5 m – Voir carte n°**3**-B2

▶ Paris 638 km – Andernos-les-Bains 26 km – Arcachon 10 km – Bordeaux 56 km

Carte Michelin 335-E7 – Guide Vert Michelin Aquitaine

🏠🏠🏠 La Guérinière   ❚○ ⟱ 🅰🅲 🤝 🕴 **P**

18 cours de Verdun, à Gujan – ℰ 05 56 66 08 78 – www.lagueriniere.com
23 ch – ♦100/180 € ♦♦100/230 € – ⌧ 14 € – ½ P

Rest *La Guérinière* – voir les restaurants ci-après

Hôtel d'esprit balnéaire situé au centre du principal port ostréicole du bassin d'Arcachon. Les chambres sont spacieuses, aménagées avec goût dans un esprit zen et épuré ; quant à la terrasse bordant la piscine, elle est très agréable.

✗✗✗ La Guérinière   🛋 🕴 🅰🅲 ⇔ **P**

18 cours de Verdun, à Gujan – ℰ 05 56 66 08 78 – www.lagueriniere.com
– Fermé sam. midi

Menu 52 € (semaine), 78/125 € – Carte 79/124 €

Après s'être fait connaître à la Table de Montesquieu, au sud de Bordeaux, Christophe Girardot retrouve son bassin d'Arcachon natal en rejoignant cette Guérinière. Il signe une cuisine créative, visuelle et sophistiquée, marquée notamment par des influences asiatiques et le recours aux herbes et aux épices.

GUNDERSHOFFEN

✉ 67110 (Bas-Rhin) – 3 555 hab. – Alt. 180 m – Voir carte n°**1**-B1

▶ Paris 466 km – Haguenau 16 km – Sarreguemines 61 km – Strasbourg 45 km

Carte Michelin 315-J3

🏠🏠 Le Moulin   ❚○ ⬧ ⇔ 🕴 🅰🅲 🤝 🕴 **P**

7 r. du Moulin – ℰ 03 88 07 33 30 – www.hotellemoulin.com – Fermé 23 fév.-9 mars, 10-24 août et 6-12 janv.
12 ch – ♦95/275 € ♦♦95/275 € – 2 suites – ⌧ 22 €

Rest *Les Jardins du Moulin* – voir les restaurants ci-après

Au bout d'un petit chemin, quelques maisons alsaciennes superbement restaurées ; un ancien moulin entouré d'un parc, avec vue sur une rivière où folâtrent quelques cygnes... On se prélasse dans de belles chambres spacieuses et très calmes, décorées avec goût, que l'on ne quitte qu'à regret. Absolument charmant !

XXX Le Cygne (Fabien Mengus)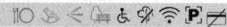

35 Gd'Rue – ℰ 03 88 72 96 43 – www.aucygne.fr – Fermé vacances de fév.,
3-24 août, 2-9 janv., dim. soir, mardi midi et lundi
Menu 50 € (semaine), 65/110 € – Carte 95/115 €

Cette noble demeure alsacienne, associant charme de l'ancien et élégance contemporaine, porte haut les couleurs de la gastronomie dans la région. Son jeune chef, Fabien Mengus, cultive les règles de l'art aussi bien que l'invention : la subtilité et la précision de ses créations promettent un repas... insigne.
➜ Langoustines en trois déclinaisons. Dégustation autour du filet de bœuf, cru et cuit. Savarin au rhum entièrement revisité, sorbet agrumes et pressé de fruits frais.

XX Les Jardins du Moulin ⓝ – Hôtel le Moulin

7 r. du Moulin – ℰ 03 88 07 52 70 – www.les-jardins-du-moulin.fr
– Fermé 23 fév.-9 mars, 10-24 août, 6-12 janv., sam. midi, mardi soir et merc.
Formule 24 € – Menu 41/62 €

Ce restaurant s'intègre idéalement dans l'environnement du Moulin : à travers les baies vitrées, on admire le jardin et la magnifique terrasse... D'un carpaccio de daurade à l'huile d'olive aux agrumes, à un filet de bœuf du Simmental, béarnaise au siphon et buewespaetzle, on se régale de créations actuelles bien tournées.

HABÈRE-POCHE

✉ 74420 (Haute-Savoie) – 1 260 hab. – Alt. 945 m – Voir carte n°**46**-F1
🚹 Paris 564 km – Annecy 63 km – Bonneville 33 km – Genève 37 km
Carte Michelin 328-L3

⌂ La Fontaine d'Argence

à Argence : 2 km – ℰ 06 89 29 17 30 – www.lafontainedargence.net
5 ch ⌻ – ✝60/90 € ✝✝70/130 €

Au cœur de la Vallée verte, une ferme savoyarde restaurée avec goût ; on y trouve des chambres spacieuses et bien tenues. À la table d'hôte, on apprécie la cuisine de madame – qui est herboriste –, à base de produits bio et de plantes, mais aussi le miel de monsieur, apiculteur à ses heures.

X Tiennolet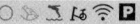

– ℰ 04 50 39 51 01 – Fermé juin, 15 oct.-15 nov., dim. soir, mardi soir et merc.
sauf vacances scolaires et merc. en juil.-août
Formule 17 € – Menu 29/42 € – Carte 45/54 €

Au centre du village, un restaurant de montagne rustique et chaleureux, avec une agréable terrasse exposée plein sud. Les deux chefs apportent une touche toute personnelle à leur jolie cuisine traditionnelle et régionale.

HAGETMAU

✉ 40700 (Landes) – 4 544 hab. – Alt. 96 m – Voir carte n°**3**-B3
🚹 Paris 737 km – Aire-sur-l'Adour 34 km – Dax 45 km – Mont-de-Marsan 29 km
Carte Michelin 335-H13 – Guide Vert Michelin Aquitaine

🏨 Les Lacs d'Halco

3 km au Sud-Ouest par rte de Cazalis – ℰ 05 58 79 30 79
– www.hoteldeslacsdhalco.fr
19 ch – ✝100/130 € ✝✝100/130 € – ⌻ 15 € – ½ P
Rest *Les Lacs d'Halco* – voir les restaurants ci-après

Dans un cadre naturel préservé, tout au bord d'un étang, une belle architecture contemporaine, dont la structure de verre, bois et métal semble se diluer sur les flots... Chic et design, les chambres ouvrent ou sur la forêt ou sur le plan d'eau. Que de quiétude !

🏨 Le Jambon

245 av. Carnot – ℰ 05 58 79 32 02 – www.hotel-restaurant-lejambon.com
– Fermé vend. soir, dim. soir et lundi
7 ch – ✝65/80 € ✝✝70/80 € – ⌻ 9 € – ½ P
Rest *Le Jambon* – voir les restaurants ci-après

Cette grande maison du centre-ville héberge des chambres spacieuses, lumineuses, bien insonorisées et d'une tenue scrupuleuse ; toutes donnent sur l'espace piscine joliment fleuri. Un bon plan !

XXX **Les Lacs d'Halco** – Hôtel les Lacs d'Halco   ⟨ 🛖 ⟨ 🅐🅒 ⟨ 🅿
3 km au Sud-Ouest par rte de Cazalis – ℰ 05 58 79 30 79
– www.hoteldeslacsdhalco.fr
Formule 20 € – Menu 44/62 € – Carte 43/61 €
Un endroit unique : le restaurant prend ses aises dans une rotonde entièrement
vitrée et posée à fleur d'eau, dans l'écrin naturel d'un étang aux rives verdoyantes... Et la cuisine n'est pas en reste, célébrant les beaux produits du terroir avec
finesse et féminité !

XX **Le Jambon** – Hôtel le Jambon   🍴 🅐🅒 🅿
245 av. Carnot – ℰ 05 58 79 32 02 – www.hotel-restaurant-lejambon.com
– Fermé vend. soir, dim. soir et lundi
Formule 16 € – Menu 29/40 € – Carte 33/58 €
Émincé de magret de canard, caille farcie au foie gras, turbot en papillote, soufflé
au Grand Marnier, etc. Le propriétaire concocte une généreuse cuisine traditionnelle et landaise. Cadre raffiné.

HAGONDANGE

✉ 57300 (Moselle) – 9 384 hab. – Alt. 160 m – Voir carte n°**26-B1**
◗ Paris 324 km – Luxembourg 49 km – Metz 21 km – Thionville 17 km
Carte Michelin 307-I3

XXX **Quai des Saveurs** (Frédéric Sandrini)   🎋 ⟨ 🅐🅒 ⟨ 🅿
   ✿ *69 r. de la Gare – ℰ 03 87 71 24 98 – www.quaidessaveurs.com – Fermé*
16 août-2 sept., dim. soir et lundi
Menu 45 € (semaine), 55/110 €
Depuis plusieurs années, Frédéric Sandrini prend un malin plaisir à bousculer la
tradition gastronomique locale avec une cuisine en mouvement, qui laisse une
grande place à l'imagination. Le tout dans un joli cadre contemporain plutôt
sobre, peut-être pour ne pas détourner notre attention de la finesse de l'assiette...
➜ Carpaccio de langoustines, mousse de riz, coco, ail noir et yuzu. Ris de veau
braisé, feuilles de blette, pain rôti, amandes fraîches et sabayon de béarnaise.
Tarte éphémère à la mirabelle.

HAGUENAU

✉ 67500 (Bas-Rhin) – 34 619 hab. – Alt. 150 m – Voir carte n°**1-B1**
◗ Paris 478 km – Baden-Baden 41 km – Sarreguemines 93 km – Strasbourg 33 km
Carte Michelin 315-K4

🏨 **Europe Hôtel**   ❘○ 🍸 ⟨ 🅐🅒 ⟨ 🅿
15 av. du Prof.-Leriche, (proche du centre hospitalier), par ④ – ℰ 03 88 93 58 11
– www.europehotel.fr
67 ch – ♦50/109 € ♦♦50/109 € – ☲ 11 € – ½ P
Dans la ville qui a vu naître le pilote Sébastien Loeb, au sein d'une zone pavillonnaire, un hôtel engageant dont les chambres – pour la plupart récemment
rénovées – se révèlent confortables. Autre atout, une grande terrasse donnant
sur la piscine.

XXX **Le Jardin**   🍴 ⟨ 🅐🅒 🅿
   ✿ *16 r. de la Redoute – ℰ 03 88 93 29 39*   Plan : BZ**n**
– www.lejardinhaguenau.fr – Fermé 24 fév.-7 mars, 4-18 août, mardi et merc.
Menu 20 € (déj. en semaine), 44/74 € ♈ – Carte environ 54 €
Levez les yeux pour contempler l'élégant plafond de style Renaissance de la salle. Puis
savourez une bonne cuisine classique, assez épurée ; le poisson y est à l'honneur.

X **La Cuisine des Saveurs** 🆕   🅐🅒
   ✿ *2 r. de l'Étoile – ℰ 03 88 93 06 61 – www.lacuisinedessaveurs.com*   Plan : AY**t**
– Fermé 2 semaines en août, 1 semaine in Noël, lundi soir, mardi soir et merc. soir
Formule 13 € – Menu 16 € (déj. en semaine), 37/55 € – Carte 35/48 €
(réservation conseillée)
Faisant confiance à la rumeur, qui en dit beaucoup de bien, on sonne à la porte
de ce restaurant situé dans une ruelle du centre-ville. On est accueilli par les deux
propriétaires, jeunes et charmants ; à table, on se régale d'une bonne cuisine du
marché, fraîche et savoureuse. Promesse tenue !

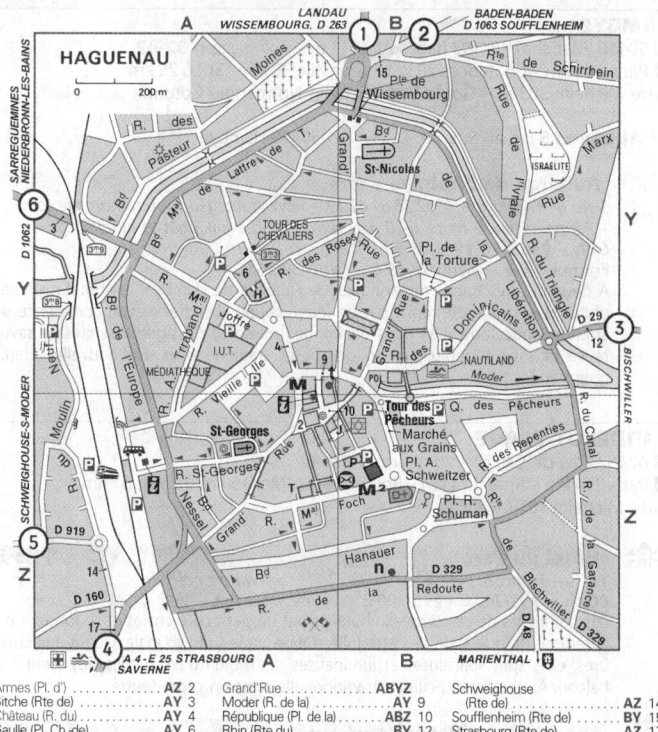

HAGUENAU

0   200 m

LA HAIE-TONDUE

✉ 14950 (Calvados) – Voir carte n°**32-A3**
▶ Paris 198 km – Caen 41 km – Deauville 15 km – Le Havre 53 km
Carte Michelin 303-M4

✗✗   **La Haie Tondue**   🕭 📠 🌮 **P**

– ℰ 02 31 64 85 00 – Fermé 1 semaine en juin, 1 semaine en nov., 2 semaines
en janv., lundi soir sauf août et mardi de nov. à mars
Formule 19 € – Menu 28 € (déj.), 35/43 € – Carte 34/49 €
Terrine maison, lapin aux saveurs d'Auge, agneau à la crème d'ail... Dans cette
maison couverte de vigne vierge, la cuisine est traditionnelle et bien tournée. Rus-
tique, le cadre l'est également ! L'été, on profite de la terrasse. Accueil chaleureux.

HAMBACH

✉ 57910 (Moselle) – 2 762 hab. – Alt. 230 m – Voir carte n°**27-C1**
▶ Paris 396 km – Metz 70 km – Sarrebrücken 23 km – Sarreguemines 8 km
Carte Michelin 307-N4

🏠   **Hostellerie St-Hubert**   ⃝ 🛏 🕭 🌮 🛎 ⌨ 🛜 🏊 **P**

30 r. de la Forêt - La Verte Forêt - ℰ 03 87 98 39 55
– www.hostellerie-saint-hubert.com – Fermé 22-29 déc.
49 ch – ♦62/80 € ♦♦82/100 € – 4 suites – ☲ 9 € – ½ P
Au sein d'un complexe de loisirs verdoyant – plan d'eau pour se baigner, cam-
ping et terrain de tennis –, cet hôtel-restaurant dispose de chambres spacieuses
et impeccablement tenues. Parfait pour les séminaires et les fêtes de famille.

HAMBYE
✉ 50450 (Manche) – 1 193 hab. – Alt. 111 m – Voir carte n°**32-A2**
▶ Paris 316 km – Coutances 20 km – Granville 30 km – St-Lô 25 km
Carte Michelin 303-E6 – Guide Vert Michelin Normandie Cotentin

à l'Abbaye 3,5 km au Sud par D 51 – ✉ 50450 Hambye

XX **Auberge de l'Abbaye** avec ch   ⌂ 🎐 ≋
 5 rte de l'Abbaye – ℰ 02 33 61 42 19 – www.aubergedelabbayehambye.com
– Fermé 16 fév.-9 mars, 6-20 oct., dim. soir sauf juil.-août et lundi
6 ch – ♦48/54 € ♦♦53/59 € – ⊡ 9 € – ½ P
Formule 17 € – Menu 28/69 € – Carte 39/56 €
À deux pas des ruines romantiques de l'abbaye de Hambye, cet hôtel-restaurant
plutôt classique a été repris par un jeune couple. Le chef y avait commencé son
apprentissage (poursuivi dans de bonnes maisons) ; il signe une cuisine savoureuse et sans superflu, aux solides bases traditionnelles. De nouvelles litanies
gourmandes !

HARDELOT-PLAGE
✉ 62152 (Pas-de-Calais) – Voir carte n°**30-A2**
▶ Paris 254 km – Arras 114 km – Boulogne-sur-Mer 15 km – Calais 51 km
Carte Michelin 301-C4

🏨 **Hôtel du Parc**   🔟 🎐 ≕ ⤢ ⚒ 🍴 ⬛ ᕦ ≋ 🎽 **P**
111 av. François-1ᵉʳ – ℰ 03 21 33 22 11 – www.parc.najeti.fr
80 ch – ♦95/200 € ♦♦95/200 € – 1 suite – ⊡ 16 € – ½ P
Les bâtiments de ce complexe hôtelier ont un petit côté chalet et se fondent parfaitement dans le style de cette jolie station de la Côte d'Opale. Quant aux chambres, elles sont spacieuses et lumineuses ; la moitié d'entre elles disposent d'un
balcon. Au restaurant, cuisine traditionnelle dans un cadre feutré.

🏨 **Les Jardins d'Hardelot** sans rest   ⬛ ⚒ 🆎 ≋ 🎽 **P**
451 av. François-1ᵉʳ – ℰ 03 21 32 50 40 – www.lesjardinsdhardelot.fr
39 ch – ♦115/125 € ♦♦115/125 € – ⊡ 13 €
Créé en 2012, l'hôtel se trouve à seulement 500 m de la plage. On s'y repose
dans des chambres très cosy et chaleureuses ; certaines familiales. Appétissant
buffet au petit-déjeuner… avant la première baignade de la journée.

🏨 **Le Régina**   🔟 ⬛ ≋ **P**
185 av. François-1ᵉʳ – ℰ 03 21 83 81 88 – www.lereginahotel.fr – Ouvert
26 fév.-30 nov.
42 ch – ♦82/91 € ♦♦82/91 € – ⊡ 12 € – ½ P
En lisière de pinède, cette bâtisse des années 1970 cache, derrière une façade un
peu austère, un hôtel-restaurant confortable. Après une bonne balade, les chambres, modernes et bien équipées, invitent au repos.

HASPARREN
✉ 64240 (Pyrénées-Atlantiques) – 6 139 hab. – Alt. 50 m – Voir carte n°**3-AB3**
▶ Paris 783 km – Bayonne 24 km – Biarritz 34 km – Cambo-les-Bains 9 km
Carte Michelin 342-E4 – Guide Vert Michelin Pays Basque et Navarre

🏠 **Les Tilleuls**   🔟 ⬛ ⚒ ≋
 pl. de Verdun – ℰ 05 59 29 62 20 – www.hotelestilleuls.fr
– Fermé de mi-fév. à mi-mars, sam. midi et dim. soir sauf de juil. à sept.
et fériés
25 ch – ♦52/56 € ♦♦62/70 € – ⊡ 8 € – ½ P
Non loin de la maison où vécut l'écrivain Francis Jammes, cette construction de
style basque abrite des chambres fonctionnelles et bien tenues, et un restaurant
d'esprit rustique. Idéal pour une étape.

HATTSTATT

⊠ 68420 (Haut-Rhin) – 803 hab. – Alt. 200 m – Voir carte n°**1-A2**
▶ Paris 500 km – Bâle 65 km – Colmar 11 km – Strasbourg 90 km
Carte Michelin 315-H8 – Guide Vert Michelin Alsace Lorraine

☼ **L'Altévic** Ⓝ
4 r. Wiggensbach – 𝒞 03 89 78 83 56 – www.restaurant-laltevic-hattstatt.fr
– Fermé mardi soir, dim. soir et lundi
Formule 15 € – Menu 20 € (déj. en semaine), 29/75 € – Carte 62/84 €
Dans ce jeune restaurant souffle un vent de nouveauté ! Avec tout le talent et
toute l'expérience qu'on lui connaît, Jean-Christophe Perrin propose une cuisine
dans l'air du temps, inspirée par le marché, dans laquelle un beau produit de saison suffit souvent à faire recette... Réjouissant !

HAUTE-GOULAINE – 44 (Loire-Atlantique) → voir Nantes

HAUTELUCE

⊠ 73620 (Savoie) – 804 hab. – Alt. 1 150 m – Voir carte n°**45-D1**
▶ Paris 606 km – Albertville 24 km – Annecy 62 km – Chambéry 77 km
Carte Michelin 333-M3 – Guide Vert Michelin Alpes du Nord

🏠 **La Ferme du Chozal**
– 𝒞 04 79 38 18 18 – www.lafermeduchozal.com – Ouvert de juin à début oct.
et de mi-déc. à mi-avril
12 ch – †120/170 € ††120/370 € – ⊡ 17 € – ½ P
Rest La Ferme du Chozal – voir les restaurants ci-après
Voilà comment une ancienne ferme – un beau chalet – devient un hôtel
très agréable avec sa piscine extérieure chauffée, ses chambres douillettes habillées de bois blond et son espace bien-être complet... Le tout au calme. Une
bonne adresse !

☼ **La Ferme du Chozal**
– 𝒞 04 79 38 18 18 – www.lafermeduchozal.com – Ouvert de juin à début oct.,
mi-déc. à mi-avril et fermé dim. soir et lundi en juin, sept. et oct. et le midi en
semaine de juin à début oct.
Formule 25 € – Menu 32/59 € – Carte 52/61 € (réservation conseillée)
Bien que ce restaurant cultive un style montagnard typique, la cuisine n'en n'est
pas moins actuelle et appétissante avec ses beaux produits du terroir. À noter, la
remarquable carte des vins des Alpes françaises, suisses et italiennes.

HAUTERIVES

⊠ 26390 (Drôme) – 1 720 hab. – Alt. 299 m – Voir carte n°**43-E2**
▶ Paris 540 km – Grenoble 77 km – Lyon 85 km – Valence 46 km
Carte Michelin 332-D2 – Guide Vert Michelin Ardèche Drôme

🏠 **Le Relais**
1 pl. Gén.-de-Miribel – 𝒞 04 75 68 81 12 – www.hotel-relais-drome.com – Fermé
18 janv.-28 fév., dim. soir et lundi sauf juil.-août
16 ch – †71 € ††71 € – ⊡ 9 € – ½ P
Les visiteurs du "Palais idéal" édifié par le facteur Cheval pourront faire étape
dans cette solide maison à la façade en galets roulés. Chambres bien tenues et
trois roulottes au fond du jardin. Petits plats traditionnels servis dans la salle rustique ou en terrasse.

HAUTEVILLE-LÈS-DIJON – 21 (Côte-d'Or) → voir Dijon

LE HAVRE

✉ 76600 (Seine-Maritime) – 174 156 hab. – Agglo. 239 566 hab. – Alt. 4 m
– Voir carte n°**33-C2**

▶ Paris 198 km – Amiens 184 km – Caen 90 km – Lille 318 km
Carte Michelin 304-A5 – Guide Vert Michelin Normandie Vallée de la Seine

© E. Grund/age fotostock

 Hôtels

 Pasino　　　　　　　　🍴 🖥 🌐 🦶 ♿ 🅰️ 🌿 📶 🏋️
pl. Jules-Ferry, (au casino) – ☎ 02 35 26 00 00　　　　　Plan : FZ**b**
– www.casinolehavre.com
45 ch – 🛏90/250 € 🛏🛏90/250 € – ⬜ 16 €
Témoin de la reconstruction du Havre par Auguste Perret, cette bâtisse classée se
découvre par un grand hall desservant aussi le casino et La Brasserie, dont la terrasse donne sur le bassin du Commerce. Les chambres sont confortables, avec un
mobilier de qualité, et bien tenues. Les joueurs – et les autres – apprécieront.

 Novotel　　　　　　　　　　🍴 🖥 ♿ 🅰️ 📶 🏋️
20 cours Lafayette – ☎ 02 35 19 23 23 – www.novotel.com　Plan : HZ**a**
134 ch – 🛏89/159 € 🛏🛏89/159 € – 6 suites – ⬜ 16 € – ½ P
À l'entrée de la ville, à deux pas de la gare, ce grand hôtel contemporain fait face
au bassin Vauban. Distribuées par des coursives intérieures, les chambres sont
confortables, vastes et claires, bref : agréables à vivre !

 Vent d'Ouest sans rest　　　　　　　　🖥 📶 🏋️
4 r. Caligny – ☎ 02 35 42 50 69 – www.ventdouest.fr　　Plan : EZ**a**
31 ch – 🛏100/150 € 🛏🛏170 € – ⬜ 15 €
Tout près de l'église St-Joseph, signée Perret, un hôtel plein de cachet : les chambres, très douillettes et parfaitement tenues, sont décorées avec soin (thèmes
"Mer", "Capitaine" et "Montagne") et l'on peut même profiter de l'espace spa,
avec hammam et salles de massages !

 Hôtel d'Angleterre sans rest　　　　　　　🅰️ 📶
1 r. Louis-Philippe – ☎ 02 35 42 48 42　　　　　　　Plan : EY**t**
– www.comforthotellehavre.com
28 ch – 🛏79/99 € 🛏🛏79/99 € – ⬜ 12 €
Des chambres plutôt spacieuses, avec un espace bureau bien pensé et un plateau
de courtoisie : on apprécie les prestations de ce petit hôtel du centre-ville. Dans
les parties communes, de nombreuses toiles contemporaines ajoutent à l'esprit
moderne des lieux.

 Art Hôtel sans rest　　　　　　　　　🖥 🌿 📶 🏋️
147 r. Louis-Brindeau – ☎ 02 35 22 69 44 – www.art-hotel.fr　Plan : FZ**g**
31 ch – 🛏89/129 € 🛏🛏99/169 € – ⬜ 14 €
Face à l'espace Oscar-Niemeyer et son célèbre Volcan (malicieusement rebaptisé
"pot de yaourt" par les Havrais), cet hôtel typique des années 1950 allie sobriété,
confort et touches arty. Pour l'anecdote, l'ascenseur est très surprenant ! À
découvrir...

Les Voiles sans rest `< 🛗 ᵫ 📶`

3 pl. Clemenceau, à Ste-Adresse ✉ *76310 –* ℰ *02 35 54 68 90* — Plan : A**e**
– www.hotel-lesvoiles.com
17 ch – ♦90/249 € ♦♦90/249 € – ☑ 12 €

Ici, on met vraiment les voiles... Les chambres et la salle du petit-déjeuner sont tournées vers le large et offrent une vue privilégiée sur le port. La décoration intérieure, inspirée du yachting, ajoute encore à ces promesses de départ !

Grand Hôtel Terminus `🍽 🛗 ⅏ 📶 🖫`

23 cours de la République – ℰ *02 35 25 42 48* — Plan : HZ**e**
– www.grand-hotel-terminus.fr – Fermé 24 déc.-3 janv.
40 ch – ♦91/118 € ♦♦91/118 € – 1 suite – ☑ 11 €

Un Terminus face à la gare, dont les chambres, "rouges" ou "jaunes", sont très bien tenues. Sobre, pratique et accueillant. Le soir, restauration traditionnelle pour les résidents.

Hôtel des Phares sans rest `📶`

29 r. du Gén.-de-Gaulle, à Ste-Adresse – ℰ *02 35 46 31 86* — Plan : EY**n**
– www.hoteldesphares.com
25 ch – ♦49/129 € ♦♦49/129 € – ☑ 10 €

Une villa à 200 m de la plage, où règne le sympathique esprit familial des maisons bourgeoises. Les chambres sont charmantes et cossues (tentures, mobilier de style), ou plus simples dans les pavillons annexes.

⬤ Restaurants

🍴🍴🍴 **Jean-Luc Tartarin** `🕸 ᵫ Ⓐ⒞ ⅏ ⟷`

ॐॐ *73 av. Foch –* ℰ *02 35 45 46 20 – www.jeanluc-tartarin.com* — Plan : FY**t**
– Fermé 28 juil.-10 août, 3-14 janv., dim. et lundi
Formule 38 € – Menu 60/160 € – Carte 83/142 €

Saveurs harmonieuses, technique précise, originalité et inspiration : Jean-Luc Tartarin signe une cuisine belle et passionnée, où le modernisme du Havre rencontre l'âme du terroir normand. Quel séduisant alliage ! Et le décor, chic et classieux, ajoute encore à notre plaisir...

➔ Œuf de poule au plat en trompe-l'œil, bisque de crustacés et poudre d'orange caramélisée. Bar sauvage confit à 38°, crème de burrata et voile de mortadelle. Millefeuille à la vanille Bourbon.

🍴🍴 **La Petite Auberge** `Ⓐ⒞`

☺ *32 r. Ste-Adresse –* ℰ *02 35 46 27 32* — Plan : EY**r**
– www.lapetiteauberge-lehavre.fr – Fermé merc. midi, dim. soir et lundi
Formule 22 € – Menu 28 € (semaine), 31/42 € – Carte 42/53 €

À quelques rues du bord de mer, découvrez cette petite auberge à la façade à colombages, tenue par un jeune couple qui a misé sur l'authenticité : bingo ! Les préparations empruntent certes quelques notes actuelles, mais restent fidèles aux saveurs régionales. Difficile de ne pas craquer !

🍴 **L'Orchidée** `⅏`

41 r. du Gén.-Faidherbe – ℰ *02 76 25 38 03 – Fermé mardi* — Plan : GZ**s**
soir, merc. soir et lundi
Menu 24/30 €

Saint-Jacques à la sauce dieppoise, terrine de foie de volaille : des plats traditionnels remis au goût du jour dans un restaurant tout simple. Une bonne petite adresse du port.

🍴 **Le Wilson**

98 r. du Prés.-Wilson – ℰ *02 35 41 18 28 – Fermé 1 semaine* — Plan : EY**k**
en fév., merc. et le soir sauf vend. et sam.
Formule 14 € – Menu 29 € (semaine) – Carte environ 35 €

Croustillant d'andouille, délicieuse tarte aux pommes servie encore chaude... Ici, la tradition a du bon, et les fidèles sont à l'heure pour le plat du jour ! Cerise sur le gâteau : le sourire des patrons, qui gèrent la maison en famille.

(Map of Le Havre and Harfleur)

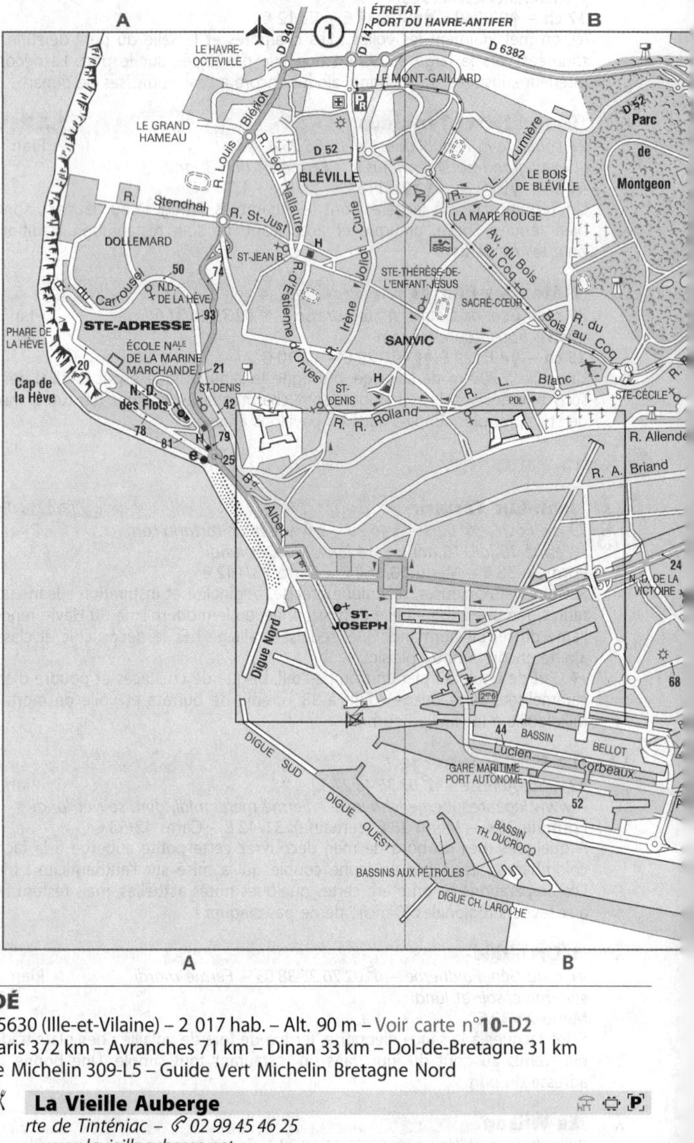

HÉDÉ

✉ 35630 (Ille-et-Vilaine) – 2 017 hab. – Alt. 90 m – Voir carte n°**10-D2**

▶ Paris 372 km – Avranches 71 km – Dinan 33 km – Dol-de-Bretagne 31 km

Carte Michelin 309-L5 – Guide Vert Michelin Bretagne Nord

La Vieille Auberge

rte de Tinténiac – ℰ 02 99 45 46 25

– www.lavieilleauberge.net

– Fermé 17 août-1ᵉʳsept., 2 semaines en fév., dim. soir et lundi

Formule 22 € 🍷 – Menu 28/80 € 🍷 – Carte 43/90 €

Ce joli moulin du 17ᵉ s. est rustique et bucolique à souhait ! On s'installe au bord de l'étang pour y déguster une cuisine en prise avec son époque. Un conseil : ne passez pas à côté de l'agneau, élevé par le père des maîtres des lieux.

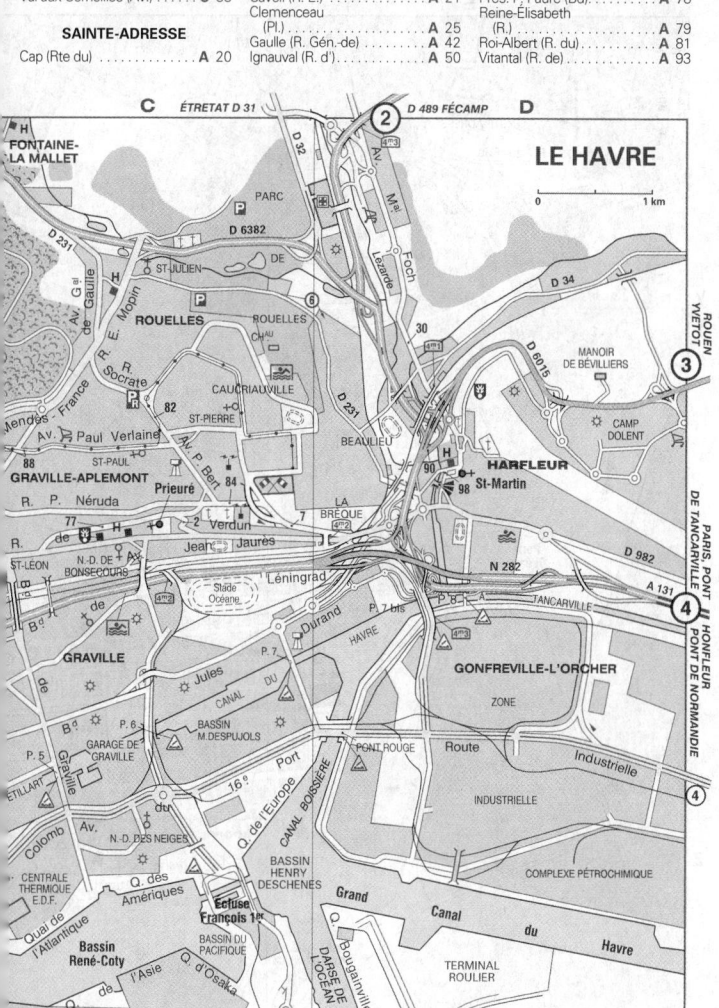

HEGENEY

✉ 67360 (Bas-Rhin) – 382 hab. – Alt. 175 m – Voir carte n°**1-B1**
◘ Paris 490 km – Metz 166 km – Saarbrücken 89 km – Strasbourg 43 km
Carte Michelin 315-K3

Belle Vue

*1 rte de Haguenau – ℰ 03 88 09 32 28 – www.hegeney-bellevue.fr – Fermé 3
semaines en août, 1 semaine vacances de fév., sam. midi, mardi soir et merc.*
Formule 14 € – Menu 16 € (déj. en semaine), 25/41 € – Carte 39/53 €
Dans une lumineuse salle aux touches alsaciennes (grès des Vosges, chaises en
bois en forme de cœur), on profite des belles créations de saison d'un jeune
chef bien inspiré. Œuf croustillant et asperges vertes, carbonara de rognons de
veau à la moutarde de Mietesheim, sablé fraise-rhubarbe...

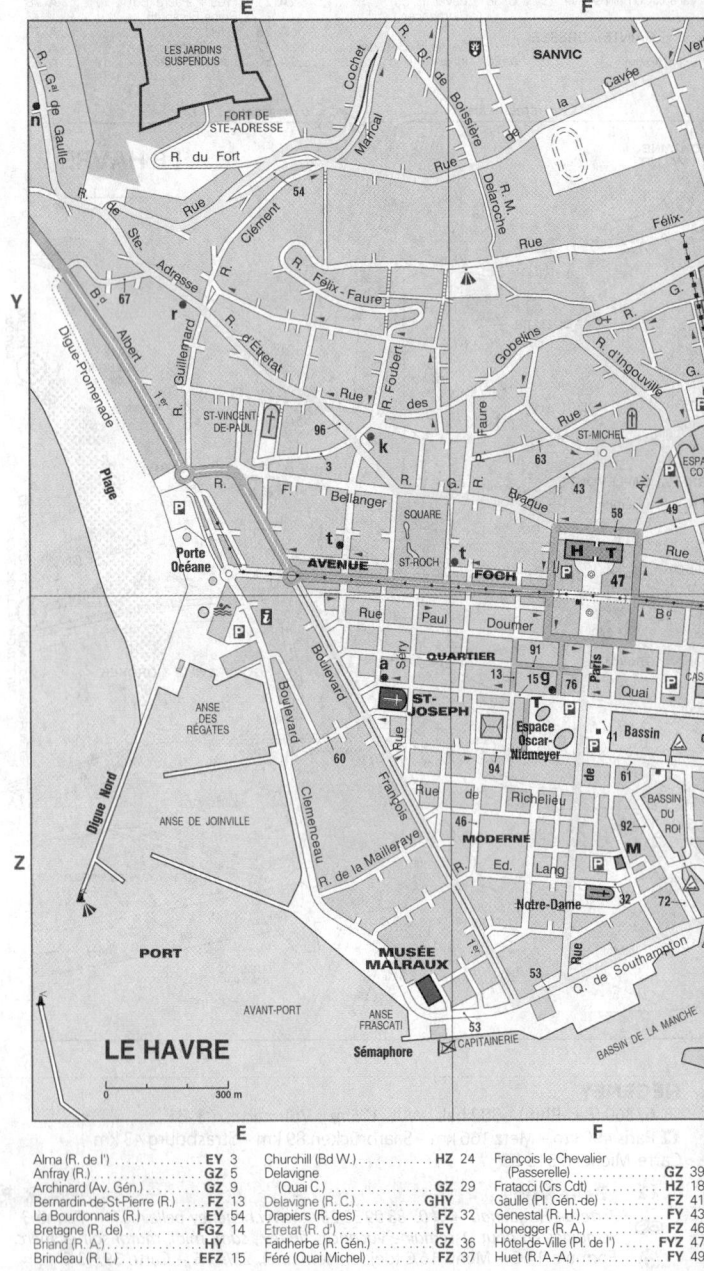

LE HAVRE

0 — 300 m

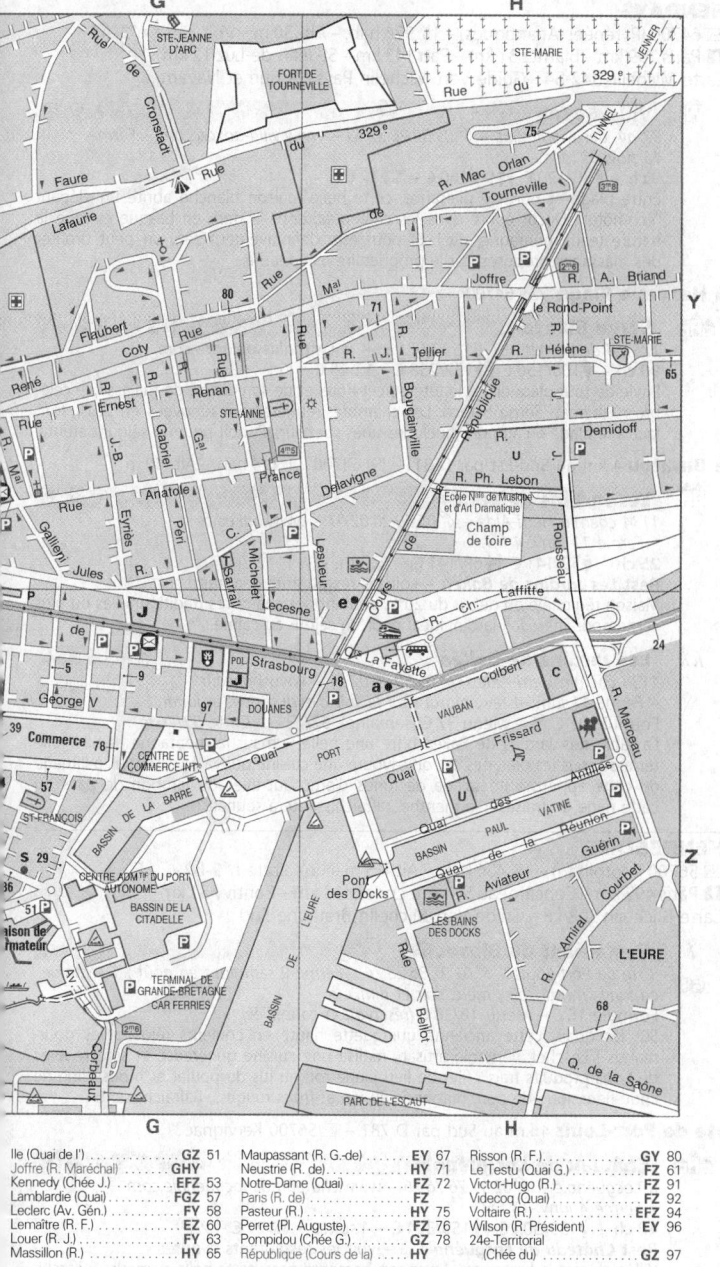

HENDAYE

✉ 64700 (Pyrénées-Atlantiques) – 15 976 hab. – Alt. 30 m – Voir carte n°**3-A3**
◗ Paris 799 km – Biarritz 31 km – Pau 143 km – St-Jean-de-Luz 12 km
Carte Michelin 342-B4 – Guide Vert Michelin Pays Basque et Navarre

⌂ **Villa Goxoa** sans rest ⊜ & ℅ 🛜
32 av. des Magnolias – ℰ 05 59 20 32 43 – www.villa-goxoa.com – Fermé 15 nov.-1er déc.
9 ch – ✝80/120 € ✝✝90/160 € – ⌸ 12 €
Entre plage et port de plaisance, cette belle maison blanche abrite un élégant "éco-hôtel". Décor épuré dans les chambres, dont le nom en basque évoque la nature (eau, montagne, etc.). Et pour être définitivement zen, on peut profiter des massages proposés par le propriétaire ostéopathe.

à Hendaye Plage – ✉ 64700

🏨🏨🏨 **Serge Blanco** ∥○ ⩻ 🎿 ⊛ 🄵🄰 🛌 & 🄰🄲 🛜 🕍 🚗
125 bd de la Mer – ℰ 05 59 51 35 35 – www.thalassoblanco.com
90 ch – ✝106/150 € ✝✝152/258 € – ⌸ 15 € – ½ P
Envie de tout plaquer ? À la tête de cet hôtel et de son centre de thalasso, le célèbre rugbyman Serge Blanco. Les chambres, entièrement rénovées en 2012, font face à la plage ou au port (quelques-unes sur cour). Parfait pour un séjour détente.

à Biriatou 4 km au Sud-Est par D 811 – ✉ 64700 – 1 114 hab. – Alt. 60 m

🏨🏨 **Les Jardins de Bakéa** ∥○ ⊛ ⩻ ⊜ 🛌 & 🛜 🕍 🄿
1134 chemin Herri-Alde – ℰ 05 59 20 02 01 – www.bakea.fr
– Fermé 11 janv.-4 fév.
25 ch – ✝59/141 € ✝✝69/141 € – ⌸ 11 € – ½ P
Rest *Les Jardins de Bakéa* – voir les restaurants ci-après
Maison régionale du début du 20e s., abritant des chambres traditionnelles ou plus contemporaines. Joli jardin. Idéal pour un séjour au calme.

✗✗ **Les Jardins de Bakéa** 🍸 ⩻ ⊜ 🍽 &
1134 chemin Herri-Alde – ℰ 05 59 20 02 01 – www.bakea.fr
– Fermé 11 janv.-4 fév., mardi sauf le soir d'avril à nov. et lundi
Formule 27 € 🍷 – Menu 37 € (semaine), 52/73 € – Carte 52/76 €
La table des Jardins de Bakéa offre une belle vue sur la montagne et une jolie terrasse sous les platanes. Ici, on savoure une cuisine qui va à l'essentiel, à l'image de cette appétissante salade de fonds d'artichaut avec du jambon de pays ou cette nage de fraises à la menthe, rafraîchissante à souhait.

HENNEBONT

✉ 56700 (Morbihan) – 15 456 hab. – Alt. 15 m – Voir carte n°**9-B2**
◗ Paris 492 km – Concarneau 57 km – Lorient 13 km – Pontivy 51 km
Carte Michelin 308-L8 – Guide Vert Michelin Bretagne Sud

✗ **Restaurant du Blavet** ⓝ 🄰🄲
⊜ *3 rte de Port-Louis – ℰ 02 97 36 28 74 – Fermé 2 semaines en août , 1 semaine en janv., mardi soir , merc. soir et dim.*
Formule 16 € – Menu 18/38 € (réservation conseillée)
Sur les quais, cette ancienne guinguette haute en couleurs réjouira les gourmands ! Le chef, véritable artisan, réalise une cuisine généreuse et sincère avec de bons produits frais : filet de lieu jaune rôti au jus de poulet et mousseline de chou-fleur, joue de porc mitonnée au vin et fruits rouges... Rafraîchissant.

rte de Port-Louis 4 km au Sud par D 781 – ✉56700 Kervignac

🏨🏨🏨 **Château de Locguénolé** ∥○ ⊛ ⩻ ⊜ 🎿 🍽 🛜 🕍 🄿
à Locguénolé – ℰ 02 97 76 76 76 – www.chateau-de-locguenole.com
– Fermé 4 janv.-13 fév.
18 ch – ✝159/304 € ✝✝159/304 € – 4 suites – ⌸ 21 € – ½ P
Rest *Château de Locguénolé* ⁂ – voir les restaurants ci-après
Villégiature à la bretonne... Dans son immense parc, cette belle demeure à l'architecture classique domine la ria du Blavet. De l'enfilade de salons et des chambres garnies de mobilier ancien, on a tout loisir d'admirer le paysage qui change avec les marées...

XXX **Château de Locguénolé**

à Locguénolé – ℰ 02 97 76 76 76 – www.chateau-de-locguenole.com – Fermé 4 janv.-13 fév., lundi et le midi sauf dim.

Menu 48/98 € – Carte 70/110 €

Plaisirs gastronomiques dans un décor très classique (tapisseries, lustres à pampilles, chandeliers, etc.), plus champêtre dans une seconde salle (pierres apparentes, vue sur le jardin). Le chef signe ici une cuisine très ouvragée, fondée sur des produits de qualité. Belle carte des vins.

→ Vinaigrette de homard bleu à l'huile de crustacés, pâte de carotte à la cardamome. Pigeonneau fumé au genévrier, condiment petits pois au raifort. Rhubarbe au thym citron, nougatine sésame et crème fleur d'hibiscus.

L'HERBAUDIÈRE – 85 (Vendée) → voir Île de Noirmoutier

HERBIGNAC

✉ 44410 (Loire-Atlantique) – 6 054 hab. – Alt. 18 m – Voir carte n°**34**-A2

🄳 Paris 446 km – La Baule 24 km – Nantes 72 km – Redon 37 km

Carte Michelin 316-C3 – Guide Vert Michelin Pays de la Loire

au Sud 6 km rte de Guérande par D774 – ✉44410 Herbignac

XX **La Chaumière des Marais**

– ℰ 02 40 91 32 36 – www.lachaumieredesmarais.com – Fermé lundi sauf juil.-août et mardi

Menu 18 € (déj. en semaine), 29/41 € – Carte environ 51 €

Une jolie chaumière briéronne datant du début du 19e s., aux abords fleuris, et à l'indéniable charme rustique. Le chef met en valeur les produits du terroir – pigeons de Mesquer, par exemple – mais aussi les herbes, les fleurs (capucines), les tomates et les fruits rouges du potager... Un doux parfum d'authenticité !

HÉRÉPIAN – 34 (Hérault) → voir Bédarieux

HÉROUVILLE – 95 (Val-d'Oise) → voir Paris, Environs (Cergy-Pontoise)

HÉROUVILLE-ST-CLAIR – 14 (Calvados) → voir Caen

HESDIN

✉ 62140 (Pas-de-Calais) – 2 182 hab. – Alt. 27 m – Voir carte n°**30**-A2

🄳 Paris 210 km – Abbeville 36 km – Arras 58 km – Boulogne-sur-Mer 65 km

Carte Michelin 301-F5

🏠 **Trois Fontaines**

16 rte d'Abbeville – ℰ 03 21 86 81 65 – www.hotel-les3fontaines.com – Fermé 19 déc.-7 janv.

16 ch – ♦62/90 € ♦♦65/90 € – ☑ 8 € – ½ P

Dans un quartier pavillonnaire en périphérie de la ville. Les chambres, assez petites mais bien aménagées, donnent toutes sur le jardin. Préférez celles de l'extension, décorées dans un style scandinave chaleureux (lambris, mobilier rustique).

XX **L'Écurie**

17 r. Jacquemont – ℰ 03 21 86 86 86 – www.restaurant-lecurie.com – Fermé dim. soir, lundi et mardi

Formule 19 € ♈ – Menu 24/30 € – Carte environ 35 €

À deux pas de l'hôtel de ville, un sympathique restaurant mettant en avant de bons plats traditionnels, francs et sans fioritures. Saumon fumé "maison", escalope de foie gras chaud au pain d'épice perdu : c'est simple et bon, à déguster dans une ambiance conviviale et sans prétention.

à Gouy-St-André 14 km à l'Ouest par N 39 et D 137 – ⊠ 62870
– 644 hab. – Alt. 100 m

Le Clos de la Prairie 🎲 ⌖🍽 🐾 🖴 🛗 🅰🅲 ⚡ 🛜 🅿

*17 r. de St-Rémy – 𝒞 03 21 90 39 58 – www.leclosdelaprairie.com – Fermé
23-30 déc.*
8 ch – †95/120 € ††120/122 € – ⌷ 15 €
Rest *Le Clos de la Prairie* – voir les restaurants ci-après
Dans un corps de ferme du 19ᵉ s. entouré de 12 ha de prairies, cet établissement
domine la vallée de l'Authie. Les chambres, dans un style "campagne chic"
(mobilier cérusé, boutis, rideaux en lin...), sont toutes de plain-pied et s'ouvrent
sur la nature.

Le Clos de la Prairie 🍽 🐾 🖴

*17 r. de St-Rémy – 𝒞 03 21 90 39 58 – www.leclosdelaprairie.com – Fermé
23-30 déc., lundi midi, mardi midi, sam. midi et merc.*
Carte environ 48 € *(réservation conseillée)*
En pleine campagne, ce charmant restaurant dégage une douceur bucolique. Derrière les fourneaux, le chef concocte, avec maîtrise, des plats traditionnels qui suivent le rythme des saisons. L'été, profitez de la terrasse qui donne sur... la prairie.

HESDIN-L'ABBÉ – 62 (Pas-de-Calais) ➜ voir Boulogne-sur-Mer

HÉSINGUE – 68 (Haut-Rhin) ➜ voir St-Louis

HEUDICOURT-SOUS-LES-CÔTES – 55 (Meuse) ➜ voir St-Mihiel

HEUGUEVILLE-SUR-SIENNE
⊠ 50200 (Manche) – 542 hab. – Alt. 15 m – Voir carte n°**32-A2**
🚩 Paris 342 km – Avranches 52 km – Cherbourg 80 km – Coutances 7 km
Carte Michelin 303-C5

16ème Ouest 🐾 🖴 🅿

16 r. de la Sienne – 𝒞 02 33 47 19 61 – Fermé dim. soir et lundi
Formule 13 € 🍷 – Menu 25/31 € – Carte environ 31 €
Pour trouver ce restaurant, cherchez l'église : il est situé juste à côté, dans l'ancien
presbytère du 18ᵉ s. Là, dans un décor délicieusement rustique, on apprécie une
cuisine bien dans son temps privilégiant la pêche locale et les produits du terroir
normand. Sérieux et sans prétention !

HEYRIEUX
⊠ 38540 (Isère) – 4 708 hab. – Alt. 220 m – Voir carte n°**44-B2**
🚩 Paris 487 km – Lyon 30 km – Pont-de-Chéruy 22 km – La Tour-du-Pin 35 km
Carte Michelin 333-D4

L'Alouette 🖴 🅿

*rte de St-Jean-de-Bournay, à 3 km ⊠ 38090 – 𝒞 04 78 40 06 08
– www.restaurant-alouette.com – Fermé 1 semaine
en avril, 21 juil.-13 août, 23 déc.-2 janv., sam. midi, dim. soir et lundi*
Formule 22 € 🍷 – Menu 31 € 🍷, 40/53 € – Carte 50/82 €
Alouette, gentille alouette... Voilà un restaurant contemporain bien agréable avec
ses œuvres d'art, son piano à queue et son joli jardin. Le chef concocte une cuisine de saison, fine et goûteuse, à partir des produits du marché. Et pour
accompagner cela, la cave offre un choix de plus de 450 références !

HIERES-SUR-AMBY
⊠ 38118 (Isère) – 1 175 hab. – Alt. 216 m – Voir carte n°**44-B1**
🚩 Paris 489 km – Bourg-en-Bresse 57 km – Grenoble 107 km – Lyon 61 km
Carte Michelin 333-E3 – Guide Vert Michelin Lyon et sa région

XX **Le Val d'Amby** avec ch   ♨ ⌂ 🅰 rest, ℅ ch, 📶
pl. de la République – ℰ 04 74 82 42 67 – www.hotel-levaldamby.com
– Fermé 7-23 avril, 8-23 août, 23-27 déc., dim. soir et merc.
13 ch – 🛏59/75 € 🛏🛏68/84 € – ⊡ 9 € – ½ P
Formule 14 € – Menu 25 € (déj. en semaine), 31/65 € – Carte 48/75 €
Sur la place du village, cette jolie maison en pierre se révèle l'endroit idéal pour
déguster une bonne cuisine traditionnelle, traversée d'influences méridionales.
On cède aisément à cette salade de poulpes à la coriandre et menthe fraîche,
ou à ce pavé de turbot rôti au miel... Et les propriétaires sont charmants !

HINSINGEN
⊠ 67260 (Bas-Rhin) – 83 hab. – Alt. 220 m – Voir carte n°**1-A1**
▶ Paris 405 km – St-Avold 35 km – Sarrebourg 37 km – Sarreguemines 22 km
Carte Michelin 315-F3

X **La Grange du Paysan**   🅰 ⇔ 🅿
23 r. Principale – ℰ 03 88 00 91 83 – Fermé 1 semaine en été, 2 semaines en
hiver et lundi
Menu 12 € (semaine), 20/45 € – Carte 20/52 €
Vieilles poutres, licous et autres objets du monde agricole : on appréciera dans
cette salle champêtre une cuisine du terroir généreuse (produits de l'élevage
familial).

HIRMENTAZ – 74 (Haute-Savoie) → voir Bellevaux

HOCHSTATT – 68 (Haut-Rhin) → voir Mulhouse

HOHRODBERG
⊠ 68140 (Haut-Rhin) – Alt. 750 m – Voir carte n°**1-A2**
▶ Paris 462 km – Colmar 26 km – Gérardmer 37 km – Guebwiller 47 km
Carte Michelin 315-G8

🏠 **Panorama**   ‖○ ♨ ≤ ⛰ ⛄ ৬ 📶 🔬 🅿
3 rte de Linge Hohrodberg – ℰ 03 89 77 36 53
– www.hotel-panorama-alsace.com – Fermé 4 janv.-5 fév.
32 ch – 🛏52/105 € 🛏🛏52/105 € – ⊡ 13 € – ½ P
Quel panorama ! Face à la vallée de Munster, une sympathique bâtisse hôtelière
avec des chambres confortables (certaines donnant sur les Vosges) qui, par touches, évoquent l'Alsace. Les spécialités régionales sont bien sûr au rendez-vous à
table... sur la terrasse panoramique, avec la montagne pour horizon.

LE HOHWALD
⊠ 67140 (Bas-Rhin) – 505 hab. – Alt. 570 m – Voir carte n°**2-C1**
▶ Paris 430 km – Lunéville 89 km – Molsheim 33 km – St-Dié 46 km
Carte Michelin 315-H6

↑ **La Forestière**   ‖○ ♨ ≤ ⬅ ℅ 📶 🅿
10 A chemin-du-Eck – ℰ 03 88 08 31 08 – www.laforestiere-alsace.fr – Fermé 1
semaine en fév., 1 semaine en avril, 28 juin -5 juil.
5 ch ⊡ – 🛏82/102 € 🛏🛏97/117 €
Sur les hauteurs de cette petite station de montagne, avec la forêt toute proche,
une grande maison très tranquille : espace, modernité, confort... et saveurs, car
ses charmants propriétaires sont passionnés par la cuisine alsacienne et le gibier !

HOLNON – 02 (Aisne) → voir St-Quentin

LE HÔME – 14 (Calvados) → voir Cabourg

HONFLEUR

✉ 14600 (Calvados) – 8 125 hab. – Alt. 5 m – Voir carte n°**32-A3**
▶ Paris 195 km – Caen 69 km – Le Havre 27 km – Lisieux 38 km
Carte Michelin 303-N3 – Guide Vert Michelin Normandie Vallée de la Seine

© Sandrine Boyer/La Chaumière

● Hôtels & maisons d'hôtes

🏠🏠🏠 La Ferme St-Siméon   ⅋🕙 ⌇ ≼ 🍴 🔲 📶 🏮 🛎 ⅋ 🤫 🛜 ♨ P

20 r. Adolphe Marais, par ③ – 📞 02 31 81 78 00 – www.fermesaintsimeon.fr
30 ch – ♦195/545 € ♦♦195/1020 € – 4 suites – ⌤ 28 € – ½ P
Rest *La Ferme St-Siméon* – voir les restaurants ci-après
Haut lieu de l'histoire de la peinture, l'auberge que fréquentaient les impressionnistes est devenue un hôtel magnifique ! Le parc domine l'estuaire – et ses lumières changeantes –, les chambres, au calme, réinventent le style rustique... version
luxe. Intemporel comme un tableau.

🏠🏠🏠 Le Manoir des Impressionnistes   ⅋🕙 ⌇ ≼ 🍴 🛜 P

r. Adolphe-Marais, par ③ – 📞 02 31 81 63 00
– www.manoirdesimpressionnistes.com
10 ch – ♦190/485 € ♦♦190/485 € – ⌤ 20 € – ½ P
Colombages peints, fenêtres à croisillons, toitures asymétriques, petit parc : ce
manoir du 18ᵉ s. pourrait inspirer un peintre. On accède aux chambres, très
cosy, par un bel escalier de bois, la mer est en contrebas : si romantique...

🏠 Les Maisons de Léa   🕙 📶 🛜 ♨

pl. Ste-Catherine – 📞 02 31 14 49 49   Plan : AY**a**
– www.lesmaisonsdelea.com
26 ch – ♦170/285 € ♦♦170/305 € – 8 suites – ⌤ 18 € – ½ P
Ces trois anciens logis de pêcheur (16ᵉ s.) et leur grenier à sel illustrent parfaitement l'attrait propre à Honfleur. Un véritable hôtel de charme, face au clocher en
bois de Ste-Catherine, avec, détail délicieux, un superbe spa.

🏠 L'Écrin sans rest   ⌇ 🍴 ⍙ ⅋ 🛜 ♨ P

19 r. Eugène-Boudin – 📞 02 31 14 43 45   Plan : AZ**g**
– www.honfleur.com/hotel-ecrin/fr/
30 ch – ♦120/250 € ♦♦120/250 € – 3 suites – ⌤ 15 €
Écrin précieux que ce véritable petit musée rempli d'objets d'art et d'ornements
anciens, assurément atypique ! Dans les chambres cohabitent les styles et les
détails d'époque, de la jolie mansarde au grand lit à baldaquin. Et le petit-déjeuner est servi face au jardin...

Question de standing : n'attendez pas le même service dans un 🍴 ou un 🏠
que dans un 🍴🍴🍴🍴🍴 ou un 🏠🏠🏠🏠.

772

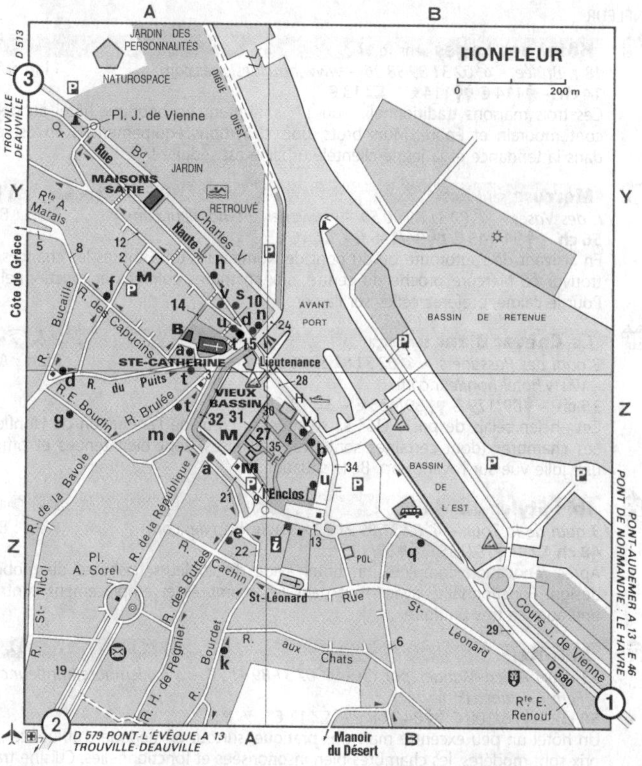

HONFLEUR

0   200 m

Albert-1er (R.)	**AY** 2	Homme-de-Bois		Prison (R. de la)	**AZ** 27
Berthelot (Pl. P.)	**AZ** 3	(R.)	**AY** 12	Quarantaine (Quai de la)	**AZ**
Boudin (Pl. A.)	**BZ** 4	Lingots (R. des)	**AY** 14	République (R. de la)	**AZ**
Cachin (R.)	**AZ**	Logettes (R. des)	**AY** 15	Revel (R. J.)	**BZ** 29
Charrière-de-Grâce (R.)	**AY** 5	Manuel (Cours A.)	**AZ** 19	Ste-Catherine	
Charrière-St-Léonard (R.)	**BZ** 6	Montpensier (R.)	**AZ** 21	(Quai)	**AZ** 32
Dauphin (R. du)	**AZ** 7	Notre-Dame (R.)	**AZ** 22	St-Antoine (R.)	**BZ** 30
Delarue-Mardrus (R. L.)	**AY** 8	Passagers (Quai des)	**ABY** 24	St-Étienne (Quai)	**AZ** 31
Fossés (Cours des)	**AZ** 9	Le-Paulmier (Quai)	**BZ** 13	Tour (Quai de la)	**BZ** 34
Hamelin (Pl.)	**AY** 10	Porte-de-Rouen (Pl. de la)	**AZ** 25	Ville (R. de la)	**BZ** 35

🏠 **La Maison de Lucie** sans rest   ♨ ⑤ 🛁 🛜 🚗

44 r. des Capucins – ℰ 02 31 14 40 40   Plan : AY**f**
– www.lamaisondelucie.com

12 ch – †170/200 € ††170/330 € – 2 suites – ⏛ 14 €

Quel charme, quel style ! Des boiseries, des canapés en cuir, une bibliothèque… Cette maison du 18e s. propose toute une gamme de chambres décorées avec le meilleur goût. Un sens du détail et une ambiance feutrée qui donnent envie de revenir très vite !

🏠 **L'Absinthe** sans rest   ⑤ 🅰 🛜 🚗

1 r. de la Ville – ℰ 02 31 89 23 23 – www.absinthe.fr – Fermé   Plan : BZ**v**
de mi-nov. à mi-déc.

9 ch – †130/210 € ††130/265 € – 2 suites – ⏛ 13 €

La "fée verte" se fait reposante dans cet ancien presbytère du 16e siècle… Matériaux anciens et teintes douces dessinent un cadre plaisant (plus contemporain dans l'annexe, une maison faisant face aux quais) qui pourra… envoûter.

Hôtel des Loges sans rest &. 🛜

18 r. Brûlée – 𝒞 02 31 89 38 26 – www.hoteldesloges.com   Plan : AZ**t**

14 ch – †114 € ††114 € – ⊈ 13 €

Ces trois maisons traditionnelles du 17ᵉ s. abritent un boutique-hôtel au décor contemporain et épuré. Murs bruts, bois clair, bons équipements : on est pile dans la tendance et la jeune clientèle urbaine est séduite !

Mercure sans rest ⊟ &. Ⓐ 🛜 ⚙ 🅿

r. des Vases – 𝒞 02 31 89 50 50 – www.mercure-honfleur.com   Plan : BZ**q**

56 ch – †94/145 € ††94/145 € – ⊈ 16 €

En arrivant de l'autoroute ou du pont de Normandie, on a toutes les chances de trouver ce Mercure proche du centre, aux chambres colorées et fonctionnelles. Pour le calme, préférez celles sur l'arrière.

Le Cheval Blanc sans rest ≤ ⊟ &. 🛜 ⚙

2 quai des Passagers – 𝒞 02 31 81 65 00   Plan : AY**n**
– www.hotel-honfleur.com

35 ch – †89/179 € ††89/435 € – ⊈ 13 €

Cet ancien relais de poste (15ᵉ s.) se situe au cœur de l'animation de Honfleur. Les chambres (dont certaines sont très spacieuses) sont bien tenues et offrent une jolie vue sur l'avant-port. Belle situation !

Ibis Styles sans rest ⊟ Ⓐ ⅍ 🛜

3 quai de la Tour – 𝒞 02 31 89 21 22 – www.ibisstyles.com   Plan : BZ**u**

48 ch ⊈ – †79/135 € ††89/145 €

Après rénovation complète, un hôtel avide de couleurs flashy et de mobilier design. Fonctionnel avant tout dans les chambres et emplacement central : une adresse très pratique.

M Hôtel �‖ 🛜 ⚙ 🅿

62 cours Albert-Manuel, par ② – 𝒞 02 31 89 41 77 – www.lemhotelhonfleur.com
– Fermé 5 janv.-1ᵉʳ fév.

50 ch – †76/108 € ††84/108 € – ⊈ 11 € – ½ P

Un hôtel un peu excentré mais très pratique, surtout en période d'affluence : les prix sont modérés, les chambres bien insonorisées et fonctionnelles. Cuisine traditionnelle au restaurant.

Entre Terre et Mer ⅃○ ⊟ ⅍ 🛜

28 pl. Hamelin – 𝒞 02 31 98 83 33   Plan : AY**t**
– www.hotel-centre-honfleur.com – Fermé janv.

14 ch – †75/144 € ††75/151 € – ⊈ 11 € – ½ P

Avec ses vieilles pierres et ses couloirs étroits, cette ancienne maison de pêcheur remonte au 17ᵉ s. Classiques et agréables, les chambres vous placent au cœur de la cité ! Autre atout : le bar à huîtres, très sympathique. À ne pas confondre avec le restaurant gastronomique du même nom, juste en face.

La Petite Folie sans rest ⑤ 🚲 🛜

44 r. Haute – 𝒞 06 74 39 46 46   Plan : AY**h**
– www.lapetitefolie-honfleur.com – Fermé 6 janv.-12 fév.

5 ch ⊈ – †146/196 € ††146/196 €

Flânez donc dans cette rue animée du vieux Honfleur, vous trouverez cette "folie" douce, authentique maison d'hôtes de charme. Meubles et objets chinés par Penny – la charmante propriétaire d'origine américaine –, tomettes, linge luxueux, petit-déjeuner dans le jardin aux beaux jours.... Superbe !

À L'École Buissonnière sans rest ⅍ 🛜

4 r. de la Foulerie – 𝒞 06 16 18 43 62   Plan : AZ**m**
– www.a-lecole-buissonniere.com

5 ch ⊈ – †120/160 € ††160/220 €

Cette école-là possède un cachet fou ! À deux pas du Vieux-Bassin, les salles de classe 1900 sont devenues des chambres délicieuses. La cour avec ses colombages, la superbe cuisine ouverte pour le petit-déjeuner gourmand, l'original bar à fromages... Une leçon de plaisir.

↑ **Le Clos Bourdet** sans rest 🐾 📶 🐾 🛜 **P**
50 r. Bourdet – ℰ 02 31 89 49 11 – www.leclosbourdet.com Plan : AZ**k**
5 ch � – †135/170 € ††145/180 €
Dans un grand jardin clos à flanc de colline... C'est dire comme cette belle maison bourgeoise du 18ᵉ s. est au calme ! Œuvres d'art et meubles chinés lui donnent un style déco très affirmé, et l'on appréciera également les pâtisseries du propriétaire au petit-déjeuner.

↑ **La Cour Ste-Catherine** sans rest 🐾 📶 🐾 🛜 🚫
74 r. du Puits – ℰ 02 31 89 42 40 Plan : AYZ**d**
– www.coursaintecatherine.com
5 ch ⊡ – †90/110 € ††110/140 €
Non loin du Vieux-Bassin et du centre historique, cet ancien couvent du 17ᵉ s. – qui fut aussi une cidrerie – abrite des chambres délicieusement tranquilles, décorées avec goût. Le petit-déjeuner est servi dans l'ancien pressoir, un modèle de charme rustique, et le jardin distille un esprit champêtre !

🔵 **Restaurants**

🍴🍴🍴🍴 **La Ferme St-Siméon** – Hôtel La Ferme St-Siméon 🐝 ≤ 📶 🏡 **P**
20 r. Adolphe-Marais, par ③ – ℰ 02 31 81 78 00 – www.fermesaintsimeon.fr
Formule 55 € – Menu 75 € (semaine)/129 € – Carte 119/161 €
Le parc arboré avec sa roseraie, la vue sur l'estuaire de la Seine... Un cadre enchanteur qui n'empêche pas de se concentrer sur l'assiette ! Le chef signe en effet une belle cuisine contemporaine, précise et finement exécutée, à l'unisson de l'agrément des lieux.

🍴🍴 **L'Absinthe** 🏡
10 quai de la Quarantaine – ℰ 02 31 89 39 00 Plan : BZ**b**
– www.absinthe.fr – Fermé 15 nov.-15 déc.
Formule 24 € – Menu 32/54 € – Carte 55/110 €
Pour déguster un tartare d'huître ou un poisson très frais cuisiné avec soin, cette ancienne maison de pêcheur sur le port (15ᵉ-17ᵉ s.) est l'endroit idéal. Le décor mêle esprit rustique et élégance, et l'on apprécie la terrasse aux beaux jours...

🍴🍴 **SaQuaNa** (Alexandre Bourdas) 🐾
❀❀ *22 pl. Hamelin – ℰ 02 31 89 40 80* Plan : AY**u**
– www.alexandre-bourdas.com – Fermé lundi, mardi et merc.
Menu 75/115 € (réservation conseillée)
SaQuaNa pour "saveurs, qualité, nature" ou encore "poisson" (*sakana*) en nippon : telle est la formule magique d'Alexandre Bourdas, formé chez Michel Bras et passé par le Japon. Il signe une authentique cuisine d'auteur, millimétrée, très intuitive et inventive, qui mène de découvertes en découvertes... Quel beau travail !
➜ Lotte pochée au citron vert, bouillon clair à la noix de coco, livèche et coriandre. Huîtres, daïkon, concombre au sel, persil et crème de volaille. Guimauve croûtée de vanille, sorbet mandarine, crème et thé matcha.

🍴🍴 **Entre Terre et Mer** 🐝 🏡 ♻
12-14 pl. Hamelin – ℰ 02 31 89 70 60 Plan : AY**t**
– www.entreterreetmer-honfleur.com – Fermé janv.
Formule 24 € 🍷 – Menu 30/56 € – Carte 54/81 €
Sur une place près du Vieux-Bassin, ce restaurant navigue entre terre et mer dans l'assiette comme dans le décor, avec des photos de vaches, de moutons et de poissons. Un cadre apaisant et chaleureux, pour une cuisine marquée du sceau de l'authenticité normande.

🍴🍴 **Le Bréard** 🏡
7 r. du Puits – ℰ 02 31 89 53 40 Plan : AY**t**
– www.restaurant-lebreard.com – Fermé merc. midi et jeudi midi de mi-sept. à mi-juil., mardi midi et lundi
Menu 31/55 € – Carte 48/69 €
Cadre contemporain et cuisine subtile dans ce restaurant d'une ruelle pavée proche de l'église Ste-Catherine. Le chef associe de belles saveurs avec créativité : en témoigne ce cabillaud cuit à basse température, accompagné d'un risotto au combava... Beaucoup de fraîcheur et de générosité !

XX **La Fleur de Sel**

😊 *17 r. Haute – ℰ 02 31 89 01 92* Plan : AY**v**
– www.lafleurdesel-honfleur.com – Fermé 1 semaine début juil., janv., lundi et mardi
Menu 30/60 €

Vincent Guyon, ancien de la Ferme Saint-Siméon, réalise ici un travail admirable : cuissons bien maîtrisées, assaisonnements au poil, belles inspirations dans la construction visuelle des plats... L'ensemble dégage une vraie assurance, celle d'un chef qui sait où il va. Et le service est impeccable !

X **L'Endroit** &
3 r. Charles-et-Paul-Bréard – ℰ 02 31 88 08 43 – Fermé mardi Plan : AZ**e**
et merc. sauf fériés
Formule 23 € – Menu 30 € – Carte environ 40 €

Difficile d'imaginer ici un tel endroit ! Des allures de loft, une cuisine grande ouverte sur la salle : l'adresse est novatrice. Côté assiette, les recettes sont dans l'air du temps avec des mariages de saveurs réussis et des épices de-ci de-là... The place to be.

X **Au P'tit Mareyeur** ✧
4 r. Haute – ℰ 02 31 98 84 23 – www.auptitmareyeur.com Plan : AY**s**
– Fermé 22 juin-1ᵉʳ juil., 6 janv.-6 fév., merc. sauf juil.-août et mardi
Menu 28 € (déj.)/35 € – Carte 40/60 € *(réservation conseillée)*

Atmosphère intime dans cette sympathique maison, reconnaissable à sa façade bleue. Le jeune chef s'y connaît en produits de la mer avec, comme spécialité, la bouillabaisse honfleuraise. Des saveurs bien marquées, un pur plaisir !

X **L'Ecailleur** ⩽ 🖽
1 r. de la République – ℰ 02 31 89 93 34 – www.lecailleur.fr Plan : AZ**a**
– Fermé 12-26 mars, 18 juin-2 juil., 2-17 déc., jeudi hors saison et merc.
Formule 23 € – Menu 30/80 € ☍ – Carte 40/55 €

Larguez les amarres ! Ce restaurant face au Vieux-Bassin évoque une vraie cabine de paquebot (boiseries, cordages, hublots, etc.). Le chef est un ancien autodidacte qui sait laisser libre cours à son imagination, à partir de produits de qualité. Il propose une agréable traversée...

à la Rivière-St-Sauveur 2 km par ① – ✉ 14600 – 2 009 hab. – Alt. 1 m

🏨 **Antarès** sans rest 🔲 ⊕ 🕃 & �{?} ⚙ **P**
r. St-Clair – ℰ 02 31 89 10 10 – www.antares-honfleur.com
78 ch – ✝94/159 € ✝✝94/159 € – ☍ 12 €

Non loin de Honfleur, ce complexe hôtelier, bien tenu et fonctionnel, cache un agréable spa (piscine, sauna, hammam, massages...). Certaines chambres, en duplex, sont idéales pour une étape en famille !

🏠 **Les Bleuets** sans rest & �{?} **P**
11 r. Desseaux – ℰ 02 31 81 63 90 – www.motel-les-bleuets.com – Fermé 5 janv.-2 fév.
27 ch ☍ – ✝76/155 € ✝✝76/155 €

À l'entrée de Honfleur, un établissement moderne et fonctionnel, tout à fait dans l'esprit motel ! L'entretien est irréprochable, et l'on peut même vous prêter des vélos pour découvrir les environs. Petit espace détente avec sauna à disposition.

à Genneville 10 km au Sud-Ouest par ① et D 140 – ✉ 14600 – 769 hab. – Alt. 90 m

⌂ **Le Grand Clos de St-Martin** sans rest ⧖ 🐦 ✧ **P** ⇥
Hameau St-Martin – ℰ 02 31 87 80 44 – www.legrandclosdesaintmartin.com
3 ch ☍ – ✝95 € ✝✝105/123 €

Des pommiers, un plan d'eau, des chevaux, beaucoup de quiétude, une superbe architecture de colombages, des produits maison au petit-déjeuner et des chambres qui affichent un joli côté bonbonnière... Ce Grand Clos est comme un rêve de Normandie !

à Barneville-la-Bertran 5 km par ②, D 62 et D 279 – ✉ 14600
– 137 hab. – Alt. 48 m

🏠 **Auberge de la Source**   ⅠⒶ ⦿ 🚗🔥🛜 **P**
– 𝒞 02 31 89 25 02 – www.auberge-de-la-source.fr – Fermé 15 nov.-18 déc.
14 ch – †115/180 € ††115/265 € – 1 suite – ☲ 15 € – ½ P
À l'entrée du village, cette jolie maison en brique rouge et sa longère à colombages semblent incarner l'idéal champêtre : un jardin et ses beaux arbres fruitiers ; des bassins où fraient truites et esturgeons ; des chambres d'esprit nature et cosy... et un restaurant aux airs d'auberge chic. Charmant !

au Nord-Ouest 3 km par ③ rte de Trouville – ✉14600 Vasouy

🏠 **La Chaumière**   ⅠⒶ ⦿ ≤ 🚗 ✖ 🛜 **P**
rte du Littoral par D 513, Vasouy – 𝒞 02 31 81 63 20 – www.hotel-chaumiere.fr
9 ch – †235/550 € ††235/550 € – 1 suite – ☲ 15 € – ½ P
Rest La Chaumière – voir les restaurants ci-après
Cette jolie ferme normande du 17ᵉ s. se dresse face à l'estuaire de la Seine, dans un parc qui dévale jusqu'à la mer. Là, pourquoi ne pas pique-niquer ? Puis remonter vers les belles chambres, luxueuses, où le bois chaleureux domine... Une adresse exquise !

✖✖ **La Chaumière**   🚗 🌳 **P**
rte du Littoral par D 513, Vasouy – 𝒞 02 31 81 63 20 – www.hotel-chaumiere.fr
– Fermé lundi
Formule 16 € 🍷 – Menu 29/50 € – Carte 44/72 €
Le soir venu, la gourmandise s'empare de la Chaumière, et la technique de son chef fait des merveilles : foie gras poêlé à la sauce au miel d'épices, risotto de langoustines et fumet à l'orange... Les plats sont simples mais précis, et servis avec décontraction et amabilité. Comment ne pas être séduit ?

au Nord-Ouest 8 km par ③ rte de Trouville et rte secondaire – ✉14600 Honfleur

🏠 **Le Romantica**   ⅠⒶ ⦿ ≤ 🚗 ⛴ 🔲 🛜 🏊 **P**
chemin du Petit-Paris – 𝒞 02 31 81 14 00 – www.romantica-honfleur.com
– Fermé de janv. à mi-fév.
35 ch – †60/70 € ††70/125 € – ☲ 11 €
Sur les hauteurs du village, cette bâtisse régionale offre calme et confort avec ses chambres plutôt classiques, et très bien entretenues. Les points forts de la maison : la vue sur la Manche et les deux piscines, intérieure et extérieure.

à Cricqueboeuf 9 km par ③ et rte de Trouville – ✉ 14113 – 196 hab. – Alt. 25 m

🏠🏠 **Manoir de la Poterie & Spa**   ⅠⒶ ⦿ ≤ 🚗 ⦿ 🔥 🔲 🔥 🌳 🛜 🏊 **P**
chemin P.-Ruel – 𝒞 02 31 88 10 40 – www.manoirdelapoterie.fr
23 ch – †165/325 € ††165/325 € – 1 suite – ☲ 21 €
Face à la mer ! Dans cette solide bâtisse d'inspiration normande se télescopent les styles baroque, Directoire, marin ou contemporain. Côté vue, vous avez le choix entre l'estran ou la campagne. Et le restaurant se prête à un moment romantique.

à Villerville 10 km par ③, rte de Trouville – ✉ 14113 – 743 hab. – Alt. 10 m

🏠 **Le Bellevue**   ⅠⒶ ⦿ ≤ 🚗 🔲 🔥 🛜 **P**
12 r. Gén.-Leclerc, (rte d'Honfleur) – 𝒞 02 31 87 20 22 – www.bellevue-hotel.fr
– Fermé 5 janv.-12 fév.
22 ch – †95/195 € ††95/195 € – 4 suites – ☲ 14 € – ½ P
Cette demeure bien nommée – face à la mer – fut, à la fin du 19ᵉ s., la villégiature d'un directeur de l'Opéra-Comique de Paris. Parmi les chambres, confortables, certaines ont vue sur la Manche, et le restaurant met à l'honneur les produits de la mer. Séjour marin en vue !

L'HÔPITAL-ST-BLAISE

✉ 64130 (Pyrénées-Atlantiques) – 83 hab. – Alt. 145 m – Voir carte n°**3-B3**
◨ Paris 796 km – Oloron-Ste-Marie 18 km – Orthez 32 km – Pau 52 km
Carte Michelin 342-H5 – Guide Vert Michelin Pays Basque et Navarre

X **Auberge du Lausset**

*Le Bourg – ℰ 05 59 66 53 03 – Fermé 1 semaine en janv., 1 semaine en sept.,
merc. de sept. à juin et mardi*
Formule 16 € ♈ – Menu 25 € – Carte 26/44 € *(réservation conseillée)*
Profitez d'une visite de l'église romane classée (13ᵉs.) de ce village pour faire
escale dans cette auberge ! Si son décor n'a rien de particulier, l'assiette, en
revanche, met bien en valeur les spécialités du terroir. Tout est fait maison. L'été,
arrivez assez tôt, la terrasse est prise d'assaut.

HORBOURG – 68 (Haut-Rhin) ➜ voir Colmar

HOSSEGOR

✉ 40150 (Landes) – 3 758 hab. – Alt. 4 m – Voir carte n°**3-A3**
◗ Paris 752 km – Bayonne 25 km – Biarritz 32 km – Bordeaux 170 km
Carte Michelin 335-C13 – Guide Vert Michelin Aquitaine

🏨 **Les Hortensias du Lac** sans rest

*1578 av. du Tour-du-Lac – ℰ 05 58 43 99 00 – www.hortensias-du-lac.com
– Ouvert de mi-mars à mi-nov.*
20 ch – ♦105/275 € – ♦♦105/275 € – 5 suites – ☲ 22 €
Trois belles maisons entourées d'une pinède, au bord du lac marin... Dans les
chambres, luxe décontracté et décoration d'inspiration 1930. On profite d'un
beau jardin planté de pins des Landes et, au réveil, d'un délicieux petit-déjeuner.
Un lieu plein de charme.

🏨 **202** sans rest

202 av. du Golf – ℰ 05 58 43 22 02 – www.hotel202.fr – Fermé 5 janv.-12 fév.
24 ch – ♦110/250 € – ♦♦110/250 € – 2 suites – ☲ 14 €
Une jolie villa immaculée, où règne une ambiance assez jeune. Les chambres
sont spacieuses et cosy, toutes avec balcon. Terrasse en teck. L'adresse design
d'Hossegor.

🏨 **Pavillon Bleu** sans rest

1053 av. Touring-Club-de-France – ℰ 05 58 41 99 50 – www.pavillonbleu.fr
20 ch – ♦89/245 € – ♦♦89/245 € – ☲ 13 €
Une grande maison de construction récente, près du lac marin : les chambres,
avec balcon, sont fonctionnelles et bien équipées (baignoires balnéo).

XX **Jean des Sables**

*121 bd de la Dune – ℰ 05 58 72 29 82 – www.jeandessables.com
– Fermé 4 janv.-11 fév., lundi midi, merc. midi et vend. midi de mi-juin à mi-sept.,
lundi et mardi de mi-sept. à mi-juin*
Menu 33 € ♈ (déj. en semaine), 59/82 € – Carte 66/102 €
Cadre épuré pour ce restaurant de plage du chef Jean Cousseau : béton ciré,
murs clairs, vivier, vue sur l'Océan... La carte met en avant les produits de la
pêche locale. Accueil et service aux petits soins.

HOUAT (ÎLE D') – 56 (Morbihan) ➜ voir Île d'Houat

LA HOUBE

✉ 57850 (Moselle) – Voir carte n°**27-D2**
◗ Paris 453 km – Lunéville 86 km – Phalsbourg 18 km – Sarrebourg 27 km
Carte Michelin 307-O7

X **Vosges** avec ch

*41 r. de la Forêt-Brûlée – ℰ 03 87 08 80 44 – www.hotel-restaurant-vosges.com
– Fermé 4 fév.-4 mars, 16-30 sept., mardi soir et merc.*
9 ch – ♦55 € – ♦♦70 € – ☲ 8 € – ½ P
Formule 11 € – Menu 24/35 € – Carte 27/46 €
Bien sympathique cette petite auberge de village, un peu perdue à l'écart du
rocher de Dabo. On y déjeune en admirant la forêt vosgienne, gagné par la
beauté du cadre et les saveurs d'une cuisine respectueuse du terroir. Chambres
simples pour l'étape.

LES HOUCHES

✉ 74310 (Haute-Savoie) – 2 985 hab. – Alt. 1 004 m – Voir carte n°**46-F1**
▶ Paris 602 km – Annecy 89 km – Bonneville 47 km – Chamonix-Mont-Blanc 9 km
Carte Michelin 328-N5 – Guide Vert Michelin Alpes du Nord

Hôtel du Bois

475 av. des Alpages, La Griaz – ✆ 04 50 54 50 35 – www.hotel-du-bois.com
43 ch – 🚹93/212 € 🚹🚹93/212 € – ☕ 11 € – ½ P
Ce sympathique chalet offre pour horizon... le mont Blanc. Les chambres sont confortables, dans un goût plutôt contemporain, certaines avec balcon ; il est aussi possible de louer de beaux appartements, avec ou sans cuisine, pour deux nuits minimum.

Auberge Beau Site sans rest

52 r. de l'Église – ✆ 04 50 55 51 16 – www.hotel-beausite.com – Ouvert 1er juin-26 sept. et 20 déc.-20 avril
18 ch – 🚹80/100 € 🚹🚹90/148 € – ☕ 12 €
Au pied du clocher de la station, une jolie auberge rose, tenue en famille. Les chambres sont spacieuses, bien tenues et décorées avec simplicité. L'après-midi, on fait salon de thé et on propose salades, quiches et tartes pour les petits creux...

Auberge Le Montagny sans rest

490 rte du Pont – ✆ 04 50 54 57 37 – www.aubergedumontagny.com – Ouvert 20 juin-13 sept. et 19 déc.-3 avril
8 ch – 🚹90 € 🚹🚹90 € – ☕ 11 €
En léger retrait de la station – en toute quiétude –, un petit chalet coquet. Du bois partout, des tissus joliment choisis : il règne ici un bel esprit montagne et la tenue des chambres est excellente. Une très bonne petite adresse !

au Prarion par télécabine – ✉ 74310

Le Prarion

alt.1 860 – ✆ 04 50 54 40 07 – www.prarion.com – Ouvert de mi-juin à mi-sept. et 20 déc.-20 avril
12 ch – ½ P seult 100/140 €
Mont-Blanc, massif des Aravis : une vue à couper le souffle dans ce chalet au charme authentique, situé à 1 860 m d'altitude. Chambres en bois brut assez jolies ; repas traditionnels (self en hiver et menu unique au dîner)... Le bel esprit montagne !

HOUDAN

✉ 78550 (Yvelines) – 3 337 hab. – Alt. 104 m – Voir carte n°**18-A2**
▶ Paris 60 km – Chartres 55 km – Dreux 20 km – Évreux 52 km
Carte Michelin 311-F3 – Guide Vert Michelin Île-de-France

Le Donjon

14 r. d'Epernon, (près de l'église) – ✆ 01 30 59 79 14 – www.restaurant-ledonjon.fr – Fermé 1 semaine en mars, 2 semaines en août, dim. soir, jeudi soir et lundi
Formule 25 € – Menu 28/74 € 🍷
Du château médiéval ne subsiste que le donjon, voisin de ce restaurant. Cuisine traditionnelle rythmée par les saisons, servie dans une salle classique, de bon confort.

La Poularde

24 av. de la République, rte de Maulette D 912 – ✆ 01 30 59 60 50 – www.alapoularde.com – Fermé 16-23 fév., 10-26 août, 20-28 oct., dim. soir, lundi et mardi
Formule 22 € – Menu 29 € (semaine), 45/59 € – Carte 42/64 €
Une authentique adresse de tradition, dont certains pourront juger le décor trop classique et désuet, mais dont on ne peut nier la qualité de la table : le chef honore les recettes de toujours et les produits nobles, tels le homard et les truffes en saison. Mention spéciale également pour la belle collection de whiskys.

HOUDEMONT – 54 (Meurthe-et-Moselle) ➜ voir Nancy

HOULGATE
✉ 14510 (Calvados) – 2 097 hab. – Alt. 11 m – Voir carte n°**32-B2**
🚗 Paris 214 km – Caen 29 km – Deauville 14 km – Lisieux 33 km
Carte Michelin 303-L4 – Guide Vert Michelin Normandie Vallée de la Seine

🏠 **Villa les Bains** sans rest   🏠 ⌖ 📶
31 r. des Bains – ☏ 02 31 24 80 40 – www.hotelhoulgate.fr – Fermé
11 nov.-18 déc. et 4 janv.-12 fév.
17 ch – ♦98/170 € ♦♦98/170 € – ☐ 12 €
Cet hôtel est devenu l'adresse tendance de Houlgate, en plein cœur de la station.
Les chambres, de bon confort, sont réparties sur deux bâtiments séparés par un
patio ; celles du dernier étage offrent une très belle vue sur la mer. Rien de tel
pour déconnecter !

✕✕ **L'Éden**
😊 *7 r. Henri-Fouchard – ☏ 02 31 24 84 37 – www.eden-houlgate.com – Fermé 1*
semaine début oct., 5 janv.-6 fév., lundi et mardi sauf du 10 juil. au 31 août
Formule 20 € – Menu 24 € (semaine), 30/40 € – Carte 54/70 €
Deux atmosphères pour cet Éden, une salle cosy ou une véranda – façon jardin
d'hiver – avec vue sur les cuisines. Derrière les fourneaux, le chef mitonne avec
soin des recettes traditionnelles, justes et généreuses : andouille de Vire et cromesquis de camembert, homard braisé au pommeau... On y revient !

HUEZ – 38 (Isère) ➜ voir Alpe d'Huez

HUNINGUE – 68 (Haut-Rhin) ➜ voir St-Louis

HUSSEREN-LES-CHÂTEAUX
✉ 68420 (Haut-Rhin) – 483 hab. – Alt. 380 m – Voir carte n°**2-C2**
🚗 Paris 455 km – Belfort 69 km – Colmar 10 km – Gérardmer 55 km
Carte Michelin 315-H8

🏠🏠 **Husseren-les-Châteaux**   🍴 ⬡ ⬈ 🔲 ✕ 🏠 ⌖ 📶 🛄 **P**
r. Schlossberg – ☏ 03 89 49 22 93 – www.hotel-husseren-les-chateaux.com
36 ch – ♦88/103 € ♦♦88/125 € – 2 suites – ☐ 13 € – ½ P
Sur les hauteurs du massif vosgien, un vaste établissement avec de grandes
chambres – la plupart avec mezzanine –, dans un style fonctionnel et contemporain. Belle piscine couverte, tennis, brasserie et restaurant, espace séminaire...
Idéal pour un séjour en famille comme pour un voyage d'affaires.

HYÈRES
✉ 83400 (Var) – 54 527 hab. – Alt. 40 m – Voir carte n°**41-C3**
🚗 Paris 851 km – Aix-en-Provence 102 km – Cannes 123 km – Draguignan 78 km
Carte Michelin 340-L7 – Guide Vert Michelin Côte d'Azur

🏠🏠 **Casino des Palmiers** sans rest   🏠 ⌖ 📻 📶 🛄 **P**
1 av. Ambroise-Thomas – ☏ 04 94 12 80 80   Plan : Z**b**
– www.hotelhyeres.com
15 ch – ♦85/135 € ♦♦100/150 € – ☐ 13 €
Au cœur de Hyères, un bâtiment datant de la fin du 19ᵉ s. accueille le casino de la
ville et... l'hôtel qui l'accompagne ! Les chambres, colorées et confortables, disposent d'une terrasse avec, côté sud, une belle vue sur la ville et l'île de Porquerolles.

🏠 **L'Europe** sans rest   🏠 ⌖ 📻 📶 🛄 ⬳
45 av. Edith-Cavell – ☏ 04 94 00 67 77   Plan : V**r**
– www.hotel-europe-hyeres.com
41 ch – ♦85/200 € ♦♦85/200 € – ☐ 12 €
Face à la gare, ce bâtiment du 19ᵉ s. est surmonté d'une belle terrasse panoramique : un endroit parfait pour profiter de son petit-déjeuner ! Les chambres,
d'esprit zen (tons gris et taupe), se révèlent agréables et fonctionnelles.

HYÈRES-GIENS

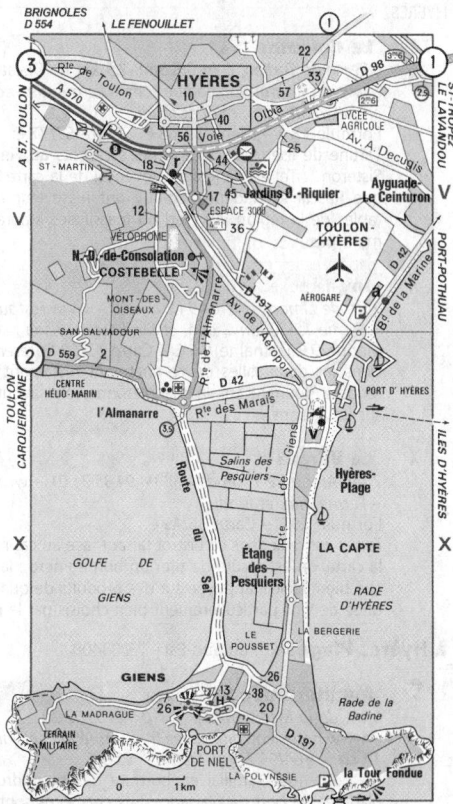

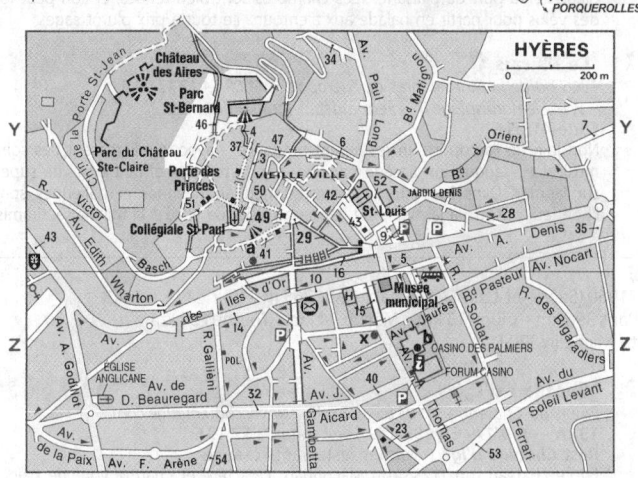

XXX La Colombe

663 rte de Toulon, à la Bayorre, 2,5 km à l'Ouest – ✆ 04 94 35 35 16 – www.restaurantlacolombe.com – Fermé dim. soir de sept. à juin, mardi midi en juil.-août, sam. midi et lundi
Formule 18 € – Menu 32/68 € – Carte 57/77 €
Tartine de lisette en escabèche, escargots au vin de Bandol, confit d'agneau de Sisteron… Tel est l'ancrage provençal de la carte ! C'est en sérieux professionnels que Pascal et Nadège Bonamy ont hissé leur restaurant au rang des bonnes tables de la région. Au pied du massif des Maurettes, la finesse des assiettes ne ment pas.

X Joy

24 r. de Limans – ✆ 04 94 20 84 98 – www.restaurant-joy.fr Plan : Y**a**
– Fermé 15-30 janv., dim. et lundi hors saison
Menu 29 € (semaine)/45 € – Carte 42/62 € *(réservation conseillée)*
Dans les deux salles de ce charmant restaurant contemporain ou sur la petite terrasse donnant sur la rue piétonne, on savoure une subtile cuisine en prise sur les saisons.

X Le Baraza

2 av. Ambroise-Thomas – ✆ 04 94 35 21 01 – www.baraza.fr Plan : Z**x**
– Fermé dim. et lundi
Formule 19 € – Carte 36/49 €
Faites vos jeux dans ce bistrot faisant face au casino ! Quel que soit son choix dans la carte, on est assuré de tirer un bon numéro : le chef signe une cuisine du marché bien ficelée, appuyée sur des produits de qualité et, il faut le noter, accompagnée de vins particulièrement bien choisis par le patron, sommelier.

à Hyères-Plage 5 km au Sud-Est – ✉ 83400

Méditerranée Ⓝ sans rest

8 av. de la Méditerranée – ✆ 04 94 00 52 70 Plan : X**v**
– www.hotel-lemediterranee.fr – Fermé déc. et janv.
14 ch – †64/99 € ††64/99 € – ☕ 9 €
Un petit hôtel familial en bordure de l'hippodrome, à cinquante mètres de la plage et du port de plaisance. Les chambres sont bien tenues, et l'on peut louer des vélos pour partir en balade aux alentours. Le tout à prix plutôt sage...

X Le Marais Ⓝ

1366 bd de la Marine, près de l'aéroport – ✆ 09 54 12 72 09 Plan : V**a**
– www.lemaraisplage.fr – Fermé début janv. à fin mars
Carte 41/65 €
Non loin de l'aéroport, un restaurant tendance – avec régulièrement des soirées musicales – auquel on accède par une grande terrasse offrant une vue superbe sur la mer. Dans l'assiette, les recettes méditerranéennes et italiennes sont à l'honneur : risotto à la meule de parmesan, côte de veau à la milanaise, tiramisu...

IGÉ

✉ 71960 (Saône-et-Loire) – 865 hab. – Alt. 265 m – Voir carte n°**8-C3**
▶ Paris 396 km – Cluny 13 km – Mâcon 14 km – Tournus 34 km
Carte Michelin 320-I11

Château d'Igé

252 r. du Château – ✆ 03 85 33 33 99 – www.chateaudige.com
13 ch – †99/179 € ††99/179 € – 4 suites – ☕ 19 €
Rest *Château d'Igé* – voir les restaurants ci-après
En ce château fort (1235) du Mâconnais, caractère et charme vont de pair. Les chambres sont raffinées et pleines de cachet, comme l'attestent les tapisseries, baldaquins et autres voûtes. Quant au jardin avec sa roseraie et sa source, il est tout simplement magnifique !

XXX **Château d'Igé** ⇱ 🕮 🕽 **P**

252 r. du Château – 𝒞 *03 85 33 33 99 – www.chateaudige.com*
Menu 39/89 € – Carte 56/74 €
Un décor médiéval et châtelain (pierres, poutres, belle et imposante cheminée, tissus tendus, etc.) au service d'une cuisine classique et soignée. Au sein de cette ancienne forteresse féodale devenue très douce, cette table charmante est idéale pour un moment galant...

IGUERANDE
✉ 71340 (Saône-et-Loire) – 1 007 hab. – Alt. 280 m – Voir carte n°**7**-B3
▶ Paris 399 km – Dijon 184 km – Mâcon 105 km – Roanne 21 km
Carte Michelin 320-E12 – Guide Vert Michelin Bourgogne

X **La Colline du Colombier** ⇱ 🕮 🕽 ⅙ ⇄ **P**

3,5 km au Sud-Ouest par D 9 et rte secondaire – 𝒞 *03 85 84 07 24
– www.troisgros.com – Ouvert de mi-mars à fin nov. et fermé mardi sauf juil.-août et merc.*
Formule 34 € – Menu 46/60 € – Carte environ 90 €
En pleine campagne, dominant la Loire, une ferme restaurée dans un style certes champêtre... mais chic et épuré ! Un lieu nature et design, pour déguster une cuisine du terroir raffinée. Et pour prolonger l'étape, il y a même de jolies cabanes sur pilotis !

ILAY
✉ 39150 (Jura) – Voir carte n°**16**-B3
▶ Paris 439 km – Champagnole 19 km – Lons-le-Saunier 36 km – Morez 22 km
Carte Michelin 321-F7 – Guide Vert Michelin Franche-Comté Jura

🏠 **Auberge du Hérisson** IO 🕽 **P**

5 rte des Lacs, (carrefour D 75-D 39) – 𝒞 *03 84 25 58 18 – www.herisson.com
– Ouvert de fév. à oct.*
16 ch – ♦58/70 € ♦♦58/70 € – ☕9 € – ½ P
Au pied du sentier qui mène aux cascades du Hérisson, une auberge familiale et rustique, très appréciée des randonneurs. Les chambres sont bien pratiques et, à table, on sert une cuisine régionale (grenouille, friture de truitelle, etc.) et le pain est même fait maison.

ÎLE AUX MOINES
✉ 56780 (Morbihan) – 625 hab. – Alt. 16 m – Voir carte n°**9**-A3
Carte Michelin 308-N9 – Guide Vert Michelin Bretagne Sud

X **Les Embruns** 🕽

r. du Commerce – 𝒞 *02 97 26 30 86 – www.restaurantlesembruns.com – Fermé 1er-22 oct., fév., le soir en hiver et merc. sauf vacances scolaires*
Menu 20/29 € – Carte 26/38 €
Par mer agitée, il n'est pas rare que ce restaurant soit balayé par les embruns ! Quoi de plus normal sur cette jolie île... où le plaisir des yeux s'allie au plaisir des papilles. Ici, pas de chichi, on savoure tourteaux, poissons frais, huîtres et fruits de mer dans une ambiance conviviale... esprit insulaire oblige !

L'ÎLE BOUCHARD
✉ 37220 (Indre-et-Loire) – 1 688 hab. – Alt. 41 m – Voir carte n°**11**-A3
▶ Paris 284 km – Châteauroux 118 km – Chinon 16 km – Châtellerault 49 km
Carte Michelin 317-L6 – Guide Vert Michelin Châteaux de la Loire

XXX **Auberge de l'Île** 🕮 🕽 ⇄ **P**

3 pl. Bouchard – 𝒞 *02 47 58 51 07 – www.aubergedelile.fr
– Fermé 2 janv.-5 fév., mardi et merc.*
Menu 31/48 €
Sur cette île, au milieu de la Vienne, on jouerait volontiers les Robinson Crusoé... À condition de pouvoir manger dans cette auberge tous les jours ! On y savoure de bons produits, cuisinés avec soin, dans un cadre contemporain, ou en terrasse pour regarder passer les bateaux.

à Sazilly 7 km à l'Ouest par D 760 – ⊠ 37220 – 255 hab. – Alt. 40 m

✕✕   Auberge du Val de Vienne

30 rte de Chinon – ℰ 02 47 95 26 49 – www.aubergeduvaldevienne.com
– Fermé 23 fév.-7 mars, 1 semaine en déc., dim. soir et lundi
Formule 17 € – Menu 22 € (semaine), 32/55 €
Sur la route de Chinon, faites une halte gourmande dans cet ancien relais de poste (1870) au cœur du vignoble ! On y apprécie une cuisine traditionnelle actualisée, à base de beaux produits travaillés avec inventivité. Mention spéciale pour le carpaccio de cèpes et foie gras. Belle carte des vins.

ÎLE-D'AIX

⊠ 17123 (Charente-Maritime) – 236 hab. – Alt. 10 m – Voir carte n°**38-A2**
Carte Michelin 324-C3 – Guide Vert Michelin Poitou-Charentes

⌂⌂   Napoléon

1 r. Gourgaud – ℰ 05 46 84 00 77 – www.hotel-ile-aix.com – Ouvert 14 mars-31 oct.
18 ch – ♥80/140 € ♥♥80/180 € – ⊇ 12 € – ½ P
Rest *Chez Josephine* – voir les restaurants ci-après
Vingt minutes de bateau et... la quiétude d'une île préservée. Dans cette jolie maison ancienne rénovée dans un bel esprit contemporain, les chambres sont douillettes (certaines face à la mer). Ici, la défaite de Napoléon eût semblé plus douce.

✕   Chez Josephine

1 r. Gourgaud – ℰ 05 46 84 00 77 – www.hotel-ile-aix.com – Ouvert 14 mars-31 oct.
Formule 23 € – Menu 27 € – Carte 28/53 €
Au restaurant de l'hôtel Napoléon, le chef réalise une jolie cuisine d'aujourd'hui, dans laquelle les produits de la mer tiennent le haut de l'affiche. Un cadre élégant mêlant design et touches baroques ; une jolie terrasse... Très sympathique !

ÎLE DE BATZ

⊠ 29253 (Finistère) – 507 hab. – Alt. 30 m – Voir carte n°**9-B1**
Carte Michelin 308-G2 – Guide Vert Michelin Bretagne Nord

⌂   Ti Va Zadou *sans rest*   

au bourg – ℰ 02 98 61 76 91 – www.tivazadou-iledebatz.fr – Ouvert de mi-fév. à mi-nov.
4 ch ⊇ – ♥55 € ♥♥65 €
O me da gar, ti va zadoù ! (Que je t'aime, maison de mes pères !) De l'embarcadère, on aperçoit la demeure avec ses volets bleus, à droite de l'église. Comment résister à son authentique charme breton, et à ses chambres adorables, parfaitement tenues, face aux flots ? Un paradis pour les amoureux de la mer Celtique...

ÎLE-DE-BRÉHAT

(Côtes-d'Armor) – Voir carte n°**10-C1**
Carte Michelin 309-D1 – Guide Vert Michelin Bretagne Nord

⌂   Bellevue

Port-Clos – ℰ 02 96 20 00 05 – www.hotel-bellevue-brehat.com
– Fermé 15 nov.-25 déc. et 6 janv.-14 fév.
19 ch – ♥75/145 € ♥♥75/171 € – ⊇ 12 € – ½ P
Dominant l'embarcadère du Port-clos – lieu emblématique de l'île de Bréhat –, on trouve cette belle maison de pays largement centenaire (1904). Les chambres ont été rénovées avec goût et sobriété, et certaines d'entre elles disposent d'une terrasse avec vue sur la pointe de l'Arcouest...

ÎLE DE GROIX

(Morbihan) – Voir carte n°**9-B2**
Carte Michelin 308-K9 – Guide Vert Michelin Bretagne Sud

La Jetée sans rest ⟨ ⚤ 🛜

1 quai de Port-Tudy – ℰ 02 97 86 80 82 – www.hoteldelajetee.fr – Fermé 5 janv.-5 fév.
8 ch – †69/94 € ††69/94 € – � 9 €

Fraîches et pimpantes, toutes les chambres de cette petite maison blanche donnent sur la jetée ou la côte du Gripp. Petit-déjeuner au bar marin ou sur la terrasse.

Le Sémaphore de la Croix sans rest ⟨ ⚤ 🛜 P ⊄

Le Sémaphore (Locmaria-plage les Sables Rouges) – ℰ 06 21 55 16 41 – www.semaphoredelacroix.fr – Ouvert de mai à oct.
5 ch ⊑ – †165/205 € ††165/205 €

L'isolement de ce sémaphore du 19e s. le pare de romantisme. Chambres raffinées, certaines d'inspiration marine ; préférez celles avec terrasse. Jardin fleuri et vue superbe sur l'océan font de cette adresse un véritable petit coin de paradis. Mais chut, on ne vous a rien dit !

ÎLE DE NOIRMOUTIER

(Vendée) – Alt. 8 m – Voir carte n°**34-A2**
Carte Michelin 316-C6 – Guide Vert Michelin Pays de la Loire

L'HERBAUDIÈRE

✉ 85330 (Vendée) – Voir carte n°**34-A2**
◱ Paris 469 km – Cholet 140 km – Nantes 85 km – La Roche-sur-Yon 91 km

XXX **La Marine** (Alexandre Couillon) ⚇ 🄰🄺 ⚤
❀❀ *3 r. Marie-Lemonnier, (sur le port) – ℰ 02 51 39 23 09 – www.restaurantlamarine.blogspot.com – Fermé 1er déc.-20 janv., dim. soir, mardi et merc.*
Menu 64/148 € *(réservation conseillée)*

Ne vous fiez pas aux apparences ! Derrière la sage façade de ce restaurant, le cadre est pop, pétillant et contemporain... tout comme la cuisine. Le chef, créatif et talentueux, compose des assiettes subtiles, abouties et raffinées, magnifiant des produits de la mer déjà au top. Menu unique.
→ Huître au bouillon de lard et encornet. Homard et petits légumes à la braise de pommes de pin. Fraises au jus de betterave, estragon et rose.
La Table d'Élise⊛ – voir les restaurants ci-après

X **La Table d'Élise**
⊛ *5 r. Marie-Lemonnier, (sur le port) – ℰ 02 28 10 68 35 – Fermé 1er déc.-20 janv., dim. soir, mardi et merc.*
Formule 18 € – Menu 29/45 € *(réservation conseillée)*

Cette table marine – l'annexe du restaurant gastronomique La Marine – honore les beaux produits iodés. On reconnaît le sens des saveurs et la précision d'exécution du chef, version bistrot et sans façon... Un vrai bon moment en perspective !

NOIRMOUTIER-EN-L'ÎLE

✉ 85330 (Vendée) – 4 550 hab. – Alt. 8 m – Voir carte n°**34-A2**
◱ Paris 464 km – Cholet 135 km – Nantes 80 km – La Roche-sur-Yon 86 km

Fleur de Sel 🍽 ⚇ ⚤ ⊐ & 🛜 ⚄ P

10 r. des Sauniers – ℰ 02 51 39 09 07 – www.fleurdesel.fr – Ouvert 1er mars-2 nov.
35 ch ⊑ – †89/209 € ††99/222 € – ½ P
Rest *Fleur de Sel* – voir les restaurants ci-après

Un lieu paisible et verdoyant, entre practice de golf, piscine et chambres coquettes au décor soigné, d'esprit marin ou cosy, salon au coin de la cheminée... Ici, calme, confort et détente passent avant tout. Parfait pour un week-end au vert !

La Villa en l'Ile sans rest ⚇ ⊐ ₭ & 🛜 P

38 av. de la Victoire – ℰ 02 51 39 06 82 – www.lavillaenlile.com – Fermé janv.
22 ch – †62/117 € ††62/117 € – ⊑ 10 €

Sur la route de la plage - mais au calme -, cet établissement a été entièrement rénové. Les chambres, décorées dans un style contemporain, sont fonctionnelles et bien tenues. Entre le sauna, la salle de massage et le jacuzzi, c'est sûr, vous allez décompresser !

Le Grand Four

1 r. de la Cure, (derrière le château) – ✆ 02 51 39 61 97 – www.legrandfour.com – Fermé déc., janv., jeudi midi et dim. soir hors saison et lundi
Formule 25 € – Menu 32/82 € – Carte 44/74 €
Après une visite du château de Noirmoutier-en-l'Île, arrêtez-vous dans cette belle maison bourgeoise du 18e s. au cadre feutré et cossu. Dans ce Grand Four mijote une savoureuse cuisine du moment qui fait la part belle aux produits de l'Atlantique : huîtres de Noirmoutier, sole de l'Herbaudière, etc. De jolis arômes !

Fleur de Sel – Hôtel Fleur de Sel

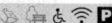

10 r. des Saulniers – ✆ 02 51 39 09 07 – www.fleurdesel.fr – Ouvert d'avril à sept. et fermé le midi en semaine hors saison
Menu 27 € (semaine)/46 € – Carte 37/75 €
Un restaurant très mer... pour une cuisine dans l'air du temps. Dans l'assiette, les recettes du chef sont bien tournées et donnent, évidemment, une place de choix aux produits iodés. On recommande vivement de goûter à cette savoureuse terrine de maquereau, ou à ce beau filet de daurade... Service tout sourire.

L'Étier

rte de L'Épine, 1 km au Sud-Ouest – ✆ 02 51 39 10 28 – www.restaurant-letier.fr – Fermé déc., janv., mardi sauf juil.-août et lundi
Formule 19 € – Menu 28/56 € – Carte 48/59 €
Une maison basse typique de l'île, dont l'intérieur est agréablement rustique et dont la véranda donne sur l'étier – un chenal d'eau de mer – de l'Arceau. On y déguste de beaux produits de la pêche locale : langoustines, filet de sole, etc. Une cuisine de bon artisan, fraîche et savoureuse à souhait. Une bonne adresse.

au Bois de la Chaize 2 km à l'Est – ✉ 85330

Les Prateaux

8 allée du Tambourin – ✆ 02 51 39 12 52 – www.lesprateaux.com – Fermé 3 nov.-13 fév.
20 ch – 🚹99/140 € 🚹🚹99/212 € – ☕ 15 € – ½ P
Une jolie maison dans la pinède et non loin de la plage ! Les chambres, spacieuses et souvent de plain-pied, sont classiques et très confortables (lits king size). Une douceur de vivre qui ravit les nombreux habitués et autres amateurs de grand air.

St-Paul

15 av. du Mar.-Foch – ✆ 02 51 39 05 63 – www.hotel-saint-paul.net – Ouvert 12 fév.-11 nov.
33 ch ☕ – 🚹79/165 € 🚹🚹94/180 € – ½ P
Un hôtel d'esprit balnéaire (19e s.) au cœur des bois et d'un parc fleuri, au grand calme. Les chambres, classiques et assez cossues, sont agréables et, pour la détente, rien ne manque : spa complet (hammam, massages, soins), piscine couverte... Idéal pour se ressourcer !

ÎLE DE PORQUEROLLES

✉ 83400 (Var) – Voir carte n°**41**-C3
Carte Michelin 340-M7 – Guide Vert Michelin Côte d'Azur

Le Mas du Langoustier

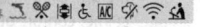

3,5 km à l'Ouest du port – ✆ 04 94 58 30 09 – www.langoustier.com – Ouvert de fin avril à début oct.
48 ch ☕ – 🚹370/650 € 🚹🚹370/650 € – 1 suite – ½ P
Rest *Le Mas du Langoustier* ✿ – voir les restaurants ci-après
Un petit coin de paradis à la pointe de l'île... Cette belle demeure de style provençal abrite des chambres spacieuses et fraîches. Le vrai luxe ? Le calme et la végétation méditerranéenne d'un site unique ! Navettes régulières avec le continent... qui semble si loin.

Villa Ste-Anne

pl. d'Armes – ℰ *04 98 04 63 00* – *www.sainteanne.com* – *Ouvert 3 avril-13 oct.*
25 ch ☐ – **♥♥**180/285 € – ½ P
À côté de la petite église, sur la placette du village, une maison traditionnelle proposant des chambres agréables – simples et classiques dans le bâtiment principal, plus grandes et plus calmes dans l'aile à l'arrière. Au restaurant, la carte met en avant les recettes régionales.

Auberge des Glycines

pl. d'Armes – ℰ *04 94 58 30 36* – *www.auberge-glycines.com*
11 ch ☐ – **♥**160/290 € – **♥♥**180/320 € – ½ P
Au cœur du village, un sympathique petit coin de Provence, agréable pour un séjour sur l'île. Accueil chaleureux et décor coloré ! La tradition est à l'honneur au restaurant, qui cache un joli patio au calme.

Le Mas du Langoustier – Hôtel Le Mas du Langoustier

3,5 km à l'Ouest du port – ℰ *04 94 58 30 09* – *www.langoustier.com*
– *Ouvert de fin avril à début oct. et fermé dim. soir et lundi sauf juil.-août*
Menu 65/130 € – Carte 100/130 €
Dans ce mas coupé du monde, avec pour seul vis-à-vis la flore méditerranéenne et la mer, les saveurs prennent sans doute un relief particulier... mais la qualité d'exécution et la générosité des recettes sont bien réelles, et le plaisir évident.
→ Ravioli ouvert aux artichauts sautés à cru et pistou. Loup à la plancha, tartare mi-cuit de foie de lotte acidulé aux câpres. Tablette croustillante au chocolat, raviolis chauds au chocolat et coulis de fraise.

ÎLE DE RÉ

(Charente-Maritime) – Voir carte n°**38-A2**
Carte Michelin 324-B2 – Guide Vert Michelin Poitou-Charentes

© Laurent Hamels/Fotolia.com

ARS-EN-RÉ

✉ 17590 (Charente-Maritime) – 1 315 hab. – Alt. 4 m – Voir carte n°**38-A2**
▶ Paris 506 km – Fontenay-le-Comte 85 km – Luçon 75 km – La Rochelle 34 km

Le Martray   ⏍ ⩶ ⩽ 𝄐 AC 🛜 P

8 rte d'Ars, le Martray, 3 km à l'Est par D 735 – ℰ 05 46 29 40 04
– www.hotel-le-martray.com – Fermé 3 janv.-3 mars
15 ch – †74/157 € ††74/157 € – ⌹ 11 €
"Marocaine", "Rhétaise", "Espagnole"... certaines chambres sont originales, d'autres
plus conventionnelles mais toutes sont confortables. Préférez celles donnant sur
les marais et la mer, car ici la plage est à deux pas ! Au restaurant, cap sur les
saveurs iodées.

Le Sénéchal sans rest

6 r. Gambetta – ℰ 05 46 29 40 42 – www.hotel-le-senechal.com
– Fermé début janv. à début fév.
22 ch – †70/295 € ††70/295 € – ⌹ 13 €
Au cœur du village, une maison qui a un charme fou ! Pour l'anecdote, à la
Renaissance, elle appartenait à un sénéchal... Dans les patios, ça sent bon la
lavande et le romarin ; partout, il y a de beaux meubles chinés et des objets
design. Tout cela crée une atmosphère très déco et résolument chaleureuse.

Le Bistrot de Béné   🛖

1 quai de la Criée – ℰ 05 46 29 40 26 – www.bistrotdebene.fr – Ouvert
16 mars-14 nov. et fermé lundi
Formule 29 € – Menu 39 € – Carte 63/92 €
Poêlé, vapeur ou au four ? Chez Béné, on choisit la cuisson de son poisson...
Une façon originale de découvrir de bons petits plats traditionnels et bien iodés.
Quant au cadre, il est élégant et lumineux, avec un coin piano et l'indispensable
terrasse face au port. Une bonne adresse.

Ô de Mer   ⩕ 🛖

5 r. Thiers – ℰ 05 46 29 23 33 – www.odemerbistrotgourmand.fr – Fermé
20 nov.-20 déc., 10 janv.-10 fév., dim. soir et mardi midi hors saison et lundi
Menu 25 € (déj. en semaine) – Carte 49/73 €
Les propriétaires ? Un couple belge qui, après dix ans passés en Australie, a
trouvé son coin de paradis à Ars. Philosophie de la maison ? Accueillir, faire plaisir
et partager... autour d'une cuisine du marché qui respecte les saisons et s'accompagne d'une belle sélection de bordeaux. Savoureux !

LE BOIS-PLAGE-EN-RÉ

✉ 17580 (Charente-Maritime) – 2 356 hab. – Alt. 5 m – Voir carte n°**38-A2**
▶ Paris 494 km – Fontenay-le-Comte 74 km – Luçon 64 km – La Rochelle 23 km

L'Océan 🏠 🔟 🍴 ⚒ 🚗 💈 🛜 🅿️

172 r. St-Martin – ℰ 05 46 09 23 07 – www.re-hotel-ocean.com
– Fermé 22 nov.-17 déc. et 4 janv.-6 fév.
29 ch – ♦85/180 € ♦♦85/180 € – ☐ 13 € – ½ P
Rest *L'Océan* – voir les restaurants ci-après
Cette vieille maison de pays, aux murs chaulés, fut jadis la première pension de famille de l'île. Côté déco, courtepointes et tissus brodés distillent le charme intemporel des habitations rhétaises. Les chambres sont très coquettes : on s'y sent bien !

Les Bois Flottais sans rest 🏠 ⚒ 🚗 💈 🛜 🅿️

chemin des Mouettes – ℰ 05 46 09 27 00 – www.lesboisflottais.com
– Ouvert 27 mars-1er nov.
19 ch – ♦80/115 € ♦♦90/140 € – ☐ 14 €
Un petit hôtel à l'écart de l'agitation du village. Tomettes, lambris, bibelots marins... Ici, les chambres ont un décor très insulaire ; toutes de plain-pied, elles donnent même sur l'une des piscines. Et pour encore plus de détente, on va au hammam ou à la salle de massage.

La Villa Passagère sans rest 🏠 ⚒ 🚗 💈 🛜 🅿️

25 av. du Pas-des-Bœufs – ℰ 05 46 00 26 70 – www.hotel-lavillapassagere.fr
– Ouvert 12 avril-11 nov.
13 ch ☐ – ♦100/170 € ♦♦165/250 €
Sentez-vous ce parfum de lavande et de romarin ? Au cœur d'un jardin odorant, ces petites maisons régionales n'ont pas fini de vous rappeler de bons souvenirs ! Les chambres de plain-pied sont lumineuses et fonctionnelles ; préférez les plus récentes. Idéal pour un passage paisible et plaisant sur l'île.

L'Océan – Hôtel L'Océan ✂✂ 🍴 🍴

172 r. St-Martin – ℰ 05 46 09 23 07 – www.re-hotel-ocean.com – Fermé
22 nov.-17 déc., 4 janv.-6 fév., merc. sauf le soir d'avril à sept. et jeudi midi d'oct.
à mars
Formule 20 € – Menu 28/38 € – Carte 30/66 €
Soupe de poisson, faux-filet grillé, banane rôtie... Le chef concocte de bons petits plats de tradition, sans pour autant oublier les saisons, et que l'on savoure dans une atmosphère très bord de mer. Jolie terrasse aux beaux jours.

LA FLOTTE

✉ 17630 (Charente-Maritime) – 2 861 hab. – Alt. 4 m – Voir carte n°**38-A2**
▶ Paris 489 km – Fontenay-le-Comte 68 km – Luçon 58 km – La Rochelle 17 km

Le Richelieu 🏠 🔟 ⚒ 🅿️

44 av. de la Plage – ℰ 05 46 09 60 70 – www.hotel-le-richelieu.com
– Fermé 4 janv.-13 fév.
37 ch – ♦120/340 € ♦♦120/580 € – 3 suites – ☐ 20 € – ½ P
Rest *Le Richelieu* – voir les restaurants ci-après
Face à l'océan, une très belle villa rhétaise, immaculée comme il se doit et portant le nom du cardinal qui fut gouverneur de l'île. Les chambres sont raffinées, dans un esprit classique ou bord de mer chic, certaines avec une terrasse donnant sur les flots. Thalassothérapie, fitness... Un beau moment de détente !

Le Richelieu – Hôtel Richelieu ✂✂✂ 🅿️

44 av. de la Plage – ℰ 05 46 09 60 70 – www.hotel-le-richelieu.com
– Fermé 4 janv.-13 fév., mardi midi, jeudi midi d'avril à juin et le midi d'oct.
à mars
Formule 40 € – Menu 55 € (dîner)/75 € – Carte 61/113 €
Vue sur le jardin et sur la mer pour cette table classique et élégante où l'on s'installe dans une salle panoramique. Derrière les fourneaux, le chef réalise une agréable cuisine du moment faisant la part belle aux saveurs iodées ; plats plus simples le midi. Service tout sourire.

✗✗ L'Écailler

*3 quai de Sénac – ✆ 05 46 09 56 40 – www.lecailler-iledere.com
– Ouvert 15 fév.-11 nov. et fermé mardi sauf juil.-août et lundi*
Menu 41 € (déj.), 47/62 € – Carte 58/109 €

Sur le joli petit port, une maison d'armateur datant de 1652 ! À l'intérieur, c'est chaleureux et soigné, avec des boiseries, une cheminée et du parquet ancien. Quant aux recettes, elles honorent la pêche locale... Aux beaux jours, on profite de la terrasse. Une bonne adresse gourmande.

✗ Chai nous comme Chai vous

*1 r. de la Garde – ✆ 05 46 09 49 85
– www.chainouscommechaivous.com – Fermé 12 nov.-14 fév., merc.
sauf vacances scolaires et jeudi*
Menu 23 € (déj.), 29/49 € (réservation conseillée)

On se sent un peu comme chez soi dans ce restaurant de poche coquet et convivial. Au menu, une jolie cuisine de la mer, des vins bien choisis, une touche d'inventivité et de sympathiques petites attentions... Réservez !

RIVEDOUX-PLAGE

✉ 17940 (Charente-Maritime) – 2 292 hab. – Alt. 2 m – Voir carte n°**38**-A2
▶ Paris 483 km – Fontenay-le-Comte 63 km – Luçon 53 km – La Rochelle 12 km

🏠 La Marée

*321 av. A.-Sarrault, rte de St-Martin – ✆ 05 46 09 80 02
– www.hoteldelamaree.com*
26 ch – ♦70/188 € ♦♦70/263 € – ☲ 14 € – ½ P
Rest *Le M* – voir les restaurants ci-après

Un hôtel face à la mer avec des chambres d'esprit contemporain et épuré donnant toutes sur les flots... Et pour les amateurs d'eau douce, la piscine et le jacuzzi sont bien agréables. Parfait pour prendre un grand bol d'air frais !

🏠 Le Grand Large

*154 av. des Dunes – ✆ 05 46 09 89 51 – www.hoteldugrandlarge.com – Ouvert
27 mars-10 oct.*
30 ch – ♦65/160 € ♦♦65/160 € – ☲ 12 € – ½ P

Ouvert sur le large, cet établissement de style rhétais s'organise autour d'une belle piscine. Les chambres, claires, confortables et fonctionnelles, ont toutes un balcon ou une terrasse privative... Et pour un repas décontracté, on se retrouve autour de pâtes, de pizzas et de petits plats traditionnels.

✗✗ Le M – Hôtel La Marée

321 av. A.-Sarrault, rte de St-Martin – ✆ 05 46 35 39 44 – www.le-m.com
Formule 25 € – Menu 31/80 € – Carte 46/72 €

Ce bistrot chic et contemporain propose une carte dans l'air du temps, courte mais alléchante ; les amateurs se laisseront séduire par le menu homard... Quant au cadre, à votre convenance : à l'intérieur ou sur la terrasse, face à l'Océan et au pont de l'île de Ré. Rien de tel pour se sentir vraiment en vacances !

ST-CLÉMENT-DES-BALEINES

✉ 17590 (Charente-Maritime) – 719 hab. – Alt. 2 m – Voir carte n°**38**-A2
▶ Paris 509 km – Fontenay-le-Comte 89 km – Luçon 79 km – La Rochelle 38 km

🏠 Le Chat Botté sans rest

*2 pl. de l'Église – ✆ 05 46 29 21 93 – www.hotelchatbotte.com – Fermé
29 nov.-19 déc. et 3 janv.-5 fév.*
20 ch – ♦78/156 € ♦♦78/170 € – 3 suites – ☲ 13 €

Dans cette maison de 1933, la troisième génération s'active pour satisfaire les clients, à l'image du petit-déjeuner servi dans l'adorable jardin ou du centre de beauté, agréable à souhait. Une adresse dédiée à la détente et au bien-être !

XX **Le Chat Botté**

r. de la Mairie – 𝒞 *05 46 29 42 09 – www.restaurant-lechatbotte.com*
– Fermé déc., janv., mardi soir et merc. de mi-sept. à fin juin et lundi en juil.-août
Menu 25 € (semaine)/82 € – Carte 48/82 €

Dans sa belle auberge marine, ce Chat-là ne chausse pas ses bottes pour partir à la pêche, mais c'est tout comme. À sa table, on se régale de poissons exclusivement sauvages, fraîchement choisis par le chef à la criée de La Rochelle. Pour un peu, on s'en lècherait les babines !

ST-MARTIN-DE-RÉ

✉ 17410 (Charente-Maritime) – 2 471 hab. – Alt. 14 m – Voir carte n°**38-A2**
▶ Paris 493 km – Fontenay-le-Comte 72 km – Luçon 62 km – La Rochelle 22 km

Hôtel de Toiras

1 quai Job-Foran – 𝒞 *05 46 35 40 32 – www.hotel-de-toiras.com – Fermé 4-26 janv.*
11 ch – ♦190/2000 € ♦♦190/2000 € – 9 suites – ☲ 24 € – ½ P

Une maison d'armateur datant du 17ᵉ s., pleine de charme : décoration soignée, à la fois luxueuse et cosy, chambres très chaleureuses, accueil particulièrement attentionné, et des recettes bien tournées au restaurant, très appréciées des résidents... Pas de doute, cet établissement est une perle rare !

Villa Clarisse sans rest

5 r. du Gén.-Lapasset – 𝒞 *05 46 35 40 32 – www.villa-clarisse.com*
– Ouvert avril-sept.
6 ch – ♦210/900 € ♦♦210/900 € – 3 suites – ☲ 24 €

Dans une rue menant au port, une maison modeste en apparence... mais qui se révèle raffinée par la qualité de ses aménagements et l'inspiration de ses décors, dans le bel esprit de l'île. Un petit havre de paix.

Le Clos St-Martin sans rest

87 cours Pasteur – 𝒞 *05 46 01 10 62 – www.le-clos-saint-martin.com – Fermé 12 nov.-12 déc.*
33 ch – ♦149/565 € ♦♦149/565 € – ☲ 23 €

Non loin du port mais au calme, une belle maison dans un superbe jardin verdoyant. Joli hammam en mosaïque, spa, piscines et chambres d'esprit rhétais d'une élégance sobre et très nature... Cet établissement a du charme à revendre !

La Baronnie Hôtel & Spa sans rest

17-21 r. Baron-de-Chantal – 𝒞 *05 46 09 21 29 – www.hotel-labaronnie.com*
– Ouvert 27 mars-11 nov.
22 ch – ♦145/345 € ♦♦145/345 € – ☲ 17 €

Au cœur d'un beau jardin, ces deux hôtels particuliers du 18ᵉ s., restaurés avec goût dans un esprit bourgeois, permettent de se reposer au grand calme. Dans les chambres règne une vraie douceur de vivre, celle des demeures de famille, à la fois cosy et cossues... Une bien belle adresse.

Le Galion sans rest

allée de Guyane – 𝒞 *05 46 09 03 19 – www.hotel-legalion.com*
29 ch – ♦80/135 € ♦♦85/140 € – ☲ 11 €

Les remparts de Vauban protègent ce Galion des humeurs de l'Océan ; quant aux chambres, sobres, confortables et très bien tenues, elles donnent pour la plupart sur le large. De quoi donner envie de larguer les amarres pour un voyage au long cours.

La Jetée sans rest

quai Georges-Clemenceau – 𝒞 *05 46 09 36 36 – www.hotel-lajetee.com*
24 ch – ♦98/135 € ♦♦98/190 € – 7 suites – ☲ 12 €

Sur le port, au cœur de l'animation, un hôtel d'esprit contemporain. Les chambres sont avant tout fonctionnelles et néanmoins chaleureuses ; certaines plus design que les autres. En prime, il y a un joli patio, où l'on prend son petit-déjeuner aux beaux jours.

La Maison Douce sans rest

25 r. Mérindot – ℰ 05 46 09 20 20 – www.lamaisondouce.com – Ouvert avril-oct.
11 ch – †165/205 € ††205/250 € – ⏄ 15 €
Attention, charme à l'horizon ! Cette maison typiquement rhétaise (19ᵉ s.) porte bien son nom : atmosphère feutrée, chambres où l'on resterait plus que de raison, salles de bains rétro et joli jardin aux mille parfums, où l'on prend son petit-déjeuner en été.

Hôtel du Port sans rest

29 quai Poithevinière – ℰ 05 46 09 21 21 – www.iledere-hot-port.com
– Fermé 6-25 janv.
35 ch – †68/145 € ††115/145 € – ⏄ 10 €
Au cœur du quartier animé de St-Martin-de-Ré, un hôtel bien pratique, avec des chambres lumineuses, très propres, fonctionnelles et accueillantes, dont certaines donnent sur le port.

L'Avant Port

8 quai Daniel-Rivaille – ℰ 05 46 68 06 68 – www.lavantport.com – Fermé 20 déc. à mi-fév., dim. soir de sept. à juin, lundi et mardi sauf le soir en juil.-août
Formule 28 € – Menu 34 € – Carte 48/73 €
À l'entrée du port, au calme, un bistrot chic qui mêle avec bonheur les styles industriel et Louis XVIII. Un cadre branché, pour une cuisine sans esbroufe, où le produit passe avant tout : poisson extrafrais, légumes de l'île, etc. Tentant !

STE-MARIE-DE-RÉ

✉ 17740 (Charente-Maritime) – 3 235 hab. – Alt. 9 m – Voir carte n°**38-A2**
▶ Paris 486 km – Fontenay-le-Comte 66 km – Luçon 55 km – La Rochelle 15 km

Atalante

r. Port-Notre-Dame – ℰ 05 46 30 22 44 – www.hotel-atalante.com
– Fermé 6-19 déc.
96 ch – †118/580 € ††118/580 € – ⏄ 20 €
Rest *Atalante* – voir les restaurants ci-après
Face à la mer, un hôtel au grand calme. Mobilier contemporain et esprit zen dans les chambres, en adéquation avec la vocation de l'établissement, axé sur la thalassothérapie et la détente... En prime, de la piscine couverte, on accède à l'un des deux restaurants. Pratique !

Les Vignes de la Chapelle sans rest

5 r. de la Manne – ℰ 05 46 30 20 30 – www.lesvignesdelachapelle.com
– Ouvert 3 avril-1ᵉʳ nov.
17 suites – ††450 € – 2 ch – ⏄ 14 €
Face aux vignes et à la mer, cet hôtel de style local est écorespectueux (matériaux naturels, panneaux solaires, etc.) et cultive un bel esprit nature. Les chambres sont de plain-pied avec terrasse. Et pour une détente maximale, on file à l'espace bien-être... Tranquillité, sobriété et confort !

L'Île sous le Vent

17 bis r. du Petit-Labat – ℰ 05 46 09 60 53 – www.ilesouslevent.com – Fermé 11 nov.-12 fév.
9 ch – †60/125 € ††60/125 € – ⏄ 10 € – ½ P
Une belle et grande maison de plain-pied, bien dans l'esprit de l'île. Les chambres, feutrées et décorées avec goût, sont de véritables îlots de sérénité, sans même parler de la piscine... Un endroit calme et charmant.

Atalante – Hôtel Atalante

r. Port-Notre-Dame – ℰ 05 46 30 22 44 – www.hotel-atalante.com
– Fermé 6-19 déc.
Formule 28 € – Menu 46/51 € – Carte 55/75 €
Un bistrot chic et chaleureux ouvert sur l'Atlantique ; on y propose une cuisine du moment qui fait la part belle aux produits de la mer, à l'image de cette savoureuse marinière de moules et de coques ou de ce beau filet de maigre poêlé... À conseiller aux amateurs de saveurs iodées !

ÎLE DE SEIN

✉ 29990 (Finistère) – 189 hab. – Voir carte n°**9**-A2
Carte Michelin 308-B6 – Guide Vert Michelin Bretagne Sud

 Ar Men   🕙 ⅋ ≤ 🛜

*rte du Phare – ℰ 02 98 70 90 77 – www.hotel-armen.net – Ouvert 7 fév.-1ᵉʳ mars
et 27 mars-1ᵉʳ nov.*
10 ch – ♦48/75 € ♦♦58/75 € – ☑ 8 € – ½ P
La dernière maison en sortant du bourg, sur la route du phare. Les amoureux de
la mer et du calme apprécieront les chambres océanes, presques nues, avec vue
sur le large. Tout aussi efficace, la cuisine, qui change au gré de la pêche (ragoût
de homard sur réservation). Pain maison, aux algues !

ÎLE DES EMBIEZ

✉ 83140 (Var) – Voir carte n°**40**-B3
Carte Michelin 340-J7 – Guide Vert Michelin Côte d'Azur

 Hélios   🕙 ⅋ ≤ 🖥 ⅃⅃ ℅ 🍴 ⅃ 🛗 🎴 🛜 🐾 🅿

au port – ℰ 04 94 10 66 10 – www.helios-embiez.com – Ouvert d'avril à oct.
61 ch ☑ – ♦155/235 € ♦♦180/260 € – 1 suite – ½ P
Rien que dix minutes de traversée pour rejoindre cette charmante petite île... Les
chambres sont lumineuses et actuelles, avec balcon côté port. La terrasse du restaurant donne sur la marina ; sa cuisine, traditionnelle, se pare de notes régionales.

ÎLE D'OLÉRON

(Charente-Maritime) – Voir carte n°**38**-A2
Carte Michelin 324-C4 – Guide Vert Michelin Poitou-Charentes

LA COTINIÈRE

✉ 17310 (Charente-Maritime) – Voir carte n°**38**-A2
▶ Paris 522 km – Marennes 22 km – Rochefort 44 km – La Rochelle 80 km

 Face aux Flots sans rest   ⅋ ≤ ⅃ ⅃ ℅ 🛜

*24 r. du Four – ℰ 05 46 47 10 05 – www.hotel-faceauxflots-oleron.com
– Ouvert 7 fév.-1ᵉʳ nov. et vacances de Noël*
22 ch – ♦63/140 € ♦♦63/140 € – ☑ 11 €
Un petit hôtel de bord de mer sympathique, avenant et tenu en famille. Les
chambres sont fonctionnelles et impeccables (dont quatre avec un petit balcon),
et celles du 2ᵉ étage ont une très jolie vue sur les flots... évidemment !

 Île de Lumière sans rest   ⅋ ≤ ⅃ ⅃ ℅ 🛜 🅿

*69 av. des Pins – ℰ 05 46 47 10 80 – www.motelilledelumiere.com
– Ouvert 1ᵉʳ avril-4 oct.*
45 ch ☑ – ♦88/165 € ♦♦88/165 €
Des chambres de petits pavillons, sur un site assez sauvage... façon motel.
Toutes ont une terrasse privative donnant sur la mer, les dunes ou la piscine : c'est
sobre, bien tenu et vraiment calme.

 Hôtel de la Plage sans rest   ⅋ 🍴 ⅃ ℅ 🛗 🛜 🅿

*51 bd du Capitaine-Leclerc – ℰ 05 46 47 28 79 – www.oleronhotel.com
– Ouvert 1ᵉʳ fév.-2 nov.*
19 ch – ♦57/87 € ♦♦57/87 € – ☑ 9 €
Une jolie maison oléronaise dans un jardin arboré, au calme et tout près de la
plage. Les chambres sont fonctionnelles, d'une tenue parfaite et d'un rapport qualité-prix excellent. Un bon petit hôtel !

à la Ménounière 2 km au Nord par rte secondaire ✉ 17310 St-Pierre-d'Oléron

🍴🍴 **Saveurs des Îles**   🎴 🅿

*18 r. de la Plage – ℰ 05 46 75 86 68 – www.saveursdesiles.fr
– Ouvert 1ᵉʳ avril-11 nov. et fermé lundi sauf le soir en juil.-août, merc. midi
en juil.-août et mardi midi de sept. à juin*
Formule 28 € – Menu 40/70 € ▾ – Carte 49/61 €
Les propriétaires ont construit eux-mêmes ce joli restaurant ethnique et sa terrasse zen et apaisante... Désormais, Patrick Daudu concocte de bons plats créatifs
relevés de saveurs exotiques tandis que Cécile, son épouse, vous accueille avec le
sourire. Une invitation au voyage !

DOLUS-D'OLÉRON

✉ 17550 (Charente-Maritime) – 3 185 hab. – Alt. 7 m – Voir carte n°**38**-A2
▶ Paris 511 km – Rochefort 39 km – La Rochelle 75 km – Saintes 58 km

à la Rémigeasse 2 km à l'Ouest par rte secondaire – ✉ 17550

Le Grand Large
2 av. de l'Océan – ℘ 05 46 75 77 77 – www.le-grand-large.fr – Ouvert avril-oct.
27 ch – ♦130/400 € ♦♦130/400 € – ☐ 18 € – ½ P
Ce fleuron de la villégiature balnéaire des années 1960 a retrouvé sa belle jeunesse en 2011, grâce à ses propriétaires. Tombés sous le charme, ils ont quitté leur Luberon pour Oléron, et bien leur en a pris ! Design, nature et trendy : un lieu chic au bord de l'eau, entre embruns, air du large et évocation de la douceur des sixties.

ST-PIERRE-D'OLÉRON

✉ 17310 (Charente-Maritime) – 6 676 hab. – Alt. 8 m – Voir carte n°**38**-A2
▶ Paris 522 km – Marennes 22 km – Rochefort 44 km – La Rochelle 80 km

Le Square sans rest
pl. des Anciens-Combattants – ℘ 05 46 47 00 35 – www.le-square-hotel.fr – Ouvert mars-oct.
25 ch – ♦55/95 € ♦♦55/95 € – ☐ 9 €
Près du marché couvert, un petit hôtel tenu par un jeune couple sympathique... La plupart des chambres ont été rénovées dans un esprit contemporain et, pour la détente, il y a une grande piscine dans la cour intérieure. Prix raisonnables.

ST-TROJAN-LES-BAINS

✉ 17370 (Charente-Maritime) – 1 466 hab. – Alt. 5 m – Voir carte n°**38**-A2
▶ Paris 509 km – Marennes 16 km – Rochefort 38 km – La Rochelle 74 km

Novotel
plage de Gatseau, 2,5 km au Sud – ℘ 05 46 76 02 46 – www.thalassa.com – Fermé 22 nov.-26 déc.
109 ch – ♦110/280 € ♦♦110/280 € – ☐ 17 € – ½ P
Face à la plage, un hôtel intégré au centre de thalassothérapie et, de fait, dédié à la détente, au bien-être et à la diététique. D'esprit contemporain, les chambres sont confortables et assez spacieuses ; celles côté mer – plus chères – disposent même d'un balcon... Repos garanti !

Les Cleunes sans rest
25 bd de la Plage – ℘ 05 46 76 03 08 – www.hotel-les-cleunes.com – Ouvert de début mars à mi-nov.
41 ch – ♦69/149 € ♦♦79/275 € – ☐ 14 €
Sur le front de mer, une grande maison vendéenne avec sa piscine donnant sur l'Océan... Les chambres sont confortables et chaleureuses ; plus spacieuses côté mer. Et que dire de l'espace bien-être avec sauna et hammam... Idéal pour décompresser !

Mer et Forêt
16 bd Pierre-Wiehn – ℘ 05 46 76 00 15 – www.hotel-ile-oleron.com – Ouvert de mi-d'avril à début nov.
43 ch – ♦58/168 € ♦♦58/168 € – ☐ 11 € – ½ P
Rest *Mer et Forêt* – voir les restaurants ci-après
Dans un quartier résidentiel et calme, un hôtel balnéaire avec des chambres fonctionnelles et très bien tenues donnant sur la forêt de pins ou sur la mer. Vous préférez l'eau douce au grand large ? Pas de problème : la piscine vous tend les bras.

L'Albatros
11 bd du Dr-Pineau – ℘ 05 46 76 00 08 – www.albatros-hotel-oleron.com – Ouvert 13 fév.-1er nov.
13 ch – ♦95/160 € ♦♦95/195 € – ☐ 12 € – ½ P
Un hôtel "les pieds dans l'eau" et au grand calme, façon mer d'huile ! Les chambres ont été rénovées en 2010 dans un esprit frais et contemporain et l'on s'y sent vraiment bien. Évidemment, la carte du restaurant fait la part belle aux produits de la pêche locale. Belle terrasse sous les pins et face à l'océan.

XX **Mer et Forêt** – Hôtel Mer et Forêt   ⟨ 🛏 🍴 🅰🅲 🅿

16 bd Pierre-Wiehn – ℰ 05 46 76 00 15 – www.hotel-ile-oleron.com – Ouvert de mi-d'avril à début nov.
Formule 17 € – Menu 22/31 € – Carte 32/51 €
Beau panorama sur le pont-viaduc et le continent, terrasse donnant sur la mer... Un endroit agréable pour déguster une cuisine traditionnelle simple et bien faite. Un exemple ? Œuf mollet forestière, suivi de moules de bouchot accompagnées de frites et d'une crème brûlée... Un régal. Service tout sourire.

LE CHÂTEAU-D'OLÉRON

✉ 17480 (Charente-Maritime) – 3 939 hab. – Alt. 9 m – Voir carte n°**38**-A2
▶ Paris 524 km – Poitiers 190 km – La Rochelle 72 km – Saintes 54 km

XX **Les Jardins d'Aliénor** avec ch   🐝 🍴 🅰🅲 🕭 ch, 🛜

11 r. Mar.-Foch – ℰ 05 46 76 48 30 – www.lesjardinsdalienor.com – Fermé 2 janv.-14 fév., le midi en juil.-août, mardi midi et lundi hors saison
8 ch – †110/180 € ††110/180 € – ⊑ 9 € – ½ P
Formule 33 € – Menu 42/69 € – Carte 48/72 €
Dans cet ancien relais de poste de 1900, mélange de styles – d'hier et d'aujourd'hui – et joli mur végétal dans le patio... Un cadre chic pour savourer une cuisine assez contemporaine. À l'étage, délicieuses chambres au charme champêtre, climatisées et bien équipées. Une bonne adresse.

LE GRAND-VILLAGE-PLAGE

✉ 17370 (Charente-Maritime) – 1 026 hab. – Alt. 6 m – Voir carte n°**38**-A2
▶ Paris 525 km – Poitiers 191 km – La Rochelle 73 km – Rochefort 36 km

X **Le Relais des Salines**   🛖

Port des Salines – ℰ 05 46 75 82 42 – www.lerelaisdessalines.com – Ouvert de mi-mars à mi-nov. et fermé lundi sauf vacances scolaires
Formule 23 € – Carte environ 36 €
Atmosphère décontractée, esprit bistrot marin tendance, terrasse côté marais salants et belle ardoise de suggestions iodées : cette ancienne cabane ostréicole est une vraie perle !

ÎLE D'OUESSANT

(Finistère) – Voir carte n°**9**-A1
Carte Michelin 308-A4 – Guide Vert Michelin Bretagne Sud

🏠 **Ti Jan Ar C' Hafé** sans rest   🦘 ⏦ 🕭 🛜

Kernigou – ℰ 06 70 89 29 23 – www.tijan.fr – Fermé 11 nov.-26 déc. et 4 janv.-1ᵉʳ mars
8 ch – †79/119 € ††79/119 € – ⊑ 10 €
À l'entrée du bourg de Lampaul, un vrai petit hôtel de charme, point de chute parfait pour visiter l'île. Les chambres sont ravissantes, colorées et du meilleur goût. Tout est délicieux : la terrasse, le calme, la nature pleine de poésie...

X **Ty Korn**

au bourg de Lampaul – ℰ 02 98 48 87 33 – Fermé 11-30 nov., 1ᵉʳ-8 déc., 4-25 janv., dim. et lundi sauf fériés
Carte 33/39 € (réservation conseillée)
À Ouessant, tout le monde connaît cette adresse voisine de l'église de Lampaul. Des fruits de mer, des poissons fraîchement pêchés ; c'est convivial et généreux. Un restaurant devenu un rendez-vous incontournable sur l'île pour les amateurs de qualité !

ÎLE D'YEU

(Vendée) – Voir carte n°**34**-A3
Carte Michelin 316-BC7 – Guide Vert Michelin Pays de la Loire

PORT-JOINVILLE

✉ 85350 (Vendée) – 4 562 hab. – Voir carte n°**34**-A3
▶ Paris 457 km – Challans 26 km – Nantes 69 km – La Roche-sur-Yon 70 km

🏠 L'Escale sans rest ⚹ 🛰 📶

14 r. de La Croix-de-Port – ℰ 02 51 58 50 28 – www.yeu-escale.fr – Fermé
5 janv.- 5 fév.
29 ch – ♦60/91 € ♦♦63/91 € – 🍽 9 €
En retrait du port, une Escale typique de l'île avec sa façade blanche et ses volets
colorés. Les chambres sont simples et très bien tenues, certaines en rez-de-jardin.
Petit plus appréciable sur l'Île d'Yeu, le forfait comprend la location de vélos. Bref,
tout cela fleure bon les vacances !

🏠 Atlantic Hôtel sans rest ⚹ 📶 📶

quai Carnot – ℰ 02 51 58 38 80 – www.hotel-yeu.com
17 ch – ♦60/115 € ♦♦60/115 € – 🍽 12 €
Face à l'embarcadère, des chambres lumineuses d'où l'on profite avec ravissement du tintement des mâts ou, pour celles situées sur l'arrière, de la tranquillité
du village et de ses jardinets de pêcheurs. Un hôtel fonctionnel et bien tenu...
D'ailleurs, n'est-ce pas là l'essentiel ?

🍴 Port Baron 📶

5 bis r. Georgette – ℰ 02 51 59 15 88 – www.restaurant-port-baron.fr – Fermé 2
semaines en oct., de janv. à mi-fév., dim. soir, mardi midi et lundi
Formule 17 € – Menu 20 € (déj. en semaine)/38 € – Carte 27/46 €
Vieilles affiches, banquettes et disques anciens : dans cet ancien fournil du début
du 20e s. l'atmosphère est celle d'un bistrot à l'ancienne. Le chef concocte une
jolie cuisine de la mer, qui varie selon les arrivages... Rétro en diable et convivial.
Et il y a même un toit-terrasse, le must !

L'ILE-ROUSSE – 2B (Haute-Corse) ➜ voir Corse

ÎLES CHAUSEY

✉ 50400 (Manche) – Voir carte n°**32-A2**
Carte Michelin 303-B6 – Guide Vert Michelin Normandie Cotentin

🍴 Fort et des Iles avec ch ⚹ 📶 ch,

– ℰ 02 33 50 25 02 – www.hotel-chausey.com – Ouvert 13 avril-29 sept. et fermé
lundi sauf fériés
8 ch – ½ P seult 80 € Menu 27/81 € – Carte 31/52 € *(réservation conseillée)*
Homards, huîtres et poissons : dans cette jolie maison de granit, on savoure une
agréable cuisine iodée qui varie au gré de la pêche. La vue sur l'archipel est belle
et donne envie de prolonger l'étape... Cela tombe bien, les chambres sont simples
et sans télévision, pour mieux profiter de la quiétude insulaire.

LAS ILLAS – 66 (Pyrénées-Orientales) ➜ voir Maureillas-las-Illas

---

ILLE-SUR-TÊT

✉ 66130 (Pyrénées-Orientales) – 5 303 hab. – Alt. 141 m – Voir carte n°**22-B3**
▶ Paris 873 km – Canillo 126 km – Montpellier 177 km – Perpignan 26 km
Carte Michelin 344-G6

🍴🍴 Saveurs des Orgues ⚹ 📶 📶

1 r. Guttemberg – ℰ 04 68 84 10 48 – www.saveurs-des-orgues.fr – Fermé
30 juin-14 juil., dim. soir et lundi
Formule 19 € – Menu 30/52 € – Carte 57/65 €
Tendez l'oreille... non pas pour entendre le chant des orgues, mais le tintement des
casseroles, des couverts et des assiettes ! C'est à un joli moment de gastronomie
qu'invite cette table, menée avec soin par un père et son jeune fils. Entre terre et
mer, les saveurs sont bien au rendez-vous. Et l'accueil est tout sourire !

ILLHAEUSERN

✉ 68970 (Haut-Rhin) – 676 hab. – Alt. 173 m – Voir carte n°**2-C2**
▶ Paris 452 km – Artzenheim 15 km – Colmar 19 km – St-Dié 55 km
Carte Michelin 315-I7

Hôtel des Berges

4 r. de Collonges-au-Mont-d'Or – ℰ 03 89 71 87 87 – www.hoteldesberges.com
– Fermé 8 fév.-11 mars, 1er-7 janv., lundi et mardi
11 ch – †350 € ††350/480 € – 2 suites – ☐ 28 €
Rest *Auberge de l'Ill* ✿✿✿ – voir les restaurants ci-après
Ce délicieux refuge est niché au bord de l'eau, dans le parc de l'Auberge de l'Ill.
Dans ces deux bâtiments rappelant les anciens séchoirs à tabac de la région, les
chambres ont un cachet fou – meubles chinés, boiseries, tableaux, sculptures... Un
magnifique ensemble !

Les Hirondelles sans rest

33 r. du 25-janvier – ℰ 03 89 71 83 76 – www.hotelleshirondelles.com – Fermé
1er fév.-18 mars et 26 août-2 sept.
19 ch – †71/79 € ††76/84 € – ☐ 7 €
Un accueil sympathique vous est réservé dans cette ancienne ferme à la fois rustique et chaleureuse. Les chambres, confortables et bien équipées, se répartissent
autour d'une jolie cour. Et aux premières chaleurs, on plonge dans la piscine !

XXXXX **Auberge de l'Ill** (Marc Haeberlin) – Hôtel des Berges

✿✿✿ 2 r. de Collonges-au-Mont-d'Or – ℰ 03 89 71 89 00 – www.auberge-de-l-ill.com
– Fermé 8 fév.-11 mars, 1er-7 janv., lundi et mardi
Menu 99 € (déj. en semaine), 129/255 € ♈ – Carte 112/271 € *(réservation
conseillée)*
Ce n'était, à l'origine, qu'une petite auberge sur les rives de l'Ill, appréciée pour sa
matelote au riesling. Au fil du 20e s., la famille Haeberlin a su l'élever au rang
d'institution, et voilà un fief de la grande tradition : celle qui a inspiré et ins-
pirera encore des générations de cuisiniers, et qui conserve intacts la fraîcheur et
le souffle de l'excellence.
→ Boîte de sardines "Auberge de l'Ill", gelée de poule et caviar osciètre. Saumon
soufflé "Auberge de l'Ill". La pêche "Haeberlin".

ILLKIRCH-GRAFFENSTADEN – 67 (Bas-Rhin) → voir Strasbourg

ILLZACH

✉ 68110 (Haut-Rhin) – 14 679 hab. – Alt. 239 m – Voir carte n°**1-A3**
▸ Paris 479 km – Colmar 42 km – Strasbourg 114 km

XX **La Closerie**

6 r. Henry-de-Crousaz – ℰ 03 89 61 88 00 – www.closerie.fr – Fermé
27 juil.-20 août, 23 déc.-3 janv., sam. midi, lundi soir et dim.
Formule 29 € – Menu 49/71 € – Carte 53/98 €
Le fond et la forme ; la légèreté et l'harmonie ; les mets et les vins ; la finesse et
le goût de la qualité... Dans cette maison centenaire baignée de verdure, à l'élégance toute naturelle, on ne plaisante pas avec la gastronomie !
La Bistronomie ✿ – voir les restaurants ci-après

X **La Bistronomie** – Restaurant La Closerie

✿ 6 r. Henry-de-Crousaz – ℰ 03 89 61 88 00 – www.closerie.fr – Fermé
28 juil.-20 août, 22 déc.-5 janv., dim., lundi et le midi
Menu 25/30 € – Carte environ 34 €
Imaginez une maison centenaire noyée dans la verdure... cachant une extension
ultra-contemporaine, tout en hautes verrières ! C'est là que se cache cette Bistronomie, qui renouvelle les codes de la gourmandise. Avis aux amateurs de poisson : le chef travaille en direct avec la criée des Sables-d'Olonne...

INGERSHEIM – 68 (Haut-Rhin) → voir Colmar

INGRANDES-DE-TOURAINE

✉ 37140 (Indre-et-Loire) – 509 hab. – Alt. 48 m – Voir carte n°**11-A2**
▸ Paris 285 km – Nantes 172 km – Orléans 161 km – Tours 39 km
Carte Michelin 317-K5 – Guide Vert Michelin Châteaux de la Loire

XX **Vincent Cuisinier de Campagne**

*La Galottière – ℰ 02 47 96 17 21 – www.vincentcuisinierdecampagne.blogspot.fr
– Fermé 1er-8 juil. et 2 semaines en janv.*
Menu 17 € (déj. en semaine), 24/30 € *(réservation conseillée)*
Tout est dans le titre... En plein cœur des vignes, on est accueilli en ami dans
cette jolie maison, qui cultive une ambiance de ferme à la fois chic et simple
(tomettes, pierres et poutres apparentes, natures mortes aux murs). Légumes,
volailles, œufs sont produits sur place : qualité garantie !

ISBERGUES – 62 (Pas-de-Calais) → voir Aire-sur-la-Lys

ISIGNY-SUR-MER
⌧ 14230 (Calvados) – 2 798 hab. – Alt. 4 m – Voir carte n°**32-A2**
◘ Paris 298 km – Bayeux 35 km – Caen 64 km – Carentan 14 km
Carte Michelin 303-F4 – Guide Vert Michelin Normandie Cotentin

🏠 **Hôtel de France** ⏸ 🛜 ♿ 🅿

13 r. E. Demagny – ℰ 02 31 22 00 33 – www.hotel-france-isigny.fr
19 ch – ♦63/80 € ♦♦63/80 € – ⟋ 8,50 € – ½ P
Amateurs de beurre et de crème, peut-être aurez-vous envie de vous arrêter dans
la rue principale de cette célèbre cité laitière... Cet hôtel affiche un style simple et
pimpant ; le restaurant comblera les envies d'huîtres et de cuisine iodée. Prix raisonnables.

L'ISLE-ADAM
⌧ 95290 (Val-d'Oise) – 11 880 hab. – Alt. 28 m – Voir carte n°**18-B1**
◘ Paris 41 km – Beauvais 49 km – Chantilly 24 km – Compiègne 66 km
Carte Michelin 305-E6 – Guide Vert Michelin Île-de-France

🏨 **La Villa de l'Écluse** ❶ sans rest 🛏♿ 🆔 ♿ 🛜 ♿ 🅿

chemin Pierre-Terver – ℰ 01 34 73 26 96 – www.lavilladelecluse.fr
15 ch – ♦85/120 € ♦♦85/250 € – ⟋ 13 €
Dans le cadre verdoyant des berges de l'Oise, non loin de la plage de l'Isle-Adam,
cette belle villa des années 1940, en pierres apparentes, a été transformée en
hôtel après 18 mois de travaux ! Les chambres sont de vrais cocons contemporains ; on déguste son petit-déjeuner sous la véranda ou en terrasse... Charmant !

XX **Le Cabouillet** avec ch 🛜 🆔 rest, 🛜

*5 quai de l'Oise – ℰ 01 34 69 00 90 – www.lecabouillet.com – Fermé vacances
de fév., dim. soir et lundi*
7 ch – ♦90/140 € ♦♦90/140 € – ⟋ 12 €
Menu 26 € (déj. en semaine)/39 € – Carte 53/75 €
Ce Cabouillet a une bonne bouille ! Près du vieux pont de pierre, cette bâtisse du
début du 20e s. domine les rives verdoyantes de l'Oise où il fait si bon canoter...
On y apprécie une cuisine savoureuse, où le fait maison rime avec saison. En
prime, quelques chambres coquettes pour la nuit. Une jolie étape.

X **Le Relais Fleuri** 🛜

*61 bis r. St-Lazare – ℰ 01 34 69 01 85 – Fermé août, lundi soir, merc. soir, dim.
soir et mardi*
Formule 27 € – Menu 35/39 €
Cette table adamoise connaît une clientèle d'habitués de longue date. Dans un
décor aux notes désuètes, on apprécie une vraie cuisine traditionnelle, concoctée
avec des produits frais. Agréable terrasse sous les tilleuls.

L'ISLE-D'ABEAU
⌧ 38080 (Isère) – 15 734 hab. – Alt. 265 m – Voir carte n°**44-B2**
◘ Paris 499 km – Bourgoin-Jallieu 6 km – Grenoble 72 km – Lyon 38 km
Carte Michelin 333-E4 – Guide Vert Michelin Lyon et sa région

XX **Le Relais du Çatey** avec ch   🕸 ⅗ 🖴 🎍 ᵴ rest, ⅋ 🖘 **P**
10 r. Didier – ℰ 04 74 18 26 50 – www.le-relais-du-catey.com – Fermé 1ᵉʳ-25 août
et 26 déc.-4 janv.
7 ch – ♦68/88 € ♦♦68/88 € – ⬚ 10 € – ½ P
Menu 26 € (déj. en semaine), 38/64 € – Carte 45/68 € *(fermé dim. et lundi)*
Décor et éclairage contemporains soulignent le cachet préservé de cette maison
dauphinoise de 1774. Fine galette d'écrevisses aux artichauts et huile de sapin,
féra du Léman et chlorophylle d'ail des ours, selle d'agneau à la chapelure de
romarin... Des plats inventifs, servis avec sérieux et professionnalisme.

à l'Isle-d'Abeau-Ville-Nouvelle Ouest : 4 km par N 6 – ⊠38080 L'Isle
d'Abeau – 43 290 hab.

🏨 **Mercure**   ⅋〇 ⏉ 🖾 𝑓ₐ ⅋ 🖭 🗚 🖘 🛁 **P**
20 r. Condorcet – ℰ 04 74 96 80 00 – www.hotel-lyon-isledabeau.fr
189 ch – ♦95/135 € ♦♦105/145 € – 30 suites – ⬚ 16 €
Ce Mercure œuvre pour le bien-être de ses hôtes : construction "géobiologique"
(tendance Feng Shui), centre de remise en forme, bel équipement sportif... Les
chambres affichent un style standard et minimaliste, et on propose quelques
studios dans l'annexe. Pour se restaurer, deux possibilités, dont le piano-bar
New Sunset.

L'ISLE-JOURDAIN

⊠ 32600 (Gers) – 7 356 hab. – Alt. 116 m – Voir carte n°**28-B2**
🄳 Paris 682 km – Auch 45 km – Montauban 58 km – Toulouse 37 km
Carte Michelin 336-I8

🏨 **L'Échappée Belle**   ⅋〇 ᵴ 🗚 🖘 🛁
2 pl. Gambetta – ℰ 05 62 07 50 00 – www.echappee-belle.fr
27 ch – ♦85/125 € ♦♦85/165 € – 2 suites – ⬚ 12 € – ½ P
Rest L'*Échappée Belle* 🄰 – voir les restaurants ci-après
À deux pas de Toulouse et aux portes du Gers, la façade ultramoderne de cet
hôtel cache des chambres résolument contemporaines. Il fait bon se détendre
dans le joli salon ou dans le patio. Idéal pour une échappée... belle !

X **L'Échappée Belle**   🎍 ᵴ 🗚 ⟷
⊜ 2 pl. Gambetta – ℰ 05 62 07 50 05 – www.echappee-belle.fr
Formule 14 € – Menu 19 € (déj. en semaine), 28/40 € – Carte 36/50 €
🄰 La table de L'Échappée Belle est à l'image de l'établissement : dans l'air du temps !
Dans un cadre contemporain, on déguste une bonne cuisine du marché tel
ce saumon rôti accompagné de linguines et de courgettes. La carte a été imagi-
née par le chef Bernard Bach. Un lieu tendance... mais pas seulement.

à Pujaudran Est : 8 km par N 124 – ⊠ 32600 – 1 369 hab. – Alt. 302 m

XXX **Le Puits St-Jacques** (Bernard Bach)   🕸 🎍 🗚 ⟷
🕸🕸 av. Victor-Capoul – ℰ 05 62 07 41 11 – www.lepuitssaintjacques.fr
– Fermé 29 août-15 sept., 5-20 janv., dim. soir, lundi et mardi
Menu 32 € (déj. en semaine), 70/120 € – Carte 100/136 € *(réservation
conseillée)*
Cette maison gersoise, jadis relais sur la route de Compostelle, abrite une salle à
manger raffinée et un patio à l'atmosphère méridionale. Cuisine séduisante et inspirée, osant les nouvelles tendances.
➜ Foie gras de canard confit aux graines de fenouil, chutney de betterave et haricots tarbais. Pied de cochon farci au poulpe. Véritable chocolat liégeois, glace au
chocolat mi-amer.

L'ISLE-JOURDAIN

⊠ 86150 (Vienne) – 1 197 hab. – Alt. 142 m – Voir carte n°**39-C2**
🄳 Paris 375 km – Confolens 29 km – Niort 104 km – Poitiers 53 km
Carte Michelin 322-K7

à Port-de-Salles Sud : 7 km par D 8 et rte secondaire – ✉ 86150

Val de Vienne sans rest
Port de Salles – ✆ 05 49 48 27 27 – www.hotel-valdevienne.com
20 ch – †92/135 € ††92/145 € – 1 suite – ☕ 11 €
Non loin du circuit automobile du Val-de-Vienne, en pleine campagne, un véritable motel : chaque chambre dispose d'une entrée indépendante et d'une terrasse face au jardin bordé par la Vienne. Le calme est assuré et l'entretien impeccable... Qu'on y vienne !

L'ISLE-SUR-LA-SORGUE

✉ 84800 (Vaucluse) – 19 086 hab. – Alt. 57 m – Voir carte n°**42**-E1
Paris 693 km – Apt 34 km – Avignon 23 km – Carpentras 18 km
Carte Michelin 332-D10 – Guide Vert Michelin Provence

Domaine de la Petite Isle
871 rte d'Apt, (2 km) – ✆ 04 90 38 40 00 – www.domainedelapetiteisle.com – Fermé sam. et dim. en janv. et fév.
81 ch – †119/169 € ††119/169 € – 8 suites – ☕ 14 € – ½ P
À la sortie de la cité, un domaine verdoyant baigné par la Sorgue... Les chambres se répartissent sur différents bâtiments : n'hésitez pas à demander à loger dans les deux derniers-nés (2013), où elles sont plus spacieuses et agréables, dans une jolie veine contemporaine.

Artishow Ⓝ sans rest
9 r. Denfert-Rochereau – ✆ 04 32 61 07 95 – www.maisonartishow.com
5 ch ☕ – †250/400 € ††250/400 €
Mondrian, Cézanne, Vasarely, etc. : tels sont les noms des chambres de cet hôtel particulier transformé par un marchand d'art. On ne sera donc pas surpris de découvrir que le mobilier... est à vendre ! Superbe salon avec cheminée, piscine intérieure et ambiance bucolique : un véritable petit bijou.

Le Clos Violette sans rest
1 r. Pasteur – ✆ 04 90 92 69 32 – www.le-clos-violette.fr
5 ch ☕ – †180/250 € ††220/300 €
Dans cette maison raffinée de 1769, les chambres n'ont jamais aussi bien porté leurs noms : la "Sarah Bernhardt" avec son décor de théâtre, la "Sade" et ses gravures coquines, etc. Au petit-déjeuner, on se régale des confitures et gâteaux maison. Piscine intérieure s'ouvrant sur le jardinet.

La Maison sur la Sorgue sans rest
6 r. Rose-Goudard – ✆ 06 87 32 58 68 – www.lamaisonsurlasorgue.com – Fermé 1er-15 fév.
4 ch ☕ – †270/390 € ††270/390 €
Un très bel hôtel particulier, décoré sur le thème des voyages. Les chambres ont toutes leur cachet : baignoire sur pieds, loggia, vue sur l'église... Délicieux patio et piscine.

La Prévôté avec ch
rest,
4 bis r. Jean-Jacques-Rousseau, (derrière l'église) – ✆ 04 90 38 57 29 – www.la-prevote.fr – Fermé 22 fév.-12 mars, 15 nov.-5 déc., merc. sauf le soir en juil.-août et mardi
5 ch ☕ – †135/225 € ††135/225 € – ½ P
Formule 23 € – Menu 41/79 € – Carte 46/65 € *(réservation conseillée)*
Dans un couvent du 17es. ouvrant sur un bras de la Sorgue, on savoure une cuisine basée sur des produits frais, dans un cadre raffiné (cheminée, poutres apparentes). Chambres très joliment décorées.

Le Vivier
800 cours Fernande-Peyre, rte de Carpentras – ✆ 04 90 38 52 80 – www.levivier-restaurant.com – Fermé 23 fév.-16 mars, 2 semaines en nov., 1 semaine en janv., dim. soir de mi-sept. à mi-juin, vend. midi, sam. midi et lundi
Menu 32 € (déj. en semaine), 53/110 € 🍷 – Carte 62/82 €
Voilà une belle table contemporaine : sa terrasse face à la Sorgue et ses rives verdoyantes est un plaisir pour les yeux, plus encore ses assiettes, très graphiques et soignées. Le chef mêle saveurs et textures avec délicatesse et subtilité.
➜ Foie gras à l'anguille fumée. Pithiviers de pigeon du Comtat. Le tout-chocolat.

XX **Café Fleurs** 🍴 ⚅ AC

9 r. Théodore-Aubanel – ℰ 04 90 20 66 94 – www.cafefleurs.com
– Fermé en janv., mardi et merc. sauf le soir de mi-juin à fin août
Formule 20 € – Menu 34/56 € – Carte 48/58 €
Deux salles au décor provençal clair et soigné, une agréable terrasse extérieure
avec vue sur la Sorgue : joli cadre pour une cuisine actuelle au charme typique-
ment méridional. Bonne sélection de vins au verre.

X **Le Jardin du Quai** 🍴 🍴

91 av. Julien-Guigue, (près de la gare) – ℰ 04 90 20 14 98
– www.danielhebet.com – Fermé mardi et merc. sauf de mai à oct.
Menu 37 € (déj. en semaine)/45 €
Avec son jardin ombragé, ses vieux arbres et son intérieur provençal, ce bistrot a
quelque chose du charme d'antan. On y propose un menu unique réalisé avec les
produits du marché, pour une cuisine goûteuse et soignée, respectueuse des saisons. Bon et sans esbroufe !

X **Le Carré d'Herbes** 🍴

👄 *13 av. des 4-Otages – ℰ 04 90 38 23 97 – www.lecarredherbes.eu – Fermé 4
semaines en déc.-janv., jeudi sauf le soir en juil.-août et merc.*
Menu 18 € (déj. en semaine)/32 €
Pas évident de trouver ce restaurant dans le renfoncement d'une cour... peuplée
d'antiquaires. Dans la salle, objets et mobilier chinés dessinent un lieu atypique
– sans parler de la terrasse, des plus agréables ! Au menu : une cuisine de saison
aux saveurs méridionales.

X **La Balade des Saveurs** 🍴 AC

👄 *3 quai Jean-Jaurès – ℰ 04 90 95 27 85 – www.balade-des-saveurs.com – Fermé 1
semaine mi-mars, 2 semaines mi-janv., lundi et mardi d'oct. à fév.*
Formule 18 € – Menu 26/36 € – Carte 40/55 €
Un jeune couple sympathique – Benjamin et Sophie Fabre – règne sur ce restau-
rant plein de fraîcheur, dont la terrasse borde le cours pittoresque de la Sorgue.
Les recettes cultivent aussi bien le caractère que la douceur de la Provence. Cette
Balade des Saveurs est aussi... une ballade des gens heureux.

rte d'Apt 6 km au Sud-Est par D 901– ✉ 84800 Lagnes

🏠 **Le Mas des Grès** 🍴📶 🍴 ⚄ ⚅ AC 📶 P

– ℰ 04 90 20 32 85 – www.masdesgres.com – Ouvert 20 mars-11 nov.
14 ch – †90/190 € ††90/290 € – ⊇ 15 € – ½ P
Rest Le Mas des Grès – voir les restaurants ci-après
Ce mas provençal restauré avec goût invite à la détente : jardin, terrasse ombragée, aire de jeux pour les enfants, petit espace fitness... et des chambres coquettes, décorées avec soin. Cerise sur le gâteau : le petit-déjeuner est fort bon.

X **Le Mas des Grès** 🍴 🍴 ⚅ P

*– ℰ 04 90 20 32 85 – www.masdesgres.com – Ouvert 20 mars-11 nov. et fermé le
midi sauf juil.-août*
Formule 20 € – Menu 40 € *(réservation conseillée)*
Aux beaux jours, les tables prennent leurs aises sous la treille ou sous les platanes... Une bouffée de fraîcheur dans ce mas très avenant, qui propose chaque
jour sur son ardoise un menu du marché plein de couleurs.

L'ISLE-SUR-SEREIN

✉ 89440 (Yonne) – 741 hab. – Alt. 190 m – Voir carte n°**7-B2**
D Paris 209 km – Auxerre 50 km – Avallon 17 km – Montbard 36 km
Carte Michelin 319-H6

XX **Auberge du Pot d'Étain** avec ch ⚅ 🍴 AC 🍴 ch, 📶 🛁

👄 *24 r. Bouchardat – ℰ 03 86 33 88 10 – www.potdetain.com – Fermé
15-31 oct., fév., dim. soir et mardi midi sauf juil.-août et lundi*
9 ch – †65/98 € ††65/98 € – ⊇ 10 € – ½ P   Menu 28/60 € – Carte 50/62 €
Cuisine classique aux accents régionaux, exceptionnelle sélection de bourgognes
(2 500 appelations, 40 000 bouteilles), chambres coquettes et colorées : une
auberge sympathique dans la bucolique vallée du Serein... à deux tours de
roue de l'A6 !

LES ISSAMBRES
✉ 83380 (Var) – Voir carte n°**41-C3**
▶ Paris 877 km – Draguignan 40 km – Fréjus 11 km – St-Raphaël 14 km
Carte Michelin 340-P5 – Guide Vert Michelin Côte d'Azur

à la calanque des Issambres – ✉83380 Les Issambres

✗ **Chante-Mer** 🛗 ᴀᴄ
pl. Ottaviani, (au village provençal) – ☎ 04 94 96 93 23 – www.chantemer.com
– Fermé mardi midi hors saison, merc. midi et lundi sauf le soir en saison
Menu 30/40 € – Carte 45/67 €

Un nom tout trouvé pour ce restaurant à 300 m du front de mer ! Derrière les fourneaux, un enfant du pays provençal concocte de généreuses recettes traditionnelles. Tout est frais, fait maison et savoureux, et le service est simple et familial... De quoi faire chanter les gourmands de plaisir.

ISSIGEAC
✉ 24560 (Dordogne) – 715 hab. – Alt. 106 m – Voir carte n°**4-C2**
▶ Paris 607 km – Agen 75 km – Bordeaux 110 km – Périgueux 65 km
Carte Michelin 329-E7 – Guide Vert Michelin Périgord Quercy

✗ **La Brucelière** avec ch 🛗 ᴀᴄ ch, 🍴 ch, 🛜
pl. de la Capelle – ☎ 05 53 73 89 61 – www.labruceliere.com – Fermé vacances de fév.,1ère semaine de juil., vacances de Toussaint, mardi de la Toussaint à Pâques, mardi soir sauf juil.-août et merc.
4 ch ☲ – †58/70 € ††65/78 € – ½ P
Formule 19 € – Menu 28 € – Carte environ 34 €

Une vraie auberge de campagne... Avec ses murs en moellons et son mobilier en bois, la salle dégage une ambiance un rien surannée ; l'été, on profite de la terrasse sur le jardin. Côté menu, le chef met un point d'honneur à cuisiner des produits frais à travers des recettes simples et bonnes. Une adresse sympathique.

✗ **Le Relais de l'Ancienne Gare** Ⓝ 🛗
rte d'Eymet – ☎ 05 53 58 70 29 – www.relais-anciennegare.com – Fermé 1 semaine fin juin, 7 janv.-5 fév., dim. soir et jeudi
Formule 13 € – Menu 17 € (déj. en semaine), 27/39 € – Carte 37/53 €

À la circonférence de cette jolie cité médiévale recroquevillée autour de son église gothique, le type même de la bonne petite adresse de campagne, avec son décor sans surprise et sa cuisine traditionnelle tout simplement franche et bonne. De plus, les prix sont raisonnables et l'engagement des patrons évident.

ISSOIRE
✉ 63500 (Puy-de-Dôme) – 14 170 hab. – Alt. 400 m – Voir carte n°**5-B2**
▶ Paris 446 km – Clermont-Ferrand 36 km – Le Puy-en-Velay 94 km – Thiers 56 km
Carte Michelin 326-G9 – Guide Vert Michelin Auvergne

🏨 **Le Pariou** 🍴🛗🍴🛗ᴀᴄ🛜🛗🅿
18 av. Kennedy, 1 km au Nord – ☎ 04 73 55 90 37 – www.hotel-pariou.com
– Fermé 18 déc.-8 janv.
54 ch – †65/85 € ††80/100 € – ☲ 11 € – ½ P

Un peu excentré, cet hôtel-restaurant – bâtisse de 1950 – est idéal pour une étape dans cette localité connue pour abriter l'un des joyaux de l'art roman auvergnat, l'abbatiale St-Austremoine. Chambres spacieuses avec mobilier design et tons colorés.

✗ **L'Atelier Yssoirien** 🛗 ᴄ
23 bd Triozon-Bayle – ☎ 04 73 89 44 47 – www.atelier-yssoirien.com – Fermé 3 semaines en août, 2-15 janv., dim. et lundi
Formule 14 € – Menu 19 € (déj. en semaine), 30/50 € – Carte 44/67 €

Ne vous fiez pas à sa façade noire, cet Atelier créé en 2012 fait des étincelles ! Dans sa cuisine ouverte sur la salle – au décor urbain et coloré –, le jeune chef compose de jolies assiettes, originales et parfumées, bien maîtrisées. La créativité comme on l'aime.

à St-Rémy-de-Chargnat 7 km au Sud-Est par D 999 – ✉ 63500
– 547 hab. – Alt. 400 m

↑↑ **Château de la Vernède** sans rest   🚳 🖨 🛇 **P** 🛋
– 𝒞 04 73 71 07 03 – www.chateauvernedeauvergne.com
5 ch 🖵 – †70/110 € – ††70/110 €
Un joli château remanié en 1850, ancien relais de chasse de la reine Margot, où
meubles d'époque côtoient tableaux anciens et pièces rares. Beaucoup de goût
et de romantisme !

à Sarpoil 10 km au Sud-Est par D 999 – ✉ 63490 St-Jean-en-Val

XXX **La Bergerie** (Cyrille Zen)   🗦 **P**
🕄 – 𝒞 04 73 71 02 54 – www.labergeriedesarpoil.com – Fermé 15-24 juin,
14-23 sept., janv., dim. soir, mardi et merc.
Menu 25 € (déj. en semaine), 38/85 € – Carte 54/76 € (réservation conseillée)
Point d'habitudes moutonnières en cette Bergerie, mais du soin apporté à chaque
assiette, de subtils mariages de saveurs, de textures, de couleurs… Une cuisine
du terroir à la fois fine et gourmande ! Et peut-être connaissez-vous déjà le chef,
Cyrille Zen, finaliste de l'émission Top Chef en 2012.
→ Foie gras de canard décliné au fil des saisons. Chou farci de homard et de
tourteau. Sphère en fusion chocolat.

à Perrier 5 km à L'Est par D 996 – ✉ 63500 – 845 hab. – Alt. 415 m

XX **La Cour Carrée** avec ch   🗦 🗦 🛇 ch, 🛜 **P**
17 av. du Tramot – 𝒞 04 73 55 15 55 – www.cour-carree.com – Fermé 3-17 nov.,
2-19 janv., dim. soir et lundi soir du 15 sept. au 15 juin et le midi sauf dim.
3 ch – †98 € ††98 € – 🖵 12 € – ½ P   Menu 31/37 € (réservation conseillée)
Cette ancienne maison de vignerons s'ouvre sur... une cour carrée ! Le chef met le
savoir-faire des petits producteurs en avant. Il signe une jolie cuisine du terroir.
Chambres élégantes et confortables où dominent le bois et la pierre.

ISSOUDUN
✉ 36100 (Indre) – 12 931 hab. – Alt. 130 m – Voir carte n°**12-C3**
🖸 Paris 244 km – Bourges 37 km – Châteauroux 29 km – Tours 127 km
Carte Michelin 323-H5 – Guide Vert Michelin Limousin Berry

🏨 **La Cognette**   🔟 🗦 🕹 🖾 🛜 🛁 🗦
r. des Minimes – 𝒞 02 54 03 59 59 – www.la-cognette.com   Plan : A**e**
– Fermé 4-28 janv.
17 ch – †85/105 € ††105/200 € – 3 suites – 🖵 15 € – ½ P
Rest La Cognette 🕄 – voir les restaurants ci-après
Répondants aux noms de Lamartine, Napoléon, Liszt, etc., les chambres de ce
charmant hôtel, souvent de plain-pied sur le jardin, ne manquent pas de style !
Dans l'annexe, elles sont plus simples et plus contemporaines, mais tout aussi
agréables...

XXX **La Cognette** (Jean-Jacques Daumy)   🕄 🗦 🖾 ✛
🕄 bd Stalingrad – 𝒞 02 54 03 59 59 – www.la-cognette.com   Plan : A**z**
– Fermé 4-28 janv., dim. soir, mardi midi et lundi de mi-sept. à avril
Formule 28 € – Menu 40 € 🍷/98 € – Carte 60/85 € (réservation conseillée)
Dans La Rabouilleuse, Balzac évoque La Cognette, qui le lui rend bien. Ce joli boudoir, tout à la gloire du grand écrivain, célèbre aussi le classicisme culinaire, les
plats du terroir et même quelques créations plus actuelles. Tout un roman !
→ Crème de lentilles vertes du Berry aux truffes. Poulet en barbouille. Massepain
d'Issoudun à la fleur d'oranger.

à Diou par ① : 12 km sur D 918 – ✉ 36260 – 268 hab. – Alt. 130 m

XX **L'Aubergeade**   🖨 🗦 🖾 **P**
rte d'Issoudun – 𝒞 02 54 49 22 28 – Fermé merc. soir et dim. soir
Menu 22 € (déj. en semaine), 34/44 € – Carte 44/57 € (réservation conseillée)
En amoureux des bons vins, le chef vous propose un tour du monde des jolis crus
et vous fait aussi découvrir le très local reuilly. Pour ne rien gâcher, il concocte de
bons petits plats dans l'air du temps. Et l'été, on profite de la terrasse !

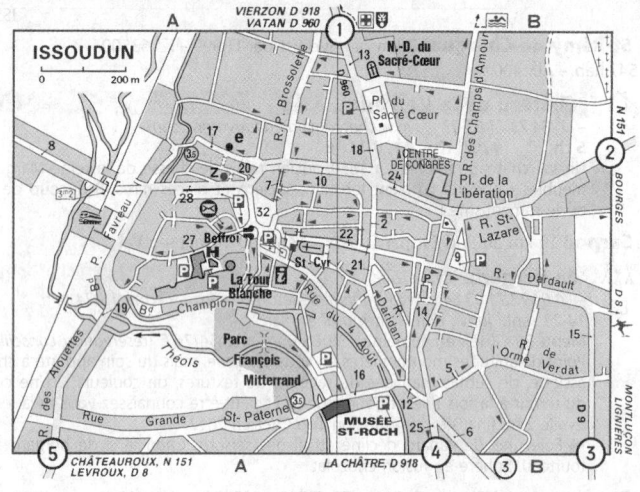

ISSOUDUN

VIERZON D 918
VATAN D 960

N.-D. du
Sacré-Cœur

CHÂTEAUROUX, N 151
LEVROUX, D 8

LA CHÂTRE, D 918

Avenir (R. de l')	**B** 2	Estienne-d'Orves (R. d')	**B** 13	Poterie (R. de la)	**A** 20
Bons-Enfants (R. des)	**B** 5	Fossés-de-Villatte (R. des)	**B** 14	Quatre-Vents (R. des)	**B** 21
Capucins (R. des)	**B** 6	Gaulle (Av. Ch. de)	**B** 15	République (R. de la)	**AB** 22
Casanova (R. D.)	**A** 7	Hospices St-Roch (R.)	**B** 16	Roosevelt (Bd Prés.)	**B** 24
Chinault (Av. de)	**A** 8	Minimes (R. des)	**A** 17	St-Martin (R.)	**B** 25
Croix-de-Pierre (Pl. de la)	**B** 9	Père-Jules-Chevalier		Semard (R. P.)	**A** 27
Dormoy (Bd M.)	**A** 10	(R. du)	**B** 18	Stalingrad (Bd de)	**A** 28
Entrée-de-Villatte (R.)	**B** 12	Ponts (R. des)	**B** 19	10-Juin (Pl. du)	**A** 32

à St-Valentin 11 km à l'Ouest par D 8 et D 12 – ⊠ 36100 – 275 hab. – Alt. 151 m

☆☆ Au 14 Février ⚿ 🅿

☃ *2 r. du Portail – ℰ 02 54 03 04 96 – www.au14fevrier.com – Fermé 2 semaines en sept., 2 semaines en janv., dim. soir de sept. à avril, merc. midi, lundi et mardi* Menu 35 € (déj. en semaine), 48/87 €

Au cœur du "village des amoureux", une vraie surprise que cette table tenue par... toute une équipe japonaise. Les saveurs nipponnes et françaises se mêlent avec art : un mariage très réussi, un amour de cuisine fusion ! Quant au cadre, raffiné, et au charmant service, ils se prêtent à un dîner... à deux.

➔ Poêlée de foie gras de canard. Homard bleu de Bretagne. Dôme au chocolat blanc.

IS-SUR-TILLE

⊠ 21120 (Côte-d'Or) – 4 339 hab. – Alt. 284 m – Voir carte n°**8-C2**
▶ Paris 332 km – Chenôve 43 km – Dijon 30 km – Talant 32 km
Carte Michelin 320-K4

🏠 Auberge Côté Rivière 🍽 🛏 🚭 ♿ 🛜 🏊 🅿

3 r. des Capucins – ℰ 03 80 95 65 40 – www.hotel-restaurant-coteriviere.com – Fermé 1 semaine en août, 24 déc.-6 janv. et dim. soir
10 ch – ♦85/132 € ♦♦85/132 € – 🍴 11 € – ½ P
Rest *Auberge Côté Rivière* – voir les restaurants ci-après

Ambiance bucolique... On enjambe la Tille pour entrer dans cette charmante maison bourgeoise entourée d'un grand parc. Les chambres se révèlent claires et accueillantes, les plus grandes d'entre elles pouvant accueillir des familles. Au petit-déjeuner, une douce surprise : le pain est fait maison.

☆☆ Auberge Côté Rivière 🚭 🍴 ♿ ♻ 🅿

☕ *3 r. des Capucins – ℰ 03 80 95 65 40 – www.auberge-cote-riviere.com – Fermé 1 semaine en août, 24 déc.-6 janv., dim. soir et lundi*
Formule 17 € – Menu 20 € (déj. en semaine), 29/49 € – Carte 44/50 €

Cette grange à houblon n'a rien perdu de son cachet d'antan... Selon la saison, on aime se réchauffer près de la belle cheminée ou prendre le frais dans le joli parc, tout en se régalant des bons petits plats traditionnels du chef.

ISTRES

✉ 13800 (Bouches-du-Rhône) – 42 943 hab. – Alt. 32 m – Voir carte n°**40-A3**
▶ Paris 745 km – Arles 46 km – Marseille 55 km – Martigues 14 km
Carte Michelin 340-E5 – Guide Vert Michelin Provence

XX **La Table de Sébastien** 🛜 AC

😊 *7 av. Hélène-Boucher – ℰ 04 42 55 16 01 – www.latabledesebastien.fr*
– Fermé 2-21 janv., mardi midi, dim. soir et lundi
Menu 29/98 € ℤ – Carte 50/65 €
Au cœur d'Istres, une agréable terrasse sous les platanes... Le chef réinterprète avec goût les recettes régionales à travers un menu-carte et un menu "surprise", inspirés par les ingrédients sélectionnés auprès de producteurs locaux, notamment bio. L'établissement comporte aussi une épicerie fine et une école de cuisine.

à l'Ouest au Parc de Trigance, direction Fos-sur-Mer

🏨 **Ariane** 🍽 🗴 ⴺ AC 🛜 🔏 🅿

12 av. de Flore, Parc de Trigance ✉ 13800 Istres – ℰ 04 42 11 13 13
– www.arianehotel-istres.com
49 ch – †72/103 € ††72/130 € – 5 suites – ☑ 10 € – ½ P
Dans un quartier résidentiel, cet hôtel propose des chambres confortables – certaines avec une terrasse côté piscine – et des appartements équipés d'une kitchenette. Des plats de brasserie sans prétention sont proposés au restaurant : bien pratique.

🏠 **Ibis** 🍽 🗴 ⴺ AC 🛜 🔏 🅿

10 chemin de Capeau, (Parc de Trigance) – ℰ 04 90 45 15 60
– www.accorhotels.com
54 ch – †74/86 € ††74/86 € – ☑ 10 €
Dans la zone d'activités d'Istres, un hôtel fonctionnel et bien tenu. Au restaurant, petite carte de salades, pizzas et plats de pâtes. Une adresse idéale pour une étape.

ITTERSWILLER

✉ 67140 (Bas-Rhin) – 263 hab. – Alt. 235 m – Voir carte n°**2-C1**
▶ Paris 502 km – Erstein 25 km – Mittelbergheim 5 km – Molsheim 26 km
Carte Michelin 315-I6

🏨 **Arnold** 🍽 🕭 ⪦ 🍴 🖑 🛜 🔏 🅿

98 rte des Vins – ℰ 03 88 85 50 58 – www.hotel-arnold.com
36 ch – †75/130 € ††75/130 € – 1 suite – ☑ 13 € – ½ P
Rest *Winstub Arnold* 😊 – voir les restaurants ci-après
Sur la route des vins, deux bâtisses à colombages dans un village de carte postale ! Le panorama est superbe : la plupart des chambres dominent le vignoble, les villages de la plaine d'Alsace et la Forêt-Noire… Décor chaleureux.

XX **Winstub Arnold** – Hôtel Arnold 🍴 🛜 🅿

😊 *98 rte des Vins – ℰ 03 88 85 50 58 – www.hotel-arnold.com – Fermé dim. soir et lundi de nov. à mai*
Formule 18 € – Menu 22 € (semaine), 30/38 € – Carte 27/66 €
Cette winstub met à l'honneur la "elsässische spezialitäten" : kougelhopf, choucroute et tant de plats régionaux ! Soulevez donc le couvercle en fonte qui protège le baeckeofe servi en cocotte…

ITXASSOU

✉ 64250 (Pyrénées-Atlantiques) – 2 018 hab. – Alt. 39 m – Voir carte n°**3-A3**
▶ Paris 787 km – Bayonne 24 km – Biarritz 25 km – Cambo-les-Bains 5 km
Carte Michelin 342-D5 – Guide Vert Michelin Pays Basque et Navarre

🏠 **Txistulari** 🍽 🕭 🍴 🗴 🎮 🖑 🍴 🛜 🅿

rte d'Errobi, D 249 – ℰ 05 59 29 75 09 – www.txistulari.fr – Fermé 12 déc.-4 janv.
22 ch – †52/65 € ††56/83 € – ☑ 9 € – ½ P
L'hôtel est tout proche de la petite route conduisant au Pas de Roland et jouit d'un environnement calme et verdoyant. Les chambres sont tenues avec soin – celles de l'aile récemment construite étant plus contemporaines. Cuisine traditionnelle au restaurant.

Le Chêne   🍽 ॐ ⇐ ⇦ 🛜 **P**

(près de l'église) – ℰ 05 59 29 75 01 – www.lechene-itxassou.com – Fermé janv., mardi sauf de juil. à oct. et lundi

16 ch – ▪52/70 € ▪▪52/70 € – ☐ 9 € – ½ P

Face à l'église du village et au décor des monts alentour, cette auberge accueille les voyageurs depuis 1696 ! À la fois simples et coquettes, les chambres sont tenues avec grand soin. Cuisine basque au restaurant.

Hôtel du Fronton   🍽 < 🔄 🕍 �&ᕤ 🆊 🛜 **P**

pl. du Fronton – ℰ 05 59 29 75 10 – www.hotelrestaurantfronton.com – Fermé 16-22 nov., 1er janv.-15 fév. et merc.

23 ch – ▪58/74 € ▪▪58/74 € – 1 suite – ☐ 8,50 € – ½ P

Rest *Restaurant du Fronton* – voir les restaurants ci-après

Une maison basque adossée au fronton de pelote du village, avec les monts d'It-xassou en ligne de mire : quelle meilleure situation pour profiter de l'identité de la région ? Les chambres sont fonctionnelles et bien tenues, et celles de l'annexe inaugurée en 2014 sortent du lot !

✗ Restaurant du Fronton   < 🕍 ᕤ & 🆊

pl. du Fronton – ℰ 05 59 29 75 10 – www.hotelrestaurantfronton.com – Fermé 16-22 nov., 1er janv.-15 fév. et merc.

Menu 22/38 € – Carte 44/54 €

Comme la pelote semble aimantée par la *chistera* (le gant en paille des joueurs), le jeune chef, Bernard Bonnet, a naturellement rejoint l'établissement familial – 3e génération – après avoir fait ses classes dans plusieurs établissements de renom. Les recettes du terroir et les produits locaux y trouvent une belle vitalité !

JALIGNY-SUR-BESBRE

✉ 03220 (Allier) – 610 hab. – Alt. 246 m – Voir carte n°**6-C1**

▶ Paris 335 km – Clermont-Ferrand 101 km – Mâcon 123 km – Moulins 38 km

Carte Michelin 326-I4 – Guide Vert Michelin Auvergne

Hôtel de Paris   🍽 🆊 🛜

3 Grande-Rue – ℰ 04 70 34 82 63 – www.hotelrestaurantdeparis.net – Fermé vacances de fév.

6 ch – ▪68/78 € ▪▪68/98 € – ☐ 9 € – ½ P

Une adresse familiale au cœur d'un petit village tranquille. Les chambres, simples et fonctionnelles, sont idéales pour une étape près du parc d'attractions et anima-lier du PAL. Cuisine traditionnelle servie dans un cadre rustique ; patio pour les beaux jours.

JANVRY – 91 (Essonne) → voir Paris, Environs

JARNAC

✉ 16200 (Charente) – 4 427 hab. – Alt. 26 m – Voir carte n°**38-B3**

▶ Paris 475 km – Angoulême 31 km – Barbezieux 30 km – Bordeaux 113 km

Carte Michelin 324-I5 – Guide Vert Michelin Poitou-Charentes

Ligaro sans rest   ॐ 🔄 🕍 & 🆊 🛜 🚗

74 Grand-Rue – ℰ 05 45 32 71 38 – www.hotel-ligaro.com

10 ch – ▪129/265 € ▪▪129/265 € – ☐ 16 €

Juste en face de l'église St-Pierre, cette maison bourgeoise du 17e s. – l'une des plus vieilles de Jarnac – a été superbement rénovée, mêlant ancien et contempo-rain, ambiance feutrée et confort. Le tout d'une sobre élégance très séduisante !

⌂ Château Saint-Martial sans rest   ॐ 🔄 🕍 🛁 ⅚ ✕ ✗ 🛜 🛅 **P** 🍴

56 r. des Chabannes – ℰ 05 45 83 38 64 – www.chateausaintmartial.fr – Fermé 21 fév.-9 mars, 17 oct.-2 nov. et 19 déc.-4 janv.

5 ch ☐ – ▪129/149 € ▪▪149/169 €

Ce beau château du 19e s., à l'architecture éclectique, appartient à la famille Bis-quit, célèbre pour son cognac. On y mène toujours grand train : salons immenses, décors profus, tableaux, meubles anciens... pour un séjour en majesté.

XX **Restaurant du Château**   AK ⇔
15 pl. du Château – ℰ *05 45 81 07 17 – www.restaurant-du-chateau.com*
– Fermé dim. soir et lundi
Formule 20 € – Menu 38 € (déj.), 44/71 € – Carte 65/85 €
Des airs de brasserie chic et contemporaine au cœur de Jarnac, ville natale et pays
de cœur de François Mitterrand. On se délecte ici d'une cuisine du moment, fine
et savoureuse, réalisée avec de beaux produits par un jeune chef plein d'allant.

à Bourg-Charente Ouest : 6 km par N 141 et rte secondaire – ⌖ 16200
– 787 hab. – Alt. 14 m

XXX **La Ribaudière** (Thierry Verrat)   ⅋ ≤ 佘 AK ⇔ P
ॐ   *2 pl. du Port –* ℰ *05 45 81 30 54 – www.laribaudiere.com – Fermé 19 oct.-2 nov.,*
vacances de fév., dim. soir, mardi midi et lundi
Menu 45/84 € – Carte 80/105 €
Une grande villa contemporaine, avec un jardin qui descend en pente douce vers
la Charente... La terrasse est superbe, la salle très originale – blanche et pop !
Dans le même ton, le chef signe une belle cuisine, où l'invention cultive le naturel. La force tranquille.
➔ Escargots petits-gris à la graisse de canard et bouillon d'ortie sauvage. Truite
du gouffre de Gensac en croûte de truffe noire. Mystère au chocolat et Cognac
X.O., caramel au beurre demi-sel.

à Bassac Sud-Est : 7 km par N 141 et D 22 – ⌖ 16120 – 561 hab. – Alt. 20 m

🏠 **L'Essille**   ⅋O ⅋ 👜 ᴅ 🛜 ᴊ P
r. de Condé – ℰ *05 45 81 94 13 – www.hotel-restaurant-essille.com – Fermé*
1ᵉʳ-8 janv.
17 ch – ♦76/100 € ♦♦80/100 € – ⌷ 11 € – ½ P
Au cœur de ce petit village du pays de Cognac, une ancienne ferme de 1856 qui
a toujours bon pied, bon œil ! Les chambres associent esprit contemporain et
bon rapport confort-prix ; le restaurant étonne par sa mise en scène originale et
une belle carte des vins.

JASSANS-RIOTTIER – 01 (Ain) ➔ voir à VILLEFRANCHE-SUR-SAÔNE

JAUSIERS – 04 (Alpes-de-Haute-Provence) ➔ voir Barcelonnette

JERSEY (ÎLE DE) – JSY (Jersey) ➔ voir Île de Jersey

JOIGNY
⌖ 89300 (Yonne) – 10 053 hab. – Alt. 79 m – Voir carte n°**7-B1**
▶ Paris 144 km – Auxerre 28 km – Gien 74 km – Montargis 59 km
Carte Michelin 319-D4 – Guide Vert Michelin Bourgogne

🏨 **La Côte St-Jacques**   ⅋O ⅌ ≤ 👜 ⛶ ⊕ ⅃ ⅋ ᴅ 🛜 ᴊ P ⅏   Plan : A**r**
14 fg de Paris – ℰ *03 86 62 09 70 – www.cotesaintjacques.com*
– Fermé 4-21 janv. et lundi
31 ch – ♦225/540 € ♦♦225/540 € – 1 suite – ⌷ 28 € – ½ P
Rest *La Côte St-Jacques* ॐॐ – voir les restaurants ci-après
Au bord de l'Yonne, cet hôtel luxueux offre de nombreux agréments : moments
de détente à la piscine et au spa avec piscine couverte, hammam, sauna et
jacuzzi ; sommeil réparateur dans des chambres raffinées, et beaux plaisirs gastronomiques...

🏠 **Le Rive Gauche**   ⅋O ⅌ ≤ 👜 ⅀ ⅋ ᴅ 🛜 ᴊ P   Plan : A**s**
r. du Port-au-Bois – ℰ *03 86 91 46 66*
– www.hotel-le-rive-gauche.fr
42 ch – ♦90/125 € ♦♦90/125 € – ⌷ 13 €
Rest *Le Rive Gauche* – voir les restaurants ci-après
Sur la rive gauche de l'Yonne, ce grand établissement construit dans les années
1990 propose des chambres spacieuses, bien équipées et lumineuses. Le tout au
sein d'un grand parc avec plan d'eau...

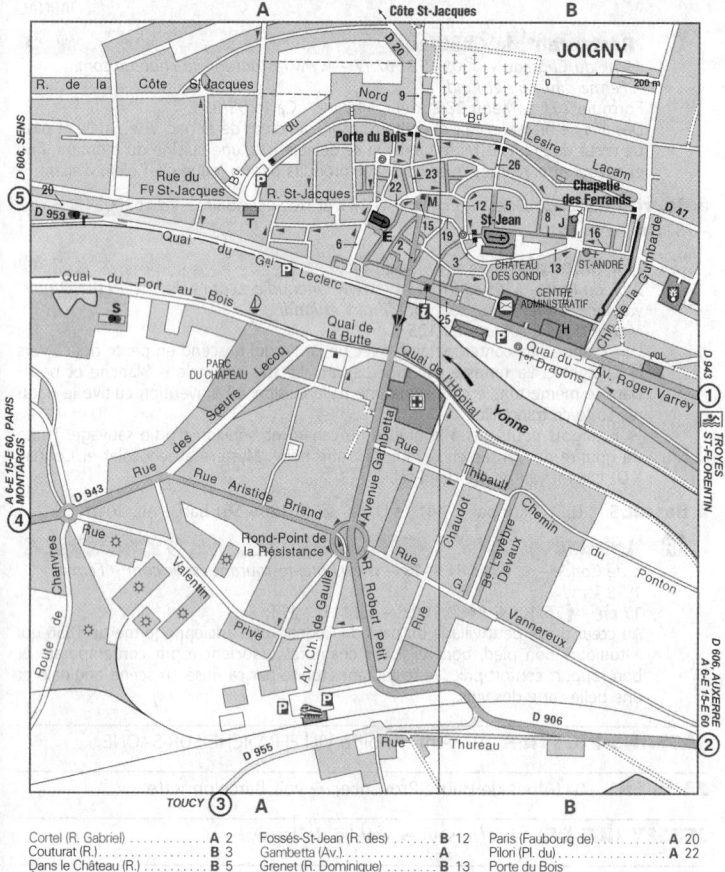

Côte St-Jacques

JOIGNY

ХХХХ **La Côte St-Jacques** (Jean-Michel Lorain) – Hôtel La Côte St-Jacques

ಭ ಭ 14 fg de Paris – ℰ 03 86 62 09 70 – www.cotesaintjacques.com
– Fermé 4-21 janv. et lundi   Plan : A**r**
Menu 76 € (déj. en semaine), 168/255 € – Carte 120/208 € (réservation
conseillée)

D'une petite couturière audacieuse à son petit-fils globe-trotter, la Côte St-Jacques s'est imposée comme une institution de la gastronomie bourguignonne !
La noblesse des produits, la générosité des assiettes, le caractère intemporel de
certaines recettes : une histoire culinaire écrite au fil de l'Yonne toute proche...
→ Genèse d'un plat sur le thème de l'huître. Poularde de Bresse à la vapeur de
champagne. Glace à la rose en tulipe croustillante et pétales cristallisés.

ХХ **Le Rive Gauche** – Hôtel Le Rive Gauche

r. du Port-au-Bois – ℰ 03 86 91 46 66   Plan : A**s**
– www.hotel-le-rive-gauche.fr – Fermé dim. soir d'oct. à Pâques
Formule 25 € ♀ – Menu 31/49 € – Carte 37/53 €

Atout charme de cette maison contemporaine dirigée par Catherine Lorain, sœur
de Jean-Michel : la terrasse face aux rives de l'Yonne, mais la salle offre également
de belles échappées sur la verdure. La carte met à l'honneur les saveurs régionales et la créativité. Spécialité : escargots en persillade et gnocchis aux herbes.

à Épineau-les-Voves 7,5 km par ② – ⊠ 89400 – 688 hab. – Alt. 92 m

XX **L'Orée des Champs** 　　　　　　🔼 🔾 AC P
ⓢ *(D 606) – ℰ 03 86 91 20 39 – Fermé vacances de fév., 1ᵉʳ-14 août, le soir sauf vend. et sam. et lundi*
Formule 16 € – Menu 20 € (semaine), 36/67 € ▾ – Carte environ 42 €
Ici, on traverse le jardin (jeux pour enfants), puis on s'installe sur la terrasse ombragée ou dans la plaisante salle couleur taupe. Carte traditionnelle.

JOINVILLE

⊠ 52300 (Haute-Marne) – 3 560 hab. – Alt. 195 m – Voir carte n°**14**-C2
◨ Paris 244 km – Bar-le-Duc 54 km – Bar-sur-Aube 47 km – Chaumont 44 km
Carte Michelin 313-K3 – Guide Vert Michelin Champagne Ardenne

🏨 **Le Soleil d'Or** 　　　　　　🔟 🛜 🏋 🔾
9 r. des Capucins – ℰ 03 25 94 15 66 – www.hotellesoleildor.fr
21 ch – ♦65/85 € ♦♦75/110 € – ⊑ 10 € – ½ P
Rest *Le Soleil d'Or* – voir les restaurants ci-après
Les origines de cette maison chaleureuse remontent au 17ᵉ s. La plupart des chambres sont décorées avec goût, dans un esprit contemporain (murs en chaux, boutis, tableaux).

XXX **Le Soleil d'Or** 　　　　　　AC ⟷
9 r. des Capucins – ℰ 03 25 94 15 66 – www.hotellesoleildor.fr – Fermé vacances de fév., 2 semaines en août, vacances de Toussaint, dim. et lundi
Formule 19 € ▾ – Menu 22/45 € – Carte 56/69 €
Le soleil brille sur cette cuisine servie dans un décor d'inspiration historique. On y marie avec subtilité de jolis produits pour un résultat flatteur. Une bonne adresse dans la région.

JONGIEUX

⊠ 73170 (Savoie) – 333 hab. – Alt. 300 m – Voir carte n°**45**-C1
◨ Paris 528 km – Annecy 58 km – Chambéry 25 km – Lyon 103 km
Carte Michelin 333-H3

⇧ **Château de la Mar** ⓝ sans rest 　　　🌿 🔼 ⚒ 🛝 🛜 P
Aimavigne – ℰ 06 26 56 99 33 – www.chateau-de-la-mar.fr – Ouvert 17 avril-5 oct.
5 ch ⊑ – ♦220/330 € ♦♦220/330 €
De belles chambres confortables et décorées avec soin – portant les noms de cépages locaux –, un jacuzzi dans les vignes, une belle piscine : voilà ce qui vous attend dans ce superbe petit château datant de 1244... et qui cache bien son âge !

XX **Les Morainières** (Michaël Arnoult) 　　　< 🔾 AC P
❀❀ *rte de Marétel – ℰ 04 79 44 09 39 – www.les-morainieres.com – Fermé 1 semaine en juin, 1 semaine en nov., 26 déc.-15 janv., mardi sauf le soir en juil.-août et lundi*
Formule 34 € – Menu 48 € (déj. en semaine), 85/115 € – Carte 90/115 €
(réservation conseillée)
Au sommet d'un coteau planté de vignes, dans un ancien cellier dominant la vallée et le Rhône… Loin des sentiers battus, la table de Mickaël Arnoult mérite un détour ! Car ce jeune chef imagine une cuisine d'une grande finesse, flatteuse sans être prétentieuse, créative sans être déroutante. Il impose son style.
→ Langoustine bretonne rôtie, blanc-manger, orange et tagète. Ris de veau doré, cèpes, macaroni de tête de veau et jus de mondeuse. Myrtilles sauvages, crème légère à la tanaisie.

JONS

⊠ 69330 (Rhône) – 1 318 hab. – Alt. 205 m – Voir carte n°**43**-E1
◨ Paris 476 km – Lyon 28 km – Meyzieu 10 km – Montluel 8 km
Carte Michelin 327-J5

Auberge de Jons

🍴 ⪡ 🦽 ♿ 📠 📶 ♨ 📶 🅿

rte du Pont – ℰ 04 78 31 29 85 – www.auberge-de-jons.com – Fermé 21 déc.-3 janv.
24 ch – ♂75/113 € ♂♂75/113 € – 2 suites – ⬜ 13 €
Au bord du Rhône, un joli complexe hôtelier avec un ravissant cottage en bois et ses chambres d'esprit chalet, de confortables bungalows familiaux, ou des chambres classiques et contemporaines dans la bâtisse originale. Côté détente : piscine, restaurant d'esprit paquebot, etc.

JONZAC

✉ 17500 (Charente-Maritime) – 3 491 hab. – Alt. 40 m – Voir carte n°**38**-B3
◭ Paris 512 km – Angoulême 59 km – Bordeaux 84 km – Cognac 36 km
Carte Michelin 324-H7 – Guide Vert Michelin Poitou-Charentes

🍴 Hostellerie du Coq d' Or avec ch

🔒 📠 ch, 📶 ♨

18 pl. du Château – ℰ 05 46 48 00 06 – www.lecoqdor.fr – Fermé 15-30 mars, vacances de Noël, dim. soir et lundi
5 ch – ♂89/99 € ♂♂89/99 € – ⬜ 10 € – ½ P
Formule 13 € – Menu 16 € (déj. en semaine), 23/30 € – Carte 30/57 €
Sur la place du château, une demeure (1904) rétro en diable et très élégante. On se régale de plats bistrotiers, généreux et savoureux, qui suivent le cours des saisons... Et pour passer la nuit, les chambres sont confortables et charmantes.

à Clam 6 km au Nord par D 142 – ✉ 17500 – 399 hab. – Alt. 67 m

🏠 Le Vieux Logis

🍴 🛏 🦽 ♿ 📶 🅿

r. du 8 mai-1945 – ℰ 05 46 70 20 13 – www.vieuxlogis.com
10 ch – ♂75/90 € ♂♂75/90 € – ⬜ 12 € – ½ P
Rest *Le Vieux Logis* – voir les restaurants ci-après
À quelques kilomètres au nord de Jonzac. Dans ce joli logis, les chambres, fonctionnelles et bien tenues, donnent de plain-pied sur le jardinet. Et l'été, on se rafraîchit en faisant quelques brasses dans la piscine !

🍴🍴 Le Vieux Logis

🛏 📠 📠 🅿

r. du 8 mai-1945 – ℰ 05 46 70 20 13 – www.vieuxlogis.com
Formule 17 € – Menu 22/51 € – Carte 40/62 €
Avec sa façade blanche fleurie de géraniums, l'adresse a des airs d'auberge d'autrefois... L'endroit est tout indiqué pour découvrir les produits du terroir, mais sachez que le patron signe aussi quelques plats plus exotiques, nés de son goût pour les voyages !

JOSSELIN

✉ 56120 (Morbihan) – 2 469 hab. – Alt. 58 m – Voir carte n°**10**-C2
◭ Paris 428 km – Dinan 86 km – Lorient 76 km – Rennes 79 km
Carte Michelin 308-P7 – Guide Vert Michelin Bretagne Sud

🏠 Hôtel du Château

🍴 ⪡ 📶 ♨ 🅿 🚗

1 r. du Gén.-de-Gaulle – ℰ 02 97 22 20 11 – www.hotel-chateau.com – Fermé 22 nov.-19 janv., dim. soir et lundi d'oct. à mars
35 ch – ♂74/79 € ♂♂87/108 € – ⬜ 11 € – ½ P
Cet hôtel-restaurant des bords de l'Oust, créé en 1958, fait face au château des Rohan. Les chambres sont simples et bien tenues, et la moitié d'entre elles donne sur les puissantes murailles. Cuisine traditionnelle dans une salle d'esprit médiéval ou sur la terrasse tournée vers la forteresse.

JOUCAS

✉ 84220 (Vaucluse) – 325 hab. – Alt. 263 m – Voir carte n°**42**-E1
◭ Paris 716 km – Apt 14 km – Avignon 42 km – Carpentras 32 km
Carte Michelin 332-E10

🏠🏠 Hostellerie Le Phébus & Spa

🍴 🌿 ⪡ 🦽 🍴 ⊛ 💆 🍽 ♿ 📠 📶 🅿

rte de Murs – ℰ 04 90 05 78 83 – www.lephebus.com – Ouvert 15 avril-15 nov.
14 ch – ♂230/410 € ♂♂230/410 € – 10 suites – ⬜ 30 € – ½ P
Rest *Xavier Mathieu* ❀ **Rest** *Le Café de la Fontaine* – voir les restaurants ci-après
Phébus... l'autre nom d'Apollon – et ce séjour que le dieu de la Beauté n'aurait sans doute pas renié ! Nichée dans la verdure, cette demeure provençale domine le Luberon ; la plupart des chambres jouissent d'un balcon, d'une terrasse voire d'une minipiscine privée. Si loin du monde des hommes...

Le Mas des Herbes Blanches

2,5 km rte de Murs – ℰ 04 90 05 79 79 – www.herbesblanches.com – réouverture en juin 2015 après travaux
16 ch – ♦154/470 € ♦♦154/470 € – 3 suites – ☲ 23 € – ½ P
Rest *Le Mas des Herbes Blanches* – voir les restaurants ci-après
Une architecture tout en pierres sèches, l'ombre des oliviers sous le soleil du Sud, une superbe piscine... et surtout un panorama grandiose sur la vallée du Luberon. Adossé au plateau de Vaucluse, ce mas est un sommet de Provence !

Le Mas du Loriot

4 km rte de Murs – ℰ 04 90 72 62 62 – www.masduloriot.com – Fermé 13 nov.-13 déc. et 3 janv.-10 fév.
9 ch – ♦78/158 € ♦♦78/158 € – ☲ 14 €
De nouveaux propriétaires ont donné un sacré coup de jeune à cette maison traditionnelle entourée de lavande, ayant le Luberon pour toile de fond... Les chambres sont confortables et colorées, et l'on profite d'un petit-déjeuner buffet avec confitures maison.

Xavier Mathieu – Hostellerie Le Phébus & Spa

rte de Murs – ℰ 04 90 05 78 83 – www.lephebus.com – Ouvert 15 avril-15 nov. et fermé mardi midi, merc. midi et jeudi midi
Menu 70/160 € – Carte 75/130 €
Grandi à Marseille, Xavier Mathieu a la Provence chevillée au corps. Recherche, technique, précision... mais surtout sens des saveurs et inspiration : chaque plat est une variation sur les origines. À découvrir dans le cadre privilégié d'une luxueuse bastide dans la garrigue.
→ Soupe au pistou. L'adobau provençal. Ail'oli.

Le Mas des Herbes Blanches – Hôtel Le Mas des Herbes Blanches

2,5 km rte de Murs – ℰ 04 90 05 79 79
– www.herbesblanches.com – réouverture en juin 2015 après travaux
Menu 38 € (déj.), 65/95 € – Carte 71/99 €
Le nouveau chef – arrivé en 2014 – excelle dans sa discipline : la cuisine méditerranéenne, tendance plutôt classique, avec option saveurs ! On se régale d'un carré d'agneau et caponata d'aubergine, ou d'asperges de pays et œuf bio... Et depuis la terrasse panoramique, la vue sur le Luberon est inoubliable.

Le Café de la Fontaine – Hostellerie Le Phébus & Spa

rte de Murs – ℰ 04 90 05 78 83 – www.lephebus.com – Ouvert 15 avril-15 nov. et fermé le soir
Menu 30 € – Carte 45/75 €
Salade caesar, gaspacho de légumes, volaille rôtie à l'estragon et tarte aux fruits... Au cœur du luxueux hôtel Phébus, les abords de la piscine prennent l'allure d'une placette – avec sa fontaine – et la carte égrène plats provençaux et familiaux. Le tout dans une ambiance so lounge !

JOUGNE

✉ 25370 (Doubs) – 1 434 hab. – Alt. 1 001 m – Voir carte n°**17-C3**
◨ Paris 464 km – Besançon 79 km – Champagnole 50 km – Lausanne 48 km
Carte Michelin 321-I6 – Guide Vert Michelin Franche-Comté Jura

La Couronne

6 r. de l'Église – ℰ 03 81 49 10 50 – www.hotel-couronne-jougne.com
– Fermé nov., dim. soir et lundi hors saison et vacances scolaires
11 ch – ♦77/84 € ♦♦84/123 € – ½ P
Rest *La Couronne* – voir les restaurants ci-après
Près de l'église, une maison de pays (18ᵉ s.) où l'on se sent bien, tout simplement... Les chambres sont cosy et joliment décorées ; certaines ouvrent sur les monts du Jura.

La Couronne

6 r. de l'Église – ℰ 03 81 49 10 50 – www.hotel-couronne-jougne.com
– Fermé nov., dim. soir et lundi hors saison et vacances scolaires
Menu 24 € (déj. en semaine), 31/51 € – Carte 44/66 €
De douces saveurs régionales et de bons produits cuisinés sans esbroufe : une salade au chèvre chaud ouvre grand l'appétit ; un tournedos dans le filet de bœuf fleure bon le repas dominical de notre enfance... Le tout dans un décor cosy !

JOUILLAT

✉ 23220 (Creuse) – 456 hab. – Alt. 396 m – Voir carte n°**25-C1**
◨ Paris 345 km – Domérat 74 km – Guéret 15 km – Limoges 102 km
Carte Michelin 325-I3 – Guide Vert Michelin Limousin Berry

⌂ **La Maison Verte** 🍽 ⌂ ⌕ ⍓ ⌖ 🛜 **P** ⇆
2 Lombarteix, 2 km au Nord par D 940 et rte secondaire – ℰ 05 55 51 93 34
– www.chambres-hotes-creuse.com
4 ch ⌑ – ♦70 € ♦♦80 €
Isolée en pleine verdure, cette ferme du 19ᵉ s. ne pourrait être plus au calme !
Jardin, potager, piscine, grandes chambres au décor soigné préservant l'âme des
lieux et cuisine traditionnelle préparée par le propriétaire : on se sent bien.

JOUX

✉ 69170 (Rhône) – 660 hab. – Alt. 520 m – Voir carte n°**44-A1**
◨ Paris 437 km – Lyon 51 km – St-Étienne 102 km – Villeurbanne 60 km
Carte Michelin 327-F4

✗✗ **Le Tilia** ⌂ ⌖ ✿ **P**
pl. du Plaisir – ℰ 04 74 05 19 46 – *www.letilia.com* – *Fermé 2 semaines*
fin août, 1 semaine début janv., dim. soir et lundi
Formule 15 € – Menu 27/68 € – Carte 47/70 €
De retour d'Australie, le chef a eu envie d'ouvrir sa propre maison avec sa compagne, rencontrée là-bas... De la salle des fêtes du village, ils ont fait un restaurant
cosy où la généreuse cuisine traditionnelle n'hésite pas à faire des sauts du côté
du pays des kangourous.

JUAN-LES-PINS

✉ 06160 (Alpes-Maritimes) – Alt. 2 m – Voir carte n°**42-E2**
◨ Paris 910 km – Aix-en-Provence 161 km – Cannes 10 km – Nice 22 km
Carte Michelin 341-D6 – Guide Vert Michelin Côte d'Azur

🏨 **Juana** 🍽 ⌕ ⅙ 🖥 ⍓ **P**
la Pinède, 19 av. G.-Gallice – ℰ 04 93 61 08 70 Plan : FZ**f**
– www.hotel-juana.com – Fermé 31 oct.-29 déc.
37 ch – ♦140/760 € ♦♦140/760 € – 3 suites – ⌑ 27 €
Rest *Bistrot Terrasse* – voir les restaurants ci-après
Luxueux hôtel des années 1930 où l'on sait cultiver l'art de recevoir. Chambres
Art déco exquises, équipements haut de gamme, belle piscine et, pour l'anecdote,
magnifique ascenseur en bois... Le charme fou de la French Riviera !

🏨 **Belles Rives** 🍽 ⌕ 🖥 ⍓ 🛜 ⅙
33 bd Édouard-Baudoin – ℰ 04 93 61 02 79 Plan : FZ**d**
– www.bellesrives.com – Fermé 3 janv.-6 mars
38 ch – ♦150/1200 € ♦♦150/1200 € – 5 suites – ⌑ 27 €
Rest *La Passagère* **Rest** *Plage Belles Rives* – voir les restaurants ci-après
Un petit joyau Art déco où vécut Francis Scott Fitzgerald. Bar d'époque classé,
chambres joliment décorées (mobilier 1930) – préférez celles côté mer –, restaurant de charme ou table près des flots, ponton et plage privés... Élégance et
nostalgie.

🏨 **AC Hotel Ambassadeur** 🍽 ⌕ 🖭 ⅙ 🖥 ⅙ 🖩 ⍓ 🛜 ⅙ ⌂
50-52 chemin des Sables – ℰ 04 92 93 74 10 Plan : FZ**s**
– www.achoteljuanlespins.com – Fermé 2 semaines fin déc.-début janv.
196 ch – ♦170/350 € ♦♦250/550 € – 25 suites – ⌑ 25 € – ½ P
Style contemporain de bon ton dans les chambres, salles de séminaire et restaurants,
plage privée, etc. Ce vaste complexe hôtelier a de quoi séduire vacanciers... et busi-
nessmans, d'autant plus qu'il se situe juste en face du nouveau palais des congrès.

🏨 **Garden Beach** 🍽 < 🖭 ⅙ 🖥 ⅙ 🖩 🛜 ⅙ ⌂
15 bd Édouard-Baudoin – ℰ 04 92 93 57 57 Plan : FZ**w**
– www.hotel-gardenbeach.com – Fermé déc.-fév.
171 ch – ♦99/675 € ♦♦99/675 € – 4 suites – ⌑ 25 € – ½ P
En bordure d'une pinède, jouxtant le casino, un hôtel balnéaire récent. La moitié
des chambres donnent sur la mer et, pour la détente, plage privée, fitness, sauna,
restaurant méditerranéen, etc. De quoi passer des vacances idylliques.

JUAN-LES-PINS

Accès et sorties : voir à Antibes

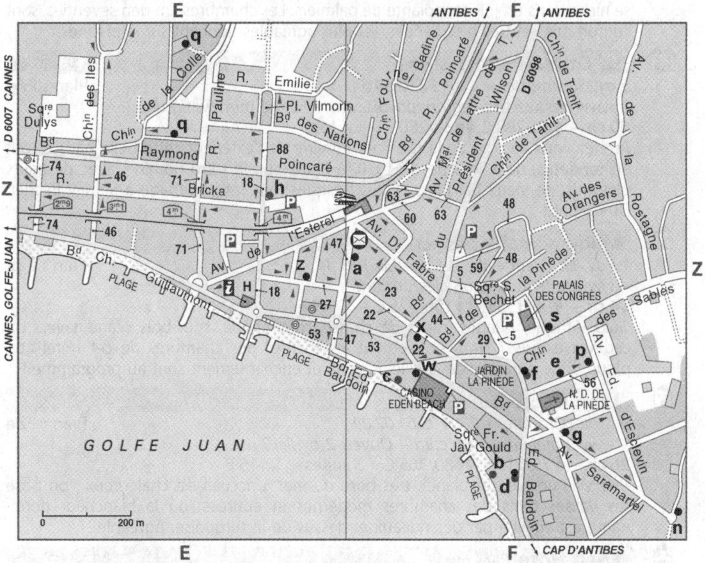

🏠 Ste-Valérie sans rest
🚲 📶 🗼 🖥 AC 🎯 🛜 P

r. de l'Oratoire – 𝒞 04 93 61 07 15   Plan : FZ**p**
– *www.hotel-sainte-valerie.fr* – *Ouvert 26 avril-12 oct.*
24 ch – 🛏180/440 € 🛏🛏180/440 € – 🖵 20 €
De belles villas made in Méditerranée ! Les chambres, d'esprit très Sud, donnent
sur le jardin luxuriant et sur la petite piscine. Quant à l'accueil, il est des plus
aimables... Cossu et raffiné.

🏠 La Villa Cap d'Antibes sans rest
🚲 📶 🗼 🖥 AC 🛜 P

av. Saramartel – 𝒞 04 92 93 48 00   Plan : FZ**n**
– *www.hotel-villa-antibes.com* – *Ouvert mars- fin oct.*
26 ch – 🛏99/360 € 🛏🛏149/425 € – 🖵 19 €
Le jardin de cette grande villa 1900 est ravissant avec ses palmiers et ses oliviers.
Mais il y a aussi la jolie piscine, l'accueil délicieux, ces chambres à la fois sobres et
élégantes, le bar et le salon d'esprit balinais où il fait bon musarder... Un bel
endroit, au calme.

🏠 Astoria sans rest
🖥 AC 🛜 P

15 av. Mar.-Joffre – 𝒞 04 93 61 23 65 – *www.hotelastoria.com*   Plan : FZ**a**
47 ch – 🛏107/214 € 🛏🛏107/317 € – 2 suites – 🖵 10 €
Près de la gare et à deux pas de la plage, ce petit hôtel récent est vraiment pratique, tant pour un séjour d'affaires que pour l'agrément. Les chambres, qui disposent toutes d'un balcon, sont contemporaines et bien tenues.

🏠 Les Strélitzias
🍽 🖥 ⅙ AC 🛜 🏋 P 🚗

2 r. Pierre-Commanay – 𝒞 04 92 93 64 00 – *www.lesstrelitzias.com*   Plan : EZ**q**
69 ch – 🛏76/103 € 🛏🛏129/194 € – 🖵 14 € – ½ P
Ce grand complexe, bâti dans les années 1970, est bien situé et propose des chambres spacieuses et fonctionnelles. Pour l'anecdote, quelques scènes du film "De
rouille et d'os" ont été tournées ici. Enfin, les prix sont raisonnables pour la station...

Hôtel des Mimosas sans rest

r. Pauline – ✆ 04 93 61 04 16 – www.hotelmimosas.com Plan : EZ**q**
– Ouvert 1er mai- 30 sept.

34 ch – †100/165 € ††100/165 € – ☕ 12 €

Sur les hauteurs de Juan, cette grande villa 1900 d'une blancheur immaculée se niche dans un joli parc planté de palmiers. Les chambres, un rien seventies, sont confortables et très bien tenues, les plus agréables donnant sur la piscine...

Le Grand Pavois sans rest

5 av. Saramartel – ✆ 04 92 93 54 54 Plan : FZ**g**
– www.bestwestern-legrandpavois.com – Fermé mi nov.-fin déc.

60 ch – †80/280 € ††80/280 € – ☕ 15 €

Arrêtez-vous au coin de la rue pour admirer de l'extérieur cette belle bâtisse tout en rondeurs, dans le style de 1930. À l'intérieur, le rétro domine, avec de hauts plafonds, de vieux parquets et des fresques rendant hommage à Sidney Bechet. Du cachet !

Mademoiselle sans rest

12 av. Dr-Dautheville – ✆ 04 93 61 31 34 Plan : FZ**x**
– www.hotelmademoisellejuan.com

14 ch – †90/155 € ††100/225 € – ☕ 16 €

Gold, Afrique, nuages, relais de chasse, romantique, sous-bois scandinave... Un cadavre exquis ? Non, simplement les thèmes des chambres de cet hôtel atypique, situé au cœur de la ville. Rêverie et enchantement sont au programme !

Juan Beach sans rest

5 r. de l'Oratoire – ✆ 04 93 61 02 89 Plan : FZ**e**
– www.hoteljuanbeach.com – Ouvert 2 avril-19 oct.

26 ch – †79/210 € ††89/365 € – 3 suites – ☕ 15 €

Une villa en bleu et blanc... très bord de mer. L'accueil est chaleureux ; on pose ses valises dans des chambres modernes et épurées, où la blancheur dominante est égayée par des rideaux et dessus de lit turquoise. Agréable !

Eden Hôtel sans rest

16 av. L.-Gallet – ✆ 04 93 61 05 20 – www.edenhoteljuan.com Plan : EZ**z**
– Ouvert de mars à oct.

17 ch – †80/110 € ††88/140 € – ☕ 8 €

Près de la plage, un hôtel familial datant de 1930, simple et convivial. Les chambres ont été récemment rénovées dans un esprit contemporain. Petit-déjeuner sur une jolie terrasse.

Ibis Styles sans rest

95 bd Raymond-Poincaré - plan : voir Antibes Plan : AU**a**
– ✆ 04 92 95 90 02 – www.ibisstyleshotel.ibis.com

40 ch ☕ – †75/145 € ††85/215 €

Sur la route de Cannes, un établissement moderne, ample et coloré. Les petites chambres jouent le minimalisme en terme de décor, avec des touches de rose, vert fluo et orange vif. Pratique et idéal pour un court séjour.

XXX **La Passagère** – Hôtel Belles Rives

33 bd Édouard-Baudoin – ✆ 04 93 61 02 79 Plan : FZ**d**
– www.bellesrives.com – Fermé 3 janv.-6 mars, le midi en saison, lundi et mardi hors saison

Menu 45 € (déj. en semaine), 80/120 € – Carte 88/100 €

Un beau décor 1930 façon "paquebot", une jolie terrasse face à la mer et au massif de l'Estérel... Le cadre est idyllique. À la carte, une cuisine au plus près des saisons, dans laquelle les produits locaux ont la part belle. Du soleil dans l'assiette !

XX **Bistrot Terrasse** – Hôtel Juana

la Pinède, 19 av. G.-Gallice – ✆ 04 93 61 08 70 Plan : FZ**f**
– www.hotel-juana.com – Fermé 31 oct.-29 déc., dim. soir et merc.

Formule 23 € – Menu 29/39 € – Carte 34/52 €

Pour une incursion gourmande et raffinée dans le superbe hôtel Juana... Ce bistrot joue la carte des belles saveurs italiennes et niçoises, annoncées à l'ardoise ; on se régale sur la jolie terrasse entourée de palmiers... Une belle tranche de Méditerranée !

XX **Cap Riviera** ⇐ 🏠
13 bd Édouard-Baudoin – ℰ 04 93 61 22 30 Plan : FZ**c**
– www.cap-riviera.fr – Fermé 3 nov.-25 déc. et 6 janv.-28 fév.
Menu 39 € – Carte 48/74 €
Sa terrasse, qui offre une vue superbe sur le massif de l'Esterel et la mer Méditerrannée, n'est pas le moindre de ses atouts ! Car on retient aussi ce restaurant pour son cadre clair et lumineux, et cette cuisine aux accents du Sud (poisson, salades, etc.), bien parfumée et réalisée avec de bons produits.

X **Plage Belles Rives** – Hôtel Belles Rives 🏠
33 bd Édouard-Baudoin – ℰ 04 93 61 02 79 Plan : FZ**b**
– www.bellesrives.com – Ouvert d'avril à début oct. et fermé le soir sauf juil.-août
Carte 42/87 €
Un lieu plein de charme, sur la plage du bien nommé Hôtel Belles Rives, face à la Grande Bleue, aux îles de Lérins et même au lointain massif de l'Esterel... Poisson grillé, salades, pâtes : la cuisine méditerranéenne est à l'honneur, tout en simplicité et fraîcheur.

X **L'Amiral** AC
7 av. de l'Amiral-Courbet – ℰ 04 93 67 34 61 – Fermé dim. et Plan : EZ**h**
lundi
Menu 27/34 € – Carte 38/56 €
Cuisines ouvertes, comptoir, vivier... Voilà un restaurant bien dans son temps, pour des mets à l'avenant. Déclinés autour de deux petits menus de saison, ils enchantent les habitués. Atmosphère familiale.

JUGY – 71 (Saône-et-Loire) ➜ voir Tournus

JUIGNÉ-SUR-LOIRE – 49 (Maine-et-Loire) ➜ voir Angers

JULIÉNAS
✉ 69840 (Rhône) – 850 hab. – Alt. 276 m – Voir carte n°**43-E1**
◗ Paris 403 km – Bourg-en-Bresse 51 km – Lyon 63 km – Mâcon 15 km
Carte Michelin 327-H2 – Guide Vert Michelin Lyon et sa région

🏨 **Chez la Rose** ‖○ 🛏 AC 🛜 🦽
pl. du Marché – ℰ 04 74 04 41 20 – www.chez-la-rose.fr – Fermé 10-23 déc. et
4 janv.-7 fév.
7 ch – †67/155 € ††67/155 € – 6 suites – 🛒 10 €
Rest Chez la Rose – voir les restaurants ci-après
Un agréable hôtel-restaurant, avec une jolie terrasse et une petite piscine. Les chambres ont fait l'objet en 2012 d'une rénovation complète ; certaines affichent même un décor des plus tendance ! Une bonne étape dans ce village viticole du Beaujolais, en particulier pour les familles.

🏠 **Les Vignes** sans rest ⊗ ⇜ 🛏 🛜 🦽 🅿
à 0,5 km rte St-Amour – ℰ 04 74 04 43 70 – www.hoteldesvignes.com
– Fermé 6 déc.-12 fév.
22 ch – †55/85 € ††67/85 € – 🛒 10 €
Un agréable petit hôtel implanté au cœur des vignes, à flanc de coteau ! L'accueil y est aimable, les chambres soignées et aux prix doux, et la terrasse parfaite pour prendre le petit-déjeuner aux beaux jours...

XX **Chez la Rose** – Hôtel Chez la Rose ✿
pl. du Marché – ℰ 04 74 04 41 20 – www.chez-la-rose.fr – Fermé 10-23 déc.,
4 janv.-7 fév., mardi midi, jeudi midi, vend. midi et lundi
Formule 20 € – Menu 27/49 € – Carte 30/65 €
Dans un cadre très lumineux et résolument contemporain, on savoure une sympathique cuisine traditionnelle qui fait honneur aux produits du terroir. Le tout accompagné de vins du cru, Beaujolais oblige. Mention spéciale pour la belle terrasse sur l'arrière.

※ **La Taverne du Coq** 🔲 ♿ 🄰🄺
pl. du Marché – 𝒞 *04 74 04 41 98 – www.coq-julienas.com – Fermé*
15 déc.-1ᵉʳ fév., merc. soir, dim. soir et jeudi
Menu 24 € – Carte 28/48 €
Un petit bistrot délicieusement rétro (tomettes, comptoir en zinc, belle cheminée
et vieilles affiches), où l'on savoure une bonne cuisine du terroir accompagnée de
vins des producteurs locaux. Charmant et sympathique !

JULLIÉ

✉ 69840 (Rhône) – 414 hab. – Alt. 370 m – Voir carte n°**43**-E1
▶ Paris 415 km – Bourg-en-Bresse 55 km – Lyon 67 km – Mâcon 20 km
Carte Michelin 327-H2

⌂ **Domaine de la Chapelle de Vâtre** sans rest 🔲
Le Bourbon, 2 km au Sud par D 68 et D 68ᵉ – 𝒞 *04 74 04 43 57 – www.vatre.com*
– Fermé 19 déc.- 10 janv.
3 ch 🔲 – 🛏70/85 € 🛏🛏80/105 €
Au sommet d'une colline couverte de vignes, ce beau domaine viticole beaujolais
domine la plaine de la Saône. Les propriétaires, d'origine britannique, ont su
marier avec goût et simplicité le style contemporain et les vieilles pierres. Au programme : piscine à débordement et découverte des chais...

JUMIÈGES

✉ 76480 (Seine-Maritime) – 1 753 hab. – Alt. 25 m – Voir carte n°**33**-C2
▶ Paris 160 km – Caudebec-en-Caux 16 km – Rouen 28 km
Carte Michelin 304-E5 – Guide Vert Michelin Normandie Vallée de la Seine

⌂ **Domaine Le Clos des Fontaines** sans rest 🔲
191 r. des Fontaines – 𝒞 *02 35 33 96 96*
– www.leclosdesfontaines.com – Fermé 20 déc.-15 janv.
19 ch – 🛏90/290 € 🛏🛏90/290 € – 🔲 15 €
Entre la célèbre abbaye de Jumièges et la Seine, ces quatre magnifiques pavillons
normands allient pierre, brique et colombages, au calme d'un grand jardin avec
fontaine, piscine et spa... Les chambres, vastes et lumineuses, rendent hommage à
des artistes (Monet, Corneille) ou des lieux (Normandie, Fez, Kyoto...). Belle adresse !

※※ **L'Auberge des Ruines** 🔲 ♿
17 pl. de la Mairie – 𝒞 *02 35 37 24 05 – www.auberge-des-ruines.fr – Fermé 3*
semaines en janv.
Menu 28/97 € 🍷 – Carte 69/75 €
Aux fourneaux de cette demeure normande, à deux pas des ruines de l'abbaye,
se tient un jeune chef savoyard passionné et débordant d'énergie. Il en résulte
une cuisine traditionnelle revisitée, rythmée par les saisons, que l'on savoure
dans un décor entre rustique (poutres, cheminée) et actuel (éclairage, tableaux).

JUNGHOLTZ

✉ 68500 (Haut-Rhin) – 906 hab. – Alt. 332 m – Voir carte n°**1**-A3
▶ Paris 475 km – Belfort 62 km – Colmar 32 km – Mulhouse 23 km
Carte Michelin 315-H9

⌂ **Les Violettes** 🔲
rte de Thierenbach, 1 km à l'Ouest – 𝒞 *03 89 76 91 19 – www.les-violettes.com*
– Fermé 5-14 janv.
53 ch – 🛏164/332 € 🛏🛏164/332 € – 4 suites – 🔲 25 € – ½ P
Dans un cadre verdoyant, une bâtisse imposante aux airs de chalet, dont les
chambres et suites, d'esprit alsacien raffiné, se révèlent très confortables (moins
cossues à la Gentilhommière). Superbe spa (avec espace fitness et grotte à sel),
restaurant... Détente.

JUTIGNY

✉ 77650 (Seine-et-Marne) – 560 hab. – Alt. 72 m – Voir carte n°**19**-D2
▶ Paris 100 km – Créteil 87 km – Melun 54 km – Troyes 101 km
Carte Michelin 312-I5

⌂ **Moulin de Gouaix** sans rest   ⌖ 🗜 ⚙ 📶 **P** ⇥
𝒞 09 61 24 56 77 – www.chambre-hote-provins.com – Fermé 15 août-1ᵉʳ sept. et 24 déc.-3 janv.
3 ch ⌾ – †80/85 € ††150/160 €
À 10 km de la cité médiévale de Provins, cet ancien moulin du 12ᵉ s. entièrement rénové est niché aux abords bucoliques de la Voulzie. Il abrite des chambres spacieuses et fonctionnelles, et se révèle parfait pour un week-end au vert.

JUVIGNAC – 34 (Hérault) → voir Montpellier

JUVIGNY – 74 (Haute-Savoie) → voir Annemasse

JUVIGNY-SOUS-ANDAINE

✉ 61140 (Orne) – 1 018 hab. – Alt. 200 m – Voir carte n°**32-B3**
▶ Paris 239 km – Alençon 51 km – Argentan 47 km – Domfront 12 km
Carte Michelin 310-F3 – Guide Vert Michelin Normandie Cotentin

XX **Au Bon Accueil** avec ch   🅰🅲 rest, 📶
    23 pl. St-Michel – 𝒞 02 33 38 10 04 – www.aubonaccueil-normand.com – Fermé
⇔ *dim. soir et lundi*
🅐 **4 ch** – †59/65 € ††59/69 € – ⌾ 10 € – ½ P
    Formule 15 € – Menu 18 € (semaine), 31/57 € – Carte 38/60 €
    L'enseigne ne ment pas ! Dans ce restaurant tenu par un jeune couple, on vous accueille à bras ouverts. Et si le cadre est classique, la cuisine bouscule les habitudes : le chef aime revisiter les recettes du terroir, en y apposant son style original et créatif... Pour prolonger le séjour, on profite de l'hôtel.

KATZENTHAL

✉ 68230 (Haut-Rhin) – 544 hab. – Alt. 280 m – Voir carte n°**2-C2**
▶ Paris 445 km – Colmar 8 km – Gérardmer 53 km – Munster 18 km
Carte Michelin 315-H8

XX **A l'Agneau** avec ch   📶 **P**
    16 Grand'Rue – 𝒞 03 89 80 90 25 – www.agneau-katzenthal.com
⇔ *– Fermé 1ᵉʳ-10 juil., 15 fév.-12 mars, mardi soir de mi-oct. à fin juin, jeudi midi et merc.*
    12 ch – †45/62 € ††45/62 € – ⌾ 11 € – ½ P
    Formule 14 € – Menu 19 € (déj. en semaine)/33 € – Carte 30/55 €
    Cette jolie maison au décor typiquement alsacien est douce... comme un agneau. On y savoure une cuisine du marché et des spécialités régionales réalisées par un chef, Thierry Hohly, passé par de belles maisons. Le tout accompagné des vins du cru. Pour l'étape, des chambres classiques.

KAYSERSBERG

✉ 68240 (Haut-Rhin) – 2 709 hab. – Alt. 242 m – Voir carte n°**2-C2**
▶ Paris 438 km – Colmar 12 km – Gérardmer 46 km – Guebwiller 35 km
Carte Michelin 315-H8

🏨 **Chambard**   🅸🅾 ⌖ ⊛ ⅃⅄ 🗜 ⅃ 🅰🅲 📶 ⅏ **P**
    9 r. du Gén.-de-Gaulle – 𝒞 03 89 47 10 17 – www.lechambard.fr
    – Fermé 12-25 janv.
    27 ch – †174/193 € ††174/193 € – 5 suites – ⌾ 23 €
    Rest *64° Le Restaurant* ⊛⊛ **Rest** *Winstub* 🅐 **Rest** *Flamme & Co* – voir les restaurants ci-après
    Véritable institution dans la cité, le Chambard a fière allure : derrière sa belle façade traditionnelle (18ᵉ s.) se cache un décor ultracontemporain, chic et tendance. Quant aux gourmands, ils ont le choix entre un restaurant de haute gastronomie ou une charmante winstub... et partout un très grand confort.

🏨 **Les Remparts et Les Terrasses** sans rest   ⌖ ⌗ 📶 ⅏ **P** 🗜
    4 r. Flieh – 𝒞 03 89 47 12 12 – www.lesremparts.com
    53 ch – †55/72 € ††59/97 € – ⌾ 10 €
    Dans un quartier résidentiel calme, un hôtel familial où le sens de l'accueil n'est pas un vain mot. Les chambres sont fonctionnelles et assez spacieuses, la plupart avec un joli balcon fleuri en saison ; au petit-déjeuner, on se régale de bons produits locaux. De quoi se sentir à la maison !

🏠 **Constantin** sans rest 📱 🕭 🛜 🚗

10 r. du Père-Kohlman – ℰ 03 89 47 19 90 – www.hotel-constantin.com
20 ch – †57/85 € ††75/85 € – ☲ 9 €
Dans cette maison de vigneron du 19e s., les chambres sont fonctionnelles et rustiques (parfois avec une mezzanine), très bien tenues et d'un bon rapport qualité-prix. Le petit plus : on prend son petit-déjeuner sous une jolie verrière.

XXX **64° Le Restaurant** (Olivier Nasti) – Hôtel Chambard 🕭 AC P

🕸🕸 *9 r. du Gén.-de-Gaulle – ℰ 03 89 47 64 64 – www.lechambard.fr – Fermé 12-25 janv., mardi sauf le soir de Pâques à déc., merc. midi et lundi*
Menu 46 € (semaine)/140 € – Carte 94/144 €
Un décor chic et trendy, mais surtout une cuisine excellente ! Découpes, cuissons (à 64° C !), assaisonnements, jeux de textures et d'ingrédients : tout est soigneusement réglé dans la cuisine d'Olivier Nasti... Et pourtant, chaque assiette laisse fleurer l'inspiration du chef ! Harmonieux, savoureux, bref : imparable.
→ Œuf cuit à 64°, purée d'épinard, langoustines rôties et mousseline au citron. Anguille fumée, laquée aux agrumes, mousseline de poireau. Feuille à feuille aux trois chocolats, sorbet chocolat et grué de cacao.

XX **La Vieille Forge** AC 🕭

😊 *1 r. des Écoles – ℰ 03 89 47 17 51 – Fermé 30 déc.-20 janv.*
Formule 14 € – Menu 23/32 € – Carte 36/58 €
Dans un décor traditionnel (vieilles poutres, poêle en faïence), on déguste par exemple risotto d'épinards aux escargots, tête de veau aux gambas, etc. Fraîcheur des produits, subtilité des saveurs : le jeune chef (le fils de la maison !) fait preuve d'un talent indiscutable, et maîtrise son sujet. Courez-y !

X **Winstub** – Hôtel Chambard AC P

😊 *9 r. du Gén.-de-Gaulle – ℰ 03 89 47 10 17 – www.lechambard.fr – Fermé 12-25 janv.*
Menu 31 € – Carte 39/71 €
La seconde table du Chambard, version winstub. Ici, Olivier Nasti revisite tout ce que le terroir alsacien peut offrir : baeckeoffe et choucroute, tarte à l'oignon, presskopf... Sans oublier cette délicieuse tête de veau et ses pommes de terre écrasées à la muscade : goûteux et généreux, une ode à la gourmandise !

X **Au Lion d'Or** 🕭

😊 *66 r. du Gén.-de-Gaulle – ℰ 03 89 47 11 16 – www.auliondor.fr
– Fermé 10 fév.-10 mars, 1er-8 juil., mardi sauf le midi de mai à oct. et merc.*
Menu 20/26 € – Carte 21/51 €
Cette maison de 1521, tenue par la même famille depuis 1724, a beaucoup de cachet, et l'on y déguste de savoureux plats traditionnels. De beaux produits et l'envie de bien faire : c'est bon ! L'hiver, on se réchauffe au coin de la cheminée.

X **Flamme & Co** – Hôtel Chambard AC P

😊 *9 r. du Gén.-de-Gaulle – ℰ 03 89 47 16 16 – www.lechambard.fr – Fermé le midi et lundi*
Menu 15/42 € – Carte 15/27 €
Une adresse où la tarte flambée est érigée en concept, et même en concept branché... Four à bois éclairé par des spots fluo, fauteuils zébrés, sets de D.J. certains soirs. Et des créations telle que la flammée fromage frais aux herbes, noix, pousses d'épinard et miel poivré. Surprenant !

à Kientzheim 3 km à l'Est par D 28 – ✉ 68240 – 747 hab. – Alt. 225 m

🏠 **L'Abbaye d'Alspach** sans rest 🕭 ⅙ ⅙ 🛜 ⅍ P

*2 r. Mar.-Foch – ℰ 03 89 47 16 00 – www.hotel-abbaye-alspach.com
– Fermé 3 janv.-15 mars*
31 ch – †93/138 € ††93/230 € – 5 suites – ☲ 13 €
Faire étape dans ce couvent du 11e s. sera l'occasion de découvrir une charmante bourgade médiévale et de profiter du style rustique et cossu d'un hôtel familial. De surcroît, le petit-déjeuner fait la part belle aux produits locaux !

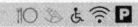

Hostellerie Schwendi 🍽 🌿 ⅙ 🛜 🅿

2 pl. Schwendi – ℰ 03 89 47 30 50 – www.schwendi.fr – Fermé 5 janv.-10 mars
29 ch – ♦76 € ♦♦86/118 € – ⊑ 11 € – ½ P
Rest *Hostellerie Schwendi* – voir les restaurants ci-après
Cette grande maison à pans de bois a vraiment bonne mine sur la petite place du village. L'ambiance est familiale et l'on se sent bien dans ses chambres rustiques et pimpantes. L'annexe "La maison Germaine" est tout aussi agréable.

✗✗ Hostellerie Schwendi 🛜 🅰🅲 🅿

2 pl. Schwendi – ℰ 03 89 47 30 50 – www.schwendi.fr – Fermé 25 déc.-10 mars, jeudi midi et merc.
Menu 23/63 € – Carte 27/59 €
Envie d'un cadre original ? Rendez-vous dans ce restaurant où l'on dîne dans l'ancienne cave à vin de l'auberge. Croquettes de munster, foie gras aux griottes, truite au riesling... Ici, le chef privilégie le meilleur de la gastronomie régionale. En été, on se régale sur la place. Pittoresque à souhait !

KEMBS-LOÉCHLÉ

✉ 68680 (Haut-Rhin) – Alt. 245 m – Voir carte n°**1-B3**
◗ Paris 493 km – Altkirch 26 km – Basel 16 km – Belfort 70 km
Carte Michelin 315-J11

✗✗ Les Écluses 🛜 🅿
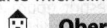
8 r. Rosenau – ℰ 03 89 48 37 77 – www.lesecluses.fr – Fermé vacances de la Toussaint, 3-15 janv., merc. soir d'oct. à avril, dim. soir et lundi
Formule 12 € – Menu 17/45 € – Carte 34/56 €
Non loin du canal de Huningue et de la "Petite Camargue" alsacienne, on déguste une cuisine traditionnelle qui fait la part belle au poisson, dans une atmosphère chaleureuse et familiale.

KIENTZHEIM – 68 (Haut-Rhin) ➜ voir Kaysersberg

KILSTETT

✉ 67840 (Bas-Rhin) – 2 423 hab. – Alt. 130 m – Voir carte n°**1-B1**
◗ Paris 489 km – Haguenau 23 km – Saverne 51 km – Strasbourg 14 km
Carte Michelin 315-L4

🏠 Oberlé 🍽 🖨 🛜 🅿

11 rte Nationale – ℰ 03 88 96 21 17 – www.hotel-restaurant-oberle.fr – Fermé 18-26 juin, 17-30 août et 14-29 janv.
31 ch – ♦52/55 € ♦♦68/70 € – ⊑ 9 € – ½ P
À 15 km de Strasbourg, une imposante maison alsacienne proche de la gare. Les chambres sont simples mais bien insonorisées. Au restaurant, cuisine régionale et atmosphère conviviale.

✗✗ Au Cheval Noir 🖨 🛜 🅰🅲 🅿

1 r. du Sous-Lieutenant-Maussire – ℰ 03 88 96 22 01 – www.restaurant-cheval-noir.fr – Fermé 21 juil.-13 août, 2 semaines en janv., dim. soir, lundi et mardi
Formule 16 € – Menu 25 € (semaine), 31/49 € – Carte 44/51 €
C'est au galop qu'on se rend au Cheval Noir ! Derrière la façade de cette maison à colombages (18ᵉ s.), deux frères travaillent les beaux produits en tandem. Une cuisine traditionnelle à déguster dans de jolies salles... si tant est qu'on descende de sa monture.

KOENIGSMACKER

✉ 57970 (Moselle) – 2 118 hab. – Alt. 150 m – Voir carte n°**26-B1**
◗ Paris 349 km – Luxembourg 50 km – Metz 39 km – Völklingen 69 km
Carte Michelin 307-I2

⬆ Moulin de Méwinckel sans rest 🌿 🖨 ⅙ 🍴 🅿

chemin de Méwinckel – ℰ 03 82 55 03 28
5 ch ⊑ – ♦50/60 € ♦♦60/65 €
Même si la roue à aube tourne toujours, c'est moins un moulin que toute une ferme noyée dans la verdure... Les chambres sont agréables et impeccablement tenues ; les nuits s'y écoulent au rythme de l'eau toute proche. Et au petit-déjeuner, on apprécie confitures maison et bon beurre fermier !

LE KREMLIN-BICÊTRE – 94 (Val-de-Marne) → voir Paris, Environs

KRUTH

✉ 68820 (Haut-Rhin) – 984 hab. – Alt. 498 m – Voir carte n°**1-A3**
◻ Paris 453 km – Colmar 63 km – Épinal 68 km – Gérardmer 31 km
Carte Michelin 315-F9

au Frenz 5 km à l'Ouest par D 13bis – ✉ 68820 – 984 hab. – Alt. 498 m

🏠 **Les Quatre Saisons**　　　　　　　🔟 ॐ ⇐ 😊 ℀ **P**
3 rte du Frentz – ℰ 03 89 82 28 61 – www.hotel4saisons.com – Fermé 1er-7 juil.,
12-21 nov. et 7-18 janv.
9 ch ◻ – †55/65 € – ††90/110 € – ½ P
Rest *Les Quatre Saisons*☺ – voir les restaurants ci-après
On se croirait dans un petit chalet familial au cœur de la forêt : tout est soigné,
mignon, accordé avec goût. Les chambres ? De petits nids douillets et chaleureux.
Le petit-déjeuner ? Un pur délice, avec des confitures maison, de la charcuterie,
du fromage... Et ici, même les prix sont doux.

❌ **Les Quatre Saisons** – Hôtel les Quatre Saisons　　　 ॐ ⇐ 😊 ℀ **P**
☺ *3 rte du Frentz – ℰ 03 89 82 28 61 – www.hotel4saisons.com – Fermé 1er-7 juil.,*
12-21 nov., 7-18 janv., mardi et merc.
😊 Menu 16/38 € – Carte 28/42 €
Roland et Christelle aux fourneaux ; Frédéric choisissant avec soin de jolis crus...
Un père, sa fille et son gendre, pour un trio gourmand et gagnant. Dans ce chalet
douillet, on se régale d'une délicieuse cuisine de saison, sans fausse note !

LABAROCHE

✉ 68910 (Haut-Rhin) – 2 266 hab. – Alt. 750 m – Voir carte n°**2-C2**
◻ Paris 441 km – Colmar 17 km – Gérardmer 49 km – Munster 25 km
Carte Michelin 315-H8

🏠 **La Rochette**　　　　　　　　　🔟 😊 ⅄ 📶 **P**
500 lieu-dit La Rochette – ℰ 03 89 49 80 40 – www.larochette-hotel.fr – Fermé 3
semaines en mars et 12-28 nov.
11 ch – †72/88 € – ††72/95 € – ◻ 11 € – ½ P
Rest *La Rochette*☺ – voir les restaurants ci-après
Au cœur des Ballons des Vosges, cette grosse maison tenue en famille cultive le
sens de l'accueil ! Les chambres sont très plaisantes, dans un esprit épuré où
domine le bois clair ; quant au restaurant, il réserve son lot de gourmandises...

❌❌ **La Rochette**　　　　　　　　　　 😊 ⅄ **P**
☺ *500 lieu-dit La Rochette – ℰ 03 89 49 80 40 – www.larochette-hotel.fr – Fermé 3*
semaines en mars, 12-28 nov., lundi et mardi
😊 Formule 13 € – Menu 18 € (déj. en semaine), 31/58 € – Carte 39/56 €
Une belle découverte que ce restaurant contemporain ! Aux fourneaux, père et
fils réalisent des plats savoureux et fins, telle une réconfortante matelote au riesling. Et un deuxième fils œuvre en salle... avec sa maman, en tant que sommelier.
Une histoire de famille.

LABASTIDE-BEAUVOIR

✉ 31450 (Haute-Garonne) – 1 116 hab. – Alt. 260 m – Voir carte n°**29-C2**
◻ Paris 701 km – Albi 97 km – Castelnaudary 35 km – Toulouse 25 km
Carte Michelin 343-I4

🏠 **L' Oustal du Lauragais**　　　　🔟 ॐ 📶 ⅄ ℀ 📶 ⅄ **P**
rte de Mauremont – ℰ 05 34 66 16 16 – www.oustal-lauragais.fr
– Fermé 21 déc.-4 janv.
14 ch – †69 € – ††80 € – ◻ 8 € – ½ P
Ah, la quiétude d'une jolie ferme restaurée, au milieu de la verdure ! Les chambres sont toutes identiques, simples et très bien tenues (le plus souvent avec balcon). Au restaurant, cuisine de tradition.

LABASTIDE-DE-VIRAC

✉ 07150 (Ardèche) – 240 hab. – Alt. 207 m – Voir carte n°**44-A3**
◻ Paris 675 km – Alès 42 km – Lyon 213 km – Privas 73 km
Carte Michelin 331-I7 – Guide Vert Michelin Ardèche Drôme

Le Mas Rêvé sans rest

3 km à l'Est par D 217 et rte secondaire – 𝒞 *04 75 38 69 13*
– www.lemasreve.com – Ouvert 1er mai-30 sept.
5 ch ⚏ – 💧110/160 € 💧💧110/160 €

Marie-Rose et Guido Goossens ont restauré cette ferme ardéchoise avec soin ; les chambres sont pleines de charme, le jardin vraiment beau et la piscine... rafraîchissante !

LABASTIDE-MURAT

✉ 46240 (Lot) – 674 hab. – Alt. 447 m – Voir carte n°**29**-C1
▶ Paris 543 km – Brive-la-Gaillarde 66 km – Cahors 32 km – Figeac 45 km
Carte Michelin 337-F4

 La Garissade

20 pl. de la Mairie – 𝒞 *05 65 21 18 80 – www.garissade.com – Ouvert avril-oct.*
19 ch – 💧68 € 💧💧75/78 € – ⚏ 9 € – ½ P
Rest *La Garissade* – voir les restaurants ci-après

Une ambiance familiale règne dans cette maison villageoise du 13e s. Les chambres sont fonctionnelles et bien tenues. Une bonne adresse pour découvrir le parc naturel régional des Causses du Quercy.

𝒳 **La Garissade** 🕿

20 pl. de la Mairie – 𝒞 *05 65 21 18 80 – www.garissade.com – Ouvert avril-oct.*
Menu 32 € (dîner)

Dans un hôtel en pierre blonde du pays, ce restaurant a un petit côté bistrot chic. Le soir, la carte se fait locale : foie gras et truffe, veau élevé sous la mère, agneau fermier du Quercy, bœuf de l'Aubrac... Et le midi, on déjeune sur le pouce (assiette du terroir, bol de soupe...). Beaucoup de goût.

LABOURSE – 62 (Pas-de-Calais) ➔ voir Béthune

LACABARÈDE

✉ 81240 (Tarn) – 290 hab. – Alt. 325 m – Voir carte n°**29**-C2
▶ Paris 754 km – Béziers 71 km – Carcassonne 53 km – Castres 36 km
Carte Michelin 338-H10

 Demeure de Flore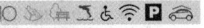

106 Grand'rue – 𝒞 *05 63 98 32 32 – www.demeuredeflore.com*
10 ch – 💧75/80 € 💧💧100/140 € – 1 suite – ⚏ 10 € – ½ P

Passé l'allée bordée de grands arbres, on découvre cette jolie maison de maître (1890) en pleine nature, face à la Montagne noire. Le propriétaire, italien, en a fait un hôtel charmant... Une déco florentine, colorée et atypique, des chambres cosy et confortables : le Sud par voie express !

LACAPELLE-VIESCAMP

✉ 15150 (Cantal) – 485 hab. – Alt. 550 m – Voir carte n°**5**-A3
▶ Paris 547 km – Aurillac 19 km – Figeac 57 km – Laroquebrou 12 km
Carte Michelin 330-B5

 **Hôtel du Lac**

– 𝒞 *04 71 46 31 57 – www.hoteldulac-cantal.com – Fermé 1er janv.-15 fév.*
23 ch – 💧60/85 € 💧💧60/85 € – ⚏ 8,50 € – ½ P

Séjour au calme dans cet hôtel situé un peu en dehors du village. Préférez les chambres côté jardin, plus spacieuses et avec balcon ou terrasse. Un hébergement simple et très bien tenu, à proximité du lac de St-Étienne-Cantalès.

LACAUNE

✉ 81230 (Tarn) – 2 567 hab. – Alt. 793 m – Voir carte n°**29**-D2
▶ Paris 708 km – Albi 67 km – Béziers 89 km – Castres 48 km
Carte Michelin 338-I8

🏠 Le Relais de Fusies
2 r. de la République – 𝒞 05 63 37 02 03 – www.hotelfusies.fr – Fermé 5-15 janv.
30 ch – †55/85 € ††55/85 € – � 10 € – ½ P
Rest *Le Relais de Fusies* – voir les restaurants ci-après
Un ancien relais de diligence, datant du 19ᵉ s., qui a gardé de nombreux vestiges d'antan : fresques, parquet, carrelage, et ce superbe escalier en bois pour accéder aux chambres. Ces dernières sont sobres, mais pratiques. Une étape agréable !

✕✕ Le Relais de Fusies
2 r. de la République – 𝒞 05 63 37 02 03 – www.hotelfusies.fr – Fermé 5-15 janv., sam. midi et dim. soir de nov. à mars et lundi midi
Menu 18 € (déj. en semaine), 26/45 € – Carte 29/43 €
Dans ce restaurant classique et accueillant, le chef s'attache à travailler de beaux produits et réalise une bonne cuisine du terroir, accompagnée de jolis vins.

✕✕ Calas avec ch
pl. Vierge – 𝒞 05 63 37 03 28 – Fermé 23 déc.-15 janv.
16 ch – †45/62 € ††45/62 € – ⊊ 8,50 € – ½ P
Formule 13 € – Menu 16 € (semaine), 23/40 € – Carte 30/54 € *(fermé vend. soir, sam. midi et dim. soir d'oct. à Pâques)*
Quatre générations se sont succédé à la tête de cette institution locale, où l'on se sustente d'une solide cuisine du terroir dans une atmosphère chaleureuse. Le dimanche, le chef propose un "menu des amis" et, pour prolonger l'étape, les chambres sont avenantes.

LACAVE
✉ 46200 (Lot) – 284 hab. – Alt. 130 m – Voir carte n°**29**-C1
▸ Paris 528 km – Brive-La-Gaillarde 51 km – Cahors 58 km – Gourdon 26 km
Carte Michelin 337-F2

🏨 Château de la Treyne
3 km à l'Ouest par D 23, D 43 et voie privée – 𝒞 05 65 27 60 60
– www.chateaudelatreyne.com
– Ouvert 21 mars-10 nov. et 23 déc.-5 janv.
14 ch – †200/480 € ††200/480 € – 3 suites – ⊊ 24 € – ½ P
Rest *Château de la Treyne* ❀ – voir les restaurants ci-après
Une situation idyllique, en surplomb de la Dordogne qui lui prête ses reflets... Vivre est un art en ce château des 14ᵉ-17ᵉ s. ! Le parc abrite un jardin à la française et une chapelle romane (expositions, concerts), les chambres sont somptueuses.

🏨 Pont de l'Ouysse
– 𝒞 05 65 37 87 04 – www.lepontdelouysse.com – Ouvert 28 mars-1ᵉʳ nov. et fermé lundi hors saison
14 ch – †100/226 € ††100/226 € – ⊊ 17 € – ½ P
Rest *Pont de l'Ouysse* ❀ – voir les restaurants ci-après
Une séduisante demeure du 19ᵉ s., dans un jardin baigné par l'Ouysse, qui a creusé ce vallon escarpé et verdoyant... Beaucoup de charme dans les chambres, mêlant goût de l'ancien et esprit champêtre, et belle attention portée aux clients.

✕✕✕ Pont de l'Ouysse (Daniel et Stéphane Chambon) - Hôtel Pont de l'Ouysse
❀ *– 𝒞 05 65 37 87 04 – www.lepontdelouysse.com – Ouvert*
28 mars-1ᵉʳ nov. et fermé lundi sauf le soir en saison et mardi midi sauf fériés
Formule 40 € – Menu 60/89 € – Carte 80/120 €
Daniel et Stéphane Chambon – père et fils – œuvrent dorénavant de concert. Entre transmission et passion, l'âme généreuse et les beaux produits du Sud-Ouest sont mis en valeur. Charmante terrasse sous les tilleuls.
→ Risotto d'artichaut à la truffe et au lard paysan. Pied de porc truffé, crème de pomme de terre. Sphère chocolat, crémeux aux framboises, streusel amande et gelée citronnelle.

XXX **Château de la Treyne** – Hôtel Château de la Treyne ⟨ 🏠 🖨 **Ⓜ** **P**
ⓔ *3 km à l'Ouest par D 23, D 43 et voie privée –* ⌀ *05 65 27 60 60*
– www.chateaudelatreyne.com – Ouvert 21 mars-10 nov. et 23 déc.-5 janv. et
fermé le midi du mardi au ven.
Menu 48 € (déj.), 96/138 € – Carte 105/150 €
Quel lieu splendide ! La Dordogne serpente au pied de ce superbe château
tout environné de verdure. La vue de la terrasse laisse rêveur... On apprécie d'autant plus le repas, dans une veine classique, élégante et soignée.
→ Asperges vertes crues et cuites au jus de truffe, œuf poché truffé. Carré et noisette d'agneau du Quercy rôtis à l'origan et pommes soufflées. Sablé fondant à la
pistache, fruits rouges et marmelade au cassis.

LAC CHAMBON
✉ 63790 (Puy-de-Dôme) – Alt. 877 m – Voir carte n°**5**-B2
🚗 Paris 456 km – Clermont-Ferrand 37 km – Condat 39 km – Issoire 32 km
Carte Michelin 326-E9 – Guide Vert Michelin Auvergne

🏠 **Le Grillon** ℄ 🏠 📶 🛁 **P** 🚗
– ⌀ *04 73 88 60 66 – www.hotel-grillon.com – Ouvert 7 fév.-1 nov.*
20 ch – ♦50/70 € ♦♦55/70 € – ⌑ 9 € – ½ P
Légèrement à l'écart du lac, cet établissement familial abrite des chambres confortables et bien entretenues, que les propriétaires rénovent progressivement.

🏠 **Beau Site** ℄ ⟨ 📶 **P**
– ⌀ *04 73 88 61 29 – www.beau-site.com – Ouvert 10 fév.-20 oct.*
17 ch – ♦55 € ♦♦60/65 € – ⌑ 10 € – ½ P
Cette belle maison fleurie domine le lac. Les chambres sont très bien tenues – préférez les plus récentes –, avec vue sur le plan d'eau ou la plage. Cuisine du terroir à déguster face au rivage.

LAC DE LA LIEZ – 52 (Haute-Marne) → voir Langres

LAC DE PONT – 21 (Côte-d'Or) → voir Semur-en-Auxois

LAC GÉNIN – 01 (Ain) → voir Oyonnax

LACHASSAGNE
✉ 69480 (Rhône) – 914 hab. – Alt. 368 m – Voir carte n°**43**-E1
🚗 Paris 445 km – Lyon 30 km – Villeurbanne 39 km – Vénissieux 43 km
Carte Michelin 327-H4

XX **La Table de Lachassagne** (Anthony Fusco) ⟨ 🖨 🍽 **P**
ⓔ *850 rte de la colline –* ⌀ *04 74 67 14 99 – www.restaurant-lachassagne.com*
– Fermé 3-25 août, dim. soir, lundi et mardi
Menu 50/85 € *(réservation conseillée)*
Ses abords sont sans charme mais la salle se révèle coquette, avec une terrasse
dominant la vallée de la Saône. Quant à l'assiette... Anthony Fusco laisse libre
cours à son inspiration, inventant sans cesse, guidé par les produits d'un réseau
de fournisseurs locaux triés sur le volet. Le résultat ? Moderne, fin et subtil.
→ Foie gras de canard poêlé, consommé de crevettes grises et melon rôti. Saint-
Jacques saisies, boudin noir et potiron. Soufflé au chocolat, sorbet mangue.

LACOMBE
✉ 11310 (Aude) – 169 hab. – Alt. 750 m – Voir carte n°**22**-B2
🚗 Paris 771 km – Carcassonne 33 km – Montpellier 177 km – Toulouse 95 km
Carte Michelin 344-E2

X **À la Prise d'Alzeau** 🖨 ⛱ 🍽
à la Prise-d'Alzeau – ⌀ *04 68 25 46 94 – www.prisedalzeau.com – Ouvert d'avril*
à nov. et fermé lundi sauf juil.-aout et dim. soir
Menu 31/36 € – Carte 37/52 €
Une jolie auberge champêtre au bord de l'Alzeau, dans cette montagne Noire où
l'on vient suivre les traces des chevaliers cathares... C'est le repaire de Virginie et
René, qui proposent une jolie cuisine du marché réalisée avec de bons produits
de la région, et où transparaît l'envie de bien faire !

LACQ

✉ 64170 (Pyrénées-Atlantiques) – 707 hab. – Alt. 112 m – Voir carte n°**3**-B3
▶ Paris 799 km – Bordeaux 220 km – Mont-de-Marsan 65 km – Pau 31 km
Carte Michelin 342-I2

XX   **Auberge Panacau**   [AC] ✿ [P]

12 RD 817 – ☎ 05 59 60 02 27 – Fermé 4-20 août, vacances de Noël, le soir et sam.
Formule 18 € – Menu 24 € (déj. en semaine) – Carte 38/50 €
Sur la route de Lacq, faites donc étape dans cette maison rouge ! Derrière les fourneaux, la chef concocte de bons petits plats traditionnels... depuis trois décennies. Un conseil : réservez, c'est souvent complet. Prix raisonnables.

LACROIX-FALGARDE – 31 (Haute-Garonne) ➜ voir Toulouse

LADOIX-SERRIGNY – 21 (Côte-d'Or) ➜ voir Beaune

LAGARDE-D'APT

✉ 84400 (Vaucluse) – 37 hab. – Alt. 1 100 m – Voir carte n°**40**-B2
▶ Paris 739 km – Avignon 74 km – Digne-les-Bains 98 km – Marseille 105 km
Carte Michelin 332-F10

X   **Le Bistrot de Lagarde** (Lloyd Tropeano)   🛏

😢   *rte d'Apt, 1 km par D 34 – ☎ 04 90 74 57 23 – http://lebistrotdelagarde.free.fr
– Fermé de mi-déc. à mi-mars, lundi et mardi*
Menu 25 € (déj. en semaine), 38/64 € *(réservation conseillée)*
Le genre de découverte qui marque pour longtemps... Le lieu est perdu, au cœur du plateau d'Albion (1 100 m), sur une ancienne base militaire de lancement de missiles nucléaires ! C'est aujourd'hui un petit havre de délices, porté par l'inspiration d'un jeune chef talentueux, Lloyd Tropeano (ancien de Régis Marcon). Partez à sa rencontre !
➜ Agneau de pays dans tous ses états. Chevreau des collines, jeunes primeurs et risotto d'épeautre. Crème à la verveine, fricassée de myrtilles et financier pistache.

LAGARDE-ENVAL

✉ 19150 (Corrèze) – 772 hab. – Alt. 480 m – Voir carte n°**25**-C3
▶ Paris 488 km – Aurillac 71 km – Brive-la-Gaillarde 35 km – Mauriac 66 km
Carte Michelin 329-L4

X   **Auberge du Pays**   🛏 ⚥

😢   *rte de l'Étang – ☎ 05 55 27 16 12 – www.aubergedupays.fr – Fermé
15 août-15 sept., sam. et dim.*
Formule 12 € – Menu 16 € (déj. en semaine), 22/30 € – Carte 54/74 €
Très sympathique, ce restaurant familial qui fait aussi bar-tabac. La cuisine du terroir tulliste est à l'honneur : millassou, mique, tête de veau le mercredi et farciDure le jeudi... C'est généreux et goûteux, une véritable adresse à l'ancienne !

LAGNIEU

✉ 01150 (Ain) – 6 785 hab. – Alt. 232 m – Voir carte n°**44**-B1
▶ Paris 475 km – Bourg-en-Bresse 43 km – Genève 111 km – Lyon 50 km
Carte Michelin 328-F5

X   **Le Temps d'un Resto**   🛏 [AC]

53 r. Centrale – ☎ 04 74 35 79 32 – Fermé 10-25 août, 22-30 déc., dim. et lundi
Formule 17 € – Menu 27/56 € – Carte 36/55 €
On aime l'ambiance décontractée de ce petit restaurant situé dans une rue du centre piétonnier ; la cuisine y fait la part belle au poisson, souvent agrémenté d'épices (vanille, cannelle, curry, etc.), à la façon caribéenne, avec une petite musique des îles en fond sonore... Une pointe d'exotisme qui fait un bien fou !

LAGORD

✉ 17140 (Charente-Maritime) – 7 233 hab. – Alt. 23 m – Voir carte n°**38**-A2
▶ Paris 475 km – Poitiers 142 km – La Rochelle 5 km – La Roche-sur-Yon 94 km
Carte Michelin 324-D2

Hôtel du Château 🍽 🌿 🚗 🖥 🧳 ♿ 🔑 🛗 🛜 🏊 **P**
123 av. du Clavier – 𝒞 *05 46 07 91 42 – www.hotel-du-chateau-la-rochelle.com*
20 ch – 🛏90/270 € 🛏🛏90/270 € – 🍽 15 € – ½ P
Rest *Le 123* – voir les restaurants ci-après
Au cœur d'un parc de deux hectares, un très joli château du 19ᵉ s. qui ne laisse
rien deviner de sa décoration intérieure... Dans les chambres et les salons, un seul
mot d'ordre : design ! Classique, contemporain et surtout très élégant : plaisir et
détente assurés...

🍴 **Le 123** – Hôtel du Château 🚗 🌿 **P**
♋ *123 av. du Clavier –* 𝒞 *05 46 07 91 42 – www.hotel-du-chateau-la-rochelle.com*
– Fermé sam. midi, dim. soir et lundi
Formule 18 € – Menu 20 € (déj. en semaine)/30 € – Carte 36/55 €
Une grande verrière donnant sur le parc, une déco résolument contemporaine et
trendy au service d'une cuisine à l'avenant, alléchante et fraîche... La vie de château version 21ᵉ s. !

LAGRASSE
✉ 11220 (Aude) – 575 hab. – Alt. 108 m – Voir carte n°**22-B3**
🚩 Paris 819 km – Carcassonne 51 km – Montpellier 133 km – Perpignan 97 km
Carte Michelin 344-G4

🍴 **Hostellerie des Corbières** avec ch 🛁 🛜
♋ *9 bd de la Promenade –* 𝒞 *04 68 43 15 22 – www.hostellerie-des-corbieres.com*
– fermé 12-30 nov., 10 janv.-10 fév. et jeudi
6 ch – 🛏70/95 € 🛏🛏70/95 € – 🍽 8 € – ½ P
Menu 17 € (déj. en semaine), 21/39 € – Carte 42/57 €
Le relais de poste du village a fait peau neuve pour laisser place à un restaurant
bien dans son époque, tenu par un jeune couple accueillant. Le savoir-faire du
chef fait honneur au terroir et aux beaux produits locaux ! L'été, profitez de la terrasse. Quelques chambres toutes simples pour la nuit.

LAGRAVE
✉ 81150 (Tarn) – 1 897 hab. – Alt. 150 m – Voir carte n°**29-C2**
🚩 Paris 686 km – Albi 16 km – Montauban 63 km – Toulouse 63 km
Carte Michelin 338-D7

⌂ **Château de Touny** 🍽 🌿 🚗 🏊 🍸 🛜 🏊 **P**
32 chemin de Touny – 𝒞 *05 63 57 90 90 – www.tounylesroses.com*
4 ch 🍽 – 🛏99/138 € 🛏🛏99/138 €
Au cœur du vignoble de Gaillac et au bord du Tarn, un beau château (18ᵉ et 19ᵉ
s.) flanqué de deux pigeonniers. Dans le parc s'épanouissent des roses anciennes,
et les chambres – mariant les genres avec élégance – respirent la sérénité. Sur le
ponton, la gabarre et les kayaks du domaine sont amarrés, qui n'attendent que
vous... Un lieu charmant et hors du temps !

LAGUIOLE
✉ 12210 (Aveyron) – 1 243 hab. – Alt. 1 004 m – Voir carte n°**29-D1**
🚩 Paris 571 km – Aurillac 79 km – Espalion 22 km – Mende 83 km
Carte Michelin 338-J2

🏨 **Gilles Moreau** 🍽 🚗 🏊 🧳 ♿ 🛜 🏊
2 allée de l'Amicale – 𝒞 *05 65 44 31 11 – www.gilles-moreau.fr*
*– Fermé 28 juin-3 juil., 2 nov.-18 déc., 5 janv.-13 fév., lundi et jeudi en fév.-mars
sauf vacances scolaires, mardi et merc.*
20 ch – 🛏55/120 € 🛏🛏55/120 € – 🍽 12 € – ½ P
Rest *Gilles Moreau*🌸 – voir les restaurants ci-après
Une maison de tradition à l'âme hospitalière. Les chambres portent des noms
ancrés dans la région (lieux, fleurs, monts...), les plus calmes et les plus confortables donnant sur le jardin. De la verdure, le grand air de l'Aubrac et... une jolie
piscine pour faire quelques brasses : le plaisir est complet.

🏨 **Le Relais de Laguiole** 🔟 🖼 ⛧ 🤶 🚗

espace Les Cayres – ☎ 05 65 54 19 66 – www.relais-laguiole.com – Ouvert 4 avril-1er nov.
33 ch – ♦90/112 € ♦♦90/204 € – 🍽 12 € – ½ P
Une bâtisse récente d'esprit régional, sur une petite place commerçante. Ses atouts : des chambres fonctionnelles et spacieuses, une grande piscine couverte, un copieux buffet de petit-déjeuner avec gâteaux maison et un restaurant traditionnel. Idéal pour une étape en famille.

🏨 **Régis** sans rest 🔟 ⛧ 🤶 🅿

*3 pl. de la Patte-d'Oie – ☎ 05 65 44 30 05 – www.hotel-regis-laguiole.com
– Ouvert 7 fév.-15 mars et 11 avril-5 nov.*
15 ch – ♦57/105 € ♦♦57/133 € – 🍽 10 €
Au cœur de la cité, un relais de diligence du 19e s., tenu par la même famille depuis trois générations. Les chambres, fraîches et contemporaines, sont agréables, tout comme la piscine.

⛺ **La Ferme de Moulhac** sans rest 🌿 🌐 🤶 🅿 🍴

2,5 km au Nord-Est par rte secondaire – ☎ 05 65 44 33 25 – www.fermedemoulhac.fr
5 ch 🍽 – ♦80/130 € ♦♦86/132 €
Calme, air pur et repos garantis dans cette ferme familiale. Pour l'anecdote, le propriétaire est un "vrai" agriculteur, toujours en activité. Les chambres mêlent joliment l'ancien et le moderne ; le petit-déjeuner se révèle copieux et il y a même une cuisinette à votre disposition... Authentique et sympathique !

❌❌❌ **Gilles Moreau** – Hôtel Gilles Moreau 🤶 🤶
☺ *2 allée de l'Amicale – ☎ 05 65 44 31 11 – www.gilles-moreau.fr
– Fermé 28 juin-3 juil., 2 nov.-18 déc., 5 janv.-13 fév., lundi et jeudi en fév.-mars sauf vacances scolaires, mardi et merc.*
Menu 30/72 € – Carte environ 66 € *(réservation conseillée)*
Le restaurant, bien connu dans la région, a pris un nouveau départ il y a quelques années sous la houlette de Gilles Moreau, un jeune chef enthousiaste. Il réalise ici une cuisine bien tournée et savoureuse : de la finesse, de beaux produits et l'envie de bien faire... Avis aux gourmands !

à l'Est 6 km par rte de l'Aubrac (D 15) – ✉12210 Laguiole

🏨🏨 **Bras** 🔟 🌿 ⬅ 🤶 🖼 ⛧ 🅿 🅿

rte de l'Aubrac – ☎ 05 65 51 18 20 – www.bras.fr – Ouvert de début avril à mi-nov. et fermé lundi et mardi sauf juil.-août
11 ch – ♦295/448 € ♦♦295/448 € – 2 suites – 🍽 30 €
Rest *Bras* ✿✿✿ – voir les restaurants ci-après
Au-dessus de Laguiole, à l'aplomb du plateau de l'Aubrac : plein sud, tout l'Aveyron se déploie à vos pieds ! C'est ici que Michel Bras a décidé de recréer l'auberge familiale, devenue vaisseau contemporain. Dans la transparence du verre, la nature est à vous…

❌❌❌❌ **Bras** (Sébastien Bras) 🤶 ⬅ 🤶 🖼 🅿
✿✿✿ *rte de l'Aubrac – ☎ 05 65 51 18 20 – www.bras.fr – Ouvert de début avril à mi-nov. et fermé mardi midi et merc. midi sauf juil.-août et lundi*
Menu 134/213 € – Carte 140/190 € *(réservation conseillée)*
Aubrac, Aubrac... Telle est l'incantation qui s'échappe de cette table magique ! Suc du terroir, sève des herbes aromatiques : la patte de Michel Bras... et de son fils Sébastien, qui est désormais seul aux fourneaux. On puise toujours au cœur du produit, et l'on fait chanter la terre comme nulle part ailleurs !
→ Gargouillou de jeunes légumes, graines, herbes et lait de poule parfumé. Pièce de bœuf rôtie à la braise, légumes et jus aux truffes de Comprégnac. Gaufrette de pomme de terre, crème au beurre noisette et caramel au beurre salé.

au Golf 12 km à l' Ouest par D541, D213 et rte secondaire

🏨 **Domaine de Mezeyrac** 🔟 🌿 ⛧ ❌ 🖼 ⛧ 🖼 🤶 ⛧ 🅿

– ☎ 05 65 44 41 41 – Ouvert avril-oct.
7 ch – ♦69/110 € ♦♦69/110 € – 4 suites – 🍽 10 €
Cette ancienne bâtisse régionale dévoile son charme et son caractère en pleine nature ! Elle a été transformée en charmant complexe hôtelier, avec un golf de neuf trous et un restaurant dans la jolie grange rustique. Grand calme assuré, bon confort et vue sur les greens.

LALACELLE

✉ 61320 (Orne) – 288 hab. – Alt. 300 m – Voir carte n°**32-B3**
▶ Paris 208 km – Alençon 20 km – Argentan 34 km – Domfront 42 km
Carte Michelin 310-I4

🏠 La Lentillère   ⅠO 🖙 🕭 🤶 🖳 🖳 🚙

*1,5 km par N 12, rte d'Alençon – ☏ 02 33 27 38 48 – www.lalentillere.fr – Fermé
24 déc.-1ᵉʳ janv.*
13 ch – †65/75 € ††65/75 € – ☕ 9 € – ½ P
Un ancien relais de poste en bordure de N 12. Une situation qu'on oublie vite la
nuit venue grâce à des chambres confortables et bien tenues, et à l'agréable jardin qui nous attend à l'arrière. Cuisine traditionnelle au restaurant.

LA LAUPIE – 26 (Drôme) ➔ voir Montélimar

LALLEYRIAT – 01 (Ain) ➔ voir Bourg-en-Bresse

LAMAGDELAINE – 46 (Lot) ➔ voir Cahors

LAMALOU-LES-BAINS

✉ 34240 (Hérault) – 2 551 hab. – Alt. 200 m – Voir carte n°**22-B2**
▶ Paris 732 km – Béziers 39 km – Lodève 38 km – Montpellier 79 km
Carte Michelin 339-D7

à Combes 10 km à l'Ouest par D 908 et D 180 – ✉ 34240 – 341 hab. – Alt. 480 m

✗ Auberge de Combes   🛎 ≼ 🕭 AC ℅
😊   – ☏ 04 67 95 66 55 – www.aubergedecombes.com – Fermé 2 janv.-8 fév., mardi
de nov. à avril, dim. soir sauf juil.-août et lundi
Menu 25 € (déj. en semaine), 32/75 € – Carte 42/68 €
Père et fils œuvrent de concert dans cette auberge perchée sur les hauteurs de la
vallée de l'Orb. Derrière les fourneaux, tous deux s'activent et tirent le meilleur du
terroir et des produits de saison. Dans l'assiette comme dans le paysage, la suavité
brute domine... Excellent rapport qualité-prix.

LAMASTRE

✉ 07270 (Ardèche) – 2 459 hab. – Alt. 375 m – Voir carte n°**44-B2**
▶ Paris 577 km – Privas 55 km – Le Puy-en-Velay 72 km – St-Étienne 90 km
Carte Michelin 331-J4 – Guide Vert Michelin Ardèche Drôme

⚲ Château d'Urbilhac   ⅠO ◈ ≼ 🖙 🖳 ℅ ℅ 🤶 🖳 🚙

*rte de Vernoux, 2 km au Sud-Est par rte de Vernoux-en-Vivarais
– ☏ 04 75 06 42 11 – www.chateaudurbilhac.fr*
5 ch ☕ – †160/200 € ††180/300 €
Ce petit château de style néo-Renaissance (bâti au 16ᵉ s. et restauré au 19ᵉ s.) est
prisé pour son parc de 30 ha dominant la vallée du Doux. Belle piscine. À la table
d'hôte, on apprécie les recettes provençales de la maîtresse des lieux.

LAMBALLE

✉ 22400 (Côtes-d'Armor) – 12 292 hab. – Alt. 55 m – Voir carte n°**10-C2**
▶ Paris 431 km – Dinan 42 km – Rennes 81 km – St-Brieuc 21 km
Carte Michelin 309-G4 – Guide Vert Michelin Bretagne Nord

🏠 Kyriad *sans rest*   🖳 🕭 🤶

29 bd Jobert – ☏ 02 96 31 00 16 – www.hotel-lamballe.com
27 ch – †66/78 € ††66/78 € – ☕ 12 €
Face à la gare, des chambres fonctionnelles, décorées à l'identique et bien insonorisées, avec buffet petit-déjeuner le matin : une adresse adaptée à la clientèle d'affaires.

à la Poterie 3,5 km à l'Est par D 28 – ✉ 22400

🏨 Le Manoir des Portes   ⅠO ◈ 🖙 🤶 🤶 🖳

– ☏ 02 96 31 13 62 – www.manoirdesportes.com – Fermé 19 déc.-5 janv.
16 ch – †57/86 € ††66/112 € – ☕ 10 € – ½ P
Rest *Le Manoir des Portes* – voir les restaurants ci-après
Ce manoir du 16ᵉ s. tout en pierre ouvre sur un beau jardin fleuri, nanti d'un verger et d'un potager. Les chambres allient éléments anciens (mansardes), décoration très colorée et grand calme. Centre équestre à proximité.

Le Manoir des Portes

– ℰ 02 96 31 13 62 – www.manoirdesportes.com – Fermé 19 déc.-5 janv., sam. midi et dim. soir

Menu 17/32 €

Dans ce restaurant joliment rustique (poutres, pierres, cheminée), on savoure une bonne cuisine dans l'air du temps, qui laisse découvrir de solides bases traditionnelles. Les propositions du chef suivent le marché et changent tous les jours... Faites votre choix à l'ardoise !

LAMOTTE-BEUVRON

✉ 41600 (Loir-et-Cher) – 4 783 hab. – Alt. 114 m – Voir carte n°**12**-C2
▶ Paris 171 km – Blois 59 km – Gien 58 km – Orléans 36 km
Carte Michelin 318-J6 – Guide Vert Michelin Châteaux de la Loire

Tatin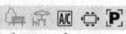

5 av. de Vierzon, (face à la gare) – ℰ 02 54 88 00 03 – www.hotel-tatin.fr
– Fermé 15-30 mars, 26 juil.-11 août, 21 déc.-6 janv.

14 ch – †66/139 € ††66/139 € – ☑ 10 €

Rest *Tatin* – voir les restaurants ci-après

Une adresse historique ! C'est dans cet hôtel, datant de 1894, que les demoiselles Tatin ont inventé leur célèbre dessert. Les chambres, rénovées progressivement, sont simples et bien tenues. Joli jardin.

Tatin

5 av. de Vierzon, (face à la gare) – ℰ 02 54 88 00 03 – www.hotel-tatin.fr
– Fermé 15-30 mars, 26 juil.-11 août, 21 déc.-6 janv., dim. soir, mardi midi et lundi

Formule 27 € – Menu 35/62 € – Carte 86/92 €

C'est ici que les sœurs Tatin inventèrent leur fameuse tarte aux pommes "renversée". Preuve en est : le fourneau de l'époque, fièrement exposé au bar. Et la tradition perdure... La cuisine du chef respecte les belles recettes d'hier !

LAMOTTE-WARFUSEE

✉ 80800 (Somme) – 650 hab. – Alt. 90 m – Voir carte n°**36**-B2
▶ Paris 141 km – Abbeville 72 km – Amiens 22 km – Cambrai 68 km
Carte Michelin 301-I8

Le Saint-Pierre

3 r. Delambre – ℰ 03 22 42 26 66 – Fermé le soir d'oct. à janv. sauf vend. et sam., dim. soir, merc. soir et lundi

Formule 15 € ♈ – Menu 18 € ♈ (semaine), 25/30 € – Carte 35/50 €

À côté de l'église, le Saint-Pierre vous mène au paradis sans passer par le purgatoire... On s'y régale d'une appétissante cuisine traditionnelle : ris de veau poêlés, tarte aux escargots, etc. Accueil sympathique.

LAMOURA

✉ 39310 (Jura) – 541 hab. – Alt. 1 156 m – Voir carte n°**16**-B3
▶ Paris 477 km – Genève 47 km – Gex 29 km – Lons-le-Saunier 74 km
Carte Michelin 321-F8 – Guide Vert Michelin Franche-Comté Jura

La Spatule

Grande'rue – ℰ 03 84 41 20 23 – www.hotellaspatule.com – Fermé nov. à mi déc.

26 ch – †64/80 € ††64/80 € – ☑ 10 € – ½ P

Au pied des pistes, un beau chalet avec des chambres pratiques et contemporaines (à l'exception de quelques-unes plus "montagne") proposées à des tarifs très compétitifs ! Et il y a aussi un restaurant traditionnel où l'on ne manque pas de déguster des spécialités fromagères.

LAMPAUL-PLOUARZEL

✉ 29810 (Finistère) – 2 040 hab. – Alt. 34 m – Voir carte n°**9**-A1
▶ Paris 615 km – Brest 24 km – Quimper 98 km – Rennes 263 km
Carte Michelin 308-C4

☆☆ Auberge du Vieux Puits
*pl. de l'Église – ℰ 02 98 84 09 13 – www.aubergeduvieuxpuits.com
– Fermé 8-27 mars, 21 sept.-9 oct., dim. soir et lundi*
Menu 20 € (semaine), 35/56 €
Elle a du charme cette maison bretonne au centre du village... et le puits est toujours là ! Foie gras de Ploudaniel (maison), lieu de la mer d'Iroise, homard à la lampaulaise, etc. Une cuisine traditionnelle qui profite à plein des bons produits issus de la pêche locale, travaillés avec passion.

LANARCE
✉ 07660 (Ardèche) – 164 hab. – Alt. 1 180 m – Voir carte n°**44**-A3
▶ Paris 579 km – Aubenas 44 km – Langogne 18 km – Privas 72 km
Carte Michelin 331-G5

⌂ Le Provence
N 102 – ℰ 04 66 69 46 06 – www.hotel-le-provence.com – Ouvert 1ᵉʳ mars-11 nov.
16 ch – †56/68 € ††56/68 € – ⌑ 10 € – ½ P
Rest *Le Provence* – voir les restaurants ci-après
Altitude 1 200 m, en pleine montagne ardéchoise, pays des volcans et des sources : bienvenue aux amoureux de la nature ! Cette bâtisse récente borde un axe fréquenté, mais toutes les chambres ouvrent du côté opposé à la route et sont bien insonorisées. Un établissement bien tenu.

☆☆ Le Provence
N 102 – ℰ 04 66 69 46 06 – www.hotel-le-provence.com – Ouvert 1ᵉʳ mars-11 nov.
Formule 14 € – Menu 18 € (déj. en semaine), 21/39 € – Carte 25/35 €
À mi-chemin entre Aubenas et Le Puy-en-Velay, faites étape dans ce sympathique restaurant ! On y apprécie une cuisine gourmande et généreuse axée sur les produits du terroir : agneau provenant de l'élevage familial, charcuteries, cèpes, myrtilles, etc. Une bonne adresse.

LANCIÉ
✉ 69220 (Rhône) – 852 hab. – Alt. 210 m – Voir carte n°**43**-E1
▶ Paris 418 km – Lyon 56 km – Villeurbanne 65 km – Saint-Étienne 115 km
Carte Michelin 327-H2

⌂ Le Petit Nid de Pierres
*Le Chatelard, 43 chemin des Glycines – ℰ 06 75 12 87 03 – www.pariaud.com
– Fermé 6 janv.-22 fév.*
4 ch ⌑ – †85/90 € ††90/95 €
À deux pas du cœur du village, cette ferme en pierre forme un ravissant hameau... La cour, la piscine, les balcons fleuris, la fontaine et les chambres au décor soigné : tout est charmant ! À la table d'hôte, les beaux légumes du potager et les vins du domaine sont à l'honneur. Et l'on loue des vélos électriques...

LANCIEUX
✉ 22770 (Côtes-d'Armor) – 1 508 hab. – Alt. 24 m – Voir carte n°**10**-C1
▶ Paris 413 km – Rennes 80 km – Saint-Brieuc 85 km – Saint-Malo 18 km
Carte Michelin 309-J3 – Guide Vert Michelin Bretagne Nord

⌂ Hôtel des Bains sans rest
*20 r. Poncel – ℰ 02 96 86 31 33 – www.hoteldesbains-lancieux.fr – Fermé sam.
et dim. de déc. à mars sauf vacances scolaires*
12 ch – †78/128 € ††78/128 € – ⌑ 9 €
Au cœur de cette station balnéaire, à quelques centaines de mètres du rivage, un hôtel né en 1894 et géré en famille. Les chambres sont fonctionnelles et bien tenues, certaines avec une kitchenette : une adresse utile.

LANCRANS – 01 (Ain) → voir Bellegarde-sur-Valserine

LANGEAIS
✉ 37130 (Indre-et-Loire) – 4 059 hab. – Alt. 41 m – Voir carte n°**11**-A2
▶ Paris 259 km – Angers 101 km – Château-la-Vallière 28 km – Chinon 26 km
Carte Michelin 317-L5 – Guide Vert Michelin Châteaux de la Loire

Domaine de Châteaufort ⓝ

r. St-Laurent – ℰ *02 47 96 66 29 – www.domainedechateaufort.fr*
5 ch ⌑ – †165/245 € †�165/395 €
Une superbe demeure en pierre de taille entourée d'un parc parfaitement entretenu par un jardinier employé à l'année, un vaste potager pour alimenter la cuisine en produits frais, de belles et vastes chambres pleines de charme : en pleine vallée de la Loire, cette étape sort du lot !

Au Coin des Halles

9 r. Gambetta – ℰ *02 47 96 37 25 – www.aucoindeshalles.com – Fermé de mi-janv. à mi-fév., merc. et jeudi*
Formule 26 € – Menu 31/53 € – Carte 54/62 €
Dans la rue qui mène au château de Langeais, arrêtez-vous dans cette jolie maison en tuffeau. Le décor est agréable et la cuisine, inventive et boostée par les produits du terroir, fait mouche ! Aux beaux jours, on profite de l'agréable terrasse. Accueil charmant en prime.

à St-Patrice 10 km à l'Ouest par rte de Bourgueil – ⌗ 37130 – 668 hab. – Alt. 39 m

Château de Rochecotte

43 r. Dorothée-de-Dino – ℰ *02 47 96 16 16 – www.chateau-de-rochecotte.fr – Fermé 23 fév.-8 mars et 2 semaines en janv.*
34 ch – †170/235 € †�170/330 € – 3 suites – ⌑ 21 € – ½ P
Rest *Château de Rochecotte* – voir les restaurants ci-après
Le souvenir de la duchesse de Dino et de Talleyrand plane sur cette élégante demeure aristocratique. De l'enfilade des magnifiques salons, aux chambres intimes et raffinées, en passant par le superbe parc, les plaisirs du 18ᵉ s. restent intacts !

Château de Rochecotte

43 r. Dorothée de Dino – ℰ *02 47 96 16 16 – www.chateau-de-rochecotte.fr – Fermé 23 fév.-8 mars et 2 semaines en janv.*
Formule 37 € – Menu 49 € – Carte 64/74 €
Dans cet élégant château du Siècle des lumières, proche des vignobles de Bourgueil, la cuisine se décline dans un esprit gastronomique : feuillantine de langoustine et foie gras, tournedos de lotte au safran... À l'aune de son décor 18ᵉ s.

LANGOGNE

⌗ 48300 (Lozère) – 2 969 hab. – Alt. 913 m – Voir carte n°**23-C1**
▶ Paris 577 km – Mende 48 km – Le Puy-en-Velay 42 km – Privas 95 km
Carte Michelin 330-L6 – Guide Vert Michelin Languedoc

Domaine de Barrès ⓝ

rte de Mende, 2 km – ℰ *04 66 46 08 37 – www.domainedebarres.com – Ouvert 1ᵉʳ avril-15 nov.*
27 ch – †75/125 € †�75/150 € – ⌑ 11 € – ½ P
Au cœur d'un parc de 25 ha, avec un golf 9 trous, une noble demeure du 18ᵉ s., entièrement réaménagée par l'architecte Jean-Michel Wilmotte, qui a signé jusqu'au mobilier : un vrai contraste derrière la belle façade tout en pierre !

LANGON

⌗ 33210 (Gironde) – 7 389 hab. – Alt. 10 m – Voir carte n°**3-B2**
▶ Paris 624 km – Bergerac 83 km – Bordeaux 49 km – Libourne 54 km
Carte Michelin 335-J7 – Guide Vert Michelin Aquitaine

Alienor sans rest

rte de Fargues, (chemin du Pioc) – ℰ *05 56 62 15 15 – www.hotel-alienorlangon.com*
20 ch – †63/90 € †�68/95 € – ⌑ 9 €
Près d'un accès à l'autoroute et dans un environnement calme et verdoyant, un hôtel créé en 2011, d'esprit fonctionnel. Les chambres sont plaisantes et bien insonorisées ; la décoration sobre et de bon goût : une bonne étape !

XXX **Claude Darroze** avec ch   🕸 🚗 📶 ᴪ P

🏵️ *95 cours du Gén.-Leclerc – 𝒞 05 56 63 00 48 – www.darroze.com – Fermé 16 fév.-4 mars, dim. soir et lundi*
15 ch – ♦75/85 € ♦♦85/110 € – ☲ 13 € – ½ P
Menu 30 € (déj. en semaine), 45/85 € – Carte 70/100 €
Cet établissement familial sait perpétuer les traditions : on y savoure une délicieuse cuisine du Sud-Ouest, accompagnée de bons bordeaux (600 appellations). Les petits plus appréciables : l'agréable terrasse sous les platanes et les chambres dont certaines ont été refaites récemment.
➜ Salade de homard aux légumes croquants. Lièvre à la royale, gnocchis aux truffes du Périgord. Soufflé au Grand Marnier.

à St-Macaire 2 km au Nord – ✉ 33490 – 2 007 hab. – Alt. 15 m

XX **Abricotier** avec ch   🛏 🚗 ⌱ & rest. ᴪ P

😊 *D 1113 – 𝒞 05 56 76 83 63 – www.restaurant-labricotier.com – Fermé 16-22 mars, 29 juin-2 juil., 31 août-3 sept., 12 nov.-10 déc., mardi soir et lundi*
3 ch – ♦65 € ♦♦68 € – ☲ 8 € – Menu 23/44 € – Carte 44/64 €
À deux pas de la cité médiévale, cette maison régionale ravit par son atmosphère décontractée, sa terrasse ombragée par des mûriers centenaires et son appétissante cuisine du marché : croustillant au boudin, crépinettes de canard dans une sauce au vin et champignons, etc. Quelques chambres spacieuses dans l'annexe.

LANGRES

✉ 52200 (Haute-Marne) – 7 968 hab. – Alt. 466 m – Voir carte n°**14**-C3
🚗 Paris 285 km – Chaumont 35 km – Dijon 79 km – Nancy 142 km
Carte Michelin 313-L6 – Guide Vert Michelin Champagne Ardenne

🏠 **Le Cheval Blanc**   ⏸️& 📶 🚗

4 r. de l'Estres – 𝒞 03 25 87 07 00 – www.hotel-langres.com – Fermé nov.
23 ch – ♦80/140 € ♦♦85/145 € – ☲ 11 € – ½ P
Rest *Le Cheval Blanc* – voir les restaurants ci-après
Le lieu est chargé d'histoire ! En effet, c'est dans cette église que Bossuet reçut le sous-diaconat. La Révolution en fit une auberge et depuis, on vient se reposer dans des chambres de caractère, plus fonctionnelles à l'annexe.

XX **Le Cheval Blanc**   🚗

4 r. de l'Estres – 𝒞 03 25 87 07 00 – www.hotel-langres.com – Fermé nov. et merc. midi
Formule 18 € – Menu 37/50 € – Carte 49/89 €
Inutile de se cabrer : ce restaurant n'a que des bonnes choses à vous offrir ! Le chef n'hésite pas à rehausser les recettes traditionnelles de jolies touches d'inventivité : Saint-Jacques rôties, crémeux de fèves et petits pois ; noisettes d'agneau, parfum de café, ail en chemise et royale de chou-fleur caramélisé...

au Lac de la Liez 6 km à l'Est par N 19 et D 284 – ✉ 52200

XX **Auberge des Voiliers** avec ch 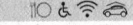   🚁 ≼ 🚗 AK 📶 🖴

1 r. des Voiliers, (lac de la Liez) – 𝒞 03 25 87 05 74 – www.hotel-voiliers.com – Ouvert 15 mars-30 nov. et fermé dim. soir, mardi midi et lundi hors saison
10 ch – ♦65/85 € ♦♦70/132 € – ☲ 10 € – ½ P
Formule 19 € – Menu 26/66 € – Carte 29/72 €
Cette auberge jouit d'une situation idéale au bord du lac. En dégustant sa cuisine traditionnelle sous la véranda et avec pareille vue, on se croirait en vacances... Les chambres, fonctionnelles et climatisées, entretiennent presque l'illusion d'être sur un voilier !

LANGUIMBERG

✉ 57810 (Moselle) – 181 hab. – Alt. 290 m – Voir carte n°**27**-C2
🚗 Paris 411 km – Lunéville 43 km – Metz 79 km – Nancy 65 km
Carte Michelin 307-M6

XX   **Chez Michèle** (Bruno Poiré)

57 r. Principale – ℰ 03 87 03 92 25 – www.chezmichele.fr – Fermé 1er-14 janv., lundi soir en hiver, mardi et merc.
Formule 24 € – Menu 40/90 € – Carte 60/77 €
Ancien café de village, puis auberge familiale... et enfin table gastronomique reconnue dans la région : une jolie trajectoire pour ce restaurant dorénavant tenu par Bruno Poiré, le fils de Michèle, qui signe une cuisine d'aujourd'hui généreuse et précise. Excellent rapport qualité-prix.
➔ Langoustines en tempura, pasotto crémeux aux courgettes. Rosette d'agneau en écrin d'herbes. Paris-brest.

LANNEPAX

✉ 32190 (Gers) – 561 hab. – Alt. 168 m – Voir carte n°**28-A2**
◘ Paris 749 km – Aire-sur-l'Adour 48 km – Auch 41 km – Barbotan-les-Termes 34 km
Carte Michelin 336-D7

X   **Les Caprices d'Antan**

pl. de la Mairie – ℰ 05 62 65 76 92 – www.aubergelescapricesdantan.fr – Fermé 5-20 janv., dim. soir, lundi et mardi
Menu 15 € (déj. en semaine)/45 € – Carte environ 47 €
Au cœur de la bastide, une auberge chaleureuse avec ses carrelages anciens et ses objets chinés. Pas de menus, mais une courte ardoise où le produit frais donne le la : porc noir au velouté de pois chiche et piquillos, chocolat liégeois, etc. Simplicité et convivialité sont à l'honneur... et chaque mois un spectacle cabaret !

LANNILIS

✉ 29870 (Finistère) – 5 320 hab. – Alt. 48 m – Voir carte n°**9-A1**
◘ Paris 599 km – Brest 23 km – Landerneau 29 km – Morlaix 63 km
Carte Michelin 308-D3

X   **Les Oliviers**

6 r. Carellou – ℰ 02 98 04 19 94 – www.les-oliviers-lannilis.fr – Fermé vacances de Noël, sam. midi, lundi soir et mardi
Formule 15 € – Menu 20 € (semaine), 20/43 € – Carte 27/51 €
Ces Oliviers-là se plaisent en terre bretonne. Le chef, originaire de Montpellier, travaille des produits du Sud (cochon du Ventoux, sélection du mareyeur, taureau de Camargue AOC, etc.), mais aussi des légumes oubliés, toujours avec une pointe d'originalité.

LANNION

✉ 22300 (Côtes-d'Armor) – 19 920 hab. – Alt. 12 m – Voir carte n°**9-B1**
◘ Paris 516 km – Brest 96 km – Morlaix 42 km – St-Brieuc 65 km
Carte Michelin 309-B2 – Guide Vert Michelin Bretagne Nord

XX   **L'Anthocyane**

25 av. Ernest-Renan – ℰ 02 96 38 30 49 – Fermé 2 semaines en mars, 22-30 juin, 2 semaines en oct.
Menu 23 € (déj. en semaine), 34/64 €
Un chef expérimenté veille aux destinées de ce restaurant au cadre contemporain et cosy ; il y propose une cuisine du marché autour de courts menus établis au plus près des saisons. Imagination, précision technique, respect des saveurs : trois règles d'or pour un repas qui ne laisse pas indifférent !

rte de Perros-Guirec 5 km par D 788 –✉22300 Lannion

🏠   **Arcadia**   📺 ⇔ 🖥 & 🛜 🔊 🅿

Crec'h-Quillé – ℰ 02 96 48 45 65 – www.hotel-arcadia.com – Fermé 21 déc.-7 janv.
42 ch – †59/72 € ††59/98 € – ⏢ 8 € – ½ P
En sortie de ville, sur la route de Perros-Guirec, un hôtel fonctionnel, dont les chambres sont bien équipées et confortables (bonne literie, TV écran plat, moquette au sol). Une petite affaire qui se révèle très bien tenue !

à La Ville-Blanche 5 km par D 786, rte de Tréguier – ✉ 22300

XXX **La Ville Blanche** (Jean-Yves Jaguin)   🕸 ᴦ Ⓐ ⌀ ⇔ 🅿

🕸   – ℰ 02 96 37 04 28 – www.la-ville-blanche.com
– *Fermé 29 juin-8 juil., 21 déc.-29 janv., merc. sauf juil.-août, dim. soir et lundi*
Menu 34 € 🍷 (semaine), 47/78 € – Carte 72/82 € *(réservation conseillée)*
On vient ici pour se faire plaisir ! Dans cette jolie longère, une belle clientèle d'habitués se donne rendez-vous pour savourer une cuisine fine et parfumée, subtilement relevée par les herbes aromatiques du jardin potager. Le décor, d'esprit contemporain, semble à l'unisson de l'inspiration du chef.
→ Huîtres tièdes au bouillon de poule, flan de foie gras et galette de blé noir. Homard breton rôti au four au beurre salé, les pinces en ragoût. Tutti frutti aux fraises.

LANS-EN-VERCORS
✉ 38250 (Isère) – 2 530 hab. – Alt. 1 120 m – Voir carte n°**45**-C2
🚩 Paris 576 km – Grenoble 27 km – Villard-de-Lans 8 km – Voiron 37 km
Carte Michelin 333-G7 – Guide Vert Michelin Alpes du Nord

🏠   **Le Val Fleuri** sans rest   ≤ 🍃 🛜 🅿

       730 av. Léopold Fabre – ℰ 04 76 95 41 09 – www.le-val-fleuri.com
– *Fermé 17 mars-1ᵉʳ mai, 5 oct.-20 déc., dim. soir et lundi sauf vacances scolaires*
14 ch – ♦52/76 € ♦♦52/76 € – ☑ 10 €
Une belle et grande bâtisse Art déco au cachet pieusement conservé. Des meubles années 1920, un grand jardin, des chambres particulièrement bien tenues, un retour au temps des premiers séjours à la montagne... avec, le soir, une restauration simple pour les résidents.

LAON
✉ 02000 (Aisne) – 25 745 hab. – Alt. 181 m – Voir carte n°**37**-D2
🚩 Paris 141 km – Reims 62 km – St-Quentin 48 km – Soissons 38 km
Carte Michelin 306-D5

🏠   **La Bannière de France**   🍽 🛜 ♨ 🚗

       11 r. Franklin Roosevelt – ℰ 03 23 23 21 44   Plan : BCZ**t**
– www.hoteldelabannieredefrance.com – *Fermé 24 déc.-1ᵉʳ janv.*
17 ch – ♦80 € ♦♦90/126 € – ☑ 9 € – ½ P
Aîné des hôtels de la ville, cet ancien relais de poste fut édifié en 1685 au cœur de la cité médiévale. Entre esprit rustique et style classique, les chambres cultivent un petit côté vieille France parfaitement dans le ton...

🏠   **La Maison des 3 Rois** sans rest   ⌀ 🛜

       17 r. St-Martin – ℰ 03 23 20 74 24   Plan : BZ**r**
– www.lamaisondes3rois.com
5 ch – ☑ 💷65/100 € ♦♦90/100 €
De l'industrie à l'hôtellerie, il n'y a parfois qu'un pas que le propriétaire des lieux a franchi. Au cœur de la vieille ville, ces deux maisons – dont la partie la plus ancienne remonte au 14ᵉ s. – conjuguent charme et douceur. Et certaines chambres offrent une jolie vue sur les toits...

XX **Zorn - La Petite Auberge**   🕸 🏡 ⇔

😊   45 bd Brossolette – ℰ 03 23 23 02 38   Plan : CY**a**
😊   – www.zorn-lapetiteauberge.com – *Fermé 1 semaine vacances de fév., 2 semaines en août, sam. midi, lundi soir et dim. sauf fériés*
Formule 21 € – Menu 31/59 € – Carte 69/90 €
Cette belle auberge contemporaine affiche souvent complet : c'est en effet une valeur sûre de la région ! Un succès mérité pour le chef, Willy Marc Zorn, qui fait montre d'une vraie finesse d'exécution en concoctant de belles assiettes de saison, tout en saveurs franches. Excellent rapport qualité-prix.
Le Petit Zorn – 45 bis bd Brossolette, ℰ 03 23 23 31 01 – Formule 13 €
– Menu 16/20 € – Carte 23/44 €

LAON

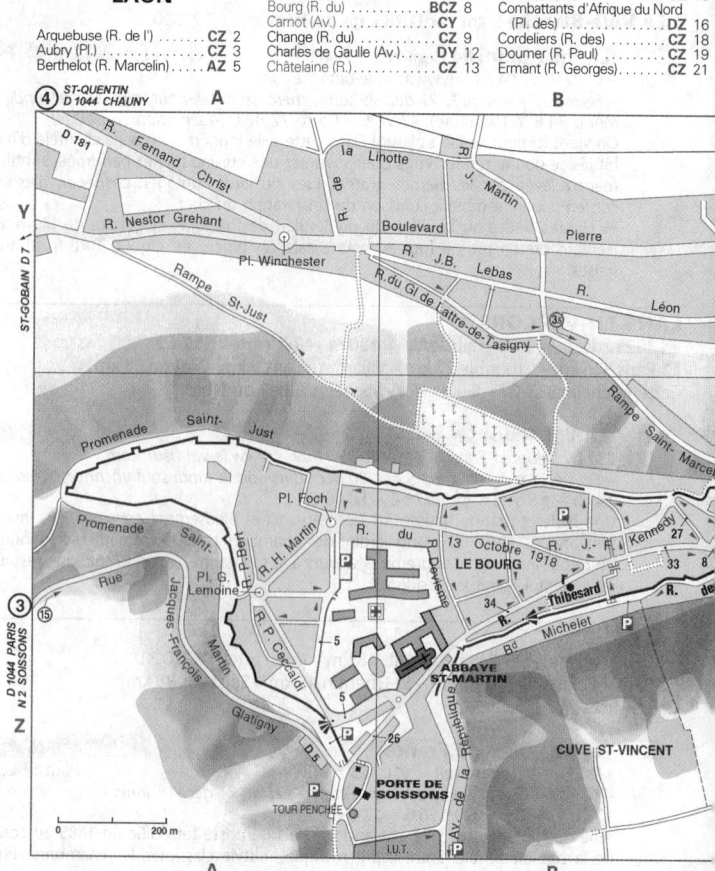

à Samoussy 13 km par ② et D 977 – ✉ 02840 – 327 hab. – Alt. 84 m

✗✗ Le Relais Charlemagne

4 rte de Laon – ✆ *03 23 22 21 50*
– www.lerelaischarlemagne.fr
– Fermé 27 juil.-18 août, merc. soir, dim. soir, fériés le soir et lundi
Menu 30 € (semaine), 50/65 € – Carte 56/69 €
Berthe au Grand Pied, mère de Charlemagne, serait née à Samoussy, d'où l'enseigne de cette table classique, cachant un agréable jardin sur l'arrière. Parmi les grandes spécialités de la carte, on compte la salade de homard aux agrumes, le foie gras poêlé en aigre-doux et les ris de veau aux morilles.

à Chamouille 13 km par D 967 DZ – ✉ 02860 – 263 hab. – Alt. 112 m

🏠🏠 Hôtel du Golf de l'Ailette

*23 r. du Chemin-des-Dames, (parc nautique de l'Ailette), 0,5 km au Sud
par D 967 –* ✆ *03 23 24 84 85 – www.ailette.fr*
58 ch – †99/149 € ††99/149 € – ⊇ 15 €
Sur les rives du lac d'Ailette, entre calme et verdure... Dans ce bâtiment des années 1990, les chambres sont spacieuses et contemporaines, toutes avec un balcon donnant sur l'eau. Golf, sports nautiques : côté détente, rien ne manque !

834

Hurée (R. de la) . . . . DY 23
Jur (Prom. Barthélémy de) . . CZ 24
Leclerc (Pl. du Gen.) . . . . CZ 25
Leduc (R. Eugène) . . . . DY
Libération (R. de la) . . . . . . ABZ 26
Martinot (Allée Jean) . . . . . . DZ 28
Parvis Gautier de Mortagne (Pl. du) . . . . CZ 29
Père Marquette et Louis Jolliet (R. du) . . . . BZ 27
Rabin (Promenade Yitzhak) . . CZ 30
Roosevelt (R. Franklin) . . . . . CZ 31
St-Jean (R.) . . . . BZ 33
St-Martin (R.) . . . . BZ 34
Signier (R. de) . . . . CZ 36
Thuillart (R. Fernand) . . . . . . DY 37
Victor-Hugo (Pl.) . . . . DY 39
Vinchon (R.) . . . . CZ 40

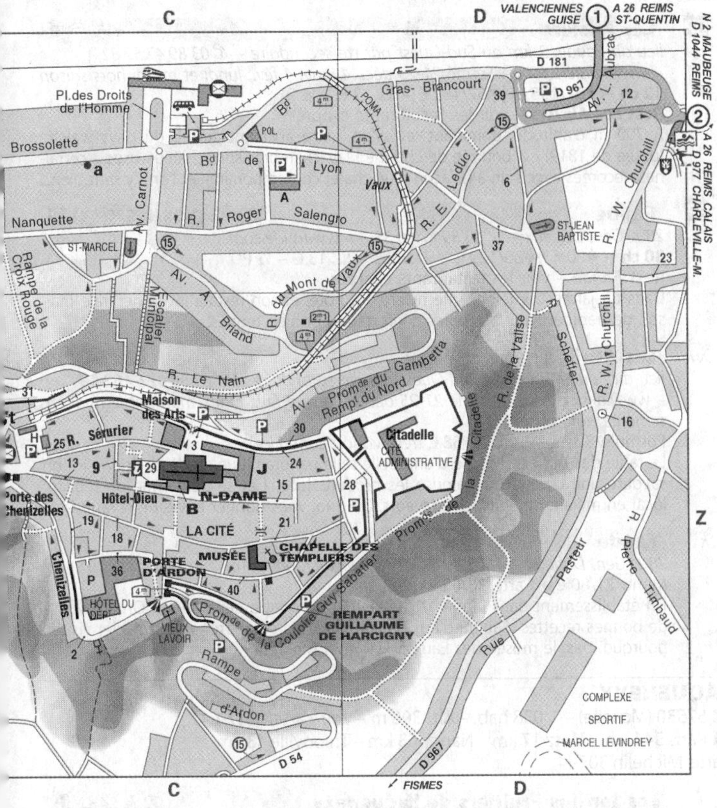

LAPALISSE

⊠ 03120 (Allier) – 3 138 hab. – Alt. 280 m – Voir carte n°**6-C1**
▶ Paris 346 km – Digoin 45 km – Mâcon 122 km – Moulins 50 km
Carte Michelin 326-I5 – Guide Vert Michelin Auvergne

Auberge du Moulin Marin

rte de Varrennes-sur-Tèche – ☎ 04 70 99 08 53 – www.moulin-marin.com
16 ch – †72/84 € ††99/132 € – ☕ 11 €
En face d'un grand moulin (1854) – qui abrite la partie restaurant, d'esprit traditionnel –, un bâtiment récent au bord de la Besbre. On s'y repose dans des chambres contemporaines et confortables, bercé par le doux clapotis de l'eau.

Galland avec ch

20 pl. de la République – ☎ 04 70 99 07 21 – www.hotelgalland.fr
– Fermé 5-25 janv., dim. soir sauf juil.-août et lundi
6 ch – †60/75 € ††60/75 € – ☕ 10 € – ½ P
Formule 17 € – Menu 29/65 € – Carte 36/55 €
Impossible de ne pas remarquer cette imposante maison rose pastel ! On y apprécie des plats actuels mettant à l'honneur les produits régionaux, le tout servi dans un cadre élégant. À noter, une petite carte bistrot au déjeuner. Chambres sobres et bien tenues pour l'étape.

LAPOUTROIE

✉ 68650 (Haut-Rhin) – 1 957 hab. – Alt. 420 m – Voir carte n°**1-A2**
▶ Paris 430 km – Colmar 21 km – Munster 31 km – Ribeauvillé 20 km
Carte Michelin 315-H8

🏠🏠 Les Alisiers

*lieu-dit Faudé, 3 km au Sud-Ouest par rte secondaire – 𝒞 03 89 47 52 82
– www.alisiers.com – Fermé 21-25 déc., 4 janv.-4 fév., lundi et mardi hors saison*
12 ch – †67/135 € ††67/182 € – ⊡ 13 € – ½ P
Rest *Les Alisiers* – voir les restaurants ci-après
À 700 m d'altitude, dominant le vallon, cette ancienne ferme du pays welche
(datée de 1819) est bourrée de charme ! Les chambres sont chaleureuses – certaines décorées avec soin à la façon d'un chalet contemporain – et l'on s'y sent bien...

🏠🏠 Faudé

28 r. Gén. Dufieux – 𝒞 03 89 47 50 35 – www.faude.com
30 ch – †80 € ††80/129 € – 2 suites – ⊡ 13 € – ½ P
Rest *Faudé* – voir les restaurants ci-après
Dans un jardin bordé par une rivière, un hôtel et son restaurant : une vraie maison de tradition, aux chambres confortables et bien tenues.

✕✕ Les Alisiers – Hôtel Les Alisiers

*lieu-dit Faudé, 3 km au Sud-Ouest par rte secondaire – 𝒞 03 89 47 52 82
– www.alisiers.com – Fermé 21-25 déc., 4 janv.-4 fév., lundi, mardi et le midi en semaine hors saison*
Formule 32 € – Menu 39/58 € *(réservation conseillée)*
La table des Alisiers dispose d'une belle salle panoramique au décor épuré. Ici, on savoure une cuisine qui valorise les produits locaux et se démarque du registre local en mêlant influences et saveurs. De quoi vous donner envie de revenir !

✕✕ Faudé – Hôtel Faudé

28 r. Gén. Dufieux – 𝒞 03 89 47 50 35 – www.faude.com
Menu 21/80 € – Carte 38/62 €
Un établissement dans la même famille depuis quatre générations. On y savoure de bonnes recettes d'aujourd'hui, dans un cadre au diapason, avant d'aller visiter, pourquoi pas, le musée des Eaux-de-Vie tout proche !

LAQUENEXY

✉ 57530 (Moselle) – 1 038 hab. – Alt. 300 m – Voir carte n°**27-C1**
▶ Paris 344 km – Metz 17 km – Nancy 63 km – Thionville 43 km
Carte Michelin 307-I4

✕ Les Jardins Fruitiers de Laquenexy

*4 r. Bourger-et-Perrin – 𝒞 03 87 35 01 00 – www.jardinsfruitiersdelaquenexy.com
– Ouvert avril-oct. et fermé lundi, mardi et le soir*
Menu 24 € – Carte environ 29 € *(réservation conseillée)*
Au cœur d'un jardin abritant plus de mille variétés d'arbres fruitiers, ce restaurant – doublé d'une boutique gourmande – s'avère aussi insolite que sympathique ! On y savoure une cuisine légère et bien ficelée, qui fait évidemment la part belle aux fruits et légumes du potager. Une jolie graine...

LAQUEUILLE

✉ 63820 (Puy-de-Dôme) – 364 hab. – Alt. 1 000 m – Voir carte n°**5-B2**
▶ Paris 455 km – Aubusson 74 km – Clermont-Ferrand 40 km – Mauriac 73 km
Carte Michelin 326-D9

au Nord-Est 2 km par D 922 et rte secondaire – ✉ 63820

🏠 Auberge de Fondain

Fondain – 𝒞 04 73 22 01 35 – www.auberge-fondain.com – Fermé nov.
6 ch – †36/60 € ††48/80 € – ⊡ 10 € – ½ P
Pour se mettre au vert, une demeure bourgeoise (1903) en pleine nature. Les chambres sont douillettes, rénovées dans un esprit maison de campagne. Espace forme. Cuisine traditionnelle (plats auvergnats) au restaurant.

LARAGNE-MONTÉGLIN

✉ 05300 (Hautes-Alpes) – 3 668 hab. – Alt. 571 m – Voir carte n°**40-B2**
▶ Paris 687 km – Digne-les-Bains 58 km – Gap 40 km – Sault 60 km
Carte Michelin 334-C7

📷   **Les Terrasses** sans rest   ⇐ 🖫 **P** 🚗
18 av. de Provence, (D 1075) – ℰ 04 92 65 08 54
– http://www.hotel-les-terrasses.fr – Ouvert 1er avril-1er nov.
15 ch – ♦31/60 € ♦♦50/60 € – � 8 €
Petit hôtel familial aux chambres modestes et très bien tenues ; côté jardin, plus
au calme, elles possèdent une terrasse d'où l'on aperçoit le village et le mont
Chabre. Repas traditionnel dans une salle aux tons ensoleillés ou sous la pergola
tapissée de vigne vierge.

✗   **L'Araignée Gourmande**   AC
8 r. de la Paix – ℰ 04 92 65 13 39 – www.laraignee-gourmande.fr – Fermé
24 fév.-12 mars, 30 juin-6 juil., 17 nov.-3 déc., dim. soir, mardi soir et merc.
Formule 14 € – Menu 28/37 € – Carte 40/62 €
Cette table saura vous prendre dans sa toile : cadre lumineux, cuisine traditionnelle généreuse (légumes du potager familial, viande locale), service efficace et
prix doux.

LE LARDIN-ST-LAZARE

✉ 24570 (Dordogne) – 1 911 hab. – Alt. 86 m – Voir carte n°**4-D1**
▶ Paris 503 km – Brive-la-Gaillarde 28 km – Lanouaille 38 km – Périgueux 47 km
Carte Michelin 329-I5

au Sud 4 km par D 704, D 62 et rte secondaire – ✉ 24570

📷   **Château de la Fleunie**   ⅠO 🛏 ⇐ 🖫 🖫 🛏 ✕ & ⊛ ⅍ **P**
– ℰ 05 53 51 32 74 – www.lafleunie.com – Fermé 1er janv.-11 fév.
33 ch – ♦80/210 € ♦♦120/210 € – ⊠ 12 € – ½ P
Ce château féodal, au cœur d'un vaste domaine boisé, impressionne ; il y a même
un parc animalier ! On cultive le style châtelain, avec poutres, vieilles pierres
et beau salon dans la tour. Cuisine classique servie devant la cheminée.

à Coly 6 km au Sud-Est par D 74 et D 62 – ✉ 24120 – 224 hab. – Alt. 113 m

📷   **Manoir d'Hautegente**   ⅠO 🛏 ⇐ 🖫 & ⊛ ⅍ **P**
– ℰ 05 53 51 68 03 – www.manoir-hautegente.com – Ouvert 10 mai-12 oct.
17 ch – ♦99/260 € ♦♦99/260 € – ⊠ 16 €
Rest Manoir d'Hautegente – voir les restaurants ci-après
Dans un parc traversé par une rivière, un moulin du 14es. tapissé de vigne vierge.
La beauté du site, les meubles anciens et le bar installé dans l'ancienne forge
dégagent un charme véritable. Un joli écrin...

✗✗✗   **Manoir d'Hautegente**   ⇐ 🖫 🖫 & ⊛ **P**
– ℰ 05 53 51 68 03 – www.manoir-hautegente.com – Ouvert 10 mai-12 oct.,
fermé merc. midi, lundi et mardi
Formule 30 € – Menu 55/110 € – Carte environ 58 €
La table du Manoir est à la hauteur de l'écrin qui l'accueille ! Assis dans la belle
salle à manger en pierres apparentes, où trône une imposante cheminée, on
déguste une cuisine élaborée et pleine de trouvailles.

✗   **La Table de Jean**   ⊛ AC
⊛ – ℰ 05 53 51 68 08 – www.facebook.com/latabledejean – Ouvert de mai à
fin oct. et fermé jeudi midi, sam. midi et merc.
Menu 16 € (déj. en semaine)/31 €
Ici, on cultive l'identité locale ! Dans la salle, d'esprit bistrot, des photos retracent
l'histoire du village. On apprend ainsi que Jean en a été le maire – et qu'il était
visiblement en proche des patrons. Au menu : une cuisine au goût du jour, jetant
de discrètes œillades vers la tradition, simple autant que bonne.

LARGENTIÈRE

✉ 07110 (Ardèche) – 1 822 hab. – Alt. 240 m – Voir carte n°**44-A3**
▶ Paris 645 km – Alès 66 km – Aubenas 18 km – Privas 49 km
Carte Michelin 331-H6 – Guide Vert Michelin Ardèche Drôme

à Rocher 4 km au Nord par D 5 – ⊠ 07110 – 280 hab. – Alt. 353 m

🏠 **Le Chêne Vert** 🔟 ⅀ ⟍ ⊐ 🖪 ᴟ 🄰🄲 🛜 🄿
– ☎ 04 75 88 34 02 – www.hotellechenevert.com – Ouvert 15 avril-1er oct.
25 ch – ♦75/83 € ♦♦80/105 € – ⊊ 11 € – ½ P
Aux confins du Vivarais et des Cévennes, une adresse conviviale aux chambres pratiques, certaines avec balcon offrant une jolie vue sur la vallée. À table, plats traditionnels et recettes régionales servis dans un décor bourgeois.

à Sanilhac 7 km au Sud par D 312 – ⊠ 07110 – 419 hab. – Alt. 420 m

🏠 **Auberge de la Tour de Brison** 🔟 ⊛ ⅀ ⟍ ⊐ ✕ ⎘ ᴟ 🄰🄲 🛜 🄿
à la Chapelette – ☎ 04 75 39 29 00 – www.belinbrison.com – Ouvert
1er avril-31 oct.
14 ch – ♦78/82 € ♦♦78/130 € – ⊊ 12 € – ½ P
De cette accueillante auberge bâtie à flanc de colline, la vue plonge sur la vallée et sur le plateau du Coiron. Chambres actuelles, jardin et superbe piscine à débordement. Au restaurant, cadre chaleureux, terrasse panoramique et recettes du terroir (menu unique).

LARMOR-BADEN
⊠ 56870 (Morbihan) – 844 hab. – Alt. 10 m – Voir carte n°**9-A3**
◗ Paris 474 km – Auray 15 km – Lorient 59 km – Pontivy 66 km
Carte Michelin 308-N9 – Guide Vert Michelin Bretagne Sud

🏠 **Auberge du Parc Fétan** 🔟 ⊐ ᴟ 🛜 🄿
17 r. de Berder – ☎ 02 97 57 04 38 – www.hotel-parcfetan.com
– Ouvert 14 fév.-13 nov.
25 ch – ♦45/78 € ♦♦78/130 € – ⊊ 9 € – ½ P
À proximité de la baie et des sentiers côtiers, un hôtel convivial et parfaitement tenu, doté de chambres plutôt petites, simples et claires, la plupart ouvrant sur le golfe du Morbihan. Produits de la mer et cuisine traditionnelle dans une ambiance bistrot.

LARMOR-PLAGE
⊠ 56260 (Morbihan) – 8 277 hab. – Alt. 4 m – Voir carte n°**9-B2**
◗ Paris 510 km – Lorient 7 km – Quimper 74 km – Vannes 66 km
Carte Michelin 308-K8 – Guide Vert Michelin Bretagne Sud

🏠 **Les Rives du Ter** 🔟 ⅀ ⟍ ▭ 🖪 ⎘ ᴟ 🄰🄲 🛜 ⚓ 🄿
15 bd Jean-Monnet – ☎ 02 97 35 33 50 – www.lesrivesduter.com
58 ch – ♦115/132 € ♦♦125/132 € – ⊊ 16 €
Cet hôtel récent bordant le Ter abrite des chambres spacieuses, au style épuré, avec terrasse ou balcon donnant sur l'étang, bien au calme. Une bonne option pour profiter des jolies plages des environs.

LARNAC – 30 (Gard) ➜ voir St-Ambroix

LAROQUE-DES-ALBÈRES
⊠ 66740 (Pyrénées-Orientales) – 2 128 hab. – Alt. 100 m – Voir carte n°**22-B3**
◗ Paris 883 km – Figueres 50 km – Montpellier 187 km – Perpignan 39 km
Carte Michelin 344-I7 – Guide Vert Michelin Languedoc Roussillon

✗ **Côté Saisons** avec ch 🖼 ᴟ rest, 🄰🄲 ch, 🍽 🛜
⊛ 10 av. de la Côte-Vermeille – ☎ 04 34 12 36 51 – www.cotesaisons.com
– Fermé janv., jeudi sauf le soir en juil.-août et merc.
5 ch ⊊ – ♦65/120 € ♦♦65/120 € – ½ P
Formule 24 € 🍷 – Menu 31 € – Carte environ 42 €
C'est au Ritz, à Paris, que le couple s'est rencontré. Elle était en salle, lui en cuisine, comme aujourd'hui dans leur restaurant. Une bâtisse du 19e s. avec un jardin fleuri et une jolie terrasse pour être toujours... Côté Saisons, à l'instar des recettes, savoureuses et bien ficelées ! De plus, le service est tout sourire.

LARRAU
⊠ 64560 (Pyrénées-Atlantiques) – 196 hab. – Alt. 636 m – Voir carte n°**3-B3**
◗ Paris 832 km – Oloron-Ste-Marie 42 km – Pau 75 km – St-Jean-Pied-de-Port 64 km
Carte Michelin 342-G6 – Guide Vert Michelin Pays Basque et Navarre

⌂ | **Etchemaïté** | ⅋℘ 〈 ⇔ ₺ ℅ 🛜 🅿
Le Bourg – ℰ *05 59 28 61 45 – www.hotel-etchemaite.fr*
– Fermé 4 janv.-22 fév., dim. soir et lundi de nov. à avril
17 ch – †58/86 € ††58/86 € – ⌿ 8 € – ½ P
Rest *Etchemaïté* – voir les restaurants ci-après
Simplicité et accueil familial d'une auberge de montagne, dans un hameau de la
pittoresque Haute-Soule. Les chambres, confortables et bien tenues, méritent un
détour dans ce coin aux airs de bout du monde...

✗ | **Etchemaïté** | 〈 ⇔ ₷ ₺ 🅿
Le Bourg – ℰ *05 59 28 61 45 – www.hotel-etchemaite.fr*
– Fermé 4 janv.-22 fév., dim. soir et lundi de nov. à avril
Formule 19 € – Menu 25/55 € – Carte environ 41 €
Dans ces contrées montagneuses aux confins du Pays basque, une maison tradi-
tionnelle tout simplement charmante... d'autant qu'on s'y régale : tatin de foie
gras aux pommes, poêlée d'anguilles persillées, épaule d'agneau braisé et gar-
bure de haricots-maïs... C'est simple, goûteux et généreux !

LASCABANES
⊠ 46800 (Lot) – 193 hab. – Alt. 180 m – Voir carte n°**28-B1**
◗ Paris 598 km – Montauban 69 km – Toulouse 120 km – Villeneuve-sur-Lot 61 km
Carte Michelin 337-D5

⌂ | **Le Domaine de Saint-Géry** sans rest | ⅋ ⇔ ⌁ ₷ 🅺 🛜 🅿
ℰ *05 65 31 82 51 – www.saint-gery.com – Ouvert 15 avril-1ᵉʳ nov. et 30 déc.-28 fév.*
5 ch – †137/350 € ††137/350 € – ⌿ 28 €
Vous voici sur les terres du seigneur de St-Géry... ou plutôt de ses descendants.
Au cœur du Quercy, ce domaine de 70 ha permet de se ressourcer dans de
confortables chambres campagnardes. Ici, le blé est même ramassé à la main
pour faire le pain. Authentique !

✗✗ | **Le Domaine de Saint-Géry** ⓝ | ⇔ ₷ ⌁ 🅿
ℰ *05 65 31 82 51 – www.saint-gery.com – Ouvert 15 avril-1ᵉʳ nov. et 30 déc.-28 fév.*
Menu 48/209 €
Autoproclamé "cuisinier-paysan", Patrick Duler ne plaisante pas avec l'origine de
ses produits : une grande partie de ce qui est dans l'assiette – jambon de porc
noir, truffe, foie gras – vient directement de ses propres champs ! Ses préparations, simples et soignées, révèlent l'âme d'un chef véritablement passionné.

LASCELLE
⊠ 15590 (Cantal) – 306 hab. – Alt. 760 m – Voir carte n°**5-B3**
◗ Paris 555 km – Aurillac 16 km – Bort-les-Orgues 84 km – Brioude 94 km
Carte Michelin 330-D4

⌂ | **Lac des Graves** | ⅋℘ ⅋ 〈 ⇔ ⌁ ₺ 🛜 ⛵ 🅿
Jaulhac – ℰ *04 71 47 94 06 – www.lacdesgraves.com – Fermé de mi-nov. à mi-déc.*
23 ch – †66/77 € ††66/77 € – ⌿ 9 € – ½ P
Randonneurs, kayakistes et adeptes du VTT apprécieront ce vaste parc aménagé
au bord d'un lac. Chalets et cubes en bois au bord de l'eau, roulottes bohème
parmi les ânes et les moutons ; l'hébergement est très original !

LASSEUBE
⊠ 64290 (Pyrénées-Atlantiques) – 1 714 hab. – Alt. 188 m – Voir carte n°**3-B3**
◗ Paris 797 km – Bordeaux 219 km – Pau 19 km – Tarbes 60 km
Carte Michelin 342-J3 – Guide Vert Michelin Aquitaine

↑ **La Ferme Dagué** sans rest 　　　　　　　　　🐾 🛏 🎖 🛜 P ⇥

chemin Croix-de-Dagué – ℰ *05 59 04 27 11* – *www.ferme-dague.com*
– *Ouvert 30 avril-22 oct.*
5 ch ⊑ – ♦46/64 € ♦♦56/66 €
Avec sa superbe cour fermée, cette ferme béarnaise du 18ᵉ s. a beaucoup de
cachet ! Les chambres sont fonctionnelles et bien tenues, le petit-déjeuner
copieux !

⅄ **La Promenade** 　　　　　　　　　　　　　　🏡 ♿ 🎶

⌾ *r. de la République* – ℰ *05 59 04 26 24* – *Fermé janv., 2 semaines en juin et lundi*
Menu 14 € ⅄ (déj. en semaine), 16/32 € – Carte 22/37 €
Une bonne petite table de terroir, où simplicité rime avec qualité ! Ici, les préparations maison avec des produits frais et de saison ont la part belle. Ambiance
familiale et prix tout petits rendent La Promenade résolument attractive.

LASTOURS

✉ 11600 (Aude) – 165 hab. – Voir carte n°**22-B2**
◘ Paris 782 km – Carcassonne 19 km – Castres 52 km – Toulouse 107 km
Carte Michelin 344-F3

⅄⅄ **Le Puits du Trésor** (Jean-Marc Boyer) 　　　　　　　　🎛 ♿ 🎶

⌾ *21 rte des Quatre Châteaux* – ℰ *04 68 77 50 24* – *www.lepuitsdutresor.com*
🥐 – *Fermé 16-24 fév., 20-29 oct., dim. soir, lundi et mardi*
Menu 47/93 € *(réservation conseillée)*
Jean-Marc Boyer est un véritable passionné : lors de balades en solitaire dans les
collines environnantes, il déniche l'inspiration pour sa cuisine... Herbes aromatiques, asperges sauvages ou ail des ours viennent agrémenter des plats colorés, pleins de saveurs et bien maîtrisés. Une réussite !
→ Écrevisse cuite minute, nage à la verveine et risotto de soja au combava. Saint-
pierre, poivron confit à la fleur de thym et jambon tiède à l'émulsion de moules
de Gruissan. Globe chocolaté, sorbet mandarine.
L'Auberge Menu 18/24 € – Carte 24/40 €

LATILLÉ

✉ 86190 (Vienne) – 1 497 hab. – Alt. 150 m – Voir carte n°**39-C1**
◘ Paris 358 km – Niort 65 km – Poitiers 29 km – Tours 122 km
Carte Michelin 322-G5

↑ **La Gentilhommière** sans rest 　　　　　　　　🐾 🛏 🎖 🛜

1 pl. Robert-Gerbier – ℰ *05 49 36 34 20* – *www.gentilhommiere.fr*
5 ch ⊑ – ♦100/110 € ♦♦100/110 €
Elle porte bien son nom, cette Gentilhommière de 1785 aux superbes atours :
tentures, boiseries, mobilier et objets anciens parent des chambres Art déco,
Empire ou encore Directoire... Un véritable répertoire de styles, d'un grand raffinement ! Quant au parc, il dégage une douce quiétude...

LATTES – 34 (Hérault) → voir Montpellier

LAUTREC

✉ 81440 (Tarn) – 1 777 hab. – Alt. 294 m – Voir carte n°**29-C2**
◘ Paris 703 km – Albi 31 km – Castelnaudary 55 km – Castres 17 km
Carte Michelin 338-E8 – Guide Vert Michelin Midi-Pyrénées

⅄ **Le Clos d'Adèle** 　　　　　　　　　　　　🏡 ♿ 🎶

⌾ *6 pl. du Monument* – ℰ *05 81 43 61 91* – *Fermé jeudi midi, merc. hors saison et*
dim. soir
Menu 18/34 € – Carte 28/39 €
Une bâtisse ancienne (poutres, pierres apparentes) au cœur de la ville historique,
une bonne cuisine du marché réalisée avec des produits d'excellente qualité, et
des saveurs qui sautent aux papilles… Avec, à l'arrivée, une addition plutôt raisonnable. Que demander de plus ?

LAUZERTE

✉ 82110 (Tarn-et-Garonne) – 1 496 hab. – Alt. 224 m – Voir carte n°**28**-B1
▶ Paris 614 km – Agen 53 km – Auch 98 km – Cahors 39 km
Carte Michelin 337-C6

✗ **Hôtel du Quercy** avec ch   ⏸ 📶 **P**
⊗ *fg d'Auriac – ℰ 05 63 94 66 36 – Fermé vacances de la Toussaint, de fév., dim.
soir sauf juil.-août et lundi*
9 ch – ✝44/60 € ✝✝48/60 € – ⊃ 8 €
Formule 14 € – Menu 17 € (déj. en semaine)/36 € – Carte 34/44 €
Au cœur de ce bourg pittoresque, cette maison de pays possède le charme
désuet des auberges de campagne... Les propriétaires se mettent en quatre pour
satisfaire leurs hôtes ; on savoure donc de bons petits plats du terroir (dont
l'agneau du Quercy). Pour l'étape, des chambres simples et bien tenues.

LAVAL

✉ 53000 (Mayenne) – 50 843 hab. – Alt. 65 m – Voir carte n°**35**-C1
▶ Paris 280 km – Angers 79 km – Le Mans 86 km – Rennes 76 km
Carte Michelin 310-E6 – Guide Vert Michelin Pays de la Loire

🏨 **Perier du Bignon** ⓝ   ⭐ ⊝ ⊐ ♨ ♨ & 📶 ♨ **P**
7 r. du Marchis – ℰ 02 43 49 90 00   Plan : Z**t**
– www.hotelperierdubignon.fr
29 ch – ✝129/175 € ✝✝129/175 € – 3 suites – ⊃ 14 € – ½ P
Ce bel hôtel particulier du 18ᵉ s. (classé) s'élève sur les hauteurs de la ville. Les
chambres y sont cosy, raffinées et toutes différentes : coquettes et bourgeoises
pour certaines, plus contemporaines pour d'autres. Espace de remise en forme
avec hammam et sauna.

🏨 **Hôtel de Paris** sans rest   ♨ & 🅰🅺 📶 🚗 ⊝
22 r. de la Paix – ℰ 02 43 53 76 20 – www.hotel-laval.fr – Fermé   Plan : Y**a**
22 déc.-3 janv.
50 ch – ✝62/165 € ✝✝68/175 € – ⊃ 10 €
Sur l'une des principales artères de la ville, à deux pas de la Mayenne, un hôtel né
en 1830, mais détruit en 1944 et reconstruit à l'après-guerre. Les chambres sont
spacieuses et bien insonorisées, l'ensemble parfaitement tenu.

✗✗✗ **Bistro de Paris**   ⊗⊗ 🅰🅺
⊗ *67 r. du Val-de-Mayenne – ℰ 02 43 56 98 29*   Plan : Y**k**
– www.lebistro-de-paris.com
– Fermé 1ᵉʳ-21 août, sam. midi, dim. soir et lundi
Menu 18 € (déj. en semaine), 28/48 € – Carte environ 48 €
On s'attend presque à voir Émile Gallé entrer dans cette élégante salle Art nouveau ! Au cœur du quartier historique de Laval, ce bistrot chic propose des plats
dans l'air du temps, au rythme des saisons. Les incontournables : tête et foie de
veau ravigote, boudin blanc aux escargots et soufflé au Grand Marnier.

✗✗ **À la Bonne Auberge** avec ch   & rest, 📶 **P**
⊗ *170 r. de Bretagne, par ⑥ – ℰ 02 43 69 07 81 – www.alabonneauberge.com*
– Fermé août, sam. midi et dim.
17 ch – ✝73/82 € ✝✝84/93 € – ⊃ 10 € – ½ P
Menu 17 € (semaine), 26/47 € – Carte environ 48 €
Sur la route de Rennes, on repère cette bâtisse à ses murs entièrement tapissés
de vigne vierge, mais les gourmands la connaissent pour sa bonne cuisine : joue
de veau à l'ail, riz crémeux aux agrumes, etc. Un travail bien fait ! Quelques chambres bien tenues pour prolonger l'étape.

✗✗ **L'Antiquaire**   ⭐ &
64 r. de Vaufleury – ℰ 02 43 53 66 76   Plan : X**e**
*– www.antiquaire-restaurant-laval.fr – Fermé 6-27 juil., 11-25 janv., sam. midi,
dim. soir et lundi*
Formule 14 € – Menu 25/50 € – Carte 34/51 €
Amis chineurs, ici, vous ne trouverez ni livres anciens, ni toiles du 19ᵉ s., ni objets
des années 1930... mais vous n'y perdrez pas au change ! Cet Antiquaire-là est
tout à fait plaisant et accueillant, et dans l'assiette, on apprécie une cuisine généreuse et teintée de créativité.

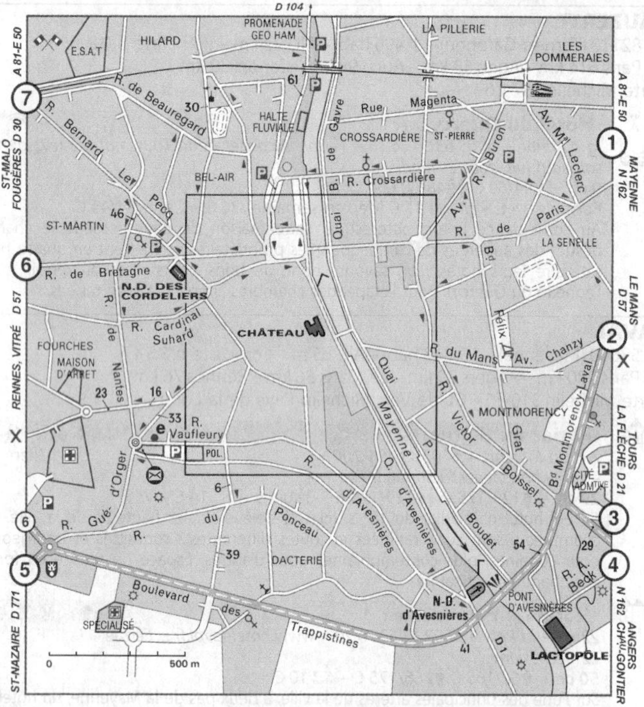

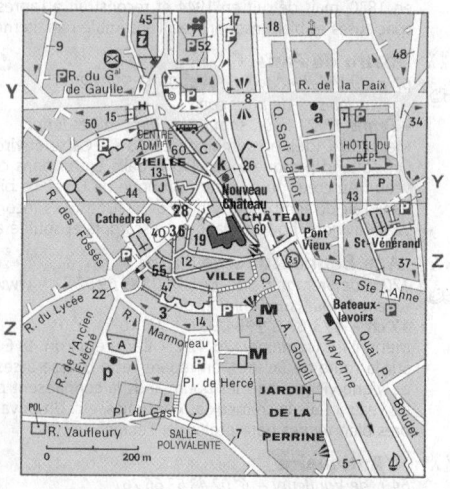

LE LAVANCHER – 74 (Haute-Savoie) ➜ voir Chamonix

LE LAVANDOU

✉ 83980 (Var) – 5 356 hab. – Alt. 1 m – Voir carte n°**41-C3**
▶ Paris 873 km – Cannes 102 km – Draguignan 75 km – Fréjus 61 km
Carte Michelin 340-N7 – Guide Vert Michelin Côte d'Azur

Baptistin sans rest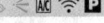

quai Baptistin-Pins – ℰ 04 98 00 44 51 – www.baptistin-hotel-lavandou.com
14 ch – ♦95/330 € ♦♦95/330 € – ☟ 12 €
Face au port, cet hôtel récent joue la carte de la modernité : formes cubiques et équipements de qualité, ambiance feutrée... Les chambres sont confortables et la plupart d'entre elles disposent d'une terrasse ou d'un balcon.

Le Rabelais sans rest

r. Rabelais, (face au vieux port) – ℰ 04 94 71 00 56 – www.le-rabelais.fr – Fermé 15 nov.-15 déc.
21 ch – ♦56/140 € ♦♦67/140 € – ☟ 9 €
Petit hôtel agréable sur le front de mer, proposant des chambres très différentes (du plus contemporain au plus ancien). L'été, petit-déjeuner en terrasse face à l'animation du port.

à St-Clair 2 km par rte de St-Tropez – ✉ 83980

Roc Hôtel sans rest

5 bd des Dryades – ℰ 04 94 01 33 66 – www.roc-hotel.com – Ouvert de fin mars à mi-oct.
28 ch ☟ – ♦84/184 € ♦♦84/224 € – 2 suites
Un hôtel situé juste à côté de la plage, les pieds dans l'eau... Les chambres, avec leur terrasse, sont lumineuses : pour un séjour tonique, choisissez-les face au large !

Méditerranée sans rest

5 r. des Dryades – ℰ 04 94 01 47 70 – www.hotel-med.fr – Ouvert 21 mars-20 oct.
20 ch – ♦88/98 € ♦♦104/146 € – ☟ 10 €
Soleil et plaisirs de la Méditerranée vous attendent au bout de cette plage de sable fin ! Les chambres sont contemporaines et fonctionnelles ; optez pour celles regardant la mer. Agréable ambiance familiale.

Bistr'eau Ryon

bd de la Baleine – ℰ 04 94 15 26 97 – www.bistreauryon.com – Fermé nov., 2 semaines en janv., dim. soir et lundi hors saison
Menu 28 € – Carte 40/55 €
Un joli bistr'eau contemporain, avec une appétissante terrasse face à la plage... Le chef, homme d'expérience, fait varier ses recettes chaque jour en fonction du marché ; on se régale de ses propositions fines et savoureuses !

Les Tamaris - Chez Raymond

bd de la Baleine – ℰ 04 94 71 07 22 – Ouvert de mi-mars à mi-nov. et fermé mardi sauf le soir de mi-juin à mi-sept.
Carte 40/90 €
Beignets de courgette, poisson grillé au feu de bois, bouillabaisse, seiche de Méditerranée, etc. Sous la houlette de Raymond, son truculent patron, cette véritable institution locale met à l'honneur les poissons de la pêche du jour. Et l'on ne résiste pas à la terrasse face à la mer...

à Aiguebelle 4,5 km par rte de St-Tropez – ✉ 83980

Le Grand Pavois ⓝ sans rest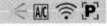

av. des Trois-Dauphins – ℰ 04 98 04 35 00 – www.legrandpavois83.com
– ouvert mars-nov.
18 ch – ♦70/150 € ♦♦70/150 € – ☟ 9 €
En face de la plage d'Aiguebelle, cet hôtel moderne offre tout le confort nécessaire. Dans les chambres, le décor donne dans le minimalisme contemporain ; toutes disposent d'une terrasse ou d'un balcon.

Les Alcyons sans rest   🅰🅲 🅿

av. des Trois-Dauphins – ℰ 04 94 05 84 18 – www.hotellesalcyons.com – Ouvert de début avril à mi-oct.
24 ch � – ♦80/164 € ♦♦80/164 €
Dans la mythologie grecque, les alcyons – ces oiseaux marins fabuleux – étaient présage de mer calme... Un heureux augure pour cet hôtel situé sur l'avenue bordant la plage, et dont la plupart des chambres profitent d'une terrasse toisant la Méditerranée. Accueil attentionné.

Beau Soleil   🍽 🝔 ᴺ 🅰🅲 🅿

av. des Trois-Dauphins – ℰ 04 94 05 84 55 – www.hotel-lavandou.com – Ouvert Pâques-début oct.
15 ch – ♦58/86 € ♦♦78/100 € – ⊻ 7 € – ½ P
Aiguebelle ("belle eau") et beau soleil : l'essentiel pour des vacances réussies ! Profitez ici de chambres bien tenues et confortables, en particulier au 1er étage où l'on peut opter pour une terrasse face à la mer. Cuisine traditionnelle au restaurant, avec une agréable terrasse sous les platanes.

✕✕ L'Empreinte   🝔 🅰🅲 ↔

av. des Trois-Dauphins – ℰ 04 94 05 76 98 – www.empreinte-restaurant.com – Fermé 1er janv.-12 fév., mardi, merc. hors saison et le midi en juil.-août sauf dim.
Menu 59/89 € – Carte 58/77 €
Œuf crousti-croquant et son velouté d'asperges, daurade grillée et sa déclinaison de légumes de saison, ris de veau grillé et sauce truffe... Cet ancien garage – un lieu atypique ! – est désormais le repaire d'un jeune chef talentueux et expérimenté, bien décidé à marquer l'adresse de son Empreinte. Plaisant !

à la Plage de la Fossette 2,5 km par rte de St-Tropez–⊠83980

✕ La Farigoulette ⓝ   🏠

1 av. du Capitaine-Thorel – ℰ 04 94 71 06 85 – www.restaurant-lavandou-lafarigoulette.com – Fermé 30 oct.-15 déc., 3 janv.-28 fév., le midi en juil.-août, dim. soir et lundi
Menu 38/48 € – Carte 35/55 € (réservation conseillée)
Vous serez séduits par l'ambiance sympathique et conviviale de cette auberge, dont l'intérieur se pare de bibelots chinés, de vieilles affiches et de drôles de luminaires... Le chef revendique une cuisine "d'humeur et d'instinct" ; ses menus évoluent avec le marché et regorgent d'idées originales. Rafraîchissant !

LAVANNES

⊠ 51110 (Marne) – 608 hab. – Alt. 100 m – Voir carte n°**13-B2**
🔁 Paris 161 km – Châlons-en-Champagne 56 km – Épernay 43 km – Reims 14 km
Carte Michelin 306-H7

La Closerie des Sacres sans rest   🌿 ᴺ 🅰🅲 ❈ 🛜 🅿

7 r. Chefossez – ℰ 03 26 02 05 05 – www.closerie-des-sacres.com
3 ch ⊻ – ♦80/100 € ♦♦96/120 €
Engageante, l'architecture traditionnelle de cette ancienne ferme ! Les chambres d'hôtes ont été aménagées avec goût dans les écuries, habillées de mobilier ancien, de fer forgé et de tissus bien choisis. Une maison d'une élégante simplicité, dans laquelle on peut se détendre au grand calme.

LAVARDIN – 41 (Loir-et-Cher) ➜ voir Montoire-sur-le-Loir

LAVAUDIEU

⊠ 43100 (Haute-Loire) – 226 hab. – Alt. 465 m – Voir carte n°**6-C3**
🔁 Paris 488 km – Brioude 11 km – Clermont-Ferrand 78 km – Le Puy-en-Velay 56 km
Carte Michelin 331-C2 – Guide Vert Michelin Auvergne

⌂ **Le Colombier** sans rest   < ⌾ ⊼ ⚭ **P**

rte des Fontannes, (D 203) – ℰ 04 71 76 09 86 – www.lecolombier-lavaudieu.com
– Ouvert 1ᵉʳ mai-30 sept.

4 ch ⊽ – ♥60 € ♥♥75 €

Une maison récente, sur les hauteurs du village – l'un des plus beaux de France.
Les chambres – "Velay", "Afrique" (lit à baldaquin en bambou), "Maroc" – sont
impeccables. Un pigeonnier classé du 18ᵉ s., un joli jardin... et une superbe vue
sur la vallée !

✗ **Auberge de l'Abbaye**   🍽 **AC**

– ℰ 04 71 76 44 44 – http://lavaudieu.free.fr – Fermé 15 nov.-13 fév., lundi et
mardi sauf vacances scolaires et fériés

Formule 22 € – Menu 26 € – Carte 22/31 €

Cette auberge, voisine de la belle abbaye, donne sa version – charmante – du style
rustique. La convivialité s'impose autour de la cuisine régionale de la patronne
(produits du marché). Une ambiance chaleureuse, relayée en salle par son mari.

✗ **Court La Vigne**

⊛ – ℰ 04 71 76 45 79 – Fermé déc., janv., merc. en juil.-août et mardi

Menu 18 € (déj. en semaine)/26 € – Carte environ 29 € (réservation conseillée)

Cherchez le cloître médiéval, cette charmante bergerie du 15ᵉ s. est juste à deux
pas. Tout y est plaisant, le bar et sa cheminée, la galerie d'art et la cour ! Des vins
bio locaux accompagnent une cuisine du terroir tout en simplicité.

LES LAVAULTS – 89 (Yonne) → voir Quarré-les-Tombes

LAVAUR

✉ 81500 (Tarn) – 10 178 hab. – Alt. 140 m – Voir carte n°**29**-C2

▶ Paris 682 km – Albi 51 km – Castelnaudary 56 km – Castres 40 km

Carte Michelin 338-C8

⌂ **Ibis** sans rest   ⌾ ⓘ ⚭ **AC** 🛜 **P**

1 av. G. Pompidou – ℰ 05 63 83 08 08 – www.ibishotel.com

58 ch – ♥65/84 € ♥♥65/84 € – ⊽ 10 €

Dans un quartier résidentiel, un Ibis avec des chambres claires, pratiques et toutes
climatisées. Petits plus : un agréable jardinet, ainsi qu'un bar avec snacking et grillades en saison.

LAVELANET

✉ 09300 (Ariège) – 6 404 hab. – Alt. 512 m – Voir carte n°**29**-C3

▶ Paris 784 km – Carcassonne 71 km – Castelnaudary 53 km – Foix 28 km

Carte Michelin 343-J7

à Nalzen 6 km à l'Ouest par D 117 – ✉ 09300 – 122 hab. – Alt. 632 m

✗ **Les Sapins**   🍽 **P**

Conte – ℰ 05 61 03 03 85 – www.restaurantlessapins.com – Fermé dim. soir,
lundi et mardi sauf fériés et juil.-août

Formule 16 € ♈ – Menu 25/48 € – Carte 35/66 €

En retrait de la route, au bord d'une forêt de sapins, cette maison aux airs de chalet abrite un restaurant rustique et chaleureux... La simplicité même ! On vient y
apprécier le goût de la tradition, et les saveurs de produits bien frais. Une affaire
familiale pleine de charme.

LAVENTIE

✉ 62840 (Pas-de-Calais) – 4 881 hab. – Alt. 18 m – Voir carte n°**30**-B2

▶ Paris 229 km – Armentières 13 km – Arras 45 km – Béthune 18 km

Carte Michelin 301-J4

XXX **Le Cerisier** (Eric Delerue)

3 r. de la Gare – $\mathcal{C}$ 03 21 27 60 59 – www.lecerisier.com – Fermé 1 semaine
en août, 1 semaine en fév., sam. midi, dim. soir et lundi
Menu 37/80 € – Carte 90/105 €

Au cœur du pays de l'Alloeu, dont l'emblème est... un cerisier, les amateurs de
bonne chère connaissent bien cette adresse ! Finesse et inventivité caractérisent
la cuisine du chef dont les menus thématiques ("La promenade du pêcheur", "Le
voyage gastronomique", etc.) invitent à un tour d'horizon... gustatif.
→ Foie gras poêlé aux cerises confites. Côte de veau, crème de petits pois et
pesto à la sarriette. Abricots confits, verveine et glace camomille.

LAVOUX – 86 (Vienne) → voir Poitiers

LAYE – 05 (Hautes-Alpes) → voir Col Bayard

LECTOURE

✉ 32700 (Gers) – 3 776 hab. – Alt. 155 m – Voir carte n°**28-B2**
🚗 Paris 708 km – Agen 39 km – Auch 35 km – Condom 26 km
Carte Michelin 336-F6

🏠 **Hôtel de Bastard**   ⓘ⊗ ⇦ ⅃ 🛜 🗛 🚘

r. Lagrange – $\mathcal{C}$ 05 62 68 82 44 – www.hotel-de-bastard.com – Fermé
22 déc.-28 janv.
26 ch – ♦60/100 € ♦♦60/100 € – 2 suites – � 12 € – ½ P
Rest *Restaurant de Bastard* – voir les restaurants ci-après
En plein centre de la cité gersoise, ce bel hôtel particulier du 18e s. abrite des
chambres coquettes et confortables – celles du 2e étage sont mansardées et climatisées. L'accueil souriant et professionnel ajoute à l'agrément des lieux.

XX **Restaurant de Bastard**   ⅏ ⇦ 🛱 ⅖

r. Lagrange – $\mathcal{C}$ 05 62 68 82 44 – www.hotel-de-bastard.com – Fermé
22 déc.-28 janv. ,mardi midi, dim. soir et lundi
Formule 18 € – Menu 31/58 € ⓣ – Carte 37/81 €
De hauts plafonds, des toiles tendues aux murs, des tables bien dressées : un
décor classique et harmonieux pour cette table gastronomique menée par un
chef gascon qui connaît son métier. Beaux produits, technique soignée, intéressantes associations de saveurs : une table agréable.

X **L'Auberge des Bouviers**   ✿

8 r. Montebello – $\mathcal{C}$ 05 62 68 95 13 – www.auberge-des-bouviers.com – Fermé 1
semaine en fév. et en juin, 12 nov.-3 déc., lundi sauf le soir en juil.-août, mardi
de déc. à mars, sam. midi et dim. soir
Menu 15 € (déj. en semaine)/28 € – Carte 39/63 €
Au cœur de cette localité gersoise, l'établissement préserve si bien l'esprit
"auberge" qu'il faudrait en classer la recette : des murs chaleureux (poutres et pierres), un accueil convivial, et surtout une cuisine généreuse et savoureuse, concoctée par un chef très engagé ! L'avenir appartient encore aux auberges de France...

LEGÉ

✉ 44650 (Loire-Atlantique) – 4 349 hab. – Alt. 56 m – Voir carte n°**34-B3**
🚗 Paris 424 km – Nantes 44 km – La Roche-sur-Yon 32 km
Carte Michelin 316-G6

🏠 **Villa des Forges** sans rest   ⊗ ⇦ ⅏ ⅖ 🛜 🗛 🅿 🗚

Les Forges – $\mathcal{C}$ 02 40 26 36 58 – www.villadesforges.com
5 ch ⊒ – ♦65/75 € ♦♦75/85 €
Alliance des vieilles pierres et du design le plus contemporain dans cet
ancien corps de ferme du 18e s. rénové par son propriétaire architecte. Le nom
des chambres : Monte Cristo, Ali Baba, Clark Kent, Tom Sawyer... On y est accueilli
en héros ! Une agréable étape aux portes de la Vendée.

LÉGNY

✉ 69620 (Rhône) – 643 hab. – Alt. 297 m – Voir carte n°**43-E1**
🚗 Paris 454 km – Bourg-en-Bresse 94 km – Lyon 32 km – Saint-Étienne 91 km
Carte Michelin 327-G4

Côté Hôtel sans rest

Les Ponts Tarrets – ✆ 04 78 43 09 71 – www.cote-hotel.com – Fermé dim. soir
26 ch – †65/85 € ††65/135 € – ☕ 9 €
Les thèmes de la forêt et des appellations beaujolaises sont à l'honneur dans les chambres de cet hôtel né en 2011. Il faut dire qu'à 30mn de Lyon, c'est un bon point de départ pour découvrir la région. Accueil sympathique et prix doux.

LEMBACH

✉ 67510 (Bas-Rhin) – 1 658 hab. – Alt. 190 m – Voir carte n°**1-B1**
Paris 470 km – Bitche 32 km – Haguenau 25 km – Strasbourg 58 km
Carte Michelin 315-K2

Auberge du Cheval Blanc

4 r. de Wissembourg – ✆ 03 88 94 41 86 – www.au-cheval-blanc.fr – Fermé 23 fév.-5 mars, 29 juin-16 juil. et 5-20 janv.
21 ch – †120/250 € ††120/250 € – ☕ 16 € – ½ P
Rest *Auberge du Cheval Blanc* ✿✿ **Rest *D'Rössel Stub*** – voir les restaurants ci-après
De nouvelles chambres spacieuses et contemporaines, un salon cossu et confortable, un beau spa avec sa piscine couverte et son sauna : on se sent toujours aussi bien dans cette auberge alsacienne – un ancien relais de poste du 18e s. – située au cœur du village.

Au Heimbach sans rest

15 rte de Wissembourg – ✆ 03 88 94 43 46 – www.hotel-au-heimbach.fr
18 ch – †70 € ††70/80 € – ☕ 10 €
Une belle maison à colombages au cœur d'un village du parc naturel régional des Vosges du Nord. On se sent bien dans les chambres, confortables et rustiques à souhait. Copieux petit-déjeuner et accueil convivial.

Auberge du Cheval Blanc (Pascal Bastian) – Hôtel Auberge du Cheval Blanc

✿✿
4 r. de Wissembourg – ✆ 03 88 94 41 86 – www.au-cheval-blanc.fr – Fermé 23 fév.-5 mars, 29 juin-16 juil., 5-20 janv., vendred midi, lundi et mardi
Menu 48/95 € – Carte 71/88 €
Ce noble relais de poste (18e s.), aujourd'hui mené par Carole et Pascal Bastian, allie charme alsacien et raffinement contemporain : c'est un plaisir que de voir vivre ainsi de telles institutions... Le chef maîtrise aussi bien le classicisme que l'inventivité, sa carte est riche et pleine de finesse : autant de caractère séduit !
→ Filet de thon rôti et mariné au sésame, guacamole au curry doux, tartare aux aromates et cacahouètes grillées. Turbot rôti sur l'arête, viennoise aux noisettes du Piémont, pomme écrasée au beurre noisette. Tarte au citron meringuée.

D'Rössel Stub – Hôtel Auberge du Cheval Blanc

3 rte de Woerth – ✆ 03 88 94 29 02 – www.au-cheval-blanc.fr – Fermé 23 fév.-5 mars, 29 juin-16 juil., 5-20 janv., merc. et jeudi
Formule 15 € – Menu 28/40 € – Carte 28/48 €
Spécialités alsaciennes – civet de chevreuil "Fleckenstein" et spaetzle au beurre, choucroute garnie à l'alsacienne, presskopf, quenelles de brochet à la sauce crustacés – et plats traditionnels de la gastronomie française : voilà ce qui vous attend dans cette "Rössel Stub" au décor rustique et chaleureux.

à Gimbelhof 10 km au Nord par D 3, D 925 et rte forestière – ✉ 67510

Gimbelhof avec ch

rest,

– ✆ 03 88 94 43 58 – www.gimbelhof.com – Fermé 1 semaine en fév. et 18 nov.-25 déc.
10 ch ☕ – †56/60 € ††72/89 € – ½ P
Menu 14 € (semaine), 23/32 € – Carte 20/45 € *(fermé lundi et mardi)*
Cette auberge forestière du "pays des trois frontières", au cœur du massif vosgien, séduira les amoureux de la nature. Ambiance rustique ; cuisine régionale. Pour l'étape, chambres confortables et très bien tenues.

LEMPDES – 63 (Puy-de-Dôme) → voir Clermont-Ferrand

LENS

✉ 62300 (Pas-de-Calais) – 34 190 hab. – Agglo. 508 070 hab. – Alt. 38 m
– Voir carte n°**30**-B2

◪ Paris 199 km – Arras 18 km – Béthune 19 km – Douai 24 km
Carte Michelin 301-J5

Lensotel
🏨 ⏸ 🕙 ☉ 🛏 🌊 🛜 ⚲ ♿ ᴾ

r. des Canadiens, (centre commercial Lens 2), 4 km au Nord ✉ *62880*
– *℘ 03 21 79 36 36 – www.lensotel.com*
70 ch – ♦84/95 € ♦♦89/105 € – ⏰ 13 € – ½ P
Au cœur d'une zone commerciale, cet hôtel-restaurant à l'architecture provençale
– étonnant, dans cette région ! – cache des chambres fonctionnelles, progressivement
rénovées dans un esprit plus cosy. La meilleure option pour une escale au Louvre-Lens.

L'Arcadie II
🍴🍴 ᴬ ☉

*13 r. Decrombecque – ℘ 03 21 70 32 22 – www.restaurant-arcadie2.com – Fermé
dim. soir, lundi soir, merc. soir et mardi soir*
Formule 20 € – Menu 25 € (semaine), 35/42 € – Carte 37/57 €
Tartare de saumon, citron vert et ciboulette ; filet mignon en croûte de pain
d'épices... Cet élégant restaurant du centre-ville a plus d'un tour dans son sac. La
carte – qui s'appuie sur de bonnes bases traditionnelles – épouse le rythme des
saisons. Terrasse pour les beaux jours.

L'Atelier de Marc Meurin ⓝ
🍴🍴 ⏸ ᴬ ♿ ᴬᶜ ᴾ

97 r. Paul-Bert, (au Louvre-Lens) – ℘ 03 21 18 24 90
– *www.atelierdemarcmeurin.fr – Fermé le soir sauf vend. et sam.*
Formule 23 € – Menu 31/38 € – Carte 42/53 €
Étonnant, le bâtiment dessine un cercle tout en verre : son architecture se marie
parfaitement au Louvre-Lens voisin ! Loin d'être un simple restaurant de musée,
cet Atelier confié aux bons soins de Marc Meurin, fameux chef étoilé de Busnes,
met à l'honneur les produits de la région. Tout indiqué en cas de visite...

Les Jardins de l'Arcadie ⓝ
🍴 ⏸ ᴬ ☉

*26 r. de L'Écluse – ℘ 03 21 70 20 61 – www.lesjardinsdelarcadie.com – Fermé
sam., dim. et le soir sauf jeudi et vend.*
Formule 20 € – Menu 25 €
L'emplacement du restaurant – en bordure d'autoroute – ne dissuade pas les
clients... et pour cause ! L'ancien chef de l'Arcadie officie en ces lieux et propose
une cuisine actuelle sans chichis, fraîche et cohérente. La salle joue la carte du
design en noir et blanc. Tous aux Jardins !

LENT

✉ 01240 (Ain) – 1 357 hab. – Alt. 256 m – Voir carte n°**44**-B1
◪ Paris 440 km – Bourg-en-Bresse 11 km – Genève 110 km – Lyon 59 km
Carte Michelin 328-E4 – Guide Vert Michelin Lyon et sa région

Auberge Lentaise
🍴 ᴬ ♿

*Grande-Rue – ℘ 04 74 21 55 05 – Fermé 27 avril-13 mai, 25-30 déc., dim. soir,
lundi et mardi*
Formule 25 € – Menu 31/64 €
Au centre du village, où trône une petite tour de l'horloge, cette auberge communale est sans conteste la bonne adresse du coin : le jeune couple qui dirige
l'endroit propose des plats de qualité, préparés avec les produits frais et
locaux, et servis à l'intérieur ou en terrasse... Une belle découverte !

LÉON

✉ 40550 (Landes) – 1 923 hab. – Alt. 9 m – Voir carte n°**3**-B2
◪ Paris 724 km – Castets 14 km – Dax 30 km – Mont-de-Marsan 75 km
Carte Michelin 335-D11 – Guide Vert Michelin Aquitaine

Hôtel du Lac sans rest
🛏 ⟨ ♿ 🛜

*2 r. des Berges-du-Lac – ℘ 05 58 48 73 11 – www.hoteldulac-leon.com – Ouvert
de Pâques au 1ᵉʳ oct.*
14 ch – ♦60/70 € ♦♦60/70 € – ⏰ 8 €
Les chambres, simples mais soignées, donnent pour la plupart sur le lac. Petits-
déjeuners servis sous la véranda ou, en été, sur la terrasse au bord de l'eau.

LÉOTOING

✉ 43410 (Haute-Loire) – 209 hab. – Alt. 620 m – Voir carte n°**5**-B2
▶ Paris 478 km – Aurillac 104 km – Clermont-Ferrand 63 km –
Le Puy-en-Velay 79 km
Carte Michelin 331-B1 – Guide Vert Michelin Auvergne

 À la Buissonnière
1 r. de l'École – ℰ 04 71 76 31 41 – www.alabuissonniere.com – Ouvert de mai à sept.
4 ch ☐ – ♦80/115 € ♦♦80/115 €
Avec une Buissonnière comme celle-là, on risque de ne jamais retourner à l'école ! Profitez donc du village médiéval, du jardin et de ses roses en liberté, de la piscine qui domine les monts d'Auvergne, sans oublier les jolies chambres et la cuisine familiale de la propriétaire, à base de produits bio...

LEPUIX-GY – 90 (Territoire de Belfort) → voir Giromagny

LESPERON

✉ 40260 (Landes) – 1 032 hab. – Alt. 75 m – Voir carte n°**3**-B2
▶ Paris 702 km – Bordeaux 123 km – Mont-de-Marsan 85 km – Pau 141 km
Carte Michelin 335-E11

 Escalandes 〇 ⓈⓅ
35 r. du Commerce – ℰ 05 58 89 61 45 – www.hotel-restaurant-escalandes.fr – Fermé vend. soir, dim. et lundi hors saison
10 ch – ♦55/65 € ♦♦55/65 € – ☐ 8 € – ½ P
Une architecture landaise typique, avec ses colombages et sa glycine. Dans les chambres, un réel effort de décoration a été fait, en toute simplicité. Ambiance campagne d'aujourd'hui au restaurant, pour une cuisine traditionnelle simple et efficace.

LESPONNE – 65 (Hautes-Pyrénées) → voir Bagnères-de-Bigorre

LESTELLE-BÉTHARRAM

✉ 64800 (Pyrénées-Atlantiques) – 850 hab. – Alt. 299 m – Voir carte n°**3**-B3
▶ Paris 801 km – Laruns 35 km – Lourdes 17 km – Nay 8 km
Carte Michelin 342-K6 – Guide Vert Michelin Aquitaine

 Le Vieux Logis
2 km rte des Grottes de Bétharram par D 937 – ℰ 05 59 71 94 87 – www.hotel-levieuxlogis.com – Fermé 1er-7 nov., 21 déc.-3 janv., 1er-25 fév., dim. soir et lundi hors saison
33 ch – ♦76/95 € ♦♦76/95 € – ☐ 10 € – ½ P
Un environnement agréable, à deux pas du gave de Pau et des grottes de Bétharram. On a le choix entre les chambres, bien tenues et fonctionnelles, logées dans le corps de cette ancienne ferme des années 1800, et les chalets rustiques disséminés dans l'agréable parc. Restaurant traditionnel.

LEUCATE

✉ 11370 (Aude) – 4 030 hab. – Alt. 21 m – Voir carte n°**22**-B3
▶ Paris 821 km – Carcassonne 88 km – Narbonne 38 km – Perpignan 35 km
Carte Michelin 344-J5

✗✗ **Klim & Ko** (Alexandre Klimenko)
ⵣ *chemin du Phare – ℰ 04 68 70 06 84 – www.klimenko.fr – Fermé janv., dim. soir, mardi soir et merc.*
Formule 32 € ▼ – Menu 59/94 € – Carte 63/107 €
Naufragés affamés, vous voilà sauvés ! Sur le chemin du phare, cet ancien relais de télévision, transformé en restaurant, est le nouveau repaire des gastronomes. La vue sur la Méditerranée, le cadre très contemporain, et surtout la cuisine, délicatement ciselée et originale : tout pointe en son seul cap, celui du plaisir !
→ Œuf mollet, son accompagnement au gré des saisons. Filet de daurade cuit a l'unilatéral, soupe de poissons de roche safranée. Coque en chocolat surprise.

✗✗ Jardin des Filoche

64 av. Jean-Jaurès – ℰ 04 68 40 01 12 – Fermé déc. à fév., le midi sauf dim. et fériés, dim. soir, lundi et mardi d'oct. à mars
Menu 28/33 €

Un agréable restaurant – avec une terrasse fleurie et un jardin – où l'on travaille en famille et dans la bonne humeur. Dans la salle, vue sur les cuisines et les bons plats traditionnels du chef... idéal pour les curieux ! Quant au choix de crus locaux, il est des plus judicieux.

✗ 35 B

35 pl. de la République – ℰ 04 68 33 92 60 – Ouvert de mars à oct. et fermé mardi soir et merc.
Formule 18 € ✐ – Menu 31 € – Carte 34/63 €

Une belle et bonne cuisine du marché, mettant à l'honneur les produits de saison : terrine de lapereau aux trompettes-de-la-mort et confiture d'oignons, magret de canard aigre-doux, etc. Les assiettes sont colorées, les cuissons maîtrisées et les saveurs bien marquées. Une jolie adresse !

à Port-Leucate 7 km au Sud par D 627 – ⊠ 11370

🏠 Hôtel des deux Golfs sans rest

Rue du Dour, sur le port – ℰ 04 68 40 99 42 – www.hoteldes2golfs.com – Ouvert avril-oct.
30 ch – †55/80 € ††55/80 € – ☑ 9 €

Entre lac et mer, un hôtel récent dont les chambres, fonctionnelles et bien tenues, jouissent toutes d'une petite loggia donnant le plus souvent sur le port de plaisance. Le tout à deux pas de l'animation de la station.

LEUGNY
⊠ 89130 (Yonne) – 387 hab. – Alt. 225 m – Voir carte n°**7-B1**
🚩 Paris 173 km – Auxerre 23 km – Dijon 171 km – Nevers 99 km
Carte Michelin 319-D5

🏠 La Borde

à La Borde, 2 km à l'Ouest par D 52 – ℰ 03 86 47 69 01 – www.lbmh.fr – Fermé de mi-déc. à mi-fév.
5 ch ☑ – †325/400 € ††325/400 €

La grille en fer forgé ouvre sur un domaine enchanteur, où tout est remarquable : le confort et le raffinement de la bâtisse historique (14e-16e s.), le charme de l'orangerie aménagée en jardin d'hiver, la merveille du parc avec son potager et son arboretum, la quiétude de l'espace bien-être... Un lieu d'exception.

LEUTENHEIM
⊠ 67480 (Bas-Rhin) – 855 hab. – Alt. 119 m – Voir carte n°**1-B1**
🚩 Paris 501 km – Haguenau 22 km – Karlsruhe 46 km – Strasbourg 45 km
Carte Michelin 315-M3

✗ Auberge Au Vieux Couvent

à Koenigsbruck, 4 km au Nord par D 163 – ℰ 03 88 86 39 86 – Fermé 15-31 août, 27 déc.-4 janv., lundi et mardi
Formule 14 € – Menu 31/42 € – Carte 32/50 €

Au fin fond de la forêt, une maison à colombages (fin du 17e s.) simple et rustique... Le chef, Damien Hirschel, y relève le pari d'une cuisine traditionnelle pleine d'à-propos, dans laquelle les spécialités régionales et les produits du potager sont mis à l'honneur. On fait volontiers halte dans cette auberge !

LEVALLOIS-PERRET – 92 (Hauts-de-Seine) ➜ voir Paris, Environs

LEVERNOIS – 21 (Côte-d'Or) ➜ voir Beaune

LEVIE – 2A (Corse-du-Sud) ➜ voir Corse

LEYNES
⊠ 71570 (Saône-et-Loire) – 494 hab. – Alt. 340 m – Voir carte n°**8-C3**
🚩 Paris 402 km – Bourg-en-Bresse 51 km – Charolles 58 km – Mâcon 15 km
Carte Michelin 320-I12

✗ Le Fin Bec

pl. de la Mairie – ℰ 03 85 35 11 77 – www.lefinbec.com – Fermé janv., jeudi soir, dim. soir et lundi
Menu 25 € – Carte 31/53 €

N'ayez pas le bec fin en visant l'humble décor de ce petit restaurant villageois : l'accueil y est charmant et l'on y déguste une agréable cuisine traditionnelle : escargots, quenelles de brochets, grenouilles... Le tout à prix raisonnable !

LÉZARDRIEUX

✉ 22740 (Côtes-d'Armor) – 1 591 hab. – Alt. 30 m – Voir carte n°**10-C1**
◧ Paris 497 km – Rennes 146 km – St-Brieuc 50 km
Carte Michelin 309-D2 – Guide Vert Michelin Bretagne Nord

✗ Auberge du Trieux

1 imp. du Four-Neuf – ℰ 02 96 20 10 70 – www.auberge-du-trieux.com – Fermé vacances de fév., de la Toussaint, de Noël, mardi soir et jeudi soir d'oct. à avril et merc.
Formule 13 € – Menu 20/63 € ▼ – Carte 29/43 €

Attaché à faire vivre son auberge, où il avait même fait son apprentissage, le chef, originaire du pays, propose une cuisine traditionnelle pleine de bon sens, mâtinée de quelques touches actuelles. Sans oublier l'incontournable plateau de fruits de mer (sur commande). Une adresse sympathique.

LÉZIGNAN-CORBIÈRES

✉ 11200 (Aude) – 10 920 hab. – Alt. 51 m – Voir carte n°**22-B3**
◧ Paris 804 km – Carcassonne 39 km – Narbonne 22 km – Perpignan 85 km
Carte Michelin 344-H3

🏠 Le Mas de Gaujac

r. Gustave Eiffel, Z. I. Gaujac vers accès A61 – ℰ 04 68 58 16 90
– Fermé 20-26 déc.
20 ch �– ✝76/135 € ✝✝76/135 € – ⊂ 10 € – ½ P

Vous ne pourrez pas manquer ce mas... orange ! Non loin de l'autoroute, l'adresse est très pratique pour une étape. Les chambres y sont fonctionnelles et agréables. Restaurant traditionnel.

⌂ La Maison de Marthe sans rest

37 bd Marx-Dormoy – ℰ 04 68 44 10 71 – www.lamaison-de-marthe.com
– Ouvert 15 mars-15 déc.
5 ch ⊂ – ✝80/105 € ✝✝90/115 €

Le sol de l'entrée portait ses initiales gravées dans le marbre : un signe pour celle qui a racheté cette bâtisse du 16ᵉ s. sur un coup de cœur, avant d'en faire une demeure bourgeoise du 21ᵉ s., chaleureuse, confortable, élégante... délicieuse ! Et pour les vrais gourmands, le petit-déjeuner est exquis.

LEZOUX

✉ 63190 (Puy-de-Dôme) – 5 608 hab. – Alt. 340 m – Voir carte n°**6-C2**
◧ Paris 434 km – Clermont-Ferrand 33 km – Issoire 43 km – Riom 38 km
Carte Michelin 326-H8 – Guide Vert Michelin Auvergne

✗✗ Les Voyageurs avec ch

2 pl. de la Mairie – ℰ 04 73 73 10 49 – www.hotel-logisvoyageurs.com
– Fermé 17-30 août et 26 déc.-3 janv.
17 ch – ✝48/64 € ✝✝56/68 € – ⊂ 9 € – ½ P
Menu 15 € (déj. en semaine), 20/42 € – Carte 28/45 € *(fermé vend. soir, dim. soir et sam.)*

Un hôtel-restaurant tout simple en apparence... En cuisine, la chef, Annabelle Pillière, rend un joli hommage à la tradition, avec des recettes aussi efficaces que gourmandes, fondées sur le produit. Pour passer la nuit, préférez les chambres "confort", refaites récemment. Le tout à prix doux...

à Bort-l'Étang 8 km au Sud-Est par D 223 et D 309 – ✉ 63190
– 594 hab. – Alt. 420 m

⌂⌂⌂ Château de Codignat ⏐⌀ ⅏ ≪ ⏠ ⏌ ⌦ ⏁ ⏢ ⏅ P

Ouest : 1 km – ℰ 04 73 68 43 03 – www.codignat.com – Ouvert 3 avril-1ᵉʳ nov.
14 ch – ✝180/390 € ✝✝180/440 € – 5 suites – � 25 € – ½ P
Rest *Château de Codignat* ⌘ – voir les restaurants ci-après

Les chambres évoquent Barbe-Bleue, Louis XI, Jacques Cœur, etc. Dans toutes, on a l'impression d'être plongé au cœur d'un conte médiéval. Imprimés soyeux, balustres dorées, dais sculptés : ce château du 15ᵉ s. n'a rien d'un ogre, mais d'une fée !

✗✗✗ Château de Codignat ⏢ ⏡ P
⌘
Ouest : 1 km – ℰ 04 73 68 43 03 – www.codignat.com – Ouvert 3 avril-1ᵉʳ nov. et fermé le midi du lundi au vend. sauf fériés
Menu 57/120 € – Carte 100/115 € *(réservation conseillée)*

Le chef signe une cuisine originale, marquée par le jeu subtil des saveurs. Quant au décor, il est élégant, avec une pointe de faste qui rappelle l'atmosphère des buffets châtelains d'antan... On passe un beau moment en ces lieux.

→ Homard bleu en opéra de pêche et melon, vinaigrette crustacés. Veau en croûte d'amandes torréfiées, aligot à la vanille Bourbon et jus à la moutarde de Charroux. Fenouil confit et safran d'Auvergne, noisettes croustillantes.

à l'Ouest 5 km par N 89 ✉63190 Seychalles

✗ Chante Bise ⏡ ⏅ P

à Courcourt – ℰ 04 73 62 91 41 – www.restaurant-chantebise63.com
– Fermé 17 fév.-7 mars, 16 août-6 sept., mardi soir et jeudi soir de déc. à mars, dim. soir, merc. soir et lundi
Formule 12 € – Menu 22/30 € – Carte 31/40 €

"La cigale, ayant chanté tout l'été, se trouva fort dépourvue quand la bise fut venue..." Contrairement à la fable de La Fontaine, ici, point de pénurie ! Toute l'année, les gourmands apprécient une agréable cuisine traditionnelle. Accueil chaleureux.

LIBOURNE

✉ 33500 (Gironde) – 23 681 hab. – Alt. 7 m – Voir carte n°**3-B1**
D Paris 576 km – Agen 129 km – Bergerac 64 km – Bordeaux 30 km
Carte Michelin 335-J5 – Guide Vert Michelin Aquitaine

⌂⌂ Mercure sans rest ⏐⏢ ⏅ ⌦ ⏁ ⏅ P

3 quai Souchet – ℰ 05 57 25 64 18   Plan : AY**t**
– www.mercure-libourne-saint-emilion.com
81 ch – ✝81/137 € ✝✝81/137 € – 3 suites – ⊡ 16 €

Un Mercure contemporain sur les quais de la Dordogne. Chambres confortables et bien tenues, avec douche à l'italienne ; offre bio au petit-déjeuner.

⌂⌂ Hôtel de France sans rest ⏅ ⏁ ⏅ P

7 r. Chanzy – ℰ 05 57 51 01 66   Plan : BY**a**
– www.hoteldefrancelibourne.com
25 ch – ✝64/152 € ✝✝69/152 € – ⊡ 11 €

Un relais de poste qui marie habilement tradition et modernité ! Résultat : un endroit chaleureux avec des chambres agréables, dont les plus haut de gamme sont très confortables.

✗✗ Chez Servais ⏡ ⌦ ⏢
⌘
14 pl. Decazes – ℰ 05 57 51 83 97 – www.chezservais.fr   Plan : BY**n**
– Fermé 1ᵉʳ-8 mai, 16-30 août, dim. soir et lundi
Formule 20 € – Menu 29/54 € – Carte 43/54 €

Vous n'aurez aucun mal à trouver cette bonne petite table située sur la place principale de Libourne. Le chef connaît ses classiques et fait la part belle aux produits du marché, et plus encore au poisson. Une adresse généreuse, décontractée, à prix plutôt doux et... au cœur de la bastide !

LIBOURNE

Bord d'Eau

1,5 km par ⑤ et D 670 – ℰ 05 57 51 99 91 – Fermé 17 fév.-4 mars,
22-29 sept., 17-30 nov., merc. soir, dim. soir et lundi
Menu 20 € (semaine), 35/42 € – Carte 40/45 €
Appétissante cuisine du marché à apprécier dans un cadre rétro avec vue imprenable sur la Dordogne ! Il faut dire que la maison, sur pilotis, borde la rivière...

à La Rivière 6 km à l'Ouest par⑤ – ✉ 33126 – 356 hab. – Alt. 6 m

Château de La Rivière *sans rest*

par D 670 – ℰ 05 57 55 56 51 – www.chateau-de-la-riviere.com – Ouvert
1ᵉʳ mars-31 oct.
5 ch ⌂ – ♦134/197 € ♦♦155/219 €
Un château de la Renaissance restauré par Viollet-le-Duc. Les chambres, spacieuses et confortables, cultivent évidemment leur esprit... châtelain. Au petit-déjeuner, on se régale de pâtisseries maison et, pour le cachet, on visite les caves sou-
terraines du domaine.

LIÈPVRE

✉ 68660 (Haut-Rhin) – 1 743 hab. – Alt. 272 m – Voir carte n°**2-C1**
◨ Paris 428 km – Colmar 35 km – Ribeauvillé 27 km – St-Dié 31 km
Carte Michelin 315-H7

à La Vancelle (Bas-Rhin) 2,5 km au Nord-Est par D 167 – ✉ 67730
– 374 hab. – Alt. 400 m

☓☓ Auberge Frankenbourg (Sébastien Buecher) avec ch

13 r. du Gén.-de-Gaulle – ✆ *03 88 57 93 90*   🅰🅲 rest, 🍴 ch, 📶 🕍
– *www.frankenbourg.com – Fermé 16 fév.-6mars, 28 juin-12 juil. et 9-13 nov.*
11 ch – ♦75 € ♦♦85 € – ☷ 14 € – ½ P
Menu 41 € (semaine), 59/82 € – Carte 59/72 € *(fermé mardi soir et merc.)*
Dans cette auberge née au début du 20e s. officient deux frères pleins d'allant :
Sébastien réalise une cuisine de produits goûteuse et élégante, tandis que Guillaume mène le jeu en salle. Le décor mêle boiseries et esprit zen, et quelques chambres permettent de prolonger l'étape...
→ Foie gras, cassis, chocolat blanc et oignons au madère. Agneau du Quercy, graines de sésame et fèves. Texture chocolat et caramel.

LIESSIES

✉ 59740 (Nord) – 548 hab. – Alt. 165 m – Voir carte n°**31-D3**
◨ Paris 223 km – Avesnes-sur-Helpe 14 km – Charleroi 48 km – Hirson 24 km
Carte Michelin 302-M7

ᙍ Château de la Motte

14 r. de la Motte, 1 km au Sud par rte secondaire – ✆ *03 27 61 81 94*
– *www.chateaudelamotte.fr – Fermé 16 déc.-8 fév.*
10 ch – ♦68 € ♦♦83 € – ☷ 11 € – ½ P
En pleine campagne, cette demeure fut la maison de retraite des moines de l'abbaye voisine ! Difficile de faire plus paisible... Ambiance classique dans les chambres, agréables et fonctionnelles, dont une partie située dans une annexe.

☓☓ Le Carillon

1 r. Roger-Salengro, (face à l'église) – ✆ *03 27 61 80 21 – www.le-carillon.com*
– *Fermé 18 fév.-11 mars, 19-26 août, 18 nov.-2 déc., lundi soir, mardi soir, jeudi soir, dim. soir et merc.*
Formule 28 € – Menu 31/49 € – Carte 38/49 € *(réservation conseillée)*
Une terrasse avec platanes, des poutres apparentes, une cave à vins pour emporter un peu de l'endroit avec soi : cette maison a des atouts à faire valoir ! On y propose une bonne cuisine traditionnelle, ainsi qu'une restauration d'appoint (salades, flamiche au Maroilles), dans un décor rustique et chaleureux... Nord oblige !

LA LIEZ (LAC DE) – 52 (Haute-Marne) → voir Langres

LIFFRE

✉ 35340 (Ille-et-Vilaine) – 6 816 hab. – Alt. 95 m – Voir carte n°**10-D2**
◨ Paris 359 km – Laval 84 km – Rennes 25 km – Saint-Lô 131 km
Carte Michelin 309-M5

ᙍ Hôtel La Reposée

La Quinte, sortie 26 sur A 84 – ✆ *02 99 68 31 51 – www.hotel-la-reposee.com*
– *Fermé 2-20 août*
25 ch – ♦70/85 € ♦♦120/150 € – ☷ 12 € – ½ P
Rest *L'Escu de Runfao* – voir les restaurants ci-après
Près de l'autoroute, certes, mais dans un joli parc verdoyant. Avec ses chambres bien tenues et sa salle de séminaire, cette grande bâtisse d'inspiration bretonne est sympathique et bien pratique.

☓☓☓ L'Escu de Runfao – Hôtel La Reposée

La Quinte, sortie 26 sur A 84 – ✆ *02 99 68 31 51 – www.hotel-la-reposee.com*
– *Fermé 2-20 août, 1 semaine vacances de fév., sam. midi et dim. soir*
Menu 27 € (déj. en semaine), 33/57 € – Carte 63/80 €
Huîtres tièdes, yuzu et algues ; saint-pierre rôti, curcuma et rattes : on vient ici pour une délicieuse cuisine de saison, ponctuée de touches créatives et fondée sur des produits de qualité. Mention spéciale pour le décor, d'une belle élégance face à la verdure du parc.

LILLE

✉ 59000 (Nord) – 227 533 hab. – Agglo. 1 018 809 hab. – Alt. 10 m
– Voir carte n°**31**-C2

Paris 223 km – Bruxelles 114 km – Gent 75 km – Luxembourg 310 km
Carte Michelin 302-G4

© J. Palut/Fotolia.com

Hôtels & maisons d'hôtes

Barrière Lille

777 bis Pont-de-Flandres ✉ *59777 – ☎ 03 28 14 45 00* Plan : **1**FY**a**
– www.hotel-barriere-lille.com
125 ch – 126/329 € 126/329 € – 17 suites – 19 € – ½ P
Dans ce grand bâtiment de verre, on peut aller au théâtre, au casino et... regagner en un clin d'œil son hôtel – l'un des derniers-nés du groupe Barrière (2010). Espace, lumière, luxe sans ostentation, restaurant chic et brasserie contemporaine : de très séduisantes prestations.

L'Hermitage Gantois

224 r. de Paris – ☎ 03 20 85 30 30 Plan : **1**EZ**b**
– www.hotelhermitagegantois.com
86 ch – 179/395 € 179/395 € – 3 suites – 23 €
Fondé vers 1460, cet ancien hospice est aujourd'hui un bel hôtel. Architectures historiques, nouveau classicisme contemporain, cours et patios intérieurs... de quoi se convertir en ermite ! Le restaurant gastronomique ne manque pas d'élégance, tandis que l'estaminet cultive joliment l'esprit du Nord.

Crowne Plaza

335 bd Leeds – ☎ 03 20 42 46 46 Plan : **1**FY**n**
– www.lille-crowneplaza.com
121 ch – 205/245 € 205/245 € – 19 € – ½ P
De vastes chambres contemporaines, d'esprit zen et très bien équipées, certaines avec une vue superbe sur Lille et son beffroi. Le choix de salles de réunion et l'emplacement, face à la gare TGV, conviendront parfaitement à la clientèle d'affaires.

Couvent des Minimes Alliance

17 quai du Wault ✉ *59800 – ☎ 03 20 30 62 62* Plan : **4**BV**d**
– www.alliance-lille.com
80 ch – 250/300 € 250/300 € – 3 suites – 19 €
Un lieu chargé d'histoire, à deux pas de la citadelle. Dans ce joli couvent du 17e s., on profite de chambres spacieuses et élégantes... Une belle idée du bien-être et de la détente ! Au restaurant, mariage réussi du contemporain et de l'ancien autour d'une carte dans l'air du temps ; piano-bar.

Novotel Lille Centre Gares
🍴 🎴 💈 ⚿ AC 🛜
49 r. de Tournai ✉ 59800 – ☏ 03 28 38 67 00
Plan :1FZ**u**
– *www.novotel.com*
96 ch – ✦126/206 € ✦✦126/206 € – 5 suites – ☕ 16 €
Près de la gare Lille-Flandres et à proximité du Grand Palais et du Zénith, cet hôtel se distingue par ses chambres confortables et fonctionnelles, qui raviront les voyageurs de passage dans la grande métropole du Nord.

Mercure Lille Centre Grand Place sans rest
💈 ⚿ AC 🛜
2 bd Carnot ✉ 59800 – ☏ 03 20 14 71 47
Plan :1EY**h**
– *www.mercure-lille-centre-grand-place.com*
101 ch – ✦85/340 € ✦✦95/340 € – ☕ 17 €
Un bel immeuble du début du 20e s., en plein centre de la ville, juste derrière l'Opéra. Dans les chambres, rénovées dans un esprit contemporain, les couleurs oscillent entre rouge et blanc, et certains éléments viennent rappeler le caractère du bâtiment (cheminées anciennes, briques, etc.).

Art Déco Euralille sans rest
💈 ⚿ AC 🛜 🅿
110 av. de la République, à la Madeleine – ☏ 03 20 14 81 81
Plan :1FY**t**
– *www.hotel-artdecolille.com*
56 ch – ✦79/168 € ✦✦79/168 € – ☕ 13 €
Sur une avenue passante, l'établissement est néanmoins très bien insonorisé et la ligne de tramway permet de rejoindre le centre-ville en un clin d'œil. Les chambres sont agréables, dans un style qui s'inspire de l'Art déco.

Hôtel Up sans rest
💈 ⚿ AC ⅗ 🛜
17 pl. des Reignaux – ☏ 03 20 06 06 93 – *www.hotelup.fr*
Plan :1EY**y**
27 ch – ✦95/265 € ✦✦95/265 € – ☕ 15 €
Près de la gare, un hôtel contemporain mêlant épure et touches de fantaisie, entre autres atouts : une équipe accueillante, un petit-déjeuner très appétissant et plusieurs grandes chambres parfaites pour les familles.

Why
🍴 🎴 💈 ⚿ AC ⅗ 🛜 🏋
7 bis square Morisson – ☏ 03 20 50 30 30
Plan :1EZ**r**
– *www.why-hotel.com*
46 ch – ✦130/195 € ✦✦130/225 € – ☕ 14 €
Dans un immeuble des années 1970 (avec une façade entièrement percée de grandes fenêtres ovales), un hôtel résolument design, décoré avec soin et sens du confort : parquet en chêne, grands lits avec couettes, douches à l'italienne, etc. On peut se restaurer à midi et profiter du bar le soir. Why not ?

Hôtel de la Treille sans rest
💈 🛜
7/9 pl. Louise-de-Bettignies – ☏ 03 20 55 45 46
Plan :1EY**b**
– *www.hoteldelatreille.com*
40 ch – ✦90/175 € ✦✦95/185 € – ☕ 14 €
Idéalement placé pour flâner dans le quartier du Vieux-Lille, cet hôtel familial propose des chambres cosy et contemporaines, décorées avec goût et bien agencées ; certaines d'entre elles offrent une jolie vue sur la cathédrale.

Hôtel de la Paix sans rest
💈 ⅗ 🛜
46 bis r. de Paris – ☏ 03 20 54 63 93 – *www.hotel-la-paix.com*
Plan :1EY**r**
36 ch – ✦80/140 € ✦✦85/160 € – ☕ 10 €
Bien tenu et central, cet hôtel traditionnel a pour propriétaire une artiste dans l'âme : elle expose des reproductions de tableaux et a réalisé la fresque qui orne la salle du petit-déjeuner, le tout dans un esprit rétro.

● Restaurants

À L'Huîtrière
🦪 AC ⟺
3 r. des Chats-Bossus ✉ 59800 – ☏ 03 20 55 43 41
Plan :1EY**g**
– *www.huitriere.fr* – Fermé 26 juil.-25 août, dim. soir et fériés le soir
Menu 45 € (déj. en semaine), 95/115 € – Carte 75/112 €
Une institution lilloise pour les amoureux de poissons, coquillages et crustacés. Les produits sont de belle fraîcheur, le cadre élégant... Et l'on peut faire un détour par la boutique-traiteur (somptueux décor en céramique) ou une pause gourmande au bar à huîtres.

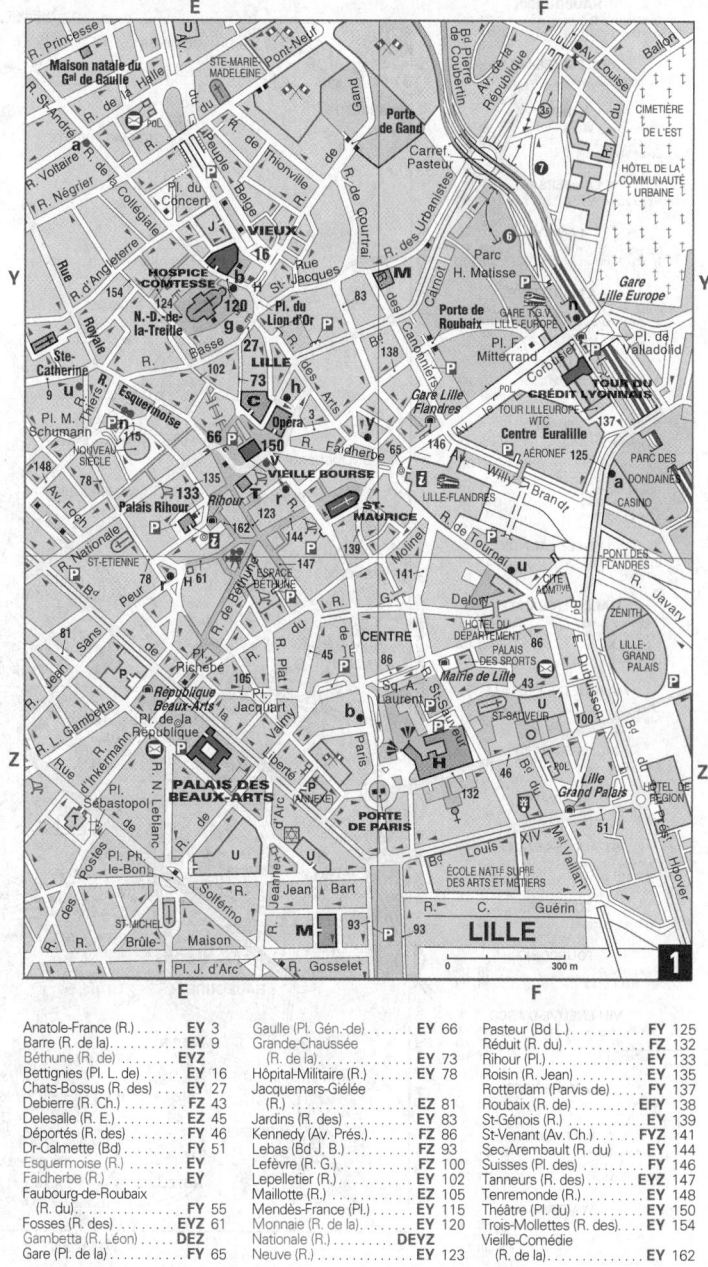

857

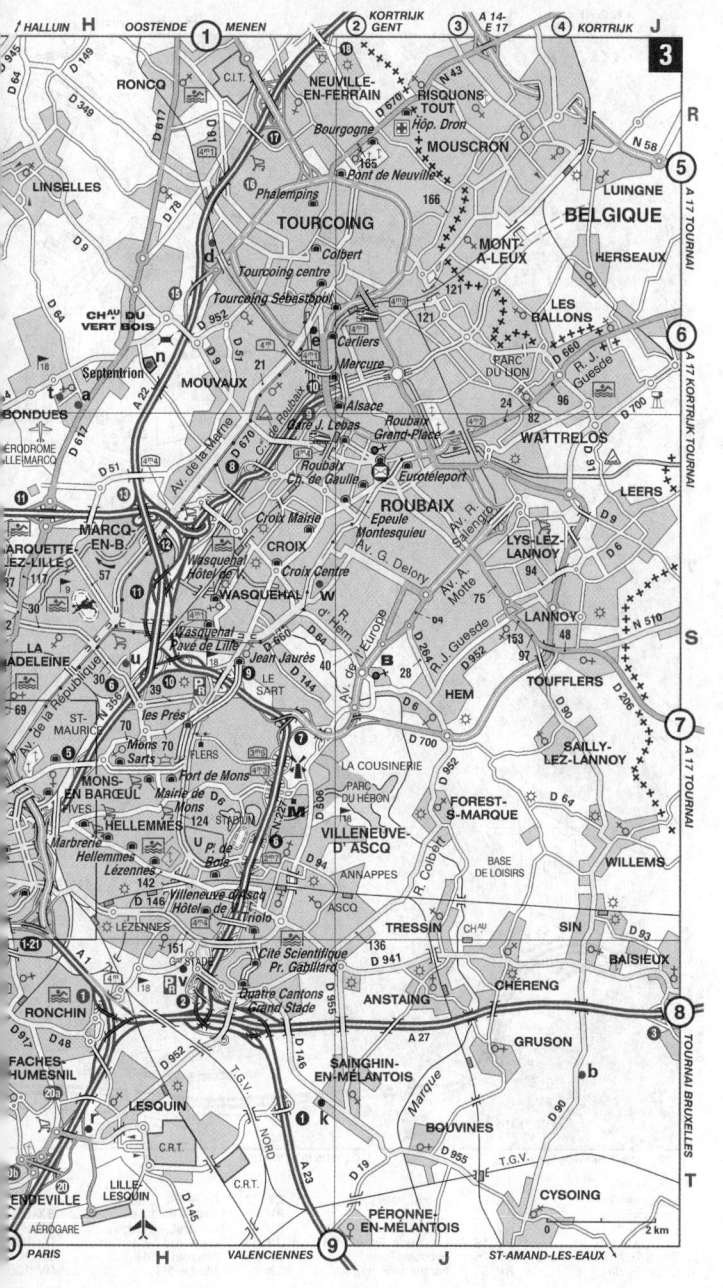

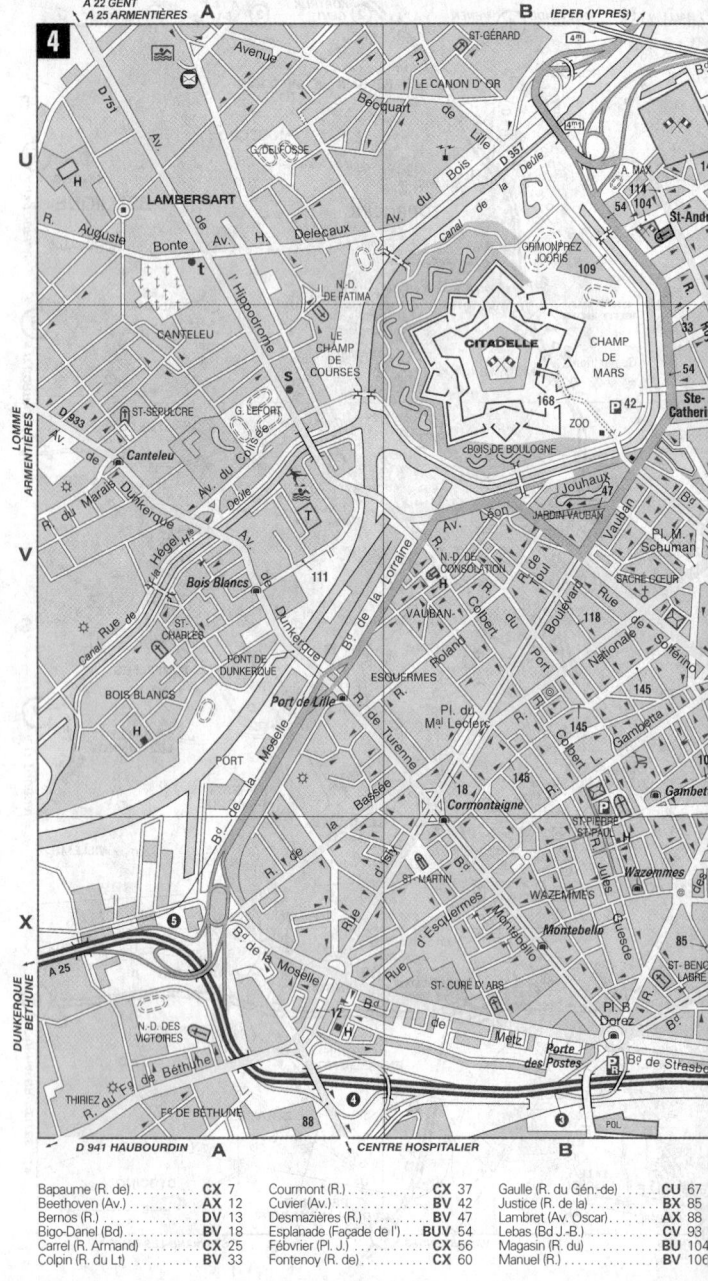

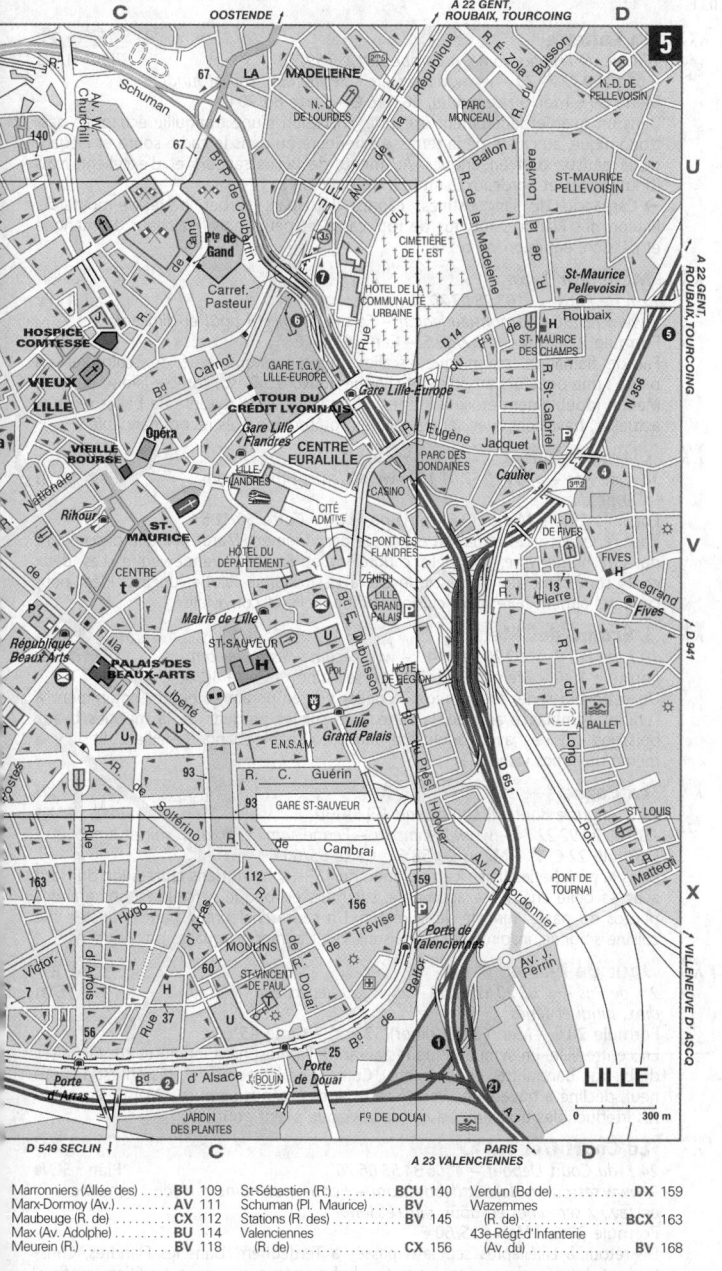

LA MADELEINE

N.-D. DE
PELLEVOISIN

R. W. Churchill

Schuman

N.-D.
DE LOURDES

PARC
MONCEAU

R. E. Zola

R. du Buisson

67

67

U

Pte de
Gand

Carret.
Pasteur

CIMETIÈRE
DE L'EST

ST-MAURICE
PELLEVOISIN

St-Maurice
Pellevoisin

HOSPICE
COMTESSE

HOTEL DE LA
COMMUNAUTE
URBAINE

D 14

ST-MAURICE
DES CHAMPS

Roubaix

VIEUX
LILLE

GARE T.G.V.
LILLE-EUROPE

Gare Lille-Europe

TOUR DU
CRÉDIT LYONNAIS

VIEILLE
BOURSE

Opéra

Gare Lille
Flandres

CENTRE
EURALILLE

Eugène

Jacquet

Caulier

LILLE
FLANDRES

PARC DES
DONDAINES

Rihour

ST-
MAURICE

CITÉ
ADMIVE

CASINO

N.-D.
DE RIVES

FIVES

V

CENTRE

HÔTEL DU
DÉPARTEMENT

PONT DES
FLANDRES

ZENITH

Pierre

13

Fives

Legrand

République-
Beaux-Arts

PALAIS DES
BEAUX-ARTS

Mairie de Lille

ST-SAUVEUR

LILLE
GRAND
PALAIS

HÔTEL
DE SEGOIN

BALLET

Liberté

ST-LOUIS

E.N.S.A.M.

Lille
Grand Palais

R. C. Guérin

93

GARE ST-SAUVEUR

de   Cambrai

ST-LOUIS

163

112

159

156

PONT DE
TOURNAI

X

Porte de
Valenciennes

MOULINS

60

de Trévise

ST-VINCENT
DE PAUL

Av. J.
Perrin

56

37

25

Porte
d'Arras

d'Alsace

J. BOUIN

Porte
de Douai

LILLE

0   300 m

JARDIN
DES PLANTES

Fg DE DOUAI

A 1

XXX La Laiterie   🕸 ⌘ ♨ ⇔ **P**

138 av. de l'Hippodrome, à Lambersart ✉ 59130   Plan : **4AV**s
– ℰ 03 20 92 79 73 – www.lalaiterie.fr – Fermé dim. soir et lundi
Menu 39 € (déj. en semaine), 56/116 € – Carte 80/90 €

Dans un quartier légèrement excentré, l'occasion d'une tranquille échappée gastronomique, au calme de la terrasse extérieure ou dans le cadre sobre et élégant de la bâtisse, tout en briques. Au menu, de belles saveurs et d'excellents vins (bourgognes et bordeaux)... on boit du petit lait !
→ Carpaccio de langoustines, câpres de Lipari, sorbet betterave-moutarde. Pigeon des Flandres rôti, jus de rôti, cassis et petits pois. Fraîcheur de mangue et passion, émulsion coco.

XX Monsieur Jean   🕭 AC

12 r. de Paris – ℰ 03 28 07 70 72   Plan :**1EY**v
– www.restaurant-monsieurjean.fr – Fermé 28 juil.-18 août et dim. soir
Formule 22 € – Menu 32/39 € – Carte 51/64 €

Façade flamande, magnifique escalier, mur en brique orné de sculptures en pierre : une demeure au puissant charme du Nord... C'est l'adresse lilloise de Marc Meurin (doublement étoilé à Busnes), dans laquelle on savoure de belles recettes actuelles, travaillées avec soin et joliment présentées. Très recommandable !

XX Clément Marot   AC ⇔

16 r. de Pas – ℰ 03 20 57 01 10 – www.clement-marot.com   Plan :**1EY**n
– Fermé dim.
Formule 24 € – Menu 30 € (semaine)/41 € – Carte 50/105 €

Pour l'anecdote, cette maison est tenue par... Clément Marot (lointain descendant de son homonyme, le poète cadurcien) et François Vandeweghe. Les deux chefs sont l'âme de ce classique de la gastronomie lilloise, un lieu idéal pour ceux qui aiment faire rimer cuisine traditionnelle et convivialité.

XX L'Écume des Mers   ⌘ AC ⇔

10 r. de Pas – ℰ 03 20 54 95 40 – www.ecume-des-mers.com   Plan :**1EY**n
Formule 18 € – Menu 25 € (dîner en semaine) – Carte 40/80 €

De cette brasserie, on apprécie le décor contemporain et épuré (notamment à l'étage), l'ambiance animée, la carte axée sur les produits de la mer, les beaux poissons cuisinés avec originalité, l'incontournable banc d'écailler... Et il y a même quelques viandes !

XX La Cense   ⌘ ⇔

27 r. Auguste-Bonte, à Lambersart ✉ 59130   Plan : **4AU**t
– ℰ 03 20 92 22 74 – www.la-cense.fr – Fermé sam. midi, dim. soir et lundi
Formule 22 € ▾ – Menu 28/58 € – Carte 55/66 €

Dans la périphérie lilloise, cette grange du 17ᵉ s. s'inscrit dans la tradition du Nord avec sa belle charpente apparente, ses murs en brique et craie, et ses grandes photos du passé agricole de la région. Un cadre chaleureux pour déguster une cuisine soignée, inspirée par les saisons, dont le rapport qualité-prix fait sens !

XX Jour de Pêche   ⌘ AC

2 r. de Pas – ℰ 03 20 57 60 59 – www.jourdepeche.fr – Fermé   Plan :**1EY**n
dim., lundi et fériés
Formule 20 € – Menu 39 € (dîner)/53 € ▾ – Carte 45/60 €

En centre-ville, un sympathique restaurant à l'atmosphère intime et cosy (chaises de bistrot, banquettes en laine, etc.). Comme on l'imagine, le poisson est à l'honneur, décliné à travers une courte carte et des menus surprise... Mais les carnivores irréductibles trouveront aussi de la viande à leur goût !

XX Le Court Debout ℕ   ⌘ & AC

24 r. du Court Debout – ℰ 06 34 55 06 76   Plan : **5CV**t
– www.restaurant-lecourtdebout.com – Fermé 1 semaine à Noël, 1 semaine en fév., 2 semaines en août, dim. et lundi
Formule 28 € – Menu 35/60 €

De retour à Lille après sept ans passés à Terdeghem, dans les Flandres, Christophe Scherpereel court toujours. Le chef perpétue sa propre tradition, où figurent en bonne place le cabillaud, la langoustine et des légumes "mal-aimés" comme le topinambour ou le rutabaga. Sa cuisine, intuitive, met (encore) dans le mille !

✗ **L'Atelier Gourmand** 　　　　　　　　　　　AC ✗

4 r. des Bouchers – ℰ 03 20 37 38 53 – Fermé 3 semaines 　Plan : 1EY**u**
en août, 1er-8 mai, mardi midi, dim., lundi et fériés
Formule 20 € – Menu 23 € (déj. en semaine) – Carte 46/55 € dîner *(réservation conseillée)*
Filet mignon de porc rôti au thym, ormeaux de Bretagne poêlés en persillade, cheesecake ananas avec glace rhum raisin faite maison... Le chef de cette sympathique petite adresse, au cœur du Vieux-Lille, concocte une savoureuse cuisine du marché.

✗ **Bloempot** Ⓝ 　　　　　　　　　　　　　　　ঙ AC

22 r. des Bouchers – www.bloempot.fr – Fermé 2 semaines 　Plan : 5CV
en fév., 3 semaines en août, mardi soir, dim. et lundi
Menu 25 € (déj.), 34/50 €
Florent Ladeyn, ex-Top Chef et dont l'Auberge du Vert Mont, à Boeschepe, rend un si bel hommage au terroir régional, récidive au cœur même de la capitale des Flandres avec cette "cantine flamande" revendiquée. Décor atypique (un ancien atelier de menuiserie), bons produits nature et recettes originales : rafraîchissant !

✗ **Pessoa** 　　　　　　　　　　　　　　　　　　　　ঙ

37 r. St-André – ℰ 03 28 52 40 68 – http://pessoa-lille.tumblr.com 　Plan : 1EY**a**
– Fermé 3 semaines en août, dim. et lundi
Menu 28/40 € – Carte 38/55 € *(réservation conseillée)*
Banquettes en moleskine marron, chaises en bois, petites tables serrées et ardoises indiquant les plats et vins... Aucun doute : il s'agit bien d'un petit bistrot contemporain, à la française. La cuisine est à l'avenant : goûteuse et soignée, elle met en valeur les produits du marché, avec des vins choisis.

à Bondues – ✉ 59910 – 9 816 hab. – Alt. 37 m

✗✗✗ **Auberge de l'Harmonie** 　　　　　　　　　ন ঙ AC ✦

pl. Abbé-Bonpain – ℰ 03 20 23 17 02 　　　　　　Plan : 3HR**t**
– www.aubergeharmonie.fr – Fermé 18-28 juil., dim. soir, mardi soir, jeudi soir et lundi
Formule 19 € – Menu 33/55 € – Carte 51/64 €
Une jolie auberge du 19e s. tout en harmonie (tons gais, terrasse verdoyante) pour une carte qui s'habille aux couleurs de l'hiver, du printemps, de l'été...

✗✗✗ **Val d'Auge** (Christophe Hagnerelle) 　　　　ঙঙ AC ✦ P

ঙঙ 　*805 av. du Gén.-de-Gaulle – ℰ 03 20 46 26 87* 　　Plan : 3HR**a**
– www.valdauge.com – Fermé 26 avril-4 mai, 3-25 août, 22-29 déc.,
23 fév.-2 mars, dim. sauf fériés, sam. midi et lundi
Formule 32 € – Menu 55 € ♟ (déj. en semaine), 75 € ♟/100 € ♟
– Carte 85/105 €
Ce Val vous tend les bras : le chef fait parler son expérience et réalise une cuisine de saison précise et goûteuse, sans esbroufe, avec une pointe d'inventivité. On s'y régale à la carte ou grâce à la formule déjeuner, au rapport qualité-prix imbattable... Le tout dans une ambiance contemporaine et feutrée !
➔ Œuf cocotte à la truffe. Lièvre à la royale. Tarte fine au pamplemousse rose et compotée d'endives.

à Marcq-en-Baroeul – ✉ 59700 – 39 591 hab. – Alt. 15 m

✗✗✗ **Le Septentrion** 　　　　　　　　　　　　ন ন ✗ P

9 chemin des Coulons, (parc du Château-Vert-Bois), 9 km 　Plan : 3HR**n**
par D 617 – ℰ 03 20 46 26 98 – www.septentrion.fr – Fermé 29 juil.-16 août, dim. soir, mardi soir, merc. soir et lundi
Formule 30 € ♟ – Menu 40 € ♟ (déj. en semaine), 45 € ♟/75 € ♟
– Carte 50/65 €
Une dépendance du château du Vert-Bois au sein de la fondation Prouvost-Septentrion (boutiques d'artisanat). Côté papilles, cap sur les produits de saison ; côté mirettes, vue bucolique sur le parc.

✗ **La Salle à Manger** ✗
99 r. Jules-Delcenserie – ℰ 03 20 65 21 19 Plan : **3HSu**
*– www.restaurant-lasalleamanger.com – Fermé 1 semaine en fév., 2 semaines
en août, 23 déc.-5 janv., lundi soir, merc. soir, sam. midi et dim.*
Formule 30 € – **Menu 36 €** (déj.) – Carte 40/53 € dîner *(réservation conseillée)*
Un jeune couple charmant vous reçoit dans cette Salle à Manger à l'atmosphère
tamisée, à la fois intime et conviviale. L'ardoise ? Courte, très appétissante et toujours en mouvement, car le chef cuisine en fonction du marché et de ses envies !

à Villeneuve d'Ascq – ⊠ 59491 – 62 681 hab. – Alt. 26 m

🏨 **Park Inn** 🍽 ♨ ✿ ৬ 🆒 🤶 🚗
211 bd de Tournai, (à côté du Grand Stade) Plan : **3HTv**
– ℰ 03 20 64 40 00 – www.parkinn.com/hotel-lille
127 ch – ♦75/350 € ♦♦75/350 € – ☲ 15 € – ½ P
À deux pas du stade Pierre-Mauroy, cet hôtel récent abrite des chambres fonctionnelles (écrans plats, douches à l'italienne), bien insonorisées. Espace fitness
et, le matin, copieux buffet petit-déjeuner.

à Gruson – ⊠ 59152 – 1 147 hab. – Alt. 52 m

✗✗ **L'Arbre** (Yorann Vandriessche) 🍴 ☆ ৬ ⇔
☆ *1 pavé Jean-Marie-Leblanc, (croisement chemin de* Plan : **3JTb**
*Bourghelles), 1 km à l'Est par D 90 – ℰ 03 20 79 55 33 – www.larbre.com
– Fermé 10-31 août, mardi soir, dim. et lundi*
Formule 26 € – **Menu 47 €** (semaine), 66/87 € ☖ – Carte 56/76 €
Cet estaminet, tout de rouge vêtu, est installé sur un passage mythique de la
course Paris-Roubaix. Mais bien loin de "l'Enfer du Nord", c'est ici le paradis de la
gourmandise ! Le chef, Yorann Vandriessche, concocte une cuisine goûteuse et
dans l'air du temps ; les saveurs des bons produits de saison sont gagnantes.
➜ Tourteau, pressé d'avocat, tomates confites et œuf brouillé. Cabillaud, raviolis
d'escargots et de champignons, cébettes et bouillon de volaille au raifort. Tartelette à la rhubarbe, crème brûlée à la vanille et glace vanille.

à Sainghin-en-Mélantois – ⊠ 59262 – 2 509 hab. – Alt. 49 m

🏠 **La Verdière** 🍽 ⌂ 🍴 ♨ ✗ ☂ 🤶 🅿
1839 r. de Lille – ℰ 03 20 05 05 61 – www.la-verdiere.eu Plan : **3HTk**
5 ch ☲ – ♦95/155 € ♦♦130/230 €
Une jolie bâtisse bourgeoise nichée dans un grand parc. Pas de doute, on cultive
ici l'art du bien-recevoir, ainsi qu'un certain esprit demeure de famille (mobilier
chiné patiné par les ans, tons cosy). Au réveil, on se régale de produits maison,
avant d'aller se prélasser dans l'espace bien-être (jacuzzi, hammam).

à l'aéroport de Lille-Lesquin – ⊠ 59810

🏨 **Mercure Aéroport** 🍽 ♨ ✗ ✿ 🆒 ☂ 🤶 🅿
110 r. Jean-Jaurès – ℰ 03 20 87 46 46 Plan : **3HTr**
– www.mercure-lille-aeroport.com
215 ch – ♦79/191 € ♦♦79/191 € – ☲ 16 €
Un hôtel de facture contemporaine, face à l'aéroport, avec un service de navettes
gratuites. Les chambres se révèlent spacieuses, confortables et bien équipées. Au
restaurant, convivialité, plats régionaux et rôtisserie.

à Capinghem – ⊠ 59160 – 1 645 hab. – Alt. 50 m

✗ **La Marmite de Pierrot** ☆ ⇔ 🅿
93 r. Poincaré – ℰ 03 20 92 12 41 – www.pierrot-de-lille.com Plan : **2GSv**
– Fermé 27 juil.-17 août, dim. soir, mardi soir, merc. soir, jeudi soir et lundi
Menu 27/35 €
Adieu veau, vache... Bonjour cochon, produits tripiers ! Le chef propose une cuisine très généreuse, dans une ambiance bon enfant et familiale. Et cela vaut
aussi pour le décor : point de fioritures ici, un bar en bois, des tables au coude-
à-coude, et des verres juste assez solides pour tenir le choc. C'est bien suffisant !

Visitez sur rendez-vous notre galerie d'exposition :
7 rue de Tilsitt, 75017 Paris, Tél. 01 58 05 20 20.

GAGGENAU

à St-André-Lez-Lille – ⊠ 59350 – 11 524 hab. – Alt. 20 m

XXX   **La Quintinie**

501 av. du Mal.-de-Lattre-de-Tassigny, D 57   Plan : **2**GS**t**
– ℰ 03 20 40 78 88 – www.alaquintinie.com – Fermé 29 juil.-20 août, lundi et le soir sauf sam.
Formule 16 € – Menu 27/35 € – Carte environ 80 €
Créateur visionnaire du potager de Louis XIV au château de Versailles, achevé en 1683, Jean-Baptiste de La Quintinie n'aurait pas renié ce ravissant restaurant, situé dans une ancienne orangerie. Le classicisme est de mise sur la carte, assez courte mais bien composée.

LIMAY

⊠ 78520 (Yvelines) – 16 304 hab. – Alt. 16 m – Voir carte n°**18-A1**
▶ Paris 56 km – Argenteuil 50 km – Boulogne-Billancourt 52 km – Saint-Denis 60 km
Carte Michelin 311-G2

XX   **Au Vieux Pêcheur**

5 quai Albert 1er – ℰ 01 30 92 77 78 – www.au-vieux-pecheur.com – Fermé en août, merc. soir, dim. soir et lundi
Formule 29 € – Menu 37/67 € ☥
En face du vieux pont de Limay, sur la Seine. Plusieurs salles et plusieurs ambiances (contemporaine ou plus feutrée) pour déguster une cuisine traditionnelle soignée.

LIMERAY – 37 (Indre-et-Loire) → voir Amboise

LIMOGES

⊠ 87000 (Haute-Vienne) – 137 758 hab. – Agglo. 185 555 hab. – Alt. 300 m
– Voir carte n°**24-B2**
▶ Paris 391 km – Angoulême 105 km – Brive-la-Gaillarde 92 km – Châteauroux 126 km
Carte Michelin 325-E6 – Guide Vert Michelin Limousin Berry

⭒⭒⭒   **Mercure Royal Limousin** sans rest

pl. de la République – ℰ 05 55 34 65 30   Plan : CY**u**
– www.mercure-limoges.com
82 ch – ♦85/260 € ♦♦100/260 € – ☐ 15 €
Un établissement en centre-ville. Les chambres sont bien insonorisées et, au petit-déjeuner, le buffet est copieux. Bon rapport qualité-prix.

⭒⭒⭒   **Domaine de Faugeras**

allée de Faugeras, 3 km au Nord-Est par r. A-Briand et D 142 - AX
– ℰ 05 55 34 66 22 – www.castelfaugeras.fr
11 ch – ♦95/220 € ♦♦95/220 € – ☐ 14 € – ½ P
Ce château du 18ᵉ s. marie avec la plus grande élégance cachet historique et sobriété contemporaine. Quant au grand parc, il surplombe la ville... C'est chic, calme et charmant. Au restaurant, cuisine traditionnelle.

⭒⭒   **Richelieu** sans rest

40 av. Baudin – ℰ 05 55 34 22 82 – www.hotel-richelieu.com   Plan : CZ**k**
44 ch – ♦85/360 € ♦♦100/360 € – 2 suites – ☐ 14 €
Un hôtel près de la mairie, deux bâtiments, mais dans chaque cas, des chambres contemporaines raffinées, chaleureuses et confortables.

⭒⭒   **Atrium** sans rest

22 allée de Seto - Parc du Ciel – ℰ 05 55 10 75 75   Plan : DY**a**
– www.interhotel-atrium.com
70 ch – ♦80/130 € ♦♦80/130 € – ☐ 12 €
Un entrepôt des douanes reconverti en hôtel : c'est original ! Les chambres sont pratiques et certaines donnent sur la jolie gare de Limoges et les caténaires, pour les amateurs. Brasserie attenante.

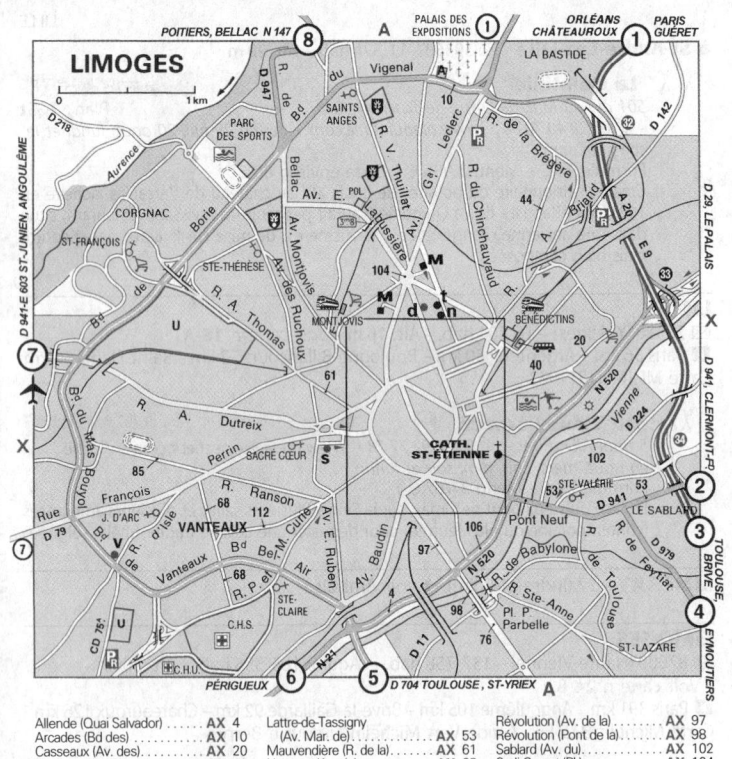

LIMOGES

POITIERS, BELLAC N 147 — PALAIS DES EXPOSITIONS ① — ORLÉANS CHÂTEAUROUX ① — PARIS GUÉRET

Allende (Quai Salvador)	**AX** 4	Lattre-de-Tassigny		Révolution (Av. de la)	**AX** 97
Arcades (Bd des)	**AX** 10	(Av. Mar. de)	**AX** 53	Révolution (Pont de la)	**AX** 98
Casseaux (Av. des)	**AX** 20	Mauvendière (R. de la)	**AX** 61	Sablard (Av. du)	**AX** 102
Gagnant (Av. J.)	**AX** 40	Naugeat (Av. de)	**AX** 68	Sadi-Carnot (Pl.)	**AX** 104
Grand-Treuil (R. du)	**AX** 44	Pompidou (Av. G.)	**AX** 76	Ste-Claire (R.)	**AX** 112
Labussière (Av. E.)	**AX** 51	Puy-Las-Rodas (R. du)	**AX** 85	St-Martial (Quai)	**AX** 106

🏠 **St-Martial** sans rest 🛗 ⌧ 🛜 🚗

21 r. A.-Barbès – ℰ 05 55 77 75 29
Plan : AX**n**
– www.hotelsaintmartiallimoges.com
30 ch – ♦56/93 € ♦♦62/93 € – ☲ 10 €
Hôtel pratique et familial, tout proche du centre-ville. Les chambres sont très bien tenues et la moitié d'entre elles ont été entièrement rénovées en 2010.

🏠 **Art Hôtel Tendance** sans rest 🛜

37 r. A.-Barbès – ℰ 05 55 77 31 72
Plan : AX**t**
– www.arthoteltendance.com
13 ch – ♦59/68 € ♦♦66/73 € – ☲ 8 €
Un petit hôtel dans un quartier résidentiel. Les plus jolies chambres ? Canada, Grèce et Inde. Dépaysement garanti et tenue impeccable !

✗✗ **Le Vanteaux** 🏠 ⌾ 🄰🄺 ✧ 🄿

162 bd de Vanteaux – ℰ 05 55 49 01 26
Plan : AX**v**
– www.levanteaux.com – Fermé 27 avril-11 mai, 3-17 août, 1ᵉʳ-4 janv., dim. soir et lundi
Menu 24 € (déj. en semaine), 30/45 € – Carte 54/69 € dîner
Son chef se définit comme un "agitateur de gourmandises" ! On apprécie sa cuisine ludique et tendance qui revisite les classiques régionaux... À noter : le chariot de minidesserts pour bien conclure le repas et, le midi, la sélection de vins au verre. L'été, on s'installe sur le toit, à l'ombre des canisses.

LIMOGES

Philippe Redon

14 r. A.-Dubouché – ℰ 05 55 79 37 50
– www.philippe-redon.com – Fermé dim. et lundi
Plan : CY**f**
Menu 28/48 € – Carte 40/55 €

Vous aimez les métissages ? Vous allez être servi... Ici, on réalise des recettes qui oscillent entre bistronomie, air du temps et esprit gastronomique à l'ancienne ; on trouvera par exemple des couteaux persillés avec un risotto, ou encore un turbot sauvage accompagné d'une fricassée de girolles. Savoureux !

Il fait beau ? Repérez le symbole 🌦 et attablez-vous en terrasse...

867

X **Le Versailles**   🅰🅲 ✿
20 pl. d'Aine – 𝒞 05 55 34 13 39   Plan : BZ**a**
– www.brasserie-le-versailles-limoges.com
Menu 24 € 🍷 (déj.)/30 € – Carte 24/70 €
Brasserie fondée en 1932, en face du palais de justice. Un lieu très vivant et une
carte "tout maison" fort sympathique, avec un large choix de viandes limousines.

X **La Cuisine**   🛖
😊 *21 r. Montmailler – 𝒞 05 55 10 28 29*   Plan : BY**a**
– www.restaurantlacuisine.com – Fermé 1er-15 août, 15-30 janv., dim. et lundi
Formule 19 € – Menu 31/53 €
Lorsque l'on pénètre dans cette "Cuisine", on est tout de suite charmé par le style
urbain du lieu, avec une charmante terrasse. Le jeune chef a la passion du beau
produit et concocte des recettes inventives, présentées au gré d'un menu unique
qui change tous les mois. Voilà une bonne raison de revenir !

X **La Maison des Saveurs**   🅰🅲 ✿
74 av. Garibaldi – 𝒞 05 55 79 30 74 – Fermé 16-30 juil., sam.   Plan : AX**d**
midi, dim. soir et lundi
Formule 16 € 🍷 – Menu 28/60 € 🍷 – Carte 55/74 €
Cuisine traditionnelle – foie gras, magrets fermiers, médaillon de veau cuit au sautoir – mettant à l'honneur le terroir limousin. C'est simple, bon, et l'ambiance est
franchement chaleureuse.

X **Les Petits Ventres**   🛖 🍽
😊 *20 r. de la Boucherie – 𝒞 05 55 34 22 90*   Plan : CZ**u**
– www.les-petits-ventres.com – Fermé dim. et lundi
Formule 16 € – Menu 20/33 € – Carte 27/48 €
Atmosphère bon enfant garantie dans cette maison du 14e s., autour d'une cuisine où l'air du temps se saupoudre d'une pointe d'exotisme. Pour les petits ventres... et les autres.

X **La Table du Couvent**   🛖 ✿
15 r. Neuve-des-Carmes – 𝒞 05 55 32 30 66   Plan : AX**s**
– www.latableducouvent.com – Fermé 3 semaines en août, dim. soir, mardi midi
et lundi
Formule 17 € – Menu 25 € (semaine)/42 € – Carte 27/62 €
Cet ancien couvent de carmélites cultive des plaisirs intemporels : ceux d'une
authentique cuisine "à la cheminée" ! Côte de bœuf, bavette ou entrecôte limousine (viandes locales) sont grillées dans l'âtre, où mijotent aussi de jolies cocottes...

X **Chez Alphonse**   🅰🅲
5 pl. de la Motte – 𝒞 05 55 34 34 14 – Fermé dim. et fériés   Plan : CZ**e**
Formule 16 € – Menu 21 € (déj. en semaine) – Carte 24/45 €
Pourquoi Alphonse ? Parce que, dans ce bistrot canaille et généreux, le patron
fonçait se ravitailler aux halles. Authentique... comme la terrine maison, apportée
entière ou le savoureux saucisson à l'ail !

à St-Martin-du-Fault 13 km par ⑦, N 141, D 941 et D 20 – ✉ 87510

🏠🏠 **Chapelle Saint-Martin**   ⅠO ⌚ ≤ 🛏 ⌥ 🍽 ᴕ 🎐 🛋 P
– 𝒞 05 55 75 80 17 – www.chapellesaintmartin.com – Fermé 1er janv.-12 fév.
10 ch – ♦90/295 € ♦♦90/295 € – 4 suites – ☑ 19 € – ½ P
Rest Chapelle Saint-Martin – voir les restaurants ci-après
Nichée dans un grand parc, tout près d'un bois, cette gentilhommière cultive avec
sérénité son élégance bourgeoise : chambres parées d'étoffes colorées, beau
mobilier, tentures fleuries et quelques luxueuses suites contemporaines...

XXX **Chapelle Saint-Martin**   🛏 🛖 ᴕ P
– 𝒞 05 55 75 80 17 – www.chapellesaintmartin.com – Fermé
1er janv.-20 mars, 2 nov.-25 déc., dim. soir de nov. à mars, mardi midi, merc.
midi et lundi
Formule 39 € – Menu 57/89 € *(réservation conseillée)*
Dans ce petit castel cossu et raffiné, le chef et sa brigade sélectionnent rigoureusement de beaux produits régionaux... Ils concoctent alors une savoureuse cuisine
classique, qu'ils n'hésitent pas à parsemer d'inventivité.

LIMOGNE-EN-QUERCY

✉ 46260 (Lot) – 795 hab. – Alt. 300 m – Voir carte n°**29**-C1
▶ Paris 613 km – Cahors 36 km – Montauban 76 km – Toulouse 128 km
Carte Michelin 337-G5

🍴	**Au Rince Cochon** 🍴 &.

14 r. de Cénevières – ℰ 05 65 23 87 20 – Fermé 1 semaine fin juin,
30 oct.-20 nov., mardi et merc.
Formule 23 € – **Menu 29/33 €** – **Carte 33/39 €**
Une jolie façade en pierre sur laquelle se découpent des volets colorés, une petite terrasse donnant sur la rue : dès l'abord, on ne peut contester le charme de cette maison de pays ! En cuisine, on défend le terroir avec des préparations soignées et savoureuses, basées sur le meilleur de la production locale.

LIMOUX

✉ 11300 (Aude) – 10 155 hab. – Alt. 172 m – Voir carte n°**22**-B3
▶ Paris 769 km – Carcassonne 25 km – Foix 70 km – Perpignan 104 km
Carte Michelin 344-E4

🏨	**Grand Hôtel Moderne et Pigeon** 🍴 AC 🛜

1 pl. Gén.-Leclerc, (près de la poste) – ℰ 04 68 31 00 25
– www.grandhotelmodernepigeon.fr – Fermé 21 déc.-26 janv.
13 ch – ♦86/150 € ♦♦101/195 € – 1 suite – ☲ 13 € – ½ P
Rest *Grand Hôtel Moderne et Pigeon* – voir les restaurants ci-après
Dans cette demeure du 17ᵉ, les siècles se suivent et ne se ressemblent pas. Ancienne résidence des parents de Madame du Barry, couvent... puis hôtel, les lieux ne manquent ni d'âme ni de cachet : superbe escalier, fresques, vitraux, ciels de lit ou baldaquins, etc. Une adresse que l'on quitte à regret.

🍴🍴	**Grand Hôtel Moderne et Pigeon** 🍴 ✿

1 pl. Gén.-Leclerc, (près de la poste) – ℰ 04 68 31 00 25
– www.grandhotelmodernepigeon.fr – Fermé 21 déc.-26 janv., dim. soir et lundi
Menu 40/122 € ♈ – **Carte 58/82 €**
Classique, raffinée, savoureuse et réjouissante : la cuisine du chef est à l'image du bel hôtel particulier dans lequel elle s'épanouit. Quant à la carte des vins, elle recèle de biens jolis crus.

🍴	**Tantine et Tonton** 🎚 🍴 AC 🍴
😊	
😊	

29 av. Fabre-d'Églantine – ℰ 04 68 31 21 95 – Fermé lundi soir et dim.
Formule 16 € – **Menu 19 €** (déj. en semaine), 29/75 € ♈
Dans ce cadre traditionnel et décontracté, l'on se croirait un peu... en famille. Ce qui contraste avec la modernité de la carte, où produits bio et jolis vins régionaux (tous proposés au verre) se mettent au service de plats de saison bien troussés et forts en goût. Merci qui ? Merci Tantine et Tonton !

LINDRY – 89 (Yonne) ➜ voir Auxerre

LINGOLSHEIM – 67 (Bas-Rhin) ➜ voir Strasbourg

LE LIOUQUET – 13 (Bouches-du-Rhône) ➜ voir La Ciotat

LIRAC

✉ 30126 (Gard) – 884 hab. – Alt. 80 m – Voir carte n°**23**-D2
▶ Paris 683 km – Avignon 19 km – Montpellier 97 km – Nîmes 52 km
Carte Michelin 339-N4

🏠	**La Dame de Thé** 🆕 sans rest ⟲ 🛏 🏊 🍴 🛜 🅿 🚳

24 r. du Pont-de-Nizon – ℰ 04 66 82 08 58 – www.damedethe.com – Ouvert
1ᵉʳmai-30 sept.
4 ch ☲ – ♦95/150 € ♦♦95/150 €
Plafonds voûtés, pierres apparentes, tapisseries en tous genres : cette belle bâtisse du 17ᵉ s., autrefois caserne royale puis relais de poste, a su conserver son âme ! Les chambres, chaleureuses et joliment meublées, portent les noms d'écrivaines de renom : Colette, George Sand, la marquise de Sévigné... Délicieux.

LISIEUX

✉ 14100 (Calvados) – 21 391 hab. – Alt. 51 m – Voir carte n°**33**-C2
▶ Paris 179 km – Alençon 94 km – Caen 64 km – Évreux 73 km
Carte Michelin 303-N5 – Guide Vert Michelin Normandie Vallée de la Seine

Mercure
〒○ ユ 🛗 & % 🛜 🛁 🅿

par ② : 2,5 km (rte de Paris) – 𝒞 02 31 61 17 17 – www.hotellisieux.com
69 ch – ♦106/180 € ♦♦112/200 € – ♀ 17 €

En périphérie de Lisieux, cet établissement dispose de chambres confortables
et bien tenues ; celles du dernier étage sont mansardées. L'été, on profite de la
terrasse du restaurant et de la piscine.

Hôtel de la Place sans rest
🛗 % 🛜

67 r. Henry-Chéron – 𝒞 02 31 48 27 27
– www.lisieux-hotel-delaplace.com   Plan : AB**Y**a
– Fermé 30 nov.-5 janv.
30 ch – ♦78/88 € ♦♦88/138 € – ♀ 11 €

Un hôtel central – juste en face de la cathédrale – où l'on vous reçoit avec la plus
grande amabilité. Sympathique aussi : les chambres fonctionnelles et bien tenues.
Quant au petit-déjeuner, il est très copieux !

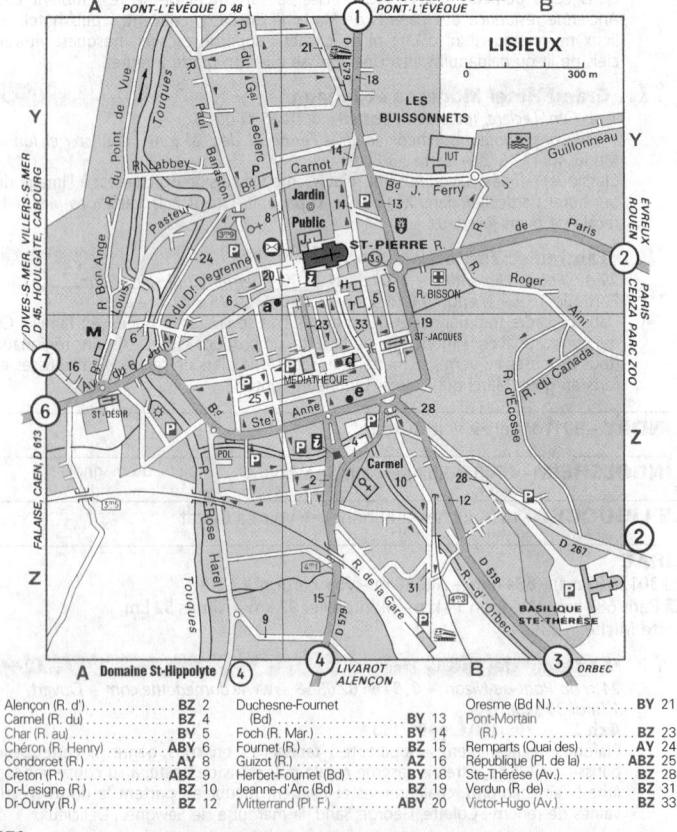

L'Espérance
16 bd Ste-Anne – ☏ 02 31 62 17 53 – www.lisieux-hotel.com
– Ouvert mi-avril à fin oct.

Plan : BZ**e**

90 ch – ♦89/129 € ♦♦99/129 € – ☖ 11 € – ½ P
Cette bâtisse normande à colombages a beau être l'un des plus anciens hôtels de Lisieux, ses chambres n'en sont pas moins contemporaines et cossues. Les groupes de pèlerins apprécient notamment la grande salle Art déco et la cuisine traditionnelle tout en simplicité. Un établissement bien tenu.

Aux Acacias
13 r. de la Résistance – ☏ 02 31 62 10 95 – Fermé dim. soir et lundi

Plan : BZ**d**

Menu 18 € (semaine), 26/50 € – Carte 37/57 €
Ces Acacias ont un petit côté zen, voire minimaliste. Derrière les fourneaux, le chef concocte une cuisine traditionnelle bien tournée où les produits du terroir normand figurent en bonne place.

à Ouilly-du-Houley 10 km par ②, D 510 et D 262 – ✉ 14590 – 213 hab. – Alt. 55 m

Restaurant de la Paquine
rte de Moyaux – ☏ 02 31 63 63 80 – Fermé 2-17 mars, 12 nov.-2 déc., dim. soir, mardi et merc.
Menu 33/50 € (réservation conseillée)
En plein bocage normand ! Cette petite auberge fleurie au cadre rustique continue d'honorer la tradition. Attention, le nombre de couverts par service est limité, la réservation est donc conseillée.

à Coquainvilliers 4 km au Nord par D 48 – ✉ 14130 – 853 hab. – Alt. 36 m

Sogni D'Italia
Le Bourg, RD 48 – ☏ 02 31 62 29 20 – www.sogni-italia.onlc.fr – Fermé 1 semaine à Pâques, 1 semaine en juin, 1 semaine vacances de Noël, dim. soir, lundi soir et merc.
Formule 12 € – Menu 15 € (déj. en semaine), 21/39 € – Carte 26/53 €
Poussez donc la porte de cette petite maison normande à colombages, située en bord de route, et offrez-vous... un véritable plongeon dans l'Italie gourmande ! Le chef réalise ses pâtes fraîches lui-même et s'approvisionne directement dans la péninsule. En dégustant ses gnocchis maison, on ne peut que s'exclamer : "Delizioso !"

LISSAC-SUR-COUZE
✉ 19600 (Corrèze) – 734 hab. – Alt. 170 m – Voir carte n°**24**-B3
◘ Paris 489 km – Brive-la-Gaillarde 14 km – Limoges 101 km – Tulle 45 km
Carte Michelin 329-J5 – Guide Vert Michelin Limousin Berry

Château de Lissac sans rest
au bourg – ☏ 05 55 85 14 19 – www.chateaudelissac.com – Ouvert 15 avril-14 nov.
5 ch – ♦120/150 € ♦♦120/240 € – ☖ 12 €
Un lieu magique ! Le château, construit entre le Moyen-Âge et le 18ᵉ s., contemple le lac de Causse de son superbe parc planté de marronniers, de magnolias, de tilleuls... Les chambres sont décorées avec goût ; un vrai supplément d'âme.

LISSES – 91 (Essonne) ➜ voir Paris, Environs (Évry)

LISTRAC-MEDOC
✉ 33480 (Gironde) – 2 486 hab. – Alt. 40 m – Voir carte n°**3**-B1
◘ Paris 609 km – Bordeaux 38 km – Lacanau-Océan 39 km – Lesparre-Médoc 31 km
Carte Michelin 335-G4

Les Cinq Sens sans rest
7 rte du Mayne, (Château Mayne-Lalande) – ☏ 05 56 58 27 63
– www.chateau-mayne-lalande.com – Fermé en janv.
5 ch – ♦81/132 € ♦♦120/180 € – ☖ 10 €
Dans un environnement préservé – entre vignes et nature –, cette belle demeure médocaine a été rénovée avec goût. Cachet des vieilles pierres et charme du contemporain : les chambres ont du style. Excellent petit-déjeuner, dégustation des vins de la propriété, espace détente... le luxe et la quiétude !

LIVRY-GARGAN – 93 (Seine-Saint-Denis) ➔ voir Paris, Environs

LA LLAGONNE – 66 (Pyrénées-Orientales) ➔ voir Mont-Louis

LLO – 66 (Pyrénées-Orientales) ➔ voir Saillagouse

LOCHES

✉ 37600 (Indre-et-Loire) – 6 455 hab. – Alt. 80 m – Voir carte n°**11-B3**
◧ Paris 261 km – Blois 68 km – Châteauroux 72 km – Châtellerault 56 km
Carte Michelin 317-O6 – Guide Vert Michelin Châteaux de la Loire

⌂ **La Maison de l'Argentier du Roy** sans rest
21 r. St-Ours – ℰ 02 47 91 62 86 – www.argentier-du-roy.com
4 ch ⌷ – †90/125 € ††104/185 €
Une maison en tuffeau dans la partie médiévale de la ville, pour un voyage hors du temps. Les chambres, thématiques, se nomment Belle Époque, Jacques Cœur, Gîte du Chevalier et Bibliothèque de Balzac.

LOCMARIAQUER

✉ 56740 (Morbihan) – 1 630 hab. – Alt. 5 m – Voir carte n°**9-A3**
◧ Paris 488 km – Auray 13 km – Quiberon 31 km – La Trinité-sur-Mer 10 km
Carte Michelin 308-N9 – Guide Vert Michelin Bretagne Sud

🏨 **Hôtel des Trois Fontaines** sans rest
rte d'Auray – ℰ 02 97 57 42 70 – www.hotel-troisfontaines.com – Ouvert 16 fév.-11 nov.
18 ch – †78/140 € ††78/140 € – ⌷ 12 €
À l'entrée du village, un hôtel engageant avec un beau jardin fleuri. L'agréable salon et les chambres, meublées d'acajou, évoquent le bord de mer. Accueil vraiment charmant.

🏨 **Le Neptune** sans rest
port du Guilvin – ℰ 02 97 57 30 56 – www.hotel-le-neptune.fr – Ouvert 1ᵉʳ avril-30 sept.
12 ch – †53/77 € ††53/77 € – ⌷ 8 €
Cet hôtel familial, situé sur le port du Guilvin – juste à côté de l'embarcadère pour l'île aux Moines –, vous tend les bras ! Préférez les chambres de l'annexe, plus spacieuses et jouissant d'une terrasse donnant sur le golfe. Bon rapport qualité-prix.

LOCMINÉ

✉ 56500 (Morbihan) – 4 211 hab. – Alt. 108 m – Voir carte n°**10-C2**
◧ Paris 453 km – Lorient 52 km – Pontivy 24 km – Quimper 114 km
Carte Michelin 308-N7 – Guide Vert Michelin Bretagne Sud

à Bignan 5 km à l'Est par D 1 – ✉ 56500 – 2 743 hab. – Alt. 148 m

✗✗ **Auberge La Chouannière**
6 r. Georges-Cadoudal – ℰ 02 97 60 00 96 – www.auberge-la-chouanniere.fr – Fermé 6-22 oct., dim. soir, mardi soir, merc. soir et lundi
Formule 16 € – Menu 28/49 €
Pierre Guillemot, farouche lieutenant de Cadoudal, était l'un des chouans célébrés par l'enseigne... Nulle mélancolie cependant en cette auberge d'aspect traditionnel : le jeune couple récemment installé a redynamisé l'adresse, et la carte porte la marque du chef, passé par de bonnes maisons.

LOCQUIREC

✉ 29241 (Finistère) – 1 436 hab. – Alt. 15 m – Voir carte n°**9-B1**
◧ Paris 534 km – Brest 81 km – Guingamp 52 km – Lannion 22 km
Carte Michelin 308-J2 – Guide Vert Michelin Bretagne Nord

🏨 **Le Grand Hôtel des Bains**
15 bis r. de l'Église – ℰ 02 98 67 41 02 – www.grand-hotel-des-bains.com
36 ch ⌷ – †152/260 € ††172/294 € – ½ P
Nostalgie, nostalgie, c'est ici que Michel Lang tourna *L'Hôtel de la Plage*. Aucun vestige des années 1970 néanmoins, plutôt un style élégant très Nouvelle-Angleterre : parquets cirés, beaux matériaux, tonalités miel, gris perle, bleu rétro... Face à la baie, spa et restaurant sont tout aussi chic.

XX **Restaurant du Port**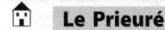
*5 pl. du Port – ℰ 02 98 15 32 98 – www.restaurantduport-locquirec.fr – Fermé
vacances de fév., le soir du mardi au jeudi d'oct. à mars, dim. soir et lundi*
Formule 18 € ▼ – Menu 25 € ▼ (déj. en semaine), 32/50 € – Carte 47/68 €
Après une balade sur la pointe de Locquirec, l'heure des délices sonne avec ce bistrot contemporain sur le port ! Le chef propose une carte courte, collant le plus près possible aux produits de saison, et fait un carton plein : préparations précises, cuissons maîtrisées, présentations soignées... Excellent rapport plaisir-prix.

LOCRONAN
✉ 29180 (Finistère) – 799 hab. – Alt. 105 m – Voir carte n°**9-A2**
▶ Paris 576 km – Brest 66 km – Briec 22 km – Châteaulin 18 km
Carte Michelin 308-F6 – Guide Vert Michelin Bretagne Sud

⌂ **Le Prieuré**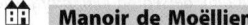
*11 r. du Prieuré – ℰ 02 98 91 70 89 – www.hotel-le-prieure.com
– Ouvert 16 mars-10 nov.*
15 ch – ♦58/65 € ♦♦70/78 € – ⌑ 10 € – ½ P
On ne peut pas manquer cette maison de pays postée à l'entrée du village
– si breton et réputé pour être l'un des plus jolis de France ! Un hôtel-restaurant aux chambres simples et bien tenues (plus agréables et plus calmes sur l'arrière), parfait pour profiter de cet environnement pittoresque.

au Nord-Ouest 3 km par rte secondaire – ✉ 29550

⌂⌂ **Manoir de Moëllien**
– ℰ 02 98 92 50 40 – www.manoirmoellien.fr – ouvert 1er avril-15 nov.
19 ch – ♦85/145 € ♦♦85/145 € – ⌑ 12 € – ½ P
Des pierres grises, une silhouette mystérieuse : un très joli manoir du 17e s., planté dans son grand parc en pleine campagne. Les chambres sont aménagées dans les dépendances, bien au calme, décorées dans un style plus campagnard que châtelain. Les résidents apprécient l'imposant restaurant.

LODÈVE
✉ 34700 (Hérault) – 7 638 hab. – Alt. 165 m – Voir carte n°**23-C2**
▶ Paris 695 km – Alès 98 km – Béziers 63 km – Millau 60 km
Carte Michelin 339-E6

⌂⌂ **Paix**
*11 bd Montalangue – ℰ 04 67 44 07 46 – www.hotel-dela-paix.com – Fermé fév.,
15-30 nov., sam. midi, dim. soir et lundi d'oct. à mai*
23 ch – ♦55/70 € ♦♦70/150 € – 2 suites – ⌑ 8 € – ½ P
Relais de poste converti en hôtel familial (5e génération), aux portes des Grands Causses. Les chambres, fonctionnelles, arborent un style provençal coloré et gai. Au restaurant, on sert une cuisine régionale accompagnée de vins du Languedoc. Une bonne adresse.

LOGONNA-DAOULAS
✉ 29460 (Finistère) – 2 098 hab. – Alt. 45 m – Voir carte n°**9-A2**
▶ Paris 578 km – Brest 25 km – Morlaix 75 km – Quimper 59 km
Carte Michelin 308-F5

⌂ **Le Domaine de Moulin Mer**
*34 rte de Moulin Mer, 1 km par D 333 – ℰ 02 98 07 24 45
– www.domaine-moulin-mer.com*
5 ch ⌑ – ♦80/150 € ♦♦80/150 €
Sur la route du littoral, cette demeure de 1920, posée dans un beau jardin fleuri planté de palmiers et de magnolias, n'est que raffinement et bon goût : objets d'art, mobilier Empire et Napoléon III (le propriétaire en est un amateur éclairé), etc. L'espace bien-être, avec sauna, hammam et jacuzzi, achève de séduire !

LOIRÉ
✉ 49440 (Maine-et-Loire) – 897 hab. – Alt. 39 m – Voir carte n°**34-B2**
▶ Paris 322 km – Ancenis 35 km – Angers 45 km – Châteaubriant 34 km
Carte Michelin 317-D3

XXX **Auberge de la Diligence** (Michel Cudraz)   🕮 🕸 🕭 ⇔
⌘   *4 r. de la Libération – ℰ 02 41 94 10 04 – www.diligence.fr*
   – Fermé 11-19 avril, 8-30 août, 31 déc.-10 janv., sam. midi, dim. soir et lundi
   Formule 31 € ☍ – Menu 42/85 € – Carte 51/79 € *(réservation conseillée)*
   Vieilles pierres et terrasse au jardin : un charmant écrin pour une ambitieuse cuisine contemporaine, relevée par les herbes du potager et quelques notes d'Asie,
   passion du chef.
   → Ravioles de langoustines, bisque parfumée au saté. Poularde de la cour d'Armoise, purée de pomme de terre et citron confit, jus à la marjolaine. Tartelette
   sablée aux amandes et au citron vert, glace au lait de coco, citronnelle et jasmin.

LOIRE-SUR-RHÔNE – 69 (Rhône) → voir Givors

LOMENER – 56 (Morbihan) → voir Ploemeur

LA LONDE-LES-MAURES
✉ 83250 (Var) – 9 918 hab. – Alt. 24 m – Voir carte n°**41**-C3
◨ Paris 868 km – Marseille 93 km – Toulon 29 km – La Seyne-sur-Mer 35 km
Carte Michelin 340-M7 – Guide Vert Michelin Côte d'Azur

XX **Cédric Gola**   ⒶⒸ
   *22 av. Georges-Clemenceau – ℰ 04 94 66 97 93 – Fermé 1 semaine en mars, 1
   semaine en juin, 23 nov.-26 déc., le midi sauf le dim. de sept. à juin, mardi sauf
   en juil.-août et lundi*
   Menu 39/78 € *(réservation conseillée)*
   Cette ancienne épicerie des années 1930 abrite aujourd'hui ce bistrot joliment
   rétro (beau carrelage d'époque, haut plafond, vieux comptoir...). On y propose
   une cuisine fine, marquée par le Sud et les saisons, avec notamment un menu
   truffe qui mérite toute votre attention...

LONDINIÈRES
✉ 76660 (Seine-Maritime) – 1 291 hab. – Alt. 78 m – Voir carte n°**33**-D1
◨ Paris 147 km – Amiens 78 km – Dieppe 27 km – Neufchâtel-en-Bray 14 km
Carte Michelin 304-I3

X **Auberge du Pont**
   *14 r. du Pont de Pierre – ℰ 02 35 93 80 47 – Fermé 15 janv.-10 fév., dim. soir
   et lundi*
   Menu 12 € (semaine), 19/35 € – Carte 24/52 €
   Le temps semble s'être arrêté dans cette petite auberge normande, où l'on est
   accueilli comme en famille. Dans une salle de style champêtre, on déguste une
   cuisine traditionnelle qui a notamment pour elle des prix très raisonnables. Un
   refuge loin des modes.

LA LONGEVILLE – 25 (Doubs) → voir Montbenoît

LONGJUMEAU – 91 (Essonne) → voir Paris, Environs

LONGNES
✉ 78980 (Yvelines) – 1 455 hab. – Alt. 130 m – Voir carte n°**18**-A1
◨ Paris 65 km – Pontoise 53 km – Rouen 90 km – Versailles 55 km
Carte Michelin 311-F2

X **Le Pigeonnier**   🕸 ⒶⒸ Ⓟ
   *7 rte de Bréval – ℰ 01 30 42 41 60 – www.lepigeonnier78.fr – Fermé dim. soir,
   mardi midi et lundi sauf fériés*
   Menu 28 € (semaine), 38/66 € – Carte 57/76 €
   Impossible de se tromper d'adresse avec ce restaurant voisin... d'un pigeonnier !
   Sous la belle charpente de la salle, au décor un brin rustique, la carte fait honneur
   à la tradition : on déguste par exemple une tête de veau sauce gribiche, ou un
   mignon de porc et son jus de thym. Tout simplement bon !

LONGUYON

✉ 54260 (Meurthe-et-Moselle) – 5 559 hab. – Alt. 213 m – Voir carte n°**26**-B1
▶ Paris 314 km – Metz 79 km – Nancy 133 km – Sedan 69 km
Carte Michelin 307-E2

à Rouvrois-sur-Othain (Meuse) 7,5 km au Sud par D 618 – ✉ 55230
– 199 hab. – Alt. 223 m

La Marmite

11 rte Nationale – ✆ 03 29 85 90 79 – www.restaurant-la-marmite.com – Fermé 2-8 sept., 1er-8 janv., dim. soir et lundi
Menu 15 € (déj. en semaine), 25/58 € – Carte 40/73 €
Dans cette Marmite, uniquement des plats authentiques et savoureux, concoctés avec de bons produits locaux ; le chef fait lui-même ses salaisons. Une ambiance rustique bien agréable pour une belle approche du terroir. Accueil tout sourire.

LONS – 64 (Pyrénées-Atlantiques) ➔ voir Pau

LONS-LE-SAUNIER

✉ 39000 (Jura) – 17 496 hab. – Alt. 255 m – Voir carte n°**16**-B3
▶ Paris 408 km – Besançon 84 km – Bourg-en-Bresse 73 km – Chalon-sur-Saône 61 km
Carte Michelin 321-D6 – Guide Vert Michelin Franche-Comté Jura

Hôtel du Béryl sans rest

805 bd de l'Europe, 1 km par ① rte de Besançon puis D 1083 – ✆ 03 84 24 40 50 – www.hotel-lonslesaunier.com
40 ch – †78/95 € ††84/115 € – ☕ 11 €
Un hôtel très agréable, à deux pas du casino. Les chambres sont spacieuses, reposantes et fonctionnelles. Le tout à prix sages.

Hôtel du Parc

9 av. Jean-Moulin – ✆ 03 84 86 10 20 – www.hotel-parc.fr Plan : Y**s**
19 ch – †60/79 € ††60/79 € – ☕ 8 € – ½ P
Près du parc des Bains, un hôtel simple et pratique, avec des chambres bien tenues et un restaurant traditionnel axé terroir.

La Comédie

65 pl. de la Comédie – ✆ 03 84 24 20 66 Plan : Y**e**
– www.restaurant-lacomedie.com – Fermé 2 semaines en avril, 3 semaines en août, dim. et lundi
Menu 22/39 € – Carte 50/64 €
Au mur, des masques vénitiens célèbrent l'art de la comédie ; derrière ses fourneaux, le chef célèbre l'art culinaire, et fait honneur aux produits de la mer. Cassolette de moules de bouchot, plancha de queues de langoustes, etc... Goûteux et extrafrais !

Le Comptoir du Mirabilis

9 Galerie Lecourbe – ✆ 03 84 25 96 37 Plan : Y**b**
– www.lecomptoirdumirabilis.com – Fermé 3-23 août, dim. et fériés
Formule 14 € – Carte 26/45 €
Dans le quartier historique, ce restaurant est niché en retrait de la rue Lecourbe ; derrière les fourneaux, le chef prépare une savoureuse cuisine de saison – carpaccio de bœuf, dos de cabillaud avec son risotto safrané et sa ratatouille... Le service, efficace et décontracté, ajoute encore à notre plaisir !

La Table de Perraud

11 pl. Perraud – ✆ 03 84 86 49 68 Plan : Y**a**
– www.restaurant-lacomedie.com – Fermé 2 semaines en avril, 2 semaines fin août, 1 semaine fin déc.
Formule 13 € – Menu 18 € (semaine) – Carte 30/41 €
Sur une place juste à côté du Musée des Beaux-Arts, ce restaurant fait le bonheur des amateurs de bonne chère ! Dans une salle au décor contemporain, dotée d'un joli plafond à la française, on apprécie des classiques de bistrot : tartare, entrecôte, etc. Menu unique le midi.

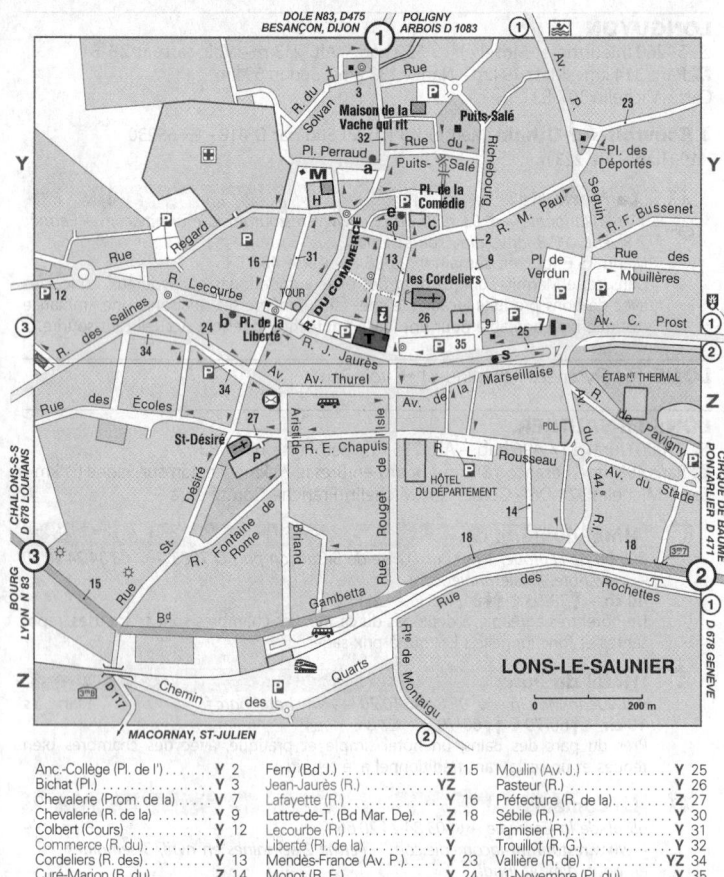

DOLE N83, D475
BESANÇON, DIJON
POLIGNY
ARBOIS D 1083

LONS-LE-SAUNIER

0   200 m

MACORNAY, ST-JULIEN

à Chille 3 km par ① rte de Besançon et D 157 – ⊠ 39570 – 312 hab. – Alt. 330 m

Parenthèse
🕙 🌫 🛋 🖵 🎱 🎰 ♨ 🖻 🛗 ᵹ 🤝 🐾 🅿

186 chemin du Pin – ℰ 03 84 47 55 44 – www.hotelparenthese.com – Fermé 20-29 déc.
34 ch – ♦79/143 € ♦♦79/143 € – ⌷ 12 € – ½ P
Rest *Parenthèse* – voir les restaurants ci-après
Quelques brasses au grand air, une balade dans le parc, un beau moment de détente au spa et un petit somme dans une chambre lumineuse et spacieuse, avant le dîner au restaurant... Une parenthèse enchantée, au calme.

XX Parenthèse
🍴 🏡 🅿

186 chemin du Pin – ℰ 03 84 47 55 44 – www.hotelparenthese.com – Fermé 20-29 déc., dim. soir sauf juil.-août, sam. midi et lundi midi
Formule 15 € – Menu 20 € (semaine), 29/58 € – Carte 42/58 €
Cet élégant restaurant contemporain dont la cuisine est ouverte sur la salle propose de bonnes recettes dans l'air du temps : saumon mariné avec une fine julienne de betterave, dos de cabillaud avec des artichauts, carpaccio d'ananas et pralines roses... Accueil aimable.

au Sud 6 km par D 117 et D 41 – ✉ 39570

Domaine du Val de Sorne

lieu-dit Moulin des Cuchots – ✆ 03 84 43 04 80 – www.valdesorne.com – Fermé 20 déc.-11 janv.
35 ch – †99/149 € ††99/169 € – ☕ 14 € – ½ P
Un établissement dans l'enceinte d'un très beau golf. Et pour la détente, difficile de faire mieux : piscine, billard... Au restaurant, la terrasse donne sur les greens ; l'été, on y savoure des grillades, bercé par le doux bruissement de la Sorne.

à Courlans 6 km par ③ rte de Chalon-sur-Saône, D 678 – ✉ 39570 – 982 hab. – Alt. 227 m

Auberge de Chavannes

1890 av. de Châlon – ✆ 03 84 43 24 34 – www.auberge-de-chavannes.com – Fermé en nov., dim. soir et lundi midi
10 ch – †88/98 € ††88/118 € – ☕ 12 €
Entre Bresse et Jura, une agréable maison traditionnelle. Les chambres, décorées sur le thème du voyage – Afrique, méditerranée, Océanie, Asie, etc. –, sont assez spacieuses, confortables, et la jolie terrasse permet de profiter de la belle saison. Une invitation au repos !

à Courlaoux 8 km par ③ rte de Chalon-sur-Saône, D 678 – ✉ 39570 – 975 hab. – Alt. 230 m

L'Épicurien

1 r. des Perroux – ✆ 03 84 24 63 91 – www.restaurant-lepicurien.fr – Fermé 1 semaine en mai, 2 semaines en sept., 1 semaine en janv., dim. soir, lundi et mardi
Menu 20 € (semaine), 29/55 € – Carte 43/61 €
Un Épicurien contemporain et décontracté, où la cuisine se révèle particulièrement généreuse : tartare de tilapia, piperade de poivrons et concassé d'amande ; pièce de bœuf taillée dans le filet au beurre noisette, échalotes confites et jus corsé aux baies roses... Et l'été, on se fait une place en terrasse !

LE LONZAC

✉ 19470 (Corrèze) – 766 hab. – Alt. 450 m – Voir carte n°**25-C2**
Paris 479 km – Brive-la-Gaillarde 62 km – Limoges 90 km – Tulle 29 km
Carte Michelin 329-L3

Auberge du Rochefort avec ch

rest,

36 av. de la Libération – ✆ 05 55 97 93 42 – www.auberge-du-rochefort.fr – Fermé 2-8 mars et 4-25 oct.
6 ch – †45/60 € ††45/60 € – ☕ 7 € – ½ P
Menu 12 € (déj. en semaine)/22 € – Carte 36/54 € *(fermé le soir sauf vend. et sam.)*
Cette maison à colombages semble tout droit sortie d'une carte postale. L'accueil est à la hauteur de la cuisine, soignée, qui revisite les grands classiques régionaux comme la tête de veau sauce gribiche. Pour prolonger l'étape, quelques chambres assez confortables.

LORAY

✉ 25390 (Doubs) – 490 hab. – Alt. 745 m – Voir carte n°**17-C2**
Paris 448 km – Baume-les-Dames 35 km – Besançon 46 km – Morteau 22 km
Carte Michelin 321-I4 – Guide Vert Michelin Franche-Comté Jura

Robichon avec ch

22 Grande-Rue – ✆ 03 81 43 21 67 – www.hotel-robichon.com – Fermé dim. soir
11 ch – †60 € ††60/73 € – ☕ 9 € – ½ P
Formule 14 € – Menu 17 € (déj. en semaine), 29/62 € – Carte 39/71 €
Robuste maison régionale située au centre du bourg. Cuisine de tradition servie dans une salle contemporaine (boiseries claires et mobilier coloré). Petites chambres traditionnelles pour l'étape. Au P'tit Bichon, décor façon chalet franc-comtois, plats régionaux, grillades et menu du jour.
P'tit Bichon Formule 13 € – Carte 25/41 € *(fermé dim. soir)*

LORGUES

✉ 83510 (Var) – 9 004 hab. – Alt. 200 m – Voir carte n°**41-C3**
◪ Paris 841 km – Brignoles 34 km – Draguignan 12 km – Fréjus 37 km
Carte Michelin 340-N5 – Guide Vert Michelin Côte d'Azur

XXX   **Bruno** (Benjamin Bruno) avec ch   ⌂ ≤ ⬚ 🛋 🄰🄲 ch, ⅋ 🛜 🄿
❀
2350 rte des Arcs, Campagne Mariette, 3 km au Sud-Est par rte des Arcs
– ℰ 04 94 85 93 93 – www.restaurantbruno.com – Fermé dim. soir et lundi du
15 sept. au 15 juin
6 ch – ♦160/320 € ♦♦160/320 € – ⌂ 20 €
Menu 71/190 € (réservation conseillée)
Une maison doit tant à ses propriétaires... Ce mas provençal, c'est toute la générosité de la famille Bruno – les parents et leurs deux fils –, sous l'égide de la truculente figure paternelle, connue pour son culte de la truffe : toute l'année, un
menu est dédié au précieux tubercule (d'hiver et d'été). Une adresse délicieuse
et pleine de caractère !
→ Pomme de terre cuite au four et crème de truffe. Feuilleté de pigeonneau au
foie gras et au chou, râpée de truffe. Caviar de framboises et blinis au chocolat.

XX   **Le Chrissandier**   🛱 🄰🄲
18 cours de la République – ℰ 04 94 67 67 15 – www.lechrissandier.com
– Fermé janv., mardi hors saison, sam. midi de juil. à sept. et merc.
Menu 29/88 € – Carte environ 86 €
Une devanture tout en bois, des murs de pierre, une cheminée, un patio sous
une treille... Un décor à la fois chaleureux et bourgeois, où la tradition est chez
elle. À noter : la carte, avec ses mets gastronomiques, se double d'un menu bistrot inattendu.

au Nord-Ouest 8 km par rte de Salernes, D 10 et rte secondaire– ✉83510

🏨   **Château de Berne** ||◯ ⌂ ≤ ⬚ 🛋 ⊗ ⅃⅍ ⅋ 🛏 ⅙ 🄰🄲 🛜 ⅍ 🄿
rte de Salernes – ℰ 04 94 60 48 88 – www.chateauberne.com – Fermé
1er fév.-30 avril
24 ch – ♦190/840 € ♦♦190/840 € – 1 suite – ⌂ 26 € – ½ P
Rest L'Orangerie – voir les restaurants ci-après
Au bout d'un long chemin serpentant à travers la garrigue... une parenthèse bénie
dans un domaine viticole de 600 ha ! On partage son temps entre les chambres
– élégantes –, les cours de cuisine, les dégustations de vin, les concerts, le spa...

XXX   **L'Orangerie** – Hôtel Château de Berne   ⬚ 🛱 🄰🄲 🄿
rte de Salernes – ℰ 04 94 60 48 88 – www.chateauberne.com – Fermé fév. à avril,
dim., lundi, mardi de nov. à déc. et le midi
Menu 65/90 € – Carte 48/111 €
Décor raffiné, superbe terrasse sous le soleil, culture du vin et saveurs du Sud... La
cuisine marie authenticité et audace, avec de belles présentations. L'image d'un
certain art de vivre, au sein même d'un vignoble provençal dont on peut découvrir la production !

LORIENT

✉ 56100 (Morbihan) – 57 408 hab. – Agglo. 114 332 hab. – Alt. 4 m
– Voir carte n°**9-B2**
◪ Paris 503 km – Quimper 69 km – St-Brieuc 116 km – St-Nazaire 146 km
Carte Michelin 308-K8 – Guide Vert Michelin Bretagne Sud

🏨   **Mercure** sans rest   📶 ⅙ 🄰🄲 🛜 ⅍
31 pl. Jules-Ferry – ℰ 02 97 21 35 73 – www.accorhotels.com   Plan : BZ**m**
58 ch – ♦110/185 € ♦♦110/185 € – ⌂ 16 €
Face au palais des congrès, cet hôtel est idéalement situé pour découvrir Lorient.
Les chambres, confortables et bien tenues, ont été entièrement rénovées en
2012. L'adresse s'adapte aussi bien à la clientèle d'affaires que touristique.

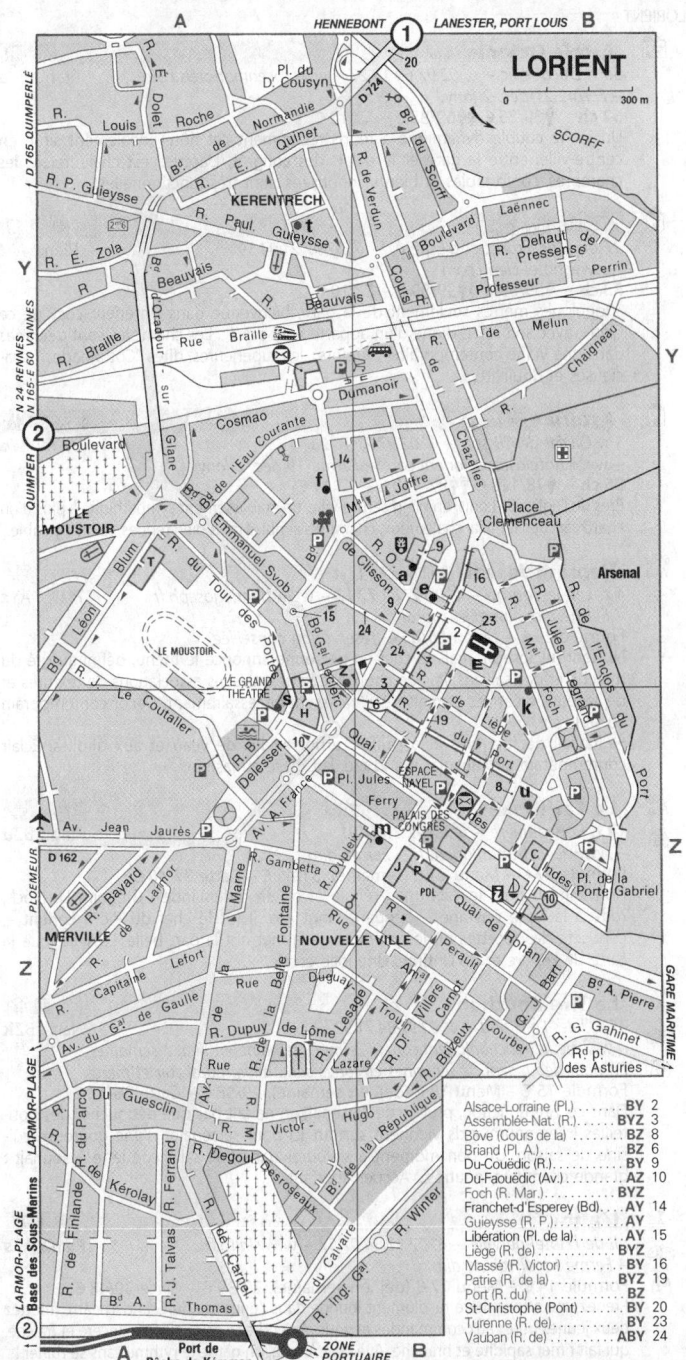

LORIENT

Escale Océania sans rest

🛜 **P**

30 r. Ducouëdic – ℰ *02 97 64 13 27 – www.oceaniahotels.com*
Plan : BY**a**
– Fermé 21 déc.-2 janv.

32 ch – ♦69/85 € ♦♦69/85 € – ☲ 12 €

Un jeune couple dynamique a repris récemment cet hôtel idéalement situé en centre-ville, entre la gare et le palais des congrès. L'accueil est chaleureux ; les chambres, confortables et bien insonorisées, sont très fonctionnelles.

Cléria sans rest

🛗 🛜 **P**

27 bd Mar.-Franchet-d'Esperey – ℰ *02 97 21 04 59*
Plan : AY**f**
– www.hotel-cleria.com

33 ch – ♦59/89 € ♦♦59/89 € – ☲ 10 €

À quelques mètres seulement de la gare, bienvenue dans l'intérieur cosy de ce Cléria, avec son salon digne d'un appartement privé... Les chambres sont décorées dans une veine contemporaine ; préférez les supérieures, dites "Cotonnades", spacieuses et douillettes.

Astoria sans rest

🛗 ⌇ 🛜 🕍

3 r. Olivier-de-Clisson – ℰ *02 97 21 10 23*
Plan : BY**e**
– www.hotelastoria-lorient.com – Fermé 19 déc.-2 janv.

35 ch – ♦78/120 € ♦♦87/140 € – ☲ 11 €

Près de l'église St-Louis, en plein centre-ville, un établissement sympathique à plus d'un égard : accueil familial chaleureux, chambres simples mais bien tenues, salon agréable...

X X Henri et Joseph (Philippe Le Lay)

⌇

✿ *4 r. Léo-le-Bourgo –* ℰ *02 97 84 72 12 – www.henrietjoseph.fr*
Plan : AY**z**
– Fermé dim., lundi et mardi

Formule 29 € – Menu 55/85 € *(réservation conseillée)*

Ni Henri ni Joseph, mais le chef en personne annonce le menu, défini au gré du marché et des saisons. Pas de choix à la carte, mais les associations de textures et de saveurs, créatives et maîtrisées, ravissent nécessairement. Décor contemporain au style sûr.

→ Ravioli de foie gras à la truffe. Turbot au jus de veau et aux girolles. Éclair contemporain au chocolat grand cru, lait glacé au jasmin.

X X Le Yachtman

🎷 🕭 ⟷

14 r. Poissonnière – ℰ *02 97 21 31 91*
Plan : BZ**u**
– www.leyachtmanlorient.fr – Fermé dim.

Formule 17 € – Menu 21 € (semaine), 31/45 € – Carte 37/48 €

Non loin du port, le Yachtman régale et on en redemande ! Grégoire Le Floch, rodé à la belle ouvrage – pendant vingt ans, il fut le chef du Pic à Lorient –, concocte des recettes où les produits de la mer ont la part belle. La salle joue la carte de l'épure et de l'intime. Une jolie escale.

X Le Tire Bouchon

🅰🅲 ⌇

45 r. Jules-Le-Grand – ℰ *02 97 84 71 92*
Plan : BZ**k**
– www.letirebouchonlorient.com – Fermé 1 semaine en juin, 2 semaines fin août-début sept., 2 semaines en janv., sam. midi, mardi soir et merc.

Formule 15 € – Menu 18 € (déj. en semaine), 29/58 € – Carte 36/57 €

Dans ce Tire Bouchon, proche de l'arsenal, on ne fait pas que déboucher des bouteilles ! Les gourmands viennent surtout ici pour se régaler d'une goûteuse cuisine de saison. Un bon moment à savourer dans une salle coquette à souhait : grande cheminée, poutres... Accueil souriant.

X L'Alto

🎷 🕭 🅰🅲

pl. de l'Hôtel-de-Ville – ℰ *02 97 84 07 57 – www.lalto.fr*
Plan : AZ**s**
– Fermé lundi soir et dim.

Formule 14 € – Menu 17 € (déj. en semaine), 29/39 € – Carte 30/48 €

Prenez une atmosphère résolument lounge dans l'enceinte du Grand Théâtre, mettez deux jeunes frères aux commandes et vous obtiendrez... cette cuisine sincère et fraîche, qui fait rimer sapidité et branché. Avec cet Alto-là, on garde le rythme sans se ruiner !

Le Jardin Gourmand 🕙 🍴 AC

46 r. Jules-Simon – 𝒞 02 97 64 17 24 – www.tropmad.com Plan : AY**t**
– *Fermé vacances de fév., merc. et jeudi hors saison, dim. soir, lundi et mardi*
Formule 26 € – Menu 32 € (déj. en semaine), 44/58 €
Surprise : derrière la façade de granit s'épanouit un joli lieu contemporain, ouvert
sur la verdure. C'est le repaire d'une jeune chef passionnée par les produits bretons (poissons, andouille de Guéméné, saucisse de Molène...), auxquels elle consa-
cre aussi des livres, en vente sur place. Belle initiation !

au Nord-Ouest 3,5 km par D 765 AY – ⊠ 56100

 L'Amphitryon (Jean-Paul Abadie) 🕙 AC

🕸 🕸 *127 r. du Col.-Müller – 𝒞 02 97 83 34 04 – www.amphitryon-abadie.com – Fermé
10-26 mai, 30 août-15 sept., 1ᵉʳ-8 janv., dim. et lundi*
Menu 50 € (semaine), 88/150 € – Carte 107/155 €
Une cuisine d'auteur, ludique, fine et inspirée, donnant aux produits de la mer
leurs lettres de noblesse. Le tout magnifié par une superbe sélection de crus
confidentiels. Quant au service, exécuté dans un beau cadre contemporain, il est
aussi professionnel que charmant... L'Amphitryon triomphe !
→ Ravioles d'araignée de mer au bouillon de volaille. Filet de sole au beurre, parfum de cardamome. Tomate, framboises et verveine citron.

LORIOL-SUR-DRÔME

⊠ 26270 (Drôme) – Alt. 100 m – Voir carte n°**44**-B3
▶ Paris 590 km – Lyon 127 km – Privas 21 km – Valence 29 km
Carte Michelin 332-B5

🏨 **Les Oliviers**

r. Louis-d'Arbalestier – 𝒞 04 75 61 00 55 – www.hotel-les-oliviers.fr
63 ch – †88/128 € ††88/128 € – ⊑ 12 € – ½ P
Avec son jardin planté d'oliviers, cette bâtisse des années 1970 porte bien son
nom. Et pour se délasser, rien de mieux que la grande piscine à débordement ! Chambres fonctionnelles, restaurant régional.

LORMONT – 33 (Gironde) → voir Bordeaux

LORP-SENTARAILLE – 09 (Ariège) → voir St-Girons

LOUBRESSAC

⊠ 46130 (Lot) – 526 hab. – Alt. 320 m – Voir carte n°**29**-C1
▶ Paris 531 km – Brive-la-Gaillarde 47 km – Cahors 73 km – Figeac 44 km
Carte Michelin 337-G2

🏨 **Le Relais de Castelnau** 🕙 ⊗ ← ☰ ☓ ⅋ & ⅍ 🅿

*rte de Padirac Rocamadour – 𝒞 05 65 10 80 90 – www.relaisdecastelnau.com
– Ouvert 3 avril-18 oct.*
40 ch – ††98/125 € – ⊑ 10 € – ½ P
Tourné vers l'imposant château de Castelnau-Bretenoux, cet établissement offre
une vue imprenable sur la vallée de la Dordogne. Les chambres sont fonctionnelles et confortables ; préférez celles avec balcon.

LOUDÉAC

⊠ 22600 (Côtes-d'Armor) – 9 759 hab. – Alt. 155 m – Voir carte n°**10**-C2
▶ Paris 438 km – Carhaix-Plouguer 69 km – Dinan 76 km – Pontivy 24 km
Carte Michelin 309-F5 – Guide Vert Michelin Bretagne Nord

 Les Voyageurs 🕙 📶 & 🛜 ⅍ 🚗

10 r. de Cadélac – 𝒞 02 96 28 00 47 – www.hoteldesvoyageurs.fr
30 ch – †69/79 € ††71/96 € – ⊑ 10 € – ½ P
Bienvenue aux voyageurs ! L'hôtel affiche un style contemporain de bon aloi, l'ensemble est fort bien tenu et le restaurant traditionnel tombe à point nommé pour
les résidents. Une bonne adresse de l'Argoat.

881

LOUDUN

✉ 86200 (Vienne) – 6 904 hab. – Alt. 120 m – Voir carte n°**39**-C1

▣ Paris 311 km – Angers 79 km – Châtellerault 47 km – Poitiers 55 km
Carte Michelin 322-G2

Renaudot sans rest   🕭 🎢 ⅏ 🛆

40 av. de Leuze – ☏ *05 49 98 09 38 – www.hotelrenaudot.com*
29 ch – �92/186 € – ♦♦92/186 € – 🖙 12 €

Né à Loudun, Théophraste Renaudot fut le créateur de la "Gazette", en 1631, qui
en fit pour l'histoire le créateur de la presse écrite en France. Cet hôtel feutré et
moderne lui rend hommage, et propose aux voyageurs des chambres confortables, à la décoration soignée.

L'Aumônerie sans rest   🚗 🛜 **P** ⊟

3 bd Mar.-Leclerc – ☏ *05 49 22 63 86 – www.l-aumonerie.biz*
4 ch 🖙 – ♦48/54 € – ♦♦58/64 €

Diane de Poitiers, Aliénor d'Aquitaine ou encore la mystérieuse Mélusine : ces
trois figures féminines de l'histoire et du folklore poitevin prêtent leur nom aux
chambres de cette sympathique maison d'hôtes, tenue avec soin. La demeure
date principalement du 17e s., avec des fondations du 13e s.

LOUÉ

✉ 72540 (Sarthe) – 2 162 hab. – Alt. 112 m – Voir carte n°**35**-C1

▣ Paris 230 km – Laval 59 km – Le Mans 30 km – Rennes 127 km
Carte Michelin 310-I7

Ricordeau   🍽 🚗 ⌸ 🔊 🛜 🛆 **P**

13 r. de la Libération – ☏ *02 43 88 40 03 – www.hotel-ricordeau.fr – Fermé
vacances de fév.*
13 ch – ♦89/130 € – ♦♦89/140 € – 🖙 15 € – ½ P
Rest *Ricordeau* – voir les restaurants ci-après

Cet ancien relais de diligence, qui date de la fin du 19e s., est situé dans le centre
de Loué. Les chambres, classiques et bien tenues, sont décorées dans un style
campagnard chic plutôt agréable. Élégant !

XXX   **Ricordeau**   🛜 🕭 ⅏ **P**

13 r. de la Libération – ☏ *02 43 88 40 03 – www.hotel-ricordeau.fr*
– Fermé vacances de fév. et de la Toussaint, dim. soir, lundi et mardi
Formule 22 € 🍷 – Menu 43/57 € – Carte 67/81 €

Installez-vous sur l'agréable terrasse dressée dans le parc, au bord de la Vègre, et
laissez-vous tenter par la bonne cuisine gastronomique du chef. Des plats au goût
du jour, sérieux et appliqués, réalisés avec de très bons produits, dont la célèbre
volaille de Loué !

LOUHANS-CHÂTEAURENAUD

✉ 71500 (Saône-et-Loire) – 6 551 hab. – Alt. 179 m – Voir carte n°**8**-D3

▣ Paris 373 km – Bourg-en-Bresse 61 km – Chalon-sur-Saône 38 km – Dijon 85 km
Carte Michelin 320-L10 – Guide Vert Michelin Bourgogne

Le Moulin de Bourgchâteau   🍽 ⌷ ⪦ 🚗 🛜 🛆 **P**

r. Guidon, rte de Chalon – ☏ *03 85 75 37 12 – www.bourgchateau.com – Fermé
20 déc.-6 janv.*
19 ch – ♦56/67 € – ♦♦67/150 € – 🖙 9 € – ½ P
Rest *Le Moulin de Bourgchâteau* – voir les restaurants ci-après

Ce moulin du 18e s., posé sur un bras de la Seille, est plein de caractère. Ses propriétaires, deux frères d'origine italienne, sont aux petits soins ; dans les chambres, décorées de meubles chinés, on entend le murmure de la rivière... Idéal
pour se ressourcer.

⌂   **Barbier des Bois**   🍽 🚗 🕭 🎢 🛜 🛆 **P**

rte de Cuiseaux, 3,5 km au Sud-Est par D 996 – ☏ *03 85 75 55 65
– www.barbierdesbois.com*
15 ch – ♦67 € – ♦♦87/107 € – 🖙 10 €

Les chambres de cet hôtel-restaurant aux airs de motel, situé en pleine campagne, ont un petit côté zen avec leur terrasse face à la nature. L'ensemble est
très bien tenu et le service est à l'image du lieu : efficace et sympathique.

XX **Le Moulin de Bourgchâteau** – Hôtel Le Moulin de Bourgchâteau
r. Guidon, rte de Chalon – ℰ 03 85 75 37 12
– *www.bourgchateau.com*
– *Fermé 20 déc.-6 janv. et lundi*
Menu 21 € (déj. en semaine), 28/59 € – Carte 49/61 € *(réservation conseillée)*
La salle, juste au-dessus de l'eau, a du style avec ses rouages, ses poutres et ses
vieilles pierres. Sur la carte, parmi les spécialités traditionnelles comme la volaille
de Bresse, on trouve quelques recettes italiennes telles ces délicieuses pâtes maison... origines du chef obligent !

à Bruailles 8 km au Sud-Est par D 972 – ⊠ 71500 – 940 hab. – Alt. 198 m

⌂ **La Ferme de Marie-Eugénie**
225 allée de Chardenoux – ℰ 03 85 74 81 84 – *www.lafermedemarieeugenie.fr*
– *Fermé 23-28 déc.*
4 ch � – †115/135 € ††115/135 €
Cette ferme du 18ᵉ s., tout en poutres et torchis, décorée avec goût, est reposante à souhait. Les chambres jouent le contraste : pierre de Bourgogne, bois
massif, mobilier contemporain... L'endroit étant un peu isolé, la généreuse table
d'hôte constitue une vraie bonne option.

LOURDES

⊠ 65100 (Hautes-Pyrénées) – 14 282 hab. – Alt. 420 m – Voir carte n°**28-A3**
▶ Paris 850 km – Bayonne 147 km – Pau 45 km – St-Gaudens 86 km
Carte Michelin 342-L6

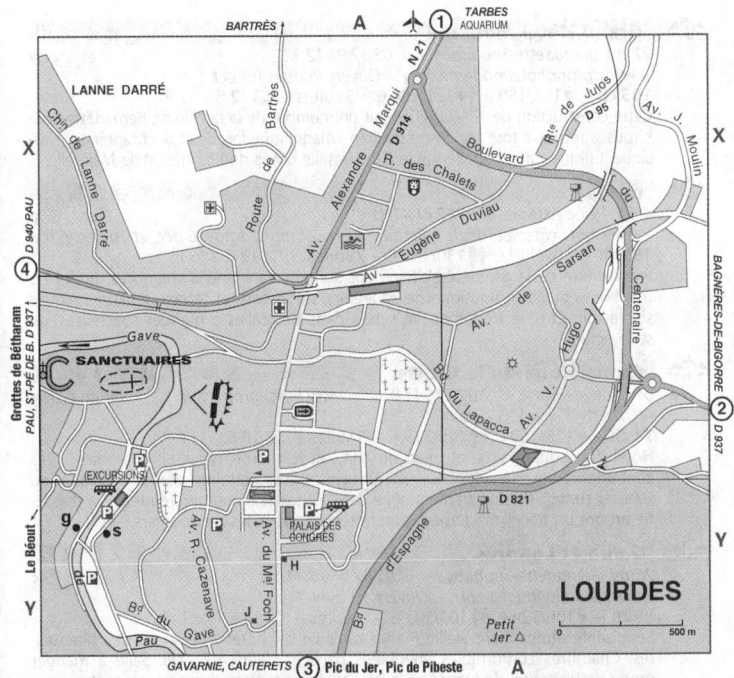

LOURDES

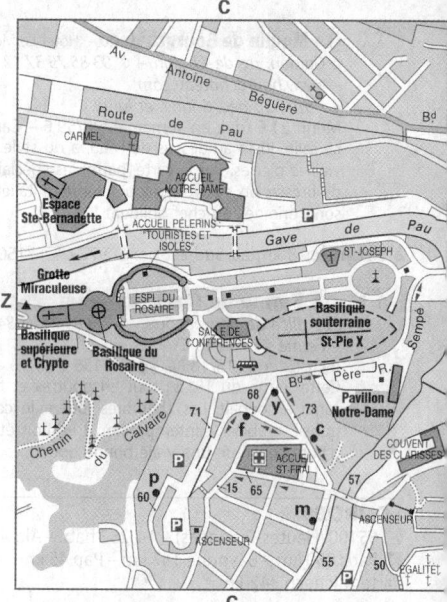

 Grand Hôtel Moderne 🍽 🏨 ♿ 🆎 📶 Plan : CZ**y**

21 av. Bernadette-Soubirous – ℰ 05 62 94 12 32
– www.grandhotelmoderne.com – Ouvert Pâques-fin oct.
105 ch – 🛏106/150 € 🛏🛏126/180 € – 5 suites – ☕ 12 € – ½ P
Cette construction de 1896, édifiée par un membre de la famille de Bernadette Soubirous, a retrouvé tout son lustre d'antan : magnifique façade et décor intérieur classique. Cuisine traditionnelle servie dans la salle ornée de boiseries style Majorelle.

 Éliseo 🍽 🏨 ♿ 🆎 📶 🐾 📶 📫 🅿 Plan : CZ**p**

4-6 r. Reine-Astrid – ℰ 05 62 41 41 41
– www.hoteleliseolourdes.fr – Fermé 14 fév.-27 mars, 2 nov.-6 déc. et 10 déc.-6 fév.
197 ch – 🛏94/119 € 🛏🛏130/188 € – 7 suites – ☕ 12 € – ½ P
À proximité de la grotte, établissement abritant de grandes chambres modernes très bien équipées. Boutique de souvenirs, salon cosy et terrasses panoramiques sur le toit. Cuisine traditionnelle servie dans des salles à manger spacieuses, de style actuel.

Grand Hôtel de la Grotte 🍽 ≤ 🐾 🏊 📶 🏨 ♿ 🆎 📶 📫 🅿 🐾 Plan : DZ**y**

66 r. de la Grotte – ℰ 05 62 94 58 87 – www.hotel-grotte.com
– Ouvert 1ᵉʳ avril-25 oct.
71 ch – 🛏125/199 € 🛏🛏125/319 € – 5 suites – ☕ 18 € – ½ P
Hôtel de tradition situé au pied du château fort. Trois types de chambres : très contemporaines, de style Louis XVI (tournées pour certaines vers la basilique) ou "Master suites". Cuisine traditionnelle dans les salles à manger, feutrées. La Brasserie arbore un décor moderne ; grande terrasse sous les marronniers.

 Gallia et Londres 🍽 ≤ 🐾 🏨 ♿ 🆎 📶 📶 📫 🅿 Plan : CZ**c**

26 av. Bernadette-Soubirous – ℰ 05 62 94 35 44
– www.hotelsvinuales.com – Ouvert 19 avril-27 oct.
89 ch – 🛏109/124 € 🛏🛏109/143 € – 3 suites – ☕ 16 € – ½ P
Séduisante atmosphère vieille France dans ce bel hôtel à deux pas des sanctuaires. Chambres confortables, meublées dans le style Louis XVI. Salle à manger ornée de boiseries, de lustres en cristal et d'une tapisserie représentant Venise.

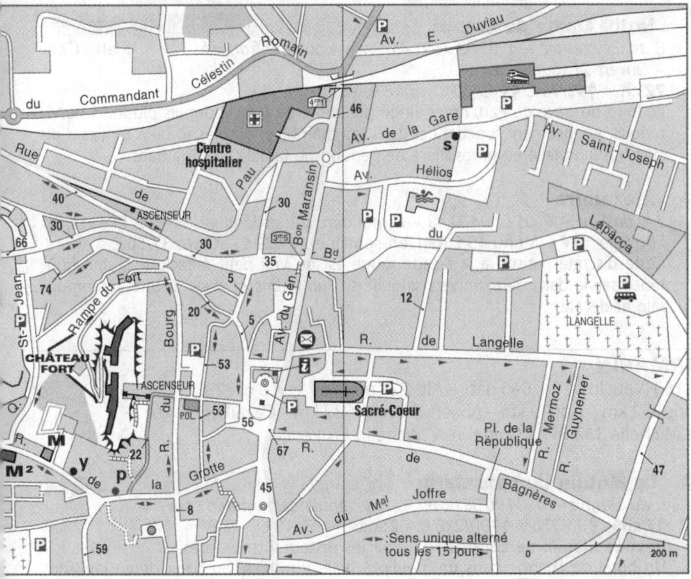
D
E
Z
Av. E. Duviau
Romain
Célestin
du Commandant
Centre hospitalier
Rue de
ASCENSEUR
Pau
46
Av. de la Gare
s
Av. Saint-Joseph
Av. Hélios
Bon Maransin
Bd du
Lapacca
30
40
66
74
35
12
5
20
Rampe du Fort
St-Jean
Bourg
Av. du Gén.
R. de Langelle
LANGELLE
CHÂTEAU FORT
ASCENSEUR
53
POL.
56
Sacré-Coeur
Pl. de la République
R. Mermoz
R. Guynemer
M
M²
y
p
22
R. de la Grotte
67
R. de Bagnères
47
45
8
Av. du Mal Joffre
59
Sens unique alterné tous les 15 jours
0
200 m

Panorama

11 r. Sainte-Marie – ✆ 05 62 94 33 04 Plan : CZ**f**
– www.hotelpanoramalourdes.com – Ouvert 12 fév.-10 déc.
106 ch – 🚹96/156 € 🚹🚹122/242 € – 2 suites – ☕ 13 € – ½ P
Aux portes du sanctuaire, cet hôtel-restaurant a été entièrement repensé. Résultat : une décoration contemporaine, de la luminosité et de beaux espaces. Les chambres y sont confortables et bien tenues. Une nouvelle étape pour les pèlerins.

Miramont

40 av. Peyramale – ✆ 05 62 94 70 00 Plan : AY**g**
– www.hotelmiramontlourdes.fr – Ouvert 3 avril-3 nov.
92 ch – 🚹53/69 € 🚹🚹80/108 € – ☕ 10 € – ½ P
Un esprit contemporain distingue cet établissement : hall lumineux, bar et salon confortable, chambres dans la même veine... Au restaurant ouvert sur le gave, belle décoration actuelle et cuisine traditionnelle.

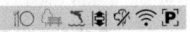

Beauséjour

16 av. de la Gare – ✆ 05 62 94 38 18 Plan : EZ**s**
– www.hotel-beausejour.com
45 ch – 🚹72/195 € 🚹🚹82/195 € – ☕ 12 € – ½ P
Façade 1900, jardin avec jolie vue sur le château et les toits de la ville, intérieur cossu et chambres avenantes caractérisent cet hôtel-restaurant sympathique, jouxtant la gare.

Méditerranée

23 av. du Paradis – ✆ 05 62 94 72 15 Plan : AY**s**
– www.lourdeshotelmed.com – Ouvert 27 mars-23 oct.
171 ch – 🚹81 € 🚹🚹101 € – ☕ 10 € – ½ P
Un grand immeuble un peu excentré, sur les rives du gave de Pau. L'établissement arbore un style très contemporain et fonctionnel. Autre atout : les chambres offrent une vue dégagée sur la ville et ses abords.

⌂ Notre Dame de France ⏸☰♿📶

8 av. Peyramale – ☎ *05 62 94 91 45 – www.hotelnd-france.fr* Plan : CZ**m**
– Ouvert 21 mars-31 oct.
72 ch – ♦40/75 € ♦♦45/90 € – ⬜ 8 € – ½ P
Le long du gave de Pau, hôtel dirigé par la même famille depuis plusieurs générations. Agencement fonctionnel dans les chambres, simples et bien tenues. Cuisine traditionnelle et atmosphère de pension de famille au restaurant.

✗ Alexandra

3 r. du Fort – ☎ *05 62 94 31 43 – Fermé dim. soir et lundi* Plan : DZ**p**
Formule 10 € – Menu 15 € (déj. en semaine), 19/29 € – Carte 37/56 €
Cette discrète maison à la façade rouge est un vrai petit miracle ! Cuisine goûteuse servie dans deux univers singuliers : l'un intime et cosy ; l'autre contemporain et décalé.

LOURMARIN

✉ 84160 (Vaucluse) – 1 046 hab. – Alt. 224 m – Voir carte n°**42**-E1
▶ Paris 732 km – Apt 19 km – Aix-en-Provence 37 km – Cavaillon 32 km
Carte Michelin 332-F11 – Guide Vert Michelin Provence

🏠🏠🏠 Le Moulin de Lourmarin ⏸☜♿🅰🅺

r. du Temple – ☎ *04 90 68 06 69 – www.moulindelourmarin.com*
17 ch – ♦90/210 € ♦♦90/210 € – 2 suites – ⬜ 18 € – ½ P
Rest *Le Moulin de Lourmarin* – voir les restaurants ci-après
Un hôtel de charme dans un moulin à huile du 18ᵉ s., au cœur de ce ravissant
village. Les chambres sont confortables et décorées dans le style provençal. Restauration traditionnelle.

🏠🏠 Mas de Guilles ⏸☜≤🍴✗📶♿🅿

rte Vaugines : 2 km – ☎ *04 90 68 30 55 – www.guilles.com – Ouvert*
début avril-fin oct.
28 ch – ♦89/99 € ♦♦99/303 € – ⬜ 18 € – ½ P
Au milieu des vignes, cette ancienne ferme du 17ᵉ s. abrite de jolies chambres
contemporaines. Dans une jolie salle voûtée ou sur la grande terrasse, on déguste
un bon foie gras de canard poêlé, spécialité de la maison... Parfait pour un séjour
au grand calme.

🏠🏠 La Bastide de Lourmarin ⏸☜✗♿🅺📶♿🅿

rte de Cucuron – ☎ *04 90 07 00 70 – www.hotelbastide.com*
– Fermé 5 janv.-13 fév.
19 ch – ♦100/390 € ♦♦100/390 € – ⬜ 16 € – ½ P
Derrière les murs de cette bastide se cachent de belles suites et des chambres
thématiques (zen, romantique, etc.). Mobilier contemporain, objets chinés, touches ethniques et équipements de pointe créent un style tendance. Cuisine méridionale servie en terrasse l'été, au bord de la piscine.

✗✗✗ Auberge La Fenière (Reine Sammut) avec ch 🎗☜≤🍴📶✗♿ch,

D 943, 2 km par rte de Cadenet – ☎ *04 90 68 11 79* 🅺📶♿🅿
– www.reinesammut.com
16 ch – ♦150/320 € ♦♦180/350 € – ⬜ 20 € – ½ P
Menu 55/125 € *(fermé janv., mardi sauf le soir de mi-juin à mi-sept. et lundi)*
Dans un parc verdoyant face au Grand Luberon, pour un moment de grâce... culinaire : une cuisine fine signée par une "reine" des saveurs. Au Bistrot, ambiance
chaleureuse sous le préau autour des recettes de campagne. Les chambres, sty-
lées et agréables, se répartissent dans plusieurs bâtiments du domaine.
→ Petite courgette à la fleur farcie, pistou aux pignons. Carré d'agneau rôti,
croustillant d'épaule confite au cumin et aubergine à la parmesane. Gourmandise
chocolat noir, café et citron.
Bistrot La Cour de Ferme Menu 36/60 € 🍷 *(fermé janv., jeudi d'avril à oct.,*
mardi hors saison et merc.)

✕✕ **Le Moulin de Lourmarin** – Hôtel Le Moulin de Lourmarin

r. du Temple – *ℰ 04 90 68 06 69* – *www.moulindelourmarin.com* – *Fermé 5 janv.-10 fév., mardi et merc.*

Formule 22 € – Menu 35/70 € – Carte 46/74 €

Un hôtel de charme dans un moulin à huile du 18ᵉ s., au cœur de ce ravissant village. Chambres confortables, habillées de tonalités douces, décorées dans le style provençal.

LE LOUROUX

✉ 37240 (Indre-et-Loire) – 480 hab. – Alt. 86 m – Voir carte n°**11-B3**

▶ Paris 267 km – Orléans 143 km – Poitiers 88 km – Tours 31 km

Carte Michelin 317-N6

✕ **Aux Délices du Prieuré** ❶

2 r. du Château – *ℰ 02 47 92 94 27* – *www.aux-delices-du-prieure.com* – *Fermé 1 semaine en fév., 2 semaines en août, 1 semaine en oct., lundi et le soir sauf vend. et sam.*

Menu 15 € (déj. en semaine), 28/37 € *(réservation conseillée)*

Au cœur du bourg et à l'entrée du prieuré – que l'on peut visiter –, on pousse avec plaisir la porte de cette petite maison. Le chef réalise ici une cuisine du marché goûteuse et toute en fraîcheur : saumon fumé maison, filet mignon à la moutarde, croustillant à l'orange... Une adresse attachante.

LOUVIERS

✉ 27400 (Eure) – 17 697 hab. – Alt. 15 m – Voir carte n°**33-D2**

▶ Paris 104 km – Les Andelys 22 km – Lisieux 75 km – Mantes-la-Jolie 51 km

Carte Michelin 304-H6 – Guide Vert Michelin Normandie Vallée de la Seine

🏨 **Le Pré St-Germain**

7 r. St-Germain – *ℰ 02 32 40 48 48* – *www.le-pre-saint-germain.com* – *Fermé 19 déc.-5 janv.*

34 ch – ✝94/116 € ✝✝116/128 € – ☐ 12 € – ½ P

Rest *Le Pré St-Germain* – voir les restaurants ci-après

Légèrement excentrée et au calme, cette grande bâtisse blanche cache des chambres spacieuses et contemporaines, tenues avec soin. Une étape pleine de fraîcheur pour visiter Louviers, dont le beau cloître des Pénitents ou l'église Notre-Dame.

✕✕ **Le Pré St-Germain**

7 r. St-Germain – *ℰ 02 32 40 48 48* – *www.le-pre-saint-germain.com* – *Fermé 3-24 août, 21 déc.-4 janv., sam. et dim.*

Formule 19 € ⿆ – Menu 22 € ⿆ (semaine), 32/38 € – Carte 30/67 €

Dans cet hôtel-restaurant, la cuisine allie générosité, fraîcheur et parfums. Foie gras maison, saumon fumé au bois de hêtre et sorbet pamplemousse, tournedos Rossini, tarte fine aux pommes flambée au calvados... On passe un bon moment gourmand ! Jolie terrasse.

à St-Étienne-du-Vauvray 7 km au Nord-Est par N 154 et D 77 – ✉ 27430 – 787 hab. – Alt. 13 m

✕ **La Ferme de la Haute Crémonville**

rte de Crémonville, 2,5 km au Sud-Ouest par D 77 et rte secondaire – *ℰ 02 32 59 14 22* – *www.restaurant-ferme-haute-cremonville.com* – *Fermé 10-25 août, merc. soir, sam. midi et dim.*

Menu 29 € – Carte 34/53 € *(réservation conseillée)*

Cette superbe ferme normande, tout en colombages, semble incarner le rêve d'une vie à la campagne ! Bonjour veaux, vaches, cochons et... recettes traditionnelles : la terrine du chef sent bon le terroir, la poule au pot embaume, les volailles sont cuites au feu de bois... De généreux plats mijotés à la sauce champêtre.

LE LUC

✉ 83340 (Var) – 9 532 hab. – Alt. 160 m – Voir carte n°**41-C3**

▶ Paris 836 km – Cannes 75 km – Draguignan 29 km – Fréjus 41 km

Carte Michelin 340-M5 – Guide Vert Michelin Côte d'Azur

XX **Le Gourmandin** 🗌 AC

*8 pl. L.-Brunet – ℰ 04 94 60 85 92 – www.legourmandin.com – Fermé
25 fév.-10 mars, 25 août-23 sept., dim. soir, mardi et lundi sauf fériés*
Menu 29/48 € – Carte 52/69 € *(réservation conseillée)*
Dans cette véritable bonbonnière provençale, le temps semble s'être arrêté... De
fait, la tradition est maîtresse aux fourneaux, pour le meilleur : fleurs de courgettes farcies à la mousse de rascasse et coulis d'étrilles ; carré d'agneau rôti en
croûte de tapenade... Des assiettes généreuses et joliment présentées.

LUCELLE

✉ 68480 (Haut-Rhin) – 40 hab. – Alt. 640 m – Voir carte n°**1-A3**
▶ Paris 472 km – Altkirch 29 km – Basel 41 km – Belfort 56 km
Carte Michelin 315-H12

au Nord-Est : 4,5 km par D 41 et rte secondaire – ✉68480 Lucelle

🛏 **Le Petit Kohlberg** 🕙 ⍓ ⟨ 🔌 🎱 ♨ P

*– ℰ 03 89 40 85 30 – www.petitkohlberg.com – Fermé 23-28 déc., vacances
de fév. et de la Toussaint*
34 ch – ♦71/84 € ♦♦71/98 € – ☐ 11 € – ½ P
En pleine campagne, un hôtel-restaurant au grand calme. Les chambres, confortables et bien tenues, ont été rénovées récemment ; quant à la salle à manger, elle
est grande ouverte sur le joli parc, fleuri et boisé.

LA LUCERNE-D'OUTREMER

✉ 50320 (Manche) – 841 hab. – Alt. 70 m – Voir carte n°**32-A2**
▶ Paris 332 km – Caen 100 km – Saint-Lô 65 km – Saint-Malo 84 km
Carte Michelin 303-D7

XX **Le Courtil de la Lucerne** ⍓ 🗌 ⅙ ⟳ P
😣 *17 r. de la Libération, (Le Bourg) – ℰ 02 33 61 22 02
– www.le-courtil-de-la-lucerne.fr – Fermé 2-17 janv., dim. soir, mardi soir et merc.*
Formule 15 € – Menu 18 € (semaine), 30/40 € – Carte 36/47 €
Installé dans l'ancien presbytère d'un petit village normand, ce restaurant, sobrement décoré, propose de bonnes recettes traditionnelles : marmite de poisson,
parmentier de canard, etc. Aux beaux jours, on profite de la terrasse.

LUCEY – 54 (Meurthe-et-Moselle) ➔ voir Toul

LUCHÉ-PRINGÉ

✉ 72800 (Sarthe) – 1 644 hab. – Alt. 34 m – Voir carte n°**35-C2**
▶ Paris 242 km – Angers 68 km – La Flèche 14 km – Le Lude 10 km
Carte Michelin 310-J8 – Guide Vert Michelin Pays de la Loire

XX **Auberge du Port des Roches** avec ch ⍓ 🗌 🛜 P
*au port des roches, 2,5 km à l'Est par D 13 et D 214 – ℰ 02 43 45 44 48
– Fermé 5-14 janv., 2 fév.-7 mars, 17-21 août, 1 semaine vacances de la
Toussaint, dim. soir, mardi midi et lundi*
12 ch – ♦60/70 € ♦♦60/82 € – ☐ 8 € – ½ P   Menu 27/58 € – Carte 42/49 €
Une terrasse et un jardin au fil de l'eau, une salle champêtre et une cuisine traditionnelle pétrie d'authenticité : faites fi de toute morosité dans cette sympathique
auberge des bords du Loir ! Pour l'étape, des chambres fraîches et colorées.

LUCHON – 31 (H.-Gar.) ➔ voir Bagnères-de-Luchon

LUCINGES

✉ 74380 (Haute-Savoie) – 1 574 hab. – Alt. 700 m – Voir carte n°**46-F1**
▶ Paris 559 km – Annecy 49 km – Bonneville 18 km – Thonon-les-Bains 33 km
Carte Michelin 328-k3

X **Le Bonheur dans Le Pré** avec ch　　　　🏶 🌲 ⟨ 🛏 🗔 ⅙ 🛜 🏧 **P**

2011 rte de Bellevue, 2,5 km au Nord-Est par D 183 – ℰ 04 50 43 37 77
– www.lebonheurdanslepre.com – Fermé 1 semaine début nov., 1 semaine
début janv., le midi, dim. et lundi
7 ch – ♦83/115 € ♦♦83/115 € – ☲ 10 € – ½ P　　Menu 30/36 €

Dans cette vieille ferme en pleine nature, on joue à fond la carte de l'authenticité !
En cuisine, le chef compose un menu unique à partir de beaux produits locaux.
Le tout bien accompagné d'un vin du coin. Dès lors, comment ne pas être
convaincu que... Le Bonheur est dans Le Pré !

LUÇON

✉ 85400 (Vendée) – 9 536 hab. – Alt. 8 m – Voir carte n°**34**-B3
D Paris 438 km – Cholet 89 km – Fontenay-le-Comte 30 km – La Rochelle 43 km
Carte Michelin 316-I9 – Guide Vert Michelin Pays de la Loire

XXX **La Mirabelle**　　　　　　　　🗔 ⅙ 🄰🄲 🍸 ⟳ **P**

89 bis r. de Gaulle, rte des Sables-d'Olonne – ℰ 02 51 56 93 02
– www.restaurant-lamirabelle.com – Fermé dim. soir, lundi soir et
mardi sauf fériés
Menu 24/79 € – Carte 51/84 €

C'est à un joli repas qu'invite cette maison vendéenne postée sur la route des
Sables-d'Olonne, et flanquée d'une terrasse fleurie. La tradition y est reine, et les
beaux produits du terroir cuisinés avec un réel savoir-faire et une pointe d'originalité. On croque dans cette Mirabelle !

XX **Au Fil des Saisons** avec ch　　　　　⟨🛏 🗔 ⅙ rest. 🛜 **P**

55 rte de la Roche-sur-Yon – ℰ 02 51 56 11 32
– www.aufildessaisons-vendee.com – Fermé 2 semaines fin août-début sept. et 2
semaines début janv.
6 ch – ♦59/68 € ♦♦70/75 € – ☲ 8 € – ½ P
Formule 15 € – Menu 27/49 € – Carte environ 42 € *(fermé sam. midi, dim. soir*
et lundi)

Au fil des saisons, on s'installe dans la salle, simple et coquette, ou bien on file
dans la véranda ou au jardin... En toute saison, on prend le temps de savourer
des petits plats d'aujourd'hui, frais et parfumés. Et pour l'étape, les chambres
sont agréables et confortables.

à Moreilles 11 km au Sud-Est par D 949 et D 137 – ✉ 85450 – 363 hab. – Alt. 5 m

⌂ **Château de l'Abbaye et Le Portail en Marais Poitevin**　🎏 ⟨🛏 ⇋
– ℰ 02 51 56 17 56 – www.chateau-moreilles.com　　　　　🄰🄲 🛜 **P**
5 ch – ♦79/219 € ♦♦79/299 € – ☲ 15 €

Tissus tendus, mobilier ancien, salons élégants : cette belle demeure, couverte de
vigne vierge, semble transporter dans un roman du 19ᵉ s. ! Une petite tête dans
la piscine avant de profiter de la table d'hôte ? À l'annexe – un bâtiment du 17ᵉ s.
–, esprit plus champêtre mais tout aussi confortable.

LES LUCS-SUR-BOULOGNE

✉ 85170 (Vendée) – 3 289 hab. – Alt. 70 m – Voir carte n°**34**-B3
D Paris 441 km – Angers 146 km – Nantes 61 km – La Roche-sur-Yon 23 km
Carte Michelin 316-H6 – Guide Vert Michelin Pays de la Loire

XX **Auberge du Lac**　　　　　　　　　⟨ 🎏 ⟳ **P**

250 r. du Gén.-Charette – ℰ 02 51 46 59 59 – www.aubergedulac85.com – Fermé
22 déc.-9 janv., dim. soir, mardi soir et merc.
Formule 16 € – Menu 31/43 € – Carte environ 40 €

Anguille fumée au foie gras, poêlée de ris de veau, moelleux au chocolat... Dans
cette bien nommée Auberge du Lac, le chef concocte une cuisine traditionnelle
savoureuse et gourmande. De temps à autre, il n'hésite pas à se montrer plus
créatif, pour le plus grand plaisir des habitués !

LUC-SUR-MER

✉ 14530 (Calvados) – 3 065 hab. – Alt. 10 m – Voir carte n°**32**-B2
D Paris 249 km – Arromanches-les-Bains 23 km – Bayeux 29 km – Cabourg 28 km
Carte Michelin 303-J4 – Guide Vert Michelin Normandie Cotentin

Hôtel des Thermes et du Casino

5 r. Guyemer – ℰ 02 31 97 32 37 – www.hotelresto-lesthermes.com
– Ouvert 1er avril-31 oct.
48 ch – †90/115 € ††110/135 € – ☲ 12 € – ½ P
Rest *Au Jardin de la Mer* – voir les restaurants ci-après
Une adresse tonique directement sur la promenade, à proximité des thermes et du casino, comme son nom l'indique. Les chambres avec balcon ont vue sur la mer ; c'est tellement bien situé !

Au Jardin de la Mer – Hôtel des Thermes et du Casino

5 r. Guyemer – ℰ 02 31 97 32 37 – www.hotelresto-lesthermes.com – Ouvert 1er avril-31 oct. et fermé le midi
Formule 20 € – Menu 34/50 € – Carte 30/47 €
Un nom poétique pour ce restaurant entre Manche et jardin fleuri où embaument les pommiers. Homards du vivier, poissons de Port-en-Bessin, recettes du terroir... Un sympathique potager !

LUC-SUR-ORBIEU

✉ 11200 (Aude) – 1 065 hab. – Alt. 46 m – Voir carte n°**22-B3**
▶ Paris 809 km – Carcassonne 41 km – Montpellier 113 km – Perpignan 82 km
Carte Michelin 344-H3

La Luciole

3 pl. de la République – ℰ 04 68 40 87 74 – www.restaurantluciole.fr – Fermé dim. soir et merc.
Formule 17 € 🍷 – Menu 21/40 € – Carte 33/51 €
Le chef a réalisé un rêve d'enfant en rachetant ce café sur la petite place du village... Autodidacte passionné, il réalise avec sa fille (tout juste sortie de l'école hôtelière !) une cuisine simple et goûteuse, faisant la part belle aux produits locaux. À déguster en terrasse, à l'ombre des arbres centenaires !

LE LUDE

✉ 72800 (Sarthe) – 3 999 hab. – Alt. 48 m – Voir carte n°**35-D2**
▶ Paris 244 km – Angers 63 km – Chinon 63 km – La Flèche 20 km
Carte Michelin 310-J9 – Guide Vert Michelin Pays de la Loire

La Renaissance avec ch

2 av. de la Libération – ℰ 02 43 94 63 10 – www.renaissancelelude.com – Fermé 22 fév.-10 mars, dim. soir et lundi
8 ch – †55/65 € ††55/75 € – ☲ 9 € – ½ P
Formule 13 € – Menu 19 € (déj. en semaine), 30/41 € – Carte 40/50 €
Des produits sarthois et angevins, mais aussi le serpolet, la cardamome, le pavot, la mangue... Ce restaurant traditionnel est à la page, avec sa cuisine qui explore de nouveaux mariages de saveurs. Accueil sympathique.

LUDES

✉ 51500 (Marne) – 627 hab. – Alt. 140 m – Voir carte n°**13-B2**
▶ Paris 157 km – Châlons-en-Champagne 52 km – Reims 15 km – Épernay 22 km
Carte Michelin 306-G8

La Villa Champagne Ployez-Jacquemart sans rest

8 r. Astoin – ℰ 03 26 61 11 87 – www.ployez-jacquemart.fr
– Fermé 17 déc.-15 janv.
5 ch ☲ – †125/145 € ††135/210 €
Pour les adeptes de tourisme viticole, cette belle demeure dédiée au champagne depuis 1930 cultive l'art de vivre à la française. Les chambres sont élégantes et raffinées ; après une dégustation, quoi de mieux qu'une promenade, parmi les vignes ?

LUMBRES

✉ 62380 (Pas-de-Calais) – 3 783 hab. – Alt. 45 m – Voir carte n°**30-A2**
▶ Paris 261 km – Arras 81 km – Boulogne-sur-Mer 43 km – Calais 44 km
Carte Michelin 301-F3

Hôtel du Golf
chemin des Bois, 2 km au Nord-Ouest par D 225, au golf de l'A
– ☏ 03 21 11 42 42 – www.golf.najeti.fr
54 ch – ♦90/220 € ♦♦90/220 € – ☐ 16 € – ½ P
Au départ du parcours de golf de l'Aa, cet hôtel récent (2008) dominent les greens et la forêt. Grand calme, confort et espace dans les chambres, aménagées avec soin. Parfait pour les golfeurs, mais aussi la clientèle business.

 Le Domaine de Mombreux
2 km à l'Ouest par rte de Boulogne, D 225 et rte secondaire – ☏ 03 21 39 13 13
– www.mombreux.com
24 ch – ♦60/145 € ♦♦80/145 € – ☐ 16 € – ½ P
À côté d'un ravissant moulin du 18e s. – abritant le restaurant – au bord du Bléquin, cet hôtel invite au repos. Les chambres, confortables, sont décorées avec une charmante simplicité. À cela s'ajoute un joli parc, idéal pour les promenades !

LUNEL
✉ 34400 (Hérault) – 25 565 hab. – Alt. 6 m – Voir carte n°**23**-C2
▶ Paris 733 km – Aigues-Mortes 16 km – Alès 58 km – Arles 56 km
Carte Michelin 339-J6

✗ **L'Anguille Sous Cloche**
42 r. Roger-Salengro – ☏ 04 67 22 38 47 – Fermé 1 semaine en juil., 3 semaines en août, sam. midi, mardi soir, dim. et lundi
Formule 17 € – Carte 39/95 € *(réservation conseillée)*
Aucune anguille sous roche dans ce bistrot de poche où l'on aime visiblement les bons mots. Au menu, une savoureuse cuisine du Sud axée sur les beaux produits : anguilles de la pêche locale, poissons sauvages, bœuf persillé Wagyu, etc. Sous la cloche, c'est un régal !

LUNÉVILLE
✉ 54300 (Meurthe-et-Moselle) – 19 909 hab. – Alt. 224 m – Voir carte n°**27**-C2
▶ Paris 347 km – Épinal 69 km – Metz 95 km – Nancy 36 km
Carte Michelin 307-J7

 Les Pages
5 quai des Petits-Bosquets – ☏ 03 83 74 11 42 – www.hotel-les-pages.fr
38 ch – ♦60/100 € ♦♦80/140 € – ☐ 12 €
Un hôtel au bord de la Meurthe, juste en face du château. Plusieurs catégories de chambres sont proposées, selon leur grandeur et la modernité de leur décor. Bistrot attenant.

à Moncel-lès-Lunéville 3 km à l'Est par rte de St-Dié (D 590) – ✉ 54300
– 553 hab. – Alt. 234 m

✗✗ **Relais St-Jean**
22 av. de l'Europe – ☏ 03 83 74 08 65 – www.relaissaintjean.fr
– Fermé 17 fév.-3 mars, 28 juil.-19 août, dim. soir, merc. soir et lundi
Formule 12 € – Menu 15 € (semaine), 26/35 € – Carte 22/53 €
La spécialité de ce restaurant de la vallée de la Meurthe ? La tête de veau ! Et d'autres recettes classiques du registre traditionnel : foie gras, ris de veau aux morilles, mousse au chocolat maison, etc. Un relais agréable et sans prétention.

au Sud 5 km par rte de Rambervillers, puis av. G. Pompidou et cités Ste-Anne –
✉ 54300

 Château d'Adoménil
– ☏ 03 83 74 04 81 – www.adomenil.com – Fermé vacances de fév., 2 semaines en juil. et en janv., dim. et mardi de sept. à mai et lundi
9 ch – ♦195/230 € ♦♦195/280 € – 5 suites – ☐ 24 €
Rest *Château d'Adoménil* ✿ – voir les restaurants ci-après
On a forcément une bonne raison de loger dans cette belle demeure du 18e s., que ce soit pour son parc boisé, ses chambres bourgeoises ou son cachet historique indéniable. N'en n'oubliez pas pour autant le restaurant !

XXX **Château d'Adoménil** (Cyril Leclerc)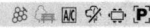

£3 – *℘ 03 83 74 04 81 – www.adomenil.com – Fermé vacances de fév., 2 semaines en juil. et en janv., dim. soir et mardi de sept. à mai, lundi et le midi sauf sam. et dim.*
Menu 65 € (semaine)/130 € – Carte 98/131 €
Dans cette belle demeure, les tentures et les boiseries sombres sont agrémentées de touches baroques et contemporaines. Un décor de rêve pour déguster une cuisine créative, réalisée avec des produits nobles ; les cuissons sont justes et les saveurs bien au rendez-vous. Et la carte des vins n'est pas en reste...
→ Langoustine royale. Pigeonneau du terroir lorrain. Déclinaison autour de la mirabelle.

LURE

⊠ 70200 (Haute-Saône) – 8 406 hab. – Alt. 290 m – Voir carte n°**17-C1**
D Paris 387 km – Belfort 37 km – Besançon 77 km – Épinal 77 km
Carte Michelin 314-G6 – Guide Vert Michelin Franche-Comté Jura

à Roye 2 km à l'Est par rte de Belfort – ⊠ 70200 – 1 368 hab. – Alt. 301 m

XX **Le Saisonnier**

56 r. de la Verrerie, N 19 – ℘ 03 84 30 46 00 – www.restaurantlesaisonnier.fr – Fermé 16-31 août, dim. soir, merc. soir et lundi
Menu 22 € ♈ (déj. en semaine), 28/70 € *(réservation conseillée)*
Sur la route qui traverse le village, cette ancienne ferme n'attire pas particulièrement l'attention, et pourtant ! Comme son nom l'indique, on y sert une goûteuse cuisine du marché évoluant au fil des saisons ; on prend son repas dans une salle moderne, près de la cheminée servant pour les grillades... Sympathique.

LUSIGNY-SUR-OUCHE

⊠ 21360 (Côte-d'Or) – 107 hab. – Alt. 369 m – Voir carte n°**7-A3**
D Paris 296 km – Beaune 16 km – Dijon 51 km – Mâcon 103 km
Carte Michelin 320-I7

↑ **La Saura** sans rest

rte de Beaune, 2 km au Sud de Bligny-sur-Ouche par D 970 – ℘ 03 80 20 17 46 – www.la-saura.com – Ouvert 1er mars-15 nov.
5 ch ⊊ – ♦95/105 € ♦♦100/140 €
Un ancien relais de poste en bordure de la route de Beaune ; les chambres, chaleureuses et parfaitement entretenues, se trouvent dans les anciennes écuries de la propriété. Dehors, on se repose au calme d'un grand jardin arboré avec piscine... Une halte pour le moins charmante !

LUSSAC-LES-CHÂTEAUX

⊠ 86320 (Vienne) – 2 334 hab. – Alt. 104 m – Voir carte n°**39-D2**
D Paris 355 km – Bellac 42 km – Châtellerault 52 km – Montmorillon 12 km
Carte Michelin 322-K6 – Guide Vert Michelin Poitou-Charentes

🕌 **Les Orangeries**

12 av. du Dr-Dupont – ℘ 05 49 84 07 07 – www.lesorangeries.fr – Fermé 2 semaines en janv. et en fév.
11 ch – ♦75/95 € ♦♦85/155 € – 4 suites – ⊊ 14 € – ½ P
Rest *Les Orangeries* – voir les restaurants ci-après
Cette maison bourgeoise de la fin du 18e s. est située au cœur du bourg, et arbore fièrement ses façades en pierres apparentes ; à l'arrière, on découvre un grand parc arboré. Du mobilier, chiné chez les antiquaires, au grand salon avec ses billards, on est ici comme à la maison.

XX **Les Orangeries**

12 av. du Dr-Dupont – ℘ 05 49 84 07 07 – www.lesorangeries.fr – Fermé 2 semaines en janv. et en fév., sam. midi et lundi sauf juil.-août
Formule 20 € – Menu 32/51 €
Voilà une adresse où le terme "écolo-responsable" a un sens : on y cuisine presque exclusivement des produits bio, venant soit du potager, soit des producteurs fermiers de la région, et la carte des vins est dans le même esprit. Un respect des saisons et du marché qui se retrouve dans l'assiette !

LUSSE

⊠ 88490 (Vosges) – 449 hab. – Alt. 426 m – Voir carte n°**27**-D3
▶ Paris 409 km – Épinal 65 km – Metz 158 km – Strasbourg 80 km
Carte Michelin 314-K3

✗ La Récré

15 Herbaupaire – ℰ 03 29 51 67 32 – www.la-recre.eu – Fermé dim. soir, lundi et mardi
Menu 32/52 € – Carte 40/48 € *(réservation conseillée)*
Poitrine de porc confite, chique à l'ail des ours ; dos de merlu dans un bouillon de veau ; pêche pochée au gewurztraminer... Une bonne cuisine actuelle servie avec décontraction dans une grande salle rustique et atypique (décor de marelle, vieilles cartes et affiches éducatives) : c'est la Récré, profitons-en !

LUTTER – 68 (Haut-Rhin) ➔ voir Ferrette

LUXÉ – 16 (Charente) ➔ voir Mansle

LUXEUIL-LES-BAINS

⊠ 70300 (Haute-Saône) – 7 126 hab. – Alt. 305 m – Voir carte n°**17**-C1
▶ Paris 379 km – Épinal 58 km – Vesoul 32 km – Vittel 72 km
Carte Michelin 314-G6 – Guide Vert Michelin Franche-Comté Jura

Le Clos Rebillotte sans rest

16 r. des Thermes – ℰ 03 84 93 90 90 – www.hotel-luxeuil.com
21 ch – †62/107 € ††62/107 € – ⊇ 10 €
Faites vos jeux ! Au cœur de la cité thermale, près du casino, cet établissement propose d'agréables chambres contemporaines. Quelques touches de couleurs, beaucoup de velours et un mobilier stylé... Voilà un hôtel qui cultive sa différence.

Les Sources sans rest

2 av. Jean-Moulin, (face au parc thermal) – ℰ 03 84 93 70 04
– www.70lessources.fr – Fermé 20 déc.-4 janv.
41 ch – †59/105 € ††69/115 € – ⊇ 10 €
Face aux thermes, cette bâtisse (1860) abrite 41 studios modernes et fonctionnels – avec kitchenette – donnant sur le parc ou la ville. L'adresse où se retrouvent curistes, touristes et clientèle d'affaires en quête de tranquillité...

LUYNES

⊠ 37230 (Indre-et-Loire) – 5 273 hab. – Alt. 60 m – Voir carte n°**11**-B2
▶ Paris 247 km – Angers 115 km – Chinon 41 km – Langeais 15 km
Carte Michelin 317-M4 – Guide Vert Michelin Châteaux de la Loire

Domaine de Beauvois

4 km au Nord-Ouest par D49 – ℰ 02 47 55 50 11 – www.beauvois.fr
36 ch – †160/500 € ††160/500 € – ⊇ 23 € – ½ P
Rest *Le Louis 13* – voir les restaurants ci-après
Vaste manoir des 16ᵉ et 17ᵉ s. au cœur d'un parc arboré avec un étang. Les chambres et leurs belles tentures murales confirment une impression d'élégant classicisme, tout comme le restaurant.

✗✗✗ Le Louis 13 – Hôtel Domaine de Beauvois

4 km au Nord-Ouest par D 49 – ℰ 02 47 55 38 77 – www.restaurant-louis13.fr
– Fermé dim. soir, lundi et mardi de nov. à mars
Formule 35 € – Menu 57/74 € – Carte 56/76 € dîner
Une grande salle à manger cossue, des salons intimes... pour une agréable cuisine de saison. Cette table gastronomique cultive son élégance bourgeoise avec raffinement.

🍴 **Le XII de Luynes** avec ch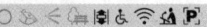
😊 *12 r. de la République –* ℰ *02 47 26 07 41 – www.le-xii.com – Fermé
19 janv.-8 fév., 4-11 oct., dim. soir, mardi midi et lundi*
9 ch – ♦77/95 € – ♦♦77/95 € – � 10 € – ½ P
Formule 18 € – Menu 24 € (déj. en semaine), 31/40 € – Carte 44/55 €
Une salle peut en cacher une autre ! Outre une terrasse face au château, ce relais
de poste du 17ᵉ s. abrite une grande salle aux racines rustiques, mais aussi une
deuxième plus petite, troglodytique et très intime. Avis aux âmes romantiques...
D'autant que la cuisine se révèle originale, joliment ficelée et savoureuse.

LUZ-ST-SAUVEUR
✉ 65120 (Hautes-Pyrénées) – 980 hab. – Alt. 710 m – Voir carte n°**28**-A3
◗ Paris 882 km – Argelès-Gazost 19 km – Cauterets 24 km – Lourdes 32 km
Carte Michelin 342-L7

à Esquièze-Sère au Nord – ✉ 65120 – 375 hab. – Alt. 710 m

🏨 **Le Montaigu**
9 rte de Vizos – ℰ *05 62 92 81 71 – www.hotelmontaigu.com – Fermé avril, oct.
et nov.*
42 ch ⊒ – ♦77/87 € – ♦♦93/110 € – ½ P
Bâtiment situé au pied d'un château en ruine (15ᵉs.). Grandes chambres fonctionnelles, dont quelques-unes plus récentes ; certaines disposent d'un balcon donnant sur les montagnes. Restaurant cultivant la tradition ; lumineux salon tourné
vers le jardin.

LUZY
✉ 58170 (Nièvre) – 1 991 hab. – Alt. 275 m – Voir carte n°**7**-B3
◗ Paris 319 km – Le Creusot 47 km – Dijon 122 km – Nevers 81 km
Carte Michelin 319-G11 – Guide Vert Michelin Bourgogne

🍴 **Le Morvan** P
😊 *73 av. du Dr-Dollet, (transfert prévu au printemps au 25 r. de la République)
–* ℰ *03 86 30 00 66 – www.hotelrestaurantdumorvan.fr
– Fermé 15 fév.-30 mars, sam. midi, dim. soir et lundi*
Formule 16 € – Menu 22 € (déj. en semaine), 32/95 € – Carte 53/71 €
Inventivité, harmonie des textures et des bons produits, belles associations de
saveurs... Jérôme Raymond, le jeune chef de cette ancienne auberge, montre
une réelle volonté de surprendre et de séduire. Il est grand temps de faire un
saut dans le Morvan !

LYON

✉ 69000 (Rhône) – 491 268 hab. – Agglo. 1 567 537 hab. – Alt. 175 m
– Voir carte n°**43-E1**
▶ Paris 458 km – Genève 151 km – Grenoble 106 km – Marseille 314 km
Carte Michelin 327-I5 – Guide Vert Michelin Lyon et sa région

© Kord.com/age fotostock

 ## Liste alphabétique des hôtels
→ Index of hotels

VIEUX-LYON - VAISE (5e - 9e arrondissements)

Villa Florentine 🍴 ⊗ ≼ 🝙 ⌿ 🎇 🖥 🕭 🗚 🛜 🕸 **🅿**

25 montée St-Barthélémy ✉ 69005 ⓜ Fourvière   Plan : **3EXs**
– ☏ 04 72 56 56 56 – www.villaflorentine.com
24 ch – ♦305/990 € ♦♦305/990 € – 4 suites – ☷ 25 €
Rest Les Terrasses de Lyon ✿ – voir les restaurants ci-après
Sur la colline de Fourvière, ce beau bâtiment Renaissance, devenu couvent et agrandi aux 18e-19e s., jouit d'une vue incomparable sur la ville. Les chambres dévoilent un raffinement rare. Voilà bien l'un des établissements les plus agréables de la ville...

Cour des Loges 🍴 ⊗ 🖥 🕭 ⌿ 🎇 🖥 🗚 🛜 🕸 **🅿**

6 r. du Bœuf ✉ 69005 ⓜ Vieux Lyon – ☏ 04 72 77 44 44   Plan : **3FXn**
– www.courdesloges.com
56 ch – ♦190/485 € ♦♦220/655 € – 4 suites – ☷ 27 €
Rest Les Loges ✿ **Rest Café-Épicerie** – voir les restaurants ci-après
Voûtes, galeries, passages... tout le charme de la Renaissance au cœur du vieux Lyon, l'élégance contemporaine en prime. Ces cinq bâtiments anciens, reliés entre eux par des traboules, forment un ensemble cossu, sans même parler du bistrot et du restaurant gastronomique.

Lyon Ouest 🍴 ⌿ 🖥 🕭 🗚 🎇 🛜 🕸 🚗

50 quai Professeur Paul-Sédaillan ✉ 69009 ⓜ Gare de Vaise   Plan : **3EUf**
– ☏ 04 72 66 01 01 – www.hotellyonouest.com
102 ch – ♦49/199 € ♦♦49/199 € – ☷ 15 € – ½ P
Un hôtel moderne dans un quartier en plein développement, sur les quais de Saône. Les chambres sont spacieuses et bien agencées ; certaines d'entre elles offrent une jolie vue sur la rivière. Le tout à deux pas de plusieurs restaurants et d'un complexe de cinémas.

Dock Ouest sans rest 🕭 🗚 🎇 🛜 🚗

39 r. des Docks ✉ 69009 ⓜ Gare de Vaise   Plan : **1BPb**
– ☏ 04 78 22 34 34 – www.dockouest.com
43 ch – ♦72/190 € ♦♦124/242 € – ☷ 13 €
Un hôtel bien situé dans ce quartier flambant neuf, juste en face du "fast-food" de Paul Bocuse et d'un cinéma. Dans cet environnement accueillant, les chambres sont sobres et confortables (avec un coin kitchenette). Petit-déjeuner gourmand.

Collège sans rest 🕭 🗚 🛜 🕸 🚗

5 pl. St-Paul ✉ 69005 ⓜ Vieux Lyon – ☏ 04 72 10 05 05   Plan : **3FXf**
– www.college-hotel.com
40 ch – ♦130/160 € ♦♦130/160 € – ☷ 14 €
Pupitres, cheval d'arçon, cartes géographiques : tout ici évoque l'école d'antan, dans un esprit design. Les chambres, dont certaines sont équipées d'un balcon ou d'une terrasse, sont d'une blancheur immaculée ; on peut aussi profiter du sympathique bar à goneries – les tapas lyonnaises !

Têtedoie (Christian Têtedoie) 🎇 ≼ 🗚 🔄 🗗 **🅿**

montée du Chemin-Neuf ✉ 69005 ⓜ Minimes   Plan : **5EYc**
– ☏ 04 78 29 40 10 – www.tetedoie.com – Fermé dim.
• MODERNE • Menu 37 € (déj. en semaine), 58/120 € – Carte 82/143 €
Sur la colline de Fourvière, cet écrin ultracontemporain, élégant et design, semble un balcon sur la ville... Christian Têtedoie explore la tradition française avec talent ; dans l'assiette, couleurs et présentation rivalisent avec le panorama ! Côté Terrasse de l'Antiquaille, ambiance décontractée, belles saveurs méditerranéennes et cuisine à la plancha.
→ Foie gras glacé à l'hibiscus, herbes fraîches et sureau. Homard cuit en cocotte, ail des ours et tête de veau roulée à l'ancienne. Croquant chocolat manjari, chantilly au thé matcha et framboises.
La Terrasse de l'Antiquaille Formule 32 € – Menu 45 € (ouvert de mi-avril à fin sept.)

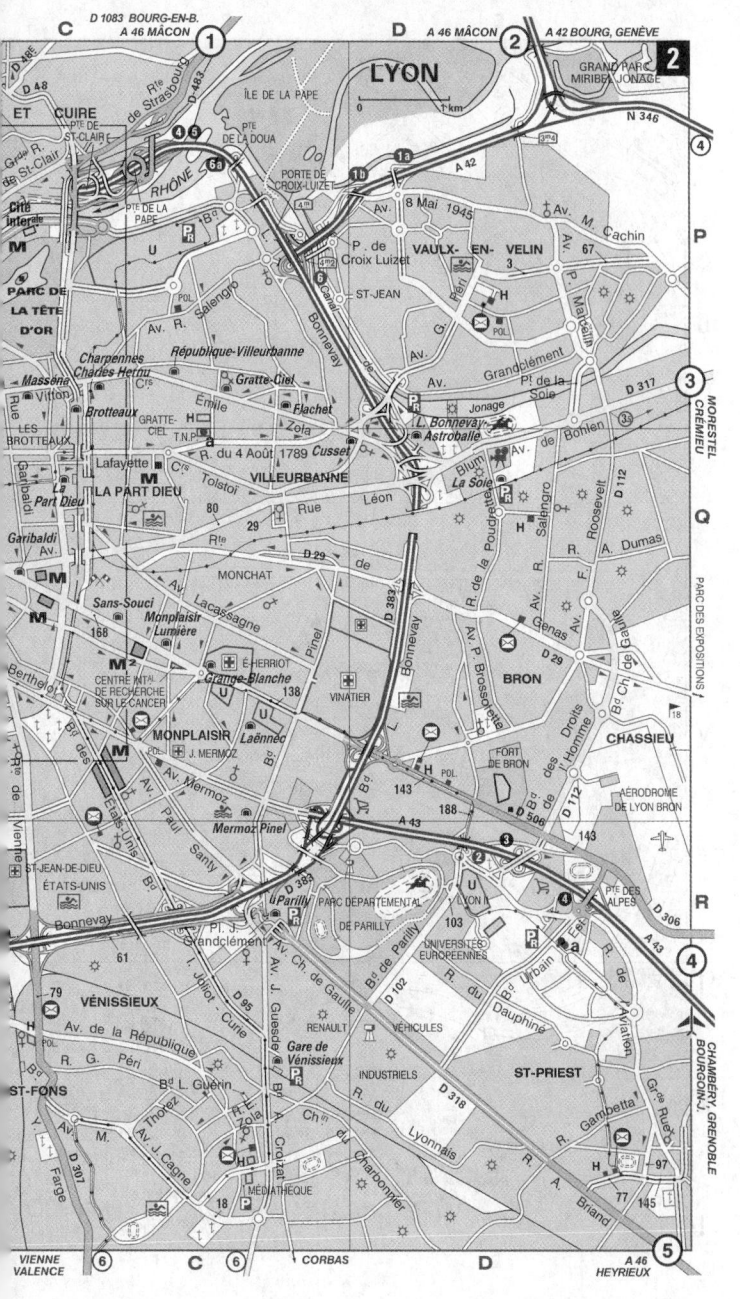

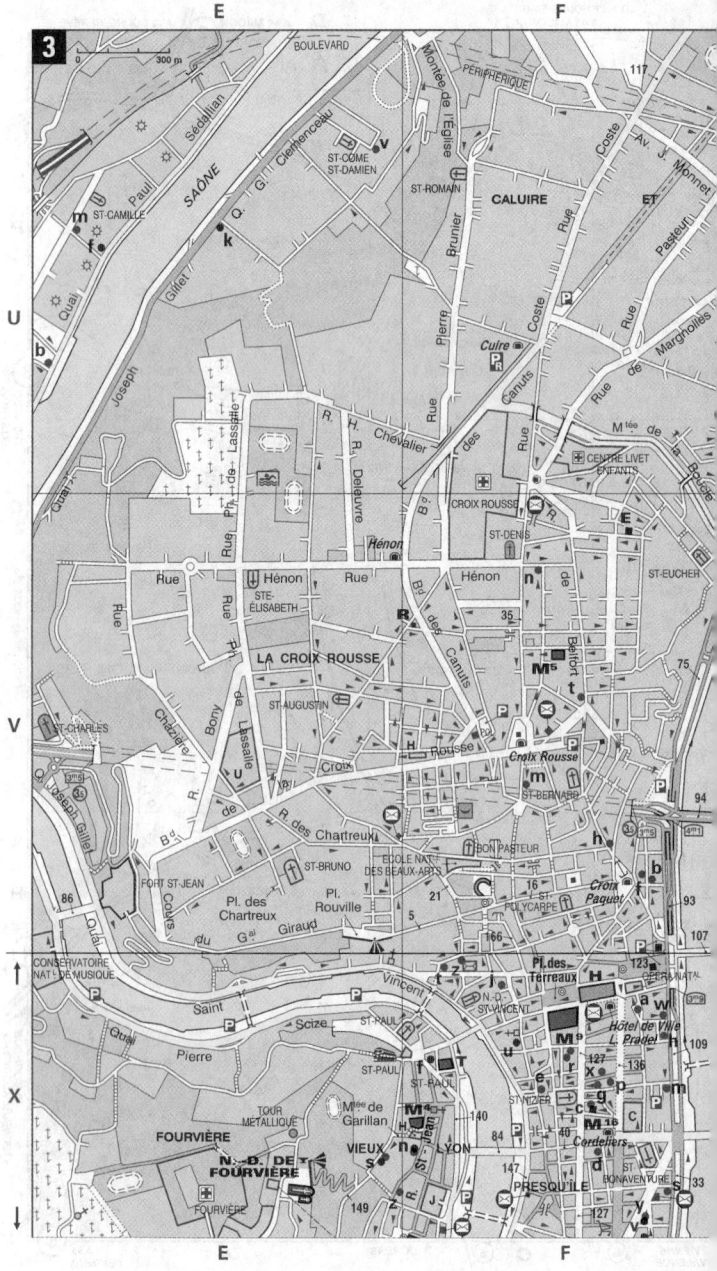

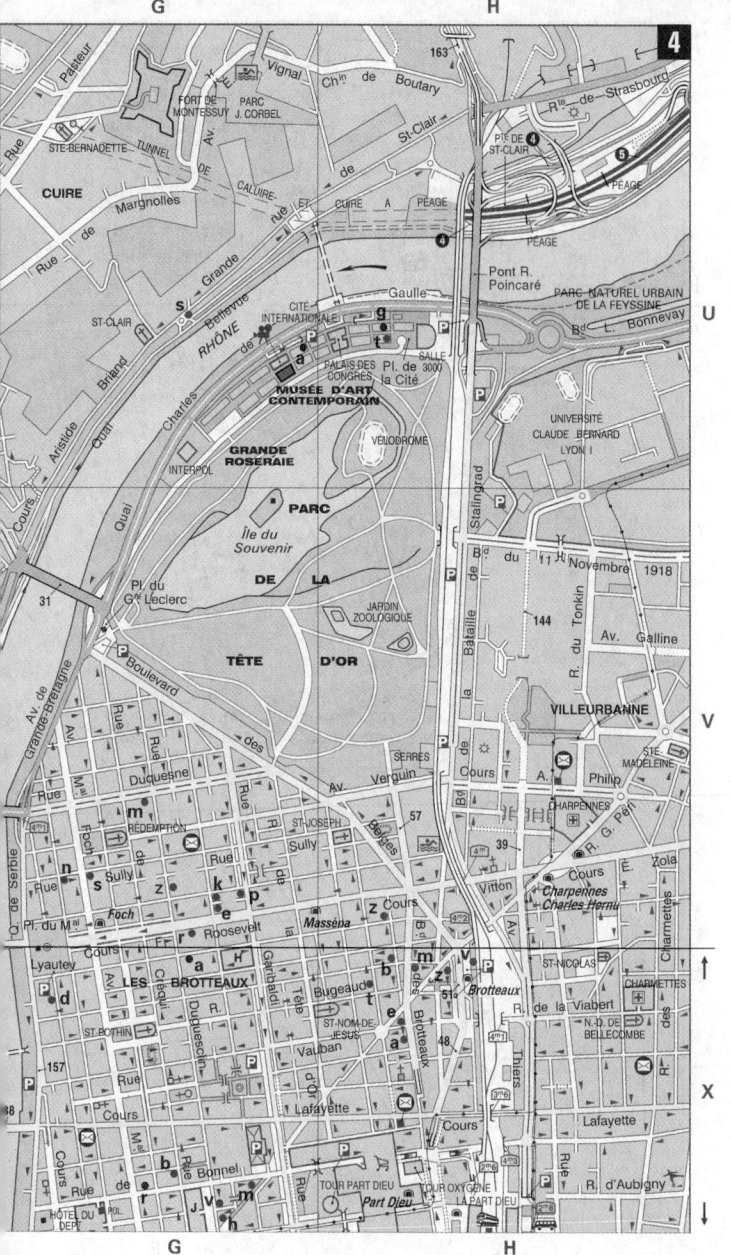

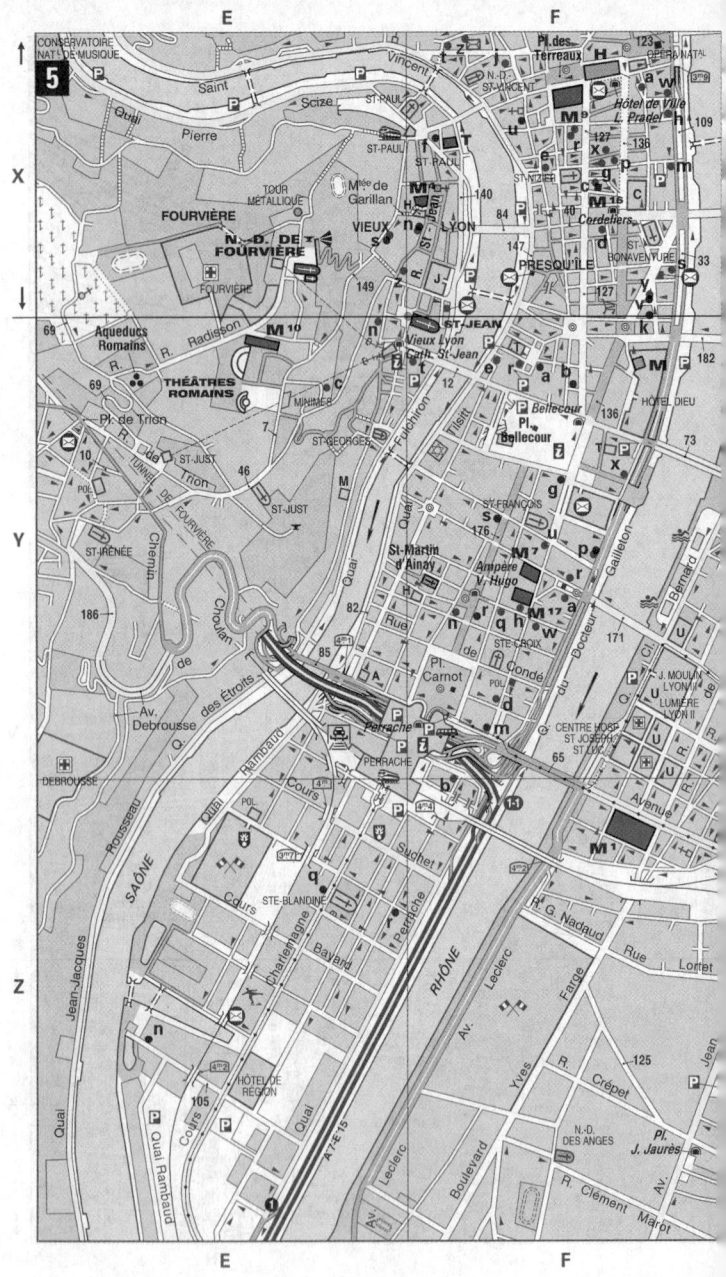

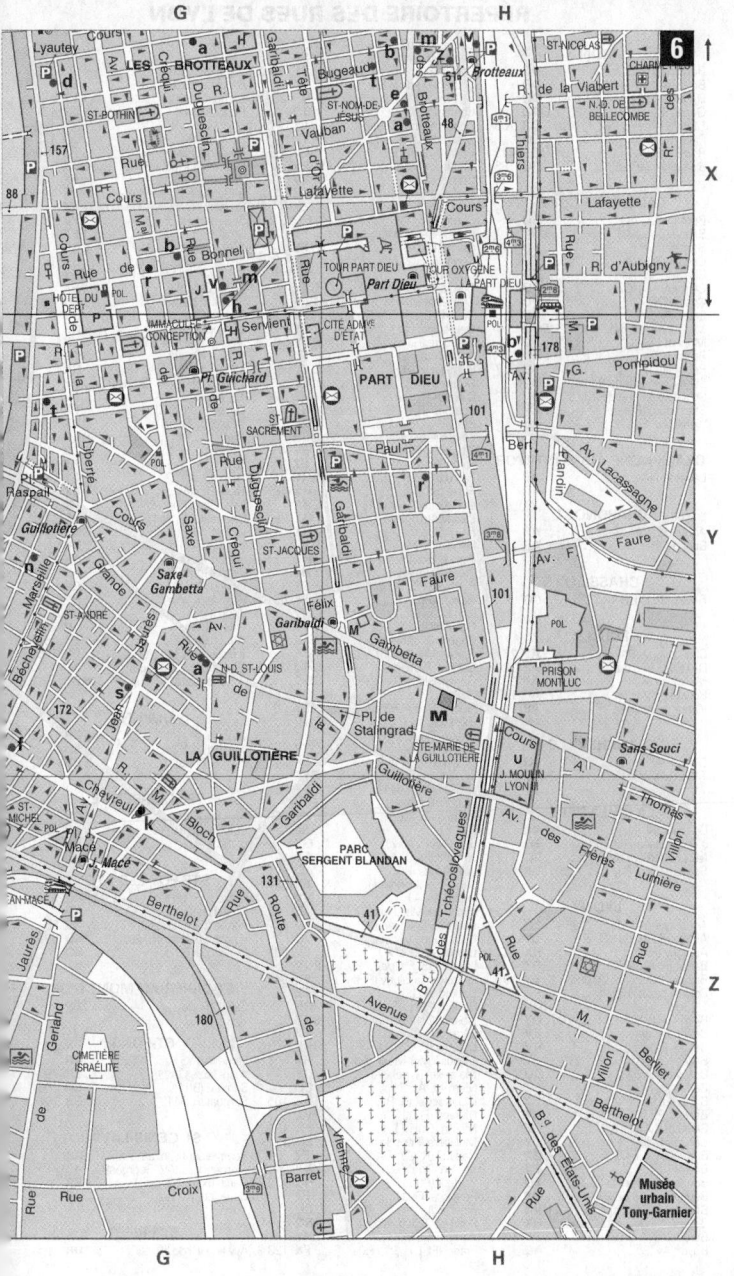

RÉPERTOIRE DES RUES DE LYON

Les Terrasses de Lyon – Hôtel Villa Florentine

XXX ✿ &⭠ 🕭 & AC P

25 montée St-Barthélémy ⌂ 69005 Ⓜ *Fourvière* — Plan : 3EX**s**
– ☏ *04 72 56 56 02 – www.villaflorentine.com – Fermé dim. et lundi*
• MODERNE • Menu 39 € (déj.), 88/108 € – Carte 100/130 €

Sur les hauteurs de Fourvière, ces Terrasses ne manquent pas de charme : le panorama sur la ville est splendide... Dans un intérieur imposant et lumineux, on se régale des créations du chef, Davy Tissot : il déroule une partition moderne et inspirée, très personnelle, alternant sans cesse les saveurs et les textures.
➔ Quenelle de langoustines, émulsion des têtes aux champignons sauvages. Risotto arborio aux copeaux de parmesan. Amaretti à l'orange, mousse légère au mascarpone et ganache crémeuse au ristretto.

Les Loges – Hôtel Cour des Loges

XXX AC

6 r. du Bœuf ⌂ 69005 Ⓜ *Vieux Lyon* – ☏ *04 72 77 44 44* — Plan : 3FX**n**
– *www.courdesloges.com – Fermé août, dim., lundi et le midi*
• MODERNE • Menu 85/105 € – Carte 82/102 € *(réservation conseillée)*

Un cadre enchanteur : sous une verrière contemporaine, une cour florentine cernée par trois étages de galeries. On y dîne à la lueur des bougies et le temps semble s'arrêter ! La cuisine, moderne et inventive, s'appuie sur de très beaux produits, et joue brillamment sur les contrastes de saveurs. La magie opère...
➔ Écrevisses de Camargue. Petit épeautre et homard. Dessert au cacao grand cru.

Auberge de l'Île Barbe (Jean-Christophe Ansanay-Alex)

XXX ✿ ⌂🕭 soir, P

pl. Notre-Dame, sur l'Île Barbe ⌂ 69009 – ☏ *04 78 83 99 49*
– *www.aubergedelile.com – Fermé dim. soir et lundi* — Plan : 1BP**e**
• CLASSIQUE • Menu 35 € (déj. en semaine), 80/115 €

C'est peu dire que le cadre de cette auberge est idyllique : la verdoyante île Barbe, posée sur la Saône, semble un rêve champêtre en pleine ville. La demeure est charmante avec ses murs de 1601 ; quant à la cuisine, elle puise dans le classicisme son respect du produit...
➔ Nage tiède d'huîtres au caviar. Macaroni de homard. Soufflé de pêche blanche rafraîchi d'un sorbet pêche de vigne.

Au 14 Février

X AC ⅍

6 r. Mourguet ⌂ 69005 Ⓜ *Vieux Lyon* – ☏ *04 78 92 91 39* — Plan : 5EFY**t**
– *www.au14fevrier.com – Fermé 2 semaines en août, dim., lundi et le midi sauf sam.*
• CRÉATIVE • Menu 85 € *(réservation conseillée) (menu unique)*

On le sait, les gastronomies française et japonaise filent aujourd'hui le parfait amour... Ce 14 Février en est l'un des plus beaux témoignages ! Concocté par un chef nippon plein de talent, le repas émerveille : variété des textures, contrastes doux-amers, etc. Un menu "surprise" remarquablement conduit...
➔ Velouté de fenouil, melon et homard breton, gelée de homard. Côtes d'agneau rôties et gigot confit, poudre d'olives noires. Ravioli d'ananas et crème pâtissière, sorbet ananas, baba au rhum et sirop d'érable.

X **Jérémy Galvan** AC

29 r. du Boeuf ⊠ 69005 Ⓜ Vieux-Lyon – 𝒞 04 72 40 91 47 Plan : **5**FX**z**
*– www.jeremygalvanrestaurant.com – Fermé 20 avril-3 mai , 19 juil.- 10 août ,
20-28 déc., sam. midi, dim. et lundi*
• CRÉATIVE • Menu 24 € (déj.), 38/65 € – Carte environ 50 €
Ce restaurant se découvre dans une rue pavée du vieux Lyon. L'adresse a été
redynamisée par un jeune chef, qui réalise une cuisine ludique et dans l'air du
temps, au gré de ses envies... tout simplement ! Épices et aromates sont à la
fête, sans tomber dans le gadget ; les présentations sont originales et soignées.

X **L'Ouest** 🍽 AC ⚄ **P.**

1 quai du Commerce, Nord par bords de Saône (D 51) Plan : **3**EU**b**
⊠ 69009 Ⓜ Gare de Vaise – 𝒞 04 37 64 64 64 – www.nordsudbrasseries.com
• TRADITIONNELLE • Formule 23 € – Menu 27 € (semaine)/36 € – Carte 26/60 €
Parmi les brasseries de Paul Bocuse, celle-ci est tout bonnement immense ! La
carte est résolument éclectique et marie les influences, mais n'oublie pas la tradition qui a fait la réputation du grand chef (poulet de Bresse rôti à la broche,
suprême de volaille, etc.). Décor design et jolie terrasse côté Saône.

X **Café-Épicerie** – Hôtel Cour des Loges 🍽 AC

2 r. du Bœuf ⊠ 69005 Ⓜ Vieux Lyon – 𝒞 04 72 77 44 44 Plan : **3**FX**n**
– www.courdesloges.com
• MODERNE • Carte 37/63 €
Dans le cadre merveilleux de la Cour des Loges, un Café-Épicerie où règne une
atmosphère de bistrot branché : mobilier moderne, jolie salle voûtée, et la cuisine
réalisée sous l'œil de la clientèle... On vient y apprécier des petits plats bien tournés dont le choix change chaque jour.

X **KOS-I** AC ⚄ 🔄

4 r. Jean Marcuit, (Complexe I-WAY - 2ème étage) Plan : **3**EU**m**
Ⓜ Gare de Vaise – 𝒞 04 37 50 28 55 – www.kos-i.fr – Fermé août et dim.
• MODERNE • Formule 15 € – Menu 30 € (dîner) – Carte 37/48 €
S'imaginer en pilote de course, c'est ce que propose I-WAY, un complexe de loisirs
unique en son genre avec ses simulateurs. Contre toute attente, l'endroit abrite un
bon restaurant ! Un chef aguerri y propose une jolie carte, créative sans excès,
bien maîtrisée, valorisant de bons produits frais. Voilà qui n'a rien de virtuel...

PRESQU'ÎLE - CROIX-ROUSSE (1er - 2e - 4e arrondissements)

🏨 **Sofitel Lyon Bellecour** 🍽 < Ⅰ6 🛉 & AC 🛜 🏋 🚗

20 quai Gailleton ⊠ 69002 Ⓜ Bellecour – 𝒞 04 72 41 20 20 Plan : **5**FY**p**
– www.sofitel.com
135 ch – 🛉205/1200 € 🛉🛉205/1200 € – 29 suites – ⊑ 26 €
Rest *Les Trois Dômes* 🕸 – voir les restaurants ci-après
Un Sofitel luxueux et élégant, de facture contemporaine, où la soie – fierté des
célèbres canuts lyonnais – est à l'honneur ! Pour l'anecdote, Bill Clinton a séjourné
dans la suite présidentielle. Deux options à l'heure des repas : les Trois Dômes ou
le Silk (carte internationale, cadre zen).

🏨 **Lyon Métropole** 🍽 ⌁ 🗊 🔟 Ⅰ6 🏋 🛉 & AC 🛜 🏋 **P** 🚗

85 quai J.-Gillet ⊠ 69004 – 𝒞 04 72 10 44 44 Plan : **3**EU**k**
– www.lyonmetropole.com
174 ch – 🛉89/350 € 🛉🛉89/350 € – ⊑ 18 €
Avis aux sportifs : cet hôtel abrite une piscine olympique et de nombreux équipements (fitness, courts de tennis et de squash, practices, superbe spa, etc.). Un vrai
resort urbain ! Au restaurant, la carte met les produits de la mer à l'honneur.

🏨 **Le Royal** 🍽 < 🛉 AC 🛜 🚗

20 pl. Bellecour ⊠ 69002 Ⓜ Bellecour – 𝒞 04 78 37 57 31 Plan : **5**FY**g**
– www.mgallery.com
69 ch – 🛉145/500 € 🛉🛉145/500 € – 5 suites – ⊑ 25 €
Rest *L'Institut* – voir les restaurants ci-après
Inauguré en 1912, le Royal séduit alors par son confort et son raffinement. Cent
ans plus tard, cette institution n'a rien perdu de son charme et de son chic... Moulures, toiles de Jouy, mobilier bourgeois : l'élégance, tout simplement.

Carlton sans rest

4 r. Jussieu ✉ 69002 Ⓜ Cordeliers – ✆ 04 78 42 56 51 Plan : **5**FX**v**
– www.mgallery.com

80 ch – 🚹150/350 € 🚹🚹160/520 € – ☕ 25 €

Entièrement restauré en 2013, cet illustre établissement téléporte ses hôtes dans une atmosphère 1930, tout en dominantes de rouges. Les chambres sont spacieuses et bien aménagées, et l'ascenseur d'époque est magnifique. Le mariage du confort et du charme !

Globe et Cécil sans rest

21 r. Gasparin ✉ 69002 Ⓜ Bellecour – ✆ 04 78 42 58 95 Plan : **5**FY**b**
– www.globeetcecilhotel.com

60 ch – 🚹102/200 € 🚹🚹112/280 € – ☕ 15 €

Un hôtel de la fin du 19e s. à deux pas de la place Bellecour, avec des chambres charmantes (parquet et cheminée dans certaines) et bien tenues. Le grand hall et le salon offrent un confort de premier ordre.

Novotel Confluence Ⓝ

3 r. Paul-Montrochet ✉ 69002 Ⓜ Perrache Plan : **5**EZ**n**
– ✆ 04 37 23 64 00 – www.accorhotel.com/7325

147 ch – 🚹118/300 € 🚹🚹118/360 € – 3 suites – ☕ 16 €

Dans ce quartier flambant neuf des bords de Saône, vous ne pouvez manquer cet hôtel à l'architecture résolument contemporaine. Un grand hall chaleureux, un restaurant au look design avec terrasse sur la rivière, de belles chambres aux équipements dernier cri...

Quality Suites Lyon Confluence Ⓝ sans rest

50 cours Charlemagne ✉ 69002 Ⓜ Perrache Plan : **5**EZ**q**
– ✆ 04 37 23 16 04 – www.qualitysuiteslyonconfluence.com

103 ch – 🚹80/220 € 🚹🚹80/220 € – ☕ 10 €

En bordure d'une large avenue desservie par le tram, cette résidence hôtelière abrite plus d'une centaine de studios spacieux et joliment décorés – murs blancs et rouges, boiseries, etc. Le confort est au rendez-vous, avec un bureau et une cuisinette aménagée dans chacun d'entre eux. Le tout au juste prix !

Grand Hôtel des Terreaux sans rest

16 r. Lanterne ✉ 69001 Ⓜ Hôtel de Ville – ✆ 04 78 27 04 10 Plan : **3**FX**u**
– www.hotel-lyon-grandhoteldesterreaux.fr

53 ch – 🚹85/110 € 🚹🚹115/260 € – ☕ 15 €

Chambres décorées avec goût, petite piscine intérieure sous des voûtes anciennes et service attentif : ce relais de poste du 19e s. est propice à un séjour rasséréнant, au cœur de la ville.

Mercure Plaza République sans rest

5 r. Stella ✉ 69002 Ⓜ Cordeliers – ✆ 04 78 37 50 50 Plan : **5**FY**k**
– www.mercure.com

78 ch – 🚹122/213 € 🚹🚹122/244 € – ☕ 20 €

Un hôtel de chaîne agréable, situé tout près des quais du Rhône, et très apprécié de la clientèle d'affaires (salles de réunion).

La Résidence sans rest

18 r. Victor-Hugo ✉ 69002 Ⓜ Bellecour – ✆ 04 78 42 63 28 Plan : **5**FY**s**
– www.hotel-la-residence.com

67 ch – 🚹78/98 € 🚹🚹78/98 € – ☕ 8 €

Hôtel tenu par la même famille depuis les années 1960. Les chambres sont confortables, plutôt spacieuses, et arborent un style design et contemporain.

Alexandra sans rest

49 r. Victor-Hugo ✉ 69002 Ⓜ Ampère – ✆ 04 78 37 75 79 Plan : **5**FY**r**
– www.hotel-alexandra-lyon.fr

34 ch – 🚹79/159 € 🚹🚹99/199 € – ☕ 16 €

Entre Bellecour et Perrache, un hôtel dont la décoration fait la part belle aux plus beaux monuments de la ville. Les chambres sont plutôt cosy, et certaines d'entre elles offrent même une jolie vue sur les toits de la cité.

🏠 Axotel 🟠🛏️🅰️🅲 🎿 🎵 ⛷️

12 r. Marc-Antoine-Petit ✉ 69002 Ⓜ Perrache Plan : **5**EZ**r**
– 𝒞 04 72 77 70 70 – www.hotel-lyon-axotelperrache.fr
130 ch – 🛆65/130 € 🛆🛆65/130 € – ⛛ 10 €
Un hôtel-restaurant idéal pour la clientèle d'affaires : plusieurs salles de séminaire et des chambres bien équipées. Dans les filets du Chalut, du poisson bien sûr, et des propositions qui varient avec les saisons.

🏠 Hôtel de Verdun sans rest 🛏️🅰️🅲 🎿 🎵 ⛷️

82 r. de la Charité ✉ 69002 Ⓜ Perrache – 𝒞 04 78 37 34 71 Plan : **5**FY**m**
– www.bestwestern-hoteldeverdun.com – Fermé 3-16 août
26 ch – 🛆65/190 € 🛆🛆65/190 € – ⛛ 12 €
Un petit hôtel fonctionnel et bien tenu, près de la gare de Lyon-Perrache. Après avoir été accueilli dans un hall lumineux, on découvre des chambres fonctionnelles, fraîchement rénovées ; pour les gourmands, copieux petit-déjeuner !

🏠 Hôtel des Célestins sans rest 🛏️🅰️🅲 🎵

4 r. des Archers ✉ 69002 Ⓜ Bellecour – 𝒞 04 72 56 08 98 Plan : **5**FY**a**
– www.hotelcelestins.com
29 ch – 🛆87/226 € 🛆🛆87/226 € – ⛛ 10 €
Entre la place Bellecour et les Célestins, un hôtel situé dans un immeuble d'habitation. Original ! Chambres agréables, dont trois jolies junior suites au 5e étage (grande douche à l'italienne, écran plat...).

🟩🟩🟩 Mère Brazier (Mathieu Viannay) 🟩🟩 🅰️🅲 ✧ ⌷🔪

🟩🟩 *12 r. Royale* ✉ 69001 Ⓜ Hôtel de Ville – 𝒞 04 78 23 17 20 Plan : **3**FV**a**
– www.lamerebrazier.fr – Fermé 1 semaine en fév., 3 semaines en août, sam. et dim.
• MODERNE • Formule 60 € – Menu 70/145 € – Carte 115/135 €
Figure tutélaire de la cuisine lyonnaise, Eugénie Brazier (1895-1977) s'est sans doute penchée sur le berceau de Mathieu Viannay, Meilleur Ouvrier de France. Il insuffle son talent et son inspiration au cœur de cette maison emblématique, entre classicisme de haute volée et esprit de création. Quelle belle continuité !
➔ Pâté en croûte de volaille de Bresse et foie gras. Fricassée de homard et de ris de veau, petits légumes. Paris-brest, glace aux noisettes caramélisées et pralin.

🟩🟩🟩 Les Trois Dômes – Hôtel Sofitel Lyon Bellecour 🟩🟩 ≤ 🅰️🅲 ⌷🔪

🟩 *20 quai Gailleton, (8ème étage)* ✉ 69002 Ⓜ Bellecour Plan : **5**FY**p**
– 𝒞 04 72 41 20 97 – www.les-3-domes.com – Fermé août, dim. et lundi
• MODERNE • Menu 47 € (déj.), 79/125 € – Carte 98/139 €
Au dernier étage de l'hôtel, une cuisine pleine de hauteur, jouant sur de somptueux accords mets et vins. D'une terrine de pot-au-feu de foie gras à un gigotin d'agneau du Limousin, les classiques sont revisités sans faute. Quant à la salle, élégante et épurée, elle offre une vue sur Lyon tout simplement magique...
➔ Quenelles de brochet aux écrevisses et pointes d'asperges. Tourte de homard. Soufflé au chocolat.

🟩🟩 La Rémanence (Fabien Blanc) ⛐ 🅰️🅲 ✧

🟩 *31 r. du Bât-d'Argent* ✉ 69001 Ⓜ Hôtel de Ville Plan : **5**FX**h**
– 𝒞 04 72 00 08 08 – www.laremanence.fr – Fermé 3 semaines en août, 23-26 déc., dim. et lundi
• MODERNE • Menu 29 € (déj. en semaine), 41/78 € – Carte 55/80 €
La rémanence est la persistance d'une sensation après la disparition de sa cause. Voilà ce qui a inspiré Nathalie et Fabien Blanc en s'installant sous les voûtes de cet élégant réfectoire jésuite du 16e s. Leur cuisine est spontanée, instinctive, marquante, et l'on peut difficilement s'en lasser : la carte change tous les mois.
➔ Cuisine du marché.

🟩🟩 Brasserie Léon de Lyon 🟩🟩 🍴 🅰️🅲 ✧

1 r. Pleney, (angle r. du Plâtre) ✉ 69001 Ⓜ Hôtel de Ville Plan : **5**FX**r**
– 𝒞 04 72 10 11 12 – www.leondelyon.com
• TRADITIONNELLE • Menu 23/26 € – Carte 35/50 €
Cette institution lyonnaise, fondée en 1904, a conservé son cadre cossu et son atmosphère conviviale. On est en plein dans l'esprit brasserie, avec une cuisine canaille dans la droite ligne de la tradition lyonnaise. Aux beaux jours, la petite rue Pleney devient piétonne, et l'on s'attable en terrasse...

Le Passage
🛋 AK ⇄

8 r. Plâtre ✉ 69001 Ⓜ Hôtel de Ville – ℰ 04 78 28 11 16   Plan : **5**FX**r**
– www.le-passage.com – Fermé dim., lundi et fériés
• CLASSIQUE • Formule 22 € – Menu 42/60 € – Carte 46/77 €

Un Passage chaleureux, fait de boiseries, de tapisseries pourpres et de lustres en cristal. Honneur à la cuisine classique : tournedos de bœuf et foie gras poêlé, pâté de lapin en croûte et ragoût de homard font partie des incontournables de la maison.

La Tassée
🛋 AK ⇄

20 r. de la Charité ✉ 69002 Ⓜ Bellecour – ℰ 04 72 77 79 00   Plan : **5**FY**u**
– www.latassee.fr – Fermé 3 semaines en août et dim.
• TRADITIONNELLE • Formule 27 € – Menu 33/81 € – Carte 44/76 €

Une institution locale, tenue par la même famille depuis trois générations. Ici, on cultive l'art de mêler tradition, terroir et esprit contemporain sans perdre son âme !

La Table de Suzanne
🛋 AK

37 r. Auguste-Comte ✉ 69002 Ⓜ Ampère   Plan : **5**FY**q**
– ℰ 04 78 37 49 83 – www.latabledesuzanne.com – Fermé 3 semaines en août, dim. et lundi
• MODERNE • Formule 17 € – Menu 23 € (déj.)/48 € – Carte 49/58 €

En angle de rue dans le quartier des antiquaires, un restaurant raffiné, où la cuisine dite "gastronomique" vit avec son temps. Velouté de potimarron et foie gras poêlé, vapeur de cabillaud et raviole de "king crab" : la carte est étoffée, et la formule déjeuner particulièrement bon marché.

Le Potiquet
🛋 AK 🚯

27 r. de l'Arbre-Sec ✉ 69001 Ⓜ Hotel de Ville   Plan : **3**FX**w**
– ℰ 04 78 30 65 44 – www.lepotiquet.com – Fermé août, lundi soir, sam. midi et dim.
• MODERNE • Menu 21 € (déj.), 32/56 € – Carte 36/51 €

Dans une rue étroite non loin de l'opéra, on trouve ce Potiquet (le mot, usité en Belgique, désigne un petit récipient), sobre et élégant... Les pierres apparentes donnent ce petit je-ne-sais-quoi qui fait la différence, tout comme la cuisine du jeune chef, tout en créativité et précision.

La Voûte - Chez Léa
AK

11 pl. A.-Gourju ✉ 69002 Ⓜ Bellecour – ℰ 04 78 42 01 33   Plan : **5**FY**e**
– www.lavoutechezlea.com – Fermé 2 semaines en août et dim.
• TRADITIONNELLE • Formule 19 € – Menu 30 € – Carte 37/45 €

L'un des plus vieux restaurants de Lyon ! Une équipe dynamique accueille la clientèle avec le sourire ; dans cette chaleureuse atmosphère, on perpétue avec brio la tradition (saucisson chaud, tablier de sapeur, cervelle de canut, gibier en saison, etc.). Une valeur sûre !

Cuisine & Dépendances Acte II
AK ⇄

68 r. de la Charité ✉ 69002 Ⓜ Perrache – ℰ 04 78 37 45 02   Plan : **5**FY**d**
– www.cuisineetdependances.com – Fermé 10-25 août, dim. et lundi
• POISSONS ET FRUITS DE MER • Formule 17 € – Menu 29/79 € – Carte 40/68 €

Cet acte II se joue dans un décor tendance et cosy, avec des notes baroques et colorées, idéal pour voir et être vu. On y apprécie une cuisine d'une belle finesse, axée sur les produits de la mer : langoustines rôties au beurre d'aromates, turbot grillé et confit de chou rouge aux figues, etc.

Brasserie Georges
🛋 ♿ ⇄

30 cours de Verdun ✉ 69002 Ⓜ Perrache   Plan : **5**FZ**b**
– ℰ 04 72 56 54 54 – www.brasseriegeorges.com
• TRADITIONNELLE • Menu 21/27 € – Carte 29/50 €

"Bonne bière et bonne chère depuis 1836" : un slogan qui ne se dément pas ! On apprécie également le cadre Art déco jalousement préservé – et l'atmosphère qui va avec – de cette brasserie, véritable institution pour tous les Lyonnais.

Le Vivarais
⚉

1 pl. Gailleton ⌧ *69002* Ⓜ *Bellecour* – ℰ *04 78 37 85 15*   Plan : **5**FY**r**
– www.restaurant-le-vivarais.com – Fermé dim.
• TRADITIONNELLE • Menu 18/39 € – Carte 42/68 €

Avant 1789, le pays de Vivarais couvrait l'actuelle Ardèche, au sud de Lyon ; plus de deux cents ans ont passé, mais ce terroir est toujours vivant ! Ici, un Meilleur Ouvrier de France et sa fille cuisinent à quatre mains, proposant quenelles, tête de veau, bœuf à la ficelle, cocottes du jour...

L'Institut – Hôtel Le Royal

20 pl. Bellecour ⌧ *69002* Ⓜ *Bellecour* – ℰ *04 78 37 23 02*   Plan : **5**FY**g**
– www.institutpaulbocuse.com – Fermé 3-25 août, 22-25 déc., 29 déc.-6 janv., dim., lundi et fériés
• TRADITIONNELLE • Carte 45/65 € *(réservation conseillée)*

Place Bellecour, le restaurant d'application de l'Institut Paul-Bocuse n'a rien d'une école ! Dans un décor très contemporain signé Pierre-Yves Rochon, avec des cuisines ouvertes sur la salle, les élèves délivrent une prestation exigeante. Les assiettes, fort bien maîtrisées, méritent une bonne note.

Balthaz'art
⚉

7 r. des Pierres-Plantées ⌧ *69001* Ⓜ *Croix-Rousse*   Plan : **3**FV**m**
– ℰ *04 72 07 08 88 – www.restaurantbalthazart.fr – Fermé*
2-23 août, 24 déc.-4 janv., mardi midi, merc. midi, dim. et lundi
• MODERNE • Formule 14 € – Menu 17 € (déj. en semaine), 29/33 €
– Carte 29/41 €

Presque au sommet de la Croix-Rousse, ce restaurant – l'ancien QG du PCF – se mérite ! Le rouge est omniprésent (comme il se doit), et l'œil se pose sur des reproductions de Picasso ou Modigliani : il y a de la fantaisie et de la beauté dans la déco comme dans l'assiette... avec des vins bien choisis.

Augusto

6 r. Neuve ⌧ *69002* Ⓜ *Cordelier* – ℰ *04 72 19 44 29*   Plan : **5**FX**g**
– Fermé 3 semaines en août, dim. et lundi
• ITALIENNE • Formule 19 € – Menu 29 € (dîner) – Carte 33/59 € dîner
(réservation conseillée)

Difficile de ne pas s'enthousiasmer devant le travail d'Augusto, le jeune chef brésilien – très investi – aux commandes de ce restaurant... italien ! De beaux produits, une exécution précise, des assiettes parfumées et colorées comme il se doit : séduisant jusque dans les détails, sans parler de l'accueil, charmant.

Fond Rose

23 chemin de Fond Rose ⌧ *69300 Caluire-et-Cuire*   Plan : **3**EU**v**
– ℰ *04 78 29 34 61 – www.nordsudbrasseries.com*
• CLASSIQUE • Formule 25 € – Menu 29/35 € – Carte 37/66 €

Une maison bourgeoise des années 1920 transformée en brasserie chic par le groupe Bocuse, avec sa terrasse entourée d'arbres centenaires : une certaine idée de la quiétude. La cuisine se révèle généreuse et savoureuse, dans la tradition des bords de Saône : grenouilles, quenelles, etc. Une certaine idée du goût !

Le Sud

11 pl. Antonin-Poncet ⌧ *69002* Ⓜ *Bellecour*   Plan : **5**FY**x**
– ℰ *04 72 77 80 00 – www.nordsudbrasseries.com*
• TRADITIONNELLE • Formule 23 € – Menu 27 € – Carte 23/57 €

Il y a quelque chose de l'élégance grecque dans le décor blanc et bleu de cette brasserie Bocuse située à deux pas de la place Bellecour. Et ce n'est pas un hasard : ici, c'est le Sud, les *penne rigate* à l'italienne, la soupe marseillaise et le tajine à l'orientale... Et ça l'est encore plus en été, en terrasse !

Les Saveurs de Py

8 r. Pailleron ⌧ *69004* Ⓜ *Hénon* – ℰ *04 78 28 80 86*   Plan : **3**FV**n**
– www.saveursdepy.fr – Fermé août, dim. et lundi
• MODERNE • Formule 13 € – Menu 30/39 €

En plein cœur du quartier animé de la Croix-Rousse, l'un de ces petits bistrots contemporains, conviviaux et colorés comme on les aime. Aux fourneaux, un chef qui travaille avec talent des produits du marché, en osant de belles touches japonisantes ; les saveurs sont franches, et le rapport qualité-prix excellent.

✕ Le Centre
                &. AC ⇔
14 r. Grolée ⊠ 69002 Ⓜ Cordeliers – ℰ 04 72 04 44 44   Plan : **3**FX**y**
– www.lespritblanc.com
• VIANDES ET GRILLADES • Formule 22 € ▼ – Menu 27 € – Carte 40/65 €
Georges Blanc, le célèbre chef de Vonnas, est à l'initiative de cette brasserie
contemporaine. L'adresse est dédiée à la viande – de belles viandes : charolais,
bœuf Wagyu, agneau de l'Aveyron ou encore volaille de Bresse –, accompagnées
d'un grand choix de garnitures et de sauces. Avis aux carnivores !

✕ Palégrié
                    AC
8 r. Palais-Grillet ⊠ 69002 Ⓜ Cordeliers – ℰ 04 78 92 94 84   Plan : **5**FX**d**
– www.palegrie.fr – Fermé 3 semaines en août, lundi midi, sam. et dim.
• MODERNE • Menu 23 € (déj.), 41/59 € *(réservation conseillée)*
Deux trentenaires au parcours sans faute – lui comme chef, elle comme sommelière – ont créé en 2012 ce restaurant plein de fraîcheur, où ils s'épanouissent visiblement. Les vins mettent bien en valeur les recettes, pleines de justesse, marquées par le sens du produit et la finesse. Passion et convivialité...

✕ Le Potager des Halles
                  AC ⇔
⊛
3 r. de la Martinière ⊠ 69001 Ⓜ Hôtel de Ville   Plan : **3**FX**t**
*– ℰ 04 72 00 24 84 – www.lepotagerdeshalles.com – Fermé 2 semaines en août,
1 semaine à Noël, dim. et lundi*
• TRADITIONNELLE • Formule 17 € – Menu 19 € (déj. en semaine)/39 €
– Carte 48/74 €
Une table sympathique, entre quais de la Saône et halles de la Martinière. Grosse seiche noire de ligne aux légumes de saison rôtis à la mélisse et au thym citron, lapin
désossé et farci au chorizo : les produits bio et la cuisine de marché sont à la fête !

✕ Eskis
                     AC
11 r. Chavanne ⊠ 69001 Ⓜ Cordeliers – ℰ 04 78 27 86 93   Plan : **4**FX**e**
– www.eskis-restaurant.com – Fermé 9 août-3 sept., 1ᵉʳ-10 janv., dim. et lundi
• CRÉATIVE • Formule 23 € – Menu 28 € (déj. en semaine), 38 € ▼/75 €
Ici, l'originalité a toute sa place ! Le jeune chef part d'une sélection de produits de
saison et laisse aller son inspiration et sa créativité dans un menu surprise en
deux, trois ou cinq plats. Le cadre est au diapason : moderne et trendy.

✕ Le Jean Moulin
                   AC
☺
22 r. Gentil ⊠ 69002 Ⓜ Cordeliers – ℰ 04 78 37 37 97   Plan : **3**FX**m**
– www.lejeanmoulin-lyon.com – Fermé 2 semaines en août, dim. et lundi
• MODERNE • Formule 21 € – Menu 25 €
Très bon rapport qualité-prix dans ce bistrot élégant et chaleureux où officie Grégoire Baratier, jeune chef formé à bonne école (Bocuse, Viannay, Pic, etc.). Sa cuisine est à son image : à la fois vive, sérieuse, goûteuse, colorée et généreuse... On
mange sans faim et sans chichis !

✕ Thomas
                  AC 🍽
6 r. Laurencin ⊠ 69002 Ⓜ Bellecour – ℰ 04 72 56 04 76   Plan : **5**FY**w**
*– www.restaurant-thomas.com – Fermé 3 semaines en août, 24 déc.-2 janv.,
vacances de fév., sam. et dim.*
• MODERNE • Formule 17 € – Menu 21 € (déj.), 33/59 € – Carte environ 45 €
Sous l'égide d'un jeune chef à la passion communicative, une cuisine fine et
savoureuse (carte renouvelée chaque mois) dans un bistrot contemporain et cosy.
À deux pas, deux annexes tout aussi sympathiques, dont le trendy Comptoir et
ses plats à la plancha.
Comptoir Thomas ℰ 04 72 41 92 99 – Menu 25 € (déj.) – Carte 43/65 €
La Cantinetta – 3 r. Laurencin, ℰ 04 72 60 94 53 – Formule 21 € – Carte 46/53 €

✕ Le Nord
               &. AC 🍽 ⇔
18 r. Neuve ⊠ 69002 Ⓜ Hôtel de Ville – ℰ 04 72 10 69 69   Plan : **5**FX**p**
– www.nordsudbrasseries.com
• TRADITIONNELLE • Formule 23 € – Menu 27 € (semaine)/33 € – Carte 32/55 €
La plus petite (façon de parler !) des brasseries Bocuse, organisée en plusieurs
espaces dont une véranda sur la rue et des salons privatifs à l'étage. En cuisine, la
brigade a évidemment été à bonne école : la fraîcheur des produits est un
dogme, et la tradition rime avec générosité et saveur. Une valeur sûre.

Le Pavillon

🍴 🛖

14 r. Royale ⊠ *69001* Ⓜ *Hôtel de Ville –* 𝒞 *04 72 00 01 72*   Plan : **3**FV**f**
– www.lepavillon-restaurant.fr – Fermé août, dim. et lundi
• MODERNE • Formule 15 € – Menu 19 € (déj. en semaine)/34 € – Carte environ 40 €
Au pied des pentes de la Croix-Rousse, ce restaurant décontracté a su se faire une place dans ce quartier très animé. Deux chefs, Gaël Le Blanc et Xavier Yvon, sont à l'origine de cette réussite : à quatre mains, ils réalisent une cuisine spontanée et créative, qui montre toute l'étendue de leur savoir-faire. À découvrir.

L'Ourson qui Boit

🍴 🛖

23 r. Royale ⊠ *69001* Ⓜ *Croix-Paquet –* 𝒞 *04 78 27 23 37*   Plan : **3**FV**b**
– Fermé 4 semaines en juil.-août, 2 semaines en déc., merc., dim. et fériés
• MODERNE • Menu 18 € (déj.)/28 €
Le Tout-Lyon a adopté cet ourson ! C'est qu'il est craquant avec son décor de bistrot contemporain épuré comme une estampe... Un signe ? Le chef, Akira Nishigaki, a fait ses classes dans de belles maisons françaises. Résultat, la tradition lyonnaise et l'excellence japonaise fusionnent à prix imbattables ! Réservez à l'avance...

Ponts et Passerelles

🍴 🛖 🅰🅲

5 pl. Dr.-Gailleton ⊠ *69002* Ⓜ *Bellecour –* 𝒞 *04 78 38 70 70*   Plan : **5**FY**a**
– www.pontsetpasserelles.com – Fermé 23 août-14 sept., 1ᵉʳ-18 janv., dim. et lundi
• MODERNE • Formule 17 € – Menu 20 € (déj. en semaine)/32 €
– Carte 27/42 € (réservation conseillée)
Côté look : un décor contemporain mâtiné de touches nostalgiques, où l'on se sent rapidement comme chez soi. Côté cook : une fine et goûteuse cuisine du marché où s'expriment des produits de choix, sélectionnés au plus près des saisons. Le tout accompagné d'une jolie carte des vins. Un pont, une passerelle ? Un viaduc !

Le Bistrot des Voraces

🍴 🛖

13 r. d'Austerlitz ⊠ *69004* Ⓜ *Croix-Rousse –* 𝒞 *04 72 07 71 86*   Plan : **3**FV**t**
– www.bistrotdesvoraces.fr – Fermé 3 semaines en août, sam. et dim.
• TRADITIONNELLE • Menu 23/31 €
Êtes-vous simplement gourmand... ou franchement vorace ? Dans tous les cas, ce bistrot de quartier de la Croix-Rousse saura vous combler : son jeune chef, Cédric Blin, a fait ses classes chez Gérard Boyer et Jean-Paul Lacombe, avant de se lancer ici en solo... Comme il a bien fait : le rapport plaisir-prix est excellent !

L'Atelier des Augustins 🆕

🍴 🅰🅲

11 r. des Augustins ⊠ *69001* Ⓜ *Hôtel de Ville*   Plan : **3**FX**j**
– 𝒞 *04 72 00 88 01 – www.latelierdesaugustins.com – Fermé 1 semaine*
début mai, 2 semaines en août, 1 semaine à Noël, sam. midi, dim. et lundi
• MODERNE • Formule 20 € – Menu 24 € (déj.), 31/39 € – Carte 38/50 €
Passé par de belles maisons et ancien chef des ambassades de France à Londres et à Bamako, Nicolas Guilloton a quitté les ors protocolaires pour créer cet Atelier empreint de sobriété, mais où la cuisine reste une affaire capitale : il signe de jolies recettes, colorées et pleines de parfum, d'une belle modernité !

Maison Villemanzy

🍴 ⩽ 🛖

25 montée St-Sébastien ⊠ *69001* Ⓜ *Croix-Paquet*   Plan : **3**FV**h**
– 𝒞 *04 72 98 21 21 – www.maison-villemanzy.com – Fermé 1ᵉʳ-17 août,*
23 déc.-6 janv., lundi midi et dim.
• TRADITIONNELLE • Formule 21 € – Menu 27 € (réservation conseillée)
Perchée sur les pentes de la Croix-Rousse, cette maison offre en terrasse une vue splendide sur la ville. Avec son vieux plancher et sa cheminée, l'intérieur façon bistrot est plein de chaleur. Au menu : recettes familiales et plats canailles. Une adresse qui tourne rond !

Entr'Acte

🍴 🅰🅲

46 r. Ferrandière ⊠ *69002* Ⓜ *Cordeliers –* 𝒞 *04 78 37 44 84*   Plan : **5**FX**s**
– www.restaurant-entr-acte.com – Fermé 3 semaines en août, dim. et lundi
• TRADITIONNELLE • Formule 16 € – Menu 30/36 € – Carte 38/44 €
Une petite salle tout en longueur, design et très chaleureuse, une ambiance lounge, une jeune équipe et une cuisine inventive célébrant les produits du marché : il vous faudra bien plus que le temps d'un entracte pour profiter pleinement de ce sympathique endroit !

✗ **La Terrasse St-Clair**

2 Grande-Rue-St-Clair ✉ *69300 Caluire-et-Cuire* Plan : **4GUs**
– ℰ 04 72 27 37 37 – www.terrasse-saint-clair.com – Fermé 5-22 août,
23 déc.-7 janv., dim. et lundi
• TRADITIONNELLE • Menu 28 € – Carte 32/43 €
Hommage à la Fanny – tant redoutée des boulistes ! – dans ce restaurant sympathique et convivial, aux allures de guinguette. Bonne cuisine de tradition, terrasse
sous les platanes et... terrain de pétanque évidemment.

LES BROTTEAUX - LA PART-DIEU - LA GUILLOTIÈRE - GERLAND
(3e - 6e - 7e - 8e arrondissements)

 Hilton ◎ 𝄞 🛗 ⅏ 🎧 📶 🛁 🚗

70 quai Charles de Gaulle ✉ *69006 – ℰ 04 78 17 50 50* Plan : **4GUa**
– www.hilton.com
192 ch – ♦145/565 € ♦♦145/565 € – 5 suites – ☲ 24 €
Entre le Rhône et le parc de la Tête-d'Or, cet imposant hôtel en verre et
brique rouge est doté d'un "business center" et de deux restaurants. Les chambres sont très bien équipées, spacieuses et décorées dans un style contemporain.
Pour un séjour tout confort.

 Crowne Plaza ◎ 🛗 ⅏ 🎧 📶 🛁 🚗

22 quai Charles-de-Gaulle ✉ *69006 – ℰ 04 78 17 86 86* Plan : **4HUg**
– www.crownplaza.com/lyonciteintl
156 ch – ♦99/540 € ♦♦99/540 € – 5 suites – ☲ 22 €
Un immeuble contemporain au sein de la Cité internationale (quartier d'affaires)
dessiné par Renzo Piano, avec des chambres lumineuses, chaleureuses et bien
conçues. Esprit bistronomique au restaurant.

 Mercure Lyon Centre Saxe Lafayette ◎ 𝄞 🛗 ⅏ 🎧 📶 🛁 🚗

29 r. Bonnel ✉ *69003* ⓜ *Place Guichard – ℰ 04 72 61 90 90* Plan : **4GXr**
– www.mercure-lyon-saxe-lafayette.com
156 ch – ♦92/250 € ♦♦92/250 € – ☲ 19 € – ½ P
Cet ancien garage, bâti en 1932, est situé entre le quartier de la Part-Dieu et les
quais du Rhône : un emplacement très pratique ! Les chambres sont spacieuses
et élégantes, et le sous-sol abrite une petite piscine intérieure avec un fitness.

 Mama Shelter ◎ 🛗 ⅏ 🎧 📶 🛁 🚗

13 r. Domer ✉ *69007* ⓜ *Jean Macé – ℰ 04 78 02 58 00* Plan : **6GZk**
– www.mamashelter.com
156 ch – ♦89/299 € ♦♦89/299 € – ☲ 15 €
Rest Mama Shelter – voir les restaurants ci-après
Après Paris et Marseille, Mama Shelter a débarqué à Lyon et l'on s'en réjouit ! Déco
toujours aussi branchée (béton brut, objets design, détails décalés...), chambres
contemporaines, transports en commun à proximité : cette Mama est épatante.

 Le Roosevelt sans rest 🛗 ⅏ 🎧 🍽 📶 🅿 🚗

48 r. de Sèze ✉ *69006* ⓜ *Foch – ℰ 04 78 52 35 67* Plan : **4GXa**
– www.hotel-roosevelt.com – Fermé 8-16 août
48 ch – ♦90/235 € ♦♦90/235 € – ☲ 16 €
Un hôtel confortable, à l'ambiance feutrée. Préférez les chambres côté cour, plus
spacieuses et parfaitement calmes. Le soir, descendez profiter de l'ambiance jazzy
du bar, et de la douce chaleur du feu de cheminée...

 Pont Wilson sans rest 🛗 ⅏ 🎧 🚗

6 r. Mazenod ✉ *69003* ⓜ *Guillotière – ℰ 04 78 60 94 94* Plan : **6GYt**
– www.hotelwilson-lyon.com
54 ch – ♦81/247 € ♦♦91/317 € – ☲ 17 €
Bien situé (près des quais et du pont Wilson), cet hôtel dispose de chambres
confortables et feutrées, très bien entretenues, dont plusieurs suites familiales
qui ont vue sur la colline de Fourvière.

Ibis Styles La Part-Dieu

🍽 📶 🛗 🅰🅲 🛂 🛜

54 r. de la Villette ✉ *69003* Ⓜ *Gare Part-Dieu*   Plan : **6**HY**b**
– 𝒞 04 72 68 25 40 – www.ibis-styles-lyon.com
99 ch ☐ – 🛏76/244 € 🛏🛏86/244 €

Jouxtant la gare de la Part-Dieu, cet hôtel de chaîne dispose d'atouts notables : des chambres fonctionnelles et colorées, une insonorisation parfaite, et un parking public directement au sous-sol – ce qui se révèle précieux dans le quartier. Accueil aimable.

Pierre Orsi

❀ 🍷 🛗 🅰🅲 🔄 🚗

3 pl. Kléber ✉ *69006* Ⓜ *Masséna – 𝒞 04 78 89 57 68*   Plan : **4**GV**e**
– www.pierreorsi.com – Fermé dim. et lundi sauf fériés
• CLASSIQUE • Menu 45 € (déj. en semaine), 100/120 € – Carte 82/153 €

Venez profiter de l'élégance et du confort cossu d'une opulente maison bourgeoise ! La grande tradition est à l'honneur dans l'assiette – foie gras, homard, turbot au beurre citronné, pigeonneau en cocotte – et le verre n'est pas en reste : la carte des vins, avec ses 1 000 références, est tout simplement exceptionnelle.
→ Ravioles de foie gras de canard au jus de porto et truffes. Pigeonneau en cocotte, gousses d'ail confites en chemise. Crêpes Suzette à l'orange.

Le Neuvième Art (Christophe Roure)

🛗 🅰🅲

173 r. Cuvier ✉ *69006* Ⓜ *Brotteaux – 𝒞 04 72 74 12 74*   Plan : **4**HX**b**
– www.leneuviemeart.com – Fermé 8-23 fév., 9-31 août, dim. et lundi
• MODERNE • Formule 45 € – Menu 82/142 € – Carte environ 103 €

Dans sa nouvelle adresse lyonnaise, transférée depuis St-Just-St-Rambert, Christophe Roure a préservé le meilleur. Sa cuisine fait toujours preuve de la même subtile inventivité, de la même précision dans les mariages de saveurs, de la même intelligence des textures... Aucune faute de goût : c'est exquis !
→ Saumon d'Écosse, millefeuille frais à la bergamote et caviar. Grosse langoustine bretonne pochée dans un bouillon safrané, artichaut violet et croûte d'épices. Version moderne d'un vacherin, fruits de la passion et réglisse.

Le Gourmet de Sèze (Bernard Mariller)

🅰🅲 🛂

129 r. de Sèze ✉ *69006* Ⓜ *Masséna – 𝒞 04 78 24 23 42*   Plan : **4**HV**z**
– www.le-gourmet-de-seze.com – Fermé 2-6 mars, 26 juil.-21 août, dim., lundi et fériés
• CLASSIQUE • Formule 27 € – Menu 37 € (déj. en semaine), 52/115 € *(réservation conseillée)*

Depuis plus de vingt ans, ce Gourmet n'a pas pris une ride. En partant de produits rigoureusement sélectionnés, Bernard Mariller parvient à composer une cuisine actuelle et élaborée, qui conserve tout de la finesse du grand classicisme. Et, symbole fort, sa carte rend hommage à ses maîtres, parmi lesquels Robuchon et Chavent.
→ Croustillant de pied de cochon compoté à la moutarde en grains. Saint-Jacques d'Erquy grillées, navets glacés au romarin. Grand dessert du gourmet.

Takao Takano

🛗 🅰🅲

33 r. Malesherbes ✉ *69006* Ⓜ *Foch – 𝒞 04 82 31 43 39*   Plan : **4**GV**n**
– www.takaotakano.com – Fermé 2 semaines en août, dim. et lundi
• CRÉATIVE • Menu 29 € (déj.), 48/78 € *(réservation conseillée)*

Takao Takano est de retour et l'on s'en réjouit ! Pour ce chef japonais déjà connu pour son tour de main, cette nouvelle adresse – tout en épure – est celle de la confirmation : comment ne pas être séduit par son sens de la précision et des saveurs, la subtilité de ses compositions ? Attention : la réservation s'impose.
→ Langoustine pochée au bouillon d'agastache. Ris de veau au beurre d'estragon. Tarte au chocolat noir à la fève tonka.

Question de standing : n'attendez pas le même service dans un 🍴 ou un 🏠 que dans un 🍴🍴🍴🍴 ou un 🏨🏨🏨.

XX **L'Alexandrin** (Laurent Rigal)   ⑧⑧ AC
⊛ *83 r. Moncey ⊠ 69003 Ⓜ Place Guichard*   Plan : **4**GX**h**
– ☏ 04 72 61 15 69 – www.lalexandrin.fr – *Fermé 2-24 août, dim. et lundi*
• MODERNE • Formule 28 € – Menu 38 € (déj. en semaine), 60/115 €
Cet Alexandrin fait rimer originalité avec générosité, sur la base de beaux produits
du terroir. Végétarien, répertoire lyonnais revisité, ou création autour d'un produit
noble : chaque menu décline une belle variation... Un moment de poésie bien
agréable, dans une ambiance feutrée.
→ Langoustines rôties sur un guacamole d'avocat en millefeuille, copeaux de
chorizo et jus corsé. Volaille de Bresse, girolles sautées et petits légumes glacés.
Madeleines au chocolat guanaja, marmelade d'orange confite au Grand Marnier.

XX **Alex**   ⓖ AC ⑨
⊛ *44 bd des Brotteaux ⊠ 69006 Ⓜ Brotteaux*   Plan : **5**HX**e**
– ☏ 04 78 52 30 11 – *Fermé en août, dim. et lundi*
• TRADITIONNELLE • Formule 22 € – Menu 26 € (déj. en semaine), 30/62 €
– Carte 49/63 €
Alex ? C'est le chef (et propriétaire) de ce restaurant sobre et accueillant, qui joue
avec brio la carte gastronomique à prix doux. Avec de bons produits frais glanés
au marché, il concocte une cuisine parfumée et bien ficelée, rehaussée d'un joli
choix de vins.

XX **Cazenove**   AC
75 r. Boileau ⊠ 69006 Ⓜ Masséna – ☏ 04 78 89 82 92   Plan : **4**GV**k**
– www.le-cazenove.com – *Fermé août, 24 déc.-5 janv., sam. et dim.*
• TRADITIONNELLE • Menu 35/45 € – Carte 47/116 €
Un décor "so British", avec une ronde de sculptures en bronze et des banquettes
en cuir capitonné... Dans cette atmosphère très chaleureuse, le jeune chef propose une bonne cuisine traditionnelle, légèrement revue au goût du jour.
L'adresse fait régulièrement salle comble !

X **Maison Clovis** (Clovis Khoury)   AC
⊛ *19 bd Brotteaux ⊠ 69006 Ⓜ Brotteaux – ☏ 04 72 74 44 61*   Plan : **4**HX**m**
– www.maisonclovis.com – *Fermé 3-12 mai, 2-24 août, 1ᵉʳ-13 janv., dim. et lundi*
• MODERNE • Formule 25 € – Menu 28 € (déj. en semaine), 49/79 €
– Carte 70/95 €
Mobilier en bois exotique, tons gris métallisé : l'endroit est design et élégant, sans
être guindé. Fin cuisinier, Clovis Khoury signe des créations de saison franchement originales et non moins savoureuses, dans lesquelles infusent ses origines
libanaises...
→ Oursin d'Islande, raviolis aux champignons et cuisses de grenouilles rôties. Ris
de veau du Limousin et carpaccio de tête de veau. Pain perdu en brioche à la
vanille Bourbon, sorbet fromage blanc.

X **Miraflores** Ⓝ   ⑨
60 r. Garibaldi ⊠ 69006 Ⓜ Massena – ☏ 04 37 43 61 26   Plan : **4**GV**p**
– www.restaurant-miraflores.com – *Fermé 2 semaines en mars, 3 semaines
en août, dim., lundi et le midi*
• PÉRUVIENNE • Menu 45/74 € – Carte 54/61 € *(réserver)*
Le jeune chef, natif du Pérou, vous emmène dans un réjouissant voyage culinaire
franco-péruvien, à l'image de ce ceviche de saumon, nid de patates douces, sauce
tiradito, pisco, maracuya et yuca. Le nom de ces ingrédients ne vous dit rien ? En
fin de carte, un lexique est là pour vous éclairer...

X **M Restaurant**   ⌂ AC
⊛ *47 av. Foch ⊠ 69006 Ⓜ Foch – ☏ 04 78 89 55 19*   Plan : **4**GV**s**
– www.mrestaurant.fr – *Fermé 15-23 fév., 1ᵉʳ-25 août, 24-27 déc., sam. et dim.*
• MODERNE • Formule 19 € – Menu 26/36 € – Carte environ 43 €
Voilà un lieu qui met de bonne humeur : pan de mur orangé, fauteuils design,
tables en chêne brut, on s'y sent bien... En cuisine, la partition est dirigée par un
ancien de Léon de Lyon, qui a su adapter son savoir-faire et son sérieux à l'air du
temps, et proposer notamment un appétissant menu du marché : on M !

33 Cité
🕸 🕮 & 🄰🄲 ⇔

33 quai Charles-de-Gaulle ⊠ 69006 – 𝒞 04 37 45 45 45   Plan : **4**HU**t**
– www.33cite.com – Fermé 3 semaines en août
• TRADITIONNELLE • Formule 23 € – Menu 27 € (semaine)/29 € – Carte 33/60 €
Trois chefs de talent – Mathieu Viannay (MOF en 2004), Christophe Marguin et
Frédéric Berthod (passé par la "case" Bocuse) – se sont associés pour créer cette
brasserie sympathique et gourmande, ouvrant sur le parc de la Tête-d'Or. Au
menu : les belles spécialités du genre !

Argenson
🕮 & 🄰🄲 ⇔ 🄿

40 allée Pierre-de-Coubertin, à Gerland ⊠ 69007   Plan : **1**BR**a**
Ⓜ *Stade de Gerland –* 𝒞 04 72 73 72 73 *– www.argenson.com*
• TRADITIONNELLE • Formule 25 € – Menu 29 € (semaine)/32 € – Carte 32/58 €
Pâté en croûte maison, quenelle de brochet, sole meunière, cervelle d'agneau et
tarte Tatin... Recettes de brasseries et spécialités lyonnaises sont au menu de
cette sympathique adresse située non loin du stade de Gerland. On travaille de
bons produits frais avec une envie manifeste de bien faire : c'est réussi !

Imouto 🆕
🄰🄲

21 r. Pasteur ⊠ 69007 Ⓜ *Guillotière –* 𝒞 04 72 76 99 53   Plan : **6**GY**n**
– Fermé août, vend. midi, sam. midi, dim. et lundi
• EURO-ASIATIQUE • Menu 17 € (déj.), 22/30 € *(réservation conseillée)*
Originaire du Vietnam, Gaby Didonna a ouvert son Imouto ("petite sœur", en japonais) dans un quartier populaire de Lyon. Il y cuisine en duo, avec une Japonaise
au beau parcours, Junko Matsunaga. Résultat : de savoureuses recettes fusion,
entre tradition française, influences nippones et touches vietnamiennes... Bluffant !

Café Sillon 🆕

46 av. Jean-Jaurès ⊠ 69007 Ⓜ *Saxe Gambetta*   Plan : **6**GY**s**
– 𝒞 04 78 72 09 73 *– Fermé vacances de Noël, sam.
midi, dim. et lundi*
• MODERNE • Formule 19 € – Menu 23 € (déj.), 36/42 € *(réservation conseillée)*
Retour gagnant pour Mathieu Rostaing-Tayard, dont le précédent restaurant était
déjà apprécié. Après un long tour du monde à la découverte des saveurs – de
l'Italie au Pérou –, le jeune chef a créé ce restaurant plein de convivial, digne d'un bistrot de quartier. Son pari : partager avec tous ses recettes, ludiques et enlevées !

Jour de Marché 🆕
⇔

14 r. Molière ⊠ 69006 Ⓜ *Foch –* 𝒞 04 78 24 74 59   Plan : **4**GX**d**
*– Fermé 1 semaine vacances de Noël, lundi soir, mardi soir, sam. midi, dim. et
fériés*
• MODERNE • Formule 19 € – Menu 22 € (déj.), 32/39 € – Carte environ 50 €
Ce petit restaurant bistronomique, situé à deux pas des quais, porte bien son
nom : le menu évolue jour après jour en fonction du marché, et nous réserve de
belles surprises : merlu rôti sur la peau, bouillon de champignons et noisettes ;
émulsion d'artichauts, crabe des neiges et andouille fumée... Réjouissant !

Le Splendid
🕮 & 🄰🄲 ⇔

3 pl. Jules-Ferry ⊠ 69006 Ⓜ *Brotteaux –* 𝒞 04 37 24 85 85   Plan : **4**HX**z**
– www.lespritblanc.com
• TRADITIONNELLE • Formule 22 € 🍷 – Menu 29/52 € – Carte 40/60 €
Cette brasserie chic et confortable est marquée de l'empreinte de Georges Blanc
(le grand chef de Vonnas). On lui doit les orientations de cette cuisine du terroir
généreuse, entre Bresse et Dombes. Aux murs, de grandes fresques murales rendent hommage aux fameuses "mères" lyonnaises... La filiation, toujours !

L'Est
🕮 & 🄰🄲 🅥 ⇔

14 pl. Jules-Ferry, (gare des Brotteaux) ⊠ 69006   Plan : **4**HX**v**
Ⓜ *Brotteaux –* 𝒞 04 37 24 25 26 *– www.nordsudbrasseries.com*
• TRADITIONNELLE • Formule 23 € – Menu 27 € (semaine)/36 € – Carte 30/55 €
Le charme ferroviaire ! Dans cette ancienne gare devenue une brasserie vivante
et conviviale, des trains miniatures tournent au-dessus des têtes... Les grandes
cuisines sont ouvertes sur la salle ; il en sort des plats du marché voyageurs et
savoureux. L'une des brasseries "cardinales" de Paul Bocuse.

La Table 101
🍴 🛋 🅰🅒 ⇄
😊 *101 r. Moncey ⊠ 69003 ⓂPlace Guichard*   Plan : **4GX**m
– ℰ 04 78 60 90 23 – www.latable101.fr – *Fermé 1ᵉʳ-24 août, 24-28 déc.,*
31 déc.-5 janv., sam. et dim.
• MODERNE • Formule 20 € ▼ – Menu 25 € (déj.), 31/45 € – Carte 43/56 €
À côté des halles Paul-Bocuse, une table où les bons produits sont à la fête ! Dans
l'assiette, le résultat est sans appel : une cuisine goûteuse, avec une touche créative maîtrisée. On est enthousiasmé jusqu'au dernier coup de fourchette, et l'addition, légère, achève de nous convaincre. Belle carte des vins.

L'Art et la Manière
🍴 🅰🅒 🕱 ⇄
😊 *102 Gde-Rue de la Guillotière ⊠ 69007 ⓂSaxe-Gambetta*   Plan : **6GY**a
– ℰ 04 37 27 05 83 – www.art-et-la-maniere.fr – *Fermé 3 semaines en août, lundi*
soir, sam. et dim.
• TRADITIONNELLE • Formule 16 € – Menu 21 € (déj.), 29/35 €
– Carte environ 38 € *(réservation conseillée)*
Un bistrot qui célèbre l'amitié, la cuisine du marché et ces vins gouleyants que
l'on boit à prix doux. Une belle manière de découvrir le quartier de la Guillotière.
Les habitués sont nombreux, pensez à réserver !

La Toscane
🍴 🛋 🅰🅒 ⇄
😋 *26 bis r. Duquesne ⊠ 69006 ⓂFoch – ℰ 04 78 93 20 91*   Plan : **4GV**m
– *Fermé 23 août-7 sept., sam. sauf le midi d'oct. à avril et dim.*
• ITALIENNE • Formule 16 € – Menu 20 € (déj.), 29/39 €
– Carte 35/55 €
Une cuisine traditionnelle italienne à peine francisée, savoureuse, qui se fonde
sur des produits frais et respecte les saisons ; le tout exécuté avec brio par un
chef qui connaît son métier (un ancien de chez Georges Blanc). Le cadre, coloré
et agréable, sait se faire discret, et le service est très sympathique.

En Mets Fais ce Qu'il te Plaît
🍴   🕱
43 r. Chevreul ⊠ 69007 ⓂJean Macé – ℰ 04 78 72 46 58   Plan : **6GY**f
– www.enmetsfaiscequilteplait.com – *Fermé 3 semaines en août, vacances de*
Noël, sam. midi, dim. et fériés
• MODERNE • Menu 28 € (déj.), 40/53 € *(réservation conseillée)*
Plutôt bohème, ce restaurant ne se soucie guère des apparences : ses propriétaires japonais nous accueillent un peu comme à la maison... mais que l'on ne s'en
formalise pas : dans l'assiette, on découvre de beaux produits, des sauces et cuissons millimétrées, des saveurs subtiles... D'une désarmante sincérité qui fait craquer !

Danton
🍴   🅰🅒
😊 *8 r. Danton ⊠ 69003 ⓂPart Dieu – ℰ 04 37 48 00 10*   Plan : **6HY**r
– *Fermé août, vacances de Noël, sam., dim. et fériés*
• MODERNE • Formule 21 € – Menu 27/47 € – Carte 32/54 €
Alexis Pouly, originaire de Roanne, a travaillé dans de belles maisons avant de
créer ce néobistrot aussi convivial que professionnel. Ses recettes vont à l'essentiel, dans une belle version canaille et gourmande (avec une carte des vins faisant
honneur à la région, mais pas que). Sa marotte ? Les cuissons à basse température...

Bernachon Passion
🍴   🅰🅒
42 cours Franklin-Roosevelt ⊠ 69006 ⓂFoch   Plan : **4GV**r
– ℰ 04 78 52 23 65 – www.bernachon.com – *Fermé 17 juil.-19 août, dim., lundi,*
fériés et le soir
• TRADITIONNELLE • Menu 28 € – Carte 35/47 € *(réservation conseillée)*
On ne présente plus la célèbre chocolaterie lyonnaise Bernachon, dont le fils du
fondateur a épousé l'aînée de Paul Bocuse. Les petits-enfants du grand chef sont
aux commandes ! Au menu du restaurant, de bonnes recettes traditionnelles (telles les quenelles de brochet) et des pâtisseries... Bernachon, évidemment.

✗ Mama Shelter – Hôtel Mama Shelter 🏠 AK
13 r. Domer ✉ *69007* Ⓜ *Jean Macé –* ✆ *04 78 02 58 00* Plan : **6**GZ**k**
– www.mamashelter.com
• MODERNE • Carte 26/59 €
Une déco hyper décalée, ludique et festive, avec baby-foot et plafond en forme de tableau noir : le concept Mama Shelter a encore frappé ! Côté cuisine, cap sur la Méditerranée en toute simplicité : pâtes, poisson à la plancha, etc., sans oublier les quenelles maison.

✗ Les Bonnes Manières Ⓝ AK 🍴
104 Gde-Rue de la Guillotière ✉ *69007* Ⓜ *Saxe-Gambetta* Plan : **6**GY**a**
– ✆ *09 84 03 64 90 – www.les-bonnesmanieres.fr – Fermé 3 semaines en août,
lundi soir, sam. et dim.*
• LYONNAISE • Formule 18 € – Menu 21/26 € – Carte 26/32 € *(réservation conseillée)*
Attention à respecter les Bonnes Manières ! Règle n° 1 : bien choisir parmi de délicieux plats de bouchon lyonnais, tablier de sapeur, œuf meurette et quenelle de brochet en tête... Règle n° 2 : se régaler en profitant de l'ambiance animée et conviviale. Règle n° 3 : en sortant, prévoir de revenir au plus tôt !

✗ Le Café du Peintre AK
50 bd des Brotteaux ✉ *69006* Ⓜ *Brotteaux* Plan : **6**HX**a**
– ✆ *04 78 52 52 61 – www.lecafedupeintre.fr – Fermé 7-15 fév., 1er-23 août,
1er-4 janv., sam. de mai à sept., dim. et le soir sauf jeudi*
• LYONNAISE • Menu 21 € (déj. en semaine)/25 € – Carte 29/46 € *(réservation conseillée)*
Ici règnent l'esprit bouchon et la grande tradition régionale. L'ambiance est familiale, animée et chaleureuse : en cuisine, Florence prépare une cuisine digne des mères lyonnaises (terrine maison, quenelles de brochet, tête de veau braisée au vin rouge) tandis que son fils Maxime assure l'animation en salle, avec talent !

✗ L'Âme Sœur ♦
209 r. Duguesclin ✉ *69003* Ⓜ *Place Guichard* Plan : **4**GX**v**
– ✆ *04 78 42 47 78 – Fermé 3 semaines en août, lundi soir,
mardi soir, sam. et dim.*
• MODERNE • Menu 22/48 € – Carte 29/52 € *(réservation conseillée)*
On aime l'animation de ce repaire "bistronomique", qui emprunte son nom à un vin de Côte-Rôtie, produit par un ami du chef. La cuisine, au goût du jour, justifie le succès de l'endroit ; des menus à thèmes sont proposés selon les saisons : truffe, gibier, asperges... C'est savoureux et servi avec le sourire !

✗ Les Tables Rondes Ⓝ
64 r. Ney ✉ *69006* Ⓜ *Massena –* ✆ *04 78 52 98 17 – Fermé* Plan : **4**HX**t**
mardi soir, merc. midi, sam. et dim.
• TRADITIONNELLE • Formule 15 € – Menu 18 € (déj.) – Carte 27/40 €
La plupart des tables sont... carrées, mais qu'importe : on passe un excellent moment dans ce bistrot simple et sans prétention. À l'ardoise, une terrine maison, une salade lyonnaise, un parmentier d'agneau ou encore une tarte Tatin... Des classiques du genre, à dévorer dans une ambiance familiale et sans chichis.

✗ Chez Terra
81 r. Duguesclin ✉ *69006* Ⓜ *Foch –* ✆ *04 78 89 05 04* Plan : **4**GV**z**
– Fermé 3 semaines en août , dim. et lundi
• JAPONAISE • Formule 12 € – Menu 17 € (déj.)/55 € – Carte 22/40 €
Encore un chef japonais installé à Lyon... mais celui-ci a choisi d'honorer non la cuisine française mais nippone ! Il a recréé une vraie izakaya, l'un de ces bistrots simples et conviviaux que l'on trouve partout au Japon. Au menu : salades, sashimis, ragoût, sushis... C'est fin, soigné et plein de saveurs.

Se régaler sans se ruiner ? Repérez les Bib Gourmand 🍴. Ils vous aideront à dénicher les bonnes tables sachant marier cuisine de qualité et prix ajustés !

BOUCHONS :

dégustation de vins régionaux et cuisine locale dans une ambiance typiquement lyonnaise

---

Daniel et Denise Saint-Jean   AC ⟷

32 r. Tramassac ⊠ *69005* Ⓜ *Vieux Lyon* – ℰ *04 78 42 24 62*   Plan : **5**EY**n**
– *www.danieletdenise-stjean.com* – *Fermé 1 semaine en août, dim. et lundi*
• LYONNAISE • Formule 21 € – Menu 30/40 € – Carte 35/55 €
À deux pas de la cathédrale St-Jean, ce bouchon emblématique du Vieux Lyon a été repris par le chef Joseph Viola (Meilleur Ouvrier de France en 2004), déjà connu pour son Daniel et Denise du 3ᵉ arrondissement. Au menu de cet opus, une cuisine lyonnaise non moins gourmande, généreuse et goûteuse : on se régale !

Daniel et Denise Créqui   🕭 AC ℅

156 r. de Créqui ⊠ *69003* Ⓜ *Place Guichard*   Plan : **4**GX**b**
– ℰ *04 78 60 66 53* – *www.daniel-et-denise.fr* – *Fermé 26 juil.-25 août,*
24 déc.-2 janv., sam., dim. et fériés
• LYONNAISE • Formule 21 € – Menu 30 € – Carte 35/52 € *(réservation conseillée)*
Joseph Viola – Meilleur Ouvrier de France – règne sur ce petit bouchon au décor patiné par le temps. Il propose des recettes traditionnelles réalisées, à base de superbes produits, avec quelques suggestions de saison. Son plat fétiche ? Le pâté en croûte au ris de veau et foie gras...

Le Bouchon des Filles

20 r. Sergent-Blandan ⊠ *69001* Ⓜ *Hôtel de Ville*   Plan : **3**FX**z**
– ℰ *04 78 30 40 44* – *Fermé vacances de Noël et le midi sauf*
sam. et dim.
• LYONNAISE • Menu 25 €
À côté de la charmante place Sathonay, dans une petite rue pavée, une poignée de Filles tiennent ce bouchon de carte postale, aussi mignon que chaleureux. Côté cuisine, elles revisitent des plats de tradition lyonnaise avec une pointe de légèreté : c'est simple, frais, goûteux et généreux !

Le Garet   AC

7 r. Garet ⊠ *69001* Ⓜ *Hôtel de Ville* – ℰ *04 78 28 16 94*   Plan : **3**FX**a**
– *Fermé 27 juil.-27 août, sam. et dim.*
• LYONNAISE • Menu 18 € (déj.)/25 € – Carte 20/40 € *(réservation conseillée)*
Une véritable institution bien connue des amateurs de cuisine lyonnaise : tête de veau, tripes, quenelles ou andouillettes se dégustent en toute convivialité dans un cadre exemplaire du genre. Le tout est complété par une ardoise du jour avec des plats du marché, aux prix raisonnables.

Le Musée

2 r. des Forces ⊠ *69002* Ⓜ *Cordeliers* – ℰ *04 78 37 71 54*   Plan : **5**FX**c**
– *Fermé août, 24 déc.-2 janv., dim. et lundi*
• LYONNAISE • Menu 23 € (déj.)/28 € *(réservation conseillée)*
Un bouchon sincère et authentique ! Nappes à carreaux, tables au coude-à-coude, et une sacrée ambiance : le décor est planté. En cuisine, le jeune chef réalise les classiques avec un vrai savoir-faire : joue de porc à la lyonnaise, foie de veau persillé, pieds et museau en salade, pâté de tête... Que du bon !

Le Poêlon d'or   AC ⟷

29 r. des Remparts-d'Ainay ⊠ *69002* Ⓜ *Ampère*   Plan : **5**FY**h**
– ℰ *04 78 37 65 60* – *www.lepoelondor-restaurant.fr* – *Fermé 8-23 août, sam. et*
dim.
• LYONNAISE • Formule 16 € – Menu 18 € (déj.), 26/32 € – Carte 30/45 €
(réservation conseillée)
On ne sait si le chef utilise effectivement un poêlon d'or ; en tout cas, il doit avoir un secret pour si bien revisiter le terroir lyonnais, et proposer une cuisine aussi goûteuse et parfaitement ficelée. Du gâteau de foie de volaille et coulis de tomate, à la quenelle de brochet en gratin et sauce béchamel... À découvrir !

X **La Meunière** ❶   AC

11 r. Neuve ⊠ *69001* Ⓜ *Hôtel de Ville –* ☎ *04 78 28 62 91*   Plan : **5**FX**x**
– Fermé 3 semaines en août, 1 semaine à Noël, dim. et lundi
• LYONNAISE • Formule 19 € – Menu 21 € (déj. en semaine), 29/38 € ❢
– Carte 32/46 €

Œuf meurette, quenelle de brochet, tête de veau sauce gribiche et tablier de sapeur : la plupart des spécialités du bouchon lyonnais sont au rendez-vous de cette vénérable maison. Le tout mis en orbite par deux associés – Franck Delhoum et Olivier Canal – déjà connus des gourmets de la région !

Environs

à Collonges-au-Mont-d'Or 12 km au Nord par bords de Saône (D 433, D 51)
- BP – ⊠ 69660 – 3 802 hab. – Alt. 176 m

XXXXX **Paul Bocuse**   ❀ & AC ⇔ ⊶ P

❀❀❀ *40 quai de la Plage –* ☎ *04 72 42 90 90 – www.bocuse.fr*   Plan : **1**BP
• CLASSIQUE • Menu 160/250 € – Carte 130/225 €

Temple de la grande cuisine, institution du service à l'ancienne… Le restaurant de Paul Bocuse est un véritable monument. Classique parmi les classiques, chaque assiette incarne l'une des plus belles pages de la gastronomie française. Le grand chef est entré dans l'Histoire : quel meilleur hommage que ces trois étoiles portées depuis 1965 !
→ Soupe aux truffes noires V.G.E. Volaille de Bresse en vessie "Mère Fillioux". Gâteau Président "Maurice Bernachon".

à Villeurbanne 4 km à l'Est - DQ – ⊠ 69100 – 145 034 hab. – Alt. 168 m

X **33 TNP**   🛜 &

🥜 *8 pl. Lazare-Goujon* Ⓜ *Gratte-Ciel –* ☎ *04 78 37 37 37*   Plan : **2**CQ**a**
– www.33tnp.com – Fermé août, dim., lundi et fériés
🍽 • TRADITIONNELLE • Formule 16 € – Menu 19 € – Carte 26/40 €

Au sein du Théâtre National Populaire, un même esprit : "Le meilleur à la portée de tous et de toutes les bourses." Trois cuistots bien connus (Frédéric Berthod, Christophe Marguin et Mathieu Viannay) ont créé ce 33 TNP. Cuissons soignées, associations savoureuses, service attentionné : une vraie bonne "brasserie populaire" !

à Rillieux-la-Pape 7 km par ① D 483 et D 484 – ⊠ 69140 – 29 966 hab. – Alt. 269 m

XXX **Larivoire**   ❀ 🛜 ⇔ P

chemin des Iles – ☎ *04 78 88 50 92 – www.larivoire.com – Fermé 16-30 août, dim. soir, lundi (sauf fériés) et mardi*
• CLASSIQUE • Menu 35 € (déj. en semaine), 51/94 € – Carte 76/99 €

Dans le bas de la ville, une imposante maison de maître datant de 1891, à la façade rose pâle. Dans la salle au cadre bourgeois ou sur la grande terrasse ombragée par de vieux platanes, on déguste une cuisine classique actualisée, de celles qui s'inscrivent pleinement dans la tradition provinciale.

à Genas 12 km à l'Est par rte de Genas (D 29) - DQ – ⊠ 69740 – 12 321 hab. – Alt. 218 m

🏨 **Ambassadeur**   🍽 🛗 & 🛜 🖢 P 🚗

36 r. Antoine Pinay – ☎ *04 78 40 02 02 – www.ambassadeur-hotel.fr*
– Fermé 2 semaines en août
84 ch – ♦80/205 € ♦♦85/210 € – ⊡ 13 € – ½ P

Des chambres sobres et contemporaines, très bien tenues : fonctionnel et idéal pour la clientèle d'affaires. Et pour oublier le stress : un agréable jardin japonais.

à Tassin-la-Demi-Lune 5 km à l'Ouest (A6, sortie n° 36) - APQ – ⊠ 69160
– 19 868 hab. – Alt. 220 m

X **Brasserie Halles 9**   🛜 & AC

3 promenade des Tuileries (angle av. Général Leclerc)   Plan : **1**AQ**a**
– ☎ *04 78 36 99 99 – www.halles9.com*
• LYONNAISE • Formule 21 € – Menu 25 € (semaine)/38 € – Carte 42/52 €

Dans un nouveau quartier de Tassin, cette brasserie – ouverte en 2012 – donne dans la modernité. Le cadre est résolument design, et on déguste par exemple des rillettes de saumon de Norvège au curry ou un dos de cabillaud accompagné d'une fricassée de légumes. Ambiance décontractée.

à Ecully 7 km à l'Ouest (A6, sortie n° 36) - AP -- ✉ 69130 – 17 854 hab. – Alt. 240 m

⌂ **Les Hautes Bruyères** sans rest 🐎 🌳 🚫🐕 📶 🅿
5 chemin des Hautes Bruyères – ✆ 06 08 48 69 50 Plan : **1**AP**d**
– www.lhb-hote.fr
5 ch – 🚹125/155 € 🚹🚹125/205 € – ☕ 15 €
Charme patiné, authenticité et sérénité à 10mn de l'effervescence lyonnaise : cette demeure de jardinier (19e s.), jadis rattachée au château voisin, cultive avec raffinement son esprit "maison de famille". Avec, en prime, une charmante chambre-roulotte dans le jardin.

✕✕✕ **Saisons** ⊡
Château du Vivier, 1A chemin de Calabert Plan : **1**AP**b**
– ✆ 04 72 18 02 20 – www.institutpaulbocuse.com
– Fermé 1er-24 août, 18 déc.-6 janv., merc. soir, sam. et dim.
• TRADITIONNELLE • Menu 30 € (déj.), 34/50 € *(réservation conseillée)*
Ce château du 19e s., bordé d'un parc, abrite l'école hôtelière internationale patronnée par Paul Bocuse. Le restaurant n'a rien d'une mauvaise copie, au contraire : secondés par des professeurs de talent, dans un agréable cadre bourgeois, les élèves ne trichent ni avec les règles de la tradition, ni avec... les saisons !

à St-Priest 13 km au Sud-Est par D 318 – ✉ 69800 – 42 535 hab. – Alt. 208 m

🏨 **Golden Tulip Lyon Millénaire** 🍴 🌳 🚲 ⇕ ♿ 📶 🏋 Ⓟ 🚗
160 cours du 3e-Millénaire – ✆ 04 37 25 25 25 Plan : **2**DR**a**
– www.goldentuliplyon.com
133 ch – 🚹70/350 € 🚹🚹70/350 € – 2 suites – ☕ 18 €
Rest ***Le Cocon*** – voir les restaurants ci-après
Une architecture impressionnante, véritable millefeuille de pierre, de bois et de verre ! Sur le site du parc technologique, cet hôtel labellisé Haute Qualité Environnementale offre espace, clarté et confort optimal. Très innovant.

✕✕ **Le Cocon** – Golden Tulip Lyon Millénaire 🌳 ⛱ ♿ ⊡ Ⓟ
160 cours du 3e-Millénaire – ✆ 04 37 25 21 07 Plan : **2**DR**a**
– www.goldentuliplyon.com – Fermé 3 semaines en août, vend. soir, sam. et dim.
• MODERNE • Formule 19 € – Menu 26 € (semaine) – Carte 32/53 €
Au sein d'un hôtel très high-tech, cette table cultive des recettes éprouvées : un décor élégant, des tables bien dressées et une carte de qualité, en lien avec le marché et les productions locales (nombreux produits bio). De jolies présentations, une cuisine bien appliquée : une bonne adresse.

à Charbonnières-les-Bains 8 km par ⑨ et N 7 – ✉ 69260
– 4 782 hab. – Alt. 233 m

🏨 **Le Pavillon de la Rotonde** 🍴 🐎 🌳 🏊 Spa ⇕ ♿ ❄ 📶 🏋 🅿 🚗
3 av. Georges-Bassinet – ✆ 04 78 87 79 79 – www.pavillon-rotonde.com – Fermé 26 juil.-25 août et 1er-5 janv.
16 ch – 🚹220/570 € 🚹🚹220/570 € – ☕ 22 €
Rest ***La Rotonde*** ✿ – voir les restaurants ci-après
À deux pas du casino et dans un beau parc arboré, cet hôtel luxueux mêle contemporain et discrètes touches Art déco. Certaines chambres disposent d'un hammam et d'une terrasse... Une très belle adresse en périphérie de Lyon.

✕✕✕✕ ✿ **La Rotonde** ♿ ❄ 🔑 Ⓟ
20 av. du Casino , (Domaine du Lyon Vert) ✉ 69890 La Tour de Salvagny
– ✆ 04 78 87 00 97 – www.restaurant-rotonde.com – Fermé 27 juil.-27 août, 2-6 janv., mardi midi, sam. midi, dim. et lundi
• MODERNE • Menu 45 € (déj.), 95/135 € – Carte 135/200 €
Moment de gastronomie dans ce beau domaine aux portes de la ville, à l'étage du casino Le Lyon vert, bel héritage de la période Art déco. La carte est empreinte de classicisme, mêlant recettes indémodables (le grand répertoire lyonnais n'est pas oublié) et influences plus originales.
→ Pâté en croûte "Champion du Monde 2013". Œuf de poule fermier cuit mollet, escargots de Bourgogne et cocos de Paimpol. Saint-honoré, mousseline légère au vieux rhum de Martinique et glace caramel au beurre salé.

à St-Cyr-au-Mont-d'Or 10 km au Nord par rte de St-Cyr - BP – ✉ 69450
– 5 534 hab. – Alt. 320 m

L'Ermitage
🏨 ⏸ 🛏 ⬇ ≤ 🎛 🖥 ⬇ 🅰 📶 ⚒ 🅿

chemin de l'Ermitage, 2,5 km au sommet du Mont Cindre – ☎ 04 72 19 69 69
– www.ermitage-college-hotel.com
27 ch – ♦150/195 € ♦♦150/195 € – 1 suite – ⏛ 15 €
Cet hôtel ne manque pas d'atouts : vue extraordinaire sur Lyon et les Monts-
d'Or, cadre design et épuré pour une sérénité à son zénith. Dans la "cuisine à
manger", on savoure de belles spécialités lyonnaises... Et la terrasse suspendue
est superbe !

✗ Le Comptoir Saint-Cyr

17 rte de Lyon – ☎ 04 78 83 30 52 – www.lecomptoirrestaurant.fr – *Fermé dim.
soir*
• MODERNE • Formule 11 € – Menu 22/32 € – Carte 32/53 €
D'une salade d'été à un crémeux au chocolat, une bonne cuisine au goût du jour,
préparée avec soin et générosité. On sent une vraie rigueur dans la sélection des
produits. Le tout servi dans la chaleureuse ambiance d'une charmante auberge
de village !

à l'aéroport de Lyon St-Exupéry 27 km par A 43 – ✉ 69125

NH Lyon Aéroport
🏨🏨 ⏸ 📶 🖥 ⬇ 🅰 📶 ⚒

Aéroport Lyon St-Exupéry, terminal 1 – ☎ 04 72 23 05 50 – www.nh-hotels.fr
245 ch – ♦100/275 € ♦♦100/275 € – ⏛ 23 € – ½ P
Des chambres contemporaines, agréables et bien insonorisées, juste en face de
l'aérogare : impossible de rater son avion ! À noter : un fitness très complet et
une importante capacité d'accueil pour les séminaires.

LYONS-LA-FORÊT
✉ 27480 (Eure) – 747 hab. – Alt. 88 m – Voir carte n°**33**-D2
▶ Paris 104 km – Beauvais 57 km – Mantes-la-Jolie 66 km – Rouen 35 km
Carte Michelin 304-I5 – Guide Vert Michelin Normandie Vallée de la Seine

La Licorne
🏨 ⏸ ⬅ 🎛 🖥 📶 ⬇ 📶 ⚒ 🅿

27 pl. Isaac-Bensarade – ☎ 02 32 48 24 24 – www.hotel-licorne.com
15 ch – ♦180/345 € ♦♦180/345 € – 6 suites – ⏛ 18 € – ½ P
Rest *La Licorne Royale* ✿ – voir les restaurants ci-après
Au cœur du joli village de Lyons et non loin de la superbe forêt domaniale, cette
authentique Licorne normande a de beaux secrets à faire partager : ses chambres sont d'un raffinement très contemporain (douches à l'italienne, baignoires
sur pieds, parquet...) et le spa Nuxe est une petite merveille !

Le Grand Cerf
🏨 ⏸ ⬇ 📶 ⚒ 🅿

31-32 pl. Isaac-Bensarade – ☎ 02 32 49 50 50 – www.grandcerf.fr
11 ch – ♦170/295 € ♦♦170/295 € – 4 suites – ⏛ 18 € – ½ P
Rest *Le Bistrot du Grand Cerf* – voir les restaurants ci-après
Sur la pittoresque place du village, célèbre pour sa halle du 18ᵉ s., ce Grand Cerf
– arborant de beaux colombages – abrite des chambres au charme champêtre,
voire "forestier", avec leur décor de branchages et même de bois de cerf ! Insolite
et très cosy... À noter : on peut accéder au délicieux spa de l'hôtel La Licorne.

Les Lions de Beauclerc
🏨 ⏸ 📶

7 r. de l'Hôtel-de-Ville – ☎ 02 32 49 18 90 – www.lionsdebeauclerc.com
6 ch – ♦85/120 € ♦♦85/120 € – ⏛ 18 € – ½ P
Rest *Les Lions de Beauclerc* – voir les restaurants ci-après
Meubles chinés et bibelots, tissus imprimés, atmosphère classique : au cœur du
village, cette jolie maison en brique se révèle chaleureuse à souhait. On rugit de
plaisir !

XX **La Licorne Royale** – Hôtel La Licorne   ⌂ 🛏 **P**

❀ *27 pl. Isaac-Bensarade – ✆ 02 32 48 24 24 – www.hotel-licorne.com – Fermé merc. et le midi sauf sam. et dim.*
Menu 53/129 € – Carte 82/89 €
Des produits de qualité, une technique soignée, des associations de saveurs équilibrées et subtiles, au service du goût : la promesse d'un repas délicieux, de surcroît dans un cadre intime et charmant, associant avec réussite rustique et contemporain.
➜ Millefeuille de foie gras de canard à l'anguille fumée, pomme granny smith au caramel. Selle d'agneau du Quercy, cocos de Paimpol façon cassoulet. Biscuit dacquoise au chocolat noir intense.

X **Les Lions de Beauclerc** – Hôtel Les Lions de Beauclerc   🛏

⊜ *7 r. Hôtel de Ville – ✆ 02 32 49 18 90 – www.lionsdebeauclerc.com – Fermé merc. et jeudi*
Menu 18/29 € – Carte 30/40 €
C'est d'abord un joli endroit, au charme classique (cheminée, boiseries, papiers peints colorés) ; c'est aussi une sympathique table traditionnelle, qui propose également – fait original – un large choix de crêpes et galettes. Ces Lions ont du chien !

X **Le Bistrot du Grand Cerf** – Hôtel Le Grand Cerf   🛏 ♿ **P**
31-32 pl. Isaac-Bensarade – ✆ 02 32 49 50 50 – www.grandcerf.fr – Fermé lundi et mardi
Formule 16 € – Menu 31/42 € – Carte 42/57 €
L'endroit possède un indéniable cachet avec ses colombages, ses briques, ses grosses poutres au plafond et son agréable terrasse dans la cour pavée. Escalope de foie gras de canard poêlée, blanquette de veau de nos grands-mères, etc. : la tradition bistrotière est de mise, sans oublier les fromages du pays !

LYS-ST-GEORGES

✉ 36230 (Indre) – 257 hab. – Alt. 200 m – Voir carte n°**12**-C3
🗓 Paris 287 km – Argenton-sur-Creuse 29 km – Bourges 80 km – Châteauroux 29 km
Carte Michelin 323-G7 – Guide Vert Michelin Limousin Berry

XX **Auberge La Forge**   🛏

⊜ *7 r. du Château – ✆ 02 54 30 81 68 – www.restaurantlaforge.com*
🐾 *– Fermé 1er-7 juil., 23 sept.-9 oct., 2-23 janv., mardi sauf en juil.-août, dim. soir et lundi*
Menu 20 € (déj. en semaine), 32/51 € – Carte 41/65 €
Cheminée, tomettes, poutres apparentes et tonnelle ombragée : rien ne manque dans cette auberge champêtre, étape incontournable sur le circuit "George Sand"... surtout si vous êtes amateur de saveurs du terroir. Cassoulet, côte de porc fermier aux pleurotes : la carte est vraiment alléchante et les prix très doux !

MACÉ – 61 (Orne) ➜ voir Sées

MACHILLY

✉ 74140 (Haute-Savoie) – 966 hab. – Alt. 525 m – Voir carte n°**46**-F1
🗓 Paris 548 km – Annemasse 11 km – Genève 21 km – Thonon-les-Bains 20 km
Carte Michelin 328-K3

XXX **Le Refuge des Gourmets**   🛏 ♿ 🅰 ❀ ⇔ **P**
90 rte des Framboises – ✆ 04 50 43 53 87 – www.refugedesgourmets.com
– Fermé 1er-11mars, 17 août-2 sept., dim. soir et lundi
Menu 28 € (déj. en semaine), 40/82 € – Carte 75/92 €
Ce restaurant cossu, d'inspiration Belle Époque, est un vrai refuge de gourmets ! Le chef et sa brigade concoctent une jolie cuisine classique et de saison, rehaussée de touches créatives. Les menus sont organisés autour de grandes thématiques, comme une saison ou un produit (chasse, homard, morilles, truffe noire...).

LA MACHINE (COL DE) – 26 (Drôme) ➜ voir St-Jean-en-Royans

MACINAGGIO – 2B (Haute-Corse) ➜ voir Corse

MÂCON

✉ 71000 (Saône-et-Loire) – 33 730 hab. – Alt. 175 m – Voir carte n°**8-C3**
◗ Paris 391 km – Bourg-en-Bresse 38 km – Chalon-sur-Saône 59 km – Lyon 71 km
Carte Michelin 320-I12 – Guide Vert Michelin Bourgogne

Hôtel d'Europe et d'Angleterre sans rest

92 quai Jean-Jaurès – ✆ *03 85 38 27 94*   Plan : BY**m**
– www.hotel-europeangleterre-macon.com
31 ch – †74/225 € ††74/225 € – ☷ 14 €
Fondé en 1804, très couru entre les deux guerres – avec un restaurant trois étoiles ! –, ce fameux hôtel des bords de Saône a été rénové du sol au plafond. Décor moderne dans le hall, meubles contemporains et bons équipements dans les chambres : c'est une petite résurrection.

Ibis Styles sans rest

91 r. Victor-Hugo – ✆ *03 85 39 17 11 – www.accorhotels.com*   Plan : AZ**b**
48 ch ☷ – †83/126 € ††93/126 €
En plein centre-ville, un bel immeuble en pierre dont l'intérieur a été entièrement rénové dans un style plutôt pop, avec des couleurs acidulées et un mobilier moderne. Côté cour, on découvre une grande piscine extérieure, au calme. Reposant !

Hôtel du Nord sans rest

313 quai Jean-Jaurès – ✆ *03 85 38 08 68 – www.hotel-dunord.com*   Plan : BY**g**
– Fermé 1 semaine en août, vacances de Noël et dim. hors saison
15 ch – †76/80 € ††86/90 € – ☷ 8,50 €
Les pieds dans l'eau... de la Saône, à quelques pas du centre, le meilleur petit hôtel de la ville vous ouvre ses portes : l'atmosphère est familiale, l'ensemble a été aménagé avec goût – la propriétaire est une ancienne styliste – et toutes les chambres ont été rénovées au cours des dernières années. Cosy et douillet !

𝄢𝄢𝄢 Pierre (Christian Gaulin)

7 r. Dufour – ✆ *03 85 38 14 23 – www.restaurant-pierre.com*   Plan : BZ**k**
– Fermé 1 semaine en mars, 3 semaines en juil., mardi midi, dim. soir et lundi
Menu 26 € (déj. en semaine), 35/88 € – Carte 73/92 €
Une grande cheminée, des pierres apparentes, des poutres et, partout, beaucoup de raffinement. Dans l'assiette, même élégance : Christian Gaulin marie classicisme, terroir et modernité... et le fait bien. Un hommage subtil rendu à la Bourgogne !
➜ Croustillant de homard breton et truffe fraîche de saison. Volaille de Bresse en deux préparations. Soufflé chaud aux griottines confites.

𝄢𝄢 Le Poisson d'Or

allée du Parc, par ① *et bords de Saône –* ✆ *03 85 38 00 88 – www.lepoissondor.com*
– Fermé 24 août-2 sept., 4-20 janv., dim. soir, mardi soir et merc.
Menu 26/68 € – Carte 56/81 €
Père et fils concoctent une jolie cuisine d'aujourd'hui, fine et précise, où le poisson et les fruits de mer partagent l'affiche avec le filet de bœuf charolais ou la canette des Dombes. Côté décor, des murs pastel et de grandes baies vitrées pour noyer son regard dans la Saône.

𝄢𝄢 L'Ethym'Sel

10 r. Gambetta – ✆ *03 85 39 48 84 – Fermé*   Plan : BZ**t**
26 juil.-17 août, mardi soir et merc. de sept. à juin, dim. sauf le midi de sept.
à juin et lundi en juil.-août
Formule 17 € – Menu 19 € (semaine), 33/53 € – Carte 30/50 €
Tout près des quais, un joli restaurant contemporain et reposant, où il fait bon s'attabler. On découvre une carte bien étoffée, au service d'une cuisine au goût du jour et d'inspiration traditionnelle. De quoi se laisser séduire, d'autant que contrairement aux plats, les prix ne font pas d'étincelles...

𝄢 L'Ambroisie

103 r. Marcel-Paul, (rd-pt de l'Europe), par ③ *–* ✆ *03 85 38 12 21*
– www.lambroisie.fr – Fermé dim.
Formule 15 € – Menu 18 € (déj. en semaine), 25/58 € – Carte 35/70 €
Rouelles de volaille et risotto, escargots de Bourgogne en persillade, etc. La carte est "bistronomique" – comme le revendique le jeune patron – et évolue en fonction des saisons. Côté service, amabilité et attention sont de mise dans ce décor chaleureux et plutôt soigné.

MÂCON

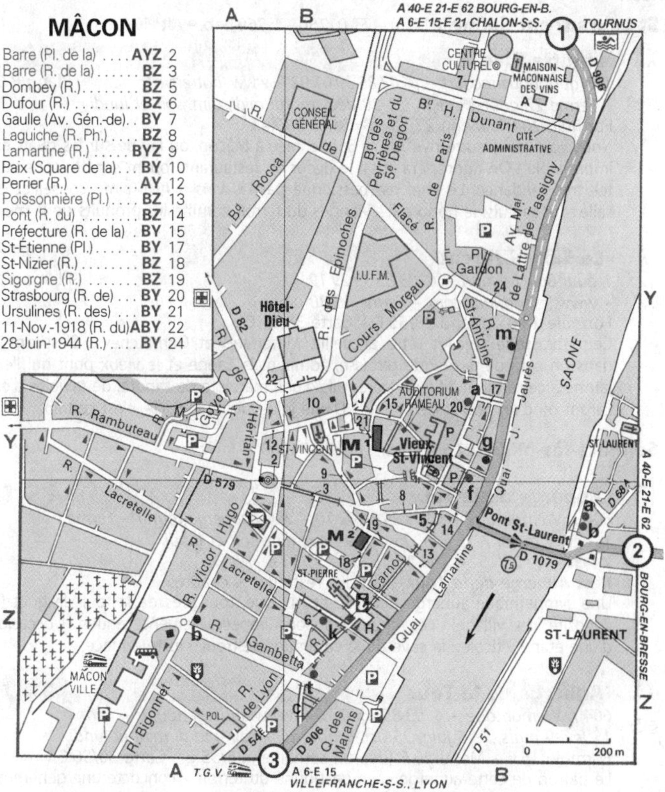

✗ L'Ardoise

19 r. Franche – ℰ 03 85 31 62 26 – Fermé 9-24 août,   Plan : BY**f**
1ᵉʳ-13 janv., dim. et lundi
Menu 15 € (déj.)/32 € – Carte 30/40 €
Les produits régionaux sont ici à l'honneur ! Aux manettes, le chef, Stéphane Che-
vauchet, concocte avec maîtrise toute une série de jolis plats du terroir, du jambon persillé à la cassolette de poulet de Bresse, en passant par le tournedos charolais… Le service est soigné et plein de gentillesse.

✗ Ma Table en Ville ⓝ

50 r. de Strasbourg – ℰ 03 85 30 99 91   Plan : BY**a**
*– www.matableenville.fr – Fermé 1 semaine vacances de Noël, lundi soir, mardi
soir et merc. soir sauf juil.-août, sam. et dim.*
Formule 19 € – Menu 25/55 € – Carte 35/50 €
Voilà peut-être l'archétype du bistrot du XXIᵉ s. Dans un intérieur urbain et sobre,
avec son éclairage composé d'ampoules suspendues à une ancienne tuyauterie,
on choisit son plat et son vin sur une… tablette ! Le chef, épaulé par son épouse,
a le souci du bon produit et réalise une cuisine séduisante et goûteuse.

Se régaler sans se ruiner ? Repérez les Bib Gourmand ⊕. Ils vous aideront à
dénicher les bonnes tables sachant marier cuisine de qualité et prix ajustés !

à St-Laurent-sur-Saône (01Ain) – ⊠ 01750 – 1 760 hab. – Alt. 176 m

XX **L'Autre Rive**   ≤ ⅍

143 quai Bouchacourt – ℰ 03 85 39 01 02 – www.lautrerive.fr   Plan : BZ**a**
– Fermé 22 août-1ᵉʳ sept., 21-30 déc., mardi midi, dim. soir et lundi
Formule 20 € – Menu 27/41 € – Carte 30/44 €
Nous voici sur "l'autre rive" de la Saône, face à Mâcon, où la vue sur les quais est
imprenable ! On appréciera aussi le décor du restaurant, jouant sur des tons pastel, très tendance. Le chef est passionné par les vins – qu'il aime conseiller en
salle – et sa cuisine honore les viandes du terroir comme les produits de la mer.

X **Le Saint-Laurent**   ≤ 🏠

1 quai Bouchacourt – ℰ 03 85 39 29 19   Plan : BZ**b**
– www.lespritblanc.com – Fermé 15-30 nov.
Formule 18 € – Menu 28/55 € – Carte 38/61 €
Cette brasserie chic et rétro accueillit Mitterrand et Gorbatchev ! S'assirent-ils
dans un coin de la grande terrasse, admirant la Saône et le vieux pont qui l'enjambe à cet endroit ? Se régalèrent-ils d'une matelote de sandre, de ravioles d'escargot ou d'un poulet de Bresse ? D'une jolie cuisine canaille, c'est certain.

à Sennecé-lès-Mâcon 7,5 km par ① – ⊠ 71000

🏠 **Auberge de la Tour**   ⅠⓄ ⅍ 🛜 ⅍ 🅿

604 r. Vrémontoise – ℰ 03 85 36 02 70 – www.auberge-tour.fr – Fermé
15 fév.-9 mars, 7-15 juin, 25 oct.-9 nov., dim. soir et lundi
24 ch – ♦125/152 € ♦♦125/152 € – ⌣ 11 € – ½ P
Rest *Auberge de la Tour* – voir les restaurants ci-après
Une sympathique auberge familiale et rustique, tout près de la tour de guet (la
curiosité du village). Les chambres sont impeccablement tenues. L'occasion
d'une étape viticole : la cave de la commune se trouve juste en face.

XX **Auberge de la Tour**   ⅏ 🏠 🅿

⊝ *604 r. Vrémontoise* – ℰ 03 85 36 02 70 – www.auberge-tour.fr – Fermé
15 fév.-9 mars, 7-15 juin, 25 oct.-9 nov., dim. soir, mardi midi et lundi
Formule 15 € – Menu 20 € (déj. en semaine), 26/55 € – Carte 30/56 €
Le patron de cette auberge – un passionné du terroir – concocte une généreuse
cuisine régionale, et l'établissement a tout le charme d'une vieille maison de province. Volaille de Bresse, civet de lièvre et autre pigeonneau en crapaudine s'accompagnent d'un beau choix de vins du Mâconnais.

à Crèches-sur-Saône 8 km au Sud par ③ et N 6 – ⊠ 71680
– 2 897 hab. – Alt. 180 m

🏠 **Hostellerie du Château de la Barge**   ⅠⓄ ⬧ 🛏 ⅏ ⅍ ⅍ 🛜 ⅍ 🅿
rte des Bergers, 1 km au Nord-Ouest par D89 – ℰ 03 85 23 93 23   🅿
– www.chateaudelabarge.fr – Fermé 23-27 déc.
22 ch – ♦90/120 € ♦♦120/180 € – 3 suites – ⌣ 15 € – ½ P
Rest *Hostellerie du Château de la Barge* – voir les restaurants ci-après
Cette vaste demeure du 17ᵉ s. est cernée par un joli parc avec piscine, au pied
des vignes. On vient s'y reposer dans une atmosphère qui balance entre classicisme et modernité, les chambres étant décorées dans un esprit contemporain.
Une association de styles atypique.

XX **Hostellerie du Château de la Barge**   🏠 🏠 ⅍ ⅍ 🅿
rte des Bergers, 1 km au Nord-Ouest par D89 – ℰ 03 85 23 93 23
– www.chateaudelabarge.fr – Fermé 23-27 déc.
Formule 20 € ⅌ – Menu 23/92 € ⅌ – Carte 57/88 €
Les deux chefs de cet élégant restaurant se mettent en quatre pour interpréter
les classiques de la gastronomie du terroir. Au menu par exemple : tarte fine aux
escargots ail et persil, risotto de homard, gaufrettes mâconnaises... et un beau
choix de pouilly-fuissé.

à Chevagny-les-Chevrières 7 km à l'Ouest par D 17 et D 194 – ⊠ 71960
– 598 hab. – Alt. 230 m

✗ **L'Arbre Blanc** &

*pl. de l'Église – ℰ 03 85 40 63 26 – www.restaurant-alexandre-blanc.e-monsite.com
– Fermé merc. midi, dim. soir, lundi et mardi*
Menu 30 € (déj. en semaine)/48 € *(réservation conseillée)*
Un restaurant chic et convivial, tout habillé de blanc. Dans les assiettes : finesse, tradition et créativité sont au rendez-vous, au gré d'un menu unique renouvelé chaque mois. Accueil charmant... tout comme l'ensemble de l'adresse !

à Fuissé 8,5 km au Sud-Ouest par D 172 puis D 54 – ⊠ 71960 – 369 hab. – Alt. 290 m

✗✗ **L'O des Vignes** 🍴

r. du Bourg – ℰ 03 85 38 33 40 – www.lodesvignes.com – Fermé vacances de la Toussaint, mardi et merc.
Menu 27 € (déj. en semaine)/69 € – Carte environ 55 €
D'abord la grande cour fermée, avec ses arbres centenaires portant leur ombre sur la terrasse, puis cette belle maison du début du 20e s., typique de la région : l'endroit est charmant. Dans une salle moderne et spacieuse, on déguste une cuisine actuelle, évoluant selon les saisons et le marché. Une belle expérience !

LA MADELAINE-SOUS-MONTREUIL – 62 (Pas-de-Calais) → voir Montreuil

MADIRAN

⊠ 65700 (Hautes-Pyrénées) – 441 hab. – Alt. 125 m – Voir carte n°**28**-A2
◪ Paris 753 km – Pau 51 km – Tarbes 41 km – Toulouse 154 km
Carte Michelin 342-L1

✗✗ **Le Prieuré** avec ch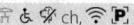

4 r. de l'Église – ℰ 05 62 31 44 52 – www.leprieure-madiran.fr – Fermé 2-15 janv., dim. soir, mardi midi et lundi sauf juil.-août
9 ch – ♦80/90 € ♦♦80/140 € – ⌑ 12 € – ½ P
Formule 20 € – Menu 31 € (dîner)/47 €
Cet ancien monastère du 11e s. abrite un restaurant au décor élégant (tons chocolat et vanille, toiles contemporaines, terrasse ombragée, etc.), mais aussi la maison des vins de Madiran. Des crus tout indiqués pour accompagner une cuisine qui honore les produits de la région avec finesse et originalité.

MAFFLIERS

⊠ 95560 (Val-d'Oise) – 1 691 hab. – Alt. 145 m – Voir carte n°**18**-B1
◪ Paris 29 km – Beaumont-sur-Oise 10 km – Beauvais 53 km – Compiègne 73 km
Carte Michelin 305-E6

🏨 **Novotel** 🍴◎ ⌖ 🖥 ✗ 🛗 🛜 🏋 P

allée des Marronniers – ℰ 01 34 08 35 35 – www.novotel.com
99 ch – ♦99/210 € ♦♦99/210 € – ⌑ 16 €
Dans un parc au grand calme, des chambres fonctionnelles et confortables, situées dans une annexe ouverte sur la verdure. La demeure principale de cet ancien domaine du 18e s. abrite le restaurant, des salles de séminaire et un couloir de nage.

MAGAGNOSC – 06 (Alpes-Maritimes) → voir Grasse

MAGALAS

⊠ 34480 (Hérault) – 3 120 hab. – Alt. 115 m – Voir carte n°**22**-B2
◪ Paris 755 km – Béziers 54 km – Montpellier 17 km – Narbonne 82 km
Carte Michelin 339-E8

✗ **Ô. Bontemps** 🍴 🌳 AC ⇔

*12 pl. Vieille, (pl. de l'Église) – ℰ 04 67 36 20 82 – www.o-bontemps.com
– Fermé 1 semaine en mars, 1 semaine en mai, 1er-15 sept., 1er-15 janv., mardi midi, merc. midi, jeudi midi, dim., lundi et fériés*
Menu 40/100 € *(réservation conseillée)*
Sympathique restaurant tenu par un jeune chef qui a autant l'instinct du produit que le sens du spectacle (admirez sa découpe des viandes en salle !). Réservation nécessaire...

LA MAGDELEINE – 16 (Charente) → voir Barbézieux-St-Hilaire

MAGESCQ

✉ 40140 (Landes) – 1 894 hab. – Alt. 28 m – Voir carte n°**3-B2**
🚗 Paris 722 km – Bayonne 45 km – Biarritz 52 km – Castets 13 km
Carte Michelin 335-D12 – Guide Vert Michelin Aquitaine

🏨🏨🏨   Relais de la Poste   🍴 🍸 🐟 🍽 ⛱ 🏊 🎬 📶 🏖 🅿 🚗

24 av. de Maremme – 🕾 *05 58 47 70 25 – www.relaisposte.com – Fermé*
11 nov.-18 déc., 3-15 janv., lundi et mardi du 15 janv. au 30 mars
14 ch – 🛏220/520 € 🛏🛏220/520 € – 2 suites – ⌑ 25 € – ½ P
Rest *Relais de la Poste* ✿✿ – voir les restaurants ci-après
Des tapis de fleurs, un verger, des ceps de vignes, de belles allées de pins, une superbe piscine... On ne se lasse pas de ce parc de 8 ha, ni des chambres d'ailleurs, spacieuses et très confortables. Un castel landais plein de caractère.

🍴🍴🍴   Relais de la Poste (Jean Coussau)   🍷 🍽 🎬 🔄

✿✿   *24 av. de Maremme –* 🕾 *05 58 47 70 25 – www.relaisposte.com – Fermé*
11 nov.-18 déc., 3-15 janv., jeudi midi en juil.-août, mardi sauf le soir en juil.-août et lundi
Menu 57 € (semaine), 87/119 € – Carte 102/120 € *(réservation conseillée)*
Une valeur très sûre : de père en fils, on cultive ici le classicisme de main de maître. Une partition exécutée dans les règles de l'art, au service de produits superbes et de saveurs pleines de naturel. Pour un grand repas, face à la pinède.
→ Foie gras de canard chaud aux raisins. Suprême de palombe rôti, cuisses en salmis et cèpes à la pointe d'échalote. Soufflé à l'armagnac, glace aux pruneaux.

🍴   Côté Quillier   🍽 🎬 🎬 🅿

26 av. de Maremme – 🕾 *05 58 47 79 50 – www.relaisposte.com – Fermé*
11 nov.-18 déc. et 3-15 janv.
Formule 21 € 🍷 – Menu 24/34 € – Carte 27/44 €
Un élégant bistrot, entièrement dévolu à une bonne cuisine du marché ! Croustillant de pied de cochon, boudin noir sauce moutarde et purée de pommes de terre agria, tiramisu de fruits rouges, etc. On se régale sur la terrasse, avant de rejoindre le jardin où vous attend un jeu... de quilles. Ambiance conviviale.

MAGNAC-BOURG

✉ 87380 (Haute-Vienne) – 1 124 hab. – Alt. 444 m – Voir carte n°**24-B2**
🚗 Paris 419 km – Limoges 31 km – St-Yrieix-la-Perche 28 km – Uzerche 28 km
Carte Michelin 325-F7 – Guide Vert Michelin Limousin Berry

🏨   Auberge de l'Étang   🍴 🍽 📶 🏖

9 rte de la Gare – 🕾 *05 55 00 81 37 – www.aubergedeletang.com*
– Fermé 23 fév.-9 mars, 9 nov.-7 déc., dim. soir et lundi de sept. à juin
14 ch – 🛏54/67 € 🛏🛏54/67 € – ⌑ 9 €
Au bord d'un étang, un petit hôtel-restaurant engageant et bien pratique pour une étape sur la route des vacances (l'autoroute n'est qu'à 1 km). Les chambres sont bien tenues, l'accueil sympathique et les enfants apprécieront la piscine !

MAGNY-LE-HONGRE – 77 (Seine-et-Marne) → voir Paris, Environs (Marne-la-Vallée)

MAÎCHE

✉ 25120 (Doubs) – 4 380 hab. – Alt. 777 m – Voir carte n°**17-C2**
🚗 Paris 498 km – Besançon 75 km – Belfort 60 km – Montbéliard 42 km
Carte Michelin 321-K3 – Guide Vert Michelin Franche-Comté Jura

à Mancenans-Lizerne 2,5 km à l'Est par D 464 et D 272 – ✉ 25120
– 186 hab. – Alt. 720 m

🍴🍴   Au Coin du Bois   🍽 🎬 🅿

🔄   *4 r. Sous-le-Rang, La Lizerne –* 🕾 *03 81 64 00 55 – www.restaurant-aucoindubois.com*
– Fermé 1er-9 fév., 28 juil.-10 août, 3-9 nov., merc. soir et lundi
Menu 17 € 🍷 (déj. en semaine), 26/50 € – Carte 31/69 €
Un joli chalet, à la fois simple et soigné, entouré de sapins et avec une agréable terrasse. Le jeune chef signe une cuisine soignée, réalisée avec de bons produits frais.

MAILLANE – 13 (Bouches-du-Rhône) → voir St-Rémy-de-Provence

MAISONNAIS
✉ 18170 (Cher) – 240 hab. – Alt. 204 m – Voir carte n°**12-C3**
▶ Paris 308 km – Bourges 60 km – Châteauroux 52 km – Orléans 182 km
Carte Michelin 323-J7

🏠 La Maison d'Orsan 〔10〕 ⅛ ≤ 📶 🐾 🅿
Prieuré Notre-Dame-d'Orsan, 5 km au Nord – ☏ 02 48 56 27 50
– www.prieuredorsan.com – Ouvert 1er avril-31 oct.
6 ch – ☗125/197 € ☗☗245/395 € – ⬜ 20 € – ½ P
Rest *La Maison d'Orsan* – voir les restaurants ci-après
Délicieuse étape dans un prieuré du 12e s. Plus qu'une maison de caractère, c'est avant tout un superbe jardin monastique avec – accessoirement – des chambres sobres et raffinées, comme aime le dire le propriétaire... Exquis et romantique !

🍴🍴 La Maison d'Orsan 📶 🔊 🐾 🅿
Prieuré Notre-Dame-d'Orsan, 5 km au Nord – ☏ 02 48 56 27 50
– www.prieuredorsan.com – Ouvert 1er avril-31 oct. et fermé le midi
Menu 74 €
Un endroit plein de charme, champêtre et hors du temps... On savoure ici un menu unique mettant en avant les produits du terroir, du potager et du marché. Frais et goûteux !

MAISONS-ALFORT – 94 (Val-de-Marne) → voir Paris, Environs

MAISONS-LAFFITTE – 78 (Yvelines) → voir Paris, Environs

MAISONS-LÈS-CHAOURCE – 10 (Aube) → voir Chaource

MALAUCÈNE
✉ 84340 (Vaucluse) – 2 683 hab. – Alt. 333 m – Voir carte n°**40-B2**
▶ Paris 673 km – Avignon 45 km – Carpentras 18 km – Vaison-la-Romaine 10 km
Carte Michelin 332-D8 – Guide Vert Michelin Provence

🏠 Le Domaine des Tilleuls sans rest 📶 🔊 🐾 🅿
rte du Mont-Ventoux – ☏ 04 90 65 22 31 – *www.hotel-domainedestilleuls.com*
– Ouvert de mars à nov.
19 ch – ☗75/110 € ☗☗75/110 € – ⬜ 13 €
Une magnanerie du 18e s. décorée dans le style provençal et très appréciée des randonneurs. Préférez les chambres donnant sur le parc planté de platanes et de... tilleuls !

🍴 La Chevalerie 📶 🔊
53 pl. de l'Église, (Les Remparts) – ☏ 04 90 65 11 19 – *www.la-chevalerie.net*
– Fermé 1er-15 déc., 2-15 janv., mardi et merc. de janv. à mars, dim. soir et lundi
Formule 19 € – Menu 31 € – Carte 39/53 € *(réservation conseillée)*
Près de l'église, une imposante bâtisse du 16e s. au charme simple : jardin de curé abondamment fleuri, terrasse couverte de glycine, décor provençal (chaises paillées, crépis ocre, etc.). Sans chichis, le chef joue la carte de la générosité : pissaladière de rouget, pieds et paquets, confit d'agneau en croûte d'herbes...

MALBUISSON
✉ 25160 (Doubs) – 716 hab. – Alt. 900 m – Voir carte n°**17-C3**
▶ Paris 456 km – Besançon 74 km – Champagnole 42 km – Pontarlier 16 km
Carte Michelin 321-H6 – Guide Vert Michelin Franche-Comté Jura

🏠 Le Lac 〔10〕 ≤ 📶 🔊 🎛 🐾 🅿 ☕
65 Grande-Rue – ☏ 03 81 69 34 80 – *www.hotel-le-lac.fr – Fermé 12 nov.-12 déc.*
53 ch – ☗56/72 € ☗☗68/132 € – 3 suites – ⬜ 12 € – ½ P
Postée sur la rue principale de Malbuisson, cette imposante maison cache un jardin qui descend vers le lac... L'établissement est dans la même famille depuis trois générations et ne cesse d'évoluer, mêlant esprit rétro et modernité – le tout fort bien tenu. Copieux petit-déjeuner, pâtisseries maison au salon de thé, fondues et raclettes au bien nommé Restaurant du Fromage.

La Poste 🔟 ✗ 🛜 P

61 Grande-Rue – 𝒞 03 81 69 79 34 – www.hotel-le-lac.fr – Fermé 12 nov.-12 déc.
10 ch – †49 € ††54/62 € – � 12 € – ½ P

Un sympathique petit hôtel familial, dont les chambres arborent un style champêtre, une partie donnant sur le lac de St-Point, bien au calme. Cuisine du terroir au
restaurant.

Beau Site sans rest ✗ 🛜 P

67 Grande-Rue – 𝒞 03 81 69 70 70 – www.hotel-le-lac.fr – Fermé 12 nov.-12 déc.
17 ch – †38/52 € ††52 € – ⊠ 12 €

Surplombant le lac St-Point, ce beau bâtiment d'architecture italienne abrite des
chambres simples et fonctionnelles. On y propose de nombreux services bien utiles : parking privé, local à vélos, piscine... et bibliothèque !

Le Bon Accueil (Marc Faivre) avec ch 🎖 ⇦ & ✗ 🛜 P 🚗

32 Grande-Rue – 𝒞 03 81 69 30 58 – www.le-bon-accueil.fr
*– Fermé 29 juin-8 juil., 26 oct.-12 nov., 14 déc.-13 janv., dim. soir sauf août,
mardi midi et lundi*
13 ch – †90/105 € ††90/140 € – ⊠ 13 € – ½ P
Formule 27 € ♈ – Menu 41/80 € – Carte 74/96 €

Bon accueil et art de recevoir depuis quatre générations ! On fait une belle étape
dans cette maison régionale, chaleureuse et confortable. À l'heure des repas, plaisirs de haute gastronomie : Marc Faivre signe une cuisine fine et savoureuse, où
le terroir révèle une belle fraîcheur.

→ Gaudes façon gnocchis au vieux comté. Rouelle de poulet au vin jaune et aux
morilles. Poêlée de fruits de saison, cannelloni croustillant au macvin.

aux Granges-Ste-Marie 2 km au Sud-Ouest – ⊠ 25160

Auberge du Coude 🔟 ⇦ & 🛜 P

1 r. du Coude – 𝒞 03 81 69 31 57 – www.aubergeducoude.com
– Fermé 7 nov.-20 déc.
11 ch – †70/90 € ††75/95 € – ⊠ 10 € – ½ P

Lovée près d'un coude du lac de St-Point, cette maison en pierre (1826) s'intègre
tout naturellement au paysage verdoyant du haut Doubs. Les chambres sont simples et bien tenues. Nature autant que chaleureux !

LA MALÈNE

⊠ 48210 (Lozère) – 162 hab. – Alt. 450 m – Voir carte n°**23**-C1
▶ Paris 609 km – Florac 41 km – Mende 41 km – Millau 44 km
Carte Michelin 330-H9

au Nord-Est 5,5 km sur D 907bis –⊠48210 Ste Énimie

Château de la Caze 🔟 ⊗ ⇐ ⇦ 🗵 🎢 & 🛜 P

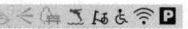

rte des Gorges-du-Tarn – 𝒞 04 66 48 51 01 – www.chateaudelacaze.com
– Ouvert d'avril à début nov. et fermé merc. et jeudi en oct.
9 suites – ††190/280 € – 7 ch – ⊠ 16 € – ½ P
Rest *Château de la Caze* – voir les restaurants ci-après

Sur les rives du Tarn, un superbe château fortifié construit au 15ᵉ s. Mobilier
ancien, tours crénelées, baldaquins et vieilles pierres : rien ne manque ! Une
atmosphère résolument châtelaine au cœur d'une nature préservée.

Château de la Caze 🎖 ⇦ 🎋 ✗ ⇔ P

rte des gorges-du-Tarn – 𝒞 04 66 48 51 01 – www.chateaudelacaze.com
– Ouvert d'avril à début nov. et fermé merc. et jeudi en oct.
Menu 38 € (déj. en semaine), 48/72 € – Carte 54/73 €

Dans l'ancienne chapelle de ce divin château, place aux nourritures terrestres ! On
y apprécie une cuisine pleine de finesse, valorisant les produits frais du terroir (et
quelques légumes du potager)... et rehaussée de très bons vins du Languedoc-
Roussillon.

MALICORNE-SUR-SARTHE

✉ 72270 (Sarthe) – 1 971 hab. – Alt. 39 m – Voir carte n°**35**-C2
◻ Paris 236 km – Château-Gontier 52 km – La Flèche 16 km – Le Mans 32 km
Carte Michelin 310-I8 – Guide Vert Michelin Pays de la Loire

✗ **La Petite Auberge** 🛆 ✿

*5 pl. Duguesclin – ☎ 02 43 94 80 52 – www.petite-auberge-malicorne.fr – Fermé
23 déc.-28 fév., le soir sauf sam. de sept. à avril, mardi soir en mai et juin et lundi*
Formule 21 € – Menu 32/59 € – Carte 41/53 €
L'été, on s'attable en terrasse, à fleur d'eau, et l'hiver, on se réfugie auprès de la
belle cheminée du 13ᵉ s., dans un cadre délicieusement vieille France. Mousseline
de lotte et merlu, selle d'agneau aux légumes de saison : une petite auberge
comme on les aime, où la tradition domine...

MALLEMORT

✉ 13370 (Bouches-du-Rhône) – 6 208 hab. – Alt. 120 m
◻ Paris 723 km – Avignon 45 km – Marseille 72 km – Nîmes 96 km
Carte Michelin 340-G3

🏛🏛🏛 **Moulin de Vernègues** ⓝ ⏺ 🛆 🛆 🛋 🕸 🖪 🗄 🛗 🛗 ⚟ 🛋 🅿

*Domaine et golf de Pont-Royal – ☎ 04 90 59 12 00
– www.moulindevernegues.com – Fermé janv. à mi-mars*
100 ch – †139/399 € ††139/399 € – ⏛ 15 € – ½ P
Adossé au golf du Pont-Royal, cet ancien moulin à grain abrite des chambres
sobres et fonctionnelles, dont certaines ont gardé le cachet de l'ancien (vieilles
pierres). Le joli spa avec sauna et hammam, ainsi que l'espace fitness, en font
une étape très appréciable.

MALLING

✉ 57480 (Moselle) – 582 hab. – Alt. 158 m – Voir carte n°**26**-B1
◻ Paris 352 km – Luxembourg 35 km – Metz 43 km – Trier 63 km
Carte Michelin 307-I2

à Petite Hettange 1 km à l'Est sur D 654 – ✉ 57480

✗✗ **Olmi** 🛆 🍽 🅿

*11 rte Nationale – ☎ 03 82 50 10 65 – www.olmi-restaurant.fr – Fermé dim.
soir, lundi et mardi*
Menu 25 € (déj. en semaine), 45/67 € – Carte 52/70 €
Oubliez le relais routier, vous êtes désormais dans une auberge contemporaine. Le
chef élabore une carte volontairement réduite, d'esprit classique, influencée
par ses origines italiennes. Autre agrément : la terrasse sous les arbres !

MALO-LES-BAINS – 59 (Nord) → voir Dunkerque

MANCENANS-LIZERNE – 25 (Doubs) → voir Maîche

MANCEY – 71 (Saône-et-Loire) → voir Tournus

MANCIET – 32 (Gers) → voir Nogaro

MANDELIEU

✉ 06210 (Alpes-Maritimes) – 22 004 hab. – Alt. 4 m – Voir carte n°**42**-E2
◻ Paris 890 km – Brignoles 86 km – Cannes 9 km – Draguignan 53 km
Carte Michelin 341-C6 – Guide Vert Michelin Côte d'Azur

Plan page 933

 Les Bruyères sans rest 🛋 🛗 ⚟ 🅿

1400 av. de Fréjus – ☎ 04 93 49 92 01 Plan : Y**h**
– www.hotellesbruyeres.net – Fermé 2-31 janv.
14 ch – †73/105 € ††73/105 € – ⏛ 9 €
Sur la N 7 et non loin de la plage et du golf, un petit hôtel récent avec des studios et des chambres fonctionnelles et bien tenues. Petit plus : la bonne insonorisation.

La Napoule – ⊠ 06210

⛪️ **Pullman Royal Casino** ⅟⃝ ⪉ 🛗 Ẽ 🍽 📶 ♿ 🄰 🛜 🕸 **P**
605 av. Gén.-de-Gaulle, D 6098 – ☎️ *04 92 97 70 00* Plan : Z**a**
– www.pullman-mandelieu.com
213 ch – 🜚179/760 € 🜚🜚179/760 € – 2 suites – ⊑ 23 €
Hors saison, c'est l'hôtel idéal pour le business et lorsqu'arrivent les beaux jours, c'est une possibilité d'hébergement grand confort. Les chambres sont modernes et plaisantes, la piscine et la plage sont sympathiques ; sur la terrasse du restaurant, face à la mer, on déguste de belles recettes méditerranéennes !

⛪️ **Villa Parisiana** sans rest 📶
152 r. de l'Argentière – ☎️ *04 93 49 93 02* Plan : Z**d**
– www.villaparisiana.com – Fermé 20 nov.-26 janv.
13 ch – 🜚52/78 € 🜚🜚52/78 € – ⊑ 8 €
Une villa 1900, située dans le quartier résidentiel du château. Les chambres sont certes petites mais fonctionnelles et à prix raisonnables. Reste l'ambiance, familiale à souhait. Le tout à proximité du port.

𝕏𝕏𝕏𝕏 **L'Oasis** (Stéphane, Antoine et François Raimbault) 🅑 🍴 🄰 ⇔ ⌂
💠💠 *r. J.-H.-Carle –* ☎️ *04 93 49 95 52 – www.oasis-raimbault.com* Plan : Z**r**
– Fermé de mi-déc. à mi-janv., dim. et lundi
Formule 43 € – Menu 61 € (déj.), 98/242 € – Carte 145/215 €
Luxuriant patio, cadre élégant, délicieuses recettes méridionales aux accents orientaux, caravane des desserts, ateliers gourmands (cuisine, pâtisserie, œnologie) : cette oasis fraternelle n'a rien d'un mirage !
→ Soleil levant de poisson cru "Souvenir d'Osaka". Loup en croûte dorée exquisé d'estragon. Caravane des desserts.
Le Bistrot l'Étage 😊 – voir les restaurants ci-après

𝕏𝕏 **Les Bartavelles** 🍴
1 pl. du Château – ☎️ *04 93 49 95 15* Plan : Z**f**
– www.restaurantlesbartavelles.com – Fermé vacances de la Toussaint, mardi et merc. sauf juil.-août
Formule 22 € – Menu 30/46 €
Le restaurant fait face au château de La Napoule. Derrière les fourneaux, le chef propose une généreuse cuisine traditionnelle. Côté ambiance, vous avez le choix entre la terrasse sous les platanes ou la salle ornée de peintures colorées.

𝕏𝕏 **La Brocherie** 🅑 ⪉ 🍴
11 av. Henri-Clews, (au port) – ☎️ *04 93 49 80 73* Plan : Z**g**
– www.restaurantlabrocherie.com
Menu 40 € – Carte 58/92 €
Une bonne adresse de poissons et fruits de mer ; les premiers arrivent de l'Atlantique ou de la pêche locale, les seconds sont fournis par l'un des meilleurs écaillers. La vue de la terrasse est vraiment magnifique !

𝕏𝕏 **La Pomme d'Amour** 🍴 🄰
209 av. du 23-Août – ☎️ *04 93 49 95 19* Plan : Z**u**
– www.lapommedamour-restaurant.com – Fermé 27 nov.-27 déc., mardi midi, jeudi midi et lundi
Formule 26 € – Menu 35/60 € – Carte 49/73 €
Derrière la façade fleurie de cette maison du centre de La Napoule, tout près de la gare, on apprécie de bonnes recettes traditionnelles. En cuisine, c'est la patronne qui officie. Sa spécialité ? Un menu "homard".

𝕏𝕏 **La Rotonde** ⪉ 🄰
391 av. du 23-Août – ☎️ *04 93 49 82 60* Plan : Z**h**
– www.restaurantlarotonde.com – Fermé 2 semaines en mars, lundi soir, mardi soir et merc. sauf en juil.-août
Formule 20 € – Menu 30/60 € – Carte 41/74 €
Un restaurant central dont la salle donne sur la mer et le massif de l'Esterel. Les produits sont très frais et la cuisine, traditionnelle, a des accents méditerranéens à l'image du bien nommé menu "Saveurs de Provence".

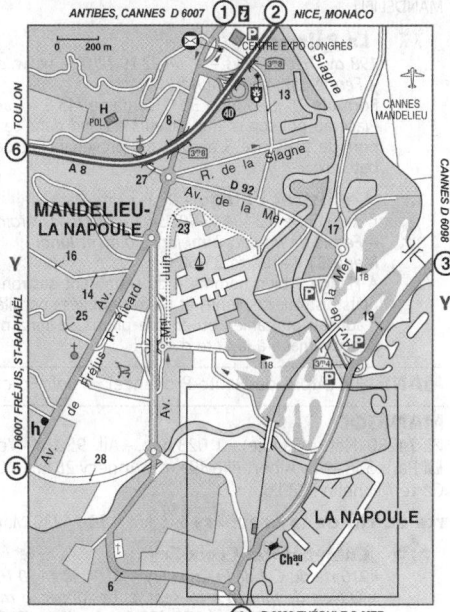

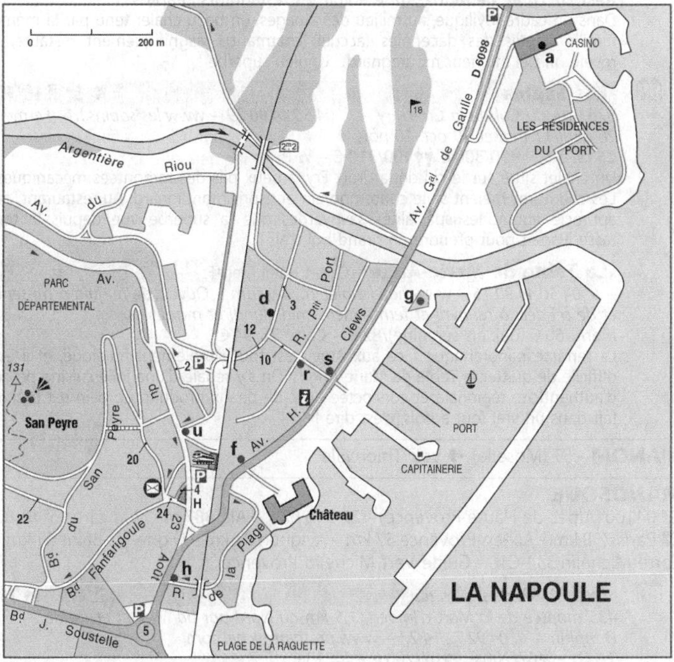

XX **La Palméa** ⒶⒸ

198 av. Henri-Clews – ℰ 04 92 19 22 50 – www.lapalmea.com — Plan : Z**s**
– Fermé dim. soir et lundi
Formule 25 € – Menu 33 € (semaine)/43 € – Carte 51/71 €
Place au poisson et aux saveurs du Sud dans ce restaurant situé sur l'avenue du port de plaisance. L'accueil est prévenant, et de la véranda, on contemple les bateaux.

X **Le Bistrot l'Étage** – Restaurant L'Oasis ⒶⒸ
☺
r. J.-H.-Carle – ℰ 04 93 49 95 52 – www.oasis-raimbault.com — Plan : Z**r**
– Fermé de mi-déc. à mi-janv., dim. et lundi
Menu 31 € – Carte 35/58 €
À l'Étage – bien nommé – du restaurant gastronomique L'Oasis, on se régale de plats bistrotiers soignés et parfois oubliés : persillé de canard aux lentilles, navarin d'agneau printanier, ou encore pluma de pata negra et légumes de saison... Un bel hommage à la Côte d'Azur !

MANE – 04 (Alpes-de-Haute-Provence) → voir Forcalquier

MANIGOD

✉ 74230 (Haute-Savoie) – 1 023 hab. – Alt. 950 m – Voir carte n°**46**-F1
🄳 Paris 558 km – Albertville 39 km – Annecy 25 km – Chamonix-Mont-Blanc 67 km
Carte Michelin 328-L5

rte du col de la Croix-Fry 5 ,5 km - ✉ 74230 Manigod

⛛⛛⛛ **Chalet Hôtel Croix-Fry** ⅠO ⌂ ⩽ ⌂ ⌶ 중 ⅍ P̲

4910 rte du Col de la Croix Fry – ℰ 04 50 44 90 16 – www.hotelchaletcroixfry.com
– Ouvert de mi-juin à mi-sept. et de mi-déc. à mi-avril
8 ch – ♦160/170 € ♦♦170/490 € – 1 suite – ⌺ 21 € – ½ P
Rest *La Table de Marie-Ange* – voir les restaurants ci-après
Dans un cadre idyllique, au milieu des alpages, un beau chalet tenu par la même famille depuis des décennies (accueil charmant). Magnifiquement restauré, il révèle un bel intérieur montagnard... Un lieu superbe !

⛛⛛ **Les Sapins** ⅠO ⌂ ⩽ ⌸ ⌆ 중 ⅍ P̲

6762 rte du Col de la Croix-Fry – ℰ 04 50 44 90 29 – www.les-sapins.fr – Fermé 28 avril-11 mai et 10 oct.-10 nov.
25 ch ⌺ – ♦90/300 € ♦♦100/310 € – ½ P
Un chalet situé sur le col de la Croix Fry, à deux pas des remontées mécaniques. Les chambres mêlent style contemporain et esprit montagnard. Au restaurant, on apprécie autant les spécialités savoyardes que la superbe vue depuis la terrasse. Parfait pour prendre un grand bol d'air !

XX **La Table de Marie-Ange** – Chalet Hôtel Croix-Fry ⌂ 중 P̲

– ℰ 04 50 44 90 16 – www.hotelchaletcroixfry.com – Ouvert de mi-juin à mi-sept. et de mi-déc. à mi-avril et fermé merc. midi, lundi et mardi
Menu 60 € (déj. en semaine)/82 € – Carte 75/94 €
La terrasse panoramique face aux Aravis est tout simplement magique, et il est difficile de quitter la Table de Marie-Ange... On s'y régale d'une jolie cuisine pétrie d'authenticité régionale et concoctée avec de beaux produits. Le pain est même fait dans un vrai four à bois, c'est dire !

MANOM – 57 (Moselle) → voir Thionville

MANOSQUE

✉ 04100 (Alpes-de-Haute-Provence) – 22 316 hab. – Alt. 387 m – Voir carte n°**40**-B2
🄳 Paris 758 km – Aix-en-Provence 57 km – Avignon 91 km – Digne-les-Bains 61 km
Carte Michelin 334-C10 – Guide Vert Michelin Provence

⌂⌂ **Pré St-Michel** sans rest ⌂ ⌂ ⌶ ⌆ 중 ⅍ P̲

435 montée de la Mort-d'Imbert, 1,5 km au Nord par bd M.-Bret et rte de Dauphin – ℰ 04 92 72 14 27 – www.presaintmichel.com
24 ch – ♦67/200 € ♦♦67/200 € – ⌺ 13 €
Cette bâtisse régionale abrite des chambres spacieuses, de style provençal. Préférez celles avec terrasse privative. En prime, vue sur les toits de Manosque.

🏨 **Le Sud** 🍽 📶 ⚹ 🅰🅲 📶 ⚹🅰 🅿

80 bd Charles-de-Gaulle – 𝒞 04 92 87 78 58 – www.hotel-lesud.com
45 ch – ♦78/135 € ♦♦88/150 € – � 12 € – ½ P

Hôtel d'affaires, idéal pour les séminaires, situé aux portes du vieux Manosque. Les chambres, toutes identiques, et les salons arborent un décor aux accents provençaux. L'esprit du Sud souffle sur le restaurant : couleurs ensoleillées et plats régionaux.

⌂ **Les Monges** sans rest ✎ ⟨ ⇦ ⋢ ⅌ 🅿⇥

*3627 rte d'Apt, 4 km au Nord-Ouest par D 907 et rte secondaire
– 𝒞 04 92 72 68 41 – www.lesmonges.com – Ouvert 26 avril-5 oct.*
5 ch ⊑ – ♦70/85 € ♦♦70/85 €

Une imposante bergerie en pierre sur les hauteurs, au grand calme. Les chambres sont fonctionnelles et bien tenues. Au petit-déjeuner, on apprécie les confitures maison et les œufs de la ferme. Accueil sympathique.

🍴🍴 **Dominique Bucaille** ⟨ ⇦ ⌂ ⅌ 🅰🅲 🅿

✤ *715 av. des Savels – 𝒞 04 92 77 59 37 – www.restaurant-bucaille.com – Fermé de mi-janv. à début fév., dim. soir sauf juil.-août, lundi et mardi sauf fériés*
Menu 48/95 € – Carte 70/86 € *(réservation conseillée)*

Une bastide du 18ᵉ s. sur le site d'anciennes cultures maraîchères... La salle, contemporaine et élégante, la terrasse face au jardin, le potager : tout est charmant. Et plus encore la cuisine, signée par Dominique Bucaille et sa fille, qui mettent très joliment en valeur les saveurs de la Provence.

→ Légumes de Provence en cocotte, huile vierge et truffe du pays. Pigeonneau de Haute-Provence, jus de presse. Tarte au citron de Menton revisitée, glace à l'italienne.

🍴🍴 **Sens et Saveurs** ⌂

☺ *43 bd des Tilleuls – 𝒞 04 92 75 00 00 – www.sensetsaveurs.com
– Fermé 10-25 août, 10-25 janv., lundi soir, jeudi soir et dim.*
Formule 21 € – Menu 28/50 € – Carte 35/45 €

D'abord monastère, puis filature, ensuite entrepôt alimentaire et enfin théâtre : la grande salle voûtée de ce restaurant a traversé les époques sans prendre une ride ! Un lieu de caractère et de charme pour une cuisine méridionale empreinte de personnalité. Ambiance familiale.

à La Fuste 6,5 km au Sud-Est par rte de Valensole – ✉ 04210

🍴🍴🍴 **La Fuste** avec ch ✎ ⇦ ⌂ ⅃ ⚹ ch, 🅰🅲 rest, ⚹🅰 🅿

lieu-dit la Fuste – 𝒞 04 92 72 05 95 – www.lafuste.com – Fermé dim. soir, lundi et mardi en hiver
14 ch – ♦180/200 € ♦♦180/200 € – 1 suite – ⊑ 20 € – ½ P
Menu 45/95 € – Carte 72/110 €

Ne vous fiez pas au nom de ce restaurant ! Ici, point de construction en rondins mais une élégante hostellerie où l'on savoure une cuisine gorgée de saveurs. Dans la salle panoramique ou sur la terrasse, à l'ombre des platanes, les gourmands passent un bon moment. Belles chambres pour prolonger l'étape.

LE MANS

✉ 72000 (Sarthe) – 143 240 hab. – Agglo. 208 807 hab. – Alt. 80 m
– Voir carte n°**35-D1**
◨ Paris 206 km – Angers 97 km – Le Havre 213 km – Nantes 184 km
Carte Michelin 310-K6 – Guide Vert Michelin Pays de la Loire

🏨 **Mercure Centre** sans rest 📶 ⚹ 🅰🅲 ⅌ ⌂ ⚹🅰 ⇨

19 r. Chanzy – 𝒞 02 43 40 22 40 Plan : DX**p**
– www.mercure.com
69 ch – ♦89/175 € ♦♦89/175 € – 4 suites – ⊑ 15 €

Ce bel immeuble néoclassique (19ᵉ s.) abritait autrefois... le siège des Mutuelles du Mans ! Ses garanties ? Un bon niveau de confort, un certain esprit contemporain et du calme, à deux pas de la vieille ville.

LE MANS

Ambroise Paré (R.) . . . . AZ 4
Ballon (R. de) . . . . AZ 6
Bertinière (R. de la) . . . . BZ 10
Brosselette (Bd P.) . . . . AZ 15
Carnot (Bd) . . . . AZ 16
Churchill (Bd W.) . . . . BZ 17
Clemenceau (Bd G.) . . . . BZ 18
Douce-Amie (R. de) . . . . BZ 22
Durand (Av. G.) . . . . BZ 26
Esterel (R. de l') . . . . BZ 30
Flore (R. de) . . . . BZ 31
Gaulle (R. du Gén.-de) . . . . ABZ 36
Géneslay (Av. F.) . . . . ABZ 37
Grande-Maison (R. de la) . . . . AZ 39
Heuzé (Av. O.) . . . . AZ 42
Jean-Jaurès (Av.) . . . . BZ 43
Lefeuvre (Av. H.) . . . . AZ 44
Maillets (R. des) . . . . BZ 46
Mare (CH. de la) . . . . BZ 49
Mariette (R. de la) . . . . BZ 51
Monthéard (Av. de) . . . . BZ 55
Moulin (Av. J.) . . . . BZ 57
Négrier (Bd du Gén.) . . . . . . BZ 58
Néruda (R. Pablo) . . . . BZ 60
Pied-Sec (R. de) . . . . AZ 63
Pointe (R. de la) . . . . AZ 64
Prémartine (Rte de) . . . . BZ 67
Riffaudières (Bd des) . . . . . . AZ 73
Rondeau (R. J.) . . . . AZ 74
Rubillard (Av.) . . . . AZ 78
Schuman (Bd R.) . . . . BZ 80
Victimes du Nazisme (R. des) . . . . BZ 82
Yvré-Levêque (Ch. d') . . . . BZ 87

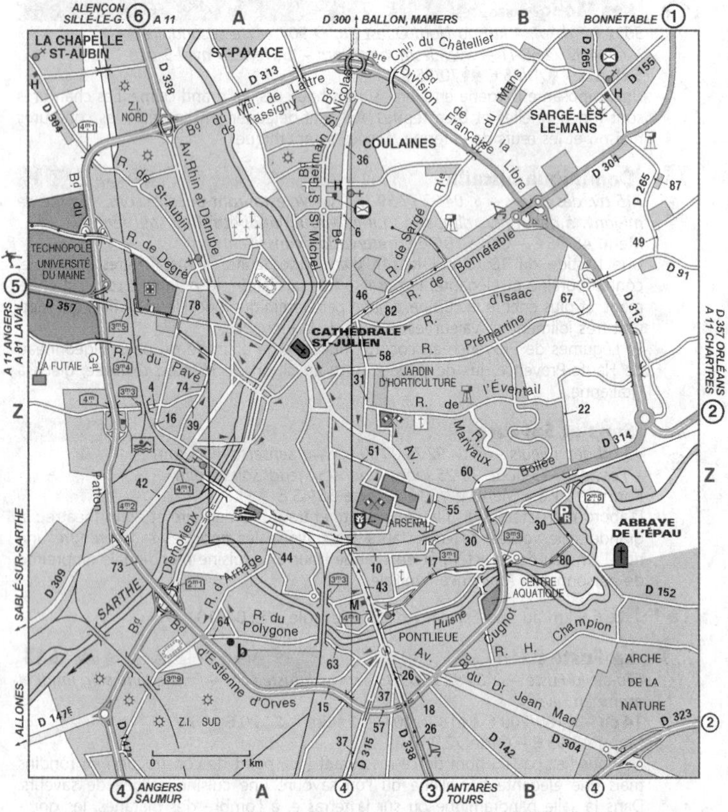

Chantecler sans rest

50 r. de la Pelouse – ✆ 02 43 14 40 00 – www.hotelchantecler.fr Plan : CY**f**
– Fermé 24 déc.-1er janv. et 3 semaines en août
35 ch – †83/99 € ††109/125 € – ☕ 12 €
Un hôtel traditionnel entre gare et centre-ville. Mention spéciale à la salle des petits-déjeuners, aux airs de jardin d'hiver. D'importants travaux de rénovation ont été réalisés dans les chambres sobres et fonctionnelles.

Mercure Batignolles

17 r. de la Pointe – ✆ 02 43 72 27 20 Plan : AZ**b**
– www.mercure-le-mans-batignolles.com
66 ch – †65/125 € ††75/135 € – ☕ 14 € – ½ P
Cet hôtel récent, en périphérie de la ville, se révèle fonctionnel et bien tenu : très commode pour faire étape. Les chambres, rénovées récemment, sont plus grandes dans l'annexe.

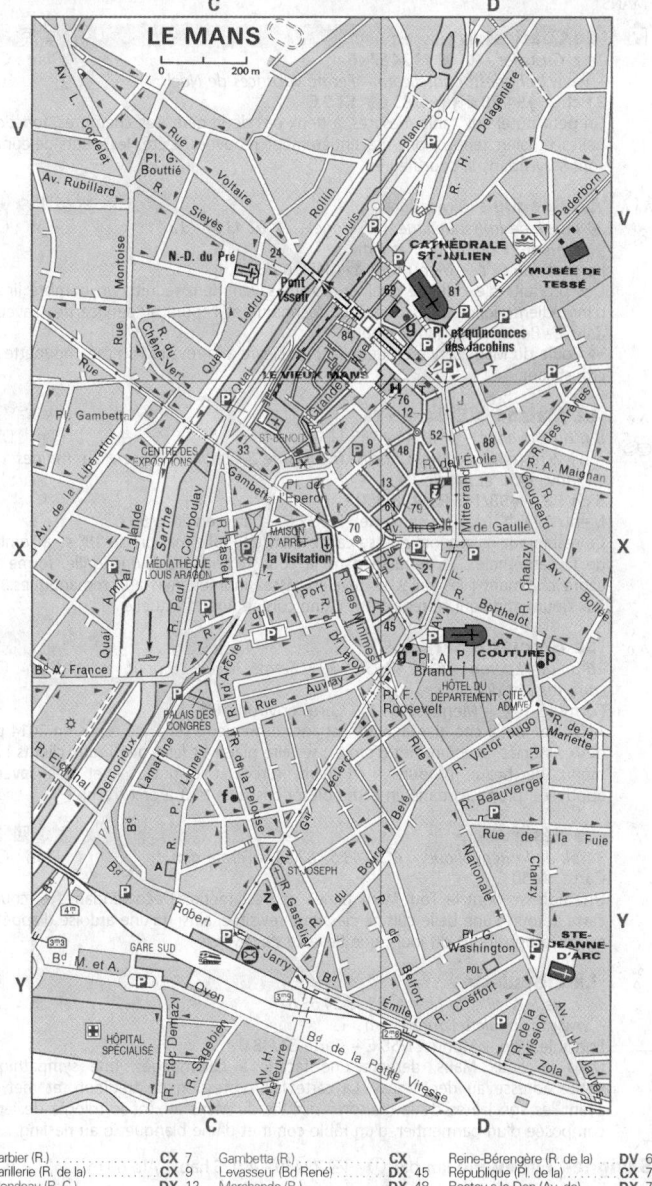

LE MANS

0   200 m

⌂ **Le Charleston** sans rest
18 r. Gastelier – ℰ 02 43 24 87 46 — Plan : CY**z**
– www.lecharlestonhotel.com – Fermé vacances de Noël
31 ch – †54/78 € ††60/83 € – � 9 €
Un petit hôtel aux tarifs mesurés, à deux pas de la gare. Les chambres, fonctionnelles et bien tenues, ont été entièrement rénovées. L'été, les petits-déjeuners sont servis dans la cour fleurie.

✗✗✗ **Le Beaulieu** (Olivier Boussard)
ꜩ *34 bis pl. de la République, (1ᵉʳ étage) – ℰ 02 43 87 78 37* — Plan : CX**r**
– Fermé 8-31 août, sam. et dim.
Formule 36 € ♥ – Menu 56 € ♥ (déj.), 69/84 €
Des produits d'excellente qualité, des jus savamment réduits, un nombre limité d'ingrédients joliment associés... La technique et l'épure au service des saveurs, dans ce Beaulieu élégant et feutré.
→ Poule du Mans servie en deux façons. Lièvre à la royale. Pomme choupette en croustillant.

✗✗ **La Maison d'Élise** avec ch
ꝏ *8 r. du Doyenné – ℰ 02 43 47 85 11* — Plan : DV**g**
– www.restaurant-lamaisondelise.fr – Fermé 2 semaines en oct., 2 semaines en janv., dim. et lundi
5 ch ⊈ – †98/145 € ††98/350 €
Menu 19 € ♥ (déj. en semaine), 25/82 € – Carte environ 60 €
Ce restaurant gastronomique se cache dans une jolie maison du 18ᵉ s., à l'ombre de la cathédrale... La terrasse dans la cour, refermée par une grille, forme un cadre charmant ; les salles se révèlent assez intimes. Avis aux romantiques... et aux gourmands qui se régaleront d'une cuisine fine et actuelle.

✗✗ **Le Grenier à Sel**
26 pl. de l'Eperon – ℰ 02 43 23 26 30 – Fermé 26 juil.-16 août, — Plan : CX**t**
sam. midi et dim.
Formule 19 € – Menu 39/51 € – Carte environ 50 €
À l'entrée de la cité Plantagenêt, cet ancien grenier à sel a été repris en 2014 par deux associés, avec un mot d'ordre : se faire plaisir et faire plaisir aux clients ! Au menu, de beaux produits – homard, turbot, foie gras... – et des saveurs appuyées, proposés dans un cadre plutôt cossu, le tout à prix d'ami !

✗ **La Réserve**
34 pl. de la République – ℰ 02 43 52 82 82 – Fermé dim. — Plan : CX**r**
Carte 30/50 €
Une adresse dont le Tout-Mans parle... et c'est mérité. Déco tendance et courte carte autour d'une belle cuisine classique revisitée, ainsi qu'une ardoise d'appétissantes propositions du jour : une Réserve de saveurs !

✗ **La Ciboulette**
14 r. de la Vieille-Porte – ℰ 02 43 24 65 67 — Plan : CX**x**
– www.laciboulettelemans.com
Formule 13 € – Menu 21/58 € – Carte 31/48 €
Dans le vieux Mans, derrière une façade à colombages, une sympathique petite adresse au décor cosy. La carte fait profession de tradition, et met en avant les spécialités de la maison : rillettes du Mans aux noix, trilogie de lapin composée d'un parmentier, d'un râble confit et d'une blanquette au riesling.

à Savigné-l'Évêque 10 km par ① – ⊠ 72460 – 4 025 hab. – Alt. 60 m

⌂ **La Villa des Arts** sans rest
68 Grande-Rue – ℰ 06 08 94 19 17 – www.lavilladesarts.com – Ouvert mai-sept.
5 ch – †165/260 € ††165/260 € – ⊈ 15 €
Dé-li-cieux ! Des petits ponts en fer forgé qui enjambent des douves en eau, des arbres centenaires et... cette très belle demeure du 18ᵉ s., bien nommée : objets d'art, mobilier ancien et, partout, des fresques – fruit de deux années de travail – qui évoquent le charme des villas italiennes de la Renaissance. Le tout éminemment confortable...

LE MANS

à Arnage 10 km par ④ – ⌧ 72230 – 5 131 hab. – Alt. 42 m

XXX **Auberge des Matfeux**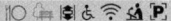
289 av. Nationale, au Sud sur D 147 – 𝒞 *02 43 21 10 71 – www.aubergedesmatfeux.fr*
– Fermé 13-21 avril, 20 juil.-19 août, 19-27 oct., 2-12 janv., dim. soir, lundi et mardi
Menu 41/76 € – Carte 44/90 €
Des motifs abstraits aux murs, une vaisselle signée par un artiste local, etc. : le
décor est contemporain et original, tout en restant élégant ! Dans l'assiette, on
découvre une cuisine soignée, qui aime revisiter les classiques, que l'on
accompagne de beaux millésimes de bordeaux et autres vins de Loire.

à l'Ouest 4 km par ⑤ sur D 357 – ⌧72000 Le Mans

 Auberge de la Foresterie
rte de Laval – 𝒞 *02 43 51 25 12 – www.aubergedelaforesterie.com – Fermé 2*
semaines en août et vacances de Noël
40 ch – ♦89/230 € ♦♦99/300 € – ⌧ 13 € – ½ P
Sur la route de Laval, cet hôtel est aisément accessible de l'autoroute A 81 : parfait pour la clientèle d'affaires ! On s'installe dans des chambres assez spacieuses,
fonctionnelles et bien tenues. Cuisine traditionnelle au restaurant.

à St-Saturnin 8 km par ⑥ – ⌧ 72650 – 2 528 hab. – Alt. 80 m

 Domaine de Chatenay sans rest
sur D 304, rte de la Chapelle St-Aubin – 𝒞 *02 43 25 44 60*
– www.domainedechatenay.com
8 ch ⌧ – ♦120/130 € ♦♦149/165 €
Cette demeure du 18ᵉ s. apparaît au bout d'une belle allée cavalière, au cœur de
la campagne mancelle. Meubles de famille, tapisseries, trumeaux, vieux portraits,
etc., évoquent un décor à la Balzac. Le roman se finit toujours bien, chaque matin,
dans le salon Empire, autour du petit-déjeuner...

MANSLE
⌧ 16230 (Charente) – 1 588 hab. – Alt. 65 m – Voir carte n°**39-C2**
▶ Paris 421 km – Angoulême 26 km – Cognac 53 km – Limoges 93 km
Carte Michelin 324-L4 – Guide Vert Michelin Poitou-Charentes

 Beau Rivage
pl. Gardoire – 𝒞 *05 45 20 31 26 – www.hotel-beau-rivage-charente.com*
– Fermé 16 fév.-8 mars et 14 déc.-3 janv.
29 ch – ♦70/81 € ♦♦70/81 € – ⌧ 10 € – ½ P
Impossible de manquer cet hôtel-restaurant traditionnel, dont la grande façade se
dresse au bord de la Charente. Il abrite des chambres tenues avec soin, certaines
avec un balcon donnant sur le fleuve.

à Luxé 6 km à l'Ouest par D 739 – ⌧ 16230 – 777 hab. – Alt. 70 m

XX **Auberge du Cheval Blanc**
r. du Cheval-Blanc, (à la gare) – 𝒞 *05 45 22 23 62 – www.auberge-cheval-blanc.com*
– Fermé fév., 1ᵉʳ-10 sept., dim. soir, lundi et mardi
Menu 21 € ♈ (déj. en semaine), 29/50 € – Carte 42/52 €
Sur la place de la gare, cette sympathique auberge centenaire vous invite à
déguster une cuisine généreuse et soignée, qui met en valeur les produits régionaux dans le respect du cycle des saisons. Huîtres de Marennes-Oléron façon bordelaise, cabillaud aux pieds de cochon... le tout servi avec le sourire !

MANTES-LA-JOLIE
⌧ 78200 (Yvelines) – 42 727 hab. – Alt. 34 m – Voir carte n°**18-A1**
▶ Paris 56 km – Beauvais 69 km – Chartres 78 km – Évreux 46 km
Carte Michelin 311-G2 – Guide Vert Michelin Île-de-France

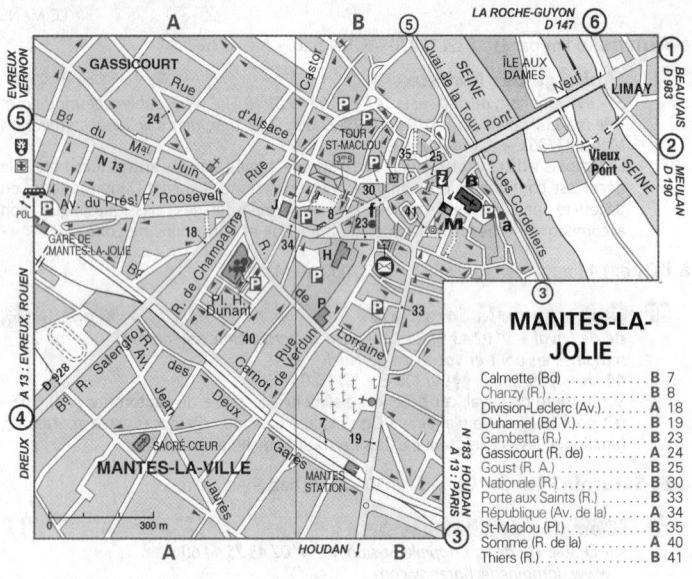

MANTES-LA-JOLIE

Calmette (Bd)	B 7
Chanzy (R.)	B 8
Division-Leclerc (Av.)	A 18
Duhamel (Bd V.)	B 19
Gambetta (R.)	B 23
Gassicourt (R. de)	A 24
Goust (R. A.)	B 25
Nationale (R.)	B 30
Porte aux Saints (R.)	B 33
République (Av. de la)	A 34
St-Maclou (Pl.)	B 35
Somme (R. de la)	A 40
Thiers (R.)	B 41

XX **Rive Gauche** ✿ ⇔

1 r. du Fort – ℰ 01 30 92 30 16 – Fermé vacances de févier, 3   Plan : B**a**
semaines en août, sam. midi, dim. et lundi
Formule 24 € ⵏ – Menu 42 € (déj.) – Carte 42/65 €
Près de la Seine, derrière la porte aux Prêtres, un restaurant sympathique au
décor métissé. La cuisine brasse également les influences, de l'Asie en passant
par l'Italie.

X **L'Argile** ⓝ ⛁ 🅰️🅲

10 r. Henri-Rivière – ℰ 01 34 77 38 27 – Fermé 2 semaines   Plan : B**f**
en août, dim. et lundi
Formule 22 € ⵏ – Menu 41 € – Carte environ 49 €
Dans une rue piétonne du centre, ce restaurant a des faux airs d'atelier contemporain... Comme d'autres façonnent l'argile, le jeune chef bourguignon esquisse
une cuisine fraîche, légère et parfumée, dont la présentation témoigne d'une
vraie recherche esthétique. Le tout servi avec un grand sourire !

à Mantes-la-Ville 2 km par ③ – ✉ 78711 – 19 839 hab. – Alt. 36 m

XXX **Le Moulin de la Reillère** 🏠 🌳 ✿ ⇔ 🅿️

171 rte de Houdan – ℰ 01 30 92 22 00 – www.lemoulindelareillere.fr – Fermé 1
semaine en mai, 3 semaines en août, 1 semaine en janv., sam. midi, dim. soir et
lundi
Formule 27 € – Menu 38 € – Carte 44/64 €
Belle auberge aménagée dans un ancien moulin du 18e s. Un cadre bourgeois, avec sa terrasse et son ravissant jardin fleuri ; une cuisine classique
bien réalisée.

MANTES-LA-VILLE – 78 (Yvelines) → voir Mantes-la-Jolie

MARAIS-VERNIER – 27 (Eure) → voir Conteville

MARÇAY – 37 (Indre-et-Loire) → voir Chinon
940

LES MARCHES

✉ 73800 (Savoie) – 2 450 hab. – Alt. 328 m – Voir carte n°**46-F2**
▶ Paris 580 km – Chambéry 14 km – Genève 98 km – Lyon 112 km
Carte Michelin 333-I5

Le K'ozzie Ⓝ
Le bourg, 20 rte de Francin – ☎ 04 79 36 91 76 – www.lekozzie.com – Fermé 5-27 juin, 20 déc.-4 janv., dim. et lundi
Formule 14 € – Menu 16 € (déj. en semaine), 32/39 € – Carte environ 45 €
Ce restaurant accueillant – et cosy ! – est le repaire de Maude et Sébastien, qui se sont rencontrés en Australie, pays des "Aussies" ou... "Ozzies". Sébastien concocte des plats fins et délicats, au fil de son inspiration : crème de petits pois, œuf bio et chorizo ; foie de veau au jus à la bordelaise... On se régale à petit prix.

MARCIAC

✉ 32230 (Gers) – 1 241 hab. – Alt. 150 m – Voir carte n°**28-A2**
▶ Paris 801 km – Auch 50 km – Bordeaux 189 km – Toulouse 129 km
Carte Michelin 336-C8

La Villa Toscane Ⓝ sans rest
41 r. Saint-Pierre – ☎ 05 62 08 22 22 – www.lavillatoscane-marciac.fr
14 ch – †90/340 € ††110/340 € – ☕ 14 €
Inauguré en 2014, l'hôtel a été créé dans une ancienne école et offre assurément une belle leçon de chic et de confort, des chambres, décorées avec soin – dans une veine cosy et légèrement baroque –, à l'espace bien-être, avec bassin de nage, sauna, hammam, etc. Une véritable invitation à l'école buissonnière...

La Baguenaude sans rest
9 r. de Juillac – ☎ 05 62 09 57 03 – www.labaguenaude.fr – Fermé 10 mars-2 avril
4 ch ☕ – †90/145 € ††95/180 €
Les amoureux du jazz pourront baguenauder vers cette jolie maison du 19e s., ils ne seront pas déçus ! Décoration éclectique et élégante, cour intérieure, fontaine : lénifiant.

La Petite Auberge
pl. de l'Hôtel-de-Ville – ☎ 05 62 09 31 33 – Fermé 18-25 août, 1 semaine vacances de la Toussaint, mardi soir en hiver, merc. soir et jeudi
Formule 11 € 🍷 – Menu 20 € 🍷/29 € – Carte 32/56 €
Au centre de la bastide, une jolie maison à colombages sous les arcades. Près de la cheminée, on apprécie la soupe de saison et une cuisine régionale fraîche et bien réalisée.

Le Café Zik
Lac de Marciac – ☎ 05 62 09 88 72 – www.cafezik.com – Fermé janv., lundi et mardi
Formule 15 € 🍷 – Menu 28/55 € – Carte 40/55 €
Dans ce restaurant bordant le lac de Marciac – avec une apaisante terrasse face aux flots –, la cuisine vogue sur la tradition comme sur les tendances : émietté de confit de canard et mousseline de patate douce, mignon de veau à la périgourdine, trilogie au chocolat... De beaux produits, du savoir-faire, et en avant la musique !

MARCILLAC-LA-CROISILLE

✉ 19320 (Corrèze) – 861 hab. – Alt. 550 m – Voir carte n°**25-C3**
▶ Paris 498 km – Argentat 26 km – Aurillac 80 km – Égletons 17 km
Carte Michelin 329-N4 – Guide Vert Michelin Limousin Berry

au Pont-du-Chambon 15 km au Sud-Est, par D 978 (dir. Mauriac), D 60 et D 13 ✉ 19320 St-Merd-de-Lapleau

Fabry - Au Rendez-vous des Pêcheurs avec ch
Pont du Chambon – ☎ 05 55 27 88 39 – www.rest-fabry.com – Ouvert 14 avril-11 nov. et fermé mardi midi, dim. soir et lundi hors saison
8 ch – †51 € ††51/55 € – ☕ 8 € – ½ P
Formule 19 € – Menu 19/45 € – Carte 36/47 €
Pour une échappée au calme sur les bords de la Dordogne, voilà une maison familiale pleine de charme. Produits régionaux et herbes du jardin participent à une cuisine du terroir teintée de modernité : rouleaux croustillants de pieds de cochon aux cèpes, ris de veau au cantal et sauge, etc.

MARCOLÈS

✉ 15220 (Cantal) – 604 hab. – Alt. 710 m – Voir carte n°**5-A3**
▶ Paris 571 km – Aurillac 25 km – Clermont-Ferrand 178 km – Rodez 74 km
Carte Michelin 330-C6

※※ **Auberge de la Tour** avec ch 　　　　　　　　 🏠 ⅊ rest. 🛜 **P**
pl. de la Fontaine – ℰ 04 71 46 99 15 – www.aubergedela-tour.com – Fermé 17 nov.-15 déc., 2 janv.-30 mars, merc. midi, dim. soir et lundi
7 ch – †45/63 € ††63/140 € – ⊆ 12 € – ½ P   Menu 34/69 € – Carte 53/63 €
Une charmante bâtisse en pierre datant du 17ᵉ s., avec sa tour d'angle et son escalier à vis... On est accueilli dans deux jolies salles – dont une avec cheminée –, cosy et chaleureuses. Le chef travaille de beaux produits frais et réalise une cuisine fine et goûteuse, où le terroir s'immisce avec gourmandise.

MARCQ-EN-BAROEUL – 59 (Nord) ➜ voir Lille

MARGAUX

✉ 33460 (Gironde) – 1 519 hab. – Alt. 16 m – Voir carte n°**3-B1**
▶ Paris 599 km – Bordeaux 29 km – Lesparre-Médoc 42 km
Carte Michelin 335-G4

à Arcins 6 km au Nord-Ouest par D 2 – ✉ 33460 – 434 hab. – Alt. 10 m

※ **Le Lion d'Or** 　　　　　　　　　　　　　　 🏠 **AC**
11 rte de Pauillac – ℰ 05 56 58 96 79 – www.leliondor-arcins.fr
😊 *– Fermé 26 juil.-10 août, 20 déc.-17 janv., dim. et lundi sauf fériés*
Menu 18 € ⾕ – Carte 38/54 € *(réservation conseillée)*
Sur la route du Médoc, une auberge de village (19ᵉ s.) au cadre patiné par les ans – boiseries, casiers à bouteilles... On y savoure une jolie cuisine du marché et de copieux plats du terroir dans une atmosphère résolument chaleureuse.

MARGÈS

✉ 26260 (Drôme) – 941 hab. – Alt. 282 m – Voir carte n°**43-E2**
▶ Paris 551 km – Grenoble 92 km – Hauterives 14 km – Romans-sur-Isère 13 km
Carte Michelin 332-D3

🏠 **Auberge Le Pont du Chalon** 　　　　 🍽️ ⬆️ 🛜 **P**
50 rte des Dauphins, 2 km au Sud par D 538 – ℰ 04 75 45 62 13
– www.auberge-pontduchalon.com – Fermé 11-22 avril, 1ᵉʳ-5 mai, 1ᵉʳ-14 sept. et 21-30 déc.
9 ch – †70/85 € ††90/125 € – ⊆ 10 € – ½ P
Ambiance chaleureuse et raffinée dans cette auberge, nichée derrière un rideau de platanes. Dans les chambres, joliment meublées, les nuits sont douces... Et côté restaurant, la tradition est de mise – avec une jolie terrasse sous une pergola.

MARIENTHAL

✉ 67500 (Bas-Rhin) – Voir carte n°**1-B1**
▶ Paris 479 km – Haguenau 5 km – Saverne 42 km – Strasbourg 30 km
Carte Michelin 315-K4

※※ **Le Relais Princesse Maria Leczinska**
1 r. Rothbach – ℰ 03 88 93 43 48 – Fermé sam. midi, dim. soir et merc.
😊 Formule 14 € – Menu 20 € (déj. en semaine), 43/60 € – Carte 49/59 €
(réservation conseillée)
Aux commandes : un couple japonais amoureux de la cuisine française ! Un relais entre tradition et épure (poutres, vitrail, tons clairs) ; une carte actuelle, riche de saveurs.

MARIGNANE

✉ 13700 (Bouches-du-Rhône) – 34 393 hab. – Alt. 10 m – Voir carte n°**40-B3**
▶ Paris 753 km – Aix-en-Provence 24 km – Marseille 26 km – Martigues 16 km
Carte Michelin 340-G5 – Guide Vert Michelin Provence

à l'aéroport de Marseille-Provence au Nord

Holiday Inn Express Marseille Provence sans rest 🛄 🖥 & Ⓚ 🛜 🅿
7-8 impasse Pythagore, (zone de la Couperigne - direction gare de Vitrolles) ⊠ *13127 Vitrolles –* ℰ *04 42 15 09 30*
– www.hiexpress.com/marseille-apt
97 ch 🖵 *–* ♥89/190 € ♥♥89/190 € *– 10 suites*
Inauguré en 2011, à proximité de l'aéroport – mais aussi de la gare de Vitrolles –, un hôtel très fonctionnel, aux chambres d'esprit chaleureux (tons chauds, effets bois). Le tout évidemment impeccable.

MARIGNY-ST-MARCEL

⊠ 74150 (Haute-Savoie) – 657 hab. – Alt. 404 m – Voir carte n°**46**-F1
▶ Paris 536 km – Aix-les-Bains 22 km – Annecy 19 km –
Bellegarde-sur-Valserine 43 km
Carte Michelin 328-I6

🏥 **Blanc** ⅠⓄ 🍴 🛄 🖥 & 🛜 🏄 🅿
90 av. Sindeldorf – ℰ *04 50 01 09 50 – www.blanc-hotel-restaurant.fr – Fermé 26 déc.-6 janv.*
26 ch *–* ♥95/180 € ♥♥95/180 € *–* 🖵 13 € *– ½ P*
Rest *Blanc –* voir les restaurants ci-après
À mi-chemin entre Annecy et Aix-les-Bains, cet hôtel-restaurant s'est récemment doublé d'une annexe (de l'autre côté de la route), au style montagnard contemporain séduisant (bois brut, couleurs décalées, etc.) – mais les chambres du bâtiment principal sont également confortables. Autre atout : l'espace bien-être.

✗✗ **Blanc** 🍴 Ⓚ 🅿
90 av. Sindeldorf – ℰ *04 50 01 09 50 – www.blanc-hotel-restaurant.fr*
– Fermé 26 déc.-6 janv., dim. soir et sam. sauf juil.-août
Formule 18 € – Menu 29/110 € – Carte 44/82 €
Deux options au sein de cette auberge familiale : ou bien la brasserie au décor de chalet tout en bois, où les spécialités fromagères savoyardes sont reines (mais aussi les grenouilles et la perche), ou bien la partie restaurant, plus cossue et avec une carte plus travaillée. Du plaisir dans les deux cas.

MARINE-D'ALBO – 2B (Haute-Corse) → voir Corse

MARINGUES

⊠ 63350 (Puy-de-Dôme) – 2 768 hab. – Alt. 315 m – Voir carte n°**6**-C2
▶ Paris 409 km – Clermont-Ferrand 32 km – Lezoux 16 km – Riom 22 km
Carte Michelin 326-G7 – Guide Vert Michelin Auvergne

✗✗ **Le Clos Fleuri** avec ch 🍴 🛜 & 🍽 ch, 🛜 🅿
rte de Clermont – ℰ *04 73 68 70 46 – www.hotelleclosfleuri.com*
– Fermé 9 fév.-3 mars, 3-11 août, vend. soir et dim. soir de sept. à juin et lundi sauf le soir en juil.-août
14 ch *–* ♥51/56 € ♥♥56/61 € *–* 🖵 9 € *– ½ P*
Formule 14 € 🍷 – Menu 27/45 € – Carte 31/52 €
Virage à 180° avec un décor récent pour cette maison tenue par la même famille depuis trois générations ; on admire le beau jardin tout en savourant une bonne cuisine traditionnelle. Et au déjeuner, une formule bistrot dans une salle ayant accueilli le tournage du film *Uranus*, avec Gérard Depardieu !

✗✗ **Le Carrousel** (Olivier Said) 🛜 🅿
❀ *14 r. du Pont-de-Morge –* ℰ *04 73 68 70 24 – www.restaurant-lecarrousel.com*
– Fermé 15 juil.-3 août, 2 semaines en janv., dim. soir, lundi soir, mardi et merc.
Menu 28 € (déj. en semaine), 45/65 € – Carte 61/75 €
Un décor d'une sobre élégance contemporaine pour un joli moment de gastronomie autour de recettes actuelles et délicates, signées par un chef très professionnel – formé à l'école Bocuse – et qui sait choisir ses produits. L'été, on profite de la terrasse donnant sur la rivière, face à l'église. On passe ici un bon moment !
→ Ravioles de champignons des bois, queues de langoustines et brunoise de légumes glacés. Rouget barbet rôti, aubergine poêlée à la tapenade et concassé de tomate au basilic. Sablé breton, crémeux au citron et meringue au thym frais.

MARLENHEIM

✉ 67520 (Bas-Rhin) – 3 806 hab. – Alt. 195 m – Voir carte n°**1-A1**
🚗 Paris 468 km – Haguenau 50 km – Molsheim 13 km – Saverne 18 km
Carte Michelin 315-I5

🏠🏠 Le Cerf 🕙 🚗 ♿ 🎵 🛜 🛄 🅿 🚗

30 r. du Gén.-de-Gaulle – ☎ 03 88 87 73 73 – www.lecerf.com – Fermé 2-15 janv.
16 ch – †75/450 € ††95/450 € – 2 suites – ⊑ 21 € – ½ P
Rest *Le Cerf* ✿ – voir les restaurants ci-après

Cet ancien relais de poste ne manque pas d'élégance : jolie cour fleurie, espace détente avec sauna, hammam et massages, chambres raffinées (d'esprit alsacien ou contemporain), accueil très professionnel... Un cerf doux comme un agneau !

𝕏𝕏𝕏 Le Cerf (Michel Husser) 🦋 🈂 ♿ 🎵 ⇔ 🅿
✿

30 r. du Gén.-de-Gaulle – ☎ 03 88 87 73 73 – www.lecerf.com – Fermé 2-15 janv., mardi et merc.
Menu 43 € (déj. en semaine)/82 € – Carte 85/107 €

Le chef signe une cuisine très maîtrisée, avec quelques plats régionaux revisités avec finesse (choucroute, brochettes d'escargots à la laitance de carpe), et d'autres puisant leur inspiration dans les voyages (turbot sauvage dans un bouillon thaï). Une valeur sûre de la gastronomie alsacienne, dont on ne se lasse pas !
→ Tartare de dorade marinée au saké sur une rémoulade de légumes et d'avocat. Choucroute "Fil d'Or" au cochon de lait rôti, béatilles, foie gras fumé et poêlé. Paris-brest, sorbet au chocolat grand cru.

MARLY-LE-ROI – 78 (Yvelines) → voir Paris, Environs

MARMANDE

✉ 47200 (Lot-et-Garonne) – 18 218 hab. – Alt. 30 m – Voir carte n°**4-C2**
🚗 Paris 666 km – Agen 67 km – Bergerac 57 km – Bordeaux 90 km
Carte Michelin 336-C2 – Guide Vert Michelin Aquitaine

🏠 Le Capricorne sans rest 🍽 ♿ 🎵 🛜 🛄 🅿

av. Hubert-Ruffe, rte d'Agen, 2 km par D 813 – ☎ 05 53 64 16 14
– www.lecapricorne-hotel.com – Fermé 18 déc.-3 janv.
34 ch – †75 € ††85 € – ⊑ 9 €

Dans une zone commerciale, un hôtel très pratique, bien tenu et insonorisé. Bon rapport qualité-prix.

𝕏𝕏 Boat aux Saveurs 🈂 ♿ ⇔ 🅿

36-38 av. Jean-Jaurès – ☎ 05 53 64 20 35 – www.restaurantboataux saveurs.fr
– Fermé dim. soir, sam. midi et lundi
Menu 25 € (déj. en semaine), 43/62 € – Carte 64/77 €

Point de mal de mer sur le Boat aux Saveurs ! Dans cette élégante chartreuse transformée en restaurant, les gourmands se régalent d'une cuisine dans l'air du temps. La jeune chef met un point d'honneur à tout faire maison et à se fournir chez les producteurs locaux. Une bonne adresse.

à Pont-des-Sables 5 km au Sud par D 933 – ✉ 47200 – 1 257 hab. – Alt. 27 m

𝕏 Auberge de l'Escale 🍽 🈂 ⇔ 🅿

Pont des Sables – ☎ 05 53 93 60 11 – Fermé 7-15 sept., dim. soir et lundi
Formule 17 € – Menu 25/63 € 🍷 – Carte 35/69 €

Cette auberge conviviale est le rendez-vous des plaisanciers. Généreuse cuisine du Sud-Ouest, grillades au feu de bois (côte de bœuf, entrecôte, tête de veau sauce ravigote, etc.) et jolie terrasse surplombant le canal... pour ne pas perdre de vue son bateau !

à Samazan 9 km au Sud-Ouest par D 933 et D 289 – ✉ 47250

𝕏 Le Léopard d'Or 🈂

pl. de l'Église – ☎ 05 53 84 58 79 – Fermé 26 août-3 sept., 30 déc.-7 janv., lundi et mardi
Carte 30/63 €

Pour l'anecdote, au 12ᵉ s. le village fut acheté 12 000 léopards d'or par un Anglais... d'où le nom de ce restaurant. Dans cette grande maison en pierre, on savoure une cuisine dans l'air du temps à base de beaux produits frais, pour la plupart issus de producteurs locaux. Simple et bon !

MARMANHAC

✉ 15250 (Cantal) – 722 hab. – Alt. 650 m – Voir carte n°**5-B3**

▶ Paris 566 km – Aurillac 17 km – Clermont-Ferrand 154 km – Saint-Flour 69 km

Carte Michelin 330-C4

Château de Sédaiges sans rest

– ℰ 04 71 47 30 01 – www.chateausedaiges.com – Ouvert 1er mai-30 sept.

5 ch ☐ – ♦130 € ♦♦130/160 €

Un vrai château de conte de fées, bel exemple d'architecture troubadour (12e-19e s.), dans un parc plein de noblesse. Escalier monumental en bois, superbes tapisseries des Flandres ; les chambres ont le charme reposant du temps jadis...

MARNE-LA-VALLÉE (Île-de-France) ➜ voir Paris, Environs

MARQUAY

✉ 24620 (Dordogne) – 577 hab. – Alt. 175 m – Voir carte n°**4-D3**

▶ Paris 530 km – Brive-la-Gaillarde 55 km – Périgueux 60 km –

Sarlat-la-Canéda 12 km

Carte Michelin 329-H6 – Guide Vert Michelin Périgord Quercy

Maison de Marquay

Le Bourg – ℰ 05 53 59 53 59 – www.maisondemarquay.fr – Ouvert 15 mars-15 nov.

5 ch ☐ – ♦84/117 € ♦♦84/117 €

Un havre de paix au cœur du bourg... Derrière les murs en pierre du jardin, on se prélasse au bord de la piscine et on profite du grand confort des lieux, où dialoguent joliment l'ancien et le moderne. Accueil très agréable ! Monsieur, ancien chef cuisinier, œuvre rien que pour vous à la table d'hôte.

MARSANNAY-LA-CÔTE – 21 (Côte-d'Or) ➜ voir Dijon

MARSEILLAN

✉ 34340 (Hérault) – 7 919 hab. – Alt. 3 m – Voir carte n°**23-C2**

▶ Paris 754 km – Agde 7 km – Béziers 31 km – Montpellier 49 km

Carte Michelin 339-G8

La Table d'Emilie

8 pl. Carnot – ℰ 04 67 77 63 59 – Fermé 4-28 nov., 12-20 janv., jeudi midi de juil. à sept., lundi sauf le soir de juil. à sept., dim. soir et merc. d'oct. à juin

Menu 20 € (déj. en semaine), 30/54 € – Carte 46/53 €

La table d'Émilie... jolie ! Cette maisonnette du 12e s. dégage un charme romantique à souhait avec sa salle voûtée et son patio verdoyant. Dans d'immenses assiettes blanches, on savoure une cuisine créative où les bons produits sont la règle et les associations terre et mer fréquentes. Une bonne adresse.

MARSEILLE

✉ 13000 (Bouches-du-Rhône) – 850 636 hab. – Agglo. 1 038 940 hab. – Alt. 2 m
– Voir carte n°**40-B3**
Paris 769 km – Lyon 314 km – Nice 189 km
Carte Michelin 340-H6 et 114-28 – Guide Vert Michelin Provence

© J.-D. Sudres/hemis.fr

Hôtels

Intercontinental-Hôtel Dieu

1 pl. Daviel ✉ 13002 – ✆ 04 13 42 42 42 Plan : **3**ES**g**
– www.intercontinental.com
191 ch – 200/375 € 210/385 € – 3 suites – 29 €
Rest *Alcyone* ✿ – voir les restaurants ci-après
Sous l'œil bienveillant de la "Bonne Mère" qu'il toise en droite ligne, cet ancien et fameux hôpital est devenu hôtel en 2013. Derrière la monumentale façade (18-19e s.), les lieux rivalisent d'espace, de sobriété et d'élégance – avec tous les services d'un établissement de luxe. Voilà qui fera date !

Sofitel Vieux Port

36 bd Charles-Livon ✉ 13007 – ✆ 04 91 15 59 00 Plan : **3**DU**n**
– www.sofitel-marseille-vieuxport.com
134 ch – 185/850 € 195/850 € – 3 suites – 27 €
Rest *Les Trois Forts* – voir les restaurants ci-après
Sur les hauteurs du Pharo, dominant les forts, la passe... et tout le Vieux Port ! Plus d'une vingtaine de chambres jouissent d'une terrasse ouvrant sur le bassin. Le grand confort au cœur du mythe marseillais.

Pullman Palm Beach

200 Corniche J.-F.-Kennedy ✉ 13007 – ✆ 04 91 16 19 00 Plan : **1**AZ**b**
– www.pullmanhotels.com
160 ch – 160/650 € 160/650 € – 25 €
Sous la route de la Corniche, un grand vaisseau moderne face à la mer... La piscine d'eau de source qui regarde la baie, les chambres à la fois design et d'esprit marin, les nombreuses terrasses qui contemplent la Méditerranée : tout invite au repos.

Radisson Blu Vieux Port

38 quai Rive-Neuve ✉ 13007 – ✆ 04 88 44 52 00 Plan : **3**DU**d**
– www.radissonblu.com/hotel-marseille
177 ch – 144/470 € 155/470 € – 12 suites
Imposant et moderne : tel est ce Radisson Blu installé sur le Vieux Port, à côté du théâtre de la Criée. Toutes les prestations d'un grand hôtel international : chambres spacieuses et confortables, équipements de qualité, restaurant, petite piscine chauffée sur le toit et... boulodrome, Marseille oblige !

Le Petit Nice ⑩ 🕭 ≼ ⌹ 🛏 AC 🤶 🅿

anse de Maldormé, (hauteur 160 Corniche J.-F.-Kennedy) Plan : **1AZd**
✉ 13007 – ℰ 04 91 59 25 92 – www.passedat.fr
17 ch – ♦200/399 € ♦♦420/890 € – ☑ 37 €
Rest Le Petit Nice ✿✿✿ – voir les restaurants ci-après
Sur la Corniche, ces architectures néoclassiques des années 1910 semblent lancer
des œillades à la mer et à ses îles immaculées ! Toute la lumière du Sud, toute la
magie du site de Marseille, que l'on admire à loisir dans le plus grand confort...

 C2 🆕 *sans rest* 🛏 ♿ 🤶 🏋 🚗

48 r. Roux-de-Brignoles ✉ 13006 – ℰ 04 95 05 13 13 Plan : **3EUw**
– www.c2-hotel.com
20 ch – ♦189/449 € ♦♦189/449 € – ☑ 25 €
Légèrement en retrait du vieux port, cet ancien hôtel particulier (1860) est à la
pointe de la branchitude phocéenne ! Il abrite des chambres design et luxueuses
ainsi qu'un salon-bar, et accueille régulièrement des expos photos ou des
concerts de jazz... Incontournable.

 New Hotel of Marseille ⑩ ⌹ 🛏 ♿ AC 🤶 🏋 🚗

71 bd Charles-Livon ✉ 13007 – ℰ 04 91 31 53 15 Plan : **3DUv**
– www.newhotelofmarseille.com
100 ch – ♦115/240 € ♦♦125/350 € – ☑ 16 € – ½ P
Orné d'œuvres d'artistes contemporains marseillais, très design, ce New Hotel
possède une vraie personnalité. On découvre des chambres spacieuses, certaines
avec balcon. Dernier atout : un bel emplacement près du Pharo.

 Résidence du Vieux Port ⑩ ≼ 🛏 ♿ AC 🤶 🏋

18 quai du Port ✉ 13002 – ℰ 04 91 91 91 22 Plan : **3ETa**
– www.hotel-residence-marseille.com
51 ch ☑ – ♦215/410 € ♦♦230/425 € – 4 suites – ½ P
Rest Le Relais 50 – voir les restaurants ci-après
Une décoration fort inspirée, en hommage aux années 1950. Les amateurs de
Prouvé, Perriand ou Lurçat seront aux anges ! Le petit-déjeuner se prend dans
un salon de style 18ᵉ s. dont les baies vitrées offrent une magnifique vue sur le
Vieux Port ou Notre-Dame-de-la-Garde.

 New Hotel Bompard ⑩ 🕭 🛋 ⌹ 🛏 ♿ AC 🦮 🤶 🏋 🅿

2 r. Flots-Bleus ✉ 13007 – ℰ 04 91 99 22 22 Plan : **1AZe**
– www.new-hotel.com
50 ch – ♦90/220 € ♦♦90/240 € – ☑ 12 € – ½ P
Idéal pour qui souhaite fuir la foule, cet établissement du début du 19ᵉ s. est perché sur les hauteurs de la Corniche, dans un beau jardin fleuri et arboré. Au choix :
des chambres modernes ou provençales (dans un mas séparé). À noter : l'accès
peut s'avérer difficile par les ruelles étroites environnantes.

 Mercure Centre Vieux Port *sans rest* 🛏 ♿ AC 🤶 🏋 🚗

1 r. Neuve-St-Martin ✉ 13001 – ℰ 04 96 17 22 22 Plan : **3ESb**
– www.mercure-marseille-centre.com
200 ch – ♦98/199 € ♦♦117/218 € – ☑ 19 €
Cet hôtel typique des années 1970 est situé à deux pas du World Trade Center,
au pied de la Canebière. Son décor ultracontemporain, ainsi que ses équipements
(dont de nombreuses salles de séminaires), raviront la clientèle d'affaires.

 Suite Novotel *sans rest* ≼ 🛁 🛏 ♿ AC 🤶

33 bd de Dunkerque ✉ 13002 – ℰ 04 91 01 56 50 Plan : **1AXf**
– www.suitenovotel.com
127 ch – ♦120/180 € ♦♦120/180 € – ☑ 15 €
Des chambres très spacieuses, Internet et téléphone (vers les fixes) illimités, une
boutique gourmande 24h/24, un petit-déjeuner ludique et équilibré : une bonne
option que cet établissement né dans le nouveau quartier d'affaires Euroméditer-
ranée. Desservi par le tramway, il satisfera aussi les touristes.

MARSEILLE

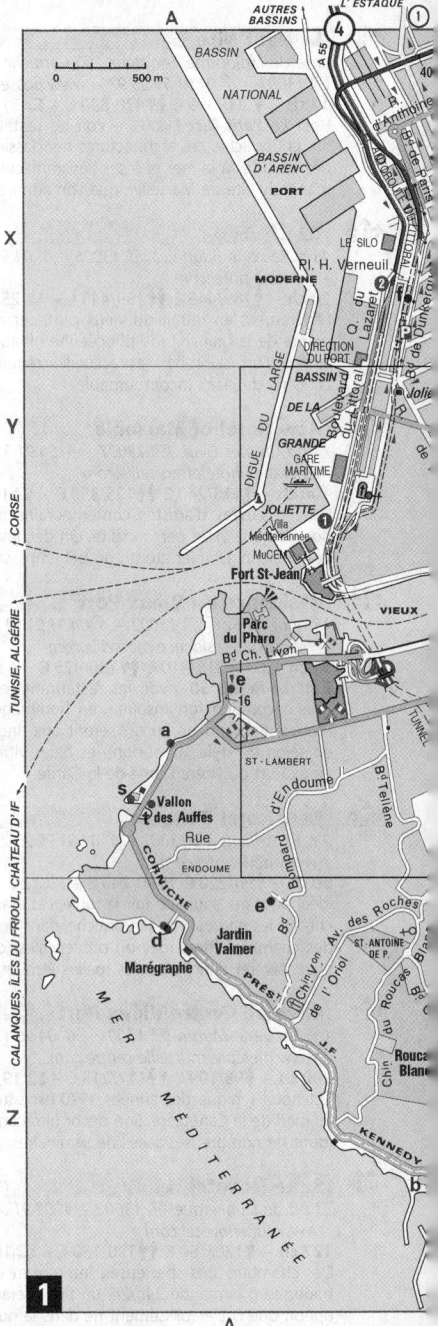

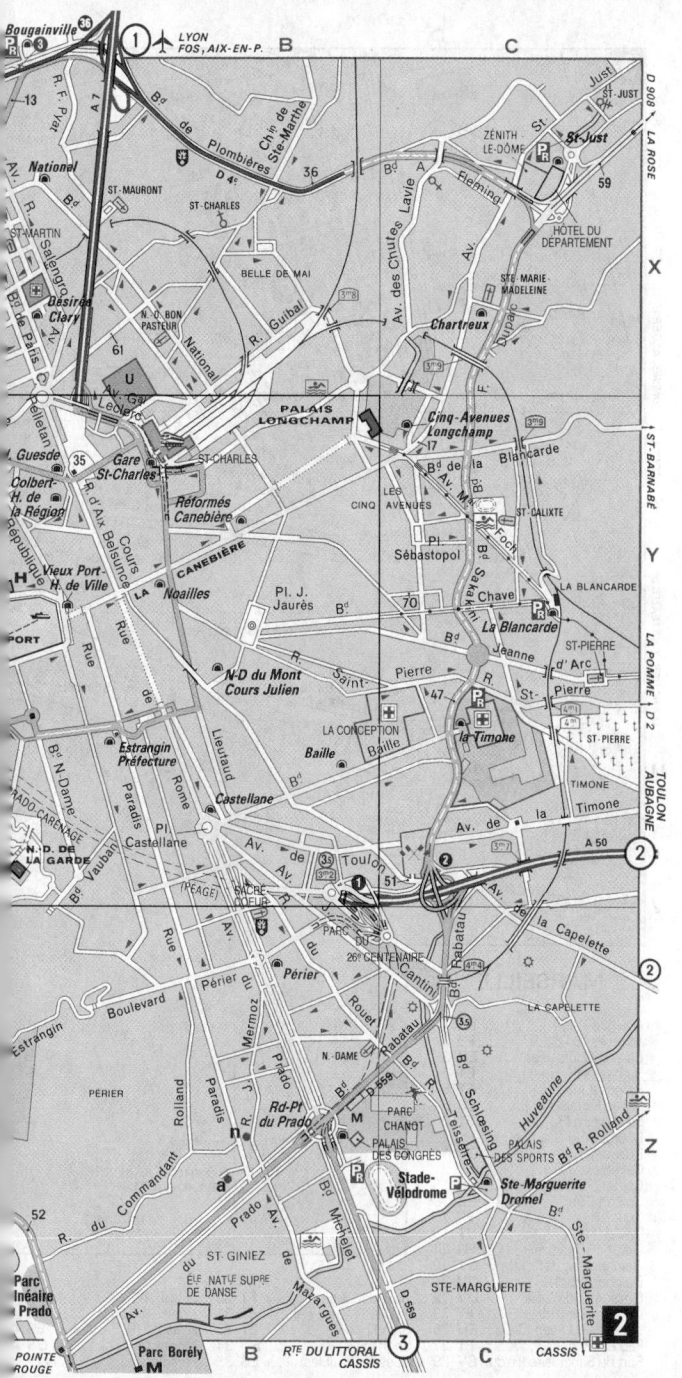

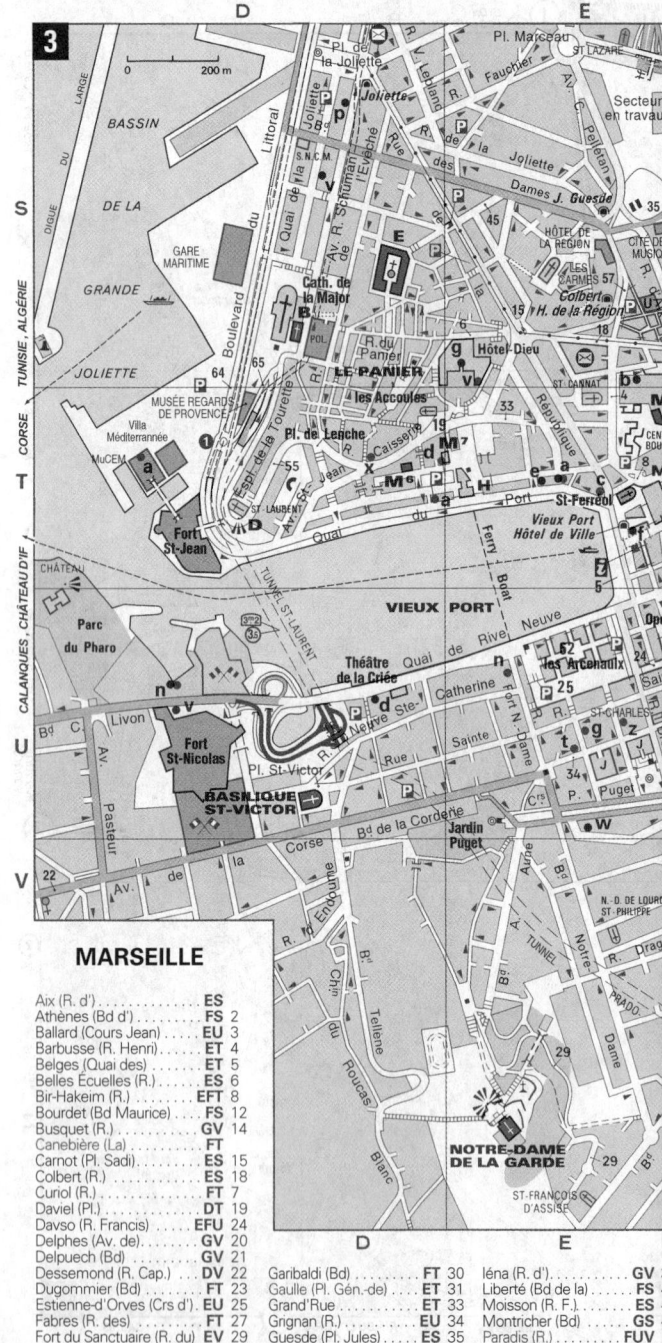

MARSEILLE

950

Escale Océania sans rest   🛗 🖾 🖋 🤏 🛬

5 La Canebière ⊠ *13001 –* ℰ *04 91 90 61 61*   Plan : **3ETf**
– www.oceaniahotels.com
45 ch – ♥99/230 € ♥♥99/230 € – 🖵 11 €

Atout majeur : un emplacement on ne peut plus central, en bas de la Canebière, idéal pour visiter la ville. Le bâtiment date de 1893 et a été entièrement rénové en 2009.

 Mama Shelter   ⍥ 🛗 ᬉ 🖾 🤏 🛬 🚐

64 r. de la Loubière ⊠ *13006 –* ℰ *04 84 35 20 00*   Plan : **4GUm**
– www.mamashelter.com
126 ch – ♥69/259 € ♥♥79/269 € – 1 suite – 🖵 16 €
Rest *Mama Shelter* – voir les restaurants ci-après

Vous aimez tout ce qui est branché ? Dans ce cas, cet hôtel ultramoderne, créé en 2012 dans un quartier populaire de la cité phocéenne, est tout indiqué ! Sous la signature de Philippe Starck, la déco joue une carte design assumée : murs et plafonds en béton brut, aplats de blanc, mobilier minimaliste...

 La Joliette sans rest   🛗 ᬉ 🖾 🤏

49 av. Robert-Schuman ⊠ *13002 –* ℰ *04 96 11 49 49*   Plan : **3DSp**
– www.hotel-joliette.com
32 ch – ♥84/219 € ♥♥84/239 € – 🖵 13 €

À deux pas des quais et de la gare maritime, on ne descend pas, on embarque dans cet hôtel dont le décor s'inspire du thème des paquebots et des voyages en mer. Petite salle de fitness et sauna au sous-sol.

 Hermès sans rest   🛗 🖾 🤏

2 r. Bonneterie ⊠ *13002 –* ℰ *04 96 11 63 63*   Plan : **3ETe**
– www.hotelmarseille.com
29 ch – ♥94/130 € ♥♥94/130 € – 🖵 9 €

Hermès, gardien des routes et des carrefours... Belle enseigne pour Marseille, ville cosmopolite s'il en est, fondée par les Grecs ! Voilà une parfaite petite escale près du Vieux Port, entièrement rénovée en 2012. Le must : la "chambre nuptiale" qui, sur le toit, offre une vue magnifique sur le bassin...

 Mucem sans rest   🛗 ᬉ 🖾 🖋 🤏

22 r. Mazenod ⊠ *13002 –* ℰ *04 91 93 13 13*   Plan : **3DSv**
– www.hotel-mucem.com
29 ch – ♥73/189 € ♥♥73/209 € – 🖵 11 €

Un hôtel inauguré en 2012 près du Mucem, mais aussi de la gare maritime et de la cathédrale de La Major – un quartier en pleine restructuration. Les chambres mêlent confort, esprit contemporain et chaleur. Autre avantage : l'établissement est desservi par le tramway et le métro.

● Restaurants

XXXXX **Le Petit Nice** (Gérald Passédat) – Hôtel Le Petit Nice   🏖 ≤ 🌁 ᬉ 🖾 ⇌ 🅿
⛄⛄⛄ *anse de Maldormé, (hauteur 160 Corniche J.-F.-Kennedy)*   Plan : **1AZd**
⊠ *13007 –* ℰ *04 91 59 25 92 – www.passedat.fr – Fermé dim. et lundi*
Menu 95 € (déj. en semaine), 170/310 € – Carte 207/382 €

"Ma cuisine est d'ici, du Sud, définitivement." Le style Passédat, c'est la Provence et le mistral, la vie du port et le goût du voyage, la liberté dans l'ancrage ! Et plus encore la Méditerranée, "mon potager"... On redécouvre les richesses de cette mer rêvée, ainsi qu'un magnifique symbole : la bouillabaisse.
→ Anémones de mer en beignets légers et onctueux iodés. Loup Lucie Passédat. Souplesse au citron et infusion de l'Anse des Enfers.

Question de standing : n'attendez pas le même service dans un X ou un 🏠 que dans un XXXXX ou un 🏨.

952

XXX **Alcyone** – Intercontinental-Hôtel Dieu   ≤ 🚫 AC 🚗
ॐ *1 pl. Daviel* ⊠ *13002 –* 𝒞 *04 13 42 43 43*   Plan : **3ES**v
– www.intercontinental.com – Fermé 3 semaines en août, 1 semaine en janv.,
dim., lundi et le midi
Menu 139 € – Carte 115/185 €

Lionel Lévy, à la barre de cet Alcyone (du nom de la fille du dieu Éole) né en 2013 au sein du fameux Hôtel-Dieu, fait un fier capitaine. Son idée : proposer une cuisine résolument méditerranéenne, balayée par les épices et faisant la part belle aux poissons locaux, tout cela dans une ambiance chic et sobre. Le cap est tenu !
→ Consommé de "bouille-abaisse", poissons de roche cuits et crus. Poisson de Méditerranée poché et gratiné au melet, jus iodé. Soufflé à la pêche de vigne.

XXX **Les Trois Forts** – Hôtel Sofitel Vieux Port   ≤ AC ⇔
36 bd Charles-Livon ⊠ *13007 –* 𝒞 *04 91 15 59 56*   Plan : **3DU**n
– www.lestroisforts.com
Menu 50 € ▼/95 € – Carte 75/100 €

Tout Marseille est là : le Vieux Port et sa myriade de mâts, les quais qui fourmillent au loin, le ciel azuré... Au 7ᵉ étage du Sofitel, le panorama est sublime. L'assiette rend également un bel hommage à la cité phocéenne, entre inspirations provençales et saveurs d'ailleurs. Beau moment !

XXX **L'Épuisette**   ⅋⅋ ≤ AC
ॐ *158 r. Vallon-des-Auffes* ⊠ *13007 –* 𝒞 *04 91 52 17 82*   Plan : **1AY**s
– www.l-epuisette.com – Fermé 22 fév.-2 mars, 9 août-1ᵉʳ sept., dim. et lundi
Menu 70 € (déj.), 90/125 € – Carte 94/108 €

Une Épuisette dans les rochers, quoi de plus logique ? Comme posée sur les récifs du vallon des Auffes – un cadre enchanteur –, cette table vit en intimité avec la mer... Bouillabaisse, bourride, homard grillé, entre autres mets marqués par la créativité. Une délicieuse escale.
→ Filets de rouget, ravioles des foies et de crustacés, bouillon iodé au parfum de menthe. Tajine de homard aux artichauts barigoule, jus aux épices douces. Tarte renversée légèrement confite aux fraises, glace à l'huile d'olive.

XXX **Une Table au Sud** (Ludovic Turac)   ≤ AC ⇔
ॐ *2 quai du Port, (1ᵉʳ étage)* ⊠ *13002 –* 𝒞 *04 91 90 63 53*   Plan : **3ET**c
– www.unetableausud.com – Fermé 2 semaines en août, dim. soir et lundi
Menu 29 € (déj. en semaine), 48/126 € ▼ – Carte 66/90 €

Aux commandes de cette table résolument ancrée dans le Sud : Ludovic Turac, tout jeune cuisinier passé notamment par l'émission Top Chef. Ses recettes, inventives et sûres, cultivent avec art l'esprit de la région – légumes provençaux et pêche locale – à l'unisson du panorama sur le Vieux Port et la "Bonne Mère" !
→ Œuf cuit à basse température, crémeux de champignons de Paris et émulsion de figatelli. Ma "bouille-abaisse". Figue de Solliès en variation, caramel de sangria et fenouil confit.

XX **Michel - Brasserie des Catalans** (Michèle Visciano)   AC
ॐ *6 r. des Catalans* ⊠ *13007 –* 𝒞 *04 91 52 30 63*   Plan : **1AY**e
– www.restaurant-michel.com
Carte 68/95 €

Ambiance 100 % rétro dans cette institution (1946) de la plage des Catalans. Ici, la bouillabaisse – marseillaise, évidemment – est une religion... autant qu'un délice ! Au menu, donc, la pêche du jour, d'une remarquable fraîcheur : admirez le poisson exposé dans le "pointu" à l'entrée.
→ Bouillabaisse. Bourride provençale. Poissons grillés.

XX **Chez Fonfon** avec ch   🍴 ≤ AC 🍽 rest. 📶
140 Vallon-des-Auffes ⊠ *13007 –* 𝒞 *04 91 52 14 38*   Plan : **1AY**t
– www.chez-fonfon.com
3 ch – ♦100/140 € ♦♦100/140 € – ☲ 10 €   Carte 50/76 €

Fraîcheur : le maître mot de cette institution familiale née en 1952. Bourride et bouillabaisse sont encore et toujours au menu, réalisées avec le poisson sorti tout droit des "pointus" en bois que l'on aperçoit en face dans le petit port. L'adresse niche en effet dans le beau vallon des Auffes...

La Table du Fort

8 r. Fort-Notre-Dame ✉ 13007 – ✆ 04 91 33 97 65 Plan : **3**EU**n**
– www.latabledufort.fr – Fermé juil., le midi en août, sam. midi, lundi midi et dim.
Menu 19 € (déj.), 24/50 € – Carte 46/55 €
Dans une rue étroite qui part du Vieux Port, au sein d'un bâtiment ancien joliment mis en valeur (beau plafond de poutres, œuvres d'art contemporain, etc.), un restaurant à la fois feutré, chaleureux et gourmand. La "faute" à ses propriétaires, un jeune couple plein d'allant !

Péron

56 Corniche J.-F.-Kennedy ✉ 13007 – ✆ 04 91 52 15 22 Plan : **1**AY**a**
– www.restaurant-peron.com
Menu 67/79 € – Carte environ 80 €
Sur la Corniche, cette bâtisse accrochée à la roche offre une vue imprenable sur la baie de Marseille, ses îles, le château d'If... L'esprit de la Méditerranée domine évidemment à la carte : bouillabaisse, chipirons farcis, etc.

Le Relais 50 – Hôtel Résidence du Vieux Port

18 quai du Port ✉ 13002 – ✆ 04 91 52 52 50 Plan : **3**ET**a**
– www.relais50.com – Fermé 2 semaines en janv., dim. et lundi
Formule 25 € – Menu 36 € – Carte environ 45 €
Vive les années 1950 ! Carrelage, appliques, chaises, etc. : ce Relais joue la carte "revival" avec malice et élégance. Autre attrait : la terrasse sur le Vieux Port, avec Notre-Dame-de-la-Garde en ligne de mire... Au menu, une jolie cuisine qui puise dans les traditions de la Méditerranée.

Le Ventre de l'Architecte - Le Corbusier avec ch

ch,

280 bd Michelet, (Cité Radieuse, 3ème étage), par ③
✉ 13008 – ✆ 04 91 16 78 00 – www.leventredelarchitecte.com
21 ch – †80/160 € ††125/160 € – ☕ 11 €
Menu 27 € (déj.)/61 € *(fermé 3 semaines en août, 1 semaine en janv., dim. et lundi)*
Au sein de la Cité radieuse de Le Corbusier, ce restaurant et ses chambres attirent tous les aficionados du "fada" : voilà bien un monument historique du modernisme, jusqu'au mobilier signé Prouvé et Jacobsen. En cuisine, on trouve désormais le chef Jérôme Caprin, passé par de belles maisons marseillaises... Du solide !

Le Môle Passedat - La Table

1 espl. du J4, (toit terrasse MuCEM) ✉ 13002 Plan : **3**DT**a**
– ✆ 04 91 19 17 80 – www.passedat.fr – Fermé dim. soir et mardi
Menu 52 € (déj.)/73 € – Carte environ 80 € *(réservation conseillée)*
Une belle occasion pour un repas dans la superbe enceinte du Mucem. Confiée au grand chef marseillais Gérald Passedat, la table gastronomique de l'institution rend un vibrant hommage, conformément à son ambition, à la Méditerranée : carpaccio de poulpe, loup à l'antiboise, cannellonis à la brousse au basilic...

AM par Alexandre Mazzia Ⓝ

9 r. François-Rocca ✉ 13008 – ✆ 04 91 24 83 63 Plan : **2**BZ**a**
– www.alexandremazzia.com – Fermé 3 semaines en août, 21-30 déc., dim. et lundi
Menu 35 € (déj.), 49/87 €
Attention, talent ! Ancien chef du Ventre de l'Architecte, Alexandre Mazzia a pris dans cette zone chic et résidentielle de Marseille ses nouveaux quartiers. Ici chez lui, il développe une vraie cuisine d'auteur, créative et inspirée, où se rejoignent produits de la mer et influences asiatiques. L'audace est sa règle !
→ Biscotte végétale. Manioc, pointu, bulots et jus vert animal. Citron, goyave et fleur de pomme.

Le Malthazar

19 r. Fortia ✉ 13001 – ✆ 04 91 33 42 46 Plan : **3**EU**z**
– www.malthazar.fr
Formule 19 € – Menu 31 € – Carte 45/59 €
Retour aux sources – et au pays natal – pour Michel Portos, après avoir fait les beaux jours du Saint-James (près de Bordeaux), avec cette brasserie située tout près du Vieux Port. Ici, plus de très haute gastronomie, mais toujours beaucoup de gourmandise : beaux classiques et recettes personnelles du chef régalent !

X **Le Poulpe** 🆕   ♿ 🆊

82 quai du Port ✉ *13002 –* ☎ *04 95 09 15 91*   Plan : **3DTa**
– Fermé le soir du dim. au merc. de nov. à mars
Formule 19 € – Menu 22 € (déj. en semaine) – Carte 32/53 € dîner
Avec sa belle terrasse donnant sur le vieux port, la nouvelle adresse de Michel Portos fleure bon la Méditerranée... Le chef met un point d'honneur à favoriser les
produits locaux (presque tous achetés à moins de 200 km de Marseille) et les valorise dans des plats simples et goûteux. Le menu déjeuner est un plan en or !

X **Axis**   🆊 ↔

😊 *8 r. Sainte-Victoire* ✉ *13006 –* ☎ *04 91 57 14 70*   Plan : **4FVf**
*– www.restaurant-axis.com – Fermé 2 semaines en août, sam. midi, lundi soir,
mardi soir, merc. soir et dim.*
Formule 19 € – Menu 23 € (déj.), 32/41 € – Carte 35/42 €
Bon rapport qualité-prix dans ce restaurant contemporain proche de la place Castellane. Au gré du marché, le jeune chef propose une cuisine pétillante, parfumée
et colorée, qui régale. Très recommandable.

X **Lauracée**

96 r. de Grignan ✉ *13001 –* ☎ *04 91 33 63 36*   Plan : **3EUt**
– www.lelauracee.com – Fermé août, lundi soir, sam. midi et dim.
Formule 20 € – Menu 36/68 € – Carte 42/75 €
C'est bien clair, le patron ne sert que des produits frais : "je ne sais pas faire autre
chose !" Sa cuisine a l'accent du Sud... Et le cadre, tout simple, en retrait du Vieux
Port, lui va bien.

X **Le Grain de Sel**   🖤

39 r. de la Paix-Marcel-Paul ✉ *13001 –* ☎ *04 91 54 47 30*   Plan : **3EUg**
– Fermé 2 semaines en août, mardi soir, merc. soir, jeudi soir, dim. et lundi
Formule 22 € – Menu 26 € (déj.)/49 € – Carte 35/45 € *(réservation conseillée)*
Un bistrot voisin du Vieux Port où l'on se régale d'une très bonne cuisine du marché, qui mise sur le bio et le local. On commence par une tarte aux tomates et
fromage frais, suivie d'un pavé de maigre, purée de courgettes et girolles, pour
finir par un sablé aux prunes. Parfait pour passer un agréable moment entre amis.

X **Le Café des Épices**   🖤

4 r. Lacydon ✉ *13002 –* ☎ *04 91 91 22 69*   Plan : **3DTd**
*– www.cafedesepices.com – Fermé vacances de Noël, sam. soir, dim., lundi et
fériés*
Formule 25 € – Menu 28 € (déj.)/45 €
– Carte environ 48 € *(réservation conseillée)*
Derrière l'hôtel de ville, un restaurant minuscule, dont on remarque surtout la
jolie terrasse bordée d'oliviers. Sa cuisine ne passe pas non plus inaperçue, sous
l'égide d'un chef amoureux des produits, des voyages et bien sûr des épices. Un
lieu gourmand et atypique, qui propose certains soirs des soirées tapas et D.J. !

X **Le Goût des Choses**   🖤 🆊

4 pl. Notre-Dame-du-Mont ✉ *13006 –* ☎ *04 91 48 70 62*   Plan : **4FUx**
– www.legoutdeschoses.fr – Fermé dim. et lundi
Formule 16 € – Menu 36 € – Carte 39/45 €
Le (vrai) goût des choses... Une jolie ambition pour ce sympathique restaurant,
tenu par un couple de professionnels installés ici après de nombreuses expériences à travers le monde. Au menu, produits du marché et réminiscences de saveurs
lointaines.

X **Mama Shelter** – Hôtel Mama Shelter   🖤 🆊 🚫

64 r. de la Loubière ✉ *13006 –* ☎ *04 84 35 21 00*   Plan : **4GUm**
– www.mamashelter.com
Formule 19 € – Menu 29 € 🍷 – Carte 25/70 €
Quand funky rime avec trendy, vous avez Mama Shelter ! Graffitis au plafond,
grandes tables design, scène pour accueillir des DJ... L'ambiance est on ne peut
plus cool, et la cuisine a des allures de joli melting-pot, mêlant influences françaises, italiennes, espagnoles et asiatiques. Et le dimanche, on brunche !

✗ **Bistro du Cours** 🆕
⚲ *13 cours Julien* ✉ *13006 –* ✆ *04 86 97 59 11*   Plan : **4FTb**
– www.bistroducours.com – Fermé août, dim. et lundi
⊕ Formule 17 € – Menu 20/32 €

On ne peut pas manquer l'engageante devanture rouge et grise de ce bistrot installé sur le cours Julien, dont les rênes sont tenues par deux associés trentenaires. L'un, en cuisine, réalise de délicieux plats pleins de fraîcheur ; son compère, en salle, propose de bons vins d'accompagnement. Un lieu attachant !

✗ **Le Bistrot d'Édouard**
150 r. Jean-Mermoz ✉ *13008 –* ✆ *04 91 71 16 52 – Fermé 3*   Plan : **2BZn**
semaines en août, 1 semaine vacances de Noël, dim. et lundi
Carte 25/35 €

¡ Viva España ! Son auberge d'aujourd'hui, Édouard la voulait ibérique et rien d'autre, avec une formule partageuse : celle des tapas – version gourmande. Il les compose avec des produits du Sud, pas exclusivement espagnols : aubergines frites, anchois marinés, seiches a la plancha, etc. On n'en fait qu'une bouchée !

✗ **La Cantinetta**
⊕ *24 cours Julien* ✉ *13006 –* ✆ *04 91 48 10 48 – Fermé dim.*   Plan : **4FTf**
Carte 22/42 € *(réservation conseillée)*

Depuis l'enfance, Pierre-Antoine Denis est un fougueux passionné de la cuisine transalpine. Secondé par Luigi, un vieil Italien qui confectionne les pâtes, il se rend régulièrement dans la péninsule pour dénicher les meilleurs producteurs. Chaleureuse et gourmande, sa Cantinetta est une vraie trattoria !

✗ **L'Escapade Marseillaise** 🆕
⚲ *48 r. Caisserie* ✉ *13002 –* ✆ *04 91 31 61 69 – Fermé 1*   Plan : **3DTx**
semaine en fév., 2 semaines en août, lundi soir, mardi soir, merc. soir et dim.
Formule 15 € – Menu 18 € (déj.)/35 €

En bas du quartier du Panier, non loin du Vieux Port, une adresse discrète – pour ne pas dire confidentielle ! – où se pressent les habitués. Le jeune chef est amoureux de son métier et ne s'en cache pas ; à partir de bons produits du marché, il concocte une cuisine moderne et pleine de saveurs.

au Sud 11 km par rte des Goudes

✗ **Tiboulen de Maïre**
Calanque Blanche ✉ *13008 –* ✆ *04 91 25 26 30 – www.planier.fr – Fermé dim.*
soir et merc.
Carte 45/110 € *(réservation conseillée)*

Sur la route des calanques, cette maison en pierre est si simple qu'elle semble s'effacer devant le spectacle de la mer... On vient ici pour le poisson frais, acheté chaque matin auprès des pêcheurs locaux : cuit entier, servi quasi brut (non écaillé), en soupe ou à la tahitienne... Un régal pour les amateurs !

MARSOLAN
✉ 32700 (Gers) – 457 hab. – Alt. 171 m – Voir carte n°**28-B2**
🚹 Paris 721 km – Agen 49 km – Auch 43 km – Toulouse 115 km
Carte Michelin 336-F6

🏠 **Lous Grits**
au village – ✆ *05 62 28 37 10 – www.hotel-lousgrits.com*
6 ch – ♥245/295 € ♥♥245/380 € – ☲ 20 €

On se sent comme chez soi dans cette maison qui cultive l'art de vivre à la gasconne (meubles de famille, bibelots, faïences et mosaïques, peintures). Goût, raffinement et... entretien impeccable ! Au restaurant, cuisine traditionnelle pour les résidents uniquement.

MARTAINVILLE-ÉPREVILLE – 76 (Seine-Maritime) → voir Rouen

MARTEL
✉ 46600 (Lot) – 1 652 hab. – Alt. 225 m – Voir carte n°**29-C1**
🚹 Paris 510 km – Brive-la-Gaillarde 33 km – Cahors 79 km – Figeac 59 km
Carte Michelin 337-F2

Relais Ste-Anne

r. Pourtanel – ℰ 05 65 37 40 56
– www.relais-sainte-anne.com
– Ouvert de mi-avril à mi-nov.
14 ch – †55/190 € ††80/275 € – 5 suites – ⌷ 13 € – ½ P
Rest *Relais Ste-Anne* – voir les restaurants ci-après

Ce charmant relais, ceint d'un beau parc fleuri où se dresse une chapelle, est un ancien pensionnat de jeunes filles. On s'y repose dans des chambres confortables et raffinées, au grand calme.

Relais Ste-Anne

r. Pourtanel – ℰ 05 65 37 40 56
– www.relais-sainte-anne.com
– Ouvert de mi-avril à mi-nov. et fermé le midi sauf dim. et fériés
Menu 28/32 € – Carte 46/52 €

Charmant, tel est l'adjectif qui vient immédiatement à l'esprit en entrant dans ce restaurant ! Un écrin de pierre où, l'hiver venu, les gourmands s'installent devant la cheminée. On s'y régale d'une cuisine dans l'air du temps où le foie gras et le magret ont la part belle. Accueil et service aux petits soins.

Saveurs des Halles ⓝ

r. Sans-Lys – ℰ 05 65 37 35 66 – Fermé 12 nov.-31 janv., merc. et jeudi hors saison
Menu 26/52 € – Carte 39/56 €

Filet de canette au miel, sésame et légumes de saison ; tarte fine aux pommes fondantes et glace à la vanille... Une cuisine simple et bonne qui va à l'essentiel : voilà ce que l'on trouve dans cette petite adresse pleine de charme, tenue par un couple de trentenaires originaires d'Agen et du Pays basque.

MARTIGNARGUES

✉ 30360 (Gard) – 411 hab. – Alt. 120 m
▷ Paris 709 km – Mende 121 km – Montpellier 64 km – Nîmes 35 km
Carte Michelin 339-K4

La Maison du Passage ⓝ

r. de l'Eglise – ℰ 04 66 25 62 91 – www.lamaisondupassage.fr – Fermé 5 janv.- 6 mars
4 ch ⌷ – †95/180 € ††100/190 €

Une demeure du 13ᵉ s. au cœur d'un superbe petit village. Ses propriétaires, éminemment sympathiques, en ont fait l'objet de leur reconversion : après une rénovation d'un grand soin, elle est devenue luxueuse maison d'hôtes, mêlant charme de l'ancien et grand confort. Mention spéciale pour la terrasse avec vue à 360° et jacuzzi !

MARTIGUES

✉ 13500 (Bouches-du-Rhône) – 47 614 hab. – Alt. 1 m – Voir carte n°**40-B3**
▷ Paris 769 km – Aix-en-Provence 45 km – Arles 53 km – Marseille 40 km
Carte Michelin 340-F5 – Guide Vert Michelin Provence

Le Garage

20 av. Frédéric-Mistral – ℰ 04 42 44 09 51
Plan : Z**a**
– www.restaurantmartigues.com – Fermé
30 juil.-20 août, 31 déc.-14 janv., dim. et lundi
Formule 19 € – Menu 26 € (déj. en semaine)/39 € – Carte environ 47 € *(réservation conseillée)*

Pour ce jeune chef, la cuisine était tout sauf une voie de garage ! Il suffit de le voir dresser ses assiettes – les cuisines sont ouvertes sur la salle – pour reconnaître le travail d'un passionné. Soucieux du bon produit (il noue des partenariats avec des artisans locaux), il aime créer et surprendre. Et il séduit.

MARTIGUES

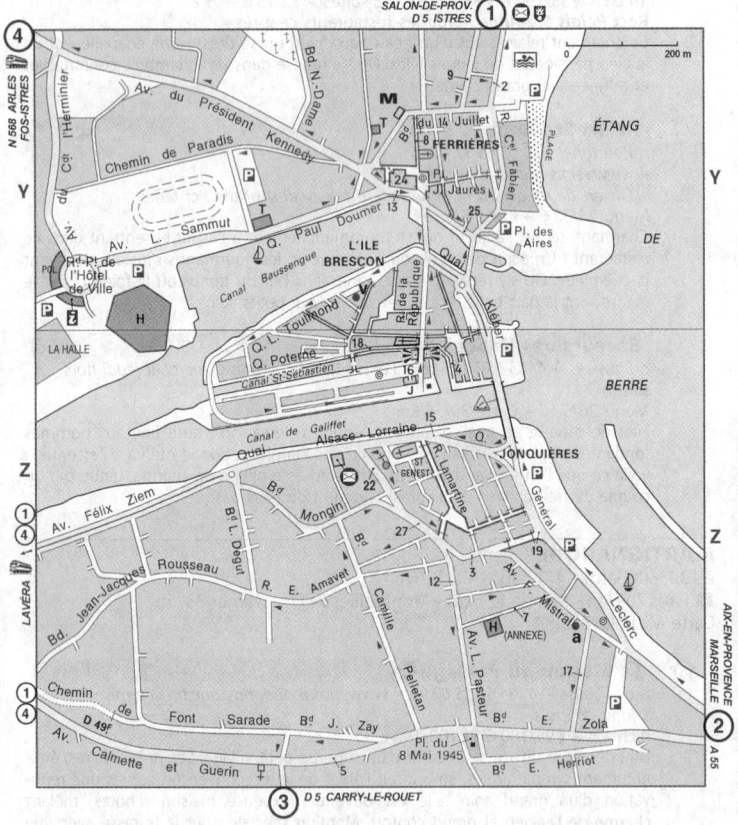

XX **Le Bouchon à la Mer**

19 quai Lucien-Toulmond – ℰ 04 42 49 41 41
– www.lebouchonalamer.fr – Fermé dim. soir et lundi
Menu 25 € (semaine)/31 € – Carte 46/59 €

Plan : Y**v**

Au bord du canal, la terrasse de ce charmant restaurant martégal n'est pas loin de flotter sur les eaux ! Au son d'un clapotis, on découvre une cuisine variée, d'inspiration provençale : soupe de favouilles, dos de loup poêlé aux échalotes et jeunes poireaux, moelleux au chocolat... Et la note est légère.

MARTILLAC – 33 (Gironde) → voir Bordeaux

MARTIN-ÉGLISE – 76 (Seine-Maritime) → voir Dieppe

LA MARTRE

⊠ 83840 (Var) – 193 hab. – Alt. 984 m – Voir carte n°**41**-C2

▶ Paris 808 km – Castellane 19 km – Digne-les-Bains 73 km – Draguignan 50 km
Carte Michelin 340-O3

Château de Taulane

Le Logis du Pin, au golf, 4 km au Nord-Est par D 6085 – ℰ 04 93 40 60 80
– www.chateau-taulane.com – Ouvert d'avril à oct.
42 ch – †109/169 € ††129/259 € – 3 suites – ⌸ 20 € – ½ P

Château du 18ᵉ s. situé en pleine nature, au cœur d'un superbe golf : un lieu plein de caractère, comme hors du temps. Chambres spacieuses et aménagées avec beaucoup de confort, piscine couverte, salle de fitness, soins esthétiques, restaurant et trattoria...

MARTRES-TOLOSANE

✉ 31220 (Haute-Garonne) – 2 226 hab. – Alt. 268 m – Voir carte n°**28-B3**
◪ Paris 737 km – Auch 133 km – Tarbes 94 km – Toulouse 62 km
Carte Michelin 343-E5

✗✗ Le Castet

44 av. de la Gare – ℰ 05 61 98 80 20 – www.hotelcastet.fr – Fermé 5-11 janv.,
merc. soir d'oct. à juin, dim. soir et lundi
Menu 19 € (déj. en semaine), 31/39 € – Carte 46/69 €

Qui pourrait croire que ce lieu contemporain fut jadis le café de la gare ? On y sert une cuisine du marché fraîche et colorée, qui mise sur le beau produit avec simplicité : salade de penne et crevettes, daube de bœuf et haricots au beurre, etc. Un conseil : réservez, c'est souvent complet.

MARVEJOLS

✉ 48100 (Lozère) – 4 992 hab. – Alt. 650 m – Voir carte n°**23-C1**
◪ Paris 580 km – Espalion 83 km – Mende 28 km – Montpellier 178 km
Carte Michelin 330-H7

✗✗ L'Auberge Domaine de Carrière avec ch

av. Montplaisir, 2 km à l'Est par D 1 – ℰ 04 66 32 47 05
– www.domainedecarriere.com – Fermé vacances de la Toussaint,
20 déc.-1ᵉʳ fév., merc. soir, dim. soir et lundi
5 ch ⌸ – †100 € ††100 € Menu 20/42 €

Épuré, design... Un lieu contemporain et tendance, dans les anciennes écuries du domaine. La carte n'est pas en reste, puisque le chef concocte une cuisine fraîche et dans l'air du temps, déclinée autour de trois menus uniques. Pour prolonger l'étape, les chambres sont élégantes et spacieuses.

MASSANGIS

✉ 89440 (Yonne) – 410 hab. – Alt. 265 m – Voir carte n°**7-B2**
◪ Paris 213 km – Auxerre 48 km – Dijon 132 km – Nevers 169 km
Carte Michelin 319-G6

⌂ Carpe Diem

53 Grande-Rue – ℰ 03 86 33 89 32 – www.acarpediem.com – Fermé 1ᵉʳ-15 fév.
5 ch ⌸ – †64/87 € ††72/95 €

De ce corps de ferme (18ᵉ-19ᵉ s.) situé dans un paisible village, les propriétaires ont fait un lieu charmant, cosy et élégant : mobilier de famille, boiseries et parquet, jardin fleuri... À la table d'hôte, cuisine traditionnelle et classicisme de bon aloi.

MASSERET

✉ 19510 (Corrèze) – 679 hab. – Alt. 380 m – Voir carte n°**24-B2**
◪ Paris 432 km – Guéret 132 km – Limoges 45 km – Tulle 48 km
Carte Michelin 329-K2 – Guide Vert Michelin Limousin Berry

⌂ Hôtel de la Tour

7 pl. Marcel-Champeix – ℰ 05 55 73 40 12 – www.hoteldelatourmasseret.com
– Fermé dim. soir sauf juil.-août
25 ch – †53/80 € ††53/80 € – ⌸ 9 € – ½ P

Sur les hauteurs de ce bourg limousin – gage de tranquillité –, un hôtel familial qui propose des chambres simples et bien tenues, rénovées avec goût et bien équipées. De la terrasse, on a une jolie vue sur... la tour !

MASSIAC

⊠ 15500 (Cantal) – 1 826 hab. – Alt. 534 m – Voir carte n°**5-B3**
🚩 Paris 484 km – Aurillac 84 km – Brioude 23 km – Issoire 38 km
Carte Michelin 330-H3 – Guide Vert Michelin Auvergne

 Grand Hôtel de la Poste

26 av. Ch.-de-Gaulle – ℰ *04 71 23 02 01 – www.hotel-massiac.com – Fermé 12 nov.-20 déc., mardi soir et merc. de janv. à mars*
33 ch – ♦47/60 € ♦♦47/60 € – ⊑ 8 € – ½ P
Pas de panique si, après des heures de route sur l'A 75, vous vous retrouvez au niveau de Massiac. Cet établissement imposant, au fonctionnement familial, propose des chambres tout à fait confortables. Pour se détendre, il y a aussi de nombreux équipements de loisirs (fitness, jacuzzi, squash, etc.).

 La Colombière sans rest

rte de Clermont-Ferrand, 1 km au Nord par D 909 – ℰ *04 71 23 18 50 – www.hotel-lacolombiere.com – Fermé fév.*
30 ch – ♦48/50 € ♦♦56/58 € – ⊑ 7 €
Ses grandes chambres fonctionnelles (mobilier moderne, sanitaires bien équipés, tenue exemplaire) font de cet hôtel récent une étape pratique sur la route des gorges de l'Alagnon. La terrasse, donnant sur le jardin, est particulièrement sympathique.

MASSY – 91 (Essonne) → voir Paris, Environs

MATIGNICOURT-GONCOURT

⊠ 51300 (Marne) – 127 hab. – Alt. 114 m – Voir carte n°**14-C2**
🚩 Paris 194 km – Bar-le-Duc 46 km – Châlons-en-Champagne 44 km – Troyes 73 km
Carte Michelin 306-k10

XX **Ô Delices des Papilles**

11 r. du Château-d'Eau – ℰ *03 26 72 51 60 – www.odelicesdespapilles.fr – Fermé 27 avril-1er mai, 17 août-4 sept., 2-16 janv., lundi et mardi*
Menu 25/62 € – Carte 52/75 €
À la sortie du village, faites donc une halte Ô Delices des Papilles. Dans un intérieur contemporain et boisé, on célèbre la production locale (asperges, petits pois, rhubarbe, escargots...) au gré de délicieux petits plats de tradition. Et côté vin, faites confiance à l'expérience du sommelier !

MATOUGUES – 51 (Marne) → voir Châlons-en-Champagne

MAUBEC

⊠ 84660 (Vaucluse) – 1 870 hab. – Alt. 120 m – Voir carte n°**42-E1**
🚩 Paris 717 km – Avignon 36 km – Marseille 84 km – Valence 156 km
Carte Michelin 332-D10

 La Bastide du Bois Bréant

501 chemin du Puits-de-Grandaou – ℰ *04 90 05 86 78 – www.hotel-bastide-bois-breant.com*
12 ch ⊑ – ♦155/230 € ♦♦151/230 € – 1 suite
Au milieu d'une chênaie, cette bastide a préservé son âme. On opte pour des chambres d'inspiration provençale, une cabane perchée dans un arbre, ou même une roulotte tout confort ! Menu unique le soir, réservé aux résidents (cuisine régionale).

MAUBEUGE

⊠ 59600 (Nord) – 31 103 hab. – Agglo. 112 406 hab. – Alt. 134 m
– Voir carte n°**31-D2**
🚩 Paris 242 km – Mons 21 km – St-Quentin 114 km – Valenciennes 39 km
Carte Michelin 302-L6

L'Atelier 117

🟰 🛈 ♿ 🄰🄲 🛜 🄿

117 av. Jean-Jaurès – 𝒞 03 27 62 15 00 – www.latelier117.com.
42 ch – 🛉72/123 € 🛉🛉72/123 € – ⚏ 11 €
Un hôtel contemporain situé légèrement à l'extérieur de la ville ; on y dort dans de petites chambres parfaitement équipées : iDock, grand écran, bonne literie, plateau de courtoisie... Et au restaurant, une sympathique carte de style brasserie !

au Sud par rte d'Avesnes-sur-Helpe – ✉59330 Beaufort

✗✗ Le Relais de Beaufort

🛜 🄿

8 km au Sud par N 2 – 𝒞 03 27 63 50 36 – www.relaisdebeaufort.fr – Fermé 16 août-3 sept., dim. soir, mardi soir et lundi
Menu 29/49 € – Carte 27/70 €
Une auberge, deux atmosphères – rustique ou contemporaine –, mais surtout une généreuse cuisine traditionnelle : fricassée de Saint-Jacques à la crème d'ail, carré d'agneau rôti au romarin, et un plateau de fromages qui vaut son pesant d'or... Une adresse agréable.

MAULÉVRIER – 49 (Maine-et-Loire) → voir Cholet

MAUREILLAS-LAS-ILLAS

✉ 66480 (Pyrénées-Orientales) – 2 672 hab. – Alt. 130 m – Voir carte n°**22**-B3
▶ Paris 873 km – Gerona 71 km – Perpignan 31 km – Port-Vendres 31 km
Carte Michelin 344-H8

à Las Illas 11 km au Sud-Ouest par D 13 – ✉ 66480

✗ Hostal dels Trabucayres avec ch

🐾 ⪪ 🛜 ⅍ 🄿

😊 *– 𝒞 04 68 83 07 56 – Hôtel : ouvert 15 avril-20 oct., rest. : fermé 25-30 oct., 2 janv.-15 mars, mardi et merc. hors saison*
5 ch – 🛉36 € 🛉🛉36 € – ⚏6 € – ½ P   Menu 17 € 🍷/54 € 🍷 – Carte 24/38 €
Auberge rustique (1840) postée sur le GR 10, au cœur d'une forêt de chênes-lièges et... au calme ! Après une bonne marche, on dévore de copieux petits plats du terroir catalan, et pour le repos du randonneur, on trouve des chambres très simples (toilettes et douches sur le palier) ainsi que deux gîtes récents.

MAURIAC

✉ 15200 (Cantal) – 3 819 hab. – Alt. 722 m – Voir carte n°**5**-A3
▶ Paris 490 km – Aurillac 53 km – Clermont-Ferrand 113 km – Le Mont-Dore 77 km
Carte Michelin 330-B3 – Guide Vert Michelin Auvergne

Auv'Hôtel sans rest

🕭 ⬧ 🄰🄲 🛜 🄿

4 r. du 11-Novembre – 𝒞 04 71 68 19 10 – www.auv-hotel.fr – Fermé 1er-15 mars
11 ch – 🛉55/65 € 🛉🛉65/75 € – ⚏9 €
Située à côté de la basilique romane Notre-Dame-des-Miracles, une sympathique petite adresse aux fenêtres fleuries. Les chambres, mignonnes, coquettes et bien tenues, sont parfaites pour les petits budgets !

MAUROUX – 46 (Lot) → voir Puy-l'Évêque

MAUSSANE-LES-ALPILLES

✉ 13520 (Bouches-du-Rhône) – 2 261 hab. – Alt. 32 m – Voir carte n°**42**-E1
▶ Paris 712 km – Arles 20 km – Avignon 30 km – Marseille 81 km
Carte Michelin 340-D3 – Guide Vert Michelin Provence

Le Pré des Baux sans rest

🐾 🕭 🔅 🄰🄲 🛜 🄿

r. du Vieux-Moulin – 𝒞 04 90 54 40 40 – www.lepredesbaux.com – Ouvert 28 mars-2 nov.
10 ch – 🛉95/105 € 🛉🛉110/140 € – ⚏ 13 €
Les chambres de plain-pied entourent la piscine et le jardin méridional, au calme. Petit-déjeuner (fruits frais, confitures artisanales) servi sur les terrasses privatives.

Val Baussenc Ⅰ○ ⅗ 🚗 🛋 AC 🛜 🖐 P
122 av. de la Vallée-des-Baux – ℰ 04 90 54 38 90 – www.valbaussenc.com
– Ouvert 1er mars-31 oct.
23 ch – †77/132 € ††88/132 € – 🛏 12 € – ½ P
Une maison au décor provençal qui magnifie avec originalité la pierre calcaire des
Baux. Les chambres, presque toutes avec terrasse ou balcon, profitent du calme
de la campagne environnante. Petite salle à manger, treille et cuisine aux couleurs du Sud.

Ou Ravi Provençau
34 av. de la Vallée-des-Baux – ℰ 04 90 54 31 11 – www.restaurantalpilles.fr
– Fermé 22-30 juin, 15 nov.-15 déc., 15 janv.-10 fév., mardi et merc.
Formule 23 € – Menu 56 € 🍷
Authentique, goûteuse et généreuse, la cuisine servie dans cette jolie maison
méridionale semble tout droit sortie du "Reboul" : daube, pieds et paquets – évidemment ! –, mais aussi soupe au pistou (en été) et carré d'agneau à l'ail et
sauge... Et à l'arrière, la terrasse est incontournable.

Le Clos St-Roch 🏠 🗹 ✿
87 av. de la Vallée-des-Baux – ℰ 04 90 98 77 15 – www.leclosaintroch.com
– Fermé vacances de fév., 1 semaine vacances de Noël, merc. et jeudi
Formule 21 € – Menu 28 € – Carte 33/54 €
Tatin d'artichauts marinés, dorade royale ou bouchon moelleux tiède au chocolat
et noisettes : cette cuisine dans l'air du temps, d'inspiration méditerranéenne, est
l'œuvre d'un chef ayant longtemps travaillé aux États-Unis. L'hiver, demandez une
table à côté de la cheminée et, l'été, profitez de la terrasse !

au Paradou 2 km à l'Ouest par D 17, rte d'Arles – ✉ 13520 – 1 526 hab. – Alt. 21 m

B design & Spa sans rest ⅗ ≤ 🚗 🛋 🕥 🕭 🖐 ⅗ 🛜 🖐 P
lieu-dit de Bourgeac – ℰ 04 90 54 58 66 – www.hotelbdesign.com
15 suites – ††290/690 € – 🛏 21 €
La modernité au service du confort et du bien-être résume l'esprit de cet hôtel, à
l'entrée de la propriété. Vastes suites dessinées par un designer, terrasses, espace
de remise en forme. Pour un beau séjour au calme...

Du Côté des Olivades Ⅰ○ ⅗ ≤ 🚗 🛋 🗟 AC 🛜 P
lieu-dit de Bourgeac – ℰ 04 90 54 56 78 – www.ducotedesolivades.com
10 ch – †115/320 € ††115/320 € – 🛏 21 € – ½ P
Rest *Nancy Bourguignon* – voir les restaurants ci-après
Cette bastide contemporaine, nichée au milieu des oliviers, abrite des chambres
de style provençal. Agréable piscine et copieux petit-déjeuner.

La Maison du Paradou sans rest 🚗 🛋 🗟 ⅗ 🛜 P
2 rte de St-Roch – ℰ 04 90 54 65 46 – www.maisonduparadou.com
5 ch – †225/275 € ††250/295 €
Relais de poste (1699) couvert de glycine, tenu par des Britanniques et doté de
chambres extrêmement confortables. Très beau salon voûté, jardin provençal et
piscines d'eau salée... Avec les Alpilles en toile de fond. Paradisiaque !

Nancy Bourguignon – Hôtel Du Côté des Olivades 🚗 🏠 AC P
lieu-dit de Bourgeac – ℰ 04 90 54 56 78 – www.ducotedesolivades.com – Fermé
mardi midi et lundi
Menu 50 € (déj.) – Carte 55/94 € *(réservation conseillée)*
Légumes primeurs provençaux, poisson de ligne... Dans ce charmant restaurant, la
chef, autodidacte et passionnée, concocte de fines et subtiles recettes, très parfumées. Agréable terrasse entourée de végétation méditerranéenne.

Le Bistrot du Paradou 🕭 AC ✿
57 av. de la Vallée-des-Baux – ℰ 04 90 54 32 70 – Fermé vacances de fév.,
25 mai-2 juin, vacances de Noël, dim. et lundi
Menu 47 € 🍷 (déj.)/53 € 🍷 *(réservation conseillée)*
Cette maison aux volets bleus est une véritable institution locale. Aïoli, volaille de
Bresse à la broche, tête de veau sauce ravigote et tartes maison : on y célèbre le
répertoire provençal avec des plats généreux et goûteux, à dévorer dans une
ambiance joyeuse et bon enfant. Attention, menu unique !

MAUZAC-ET-ST-MEYME-DE-ROZENS

✉ 24150 (Dordogne) – 879 hab. – Alt. 49 m – Voir carte n°**4-C3**
▶ Paris 596 km – Agen 116 km – Bordeaux 151 km – Périgueux 64 km
Carte Michelin 329-F6

La Métairie

– ☎ 05 53 22 50 47 – www.la-metairie.com – Ouvert 25 mars-5 nov. et vacances de Noël
9 ch – †115/195 € ††135/195 € – 1 suite – ☲ 18 € – ½ P
Un hôtel charmant et romantique, installé dans une maison du 19ᵉ s., au cœur d'un superbe parc de 3 ha. Les chambres ont beaucoup de classe et, le plus souvent, une terrasse privative. Restaurant au cadre rustique pour une cuisine s'inspirant du terroir.

MAYENNE

✉ 53100 (Mayenne) – 13 226 hab. – Alt. 124 m – Voir carte n°**35-C1**
▶ Paris 283 km – Alençon 61 km – Flers 56 km – Fougères 47 km
Carte Michelin 310-F5 – Guide Vert Michelin Pays de la Loire

L'Éveil des Sens (Nicolas Nobis)

429 bd Paul-Lintier – ☎ 02 43 30 42 17 – www.restaurant-leveildessens.fr – Fermé 10-31 août, 2-22 janv., mardi midi, dim. soir et lundi
Formule 20 € – Menu 23 € (déj. en semaine), 38/60 € (réservation conseillée)
Des cuissons et assaisonnements précis, une créativité bien maîtrisée, des produits de qualité : cette table réveille les papilles et y laisse une empreinte durable. Décor sobre et moderne.
➜ Foie gras de canard à la badiane et fenouil confit. Saint-pierre, étuvée de chou-rave et coquillages. Croustillant chocolat et praliné, glace au café blanc.

rte de Laval au Sud par N 162 – ✉53100 Mayenne

La Marjolaine

au domaine du Bas-Mont, à 6,5 km – ☎ 02 43 00 48 42 – www.lamarjolaine.fr
– Fermé vacances de fév. et de Noël
41 ch – †63/125 € ††63/125 € – ☲ 11 € – ½ P
Rest La Marjolaine – voir les restaurants ci-après
Près de Mayenne, mais en pleine nature : dans le parc aux arbres centenaires coule une rivière... On peut loger dans le joli château (17ᵉ s.) ou dans les différents pavillons disséminés dans la verdure. Les chambres arborent des styles variés, du classique au contemporain avec sauna privatif ! Espace détente, prêt de vélos.

La Marjolaine

au domaine du Bas-Mont, à 6,5 km – ☎ 02 43 00 48 42 – www.lamarjolaine.fr
– Fermé vacances de fév. et de Noël, vend. soir, sam. midi de janv. à Pâques et dim. soir de mi-sept. à Pâques
Menu 21 € (semaine), 33/48 € – Carte 50/74 €
Au sein de ce domaine verdoyant, dans un cadre élégant – dont une agréable terrasse –, une cuisine qui honore la tradition à travers des recettes telles que ces langoustines rôties, tomates et légumes à la grecque ou encore cette langue de bœuf braisée et jus de truffe.

Beau Rivage avec ch

rte de St-Baudelle, à 4 km – ☎ 02 43 00 49 13 – www.restaurantbeaurivage.com
– Fermé dim. soir et lundi
8 ch – †64 € ††78 € – ☲ 9 € – ½ P
Formule 15 € – Menu 19 € (semaine), 31/40 € – Carte 30/50 €
Au bord de la Mayenne, avec une jolie terrasse, l'adresse a des airs de guinguette, et c'est avec plaisir que l'on atteint les rivages de la gourmandise grâce à l'appétissante cuisine traditionnelle du chef... et sa rôtissoire, où l'on voit cuire doucement brochettes de poisson, gigots de lotte, pigeons et autres cailles.

MAZAMET

✉ 81200 (Tarn) – 10 093 hab. – Alt. 241 m – Voir carte n°**29-C2**
▶ Paris 739 km – Albi 64 km – Carcassonne 50 km – Castres 21 km
Carte Michelin 338-G10

⌂ **Mets et Plaisirs** ⅠⅠ○ ⅏ 奈

7 av. Albert Rouvière – ℰ *05 63 61 56 93* – *www.metsetplaisirs.com*
– *Fermé 2-23 août, 24 déc.-8 janv., dim. soir et lundi*
11 ch – †45/55 € ††55/65 € – ⌷ 7 € – ½ P
Rest *Mets et Plaisirs* – voir les restaurants ci-après
Dans le centre de Mazamet, une maison de maître du début du 20ᵉ s. avec des chambres assez petites et simples, mais bien tenues... Quant au restaurant, il ravira les gourmands !

⌂ **La Villa de Mazamet** ⅠⅠ○ ⇔ ⏉ ⅏ 奈

4 r. Pasteur – ℰ *05 63 97 90 33* – *www.villademazamet.com* – *Ouvert*
1ᵉʳ avril-31 oct.
5 ch ⌷ – †110/190 € ††110/190 €
Les propriétaires ? Deux Anglais tombés amoureux du Sud et de cette très belle maison de maître (1935), avec son grand escalier en pierre, ses moulures, ses cheminées en marbre, etc. Les chambres, spacieuses et lumineuses, sont raffinées ; l'accueil est charmant... Une superbe adresse.

✗ **Mets et Plaisirs** – Hôtel Mets et Plaisirs ⒜Ⓒ ⅏
⊜ *7 av. Albert Rouvière* – ℰ *05 63 61 56 93* – *www.metsetplaisirs.com*
– *Fermé 2-23 août, 24 déc.-8 janv., dim. soir et lundi*
Menu 19 € (semaine)/30 € – Carte environ 50 €
Une maison bourgeoise et un cadre... classique – moulures, boiseries, etc. Aux fourneaux, le propriétaire prépare une cuisine fraîche et bien tournée, avec des produits choisis. On a du plaisir à savourer ses mets !

MAZAN – 84 (Vaucluse) → voir Carpentras

MAZAYE

✉ 63230 (Puy-de-Dôme) – 713 hab. – Alt. 760 m – Voir carte n°**5-B2**
◰ Paris 441 km – Clermont-Ferrand 23 km – Le Mont-Dore 32 km –
Pontaumur 27 km
Carte Michelin 326-E8

⌂ **Auberge de Mazayes** ⅠⅠ○ ⅖ & 奈 ⅍ Ⓟ

à Mazayes-Basses – ℰ *04 73 88 93 30* – *www.auberge-mazayes.com*
– *Fermé 13 déc.-28 janv., dim. soir et lundi de sept. à avril et mardi midi*
15 ch ⌷ – †67/77 € ††90/102 € – ½ P
Rest *Auberge de Mazayes* ⊛ – voir les restaurants ci-après
Cette belle ferme rustique est le pied-à-terre parfait pour sillonner la campagne auvergnate. Profitez des chambres coquettes et au calme, avant de repartir à l'assaut des monts Dôme.

✗ **Auberge de Mazayes** 発 斎 Ⓟ
⊛ *à Mazayes-Basses* – ℰ *04 73 88 93 30* – *www.auberge-mazayes.com* – *Fermé 13 déc.-28 janv., dim. soir et lundi de sept. à avril et mardi midi*
Formule 17 € – Menu 25 € (semaine), 32/46 € – Carte 31/49 €
Des moellons de basalte, du bois patiné... et tout le goût de l'Auvergne : feuilleté au cantal, truffade du Cantal et de l'Aveyron, truite au lard, petit salé aux lentilles vertes du Puy, pounti et fromages régionaux, etc. Sincère et généreux !

MAZEROLLES – 40 (Landes) → voir Mont-de-Marsan

MEAULNE

✉ 03360 (Allier) – 768 hab. – Alt. 185 m – Voir carte n°**5-B1**
◰ Paris 307 km – Clermont-Ferrand 126 km – Moulins 96 km – Montluçon 31 km
Carte Michelin 326-C3 – Guide Vert Michelin Auvergne

⌂ **Manoir du Mortier** ⅠⅠ○ ⅖ ⇔ ⏉ ⅏ 奈 Ⓟ

Le Mortier – ℰ *06 62 21 08 82* – *www.manoirdumortier.fr* – *Ouvert avril à mi-nov.*
4 ch ⌷ – †85/140 € ††140/260 €
En pleine nature, à l'orée d'une forêt, manoir familial du 18ᵉ s. joliment restauré. Ciels de lit, tentures, objets anciens : les chambres sont très romantiques. Repas sur réservation, servi devant la cheminée ou en terrasse. Et même, pour les cavaliers, un box pour accueillir leur monture !

MEAUX

✉ 77100 (Seine-et-Marne) – 52 225 hab. – Alt. 51 m – Voir carte n°**19**-**C1**
▶ Paris 54 km – Compiègne 68 km – Melun 56 km – Reims 98 km
Carte Michelin 312-G2 – Guide Vert Michelin Île-de-France

XX **La Grignotière**

36 r. de la Sablonnière – ✆ 01 64 34 21 48 – Fermé août, sam. midi, mardi et merc.
Formule 29 € – Menu 39/52 € – Carte 62/81 €
Rénovée dans un style contemporain, cette Grignotière séduit avec son intérieur cosy et sa cheminée en état de marche... Au fil de l'année, on se régale par exemple d'huîtres, de coquillages et de beaux plateaux de fruits de mer, ou, pour les carnivores, de ris de veau aux morilles et de foie gras poêlé. Plaisant !

à Germigny-l'Évêque 8 km au Nord-Est par D 405 et D 97 – ✉ 77910 – 1 357 hab. – Alt. 49 m

XXX **Le Gonfalon** avec ch

2 r. de l'Église – ✆ 01 64 33 16 05 – www.restaurantgonfalon.com – Fermé 5-25 sept., 3 semaines en janv., dim. soir et lundi
8 ch – †85/155 € ††90/175 € – ☕ 12 €
Menu 39 € (semaine), 48/82 € – Carte 60/88 €
Fraîcheur et charme inondent la terrasse romantique de cette auberge en bord de Marne. On y apprécie une cuisine d'aujourd'hui, ambitieuse et joliment présentée, servie l'hiver au coin du feu, dans une salle cosy et intime... Au calme côté rivière, les chambres se révèlent bien confortables.

MEAUZAC

✉ 82290 (Tarn-et-Garonne) – 1 227 hab. – Alt. 76 m – Voir carte n°**28**-**B2**
▶ Paris 628 km – Cahors 57 km – Montauban 16 km – Toulouse 67 km
Carte Michelin 337-D7

Manoir des Chanterelles

à Bernon-Boutounelle, 2170 rte de Castelsarrasin, 2 km au Nord par D 45 – ✆ 05 63 24 60 70 – www.manoirdeschanterelles.com – Fermé dim. hors saison
5 ch ☕ – †90/120 € ††100/130 €
Un beau manoir flanqué de tourelles au cœur d'un parc et d'un verger de pommiers. Savane, Louis XVI, Orientale, Romantique et Zen : les chambres, confortables, offrent un décor bigarré et opulent. Piscine, tennis et espace bien-être pour la détente.

LES MÉES

✉ 04190 (Alpes-de-Haute-Provence) – 3 589 hab. – Alt. 410 m – Voir carte n°**40**-**B2**
▶ Paris 733 km – Avignon 155 km – Digne-les-Bains 22 km – Marseille 115 km
Carte Michelin 334-D8

XX **La Marmite du Pêcheur**

bd des Tilleuls – ✆ 04 92 34 35 56 – www.lamarmitedupecheur.com – Fermé 2-12 janv., mardi et merc.
Menu 21 € (déj. en semaine), 38/61 € – Carte 54/94 €
Au pied des Pénitents, ces célèbres rochers pointus, les gourmands n'ont pas à faire profil bas ! Dans cet ancien moulin, on se régale de spécialités de poisson et de produits de la mer (bouillabaisse sur commande). Décor contemporain dans la salle où trône encore la roue à aubes.

MEGÈVE

✉ 74120 (Haute-Savoie) – 3 516 hab. – Alt. 1 113 m – Voir carte n°**46**-F1
▶ Paris 598 km – Albertville 32 km – Annecy 60 km – Chamonix-Mont-Blanc 33 km
Carte Michelin 328-M5 – Guide Vert Michelin Alpes du Nord

 Hôtels

🏨 Les Fermes de Marie
163 chemin de la Riante-Colline, par ② – ℰ 04 50 93 03 10
– www.fermesdemarie.com – Fermé 6 avril-25 mai
60 ch ⌑ – †329/1119 € ††358/1298 € – 10 suites – ½ P
On se verrait bien vivre dans ce hameau de fermes savoyardes reconstituées. Les chambres sont délicieusement montagnardes, boisées, décorées avec goût dans le style de la famille Sibuet, reconnaissable entre mille... Et le spa est superbe. Un véritable paradis des neiges !

🏨 Le Fer à Cheval
36 rte Crêt-d'Arbois – ℰ 04 50 21 30 39   Plan : BY**a**
– www.feracheval-megeve.com – Ouvert de fin juin à début sept. et de mi-déc. à mi-avril
38 ch ⌑ – †665/850 € ††665/850 € – 15 suites – ½ P
Pourquoi le Fer à Cheval ? En hommage au forgeron du village, qui bâtit ce superbe chalet en 1938. Ici, l'esprit savoyard est sublimé : entre bois et objets montagnards, tout n'est que chaleur et raffinement... Autres atouts : un spa grandiose et deux restaurants – gastronomique ou savoyard – selon vos envies.

🏨 Lodge Park
100 r. d'Arly – ℰ 04 50 93 05 03 – www.lodgepark.com   Plan : AY**s**
– Ouvert 19 déc.- 6 avril et juillet-août
38 ch – †290/790 € ††290/790 € – 11 suites – ⌑ 26 €
Rest *Beef Lodge* – voir les restaurants ci-après
Atypique, chic et hors du temps : ce Lodge Park est tout cela à la fois. L'ambiance ? Celle d'une maison de trappeur dans le Grand Nord ! Trophées de chasse, peaux de bêtes aux murs, cornes et bustes bovins, cheminées en pierre... et les chambres sont de vrais cocons !

🏨 Chalet du Mont d'Arbois
447 chemin de la Rocaille, par rte Edmond-de-Rothschild   Plan : BY**p**
– ℰ 04 50 21 25 03 – www.mont-darbois.fr – Ouvert de juin à sept. et de mi-déc. à mi-avril
41 ch – †300/1190 € ††300/1190 € – 8 suites – ⌑ 28 € – ½ P
Rest *1920* ❀ – voir les restaurants ci-après
Sous l'égide de la famille Rothschild, un grand chalet très chic, chaleureux et raffiné, avec une vue sublime sur les sommets : toute la féerie de Megève. Ou l'art d'apprécier le luxe d'une piscine intérieure-extérieure chauffée à 30° C, comme celui d'un dîner romantique...

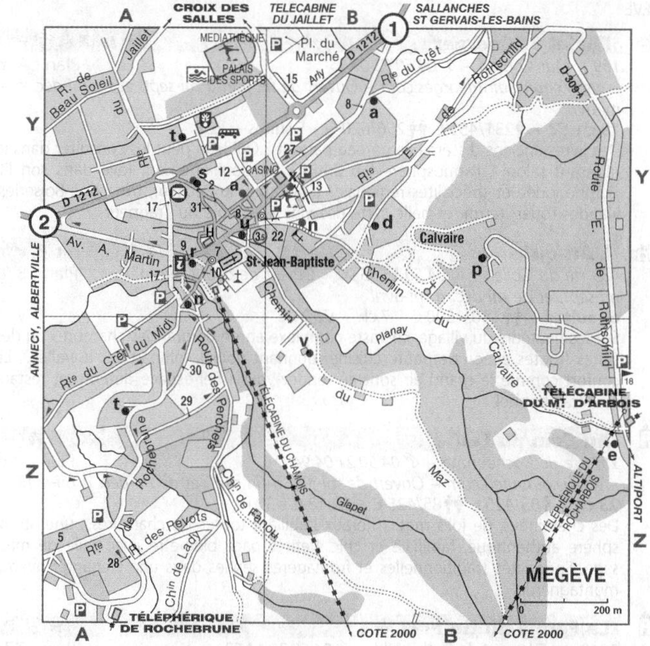

MEGÈVE

Arly (R. d') . . . . **AY** 2
Bouchet (Rte du) . . . . **AZ** 5
Église (Pl. de l') . . . . **AY** 7
Feige (R. Ch.) . . . . **ABY** 8
Martin (R. A.) . . . . **AY** 9
Monseigneur-Conseil (R.) . . . . **AY** 10

Muffat-de-St-Amour
(R. du Gén.) . . . . **AY** 12
Oberstdorf (R.) . . . . **BY** 13
Palais des Sports (Rte du) . . . **ABY** 15
Poste (R. de la) . . . . **AY** 17
Résistance (Pl. de la) . . . . **AY** 22

St-François (R.) . . . . **ABY** 27
Téléphérique
(Rte du) . . . . **AZ** 28
Torrents (R. des) . . . . **AZ** 29
Verte (Allée) . . . . **AZ** 30
5-Rues (Passage des) . . . . **AY** 31

🏨 **Le Chalet Zannier**

367 rte du Crêt – 𝒞 04 50 21 01 01 – www.lechaletzannier.com – ouvert mi-déc. à mi-avril.

8 ch ⌂ – †520/690 € ††520/690 € – 4 suites – ½ P

Rest *Le Chalet Zannier* – voir les restaurants ci-après

Un ensemble de trois superbes chalets savoyards, possédant un joli centre de détente avec piscine, hammam et sauna. L'esprit de luxe montagnard règne dans les chambres, sobres et chic, jamais tape-à-l'œil, et dans les nombreux services (navette privée vers la station).

🏨 **Alpaga**

rte du Prariand, (allée des Marmousets), 1,5 km par ② et rte secondaire – 𝒞 04 50 91 48 70 – www.alpaga.com – Ouvert mi-juin à mi-sept. et 6 déc.-11 avril

22 ch ⌂ – †230/910 € ††230/910 € – 10 suites – ½ P

Rest *La Table de l'Alpaga* ❀ – voir les restaurants ci-après

Ce hameau de chalets très chic cultive sa différence à l'écart de la station... Résolument contemporaines, les chambres sont superbes dans leur esprit épuré – et néanmoins chaleureux –, loin des chalets les plus traditionnels. Mention spéciale pour le délicieux spa.

🏨 **Mont-Blanc**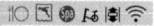

29 r. Ambroise-Martin, (pl. de l'Église) – 𝒞 04 50 21 20 02   Plan : AY**r**
– www.hotelmontblanc.com – Ouvert de déc. à avril

35 ch – †295/690 € ††295/1050 € – 3 suites – ⌂ 26 €

Le mythique doyen des hôtels megèvans, magnifiquement illuminé le soir venu : le "21ᵉ arrondissement de Paris" selon Cocteau, qui y a laissé son empreinte. Du faste, un bar à champagne, le charme des sports d'hiver... la belle vie, très mondaine !

Chalet St-Georges
159 r. Mgr Conseil – ℰ 04 50 93 07 15   Plan : AY**n**
– www.chaletsaintgeorges.com – Ouvert de fin juin à mi-sept. et de mi-déc. à mi-avril
19 ch ⌨ – ♦231/455 € ♦♦256/620 € – 5 suites – ½ P
Des livres anciens disséminés un peu partout ? Oui ! On peut les consulter dans le ravissant salon à l'atmosphère "so British", ou douillettement lové dans son lit. Cuisine iodée et spécialités régionales à la Table du Pêcheur, très cosy. Boiseries, viandes rôties, terroir et belle carte des vins à la Table du Trappeur.

L'Arboisie
483 rte du Gollet – ℰ 04 50 55 35 90 – Ouvert de début juin à   Plan : BY**d**
mi-sept. et de mi-déc. à mi-avril
62 suites – ♦♦140/1500 € – 7 ch – ⌨ 21 €
Sur les hauteurs du village, ce vaste complexe abrite de grandes chambres ou des suites (toutes avec une petite cuisine) donnant pour la plupart sur la vallée... Le confort comme le grand air sont au rendez-vous ! Bel espace détente et restaurant traditionnel.

Au Coin du Feu
252 rte de Rochebrune – ℰ 04 50 21 04 94   Plan : AZ**t**
– www.coindufeu.com – Ouvert de mi-juin à fin sept. et de mi-déc. à mi-avril
23 ch – ♦85/425 € ♦♦85/425 € – ⌨ 18 € – ½ P
Des cheminées, de jolis motifs floraux habillant toutes les chambres : une atmosphère authentique, familiale et chic. Petit espace bien-être avec salle de massage. Spécialités traditionnelles et fromagères servies dans une élégante taverne montagnarde.

La Ferme du Golf sans rest
3048 rte Edmond-de-Rothschild – ℰ 04 50 21 14 62   Plan : BZ**e**
– www.mont-darbois.fr – Ouvert de mi-juin à mi-sept. et de mi-déc. à début avril
19 ch ⌨ – ♦95/420 € ♦♦110/435 €
Au pied des remontées mécaniques, un sympathique hôtel – jadis une ferme – avec des chambres bien tenues, plus calmes côté vallée. Dans un joli salon décoré à l'écossaise, on dispute une partie de billard non loin de la cheminée, avant de rejoindre, pourquoi pas, le jacuzzi... Quelques duplex pour les familles.

Au Cœur de Megève
44 av. Charles-Feige – ℰ 04 50 21 25 30   Plan : AY**u**
– www.hotel-megeve.com
36 ch – ♦100/247 € ♦♦100/354 € – 7 suites – ⌨ 13 €
Un hôtel d'esprit pension de famille au cœur de la station. Déco montagnarde et actuelle dans les chambres ; vue sur les pistes ou sur le village et le torrent. Typique, pratique et bien tenu ! Au restaurant, place à la tradition.

La Grange d'Arly
10 r. des Allobroges – ℰ 04 50 58 77 88   Plan : AY**t**
– www.grange-darly.com – Ouvert de fin juin à début-sept. et de mi-déc.
à fin mars
22 ch ⌨ – ♦185/265 € ♦♦205/364 € – ½ P
Hôtel familial impeccablement tenu. Les chambres sont assez spacieuses (quelques-unes mansardées ou en duplex) et le bois naturel domine. Une valeur simple et sûre ! Au restaurant, cuisine traditionnelle et spécialités savoyardes.

La Chaumine sans rest
36 chemin des Bouleaux, par chemin du Maz   Plan : BZ**v**
– ℰ 04 50 21 37 05 – www.hotel-lachaumine-megeve.com
– Ouvert 28 juin-7 sept. et 19 déc.-13 avril
11 ch – ♦83/126 € ♦♦90/126 € – ⌨ 12 €
À 300 m du village et de la télécabine du Chamois, une ferme du 19e s. joliment restaurée à la mode savoyarde. On entre par un petit salon coquet, typiquement mégèvan, un vrai cocon de montagne. Les chambres sont douillettes et... très au calme !

 **Restaurants**

XXX **1920** – Hôtel Chalet du Mont d'Arbois   🎇 ≤ 🚗 🛖 **P**
🍃 *447 chemin de la Rocaille, par rte Edmond-de-Rothschild*   Plan : BY**p**
– ℰ 04 50 21 25 03 – www.mont-darbois.fr – Ouvert de juin à sept. et de mi-déc.
à mi-avril et fermé lundi midi, mardi midi, merc. midi et jeudi midi de mi-janv. à
mi-fév.
Menu 60/120 € – Carte 104/212 €
Dans ce luxueux domaine créé par les Rothschild en 1920, les plaisirs de la table
se déclinent en produits nobles et recettes originales, sans oublier les grands classiques, tel le soufflé tradition Rothschild. Le tout accompagné d'une belle carte
des vins où les célèbres crus de la famille sont à l'honneur !
➜ Escargots de Magland en persillade, mousseline d'ail doux et chlorophylle de
persil. Volaille de Bresse à la broche, pomme anna. Soufflé tradition "Rothschild",
salade à l'orange et granité au Grand Marnier.

XX **Le Chalet Zannier** – Hôtel le Chalet Zannier   ≤ & 𝒴 **P**
367 rte du Crêt – ℰ 04 50 21 01 01 – www.lechaletzannier.com – ouvert mi-déc.
à mi-avril et fermé le midi
Menu 85 € – Carte 52/108 €
Un restaurant aux allures de luxueux bistrot, mais dont l'allure décontractée ne
préjuge en rien de la qualité de l'assiette : on y déguste en effet une délicieuse
cuisine, empreinte de classicisme, soignée et fondée sur des produits de grande
qualité. Le raffinement est au rendez-vous !

XX **La Table de l'Alpaga** – Hôtel Alpaga   ≤ 🛖 &
🍃 *rte du Prariand, (allée des Marmousets), 1,5 km par ② et rte secondaire*
– ℰ 04 50 91 48 70 – www.alpaga.com – Ouvert mi-juin à
mi-sept. et 6 déc.-11 avril et fermé merc. midi, jeudi midi, lundi et mardi
Menu 65/95 € – Carte 68/102 €
Qu'il est déjà plaisant de prendre place dans cet endroit sobre et chic... En lisant
la carte, très attrayante, on comprend bien la volonté du chef : proposer une cuisine pleinement ancrée dans notre époque, faire découvrir des saveurs oubliées,
travailler des produits régionaux, jouer la légèreté... Un délicieux programme !
➜ Œuf au jaune confit et au blanc soufflé, chanterelles et mouillettes à la truffe.
Suprêmes de pigeon pochés et fumés aux herbes, cuisses confites en raviole
croustillante. Biscuit au grué, chocolat ivoire et guanaja, sorbet framboise.

XX **Beef Lodge** – Hôtel Lodge Park   **P**
100 r. d'Arly – ℰ 04 50 93 05 03   Plan : AY**s**
– Ouvert 19 déc.-6 avril et juil.-août
Carte 57/160 €
Un vrai repaire de carnivores, au décor très "animal" : trophées, peaux de bête,
cuir... Dans la lignée des steakhouses américains, on y propose des viandes de
grande qualité, sélectionnées – et maturées – avec soin : bœuf Black Angus ou
de Bavière, premium du Texas... Le tout dans les règles de l'art : avis aux amateurs !

XX **Flocons Village**
😊 *75 r. St-François* – ℰ 04 50 78 35 01 – www.floconsdesel.com   Plan : AY**a**
Menu 32 € – Carte 41/55 €
La deuxième adresse d'Emmanuel Renaut, le chef bien connu des Flocons de Sel
(Leutaz). Ces Flocons-ci font fondre de plaisir avec une cuisine actuelle soignée et
des plats du terroir d'une grande finesse : terrine de volaille maison à la confiture
d'oignons au vin rouge, paleron de bœuf braisé à la mondeuse... Fameux !

X **Face au Mont-Blanc**   ≤ 🛖
à l'arrivée de la télécabine du Jaillet – ℰ 04 50 21 06 51
– www.chaletsaintgeorges.com – Fermé d'avril à début juil., de sept. à mi-déc. et
le soir
Menu 45 €
Il ne pouvait pas mieux porter son nom ! Depuis la terrasse, la vue sur Megève et
le massif du Mont-Blanc est magnifique. Pour le reste, ce restaurant d'altitude
propose une savoureuse cuisine traditionnelle, avec un beau buffet pour les
hors-d'œuvre et les desserts. Service efficace.

X **Le Puck** 🛋 ♿
31 r. Oberstdorf – ☎ *04 57 19 97 96* – *http://lepuck-megeve.fr*   Plan : BY**x**
– *Fermé 4-24 mai, et mardi sauf juil.-août et du 1er déc. au 31 mars*
Formule 18 € – Menu 24/29 € – Carte 34/58 €
Le puck ? Il s'agit du palet des hockeyeurs ; une évidence, pour ce restaurant situé juste en face de la patinoire centrale. On y sert une cuisine de brasserie à l'accent savoyard, où tout est fait maison à partir de produits frais. Et la jeune équipe est très accueillante !

X **Le Vieux Megève**
58 pl. de la Résistance – ☎ *04 50 21 16 44*   Plan : BY**n**
– *www.restaurant-vieux-megeve.fr* – *Ouvert 11 juil.-31 août et 11 déc.-30 mars et fermé lundi en hiver, mardi midi en janv. et mars*
Carte 35/66 €
Authenticité montagnarde : le credo de ce Vieux Megève, une institution familiale depuis 1965. Fondues bourguignonne et savoyarde, braséade, reblochonnade et charcuteries en tous genres : les portions sont généreuses, sans pour autant négliger le goût. Et l'ambiance est rustique à souhait...

au sommet du Mont d'Arbois par télécabine du Mt d'Arbois ou télécabine de la Princesse – ✉ 74170 – Alt. 1 833 m

X **Idéal 1850** ≤ 🛋
– ☎ *04 50 21 31 26* – *www.mont-darbois.fr* – *Ouvert mi-déc.-mi avril et fermé le soir*
Carte 53/122 €
À l'arrivée de la télécabine, cette ferme d'alpage est devenue le restaurant d'altitude (1 850 m) le plus en vue de la station, avec un panorama idéal sur le mont Blanc ! La Savoie est évidemment à l'honneur à la carte. En outre, une suite luxueuse est disponible, pouvant héberger neuf privilégiés...

à Leutaz 4 km au Sud-Ouest par rte du Bouchet AZ – ✉ 74120

XXX **Flocons de Sel** (Emmanuel Renaut) avec ch 🐾 🐾 ≤ 🛋 🛋 🖥 🌐 🛏 ♿ 📶
✿✿✿ *1775 rte du Leutaz, 4 km au Sud-Ouest par rte du Bouchet - ZA* 🅿 🚗
– ☎ *04 50 21 49 99* – *www.floconsdesel.com* – *Fermé 19 avril-29 mai et 2 nov.-4 déc.*
9 ch – 🛏290/1030 € 🛏🛏290/1030 € – ☑ 30 € – ½ P
Menu 95 € (déj.)/220 € – Carte 116/230 € *(fermé mardi et merc.)*
Plusieurs chalets au-dessus de Megève… Suivez les sommets, vous rencontrerez Emmanuel Renaut. Voilà bien un grand cuisinier, habité par la passion de la montagne : si ses recettes possèdent une vraie signature, elles apparaissent aussi infiniment proches de la nature ! Et ces Flocons de Sel sont aussi un hôtel charmant marqué par la patte du chef et de son épouse...
→ Royale d'amandes fraîches, écrevisses du lac et navet au Campari. Omble chevalier, pâte de céleri et fleur de persil. Mousseline géranium, meringue comme ses fleurs et soupe d'abricot.

XX **La Sauvageonne - Chez Nano** 🐾 ≤ 🛋 🍽
– ☎ *04 50 91 90 81* – *www.restaurant-sauvageonne.com* – *Ouvert 10 déc.-15 avril et fermé le midi*
Menu 50 € (semaine) – Carte 66/98 €
Comme prévu, la sauvageonne marque les esprits par son extravagance. L'ambiance est très showbiz : bar lounge avec DJ, salon fumoir, et une clientèle d'habitués qui sont ici chez eux... C'est à l'étage, sous la charpente, que l'on déguste une cuisine aux accents exotiques, préparée avec de beaux produits travaillés avec soin.

X **Le Refuge** ≤ 🛋 🅿
2615 rte du Leutaz – ☎ *04 50 21 23 04* – *www.refuge-megeve.com*
– *Fermé juin, mi oct.-mi nov., dim. soir, lundi, mardi et merc. hors saison*
Formule 24 € – Menu 29 € (déj.) – Carte 47/64 €
Un charmant Refuge, typique et convivial, sur les hauteurs de la station. On y sert une vraie cuisine de chef, fine et goûteuse, et les incontournables savoyards bien sûr.

MEHUN-SUR-YÈVRE

⊠ 18500 (Cher) – 6 829 hab. – Alt. 130 m – Voir carte n°**12**-C3
▶ Paris 222 km – Bourges 19 km – Cosne-cours-sur-Loire 72 km – Gien 77 km
Carte Michelin 323-J4 – Guide Vert Michelin Limousin Berry

⚭ **Aux Saveurs de Mehun** 🕱

12 pl. du 14-juillet – ✆ 02 48 30 87 22 – www.auxsaveursdemehun.fr – Fermé 2 semaines en juil., 3 semaines en janv., merc. soir, dim. soir et lundi
Formule 13 € – Menu 17 € (déj. en semaine), 27/53 € – Carte 37/44 €
Une ancienne boucherie transformée en restaurant... où l'on ne mange pas que de la viande ! Frère et sœur travaillent de concert, elle en cuisine, lui en salle ; ils permettent aux gourmands de redécouvrir les grands classiques du bistrot. Pour plus d'intimité, réservez une table dans le petit salon à l'étage.

MEILLONNAS

⊠ 01370 (Ain) – 1 282 hab. – Alt. 271 m – Voir carte n°**44**-B1
▶ Paris 432 km – Bourg-en-Bresse 12 km – Mâcon 47 km – Nantua 37 km
Carte Michelin 328-F3 – Guide Vert Michelin Lyon et sa région

⚭ **Auberge Au Vieux Meillonnas** 🍴 🕱 P

Le Mollard – ✆ 04 74 51 34 46 – www.auvieuxmeillonnas.fr – Fermé 1 semaine vacances de printemps, 16 août-4 sept., 1 semaine vacances de fév., mardi soir, dim. soir et merc.
Menu 20 € (semaine), 25/36 € – Carte 31/62 €
Dans ce charmant village, cette ferme bressane offre un cadre délicieusement champêtre : carreaux en ciment, pierres et poutres, grand jardin... sans parler des plats, très joliment ficelés. Le chef maîtrise un large répertoire, authentiquement régional ou plus moderne, et son menu surprise permet de démultiplier les plaisirs !

MEISENTHAL

⊠ 57960 (Moselle) – 703 hab. – Alt. 380 m – Voir carte n°**27**-D2
▶ Paris 440 km – Haguenau 47 km – Sarreguemines 38 km – Saverne 40 km
Carte Michelin 307-P5

🏠 **Auberge des Mésanges** 🕩 📶 🛗 P

r. des Vergers – ✆ 03 87 96 92 28 – www.aubergedesmesanges.fr – Fermé 21 déc.-5 janv.
20 ch – ♦54/58 € ♦♦60/67 € – ⊑ 10 € – ½ P
Au cœur du parc naturel des Vosges du Nord, une auberge familiale dans une maison centenaire postée à la lisière de la forêt. Au programme : des petites chambres toutes simples et une cuisine traditionnelle au restaurant (tartes flambées le soir). Parfait pour visiter le centre international d'Art verrier.

MÉJANNES-LÈS-ALÈS – 30 (Gard) ➜ voir Alès

MÉLISEY

⊠ 70270 (Haute-Saône) – 1 669 hab. – Alt. 330 m – Voir carte n°**17**-C1
▶ Paris 397 km – Belfort 33 km – Besançon 92 km – Épinal 63 km
Carte Michelin 314-H6 – Guide Vert Michelin Franche-Comté Jura

⚭⚭ **La Bergeraine** 🍴 🕱 ⏱ AC 🕱 ↻ P

27 rte des Vosges – ✆ 03 84 20 82 52 – www.labergeraine.fr – Fermé dim. soir, mardi soir et merc. sauf fériés
Menu 21 € (semaine), 29/75 € – Carte 50/80 € (réservation conseillée)
Ne vous fiez pas à l'apparence extérieure de cette vénérable maison en pierre. Passé la porte, c'est une tout autre ambiance qui vous attend : lustres design, mobilier en wengé, objets en verre de Murano, etc. Même contraste sur la carte avec une cuisine créative ou classique, qui réserve de belles surprises.

MELLE

⊠ 79500 (Deux-Sèvres) – 3 667 hab. – Alt. 138 m – Voir carte n°**39**-C2
▶ Paris 394 km – Niort 30 km – Poitiers 60 km – St-Jean-d'Angély 45 km
Carte Michelin 322-F7 – Guide Vert Michelin Poitou-Charentes

L'Argentière
à St-Martin, 2 km sur rte de Niort – ℰ 05 49 29 13 22 – www.largentiere.com
– Fermé 24 déc.-4 janv.
26 ch – †62/73 € ††68/79 € – ⌑ 8,50 €
Rest *La Table de l'Argentière* – voir les restaurants ci-après
L'enseigne évoque les anciennes mines d'argent qui firent jadis la fortune de la ville. Les chambres sont fonctionnelles et bien tenues ; préférez celles – plus calmes et spacieuses – donnant sur l'arrière du bâtiment.

Les Glycines avec ch
5 pl. René Groussard – ℰ 05 49 27 01 11 – www.hotel-lesglycines.com – Fermé 5- 18 janv., vend. soir et sam. midi de nov. à fevrier et dim. soir
7 ch – †56/74 € ††63/80 € – ⌑ 9 € – ½ P
Formule 21 € – Menu 28 € (déj. en semaine), 30/45 € – Carte 41/58 €
La jolie véranda de ce restaurant couvert de glycines dissimule un décor contemporain et cossu. On y revisite les plats régionaux – tel ce lapin farci à la tapenade et au fromage de chèvre – et il y a un menu du jour à la brasserie. Chambres coquettes.

La Table de L'Argentière – Hôtel L'Argentière
à St-Martin, 2 km sur rte de Niort – ℰ 05 49 29 13 74
– www.restaurantlargentiere.fr – Fermé 24 déc.-2 janv., dim. soir et lundi
Formule 13 € – Menu 20 € (déj. en semaine), 24/42 € – Carte 50/70 €
Un cadre séduisant, cosy et feutré – tendance mais sans excès – pour cette Table qui propose une cuisine dans l'air du temps et, au déjeuner en semaine, une formule brasserie.

MELLO
✉ 60660 (Oise) – 645 hab. – Alt. 37 m – Voir carte n°**36**-B3
▶ Paris 69 km – Amiens 88 km – Beauvais 33 km – Pontoise 45 km
Carte Michelin 305-F5

Relais du Jeu d'Arc
pl. du Jeu-d'Arc – ℰ 03 44 56 85 00 – www.relais-jeu-arc.com – Fermé août et 21 déc.-2 janv.
14 ch – †77/125 € ††77/125 € – ⌑ 10 €
Rest *Relais du Jeu d'Arc* – voir les restaurants ci-après
Cet ancien relais de poste – dont les origines remontent au 17e s. – propose de confortables chambres au charme pittoresque, avec pierres et poutres apparentes. Certaines d'entre elles, avec mezzanine, sont parfaites pour accueillir les familles. Une agréable étape !

Relais du Jeu d'Arc
pl. du Jeu-d'Arc – ℰ 03 44 56 85 00 – www.relais-jeu-arc.com – Fermé août, 22 déc.-2 janv., dim. et lundi
Menu 27 € (semaine), 35/40 € – Carte environ 55 €
Une ancienne écurie – au style typiquement régional – sert de cadre à ce sympathique restaurant : parfait pour déguster une cuisine traditionnelle près d'une belle cheminée en pierre ou sur la terrasse, au pied du château de Mello.

MELUN
✉ 77000 (Seine-et-Marne) – 39 497 hab. – Agglo. 107 705 hab. – Alt. 43 m
– Voir carte n°**19**-C2
▶ Paris 47 km – Fontainebleau 18 km – Orléans 104 km – Troyes 128 km
Carte Michelin 312-E4 – Guide Vert Michelin Île-de-France

Le Mariette
31 r. St-Ambroise – ℰ 01 64 37 06 06 – www.lemariette.fr   Plan : AZ**a**
– Fermé 8-31 août, 22-31 déc., 10-28 fév., lundi soir, jeudi soir, sam. midi et dim.
Formule 25 € – Menu 31 € (déj.), 38/51 € – Carte 59/70 €
Dans les réfrigérateurs, poissons frais, foie gras et terrines attendent de savoir à quelle sauce ils seront mangés... Autant les rassurer : elle sera bonne ! Le chef compose ici une savoureuse cuisine rythmée par les saisons et le marché, et adapte son offre à tous : simple et efficace au déjeuner, plus élaborée le soir.

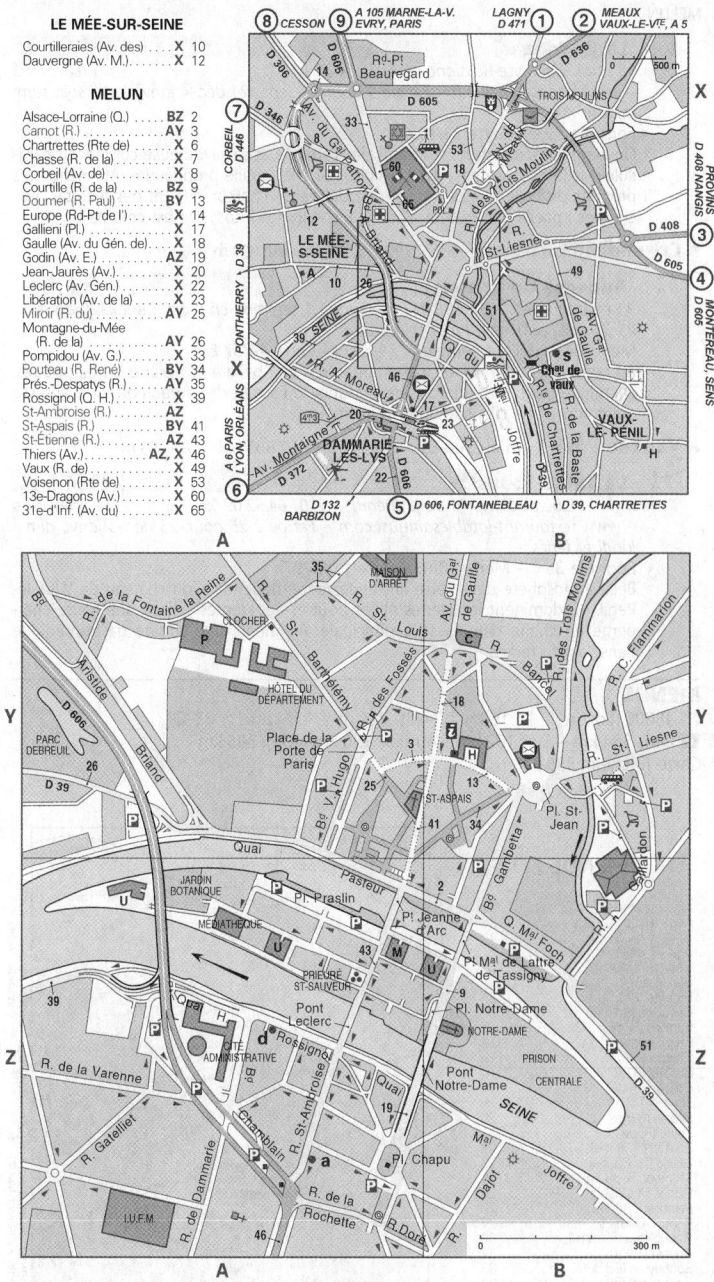

X **La Bodega** &

18 quai Hippolyte-Rossignol – ℰ 01 64 37 10 57 Plan : AZ**d**
– www.bodega-melun.fr – Fermé 9 août-1ᵉʳ sept., 24 déc.-4 janv., lundi soir, sam. midi et dim.
Formule 19 € – Carte 33/61 €
On vient ici pour retrouver l'esprit de l'Espagne et sa savoureuse cuisine, en particulier celle des Asturies, d'où est originaire la famille propriétaire. Au menu, des produits de belle qualité – dont une délicieuse charcuterie – et des recettes alléchantes : paella bodega, bacalao aïoli, chipirones fritos... On est comblé !

à Crisenoy 10 km par ② – ⊠ 77390 – 624 hab. – Alt. 89 m

XX **Auberge de Crisenoy** 🍴 🛏 ✿

23 r. Grande – ℰ 01 64 38 83 06 – Fermé 1 semaine en mars, 28 juil.-20 août, 23-30 déc., dim. soir, lundi et mardi
Menu 24 € (déj. en semaine), 34/52 € – Carte 48/57 €
Au cœur d'un petit village, cette auberge a une belle âme : pierre brute, poutres, cheminée... autour d'une cuisine marquée du sceau de la tradition. Une adresse qui compte une clientèle fidèle d'habitués.

à Vaux-le-Pénil 3 km au Sud-Est – ⊠ 77000 – 10 803 hab. – Alt. 60 m

XXX **La Table St-Just** 🐴 🛏 & 🅰🅒 ✾ ✿ 🅿

r. de la Libération, (près du château) – ℰ 01 64 52 09 09 Plan : X**s**
– www.restaurant-latablesaintjust.com – Fermé 2-25 août, 23 déc.-3 janv., dim., lundi et fériés
Formule 35 € – Menu 50/95 € – Carte 69/97 €
Belle atmosphère dans cette ancienne ferme dépendant du château de Vaux-le-Pénil, où dominent les pierres et les poutres apparentes – dont une haute charpente en chêne dans la salle principale. Au menu, une cuisine gastronomique dans l'air du temps.

MENDE

⊠ 48000 (Lozère) – 12 163 hab. – Alt. 731 m – Voir carte n°**23**-C1
▶ Paris 584 km – Alès 102 km – Aurillac 150 km – Gap 305 km
Carte Michelin 330-J7

MENDE

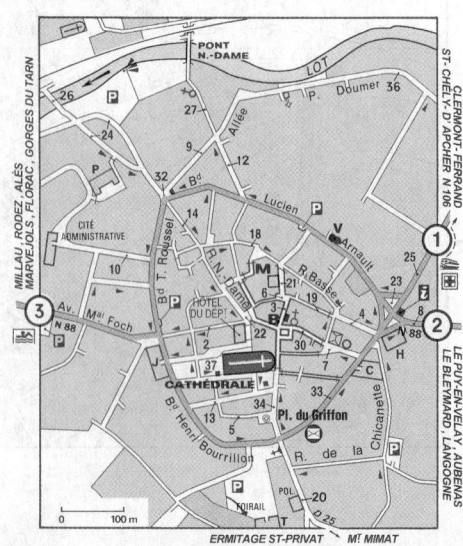

🏠 Hôtel de France 🔟 📵 👤 🅰 🎯 🛜 🅰 🅿 🚗

9 bd. L. Arnault – ℰ 04 66 65 00 04 – www.hoteldefrance-mende.com v
– Fermé 26 déc.-12 janv.
31 ch – †98/120 € ††98/130 € – 5 suites – 🖵 12 € – ½ P
Rest *Restaurant de France* – voir les restaurants ci-après
Un beau toit de lauze, des pierres : cette maison des années 1730 a du caractère et se révèle très accueillante. Fer forgé, bois wengé, tomettes, chambres aux lignes épurées (dont deux avec un jardinet privé) : tout est charmant.

🏠 Le Pont Roupt 🔟 🔅 👤 🎯 🛜 🅰 🅿

av. 11-Novembre, par ③ – ℰ 04 66 65 01 43 – www.hotel-pont-roupt.fr
– Fermé 6 fév.-6 mars et 19-26 déc.
25 ch – †89/135 € ††89/135 € – 🖵 13 € – ½ P
Au bord du Lot, une maison gérée en famille, avec des chambres fonctionnelles et bien tenues, ainsi qu'un restaurant traditionnel. Le plus : la piscine intérieure.

🍴🍴 Restaurant de France – Hôtel de France 🎯 👤 🎯 ♻ 🅿

9 bd. L. Arnault – ℰ 04 66 65 00 04 – www.hoteldefrance-mende.com v
– Fermé 26 déc.-12 janv., lundi midi hors saison et sam. midi
Formule 28 € – Menu 31/56 € – Carte 42/48 €
Feuilleté chaud de ris de veau, filet de bœuf de Lozère et poêlée de champignons, soufflé à l'orange... Le chef concocte une bonne cuisine du marché qui fait la part belle aux produits du terroir, et l'équipe compétente et motivée rend ce moment particulièrement agréable. Un lieu sympathique !

à Chabrits 5 km au Nord-Ouest par ③ et D 42 – ✉ 48000

🍴🍴 La Safranière 👤 ♻

hameau de Chabrits – ℰ 04 66 49 31 54 – Fermé 31 août-7 sept., 16 fév.-16 mars,
merc. midi sauf juil.-août, dim. soir et lundi
Formule 21 € – Menu 25 € (semaine), 30/50 € (réservation conseillée)
Une étape gourmande sur les premières marches du Gévaudan, sur le site d'une ancienne exploitation de safran. Dans un décor frais et coloré, on apprécie une jolie cuisine de saison ; les vins et fromages de la région sont à l'honneur.

MÉNERBES

✉ 84560 (Vaucluse) – 1 079 hab. – Alt. 224 m – Voir carte n°**42**-E1
▶ Paris 713 km – Aix-en-Provence 59 km – Apt 23 km – Avignon 40 km
Carte Michelin 332-E11 – Guide Vert Michelin Provence

🏠 La Bastide de Marie 🔟 🛋 ✐ 👤 🎯 🛜 🅿

64 chemin des Peirelles, (rte de Bonnieux) – ℰ 04 90 72 30 20
– www.labastidedemarie.com – Fermé janv. et fév.
9 ch – ½ P seult 330/662 € – 6 suites
Rest *La Bastide de Marie* – voir les restaurants ci-après
Cette superbe bastide au cœur des vignes incarne l'esprit de la Provence. Pierres apparentes, meubles anciens, tissus nobles, coins et recoins... font le caractère de chaque chambre. Romantique et charmant, idéal pour se retrouver !

🏠 La Bastide de Soubeyras sans rest 🛋 ✐ 👤 🎯 🛜 🅿 🚳

chemin des Alafoux, 2,5 km au Nord par rte des Beaumettes – ℰ 04 90 72 94 14
– www.bastidesoubeyras.com – Ouvert 1er avril-15 nov.
5 ch 🖵 – †135/220 € ††135/220 €
Cette belle demeure en pierre sèche, perchée sur une colline, domine le village. Ravissantes chambres d'esprit bastide ; jardin et piscine pour le farniente.

🍴🍴 La Bastide de Marie – Hôtel La Bastide de Marie ✐ 👤 🎯 🅿

64 chemin des Peirelles, (rte de Bonnieux) – ℰ 04 90 72 30 20
– www.labastidedemarie.com – Fermé janv. et fév.
Menu 89 € 🍷 (dîner) – Carte 42/62 € déjeuner
Au cœur de la bastide en hiver, entre poutres et vieilles pierres ; en terrasse l'été, face à un véritable tableau de nature provençale. Idéal pour déguster par exemple une daube au vin rouge du domaine accompagnée de petits légumes farcis...

✗ **Café Véranda** 🏠 ♿

av. Marcellin-Poncet – 𝒞 04 90 72 33 33 – www.cafe-veranda.com – Fermé 23-26 déc., dim. soir de mi-oct. à fév. et lundi
Formule 16 € – Menu 32 € (dîner), 40/64 € – Carte 38/85 €
Quelques spécialités : sole meunière, daurade royale en cuisson lente au four, entrecôte Black Angus à la sauce marchand de vin... Dans cette ancienne droguerie transformée en restaurant, sur les hauteurs de Ménerbes, la carte va du bistrot, le midi, à des plats plus élaborés le soir. Avec une ambiance conviviale en prime.

MÉNESQUEVILLE

✉ 27850 (Eure) – 440 hab. – Alt. 65 m – Voir carte n°**33**-D2
▶ Paris 100 km – Les Andelys 16 km – Évreux 53 km – Gournay-en-Bray 33 km
Carte Michelin 304-I5 – Guide Vert Michelin Normandie Vallée de la Seine

🏠 **Le Relais de la Lieure** 🍽 ⊗ 🖨 ♿ 🛜 🅿

1 r. Gén. de Gaulle, (D 321) – 𝒞 02 32 49 06 21 – www.relaisdelalieure.com
14 ch – ♦72 € ♦♦72/80 € – ⊆ 8 € – ½ P
À l'orée de la magnifique forêt de Lyons, cet hôtel-restaurant familial joue la carte de la simplicité et se concentre sur l'essentiel, à savoir une bonne literie et un entretien soigné. Le patron œuvre lui-même aux fourneaux, où il concocte des petits plats traditionnels.

MÉNESTÉROL – 24 (Dordogne) → voir Montpon-Ménestérol

MÉNESTREAU-EN-VILLETTE

✉ 45240 (Loiret) – 1 475 hab. – Alt. 122 m
▶ Paris 160 km – La Ferté-St-Aubin 7 km – Orléans 30 km – Salbris 33 km
Carte Michelin 318-J5 – Guide Vert Michelin Châteaux de la Loire

⛫ **La Ferme des Foucault** *sans rest* ⊗ ⊐ ⚙ 🛜 🅿 ⇥

Les Foucault, au Nord-Est par D 17, D 16 et rte secondaire – 𝒞 02 38 76 94 41 – www.ferme-des-foucault.com – Fermé de début janv. au 1ᵉʳ mars
3 ch ⊆ – ♦85/90 € ♦♦90/95 €
Ancienne ferme à colombages nichée au cœur de la forêt. Ses chambres, coquettes et très spacieuses, sont meublées dans un style rustique ; l'une d'elles dispose d'une terrasse.

✗✗ **Le Relais de Sologne** 🏠 AC

🙂 *63 pl. du 8-Mai-1945 – 𝒞 02 38 76 97 40 – www.lerelaisdesologne.com – Fermé 1 semaine en août, 1 semaine vacances de Noël et de fév., dim. soir, lundi soir, mardi soir et merc.*
Menu 28/47 € – Carte 55/65 €
Voilà une auberge où les petits producteurs occupent le devant de la scène ! Le chef y tient tout particulièrement, lui qui signe une cuisine dans l'air du temps, avec du gibier en saison – Sologne oblige –, et agrémentée de notes exotiques... Inspirations rapportées de ses voyages.

LE MÉNIL – 88 (Vosges) → voir Thillot

LA MÉNOUNIÈRE – 17 (Charente-Maritime) → voir Île d'Oléron

MENTHON-ST-BERNARD

✉ 74290 (Haute-Savoie) – 1 883 hab. – Alt. 482 m – Voir carte n°**46**-F1
▶ Paris 548 km – Albertville 37 km – Annecy 10 km – Bonneville 50 km
Carte Michelin 328-K5 – Guide Vert Michelin Alpes du Nord

🏨 **Palace de Menthon** 🍽 ⊗ ⊗ 🖨 🖥 🛁 ♿ 🛜 🏊 🅿 🚗

665 rte des Bains – 𝒞 04 50 64 83 00 – www.palacedementhon.com
60 ch – ♦129/320 € ♦♦129/320 € – 6 suites – ⊆ 18 €
Rest *Le Viù* – voir les restaurants ci-après
Entre lac et montagne, cet imposant hôtel de 1911 a un vrai cachet et cultive avec élégance l'art de recevoir... Le parc verdoyant et délicieux, les chambres confortables (mobilier de style), les restaurants, la belle piscine couverte creusée dans la roche, le sauna, le hammam : tout invite à la détente !

Beau Séjour sans rest
161 allée des Tennis – ✆ 04 50 60 12 04 – www.hotelbeausejour-menthon.com – Ouvert 15 avril-fin sept.
18 ch – †85/102 € ††85/102 € – ☕ 9 €
Non loin du lac, une jolie maison traditionnelle et familiale, bucolique, rétro en diable et... si paisible. Chambres au charme champêtre, joli jardin : un séjour aux airs de délicieuses vacances chez une tendre grand-maman !

La Vallombreuse sans rest
534 rte Moulins, 700 m. à l'Est par rte du Col de Bluffy – ✆ 04 50 60 16 33 – www.la-vallombreuse.com
5 ch ☕ – †99/150 € ††99/150 €
Tout le cachet et la patine de l'ancien dans cette belle maison du 15e s. Les chambres sont grandes et joliment arrangées, dans un esprit classique ou savoyard ; le beau jardin est un véritable havre de tranquillité. Coup de foudre garanti !

Le Viù – Hôtel Palace de Menthon
665 rte des Bains – ✆ 04 50 64 83 00 – www.palacedementhon.com
Formule 25 € 🍷 – Menu 38/45 €
De la couleur et de grands miroirs ciselés pour la touche de baroque, une vue imprenable sur le lac... Un restaurant chic, trendy et terriblement cosy, au service d'une cuisine d'aujourd'hui, fine et goûteuse.

Le Confidentiel
24 rte des Moulins – ✆ 04 50 44 00 68 – www.restaurant-leconfidentiel.fr – Fermé 1 semaine en avril, 15 août-7 sept., 2-8 janv., dim. et lundi
Formule 27 € – Menu 31 € *(réservation conseillée)*
Au cœur de ce village dominant le lac, une petite adresse qui gagne à ne pas rester confidentielle : la cuisine, délicate et subtile, ravit les papilles ! On se régale, par exemple, d'une terrine de lapin parfumée à l'estragon ou d'un effiloché d'agneau savoureux à souhait. Une bonne adresse.

MENTON

✉ 06500 (Alpes-Maritimes) – 28 926 hab. – Alt. 12 m – Voir carte n°**42**-E2
Paris 956 km – Cannes 63 km – Cuneo 102 km – Monaco 11 km
Carte Michelin 341-F5 – Guide Vert Michelin Côte d'Azur

Napoléon sans rest
29 Porte-de-France – ✆ 04 93 35 89 50 Plan : BU**a**
– www.napoleon-menton.com
44 ch – †84/290 € ††84/396 € – ☕ 14 €
Un hôtel très Riviera ! Dans une atmosphère élégante et contemporaine, les chambres rendent de charmants hommages à leurs hôtes illustres (Cocteau, Sutherland). Et quand on a la chance d'être côté mer, les terrasses sont idylliques...

Riva sans rest
600 promenade du Soleil – ✆ 04 92 10 92 10 Plan : CZ**n**
– www.rivahotel.com
41 ch – †105/147 € ††105/147 € – ☕ 12 €
Un vrai lieu de vie, contemporain et lumineux : du hall, très design, jusqu'au toit, où l'on trouve un bel espace de remise en forme, un certain esprit balnéaire baigne les lieux ! Les chambres, décorées avec sobriété, dominent la Méditerranée en façade. L'appel du farniente...

Princess et Richmond sans rest
617 promenade du Soleil – ✆ 04 93 35 80 20 Plan : CZ**s**
– www.princess-richmond.com – Fermé 2 nov.-19 déc.
44 ch – †100/170 € ††100/255 € – 2 suites – ☕ 12 €
Tellement Côte d'Azur : une plage de galets au pied du bâtiment, un solarium et un jacuzzi sur le toit, des chambres très lumineuses... Certaines sont braquées sur la Grande Bleue : une vraie carte postale !

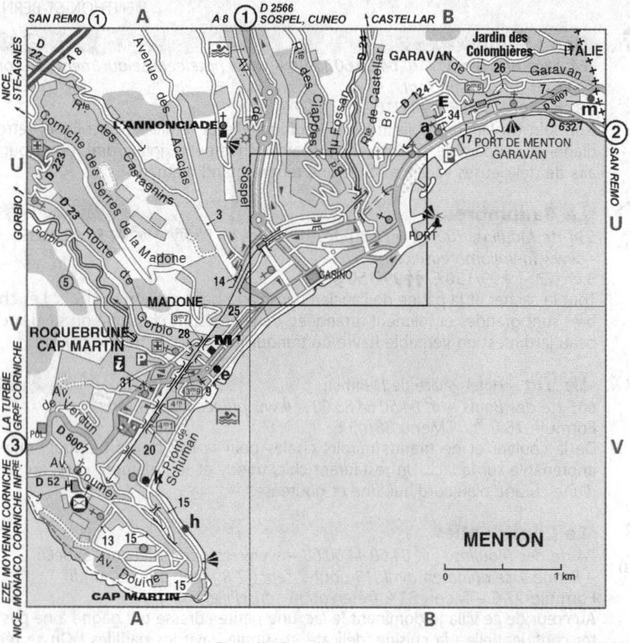

MENTON					
Alliés (Av. des)	AU 3	France (Av. Porte de)	BU 17		
Briand (Av. A.)	BU 7	Madone (Av. de la)	AV 25		
Coty (Cours René)	AU 14	Mansfield (Av. K.)	BU 26		
		Morillot (R. Paul)	AV 28		
		St-Jacques (Av.)	BU 34		

ROQUEBRUNE-CAP-MARTIN

Briand (Av. A.)	AV 9
Centrale (Av.)	AV 13
Churchill (Av. W.)	AV 15
Monléon (Av. F. de)	AV 20
Pasteur (Av. L.)	AV 31

Prince de Galles

4 av. Gén.-de-Gaulle – ✆ 04 93 28 21 21 Plan : AV**e**
– www.hotel-menton.net
64 ch – 79/179 € 79/179 € – 13 € – ½ P
Comment imaginer que ce beau bâtiment rose (19e s.) fut jadis une caserne de carabiniers des princes de Monaco ? C'est aujourd'hui un agréable hôtel, au confort très contemporain, où chaque chambre semble tutoyer la Méditerranée...

Ibis Styles sans rest

10 r. de Villarey – ✆ 04 92 10 95 25 – www.ibisstyles.com Plan : DY**t**
43 ch – 75/145 € 85/155 € – 4 suites
Des lignes épurées, des touches très colorées, un sympathique esprit contemporain : telle est la signature de cet hôtel situé au cœur de Menton. Avis aux amateurs : on propose, au dernier étage, un superbe penthouse dominant la ville...

Méditerranée

5 r. de la République – ✆ 04 92 41 81 81 Plan : DY**a**
– www.hotel-med-menton.com
89 ch – 89/189 € 99/189 € – 15 € – ½ P
Au cœur de l'animation de la vieille ville, ce grand bâtiment récent abrite des chambres classiques et bien tenues, intéressantes pour la clientèle de passage. On pourra profiter du bar panoramique et du grand solarium au 7e étage.

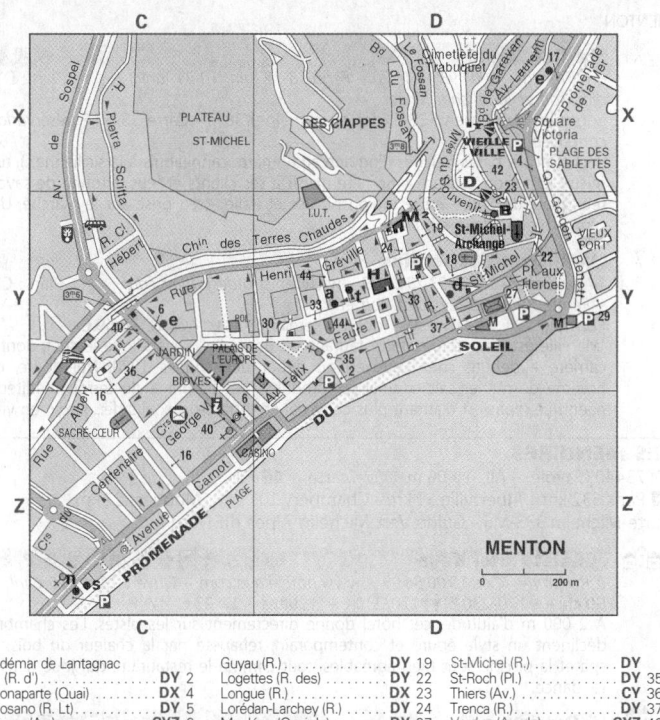

MENTON

0   200 m

🏠 **Palm Garavan** sans rest   🛗 ♿ 🅰🅲 📶

3 Porte-de-France – 📞 *04 93 78 80 67*   Plan : DX**e**
– www.hotel-menton-garavan.fr – Fermé 18 oct.-3 nov.
19 ch – 🛏75/150 € 🛏🛏75/150 € – ⏴ 8 €
Sur le front de mer, entre vieille ville et... Italie, cet hôtel tout juste rénové se
révèle agréable et d'un bon rapport qualité-prix : la simplicité domine dans le
décor, tout blanc et relevé de pièces de mobilier design bien choisies. Préférez
évidemment les chambres côté mer, les plus agréables...

🍴🍴🍴 **Mirazur** (Mauro Colagreco)   ≤ 🍴 ♿ 🅰🅲 ⬚ 🅿

🌸🌸 *30 av. Aristide-Briand –* 📞 *04 92 41 86 86 – www.mirazur.fr*   Plan : BU**m**
– Ouvert mi-fév. à mi-nov. et fermé mardi sauf le soir en juil.-août et lundi
Menu 47 € (déj. en semaine), 70/140 € – Carte environ 113 € *(réservation
conseillée)*
Un lieu d'exception ! C'est d'abord un bel écrin, perché sur la corniche, grand
ouvert sur l'azur de la Méditerranée et du ciel... C'est surtout une table excellente,
portée par un chef inspiré : l'Argentin Mauro Colagreco signe un hymne unique
aux plantes aromatiques, aux fleurs, aux légumes de son potager, aux agrumes,
etc. Les saisons, la région sont illuminées.
➜ Cannelloni de tourteau, gelée de pamplemousse et crème d'avocat. Carré de
veau, légumes du jardin rôtis et sauce au sésame noir. Texture de chocolat.

☓ La Cantinella

8 r. Trenca – ℰ 04 93 41 34 20 – Fermé 3-12 juin, 10-31 janv.,   Plan : DY**d**
dim. soir et lundi sauf fériés
Formule 17 € – Menu 23 € (déj. en semaine)/38 € – Carte 38/60 € *(réservation conseillée)*
Pêche locale, pâtes fraîches (linguine au homard, cannellonis à la sicilienne...), tiramisu : le patron, sicilien, aime faire plaisir à ses clients et leur mitonne de savoureux plats du Sud – entre région niçoise et Italie –, en prise sur le marché. Une sympathique affaire familiale.

☓ Le Bistrot des Jardins
14 av. Boyer – ℰ 04 93 28 28 09 – www.lebistrotdesjardins.com   Plan : CY**e**
– Fermé 5 janv.-5 fév., dim. soir et lundi
Formule 22 € – Menu 30 € (déj. en semaine)/38 € – Carte 38/59 €
"Ma ville est un jardin, mon restaurant est un jardin", revendique le chef, dont la carrière a débuté chez Ledoyen au début des années 1970. Nul doute, cet homme de métier sait cuisiner les produits – et l'esprit – du terroir méditerranéen ! Le repas est d'autant plus convivial en terrasse, aux airs de... jardin en ville.

LES MENUIRES
✉ 73440 (Savoie) – Alt. 1 400 m – Voir carte n°**46**-F2
▶ Paris 632 km – Albertville 51 km – Chambéry 101 km – Moûtiers 27 km
Carte Michelin 333-M6 – Guide Vert Michelin Alpes du Nord

🏨 Chalet Hôtel Kaya
à Reberty – ℰ 08 10 00 56 99 – www.hotel-kaya.com – Ouvert 13 déc.-6 avril
50 ch – ♦170/230 € ♦♦170/230 € – 4 suites – ☐ 23 € – ½ P
À 2 000 m d'altitude, cet hôtel donne directement sur les pistes. Les chambres déclinent un style épuré et contemporain, rehaussé par la chaleur du bois. Le spa et la piscine sont bien agréables, tout comme le restaurant, qui joue dans la tendance.

🏨 L'Ours Blanc
à Reberty – ℰ 04 79 00 61 66 – www.hotel-ours-blanc.com
– Ouvert 11 déc.-11 avril
53 ch – ½ P seult 95/140 €
Venez vous réchauffer auprès de cet Ours Blanc, un grand chalet familial des années 1990, situé sur les pistes. Salon avec cheminée, chambres de style montagnard avec un balcon, spécialités régionales au restaurant...

MERCATEL – 62 (Pas-de-Calais) ➡ voir Arras

MERCUER – 07 (Ardèche) ➡ voir Aubenas

MERCUÈS – 46 (Lot) ➡ voir Cahors

MÉREAU – 18 (Cher) ➡ voir Vierzon

MÉRIBEL
✉ 73550 (Savoie) – Voir carte n°**46**-F2
▶ Paris 621 km – Albertville 41 km – Annecy 85 km – Chambéry 90 km
Carte Michelin 333-M5 – Guide Vert Michelin Alpes du Nord

🏨 Le Kaïla
rte de la Montée – ℰ 04 79 41 69 20 – www.lekaila.com – Ouvert de   **b**
mi-déc. à début avril
24 ch ☐ – ♦430/1190 € ♦♦630/2790 € – 16 suites – ½ P
Rest *L'Ekrin* ✿ – voir les restaurants ci-après
S'il fallait illustrer l'expression "luxe montagnard" à l'aide d'un exemple, on pourrait allégrement choisir ce grand chalet, situé au cœur du village de Méribel. On ronronne de plaisir à la découverte de ses chambres chaleureuses, aux matériaux nobles (bois alpin, lauze), et du superbe petit-déjeuner... Un must !

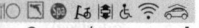

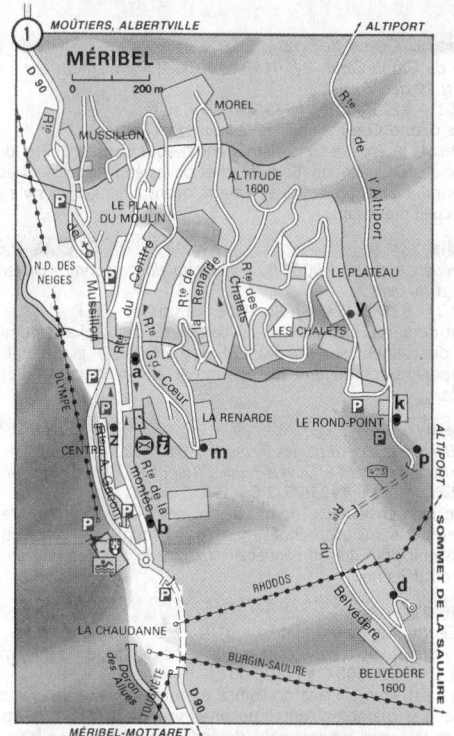

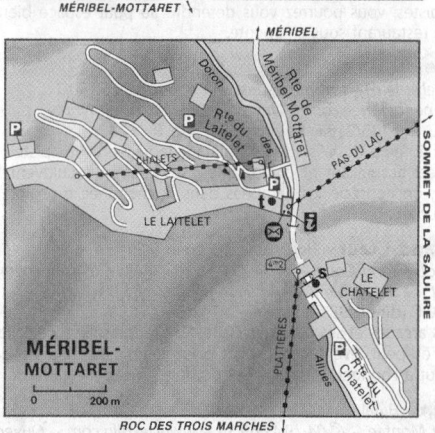

 L'Hélios 🟡 🖧 🖥 📶 ☕ ⚡ 🛜 🅿️

rte de la Renarde – ℰ 04 79 24 22 42 – www.lhelios.com – Ouvert **m**
début juil.-fin août et déc.-avril
11 ch ☐ – 🛏190/1025 € – 🛏🛏190/1025 € – 7 suites – ½ P
Sur les hauteurs de Méribel, ce chalet – en pierre et mélèze de Sibérie – met le
plus grand domaine skiable du monde à vos pieds ! Dans les chambres règne
une atmosphère contemporaine, nordique ou savoyarde des plus raffinées.
Quant au spa, c'est l'endroit rêvé pour se détendre. Que demander de plus ?

Le Grand Cœur & Spa 🅾 🕭 ⩽ 🌐 Ⅰ🖪 🖄 🛜 🅿 🚗

chemin du Grand-Cœur – 𝒞 04 79 08 60 03 – www.legrandcoeur.com **a**
– Ouvert 19 déc.-6 avril
35 ch ☲ – 🛉275/800 € 🛉🛉435/990 € – 8 suites
Rest *Le Grand Cœur* – voir les restaurants ci-après
Romantisme et luxe se sont donné rendez-vous dans cet hôtel de 1952, l'un des plus anciens de la station. Bois blond et belles étoffes donnent aux chambres un charme indéniable. Les suites se parent, quant à elles, d'un style plus contemporain. Accueil prévenant.

Allodis 🅾 🕭 ⩽ 🔳 🌐 Ⅰ🖪 🖄 🕭 🛜 🅿 🚗

au Belvédère – 𝒞 04 79 00 56 00 – www.hotelallodis.com – Ouvert de **d**
mi-déc. à mi-avril
29 ch ☲ – 🛉388/445 € 🛉🛉586/700 € – 13 suites – ½ P
Au bout de la route conduisant au belvédère, ce joli chalet domine la station et donne directement sur les pistes. Les chambres, à la décoration alpestre ou contemporaine, permettent de se reposer au grand calme. Restauration traditionnelle.

Le Yéti 🅾 🕭 ⩽ 🔳 Ⅰ🖪 🖄 🕭 🛜 🏔 🚗

rte du Belvédère, au rd-pt des Pistes – 𝒞 04 79 00 51 15 **p**
– www.hotel-yeti.com – Ouvert 6 juil.-30 août et 11 déc.-19 avril
30 ch ☲ – 🛉171 € 🛉🛉236/512 € – ½ P
Voilà un bien chaleureux "home" des neiges ! Dans les chambres, la décoration – boiseries et tissus coordonnés – est cosy à souhait. À l'instar du salon, où il fait bon s'asseoir pour lire ou converser au coin du feu. Terrasse plein sud, idéale à l'heure du déjeuner.

Le Savoy 🅾 🖄 🕭 🛜

pl. du Centre, (rte de la Montée) – 𝒞 04 79 55 55 50 **z**
– www.hotel-savoy-meribel.com – Ouvert de début déc. à fin avril
36 ch ☲ – 🛉230/500 € 🛉🛉230/500 € – 5 suites – ½ P
Cet hôtel est situé en face de l'office de tourisme, en plein cœur de la station : pratique ! Les chambres, contemporaines, sont de bon confort. Après une journée sur les pistes, vous pourrez vous détendre au petit espace bien-être ou profiter du beau restaurant sous charpente.

L'Orée du Bois 🅾 ⩽ 🖄 🕭 🛜

rte du Belvédère, au rd-pt des Pistes – 𝒞 04 79 00 50 30 **k**
– www.meribel-oree.com – Ouvert de mi-déc. à mi-avril
35 ch ☲ – 🛉208/218 € 🛉🛉208/218 € – ½ P
Sur les hauteurs de la station, dominant la vallée et les pistes, ce grand chalet familial est accueillant et confortable ; ses chambres cultivent l'esprit savoyard. En hiver, on apprécie les flambées dans la cheminée du salon. Cuisine soignée au restaurant.

XXX Le Grand Cœur – Hôtel Le Grand Cœur & Spa 🍴 🕭 🅿

chemin du Grand-Cœur – 𝒞 04 79 08 60 03 – www.legrandcoeur.com **a**
– Ouvert 19 déc.-6 avril
Menu 80 € (dîner)/98 € – Carte 72/141 €
Avec ses arcades et ses boiseries claires, la grande salle a de l'allure, et le midi, en terrasse, on peut rêver face à la piste olympique... La cuisine est gourmande et raffinée, tout à l'honneur de superbes produits. Très belle carte des vins.

XXX L'Ekrin – Hôtel Le Kaïla 🕭 🕭

🎖 *rte de la Montée – 𝒞 04 79 41 69 35 – www.lekaila.com – Ouvert de* **b**
mi-déc. à début avril et fermé le midi
Menu 95/175 € – Carte 95/172 €
Dans ce chalet feutré et élégant, dont le luxe le dispute à l'élégance, cet Ekrin trouve parfaitement sa place : on y prend l'apéritif au coin du feu, avec en fond de jolies notes échappées du piano. Puis on se délecte de la cuisine de Laurent Azoulay, fine et délicate… Irrésistible !
→ Féra du lac Léman saisie à la flamme, crème de panais à l'huile de truffe. Ris de veau caramélisé au bois doux, pommes boulangères à la truffe. "Ekrin" de chocolat pure plantation.

XX **Le Plantin** 🏵 🛱 **P**

rte de la Tania, 3,5 km par ① – ℰ 04 79 04 12 11 – www.leplantin.com – Ouvert 13 déc.-10 avril

Formule 36 € – Menu 69 € – Carte 60/100 €

Un très beau chalet, tout en bois sablé, pierre, objets agrestes et touches contemporaines. La cuisine, savoureuse et généreuse, met en avant les produits nobles : crustacés, ris de veau, bœuf Wagyu... À déguster avec l'un des grands crus de la cave.

XX **Le Blanchot** 🏵 ≤ 🛱 **P**

3,5 km par rte de l'Altiport – ℰ 04 79 00 55 78 – www.leblanchot.com – Ouvert juil.-août et de mi-déc. à mi-avril et fermé lundi soir hors vacances scolaires

Formule 40 € – Carte 50/75 €

Dans ce chalet, bordé par les pistes et le golf, le chef signe une délicieuse cuisine traditionnelle aux accents régionaux. Foie gras poêlé, omble chevalier, risotto au vieux parmesan, macarons au caramel... On se régale, bien installé dans la salle, cosy, ou en terrasse, face à la forêt. Belle carte des vins.

X **Le Cèpe** Ⓝ 🛱

🅐 *Immeuble Les Merisiers, (Le Plateau) – ℰ 04 79 22 46 08 – Ouvert de déc. à avril et juil.-août* **y**

Menu 25 € (déj. en semaine)/29 € – Carte 47/69 €

Cette adresse chaleureuse est tenue par un couple motivé et attentionné. Au menu, des plats goûteux mijotés en cocotte, de très beaux poissons frais livrés en direct depuis les lacs voisins... et, bien sûr, plusieurs recettes à base de cèpes cueillis dans les montagnes environnantes. Gourmand et généreux !

X **Le Bistrot de l'Orée** 🛱

rte du Belvédère, (au rd-pt des Pistes) – ℰ 04 79 00 31 29 **k**
– www.meribel-oree.com – Fermé mai et nov.

Carte 40/60 €

Dans un cadre contemporain, design et coloré, on se régale d'une cuisine de bistrot : plats régionaux, spécialités fromagères... et même pizzas. Pour un repas ou un en-cas, voilà un endroit bien sympathique !

à l'altiport 4,5 km au Nord-Est

🏨 **Altiport Hôtel** 🄾 ⑧ ≤ 🛋 🕾 ▤ 🛜 🛧 **P** 🚘

rte de l'Altiport – ℰ 04 79 00 52 32 – www.altiporthotel.fr – Ouvert 15 déc.-15 avril

34 ch ⌷ – ♦180/210 € ♦♦220/260 € – 1 suite – ½ P
Rest *L'Escale* – voir les restaurants ci-après

Jouxtant l'altiport, ce grand chalet, près du golf et des pistes, est idéal pour les sportifs épris de grand air ! Les chambres, toutes de bois vêtues, sont bien tenues et confortables. Et si jamais des courbatures se font sentir, les soins du spa permettront de les apaiser.

XX **L'Escale** – Altiport Hôtel ⅙ ఏ **P**

rte de l'Altiport – ℰ 04 79 00 52 32 – www.altiporthotel.fr – Ouvert 20 déc.-15 avril et fermé merc. et le midi

Menu 49/130 € – Carte 82/120 €

Les gourmets doivent patienter jusqu'au dîner pour s'installer dans la jolie salle contemporaine de ce restaurant. Le chef, adepte des beaux produits frais, concocte des recettes généreuses et soignées : raviole de langoustine à la ricotta et coriandre, ris de veau au madère, clafouti aux myrtilles...

à Méribel-Mottaret 6 km – ✉ 73550

🏨 **Alpen Ruitor** 🄾 ≤ ⑧ ▤ 🛜 🛧 🚘

Le Laitelet – ℰ 04 79 00 48 48 – www.alpenruitor.com – Ouvert de mi-déc. à mi-avril **t**

43 ch ⌷ – ♦315/470 € ♦♦370/600 € – 1 suite – ½ P

Juste au pied des pistes, ce grand chalet chic et cossu a subi une belle cure de jouvence ! Le décor très cosy rend toujours hommage à l'Autriche – fresques, mobilier, costumes du personnel –, les chambres sont élégantes et confortables. Côté cuisine, spécialités savoyardes ou viandes argentines.

Mont Vallon |O ⇆ 🔲 🔥 🏊 🛜 🎿 🚡

– *𝒞 04 79 00 44 00 – www.hotel-montvallon.com – Ouvert de mi-déc.* **s**
à début avril
88 ch – ½ P seult 227/470 € – 3 suites
Au pied des pistes, cet imposant chalet des années 1980 accueille les fous de
glisse. Dans les chambres, très confortables, la décoration est chaleureuse (boiseries, tissus coordonnés...). Et si la faim vous tenaille, profitez de la brasserie et des
spécialités savoyardes.

aux Allues 7 km au Nord par D 915ᴬ – ⊠ 73550 – 1 880 hab. – Alt. 1 125 m

 La Croix Jean-Claude |O 🛏 🛜

– *𝒞 04 79 08 61 05 – www.croixjeanclaude.com – Fermé 20 avril -8 juin*
15 ch – †72/174 € ††72/174 € – ⊑ 10 € – ½ P
Cette bâtisse de la fin des années 1940 compte parmi les plus anciens hôtels des
Trois-Vallées. Les chambres, de style montagnard, sont simples et bien tenues,
l'ambiance est conviviale : l'un des meilleurs rapports qualité-prix de la station.
Spécialités savoyardes au restaurant.

MÉRIGNAC – 33 (Gironde) → voir Bordeaux

MERKWILLER-PECHELBRONN
⊠ 67250 (Bas-Rhin) – 975 hab. – Alt. 160 m – Voir carte n°**1-B1**
🄳 Paris 496 km – Haguenau 17 km – Strasbourg 51 km – Wissembourg 18 km
Carte Michelin 315-K3

XX **Auberge Baechel-Brunn** 🅰🅲 ❧

3 rte de Soultz – 𝒞 03 88 80 78 61 – www.baechel-brunn.com – Fermé 3
semaines en août, 2 semaines en janv., dim. soir, lundi soir et mardi
Formule 22 € – Menu 26 € (déj. en semaine), 45/71 € ▼ – Carte 59/67 €
Père et fils aux fourneaux, mère et belle-fille en salle : chez les Limmacher, la cuisine est une histoire familiale ! Côté assiette, la finesse est au rendez-vous, entre
grands classiques et recettes nouvelles. Côté cadre, la grange d'antan a laissé
place à l'épure contemporaine.

MERLETTE – 05 (Hautes-Alpes) → voir Orcières

MERRY-SUR-YONNE
⊠ 89660 (Yonne) – 213 hab. – Alt. 150 m – Voir carte n°**7-B2**
🄳 Paris 203 km – Auxerre 44 km – Avallon 32 km – Dijon 139 km
Carte Michelin 319-E6 – Guide Vert Michelin Bourgogne

 Le Charme Merry |O 🛏 ⇦ 🔲 🅰🅲 🛜 🄿

30 rte de Compostelle – 𝒞 03 86 81 08 46 – www.lecharmemerry.com
– Fermé 5 janv.-27 mars
4 ch ⊑ – †140/150 € ††140/150 €
Dans cette maison de vigneron (1647), il fait bon flâner près de la piscine ou
musarder dans les superbes chambres contemporaines (pierre de pays, grandes
photos prises par le patron, salles d'eau design).

MÉRU
⊠ 60110 (Oise) – 13 650 hab. – Alt. 110 m – Voir carte n°**36-B3**
🄳 Paris 60 km – Beauvais 27 km – Compiègne 74 km – Mantes-la-Jolie 62 km
Carte Michelin 305-D5 – Guide Vert Michelin Île-de-France

X **Les Trois Toques** 🅰🅲 ❧

⊶ *21 r. Pierre-Curie – 𝒞 03 44 52 01 15 – www.lestroistoques.fr – Fermé 1ᵉʳ-15 août,*
dim. soir, mardi soir et merc.
Formule 17 € – Menu 20 €
Ce petit restaurant accueille les clients dans un cadre mêlant tradition et touches
plus actuelles ; tout comme la cuisine du chef, qui se construit autour d'un menu à
l'ardoise rythmé par les saisons. Avantage non négligeable : les prix restent sages !

MERVILLE FRANCEVILLE-PLAGE

✉ 14810 (Calvados) – 2 139 hab. – Alt. 2 m – Voir carte n°**32-B2**
▶ Paris 225 km – Beuvron-en-Auge 20 km – Cabourg 7 km – Caen 20 km
Carte Michelin 303-K4 – Guide Vert Michelin Normandie Cotentin

 Le Vauban sans rest   🛇 🛜 P

8 rte de Cabourg – ℰ 02 31 24 23 37 – www.vauban-hotel.fr
17 ch – ♦55/65 € ♦♦55/65 € – ⌇ 8,50 €
Sur une route passante, non loin de la plage, cet hôtel familial dispose de chambres fonctionnelles et bien tenues ; si vous voulez être au calme, préférez celles de la dépendance côté cour. L'accueil est toujours aussi sympathique et les prix raisonnables.

MÉRY-SUR-OISE – 95 (Val-d'Oise) → voir Paris, Environs (Cergy-Pontoise)

MESNIL-ST-PÈRE

✉ 10140 (Aube) – 439 hab. – Alt. 131 m – Voir carte n°**13-B3**
▶ Paris 200 km – Bar-sur-Aube 32 km – Châtillon-sur-Seine 55 km – St-Dizier 74 km
Carte Michelin 313-G4 – Guide Vert Michelin Champagne Ardenne

 Auberge du Lac   🕮 ᦿ AK 🛜 ᦿ P

5 r. du 28-août-1944 – ℰ 03 25 41 27 16 – www.auberge-du-lac.fr
– Fermé 1er déc.-6 janv.
21 ch – ♦76/130 € ♦♦76/130 € – ⌇ 14 € – ½ P
Rest *Au Vieux Pressoir* – voir les restaurants ci-après
Cette auberge, dans une jolie maison à colombages, est tenue par la même famille depuis une quarantaine d'années. Une fidélité confirmée par la tenue impeccable des chambres ! Au petit-déjeuner, on déguste des confitures maison...

XXX **Au Vieux Pressoir**   🕸 ᦿ ᦿ AK 🛇 P

5 r. du 28-août-1944 – ℰ 03 25 41 27 16 – www.auberge-du-lac.fr – Fermé 1er déc.-6 janv., dim. soir du 3 nov. au 15 mars, lundi midi et mardi midi
Formule 29 € – Menu 46/80 € – Carte 71/116 €
Sur la route du lac d'Orient, cette maison à colombages, typique de la Champagne humide, a conservé son charme simple et rustique. La cuisine est fine et joue avec la tradition : foie gras à la plancha et bouillon fève tonka ; veau, butternut et réglisse... Avec, en prime, une belle sélection de vins de Bordeaux.

MESNIL-VAL

✉ 76910 (Seine-Maritime) – Voir carte n°**33-D1**
▶ Paris 184 km – Amiens 96 km – Dieppe 28 km – Le Tréport 6 km
Carte Michelin 304-H1

 **Royal Albion** sans rest   ᦿ ᦿ ᦿ 🛇 🛜 P

1 r. de la Mer – ℰ 02 35 86 21 42 – www.hotels-treport.com – Fermé 14-26 déc.
25 ch – ♦72/142 € ♦♦72/142 € – ⌇ 10 €
Perchée sur une falaise, cette belle bâtisse était une caserne de douaniers au 19e s. Les chambres se prénomment Galway, Blue Harbour, Victoria... un petit côté "british" vieille école qui n'est guère déplaisant. Et un sentier pédestre vous mène droit à la mer !

MESQUER

✉ 44420 (Loire-Atlantique) – 1 726 hab. – Alt. 6 m – Voir carte n°**34-A2**
▶ Paris 460 km – La Baule 16 km – Nantes 86 km – St-Nazaire 29 km
Carte Michelin 316-B3

XX **La Vieille Forge**   ᦿ ᦿ AK

32 r. d'Aha – ℰ 02 40 42 62 68 – www.vieilleforge.fr – Fermé lundi soir, mardi soir et merc. de sept. à juin, mardi midi et lundi en juil.-août
Formule 17 € – Menu 28/52 € – Carte 43/57 €
Dans cette ancienne forge du 18e s., le piano a remplacé l'enclume ! Mais tout comme le forgeron, Ludovic Favrel ne ménage pas sa peine, toujours à la recherche des bons produits (telles les huîtres de Kercabellec) et des meilleures saveurs... le tout à petit prix.

MESSANGES

✉ 40660 (Landes) – 975 hab. - Alt. 8 m – Voir carte n°**3-A2**
▶ Paris 717 km – Bayonne 46 km – Bordeaux 157 km – Mont-de-Marsan 92 km
Carte Michelin 335-C12

   La Maison de la Prade sans rest   🌸 ℑ ₺ ℅ 🛜 ₷ P.
16 av. de l'Océan – ℰ 05 58 48 38 96 – www.lamaisondelaprade.com – Ouvert de mars à nov.
16 ch – ♦105/140 € ♦♦105/240 € – ☲ 13 €
Près d'une plage sauvage et cerné par une forêt de pins, un bâtiment Art déco réaménagé en hôtel contemporain. Chambres spacieuses et claires ; terrasse au bord de la piscine.

MESSERY

✉ 74140 (Haute-Savoie) – 2 119 hab. – Alt. 428 m – Voir carte n°**46-F1**
▶ Paris 560 km – Annecy 68 km – Annemasse 23 km – Thonon-les-Bains 17 km
Carte Michelin 328-K2

✗ **L'Atelier des Saveurs**   🕸 ℘ ₺ ℅ P.
7 chemin sous les Prés – ℰ 04 50 94 73 40 – www.atelier-saveurs-messery.com – Fermé 28 oct.-10 nov., mardi midi, dim. et lundi
Menu 28 € (semaine), 34/47 € *(réservation conseillée)*
Quel amateur de vin ne trouverait pas son bonheur ici, dans ce "temple" dédié à Bacchus ? Ici, les bouteilles tapissent littéralement les murs du sol au plafond – il y a aussi une boutique –, tandis que l'assiette se pare de belles saveurs tradition-nelles réinterprétées par un chef passionné... Convivial et bon !

MESSIGNY-ET-VANTOUX – 21 (Côte-d'Or) → voir Dijon

MÉTABIEF

✉ 25370 (Doubs) – 1 088 hab. – Alt. 960 m – Voir carte n°**17-C3**
▶ Paris 466 km – Besançon 78 km – Champagnole 45 km – Morez 49 km
Carte Michelin 321-I6 – Guide Vert Michelin Franche-Comté Jura

   **Étoile des Neiges**   🕙 🖃 🛗 ₺ 🛜 P. ᗡ
4 r. du Village – ℰ 03 81 49 11 21 – www.hoteletoiledesneiges.fr
23 ch – ♦60 € ♦♦60/100 € – ☲ 8 € – ½ P
Hôtel familial très bien tenu dans une station prisée, été comme hiver, des "vété-tistes", randonneurs et skieurs. Jolies chambres lambrissées avec balcon fleuri. Cuisine régionale soignée à déguster dans une sobre salle habillée de bois.

METZ

✉ 57000 (Moselle) – 119 962 hab. – Agglo. 288 025 hab. – Alt. 173 m
– Voir carte n°**26-B1**
▶ Paris 330 km – Luxembourg 62 km – Nancy 57 km – Saarbrücken 69 km
Carte Michelin 307-I4

   La Citadelle   🕙 🖨 ₺ 🕮 🛜 ₷ P.
5 av. Ney – ℰ 03 87 17 17 17 – www.citadelle-metz.com   Plan : CX**y**
68 ch – ♦195/285 € ♦♦195/450 € – ☲ 24 €
Rest *Le Magasin aux Vivres* ۞ **Rest** *La Brasserie Christophe Dufossé* ⊛
– voir les restaurants ci-après
Ce luxueux hôtel du centre-ville a su marier les contrastes : ses spacieuses cham-bres prennent leurs aises dans... un bâtiment militaire du 16ᵉ s. ! L'ensemble, aménagé dans un esprit contemporain feutré, est parfait pour un week-end chic à Metz.

🏠 **Novotel Centre**   🕙 ℑ 🛗 🖨 ₺ 🕮 🛜 ₷ P
pl. des Paraiges – ℰ 03 87 37 38 39 – www.accorhotels.com   Plan : DV**t**
120 ch – ♦79/190 € ♦♦79/190 € – ☲ 16 €
L'hôtel est directement accessible depuis un parking public, près de la cathédrale et du centre commercial St-Jacques. Les chambres sont spacieuses, très modernes et, malgré l'emplacement au cœur de la ville, étonnamment calmes.

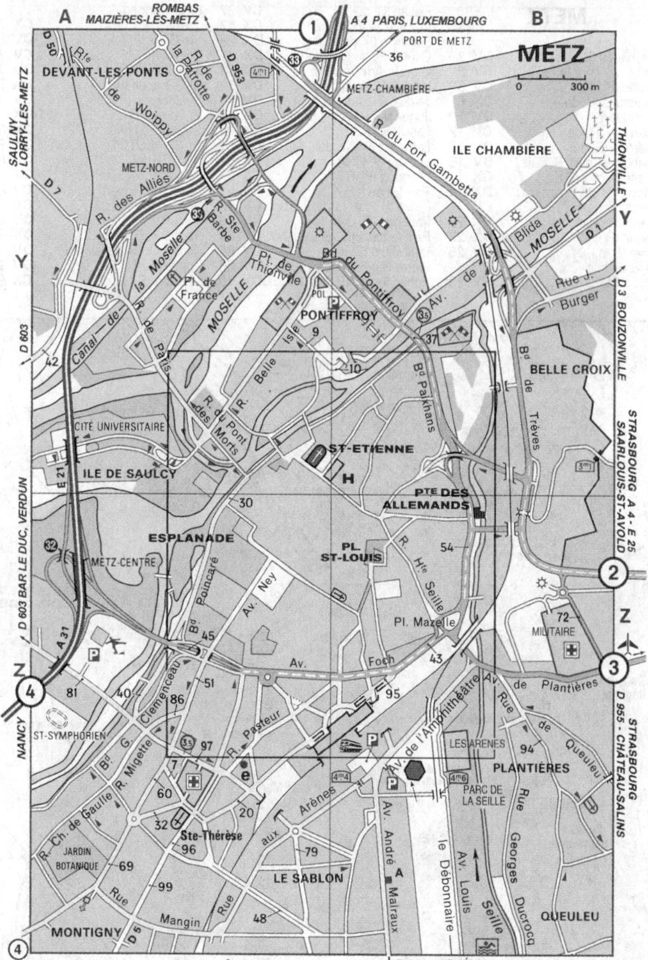

METZ
A
B
ROMBAS
MAIZIÈRES-LÈS-METZ
A 4 PARIS, LUXEMBOURG
PORT DE METZ
METZ-CHAMBIÈRE
0
300 m
DEVANT-LES-PONTS
SAULNY
LORRY-LES-METZ
THIONVILLE
ILE CHAMBIÈRE
METZ-NORD
R. du Fort Gambetta
R. des Alliés
R. de la Patrotte
R. de Woippy
MOSELLE
Pl. de France
PONTIFFROY
Pt. de Thionville
Bd du Pontiffroy
Canal de la Moselle
R. de Paris
R. Belle Isle
Av. de Blida
Rue J. Burger
D 3 BOUZONVILLE
BELLE CROIX
Bd de Trèves
Bd Paixhans
R. du Pont des Morts
CITÉ UNIVERSITAIRE
ST-ETIENNE
ILE DE SAULCY
Pte DES ALLEMANDS
ESPLANADE
PL. ST-LOUIS
STRASBOURG A 4 - E 25
SAARLOUIS-ST-AVOLD
METZ-CENTRE
Av. Ney
R. Hte Seille
Pl. Mazelle
Bd Poincaré
Av. Foch
MILITAIRE
D 603 BAR LE DUC, VERDUN
NANCY
Bd G. Clemenceau
ST-SYMPHORIEN
R. Pasteur
Av. de l'Amphithéâtre
Av. de Plantières
Rue de Queuleu
LES ARÈNES
PLANTIÈRES
PARC DE LA SEILLE
D 955 - CHÂTEAU-SALINS
STRASBOURG
R. Migette
Bd Ch. de Gaulle
Ste-Thérèse
aux Arènes
JARDIN BOTANIQUE
Rue Mangin
LE SABLON
Av. André Malraux
Av. Louis le Débonnaire
Seille
Rue Georges Ducrocq
QUEULEU
MONTIGNY
D 913 - NOMÉNY

Bénédictins (R. des) . . . . AY 9
Chambière (R.) . . . . BY 10
Charles Abel (R.) . . . . AZ 7
Clovis (R.) . . . . AZ 20
Garde (R. de la) . . . . AYZ 30
Goethe (R.) . . . . AZ 32
Grange-aux-Dames (R.) . . . . BY 36
Grilles (Pont des) . . . . BY 37
Hegly (Allée V.) . . . . AZ 40
Henri II (Av.) . . . . AY 42
Jean XXIII (Av.) . . . . BZ 43
Joffre (Av.) . . . . AZ 45
Lagneau (R. Jules) . . . . AZ 48
Lattre-de-T. (Av. de) . . . . . . AZ 51
Maginot (Bd André) . . . . BZ 54
Nancy (Av. de) . . . . AZ 60
Pont-à-Mousson (R. de) . . . . AZ 69
Pont-Rouge (R. du) . . . . BZ 72
St-Pierre (R.) . . . . AZ 79
St-Symphorien (Bd) . . . . AZ 81
Salis (R. de) . . . . AZ 86
Trois-Évêchés (R. des) . . . . . BZ 94
Vauban (R.) . . . . BZ 95
Verdun (R. de) . . . . AZ 96
Verlaine (R.) . . . . AZ 97
20e-Corps-Américain (R. du) . . . . AZ 99

Cathédrale sans rest

25 pl. de Chambre – ✆ 03 87 75 00 02 Plan : CV**v**

– www.hotelcathedrale-metz.fr – Fermé 1er-7 janv.

29 ch – †68/78 € ††85/120 € – ☕ 11 €

Cette maison du 17e s. peut s'enorgueillir d'avoir reçu de belles plumes : Madame de Staël et Chateaubriand. Les chambres (une partie dans une demeure voisine) sont toutes d'une belle élégance : parquet, poutres apparentes, meubles chinés...

METZ

🏠 **Escurial** sans rest   🛗 🍽 📶

18 r. Pasteur – ℰ 03 87 66 40 96 – www.hotel-metz-escurial.fr   Plan : CX**d**
– Fermé 26 déc.-8 janv.
36 ch – ♦75/80 € ♦♦92/97 € – ⬜ 9 €
Une adresse simple et fonctionnelle, non loin de la gare ; les chambres sont fraîches, toutes aménagées de la même manière, et soigneusement tenues.

XXXX &ffff& **Le Magasin aux Vivres** (Christophe Dufossé) – Hôtel La Citadelle &&& &.
&3   *5 av. Ney* – 📞 *03 87 17 17 17 – www.citadelle-metz.com*   AC ✽ **P**.
         – Fermé 8-23 fév., 26 juil.-11 août, sam. midi, dim. et lundi   Plan : CX**y**
         Menu 51 € (déj.), 72/114 € – Carte 107/116 € *(réservation conseillée)*
         La meilleure table de Metz ne doit pas son nom au hasard : nous sommes ici
         dans une ancienne citadelle militaire, transformée en bel hôtel contemporain !
         Les vivres d'aujourd'hui sont des produits nobles de grande qualité : foie gras,
         homard, truffe, Saint-Jacques, etc. Le tout préparé avec soin et une touche de
         créativité.
         → Cassolettes gourmandes. Volaille de Bresse en trois temps. Forêt-noire contem-
         poraine.

XX   **Le Chat Noir**   🍸 AC
         30 r. Pasteur – 📞 *03 87 56 99 19*   Plan : AZ**e**
         – www.restaurantlechatnoir.com – Fermé 4-26 déc., 31 déc.-2 janv., sam. midi,
         dim. soir et lundi
         Menu 30 € 🍷 (déj. en semaine), 38/55 € – Carte 44/78 €
         Chaises léopard, tons chocolat et... sculptures de chats noirs assis, composent le
         décor exotique de cette adresse à mi-chemin entre la brasserie chic et le bistrot.
         La cuisine est classique mais se nuance de notes contemporaines, avec notam-
         ment de jolis plateaux de fruits de mer.

XX   **Le GourMetz**   &. AC
         11 r. Pasteur – 📞 *03 87 52 25 34 – www.gourmetz.fr – Fermé 3*   Plan : CX**a**
         semaines en août, sam., dim. et le soir sauf jeudi et vend.
         Formule 32 € – Menu 40 € – Carte 46/61 €
         Non loin de la gare ferroviaire, cette ancienne chocolaterie se découvre d'abord
         par sa façade vitrée entourée d'inox, délicieusement seventies. Le décor, aux
         notes asiatiques, annonce la modernité de la cuisine : Saint-Jacques rôties et
         risotto au parmesan, filet de saint-pierre sauce au safran... De bons mets.

X   **Thierry "Saveurs et Cuisine"**   🍸 AC ⇔
         5 r. des Piques, "Maison de la Fleure de Ly" – 📞 *03 87 74 01 23*   Plan : DV**a**
         – www.restaurant-thierry.fr – Fermé 5-13 avril, 31 mai-7 juin, 30 août-6 sept.,
         1ᵉʳ-8 nov., merc. et dim.
         Formule 23 € – Menu 30 € (semaine)/40 € – Carte 36/66 €
         Au sein de la vieille ville, Thierry Krompholtz vous accueille dans cet ancien hôtel
         particulier du 16ᵉ s. Dans une ambiance de bistrot chic, sa cuisine mêle les
         influences françaises, orientales, asiatiques, caribéennes, etc. Et la carte des vins
         met aussi en avant les crus du monde entier !

X   **La Brasserie Christophe Dufossé** Ⓝ – Hôtel La Citadelle   &. AC ✽
☹ *5 av. Ney* – 📞 *03 87 17 17 17 – www.citadelle-metz.com*   **P**
         Formule 22 € – Menu 29 € – Carte environ 33 €
         Christophe Dufossé, du Magasin aux Vivres, s'est lancé dans cette nouvelle aven-
         ture avec le même entrain qu'au premier jour. Le programme : aller toujours à l'es-
         sentiel en respectant le produit. Quiche lorraine, bar au basilic et tomates confites,
         steak de thon à la plancha, pintade rôtie au sésame... Tout simplement délicieux.

X   **83 Restaurant**   &&&
         83 r. Mazelle – 📞 *03 87 75 20 20 – www.83restaurant.com*   Plan : DX**e**
         – Fermé 2 semaines fin août, une semaine à Noël, lundi soir, sam. midi et dim.
         Carte 40/50 € *(réservation conseillée)*
         À 15mn à pied du Centre Pompidou-Metz, ce restaurant sympathique met à
         l'honneur la gastronomie italienne, à travers des produits triés sur le volet (char-
         cuteries, burrata, pâtes, poissons sauvages, viandes de race). Et pour accompa-
         gner tout cela, une belle sélection de vins transalpins !

Question de standing : n'attendez pas le même service dans un X ou un 🏠
que dans un XXXXX ou un 🏨🏨🏨.

à Borny 3 km par ③ et rte de Strasbourg – ✉ 57070

XXX **Le Jardin de Bellevue**

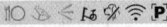

58 r. Claude Bernard, (près du Technopole Metz 2000) – ✆ 03 87 37 10 27 – www.lejardindebellevue.com – Fermé 13-28 avril, 10-25 août, 28 déc.-11 janv., sam. midi, dim. soir, mardi soir et lundi

Menu 31 € (déj. en semaine), 47/71 € – Carte 62/76 €

Une belle clientèle plébiscite cette maison centenaire de la périphérie messine (à 2 km du centre Pompidou), tenue par Nathalie et Philippe Jung. Lui, en cuisine, travaille des produits frais et propose des plats attractifs, au goût du jour. Elle, comme la jeune équipe qui l'entoure, assure un accueil charmant et souriant !

à Plappeville 7 km par av. Henri II - AY – ✉ 57050 – 2 112 hab. – Alt. 280 m

X **La Vigne d'Adam**

50 r. du Gén.-de-Gaulle – ✆ 03 87 30 36 68 – www.lavignedadam.com – Fermé mi-août à début sept., vacances de Noël, dim. et lundi

Menu 28 € (semaine), 31/90 € – Carte 34/70 €

Au cœur du village, cette ancienne maison de vigneron a été transformée en un restaurant-bar à vins contemporain ! La cuisine suit les saisons et valorise de très bons produits, respectant la devise du lieu : "Simplement bon." Avec, bien sûr, une riche carte de vins (de Moselle et d'Alsace, mais aussi de Champagne).

METZERAL

✉ 68380 (Haut-Rhin) – 1 109 hab. – Alt. 480 m – Voir carte n°**1-A2**

▶ Paris 464 km – Colmar 25 km – Gérardmer 39 km – Guebwiller 41 km

Carte Michelin 315-G8

Aux Deux Clefs

12 r. Altenhof – ✆ 03 89 77 61 48 – www.aux-deux-clefs.com

15 ch – †50 € ††60/80 € – ☕ 10 € – ½ P

Rest *Les Clarines d' Argent* – voir les restaurants ci-après

Perché sur les hauteurs du village, au bord d'un petit étang, cet hôtel-restaurant de tradition est très tranquille : il règne ici un sympathique esprit de maison d'hôtes. Les chambres, régulièrement rafraîchies, sont fonctionnelles et bien tenues. Le tout au cœur des Vosges !

XX **Les Clarines d' Argent** – Hôtel Aux Deux Clefs

12 r. Altenhof – ✆ 03 89 77 61 48 – www.aux-deux-clefs.com – Fermé lundi

Formule 13 € – Menu 24/65 € – Carte 28/75 €

Dans ce restaurant, à côté d'un étang, pas de problème de traçabilité ! À titre d'exemple, la truite tout juste pêchée se retrouve directement dans votre assiette. À part ça, le chef concocte une bonne cuisine traditionnelle, à apprécier dans un cadre rustique. Accueil aimable.

MEUCON – 56 (Morbihan) ➔ voir Vannes

MEUDON – 92 (Hauts-de-Seine) ➔ voir Paris, Environs

MEUNG-SUR-LOIRE

✉ 45130 (Loiret) – 6 100 hab. – Alt. 90 m – Voir carte n°**12-C2**

▶ Paris 149 km – Blois 43 km – Fleury-les-Aubrais 31 km – Orléans 25 km

Carte Michelin 318-H5 – Guide Vert Michelin Châteaux de la Loire

Le Relais Louis XI

2 r. St-Pierre – ✆ 02 38 44 27 71 – www.lerelaislouisxi.com

14 ch – †80/160 € ††80/160 € – ☕ 15 €

L'histoire imprègne cette demeure bordant la Loire, où Jeanne d'Arc fit étape avant de rejoindre Orléans et où Louis XI établit ses écuries – d'où l'enseigne. Vieilles pierres, poutres et tomettes côtoient des aménagements contemporains soignés. Et les amateurs apprécieront également la vue sur le fleuve royal !

MEURSANGES – 21 (Côte-d'Or) ➔ voir Beaune

MEURSAULT

✉ 21190 (Côte-d'Or) – 1 516 hab. – Alt. 243 m – Voir carte n°**7-A3**
▶ Paris 326 km – Dijon 55 km – Lons-le-Saunier 117 km – Mâcon 86 km
Carte Michelin 320-I8 – Guide Vert Michelin Bourgogne

Château de Cîteaux-La Cueillette

18 r. de Cîteaux – ℰ 03 80 20 62 80 – www.lacueillette.com
19 ch – †150/360 € ††190/360 € – ⊇ 19 €
Rest *Château de Cîteaux-La Cueillette* – voir les restaurants ci-après
Un joli château des 18ᵉ et 19ᵉ s. dans cette localité célèbre pour ses vins blancs !
Les chambres y sont spacieuses et contemporaines, et il fait bon se ressourcer
dans l'espace détente : sauna, hammam, jacuzzi et soins de fruitithérapie.

Les Charmes sans rest

10 pl. du Murger – ℰ 03 80 21 63 53 – www.hotellescharmes.com – Fermé
6-25 janv. et dim. soir de nov. à mars
13 ch – †80/123 € ††90/138 € – ⊇ 13 €
Au cœur du village, une grosse maison de viticulteur (18ᵉ s.) avec son jardin arboré
et ses chambres contemporaines. Une bonne adresse où l'accueil est charmant.

Château de Cîteaux-La Cueillette – Hôtel Château de Cîteaux-La Cueillette

18 r. de Cîteaux – ℰ 03 80 20 62 80 – www.lacueillette.com
– Fermé 5 janv.-8 fév. et le midi
Menu 47 € – Carte environ 50 €
Une Cueillette élégante et raffinée. Dans la salle d'un superbe classicisme – moulures, dorures, fresque représentant une allégorie de l'Amour –, on cultive l'air du
temps et les saveurs de jolis produits ; on peut aussi s'asseoir sur la terrasse panoramique, avec vue sur les vignes et le clocher de Meursault...

Le Relais de la Diligence

49 r. de la Gare, 2,5 km au Sud-Est par D 23 – ℰ 03 80 21 21 32
– www.relaisdeladiligence.com – Fermé 18 déc.-25 janv., mardi soir et merc.
Menu 13 € (déj. en semaine), 26/44 € – Carte 30/56 €
Près de la gare, cet ancien relais de poste en pierre du pays est une bonne
auberge ! Carte traditionnelle et vue panoramique sur les vignes, dans la salle
principale comme en terrasse.

Le Chevreuil avec ch

pl. de l'Hôtel-de-Ville – ℰ 03 80 21 23 25 – www.lechevreuil.fr – Fermé
15 fév.-9 mars, 10-16 août, 20-27 déc., merc. et dim.
10 ch – †78/90 € ††80/100 € – ⊇ 9 € – ½ P
Formule 16 € – Menu 21 € (déj. en semaine), 24/59 € – Carte 49/69 €
Côté cuisine, on se régale encore avec la fameuse "terrine chaude de la mère
Dauzier", spécialité de la maison depuis 1870 (et secret bien gardé !) ; le chef réa-
lise aussi de savoureux plats au goût du jour, tout en équilibre de saveurs.
Côté décor, c'est résolument moderne et dynamique... Un cocktail gagnant !

Le Bouchon

1 pl. de l'Hôtel-de-Ville – ℰ 03 80 21 29 56 – www.restaurant-le-bouchon.com
– Fermé 21 déc.-21 janv., dim. soir et lundi
Formule 11 € – Menu 13 € (déj. en semaine), 24/36 € – Carte 29/46 €
Sur la place de la mairie, ce petit bistrot d'esprit lyonnais met en avant le terroir
bourguignon : au gré des saisons et au plus près de la fraîcheur, le chef fait la
promotion de la tradition, pour le plus grand plaisir des habitués, avec par exemple sa tête de veau roulée en cocotte dans son bouillon.

LE MEUX – 60 (Oise) → voir Compiègne

MEXIMIEUX

✉ 01800 (Ain) – 7 253 hab. – Alt. 245 m – Voir carte n°**44-B1**
▶ Paris 458 km – Bourg-en-Bresse 37 km – Chambéry 120 km – Genève 118 km
Carte Michelin 328-E5

XX **La Cour des Lys** 🖼 🗠 ↔

😊 *17 r. de Lyon – ℰ 04 74 61 06 78 – www.la-cour-des-lys.com – Fermé dim. soir et lundi midi*
Menu 18 € (déj. en semaine), 31/51 € – Carte 57/80 €
Une cuisine misant sur le classicisme (foie gras, daurade royale aux escargots, volaille de Bresse, grenouilles poêlées...), ce que reflète parfaitement la décoration des lieux. Une maison de tradition au cœur de la Dombes.

au Pont de Chazey-Villieu 3 km à l'Est par D 1084 – ✉ 01800

XX **La Mère Jacquet** avec ch 🖧 🖙 🖼 🏖 🕭 ch, 🕸 ⸮ 🖼 🅿

😊 *Pont de Chazey – ℰ 04 74 61 94 80 – www.lamerejacquet.com
– Fermé 3-20 août et vacances de Noël, sam. midi, dim. soir et vend.*
19 ch – ♦60/70 € ♦♦70/80 € – ☲ 8 € – ½ P
Formule 14 € – Menu 19 € (déj. en semaine), 29/49 € – Carte 41/58 €
La tradition initiée par la Mère Jacquet se perpétue au fil des générations dans cette grande maison solidement plantée au bord de la route. Les plats classiques (foie gras, terrine maison, pigeonneau en croûte) sont accompagnés d'une sélection de vieux millésimes à prix d'ami : avis aux amateurs de bons vins !

MEYLAN – 38 (Isère) → voir Grenoble

MEYMAC

✉ 19250 (Corrèze) – 2 464 hab. – Alt. 702 m – Voir carte n°**25**-C2
🚩 Paris 443 km – Aubusson 57 km – Limoges 96 km – Neuvic 30 km
Carte Michelin 329-N2 – Guide Vert Michelin Limousin Berry

X **Chez Françoise** avec ch 🖧 🕭 ch, 🕸 rest, 🛜

😊 *24 r. Fontaine du Rat – ℰ 05 55 95 10 63 – www.chezfrancoise.fr – Fermé
24 déc.-1er fév., dim. soir et lundi*
5 ch – ♦60/80 € ♦♦60/80 € – ☲ 9 €
Menu 14 € (déj. en semaine), 29/35 € – Carte 23/56 €
Dans cette maison rustique (16e s.), la patronne met à l'honneur les spécialités corréziennes : farcidure, millassou, tourtous, confits... C'est généreux et goûteux ! Et que dire de cette magnifique carte de grands vins, de Cahors à Bordeaux ? Des chambres bien tenues et spacieuses permettent de prolonger l'étape.

MEYRONNE

✉ 46200 (Lot) – 297 hab. – Alt. 130 m – Voir carte n°**29**-C1
🚩 Paris 524 km – Brive-la-Gaillarde 47 km – Cahors 76 km – Figeac 54 km
Carte Michelin 337-F2

🏨 **La Terrasse** 🕭 ⃟ 🖙 🏖 🗠 🛜 🖧

*pl. de l'Église – ℰ 05 65 32 21 60 – www.hotel-la-terrasse.com
– Ouvert 21 mars-1er nov.*
11 ch – ♦93/140 € ♦♦93/145 € – 4 suites – ☲ 13 € – ½ P
Rest *La Terrasse* – voir les restaurants ci-après
Pour se rêver en seigneur du Lot, un château du 11e s. dressé fièrement au-dessus de la Dordogne. Vieilles pierres, poutres et bon confort : charme et caractère, en toute simplicité !

XX **La Terrasse** ⃟ 🖙 🖼 🕸

*pl. de l'Église – ℰ 05 65 32 21 60 – www.hotel-la-terrasse.com – Ouvert
21 mars-1er nov. et fermé mardi midi*
Menu 23 € (déj. en semaine), 33/75 € – Carte 60/77 €
La terrasse, qui domine la Dordogne, est parfaite pour un dîner romantique, et l'hiver on peut se réfugier sous les voûtes médiévales de cette ancienne place forte du 11e s. Au menu : une cuisine aux parfums bien marqués, avec quelques clins d'œil aux saveurs du Sud. Charmant !

MEYRUEIS

✉ 48150 (Lozère) – 820 hab. – Alt. 698 m – Voir carte n°**23**-C1
🚩 Paris 643 km – Florac 36 km – Mende 57 km – Millau 43 km
Carte Michelin 330-I9

Château d'Ayres 🟊 🕪 🛇 🖴 ⚒ ※ 🛜 🗳 P

rte d'Ayres, 1,5 km à l'Est par D 57 – ℰ 04 66 45 60 10
– www.chateau-d-ayres.com – Fermé 3 janv.-1er mars
22 ch – ♦99/164 € ♦♦99/202 € – 7 suites – 🖵 16 € – ½ P
Tentures fleuries, trophées de chasse, parc de 6 ha, restaurant traditionnel : beaucoup de charme et de calme dans ce prieuré bénédictin du 12e s. marqué par l'histoire cévenole. Pour l'anecdote, Charles de Gaulle a séjourné ici...

Mont Aigoual 🕪 🖴 ⚒ 🖩 ※ 🛜 P

34 quai de la Barrière – ℰ 04 66 45 65 61 – www.hotel-mont-aigoual.fr
– Ouvert 28 mars-2 nov.
30 ch – ♦75 € ♦♦75/95 € – 🖵 9 € – ½ P
Au pied du massif de l'Aigoual, ce village est idéal pour partir à la découverte des Grands Causses et des Cévennes. Et dans cet hôtel-restaurant familial, avec un jardin et une piscine, les prix sont très raisonnables. Une bonne étape.

Family Hôtel 🕪 🖴 ⚒ 🛋 🖩 ※ 🛜 P

4 r. Barrière – ℰ 04 66 45 60 02 – www.hotel-restaurant-family-48-12.com
– Ouvert 1er avril-4 nov.
44 ch – ♦48/61 € ♦♦59/61 € – 🖵 8 € – ½ P
Parfait pour les familles, comme son nom l'indique. Bordant le Bétuzon (un affluent de la Jonte), l'hôtel dispose de chambres pratiques, bien tenues et confortables. On y trouve aussi jardin et piscine avec jacuzzi, sauna, hammam, etc.

MEYZIEU – 69 (Rhône) ➜ voir Lyon

MÈZE

✉ 34140 (Hérault) – 10 964 hab. – Alt. 20 m – Voir carte n°**23**-C2
◪ Paris 746 km – Agde 21 km – Béziers 43 km – Lodève 52 km
Carte Michelin 339-G8

Hôtel de la Pyramide sans rest 🛇 ≤ 🖴 ⚒ 🕭 🖩 ※ 🛜 P

8 promenade Sergent Jl.-Navarro – ℰ 04 67 46 61 50 – www.hoteldelapyramide.fr
– Fermé 1 semaine en nov. et de mi-déc. à fin janv.
21 ch – ♦70/98 € ♦♦70/165 € – 1 suite – 🖵 10 €
Belle demeure provençale au cœur d'un petit parc. Chambres très confortables au décor épuré (murs blancs, mobilier en fer forgé), avec des balcons ouverts sur l'étang de Thau.

✗ Les Palmiers 🟊 avec ch ⚔ 🖩 P

31 bis av. de Montpellier – ℰ 04 34 53 55 65 – www.villa-lespalmiers.fr – Fermé 1
semaine vacances de fév., 1 semaine fin juin, vacances de la Toussaint, 1
semaine à Noël, mardi midi et lundi en juil.-août, merc. soir sauf juil.-août, dim.
sauf le soir en juil.-août et sam. midi
5 ch 🖵 – ♦74/117 € ♦♦82/125 €
Formule 19 € ⵅ – Menu 23 € ⵅ (déj. en semaine), 31/43 € – Carte 45/55 €
On monte quelques marches pour accéder à la terrasse de ce restaurant bordé de palmiers. Tout, dans cette maison du 18e s., respire l'élégance (mobilier en rotin, pierre de pays au sol), et le restaurant ne fait pas exception : on s'y régale des créations fines et pétillantes d'un jeune chef plein de talent.

à Bouzigues 4 km au Nord-Est par D 613 et rte secondaire – ✉ 34140
– 1 675 hab. – Alt. 3 m

La Côte Bleue 🕪 🛇 ≤ 🖴 ⚒ 🖩 🛜 🗳 P P

av. Louis-Tudesq – ℰ 04 67 78 30 87 – www.la-cote-bleue.fr
32 ch – ♦63/105 € ♦♦63/105 € – 🖵 11 €
Rest La Côte Bleue – voir les restaurants ci-après
Au bord de l'étang de Thau, une grande piscine, des chambres agréables et assez spacieuses (avec balcon)... et les flots pour horizon. Une belle invitation au farniente et à la détente !

À La Voile Blanche

1 av. Louis-Tudesq – ℰ 04 67 78 35 77 – www.alavoileblanche.com
8 ch – 🛏65/110 € 🛏🛏65/110 € – ☐ 9 €
Au bord de l'étang, ses parcs à huîtres et son petit port, une maison au décor contemporain. Certaines chambres ont une terrasse. Côté restaurant, ambiance décontractée et cuisine méridionale privilégiant poissons et coquillages à la plancha.

La Côte Bleue – Hôtel La Côte Bleue

av. Louis-Tudesq – ℰ 04 67 78 30 87 – www.la-cote-bleue.fr – Fermé 15-25 nov., 11 janv.-11 fév. et merc. hors saison
Formule 19 € – Menu 29 € (semaine)/34 € – Carte 50/60 €
À la bien nommée Côte Bleue, on déguste une sympathique cuisine de la mer (dont les fameuses huîtres de Bouzigues). Aux beaux jours, il fait bon s'installer sous les pins de la terrasse !

MÉZIDON

✉ 14270 (Calvados) – 4 972 hab. – Alt. 25 m – Voir carte n°**32-B2**
▶ Paris 202 km – Alençon 107 km – Caen 27 km – Rouen 119 km
Carte Michelin 303-L5

Le Saint-Pierre

74 pl. Charles-de-Gaulle – ℰ 02 31 40 47 94 – www.lesaint-pierre.fr
14 ch – 🛏61 € 🛏🛏74 € – ☐ 10 € – ½ P
Rest *Le Saint-Pierre* – voir les restaurants ci-après
Résolument design ! Transformation réussie pour cette imposante bâtisse qui affiche désormais des couleurs flashy ou profondes, lignes épurées et toiles abstraites, ainsi qu'un bar très concept. Avis au amateurs.

Le Saint-Pierre

74 pl. Charles-de-Gaulle – ℰ 02 31 40 47 94 – www.lesaint-pierre.fr – Fermé 24 déc.-2 janv., sam. midi, dim. soir et lundi midi
Formule 12 € – Menu 16 € (déj. en semaine), 33/36 €
Acidulé, vitaminé, élégant... Tel est ce Saint-Pierre ! Le décor comme la cuisine sont à l'avenant ; le jeune chef ose par exemple le steak tartare de canard, les rillettes de lapin aux poires, etc. Ses recettes sont soignées, les produits choisis. En bref, une adresse à suivre.

MÉZOS

✉ 40170 (Landes) – 851 hab. – Alt. 23 m – Voir carte n°**3-B2**
▶ Paris 684 km – Bordeaux 124 km – Dax 58 km – Mont-de-Marsan 107 km
Carte Michelin 335-E10

La Maison de Mézos

av. de l'Océan – ℰ 05 58 42 61 38 – www.hotel-mezos.com – Fermé janv. et fév.
14 ch – 🛏75/175 € 🛏🛏75/175 € – ☐ 10 € – ½ P
Dans un petit village landais, coquette maison à l'ambiance familiale, entre hôtel et chambre d'hôtes (mobilier chiné). Pavillon et roulottes dans le grand jardin. Piscine.

MÉZY-MOULINS

✉ 02650 (Aisne) – 529 hab. – Alt. 81 m – Voir carte n°**37-C3**
▶ Paris 103 km – Amiens 221 km – Laon 92 km – Reims 55 km
Carte Michelin 306-D8

Le Moulin Babet avec ch

8 r. du Moulin-Babet, à Moulins , N3 – ℰ 03 23 71 44 72
– www.hotel-moulinbabet.com – Fermé 20-31 août, 24 déc.-11 janv., dim. soir (sauf hôtel), mardi et merc.
7 ch – 🛏70/90 € 🛏🛏70/90 € – ☐ 9 €
Formule 22 € – Menu 33/65 € – Carte 50/65 €
Cet ancien moulin à eau tout en pierre (19ᵉ s.) profite du seul voisinage de la verdure et du Surmelin, affluent de la Marne. En terrasse au bord du cours d'eau ou dans la grande salle, à la fois rustique et élégante, la cuisine de tradition prend des accents bucoliques. Et dans les chambres, pas un bruit...

MIEUSSY

✉ 74440 (Haute-Savoie) – 2 124 hab. – Alt. 636 m – Voir carte n°**46**-F1
▶ Paris 563 km – Annecy 62 km – Bonneville 21 km – Chamonix-Mont-Blanc 59 km
Carte Michelin 328-M4 – Guide Vert Michelin Alpes du Nord

Vacca Park

2 rte du Col de la Ramaz, (Plateau de Sommand), Praz de Lys 1 420 m
– ℰ 04 50 34 20 88 – www.vaccapark.com – Fermé 13 avril- 22 mai et 1ᵉʳ
nov.-12 déc.
15 ch – †80/140 € ††95/150 € – ⊇ 11 € – ½ P
Au milieu des pâturages et des pistes, un chalet moderne avec des chambres
coquettes et chaleureuses, ainsi qu'un restaurant traditionnel et savoyard. Pour
l'anecdote, il y a une photo de vache (presque grandeur nature) sur chaque
porte... Et oui, en latin, vacca signifie "vache" !

MILHAC-D'AUBEROCHE

✉ 24330 (Dordogne) – 562 hab. – Alt. 165 m – Voir carte n°**4**-C1
▶ Paris 532 km – Bordeaux 146 km – Limoges 141 km – Périgueux 22 km
Carte Michelin 329-G5

La Vieille Forge 🆕

Le Bourg – ℰ 05 53 04 11 27 – Fermé 16 fév.-6 mars, sam. midi sauf juil.-août,
dim. soir et lundi
Menu 29 € – Carte environ 42 €
Certes, le village est reculé et cette ancienne forge un peu froide... mais dans l'assiette, quelle belle surprise : de la cuisine, de la vraie ! Tout est soigné, glacé au
jus, assaisonné finement, cuit avec justesse ; les produits sont de qualité, les
recettes originales : le chef, Vincent Cardoso, sait réchauffer les cœurs...

MILLAU

✉ 12100 (Aveyron) – 21 626 hab. – Alt. 372 m – Voir carte n°**29**-D2
▶ Paris 636 km – Albi 106 km – Mende 95 km – Montpellier 114 km
Carte Michelin 338-K6

Mercure

1 pl. de la Tine – ℰ 05 65 59 29 00 – www.mercure.com   Plan : BY**m**
57 ch – †90/250 € ††90/250 € – ⊇ 16 €
En plein centre-ville, un hôtel contemporain et chaleureux, avec un parking privé
à deux pas, fort pratique. Les chambres sont spacieuses et lumineuses (certaines
avec balcon), une partie offrant une vue imprenable sur l'extraordinaire viaduc !

Cévenol Hôtel

115 r. Rajol – ℰ 05 65 60 74 44 – www.cevenol-hotel.fr   Plan : BY**k**
– Fermé 19 déc.-13 janv.
42 ch – †58/85 € ††58/95 € – ⊇ 10 € – ½ P
Cet hôtel, situé dans un quartier résidentiel excentré, proche du Tarn, a bénéficié
d'une belle rénovation. Ses chambres, fonctionnelles, bien équipées et soigneusement tenues, se révèlent agréables. Cuisine traditionnelle au restaurant.

Ibis sans rest

r. du Sacré-Cœur – ℰ 05 65 59 29 09 – www.ibishotel.com   Plan : BY**b**
46 ch – †55/109 € ††55/109 € – ⊇ 11 €
Idéalement situé en plein centre-ville et plutôt confortable. Pratique, le parking
fermé.

Capion

3 r. J.-F.-Alméras – ℰ 05 65 60 00 91   Plan : AY**f**
– www.restaurant-capion.com – Fermé 5-25 juil., 1ᵉʳ-7 janv., mardi soir et merc.
Formule 15 € 🍷 – Menu 19/41 € – Carte 29/47 €
Est-ce en raison de son cadre très chic et design, qui détonne au cœur de Millau ?
Ou plutôt grâce à sa bonne et généreuse cuisine, signée par un chef passionné
par son terroir ? À moins que ce ne soit cet exotique "menu d'ailleurs" mâtiné
d'épices... En tout cas, ce restaurant sait séduire son monde !

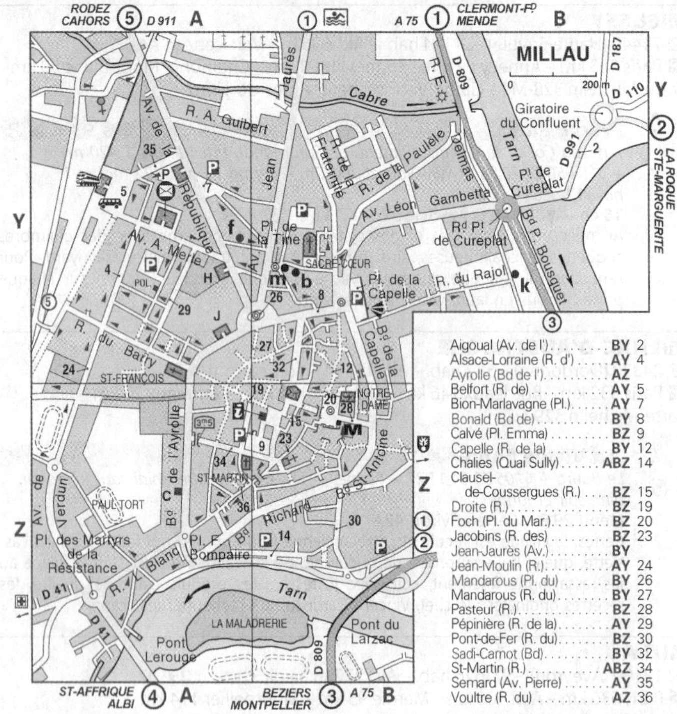

Aigoual (Av. de l')	**BY** 2
Alsace-Lorraine (R. d')	**AY** 4
Ayrolle (Bd de l')	**AZ**
Belfort (R. de)	**AY** 5
Bion-Marlavagne (Pl.)	**AY** 7
Bonald (Bd de)	**BY** 8
Calvé (Pl. Emma)	**BZ** 9
Capelle (R. de la)	**BY** 12
Chalies (Quai Sully)	**ABZ** 14
Clausel- de-Coussergues (R.)	**BZ** 15
Droite (R.)	**BZ** 19
Foch (Pl. du Mar.)	**BZ** 20
Jacobins (R. des)	**BZ** 23
Jean-Jaurès (Av.)	**BY**
Jean-Moulin (R.)	**AY** 24
Mandarous (Pl. du)	**BY** 26
Mandarous (R. du)	**BY** 27
Pasteur (R.)	**BZ** 28
Pépinière (R. de la)	**AY** 29
Pont-de-Fer (R. du)	**BZ** 30
Sadi-Carnot (Bd)	**BY** 32
St-Martin (R.)	**ABZ** 34
Semard (Av. Pierre)	**AY** 35
Voultre (R. du)	**AZ** 36

au Sud 2 km par ④ rte de St-Affrique – ✉12100 Millau

🏨 **Château de Creissels** 🍴 🦢 ⇆ 🛏 ⅃ ♨ 🖱 🗚 🛜 🅿

pl. du Prieur – ℰ 05 65 60 16 59 – www.chateau-de-creissels.com
– *Fermé janv., fév. ,dim. soir de nov. à mars*
26 ch – ✝82/118 € ✝✝85/157 € – ♨ 11 € – ½ P
Rest *Château de Creissels* – voir les restaurants ci-après
Un château du 12ᵉ s. sur un piton rocheux à l'écart de Millau, auquel on accède
par une petite route. Les chambres mêlent avec élégance meubles anciens et
style contemporain, avec du cachet dans la bâtisse principale, un esprit plus
actuel dans son extension. La propriété ne manque pas de charme...

✕✕ **Château de Creissels** 🖼 🔄

🍽 *pl. du Prieur* – ℰ 05 65 60 31 79 – www.chateau-de-creissels.com
– *Fermé janv., fév., dim. soir d'oct. à avril et lundi midi*
Menu 19/58 € – Carte 38/60 €
Du caractère, c'est indéniable ! Dans ce château perché sur les hauteurs, il y a de
jolies voûtes en pierre, une terrasse panoramique sur l'ancien chemin de ronde,
et une belle salle cossue, où l'on savoure une sympathique cuisine traditionnelle.
Pas d'inquiétude : le chef, présent depuis 20 ans, connaît son affaire !

MILLY-LA-FORÊT

✉ 91490 (Essonne) – 4 765 hab. – Alt. 68 m – Voir carte n°**18**-B3
🚗 Paris 58 km – Étampes 25 km – Évry 31 km – Fontainebleau 19 km
Carte Michelin 312-D5 – Guide Vert Michelin Île-de-France

à Auvers (S.-et-M.) 4 km au Sud par D 948 – ⊠ 77123

XX **Auberge d'Auvers Galant** 🛝 🔥
*7 r. d'Auvers – 𝒞 01 64 24 51 02 – www.aubergedauversgalant.com
– Fermé 17 août-2 sept., 12 janv.-3 fév., lundi et mardi*
Formule 22 € – Menu 26 € (semaine), 40/54 € – Carte 55/72 €
Rien à redouter de ce Galant-là : c'est en tout bien tout honneur qu'il vous propose une halte dans un intérieur rustique coloré. Recettes traditionnelles (dont la
tête de veau).

MIMIZAN
⊠ 40200 (Landes) – 7 084 hab. – Alt. 13 m – Voir carte n°**3-B2**
🚩 Paris 692 km – Arcachon 67 km – Bayonne 109 km – Bordeaux 109 km
Carte Michelin 335-D9 – Guide Vert Michelin Aquitaine

Plage Sud

🏠 **Hôtel de France** sans rest 📶 🅿
*18 av. de la Côte-d'Argent – 𝒞 05 58 09 09 01
– www.hoteldefrance-mimizan.com – Ouvert fin mars-11 nov.*
24 ch – ♦53/95 € ♦♦62/125 € – ⊈ 7 €
Le premier hôtel de la station, construit en bois en 1870, puis en dur en 1920. À
deux pas de la plage, les chambres se révèlent fonctionnelles et tenues avec
grand soin. Le parking est des plus pratiques, et les prix restent modestes.

MINERVE
⊠ 34210 (Hérault) – 135 hab. – Alt. 227 m – Voir carte n°**22-B2**
🚩 Paris 812 km – Béziers 45 km – Carcassonne 44 km – Narbonne 33 km
Carte Michelin 339-B8

X **Relais Chantovent** avec ch ≤ 🛝 📶
*17 Grand'Rue – 𝒞 04 68 91 14 18 – www.relaischantovent-minerve.fr – Fermé
2-22 janv., dim. soir et mardi soir sauf juil.-août et merc.*
5 ch – ♦45 € ♦♦53 € – ⊈ 8 € – ½ P – Menu 21/60 € – Carte 40/50 €
Une charmante petite auberge en pays cathare... Ici, point de voiture ; les gourmands, tels des pèlerins, viennent à pied pour déguster poêlée de champignons,
dos de canette, et autres délicieux plats réalisés avec les produits des marchés
locaux. Le must : la terrasse et sa vue plongeante sur la vallée du Briant.

MIOMO – 2B (Haute-Corse) → voir Corse (Bastia)

MIRAMAR – 06 (Alpes-Maritimes) → voir Théoule-sur-Mer

MIRANDE – 71 (Saône-et-Loire) → voir Fleurville

MIREBEL
⊠ 39570 (Jura) – 245 hab. – Alt. 580 m – Voir carte n°**16-B3**
🚩 Paris 419 km – Champagnole 17 km – Lons-le-Saunier 17 km
Carte Michelin 321-E6

XX **Mirabilis** 🍴 🛝 ⅄ 🅿
🍽 *41 Grande-Rue – 𝒞 03 84 48 24 36 – www.lemirabilis.com – Fermé 2-30 janv.,
merc. de sept. à juin, lundi et mardi*
😊 Formule 13 € – Menu 20/50 € – Carte 31/51 €
Quand Mirebel rime avec Mirabilis ("admirable" en latin), on obtient une bonne
adresse. Dans cette chaleureuse maison ancienne (1760), le chef concocte une cuisine goûteuse et colorée, sur de belles bases régionales : aumônière d'escargots,
magret de canard aux pêches, vacherin glacé... On en redemande !

X **Le Bouchon du Château**

34 r. de Viseney – ☎ 03 84 25 18 60 – www.lebouchonduchateau.com – Fermé
18 août-2 sept., 24 déc.-6 janv., mardi soir, merc. soir, jeudi soir, sam. midi, dim.
soir et lundi
Formule 14 € ☂ – Menu 18 € ☂ (déj. en semaine), 26/43 € – Carte 37/60 €
En passant par Mirebel, arrêtez-vous dans ce restaurant ! Le chef, passé par de belles maisons, revisite ici les bonnes recettes du temps jadis... Les plats canailles et
jurassiens sont revus à la sauce du 21ᵉ s. pour le plus grand plaisir des gourmands. Cadre coloré et ambiance conviviale.

MIREPOIX

✉ 09500 (Ariège) – 3 127 hab. – Alt. 308 m – Voir carte n°**29**-C3
▶ Paris 753 km – Carcassonne 52 km – Castelnaudary 34 km – Foix 37 km
Carte Michelin 343-J6

🏨 **Relais Royal**   🍽 🍷 ℭ Ⓐ 🛜 🛦 🚗

8 r. Mar.-Clauzel – ☎ 05 61 60 19 19 – www.relaisroyal.com
8 ch – ♦139/259 € ♦♦257/411 € – 3 suites – ☲ 23 € – ½ P
Rest *Relais Royal* – voir les restaurants ci-après
Au cœur du pays cathare, une belle demeure de maître (1742), où histoire et
modernité se côtoient subtilement. Un grand escalier dessert les chambres, spacieuses, et le bassin de nage, bordé par une terrasse, est ravissant.

🏨 **Les Minotiers**   🍽 🍷 ℭ Ⓐ 🛜 🛦 🅿

av. du Mar.-Foch – ☎ 05 61 69 37 36 – www.lesminotiers.com
40 ch – ♦51/146 € ♦♦57/146 € – ☲ 8 € – ½ P
Espace, confort, lumière : dans cette ancienne minoterie – une usine de préparation des farines –, tout est neuf et plaisant, faisant rimer simplicité et qualité. Les
chambres sont bien équipées, et le restaurant met en avant les produits régionaux.

XXX **Les Remparts** avec ch   🏠 🛜 🚗

6 cours L.-Pons-Tande – ☎ 05 61 68 12 15 – www.hotelremparts.com – Fermé
mardi midi, dim. soir et lundi
7 ch – ♦68/118 € ♦♦88/140 € – ☲ 10 € – ½ P
Formule 23 € – Menu 29 € (déj. en semaine), 39/53 € – Carte 38/66 €
Dans cette maison construite sur les remparts de la ville, la pierre et le bois se
mêlent avec chaleur et élégance. Un intérieur délicieusement rustique, dans
lequel on goûte à la bonne cuisine de la patronne, qui s'attache à valoriser les
produits de la région. Chambres simples et agréables (plus calmes côté cour).

XX **Relais Royal** – Hôtel Relais Royal   🏠 ℭ Ⓐ 🍽

8 r. Mar. Clauzel – ☎ 05 61 60 19 19 – www.relaisroyal.com – Fermé lundi, mardi
et le midi sauf vend. et dim.
Formule 25 € ☂ – Menu 39/59 €
Une maison bourgeoise du 18ᵉ s. tout en élégance, située au cœur de la ville historique. La salle à manger, sobre et lumineuse, est l'écrin parfait pour cette cuisine d'aujourd'hui, juste et raffinée.

MIRMANDE

✉ 26270 (Drôme) – 503 hab. – Alt. 204 m – Voir carte n°**44**-B3
▶ Paris 603 km – Lyon 141 km – Romans-sur-Isère 61 km – Valence 42 km
Carte Michelin 332-C5 – Guide Vert Michelin Ardèche Drôme

🏨 **Hôtel de Mirmande** sans rest   ☞ 🛜 🛦 🅿

Le village – ☎ 04 75 63 13 18 – www.hotelmirmande.fr
9 ch – ♦70/140 € ♦♦70/140 € – ☲ 11 €
Jolie reconversion pour cette ancienne épicerie transformée en un charmant
hôtel. Vous y découvrirez de spacieuses chambres à la déco cosy : coussins, boutis, meubles et objets en bois cérusé... Une adresse sympathique.

La Capitelle

Le Rempart - r.du Boulanger – ℰ 04 75 63 02 72 – www.lacapitelle.com – Fermé mi-déc. à mi-janv., dim. soir et lundi sauf juil.-août
11 ch – †65/140 € ††65/150 € – ☲ 12 € – ½ P

Cette ancienne magnanerie, située au cœur du vieux village, fut la résidence du cubiste André Lhote. Les meubles d'antiquaire, dans les chambres, et la cheminée monumentale, dans la salle voûtée, ajoutent au cachet de cette demeure de caractère. Belle vue sur les vergers et les collines depuis la terrasse.

MISSILLAC

✉ 44780 (Loire-Atlantique) – 4 929 hab. – Alt. 44 m – Voir carte n°**34-A2**
▶ Paris 436 km – Nantes 62 km – Redon 24 km – St-Nazaire 37 km
Carte Michelin 316-D3 – Guide Vert Michelin Pays de la Loire

 La Bretesche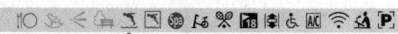

Domaine de la Bretesche, rte de la Baule – ℰ 02 51 76 86 96 – www.bretesche.fr
30 ch – †166/480 € ††166/535 € – 6 suites – ☲ 24 € – ½ P
Rest *La Bretesche* ⃝ – voir les restaurants ci-après

Dans les dépendances du château de Missillac, dont les jolies tours se reflètent dans le lac contigu, un établissement cossu et feutré : mobilier de style et détails tendance, salon dans les anciennes écuries, espace bien-être... à deux pas du golf 18 trous (club-house).

XXX **La Bretesche**

⃝ *Domaine de la Bretesche, rte de la Baule – ℰ 02 51 76 86 96 – www.bretesche.fr – Fermé 2-26 fév., lundi et mardi de nov. à janv. et le midi sauf dim.*
Formule 40 € – Menu 59/109 € – Carte 76/86 €

Voilà une salle éminemment bourgeoise : atmosphère élégante, flambée dans la grande cheminée en hiver, vue sur le lac... Un cadre propice à la dégustation d'une cuisine gastronomique subtile et soignée, sans fioritures.
→ Foie gras de canard à l'hibiscus et griottes, crème de cacao amer. Homard rôti à la sarriette, girolles et andouille de Guéméné, jus coraillé. Fruits rouges de Marzan, glacé de verveine citronnelle

MITTELBERGHEIM

✉ 67140 (Bas-Rhin) – 655 hab. – Alt. 220 m – Voir carte n°**2-C1**
▶ Paris 499 km – Barr 2 km – Erstein 24 km – Molsheim 23 km
Carte Michelin 315-I6

XX **Gilg** avec ch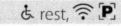

*1 r. Rotland – ℰ 03 88 08 91 37 – www.hotel-gilg.com
– Fermé 29 juin-15 juil., 10 janv.-4 fév., mardi et merc.*
19 ch – †68/98 € ††68/98 € – ☲ 9 € Menu 32/68 € – Carte 42/72 €

Route des vins, Mittelbergheim, Gilg : accès direct au charme authentique de l'Alsace ! Dans cette maison rhénane rustique à souhait, ouverte en 1641, on découvre de bonnes spécialités du terroir et autres plats bourgeois, revisités à la sauce du chef. Presskopf au saumon fumé, goujonnettes de turbot en raviole... Fameux !

MITTELHAUSEN

✉ 67170 (Bas-Rhin) – 547 hab. – Alt. 185 m – Voir carte n°**1-B1**
▶ Paris 478 km – Haguenau 21 km – Saverne 22 km – Strasbourg 24 km
Carte Michelin 315-J4

 À l'Étoile

12 r. La Hey – ℰ 03 88 51 28 44 – www.hotel-etoile.fr – Fermé 1er-15 janv.
31 ch – †68/80 € ††73/95 € – ☲ 10 € – ½ P
Rest *À l'Étoile* – voir les restaurants ci-après

Nous voilà dans le pays de la Zorn, également appelé "pays de l'or vert", autrement dit du houblon ! Cette maison de pays (1888) a conservé son charme traditionnel alsacien, tandis que l'annexe, plus récente, ose le style contemporain. Agréable spa ; bon rapport qualité-prix.

✗ **À l'Étoile**

12 r. La Hey – ℰ *03 88 51 28 44* – *www.hotel-etoile.fr* – *Fermé 6-29 juil.,*
1er-15 janv., dim. soir et lundi
Formule 14 € – Menu 21/42 € – Carte 29/52 €
Dans la chaleureuse salle à manger décorée de boiseries, c'est toute l'Alsace
qui vous donne rendez-vous. Entendez par là toutes ses saveurs, ses vins et
son terroir !

MITTELWIHR

✉ 68630 (Haut-Rhin) – 816 hab. – Alt. 210 m – Voir carte n°**2**-C2
▶ Paris 445 km – Colmar 10 km – Kaysersberg 6 km – Sélestat 20 km
Carte Michelin 315-H8

▩ **Le Mandelberg** sans rest ▩▣▤♦%⧉🄿

chemin du Mandelberg – ℰ *03 89 49 09 49* – *www.hotelmandelberg.fr*
– *Fermé janv.*
18 ch – ♦75/132 € ♦♦90/132 € – ⌤ 12 €
Pourquoi ne pas s'arrêter dans ce village du "Midi de l'Alsace" pour y voir fleurir
les amandiers ? Ce sera l'occasion de profiter des chambres confortables de cette
grande bâtisse de style néo-alsacien.

▩ **Le Mittelwihr** sans rest ♦🄺%⧉

19 rte du Vin – ℰ *03 89 49 09 90* – *http://hotelmittelwihr.fr.monsite-orange.fr*
– *Fermé fév.*
15 ch – ♦75/122 € ♦♦90/122 € – ⌤ 11 €
Sur la route des vins, cette maison colorée propose des chambres reposantes meublées de manière simple et rustique. Détail important, elles sont climatisées, car il
peut faire chaud en Alsace ! Petit-déjeuner vraiment copieux.

✗✗ **La Table de Mittelwihr** ⧉♦

19a rte du Vin – ℰ *03 89 78 61 40* – *www.la-table-de-mittelwihr.com* – *Fermé 1*
semaine en nov., 2 semaines en janv., dim. soir de janv. à mars, mardi sauf le
soir d'avril à déc. et lundi
Menu 20 € (déj. en semaine), 32/56 € – Carte 46/68 €
L'architecture intérieure de ce restaurant est pour le moins originale avec ses
poutres en bois courbées ; un mélange de tradition et de modernité que l'on
retrouve dans les assiettes. À noter, la terrasse, très agréable en été.

MIZOËN – 38 (Isère) → voir Freney-d'Oisans

MODÈNE

✉ 84330 (Vaucluse) – 436 hab. – Alt. 250 m – Voir carte n°**42**-E1
▶ Paris 694 km – Avignon 37 km – Marseille 123 km – Valence 134 km
Carte Michelin 332-D9

⌂ **La Villa Noria** ¶O⧉✕🄺%⧉🄿✄

4 rte de Mazan – ℰ *04 90 62 50 66* – *www.villa-noria.com*
5 ch ⌤ – ♦75/170 € ♦♦75/170 €
Une maison de maître du 18e s. avec son jardin arboré et... sa noria toujours en
état de marche – une curiosité à découvrir. Dans les chambres – mansardées au
2e étage –, mobilier chiné et de famille dégagent un charme suranné. À la table
d'hôte œuvre le propriétaire, ancien chef ! Une adresse où l'on se sent bien.

MOËLAN-SUR-MER

✉ 29350 (Finistère) – 6 981 hab. – Alt. 58 m – Voir carte n°**9**-B2
▶ Paris 523 km – Carhaix-Plouguer 66 km – Concarneau 27 km – Lorient 27 km
Carte Michelin 308-J8 – Guide Vert Michelin Bretagne Sud

Manoir de Kertalg sans rest

Le Guily, rte de Riec-sur-Belon, 3 km à l'Ouest par D 24 et chemin privé – ℰ 02 98 39 77 77 – www.manoirdekertalg.com – Ouvert 12 avril-6 nov.
8 ch – ♦125/258 € ♦♦125/320 € – ☑ 17 €

Une altière demeure du 19ᵉ s. dans un superbe parc forestier. Proportions monumentales, richesse des matériaux, chambres spacieuses et raffinées : un bel exemple de classicisme. Le peintre Brann, propriétaire des lieux, y expose ses œuvres d'inspiration surréaliste.

Les Moulins du Duc

rte des Moulins, 2 km au Nord-Ouest par rte secondaire – ℰ 02 98 96 52 52 – www.hotel-moulins-du-duc.com – Ouvert 1ᵉʳ mars-30 nov.
20 ch – ♦180/380 € ♦♦180/380 € – 5 suites – ☑ 19 € – ½ P
Rest Le Raphaël – voir les restaurants ci-après

Quel charme bucolique, quelle fraîcheur ! Une rivière serpente, des canards s'ébattent dans l'étang. Beaucoup de poésie naturelle pour ce moulin du 16ᵉ s. où les chambres sont réparties dans de petits cottages en pierre à travers le domaine. Un lieu hors du temps...

✕✕ Le Raphaël – Hôtel Les Moulins du Duc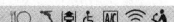

rte des Moulins, 2 km au Nord-Ouest par rte secondaire – ℰ 02 98 96 52 52 – www.hotel-moulins-du-duc.com – Ouvert 1ᵉʳ mars-30 nov. et fermé le midi sauf sam. et dim.
Menu 45/105 € – Carte 65/80 €

On a réellement l'impression de dîner à fleur d'eau dans le cadre atypique de cet ancien moulin à la grâce pastorale. La cuisine terre et mer suit la tendance actuelle, au gré du cycle des saisons, les produits travaillés sont de grande qualité, et le service est aux petits oignons...

MOIRAX – 47 (Lot-et-Garonne) → voir Agen

MOISSAC

✉ 82200 (Tarn-et-Garonne) – 12 365 hab. – Alt. 76 m – Voir carte n°**28-B2**
▶ Paris 632 km – Agen 57 km – Auch 87 km – Cahors 63 km
Carte Michelin 337-C7

L'Armateur

1 r. François-Raynal – ℰ 05 63 32 85 10 – www.hotelarmateur.fr – Fermé 20 déc.- 10 janv.
16 ch – ♦90/140 € ♦♦90/140 € – ☑ 12 € – ½ P

Près du canal, dans l'ancien quartier des marins, cette maison bourgeoise du 18ᵉ s. a été entièrement restaurée dans un esprit contemporain épuré. Minimalisme fluide, blancheur immaculée, murs en brique : élégant ! Côté jardin, les chambres sont très au calme.

Le Moulin de Moissac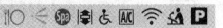

Esplanade du Moulin – ℰ 05 63 32 88 88 – www.lemoulindemoissac.com
36 ch – ♦96/180 € ♦♦96/180 € – ☑ 14 € – ½ P

Sur les bords du Tarn, un moulin du 15ᵉ s. aux chambres sobres et élégantes, d'esprit mer, campagne ou montagne. Les plus spacieuses offrent une jolie vue sur la rivière et, pour la détente, on profite d'un spa très complet.

✕ Le Florentin

8 pl. Roger-Delthil – ℰ 05 63 04 19 18 – www.leflorentin-bistrotgourmand.fr – Ouvert 12 mars-19 oct. et fermé le soir de mars à mi-avril
Formule 17 € – Menu 23 € (semaine)/56 € ☶ – Carte 31/54 €

Dans le département – et au-delà – la réputation du Florentin n'est plus à faire ! Son chef est un amoureux du beau produit (sélectionné auprès des fournisseurs locaux) et de la tradition. Dans l'assiette, c'est gourmand et goûteux à souhait. La terrasse offre une vue imprenable sur la belle abbatiale ; nouveau décor en 2014.

au Nord 9 km par D 7 - ✉82400 St-Paul-Espis

🏠🏠🏠 **Le Manoir St-Jean** 🍽 ⬅ ⌫ 🆒 🛜 🅿

à St-Jean-de-Cornac – ℰ 05 63 05 02 34 – www.manoirsaintjean.com – Fermé 19 déc.-16 janv.
10 ch – 🛏110/140 € 🛏🛏150/200 € – 9 suites – ⌂ 15 € – ½ P
Rest *Le Manoir St-Jean* – voir les restaurants ci-après
Cette belle maison de maître (19ᵉ s.), à la décoration très soignée – mobilier chiné, trompe-l'œil, etc. –, a du cachet et une âme... Les chambres sont toutes différentes (esprit Art déco, marin, etc.) et le jardin se révèle agréable, comme la jolie piscine.

🍴🍴🍴 **Le Manoir St-Jean** ⬅ ⌫ 🆒 🅿

à St-Jean-de-Cornac – ℰ 05 63 05 02 34 – www.manoirsaintjean.com – Fermé 19 déc.-16 janv., dim. soir et lundi du 15 sept. au 15 juin
Formule 30 € – Menu 38/75 € – Carte 45/60 € *(réservation conseillée)*
Une grande salle à manger bourgeoise, plaisante et raffinée, pour une cuisine qui l'est tout autant. Avec de bons produits de saison, le chef concocte des plats sains et goûteux, aux saveurs délicates.

MOISSAC-BELLEVUE – 83 (Var) ➜ voir Aups

MOISSIEU-SUR-DOLON

✉ 38270 (Isère) – 700 hab. – Alt. 350 m – Voir carte n°**44-B2**
▶ Paris 511 km – Grenoble 78 km – Lyon 55 km – La Tour-du-Pin 53 km
Carte Michelin 333-C5

🏠🏠🏠 **Domaine de la Colombière** 🍽 🍷 ⬅ ⌫ 🛗 ♿ 🆒 🛜 ♨ 🅿

Château de Moissieu – ℰ 04 74 79 50 23 – www.lacolombiere.com – Fermé 16 fév.- 9 mars
21 ch – 🛏80/149 € 🛏🛏89/169 € – ⌂ 14 € – ½ P
Cette demeure bourgeoise de 1820 est entourée d'un parc arboré, où l'on trouve aussi un petit château en pierre avec son beau pigeonnier... Les vastes chambres sont bien équipées, et décorées sur le thème des peintres célèbres. Du cachet !

MOLITG-LES-BAINS

✉ 66500 (Pyrénées-Orientales) – 217 hab. – Alt. 607 m – Voir carte n°**22-B3**
▶ Paris 896 km – Perpignan 50 km – Prades 7 km – Quillan 56 km
Carte Michelin 344-F7

🏠🏠🏠 **Château de Riell** 🍽 🍷 ⬅ ⌫ 🏊 🍴 🛗 🛜 ♨ 🅿 🚗

– ℰ 04 68 05 04 40 – www.chateauderiell.com – Ouvert 29 mars-9 nov.
19 ch – 🛏160/510 € 🛏🛏160/510 € – 3 suites – ⌂ 19 € – ½ P
Rest *Château de Riell* – voir les restaurants ci-après
Malgré ses faux airs de nid d'aigle, ce château se révèle baroque et chaleureux. Les chambres distillent une élégance toute languedocienne, la luxuriance du parc est un vrai bonheur, et l'on prend son petit-déjeuner dans une datcha... sans parler de la vue sur le Canigou !

🏠🏠 **Le Grand Hôtel** 🍽 🍷 ⬅ ⌫ 🏊 🍴 🛗 🛜 ♨ 🅿 🚗

– ℰ 04 68 05 00 50 – www.grandhotelmolitg.com – Ouvert 29 mars-6 déc.
38 ch – 🛏100/220 € 🛏🛏100/220 € – 5 suites – ⌂ 14 € – ½ P
Rest *Café Casals* – voir les restaurants ci-après
Un hôtel thermal raffiné et apaisant : les tons clairs dominent dans les chambres, bien confortables, et le jardin s'épanouit dans un beau décor de rocailles naturelles. Fait remarquable, le marbre des Pyrénées s'impose partout dans les bains.

🍴🍴🍴 **Château de Riell** – Hôtel Château de Riell 🌿 ⬅ ⌫ 🍴 🅿

– ℰ 04 68 05 04 40 – www.chateauderiell.com – Ouvert 29 mars-9 nov.
et fermé mardi et le midi sauf week-ends, fériés et juil.-août
Menu 38/95 € – Carte 82/92 €
Un restaurant raffiné et largement ouvert sur la forêt, où la carte célèbre la belle cuisine catalane. Les chefs ont été formés chez Michel Guérard et leur cuisine en est le reflet ; on passe un beau moment en terrasse, dégustant de délicieux plats en contemplant la cime enneigée du mont Canigou, au loin...

XX **Café Casals** – Le Grand Hôtel
– ☏ 04 68 05 00 50 – www.grandhotelmolitg.com – Ouvert 29 mars-6 déc. et fermé dim.
Formule 28 € – Menu 35 € – Carte 48/57 €
Dans ce restaurant aux couleurs du Sud et de la Catalogne, où trône le portrait de Pablo Casals (qui était habitué des lieux), curistes et gourmands peuvent ripailler ensemble. Deux types de cuisine sont proposés, signés Michel Guérard : "Santé Nature" – réservé aux résidents –, ou "d'Appétit", pour les gourmands.

MOLLANS-SUR-OUVÈZE
✉ 26170 (Drôme) – 1 070 hab. – Alt. 280 m – Voir carte n°**44-B3**
▶ Paris 676 km – Carpentras 30 km – Nyons 21 km – Vaison-la-Romaine 13 km
Carte Michelin 332-E8 – Guide Vert Michelin Alpes du Sud

🏠 **Le St-Marc** ⅠO ⅏ ⊯ ⊼ ※ 🖿 ⌨
av. de l'Ancienne-Gare – ☏ 04 75 28 70 01 – www.saintmarc.com – Ouvert d'avril à oct.
12 ch – ♦70/98 € ♦♦70/98 € – ☲ 12 € – ½ P
Au pied du mont Ventoux, cette maison provençale dispose de chambres fonctionnelles. Grand jardin avec piscine et tennis. Cuisine du Sud servie dans une salle rustique ou sur la terrasse fleurie.

MOLLÉGÈS
✉ 13940 (Bouches-du-Rhône) – 2 540 hab. – Alt. 55 m – Voir carte n°**42-E1**
▶ Paris 704 km – Avignon 24 km – Cavaillon 9 km – Marseille 80 km
Carte Michelin 340-E3

XX **Mas du Capoun** avec ch ⅏ ⊯ ⊼ ⅋ 🗚 ch, ⅋ ch, ⌨ 🅿
166 av. des Paluds – ☏ 04 90 26 07 12 – www.masducapoun.fr – Rest : fermé 25 oct.-10 nov., mi-fév. à mi-mars, mardi soir, sam. midi et merc. ; hôtel : ouvert de Pâques à oct.
6 ch ☲ – ♦85/95 € ♦♦95/105 € Menu 24 € ⌇/37 € (réservation conseillée)
Mas raffiné où l'on mange dans une salle lumineuse et épurée ou, en été, sous la charpente d'une superbe grange restaurée. Belle cuisine actuelle, réalisée à partir de produits frais et déclinée dans un menu unique (rapport qualité-prix imbattable le midi !). Chambres confortables avec terrasse privative.

MOLLKIRCH
✉ 67190 (Bas-Rhin) – 976 hab. – Alt. 320 m – Voir carte n°**1-A2**
▶ Paris 485 km – Molsheim 11 km – Saverne 35 km – Strasbourg 40 km
Carte Michelin 315-I5

🏠 **Fischhutte** ⅠO ⅏ ⊰ ⊯ 🖢 ⅋ ⌨ ⊿ 🅿
30 rte de la Fischhutte, rte Grendelbruch : 3,5 km – ☏ 03 88 97 42 03
– www.fischhutte.com – Fermé 4-14 janv., 7 avril -5 mai et 20 juil.- 5 août
18 ch – ♦80/98 € ♦♦90/175 € – ☲ 14 € – ½ P
Au cœur de la vallée de la Magel, ce grand hôtel tenu par la même famille depuis 1942 propose des chambres confortables et sobrement décorées, dont certaines offrent une vue sur la forêt vosgienne... Tranquillité garantie ! Au restaurant, carte régionale avec gibier en saison.

MOLSHEIM
✉ 67120 (Bas-Rhin) – 9 142 hab. – Alt. 180 m – Voir carte n°**1-A1**
▶ Paris 477 km – Lunéville 94 km – St-Dié 79 km – Saverne 28 km
Carte Michelin 315-I5

🏠🏠🏠 **Diana** ⅠO ⅏ ⊯ 🖥 🖤 🗚 ⅋ 🗚 ⌨ 🅿 ⌨
pont de la Bruche – ☏ 03 88 38 51 59 – www.hotel-diana.com
67 ch – ♦89/159 € ♦♦89/180 € – 3 suites – ☲ 13 € – ½ P
Construction des années 1970 agrémentée de nombreuses œuvres d'art. Chambres actuelles avec mobilier et déco design. Pour le bien-être : spa, superbe fitness, jardin. Au restaurant, carte dans l'air du temps et belle cave.

🏠 **Le Bugatti** sans rest 🚲 ⇕ ♿ 📶 🅿
r. de la Commanderie – ✆ 03 88 49 89 00 – www.hotel-le-bugatti.com
59 ch – 👤55/85 € 👥55/85 € – ☕ 8 €
Une construction de facture contemporaine, tout près des légendaires usines Bugatti. Les chambres sont fonctionnelles et bien tenues.

LES MOLUNES

✉ 39310 (Jura) – 143 hab. – Alt. 1 274 m – Voir carte n°**16-B3**
▶ Paris 485 km – Genève 49 km – Gex 30 km – Lons-le-Saunier 74 km
Carte Michelin 321-F8

🏠 **Le Pré Fillet** 🍽 ♘ ⋖ 🎾 ⇕ ♿ 📶 🏋 🅿 🚗
rte des Moussières – ✆ 03 84 41 62 89 – www.hotel-leprefillet.com – Fermé 26 avril-5 mai, 10 oct.-15 déc., dim. soir et lundi
15 ch – 👤62 € 👥66 € – ☕ 9 € – ½ P
Rest *Le Pré Fillet* – voir les restaurants ci-après
Pour un séjour très "nature", une hôtellerie de moyenne montagne dans laquelle on est accueilli avec beaucoup de gentillesse et de prévenance. Les chambres sont bien tenues, dans un style rétro ; sauna et jacuzzi offrent une belle vue sur la campagne...

🏠 **Le Trappeur** 🍽 ♘ ⇕ ♿ 🚫 📶 🏋 🅿
Le Manon – ✆ 03 84 41 21 26 – www.hoteltrappeur.com – Fermé lundi
10 ch – 👤67/77 € 👥67/79 € – ☕ 7 € – ½ P
Ce petit chalet est idéal pour se mettre au vert en famille, au grand calme. Atmosphère conviviale, chambres impeccables et pratiques ; cuisine du terroir et – les vendredis, samedis et dimanches soirs – pizzas cuites au feu de bois... C'est simple, mais de qualité !

🍴 ◎ **Le Pré Fillet** – Hôtel Le Pré Fillet 🍇 ⋖ 🅿
rte des Moussières – ✆ 03 84 41 62 89 – www.hotel-leprefillet.com – Fermé 26 avril-5 mai, 17 oct.-8 déc., dim. soir et lundi
Formule 13 € 🍷 – Menu 15 € 🍷 (déj. en semaine), 23/43 € – Carte 19/68 €
(réservation conseillée)
Au beau milieu des champs et des bois, un restaurant simple et authentique. Derrière les fourneaux, le chef concocte de bonnes recettes copieuses, dans lesquelles le terroir se taille la part du lion ; on les déguste dans une salle ouverte sur la nature. Et l'accueil est aux petits oignons !

MONACO (PRINCIPAUTE DE) ➔ voir en fin de guide

MONCEL-LÈS-LUNÉVILLE – 54 (Meurthe-et-Moselle) ➔ voir Lunéville

---

MONDEMENT-MONTGIVROUX – 51 (Marne) ➔ voir Sézanne

MONDRAGON

✉ 84430 (Vaucluse) – 3 709 hab. – Alt. 40 m – Voir carte n°**40-A2**
▶ Paris 640 km – Avignon 45 km – Montélimar 40 km – Nyons 41 km
Carte Michelin 332-B8

🍴🍴 ◎ ☺ **La Beaugravière** avec ch 🍇 ⛱ ♿ ch, ❄ 📶 🅿
N 7 – ✆ 04 90 40 82 54 – www.beaugraviere.com – Fermé 15-30 sept., dim. soir et lundi
9 ch – 👤88/135 € 👥88/135 € – ☕ 10 €
Menu 19 € (déj. en semaine), 32/135 € – Carte 59/142 €
Des plats très soignés, des préparations entièrement maison – y compris le pain et les glaces ! –, une des plus belles cartes de vins de la région (près de 1 500 références)... Cette demeure provençale est un délice ! Et l'hiver, la truffe noire du Vaucluse est à l'honneur.

MONEIN

✉ 64360 (Pyrénées-Atlantiques) – 4 484 hab. – Alt. 154 m – Voir carte n°**3-B3**
▶ Paris 799 km – Navarrenx 20 km – Oloron-Ste-Marie 21 km – Pau 23 km
Carte Michelin 342-I3 – Guide Vert Michelin Aquitaine

X **L'Auberge des Roses** ❶ 🛏 🍴 AK P

quartier Loupien, 3 km au Nord par D 9 puis D 2 et rte secondaire
– ℰ 05 59 21 45 63 – Fermé 2 semaines en fév., 1 semaine en juin, dim. soir et lundi
Menu 30 € – Carte environ 42 €
Une auberge en pierre dans un nid de verdure, près des vignes de Jurançon. Le cadre est chaleureux et la terrasse champêtre à souhait ! Voilà qui est sympathique pour apprécier une appétissante et fraîche cuisine : piments doux farcis à la morue, dos de merlu au beurre blanc citronné, crème brûlée au miel et pignons de pin...

MONESTIER

✉ 24240 (Dordogne) – 382 hab. – Alt. 100 m – Voir carte n°**4-C1**
◗ Paris 612 km – Agen 109 km – Bordeaux 117 km – Périgueux 71 km
Carte Michelin 329-C7

🏨 **Château des Vigiers** 🍴 🐾 ⟨ 🛏 ⎓ 🕍 ✕ 🖼 🕃 ⅃ AK ✕ 🛜 ⚒ P

au golf des Vigiers – ℰ 05 53 61 50 00 – www.vigiers.com – Ouvert de mars à nov.
80 ch – ♦120/380 € ♦♦120/380 € – ⌑ 26 €
Rest *Les Fresques* ❀ – voir les restaurants ci-après
En bordure du golf et dans un beau parc arboré, ce château du 16ᵉ s. est si paisible... Les chambres affichent un style élégant et classique, tandis que, dans l'annexe – une jolie bâtisse aux airs de séchoir à tabac –, elles sont plus contemporaines... Raffinement et verdure !

⌂ **Château des Baudry** 🍴 🐾 ⟨ 🛏 ⎓ 🛜 P

3 km au Nord par D 4, rte de Saussignac et rte secondaire – ℰ 05 53 23 46 42 – www.logisdesbaudry.com
5 ch – ♦130 € ♦♦130/210 € – ⌑ 13 €
En plein vignoble d'AOC Saussignac, célèbre pour son vin liquoreux, cette ancienne ferme propose des chambres spacieuses avec cheminées et plafonds à la française. Jolie salle à manger où l'on sert le repas le soir (apéritif offert) et patio pour les beaux jours.

XXX **Les Fresques** – Hôtel Château des Vigiers 🛏 🍴 ✕ P

❀ *au golf des Vigiers – ℰ 05 53 61 50 00 – www.vigiers.com – Ouvert de mi-avril à mi-oct. et fermé dim., merc. et le midi*
Menu 49 € (semaine), 59/79 € – Carte 83/105 €
Classique, feutré, élégant : le cadre sied à la dégustation d'une cuisine raffinée et parfumée, où brillent les produits nobles (truffe en saison) et les vins locaux, à commencer par ceux du vignoble de la propriété.
➜ Salade de homard et de foie gras poêlé, fraises gariguette. Pigeon rôti, risotto à la betterave bio et arabica. Vacherin revisité aux fruits rouges, crème allégée à la pistache.

MONESTIER-DE-CLERMONT

✉ 38650 (Isère) – 1 313 hab. – Alt. 825 m – Voir carte n°**45-C2**
◗ Paris 598 km – Grenoble 36 km – La Mure 29 km – Serres 72 km
Carte Michelin 333-G8 – Guide Vert Michelin Alpes du Nord

🏠 **Au Sans Souci** 🍴 🐾 🛏 ⎓ 🛜 P

Le Bourg, à St-Paul-lès-Monestier, 2 km au Nord-Ouest par D 8
– ℰ 04 76 34 03 60 – www.au-sans-souci.com – Fermé 16 déc.-30 janv., dim. soir et lundi
12 ch – ♦56 € ♦♦68/72 € – ⌑ 9 € – ½ P
Rest *Au Sans Souci* 🕃 – voir les restaurants ci-après
Une ancienne scierie au cœur du Vercors : comme l'on dit en Suisse, pour "scier du bois" toute la nuit, l'adresse est idéale... d'autant qu'il y règne un grand calme et une ambiance chaleureuse. Un séjour sans souci, assurément.

✕ **Au Sans Souci** ⬛ 🏠 ⬛ 🅿
𝘓𝘦 𝘉𝘰𝘶𝘳𝘨, à 𝘚𝘵-𝘗𝘢𝘶𝘭-𝘭è𝘴-𝘔𝘰𝘯𝘦𝘴𝘵𝘪𝘦𝘳, 2 𝘬𝘮 𝘢𝘶 𝘕𝘰𝘳𝘥-𝘖𝘶𝘦𝘴𝘵 𝘱𝘢𝘳 𝘋 8
– 𝘗 04 76 34 03 60 – www.au-sans-souci.com – 𝘍𝘦𝘳𝘮é 16 𝘥é𝘤.-30 𝘫𝘢𝘯𝘷., 𝘥𝘪𝘮. 𝘴𝘰𝘪𝘳
𝘦𝘵 𝘭𝘶𝘯𝘥𝘪
Menu 18 € (semaine), 26/48 € – Carte 31/47 €
Digne héritier de la famille Maurice – maîtresse des lieux depuis 1934 –, c'est
aujourd'hui Julien qui œuvre aux fourneaux, avec une envie intacte de bien faire.
Ravioles du Vercors aux cèpes et écrevisses, filet d'omble chevalier du pays au
gratin dauphinois, etc. : les saveurs sont au rendez-vous !

LE MONÊTIER-LES-BAINS – 05 (Hautes-Alpes) → voir Serre-Chevalier

---

LA MONGIE
✉ 65200 (Hautes-Pyrénées) – Voir carte n°**28-A3**
◪ Paris 853 km – Bagnères-de-Bigorre 25 km – Bagnères-de-Luchon 72 km –
Tarbes 48 km
Carte Michelin 342-N5

au Nord-Est 8 km par D 918 – ✉ 65710 Campan

🏠 **La Maison d'Hoursentut** 🍽 ⬛ ⬛ 🅿
𝘭𝘪𝘦𝘶 𝘥𝘪𝘵 𝘎𝘳𝘪𝘱𝘱 – 𝘗 05 62 91 89 42 – www.maison-hoursentut.com
13 ch – ♦65 € ♦♦65 € – ⬜ 8 €
Dans un hameau, cet hôtel-restaurant surprend par son décor contemporain plutôt minimaliste... avec par exemple des rondins de bois en guise de tables de
nuit. Les chambres conviennent aussi bien aux couples qu'aux familles. Restaurant traditionnel.

MONNAIE
✉ 37380 (Indre-et-Loire) – 4 089 hab. – Alt. 113 m – Voir carte n°**11-B2**
◪ Paris 227 km – Château-Renault 15 km – Tours 16 km – Vouvray 10 km
Carte Michelin 317-N4

✕✕ **L'Épicurien** AC
53 𝘳. 𝘕𝘢𝘵𝘪𝘰𝘯𝘢𝘭𝘦 – 𝘗 02 47 56 10 34 – www.restaurant-lepicurien.com
– 𝘍𝘦𝘳𝘮é 𝘫𝘦𝘶𝘥𝘪 𝘴𝘰𝘪𝘳, 𝘥𝘪𝘮. 𝘴𝘰𝘪𝘳 𝘦𝘵 𝘭𝘶𝘯𝘥𝘪
Formule 19 € – Menu 27/45 € – Carte 43/57 €
Un restaurant sur l'axe principal du bourg. La cuisine est actuelle, presque sophis-
tiquée, et réalisée avec de bons produits.

MONPAZIER
✉ 24540 (Dordogne) – 511 hab. – Alt. 180 m – Voir carte n°**4-C2**
◪ Paris 575 km – Bergerac 47 km – Périgueux 75 km – Sarlat-la-Canéda 50 km
Carte Michelin 329-G7 – Guide Vert Michelin Périgord Quercy

🏠 **Edward 1er** 🍽 ⬛ < 🛏 📶 🅿
5 𝘳. 𝘚𝘵-𝘗𝘪𝘦𝘳𝘳𝘦 – 𝘗 05 53 22 44 00 – www.hoteledward1er.com
– 𝘖𝘶𝘷𝘦𝘳𝘵 14 𝘮𝘢𝘳𝘴-30 𝘯𝘰𝘷.
17 ch – ♦65/195 € ♦♦87/210 € – ⬜ 13 € – ½ P
Rest 𝘌𝘭é𝘰𝘯𝘰𝘳𝘦 – voir les restaurants ci-après
Une belle gentilhommière du 19ᵉ s. et... les joies de la vie de château ! Tout est
charmant, romantique et raffiné : moulures, meubles de style, ciels de lit et...
chambres avec vue sur la nature, le jardin ou le village.

✕✕ **Eléonore** – Hôtel Edward 1er 🏠 AC 🅿
5 𝘳. 𝘚𝘵-𝘗𝘪𝘦𝘳𝘳𝘦 – 𝘗 05 53 22 44 00 – www.hoteledward1er.com
– 𝘖𝘶𝘷𝘦𝘳𝘵 14 𝘮𝘢𝘳𝘴-30 𝘯𝘰𝘷. 𝘦𝘵 𝘧𝘦𝘳𝘮é 𝘭𝘦 𝘮𝘪𝘥𝘪 𝘦𝘵 𝘭𝘦 𝘮𝘦𝘳𝘤. 𝘴𝘢𝘶𝘧 𝘫𝘶𝘪𝘭.-𝘢𝘰û𝘵
Menu 30/50 € (𝘳é𝘴𝘦𝘳𝘷𝘢𝘵𝘪𝘰𝘯 𝘤𝘰𝘯𝘴𝘦𝘪𝘭𝘭é𝘦)
Une table élégante dans un joli petit château et un menu carte qui change
chaque jour, au gré de l'inspiration du chef. Ce dernier travaille de bons produits
périgourdins, et cela se sent !

✗ **Bistrot 2** 🍴 ♿
⌘ *Foirail Nord – ℰ 05 53 22 60 64 – www.bistrot2.fr – Fermé de mi-nov. à mi-déc.*
et vend. sauf juil.-août
Formule 16 € 🍷 – Menu 20 € 🍷 (déj. en semaine), 23/28 € – Carte environ
29 €
Une partie de l'équipe de l'Édouard 1ᵉʳ a investi ce bistrot contemporain. Ici, les
gourmands apprécient les classiques du genre. Et à la belle saison, on profite de
la terrasse à l'ombre de la glycine.

MONTAGNAC – 34 (Hérault) → voir Pézenas

MONTAGNAC
✉ 04500 (Alpes-de-Haute-Provence) – 418 hab. – Alt. 614 m – Voir carte n°**41**-C2
▶ Paris 799 km – Avignon 151 km – Digne-les-Bains 51 km – Marseille 105 km
Carte Michelin 334-E10 – Guide Vert Michelin Alpes du Sud

⌂ **La Maison du Bois Doré** 🍴 🦵 ⌫ 🛜 **P**
Lieu-dit Plan-de-Croix, 2 km au Nord-Ouest par D 11, rte de Riez et
chemin secondaire – ℰ 04 92 78 05 87 – www.lamaisonduboisdore.fr – Ouvert
d'avril à oct.
4 ch ⌫ – †79 € ††89 €
Pour vivre loin de tout... Cette ancienne ferme apicole est entourée de champs de
lavande et de chênes truffiers. Décor zen et moderne dans les chambres, avec terrasse. Au petit-déjeuner, ne passez pas à côté de la confiture et du miel maison.

MONTAGNAT
✉ 01250 (Ain) – 1 693 hab. – Alt. 262 m – Voir carte n°**44**-B1
▶ Paris 447 km – Bourg-en-Bresse 8 km – Lyon 84 km – Mâcon 55 km
Carte Michelin 328-E3

✗ **Au Pot de Grès** 🍴 ♿ **P**
2013 rte du Village – ℰ 04 74 51 67 05 – Fermé 24 août-9 sept., merc. soir
de sept. à avril, mardi soir, dim. soir et lundi
Formule 15 € – Menu 22 € (semaine)/47 € – Carte 37/62 €
Dans cette jolie maison de campagne, un décor d'esprit contemporain et, pour les
beaux jours, une terrasse fleurie... Côté carte, le chef met en avant des produits de
la Bresse scrupuleusement choisis, et propose une carte courte et appétissante.

MONTAGNE-DU-SEMNOZ
✉ 74000 (Haute-Savoie) – Voir carte n°**46**-F1
▶ Paris 552 km – Aix-les-Bains 43 km – Albertville 60 km – Annecy 17 km
Carte Michelin 328-J6 – Guide Vert Michelin Alpes du Nord

par D 41

 Les Rochers Blancs 🍴 🦵 ≼ 🅰 **P**
Le Semnoz, (près du sommet, alt. 1 650) ✉ 74000 Annecy – ℰ 04 50 01 23 60
– www.lesrochersblancs.com – Fermé 7 avril-14 mai et 20 oct.-5 déc.
15 ch – †62/75 € ††75/82 € – ⌫ 9 € – ½ P
Au cœur du massif des Bauges, un panorama exceptionnel à 1 650 m d'altitude
et... une grande quiétude ! Ce chalet typiquement savoyard, tenu en famille, a
des airs de sympathique auberge fromagère. Chambres simples et chaleureuses,
petits plats régionaux : un lieu accueillant.

MONTAGNIEU – 38 (Isère) → voir La Tour-du-Pin

MONTAGNY-LÈS-BEAUNE – 21 (Côte-d'Or) → voir Beaune

MONTAGUDET
✉ 82110 (Tarn-et-Garonne) – 208 hab. – Alt. 180 m – Voir carte n°**28**-B1
▶ Paris 622 km – Agen 48 km – Montauban 42 km – Toulouse 92 km
Carte Michelin 337-C6

Le Belvédère ⅋ 🔟 🈁 ⟨ 🛗 & 🤵 🌐 🛥 P

2 km au Nord par D 60 – ☎ *05 63 95 51 10 – www.lebelvedere.biz*
20 ch – ❗63/130 € ❗❗63/290 € – ⌷ 11 € – ½ P
Au cœur de la forêt, à seulement 10 mn du magnifique village de Lauzerte, cet établissement propose des chambres fonctionnelles et bien tenues. Pour se détendre, on profite de la piscine à débordement, offrant une très jolie vue sur la vallée...

MONTAIGU

✉ 85600 (Vendée) – 5 092 hab. – Alt. 40 m – Voir carte n°**34-B3**
▶ Paris 389 km – Cholet 36 km – Fontenay-le-Comte 88 km – Nantes 37 km
Carte Michelin 316-I6

✗ La Robe

3 pl. Reveillère-Lepeaux – ☎ *02 51 47 79 27 – Fermé 3-25 août, dim. et lundi*
Menu 31 € 🍷 (déj. en semaine)/39 € 🍷 – Carte 54/68 €
La Robe... n'est plus seulement l'indispensable des élégantes, ici, elle est aussi le "must have" des gourmands ! Derrière les fourneaux, le chef concocte une cuisine bien dans l'air du temps – le menu change tous les jours –, à apprécier dans un cadre sobre et contemporain. Agréable !

au Pont de Sénard 7 km au Nord par N 137 et D 77 – ✉ 85600

Le Pont de Sénard 🔟 🈁 ⟨ 🛗 & 🤵 🌐 🛥 P

– ☎ *02 51 46 49 50 – www.hotel-pontdesenard.fr – Fermé 2 semaines en août et 26 déc.-2 janv.*
25 ch – ❗57 € ❗❗75 € – ⌷ 9 € – ½ P
Bordant la Maine, cet hôtel est implanté dans un environnement délicieusement bucolique. Terrasse donnant sur la rivière, chambres simples et bien tenues, équipement complet pour les séminaires... l'établissement compte de nombreux fidèles.

MONTAIGUT-LE-BLANC – 63 (Puy-de-Dôme) → voir Champeix

MONTANGES

✉ 01200 (Ain) – 327 hab. – Alt. 602 m – Voir carte n°**45-C1**
▶ Paris 498 km – Bourg-en-Bresse 65 km – Genève 56 km – Lyon 106 km
Carte Michelin 328-H4

✗ L'Auberge du Pont des Pierres ⟨ 🏠 & 🈁 ⇄ P

754 r. Paul-de-Vanssay – ☎ *04 50 56 36 35 – www.pontdespierres.fr – Fermé mardi et merc.*
Formule 22 € – Menu 31/36 € 🍷 (réservation conseillée)
Cette auberge a été créée par un enfant du pays et ne désemplit pas ! Le jeune chef ne manque pas de talent pour cuisiner les produits du cru, soigneusement choisis : poisson du lac Léman, porc et volaille de l'Ain, etc. Tout est fait maison (pain et glace compris) et l'on se régale... à petits prix.

MONTARCHER

✉ 42380 (Loire) – 64 hab. – Alt. 1 160 m – Voir carte n°**44-A2**
▶ Paris 491 km – Clermont-Ferrand 154 km – Lyon 109 km – Le Puy-en-Velay 68 km
Carte Michelin 327-C7 – Guide Vert Michelin Lyon et sa région

✗ Le Clos Perché avec ch 🈁 🏠 🤵

Le bourg – ☎ *04 77 50 00 08 – www.leclosperche.blogspot.com – Fermé 2 semaines en nov., vacances de fév., merc. sauf juil.-août et mardi*
4 ch ⌷ – ❗60 € ❗❗60 € – ½ P Menu 29/37 € – Carte 33/43 €
Il était une fois une auberge qui jouait à chat perché sur les hauts plateaux du Forez... C'est ici, à l'entrée de ce minuscule village, que Julien Magne a posé ses valises. Derrière les fourneaux, ce jeune chef réalise une cuisine très colorée, savoureuse et gourmande, pour laquelle on se fait volontiers souris !

MONTARGIS

✉ 45200 (Loiret) – 14 616 hab. – Alt. 95 m – Voir carte n°**12-D2**
▶ Paris 109 km – Auxerre 81 km – Bourges 117 km – Orléans 73 km
Carte Michelin 318-N4 – Guide Vert Michelin Châteaux de la Loire

Hôtel de France sans rest

54 pl. de la République – ☎ 02 38 99 09 09
– www.leshotelsdorele.com
24 ch – ♦104/156 € ♦♦104/156 € – �ると 11 €
Au cœur de Montargis, on trouve cet établissement aux chambres confortables et
fonctionnelles, décorées dans un style contemporain. L'ensemble dégage une
douceur de vivre indéniable... Idéal pour une étape !

La Gloire (Jean-Claude Martin) avec ch

74 av. du Gén.-de-Gaulle – ☎ 02 38 85 04 69 – www.lagloire-montargis.com
– Fermé 15 fév.-12 mars, 16 août-3 sept., mardi et merc.
12 ch – ♦66/68 € ♦♦68/85 € – �ると 8,50 €
Menu 32 € (semaine), 44/58 € ▽ – Carte 66/105 €
Cette Gloire n'a rien de pompeux : ce restaurant, littéralement recouvert d'orchidées, vous réserve un accueil charmant ! Derrière les fourneaux, le chef revisite la
tradition gastronomique de manière subtile et généreuse ; en témoigne la savoureuse caravane des desserts ! Chambres confortables pour l'étape.
➔ Salade tiède de homard, vinaigrette de crustacés. Ris et rognons de veau,
oignon confit et pomme de terre charlotte. Chariot de desserts.

L'Orangerie

57 r. Jean-Jaurès – ☎ 02 38 93 33 83 – www.restaurant-orangerie-montargis.com
– Fermé 15-30 juil., lundi soir, mardi et merc.
Formule 25 € – Menu 34 € (semaine), 40/47 € – Carte 38/54 €
Nul besoin d'être amateur d'agrumes pour apprécier la généreuse cuisine traditionnelle de ce restaurant. Les gourmands s'installent dans l'une des jolies petites salles ou sous la véranda aux allures de jardin d'hiver. Une sympathique
halte en Gâtinais !

L'Agrappe Cœur

22 r. Jean-Jaurès – ☎ 02 38 85 22 65 – www.restaurant-agrappecoeur.com
– Fermé dim. soir, mardi soir et lundi
Menu 26 € (semaine), 38/48 € – Carte 40/65 €
Le nom de ce restaurant évoque L'Attrape-cœurs de Salinger, mais contrairement au personnage d'Holden Caulfield, ici, vous ne serez pas tenté de fuir ! Dans les
salles – esprit contemporain ou bistrot chic –, on apprécie une bonne cuisine traditionnelle.

Les Dominicaines

6 r. du Dévidet – ☎ 02 38 98 10 22 – www.restaurant-lesdominicaines.com
– Fermé 2 semaines en août, sam. midi, dim. et lundi
Formule 16 € – Menu 30/48 € ▽ – Carte 34/81 € (réservation conseillée)
Ces Dominicaines-là n'invitent pas à faire maigre, bien que la chef, Odile Liot,
fasse la part belle aux produits de la mer. Parmi les incontournables de sa carte,
le homard bleu rôti. Décor soigné, avec un coin lounge et une agréable terrasse
sur la rue piétonne.

à Amilly 5 km par ③ – ✉ 45200 – 11 833 hab. – Alt. 110 m

Le Saint-Martin ✪

60 r. de la Mairie – ☎ 02 38 90 01 26 – Fermé 1 semaine en fév., 2 semaines
en août, 1 semaine en oct. , dim. soir, merc. soir et lundi
Formule 16 € ▽ – Menu 29 €
C'est ici que l'on retrouve Marc Delion, qui avait fait les belles heures de la Clé des
Champs à Courtenay. Dans cette jolie petite maison qui brille comme un sou neuf,
on renoue avec le plat signature du chef – ris de veau, cœur à la crème de vanille
et à l'oseille – et plus largement des recettes savoureuses et inspirées.

rte de Ferrières par ①, N 7 et rte secondaire – ✉45210 Fontenay-sur-Loing

🏠🏠 **Domaine de Vaugouard** ⏸ ⚭ ⚒ ♨ ⚒ ✗ 🖼 ⚹ ⚒ 🅿

*chemin des Bois – ℰ 02 38 89 79 00 – www.vaugouard.com
– Fermé 22 déc.-5 janv.*

42 ch – 🕴150/255 € 🕴🕴150/255 € – ⚌ 16 € – ½ P

Joli château du 18ᵉ s. situé au cœur d'un parcours de golf. Les chambres, plus grandes dans les dépendances, distillent un délicat charme bourgeois et permettent de se ressourcer en toute quiétude, avant de faire quelques brasses, putts ou smashs.

MONTAUBAN

✉ 82000 (Tarn-et-Garonne) – 56 536 hab. – Alt. 98 m – Voir carte n°**28-B2**
▶ Paris 627 km – Agen 86 km – Albi 73 km – Auch 86 km
Carte Michelin 337-E7

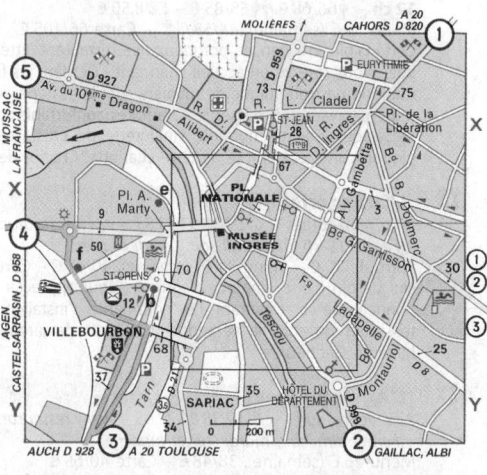

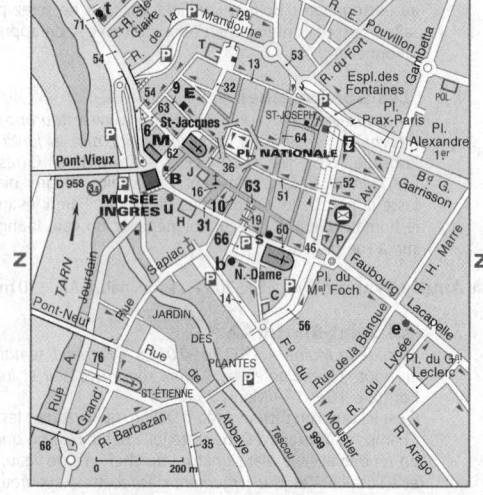

Abbaye des Capucins Spa & Resort 🛏 ⌘ 🌐 ♨ 🖃 ⅙ 🔊 🛜 🏄

6-8 quai de Verdun – ☏ *05 63 22 00 00* **P** ⌂
– www.abbayedescapucins.fr Plan : Z**t**
85 ch – ♦109/189 € ♦♦109/249 € – 4 suites – ⊡ 23 €
Rest *Bistrot des Capucins* – voir les restaurants ci-après

Pour apaiser corps et esprit... Ce couvent classé (1630), proche du centre-ville, s'est mué en un hôtel d'un grand raffinement, harmonieux mariage de murs anciens – la brique domine – et de décors contemporains. Des chambres au spa, le confort et la quiétude ne sont pas de vains mots...

Mercure 🛏 🖃 ⅙ 🔊 🛜 🏄

12 r. Notre-Dame – ☏ *05 63 63 17 23 – www.mercure.com* Plan : Z**s**
44 ch – ♦101/143 € ♦♦111/153 € – ⊡ 14 €

Cet hôtel particulier (18ᵉ s.) en brique rose abrite un Mercure plaisant, avec des chambres spacieuses, confortables et bien insonorisées, selon les normes de la chaîne.

Hôtel du Commerce sans rest 🖃 ⅙ 🛜

9 pl. F.-Roosevelt – ☏ *05 63 66 31 32* Plan : Z**b**
– www.hotel-commerce-montauban.com – Fermé 21 déc.-4 janv.
27 ch – ♦60/85 € ♦♦63/85 € – ⊡ 9 €

Sur la place de la cathédrale, cet hôtel tenu en famille perpétue la tradition et l'art du bien recevoir. Les chambres sont sobres et bien tenues, et il règne dans l'établissement une sympathique atmosphère conviviale.

Les Saveurs d'Ingres 🗚 🗚 🗚 AC 🍽

13 r. de l'Hôtel-de-Ville – ☏ *05 63 91 26 42* Plan : Z**u**
– www.lessaveursdingres.com – Fermé 2 semaines en août, dim. et lundi
Menu 27 € (déj.), 41/51 €

À côté du musée Ingres, ce restaurant contemporain est fort plaisant. On y savoure une cuisine d'aujourd'hui concoctée avec de bons produits et jouant habilement sur les saveurs et les contrastes... le tout à tarif raisonnable.

Au Fil de l'Eau 🗚 🗚 ⅙ AC

14 quai Dr-Lafforgue – ☏ *05 63 66 11 85* Plan : X**e**
– www.aufildeleau82.com – Fermé 1 semaine en fév., 1 semaine en juil., dim. et lundi
Formule 18 € – Menu 37/58 € – Carte 47/76 €

Au bord du Tarn, cette maison régionale cache un restaurant coloré. Outre la carte de saison, le chef propose des menus du marché, renouvelés plusieurs fois par semaine au fil de ses trouvailles. Généreux et savoureux !

L'Ouriol 🗚 ⅙ AC

1 pl. St-Orens – ☏ *05 63 63 45 01 – www.ouriol.com* Plan : Y**b**
⊚ *– Fermé août, dim. et lundi*
Formule 14 € – Menu 18 € (déj.), 30/45 €

Dans ce bistrot contemporain, le jeune chef a déjà une solide expérience et cela se sent. De beaux produits travaillés avec finesse, une cuisine très fraîche et un court menu renouvelé chaque mois : goûteux et tendance.

Bistrot des Capucins – Hôtel Abbaye des Capucins Spa & Resort 🍽 **P**

6-8 quai de Verdun – ☏ *05 63 22 00 00* Plan : Z**t**
– www.abbayedescapucins.fr
Formule 22 € – Carte 28/53 €

Par beau temps, ce bistrot chic déploie sa terrasse à l'intérieur même du cloître de l'abbaye des Capucins. Un bel endroit pour apprécier une cuisine simple et savoureuse : salades fraîches, omelettes, risotto, osso-buco...

Faubourg 73 🍽

73 fg Lacapelle – ☏ *05 63 93 55 54 – www.faubourg73.fr* Plan : Z**e**
– Fermé 10-25 août, sam. midi, dim. et lundi
Formule 18 € – Carte 28/37 €

Un sympathique bistrot où les habitués viennent nombreux. On les comprend : le chef réalise les classiques du genre en y ajoutant une pointe d'accent basque, et il en résulte une cuisine copieuse et bien réalisée, à dévorer dans une ambiance bien conviviale. Et pour choisir le vin... On demande conseil au patron !

MONTAULIEU – 26 (Drôme) → voir Nyons

MONTBARD

✉ 21500 (Côte-d'Or) – 5 476 hab. – Alt. 221 m – Voir carte n°**8-C2**
◨ Paris 240 km – Autun 87 km – Auxerre 81 km – Dijon 81 km
Carte Michelin 320-G4 – Guide Vert Michelin Bourgogne

à St-Rémy 3 km à l'Ouest par D 905 – ✉ 21500 – 798 hab. – Alt. 207 m

✗✗ **La Mirabelle**

1 r. de la Brenne – ℰ 03 80 92 40 69 – Fermé 16 août-5 sept., 23 déc.-12 janv., dim. soir, mardi soir et merc.
Menu 20 € (semaine), 31/43 € – Carte 47/58 € *(réservation conseillée)*
Près du canal, cette ancienne grange à sel abrite une salle pleine de cachet, avec une jolie voûte et des pierres apparentes. Plusieurs clients passent la tête dans l'ouverture donnant sur les cuisines ; ils peuvent ainsi voir Gilles Muzel, le chef, élaborer ses recettes tout en finesse et travailler de bons produits.

MONTBAZON

✉ 37250 (Indre-et-Loire) – 3 959 hab. – Alt. 59 m – Voir carte n°**11-B2**
◨ Paris 247 km – Châtellerault 59 km – Chinon 41 km – Loches 33 km
Carte Michelin 317-N5 – Guide Vert Michelin Châteaux de la Loire

🏨 **Château d'Artigny**   ⏸ 🍽 ❄ ⟨ 🛏 🌊 🏋 ✗ 🔇 🄰🄺 🛜 🕸 🅿

2 km au Sud-Ouest par D 17 – ℰ 02 47 34 30 30 – www.artigny.com
63 ch – †187/550 € ††187/550 € – 2 suites – 🍽 24 €
Cet imposant château, dont le parc boisé et les jardins à la française surplombent l'Indre, fut créé dans les années 1920 par le parfumeur Coty, qui rendit ainsi un superbe hommage à l'architecture du 18e s. Des chambres au restaurant, le classicisme et le faste des lieux cultivent l'art de vivre à française !

🏨 **Domaine de la Tortinière**   ⏸ 🍽 ❄ ⟨ 🛏 🌊 ✗ 🔇 🄰🄺 🕸 🅿

rte de Ballan-Veigné, 2 km au Nord par D 910 et D 287 – ℰ 02 47 34 35 00 – www.tortiniere.com – Fermé 18 déc.-28 fév.
27 ch – †119/185 € ††119/325 € – 5 suites – 🍽 20 € – ½ P
Rest *Domaine de la Tortinière* – voir les restaurants ci-après
Ce château du Second Empire se dresse au cœur d'un parc dominant l'Indre. Les chambres ont beaucoup de charme, certaines dans un style contemporain, et offrent une magnifique vue sur la vallée. Et aux beaux jours vous attend une agréable piscine.

✗✗ **Olivier Arlot - La Chancelière**   🔇 🄰🄺

1 pl. des Marronniers – ℰ 02 47 26 00 67 – www.olivierarlot.fr – Fermé 2-11 mai, 2-9 janv., dim. et lundi
Menu 31 € (déj. en semaine), 44/78 €
Une jolie maison régionale au cœur de la localité, dissimulant un cadre contemporain sobre et chic. Ce dernier annonce des plaisirs gastronomiques originaux : le chef, Olivier Arlot, revisite la tradition à travers des recettes actuelles et épurées.

✗✗ **Domaine de la Tortinière** – Hôtel Domaine de la Tortinière   ⟨ 🕸 🄰🄺

rte de Ballan-Veigné, 2 km au Nord par D 910 et D 287   ✗ ⟷
– ℰ 02 47 34 35 00 – www.tortiniere.com – Fermé 18 déc.-28 fév.
Formule 32 € 🍷 – Menu 42 € 🍷 (déj.)/81 € – Carte 59/80 € *(réservation conseillée)*
Sur la terrasse, face au superbe parc qui s'étend en contrebas, on profite d'une cuisine actuelle et attrayante, réalisée à quatre mains par deux chefs expérimentés. Des produits de qualité, un cadre enchanteur : que demander de mieux ?

à l'Ouest 2 km, au lieu-dit Moulin Fleuri – ✉ 37250 Montbazon

✗✗ **Le Moulin Fleuri** avec ch   🍽 ❄ ⟨ ⟷ 🅿

– ℰ 02 47 26 01 12 – www.moulin-fleuri.com – Fermé 23 fév.-8 mars, 19-25 oct., 21-27 déc., 5-18 janv., mardi soir sauf juil.-août, jeudi midi et merc.
10 ch – †87/91 € ††87/120 € – 🍽 11 € – ½ P   Formule 24 € – Menu 33/57 €
Voilà un moulin (16es.) où fleurissent de bons petits plats ! Au bord de l'Indre, les gourmands se délectent d'une cuisine dans l'air du temps, bien ficelée, goûteuse et généreuse. Le tout accompagné d'une belle carte des vins. Chambres, côté rivière ou jardin, pour prolonger l'étape.

MONTBÉLIARD

✉ 25200 (Doubs) – 25 974 hab. – Agglo. 108 561 hab. – Alt. 325 m
– Voir carte n°**17-C1**
▶ Paris 477 km – Belfort 22 km – Besançon 76 km – Mulhouse 60 km
Carte Michelin 321-K1 – Guide Vert Michelin Franche-Comté Jura

🛏️🛏️ **Bristol** sans rest
2 r. de Velotte – ℰ *03 81 94 43 17* Plan : Z**b**
– *www.hotel-bristol-montbeliard.com* – *Fermé 24 déc.-1ᵉʳ janv.*
50 ch – ❗59/89 € ❗❗62/95 € – ☐ 10 €
Une situation centrale, des chambres modernes et confortables, une piscine couverte et un parking fermé (bien utile dans cette ville largement piétonne) : sur le papier, ce Bristol a tout pour plaire ; l'étape se révèle en effet agréable.

🛏️🛏️ **La Balance** ❶ sans rest
40 r. de Belfort – ℰ *03 81 96 77 41* – *www.hotellabalance.com* Plan : Z**d**
45 ch – ❗65/85 € ❗❗65/85 € – ☐ 9 €
Cette élégante demeure du 16ᵉ s., avec ses beaux volumes et ses charmants détails anciens – là un parquet d'origine, ici une belle mosaïque du 19ᵉ s. – a rouvert en 2014 après une rénovation particulièrement soignée. Souci du détail, esprit cosy... et âme historique, car elle abrita le QG du maréchal de Tassigny en 1944 !

🍴🍴🍴 **Le St-Martin** (Olivier Prévôt-Carme) ⇔
❀ *1 r. du Gén.-Leclerc* – ℰ *03 81 91 18 37* – *www.le-saint-martin.fr* Plan : Z**u**
– *Fermé 4-14 mai, 21 juil.-12 août, sam. midi, dim. et lundi*
Menu 29 € (déj.)/68 € – Carte 53/73 €
Olivier Prévôt-Carme signe une cuisine riche de parfums, où le produit est roi. Pas de superflu, mais une justesse des recettes, cuissons et assaisonnements qui rehausse la saveur de chaque ingrédient. Rien de prétentieux, rien de compliqué... que du plaisir !
➜ Déclinaison de foie gras. Volaille de Bresse aux morilles et au vin jaune. Chariot des desserts.

🍴🍴 **Joseph** ⇔
17 r. de Belfort – ℰ *03 81 91 20 02* – *Fermé 1 semaine en août,* Plan : Z**a**
1 semaine en nov., dim., lundi et fériés
Menu 50 € (déj. en semaine), 60/80 € – Carte 56/73 €
Langoustines, ris de veau français et cromesquis d'escargots de la région... Produits frais et belles saveurs sont au menu de cette table gastronomique, tenue par un chef qui maîtrise son sujet. Malgré des prix un peu élevés, le plaisir est au rendez-vous : on se régale !

MONTBENOÎT

✉ 25650 (Doubs) – 393 hab. – Alt. 804 m – Voir carte n°**17-C2**
▶ Paris 464 km – Besançon 61 km – Morteau 17 km – Pontarlier 15 km
Carte Michelin 321-I5 – Guide Vert Michelin Franche-Comté Jura

à La Longeville 5,5 km au Nord par D 131 – ✉ 25650 – 700 hab. – Alt. 900 m

🏠 **Le Crêt l'Agneau**
Les Auberges – ℰ *03 81 38 12 51* – *www.lecret-lagneau.com*
5 ch ☐ – ❗95 € ❗❗100/118 €
Au milieu des pâturages, cette ferme du 17ᵉ s., tenue par un couple dynamique, distille le charme douillet des maisons de la région. Des chambres, très soignées, au petit-déjeuner, avec les fameuses confitures de Lili, en passant par la table d'hôte (recettes du terroir, pain et jambon maison), on se régale !

Les prix indiqués devant le symbole ❗ correspondent au prix le plus bas en basse saison puis au prix le plus élevé en haute saison, pour une chambre single. Même principe avec le symbole ❗❗, cette fois pour une chambre double.

MONTBÉLIARD

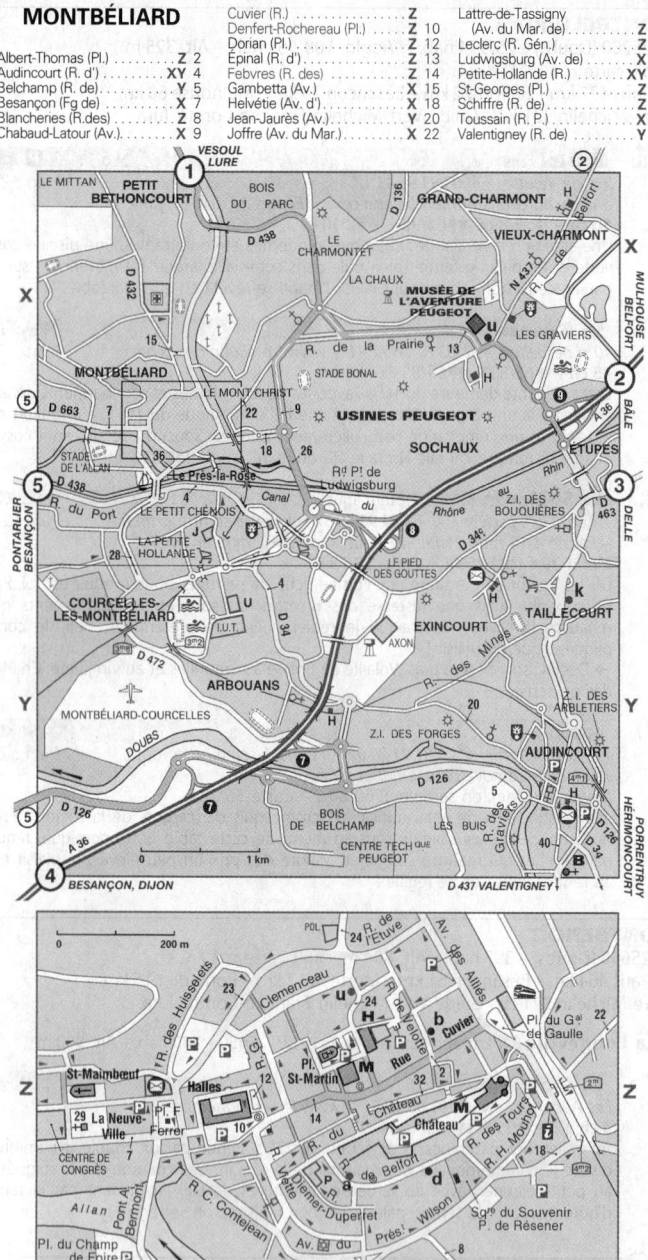

à Ville-du-Pont 2 km au Nord-Est par D 437 – ⊠ 25650 – 296 hab. – Alt. 780 m

XX **L'Entre-Roches** ⓝ   🕭 🕭 🕭 🕭 🅿

1 r. Principale – ℰ 03 81 38 10 92 – www.restaurant-entre-roches.fr – Fermé
15-28 fév., 1ᵉʳ- 8 mai, et 14 juil. -5 août
Formule 22 € ⴲ – Menu 28 € (déj. en semaine), 35/70 € – Carte 28/55 €
Au cœur du Saugeais (cette amusante "République" autoproclamée à la frontière
suisse), un imposant chalet que ses propriétaires portent avec envie, n'ayant cessé de
l'amender, côté décor – contemporain et soigné – et côté cuisine – melon caramélisé
et foie gras de canard poêlé, brochette de gambas en bâton de citronnelle, etc.

MONTBOUCHER-SUR-JABRON – 26 (Drôme) ➜ voir Montélimar

MONTBRISON
⊠ 42600 (Loire) – 15 324 hab. – Alt. 391 m – Voir carte n°**44**-A2
▶ Paris 444 km – Lyon 103 km – Le Puy-en-Velay 99 km – Roanne 68 km
Carte Michelin 327-D6 – Guide Vert Michelin Lyon et sa région

à Savigneux 2 km à l'Est par D 496 – ⊠ 42600 – 3 270 hab. – Alt. 382 m

🏨 **Marytel** sans rest   🕭 🕭 🕭 🅿

95 rte de Lyon – ℰ 04 77 58 72 00 – www.hotel-marytel.com
45 ch – †59/75 € ††69/85 € – ⴱ 10 €
Ce vaste hôtel moderne en périphérie de la ville se révèle agréable : décor
contemporain tout en sobriété, grandes chambres climatisées, écrans plats et
douches à l'italienne... Une belle étape, notamment pour la clientèle d'affaires.

XX **Yves Thollot**   🕭 🕭 🅿

93 rte de Lyon – ℰ 04 77 96 10 40 – www.yves-thollot.com – Fermé 9-22 fév., 3
semaines en août, 5-12 janv., dim. soir, mardi soir et lundi
Formule 22 € – Menu 25/65 € – Carte 41/63 €
Si la bâtisse est moderne, son décor est bien dans la tradition (armoires, rideaux
fleuris). Même esprit dans la cuisine d'Yves Thollot, qui travaille en artisan : ainsi
un désossé de grenouilles à la crème d'ail, un turbot meunière...

à St-Romain-le-Puy 8 km au Sud-Est par D 8 et D 107 – ⊠ 42610
– 3 676 hab. – Alt. 405 m

⛨ **Sous le Pic-La Pérolière** sans rest   🕭 🕭 🕭 🕭 🅿 🕭

20 av. Jean-Moulin – ℰ 04 77 76 97 10 – www.laperoliere.com – Fermé
1ᵉʳ-15 août et 15 déc.-15 mars
3 ch ⴲ – †60 € ††78 €
Imaginez un havre de paix au pied d'un prieuré du 11ᵉ s. Telle est cette ferme
forézienne (fin 19ᵉ s.), où mobilier chiné et fer forgé se mêlent. L'été, on prend
son petit-déjeuner dans l'orangeraie. Il est des bons moments dont il faut savoir
profiter !

MONTCEAU-LES-MINES
⊠ 71300 (Saône-et-Loire) – 19 124 hab. – Agglo. 89 795 hab. – Alt. 285 m
– Voir carte n°**8**-C3
▶ Paris 333 km – Autun 47 km – Chalon-sur-Saône 46 km – Mâcon 69 km
Carte Michelin 320-G9 – Guide Vert Michelin Bourgogne

🏨 **Konine**   🕭 🕭 🕭 🕭 🕭 🕭 🅿

av. Maréchal Leclerc – ℰ 03 85 57 49 49 – www.konine.fr   Plan : BY**a**
50 ch ⴲ – †73/159 € ††102/159 € – ½ P
Un grand hall élégant et contemporain, des chambres aux teintes actuelles et
reposantes, dont certaines donnent sur le canal ; un espace brasserie lumineux,
où l'on déguste une cuisine dans l'air du temps... Ce Konine est une étape de
choix !

🏠 **Nota Bene**   🕭 🕭 🕭 🕭 🕭 🕭 🕭 🅿

70 quai Jules-Chagot – ℰ 03 85 69 10 15 – www.notabene.fr   Plan : AZ**b**
46 ch – †39/90 € ††60/90 € – ⴱ 10 € – ½ P
Un hôtel convivial face au pont levant du canal. Les chambres sont confortables
(quelques-unes familiales) et l'on profite d'une salle de squash et de musculation. Au restaurant, plats traditionnels, pâtes, pizzas, etc.

MONTCEAU-LES-MINES

XXX **Le France** (Jérôme Brochot) avec ch

🐝 &. rest, **AC** 🛜

£3 *7 pl. Beaubernard* – ℰ *03 85 67 95 30*

Plan : AZ**k**

– www.jeromebrochot.com – Fermé 18-31 août, 4-20 janv., sam. midi, dim. soir et lundi

5 ch – ♦75 € ♦♦105 € – 🖵 12 €

Formule 29 € – Menu 49/110 € – Carte 65/96 €

Un lieu élégant, tout de beige et de blanc vêtu. En cuisine, Jérôme Brochot travaille de superbes produits (essentiellement bio) et revisite majestueusement ses classiques pour élaborer des mets raffinés et sagement inventifs. Jolies chambres contemporaines pour prolonger l'étape.

➜ Filet de bœuf charolais confit aux aromates et fines tranches de comté. Pigeon farci au foie gras. Tarte fine au chocolat.

à Blanzy 2 km au Sud-Est par ② et D 980 – ⊠ 71450 – 6 557 hab. – Alt. 288 m

XX **Le Plessis** 🛍 ⇔ **P**

😊 *33 rte de Mâcon – ℰ 03 85 57 46 08 – www.restaurant-le-plessis.com – Fermé 1 semaine en avril, 2 semaines en août et en janv., dim. soir, lundi et mardi*
Formule 20 € – Menu 28/40 € – Carte 31/50 €
Œufs en meurette, escargots de Bourgogne : on vient ici pour... la tradition. Le chef concocte une cuisine gourmande et goûteuse, qui met en valeur les produits régionaux. Et l'été, il fait bon paresser sur la terrasse en jetant un coup d'œil au plan d'eau, un peu plus loin en face.

MONTCENIS – 71 (Saône-et-Loire) → voir Creusot

MONTCHAUVET
⊠ 78790 (Yvelines) – 281 hab. – Alt. 100 m – Voir carte n°**18**-A2
D Paris 67 km – Dreux 33 km – Évreux 47 km – Mantes-la-Jolie 16 km
Carte Michelin 311-F2

XX **La Jument Verte** 🛍 ᴳ

6 pl. de l'Église – ℰ 01 30 93 43 60 – Fermé vacances de fév. et 1ᵉʳ-15 sept.
Menu 32/45 € – Carte 42/54 €
Un cadre digne du roman éponyme de Marcel Aymé : maison à pans de bois, terrasse sur la place du village et intérieur rustique (pierres, poutres, cheminée). Plats traditionnels.

MONTCHENOT – 51 (Marne) → voir Reims

MONTCUQ
⊠ 46800 (Lot) – 1 271 hab. – Alt. 205 m – Voir carte n°**28**-B1
D Paris 605 km – Agen 67 km – Cahors 27 km – Montauban 81 km
Carte Michelin 337-D5

⌂ **Four** ⅡO 🐾 🕉 🛜

4 r. Montmartre – ℰ 05 65 21 23 08 – www.4ruemontmartre.com
4 ch ⌐ – ♦135/185 € ♦♦135/185 €
Ne pouvant être à la fois au four et au moulin, les amoureux de vieilles pierres, à la vue de cette maison du 15ᵉs., n'hésiteront pas longtemps ! Cette demeure de caractère allie authenticité et style contemporain. Les chambres, calmes et confortables, ont un charme fou. Jolie vue sur le village médiéval.

MONTCY-NOTRE-DAME – 08 (Ardennes) → voir Charleville-Mézières

---

MONT-DAUPHIN-GARE – 05 (Hautes-Alpes) → voir Guillestre

MONT-DAUPHIN – 05 (Hautes-Alpes) → voir Guillestre

MONT-DE-MARSAN
⊠ 40000 (Landes) – 31 188 hab. – Alt. 43 m – Voir carte n°**3**-B2
D Paris 706 km – Agen 120 km – Bayonne 106 km – Bordeaux 131 km
Carte Michelin 335-H11 – Guide Vert Michelin Aquitaine

🏨 **Le Renaissance** ⅡO 🦽 ᴳ 🅼 🛜 🛠 **P**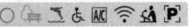

225 av. de Villeneuve, 2 km – ℰ 05 58 51 51 51 – www.le-renaissance.com
30 ch – ♦79/128 € ♦♦86/128 € – ⌐ 10 € – ½ P
En périphérie de Mont-de-Marsan, derrière une grande façade blanche d'inspiration classique, un intérieur contemporain et des chambres spacieuses et confortables. Restaurant dans l'air du temps, grande terrasse et piscine pour les beaux jours.

🏠 **Richelieu** ⅡO ▯ ᴳ 🛜 🛠

3 r. Wlérick – ℰ 05 58 06 10 20 – www.hotel-richelieu-montdemarsan.com
24 ch – ♦62/76 € ♦♦70/90 € – ⌐ 10 € – ½ P
Rest *Richelieu* – voir les restaurants ci-après
L'histoire ne dit pas si Richelieu aurait apprécié les sculptures du musée Despiau-Wlérick tout proche ! Dans cet hôtel, au cœur de la vieille ville, les chambres sont petites mais très bien tenues. Idéal pour une escapade dans la capitale landaise.

XX   **Les Clefs d'Argent** (Christophe Dupouy)   🏠 ⚹ ⇔

   333 av. des Martyrs-de-la-Résistance – ℰ 05 58 06 16 45
– www.clefs-dargent.com – Fermé 27 juil.-16 août, 22-30 déc., 2-5 janv., dim. soir
et lundi
Menu 22 € 🍷 *(déj. en semaine)*, 52/100 € 🍷 – Carte 73/80 € *(réservation*
conseillée)
Les Clefs d'Argent ? Un restaurant en or, où décoration et cuisine rivalisent de goût.
Épure contemporaine pour l'une ; couleurs et inventivité pour l'autre. Le chef signe
des préparations originales et soignées, dont la clef est le beau produit landais...
➜ Gambero du golfe de Gênes, tomate et burrata. Aiguillettes de canette des
Dombes, avocat, rhubarbe et girolles. Gâteau basque aux fruits rouges.

X   **Richelieu** – Hôtel Richelieu   🏠 AC

3 r. Wlérick – ℰ 05 58 06 10 20 – www.hotel-richelieu-montdemarsan.com
– Fermé 1er-6 janv., vend. soir du 24 juil. au 28 août, dim. soir et sam.
Formule 20 € – Menu 23 € *(semaine)*, 33 € 🍷/47 € – Carte environ 57 €
En plein centre, cet hôtel-restaurant de tradition est la propriété de la même
famille depuis 1900 ! La salle arbore de faux airs de brasserie, et la cuisine joue
la carte des produits du Sud-Ouest et des recettes indémodables...

à Mazerolles 6,5 km à l'Est par D 1 et rte secondaire – ✉ 40090
– 699 hab. – Alt. 84 m

X   **Auberge de la Pouillique**   🛏 🏠 P

   656 chemin de la Pouillique – ℰ 05 58 75 22 97
– www.restaurant-auberge-lapouillique.com – Fermé 1er-15 sept., mardi soir,
merc. soir, dim. soir et lundi
Menu 16/37 € – Carte environ 40 €
En chemin pour une partie de pelote basque au trinquet, nombreux sont ceux à
s'arrêter dans cette ancienne ferme du 19es. Ici, point de fronton mais des plats
traditionnels qui ravissent les gourmands. En hiver, on s'installe près de la cheminée ; l'été, sur la terrasse face au jardin. Prix raisonnables.

MONTDIDIER

✉ 80500 (Somme) – 6 103 hab. – Alt. 82 m – Voir carte n°**36**-B2
🚩 Paris 108 km – Amiens 39 km – Beauvais 49 km – Compiègne 36 km
Carte Michelin 301-I10

🏠   **Le Dijon**   🛏 🛜

1 pl. du 10-Août-1918, rte de Breteuil – ℰ 03 22 78 01 35 – www.hotelledijon.com
– Fermé 3 semaines en août et 25 déc.-1er janv.
19 ch – 🛏52 € 🛏🛏72 € – ⌓ 8 € – ½ P
Si vous arrivez par la gare dans la ville natale d'Antoine Auguste Parmentier – vul-
garisateur de la pomme de terre au 18e s. –, vous n'aurez que quelques pas à
faire pour trouver cette belle maison familiale. Les chambres sont simples et
bien tenues, et les tarifs raisonnables.

MONT-DOL – 35 (Ille-et-Vilaine) ➜ voir Dol-de-Bretagne

LE MONT-DORE

(Puy-de-Dôme) – 1 342 hab. – Alt. 1 050 m – Voir carte n°**5**-B2
🚩 Paris 462 km – Aubusson 87 km – Clermont-Ferrand 43 km – Issoire 49 km
Carte Michelin 326-D9 – Guide Vert Michelin Auvergne

🏠   **Panorama**   🛏 🛏 ⇔ 🛏 🖥 🛗 ⚹ 🛜 P

27 av. de la Libération – ℰ 04 73 65 11 12   Plan : Z**u**
– www.hotel-le-panorama.com – Ouvert début mai à fin sept. et fin déc. à
fin mars
39 ch – 🛏65/85 € 🛏🛏99/139 € – ⌓ 12 €
Une vue à couper le souffle pour cet établissement qui porte bien son nom ! Préférez donc les chambres côté vallée. L'hôtel est proche des pistes et des sentiers
de randonnée. Espace détente (spa, sauna...) et bar où il fait bon siroter un cocktail.

LE MONT-DORE

Apollinaire (R. S.) . . . . Y 2
Artistes (Chemin des) . . . . Z
Banc (R. Jean) . . . . Y 3
Belges (Av. des). . . . . Y
Bertrand (Av. M.). . . . . Y
Chazotte (R. Capitaine) . . . . . . Y 4
Clemenceau (Av.) . . . . Z 5
Clermont (Av. de) . . . . Y 7
Crouzets (Av. des). . . . . Y
Déportés (R. des) . . . . Z 8
Dr-Claude (R.) . . . . Y
Duchâtel (R.) . . . . Z 9
Favart (R.). . . . . Y 12
Ferry (Av. J.) . . . . YZ
Gaulle (Pl. Ch.-de) . . . . Y 14
Guyot-Dessaigne (Av.) . . . . . . Y 15
Latru (R.) . . . . Y
Lavialle (R.). . . . . Y
Leclerc (Av. du Gén.). . . . . Y
Libération (Av. de la). . . . . YZ
Melchi-Roze (Chemin) . . . . Y
Meynadier (R.) . . . . YZ
Mirabeau (Bd) . . . . Y
Montlosier (R.). . . . . Y 19
Moulin (R. Jean) . . . . Z 20
Panthéon (Pl. du) . . . . Z 22
Pasteur (R.) . . . . Y
Ramond (R.). . . . . Z 24
République (Pl. de la). . . . . Z 26
Rigny (R.) . . . . Z 28
Sand (Allée G.) . . . . YZ 29
Sanistas (R. F.). . . . . Y
Verrier (R. P.) . . . . Y
Wilson (Av.) . . . . Y
19-Mars-1962 (R. du) . . . . Y 32

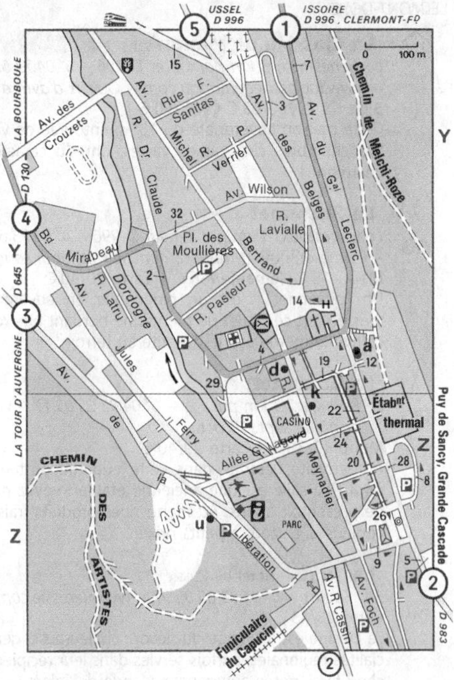

Grand Hôtel sans rest

2 r. Meynadier – ✆ 04 73 65 02 64 – www.hotel-mont-dore.com Plan : Y**d**
– Fermé 13 nov.-17 déc.
27 ch – †51/61 € ††61/71 € – ☕ 8 €
Tourelles, toit en ardoise et volets bleus... Le Grand Hôtel a gardé son charme d'antan ! À 20 m du casino, vous voici au cœur de la station thermale. Le plus : un grand salon tout en verrières et un espace bien-être avec jacuzzi et sauna.

Hôtel de Russie

3 r. Favart – ✆ 04 73 65 05 97 – www.lerussie.com Plan : Y**a**
32 ch – †61/79 € ††61/79 € – ☕ 11 € – ½ P
Rest *Le 1050* – voir les restaurants ci-après
La décoration de l'hôtel de Russie est colorée et tout en bois, mais point de toundra ou de Volga ici ! Fondée en 1902, cette adresse était très prisée des Russes, friands de cures thermales. Ils sont aujourd'hui remplacés par une clientèle familiale.

Parc

11 r. Meynadier – ✆ 04 73 65 02 92 Plan : Z**k**
– www.hotelduparc-montdore.com – Ouvert 28 avril-25 oct. et 21 déc.-19 mars
60 ch – †58/71 € ††66/71 € – ☕ 9 € – ½ P
Un immeuble centenaire au cœur de cette station thermale où déjà à l'Antiquité, on venait prendre les eaux. Belle hauteur sous plafond, moulures, salle de jeux... Chambres fonctionnelles et bien tenues, résolument contemporaines dans l'aile adjacente.

Les Charmettes sans rest

30 av. Georges-Clemenceau, par ② – ✆ 04 73 65 05 49
– www.hotellescharmettes.com – Fermé 3 semaines fin mai début juin et 3 nov.-19 déc.
19 ch – †50/60 € ††60/73 € – ☕ 7 €
Les propriétaires sont amoureux de leur hôtel, et cela se voit jusque dans le mobilier en bois... percé de cœurs ! À trois minutes du centre-ville, cette petite maison en pierre dispose d'un jardin et d'un parking. Un établissement agréable.

⛺ **La Closerie de Manou** sans rest
Le Genestoux, 3 km par ⑤ et D 996 – ℰ 04 73 65 26 81
– www.lacloseriedemanou.com – Ouvert d'avril à mi-oct.
5 ch ⌂ – 🛏60/65 € 🛏🛏85/90 €
Cette maison auvergnate du 18ᵉ s. entourée de verdure est une petite merveille.
Ses chambres cosy, assez vastes, ont du caractère, et l'accueil est tout à fait
charmant !

✗ **Le Pitsounet** 🛦 P
Le Genestoux, 3 km par ⑤ sur D 996 – ℰ 04 73 65 00 67 – www.lepitsounet.com
– Fermé de nov. à mi-déc., dim. soir et lundi sauf juil.-août et fév.
Menu 18 € (semaine)/36 € – Carte 20/40 €
Un "pitsounet", c'est un pigeonnier en auvergnat... Mobilier rustique et cui-
vres ornent ce chalet de montagne bordant une route départementale. La cuisine
cultive le même esprit : priorité au terroir.

✗ **La Golmotte** 🛦 P
Le Barbier, 2,5 km par ② – ℰ 04 73 65 05 77 – www.aubergelagolmotte.com
– Fermé 30 sept.-18 oct.
Menu 17/38 € – Carte 29/40 €
Authenticité garantie dans cette auberge postée sur la route de Clermont-Fer-
rand ! La salle est une ancienne étable : voyez notamment l'auge qui fait office
de présentoir à vins. Au menu : des produits frais, bien cuisinés, et des assiettes
copieuses. Le tout à petits prix...

✗ **Le 1050** – Hôtel de Russie
3 r. Favart – ℰ 04 73 65 05 97 – www.lerussie.com   Plan : Y**a**
Carte 28/43 €
La cuisine est à l'image du décor : chaleureuse, généreuse, montagnarde. Les spécialités régionales, parfois servies dans leur récipient de cuisson, sont à l'honneur :
chou farci, potée auvergnate, viande de Salers...

au pied du Puy de Sancy 3 km par ② – ✉ 63240 – Alt. 1 885 m

🏨 **Le Puy Ferrand** 🍴 ⩽ 🖥 ♨ ♿ 📶 💪 P
– ℰ 04 73 65 18 99 – www.hotel-puy-ferrand.com – Fermé 1ᵉʳ nov.-15 déc.
28 ch – 🛏73/103 € 🛏🛏78/132 € – ⌂ 12 € – ½ P
Skier au saut du lit, c'est possible dans ce grand chalet situé au pied des pistes !
Les chambres se révèlent confortables, dans un style contemporain ; sport et
nature sont bien représentés avec le magasin de ski attenant. Une bonne option
pour profiter du Massif central.

MONTEILS – 82 (Tarn-et-Garonne) ➔ voir Caussade

MONTÉLIER
✉ 26120 (Drôme) – 3 699 hab. – Alt. 219 m – Voir carte n°**43**-E2
▶ Paris 567 km – Crest 27 km – Romans-sur-Isère 13 km – Valence 12 km
Carte Michelin 332-D4 – Guide Vert Michelin Ardèche Drôme

🏠 **La Martinière** 🍴 🌿 🛁 🗉 ♿ 📶 💪 P
ZA La Pimpie, rte de Chabeuil – ℰ 04 75 59 60 65 – www.a-lamartiniere.com
30 ch – 🛏61 € 🛏🛏68 € – ⌂ 9 € – ½ P
Dans cet établissement familial aux allures d'hacienda (1990), les chambres
sont petites mais confortables et, dès les premiers rayons de soleil, on profite de
la piscine et du jardin. Restaurant traditionnel (beau choix de bordeaux).

MONTÉLIMAR
(Drôme) – 35 372 hab. – Alt. 90 m – Voir carte n°**44**-B3
▶ Paris 602 km – Avignon 83 km – Nîmes 108 km – Le Puy-en-Velay 132 km
Carte Michelin 332-B6 – Guide Vert Michelin Ardèche Drôme

Hôtel du Parc sans rest ⓐⓒ 🛜 🅿 🚗

27 av. Charles-de-Gaulle – 📞 *04 75 01 00 73* Plan : Y**a**
– www.hotelduparc-montelimar.com
16 ch – †56/128 € – ††56/128 € – 🍽 9 €

Cet hôtel a été construit dans les années 1860, en même temps que la gare toute proche. Il dispose de charmantes petites chambres, bien tenues. Aux beaux jours, on prend son petit-déjeuner en terrasse... non loin du parc de Montélimar.

Sphinx sans rest ⓖ ⓐⓒ 🛜 ♨ 🅿

19 bd Marre-Desmarais – 📞 *04 75 01 86 64* Plan : Y**b**
– www.sphinx-hotel.fr – Fermé 27 déc. -3 janv.
24 ch – †67/82 € – ††77/100 € – 🍽 9 €

La jolie cour, la chaleur des parquets et boiseries confèrent un charme indéniable à cet hôtel particulier (17ᵉ s.) situé sur les allées provençales, au cœur de la vie montilienne, et à la fois assez tranquille. Bon niveau de confort.

✗ Aux Gourmands 🥂 🍴 ⓐⓒ

8 pl. du Marché – 📞 *04 75 01 16 21 – www.aux-gourmands.fr* Plan : Y**f**
– Fermé 1ᵉʳ-7 sept., dim. et lundi
Formule 25 € – Menu 31/69 €

Sur la place du Marché, ce bistrot est bien connu des amateurs de vins ! La carte compte près de 400 références (grandes maisons et petits propriétaires), qui vont bien à la cuisine, d'esprit traditionnel. Le tout dans un décor au diapason : casiers à bouteilles contre les murs et tables collées serrées.

✗ Petite France ⓐⓒ

34 imp. Raymond-Daujat – 📞 *04 75 46 07 94* Plan : Y**n**
– Fermé 12 juil.-17 août, 24 déc.-4 janv., dim. et lundi
Formule 15 € – Menu 24/36 € – Carte 39/67 €

À moins d'être initié, ce restaurant ne se trouve pas facilement : il faut aller le dénicher dans une impasse de la vieille ville. Dans la salle voûtée et chaleureuse, on déguste une cuisine traditionnelle... made in Petite France. Ambiance familiale.

MONTÉLIMAR

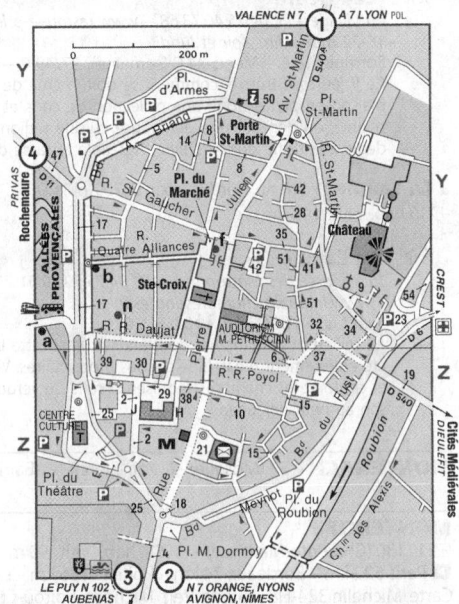

par N 7 7,5 km par ②

ⅩⅩⅩ **Pavillon de l'Étang**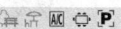

Chemin de l'Étang ⊠ *26780 Châteauneuf-du-Rhône*
– 𝒞 04 75 90 76 82 – www.lepavillondeletang.fr
– Fermé merc. soir, dim. soir et lundi
Formule 25 € ♈ – Menu 38/75 € ♈ – Carte 45/63 € *(réservation conseillée)*
À défaut d'être près d'un étang, cette maison, au bord de la N 7, se trouve en pleine campagne ! Les produits régionaux sont les stars de ce véritable restaurant à l'ancienne : pigeon, truffe, nougat maison... Vins à prix doux, accueil sympathique.

au Sud 9 km par ② puis N 7 et D 844, rte Donzère – ⊠26780 Malataverne

🏠🏠🏠 **Le Domaine du Colombier**

– 𝒞 04 75 90 86 86 – www.domaine-colombier.com
22 ch – ♦110/260 € ♦♦110/260 € – 2 suites – ⊡ 18 € – ½ P
Rest *Le Domaine du Colombier* – voir les restaurants ci-après
Imaginez une bastide du 15ᵉ s. au cœur de la Drôme provençale. Une adresse de charme où les chambres rivalisent de douceur et d'authenticité. À cela s'ajoutent un parc arboré, une belle piscine et un accueil aux petits soins. Tout est si paisible, propice à une agréable échappée !

ⅩⅩⅩ **Le Domaine du Colombier**

– 𝒞 04 75 90 86 86 – www.domaine-colombier.com
Menu 33 € (déj. en semaine), 55/86 € – Carte 80/94 €
Sur les ruines d'un hermitage monastique, ce restaurant avec ses salles en enfilade – voûtées et sagement contemporaines – et sa délicieuse terrasse est des plus apaisant. Quant à la cuisine, fine et ancrée dans son époque, elle ravit les papilles.

à St-Marcel-lès-Sauzet 7 km au Nord-Est par D 6 - Y – ⊠ 26740
– 1 151 hab. – Alt. 110 m

ⅩⅩ **Le Prieuré**

au village – 𝒞 04 75 46 78 68 – www.restau-le-prieure.com – Fermé
16-22 mars, dim. soir et lundi
Formule 18 € – Menu 24 € (semaine), 37/49 € – Carte 39/63 €
Ce Prieuré se trouve, comme il se doit, à côté de l'église ! Dans la salle de cette maison en pierre trône une collection de coqs et autres gallinacés. En leur compagnie, on déguste une généreuse cuisine régionale, avec notamment un menu dédié à la truffe durant l'hiver. Agréable terrasse ombragée.

à La Laupie 11 km au Nord-Est par D 129 puis D 6 - Y – ⊠ 26740
– 715 hab. – Alt. 143 m

🏠 **La Laùpio** sans rest

15 impasse des Marronniers – 𝒞 04 75 92 39 01
– www.lalaupio-chambresdhotes.fr
5 ch ⊡ – ♦80/110 € ♦♦85/115 €
Au milieu des champs et de grands arbres, cette belle ferme d'esprit provençal a été entièrement réhabilitée par ses propriétaires. Vieilles pierres, joli décor, espace et confort : les chambres séduisent. Fruits du verger, jus pressés et confitures maison au petit-déjeuner.

MONTENACH – 57 (Moselle) ➜ voir Sierck-les-Bains

MONTENDRE
⊠ 17130 (Charente-Maritime) – 3 204 hab. – Alt. 90 m – Voir carte n°**38-B3**
🚗 Paris 522 km – Bordeaux 74 km – Poitiers 186 km – La Rochelle 138 km
Carte Michelin 324-H8 – Guide Vert Michelin Poitou-Charentes

Ⅹ **La Quincaillerie** 🔏 🕱

🍴 *30 r. de l'Hôtel-de-Ville – ☏ 05 46 70 42 41 – www.restaurant-laquincaillerie.fr*
– Fermé 1ᵉʳ-9 sept., 12-27 nov., 17-25 fév., dim. soir, lundi et mardi

😊 Menu 18 € (déj. en semaine), 31/55 € – Carte 43/74 €
Un bel escalier et une galerie de style Eiffel, du parquet... Isabelle et Frédéric
Milan ont eu un coup de cœur pour cette ancienne quincaillerie au cœur de Montendre. La carte est courte, car ce chef-artisan revendiqué travaille uniquement
des produits frais et fait son marché chaque matin. Saveurs et générosité !

MONTESQUIEU-DES-ALBÈRES

✉ 66740 (Pyrénées-Orientales) – 1 185 hab. – Alt. 260 m – Voir carte n°**22**-B3
🚩 Paris 877 km – Barcelona 178 km – Montpellier 181 km – Perpignan 34 km
Carte Michelin 344-I7

Ⅹ **Le Cabaret** 🏠 🔏 🕱 🅿 🚫

Mas des Trompettes-Hautes – ☏ 04 68 83 34 57 – Fermé janv., mardi hors saison
, dim., lundi et le midi
Menu 40 € (réservation conseillée)
Des œuvres d'artistes locaux, des objets anciens, un bassin de carpes koï, une
jolie terrasse, des cuisines ouvertes sur la salle : un lieu atypique et convivial.
Comme le dit le patron, il "chine puis cuisine", au gré du marché et de la criée.
Suivez-le sans hésiter.

MONTESQUIOU

✉ 32320 (Gers) – 598 hab. – Alt. 214 m – Voir carte n°**28**-A2
🚩 Paris 783 km – Auch 33 km – Tarbes 60 km – Toulouse 112 km
Carte Michelin 336-D8

⌂ **Maison de la Porte Fortifiée** 🕽 🛇 🖙 ⅃ 🔏 🕱 🖙

r. Nationale, près de la porte fortifiée – ☏ 05 62 70 97 06 – www.porte-fortifiee.eu
– Fermé 1er janv.-26 mars
4 ch 🖙 – ♦75/100 € ♦♦80/120 €
Deux belles maisons anciennes situées près de la porte fortifiée (13ᵉs.) du village.
Les chambres, décorées de mobilier chiné, ont beaucoup de charme, et la journée commence avec l'odeur des croissants frais. Table d'hôte aux saveurs d'ici
et d'ailleurs.

MONTEUX

✉ 84170 (Vaucluse) – 11 122 hab. – Alt. 42 m – Voir carte n°**42**-E1
🚩 Paris 685 km – Avignon 22 km – Marseille 109 km – Nîmes 65 km
Carte Michelin 332-C9 – Guide Vert Michelin Provence

🏨 **Domaine de Bournereau** sans rest 🛇 🖙 ⅃ 🔏 🕱 🅿

579 chemin de la Sorguette, rte d'Avignon et rte secondaire – ☏ 04 90 66 36 13
– www.bournereau.com – Fermé 10 oct.-15 mars
11 ch – ♦100/140 € ♦♦120/180 € – 1 suite – 🖙 15 €
Un majestueux platane centenaire trône au milieu de la cour de ce paisible mas
provençal. Chambres colorées, spacieuses et confortables ; tenue impeccable.

ⅩⅩⅩ **Le Saule Pleureur - Laurent Azoulay** 🖙 🕱 🔏 🅿

🏵 *145 chemin de Beauregard, 2 km au Sud-Ouest sur la voie rapide Avignon-*
Carpentras – ☏ 04 90 62 01 35 – www.le-saule-pleureur.com – Fermé lundi et
mardi sauf fériés et sauf juil.-août
Formule 26 € – Menu 37 € 🍷 (déj. en semaine), 53/90 € – Carte 70/108 €
(réservation conseillée)
Un beau jardin fleuri, une grande villa... On oublie immédiatement la route toute
proche pour jouir de l'essentiel : la cuisine généreuse, délicate et sagement créative du chef.
➜ Légumes en cocotte et œuf de poule cuit à 65°, râpée de truffe noire, cubisme
moelleux de cèpes. Truite en viennoise d'agrumes, fenouil cuit et cru au safran du
Ventoux. Chocolat, fruits rouges et noirs en fine bulle craquante de cacao.

MONTFAUCON – 25 (Doubs) ➜ voir Besançon

MONTFORT-EN-CHALOSSE

✉ 40380 (Landes) – 1 158 hab. – Alt. 110 m – Voir carte n°**3-B3**
▶ Paris 744 km – Aire-sur-l'Adour 57 km – Dax 19 km – Hagetmau 27 km
Carte Michelin 335-F12 – Guide Vert Michelin Aquitaine

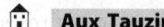

Aux Tauzins ⫶⊘ ⊗ ⌕ ≋ ⏚ & Ⓚ ⎙ ⇱ P
*547 rte Raphaël-Lonné – 𝓒 05 58 98 60 22 – www.auxtauzins.com – Fermé
26 sept.-13 oct., 10 fév.-10 mars, dim. soir et lundi sauf le soir en juil.-août*
16 ch – ♦66/76 € ♦♦84/94 € – ⇆ 9 € – ½ P
Du nom d'un chêne des côtes aquitaines, cet hôtel est dans la même famille
depuis quatre générations ! Dans les chambres, simples et confortables, on se
réveille face à la vallée de la Chalosse. Au restaurant, on apprécie une cuisine
100 % landaise. Belle terrasse sous la glycine.

MONTFORT-L'AMAURY

✉ 78490 (Yvelines) – 3 127 hab. – Alt. 185 m – Voir carte n°**18-A2**
▶ Paris 46 km – Dreux 36 km – Houdan 18 km – Mantes-la-Jolie 31 km
Carte Michelin 311-G3 – Guide Vert Michelin Île-de-France

St-Laurent sans rest ⊗ ⌕ ⓘ & ⎙ ⇱ P
*2 pl. Lebreton – 𝓒 01 34 57 06 66 – www.hotelsaint-laurent.com – Fermé
2-24 août et 27 déc.-4 janv.*
19 ch – ♦105/220 € ♦♦105/220 € – ⇆ 14 €
À vous de choisir votre décor : le superbe hôtel particulier du 17ᵉ s., les chambres
plus récentes du pavillon situé dans le jardin, ou le grand luxe de la Résidence. Et
au petit-déjeuner, il est vivement recommandé de goûter le cake fait maison et
les viennoiseries de la boulangerie voisine...

MONTGIBAUD

✉ 19210 (Corrèze) – 233 hab. – Alt. 460 m – Voir carte n°**24-B2**
▶ Paris 434 km – Arnac-Pompadour 15 km – Limoges 47 km –
St-Yrieix-la-Perche 23 km
Carte Michelin 329-J2

✗ **Le Tilleul de Sully** ⇲
☺ – 𝓒 05 55 98 01 96 – Fermé 1 semaine en juin, 1 semaine en sept.,
23 déc.-16 janv., mardi soir hors saison, dim. soir et lundi sauf fériés
Formule 22 € – Menu 30/48 € – Carte 40/49 € *(réservation conseillée)*
C'est là, à l'ombre du vieux tilleul, que se trouve cette auberge de campagne. Fleurs
de courgette, choux pommelés, groseilles, etc., abondent dans le potager et le chef
sait les préparer ! Une savoureuse cuisine du terroir corrézien, gourmande et généreuse, à déguster devant la cheminée ou dehors, face aux arbres fruitiers.

MONTGRÉSIN – 60 (Oise) → voir Chantilly

LES MONTHAIRONS – 55 (Meuse) → voir Verdun

MONTHIEUX

✉ 01390 (Ain) – 623 hab. – Alt. 295 m – Voir carte n°**43-E1**
▶ Paris 443 km – Bourg-en-Bresse 38 km – Lyon 31 km – Meximieux 26 km
Carte Michelin 328-C5 – Guide Vert Michelin Lyon et sa région

Le Gouverneur ⫶⊘ ⊗ ⌕ ≋ ⎙ ⽘ ✗ ⓘ & Ⓚ ⎙ ⇱ P
*Château du Breuil, D 6 – 𝓒 04 72 26 42 00 – www.golfgouverneur.com
– Fermé 20 déc.-3 janv.*
53 ch – ♦85/250 € ♦♦85/250 € – ⇆ 13 € – ½ P
Cet hôtel en pleine campagne n'est autre que l'ancien domaine du gouverneur
de la Dombes (14ᵉ s.). Parfait pour les activités de plein air comme le golf (9 et
18 trous) ou la pêche grâce aux nombreux étangs. Chambres fonctionnelles et
confortables ; restaurant, club-house, etc.

MONTHION – 73 (Savoie) → voir Albertville

MONTIGNAC

✉ 24290 (Dordogne) – 2 794 hab. – Alt. 77 m – Voir carte n°**4**-D1

▶ Paris 513 km – Brive-la-Gaillarde 39 km – Limoges 126 km – Périgueux 54 km

Carte Michelin 329-H5 – Guide Vert Michelin Périgord Quercy

Hostellerie la Roseraie sans rest

11 pl. d'Armes – ℰ 05 53 50 53 92 – www.laroseraie-hotel.com
– Ouvert 4 avril-5 nov.

14 ch – †79/148 € ††79/148 € – ⌑ 14 €

Au cœur du village médiéval, une demeure du 19ᵉ s. sur les bords de la Vézère. Les chambres sont coquettes et portent des noms de roses. Et dans le jardin : une roseraie...

MONTIGNY-LA-RESLE

✉ 89230 (Yonne) – 593 hab. – Alt. 155 m – Voir carte n°**7**-B1

▶ Paris 170 km – Auxerre 14 km – St-Florentin 19 km – Tonnerre 32 km

Carte Michelin 319-F4

Le Soleil d'Or

N 77 – ℰ 03 86 41 81 21 – www.lesoleil-dor.com – Fermé dim. soir et lundi midi de nov. à fév.

18 ch – †67 € ††80 € – ⌑ 12 € – ½ P

Ancien relais de poste situé en bordure de route nationale. Les chambres, fonctionnelles et climatisées, ont été aménagées dans les granges situées sur l'arrière. Il fait bon se détendre dans le petit salon orné de boiseries. Restaurant traditionnel.

MONTIGNY-LE-BRETONNEUX – 78 (Yvelines) → voir Paris, Environs (St-Quentin-en-Yvelines)

MONTIGNY-LE-ROI

✉ 52140 (Haute-Marne) – 1 929 hab. – Alt. 404 m – Voir carte n°**14**-C3

▶ Paris 296 km – Bourbonne-les-Bains 21 km – Chaumont 35 km – Langres 23 km

Carte Michelin 313-M6

Arcombelle

25 av. de Lierneux – ℰ 03 25 90 30 18 – www.hotel-arcombelle.com
– Fermé 19 déc.-4 janv., vend. soir, sam. et dim. d'oct. à mars

23 ch – †73/97 € ††73/97 € – ⌑ 11 €

"Hôtel moderne" : voilà ce qui est inscrit en grands caractères sur la façade de cette sympathique auberge, installée sur un rond-point à l'entrée du village. Impossible de la manquer ! Chambres fonctionnelles et bien tenues, spécialités traditionnelles au restaurant.

MONTIGNY-LÈS-ARSURES

✉ 39600 (Jura) – 271 hab. – Alt. 400 m – Voir carte n°**16**-B2

▶ Paris 417 km – Besançon 46 km – Lons-le-Saunier 42 km – Pontarlier 55 km

Carte Michelin 321-E5

Château de Chavanes sans rest

r. St-Laurent – ℰ 03 84 37 47 95 – www.chateau-de-chavanes.com
– Ouvert avril-15 nov.

5 ch ⌑ – †135/145 € ††135/290 €

Au cœur d'un domaine viticole, cette charmante gentilhommière de 1708 marie avec goût le chic contemporain et la patine de l'ancien. Meubles chinés, touches design : la déco est vraiment très réussie ! Et il y a aussi le caveau de dégustation, la jolie terrasse donnant sur les vignes...

MONTIPOURET

✉ 36230 (Indre) – 571 hab. – Alt. 200 m – Voir carte n°**12**-C3

▶ Paris 295 km – Châteauroux 28 km – Issoudun 37 km – Orléans 169 km

Carte Michelin 323-H7

à La Brande 5 km au Nord-Est par D49 et rte secondaire – ✉ 36230

⌂ **Maison Voilà** ⫴ ⊘ ⌂ ⅀ ✻ ⎙ P ⊟

La Brande, 6 km au Nord-Est par rte secondaire – 𝒞 *02 54 31 17 91*
– www.maisonvoila.com
4 ch ⊑ – ✝60/80 € ✝✝80/135 €
En pleine campagne, cette ferme du 19ᵉ s. est tout simplement cosy. Un jardin planté d'arbres fruitiers, un repas pris en compagnie des propriétaires sur la terrasse ou près de la cheminée... Voilà, tout est dit.

MONTJEAN-SUR-LOIRE

✉ 49570 (Maine-et-Loire) – 3 028 hab. – Alt. 44 m – Voir carte n°**34**-B2
◪ Paris 324 km – Angers 28 km – Ancenis 30 km – Châteaubriant 64 km
Carte Michelin 317-D4 – Guide Vert Michelin Châteaux de la Loire

⌂ **Le Fief des Cordeliers** sans rest ⊘ ≤ ⌂ ⅀ ✻ ⎙ P

lieu-dit Bellevue – 𝒞 *02 41 43 96 09* – *http://logis.lefiefdescordeliers.com*
4 ch – ✝59/69 € ✝✝89/119 € – ⊑ 8 €
Toute la douceur angevine imprègne cet ancien couvent du 15ᵉ s., qui domine la Loire et la vallée (belvédère dans le parc). Chambres de bon confort, au mobilier classique.

MONTLIVAULT

✉ 41350 (Loir-et-Cher) – 1 343 hab. – Alt. 77 m – Voir carte n°**11**-B2
◪ Paris 180 km – Blois 13 km – Olivet 58 km – Orléans 56 km
Carte Michelin 318-F6

✗✗ **La Maison d'à Côté** (Christophe Hay) avec ch ⅙ rest, Ⓚ ⚎
⌬ *25 r. de Chambord* – 𝒞 *02 54 20 62 30* – *www.lamaisondacote.fr* – *Fermé janv., mardi et merc.*
8 ch – ✝80/108 € ✝✝80/118 € – ⊑ 15 € – ½ P
Formule 23 € – Menu 32 € (déj. en semaine), 55/105 € 𝖙 – Carte 49/69 €
Le chef, Christophe Hay, a repris en 2014 cette maison à l'atmosphère feutrée et contemporaine. Quelle réussite ! Tout y séduit : l'accueil chaleureux – l'équipe de cuisine n'hésite pas à venir en salle pour présenter les plats –, la générosité des assiettes, leur créativité tout en subtilité, la beauté des produits régionaux...
➡ Œuf bio cuit à basse température, langoustines rôties, champignons, café et oxalys. Mulet de Loire, carottes du jardin et ail fumé. Soufflé à la pistache, sorbet fenouil.

MONT-LOUIS

✉ 66210 (Pyrénées-Orientales) – 216 hab. – Alt. 1 565 m – Voir carte n°**22**-A3
◪ Paris 867 km – Andorra-la-Vella 90 km – Font-Romeu-Odeillo-Via 10 km –
Perpignan 81 km
Carte Michelin 344-D7

à la Llagonne 3 km au Nord par D 118 – ✉ 66210 – 243 hab. – Alt. 1 600 m

⌂ **Corrieu** ⫴ ⊘ ≤ ✻ ⎙ ⅙ ⚎ P

Carrer de la Quillane – 𝒞 *04 68 04 22 04* – *www.hotel-corrieu.com*
– Ouvert 15 juin-16 sept., 20 déc.-5 janv. et 10 janv.-22 mars
20 ch – ✝68/230 € ✝✝74/240 € – 3 suites – ⊑ 11 € – ½ P
Cette grande bâtisse de style régional se révèle être l'hôtel familial par excellence, avec les Pyrénées en toile de fond ! Les chambres sont simples, certaines avec balcon. Mention spéciale pour les "lodges" mansardés. Nature, chevaux, restaurant traditionnel : une bouffée d'oxygène.

MONTLOUIS

✉ 18160 (Cher) – 110 hab. – Alt. 180 m – Voir carte n°**12**-C3
◪ Paris 277 km – Bourges 39 km – Châteauroux 56 km – Orléans 152 km
Carte Michelin 323-K4

⌂ **Domaine de Varennes** sans rest 🐾 🖙 ⊼ 📷 ⌕ 🛜 **P** 🍴
D 940 – 𝒞 02 48 60 11 86 – www.domaine-de-varennes.com – Fermé
5 janv.-1ᵉʳ mars
5 ch ⌂ – †70/100 € ††75/105 €
Une ferme médiévale, un manoir du 18ᵉ s. et une annexe. Les chambres – un brin romantiques – invitent au rêve. Dans le parc, on profite de la piscine et du petit golf.

MONTLOUIS-SUR-LOIRE

✉ 37270 (Indre-et-Loire) – 10 452 hab. – Alt. 60 m – Voir carte n°**11-B2**
◻ Paris 235 km – Amboise 14 km – Blois 49 km – Château-Renault 32 km
Carte Michelin 317-N4 – Guide Vert Michelin Châteaux de la Loire

⌂⌂⌂ **Château de la Bourdaisière** 🍴 🐾 🖙 ⊼ ℀ 📭 ৬ 🛜 🚗 **P**
25 r. de la Bourdaisière – 𝒞 02 47 45 16 31 – www.chateaulabourdaisiere.com
– Fermé 4 janv. -13 mars et 15 nov. -25 déc.
29 ch – †170/315 € ††170/315 € – ⌂ 16 € – ½ P
Ce superbe château des 14ᵉ-16ᵉ s. porte le cachet de l'histoire – il vit naître Gabrielle d'Estrées, la favorite d'Henri IV – mais il vit surtout au rythme de la nature : son parc de 55 ha abrite de superbes collections de végétaux, dont plus de 600 variétés de tomates (menu spécial au restaurant). Le temps passe autrement en ces lieux...

✗ **La Cave** ⇔ **P**
69 quai Albert-Baillet – 𝒞 02 47 45 05 05 – www.restaurant-la-cave.com
– Fermé 2 semaines en fév., lundi soir et mardi soir de janv. à mars et dim. soir
Formule 18 € – Menu 23 € (déj. en semaine), 36/48 € 🍷 – Carte 39/60 €
À la recherche d'un lieu atypique ? Ce restaurant troglodytique, sur les rives de la Loire, est tout indiqué ! En cuisine, le chef signe une cuisine dans l'air du temps qui valorise joliment le terroir. Ses plats sont généreux et goûteux à souhait. Vins du domaine ; ambiance chaleureuse.

MONTLUÇON

✉ 03100 (Allier) – 38 166 hab. – Alt. 220 m – Voir carte n°**5-B1**
◻ Paris 327 km – Bourges 97 km – Clermont-Ferrand 112 km – Limoges 155 km
Carte Michelin 326-C4 – Guide Vert Michelin Auvergne

⌂⌂ **Hôtel des Bourbons** 🍴 📭 ৬ 🛜 🚗
47 av. Marx-Dormoy – 𝒞 04 70 05 28 93 Plan : BZ**a**
– www.hotel-des-bourbons.com
42 ch – †65/70 € ††68/79 € – ⌂ 9 € – ½ P
Face à la gare et à deux pas du château des ducs de Bourbon, cet établissement à la belle façade fin 19ᵉ s. est idéal pour une étape dans la cité médiévale. Chambres de bon confort.

✗✗✗ **Grenier à Sel** avec ch 🖙 🚗 📭 🛜 **P**
pl. des Toiles – 𝒞 04 70 05 53 79 – www.legrenierasel.com Plan : CZ**n**
– Fermé 16 fév.-02 mars, 4-9 mai, 2-10 nov., sam. midi, dim. soir et lundi sauf le soir en juil.-août
7 ch – †85/130 € ††115/140 € – ⌂ 12 € – ½ P
Menu 25/75 € – Carte 61/91 €
Au cœur de Montluçon, voilà bien une charmante demeure : murs du 15ᵉs. recouverts de lierre, décor raffiné (parquet, moulures...). Les beaux produits sont travaillés avec soin. L'été, profitez de la terrasse, c'est un petit coin de paradis !

✗✗ **Safran d'Or** 🚗 ⇔
12 r. place des Toiles – 𝒞 04 70 05 09 18 – Fermé sept., dim. Plan : CZ**u**
soir, mardi soir et lundi
Formule 18 € – Menu 25/47 € 🍷 – Carte 53/64 €
Ici, tout est fait maison, même le pain ! En cuisine, le chef concocte une agréable cuisine traditionnelle. Le tout avec un bon rapport qualité-prix, ce qui fait de ce restaurant une adresse... en or !

MONTLUÇON

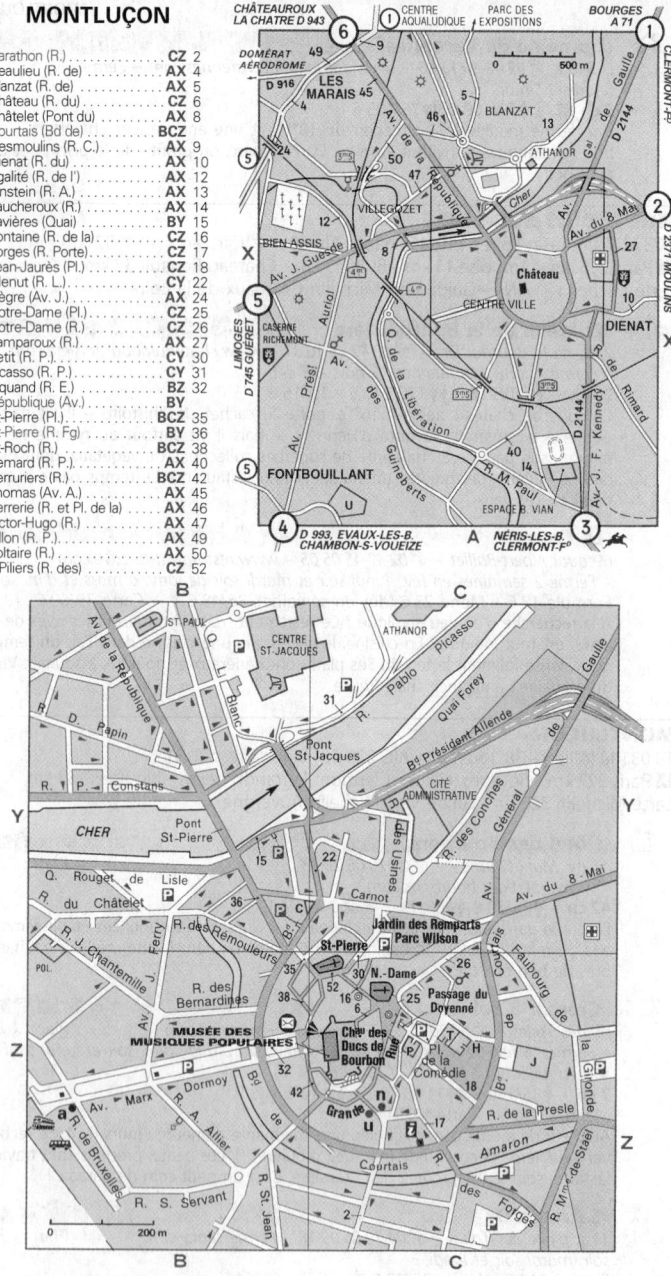

à St-Victor 7 km par ① – ⊠ 03410 – 2 053 hab. – Alt. 212 m

🏠 **Le Jardin Délice** 🕙 ⇔ ⅙ 𝐀𝐊 ⇌ 🤏 𝐏

6 rte de Paris – ℰ 04 70 28 80 64 – www.jardindelice.fr – Fermé 1 semaine
en juin, 2 semaines en juil., vacances de la Toussaint et vacances de fév.
20 ch – ✝52/57 € ✝✝69/74 € – ⊑ 9 € – ½ P
Rest *Le Jardin Délice* – voir les restaurants ci-après
Au nord de Montluçon, un hôtel en bordure de route, dont les chambres donnent sur la campagne ou le jardin... Un endroit parfait pour qui recherche un
peu de verdure !

✗ **Le Jardin Délice** ⇔ 🤏 ⅙ 𝐀𝐊 𝐏

☎ *6 rte de Paris – ℰ 04 70 28 80 64 – www.jardindelice.fr – Fermé 1 semaine*
en juin, 2 semaines en juil., vacances de la Toussaint, vacances de fév., dim. soir,
lundi midi et merc.
Menu 20 € (semaine), 29/59 € – Carte 49/71 €
Une belle cuisine du marché, colorée et généreuse, servie dans un décor des plus
agréables – une salle avec de grandes baies vitrées et sa terrasse ouvrant sur le
jardin –, voilà un délicieux programme ! Le service est sérieux et professionnel,
et quelques chambres permettent de faire étape.

à Estivareilles 10 km par ① – ⊠ 03190 – 1 131 hab. – Alt. 200 m

✗✗ **Le Lion d'Or** ⇔ 🤏 ⇔ 𝐏

D 2144 – ℰ 04 70 06 00 35 – www.hotel-leliondor.net – Fermé
16 fév.-2 mars, 24 août-7 sept., dim. soir et lundi
Formule 18 € – Menu 23 € (semaine), 35/60 € – Carte 40/60 €
Une bâtisse centenaire bordant la route nationale. De belles poutres font le caractère de la salle, tandis que la terrasse donne sur un parc arboré. Derrière les fourneaux, le chef signe une cuisine généreuse et goûteuse d'inspiration classique.
Quelques chambres pour prolonger le séjour.

MONTLUEL

⊠ 01120 (Ain) – 7 112 hab. – Alt. 190 m – Voir carte n°**43**-E1
▣ Paris 472 km – Bourg-en-Bresse 59 km – Chalamont 20 km – Lyon 26 km
Carte Michelin 328-D5 – Guide Vert Michelin Lyon et sa région

🏠 **Le Petit Casset** sans rest 🕸 ⇔ 🍸 🤏 𝐏

96 imp. du Petit Casset, à La Boisse, 2 km au Sud-Ouest – ℰ 04 78 06 21 33
– www.lepetitcasset.fr
17 ch – ✝80/87 € ✝✝86/92 € – ⊑ 10 €
Un hôtel sous la vigne vierge, au calme dans un quartier résidentiel. Les chambres, pas très grandes, sont bien tenues et fraîches ; certaines avec terrasse. Et
dans le jardin, piscine, transats et parasols vous tendent les bras !

à Ste-Croix 5 km au Nord par D 61 – ⊠ 01120 – 530 hab. – Alt. 263 m

🏠 **Chez Nous** 🕙 🕸 ⇔ ⅙ 🤏 𝐏

– ℰ 04 78 06 60 60 – www.hotel-restaurant-chez-nous.com
30 ch – ✝54/65 € ✝✝58/69 € – ⊑ 10 €
Rest *Chez Nous* – voir les restaurants ci-après
"Chez Nous", il y a cette bâtisse à moitié vêtue de bois et de vigne vierge qui propose des chambres fonctionnelles et pratiques. Pour se détendre, le billard attend
dans le salon...

✗✗ **Chez Nous** ⇔ 🤏 ⅙ 🖋 ⇔ 𝐏

– ℰ 04 78 06 61 20 – www.hotel-restaurant-chez-nous.com – Fermé 2-23 janv.,
mardi midi, dim. soir et lundi
Menu 33/65 € – Carte 46/59 €
Au sud de la Dombes, ce n'est pas un décor "bien de chez nous" qui vous attend
ici : une impressionnante "tranche" d'arbre exotique trône dans l'accueil, et la
salle à manger s'habille de couleurs vives ! Mais l'assiette reste fidèle à la tradition
(grenouilles fraîches, épaule d'agneau, cabillaud...) et aux bons produits frais.

MONTMARAULT

✉ 03390 (Allier) – 1 510 hab. – Alt. 480 m – Voir carte n°**5-B1**
▶ Paris 346 km – Gannat 41 km – Montluçon 31 km – Moulins 47 km
Carte Michelin 326-E5

XX **France** avec ch   ⅋ 🗚 rest, 🛜 ⅍ 🅿
1 r. Marx-Dormoy – ✆ 04 70 07 60 26 – www.hoteldefrance-montmarault.com
– Fermé 13-20 avril, 16 nov.-8 déc., dim. soir et lundi sauf juil., août et fériés
8 ch – ♦60/73 € ♦♦100/120 € – ⬭ 12 €
Formule 19 € – Menu 31/62 € – Carte 33/58 €
Dans cet ancien couvent de 1850, la litanie des prières a laissé place à une toute
autre musique... Derrière le piano, père et fils jouent, à quatre mains, une partition
où la cuisine traditionnelle actualisée est à l'honneur. Chambres confortables,
idéales pour l'étape.

MONTMÉLARD

✉ 71520 (Saône-et-Loire) – 330 hab. – Alt. 522 m – Voir carte n°**8-C3**
▶ Paris 393 km – Mâcon 43 km – Montceau-les-Mines 56 km –
Paray-le-Monial 34 km
Carte Michelin 320-G12

XX **Le St-Cyr** avec ch   🕭 ≤ 🏠 ⅃ ዼ rest, 🗚 rest, 🛜 🅿
Le Bourg – ✆ 03 85 50 20 76 – www.lesaintcyr.fr – Fermé 16 fév.-11 mars,
4-10 janv., vend. soir du 1er nov. au 31 mars, lundi midi et mardi midi
9 ch – ♦53/62 € ♦♦60/70 € – ⬭ 8 € – ½ P
Formule 16 € – Menu 18 € (semaine), 23/42 € – Carte 27/39 €
La propriétaire est originaire de la Réunion et son mari rend hommage à ses origines par des menus spéciaux en hiver. Le reste de l'année, la tradition est à
l'honneur : volaille à la crème, croustillant d'escargots, canard au miel... Le tout
avec vue sur la campagne bourdonnaise. Chambres chaleureuses et reposantes.

MONTMERLE-SUR-SAÔNE

✉ 01090 (Ain) – 3 818 hab. – Alt. 170 m – Voir carte n°**43-E1**
▶ Paris 419 km – Bourg-en-Bresse 44 km – Lyon 48 km – Mâcon 34 km
Carte Michelin 328-B4

🏠 **Émile Job**   ⅃⊙ 🛜 🅿
12 r. du Pont – ✆ 04 74 69 33 92 – www.hotelemilejob.com – Fermé 3-18 mars,
27 oct.-18 nov., dim. soir d'oct. à mai, mardi midi et lundi
14 ch – ♦67/77 € ♦♦77/87 € – ⬭ 10 € – ½ P
Rest Émile Job – voir les restaurants ci-après
Sur les bords de Saône, il règne dans cette imposante maison régionale une
atmosphère familiale et chaleureuse, depuis... trois générations ! Les chambres
sont colorées, dans une veine contemporaine : une étape confortable.

XXX **Émile Job**   🏠 ⟐ 🅿
12 r. du Pont – ✆ 04 74 69 33 92 – www.hotelemilejob.com – Fermé 3-18 mars,
27 oct.-18 nov., dim. soir d'oct. à mai, mardi midi et lundi
Formule 21 € ⅋ – Menu 31 € (semaine)/61 € – Carte 46/98 €
Que vous soyez résident ou non de l'hôtel, il y a fort à parier que vous apprécierez les grands classiques qui valorisent le terroir : grenouilles, poissons de lac,
poulette de Bresse, etc. Le tout à savourer dans un agréable cadre bourgeois.
Aux beaux jours, on s'installe sur la terrasse qui donne sur la Saône.

MONTMEYRAN

✉ 26120 (Drôme) – 2 886 hab. – Alt. 189 m – Voir carte n°**44-B3**
▶ Paris 581 km – Grenoble 105 km – Privas 39 km – Valence 17 km
Carte Michelin 332-C5

La Grande Maison
quartier les Granges – ℰ *04 75 59 31 68* – *www.lagrandemaisondrome.com*
– *Fermé 10 déc.-10 janv.*
5 ch ⌂ – †95/140 € ††95/230 €
Une belle maison bourgeoise héritée du 19ᵉ s. Ses propriétaires, anciens architectes, ont mené une superbe restauration, insufflant au caractère des lieux un esprit
contemporain des plus séduisants : parquets peints, bois brut, détails déco...
Et leur accueil, en particulier autour des repas (recettes régionales), est charmant !

MONTMIRAIL – 84 (Vaucluse) ➜ voir Vacqueyras

MONTMORENCY – 95 (Val-d'Oise) ➜ voir Paris, Environs

MONTMORILLON
✉ 86500 (Vienne) – 6 319 hab. – Alt. 100 m – Voir carte n°**39-D2**
🚩 Paris 354 km – Bellac 43 km – Châtellerault 56 km – Limoges 88 km
Carte Michelin 322-L6 – Guide Vert Michelin Poitou-Charentes

Hôtel de France
4 bd de Strasbourg – ℰ *05 49 84 09 09* – *www.hoteldefrance-lelucullus.fr*
36 ch – †53 € ††60/67 € – ⌂ 9 € – ½ P
Rest *Le Lucullus* ⊛ **Rest** *Bistrot de Lucullus* – voir les restaurants ci-après
Après une dizaine d'années passées au Cameroun, un jeune couple du métier a
repris cette affaire en 2011. Un retour aux sources : les lieux respirent la tradition
hôtelière française, des salles à manger aux chambres. Et les projets ne manquent pas...

✗✗ **Le Lucullus** – Hôtel de France
😊 *4 bd de Strasbourg* – ℰ *05 49 84 09 09* – *www.hoteldefrance-lelucullus.fr* – *Fermé
24-30 déc., dim. soir, lundi et mardi*
Menu 24/65 €
Général romain au 1ᵉʳ s. av. J.-C., Lucullus est passé à la postérité en raison du
faste de sa table. Un heureux présage... Duo d'huîtres de Marennes-Oléron au
jambon de Vendée et aux endives, parmentier de queue de bœuf au foie gras,
tiramisu aux châtaignes, etc. Autant de classiques réinterprétés avec finesse !

✗ **Bistrot de Lucullus** – Hôtel de France
😊 *4 bd de Strasbourg* – ℰ *05 49 84 09 09* – *www.hoteldefrance-lelucullus.fr* – *Fermé
24-30 déc., vend. soir, dim. midi et sam.*
Menu 14 € – Carte 24/38 €
Ce bistrot joue la carte d'une déco seventies – symbole : le fauteuil pivotant – et
c'est sympathique ! Tradition dans l'assiette : une cuisine bien tournée, où les
saveurs n'ont rien de psychédélique.

MONTNER
✉ 66720 (Pyrénées-Orientales) – 317 hab. – Alt. 127 m – Voir carte n°**22-B3**
🚩 Paris 860 km – Amélie-les-Bains-Palalda 60 km – Font-Romeu-Odeillo-Via 82 km –
Perpignan 28 km
Carte Michelin 344-H6

✗✗ **Auberge du Cellier** (Pierre-Louis Marin) avec ch
😊 *1 r. Ste-Eugénie* – ℰ *04 68 29 09 78* – *www.aubergeducellier.com*
❀ – *Fermé 17 oct.-27 nov., lundi d'oct. à avril, mardi et merc.*
4 ch – †63 € ††75 € – ⌂ 9 € – ½ P
Menu 19 € (déj. en semaine), 32/69 € – Carte 53/70 €
Dans cette charmante maison locale, Pierre-Louis Marin – un enfant du pays
revenu aux sources – s'approvisionne surtout chez les petits producteurs locaux
et concocte une cuisine délicate, sincère et éclatante de saveurs. Un régal pour
les yeux et les papilles ! Quant aux chambres, elles sont simples mais agréables.
➜ Encornets à l'encre, chorizo bellota, huile au combava et écrasé de pomme de
terre. Homard, foie gras poêlé, fenouil braisé et bisque liée au corail. Schiste de
Montner, chocolat, caramel et praliné.

MONTOIRE-SUR-LE-LOIR

✉ 41800 (Loir-et-Cher) – 4 042 hab. – Alt. 65 m – Voir carte n°**11**-B2
◗ Paris 186 km – Blois 52 km – La Flèche 81 km – Le Mans 70 km
Carte Michelin 318-C5 – Guide Vert Michelin Châteaux de la Loire

à Lavardin 2 km au Sud-Est par D 108 – ✉ 41800 – 204 hab. – Alt. 78 m

XX   **Relais d'Antan**   🖼 🎍

6 pl. du Capt.-du-Vigneau – ✆ 02 54 86 61 33 – www.relaisdantan.fr
– Fermé oct., fév., dim. soir, lundi et mardi
Menu 31/45 € – Carte 36/42 €

Dans un pittoresque village blotti aux pieds d'un château, cette auberge rustique
régale d'une appétissante cuisine du terroir. Préférez la salle ornée de fresques
d'inspiration médiévale pour festoyer comme au temps des chevaliers. Agréable
terrasse bordant la rive du Loir.

MONTPELLIER

✉ 34000 (Hérault) – 264 538 hab. – Agglo. 400 470 hab. – Alt. 27 m
– Voir carte n°**23**-C2
▶ Paris 758 km – Marseille 173 km – Nice 330 km – Nîmes 55 km
Carte Michelin 339-I7

© B. Rieger/hemis.fr

Hôtels & maisons d'hôtes

Pullman Centre

1 r. des Pertuisanes – ✆ 04 67 99 72 72 – www.pullmanhotels.com Plan : CU**t**

86 ch – 🚹150/310 € 🚹🚹150/310 € – 2 suites – ☕ 26 €

Au sein du quartier d'affaires dessiné par l'architecte catalan Ricardo Bofill, cet hôtel a été entièrement rénové en 2011. De belles prestations : confort contemporain, salles de séminaire, piscine chauffée et restaurant sur le toit, etc.

Crowne Plaza Corum

190 r. d'Argencourt – ✆ 04 67 72 22 22 – www.crowneplaza.com/montpellier Plan : CU**v**

143 ch – 🚹125/145 € 🚹🚹140/270 € – 3 suites – ☕ 23 €

Un hôtel d'affaires récent, face au centre des congrès. Les chambres se révèlent confortables et élégantes, avec des références originales – et colorées – à l'Asie, l'Afrique, etc. Réussi !

Mercure Antigone

285 bd Aéroport-International – ✆ 04 67 20 63 63 – www.accorhotels.com Plan : DU**f**

114 ch – 🚹93/179 € 🚹🚹117/240 € – 6 suites – ☕ 16 € – ½ P

Situation idéale au cœur du quartier Antigone, face à la médiathèque et la piscine olympique. Les chambres, fonctionnelles, les salles de séminaires et le parking fermé raviront la clientèle d'affaires, mais aussi touristique.

Courtyard by Marriott

105 pl. Georges-Frêche, (r. Chélia) – ✆ 04 99 54 74 00 – www.marriott.com/mplcy Plan : DV**b**

120 ch – 🚹130/225 € 🚹🚹150/270 € – 3 suites – ☕ 19 €

À côté de la nouvelle mairie, dessinée par Jean Nouvel, cet hôtel très contemporain ne dépareille pas ! Les chambres y sont spacieuses, calmes et très bien tenues. Bel espace détente. Facilement accessible par le tramway, l'établissement est notamment idéal pour la clientèle d'affaires.

Aragon sans rest

10 r. Baudin – ✆ 04 67 10 70 00 – www.hotel-aragon.fr – Fermé 1er-18 janv. Plan : FY**a**

12 ch – 🚹81/185 € 🚹🚹97/185 € – ☕ 15 €

Dans une rue calme, un petit hôtel confortable, avec des détails charmants : meubles de style, cheminées, fenêtres à espagnolette... Le petit-déjeuner sous la verrière est agréable.

Hôtel du Parc sans rest 🔲 ⌖ 🛜 **P**

8 r. A.-Bège – ✆ *04 67 41 16 49* Plan : BT**k**
– www.hotelduparc-montpellier.com
19 ch – ♦52/78 € ♦♦59/90 € – ⌸ 10 €

Une bonne adresse, assez centrale : cette maison du 18ᵉ s., tenue par deux associées, a l'allure d'une demeure particulière (meubles et objets chinés, tapis, cour fleurie...).

Le Guilhem sans rest ⌖ 📱 🔲 🛜

18 r. J.-J. Rousseau – ✆ *04 67 52 90 90 – www.leguilhem.com* Plan : EY**a**
35 ch – ♦84/205 € ♦♦99/205 € – ⌸ 12 €

Près du Peyrou, cinq maisons des 16ᵉ et 17ᵉ s. mêlant caractère et esprit cosy : portes anciennes, alcôves, jolis imprimés... Certaines chambres toisent les tours de la cathédrale, alors que l'une est aménagée dans l'ancienne cave voûtée. Ainsi donc, de la terre au ciel, il n'y a qu'un pas !

Baudon de Mauny sans rest 🔲 ⌖ 🛜

1 r. de la Carbonnerie – ✆ *04 67 02 21 77* Plan : FY**y**
– www.baudondemauny.com – Fermé 2 semaines en fév. et 1 semaine en août
8 ch – ♦140/170 € ♦♦150/335 € – ⌸ 15 €

Beautés d'hier et d'aujourd'hui... Dallage ancien, portes sculptées, hauts plafonds, mais aussi mobilier design et aménagement très contemporain : au cœur de la ville, cet hôtel particulier du 18ᵉ s. arbore une mine superbe !

Ulysse sans rest 📱 ⌕ 🔲 🛜 🚗

338 av. de St-Maur – ✆ *04 67 02 02 30 – www.hotel-ulysse.fr* Plan : CT**b**
28 ch – ♦85/135 € ♦♦95/155 € – ⌸ 13 €

Heureux qui comme Ulysse... Dans un quartier pavillonnaire, cet hôtel sympathique et impeccablement tenu propose des chambres coquettes et chaleureuses. Copieux petit-déjeuner.

Clos de l'Herminier sans rest ⌂ 🌊 🔲 ⌖ 🛜 **P** ⇥

201 r. du Mas-de-Nègre, (face au stade Yves du Manoir), 3 km par ⑤
– ✆ *04 67 07 98 88 – www.closdelherminier.com*
4 ch ⌸ – ♦80/90 € ♦♦100/130 €

Cultivez les charmes d'antan dans cette ancienne propriété vinicole du 19ᵉ s., isolée dans un quartier en construction. On oublie la ville dans le joli parc arboré (avec piscine), les chambres aux notes champêtres et autour du petit-déjeuner, avec confitures maison...

Mon Jardin en Ville sans rest 📱 ⌂ 🌊 🔲 ⌖ 🛜 **P** ⇥

23 av. de Palavas – ✆ *04 67 64 00 35* Plan : CV**a**
– www.monjardinenville.com
3 ch ⌸ – ♦120/140 € ♦♦140/160 €

Joli métissage architectural pour cette bâtisse de 1892 et ses extensions contemporaines ! À 10mn de la place de Comédie, dans un parc boisé de 2500 m², cet élégant établissement – décor baroque et design – est parfait pour se reposer après une visite de la ville. Ne passez pas à côté du petit-déjeuner maison !

● Restaurants

XXXX **Le Jardin des Sens** (Jacques et Laurent Pourcel) avec ch 🍴 ⌂ 🌊 📱 ⌕
✿ *11 av. St-Lazare –* ✆ *04 99 58 38 38* 🔲 🛜 ⌕ ⌷ **P P**
– www.jardindessens.com Plan : CT**e**
15 ch – ♦185/505 € ♦♦185/505 € – ⌸ 29 €

Menu 49 € (déj. en semaine), 90 € ▼/184 € – Carte 116/195 € *(fermé lundi midi, merc. midi et dim.)*

Un grand cube de verre, ouvert sur un jardin méditerranéen : en pénétrant chez les frères Pourcel, on reste saisi par ce cadre original, à la croisée du minéral et du végétal. Leur cuisine aussi est histoire de dialogues : entre le Sud et l'ailleurs, hier et aujourd'hui, etc. Chambres contemporaines très luxueuses.

➜ Fleur de courgette soufflée aux langoustines, écume de truffe. Turbot rôti, artichauts grillés et calamar à la plancha. Tartelette au citron vert et jaune, sauce pralinée aux noisettes et amandes.

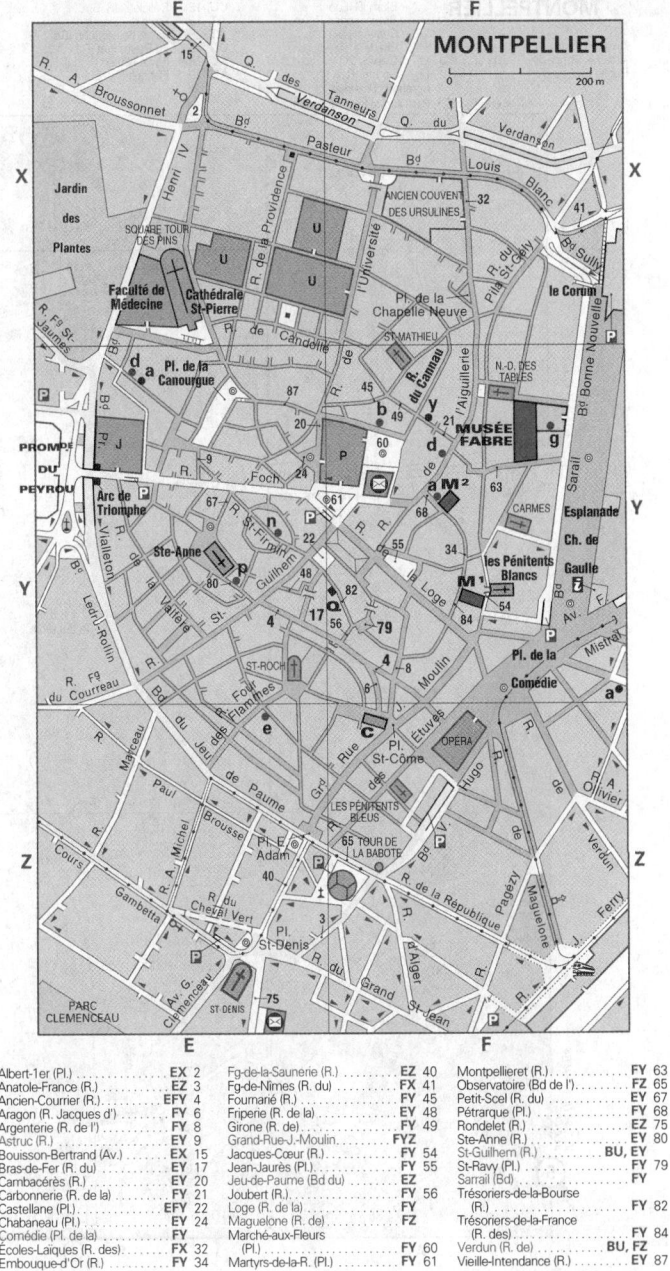

MONTPELLIER

0   200 m

MONTPELLIER

Anatole-France (R.)	**BU** 3	Blum (R. Léon)	**CU** 13
Arceaux (Bd des)	**AU** 7	Broussonnet (R. A.)	**AT** 18
Bazille (R. F.)	**BCV** 12	Chancel (Av.)	**AT** 25
		Citadelle (Allée)	**CU** 26
		Clapiès (R.)	**AU** 28
		Comte (R. A.)	**AU** 29

Délicieux (R. B.)	**CT** 31
États-du-Languedoc (Av.)	**CU** 35
Fabre-de-Morlhon (Bd)	**BV** 36
Fg-Boutonnet (R.)	**BT** 37
Fg-de-Nîmes (R. du)	**CT** 41
Flahault (Av. Ch.)	**AT** 43

Agropolis Museum
Parc Zoologique de Lunaret

A GANGES ⑦

B

D 127
du Père Soulas
D 986
43
BOUTONNET
25

Av. Boussan - Bertrand
37
R. Turgot
Av. de Castelnau

k
Lakanal
73

T

Av. St-Charles
18

Av. des Masques

Ste-Thérèse

d'Assas

LES ARCEAUX

Aqueduc St-Clément
N 109

R. de la Portalière des Masques
R. Gerhardt
Fg St-Jaumes

Jardin des Plantes

Henri IV
Bd Pasteur
Q. des Tanneurs
Q. Av. de Verdanson

Cathédrale St-Pierre

le Corum

MUSÉE FABRE

⑥

Pl. des Arceaux
Pitot

PROM DU PEYROU
de Castries
28

Arc de Triomphe
Rue Foch

R. de l'Université

Esplanade Ch. de Gaulle

⑥

Av. de Lodève
29 CITÉ JUDICIAIRE

R. du Courreau

Pl. de la Comédie

U

FIGUERELLES

Avenue

Figuerolles

IMMACULÉE CONCEPTION

Cours

R. A. Michel

Gambetta

Bd V. Hugo

R. de Verdun

D 5

Bd Renouvier

Chaptal

PARC CLÉMENCEAU
Clémenceau

R. Balard

St-Jean

Bd d'Alger

Liberté

Claret

Musée de l'Infanterie

Av.

Lepic
Pl. du 8 Mai 1945

Bd

Berthelot

R. F. Peyson

V

Toulouse

ST-CLÉOPHAS

R. du Mas de Lemasson

4m11

de la Liberté

4m2

88

Mireval

Cléophas

Maurin

A 9 SETE. BEZIERS
BEZIERS

⑤

Janvier

R. F. G.

ST-JACQUES

88

Av. de Maurin
D 116

Carrefour des Alizés

36 71

A

B ④

1036

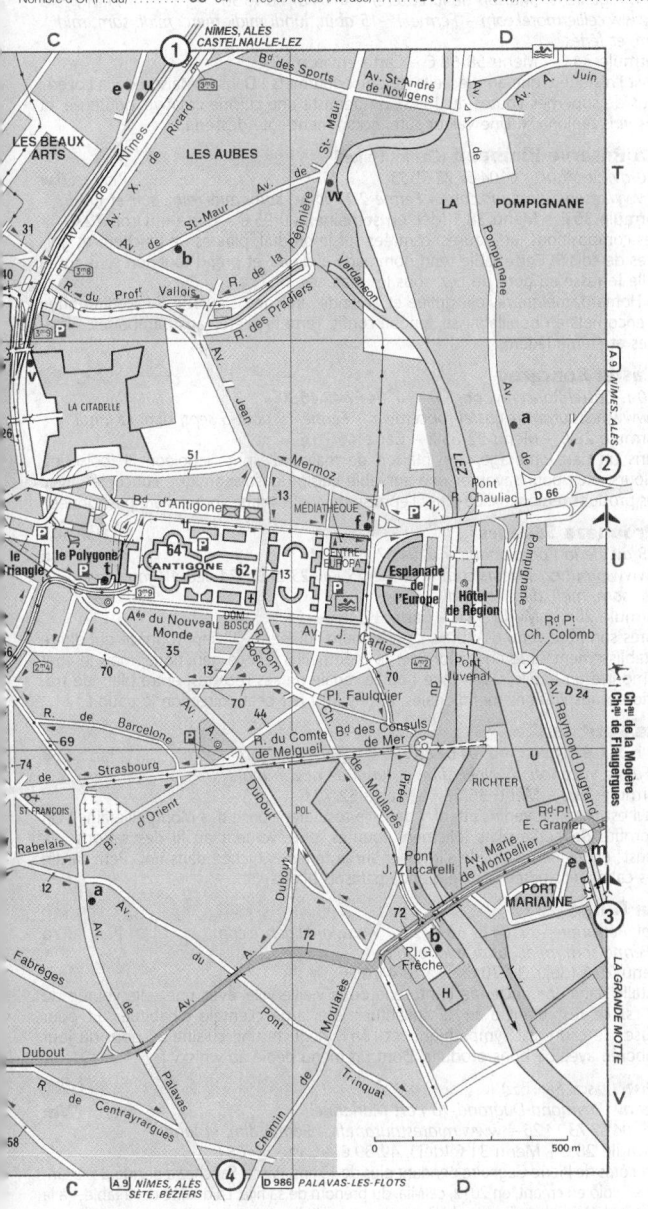

Cellier-Morel ※※※

27 r. Aiguillerie, (Maison de la Lozère) – 𝒞 04 67 66 46 36   Plan : FY**d**
– www.celliermorel.com – Fermé 1ᵉʳ-15 août, lundi midi, merc. midi, sam. midi, dim. et fériés
Formule 34 € – Menu 58/68 € – Carte environ 88 €

C'est l'histoire d'une amitié, celle de deux gourmets ! Dans la Maison de la Lozère, sous de superbes voûtes du 13ᵉ s., on déguste une cuisine créative, goûteuse, et des vins régionaux. Une valeur sûre, notamment côté desserts !

La Réserve Rimbaud ※※※ (Charles Fontes)

🕸
820 av. St-Maur – 𝒞 04 67 72 52 53   Plan : DT**w**
– www.reserve-rimbaud.com – Fermé 2-12 janv., sam. midi, dim. soir et lundi
Formule 30 € – Menu 38 € (déj. en semaine), 70/95 € – Carte environ 72 €

Des compositions judicieuses, centrées sur le produit, pleines de fraîcheur et gorgées de soleil ! Cette table rend hommage au Sud... et prend tout son sens sur la belle terrasse au bord du Lez, sous les platanes.

→ Homard, melon, raviole grillée et amandes fraîches. Daurade de Méditerranée et encornets en bouillabaisse, fenouil confit. Tarte feuilletée aux framboises, pistaches et crème légère.

Castel Ronceray ※※

130 r. Castel-Ronceray, par ⑤ – 𝒞 04 67 42 46 30
– www.restaurant-le-castel-ronceray.fr – Fermé 15 août-5 sept, dim. et lundi
Formule 28 € – Menu 52/85 € – Carte 46/76 €

Dans un parc ombragé, une maison de maître d'esprit Napoléon III (boiseries, velours, etc.) pour savourer une agréable cuisine gastronomique concoctée avec des produits régionaux. Le plus : l'épouse du chef est une sommelière passionnée !

Prouhèze Saveurs ※※

🕸
728 av. de la Pompignane – 𝒞 04 67 79 43 34   Plan : DU**a**
– www.prouhezesaveurs.com – Fermé 25 juil.-25 août, 24 déc.-1ᵉʳ janv., merc. soir, sam. midi, dim. et lundi
Formule 20 € – Menu 32 € – Carte 39/46 €

Après son père venu d'Aubrac, c'est aujourd'hui Pierre-Olivier Prouhèze qui dirige l'établissement situé en périphérie de Montpellier. Est-ce génétique, mais le chef démontre un habile savoir-faire ; on se régale de ses recettes, entre plats de tradition et inspirations méridionales. Et dès qu'il fait beau, direction le patio !

Le Petit Jardin ※※

20 r. J.-J.-Rousseau – 𝒞 04 67 60 78 78 – www.petit-jardin.com   Plan : EY**d**
– Fermé vacances de Noël, dim. et lundi de nov. à mars
Formule 28 € – Menu 36/53 € – Carte 52/79 €

Qu'il est doux de venir s'attabler dans ce restaurant prisé des Montpelliérains ! On y profite de petits plats joliment tournés, qui évoluent au fil des saisons ; le "must" est évidemment de s'installer sur la terrasse, nichée dans un... Petit Jardin très calme, et abritée par de grands parasols blancs.

La Diligence ※※ Ⓝ

2 pl. Pétrarque – 𝒞 04 67 66 12 21 – www.la-diligence.com   Plan : FY**a**
– Fermé sam. midi, lundi midi et dim.
Menu 25 € (déj.), 39/70 € – Carte 44/60 €

Installé dans une ancienne teinturerie de la vieille ville, avec une salle voûtée du 14ᵉ s., ce restaurant a su se constituer une large clientèle d'habitués. Et pour cause : le cadre est sympathique, et l'on y déguste une cuisine au goût du jour élaborée avec de bons produits. Dont un menu dédié au whisky !

Mia ※ (Pascal Sanchez)

🕸
609 av. Raymond-Dugrand, (à Port Marianne)   Plan : DV**m**
– 𝒞 04 67 73 14 26 – www.miarestaurant.fr – Fermé dim. et lundi
Formule 28 € – Menu 31 € (déj.), 49/59 € – Carte 56/68 €

Aux côtés de Pierre Gagnaire pendant plus de 15 ans, Pascal Sanchez a décidé de se lancer en solo en créant, en 2012, ce Mia, du prénom de sa fille. La qualité de la table – à la croisée du Midi de la France, de l'Espagne et de l'Italie – s'impose comme une évidence : finesse, subtilité, générosité... les assiettes explosent de saveurs méditerranéennes !

→ Soupe de poissons de roche. Côtelettes de veau aux figues. Gâteau moelleux aux noisettes.

✗ Au Comptoir de la Compagnie ❶ 🕭 ⅙ 🅰🅺

51 av. François-Delmas – ℰ 04 99 58 39 29   Plan : CT**u**
– www.aucomptoirdelacompagnie.com – Fermé 2 semaines en août, sam. midi et lundi
Formule 23 € – Carte 36/56 €

Jamais à court d'idées, les frères Pourcel ont cette fois créé un concept de trattoria moderne, en lieu et place de leur ex-Compagnie des Comptoirs. Gnocchis, raviolis, escalopes milanaises... On se régale de plats transalpins bien ficelés, et servis par une équipe dynamique et efficace. Séduisant !

✗ Tamarillos 🕭 🅰🅺

2 pl. du Marché-aux-Fleurs – ℰ 04 67 60 06 00   Plan : FY**b**
– www.tamarillos.biz
Formule 19 € – Menu 38 € (déj. en semaine), 47/93 € – Carte 54/70 €
(réservation conseillée)

Cet ancien chef pâtissier de Guy Savoy, sacré par deux fois champion de France des desserts, a dans les veines du sang de botaniste : il concocte une cuisine actuelle et inventive à base de fleurs comestibles et autres douceurs colorées... qui ne manque pas d'originalité !

✗ L'Alliance des Plaisirs 🅰🅺

8 b r. du Petit-Saint-Jean – ℰ 04 34 26 50 94   Plan : EZ**e**
– www.lalliancedesplaisirs.fr – Fermé 1 semaine en mars, août, dim. et le midi
Menu 42/49 € *(réservation conseillée)*

Goûteuse cuisine que celle de ce jeune chef passé par les établissements des frères Pourcel ! Derrière les fourneaux, mais à la vue des clients, il travaille les produits frais avec un soin évident. Accueil sympathique.

✗ Insensé 🕭

39 bd Bonne-Nouvelle – ℰ 04 67 58 97 78 – Fermé dim. soir et   Plan : FY**g**
lundi soir
Formule 26 € – Menu 32 €

Insensé... ce restaurant dans l'enceinte du restaurant Fabre ! Imaginé par les frères Pourcel, l'endroit – moderne et design – bouscule les habitudes, entre terroir et snacking.

✗ Pastis Restaurant 🕭 🅰🅺

3 r. Terral – ℰ 04 67 66 37 26 – www.pastis-restaurant.com   Plan : EY**p**
– Fermé 1 semaine en avril, 3 semaines en août, 1 semaine fin déc., dim. et lundi
Formule 25 € – Menu 38/50 € *(réservation conseillée)*

À deux pas de la promenade du Peyrou, on se faufile dans l'étroite rue Terral pour accéder à ce restaurant de poche. Et pour peu que vous aimiez les surprises, vous allez être conquis par le menu "les yeux fermés", variant au gré du marché et de l'inspiration du chef. Jolie terrasse au pied de l'église.

✗ L'Artichaut

😊   *15 bis r. St-Firmin – ℰ 04 67 67 91 86*   Plan : EY**n**
– www.artichaut.fr – Fermé 2-8 janv., 10-31 août, dim. et lundi
Formule 20 € – Menu 32 € – Carte environ 45 €

Ouvert en 2013 par un chef à la passion communicative, voici le temple de la cuisine de saison. Les recettes du marché s'y déclinent sous forme d'un menu-carte renouvelé régulièrement. Produits frais, préparations maison, vins régionaux : un restaurant qui fera fondre les cœurs... d'Artichaut !

✗ La Factory ❶ 🕭 🅰🅺

598 av. Raymond-Dugrand, (Port Marianne)   Plan : DV**e**
– ℰ 04 67 20 20 60 – www.lafactory-restaurant.fr – Fermé 19 déc.-4 janv., sam. sauf le soir en juil.-août et dim.
Carte 32/52 €

La décoration mi-Art déco, mi entrepôt industriel "made in New York" donne à cette Factory un look résolument à part. Côté assiette, on retrouve une bonne cuisine dans l'air du temps, avec des recettes bien marquées en saveurs : gâteau d'aubergines, homard breton et risotto au parmesan, milk-shake à la fraise...

à Castries 8 km par ① et D 112e – ⊠ 34160 – 5 811 hab. – Alt. 70 m

⌂⌂ Disini   🅄 🌢 📠 ⌂ 🖼 ⌂ 🅰 🅺 🛜 🛅 🅿

1 r. des Carrières – 𝒞 *04 67 41 97 86 – www.disini-hotel.com*
15 ch – ♦90/215 € ♦♦200/295 € – 1 suite – ⊡ 15 € – ½ P
Disini ou "ici" en balinais... Dans une forêt de chênes verts, cet hôtel récent mêle touches ethniques (Asie et Afrique) et confort high-tech, dans une ambiance feutrée et reposante. Et l'esprit de Bali règne aussi sur la salle du restaurant gastronomique.

à Castelnau-le-Lez 7 km par ① et N 113 – ⊠ 34170 – 15 951 hab. – Alt. 60 m

⌂⌂⌂ Domaine de Verchant   🅄 🌢 📠 ⌂ 🖼 ⌂ 🄵 🄰 🅺 🛜 🛅 🅿

1 bd Philippe-Lamour, par r. de la Vieille-Poste – 𝒞 *04 67 07 26 00*
– www.domainedeverchant.com
26 ch – ♦260/850 € ♦♦260/850 € – 5 suites – ⊡ 27 € – ½ P
Rest *Domaine de Verchant* – voir les restaurants ci-après
Une allée de platanes mène à cette belle propriété viticole du 16e s., cernée par les vignes... Les chambres sont superbes (design italien, équipements high-tech, charpentes et vieilles pierres), le spa exquis.

✕✕ Domaine de Verchant   📠 🍽 🄰 🅺 🅿

1 bd Philippe-Lamour, par r. de la Vieille-Poste – 𝒞 *04 67 07 26 00*
– www.domainedeverchant.com
Formule 27 € – Menu 45 € (déj.), 60/90 € – Carte 78/92 € *(réservation conseillée)*
Un lieu design et contemporain pour une cuisine fraîche et tout à fait dans l'air du temps... En prime, on sert les vins du domaine.

à Baillargues 8 km par ① et D 112e, D 613 puis N 113 – ⊠ 34670
– 6 255 hab. – Alt. 23 m

⌂⌂⌂ Golf Hôtel de Massane   🅄 🌢 🖼 🍽 🄵 ✕ 🄰 🅺 🛜 🛅 🅿

au golf de Massane – 𝒞 *04 67 87 87 87 – www.massane.com*
32 ch – ♦119/135 € ♦♦139/163 € – ⊡ 12 € – ½ P
Vaste complexe hôtelier doté de nombreux équipements pour les loisirs et la détente. Les chambres, spacieuses et colorées, regardent pour certaines la piscine. Salle à manger contemporaine tournée vers le golf ; cuisine actuelle et vins régionaux.

près échangeur A9-Montpellier-Sud 2 km par ④ – ⊠34000 Montpellier

⌂⌂⌂ Novotel   🅄 📠 🖼 🍽 🄰 🅺 🛜 🛅 🅿

125 bis av. Palavas – 𝒞 *04 99 52 34 34 – www.novotel.com*
162 ch – ♦90/180 € ♦♦90/180 € – ⊡ 15 €
Situation utile à proximité d'un échangeur sur l'A9. Le restaurant ouvre sur la piscine.

à Lattes 5 km par ④ – ⊠ 34970 – 15 754 hab. – Alt. 3 m

✕✕✕ Domaine de Soriech   📠 🍽 🄰 ⇔ 🅿

chemin de Soriech, (face Z.A.C. Soriech) – 𝒞 *04 67 15 19 15*
– www.domaine-de-soriech.fr – Fermé 18 août-1ᵉʳ sept., 3-12 janv., dim. soir et lundi
Formule 33 € – Menu 43/78 € – Carte 60/79 €
Dans son parc avec palmiers et pins géants, cette belle villa évoque les modèles californiens des années 1950 et 1960. Décor design et œuvres contemporaines. Cuisine régionale.

✕✕✕ Le Mazerand   📠 🍽 🄰 ⇔ 🅿

– 𝒞 *04 67 64 82 10 – www.le-mazerand.com – Fermé vacances de fév., sam. midi, dim. soir et lundi*
Formule 25 € – Menu 31/68 € – Carte 44/83 €
Cette propriété, dont l'origine remonte au 17e s., marie avantageusement vieilles pierres et décor moderne. Jolies terrasses. Cuisine régionale un brin créative.

✗ **Le Bistrot d'Ariane**   ⌂⌂ 🍴 AC ⇄

5 r. des Chevaliers-de-Malte, à Port Ariane – ℰ 04 67 20 01 27
– www.bistrot-ariane.fr – Fermé 20 déc.-4 janv. et dim.
Formule 18 € – Menu 22 € (semaine), 34/44 € – Carte 30/60 €
Sur le port, un grand et chaleureux bistrot (comptoir en bois, luminaires anciens).
Les patrons annotent – avec pertinence – la carte des vins, où dominent les crus
régionaux.

✗ **Sensation**   🍴 ⅙ AC ✗

2 r. des Consuls, à Port Ariane – ℰ 04 67 50 39 31 – www.restaurantsensation.fr
– Fermé sam. midi, dim. et lundi
Formule 24 € – Menu 36 € (semaine), 47/79 €
Sensation, impression, émotion... Tout ce que recherche ce jeune chef très créatif
(pâtissier de formation – on le ressent), qui s'est lancé ici avec sa compagne.
Décor contemporain.

à Juvignac 6 km par ⑥, rte de Millau – ✉ 34990 – 7 668 hab. – Alt. 32 m

🏠 **Golf Hôtel**   🍴 ⅖ 🛏 ⅙ 🖼 ⅋ ⅙ AC 🛜 ⅗ P

38 av. des Hameaux-du-Golf, (au golf international) – ℰ 04 67 45 90 00
46 ch – ♦76/130 € ♦♦76/130 € – 40 suites – ⊡ 14 € – ½ P
Après avoir testé la régularité de votre swing sur le parcours 18 trous, cap sur cet
hôtel dont la majorité des chambres (certaines avec terrasse) ouvrent sur les
greens. Un ensemble élégant – golf oblige –, lumineux et très confortable !

à St-Gély-du-Fesc 13 km au Nord-Ouest par D 986 – ✉ 34980
– 8 917 hab. – Alt. 95 m

✗✗ **Le Clos des Oliviers**   ⌂⌂ ⌸ 🍴 ⅙ AC ⇄ P

53 r. de l'Aven – ℰ 04 67 84 36 36 – www.clos-des-oliviers.com – Fermé dim. soir
et lundi
Formule 20 € – Menu 38/97 € ⅋ – Carte 48/78 €
Du goût, de la simplicité, des produits de qualité bien travaillés : on apprécie ici
une bonne cuisine, sans complications inutiles, et on se fait plaisir ! À noter : la
carte des vins est réalisée avec le caviste voisin. L'été, on profite de la terrasse à
l'ombre des canisses.

MONTPON-MÉNESTÉROL

✉ 24700 (Dordogne) – 5 483 hab. – Alt. 93 m – Voir carte n°**4-C1**
🚩 Paris 532 km – Bergerac 40 km – Libourne 43 km – Périgueux 56 km
Carte Michelin 329-B5

à Ménestérol 1 km au Nord – ✉ 24700

✗✗ **Auberge de l'Eclade**   🍴 ⅙ AC

⊛   *17 r. Paul-Émile-Victor, rte de Coutras – ℰ 05 53 80 28 64*
– www.auberge-de-leclade.com – Fermé vacances de la Toussaint, dim. soir,
lundi soir, mardi soir et merc.
Menu 15 € ⅋ (déj. en semaine), 32/60 € – Carte 39/60 €
Au calme, près de la chapelle romane du village, cette maison de pays abrite une
table bien connue des gourmands de la région. Dans un décor soigné, tout en
tons clairs, ou sur la terrasse, on se régale d'une savoureuse cuisine dans l'air du
temps. Bon choix de vins et de whiskys.

MONTRABÉ – 31 (Haute-Garonne) → voir Toulouse

MONTRÉAL

✉ 32250 (Gers) – 1 211 hab. – Alt. 131 m – Voir carte n°**28-A2**
🚩 Paris 725 km – Agen 57 km – Auch 59 km – Condom 16 km
Carte Michelin 336-D6

XX **La Bombance** 🖼 👤 🆔 🆒 P

lieu-dit Bidon – ☏ 05 62 29 28 80 – www.labombance.fr – Fermé 1 semaine en fév. et merc.
Menu 33/46 €
Une grande et belle maison dans la campagne : un cadre lumineux et l'élégance champêtre où il est agréable de faire... bombance ! En chef inspiré qui connaît recettes et produits comme sa poche, Fabrice Gosset cuisine d'instinct, proposant chaque jour un menu surprise qui transforme le repas en découverte.

X **Daubin** 🖼

😊 *3 r. Aurensan, (face à l'église) – ☏ 05 62 29 44 40 – www.bernarddaubin.com – Fermé vacances de fév., dim. soir, lundi et mardi*
Formule 20 € – Menu 30/60 € – Carte 46/82 €
Terrasse sous les platanes, cuisine du terroir pleine de goût, produits de première qualité, dégustation de vins régionaux... Côté bar, on mange à la bonne franquette, bien calé sur les tonneaux. Quant à l'accueil, il est sans pareil. Une adresse authentique où l'on vient non pas en client mais en ami !

MONTREDON – 11 (Aude) → voir Carcassonne

MONTREUIL
✉ 62170 (Pas-de-Calais) – 2 233 hab. – Alt. 54 m – Voir carte n°**30-A2**
▶ Paris 232 km – Abbeville 49 km – Arras 86 km – Boulogne-sur-Mer 38 km
Carte Michelin 301-D5

🏨 **Château de Montreuil** 🍴 🛁 👜 ⚓ 📶 P

4 chaussée des Capucins – ☏ 03 21 81 53 04 – www.chateaudemontreuil.com – Fermé 15 déc.-31 janv. et lundi sauf juil.-août et fériés
11 ch – 👤210/300 € 👥👥210/300 € – 4 suites – 🍽 20 €
Rest Château de Montreuil ✿ – voir les restaurants ci-après
Dans la partie haute de la ville, une grande et élégante demeure toute blanche (années 1920) dans un jardin clos, à l'abri des remparts... et du monde extérieur. Beaucoup de calme et de raffinement en ces lieux, dans une veine "so British".

🏨 **Coq Hôtel** 🍴 👜 🖥 👤

2 pl. de la Poissonnerie – ☏ 03 21 81 05 61 – www.coqhotel.fr – Fermé 21 déc.- 6 fév.
19 ch – 👤95/125 € 👥👥95/140 € – 🍽 12 €
Cette maison bourgeoise dresse sa belle façade en brique rouge sur une placette du centre. Les chambres sont spacieuses et coquettes : parfait pour une étape dans cette petite ville médiévale.

XXX **Château de Montreuil** (Christian Germain) – Hôtel Château de Montreuil 🥂 👜 🖼

✿ *4 chaussée des Capucins – ☏ 03 21 81 53 04* P
– www.chateaudemontreuil.com – Fermé 15 déc.-31 janv., mardi midi et lundi sauf juil.-août et jeudi midi
Menu 37 € (déj.), 78/100 € – Carte environ 78 €
Les assiettes sont belles à regarder, plus encore à déguster... Joli moment de gastronomie au cœur de Montreuil, sous l'égide d'un chef amoureux du produit et précis dans son travail. Décor classique.
→ Ravioles de fromages de chèvre et de brebis, sauce suprême et jambon ibérique. Pigeonneau de Licques et foie gras dans l'esprit d'un hochepot flamand. Soufflé chaud au chocolat.

X **L'Atelier 26** Ⓝ 🖼

😊 *26 r. d'Hérambault – ☏ 03 21 06 04 23 – www.latelier26.fr – Fermé 1 semaine en fév., 2 semaines en juin, 1 semaine vacances de Noël, mardi sauf le midi de sept. à juin, dim. soir et lundi soir sauf juil.-août et merc.*
Formule 17 € – Menu 27 € – Carte 32/49 € (réservation conseillée)
Peu de stock, des approvisionnements directs auprès de petits maraîchers, le poisson de la pêche locale : dans ce charmant bistrot gourmand, le produit frais est roi ! Et le savoir-faire du chef fait le reste... Qui plus est, les petits prix sont au rendez-vous ! Et que dire du sourire de Mélanie ?

à La Madelaine-sous-Montreuil 3 km à l'Ouest par D 139 et rte secondaire –
⊠ 62170 – 174 hab. – Alt. 7 m

ᐃᐃᐃ **La Grenouillère** ⏐○ ⌴ ᗯ ᕯ ᗷ ⅋ **P**
19 r. de la Grenouillère – ⌀ 03 21 06 07 22 – www.lagrenouillere.fr – Fermé janv.,
lundi midi et jeudi midi de sept. à juin, mardi sauf le soir en juil.-août, merc. midi
sauf juil.-août et merc. soir de nov. à Pâques
12 ch – ✝140/250 € ✝✝140/250 € – ⏛ 23 €
Rest *La Grenouillère* ⏥ – voir les restaurants ci-après
De l'hôtel-restaurant familial – une ancienne ferme picarde dans les champs –,
Alexandre Gauthier a fait... un lieu d'avant-garde. À l'image de sa cuisine tout en
recherches, les chambres jouent une carte très contemporaine, notamment les
"huttes" créées dans le jardin par l'architecte Patrick Bouchain, au luxe sauvage !

ᕷᕷᕷ **La Grenouillère** (Alexandre Gauthier) ⅏ ᗯ ᕯ **P**
⏥ *19 r. de la Grenouillère – ⌀ 03 21 06 07 22 – www.lagrenouillere.fr – Fermé janv.,*
lundi midi et jeudi midi de sept. à juin, mardi sauf le soir en juil.-août, merc. midi
sauf juil.-août et merc. soir de nov. à Pâques
Formule 45 € – Menu 90/120 € – Carte 80/112 €
Très design, tout en matériaux bruts, la salle ouvre à la fois grand sur la nature et
les fourneaux. Le spectacle est total ! Un superbe écrin pour la cuisine d'Alexandre Gauthier, connu pour bousculer les conventions. Ses assiettes sont autant
d'instantanés de créativité, où le produit s'exprime en toute liberté... Expérience
très contemporaine.
➔ Grenouilles meunière. Pigeon au blé vert. Bulle du marais.

au Moulinel 8 km à l'Ouest par D 139 – ⊠ 62170

ᕷᕷ **Auberge du Moulinel** ᗯ **AC** ⅋ **P**
116 chaussée de l'Avant-Pays – ⌀ 03 21 94 79 03 – www.aubergedumoulinel.com
– Fermé 3 semaines en janv., lundi et mardi sauf juil.-août et dim. soir
Formule 20 € – Menu 31 € (semaine), 45/60 € – Carte 50/75 €
Un petit air de campagne chic, non loin du Touquet. Entrez donc dans la salle, un
brin rustique avec sa collection de cuivres anciens. Escalope de foie gras chaud,
turbot rôti, vacherin, paris-brest... Le chef réalise une alléchante cuisine traditionnelle. Tout est fait maison, y compris le pain et les glaces !

MONTREUIL – 93 (Seine-Saint-Denis) ➔ voir Paris, Environs

MONTREVEL-EN-BRESSE
⊠ 01340 (Ain) – 2 390 hab. – Alt. 215 m – Voir carte n°**44-B1**
▶ Paris 395 km – Bourg-en-Bresse 18 km – Mâcon 25 km – Pont-de-Vaux 22 km
Carte Michelin 328-D2 – Guide Vert Michelin Lyon et sa région

ᕷᕷ **Léa** (Louis Monnier) **AC** ⅋ ⟷
⏥ *10 rte d'Etrez – ⌀ 04 74 30 80 84 – www.restaurant-lea.com – Fermé 2-16 juil.,*
20 déc.-15 janv., dim. soir et merc.
Menu 36 € (déj. en semaine), 56/80 € – Carte 76/105 € *(réservation conseillée)*
Quel plaisir de déguster une vraie cuisine classique dans cette très accueillante
maison bourgeoise ! Beaucoup de charme et le goût des produits nobles
(homard, volaille de Bresse, belles viandes et poissons sauvages) : au-delà des
modes, ici, on défend les saveurs intemporelles.
➔ Escargots au beurre persillé et champignons de saison. Poularde de Bresse cuisinée à la crème et au savagnin. Marquise au chocolat amer, orange confite
et sauce à la vanille.

ᕻ **Le Comptoir** ᗜ ᕯ **AC**
⏥ *9 Grande-Rue – ⌀ 04 74 25 45 53 – Fermé 2 semaines en juil., 22 déc.-13 janv.,*
dim. soir, mardi soir sauf juil.-août et merc.
Formule 16 € – Menu 20/34 € – Carte 24/39 €
Envie d'un verre au Comptoir ? Ce café de village joue la carte de la nostalgie,
façon Gabin et Verneuil : banquettes, affiches, miroirs et... spécialités bistrotières,
sans oublier quelques plats régionaux. Vous y reviendrez forcément !

rte de Bourg-en-Bresse 2 km au Sud sur D 975 – ⊠01340 Montrevel-en-Bresse

🏠 **Le Pillebois** 〈IO 🍴 🏊 🛅 ♿ ⚘ 🛜 ♨ P〉
– *𝒞 04 74 25 48 44 – www.hotellepillebois.com – Fermé 10-18 août et 21 déc.-6 janv.*
31 ch – 🛏70/96 € 🛏🛏75/101 € – 1 suite – ☷ 10 € – ½ P
Rest *Les Vallons* – voir les restaurants ci-après
Cette bâtisse moderne, de style bressan, abrite des chambres fonctionnelles et bien tenues, toutes dans un style contemporain. La piscine découverte et la terrasse sont propices au farniente, et l'espace fitness permet de garder la forme !

🍴🍴 **Les Vallons** – Hôtel Pillebois 〈🍴 🏗 ♿ P〉
🐟 – *𝒞 04 74 25 48 44 – www.hotellepillebois.com – Fermé 10-18 août, 21 déc.-10 janv., dim. soir et lundi midi*
Formule 15 € – Menu 19 € (semaine), 22/55 € – Carte 29/65 €
Pourquoi ne pas se laisser tenter par le restaurant de l'hôtel Pillebois ? Au menu, des recettes traditionnelles réalisées avec une pointe d'originalité : poireaux vinaigrette, filet de limande accompagné de légumes, chèvre frais avec de la salade, etc. Aux beaux jours, on s'installe dans le patio !

MONTRICHARD
⊠ 41400 (Loir-et-Cher) – 3 409 hab. – Alt. 62 m – Voir carte n°**11**-A1
▶ Paris 220 km – Blois 37 km – Châteauroux 85 km – Châtellerault 95 km
Carte Michelin 318-E7 – Guide Vert Michelin Châteaux de la Loire

🏠 **Le Bellevue** 〈IO ≤ 🛗 AC 🛜 🚗〉
24 quai de la République – 𝒞 02 54 32 06 17 – www.le-hotel-le-bellevue41.com – Fermé vend., sam. et dim. du 23 nov. au 13 déc.
32 ch – 🛏72/98 € 🛏🛏78/120 € – 3 suites – ☷ 12 € – ½ P
Enseigne-vérité : la plupart des chambres offrent une vue panoramique sur le Cher. Quelques suites dans une villa toute proche. Au restaurant, baies vitrées sur la vallée et carte traditionnelle.

à Chissay-en-Touraine 4 km à l'Ouest par D 176 – ⊠ 41400
– 1 148 hab. – Alt. 63 m

🏠🏠 **Château de Chissay** 〈IO 🏊 ≤ 🍴 🏊 🛗 ♿ ♨ P〉
– *𝒞 02 54 32 32 01 – www.chateaudechissay.com – Ouvert 4 avril-1er nov.*
26 ch – 🛏140/310 € 🛏🛏140/310 € – 6 suites – ☷ 17 € – ½ P
Louis XI, le général de Gaulle : ce château du 15e s. a accueilli d'illustres personnages ! Chambres classiques ; la troglodytique et le duplex du donjon ne manquent pas d'originalité... Au restaurant : voûtes, boiseries, mobilier Louis XIII et... cuisine actuelle.

MONTRICOUX
⊠ 82800 (Tarn-et-Garonne) – 1 077 hab. – Alt. 113 m – Voir carte n°**29**-C2
▶ Paris 618 km – Cahors 51 km – Gaillac 39 km – Montauban 25 km
Carte Michelin 337-F7

🍴🍴🍴 **Les Gorges de l'Aveyron** avec ch 〈🏊 🍴 🏗 AC rest. 🛜 ♨ P〉
🐟 *Le Bugarel – 𝒞 05 63 24 50 50 – www.gorges-aveyron.com – Fermé mars, 2-31 janv., mardi sauf du 15 juin au 15 sept. et lundi*
5 ch – 🛏85/160 € 🛏🛏85/160 € – ☷ 13 € Menu 15 € (déj. en semaine), 29/75 €
Au cœur d'un parc verdoyant baigné par l'Aveyron, cette villa cossue est une véritable invitation à savourer une cuisine de saison agréable et bien ficelée. La grande terrasse se révèle incontournable aux beaux jours.

MONTROND-LES-BAINS
⊠ 42210 (Loire) – 4 852 hab. – Alt. 356 m – Voir carte n°**44**-A2
▶ Paris 447 km – Lyon 69 km – Montbrison 15 km – Roanne 58 km
Carte Michelin 327-E6 – Guide Vert Michelin Lyon et sa région

XXX La Poularde avec ch

2 r. de St-Étienne – ℰ 04 77 54 40 06 – www.la-poularde.com – Fermé mardi midi, dim. soir et lundi
16 ch – †92/146 € ††92/146 € – ⌘ 22 €
Menu 39/120 € – Carte 91/193 € *(réservation conseillée)*
Cet établissement, bien connu dans la région, a été repris en 2012 par deux jeunes professionnels bien décidés à en rénover l'esprit de tradition… sans en dénaturer l'âme – nous sommes dans un relais de poste de 1732 ! D'ores et déjà, le décor comme la cuisine mêlent joliment classicisme et modernité…

XX Carré Sud

55 av. de la gare – ℰ 04 77 54 42 71 – www.carre-sud.fr – Fermé 2 semaines en sept., dim. soir, mardi et merc.
Menu 18 € (déj. en semaine), 27/51 € – Carte 23/43 €
Velouté de châtaigne aux copeaux de foie gras et pleurote en persillade, joues de bœuf confites au romarin à la pulpe de topinambour… De jolies présentations, des cuissons justes, des saveurs bien marquées : en dépit de son jeune âge, le chef cuisine franchement et sans complexe, pour notre plus grand plaisir !

MONTROUGE – 92 (Hauts-de-Seine) ➜ voir Paris, Environs

MONTS

✉ 37260 (Indre-et-Loire) – 6 995 hab. – Alt. 50 m – Voir carte n°**11-B2**
▶ Paris 254 km – Azay-le-Rideau 13 km – Chenonceaux 48 km – Chinon 33 km
Carte Michelin 317-M5

X Au Carrousel des Saveurs

2 r. Jean-Colin – ℰ 02 47 26 76 86 – www.aucarrouseldessaveurs.fr – Fermé 6-20 juil., 2-16 janv., dim. soir et lundi
Formule 14 € – Menu 25/49 €
Le jeune chef, après un parcours dans de belles maisons, a posé ses valises dans cette petite auberge familiale des bords de l'Indre pour en faire… un carrousel de jolies saveurs ! Au coin de la cheminée, on se régale d'une bonne cuisine du marché, réalisée avec de bons produits.

MONT-SAINT-JEAN

✉ 21320 (Côte-d'Or) – 251 hab. – Alt. 478 m – Voir carte n°**8-C2**
▶ Paris 265 km – Dijon 62 km – Mâcon 146 km – Nevers 183 km
– Guide Vert Michelin Bourgogne

↑ Les Roches

r. de Glanot – ℰ 03 80 84 32 71 – www.lesroches-burgundy.com
5 ch ⌘ – †129/169 € ††139/179 €
Lustres à pampilles, moulures, mobilier chiné : cette maison bourgeoise (1901) cultive son style châtelain avec une certaine élégance. Le jardin est charmant, tout comme la vue sur le Morvan et l'accueil des propriétaires. Le soir, les résidents – et les autres ! – dînent autour de petits plats de tradition.

LE MONT-ST-MICHEL

✉ 50170 (Manche) – 43 hab. – Alt. 10 m – Voir carte n°**32-A3**
▶ Paris 359 km – Alençon 135 km – Avranches 23 km – Dinan 58 km
Carte Michelin 303-C8 – Guide Vert Michelin Normandie Cotentin, Bretagne

à la Digue 2 km au Sud sur D 976 – ✉50170 Le Mont-St-Michel

⌂⌂⌂ Le Relais Saint-Michel

– ℰ 02 33 89 32 00 – www.lemontsaintmichel.info
32 ch – †270/420 € ††270/420 € – 7 suites – ⌘ 25 € – ½ P
Pour les touristes et les pèlerins d'aujourd'hui, une étape confortable… face à la silhouette du Mont : dans ce relais contemporain (1995), la quasi totalité des chambres ouvrent par de grandes baies – et avec balcon ou terrasse – sur l'étendue des herbus et l'abbaye. Restaurant panoramique.

Mercure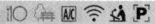

– *𝒞 02 33 60 14 18 – www.le-mont-saint-michel.com – Fermé 5-16 janv.*
100 ch – ♦92/160 € ♦♦97/165 € – � 14 € – ½ P
Tous les avantages de la chaîne Mercure juste à côté du Couesnon, à l'amorce de la voie d'accès au Mont. Un ensemble confortable et bien tenu.

 Le Relais du Roy

– *𝒞 02 33 60 14 25 – www.le-relais-du-roy.com – Fermé 17-30 janv.*
27 ch – ♦88/125 € ♦♦88/125 € – ⊆ 11 € – ½ P
À l'entrée de la digue, une ancienne ferme de la fin du 18e s. toute en pierre, et son extension plus récente. Les chambres, fonctionnelles et bien tenues, ouvrent pour certaines (les plus calmes) sur le Couesnon.

MONTSALVY

✉ 15120 (Cantal) – 876 hab. – Alt. 800 m – Voir carte n°**5-B3**
▶ Paris 586 km – Aurillac 31 km – Entraygues-sur-Truyère 14 km – Figeac 57 km
Carte Michelin 330-C6 – Guide Vert Michelin Auvergne

✗✗ **L'Auberge Fleurie** avec ch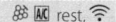

pl. du Barry – 𝒞 04 71 49 20 02 – www.auberge-fleurie.com
– Fermé 22-29 juin, 21-28 sept., 2 janv.-13 fév., dim. soir et lundi sauf juil.-août
7 ch – ♦50/70 € ♦♦50/70 € – ⊆ 9 € – ½ P
Menu 16 € (déj. en semaine), 26/46 € – Carte 34/57 €
Avis aux amateurs : ici, on a la passion du terroir et des bons vins ! Quenelle de saumon aux moules sur bisque de langoustine, côtelette de porc fermier "Lou Téchou" à la graine de moutarde... Dans cette auberge couverte de vigne vierge, le chef revisite joliment la tradition. Quelques chambres à l'étage.

MONT-SAXONNEX

✉ 74130 (Haute-Savoie) – 1 590 hab. – Alt. 1 000 m – Voir carte n°**46-F1**
▶ Paris 572 km – Annecy 57 km – Genève 38 km – Lyon 189 km
Carte Michelin 328-L4 – Guide Vert Michelin Alpes du Nord

 Jalouvre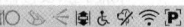

45 rte Gorge-du-Cé – 𝒞 04 50 96 90 67 – www.lejalouvre.com – Fermé 2 semaines début janv.
14 ch – ♦61/68 € ♦♦68/83 € – ⊆ 9 € – ½ P
Bien au calme dans un village de montagne, un hôtel confortable et avenant avec des chambres décorées dans un bel esprit de chalet contemporain. Pour se sustenter, deux possibilités : un bistrot régional et un restaurant traditionnel dans un décor tout en bois.

MONTSOREAU

✉ 49730 (Maine-et-Loire) – 476 hab. – Alt. 77 m – Voir carte n°**35-C2**
▶ Paris 292 km – Angers 75 km – Châtellerault 65 km – Chinon 18 km
Carte Michelin 317-J5 – Guide Vert Michelin Pays de la Loire

 La Marine de Loire sans rest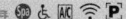

9 av. de la Loire – 𝒞 02 41 50 18 21 – www.hotel-lamarinedeloire.com
7 ch – ♦150/195 € ♦♦195/255 € – 4 suites – ⊆ 15 €
Un hôtel de charme décoré avec goût : les chambres, aux noms poétiques, sont confortables et bien tenues. Il fait bon se promener dans le jardin d'agrément, avant d'aller se prélasser dans l'espace bien-être, avec hammam et cabines de soins...

 Le Bussy sans rest

4 r. Jeanne-d'Arc – 𝒞 02 41 38 11 11 – www.hotel-lebussy.fr – Ouvert de mi-fév. à mi-déc.
12 ch – ♦87/135 € ♦♦87/135 € – ⊆ 13 €
La plupart des chambres de cette maison du 18e s. regardent le joli château de la Dame de Monsoreau, dont Bussy était l'amant. Salle des petits-déjeuners troglodytique.

XX **Diane de Méridor** ⩽ 🕭 🖪 ⇔

12 quai Philippe-de-Commines – ℰ 02 41 51 71 76
– www.restaurant-dianedemeridor.com – Fermé mardi et merc.
Formule 19 € – Menu 29/85 € ♉ – Carte environ 58 €
Une grande salle avec vue sur la Loire… Des murs en tuffeau et quelques touches contemporaines s'accordant parfaitement avec la cuisine dans l'air du temps du chef. Le tout ponctué de quelques recettes régionales. Voilà une adresse qui sait conjuguer passé et présent !

MOOSCH
✉ 68690 (Haut-Rhin) – 1 736 hab. – Alt. 390 m – Voir carte n°**1-A3**
🚩 Paris 469 km – Colmar 53 km – Mulhouse 29 km – Strasbourg 128 km
Carte Michelin 315-G9

XX **Aux Trois Rois** 🕭 🕭 ⇔

😁 *35 r. du Gén.-de-Gaulle – ℰ 03 89 82 34 66 – www.aux-trois-rois.com – Fermé 2*
semaines fin juin-début juil., lundi et mardi
Menu 14 € (déj. en semaine), 36/60 € – Carte 43/61 €
Pâté en croûte, tête de veau… Ici, les éternels bistrotiers sont rois, mais ils partagent volontiers leur couronne avec les produits de la mer. À l'ardoise, des propositions sans cesse renouvelées et des vins qui sont de vraies petites trouvailles : un royaume du goût, de la qualité et de la convivialité !

MORANGIS – 91 (Essonne) ➔ voir Paris, Environs

MOREILLES – 85 (Vendée) ➔ voir Luçon

MORESTEL
✉ 38510 (Isère) – 4 256 hab. – Alt. 220 m – Voir carte n°**45-C2**
🚩 Paris 506 km – Lyon 65 km – Vénissieux 63 km – Villeurbanne 64 km
Carte Michelin 333-F3 – Guide Vert Michelin Lyon et sa région

X **Auberge du Fouron** 🕭 🅿

😁 *254 chemin de Malissole, RN 75, rte de Bourg – ℰ 04 74 80 28 69*
– www.aubergedufouron.com – Fermé 16-23 fév., 17-27 avril, 23 oct.-2 nov.,
sam. midi de sept. à mai, mardi midi de juin à août, dim. soir et lundi
Menu 15 € (déj. en semaine), 35/52 €
Des herbes aromatiques, des fleurs comestibles, des légumes du potager et des épices en tous genres : la recette du bonheur selon cette auberge. On se laisse donc facilement tenter par un pavé de merlu rôti au jus de viande et côtes de blettes, ou un jubilé de cerises et blanc-manger… Fameux !

MORET-SUR-LOING
✉ 77250 (Seine-et-Marne) – 4 318 hab. – Alt. 50 m – Voir carte n°**19-C3**
🚩 Paris 74 km – Fontainebleau 11 km – Melun 28 km – Nemours 17 km
Carte Michelin 312-F5 – Guide Vert Michelin Île-de-France

XX **Hostellerie du Cheval Noir** avec ch 🕭 🕭 rest, ℅ ch, 🛜

47 av. Jean-Jaurès – ℰ 01 60 70 80 20 – www.chevalnoir.fr – Fermé
27 juil.-11 août, 20 janv.-11 fév., lundi et mardi
11 ch – †90/175 € ††105/175 € – ☲ 16 € – ½ P
Formule 30 € – Menu 45 € – Carte 50/70 €
Cet ex-relais postal du 18es., bâti face à l'une des portes de l'ancienne place forte, propose une cuisine inventive jouant sur les saveurs douces et épicées.

MOREY-ST-DENIS
✉ 21220 (Côte-d'Or) – 692 hab. – Alt. 275 m – Voir carte n°**8-D1**
🚩 Paris 318 km – Beaune 30 km – Dijon 16 km
Carte Michelin 320-J6

🏠🏠 **Castel de Très Girard**   🔟 🍴 🎿 🖼 📶 🏊 **P**
7 r. de Très Girard – 📞 *03 80 34 33 09 – www.castel-tres-girard.com*
8 ch – 🛏180/210 € 🛏🛏180/280 € – ☑ 16 € – ½ P
Rest *Castel de Très Girard* – voir les restaurants ci-après
Une très belle maison de maître du 18ᵉ s. au cœur de ce village typiquement bourguignon. Les chambres, cossues et spacieuses, sont idéales pour se prélasser, tout comme la belle terrasse, le jardin et la piscine...

🍴🍴 **Castel de Très Girard**   🍽 📶 **P**
7 r. de Très Girard – 📞 *03 80 34 33 09 – www.castel-tres-girard.com*
Menu 30 € (déj.)/60 €
Dans ce restaurant mêlant élégamment charme rustique et douceur contemporaine, le chef réalise une belle cuisine, faite de fraîcheur de saison, de saveurs du terroir et de modernité... L'art de la conjugaison !

MORGAT
✉ 29160 (Finistère) – 7 535 hab. – Voir carte n°**9-A2**
▶ Paris 590 km – Brest 62 km – Châteaulin 38 km – Douarnenez 42 km
Carte Michelin 308-E5 – Guide Vert Michelin Bretagne Nord

🏠 **Julia** sans rest   🌊 🚪 🛗 💇 📶 🏊 **P**
43 r. de Tréflez – 📞 *02 98 27 05 89 – www.hoteljulia.fr – Ouvert d'avril à nov.*
15 ch – 🛏56/75 € 🛏🛏61/82 € – 1 suite – ☑ 13 €
Dans un quartier calme, sur les hauteurs de Morgat, cet hôtel de tradition continue sa "mue" et se dote peu à peu de confortables installations contemporaines. Les chambres sont spacieuses, et la plupart d'entre elles offrent une jolie vue sur la mer.

🏠 **Hôtel de la Baie** sans rest   💇 📶
46 bd de la Plage – 📞 *02 98 27 07 51 – www.hoteldelabaie-crozon-morgat.com*
26 ch – 🛏53/95 € 🛏🛏53/95 € – ☑ 10 €
Au cœur de Morgat, l'établissement offre une vue imprenable sur la plage... Les chambres, d'esprit actuel, gaies et soignées, sont d'un bon rapport qualité-prix. On prend son petit-déjeuner dans le salon de thé. Une adresse où l'on se sent bien.

🍴 **Saveurs et Marée**
52 bd de la Plage – 📞 *02 98 26 23 18 – www.saveurs-et-maree.com – Fermé de*
😊 *mi-janv. à mi- fév. et lundi de fin sept. à avril*
Formule 15 € – Menu 19 € (déj. en semaine), 31 € 🍷/62 € – Carte 25/61 €
Une cuisine "dans le vent" pour cette maison conviviale, au cœur de la station balnéaire. Marée et saveurs sont au rendez-vous avec des spécialités comme le poisson au beurre blanc, la marmite de homard, etc.

MORILLON – 74 (Haute-Savoie) ➔ voir Samoëns

MORLAIX
✉ 29600 (Finistère) – 15 549 hab. – Alt. 7 m – Voir carte n°**9-B1**
▶ Paris 538 km – Brest 61 km – Quimper 78 km – St-Brieuc 86 km
Carte Michelin 308-H3 – Guide Vert Michelin Bretagne Nord

🏠 **Cozy Hôtel** sans rest   🚪 🛗 📶 🏊 **P**
3 km par rte de Plouigneau Est sur D 712 - BZ – 📞 *02 98 88 08 68*
– www.hotel-morlaix.com – Fermé 18 déc.-4 janv.
30 ch – 🛏50/75 € 🛏🛏55/95 € – ☑ 9 €
En léger retrait de la route, une construction cubique des années 1970, qui abrite des chambres fonctionnelles, plus "cosy" au rez-de-chaussée, plus classiques à l'étage. Pour la clientèle d'étape, restauration simple, le soir en semaine. Prix raisonnables.

🏠 **Hôtel du Port** sans rest
3 quai de Léon – 📞 *02 98 88 07 54 – www.lhotelduport.com*   Plan : AY**r**
– Fermé 21 déc.-5 janv.
25 ch – 🛏55/72 € 🛏🛏64/79 € – ☑ 10 €
Une bonne petite adresse que cette maison bretonne du 19ᵉ s. face au port de plaisance. Les chambres sont pratiques et bien insonorisées ; certaines avec vue sur les quais. Randonneurs, le GR 34 passe juste là !

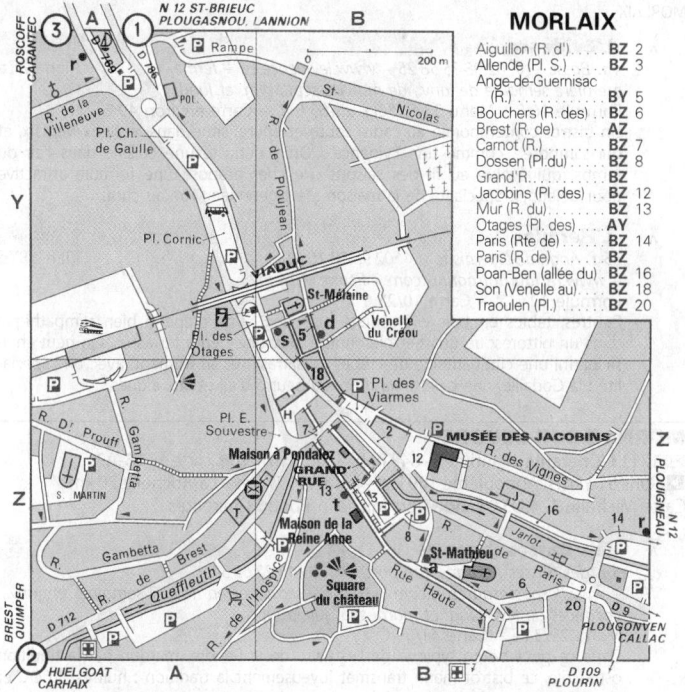

MORLAIX

Aiguillon (R. d') . . . . . **BZ** 2
Allende (Pl. S.) . . . . . . **BZ** 3
Ange-de-Guernisac
(R.) . . . . **BY** 5
Bouchers (R. des) . . . **BZ** 6
Brest (R. de) . . . . . . **AZ**
Carnot (R.) . . . . **BZ** 7
Dossen (R. du) . . . . . **BZ** 8
Grand'R. . . . . **BZ**
Jacobins (Pl. des) . . . **BZ** 12
Mur (R. du) . . . . . . **BZ** 13
Otages (Pl. des) . . . . **AY**
Paris (Rte de) . . . . . **BZ** 14
Paris (R. de) . . . . . . **BZ**
Poan-Ben (allée du) . **BZ** 16
Son (Venelle au) . . . **BZ** 18
Traoulen (Pl.) . . . . . **BZ** 20

⌂ **Manoir de Coat Amour**　　　🍽 👙 🛁 🖎 🐾 🛜 **P**

rte de Paris – ☎ *02 98 88 57 02* – *www.gites-morlaix.com*　　Plan : BZ**r**
– *Fermé janv. et oct.*
5 ch 🛏 – ♦79/128 € ♦♦93/129 €
Sur les hauteurs de la ville, cette maison de maître (19ᵉ s.) aux airs de malouinière
a un charme fou. Entourées d'un grand parc fleuri d'essences rares, les chambres
sont délicieusement reposantes, embellies de meubles chinés. La maîtresse des
lieux, britannique, fait table d'hôte certains soirs... Belle cote d'amour !

🍴 **Le Viaduc**　　　　　　　　　　　　　　　　　　🛁 👙

3 rampe St-Mélaine – ☎ *02 98 63 24 21* – *www.le-viaduc.com*　Plan : BY**s**
– *Fermé 2 semaines en oct., dim. soir et lundi sauf juil.-août*
Formule 16 € – Menu 22 € (dîner)/31 € – Carte 28/53 €
Cette maison compte parmi les plus vieilles du secteur de l'église St-Mélaine. Les
spécialités du chef, dont le père était boucher : la viande, les abats et le célèbre
kig-ha-farz, le pot-au-feu breton. Mais il y a aussi du poisson, bien sûr !

🍴 **L'Estaminet**　　　　　　　　　　　　　　　　　　🛋 👙

🥤 *23 r. du Mur* – ☎ *02 98 88 00 17*　　　　　　　　　Plan : BZ**t**
– *www.restaurant-morlaix.com* – *Fermé dim. et lundi*
Formule 16 € – Menu 29/46 € – Carte 32/47 €
Il est conseillé d'aller mordre à pleines dents dans les plats de ce sympathique
restaurant, situé dans une rue semi-piétonne du vieux Morlaix. Le jeune chef privilégie les produits du terroir breton (oignons de Roscoff, andouille de Guémené,
cocos de Paimpol), qu'il retravaille avec soin, dans le respect des saveurs.

X **L'Evidence**

4 r. Basse – ℰ 02 98 15 58 25 – www.levidence.eu – fermé   Plan : BZ**a**
première semaine de janv., de mai, de sept., dim. et lundi
Formule 16 € – Menu 22 € (déj.), 25/65 € ♈ – Carte environ 49 €

Un bistrot contemporain au cadre sobre et épuré, situé dans le vieux Morlaix, et qui s'impose... comme une Évidence ! On y déguste une cuisine dans l'air du temps, qui évolue au fil des saisons ; le chef propose une formule attractive pour déjeuner. Spécialité de la maison : le pigeonneau rôti au chou.

X **L'Hermine**   🛋

35 r. Ange-de-Guernisac – ℰ 02 98 88 10 91   Plan : BY**d**
– www.restaurantmorlaix.com – Fermé 7-14 fév.
Formule 12 € ♈ – Carte 10/25 €

Poutres, tables en bois ciré, objets rustiques : une crêperie bien sympathique dans un pittoresque quartier piétonnier, avec une petite terrasse... On peut choisir parmi une cinquantaine de crêpes au sarrasin et au froment, avec une spécialité : la Godaille, une galette au thon, au beurre d'ail et aux algues.

MORNAC-SUR-SEUDRE

✉ 17113 (Charente-Maritime) – 848 hab. – Alt. 5 m – Voir carte n°**38-A3**
◪ Paris 510 km – Angoulême 109 km – Poitiers 177 km – La Rochelle 70 km
Carte Michelin 324-D5 – Guide Vert Michelin Poitou-Charentes

X **Les Basses Amarres**   🛋

😊 *5 r. des Basses-Amarres, (au port) – ℰ 05 46 22 63 31*
– www.lesbassesamarres.com – Fermé 2 semaines en nov., 2 semaines en janv.,
vacances de fév., lundi et mardi sauf juil.-août
Menu 29/34 € – Carte 41/59 €

Dans ce petit bourg typique de l'estuaire de la Seudre, marqué par la tradition ostréicole, ce bistrot marin transmet joyeusement la tradition : huîtres du cru et nombreux plats du large (raviole ouverte de coques et crevettes, maigre sauce bouillabaisse...) sont pleins de goût, pour le meilleur de la pêche locale.

MORSBRONN-LES-BAINS

✉ 67360 (Bas-Rhin) – 728 hab. – Alt. 200 m – Voir carte n°**1-B1**
◪ Paris 489 km – Haguenau 11 km – Sarreguemines 68 km – Strasbourg 44 km
Carte Michelin 315-K3

🏠 **La Source des Sens**   ℐ🔟 🛋 ⌶ 🔲 ◉ 🛁 & 🕭 🎏 🛜 🎿 🅿

19 rte d'Haguenau – ℰ 03 88 09 30 53 – www.lasourcedessens.fr
32 ch – †125/250 € ††125/250 € – ⊡ 18 € – ½ P
Rest *La Source des Sens* – voir les restaurants ci-après

Un hôtel-restaurant très agréable dans cette station thermale du nord de l'Alsace. Chambres tendance au design sobre – plus calmes sur l'arrière du bâtiment –, espace bien-être complet avec un magnifique spa de 2 000 m² : tous les sens sont flattés.

XXX **La Source des Sens**   🛋 🛋 & 🕭 🅿

19 rte d'Haguenau – ℰ 03 88 09 30 53 – www.lasourcedessens.fr – Fermé dim.
soir, mardi midi et lundi
Formule 17 € – Menu 39/67 € – Carte 46/69 €

Le cadre est résolument contemporain – mobilier design et vue sur les fourneaux via un écran plasma – et la cuisine se fait volontiers créative : foie gras à la plancha et rhubarbe rôtie au miel, lotte bretonne dans un bouillon de coques au lait de coco... Des recettes qui ont du sens !

MORTAGNE-AU-PERCHE

✉ 61400 (Orne) – 4 076 hab. – Alt. 260 m – Voir carte n°**33-C3**
◪ Paris 153 km – Alençon 39 km – Chartres 80 km – Lisieux 89 km
Carte Michelin 310-M3 – Guide Vert Michelin Normandie Vallée de la Seine

Hôtel du Tribunal

4 pl. du Palais – ✆ 02 33 25 04 77 – www.hotel-tribunal.fr
21 ch – †70/85 € ††70/130 € – ☑ 12 € – ½ P
Rest *Restaurant du Tribunal* – voir les restaurants ci-après
Une ravissante maison fleurie (13ᵉ-18ᵉ s.), parfaite pour partir à la découverte de
la cité et des collines du Perche. Classiques ou joliment contemporaines, les
chambres allient fraîcheur et confort. Avec en prime un accueil très sympathique.

Restaurant du Tribunal

4 pl. du Palais – ✆ 02 33 25 04 77 – www.hotel-tribunal.fr
Formule 16 € ♆ – Menu 31/57 € – Carte 45/78 €
Le décor, élégant et cossu, ne manque pas d'attrait, mais c'est la cuisine du tout
jeune chef qui interpelle : portés par son entrain et son inventivité, les produits
du terroir épousent la tendance... Les spécialités régionales ne sont pas oubliées,
tels le boudin noir (la grande spécialité de Mortagne) et la teurgoule !

au Pin-la-Garenne 9 km au Sud par rte Bellême sur D 938 – ✉ 61400
– 724 hab. – Alt. 158 m

La Croix d'Or

*6 r. de la Herse – ✆ 02 33 83 80 33 – www.lacroixdor.free.fr – Fermé vacances
de fév. et de la Toussaint, mardi et merc.*
Formule 12 € – Menu 15 € (déj. en semaine), 25/45 € – Carte 27/49 €
Une auberge accueillante comme une maison de famille... La demeure appartenait déjà à l'arrière-grand-mère du chef ! Après avoir fait ses classes dans de
grands établissements, il est revenu au pays avec son épouse – originaire du
Sud-Ouest comme l'indique son accent chantant – ; ensemble, ils ont créé un
véritable repaire gourmand. La tradition a du bon !

MORTAGNE-SUR-GIRONDE

✉ 17120 (Charente-Maritime) – 1 031 hab. – Alt. 51 m – Voir carte n°**38**-B3
🅳 Paris 509 km – Blaye 59 km – Jonzac 30 km – Pons 26 km
Carte Michelin 324-F7 – Guide Vert Michelin Poitou-Charentes

Le Domaine du Meunier sans rest

*36 quai de l'Estuaire, (au port) – ✆ 05 46 97 75 10
– www.domainedumeunier.com*
5 ch ☑ – †70 € ††70 €
Des meubles chinés, des photos anciennes, une moto datant de 1923 : la déco de
cette maison de meunier du 19ᵉ s. est... insolite et charmante. Dans la salle de
jeux, le propriétaire – un Hollandais fort accueillant – a constitué une superbe collection de flippers et organise des tournois. Avis aux amateurs !

MORTEAU

✉ 25500 (Doubs) – 6 758 hab. – Alt. 780 m – Voir carte n°**17**-C2
🅳 Paris 468 km – Basel 121 km – Belfort 88 km – Besançon 65 km
Carte Michelin 321-J4 – Guide Vert Michelin Franche-Comté Jura

La Guimbarde sans rest

10 pl. Carnot – ✆ 03 81 67 14 12 – www.la-guimbarde.com
25 ch – †57/110 € ††62/110 € – ☑ 8 €
Un imposant édifice du 19ᵉ s. en plein centre-ville. Les chambres, de style contemporain, sont spacieuses et bien tenues, et l'on peut profiter de l'espace bien-être
(jacuzzi, sauna, fitness). Le week-end, piano-bar au salon... sans guimbarde !

Auberge de la Roche

*9 r. du Pont-de-la-Roche, 3 km au Sud-Ouest par D 437 ✉ 25570
– ✆ 03 81 68 80 05 – www.aubergedelaroche.com – Fermé 1 semaine en juin, 1
semaine en janv., mardi soir, dim. soir et lundi*
Menu 27/80 € – Carte 64/91 €
Une table de tradition, nichée dans la verte campagne du Haut-Doubs. Madame
et Monsieur Feuvrier mettent tout leur cœur à satisfaire les clients, elle en salle,
assurant un accueil très attentif ; lui aux fourneaux, jouant la carte du classicisme
et des généreuses saveurs franc-comtoises...

Jacques Alexandre

34 Grande-Rue – ✆ 03 81 43 14 19 – Fermé 2 semaines en janv., dim. et lundi
Formule 14 € – Menu 22/39 € – Carte 26/52 €
Un sympathique bistrot dans une maison de pays. Vue alléchante sur les cuisines depuis la salle "Comptoir" ; carte faisant honneur aux spécialités du genre et à la tradition.

MORZINE

✉ 74110 (Haute-Savoie) – 2 895 hab. – Alt. 960 m – Voir carte n°**46-F1**
Paris 586 km – Annecy 84 km – Cluses 26 km – Genève 58 km
Carte Michelin 328-N3 – Guide Vert Michelin Alpes du Nord

Le Samoyède

9 pl. de l'Office-du-Tourisme – ✆ 04 50 79 00 79 Plan : B**g**
– www.hotel-lesamoyede.com – Ouvert de mi-juin à mi-sept. et de mi-déc. à mi-avril
30 ch – 🚹115 € 🚹🚹115/326 € – 1 suite – ☕ 14 € – ½ P
Rest *L'Atelier* – voir les restaurants ci-après
Au cœur de la station, un grand chalet plein de charme. Du skieur en solitaire à la famille nombreuse, tout le monde trouvera une chambre à son goût ; en bois blond ou contemporaines, elles donnent pour la plupart sur la montagne. Un cocon chic et chaleureux !

Le Dahu

293 chemin du Mas-Métout – ✆ 04 50 75 92 92 Plan : B**z**
– www.dahu.com – Ouvert 27 juin-5 sept. et 19 déc.-16 avril
29 ch – 🚹100/250 € 🚹🚹150/350 € – 8 suites – ☕ 18 €
Contrairement au dahu, dont la légende a traversé les siècles (avec ses pattes plus courtes d'un côté), ce grand chalet n'a rien d'imaginaire ! Au calme sur la rive droite de la Dranse, l'hôtel domine la vallée. L'atmosphère est joliment montagnarde dans les chambres, et on profite d'un bel espace forme.

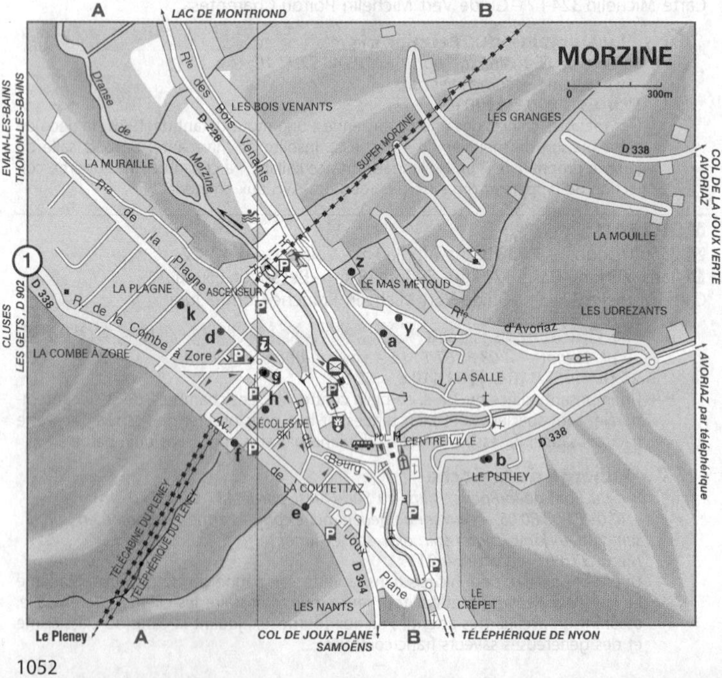

🏨🏨🏨 **Champs Fleuris** 🕙 ⬳ 🛏 🔲 ⊛ ⚒ 📶 🛜 🚗
247 rte du Téléphérique – 𝒞 *04 50 79 14 44*   Plan : A**f**
– www.hotel-champs-fleuris.com – Ouvert 25 juin-8 sept. et 20 déc.-10 avril
47 ch – ½ P seult 99/266 €
Hôtel idéalement situé au pied du téléphérique du Pléney. Dans le salon crépite la cheminée et, après une journée de ski, on a plaisir à regagner sa chambre, si douillette ! Cuisine traditionnelle surtout destinée aux résidents.

🏨 **La Bergerie** sans rest ⬳ 🛏 🔲 📶 🛜 🚗
103 rte du Téléphérique – 𝒞 *04 50 79 13 69*   Plan : B**h**
– www.hotel-bergerie.com – Ouvert de fin juin à mi-sept. et fin déc. à mi-avril
27 ch – 🛏150/300 € 🛏🛏170/410 € – 2 suites – ⊡ 16 €
Un chalet sympathique où règne une ambiance familiale : chambres cosy et presque toutes équipées d'une kitchenette, jeux pour les enfants et piscine chauffée. À l'intérieur ou en terrasse, bon choix de fromages savoyards pour le petit-déjeuner.

🏨 **Chalet Philibert** 🕙 ⬳ 🛏 🔲 📶 🛜 🅿
480 rte des Putheys – 𝒞 *04 50 79 25 18*   Plan : B**N**
– www.chalet-philibert.com – Ouvert 15 juin-15 sept. et 1ᵉʳ déc.-20 avril
26 ch ⊡ – 🛏85/135 € 🛏🛏102/220 € – ½ P
Rest *Le Restaurant du Chalet* – voir les restaurants ci-après
Chalet rénové dans le respect de l'authenticité savoyarde, avec de beaux matériaux anciens (bois, pierre) glanés dans les fermes voisines. Les chambres sont confortables et chaleureuses – avec un petit bémol pour celles de l'annexe.

🏨 **La Clef des Champs** 🕙 ⬳ 🛏 🔲 📶 🛜 🅿
40 Taille de Mas du Chateau, (av. Joux-Plane) – 𝒞 *04 50 79 10 13*   Plan : B**e**
– www.clefdeschamps.com – Ouvert 1ᵉʳ juil.-1ᵉʳ sept. et 18 déc.-11 avril
30 ch – ½ P seult 76/183 €
Un chalet au pied des pistes, dont les balcons en bois semblent découpés dans une fine dentelle. Chambres de style montagnard, joliment arrangées et très bien tenues. Au restaurant, atmosphère tout bois – of course – et cuisine française aux accents du terroir.

🏨 **Fleur des Neiges** 🕙 🛏 🔲 📶 ⚒ 📶 🛜 🅿
227 Tdm de Nant-Crue – 𝒞 *04 50 79 01 23*   Plan : A**k**
– www.hotelfleurdesneigesmorzine.com – Ouvert 1ᵉʳ juil.-10 sept. et 22 déc.-15 avril
31 ch ⊡ – 🛏65/130 € 🛏🛏95/215 € – ½ P
La Fleur des Neiges ? Une jolie plante tenue par un couple franco-canadien accueillant et jovial. C'est chaleureux, typique et bien entretenu ! Côté sport et détente : fitness, sauna, tennis et piscine. Cuisine traditionnelle (menu unique).

🏨 **L'Hermine Blanche** 🕙 ⬳ 🛏 🔲 📶 🛜 🅿
414 chemin du Mas-Metout – 𝒞 *04 50 75 76 55*   Plan : B**y**
– www.hermineblanche.com – Ouvert 27 juin-6 sept. et 19 déc.-15 avril
25 ch – 🛏67/115 € 🛏🛏80/145 € – ⊡ 9 € – ½ P
Près de la route d'Avoriaz, un chalet dont les chambres sont fraîches et accueillantes (toutes avec balcon). L'été, on sort profiter de la piscine chauffée et de l'espace détente (jacuzzi, sauna), avant d'aller marcher sur les hauteurs de Morzine...

🏨 **Les Côtes** 🕙 ⬳ 🛏 🔲 📶 ⚒ 📶 🛜 🅿 🚗
265 chemin de la Salle – 𝒞 *04 50 79 09 96*   Plan : B**a**
– www.hotel-lescotes.com – Ouvert 4 juin-1ᵉʳ sept. et 20 déc.-6 avril
23 ch ⊡ – 🛏90/184 € 🛏🛏90/184 € – ½ P
Billard, flipper, baby-foot, minibowling : ici, les petits et grands enfants n'ont pas le temps de s'ennuyer. Chambres et studios sont sobres et bien tenus ; le soir, on propose un menu unique réservé aux résidents, sans chichis. Simple et familial !

🍴🍴🍴 **L'Atelier** – Hôtel Le Samoyède 🏖 🌿 🅿
9 pl. de l'Office-du-Tourisme – 𝒞 *04 50 79 00 79*   Plan : B**g**
– www.hotel-lesamoyede.com – Ouvert de mi-juin à mi-sept. et de mi-déc. à mi-avril et fermé le midi sauf dim.
Menu 57/78 €
Au sein de l'hôtel Samoyède, un cadre montagnard chic, pour une cuisine inspirée directement par les produits du marché, rehaussée de jolies influences exotiques et déclinée à travers un menu dégustation en 6 ou 8 plats.

XX **Le Restaurant du Chalet** – Hôtel Chalet Philibert ᎒ 🏠 ⌘ **P**
480 rte des Putheys – ℰ 04 50 79 25 18 Plan : B**b**
– www.chalet-philibert.com – Ouvert 1ᵉʳ déc.-20 avril et fermé le midi
Menu 40 € *(réservation conseillée)*
Une cuisine actuelle, réalisée à partir de bons produits : voilà ce que l'on peut
déguster dans ce restaurant certes un peu excentré, mais où l'on se réfugie avec
plaisir. Gravlax de bœuf au poivre de Sarawak, dos de cabillaud cuit au four et
légumes d'hiver...

X **La Ferme de la Fruitière** 🖿 🏠 ዬ ⌘ ♻ **P**
337 rte de la Plagne – ℰ 04 50 79 77 70 Plan : A**d**
*– www.alpage-morzine.com – Ouvert 20 juin-15 sept. et 15 déc.-15 avril, fermé
lundi fin juin et début sept.*
Carte 35/71 €
Dans cette salle boisée, une belle cheminée crépite sous vos yeux ; vous attendez
l'arrivée de votre Berthoud, entre autres spécialités fromagères. Tournez la tête : à
travers la vitre, la cave d'affinage de la fruitière voisine affiche ses meules d'Abondance, tommes et reblochons... Au cœur de la tradition !

MOSNAC – 17 (Charente-Maritime) → voir Pons

MOSNES
✉ 37530 (Indre-et-Loire) – 741 hab. – Alt. 70 m – Voir carte n°**11-A1**
◪ Paris 211 km – Blois 26 km – Orléans 86 km – Tours 37 km
Carte Michelin 317-P4

🏨 **Domaine des Thômeaux** ⒑ ⌒ 🖿 ⊕ ♨ ዬ 🆔 🛜 🅿 **P**
12 r. des Thômeaux – ℰ 02 47 30 40 14 – www.domainedesthomeaux.fr – Fermé
dim.
29 ch – 💲80/130 € 💲💲80/180 € – ☑ 12 € – ½ P
Ce château tourangeau en brique et tuffeau abrite des chambres thématiques sur
les villes du monde. Détente et loisirs garantis avec le spa et le parc Fantasy
Forest. La salle à manger est vraiment grande ! On y sert une cuisine traditionnelle, teintée de saveurs du monde.

LA MOTHE-ACHARD
✉ 85150 (Vendée) – 2 737 hab. – Alt. 20 m – Voir carte n°**34-B3**
◪ Paris 446 km – Challans 40 km – Nantes 90 km – La Roche-sur-Yon 25 km
Carte Michelin 316-G8

🏨 **Domaine de Brandois** ⒑ ⌒ 🖿 ⌁ ዬ 🆔 🛜 🅿 **P**
La Forêt, proche du jardin extraordinaire – ℰ 02 51 06 24 24
– www.domainedebrandois.com
26 ch – 💲110/200 € 💲💲110/200 € – ☑ 12 € – ½ P
Rest *Domaine de Brandois* – voir les restaurants ci-après
Au cœur d'un immense parc boisé, en pleine nature, ce petit château du 19ᵉ s. et
ses dépendances cultivent l'art de la convivialité. Patine du temps, charme historique et... élégance résolument contemporaine et design. Du style !

XX **Domaine de Brandois** 🖿 🏠 ዬ **P**
La Forêt, proche du jardin extraordinaire – ℰ 02 51 06 24 24
– www.domainedebrandois.com – Fermé sam. midi et dim. soir
Formule 25 € – Menu 30/48 € – Carte 35/44 €
Moulures, parquet et mobilier design : on est immédiatement saisi par le charme
châtelain et le raffinement contemporain de l'endroit. Dans l'assiette, on découvre
une cuisine sobre, basée sur de bons produits, qui mêle habilement la tradition et
l'air du temps... Un moment agréable !

LA MOTTE
✉ 83920 (Var) – 2 948 hab. – Alt. 79 m – Voir carte n°**41-C3**
◪ Paris 864 km – Cannes 54 km – Fréjus 25 km – Marseille 118 km
Carte Michelin 340-O5

⌂ **Le Mas du Péré** sans rest
280 chemin du Péré – ✆ *04 94 84 33 52* – *www.lemasdupere.com*
3 ch ⌂ – ♦90/118 € ♦♦90/118 €
Sur les hauteurs du village, un havre charmant que ce mas provençal établi dans un grand jardin verdoyant, avec le massif des Maures pour horizon. Les chambres se révèlent cosy, et toutes disposent d'une terrasse privative. N'est qu'à profiter de la belle piscine...

MOTTEVILLE – 76 (Seine-Maritime) → voir Yvetot

MOUDEYRES

✉ 43150 (Haute-Loire) – 105 hab. – Alt. 1 177 m – Voir carte n°**6-C3**
◪ Paris 565 km – Aubenas 64 km – Langogne 58 km – Le Puy-en-Velay 26 km
Carte Michelin 331-G4

🏠 **Le Pré Bossu**
– ✆ *04 71 05 10 70* – *www.auberge-pre-bossu.com* – *Ouvert 1ᵉʳ mai-30 oct.*
6 ch – ♦105/160 € ♦♦105/160 € – ⌂ 15 € – ½ P
À l'entrée du village, une chaumière ravissante et cosy à souhait. La plupart des chambres disposent d'un salon et, au petit-déjeuner, on se régale devant la cheminée de gourmandises maison (gâteaux, yaourts, confitures). Quant au restaurant, surtout fréquenté par les résidents, il honore bons produits et grands vins !

MOUGINS

✉ 06250 (Alpes-Maritimes) – 18 516 hab. – Alt. 260 m – Voir carte n°**42-E2**
◪ Paris 902 km – Antibes 13 km – Cannes 8 km – Grasse 12 km
Carte Michelin 341-C6 – Guide Vert Michelin Côte d'Azur

🏨 **Le Mas Candille**
bd C.-Rebuffel – ✆ *04 92 28 43 43* – *www.lemascandille.com* – *Fermé 5 janv.-6 fév.*
38 ch – ♦315/1450 € ♦♦315/1450 € – 7 suites – ⌂ 30 € – ½ P
Rest *Le Candille* ✿ – voir les restaurants ci-après
Ce superbe mas du 18ᵉ s. et sa bastide récente ne sont que douceur et quiétude : chambres raffinées, suites mêlant élégamment le contemporain à l'esprit Sud, délicieux spa japonisant et parc immense aux doux effluves méridionaux...

🏨 **Royal Mougins Golf Resort**
424 av. du Roi – ✆ *04 92 92 49 69* – *www.royalmougins.fr*
29 suites ⌂ – ♦♦250/480 € – ½ P
Tout ici est dernier cri, et pour cause : l'établissement est surtout fréquenté par une clientèle privilégiée qui vient profiter du golf privé, l'un des plus exigeants et sélects au monde. Une ode au luxe contemporain, y compris sur la superbe terrasse du restaurant qui domine les greens.

🏠 **Le Mas du Golf** sans rest
348 av. de la Valmasque, (D 35 D) – ✆ *04 92 28 88 20* – *www.lemasdugolf.com* – *Fermé 13 déc.-4 janv.*
24 ch – ♦89/149 € ♦♦89/149 € – ⌂ 13 €
Cet établissement, inauguré en 2012, joue à la fois la carte du confort et du minimalisme contemporain (murs clairs, peintures unies, mobilier design). À noter : certaines chambres bénéficient d'une terrasse privative. Un hôtel pratique et néanmoins agréable !

🍴 **Le Moulin de Mougins** avec ch
1028 av. Notre-Dame-de-Vie, 2,5 km au Sud-Est par D 3 – ✆ *04 93 75 78 24* – *www.moulindemougins.com* – *Hôtel ouvert d'avril à oct., rest. fermé dim. et lundi*
8 ch – ♦150/350 € ♦♦150/350 € – 1 suite – ⌂ 20 € – ½ P
Formule 39 € ▼ – Menu 45 € (déj.), 85/120 € – Carte 86/132 €
Dans ce vénérable moulin du 16ᵉ s. – une institution de la Côte d'Azur –, la carte, provençale à souhait, associe grands classiques et produits nobles. On prend le repas face au beau jardin, orné d'œuvres d'art, puis on peut s'inscrire aux cours de cuisine... Et rester dormir dans une confortable chambre !

XXX Paloma 🛋 & AC ✗ ⇔ P

47 av. du Moulin-de-la-Croix – ℰ 04 92 28 10 73
– www.restaurant-paloma-mougins.com – Fermé 15-23 fév., 24 mai-1ᵉʳ juin,
dim. et lundi
Formule 39 € – Menu 79/160 € – Carte 88/191 €
Cette colombe – "paloma" en espagnol – s'est posée au pied du village de Mougins... pour le plus grand plaisir des gastronomes. Dans un étonnant cadre baroque, ou sur la belle terrasse, on se régale d'une savoureuse cuisine méridionale, qui fait montre de finesse aussi bien dans la tradition que dans la création.
→ Huîtres au caviar de Sologne. Marinière de homard breton. Soufflé piña colada.

XXX Le Candille – Hôtel Le Mas Candille ← 🛋 🛋 AC P

bd C. Rebuffel – ℰ 04 92 28 43 43 – www.lemascandille.com
– Fermé 5 janv.-6 fév., lundi et mardi sauf le soir de mai à sept.
Menu 62 € ♀ (déj.), 95/135 € – Carte 103/121 €
Une table élégante, avec une belle vue en terrasse... Ici, le chef et sa brigade réalisent une cuisine subtile, avec d'excellents produits du marché. Fraîcheur, finesse et précision : une belle expérience !
→ Homard, betterave crue et cuite, cœur coulant de concombre à l'estragon. Tournedos de bœuf Black Angus, blettes au confit d'oignon et chips de légumes. Entremets au chocolat araguani et au chocolat blanc, billes à la saveur d'orange.

XX La Place de Mougins 🛋 & AC ⇔

41 pl. du Cdt-Lamy, (au vieux village) – ℰ 04 93 90 15 78
– www.laplacedemougins.com – Fermé 3-10 fév., 18 nov.-3 déc., lundi et mardi
de sept. à juin
Formule 27 € – Menu 37 € (déj.), 60/130 € – Carte 81/141 €
Sur la place du village, évidemment ! Dans ce charmant restaurant règne une atmosphère chic et cosy, tandis qu'en cuisine, c'est l'ébullition autour d'un chef créatif et passionné ; chaque mois, il met en valeur un produit de saison, magnifiant la truffe, l'asperge, etc.

XX L'Amandier de Mougins 🛋 AC ✗ ⇔

48 av. Jean-Charles-Mallet, (au vieux village) – ℰ 04 93 90 00 91
– www.amandier.fr – Fermé merc. hors saison
Formule 19 € ♀ – Menu 29 € (déj.), 31/55 € – Carte 57/83 €
Aux portes de ce village cher à Picasso, cette maison cultive un charme provençal plein de fraîcheur et d'élégance. Au piano, un chef au beau parcours joue une savoureuse musique niçoise : artichauts à la barigoule, aïoli traditionnel, tarte au citron confit... Et la superbe terrasse domine Grasse et ses collines !

MOULIN-DE-MALFOURAT – 24 (Dordogne) → voir Bergerac

LE MOULINEL – 62 (Pas-de-Calais) → voir Montreuil

MOULINS

✉ 03000 (Allier) – 19 094 hab. – Alt. 240 m – Voir carte n°6-C1
◨ Paris 294 km – Bourges 101 km – Clermont-Ferrand 105 km – Nevers 56 km
Carte Michelin 326-H3 – Guide Vert Michelin Auvergne

🏠 Hôtel de Paris Ⅰ○ 🛏 ⊛ 🖳 & AC 🛰 🏋 P

21 r. de Paris – ℰ 04 70 44 00 58   Plan : DYp
– www.hoteldeparis-moulins.com
32 ch – ♦100/300 € ♦♦115/300 € – 8 suites – ⧄ 16 € – ½ P
À 100 m de la cathédrale, cet hôtel-restaurant, créé en 1834, fait figure d'institution ! Il se distingue notamment par de très jolies chambres (mobilier de style, moulures...) et une salle de réception aménagée dans une superbe chapelle du 19ᵉ s. Bel endroit !

MOULINS

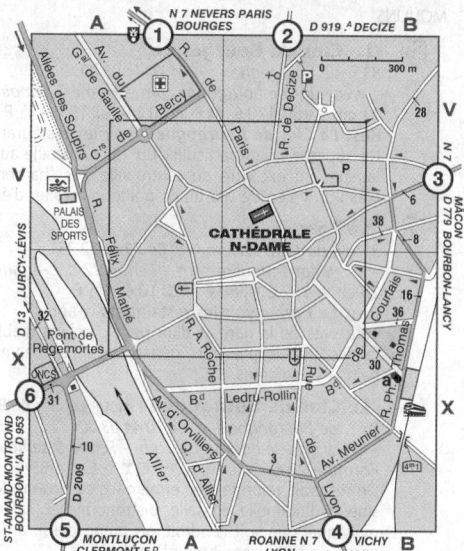

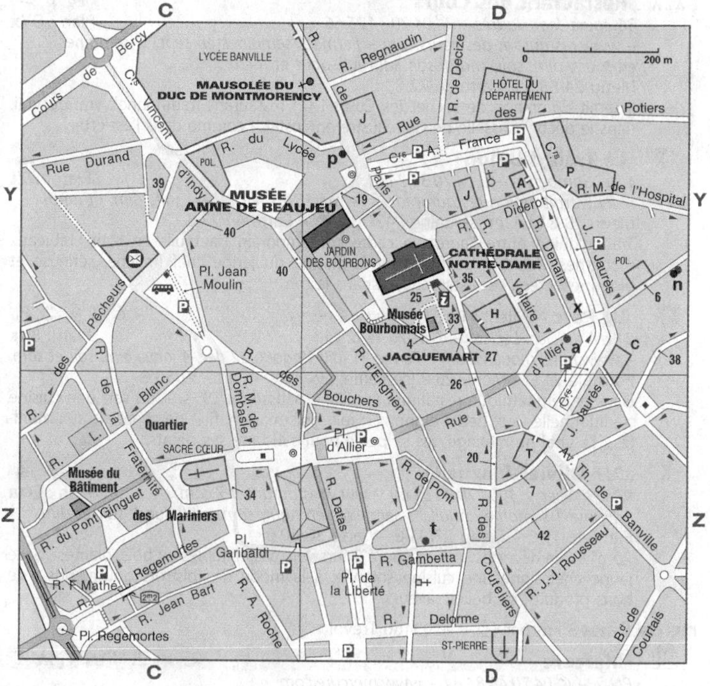

Le Clos de Bourgogne 〇 🚗 🏢 ⅋ AC ᠔ P

83 r. de Bourgogne – ☎ *04 70 44 03 00* Plan : DY**n**
– www.clos-de-bourgogne.com – Fermé 3 semaines en août et dim. soir
11 ch – ✝80/170 € ✝✝80/170 € – ⴑ 13 € – ½ P
Rest *Le Clos de Bourgogne* – voir les restaurants ci-après
Un superbe hôtel particulier du 18ᵉ s., installé au cœur d'un écrin de verdure, et légèrement excentré du centre-ville. Les chambres sont spacieuses et confortables ; on y accède par un magnifique escalier d'époque. Quel charme !

Le Parc 〇 �🛜 ᠔ P

31 av. du Gén.-Leclerc – ☎ *04 70 44 12 25* Plan : BX**a**
– www.hotel-moulins.com – Fermé 22 déc.-4 janv.
25 ch – ✝62 € ✝✝86 € – ⴑ 10 € – ½ P
Rest *Le Parc* – voir les restaurants ci-après
Tout près de la gare et d'un petit parc, cet établissement est tenu par la même famille depuis plusieurs générations. Les chambres sont claires, les salles de bains très colorées.

XXX **Le Clos de Bourgogne** – Hôtel Le Clos de Bourgogne 🏠 ᵺ ℅ ⇔

83 r. de Bourgogne – ☎ *04 70 44 03 00* Plan : DY**n**
– www.clos-de-bourgogne.com – Fermé 3 semaines en août, dim. et lundi
Formule 20 € – Menu 30/80 € 🍷 – Carte 55/68 €
On resterait volontiers enfermé dans ce clos où défilent les bons petits plats ! Cuisine traditionnelle en salle, bistronomie au salon, les gourmands ont le choix… mais quel que soit l'endroit, on prend plaisir à déguster son repas dans le cadre cossu de cette gentilhommière du 18ᵉ s.

XXX **Restaurant des Cours** 🏠 ᵺ AC ℅ ⇔

36 cours Jean-Jaurès – ☎ *04 70 44 25 66* Plan : DY**x**
– www.restaurant-des-cours.com – Fermé 2 semaines en sept., 2 semaines en mars, dim. soir, mardi soir sauf juil.-août et merc.
Menu 24/58 € – Carte 36/72 €
Il serait dommage de sécher les Cours ! Un restaurant traditionnel, vrai de vrai, dans le décor (vaisselle de Gien, lustre en cristal…) comme dans l'assiette.

XX **Le Trait d'Union** AC

16 r. Gambetta – ☎ *04 70 34 24 61* Plan : DZ**t**
– www.traitdunion-restaurant.fr – Fermé 15-23 fév., 15-31 juil., dim. et lundi
Menu 23 € (déj. en semaine), 42/73 € 🍷 – Carte 46/77 €
Trait d'union entre l'agréable cadre contemporain (fauteuils en rotin, tableaux modernes, fleurs et soliflores) et la cuisine du jeune chef (fraîche, sérieuse et bien présentée), ce restaurant est dans le ton !

XX **Le Parc** – Hôtel Le Parc 🏠 ᵺ AC ℅ ⇔ P

31 av. du Gén.-Leclerc – ☎ *04 70 44 12 25* Plan : BX**a**
– www.hotel-moulins.com – Fermé 31 juil.-19 août, 22 déc.-4 janv., dim. soir et sam.
Formule 21 € – Menu 26 € (semaine), 35/42 € – Carte 39/58 €
Dans ce sympathique restaurant familial – bâtisse du 19ᵉ s. –, on sert une cuisine traditionnelle "aux petits oignons" : foie gras maison, filet de charolais aux morilles… Le chef ne ménage pas sa peine pour satisfaire ses clients.

X **9/7 Olivier Mazuelle** 🏠 AC

97 r. d'Allier – ☎ *04 70 35 01 60 – www.restaurant-9-7.com* Plan : DY**a**
– Fermé 1 semaine en juil., 2 semaines en août, sam. midi, lundi soir et dim.
Formule 19 € – Menu 27/41 € – Carte 36/60 €
Au n° 97, le décor est zen et épuré (murs vert pastel, tables en bois, plantes…). Le jeune chef signe une cuisine soignée, à la mode des bistrots gourmands : de bons produits, de belles saveurs !

rte de Paris 8 km par ① – ⌧ 03460 Trevol

Mercure 〇 🚗 ⅃ 🏢 AC 🛜 ᠔ P

RN 7 – ☎ *04 70 46 84 84 – www.mercure.com*
42 ch – ✝80/145 € ✝✝95/165 € – ⴑ 15 €
L'hôtel borde un axe passant, mais les chambres tournent le dos à la route et font face au jardin et à la piscine. Le restaurant propose une cuisine traditionnelle. Aux premiers rayons de soleil, profitez de la terrasse !

à Coulandon 8 km par ⑥ et D 945 – ✉ 03000 – 700 hab. – Alt. 250 m

| **Le Chalet** |  |

26 rte du Chalet, 2 km au Nord-Est – ✆ *04 70 46 00 66* – *www.hotel-lechalet.fr*
– *Fermé 20 déc.-4 janv.*
28 ch – †65/75 € ††85/95 € – ⌣ 11 € – ½ P
Rest *Montégut* – voir les restaurants ci-après
Faux air de chalet pour cette maison au cœur d'un joli parc avec étang où,
comme en montagne, le calme est absolu ! Les chambres sont coquettes et bien
tenues. Une adresse dépaysante et reposante.

La Grande Poterie

9 r. de la Grande-Poterie, 3 km au Sud-Ouest – ✆ *04 70 44 30 39*
– *www.lagrandepoterie.com* – *Ouvert 16 mars-29 oct.*
4 ch ⌣ – †70/75 € ††80/90 €
Dans cette ancienne grange, la douceur de vivre se niche dans les moindres
recoins ! On profite de la quiétude des chambres, décorées avec soin (coussins,
boutis, jolies lampes, etc.), ou l'on se prélasse dans le parc fleuri, au bord de la
piscine… La table d'hôte (sur réservation) honore les spécialités auvergnates.

Montégut – Hôtel Le Chalet

26 rte du Chalet, 2 km au Nord-Est – ✆ *04 70 46 00 66* – *www.hotel-lechalet.fr*
– *Fermé 20 déc.- 4 janv.*
Menu 20 € (semaine), 25/59 € – Carte 39/49 €
Même si l'orthographe est différente, Roméo – famille des Montaigu – et Juliette
n'auraient certainement pas boudé ce restaurant ! Ici, les produits régionaux sont
à l'honneur... Et l'été, on profite de la jolie terrasse pour manger au grand air !

MOULINS-LA-MARCHE

✉ 61380 (Orne) – 768 hab. – Alt. 257 m – Voir carte n°**33**-C3
▸ Paris 156 km – L'Aigle 19 km – Alençon 50 km – Argentan 45 km
Carte Michelin 310-L3

Le Dauphin

66 Grande-Rue – ✆ *02 33 34 50 55* – *www.hotel-ledauphin.fr*
7 ch – †60/70 € ††65/75 € – ⌣ 9 € – ½ P
Tel un fils de roi, peut-être pas ; comme un poisson dans l'eau, certainement !
Dans ce relais de poste au goût d'autrefois, les chambres, plutôt spacieuses, bien
tenues, sont d'une agréable simplicité. Côté restaurant, la carte s'enrichit d'influences antillaises, origines du chef obligent. Une adresse sympathique.

LE MOULLEAU – 33 (Gironde) → voir Arcachon

MOULON

✉ 33420 (Gironde) – 976 hab. – Alt. 8 m – Voir carte n°**4**-C1
▸ Paris 603 km – Agen 126 km – Bordeaux 41 km – Périgueux 108 km
Carte Michelin 335-J5

5 Lasserre sans rest

5 lieu-dit La Serre – ✆ *05 57 51 79 62* – *www.5lasserre.com* – *Fermé nov.*
3 ch ⌣ – †130/200 € ††145/250 €
En pleine nature, cette ferme a été rénovée luxueusement dans un esprit contemporain chic... Les chambres sont grandes et très raffinées ; la piscine à débordement donne sur la Dordogne et il y a même une vraie salle de cinéma. Un lieu
d'exception !

MOUMOUR

✉ 64400 (Pyrénées-Atlantiques) – 847 hab. – Alt. 210 m – Voir carte n°**3**-B3
▸ Paris 834 km – Bordeaux 255 km – Pau 38 km – Tarbes 81 km
Carte Michelin 342-I3

Château de Lamothe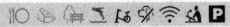
14 r. de l'Embarry – 📞 *06 88 28 38 61 – www.chateau-de-lamothe.eu*
5 ch ⌷ – 🛏225/275 € 🛏🛏225/295 €
Cette ancienne résidence d'été des évêques d'Oloron, dont les origines remontent
au 13ᵉ s., s'épanouit dans un grand jardin verdoyant, face aux Pyrénées... Un cadre
historique et superbe : abondance d'antiquités et de tentures chatoyantes, salle
de cinéma, fitness, etc. Et partout les œuvres des propriétaires, qui sont artistes !

MOURÈZE
✉ 34800 (Hérault) – 179 hab. – Alt. 200 m – Voir carte n°**23-C2**
▶ Paris 717 km – Bédarieux 22 km – Clermont-l'Hérault 8 km – Montpellier 50 km
Carte Michelin 339-F7

 Navas "Les Hauts de Mourèze" sans rest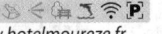
Pioch Rascas, (cirque dolomitique) – 📞 *04 67 96 04 84 – www.hotelmoureze.fr*
– Ouvert de mi-mars à mi-oct.
14 ch – 🛏58/64 € 🛏🛏82/92 € – ⌷ 10 €
À deux pas du superbe cirque de Mourèze, on trouve cette bâtisse des années
1970, d'inspiration régionale. Les chambres sont modernes et bien agencées,
avec la TV et Internet, mais... sans téléphone, ce qui fait partie du charme de
cette adresse à petit prix.

MOURIÈS
✉ 13890 (Bouches-du-Rhône) – 3 520 hab. – Alt. 13 m – Voir carte n°**42-E1**
▶ Paris 713 km – Avignon 36 km – Arles 29 km – Marseille 75 km
Carte Michelin 340-E3

 Terriciaë sans rest
rte de Maussane, D 17 – 📞 *04 90 97 06 70 – www.hotel-terriciae.fr*
– Fermé 16 déc.-14 janv.
31 ch – 🛏94/175 € 🛏🛏132/204 € – ⌷ 11 €
Cet hôtel propose des chambres fonctionnelles et confortables – esprit provençal
–, dont deux duplex et deux junior suites, donnant pour certaines sur la grande
piscine. Jardin d'oliviers et terrasse.

 Le Vallon du Gayet
rte de Servannes – 📞 *04 90 47 50 63 – www.levallondegayet.com – Fermé*
15 déc.-15 janv.
24 ch – 🛏96/106 € 🛏🛏106/124 € – ⌷ 12 €
Agréable auberge familiale dans un mas au pied des Alpilles. Les chambres,
confortables, sont toutes de plain-pied et donnent sur le parc. Préférez celles
– plus spacieuses – dans le pavillon. Au restaurant, on apprécie des grillades et
pizzas cuites au feu de bois.

MOUSSEY – 10 (Aube) ➜ voir Troyes

MOUSSOULENS – 11 (Aude) ➜ voir Carcassonne

MOUSTIERS-STE-MARIE
✉ 04360 (Alpes-de-Haute-Provence) – 698 hab. – Alt. 631 m – Voir carte n°**41-C2**
▶ Paris 783 km – Aix-en-Provence 90 km – Digne-les-Bains 47 km –
Draguignan 61 km
Carte Michelin 334-F9 – Guide Vert Michelin Alpes du Sud

 La Bastide de Moustiers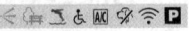
chemin de Quinson, au Sud du village, par D 952 et rte secondaire
– 📞 *04 92 70 47 47 – www.bastide-moustiers.com – Fermé 2 janv.-27 fév., mardi*
et merc. de mi-oct. à mi-avril sauf fériés
11 ch – 🛏215/800 € 🛏🛏215/800 € – 2 suites – ⌷ 24 €
Rest *La Bastide de Moustiers* ✿ – voir les restaurants ci-après
Un petit chemin, une grille en fer forgé, des arbres fruitiers, des vieilles pierres,
des faïences régionales, des draps en lin, un grand potager aromatique, un âne,
des chevaux, un poney... Plus qu'un inventaire à la Prévert, le charme irrésistible d'une bastide du 17ᵉ s. !

Les Restanques de Moustiers sans rest

rte des Gorges-du-Verdon, à 500 m par rte de Castellane – ℰ 04 92 74 93 93
– www.hotel-les-restanques.com – Ouvert 14 mars-15 nov.
20 ch – †79/119 € **††**79/119 € – ☲ 10 €
Cette bâtisse domine la vallée. On s'y repose dans des chambres sobres et bien
tenues ; celles du rez-de-chaussée disposent d'une terrasse. Le matin, on prend
son petit-déjeuner dans la salle, ornée de faïences locales, ou sur la jolie terrasse.

La Ferme Rose sans rest

chemin de Peyrengue, au Sud du village, par rte Ste-Croix-du-Verdon
– ℰ 04 92 75 75 75 – www.lafermerose.com – Ouvert 28 mars-15 nov.
12 ch – †87/157 € **††**87/157 € – ☲ 12 €
Sympathique ambiance guesthouse dans cette ancienne ferme située au pied du
village. Meubles chinés, bibelots et collections diverses en font un petit musée
vivant au charme incroyable ! Une adresse pour les chineurs... et les autres.

Le Colombier sans rest

Quartier Saint-Michel, à 500 m par rte de Castellane – ℰ 04 92 74 66 02
– www.le-colombier.com – Ouvert 2 avril-2 nov.
22 ch – †90/115 € **††**90/125 € – 1 suite – ☲ 12 €
Hôtel situé à 400 m du charmant village. Les chambres sont coquettes et colorées, la plupart avec terrasse. Beau jardin avec petite piscine et jacuzzi.

Le Clos des Iris sans rest

chemin de Quinson, au Sud du village, par D 952 et rte secondaire
– ℰ 04 92 74 63 46 – www.closdesiris.fr – Ouvert 1ᵉʳ mars-30 nov.
9 ch – †73/82 € **††**110/140 € – ☲ 11 €
Un hôtel, au milieu des fleurs, où mère et fille œuvrent de concert ! Il fait bon
poser ses valises dans les jolies chambres provençales et s'installer sur sa terrasse
privative pour profiter du soleil. Le charme d'une maison à la campagne... Accueil
au diapason.

La Bonne Auberge

Quartier Saint-Michel, (rte de Castellane) – ℰ 04 92 74 66 18
– www.bonne-auberge-moustiers.com – Ouvert d'avril à oct.
19 ch – †55/70 € **††**65/90 € – ☲ 9 € – ½ P
Rest *La Bonne Auberge* – voir les restaurants ci-après
À l'entrée du village, cet hôtel familial dispose de chambres lumineuses et fonctionnelles. On apprécie l'agréable terrasse et la piscine à débordement. Restauration traditionnelle.

La Bastide de Moustiers – Hôtel La Bastide de Moustiers

chemin de Quinson, au Sud du village, par D 952 et rte secondaire
– ℰ 04 92 70 47 47 – www.bastide-moustiers.com – Fermé 2 janv.- 27 fév., mardi
et merc. de mi-avril à mi-oct. à mi-avril sauf fériés
Formule 38 € – Menu 48 € (déj. en semaine), 62/80 € – Carte 70/106 €
(réservation conseillée)
En cette belle bastide – propriété d'Alain Ducasse –, on déguste une cuisine
méditerranéenne et légumière pleine des senteurs du marché et du potager (ne
manquez pas le jardin des simples attenant !). Un joli résumé de la Provence...
→ Petit épeautre de Sault cuisiné aux légumes du jardin. Lapin de Ganagobie cuit
en cocotte et légumes. Poêlée de fruits de Provence aux amandes de Valensole.

La Ferme Ste-Cécile

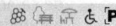

1,5 km par rte de Castellane – ℰ 04 92 74 64 18 – www.ferme-ste-cecile.com
– Fermé 15 nov. à début mars, dim. soir sauf juil.-août et lundi
Formule 28 € – Menu 37 €
Poussez la grille et empruntez la belle allée pavée... au bout duquel cette
ancienne ferme fait le bonheur des gourmands ! Derrière les fourneaux, le
chef concocte avec délicatesse et subtilité une savoureuse cuisine du Sud. Belle
carte des vins.

XX **La Treille Muscate**

pl. de l'Église – ℰ 04 92 74 64 31 – www.restaurant-latreillemuscate.fr – Fermé 1er déc.-5 fév., merc. soir et jeudi sauf juil.-août
Formule 21 € – Menu 30/50 € – Carte 60/78 €

Au pied des falaises, voilà un sympathique bistrot provençal devant lequel le cœur des gourmands ne reste pas de pierre ! On s'y régale d'une savoureuse cuisine à l'accent du Sud et, aux beaux jours, on profite tout naturellement de la terrasse, à l'ombre d'un platane qui fêtera bientôt ses 200 ans.

X **Les Santons**

pl. Pomey, (près de l'église) – ℰ 04 92 74 66 48 – www.lessantons.com – Fermé mi-nov. à mi-fév., mardi sauf juil.-août et lundi
Menu 32/72 € – Carte 53/99 € *(réservation conseillée)*

Claude Terrier et Sylvie De Backer ont voulu leur fief tout en contrastes : le moderne (chaises bariolées, tableaux contemporains) y côtoie l'ancien (poutres et plafonds boisés) ; la cuisine est traditionnelle, ancrée dans la région, mais ne recule pas devant quelques touches plus actuelles. Goûteux et charmant !

X **La Bonne Auberge** – Hôtel La Bonne Auberge

Quartier Saint-Michel, (rte de Castellane) – ℰ 04 92 74 66 18
– www.bonne-auberge-moustiers.com – Ouvert d' avril à oct. et fermé dim. soir et lundi hors saison, sam. midi, mardi et jeudi midi en saison
Menu 21/39 € – Carte 37/49 €

Toute la rusticité provençale dans un restaurant chaleureux : une Bonne Auberge ! Évidemment, la carte fait la part belle aux spécialités régionales, mais aussi aux petits plats de tradition.

MOÛTIERS

✉ 73600 (Savoie) – 3 779 hab. – Alt. 480 m – Voir carte n°**46-F2**
▶ Paris 607 km – Albertville 26 km – Chambéry 76 km –
St-Jean-de-Maurienne 85 km
Carte Michelin 333-M5 – Guide Vert Michelin Alpes du Nord

XX **Le Coq Rouge**

115 pl. A. Briand – ℰ 04 79 24 11 33 – www.lecoqrouge.fr – Fermé 26 juin-30 juil., dim. et lundi
Formule 15 € – Menu 33/55 € – Carte 41/67 €

Inutile de se lever au chant du coq pour goûter à la cuisine traditionnelle de ce restaurant ! Derrière les fourneaux, le chef travaille les produits frais avant de retourner à ses pinceaux... Passionné de peinture, il a décoré la salle – cosy – avec ses toiles.

MOUTIERS-AU-PERCHE

✉ 61110 (Orne) – 435 hab. – Alt. 190 m – Voir carte n°**33-C3**
▶ Paris 152 km – Alençon 73 km – Caen 178 km – Rouen 147 km
Carte Michelin 310-O4

🏠 **Villa Fol Avril**

2 r. des Fers-Chauds – ℰ 02 33 83 22 67 – www.villafolavril.fr
– Fermé 4 janv.-5 fév.
12 ch – †90/180 € ††90/180 € – ☐ 13 € – ½ P

Un vrai hôtel de charme au cœur du parc naturel du Perche... Telle une maison de campagne cosy et feutrée, cet ancien relais de poste (19e s.) associe matériaux naturels (bois, chaux, terre cuite, lin), mobilier chiné et tons apaisants. Au restaurant, la tradition est à l'honneur. Idéal pour une échappée bucolique !

MOUTIERS-SOUS-CHANTEMERLE

✉ 79320 (Deux-Sèvres) – 607 hab. – Alt. 190 m – Voir carte n°**38-B1**
▶ Paris 411 km – Poitiers 92 km – Nantes 114 km – Niort 51 km
Carte Michelin 322-C4

Le Domaine de Chantemerle sans rest
30 r. de la Vendée – $\mathscr{C}$ *05 49 74 19 18 – www.hotel-chantemerle.com*
7 ch – ♦65/70 € ♦♦70/80 € – ☲ 8 €
Sur la route du Puy du Fou, arrêtez-vous dans cet ancien relais de chasse du 19e s., au cœur d'un parc de 2 ha. Les chambres sont confortables et spacieuses (quelques familiales), l'ambiance évoque une maison d'hôtes. Idéal pour se ressourcer au grand calme.

MUHLBACH-SUR-MUNSTER
✉ 68380 (Haut-Rhin) – 748 hab. – Alt. 460 m – Voir carte n°**1-A2**
▶ Paris 462 km – Colmar 24 km – Gérardmer 37 km – Guebwiller 45 km
Carte Michelin 315-G8

 Perle des Vosges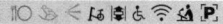
22 rte Gaschney – $\mathscr{C}$ *03 89 77 61 34 – www.perledesvosges.net*
– Fermé 12-20 mars et 2 janv.-2 fév.
45 ch – ♦58/139 € ♦♦58/139 € – ☲ 9 € – ½ P
Rest *Perle des Vosges* – voir les restaurants ci-après
Au pied du Hohneck, cet hôtel tenu en famille – les deux fils ont repris le flambeau, mais leur mère n'est jamais loin – est bien agréable : les chambres, spacieuses et pratiques, donnent très souvent sur les Vosges ; on se détend au fitness panoramique et... l'on se régale au restaurant !

XX **Perle des Vosges**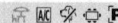
22 rte Gaschney – $\mathscr{C}$ *03 89 77 61 34 – www.perledesvosges.net – Fermé 12-20 mars, 2 janv.-2 fév. et lundi midi*
Formule 18 € – Menu 25/59 € – Carte 43/51 €
Le chef, formé dans de grandes maisons, est une perle ! Ses assiettes, gorgées de saveurs, copieuses et joliment présentées, honorent la région et les grands classiques de la gastronomie française. Et l'été, on file en terrasse...

MUIDES-SUR-LOIRE
✉ 41500 (Loir-et-Cher) – 1 359 hab. – Alt. 82 m – Voir carte n°**11-B2**
▶ Paris 169 km – Blois 20 km – Châteauroux 109 km – Orléans 48 km
Carte Michelin 318-G5

 Château de Colliers sans rest
rte de Blois, RD 951 – $\mathscr{C}$ *02 54 87 50 75*
– www.chambre-chateau-bnb-decharme.com
5 ch ☲ – ♦143/164 € ♦♦143/164 €
Au bout de l'allée bordée de tilleuls, de frênes et de marronniers... ce beau château de la Loire (18e s.). Peintures classées, mobilier de style dans les chambres : du cachet !

XX **Auberge du Bon Terroir**
20 r. du 8-Mai-1945 – $\mathscr{C}$ *02 54 87 59 24 – Fermé 18 nov.-4 déc., 6-24 janv., dim. soir, lundi et mardi sauf juil.-août*
Formule 20 € – Menu 30/45 € – Carte 41/67 €
Dans cette auberge de village, la patronne – une véritable passionnée de gastronomie ! – concocte une agréable cuisine traditionnelle, où les herbes du potager tiennent une bonne place. Son mari, maître-sommelier de son état, vous accueille tout sourire. Charmante terrasse à l'ombre des tilleuls.

MULHOUSE
✉ 68100 (Haut-Rhin) – 110 351 hab. – Agglo. 243 894 hab. – Alt. 240 m
– Voir carte n°**1-A3**
▶ Paris 465 km – Basel 34 km – Belfort 43 km – Freiburg-im-Breisgau 59 km
Carte Michelin 315-I10

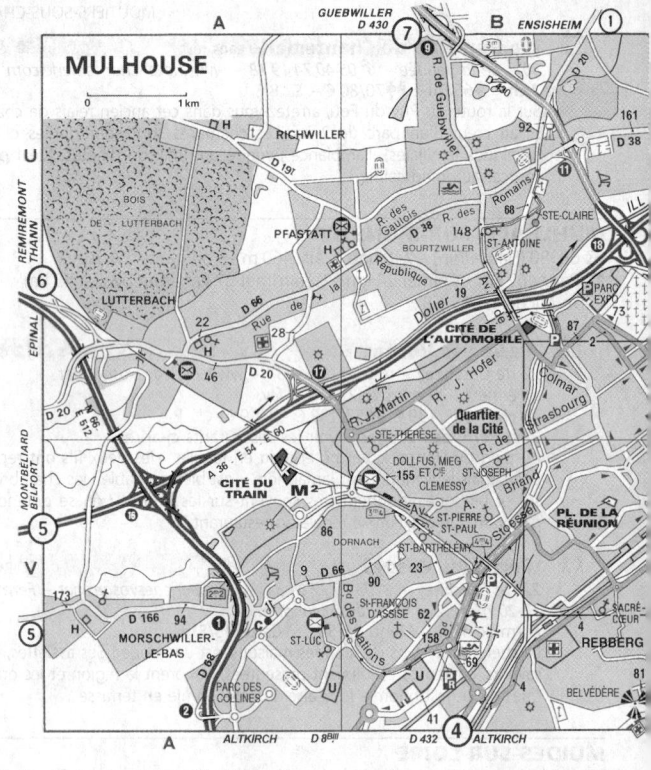

MULHOUSE

🏨 Hôtel du Parc

🍴 ⬛ 🛗 ♿ AC 🛜 🏋 🚗   Plan : FZ**p**

26 r. Sinne – 𝒞 03 89 66 12 22 – www.hotelduparc-mulhouse.com

75 ch – †110/350 € ††110/350 € – 1 suite – ⬭ 20 €

Luxueux palace dans les années 1930, cet hôtel a conservé son charme rétro et son esprit Art déco. Un incontournable parmi les hôtels de la ville ! Et c'est un vrai lieu de vie également, en particulier avec son Charlie's Bar, où résonnent tous les soirs des mélodies jazzy...

🏨 Holiday Inn

🍴 🔲 🎰 🛗 ♿ AC 🛜 🏋 🅿 🚗   Plan : AV**c**

34 r. P.-Cézanne – 𝒞 03 89 60 44 44
– www.holidayinn-mulhouse.com

75 ch – †99/239 € ††99/335 € – 5 suites – ⬭ 16 €

Dans une zone d'affaires aux portes de la ville, un complexe d'esprit contemporain et international : lounge bar, chambres confortables, agréable espace bien-être et, pour se restaurer, une brasserie du groupe Flo.

🏨 Bristol sans rest

🛗 ♿ 🛜 🏋 🅿 🚗   Plan : FY**e**

18 av. de Colmar – 𝒞 03 89 42 12 31 – www.hotelbristol.com

85 ch – †60/150 € ††69/210 € – 6 suites – ⬭ 10 €

À deux pas du centre historique, cet hôtel bourgeois et cossu est une valeur sûre. Ses nombreuses salles de séminaire sont prisées : n'oublions pas que Mulhouse se trouve à la croisée de la France, de l'Allemagne et de la Suisse !

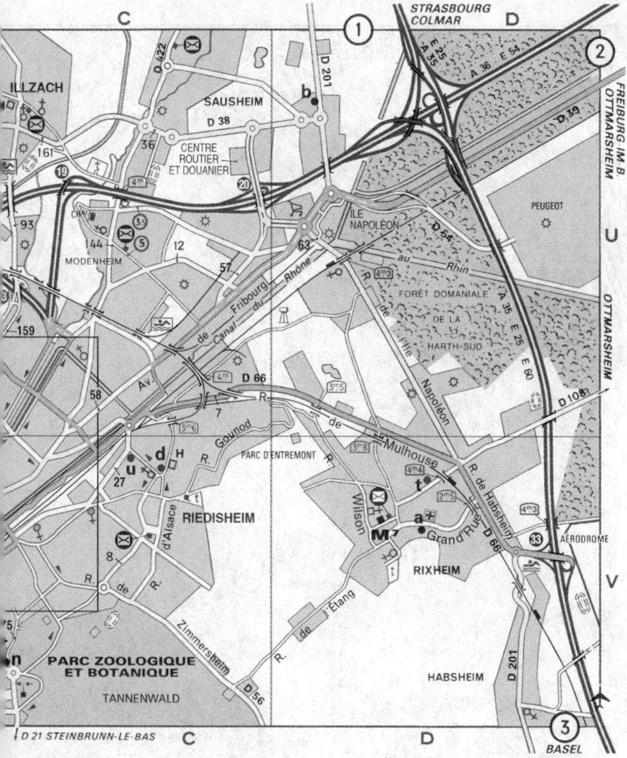

Mercure Centre

🍽 ⚑ 🛗 🅰🅲 📶 🎿 🚗

4 pl. du Gén.-de-Gaulle – ℰ 03 89 36 29 39
– www.mercure.com

Plan : FZ**b**

92 ch – ♦147/188 € ♦♦147/188 € – ⬜ 17 €

En face de la gare TGV, ce Mercure des années 1970 abrite des chambres confortables, rénovées pour la plupart dans un esprit épuré et contemporain. Parfait pour la clientèle de passage.

Kyriad Centre sans rest

🖼 ⚑ 🛗 🅰🅲 📶 🎿

15 r. Lambert, (zone piétonne, accès par le parking des
Maréchaux) – ℰ 03 89 66 44 77 – www.kyriad-mulhouse-centre.fr

Plan : FY**a**

70 ch – ♦75/190 € ♦♦135/250 € – ⬜ 10 €

Une excellente situation au cœur de la ville, dans un quartier piéton, pour cet hôtel franchisé, aux chambres simples et accueillantes. Au petit-déjeuner, on déguste le pain fraîchement sorti du four du boulanger voisin. Cet ensemble récent dégage une certaine âme.

Envie de partir à la dernière minute ?
Visitez les sites Internet des hôtels pour bénéficier de promotions tarifaires.

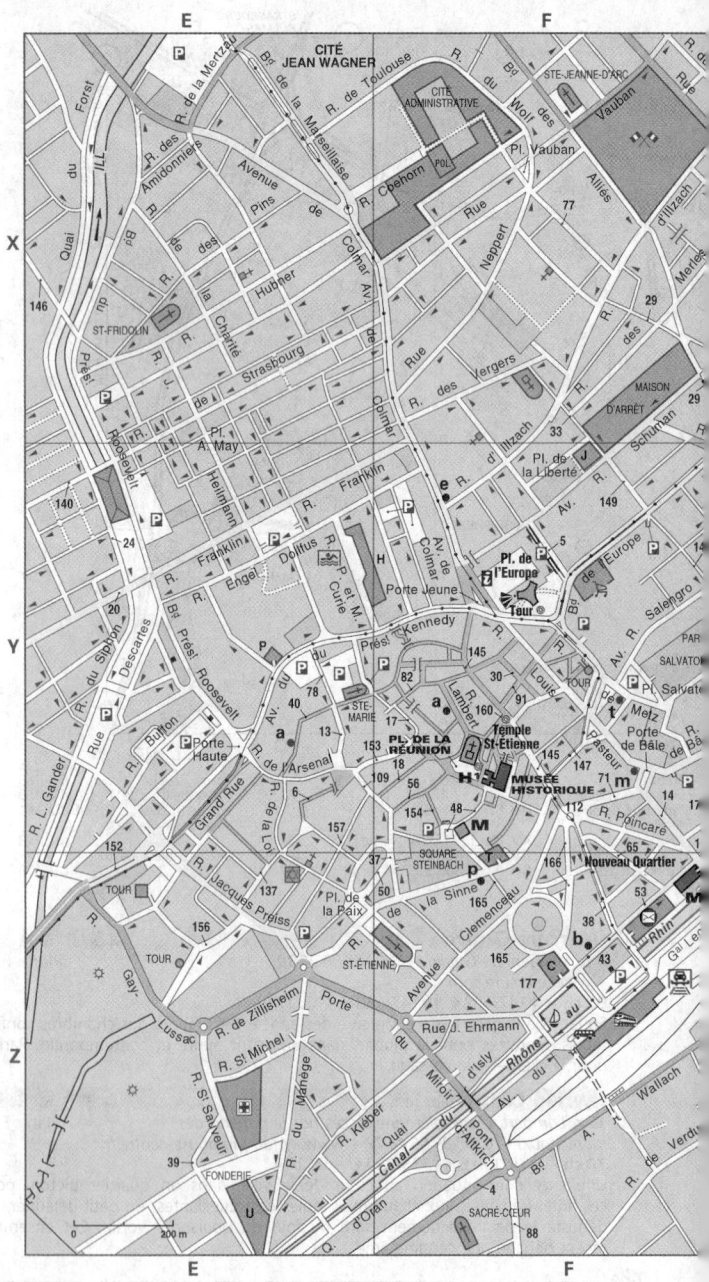

MULHOUSE

⛺ **Villa Éden** sans rest ⬚⬚⬚⬚⬚⬚
99 av. de la 1ère-Division-Blindée – ☏ *03 89 44 50 72*   Plan : CV**n**
– www.villa-eden.fr
4 ch ⬚ – †170 € ††195 €

Sur les hauteurs de Mulhouse, cette belle villa bourgeoise ne manque pas de superbe : toit à la Mansart, beau jardin, superbes volumes, nombreuses œuvres d'art contemporain, etc. Les chambres, très confortables, déclinent chacune une thématique originale, de l'esprit chalet... aux notes rock ! Un nouvel Éden...

🍴🍴🍴 **Il Cortile** (Stefano D'Onghia)   ⬚⬚⬚⬚⬚
✿✿ *11 r. des Franciscains –* ☏ *03 89 66 39 79*   Plan : EY**a**
– www.ilcortile-mulhouse.fr – Fermé 4-11 mai, 10-24 août, 11-25 janv., dim. et lundi
Menu 40 € (déj. en semaine), 90/110 € – Carte 91/118 €

Autodidacte passionné par les saveurs de son pays natal, Stefano D'Onghia aura finalement créé... l'une des meilleures tables italiennes de France ! Aujourd'hui cosignées par son fils, les assiettes, vibrantes de couleurs et de parfums, livrent une superbe réinterprétation de la cuisine de la Botte. En outre, la carte de vins transalpins et la terrasse sont enchanteresses...

→ Queue de langouste, ravioles de betterave Chioggia, ricotta et citron vert. Homard rôti, gnocchis aux petits pois et parfum de verveine. Tiramisu à la fraise et sorbet coco.

🍴🍴 **L'Estérel**   ⬚⬚
✿ *83 av. de la 1ère-Division-Blindée –* ☏ *03 89 44 23 24*   Plan : CV**t**
– Fermé vacances de fév., 27 avril-3 mai, 2 semaines en août, 26 oct.-1ᵉʳ nov., dim. soir, merc. soir et lundi
Formule 14 € – Menu 14 € (déj. en semaine), 26/54 € – Carte 47/66 €

Et oui, Mulhouse aussi possède son Estérel... Dans ce restaurant posté sur la route qui monte au zoo, on savoure une agréable cuisine du marché 100 % maison, pile dans l'air du temps. L'été, la terrasse ombragée est prise d'assaut.

🍴 **La Table de Michèle**   ⬚⬚
16 r. de Metz – ☏ *03 89 45 37 82 – www.latabledemichele.fr*   Plan : FY**t**
– Fermé 15-31août, sam. midi, dim. et lundi
Formule 19 € – Menu 25 € (déj.) – Carte 50/60 €

Michèle Brouet est une figure de la gastronomie locale. Sa table est à son image, généreuse et enjouée, tout comme l'atmosphère de la maison, très chaleureuse avec son décor d'objets hétéroclites et de bouquets de fleurs. Gourmandise et plaisir sont au rendez-vous !

🍴 **Poincaré II**   ⬚⬚
6 porte Bâle – ☏ *03 89 46 00 24 – Fermé 5-11 août, sam. midi et dim.*   Plan : FY**m**
Formule 25 € – Menu 32/75 € – Carte 40/80 €

Une vraie cuisine traditionnelle dans un authentique bistrot, tenu par un patron truculent et fana de gastronomie ! Les produits sont bien choisis, les assiettes ont du goût et l'on peut même savourer de jolis vins "nature"...

à Sausheim 3 km au Nord par D 38 – ✉ 68390 – 5 463 hab. – Alt. 238 m

🏨 **Golden Tulip**   ⬚⬚⬚⬚⬚⬚⬚⬚⬚⬚
r. des Cévennes, (Ile Napoléon), RD 201 – ☏ *03 89 61 87 87*   Plan : DU**b**
– www.goldentulipmulhousebasel.com
97 ch – †79/139 € ††79/139 € – 2 suites – ⬚ 14 €

L'art du feng shui a inspiré l'aménagement de cet hôtel. Le décor de chaque étage s'inspire d'un thème original : le métal, la terre, le feu, le bois... On l'aura compris : l'esprit des lieux est résolument zen et nature – et le confort est excellent.

à Baldersheim 8 km par ① – ✉ 68390 – 2 595 hab. – Alt. 226 m

🏨 **Au Cheval Blanc**   ⬚⬚⬚⬚⬚⬚⬚⬚
27 r. Principale – ☏ *03 89 45 45 44 – www.hotel-cheval-blanc.com – fermé 24 déc.- 2 janv.*
82 ch – †69/115 € ††79/115 € – 2 suites – ⬚ 13 €

La tradition est de mise dans cet établissement couvert de géraniums aux beaux jours. Parfaitement tenues, les chambres dégagent fraîcheur et confort, et se révèlent particulièrement lumineuses ; celles de l'annexe sont pourvues de kitchenettes – idéal pour les longs séjours !

à Rixheim 3 km au Sud-Est par D 66 – ⊠ 68170 – 13 145 hab. – Alt. 240 m

⌂ **La Grange à Élise** sans rest   ⌂ ⌷ & ⌘ 🛜 **P**
66 grand'rue Pierre Braun – ℰ 03 89 54 20 71   Plan : DV**a**
– www.grange-elise.com
5 ch ⌂ – ♦79 € ♦♦105 €
Rose, Lys, Iris... Les chambres de cette charmante demeure – une ancienne grange – évoquent un joli jardin fleuri. Objets chinés, boutis, bibelots et confort douillet : cet esprit "maison de poupée" ravira les amateurs !

XX **Le 7ème Continent** (Laurent Haller)   🍸 & **AK** **P**
✿   35 av. du Gén.-de-Gaulle – ℰ 03 89 64 24 85   Plan : DV**t**
– www.le7emecontinent.fr – Fermé 24 déc.-5 janv., sam. midi, dim. soir et lundi
Formule 26 € – Menu 52/82 € – Carte 55/65 €
Un véritable continent gastronomique ! Le chef, Laurent Haller, est un passionné : cours de cuisine, menus à thème... tout est bon pour partager son amour de la bonne chère. Sa carte, "renouvelée tous les mois pour que les clients ne mangent jamais pareil", est une ode au marché et aux produits. Le cadre, atypique et charmant, séduit tout autant.
→ Poêlée de cèpes et foie gras chaud. Dos de maigre aux gnocchis et truffe d'été. Baba à la bière et au tilleul, sorbet mangue.

à Riedisheim 2 km au Sud-Est par D 56 et D 432 – ⊠ 68400
– 12 180 hab. – Alt. 225 m

XXX **La Poste** (Jean-Marc Kieny)   88 **AK** ⟷
✿   7 r. du Gén.-de-Gaulle – ℰ 03 89 44 07 71   Plan : CV**d**
– www.restaurant-kieny.com – Fermé 3 semaines en août, dim. soir, mardi midi et lundi
Menu 30 € (semaine), 65/95 € – Carte 69/88 €
Dans ce chaleureux relais de poste (1850) se transmettent depuis six générations les secrets de la bonne cuisine ! Aujourd'hui aux commandes, Jean-Marc Kieny revisite la tradition alsacienne avec brio, inspiration et finesse... L'histoire de la maison s'écrit au présent, et le plaisir est de chaque instant.
→ Tapas alsaciennes en hommage à notre région. Pièce de veau de lait en bolognaise de homard. Tartelette sablée au chocolat.

XX **Auberge de la Tonnelle**   88 🍸 ⌘ **P**
61 r. du Mar.-Joffre – ℰ 03 89 54 25 77   Plan : CV**u**
– www.aubergedelatonnelle.fr – Fermé dim. soir
Menu 30 € (semaine), 50/70 € – Carte 54/78 € (réservation conseillée)
Dans un quartier résidentiel un peu excentré, cette auberge ravit ses habitués : ils y savourent une cuisine classique accompagnée de jolis crus (bourgognes et vins de petits producteurs) ; l'été, on les retrouve sur la terrasse.

à Hochstatt 7 km au Sud-Ouest par D 8ᴵᴵᴵ – BV – ⊠ 68720 – 2 107 hab. – Alt. 286 m

XX **Au Cheval Blanc**   88 🍸 ⟷
55 Grande-Rue – ℰ 03 89 06 27 77 – www.auchevalblanc-hochstatt.fr – Fermé 6-23 août, 24 déc.-3 janv., dim. soir, lundi soir, mardi soir et merc.
Menu 25 € (déj. en semaine), 36/53 € – Carte 43/69 €
Cette maison de village semble d'abord quelconque, mais il n'en est rien ! La déco, contemporaine et épurée, se prête à un repas soigné et, de fait, la cuisine du chef, inspirée par le marché, se révèle fine et fraîche. Une adresse appétissante...

à Froeningen 9 km au Sud-Ouest par D 8ᴮᴵᴵᴵ - BV – ⊠ 68720 – 690 hab. – Alt. 256 m

🏠 **Auberge de Froeningen**   ⅠⅠ◯ ⌷ 🛜 **P**
2 rte d'Illfurth – ℰ 03 89 25 48 48 – www.aubergedefroeningen.com – Fermé 15-31 août, 3 semaines en janv., mardi de nov. à avril, dim. soir et lundi
7 ch – ♦67 € ♦♦77 € – ⌂ 11 € – ½ P
Une auberge typiquement régionale, qui cultive le charme d'une autre époque. Les chambres (sans télévision) sont bien insonorisées et d'une tenue sans faille... Idéal pour se déconnecter du monde moderne. En complément, le restaurant propose une cuisine traditionnelle et alsacienne, dans une salle très couleur locale.

MUNSTER

✉ 68140 (Haut-Rhin) – 4 864 hab. – Alt. 400 m – Voir carte n°**1-A2**
▶ Paris 458 km – Colmar 19 km – Guebwiller 40 km – Mulhouse 60 km
Carte Michelin 315-G8

⌂⌂⌂ **Verte Vallée** ⏐○ ⌳ ⌸ 🖵 ⊕ ₤₃ 🕭 & 🅰🅲 ⌺ 🛜 🕉 **P**

10 r. A. Hartmann, (parc de la Fecht) – ℰ 03 89 77 15 15 – www.vertevallee.com
– Fermé 4-29 janv.
100 ch – ⸸73/145 € ⸸⸸93/285 € – 8 suites – ⌷ 17 € – ½ P
Rest Verte Vallée – voir les restaurants ci-après

Dans un grand jardin bordant la Fecht, cette bâtisse est un îlot de quiétude et de détente. Les chambres, classiques ou contemporaines, sont spacieuses et cosy… Et pour barboter sereinement dans la piscine à jets, il y a même une garderie d'enfants.

⌂ **Deybach** sans rest ⌳ ⌺ 🛜 **P**

4 r. du Badischhof, 1 km par rte de Colmar (D 417) – ℰ 03 89 77 32 71
– www.hotel-deybach.com
16 ch – ⸸51/67 € ⸸⸸59/75 € – ⌷ 10 €

Accueil souriant, atmosphère chaleureuse et familiale, chambres agréables et bien tenues, copieux petit-déjeuner et… excellent rapport qualité-prix ! Un petit hôtel vivement recommandé.

ⅩⅩⅩ **Verte Vallée** – Hôtel Verte Vallée ⅋⅋ ⌳ ⌸ & 🅰🅲 ⌺ **P**

10 r. A. Hartmann, (parc de la Fecht) – ℰ 03 89 77 15 15 – www.vertevallee.com
– Fermé 4-29 janv.
Menu 15 € (déj. en semaine), 28/52 € – Carte 43/50 €

Crémeux de munster fermier, filet de canette et son croustillant aux châtaignes, meringue glacée revisitée… Le chef concocte une savoureuse cuisine d'aujourd'hui et le sommelier se fait un plaisir de vous parler de ses jolis crus.

ⅩⅩ **A l'Agneau d'Or**

2 r. St-Grégoire – ℰ 03 89 77 34 08 – www.martinfache.com – Fermé lundi et mardi
Menu 31 € (déj. en semaine), 37/49 € – Carte 43/62 € (réservation conseillée)

Quenelles de truite aux écrevisses et beurre blanc au riesling, choucroute… Dans cette chaleureuse maison régionale, le chef revisite à sa façon la tradition et le terroir. Gibier en saison.

à Wihr-au-Val 6 km à l'Est par D 417 – ✉ 68230 – 1 272 hab. – Alt. 330 m

ⅩⅩ **La Nouvelle Auberge** (Bernard Leray) ⅋⅋ ⌳ ⇔ **P**

9 rte Nationale – ℰ 03 89 71 07 70 – www.nauberge.com – Fermé 14-25 mars,
6-16 juil., 2-10 nov., dim. soir, lundi et mardi
Menu 39/86 € – Carte 61/85 €

Dans cette Nouvelle Auberge, élégante et attachante, les propriétaires jouent un délicieux "double jeu" culinaire ! Gastronomie à l'étage, avec une fine cuisine classique parfaitement maîtrisée par le chef ; bistrot alsacien au rez-de-chaussée… et ses savoureuses spécialités régionales.

➔ Tourteau, mayonnaise blanche et navets nouveaux marinés. Féra du Léman, duxelles forestière et râpée de truffe, sauce au vin jaune. Soufflé suivant la saison.
Bistrot Menu 13 € (semaine) – Carte 25/40 € (fermé 14-25 mars, 6-16 juil.,
2-10 nov., dim., mardi et le soir)

MURAT

✉ 15300 (Cantal) – 1 947 hab. – Alt. 930 m – Voir carte n°**5-B3**
▶ Paris 520 km – Aurillac 48 km – Brioude 59 km – Issoire 74 km
Carte Michelin 330-F4 – Guide Vert Michelin Auvergne

à l'Est 4 km par N 122, rte de Clermont-Ferrand – ✉15300 Murat

ⅩⅩⅩ **Le Jarrousset** ⌳ ⌸ **P**

– ℰ 04 71 20 10 69 – www.restaurant-le-jarrousset.com – Fermé janv., dim. soir,
mardi soir, merc. soir sauf juil.-août et lundi
Formule 13 € ⁊ – Menu 24/75 € ⁊ – Carte 42/54 €

Dans un environnement verdoyant, cette auberge traditionnelle cultive le goût des produits locaux : le chef s'approvisionne auprès d'un réseau de fermes sélectionnées avec soin. Quant à l'ambiance, chapeau : le décor est épuré et moderne, et le mobilier et la vaisselle ont été réalisés par des artisans locaux.

LA MURAZ

✉ 74560 (Haute-Savoie) – 1 045 hab. – Alt. 630 m – Voir carte n°**46**-F1
▶ Paris 545 km – Annecy 33 km – Annemasse 11 km – Thonon-les-Bains 41 km
Carte Michelin 328-K4

✗✗ L'Angélick   🏵 ♿ 🕭 ⇔ P

160 Centre-Village – ✆ 04 50 94 51 97 – www.angelick.fr – Fermé 13-20 avril,
10-24 août, 22 déc.-5 janv., dim. soir, lundi, mardi et le midi en semaine
Menu 40/130 € 🍷 – Carte 71/83 €
Un restaurant gastronomique chaleureux et cossu, où le chef travaille de bons
produits et ose des mariages créatifs et audacieux. Filet de bœuf et carotte fane
rôtie à la coriandre, râble de lapin lardé et rôti, pressé de blettes et moelle de
bœuf... On se régale dans une salle au décor épuré et design. À découvrir !
La Brasserie – voir les restaurants ci-après

✗ La Brasserie – Restaurant L'Angélick   P

160 Centre-Village – ✆ 04 50 94 51 97 – www.angelick.fr – Fermé 13-20 avril,
10-24 août, 22 déc.-5 janv., dim. soir, lundi, mardi et le midi en semaine
Menu 15 € (déj. en semaine)/25 €
Le midi en semaine, la Brasserie ouvre ses portes aux gourmands de passage ; on
y fait dans la simplicité, avec une bonne cuisine de bistrot et une carte des vins
minimaliste, composée de coups de cœur des propriétaires.

MURBACH – 68 (Haut-Rhin) ➜ voir Guebwiller

MUR-DE-BARREZ

✉ 12600 (Aveyron) – 808 hab. – Alt. 790 m – Voir carte n°**29**-D1
▶ Paris 567 km – Aurillac 38 km – Rodez 73 km – St-Flour 56 km
Carte Michelin 338-H1

🛏 Auberge du Barrez   ⅋○ ⅏ ⇔ 🛜 P

av. du Carladez – ✆ 05 65 66 00 76 – www.aubergedubarrez.com
– Fermé 2 janv.-28 fév.
18 ch – ♦58/62 € ♦♦74/95 € – � 10 € – ½ P
Rest *Auberge du Barrez* 🏵 – voir les restaurants ci-après
On est accueilli à bras ouverts dans cette maison située à l'écart du centre-ville,
entourée d'un joli jardin et d'un potager. Les chambres sont fraîches et bien tenues
(certaines avec terrasse) et, à l'heure du repas, la table réserve de jolis plaisirs...

✗✗ Auberge du Barrez   ⅏ 🏠 ⅋ P

av. du Carladez – ✆ 05 65 66 00 76 – www.aubergedubarrez.com – Fermé
2 janv.-28 fév., mardi midi sauf du 7 juil. au 2 sept. et lundi midi
Menu 15 € (déj. en semaine), 28/42 € – Carte 38/51 €
Tout un poème : "Une table précieuse, un endroit attachant, / Où règnent sympathie et générosité. / Madame, pâtissière, accueille les clients, / Pendant que son
mari est aux fourneaux rivé. / Terroir aveyronnais, plats copieux, beaux produits, /
On déguste cela dans un bel intérieur ; / On s'installe en terrasse quand le soleil
luit, / Et l'on chérit l'instant... l'âme emplie de bonheur !"

MÛR-DE-BRETAGNE

✉ 22530 (Côtes-d'Armor) – 2 108 hab. – Alt. 225 m – Voir carte n°**10**-C2
▶ Paris 457 km – Carhaix-Plouguer 50 km – Guingamp 47 km – Loudéac 20 km
Carte Michelin 309-E5 – Guide Vert Michelin Bretagne Nord

✗✗✗ Auberge Grand'Maison (Christophe Le Fur) avec ch   🛜

1 r. Léon-le-Cerf – ✆ 02 96 28 51 10 – www.auberge-grand-maison.com – Fermé
13-28 fév., 1er-8 juil., 14-28 oct., 2-9 janv., mardi sauf le soir en saison, dim. soir et lundi
6 ch – ♦50/90 € ♦♦50/90 € – ⊒ 13 € – ½ P
Menu 29 € (déj. en semaine), 53/82 € – Carte 54/67 €
Contemporaine et originale, la cuisine de Christophe Le Fur sait être créative sans
perdre de vue les fondamentaux, car le chef est avant tout un habile technicien.
Combinaisons de saveurs et de textures, exploration de toutes les possibilités
offertes par l'Armor et l'Argoat : voilà qui séduit ! Et l'accueil est charmant...
➜ Tartine gourmande de langoustine et d'encornet, gelée de tomate et condiment de carotte acidulée. Suprême de pigeon en croûte noire, légumes du soleil
grillés et beurre wasabi-raifort. Dessert carrément breizh.

MURET-LE-CHÂTEAU

✉ 12330 (Aveyron) – 335 hab. – Alt. 540 m – Voir carte n°**29**-C1
◪ Paris 621 km – Aurillac 75 km – Rodez 19 km – Toulouse 166 km
Carte Michelin 338-H4

XX **L'Auberge du Château** avec ch   🖐 🖐 ⅂ 🛜
Le Bourg – ℰ 05 65 47 71 57 – www.laubergeduchateau.com – Fermé vacances de fév. et de Noël
7 ch – †72/103 € ††72/103 € – ⟱ 11 € – ½ P
Formule 28 € – Menu 40/65 € *(Fermé lundi et mardi sauf le midi de mars à oct., dim. soir et merc.)*
Dans ce village de l'Aveyron, face à la mairie, l'adresse est bien connue des gourmands, qui s'y régalent d'une cuisine dans l'air du temps où les herbes et les légumes bio ont la part belle. Dans l'assiette, couleurs et saveurs sont au rendez-vous. Terrasse joliment fleurie.

MURO – 2B (Haute-Corse) → voir Corse

MURS

✉ 84220 (Vaucluse) – 416 hab. – Alt. 510 m – Voir carte n°**42**-E1
◪ Paris 713 km – Avignon 47 km – Digne-les-Bains 106 km – Marseille 101 km
Carte Michelin 332-E10

X **Le Crillon** ❶ avec ch   🖐 ㏗ 🛜
r. du Brave-Crillon – ℰ 04 90 72 60 31 – www.lecrillon-luberon.com – Fermé 15 nov.-1ᵉʳ mars
8 ch – †80/125 € ††98/125 € – ⟱ 10 € – ½ P
Formule 20 € – Menu 25 € (déj. en semaine), 39/65 € – Carte 45/60 €
Nouveau propriétaire et nouveau chef dans cette petite adresse située en plein cœur du village. On y trouve son compte à toute heure : le midi, avec de bons plats de bistrot, et le soir avec une cuisine plus élaborée et créative. Quelques chambres confortables pour l'étape.

MUS

✉ 30121 (Gard) – 1 324 hab. – Alt. 53 m – Voir carte n°**23**-C2
◪ Paris 737 km – Arles 52 km – Montpellier 37 km – Nîmes 26 km
Carte Michelin 339-K6 – Guide Vert Michelin Provence

⌂ **La Paillère**   ⑩ 🖐 🛜 ℙ ⊬
26 av. du Puits-Vieux – ℰ 04 66 35 55 93 – www.paillere.com
5 ch ⟱ – †80/90 € ††90 €
Cette maison du 17ᵉ s., discrète et patinée par le temps, cultive un certain art de vivre : patio verdoyant, chambres originales (Provence, Mongolie, etc.). Pour l'anecdote, elle fut la propriété de Régine et Delon y a séjourné ! Recettes du Sud à la table d'hôte.

MUSSY-LA-FOSSE – 21 (Côte-d'Or) → voir Venarey-les-Laumes

MUTIGNY – 51 (Marne) → voir Épernay

LE MUY

✉ 83490 (Var) – 9 189 hab. – Alt. 27 m – Voir carte n°**41**-C3
◪ Paris 861 km – Antibes 59 km – Marseille 132 km – Toulon 77 km
Carte Michelin 340-O5 – Guide Vert Michelin Côte d'Azur

au Nord 3 km par rte de Callas

⌂ **Château des Demoiselles** sans rest   🖐 ㏗ 🛜 ℙ
2040 rte de Callas – ℰ 04 94 99 50 31 – www.chateaudesdemoiselles.com – Fermé 17 nov.-15 déc. et 5 janv.-20 fév.
5 ch ⟱ – †130/150 € ††140/160 €
Ce pourrait être un hôtel de charme d'un beau standing, et c'est une maison d'hôtes au cœur d'un domaine viticole... De la majestueuse allée d'entrée bordée de platanes, jusqu'aux chambres de la demeure – une superbe bastide de 1830 –, s'incarne tout l'art de vivre de la Provence !

NACONNE – 42 (Loire) → voir Feurs

NAINVILLE-LES-ROCHES

⊠ 91750 (Essonne) – 463 hab. – Alt. 77 m – Voir carte n°**19**-C2
◘ Paris 49 km – Boulogne-Billancourt 49 km – Montreuil 50 km – Saint-Denis 62 km
Carte Michelin 312-D4

⌂ **Le Clos des Fontaines** sans rest   🕭 ⇔ 🌊 🗚 ⚒ 🕭 🖐 🎀 🅿 🚭
     3 r. de l'Église – 𝓒 *01 64 98 40 56 – www.closdesfontaines.com*
     5 ch ⊴ – ♦80/90 € ♦♦95/110 €
     Un havre de paix entre Paris, Milly-la-Forêt et Fontainebleau. La propriété se
     cache derrière des murs en pierre : passé la grille, on découvre un grand et ver-
     doyant jardin, réunissant d'anciennes fermettes du 18ᵉ s. Un joli ensemble, abri-
     tant des chambres au décor très soigné. Petit-déjeuner gourmand.

NAJAC

⊠ 12270 (Aveyron) – 743 hab. – Alt. 315 m – Voir carte n°**29**-C1
◘ Paris 629 km – Albi 51 km – Cahors 85 km – Gaillac 51 km
Carte Michelin 338-D5

⌂ **L' Oustal del Barry**   🍽 ≤ ⇔ 🏢 🄰🄲 🕭 🅿
     2 pl. Sol de Barry – 𝓒 *05 65 29 74 32 – www.oustaldelbarry.com – Ouvert*
     20 mars-11 nov.
     17 ch – ♦50/54 € ♦♦59/81 € – ⊴ 11 € – ½ P
     Rest *L' Oustal del Barry* – voir les restaurants ci-après
     Nichée au cœur de ce magnifique village médiéval dominé par sa forteresse du
     11ᵉ s., une maison accueillante avec des chambres sobres et douillettes, donnant
     sur le bourg ou la vallée.

⌂ **Le Belle Rive**   🍽 🕭 ≤ ⇔ 🌊 ⚒ 🕭 🅿
     4 r. Roc du Pont, 3 km au Nord-Ouest par D 39 – 𝓒 *05 65 29 73 90*
     – www.lebellerive.com – Ouvert d'avril à fin oct. et fermé dim. soir en oct. et
     lundi midi
     20 ch – ♦55/64 € ♦♦55/64 € – ⊴ 9 € – ½ P
     Une histoire de famille... depuis cinq générations ! Cet hôtel-restaurant borde
     l'Aveyron et cache des chambres un brin rustiques, simples et propres. Grande
     terrasse fleurie et ombragée pour profiter de la cuisine régionale du chef.

✗ **L' Oustal del Barry**   🕃 ⇔ 🎀
     2 pl. Sol de Barry – 𝓒 *05 65 29 74 32 – www.oustaldelbarry.com – Ouvert*
     20 mars-11 nov. et le midi du 15 nov. au 30 déc.
     Formule 22 € – Menu 24/60 € 🍷 – Carte environ 65 €
     Dans ce charmant restaurant rustique, le chef met à l'honneur la région et le ter-
     roir en travaillant de beaux produits... De l'une des salles, on peut même admirer
     son potager !

NALZEN – 09 (Ariège) ➜ voir Lavelanet

NANCY

✉ 54000 (Meurthe-et-Moselle) – 105 382 hab. – Agglo. 279 365 hab. – Alt. 206 m – Voir carte n°**26**-B2

▶ Paris 314 km – Dijon 216 km – Metz 57 km – Reims 209 km

Carte Michelin 307-I6

© R. Mattes/mauritius images/age fotostock

Hôtels & maisons d'hôtes

Hôtel d'Haussonville sans rest

9 r. Mgr-Trouillet – ✆ 03 83 35 85 84 – www.hotel-haussonville.fr – Fermé 1er-8 janv. Plan : AX**g**

7 ch – 🚹149/239 € 🚹🚹149/239 € – ☕ 17 €

Les amateurs de demeures classées seront comblés par ce splendide hôtel particulier du 16e s. Ici, tout n'est que raffinement : cheminées et parquets d'époque, beau salon avec piano à queue, antiquités... Quel charme !

Hôtel des Prélats sans rest

56 pl. Mgr-Ruch – ✆ 03 83 30 20 20 – www.hoteldesprelats.com – Fermé vacances de Noël Plan : CY**r**

41 ch – 🚹95/205 € 🚹🚹115/245 € – ☕ 13 €

Cet hôtel particulier du 17e s., adossé à la cathédrale, est idéalement situé pour visiter la ville. Les chambres, spacieuses, rivalisent de classicisme et de raffinement (lits à baldaquin, vitraux, objets chinés), et la junior suite vaut le détour...

Mercure Centre Stanislas sans rest

5 r. des Carmes – ✆ 03 83 30 92 60 – www.mercure-nancy-centre-stanislas.com Plan : BY**m**

80 ch – 🚹112/180 € 🚹🚹112/180 € – ☕ 17 €

Au cœur de Nancy, l'établissement est tout proche de la célèbre place Stanislas. Les chambres, fonctionnelles et climatisées, sont bien équipées (écran LCD, minibar, coffre-fort...). Le grand parking privé souterrain est idéal dans le quartier.

Crystal sans rest

5 r. Chanzy – ✆ 03 83 17 54 00 – www.bwcrystal.com – Fermé 23 déc.-3 janv. Plan : AY**a**

58 ch – 🚹49/179 € 🚹🚹49/179 € – ☕ 14 €

Voilà un établissement bien situé ! Quelques minutes suffisent pour rejoindre la gare à pied, aller au musée ou faire les magasins. Les chambres sont agréables et bien tenues, avec un mobilier contemporain et de bons équipements.

La Villa 1901 sans rest

63 av. du Général-Leclerc – ✆ 06 30 03 21 62 – www.lavilla1901.fr Plan : EX**a**

5 ch ☕ – 🚹145/165 € 🚹🚹165/185 €

À 15mn à pied du centre de Nancy, cette demeure de 1901 distille une ambiance rare... À son charme de maison de ville, intime et confidentielle, s'ajoute un aménagement très étudié, où dominent le mobilier industriel et le design vintage. Un sommet de style jusque dans les détails ! Et le petit-déjeuner est excellent...

⌂ **Maison de Myon** ⫯⃝ ☞ 🛜 🛎
7 r. Mably – ℰ 03 83 46 56 56 – www.maisondemyon.com Plan : CY**s**
– *Fermé 7-14 fév.*
5 ch ☵ – ∳115 € ∳∳135 €
Dans cette demeure du 18ᵉ s., proche de la cathédrale, tout est du meilleur goût : chambres et salons mêlent meubles anciens et design, tissus élégants, œuvres d'art, objets précieux, etc. Même l'ancienne écurie s'est transformée en belle bibliothèque ! On propose aussi cours de cuisine, dégustations de vins, table d'hôte...

● Restaurants

XXX **Le Cap Marine** ✍ 🄰🄲 ⇔
60 r. Stanislas – ℰ 03 83 37 05 03 Plan : BY**e**
– *www.restaurant-capmarine.fr – Fermé 2 semaines en août, 24 déc.-2 janv., sam. midi, dim. et fériés*
Formule 19 € – Menu 29/69 € – Carte 47/87 €
Cette institution nancéienne – née il y a 60 ans – a pris un nouveau cap avec une rénovation complète, de la salle aux fourneaux. On découvre un décor chic et contemporain, tout en tons chocolat et bois blond, et une belle cuisine de la mer, tel ce bar de ligne en tournedos grillé à la plancha... Un régal.

XXX **Le Capu** ⅊ 🄰🄲 ⇔
31 r. Gambetta – ℰ 03 83 35 26 98 – www.lecapu.com Plan : BY**m**
– *Fermé dim. sauf le midi de sept. à juin et sam. midi*
Formule 25 € – Menu 34 € (déj. en semaine), 48/80 € – Carte 60/80 €
Une table très en vue dans la ville : d'abord en raison de son décor, au chic contemporain affirmé, rehaussé de notes baroques et de tons originaux ; du fait de son répertoire culinaire ensuite, inventif et qui n'hésite pas à lorgner vers le moléculaire... Et après un passage en semaine, on revient bruncher le dimanche !

XX **La Maison dans le Parc** (Françoise Mutel) ✍ 🍽 ⅊ 🄰🄲
❃ 3 r. Ste-Catherine – ℰ 03 83 19 03 57 Plan : BY**n**
– *www.lamaisondansleparc.com – Fermé 1ᵉʳ-11 mai, 9-19 août, 1ᵉʳ-19 janv., dim. soir, lundi et mardi*
Menu 34 € (déj. en semaine), 65/92 €
L'une des meilleures tables dans les parages. Le long corridor d'entrée, aux pierres savamment éclairées, instaure une ambiance solennelle ; la salle est chic. Pourtant, la cuisine de Françoise Mutel illumine par... sa simplicité. Car cette autodidacte passionnée sait cuisiner l'essentiel : le goût ! Belle terrasse face au parc.
→ Foie gras de canard aux saveurs d'agrumes. Ris de veau au sautoir, cèpes et artichaut poivrade. Tuile au citron vert, crémeux au yuzu et sorbet citron.

XX **La Toq'** ✍ 🄰🄲
1 r. Mgr-Trouillet – ℰ 03 83 30 17 20 Plan : ABY**z**
– *www.latoqueblanche.fr – Fermé 1 semaine vacances de fév., 1 semaine vacances de printemps, 27 juil.-17 août, dim. soir et lundi*
Menu 22 € (déj. en semaine), 30/75 € – Carte 54/78 €
Avec ou sans toque, le chef de cet élégant restaurant – aux voûtes en pierre séculaires rehaussées par un aménagement contemporain – est un sérieux professionnel, qui signe de savoureuses assiettes, fondées sur de beaux produits. Le tout accompagné d'une carte des vins de plus de 300 références, et toc !

XX **Les Agaves** 🄰🄲
2 r. des Carmes – ℰ 03 83 32 14 14 – www.les-agaves-nancy.fr Plan : BY**u**
– *Fermé 1ᵉʳ-15 août, lundi soir, merc. soir et dim.*
Formule 26 € – Menu 31 € – Carte 43/53 €
Cap au Sud pour ce restaurant élégant qui flirte avec l'esprit bistrot. Le chef mêle influences méditerranéennes, provençales et italiennes ; même la carte des vins fait la part belle aux crus transalpins. La Botte en Lorraine !

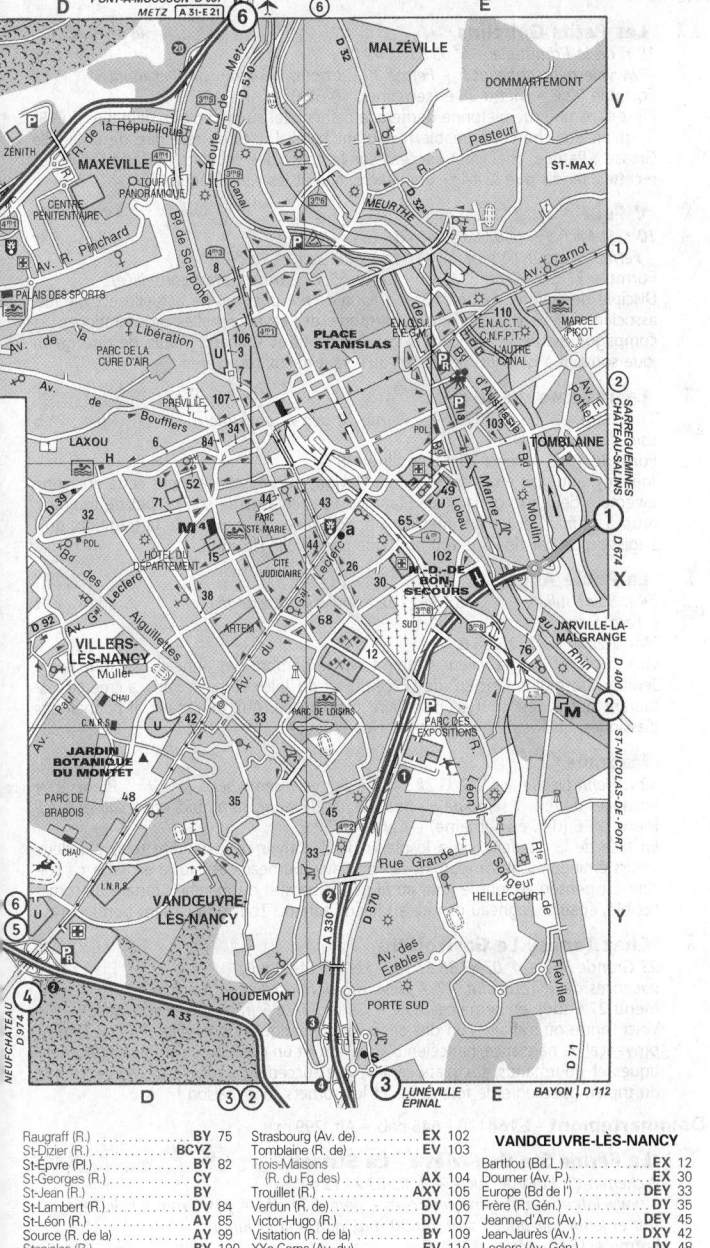

Les Petits Gobelins
❀ 🍴 ⚗ 🅰🅲 ⟷

18 r. de la Primatiale – ℰ 03 83 35 49 03 Plan : CY**z**
– www.lespetitsgobelins.fr – Fermé 1ᵉʳ-23 août, 2-6 janv., dim. et lundi
Formule 22 € – Menu 28 € (semaine), 40/69 € – Carte 40/70 €

C'est dans une rue piétonne derrière la cathédrale, au pied d'une demeure du 18ᵉ
s., qu'on déniche cet agréable restaurant familial. C'est le territoire de la famille
Grosse : Patrice, chef, met l'accent sur le choix des produits et l'originalité des
recettes, tandis que sa fille, sommelière, choisit les vins adéquats !

V Four
🍴 🅰🅲

10 r. St-Michel – ℰ 03 83 32 49 48 – www.levfour.fr Plan : BX**r**
– Fermé 31 août-12 sept., 1ᵉʳ-11 fév., dim. soir et lundi
Formule 22 € – Menu 31/65 € – Carte 65/75 € *(réservation conseillée)*

Disciple de Gérard Vessière, Bruno Faonio crée une cuisine actuelle et soignée,
associant fraîcheur des produits, harmonie des saveurs, belles présentations... Sa
compagne assure le service – à la fois attentif et souriant. Inutile de dire qu'on
joue souvent à guichets fermés et qu'il vaut mieux réserver !

La Taverne du Roy
🍴

17 r. Héré – ℰ 03 83 32 27 87 – Fermé 28 déc.-6 janv., merc. Plan : BY**b**
soir, dim. soir et lundi
Formule 16 € – Menu 20 € (semaine)/38 €

Joël Roy, autrefois étoilé au Prieuré à Flavigny-sur-Moselle, a repris cette ancienne
taverne à deux pas de la place Stanislas. La salle a gardé son cachet de toujours,
rétro à souhait, et le chef met ici son expérience au service de la tradition, qu'il
s'agisse d'un bar de ligne rôti ou d'une poire Belle-Hélène !

La Poule Ange
⚗ 🅰🅲

74 r. Saint-Julien – ℰ 03 83 34 19 62 – www.lapouleange.fr Plan : BY**t**
– Fermé dim.
Menu 20 € (déj.), 25/55 €

Quand on dit que la valeur n'attend pas le nombre des années... Le tout jeune
Jérémy Grosdidier, "ancien" de l'Excelsior et du Jules Verne, à Paris, a créé ce restaurant qui a déjà tout d'une affaire bien huilée. Aux fourneaux, il connaît ses
classiques, qu'il revisite sobrement. Une réussite !

Madame 🆕

52 r. Henri-Deglin – ℰ 03 83 22 37 18 – Fermé 1 semaine Plan : BX**v**
vacances de fév., 1 semaine en mai, 26 juil.-17 août, sam. midi, dim. soir et lundi
Menu 25 € (déj. en semaine) – Carte 40/50 €

En face de la citadelle, on a le plaisir de découvrir ce restaurant tenu par deux
sœurs éminemment sympathiques, l'une aux fourneaux et l'autre en salle. La cuisine est pensée au jour le jour, au fil des saisons et du marché : tartare de tomates bio, épaule d'agneau confite au jus de safran... Tout simplement bon !

Chez Tanésy Le Gastrolâtre
🅰🅲

23 Grande-Rue – ℰ 03 83 35 51 94 – Fermé 14-30 juil., Plan : BY**v**
vacances de la Toussaint, 1ᵉʳ-7 janv., mardi midi, dim. et lundi
Menu 27 € (déj. en semaine)/45 € – Carte 53/76 € *(réservation conseillée)*

Voici l'antre où s'affaire l'un des chefs emblématiques de la ville : Patrick Tanésy,
provençal de naissance, nancéien d'adoption, et un cœur gros comme ça ! Authentiques et gourmands, ses plats canailles se succèdent : volaille en vessie, terrine
du tripier, baeckeofe de foie gras... Et les sorbets sont maison !

à Dommartemont – ✉ 54130 – 645 hab. – Alt. 299 m

La Ferme Ste Geneviève - Le Bistrot
❀ 🍴

2 chemin du Pain-de-Sucre – ℰ 03 83 29 13 49
– www.lafermesaintegeneviève.com – Fermé 24 déc.-4 janv., mardi soir, merc.
soir et jeudi soir du 1ᵉʳ sept. au 30 mai, dim. soir et lundi
Formule 18 € – Menu 22/30 €

Dans ce restaurant posté sur les hauteurs de la ville, on apprécie des plats régionaux et traditionnels (avec des propositions à l'ardoise) d'un bon rapport qualité-
prix... et une belle sélection de vins – surtout en bordeaux et côtes-du-rhône. Aux
beaux jours, profitez de la terrasse aux airs de guinguette...

à Houdemont – ⊠ 54180 – 2 334 hab. – Alt. 270 m

🏨 **Ibis Styles Nancy Sud** 🔟 🗺 ⅃ 🖩 ⅙ 🄰 🛜 🔏 **P**
8 allée de la Genelière, (près du centre commercial) Plan : EY**s**
– 𝒞 03 83 56 10 25 – www.ibisstyles.com
86 ch � – **♦**59/139 € **♦♦**65/149 €
À la croisée des autoroutes Nancy-Paris-Strasbourg, faire une halte dans cet hôtel peut s'avérer salutaire. La plupart des chambres, spacieuses, ont adopté un style épuré. Parfaite pour se détendre avant de reprendre la route, la terrasse du restaurant au bord de la piscine.

à Vandoeuvre-lès-Nancy – ⊠ 54500 – 30 646 hab. – Alt. 300 m

🏠 **Cottage-Hôtel** 🔟 ⅙ 🛜 🔏 **P**
4 allée de Bourgogne – 𝒞 03 83 44 69 00 – www.groupe-mengin.com – Fermé 2-17 août et 23-31 déc.
64 ch – **♦**59/75 € **♦♦**59/107 € – ⊔ 11 €
Nous voici au cœur du technopôle de Nancy-Brabois, près de l'hippodrome et à deux minutes de l'autoroute... Pratique ! Les chambres sont progressivement rénovées dans un style contemporain et se révèlent très fonctionnelles. On apprécie également le grand parking privé devant l'hôtel.

à Neuves-Maisons 14 km par ④ – ⊠ 54230 – 7 115 hab. – Alt. 230 m

✗✗ **L'Union** 🛱 ✧
1 r. A.-Briand – 𝒞 03 83 47 30 46 – www.restaurantlunion.com
– Fermé 1ᵉʳ-14 août, 2-5 janv., mardi soir, merc. soir, jeudi soir et lundi
Formule 15 € – Menu 29/37 € – Carte 35/46 €
Cette jolie petite maison colorée, autrefois café du village, propose une cuisine traditionnelle bien sympathique : râble de lapin à la truffe, fricassée de volaille au champagne, tête de veau, etc. Et puis, il y a la terrasse ombragée...

NANS-LES-PINS
⊠ 83860 (Var) – 4 141 hab. – Alt. 380 m – Voir carte n°**40**-B3
▶ Paris 794 km – Aix-en-Provence 44 km – Brignoles 26 km – Marseille 42 km
Carte Michelin 340-J5

🏨 **Domaine de Châteauneuf** 🔟 ⅙ ⟨ 🗺 ⅃ ✗ 🖼 ⅙ 🄰 🛜 🔏 **P**
3 km au Nord par D 560 – 𝒞 04 94 78 90 06 – www.domaine-de-chateauneuf.fr
– Ouvert avril-oct.
29 ch – **♦**189/399 € **♦♦**189/399 € – 1 suite – ⊔ 21 € – ½ P
Rest *Domaine de Châteauneuf* – voir les restaurants ci-après
Pas de luxe opulent, mais un charme bourgeois discret et une certaine authenticité dans cette belle bastide du 18ᵉ s., nichée au cœur du golf de la Sainte-Baume – un environnement d'une grande quiétude. Persiennes en bois, mobilier provençal, salles de bains à l'ancienne...

✗✗✗ **Domaine de Châteauneuf** 🛏 🛱 ⅙ **P**
3 km au Nord par D 560 – 𝒞 04 94 78 90 06 – www.domaine-de-chateauneuf.fr
– Ouvert avril-oct.
Menu 42/89 € – Carte 67/77 €
Un décor classique, en camaïeu de gris, et une belle terrasse sous des platanes centenaires : le goût de la Provence ! La carte aussi est ancrée dans la région (grosses crevettes sauvages en riz vénéré ; déclinaison d'agneau de Sisteron et sa fine ratatouille ; millefeuille aux fraises et glace vanille).

✗✗ **L'Éveil des Sens** 🛱 🄰 **P**
⊛ *42 rte de Marseille – 𝒞 04 94 04 41 65 – www.leveildessensrestaurant.fr – Fermé dim. soir de sept. à juin et lundi*
Formule 17 € – Menu 20 € (déj. en semaine), 31/100 € 🍷 – Carte 46/70 €
Une maison particulière devenue restaurant, à la sortie de Nans. La modernité du décor, la terrasse ensoleillée, mais surtout la cuisine, dont les associations de saveurs originales entendent promener nos papilles "côté mer et côté terre" : tout met les sens en éveil...

NANTES

✉ 44000 (Loire-Atlantique) – 287 845 hab. – Agglo. 597 879 hab. – Alt. 8 m
– Voir carte n°**34**-B2

▶ Paris 381 km – Angers 88 km – Bordeaux 325 km – Quimper 233 km
Carte Michelin 316-G4 – Guide Vert Michelin Bretagne Sud

© G. Rigoulet/hemis.fr

 Hôtels

 Radisson Blu
6 pl. Aristide-Briand – ☎ 02 72 00 10 00   Plan : **3**FY**b**
– www.radissonblu.com/hotel-nantes
137 ch 🖭 – ♦139/450 € ♦♦139/450 € – 5 suites
Un beau bâtiment classique dont le fronton central reste sculpté des mots "Palais de Justice" : c'est bel et bien dans un ancien tribunal – en activité jusqu'en 2000 – qu'a été créé ce Radisson Blu ! Esprit contemporain, grand confort et belles prestations seront les juges de vos nuits.

Mercure Centre Ⓝ sans rest
4 r. du Couëdic – ☎ 02 51 82 10 00 – www.mercure.com   Plan : **4**GZ**b**
161 ch – ♦95/250 € ♦♦95/250 € – 1 suite – 🖭 19 €
Derrière la belle façade du 19ᵉ s., un hall sous verrière, un lounge bar flambant neuf et même des salles "easy-work" réservables à l'heure, idéales pour une réunion d'affaires improvisée. Les chambres sont confortables et bien équipées.

Novotel Cité des Congrès
3 r. de Valmy – ☎ 02 51 82 00 00 – www.novotel.com   Plan : **4**HZ**t**
103 ch – ♦69/230 € ♦♦69/230 € – 2 suites – 🖭 16 €
Créé en 1992, il jouxte la cité des congrès. Ses chambres se révèlent confortables et spacieuses, pour le bénéfice de la clientèle d'affaires comme des familles. Novotel Café pour se restaurer.

 Sozo Hotel sans rest
16 r. Frédéric-Cailliaud – ☎ 02 51 82 40 00   Plan : **4**HY**u**
– www.sozohotel.fr
27 ch – ♦109/347 € ♦♦109/347 € – 🖭 17 €
Né en 2012 près de la gare, cet hôtel a été créé dans une ancienne chapelle du 19ᵉ s. ! Chambres dans les absidioles ou le chœur, vitraux pour fenêtre, clés de voûte en guise de tête de lit et, partout, un aménagement des plus design... Le cachet d'un monument historique associé à l'épure contemporaine : unique !

Graslin sans rest
1 r. Piron – ☎ 02 40 69 72 91 – www.hotel-graslin.com   Plan : **3**FZ**v**
47 ch – ♦59/139 € ♦♦69/139 € – 🖭 12 €
Près de l'opéra, cet hôtel propose deux catégories de chambres, décorées dans un esprit contemporain alliant fonctionnalité et notes Art déco.

🏨 **L'Hôtel** sans rest   🖨 🛎 🛜 🚗

6 r. Henri-IV – ℰ 02 40 29 30 31 – www.nanteshotel.com   Plan : **4HYz**

31 ch – †79/160 € ††79/160 € – � 12 €

Accueil très aimable dans cet Hôtel où l'on prend facilement ses aises. Vue sur le château en façade, le jardin à l'arrière ; décor contemporain aux notes rétro (références aux fifties), salon feutré : une agréable villégiature au cœur de la ville.

🏠 **Okko** 🅝 sans rest   🛁 🖨 🛗 🛜 🚗

15 bis r. de Strasbourg – ℰ 02 52 20 00 70   Plan : **4GYf**
– www.okkohotels.com

80 ch ⊇ – †125/210 € ††125/210 €

Sur un boulevard passant, ce bâtiment du début du 20e s. – ancienne fabrique à chaussures – a été choisi pour accueillir le premier des hôtels Okko, nouvelle chaîne hôtelière à vocation "urbaine". Design, espace, confort : un concept réussi !

🏠 **Pommeraye** sans rest   🖨 🛜 🕍

2 r. Boileau – ℰ 02 40 48 78 79   Plan : **4GZt**
– www.hotel-pommeraye.com

50 ch – †54/134 € ††59/169 € – ⊇ 11 €

Une situation idéale en centre-ville – à côté du célèbre passage Pommeraye et des boutiques de la rue Crébillon – pour cet hôtel contemporain élégant et feutré, tenu avec soin. À noter : produits bio et locaux au petit-déjeuner.

🏠 **Belfort** sans rest   🖨 🛗 🛜 🚗

1 r. de Belfort – ℰ 02 40 47 05 57   Plan : **4HZc**
– www.hotel-belfort-nantes.fr – Fermé 31 déc.-4 janv.

50 ch – †69/99 € ††69/105 € – ⊇ 10 €

Non loin des quais de la Loire, cet établissement a tout du petit hôtel moderne d'aujourd'hui, à la fois fonctionnel et coloré. Au dernier étage, certaines chambres jouissent d'un balcon dominant la ville.

🏠 **Voltaire Opéra** sans rest   🖨 🛗 🛜 🕍

10 r. Gresset, (quartier Graslin) – ℰ 02 40 73 31 04   Plan : **3FZt**
– www.hotelvoltaireoperanantes.com

40 ch – †59/109 € ††59/109 € – ⊇ 11 €

Tout près de la place Graslin et du cours Cambronne, cette ancienne pension de famille (datant de 1855) est aujourd'hui un hôtel résolument contemporain. Les chambres sont confortables et bien tenues ; aux beaux jours, on prend son petit-déjeuner à ciel ouvert...

⬤ Restaurants

🍽🍽🍽 **L'Atlantide** (Jean-Yves Guého)   🕃 ⩽ 🛗

😸 16 quai Ernest-Renaud, (déménagement prévu fin 2015 au   Plan : **3EZa**
5 r. de l'Hermitage) ✉ 44100 – ℰ 02 40 73 23 23 – www.restaurant-atlantide.net
– Fermé 27 juil.-26 août, 24-30 déc., sam. midi, dim. et fériés

Menu 38 € (déj.), 68/98 € – Carte 80/105 €

Cette Atlantide-là n'est pas cachée au fond de l'océan, mais domine joliment les bords de Loire... Quant aux trésors de la mer, ils sont dans l'assiette : Jean-Yves Guého signe une cuisine très exacte et d'une belle finesse, qui fait la part belle au poisson. Intéressante carte de vins de Loire.

→ Sandwich de homard de pays, oignons doux et ketchup maison. Turbot sauvage, câpres à queue, citron et tomates confites. Mojito imaginé comme un dessert.

🍽🍽 **Le Rive Gauche**   🕃 🍴 🛗 🕃

10 Côte St-Sébastien – ℰ 02 40 34 38 52   Plan : **2CXe**
– www.lerivegauche-restaurant.com – Fermé 13-19 avril, 26-30 déc., 1er-5 janv.,
sam. midi, dim. soir et lundi

Formule 18 € – Menu 23 € (semaine), 36/84 € – Carte 50/65 €

Direction la rive gauche de la Loire, au sud de l'île Beaulieu, où le fleuve prend des accents presque champêtres... Autre atout de cette ancienne guinguette : une terrasse sur l'arrière, face à la verdure d'un jardin ensoleillé. Au menu : une cuisine soignée, associée à un joli choix de vins du Val de Loire.

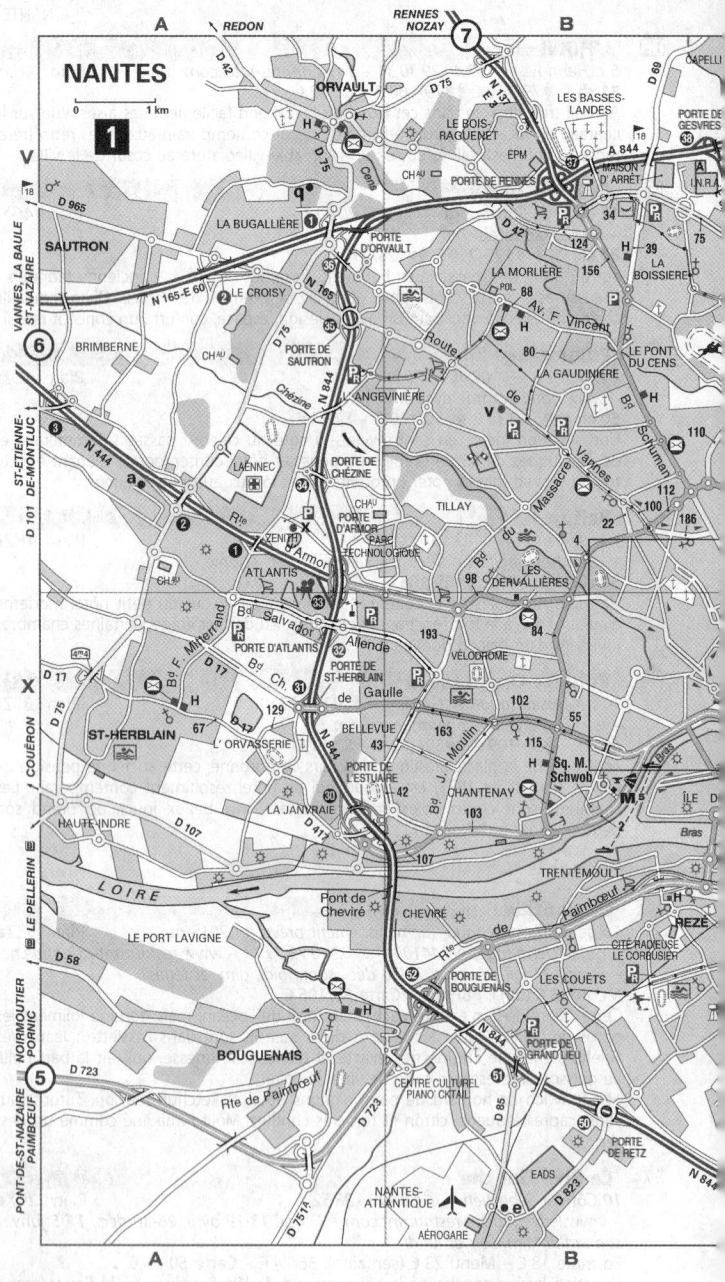

NANTES

0   1 km

1

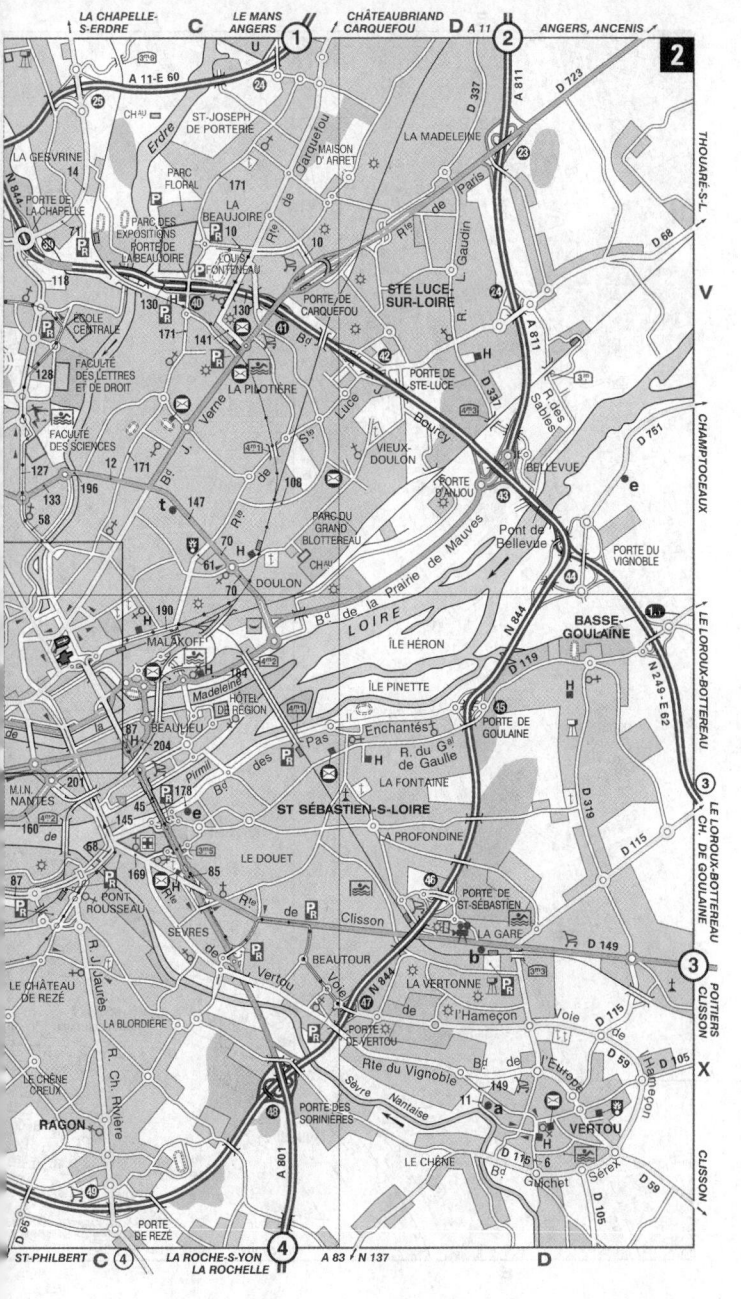

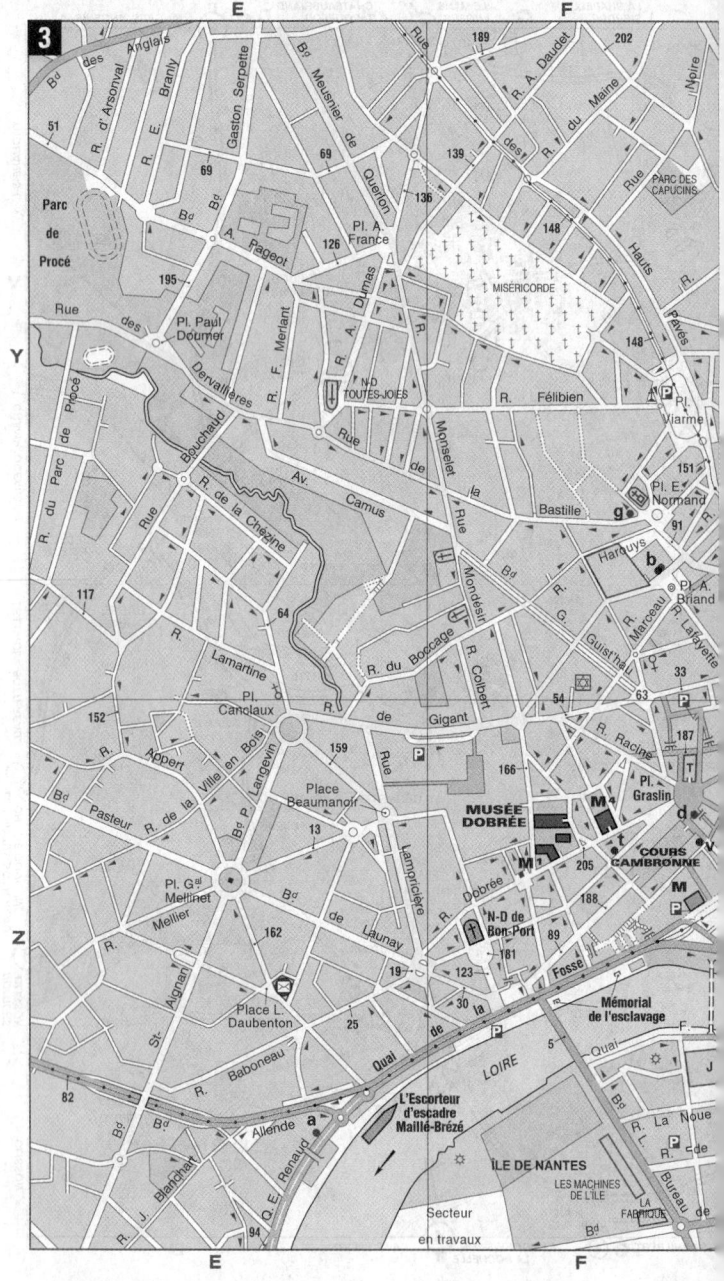

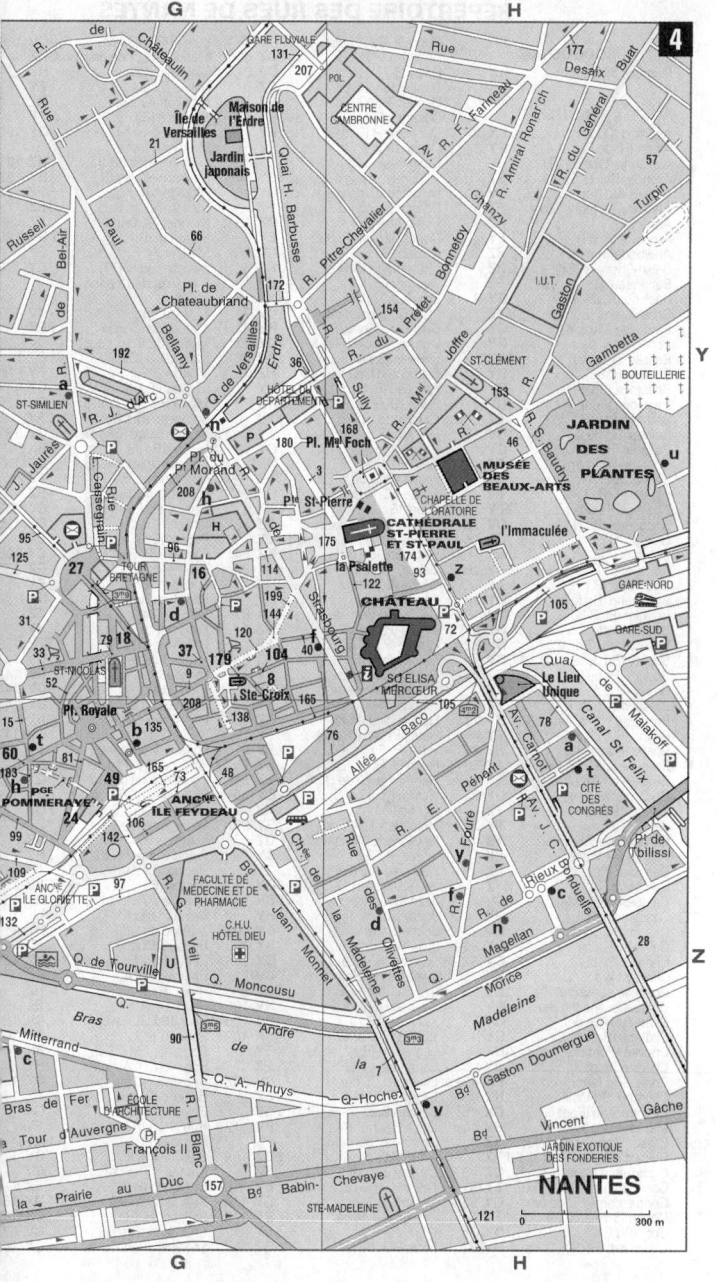

NANTES

RÉPERTOIRE DES RUES DE NANTES

BOUGUENAIS

Paimbœuf (Rte de) .... **BX**

NANTES

Aiguillon (Q. d') .... **BX** 2
Albert (R. du Roi) .... **GY** 3
Alexandre-Dumas (R.) .... **EY**
Allende (Bd S.) .... **EZ**
Anglais (Bd de la) .... **BV** 4
Anne-de-Bretagne (Pont) .. **FZ** 5
Appert (R.) .... **EZ**
Arsonval (R. d') .... **EY**
Audibert (Pont Gén.) ..... **HZ** 7
Babin-Chevaye (Bd) ..... **GHZ**
Baboneau (R.) .... **EZ**
Bâclerie (R. de la) .... **GY** 8
Baco (Allée) .... **HYZ**
Barbusse (Quai H.) ...... **GY**
Barillerie (R. de la) ...... **GY** 9
Bastille (R. de la) .... **EFY**
Baudry (R. S.) .... **HY**
Beaujoire (Bd de la) ..... **CV** 10
Beaujoire (Pont de la) ... **CV**
Beaumanoir (Pl.) .... **EZ**
Belges (Bd des) .... **CV** 12
Bellamy (R. P.) .... **EY**
Belleville (R. de) .... **EZ** 13
Bel-Air (R. de) .... **GY**
Blanchart (R. J.) .... **EZ**
Boccage (R. du) .... **EFY**
Bocquerel (Bd H.) .... **CV** 14
Boileau (R.) .... **GZ** 15
Bonduel (Av. J. C.) ...... **HZ**
Bossuet (R.) .... **GY** 16
Bouchaud (R.) .... **EY**
Boucherie (R. de la) ..... **GY** 18
Bouhier (Pl. R.) .... **EZ** 19
Bouille (R. de) .... **GY** 21
Bouley Paty (Bd) .... **BV** 22
Bourcy (Bd Joseph) ..... **CDV**
Bourse (Pl. de la) .... **GZ** 24
Branly (R. É.) .... **EY**
Brasserie (R. de la) ...... **EZ** 25
Bretagne (Pl. de la) ..... **GY** 27
Briand (Pl. A.) .... **FY**
Briand (Pont A.) .... **HZ** 28
Brunellière (R. Ch.) ...... **FZ** 30
Buat (R. du Gén.) .... **HY**
Budapest (R. de) .... **GY** 31
Bureau (Bd L.) .... **FY**
Calvaire (R. du) .... **FY** 33
Cambronne (Cours) ...... **FZ**
Camus (Av.) .... **EY**
Canclaux (Pl.) .... **EZ**
Carnot (Av.) .... **HYZ**
Carquefou (Rte de) ...... **CV**
Cassegrain (R. L.) .... **GY**
Cassin (Quai) .... **BV** 34
Ceineray (Quai) .... **GY** 36
Change (Pl. du) .... **GY** 37
Chanzy (Av.) .... **HY**
Chapelle-sur-Erdre (Rte) .. **BV** 39
Chateaubriand (Pl. de) ... **GY**
Châteaulin (R. de) .... **GY**
Château (R. du) .... **GY** 40
Cheviré (Pont de) .... **ABX**
Chézine (R. de la) .... **EY**
Cholet (Bd Bâtonnier) .... **BX** 42
Churchill (Bd W.) .... **BX** 43
Clemenceau (Pont G.) ... **CX** 45
Clemenceau (R. G.) ..... **HY** 46
Clisson (Crs Olivier de) ... **GZ** 48
Colbert (R.) .... **FYZ**
Commerce (Pl. du) ...... **GZ** 49
Constant (Bd Clovis) .... **EY** 51
Contrescarpe (R. de la) ... **GY** 52
Copernic (R.) .... **FZ** 54
Coty (Bd R.) .... **BX** 55
Coulmiers (R. de) .... **HY** 57

Courbet (Bd Amiral) ..... **CV** 58
Crébillon (R.) .... **FGZ** 60
Dalby (Bd E.) .... **CV** 61
Daubenton (Pl. L.) ...... **EZ**
Daudet (R. A.) .... **EY**
Delorme (Pl.) .... **FY** 63
Dervallières (R. des) ..... **EY**
Desaix (R.) .... **HY**
Desgrées-du-Lou
  (R. du Col.) .... **EY** 64
Distillerie (R. de la) ..... **GY** 66
Dobrée (R.) .... **FZ**
Dos-d'Ane (R.) .... **CX** 68
Douet Garnier (R. du) .... **EY** 69
Doulon (Bd de) .... **CV** 70
Doumergue (Bd G.) ..... **HZ**
Doumer (Pl. P.) .... **EY**
Dreyfus
  (R. Commandant A.) ... **CV** 71
Duchesse-Anne (Pl.) .... **HY** 72
Duguay-Trouin (Allée) ... **GZ** 73
Einstein (Bd A.) .... **BV** 75
Estienne-d'Orves (Crs d') .. **HZ** 76
Farineau (R. F.) .... **HY**
Favre (Quai F.) .... **HYZ** 78
La-Fayette (R.) .... **FY**
Félibien (R.) .... **FY**
Feltre (R. de) .... **GY** 79
Foch (Pl. Mar.) .... **HY**
Fosse (Quai de la) ...... **EFZ**
Fosse (R. de la) .... **GZ** 81
Fouré (R.) .... **HY**
Frachon (Bd B.) .... **EZ** 82
France (Pl. A.) .... **EY**
Fraternité (Bd de la) .... **BX** 84
Gabory (Bd E.) .... **CX** 85
Gâche (Bd V.) .... **HZ**
Gambetta (R.) .... **HY**
Gaulle (Bd Gén.-de) .... **CX** 87
Gigant (R. de) .... **EFZ**
Graslin (Pl.) .... **FZ**
Guinaudeau (R.) .... **FZ** 89
Guist'hau (Bd G.) ...... **FY**
Hameçon (Voie de l') .... **CDX**
Harouys (R.) .... **FY**
Haudaudine (Pont) ..... **GZ** 90
Hauts-Pavés (R. des) ... **EY**
Hélie (R. F.) .... **FY** 91
Henri IV (R.) .... **FY**
Hermitage (R. de l') .... **EZ** 94
Herriot (R. É.) .... **GY** 95
Hoche (Q.) .... **HZ**
Hôtel-de-Ville (R. de l') .. **GY** 96
Ile Gloriette (Allée de l') .. **GZ** 97
Ingres (Bd J.) .... **BX** 98
Jeanne-d'Arc (R.) ...... **EY**
Jean-Jaurès (R.) .... **FGY**
Jean XXIII (Bd) .... **BV** 100
Joffre (R. Mar.) .... **HY**
Jouhaux (Bd L.) .... **BX** 102
Juin (Bd Mar.) .... **BX** 103
Juiverie (R. de la) ...... **GY** 104
Jules-Verne (Bd) .... **CV**
J.-J. Rousseau (R.) .... **FGZ** 99
Kennedy (Cours J.-F.) ... **HY** 105
Kervégan (R.) .... **GZ** 106
Koenig (Bd Gén.) ...... **BX** 107
Lamartine (R.) .... **EY**
Lamoricière (R.) .... **EZ**
Landreau (R. du) ...... **CV** 108
Langevin (Bd P.) .... **EZ**
Lanoue Bras-de-Fer (R.).. **FGZ**
Le Lasseur (Bd) .... **BV** 112
Lattre-de-Tassigny
  (R. Mar.-de) .... **FGZ** 109
Launay (Bd de) .... **EZ**
Lauriol (Bd G.) .... **BV** 110
Leclerc (R. Mar.) ...... **GY** 114
Liberté (Bd de la) ...... **BX** 115
Littré (R.) .... **EY** 117
Louis-Blanc (R.) .... **GZ**

Luther-King (Bd M.) ..... **CV** 118
Madeleine (Chée de la) . **GHZ**
Magellan (Quai) .... **HZ**
Maine (R. du) .... **FY**
Malakoff (Quai de) ..... **HZ**
Marceau (R.) .... **FY**
Marne (R. de la) .... **GY** 120
Martyrs-Nantais-
  de-la-Résist. (Bd) .... **HZ** 121
Mathelin-Rodier (R.) .... **HY** 122
Mazagran (R.) .... **FZ** 123
Mellier (R.) .... **EZ**
Mellinet (Pl. Gén.) ..... **EZ**
Mercœur (R.) .... **FGY** 125
Merlant (R. F.) .... **EY**
Merson (Bd L.-O.) ..... **EY** 126
Meusnier-de-Querlon
  (Bd) .... **EY**
Michelet (Bd) .... **CV** 127
Mitterrand (Q. F.) ..... **FGZ**
Mollet (Bd J.) .... **CV** 128
Moncousu (Quai) ..... **GZ**
Mondésir (R.) .... **FY**
Monnet (Bd Jean) ..... **GZ**
Monod (Bd du Prof.-J.). **CV** 130
Monselet (R. Ch.) ..... **EFY**
Motte Rouge (Q. de la) . **GY** 131
Moulin (Bd J.) .... **BX**
Nations-Unies (Bd des) . **GZ** 132
Normand (Pl. E.) ...... **FY**
Olivettes (R. des) ..... **HZ**
Orieux (Bd E.) .... **CV** 133
Orléans (R. d') .... **GZ** 135
Pageot (Bd A.) .... **EY**
Painlevé (R. Paul) ..... **EY** 136
Paix (R. de la) .... **GZ** 138
Parc de Procé (R. du) .. **EY**
Paris (Rte de) .... **DV**
Pasteur (Bd) .... **EZ**
Péhant (R. E.) .... **HY**
Pelleterie (R. de la) ... **EFY** 139
Petite Baratte (R.) .... **CV** 141
Petite-Hollande (Pl.) .. **GZ** 142
Piloni (Pl. du) .... **GY** 144
Pirmil (Pont de) ...... **CX** 145
Pitre-Chevalier (R.) ... **GHY**
Poilus (Bd des) .... **CV** 147
Poitou (R. du) .... **FY** 148
Pommeraye (Pas.) .... **GZ**
Pont-Morand (Pl. du) .. **GY**
Porte-Neuve (R.) ..... **FGY** 151
Praine-au-Duc (Bd) ... **FGZ**
Prairie de Mauves
  (Bd de la) .... **DV**
Préfet Bonnefoy (R. du) . **HY**
Racine (R.) .... **FZ**
Raspail (R.) .... **EYZ** 152
Refoulais (R. L. de la) .. **HY** 153
Reine Margot
  (Allée de la) .... **GY** 154
Renaud (Quai E.) ..... **EZ**
République (Pl. de la) .. **GZ** 15
Rhuys (Quai A.) ...... **GZ**
Rieux (R. de) .... **HZ**
Riom (R. Alfred) ...... **EZ** 15
Roch (Bd Gustave) .... **CX** 16
Rollin (R.) .... **EZ** 16
Romanet (Bd E.) ..... **BX** 16
Ronar'ch (R. Amiral) ... **HY**
Roosevelt (Crs F.) .... **GZ** 16
Rosière d'Artois (R.) ... **FZ** 16
Royale (Pl.) .... **GZ**
Rue Noire (R.) .... **FY**
Russeil (R.) .... **FGY**
Ste-Croix (R.) .... **GY** 17
Ste-Luce (Rte de) ..... **CV**
St-Aignan (Bd) .... **EZ**
St-André (Cours) ..... **HY** 16
St-Jacques (R.) ...... **CX** 16
St-Joseph (Rte de) .... **CV** 17
St-Mihiel (Pont) ...... **GY** 17

St-Pierre (Cours) . . . . **HY** 174
St-Pierre (Pl.) . . . . **GY** 175
St-Rogatien (R.) . . . . **HY** 177
St-Sébastien (Côte) . . . . . **CX** 178
Salengro (Pl. R.) . . . . **GY** 180
Sanitat (Pl. du) . . . . **FZ** 181
Santeuil (R.) . . . . **GZ** 183
Sarrebrück (Bd de) . . . . . **CX** 184
Say (R. L.) . . . . **BV** 186
Schuman (Bd R.) . . . . **BV**
Scribe (R.) . . . . **FZ** 187
Serpette (Bd G.) . . . . **EY**
Sibille (R. M.) . . . . **FZ** 188
Simon (R. Jules) . . . . **EY** 189
Stalingrad (Bd de) . . . . . . **CX** 190
Strasbourg (R. de) . . . . . . **GY**
Sully (R.) . . . . **HY**
Talensac (R.) . . . . **GY** 192
Tbilissi (Pt de) . . . . **ZH**
Tertre (Bd du) . . . . **BX** 193
Thomas (Bd A.) . . . . **EY** 195
Tortière (Pont de la) . . . . **CV** 196
Tourville (Quai de) . . . . . . **GZ**
Turpin (R. Gaston) . . . . . . **HY**
Vannes (Rte de) . . . . **BV**
Veil (R. G.) . . . . **GZ**
Verdun (R. de) . . . . **GY** 199
Versailles (Quai de) . . . . . **GY**

Vertou (Rte de) . . . . **CX**
Viarme (Pl.) . . . . **FY**
Victor-Hugo (Bd) . . . . **CX** 201
Villebois-Mareuil (R.) . . . . **FY** 202
Ville-en-Bois (R. de la) . . . **EZ**
Viviani (R. René) . . . . **CX** 204
Voltaire (R.) . . . . **FZ** 205
Waldeck-Rousseau (Pl.) . **GHY** 207
50-Otages (Crs des) . . . . **GYZ** 208

ORVAULT

Ferrière (Av. de la) . . . . . . **BV** 80
Goupil (Av. A.) . . . . **BV** 88
Mendès-France (Bd) . . . . . **BV** 124
Rennes (Rte de) . . . . **BV** 156
Vannes (Rte de) . . . . **BV**
Vincent (Av. F.) . . . . **BV**

REZÉ

Gaulle (Bd Gén.-de) . . . . . **CX** 87
Jean-Jaurès (R.) . . . . **CX**
Rivière (R. Ch.) . . . . **CX**

STE-LUCE-SUR-LOIRE

Bellevue (Pont de) . . . . . . **DV**

Gaudin (R. L.) . . . . **DV**
Sables (R. des) . . . . **DV**

ST-HERBLAIN

Allende (Bd S.) . . . . **ABX**
Armor (Rte d') . . . . **AV**
Dr-Boubée
   (R. du) . . . . **AX** 67
Gaulle (Av. Ch.-de) . . . . . . **AX**
Massacre (R. du) . . . . **BV**
Mitterrand (Bd F.) . . . . **AX**
Monnet (R. J.) . . . . **AX** 125

ST-SÉBASTIEN-SUR-LOIRE

Clisson (Rte de) . . . . **CDX**
Gaulle (R. du Gén.-de) . . . **DX**
Pas-Enchantés (Bd des) . **CDX**

VERTOU

Arnaud (R. A.) . . . . **DX** 6
Beauséjour (R.) . . . . **DX** 11
Europe (Bd de l') . . . . **DX**
Guichet Sérex (Bd) . . . . . . **DX**
Pont de l'Arche (R. du) . . . **DX** 149
Vignoble (Rte du) . . . . **DX**

XX L'Abélia
🛉 ᵭ ✿ **P**

125 bd des Poilus – ✆ 02 40 35 40 00   Plan : **2CVt**
– www.restaurantlabelia.com – Fermé 28 juil.-22 août, 23 déc.-3 janv.,
dim. et lundi
Formule 27 € – Menu 35 € (semaine), 37/54 €
Légèrement excentrée du centre-ville, cette demeure bourgeoise du début du
20e s., restaurée avec goût (parquet, tomettes, pierres apparentes, jardin d'hiver…), jouit d'une clientèle fidèle. Il faut dire que la carte honore la région nantaise, entre légumes du marché et poisson de la côte !

XX L'U.ni

36 r. Fouré – ✆ 02 40 75 53 05 – Fermé dim. midi, lundi et   Plan : **4HZy**
mardi
Formule 18 € – Menu 22 € (déj. en semaine), 39/52 € – Carte environ 60 €
(réservation conseillée)
Histoires d'univers, d'unité, d'unicité… Son premier restaurant (ouvert fin 2011),
Nicolas Guiet l'a voulu sur un mode singulier. Laissant libre cours à son imagination, tout en gardant la tête bien posée sur les épaules, il cuisine autant qu'il
cherche à surprendre. De belles découvertes en perspective.

XX L'Océanide
🏮 🆇 🍴 ✿
🏵
2 r. Paul-Bellamy – ✆ 02 40 20 32 28   Plan : **4GYn**
– www.restaurant-oceanide.com
– Fermé 25 juil.-18 août, lundi soir et dim.
Menu 22 € (semaine), 30/75 € – Carte 35/71 €
Filets cuits sur la peau ou coquilles dorées au beurre : cette Océanide-là est bien
nymphe de la mer. C'est en voisin que le chef va faire ses achats au célèbre marché de Talensac, et la fraîcheur du poisson, parfaitement travaillé, ne trompe pas !
Cadre agréable au charme désuet.

XX La Cigale
🛉 ✿

4 pl. Graslin – ✆ 02 51 84 94 94 – www.lacigale.com   Plan : **3FZd**
Formule 15 € – Menu 18 € (déj. en semaine)/28 € – Carte 30/60 €
Véritable institution que cette brasserie née en 1895, face à l'opéra : son décor
classé (céramiques, miroirs) illustre toute l'ivresse ornementale du Modern Style.
Pour un repas plein de superbe !

XX **Le 1** 🛋 &. AC

1 r. Olympe-de-Gouges, (à l'angle du quai F.-Mitterrand) Plan : **4**GZ**c**
– ✆ 02 40 08 28 00 – www.leun.fr
Formule 18 € – Menu 27 € (semaine)/29 € – Carte 37/55 €
On peut être dans un nouveau quartier (celui de l'île de Nantes), arborer un décor
très design, ludique et coloré, et faire honneur à la tradition : cabillaud sauce hollandaise, tartare de bœuf au couteau et frites maison, côte de bœuf sauce béarnaise... Une belle brasserie d'aujourd'hui !

XX **Félix** 🛋 &. AC ⇔

1 r. Lefèvre-Utile – ✆ 02 40 34 15 93 Plan : **4**HZ**a**
– www.brasseriefelix.com
Formule 18 € – Menu 27/32 € – Carte 30/50 €
Tout près de la cité des congrès, le type même de la grande brasserie contemporaine qui n'a pas oublié ses classiques : produits frais, tartares, huîtres, service 7j/7,
ambiance... En prime, une jolie vue sur le canal St-Félix.

X **Song, Saveurs & Sens** AC

5 r. Santeuil – ✆ 02 40 20 88 07 – www.restaurant-song.fr Plan : **4**GZ**h**
– Fermé 1 semaine en mai, 3 semaines en août, dim. et lundi
Formule 15 € – Menu 19 € (en semaine)/33 € – Carte 38/50 €
Nhung Phung a changé de vie pour créer son restaurant. Autodidacte, certes,
mais vraie cuisinière ! La faute à ses racines vietnamiennes ? À sa passion pour
la gastronomie ? À sa sensibilité ? Sa table séduit, entre Asie du Sud-Est et France,
tradition et modernité, épices subtiles et produits de qualité...

X **Maison Baron Lefèvre** &. AC ⇔

33 r. de Rieux – ✆ 02 40 89 20 20 – www.baron-lefevre.fr Plan : **4**HZ**n**
– Fermé 5-18 août, dim. et lundi
Formule 16 € – Menu 19 € (déj. en semaine)/26 € – Carte 38/64 €
Le genre de maison qui a tout compris : décor à la pointe du goût d'aujourd'hui
(un ancien entrepôt de maraîchers en brique, bois et métal), bons produits, cocottes en fonte et plats de tradition... Ce Baron-là achète même des bêtes entières
(cochon, veau) pour préparer ses boudins, terrines, etc. Verdict : salle comble !

X **Lulu Rouget**

1 r. du Cheval-Blanc – ✆ 02 40 47 47 98 – Fermé 1 semaine Plan : **4**GY**d**
vacances de printemps, 3 semaines en août, 1 semaine à Noël, sam. midi, dim. et
lundi
Formule 19 € – Menu 22 € (déj.), 26/57 € (réservation conseillée)
Parfumée et savoureuse, précise et incisive, originale et bien pensée : telle est la
cuisine de Lulu Rouget, sympathique bistrot contemporain créé par un jeune
chef passé par quelques belles maisons. Très bon rapport plaisir-prix, en toute
convivialité !

X **Analude** 🅽 🛋 AC

2 r. de la Bastille – ✆ 02 53 55 65 46 – www.analude.fr Plan : **3**FY**g**
– Fermé 3-25 août, lundi soir, mardi soir, sam., dim. et fériés
Formule 17 € – Menu 20 € (déj.), 45/60 € ☂ – Carte 34/44 €
Derrière l'ancien palais de justice, ce restaurant contemporain, doublé d'une épi-
cerie gourmande, est l'une des adresses en vogue dans la ville, et c'est justice.
Son chef, Christophe Levet, est un autodidacte, qui travaille les produits du mar-
ché selon son inspiration, à grand renfort d'herbes et d'épices. Une réussite !

X **L'Atelier d'Alain** 🍴 AC ⇔

24 r. des Olivettes – ✆ 02 40 84 38 66 – www.atelieralain.fr Plan : **4**HZ**d**
– Fermé août, merc. soir, sam. midi et dim.
Carte 25/55 € (réservation conseillée)
Alain Ruffault a créé son Atelier dans l'ancienne boucherie de ses parents,
aujourd'hui métamorphosée. Signes distinctifs des lieux : une bonne cuisine, à la
fois gourmande et soignée, et de la décontraction ! Belle carte de vins du Val de
Loire et de Bordeaux.

X **Au Plaisir** ⓝ

ⓔ *10 r. Léon-Blum – ℰ 02 40 89 41 56*   Plan : **4**GY**h**
*– www.restaurant-au-plaisir.com – Fermé 1ᵉʳ-21 août, mardi soir, merc. soir, dim.
et lundi*
Formule 13 € – Menu 15 € (déj. en semaine), 29/35 € – Carte environ 37 €
Dans l'une des rues semi-piétonnes du vieux Nantes, au cœur de l'animation, ce
restaurant sympathique tient sa promesse : le plaisir est au rendez-vous ! Ris de
veau caramélisé à la façon du chef, filet de bœuf grillé aux huîtres bretonnes...
On se régale de cette cuisine de caractère, qui évolue au gré des saisons.

X **Le Gressin**

ⓔ *40 bis r. Fouré – ℰ 02 40 48 26 24 – Fermé 3 semaines*   Plan : **4**HZ**f**
en août, lundi soir, sam. midi et dim.
Menu 16 € (déj.), 25/30 €
Dans ce quartier proche de la Cité des congrès, se trouve ce vrai bon petit restaurant familial, tenu par deux frères sympathiques. On fait son choix dans un menu-
carte tourné vers la tradition, avec notamment la spécialité de la maison : le sandre au beurre blanc nantais !

X **Les Bouteilles**

11 r. de Bel-Air – ℰ 02 40 08 27 65 – Fermé 3 semaines   Plan : **4**GY**a**
en août, 1 semaine en fév., sam. midi, dim. et lundi
Carte 25/45 €
À côté du marché de Talensac, un bistrot à vins épatant : décor sympathique
honorant Bacchus, belle cuisine de produits (charcuteries corses, plats canailles,
poisson de la marée...) sans oublier – enseigne oblige – une mémorable carte
des vins (600 appellations !) faisant notamment honneur à la Bourgogne.

Environs

à Sucé-sur-Erdre 16 km au Nord, sortie n° 23 et D 37 - CV – ✉ 44240
– 6 356 hab. – Alt. 14 m

⌂ **Les Arbres Rouges**

570 rte de Carquefou – ℰ 02 51 81 15 00 – www.lesarbresrouges.com
5 ch ⌂ – ♦98/108 € ♦♦113/120 €
Dans un quartier résidentiel, une grande maison d'architecte à la décoration
pointue, véritable précis de savoir-vivre contemporain. Piscines intérieur-exté-
rieur, matériaux de qualité, équipements high-tech... Un certain luxe, sans ostentation.

au Bord de l'Erdre 11 km par D 178 ou sortie n° 24 autoroute A 11 et rte de la
Chantrerie - CV

🏠 **La Régate**

155 rte de Gachet ✉ 44300 Nantes – ℰ 02 40 50 22 22
– www.hotel-nantes-laregate.com
42 ch – ♦79/205 € ♦♦79/205 € – ⌂ 13 €
Rest *Manoir de la Régate* – voir les restaurants ci-après
Près de l'Erdre, au calme, le bâtiment (2009) respecte les dernières normes environnementales et a reçu l'Écolabel européen. Toit végétalisé, panneaux solaires, structure de béton aux motifs de bambou... La planète est zen, les clients aussi !

XXX **Manoir de la Régate** – Hôtel de la Régate

155 rte de Gachet ✉ 44300 Nantes – ℰ 02 40 18 02 97
– www.hotel-nantes-laregate.com – Fermé dim. soir et fériés
Menu 21 € (semaine), 35/45 € – Carte 43/68 €
Une élégante demeure toute blanche et couverte de vigne vierge (19ᵉ s.),
dans un cadre très bucolique. L'escapade charme aux portes de Nantes. Au
menu, une gastronomie d'aujourd'hui, qui évolue au gré des saisons. Agréable
terrasse.

XX **Auberge du Vieux Gachet** ⟨ 🏠 AC 🕉 ⟷ P

rte de Gachet ⊠ *44470 Carquefou* – ℰ *02 40 25 10 92*
– www.aubergeduvieuxgachet.com – Fermé dim. soir et lundi
Menu 21 € (déj. en semaine), 31/59 € – Carte 48/76 €
Cette ancienne ferme – entièrement rénovée en 2013 – rappelle la campagne
d'antan, à deux pas de la ville : au bord de l'Erdre, face aux flots, la vue se révèle
très nature. La carte a le parfum de la tradition : croustillant de homard et beurre
à l'estragon, mignon de porc en croûte au romarin et citron confit...

rte des Bords de Loire par D 751 DV, sortie 44 Porte du Vignoble

XX **Villa Mon Rêve** 🖐 🏠 🕉 P

2 Levée-de-la-Divate, à 9 km – ℰ *02 40 03 55 50* Plan : **2DVe**
– www.villa-mon-reve.com – Fermé dim. soir, lundi et mardi
Formule 22 € – Menu 35/42 € – Carte 45/75 €
Dans un grand jardin protégé par une levée de la Loire, une jolie maison bourgeoise de la fin du 19ᵉ s., au cadre élégant et feutré. Une nouvelle direction en
a repris les rênes : le chef cale ses recettes sur les saisons et les produits frais ;
une jolie suite...

XX **Clémence** 🖐 ⟷

à 15 km, à la Chebuette – ℰ *02 40 36 03 18* – *www.restaurantclemence.com*
– Fermé 2 semaines vacances de fév., merc. hors saison, dim. soir et lundi
Formule 16 € 🍷 – Menu 33/88 € 🍷
C'est en cette auberge ligérienne que Clémence Lefeuvre (1860-1932) créa le
fameux beurre blanc ! Le chef lui rend un savoureux hommage, mêlant tradition,
produits frais et invention. Une bonne étape sur la route des bords de Loire.

XX **La Divate** 🖐 AC ⟷ P

⊜ *28 Levée-de-la-Divate, à Boire-Courant, 11 km* – ℰ *02 40 54 19 66*
(🐿) *– Fermé vacances de fév., 3 semaines en juil., lundi soir en hiver, dim. soir, mardi
et merc.*
Formule 15 € – Menu 19/49 € – Carte 48/54 €
Alors qu'on flâne au fil de la Loire, cette ancienne maison de pêcheurs tombe à
point nommé pour une pause repas : anguilles et grenouilles en persillade, sandre au beurre blanc... Le bon goût de la tradition ! Côté décor, pierres, poutres
et vieux objets de pêche parfont le spectacle des flots paisibles...

à Haute-Goulaine 14 km par ③ et D 119 – ⊠ 44115 – 5 546 hab. – Alt. 41 m

XXX **Manoir de la Boulaie** (Laurent Saudeau) 🕸 🖐 🕉 P

🏵🏵 *33 r. de la Chapelle-St-Martin* – ℰ *02 40 06 15 91* – *www.manoir-de-la-boulaie.fr*
– Fermé 27 juil.-20 août, 21 déc.-8 janv., dim. soir, lundi et merc.
Menu 41 € (déj. en semaine), 85/148 € – Carte 102/115 €
À 15 km de Nantes, un beau domaine des années 1920 au cœur des vignobles du
muscadet... Derrière les fourneaux, Laurent Saudeau signe une cuisine très inventive, toujours recherchée, parfois complexe, mêlant produits d'ici et épices d'ailleurs. Décor contemporain et coloré.
➔ Spirale de spaghettis aux langoustines, ris de veau et cocos de Paimpol. Bar
aux coquillages, ail noir d'Aomori, pak-choï et jus au galanga. Chocolat, framboise
et yuzu.

à Vertou 10 km par D 59 sortie porte de Vertou – ⊠ 44120 – 21 681 hab. – Alt. 32 m

XX **Monte-Cristo** 🕸 ⟨ 🕉 ⟷

⊜ *11 quai Chaussée-des-Moines* – ℰ *02 40 34 40 36* Plan : **2DXa**
*– www.monte-cristo.fr – Fermé 2 semaines en août, vacances de Noël, 1 semaine
en fév., merc. soir, dim. soir et lundi*
Formule 17 € – Menu 20 € (déj. en semaine), 33/50 € – Carte 45/55 €
On dit que c'est dans cette maison ancienne (450 ans) qu'Alexandre Dumas
père commença l'écriture de son Comte de Monte-Cristo ! Mais point de tragique
vengeance en ce lieu paisible où l'on vient déguster une bonne cuisine
actuelle, près de la véranda ou sur la terrasse, face à la Sèvre...

✗✗ Le Laurier Fleuri avec ch   ∮ rest, 🛜 🏠 P

460 rte de Clisson – ℰ 02 51 79 01 01   Plan : 2DX**b**
– www.lelaurierfleuri.fr – Fermé 1ᵉʳ-24 août, 24-28 déc., 31 déc.-4 janv., dim. et lundi
10 ch – 🛏61 € 🛏🛏71/80 € – ⊊ 7 € – ½ P
Formule 16 € – Menu 19 € (semaine), 29/40 € – Carte 33/56 €
Un jeune couple fait souffler un vent de renouveau sur cet ancien relais de diligence d'aspect très traditionnel ! C'est après un solide parcours dans des maisons de renom que le chef a repris les rênes des fourneaux. On sent dans chaque assiette un réel travail et une vraie envie de surprendre et de faire plaisir...

à Château-Thébaud 18 km par ③ , D 149, D74 et D63 – ✉ 44690
– 2 894 hab. – Alt. 58 m

✗✗ Auberge La Gaillotière   🐝 🏡 ∮ P

La Gaillotière – ℰ 02 28 21 31 16 – www.auberge-la-gaillotiere.fr
– Fermé 2-23 fév., 19 juil.-10 août, dim. et lundi
Menu 14 € (déj. en semaine), 20/28 €
Pour un tête-à-tête avec le vignoble nantais… Les alignements de ceps viennent presque caresser les murs de cet ancien chai ! Anjou, muscadet, bourgueil, etc. : le Val de Loire est aussi à l'honneur à la carte. Quant à la cuisine, du terroir, généreuse et soignée, elle finit de convertir aux bienfaits de la région.

à St-Fiacre-sur-Maine 10 km au Sud-Est par D 59 – ✉ 44690 – 1 180 hab. – Alt. 46 m

↑ La Demeure de Saint-Fiacre sans rest   🌿 🏡 🛜 P

Les Gras-Moutons – ℰ 02 40 43 46 33 – www.lademeure.fr
3 ch ⊊ – 🛏99 € 🛏🛏120 €
Cette Demeure est l'œuvre de Thomas, un jeune Allemand qui a entièrement rénové cette bâtisse ancienne, au cœur des vignes du muscadet sur lie. Espaces et volumes ne manquent pas de séduire, alliant vieilles pierres et aménagements très contemporains, tout en aplats de blanc et mobilier design. Avis aux amateurs !

à l'aéroport international Nantes-Atlantique sortie 51 porte de Grandlieu-Bouguenais – ✉ 44340

🏨 Océania   🍽 ⏛ ✗ 🎐 ∮ 🄰🄲 🛜 🏠 P

r. de L'Aviation – ℰ 02 40 05 05 66   Plan : 1BX**e**
– www.oceaniahotels.com
85 ch – 🛏99/159 € 🛏🛏99/159 € – 2 suites – ⊊ 15 €
Une navette relie directement l'hôtel à l'aéroport tout proche. Architecture moderne (1989), chambres fonctionnelles et très confortables, brasserie face à la piscine.

à Coueron 15 km par D 107, sortie porte de l'Estuaire – ✉ 44220
– 19 085 hab. – Alt. 13 m

✗✗ Le François II   🏡 ∮ ⇔

5 pl. Aristide-Briand – ℰ 02 40 38 32 32 – www.francois2.com – Fermé 13-20 avril, 22 juil.-16 août, 1ᵉʳ-7 janv., merc. soir sauf juil.-août, dim. soir, mardi soir, jeudi soir et lundi
Formule 13 € – Menu 15 € (déj. en semaine), 24/57 € – Carte 35/50 €
L'enseigne rend hommage au duc de Bretagne, père d'Anne, mort à Couëron. Ici, la tradition est reine, et le couple de propriétaires – d'origine bretonne – sait la faire vivre ! Le chef aime s'approvisionner dans la région et travaille en véritable artisan : tout est fait maison. Une adresse attachante.

à St-Herblain 8 km à l'Ouest – ✉ 44800 – 43 082 hab. – Alt. 8 m

🏨 Le Colisée   🍽 🛁 🎐 ∮ 🄰🄲 🛜 🏠 P

29 r. Bobby-Sands – ℰ 02 28 27 07 00   Plan : 1AV**a**
– www.hotel-lecolisee.com
48 ch ⊊ – 🛏89/109 € 🛏🛏89/109 € – 2 suites – ½ P
Ne vous arrêtez pas à l'environnement de cet hôtel-restaurant, créé en 2012 dans une zone industrielle à côté de la voie rapide menant à St-Nazaire ! Ce Colisée n'est certes pas à Rome, mais il dispose de chambres spacieuses et très fonctionnelles. Bel espace détente.

XX **Les Caudalies**   AK ⇔

229 rte de Vannes, (sortie N° 35) – 𝒞 *02 40 94 35 35*   Plan : **1BVv**
– *www.restaurant-lescaudalies.com – Fermé 6-17 fév., 31 juil.-25 août, merc. soir,
dim. et lundi*
Menu 22 € (semaine), 35/50 € – Carte 37/52 €
Savez-vous que les caudalies mesurent la durée de persistance aromatique du vin
en bouche ? Un véritable programme pour cette table gastronomique tenue par
un couple complémentaire : lui chef, elle sommelière. Au menu : de beaux
accords mets-vins, pour une cuisine elle-même inventive et soignée.

XX **Les Pellières**   🏡 ⛔ ⇔

😋 *esplanade Georges-Brassens, (parking P1 du Zénith)*   Plan : **1AVx**
– 𝒞 *02 40 65 08 88 – www.baron-lefevre.com – Fermé lundi soir et dim.*
Formule 16 € – Menu 19 € (déj. en semaine)/26 € – Carte 31/51 €
Un petit coin de campagne dans une zone aujourd'hui urbanisée, tout près du
Zénith... On remonte le temps dans cette ferme du 16ᵉ s. (avec une extension en
bois et verre), où l'on déguste une cuisine de tradition très généreuse, valorisant
produits du terroir, herbes et légumes du potager, au plus près des saisons.

à Orvault 6 km par N 137 sortie porte de Rennes – ⌧ 44700
– 24 556 hab. – Alt. 45 m

🏠 **Hôtel du Parc** sans rest   ⛵ ⛔ 𝕏 ⑨ 🛜 Ⓟ

92 r. de la Garenne – 𝒞 *02 40 63 04 79*   Plan : **1AVq**
– *www.hotel-du-parc-nantes.com – Fermé 8-23 août et 24 déc.-3 janv.*
30 ch – ♦59/74 € ♦♦59/74 € – ⌸ 8 €
Parfait pour une étape, un petit hôtel familial fort bien tenu et sympathique,
entouré d'un parc boisé qui invite à la promenade (ou, pourquoi pas, au jogging).
Petite restauration proposée le soir.

NANTHEUIL

⌧ 24800 (Dordogne) – 1 016 hab. – Alt. 210 m – Voir carte n°**4-C1**
🅿 Paris 458 km – Bordeaux 168 km – Limoges 64 km – Périgueux 35 km
Carte Michelin 329-G3

🏠 **Domaine de la Brugère** ⓝ   🔟 ⛵ 📶 𝕏 𝕏 🛜 Ⓟ📶

Lieu-dit la Brugère – 𝒞 *05 53 62 03 57 – www.labrugere.com – Fermé
1er fév.-15 avril*
4 ch ⌸ – ♦90/140 € ♦♦90/140 €
Le charme intact d'une superbe demeure provinciale ! Le parc verdoyant traversé
par une rivière, la longue façade couverte de vigne vierge, les décors admirablement préservés (parquets, carreaux de ciment, papiers peints à l'ancienne... jusqu'à la robinetterie rétro) : tout semble intemporel. Et la table d'hôte est fort
séduisante !

NANTOUX

⌧ 21190 (Côte-d'Or) – 172 hab. – Alt. 295 m – Voir carte n°**7-A3**
🅿 Paris 326 km – Chalon-sur-Saône 37 km – Le Creusot 48 km – Dijon 55 km
Carte Michelin 320-I7

🏠 **Domaine de la Combotte** sans rest   ⛵ 📶 𝕏 ⛔ Ⓟ

39 r. de Pichot – 𝒞 *03 80 26 02 66 – www.lacombotte.com*
5 ch ⌸ – ♦89/99 € ♦♦112/133 €
Au cœur d'un village viticole, plusieurs maisonnettes modernes au milieu des
vignes. En saison, le propriétaire organise des séjours truffe ; on part en balade
avec ses labradors, de fins limiers... Champêtre et accueillant !

NANTUA

⌧ 01130 (Ain) – 3 651 hab. – Alt. 479 m – Voir carte n°**45-C1**
🅿 Paris 476 km – Aix-les-Bains 79 km – Annecy 67 km – Bourg-en-Bresse 52 km
Carte Michelin 328-G4 – Guide Vert Michelin Franche-Comté Jura

L'Embarcadère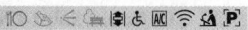

13 av.du Lac – ℰ 04 74 75 22 88 – www.hotelembarcadere.com – Fermé 19 déc.-5 janv.
47 ch – ♦67/82 € ♦♦67/82 € – 立 11 € – ½ P
Rest *L'Embarcadère* – voir les restaurants ci-après
Un hôtel contemporain posé en bordure du lac de Nantua, tout environné de collines boisées. Le panorama offre une véritable bouffée d'air pur, mais on ne rechigne pas à regagner son lit : les chambres sont spacieuses, fonctionnelles et bien tenues.

L'Embarcadère

13 av.du Lac – ℰ 04 74 75 22 88 – www.hotelembarcadere.com – Fermé 19 déc.-5 janv.
Formule 20 € – Menu 26 € (semaine), 48/74 € – Carte 44/78 €
Les atouts de cet Embarcadère gourmand ? Sa situation près du lac bien entendu, sans oublier sa vue panoramique, mais surtout sa cuisine ! Entre spécialités du terroir bressan et quenelles de brochet de Nantua, on apprécie le travail propre et méticuleux du chef, ainsi que la fraîcheur des produits utilisés.

à Brion 5 km au Nord-Ouest par D 1084 et D 979 – ⊠ 01460 – 522 hab. – Alt. 475 m

Bernard Charpy

1 r. la Croix-Chalon – ℰ 04 74 76 24 15 – www.restaurant-bernard-charpy.fr – Fermé 11-17 mai, 4-31 août, 26 déc.-4 janv., sam. midi, dim. soir et lundi
Menu 22 € (déj. en semaine), 29/49 € – Carte 40/60 €
Une haute charpente, des tons gris et lavande, de grandes baies ouvrant sur la verdure... Le ton est contemporain, mais la cuisine cultive le meilleur de la tradition. Mention spéciale au choix de poissons, d'eau douce comme d'eau salée (carrelet, turbot, barbue, etc.). Une bonne adresse locale.

LA NAPOULE – 06 (Alpes-Maritimes) → voir Mandelieu

NARBONNE

⊠ 11100 (Aude) – 51 546 hab. – Alt. 13 m – Voir carte n°**22-B3**
▶ Paris 787 km – Béziers 28 km – Carcassonne 61 km – Montpellier 96 km
Carte Michelin 344-J3

Clarion Suites sans rest

28 r. de l'Aude – ℰ 04 68 41 44 14 – www.moulindugua.com   Plan : AY**d**
25 ch – ♦135/216 € ♦♦135/216 € – 立 16 €
Entendez-vous le clapotis de l'eau ? Sur les rives du canal de la Robine – classé au patrimoine mondial de l'Unesco –, cet hôtel né en 2013 associe architecture en bois, jardin aquatique et vue sur la verdure (toutes les chambres jouissent d'une terrasse). Idéal pour un séjour urbain-écolo !

La Résidence sans rest

6 r. du 1er-Mai – ℰ 04 68 32 19 41
Plan : AY**r**
– www.hotel-laresidence-narbonne.fr
26 ch – ♦95/145 € ♦♦105/145 € – 立 12 €
Jean Marais, Louis de Funès, Georges Brassens, Michel Serrault... un prestigieux livre d'or ! Salons aux notes baroques, grand escalier en marbre : l'esprit de cet immeuble du 19e s. a été préservé, tout en actualisant peu à peu les chambres. Entre passé et présent, un établissement dans l'air du temps.

Le Clos des Chevaliers sans rest

21 imp. Hélène-Boucher, Les Hauts-de-Narbonne par ③ – ℰ 04 68 41 50 79 – www.leclosdeschevaliers.com
5 ch 立 – ♦120/145 € ♦♦120/145 €
Belle surprise que cet îlot de quiétude et de verdure. Les propriétaires, artistes dans l'âme, ont créé de toutes pièces des chambres insolites : mobilier argenté dans l'une, œuvres en métal dans l'autre, etc. Toutes disposent d'un accès direct sur le jardin. Un Clos original et décalé !

XXX **La Table Saint-Crescent** (Lionel Giraud) 🕭 🛱 AC ⇔ P

🕸 *68 av. du Gén.-Leclerc, au Palais du Vin par* ③
– ℰ 04 68 41 37 37 – www.la-table-saint-crescent.com
– Fermé 23 mars-7 avril, 21 sept.-6 oct., mardi sauf en été et en déc.,
dim. soir et lundi
Menu 31 € (déj. en semaine), 57/87 € – Carte 62/85 €
On oublie vite l'environnement peu guilleret, en bordure de route, pour se concentrer sur l'essentiel : un lieu plaisant, contemporain et raffiné, dans un ancien oratoire médiéval ; une cuisine inventive, passionnée, respectueuse de l'âme des produits et accompagnée de bons vins régionaux. Cette table séduit !

→ Foie gras des Landes confit au banyuls. Suprême de pigeonneau cuit en croûte de sucre à la verveine, légumes glacés au jus de presse. Vacherin à la fraise des bois et zestes de citron vert, fraîcheur de basilic et chantilly mascarpone.

XX **Le Petit Comptoir** 🕭 AC ⇔

🐾 *4 bd Mar-Joffre – ℰ 04 68 42 30 35 – www.petitcomptoir.com* Plan : AY**b**
– Fermé 3 semaines en juil., 1 semaine en janv., dim. et lundi

😊 Formule 16 € – Menu 19 € (déj. en semaine), 29/39 € – Carte 38/64 €
Un bistrot au cachet 1930 qui honore le beau produit (la charcuterie, les poissons et les légumes, notamment, sont de première qualité) et la cuisine... bistrotière. Et si l'envie vous prenait d'acheter l'un des vins servis – 350 références, essentiellement régionales –, un détour par la cave s'impose !

X **La Table des Cuisiniers Cavistes** 🕭 🛱 &

😊 *4 pl. Lamourguier – ℰ 04 68 32 96 45* Plan : BZ**f**
– www.cuisiniers-cavistes.com – Fermé dim. et lundi
Formule 19 € – Menu 21 € (déj.)/31 € – Carte 48/65 €
Cuisiniers et cavistes, même combat ! Dans une ambiance de bar à vins, avec quelques tables formées de tonneaux en bois, cette table privilégie le marché et les produits locaux labellisés, dans l'assiette comme dans le verre. Les saveurs sont mises en valeur, et la simplicité de l'exécution sublime le tout. Une réussite.

X **Le 26** 🛱 AC ⅌

8 bd Dr-Lacroix – ℰ 04 68 41 46 69 – www.restaurantle26.fr Plan : AZ**a**
– Fermé sam. midi, dim. et lundi
Formule 17 € – Menu 22 € (déj. en semaine), 26/46 € – Carte 40/50 €
Le patron mitonne de bons plats traditionnels vraiment appétissants et les habitués ne s'y trompent pas, qui lui laissent carte blanche pour composer le menu. L'atmosphère est conviviale, cela va sans dire. Une cantine toute trouvée !

à l'Hospitalet 10 km par ② rte de Narbonne-Plage (D 168) – ⊠ 11100

🏨 **Château l'Hospitalet** 🕮 🌮 🛏 ⅃ & AC 🛜 🛠 P

rte de Narbonne Plage – ℰ 04 68 45 28 50 – www.chateau-hospitalet.com
– Fermé 2 semaines fin déc.-début janv.
30 ch – ✝90/185 € ✝✝100/240 € – 8 suites – � 14 € – ½ P
Rest Château l'Hospitalet – voir les restaurants ci-après
En pleine garrigue et au cœur d'un domaine viticole, ce complexe hôtelier cultive l'art de l'hospitalité. Les chambres arborent un agréable style contemporain et tout invite à la détente : expos d'art, boutiques d'artisanat, restaurant valorisant les vins du domaine... Un lieu qui bouge !

XX **Château l'Hospitalet** 🍴 🛱 & AC P

rte de Narbonne Plage – ℰ 04 68 45 28 54 – www.chateau-hospitalet.com
– Fermé 2 semaines fin déc.-début janv., sam. midi, dim. soir et lundi
Formule 25 € – Menu 29/70 € – Carte 35/50 €
Entre ville, mer et garrigue, au sein d'un domaine viticole en activité. Côté décor, un beau mobilier rustique en bois d'olivier, des plafonds bas et de grosses poutres peintes en jaune ; dans l'assiette, une cuisine simple et franche, faisant la part belle à la tradition. Le tout accompagné des vins de la propriété !

NARBONNE

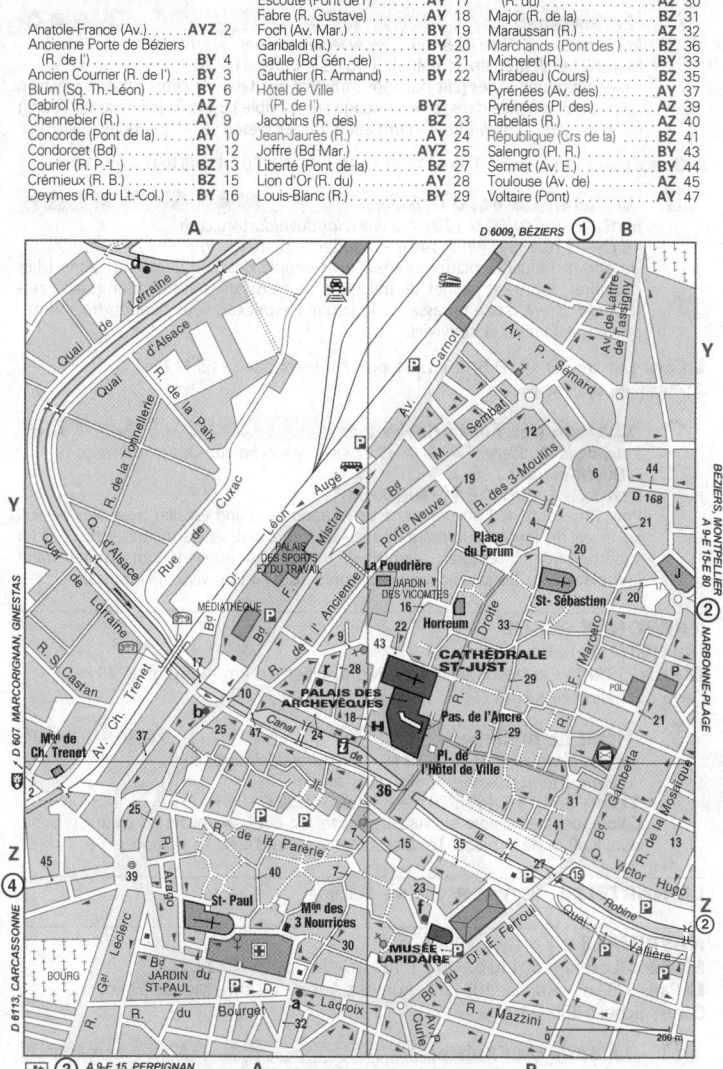

à Bages 8 km par ③, D 6009 et D 105 – ⊠ 11100 – 852 hab. – Alt. 30 m

⌂ **Les Palombières d'Estarac** 🍽 ♨ 🌳 ✗ ✗ **P**
Prat de Cest – 𝒞 04 68 42 45 56 – www.palombieres-estarac.com
4 ch ⌂ – †67/81 € ††77/130 €

Imaginez les oliviers, le soleil et les cigales chantant dans la garrigue... C'est au cœur de cet écrin de verdure que vous pourrez vous reposer, au grand calme, dans de jolies chambres. Pour les hôtes, la table prend des accents méridionaux et, l'hiver, on profite de la cheminée !

XX **Le Portanel** ≤ 🎵 ⇔

la Placette – 𝒞 04 68 42 81 66 – www.leportanel.net – Fermé dim. soir et lundi
Menu 21 € ☷ (déj. en semaine), 31/61 € – Carte 41/75 €
La Méditerranée et ses jolis poissons s'invitent à la table de cette ancienne maison
de pêcheur perchée dans le vieux village : un comble ! Est-ce la jolie vue sur l'étang
qui les appâte si bien ? Pour information, l'accès piéton se fait par un escalier.

à Ornaisons 14 km par ④, D 6113 et D 24 – ✉ 11200 – 1 243 hab. – Alt. 34 m

🏨 **Le Relais du Val d'Orbieu** 🕙 ⅋ ⅏ 👝 ⽵ ⅌ ⅙ 奈 ぬ 🅿

par D 24 – 𝒞 04 68 27 10 27 – www.relaisduvaldorbieu.com
18 ch – ♦70/135 € ♦♦90/140 € – 2 suites – ⚏ 10 € – ½ P
Un ancien moulin à plâtre au cœur du vignoble des Corbières... au calme ! Les
chambres, sobres et pleines de fraîcheur, sont disposées autour d'un patio ; certaines jouissent d'une terrasse sur le jardin. L'esprit des lieux tient en trois mots :
provençal, familial et convivial.

à Canet 14 km par ④, D 6 113, D 11 puis rte secondaire – ✉ 11200
– 1 461 hab. – Alt. 30 m

⌂ **Château des Fontaines** sans rest 👝 ⽵ 🎵 ⅙ 奈 🅿 ⊭

2 av. de la Distillerie – 𝒞 04 68 49 72 48 – www.chateau-des-fontaines.com
– Ouvert mai-oct.
5 ch ⚏ – ♦120/170 € ♦♦140/190 €
Pour l'anecdote, le lustre en verre de Murano du grand escalier pèse plus de 400
kg et en dit long sur la magnificence de cette maison de maître, sertie par un
superbe jardin ! Tentures, marbres et objets d'art trouvent tout naturellement
leur place dans les salons et les chambres. Tout l'art de vivre à la française...

NARBONNE PLAGE

✉ 11100 (Aude) – Voir carte n°**22**-B3
▶ Paris 799 km – Carcassonne 74 km – Montpellier 103 km – Perpignan 79 km
Carte Michelin 344-K4

🏨 **Hôtel de la Clape** 🕙 ⽵ ⅙ 🎵 ⅙ 奈 ぬ 🅿

4 r. des Fleurs – 𝒞 04 68 49 80 15 – www.hoteldelaclape.com
– Fermé 2 janv.-27 mars et dim. hors saison
21 ch – ♦56/78 € ♦♦56/78 € – 6 suites – ⚏ 9 € – ½ P
Coloré, original, simple et chaleureux : tel est cet hôtel niché au cœur de la station, à 80 m de la plage. Terrasse, piscine, salon d'été... les vacances !

LA NARTELLE – 83 (Var) → voir Ste-Maxime

NASBINALS

✉ 48260 (Lozère) – 501 hab. – Alt. 1 180 m – Voir carte n°**22**-B1
▶ Paris 573 km – Aurillac 105 km – Aumont-Aubrac 24 km – Mende 57 km
Carte Michelin 330-G7

⌂ **La Borie de l'Aubrac** 🕙 ⅋ ≤ 👝 ⅙ 奈 🅿

La Grange des Enfants, 4,5 km au Sud par D 900 et rte secondaire
– 𝒞 04 66 45 76 97 – www.borie-aubrac.com
5 ch ⚏ – ♦75/115 € ♦♦95/135 €
Il est aveyronnais, elle est espagnole, et, après un joli parcours hôtelier, ils ont eu
envie d'ouvrir leur maison d'hôtes de charme. Une ferme sur le plateau de l'Aubrac ? Le lieu était tout trouvé, et ils en ont fait un havre raffiné, mêlant habilement vieilles pierres et épure contemporaine. Une réussite !

NATZWILLER

✉ 67130 (Bas-Rhin) – 589 hab. – Alt. 500 m – Voir carte n°**2**-C1
▶ Paris 422 km – Barr 25 km – Molsheim 31 km – St-Dié 43 km
Carte Michelin 315-H6

Auberge Metzger
55 r. Principale – 𝒞 03 88 97 02 42 – www.hotel-aubergemetzger.com
– Fermé 1ᵉʳ-7 juil., 22-25 déc., 6-27 janv., dim. soir et lundi
15 ch – †80/90 € – ††80/90 € – ☑ 14 € – ½ P
Rest *Auberge Metzger* ⊛ – voir les restaurants ci-après
Cette jolie maison fleurie fait l'unanimité et cela se comprend ! L'accueil est charmant, les chambres spacieuses et confortables, la tenue exemplaire, les prix
mesurés. On quitte les lieux avec regret...

  Auberge Metzger
⊛
55 r. Principale – 𝒞 03 88 97 02 42 – www.hotel-aubergemetzger.com
– Fermé 1ᵉʳ-7 juil., 22-25 déc., 6-27 janv., dim. soir et lundi
Formule 16 € – Menu 24/68 € – Carte 34/55 €
Cuissons précises, produits de qualité, accompagnements soignés : Yves Metzger
mitonne une cuisine régionale tout simplement délicieuse... et bon marché !
Une raison de plus pour faire étape dans cette auberge accueillante de la vallée
de la Bruche.

NÉAC

✉ 33500 (Gironde) – 387 hab. – Alt. 39 m – Voir carte n°**4-C1**
▶ Paris 586 km – Agen 137 km – Bordeaux 42 km – Périgueux 94 km
Carte Michelin 335-J5

  La Maison de Tournefeuille sans rest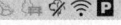
24 r. de l'Église – 𝒞 06 47 23 20 29 – www.chateau-tournefeuille.com
5 ch ☑ – †80/120 € ††100/120 €
Cette maison pleine de caractère surplombe les prestigieux vignobles de St-Émilion et Pomerol. Les chambres ne manquent ni de goût ni de raffinement, et les
amateurs de grand air se laisseront tenter par une tournée en barque ou une partie de pêche... L'adresse de charme par excellence !

NEAUPHLE-LE-CHÂTEAU

✉ 78640 (Yvelines) – 3 028 hab. – Alt. 185 m – Voir carte n°**18-A2**
▶ Paris 38 km – Dreux 42 km – Mantes-la-Jolie 32 km – Rambouillet 24 km
Carte Michelin 311-H3 – Guide Vert Michelin Île de France

  Domaine du Verbois
*38 av. de la République – 𝒞 01 34 89 11 78 – www.hotelverbois.com – Fermé 2
semaines en août et vacances de Noël*
22 ch – †105/180 € ††115/180 € – ☑ 12 € – ½ P
On ferait bien une halte romantique dans cette belle demeure bourgeoise de
la fin du 19ᵉ s. : terrasse entourée de balustrades dominant la vallée de la Maul-
dre, jardin bien tenu, chambres cosy – préférez celles du 1ᵉʳ étage –, etc. Le classique a du bon !

  Le Clos St-Nicolas sans rest
33 r. St-Nicolas – 𝒞 01 34 89 76 10 – www.clos-saint-nicolas.com
5 ch ☑ – †98 € ††117/167 €
Atmosphère familiale dans cette belle et noble maison de 1830. Chambres d'esprit classique, aux teintes variées (jaune, vert, rouge). Agréable véranda pour le
petit-déjeuner.

NÉGREVILLE

✉ 50260 (Manche) – 827 hab. – Alt. 70 m – Voir carte n°**32-A1**
▶ Paris 342 km – Caen 22 km – Cherbourg 72 km – Saint-Lô 108 km
Carte Michelin 303-C3

au Nord-Est 5 km par D 146 et D 62 - ✉50260 Négreville

  Château de Pont Rilly sans rest
– 𝒞 02 33 40 47 50 – www.chateau-pont-rilly.com
3 ch ☑ – †130 € ††150 €
C'est au bout d'une longue allée que se dévoilent ce superbe château du 18ᵉ s. et
son grand jardin à la française... Boiseries, cheminée en pierre de Valognes, mobilier ancien et belle cuisine rustique où l'on prend le petit-déjeuner : un cadre
plein de quiétude et de caractère !

NÉRONDES

✉ 18350 (Cher) – 1 596 hab. – Alt. 200 m – Voir carte n°**12-D3**
▶ Paris 240 km – Bourges 37 km – Montluçon 84 km – Nevers 33 km
Carte Michelin 323-M5

XX   **Le Lion d'Or** avec ch   AC rest. 🛜 🅿

🕸   *pl. de la Mairie – ℰ 02 48 74 87 81 – www.lion-dor.net – Fermé 27 janv.-24 fév., dim. soir, merc. midi, lundi et fériés le soir*
10 ch – ♦62 € ♦♦62 € – �9 € – ½ P
Menu 22 € (semaine), 32/43 € – Carte 42/58 €
Sur une place du village, ce Lion d'Or se tient avenant et fier. Entrez donc : l'accueil est charmant, et le décor rustique et coquet. Aux odeurs qui s'échappent des cuisines, nos papilles s'affolent déjà : c'est que le chef cuisine la tradition avec finesse et goût. De quoi rugir de plaisir !

NESTIER

✉ 65150 (Hautes-Pyrénées) – 161 hab. – Alt. 500 m – Voir carte n°**28-A3**
▶ Paris 789 km – Auch 74 km – Bagnères-de-Luchon 45 km – Lannemezan 14 km
Carte Michelin 342-O6

XX   **Relais du Castéra** avec ch   🛖 🛜 🕭

🥾   *pl. du Calvaire – ℰ 05 62 39 77 37 – www.hotel-castera.com – Fermé 2-31 janv., dim. soir, mardi midi et lundi*
6 ch – ♦65/80 € ♦♦65/80 € – ⊒10 € – ½ P
Menu 20 € (déj. en semaine), 29/56 € – Carte 55/72 €
Une auberge de tradition, tenue par le même couple de professionnels depuis de longues années. Les recettes, qui mettent à l'honneur le terroir et les produits de qualité, sont alléchantes. Quelques chambres, confortables et simplement arrangées, pour l'étape.

LE NEUBOURG

✉ 27110 (Eure) – 4 208 hab. – Alt. 130 m – Voir carte n°**33-C2**
▶ Paris 122 km – Évreux 26 km – Rouen 47 km – Versailles 112 km
Carte Michelin 304-F7 – Guide Vert Michelin Normandie Vallée de la Seine

🏠   **Acadine Hôtel** sans rest   🖥 ६ 🛜 🕭 🅿
11 rte de Conches – ℰ 02 32 36 00 36 – www.hotel-acadine-le-neubourg.com
46 ch – ♦68 € ♦♦72/89 € – ⊒9 €
Créé en 2010 à la sortie du Neubourg, cet hôtel propose des chambres très spacieuses, simples et contemporaines, à des prix fort compétitifs. Une bonne affaire.

NEUF-BRISACH

✉ 68600 (Haut-Rhin) – 2 020 hab. – Alt. 197 m – Voir carte n°**2-C2**
▶ Paris 475 km – Basel 63 km – Belfort 80 km – Colmar 17 km
Carte Michelin 315-J8

à Biesheim 3 km au Nord par D 468 – ✉ 68600 – 2 472 hab. – Alt. 189 m

🏨   **Aux Deux Clefs**   🍽 ६ AC 🍴 🛜 🕭 🅿
50 Grand Rue – ℰ 03 89 30 30 60 – www.deux-clefs.com
25 ch – ♦65/85 € ♦♦81/101 € – ⊒11 € – ½ P
Cette belle maison régionale est presque aussi fleurie que son jardin ! Les chambres, assez spacieuses, sont fonctionnelles et bien tenues. Deux clefs pour les affamés, une brasserie traditionnelle et un restaurant d'esprit plus gastronomique.

🏠   **La Clef des Champs** sans rest   ६ 🍴 🛜 🅿
19 Grand Rue – ℰ 03 89 72 08 18 – www.la-cle-deschamps.com
28 ch – ♦42/89 € ♦♦71/107 € – ⊒9 €
Des chambres fonctionnelles, confortables, bien tenues et à petits prix... Autrement dit, plus rien ne vous empêche de prendre La Clef des Champs !

NEUFCHÂTEAU

✉ 88300 (Vosges) – 6 757 hab. – Alt. 300 m – Voir carte n°**26-B3**
▶ Paris 321 km – Belfort 158 km – Chaumont 57 km – Épinal 75 km
Carte Michelin 314-C2

L'Eden

2 r. 1ère-Armée-Française – $\mathcal{C}$ *03 29 95 61 30* – *www.leden.fr*
27 ch – ♦66/103 € ♦♦76/113 € – 🍽 10 €
Rest *L'Eden* – voir les restaurants ci-après
Ce grand bâtiment propose des chambres actuelles et confortables de tailles variables, aux couleurs chaleureuses. Celles du dernier étage sont équipées d'un bain à remous.

L'Eden

2 r. 1ère-Armée-Française – $\mathcal{C}$ *03 29 95 61 30* – *www.leden.fr* – *Fermé dim. soir et lundi midi*
Menu 28/47 € – Carte 30/49 €
Après une promenade dans le centre-ville, reprenez donc des forces dans cet Éden ! Le jeune chef met un point d'honneur à bien choisir ses produits et signe de belles recettes appuyées sur la tradition. Cadre cossu.

NEUFCHÂTEL-EN-BRAY

✉ 76270 (Seine-Maritime) – 4 836 hab. – Alt. 99 m – Voir carte n°**33**-D1
▶ Paris 133 km – Abbeville 57 km – Amiens 72 km – Rouen 50 km
Carte Michelin 304-I3 – Guide Vert Michelin Normandie Vallée de la Seine

Les Airelles avec ch

2 passage Michu, (près de l'église) – $\mathcal{C}$ *02 35 93 14 60*
– *www.les-airelles-neufchatel.com* – *Fermé fév. et vacances de la Toussaint, dim. soir, mardi midi et lundi sauf juil.-août*
14 ch – ♦62/72 € ♦♦62/72 € – 🍽 10 € – ½ P
Menu 17 € (semaine), 25/45 € – Carte 38/53 €
Dans cette avenante demeure traditionnelle du centre-ville, le registre culinaire est actuel, mais n'oublie pas le terroir : trou normand, croustillant de Neufchâtel, camembert... En été, on s'attarde sur la terrasse fleurie et, pour l'étape, il y a même quelques chambres d'une fraîcheur immaculée.

NEUFCHÂTEL-EN-SAOSNOIS

✉ 72600 (Sarthe) – 987 hab. – Alt. 190 m – Voir carte n°**35**-D1
▶ Paris 200 km – Alençon 15 km – Le Mans 56 km – Nantes 228 km
Carte Michelin 310-K4

Les Étangs de Guibert

2 km à l'Est par rte secondaire – $\mathcal{C}$ *02 43 97 15 38*
– *www.lesetangsdeguibert.com* – *Fermé lundi hors saison et dim. soir*
15 ch – ♦70/115 € ♦♦70/115 € – 🍽 10 € – ½ P
Rest *Les Étangs de Guibert* – voir les restaurants ci-après
En pleine campagne, on apprécie la quiétude de cette ancienne ferme et de son grand étang, où l'on peut même pêcher ! Les chambres sont évidemment très calmes, et avec leur déco ponctuée de détails originaux, elles se révèlent fraîches et coquettes. On profite également d'un bon petit-déjeuner au réveil.

Les Étangs de Guibert

2 km à l'Est par rte secondaire – $\mathcal{C}$ *02 43 97 15 38*
– *www.lesetangsdeguibert.com* – *Fermé lundi hors saison et dim. soir*
Formule 17 € – Menu 22 € (semaine), 37/70 € – Carte 34/140 €
Sur les rives d'un bel étang proche de la forêt de Perseigne, ce restaurant cultive une élégance classique, mêlée de touches rustiques (pierre et bois, grand feu de cheminée l'hiver), propice à la dégustation d'une cuisine traditionnelle rehaussée d'exotisme et accompagnée de jolis vins (bio et Val de Loire).

NEUFCHÂTEL-SUR-AISNE

✉ 02190 (Aisne) – 409 hab. – Alt. 59 m – Voir carte n°**37**-D2
▶ Paris 163 km – Laon 46 km – Reims 22 km – Rethel 33 km
Carte Michelin 306-G6

Le Jardin

XX

22 r. Principale – ℰ 03 23 23 82 00 – www.restaurant-le-jardin.com – *Fermé 1 semaine en avril, 2 semaines en sept., 2 semaines en janv., dim. soir, lundi et mardi*

Formule 16 € – Menu 19 € (déj. en semaine), 28/65 € – Carte 50/70 €

Un authentique restaurant familial et, comme disent certains citadins, "provincial". Loin des modes, on y apprécie des recettes de toujours 100 % maison (jusqu'au pain et aux sorbets). Spécialités : ris de veau aux morilles, filet de bœuf au ratafia et... le croustillant de Picardie (un parfait glacé à la confiture de lait).

NEUVILLÉ-LE-LIERRE

✉ 37380 (Indre-et-Loire) – 787 hab. – Alt. 92 m – Voir carte n°**11-B2**
◩ Paris 217 km – Amboise 16 km – Château-Renault 10 km – Montrichard 34 km
Carte Michelin 317-O3

Auberge de la Brenne avec ch

XX

19 r. de la République – ℰ 02 47 52 95 05 – www.auberge-brenne.com
– *Fermé dim. soir de mi-sept. à mi-juin, mardi et merc.*
5 ch – †67/89 € ††89/105 € – ☑ 12 € – ½ P
Formule 18 € ☂ – Menu 31/57 € – Carte 48/76 € *(réservation conseillée)*

Andouillette et sa tarte à l'échalote, lapin délicatement mijoté dans une sauce au sauvignon : la tradition et les bons produits ont trouvé leur repaire tourangeau. Accueil charmant. À 50 m du restaurant, maison des années 1900 disposant de chambres confortables.

NEUILLY-SUR-SEINE – 92 (Hauts-de-Seine) → voir Paris, Environs

NEUVES-MAISONS – 54 (Meurthe-et-Moselle) → voir Nancy

NEUVILLE-BOSC

✉ 60119 (Oise) – 530 hab. – Alt. 139 m – Voir carte n°**36-A3**
◩ Paris 57 km – Amiens 89 km – Beauvais 33 km – Rouen 87 km
Carte Michelin 305-D5

Le Clos des Vignes ⓝ

13 r. des Vignes – ℰ 03 44 22 36 90 – www.leclosdesvignes.fr
4 ch – †80/380 € ††95/380 € – 4 suites – ☑ 10 € – ½ P

Au cœur du Vexin, entre prés et étangs, ce corps de ferme abrite aujourd'hui un hôtel de charme quasi confidentiel... Les chambres sont de vrais cocons, spécialement les grandes suites (L'Indonésienne, La Nature, La Nuptiale, etc.), sans oublier la piscine, le sauna, les jacuzzis... Idéal pour un séjour à deux.

NEUVILLE-DE-POITOU

✉ 86170 (Vienne) – 5 195 hab. – Alt. 116 m – Voir carte n°**39-C1**
◩ Paris 335 km – Châtellerault 36 km – Parthenay 41 km – Poitiers 16 km
Carte Michelin 322-H4

La Roseraie

78 r. A. Caillard – ℰ 05 49 54 16 72 – www.laroseraiefrance.fr
5 ch ☑ – †63/90 € ††68/95 €

Le jardin est évidemment fleuri de roses et l'ensemble de cette maison de maître (19ᵉ s.) dégage un frais et élégant parfum, simple et soigné (mobilier ancien, tons clairs). Esprit international autour de la table d'hôte : les propriétaires sont originaires du Zimbabwe et d'Angleterre !

St-Fortunat (Fabien Dupont)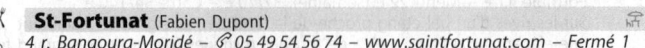

XX

4 r. Bangoura-Moridé – ℰ 05 49 54 56 74 – www.saintfortunat.com – *Fermé 1 semaine en août, dim., lundi et fériés*

Formule 18 € – Menu 26 € (déj. en semaine), 47/70 €

Dans le centre de Neuville, un restaurant accueillant et intime, avec un paisible patio. Son jeune chef bouscule les habitudes à travers une cuisine originale, aux saveurs marquées, qui a trouvé un public fidèle !

→ Vaporeux d'huîtres, quinoa de foie blond et caviar de hareng. Carré de porc noir de Bigorre, haricots blancs vendéens et jus aux truffes d'été. Sablé aux framboises, mascarpone à la fève tonka et sorbet framboise confite.

NEUVILLE-LÈS-DIEPPE – 76 (Seine-Maritime) → voir Dieppe

NEUVILLE-ST-AMAND – 02 (Aisne) → voir St-Quentin

NÉVACHE

✉ 05100 (Hautes-Alpes) – 357 hab. – Alt. 1 640 m – Voir carte n°**41**-C1
▶ Paris 693 km – Briançon 21 km – Le Monêtier-les-Bains 35 km –
Montgenèvre 25 km
Carte Michelin 334-H2 – Guide Vert Michelin Alpes du Sud

  Le Chalet d'En Hô ⟨○ ⅍ ⇐ ⌂ ⅙ ⇨ **P**
hameau des Chazals – ℰ *04 92 20 12 29 – www.chaletdenho.com*
– Ouvert 7 juin-21 sept. et 20 déc.-29 mars
14 ch – ♦102/158 € ♦♦140/158 € – � 13 € – ½ P
Là-haut dans la montagne… Environnement naturel privilégié pour ce chalet, qui
a tout d'un petit cocon d'altitude : quiétude, décor de bois très chaleureux, mais
aussi sauna et jacuzzi pour récupérer après une balade au grand air. Restaurant
traditionnel.

NEVERS

✉ 58000 (Nièvre) – 36 210 hab. – Agglo. 61 062 hab. – Alt. 194 m
– Voir carte n°**7**-A2
▶ Paris 236 km – Bourges 70 km – Clermont-Ferrand 161 km – Orléans 167 km
Carte Michelin 319-B10 – Guide Vert Michelin Bourgogne

  Mercure Pont de Loire ⟨○ ⇐ 🛗 ⅙ 🅰🅺 ℅ 🛜 🔊 🍽
quai Médine – ℰ *03 86 93 93 86 – www.mercure.com* Plan : Z**a**
59 ch – ♦90/135 € ♦♦90/135 € – ⊠ 15 €
Hôtel bien situé au bord de la Loire. Chambres agréables, certaines offrant une
belle perspective sur le fleuve. Repas dans la salle panoramique ou sur la vaste
terrasse ; carte des vins inspirée par la région.

  Diane ⟨○ 🛗 ⅙ ℅ 🛜 🔊
38 r. du Midi – ℰ *03 86 57 28 10* Plan : Z**b**
– www.bestwesterndiane-nevers.com – Fermé 19 déc.-4 janv.
29 ch – ♦76/102 € ♦♦76/102 € – ⊠ 14 € – ½ P
Dans cette demeure ancienne, tout près de la gare, les chambres sont vastes,
bien entretenues et meublées avec soin. La salle du petit-déjeuner occupe une
tour du 14ᵉ s.

✗✗ **Jean-Michel Couron**
21 r. St-Étienne – ℰ *03 86 61 19 28 – www.jm-couron.com* Plan : Y**r**
– Fermé 23 fév.-11 mars, 20 juil.-11 août, dim. soir, lundi et mardi
Menu 25 € (semaine), 37/59 € – Carte 55/73 € *(réservation conseillée)*
Une valeur sûre de la gastronomie nivernaise, menée depuis de longues années
par le chef Jean-Michel Couron, dont la cuisine associe bons produits, jolis visuels
et notes d'invention. L'intérieur a été entièrement repensé dans une veine
contemporaine, et l'on peut dîner sous les voûtes du 14ᵉ s. d'un ancien cloître !

rte d'Orléans par ① – ✉58640 Varennes-Vauzelles

✗✗ **Le Bengy** 🕸 🍴 🅰🅺 ⇔ **P**
🐌 *25 rte de Paris, à 4,5 km par D 907* – ℰ *03 86 38 02 84*
*– www.le-bengy-restaurant.com – Fermé 22 fév.-10 mars, 2-25 août, dim. et
lundi*
Formule 20 € – Menu 20 € (semaine), 24/34 € – Carte 35/52 €
À deux pas du circuit Nevers-Magny-Cours, ce restaurant a pignon sur rue ! On s'y
rend avec plaisir : le chef et son équipe concoctent une bonne cuisine avec des
produits de qualité, et font évoluer la carte chaque mois. Une bonne adresse.

NEVERS

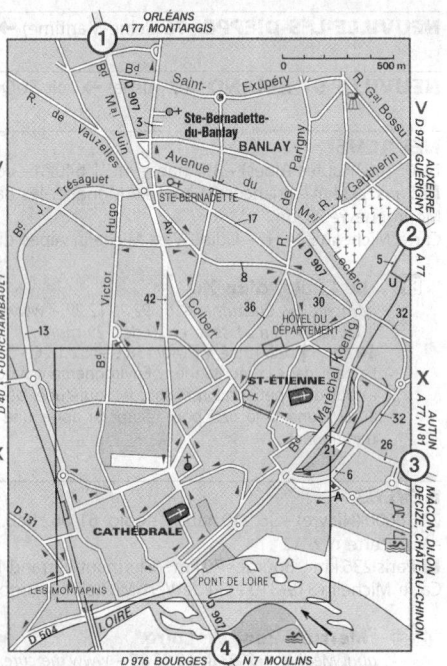

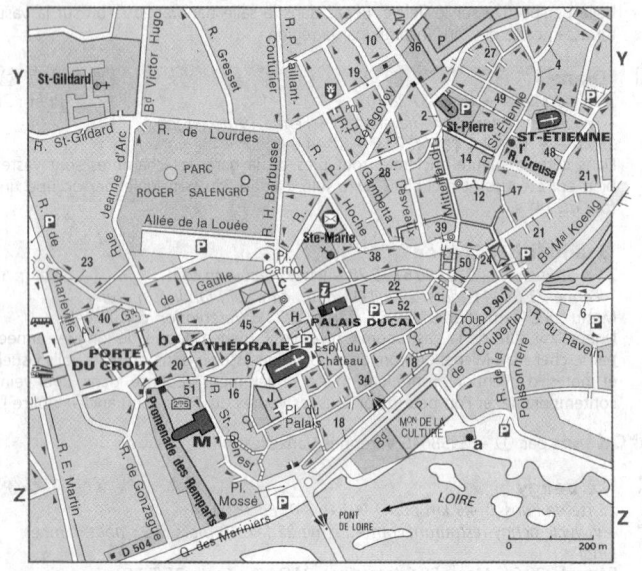

au Nord-Est 4 km par ② et D 207

⚒   **La Fontaine Cavalier** avec ch   ⊗ 🎋 ᕫ rest. 🛜 **P**
🏵   *Domaine Jeunot ⊠ 58130 Urzy – ✆ 03 86 57 41 71 – www.fontaine-cavalier.com*
– Fermé lundi soir, mardi soir et merc.
3 ch ⌂ – ∲73 € ∲∲73 €
Menu 19 € (déj. en semaine), 29/39 € – Carte 30/50 €
Au menu de cet ancien corps de ferme transformé en restaurant, une savoureuse
cuisine de produits : terrine de canard au foie gras vinaigrette, carré de veau en
croûte de basilic et pignons de pin torréfiés, cheesecake aux fruits rouges... Le
tout à prix raisonnables. Belle terrasse ouverte sur la nature.

à Sauvigny-les-Bois 10 km par ③ D 978 et D 18 – ⊠ 58160
– 1 541 hab. – Alt. 210 m

⚒⚒   **Moulin de l'Étang**   🎋 ⇆ **P**
64 rte de l'Étang – ✆ 03 86 37 10 17 – www.moulindeletang.fr – Fermé vacances
de fév., 3-24 août, 28-31déc., merc. soir, dim. soir et lundi
Menu 23/48 € – Carte 34/51 €
Une ancienne ferme voisine d'un étang cerné par les bois... Un cadre champêtre,
à l'unisson de la cuisine du chef, qui cultive le goût du produit frais et de la tradition : fricassée d'escargots aux artichauts, turbot rôti au thym, filet de bœuf aux
jeunes légumes... Agréable terrasse face à la nature.

rte de Moulins 3 km par ④, sur N 7 – ⊠58000 Challuy

⚒⚒   **La Gabare**   🎋 **P**
171 rte de Lyon – ✆ 03 86 37 54 23 – Fermé 22 juil.-12 août, dim. et merc.
Formule 21 € – Menu 27 € – Carte 35/60 €
Sur la route de Lyon, une ancienne ferme simple en apparence, mais champêtre
et élégante, avec sur l'arrière une charmante terrasse arborée. Le chef fait profession de tradition et donne sa préférence au poisson, dont il soigne particulièrement la cuisson – en particulier avec sa spécialité, le saumon de douze heures.

à Varennes-Vauzelles 5 km au Nord-Ouest par D 167 – ⊠ 58640

⌂   **Château du Four de Vaux** sans rest   ⊗ ≤ 🛏 �🏊 🛜 **P**
65 r. Daniel-Bollon – ✆ 03 86 21 99 87 – www.chateaudufourdevaux.com
– Fermé 26 déc.-31 janv.
5 ch ⌂ – ∲95/115 € ∲∲105/145 €
Non loin de la cité ducale de Nevers, ce château datant du 19ᵉ s. est niché au
cœur d'un parc de 4 ha. Dans les chambres, le confort le dispute au charme (mobilier chiné, parquet, etc.). Piscine, sauna, jacuzzi... Idéal pour un séjour au calme.

à Saincaize-Meauce 13 km au Sud-Ouest par D 907 et D 149 – ⊠ 58470
– 425 hab. – Alt. 210 m

🏨   **Château le Sallay** ⓝ   ⑩ ⊗ 🛏 🏊 ᕫ 🛜 ⚙ **P**
lieu-dit Le Sallay – ✆ 03 86 61 10 10 – www.lesallay.com – Fermé 5- 25 janv.
16 ch – ∲89/178 € ∲∲89/198 € – ⌂ 14 € – ½ P
Résidence d'été des ducs de Nevers puis propriété de la famille Clemenceau, ce
château du 16ᵉ s. dessine un charmant tableau avec sa tour de façade effilée,
ses dépendances des 18ᵉ-19ᵉ s. et son parc de 4 ha. L'esprit des chambres ?
Épuré et "éco-responsable" (plus traditionnel dans les dépendances). Cuisine au
goût du jour au restaurant.

NÉVEZ

⊠ 29920 (Finistère) – 2 754 hab. – Alt. 40 m – Voir carte n°**9-B2**
▶ Paris 547 km – Lorient 51 km – Quimper 40 km – Rennes 196 km
Carte Michelin 308-I8

χ **Le Bistrot de l'Écailler** 🏠 🕏

au port de Kerdruc, 3 km à l'Est par D 77 et rte secondaire – 𝒞 02 98 06 78 60
– Ouvert de mi-mars à mi-sept. et fermé mardi et merc. sauf le soir en juil.-août
Menu 45 € – Carte 42/62 €
Un joli bistrot marin assis sur le petit port de Kerdruc, au bord de l'Aven. À la carte : pêche du jour et beaux fruits de mer – la propriétaire est la fille d'un célèbre ostréiculteur de la région. Autre spécialité, le homard-frites au kari gosse (le "curry breton"). Et en bonus, une belle terrasse bien abritée !

à Raguenès-Plage 4 km au Sud par rte secondaire – ⊠ 29920

🖪 **Ar Men Du** ▯◯ 🕏 ≤ 🖴 🛜 🅿

47 r. des Îles – 𝒞 02 98 06 84 22 – www.men-du.com – Fermé 2 nov.-17 déc. et 4 janv.-3 mars
17 ch – †90/104 € ††104/209 € – ⊆ 14 €
Rest *Ar Men Du* 🕸 – voir les restaurants ci-après
Sur une lande sauvage cernée par l'océan (site classé), cette maison néobretonne vibre avec les éléments : décor des chambres façon clipper, vue sur les flots et l'île Raguenès... Bol d'air et évasion garantis !

χχ **Ar Men Du** 🕸 ≤ 🖴 🏠 🕭 🅿

🕸 *47 r. des Îles – 𝒞 02 98 06 84 22 – www.men-du.com – Fermé 2 nov.-17 déc., 4 janv.-3 mars, mardi midi et merc. midi*
Menu 46/125 € – Carte 60/115 € *(réservation conseillée)*
À vos pieds, la lande sauvage est battue par l'océan, et à quelques encablures, les rochers de l'îlot de Raguenès brillent au soleil. Au calme, vous découvrez la belle cuisine de Patrick Le Guen, amoureux du terroir et de la mer : soin d'exécution, produits de qualité, et une pointe de créativité bien maîtrisée !
→ Tartare de bar de ligne au couteau et ses cinq saveurs. Turbot en croûte de pomme de terre. Millefeuille à la vanille.

NÉVILLE

⊠ 76460 (Seine-Maritime) – 1 113 hab. – Alt. 80 m – Voir carte n°**33-C1**
🖪 Paris 191 km – Caen 148 km – Évreux 120 km – Rouen 61 km
Carte Michelin 304-E3

⭡ **Nature et Lin** sans rest ⟋ 🖴 🔟 🕏 🛜 🅿 ⊐

9 r. de la Bergerie – 𝒞 02 35 57 07 66 – www.nature-lin.com
4 ch ⊆ – †130 € ††140/160 €
Rosaline, Élise, Aurore, etc. : chaque chambre porte le nom d'une variété de lin. Hommage aux cultures environnantes mais aussi aux matériaux naturels, au blanc et à l'écru... Cette ancienne ferme respire le bien-être – et la piscine couverte est délicieuse ! Pour le petit-déjeuner, pain aux graines de lin, bien sûr.

NEXON

⊠ 87800 (Haute-Vienne) – 2 476 hab. – Alt. 359 m – Voir carte n°**24-B2**
🖪 Paris 416 km – Limoges 27 km – Panazol 27 km – St-Junien 56 km
Carte Michelin 325-E6 – Guide Vert Michelin Limousin Berry

χχ **Les Chaumières de Nexon** avec ch 🕏 🖴 🔟 🕏 🛜 🅿

Domaine des Landes, à 2 km par D 11 – 𝒞 05 55 58 25 26
– www.les-chaumieres.com – Fermé 17 août-8 sept., 1er-14 janv., dim. soir, lundi et mardi
2 ch – †80 € ††80 € – ⊆ 10 € Menu 43 € *(réservation conseillée)*
Un cottage couvert de chaume dans un parc peuplé d'arbres centenaires... Ce tableau bucolique se révèle charmant quand on en pousse la porte : la demeure allie élégance et ambiance feutrée. Joli décor pour apprécier une cuisine inspirée par les saisons. Chambres chaleureuses pour prolonger l'étape.

NEYRAC-LES-BAINS

⊠ 07380 (Ardèche) – Voir carte n°**44-A3**
🖪 Paris 606 km – Alès 92 km – Aubenas 16 km – Montélimar 56 km
Carte Michelin 331-H5 – Guide Vert Michelin Ardèche Drôme

XX **Brioude**

Meyras – ℰ 04 75 36 41 07 – www.hotel-levant.com – Fermé
3-10 mars, 20 nov.-10 déc., mardi sauf le soir en juil.-août, dim. soir sauf en été,
merc. de nov. à mars et lundi
Formule 20 € – Menu 28/68 €
Près des thermes, cette auberge familiale vous régale depuis 1887 d'une cuisine
soignée à base de produits locaux : châtaigne, volaille, agneau... Terrasse sous
les platanes.

NÉZIGNAN-L'ÉVÊQUE – 34 (Hérault) → voir Pézenas

NICE

✉ 06000 (Alpes-Maritimes) – 344 064 hab. – Agglo. 943 665 hab. – Alt. 6 m
– Voir carte n°**42-E2**
▶ Paris 927 km – Cannes 33 km – Genova 192 km – Lyon 471 km
Carte Michelin 341-E5 et 115-]26 – Guide Vert Michelin Côte d'Azur

© Cyril Comtat/Fotolia.com

Hôtels & maisons d'hôtes

Le Negresco

37 promenade des Anglais – *04 93 16 64 00* Plan : **3FZk**
– *www.lenegresco.com*
110 ch – 145/600 € 145/1150 € – 7 suites – 35 € – ½ P
Rest *Chantecler* ✿✿ **Rest *La Rotonde*** – voir les restaurants ci-après
Bâti en 1912 par Henri Negresco, cet établissement mythique regorge d'œuvres d'art exceptionnelles et cultive la démesure dans un choc des styles qui n'appartient qu'à lui. De l'emphase, de la majesté et des restaurants tout aussi somptueux... Cet "hôtel-musée" est assurément unique !

Boscolo Exedra

12 bd Victor-Hugo – *04 97 03 89 89* Plan : **3FYd**
– *www.nice.boscolohotels.com*
110 ch – 200/980 € 200/1050 € – 3 suites – 35 €
Rest *La Pescheria* – voir les restaurants ci-après
Une façade Belle Époque éclatante pour un vaisseau grandiose et immaculé, tout en luxe et sobriété... Comment résister au charme de ce design très italien, au spa, à la piscine ? Le Boscolo Exedra, ou l'art de vivre la Côte d'Azur à l'heure internationale et urbaine !

Hyatt Regency Palais de la Méditerranée

13 promenade des Anglais – *04 93 27 12 34*
– *www.nice.regency.hyatt.com* Plan : **3FZg**
176 ch – 160/450 € 160/450 € – 9 suites – ½ P
Un véritable palais dédié à la Méditerranée... Derrière sa façade Art déco, grandiose face à la Grande Bleue, on découvre un ensemble éminemment contemporain, aussi stylé que luxueux. Les suites sont superbes, la vue sur les flots divine (au dernier étage), et le restaurant joue la carte du bistrot très chic. Toute l'allure d'une villégiature *made in* promenade des Anglais !

Radisson Blu

223 promenade des Anglais – *04 97 17 71 77* Plan : **1AUn**
– *www.radissonblu.fr/hotel-nice*
331 ch – 130/600 € 150/600 € – 13 suites – ½ P
Esprit international pour cet hôtel qui abrite notamment de nombreuses salles de séminaire. Le décor des chambres, sur les thèmes "Urban", "Chili" ou "Océan", est soigné et original. Mention spéciale pour celles côté plage, avec balcons face à la Méditerranée, et la piscine sur le toit. La baie des Anges est à vous...

Le Méridien 🕽◎ ⟨ ⤢ 🛗 ⯐ ⌖ 🄰🄲 🛜 🅢🄰

1 promenade des Anglais – ℰ 04 97 03 44 44 Plan : **3FZd**
– www.lemeridiennice.com
316 ch – ♦160/950 € ♦♦160/950 € – 2 suites – ⌸ 25 €
Au 1, promenade des Anglais, depuis certaines chambres, c'est toute la baie des Anges qui s'offre à la vue... On peut aussi profiter du calme côté patio, et, dans tous les cas, de l'aménagement sobre et confortable des lieux. Sur le toit, la piscine et le restaurant La Terrasse font face à la Grande Bleue !

Boscolo Hôtel Plaza 🕽◎ ⯐ 🄰🄲 🛜 🅢🄰

12 av. de Verdun – ℰ 04 93 16 75 75 Plan : **4GZu**
– www.boscolohotels.com
167 ch – ♦105/605 € ♦♦105/605 € – 5 suites – ⌸ 20 €
Cette architecture Belle Époque se dresse au cœur de Nice. On profite du calme sur l'arrière ou, en façade, de la jolie vue sur l'avenue et la coulée verte. Sans parler, aux étages supérieurs, du panorama sur les toits de la cité, les hauteurs de l'arrière-pays et la mer ! Le sobre décor des lieux met d'autant mieux en valeur ce paysage...

La Pérouse 🕽◎ 🏊 ⟨ ⤢ 🛗 🛗 🄰🄲 🏊 🛜 🅢🄰 🚗

11 quai Rauba-Capéu ✉ 06300 – ℰ 04 93 62 34 63 Plan : **4HZk**
– www.hotel-la-perouse.com
54 ch – ♦205/1300 € ♦♦205/1300 € – 2 suites – ⌸ 24 € – ½ P
Une ligne d'horizon qui suit les courbes de la baie des Anges, des terrasses en surplomb de la Méditerranée, un beau jardin planté de citronniers... On est aux anges dans cette demeure un peu secrète, qui cultive une charmante simplicité, arrimée au rocher du château !

Goldstar Resort 🕽◎ 🖵 🛗 ⯐ ⌖ 🄰🄲 🛜 🚗

45 r. du Maréchal-Joffre – ℰ 04 93 16 92 77 Plan : **3FZe**
– www.hotel-goldstar-nice.com
46 suites – ♦♦120/800 € – 3 ch – ⌸ 20 €
Cinquante véritables petits appartements, modernes et chaleureux – dominantes de bois et granit –, particulièrement propices aux séjours en famille. Sur la terrasse, il fait bon profiter du fitness, de la piscine et du solarium...

AC by Marriott 🕽◎ ⯐ ⯐ ⌖ 🄰🄲 🛜 🅢🄰 🚗

59 promenade des Anglais – ℰ 04 93 97 90 90 Plan : **3EZd**
– www.achotelnice.com
141 ch – ♦139/324 € ♦♦139/324 € – 2 suites – ⌸ 21 € – ½ P
Sobriété contemporaine : telle est la marque de ce grand hôtel, dont l'architecture moderne (lignes géométriques, verre fumé) cache des chambres d'une grande neutralité, tout en blanc et beige, entièrement rénovées en 2013. Plus qu'un style, un parti pris !

Mercure Promenade des Anglais *sans rest* ⟨ ⯐ ⌖ 🄰🄲 🏊 🛜 🚗

2 r. Halévy – ℰ 04 93 82 62 22 – www.mercure.com Plan : **3FZv**
124 ch – ♦99/499 € ♦♦99/499 € – ⌸ 19 €
Très belle situation, sur la promenade des Anglais, pour ce Mercure qui a récemment bénéficié d'une complète rénovation. Les lieux sont agréables (esprit design, touches colorées), avec, de-ci de-là, de jolies échappées sur le front de mer...

Masséna *sans rest* ⯐ ⌖ 🄰🄲 🛜 🅢🄰 🚗

58 r. Gioffredo – ℰ 04 92 47 88 88 Plan : **4GZk**
– www.hotel-massena-nice.com
109 ch – ♦199/429 € ♦♦199/429 € – 1 suite – ⌸ 17 €
Tout près de la place Masséna, un hôtel à la jolie façade Belle Époque. Passé le hall, original avec ses fresques signées par la propriétaire, qui est aussi artiste, on découvre des chambres sobres et très bien tenues, certaines avec terrasse au 6e étage. Une confortable option pour résider au cœur même de Nice.

RÉPERTOIRE DES RUES DE NICE

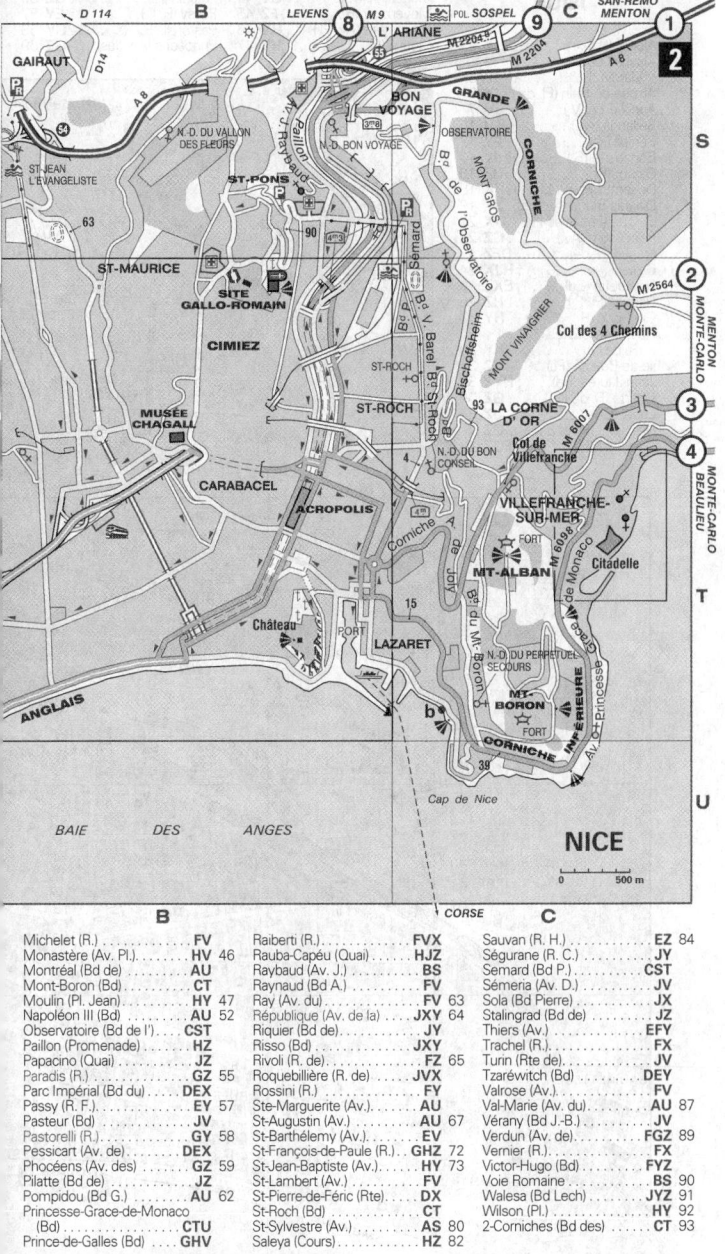

NICE

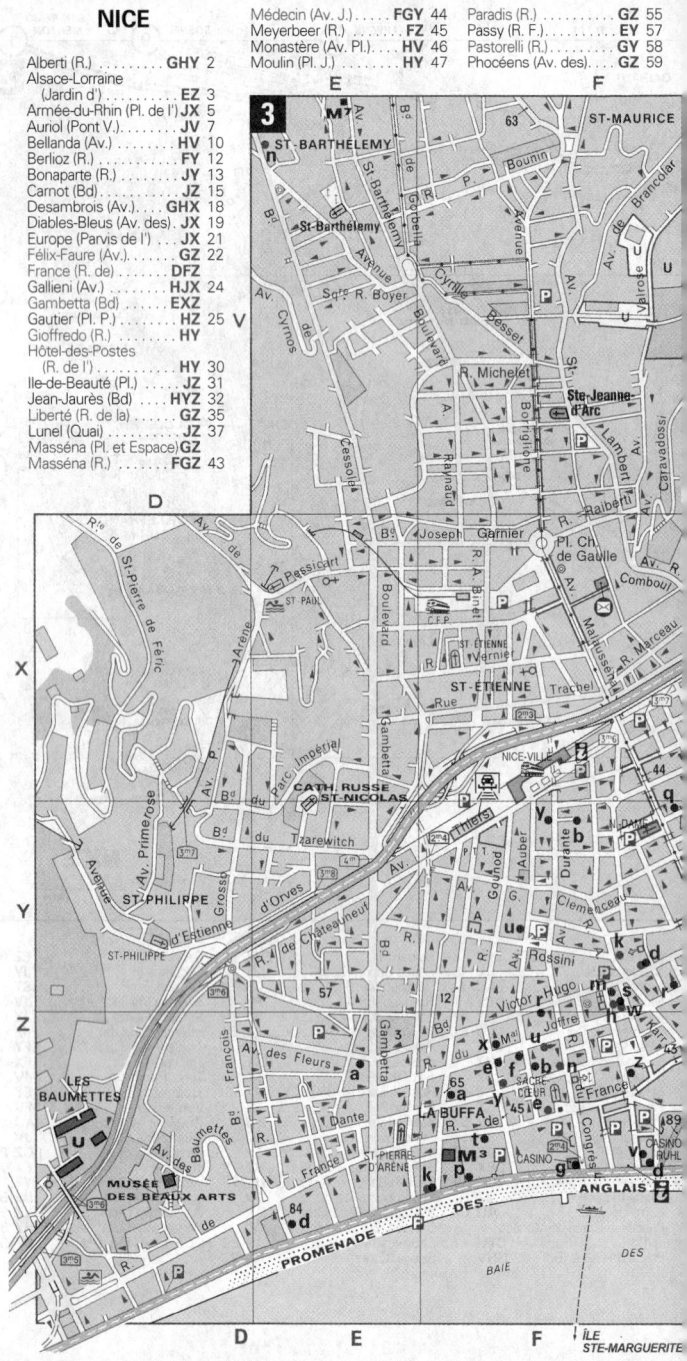

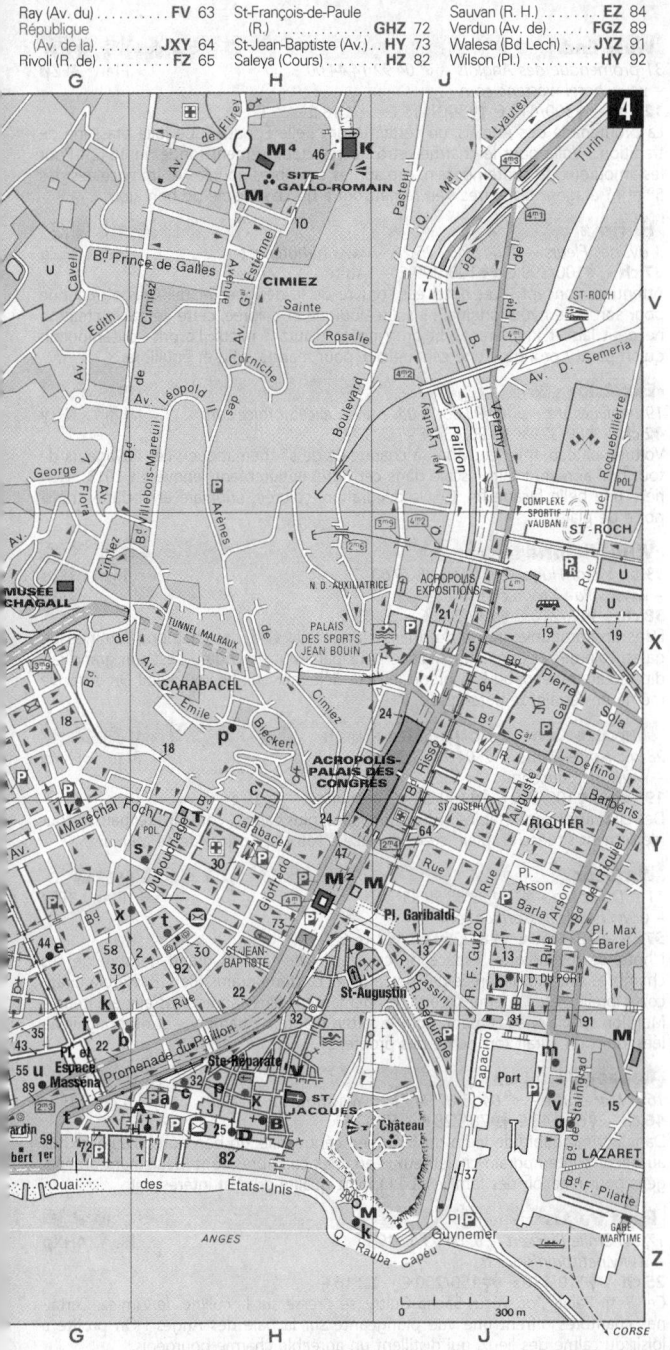

West End
31 promenade des Anglais – ℰ 04 92 14 44 00 Plan : **3FZp**
– www.hotel-westend.com
121 ch – ✝300/415 € ✝✝300/415 € – ☐ 18 € – ½ P
La promenade des Anglais, un certain esprit Belle Époque, une jolie brasserie de tradition... Voilà pour le charme rétro de cet établissement fondé en 1842 ! Pour les amoureux de contemporain, cap sur les chambres épurées et immaculées des 5e et 6e étages ; les autres s'en remettront à un classicisme de bon aloi.

Hi Hotel
3 av. des Fleurs – ℰ 04 97 07 26 26 *– www.hi-hotel.net* Plan : **3EZa**
37 ch – ✝100/399 € ✝✝100/399 € – 1 suite – ☐ 21 €
Attention, concept ! Cet hôtel est l'œuvre de la designer Matali Crasset, connue pour son style hyper original : insolite, ludique et colorée, cette véritable création ne peut laisser indifférent... Et on y goûte d'autant mieux l'esprit contemporain qu'on peut y profiter d'une cantine bio, pour manger sain et équilibré.

Excelsior sans rest
19 av. Durante – ℰ 04 93 88 18 05 *– www.excelsiornice.com* Plan : **3FYy**
42 ch – ✝89/329 € ✝✝99/434 € – ☐ 17 €
Voiture, bateau, train et avion : à chaque étage sa thématique ! Les voyageurs de tout poil aimeront faire escale dans cet hôtel entièrement rénové en 2013 : derrière une belle façade fin 19e, la décoration, colorée, originale et aboutie, transporte de plaisir...

Villa Victoria sans rest
33 bd Victor-Hugo – ℰ 04 93 88 39 60 Plan : **3FYs**
– www.villa-victoria.com
38 ch – ✝80/210 € ✝✝80/230 € – ☐ 15 €
Dans un immeuble ancien du quartier chic de la ville, des chambres lumineuses, gaies, colorées et originales. Mais le principal atout de l'hôtel, c'est son grand jardin méditerranéen, où l'on prend le petit-déjeuner aux beaux jours ! On y trouve même un terrain de pétanque...

Mercure Centre Notre-Dame sans rest
28 av. Notre-Dame – ℰ 04 93 13 36 36 Plan : **3FXYq**
– www.mercure.com
198 ch – ✝109/339 € ✝✝109/339 € – 3 suites – ☐ 19 €
Des chambres confortables et fonctionnelles, plus calmes côté jardin, mais surtout idéalement situées en plein cœur de Nice – l'atout principal de ce Mercure.

Windsor
11 r. Dalpozzo – ℰ 04 93 88 59 35 Plan : **3FZf**
– www.hotelwindsornice.com
57 ch – ✝81/260 € ✝✝81/260 € – ☐ 14 € – ½ P
L'hôtel se revendique "espace de création" : de fait, un grand nombre de ses chambres ont été décorées par des artistes contemporains (Ben, Basserole, François Morellet, etc.), même si certaines demeurent plus sobres. Avis aux amateurs ! Mention spéciale, également, pour le jardin planté de bambous et de bougainvillées, dont on aurait tort de ne pas profiter...

Roosevelt sans rest
16 r. Mar.-Joffre – ℰ 04 93 87 94 71 *– www.hotelroosevelt.fr* Plan : **3FYr**
46 ch – ✝68/148 € ✝✝78/228 € – ☐ 12 €
Dans un immeuble de la fin du 19e s., en centre-ville, un bon hôtel d'aujourd'hui, au décor contemporain chaleureux. Certaines chambres sont idéalement aménagées pour recevoir des familles. Le rapport qualité-prix est intéressant.

Petit Palais sans rest
17 av. Émile-Bieckert – ℰ 04 93 62 19 11 Plan : **4HXp**
– www.petitpalaisnice.fr
25 ch – ✝110/130 € ✝✝150/250 € – ☐ 16 €
Ce "Petit Palais", où vécut Sacha Guitry, se dresse sur la colline de Cimiez. Certaines chambres offrent une vue plongeante sur la baie des Anges ! On profite à loisir du calme des lieux, qui distillent un agréable charme bourgeois...

Brice sans rest ▭ ▤ ▧ 🛜 ♿

44 r. Mar.-Joffre – 𝒞 *04 93 88 14 44* Plan : 3FZ**x**
– www.nice-hotel-brice.com

57 ch – †50/140 € ††60/220 € – ⴵ 14 €

Si vous êtes "cassé" après une journée de découverte de la ville, ce Brice de Nice saura vous faire surfer sur la vague du repos ! Très traditionnel, l'établissement a initié d'importants travaux : les chambres rénovées se révèlent charmantes et originales (rayures, couleurs, plumes, etc.).

 La Villa Nice Victor Hugo sans rest ▤ ♿ ▧ ⌀ 🛜

19 bis bd Victor-Hugo – 𝒞 *04 93 87 15 00* Plan : 3FY**m**
– www.hotels-la-villa.com

47 ch – †79/159 € ††89/289 € – ⴵ 12 €

Le grand hall clair, mariant touches modernes et inspiration rococo, affirme déjà un certain style ; la suite de la visite – salle de petit-déjeuner entièrement blanche, chambres épurées oscillant entre mobilier moderne et chaises Louis XVI – confirme que cette Villa a du cachet !

 Le Grimaldi sans rest ▤ ▧ 🛜

15 r. Grimaldi – 𝒞 *04 93 16 00 24 – www.le-grimaldi.com* Plan : 3FY**s**
46 ch – †90/295 € ††90/295 € – ⴵ 15 €

Mobilier provençal, fer forgé et beaux tissus Pierre Frey dans les chambres, petites terrasses au dernier étage : cet hôtel traditionnel se révèle cosy en plein cœur de Nice.

Durante sans rest ▤ ▧ 🛜 🅿

16 av. Durante – 𝒞 *04 93 88 84 40* Plan : 3FY**b**
– www.hotel-durante.com – Fermé janv.

28 ch – †85/105 € ††99/119 € – ⴵ 10 €

La gare est toute proche et, si le quartier manque de charme, la maison est pleine de couleurs : dans une impasse, sa façade jaune et bleue évoque le vieux Nice. Les chambres sont classiques (styles provençal, ethnique, etc.). À noter : on peut prendre le petit-déjeuner dans la cour, plantée de citronniers et d'orangers...

Aria sans rest ▤ ♿ ▧ 🛜

15 av. Auber – 𝒞 *04 93 88 30 69 – www.hotel-aria.fr* Plan : 3FY**u**
30 ch – †57/109 € ††68/187 € – ⴵ 11 €

Dans le quartier des Musiciens, face au square Mozart, l'hôtel Aria est aujourd'hui la propriété... d'une compositrice de musique ! Les chambres sont simples et très bien tenues, plus calmes sur l'arrière. Un intéressant point de chute.

Les Cigales sans rest ▤ ♿ ▧ ⌀ 🛜

16 r. Dalpozzo – 𝒞 *04 97 03 10 70* Plan : 3FZ**b**
– www.hotel-lescigales.com – Fermé 10-27 déc.

19 ch – †75/135 € ††79/150 € – ⴵ 11 €

Derrière la façade raffinée de cet hôtel particulier niçois ? Des chambres colorées et fonctionnelles, mansardées au dernier étage. Et sur le toit ? Une jolie petite terrasse. L'ensemble impeccablement tenu.

Hôtel de la Fontaine sans rest ▤ ▧ 🛜

49 r. de France – 𝒞 *04 93 88 30 38* Plan : 3FZ**t**
– www.hotel-fontaine.com – Fermé 10-24 janv.

29 ch – †79/125 € ††92/175 € – ⴵ 11 €

La fontaine murmure dans le charmant patio fleuri, où l'on prend son petit-déjeuner en saison... Les chambres qui ouvrent sur cette cour sont les plus agréables, car plus calmes. Une bonne petite adresse, très centrale.

Crillon Centre Nice sans rest ▤ ▧ ⌀ 🛜

44 r. Pastorelli – 𝒞 *04 93 85 43 59* Plan : 4GY**e**
– www.crillon-hotel-nice.com

43 ch – †60/230 € ††70/240 € – ⴵ 10 €

À deux pas de l'avenue Jean-Médecin, de son tramway et de ses nombreux commerces, ce petit immeuble traditionnel niçois a été entièrement rénové en 2012, avec une déco contemporaine à la fois simple et soignée. Bon rapport qualité-prix.

🏠 **Villa Rivoli** sans rest   AC 🌿 🛜 P
10 r. Rivoli – ℰ 04 93 88 80 25 – www.villa-rivoli.com   Plan : **3**FZ**a**
26 ch – 👤72/167 € 👥👥83/189 € – ☑ 12 €
De cet hôtel particulier Belle Époque, devenu un temps pension de famille, la propriétaire a fait un hôtel charmant. Toile de Jouy, antiquités, boutis : un joli esprit
bonbonnière règne sur les lieux... Agréable terrasse pour le petit-déjeuner.

🏠 **Hôtel de Flore** sans rest   🛗 AC 🛜
2 r. Maccarani – ℰ 04 92 14 40 20   Plan : **3**FZ**z**
– www.hoteldeflore-nice.fr
65 ch – 👤80/250 € 👥👥80/250 € – 2 suites – ☑ 14 €
Un hôtel tout simple et bien tenu, non loin de la promenade des Anglais : voilà
qui est pratique ! Avis aux intéressés : l'établissement est entièrement non-fumeur.

🔵 **Restaurants**

XXXX **Chantecler** – Hôtel Le Negresco   🎐 AC ↔ ⊶ P
🍃🍃   *37 promenade des Anglais – ℰ 04 93 16 64 00*   Plan : **3**FZ**k**
– www.lenegresco.com – Fermé 1er-26 janv., lundi et le midi
Menu 110/230 € – Carte 130/172 €
Boiseries, tapisserie d'Aubusson, rideaux en damas ou en lampas de soie : un
magnifique décor Régence ! Les mets, fins et délicats, ne sont pas en reste : sélec-
tionnant les meilleurs produits, Jean-Denis Rieubland fait montre d'une superbe
ambition dans la création. Les sens sont à la fête...
➜ Langoustines rôties au piment d'Espelette et cromesquis de tête de veau. Ris
de veau clouté au chorizo, fricassée de girolles et macaronis dorés. Délicatesse
de fraises des bois et mousse de fromage blanc à la citronnelle.

XXX **L'Âne Rouge**   🎐 🏠 AC
7 quai Deux-Emmanuel ✉ 06300 – ℰ 04 93 89 49 63   Plan : **4**JZ**m**
– www.anerougenice.com – Fermé jeudi midi et merc.
Formule 23 € – Menu 26/68 € – Carte 60/75 €
C'est directement sur le port de Nice que Michel Devillers a décidé de s'installer :
pour ce chef autant passionné par son métier que par le poisson, rendre hommage à la Méditerranée est un sacerdoce ! Les produits viennent en direct de
petits pêcheurs et sont travaillés avec finesse... Cet Âne-là a le pied marin.

XXX **Le Rolancy's**   AC
22 r. A.-Karr – ℰ 04 93 16 00 48 – www.les-viviers-nice.com   Plan : **3**FY**k**
– Fermé 27 juil.-17 août, dim. et feriés
Menu 31 € (déj. en semaine), 47/85 € – Carte 50/100 €
Atmosphère feutrée dans ce restaurant, idéal pour déguster une belle cuisine de la
mer : menus autour du homard ou du turbot, grands classiques tels que la sole
meunière... Si l'on ajoute que Jacques Rolancy, Meilleur Ouvrier de France, sélectionne de superbes poissons, on comprendra qu'on tient là une valeur sûre !
Le Bistrot des Viviers – voir les restaurants ci-après

XX **La Réserve de Nice**   ⟵ 🏠 ♿ AC ↔ ⊶
60 bd Franck-Pilatte – ℰ 04 97 08 14 80   Plan : **2**CT**b**
*– www.lareservedenice.com – Fermé 3 semaines en nov. et dim. soir
de nov. à mars*
Formule 27 € – Menu 35 € (déj. en semaine), 49/78 € – Carte 75/93 €
À l'écart de la ville, cette belle demeure jouit d'une situation exceptionnelle, en
surplomb de la mer, face à la baie des Anges et au ballet des ferries reliant la
Corse. Avec ses accents Art déco, la salle a l'allure d'un paquebot... et l'on
embarque pour une croisière gastronomique raffinée, ancrée en Méditerranée.

XX **La Rotonde** – Hôtel Le Negresco   🏠
37 promenade des Anglais – ℰ 04 93 16 64 00   Plan : **3**FZ**k**
– www.lenegresco.com
Menu 42 € – Carte 48/81 €
Un décor unique : celui d'un véritable carrousel, orné de chevaux de bois et d'au-
tomates. Avec sa terrasse ouverte sur la promenade des Anglais, la brasserie chic
du mythique Negresco fait tourner les têtes ! Au menu : une cuisine traditionnelle
de bonne facture.

XX **Flaveur** (Gaël et Mickaël Tourteaux)   AC ⌘
⊗ *25 r. Gubernatis* – ℰ *04 93 62 53 95* – *www.flaveur.net*   Plan : **4**HY**x**
– *Fermé 15-31 août, sam. midi, dim. et lundi*
Formule 46 € – Menu 60/95 € *(réservation conseillée)*
Passion, fraîcheur et personnalité résument cette table créée par deux frères qui
associent leurs talents en cuisine. Mariages d'ingrédients très étudiés, jeux sur les
textures, recherche et finesse... On ne résiste pas à ces belles flaveurs, qui plus est
orchestrées dans un décor très original.
➜ Saumon mi-cuit, rougail et combava. Suprême de géline de Touraine rôti au
thym citron. Banane glacée au vieux rhum, gelée d'ananas et vanille de Tahiti.

XX **L'Aromate** (Mickaël Gracieux)   AC
⊗ *20 av. du Mar.-Foch* – ℰ *04 93 62 98 24* – *www.laromate.fr*   Plan : **4**GY**v**
– *Fermé 1 semaine en août, 2 semaines en janv., dim., lundi et le midi*
Menu 60/80 € – Carte 82/93 € *(réservation conseillée)*
Une table tenue par un couple amoureux de la gastronomie... Préparations délicates, assiettes graphiques : Mickaël Gracieux se révèle perfectionniste – le fruit
d'un joli parcours dans de grandes maisons, mais aussi d'un indéniable talent.
Cadre intime.
➜ Tourteau, crémeux au fenouil et au safran, fine gelée d'étrilles au gingembre. Brochet de mer, grecque de légumes acidulés, pistes et gamberonis au
thym citron. Ravioles chaudes d'agrumes de pays, consommé de pêche à la
verveine.

XX **Aphrodite**   ⌘ 🍴 AC
10 bd Dubouchage – ℰ *04 93 85 63 53*   Plan : **4**HY**s**
– *www.restaurant-aphrodite.com*
– *Fermé dim. et lundi*
Formule 20 € – Menu 29 € (déj.), 45/103 € – Carte 61/91 €
S'il sait interpréter avec goût les classiques du répertoire niçois, David Faure aime
aussi l'expérimentation, la cuisine moléculaire et toutes les dernières tendances.
Certaines techniques sont aujourd'hui bien connues, mais l'étonnement est au
rendez-vous... surtout à travers le menu à base d'insectes !

XX **La Pescheria** – Hôtel Boscolo Exedra   🍴 & AC
12 bd Victor-Hugo – ℰ *04 97 03 89 72*   Plan : **3**FY**d**
– *www.nice.boscolohotels.com/restaurant-et-bars* – *Fermé dim.*
Formule 24 € 🍷 – Menu 45 € – Carte 54/72 €
Le chef, Giuseppe Mandaradoni, a imprimé sa patte dans cette Pescheria (du nom
des anciennes poissonneries de Venise) nichée au sein de l'ultradesign hôtel Boscolo Exedra. La carte marie recettes italiennes de tradition et produits de la
marée, comme ce carpaccio de la mer au loup, gambas et langoustines...

XX **Luc Salsedo**   AC
14 r. Maccarani – ℰ *04 93 82 24 12*   Plan : **3**FY**h**
– *www.restaurant-salsedo.com* – *Fermé merc. et le midi*
Menu 45/65 € – Carte 52/66 €
Aux commandes de ce restaurant convivial et cosy : un jeune couple fort sympathique. Luc Salsedo cultive une "cuisine coup de cœur, pensée au gré du marché
et des petits producteurs, avec un bel accent du Sud". De fait, avec un menu-
carte renouvelé tous les dix jours, l'assiette chante et respire le soleil !

XX **Le Bistro Gourmand**   🍴 AC ⇄
3 r. Desboutin – ℰ *04 92 14 55 55*   Plan : **4**GZ**t**
– *www.lebistrogourmand.fr* – *Fermé 21 juin-5 juil., 1 semaine vacances de Noël,
merc. midi et dim.*
Formule 23 € – Menu 35 € (déj. en semaine)/55 € – Carte 46/72 € *(réservation
conseillée)*
Une jolie adresse contemporaine, lumineuse avec son décor où le blanc domine...
La cuisine n'en a que plus de couleur : pensée au gré du marché, elle mêle sans
complexe bons produits et créativité.

✕✕ Le Séjour Café

11 r. Grimaldi – ℰ 04 93 27 37 84 – www.lesejourcafe.fr — Plan : **3**FY**w**
– Fermé 26 juil.-26 août, dim. et lundi
Formule 14 € – Carte 30/50 € _(réservation conseillée)_
Des étagères garnies de livres, de bibelots et de plantes vertes, des tableaux et des photos aux murs... On se croirait dans la salle de séjour d'une jolie maison particulière ! Et que dire du charme exercé par la cuisine, inspirée par le marché et mitonnée avec soin ? On aimerait vivre ici...

✕✕ Les Deux Canailles

6 r. Chauvain – ℰ 09 53 83 91 99 — Plan : **4**GZ**b**
– www.lesdeuxcanailles.com – Fermé dim. et le midi
Menu 49/79 € – Carte 65/75 €
Les Deux Canailles ? Deux associés pleins d'allant ayant réuni une équipe franco-japonaise jeune, aguerrie et passionnée. La cuisine ? Méridionale et épurée, fraîche et d'une belle finesse, avec de jolies touches nippones. Bilan : un bon moment !

✕✕ Les Épicuriens

6 pl. Wilson – ℰ 04 93 80 85 00 – Fermé août et dim. — Plan : **4**HY**t**
Formule 19 € – Menu 26 € (déj.), 31/38 € – Carte 32/57 €
Un digne représentant de la bistronomie ! Dans un cadre contemporain, on déguste des petits plats estampillés "retour du marché" et de jolis classiques (foie gras chaud aux cèpes, joue de bœuf braisée, etc.). Avec en prime un beau choix de vins au verre, tous les épicuriens seront satisfaits...

✕✕ Les Pêcheurs

18 quai des Docks – ℰ 04 93 89 59 61 — Plan : **4**JZ**v**
– www.lespecheurs.com – Fermé janv., mardi sauf le soir en juil.-août et lundi
Menu 31/41 € – Carte 42/98 € _(réservation conseillée)_
De grosses poutres en bois vieilli, des murs vert océan, une grande terrasse sur les quais... Voilà qui donne envie de partir sur les traces du capitaine Nemo ! D'autant que la carte aime voyager en Méditerranée : bouillabaisse, soupe de poisson, loup en croûte de sel, etc. Ces Pêcheurs-là ramènent à terre un bien beau butin.

✕✕ Les Brasseries Georges Nice

4 r. Sacha-Guitry – ℰ 04 92 00 90 40 — Plan : **4**GZ**f**
Formule 15 € – Menu 33 € – Carte 30/70 €
Les Niçois connaissent bien ce lieu qui fut un casino, un théâtre, un grand restaurant... avant de devenir cette belle brasserie-salon de thé. La salle étonne par ses proportions et surtout par ses cuisines... créées sur l'ancienne scène ! La représentation ne déçoit pas : des fruits de mer aux pâtisseries, tout est soigné.

✕✕ Keisuke Matsushima

22 ter r. de France – ℰ 04 93 82 26 06 — Plan : **3**FZ**e**
– www.keisukematsushima.com – Fermé lundi midi, sam. midi et dim.
Menu 28 € (déj.), 48/130 € – Carte 81/116 €
Le décor est minimaliste, à la japonaise, mais la cuisine est bien française ! Passionné par la gastronomie de l'Hexagone, Keisuke Matsushima la revisite avec la finesse de ses origines et l'inspiration de son époque. Jouée avec des produits de grande qualité (la plupart régionaux), l'interprétation séduit...
→ Foie gras de canard du Gers au nougat de Provence et fruits de saison. Millefeuille de bœuf Simmental saisi au wasabi et tempura de légumes à la japonaise. Fraises des bois infusées à la rose, sorbet fromage blanc.

✕ JAN 🆕

12 r. Lascaris – ℰ 04 97 19 32 23 – www.restaurantjan.com — Plan : **4**JY**b**
– Fermé dim., lundi et le midi sauf vend.
Formule 29 € – Menu 79/119 € 🍷 – Carte 54/64 € _(réservation conseillée)_
Tour à tour chef sur des yachts privés à Monaco et reporter-photographe pour un grand magazine, le jeune Sud-Africain Jan Hendrik a déjà eu plusieurs vies... Dans son petit repaire intime et romantique, près du port, il signe une cuisine créative et contemporaine qui fait le bonheur des clients de passage sur la Riviera !

X **Vino & Cucina** 🈸 AC
118 bis bd de Cessole – ℰ 04 93 52 28 08 Plan : **3**EV**n**
– www.vinocucina.eu – Fermé 1 semaine à Pâques, 10-26 août, 22-27 déc., lundi midi, sam. midi et dim.
Formule 15 € – Menu 42 € (dîner) – Carte 43/54 €
"Una cucina deliziosa", diraient les Italiens ! Fabio, originaire des Pouilles, a les saveurs de la Botte dans le sang et il justifie d'un sérieux parcours professionnel. Quand on découvre par exemple son lapin du Piémont façon porchetta, relevé d'herbes aromatiques, on dit "Bravo !", en italien comme en français.

X **Bistrot d'Antoine** 🈸 AC
😊 *27 r. de la Préfecture – ℰ 04 93 85 29 57 – Fermé vacances* Plan : **4**HZ**x**
de Pâques, 3 semaines en août, vacances de Noël, dim. et lundi
Carte 26/51 € *(réservation conseillée)*
C'est l'accent du Sud qui chante dans ce bistrot de copains, où règne une ambiance très conviviale. En cuisine, c'est l'ébullition ! Cocotte de cochon à l'ancienne, langue de bœuf sauce raifort, tarte aux pommes : tout sent si bon, tout est si soigné... Bondé, vous avez dit bondé ? Antoine connaît un franc succès.

X **Comptoir du Marché** 🈸
😊 *8 r. du Marché – ℰ 04 93 13 45 01 – Fermé 1 semaine* Plan : **4**HZ**p**
vacances de printemps, 3 semaines en août, 1 semaine vacances de Noël, dim. et lundi
Carte 27/44 € *(réservation conseillée)*
Armand Crespo a récidivé : son Bistrot d'Antoine rencontrait un tel succès qu'une seconde adresse relevait quasiment de l'intérêt général ! Le nom de ce joli bistrot rétro dit tout de la cuisine, pleine des couleurs et des parfums du marché. Ironie du sort : ce nouvel opus fait tout autant salle comble...

X **Carré Llorca** AC
3 r. de la Préfecture – ℰ 04 93 92 95 86 Plan : **4**HZ**c**
– www.carrellorca.com – Fermé dim.
Formule 19 € – Menu 26 € (déj. en semaine) – Carte 25/45 €
Dans une ruelle du vieux Nice, une ancienne boulangerie transformée en restaurant. La carte, courte, est axée sur les recettes régionales : fleurs de courgettes à la niçoise, raviolis de veau à la ricotta et aux olives, poisson du jour au basilic et à la tapenade... Ici, pas de doute, le Sud est dans l'assiette !

X **Agua** 🈸
41 bd Stalingrad – ℰ 04 97 19 08 15 – www.restaurant-agua.fr Plan : JZ**g**
– Fermé 1er-11 nov., dim. et lundi
Formule 17 € – Carte 40/60 €
Ce petit bistrot, près du port de Nice, est tenu par deux frères, Alexis et Serge. Le premier, en cuisine, réalise une appétissante cuisine de la mer où la pêche du jour a la part belle. Le résultat est à l'image de ce dos de cabillaud aux poivrons et risotto : frais, bien réalisé et parfumé ! Ambiance conviviale.

X **Le Bistrot des Viviers** – Restaurant le Rolancy's 🈸 AC
22 r. A.-Karr – ℰ 04 93 16 00 48 – www.les-viviers-nice.com Plan : **3**FY**k**
– Fermé 27 juil.-17 août, dim. et fériés
Formule 19 € – Menu 32 € (dîner en semaine)/35 € – Carte 38/76 €
Ce Bistrot est attaché au fameux restaurant de la mer, Le Rolancy's. On profite ici, avec plus de simplicité, de l'expertise de la maison mère et de la qualité de ses poissons et fruits de mer, venus directement de Vendée et de Bretagne... Air marin au menu !

X **La Merenda** AC 🍽
😊 *4 r. Raoul-Bosio – www.lamerenda.net – Fermé sam. et* Plan : **4**HZ**a**
dim.
Carte 27/42 € *(réservation conseillée)*
Un petit restaurant "à l'ancienne", d'une charmante simplicité... Son chef n'est pas inconnu : Dominique Le Stanc, autrefois étoilé au Negresco, a voulu ici renouer avec la confection de bons petits plats de la région (sardines farcies, tarte de Menton, etc.). Il est totalement épanoui dans cet univers... et nous avec !

L'École de Nice

16 r. de la Buffa – ✆ 04 93 81 39 30 Plan : 3FZ**n**
– www.lecoledenice.com – Fermé lundi midi, sam. et dim.
Formule 18 € – Menu 25 € – Carte environ 36 €
En association avec une célèbre galerie de la ville, des œuvres de l'École de Nice – fameux courant d'art moderne – ornent la salle du restaurant, par ailleurs très simple. Elle n'a décidemment rien de banal, cette cantine provençale, créée par le chef Keisuke Matsushima, bien connu dans la cité et... vrai gage de qualité.

Yuzu

35 r. du Mar.-Joffre – ✆ 04 93 85 79 87 Plan : 3FZ**u**
– www.yuzu-sushi.com – Fermé dim. et lundi
Formule 14 € – Menu 34 € (dîner) – Carte 26/56 € *(réservation conseillée)*
Un petit sushiya (on y sert principalement des sushis et des sashimis) simple et authentique. Le chef, très expérimenté, y respecte la tradition japonaise et fait son marché chaque jour, afin de dénicher le meilleur de la pêche locale... Savoir-faire et qualité !

Le Canon Ⓝ

23 r. Meyerbeer – ✆ 04 93 79 09 24 – Fermé sam. et dim. Plan : 3FZ**y**
Carte 25/45 €
Séduisante adresse que ce Canon, ouvert en 2014, proposant une cuisine à la fois simple et exigeante : brandade de corb au citron Meyer, rosbif de limousine et taboulé aux herbes du pays... Des fournisseurs locaux triés sur le volet, quelques clins d'œil à la Méditerranée, de jolis vins 100 % nature : on se régale.

à l'aéroport de Nice-Côte-d'Azur 7 km – ✉ 06200

Novotel Arenas

455 promenade des Anglais – ✆ 04 93 21 22 50 Plan : 1AU**e**
– www.novotel.com
131 ch – †89/180 € ††89/180 € – ☕ 16 €
Ce Novotel fait face à l'aéroport. Avec sa bonne insonorisation et ses salles de séminaire, il est idéal pour la clientèle d'affaires ou un transit.

Park Inn Nice

179 bd René-Cassin – ✆ 04 93 18 34 00 Plan : 1AU**d**
– www.parkinn.com/airporthotel-nice
151 ch – †69/399 € ††69/399 € – ☕ 15 € – ½ P
Des chambres fonctionnelles, utiles en cas de déplacement : l'aéroport est tout proche (les horaires des vols sont d'ailleurs affichés dans le hall) et des navettes gratuites relient le terminal ou St-Laurent-du-Var.

Ibis Styles Nice Aéroport sans rest

127 bd René-Cassin – ✆ 04 92 29 44 30 Plan : 1AU**b**
– www.ibisstyles.com
91 ch ☕ – †79/169 € ††89/179 €
Un ensemble bien conçu, installé au sein du quartier d'affaires Arenas, proche de l'aéroport. Pratique et néanmoins sympathique.

à l'Aire St-Michel 9 km au Nord par bd de Cimiez – BS

Au Rendez-vous des Amis

176 av. Rimiez ✉ 06100 Nice – ✆ 04 93 84 49 66 – www.rdvdesamis.fr
– Fermé 8-24 fév., 19 oct.-12 nov., mardi sauf juil.-août et merc.
Formule 21 € – Menu 28 € – Carte 34/50 €
Accueil chaleureux et ambiance amicale... évidemment ! Un couple très aimable vous donne ici rendez-vous : elle signe les entrées et les desserts, lui les plats chauds. L'ensemble donne un véritable amour de cuisine niçoise ! Et l'été, on profite de la terrasse à l'ombre d'un tilleul...

à St-Isidore 13 km par ⑦ – ⊠ 06200

🏨 **Servotel** 🍴 ⬛ 📶 ⓼ 🅰 🛜 🖧 🅿 🚗
30 av. A.-Verola – ☎ *04 93 29 99 00* – *www.servotel-nice.fr*
88 ch – 🛏121/180 € 🛏🛏121/180 € – 4 suites – ⊑ 15 € – ½ P
Non loin de la sortie d'autoroute, dans une zone commerciale marquée en 2013
par l'inauguration du nouveau stade de foot de Nice – qui vaut le coup d'œil –,
un hôtel moderne et bien équipé (en particulier pour les séjours d'affaires), aux
chambres chaleureuses.

à St-Roman-de-Bellet 13 km au Nord par bd Carlone et rte de Canta Galet –
⊠ 06200

🏠 **Villa Kilauea** sans rest 🍴 ⟨ 🍴 ⬛ 🅰 🛜 🛜 🅿 🖧
6 chemin du Candeu – ☎ *06 25 37 21 44* – *www.villakilauea.com* – *Fermé
vacances de Noël*
4 ch ⊑ – 🛏120/200 € 🛏🛏130/210 €
Sur les hauteurs de Nice, une charmante villa et son parc de 6000 m². Les chambres marient style provençal et touches plus actuelles ; elles disposent toutes
d'une petite terrasse. Dehors, au calme, on profite de la vue sur la chapelle de
Bellet, les collines de Gattières et le Mercantour... Un régal !

NIEDERBRONN-LES-BAINS

⊠ 67110 (Bas-Rhin) – 4 339 hab. – Alt. 190 m – Voir carte n°**1-B1**
▶ Paris 460 km – Haguenau 23 km – Sarreguemines 55 km – Saverne 40 km
Carte Michelin 315-J3

🏨 **Mercure** sans rest 🍴 📶 🛜 ⓼ 🅿
14 av. Foch – ☎ *03 88 80 84 48* – *www.mercure.com*
59 ch – 🛏76/151 € 🛏🛏76/168 € – ⊑ 16 €
Non loin du casino, l'ancien Grand Hôtel, mué en Mercure, a conservé un peu de
son cachet Art déco d'antan. Chambres spacieuses (trois niveaux de confort) et
agréable salon.

🏠 **Hôtel du Parc** 🍴 📺 ⊛ 📶 ⓼ 🛜 🅿
r. de la République – ☎ *03 88 09 01 42* – *www.parchotel.net*
46 ch – 🛏70/100 € 🛏🛏70/120 € – ⊑ 8 € – ½ P
Un hôtel plaisant à deux pas du centre-ville. Classiques (boiseries alsaciennes) ou
plus actuelles, les chambres y sont coquettes et bien tenues. Et l'on se presse à
l'espace bien-être, avec sa piscine et sa grotte de sel...

🍴🍴 **L'Atelier du Sommelier** 🎇 ⟨ 🍴 ⟳
35 r. des Acacias, (proche du complexe sportif), à 2 km – ☎ *03 88 09 06 25*
– *www.atelierdusommelier.com* – *Fermé 1 sem. début sept., 1ᵉʳ-21 janv., dim.
soir, lundi et mardi*
Formule 29 € – Menu 42/53 € – Carte 48/57 €
Sur les hauteurs de la ville, à l'orée de la forêt, ce restaurant au charme rustique est dédié à Bacchus : il vous sera possible de repartir avec sous le bras
une ou deux bouteilles de vins d'Alsace – mais aussi d'ailleurs. Le chef compose
une bonne cuisine actuelle avec les plantes et les fleurs du jardin.

NIEDERSCHAEFFOLSHEIM

⊠ 67500 (Bas-Rhin) – 1 267 hab. – Alt. 185 m – Voir carte n°**1-B1**
▶ Paris 473 km – Haguenau 7 km – Saverne 35 km – Strasbourg 28 km
Carte Michelin 315-K4

🍴🍴🍴 **Au Bœuf Rouge** avec ch 🎇 ⟨ ⓼ rest, 🅰 rest, 🛜 ⓼ 🅿
39 r. du Gén.-de-Gaulle – ☎ *03 88 73 81 00* – *www.boeufrouge.com* – *Fermé
23 fév.-11 mars et 13 juil.-5 août*
13 ch – 🛏88/94 € 🛏🛏88/94 € – ⊑ 13 € – ½ P
Menu 36 € (semaine), 46/80 € – Carte 56/76 € *(fermé mardi midi, dim. soir et
lundi)*
Tout comme le bœuf est une viande rouge, il coule de source que ce restaurant,
dans la même famille depuis 1880, est une institution. On y déguste une cuisine
soignée reposant sur des bases classiques : selle de veau de lait, girolles et cosses
truffées... Accueil chaleureux et chambres pour l'étape.

NIEDERSTEINBACH

✉ 67510 (Bas-Rhin) – 150 hab. – Alt. 225 m – Voir carte n°**1-B1**
◻ Paris 460 km – Bitche 24 km – Haguenau 33 km – Lembach 8 km
Carte Michelin 315-K2 – Guide Vert Michelin Alsace Lorraine

Au Cheval Blanc

11 r. Principale – ℰ *03 88 09 55 31 – www.hotel-cheval-blanc.fr*
– Fermé 1er fév.-12 mars, 24 juin-9 juil. et 23 nov.-3 déc.
28 ch – ♦50/78 € ♦♦78/123 € – 1 suite – ☲ 13 € – ½ P
Rest *Au Cheval Blanc* – voir les restaurants ci-après
Toute une famille passionnée tient les rênes de ce Cheval Blanc posté sur l'axe
principal du village. Derrière la façade à colombages, des chambres coquettes et
confortables, dont certaines ont conservé un décor alsacien typique, pour notre
plus grand plaisir... Une excellente adresse.

Au Cheval Blanc

11 r. Principale – ℰ *03 88 09 55 31 – www.hotel-cheval-blanc.fr*
– Fermé 1er fév.-12 mars, 24 juin-9 juil., 23 nov.-3 déc. et jeudi
Menu 29/60 € – Carte 34/67 €
L'âme d'une winstub... et le goût du pays porté avec amour : quiche lorraine,
truite du vivier au riesling, mousse au kirsch, etc. Même esprit côté décor, tout
en boiseries et composé de plusieurs "stuben", ces salles rustiques typiquement
régionales. Enfin, mention spéciale pour l'accueil, tout à fait exemplaire !

à Wengelsbach Nord-Ouest : 5 km par D 190 – ✉ 67510

Au Wasigenstein

32 r. Principale – ℰ *03 88 09 50 54 – www.wasigenstein-wengelsbach.com*
– Fermé de mi-janv. à mi-fév., merc. et jeudi en hiver, lundi et mardi
Menu 13 € (déj. en semaine), 22/32 € – Carte 18/38 €
Une auberge de montagne toute simple, située dans un vallon de la forêt vos-
gienne. Gibier, atmosphère rustique (trophées de chasse), terrasse... un lieu
prisé des randonneurs.

NIEUIL

✉ 16270 (Charente) – 917 hab. – Alt. 150 m – Voir carte n°**39-C2**
◻ Paris 434 km – Angoulême 42 km – Confolens 24 km – Limoges 66 km
Carte Michelin 324-N4

à l'Est 2 km par D 739 et rte secondaire - ✉ 16270 Nieuil

Château de Nieuil sans rest

– ℰ *05 45 71 36 38 – www.chateaunieuilhotel.com – Ouvert d'avril à oct. et*
week-ends de déc. à mars
8 ch – ♦130/258 € ♦♦145/316 € – 2 suites – ☲ 15 €
Cet ancien domaine de chasse royal appartient à la même famille depuis 1937 ; le
château se dresse fièrement dans un vaste parc arboré, au grand calme. Piscine,
tennis, jardin à la française, belles chambres de style Empire et Art déco... Détente
et élégance !

La Grange aux Oies

dans le parc du château – ℰ *05 45 71 81 24 – www.grange-aux-oies.com*
– Fermé 23 mars-3 avril, 2 nov.-4 déc., mardi sauf juil.-août et sauf le soir de
Pâques à la Toussaint, dim. soir et lundi en juil.-août
Formule 26 € – Menu 52 €  – Carte 42/69 €
Dans les écuries du Château de Nieuil, ce restaurant associe avec bonheur déco
tendance et vieilles pierres. Cuisine dans l'air du temps, à l'image des lieux.

NIEULLE-SUR-SEUDRE

✉ 17600 (Charente-Maritime) – 1 153 hab. – Alt. 3 m – Voir carte n°**38-A2**
◻ Paris 503 km – Poitiers 170 km – La Rochelle 60 km – Rochefort 30 km
Carte Michelin 324-D5

Le Logis de Port Paradis 🍽 🛏 ⛵ 🎣 ♿ 📶 🅿 🚗

12 rte de Port-Paradis – ℰ *05 46 85 37 38 – www.portparadis.com – Fermé janv.*
5 ch 🍴 **– †**70 € **††**75 €

Dans un village ostréicole, cet ensemble de petites maisons typiquement charentaises formaient autrefois un hameau... Les lieux mêlent simplicité et "couleur locale", et l'on peut dîner avec les chaleureux propriétaires autour d'huîtres et de plats de poisson. Sans parler du copieux petit-déjeuner 100 % maison. Sympathique !

NÎMES

✉ 30000 (Gard) – 144 940 hab. – Agglo. 178 503 hab. – Alt. 39 m
– Voir carte n°**23**-C3
▶ Paris 706 km – Lyon 251 km – Marseille 123 km – Montpellier 58 km
Carte Michelin 339-L5

 Jardins Secrets sans rest 🛏 🎣 🌐 ≋ ♿ 🆎 📶 🏋 🚗

3 r. Gaston-Maruejols – ℰ *04 66 84 82 64* Plan : BY**m**
– www.jardinssecrets.net
14 ch – †195/480 € **††**195/480 € – 4 suites – 🍴 25 €

Exquis et confidentiel... Au cœur de la ville, cet hôtel est une parenthèse : au sein d'un jardin semé de milles essences, le décor, œuvre d'un décorateur de talent, puise dans tous les raffinements du 18ᵉ s. Le spa est très beau.

NÎMES

Briçonnet (R.) . . . . **BY** 8	Fontaine (Quai de la) . . . . **AX** 20	Martyrs de la Résistance
Cirque Romain	Gambetta	(Pl. des) . . . . **AZ** 36
(R. du) . . . . **AY** 13	(Bd) . . . . **ABX**	Mendès-France (Av. Pierre) . . . **BZ** 39
	Gamel (Av. P.) . . . . **BZ** 22	République (R. de la) . . . . **AYZ**
	Générac (R. de) . . . . **AYZ** 23	Ste-Anne (R.) . . . . **AY** 46
	Mallarmé (R. Stéphane) . . . . . **AX** 34	Verdun (R. de) . . . . **AY** 47

NÎMES

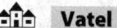

Vatel 🍽 ← 🔲 🏖 🛗 🍴 ᴳ 🅰🅲 📶 🏋 🅿

140 r. Vatel, par av. Kennedy - AY - ℰ *04 66 62 57 57 - www.hotelvatel.com*
42 ch – 🛏132/165 € 🛏🛏143/175 € – 4 suites – ⌑ 16 €

Rien ne le laisse soupçonner, mais c'est ici que les élèves de l'école hôtelière voisine se forment ! Cet immeuble contemporain est très agréable pour jouer au client : ambiance feutrée, chambres modernes, espace bien-être... et même deux restaurants : gastronomique et bistrot. Des bonnes notes en vue !

🏠🏠🏠 **Novotel Atria Nîmes Centre** 🍽 🛗 ᴳ 📶 🏋 🚗

5 bd de Prague - ℰ *04 66 76 56 56 - www.novotel.com* Plan : DV**f**
112 ch – 🛏100/200 € 🛏🛏100/200 € – 7 suites – ⌑ 16 €

Comme son nom l'indique, ce Novotel est au cœur de la ville ! Autres atouts : son garage privé et son centre de congrès très appréciés de la clientèle d'affaires. Entre deux réunions, montez au dernier étage, la vue sur Nîmes est magnifique !

🏠🏠 **L'Orangerie** sans rest 🛋 ⤴ ᴳ 🅰🅲 📶 🏋 🅿

755 r. Tour-de-l'Évêque - ℰ *04 66 84 50 57 - www.orangerie.fr* Plan : BZ**k**
37 ch – 🛏82/172 € 🛏🛏82/172 € – ⌑ 13 €

Un hôtel familial dans un quartier d'affaires, rien de tel pour se sentir comme à la maison lors d'un déplacement professionnel ! Dans cette maison des années 1980, avec jardin et piscine, le décor des chambres varie : provençal, contemporain, exotique...

Kyriad Plazza sans rest

10 r. Roussy – ℰ 04 66 76 16 20   Plan : DU**n**
– www.hotel-kyriad-nimes.com
28 ch – ♦58/135 € ♦♦68/135 € – ☷ 10 €

Près des arènes, un hôtel fonctionnel – et commode avec son garage en plein centre-ville. Chambres bien tenues, certaines avec terrasse et vue sur les toits. Accueil charmant.

La Maison de Sophie sans rest

31 av. Carnot – ℰ 04 66 70 96 10 – www.hotel-nimes-gard.com   Plan : BY**t**
– Fermé 14 fév.-1er mars et 22 déc.-4 janv.
5 ch ☷ – ♦207/327 € ♦♦224/344 €

Hall en marbre, bel escalier, vitraux d'époque, salons cosy, bibliothèques... Sophie vous accueille dans sa maison, une demeure bourgeoise imprégnée par l'esprit des années 1900 !

Vincent Croizard

17 r. des Chassaintes – ℰ 04 66 67 04 99   Plan : CU**p**
– www.restaurantcroizard.com – Fermé 24 déc.-7 janv., mardi midi
sauf juil.-août, dim. sauf le midi de sept. à juin et lundi
Formule 23 € – Menu 48 € (déj. en semaine), 58/70 € – Carte environ 58 €

Dans une rue étroite près du Carré d'Art, il faut d'abord sonner à la porte de cette discrète maison de ville. Surprise : celle-ci cache une salle lumineuse et contemporaine, ouverte sur un patio. Atmosphère feutrée et jolie cuisine créative, osant des mariages inédits.

Aux Plaisirs des Halles

4 r. Littré – ℰ 04 66 36 01 02 – www.auxplaisirsdeshalles.com   Plan : CU**r**
– Fermé 1 semaine en avril, 4-19 oct., 4-19 janv., dim. et lundi
Formule 22 € – Menu 30/60 € – Carte 49/82 €

Pour l'hiver, une salle moderne habillée de bois ; pour l'été, un joli patio ; toute l'année, une cuisine du marché simple et bien tournée. Admirez la belle galerie de photos sur les murs : celles des vignerons languedociens qui composent l'impressionnante carte des vins !

Tendances Lisita

2 bd des Arènes – ℰ 04 66 67 29 15 – www.lelisita.com   Plan : CV**h**
– Fermé dim. et lundi
Formule 27 € – Menu 31 € – Carte 48/65 €

Manger en terrasse face aux arènes de Nîmes et, la nuit venue, voir le monument s'illuminer... C'est tous les sens en éveil que l'on s'attable ici. Au menu, une cuisine régionale gorgée de soleil, soignée et généreuse, accompagnée d'un joli choix de vins. Plaisir des pupilles et des papilles !

Skab

7 r. de la République – ℰ 04 66 21 94 30   Plan : CV**b**
– www.restaurant-skab.fr – Fermé 17-30 août, 1 semaine en janv., sam. midi,
dim. soir et merc.
Formule 24 € – Menu 28 € (déj. en semaine), 48/76 € – Carte 67/87 €

Derrière les arènes, un repaire contemporain empreint de jeunesse et sympathique, pour une cuisine originale et enlevée, tout à fait dans le ton des lieux. Dès les premiers rayons de soleil, on s'installe dans le patio à l'ombre des érables.

L'Imprévu

6 pl. d'Assas – ℰ 04 66 38 99 59 – www.l-imprevu.com   Plan : CU**b**
– Fermé vacances de fév., vacances de Noël, mardi en hiver et merc.
Formule 17 € – Menu 21 € – Carte 28/43 €

Faites face à L'Imprévu et vous verrez que le hasard a du bon ! Une grande terrasse sur une jolie place à deux pas de la Maison Carrée, une salle colorée avec un patio intérieur, une bonne cuisine traditionnelle à l'accent du Sud : cette brasserie contemporaine a fait provision d'atouts.

❌ Le Passage de Virginie 😊 ♻

15 imp. Fresque – ☏ 04 66 38 29 26 – Fermé vacances de fév.,   Plan : CV**a**
1 semaine en mai et en sept., vacances de la Toussaint, mardi soir en hiver, dim.
et lundi
Menu 15 € (déj. en semaine) – Carte 35/40 € *(réservation conseillée)*
Voilà un passage où l'on aime s'arrêter... Au cœur de la vieille ville, sa cuisine
méridionale embaume de doux parfums. Au choix pour s'attabler : la salle voûtée,
très cosy, ou la toute petite terrasse. Un bistrot du Sud typique et animé.

❌ Le Patio Littré ⓝ 🏠

10 r. Littré – ☏ 04 66 67 22 50 – www.patiolittre.fr – Fermé 1   Plan : CU**e**
semaine en oct., 2 semaines en janv., lundi et mardi
Formule 16 € – Menu 19 € (déj.)/30 € – Carte 33/56 €
Le jeune chef, ancien second d'Alain Passard (L'Arpège, Paris), est venu s'installer
dans la région d'origine de son épouse. Bien lui en a pris ! Imprégnées par le
souci du produit, ses recettes sont tout simplement épatantes. Quant au patio
annoncé par l'enseigne, il est parfait pour les beaux jours... Tout cela à petit prix !

❌ Le Bistrot Nîmois 😊 ⚐ 🅰🅲 ♻

22 r. de la Curaterie – ☏ 04 66 36 15 75   Plan : DU**q**
– www.lebistrotnimois.com – Fermé 2 semaines en août, dim. et lundi
Formule 17 € – Menu 26 € (déj.) – Carte 33/40 €
S'il a fait ses armes à Londres, c'est bien sous le soleil de Nîmes que le chef a finalement posé ses valises ! Dans son sympathique bistrot, au cœur de la ville, il
concocte une savoureuse cuisine, fondée sur la tradition et des ingrédients de
qualité. Terrasse ombragée pour les beaux jours.

à Garons par ⑤, D 42 et D 442 : 9 km – ✉ 30128 – 4 546 hab. – Alt. 90 m

❌❌❌❌ Alexandre (Michel Kayser) 🕸 ⚐ 😊 ⚐ 🅰🅲 ♻ 🅿

2 r. Xavier-Tronc – ☏ 04 66 70 08 99 – www.michelkayser.com – Fermé
16 fév.-10 mars, 23 août-8 sept., mardi de sept. à juin, dim. sauf le midi de sept.
à juin et lundi
Formule 52 € ♈ – Menu 82 € (semaine), 112/168 € – Carte 115/170 €
Dès le printemps, le jardin dévoile tous ses charmes, sous la lumière filtrée par
des cèdres du Liban centenaires... Diaphane et émouvante : telle est aussi la cuisine de Michel Kayser, qui signe des assiettes à la fois créatives et très maîtrisées.
➜ Île flottante aux truffes sur un velouté de cèpes. Loup confit au beurre, composition de radis roses à la fleur de sel de Camargue. L'écrin des gourmandises "Alexandre".

rte de Générac 6 km au Sud par D 13 - ✉ 30000 Nîmes

🏠 Le Pré Galoffre sans rest 🌊 ⚐ 🅰🅲 📶 🅿

– ☏ 04 66 29 65 41 – www.lepregaloffre.com
27 ch – †65/160 € **††**65/160 € – ☷ 10 €
Aux portes de la garrigue et de Nîmes, ce mas du 17ᵉ s. plaira aux rats des villes
comme aux rats des champs ! Suivez la belle allée de platanes et entrez dans le
grand hall aux murs de pierre pour prendre les clefs de l'une des chambres : claires et bien tenues. L'été, le petit-déjeuner se prend près de la piscine.

NIORT

✉ 79000 (Deux-Sèvres) – 57 813 hab. – Alt. 24 m – Voir carte n°**38**-B2
🅳 Paris 408 km – Bordeaux 184 km – Nantes 142 km – Poitiers 76 km
Carte Michelin 322-D7 – Guide Vert Michelin Poitou-Charentes

🏠 La Chamoiserie sans rest ⚐ ⚐ 🅰🅲 📶 🅿

10 r. de l'Espingole – ☏ 05 49 78 07 07   Plan : AZ**f**
– www.hotelparticulierniort.com – Fermé 21 déc.-3 janv.
16 ch – †79/138 € **††**89/138 € – ☷ 12 €
Une très belle demeure de famille de la fin du 19ᵉ s. Joli parquet, moulures pleines de charme et ravissant jardin ; les chambres sont décorées dans le style
contemporain en vogue.

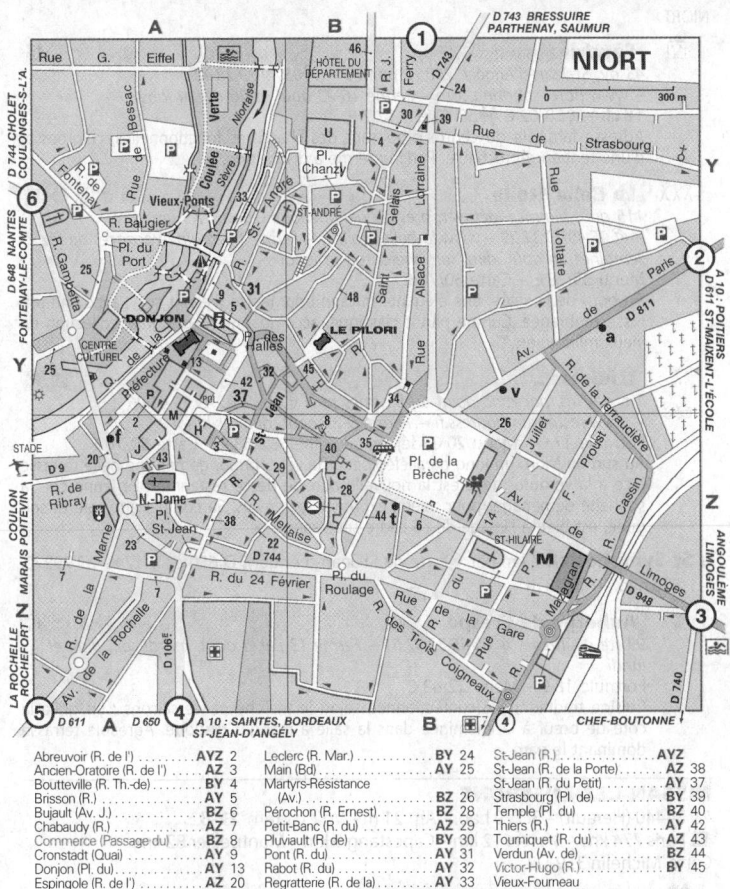

NIORT

⌂⌂⌂ **Hôtel de la Brèche** sans rest   🖥 ⚫ 🅰️ 🛇 🎇 📶 🛎

9 av. Jacques-Bujault – 𝒞 *05 49 35 11 11*   Plan : BZ**t**
– www.niorthoteldelabreche.com

47 ch – 🚹69/165 € 🚹🚹78/165 € – 2 suites – ⚌ 12 €

Un hôtel entièrement rénové en 2012, à deux pas de l'office de tourisme. Les chambres arborent des tons apaisants et allient confort et fonctionnalité. Une bonne adresse, idéale pour découvrir la vieille ville ou la Coulée verte (sur les berges de la Sèvre Niortaise).

⌂⌂⌂ **Mercure**   🍴 🛇 ⚫ 🏊 🛋 🖥 ⚫ 🅰️ 📶 🎇 🅿️ 🚗

80 bis av. de Paris – 𝒞 *05 49 24 29 29 – www.mercure.com*   Plan : BY**a**

99 ch – 🚹80/150 € 🚹🚹80/150 € – ⚌ 15 €

Des chambres soignées et de bonne ampleur dans cet hôtel contemporain à deux pas du centre-ville. Jardin avec piscine. Restaurant sous une verrière, chaleureux et moderne. En été, on peut dîner à l'ombre des arbres.

⌂⌂ **Ibis Styles** sans rest   ⚫ 🖥 🅰️ 📶 🎇 🚗

32 av. de Paris – 𝒞 *05 49 24 22 21 – www.ibis.fr*   Plan : BY**v**

39 ch ⚌ – 🚹65/111 € 🚹🚹75/121 €

Un établissement central, pratique pour sillonner la ville. Les chambres sur rue sont spacieuses et cosy, d'autres donnent sur le petit jardin. Buffet au petit-déjeuner.

Sandrina sans rest

43 av. St-Jean-d'Angély, 200 m par ④ – ✆ 05 49 79 28 42 – www.hotel-sandrina.com – Fermé 16-23 août et 26 déc.-4 janv.

18 ch – †58/62 € ††58/62 € – ☕ 7 €

Adresse familiale du centre proposant des chambres fonctionnelles, colorées et d'une tenue irréprochable. Parking fermé à disposition.

La Belle Étoile

115 quai Maurice-Métayer, près du périphérique Ouest : 2,5 km - AY – ✆ 05 49 73 31 29 – www.la-belle-etoile.fr – Fermé 1 semaine vacances de fév., 3 semaines en août, dim. soir, merc. soir et lundi

Menu 35/78 € – Carte 60/70 €

Au bord de la Sèvre, une élégante maison bourgeoise d'esprit cosy, avec une terrasse ombragée. Cuisine plutôt classique, accompagnée d'une jolie collection de vieux millésimes.

L'Adress...

1 r. des Iris, par rond-point de Bessines puis ⑤ – ✆ 05 49 79 41 06 – www.restaurant-ladress.fr – Fermé 5-25 août, dim. et lundi

Formule 17 € – Menu 20 € (déj. en semaine), 32/68 € – Carte 50/70 €

Au sud de Niort, un long parallélépipède de verre prolongé par une belle terrasse face à la verdure : telle est la nouvelle adresse de ce restaurant. Le jeune chef a souhaité déménager pour mieux exprimer ses envies. Sa cuisine, originale et soignée, est bien à l'image de ce cadre séduisant.

à St-Symphorien 7 km par ④ rte de St-Jean-d'Angély, D 650 et D 174 – ✉ 79270 – 1 826 hab. – Alt. 28 m

Auberge de Crespé

99 rte d'Aiffres – ✆ 05 49 32 97 61 – Fermé 13 juil.-5 août, mardi soir, dim. et lundi

Formule 18 € – Menu 22/43 €

Cuisine traditionnelle confectionnée selon le marché et les saisons ; on grille la côte de bœuf à la cheminée dans la salle à manger rustique. Agréable terrasse dominant le parc.

NISSAN-LEZ-ENSERUNE

✉ 34440 (Hérault) – 3 779 hab. – Alt. 21 m – Voir carte n°**22**-**B2**

▶ Paris 774 km – Béziers 12 km – Capestang 9 km – Montpellier 82 km

Carte Michelin 339-D9

Résidence

35 av. Cave – ✆ 04 67 37 00 63 – www.hotel-residence.com – Fermé 20 déc.-5 janv.

23 ch – †73/92 € ††73/92 € – ☕ 12 € – ½ P

Près du cœur du village, cette imposante demeure bourgeoise du 19e s. abrite des chambres confortables, rehaussées pour certaines de mobilier chiné et de cheminées d'époque. Côté restaurant, cuisine au goût du jour et terrasse ombragée face à la piscine.

NITRY

✉ 89310 (Yonne) – 370 hab. – Alt. 240 m – Voir carte n°**7**-**B1**

▶ Paris 195 km – Auxerre 36 km – Avallon 23 km – Vézelay 31 km

Carte Michelin 319-G5

Auberge La Beursaudière

9 chemin de Ronde – ✆ 03 86 33 69 69 – www.beursaudiere.com – Fermé 4-23 janv.

11 ch – †85/125 € ††85/125 € – ☕ 13 €

Les dépendances de ce prieuré du 12es. ne manquent pas de caractère : pierres apparentes, tomettes et poutres dans les chambres, pigeonnier médiéval... Authentique ! Cuisine du terroir servie en costume régional, dans un cadre joliment rustique. Belle cave.

NOAILHAC

✉ 81490 (Tarn) – 832 hab. – Alt. 222 m – Voir carte n°**29-C2**
▶ Paris 730 km – Albi 55 km – Béziers 99 km – Toulouse 90 km
Carte Michelin 338-G9

> ✗ **Hostellerie d'Oc**
> ⊗ *av. Charles-Tailhades – ℰ 05 63 50 50 37 – www.hostelleriedoc.fr*
> *– Fermé 31 août-17 sept., 5-29 janv., merc. soir et lundi*
> **Menu 12 €** ⵠ (déj. en semaine), 19/36 € – Carte 26/47 €
> Au cœur du village, un petit restaurant de campagne au charme rustique... Et
> dans l'assiette, une cuisine régionale simple et copieuse.

NOAILLY

✉ 42640 (Loire) – 790 hab. – Alt. 240 m – Voir carte n°**44-A1**
▶ Paris 395 km – Lyon 98 km – Roanne 13 km – Vichy 68 km
Carte Michelin 327-D3

> ⌂ **Château de la Motte**
> *La Motte Nord, à 1,5 km – ℰ 04 77 66 64 60 – www.chateaudelamotte.net*
> *– Ouvert 1ᵉʳ mars-21 déc.*
> **5 ch** ⵠ – ♦100/150 € ♦♦110/170 €
> Dans ce magnifique château du 18ᵉ et 19ᵉ s. on aime les belles lettres ! La
> preuve, chaque chambre porte le nom d'un écrivain : Apollinaire, Proust, Sand,
> etc. Celle dédiée à Lamartine, très originale, possède une baignoire ronde dans
> l'une des tours... La table d'hôte, traditionnelle, privilégie les légumes du potager.

NOCÉ – 61 (Orne) → voir Bellême

NŒUX-LES-MINES

✉ 62290 (Pas-de-Calais) – 12 242 hab. – Alt. 29 m – Voir carte n°**30-B2**
▶ Paris 208 km – Arras 28 km – Béthune 5 km – Bully-les-Mines 8 km
Carte Michelin 301-I5

> ⌂ **La Maison Rouge**
> *374 r. Nationale – ℰ 03 21 61 65 65 – www.hotel-lamaisonrouge.com*
> **40 ch** – ♦108/135 € ♦♦108/135 € – ⵠ 13 €
> Dans cette ancienne localité minière située entre Béthune et Lens, cette impo-
> sante Maison Rouge – tout en briques – abrite un confortable hôtel-restaurant.
> Les chambres, spacieuses et fonctionnelles, sont parfaites pour un séjour dans la
> région, entre le Musée de la mine voisin et le Louvre-Lens à 15 km.

> ✗✗ **L'Atelier des Saveurs**
> ⊙ *94 r. Nationale – ℰ 03 21 26 74 74*
> *– www.restaurant-traiteur-atelier-des-saveurs.fr – Fermé 3 semaines en août, 1*
> *semaine en janv., dim. soir et lundi*
> **Formule 17 €** – Menu 21 € (semaine), 28/49 €
> Créée par un jeune couple de la région, une vraie mine de saveurs ! Le chef se livre
> à un joli travail autour du goût ; rien de compliqué cependant, juste une inspira-
> tion judicieuse et un savoir-faire précis, pour des assiettes fines et gourmandes,
> où s'expriment de beaux produits... Le tout dans un décor intime et chaleureux.

NOGARO

✉ 32110 (Gers) – 1 985 hab. – Alt. 98 m – Voir carte n°**28-A2**
▶ Paris 729 km – Agen 88 km – Auch 63 km – Mont-de-Marsan 45 km
Carte Michelin 336-B7

> ⌂ **Solenca**
> *rte d'Auch – ℰ 05 62 09 09 08 – www.solenca.com*
> **49 ch** – ♦74/82 € ♦♦74/82 € – ⵠ 10 € – ½ P
> **Rest Solenca** – voir les restaurants ci-après
> Une étape sympathique et conviviale au cœur du pays gersois. Les chambres sont
> fonctionnelles et actuelles, relevées de couleurs vives. Agréable piscine entourée
> d'un jardin arboré. L'établissement est certifié Ecolabel.

✕ **Solenca** 🌳 ⛱ 🏊 ♿ A/C ⊡ 🅿

⚭ *rte d'Auch – ✆ 05 62 09 09 08 – www.solenca.com*

Formule 12 € – Menu 14 € (déj. en semaine), 17/54 € – Carte 42/89 €

Les beaux produits du terroir gersois sont ici à l'honneur, mais pas seulement eux : homard et autres ingrédients nobles ont les faveurs du chef, qui sait les mettre en valeur à travers des recettes bien pensées, généreuses et soignées. Le cadre est aussi sympathique avec sa haute charpente apparente.

à Manciet 9 km au Nord-Est par N 124 – ✉ 32370 – 819 hab. – Alt. 131 m

✕✕ **La Bonne Auberge** avec ch ⛱ 🚭 ch, 🐕

⚭ *pl. du Pesquerot – ✆ 05 62 08 50 04 – Fermé vacances de Noël, dim. soir et lundi*

14 ch – 🚹42 € 🚹🚹52 € – ☕ 8 € – ½ P

Menu 13 € (semaine), 28/50 € – Carte 46/70 €

Maison centenaire chaleureuse avec ses deux salles à manger : l'une, en véranda, ouverte sur la terrasse ; l'autre décorée de boiseries. Belle collection d'armagnacs, idéale pour terminer un repas de tradition.

NOGENT

✉ 52800 (Haute-Marne) – 3 953 hab. – Alt. 410 m – Voir carte n°**14-C3**

▶ Paris 289 km – Bourbonne-les-Bains 35 km – Chaumont 24 km – Langres 25 km

Carte Michelin 313-M5 – Guide Vert Michelin Champagne Ardenne

🏠 **Hôtel du Commerce** 1O 🛜

pl. du Gén.-de-Gaulle – ✆ 03 25 31 81 14 – www.relais-sud-champagne.com – Fermé 24 déc.-2 janv., sam., dim. et fériés

18 ch – 🚹79 € 🚹🚹79 € – ☕ 10 € – ½ P

Bonne étape sur la coquette place de la mairie, près du musée de la Coutellerie. Chambres fraîches, meublées simplement. Ambiance un brin bourgeoise au restaurant ou atmosphère plus décontractée à la brasserie... pour une cuisine régionale.

NOGENT-LE-ROI

✉ 28210 (Eure-et-Loir) – 4 172 hab. – Alt. 93 m – Voir carte n°**11-B1**

▶ Paris 77 km – Ablis 35 km – Chartres 28 km – Dreux 19 km

Carte Michelin 311-F4 – Guide Vert Michelin Île-de-France

✕✕ **Le Relais des Remparts** ⛱ 🚭

⚭ *2 r. du Marché-aux-Légumes – ✆ 02 37 51 40 47 – www.relais-des-remparts.com – Fermé 4-10 fév., 5-30 août, mardi soir, dim. soir et lundi*

Formule 17 € – Menu 20 € (semaine), 33/38 € – Carte 35/46 €

Les clés du succès de ce restaurant ? Une cuisine traditionnelle et goûteuse, un service aimable et efficace, un cadre agréable et des tarifs abordables. Une adresse assurément sympathique !

NOGENT-LE-ROTROU

✉ 28400 (Eure-et-Loir) – 10 800 hab. – Alt. 116 m – Voir carte n°**11-B1**

▶ Paris 146 km – Alençon 65 km – Chartres 54 km – Châteaudun 55 km

Carte Michelin 311-A6 – Guide Vert Michelin Normandie Vallée de la Seine

🏘 **Hôtel du Perche** sans rest ♿ A/C 🛜 🅿

r. de la Bruyère – ✆ 02 37 53 43 60 – www.hotel-du-perche.com

40 ch – 🚹59/67 € 🚹🚹67/80 € – ☕ 8,50 €

En dehors de Nogent-le-Rotrou, desservi par la rocade, un hôtel moderne et plutôt agréable, avec des chambres confortables et parfaitement tenues. Petit-déjeuner sous forme de buffet.

🏠 **Sully** sans rest ⇅ 🛜 🐕 🅿

51 r. des Viennes – ✆ 02 37 52 15 14 – www.hotelsullynogent.fr – Fermé 26 déc.-4 janv.

42 ch – 🚹65/89 € 🚹🚹79/99 € – ☕ 9 €

Si vous ne le saviez pas, le duc de Sully repose à Nogent-le-Rotrou (son cénotaphe est visible dans l'Hôtel-Dieu). Pour faire étape, cet hôtel paisible du centre-ville propose des chambres fonctionnelles et bien tenues ; préférez les plus récentes. Pratique et abordable.

L'Alambic

20 av. de Paris, à Margon 1,5 km au Nord-Est – 𝒞 02 37 52 19 03
– www.lalambic-margon.fr – Fermé 6-26 août, 28 janv.-11 fév., mardi soir, merc.
soir, dim. soir et lundi
Menu 16 € (semaine), 27/46 € – Carte 49/74 €
Un restaurant tout simple, à l'entrée de la localité. Au menu, une cuisine traditionnelle avec, pour spécialités, le foie gras et surtout la tête de veau. Le chef, bon
professionnel, passe souvent en salle, l'occasion de discuter gastronomie.

NOGENT-SUR-SEINE

✉ 10400 (Aube) – 6 028 hab. – Alt. 67 m – Voir carte n°**13-A2**
🚩 Paris 105 km – Épernay 83 km – Fontainebleau 66 km – Provins 19 km
Carte Michelin 313-B3 – Guide Vert Michelin Champagne Ardenne

Domaine des Graviers

30 r. des Graviers – 𝒞 03 25 21 81 90 – www.domaine-des-graviers.com – Fermé
20 déc.-10 janv.
26 ch ⌑ – †99/159 € ††119/179 €
Dans un parc de 17 ha au bord de la Seine, cette belle demeure de 1899 abrite
un salon bourgeois et des chambres plaisantes, toutes différentes. Les dépendances, le minigolf et le tennis viennent compléter l'ensemble. Le restaurant donne
sur de jolis arbres centenaires.

Beau Rivage avec ch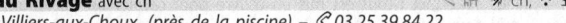

20 r. Villiers-aux-Choux, (près de la piscine) – 𝒞 03 25 39 84 22
– www.hotel-beaurivage-nogentsurseine.com – Fermé 16 fév.-10 mars,
24 août-8 sept., dim. soir et lundi
10 ch – †80 € ††85 € – ⌑ 10 € – ½ P
Formule 20 € – Menu 26/48 € – Carte 53/66 €
Voici un Beau Rivage où il serait dommage de ne pas accoster... Ses atouts : une
salle lumineuse ouverte sur une terrasse bucolique bordant la Seine, une cuisine
de saison embellie d'épices et d'herbes du jardin et, pour l'étape, des chambres
fraîches et confortables.

NOIRLAC – 18 (Cher) → voir St-Amand-Montrond

NOIRMOUTIER (ÎLE DE) – 85 (Vendée) → voir Île de Noirmoutier

NOIZAY

✉ 37210 (Indre-et-Loire) – 1 159 hab. – Alt. 56 m – Voir carte n°**11-B2**
🚩 Paris 230 km – Amboise 11 km – Blois 44 km – Tours 21 km
Carte Michelin 317-O4

Château de Noizay

124 promenade de Waulsort – 𝒞 02 47 52 11 01 – www.chateaudenoizay.com
– Fermé 18 janv.-13 mars
19 ch – †185/390 € ††185/390 € – ⌑ 25 € – ½ P
Rest Château de Noizay – voir les restaurants ci-après
Grand escalier, vitraux, armures : ce château du 16ᵉ s., niché dans un parc,
domine le village et son vignoble. Les chambres sont confortables et joliment
meublées. Préférez celles, plus récentes, dans le Pavillon de l'Horloge. Idéal pour
un séjour romantique.

Château de Noizay

124 promenade de Waulsort – 𝒞 02 47 52 11 01 – www.chateaudenoizay.com
– Fermé 18 janv.-13 mars
Formule 35 € – Menu 42 € (déj. en semaine), 65/115 € – Carte 88/101 €
Pour dîner au château, quoi de mieux que ses charmants salons bourgeois avec
leurs boiseries d'époque ? Ici, la cuisine joue la carte de la modernité et de la
créativité, avec de doux intitulés : le jardin "Terre de Brume" (gambas, rillon et
légumes de saison), l'agneau aux doux parfums d'Afrique du Nord...

NOLAY

✉ 21340 (Côte-d'Or) – 1 504 hab. – Alt. 299 m – Voir carte n°**7-A3**
▶ Paris 316 km – Autun 30 km – Beaune 20 km – Chalon-sur-Saône 34 km
Carte Michelin 320-H8 – Guide Vert Michelin Bourgogne

Hôtel de la Halle sans rest 🛜

pl. des Halles – ℰ 03 80 21 76 37 – www.hotel-la-halle-nolay.com
13 ch ☲ – †75 € ††85 €

Sur la place centrale, face aux halles et à l'église, deux maisons du 14ᵉ s. séparées par une cour intérieure. Les chambres, joliment champêtres, sont très bien tenues (plus spacieuses sur l'arrière).

NONANCOURT

✉ 27320 (Eure) – 2 324 hab. – Alt. 117 m – Voir carte n°**33-D2**
▶ Paris 97 km – Alençon 97 km – Chartres 51 km – Évreux 35 km
Carte Michelin 304-H9 – Guide Vert Michelin Normandie Vallée de la Seine

XX **Relais du Vieux Château** ⟷
😊 *39 av. Victor-Hugo – ℰ 02 32 58 00 74 – www.lervc.com – Fermé 1 semaine en sept., merc. soir, dim. soir et lundi*
Formule 19 € – Menu 26/60 € – Carte 26/66 €

Une simple auberge traditionnelle, bien tranquille sur son bord de route normand ? Que nenni ! Un jeune chef fait ici souffler un vent de fraîcheur sur la tradition. Produits de qualité, cuissons et sauces dans les règles, recettes renouvelées avec tact : tout est mis en œuvre pour révéler un maximum de saveurs, à prix doux...

LES NONIÈRES

✉ 26410 (Drôme) – Alt. 282 m – Voir carte n°**45-C3**
▶ Paris 648 km – Die 25 km – Gap 84 km – Grenoble 73 km
Carte Michelin 332-G5

🏠🏠 **Le Mont-Barral** ⑩ 🖭 🖳 🌐 🗶 🛜 🖭
*Les Nonières – ℰ 04 75 21 12 21 – www.hotelmontbarral-vercors.com
– Ouvert 1ᵉʳ mars-11 nov. et fermé mardi soir et merc. hors vacances scolaires*
19 ch – †60/69 € ††60/82 € – ☲ 10 € – ½ P

Dans le parc du Vercors, cet établissement abrite des chambres calmes et confortables, où il fait bon se reposer après une randonnée. Au restaurant, on reprend des forces avec les plats régionaux. Une bonne adresse pour un séjour au vert.

NONZA – 2B (Haute-Corse) ➜ voir Corse

NOTRE-DAME-DE-BELLECOMBE

✉ 73590 (Savoie) – 502 hab. – Alt. 1 150 m – Voir carte n°**46-F1**
▶ Paris 585 km – Albertville 25 km – Annecy 54 km – Chambéry 76 km
Carte Michelin 333-M3 – Guide Vert Michelin Alpes du Nord

X **La Ferme de Victorine** 🖭 🖭
😊 *Le Planay, 3 km à l'Est par rte des Saisies – ℰ 04 79 31 63 46
– www.la-ferme-de-victorine.com – Fermé 9 juin-3 juil., 11 nov.-19 déc., dim. soir et lundi sauf en juil.-août et en saison d'hiver*
Formule 24 € – Menu 29/55 € – Carte 42/67 €

Une ferme plus vraie que nature ; l'hiver, depuis la jolie salle rustique, on aperçoit même les vaches dans l'étable... Le chef est un passionné du terroir savoyard, toujours à la recherche des meilleurs fromages et charcuteries. Une table éminemment sympathique et très gourmande !

NOTRE-DAME-DE-GRAVENCHON

✉ 76330 (Seine-Maritime) – 8 105 hab. – Alt. 35 m – Voir carte n°**33-C2**
▶ Paris 176 km – Bolbec 14 km – Le Havre 40 km – Rouen 51 km
Carte Michelin 304-D5 – Guide Vert Michelin Normandie Vallée de la Seine

Pascal Saunier
1 av. Amiral Grasset – ℰ 02 35 38 60 67 – www.hotelpascalsaunier.com
29 ch – ♦78/115 € ♦♦78/125 € – ☑ 11 € – ½ P
Une grande demeure à colombages (1937) dans un jardin paisible. Les chambres sont claires et impeccablement tenues, et les propriétaires vous réservent un accueil sympathique. Côté restaurant, une ardoise traditionnelle renouvelée chaque jour.

NOTRE-DAME-DE-LIVAYE

✉ 14340 (Calvados) – 129 hab. – Alt. 27 m – Voir carte n°**33**-C2
▶ Paris 185 km – Caen 36 km – Le Havre 86 km – Lisieux 16 km
Carte Michelin 303-M5

 Aux Pommiers de Livaye
– ℰ 02 31 63 01 28 – http://bandb.normandy.free.fr – Ouvert de mars à mi-nov.
5 ch ☑ – ♦85 € ♦♦95 €
Une allée de pommiers conduit à cette paisible ferme du 18e s. Dans les chambres, des lits en fer forgé, des tissus fleuris, des armoires de famille... Ici, tout a ce petit côté dépareillé qui fait le charme des maisons authentiques. Petite production de cidre et cuisine régionale : pas de doute, on est bien en Normandie !

NOTRE-DAME-DU-GUILDO

✉ 22380 (Côtes-d'Armor) – 3 187 hab. – Alt. 52 m – Voir carte n°**10**-C1
▶ Paris 427 km – Rennes 94 km – Saint-Brieuc 49 km – Saint-Malo 32 km
Carte Michelin 309-I3

 Château du Val d'Arguenon sans rest
1 km à l'Est par D 786 ✉ 22380 St-Cast – ℰ 02 96 41 07 03
– www.chateauduval.com – Ouvert de Pâques à sept.
5 ch ☑ – ♦95/150 € ♦♦100/175 €
Dans un jardin en pente douce jusqu'à la mer, cette noble demeure de famille (16e-18e s.) distille le charme de la Bretagne d'autrefois : murs de granit, mobilier ancien, tentures fleuries patinées par les ans... L'accueil est charmant et pour remonter encore davantage le temps, on peut louer une cabane dans les arbres !

NOTRE-DAME-DU-HAMEL

✉ 27390 (Eure) – 236 hab. – Alt. 200 m – Voir carte n°**33**-C2
▶ Paris 158 km – L'Aigle 21 km – Argentan 48 km – Bernay 28 km
Carte Michelin 304-D8

XXX **Le Moulin de la Marigotière**
D 45 – ℰ 02 32 44 58 11 – www.moulin-marigotiere.com – Fermé vacances de fév., lundi soir sauf juil.-août, dim. soir, mardi soir et merc.
Menu 35 € (déj. en semaine), 46/79 € – Carte 55/80 €
Cet ancien moulin prête son atmosphère bourgeoise à des plats classiques ou plus dans l'air du temps : déclinaisons autour du homard, association fruits et foie gras, risotto aux escargots, etc. Les plus : l'accueil et le joli parc traversé par la Charentonne.

NOTRE-DAME-DU-PÉ

✉ 72300 (Sarthe) – 604 hab. – Alt. 73 m – Voir carte n°**35**-C2
▶ Paris 262 km – Angers 51 km – La Flèche 28 km – Nantes 140 km
Carte Michelin 310-H8

 La Reboursière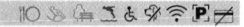
1 km au Sud par D 134 et rte secondaire – ℰ 02 43 92 92 41
– www.lareboursiere.fr
4 ch ☑ – ♦80 € ♦♦94 €
Une authentique longère du 19e s. en pleine nature... Beaux meubles anciens, poutres et pierres apparentes, joli jardin, etc. : une douce note campagnarde, qui s'incarne dans les produits du potager et du verger à l'heure du dîner. Nature !

NOUAN-LE-FUZELIER

✉ 41600 (Loir-et-Cher) – 2 375 hab. – Alt. 113 m – Voir carte n°**12**-C2
▶ Paris 177 km – Blois 59 km – Cosne-Cours-sur-Loire 74 km – Gien 56 km
Carte Michelin 318-J6

🏨 **Domaine des Fontaines** sans rest   ⚜ 🛏 & 🅰️ 🛜 🅿️

rte de Lamotte-Beuvron, 2 km au Nord par N 20 – ✆ 02 54 83 78 87
– www.hotel-domaine-des-fontaines.com
11 ch – ♦120/200 € ♦♦120/200 € – ⬛ 12 €
Belle maison bourgeoise en brique rouge, au charme typiquement solognot... Les
chambres sont confortables, sobres, élégantes, et mansardées au dernier étage.
Petit-déjeuner servi sous la véranda.

NOUILHAN

✉ 65500 (Hautes-Pyrénées) – 203 hab. – Alt. 196 m – Voir carte n°**28**-A2
▶ Paris 771 km – Pau 47 km – Tarbes 24 km – Toulouse 144 km
Carte Michelin 342-M4

🍴 **Les 3B** avec ch   🏠 & 🅰️ ch, 🍽 rest, 🛜 🅰️ 🅿️

8 rte des Pyrénées, D 935 – ✆ 05 62 96 79 78 – *www.hoteldes3b.com* – *Fermé
dim. soir et vend.*
7 ch – ♦57/70 € ♦♦57/70 € – ⬛ 7 € – ½ P
Formule 12 € – Menu 18 € (semaine), 26/45 € ⏰ – Carte 28/54 €
Les 3B ? Béarn, Bigorre et Pays... basque, pardi ! En bord de route, ce corps de
ferme typiquement bigourdan est l'occasion d'une agréable étape sur la route
des Pyrénées. À la carte, la tradition domine – foie gras maison, garbure paysanne, poule noir de Bigorre – et l'on se régale !

LE NOUVION-EN-THIÉRACHE

✉ 02170 (Aisne) – 2 804 hab. – Alt. 185 m – Voir carte n°**37**-D1
▶ Paris 198 km – Avesnes-sur-Helpe 20 km – Guise 21 km – Hirson 25 km
Carte Michelin 306-E2

🏠 **La Paix**   🔟 🛏 🍽 🛜 🅿️

37 r. Jean Vimont-Vicary – ✆ 03 23 97 04 55 – *www.hotel-la-paix.fr* – *Fermé
13 fév.-2 mars, 14 août-2 sept., 23 déc.-3 janv. et dim.*
16 ch – ♦70/82 € ♦♦70/82 € – ⬛ 10 € – ½ P
Rest *La Paix* – voir les restaurants ci-après
Un hôtel-restaurant de qualité, où l'on profite à la fois du gîte et du couvert avec
plaisir. L'ensemble est parfaitement tenu, l'accueil charmant et les prix mesurés.
Et dernier atout : les chambres sont peu à peu rénovées dans un style plus
contemporain.

🍴🍴 **La Paix**   🛏 🍽

37 r. Jean Vimont-Vicary – ✆ 03 23 97 04 55 – *www.hotel-la-paix.fr*
*– Fermé 13 fév.-2 mars, 14 août-2 sept., 23 déc.-3 janv., sam. midi, dim. soir et
lundi*
Formule 19 € – Menu 23 € (semaine), 29/45 € – Carte 47/62 €
Briques, miroirs, tons pastel et bibelots : un décor agréable, au service d'une
appétissante cuisine ! Installé ici depuis plus de trente ans, Didier Pierrart honore
la tradition des bons petits plats avec un savoir-faire qui ne se dément pas. Sa
spécialité : le pavé de bœuf au maroilles...

NOUZERINES – 23 (Creuse) ➜ voir Boussac

NOVES

✉ 13550 (Bouches-du-Rhône) – 5 238 hab. – Alt. 42 m – Voir carte n°**42**-E1
▶ Paris 688 km – Arles 38 km – Avignon 14 km – Carpentras 33 km
Carte Michelin 340-E2 – Guide Vert Michelin Provence

ᄆᄆ **Auberge de Noves**   ⅠⓄ ⌂ ⬳ ⬲ ⏚ ⚒ ▦ ⿻ ⛟ 🅟

rte de Châteaurenard, 2 km par D 28 – ℰ 04 90 24 28 28
– www.aubergedenoves.com – Fermé 3 janv.-12 fév.
23 ch – ♦165/390 € ♦♦165/390 € – 2 suites – ⌾ 25 € – ½ P
Rest *Auberge de Noves* – voir les restaurants ci-après
Une noble demeure du 19ᵉ s. et son vaste parc : une certaine idée de l'art de vivre provençal, dans une veine classique. Les chambres sont élégantes et volontairement rétro – ah, ces boutons d'éclairage des années 1970... Certaines sont nichées dans l'ancienne chapelle.

𝔛𝔛𝔛 **Auberge de Noves**   ⅋ ⬳ ⬲ ⿻ ▦ 🅟

rte de Châteaurenard, 2 km par D 28 – ℰ 04 90 24 28 28
– www.aubergedenoves.com – Fermé 3 janv.-12 fév., lundi et mardi d'oct. à mai
Formule 50 € ▼ – Menu 62 € (semaine), 75/125 € – Carte 78/135 €
Cette auberge se révèle tout à fait charmante, et sa terrasse sous les arbres idyllique ! À l'image du lieu, la cuisine donne dans le beau classicisme : le chef vous régalera, par exemple, d'un foie gras, d'un tartare de bœuf au couteau, etc. Belle carte des vins de plus de 350 références.

NOYAL-MUZILLAC

✉ 56190 (Morbihan) – 2 506 hab. – Alt. 52 m – Voir carte n°**10-C3**
◨ Paris 456 km – La Baule 44 km – St-Nazaire 52 km – Vannes 30 km
Carte Michelin 308-Q9

ᐜ **Manoir de Bodrevan**   ⅠⓄ ⬳ ⬲ ⚙ ⿻ 🅟

2 km au Nord-Est par D 153 et rte secondaire – ℰ 02 97 45 62 26
– www.manoir-bodrevan.com
6 ch – ♦92/157 € ♦♦92/157 € – ⌾ 13 € – ½ P
Ce pavillon de chasse du 16ᵉs. en pierre est envahi de verdure. Les chambres tirent leur cachet de ce cadre rustique et élégant. Accueil cordial et calme assuré. Menu du jour, poissons et produits de la mer préparés par le maître des lieux selon le marché.

NOYALO

✉ 56450 (Morbihan) – 780 hab. – Voir carte n°**9-A3**
◨ Paris 468 km – La Baule 75 km – Rennes 116 km – Vannes 15 km
Carte Michelin 308-O9

𝔛𝔛 **L'Hortensia** avec ch   ⅋ ⚙ rest. ⿻ ⿻

18 r. Ste-Brigitte – ℰ 02 97 43 02 00 – www.restaurantlhortensia.com – Fermé 2 semaines en oct., dim. soir et lundi
7 ch – ♦66/99 € ♦♦66/99 € – ⌾ 10 € – ½ P
Menu 21 € (déj. en semaine), 31/66 €
On mange bien dans cette ancienne ferme en pierre du 19ᵉ s., parée de toiles et d'un mobilier contemporains. La cuisine, qui fait la part belle aux produits de la mer et au terroir breton, se révèle savoureuse et bien maîtrisée. Pour l'étape, des chambres coquettes décorées sur le thème de l'hortensia.

NOYAL-SUR-VILAINE – 35 (Ille-et-Vilaine) → voir Rennes

NOYANT-DE-TOURAINE – 37 (Indre-et-Loire) → voir Ste-Maure-de-Touraine

NOYERS

✉ 89310 (Yonne) – 676 hab. – Alt. 175 m – Voir carte n°**7-B1**
◨ Paris 211 km – Auxerre 46 km – Dijon 129 km – Troyes 82 km
Carte Michelin 319-G5 – Guide Vert Michelin Bourgogne

𝔛 **Les Millésimes**   ⅋ ⿻ ▦ ⇄

14 pl. de l'Hôtel-de-Ville – ℰ 03 86 82 82 16 – www.maison-paillot.com – Ouvert de début mars à début déc. et fermé dim. soir et lundi sauf juil.-août
Formule 27 € – Menu 30/43 €
Ce restaurant champêtre et élégant se tient derrière la boucherie-charcuterie familiale. Le terroir et les vins bourguignons sont à l'honneur... ainsi que les produits maison ! Feuilleté d'escargots à la crème de persil, tarte d'andouille aux oignons rouges, etc.

NOYON

✉ 60400 (Oise) – 13 593 hab. – Alt. 52 m – Voir carte n°**37**-C2
▶ Paris 108 km – Amiens 67 km – Compiègne 29 km – Laon 53 km
Carte Michelin 305-J3

🏨 **Saint-Eloi** 🍽 ᴴ 🤖 📶 ᴴ 🅿

81 bd Carnot – ℰ 03 44 44 01 49 – www.hotelsainteloi.fr – Fermé dim. soir
29 ch – ♦68/85 € ♦♦85/110 € – ☑ 12 € – ½ P
Un élégant castel tout en briques, tourelles et colombages (1870), abritant des chambres classiques et confortables – plus sobres et moins spacieuses dans l'annexe. Restaurant traditionnel.

🏨 **Le Cèdre** sans rest ᴴ 📶 🤖 🅿

*8 r. de l'Évêché – ℰ 03 44 44 23 24 – www.hotel-lecedre.com – Fermé
21 déc.-2 janv.*
33 ch – ♦65/85 € ♦♦70/93 € – ☑ 10 €
Au cœur de la cité, une longue bâtisse en briques rouges, datant de 1989 mais en harmonie avec l'architecture environnante. Les chambres, chaleureuses et bien équipées, offrent pour la plupart une vue sur la cathédrale, située juste en face.

✗✗ **Dame Journe** 🗛

*2 bd Mony – ℰ 03 44 44 01 33 – www.damejourne.fr – Fermé
7-20 sept., 5-12 janv., dim. soir, mardi soir, merc. soir, jeudi soir et lundi*
Menu 22 € (déj. en semaine), 33/45 € – Carte 44/70 €
Dans la capitale des fruits rouges, les gourmands ont rendez-vous avec Dame Journe. Dans un cadre très classique, on apprécie une vraie cuisine traditionnelle : saumon fumé maison, rognons de veau, chariot de desserts... Une adresse appréciée dans la ville.

NOZAY

✉ 44170 (Loire-Atlantique) – 3 863 hab. – Alt. 50 m – Voir carte n°**34**-B2
▶ Paris 410 km – Angers 124 km – Nantes 43 km – Rennes 68 km
Carte Michelin 316-G2

✗✗ **La Pierre Bleue** ⇔
🤖

*22 r. Alexis-Letourneau – ℰ 02 40 79 30 49 – www.restaurantlapierrebleue.com
– Fermé 6-23 juil., 1er-19 janv., dim. soir, lundi soir et merc.*
Formule 14 € – Menu 28/40 € – Carte environ 42 €
Vous cherchez Éric Meunier ? Il est dans sa cuisine, évidemment ! Travailleur infatigable, discret autant que passionné, voilà un chef qui aime son métier, et cela se sent dans ses assiettes. Créations de saison, plats mijotés en hiver, fumaisons maison... Cette Pierre Bleue est une pépite.

NUEIL-LES-AUBIERS

✉ 79250 (Deux-Sèvres) – 5 507 hab. – Voir carte n°**38**-B1
▶ Paris 364 km – Bressuire 15 km – Cholet 29 km – Poitiers 100 km
Carte Michelin 316-M6

🏠 **Le Moulin de la Sorinière** 🍽 🌿 🦆 ᴴ 📶 🤖 🅿

*2 km au Sud-Ouest par D 33, rte de Cerizay et C 3 – ℰ 05 49 72 39 20
– www.hotel-moulin-soriniere.com – Fermé 27 avril-11 mai, 1 semaine vacances
de la Toussaint et 1er-6 janv.*
8 ch – ♦64/69 € ♦♦64/74 € – ☑ 9 € – ½ P
Rest Le Moulin de la Sorinière – voir les restaurants ci-après
Ce vieux moulin du 19e s. a conservé son charme bucolique ; la rivière traverse le jardin et le potager, et les chambres ont des noms de fleurs. Pour les effeuiller au grand calme...

✗✗ **Le Moulin de la Sorinière** 🦆 📶 ᴴ 🗛 🍴 ⇔ 🅿
🍷

*2 km au Sud-Ouest par D 33, rte de Cerizay et C 3 – ℰ 05 49 72 39 20
– www.hotel-moulin-soriniere.com – Fermé 27 avril-11 mai, 1 semaine vacances
de la Toussaint, 1er-6 janv., dim. soir et lundi*
Formule 16 € – Menu 19 € (semaine), 29/35 € – Carte environ 35 €
Les grandes baies vitrées de cette ancienne grange donnent sur un jardin bien agréable, source d'inspiration pour un chef amoureux des produits de saison. Après le repas, une balade digestive près de la rivière s'impose.

NUITS-ST-GEORGES

✉ 21700 (Côte-d'Or) – 5 557 hab. – Alt. 243 m – Voir carte n°**8-D1**
▶ Paris 320 km – Beaune 22 km – Chalon-sur-Saône 45 km – Dijon 22 km
Carte Michelin 320-J7 – Guide Vert Michelin Bourgogne

La Gentilhommière
🕸 🍴 🌲 🛢 🛎 ⚕ 🍴 ⚕ 🛎 📶 🎿 🅿

13 vallée de la Serrée, rte Concoeur-Meuilley, 2 km à l'Ouest – 🕿 *03 80 61 12 06*
– www.lagentilhommiere.fr – Fermé de mi-déc. à mi-janv.
31 ch – ♦115/200 € ♦♦115/200 € – 🍽 15 €
Rest *Le Chef Coq*⚕ – voir les restaurants ci-après

Vieilles pierres et toits de tuiles vernissées : un beau pavillon de chasse du 16ᵉ
s., dans un écrin de verdure, non loin du fameux village viticole. Au choix : de
jolies chambres contemporaines ou plus originales (Afrique, Oriental, Pop Art...) ;
les plus spacieuses se situent dans l'annexe.

Hostellerie St-Vincent
🍴 🛢 🛎 🔊 📶 🎿 🅿

r. du Gén.-de-Gaulle – 🕿 *03 80 61 14 91 – www.hostellerie-st-vincent.com*
– Fermé 1 semaine vacances de Noël et dim. soir de nov. à mars
23 ch – ♦89/125 € ♦♦96/170 € – 🍽 11 € – ½ P

Dans cette grosse maison d'aspect traditionnel, les chambres sont pratiques
et bien insonorisées... et pour faire le plein de gourmandises, il y a même une
petite boutique de produits régionaux !

🍴🍴 Le Chef Coq – Hôtel La Gentilhommière
🌲 🍴 🛢 🛎 🅿
⚕

13 vallée de la Serrée, rte Concoeur-Meuilley, 2 km à l'Ouest – 🕿 *03 80 61 12 06*
– www.lagentilhommiere.fr – Fermé de mi-déc. à mi-janv., sam. midi et mardi
soir
Menu 25 € (déj. en semaine), 31/59 € – Carte 60/71 € dîner

Des pierres et des poutres, mais aussi une déco tendance et chaleureuse : l'on se
sent comme un coq en pâte au Chef Coq ! Évidemment, la carte des vins rend
honneur à la Côte de Nuits, mais l'assiette n'est pas en reste, car le chef, René Pia-
netti, signe de savoureuses recettes, en prise sur les saisons...

🍴 La Cabotte
🌲 🍴 🛎
⚕

24 Grande-Rue – 🕿 *03 80 61 20 77 – www.restaurantlacabotte.fr – Fermé dim. et*
lundi
Formule 20 € – Menu 30 € – Carte 35/49 € *(réservation conseillée)*

Une cuisine actuelle, fine et gourmande à prix doux, de la convivialité à revendre,
un cadre rustique modernisé avec poutres, pierres apparentes et mobilier
contemporain... Et même une carte de vins bourguignons courte et judicieuse :
cette Cabotte en a dans la caboche, et l'on se régale !

à Curtil-Vergy 7 km au Nord-Ouest par D 25, D 35 et rte secondaire – ✉ 21220
– 121 hab. – Alt. 350 m

Manassès sans rest
🌲 🍴 🔊 🅿

r. Guillaume-de-Tavanes – 🕿 *03 80 61 43 81 – www.hotelmanasses.com – Ouvert*
de mars à mi-déc.
12 ch – ♦83/108 € ♦♦83/108 € – 🍽 14 €

Une maison vigneronne typique et... atypique. Évidemment il y a de jolies chambres (classiques ou rustiques), mais aussi un musée de la vigne, une salle de
dégustation et un petit-déjeuner gargantuesque !

NYONS

✉ 26110 (Drôme) – 6 791 hab. – Alt. 271 m – Voir carte n°**44-B3**
▶ Paris 653 km – Alès 109 km – Gap 106 km – Orange 43 km
Carte Michelin 332-D7 – Guide Vert Michelin Ardèche Drôme

La Caravelle sans rest
🌲 🍴 🔊 📶 🅿

8 r. Antignans, par prom. de la Digue – 🕿 *04 75 26 07 44*
– www.lacaravelle-nyons.com – Fermé 15 nov.-1ᵉʳ déc. et 21-28 déc.
11 ch – ♦69/99 € ♦♦69/99 € – 🍽 10 €

Au cœur de la Drôme provençale, cette villa des années 1930 et son jardin planté
de catalpas sont propices à la détente. Et les chambres, décorées avec les hublots
d'un ancien navire de guerre, n'en sont pas moins calmes. Un havre de paix !

Une Autre Maison

pl. de la République – ℰ 04 75 26 43 09 – www.uneautremaison.com – Fermé de mi-déc. à mi-janv.
10 ch – †85/160 € ††85/160 € – ☲ 15 € – ½ P
Rest *Une Autre Maison* – voir les restaurants ci-après

Confort, bien-être et élégance : une Maison d'un Autre siècle (fin du 19ᵉ s.), vraiment charmante ! Les chambres sont ravissantes et toutes différentes ; la piscine et le jardin tout bonnement délicieux.

Une Autre Maison – Hôtel Une Autre Maison

pl. de la République – ℰ 04 75 26 43 09 – www.uneautremaison.com – Fermé de mi-janv. et le midi
Menu 45 €

Dans cette belle maison ancienne au fond d'un divin jardin, le chef concocte une bonne cuisine du marché, et notamment de jolis plats de poisson. Les résidents de l'hôtel sont ravis et les autres aussi !

Le Verre à Soie ⓝ

12 pl. des Arcades – ℰ 04 75 26 15 18 – Fermé fév., mardi et merc.
Formule 19 € ♈ – Menu 23 € ♈ (déj.) – Carte 25/40 €

Après une carrière chez Christian Têtedoie (Lyon), Fei-Hsin et Jérome Lamy ont décidé de reprendre ce Verre à Soie. Lui œuvre toujours comme sommelier, proposant de séduisants accords mets et vins, mettant en valeur la jolie cuisine de son épouse, inspirée par ses origines taïwanaises. Un beau mariage franco-asiatique !

D'un Goût à l'Autre ⓝ

21 r. des Déportés – ℰ 04 75 26 62 27 – www.dungoutalautre.fr – Fermé 1ᵉʳ-15 oct., 6-21 janv., dim. soir et lundi
Formule 27 € – Menu 32/45 € – Carte environ 40 €

Un tout petit restaurant dans la rue la plus animée de la ville, créé par un jeune couple ayant fait ses classes dans de belles maisons sur la côte. Dès la lecture de la carte, nos papilles sont en éveil, d'autant que le chef privilégie au maximum les produits bio. D'un goût à l'autre, les assiettes sont fort bien composées…

rte de Gap 7 km sur D 94 – ✉26110 Nyons

La Charrette Bleue

– ℰ 04 75 27 72 33 – www.lacharrettebleue.net – Fermé 9-18 nov., 4 janv.-5 fév., dim. soir d'oct. à mars, mardi de sept. à juin et merc.
Formule 20 € – Menu 30/45 € – Carte 37/52 €

Impossible de manquer ce relais de poste du 18ᵉ s. avec sa charrette bleue posée sur le toit ! Joli hommage à René Barjavel, dont l'œuvre du même nom racontait son enfance au pays. L'esprit de la région habite le décor (terrasse sous des canisses) comme la cuisine, soignée et gourmande. Une bonne adresse, aux prix doux.

rte d'Orange 4 km sur D 94 – ✉26110 Nyons

La Bastide des Monges sans rest

– ℰ 04 75 26 99 69 – www.bastidedesmonges.com – Ouvert 1ᵉʳ mars-10 nov.
9 ch – †78/125 € ††78/125 € – ☲ 12 €

"Nyons me paraît être le paradis terrestre" disait Jean Giono. Voilà une phrase qui aurait trouvé écho chez les sœurs de cet ancien couvent du 18ᵉ s. Les chambres, de style provençal, donnent sur le jardin ou les vignes. Accueil charmant.

à Montaulieu 14 km à l'Est par D 94, D 64 et D 501 – ✉ 26110 – 77 hab. – Alt. 510 m

Les Terrasses

au village – ℰ 04 75 27 42 91 – www.lesterrasses-montaulieu.fr – Ouvert 15 avril-15 nov.
3 ch ☲ – †160/230 € ††180/250 €

C'est l'histoire d'un village en ruine revenu à la vie grâce à une bande d'amis. Parmi eux, un couple a restauré cette bâtisse où le charme le dispute à l'authenticité : déco chinée, terrasses et jardins suspendus… Une adresse hors du temps où l'on met la cuisine régionale et les côtes-du-rhône à l'honneur.

OBERHASLACH

✉ 67280 (Bas-Rhin) – 1 777 hab. – Alt. 270 m – Voir carte n°**1-A1**
▶ Paris 482 km – Molsheim 16 km – Saverne 32 km – St-Dié 57 km
Carte Michelin 315-H5

🏠 Hostellerie St-Florent   🎿 🛎 🤶 ⚿ 🅿

*28 r. Nideck – ℰ 03 88 50 94 10 – www.hostellerie-saint-florent.com – Fermé
26 janv.-3 fév., 6-16 juil. et 9-18 nov.*
20 ch – ♦48/53 € ♦♦61/80 € – ☷ 10 € – ½ P
Rest *Hostellerie St-Florent* – voir les restaurants ci-après
Il règne une ambiance très chaleureuse dans cette maison alsacienne, nichée
entre les vignes, au cœur de ce village fleuri du Nideck. Les chambres sont à
prix très doux et les jolis chemins aux alentours n'attendent que les randonneurs !

✗✗ Hostellerie St-Florent   ⇧ 🅿

*28 r. Nideck – ℰ 03 88 50 94 10 – www.hostellerie-saint-florent.com – Fermé
26 janv.-3 fév., 6-16 juil., 9-18 nov., sam. midi, dim. soir et lundi sauf le soir
d'avril à oct.*
Formule 12 € – Menu 27 € (semaine)/38 € – Carte 32/49 €
Il a vraiment du charme, ce restaurant, avec ses jolies boiseries et ses lampes
rétro. Dans l'assiette, crème de girolles et magret fumé, dos de cabillaud en
croûte de chorizo et julienne de légumes... on profite d'une bonne cuisine traditionnelle et de quelques spécialités alsaciennes.

OBERNAI

✉ 67210 (Bas-Rhin) – 10 689 hab. – Alt. 185 m – Voir carte n°**1-A2**
▶ Paris 488 km – Colmar 50 km – Molsheim 12 km – Sélestat 27 km
Carte Michelin 315-I6

🏠🏠 Le Parc   🎿 🍃 ⛄ 🔆 🅽 ⊛ 🏋 🛎 🤶 ⚿ 🅿

*169 rte d'Ottrott, à l'Ouest par D 426 – ℰ 03 88 95 50 08
– www.hotel-du-parc.com – Fermé 1ᵉʳ-10 juil. et 20 déc.-10 janv.*
55 ch – ♦110/250 € ♦♦110/250 € – 7 suites – ☷ 22 € – ½ P
Rest *La Table* **Rest** *La Stub* – voir les restaurants ci-après
Dans cette grande demeure à pans de bois, les chambres et suites adoptent un
style régional ou contemporain. Superbe piscine intérieure dans l'espace bien-
être ; toutes sortes de massages sont proposés, dont l'Alsacien aux essences des
Vosges !

🏠🏠 À la Cour d'Alsace   🎿 🍃 🔆 🅽 🛎 🤶 ⚿ 🅿   Plan : A**a**

*3 r. Gail – ℰ 03 88 95 07 00 – www.cour-alsace.com – Fermé
24 déc.-26 janv.*
53 ch – ♦119/259 € ♦♦139/269 € – 5 suites – ☷ 20 € – ½ P
Rest *Jardin des Remparts* **Rest** *Caveau de Gail* – voir les restaurants ci-après
On pénètre d'abord dans la cour intérieure, non loin du centre historique de la
ville. Là, dans cette ancienne propriété des barons de Gail, confort, douceur de
vivre et luxe sont au rendez-vous. Idéal pour une étape gastronomique ou culturelle.

🏠 Le Colombier sans rest   Plan : A**n**

6 r. Dietrich – ℰ 03 88 47 63 33 – www.hotel-colombier.com
46 ch – ♦89/185 € ♦♦89/185 € – 6 suites – ☷ 13 €
Au cœur de la vieille ville, cette bâtisse régionale propose des chambres confortables et sobrement décorées, dont celles du 4ᵉ étage offrent une jolie vue sur les
toits. Également une annexe, Pavillon 7, juste en face.

🏠 Les Jardins d'Adalric sans rest   🍃 ⛄ 🍽 🛎 🔆 🅽 ⚿ 🅿

19 r. du Mar.-Koenig, par ① – ℰ 03 88 47 64 47 – www.lesjardinsadalric.com
43 ch – ♦89/134 € ♦♦89/134 € – 2 suites – ☷ 12 €
Chambres sobres et contemporaines dans cet hôtel légèrement excentré, à dix
minutes à pied du centre historique. Deux duplex sont à disposition des familles ;
l'été, on prend son petit-déjeuner sur la terrasse et on profite du jardin.

OBERNAI

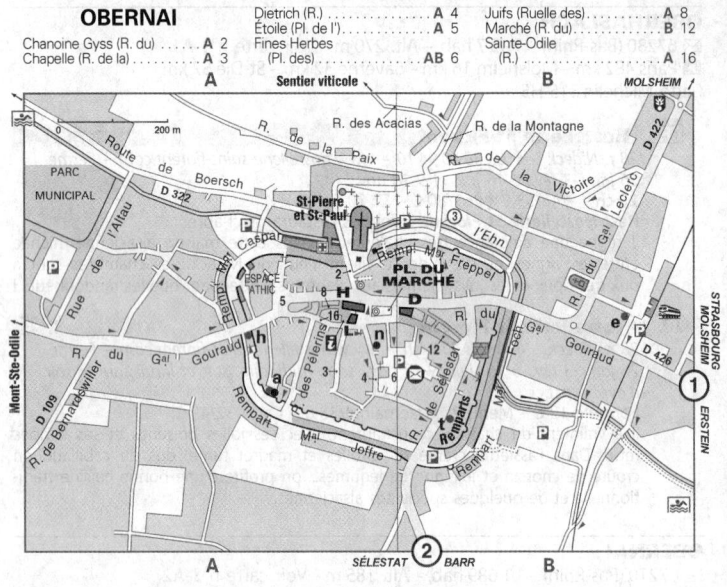

La Fourchette des Ducs (Nicolas Stamm)

ᏦᏦᏦ   ⚬ AC

🕃🕃 6 r. de la Gare – ✆ 03 88 48 33 38   Plan : B**e**
– www.lafourchettedesducs.com – Fermé 27 juil.-13 août, 4-13 janv., dim. soir,
lundi et le midi sauf dim.
Menu 115/150 € – Carte 133/184 € *(réservation conseillée)*
L'hiver, atmosphère cosy (boiseries et poutres apparentes) ; l'été, fraîcheur
contemporaine dans une salle ouverte sur la cour intérieure... Et en toute saison, des assiettes de haute volée, dans lesquelles de bons produits sont travaillés
avec une pointe de créativité, pour de succulents coups de fourchette.
→ Mérus de crabe royal au caviar, avocat et agrumes en aigre-doux. Cannelloni
de homard et truffe, sauce homardine au gingembre. Crème au moka, ganache
moelleuse aux épices et au chocolat.

Jardin des Remparts – Hôtel À la Cour d'Alsace

ᏦᏦᏦ   🏵 ⇔ 🕤 **P**

3 r. Gail – ✆ 03 88 95 07 00 – www.cour-alsace.com   Plan : A**a**
– Fermé 2 août-4 sept., 21-31 déc., 26 janv.-6 mars, le soir sauf jeudi, vend. et
sam. et le midi sauf dim.
Menu 39/79 € – Carte 49/82 €
Une adresse de caractère ! Décorée dans un style classique et luxueux, elle propose
des plats traditionnels ou plus créatifs : velouté d'escargots, foie gras à la rhubarbe, etc.

La Table – Hôtel Le Parc

ᏦᏦᏦ   ⇔ AC ⚘ ⇄ **P**

169 rte d'Ottrott, à l'Ouest par D 426 – ✆ 03 88 95 50 08
– www.hotel-du-parc.com – Fermé 1er-10 juil., 20 déc.-10 janv., dim. soir, lundi et
le midi
Menu 55/77 € – Carte 53/75 €
Voilà, dans les faubourgs de la ville, une imposante maison alsacienne où les
générations se succèdent depuis la création de l'établissement en 1954. Saumon
d'Écosse fumé aux asperges blanches, lieu jaune à l'avocat, coriandre et agrumes... On se régale d'une bonne cuisine actuelle, fine et bien réalisée.

✗✗ **Le Bistro des Saveurs** (Thierry Schwartz) ⊗⇔
☆ *35 r. de Sélestat – ℰ 03 88 49 90 41 – www.bistro-saveurs.fr* Plan : B**t**
– Fermé 26 juil.-17 août, dim. et lundi
Formule 29 € – Menu 36 € (semaine), 57 € ☂/89 € – Carte 56/91 €
Poutres apparentes, bouteilles en vitrine, cheminée : le cadre est raffiné... et en
cuisine, le jeune chef fait des merveilles : avec de bons produits bio ou achetés
à des petits producteurs locaux, il concocte des plats remarquables de saveurs
et d'imagination. On sent là tout le travail d'un véritable passionné !
→ L'œuf dans l'œuf à la truffe. Homard bleu grillé aux branches parfumantes.
Tarte mirabelle "Pépé Oscar".

✗✗ **Caveau de Gail** – Hôtel À la Cour d'Alsace ⊗ ⇦ ⅙ **P**
3 r. Gail – ℰ 03 88 95 07 00 – www.cour-alsace.com – Fermé Plan : A**a**
26 déc.-26 janv. et sam. midi
Formule 22 € – Menu 28 € (déj. en semaine), 32/39 € – Carte 36/55 €
Ce Caveau est en fait une sorte de winstub de luxe ! La cuisine traditionnelle y est
à l'honneur, avec de belles allusions au terroir alsacien : truite aux amandes, choucroute aux trois poissons, crème brûlée au marc de gewurztraminer, etc.

✗ **La Stub** – Hôtel Le Parc ⇦ 𝔸�ℂ ⅙ **P**
169 rte d'Ottrott, à l'Ouest par D 426 – ℰ 03 88 95 50 08
– www.hotel-du-parc.com – Fermé 1er-10 juil., 20 déc.-10 janv., dim., lundi et le
soir
Formule 40 € ☂ – Menu 45 € ☂ – Carte 36/49 €
Le bois qui décore les murs de cette Stub a été récupéré dans d'anciennes fermes ; un cadre chaleureux avec ses alcôves et son poêle en faïence, pour déguster tartare de hareng "grand-mère", pied de porc farci, quenelles de brochet...

✗ **À l'Agneau d'Or**
99 r. Gén.-Gouraud – ℰ 03 88 95 28 22 Plan : A**h**
– www.agneaudor.eresto.net – Fermé sam. midi, dim. soir et lundi
Formule 10 € – Menu 26/40 € – Carte 28/52 €
Près des remparts, une maison typiquement alsacienne, tant d'apparence que de
philosophie. Le décor est éminemment chaleureux, avec du mobilier en bois, des
plafonds traditionnels et des chaises typiques de l'artisanat local ; quant à l'assiette, elle cultive le goût des bonnes recettes régionales.

à Ottrott 4 km à l'Ouest par D 426 – ⊠ 67530 – 1 611 hab. – Alt. 268 m

🏠🏠🏠 **Hostellerie des Châteaux** ⅋〇 ⅗ ⋖ ⇦ ☒ ⊕ ⅌ 🎧 ♿ 𝔸�ℂ 🛜 ⅍ **P**
11 r. des Châteaux, Ottrott-le-Haut – ℰ 03 88 48 14 14 🚗
– www.hostellerie-chateaux.fr – Fermé 4 janv.-4 fév.
55 ch – ♦129/359 € ♦♦129/359 € – 11 suites – ☕ 22 € – ½ P
Rest *Hostellerie des Châteaux* – voir les restaurants ci-après
Cet imposant hôtel vous invite à un grand moment de détente : spa et soins très
complets, superbe piscine intérieure, deux restaurants, formule brunch le dimanche... Dans les chambres, spacieuses, l'esprit contemporain se marie au style alsacien. Le chic même !

Question de standing : n'attendez pas le même service dans un ✗ ou un 🏠
que dans un ✗✗✗✗ ou un 🏠🏠🏠🏠.

🏠🏠🏠 **Le Clos des Délices** ⅋〇 ⅗ ⇦ ☒ ⊕ ♿ 𝔸�ℂ 🛜 ⅍ **P**
17 rte de Klingenthal, 1 km au Nord-Ouest par D 426 – ℰ 03 88 95 81 00
– www.leclosdesdelices.com
20 ch – ♦109/279 € ♦♦109/279 € – 1 suite – ☕ 19 €
Rest *Le Châtelain* – voir les restaurants ci-après
Dans un grand parc, on remarque d'abord la jolie façade tapissée de verdure...
puis on paresse agréablement dans une chambre raffinée, colorée et bien insonorisée. Petit spa.

1139

🏠🏠 À l'Ami Fritz
🔟 ⛲ ♨ 🚭 ♿ 🅰🅲 📶 ♨ 🅿

Ottrott-le-Haut – ℰ 03 88 95 80 81 – www.amifritz.com – Fermé 2 semaines en janv.

24 ch – ♦100/125 € ♦♦100/170 € – 2 suites – ☕ 16 € – ½ P

Rest À l'Ami Fritz😊 – voir les restaurants ci-après

Une maison régionale avec beaucoup de charme. Le décor des chambres est très soigné, dans une veine contemporaine agréable à vivre ; quatre d'entre elles, spacieuses et design, sont situées dans le pavillon voisin. Un bel ensemble.

🍽🍽🍽 À l'Ami Fritz – Hôtel À l'Ami Fritz
⛲

Ottrott-le-Haut – ℰ 03 88 95 80 81 – www.amifritz.com – Fermé 1er-10 juil., 2 semaines en janv. et merc.

Formule 24 € – Menu 31/70 € – Carte 41/63 €

M. Fritz, c'est le chef-patron, mais l'enseigne fait aussi référence au roman d'Erckmann et Chatrian (1854), dont le héros sacrifie tout à la bonne chère. Un sacré patronage pour une cuisine très savoureuse, dans un décor qui porte également haut le charme de la région !

🍽🍽🍽 Hostellerie des Châteaux – Hostellerie des Châteaux
⛲ 🍴 ♿ 🅰🅲 🅿

11 r. des Châteaux, Ottrott-le-Haut – ℰ 03 88 48 14 14 – www.hostellerie-chateaux.fr – Fermé 4 janv.-4 fév.

Menu 49 € (semaine), 69/92 € – Carte 65/90 €

Un cadre feutré et intime, pour une carte qui se veut sophistiquée : saumon mariné aux fleurs de câpres, feuilletage de ris de veau, caillé de munster à l'ail des ours...

🍽🍽🍽 Le Châtelain – Hôtel le Clos des Délices
⛲ 🍴 🅰🅲 ♨

17 rte de Klingenthal, 1 km au Nord-Ouest par D 426 – ℰ 03 88 95 81 00 – www.leclosdesdelices.com – Fermé le midi du lundi au jeudi

Menu 39 € (semaine), 49/69 € – Carte 67/78 €

Un restaurant qui ouvre sur les bois... En terrasse ou dans la jolie salle, on savoure une bonne cuisine traditionnelle non dénuée de créativité : pintade pochée et pesto à l'ail des ours, sphère meringuée comme un vacherin... Idéal pour se restaurer au vert !

OBERSTEINBACH

✉ 67510 (Bas-Rhin) – 242 hab. – Alt. 239 m – Voir carte n°**1-B1**
▶ Paris 458 km – Bitche 22 km – Haguenau 35 km – Strasbourg 68 km
Carte Michelin 315-K2

🍽🍽🍽 Anthon avec ch
♨ ⛲ 🍴 ♿ rest. 📶 🅿

40 r. Principale – ℰ 03 88 09 55 01 – www.restaurant-anthon.fr – Fermé janv., mardi et merc.

12 ch – ♦65/80 € ♦♦80/110 € – ☕ 12 € – ½ P   Menu 26/54 € – Carte 37/66 €

Une élégante salle en rotonde dans une maison à colombages (1860) : l'endroit est idéal pour savourer une cuisine classique et de terroir. Chambres spacieuses, dont deux conservent des lits traditionnels en alcôve.

OBJAT

✉ 19130 (Corrèze) – 3 582 hab. – Alt. 131 m – Voir carte n°**24-B3**
▶ Paris 467 km – Brive-la-Gaillarde 21 km – Limoges 79 km – Tulle 45 km
Carte Michelin 329-J4 – Guide Vert Michelin Limousin Berry

🍽 La Tête de L'Art
🍴 🅰🅲 ♨ ⟳ 🅿

53 av. J. Lascaux – ℰ 05 55 25 50 42 – www.tete-de-lart.fr – Fermé 1 semaine en fév., 20 juin-3 juil., mardi soir et merc.

Formule 14 € – Menu 20/42 €

Afin de marier l'art avec le goût, ce restaurant familial expose des toiles d'artistes locaux. En cuisine, le chef prépare des recettes traditionnelles rehaussées d'une pointe d'originalité. Une enseigne appréciée dans la région.

OFFENDORF

✉ 67850 (Bas-Rhin) – 2 183 hab. – Alt. 125 m – Voir carte n°**1-B1**
▶ Paris 494 km – Karlsruhe 70 km – Strasbourg 29 km – Karlsruhe 70 km

✗ A la Forêt du Rhin

2 r. Principale – ✆ 03 88 96 54 04 – www.foret-du-rhin.com – Fermé 2 semaines en sept., merc. soir de sept. à mars, lundi sauf le midi de sept. à mars et mardi soir
Formule 10 € – Menu 27/38 € – Carte 25/50 €

Au moulin, père et fils jouent une partition à quatre mains, dans laquelle le marché et le terroir sont les thèmes dominants. Pendant ce temps, en salle, l'épouse du premier et mère du second veille à ce que la musique plaise aux gourmands. Une histoire de famille !

OFFRANVILLE – 76 (Seine-Maritime) → voir Dieppe

OGNES – 02 (Aisne) → voir Chauny

L'OIE

✉ 85140 (Vendée) – 1 158 hab. – Alt. 102 m – Voir carte n°**34**-B3
🚩 Paris 394 km – Cholet 40 km – Nantes 62 km – Niort 94 km
Carte Michelin 316-J7

🏨 Le Grand Turc

33 r. Nationale – ✆ 02 51 66 08 74 – www.hotel-legrandturc.fr – Fermé 22 déc.-12 janv.
29 ch – †50/120 € ††50/120 € – ☲ 11 € – ½ P
Rest *Le Grand Turc* – voir les restaurants ci-après

L'enseigne évoque le mamelouk Amakuc, chef de la garde de Napoléon Ier lors du passage de ce dernier à l'auberge. Si celle-ci donne sur la nationale, les chambres – fraîches et agréables – se trouvent sur l'arrière, au calme.

✗✗ Le Grand Turc

33 r. Nationale – ✆ 02 51 66 08 74 – www.hotel-legrandturc.fr – Fermé 22 déc.-12 janv., sam. soir hors saison et dim.
Formule 16 € – Menu 22/41 € – Carte 36/72 €

Cuisine traditionnelle côté "gastro" ; buffet et plat du jour à la brasserie... deux offres de restauration chez ce Grand Turc qu'on croque !

OINVILLE-SOUS-AUNEAU

✉ 28700 (Eure-et-Loir) – 341 hab. – Alt. 150 m – Voir carte n°**12**-C1
🚩 Paris 77 km – Chartres 20 km – Montigny-le-Bretonneux 50 km – Orléans 88 km
Carte Michelin 311-G5

⌂ Moulin de Lonceux sans rest

Hameau de Lonceux – ✆ 06 70 00 60 45 – www.moulin-de-lonceux.com
5 ch ☲ – †85/120 € ††105/120 €

En pleine campagne, on vient se ressourcer dans la quiétude de cet ancien moulin du 18e s, dont les chambres sont à la fois élégantes et confortables. Au petit-déjeuner, ne passez pas à côté des gâteaux dont la farine est fabriquée sur place. Charmant !

OIZON

✉ 18700 (Cher) – 707 hab. – Alt. 230 m – Voir carte n°**12**-C2
🚩 Paris 179 km – Bourges 54 km – Cosne-Cours-sur-Loire 35 km – Gien 29 km
Carte Michelin 323-L2

✗✗ Les Rives de l'Oizenotte

à l'étang de Nohant, 1 km à l'Est – ✆ 02 48 58 06 20
– www.lesrivesdeloizenotte.fr – Fermé 22 déc.-22 janv., 16-30 juin, dim. soir de la Toussaint à Pâques, lundi et mardi
Formule 25 € ☂ – Menu 34 € ☂/39 € ☂ *(réservation conseillée)*

Sur la terrasse avec vue sur l'étang, ou dans la salle joliment décorée sur le thème de la pêche, on déguste une bonne cuisine traditionnelle : fromage blanc de chèvre aux herbes, travers de cochon fermier d'auvergne laqué au cassis... De quoi mettre l'eau à la bouche !

OLEMPS – 12 (Aveyron) → voir Rodez

OLÉRON (ÎLE D') – 17 (Charente-Maritime) → voir Île d'Oléron

OLIVET – 45 (Loiret) → voir Orléans

OLLIOULES

✉ 83190 (Var) – 13 023 hab. – Alt. 52 m – Voir carte n°**40**-B3
▶ Paris 829 km – Aix-en-Provence 80 km – Marseille 59 km – Toulon 8 km
Carte Michelin 340-K7 – Guide Vert Michelin Côte d'Azur

XXX L'Atelier du Vigneron   AC ✧
*348 av. de la Résistance – ℰ 04 94 62 42 34 – www.atelier-du-vigneron.fr – Fermé
15 fév.-10 mars, merc. midi, dim. soir et lundi*
Formule 20 € – Menu 25/42 € – Carte 50/60 €
Un restaurant créé dans un ancien garage, voilà qui ne manque pas de sel ! Cet
Atelier-là est à l'image de son sympathique patron : original et exubérant. Meubles de famille, tableaux anciens, touches rococo... Un écrin de choix pour des
assiettes de tradition, préparées avec soin.

XX La Table de Terrebrune   🍽 🏡 P
*724 chemin de la Tourelle, (domaine de Terrebrune), par rte de Gros-Cerveau
– ℰ 04 94 88 36 19 – www.terrebrune.fr – Fermé 2 semaines en fév., 2 semaines
en nov., mardi et merc.*
Formule 27 € – Menu 46 € *(réservation conseillée)*
Une table raffinée, cosy et chaleureuse. Près de la cheminée, ou sur la terrasse, on
savoure une cuisine du bassin méditerranéen, rehaussée de quelques clins d'œil
au reste du monde. Le tout accompagné d'une bonne bouteille "maison", issue
du domaine viticole de 35 hectares... On se régale !

OLMETO – 2A (Corse-du-Sud) → voir Corse

OLMETO PLAGE – 2A (Corse-du-Sud) → voir Corse, Olmeto

OLORON-STE-MARIE

✉ 64400 (Pyrénées-Atlantiques) – 10 854 hab. – Alt. 224 m – Voir carte n°**3**-B3
▶ Paris 809 km – Bayonne 105 km – Mont-de-Marsan 101 km – Pau 34 km
Carte Michelin 342-I5 – Guide Vert Michelin Aquitaine

🏨 Alysson   ⅠⓄ 🍽 ⚒ ♨ ♿ AC 🛜 ♨ P
bd des Pyrénées – ℰ 05 59 39 70 70 – www.alysson-hotel.fr
46 ch – ♦90/110 € ♦♦98/120 € – 1 suite – ☕ 12 €
En bordure d'un axe passant, cet hôtel récent abrite des chambres spacieuses et
fonctionnelles (certaines avec baignoire balnéo), rénovées de pied en cap ces dernières années. Le restaurant s'ouvre sur le jardin. Idéal pour la clientèle d'affaires.

OMIÉCOURT

✉ 80320 (Somme) – 238 hab. – Alt. 85 m – Voir carte n°**37**-B2
▶ Paris 128 km – Amiens 64 km – Compiègne 53 km – Saint-Quentin 39 km
Carte Michelin 301-K9

⌂ Château d'Omiécourt sans rest   🌳 🍽 ⚒ 🔳 🌿 🛜 P
*4 r. du Bosquet – ℰ 03 22 83 01 75 – www.chateau-omiecourt.com – Fermé 3
semaines en janv.*
5 ch ☕ – ♦95/130 € ♦♦135/165 €
Dans ce château de famille, entouré d'un parc de 16 ha, on est accueilli par la 5e
génération ! Il fait bon se reposer dans les chambres ("1900", "Louis XVI", etc.) au
beau mobilier chiné. À noter, le bel espace bien-être (sauna, hammam, jacuzzi...),
parfait pour un week-end détente.

OMONVILLE-LA-PETITE

✉ 50440 (Manche) – 140 hab. – Alt. 33 m – Voir carte n°**32**-A1
▶ Paris 380 km – Barneville-Carteret 45 km – Cherbourg 25 km –
Nez de Jobourg 7 km
Carte Michelin 303-A1 – Guide Vert Michelin Normandie Cotentin

⌂ **La Fossardière** sans rest 🐾 🕾 📶 **P**
au hameau de la Fosse – ℰ 02 33 52 19 83 – www.lafossardiere.fr – Ouvert
15 mars-15 nov.
8 ch – **†**70/87 € **††**70/87 € – ☲ 10 €
Dans un paisible hameau, en retrait du village où repose Jacques Prévert, un hôtel
qui ne ressemble pas à un hôtel... Les chambres sont réparties dans des petites maisons de pays, toutes plus mignonnes les unes que les autres. Reposant !

ONZAIN

✉ 41150 (Loir-et-Cher) – 3 475 hab. – Alt. 69 m – Voir carte n°**11-A1**
▶ Paris 201 km – Amboise 21 km – Blois 19 km – Château-Renault 24 km
Carte Michelin 318-E6

🏠🏠🏠 **Domaine des Hauts de Loire** ⅠО 🐾 🖚 ⵣ ✕ 🅰 🕾 ⳧ **P**
79 r. Gilbert Navard, rte de Mesland, 3 km au Nord-Ouest par D 1 et voie privée
– ℰ 02 54 20 72 57 – www.domainehautsloire.com – Fermé 18-25 déc. et
3-22 janv.
20 ch – **†**190/395 € **††**190/395 € – 11 suites – ☲ 23 € – ½ P
Rest *Domaine des Hauts de Loire* 🕸🕸 – voir les restaurants ci-après
Dans son parc forestier à mi-chemin entre Chenonceaux, Amboise et Blois, ce castel centenaire exprime l'âme noble de la région. Objets anciens, imprimés chatoyants, beaux volumes (certaines chambres sous la charpente apparente) : le
savoir-vivre à la ligérienne...

✕✕✕✕ **Domaine des Hauts de Loire** 🖚 🕾 🅰 ✕
🕸🕸 *79 r. Gilbert Navard, rte de Mesland, 3 km au Nord-Ouest par D 1 et voie privée*
– ℰ 02 54 20 72 57 – www.domainehautsloire.com – Fermé 18-25 déc.,
3-22 janv., lundi et mardi sauf fériés d'oct. à avril, merc. midi, jeudi midi et vend.
midi
Formule 49 € ♀ – Menu 79 € (déj.), 99/165 € – Carte 115/165 €
Dans cet élégant pavillon de chasse du 19ᵉ s., du gibier bien sûr (automne-hiver),
mais aussi des poissons de la Loire, de beaux légumes et fruits de saison... D'excellents produits et une exécution très fine, avec comme but ultime : le goût.
→ Anguille poêlée, mie de pain dorée et salade à la vinaigrette d'échalote. Filet
de bœuf au foie gras, gnocchis de pomme de terre truffés et légumes d'été.
Framboises au cassis, sorbet citron et basilic.

OPIO

✉ 06650 (Alpes-Maritimes) – 2 142 hab. – Alt. 300 m – Voir carte n°**42-E2**
▶ Paris 911 km – Cannes 17 km – Digne-les-Bains 125 km – Draguignan 74 km
Carte Michelin 341-C5

✕✕ **Le Mas des Géraniums** 🖚 🕾 **P**
1 km à San Peyre, à l'Est sur D 7 – ℰ 04 93 77 23 23
– www.le-mas-des-geraniums.com – Fermé 3 nov.-19 déc., mardi et merc.
Formule 18 € – Menu 25/49 € – Carte 43/70 €
Une belle auberge sur la colline d'Opio, avec un jardin fleuri et ouvert sur la campagne, où il est bien agréable de s'attabler... Comme au bon vieux temps, on
déguste ici une authentique cuisine provençale, faite dans les règles, avec
des ingrédients gorgés de fraîcheur. Comment se lasser de tels plaisirs ?

ORADOUR-SUR-GLANE

✉ 87520 (Haute-Vienne) – 2 325 hab. – Alt. 275 m – Voir carte n°**24-B2**
▶ Paris 408 km – Angoulême 85 km – Bellac 26 km – Confolens 33 km
Carte Michelin 325-D5 – Guide Vert Michelin Limousin Berry

✕ **Le Milord** 🕾 ⳧
🐾 *10 av. du 10-Juin – ℰ 05 55 03 10 35 – www.restaurantlemilordtraiteur.fr*
– Fermé dim. soir
Formule 13 € – Menu 18 € (déj. en semaine), 27/37 € – Carte 21/51 €
Ici règne une atmosphère résolument familiale. Épaulée par ses parents, la jeune
cuisinière concocte des plats traditionnels sans fioriture, mais généreux. Allez
venez, Milord...

ORADOUR-SUR-VAYRES

✉ 87150 (Haute-Vienne) – 1 522 hab. – Alt. 322 m – Voir carte n°**24-A2**
▶ Paris 433 km – Limoges 40 km – Panazol 45 km – St-Junien 23 km
Carte Michelin 325-C6

La Bergerie des Chapelles ⏸ 🍴 🛏 🛋 ⌚ ✆ ⚹ ⬚ 🛜 **P**

chemin de la Côte, 1 km au Sud par rte de Cussac – ✆ 05 55 78 29 91
– www.domainedeschapelles.com – Fermé 2 semaines fin oct. et 3 semaines en janv.
8 ch – †71/81 € ††71/150 € – ⌕ 13 €

Une ancienne bergerie dans un grand parc, en pleine nature... Avec son fort caractère rustique et ses belles touches contemporaines, elle a un sacré charme bucolique ! Petit plus : certaines chambres ont une terrasse côté piscine. Menu unique pour les résidents.

ORANGE

✉ 84100 (Vaucluse) – 29 302 hab. – Alt. 97 m – Voir carte n°**42-E1**
▶ Paris 655 km – Alès 84 km – Avignon 31 km – Carpentras 24 km
Carte Michelin 332-B9 – Guide Vert Michelin Provence

Arène Külm ⏸ ⛲ ⌚ 🛋 ⬚ 🛜 ⚹ ⬚

pl. Langes – ✆ 04 90 11 40 40 – www.hotel-arene.fr Plan : AY**a**
40 ch – †81/300 € ††105/300 € – ⌕ 10 € – ½ P

L'hôtel de référence à Orange, agréablement situé sur une place piétonne au cœur de la cité (le bâtiment date du 19e s.). Il offre un bon rapport qualité-prix compte tenu de ses prestations : chambres spacieuses et bien équipées, bassin de nage, piscine, etc.

Lou Cigaloun sans rest ⚹ ⬚ 🛜

4 r. Caristie – ✆ 04 90 34 10 07 – www.hotel-loucigaloun.com Plan : BY**x**
24 ch – †49/136 € ††64/136 € – ⌕ 9 €

À deux pas du théâtre antique, cet établissement familial a bénéficié en 2013 d'une véritable cure de jouvence, optant pour un décor à la fois sobre et chaleureux. Aux beaux jours, on prend son petit-déjeuner côté patio. Une agréable étape.

Le Glacier sans rest ⬚ ⚹ ⬚ 🛜

46 cours Aristide-Briand – ✆ 04 90 34 02 01 Plan : AY**r**
– www.le-glacier.com – Fermé 19 déc.-10 janv., vend., sam. et dim. de nov. à fév.
33 ch – †68/135 € ††68/135 € – ⌕ 10 €

Sur le boulevard de ceinture de la ville, derrière une façade rose, un hôtel tout simple, d'esprit provençal, tenu par la même famille depuis trois générations. L'accueil est d'une grande gentillesse, et l'on s'y sent bien.

Justin de Provence sans rest ⏸ 🛏 ⌚ 🖥 ⬚ ⚹ **P**

chemin du Mercadier, 2 km par ② – ✆ 04 90 69 57 94
– www.justin-de-provence.com
5 ch ⌕ – †120/195 € ††125/210 €

Le mas du grand-père Justin, mué en une superbe maison de campagne... Chambres rétro et pleines de style, mobilier chiné par la propriétaire, décor de bistrot à la Pagnol – sans oublier les oliviers et la lavande : un concentré de Provence !

🍴🍴 Le Parvis ⌚ ⬚

55 cours Pourtoules – ✆ 04 90 34 82 00 Plan : BZ**e**
– Fermé 31 août-8 sept., 9 nov.-1er déc., 18 janv.-1er fév., dim. et lundi
Formule 16 € – Menu 20 € (déj. en semaine), 30/49 € – Carte 44/57 €

Fidèle à sa Provence natale, Jean-Michel Berengier concocte, avec les produits de la région, une cuisine du terroir fine et goûteuse. Résultat ? Des saveurs et de l'émotion dans chaque assiette, que ce soit avec le menu autour de la truffe en saison ou les produits tripiers à l'automne... Et tout est fait maison !

🍴🍴 Au Petit Patio ⌚ ⚹ ⬚

58 cours Aristide-Briand – ✆ 04 90 29 69 27 – Fermé Plan : AZ**b**
27 août-3 sept., 21 déc.-6 janv., merc. soir, jeudi soir et dim.
Formule 19 € ⚹ – Menu 27/37 € – Carte 42/54 €

À la lisière de la vieille ville, une allée discrète mène à ce petit patio préservé du bruit et du passage. Quelques tables y prennent leurs aises aux beaux jours, mais vous pouvez préférer la salle, élégante et confortable. Le chef aime travailler les produits de Provence et le poisson : jolie palette !

ORANGE

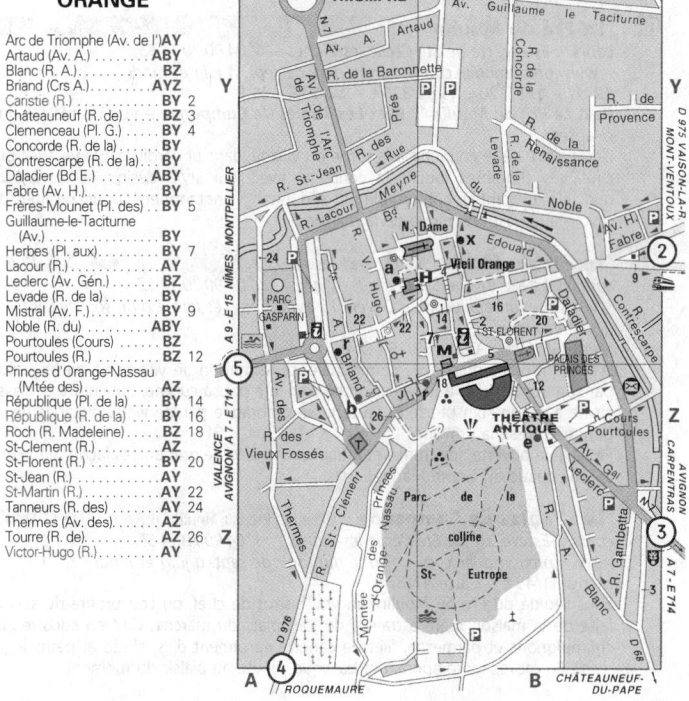

Arc de Triomphe (Av. de l') **AY**
Artaud (Av. A.) . . . . **ABY**
Blanc (R. A.) . . . . **BZ**
Briand (Crs A.) . . . . **AYZ**
Caristie (R.) . . . . **BY** 2
Châteauneuf (R. de) . . . . **BZ** 3
Clemenceau (Pl. G.) . . . . . **BY** 4
Concorde (R. de la) . . . . . . **BY**
Contrescarpe (R. de la) . . . **BY**
Daladier (Bd E.) . . . . **ABY**
Fabre (Av. H.) . . . . **BY**
Frères-Mounet (Pl. des) . . **BY** 5
Guillaume-le-Taciturne (Av.) . . . . **BY**
Herbes (Pl. aux) . . . . **BY** 7
Lacour (R.) . . . . **AY**
Leclerc (Av. Gén.) . . . . **BZ**
Levade (R. de la) . . . . **BY**
Mistral (Av. F.) . . . . **BY** 9
Noble (R. du) . . . . **ABY**
Pourtoules (Cours) . . . . . . **BZ**
Pourtoules (R.) . . . . **BZ** 12
Princes d'Orange-Nassau (Mtée des) . . . . **AZ**
République (Pl. de la) . . . **BY** 14
République (R. de la) . . . **BY** 16
Roch (R. Madeleine) . . . . . **BZ** 18
St-Clement (R.) . . . . **AZ**
St-Florent (R.) . . . . **BY** 20
St-Jean (R.) . . . . **AY**
St-Martin (R.) . . . . **AY** 22
Tanneurs (R. des) . . . . **AY** 24
Thermes (Av. des) . . . . **AZ**
Tourre (R. de) . . . . **AZ** 26
Victor-Hugo (R.) . . . . **AY**

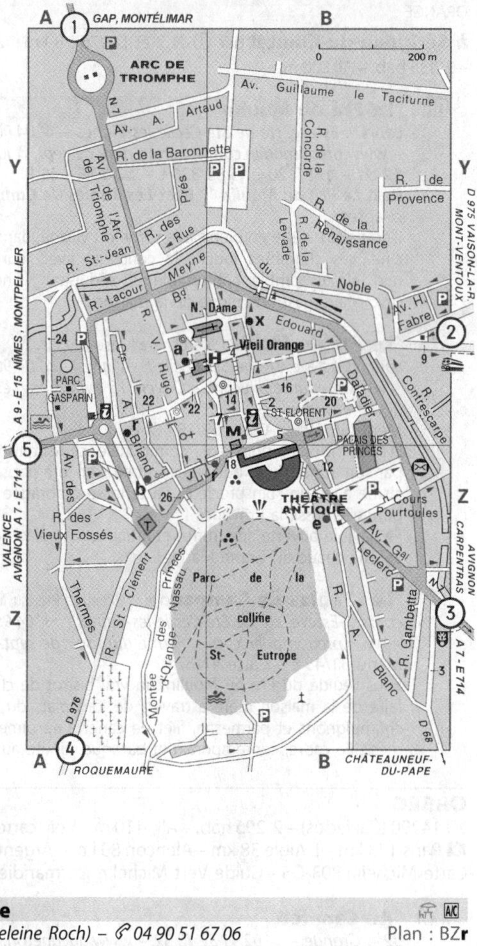

✗ **La Rom'Antique**

5 pl. Silvain, (r. Madeleine Roch) – ✆ 04 90 51 67 06 Plan : BZ**r**
– www.la-romantique.com – Fermé 20 oct.-3 nov., 1er-20 janv., dim., lundi et mardi de nov. à juin
Formule 13 € – Menu 22/28 € – Carte 33/41 €
L'été, on s'installe sur la terrasse en se délectant de la vue sur le théâtre antique et de saveurs ensoleillées... Ardoise du jour le midi.

au Nord 4 km par ①, N 7 et rte secondaire - ✉ 84100 Orange

✗✗ **Le Mas des Aigras - Table du Verger** avec ch

chemin des Aigras, Russamp Est
– ✆ 04 90 34 81 01 – www.masdesaigras.com
– Fermé vacances de la Toussaint et de Noël, lundi midi, merc. midi et sam. midi d'avril à sept., mardi et merc. d'oct. à mars
9 ch – †75/160 € ††75/160 € – ☕ 14 € – ½ P
Menu 23 € (déj. en semaine), 31/55 € – Carte 48/75 €
Un charmant mas en pierre, installé tranquillement au milieu des vignes et des champs. Le chef y prépare une goûteuse cuisine de saison, simple et bonne, avec de beaux produits. S'il fait beau, direction l'agréable terrasse. Pour l'étape, quelques chambres décorées dans un esprit contemporain.

à Sérignan-du-Comtat par ① N 7 et D 976 : 8 km – ⌧ 84830
– 2 435 hab. – Alt. 80 m

 Le Pré du Moulin 🏠 🍽 🏖 🚅 🍷 ⛄ AK 🛜 🅿

cours J.-Esteve, rte de Ste-Cécile-les-Vignes – ℰ 04 90 70 14 55
– www.predumoulin.com – Fermé dim. de sept. à juin et lundi
12 ch – 🛏85/320 € 🛏🛏85/320 € – ⬜ 19 € – ½ P
Rest *Le Pré du Moulin* ✿ **Rest** *Les Tables de Campagne* – voir les restaurants
ci-après
Une belle bâtisse en pierre à la sortie du village, dans un jardin paysager avec piscine. Les chambres jouent le contraste avec leur style design et contemporain. Un ensemble confortable et séduisant – notamment pour profiter du
savoir-faire gastronomique de la maison...

XXX **Le Pré du Moulin** (Caroline et Pascal Alonso) 🚅 🍷 ⛄ 🍴 AK ⛄
✿ *cours J.-Esteve, rte de Ste-Cécile-les-Vignes – ℰ 04 90 70 14 55*
– www.predumoulin.com – Ouvert 15 avril-3 nov. et fermé dim. soir de sept.
à juin et lundi
Menu 55/89 € – Carte 69/134 €
D'abord moulin, puis école communale, cette maison de village en pierre séduit
par son atmosphère bucolique... et plus encore par sa cuisine, qui cultive le classicisme avec un soin précieux. La terrasse ombragée par de vieux platanes fleure
bon, elle aussi, la Provence !
→ Raviole ouverte aux truffes et artichauts. Poêlée de grenouilles façon meunière.
Soufflé chaud au Grand Marnier.

X **Les Tables de Campagne** – Hôtel Le Pré du Moulin 🚅 🍷 ⛄ AK
cours J.-Esteve, rte de Ste-Cécile-les-Vignes – ℰ 04 90 70 14 55
– www.predumoulin.com – Fermé dim. soir de sept. à juin et lundi
Menu 31/45 € – Carte 41/67 €
Sous l'égide du Pré du Moulin, un vrai bistrot de chef, où l'on profite du savoir-
faire de la maison mère à travers de jolis plats du marché. Œuf en cocotte aux
champignons et parmesan, filet de canette au piment d'Espelette et petits légumes... Le cadre, contemporain et baroque, ajoute au plaisir du moment.

ORBEC

⌧ 14290 (Calvados) – 2 296 hab. – Alt. 110 m – Voir carte n°**33**-C2
▶ Paris 173 km – L'Aigle 38 km – Alençon 80 km – Argentan 53 km
Carte Michelin 303-O5 – Guide Vert Michelin Normandie Vallée de la Seine

XXX **Au Caneton**
32 r. Grande – ℰ 02 31 32 73 32 – www.aucaneton.fr
– Fermé 30 août-7 sept., dim. soir, lundi et mardi
Menu 27/76 € – Carte 67/77 € *(réservation conseillée)*
Huîtres, homard, foie gras... Pour une telle cuisine classique, cette charmante maison à colombages du 17e s., à la fois rustique et feutrée (poutres, cuivres, assiettes
anciennes), est le cadre parfait. Accueil charmant.

ORBEY

⌧ 68370 (Haut-Rhin) – 3 638 hab. – Alt. 550 m – Voir carte n°**1**-A2
▶ Paris 434 km – Colmar 23 km – Gérardmer 42 km – Munster 21 km
Carte Michelin 315-G8

 Bois Le Sire et son Motel 🍽 🍷 🔌 🛜 🏊 🅿 🚗
20 r. Ch.-de-Gaulle – ℰ 03 89 71 25 25 – www.bois-le-sire.fr – Fermé 4 janv.-6 fév.
36 ch – 🛏64/106 € 🛏🛏64/106 € – 1 suite – ⬜ 11 € – ½ P
Sur la route principale du village, une grande bâtisse colorée et son annexe aux
airs de motel. Dans cette dernière, les chambres sont plus grandes et plus calmes,
mais partout elles sont pratiques et agréables. Pour la détente, un espace forme
(piscine, hammam...). Restaurant traditionnel.

aux Basses-Huttes 4 km au Sud par D 48 – ✉ 68370

Wetterer

– ✆ 03 89 71 20 28 – www.hotel-wetterer.com – Fermé 8-26 mars, 3-26 nov.
et 5 janv.-4 fév.
15 ch – ♦47/53 € ♦♦61/70 € – ☟ 10 € – ½ P
Entre montagne, pâturages et forêt – quiétude garantie ! –, cette grande maison rustique propose des chambres simples et bien tenues, ainsi qu'une cuisine traditionnelle bon marché. Idéal pour les familles et les amateurs de nature.

ORCET

✉ 63670 (Puy-de-Dôme) – 2 695 hab. – Alt. 400 m – Voir carte n°**5**-B2
▶ Paris 429 km – Aurillac 146 km – Clermont-Ferrand 13 km – Moulins 110 km
Carte Michelin 326-G8

Toît pour Toi

1 r. de la Narse – ✆ 04 73 78 17 24 – www.toit-pour-toi.fr – Fermé dim. soir,
lundi, mardi et le midi sauf sam. et dim.
Menu 27/47 € – Carte environ 45 €
De vous à nous, à Toît pour toi, on se régale ! Ici, la cuisine se teinte de notes japonaises, thaïlandaises ou italiennes... Dépaysement garanti pour des gourmands en mal d'horizons lointains. Formule plus simple le midi. Une adresse originale, au cadre coloré.

ORCHIES

✉ 59310 (Nord) – 8 184 hab. – Alt. 40 m – Voir carte n°**31**-C2
▶ Paris 219 km – Denain 28 km – Douai 20 km – Lille 29 km
Carte Michelin 302-H5

Le Manoir

Hameau de Manneville, à l'Ouest par D 549, rte de Seclin – ✆ 03 20 64 68 68
– www.manoir.net – Fermé août
34 ch – ♦65/125 € ♦♦65/125 € – ☟ 9 €
Cet établissement a beau se trouver à proximité immédiate de l'A 23, ses chambres n'en sont pas moins parfaitement insonorisées, en plus d'être fonctionnelles et très bien tenues ! Quant au restaurant, il propose une généreuse cuisine traditionnelle.

La Chaumière

685 r. Henri-Fiévet, 3 km au Sud par D 957, rte de Machiennes ✉ 59320 Beuvry
-la-Fôret – ✆ 03 20 71 86 38 – www.restaurant-lachaumiere.com – Fermé
24 août-10 sept., 22 janv.-13 fév., dim. soir et lundi
Formule 14 € – Menu 31 € (déj. en semaine), 43/59 € – Carte 45/59 €
Une auberge, une vraie ! Le décor est rustique à souhait, l'accueil sympathique, et la carte honore la tradition. Amateurs de fromages, le plateau met en appétit et s'accompagne de jolis bordeaux...

ORCIÈRES

✉ 05170 (Hautes-Alpes) – 722 hab. – Alt. 1 446 m – Voir carte n°**41**-C1
▶ Paris 676 km – Briançon 109 km – Gap 32 km – Grenoble 113 km
Carte Michelin 334-F4 – Guide Vert Michelin Alpes du Sud

à Merlette 5 km au Nord par D 76 – ✉ 05170

Les Gardettes avec ch

– ✆ 04 92 55 71 11 – www.gardettes.com – Ouvert 15 déc.-fin avril
et 20 juin-7 sept.
15 ch – ♦60/109 € ♦♦60/109 € – ☟ 8 € – ½ P   Menu 26/36 € – Carte 24/52 €
Dans cet hôtel-restaurant créé par ses parents dans la ferme familiale, le chef porte haut la continuité, autour de bonnes saveurs du terroir, telle cette "soupe d'orties d'Orcières comme faisait ma grand-mère". Côté chambres, beaucoup de simplicité et de savoureuses confitures maison au petit-déjeuner.

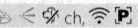

ORCINES – 63 (Puy-de-Dôme) ➜ voir Clermont-Ferrand

ORCIVAL

✉ 63210 (Puy-de-Dôme) – 241 hab. – Alt. 840 m – Voir carte n°**5**-B2
▶ Paris 441 km – Aubusson 82 km – Clermont-Ferrand 27 km – Le Mont-Dore 17 km
Carte Michelin 326-E8 – Guide Vert Michelin Auvergne

 Notre Dame ⑩ 🛜

– 𝒞 04 73 65 82 02 – Ouvert 1er fév.-10 nov.
7 ch – ♦48/60 € ♦♦58/60 € – ☲ 9 € – ½ P
Vous apprécierez l'ambiance familiale qui règne dans cet établissement face à la basilique. Les chambres sont confortables et colorées. Cuisine régionale servie dans un décor de bistrot auvergnat. Une adresse sympathique.

ORGELET

✉ 39270 (Jura) – 1 639 hab. – Alt. 500 m – Voir carte n°**16**-B3
▶ Paris 434 km – Besançon 104 km – Bourg-en-Bresse 68 km –
Lons-le-Saunier 20 km
Carte Michelin 321-D7 – Guide Vert Michelin Franche-Comté Jura

 La Valouse ⑩ 🏤 ᕘ 🛜 🚾 **P**

12 r. des Fossés, (face à l'église) – 𝒞 03 84 25 54 80 – Fermé 20 déc.-13 janv. et dim.
14 ch – ♦74 € ♦♦92 € – ☲ 10 € – ½ P
Rest La Valouse – voir les restaurants ci-après
Face à l'église classée (14e s.), cet hôtel familial propose des chambres sobres, pratiques et bien insonorisées, idéales pour une étape.

ᕘᕘ **La Valouse** 🛜 ᕘ **P**

12 r. des Fossés, (face à l'église) – 𝒞 03 84 25 54 80
– www.hotel-restaurant-jura.com – Fermé 20 déc.-13 janv., sam. midi et dim. soir
Formule 15 € – Menu 24/35 €
Dans ce restaurant coquet et accueillant, le chef réalise une cuisine du terroir actualisée et propose aussi un plat du jour – agrémenté d'un buffet de hors d'oeuvres – servi dans l'atmosphère conviviale du bistrot... L'été, on file sur la terrasse ombragée.

ORGEVAL – 78 (Yvelines) ➔ voir Paris, Environs

ORGON

✉ 13660 (Bouches-du-Rhône) – 3 126 hab. – Alt. 90 m – Voir carte n°**42**-E1
▶ Paris 712 km – Aix-en-Provence 58 km – Avignon 29 km – Marseille 72 km
Carte Michelin 340-F3 – Guide Vert Michelin Provence

 Le Mas de la Rose ⑩ 🍴 ᕘ ᕀ ᕘ 🚾 🛜 ᕘ **P**

rte d'Eygalières, 4 km au Sud-Ouest par D 24b – 𝒞 04 90 73 08 91
– www.mas-rose.com – Ouvert 15 mars-15 nov.
11 ch – ♦190/420 € ♦♦190/420 € – 3 suites – ☲ 25 € – ½ P
Rest Le Potager du Mas – voir les restaurants ci-après
Dans un site bucolique, d'anciennes bergeries (17e s.) joliment réaménagées en adresse de charme. Les chambres, décorées avec soin, ont l'accent de la Provence... Superbe jardin paysager avec piscine.

ᕘᕘ **Le Potager du Mas** – Hôtel Le Mas de la Rose ᕘ 🛜

rte d'Eygalières, 4 km au Sud-Ouest par D 24b – 𝒞 04 90 73 08 90
– www.lepotagerdumas.com – Ouvert 15 mars-15 nov. et fermé dim. soir, mardi midi et lundi
Formule 30 € – Menu 35 € (déj. en semaine), 58/62 € – Carte 77/86 €
Le potager, c'est le cœur de cette table ensoleillée : fruits et légumes sont cultivés sur la propriété (en bio), les autres ingrédients provenant de petits producteurs locaux. Agneau des Alpilles en habit d'herbes et pignons, asperge verte de Provence sur velouté à l'huile de truffe et œuf mollet... De belles saveurs !

ORLÉANS

✉ 45000 (Loiret) – 114 185 hab. – Agglo. 270 470 hab. – Alt. 100 m
– Voir carte n°**12**-C2

▶ Paris 132 km – Caen 311 km – Clermont-Ferrand 295 km – Le Mans 143 km
Carte Michelin 318-I4 – Guide Vert Michelin Châteaux de la Loire

Mercure
🍴 ≪ 🛁 🏋 🛗 ♿ 🆊 🎧 ♨ 🅿 🐾

44 quai Barentin – ☎ *02 38 62 17 39*
Plan : DZ**t**
– www.mercure-orleans-centre.com
110 ch – ♦109/149 € ♦♦139/179 € – 1 suite – ☲ 16 €
À deux pas du centre-ville, un hôtel-restaurant aménagé dans un esprit résolument contemporain, avec une dominante : le rouge ! On y propose des chambres spacieuses et très confortables ; préférez celles qui donnent à la fois sur la Loire et sur la cathédrale.

Hôtel d'Arc sans rest
🛗 🎧 🎧

37 r. de la République – ☎ *02 38 53 10 94 – www.hoteldarc.fr*
Plan : EY**g**
35 ch – ♦114/119 € ♦♦129/235 € – ☲ 15 €
Sous le patronage de la pucelle d'Orléans, cet hôtel (1902) ne craint pas le mélange des genres avec sa façade Art nouveau et son mobilier de style Louis-Philippe. Au cœur de la ville et près de la gare, l'établissement dispose de chambres de bon confort. L'ascenseur d'époque est digne d'un musée !

Escale Océania ⓝ sans rest
≪ 🛗 🎧 🎧 ♨ 🅿

16 quai St-Laurent – ☎ *02 38 54 47 65*
Plan : DZ**b**
– www.oceaniahotels.com
58 ch – ♦69/95 € ♦♦69/95 € – ☲ 11 €
En bord de Loire, non loin du centre-ville, cet hôtel a été entièrement rénové en 2013, et le résultat est enthousiasmant ! Les chambres sont confortables, élégantes et bien équipées – celles situées côté cour sont les plus calmes.

Hôtel d'Orléans ⓝ sans rest
🛗 ♿ 🎧 🐾

6 r. A.-Crespin – ☎ *02 38 53 35 34 – www.hoteldorleans.com*
Plan : EY**f**
19 ch – ♦85/120 € ♦♦85/120 € – ☲ 12 €
Situé tout près de la place du Martroi, cet hôtel bien connu des Orléanais a fait peau neuve en 2014 et repart de plus belle ! La décoration est désormais contemporaine et soignée, notamment dans les confortables chambres et leurs salles de bains aménagées avec des matériaux de qualité.

Saint-Martin sans rest
♿ 🎧

52 bd Alexandre Martin – ☎ *02 38 53 02 28*
Plan : EY**d**
– www.hotel-st-martin.fr
21 ch – ♦75/92 € ♦♦75/92 € – ☲ 8 €
Cet hôtel accueille les voyageurs aux portes du parc Louis-Pasteur. Déco chic et moderne dans les chambres : moquette épaisse, murs gris, têtes de lit matelassées... avec des fauteuils et un bureau pour que le confort soit complet. Pour un calme total, on s'installe côté cour.

Hôtel de l'Abeille sans rest
🎧

64 r. d'Alsace-Lorraine – ☎ *02 38 53 54 87*
Plan : EY**k**
– www.hoteldelabeille.com
25 ch – ♦89/145 € ♦♦98/145 € – ☲ 13 €
Voici une adresse où butiner un petit-déjeuner bio ! En outre, l'hôtel de l'Abeille, appartenant à la même famille depuis quatre générations, n'a pas pris une ride : jolis papiers peints anglais, meubles chinés... Agréable terrasse au dernier étage.

Le Lièvre Gourmand (Tristan Robreau)
☆

28 quai du Chatelet – ☎ *02 38 53 66 14*
– www.lelievregourmand.com – Fermé 27 avril-1
Menu 35 € (déj.), 45/70 € *(réservation conseill*
Des fournisseurs choisis avec soin, des jeux d
lent, un concept original – pour le plat princip
deux propositions –, etc. Cette maison du 19ᵉ s.,
époque et se révèle d'autant plus délicieuse...
➔ Crabe en mue frit et mayonnaise au curry. Lan
céleri-rave et amandes. Chocolat blanc, financier et g

1149

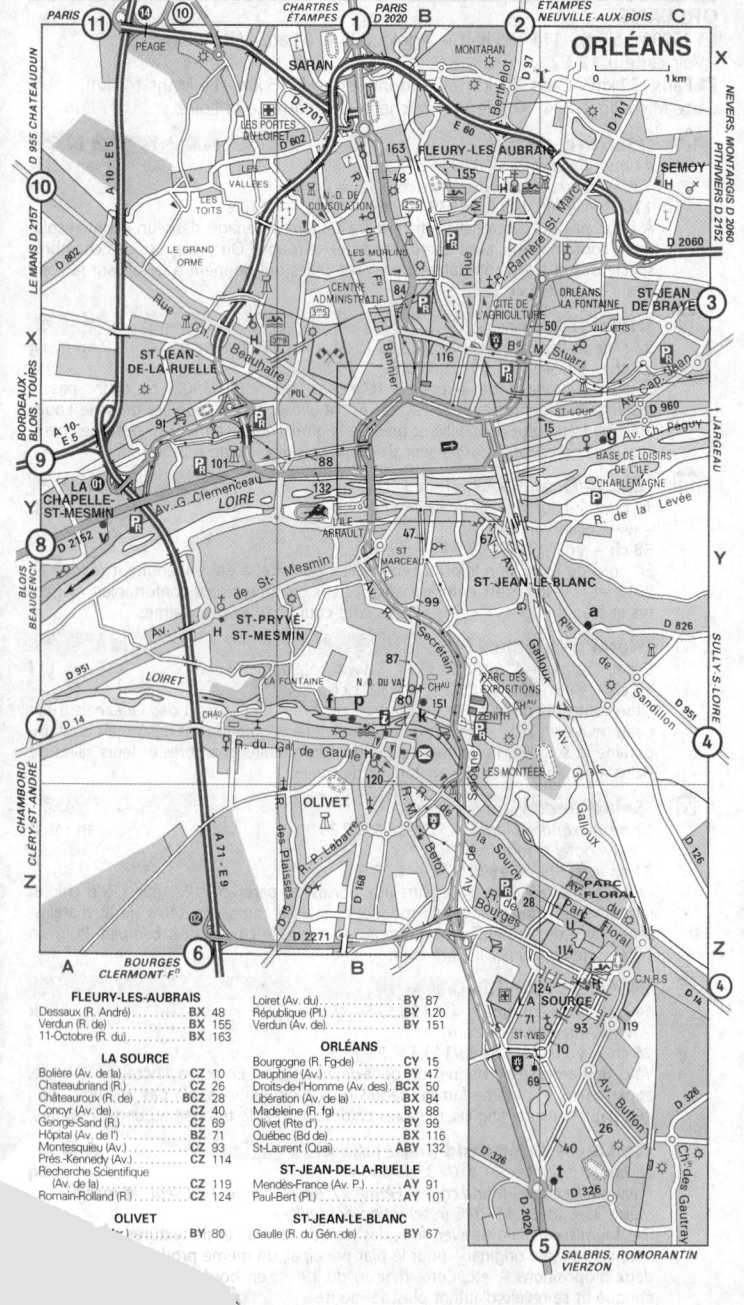

ORLÉANS

1 km

Eugène
AC ⟷

24 r. Ste-Anne – ℰ 02 38 53 82 64 – www.restauranteugene.fr   Plan : EY**u**
– Fermé 1er-15 août, 24 déc.-3 janv., sam. et dim.
Formule 14 € – Menu 25/51 € – Carte 33/73 €

Désormais, dans le Loiret, les cigales se font entendre ! Ici, les plus beaux produits de saison servent une cuisine aux saveurs méridionales : le chef, Alain Gérard, puise son inspiration dans le Sud, d'où est originaire son épouse. Au final : des plats soignés, goûteux et fins. Le cadre est cosy (mobilier chic, tons pastel...).

La Parenthèse
⟷

26 pl. du Châtelet – ℰ 02 38 62 07 50   Plan : EZ**a**
– www.restaurant-la-parenthese.com – Fermé 3-27 août, dim. et lundi
Formule 16 € – Menu 30/39 €

Avec sa façade à colombages rouges, cette bâtisse de 1597 fait de l'œil aux gourmands ! Assiettes copieuses, produits frais, jus et sauces bien cuisinés... Les saveurs sont au rendez-vous de cette jolie Parenthèse, portée par l'enthousiasme d'une jeune équipe.

La Dariole

25 r. Étienne-Dolet – ℰ 02 38 77 26 67 – Fermé 7-31 août,   Plan : EZ**v**
sam., dim. et le soir sauf mardi et vend.
Formule 21 € – Menu 26 € (réservation conseillée)

Une véritable bonbonnière que cette maison à colombages (15e s.) près de la cathédrale : tissus, fleurs, poutres, pierres apparentes... Le décor se prête à un bon repas et, de fait, le chef fait mouche à chaque plat : soin, tradition, pointe d'originalité. Une bonne adresse.

Hikari

28 r. Poterne – ℰ 02 38 62 28 00 – Fermé dim., lundi et le midi   Plan : EZ**b**
Menu 33/45 € – Carte 59/67 € (réservation conseillée)

Avec Hikari ("lumière" en japonais), la cuisine du pays du Soleil-Levant brille à Orléans ! Les mets, de qualité, sont cuisinés dans les règles de l'art nippon : subtilité, saveurs au diapason... Une adresse où l'on prend le temps de la dégustation.

Brasserie Éric Lecerf Ⓝ
& AC

12 r. des Halles – ℰ 02 38 54 20 00   Plan : EZ**e**
– www.brasserie-eric-lecerf.fr – Fermé dim.
Menu 25 € (déj.)/33 € – Carte 40/55 €

Nouvelle vie pour Éric Lecerf, après trente années passées dans la galaxie Joël Robuchon à Paris. Une forme de retour aux sources pour ce natif du Loiret, dont la belle expérience s'épanouit dans cette élégante brasserie contemporaine. Sa spécialité résume l'ensemble de la carte : le pâté en croûte de veau et foie gras.

L'Hibiscus Ⓝ
&

175 r. de Bourgogne – ℰ 02 38 72 74 11   Plan : EZ**h**
– www.hibiscus-restaurant.fr – Fermé sam. midi, dim. soir, lundi midi et mardi midi
Menu 25/46 €

Le tout jeune chef, Benoît Doraphé, a quitté sa Normandie natale pour s'installer à Orléans, d'où est originaire sa compagne. Le cadre du restaurant est très simple, mais tout se passe dans l'assiette : des produits frais, des recettes originales et bien ficelées, et un bon rapport qualité-prix !

à Cercottes 10 km au Nord par D 2020 – ⊠ 45520 – 1 289 hab. – Alt. 139 m

Fleur de Sel Ⓝ
& ⟷

68 D 2020 – ℰ 02 38 75 41 11 – www.fleurdeselorleans.fr – Fermé dim. soir et lundi
Menu 15/38 € – Carte 37/46 €

Trois jeunes et sérieux professionnels – dont le chef – se sont associés pour reprendre avec une belle ambition cette table du pays orléanais. La qualité de l'accueil, le caractère du cadre (murs et poutres anciens revus avec fraîcheur) et le plaisir d'une cuisine pensée dans le respect du bon produit : une triade gagnante.

ORLÉANS

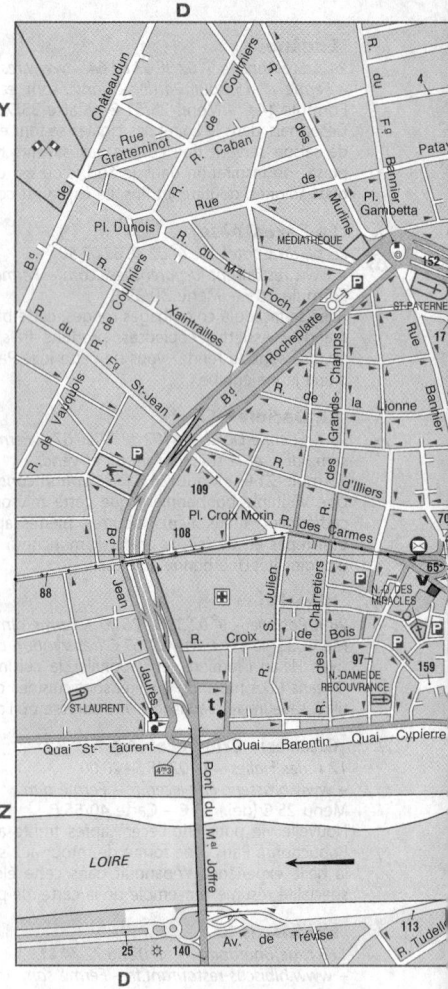

à St-Jean-de-Braye 4 km à l'Est - CXY – ⊠ 45800 – 19 257 hab. – Alt. 108 m

✕✕ **Les Toqués**　　　　　　　　　　　　　　　　　　🌿 ᒼ ⇄

71 chemin de Halage – ℰ *02 38 86 50 20*　　　　　　Plan : CY**g**
– Fermé 11-24 août, dim. et lundi
Menu 23 € (déj. en semaine)/34 € – Carte 38/48 €
Parmentier de bœuf au foie gras, papillote de crevettes, baba au rhum (la bouteille est posée sur la table...) et crème légère à la vanille, etc. Pas de doute, le
chef en a sous la toque ! Bon à savoir : l'été, la terrasse en bord de Loire est
prise d'assaut.

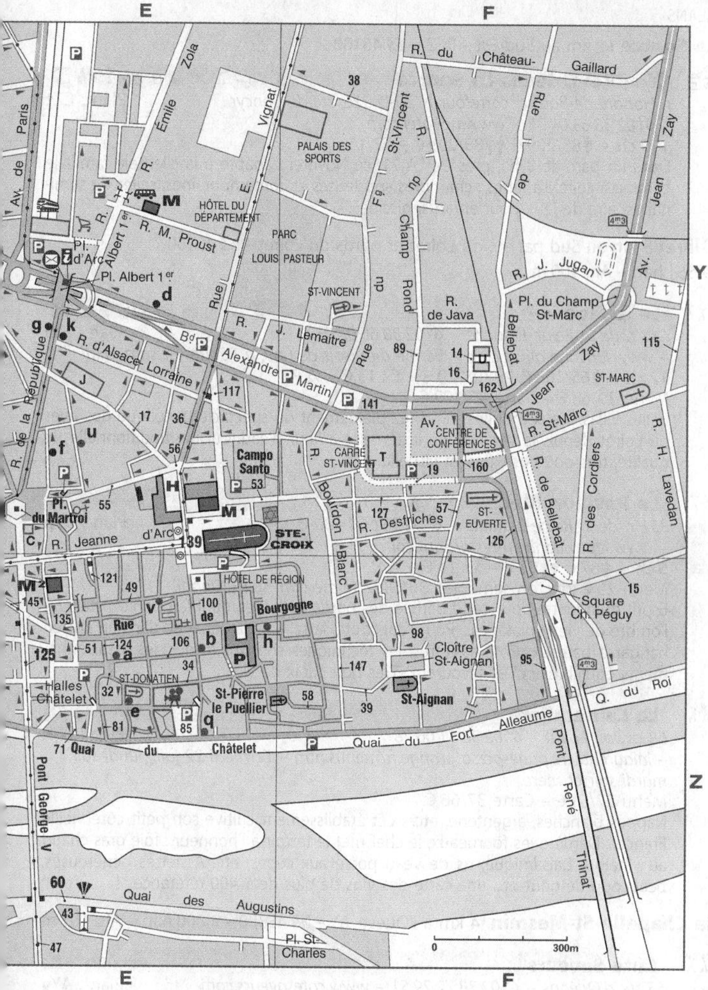

à St-Jean-le-Blanc 3 km au Sud – ✉ 45650 – 8 136 hab. – Alt. 95 m

Villa Marjane sans rest

121 rte de Sandillon, D 951 Plan : CY**a**
– *✆ 02 38 66 35 13*
– *www.villamarjane.com*

19 ch – 🚹71/80 € 🚹🚹71/100 € – ☕ 10 €

Cette maison bourgeoise du 18e s., à 3 km d'Orléans, ne manque pas de charme : vieux parquet, mobilier chiné et cheminée, chambres soigneusement décorées... Une halte pour le moins agréable.

à La Source 11 km au Sud-Est - BCZ – ✉ 45100

Novotel Orléans La Source

r. Honoré-de-Balzac, carrefour N 20-D 326, rte de Concyr Plan : CZ**t**
– ✆ 02 38 63 04 28 – www.novotel.com
119 ch – 🚹85/209 € 🚹🚹85/209 € – ☕ 16 €
Dans un parc de 3 ha, près de l'A 71, ce Novotel s'adapte à la clientèle familiale comme à celle d'affaires : chambres spacieuses et contemporaines, salles de séminaires, aire de jeux pour enfants, piscine...

à Olivet 5 km au Sud par av. du Loiret et bords du Loiret – ✉ 45160
– 19 551 hab. – Alt. 100 m

Le Rivage avec ch

ch, rest,

635 r. de la Reine-Blanche – ✆ 02 38 66 02 93 Plan : BY**f**
– www.lerivage-olivet.com – Fermé dim. soir de nov. à Pâques et sam. midi
17 ch – 🚹65/103 € 🚹🚹70/120 € – ☕ 13 € – ½ P
Menu 29/68 € – Carte 45/102 €
Belles villas, vieux moulins... Profitez pleinement du spectacle bucolique des rives du Loiret depuis la véranda ou la terrasse à fleur d'eau. Cuisine traditionnelle de qualité, très goûteuse, fine et visuelle.

Le Pavillon Bleu avec ch

351 r. de la Reine-Blanche – ✆ 02 38 66 14 30 Plan : BY**p**
– www.lepavillonbleu-restaurant.com
5 ch – 🚹67 € 🚹🚹92 € – ☕ 11 € – ½ P
Menu 29 € (déj. en semaine), 36/60 € *(fermé dim. soir et lundi)*
Esprit guinguette pour cette bâtisse des bords du Loiret, où il fait bon s'installer à l'ombre de vieux platanes... Pour l'anecdote, la salle est aménagée dans un ancien hangar à bateaux. Côté assiettes, les techniques sont maîtrisées, les assaisonnements équilibrés : c'est savoureux. Très bon choix de vins.

La Laurendière

68 av. du Loiret – ✆ 02 38 51 06 78 Plan : BY**k**
– lalaurendiere.pagesperso-orange.fr/menus.htm – Fermé 6-22 juil., lundi soir, mardi soir et merc.
Menu 27/51 € – Carte 37/66 €
Nappes blanches, argenterie, etc. : cet établissement cultive son petit côté vieille France... Derrière les fourneaux, le chef met le terroir à l'honneur : foie gras chaud au vinaigre balsamique, ris de veau poêlé aux cèpes, etc. Assiettes généreuses, beaucoup de goût et... une carte des vins de plus de 1 400 références !

à la Chapelle-St-Mesmin 4 km à l'Ouest- AY – ✉ 45380 – 9 800 hab. – Alt. 101 m

Côté Saveurs

55 rte d'Orléans – ✆ 02 38 72 29 51 – www.cotesaveurs.com Plan : AY**v**
– Fermé 1er-11 mars, 9-24 août, 20 déc.-4 janv., dim. et lundi
Formule 20 € – Menu 31/35 € – Carte 44/60 €
Cachet d'une maison bourgeoise du 19e s. et... peps de notre époque ! Ici, on déguste une cuisine fine, franche et savoureuse, qui réserve son lot de belles surprises, tel ce carré d'agneau fumé à la bruyère de Sologne, blettes à l'ail et parmesan.

ORMOY-LA-RIVIÈRE – 91 (Essonne) ➜ voir Étampes

ORNAISONS – 11 (Aude) ➜ voir Narbonne

ORNANS

✉ 25290 (Doubs) – 4 223 hab. – Alt. 355 m – Voir carte n°**16-B2**
Paris 428 km – Baume-les-Dames 42 km – Besançon 26 km – Morteau 48 km
Carte Michelin 321-G4 – Guide Vert Michelin Franche-Comté Jura

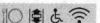

La Table de Gustave

11 r. Jacques-Gervais – ℰ 03 81 62 16 79 – www.latabledegustave.fr
28 ch – †57/69 € ††71/89 € – ⌷ 8,50 € – ½ P
Le nom est un clin d'œil à Gustave... Courbet, bien sûr ! Né à Ornans, le célèbre peintre réaliste aimait sa ville natale, et la peignait à l'occasion ; ce sympathique hôtel-restaurant, confortable et bien pratique, est situé à quelques pas seulement du musée qui lui est consacré.

Le Courbet

34 r. Pierre-Vernier – ℰ 03 81 62 10 15 – www.restaurantlecourbet.com – Fermé 22 fév.-17 mars, 24 déc.-15 janv., mardi soir, dim. soir et lundi
Formule 14 € – Menu 27/42 € – Carte 42/64 €
Au cœur de la "Petite Venise" franc-comtoise, ne manquez pas cette ravissante maison surplombant la Loue. Deux salles s'offrent à vous (bistrot ou classique), et l'on peut même s'installer sur la petite terrasse (au rez-de-chaussée) pour déguster une cuisine du marché délicieuse et pleine de fraîcheur !

à Saules 6 km au Nord-Est par D 492 – ⌧ 25580 – 226 hab. – Alt. 585 m

La Griotte

3 r. des Cerisiers – ℰ 03 81 57 17 71 – www.lagriotte.fr – Fermé de mi-janv. à mi-mars, 25 août-9 sept., mardi soir de sept. à mai, merc. soir, dim. soir et lundi
Menu 16 € (déj. en semaine), 24/35 € – Carte 30/48 € *(réservation conseillée)*
Un clocher et des champs alentour, une véranda plongeant sur un jardin verdoyant... cette ferme revêt de forts jolis atours ! Tradition, saveurs de saison et spécialités régionales : voilà bien une belle Griotte, tendre et goûteuse. Cerise sur le gâteau : l'accueil souriant et l'addition sans acidité.

ORPIERRE

⌧ 05700 (Hautes-Alpes) – 330 hab. – Alt. 682 m – Voir carte n°**40**-B2
▶ Paris 689 km – Château-Arnoux 47 km – Digne-les-Bains 72 km – Gap 55 km
Carte Michelin 334-C7 – Guide Vert Michelin Alpes du Sud

aux Bégües 4,5 km au Sud-Ouest – ⌧ 05700

Le Céans

rte des Princes-d'Orange – ℰ 04 92 66 24 22 – www.le-ceans.fr.st – Ouvert 15 mars-31 oct. et fermé merc. en oct. et du 15 mars au 15 avril
19 ch – †52/58 € ††70/80 € – ⌷ 9 € – ½ P
Au sein d'un hameau du massif des Baronnies, deux bâtiments principaux et plusieurs pavillons dispersés dans un parc agreste descendant jusqu'à la rivière, le Céans. Les chambres associent esprit campagne et fonctionnalité. Cuisine traditionnelle au restaurant.

ORTHEVIELLE

⌧ 40300 (Landes) – 900 hab. – Alt. 20 m – Voir carte n°**3**-B3
▶ Paris 764 km – Bordeaux 185 km – Mont-de-Marsan 90 km – Pau 82 km
Carte Michelin 335-E13

La Ferme d'Orthe

9 r. de la Fontaine – ℰ 05 58 73 01 03 – www.lafermedorthe.fr – Fermé vacances de printemps, 15-30 sept., vacances de Noël, dim. soir et lundi
Formule 10 € – Menu 12 € (déj. en semaine)/24 € – Carte 34/47 €
Grande cheminée pour griller la côte de bœuf, poutres solides, gros tonneau en guise de table et murs en pierre : le cadre a été rénové, mais ce restaurant de campagne a su garder son âme. À l'unisson de l'atmosphère, les plats servis sont simples et réjouissants : confit maison, parillada, foie gras...

ORTHEZ

⌧ 64300 (Pyrénées-Atlantiques) – 10 886 hab. – Alt. 55 m – Voir carte n°**3**-B3
▶ Paris 765 km – Bayonne 74 km – Dax 39 km – Mont-de-Marsan 57 km
Carte Michelin 342-H4 – Guide Vert Michelin Aquitaine

Au Temps de la Reine Jeanne

44 r. Bourg-Vieux – ☏ 05 59 67 00 76 – *www.reine-jeanne.fr*
30 ch – †60/69 € ††82/94 € – ☐ 11 € – ½ P
Face à la maison et au musée Jeanne-d'Albret, mère d'Henri IV, des maisons du 14ᵉs. organisées autour d'un joli patio. Chambres modestes (plus modernes, spacieuses et confortables dans l'un des bâtiments). Petit espace fitness. Recettes traditionnelles et du terroir servies au restaurant, rustique à souhait.

ORVAULT – 44 (Loire-Atlantique) → voir Nantes

OSSÈS

✉ 64780 (Pyrénées-Atlantiques) – 871 hab. – Alt. 102 m – Voir carte n°**3-B3**
🛑 Paris 811 km – Bordeaux 233 km – Pamplona 89 km – Pau 151 km
Carte Michelin 342-E3 – Guide Vert Michelin Aquitaine

La Ferme Gourmande

Landaburia, 3 km à l'Est par D 8 et rte secondaire – ☏ 05 59 37 77 32
– *www.restaurant-fermegourmande.com* – *Fermé 3 semaines en fév.-mars, 1 semaine en nov., dim. soir, lundi et mardi*
Menu 30/57 € – Carte environ 35 €
Verts pâturages et grelot chantant des vaches : cette ancienne ferme ressuscite le mythe paysan ! Le chef affectionne les produits régionaux et sait les mettre en valeur…

OSTHOUSE

✉ 67150 (Bas-Rhin) – 941 hab. – Alt. 155 m – Voir carte n°**1-B2**
🛑 Paris 502 km – Obernai 17 km – Offenburg 35 km – Sélestat 23 km
Carte Michelin 315-J6

À la Ferme sans rest

10 r. du Château – ☏ 03 90 29 92 50 – *www.hotelalaferme.com*
15 ch – †89/128 € ††99/200 € – ☐ 16 €
Calme et sérénité, dans cette ferme du 18ᵉ s. et ses séchoirs. Les chambres sont spacieuses et cosy, avec leur mobilier de famille ; le beau jardin et la terrasse sont l'endroit parfait pour un petit-déjeuner ensoleillé…

À l'Aigle d'Or

14 r. de Gerstheim – ☏ 03 88 98 06 82 – *www.hotelalaferme.com* – *Fermé vacances de fév., 3 semaines en août, vacances de Noël, lundi et mardi*
Menu 33 € (semaine), 42/80 € – Carte 43/77 €
Accroché à un coin de cette jolie maison de village, un magnifique aigle en fer forgé semble annoncer : "Vous êtes arrivé !" À l'intérieur, on se régale d'une bonne cuisine classique servie dans un cadre alsacien bourgeois et chaleureux. Côté Winstub, plats traditionnels et ambiance plus familiale.
Winstub Formule 10 € – Carte 29/68 €

OSTWALD – 67 (Bas-Rhin) → voir Strasbourg

OTTROTT – 67 (Bas-Rhin) → voir Obernai

OUCHAMPS

✉ 41120 (Loir-et-Cher) – 826 hab. – Alt. 92 m – Voir carte n°**11-A1**
🛑 Paris 199 km – Blois 18 km – Montrichard 19 km – Romorantin-Lanthenay 40 km
Carte Michelin 318-E7

Relais des Landes

1,5 km au Nord sur D 7 – ☏ 02 54 44 40 40 – *www.relaisdeslandes.com*
– *Ouvert 14 mars-29 nov.*
28 ch – †85/160 € ††85/175 € – ☐ 13 € – ½ P
Dans cette belle gentilhommière du 17ᵉs. entourée d'un grand parc avec plan d'eau, des chambres spacieuses et confortables, et même des duplex avec terrasse privative… On est au calme ! Dîner dans la salle champêtre (cheminée, fresque) ou la véranda donnant sur le jardin.

OUCQUES

⊠ 41290 (Loir-et-Cher) – 1 493 hab. – Alt. 127 m – Voir carte n°**11-B2**
◗ Paris 160 km – Beaugency 30 km – Blois 27 km – Châteaudun 30 km
Carte Michelin 318-E5

XX   **Le Commerce** avec ch

9 r. de Beaugency – ℰ 02 54 23 20 41 – www.hotel-commerce-oucques.com
– Fermé 1 semaine en mars, 22 déc.-5 janv., dim. soir et lundi
12 ch – †81 € ††87 € – ⴵ 12 € – ½ P
Formule 20 € – Menu 26/62 € – Carte 63/77 € *(réservation conseillée)*
Voilà un commerce qui tourne bien ! Le chef concocte des recettes bien ficelées
avec de beaux produits, pour un résultat flatteur au palais et doux pour le porte-
monnaie... Jolie salle au décor contemporain. Chambres confortables et colorées
pour prolonger l'étape.

OUESSANT (ÎLE D') – 29 (Finistère) ➙ voir Île d'Ouessant

OUILLY-DU-HOULEY – 14 (Calvados) ➙ voir Lisieux

OUISTREHAM

⊠ 14150 (Calvados) – 9 458 hab. – Voir carte n°**32-B2**
◗ Paris 234 km – Arromanches-les-Bains 33 km – Bayeux 44 km – Cabourg 20 km
Carte Michelin 303-K4 – Guide Vert Michelin Normandie Cotentin

🏨   **La Mare Ô Poissons** – ℰ 02 31 37 53 05 – www.lamareopoissons.fr   

68 r. Emile-Herbline – ℰ 02 31 37 53 05 – www.lamareopoissons.fr
30 ch – †75/115 € ††80/120 € – ⴵ 13 € – ½ P
Rest *La Mare Ô Poissons* – voir les restaurants ci-après
La Mare, bien connue à l'entrée de Ouistreham, a fait des petits, avec 30 chambres inaugurées en 2010. Tout est contemporain et met l'art à l'honneur, avec
des expositions de sculptures et de tableaux. Une adresse dynamique.

🏨   **Hôtel du Phare**

10 pl. Gén.-de-Gaulle – ℰ 02 31 97 13 13 – www.hotelduphare.fr
– Fermé 9 déc.-3 janv.
19 ch – †59/72 € ††59/89 € – ⴵ 9 €
Emplacement stratégique (tout près du terminal du ferry) et tenue parfaite : deux
atouts majeurs pour cet hôtel tout simple et très pratique, tenu par la même
famille depuis cinq générations. Petite brasserie en complément.

🏨   **Le Normandie**   ◖◗ ⌘ ☎ **P**

71 av. Michel-Cabieu, (au port d'Ouistreham) – ℰ 02 31 97 19 57
– www.lenormandie.com – Fermé 23 déc.-10 fév.
22 ch – †63/73 € ††73/80 € – ⴵ 10 € – ½ P
En léger retrait du terminal du ferry et de la place du marché aux poissons, un
hôtel-restaurant avenant, avec des chambres très sobres, fraîches et fonctionnelles.

XX   **La Mare Ô Poissons** – Hôtel La Mare Ô Poissons

68 r. Emile-Herbline – ℰ 02 31 25 32 91 – www.restaurant-mareopoissons.com
– Fermé dim. soir et lundi midi
Formule 16 € – Menu 26 € (semaine), 36/41 €
Dans cette Mare plutôt design, c'est la mer qui est à l'honneur (une jolie soupe
de poisson par exemple). Pas d'esbroufe mais une cuisine à la page qui utilise
aussi à bon escient les beaux produits du terroir normand.

XX   **La Table d'Hôtes**

10 av. du Gén.-Leclerc – ℰ 02 31 97 18 44 – www.latabledhotes-caen.com
– Fermé 13-20 avril, 29 juin-10 juil., mardi soir, dim. soir et merc.
Formule 20 € – Menu 31/45 € – Carte 43/54 € *(réservation conseillée)*
Ce restaurant est le repaire d'un jeune couple passé par de belles maisons. Dorénavant maître de ses fourneaux, Yoann Lavallay fait preuve d'un habile savoir-
faire à travers des assiettes délicatement composées et finement travaillées. Poisson du jour, viande locale, fromages normands... Les saveurs éclatent en bouche !

à Riva-Bella – ✉ 14150

🏨🏨🏨 **Riva Bella**   🍽 ⪡ 🖥 ⑩ 🛁 ⬛ 🅰 ♿ 🆑 ⌀ 🛜 ⬛ **P**
av. du Cdt-Kieffer – ☎ 02 31 96 40 40 – www.hotel-rivabella-ouistreham.com
– Fermé 14-25 déc.
89 ch – ♦99/159 € ♦♦129/209 € – 5 suites – ☲ 16 € – ½ P
Rest *Riva Bella* – voir les restaurants ci-après
En bord de plage, à deux pas du casino, ce complexe hôtelier fait partie d'un grand centre de thalassothérapie. Il affiche un décor résolument contemporain et relaxant, surtout dans les chambres donnant sur la mer. Parfait pour les amateurs de séjour "detox".

🏠 **Ibis Styles**   🍽 🖥 ♿ 🛜 ⬛ **P**
37 r. des Dunes – ☎ 02 31 96 20 20 – www.ibisstyles.com
50 ch ☲ – ♦81/102 € ♦♦91/112 €
Un bâtiment moderne, à quelques pas du port. Tout y évoque le large : le nom des couloirs menant aux chambres, leur décor "cabine de paquebot", les tableaux... Pour que le voyage soit complet, certaines chambres donnent sur le terminal du ferry.

🏠 **Hôtel de la Plage** sans rest   🖥 🛜 **P**
39 av. Pasteur – ☎ 02 31 96 85 16 – www.hotel-ouistreham.com
16 ch – ♦45/55 € ♦♦65/82 € – ☲ 10 €
On aime le charme presque suranné de cette villa anglo-normande de la fin du 19ᵉ s. Bien au calme, un peu en retrait, on s'y repose de l'agitation – toute relative – de Ouistreham. Les chambres sont délicieusement rétro et l'accueil, spontané !

🏠 **St-Georges**   🍽 ⪡ 🖥 🛜 **P**
51 av. Andry – ☎ 02 31 97 18 79 – www.Lesaintgeorges.fr
18 ch – ♦69/74 € ♦♦89/99 € – ☲ 10 € – ½ P
C'est vraiment l'hôtel typique de bord de mer, installé dans une bâtisse de la fin du 19ᵉ s., avec un jardin sur l'arrière. Les chambres sont agréables, classiques et bien tenues ; certaines ont vue sur la Manche.

🍴🍴 **Riva Bella** – Hôtel Riva Bella   ⪡ ♿ ⌀
av. du Cdt-Kieffer – ☎ 02 31 96 40 40 – www.hotel-rivabella-ouistreham.com
– Fermé 14-25 déc.
Formule 26 € – Menu 34 € – Carte 40/58 €
Entièrement vitré, le restaurant offre une jolie vue sur la plage, ses dunes et ses alignements de petites cabanes blanches. Dans l'assiette, un seul credo : des produits frais, rien que des produits frais, pour une cuisine traditionnelle de qualité.

LES OURSINIÈRES – 83 (Var) → voir Pradet

OUSSON-SUR-LOIRE

✉ 45250 (Loiret) – 739 hab. – Alt. 158 m – Voir carte n°**12-D2**
🚗 Paris 165 km – Gien 19 km – Montargis 51 km – Orléans 96 km
Carte Michelin 318-N6

🏠 **Le Clos du Vigneron**   🍽 🖥 ♿ 🅰 🛜 ⬛ **P**
18 rte Nationale 7 – ☎ 02 38 31 43 11 – www.hotel-clos-du-vigneron.com
– Fermé 8-25 sept. et 22 déc.-15 janv.
11 ch – ♦59 € ♦♦64 € – ☲ 9 € – ½ P
Rest *Le Clos du Vigneron* – voir les restaurants ci-après
Ses propriétaires choient ce Clos très fleuri et parfaitement tenu. Les chambres se répartissent entre un bâtiment au fond du jardin – où elles sont toutes de plain-pied et assez indépendantes – et une maison voisine, d'esprit plus contemporain. Une bonne étape.

🍴🍴 **Le Clos du Vigneron**   🛜 ⬙ **P**
18 rte Nationale 7 – ☎ 02 38 31 43 11 – www.hotel-clos-du-vigneron.com
– Fermé 8-25 sept., 22 déc.-15 janv., dim. soir, mardi soir et merc.
Formule 20 € – Menu 23 € (déj. en semaine), 32/50 € – Carte 40/55 €
Tons pastel, nappes claires, tableaux colorés, etc. Il règne une élégance simple et champêtre dans cette maison à colombages. On y apprécie une cuisine de saison et surtout... de fraîcheur, faisant la part belle au poisson.

OUZOUER-SUR-LOIRE

✉ 45570 (Loiret) – 2 762 hab. – Alt. 140 m – Voir carte n°**12**-C2
▶ Paris 151 km – Gien 16 km – Montargis 45 km – Orléans 54 km
Carte Michelin 318-L5

✗✗ L'Abricotier

106 r. Gien – ℰ 02 38 35 07 11 – Fermé 1er-15 août, merc. soir, dim. soir et lundi
Formule 17 € – Menu 25/43 € – Carte 42/50 € *(réservation conseillée)*
Ici, point d'abricotier mais un beau conifère sous lequel on se restaure à la belle saison ! Dans cette auberge familiale, le chef concocte une appétissante cuisine traditionnelle : croustillant de ris de veau, escalope de sandre au sésame, parmentier de canard au porto... Une bonne adresse.

OYONNAX

✉ 01100 (Ain) – 22 459 hab. – Alt. 540 m – Voir carte n°**45**-C1
▶ Paris 484 km – Bourg-en-Bresse 60 km – Nantua 19 km
Carte Michelin 328-G3 – Guide Vert Michelin Franche-Comté Jura

✗✗ La Toque Blanche

11 pl. Émile Zola – ℰ 04 74 73 42 63 – www.latoqueblanche-oyonnax.com – Fermé 26 juil.-17 août, 2-12 janv., sam. midi, dim. soir et lundi
Formule 16 € – Menu 22/80 € – Carte 51/67 €
Il faut aller en centre-ville, en face de la grande église, pour découvrir ce restaurant chaleureux. Confluences géographiques obligent, la table marie la Bresse, le Jura et le Lyonnais avec un certain classicisme. Tout cela à prix doux !

au Lac Genin 10 km au Sud-Est par D 13 – ✉ 01130

✗ Auberge du Lac Genin avec ch

– ℰ 04 74 75 52 50 – www.lac-genin.com – Fermé 20 oct.-5 déc., dim. soir et lundi
3 ch – †55/65 € ††55/65 € – ☲ 6,50 €
Formule 15 € – Menu 19 € (déj. en semaine)/30 € – Carte 25/40 €
Une charmante petite auberge, au bord d'un lac, au milieu de la forêt... Depuis plus de cinquante ans, la cheminée de la salle à manger sert pour les grillades au feu de bois : on y cuit saucisson au vin rouge, côtes de veau, de porc et autres entrecôtes... Et les trois jolies chambres cultivent l'esprit montagnard.

OZENAY – 71 (Saône-et-Loire) → voir Tournus

OZOIR-LA-FERRIÈRE – 77 (Seine-et-Marne) → voir Paris, Environs

PACY-SUR-EURE

✉ 27120 (Eure) – 4 581 hab. – Alt. 40 m – Voir carte n°**33**-D2
▶ Paris 81 km – Dreux 38 km – Évreux 20 km – Louviers 33 km
Carte Michelin 304-I7 – Guide Vert Michelin Normandie Vallée de la Seine

L'Étape de la Vallée

– ℰ 02 32 36 12 77 – www.etapedelavallee.com
15 ch – †65/76 € ††76/98 € – ☲ 11 €
Dans cette grande maison blanche, les chambres sont douillettes, très chaleureuses et donnent sur le joli jardin, la terrasse ou l'Eure... Quel plaisir d'entendre bruire la rivière en se réveillant ! Bucolique et charmant.

PAILHEROLS

✉ 15800 (Cantal) – 148 hab. – Alt. 1 000 m – Voir carte n°**5**-B3
▶ Paris 558 km – Aurillac 32 km – Entraygues-sur-Truyère 45 km – Murat 39 km
Carte Michelin 330-E5

Le Clos des Gentianes

Le Bourg – ℰ 04 71 47 57 01 – www.auberge-des-montagnes.com – Fermé 20 mars-4 avril et 3 nov.-20 déc.
10 ch – †81/101 € ††81/101 € – ☲ 12 € – ½ P
Un environnement superbe, des chambres calmes et agréables, un soin tout particulier apporté à la décoration : une bouffée d'air pur !

🏠 **L'Auberge des Montagnes** 🍴 ⇦ ☷ ⌧ ⊛ ⅃⅃ ⅃ ♿ 🛜 Ᵽ

*Le Bourg – 𝒞 04 71 47 57 01 – www.auberge-des-montagnes.com
– Fermé 20 mars-4 avril et 8 oct.-20 déc. hors vacances de la Toussaint*
14 ch – ⭑60/66 € ⭑⭑60/66 € – ☲ 10 € – ½ P
Rest *L'Auberge des Montagnes*⊛ – voir les restaurants ci-après

Ce qui frappe d'abord dans cette charmante adresse perdue en pleine montagne,
c'est la gentillesse de l'accueil. On vous reçoit en famille et tout est prévu pour un
séjour parfait : de jolies chambres, un spa avec piscine, des jeux...

🍴 **L'Auberge des Montagnes** ⇦ ⇄ Ᵽ
⊛
*Le Bourg – 𝒞 04 71 47 57 01 – www.auberge-des-montagnes.com
– Fermé 20 mars-4 avril, 8 oct.-20 déc. hors vacances de la Toussaint, merc. midi
du 20 déc. au 20 mars sauf vacances scolaires, mardi midi et lundi*
Formule 24 € ⟡ – Menu 27 € (semaine)/32 € – Carte 25/38 €

Dans cette ferme située au cœur de ce village isolé, le chef cuisine exclusivement
des produits locaux finement choisis. Le terroir est à l'honneur, revisité avec
grand soin ! En hiver, le paysage est féerique et invite à la promenade ; cela
tombe bien, car la cuisine est très généreuse. Un véritable concentré de Cantal...

PAIMPOL

✉ 22500 (Côtes-d'Armor) – 7 463 hab. – Alt. 15 m – Voir carte n°**10-C1**
◳ Paris 494 km – Guingamp 29 km – Lannion 33 km – St-Brieuc 46 km
Carte Michelin 309-D2 – Guide Vert Michelin Bretagne Nord

🏨 **K'Loys** 🍴 ▣ ⅃ 🛜

21 quai Morand – 𝒞 02 96 20 40 01 – www.hotel-kloys.com
17 ch – ⭑40/80 € ⭑⭑57/285 € – ☲ 9 €

Une ancienne demeure d'armateur, face au port, devenue hôtel de caractère. Les
lieux semblent tout droit sortis d'un autre siècle : mobilier ancien, salon bourgeois, bistrot marin et petit-déjeuner sous la véranda. Du charme...

🏠 **Le Goëlo** sans rest ▣ 🛜

4 quai Duguay-Trouin – 𝒞 02 96 20 82 74 – www.legoelo.com
32 ch – ⭑52/84 € ⭑⭑58/94 € – ☲ 9 €

Ce bâtiment, amarré sur le port de plaisance, offre une jolie vue sur les mâts. On
vous accueille avec beaucoup d'amabilité et les petites chambres constituent un joli
point de chute pour découvrir la région (île de Bréhat, abbaye de Beauport, etc.).

🍴🍴 **La Vieille Tour**

13 r. de l'Église – 𝒞 02 96 20 83 18 – www.lavieilletour-paimpol.com
– Fermé 17 juin-2 juil., 18 nov.-3 déc., dim. soir et merc. soir sauf juil.-août et lundi
Formule 19 € – Menu 34/70 € – Carte 56/76 €

Cette charmante auberge du vieux Paimpol est un bel exemple du rustique d'aujourd'hui. La cuisine joue elle aussi avec la tradition : huîtres chaudes aux herbes
fraîches, cabillaud aux asperges et espuma d'andouille fumée, etc.

🍴🍴 **Restaurant de la Marne** avec ch 🕸 ⅃ rest, rest, 🛜 Ᵽ

30 r. de la Marne – 𝒞 02 96 16 33 41 – www.hoteldelamarne-paimpol.fr
– Fermé 26 juin-6 juil., 5-26 oct., 5-26 janv., sam. midi hors saison, dim. soir et lundi
9 ch – ⭑50/95 € ⭑⭑50/95 € – ☲ 10 € – ½ P
Formule 21 € – Menu 29/80 € – Carte 55/93 €

En bordure du centre touristique de Paimpol, on trouve cette auberge en pierre
datant du 19ᵉ s., tenue par un jeune couple. Lui, en cuisine, élabore des recettes
très inventives et pleines d'allant, où la recherche visuelle occupe une place
importante ; elle, en salle, assure un service rapide et efficace !

à Ploubazlanec 3,5 km au Nord par D 789 – ✉ 22620 – 3 194 hab. – Alt. 60 m

🏠 **Les Agapanthes** sans rest ⇦ ⅃ 🛜

1 r. Adrien-Rebours – 𝒞 02 96 55 89 06 – www.hotel-les-agapanthes.com
– Fermé janv.
21 ch – ⭑45/100 € ⭑⭑45/100 € – ☲ 9 €

Au cœur d'un petit village sur les hauteurs de Paimpol, cette maison régionale
(datant de 1768) accueillait autrefois une épicerie-café. On y propose des chambres
cosy et bien tenues, dont certaines ont vue sur la mer, et l'accueil est charmant !

à la Pointe de l'Arcouest 6 km au Nord – ⊠ 22620

Les Terrasses de Bréhat ⅠO ⧠ ⧠ ⊠ ⑩ ⅃⊌ ⧠ ⅃⑤ ⅃ ⧠ 🅟

Pointe de L'Arcouest – 𝒞 02 96 55 77 92 – www.lesterrassesdebrehat.fr – Ouvert de mi-mars à mi-nov.
35 ch – ⅃57/108 € ⅃⅃88/224 € – ⚲ 15 € – ½ P
Rest *Le 360°* – voir les restaurants ci-après
Cet établissement, fondé en 1892, jouxte l'embarcadère et fait face à l'île de Bréhat. Les chambres, confortables et accessibles par des coursives en bois, portent le nom de villes-escales : Gustavia, Le Cap, Bergen, Kayar... La garantie d'une nuit voyageuse !

ⅩⅩ Le 360° – Hôtel Les Terrasses de Bréhat ⧠ ⧠ ⧠ ⅃ 🅐🅚

Pointe de l'Arcouest – 𝒞 02 96 55 77 92 – www.lesterrassesdebrehat.fr – Ouvert de mi-mars à mi-nov.
Formule 20 € – Menu 28 € (déj.), 40/60 € – Carte 35/60 €
Un restaurant... panoramique, comme son nom le suggère ! Depuis la véranda et la terrasse, la vue sur Bréhat est tout simplement magnifique. Dans une atmosphère raffinée, on découvre une cuisine ambitieuse, teintée de quelques touches asiatiques. Et les fruits de mer sont aussi au rendez-vous...

PAIMPONT

⊠ 35380 (Ille-et-Vilaine) – 1 621 hab. – Alt. 159 m – Voir carte n°**10**-C2
🄳 Paris 393 km – Bruz 37 km – Cesson-Sévigné 54 km – Rennes 42 km
Carte Michelin 309-I6 – Guide Vert Michelin Bretagne Nord

⌂ La Corne de Cerf sans rest ⧠ ⧠ ⅍ 🅟 ⇄

*Le Cannée, 2 km au Sud par D 71 – 𝒞 02 99 07 84 19
– www.corneducerf.bcld.net – Ouvert 1er mars-15 déc.*
3 ch ⚲ – ⅃53 € ⅃⅃61 €
Une longère décorée dans l'esprit d'une maison d'artistes, à deux pas de la forêt de Brocéliande. Les chambres sont lumineuses et printanières. Au petit-déjeuner, on apprécie les pains, brioches et confitures maison, le tout bio...

LE PALAIS – 56 (Morbihan) ➜ voir Belle-Ile-en-Mer

PALAVAS-LES-FLOTS

⊠ 34250 (Hérault) – 6 050 hab. – Alt. 1 m – Voir carte n°**23**-C2
🄳 Paris 763 km – Aigues-Mortes 26 km – Montpellier 17 km – Nîmes 60 km
Carte Michelin 339-I7

Brasilia sans rest ⧠ 🅐🅚 ⧠

*9 bd Joffre – 𝒞 04 67 68 00 68 – www.brasilia-palavas.com
– Fermé 15 déc.-15 janv.*
24 ch – ⅃60/125 € ⅃⅃60/125 € – ⚲ 10 €
Ambiance contemporaine pour cet hôtel à la jolie façade de mosaïque bleue, situé sur le front de mer. Chambres fonctionnelles, toutes avec balcon ou terrasse.

⌂ Amérique Hôtel sans rest ⅃ ⅃⑤ ⅃ 🅐🅚 ⅍ ⧠ 🅟

av. F.-Fabrège – 𝒞 04 67 68 04 39 – www.hotelamerique.com
47 ch – ⅃72/112 € ⅃⅃72/143 € – ⚲ 8 €
Cet hôtel se compose de deux bâtiments séparés par une avenue conduisant droit à la mer : la partie principale abrite des chambres rénovées, plus confortables, l'autre la piscine.

ⅩⅩ L'Escale ⧠ 🅐🅚

*5 bd Sarrail, (rive gauche) – 𝒞 04 67 68 24 17
– www.restaurant-escale-palavas-les-flots.com – Fermé 2-15 janv., mardi, merc. de sept. à juin sauf fériés, merc. midi et jeudi midi en juil.-août*
Formule 19 € – Menu 23 € (déj. en semaine), 30/50 € – Carte 48/80 €
L'élégante salle à manger et la véranda offrent une belle perspective sur la plage. Proximité de la mer oblige, la généreuse cuisine au goût du jour s'en inspire largement.

✕ **Le St Georges** 🆕   🅰🅲

😊 *4 bd du Maréchal-Foch, (à côté du casino, rive droite) – ℰ 04 67 68 31 38*
– www.lestgeorges.fr – Fermé lundi et mardi
Formule 24 € – Menu 30/48 € – Carte 46/61 €
Après plusieurs années passées à Pézenas, Paul Courtaux a finalement pris son envol : désormais seul aux fourneaux, il laisse librement aller son inspiration et réalise une cuisine pétillante et savoureuse. On se souviendra de cette joue de lotte émiettée, garnie de légumes croquants, accompagnée d'un vin blanc du pays...

PALEYRAC – 24 (Dordogne) ➜ voir Buisson-de-Cadouin

LA PALUD-SUR-VERDON
✉ 04120 (Alpes-de-Haute-Provence) – 325 hab. – Alt. 930 m – Voir carte n°**41-C2**
◻ Paris 796 km – Castellane 25 km – Digne-les-Bains 65 km – Draguignan 60 km
Carte Michelin 334-G10 – Guide Vert Michelin Alpes du Sud

🏨 **Hôtel des Gorges du Verdon**   �🝔 ≪ ⇐ 🖼 𝄽 🛜 🖃 🅿

1 km par rte de la Maline Sud – ℰ 04 92 77 38 26
– www.hotel-des-gorges-du-verdon.fr – Ouvert 11 avril-11 oct.
27 ch ⬓ – †140/360 € ††140/360 € – 3 suites – ½ P
Un rêve pour les randonneurs fatigués que cet hôtel de charme dominant les vallées... Chambres colorées (duplex, suites) et bons équipements pour les loisirs : hamman, jacuzzi, piscine. Au restaurant, cuisine régionale et ambiance chaleureuse.

PAMIERS
✉ 09100 (Ariège) – 15 448 hab. – Alt. 280 m – Voir carte n°**29-C3**
◻ Paris 745 km – Auch 147 km – Carcassonne 76 km – Castres 106 km
Carte Michelin 343-H6

🏨 **Hôtel de France**   🝔 ⅙ 🛜 🖃 🅿

5 cours Joseph-Rambaud – ℰ 05 61 60 20 88
– www.hotel-de-france-pamiers.com
31 ch – †68 € ††75 € – ⬓ 9 € – ½ P
Rest *Restaurant de France* – voir les restaurants ci-après
Si vous êtes en route vers Andorre ou les stations de ski des Pyrénées, n'hésitez pas à vous arrêter dans cet hôtel proche du centre-ville. Ses chambres sont contemporaines, sobres et bien tenues. Une halte sympathique.

🏨 **Hotel de la Paix** sans rest   🛜 🅿

4 pl. A.-Tournier – ℰ 05 61 67 12 71 – www.hoteldelapaix-pamiers.com – Fermé 23 déc.-2 janv.
14 ch – †54/69 € ††54/69 € – ⬓ 8 €
Petit tour de France : cet ancien relais de poste (assez central) est dirigé par un jeune patron originaire de Corse, qui a tenu une brasserie à Besançon ! Il y a un indéniable côté rétro dans les chambres de son hôtel, agréables et bien tenues.

✕✕ **Deymier**   🝔 ⅙ 🅰🅲

😊 *1 r. Bernard-Saisset – ℰ 05 61 60 08 11 – Fermé dim. et lundi*
😊 Formule 15 € – Menu 18 € (déj. en semaine), 26/49 € – Carte 38/54 €
Le personnel, dynamique, nous propose une table dans une salle chaleureuse et joliment décorée... Un début prometteur ! Asperges blanches à la mousse de chèvre, agneau des Pyrénées aux pommes de terre – une viande de première qualité... Harmonie des saveurs, exécution : le chef maîtrise parfaitement son sujet !

✕✕ **Restaurant de France** – Hôtel De France   🅰🅲 🅿

😊 *5 cours Joseph-Rambaud – ℰ 05 61 60 20 88*
– www.hotel-de-france-pamiers.com – Fermé vend., sam. et dim.
Formule 15 € – Menu 18 €
Dans ce restaurant au cadre épuré, l'assiette, actuelle, respecte les saisons et met en avant les produits issus du bio et des petites productions. C'est simple et généreux, bref : l'étape idéale pour prendre un bon repas à prix raisonnable.

LE PARADOU – 13 (Bouches-du-Rhône) ➜ voir Maussane-les-Alpilles

PARAMÉ – 35 (Ille-et-Vilaine) ➜ voir St-Malo

PARAY-LE-MONIAL

✉ 71600 (Saône-et-Loire) – 9 094 hab. – Alt. 245 m – Voir carte n°**7**-**B3**
Paris 360 km – Mâcon 67 km – Montceau-les-Mines 37 km – Moulins 67 km
Carte Michelin 320-E11 – Guide Vert Michelin Bourgogne

Terminus

27 av. de la Gare – ✆ 03 85 81 59 31 – www.terminus-paray.fr – Fermé vacances de la Toussaint et dim.
18 ch – †60/75 € ††78/85 € – ☕ 9 € – ½ P
Rose bonbon ! Cet hôtel de gare ne passe pas inaperçu... Dans un style assez classique, les chambres sont agréables et confortables. Et il y a aussi un restaurant traditionnel, avec sa terrasse dès les premiers beaux jours.

Grand Hôtel de la Basilique

18 r. de la Visitation – ✆ 03 85 81 11 13 – www.hotelbasilique.com – Ouvert de mars à fin oct.
45 ch – †45/75 € ††62/88 € – ☕ 8 € – ½ P
Depuis quatre générations, la même famille tient cet hôtel-restaurant situé à deux pas de la basilique ; certaines chambres donnent d'ailleurs sur cette merveille romane. Carte traditionnelle au restaurant.

L'Apostrophe

69 av. Charles-de-Gaulle – ✆ 03 85 25 45 07 – www.restaurantlapostrophe.fr – Fermé 5-18 avril, 17 août-1er sept., dim. et lundi
Formule 20 € – Menu 25/38 € – Carte 37/55 €
La cité du Sacré-Cœur se laisse désormais apostropher par ce restaurant moderne et sympathique où le chef utilise les bases traditionnelles à bon escient. Un vrai coup de jeune sur la ville.

au Sud-Ouest 4 km sur N 79 – ✉71600 Paray-le-Monial

Le Charollais

Le Colayot – ✆ 03 85 81 03 35 – www.lecharollais.com
20 ch – †58/80 € ††68/80 € – ☕ 9 €
Un établissement pratique lorsque l'on fait de la route, de type motel, avec des chambres simples et bien tenues. Pour se restaurer : grillades (surtout de viande charolaise) et pizzas.

PARC du FUTUROSCOPE – 86 (Vienne) ➜ voir Poitiers

PARCEY – 39 (Jura) ➜ voir Dole

PARENTIS-EN-BORN

✉ 40160 (Landes) – 5 421 hab. – Alt. 32 m – Voir carte n°**3**-**B2**
Paris 658 km – Arcachon 43 km – Bordeaux 76 km – Mimizan 25 km
Carte Michelin 335-E8 – Guide Vert Michelin Aquitaine

Chez Flo avec ch

9 r. St-Barthélémy – ✆ 05 58 78 40 21 – Fermé 25 déc.-1er janv., dim. et lundi
6 ch – †45 € ††45 € – ☕ 7 €
Formule 13 € 🍷 – Menu 23 € – Carte environ 28 €
Un restaurant convivial, avec des photos, des dessins, des objets personnels du patron... Dans l'esprit du lieu, la cuisine est généreuse : sous la houlette d'un jeune chef passionné, tout est fait maison, avec des produits régionaux. Quelques chambres toutes simples pour l'étape.

PARIS et ses environs

✉75000 (Paris) – 2 243 833 hab. – Agglo. 11 533 000 hab. – Alt. 30 m
Voir carte n° **21**-D2
Carte Michelin 301-E7 et 101 – Guide Vert Michelin Paris et Île-de-France

J. Pachoud/AFP Creative/Photononstop

A la carte...

J.-C. Amiel/hemis.fr

Liste alphabétique des hôtels
→ Index of hotels

PARIS

Liste alphabétique des restaurants
→ Index of restaurants

PARIS

G — page

H — page

I — page

J — page

K — page

PARIS

✿ **Les tables étoilées**
➜ **Starred restaurants**

PARIS

Bib Gourmand

→ Repas soignés à prix modérés
→ Good food at moderate prices

A et M Restaurant - 16ᵉ	XX	1308
Les Affranchis - 9ᵉ	X	1276
L'Atelier du Parc - 15ᵉ	XX	1297
Atelier Vivanda - 6ᵉ **N**	X	1245
Atelier Vivanda - 16ᵉ	X	1311
Auberge Pyrénées Cévennes - 11ᵉ	X	1284
Au Bon Accueil - 7ᵉ	XX	1250
Aux Verres de Contact - 5ᵉ	X	1235
Le Baratin - 20ᵉ	X	1324
Beurre Noisette - 15ᵉ	X	1299
Bibimbap - 5ᵉ	X	1235
Bistro des Gastronomes - 5ᵉ	X	1235
Braisenville - 9ᵉ **N**	X	1274
Café des Abattoirs - 1ᵉʳ **N**	X	1218
Caffè dei Cioppi - 11ᵉ	X	1283
Les Canailles - 9ᵉ	X	1275
La Cantine du Troquet - 14ᵉ	X	1293
La Cantine du Troquet Dupleix - 15ᵉ	X	1300
Le Caroubier - 15ᵉ	XX	1298
Le Casse Noix - 15ᵉ	X	1301
Chez Cécile - La Ferme des Mathurins - 8ᵉ	X	1268
Chez les Anges - 7ᵉ	XX	1250
Chez Marie-Louise - 10ᵉ	X	1278
Chez Michel - 10ᵉ	X	1277
Circonstances - 2ᵉ **N**	X	1225
Le Clos des Gourmets - 7ᵉ	X	1252
Les Cocottes - 7ᵉ	X	1253
Le Cornichon - 14ᵉ	X	1292
L'Entredgeu - 17ᵉ	X	1317
L'Essentiel - 14ᵉ	X	1293
Graindorge - 17ᵉ	XX	1316
Il Goto - 12ᵉ	X	1286
Impérial Choisy - 13ᵉ	X	1288
Kokoro - 5ᵉ **N**	X	1236
La Laiterie Sainte Clotilde - 7ᵉ	X	1254
La Maison du Jardin - 6ᵉ	X	1243
Mandoobar - 8ᵉ **N**	X	1269
Mansouria - 11ᵉ	XX	1281
La Marlotte - 6ᵉ	X	1242
Miroir - 18ᵉ	X	1321
L'Office - 9ᵉ	X	1275
Oka - 9ᵉ **N**	X	1275
L'Ourcine - 13ᵉ	X	1288
Le Pantruche - 9ᵉ	X	1274
Le Pario - 15ᵉ	XX	1297
Pascade - 2ᵉ **N**	X	1225
Le Petit Verdot du 17ème - 17ᵉ	X	1318

Autour de Paris

Les hôtels les plus agréables
→ Most pleasant hotels

Saint-Germain-en-Laye-
Pavillon Henri IV 1349
Saint-Prix- Hostellerie du
Prieuré 1353

Versailles- Trianon Palace 1356
Ville-d'Avray- Les Étangs
de Corot 1359

 Menus à moins de 30 €
→ **Menus for less than 30 €**

Abri - 10ᵉ	X	1279
Afaria - 15ᵉ	X	1299
L'Affriolé - 7ᵉ	X	1253
L'Agrume - 5ᵉ	X	1235
À La Biche au Bois - 12ᵉ	X	1286
L'Altro - 6ᵉ	X	1245
L'Apibo - 2ᵉ	X	1225
L'Ardoise du XV - 15ᵉ	X	1301
L'Assiette - 14ᵉ	X	1292
Astier - 11ᵉ	X	1284
Au Bascou - 3ᵉ	X	1227
L'Auberge du Roi Gradlon - 13ᵉ	XX	1287
Auberge Flora - 11ᵉ	X	1282
Au Bourguignon du Marais - 4ᵉ	X	1229
Au Petit Marguery - 13ᵉ	XX	1288
Au Vieux Chêne - 11ᵉ	X	1284
Aux Verres de Contact - 5ᵉ	X ⊕	1235
Baan Boran - 1ᵉʳ	X	1219
Baffo - 4ᵉ	X	1230
Le Baratin - 20ᵉ	X ⊕	1324
Basilic et Spice - 13ᵉ	X	1288
Bernard du 15 - 15ᵉ	X	1300
Bissac - 2ᵉ	X	1223
Bistro 121 - 15ᵉ	X	1301
Bistro des Gastronomes - 5ᵉ	X ⊕	1235
Bistrot Paul Bert - 11ᵉ	X	1283
Bon Kushikatsu - 11ᵉ	X	1281
Le Bouchon et l'Assiette - 17ᵉ	X	1317
Braisenville - 9ᵉ	X ⊕	1274
Café Constant - 7ᵉ	X	1254
Les Cailloux - 13ᵉ	X	1288
Le Caroubier - 15ᵉ	XX ⊕	1298
Casa Bini - 6ᵉ	X	1243
Le 122 - 7ᵉ	X	1253
Le Cette - 14ᵉ	X	1293
Chameleon - 10ᵉ	X	1278
Le Chardenoux - 11ᵉ	XX	1281
Le Chardenoux des Prés - 6ᵉ	X	1243
Chaumette - 16ᵉ	X	1310

Chez Casimir - 10ᵉ	X	1278
Chez Graff - 7ᵉ	X	1254
Chez Marie-Louise - 10ᵉ	X ⊕	1278
Circonstances - 2ᵉ	X ⊕	1225
Le Clos des Gourmets - 7ᵉ	X ⊕	1252
Le Clos Y - 15ᵉ	X	1300
Les Cocottes - 7ᵉ	X ⊕	1253
Le Cotte Rôti - 12ᵉ	X	1286
Le Cristal de Sel - 15ᵉ	X	1299
Les Déserteurs - 11ᵉ	X	1283
Le Dorcia - 2ᵉ	X	1225
L'Écailler du Bistrot - 11ᵉ	X	1283
Encore - 9ᵉ	X	1273
L'Épicuriste - 15ᵉ	X	1300
L'Épopée - 15ᵉ	XX	1298
L'Essentiel - 14ᵉ	X ⊕	1293
La Ferrandaise - 6ᵉ	X	1243
Fish La Boissonnerie - 6ᵉ	X	1244
Florimond - 7ᵉ	X	1254
Fontanarosa - 15ᵉ	XX	1298
Les Fous de l'Île - 4ᵉ	X	1230
La Gauloise - 15ᵉ	XX	1297
La Gazzetta - 12ᵉ	X	1286
Giova - 17ᵉ	X	1318
Glou - 3ᵉ	X	1227
Graindorge - 17ᵉ	XX ⊕	1316
La Grande Ourse - 14ᵉ	X	1294
Le Grand Pan - 15ᵉ	X	1300
Gwadar - 1ᵉʳ	X	1220
Haï Kaï - 10ᵉ	X	1279
Hotaru - 9ᵉ	X	1274
Il Goto - 12ᵉ	X ⊕	1286
L'Inattendu - 15ᵉ	XX	1297
Intuition Gourmande - 15ᵉ	X	1301
Jeanne B - 18ᵉ	X	1321
Kinnari - 7ᵉ	X	1253
Kokoro - 5ᵉ	X ⊕	1236
La Laiterie Sainte Clotilde - 7ᵉ	X ⊕	1254
Lescure - 1ᵉʳ	X	1220
Lhassa - 5ᵉ	X	1235
Lou Tiap - 20ᵉ	X	1324
La Maison du Jardin - 6ᵉ	X ⊕	1243
Mansouria - 11ᵉ	XX ⊕	1281

Restaurants par type de cuisine
→ Restaurants by cuisine type

PARIS

Le plat que vous recherchez...
→ Traditional dishes

PARIS

PARIS

Au Moulin à Vent - 5e	✗	1234
Bofinger - 4e	✗✗	1229
La Coupole - 14e	✗✗	1292
Flandrin - 16e	✗✗	1309
Quincy - 12e	✗	1286
Severo - 14e	✗	1294
La Tour - Versailles	✗	1359
Vaudeville - 2e	✗✗	1223

Soufflés page

L'Assiette - 14e	✗	1292
Au Cœur de la Forêt - Montmorency	✗✗	1343
Auguste - 7e	✗✗ ✿	1250
Au Petit Marguery - 13e	✗✗	1288
La Belle Époque - Châteaufort	✗x✗	1333
Le Cénacle - Tremblay-en-France	✗✗	1355
Le Clos de Sucy - Sucy-en-Brie	✗✗	1354
La Cuisine de Philippe - 6e	✗	1244
Frédéric Simonin - 17e	✗✗ ✿	1315
Laurent - 8e	✗x✗x✗ ✿	1262
Le Pantruche - 9e	✗ ☺	1274
Relais d'Auteuil - 16e	✗x✗ ✿	1306
Vin sur Vin - 7e	✗✗	1250

Le Violon d'Ingres - 7e	✗✗ ✿	1249

Tête de veau page

Au Petit Marguery - 13e	✗✗	1288
Au Petit Riche - 9e	✗✗	1272
Au Pouilly Reuilly - Le Pré-Saint-Gervais	✗	1346
Benoit - 4e	✗✗ ✿	1229
Caves Petrissans - 17e	✗	1316
Le Coq de la Maison Blanche - Saint-Ouen	✗✗	1352
La Ferme de Voisins - Saint-Quentin-en-Yvelines	✗✗	1353
Manufacture - Issy-les-Moulineaux	✗✗	1338
La Petite Auberge - Asnières-sur-Seine	✗✗ ☺	1326
Le Pré Cadet - 9e	✗ ☺	1273
Ribouldingue - 5e	✗ ☺	1234
Vaudeville - 2e	✗✗	1223

Tripes page

Moissonnier - 5e	✗	1234
Ribouldingue - 5e	✗ ☺	1234

Tables en terrasse
→ Outside dining

Autour de Paris   page

Restaurants avec salons particuliers
→ Private dining rooms

PARIS

Restaurants ouverts samedi & dimanche
→ **Restaurants open on Saturday & Sunday**

PARIS

Restaurants ouverts au mois d'août
→ Restaurants open in August

Autour de Paris   page

PARIS

Restaurants ouverts tard le soir
→ Restaurants open late

→Heure de la dernière commande signalée entre parenthèses
→Time of last orders in brackets

Alcazar - 6ᵉ (23 h30)	XX	1242
L'Atelier de Joël Robuchon - Étoile - 8ᵉ (0 h)	X ✿✿	1267
L'Atelier de Joël Robuchon - St-Germain - 7ᵉ (0 h)	X ✿✿	1251
Atelier Maître Albert - 5ᵉ (23 h30)	XX	1233
Atelier Vivanda - 6ᵉ (23 h30)	X ⊛	1245
Atelier Vivanda - 16ᵉ (23 h30)	X ⊛	1311
Au Petit Riche - 9ᵉ (23 h30)	XX	1272
Brasserie Gallopin - 2ᵉ (0 h)	XX	1223
Brasserie Thoumieux - 7ᵉ (23 h30)	XX	1250
Café de l'Esplanade - 7ᵉ (0 h30)	XX	1250
Chez Michel - 10ᵉ (23 h30)	X ⊛	1277
La Coupole - 14ᵉ (23 h30)	XX	1292
Diep - 8ᵉ (0 h)	XX	1267
Drouant - 2ᵉ (23 h30)	XxX	1222
La Fontaine Gaillon - 2ᵉ (23 h30)	XX	1222
Fouquet's - 8ᵉ (23 h30)	XxX	1264
Il Vino d'Enrico Bernardo - 7ᵉ (0 h)	XX ✿	1249
Mer de Chine - 13ᵉ (23 h30)	X	1289
Mini Palais - 8ᵉ (23 h30)	XX	1265
Monsieur Bleu - 16ᵉ (0 h)	XX	1309
Mori Venice Bar - 2ᵉ (23 h30)	XX	1222
L'Opéra - 9ᵉ (23 h30)	XX	1272
Ratn - 8ᵉ (23 h30)	XX	1267
La Rotonde - 6ᵉ (0 h30)	XX	1242
La Société - 6ᵉ (0 h30)	XX	1241
Vaudeville - 2ᵉ (0 h)	XX	1223
La Villa Corse Rive Droite - 16ᵉ (23 h30)	X	1310
La Villa Corse Rive Gauche - 15ᵉ (23 h30)	XX	1298

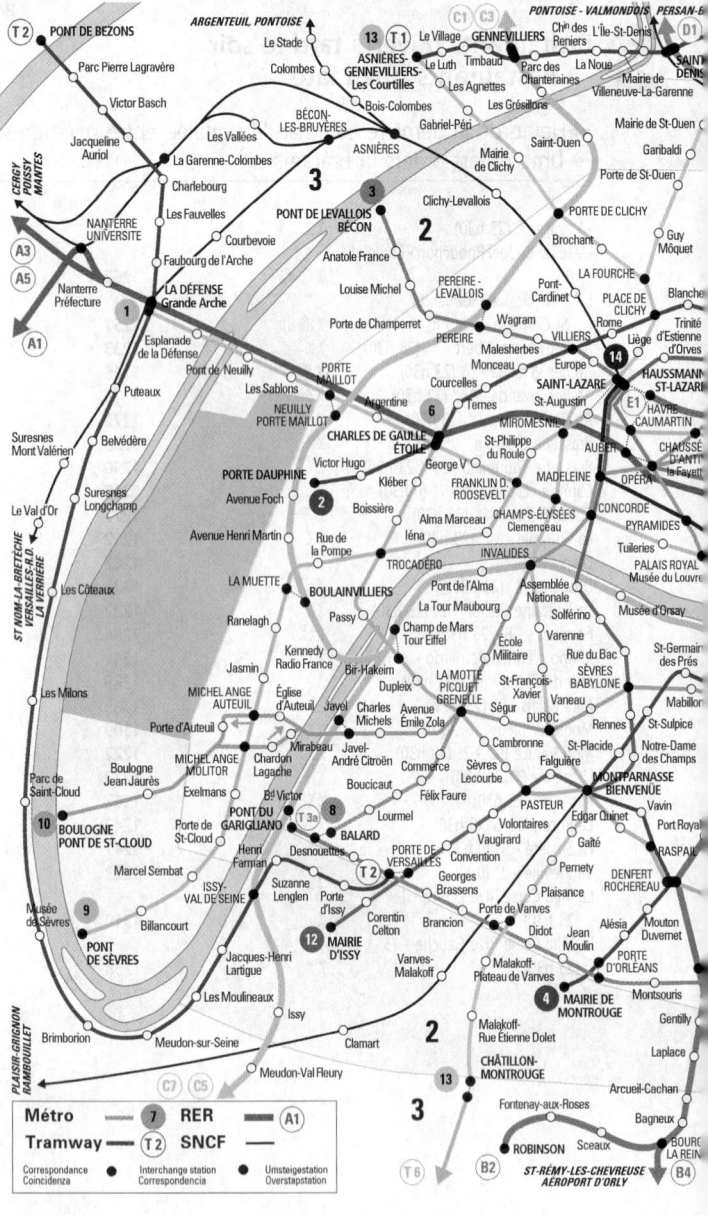

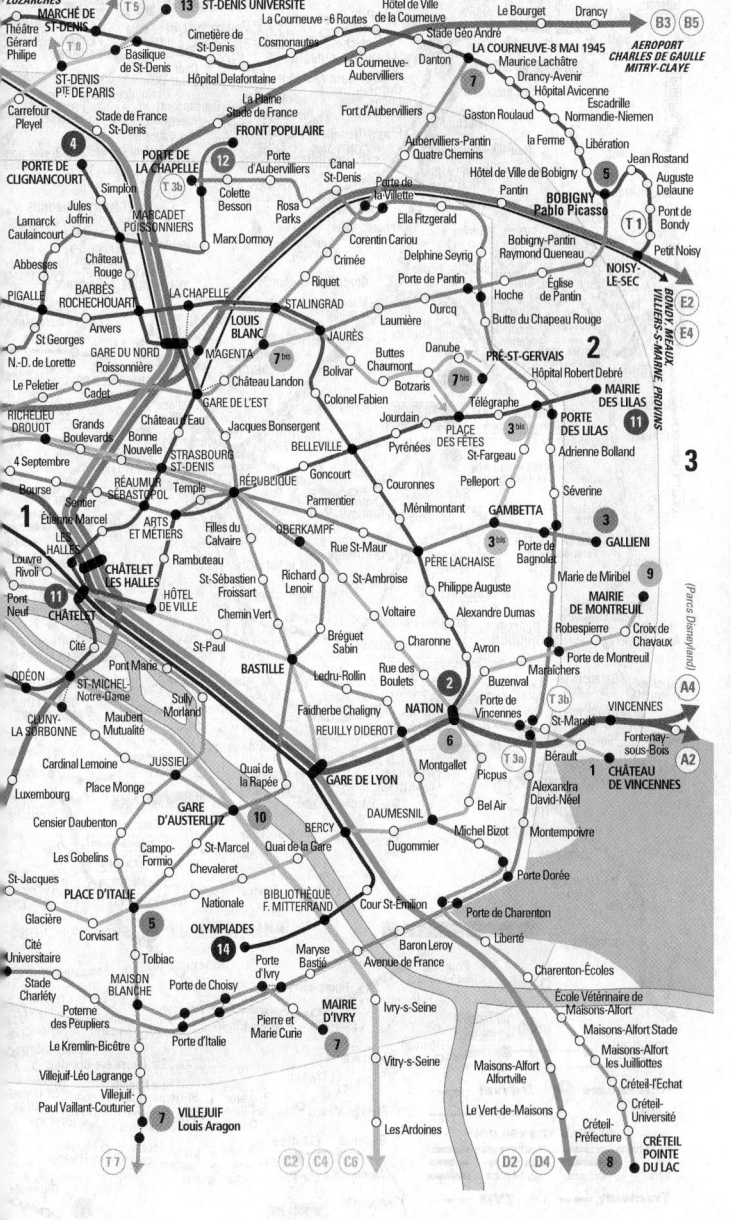

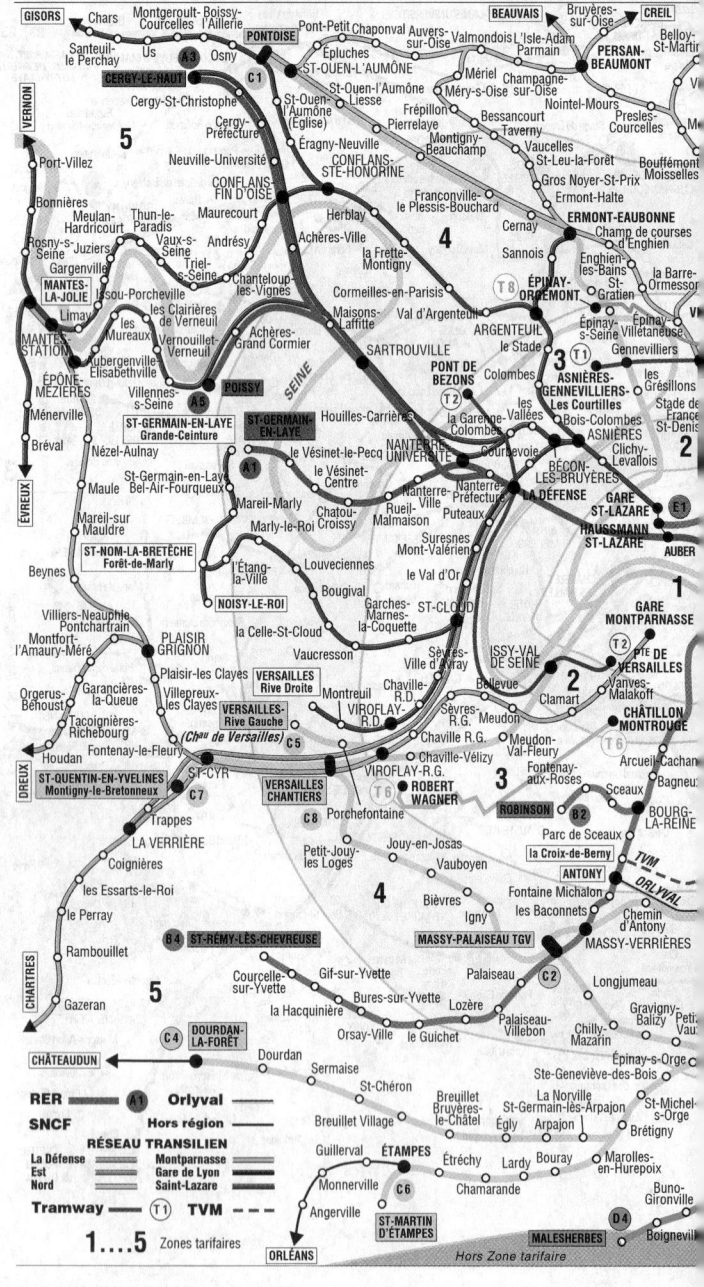

PARIS

1208

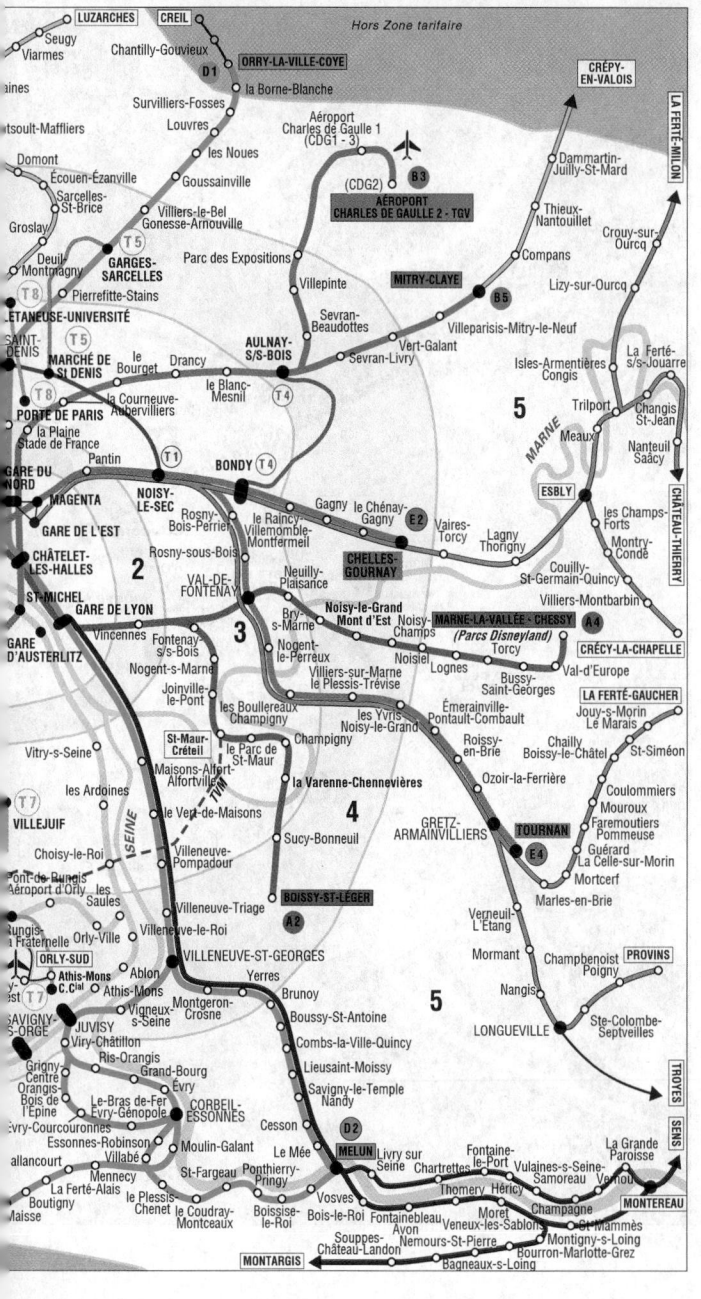

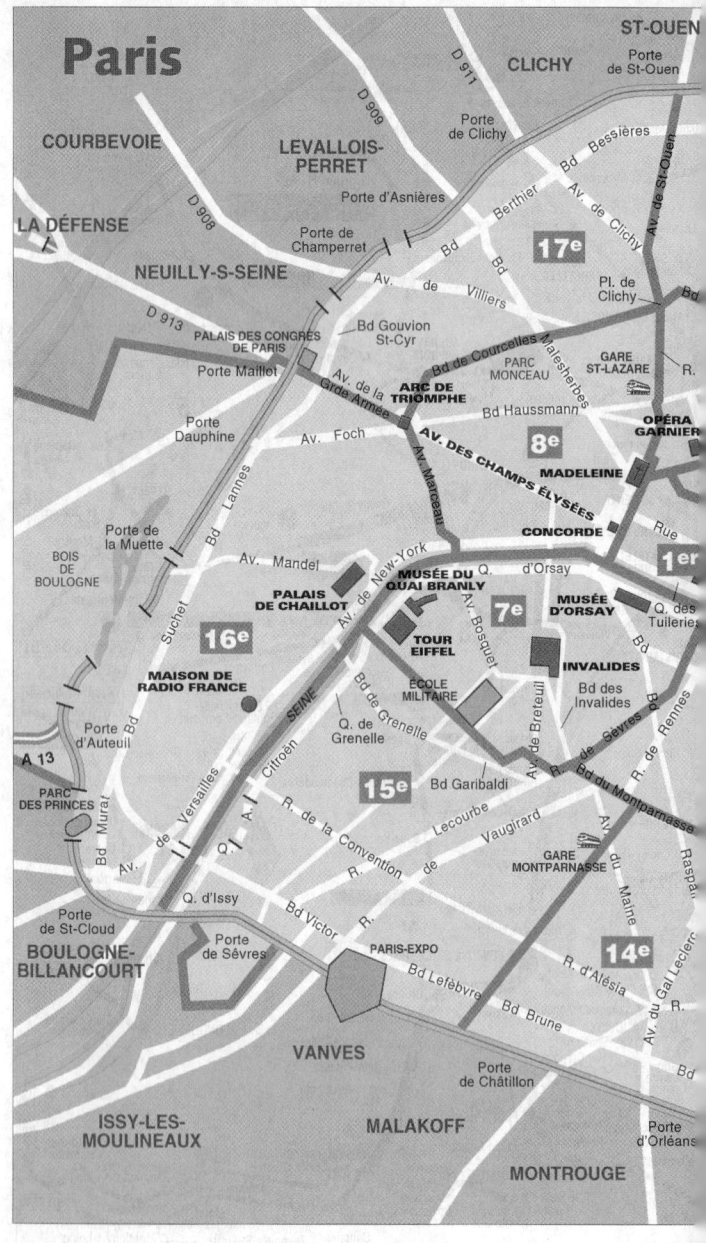

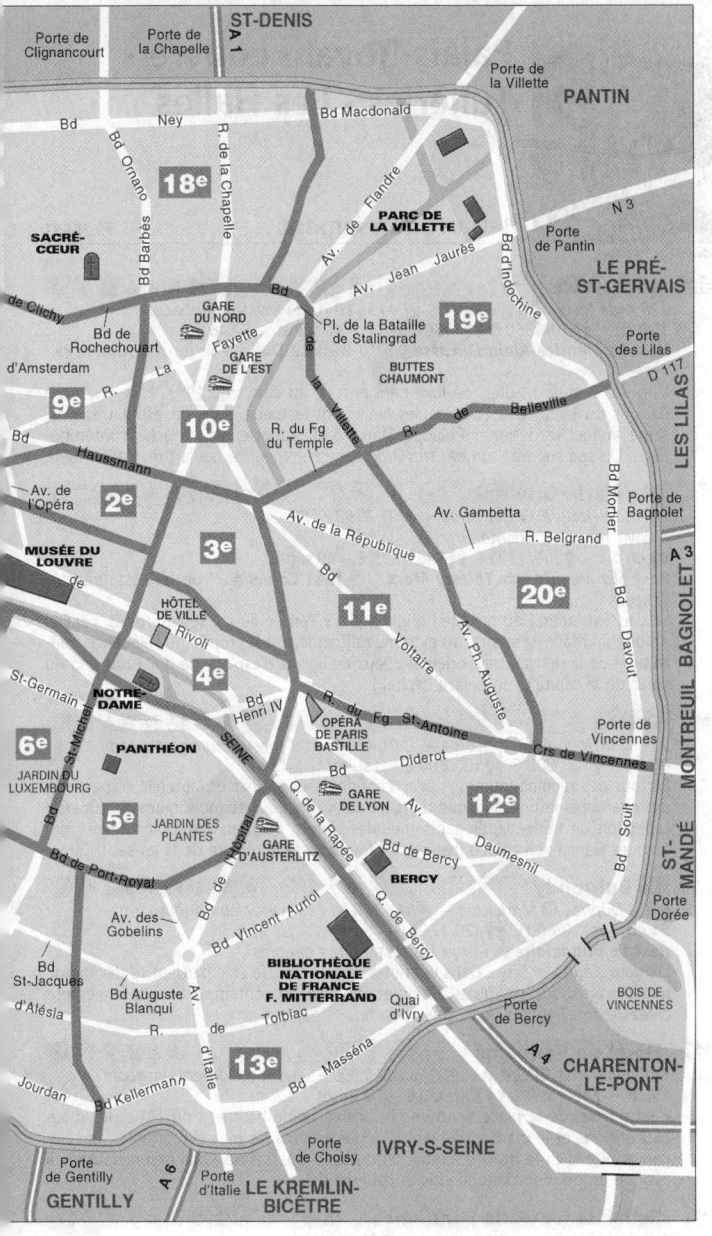

P. Dawes/age fotostock

PARIS

Palais-Royal · Louvre · Tuileries · Les Halles

1er arrondissement ✉ 75001

🏨🏨🏨 Le Meurice   🍴 ⊕ 🛎 🕮 🕭 🗚 🛎 🌐 ♿
228 r. de Rivoli Ⓜ *Tuileries* – ✆ *01 44 58 10 10* – *www.lemeurice.com*
120 ch – 💰670/1350 € 💰💰1130/2050 € – 40 suites – ⌚ 46 €
Rest *Le Meurice Alain Ducasse* ✿✿✿ **Rest** *Le Dali* – voir les restaurants ci-après
L'un des premiers hôtels de luxe parisiens, né au début du 19e s. Face aux frondaisons du jardin des Tuileries, les lieux sont fastueux, dans un esprit très classique auquel le designer Philippe Starck a su apporter une touche contemporaine. Un spa superbe, un bar très intime, etc. Le Meurice ou l'art du raffinement.

🏨🏨🏨 Mandarin Oriental   🍴 🖾 ⊕ 🕮 🕭 🗚 🛎 🌐 ♿
251 r. St-Honoré Ⓜ *Concorde* – ✆ *01 70 98 78 88*
– *www.mandarinoriental.fr/paris/*
99 ch ⌚ – 💰845/1395 € 💰💰845/1395 € – 39 suites
Rest *Sur Mesure par Thierry Marx* ✿✿ **Rest** *Camélia* – voir les restaurants ci-après
Le vaisseau amiral du groupe hongkongais à Paris. Fidèle à ses principes, celui-ci a signé un établissement d'un extrême raffinement, à la croisée de l'élégance française et de la délicatesse... orientale. Jeux de lignes, d'espace, de quiétude, etc. Au cœur de la capitale, un palace capital !

🏨🏨 Costes   🍴 🖾 ⊕ 🕮 🗚 🌐
239 r. St-Honoré Ⓜ *Concorde* – ✆ *01 42 44 50 00* – *www.hotelcostes.com*
80 ch – 💰500/800 € 💰💰500/800 € – 3 suites – ⌚ 35 €
Partout des recoins intimes – avec confidents en poirier et fauteuils crapauds –, des chambres raffinées jusque dans les détails (linge avec monogramme, superbe collection de tableaux, élégants meubles chinés, etc.), un restaurant décoré par Jacques Garcia : ce palace très chic et feutré reste le repaire de la jet-set !

🏨🏨 Le Burgundy   🍴 🖾 ⊕ 🕮 🗚 🌐
6-8 r. Duphot Ⓜ *Madeleine* – ✆ *01 42 60 34 12* – *www.leburgundy.com*
51 ch – 💰420/800 € 💰💰420/1200 € – 8 suites – ⌚ 25 €
Rest *Le Baudelaire* ✿ – voir les restaurants ci-après
Luxueux, feutré et arty... Dans cet hôtel de standing, le chic parisien se décline de manière artistique : meubles design et œuvres d'art contemporain – spécialement créées – émaillent les lieux. Une réussite...

🏨🏨 Hôtel de Vendôme   🍴 🕭 🗚 🛎 ※ 🌐
1 pl. Vendôme Ⓜ *Opéra* – ✆ *01 55 04 55 00* – *www.hoteldevendome.com*
19 ch – 💰390/590 € 💰💰750/920 € – 10 suites – ⌚ 39 €
L'autre hôtel de la place Vendôme ! Dans ce noble bâtiment du 18e s., les meubles anciens et le marbre côtoient les équipements les plus confortables, et l'élégance joue la carte de la discrétion et du beau classicisme. Quant au restaurant, il évoque un boudoir parisien chic et confidentiel...

🏨🏨 Renaissance Paris Vendôme sans rest   🖾 ⊕ 🕮 🗚 🛎 ※ 🌐
4 r. du Mont-Thabor Ⓜ *Tuileries* – ✆ *01 40 20 20 00*
– *www.renaissanceparisvendome.fr*
97 ch – 💰369/900 € 💰💰389/1450 € – 15 suites – ⌚ 30 €
Immeuble du 19e s. métamorphosé en boutique-hôtel contemporain. Bois, tons miel et chocolat : les chambres sont élégantes et très confortables ! Et l'on paresse avec ravissement dans le joli bar chinois...

Castille Paris 🍽 🏋 🛗 🅰🅲 📶 🛁
33 r. Cambon Ⓜ *Madeleine –* ☎ *01 44 58 44 58 – www.castille.com*
91 ch – 🛏250/600 € 🛏🛏350/700 € – 17 suites – 🍽 30 €
Côté "Opéra", un précieux décor contemporain d'inspiration vénitienne ; côté "Rivoli", un cadre noir et blanc très graphique, en écho à la maison Chanel voisine. Dans les deux cas, un hôtel très haute couture !

The Westin Paris 🍽 🆂🅿🅰 🏋 🛗 ♿ 🅰🅲 📶 🛁
3 r. de Castiglione Ⓜ *Tuileries –* ☎ *01 44 77 11 11 – www.thewestinparis.fr*
394 ch – 🛏325/4500 € 🛏🛏325/4500 € – 34 suites – 🍽 39 €
Rest *Le First* – voir les restaurants ci-après
Entre Tuileries et place Vendôme, cet hôtel haussmannien édifié en 1878 mêle charme historique (fastueux salons Napoléon III) et touches contemporaines... Et pour ne rien gâter, certaines chambres ont vue sur les Tuileries ! Agréable spa.

Regina 🍽 🏋 ♿ 🅰🅲 📶 🛁
2 pl. des Pyramides Ⓜ *Tuileries –* ☎ *01 42 60 31 10 – www.regina-hotel.com*
100 ch – 🛏230/600 € 🛏🛏260/600 € – 10 suites – 🍽 24 €
Face au jardin des Tuileries, cet hôtel 1900 préserve son décor Art nouveau et sa belle atmosphère rétro. Superbe hall, mobilier ancien dans les chambres (certaines avec une belle vue du Louvre à la tour Eiffel, mais elles sont plus calmes côté patio), petit-déjeuner près de la jolie cheminée Majorelle... Un charme indémodable.

Grand Hôtel du Palais Royal 🍽 🆂🅿🅰 🏋 🏋 ♿ 🅰🅲 📶
4 r. de Valois Ⓜ *Palais Royal –* ☎ *01 42 96 15 35*
– www.grandhoteldupalaisroyal.com
64 ch – 🛏390/790 € 🛏🛏390/790 € – 4 suites – 🍽 35 €
Rest *Le Lulli* – voir les restaurants ci-après
Voisin du Palais-Royal, du ministère de la Culture et du Conseil d'État, cet immeuble du début du 18e s. est impeccablement situé ! À l'intérieur, de l'élégance mais point de faste : les chambres jouent la sobriété avec leurs meubles contemporains et leurs murs blancs. Et bien que très central, le quartier est calme...

Cambon sans rest 🏋 🅰🅲 📶
3 r. Cambon Ⓜ *Concorde –* ☎ *01 44 58 93 93 – www.hotelcambon.com*
39 ch – 🛏310/620 € 🛏🛏390/850 € – 1 suite – 🍽 24 €
Entre le jardin des Tuileries et la rue St-Honoré, cet hôtel compte de nombreux fidèles : accueil charmant, plaisantes chambres mêlant mobilier contemporain et tableaux anciens...

Opéra Richepanse sans rest 🏋 🅰🅲 🍽 📶
14 r. Chevalier-de-St-George Ⓜ *Madeleine –* ☎ *01 42 60 36 00*
– www.richepanse.com
35 ch 🍽 – 🛏180/480 € 🛏🛏180/480 € – 3 suites
Tchaïkovski avait ses habitudes dans ce bel hôtel Art déco. Point besoin d'être mélomane pour apprécier le confort des chambres, donnant pour certaines sur la Madeleine. Une adresse avec un certain cachet.

Royal St-Honoré sans rest 🏋 🅰🅲 📶
221 r. St-Honoré Ⓜ *Tuileries –* ☎ *01 42 60 32 79*
– www.hotel-royal-st-honore.com
67 ch 🍽 – 🛏200/500 € 🛏🛏200/500 € – 5 suites
Sur la rue St-Honoré, fameuse pour ses boutiques de créateurs, un immeuble cossu du 19e s., aux chambres très confortables. On prend son petit-déjeuner dans un décor Louis XVI et, le soir venu, on profite du bar, cosy et accueillant...

Thérèse sans rest 🏋 ♿ 🅰🅲 📶
5 r. Thérèse Ⓜ *Pyramides –* ☎ *01 42 96 10 01 – www.hoteltherese.com*
40 ch – 🛏200/390 € 🛏🛏200/390 € – 🍽 15 €
Une adresse charmante, nichée entre le Palais-Royal et l'avenue de l'Opéra. Son décor se révèle très cosy et chic, avec par exemple des pièces de mobilier inspirées des années 1950 et des références néo-industrielles... Une réussite !

PARIS

PARIS

Louvre St-Honoré sans rest 🛗 ♿ AC 🛜

141 r. St-Honoré Ⓜ *Louvre Rivoli –* ✆ *01 42 96 23 23*
– www.paris-hotel-louvresainthonore.com
37 ch – ♦150/500 € ♦♦160/900 € – � 19 €
À deux pas du Louvre, voici une jolie façade du 18e s. (classée) qui cache un hôtel aménagé dans une veine contemporaine colorée. Grand calme pour les chambres donnant sur la cour : très appréciable au cœur de la capitale.

Britannique sans rest 🛗 AC ⌧ 🛜

20 av. Victoria Ⓜ *Châtelet –* ✆ *01 42 33 74 59 – www.hotel-britannique.fr*
39 ch – ♦159/199 € ♦♦189/345 € – � 14 €
Créé par une famille anglaise sous le règne de Victoria, cet hôtel à deux pas de la Seine superpose les influences impériales. Chambres au décor chaleureux ; charmant salon. So British !

Relais St-Honoré sans rest 🛗 AC 🛜

308 r. St-Honoré Ⓜ *Tuileries –* ✆ *01 42 96 06 06 – www.relaissainthonore.com*
14 ch – ♦195/240 € ♦♦195/285 € – 1 suite – � 13 €
Dans cet hôtel (17e s.), le petit-déjeuner est servi dans les chambres exclusivement ! Le matin, on peut donc musarder tout à son aise, entre poutres (sauf au 1er étage) et meubles anciens.

Hôtel O sans rest 🛗 AC 🛜

19 r. Hérold Ⓜ *Sentier –* ✆ *01 42 36 04 02 – www.hotel-o-paris.com*
29 ch – ♦149/441 € ♦♦149/441 € – � 16 €
Un voyage dans l'espace tout en restant dans le quartier des Halles, voilà qui est original ! La décoration – signée Ora-Ïto – évoque un vaisseau spatial... et les chambres portent des noms évocateurs : "Cocoon", "Odyssey", "Galileo", etc. Les amateurs de design – et les autres – pousseront des "Oh !"

Hôtel du Continent ⓦ sans rest 🛗 AC 🛜

30 r.du Mont-Thabor Ⓜ *Tuileries –* ✆ *01 42 60 75 32 – www.hotelcontinent.com*
25 ch – ♦200/400 € ♦♦200/400 € – � 10 €
Près des Tuileries, cet hôtel à taille humaine a été entièrement relooké en 2013 par Christian Lacroix, sur le thème des six continents. Élégance, jeux sur les couleurs, cachet de l'ensemble : on parcourt ce nouveau monde avec bonheur...

Le Crayon Rouge ⓦ sans rest 🛗 ♿ AC ⌧ 🛜

42 r. Croix-des-Petits-Champs Ⓜ *Palais Royal - Musée du Louvre*
– ✆ *01 42 36 54 19 – www.hotelcrayonrouge.com*
17 ch – ♦129/329 € ♦♦149/479 € – � 15 €
Dans les chambres, des papiers peints "arty" et du mobilier chiné, des couleurs vives et acidulées et des équipements dernier cri... On aime la personnalité explosive de cet hôtel flambant neuf, ouvert en 2014 juste en face de la Banque de France.

Le Crayon sans rest 🛗 AC ⌧ 🛜

25 r. du Bouloi Ⓜ *Palais Royal –* ✆ *01 42 36 54 19 – www.hotelcrayon.com*
26 ch – ♦149/347 € ♦♦149/347 € – � 12 €
Le grand frère du Crayon Rouge n'est pas banal non plus ! À mi-chemin entre la demeure d'artiste et la maison de famille, il ose la couleur, le vintage et les contrastes détonants. La décoratrice a elle-même chiné tout le mobilier : chaque chambre est une création originale.

Relais du Louvre sans rest 🛗 AC 🛜

19 r. Prêtres-St-Germain-l'Auxerrois Ⓜ *Louvre Rivoli –* ✆ *01 40 41 96 42*
– www.relaisdulouvre.com
22 ch – ♦125/174 € ♦♦175/355 € – � 13 €
Derrière cette étroite façade du 18e s., un hôtel de caractère, paisible et bien tenu. Chambres raffinées et confortables ; belle suite au dernier étage, idéale en famille. Petit-déjeuner servi en chambre uniquement !

XXXXX **Le Meurice Alain Ducasse** – Hôtel Le Meurice ⬚ AC ⬚ ⬚ ⬚

228 r. de Rivoli Ⓜ Tuileries – ☏ 01 44 58 10 55 – www.lemeurice.com – Fermé 15 fév.-2 mars, 1er-31 août, sam. et dim.

• CLASSIQUE • Formule 85 € – Menu 110 € (déj.)/380 € – Carte 205/270 €

Au cœur du célèbre palace, ce lieu incarne tout l'imaginaire du grand restaurant à la française avec son décor éminemment luxueux, inspiré des appartements royaux de Versailles, et son service bien orchestré. Sous l'égide d'Alain Ducasse, l'assiette magnifie avec pureté les plus beaux produits, cultive l'excellence et... réinvente le classicisme. Que d'art, que de style !

➔ Pâté chaud de pintade. Bar, fenouil et citron. Chocolat de notre manufacture.

XXXX **Le Grand Véfour** (Guy Martin) ⬚ AC ⬚ ⬚

17 r. de Beaujolais Ⓜ Palais Royal – ☏ 01 42 96 56 27 – www.grand-vefour.com – Fermé 3 semaines en juil.-août, sam. et dim.

• CRÉATIVE • Menu 98 € (déj.)/298 € – Carte 210/268 €

Bonaparte et Joséphine, Lamartine, Hugo, Sartre... Depuis plus de deux siècles, l'ancien Café de Chartres cultive la légende ! Guy Martin en entretient aujourd'hui l'aura : influencé par les voyages et la peinture – couleurs, formes, textures –, le chef "croque" ses plats comme un artiste, entre invention... et grande histoire.

➔ Ravioles de foie gras, crème foisonnée truffée. Parmentier de queue de bœuf aux truffes. Palet noisette et chocolat au lait, glace au caramel brun et sel de Guérande.

XXXX **Carré des Feuillants** (Alain Dutournier) ⬚ AC ⬚ ⬚

14 r. de Castiglione Ⓜ Tuileries – ☏ 01 42 86 82 82 – www.carredesfeuillants.fr – Fermé août, sam. midi et dim.

• MODERNE • Menu 60 € (déj.), 158/210 € – Carte 130/170 €

Atmosphère élégante et contemporaine, sur le site du couvent des Feuillants. Alain Dutournier signe une cuisine raffinée et bien dans son époque, aux jolis accents gascons – lui qui est originaire des Landes. Superbes vins et armagnacs.

➔ Pâté en croûte de perdreau façon Rossini. Filet de lièvre frotté d'épices, royale de truffe noire et foie gras au vin de Sauternes. Tatin de mangue, ravioles passion et sorbet mangue-cardamome.

XXX **Sur Mesure par Thierry Marx** – Hôtel Mandarin Oriental ⬚ ⬚ AC ⬚

251 r. St-Honoré Ⓜ Concorde – ☏ 01 70 98 73 00 – www.mandarinoriental.fr/paris/ – Fermé août, dim. et lundi

• CRÉATIVE • Menu 65 € (déj. en semaine), 175/205 €

Voilà bien un travail d'orfèvre, millimétré et "sur mesure" : Thierry Marx confirme son talent de grand faiseur ; chaque assiette révèle le geste d'un chercheur inlassable, parfois malicieux, toujours exact. Une expérience en soi, à laquelle contribue l'étonnant décor, immaculé et éthéré.

➔ Risotto de soja. Bœuf charbon. Sweet bento.

XXX **Le Baudelaire** – Hôtel Le Burgundy ⬚ AC ⬚

6-8 r. Duphot Ⓜ Madeleine – ☏ 01 42 60 34 12 – www.lebaudelaire.com – Fermé sam. midi et dim.

• MODERNE • Formule 42 € – Menu 54 € (déj.)/145 € – Carte 83/145 €

Au sein du luxueux hôtel Burgundy – belle atmosphère autour du patio intérieur de l'établissement –, une table gastronomique de qualité, où la cuisine révèle finesse et légèreté...

➔ Saint-Jacques de plongée, sésame noir, mouron des oiseaux et marmelade de citron. Rouget de roche grillé au fenouil, coriandre et aubergine grillée. Chocolat au lait d'Équateur, crémeux chocolat et gingembre confit, crumble cacao.

XXX **Macéo** ⬚ AC ⬚

15 r. Petits-Champs Ⓜ Bourse – ☏ 01 42 97 53 85 – www.maceorestaurant.com – Fermé 2-25 août, sam. midi, dim. et fériés

• MODERNE • Formule 28 € – Menu 39 € – Carte environ 56 €

Macéo, c'est d'abord un hommage du patron à Maceo Parker, grand saxophoniste américain et ancien acolyte de James Brown... C'est aussi un cadre Second Empire (moulures, parquet, beaux miroirs) et une cuisine de saison bien de notre époque, comme on les aime. Menu végétarien et carte de vins du monde.

PARIS

%%% **Kei** (Kei Kobayashi)   AC %
⚔

5 r. du Coq-Héron ⓜ Louvre Rivoli – ℰ 01 42 33 14 74 – www.restaurant-kei.fr
– Fermé vacances de Pâques, 3 semaines en août, vacances de Noël, jeudi midi,
dim. et lundi
• MODERNE • Menu 52 € (déj.), 99/180 €

Enfant au Japon, Kei Kobayashi découvre la gastronomie française à la télévision.
Une révélation ! La majorité venue, il gagne l'Hexagone pour une formation dans
les plus grandes maisons. Ce parcours s'incarne aujourd'hui chez lui, dans des
menus métissés, finement composés, qu'il renouvelle régulièrement selon son
inspiration.

→ Légumes cuits et croquants. Pigeon rôti. Vacherin aux agrumes.

%% **La Dame de Pic**   ⅁ AC % ⇔
⚔

20 r. du Louvre ⓜ Louvre Rivoli – ℰ 01 42 60 40 40 – www.ladamedepic.fr
– Fermé 27 juil.-24 août et dim.
• CRÉATIVE • Menu 49 € (déj. en semaine), 80/125 €

Le restaurant parisien d'Anne-Sophie Pic, créé en 2012 à deux pas du Louvre. On
reconnaît bien le sens des saveurs de la chef valentinoise, l'exactitude de ses
créations, sa capacité à associer des ingrédients inédits – décliné ici autour du
leitmotiv des arômes et des parfums...

→ Berlingots de chèvre frais fumé, champignons des bois et poivre de voatsiperifery. Rouget de petit bateau, betterave, citron, safran et livèche. Cheesecake pamplemousse et curcuma.

%% **Le Dali** – Hôtel Le Meurice   AC %

228 r. de Rivoli ⓜ Tuileries – ℰ 01 44 58 10 44 – www.lemeurice.com
• MODERNE • Formule 54 € – Carte 80/124 €

Le "deuxième" restaurant du Meurice, situé au cœur de la vie du palace, à la fois
point de passage, lieu de rendez-vous et... table soignée, façon cantine chic et
mondaine. Le beau décor classique – pilastres et miroirs – est relevé d'une pointe
de surréalisme, en hommage à Dali.

%% **Camélia** – Hôtel Mandarin Oriental   ⌂ ⅁ AC

251 r. St-Honoré ⓜ Concorde – ℰ 01 70 98 74 00
– www.mandarinoriental.fr/paris/
• MODERNE • Formule 48 € – Menu 75/88 € – Carte 69/115 €

Faire simple, se concentrer sur la saveur de très beaux produits, s'inspirer des
classiques de la gastronomie française et les rehausser d'une touche d'Asie : tel
est le credo de Thierry Marx pour ce Camélia, un lieu élégant, apaisant, zen...

%% **Le Lulli** ⓝ – Grand Hôtel du Palais Royal   AC

4 r. de Vallois ⓜ Palais Royal – ℰ 01 42 96 15 35
– www.grandhoteldupalaisroyal.com – Fermé 1er-23 août, sam. et dim.
• MODERNE • Formule 38 € – Menu 45 € (déj.)/80 € – Carte 56/81 €

Décoration végétale et peintures contemporaines : la belle décoration incite à
profiter de l'instant ! En cuisine, on trouve le chef Jean-Yves Bournot : il compose
des assiettes simples et légères, à l'esthétique recherchée, et basées sur de bons
produits. Le service, aimable et pro, achève de nous convaincre...

%% **Le First** – Hôtel The Westin Paris   ⌂ AC %

234 r. de Rivoli ⓜ Tuileries – ℰ 01 44 77 10 40 – www.lefirstrestaurant.com/fr/
• MODERNE • Formule 39 € – Menu 49 € – Carte 60/70 €

À deux pas des Tuileries, au sein du Westin, un véritable boudoir aux éclairages
veloutés – la griffe Jacques Garcia –, où la cuisine revisite la tradition avec respect. L'été, direction la terrasse dressée dans la cour, si paisible...

%% **Kinugawa**   AC ⌂ soir,

9 r. du Mont-Thabor ⓜ Tuileries – ℰ 01 42 60 65 07 – www.kinugawa.fr – Fermé
11-25 août
• JAPONAISE • Formule 45 € – Carte 27/83 €

Cette table japonaise bien connue s'est métamorphosée sous l'égide du tandem
Gilles & Boissier, qui en a repensé le décor, mêlant esprit contemporain et esthétique nippone : une élégante réussite. Au menu : de belles spécialités, tout en
fraîcheur et maîtrise. Comptoir à sushis à l'étage.

XX **Palais Royal**

110 Galerie de Valois - Jardin du Palais Royal Ⓜ *Bourse –* ☏ *01 40 20 00 27*
– www.restaurantdupalaisroyal.com – Fermé dim. et lundi
• TRADITIONNELLE • Formule 49 € – Menu 59 € (déj. en semaine)
– Carte 64/104 €

Sous les fenêtres de l'appartement de Colette, on déguste une belle cuisine traditionnelle. Cuisses de grenouille, purée d'artichaut et émulsion à l'ail des ours ; turbot de ligne façon Dugléré et citron confit : voilà quelques-uns des grands classiques du chef. Le tout se déguste dans l'intimité des jardins du Palais-Royal...

XX **Saudade**

34 r. des Bourdonnais Ⓜ *Pont Neuf –* ☏ *01 42 36 03 65*
– www.restaurantsaudade.com – Fermé août et dim.
• PORTUGAISE • Menu 23 € 🍷 (déj. en semaine) – Carte 31/52 €

Pour un repas au Portugal... en plein Paris ! Gardienne des traditions, Maria De
Fatima n'a pas son pareil pour préparer viande de porc aux palourdes, "caldo
verde" (soupe au chou) et "arroz doce" (riz au lait à la cannelle). Sans oublier le
plat national, la morue, proposée sous toutes ses formes.

X **Jin**
🌣

6 r. de la Sourdière Ⓜ *Tuileries –* ☏ *01 42 61 60 71 – www.secret-flavor.com/jin – Fermé
2 semaines en août, 1 semaine à Noël, lundi midi, mardi midi, merc. midi et dim.*
• JAPONAISE • Menu 65 € (déj.)/135 € *(réservation conseillée)*

Un nouvel écrin pour la gastronomie japonaise, en plein cœur de Paris ! Jin, c'est
d'abord – et surtout – le savoir-faire de Takuya Watanabe, chef originaire de
Niseko ; il réalise sous vos yeux de délicieux sushis et sashimis, avec des poissons
venus de Bretagne, d'Oléron et d'Espagne... Toute la carte est un régal.
→ Cuisine du marché.

X **Yam'Tcha** (Adeline Grattard)
🌣

(déménagement prévu en mars 2015 au 123 r. St-Honoré) Ⓜ *Louvre Rivoli
–* ☏ *01 40 26 08 07 – www.yamtcha.com – Fermé août, vacances de la Toussaint,
de Noël, mardi midi, dim. et lundi*
• CRÉATIVE • Menu 65 € (déj. en semaine)/120 € *(réservation conseillée)*

C'est dorénavant rue St-Honoré (à 50 m de sa précédente adresse) qu'œuvre Adeline Grattard. Sens du produit remarquable, associations simples et saisissantes
– entre France et Asie – pensées en accord avec une sélection d'excellents thés :
la jeune chef, formée à l'Astrance et à Hong Kong, cultive la limpidité avec brio !
→ Cuisine du marché.

X **Spring**

6 r. Bailleul Ⓜ *Louvre Rivoli –* ☏ *01 45 96 05 72 – www.springparis.fr – Fermé 1
semaine en août, le midi, dim. et lundi*
• CRÉATIVE • Menu 84 € *(réservation conseillée)*

Daniel Rose, originaire de Chicago, est un chef décontracté, épicurien et inspiré...
Il a créé un lieu à son image ! Sa cuisine, cosmopolite et libérée, abolit les
conventions sans jamais dérouter, car elle est toujours guidée par le souci des
saveurs. Le printemps... en toute saison.

X **Les Bistronomes**

34 r. de Richelieu Ⓜ *Palais Royal –* ☏ *01 42 60 59 66 – www.lesbistronomes.fr – Fermé
3 semaines en août, 1 semaine vacances de Noël, sam. midi, dim. et lundi*
• MODERNE • Formule 20 € – Menu 35/50 € – Carte 42/69 €

Les gastronomes, ou bistronomes, ont eu vite fait de repérer cette adresse pourtant discrète. La qualité de sa cuisine ne pouvait rester inaperçue, mélange de
registre bourgeois, tendance et... bistrotier : pâté en croûte de canard et ses pickles, lotte au chou pak-choï étuvé à l'huile de sésame, etc.

X **Kunitoraya**

5 r. Villedo Ⓜ *Pyramides –* ☏ *01 47 03 07 74 – www.kunitoraya.com – Fermé 2
semaines en août, vacances de Noël, dim. soir et lundi*
• JAPONAISE • Formule 23 € – Menu 32 € (déj. en semaine), 70/100 €
– Carte environ 40 €

Vieux zinc, miroirs et faïence métro : le Paris des soupers 1900... pour une cuisine
nippone soignée à base d'udon, pâtes maison réalisées avec une farine de blé
importée du Japon !

PARIS

PARIS

✗ **Café des Abattoirs** 🆕   AC ⇔

🐝 *10 r. Gomboust* Ⓜ *Pyramides –* ℰ *01 76 21 77 60 – www.cafedesabattoirs.com*
• VIANDES ET GRILLADES • Menu 32/45 € *(réservation conseillée)*
Le pari de Michel Rostang ? Créer un bistrot à viande en clin d'œil à celui que son
aïeul tenait jadis à Pont-de-Beauvoisin, dans l'Isère. De beaux morceaux de choix,
tendres et bien maturés – veau du Limousin, agneau de l'Aveyron, bœuf Black
Angus –, à accompagner des délicieuses sauces maison… On se régale.

✗ **Pinxo - Tuileries**   AC ✾

9 r. d'Alger Ⓜ *Tuileries –* ℰ *01 40 20 72 00 – www.pinxo.fr – Fermé août, sam.
midi et dim.*
• MODERNE • Carte 40/61 €
C'est Alain Dutournier – du Carré des Feuillants – qui a imaginé ce restaurant où
l'on vient "pinxer" (picorer avec les doigts) de succulentes créations façon tapas :
chipirons sautés, tartare de bœuf esprit Rossini... Un concept novateur, l'invention
d'un nouveau partage gourmand pour appétits "zappeurs" !

✗ **Franck Enée**   AC

17 r. Molière Ⓜ *Pyramides –* ℰ *01 42 96 22 19 – www.franck-enee-restaurant.com
– Fermé 2 semaines en août, dim., lundi et fériés*
• MODERNE • Formule 28 € – Menu 35/55 € – Carte 50/75 €
Dans une rue assez calme, à la place de l'ancien restaurant Au Gourmand, se cache
cette table moderne et sympathique. Croustillant de lapin aux fruits secs et champignons des bois, soufflé chaud au pralin de noisettes : Franck Énée propose une
cuisine actuelle de qualité, faite avec des produits soigneusement choisis.

✗ **Les Cartes Postales**   AC

7 r. Gomboust Ⓜ *Pyramides –* ℰ *01 42 61 02 93 – Fermé 3 semaines en août,
vacances de Noël, lundi soir, sam. midi et dim.*
• TRADITIONNELLE • Formule 30 € – Menu 70 € – Carte 40/75 €
Galette de crabe à la vinaigrette de pamplemousse, turbot mi-cuit mi-cru façon
japonaise, croustillant de marron glacé : voilà la savoureuse cuisine française relevée de notes nippones que signe Yoshimasa Watanabe, chef arrivé du Japon il y
a une trentaine d'années. Intéressante formule et demi-portions à la carte.

✗ **L'Absinthe**   🍴 AC

24 pl. Marché-St-Honoré Ⓜ *Pyramides –* ℰ *01 49 26 90 04
– www.restaurantabsinthe.com – Fermé 22 déc.-5 janv., sam. midi et dim.*
• TRADITIONNELLE • Formule 25 € – Menu 45 €
Un bistrot néorétro plein d'allure, qui rappelle l'époque où la "fée verte" était en
vogue (zinc, carrelage ancien, horloge monumentale). Dans l'assiette, plats traditionnels de saison et spécialités de la maison : pâté en croûte et foie gras, ravioles
de Romans à la crème de langoustines...

✗ **Pirouette**   🍴 AC

5 r. Mondétour Ⓜ *Châtelet-Les Halles –* ℰ *01 40 26 47 81
– www.restaurantpirouette.com – Fermé août et dim.*
• TRADITIONNELLE • Formule 18 € – Menu 40/60 € – Carte 44/62 €
À deux pas de la nouvelle "canopée" des Halles, sur une petite place tranquille
avec terrasse, une adresse contemporaine aux airs de loft gourmand. Son jeune
chef, Tomy Gousset, est passé par le Meurice et Taillevent ; il s'empare des classiques avec finesse et inspiration. Jolie pirouette !

✗ **L'Ardoise**   AC ✾ ⇔

28 r. du Mont-Thabor Ⓜ *Concorde –* ℰ *01 42 96 28 18 – www.lardoise-paris.com
– Fermé dim. midi*
• TRADITIONNELLE • Formule 34 € – Menu 38 €
Avec ses murs recouverts d'ardoise, ce restaurant porte bien son nom. Voilà un
sympathique hommage rendu à l'esprit bistrotier, hommage qui prévaut également dans l'assiette, à l'instar de ce délicieux filet de bœuf sauce bordelaise et
pommes anna. Générosité et parfums : on se régale !

La Régalade St-Honoré ▯AC▯

123 r. St-Honoré Ⓜ *Louvre Rivoli –* ℰ *01 42 21 92 40 – Fermé août,*
24 déc.-4 janv., sam. et dim.
• TRADITIONNELLE • Menu 37 € *(réservation indispensable)*
Après le succès de la mythique Régalade du 14e arrondissement, Bruno Doucet
récidive dans le quartier des Halles. La formule est la même – priorité au terroir
et au marché – et... l'on se régale toujours autant.

Au Rendez-vous des Camionneurs

72 quai des Orfèvres Ⓜ *Cité –* ℰ *01 43 29 78 81 – www.aurdvdescamionneurs.com*
– Fermé 2 semaines en août et dim. et lundi de nov. à mai
• TRADITIONNELLE • Formule 24 € – Menu 32 € – Carte 40/60 €
Banquette bleu électrique, tables en formica orange... Ce restaurant situé sur les
quais de l'île de la Cité cultive la nostalgie des années 1950 ! On y savoure une
cuisine de bistrot qui va à l'essentiel, telle cette blanquette de joue de veau "du
commissaire Maigret". Ambiance décontractée.

Bistrot Mavrommatis ▯AC▯ ⌀

18 r. Duphot, (1er étage) Ⓜ *Madeleine –* ℰ *01 42 97 53 04 – www.mavrommatis.com*
– Fermé 3 semaines en août, sam., dim., fériés et le soir
• GRECQUE • Formule 26 € – Carte 32/46 €
Un petit temple grec à deux pas de l'église de la Madeleine : épicerie au rez-de-
chaussée, taverne à l'étage (photos des pays), nombreuses spécialités pour se res-
taurer à bon compte.

Baan Boran ▯AC▯

43 r. Montpensier Ⓜ *Palais Royal –* ℰ *01 40 15 90 45 – www.baan-boran.com*
– Fermé sam. midi et dim.
• THAÏLANDAISE • Menu 16 € (déj.)/40 € – Carte 30/45 €
Juste en face du théâtre du Palais-Royal, un voyage à travers les provinces de
la Thaïlande... Voilà la promesse de ce Baan Boran ; on s'y croirait ! Les classiques de la gastronomie thaïe sont préparés au wok et servis dans un cadre
contemporain épuré (bois exotique, cuir, tons beige et gris).

Nodaïwa ▯AC▯

272 r. St-Honoré Ⓜ *Palais Royal –* ℰ *01 42 86 03 42 – www.nodaiwa.com*
– Fermé 1er-20 août, 30 déc.-10 janv. et dim.
• JAPONAISE • Formule 24 € – Menu 35/75 € – Carte 30/48 €
Cette petite adresse, dont la maison-mère est située à Tokyo, est spécialisée dans
un produit atypique... l'anguille ! Elle est travaillée méticuleusement et assaison-
née avec du soja ou du sancho, un poivre asiatique. La grande majorité de la
clientèle est japonaise, ce en dit long sur la qualité de la cuisine.

Zen ▯⌂▯ ▯AC▯

8 r. de L'Échelle Ⓜ *Palais Royal –* ℰ *01 42 61 93 99 – Fermé 10-20 août et lundi*
• JAPONAISE • Menu 20 € (déj. en semaine), 30/60 € – Carte 20/50 €
Cette table japonaise séduisante associe un décor contemporain rafraîchissant et
une authentique cuisine nippone : la carte, étoffée, est fidèle aux classiques sushis, grillades et autres tempuras, les grandes spécialités de la maison étant les
gyozas et le chirashi. Idéal pour un déjeuner sur le pouce ou un dîner zen...

Crudus

21 r. St-Roch Ⓜ *Pyramides –* ℰ *01 42 60 90 29 – Fermé août, vacances de Noël,*
sam., dim. et fériés
• ITALIENNE • Formule 28 € – Menu 35 € (déj.)/45 € – Carte 48/70 €
(réservation conseillée)
Dans ce petit restaurant italien, priorité aux produits bio... Des saveurs naturelles à
déguster dans un décor simple et avenant (parquet, murs blancs, tables en plexiglas).

Sanukiya ▯⌂▯

9 r. d'Argenteuil Ⓜ *Pyramides –* ℰ *01 42 60 52 61 – Fermé 10-20 août*
• JAPONAISE • Carte 12/27 €
Savez-vous ce que sont les udon ? Pour le découvrir, rendez-vous chez Sanukiya :
ces nouilles japonaises à base de farine de blé sont la spécialité de cette petite
table nippone ! Elles s'accompagnent de galettes de légumes et de crevettes,
d'algues, de beignets nature... Simple et authentique.

PARIS

Lescure

7 r. Mondovi Ⓜ Concorde – ℰ 01 42 60 18 91 – www.lescure1919.fr
– Fermé août, 23 déc.-3 janv., sam. et dim.
• TRADITIONNELLE • Menu 26 € 🍷 (déj.) – Carte 31/46 €

Une auberge familiale et conviviale tout près de la grandiose place de la Concorde, voilà qui est original ! On trouve ici de quoi se rasséréner, en dégustant, au coude-à-coude à la table commune, de copieuses recettes traditionnelles : pâté en croûte, canard confit, poule au pot farcie...

Gwadar

39 r. St-Roch Ⓜ Pyramides – ℰ 01 42 96 28 24 – www.restaurantgwadar.com
– Fermé dim.
• INDIENNE • Menu 16 € (déj.), 21/26 € – Carte 25/40 €

Niché sur une banquette en velours, dans un cadre cosy et sobre, on voit défiler de beaux petits plats indo-pakistanais... Et l'on salive en attendant son poulet tandoori...

Bourse · Sentier

2e arrondissement   ✉ 75002

J.-C. Amiel/hemis.fr

Park Hyatt

5 r. de la Paix Ⓜ Opéra – ℰ 01 58 71 12 34 – www.paris.vendome.hyatt.fr
110 ch – †800/1120 € ††800/1120 € – 43 suites – 🖵 52 €
Rest _Pur' - Jean-François Rouquette_ ❀ – voir les restaurants ci-après

Ed Tuttle a conçu un hôtel conforme à ses rêves, sur la célèbre rue de la Paix : collection d'art contemporain et classicisme à la française, mobilier mêlant avec subtilité le style Louis XVI et les années 1930, spa et équipements high-tech, restaurants pour toutes les envies... Le grand luxe !

Westminster

13 r. de la Paix Ⓜ Opéra – ℰ 01 42 61 57 46
– www.hotel-westminster-opera-paris.fr
85 ch – †250/550 € ††250/550 € – 17 suites – 🖵 30 €
Rest _Le Céladon_ ❀ – voir les restaurants ci-après

Né en 1809 et aujourd'hui bicentenaire, c'est en 1846 qu'il prit le nom de son plus fidèle client, le duc de Westminster. Ce dernier avait le goût du raffinement à la française ! À noter, le week-end, Céladon devient Petit Céladon : carte plus simple et service décontracté.

Édouard VII

39 av. de l'Opéra Ⓜ Opéra – ℰ 01 42 61 86 11 – www.edouard7hotel.com
69 ch – †229/1300 € ††229/1300 € – 10 suites – 🖵 30 €

Chatoiement des tissus et raffinement dans les chambres "Couture", tandis que les "Edouard VII" se veulent plus sobres... Partout règne une véritable élégance et les suites sont superbes. Bar cosy et petite restauration dans un cadre contemporain très plaisant.

123 Sébastopol Ⓝ sans rest

123 bd Sébastopol Ⓜ Réaumur Sébastopol – ℰ 01 40 39 61 23 – www.astotel.com
63 ch – †229/369 € ††229/369 € – 🖵 18 €

Cet hôtel atypique est entièrement dédié au 7e art. Dans l'entrée sont inscrits les noms de Belmondo, Lelouch, Morricone ; aux étages, on trouve de la moquette rouge, des extraits de script et des bandes de film... Mais les confortables chambres, elles, ne sont pas une fiction !

L'Horset Opéra sans rest ⬛ AC 🛜

18 r. d'Antin 🚇 *Opéra* – ✆ *01 44 71 87 00* – *www.hotelhorsetopera.com*
54 ch – ♦190/285 € ♦♦210/325 € – � 16 €
Dans cet hôtel à deux pas du palais Garnier, l'atmosphère est très feutrée ; dans les chambres, classicisme de bon goût (tentures et tissus assortis, boiseries chaleureuses).

 La Maison Favart sans rest 🛁 ⬛ 🖼 AC 🛜

5 r. Marivaux 🚇 *Richelieu Drouot* – ✆ *01 42 97 59 83* – *www.lamaisonfavart.com*
36 ch – ♦200/1100 € ♦♦200/1100 € – 3 suites – ☐ 24 €
Il règne une atmosphère intemporelle dans cet hôtel (1824) où séjourna le peintre Francisco de Goya. Les chambres – certaines tournées vers l'Opéra-Comique – sont agréables, et le sous-sol abrite un délicieux espace détente (fitness, sauna, table massante). Une adresse de charme.

 Hôtel de Noailles sans rest ⬛ AC 🛜 🏔

9 r. de la Michodière 🚇 *Quatre Septembre* – ✆ *01 47 42 92 90*
– *www.hotelnoailles.com*
56 ch – ♦205/550 € ♦♦205/550 € – ☐ 18 €
Élégance très contemporaine et design derrière une jolie façade 1900. Chambres zen et épurées, ouvertes pour la plupart sur le patio (avec balcon aux 5e et 6e étages).

 Victoires Opéra sans rest ⬛ AC 🛜

56 r. Montorgueil 🚇 *Etienne Marcel* – ✆ *01 42 36 41 08*
– *www.victoiresopera.com*
24 ch – ♦195/245 € ♦♦215/275 € – ☐ 15 €
Montorgueil : un quartier piéton et animé… C'est ici que se trouve cet hôtel contemporain, dans un immeuble du 17e s. Sobriété des couleurs (beige, chocolat), mobilier actuel : les chambres ont du style !

 Gramont Opéra sans rest ⬛ AC 🛜

22 r. Gramont 🚇 *Richelieu Drouot* – ✆ *01 42 96 85 90*
– *www.hotel-gramont-opera.com*
25 ch – ♦113/180 € ♦♦153/290 € – ☐ 13 €
Un charmant hôtel près de l'Opéra-Comique… Imprimés floraux, teintes mauve et chocolat : frais, harmonieux et vraiment joli. Duplex avec terrasse donnant sur les toits.

XXX **Pur' - Jean-François Rouquette** – Hôtel Park Hyatt 🖼 AC ⬛
ಟಿ *5 r. de la Paix* 🚇 *Opéra* – ✆ *01 58 71 10 60* – *www.paris-restaurant-pur.fr*
– *Fermé août et le midi*
• CRÉATIVE • Menu 125/245 € 🍷 – Carte 110/250 €
Pure réjouissance à l'heure du dîner : décor contemporain très élégant et mets créatifs concoctés par le chef qui accorde avec soin d'excellents produits. Beau, savoureux et raffiné !
→ Langoustines rafraîchies, gelée de bonite, avocat et caviar osciètre. Bœuf Wagyu grillé aux sarments de vigne, aubergine brûlée et oignon doux des Cévennes. Croc' chocolat aux éclats de caramel, sorbet à la fève tonka.

XXX **Goust d'Enrico Bernardo** 🍷 AC ⬛ ⬛
ಟಿ *10 r. Volney* 🚇 *Opéra* – ✆ *01 40 15 20 30* – *www.enricobernardo.com* – *Fermé sam. midi, dim. et lundi*
• MODERNE • Formule 39 € – Menu 45 € (déj.), 85/140 € – Carte 80/110 €
Au sein d'Éléphant Paname, centre d'art et de danse créé dans un bel hôtel particulier voisin de l'Opéra, cette table cultive l'élégance… Enrico Bernardo, Meilleur Sommelier du Monde, mène la danse, et le chef, d'origine espagnole, rehausse la cuisine française d'influences méditerranéennes. Mets et vins exécutent un suave duo !
→ Tartare de thon rouge de Méditerranée à l'œuf de mangue. Calamar sauté aux piquillos. Coque chocolat blanc, yaourt, cerises et vin rouge.

Drouant

XXX

16 pl. Gaillon **Ⓜ** Quatre Septembre – ℰ 01 42 65 15 16 – www.drouant.com
• TRADITIONNELLE • Menu 45 € (déj. en semaine) – Carte 45/95 €
Un lieu mythique : on y décerne le prix Goncourt depuis 1914 ! Sous la houlette d'Antoine Westermann, les plats de tradition se parent de modernité. Élégant décor cossu.

Le Versance

XXX

16 r. Feydeau **Ⓜ** Bourse – ℰ 01 45 08 00 08 – www.leversance.fr – Fermé 22 juil.-20 août, 21 déc.-5 janv., sam. midi, dim. et lundi
• MODERNE • Formule 35 € ☨ – Menu 38 € (déj.) – Carte 75/98 €
Un cadre épuré où poutres, vitraux et mobilier design font des étincelles. La cuisine du chef globe-trotter n'est pas en reste : homard au curry, ris de veau et poires aux épices...

Le Céladon – Hôtel Westminster

XXX

☢

15 r. Daunou **Ⓜ** Opéra – ℰ 01 42 61 77 42 – www.leceladon.com – Fermé août, sam., dim. et fériés
• MODERNE • Menu 53 € (déj.)/69 € – Carte 85/120 €
Décor très raffiné au Céladon, entre style Régence, tableaux anciens et notes orientales (vases en céladon : porcelaine chinoise vert pâle). Sur de belles bases classiques, le chef concocte une cuisine dans l'air du temps.
➔ Huîtres en gelée d'eau de mer, chantilly de betterave. Ris de veau fermier à la truffe blanche, scorsonères et cornes d'abondance. Soufflé aux marrons, kumquats confits.

Mori Venice Bar

XX

2 r. du Quatre-Septembre **Ⓜ** Bourse – ℰ 01 44 55 51 55
– www.mori-venicebar.com
• ITALIENNE • Menu 40 € (déj. en semaine) – Carte 70/140 €
La gastronomie vénitienne est méconnue, et le chef, passionné, la défend avec goût ! Starck a signé le décor, évoquant le raffinement et le secret propres à Venise... Véranda face à la Bourse et comptoir pour prendre un verre autour de quelques antipasti ou d'une délicieuse glace maison.

Passage 53 (Shinichi Sato)

XX

☢☢

53 passage des Panoramas **Ⓜ** Grands Boulevards – ℰ 01 42 33 04 35
– www.passage53.com – Fermé 2 semaines en août, dim. et lundi
• CRÉATIVE • Menu 60 € (déj. en semaine), 130/170 € (réservation conseillée)
Dans ce passage couvert où les concepts branchés (restos, cavistes) ont progressivement remplacé les petites boutiques d'antan, une adresse rare... Au gré du marché, le chef japonais Shinichi Sato – formé à l'Astrance – délivre des compositions d'une netteté imparable et millimétrées. Un superbe panorama de cuisine contemporaine !
➔ Huîtres et mousse de haddock, compotée de pommes. Homard, sauce tomate et coquillages. Tartelette au chocolat noir.

La Fontaine Gaillon

XX

pl. Gaillon **Ⓜ** Quatre Septembre – ℰ 01 47 42 63 22
– www.restaurant-la-fontaine-gaillon.com – Fermé 3 semaines en août, sam. et dim.
• POISSONS ET FRUITS DE MER • Menu 47/110 € ☨ – Carte 65/79 €
Ce bel hôtel particulier du 17e s., qui appartient au comédien Gérard Depardieu, est géré au quotidien par un chef de talent, Laurent Audiot. Cadre feutré (avec une belle collection d'estampes et de dessins), terrasse au pied de la fontaine, cuisine valorisant la mer et plaisante sélection de vins.

Saturne

XX

17 r. N.-D.-des-Victoires **Ⓜ** Bourse – ℰ 01 42 60 31 90 – www.saturne-paris.fr
– Fermé 2 semaines en août, vacances de Noël, sam. et dim.
• MODERNE • Menu 40 € (déj.)/65 € – Carte environ 62 €
Saturne : dieu de l'agriculture et anagramme de "natures". Le credo du jeune chef, Sven Chartier : de très bons produits au service d'une cuisine volontiers créative, que l'on découvre au fil d'un menu unique, dans un décor tendance scandinave (mobilier en bois blond, béton ciré). Oui, on peut faire branché et très savoureux !

PARIS

XX **Passy Mandarin Palais Royal**

6 r. d'Antin **Ⓜ** *Pyramides –* 📞 *01 42 61 25 52 – www.restaurant-passy-madarin.fr
– Fermé juil.*
• CHINOISE • Formule 16 € – Menu 22 € (déj. en semaine) – Carte 35/100 €
Panneaux en bois laqué, sculptures, statues et chaises ouvragées... si ce n'est pas
la Chine, ça y ressemble ! Cette adresse, tenue par la famille Vong, réserve bien
des délices : filet d'agneau à la ciboulette et au gingembre, crevettes à la feuille
de lotus à la vapeur, canard laqué à la pékinoise... Un plaisir.

XX **Les Jalles - Bistrot Bordelais** Ⓐ🅲

14 r. des Capucines **Ⓜ** *Opéra –* 📞 *01 42 61 66 71 – Fermé sam. et dim.*
• TRADITIONNELLE • Carte environ 45 €
Voici la deuxième adresse de Magali Marian, sommelière de formation, qui a déjà
ressuscité le Bistro Volnay. Original, la cuisine bordelaise est à l'honneur : tartine
croquante au grenier médocain et moutarde au tanin, lamproie à la bordelaise, et
gibier en saison ! Le tout dans le cadre Art déco d'un bistrot à l'ancienne.

XX **Bistro Volnay** Ⓐ🅲

8 r. Volney **Ⓜ** *Opéra –* 📞 *01 42 61 06 65 – Fermé 3 semaines en août, sam. et
dim.*
• TRADITIONNELLE • Menu 38/55 €
Miroirs, luminaires, comptoir en bois, banquettes moelleuses… Cet élégant bistrot revisite avec réussite l'esprit des années 1930. Un goût d'autrefois qui fait
mouche aussi dans les assiettes ! Ajustés aux saisons et même au marché du
jour, les plats canailles rencontrent la gastronomie, et sont traités avec beaucoup de soin.

XX **Brasserie Gallopin** Ⓐ🅲 ⇆

40 r. N.-D.-des-Victoires **Ⓜ** *Bourse –* 📞 *01 42 36 45 38
– www.brasseriegallopin.com*
• TRADITIONNELLE • Formule 25 € – Menu 39 € – Carte 40/85 €
Face au palais Brongniart, une véritable institution, créée en 1876 par un certain... Gallopin. Après Arletty et Raimu, Parisiens et touristes s'y pressent pour
son beau décor victorien (boiseries en acajou, verrière Belle Époque, etc.) et
ses grands classiques pleins de goût : tartare, baba au rhum, paris-brest...

XX **Vaudeville** 🈳

29 r. Vivienne **Ⓜ** *Bourse –* 📞 *01 40 20 04 62 – www.vaudevilleparis.com*
• TRADITIONNELLE • Formule 29 € 🍷 – Menu 39 € – Carte 44/74 €
Grande brasserie Art déco, dans la pure tradition parisienne. Fruits de mer, tagliatelles fraîches aux morilles et beaufort, tête de veau sauce ravigote, andouillette
ou choucroute royale sont à la carte... Le jour, "cantine" de nombreux journalistes,
et le soir, "relâche" des sorties de théâtres !

XX **Zinc Opéra**

8 r. de Hanovre **Ⓜ** *Opéra –* 📞 *01 42 65 58 95 – www.restaurant-zinc.com
– Fermé août, sam. et dim.*
• TRADITIONNELLE • Formule 26 € – Menu 32 € (déj.)/35 € – Carte 40/56 €
Les saveurs mènent la danse dans ce Zinc Opéra ! Aux commandes de ce jeune
bistrot chic et cosy, une équipe très solide signe des recettes à la fois simples et
soignées, centrées sur les produits. Confit de canard et pommes de terre sautées,
clafoutis aux cerises, etc. : des classiques pleins de parfums.

X **Bissac** Ⓝ 🈳 ⇆

10 r. de la Bourse **Ⓜ** *Bourse –* 📞 *01 49 27 01 90 – bissac.fr – Fermé 3 semaines
en août, sam. midi et dim.*
• TRADITIONNELLE • Formule 24 € – Menu 30 € – Carte 45/60 €
Damien Boudier, ancien chef du restaurant Tante Louise, réalise ici une belle cuisine de tradition : têtes de cèpes farcies, jeunes pousses de salade et jambon de
Bayonne ; filet de rascasse, "échaudés" à l'encre de seiche et chanterelles... Le tout
dans un décor de bistrot de luxe qui ne manque pas de cachet.

PARIS

X **Terroir Parisien - Palais Brongniart** 🖼 🅰🅲 ↔
28 pl. de la Bourse Ⓜ *Bourse –* ℰ *01 83 92 20 30 – www.yannick-alleno.com*
– Fermé dim.
• TRADITIONNELLE • Carte 35/57 €
Après le succès de son Terroir Parisien dans le 5e arrondissement, Yannick Alléno
a créé ce second opus au sein du palais Brongniart, ancien siège de la Bourse de
Paris. Décor chaleureux, recettes franciliennes retrouvées et... superbes charcute-
ries (préparées par un Meilleur Ouvrier de France) : fort indice de satisfaction !

X **Le Moderne** 🅰🅲
40 r. N.-D.-des-Victoires Ⓜ *Bourse –* ℰ *01 53 40 84 10 – Fermé 1er-24 août, sam. et dim.*
• MODERNE • Formule 31 € – Menu 38 €
À deux pas du palais Brongniart aujourd'hui déserté par les boursicoteurs, ce
Moderne permet de se replonger dans l'ambiance toujours affairée du quartier :
le midi, l'endroit est bondé, et le soir venu, il se fait intime… Au menu : de
beaux produits frais, cuisinés avec goût. Recettes et vins français sont bien cotés !

X **Aux Lyonnais** 🅰🅲 ↔
32 r. St-Marc Ⓜ *Richelieu Drouot –* ℰ *01 42 96 65 04 – www.auxlyonnais.com*
– Fermé août, sam. midi, dim. et lundi
• LYONNAISE • Menu 34 € (déj.)/45 € – Carte 48/75 € *(réservation conseillée)*
Dans ce bistrot fondé en 1890, on se régale d'une savoureuse cuisine qui explore
la gastronomie lyonnaise. Cadre délicieusement rétro : zinc, banquettes, miroirs
biseautés, moulures...

X **Liza** 🅰🅲
14 r. de la Banque Ⓜ *Bourse –* ℰ *01 55 35 00 66 – www.restaurant-liza.com*
– Fermé sam. midi et dim. soir
• LIBANAISE • Formule 16 € – Carte 36/54 €
Originaire de Beyrouth, Liza Asseily met ici la cuisine de son pays à l'honneur.
Dans un décor contemporain parsemé de touches orientales, on opte pour un
chich taouk, ou pour un kafta méchouiyé (agneau, houmous et tomates confi-
tes)... Des mets soignés, réalisés avec de bons produits frais : un régal !

X **Bizan** 🍴 ↔
56 r. Ste-Anne Ⓜ *Quatre Septembre –* ℰ *01 42 96 67 76 – Fermé dim., lundi et fériés*
• JAPONAISE • Menu 40 € (déj. en semaine), 70/85 € – Carte 68/135 € dîner
Dans ce quartier où les restaurants japonais ont pignon sur rue, Bizan – du nom
d'une montagne de la ville de Tokushima – ne démérite pas, loin de là ! Zen,
voire minimaliste, cette table propose de bons produits, travaillés avec précision
par un chef méticuleux. Comptoir et salle à l'étage ; belle carte de sakés.

X **Chez Georges** 🍴 🅰🅲
1 r. du Mail Ⓜ *Bourse –* ℰ *01 42 60 07 11 – Fermé août, vacances de Noël, sam.*
et dim.
• TRADITIONNELLE • Carte 34/75 €
À deux pas de la place des Victoires, un vrai bistrot parisien dans son jus rétro !
Au menu : une solide cuisine traditionnelle et des vins bien choisis, à savourer au
coude-à-coude.

X **Silk & Spice** 🅰🅲 🍴 ↔
6 r. Mandar Ⓜ *Sentier –* ℰ *01 44 88 21 91 – www.silkandspice.fr – Fermé sam.*
midi et dim.
• THAÏLANDAISE • Formule 19 € – Menu 25 € 🍷 (déj.)/47 € – Carte 28/51 €
Atmosphère feutrée et belles saveurs d'inspiration thaïe. Gambas et crevettes
dans une réduction à la citronnelle, bœuf mijoté au curry vert : les grands classiques de la maison !

X **Pierrot** 🖼 🅰🅲 🍽 soir,
18 r. Étienne Marcel Ⓜ *Etienne Marcel –* ℰ *01 45 08 00 10 – Fermé dim.*
• TRADITIONNELLE • Carte 41/50 €
L'endroit idéal pour découvrir les saveurs et les beaux produits de l'Aveyron.
Viande fermière de l'Aubrac, confit de canard, foie gras maison, carré d'agneau
rôti aux herbes, ou encore rognons de veau à la graine de moutarde... Des petits
plats francs, simples, généreux, servis rapidement et avec le sourire !

Frenchie

5 r. du Nil ⓜ Sentier – 𝒞 01 40 39 96 19 – www.frenchie-restaurant.com
– Fermé août, vacances de Noël, sam., dim. et le midi
• MODERNE • Menu 58/75 € – Carte 50/80 € *(réservation conseillée)*
Drôlement *Frenchy*, le jeune chef Grégory Marchand, lui qui a fait ses classes dans plusieurs grandes tables anglo-saxonnes, avant de prendre ses quartiers dans le Sentier, où son petit restaurant ne désemplit pas. La "faute" à sa cuisine, très contemporaine et... drôlement *savoury* !

Circonstances ⓝ

174 r. Montmartre ⓜ Grands Boulevards – 𝒞 01 42 36 17 05
– www.circonstances.fr – Fermé 3 semaines en août, lundi soir, mardi soir, sam. et dim.
• TRADITIONNELLE • Menu 20 € (déj.), 30/45 € – Carte environ 34 €
Tout près du métro Grands Boulevards, ce bistrot a été créé par deux associés expérimentés, dont l'objectif est simple : réaliser une bonne cuisine du marché avec de bons produits. D'un foie gras poêlé avec émulsion de homard, à un pressé de lapin façon chasseur, on se délecte de plats goûteux et bien exécutés.

Pollop ⓝ

15 r. d'Aboukir ⓜ Sentier – 𝒞 01 40 41 00 94 – www.pollop.fr – Fermé 2 semaines en août, lundi soir, sam. midi et dim.
• MODERNE • Formule 16 € – Menu 19/31 €
Belle surprise que ce Pollop au décor vintage et sans esbroufe, qui s'est installé discrètement dans une rue emblématique du Sentier. À la carte, on trouve une bonne cuisine du marché aux influences thaïes, préparée par un ex-comédien devenu cuisinier... Le tout servi avec discrétion et efficacité. Impeccable !

Pascade

14 r. Daunou ⓜ Opéra – 𝒞 01 42 60 11 00 – www.alexandre-bourdas.com
– Fermé dim. et lundi
• MODERNE • Menu 30 € – Carte 37/51 €
Alexandre Bourdas, chef fameux installé à Honfleur, rend hommage dans cette "cantine-auberge" à sa région d'origine, l'Aveyron, à travers l'une de ses spécialités : la pascade, une délicieuse crêpe déclinée tout au long du menu en salé et sucré, et garnie de bons produits, version gastronomique. Un régal !

Noglu ⓝ

16 passage des Panoramas ⓜ Grands Boulevards – 𝒞 01 40 26 41 24
– www.noglu.fr – Fermé lundi soir et dim.
• MODERNE • Formule 24 € – Menu 37 € (dîner) – Carte 32/47 €
Comme son nom l'évoque, Noglu propose une cuisine certifiée "sans gluten". Asperges blanches et truite fumée, sauté de veau aux champignons ou encore parfait au chocolat et orange confite : autant de plats soignées que l'on savoure dans un cadre convivial. Et pour les plus pressés, il est même possible d'emporter !

Le Dorcia

24 r. Feydeau ⓜ Bourse – 𝒞 01 42 36 09 95 – www.ledorcia.com
• MODERNE • Formule 20 € – Menu 25 € (déj. en semaine) – Carte 33/54 €
À un jet de lingot du palais Brongniart – qui n'abrite plus la Bourse depuis belle lurette ! –, ce restaurant nous replonge dans l'ambiance rétro du Palm Springs des années 1950. Carpaccio de daurade, citron vert et mangue : le chef utilise de bons produits et respecte les saisons. Une bonne adresse !

L'Apibo

31 r. Tiquetonne ⓜ Etienne Marcel – 𝒞 01 55 34 94 50
– www.restaurant-lapibo.fr – Fermé 8-17 mai, sam. midi et dim.
• MODERNE • Formule 20 € – Menu 28 € (déj.), 34/55 € – Carte environ 46 €
L'ancien chef de Jean – une bonne table du 9ᵉ – s'est lancé dans une nouvelle aventure : ouvrir sa propre adresse ! Dans son petit bistrot du quartier Montorgueil, il signe une belle cuisine de produits, originale et délicate, tel ce thon rouge snacké, pâte de tomate et mangue, ou cette joue de veau confite.

ilolab/Fotolia.com

Le Haut Marais · Temple

3e arrondissement

✉ 75003

Pavillon de la Reine sans rest 　　　🤝 ᵭ 🖹 🗚 🛜 🦽 🚘
28 pl. des Vosges Ⓜ *Bastille –* ☎ *01 40 29 19 19 – www.pavillon-de-la-reine.com*
51 ch – ♦350/510 € ♦♦350/510 € – 3 suites – ⬚ 35 €
L'élégance du Paris historique, tout en noble discrétion. Passé les voûtes de la place des Vosges, première illumination à la vision de la belle cour verdoyante. Et le ravissement continue avec les chambres, feutrées et raffinées. Le luxe sans ostentation !

Le Petit Moulin sans rest 　　　🖹 🗚 🛜
29 r. du Poitou Ⓜ *St-Sébastien Froissart –* ☎ *01 42 74 10 10*
– www.hoteldupetitmoulin.com
17 ch – ♦195/480 € ♦♦195/480 € – ⬚ 17 €
Christian Lacroix a imaginé le décor "couleur du temps" de cet hôtel du Marais. C'est inédit, raffiné... entre tradition et modernité. Baignoires à pieds, tons flashy : chaque chambre est un bijou !

Jules et Jim sans rest 　　　🖹 ᵭ 🗚 🛜
11 r. des Gravilliers Ⓜ *Arts et Métiers –* ☎ *01 44 54 13 13*
– www.hoteljulesetjim.com
23 ch – ♦210/400 € ♦♦210/400 € – ⬚ 19 €
Ne cherchez pas de lien avec le film de François Truffaut... sinon un affichage branché, voire hipster ! Cette ancienne usine du Marais, transformée en hôtel, est l'un des derniers repaires urbains à la mode. Atypiques et confortables, les chambres sont une belle démonstration du goût contemporain, version jeune et épicurienne...

Little Palace sans rest 　　　🖹 ᵭ 🗚 ⅋ 🛜
4 r. Salomon-de-Caus Ⓜ *Réaumur Sébastopol –* ☎ *01 42 72 08 15*
– www.littlepalacehotel.com
49 ch – ♦180/290 € ♦♦180/290 € – 4 suites – ⬚ 16 €
Un Little Palace "so charming", mêlant avec bonheur styles Belle Époque et contemporain. Chambres chaleureuses, à choisir de préférence aux 6e et 7e étages – pour profiter de la belle vue sur Paris !

Austin's Arts et Métiers sans rest 　　　🖹 ᵭ 🗚 ⅋ 🛜
6 r. Montgolfier Ⓜ *Arts et Métiers –* ☎ *01 42 77 17 61 – www.austinsamhotel.com*
31 ch – ♦140/160 € ♦♦170/190 € – ⬚ 10 €
Pas de mystère dans les chambres jaunes, rouges ou bleues de ce petit hôtel faisant face au musée des Arts et Métiers : elles sont sobres, chaleureuses et bien tenues.

Hôtel du Vieux Saule sans rest 　　　🖹 ᵭ 🗚 🛜
6 r. de Picardie Ⓜ *Filles du Calvaire –* ☎ *01 42 72 01 14*
– www.hotelvieuxsaule.com
27 ch – ♦125/165 € ♦♦165/250 € – ⬚ 13 €
Dans une petite rue du haut Marais, on découvre un hôtel familial à l'intérieur zen et coloré ; les chambres y sont petites mais joliment décorées. Il fait bon se détendre au sauna ou dans le salon donnant sur la cour. Puis, direction la place des Vosges et le musée Carnavalet !

Jacques de Molay sans rest 　　　ᵭ 🖹 🗚 🛜
94 r. des Archives Ⓜ *République –* ☎ *01 42 72 68 22 – www.hotelmolay.fr*
23 ch – ♦185/205 € ♦♦205/255 € – ⬚ 15 €
On découvre d'abord cette façade originale, en bois peint, et le nom de l'hôtel : Jacques de Molay, qui fut au 13e s. le dernier maître de l'ordre des Templiers. Chaque étage a son thème (bleu, rose, jaune...), et les chambres sont impeccablement tenues.

XX **Ambassade d'Auvergne**   AC ⟷

22 r. du Grenier-St-Lazare Ⓜ *Rambuteau –* ℰ *01 42 72 31 22*
– www.ambassade-auvergne.com
• RÉGIONALE ET TERROIR • Formule 23 € ⚑ – Menu 33 € – Carte 35/52 €
Les classiques d'une province riche de traditions et de saveurs : saucisse sèche, lentilles vertes du Puy et l'incontournable aligot... le tout arrosé de vins d'Auvergne.

X **Beaucoup** Ⓝ   ⅗ AC

7 r. Froissart Ⓜ *St-Sébastien Froissart –* ℰ *01 42 77 38 47*
– www.beaucoup-resto.com
• MODERNE • Formule 17 € – Carte 41/60 €
Ce Beaucoup mérite quelques superlatifs ! Parfaitement dans le ton de ce Haut
Marais aujourd'hui très en vue, il évoque un grand et beau loft post-industriel. Et
si tout y est soigneusement designé – fauteuils en bois, suspensions en métal,
etc. –, la cuisine ne l'est pas moins, dégageant un vrai parfum de cosmopolitisme !

X **Breizh Café** Ⓝ

109 r. Vieille-du-Temple Ⓜ *St-Sébastien Froissart –* ℰ *01 42 72 13 77*
– www.breizhcafe.com – Fermé 3 semaines en août, lundi et mardi
• BRETONNE • Carte 25/38 €
Après avoir conquis le Japon avec ses crêperies nouvelle mode (farines bio, bons
produits), Bertrand Larcher a ramené en France des crêpiers nippons ! Ils défen-
dent joliment le slogan maison : "La crêpe autrement." Un exemple ? La basquaise : asperges, tomate, chorizo, basilic et fromage fondu. Voilà qui ne tombe
pas à plat !

X **Des Gars dans la Cuisine** Ⓝ

72 r. Vieille-du-Temple Ⓜ *Chemin Vert –* ℰ *01 42 74 88 26*
– www.desgarsdanslacuisine.com
• MODERNE • Formule 15 € – Carte 45/56 €
En plein cœur du Marais, les gars sont aux commandes et c'est tant mieux : Gil
Rosinha en cuisine et Jean-Jacques Delaval en salle forment un duo aussi enjoué
que professionnel. La cuisine croque notre époque avec gourmandise ; l'ambiance est branchée et chaleureuse. La belle image d'un restaurant fédérateur et
plein de vie !

X **Pramil**

9 r. Vertbois Ⓜ *Temple –* ℰ *01 42 72 03 60 – www.pramilrestaurant.fr*
– Fermé 27 avril-4 mai, 17-31août, 21-28 déc., dim. midi et lundi
• MODERNE • Formule 22 € – Menu 33 € – Carte 38/48 €
Des pierres apparentes, un sol en béton ciré, beaucoup de sobriété : le décor met
d'autant mieux en valeur la belle générosité de la cuisine du marché d'Alain Pramil, un autodidacte passionné qui, dans une autre vie, était professeur de physique. Jolis vins, prix doux et accueil chaleureux : dans le mille, Pramil !

X **Glou**

101 r. Vieille-du-Temple Ⓜ *St-Sébastien Froissart –* ℰ *01 42 74 44 32*
– www.glou-resto.com
• MODERNE • Formule 17 € – Menu 21 € (déj. en semaine) – Carte 35/55 €
Près du musée Picasso, un bistrot d'esprit loft – décontraction comprise –, où la
cuisine du marché s'y pense avec un joli cru. Beau choix de vins au verre et
ardoise du jour très intéressante !

X **Au Bascou**   AC

38 r. Réaumur Ⓜ *Arts et Métiers –* ℰ *01 42 72 69 25 – www.au-bascou.fr*
– Fermé août, 23-29 déc., sam. et dim.
• RÉGIONALE ET TERROIR • Formule 18 € – Menu 25 € (déj.) – Carte 36/70 €
Dans ce bistrot, véritable institution parisienne, la cuisine chante avec les chauds
accents de la terre basque. Les produits viennent du "pays", et les spécialités du
terroir fraternisent avec les recettes canailles : piperades, chipirons sautés au
piment d'Espelette, fricassée d'escargots, raviole de foie gras, axoa de veau...

PARIS

J.-C. Amiel/hemis.fr

Île de la Cité · Île St-Louis · Le Marais · Beaubourg

4e arrondissement ✉ 75004

⛫⛫ Jeu de Paume sans rest 🛗 ⅙ 🅰🅲 � 🛁

54 r. St-Louis-en-l'Île ⓜ Pont Marie – ☏ 01 43 26 14 18 – www.jeudepaumehotel.com
28 ch – ♦195/325 € ♦♦295/360 € – 2 suites – ⚏ 18 €

Au cœur de l'île St-Louis, cette halle du 17e s., jadis vouée au jeu de paume, s'est
muée en hôtel de caractère. Poutres apparentes, belle hauteur sous plafond : une
sobre élégance contemporaine dans les chambres.

⛫ Bourg Tibourg sans rest 🛗 🅰🅲 ⅙ �

19 r. du Bourg-Tibourg ⓜ Hôtel de Ville – ☏ 01 42 78 47 39
– www.bourgtibourg.com
29 ch – ♦220/290 € ♦♦290/400 € – 1 suite – ⚏ 20 €

Un hôtel entièrement décoré par Jacques Garcia. Néogothique, baroque, oriental…
chaque chambre a son propre univers, tout en luxe et raffinement. Une petite
perle en plein Marais.

⛫ Duo sans rest 🛋 🛗 ⅙ 🅰🅲 ⅙ �

11 r. Temple ⓜ Hôtel de Ville – ☏ 01 42 72 72 22 – www.duoparis.com
58 ch – ♦140/420 € ♦♦240/520 € – 2 suites – ⚏ 15 €

Un passé préservé (escalier classé, cave voûtée du 16e s.) et une atmosphère résolument contemporaine, douce et design : un beau Duo gagnant tenu par la
même famille depuis 1918.

⛫ Villa Mazarin sans rest 🛗 🅰🅲 �

6 r. des Archives ⓜ Hôtel de Ville – ☏ 01 53 01 90 90 – www.villamazarin.com
29 ch – ♦220/380 € ♦♦220/380 € – ⚏ 14 €

Parfait pour rejoindre Notre-Dame, la place des Vosges ou Beaubourg. Un hôtel central qui revisite le style Second Empire sous l'angle contemporain. Quelques duplex.

⛫ Caron de Beaumarchais sans rest 🛗 🅰🅲 �

12 r. Vieille-du-Temple ⓜ Hôtel de Ville – ☏ 01 42 72 34 12
– www.carondebeaumarchais.com
19 ch – ♦160/215 € ♦♦160/215 € – ⚏ 13 €

Un voyage qui vous transporte au 18e s. Les chambres révèlent un univers raffiné :
jolis imprimés, gravures évoquant Le Mariage de Figaro, antiquités…

⛫ Beaubourg sans rest 🛗 🅰🅲 ⅙ �

11 r. Simon Le Franc ⓜ Rambuteau – ☏ 01 42 74 34 24
– www.hotelbeaubourg.com
28 ch – ♦95/230 € ♦♦95/230 € – ⚏ 10 €

Juste derrière le Centre Pompidou ! Cet hôtel dispose de chambres accueillantes
et bien insonorisées, plus grandes et souvent dotées de poutres dans le bâtiment
donnant sur la rue.

⛫ Lutèce sans rest 🛗 🅰🅲 ⅙ �

65 r. St-Louis-en-l'Île ⓜ Pont Marie – ☏ 01 43 26 23 52 – www.hoteldelutece.com
23 ch – ♦190/225 € ♦♦190/225 € – ⚏ 13 €

Un emplacement idéal sur l'île St-Louis, pour les amoureux du Paris historique.
Boiseries, poutres et tomettes au salon ; petites chambres cosy et fonctionnelles,
tout en sobriété.

⛫ Castex sans rest 🛗 🅰🅲 ⅙ �

5 r. Castex ⓜ Bastille – ☏ 01 42 72 31 52 – www.castexhotel.com
30 ch – ♦189/219 € ♦♦189/219 € – ⚏ 12 €

La clientèle américaine, entre autres, apprécie la mise en scène Grand Siècle de
cette demeure. Petites chambres soignées (tomettes, mobilier Louis XIII et rustique).

XXXX **L'Ambroisie** (Bernard Pacaud)   AC ⌂♟

❀ ❀ ❀ 9 pl. des Vosges Ⓜ St-Paul – ℰ 01 42 78 51 45 – www.ambroisie-paris.com
– Fermé 15 fév.-1er mars, 2-31 août, dim. et lundi
• CLASSIQUE • Carte 210/330 €

L'ambroisie n'est-elle pas la nourriture des dieux de l'Olympe ? Sans conteste, la
cuisine de Bernard et Mathieu Pacaud – deux générations de concert – touche à
l'absolu : éclat des saveurs, science des produits, perfection d'exécution. Un classicisme imparable ! Le tout dans l'écrin royal d'un hôtel particulier de la place des
Vosges (17e s.). Nourritures immortelles…

→ Feuillantine de langoustines, sauce curry. Escalopine de bar à l'émincé d'artichaut, nage réduite et caviar osciètre. Tarte fine sablée au chocolat, crème glacée
à la vanille Bourbon.

XX **Le Sergent Recruteur**   ⬡ AC ⬌

❀ 41 r. St-Louis-en-l'Île Ⓜ Pont Marie – ℰ 01 43 54 75 42
– www.lesergentrecruteur.fr – Fermé 21 avril-2 mai, 4-15 août, 22-26 déc.,
vacances de fév., mardi midi, merc. midi, jeudi midi, dim. et lundi
• CRÉATIVE • Menu 48 € (déj. en semaine), 100/145 €

Sur l'île St-Louis, dans une maison ancienne, un restaurant très élégant et feutré.
La cuisine, signée Antonin Bonnet – un chef au beau parcours –, se révèle vive
et créative, au fil d'un menu imposé ciselé avec finesse. Une valeur sûre…

→ Choux, vinaigrette au praliné, noisettes, fleurs et herbes du jardin. Poularde
jaune, soubise, cèpes, blettes et sauge. Cassis, meringue et glace à la bière.

XX **Benoit**   ⬡ AC ✄ ⬌

❀ 20 r. St-Martin Ⓜ Châtelet-Les Halles – ℰ 01 42 72 25 76 – www.benoit-paris.com
– Fermé août
• CLASSIQUE • Menu 39 € (déj.) – Carte 56/106 €

Alain Ducasse supervise ce bistrot chic et animé, l'un des plus anciens de
Paris : Benoit a fêté en 2012 son centième anniversaire ! La cuisine, réalisée dans
les règles de l'art, célèbre les trésors de la cuisine française ; on se régale dans
une ambiance animée et chaleureuse. Une authentique et belle maison.

→ Pâté en croûte, cœur de laitue à l'huile de noix et chapons aillés. Filet de sole
Nantua, épinards à peine crémés. Profiteroles Benoit, sauce au chocolat chaud.

XX **Bofinger**   AC ✄ ⬌ ⌂♟ soir,

5 r. de la Bastille Ⓜ Bastille – ℰ 01 42 72 87 82 – www.bofingerparis.com
• TRADITIONNELLE • Formule 30 € – Menu 37/59 € – Carte 40/81 €

Institution de la vie parisienne au remarquable décor alsacien : coupole, marquete-
ries, miroirs, peintures signées Hansi. Le charme de cette brasserie créée en 1864
opère toujours.

X **Claude Colliot**

40 r. des Blancs Manteaux Ⓜ Rambuteau – ℰ 01 42 71 55 45
– www.claudecolliot.com – Fermé 2 semaine en août, dim. et lundi
• MODERNE • Menu 62 € – Carte 44/62 €

Chez Claude Colliot, point d'énoncés pompeux, mais une cuisine de saison qui
traite les excellents produits avec tous les égards... Léger, sain et savoureux. Le
soir, réservez !

X **Mon Vieil Ami**   ✄

69 r. St-Louis-en-l'Île Ⓜ Pont Marie – ℰ 01 40 46 01 35 – www.mon-vieil-ami.com
• TRADITIONNELLE • Menu 48 €

Vieilles poutres et décor contemporain... Une auberge tendance, où savourer
de goûteuses recettes traditionnelles, joliment modernisées et ponctuées de
clins d'œil à l'Alsace.

X **Au Bourguignon du Marais**   ⬚

52 r. François-Miron Ⓜ St-Paul – ℰ 01 48 87 15 40 – Fermé 2 semaines en fév., 3
semaines en août, dim. et lundi
• TRADITIONNELLE • Formule 19 € – Menu 24 € (déj.) – Carte 33/59 €

Dans le quartier du Marais, une enseigne qui dit vrai : on savoure ici de bons
petits plats régionaux, tout en générosité. Incontournable bœuf bourguignon,
escargots à l'ail et au persil... et jolie carte de vins 100 % bourguignonne !

PARIS (side tab)

Suan Thaï

35 r. Temple Ⓜ *Rambuteau –* ℰ *01 42 77 10 20 – www.suanthai.fr*
• THAÏLANDAISE • Formule 15 € – Menu 18 € (déj.), 28/38 € – Carte 33/56 €
De la rue se dévoile une salle tout en longueur, au fond de laquelle se devine un mur végétal, telle une promesse de fraîcheur... Voilà qui va bien au menu, authentiquement thaï et concocté par des cuisiniers venus du pays : salade de bœuf mi-cuit à la citronnelle, soupe de jacquier au lait de coco, etc.

Les Fous de l'Île
ⒶⒸ

33 r. des Deux-Ponts Ⓜ *Pont Marie –* ℰ *01 43 25 76 67 – www.lesfousdelile.com*
• TRADITIONNELLE • Formule 19 € – Menu 25 € (déj. en semaine), 28/33 €
– Carte environ 39 €
Au cœur de l'île St-Louis, un néobistrot qui fait rimer saveurs et bonne humeur. Chapeau aussi à la déco, entre casiers en bois et collection de poules. Régalé, mais pas plumé !

Le Gorille Blanc

4 impasse Guémenée Ⓜ *Bastille –* ℰ *01 42 72 08 45 – www.legorilleblanc.fr*
– Fermé dim.
• TRADITIONNELLE • Formule 17 € – Carte 33/58 €
Gare au Gorille Blanc, il est si gourmand ! Heureusement, dans ce bistrot rétro, le chef concocte une généreuse cuisine bistrotière et ménagère : terrine de champignons à la crème d'ail, chipirons sautés, fricassée de lapin aux oignons...

Isami
ⒶⒸ �

4 quai d'Orléans Ⓜ *Pont Marie –* ℰ *01 40 46 06 97 – Fermé août, vacances de Noël, dim. et lundi*
• JAPONAISE • Carte 48/79 € *(réservation conseillée)*
Isami est renommé auprès des Japonais, qui savent où se rendre pour manger "comme chez eux"... Derrière son bar, Katsuo Nakamura réalise en effet des merveilles de sushis et de chirashis, démontrant une maîtrise fascinante des couteaux au service de produits ultrafrais. Un must parmi les adresses nippones de la capitale.

Baffo Ⓝ
ⒶⒸ

12 r. Pecquay Ⓜ *Rambuteau –* ℰ *01 44 59 86 72 – www.baffo.fr*
– Fermé 2 semaines en août, mardi midi, dimanche et lundi
• ITALIENNE • Formule 20 € – Menu 25 € (déj.)/70 € – Carte 33/56 €
Originaire de la Maremma (au sud de la Toscane) et passionné de cuisine, Fabien Zannier a décidé de changer de vie pour rendre hommage aux saveurs de son enfance. De là cette petite table italienne forte en goût, où priment les produit frais et bio. L'occasion d'un "pranzo con i baffi", un repas à s'en lécher les moustaches !

Comptoir Gourmet Ⓝ
ⒶⒸ

51 r. du Temple Ⓜ *Rambuteau –* ℰ *01 84 17 24 07 – www.comptoirgourmet.com*
– Fermé 26 juil.-19 août, dim. et lundi
• ITALIENNE • Carte environ 35 €
Le comptoir est bien là, sa vocation gourmet aussi ! Ses propriétaires sillonnent l'Italie à la recherche de ses meilleurs produits, emblématiques comme les tomates séchées, le pecorino ou la mozzarella di bufala, ou plus rares comme le caciocavallo. Planchas et assiettes composées offrent un excellent rapport qualité-prix !

Delphimages/Fotolia.com

Quartier Latin · Jardin des Plantes · Mouffetard

5e arrondissement

✉ 75005

Hôtel du Panthéon sans rest
19 pl. du Panthéon Ⓜ *Luxembourg – ✆ 01 43 54 32 95 – www.hoteldupantheon.com*
35 ch – †200/450 € ††200/450 € – ☕ 18 €
Le Panthéon, la Sorbonne, le jardin du Luxembourg : pas de doute, nous sommes en plein cœur du Quartier latin ! Face au "temple des grands hommes", le décor des chambres s'inspire... de femmes françaises ayant marqué l'histoire : Duras, Gréco, Sand ou encore Piaf. Un hôtel romanesque et raffiné.

Atmosphères sans rest
31 r. des Écoles Ⓜ *Maubert Mutualité – ✆ 01 43 26 56 02*
– www.hotelatmospheres.com
56 ch – †250/400 € ††250/600 € – ☕ 16 €
Un hôtel tout en lignes épurées et mobilier design dernier cri. Dès le hall, on découvre une belle exposition de photos de Thierry des Ouches ; du salon à l'espace détente (avec sauna et hammam), en passant par les chambres, le confort est total. Une réussite.

Le Lapin Blanc Ⓝ sans rest
41 bd St-Michel Ⓜ *Luxembourg – ✆ 01 53 10 27 77 – www.hotel-lapin-blanc.com*
27 ch ☕ – †170/400 € ††200/650 €
Comme Alice, l'héroïne de Lewis Carroll, laissez-vous emporter par ce Lapin Blanc ! Les chambres, modernes et feutrées, rappellent par petites touches (papiers peints, téléphones, interrupteurs) le style "so british" de l'époque victorienne... Quelle élégance !

Seven sans rest
20 r. Berthollet Ⓜ *Les Gobelins – ✆ 01 43 31 47 52 – www.sevenhotelparis.com*
35 ch – †157/797 € ††157/797 € – ☕ 18 €
Surprise ! Une fois franchie la porte de ce bâtiment très parisien, on découvre un hôtel ultradesign et presque fantasmagorique. Lumières bleutées, plafonds figurant un ciel nuageux, lits en lévitation, transparences : une expérience ultime.

Hôtel des Grands Hommes sans rest
17 pl. du Panthéon Ⓜ *Luxembourg – ✆ 01 46 34 19 60*
– www.hoteldesgrandshommes.com
30 ch – †220/340 € ††300/470 € – ☕ 14 €
Bel emplacement près du Panthéon pour cet hôtel plein de charme. Les chambres, très bien tenues et aménagées dans un style Directoire, ont beaucoup de caractère. De même la vue des balcons et terrasses des 5e et 6e étages !

Select sans rest
1 pl. de la Sorbonne Ⓜ *Cluny La Sorbonne – ✆ 01 46 34 14 80*
– www.selecthotel.fr
66 ch – †178/450 € ††218/450 € – ☕ 12 €
Lorsque l'on pénètre dans le hall de cet hôtel très... sélect, on est saisi par son design contemporain. Les chambres, en revanche, marient avec habileté pierres et poutres historiques avec un mobilier tendance. Une adresse de qualité.

Jardin de Cluny sans rest
9 r. du Sommerard Ⓜ *Maubert Mutualité – ✆ 01 43 54 22 66*
– www.hoteljardindecluny.com
40 ch – †130/230 € ††210/340 € – ☕ 15 €
Les voyageurs soucieux de leur environnement apprécieront cet hôtel certifié Écolabel. L'élégance et le confort des chambres ne sont en rien sacrifiés ; la salle voûtée où l'on sert le petit-déjeuner a beaucoup de charme.

PARIS

Hôtel du Levant sans rest

🛗 🗚 🛜

18 r. de la Harpe Ⓜ *St-Michel –* ℰ *01 46 34 11 00 – www.hoteldulevant.com*
46 ch ☲ – ♦85/160 € ♦♦180/210 €
Les chambres de cet hôtel bâti en 1875 sont hautes en couleurs : rouge, jaune, rose vifs... Les bons points : un salon reposant, un bon emplacement pour découvrir la capitale et des prix raisonnables.

Grand Hôtel St-Michel sans rest

🕭 🛗 🕭 🗚 🛜 🛜

19 r. Cujas Ⓜ *Luxembourg –* ℰ *01 46 33 33 02*
– www.hotel-saintmichel-paris.com
46 ch – ♦180/360 € ♦♦180/440 € – 1 suite – ☲ 15 €
À quelques pas du trépidant boulevard St-Michel, cet hôtel a fait le pari – réussi – du design et du confort : formes épurées, détails originaux et teintes apaisantes. Fitness et hammam permettent de se délasser avant une bonne nuit de sommeil.

Royal St-Michel sans rest

🛗 🗚 🛜 🛜

3 bd St-Michel Ⓜ *St-Michel –* ℰ *01 44 07 06 06 – www.hotelroyalsaintmichel.com*
39 ch ☲ – ♦190/310 € ♦♦190/340 €
Juste en face de la fontaine St-Michel, aux portes du Quartier latin, un hôtel contemporain et chaleureux. Les chambres sont bien insonorisées – boulevard oblige – et dotées d'une literie (avec surmatelas) particulièrement confortable.

Grandes Écoles sans rest

🛁 🛗 🕭 🗚 🛜 🛜

75 r. Cardinal-Lemoine Ⓜ *Cardinal Lemoine –* ℰ *01 43 26 79 23*
– www.hotel-grandes-ecoles.com
51 ch – ♦140/170 € ♦♦140/172 € – ☲ 9 €
Un hôtel charmant, isolé au fond d'un petit passage pavé ; on s'installe dans le calme de chambres au charme suranné, sans télévision, avec papier-peint à fleurs et couvre-lits en dentelle... L'été, on prend le petit-déjeuner au jardin.

Albe sans rest

🛗 🗚 🛜 🛜

1 r. de la Harpe Ⓜ *St-Michel –* ℰ *01 46 34 09 70 – www.albehotel.fr*
43 ch – ♦140/230 € ♦♦170/360 € – ☲ 13 €
Notre-Dame, le Quartier latin, l'île St-Louis... Paris est à vous ! Outre ces atouts géographiques, cet hôtel se révèle très agréable avec son style clair et design. Les chambres ne sont pas très grandes mais on s'y sent vraiment bien.

Le Petit Paris sans rest

🛗 🕭 🗚 🛜

214 r. St-Jacques Ⓜ *Luxembourg –* ℰ *01 53 10 29 29 – www.hotelpetitparis.com*
20 ch – ♦195/350 € ♦♦200/450 € – ☲ 15 €
Design et ludique, pop et noble à la fois... Les chambres épousent avec raffinement l'époque médiévale, les seventies, les années 1920, les styles Louis XV ou Napoléon III, le tout en technicolor !

Sorbonne sans rest

🛗 🗚 🛜 🛜

6 r. Victor-Cousin Ⓜ *Cluny La Sorbonne –* ℰ *01 43 54 58 08*
– www.hotelsorbonne.com
38 ch – ♦120/400 € ♦♦120/400 € – ☲ 14 €
Couleurs très vives ou aplats de noir profond, mobilier design ou fauteuils Louis XVI habillés d'imprimés flashy, hall gris brillant : le Sorbonne est entré dans le 21e s. Pour une autre approche de la rive gauche.

Résidence Henri IV sans rest

🛗 🗚 🛜 🛜

50 r. des Bernardins Ⓜ *Maubert Mutualité –* ℰ *01 44 41 31 81*
– www.residencehenri4.com
13 ch – ♦120/285 € ♦♦150/395 € – ☲ 8 €
Le souvenir du bon roi Henri plane sur cet hôtel entièrement rénové ces dernières années. Avec leurs ciels de lits, leurs boiseries claires et leurs tissus fleuris, les chambres sont à la fois classiques et contemporaines. Et le quartier est si beau...

La Tour Notre-Dame sans rest

🛗 🗚 🛜 🛜

20 r. du Sommerard Ⓜ *Cluny La Sorbonne –* ℰ *01 43 54 47 60*
– www.tour-notre-dame.com
47 ch – ♦120/250 € ♦♦130/290 € – ☲ 14 €
Un hôtel totalement rénové et fort bien situé, juste à côté du musée de Cluny : l'occasion de découvrir les superbes tapisseries de la Dame à la licorne. Si vous avez besoin de plus de calme, choisissez les chambres donnant sur l'arrière.

🏠 **St-Christophe** sans rest 📶 🗻 🛜

17 r. Lacépède Ⓜ *Place Monge –* ✆ *01 43 31 81 54*
– www.hotel-saint-christophe.eu
31 ch – ♦110/160 € ♦♦120/200 € – ☑ 9 €
Le naturaliste Lacépède a donné son nom à la rue ; le Jardin des Plantes est proche. Dans ce petit hôtel familial, les chambres ne sont pas très grandes mais elles
ont ce caractère rustique si typiquement français...

XXXXX **La Tour d'Argent** 🎜 ⩔ 🆎 🗻 ⟲ 🖼

✿ *15 quai de la Tournelle* Ⓜ *Maubert Mutualité*
– ✆ *01 43 54 23 31 – www.latourdargent.com*
– Fermé août, dim. et lundi
• CLASSIQUE • Menu 85 € (déj.), 180/200 € – Carte 175/390 €
Un panorama inoubliable – le chevet de Notre-Dame serti dans Paris ! – et une
table de grande tradition, dont les classiques valent un musée de la gastronomie ;
ainsi le mythique caneton de Challans... Service formel et élégant, à l'ancienne.
Cave exceptionnelle !
➜ Quenelles de brochet "André Terrail". Caneton "Tour d'Argent". Crêpes Belle Époque.

XX **La Truffière** 🎜 🆎 ⟲

✿ *4 r. Blainville* Ⓜ *Place Monge –* ✆ *01 46 33 29 82 – www.latruffiere.com – Fermé*
mardi midi en juil.-août, dim. et lundi
• MODERNE • Menu 38 € (déj.), 75/155 € – Carte 108/148 €
Une valeur sûre que cette belle maison du 17e s., où l'on déguste des recettes
pleines de finesse et révélant les produits du terroir, rehaussées, en saison, par
les suaves parfums de la truffe blanche ou noire... La carte des vins, riche de
crus du monde entier, est remarquable.
➜ Œuf cuit à basse température, artichauts et truffe noire. Parmentier de queue
de bœuf à la truffe noire. Pêche de vigne et menthe pouliot.

XX **Atelier Maître Albert** 🆎 ⟲ 🖼

1 r. Maître-Albert Ⓜ *Maubert Mutualité –* ✆ *01 56 81 30 01*
– www.ateliermaitrealbert.com
– Fermé sam. midi et dim. midi
• TRADITIONNELLE • Formule 26 € – Menu 36 € (déj.) – Carte 41/63 €
Une cheminée médiévale et des rôtisseries cohabitent avec un bel intérieur design
signé J.-M. Wilmotte. Guy Savoy a imaginé la carte, avec des produits d'une qualité
indéniable. Imaginez une volaille à la peau croustillante, son jus parfumé...

XX **Mavrommatis** 🗻 🆎 ⩔ ⟲

42 r. Daubenton Ⓜ *Censier Daubenton –* ✆ *01 43 31 17 17*
– www.mavrommatis.com – Fermé août, mardi midi, merc. midi, dim. et lundi
• GRECQUE • Menu 39/72 € – Carte 48/69 €
Une autre vision de la gastronomie grecque à Paris ! Si les recettes prennent certaines libertés avec la tradition hellénique, en s'appuyant notamment sur de solides bases de cuisine française, elles se révèlent toujours soignées et parfumées.
Un vrai plaisir de dégustation, de surcroît dans un cadre élégant.

XX **Itinéraires** (Sylvain Sendra) 🎜 ♿ 🆎 ⟲

✿ *5 r. de Pontoise* Ⓜ *Maubert Mutualité –* ✆ *01 46 33 60 11*
– www.restaurant-itineraires.com
– Fermé 9-24 août, 21-31 déc., sam. midi, dim. et lundi
• MODERNE • Menu 49 € (déj.), 65/85 € – Carte 54/86 € déjeuner *(réservation
conseillée)*
La cuisine est-elle histoire d'itinéraires ? Sylvain Sendra n'aura pas attendu le
nombre des années pour installer son joli restaurant – très clair et lumineux
– parmi les bonnes tables de la capitale. Finesse, saveurs, originalité et produits
de qualité : l'itinéraire de clients gâtés.
➜ Tarte à l'oignon doux des Cévennes, foie gras poêlé et champignons de Paris.
Ris de veau laqué, tartare de cochon à la lyonnaise et oseille acidulée. Ganache
tiède au chocolat et au vieux pain, condiment cassis et amarante.

PARIS

PARIS

Sola ☒

{AC}

⚔ ✪

12 r. de l'Hôtel-Colbert ⓜ Maubert Mutualité – ℰ 01 43 29 59 04
– www.restaurant-sola.com – Fermé 2 semaines en août, 30 déc.-7 janv., dim. et lundi
• MODERNE • Menu 48 € (déj.)/98 €

Tout près des quais donnant sur Notre-Dame et... déjà au Japon ! Le jeune chef, originaire du pays du Soleil-Levant, confirme que les gastronomies française et nippone peuvent fusionner en d'harmonieuses créations. Les produits d'ici sont rehaussés de saveurs originales et présentés avec grâce.
→ Cuisine du marché

Terroir Parisien - Maison de la Mutualité ♿ {AC} ❉

20 r. St-Victor ⓜ Maubert Mutualité – ℰ 01 44 31 54 54
– www.yannick-alleno.com – Fermé 3 semaines en août
• TRADITIONNELLE • Carte 40/60 €

"Ma cuisine est comme ma ville, et ma ville, c'est Paris." Chef parisien s'il en est, Yannick Alléno entend cultiver le terroir francilien, ses produits, ses recettes oubliées. Ouvrir un tel bistrot était une évidence ! Pâté chaud, matelote de Bougival... le goût réinventé de l'Île-de-France.

Moissonnier

28 r. des Fossés-St-Bernard ⓜ Jussieu – ℰ 01 43 29 87 65 – Fermé août,
25 déc.-2 janv., dim. et lundi
• LYONNAISE • Carte 35/68 €

Le décor de ce bistrot a résisté à toutes les modes : zinc rutilant, murs patinés, banquettes... Chaussons de ris de veau et autre terrine de queue de bœuf ne sont que quelques exemples parmi les spécialités du chef, qui a un joli tour de main !

L'A.O.C. 🕯 {AC} 🍽

14 r. des Fossés-St-Bernard ⓜ Maubert Mutualité – ℰ 01 43 54 22 52
– www.restoaoc.com – Fermé 3 semaines en août, dim. et lundi
• VIANDES ET GRILLADES • Formule 21 € – Menu 31 € (déj.) – Carte 38/64 €

Une adresse pour les carnassiers ! Les viandes sont toutes d'origine contrôlée et portées à maturation par le propriétaire lui-même. La rôtissoire dans l'entrée donne le ton : entrecôte, os à moelle, etc. Le tout dans une ambiance conviviale.

Au Moulin à Vent 🍽 🍽

20 r. des Fossés-St-Bernard ⓜ Jussieu – ℰ 01 43 54 99 37
– www.au-moulinavent.com – Fermé août, sam. midi, dim. et lundi
• TRADITIONNELLE • Formule 25 € – Carte 46/71 €

Depuis 1946, rien n'a changé dans ce bistrot parisien... ou si peu. Le joli décor rétro s'est patiné avec les ans et la cuisine traditionnelle s'est enrichie de spécialités de viandes : steak au couteau, côte de bœuf, etc. Bien sympathique.

Les Papilles 🕮

30 r. Gay-Lussac ⓜ Luxembourg – ℰ 01 43 25 20 79 – www.lespapillesparis.com
– Fermé 20 juil.-20 août, vacances de Noël, dim. et lundi
• TRADITIONNELLE • Formule 28 € – Menu 35 € – Carte 40/56 €

Bistrot, cave et épicerie : une adresse attachante, où l'on fait pitance entre casiers à vins et étagères garnies de conserves. Le soir, on vous propose un menu unique où les suggestions gourmandes affolent les papilles.

Ribouldingue {AC}

😀

10 r. St-Julien-le-Pauvre ⓜ Maubert Mutualité – ℰ 01 46 33 98 80 – Fermé dim.
et lundi
• TRADITIONNELLE • Formule 28 € – Menu 34 €

Osé, ce sympathique bistrot d'abats ravit les amateurs de "canailleries" (groin, tétines, cervelle, langue, etc.), mais pense aussi aux autres (nombreux plats classiques). Une institution de la triperie ! Et ne passez pas à côté des conseils de la patronne pour choisir un bon petit vin en accompagnement...

Les Délices d'Aphrodite 🍽 {AC}

4 r. Candolle ⓜ Censier Daubenton – ℰ 01 43 31 40 39 – www.mavrommatis.fr
• GRECQUE • Formule 21 € – Carte 35/51 €

Dans ce sympathique restaurant aux allures de taverne, on se croirait presque en Grèce ! Poulpe mariné, caviar d'aubergines, moussaka, etc. Cette cuisine fraîche et ensoleillée tire le meilleur parti de produits de qualité.

X **Officina Schenatti** 🚫

15 r. Frédéric-Sauton Ⓜ *Maubert Mutualité –* ✆ *01 46 34 08 91*
– www.officinaschenatti.com – Fermé 3 semaines en août, 22-26 déc., lundi midi et dim.
• ITALIENNE • Formule 19 € – Menu 25 € (déj. en semaine) – Carte 45/55 €
Ivan Schenatti, originaire de Lombardie, a choisi cette rue proche de la Seine pour
y installer son "officina" – son atelier –, au décor mêlant pierre et mobilier design.
Il concocte une savoureuse cuisine des régions italiennes, tels ces raviolis maison
farcis aux girolles... Le tout accompagné de bons vins transalpins !

X **Ciasa Mia** 🎊

19 r. Laplace Ⓜ *Maubert Mutualité –* ✆ *01 43 29 19 77 – www.ciasamia.com*
– Fermé 2 semaines en sept., 2 semaines en janv., sam. midi et dim.
• ITALIENNE • Formule 25 € – Menu 48/71 € – Carte 62/80 € *(réservation
conseillée)*
Le jeune chef est originaire de l'Italie et réalise une cuisine à son image, généreuse, authentique et sincère. Bien installé devant la cheminée, on profite pleinement de ses créations originales. Tout est fait maison, du pain jusqu'aux desserts.

X **Lengué** 🚫 ⇄

31 r. Parcheminerie Ⓜ *St-Michel –* ✆ *01 46 33 75 10 – http://lengue.fr – Fermé 3
semaines en août, dim. midi et lundi*
• JAPONAISE • Formule 18 € – Carte 15/33 €
Ce Lengué (une fleur que l'on trouve dans les rizières) est un charmant restaurant
japonais, plus exactement un izakaya, spécialisé dans la cuisine en petites portions. Il excelle dans ce domaine : les préparations sont aussi délicates que délicieuses, accompagnées de bons vins bourguignons. Service attentionné.

X **Bistro des Gastronomes** 🅰🅲 🚫
☺
10 r. du Cardinal-Lemoine Ⓜ *Cardinal Lemoine –* ✆ *01 43 54 62 40*
• TRADITIONNELLE • Formule 22 € – Menu 30 € – Carte environ 45 €
Avis aux gastronomes : voici une bonne cantine au cœur du 5e, sous l'égide d'un
jeune chef partageur ! Céleri rémoulade, onglet poêlé aux pommes grenaille : les
classiques du bistrot, reproduits dans la fraîcheur du dernier marché, et servis
dans un décor élégant, avec boiseries et... bocaux de condiments.

X **L'Agrume** 🅰🅲

15 r. des Fossés-St-Marcel Ⓜ *St-Marcel –* ✆ *01 43 31 86 48*
– Fermé août, 22 déc.-6 janv., dim. et lundi
• MODERNE • Formule 22 € – Menu 25 € (déj.)/45 € – Carte 45/90 €
Ici, on mise sur les saisons, la fraîcheur des produits (le poisson vient de Bretagne
et les primeurs des meilleures adresses) et une exécution pleine de finesse. L'as-
siette pétille de saveurs. Un bon bistrot de chef !

X **Lhassa** 🚫
⊜
13 r. Montagne-Ste-Geneviève Ⓜ *Maubert Mutualité –* ✆ *01 43 26 22 19 – Fermé lundi*
• TIBÉTAINE • Formule 14 € – Menu 20/26 € – Carte 25/35 €
Une belle occasion de découvrir la cuisine tibétaine. Accroché au murs orangés, le
dalaï-lama observe avec bienveillance le repas : raviolis grillés, sauté de bœuf
mariné, yaourt maison... Le nirvana ?

X **Bibimbap** 🚫 ⇄
☺
32 bd de l'Hôpital Ⓜ *Gare d'Austerlitz –* ✆ *01 43 31 27 42 – www.bibimbap.fr*
• CORÉENNE • Carte 25/36 €
Êtes-vous plutôt ssambap ou bap ? Pour en décider, courez vite au Bibimbap,
petit restaurant typiquement coréen. Vive, très fraîche, soignée, diététique (pour
les initiés : fondée sur l'énergie), sa cuisine est un vrai plaisir ! Côté surprise, ces
petites sonnettes, sur chaque table, permettant d'appeler le serveur...

X **Aux Verres de Contact** ♿
☺
33 r. de Bièvre, angle du bd St-Germain Ⓜ *Maubert Mutualité –* ✆ *01 46 34 58 02*
– www.auxverresdecontact.com – Fermé sam. midi et dim.
• MODERNE • Formule 18 € – Menu 22 € (déj.)/35 € – Carte 48/60 €
L'équipe du Jadis – dans le 15e – gère ce sympathique bistrot contemporain et
coloré, dont le nom emprunte à l'écrivain et journaliste Antoine Blondin (qui
mentionnait "verres de contact" sur ses notes de frais...). On y déguste une
bonne et généreuse cuisine du marché, en levant haut son verre. À la vôtre !

PARIS

Kokoro

36 r. des Boulangers Ⓜ *Cardinal Lemoine –* 𝄐 *01 44 07 13 29*
– www.restaurantkokoro.blogspot.fr – Fermé 2 semaines en août, mardi midi, dim. et lundi
• MODERNE • Formule 20 € – Menu 25 € (déj. en semaine), 29/48 € *(réservation conseillée)*

Depuis août 2013, un jeune couple franco-japonais (tous deux anciens de chez Passard) travaille d'arrache-pied dans cette adresse à deux pas du métro Cardinal-Lemoine. Leur cuisine, réglée sur les saisons, se révèle à la fois fine, intelligente et subtile, et réserve de belles surprises... Kokoro, c'est "cœur" en japonais !

Mirama

17 r. St Jacques Ⓜ *Cluny La Sorbonne –* 𝄐 *01 43 54 71 77*
• CHINOISE • Carte 20/30 €

À deux pas du boulevard St-Michel, juste derrière l'église St-Séverin, le Mirama est un véritable repaire pour les amateurs d'une authentique cuisine chinoise. Ne passez pas à côté des soupes et des canards laqués, spécialités de la maison.

St-Germain-des-Prés · Odéon · Jardin du Luxembourg

6e arrondissement ✉ 75006

J.-C. Amiel/hemis.fr

Victoria Palace sans rest

6 r. Blaise-Desgoffe Ⓜ *St-Placide –* 𝄐 *01 45 49 70 00 – www.victoriapalace.com*
58 ch ⊡ – ♦309/394 € ♦♦309/438 € – 4 suites

Désormais centenaire, cet hôtel célèbre fièrement la tradition : tissus choisis, mobilier Louis XVI et salles de bains en marbre dans les chambres ; les junior suites offrent de beaux volumes, propices à la détente. Tout aussi séduisant, le salon, très victorien. Une certaine idée de l'hôtellerie française.

L'Hôtel

13 r. des Beaux-Arts Ⓜ *St-Germain des Prés –* 𝄐 *01 44 41 99 00*
– www.l-hotel.com
20 ch – ♦275/1050 € ♦♦275/1050 € – ⊡ 18 €
Rest Le Restaurant ✿ – voir les restaurants ci-après

C'est à "L'Hôtel" que mourut en 1900 le grand Oscar Wilde. Le décor, signé Jacques Garcia, n'est pas sans rappeler les fastes de l'art pour l'art, avec des allusions aux styles baroque, Empire, oriental... Esthétique et atypique.

Relais Christine sans rest

3 r. Christine Ⓜ *St-Michel –* 𝄐 *01 40 51 60 80 – www.relais-christine.com*
46 ch – ♦340/685 € ♦♦340/685 € – 3 suites – ⊡ 30 €

Une demeure historique ! Les salons feutrés, les chambres joliment décorées, dégagent un charme très particulier, et l'on prend son petit-déjeuner sous des voûtes du 13e s. Très plaisants : le petit espace détente et le prêt de vélos.

Relais St-Germain

9 carr. de l'Odéon Ⓜ *Odéon –* 𝄐 *01 44 27 07 97 – www.hotelrsg.com*
22 ch ⊡ – ♦230/460 € ♦♦295/460 €
Rest Le Comptoir du Relais – voir les restaurants ci-après

Au carrefour de l'Odéon, l'animation ne cesse jamais. Raison de plus pour trouver refuge dans cet hôtel raffiné. Poutres patinées, étoffes chatoyantes et meubles anciens lui donnent un réel cachet. De vraies chambres d'écrivains...

L'Abbaye sans rest

10 r. Cassette Ⓜ *St-Sulpice –* ☎ *01 45 44 38 11 – www.hotel-abbaye.com*
40 ch ☑ – ♦275/400 € ♦♦495/560 € – 4 suites

Un hôtel d'un charme rare. Installé dans un ancien couvent du 17ᵉ s., il propose des chambres très raffinées, à la fois classiques et lumineuses. Dans la cour verdoyante coule une fontaine, tout est si calme… Personnel attentif et prévenant.

Esprit St-Germain sans rest

22 r. St-Sulpice Ⓜ *Mabillon –* ☎ *01 53 10 55 55 – www.espritsaintgermain.com*
23 ch – ♦355/690 € ♦♦355/690 € – ☑ 28 €

Dans le salon-bibliothèque, les tableaux orientalistes et la moquette léopard donnent le ton : élégance et confort pour un style très lounge. Les chambres sont plus sobres mais une réelle attention est portée à votre bien-être.

Hôtel d'Aubusson sans rest

33 r. Dauphine Ⓜ *Odéon –* ☎ *01 43 29 43 43 – www.hoteldaubusson.com*
49 ch – ♦405/685 € ♦♦405/685 € – ☑ 25 €

Cet hôtel particulier conserve ce raffinement propre au 17ᵉ s. avec son salon, ses beaux parquets, ses tapisseries d'Aubusson… Paradoxalement, les chambres sont d'une sobre modernité. Et selon les jours, on organise des soirées chanson française, jazz ou philo !

Le Six sans rest

14 r. Stanislas Ⓜ *Notre-Dame des Champs –* ☎ *01 42 22 00 75*
– www.hotel-le-six.com
37 ch – ♦209/500 € ♦♦209/500 € – 4 suites – ☑ 19 €

Un hôtel contemporain parfaitement situé, entre le jardin du Luxembourg, St-Germain-des-Prés et Montparnasse. Les chambres, sobres et bien agencées, rendent hommage en photo aux légendes du quartier ; petit spa bien aménagé.

Bel Ami St-Germain des Prés sans rest

7 r. St-Benoit Ⓜ *St-Germain des Prés –* ☎ *01 42 61 53 53*
– www.hotel-bel-ami.com
108 ch – ♦390/590 € ♦♦590/1100 € – 5 suites – ☑ 27 €

Rien à voir avec le roman de Maupassant même si nous sommes à St-Germain, quartier littéraire s'il en est. Une adresse pour urbains chic, avec un bar tendance et des chambres sobres et contemporaines, rénovées pour certaines. Bel espace détente.

Ste-Beuve sans rest

9 r. Ste-Beuve Ⓜ *Notre-Dame des Champs –* ☎ *01 45 48 20 07*
– www.hotelsaintebeuve.com
22 ch – ♦164/202 € ♦♦195/322 € – ☑ 16 €

Cosy et chaleureux : deux adjectifs qui correspondent bien à cet hôtel du meilleur goût. Dans les chambres, les meubles chinés tranchent sur des teintes raffinées et l'on se rafraîchit dans des salles de bains en noir et blanc. Bien agréable.

Buci sans rest

22 r. Buci Ⓜ *Mabillon –* ☎ *01 55 42 74 74 – www.buci-hotel.com*
19 ch – ♦200/355 € ♦♦200/370 € – ☑ 15 €

Une bien belle situation au cœur d'une rue commerçante et animée pour cet hôtel intime. Les chambres, entièrement rénovées, s'essayent à tous les styles, du contemporain en passant par les tentures à la Pompadour ou le style boudoir.

Madison sans rest

143 bd St-Germain Ⓜ *St-Germain des Prés –* ☎ *01 40 51 60 00*
– www.hotel-madison.com
47 ch – ♦300/590 € ♦♦600/700 € – 3 suites – ☑ 25 €

Camus aimait fréquenter cet établissement, probablement à cause de son emplacement idéal, au cœur de St-Germain-des-Prés. Les chambres ont toutes été rénovées dans un style contemporain assez composite ; certaines ont vue sur l'église.

PARIS

Relais Médicis sans rest

5 pl. de l'Odéon ⑳ Odéon – ℰ 01 43 26 00 60 – www.relaismedicis.com
17 ch ⬜ – †150/180 € ††180/270 €
C'est derrière une façade discrète, juste en face du théâtre de l'Odéon, que se dissimule ce ravissant établissement. Couleurs ensoleillées, meubles chinés : les chambres sont de style provençal et l'on s'y sent comme chez soi.

La Villa St-Germain sans rest

29 r. Jacob ⑳ St-Germain des Prés – ℰ 01 43 26 60 00
– www.villa-saintgermain.com
31 ch – †225/385 € ††225/560 € – ⬜ 22 €
À mi-chemin entre les Beaux-Arts et l'église St-Germain, cet hôtel discret n'est pas sans évoquer une demeure de famille, version contemporaine : beau parquet en chêne massif, mobilier en wengé, étoffes précieuses, lumières douces... Vous êtes ici chez vous.

Left Bank St-Germain sans rest

9 r. de l'Ancienne-Comédie ⑳ Odéon – ℰ 01 43 54 01 70
– www.paris-hotels-charm.com
30 ch – †140/377 € ††140/480 € – 1 suite – ⬜ 12 €
Les amateurs de style rustique seront comblés ! Cet hôtel regorge de meubles massifs de style Louis XIII, de tapisseries d'Aubusson, de damas et colombages... Quelques chambres offrent un beau panorama sur les toits de Paris et ses monuments.

Au Manoir St-Germain-des-Prés sans rest

153 bd St-Germain ⑳ St-Germain des Prés – ℰ 01 42 22 21 65
– www.hotelaumanoir.com
28 ch – †210/380 € ††210/380 € – ⬜ 16 €
Un manoir juste en face du Café de Flore ? Pas tout à fait, mais une belle adresse néanmoins, à la fois douillette et cosy. Dans les chambres, les tissus chatoyants flattent l'œil et certaines ont vue sur l'église. Charmant, le jardin d'hiver.

Luxembourg Parc sans rest

42 r. Vaugirard ⑳ St-Sulpice – ℰ 01 53 10 36 50 – www.hotelluxparc.com
23 ch – †330/350 € ††370/410 € – ⬜ 16 €
Nul besoin d'être parisien pour apprécier la poésie du jardin du Luxembourg. L'hôtel est juste en face ! Délicieusement bourgeois, son décor classique ravira les amateurs d'élégance feutrée. Détente assurée dans le salon, près de la cheminée.

Pas de Calais sans rest

59 r. des Saints-Pères ⑳ St-Germain des Prés – ℰ 01 45 48 78 74
– www.hotelpasdecalais.com
38 ch – †180/375 € ††180/375 € – ⬜ 15 €
La légende dit que Sartre et Beauvoir auraient séjourné ici, peut-être appréciaient-ils cette rue tranquille ? Les chambres sont toutes différentes : très grandes ou plus petites, traditionnelles ou rénovées dans un style moderne. N'hésitez pas à préciser votre choix lors de la réservation.

Le Sénat sans rest

10 r. de Vaugirard ⑳ Luxembourg – ℰ 01 43 54 54 54 – www.hotelsenat.com
35 ch – †150/550 € ††150/550 € – 6 suites – ⬜ 17 €
La devanture sombre annonce la couleur : voici un hôtel contemporain aux chambres confortables et feutrées (plus calmes sur cour). Parmi ses atouts : la proximité du palais du Sénat et un petit-déjeuner buffet de qualité.

La Villa d'Estrées et Résidence des Arts sans rest

17 r. Gît-le-Coeur ⑳ St-Michel – ℰ 01 55 42 71 11 – www.villadestrees.com
21 ch – †145/295 € ††185/345 € – ⬜ 14 €
Un établissement qui donne sa propre version, actuelle, du style Napoléon III. Côté Villa, les détails précieux foisonnent et les chambres sont feutrées et confortables. Plus fonctionnelle, la Résidence permet de longs séjours (cuisinettes).

Récamier sans rest 🛎 AC ⌘ 📶
3 bis pl. St-Sulpice Ⓜ *St-Sulpice* – ☎ *01 43 26 04 89* – *www.hotelrecamier.com*
24 ch – ♦280/495 € ♦♦280/495 € – ☵ 20 €
En 2009, une rénovation remarquable a fait de cette ancienne pension de famille
un véritable hôtel de charme : décors soignés (différents styles 20ᵉ s.), équipements high-tech... Chic et exclusif, place St-Sulpice.

Odéon St-Germain sans rest 🛎 AC 📶
13 r. St-Sulpice Ⓜ *Odéon* – ☎ *01 43 25 70 11* – *www.hotelosg.com*
27 ch – ♦140/195 € ♦♦169/390 € – ☵ 14 €
Un hôtel très bien situé derrière l'Odéon. Les murs sont du 16ᵉ s. mais le
style, intemporel, est signé Jacques Garcia : tentures en soie, mobilier opulent,
ciels de lit damassés... Un confort et un charme indéniables.

La Belle Juliette sans rest 🛎 ♿ AC ⌘ 📶
92 r. du Cherche-Midi Ⓜ *Vaneau* – ☎ *01 42 22 97 40* – *www.labellejuliette.com*
39 ch – ♦200/520 € ♦♦200/600 € – 6 suites – ☵ 20 €
Chaque étage de l'hôtel est décoré selon un thème différent : Madame Récamier au 1ᵉʳ (la fameuse Juliette), l'Italie au 2ᵉ, Chateaubriand au 3ᵉ, etc. Un
cadre qui marie l'ancien au moderne en restant toujours chaleureux. Un endroit
de caractère !

Hôtel des Académies et des Arts sans rest 🛎 ♿ AC ⌘ 📶
15 r. de la Grande-Chaumière Ⓜ *Vavin* – ☎ *01 43 26 66 44*
– *www.hoteldesacademies.com*
20 ch – ♦179/242 € ♦♦185/289 € – ☵ 16 €
Les corps blancs de Jérôme Mesnager et les sculptures de Sophie de Watrigant se
déclinent partout dans cet hôtel dédié à la création. Les chambres, bien que relativement petites, sont chaleureuses. Espace bien-être et salon de thé.

Hôtel de Sèvres sans rest 🛎 📶
22 r. Abbé-Grégoire Ⓜ *St-Placide* – ☎ *01 45 48 84 07* – *www.hoteldesevres.com*
32 ch – ♦125/230 € ♦♦135/450 € – 1 suite – ☵ 13 €
Amoureux du shopping, cet hôtel se trouve juste à côté du Bon Marché ! L'ensemble est chaleureux, dominé par des teintes beige et marron. La salle des
petits-déjeuners donne sur une courette fleurie. Espace bien-être.

Villa Madame sans rest 🛎 ♿ AC ⌘ 📶
44 r. Madame Ⓜ *St-Sulpice* – ☎ *01 45 48 02 81* – *www.villa-madame.com*
28 ch – ♦290/400 € ♦♦290/400 € – ☵ 19 €
Madame est très rive gauche ! À la fois élégant et chaleureux, ce petit hôtel de
caractère mise sur les détails raffinés, les harmonies de couleurs apaisantes et les
installations high-tech. Près de la cheminée, on feuillette un livre d'art...

Régent sans rest 🛎 ♿ AC ⌘ 📶
61 r. Dauphine Ⓜ *Odéon* – ☎ *01 46 34 59 80* – *www.hotelleregent.com*
25 ch – ♦185/275 € ♦♦195/275 € – ☵ 14 €
Cet hôtel de tradition jouit d'une situation très centrale, à deux pas du café
des Deux Magots. Les chambres sont petites, colorées et reposantes, certaines
avec un balcon pour profiter un peu plus de Paris.

Hôtel de Fleurie sans rest 🛎 AC ⌘ 📶
32 r. Grégoire-de-Tours Ⓜ *Odéon* – ☎ *01 53 73 70 00* – *www.hotel-de-fleurie.fr*
29 ch – ♦129/249 € ♦♦189/309 € – ☵ 13 €
Cet hôtel à la façade ornée de statues jouit d'un bon emplacement : les chambres, sobres et simplement agencées, sont calmes, qu'elles donnent sur la cour ou
sur la rue, peu passante.

Legend sans rest 🛎 ♿ AC ⌘ 📶
151 bis r. de Rennes Ⓜ *Montparnasse* – ☎ *01 45 48 97 38*
– *www.legendhotelparis.com*
38 ch – ♦99/311 € ♦♦129/499 € – ☵ 16 €
Un hôtel entièrement rénové en 2012, entre la gare Montparnasse et St-Germain-
des-Près. Ici, la décoration est résolument design et les chambres des plus
confortables. Un pied-à-terre idéal pour les personnes arrivant du Grand Ouest...
et les autres.

PARIS

PARIS

Apostrophe sans rest 🖥 🕭 AC 🕏 🛜

3 r. Chevreuse Ⓜ *Vavin – ⓒ 01 56 54 31 31*
– www.apostrophe-hotel.com
16 ch – †149/353 € ††149/353 € – 🍽 14 €

Osant un design singulier, toutes les chambres de cet hôtel hors normes racontent une histoire : ici des voilages imprimés de photographies, là un papier peint insolite... À noter : les mini-chaînes adaptées aux iPods.

Mayet sans rest 🖥 AC 🕏 🛜 🛆

3 r. Mayet Ⓜ *Duroc – ⓒ 01 47 83 21 35 – www.mayet.com*
23 ch – †95/170 € ††140/200 € – 🍽 12 €

Dépaysement garanti dans ce petit hôtel avenant proche du métro Duroc. Entre tags d'artistes contemporains et déco orientalisante, l'endroit distille un charme très particulier. Les 1 001 nuits du 21e s. en quelque sorte.

Chaplain Rive Gauche sans rest 🖥 & AC 🛜

11 bis r. Jules-Chaplain Ⓜ *Vavin – ⓒ 01 43 26 47 64*
– www.hotelchaplain.com
25 ch – †119/250 € ††129/340 € – 🍽 14 €

Mystérieux sourires... Ceux de Marylin Monroe, Bardot ou la Joconde se sont transformés en têtes de lits design. Dans sa rue tranquille, ce petit hôtel continue son bonhomme de chemin, à la fois coquet et contemporain. Bien agréable, le patio.

Le Clément sans rest 🖥 AC 🕏 🛜

6 r. Clément Ⓜ *Mabillon – ⓒ 01 43 26 53 60 – www.hotel-clement.fr*
28 ch – †132/163 € ††132/192 € – 🍽 13 €

Depuis trois générations, la même famille tient cet hôtel face au marché St-Germain. Les chambres sont simples et très bien tenues ; celles donnant sur la cour sont un peu sombres. Un bon rapport qualité-prix pour le quartier.

Hôtel de St-Germain sans rest 🖥 AC 🕏 🛜

50 r. du Four Ⓜ *Sèvres Babylone – ⓒ 01 45 48 91 64*
– www.hotel-de-saint-germain.fr
30 ch – †99/159 € ††109/169 € – 🍽 12 €

Les atouts majeurs de ce modeste hôtel familial ? Son emplacement, entre Mabillon et Sèvres-Babylone, sa propreté méticuleuse et ses tarifs, assez raisonnables. Parfait pour un court séjour parisien.

XXX **Hélène Darroze** AC 🔄 ▱

☆ *4 r. d'Assas* Ⓜ *Sèvres Babylone – ⓒ 01 42 22 00 11 – www.helenedarroze.com*
– Fermé dim. et lundi
• MODERNE • Menu 58 € (déj. en semaine), 92/185 €

Héritière d'une famille de cuisiniers du Sud-Ouest, Hélène Darroze allie talent et intuition. Elle dit "dévoiler ses émotions" en s'inspirant aussi bien de son terroir landais, de ses maîtres (dont Alain Ducasse) que de sa curiosité. Une cuisine de cœur... à laquelle sied bien le décor des lieux, feutrés et tamisés.

➔ Chipirons, riz acquerello, chorizo et parmesan. Pigeon du Périgord au foie gras, betterave et fraises des bois. Baba au bas-armagnac, marron et pomme verte.

XXX **Relais Louis XIII** (Manuel Martinez) 🎟 AC 🔄 ▱

☆ *8 r. des Grands-Augustins* Ⓜ *Odéon*
– ⓒ 01 43 26 75 96 – www.relaislouis13.com – Fermé 1 semaine en mai,
9 août-1er sept., 1 semaine en janv., dim., lundi et fériés
• CLASSIQUE • Menu 55 € (déj.), 85/140 € – Carte environ 130 €

À deux pas de la Seine, cette maison historique du vieux Paris nous transporte au siècle de Louis XIII... Colombages, pierres apparentes, vitraux : le décor est plein de caractère, et il forme un élégant écrin pour la cuisine de Manuel Martinez, tenante d'un noble classicisme culinaire. Bon rapport qualité-prix au déjeuner.

➔ Quenelle de bar, mousseline de champignons, glaçage au champagne. Caneton challandais rôti aux épices, cuisse confite en parmentier au vieux comté. Mille-feuille à la vanille Bourbon.

XX **Le Restaurant** – Hôtel L'Hôtel   AC
ॐ *13 r. des Beaux-Arts* Ⓜ *St-Germain des Prés –* ℰ *01 44 41 99 01*
    – www.l-hotel.com – Fermé août, 22-28 déc., dim. et lundi
    • MODERNE • Formule 45 € – Menu 55 € (déj.)/135 €
    Le "Restaurant" de "L'Hôtel", dont le décor est lui aussi signé Jacques Garcia. Le
    chef y revisite les classiques de la gastronomie française à travers des créa-
    tions parfumées, basées sur d'excellents produits. Une belle table.
    → Tourteau de Loctudy, avocat et yuzu. Ris de veau "crousti-moelleux", jus aux
    herbes. Chocolat au parfum de poivre long, poudre de meringue.

XX **La Société**   🍴 AC ➞♟
    4 pl. St-Germain-des-Prés Ⓜ *St-Germain des Prés –* ℰ *01 53 63 60 60*
    – www.restaurantlasociete.com
    • MODERNE • Carte 54/194 €
    Une adresse stylée et glamour, dont la terrasse, en face de l'église St-Germain-
    des-Prés, est idéale pour voir et être vu ! Le cadre est à la fois dépouillé et très
    chic (pierre et bois précieux), et la carte est à l'avenant, entre tradition française
    et influences internationales. Toute la société germanopratine d'aujourd'hui !

XX **Un Dimanche à Paris**   ♿ AC ⅍ ⇧
    4 cours du Commerce-St-André Ⓜ *Odéon –* ℰ *01 56 81 18 18*
    – www.un-dimanche-a-paris.com – Fermé 27 juil.-17 août, mardi midi, dim. soir
    et lundi
    • MODERNE • Formule 25 € – Menu 31/62 € – Carte 44/66 €
    Un petit passage pavé accueille ce "concept store", où le cacao est roi ! Au restau-
    rant, il relève viandes et poissons de notes épicées, leur donnant un supplément
    d'élégance et de style. Ensuite, n'hésitez pas à faire un détour par la boutique,
    dans les locaux qui abritaient autrefois l'imprimerie de Marat...

XX **Caméléon d'Arabian**
    6 r. Chevreuse Ⓜ *Vavin –* ℰ *01 43 27 43 27*
    – www.cameleonjeanpaularabianparis.com – Fermé août, sam. midi et dim.
    • CLASSIQUE • Formule 33 € – Menu 39 € (déj.)/48 € – Carte 70/100 €
    Un restaurant chaleureux et confortable (banquettes en velours, vue sur les four-
    neaux). On apprécie ici une cuisine bourgeoise revisitée dont le véritable "must"
    est le châteaubriant de foie de veau – délicieux. Un Caméléon aux couleurs du
    temps !

XX **La Méditerranée**   AC ⇧ ➞♟
    2 pl. Odéon Ⓜ *Odéon –* ℰ *01 43 26 02 30 – www.la-mediterranee.com – Fermé*
    24-31 déc.
    • POISSONS ET FRUITS DE MER • Formule 29 € – Menu 36 € – Carte 54/69 €
    Dans ce restaurant face au théâtre de l'Odéon, des fresques évoquent la Méditer-
    ranée et la cuisine de la mer chante avec l'accent du Sud. Un soin tout particulier
    est apporté au choix des produits. Bergère d'azur infinie...

XX **Fogón**   AC ➞♟ soir,
    45 quai des Grands-Augustins Ⓜ *St-Michel –* ℰ *01 43 54 31 33 – www.fogon.fr*
    – Fermé 27 juil.-21 août, 21 déc.-6 janv. et lundi
    • ESPAGNOLE • Formule 36 € – Menu 51 € – Carte 45/75 €
    L'Espagne s'invite sur les quais de la Seine. Charcuteries de Guijuelo, préparations
    de riz en paëlla – aux légumes, valenciana, aux seiches et calamars, aux langous-
    tines, au jambon... De fort belles spécialités ibériques qui se mettent en scène
    dans un cadre design chic des plus tendance !

XX **Yugaraj**   AC
    14 r. Dauphine Ⓜ *Odéon –* ℰ *01 43 26 44 91 – Fermé août et lundi*
    • INDIENNE • Formule 22 € – Menu 30/41 € – Carte 35/60 €
    Dépaysement assuré dans ce haut lieu de la gastronomie indienne (boiseries,
    objets anciens, etc.). Les amateurs auront l'embarras du choix entre butter chic-
    ken, assortiment de viandes grillées, curry de poisson au lait de coco, etc.

PARIS

%% **La Petite Cour** ⌂ ✧

8 r. Mabillon Ⓜ *Mabillon –* ☎ *01 43 26 52 26 – www.lapetitecour.fr*
• MODERNE • Formule 29 € – Menu 39 € (dîner)/51 € ▼ – Carte 41/65 €
Il faut descendre quelques marches en face du marché St-Germain pour découvrir l'étonnante terrasse en contrebas. Un cadre doucement fané pour une cuisine qui ne l'est pas ! C'est fin, franc, intelligent : l'œuvre d'un chef au beau parcours.

%% **Les Bouquinistes** 🄰🄲 ⌂♦

53 quai des Grands-Augustins Ⓜ *St-Michel –* ☎ *01 43 25 45 94 – www.guysavoy.com*
• MODERNE • Formule 31 € – Menu 35 € (déj.)/89 € – Carte 70/85 €
À l'angle d'une rue, face aux bouquinistes alignés sur les quais de la Seine, un restaurant entièrement rénové en 2013 ; l'intérieur est joliment contemporain, et l'on y sert une bonne cuisine qui évolue selon le marché et les saisons. Agréable et typiquement parisien !

%% **La Rotonde** ⌂ 🄰🄲

105 bd Montparnasse Ⓜ *Vavin –* ☎ *01 43 26 68 84 – www.rotondemontparnasse.com*
• TRADITIONNELLE • Formule 24 € ▼ – Menu 42 € – Carte 40/75 €
À deux pas des théâtres de la rue de la Gaîté, cette Rotonde incarne depuis plus d'un siècle l'essence même de la brasserie parisienne. Un décor typique – très 1930 – avec cuivre et banquettes rouges, et des plats classiques du genre : bœuf de Salers, plateaux d'huîtres... Et l'on vous accueille jusqu'à 2h du matin !

%% **Alcazar** 🕭 🄰🄲 ✧

62 r. Mazarine Ⓜ *Odéon –* ☎ *01 53 10 19 99 – www.alcazar.fr*
• MODERNE • Formule 31 € ▼ – Menu 40 € ▼ (déj.)/44 € – Carte 44/60 €
L'adresse de Sir Conran attire les adeptes d'électro chic, d'expositions photographiques et de soirées lyriques. Côté cuisine, le répertoire classique côtoie les recettes d'ailleurs. Alors, fish and chips ou cailles farcies au foie gras ?

% **Ze Kitchen Galerie** (William Ledeuil) 🄰🄲 ⌂♦

💠 *4 r. des Grands-Augustins* Ⓜ *St-Michel –* ☎ *01 44 32 00 32 – www.zekitchengalerie.fr*
– *Fermé 2 semaines en août, 1 semaine fin déc., sam. midi et dim.*
• CRÉATIVE • Formule 39 € – Menu 48 € (déj.)/98 € – Carte environ 85 €
Séduisante carte fusion influencée par l'Asie, cadre épuré aux airs de loft, tableaux contemporains, vue sur les cuisines. Depuis plus de dix ans, Ze Kitchen reste l'un des incontournables de la rive gauche.
→ Bouillon de canard à la citronnelle et raviolis de foie gras. Bœuf Wagyu confit et grillé, condiment tamarin. Glace chocolat blanc, wasabi et fraise-pistache.

% **Toyo** 🄰🄲 ⅏ ✧

17 r. Jules-Chaplain Ⓜ *Vavin –* ☎ *01 43 54 28 03 – www.restaurant-toyo.com*
– *Fermé août, 23-29 déc., lundi midi et dim.*
• CRÉATIVE • Menu 39 € (déj.), 95/125 €
Dans une autre vie, Toyomitsu Nakayama était le chef privé du couturier Kenzo ; aujourd'hui, il excelle dans l'art d'assembler les saveurs et les textures, entre France et Asie – salade de calamars aux légumes, tiramisu au thé vert... Une cuisine fraîche et parfumée, servie par une équipe attentive et discrète : impeccable !

% **La Marlotte** 🕭 ⅏

😊 *55 r. du Cherche-Midi* Ⓜ *St-Placide –* ☎ *01 45 48 86 79 – www.lamarlotte.com*
– *Fermé 10-21 août, sam. et dim.*
• TRADITIONNELLE • Formule 23 € – Menu 28 € (déj.)/32 € – Carte 35/60 €
Une "auberge d'aujourd'hui", non loin du Bon Marché, où l'on croise éditeurs et hommes politiques. L'ambiance y est chaleureuse et conviviale, et la cuisine honore la tradition : harengs pommes à l'huile, terrine de foies de volaille, raie à la grenobloise, boudin noir et andouillette, etc. Généreux et de saison.

% **Allard** 🄰🄲

1 r. de l'Éperon Ⓜ *St-Michel –* ☎ *01 43 26 48 23*
• TRADITIONNELLE • Menu 34 € (déj.) – Carte 50/94 €
On pénètre par la cuisine dans cette véritable institution, qui fait désormais partie du groupe Ducasse. Servis dans un décor 1900 pur jus, les plats hésitent entre registre bistrotier et plats canaille : cocotte de cervelas, blanquette de veau – succulente ! –, savarin au rhum en dessert... On se régale.

Le Chardenoux des Prés AC ⌖

27 r. du Dragon 🚇 *St-Germain des Prés –* ☏ *01 45 48 29 68*
– www.restaurantlechardenouxdespres.com
• MODERNE • Formule 22 € – Menu 27 € (déj. en semaine)/39 €
La version bis du Chardenoux de Cyril Lignac, dans un lieu autrefois mythique.
L'ardoise du jour propose un petit menu, tandis qu'à la carte, les recettes de bistrot et autres plats en cocotte cohabitent avec les influences actuelles. Le bonheur est dans le Chardenoux des Prés...

Casa Bini

36 r. Grégoire-de-Tours 🚇 *Odéon –* ☏ *01 46 34 05 60 – www.casabini.fr*
• ITALIENNE • Menu 29 € (déj. en semaine) – Carte 40/60 €
Une trattoria chaleureuse dans une rue calme de St-Germain-des-Prés. Dans une salle aux couleurs de la Toscane, on déguste des plats pleins de saveurs, tels ces pappardelles à la saucisse ou ce tiramisu moelleux à souhait. Et soudain le quartier des éditeurs prend des airs de *dolce vita*...

KGB AC

25 r. des Grands-Augustins 🚇 *St-Michel –* ☏ *01 46 33 00 85*
– www.kitchengaleriebis.com – Fermé 1ᵉʳ-20 août, dim. et lundi
• CRÉATIVE • Formule 26 € – Menu 55 € (déj.)/66 € – Carte 51/65 €
KGB pour Kitchen Galerie Bis. Il y règne le même esprit qu'à la maison mère, à mi-chemin entre galerie d'art et restaurant peu conventionnel. La cuisine est originale et explore des associations sucré-salé aux épices mâtinées d'Asie.

L'Épi Dupin ⌖

11 r. Dupin 🚇 *Sèvres Babylone –* ☏ *01 42 22 64 56 – www.epidupin.com – Fermé 1ᵉʳ-24 août, lundi midi, sam. et dim.*
• MODERNE • Formule 28 € – Menu 39 € (réservation conseillée)
Pierres, colombages et poutres : un cadre convivial, pour une délicieuse cuisine qui revisite la tradition. Pressé de queue de bœuf au sorbet à la moutarde de Meaux, rognons de veau poêlés, baba au rhum crème vanillée... Ce restaurant de poche a conquis le quartier du Bon Marché – et a même créé une annexe, version bar à vins !
L'Epi Malin – 4 r. Dupin, ☏ 01 45 49 22 53 – Formule 15 € ⌙ – Menu 18 €

La Maison du Jardin AC

27 r. Vaugirard 🚇 *Rennes –* ☏ *01 45 48 22 31 – Fermé 1ᵉʳ-23 août, sam. midi et dim.*
• TRADITIONNELLE • Formule 25 € ⌙ – Menu 29/38 € (réservation conseillée)
À deux pas du Luxembourg, ce bistrot explore la tradition avec bonté et simplicité : terrine maison, soupe de saison, cabillaud juste salé au purée à l'huile d'olive, pièce de bœuf grillée au pistou, mousse au chocolat... et bouteilles à prix sages.

La Ferrandaise AC ⟷

8 r. de Vaugirard 🚇 *Odéon –* ☏ *01 43 26 36 36 – www.laferrandaise.com – Fermé 3 semaines en août, lundi midi, sam. midi et dim.*
• TRADITIONNELLE • Menu 16 € (déj.), 38/52 € – Carte 46/75 €
Dans ce joli restaurant près du Luxembourg, on honore le Puy-de-Dôme. Le patron a même imaginé un partenariat avec des éleveurs de vaches ferrandaises ! Le chef, qui lui est breton, concocte une cuisine franche et savoureuse. Une belle association.

Le Cherche Midi

22 r. du Cherche-Midi 🚇 *Sèvres Babylone –* ☏ *01 45 48 27 44*
– www.lecherchemidi.fr – Fermé 24 déc.-1ᵉʳjanv.
• ITALIENNE • Carte 44/53 € (réservation conseillée)
Un authentique bistrot italien ! Pâtes fraîches maison et superbes charcuteries : jambon de Parme (affiné au moins 24 mois), mortadelle, bresaola... Quant à la mozzarella, bien crémeuse, elle arrive par avion deux à trois fois par semaine !

Semilla AC

54 r. de Seine 🚇 *Odéon –* ☏ *01 43 54 34 50 – Fermé 2 semaine en août et 22 déc.-4 janv.*
• MODERNE • Formule 24 € – Carte 35/65 €
Une bonne "graine" (*semilla* en espagnol) que ce bistrot né à l'initiative des patrons de Fish La Boissonnerie, juste en face. Ambiance conviviale, déco branchée et, dans la cuisine ouverte sur la salle, une équipe jeune et passionnée, qui travaille avec des fournisseurs triés sur le volet. Gourmand et bien ficelé !

PARIS

✗ **Yen**　　　　　　　　　　　　　　　　　　　　　　　　AC

22 r. St-Benoît ⓜ St-Germain-des-Prés – ☎ 01 45 44 11 18 – Fermé 2 semaines en août et dim.

• JAPONAISE • Formule 39 € – Menu 68 € (dîner)

Un restaurant au décor japonais très épuré pour amateurs de minimalisme zen. La carte fait la part belle à la spécialité du chef : le soba, des nouilles de sarrasin chaudes ou froides, préparées sous vos yeux.

✗ **Shu**

8 r. Suger ⓜ St-Michel – ☎ 01 46 34 25 88

– www.restaurant-shu.com – Fermé vacances de printemps, 3 semaines en août, dim. et le midi

• JAPONAISE • Menu 38 € (dîner), 48/63 € (réservation conseillée)

Il faut se baisser pour passer par la porte qui mène à cette cave du 17e s. Dans un décor minimaliste, on découvre une cuisine japonaise authentique et bien maîtrisée, où la fraîcheur des produits met en valeur kushiage, sushis et sashimis.

✗ **Marco Polo**　　　　　　　　　　　　　　　　　　　　　🖤

8 r. de Condé ⓜ Odéon – ☎ 01 43 26 79 63

– www.restaurant-marcopolo.com

• ITALIENNE • Formule 21 € – Menu 36 € – Carte 40/60 € (réservation conseillée)

Les habitués apprécient l'ambiance à la fois feutrée et conviviale du Marco Polo ; comme ils sont nombreux, mieux vaut réserver. Il faut dire que les antipasti, raviolis aux cèpes et autres risottos du jour sont préparés avec soin.

✗ **Fish La Boissonnerie**　　　　　　　　　　　　　　🖤 AC

69 r. de Seine ⓜ Odéon – ☎ 01 43 54 34 69 – Fermé 1 semaine en août et 20 déc.-2 janv.

• TRADITIONNELLE • Menu 29 € (déj.)/39 €

La façade en mosaïque de cette ancienne poissonnerie (avec un p !) est un must du quartier. Voilà une dizaine d'années que ce restaurant honore Bacchus et les produits de la mer : vichyssoise aux huîtres, Saint-Jacques aux cocos de Paimpol, dorade aux artichauts barigoule. Convivial !

✗ **Mangetout**

82 r. Mazarine ⓜ Odéon – ☎ 01 43 54 02 11 – www.mangetout.fr

– Fermé 2 semaines en août, dim. et lundi

• MODERNE • Formule 23 € – Carte 32/50 €

Pinxo est devenu Mangetout, mais pas de panique : les habitués retrouveront leurs marques ! Alain Dutournier est toujours le maître d'œuvre de ce concept original, celui de tapas à la française. Et c'est ainsi que l'on peut picorer crabe royal, chipirons, mais aussi boudin et tourtière béarnaise...

✗ **La Cuisine de Philippe**　　　　　　　　　　　　　　AC

25 r. Servandoni ⓜ St-Sulpice – ☎ 01 43 29 76 37

– Fermé 2 semaines en août, 1 semaine à Noël, dim. et lundi

• TRADITIONNELLE • Formule 24 € 🍷 – Menu 33 € (dîner)

Dans ce petit bistrot rétro qui fait face au jardin du Luxembourg, on savoure de généreuses recettes traditionnelles. Avis aux amateurs : la spécialité de la maison, ce sont les soufflés, salés ou sucrés (guacamole et saumon fumé ; noisettes ; etc.). Bon rapport qualité-prix.

✗ **Invictus**　　　　　　　　　　　　　　　　　　　　　🍷

5 r. St-Beuve ⓜ Notre-Dame des Champs – ☎ 01 45 48 07 22 – Fermé 3 semaines en août, 1 semaine vacances de Noël et dim.

• TRADITIONNELLE • Carte 30/60 €

De retour à Paris après six ans passés en Afrique du Sud, Christophe Chabanel n'a pas tardé à retrouver les suffrages de la capitale : son bistrot, à deux pas du jardin du Luxembourg, fait salle comble ! À la carte, tarte sablée au pied de porc, jarret de veau, millefeuille ; une cuisine sobre et parfumée, un régal...

Atelier Vivanda 🅽   🗛🅲

20 r. du Cherche-Midi Ⓜ *Sèvres Babylone –* ☏ *01 45 44 50 44*
– www.ateliervivanda.com – Fermé 3 semaines en août, dim. et lundi
• VIANDES ET GRILLADES • Menu 35 € – Carte environ 50 €

Bienvenue dans le nouveau bistrot à viande d'Akrame Benallal ! De superbes pièces de boucher sont évidemment au programme : hampe et persillé de Black Angus, suprême de volaille, ou côte de porc ibérique, sont travaillés avec amour et accompagnés d'un gratin dauphinois ou de frites maison. Férocement bon.

L'Altro   🗛🅲

16 r. du Dragon Ⓜ *St-Germain des Prés –* ☏ *01 45 48 49 49 – Fermé 1 semaine en août*
• ITALIENNE • Formule 17 € – Menu 22 € (déj. en semaine) – Carte 30/60 €

L'Italie à la carte, dans un décor qui hésite entre loft et bistrot new-yorkais (banquettes noires, carrelage blanc aux murs, cuisines vitrées). L'ambiance est décontractée : idéal pour savourer de bonnes pasta et des antipasti.

Le Timbre   🍴

3 r. Ste-Beuve Ⓜ *Notre-Dame des Champs –* ☏ *01 45 49 10 40*
– www.restaurantletimbre.com – Fermé août, 1ᵉʳ-6 janv., dim. et lundi
• TRADITIONNELLE • Menu 26 € (déj.), 34/49 € (réservation conseillée)

On se bouscule dans ce sympathique petit bistrot, grand comme un timbre-poste. L'ardoise affiche les propositions du moment, réalisées sous vos yeux par un jeune chef. Tartines d'anchois, boudin béarnais... Il concocte une cuisine française d'une belle finesse, dans le respect de la tradition !

Azabu   🗛🅲 🍴

3 r. André-Mazet Ⓜ *Odéon –* ☏ *01 46 33 72 05 – www.azabu.fr – Fermé 2 semaines en août, dim. midi et lundi*
• JAPONAISE • Menu 43/62 € – Carte 40/60 € (réservation conseillée)

Une bonne adresse japonaise au décor sobre et contemporain. On mange à table ou au comptoir, face au teppanyaki. Parmi les spécialités, le zensai bento (un assortiment d'entrées), le bar grillé ou le bœuf Wagyu au radis râpé.

Le Comptoir du Relais – Hôtel Relais St-Germain   🛋 🗛🅲

5 carr. de l'Odéon Ⓜ *Odéon –* ☏ *01 44 27 07 50 – www.hotelrsg.com*
• TRADITIONNELLE • Menu 60 € (dîner en semaine) – Carte 28/70 €
(réservation conseillée)

Dans ce sympathique bistrot de poche des années 1930, Yves Camdeborde régale ses clients d'une généreuse cuisine traditionnelle. Le midi, on sert des plats de brasserie tandis que le soir, un menu unique plus raffiné vous est proposé.

Wadja   🍝

10 r. Grande-Chaumière Ⓜ *Vavin –* ☏ *01 46 33 02 02 – Fermé 3 semaines en août, 1 semaine en fév., sam. midi, dim. et fériés*
• TRADITIONNELLE • Formule 18 € – Menu 20 € (déj.)/37 €

Tables serrées, vieux zinc, miroirs, lithographies années 1930 : pas de doute, c'est un bistrot. Un seul menu le midi, d'un bon rapport qualité-prix ; le soir, l'ardoise s'épanouit entre ris de veau poêlés et crêpes fourrées aubergine-cardamome.

Tsukizi

2 bis r. des Ciseaux Ⓜ *St-Germain des Prés –* ☏ *01 43 54 65 19 – Fermé 1ᵉʳ-22 août, 26 déc.-9 janv., dim. midi et lundi*
• JAPONAISE • Formule 20 € – Carte 30/60 €

Dans la petite salle de ce restaurant tout simple, on a l'impression d'être au Japon. Le chef prépare sous vos yeux sushis, makis et sashimis à partir de poissons d'une bonne fraîcheur. Oursins et Saint-Jacques en saison.

Taokan   🗛🅲

8 r. du Sabot Ⓜ *St-Germain des Prés –* ☏ *01 42 84 18 36 – www.taokan.fr*
– Fermé 4-17 août et dim. midi
• CHINOISE • Menu 22 € (déj.), 29/37 € – Carte 35/55 €

Au cœur de St-Germain-des-Prés, on pousse la porte de ce joli restaurant pour célébrer la cuisine chinoise, et particulièrement cantonaise : incontournables dim-sum, poisson à la vapeur, magret de canard au miel, émincé de poulet caramélisé... De belles présentations, de bons produits : une vraie ambassade !

Tour Eiffel · École Militaire · Invalides

Pavel Losevsky/Fotolia.com

Duc de St-Simon sans rest

14 r. St-Simon Ⓜ Rue du Bac – ℰ 01 44 39 20 20
– www.hotelducdesaintsimon.com
29 ch – †275/295 € ††275/365 € – 5 suites – ⌂ 19 €
Passé le petit porche apparaît la courette pavée, puis c'est l'émerveillement devant ce bel hôtel particulier du 18e s. Tentures, boiseries, gravures, mobilier d'antiquaire : une vraie demeure bourgeoise d'autrefois, où le charme le dispute à la quiétude !

K+K Hotel Cayré sans rest

4 bd Raspail Ⓜ Rue du Bac – ℰ 01 45 44 38 88 – www.kkhotels.com/cayre
125 ch – †260/460 € ††350/575 € – ⌂ 30 €
Une jolie façade haussmannienne qui contraste avec les salons et les chambres d'esprit contemporain : joli mariage de styles... et grand confort ! Au sous-sol, on profite d'un petit espace de remise en forme, avec sauna et salle de massage.

Montalembert

3 r. Montalembert Ⓜ Rue du Bac – ℰ 01 45 49 68 68
– www.hotel-montalembert.fr
50 ch – ††300/850 € – 5 suites – ⌂ 26 €
Un noble bâtiment Belle Époque (1926) dont les chambres ont été redécorées par Christian Liaigre dans un esprit contemporain chic. Sa situation est idéale, entre la Seine, le musée d'Orsay et St-Germain-des-Prés – la terrasse du restaurant, côté rue, voisine d'ailleurs les éditions Gallimard...

Le Bellechasse sans rest

8 r. de Bellechasse Ⓜ Musée d'Orsay – ℰ 01 45 50 22 31
– www.lebellechasse.com
33 ch – †179/460 € ††179/460 € – ⌂ 21 €
Un bel hôtel entièrement décoré par Christian Lacroix. Le créateur a signé des chambres design aux touches colorées, résolument contemporaines, souvent oniriques : un "voyage dans le voyage" très mode et plein de caractère !

Thoumieux

79 r. St-Dominique Ⓜ La Tour Maubourg – ℰ 01 47 05 79 00
– www.thoumieux.fr
14 ch – †210/450 € ††210/450 € – ⌂ 30 €
Rest Jean-François Piège ✿✿ **Rest Brasserie Thoumieux** – voir les restaurants ci-après
La salle à manger du restaurant de Jean-François Piège fait office de salle de petit-déjeuner pour la clientèle de l'hôtel : voilà qui est de bon augure ! La décoratrice, India Mahdavi, a imaginé des chambres décalées, tout en imprimés chatoyants. Un style unique, à voir et à vivre...

St-Vincent sans rest

5 r. Pré-aux-Clercs Ⓜ Rue du Bac – ℰ 01 42 61 01 51
– www.hotelsaintvincentparis.com
22 ch – †305/340 € ††320/350 € – ⌂ 15 €
Au cœur du Carré Rive gauche, quartier célèbre pour ses antiquaires et ses galeries d'art, cet hôtel particulier chic et feutré compte de nombreux habitués. Les chambres, soignées et chaleureuses, revisitent l'esprit Napoléon III avec élégance.

Université sans rest

22 r. de l'Université ⓜ St-Germain des Prés – ℰ 01 42 61 09 39
– www.universitehotel.com
27 ch – †165/170 € ††215/370 € – ⚏ 15 €

Dans un immeuble datant du 17e s., près du musée d'Orsay, cet hôtel a joui d'une véritable cure de jouvence : les chambres sont décorées à la mode contemporaine, dans des couleurs bien choisies (taupe, gris, beige), et l'ensemble est moderne et élégant... Une métamorphose !

Hôtel d'Orsay sans rest

93 r. de Lille ⓜ Solférino – ℰ 01 47 05 85 54 – www.espritdefrance.com
41 ch – †170/270 € ††195/460 € – 1 suite – ⚏ 19 €

Un agréable hôtel dans deux immeubles de la fin du 18e s. Les chambres, d'esprit classique, sont chaleureuses et assez spacieuses... Quant au salon, idéal pour faire une pause après une journée passée au musée, il donne sur un petit patio verdoyant.

St-Germain sans rest

88 r. du Bac ⓜ Rue du Bac – ℰ 01 49 54 70 00 – www.hotel-saint-germain.fr
29 ch ⚏ – †180/370 € ††180/370 €

Papiers peints dans l'esprit de la toile de Jouy, lustres à pendeloques, mobilier ancien... Cet hôtel dégage une atmosphère douce et cosy, à deux pas du Bon Marché, des ministères et de St-Germain-des-Prés. Confortable et plaisant.

Empereur sans rest

2 r. Chevert ⓜ La Tour Maubourg – ℰ 01 45 55 88 02
– www.hotelempereurparis.com
31 ch – †120/290 € ††150/290 € – ⚏ 14 €

Un hôtel qui a une âme. Mobilier d'inspiration Empire et, côté façade (avec balcon au 5e étage), vue parfaite sur les ors du dôme des Invalides, sous lequel repose l'empereur Napoléon Ier. Pour plus de calme, choisir les chambres sur l'arrière.

Muguet sans rest

11 r. Chevert ⓜ École Militaire – ℰ 01 47 05 05 93 – www.hotelparismuguet.com
43 ch – †100/350 € ††140/350 € – ⚏ 14 €

Dans une rue peu passante, à deux pas des Invalides, un hôtel chaleureux, classique et très bien tenu, où règne une sympathique atmosphère familiale. Le plus : certaines chambres donnent sur un jardinet fleuri, au calme.

Relais Bosquet sans rest

19 r. du Champ-de-Mars ⓜ École Militaire – ℰ 01 47 05 25 45
– www.hotelrelaisbosquet.com
40 ch – †155/295 € ††155/295 € – ⚏ 15 €

On pose avec plaisir ses valises dans cet hôtel bien situé, proposant des chambres tout en sobriété – la moitié d'entre elles ont été entièrement rénovées. Au petit-déjeuner, on vous propose le choix entre trois formules, selon votre appétit !

Les Jardins d'Eiffel sans rest

8 r. Amélie ⓜ La Tour Maubourg – ℰ 01 47 05 46 21
– www.hoteljardinseiffel.com
81 ch – †120/330 € ††130/330 € – ⚏ 16 €

Un hôtel en forme de U, situé dans une rue plutôt calme du quartier du Gros-Caillou. Mobilier d'inspiration scandinave et couleurs douces (gris et beige) dans les parties communes et les chambres, patio sur l'arrière : une adresse de qualité.

Hôtel de Varenne sans rest

44 r. de Bourgogne ⓜ Varenne – ℰ 01 45 51 45 55 – www.hoteldevarenne.com
24 ch – †179/319 € ††179/319 € – 2 suites – ⚏ 12 €

Entre le musée Rodin et l'Assemblée nationale, un hôtel niché dans une jolie courette, en toute quiétude. L'esprit des lieux ? Très classique (style Louis XVI ou Empire), mais avec des équipements modernes : de quoi séduire les amateurs de charme "made in Paris".

PARIS

PARIS

St-Dominique 🏠 sans rest
62 r. St-Dominique Ⓜ Invalides – 𝒞 01 44 18 10 10 – www.hotelstdominique.com
32 ch – 🛏209/489 € 🛏🛏229/509 € – ⌷ 18 €
À deux pas des Invalides, cet ancien couvent du 17ᵉ s. a été entièrement réhabilité : on y trouve désormais des chambres coquettes et bien équipées (peignoirs, cafetière expresso, etc.), la majorité d'entre elles donnant sur la cour. Très plaisant !

Londres Eiffel 🏠 sans rest
1 r. Augereau Ⓜ École Militaire – 𝒞 01 45 51 63 02 – www.londres-eiffel.com
30 ch – 🛏150/240 € 🛏🛏165/340 € – ⌷ 14 €
Ce petit hôtel est si douillet avec ses beaux tissus choisis (Liberty, toile de Jouy, etc.), et il y règne un sympathique esprit familial ! Autre atout de taille : le calme, tout près de la très vivante rue St-Dominique...

Signature St Germain des Prés 🏠 sans rest
5 r. Chomel Ⓜ Sèvres Babylone – 𝒞 01 45 48 35 53
– www.signature-saintgermain.com
26 ch – 🛏190/270 € 🛏🛏200/410 € – ⌷ 14 €
Un hôtel idéalement situé, à deux pas du Bon Marché et des autres prestigieuses boutiques de la rue de Sèvres. Les chambres arborent des lignes modernes et personnalisées, avec du mobilier contemporain inspiré des années 1950 : un ensemble chic !

Champ de Mars 🏠 sans rest
7 r. du Champ-de-Mars Ⓜ École Militaire – 𝒞 01 45 51 52 30
– www.hotelduchampdemars.com
25 ch – 🛏105/130 € 🛏🛏130/170 € – ⌷ 10 €
Entre le Champ-de-Mars et les Invalides, à deux pas de l'agréable marché de la rue Cler, un hôtel familial aux chambres charmantes et assez romantiques, avec leur joli décor "Liberty". Les prix restent mesurés, ce qui ne gâte rien.

𝕏𝕏𝕏 Le Jules Verne ✿
2ème étage Tour Eiffel, (Ascenseur privé pilier sud) Ⓜ Bir-Hakeim
– 𝒞 01 45 55 61 44 – www.lejulesverne-paris.com
• MODERNE • Menu 105 € (déj. en semaine), 190/230 €
Au 2ᵉ étage de la tour Eiffel, son décor design atteint des hauteurs, vue magique sur Paris en prime ! Le patrimoine français est à l'honneur : grands plats et vins d'excellence paraissent ici autant de symboles... À noter : les réservations se font uniquement par Internet.
→ Asperges vertes de Provence tièdes, mousseline truffée. Grenadin de veau rôti, pommes de terre anna, vrai jus. Écrou croustillant au chocolat de notre manufacture à Paris.

𝕏𝕏𝕏 Arpège (Alain Passard) ✿✿✿
84 r. de Varenne Ⓜ Varenne – 𝒞 01 45 51 47 33 – www.alain-passard.com
– Fermé sam. et dim.
• CRÉATIVE • Menu 140 € (déj. en semaine), 270/340 € – Carte 195/310 €
Bois précieux, décor de verre signé Lalique : préférez l'élégante salle contemporaine au caveau, et dégustez l'éblouissante cuisine "légumière" d'un chef-poète du terroir, amoureux des produits et cultivant son beau jardin – en l'occurrence, ses trois potagers spécialement créés dans l'Ouest de la France !
→ Couleur, saveur et parfum des jardins, création éphémère. Pêche côtière du golfe du Morbihan à l'huile de laurier, thé vert matcha. Profiteroles glacées au caramel lacté, herbes et fleurs.

𝕏𝕏𝕏 Petrossian - Le 144
144 r. de l'Université Ⓜ Invalides – 𝒞 01 44 11 32 32 – www.petrossian.fr
– Fermé août, dim. et lundi
• POISSONS ET FRUITS DE MER • Menu 35 € (déj.), 60/155 € – Carte 74/110 €
Un nom mythique pour les amateurs de caviar depuis 1920, quand les frères Petrossian, d'origine arménienne, se lancèrent dans son importation. À l'étage de la boutique, le restaurant honore l'histoire de la maison : caviar, saumon fumé, coupes du tsar, tartare de bœuf en Napoléon, œuf Petrossian... Une valeur sûre.

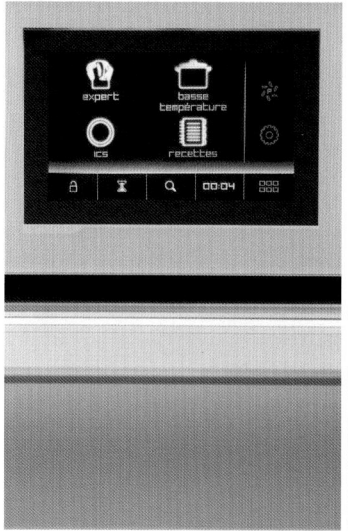

Savourer l'exception

Collection Grey Pearl. Votre goût de la perfection.

La teinte suave et délicate Grey Pearl invite à l'évasion et apporte une douceur subtile aux appareils les plus performants du moment. Tactilium, le premier four à écran tactile offre une interactivité surprenante pour maîtriser d'un geste précis et intuitif toutes vos programmations. Autre pièce maîtresse de cette collection,la table induction, et son espace modulable horiZone^{tech}, ouvre le plus libre territoire d'expression culinaire à votre inspiration. Ces créations sont signées par la marque française de référence depuis 1684.

Retrouvez toutes les gammes De Dietrich sur
www.dedietrich-electromenager.fr

www.agencecmj.com   BRANDT FRANCE – SAS au capital de 1 000 000 euros – RCS Nanterre 801 250 531

De Dietrich
OBJETS DE VALEUR DEPUIS 1684

GALERIE DE DIETRICH PARIS
6 rue de la Pépinière, Paris 8ᵉ

S'initier à un art

Entrez dans un espace culinaire d'exception.

Il existe un haut lieu du design, à la fois laboratoire culinaire et show-room prestigieux ouvert sur le monde, qui vit au rythme de rencontres et d'expositions. Ce lieu est la Galerie De Dietrich. De Paris à Sydney, nos galeries invitent à la découverte de nos collections Cuisson, Lavage et Froid dans une scénographie élégante et feutrée. Ces objets de valeur, nés d'une culture d'excellence trois fois séculaire, y révèlent leurs ultimes technologies et y inspirent régulièrement les acteurs contemporains de la haute cuisine. De Dietrich vous donne rendez-vous dans ses galeries pour une initiation à un art culinaire d'exception.

PARIS - SHANGHAI - SINGAPOUR - SYDNEY

www.agencecmj.com   BRANDT FRANCE – SAS au capital de 1 000 000 euros - RCS Nanterre 801 250 531

De Dietrich

OBJETS DE VALEUR DEPUIS 1684

XX **Jean-François Piège** – Hôtel Thoumieux   ⌘ AC ⌖
❀❀ *79 r. St-Dominique, (1ᵉʳ étage)* ⓜ *La Tour Maubourg* – ℰ *01 47 05 79 79*
– www.thoumieux.fr – Fermé août, sam. et dim.
• MODERNE • Menu 99 € ☒ (déj.), 154/264 € ☒ *(réservation conseillée)*
À l'étage de la brasserie Thoumieux, un élégant salon particulier où Jean-François
Piège vous reçoit... comme à la maison ! On dresse la table devant vous, puis les
mets se succèdent (déclinés notamment en nombreux hors-d'œuvre) et créent la
surprise comme l'éblouissement : une leçon de sincérité.
➜ Sélection des plus beaux produits de saison.

XX **Les Climats**   ⌘ ⌂ AC ⌖ ⌖ soir,
❀ *41 r. de Lille* ⓜ *Rue du Bac* – ℰ *01 58 62 10 08 – www.lesclimats.fr – Fermé 3*
semaines en août, 1ᵉʳ-10 janv., dim. et lundi
• MODERNE • Formule 36 € – Menu 42 € (déj.), 86/150 € ☒ – Carte 72/84 €
Mosaïques au sol, luminaires en laiton, marbres verts d'Estours : l'ancienne Maison
des Dames des Postes (qui hébergea les opératrices des PTT) ne manque pas de
cachet. Sous l'égide du jeune chef, Julien Boscus, la cuisine française n'y a rien de
téléphoné : beaux produits et accords créatifs reconnectent tous les sens... et la
carte de vins de Bourgogne est remarquable !
➜ Tourteau aux aromates, sauce aux fruits de la passion, encornet, avocat et
pamplemousse. Cabillaud, fricassée de cèpes, cocos de Paimpol et jus de veau.
Poire pochée, velours de safran, biscuit frangipane et sorbet poire.

XX **Il Vino d'Enrico Bernardo**   ⌘ AC ⌖
❀ *13 bd La Tour-Maubourg* ⓜ *Invalides* – ℰ *01 44 11 72 00 – www.enricobernardo.com*
– Fermé 2 semaines en août, sam. midi, dim. et lundi
• MODERNE • Formule 35 € – Menu 70 € ☒ (déj.)/95 € ☒
"Sur les routes du monde", "Sur les routes de France et d'Italie" : ces menus à thème
permettent à Enrico Bernardo, éminent sommelier, de faire découvrir ses coups de
cœur du moment, en accompagnement de délicieuses assiettes. Et le décor, avec sarments de vigne peints aux murs et armoire à vins, est tout à fait dans le ton !
➜ Menu surprise.

XX **David Toutain** ⓝ   AC
❀ *29 r. Surcouf* ⓜ *Invalides* – ℰ *01 45 50 11 10 – www.davidtoutain.com – Fermé 3*
semaines en août, sam. et dim.
• MODERNE • Formule 42 € – Menu 68/158 € ☒
Le voici chez lui, David Toutain, qui s'était fait connaître en étant de belles expériences (Arpège, Agapé Substance). C'est tout un parcours qui prend sens ici : la
finesse, la créativité, la palette d'expressions révèlent sagesse et singularité, tout
en se situant au cœur des tendances culinaires – bel équilibre !
➜ Cuisine du marché.

XX **Le Violon d'Ingres** (Christian Constant)   AC ⌖
❀ *135 r. St-Dominique* ⓜ *École Militaire* – ℰ *01 45 55 15 05 – www.maisonconstant.com*
• TRADITIONNELLE • Formule 41 € ☒ – Menu 49 € ☒ (déj. en semaine)
– Carte 70/85 €
On se bouscule toujours chez Christian Constant, pour qui l'art du restaurant est
bien loin d'être un simple violon d'Ingres ! Ses recettes révèlent l'âme d'un
authentique cuisinier, dans la droite ligne de la belle tradition, et leur mise en
œuvre le savoir-faire d'une équipe de talent. La rénovation récente du décor est
l'occasion de redécouvrir cette table...
➜ Œufs de poule mollets roulés à la mie de pain, toasts de beurre truffé. Véritable cassoulet montalbanais. Traditionnel millefeuille.

XX **ES** (Takayuki Honjo)   AC ⌖
❀ *91 r. de Grenelle* ⓜ *Solférino* – ℰ *01 45 51 25 74 – Fermé 3 semaines en août,*
mardi midi, dim. et lundi
• MODERNE • Menu 55 € (déj.)/105 € *(réservation conseillée)*
Une adresse créée en 2013 par Takayuki Honjo, jeune chef japonais adepte de cuisine française. Dès les premières bouchées, son talent saute aux papilles ! Foie
gras et oursins, pigeon et cacao : toutes les associations fonctionnent sans fausse
note, il dompte les saveurs et n'oublie jamais l'harmonie de l'ensemble. Limpide.
➜ Cuisine du marché.

XX **Café de l'Esplanade**

52 r. Fabert Ⓜ *La Tour Maubourg* – ℰ *01 47 05 38 80*
• MODERNE • Carte 45/90 €

Un Café des frères Costes ? Forcément tendance ! Décor signé Jacques Garcia – en phase avec l'hôtel des Invalides tout proche – et carte d'esprit brasserie chic, savoureuse quoiqu'un peu chère. Oubliez les horaires contraignants : on ouvre sans interruption entre 8h et 2h !

XX **Chez les Anges**

54 bd de la Tour-Maubourg Ⓜ *La Tour Maubourg* – ℰ *01 47 05 89 86*
– www.chezlesanges.com – Fermé 3 semaines en août, sam. et dim.
• TRADITIONNELLE • Formule 26 € – Menu 35/55 €

Une salle élégante pour une cuisine goûteuse et sincère, entre tradition et modernité : assiette de légumes de Joël Thiébault au coulis de citron jaune, foie de veau en tranche épaisse et sa fricassée de champignons, ou encore tarte au chocolat noir Venezuela 72 %... Et en accompagnement, une belle carte de vins et whiskys.

XX **Vin sur Vin**

20 r. de Monttessuy Ⓜ *Pont de l'Alma* – ℰ *01 47 05 14 20 – Fermé 4-28 août,
22 déc.-8 janv., lundi sauf le soir de sept. à mars, sam. midi et dim.*
• CLASSIQUE • Carte 82/110 € *(réservation conseillée)*

Une carte des vins de plus de 600 références : un bijou pour ce Vin sur Vin aux allures d'élégante maison particulière, porté par la passion des beaux nectars comme de la cuisine de tradition. Des produits remarquablement frais, des saveurs franches et bien pensées – à l'image de cette délicieuse sole meunière...

XX **Garance** (Guillaume Iskandar)

34 r. St-Dominique Ⓜ *Invalides* – ℰ *01 45 55 27 56*
– www.garance-saintdominique.fr – Fermé sam. et dim.
• CRÉATIVE • Menu 39 € (déj.)/68 € – Carte 68/77 € *(réservation conseillée)*

Deux Guillaume (Muller et Iskandar), anciens de l'Arpège, se sont associés pour créer ce bistrot contemporain près des Invalides. Une réussite, aussi sympathique que savoureuse ! On se régale de belles assiettes où le produit est roi et l'inspiration et le savoir-faire du cuisinier palpables. Garance ? Celle des Enfants du Paradis ?
→ Asperges vertes, truffe et jambon ibérique. Cochon de lait rôti, gnocchis de pomme de terre à la sauge. Mousse au chocolat, banane flambée et noisettes croquantes.

XX **Auguste** (Gaël Orieux)

54 r. de Bourgogne Ⓜ *Varenne* – ℰ *01 45 51 61 09 – www.restaurantauguste.fr*
– Fermé 1ᵉʳ-22 août, sam. et dim.
• MODERNE • Menu 37 € (déj.)/88 € – Carte 80/110 € *(réservation conseillée)*

Design, coloré, élégant : Auguste sied bien à la cuisine de Gaël Orieux, un chef passionné et amoureux des produits... Ses plats ? Une quête d'harmonie et d'inventivité, mêlant finement la terre et la mer. Prix étudiés le midi, grand jeu le soir.
→ Ormeaux de l'île de Groix en persillade et risotto cuisiné comme une paella. Turbot, condiment noix, kasha de sarrasin, hydromel et couteaux de mer. Soufflé au chocolat pur caraïbe, glace au miel et pollen.

XX **Brasserie Thoumieux** – Hôtel Thoumieux

79 r. St-Dominique Ⓜ *La Tour Maubourg* – ℰ *01 47 05 79 00 – www.thoumieux.fr*
• MODERNE • Formule 30 € – Carte 40/80 €

Banquettes rouges et miroirs, actrices et hommes du monde : cette brasserie de 1923 marie Belle Époque et actualité ! Salade de homard bleu au mesclun d'herbes, "big burger", volaille jaune des Landes rôtie : la carte, composée par Jean-François Piège, est originale et fait de jolies œillades à l'esprit des lieux.

XX **Au Bon Accueil**

14 r. Monttessuy Ⓜ *Pont de l'Alma* – ℰ *01 47 05 46 11*
– www.aubonaccueilparis.com – Fermé 3 semaines en août, sam. et dim.
• MODERNE • Formule 28 € – Menu 32 € – Carte 40/65 €

À l'ombre de la tour Eiffel, dans une rue calme, un bistrot au chic discret où l'on sert une appétissante cuisine du marché, sensible au rythme des saisons. Saumon français mariné puis fumé, écrasé de pommes de terre au beurre noisette ; brioche perdue au caramel, sauce mangue et passion... À prix doux !

XX **D'Chez Eux**   AC

2 av. Lowendal Ⓜ *École Militaire –* ✆ *01 47 05 52 55 – www.chezeux.com*
• DU SUD-OUEST • Formule 31 € – Menu 36 € (déj. en semaine)
– Carte 46/110 €
Poulet rôti "coucou de Rennes" aux girolles, confit de canard, cassoulet, gibiers à
l'automne... De copieuses assiettes inspirées du Sud-Ouest et concoctées avec de
beaux produits, dans une ambiance d'auberge provinciale avec serveurs en tablier
de bougnat. La recette séduit depuis plus de 50 ans et n'a pas pris une ride !

XX **Nakatani** Ⓝ   AC

27 r. Pierre-Leroux Ⓜ *Vanneau –* ✆ *01 47 34 94 14 – Fermé 3 semaines en août,*
dim. et lundi
• MODERNE • Menu 40 € (déj.)/80 € *(menu unique)*
Le chef japonais Shinsuke Nakatani (ancien de chez Hélène Darroze) vole de ses
propres ailes ! Avec un sens aigu de l'assaisonnement, des cuissons et de l'esthétique des plats, il compose une belle cuisine française au gré des saisons. Tout
cela est servi par un personnel discret et efficace : impeccable !

XX **Tante Marguerite** Ⓝ   AC ✛

5 r. Bourgogne Ⓜ *Assemblée Nationale –* ✆ *01 45 51 79 42*
– www.bernard-loiseau.com – Fermé 3 semaines en août, sam. et dim.
• TRADITIONNELLE • Formule 29 € – Menu 39/130 € – Carte 70/110 €
À deux pas du Palais-Bourbon, une cuisine traditionnelle qui défend notamment
de belles racines bourguignonnes, escargots compris. Boiseries, chaises Louis XV
et... étonnante table design (la n° 20) : l'atmosphère est résolument cossue.

X **L'Atelier de Joël Robuchon - St-Germain**   ✛ AC ⌂

✿✿ *5 r. de Montalembert* Ⓜ *Rue du Bac –* ✆ *01 42 22 56 56 – www.joel-robuchon.net*
– Accueil de 11h30 à 15h30 et de 18h30 à minuit. Réservations uniquement pour
certains services : se renseigner.
• CRÉATIVE • Menu 175 € – Carte 79/176 €
Un long comptoir flanqué de hauts tabourets, une petite salle confidentielle, des
tons rouge et noir, une semi-pénombre étudiée... et toute la lumière portée sur
de brillantes assiettes, ciselées avec une précision d'orfèvre. Cet Atelier contemporain signé Joël Robuchon – le premier d'une longue série – est un must du genre !
➔ Caviar en délicate gelée de homard, onctuosité au chou-fleur. Merlan frit Colbert, beurre aux herbes. Ganache onctueuse au chocolat araguani, glace au grué
de cacao et biscuit Oreo.

X **Gaya Rive Gauche par Pierre Gagnaire**   AC

✿ *44 r. du Bac* Ⓜ *Rue du Bac –* ✆ *01 45 44 73 73 – www.pierre-gagnaire.com*
– Fermé 10-17 août, vacances de Noël, lundi midi et dim.
• POISSONS ET FRUITS DE MER • Menu 65 € (déj.) – Carte 60/110 €
Avec son décor signé Violaine Jeantet, cette adresse – la seconde de Pierre
Gagnaire à Paris – se révèle cosy et raffinée : boiseries en sapelli, mur en écailles
de métal... Quant à la cuisine, elle met à l'honneur les produits de la mer avec
originalité, mais sans exubérance. Délicieux !
➔ Sardines grillées-laquées, piquillos et fenouil au paprika. Barbue grillée, anchois
demi-sel, céleri branche et huile d'olive verte. Mousseline "Cuba", eau de cacao à
l'amande amère, meringue et pamplemousse.

X **Aida** (Koji Aida)   ✛ AC ✛

✿ *1 r. Pierre-Leroux* Ⓜ *Vaneau –* ✆ *01 43 06 14 18 – www.aidaparis.com*
– Fermé 1 semaine en mars, 3 semaines en août, lundi et le midi
• JAPONAISE • Menu 160 € *(réservation conseillée)*
Le cadre, typiquement japonais, est sobre et élégant : on s'assied au comptoir
(neuf places !) ou dans la petite salle privée, avec tatami. Cuissons, assaisonnements, découpes, températures : tout est précis et sublime l'expression du produit ; sushis, huîtres et homard sont préparés sous vos yeux par un chef virtuose...
➔ Sashimi. Teppanyaki. Wagashi.

PARIS

Ж **L'Affable**

10 r. de St-Simon Ⓜ *Rue du Bac –* ☏ *01 42 22 01 60 – www.laffable.fr – Fermé 3 semaines en août, 25 déc.-1ᵉʳ janv., sam. et dim.*
• MODERNE • Formule 28 € – Carte 48/74 €

L'Affable, forcément, vous accueille avec amabilité ! L'ambiance est conviviale dans ce bistrot des quartiers chic, qui joue une jolie carte rétro et régale avec savoir-faire : ravioles de tourteau, pomme et céleri ; ris de veau croustillant aux légumes du moment... Un conseil : réservez, c'est souvent complet.

Ж **Les Fables de La Fontaine**
✿

131 r. St-Dominique Ⓜ *École Militaire –* ☏ *01 44 18 37 55*
– www.lesfablesdelafontaine.net – Fermé 23-27 déc.
• POISSONS ET FRUITS DE MER • Menu 35 € ♈ (déj. en semaine), 42/120 €
– Carte 81/106 € (réservation conseillée)

Une fable gourmande et subtile, où le poisson joue le tout premier rôle. La carte est courte, inspirée et bien pensée ; elle s'accompagne d'une belle sélection de vins au verre... Ce bistrot de poche est un vrai poème !

→ Langoustine, citron vert, herbes fraîches et tomate. Homard bleu, coques, oignon rouge et artichaut. Soufflé framboise.

Ж **Café Max**

7 av. de la Motte-Picquet Ⓜ *École Militaire –* ☏ *01 47 05 57 66 – Fermé 3 semaines en août, Noël au Nouvel An, sam. et dim.*
• TRADITIONNELLE • Carte 40/60 €

Un restaurant discret à l'atmosphère rococo, où se pressent les habitués, dont de nombreux hommes politiques. La carte est résolument traditionnelle : oreilles de cochon avec salade de lentilles, rognon de veau grillé à la sauce moutarde, andouillette et boudin ; une ode aux – véritables – nourritures terrestres !

Ж **Le Clos des Gourmets**
☺

16 av. Rapp Ⓜ *Alma Marceau –* ☏ *01 45 51 75 61 – www.closdesgourmets.com – Fermé 1ᵉʳ-25 août, dim. et lundi*
• MODERNE • Menu 30 € (déj.), 34/38 € – Carte 40/60 €

Dans ce néobistrot épuré et chaleureux, le chef, en véritable amateur de bonne chère, a le souci de bien faire. Persillé de lapin en gelée parfumée à l'estragon, poulette du Gers rôtie et ses pommes grenaille, tête de cochon croustillante à la vinaigrette d'herbes... Une cuisine franche et pleine de jolies saveurs !

Ж **La Table du Vietnam**

6 av. Bosquet Ⓜ *Pont de l'Alma –* ☏ *01 45 56 97 26 – www.Latableduvietnam.fr – Fermé août, sam. midi et dim.*
• VIETNAMIENNE • Formule 19 € – Carte 40/68 €

Tout est dans le nom du restaurant ! Noix de Saint-Jacques à la mode de la baie d'Along, banh cuon (raviolis de pâte de riz fourrés aux crevettes), "Saigon ardent" (filet de bœuf grillé à la citronnelle)... Une avalanche de bons plats vietnamiens soignés et parfumés, réalisés avec de beaux produits.

Ж **Bistrot Belhara**

23 r. Duvivier Ⓜ *École Militaire –* ☏ *01 45 51 41 77 – www.bistrotbelhara.com – Fermé 1ᵉʳ-27 août, 24-30 déc., dim. et lundi*
• TRADITIONNELLE • Formule 24 € (déj.), 35/52 €

Belhara ? Un site célèbre pour ses vagues superbes sur la côte basque. C'est par ce clin d'œil que le chef de ce bistrot rend hommage à ses origines... mais on ne saurait leur résumer son impressionnant parcours (Guérard, Loiseau, Ducasse, etc.) : converti à la mode bistrot, Thierry Dufroux fait des merveilles en revisitant les classiques. En haut de la vague !

Ж **35° Ouest**

35 r. de Verneuil Ⓜ *Rue du Bac –* ☏ *01 42 86 98 88 – Fermé 26 juil.-24 août, dim. et lundi*
• POISSONS ET FRUITS DE MER • Formule 36 € ♈ – Carte 52/103 € (réservation conseillée)

Discret et tout petit, ce restaurant fait l'éloge des mets iodés. Le chef privilégie la simplicité, la fraîcheur et la saveur de produits bien choisis... Résultat : une cuisine sans fioritures, qui met résolument le cap à l'Ouest !

Le 122 AK %% ⇔

122 r. de Grenelle Ⓜ *Solférino –* ℰ *01 45 56 07 42 – www.le122.fr – Fermé 25 juil.-25 août, sam. et dim.*
• MODERNE • Formule 22 € – Menu 29/37 € – Carte 50/60 €
À deux pas de la mairie du 7ᵉ, cette table sympathique attire à chaque repas de nombreux hommes et femmes politiques. Le chef réalise une cuisine savoureuse et bien maîtrisée : assiette de légumes printaniers, volaille marinée au masala, turbot au beurre noisette et son émulsion de crustacés au vin d'Arbois...

Fontaine de Mars 🛖 ⇔

129 r. St-Dominique Ⓜ *École Militaire –* ℰ *01 47 05 46 44*
– www.fontainedemars.com
• TRADITIONNELLE • Carte 35/80 €
Un parfait bistrot des années 1930 (restauré à l'identique), rétro et convivial... Presque une image d'Épinal, ce qui n'est pas pour déplaire aux touristes ! La carte donne dans la vraie tradition : boudin, andouillette, filet de bœuf sauce béarnaise, magret de canard, cassoulet, etc. En un mot : à l'ancienne !

Pottoka 😊

4 r. de l'Exposition Ⓜ *École Militaire –* ℰ *01 45 51 88 38 – www.pottoka.fr*
– Fermé 3 semaines en août et 24-26 déc.
• BASQUE • Formule 22 € – Menu 27 € (déj. en semaine), 35/60 €
– Carte 47/57 €
Un bistrot convivial, où il fait bon boire et se régaler, en toute simplicité. Sébastien Gravé, le chef-patron, est originaire du Sud-Ouest et vénère le rugby et les bons produits... Il concocte une cuisine d'inspiration basque, avec de jolies touches contemporaines. Gourmand et généreux !

Les Cocottes 🍴

135 r. St-Dominique Ⓜ *École Militaire – www.maisonconstant.com*
• TRADITIONNELLE • Formule 23 € – Menu 28 € – Carte 26/55 €
Une création gourmande de Christian Constant, juste à côté de sa maison mère, Le Violon d'Ingres. Le concept ? Il propose ici une cuisine de bistrot joliment revisitée et servie... dans des cocottes : velouté de légumes d'autrefois, terrine de campagne, côte de veau rôtie, etc. Très convivial, mais l'on ne peut pas réserver !

Kinnari 🍴

8 r. Malar Ⓜ *La Tour Maubourg –* ℰ *01 47 05 18 18 – Fermé 2 semaines en août et dim.*
• THAÏLANDAISE • Formule 19 € – Menu 22 € (déj.), 29/39 € – Carte 32/47 €
Bienvenue en Thaïlande ! Au mur, un grand tableau représente le Wat Arun, magnifique temple bouddhiste de Bangkok. Comme promis, la carte est au diapason : salade d'aubergines grillées aux crevettes et poulet, magret de canard avec sa sauce au tamarin et litchis, soupe de mangue au lait de coco... Sympathique !

Le P'tit Troquet AK ⇔

28 r. de l'Exposition Ⓜ *École Militaire –* ℰ *01 47 05 80 39 – Fermé 3 semaines en août, 2 semaines en janv., sam. midi, lundi midi et dim.*
• TRADITIONNELLE • Formule 18 € – Menu 25 € (déj.)/35 € – Carte 40/58 €
Ce P'tit Troquet, niché dans une ruelle commerçante du 7ᵉ arrondissement, est absolument charmant : salle de bistrot rétro, comptoir en zinc avec percolateur, luminaires du début du 20ᵉ s., bibelots et banquettes... Parfait pour déguster tatin d'endives, bœuf bourguignon ou crème brûlée dans une ambiance conviviale !

L'Affriolé AK

17 r. Malar Ⓜ *Invalides –* ℰ *01 44 18 31 33 – www.laffriole.fr – Fermé 3 semaines en août, dim. et lundi*
• MODERNE • Formule 26 € – Menu 30 € (déj. en semaine), 39/55 €
Ardoise du jour, menu du mois... Le chef suit de près les arrivages du marché. Le décor, contemporain et chaleureux, ne manque pas d'attirer l'œil ! Et il y a même une formule "bento", pour les hommes (et les femmes) pressés.

PARIS

PARIS

※ Dar Lyakout

94 bd de la Tour-Maubourg Ⓜ *École Militaire* – ☏ *01 45 50 16 16*
– www.darlyakout.com
• MAROCAINE • Menu 38 € – Carte 34/50 €

Couscous, tajines, pâtisseries orientales... Née en 2010, une table marocaine gourmande et fine, dans un décor qui réconcilie le style lounge et l'artisanat marocain.

※ Florimond

19 av. de La Motte-Picquet Ⓜ *École Militaire* – ☏ *01 45 55 40 38*
– www.leflorimond.com – Fermé 27 avril-3 mai, 10-17 août, 1er-4 janv., sam.
midi et dim.
• TRADITIONNELLE • Formule 20 € – Menu 25 € (déj.)/37 € – Carte 40/65 €

Florimond – du nom du jardinier de Monet à Giverny – a l'esprit bistrotier et convivial... Pour faire honneur à ce prénom chantant, le chef agrémente sa cuisine du terroir (nombreux produits de Corrèze, sa région d'origine) de beaux légumes. Et ce fils de charcutier fait lui-même ses saucisses, boudins et conserves !

※ La Laiterie Sainte Clotilde

64 r. de Bellechasse Ⓜ *Solférino* – ☏ *01 45 51 74 61* – *Fermé 30 juil.-24 août,*
vacances de Noël, sam. midi et dim.
• TRADITIONNELLE • Formule 21 € – Menu 25 € (déj.) – Carte 34/43 €
(réservation conseillée)

Une ancienne laiterie (fin du 19e s.) où l'on cultive un esprit bobo-nostalgique : chaises en formica dépareillées, grande banquette rouge, et une cuisine mi-bistrot, mi-ménagère. Au menu : soupe du jour, onglet de bœuf grillé et ses pommes grenaille sautées, merlu rôti à la sauce à l'oseille... À déguster d'une traite !

※ Café Constant

139 r. St-Dominique Ⓜ *École Militaire* – ☏ *01 47 53 73 34*
– www.maisonconstant.com
• TRADITIONNELLE • Formule 16 € – Menu 23 € (déj. en semaine)
– Carte 34/51 €

Cette annexe de Christian Constant conjugue recettes bistrotières et prix doux : œufs mimosa, tartare de saumon, huîtres et bar au gingembre, parmentier de cuisse de canard croisé au vin rouge, pommes gaufrettes, etc. Simple, gourmand, convivial... et sans réservation : premier arrivé, premier servi !

※ Les Botanistes

11 bis r. Chomel Ⓜ *Sèvres-Babylone* – ☏ *01 45 49 04 54* – *Fermé août, dim.*
et fériés
• TRADITIONNELLE • Carte 33/58 €

Foie gras de canard mi-cuit au torchon, chipirons au piment d'Espelette et leur risotto d'épeautre au chorizo, harengs pommes à l'huile, gâteau de foies de volaille... De beaux spécimens de cuisine bistrotière, dans leur environnement naturel : banquettes, tables en bois, vieux carrelage, etc. Bon et sans prétention !

※ Wakaba

20 r. de l'Exposition Ⓜ *École Militaire* – ☏ *01 45 51 90 81* – *Fermé sam. midi, dim.*
midi et lundi
• JAPONAISE • Menu 20 € (déj.), 45/80 €

Une enseigne dont le nom pourrait se traduire par "jeune pousse" : un signe d'humilité de la part de M. Yamada, le patron, entré dans la restauration sur le tard. Il s'appuie sur le savoir-faire d'un chef originaire de Kyoto, dont la cuisine est simple et authentique ; sakés, vins français et thé vert complètent ce bon repas.

※ Chez Graff

62 r. de Bellechasse Ⓜ *Solférino* – ☏ *01 45 51 33 42* – *Fermé dim.*
• TRADITIONNELLE • Formule 21 € – Menu 25 € (déj. en semaine) – Carte environ 40 €

Tables en bois massif, grand miroir et vieilles photos : un bistrot dans l'esprit des années 1960, relooké façon 2013 ! On y propose une bonne cuisine française – salade d'endives à la pomme verte, suprême de volaille du Gers, mousse au chocolat... – et des assiettes de charcuterie et fromage. Ambiance conviviale garantie !

Oudino ⚔ 🅰🅲

17 r. Oudino Ⓜ *Vaneau – ☎ 01 45 66 05 09 – www.oudino.fr – Fermé 5-20 août, 24 déc.-1ᵉʳ janv., sam. et dim.*
• TRADITIONNELLE • Formule 20 € – Carte 32/48 €
Croustillant d'épaule d'agneau, parmentier de canard, œuf à la neige... On propose ici une bonne cuisine bistrotière, et les tarifs sont raisonnables (plus encore au déjeuner), ce qui fait de cette table un vrai bon plan dans le quartier !

Champs-Élysées · Concorde · Madeleine

8ᵉ arrondissement ✉ 75008

PARIS

J.-C. Amiel/hemis.fr

🏨🏨🏨🏨 Plaza Athénée 🍽 ☕ 🖥 ♨ 🅰🅲 🛜 🏋

25 av. Montaigne Ⓜ *Alma Marceau – ☎ 01 53 67 66 65*
– www.dorchestercollection.com/en/paris/hotel-plaza-athenee
154 ch – †695/995 € ††895/1320 € – 54 suites – 🛏 58 €
Rest *Alain Ducasse au Plaza Athénée* ❀❀ **Rest** *Le Relais Plaza* – voir les restaurants ci-après
Palace parisien par excellence, inauguré en 1911, le Plaza Athénée s'est offert une nouvelle jeunesse en 2014, suite à de longs mois de travaux. Ceux-ci confirment la primauté de l'établissement, véritable sommet de luxe et d'élégance à la française. Un brillant classicisme, des services d'exception : le mythe continue...

🏨🏨🏨🏨 Le Bristol 🍽 🛁 🖥 ♨ 🅰🅲 🛜 🏋 🚗

112 r. du Faubourg-St-Honoré Ⓜ *Miromesnil – ☎ 01 53 43 43 00*
– www.lebristolparis.com
152 ch – †830/1500 € ††830/1500 € – 36 suites – 🛏 45 €
Rest *Épicure* ❀❀❀ **Rest** *114, Faubourg* ❀ – voir les restaurants ci-après
Ce palace de 1925, agencé autour d'un magnifique jardin, a conservé toute sa superbe. Les luxueuses chambres de style Louis XV ou Louis XVI cohabitent avec des suites (Lune de miel, Impériale, etc.) aux impressionnantes proportions. Non moins exceptionnelle, la piscine dominant Paris...

🏨🏨🏨🏨 Four Seasons George V 🍽 🖥 ♨ 🛁 🖥 & 🅰🅲 🛜 🏋

31 av. George-V Ⓜ *George V – ☎ 01 49 52 70 00 – www.fourseasons.com/paris*
185 ch – †990/1350 € ††990/1350 € – 59 suites – 🛏 55 €
Rest *Le Cinq* ❀❀ – voir les restaurants ci-après
Ce palace mythique, né en 1928, s'est paré des splendeurs et raffinements du 18ᵉ s. Ses chambres, luxueuses et spacieuses, ses collections d'œuvres d'art, son spa superbe et sa belle cour intérieure – sans parler de son histoire gastronomique – : voilà bien un ensemble d'exception !

🏨🏨🏨🏨 Le Royal Monceau 🍽 🖥 ♨ 🛁 🖥 & 🅰🅲 ⌘ 🛜 🏋

37 av. Hoche Ⓜ *Charles de Gaulle-Etoile – ☎ 01 42 99 88 00*
– www.leroyalmonceau.com
108 ch – †750/1350 € ††750/1650 € – 41 suites – 🛏 55 €
Rest *Il Carpaccio* ❀ **Rest** *La Cuisine* – voir les restaurants ci-après
L'hôtel a fait peau neuve en 2010 pour se transformer en palace du 21ᵉ s. Décoré par Philippe Starck, il se joue des codes en vigueur : galerie d'art, librairie, salle de cinéma high-tech, spa superbe... À la pointe de l'art de vivre contemporain !

Prince de Galles   🟦 ⚂ 🛏 🖐 ⚒ 🅰🅒 🛜 ⚏ 🚗

33 av. Georges-V Ⓜ *George V* – ☏ *01 53 23 77 77* – *www.hotelprincedegalles.fr*
115 ch – ♦670/1020 € ♦♦670/1020 € – 44 suites – ⬜ 39 €
Rest *La Scène* ✿ – voir les restaurants ci-après
Après deux années de rénovation, ce fleuron légendaire de l'Art déco parisien, trônant sur l'avenue George-V, a rouvert ses portes en mai 2013. Nimbé d'une nouvelle fraîcheur, le charme des lieux reste entier, notamment dans les chambres, luxueuses et raffinées. Le goût intemporel de la Belle Époque !

Fouquet's Barrière   🟦 🖥 ⊛ 🛏 🖐 ⚒ 🅰🅒 🛜 ⚏ 🚗

46 av. George-V Ⓜ *George V* – ☏ *01 40 69 60 00* – *www.fouquets-barriere.com*
48 ch – ♦590/3000 € ♦♦590/3000 € – 33 suites – ⬜ 48 €
Rest *Le Diane* ✿ – voir les restaurants ci-après
Né en 2006 dans le sillage de la mythique brasserie, ce luxueux hôtel a été décoré par Jacques Garcia : styles Empire et Art déco, foisonnement d'acajou, de soie, de velours... associés à des équipements high-tech et un spa superbe !

Champs-Élysées Plaza   🟦 🛏 🖐 ⚒ 🅰🅒 ⚸ 🛜

35 r. de Berri Ⓜ *George V* – ☏ *01 53 53 20 20* – *www.champselyseesplaza.com*
35 ch – ♦390/890 € ♦♦490/890 € – 10 suites – ⬜ 32 €
Élégance et espace, harmonie des couleurs, mélange des styles, service attentionné, fitness... Cet hôtel est un concentré de luxe feutré et cossu.

Lancaster   🟦 🛏 🖐 ⚒ 🅰🅒 ⚸ 🛜 ⚏

7 r. de Berri Ⓜ *George V* – ☏ *01 40 76 40 76* – *www.hotel-lancaster.com*
57 ch – ♦300/650 € ♦♦450/800 € – 14 suites – ⬜ 42 €
Rest *La Table du Lancaster* ✿✿ – voir les restaurants ci-après
Marlène Dietrich appréciait le luxe discret de cet hôtel particulier, construit en 1889 à deux pas des Champs-Élysées. Parquets d'époque et cheminées, mobilier des 18e et 19e s., œuvres d'art, etc. Le charme le dispute à l'authenticité, dans une veine infiniment parisienne...

Vernet   🟦 🖐 ⚒ 🅰🅒 🛜 ⚏

25 r. Vernet Ⓜ *Charles de Gaulle-Etoile* – ☏ *01 44 31 98 00* – *www.hotelvernet.com*
41 ch – ♦299/2100 € ♦♦299/2100 € – 9 suites – ⬜ 35 €
Rest *Le V* – voir les restaurants ci-après
Un immeuble des Années folles dans une petite rue près des Champs-Élysées... qui abrite un hôtel flambant neuf, entièrement rénové ! Il se dégage de ces lieux un je-ne-sais-quoi de très parisien, du hall d'entrée, lumineux, aux chambres, élégantes et raffinées.

Buddha-Bar Hotel   🟦 🛏 🖐 ⚒ 🅰🅒 🛜

4 r. d'Anjou Ⓜ *Madeleine* – ☏ *01 83 96 88 88* – *www.buddhabarhotelparis.com*
56 ch – ♦380/900 € ♦♦380/900 € – 19 suites – ⬜ 35 €
Rest *Le Vraymonde* – voir les restaurants ci-après
On connaissait le Buddha-Bar, adresse parisienne très branchée ; voici le Buddha-Bar Hotel, créé dans un hôtel particulier du 18e s. Entre boiseries anciennes et décor néo-asiatique, l'ensemble se révèle très glamour et raffiné ! Inédit et exclusif.

Sofitel le Faubourg   🟦 🛏 🖐 ⚒ 🅰🅒 🛜 ⚏ 🚗

15 r. Boissy-d'Anglas Ⓜ *Concorde* – ☏ *01 44 94 14 14*
– *www.sofitel-paris-lefaubourg.com*
118 ch – ♦390/900 € ♦♦390/1000 € – 29 suites – ⬜ 34 €
Élégant hôtel dans deux demeures des 18e et 19e s. Les chambres ont été entièrement redessinées en 2014 dans un style moderne et épuré, toujours élégant ; on profite d'un salon sous verrière, ainsi que d'un joli fitness avec hammam et salles de massages.

Napoléon   🟦 🛏 🖐 ⚒ 🅰🅒 🛜 ⚏

40 av. Friedland Ⓜ *Charles de Gaulle-Etoile* – ☏ *01 56 68 43 21*
– *www.hotelnapoleonparis.com*
102 ch – ♦280/640 € ♦♦350/640 € – 37 suites – ⬜ 30 €
À deux pas de l'Étoile chère à Napoléon, un hôtel rendant hommage à cette figure de l'Histoire (autographes, figurines, tableaux d'époque). Chambres feutrées de style Directoire ou Empire. Carte traditionnelle au restaurant dans un décor de boiseries.

La Trémoille
🔟 ⅃ 🎐 ⅙ 🖭 ⚡ 🛍

14 r. Trémoille ⓜ *Alma Marceau* – 𝒞 01 56 52 14 00 – www.hotel-tremoille.com
88 ch – 🛉335/730 € 🛉🛉335/840 € – 5 suites – ⌖ 39 €

Moulures, jolis tissus tendus, marbre noir et blanc dans les salles de bains : un bel esprit néo-rétro règne dans les chambres ! Atmosphère lounge au Louis² et... cuisine actuelle.

San Régis
🔟 🎐 🖭 ⚡ 🛜

12 r. J.-Goujon ⓜ *Champs-Elysées Clemenceau* – 𝒞 01 44 95 16 16
– www.hotel-sanregis.fr
40 ch – 🛉440/815 € 🛉🛉610/1330 € – 3 suites – ⌖ 32 €

Hôtel particulier de 1850 remanié avec goût : un bel escalier (vitraux et statues) conduit aux chambres, ravissantes et résolument classiques. Le restaurant occupe un luxueux salon feutré – une vraie bonbonnière – et cultive la tradition.

Balzac sans rest
🎐 ⅙ 🖭 🛜 🛍

6 r. Balzac ⓜ *George V* – 𝒞 01 44 35 18 00 – www.hotelbalzac.com
60 ch – 🛉252/672 € 🛉🛉252/672 € – 10 suites – ⌖ 35 €

À quelques pas des Champs-Élysées, cet hôtel arbore un décor néoclassique, tout en opulence et chatoiement (mobilier de style Louis XVI, dorures, marbre).

L'Hôtel du Collectionneur
🔟 🕭 ⅃ 🎐 ⅙ 🖭 ⚡ 🛜 🛍 🚗

51 r. de Courcelles ⓜ *Courcelles* – 𝒞 01 58 36 67 00 – www.hotelducollectionneur.com
443 ch – 🛉319/939 € 🛉🛉319/939 € – 35 suites – ⌖ 39 €

Inspiré des paquebots des années 1930, cet hôtel en restitue tout l'esprit, luxueux et raffiné : élégantes chambres Art déco signées Jacques Garcia – très calmes côté patio –, spa, fitness...

Sofitel Arc de Triomphe ⓝ
🔟 ⅃ 🎐 ⅙ 🖭 🛜 🛍 🚲

14 r. Beaujon ⓜ *Charles de Gaulle-Etoile* – 𝒞 01 53 89 50 50
– www.arcdetriomphe-sofitel-paris.com
93 ch – 🛉360/810 € 🛉🛉360/810 € – 31 suites – ⌖ 34 €

Rénové de A à Z, ce grand hôtel impeccablement situé ne manque pas d'allure : un grand hall clair prolongé par un salon tout en design et en élégance, des chambres spacieuses et décorées sobrement, où l'on séjourne en toute tranquillité... Un bel établissement.

Marriott Champs-Élysées
🔟 ⅃ 🎐 ⅙ 🖭 ⚡ 🛍 🚗

70 av. des Champs-Élysées ⓜ *Franklin D. Roosevelt* – 𝒞 01 53 93 55 00
– www.marriott.fr
167 ch – 🛉409/999 € 🛉🛉409/999 € – 25 suites – ⌖ 32 € – ½ P

Un bel immeuble haussmannien sur les Champs-Élysées. Les chambres, spacieuses, sont d'une sobre élégance contemporaine ; certaines donnent sur la mythique avenue, d'autres sur l'atrium ou la cour intérieure. Plats traditionnels et grillades au Restaurant ; terrasse paisible.

Bedford
🔟 🎐 ⅙ 🖭 ⚡ 🛜 🛍

17 r. de l'Arcade ⓜ *Madeleine* – 𝒞 01 44 94 77 77 – www.hotel-bedford.com
135 ch – 🛉194/240 € 🛉🛉230/340 € – 10 suites – ⌖ 21 €

Cet hôtel fondé en 1848 perpétue avec élégance une certaine idée de la tradition hôtelière. Les chambres, agréables, sont d'un raffinement discret. Une adresse à la fois confortable et d'un bon rapport qualité-prix pour le quartier.

Intercontinental Avenue Marceau
🔟 ⅃ 🎐 ⅙ 🖭 🛜 🛍

64 av. Marceau ⓜ *George V* – 𝒞 01 44 43 36 36 – www.ic-marceau.com
55 ch – 🛉350/1600 € 🛉🛉550/1600 € – ⌖ 30 €

Luxueux hôtel design à deux pas de la place de l'Étoile. Le décor marie haute technologie, meubles contemporains et répliques de fresques et de croquis de la Renaissance italienne.

Marignan
🔟 🎐 ⅙ 🖭 ⚡ 🛜 🛍 🚲

12 r. de Marignan ⓜ *Franklin D. Roosevelt* – 𝒞 01 40 76 34 56
– www.hotelmarignanelyseesparis.com
40 ch – 🛉290/800 € 🛉🛉290/800 € – 10 suites – ⌖ 29 €

Un luxe discret : voilà le parti pris de cet ancien hôtel particulier, voisin des Champs-Élysées. Toutes les chambres révèlent une décoration élégante et épurée, avec parquet en chêne, mobilier chic des années 1950 et 1960, grandes literies... Du style et de la subtilité !

PARIS

Hôtel de Sers

🍽 🛏 🛎 ♿ Ⓐ 🛜 🏊

41 av. Pierre-1ᵉʳ-de-Serbie Ⓜ George V – ☎ 01 53 23 75 75
– www.hoteldesers.com
45 ch ⌷ – †319/3000 € ††319/3000 € – 7 suites – ½ P

Le marquis de Sers ne reconnaîtrait pas son hôtel particulier de la fin du 19ᵉ s. Il faut dire qu'il mélange les styles avec succès : si le hall a conservé son caractère d'origine, les chambres, elles, sont résolument contemporaines et tendance. Un "baby palace" élégant...

La Maison Champs-Élysées

🍽 🛎 ♿ Ⓐ 🛜 🏊 🚗

8 r. Jean-Goujon Ⓜ Franklin D Roosevelt – ☎ 01 40 74 64 64
– www.lamaisonchampselysees.com
51 ch – †350/1000 € ††350/1000 € – 6 suites – ⌷ 28 €

Un hôtel très particulier, où le faste du Second Empire côtoie les lignes épurées d'un design contemporain dû à Martin Margiela. Salon blanc, fumoir noir, équipements dernier cri, restaurant très graphique : une signature.

Opéra Diamond *sans rest*

🛎 ♿ Ⓐ 🛜 🏊

4 r. de la Pépinière Ⓜ St-Lazare – ☎ 01 44 70 02 00
– www.paris-hotel-diamond.com
37 ch – †390/750 € ††390/750 € – ⌷ 23 €

Hôtel ouvert en 2009, tout de noir et de cristal vêtu. L'intérieur, intime et romantique, rend hommage à la féminité et aux diamants : parfait pour les amoureux ! Esprit baroque dans les chambres ; patio avec fontaine et brin de verdure.

New Hotel Roblin

🍽 🛎 ♿ Ⓐ 🛜 🏊

6 r. Chauveau-Lagarde Ⓜ Madeleine – ☎ 01 44 71 20 80 – www.new-hotel.com
77 ch – †360/610 € ††360/610 € – ⌷ 22 €

Préférez-vous l'esprit bourgeois du 16ᵉ arrondissement, le côté trendy du Marais, les ateliers d'artistes du canal St-Martin ou l'ambiance rive gauche de St-Germain ? Tels sont les thèmes déclinés par les chambres de cet hôtel... qui met tout Paris à deux pas de la place de la Madeleine. Un ensemble très réussi.

Marquis Faubourg Saint-Honoré *sans rest*

🛏 🛎 ♿ Ⓐ ⚡ 🛜

8 r. d'Anjou Ⓜ Madeleine – ☎ 01 44 80 00 00
– www.marquisfaubourgsainthonore.com
10 suites – ††1100/1390 € – 5 ch – ⌷ 29 €

Inauguré en 2013, ce boutique-hôtel doit son nom au marquis de La Fayette, le "héros des deux mondes", qui vécut dans cet hôtel particulier du 18ᵉ s. De vastes chambres, une décoration chic et sobre, de luxueuses salles de bains : l'adresse ne manque ni de charme ni de panache !

Hôtel du Ministère *sans rest*

🛏 🛎 ♿ Ⓐ ⚡ 🛜 🏊

31 r. de Surène Ⓜ Madeleine – ☎ 01 42 66 21 43 – www.ministerehotel.com
24 ch ⌷ – †245/410 € ††280/410 €

Un hôtel à deux pas du ministère de l'Intérieur, du palais de l'Élysée et du faubourg St-Honoré. Les chambres – confortables et très fonctionnelles – rendent hommage aux années 1970, ce qui ne manquera pas de plaire aux amateurs... ou aux nostalgiques. Accueil charmant.

Pershing Hall

🍽 🛏 🛎 ♿ Ⓐ 🛜 🏊

49 r. Pierre-Charron Ⓜ George V – ☎ 01 58 36 58 00 – www.pershinghall.com
20 ch ⌷ – †300/590 € ††300/890 € – 6 suites

Hôtel particulier, demeure du général Pershing pendant la Grande Guerre, club de vétérans et désormais établissement de standing, scénographié par la designer Andrée Putman. Une véritable page de la vie parisienne, au chic discret.

Chateaubriand *sans rest*

🛎 Ⓐ 🛜

6 r. Chateaubriand Ⓜ George V – ☎ 01 40 76 00 50
– www.hotelchateaubriand.com
28 ch – †220/400 € ††230/420 € – ⌷ 22 €

Des peintures, des bibelots et de beaux meubles d'antiquaire dans les chambres ; dans le petit patio, un grand miroir et un superbe lustre créent, le soir venu, une ambiance tout à fait spéciale... Le charme d'une maison particulière !

François 1er sans rest

7 r. Magellan 🚇 *George V* – ☏ *01 47 23 44 04* – *www.hotelfrancoispremier.com*
38 ch – 🛏300/370 € 🛏🛏350/490 € – 2 suites – ⌑ 22 €
Marbre de Carrare, moulures, objets chinés, meubles anciens et tableaux à foison : Pierre-Yves Rochon a créé un cadre luxueux et raffiné. Copieux petit-déjeuner (buffet).

Le 123 sans rest

123 r. du Faubourg-St-Honoré 🚇 *St-Philippe du Roule* – ☏ *01 53 89 01 23*
– *www.astotel.com*
41 ch – 🛏209/390 € 🛏🛏209/390 € – ⌑ 18 €
Mélange des genres, des couleurs et des matières, croquis de stylistes : les chambres de cet hôtel sont vraiment "haute couture". Parfait pour un séjour shopping dans un faubourg très... mode.

Chambiges Élysées sans rest

8 r. Chambiges 🚇 *Alma Marceau* – ☏ *01 44 31 83 83*
– *www.hotelchambiges.com*
26 ch – 🛏230/410 € 🛏🛏250/490 € – 8 suites – ⌑ 16 €
Le mot "cosy" semble avoir été inventé pour cet hôtel installé dans un immeuble hausmmannien. Tout y est : boiseries, tentures et tissus chaleureux, meubles chinés, jardin fleuri. Une atmosphère romantique et feutrée, tout près des Champs-Élysées.

Le Mathurin sans rest

43 r. des Mathurins 🚇 *Havre Caumartin* – ☏ *01 44 94 20 94*
– *www.le-mathurin.com*
52 ch – 🛏300/500 € 🛏🛏300/500 € – 2 suites – ⌑ 27 €
La devise de la maison : "Le luxe d'être chez soi." Et l'on aimerait faire de cet hôtel, garni de livres, feutré, élégant et apaisant, son home sweet home !

Le A sans rest

4 r. d' Artois 🚇 *St-Philippe du Roule* – ☏ *01 42 56 99 99* – *www.paris-hotel-a.com*
25 ch – 🛏250/525 € 🛏🛏250/525 € – 1 suite – ⌑ 24 €
"A" comme rue d'Artois, Alphabet (il y a 26 chambres) et évidemment Art : cet hôtel moderne et design, imaginé par le plasticien Hyber et l'architecte Méchiche, accueille aussi des expositions. Les chambres, comme les salons, jouent l'épure... avec un "e" majuscule !

Opal sans rest

19 r. Tronchet 🚇 *Havre Caumartin* – ☏ *01 42 65 77 97*
– *www.bestwestern-opal.com*
33 ch – 🛏199/599 € 🛏🛏199/599 € – 1 suite – ⌑ 19 €
Entre les grands magasins et la Madeleine, cet hôtel propose des chambres modernes, bien conçues et chaleureuses (tissus rayés, couleurs vives). Esprit design au salon, agréable avec sa cheminée !

Le Swann 🅝 sans rest

15 r. de Constantinople 🚇 *Europe* – ☏ *01 45 22 80 80* – *www.hotel-leswann.com*
81 ch – 🛏149/549 € 🛏🛏149/549 € – ⌑ 13 €
Bienvenue du côté de chez Swann ! Cet hôtel datant de 1870 a accueilli de nombreux artistes et écrivains au long des années ; les chambres, récemment rénovées, sont confortables et chacune porte le nom d'un personnage de Proust... Très tendance.

Arcade sans rest

9 r. de l'Arcade 🚇 *Madeleine* – ☏ *01 53 30 60 00* – *www.hotel-arcade.com*
48 ch – 🛏196/227 € 🛏🛏236/525 € – 7 suites – ⌑ 16 €
Depuis quatre générations, la même famille dirige cet hôtel situé tout près de la Madeleine. Chambres sobrement décorées, égayées de gravures et de tableaux.

Le Vignon sans rest

23 r. Vignon 🚇 *Madeleine* – ☏ *01 47 42 93 00* – *www.levignon.com*
28 ch – 🛏180/300 € 🛏🛏180/320 € – ⌑ 20 €
Hôtel chaleureux à deux pas de la Madeleine. Dans les chambres, le mobilier, très coloré et presque pop, contraste avec les murs blancs. Au 6ᵉ étage, charme des mansardes !

PARIS

PARIS

West-End sans rest 🛗 ⅖ 🅰🅲 🛜

7 r. Clément-Marot ⓂAlma Marceau – ☏ 01 47 20 30 78
– www.hotel-west-end.com
49 ch ⌶ – †199/359 € ††199/559 €

Lithographies anciennes, copies de tableaux de maîtres et équipements dernier cri vous attendent dans ces chambres classiques, souvent très colorées. Agréable salon.

Atlantic sans rest 🛗 ⅖ 🅰🅲 ✳ 🛜 ⛷

44 r. de Londres ⓂSt-Lazare – ☏ 01 43 87 45 40 – www.atlanticparis.fr
81 ch – †135/250 € ††190/250 € – ⌶ 16 €

Aquarelles, maquettes de bateaux et déclinaisons de bleu dans les chambres... De subtiles notes marines qui invitent au voyage ! Cela donne un charme certain à cet établissement familial, situé juste derrière la gare St-Lazare.

Le Lavoisier sans rest 🛗 ⅖ 🅰🅲 ✳ 🛜

21 r. Lavoisier ⓂSt-Augustin – ☏ 01 53 30 06 06 – www.hotellavoisier.com
27 ch – †289/400 € ††289/400 € – 3 suites – ⌶ 15 €

Chambres cosy, petit salon-bibliothèque intime faisant office de bar et salle voûtée pour les petits-déjeuners, tout près de l'église St-Augustin.

WO' sans rest 🛗 ⅖ 🅰🅲 ✳ 🛜

10 r. de Stockholm ⓂSt-Lazare – ☏ 01 45 22 10 85 – www.hotelwo.com
30 ch – †110/410 € ††110/410 € – ⌶ 14 €

WO' pour Wilson-Opéra ! Dans une rue calme, proche de la gare St-Lazare et des grands magasins, cet hôtel abrite des chambres certes petites, mais design et cosy, certaines avec un balcon offrant une vue dégagée. En plein cœur de Paris, on se sent ainsi comme dans un cocon.

Le Pavillon des Lettres sans rest 🛗 ⅖ 🅰🅲 🛜

12 r. des Saussaies ⓂMiromesnil – ☏ 01 49 24 26 26
– www.pavillondeslettres.com
26 ch – †230/330 € ††230/330 € – ⌶ 26 €

Un hôtel littéraire en plein cœur de Paris ? Vingt-six chambres pour les vingt-six lettres de l'alphabet, chacune portant le nom d'un écrivain et déclinant son œuvre dans leur décoration. Élégant et subtil : parfait pour réviser ses classiques et découvrir la ville autrement.

Chavanel ⓃO sans rest 🛗 🅰🅲 ✳ 🛜

22 r. Tronchet ⓂMadeleine – ☏ 01 47 42 26 14 – www.hotelchavanel.com
27 ch – †190/370 € ††190/490 € – ⌶ 20 €

Derrière le hall d'entrée de cet hôtel résolument contemporain, un espace boutique est mis à disposition d'un artisan (par exemple : dentellière, parfumeur) pendant plusieurs mois. De quoi faire de cette adresse l'une des temples du chic parisien...

Alison sans rest 🛗 ✳ 🛜

21 r. de Surène ⓂMadeleine – ☏ 01 42 65 54 00 – www.hotelalison.com
34 ch – †108/132 € ††189/210 € – ⌶ 12 €

Près de la Madeleine, ce petit hôtel familial offre un bon rapport qualité-prix. Chambres fonctionnelles et de bon confort. Simple et sympathique.

XXXXX **Le Cinq** – Hôtel Four Seasons George V 🕃 🅰🅲 ✳ ⇦ ᗺ

✿✿ 31 av. George V ⓂGeorge V – ☏ 01 49 52 71 54 – www.fourseasons.com/paris
• MODERNE • Menu 145 € (déj.)/290 € – Carte 182/307 €

Grand changement à la tête de cette table de renom, avec le départ du talentueux Éric Briffard et l'arrivée, après de magnifiques années passées chez Ledoyen, de Christian Le Squer. La majesté du décor inspiré du Grand Trianon reste entière, les serveurs en costume jouent toujours un ballet étourdissant, et le savoir-faire du cuisinier fait le reste, dans la droite ligne de la plus belle tradition !
→ Concentré iodé, Saint Jacques à cru et tarama givré. Turbot de petit bateau braisé et pommes ratte truffées. Croquant de pamplemousse confit et cru.

XXXXX **Alain Ducasse au Plaza Athénée** ⑩ – Hôtel Plaza Athénée 🕸 🗚C

ಭಭ 25 av. Montaigne Ⓜ Alma Marceau – 𝒞 01 53 67 65 00 🕸 🍽
– www.alain-ducasse.com – Fermé fin juil. à fin août, lundi midi, mardi midi,
merc. midi, sam. et dim.
• CRÉATIVE • Menu 380 € – Carte 200/340 €
La fermeture pour embellissement du Plaza Athénée a porté ses fruits : la magnificence de la salle subjugue ! Alain Ducasse a repensé toute sa table autour du
concept de "naturalité" – son graal de cuisinier : atteindre la vérité même du produit. Fondées sur la trilogie poisson-légumes-céréales (le respect de la nature, là
encore), certaines recettes sont hors du commun, et la quête semble infinie...
→ Légumes des jardins du château de Versailles, noisettes pilées. Bar de l'Atlantique, jeunes poireaux et olives noires. Citron de Menton et algues kombu à l'estragon.

XXXXX **Pavillon Ledoyen** (Yannick Alléno) 🗚C ⇔ 🍽 🅿

ಭಭಭ 8 av. Dutuit (carré Champs-Élysées) Ⓜ Champs-Elysées Clemenceau
– 𝒞 01 53 05 10 01 – www.yannick-alleno.com – Fermé 4-24 août, sam. midi,
dim. et fériés
• MODERNE • Menu 128 € (déj.)/275 – Carte 185/300 €
Reprise par Yannick Alléno, cette institution parisienne – dans un élégant pavillon
Second Empire des jardins des Champs-Élysées – écrit une nouvelle page de son
histoire. Le chef réalise un tour de force en imprimant d'emblée sa signature, par-
venant avec toute sa maestria à renouveler la grande cuisine, en magnifiant par
exemple jus et sauces à travers de savantes extractions. Tout est marquant !
→ Pain de brochet brioché, extrait de champignons coraillés. Bœuf Wagyu de
Gunma, ravioles croustillantes, olives et tomates vertes confiturées. Poire rôtie à
la vanille, tuile à la fève tonka et caramel au beurre salé.

XXXXX **Épicure** – Hôtel Bristol 🕸 🍴 🗚C 🍽

ಭಭಭ 112 r. du Faubourg-St-Honoré Ⓜ Miromesnil – 𝒞 01 53 43 43 40
– www.lebristolparis.com
• MODERNE • Menu 135 € (déj.)/295 – Carte 170/330 €
Moment d'exception au sein du Bristol. Face au jardin, on découvre une salle
lumineuse, d'une élégance sobre et racée, où brillent l'art de vivre à la française
et... la cuisine d'Éric Frechon, toute de classicisme et de fraîcheur. Ce technicien
virtuose fait preuve d'une liberté exigeante à l'égard de la grande tradition, pour
les plus belles saveurs !
→ Macaronis farcis à la truffe noire, artichaut et foie gras de canard gratinés au
vieux parmesan. Poularde de Bresse cuite en vessie, écrevisses et girolles. Précieux chocolat nyanbo, fine tuile croustillante et sorbet doré à l'or fin.

XXXXX **Taillevent** 🕸 🗚C ⇔ 🍽

ಭಭ 15 r. Lamennais Ⓜ Charles de Gaulle-Etoile – 𝒞 01 44 95 15 01
– www.taillevent.com – Fermé 25 juil.-24 août, sam., dim. et fériés
• CLASSIQUE • Menu 88 € (déj.), 218/360 € – Carte 155/270 € (réservation
conseillée)
Son nom évoque l'élégance, la discrétion, l'exigence, le style... Depuis 1946, Taillevent est incontournable dans le paysage de la haute gastronomie française, cultivant un classicisme brillant – et nullement figé.
→ Rémoulade de tourteau, sauce fleurette citronnée. Ris de veau croustillant. Crêpes Suzette.

XXXXX **Lasserre** 🕸 🗚C 🕸 ⇔ 🍽

ಭ 17 av. F.-D.-Roosevelt Ⓜ Franklin D. Roosevelt – 𝒞 01 43 59 53 43
– www.restaurant-lasserre.com – Fermé août, mardi midi, merc. midi, sam. midi,
dim. et lundi
• CLASSIQUE • Formule 90 € – Menu 220 € (déj.) – Carte 147/272 €
L'un des temples de la gastronomie parisienne... L'élégance du décor (colonnes,
tentures, pampilles, etc.), les arts de la table, la qualité du service, tout concourt
à magnifier la grande cuisine ! Les modes passent, Lasserre demeure.
→ Macaroni, truffe noire et foie gras de canard. Entrecôte de veau fermier poêlée,
garniture Crécy, vrai jus.Crêpes Suzette.

PARIS

✗✗✗✗ Laurent

41 av. Gabriel Ⓜ *Champs Elysées Clemenceau*
– ℰ 01 42 25 00 39 – www.le-laurent.com
– Fermé 23 déc.-2 janv., sam. midi, dim. et fériés
• CLASSIQUE • Menu 95 € (déj.)/180 € – Carte 165/250 €

Classique, la cuisine d'Alain Pégouret cultive les codes de la tradition bleu-blanc-rouge et séduit une clientèle d'habitués – et de célébrités – de longue date ! Le décor néoclassique (pilastres, colonnes, frontons, chapiteaux antiques) se pare désormais de peintures et de tissus muraux plus actuels.

→ Araignée de mer dans ses sucs en gelée, crème de fenouil. Turbot nacré à l'huile d'olive, bardes et légumes verts dans une fleurette iodée. Glace vanille minute.

✗✗✗✗ Apicius (Jean-Pierre Vigato)

20 r. d'Artois Ⓜ *St-Philippe du Roule – ℰ 01 43 80 19 66*
– www.restaurant-apicius.com – Fermé août, sam., dim. et fériés
• CLASSIQUE • Menu 180/200 € – Carte 110/220 €

Dans un hôtel particulier classé (18e s.), un cadre élégant – à la fois contemporain, baroque et rococo – sans être guindé… Jean-Pierre Vigato y signe une "cuisine vérité" guidée par le beau produit. Superbe cave.

→ Langoustines bretonnes cuites en coques, thé fumé de crustacés comme une soupe miso. Tourte de canard "façon grande cuisine bourgeoise". Bergamote acidulée et sorbet pamplemousse.

✗✗✗✗ Pierre Gagnaire

6 r. Balzac Ⓜ *George V – ℰ 01 58 36 12 50*
– www.pierregagnaire.com – Fermé 3 semaines en août, 1 semaine à Noël, sam. et dim.
• CRÉATIVE • Menu 150 € (déj.)/295 € – Carte 300/350 €

Le cadre contemporain, chic et feutré, s'efface devant l'avalanche de mets, d'inventivité, de curiosité, d'ouverture d'esprit… Grand amateur de jazz et d'art, Pierre Gagnaire fait chanter saveurs, couleurs et textures ! Une fête pour les sens.

→ Omble chevalier meunière aux feuilles de verveine, marmelade d'oignon rouge et carottes multicolores. Côte de veau parfumée d'herbe à curry et carvi, noix de ris dorée. Le grand dessert de Pierre Gagnaire.

✗✗✗ La Scène – Hôtel Prince de Galles

33 av. George-V Ⓜ *George V*
– ℰ 01 53 23 78 50 – www.restaurant-la-scene.fr
– Fermé août, sam. midi et dim.
• MODERNE • Menu 65 € (déj.), 95/195 € – Carte 95/190 €

Au cœur de l'élégant hôtel Prince de Galles, cette Scène braque les projecteurs sur les cuisines, séparées de la salle par un simple comptoir de marbre blanc. Elles sont le domaine de Stéphanie Le Quellec, habituée des feux de la rampe car victorieuse de l'émission Top Chef en 2011. Imaginatives, harmonieuses et précises, ses recettes crèvent l'écran…

→ Œuf fermier d'Île-de-France, jaune tiède acidulé, asperges vertes et morilles. Ris de veau doré au jus, compression de romaine, salicornes et olives noires. Vanille en cinq feuilles, crème onctueuse.

✗✗✗ La Table du Lancaster – Hôtel Lancaster

7 r. de Berri Ⓜ *George V – ℰ 01 40 76 40 18*
– www.hotel-lancaster.fr – Fermé 3 semaines en août, sam., dim. et fériés
• MODERNE • Menu 49 € (déj.), 98/175 € – Carte 105/125 €

Toute l'atmosphère exclusive et confidentielle d'un restaurant de grand hôtel – et quand il s'agit du Lancaster… Le moment est d'autant plus rare que le jeune chef, Julien Roucheteau, signe une cuisine brillante, impeccable dans sa technique, subtile dans ses jeux de textures et de saveurs, au service de produits d'exception. Une prestation d'une grande délicatesse.

→ Homard bleu aux noisettes torréfiées et guacamole. Côte de veau poêlée aux gnocchis acidulés. Tarte soufflée sésame-passion et sorbet banane.

XXX **La Cuisine** – Hôtel Le Royal Monceau 🏛 🍴 AC 🕹 🍽
37 av. Hoche Ⓜ *Charles de Gaulle-Etoile* – *𝒞 01 42 99 88 16*
– www.leroyalmonceau.com
• MODERNE • Formule 58 € – Menu 75 € (déj. en semaine), 98/155 €
– Carte 95/114 €
Toute l'atmosphère exclusive d'un restaurant de palace, mais dans une veine
intime et artiste (photos originales, lithographies, etc.). La "Cuisine" du Royal Monceau défend tout simplement... la cuisine française.

XXX **1728** 🏛 AC ⇔ 🍽
8 r. d'Anjou Ⓜ *Madeleine* – *𝒞 01 40 17 04 77* – *www.1728-paris.com* – *Fermé 3*
semaines en août, dim., lundi et fériés
• CRÉATIVE • Formule 39 € – Menu 60 € (dîner)/105 € – Carte 64/86 €
Un lieu chargé d'histoire ! Construit par Antoine Mazin en 1728, cet hôtel particulier fut la demeure de La Fayette de 1827 jusqu'à sa mort. La cuisine du chef,
Nicolas Roudier, marie volontiers les saveurs de l'Orient et de l'Occident : l'occasion
d'un voyage de par le monde... Très belle carte des vins.

XXX **Lucas Carton** 🏛 AC 🕹 ⇔
9 pl. de la Madeleine Ⓜ *Madeleine* – *𝒞 01 42 65 22 90* – *www.lucascarton.com*
– Fermé 3 semaines en août, dim. et lundi
• MODERNE • Menu 89 € (semaine), 129/179 € ♈ – Carte 105/163 €
L'histoire continue pour Lucas Carton, la fameuse enseigne de la place de la
Madeleine. Symbole de son prestigieux passé, le décor de boiseries Art nouveau
exerce une séduction intacte... Sous l'égide du jeune chef, Julien Dumas, la carte
endosse avec tact les nouveaux codes de la gastronomie contemporaine.
Bar le Passage *𝒞 01 42 65 56 66* – Menu 44 € (déj.)/51 € – Carte environ 66 €

XXX **Le Diane** – Hôtel Fouquet's Barrière 🍴 ᴷ AC 🕹 🍽
❀ *46 av. George-V* Ⓜ *George V* – *𝒞 01 40 69 60 60* – *www.fouquets-barriere.com*
– Fermé août, 1ᵉʳ-7 janv., sam. midi, dim. et lundi
• MODERNE • Formule 48 € ♈ – Menu 68 € (déj.), 90/200 € ♈
– Carte 110/150 €
Confidentiel au sein de l'hôtel Fouquet's Barrière, le Diane offre élégance et
discrétion : sa salle en rotonde, tout en tons mordorés, ouvre sur un agréable
patio. On y déguste une cuisine actuelle de grande qualité, où l'élégance est le
maître mot...
→ Ormeaux, effiloché de tourteau et condiment gingembre. Ris de veau braisé,
oignons de Roscoff et arroche rouge. Soufflé chocolat et poire, glace au miel.

XXX **Le V** – Hôtel Vernet AC 🍽
25 r. Vernet Ⓜ *Charles de Gaulle-Etoile* – *𝒞 01 44 31 98 00*
– www.hotelvernet.com – Fermé sam. midi et dim.
• MODERNE • Formule 39 € – Carte 46/83 €
Au cœur de l'hôtel Vernet, la salle vaut le coup d'œil pour sa grande verrière zénithale très ouvragée, signée Eiffel. Dans ce cadre immuable, la cuisine joue la carte
du beau classicisme, avec quelques variations plus originales.

XXX **Le Chiberta** AC 🕹 ⇔ 🍽
❀ *3 r. Arsène-Houssaye* Ⓜ *Charles de Gaulle-Etoile* – *𝒞 01 53 53 42 00*
– www.lechiberta.com – Fermé 3 semaines en août, sam. midi et dim.
• CRÉATIVE • Menu 60 (sem.), 120/165 € ♈ – Carte 95/135 €
Lumière tamisée, décor feutré et dépouillé conçu par J.-M. Wilmotte (tons sombres, insolites "murs à bouteilles") : l'écrin chic d'une cuisine inventive supervisée
par Guy Savoy.
→ Salade de homard bleu, vinaigrette de corail. Bar de ligne en écailles grillées,
encornets à la plancha et tagliatelles au fenouil. Opéra, glace café.

XXX **Maison Blanche** ⇐ 🍴 AC 🍽
15 av. Montaigne Ⓜ *Alma Marceau* – *𝒞 01 47 23 55 99*
– www.maison-blanche.fr – Fermé 2 semaines en août, sam. midi et dim. midi
• MODERNE • Formule 48 € – Menu 58 € (déj.), 69/145 € – Carte 80/112 €
Prenez vos quartiers sur le toit du théâtre des Champs-Élysées, dans ce loft design
qui domine Paris ! Cuisine contemporaine : saveurs méditerranéennes, d'Asie...

PARIS

PARIS

XXX **Le Vraymonde** – Buddha-Bar Hotel

4 r. d'Anjou 🚇 *Madeleine* – ☎ *01 83 96 88 70* – *www.buddhabarhotelparis.com*
• CHINOISE • Formule 35 € – Menu 45 € (déj. en semaine) – Carte 48/80 €
Au sein du très branché Buddha-Bar Hotel, un décor rare, chic et feutré, dont l'esthétique semble puiser à la source de la Chine éternelle... Utilisation d'épices, accords sucrés-salés : à l'unisson du cadre, la cuisine est une ode au métissage, et nous invite au voyage, à la rencontre des saveurs !

XXX **Citrus Étoile**

6 r. Arsène-Houssaye 🚇 *Charles de Gaulle-Étoile* – ☎ *01 42 89 15 51*
– *www.citrusetoile.com* – *Fermé vacances de Noël, sam., dim. et fériés*
• MODERNE • Menu 49/69 € – Carte 82/92 €
Dans cette maison décorée avec talent par son épouse Élisabeth, Gilles Épié signe une cuisine originale et bien maîtrisée. Elle témoigne autant de sa solide formation classique que de ses expériences américaines (le couple a vécu en Californie pendant dix ans) et asiatiques. Service souriant et professionnel.

XXX **Helen**

3 r. Berryer 🚇 *George V* – ☎ *01 40 76 01 40* – *www.helenrestaurant.com* – *Fermé 3 semaines en août, 24 déc.-5 janv., sam. midi, dim. et lundi*
• POISSONS ET FRUITS DE MER • Menu 48 € (déj.)/130 € – Carte 80/170 €
Une valeur sûre parmi les restaurants de poisson des beaux quartiers. Au menu : uniquement des pièces sauvages issues de la pêche quotidienne de petits bateaux – quelle qualité ! –, mises en valeur avec un respect et une précision tout à fait particuliers. Tout est franc et évident, c'est excellent.
→ Carpaccio de daurade royale au citron caviar. Turbotin rôti à la sauge et pancetta. Chariot de desserts.

XXX **Fouquet's**

99 av. Champs-Élysées 🚇 *George V* – ☎ *01 40 69 60 50* – *www.lucienbarriere.com*
• CLASSIQUE • Menu 90 € – Carte 78/168 €
Le rendez-vous du Tout-Paris depuis 1899... On va au Fouquet's comme on visite la tour Eiffel, pour son décor classé et sa terrasse sur les Champs. Mets classiques et plats de brasserie.

XXX **Copenhague**

142 av. des Champs-Élysées, (Maison du Danemark - 1er étage) 🚇 *George V*
– ☎ *01 44 13 86 26* – *www.restaurants-maisondudanemark.com* – *Fermé 3 semaines en août, sam., dim. et fériés*
• DANOISE • Menu 51 € (déj.), 74/98 € – Carte 75/150 €
Dans la Maison du Danemark, avec le portrait de la reine ! Les saveurs danoises ne font pas vitrine : blinis, aquavit, saumon, renne fumé... Vue sur les Champs, terrasse à l'arrière.

XX **Le 39V** (Frédéric Vardon)

39 av. George-V, (6ème étage - entrée par le 17 r. Quentin-Bauchart) 🚇 *George V*
– ☎ *01 56 62 39 05* – *www.le39v.com* – *Fermé août, sam. et dim.*
• MODERNE • Formule 40 € – Menu 50 € (déj.), 95/195 € 🍷 – Carte 79/153 €
La température monte au 39 de l'avenue George-V ! Au 6e étage de ce bel immeuble haussmannien – sur les toits de Paris –, dans le décor épuré, on s'enfièvre pour les belles saveurs : le chef signe une cuisine raffinée, sur de solides bases classiques, avec pour clef de voûte d'excellents produits...
→ Œuf fermier cuit mollet, royale de champignons et mouillettes. Volaille jaune, écrevisses et champignons blancs. Soufflé chaud à la vanille Bourbon de Madagascar et framboises.

XX **114, Faubourg** – Hôtel Bristol

114 r. du Faubourg-St-Honoré 🚇 *Miromesnil* – ☎ *01 53 43 44 44*
– *www.lebristolparis.com* – *Fermé 26 juil.-16 août, sam. midi et dim. midi*
• MODERNE • Formule 54 € – Carte 77/210 €
Au sein du Bristol, une brasserie *so chic*, au décor chatoyant (colonnes dorées, motifs floraux, grand escalier, etc.), pour une prestation dans les règles de l'art : on retrouve à la carte les beaux classiques du genre, cuisinés avec soin et beaucoup de goût.
→ Soupe d'artichaut, petit violet farci au foie gras et à la truffe noire. Canard challandais en deux cuissons, polenta crémeuse de maïs et figue rôtie à la cannelle. Millefeuille à la vanille Bourbon, caramel au beurre demi-sel.

XX **Il Carpaccio** – Hôtel Le Royal Monceau   ⚜ 🏠 ⬥ AK ⅏ ⬯ ⬯🍽
❀ *37 av. Hoche* Ⓜ *Charles de Gaulle-Etoile* – ℰ *01 42 99 88 12*
– www.leroyalmonceau.com – Fermé août, dim. et lundi
• ITALIENNE • Menu 145/200 € ⧠ – Carte 80/115 €

On y accède par un couloir orné de milliers de coquillages, qui évoque les nymphées du baroque italien... Même ravissement dans la salle, qui a tout d'un élégant jardin d'hiver. Un bel écrin, donc, pour apprécier une cuisine où resplendit le soleil de l'Italie : beaux produits et saveurs affirmées au menu.
→ Salade de poulpe de roche. Ventrèche de thon de Méditerranée et aubergine confite. Tiramisu.

XX **Le Relais Plaza** – Hôtel Plaza Athénée   AK
21 av. Montaigne Ⓜ *Alma Marceau* – ℰ *01 53 67 64 00* – http://
www.dorchestercollection.com/fr/paris/restaurants/restaurants-et-bars/3 – Fermé août
• TRADITIONNELLE • Formule 48 € – Menu 60 € – Carte 75/135 €

Au sein du Plaza Athénée, la cantine chic et feutrée des maisons de couture voisines. Comment résister au charme de cette brasserie au beau décor 1930, inspiré du paquebot Normandie ? Une ambiance unique pour une cuisine qui joue la carte de la belle tradition. Si parisien...

XX **Les 110 de Taillevent**   ⚜ ⬥ AK ⬯🍽
195 r. du Faubourg-St-Honoré ⓂCharles de Gaulle-Etoile – ℰ *01 40 74 20 20*
– www.taillevent.com/les-110-de-taillevent-brasserie.com – Fermé 3-24 août
• TRADITIONNELLE • Formule 44 € – Carte 42/107 €

Sous l'égide de la prestigieuse maison Taillevent, une brasserie très chic, qui joue la carte des associations mets et vins. Une réussite, aussi bien le choix remarquable de 110 vins au verre, que la cuisine, traditionnelle et bien tournée (pâté en croûte, bavette sauce au poivre, etc.). Cadre élégant et chaleureux.

XX **Okuda**   ⬥ AK ⅏ ⬯ ⬯🍽
❀ *7 r. de la Trémoille* ⓂAlma Marceau – ℰ *01 40 70 19 19* – www.okuda.fr
– Fermé 1 semaine en août, mardi midi et lundi
• JAPONAISE • Menu 85 € (déj.), 150/220 € *(réservation conseillée)*

Vingt-trois couverts, un décor sobre et élégant, des hôtesses en kimono traditionnel et un silence d'or : c'est dans cet écrin que l'on déguste depuis 2013 les créations "kaiseki" du célèbre chef japonais Toru Okuda, couronné d'étoiles à Tokyo. Harmonie des saveurs, subtilité des sauces, délicatesse des textures... du grand art.
→ Menu omakase.

XX **Marius et Janette**   🏠 AK ⅏ ⬯🍽
4 av. George V ⓂAlma Marceau – ℰ *01 47 23 41 88* – www.mariusjanette.com
• POISSONS ET FRUITS DE MER • Menu 48 € (déj. en semaine)
– Carte 85/130 €

Un élégant décor façon yacht, des filets de pêche, etc. Ici, les produits de la mer sont évidemment à l'honneur ; la carte est renouvelée chaque jour, au gré des arrivages...

XX **L'Arôme**   AK ⬯🍽
❀ *3 r. St-Philippe-du-Roule* ⓂSt-Philippe-du-Roule – ℰ *01 42 25 55 98*
– www.larome.fr – Fermé 1er-23 août, 20-28 déc., sam. et dim.
• MODERNE • Menu 59 € ⧠ (déj.)/199 € ⧠ – Carte 88/125 €

En salle, Éric Martins vous conseille des vins en parfaite harmonie avec les plats de Thomas Boullault. Ce dernier réalise une cuisine française raffinée et inventive, accordant la toute première place aux produits de saison. Chic, chaleureux et... plein d'arômes !
→ Tourteau de l'Arôme, avocat hass au vinaigre balsamique blanc. Turbot en viennoise de miso, petits légumes, sauce mousseline au yuzu et mirabelle. Soufflé chaud au citron de Menton, glace lait-citron-vodka.

XX **Mini Palais**   🏠 ⬥
Au Grand Palais - 3 av. Winston Churchill ⓂChamps-Elysées Clemenceau
– ℰ 01 42 56 42 42 – www.minipalais.com
• MODERNE • Menu 29 € (déj. en semaine) – Carte 34/75 €

Au Grand Palais se cache ce Mini Palais, dédié aux plaisirs... du palais ! Honneur aux beaux produits, à la générosité et à la simplicité ; en complément, carte d'encas pour grignoter de midi à minuit et salon de thé. La terrasse est exquise.

Hanawa   ♿ 🅰🄲 ✻ ✧

26 r. Bayard ⓜ Franklin D. Roosevelt – 𝒞 01 56 62 70 70 – www.hanawa.fr
– Fermé 2 semaines en août, dim. et fériés
• JAPONAISE • Menu 38 € (déj. en semaine), 65/120 € – Carte 41/81 €
Grand restaurant japonais raffiné et zen (bois, fleurs) sur 1 100 m². Sushi-bar à
l'étage et, au sous-sol, teppanyaki aux influences françaises.

Maxan   🅰🄲 ✧

3 r. Quentin-Bauchart ⓜ George V – 𝒞 01 40 70 04 78 – www.rest-maxan.com
– Fermé 1ᵉʳ-23 août, 24 déc.-3 janv., sam. midi et dim.
• MODERNE • Formule 32 € – Menu 40 € – Carte 40/60 €
C'est donc ici, à deux pas de l'avenue Georges-V, que l'on retrouve Maxan, autrefois installé près de Miromesnil. On découvre un décor élégant et discret, tout en
camaïeu de gris, et on renoue non sans plaisir avec cette cuisine du marché bien
parfumée. La formule déjeuner est très intéressante !

Nolita   🕸 🅰🄲

1 av. Matignon, (Motor Village - 2ème étage) ⓜ Franklin D. Roosevelt
– 𝒞 01 53 75 78 78 – www.nolita-ristorante.fr – Fermé 2 sam. en août, sam. midi
et dim. soir
• ITALIENNE • Menu 39 € (déj. en semaine), 49/120 € ☂ – Carte 42/79 €
Un restaurant chic, au sein du MotorVillage (showroom d'un grand groupe auto
italien). La cuisine joue la carte de l'authenticité transalpine et les saveurs démar-
rent au quart de tour !

Penati al Baretto ⓝ (Alberico Penati)   🕸 🅰🄲
;🏵

9 r. Balzac ⓜ George V – 𝒞 01 42 99 80 00 – www.penatialbaretto.eu
– Fermé août, sam. midi et dim.
• ITALIENNE • Formule 39 € – Menu 45 € (déj.) – Carte 64/103 €
Alberico Penati aura d'emblée imposé sa table italienne, née mi-2014, parmi les
meilleures de la capitale ! Conformément à la plus belle tradition transalpine, la
générosité et le raffinement distinguent chaque recette ; les assiettes débordent
de saveurs en explorant tous les terroirs de la Botte. Succulent voyage…
→ Salade d'artichaut cru et cuit au fenouil et au parmesan. Linguine di Verrigni
aux langoustines. Parfait glacé au citron de Sicile et fruits rouges.

Le Gaigne ⓝ   🅰🄲

2 r. de Vienne ⓜ St-Augustin – 𝒞 01 45 22 23 62 – www.restaurantlegaigne.fr
– Fermé août, sam. midi et dim.
• MODERNE • Formule 33 € – Menu 42/65 €
Le Gaigne, c'est le surnom donné il y a quelques années par Frédéric Anton (chef
du Pré Catelan) à Mickaël Gaignon… Depuis, ce dernier a fait du chemin : il signe
ici une belle cuisine actuelle, teintée de classicisme, qui évolue au gré des saisons.
De bons produits, une exécution soignée : on est conquis !

Lazare   ♿ 🅰🄲 ◻️🗣 soir,

parvis de la gare St-Lazare, r. Intérieure ⓜ St-Lazare – 𝒞 01 44 90 80 80
– www.lazare-paris.fr
• TRADITIONNELLE • Carte 32/82 €
Au cœur de la fameuse gare St-Lazare, on doit à Éric Fréchon l'idée de cette élégante brasserie "ferroviaire", version 2013, qui respecte les canons du genre :
œufs mimosa ou maquereaux au vin blanc, la belle tradition française est sur les
rails ! Et les voyageurs pressés profiteront des sandwichs, non moins délicieux…

Dominique Bouchet   🕸 ✧
;🏵

11 r. Treilhard ⓜ Miromesnil – 𝒞 01 45 61 09 46 – www.dominique-bouchet.com
– Fermé 2 semaines en août, sam. et dim.
• MODERNE • Menu 55 € (déj. en semaine)/105 € – Carte 76/126 € *(réservation
conseillée)*
C'est le genre d'adresse que l'on a envie de recommander à tous ses proches :
atmosphère contemporaine et intime, service alerte, cuisine du marché savou-
reuse et bien troussée…
→ Charlotte de crabe et de tomate, bisque froide à la badiane. Gigot d'agneau de
sept heures à la cuillère, vin infusé aux fèves de cacao. Soufflé chaud au Grand
Marnier.

XX **Ratn** 　　　　　　　　　　　　　　　　　　　AC ✗

9 r. de la Trémoille ⓜ Alma Marceau – ✆ 01 40 70 01 09
– www.restaurantratn.com
• INDIENNE • Carte 47/58 €

Une authentique adresse indienne, dont le nom signifie... joyau. Le cadre très soigné et feutré (tentures dorées, panneaux de bois sculptés, statues hindoues, etc.), l'accueil délicat, et surtout la cuisine qui offre un bel aperçu du répertoire moghol et indien : de beaux parfums d'ailleurs !

XX **Bistrot du Sommelier** 　　　　　　　　　　　　⅏ AC ⇔

97 bd Haussmann ⓜ St-Augustin – ✆ 01 42 65 24 85
– www.bistrotdusommelier.com – Fermé 3-24 août, sam. et dim.
• TRADITIONNELLE • Formule 34 € – Menu 39 € (déj.), 70 € ⍩/118 € ⍩
– Carte 50/75 €

On vient dans ce bistrot de Philippe Faure-Brac, meilleur sommelier du monde en 1992, pour sa cuisine du marché, ses caves d'une richesse indescriptible (1 200 appellations et 35 pays représentés !) et ses "vendredis du vigneron".

XX **Tante Louise** 　　　　　　　　　　　　　⅏ AC ✗ ⇔

41 r. Boissy-d'Anglas ⓜ Madeleine – ✆ 01 42 65 06 85
– www.bernard-loiseau.com – Fermé 3 semaines en août, 1 semaine à Noël, sam., dim. et fériés
• TRADITIONNELLE • Formule 29 € – Menu 39/75 € – Carte 55/82 €

L'enseigne évoque la "Mère" parisienne à l'origine de ce restaurant Art déco. À la carte, des recettes traditionnelles et des allusions au terroir bourguignon : escargots au beurre persillé, rognons de veau, etc. Un grand classique.

XX **Diep** 　　　　　　　　　　　　　　　　　　AC ⇥

55 r. Pierre-Charon ⓜ George V – ✆ 01 45 63 52 76 – www.diep.fr
• CHINOISE • Carte 40/80 €

Du rouge, du noir, des alcôves et des panneaux sculptés : l'Asie dans le décor, tout comme dans l'assiette, où l'on trouve des spécialités de Hong Kong et de Canton, mais aussi certains plats thaïlandais et vietnamiens. Avis aux amateurs : poissons et crustacés sont à l'honneur !

X **L'Atelier de Joël Robuchon - Étoile** 　　　　　AC ⇔ ⇥
✿✿ 133 av. des Champs-Élysées, (Publicis Drugstore niveau -1)
ⓜ Charles de Gaulle-Étoile – ✆ 01 47 23 75 75 – www.joel-robuchon.com
• CRÉATIVE • Menu 43 € (déj.), 63/175 € – Carte 75/175 €

Paris, Londres, Las Vegas, Tokyo, Taipei, Hong Kong, Singapour et encore une fois Paris... Destin franco-international pour ces Ateliers qui collent à l'époque ! Le grand chef signe là un beau concept : long comptoir avec tabourets, tons rouge et noir... et recettes millimétrées, entre France, Espagne et Asie.
→ Langoustine en ravioli truffé à l'étuvée de chou vert. Caille caramélisée au foie gras, pomme purée. Chocolat tendance, crémeux onctueux au chocolat araguani, sorbet cacao, biscuit Oréo.

X **Pavillon Elysée Lenôtre** 　　　　　　🕮 ⅚ AC ⇔ ⇥ **P**

10 av. des Champs-Élysées ⓜ Champs Elysées Clemenceau – ✆ 01 42 65 85 10
– www.lenotre.fr – Fermé 15-23 fév., 3 semaines en août, dim. sauf le midi d'avril à oct. et lundi de nov. à mars
• MODERNE • Formule 37 € – Carte 48/71 €

Ce pavillon, bâti pour l'Exposition universelle de 1900, distille une sobre élégance. Au déjeuner, la formule est attractive et, sous le soleil, la terrasse est très courue... Boutique dédiée aux arts de la table et école de cuisine.

X **Marloe** 　　　　　　　　　　　　　　　　AC ⇥

12 r. du Cdt.-Rivière ⓜ St-Philippe-du-Roule – ✆ 01 53 76 44 44 – www.marloe.fr
– Fermé 1er-21 août, 21-29 déc., sam. et dim.
• MODERNE • Formule 36 € – Menu 45 € – Carte 36/68 €

Ce restaurant, repris par l'équipe de l'Arôme voisin, a des allures de bistrot chic et cosy (tons rouge, blanc et noir, miroirs anciens, etc.). La cuisine ne déçoit pas : cœur de saumon fumé impérial et beurre aux algues, bœuf Black Angus au jus de cassis... Des plats sans esbroufe, nets et précis !

PARIS

Chez Monsieur

11 r. Chevalier-St-George ⓶ Madeleine – ℰ 01 42 60 14 36
– www.chezmonsieur.fr – Fermé 1 semaine en janv. et week-ends en juil.-août
• TRADITIONNELLE • Carte 46/80 €

Un bistrot des années 1940 (ancien café-charbon) avec ses miroirs d'époque et ses gravures rétro. Au menu : une cuisine bistrotière très soignée et un beau choix de vins à prix raisonnable. Voilà qui est... royal.

Pomze

109 bd Haussmann, (1er étage) ⓶ St-Augustin – ℰ 01 42 65 65 83 – www.pomze.com
– Fermé 22 déc.-2 janv., sam. sauf le soir de sept. à juin et dim.
• MODERNE • Formule 31 € – Menu 35 € – Carte 47/67 €

Adresse originale que cette Pomze, qui invite à un "voyage autour de la pomme" ! De l'épicerie (où l'on trouve cidre et calvados) au restaurant, le "fruit défendu" est le fil rouge de la maison. La cuisine se révèle créative et voyageuse, avec d'originaux accords mets-cidres... et un excellent rapport qualité-prix.

Crom'Exquis

22 r. d'Astorg ⓶ St-Augustin – ℰ 01 42 65 10 74 – www.cromexquis.com – Fermé 3 semaines en août, 24 déc.-1er janv., sam. et dim.
• MODERNE • Formule 30 € – Menu 30 € (déj.), 45/59 € – Carte 52/81 €

Ce Crom'Exquis paraît un simple petit restaurant de quartier, mais on ne peut taire sa filiation : à sa tête œuvre Pierre Meneau, fils de Marc – chef fameux de L'Espérance, près de Vézelay. Au menu : une cuisine au goût du jour, réalisée avec des produits de bonne qualité.

Le Boudoir

25 r. du Colisée ⓶ Franklin D. Roosevelt – ℰ 01 43 59 25 29
– www.boudoirparis.fr – Fermé 1er-23 août, sam. et dim.
• MODERNE • Formule 30 € – Menu 35 € (déj. en semaine)/55 €
– Carte 49/62 €

Meilleur Ouvrier de France en charcuterie, le jeune chef a travaillé dans de belles maisons et exprime aujourd'hui dans ce Boudoir son amour du... boudin. Oui, la charcuterie peut être un art : voyez le pâté en croûte de volaille et foie gras ! Terrines et autres saucisses sont créées sur place. Décor sobre et élégant.

Aoki Makoto

19 r. Jean Mermoz ⓶ Miromesnil – ℰ 01 43 59 29 24 – Fermé août, 23 déc.-7 janv., sam. midi, lundi soir, dim. et jours fériés
• MODERNE • Formule 23 € – Menu 37/68 € – Carte 65/85 €

Aoki Makoto, chef japonais, réalise une cuisine on ne peut plus française – et de belle tenue ! Assiette aux treize légumes, mosaïque de foie gras, côte de porc rôtie...

Le Petit Marius

6 av. George-V ⓶ Alma Marceau – ℰ 01 40 70 11 76
• POISSONS ET FRUITS DE MER • Menu 31 € (déj. en semaine)/49 € 🍷
– Carte 48/80 €

Le digne fils de la maison mère Marius et Janette : petites tables serrées et simplement dressées, décoration provençale colorée et cuisine de la mer bien iodée.

Chez Cécile - La Ferme des Mathurins

17 r. Vignon ⓶ Madeleine – ℰ 01 42 66 46 39 – www.chezcecile.com – Fermé sam. et dim.
• MODERNE • Menu 35 €

Simenon avait ses habitudes dans cette petite institution de la Madeleine, aujourd'hui tenue par une jeune femme dynamique. Vent de fraîcheur sur le décor et sur une cuisine du marché, goûteuse et bien ficelée. Un vrai bon plan côté prix.

Il Piccolino

10 r. de Constantinople ⓶ Europe – ℰ 01 42 93 73 33 – http://ilpiccolino.fr
– Fermé 1er-10 mai, 13-23 août, dim. et fériés
• ITALIENNE • Formule 25 € – Carte 36/60 €

C'est vrai qu'il est piccolino ("tout petit" en italien) ce restaurant, mais il en a sous la Botte ! Charcuterie transalpine à la coupe, pecorino et parmesan présentés entiers, légumes grillés, risotto, osso-buco... Les produits sont de qualité, les recettes maîtrisées et les vins de la péninsule bien représentés.

Daru
🏠

19 r. Daru Ⓜ *Courcelles –* ☎ *01 42 27 23 60 – www.daru.fr – Fermé août, sam. midi et dim.*
• RUSSE • Formule 40 € – Carte 50/150 €
Fondée en 1918, la maison Daru fut la première épicerie russe de Paris. La tradition slave s'y perpétue et l'on retrouve la Russie d'autrefois : taramas, bœuf stroganoff, blinis...

Le Percolateur

20 r. de Turin Ⓜ *Rome –* ☎ *01 43 87 97 59 – www.lepercolateur.fr – Fermé 2 semaines en août, sam. midi et dim.*
• TRADITIONNELLE • Formule 16 € – Menu 22 € (déj.)/31 € – Carte 35/56 €
Cette ancienne gargote s'est muée en bistrot où brille une collection de... percolateurs. Cuisine à l'image du lieu : terrine maison, macaronis aux olives, poulet aux saveurs exotiques, etc.

Shin Jung

7 r. Clapeyron Ⓜ *Rome –* ☎ *01 45 22 21 06 – www.shinjung.fr – Fermé dim. midi*
• CORÉENNE • Formule 14 € – Menu 37/45 € 🍷 – Carte 25/40 €
Une modeste adresse de quartier, simple, moderne et conviviale. Spécialités sud-coréennes : bibimbap, kimchi, barbecue, poissons crus...

Mandoobar Ⓝ

7 r. d'Edimbourg Ⓜ *Europe –* ☎ *01 55 06 08 53 – Fermé 1 semaine à Pâques, en août et à Noël, sam. midi et dim.*
• CORÉENNE • Carte 20/30 €
Dans une toute petite salle (12 couverts), raviolis et tartare de bœuf sont réalisés directement sous vos yeux par le chef, Kim Kwang-Loc, qui se révèle aussi agile que précis dans ses préparations. Il réalise une cuisine coréenne fine et parfumée, sans fausse note et joliment relevée... Nul doute, sa table sort du lot !

Opéra · Grands Boulevards

9ᵉ arrondissement ✉ 75009

J. Loic/Photononstop

🏠🏠🏠🏠 Intercontinental Le Grand   🍽 🌐 ♨ ♿ ⓐ 🛎 🚗 🛏

2 r. Scribe Ⓜ *Opéra –* ☎ *01 40 07 32 32 – www.paris.intercontinental.com*
442 ch – 🛏380/950 € 🛏🛏380/950 € – 28 suites – ⌚ 39 €
Né en 1862, il a fêté son 150ᵉ anniversaire en 2012. Voilà bien un Grand Hôtel, exemplaire du 19ᵉ s., sur la place même de l'Opéra, au cœur du Paris d'Haussmann ! Son Café de la Paix au sublime décor, sa cour intérieure à l'ambiance proustienne, ses chambres de style Second Empire... Un monument parisien.

🏠🏠🏠 Scribe   🍽 🌐 ♨ ♿ ⓐ 🛎

1 r. Scribe Ⓜ *Opéra –* ☎ *01 44 71 24 24 – www.hotel-scribe.com*
204 ch – 🛏350/800 € 🛏🛏350/800 € – 9 suites – ⌚ 35 €
Rest *Le Lumière* – voir les restaurants ci-après
Chic, très feutré et tellement parisien... On tombe sous le charme du Scribe, presque confidentiel dans son immeuble haussmannien proche de l'Opéra. En 1895, le public y découvrait en première mondiale le cinématographe des frères Lumière. L'élégance discrète des lieux n'a rien d'un mirage.

PARIS

Marriott Opéra Ambassador ⓘ⚏♨❄🅰️📶🏋️

16 bd Haussmann Ⓜ *Richelieu Drouot* – ℰ 01 44 83 40 40
– *www.marriott.com/paroa*
290 ch – †300/850 € ††300/850 € – 8 suites – ☐ 29 €

Panneaux de bois peints, lustres en cristal et objets anciens : cet hôtel préserve toute l'élégance du style Art déco, dont le charme rétro est encore rehaussé par d'élégants ajouts contemporains. Une belle manière de vivre le mythe des Grands Boulevards... Esprit brasserie au 16 Haussmann.

W Paris Opéra ⓘ⚏♨❄🅰️📶🏋️🏊

4 r. Meyerbeer Ⓜ *Chaussée d'Antin* – ℰ 01 77 48 94 94 – *www.wparisopera.fr*
89 ch – †340/3200 € ††340/3200 € – 2 suites – ☐ 38 €

Comment être plus au cœur du Paris d'Haussmann, que dans ce bel immeuble de 1870 jouxtant l'Opéra ? Si cet hôtel inauguré en 2012 joue la carte du chic parisien, c'est dans une veine résolument design, alliant luxe et décontraction. Ou comment associer lit circulaire et vue sur le palais Garnier... Très branché, très séduisant.

Hôtel de Nell ⓘ♨❄🅰️📶🏋️

7-9 r. du Conservatoire Ⓜ *Bonne Nouvelle* – ℰ 01 44 83 83 60
– *www.charmandmore.com*
33 ch – †250/1200 € ††250/1200 € – ☐ 21 €
Rest *La Régalade Conservatoire* – voir les restaurants ci-après

Un fort bel établissement, créé dans un immeuble haussmannien voisin du Conservatoire national supérieur d'Art dramatique. Ferait bien de la comédie qui se plaindrait de ses aménagements, au style affirmé – signé Jean-Michel Wilmotte. Bois brut, tons clairs, lignes épurées... ou tout l'esprit du luxe contemporain.

Banke ⓘ♨❄🅰️📶🏋️

20 r. Lafayette Ⓜ *Chaussée d'Antin* – ℰ 01 55 33 22 22 – *www.derbyhotels.com*
93 ch – †250/530 € ††300/705 € – 10 suites – ☐ 29 €

Reconversion originale : au cœur du quartier des affaires de la Belle Époque, entre Bourse et Opéra, cet ancien siège bancaire est aujourd'hui un imposant hôtel de luxe... Le hall opulent, sous une immense verrière opaline, mérite le coup d'œil ; les chambres se révèlent aussi confortables que chaleureuses.

Opéra Faubourg *sans rest* ♨❄🅰️📶🏋️

49 r. La Fayette Ⓜ *Le Peletier* – ℰ 01 42 85 05 44
– *www.hotel-opera-faubourg-paris.com*
101 ch – †109/419 € ††129/439 € – ☐ 19 €

Ludique et chic, cet hôtel s'inspire du design des années 1950 et 1960 ; ses chambres jouent la carte rétro ou contemporaine, toujours avec élégance et peps... Vitaminé et coloré, Jules a du style !

Athénée *sans rest* ♨🚭📶

19 r. Caumartin Ⓜ *Havre Caumartin* – ℰ 01 40 17 99 29 – *www.maisonathenee.com*
20 ch – †250/480 € ††250/480 € – ☐ 18 €

Non loin du théâtre de l'Athénée, cet hôtel chic assume un style néobaroque très "opéra"... signé Jacques Garcia. Draperies, velours pourpre, boiseries, chambres décorées sur un thème lyrique ("Traviata", "Faust"...), bar à cocktails et fumoir. Chamarré et précieux !

Secret de Paris *sans rest* ♨❄🅰️🚭📶🏋️

2 r. de Parme Ⓜ *Place de Clichy* – ℰ 01 53 16 33 33 – *www.hotelsecretdeparis.com*
29 ch – †170/500 € ††170/500 € – ☐ 18 €

Son concept : Placer chaque client au cœur d'un monument parisien. Du Moulin Rouge à l'Opéra Garnier. Le maître-mot est : "Chut !" Un secret confort et high-tech à divulguer sans tarder.

Le Grey *sans rest* ♨❄🅰️🚭📶

12 r. de Parme Ⓜ *Liège* – ℰ 01 55 31 93 93 – *www.legrey-hotel.com*
32 ch – †160/300 € ††180/450 € – 1 suite – ☐ 15 €

On dit que le gris (*grey* en anglais) est une couleur particulière à Paris, entre toits de zinc et ciel brumeux... En en déclinant toutes les nuances du blanc au noir, ce boutique-hôtel est dans le ton de la capitale, jusque dans sa "suite des toits de Paris" ! Confort et esprit arty à deux pas de la place de Clichy.

Triangle d'Or sans rest 📶 ৬ AK 🛜
6 r. Godot-de-Mauroy 🚇 Havre Caumartin – ℰ 01 47 42 25 05
– www.hoteldutriangledor.com
47 ch – †189/229 € ††249/369 € – ☲ 16 €
Derrière l'Olympia, son décor ne pouvait qu'être musical. Pour repenser les chambres, ses propriétaires ont fait appel à MC Solaar, Manu Katché, Higelin... Textes de chansons et photos, djembés en guise de têtes de lit, etc. Good Vibrations !

Pulitzer sans rest 📶 ৬ AK 🞥 🛜
23 r. du Faubourg-Montmartre 🚇 Grands Boulevards – ℰ 01 53 34 98 10
– www.hotelpulitzer.com
44 ch – †150/350 € ††200/600 € – ☲ 18 €
Le charme d'une bibliothèque so British (fauteuils Chesterfield très confortables) et l'élégance contemporaine du style industriel, le tout au cœur du Paris des théâtres et des grands magasins... Ce Pulitzer mérite le prix de l'originalité.

Joyce sans rest 📶 ৬ AK 🞥 🛜
29 r. La Bruyère 🚇 St-Georges – ℰ 01 55 07 00 01 – www.astotel.com
44 ch – †173/350 € ††173/350 € – ☲ 16 €
Têtes de lit, bibliothèques, luminaires et boiseries sont dessinés sur les murs, tel un croquis d'architecte. Du style dans ce boutique-hôtel plein de caractère ! Petit-déjeuner sous une jolie verrière.

Palm sans rest 📶 ৬ AK 🛜
30 r. de Maubeuge 🚇 Cadet – ℰ 01 42 85 07 61 – www.astotel.com
38 ch – †146/310 € ††146/310 € – ☲ 14 €
Entièrement rénové et rouvert en 2011, cet hôtel remporte une palme : mobilier coloré revisitant de manière décalée les années 1950, esprit bio et nature dans les chambres, wifi gratuit... Et il y a même un grand palmier au sous-sol !

Opéra Pavillon sans rest 📶 ৬ AK 🛜
7 r. de Parme 🚇 Liège – ℰ 01 55 31 60 00 – www.pavillonparis.com
30 ch ☲ – †135/230 € ††200/330 €
Dans une rue tranquille, un hôtel sobre et élégant, où règne une atmosphère feutrée (chambres petites mais intimes, avec du bois, des tons chauds...). Le plus : la formule "tout inclus" comprenant notamment le petit-déjeuner et le goûter.

Opéra d'Antin sans rest 📶 AK 🞥 🛜
75 r. de Provence 🚇 Chaussée d'Antin – ℰ 01 48 74 12 99 – www.operadantin.com
30 ch – †105/235 € ††115/290 € – ☲ 13 €
Tout près des grands magasins et de l'Opéra, un petit hôtel dont les chambres, classiques, se révèlent agréables et chaleureuses. Atouts charme : le hall Art déco et la salle des petits-déjeuners, aménagée sous une verrière.

Les Trois Poussins sans rest 📶 ৬ AK 🞥 🛜
15 r. Clauzel 🚇 St-Georges – ℰ 01 53 32 81 81 – www.les3poussins.com
40 ch – †225/480 € ††265/480 € – ☲ 14 €
Dans une rue calme, un nid douillet que ces Trois Poussins, entièrement rénovés en 2013. Les chambres allient esprit contemporain et fonctionnalité : un bon point de chute au cœur du joli quartier de la Nouvelle-Athènes. Au dernier étage, on profite en prime de la vue sur Paris.

Lorette Opéra sans rest 📶 ৬ AK 🞥 🛜
36 r. Notre-Dame de Lorette 🚇 St-Georges – ℰ 01 42 85 18 81 – www.astotel.com
84 ch – †146/310 € ††146/310 € – ☲ 14 €
Pierres apparentes et parquet en bois exotique : avec son espace salon, le hall de cet hôtel est très agréable et l'on s'y attarde avec plaisir. Bien tenues et contemporaines, les chambres sont confortables bien que peu spacieuses.

Relais Madeleine sans rest 📶 ৬ AK 🞥 🛜
11 bis r. Godot-de-Mauroy 🚇 Havre Caumartin – ℰ 01 47 42 22 40
– www.relaismadeleine.fr
23 ch – †185/495 € ††270/495 € – ☲ 15 €
Un peu comme dans une maison de famille, mais en plein centre de Paris ! Indéniablement, ce petit hôtel a du charme, avec son mobilier chiné, ses teintes chatoyantes et ses tissus choisis... Sans parler de l'accueil attentionné.

PARIS

Monterosa sans rest
30 r. La Bruyère ⓂSt-Georges – ☏ 01 48 74 87 90 – www.astotel.com
36 ch – †146/310 € ††146/310 € – ☑ 14 €
Urbain, sobre et fonctionnel : cet établissement est le petit frère du Joyce (juste en face) et cultive le même esprit frais et lumineux.

9 Hotel sans rest
14 r. Papillon Ⓜ Cadet – ☏ 01 47 70 78 34 – www.le9hotel.com
48 ch – †104/230 € ††113/250 € – ☑ 15 €
Non loin de la gare du Nord, dans une rue assez calme, un hôtel contemporain et pratique : les chambres, très épurées (parquet noir, murs blancs), sont petites et néanmoins agréables.

L'Opéra
pl. Jacques-Rouché - Palais Garnier Ⓜ Opéra – ☏ 01 42 68 86 80
– www.opera-restaurant.fr
• MODERNE • Formule 37 € – Carte 43/91 €
Fantôme ? Petit rat ? Non, gourmet de l'Opéra ! Au sein du monument de Charles Garnier, dans la rotonde qui accueillait autrefois les fiacres, le décor fait un incroyable entrechat entre le 19e s. et l'avant-garde : mondain au sol, intime sur la mezzanine "autoportante"... Partition contemporaine dans l'assiette.

Le Lumière – Hôtel Scribe
1 r. Scribe Ⓜ Opéra – ☏ 01 44 71 24 24 – www.hotel-scribe.com – Fermé lundi
• MODERNE • Formule 45 € – Menu 95 € – Carte 55/80 €
Les frères Lumière firent en ces lieux leur première projection publique. La salle, sous sa grande verrière, leur rend hommage... Quant au chef, il met habilement en scène des produits de qualité. Cadrage, scénario : les assiettes se révèlent savoureuses.

Jean
8 r. St-Lazare Ⓜ Notre-Dame de Lorette – ☏ 01 48 78 62 73
– www.restaurantjean.fr
• CRÉATIVE • Formule 49 € – Menu 85 € (dîner)/120 € – Carte 78/101 €
Poutres peintes, tentures fleuries, etc. Au cœur du 9e arrondissement, Jean donne l'illusion d'une charmante escapade en dehors du Paris contemporain. L'occasion d'oublier le temps qui passe, autour de mets empreints de raffinement et marqués par le sens de l'épure et des saveurs...
➜ Escargots de Bourgogne poêlés, gnocchis parfumés au citron et velouté à l'ail doux. Rouget barbet farci à la tapenade, sauce romesco et kumquat confit. Dacquoise aux amandes, bavarois vanille et balsamique, cœur coulant mara des bois.

Prémices
24 r. Rodier Ⓜ Cadet – ☏ 01 45 26 86 26
– www.facebook.com/restaurantpremices – Fermé 1 semaine en mai, 3 semaines en août, 1 semaine vacances de Noël, lundi midi, sam. et dim.
• MODERNE • Formule 24 € – Menu 36 € (déj.) – Carte 57/77 € (réservation conseillée)
Financier dans une banque d'affaires, Alexandre Weill est reparti de zéro... pour se livrer à sa passion de la gastronomie et apprendre la cuisine. Bien lui en a pris ! Sa table – au cadre de bon goût – se révèle savoureuse, ses recettes limpides et sans esbroufe, les produits de choix. Et ce ne sont que les prémices...

Au Petit Riche
25 r. Le Peletier Ⓜ Richelieu Drouot – ☏ 01 47 70 68 68
– www.restaurant-aupetitriche.com – Fermé week-ends de mi-juil. à fin août et fériés
• TRADITIONNELLE • Formule 26 € – Menu 31/37 € ☟ – Carte 36/64 €
Salles en enfilade, banquettes en velours rouge, tables élégantes : le charme préservé d'un authentique bistrot du 19e s. et... d'une véritable institution de la vie parisienne. Cuisine d'inspiration tourangelle et beau choix de vins de Loire.

La Régalade Conservatoire – Hôtel de Nell

7-9 r. du Conservatoire ⓜ Bonne Nouvelle – ☏ 01 44 83 83 60
– www.charmandmore.com – Fermé sam. midi et dim.
• MODERNE • Menu 37 € (réservation conseillée)

Et de trois ! Après ses Régalades des 14ᵉ et 1ᵉʳ arrondissements, Bruno Doucet réplique à deux pas des Grands Boulevards, au sein du luxueux hôtel de Nell. L'esprit bistrot se fait chic, et la cuisine du chef toujours aussi enlevée, généreuse et savoureuse. Vivement le nouvel opus !

Atelier Rodier

17 r. Rodier ⓜ Notre-Dame de Lorette – ☏ 01 53 20 94 90
– www.latelier-rodier.com – Fermé août, 1 semaine à Noël, mardi midi, merc. midi, sam. midi, dim. et lundi
• MODERNE • Formule 24 € – Menu 41/60 € – Carte 44/59 €

Visibles depuis la salle, les cuisines s'exhibent fièrement... et dévoilent un certain brio dans l'art de cuisiner ! Ici œuvre Santiago Torrijos, un jeune homme passé par de bonnes maisons et tout à fait à l'aise dans son rôle de bistronome en chef. Ses recettes sont créatives, inspirées et pleines de surprises !

La Petite Sirène de Copenhague

47 r. Notre-Dame-de-Lorette ⓜ St-Georges – ☏ 01 45 26 66 66
– www.lapetitesireneparis.com – Fermé août, 23 déc.-2 janv., sam. midi, dim. et lundi
• DANOISE • Menu 35 € (déj.)/41 € – Carte 55/77 € (réservation conseillée)

Au-dessus de la devanture flotte un drapeau danois... qui annonce tout de suite la couleur gourmande de cet antre ! Menu du jour sur ardoise et carte plus étoffée (mais plus chère)... pour se régaler de harengs à la danoise, entre autres.

Le Pré Cadet

10 r. Saulnier ⓜ Cadet – ☏ 01 48 24 99 64 – www.leprecadet.fr – Fermé 1 semaine en mai, 3 semaines en août, 1 semaine en déc., sam. midi, dim. et lundi
• TRADITIONNELLE • Menu 31 € – Carte 38/59 € (réservation conseillée)

Sympathie, convivialité et plats canailles... dont la tête de veau, orgueil de la maison ! Cette petite adresse voisine des Folies Bergère joue à fond la carte traditionnelle. L'herbe est toujours verte au Pré Cadet, et la salle bien remplie.

Les Diables au Thym

35 r. Bergère ⓜ Grands Boulevards – ☏ 01 47 70 77 09
– www.lesdiablesauthym.com – Fermé 3 semaines en août, sam. midi et dim.
• MODERNE • Formule 30 € – Carte 50/70 €

Près des Grands Boulevards, un bistrot contemporain où savourer une appétissante cuisine du marché, tout en produits frais et de saison... On se laissera par exemple tenter par un pavé de maigre et sa ratatouille à la fleur de thym, accompagné d'un vin nature. Nul diablotin en ces lieux !

Encore

43 r. Richer ⓜ Le Peletier – ☏ 01 72 60 97 72 – Fermé 2 semaines en août, 2 semaines à Noël, sam. et dim.
• MODERNE • Formule 25 € – Menu 30 € (déj.), 48/75 €

Encore un bistrot branché, rétro et gastro comme il se doit ? Que nenni, l'affaire n'a rien d'une simple copie, car c'est un vrai chef, avec un style bien à lui, qui œuvre aux fourneaux. Ainsi cette entrée originale, tout en amertume : bulots, poireaux et noix de muscade dans un jus d'herbes. Encore et toujours plus !

Mamou

42 r. Taitbout ⓜ Chaussée d'Antin – ☏ 01 44 63 09 25 – Fermé 3 semaines en août, 1 semaine à Noël, lundi soir, mardi soir, sam. midi et dim.
• TRADITIONNELLE • Formule 19 € – Carte 35/52 €

À deux pas des grands magasins, ce restaurant de quartier est tout indiqué pour ponctuer ou conclure une journée de shopping. Comment ne pas reprendre des forces en dégustant un menu aussi généreux : crème de cèpes, quasi de veau rôti et pêche de vigne pochée à la verveine... Un amour de cuisine du marché.

PARIS

X

Le Pantruche

3 r. Victor-Massé **M** Pigalle – ☎ 01 48 78 55 60 – www.lepantruche.com – Fermé 3 semaines en août, 24 déc.-5 janv., sam. et dim.
• MODERNE • Formule 19 € – Menu 35 € – Carte 42/50 € (réservation conseillée)

Pantruche, c'est Paris en argot... Un nom tout trouvé pour ce bistrot au décor rétrochic, qui cultive volontiers l'atmosphère gouailleuse et canaille des années 1940-1950. Côté papilles, le chef et sa petite équipe concoctent de jolis plats de saison, pile dans la tendance bistronomique.

X

Hotaru

18 r. Rodier **M** Notre-Dame de Lorette – ☎ 01 48 78 33 74 – Fermé 3 semaines en août, 2 semaines en hiver, dim. et lundi
• JAPONAISE • Menu 24 € (déj.), 25/27 € – Carte 20/64 €

Un restaurant japonais accueillant, dont le jeune chef concocte une cuisine traditionnelle et familiale qui fait la part belle au poisson. Sushis, makis, sashimis, mais aussi quelques plats mijotés, ou encore des fritures.

X

Braisenville

36 r. Condorcet **M** Anvers – ☎ 09 50 91 21 74 – Fermé 1 semaine en août, sam. midi et dim.
• MODERNE • Formule 18 € – Menu 22 € (déj.)/35 € – Carte 25/45 € dîner (réservation conseillée)

Jeu de mot canaille pour l'enseigne de ce repaire très contemporain, dont la cuisine tourne notamment autour d'un four à braise très affûté. Menu du marché au déjeuner, succession de petits plats façon "raciones" espagnoles le soir... Inventive et pétillante, la formule fait mouche – avec les vins qui lui vont bien.

X

Kiku

56 r. Richer **M** Cadet – ☎ 01 44 83 02 30 – Fermé 1 semaine en août, 1 semaine en déc., sam. midi et dim.
• JAPONAISE • Formule 29 € – Menu 37 € (déj.)/57 €

Au Japon, on les appelle des "izakaya", ces bars à saké proposant à la dégustation des petits plats. À deux coups de baguettes des Folies Bergère, le concept est original et totalement convaincant : limpide et très parfumée, cette cuisine fait rimer nippon et très bon.

X

Le Caillebotte **M**

8 r. Hippolyte-Lebas **M** Notre-Dame-de-Lorette – ☎ 01 53 20 88 70 – Fermé 1 semaine en avril, 31 juil.-23 août, 25 déc.-3 janv., sam. et dim.
• MODERNE • Formule 19 € – Menu 35/49 €

Franck Baranger, le chef, compose ces assiettes fraîches et résolument modernes dont il a le secret : langoustines servies crues sur des lasagnes de concombre, thon blanc de St-Gilles et coulis de petits pois mentholés... C'est gourmand, coloré, et colle parfaitement à l'ambiance conviviale des lieux.

X

I Golosi

6 r. de la Grange-Batelière **M** Richelieu Drouot – ☎ 01 48 24 18 63 – Fermé 2 semaines en août, sam. soir et dim.
• ITALIENNE • Carte 25/53 €

Un décor coloré et sans âge pour cette authentique trattoria proche de la salle des ventes Drouot. La carte varie chaque semaine et s'accompagne d'une superbe sélection de vins en accord avec les mets du moment... Et le café est excellent, Italie oblige ! On peut aussi faire des provisions à l'épicerie fine.

X

L'Oriental

47 av. Trudaine **M** Pigalle – ☎ 01 42 64 39 80 – www.loriental-restaurant.com
• MAROCAINE • Menu 34 € – Carte 32/45 €

Comme dans la chanson, on l'appelle l'Oriental et on apprécie sa compagnie ! Voyage express pour le Maroc autour de petits plats parfumés, dont les incontournables tajines et couscous...

X **Georgette**

29 r. St-Georges Ⓜ *Notre-Dame de Lorette –* ℰ *01 42 80 39 13 – Fermé vacances de fév. et de printemps, août, vacances de la Toussaint, sam., dim., lundi et fériés*
• TRADITIONNELLE • Formule 20 € – Carte 32/42 €

Avec ses tables multicolores en formica et ses chaises en skaï, ce restaurant cultive un sympathique cachet rétro. Cuisine traditionnelle et recettes familiales réalisées avec de bons produits : harengs et oignons doux, pâté en croûte...

X **Momoka au n°24**   ⒶⒸ

24 r. Jean-Baptiste-Pigalle Ⓜ *Trinité d'Estienne d'Orves –* ℰ *09 67 29 47 54
– Fermé août, sam. midi, dim. et lundi*
• JAPONAISE • Formule 29 € – Menu 39 € (déj.), 45/68 € (réservation conseillée)

Même nom, même rue, même formule : regardez bien le numéro de l'immeuble avant de pousser la porte de ce Momoka-là ! Voilà déjà plusieurs années que Masayo Hashimoto œuvre au n° 5 ; avec ce deuxième opus au n° 24, on a deux fois plus de raisons de découvrir ses fines préparations japonaises, où les légumes sont rois...

X **Les Canailles**   ⅏

⊛ *25 r. La Bruyère* Ⓜ *St-Georges –* ℰ *01 48 74 10 48 – www.restaurantlescanailles.fr
– Fermé 3 semaines en août, sam. et dim.*
• MODERNE • Formule 26 € – Menu 34 € – Carte environ 37 € (réservation conseillée)

Parfaite pour s'encanailler, cette sympathique adresse a été créée par deux Bretons formés à bonne école. Ici, ils jouent la carte de la bistronomie et des recettes de saison. Spécialités : le carpaccio de langue de bœuf et sauce ravigote, et le baba au rhum avec sa chantilly à la vanille... On se régale !

X **Les Saisons**

52 r. Lamartine Ⓜ *Notre-Dame de Lorette –* ℰ *01 48 78 15 18
– www.restaurant-les-saisons.com – Fermé 3 semaines en août, dim. et lundi*
• TRADITIONNELLE • Formule 17 € – Menu 22 € (déj. en semaine)
– Carte 32/47 €

Comme les années, les bistrots parisiens ont leurs saisons. L'heure du printemps est revenue pour cette adresse au cachet d'antan (bois, moleskine, etc.) sur lequel un jeune chef fait aujourd'hui souffler un vent de fraîcheur, revisitant avec doigté les classiques du genre. Au plus près de toutes les saisons.

X **Oka** ❶   ⒶⒸ ⅏

⊛ *28 r. Tour-d'Auvergne* Ⓜ *Cadet –* ℰ *01 45 23 99 13 – www.okaparis.fr
– Fermé août, 23 déc.-5 janv., le midi, dim. et lundi*
• MODERNE • Menu 35 € (réservation conseillée)

Oka, c'est "maison" en langue amérindienne... Un symbole fort, choisi par Raphaël Rego pour baptiser sa première affaire : le jeune chef est originaire du Brésil. Formé à travers de belles tables étoilées, marqué par ses racines cariocas, il signe des recettes inspirées et délicates, qui donnent à sa "maison" un goût... d'universel !

X **L'Office**   ⒶⒸ

⊛ *3 r. Richer* Ⓜ *Poissonnière –* ℰ *01 47 70 67 31
– Fermé 31 juil.-23 août, 24 déc.-4 janv., sam. et dim.*
• MODERNE • Menu 22 € (déj.), 28/39 € (réservation conseillée)

Un bistrot de poche, à deux pas des Folies Bergère... Assis au coude-à-coude, on se régale d'une cuisine qui change au rythme des saisons. Des préparations justes et savoureuses signées par un chef japonais (qui a fait un beau parcours en France), accompagnées d'un judicieux choix de vins. Le tout à prix serrés.

X **Les Coulisses Vintage**   ⅏

19 r. Notre-Dame-de-Lorette Ⓜ *St-Georges –* ℰ *01 45 26 46 46
– www.lescoulissesvintage.com – Fermé 3 semaines en août, sam. midi, dim. et lundi*
• CLASSIQUE • Formule 16 € – Menu 40 € – Carte 75/100 €

Vintage : la cuisine classique française l'est dorénavant devenue, après ces années de renouveau et d'expérimentations ! Pourquoi bouder son plaisir quand on (re-) découvre d'aussi savoureux pieds de veau sauce homardine ou joues de bœuf à la royale ? Le tout cuisiné dans les règles et même... dans des casseroles en cuivre !

Momoka au n°5

5 r. Jean-Baptiste-Pigalle Ⓜ Trinité d'Estienne d'Orves – ☏ 01 40 16 19 09
– Fermé août, sam. midi, dim. et lundi
• JAPONAISE • Formule 29 € – Menu 39 € (déj.), 49/68 € – Carte 35/45 €
(réservation conseillée)

Masayo Hashimoto a passé neuf ans dans une pâtisserie française à Osaka, avant de s'installer à Paris... en emportant avec elle les saveurs raffinées de son pays. Ses créations évoluent au gré du marché, privilégiant salades, légumes et poissons. Bon à savoir : son minirestaurant possède dorénavant une succursale au n° 24 !

Les Affranchis

5 r. Henri-Monnier Ⓜ St-Georges – ☏ 01 45 26 26 30
– www.restaurantlesaffranchis.fr – Fermé 24 juil.- 23 août, dim. et lundi
• MODERNE • Formule 26 € – Menu 35 € – Carte 40/65 €

Deux jeunes associés se sont "affranchis" des (bonnes) maisons où ils travaillaient pour créer ce restaurant. Est-ce l'effet de leur liberté nouvelle, mais l'adresse est séduisante, avec sa déco vintage et son ardoise qui se joue joliment des classiques. Une adresse qui va bien à ce 9e aussi bourgeois que bohème.

Gare de l'Est · Gare du Nord · Canal St-Martin

10e arrondissement ✉ 75010

A. Pistolesi/Tips/Photononstop

Windsor Opéra sans rest

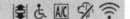

10 r. G.-Laumain Ⓜ Bonne Nouvelle – ☏ 01 48 00 98 98 – www.hotelwindsor.com
24 ch – ♦185/300 € ♦♦200/360 € – ☲ 16 €

Dès que l'on passe le hall d'entrée, on est conquis par la décoration design et l'exceptionnelle collection de pièces d'aéronautique. Hélices d'avion, hublots, moteurs... vous incitent à embarquer pour des chambres modernes et élégantes.

Faubourg Saint-Martin sans rest

6 r. Gustave-Goublier Ⓜ Strasbourg St-Denis – ☏ 01 40 40 02 02
– www.hotel-faubourg-saint-martin.com
42 ch – ♦119/299 € ♦♦119/329 € – ☲ 12 €

Une bonne situation pour cet hôtel moderne et chaleureux, à mi-chemin entre les gares et le très animé faubourg St-Martin. Les chambres, bien aménagées, déclinent des thèmes aériens : nature, plumes, pois, etc. Confortable et impeccablement tenu.

Eurostars Panorama sans rest

9 r. des Messageries Ⓜ Poissonnière – ☏ 01 47 70 44 02
– www.eurostarshotels.com
43 ch – ♦95/550 €♦♦95/550 € – ☲ 10 €

Cet hôtel récent a élu domicile dans une rue tranquille, à proximité des gares du Nord et de l'Est. Si la façade est typique du 19e s., les chambres sont contemporaines, sobres, presque épurées, avec des clins d'œil à la culture parisienne.

Hor sans rest

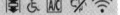

160 r. La Fayette Ⓜ Gare du Nord – ☏ 01 40 05 18 05 – www.hotel-hor.com
47 ch – ♦169/399 €♦♦169/399 € – ☲ 15 €

Cet hôtel a ouvert ses portes en 2012 entre les gares du Nord et de l'Est. Les chambres y sont contemporaines et fonctionnelles ; certaines disposent même d'une terrasse privative. Et le matin, on prend le petit-déjeuner dans une jolie salle ouverte sur un patio.

Faubourg 88 sans rest 🔁 ⑤ AC 🛜

88 r. Faubourg-Poissonnière Ⓜ *Poissonnière* – ✆ *01 53 16 13 10*
– *www.hotel-faubourg88.com*
29 ch – 🛏150/450 € 🛏🛏150/600 € – ☐ 14 €

Attendez-vous à une vraie "claque" visuelle : moquettes composées de codes QR
(ces codes-barres de forme carrée), chambres au design minimaliste noir et blanc,
têtes de lit en miroir et petits personnages disséminés dans la déco... Cet hôtel ne
manque pas de personnalité !

Hôtel du Nord sans rest 🔁 🛜

47 r. Albert-Thomas Ⓜ *Jacques Bonsergent* – ✆ *01 42 01 66 00*
– *www.hoteldunord-leparivelo.com*
23 ch – 🛏73 € 🛏🛏86 € – ☐ 8 €

Dans une rue tranquille, cet hôtel propose des chambres très simples à prix
modéré. Hall décoré d'objets chinés et de bibelots rétro, confitures maison au
petit-déjeuner, vélo à disposition : une adresse atypique et sympathique.

Porte 12 Ⓝ

12 r. des Messageries Ⓜ *Poissonnière* – ✆ *01 42 46 22 64* – *www.porte12.com*
– *Fermé août, vacances de Noël, sam. midi, dim. et lundi*
• MODERNE • Menu 35 € (déj.), 58/65 € *(réservation conseillée)*

Vincent Crépel, jeune chef français originaire du Pays basque, élabore ici une cuisine d'auteur percutante, résolument contemporaine, inspirée par ses voyages et
ses différentes expériences professionnelles (notamment en Asie). Verdict : ses
associations audacieuses font mouche à tous les coups. Une belle adresse !

Matière à... Ⓝ

15 r. Marie-et-Louise Ⓜ *Goncourt* – ✆ *09 83 07 37 85* – *Fermé 2-17 août, sam.
midi et dim.*
• MODERNE • Formule 19 € – Menu 23 € (déj.)/42 € – Carte 32/43 €
(réservation conseillée)

On se sent à la maison dans ce restaurant aux allures de loft, avec sa grande table
haute en chêne, ses lampes suspendues et sa collection de miroirs sur l'un des
murs. Dans ses cuisines ouvertes sur la salle, le chef prépare des plats délicats et
parfumés, tout en finesse : il y a Matière à... revenir souvent !

Chez Michel

10 r. Belzunce Ⓜ *Gare du Nord* – ✆ *01 44 53 06 20* – *Fermé 3 semaines
en août, lundi midi, sam. et dim.*
• TRADITIONNELLE • Formule 29 € – Menu 35/100 € – Carte 32/45 €

Breizh ! Cette table traditionnelle propose de bons petits plats du terroir breton,
mais pas seulement : tronçon de barbue aux petits légumes, joue de bœuf à la
ficelle, riz au lait grand-mère, etc. Le décor met le bleu et le blanc à l'honneur,
et le chef se nomme... Thierry Breton !

Playtime AC

5 r. des Petits-Hôtels Ⓜ *Gare du Nord* – ✆ *01 44 79 03 98* – *Fermé août,
23 déc.-2 janv., lundi midi, sam. et dim.*
• MODERNE • Formule 22 € – Menu 30 € (déj.), 36/45 €

Monsieur Hulot aurait certainement apprécié cette cuisine ludique et ce cadre
très 1950. Ravioles de queue de bœuf au consommé à la citronnelle, filet de lieu
jaune au saté et bouillon thaï, glace butternut et espuma vanille... un voyage à
travers le monde et une échappée dans le temps !

La Grille

80 r. du Faubourg-Poissonnière Ⓜ *Poissonnière* – ✆ *01 47 70 89 73* – *Fermé 3
semaines en août, sam. et dim.*
• TRADITIONNELLE • Carte 35/60 €

Dans ce bistrot pur jus, la cuisine a l'âme généreuse. Terrine de canard aux noisettes, bœuf bourguignon, tête de veau sauce gribiche, baba au rhum... Les suggestions du jour sont tout aussi copieuses. Vintage !

PARIS

Chez Marie-Louise
11 r. Marie-et-Louise Ⓜ *Goncourt* – 𝒞 *01 53 19 02 04*
– www.chezmarielouise.com – Fermé août, 24 déc.-2 janv., sam. et dim.
• TRADITIONNELLE • Formule 16 € – Menu 19 € (déj.) – Carte 29/43 €
À deux pas du canal St-Martin, ce néobistrot mené par un jeune duo a conquis le
cœur des bobos. Banquettes en moleskine, moulures, etc. : l'ambiance joue la carte
rétro, et l'ardoise annonce des plaisirs indémodables. Terrine de lapin en gelée et
aromates, magret de canard rôti et jus aux griottines, millefeuille à la vanille…

Philou
12 av. Richerand Ⓜ *Gouncort* – 𝒞 *01 42 38 00 13 – www.restophilou.com*
– Fermé août, dim. et lundi
• TRADITIONNELLE • Formule 19 € – Menu 34 €
Près du canal St-Martin, de grandes et alléchantes ardoises, des miroirs, une affi-
che d'un film de Marcel Carné : voilà une sympathique adresse bistronomique.
Poêlée de girolles et œuf mollet, rognons de veau et galette de maïs, saint-pierre
rôti et endives caramélisées, paris-brest et kouign amann... On se régale.

Le Galopin
34 r. Sainte-Marthe Ⓜ *Belleville* – 𝒞 *01 42 06 05 03 – www.le-galopin.com*
– Fermé 2 semaines en août, 1 semaine vacances de Noël, le midi, dim. et lundi
• MODERNE • Menu 48 € *(réservation indispensable)*
Vainqueur de l'émission Top Chef en 2010, Romain Tischenko a choisi la discrétion en créant ce bistrot sur la jolie place Ste-Marthe. Il cuisine ici comme à des
amis, avec l'envie palpable de faire découvrir et partager : jeux sur les saveurs,
les herbes, les températures... Belle illustration de cuisine contemporaine !

Zerda
15 r. René-Boulanger Ⓜ *Strasbourg-St-Denis* – 𝒞 *01 42 00 25 15*
– www.Zerdacafe.fr – Fermé lundi midi et sam.
• MAROCAINE • Carte environ 45 € *(réservation conseillée)*
À la tête de cette institution née dans les années 1940, Jaffar Achour est un spécialiste, voire un démiurge du couscous, toujours à la recherche de combinaisons inédites et très parfumées. Décor arabisant et ambiance partageuse... Une
belle graine !

Chameleon
70 r. René-Boulanger Ⓜ *Strasbourg-St-Denis* – 𝒞 *01 42 08 99 41*
– www.chameleonrestaurant.fr – Fermé 15-22 fév., 9-23 août, sam. midi et dim.
• TRADITIONNELLE • Formule 18 € – Menu 22 € (déj.)/37 € – Carte 40/50 €
Mobilier chiné, luminaires post-industriels, cuisine bistronomique et terrasse colorée... Cette adresse s'inscrit tout droit dans la tendance urbaine et contemporaine
(qui a dit bobo ?). Les deux associés, Valérie et Arnaud, sont passionnés de restauration et amoureux des bons produits. Et cela se sent !

Albion
80 r. du Faubourg-Poissonnière Ⓜ *Poissonnière* – 𝒞 *01 42 46 02 44 – Fermé 3
semaines en août, vacances de Noël, sam. et dim.*
• MODERNE • Carte 40/52 €
Nulle perfidie en cette Albion où œuvre un chef... britannique ! De bons produits,
des recettes bien maîtrisées et originales, des saveurs marquées, une jolie sélection de vins de propriétaire et des tarifs raisonnables : on peut s'entraîner à prononcer : *"This bistro is very friendly"*.

Chez Casimir
6 r. Belzunce Ⓜ *Gare du Nord* – 𝒞 *01 48 78 28 80*
• TRADITIONNELLE • Formule 24 € – Menu 28 € (déj. en semaine), 32/50 €
Une sympathique adresse 100 % bistrot, pour une cuisine franche et bien troussée. Les samedi et dimanche midi, c'est traou mad ("bonnes choses" en breton),
un brunch renversant de générosité : buffet d'entrées, omelette, soupe, plat en
cocotte et dessert... Un conseil, réservez !

✗ **Youpi & Voilà**

8 r. Vicq-d'Azir Ⓜ *Colonel-Fabien* – ℰ *01 83 89 12 63* – *www.youpietvoila.fr*
– Fermé 2 semaines en août, dim. et lundi
• MODERNE • Formule 20 € – Menu 25 € (déj.)/43 € – Carte 35/60 €
Youpi, voilà de la bistronomie à l'état pur ! Un décor tout simple, un service décontracté et, côté assiettes, une savoureuse tranche de cuisine d'aujourd'hui, franche et bien tournée. Sardines cuites au vinaigre et poivrons grillés, poulpe cuit avec un condiment d'olive Kalamata... Parfait pour un repas entre amis.

✗ **Paradis** Ⓝ   🍴 ⇔

🥜 *14 r. Paradis* Ⓜ *Gare de l'Est* – ℰ *01 45 23 57 98* – *www.restaurant-paradis.com*
– Fermé 10-23 août, sam. midi et dim.
• MODERNE • Menu 16 € (déj.) – Carte 33/60 €
Dans l'assiette, œuf parfait à 64° C, salade de lentilles et jambon de parme ; pavé de merlu de ligne, risotto vert, navets et brocolis... Des créations généreuses et colorées, que l'on doit à un chef passé par la case Passard. On se régale dans une salle pleine de caractère : une certaine idée du Paradis !

✗ **Haï Kaï** Ⓝ   🅰🅺

104 quai Jemmapes Ⓜ *Jacques Bonsergent* – ℰ *09 81 99 98 88* – *www.haikai.fr*
– Fermé 3 semaines en août, dim. et lundi
• MODERNE • Formule 17 € – Menu 22 € (déj. en semaine)/45 €
– Carte 35/50 €
Haï Kaï, c'est la création de deux passionnées, Gabi et Amélie, installées au bord du canal Saint-Martin. La première a créé la carte des vins, riche et variée ; la seconde réalise des plats intelligents et bien ficelés, qui doivent tout à son instinct et aux beaux produits qu'elle a choisis. On en redemande !

✗ **Abri**   🍴

92 r. du Faubourg-Poissonnière Ⓜ *Poissonnière* – ℰ *01 83 97 00 00* – *Fermé août, sam. midi, dim. et lundi*
• MODERNE • Menu 25 € (déj.)/45 € *(réservation conseillée)*
Un Abri minuscule... où l'on se réfugie avec plaisir ! Dans la lignée de tous ces jeunes chefs japonais qui s'installent aujourd'hui à Paris après y avoir travaillé dans de grandes maisons, Katsuaki rend un bel hommage à la cuisine française, avec une sensibilité toute nippone. Très bon rapport qualité-prix !

Ch. Sarramon/hemis.fr

Nation · Voltaire · République

11ᵉ arrondissement   ✉ **75011**

🏨 **Gabriel Paris** *sans rest*   📶 ♿ 🅰🅺 🍴 📶

25 r. du Grand-Prieuré Ⓜ *Oberkampf* – ℰ *01 47 00 13 38*
– www.hotelgabrielparis.com
41 ch ⌂ – †169/255 € ††199/405 €
Cet hôtel ultramoderne joue la carte du haut de gamme dans une atmosphère zen : esprit design, belles finitions, ambiance feutrée, etc. À noter : les chambres sont équipées du système NightCove, ces jeux de lumière avec musique qui accompagnent l'endormissement et préparent à un réveil tout en douceur...

PARIS

Fabric sans rest
31 r. de la Folie-Méricourt Ⓜ *Saint-Ambroise* – ℰ *01 43 57 27 00*
– *www.hotelfabric.com*
33 ch – ♦200/360 € ♦♦200/360 € – ☑ 15 €
Dans une ancienne fabrique de textiles, à mi-chemin de République et de Bastille,
un bel hôtel qui a gardé un peu de son héritage industriel : poutres et luminaires
en fer, mobilier ancien, nuances de gris... Et des chambres design et élégantes,
pour les amateurs !

Le Général sans rest
5 r. Rampon Ⓜ *République* – ℰ *01 47 00 41 57* – *www.legeneralhotel.com*
43 ch – ♦200/270 € ♦♦250/400 € – 3 suites – ☑ 18 €
Nulle rigueur militaire chez ce Général-là ! Cet agréable hôtel, proche de la place de la
République, abrite des chambres chaleureuses, aménagées avec soin et goût de la couleur. L'enseigne fait référence au général Rampon, qui a donné son nom à la rue.

Le Standard Design sans rest
29 r. des Taillandiers Ⓜ *Bastille* – ℰ *01 48 05 30 97*
– *www.standard-design-hotel-paris.com*
37 ch – ♦155/275 € ♦♦155/275 € – ☑ 15 €
Design en effet, mais pas standard : du style, des tissus aux motifs osés, aussi
bien dans les chambres que dans le hall. Même la salle de petit-déjeuner est
sous les toits...

Auberge Flora
44 bd Richard Lenoir Ⓜ *Bréguet Sabin* – ℰ *01 47 00 52 77*
– *www.aubergeflora.com*
21 ch – ♦124/224 € ♦♦124/224 € – ☑ 14 €
Rest *Auberge Flora* – voir les restaurants ci-après
Voilà une auberge où l'on se sent bien ! C'est la dernière création de Flora Mikula,
cuisinière généreuse qui a décidé d'associer le couvert et le gîte. Les chambres
sont joliment décorées, certaines très colorées, et bien confortables. Mention spéciale pour la "chambre gourmande" avec champagne et foie gras...

Marais Bastille sans rest
36 bd Richard-Lenoir Ⓜ *Bréguet Sabin* – ℰ *01 48 05 75 00*
– *www.maraisbastille.com*
37 ch – ♦140/230 € ♦♦150/280 € – ☑ 15 €
Ambiance cosy dans cet hôtel bordant le boulevard Richard-Lenoir, dont le terre-plein
couvrant une partie du canal St-Martin accueille une agréable promenade. Décoration
sobre dans les chambres, confortables et élégantes (plus calmes sur l'arrière).

Le Patio St-Antoine sans rest
289 bis r. du Faubourg-St-Antoine Ⓜ *Nation* – ℰ *01 40 09 40 00*
– *www.lepatiosaintantoine.com*
88 ch – ♦152/420 € ♦♦152/420 € – ☑ 18 €
Le point fort de cet hôtel aux chambres fonctionnelles (équipées d'une cuisinette) : le calme et la verdure de ses patios fleuris. Petit-déjeuner servi dans une
salle agréable.

Original sans rest
8 bd Beaumarchais Ⓜ *Bastille* – ℰ *01 47 00 91 50* – *www.hoteloriginalparis.com*
38 ch – ♦220/310 € ♦♦300/350 € – ☑ 12 €
Niché entre la place des Vosges et la Bastille, cet hôtel est on ne peut plus... original ! Les chambres, signées Stella Cadente, multiplient les références malicieu-
ses à l'univers des contes de fées... Une adresse magique, donc, pour des nuits
enchantées et décalées au cœur du Paris historique.

Angely sans rest
22 r. du Grand-Prieuré Ⓜ *Oberkampf* – ℰ *01 48 07 55 25*
– *www.angelyhotelparis.com*
22 ch – ♦129/259 € ♦♦149/309 € – ☑ 12 €
Éclairage au sol, lit suspendu, esprit baroque ou arty... Près de la place de la République, cet hôtel est des plus tendance : quoi de plus normal puisque les chambres sont signées par différents designers ? Une adresse atypique, où l'accueil se
montre de surcroît charmant.

PARIS

Le 20 Prieuré Hôtel sans rest 🛗 ᴴ ᴬᴷ 🛜
20 r. Grand Prieuré 🚇 *Oberkampf* – 𝒞 01 47 00 74 14 – www.hotel20prieure.com
32 ch – †99/189 € ††109/199 € – ☲ 13 €
Un hôtel sympathique, qui s'aligne sur le style citadin contemporain et propose de petites chambres agréables : nuances de blancs, mobilier design, immenses photos évoquant Paris...

Grand Hôtel Français sans rest 🛗 ᴬᴷ 🛜
223 bd Voltaire 🚇 *Nation* – 𝒞 01 43 71 27 57 – www.grand-hotel-francais.fr
36 ch – †160/300 € ††160/300 € – ☲ 12 €
Cet hôtel a été entièrement rénové avec de beaux matériaux et le résultat est vraiment plaisant. Ses atouts : bonne situation, literie de qualité et chambres joliment meublées.

Nord et Est sans rest 🛗 🛜
49 r. Malte 🚇 *Oberkampf* – 𝒞 01 47 00 71 70 – www.paris-hotel-nordest.com
45 ch – †99/159 € ††99/219 € – ☲ 12 €
Proche de la République, cet hôtel a su fidéliser ses clients grâce à son ambiance familiale et ses tarifs raisonnables. Préférez les chambres rénovées, plus contemporaines.

✕✕ Mansouria ᴬᴷ ✑
11 r. Faidherbe 🚇 *Faidherbe-Chaligny* – 𝒞 01 43 71 00 16 – www.mansouria.fr
– *Fermé lundi midi et dim.*
• MAROCAINE • Menu 28/36 € – Carte 30/54 € *(réservation conseillée)*
Tajines, couscous, crème à la fleur d'oranger... Des spécialités très parfumées, préparées par d'habiles cuisinières marocaines, sous la houlette de Fatema Hal, ethnologue, écrivain et véritable figure de la gastronomie nord-africaine.

✕✕ Le Chardenoux ✑
1 r. Jules-Vallès 🚇 *Charonne* – 𝒞 01 43 71 49 52
– www.restaurantlechardenoux.com
• TRADITIONNELLE • Formule 22 € – Menu 27 € (déj. en semaine)/39 €
Rouvert pour ses 100 ans (en 2008) sous l'impulsion de Cyril Lignac, ce charmant bistrot remet à la mode la tradition : pâté en croûte, œuf cocotte aux cèpes, saumon mariné, hachis parmentier de canard, paris-brest...

✕ Qui plume la Lune (Jacky Ribault)
😋 *50 r. Amelot* 🚇 *Chemin Vert* – 𝒞 01 48 07 45 48 – www.quiplumelalune.fr
– *Fermé août, 1er-9 janv., dim., lundi, mardi et fériés*
• MODERNE • Menu 60 € (déj. en semaine), 85/120 € *(réservation conseillée)*
C'est d'abord un joli endroit, chaleureux et romantique. Et c'est aussi, et surtout, une cuisine signée par un passionné, pleine de vitalité et de fraîcheur, inventive, avec des produits triés sur le volet (bio, beaux légumes, etc.). Savoureux moment sous la clarté de cette table aussi lunaire que terrestre...
→ Rouget, sésame noir, mangue et makis. Pigeon rôti, jus au genévrier, légumes de saison. Millefeuille praliné au citron vert.

✕ Bon Kushikatsu ᵍ ᴬᴷ ✑
24 r. Jean-Pierre Timbaud 🚇 *Oberkampf* – 𝒞 01 43 38 82 27 – *Fermé lundi midi, mardi midi et dim.*
• JAPONAISE • Menu 30 € (déj. en semaine)/60 € *(réservation conseillée)*
Pour un voyage express à Osaka, à la découverte de la spécialité culinaire de la ville : les kushikatsu (des minibrochettes panées et frites à la minute). Bœuf au sansho, foie gras poivré, champignon shiitaké : les préparations se succèdent et révèlent de belles saveurs. Et l'accueil délicat finit de transporter au Japon...

✕ Septime (Bertrand Grébaut)
😋 *80 r. de Charonne* 🚇 *Charonne* – 𝒞 01 43 67 38 29 – www.septime-charonne.fr
– *Fermé 3 semaines en août, lundi midi, sam. et dim.*
• MODERNE • Menu 30 € (déj.)/65 €
Des fournisseurs triés sur le volet, beaucoup de fraîcheur et d'aisance, de la passion et même un peu de malice, mais toujours de la précision et de la justesse : mené par le jeune Bertrand Grébaut, Septime symbolise le meilleur de cette nouvelle génération de tables parisiennes à la fois très branchées et... très épicuriennes !
→ Cuisine du marché.

PARIS

Blue Valentine ❶

13 r. de la Pierre-Levée Ⓜ *République –* ℰ *01 43 38 34 72 – Fermé merc. midi, lundi et mardi*
• MODERNE • Formule 29 € – Menu 36 € (déj.)/42 €
Une enseigne noire où le nom du restaurant se détache en lettres dorées ; à l'intérieur, une grande peinture murale et un look de bistrot... Ce Blue Valentine ne manque pas de cachet ! La cuisine est réalisée par un chef japonais au beau parcours, qui travaille des produits de qualité avec finesse et justesse.

Le Servan ❶

32 r. St-Maur Ⓜ *Rue Saint-Maur –* ℰ *01 55 28 51 82 – Fermé 3 semaines en août, 1ᵉʳᵉ semaine de janv., lundi midi, sam. et dim.*
• MODERNE • Menu 23 € (déj.) – Carte 42/48 €
À l'angle de la rue St-Maur, cet ancien troquet quelque peu défraîchi a été rénové par deux sœurs, Katia et Tatiana Levha. Cette dernière compose une cuisine fraîche et spontanée, basée sur des produits simples mais toujours très bons ; elle ne rechigne pas à tenter des associations inattendues, avec succès !

Clown Bar ❶

114 r. Amelot Ⓜ *Fille du Calvaire –* ℰ *01 43 55 87 35 – Fermé lundi et mardi*
• MODERNE • Carte 35/55 € *(réservation conseillée)*
Une véritable petite "bombe" que ce Clown Bar installé à deux pas du Cirque d'hiver. Dans des locaux inclassables, ouvertement rétro et kitsch, on se régale des plats millimétrés du chef japonais : thon blanc / betterave / framboise ; escargot / radis glaçon / jaune d'œuf... Le buzz bat son plein : pensez à réserver !

Auberge Flora

44 bd Richard-Lenoir Ⓜ *Bréguet Sabin –* ℰ *01 47 00 52 77*
– www.aubergeflora.com
• MODERNE • Formule 19 € – Menu 23 € (déj. en semaine), 29/35 €
– Carte 31/62 €
Un vrai lieu de vie que cette auberge d'aujourd'hui, créée par le chef Flora Mikula : que l'on réside à l'hôtel ou non, on a l'impression d'être reçu comme à la maison ! La cuisine, pétillante et débordante de soleil et de saveurs, invite à la convivialité. Et l'on peut passer simplement pour grignoter quelques tapas...

Tintilou

37 bis r. de Montreuil Ⓜ *Faidherbe-Chaligny –* ℰ *01 43 72 42 32*
– www.letintilou.fr – Fermé 3 semaines en août, 1 semaine en fév., sam. midi et dim.
• MODERNE • Formule 17 € – Menu 35/49 € – Carte 50/62 €
Cet ancien relais de mousquetaires du 16ᵉ s. est désormais un lieu contemporain et original. Le cadre idéal pour une cuisine voyageuse et soignée, qui mise sur de très beaux produits.

Le 6 Paul Bert ❶

6 r. Paul-Bert Ⓜ *Faidherbe-Chaligny –* ℰ *01 43 79 14 32 – Fermé août, dim., lundi et mardi midi*
• MODERNE • Menu 19 € (déj.)/44 €
Après le Bistrot et l'Écailler, les gourmets du 11ᵉ arrondissement (tendance "hipster" et "foodista") ont jeté leur dévolu sur le 6 Paul Bert... et pour cause ! On y goûte la cuisine fraîche et spontanée d'un chef d'origine québécoise ; les saveurs sont parfois inattendues mais l'ensemble est toujours maîtrisé. Un vrai régal.

Villaret

13 r. Ternaux Ⓜ *Parmentier –* ℰ *01 43 57 75 56 – Fermé 2 semaines en août, sam. midi et dim.*
• TRADITIONNELLE • Formule 21 € – Menu 26 € (déj.), 33/55 € – Carte 40/60 €
Les délicieux parfums qui vous accueillent dès la porte d'entrée ne trompent pas : voici une vraie adresse gourmande ! Ce bistrot chic propose des plats de saison attrayants : salade de girolles et petit salé avec son œuf poché, poulet fermier au savagnin et cocos de Paimpol... Beau choix de vins.

X
Bistrot Paul Bert   🕸
18 r. Paul-Bert Ⓜ Faidherbe Chaligny – ℰ 01 43 72 24 01 – Fermé août, dim. et
lundi
• TRADITIONNELLE • Menu 19 € (déj. en semaine)/38 € – Carte 43/62 €
(réservation conseillée)
Sur la façade de ce sympathique bistrot s'affiche "Cuisine familiale". Traduisez :
entrecôte, parmentier de joue de bœuf, etc. Gardez de la place pour le baba
au rhum !

X
L'Écailler du Bistrot   🕸 🅰🅲
22 r. Paul-Bert Ⓜ Faidherbe Chaligny – ℰ 01 43 72 76 77 – Fermé août, dim. et
lundi
• POISSONS ET FRUITS DE MER • Menu 19 € (déj. en semaine)/55 €
– Carte 45/67 €
Le point fort de la maison ? Des produits de la mer très frais, et des huîtres ! Ambiance 100 % marine, ardoise du jour iodée, menu homard toute l'année
et belle carte des vins.

X
Pierre Sang in Oberkampf   🅰🅲 ⇔
55 r. Oberkampf Ⓜ Parmentier – www.pierresangboyer.com – Fermé août, dim.
et lundi
• MODERNE • Formule 20 € – Menu 25 € (déj.), 35/39 €
Qui est adepte de l'émission Top Chef connaît forcément Pierre Sang, finaliste de
l'édition 2011. On retrouve toute la gentillesse du jeune homme, qui délivre, ici
chez lui, une cuisine sensible et partageuse – particulièrement bon marché le
midi ! On a grand plaisir à passer en ami (pas de réservation).

X
Sassotondo
40 r. J.-P. Timbaud Ⓜ Parmentier – ℰ 01 43 55 57 00 – www.sassotondo.com
– Fermé 1 semaine en fév., 3 semaines en août, 25 déc.-1er janv., lundi et mardi
• ITALIENNE • Menu 18 € (dîner)/33 € – Carte 36/55 €
Cette trattoria contemporaine porte le nom d'un domaine viticole. L'ambiance est
sympathique et décontractée, idéale pour se régaler de spécialités italiennes tra-
ditionnelles : acquacotta, crespelle alla fiorentina, zuppa inglese, etc. Va bene !

X
Les Déserteurs Ⓝ
46 r. Trousseau Ⓜ Ledru-Rollin – ℰ 01 48 06 95 85 – www.les-deserteurs.com
– Fermé 2 semaines en août, mardi midi, dim. et lundi
• MODERNE • Menu 28 € (déj. en semaine), 45/60 €
Un antre cosy et accueillant, créé par deux anciens du Sergent Recruteur (le
second de cuisine et le sommelier) qui ont... déserté ! Ils se laissent aller à une
cuisine pleine de fraîcheur, résolument axée sur le produit, et dans laquelle créativité rime avec maîtrise. Le tout accompagné d'une jolie carte des vins.

X
Caffé dei Cioppi   🍴
159 r. du Faubourg-St-Antoine Ⓜ Ledru Rollin – ℰ 01 43 46 10 14 – Fermé août,
vacances de Noël, sam., dim. et lundi
• ITALIENNE • Carte 26/47 € (réservation conseillée)
Un restaurant minuscule – avec seulement cinq tables – et spartiate, mais épatant. Elle vient de Milan, lui de Sicile, leurs assiettes ont le charme de l'Italie :
charcuteries, risottos, linguini aux palourdes... Un défilé de belles saveurs italiennes,
incontournables ou plus inattendues.

X
Le Chateaubriand   🍸
129 av. Parmentier Ⓜ Goncourt – ℰ 01 43 57 45 95 – www.lechateaubriand.net
– Fermé 25 déc.-1er janv., dim., lundi et le midi
• MODERNE • Menu 60/120 € 🍷
Le Chateaubriand, c'est un peu le temple de la mouvance bistronomique, placé
sous le feu des projecteurs médiatiques depuis de longues années maintenant.
Une institution en somme, qui cultive une formule éprouvée : celle d'un menu
unique qui joue sur des associations de saveurs originales. Créativité rime avec
branché...

PARIS

Le Sot l'y Laisse

70 r. Alexandre-Dumas ⓜ Alexandre Dumas – ℰ 01 40 09 79 20 – Fermé 3 semaines en août, 1 semaine en déc., sam. midi, lundi midi et dim.
• MODERNE • Formule 19 € – Menu 25 € (déj.) – Carte 42/70 €
Bien sot qui laisserait de côté ce beau bistrot ! Aux fourneaux, Eiji Doihara, originaire d'Osaka, rend un bel hommage à cette gastronomie française qui le passionne : généreuses et gourmandes, ou légères et délicates, ses recettes font mouche à chaque fois. L'adresse remporte un succès mérité.

Manger

24 r. Keller ⓜ Bréguet-Sabin – ℰ 01 43 38 69 15 – http://manger-leresto.com – Fermé dim. soir et le midi
• MODERNE • Menu 57 € – Carte 45/60 €
Cette table, qui prolonge l'action de l'association Toques et Partage, fait rimer gastronomie avec solidarité : un tiers de l'équipe est composée de chômeurs en réinsertion. Les recettes du chef, modernes et en prise sur le marché et les saisons, vont bien à la salle, épurée et lumineuse. Un grand bravo !

La Pulpéria

11 r. Richard-Lenoir ⓜ Voltaire – ℰ 01 40 09 03 70 – Fermé août, 31 déc.-6 janv., sam. midi et dim.
• MODERNE • Menu 18 € (déj. en semaine) – Carte 44/64 € (réservation conseillée)
Elle se situe à Charonne, cette Pulpéria – du nom de ces épiceries qu'on trouve en Amérique latine –, mais elle porte bien cette appellation : c'est l'affaire d'un jeune chef argentin, formé dans de fameuses maisons parisiennes, qui revisite ici les recettes de son pays – dont de belles viandes – et de l'Hexagone. Bueno !

Astier

44 r. J.-P.-Timbaud ⓜ Parmentier – ℰ 01 43 57 16 35
– www.restaurant-astier.com – Fermé 1ᵉʳ-15 janv., lundi et mardi en été
• TRADITIONNELLE • Menu 30 € (déj.), 35/45 € – Carte environ 42 € (réservation conseillée)
Nappes à carreaux, tables à touche-touche : on se sustente à la bonne franquette dans ce bistrot traditionnel très animé. Le menu offre un excellent rapport qualité-prix, et l'on pioche parmi un grand choix de vins au classement original : vins de soif, de méditation...

Auberge Pyrénées Cévennes

106 r. de la Folie-Méricourt ⓜ République – ℰ 01 43 57 33 78 – Fermé 1ᵉʳ-21 août, sam. midi, dim. et fériés
• RÉGIONALE ET TERROIR • Menu 31 € – Carte 30/70 €
Les plaisanteries fusent, la patronne prodigue un accueil inégalable et les assiettes – un véritable tour de France gourmand – débordent de générosité... L'adresse pour bons vivants !

Le Temps au Temps

13 r. Paul-Bert ⓜ Faidherbe Chaligny – ℰ 01 43 79 63 40 – Fermé 11-26 août, 29 déc.-2 janv., mardi midi et lundi
• TRADITIONNELLE • Formule 19 € ₸ – Menu 21 € ₸ (déj.)/32 €
Prenez donc le temps de découvrir cette charmante petite adresse. L'ardoise énumère de belles suggestions bistrotières : tartine de maquereaux et rillettes, carré de veau et caviar d'aubergines, baba au rhum et pêches au sirop, etc.

Au Vieux Chêne

7 r. du Dahomey ⓜ Faidherbe Chaligny – ℰ 01 43 71 67 69 – www.vieuxchene.fr – Fermé 25 avril-3 mai, 25 juil.-16 août, 24 déc.-4 janv., sam. et dim.
• TRADITIONNELLE • Formule 15 € – Menu 19 € (déj.)/33 € – Carte 41/48 €
Ce bistrot de quartier ne désemplit pas. Sa cuisine bistrotière et son cadre authentique y sont pour beaucoup, de même sa carte des vins qui propose des crus à prix très sages.

J. Palut/Fotolia.com

Bastille · Bercy · Gare de Lyon

12e arrondissement ⊠ 75012

Pullman Paris Bercy ⫶○ Ƒ☱ 🛗 ♿ 🄰🄲 🛜 🏊
1 r. de Libourne Ⓜ *Cour St-Émilion* – 𝄐 01 44 67 34 00 – www.pullmanhotels.com
385 ch – ♦199/705 € ♦♦199/705 € – 11 suites – 🍽 26 €
Un immeuble reconnaissable à son imposante façade en verre. Les chambres, dont certaines offrent une belle vue sur Paris, ont été récemment rénovées dans le style contemporain caractéristique de l'hôtel. Au restaurant règne l'ambiance sympathique du "village" de Bercy ; brunch le dimanche.

Novotel Gare de Lyon ⫶○ 🖥 Ƒ☱ 🛗 ♿ 🄰🄲 🛜 🏊 🚗
2 r. Hector-Malot Ⓜ *Gare de Lyon* – 𝄐 01 44 67 60 00 – www.accorhotels.fr
253 ch – ♦135/650 € ♦♦135/650 € – 2 suites – 🍽 17 €
Les chambres sont conformes aux dernières normes de la chaîne, avec des terrasses au 6e étage. Préférez, si possible, celles donnant sur la place Henri-Fresnay, plus calmes. Piscine, fitness et espace enfant bien aménagé.

Mercure Gare de Lyon sans rest 🛗 ♿ 🄰🄲 🛜 🏊
2 pl. Louis-Armand Ⓜ *Gare de Lyon* – 𝄐 01 43 44 84 84 – www.mercure.com
315 ch – ♦112/395 € ♦♦112/395 € – 🍽 18 €
L'architecture récente de cet hôtel contraste avec le beffroi de la gare de Lyon tout proche. Les chambres sont résolument tendance et bien équipées. Et le concept "Easy Work" permet de réserver une table de réunion avec connexion Internet, pendant une demi-journée, à petit prix. Pratique !

Paris Bastille sans rest 🛗 ♿ 🄰🄲 🛜 🏊
67 r. de Lyon Ⓜ *Bastille* – 𝄐 01 40 01 07 17 – www.hotelparisbastille.com
37 ch – ♦210/326 € ♦♦224/326 € – 🍽 15 €
Décor sobre, tons gris et bordeaux : voilà comment se déclinent les chambres et la salle des petits-déjeuners de cet hôtel moderne et confortable, situé face à l'Opéra Bastille.

Elysée Gare de Lyon Ⓝ sans rest 🛗 ♿ 🄰🄲 🛜
234 r. de Bercy Ⓜ *Gare de Lyon* – 𝄐 01 43 43 77 77 – www.elyseegaredelyon.com
37 ch – ♦149/199 € ♦♦159/349 € – 🍽 12 €
Blanc, gris clair et rouge : voilà les teintes dominantes de cet hôtel joyeux, qui décline dans ses chambres le personnage de la Parisienne – chic, élégante et moderne. De quoi dépoussiérer avec brio l'image un peu austère des hôtels de gare !

Hôtel du Printemps Ⓝ sans rest 🛗 ♿ 🄰🄲 🐾 🛜
80 bd de Picpus Ⓜ *Picpus* – 𝄐 01 43 43 62 31 – www.hotel-paris-printemps.com
38 ch – ♦80/105 € ♦♦90/140 € – 🍽 10 €
Parquet couleur chêne naturel, chaises style Louis XVI : cet hôtel, situé tout près de la place de la Nation, est chaleureux et impeccablement tenu. Les chambres (y compris les plus petites) sont confortables, et le mini-patio est idéal pendant les beaux jours.

Au Trou Gascon 🍴 🄰🄲
40 r. Taine Ⓜ *Daumesnil* – 𝄐 01 43 44 34 26 – www.autrougascon.fr
– Fermé août, 1er-7 janv., sam. et dim.
• DU SUD-OUEST • Menu 39 € (déj.)/88 € – Carte 64/82 €
Cette institution de la cuisine du Sud-Ouest compte de nombreux habitués de longue date. Pâté en croûte au foie gras de canard, lièvre à la royale, tourtière chaude et croustillante, sans oublier l'incontournable cassoulet : la carte bichonne le terroir, avec quelques touches plus contemporaines. Une valeur sûre !
➜ Homard bleu vapeur, royale corraillée et infusion d'herbes parfumées. Caneton croisé rôti et escalope de foie gras, escaoutoun de maïs aux cèpes. Russe pistaché et framboises craquantes, crème glacée à la pistache.

X **Table - Bruno Verjus**

3 r. de Prague Ⓜ *Ledru Rollin –* 𝒞 *01 43 43 12 26 – www.tablerestaurant.fr*
– Fermé 2 semaines en août, sam. et dim.
• MODERNE • Formule 19 € – Menu 25 € (déj.), 60/120 € – Carte 40/90 €
(réservation conseillée)

Choisir les plus beaux produits, les cuisiner avec humilité : tel est le credo de Bruno Verjus, étonnant personnage, entrepreneur, blogueur et critique gastronomique... devenu chef ! Dans ses recettes, pleines d'énergie et de saveurs, tout en jeux de textures, l'on devine une passion sincère et... communicative !

X **Quincy**

28 av. Ledru-Rollin Ⓜ *Gare de Lyon –* 𝒞 *01 46 28 46 76 – www.lequincy.fr*
– Fermé 10 août-10 sept., sam., dim. et lundi
• CLASSIQUE • Carte 71/81 €

Une ambiance chaleureuse règne dans ce bistrot indémodable, dominé par "Bobosse", son patron truculent et haut en couleurs. Depuis trente ans (à la louche !), les amateurs de bonne chère s'y régalent des généreuses et savoureuses spécialités du Berry et de l'Ardèche. Une table comme on n'en fait plus.

X **À La Biche au Bois**

45 av. Ledru-Rollin Ⓜ *Gare de Lyon –* 𝒞 *01 43 43 34 38 – Fermé 24 juil.-23 août,*
23 déc.-2 janv., lundi midi, sam. et dim.
• TRADITIONNELLE • Formule 19 € – Menu 24 € 🍷 (déj.)/31 € – Carte environ 35 €

De nombreux habitués se pressent dans ce discret restaurant, qui n'est pas sans rappeler les bons bistrots d'antan. Dans une ambiance animée, au coude-à-coude, on profite d'un condensé de tradition (terrine maison, coq au vin) et de gibier en saison : sanglier, civet de lièvre et... biche, bien entendu !

X **La Gazzetta**

29 r. de Cotte Ⓜ *Ledru Rollin –* 𝒞 *01 43 47 47 05 – www.lagazzetta.fr*
– Fermé août, dim. soir et lundi
• MÉDITERRANÉENNE • Formule 19 € – Menu 24 € (déj.), 39/59 €
– Carte 42/65 € dîner

Luigi Nastri, chef en provenance d'Italie, s'est installé ici avec une équipe 100 % transalpine et décline une savoureuse cuisine méditerranéenne, s'autorisant quelques escapades plus exotiques (petites touches d'épices). Ici, la règle est claire : de beaux produits, de belles saveurs et de la simplicité.

X **Le Cotte Rôti**

1 r. de Cotte Ⓜ *Ledru-Rollin –* 𝒞 *01 43 45 06 37 – Fermé 3 semaines en août,*
24 déc.-2 janv., sam. midi, dim. et lundi
• MODERNE • Formule 19 € – Menu 22 € (déj.)/39 € *(réservation conseillée)*

Un restaurant à l'image de son chef, convivial et bon vivant, qui revisite avec finesse la tradition bistrotière : au gré du marché et de l'humeur du jour, il compose des plats simples et fins, qui vont droit au cœur ! Et pour accompagner le tout, rien de tel que quelques bons crus de la vallée du Rhône...

X **Will** Ⓝ

75 r. Crozatier Ⓜ *Ledru Rollin –* 𝒞 *01 53 17 02 44 – www.will-restaurant.com*
– Fermé 2 semaines août, dim. et lundi
• MODERNE • Formule 19 € – Carte 35/45 € *(réserver)*

Ouverte en 2014, cette adresse déjà tendance est située à deux pas du trépidant marché d'Aligre. Au menu, on trouve les belles recettes de William Pradeleix, jeune chef au beau parcours ; il régale ses clients de créations actuelles à l'âme voyageuse, tel ce carpaccio de maigre, radis cerise et vinaigrette au gingembre.

X **Il Goto**

212 bis r. de Charenton Ⓜ *Dugommier –* 𝒞 *01 43 46 30 02 – www.ilgoto.fr*
– Fermé 3 semaines en août, vacances de Noël et de Pâques, dim. et lundi
• ITALIENNE • Formule 16 € 🍷 – Menu 20 € (déj. en semaine) – Carte 27/41 €

Sympathique, ce restaurant tenu par Marzia et Simone, un couple d'Italiens passionnés. Tartare de bœuf mariné au romarin et poivrons doux siciliens ; gnocchis de pain aux orties et asiago, pesto d'aubergine, crumble de pecorino... Des créations goûteuses et soignées, que l'on accompagne d'un bon rouge transalpin !

Place d'Italie · Gare d'Austerlitz · Bibliothèque nationale de France

13e arrondissement ⌧ 75013

Mercure Place d'Italie sans rest 🔲 ⓴ 🅰🅺 ⌘ 🔌
25 bd Auguste-Blanqui Ⓜ *Place d'Italie* – *⌀ 01 45 80 82 23*
– *www.mercure-paris-italie.com*
50 ch – †119/420 € ††134/436 € – ⌑ 16 €
À proximité de la place d'Italie, un hôtel dont les chambres ont été entièrement rénovées en 2014. Désormais décorées dans un style sobre et contemporain, elles se révèlent fonctionnelles et bien équipées (écran plat, coffre-fort, wifi).

La Demeure sans rest 🔲 🅰🅺 ⌘ ⌖
51 bd St-Marcel Ⓜ *Les Gobelins* – *⌀ 01 43 37 81 25*
– *www.hotel-paris-lademeure.com*
37 ch – †98/290 € ††98/290 € – 6 suites – ⌑ 16 €
Dans un bel immeuble haussmannien, un hôtel moderne et design, où l'on a à plaisir à séjourner. Les chambres sont pratiques et colorées, celles des derniers étages offrant une belle vue sur les toits de Paris et... la tour Eiffel !

La Manufacture sans rest 🔲 🅰🅺 ⌘ ⌖
8 r. Philippe-de-Champagne Ⓜ *Place d'Italie* – *⌀ 01 45 35 45 25*
– *www.hotel-la-manufacture.com*
57 ch – †70/325 € ††90/325 € – ⌑ 13 €
À deux pas de la place d'Italie, un hôtel chaleureux décoré avec élégance, où l'on cultive le sens de l'accueil. Les chambres sont plutôt petites mais impeccablement tenues.

Jack's Hôtel sans rest 🔲 🅰🅺 ⌖
19 av. Stephen Pichon Ⓜ *Place d'Italie* – *⌀ 01 45 85 17 34*
– *www.jacks-hotel.com*
30 ch – †80/140 € ††90/180 € – ⌑ 10 €
Dans une artère assez calme, légèrement en retrait de l'agitation, cet hôtel dispose de chambres fonctionnelles et contemporaines. Pour l'anecdote, l'une d'elles fut celle où l'écrivain Jean Genet passa les derniers moments de sa vie. Prix raisonnables.

✕✕ L'Auberge du 15 ⌖ ⌘
15 r. de la Santé Ⓜ *Glacière* – *⌀ 01 47 07 07 45* – *www.laubergedu15.com*
– *Fermé août, vacances de Noël, dim. et lundi*
• MODERNE • Menu 39 € (déj.), 65/85 €
Changement radical dans cette Auberge du 15 hier connue pour célébrer les saveurs de l'Aubrac, aujourd'hui menée par un chef japonais dont le terroir de prédilection est celui de l'invention ! Dans l'assiette, il agrémente la tradition de touches modernes et créatives, toujours en utilisant des produits de choix.

✕✕ L'Auberge du Roi Gradlon Ⓜ ⌂ ⌖
36 bd Arago Ⓜ *Les Gobelins* – *⌀ 01 45 35 48 71* – *www.roigradlon.fr* – *Fermé 3 semaines en août, 1 semaine vacances de Noël, merc. et jeudi*
• BRETONNE ET CRÊPES • Menu 30/68 € – Carte 47/106 € *(réservation conseillée)*
Dans la salle à manger (qui porte les marques de l'ancienne abbaye des Cordeliers) ou sur l'agréable terrasse entourée de verdure, on s'assied volontiers chez le Roi Gradlon ! Les classiques bretons y sont revisités en mode chic bien léché (kig-ha-farz, kouign amann) et la mer n'est jamais très loin. Un régal...

PARIS

XX Au Petit Marguery   AC

9 bd de Port-Royal **Ⓜ** *Les Gobelins –* ✆ *01 43 31 58 59 – www.petitmarguery.com*
• TRADITIONNELLE • Formule 24 € – Menu 29 € (déj.)/37 € 〒 – Carte 36/56 €
Un décor Belle Époque authentique, plaisant et convivial. La carte est dans la
grande tradition : terrines maison, tête de veau ravigote, gibier en saison... Juste
à côté, le Comptoir Marguery se la joue canaille, façon bistrot à sensation. Une
adresse qui a une âme !
Le Comptoir Marguery ✆ 01 42 17 43 43 – Formule 18 € – Menu 22/33 € 〒

X Variations

😊 *18 r. des Wallons* **Ⓜ** *Saint-Marcel –* ✆ *01 43 31 36 04*
– www.restaurantvariations.com – Fermé août, sam. midi et dim.
• TRADITIONNELLE • Formule 17 € – Menu 19 € (déj.), 30/44 € – Carte 36/64 €
Au menu de ce charmant bistrot : une cuisine traditionnelle osant... les variations
au gré du marché et des saisons. Le chef (un ancien pilote de chasse !) est un
amoureux du beau produit.

X L'Ourcine

😊 *92 r. Broca* **Ⓜ** *Les Gobelins –* ✆ *01 47 07 13 65 – www.restaurant-lourcine.fr*
– Fermé 3 semaines en août, dim. et lundi
• TRADITIONNELLE • Formule 26 € – Menu 36 €
Qualité et modestie résument bien l'esprit de l'Ourcine, un sympathique petit bis-
trot – rénové en 2013 – qui propose une cuisine inspirée et liée aux saisons.
Menu du jour et ardoise "coups de cœur" regorgent de belles propositions...

X Les Cailloux

😊 *58 r. des Cinq Diamants* **Ⓜ** *Corvisart –* ✆ *01 45 80 15 08 – www.lescailloux.fr*
– Fermé 1 semaine en août
• ITALIENNE • Formule 14 € 〒 – Menu 18 € 〒 (déj. en semaine)
– Carte 34/49 €
Le nom du restaurant laisse imaginer un bistrot à la française... Raté ! Il suffit de
parcourir la carte pour comprendre que c'est l'Italie que l'on célèbre : carpaccio
de bœuf, roquette et parmesan ; raviolis maison ricotta épinard ; tiramisu... Frais
et gourmand, tout simplement !

X L'Avant Goût   AC ⟷

26 r. Bobillot **Ⓜ** *Place d'Italie –* ✆ *01 53 80 24 00 – www.lavangout.com*
– Fermé dim. et lundi
• MODERNE • Formule 15 € 〒 – Menu 35 € *(réservation conseillée)*
Non loin de la place d'Italie, on déguste au coude-à-coude une cuisine du marché assez
originale (le pot-au-feu de cochon aux épices !), dans une ambiance décontractée.

X Basilic & Spice   AC ⌀

😊 *88 av. de Choisy* **Ⓜ** *Tolbiac –* ✆ *01 45 85 19 30 – www.basilicspice.com – Fermé 3
semaines en juil.*
• THAÏLANDAISE • Formule 13 € – Menu 20 € (déj. en semaine)/39 €
– Carte 25/49 €
Au cœur du Chinatown parisien, ce restaurant propose une carte essentiellement
thaïlandaise, où s'invitent quelques recettes du Cambodge voisin. Salade de
papaye aux crevettes, poulet sauté au curry rouge, ou encore bar entier grillé
dans une feuille de bananier à la façon khmère... Le plaisir est au rendez-vous !

X Impérial Choisy   AC ⌀

😊 *32 av. de Choisy* **Ⓜ** *Porte de Choisy –* ✆ *01 45 86 42 40*
• CHINOISE • Formule 17/52 €
Au cœur du Chinatown parisien, un restaurant chinois apprécié par de nombreux
Asiatiques qui en ont fait leur cantine. Dans une salle qui ne désemplit pas (ser-
vice non-stop, voire un peu expéditif !), on se régale au coude-à-coude de bel-
les spécialités cantonaises. Un vrai goût d'authenticité, sans se ruiner !

X Sukhothaï   AC

😊 *12 r. du Père Guérin* **Ⓜ** *Place d'Italie –* ✆ *01 45 81 55 88 – Fermé lundi midi et dim.*
• THAÏLANDAISE • Formule 14 € 〒 – Menu 16 € 〒/29 € – Carte 24/37 €
Dans une ruelle calme à deux pas de la place d'Italie, une savoureuse cuisine thaïe
servie dans un décor adéquat... où l'on joue des coudes. Accueil tout sourire.

Lao Lane Xang 2

102 av. d'Ivry Ⓜ Tolbiac – ✆ 01 58 89 00 00 – www.restolaolanexang.com – Fermé jeudi midi et merc.

• VIETNAMIENNE • Formule 13 € – Carte 19/35 €

L'histoire parisienne des Siackhasone, originaires du Laos, commence dans les années 1990, avec la création du Lao Lane Xang 1. En 2007, Do et Ken – dignes héritiers du savoir-faire familial – ouvrent cette table "bis". La carte marie spécialités laotiennes, thaïes et vietnamiennes : simplicité et parfums au menu !

Tempero Ⓝ

5 r. Clisson Ⓜ Chevaleret – ✆ 09 54 17 48 88 – www.tempero.fr – Fermé août, 1 semaine vacances de Noël, lundi soir, mardi soir, merc. soir, sam. et dim.

• CRÉATIVE • Formule 15 € – Menu 20 € (déj.) – Carte 28/42 € *(réservation conseillée)*

Un petit bistrot sympathique, à l'image de sa chef, Alessandra Montagne, originaire du Brésil et passée par de belles tables parisiennes. Ici chez elle, elle cuisine au gré du marché de beaux produits frais et signe des recettes vivifiantes – et aux prix doux –, à la croisée de la France, du Brésil et de l'Asie. Joli métissage !

Le Lotus

121 av. d'Ivry Ⓜ Tolbiac – ✆ 01 53 61 00 61 – www.lelotus13.com – Fermé 1er-15 sept. et lundi

• VIETNAMIENNE • Carte 16/36 €

Madeleine N'Guyen et son mari sont les heureux propriétaires de ce savoureux Lotus. Cette "cantine" ne cherche pas midi à quatorze heures et mise tout sur une cuisine 100 % vietnamienne sachant mettre l'eau à la bouche : salade d'ananas aux fruits de mer, brochette de porc grillé... Parfums et générosité !

Pho Tai Ⓝ

13 r. Philibert-Lucot Ⓜ Maison Blanche – ✆ 01 45 85 97 36 – Fermé 2 semaines en août, vacances de Noël et merc.

• VIETNAMIENNE • Carte 20/30 €

Dans une rue isolée du quartier asiatique, ce petit restaurant vietnamien sort du lot : tout le mérite en revient à son chef, Monsieur Te, arrivé en France en 1968 et fort bel ambassadeur de la cuisine du Vietnam. Raviolis, poulet croustillant au gingembre frais, bo bun et soupes phô : tout est parfumé et plein de saveurs !

Mer de Chine

159 r. du Château-des-Rentiers Ⓜ Place d'Italie – ✆ 01 45 84 22 49 – Fermé juil.

• CHINOISE • Menu 15 € (déj. en semaine)/25 € – Carte 20/50 €

Dans ce restaurant près de la place d'Italie, on prépare de la cuisine teochew, traduisez : du sud de Canton. Goûteux et accueillant, le tout sur une bande-son bien chinoise !

J.-C. Amiel/hemis.fr

Montparnasse · Denfert Rochereau · Parc Montsouris

14e arrondissement ✉ 75014

Pullman Montparnasse

19 r. du Cdt-Mouchotte Ⓜ Montparnasse Bienvenüe – ✆ 01 44 36 44 36 – www.pullmanhotels.com

918 ch – 🚹159/517 € 🚹🚹159/517 € – 35 suites – ☕ 25 €

Avec ses 900 chambres et sa cinquantaine de salles de réunion, c'est l'un des plus importants hôtels d'affaires de la capitale. Près de la moitié des chambres offrent une vue panoramique sur Paris ; toutes sont très confortables.

🏠🏠🏠 **Concorde Montparnasse** 🍴 📶 ♿ 🅰️ 📶 ♨️ 🚗

40 r. du Cdt-Mouchotte Ⓜ *Gaîté –* ℰ *01 56 54 84 00*
– http://montparnasse.concorde-hotels.fr
354 ch – 🛏️125/550 € 🛏️🛏️125/550 € – ⬚ 19 €

Sur la place de Catalogne, dessinée par Ricardo Bofill, cet hôtel contemporain, aux chambres spacieuses et fonctionnelles, est particulièrement adapté aux voyages d'affaires. Parmi ses prestations : un bar lounge, un restaurant (avec formules buffet) et un patio aménagé en terrasse.

🏠🏠🏠 **Aiglon** sans rest 📶 🅰️ 🍽️ 📶 🚗

232 bd Raspail Ⓜ *Raspail –* ℰ *01 43 20 82 42 – www.aiglon.com*
36 ch – 🛏️122/310 € 🛏️🛏️122/310 € – 10 suites – ⬚ 16 €

L'immeuble est né pendant les Années folles et a accueilli Giacometti et Buñuel. En accord avec la façade, l'esprit des années 1920 a inspiré la décoration des chambres (motifs rétro, mosaïques des salles de bains, etc.), très chaleureuses et confortables. À noter : une petite partie reste encore à rénover.

🏠🏠 **Mercure Raspail Montparnasse** sans rest 📶 ♿ 🅰️ 📶

207 bd Raspail Ⓜ *Vavin –* ℰ *01 43 20 62 94 – www.mercure.com*
63 ch – 🛏️145/265 € 🛏️🛏️145/265 € – ⬚ 14 €

Tout près des brasseries légendaires du boulevard du Montparnasse, l'établissement propose des chambres confortables, colorées et bien aménagées. Une bonne option pour un séjour d'affaires comme pour un week-end dans la capitale.

🏠🏠 **Delambre** sans rest 📶 ♿ 🅰️ 📶

35 r. Delambre Ⓜ *Edgar Quinet –* ℰ *01 43 20 66 31*
– www.hoteldelambreparis.com
30 ch – 🛏️99/199 € 🛏️🛏️99/275 € – ⬚ 13 €

Dans cet hôtel proche de la gare Montparnasse, le souvenir d'André Breton et de Paul Gauguin plâne encore... On pourra donc relire Nadja ou méditer sur l'école de Pont-Aven dans une chambre sobre et fonctionnelle, avant une belle promenade.

🏠🏠 **Le M** sans rest 📶 🍽️ 📶

20 bis r. de la Gaîté Ⓜ *Gaieté –* ℰ *01 40 47 48 49 – www.hotelmparis.com*
59 ch – 🛏️129/360 € 🛏️🛏️129/420 € – ⬚ 19 €

Sur l'animée rue de la Gaîté, où s'est forgé le mythe du Montparnasse festif, cet hôtel a joui d'une cure de jouvence en 2013 : bonne insonorisation, confort sûr et esprit contemporain... avec même dans quelques chambres des détails canailles, tels une moquette léopard et un escarpin en tableau. Les Montparnos auraient aimé !

🏠🏠 **Le Fabe** sans rest 📶 ♿ 🅰️ 🍽️ 📶

113 bis r. de l'Ouest Ⓜ *Pernety –* ℰ *01 40 44 09 63 – www.lefabehotel.fr*
17 ch – 🛏️110/170 € 🛏️🛏️110/200 € – ⬚ 10 €

De grandes photographies colorées veillent sur votre sommeil, donnant à chaque chambre sa personnalité. Un style très moderne et volontiers élégant, proposé à prix sage dans ce petit hôtel du quartier Pernety. Pour rester zen...

🏠🏠 **Lenox Montparnasse** sans rest 📶 🅰️ 🍽️ 📶 🚗

15 r. Delambre Ⓜ *Vavin –* ℰ *01 43 35 34 50 – www.lenoxmontparnasse.com*
52 ch – 🛏️110/400 € 🛏️🛏️130/400 € – ⬚ 17 €

Une certaine atmosphère... Bar et salons dégagent un charme feutré et les chambres ont du style avec leurs meubles anciens, leurs teintes chaleureuses et leurs beaux tissus. Pour plus d'espace, préférez les junior suites.

🏠🏠 **Hôtel du Midi** sans rest 📶 ♿ 🅰️ 🍽️ 📶 🚗

4 av. René-Coty Ⓜ *Denfert Rochereau –* ℰ *01 43 27 23 25*
– www.midi-hotel-paris.com
45 ch – 🛏️113/145 € 🛏️🛏️135/270 € – ⬚ 10 €

Proximité de la place Denfert-Rochereau, chambres insonorisées et propres, petit-déjeuner biologique... Pour séjourner dans le quartier, ne cherchez plus Midi... à quatorze heures !

⌂ Châtillon Paris Montparnasse sans rest

11 square Châtillon Ⓜ *Porte d'Orléans –* ℰ *01 45 42 31 17 – www.hotelchatillon.fr*
31 ch – †100/169 € ††100/169 € – � 13 €

Les habitués de cet hôtel apprécient son calme, il faut dire que les chambres donnent sur un square au fond d'une impasse. Un certain charme donc pour une adresse impeccablement tenue, qui permet de bien se reposer à prix raisonnable. Mais chut...

⌂ Hôtel de la Paix sans rest

225 bd Raspail Ⓜ *Raspail –* ℰ *01 43 20 35 82 – www.paris-montparnasse-hotel.com*
39 ch – †115/290 € ††115/290 € – ⊃ 10 €

Une maison de charme, que ses propriétaires décorent avec passion : les lieux regorgent d'objets chinés et de mobilier ancien ! Les chambres affichent un style sage, clair et coquet.

⌂ 9 Hotel Montparnasse Ⓝ sans rest

76 r. Raymond-Losserand Ⓜ *Pernety –* ℰ *01 40 52 12 40*
– www.le9hotel-montparnasse.com
42 ch – †110/280 € ††110/280 € – ⊃ 12 €

Dans la rue Losserand, la façade blanche et épurée donne une idée de l'esprit des lieux : le confort en toute discrétion... Les chambres, sans être particulièrement spacieuses, sont bien équipées et ont du style. Demandez celles sur l'arrière, côté jardin, plus calmes.

⌂ Apollon Montparnasse sans rest

91 r. de l'Ouest Ⓜ *Pernety –* ℰ *01 43 95 62 00 – www.apollon-montparnasse.com*
33 ch – †100/150 € ††110/170 € – ⊃ 12 €

Dans ce quartier parisien préservé au sud de la gare Montparnasse, ce petit hôtel familial, entièrement rénové, allie fraîcheur et classicisme : papiers peints à rayures, rideaux fleuris, etc. Un sympathique point de chute à prix doux pour un court séjour dans la capitale.

✗✗✗ Le Dôme

108 bd Montparnasse Ⓜ *Vavin –* ℰ *01 43 35 25 81*
• POISSONS ET FRUITS DE MER • Carte 75/130 €

L'un des temples de la bohème littéraire et artistique des Années folles, dont le cadre Art déco est resté mythique. Poissons et fruits de mer sont d'une grande fraîcheur et préparés dans les règles de l'art.

✗✗✗ Cobéa (Philippe Bélissent)

ॐ
11 r. Raymond-Losserand Ⓜ *Gaîté –* ℰ *01 43 20 21 39 – www.cobea.fr – Fermé*
19-27 avril, août, 22-29 déc., dim. et lundi
• MODERNE • Menu 49 € (déj.), 69/119 € *(réservation conseillée)*

Co comme Jérôme Cobou en salle, Bé comme Philippe Bélissent aux fourneaux et A comme Associés : Cobéa est l'affaire de deux jeunes professionnels passionnés, qui ont signé un lieu à leur image, c'est-à-dire guidé par le goût du bon ! Sens du produit, harmonie et force des saveurs, finesse... Une table délicieuse.
→ Langoustine bretonne, jus de carapace et pêche. Ris de veau aux carottes. Fraises et meringue.

✗✗ Le Duc

243 bd Raspail Ⓜ *Raspail –* ℰ *01 43 20 96 30 – Fermé 1er-24 août,*
23 déc.-5 janv., sam. midi, dim. et lundi
• POISSONS ET FRUITS DE MER • Menu 55 € (déj.) – Carte 70/160 €

On s'y croirait dans une cabine de yacht, à l'ambiance très surannée... Une large clientèle d'habitués de longue date affectionne l'adresse pour ses produits de la mer cuisinés avec soin et simplicité – un beurre émulsionné, une huile d'olive bien choisie, etc. – afin d'en révéler toute la fraîcheur. Un classique.

✗✗ Pavillon Montsouris

20 r. Gazan Ⓜ *Cité Universitaire –* ℰ *01 43 13 29 00 – www.pavillon-montsouris.fr*
– Fermé vacances de fév. et dim. soir de mi-sept. à Pâques
• MODERNE • Menu 51 € – Carte 62/92 €

Le charme de la campagne à Paris ! Ce pavillon créé à la Belle Époque dans le parc Montsouris est entouré de verdure ; et que dire de sa terrasse fleurie ? La cuisine suit les saisons et flirte avec l'air du temps...

🍴🍴 La Coupole

102 bd Montparnasse Ⓜ *Vavin –* ☎ *01 43 20 14 20*
– www.lacoupole-paris.com
• TRADITIONNELLE • Formule 30 € – Menu 37/59 € – Carte 40/78 €
Faut-il encore présenter cette brasserie mythique, emblème du Montparnasse des Années folles ? Née en 1927, elle eut pour habitués Kessel, Picasso, Man Ray, Sartre... Son splendide cadre Art déco, le ballet de ses serveurs, les incontournables de sa carte (banc d'écailler, curry d'agneau, etc.) : tout est intemporel.

🍴🍴 Maison Courtine

157 av. du Maine Ⓜ *Mouton Duvernet –* ☎ *01 45 43 08 04*
*– www.lamaisoncourtine.com – Fermé 1 semaine en fév., 3 semaines
en août, lundi midi, sam. et dim.*
• MODERNE • Formule 26 € – Menu 39 €
Jadis bastion de la cuisine du Sud-Ouest bien connu entre Montparnasse et Alésia, la Maison Courtine est désormais un restaurant contemporain et intime. On y savoure une cuisine d'aujourd'hui rehaussée de touches méridionales.

🍴 L'Assiette

181 r. du Château Ⓜ *Mouton Duvernet –* ☎ *01 43 22 64 86*
*– www.restaurant-lassiette.com – Fermé août, 1 semaine vacances de Noël, lundi
et mardi*
• CLASSIQUE • Menu 23 € (déj. en semaine)/35 € – Carte 41/68 € *(réservation conseillée)*
Une adresse franche et généreuse où l'on peut voir ce qui se trame en cuisine. Cassoulet maison, crevettes bleues obsiblue façon tartare, crème caramel au beurre salé, soufflé au chocolat... La cuisine de tradition prend l'accent bistrot chic.

🍴 La Régalade

49 av. Jean-Moulin Ⓜ *Porte d'Orléans –* ☎ *01 45 45 68 58 – Fermé
25 juil.-20 août, 1ᵉʳ-10 janv., lundi midi, sam. et dim.*
• TRADITIONNELLE • Formule 31 € – Menu 37 € *(réservation conseillée)*
Un bistrot convivial, pour une cuisine du marché bien ficelée et généreuse, accompagnée de vins bien choisis. La Régalade ne désemplit pas et l'on sait pourquoi... Réservez !

🍴 La Cagouille

10 pl. Constantin-Brancusi Ⓜ *Gaîté –* ☎ *01 43 22 09 01*
– www.la-cagouille.fr
• POISSONS ET FRUITS DE MER • Formule 29 € – Menu 35 € – Carte 37/92 €
Accord parfait entre le cadre d'inspiration marine et de beaux produits de la mer. Des crevettes grises par exemple, sautées minute, du cabillaud à la crème d'ail ou un pot-au-feu de lieu à la coriandre... Belle collection de cognacs.

🍴 La Contre Allée

83 av. Denfert-Rochereau Ⓜ *Denfert Rochereau –* ☎ *01 43 54 99 86*
– www.contreallee.com – Fermé 2 semaines en août, 21-27 déc., sam. et dim.
• MODERNE • Formule 31 € – Menu 37/75 € – Carte 50/65 €
Sur une discrète contre-allée, l'adresse a tout du restaurant parisien traditionnel... Et pourtant ! On y découvre une vraie cuisine de cuisinier, joliment travaillée – par un chef japonais – et qui fait résonner l'époque avec goût. Ambiance conviviale en prime. À découvrir sans contre-indications.

🍴 Le Cornichon

34 r. Gassendi Ⓜ *Denfert Rochereau –* ☎ *01 43 20 40 19 – www.lecornichon.fr*
– Fermé août, 1 semaine vacances de Noël, sam. et dim.
• MODERNE • Menu 35 €
L'affaire de deux passionnés : le premier, ingénieur informatique depuis toujours épris de restauration ; le second, jeune chef formé à bonne école. Ensemble, ils ont créé ce bistrot bien d'aujourd'hui. Beaux produits, jolies recettes, riches saveurs, etc. : ce Cornichon est plein de croquant et de peps !

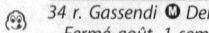

PARIS

✗ **Le Cette**

7 r. Campagne-Première Ⓜ *Raspail – ℰ 01 43 21 05 47 – Fermé 3 semaines
en août, sam. et dim.*
• TRADITIONNELLE • Formule 18 € – Menu 22 € (déj.) – Carte 40/60 €
"Cette", c'est l'ancienne graphie de Sète et... l'hommage du patron à sa ville d'origine. Après avoir œuvré dans plusieurs bistrots parisiens, il a redonné vie à ce troquet de quartier, avec tables en formica et lustres boules. Un endroit chaleureux,
où les bons produits du marché sont à l'honneur... Très savoureux !

✗ **Les Petits Plats**

39 r. des Plantes Ⓜ *Alésia – ℰ 01 45 42 50 52
– Fermé 4-25 août et dim.*
• TRADITIONNELLE • Formule 18 € – Carte 36/66 € *(réservation conseillée)*
Moulures, miroirs, comptoir en bois, grande ardoise présentant les mets du
moment : un petit bistrot élégant, dans son jus 1910, pour une cuisine canaille
et familiale, où les belles viandes de l'Aubrac sont notamment à l'honneur. Formule originale : la possibilité de choisir des demi-portions. Joli choix de vins.

✗ **Kigawa**

186 r. du Château Ⓜ *Mouton Duvernet – ℰ 01 43 35 31 61 – www.kigawa.fr
– Fermé lundi midi et mardi*
• TRADITIONNELLE • Formule 25 € – Menu 47/64 € – Carte 45/62 € *(réservation
conseillée)*
Kigawa comme Michihiro Kigawa, le chef de cet établissement tout simple. Fort
de son expérience dans un restaurant français à Osaka, le voilà à Paris pour vous
régaler de pâté en croûte, pigeon rôti et autres beaux classiques de l'Hexagone,
revisités avec tact.

✗ **L'Essentiel**

⊜
🙂
168 r. d'Alesia Ⓜ *Plaisance – ℰ 01 45 42 64 80*
• TRADITIONNELLE • Formule 15 € – Menu 18 € (déj. en semaine)
– Carte 26/36 € *(réservation conseillée)*
Vous aimez les ambiances animées ? Ce café-bistrot est pour vous : dans sa petite
salle souvent archi-comble, on mange... serrés comme des sardines ! La cuisine
aussi invite à la convivialité, entre plats canailles et jolies recettes de saison. Le
tout avec une belle sélection de vins. Oui, l'adresse sait cultiver l'Essentiel.

✗ **L'Ordonnance**

⊜
51 r. Hallé Ⓜ *Mouton Duvernet – ℰ 01 43 27 55 85 – Fermé 1ᵉʳ-15 août, sam.
midi et dim.*
• TRADITIONNELLE • Menu 18 € 🍷 (déj.), 25/34 €
À quelques pas de la place Michel-Audiard, un bistrot nouvelle vague mené par
un patron chaleureux. Carré d'agneau rôti au thym, œuf poché, foie gras poêlé,
etc. : franc et précis.

✗ **Les Fils de la Ferme**

5 r. Mouton-Duvernet Ⓜ *Mouton Duvernet – ℰ 01 45 39 39 61
– www.filsdelaferme.com – Fermé 3 semaines en août, 2 semaines début janv.,
dim. et lundi*
• TRADITIONNELLE • Formule 25 € – Menu 35 €
Deux frères travaillent ici à quatre mains de bons produits de saison, dans un
esprit bistrot contemporain. Médaillons de foies de volaille au chutney, filet
mignon de cochon rôti, pannacotta au chocolat blanc : appétissant !

✗ **La Cantine du Troquet**

🙂
101 r. de l'Ouest Ⓜ *Pernety – Fermé 2 semaines en août, dim. et lundi*
• TRADITIONNELLE • Menu 34 € – Carte 28/41 €
Banquettes rouges, tables en bois et ardoise du jour : cette cantine respire la
convivialité, et l'on se régale, par exemple, d'une terrine maison, d'oreilles de
cochon grillées, de couteaux à la plancha, etc. Pas de téléphone, pas de réservation.

La Grande Ourse

9 r. Georges-Saché Ⓜ Mouton Duvernet – ✆ 01 40 44 67 85 – www.restaurantlagrandeourse.fr – Fermé août, sam. midi, dim. et lundi
• MODERNE • Formule 18 € – Menu 22 € (déj.)/37 €
À la fois simple et élégant, ce bistrot où le gris le dispute au prune et à l'orange. Tartare d'huîtres à la crème de beaufort, croustillant de bœuf au panais, etc. Le soir, les propositions se font plus étoffées pour le plaisir des gourmets.

Le Jeu de Quilles

45 r. Boulard Ⓜ Mouton Duvernet – ✆ 01 53 90 76 22 – www.jdequilles.fr – Fermé 3 semaines en août, 22 déc.-2 janv., sam. soir, dim. et lundi
• TRADITIONNELLE • Carte 32/65 € *(réservation conseillée)*
Une adresse minuscule, conviviale et sans prétention... car l'essentiel se joue autour des produits ! On s'y fournit auprès des meilleurs commerçants du quartier, et cela fait la différence : tartare de chinchard, poitrine de veau caramélisée, sablé breton façon tatin... L'ardoise est courte et savoureuse.

Aux Enfants Gâtés

4 r. Danville Ⓜ Denfert Rochereau – ✆ 01 40 47 56 81 – www.auxenfantsgates.fr – Fermé vacances de fév., 3 semaines en août, vacances de Noël, dim. et lundi
• MODERNE • Formule 25 € – Menu 35 € – Carte 38/50 €
Aux murs, des citations de grands chefs et quelques recettes montrent que le patron est allé à bonne école... De fait, sa cuisine est bien troussée, avec des jus et bouillons aux saveurs percutantes, et de bons produits du marché qui rafraîchissent les recettes, même les plus traditionnelles. Une jolie petite maison !

La Cerisaie

70 bd Edgard-Quinet Ⓜ Edgar Quinet – ✆ 01 43 20 98 98 – www.restaurantlacerisaie.com – Fermé 14 juil.-15 août, 25 déc.-1er janv., sam. et dim.
• DU SUD-OUEST • Formule 25 € – Carte 34/42 € *(réservation conseillée)*
Une belle ambassade du Sud-Ouest... en plein quartier breton ! Parmi les classiques de ce restaurant de poche : terrines de saison, magret d'oie aux poires rôties et aux épices, tarte fondante au chocolat... Accueil charmant.

Severo

8 r. des Plantes Ⓜ Mouton Duvernet – ✆ 01 45 40 40 91 – Fermé vacances de Pâques, 25 juil.-17 août, vacances de la Toussaint et de Noël, sam. et dim.
• VIANDES ET GRILLADES • Carte 31/105 € *(réservation conseillée)*
La qualité de la viande – rassise sur place – et de la charcuterie est l'atout majeur de ce chaleureux bistrot, tenu par un ancien boucher. Les carnivores apprécieront également la belle carte des vins, ses bourgognes et ses côtes-du-rhône.

J. Palut/Fotolia.com

Porte de Versailles · Vaugirard · Beaugrenelle

15e arrondissement ✉ 75015

Pullman Paris Tour Eiffel

18 av. de Suffren Ⓜ Bir-Hakeim – ✆ 01 44 38 56 00 – www.pullmanhotels.com
430 ch – †260/950 € ††260/950 € – 9 suites – ☕ 26 €
Ce grand bâtiment des années 1960 bénéficie avant tout d'un emplacement exceptionnel, quasiment au pied du plus célèbre monument de Paris ! On y dort dans de grandes chambres épurées et lumineuses, dont certaines disposent d'un balcon avec vue sur la tour. Superbe espace fitness.

Novotel Tour Eiffel 🏠

61 quai de Grenelle Ⓜ *Charles Michels –* 𝒞 *01 40 58 20 00 – www.novotel.com*
758 ch – †150/430 € ††150/860 € – 6 suites – ⌑ 20 €
Rest Benkay – voir les restaurants ci-après
Le front de Seine et ses tours des années 1970, parmi lesquelles ce Novotel de
facture contemporaine disposant d'un centre de conférence high-tech. Le plus :
les chambres donnent presque toutes sur le fleuve.

Le Marquis sans rest

15 r. Dupleix Ⓜ *Dupleix –* 𝒞 *01 43 06 31 50 – www.lemarquisparis.com*
36 ch – †151/459 € ††151/459 € – ⌑ 20 €
Joli titre de noblesse pour cet hôtel raffiné, mais sans accointances avec l'Ancien
Régime... Et pour cause, son décor joue résolument la carte du confort tendance,
à deux pas de la rue du Commerce et du Champ-de-Mars.

Mercure Paris Centre Tour Eiffel

20 r. Jean-Rey Ⓜ *Bir-Hakeim –* 𝒞 *01 45 78 50 00 – www.mercure.com*
405 ch – †155/520 € ††155/520 € – ⌑ 20 €
Un vaste Mercure rénové dans un esprit d'aujourd'hui, avec un restaurant, des salles de réunion, un fitness ouvert 24h/24... Atout typiquement parisien : les chambres des étages supérieurs offrent une jolie vue sur la tour Eiffel.

Océania sans rest

52 r. Oradour-sur-Glane Ⓜ *Porte de Versailles –* 𝒞 *01 56 09 09 09*
– www.oceaniahotels.com/hotel-oceania-paris
232 ch – †119/314 € ††119/314 € – 18 suites – ⌑ 17 €
À deux pas du parc des expositions, un hôtel élégant et actuel, avec des chambres agréables (parquet, bois wengé...), un espace détente complet (jacuzzi, hammam, piscine...) et un jardin exotique où l'on sert le petit-déjeuner aux beaux jours.

Novotel Gare Montparnasse

17 r. Cotentin Ⓜ *Montparnasse Bienvenüe –* 𝒞 *01 53 91 23 75*
– www.novotel.com
199 ch – †180/370 € ††220/410 € – 2 suites – ⌑ 18 € – ½ P
Tout près de la gare Montparnasse (mais dans une rue calme), un Novotel
contemporain. Les chambres, d'esprit zen, sont accueillantes et bien insonorisées ; on sert le petit-déjeuner sous forme de copieux buffet.

Vice Versa sans rest

213 r. de la Croix-Nivert Ⓜ *Porte de Versailles –* 𝒞 *01 55 76 55 55*
– www.viceversahotel.com
37 ch – †129/315 € ††129/315 € – ⌑ 15 €
Avarice, gourmandise, orgueil, luxure, colère, paresse et envie : les chambres de
cet hôtel décoré par Chantal Thomas illustrent les sept péchés capitaux ! Pour y
accéder, traversez le hall aux airs de paradis. En revanche, si vous descendez au
sous-sol pour profiter du hammam, vous voilà en enfer... Diablement inspiré !

Ares sans rest

7 r. Général Larminat Ⓜ *La Motte-Piquet-Grenelle –* 𝒞 *01 47 34 74 04*
– www.ares-paris-hotel.com
40 ch – †350/650 € ††350/650 € – ⌑ 18 €
Un soupçon de baroque, une touche de cachet parisien, un bel esprit feutré... pour
un hôtel chic et cossu, tout près de la tour Eiffel – certaines chambres donnent
d'ailleurs sur la Grande Dame ! Au petit-déjeuner, on se régale des viennoiseries
de la maison Kayser.

Platine sans rest

20 r. de l'Ingénieur-Robert-Keller Ⓜ *Charles Michels –* 𝒞 *01 45 71 15 15*
– www.platinehotel.fr
46 ch – †149/445 € ††149/445 € – ⌑ 15 €
Blonde... Platine comme Marilyn Monroe à laquelle cet hôtel rend hommage. Les
chambres sont confortables et bien tenues ; préférez celles avec un lit rond... Glamour à souhait ! Agréable espace détente au sous-sol. Une bonne adresse pour
cultiver la "poupoupidou" attitude.

PARIS

PARIS

First sans rest ⬅️ 📶 ♿ 🅰🅲 🕸 📶

2 bd Garibaldi Ⓜ *Cambronne* – ☎ *01 43 06 93 26* – *www.firsthotelparis.com*
42 ch – 🛏119/299 € 🛏🛏139/319 € – ☑ 15 €

Face au métro aérien, un décor "black and white" tout en contraste pour cet hôtel à l'esprit résolument design. Les chambres ont du style, c'est indéniable, et certaines (dès le 3^eétage) ont vue sur la tour Eiffel...

Bailli de Suffren sans rest 📶 🅰🅲 📶

149 av. de Suffren Ⓜ *Ségur* – ☎ *01 56 58 64 64* – *www.lebailliparis.com*
25 ch – 🛏125/185 € 🛏🛏165/290 € – ☑ 13 €

Idéalement situé entre la tour Eiffel, les Invalides et le quartier Montparnasse, le Bailli de Suffren a été entièrement rénové dans un style épuré, tout en conservant son charme parisien... Les chambres sont confortables, lumineuses et très bien insonorisées.

Holiday Inn Montparnasse Pasteur sans rest 📶 ♿ 🅰🅲 🕸 📶 🏋
🚗

10 r. Gager-Gabillot Ⓜ *Vaugirard* – ☎ *01 44 19 29 29*
– *www.holidayinn.fr/paris-mountain*
60 ch – 🛏120/309 € 🛏🛏120/309 € – ☑ 17 €

Dans une rue tranquille, une bâtisse moderne disposant de chambres fonctionnelles et agréables (douche à l'italienne, esprit épuré), quelques-unes avec balcon. Le must : la junior suite et sa superbe terrasse donnant sur la tour Eiffel.

Eiffel Cambronne sans rest 📶 🅰🅲 🕸 📶

46 r. Croix-Nivert Ⓜ *Avenue Emile Zola* – ☎ *01 56 58 56 78* – *www.eiffel-cambronne.fr*
30 ch – 🛏109/309 € 🛏🛏109/309 € – 1 suite – ☑ 13 €

Un hôtel sympathique avec des chambres classiques et bien tenues (plus calmes sur l'arrière), et un salon douillet qui invite à la lecture de son journal... Le plus : le copieux petit-déjeuner servi sous une jolie verrière.

Le Relais St-Charles sans rest 📶 ♿ 🅰🅲 🕸 📶

72 bd de Grenelle Ⓜ *Dupleix* – ☎ *01 40 58 00 57* – *www.relais-saint-charles.com*
38 ch – 🛏99/225 € 🛏🛏109/265 € – ☑ 13 €

Non loin de la tour Eiffel et du Champ-de-Mars, un hôtel fonctionnel, confortable et doté d'une bonne isolation phonique. Autres atouts : le métro est à proximité immédiate et les prix sont des plus raisonnables pour le quartier.

Mercure Paris XV sans rest 📶 ♿ 🅰🅲 📶 🏋 🚗

6 r. St-Lambert Ⓜ *Boucicaut* – ☎ *01 45 58 61 00* – *www.mercure.com*
54 ch – 🛏140/350 € 🛏🛏185/480 € – 2 suites – ☑ 17 €

Tout près de la porte de Versailles, mais au calme, un Mercure récent et accueillant, avec des chambres confortables. On prend son petit-déjeuner dans une véranda qui donne sur un jardinet fleuri... Plutôt agréable avant une réunion !

Aberotel sans rest 📶 ♿ 🅰🅲 📶

24 r. Blomet Ⓜ *Volontaires* – ☎ *01 40 61 70 50* – *www.aberotel.com*
28 ch – 🛏80/145 € 🛏🛏95/180 € – ☑ 12 €

Un petit d'hôtel d'esprit familial, tenu par un couple sympathique. Déco zen, objets balinais et ethniques, chambres impeccables, cour intérieure verdoyante où l'on prend son petit-déjeuner aux beaux jours... Une étape attachante.

Ibis Styles Lecourbe sans rest 📶 🅰🅲 📶

192 r. de la Croix-Nivert Ⓜ *Boucicaut* – ☎ *01 45 58 16 08* – *ibisstyles.com*
49 ch ☑ – 🛏120/260 € 🛏🛏120/260 €

Un hôtel traditionnel relooké dans un esprit tendance... Touche d'originalité : dans chaque chambre, un plafond en tissu tendu sur le thème de la forêt, de la voie lactée, etc. Petit-déjeuner et wifi inclus, selon le concept de la chaîne.

Le Quinzième - Cyril Lignac 🍴 🅰🅲 🕸 🍷
❀

14 r. Cauchy Ⓜ *Javel* – ☎ *01 45 54 43 43* – *www.restaurantlequinzieme.com*
– *Fermé sam. et dim.*
• MODERNE • Menu 59 € (déj.), 110/150 €

Un décor chic et contemporain, trendy en diable, et – surtout – une cuisine d'aujourd'hui qui flatte l'œil et le palais. Le médiatique Cyril Lignac se donne les moyens du meilleur : harmonieuses et bien pensées, ses assiettes pourraient passer à la télé !

➔ Homard confit au beurre de corail, crème de homard au poivre du Sichuan vert. Volaille rôtie au beurre demi-sel, purée de cèpes et noix noires. Crémeux chocolat ivoire, sablé beurré, marmelade et sorbet rhubarbe.

XXX **Benkay** – Novotel Tour Eiffel ≤ & AC ⇔ ⊐¶
61 quai de Grenelle **Ⓜ** *Bir-Hakeim* – 𝒞 *01 40 58 21 26*
– www.restaurant-benkay.com – Fermé 19 juil.-18 août
• JAPONAISE • Menu 46 € ⵂ (déj.), 59/160 € – Carte 93/188 €
Sur le front de Seine – avec une vue plongeante sur le fleuve –, l'élégant Benkay
honore la gastronomie japonaise avec art ! On opte au choix pour le teppanyaki
(cette plaque chauffante où les mets sont cuisinés minute) ou la formule "was-
hoku" (service à table). Sans parler du comptoir à sushis, tout simplement divin...

XX **Le Quinze - Lionel Flury** AC ⇔
8 r. Nicolas-Charlet **Ⓜ** *Pasteur* – 𝒞 *01 42 19 08 59 – www.lequinzelionelflury.fr*
– Fermé 1 semaine en mai, 9-31 août, 20-28 déc., lundi soir et dim.
• MODERNE • Menu 25 € (déj.), 39/80 € – Carte 66/72 €
Originaire d'Alsace, Lionel Flury a fait un joli parcours avant de poser ses valises
dans le 15ᵉ, en cette adresse élégante et raffinée. Sa cuisine est pile dans la tendance, savoureuse et sincère, et s'accompagne d'une belle carte des vins. Avec
une jolie formule côté bistrot au déjeuner.

XX **La Gauloise** ⌂ ⇔
59 av. La Motte-Picquet **Ⓜ** *La Motte Picquet Grenelle* – 𝒞 *01 47 34 11 64*
• TRADITIONNELLE • Formule 25 € – Menu 30 € – Carte 40/70 €
Une brasserie Belle Époque au doux parfum de vie parisienne d'autrefois. Au
menu, œuf mollet et légumes de pot-au-feu, crépinette de cochon, turbot béarnaise, soupe à l'oignon, etc. Un lieu qu'on apprécie aussi pour sa jolie terrasse.

XX **L'Atelier du Parc** ⌂ AC
☺ *35 bd Lefèbvre* **Ⓜ** *Porte de Versailles* – 𝒞 *01 42 50 68 85 – www.atelierduparc.fr*
– Fermé 2 semaines en août, lundi midi et dim.
• MODERNE • Formule 22 € – Menu 35/85 € – Carte 50/78 €
Cet Atelier impose son style contemporain chic et sa belle cuisine inventive dans
un quartier inattendu, face au parc des expositions. Suprême de volaille thym-
citron, tartare de dorade au jus de gingembre et mélisse, etc. Du travail dans l'assiette et une vraie recherche de la différence !

XX **L'Inattendu** AC
99 r. Blomet **Ⓜ** *Vaugirard* – 𝒞 *01 55 76 93 12 – www.restaurant-inattendu.fr*
– Fermé en août, 4-11 janv., dim. et lundi
• MODERNE • Formule 20 € – Menu 25 € (déj. en semaine)/37 €
– Carte 40/55 €
Dans ce restaurant à la fois feutré et élégant œuvrent deux associés expérimentés
et férus de qualité. Au menu : ravioles de langoustine à la crème d'estragon, tartare de magret de canard, carpaccio d'ossau-iraty, etc. Des propositions canailles,
bien ficelées et parfois... inattendues.

XX **Le Pario** AC ⵉ ⇔
☺ *54 av. Émile-Zola* **Ⓜ** *Charles Michels* – 𝒞 *01 45 77 28 82 – www.lepario.com*
– Fermé dim.
• MODERNE • Formule 18 € – Menu 23 € (déj. en semaine)/35 €
– Carte 34/55 €
Eduardo Jacinto, jeune chef brésilien formé chez Constant, a imaginé ce Pario,
une table à égale distance de Paris et Rio. Comment définir son talent ? En parcourant la carte : tartelette aux pointes de girolles et parmesan, tartare mi-cuit de
langoustines et bar relevé à la citronnelle et légumes croquants... Fin et équilibré !

XX **Chen Soleil d'Est** AC
15 r. du Théâtre **Ⓜ** *Dupleix* – 𝒞 *01 45 79 34 34 – Fermé août et dim.*
• CHINOISE • Menu 40 € (déj. en semaine)/75 € – Carte 65/95 €
Avec les deux lions qui encadrent son entrée, ce restaurant chinois montre d'emblée qu'il a du caractère... et de la finesse. Façon yin et yang, la cuisine de
madame Chen révèle des saveurs à la fois affirmées et délicates ; ainsi le demi-
canard pékinois en trois services qui a fait la réputation de la maison.

PARIS

PARIS

XX **Le Caroubier** [AC]

82 bd Lefèbvre ⓜ Porte de Vanves – ℰ 01 40 43 16 12
– www.restaurant-lecaroubier.com – Fermé le lundi en août
• MAROCAINE • Formule 18 € – Menu 29 € – Carte 33/51 €

Couscous délicats, tajines aux saveurs subtiles et franches, pastillas gorgées du soleil de l'Atlas... Une véritable oasis de douceur, tout près de la porte de Versailles !

XX **Fontanarosa** [88] [☂] [AC]

28 bd Garibaldi ⓜ Cambronne – ℰ 01 45 66 97 84
– www.restaurant-fontanarosa.eu
• ITALIENNE • Formule 21 € – Menu 30 € (déj.) – Carte 38/65 €

Oubliés le métro aérien et l'agitation urbaine, cap sur l'Italie ! Ici, le soleil s'invite dans l'assiette : honneur aux plats transalpins et aux spécialités sardes... Aux beaux jours, on profite aussi de ses doux rayons sur la terrasse.

XX **Le Court-Bouillon** [☂] [AC]

51 r. du Théâtre ⓜ Avenue Émile Zola – ℰ 01 45 77 08 18
– www.lecourtbouillon.com – Fermé 9-26 août, vacances de Noël, sam. midi, dim. et lundi
• MODERNE • Formule 39 € – Menu 45 € – Carte 54/62 €

Foie gras de canard maison au sel de Guérande, feuilleté aux asperges, onglet de bœuf aux échalotes, tiramisu aux framboises... Dans ce petit restaurant élégant, on se régale de bons plats réalisés avec des produits extrafrais.

XX **La Dînée** [AC] ⇔

85 r. Leblanc ⓜ Balard – ℰ 01 45 54 20 49 – www.restaurant-ladinee.com
– Fermé août, sam. et dim.
• MODERNE • Formule 41 € – Menu 49 €

La Dînée, dans le Littré, c'est une auberge où l'on s'arrête pour le repas... Cette Dînée-là ne fait pas mentir le dictionnaire et l'on y savoure une sympathique cuisine de tradition. Côté bistrot, on sert des plats à la plancha.

XX **Erawan** [AC]

76 r. de la Fédération ⓜ La Motte Picquet Grenelle – ℰ 01 47 83 55 67 – Fermé 3 semaines en août, lundi midi et dim.
• THAÏLANDAISE • Formule 15 € ☂ – Carte 20/45 €

Une cuisine thaïlandaise authentique, généreuse et très parfumée ; un accueil des plus charmants : on se sent bien chez Erawan, dont le décor évoque l'esprit mystique et épuré de l'Asie du Sud-Est.

XX **La Villa Corse Rive Gauche** [AC] [☂] [☞]

164 bd Grenelle ⓜ La Motte Picquet Grenelle – ℰ 01 53 86 70 81
– www.lavillacorse.com – Fermé dim.
• CORSE • Menu 30 € – Carte 50/63 €

Produits insulaires, bonnes charcuteries, plats mijotés dès les premiers frimas... La cuisine de l'île de Beauté s'invite à la table de cette jolie Villa feutrée, nichée à deux pas de l'École militaire.

XX **L'Épopée** [AC]

89 av. Émile-Zola ⓜ Charles Michels – ℰ 01 45 77 71 37 – www.lepopee.fr
– Fermé 24 déc.-2 janv., sam. midi et dim.
• TRADITIONNELLE • Formule 20 € – Menu 25 € (déj. en semaine), 34/40 €

Fricassée d'escargots de Bourgogne au bleu, terrine de campagne aux morilles, tagliatelles fraîches à l'encre de seiche et bons vins de propriétaire : une Épopée traditionnelle qui fait le bonheur des nombreux habitués.

X **Gwon's Dining** [AC]

51 r. Cambronne ⓜ Cambronne – ℰ 01 47 34 53 17 – Fermé le midi
• CORÉENNE • Carte 40/50 €

Le propriétaire est philosophe, sa femme sociologue : en ouvrant cet établissement élégant, ils ont souhaité faire connaître les saveurs les plus fines de leur pays. Ici, la gastronomie coréenne enchante la diaspora... et les novices !

Stéphane Martin

67 r. des Entrepreneurs 🚇 *Charles Michels – ✆ 01 45 79 03 31*
– www.stephanemartin.com – Fermé 1er-9 mai, 2-24 août, 23 déc.-5 janv., dim.
et lundi
• MODERNE • Formule 19 € – Menu 24 € (déj. en semaine)/38 €
– Carte 44/63 €

Une adresse bien connue des gourmets de la rive gauche. Cadre cosy et de bon goût, appétissantes recettes canailles revisitées : c'est un vrai plaisir d'y déguster un foie de veau meunière ou un jarret de porc braisé au miel d'épices !

Le Cristal de Sel

13 r. Mademoiselle 🚇 *Commerce – ✆ 01 42 50 35 29 – www.lecristaldesel.fr*
– Fermé 11-20 avril, 1er-22 août, 19-29 déc., dim. et lundi
• MODERNE • Formule 18 € – Menu 27 € (déj.) – Carte 40/50 €

Un restaurant convivial tenu par une équipe jeune, sympathique et pleine d'allant. Selon la saison, on vous proposera une sole meunière au beurre d'algue, une côte de veau rôtie et ses asperges blanches, une crème brûlée à la pistache...

Neige d'Été 🆕

12 r. de l'Amiral-Roussin 🚇 *Avenue Émile Zola – ✆ 01 42 73 66 66*
– www.neigedete.fr – Fermé 2 semaines en août , 1 semaine vacances de Noël ,
dim. et lundi
• MODERNE • Menu 35 € (déj.)/65 € *(réservation conseillée)*

Neige d'Été... Un nom d'une poésie toute japonaise, et ce n'est pas un hasard : l'adresse, née mi-2014, est l'œuvre d'un jeune chef nippon, Hideki Nishi, venu du George V. Un nom qui annonce aussi des jeux de contraste et une forme d'épure : telle est de fait la marque de son travail, tout en justesse et contrepoints...

Yanasé

75 r. Vasco-de-Gama 🚇 *Lourmel – ✆ 01 42 50 07 20 – www.yanase.fr – Fermé 2*
semaines en août, dim. et lundi
• JAPONAISE • Carte 38/76 €

Yanasé ? C'est un cèdre du sud de l'archipel nippon. Dans ce restaurant épuré et serein, on concocte sous vos yeux des grillades au "robata" (un barbecue au charbon de bois) et l'on propose aussi les traditionnels sushis et makis.

Afaria

15 r. Desnouettes 🚇 *Convention – ✆ 01 48 42 95 90 – www.afaria.fr – Fermé*
3-26 août, dim. et lundi
• CRÉATIVE • Formule 23 € – Menu 27 € (déj. en semaine) – Carte 38/50 €

Un chaleureux bistrot qui honore le terroir basque : on s'installe au comptoir autour de belles tapas, avant de se régaler de plats gourmands et créatifs, qui n'hésitent pas à faire des détours par les saveurs du monde. Afaria signifie "À table" en basque, le message est clair !

Beurre Noisette

68 r. Vasco-de-Gama 🚇 *Lourmel – ✆ 01 48 56 82 49 – www.lebeurrenoisette.com*
– Fermé 2 semaines en août, dim. et lundi
• MODERNE • Formule 23 € – Menu 31 € (déj. en semaine), 36/55 €
– Carte 36/46 €

Un bistrot chaleureux… et délicieux ! Thierry Blanqui puise son inspiration au marché : tourte feuilletée au canard et foie gras, lièvre à la royale, etc. Même les produits canailles (tels les pieds de cochon) se révèlent dans des recettes finement tournées. Un pied dans la tradition, l'autre dans la nouveauté : on se régale...

Le Concert de Cuisine

14 r. Nélaton 🚇 *Bir-Hakeim – ✆ 01 40 58 10 15 – Fermé 7-28 août, lundi midi,*
sam. midi et dim.
• CRÉATIVE • Formule 27 € – Menu 33 € (déj.), 46/63 € *(réservation conseillée)*

La salle de concert ? Très simple, sans chichi ni folklore japonisant. Et le chef d'orchestre ? Sous vos yeux, il réalise une belle cuisine fusion, créant des recettes très personnelles basées sur la technique du teppanyaki. Jolie mélodie !

PARIS

Le Grand Pan
20 r. Rosenwald Ⓜ *Plaisance – ℰ 01 42 50 02 50 – www.legrandpan.fr – Fermé 1 semaine en mai, 1er-25 août, vacances de Noël, sam. et dim.*
• VIANDES ET GRILLADES • Menu 29 € (déj.) – Carte 40/60 €
Un bistrot de quartier qu'aurait pu fréquenter Georges Brassens, qui habita tout près. À l'ardoise, de belles viandes accompagnées de mesclun ou de frites maison, du homard, des Saint-Jacques... des produits d'une indéniable qualité.

Le Troquet
21 r. François-Bonvin Ⓜ *Cambronne – ℰ 01 45 66 89 00 – Fermé 1 semaine en mai, 3 semaines en août, 1 semaine en déc., dim. et lundi*
• TRADITIONNELLE • Menu 32 € (déj.), 34/40 €
Le "troquet" dans toute sa splendeur : décor bistrotier usé par les ans, banquettes en moleskine, ardoises, miroirs, petites tables invitant à la convivialité, etc. On vient ici autant pour l'atmosphère que pour la cuisine. Une cuisine délicieuse, concoctée avec des produits ultrafrais… et l'accent du Sud-Ouest !

Le Mûrier
42 r. Olivier-de-Serres Ⓜ *Convention – ℰ 01 45 32 81 88 – Fermé 3 semaines en août, 23 déc.-3 janv., sam. et dim.*
• TRADITIONNELLE • Formule 21 € – Menu 24 € (déj.)/27 €
Le Mûrier séduit avec ses petits airs de chaleureux troquet de quartier, tout simplement convivial... On y sert une cuisine d'esprit traditionnel, goûteuse et soignée, et l'accueil est charmant.

La Cantine du Troquet Dupleix
53 bd de Grenelle Ⓜ *Dupleix – ℰ 01 45 75 98 00*
• TRADITIONNELLE • Carte 27/51 €
Création de Christian Etchebest, cette Cantine du Troquet version Dupleix surfe sur une recette éprouvée : pourquoi s'en plaindre ? Comme dans le 14e, la carte joue sur un registre mi-brasserie mi-bistrot qui mise tout sur des recettes bien tournées... où transparaissent les origines basques du patron. En toute convivialité.

L'Épicuriste
41 bd Pasteur Ⓜ *Pasteur – ℰ 01 47 34 15 50 – Fermé 3 semaines en août, dim. et lundi*
• MODERNE • Menu 26 € (déj.), 30/38 €
Stéphane Marcuzzi et Sébastien Ségurola sont à la baguette de ce bistrot résolument rétro, mais ne cultivant pas la nostalgie... Asperges blanches, mousse aux lardons et magret fumé ; turbot en tronçon et fricassée de légumes verts... La cuisine, généreuse et bien tournée, flatte résolument les sens.

Bernard du 15
62 r. des Entrepreneurs Ⓜ *Charles Michels – ℰ 01 40 59 09 27 – Fermé août, sam. midi et dim.*
• MODERNE • Menu 20/33 € – Carte 36/55 €
Bernard du 15, c'est Bernard Sellin, un chef qui mêle les influences de sa Bretagne natale et de ses nombreux voyages dans les Caraïbes pour concocter de bons petits plats mettant le poisson à l'honneur. Prix doux, pour ne rien gâcher !

Jadis
208 r. de la Croix-Nivert Ⓜ *Convention – ℰ 01 45 57 73 20*
– www.bistrotjadisparis.com – Fermé sam. et dim.
• MODERNE • Formule 27 € – Menu 31 € (déj.)/57 € – Carte 43/69 €
"Jadis" et pourtant tellement d'aujourd'hui ! Ce bistrot est à l'image de son jeune chef, sympathique et plein d'entrain. Pavé de sandre rôti au bouillon d'oseille, porc basque à la laitue braisée : le menu-carte change au fil des saisons.

Le Clos Y
27 av. du Maine Ⓜ *Montparnasse Bienvenüe – ℰ 01 45 49 07 35*
– www.leclosy.com – Fermé dim. midi et lundi
• CRÉATIVE • Formule 20 € – Menu 25 € (déj. en semaine), 45/60 €
Élégamment posés les uns à côté des autres, couverts à la française et baguettes à la japonaise semblent dialoguer sur les tables… Un véritable symbole ! Qualité des produits, soin d'exécution, recherche de la subtilité : Yoshitaka Ikeda révèle, s'il le fallait encore, toutes les affinités des gastronomies française et japonaise.

L'Os à Moelle

3 r. Vasco-de-Gama Ⓜ *Lourmel* – ☏ *01 45 57 27 27* – *Fermé 2 semaines en août, dim. et lundi*
• TRADITIONNELLE • Formule 18 € – Menu 35 € (déj.)/42 € – Carte environ 36 €
Après avoir passé la main quelques années (pour se concentrer sur son Barbezingue, à Châtillon), Thierry Faucher reprend son Os à Moelle, où il fut l'un des précurseurs de la bistronomie. L'occasion d'une belle séance de rattrapage pour s'initier à sa philosophie qui redonne ses lettres de noblesse à la cuisine "de bistrot" !

Le Casse Noix

56 r. de la Fédération Ⓜ *Bir Hakeim* – ☏ *01 45 66 09 01* – *www.le-cassenoix.fr* – *Fermé 3 semaines en août, 1 semaine à Noël, sam. et dim.*
• TRADITIONNELLE • Formule 21 € – Menu 33/45 € – Carte 37/56 €
Vieilles affiches, pendules et meubles vintage : le décor est planté. Côté petits plats, l'authenticité prime aussi : charcuteries et boudin en basque... Et le Pays basque, c'est chez le papa du chef, Meilleur Ouvrier de France à Orléans ; délicieuse cuisine canaille, bons vins... Ce Casse Noix casse des briques !

Axuria

51 av. Félix-Faure Ⓜ *Boucicaut* – ☏ *01 45 54 13 91* – *www.axuria-restaurant.fr*
• MODERNE • Formule 24 € – Menu 37 € (dîner) – Carte 43/58 €
Axuria, c'est l'agneau de lait des Pyrénées, en basque... Et le Pays basque, c'est précisément la région du chef, Olivier Amestoy, qui signe une cuisine fraîche, centrée sur le produit, nourrie de classiques et néanmoins personnelle. Sa spécialité ? L'agneau de lait des Pyrénées rôti au thym et à l'ail, bien sûr !

Restaurant du Marché

59 r. Dantzig Ⓜ *Porte de Versailles* – ☏ *01 48 28 31 55*
– *www.restaurantdumarche.fr* – *Fermé août, dim. et lundi*
• TRADITIONNELLE • Formule 22 € – Menu 29 €
Près du parc Georges-Brassens, ce bistrot ressuscite l'atmosphère rétro des années 1950... On y savoure une cuisine évidemment bistrotière, goûteuse et généreuse : parmentier de canard, poêlée de girolles, pain perdu, etc.

Maison Kaiseki

7 r. André-Lefebvre Ⓜ *Javel André Citroën* – ☏ *01 45 54 48 60* – *www.kaiseki.com* – *Fermé 14-30 avril, 4-20 août, dim. et lundi*
• JAPONAISE • Formule 25 € – Carte 60/120 € *(réservation conseillée)*
La Maison Kaiseki ? Une expérience insolite pour initiés. Ce resto-labo minimaliste se révèle très atypique, tant la cuisine japonaise du chef étonne. Et ce dernier n'a qu'un désir : faire découvrir les beaux produits du pays du Soleil-Levant...

L'Ardoise du XV

70 r. Sébastien-Mercier Ⓜ *Charles Michels* – ☏ *01 45 78 91 38*
– *www.lardoiseduxv.fr* – *Fermé 1 semaine à Noël, août, dim. soir et lundi*
• MODERNE • Formule 19 € – Menu 24 € (déj.)/35 € – Carte 32/50 €
Pâté en croûte de veau au foie gras, joue de lotte et sa ratatouille, canette aux abricots et au romarin, baba au rhum... Des intitulés bien représentatifs de cette Ardoise nichée à l'ouest du 15e arrondissement, et qui se révèlent dans les assiettes frais et savoureux ! Décor bistrotier tout en sobriété.

Bistro 121

121 r. de la Convention Ⓜ *Boucicaut* – ☏ *01 45 57 52 90* – *www.bistro121.fr*
• MODERNE • Formule 18 € – Menu 24 € (semaine) – Carte 39/48 €
Œuf cocotte aux champignons et au foie gras, tartare de dorade au citron vert, gratin de pomme de terre aux vieux comté... Une cuisine parfumée et savoureuse à prix doux, dans un néobistrot animé et charmant.

Intuition Gourmande

4 r. Pétel Ⓜ *Vaugirard* – ☏ *01 45 32 58 76* – *www.intuition-gourmande.com* – *Fermé 2 semaines en août, dim. et lundi*
• MODERNE • Formule 18 € – Menu 28/35 € – Carte environ 39 €
Le savoir-faire d'un chef passé par la case Gagnaire, la qualité de ses produits : cela compte bien sûr, mais que seraient ses recettes si elles n'étaient inspirées... par la gourmandise ? Telle est la leçon de ce sympathique bistrot : aile de raie au pamplemousse, poitrine de cochon aux girolles, parfait au gingembre, etc.

PARIS

Trocadéro · Étoile · Passy · Bois de Boulogne

16ᵉ arrondissement ✉ 75016

A. Cathalau/MICHELIN

🏨🏨🏨 Shangri-La
🍴 ≤ 🗻 ⑩ ⅃⅊ 🛎 & 🅺 🛜 🏋

10 av. d'Iéna ✉ 75116 Ⓜ Iéna – ☎ 01 53 67 19 98 – www.shangri-la.com
101 ch – †700/1400 € ††700/1400 € – 36 suites – ⊡ 52 €
Rest L'Abeille ❀ **Rest Shang Palace** ❀ – voir les restaurants ci-après
L'Empire mâtiné d'Asie... La signature de ce palace créé dans l'ancien hôtel du prince Roland Bonaparte (1896). Architectures classiques, salons grandioses, luxe opulent, tables pour toutes les envies, etc. Sentiment d'exclusivité !

🏨🏨🏨 Peninsula Ⓝ
🍴 🗻 ⑩ ⅃⅊ 🛎 & 🅺 🛜 🏋

19 av. Kléber ✉ 75116 Ⓜ Kléber – ☎ 01 58 12 28 88 – paris.peninsula.com/fr/
166 ch – †795/2095 € ††795/2095 € – 34 suites – ⊡ 55 €
C'est donc avec cet établissement que le groupe hongkongais Peninsula a pris pied à Paris en 2014. Un coup de maître ! À deux pas de l'Arc de Triomphe, dans un superbe bâtiment Belle Époque, l'hôtel a tout des plus grands : décors luxueux, équipements high-tech, prestations de haut vol, etc. Un roc, un pic, un cap... une péninsule !

🏨🏨 St-James Paris
🍴 🌤 ⛲ ⅃⅊ 🛎 🅰🅺 🛜 🏋 🅿

43 av. Bugeaud ✉ 75116 Ⓜ Porte Dauphine – ☎ 01 44 05 81 81
– www.saint-james-paris.com
32 suites – ††685/1650 € – 17 ch – ⊡ 35 €
Rest St-James Paris ❀ – voir les restaurants ci-après
Ce superbe hôtel particulier de la fin du 19ᵉ s. s'est offert un nouveau look signé Bambi Sloan. De superbes matières, joli imprimés chatoyants : le style Napoléon III flirte avec une originalité toute british ! La délicieuse bibliothèque, le majestueux escalier, les volumes harmonieux : l'empreinte d'un lieu unique...

🏨🏨 Raphael
🍴 ⅃⅊ 🛎 & 🅰🅺 🛜 🏋

17 av. Kléber ✉ 75116 Ⓜ Kléber – ☎ 01 53 64 32 00 – www.raphael-hotel.com
83 ch – †650/950 € ††650/950 € – 37 suites – ⊡ 40 €
Une magnifique galerie d'entrée tout en boiseries, des chambres très raffinées (certaines avec vue sur Paris), un restaurant gastronomique et un bar anglais à l'élégance indéniable : tels sont les trésors du Raphael... Né en 1925 à deux pas de l'Arc de Triomphe, l'un des mythes de la grande hôtellerie parisienne.

🏨🏨 Renaissance Le Parc Trocadéro
🍴 🌤 ⅃⅊ 🛎 & 🅰🅺 🥄 🛜 🏋 🐾

55-57 av. Raymond-Poincaré ✉ 75116 Ⓜ Victor Hugo – ☎ 01 44 05 66 66
– www.renaissanceleparctrocadero.com
122 ch – †299/899 € ††439/1199 € – 4 suites – ⊡ 29 €
L'année 2011 fut celle de la "renaissance" pour cet établissement, qui bénéficia alors d'une véritable cure de jouvence. L'idée du jardin à la française a servi d'inspiration pour la décoration contemporaine des chambres. Un ensemble en harmonie avec l'architecture parisienne.

🏨🏨 Baltimore
🍴 ⅃⅊ 🛎 & 🅰🅺 🛜 🏋 🚗

88 bis av. Kléber ✉ 75116 Ⓜ Boissière – ☎ 01 44 34 54 54
– www.hotel-baltimore-paris.com
102 ch – †200/470 € ††200/610 € – 1 suite – ⊡ 30 €
Rest La Table du Baltimore – voir les restaurants ci-après
Mobilier épuré, tissus tendance : le décor contemporain des chambres contraste avec l'architecture haussmannienne du 19ᵉ s. L'ensemble est chaleureux – mention spéciale pour le bar – et apprécié des hommes d'affaires.

PARIS

Villa & Hôtel Majestic ⅋ 🍽 ▢ 🖼 ♨ ⚐ 🛗 🔲 AC 🛜 🚗

30 r. Lapérouse ⊠ *75016* Ⓜ *Kléber* – ✆ *01 45 00 83 70*
– www.majestic-hotel.com
48 ch – ♦450/1200 € ♦♦450/1200 € – 23 suites – � 28 €

Luxueuse sans ostentation, très confortable et stylée, cette Villa du 19e s. porte bien son nom. Du cachet, des chambres spacieuses, un spa offrant les meilleures prestations : le bien-être à deux pas des Champs-Élysées !

Square 🍽 ♨ 🖼 ⚐ & AC ⚒ 🛜 🏋 🚗

3 r. Boulainvilliers ⊠ *75016* Ⓜ *Mirabeau* – ✆ *01 44 14 91 90*
– www.hotelsquare.com
22 ch – ♦220/900 € ♦♦220/900 € – ⊻ 25 €
Rest *Zébra Square* – voir les restaurants ci-après

Un hôtel contemporain, juste en face de la Maison de la Radio. Les chambres sont à la fois spacieuses, feutrées et bien insonorisées. L'équipement high-tech et la collection d'art contemporain soulignent son style, très "boutique-hôtel".

Keppler sans rest 🛁 ⚐ & AC 🛜 🏋

10 r. Keppler ⊠ *75116* Ⓜ *George V* – ✆ *01 47 20 65 05* – *www.keppler.fr*
34 ch – ♦370 € ♦♦1270 € – 5 suites – ⊻ 22 €

Le décor, tout en luxe et raffinement, est signé Pierre-Yves Rochon. Que ce soit dans les salons, la bibliothèque ou les chambres, la magie opère... Hammam, sauna et fitness complètent cet ensemble des plus élégants.

Dokhan's Radisson Blu sans rest ⚐ AC ⚒ 🛜 🚗

117 r. Lauriston ⊠ *75116* Ⓜ *Trocadéro* – ✆ *01 53 65 66 99*
– www.radissonblu.com/dokhanhotel-paristrocadero
42 ch – ♦230/650 € ♦♦430/950 € – 3 suites – ⊻ 20 €

Dans ce bel hôtel particulier de style haussmannien, le décor néoclassique est bien loin du fonctionnalisme contemporain. Le salon aux boiseries céladon (18e s.), le bar à champagne et les chambres richement parées ont, au contraire, un charme fou.

Sezz sans rest ⚐ & AC 🛜 🏋 🚗

6 av. Frémiet ⊠ *75016* Ⓜ *Passy* – ✆ *01 56 75 26 26* – *www.paris.hotelsezz.com*
19 ch – ♦290/484 € ♦♦290/587 € – 7 suites – ⊻ 30 €

Cet immeuble à la belle façade ouvragée (1913) a adopté un style ultradesign (pierre grise, mobilier original, équipements high-tech et sauna). À noter : chaque client se voit attribuer un assistant particulier pour la durée de son séjour.

Molitor Ⓝ 🍽 ▢ 🖼 ♨ ⚐ & AC 🛜 🏋 ⊶

2 av. de la Porte-Molitor ⊠ *75016* Ⓜ *Michel Ange Molitor* – ✆ *01 56 07 08 50*
– www.mltr.fr
117 ch – ♦250/650 € ♦♦250/650 € – 7 suites – ⊻ 34 €

Véritable emblème de l'Ouest parisien depuis les années 1920, la piscine Molitor est ressuscitée en 2014 sous la forme de cet hôtel de luxe au charme ravageur. Clins d'œil à l'histoire (façade bleue et jaune autour de la piscine, déco du restaurant), épure ultramoderne dans les chambres : le mythe renaît sous nos yeux.

Pergolèse sans rest ⚐ AC 🛜

3 r. Pergolèse ⊠ *75116* Ⓜ *Argentine* – ✆ *01 53 64 04 04* – *www.pergolese.com*
40 ch – ♦149/320 € ♦♦149/540 € – ⊻ 19 €

Derrière une sage façade de ce quartier chic, se cache un intérieur design et apaisant (murs blancs, mobilier en bois clair). Écrans plats, branchements pour iPods : rien ne manque. Les chambres sont calmes et très bien tenues. Bar cosy.

Le Metropolitan Radisson Blu 🍽 ▢ ⚐ & AC ⚒ 🛜 🏋

10 pl. de Mexico ⊠ *75116* Ⓜ *Trocadéro* – ✆ *01 56 90 40 04*
– www.radissonblu.com/hotel-pariseiffel
38 ch – ♦260/650 € ♦♦260/650 € – 10 suites – ⊻ 30 €
Rest *Le Metropolitan* – voir les restaurants ci-après

Au sein d'un immeuble haussmannien dont la façade en pointe se dresse sur la place de Mexico, un havre apaisant : dominantes de blanc, parquet brut, sobre élégance... Certaines chambres offrent une petite vue sur la tour Eiffel, tout comme le bar qui est parfait pour apprécier un cocktail. Un ensemble très "métropolitain" !

PARIS

Garden Élysée sans rest

12 r. St-Didier ⊠ 75116 Ⓜ Boissière – 𝒞 01 47 55 01 11
– www.paris-hotel-gardenelysee.com
46 ch – †185/310 € ††185/550 € – ⏐ 22 €

Le principal atout de cet hôtel ? Le calme ! Bien qu'à deux pas du Trocadéro, il est situé dans une cour verdoyante, délicieuse en été. Avec sa véranda et ses chambres sobrement contemporaines, l'endroit se révèle très chaleureux.

Mon Hôtel sans rest

1 r. d'Argentine ⊠ 75016 Ⓜ Argentine – 𝒞 01 45 02 76 76 – www.monhotel.fr
36 ch – †189/690 € ††189/690 € – ⏐ 22 €

Un hôtel rien que pour soi ? Un rêve… Pourtant cette adresse dégage un je-ne-sais-quoi de confidentiel bien appréciable dans pareil quartier ! Chambres très design et confortables ; room service de midi à minuit et petit espace bien-être.

Félicien Ⓝ sans rest

21 r. Félicien-David ⊠ 75016 Ⓜ Mirabeau – 𝒞 01 55 74 00 00
– www.hotelfelicienparis.com
32 ch – †159/499 € ††159/499 € – 2 suites – ⏐ 18 €

Du noir, du blanc et quelques touches de rouge : voilà qui habille ce charmant hôtel esprit "haute couture", décoré par Olivier Lapidus, fils du fameux couturier français. Les chambres ont du cachet ; l'espace détente (hammam, sauna) est tout bonnement délicieux.

Bassano

15 r. Bassano ⊠ 75116 Ⓜ George V – 𝒞 01 47 23 78 23
– www.hotel-bassano.com – Fermé août
33 ch – †175/465 € ††195/650 € – 1 suite – ⏐ 19 €

Cet hôtel, situé légèrement en retrait des avenues passantes, arbore un décor ancré dans le 21e s. : chambres élégantes et fonctionnelles, aux tons bleu et gris. Un bon point de chute entre le Trocadéro et les Champs-Élysées.

Duret sans rest

30 r. Duret ⊠ 75116 Ⓜ Argentine – 𝒞 01 45 00 42 60 – www.hotelduret.com
25 ch – †150/450 € ††150/450 € – 2 suites – ⏐ 18 €

Atmosphère lounge dans le hall, bar cosy, chambres contemporaines spacieuses et colorées (beige, prune, anis…) : cet hôtel proche de la porte Maillot a du caractère. Chaleureux.

Passy Eiffel sans rest

10 r. de Passy ⊠ 75016 Ⓜ Passy – 𝒞 01 45 25 55 66 – www.passyeiffel.com
49 ch – †98/235 € ††98/275 € – ⏐ 14 €

La rue est animée, commerçante. Un emplacement sympathique pour cet hôtel familial aux chambres fonctionnelles. Décorées dans des styles neutre, chatoyant ou plus design, elles sont toutes bien tenues ; certaines avec vue sur la tour Eiffel.

Trocadéro La Tour sans rest

5 bis r. Massenet ⊠ 75116 Ⓜ Passy – 𝒞 01 45 24 43 03
– www.trocaderolatour.com
41 ch – †149/355 € ††149/405 € – ⏐ 19 €

Il règne dans cet hôtel une atmosphère qui n'est pas sans évoquer un club anglais : fauteuils en cuir, lambris d'acajou… Avec leur mobilier d'inspiration Louis XVI et leurs gravures anciennes, les chambres ont un certain cachet.

Résidence Foch sans rest

10 r. Marbeau ⊠ 75116 Ⓜ Porte Maillot – 𝒞 01 45 00 46 50
– www.residencefoch.com
25 ch – †100/250 € ††100/450 € – ⏐ 15 €

Entre la porte Maillot et l'avenue Foch, ce petit hôtel familial bien entretenu cultive un sage classicisme. Un charme hors du temps, dans un environnement tranquille.

Nicolo sans rest

3 r. Nicolo ⊠ 75116 Ⓜ Passy – 𝒞 01 42 88 83 40 – www.hotel-nicolo.fr
27 ch ⊇ – ♦158/214 € ♦♦178/230 €
Nuits calmes assurées dans cet hôtel décoré avec goût. Dans les jolies chambres de caractère, les meubles chinés (indonésiens, africains...) et les bibelots asiatiques dépaysent en douceur. Accueil sympathique.

Chambellan Morgane sans rest

6 r. Keppler ⊠ 75016 Ⓜ George V – 𝒞 01 47 20 35 72
– www.hotelchambellanmorgane.fr
20 ch – ♦90/300 € ♦♦110/320 € – ⊇ 13 €
Petit hôtel situé dans une rue calme, à deux pas des Champs-Élysées. Les chambres, intimes et confortables, ont toutes été rénovées avec sobriété. Esprit trendy dans les parties communes !

Queen's sans rest

4 r. Bastien-Lepage ⊠ 75016 Ⓜ Michel Ange Auteuil – 𝒞 01 42 88 89 85
– www.queens-hotel-paris.com – fermé 25 juil.-25 août
17 ch – ♦129/179 € ♦♦159/199 € – ⊇ 13 €
Des tableaux d'artistes contemporains ornent le joli hall ainsi que la plupart des chambres. Certaines, plus spacieuses, ont été décorées dans un style chic et agréable. Cette adresse tombe à point dans le quartier d'Auteuil.

Le Hameau de Passy sans rest

48 r. de Passy ⊠ 75016 Ⓜ La Muette – 𝒞 01 42 88 47 55
– www.hameaudepassy.com
32 ch ⊇ – ♦80/160 € ♦♦90/180 €
Une impasse mène à ce discret hameau et à sa charmante cour intérieure envahie de verdure. Un calme fort appréciable, à savourer dans des chambres bien rénovées, aux couleurs pop et sucrées.

Au Palais de Chaillot sans rest

35 av. Raymond-Poincaré ⊠ 75116 Ⓜ Trocadéro – 𝒞 01 53 70 09 09
– www.hotelpalaisdechaillot.com
31 ch – ♦119/289 € ♦♦129/299 € – ⊇ 15 €
Bien situé près du Trocadéro, cet hôtel familial a fait entièrement peau neuve. Gaies et colorées, les chambres sont fonctionnelles, bien agencées et jouissent d'une bonne isolation phonique. Accueil sympathique.

L'Abeille – Hôtel Shangri-La

10 av. d'Iéna ⊠ 75116 Ⓜ Iéna – 𝒞 01 53 67 19 90 – www.shangri-la.com
– Fermé 26 juil.-26 août, 21-30 déc., dim., lundi et le midi
• MODERNE • Menu 225/365 € ⵏ – Carte 135/300 €
Le "restaurant français" du Shangri-La, baptisé ainsi en hommage à l'emblème napoléonien. La grande tradition hexagonale est logiquement à l'honneur : sous l'égide d'une équipe héritière des meilleurs savoir-faire, la carte se fait chantre du beau classicisme et de la noblesse des produits. Une table au goût de miel...
→ Grenouilles coupe parisienne. Homard cuit au court-bouillon, crème de potimarron, ravioles de châtaignes au mascarpone. La ruche.

St-James Paris – Hôtel St-James Paris

43 av. Bugeaud ⊠ 75116 Ⓜ Porte Dauphine – 𝒞 01 44 05 81 81
– www.saint-james-paris.com – Fermé dim. soir, fériés et le midi
• MODERNE • Menu 125 € – Carte 76/135 €
Un établissement exclusif, à l'atmosphère de club privé anglais... Le cadre est superbe, aussi chic qu'élégant avec ses boiseries, ses tissus mordorés, son haut plafond en trompe l'œil et son jardin très secret. La cuisine est à l'avenant, délicate, précise et bien construite. Un lieu qui ne manque pas de goût !
→ Tartare de Saint-Jacques et huîtres, bourrache, caviar et crème citron. Colvert rôti aux baies de genièvre, chou rouge braisé. Café moka d'Éthiopie en crème légère, feuilles de chocolat et glace à la fève tonka.

PARIS

Hiramatsu ✿ 🏯 Ⓚ ↔ 🚗 soir,
52 r. Longchamp ✉ 75116 Ⓜ Trocadéro – 𝒞 01 56 81 08 80
– www.hiramatsu.co.jp/fr/ – Fermé août, 24 déc.-2 janv., sam. et dim.
• MODERNE • Menu 48 € (déj.), 75/115 € (réservation conseillée)
Sous son enseigne japonaise, Hiramatsu honore la cuisine française avec inventivité
et talent. Dans un cadre très élégant, la haute gastronomie s'exprime à travers un
menu unique ("carte blanche" le soir), qui change chaque mois au gré du marché.
→ Cuisine du marché.

Prunier 🍽 Ⓚ ↔ 🚗
16 av. Victor-Hugo ✉ 75116 Ⓜ Charles de Gaulle-Etoile – 𝒞 01 44 17 35 85
– www.prunier.com – Fermé août, sam. midi, dim. et fériés
• POISSONS ET FRUITS DE MER • Menu 47 € (déj.), 87/175 € – Carte 65/172 €
Institution créée en 1925 par l'architecte Boileau, au superbe décor Art déco classé
(marbre noir, mosaïques, vitraux). Outre d'excellents produits de la mer,
c'est l'occasion de découvrir le caviar maison du Sud-Ouest.

Shang Palace – Hôtel Shangri-La 🅱 Ⓚ ↔ 🚗
10 av. d'léna ✉ 75116 Ⓜ léna – 𝒞 01 53 67 19 92 – www.shangri-la.com
– Fermé 26 juil.-17 août, mardi et merc.
• CHINOISE • Menu 52 € (déj. en semaine), 78/128 € – Carte 60/225 €
Situé au niveau inférieur du Shangri-La, ce Shang Palace recrée avec grâce le décor
d'un luxueux restaurant chinois : colonnes de jade, paravents sculptés, lustres en cris-
tal... La carte fait honneur à la gastronomie cantonaise, authentique et parfumée.
→ Saumon Lo Hei. Poulet du mendiant. Crème de mangue, pomélo et perles de sagou.

Relais d'Auteuil (Patrick Pignol) ✿ Ⓚ 🚗
31 bd Murat ✉ 75016 Ⓜ Michel Ange Molitor – 𝒞 01 46 51 09 54
– www.relaisdauteuil-pignol.fr – Fermé août, vacances de Noël, sam. midi, dim. et lundi
• MODERNE • Menu 100 € 🍷 (déj.), 129/149 € – Carte 100/160 €
Le cadre intimiste met en valeur de nombreuses peintures et sculptures contemporaines. La belle cuisine au goût du jour s'inspire de produits de qualité (gibier
en saison). Superbe livre de cave et beau choix de champagnes.
→ Carpaccio de crevettes marinées au vinaigre yuzu-ponzu. Bar de ligne en épais
filet. Madeleines cuites à la minute au miel de bruyère, crème glacée miel et noix.

Astrance (Pascal Barbot) ✿ Ⓚ 🚱
4 r. Beethoven ✉ 75016 Ⓜ Passy – 𝒞 01 40 50 84 40
– www.astrancerestaurant.com – Fermé 1 semaine en mai, 25 juil.-26 août,
1 semaine en nov., vacances de Noël, sam., dim., lundi et fériés
• CRÉATIVE • Menu 70 € (déj.), 150/230 € (réservation conseillée)
La dira-t-on "à la Barbot", cette formule qu'il a consacrée et qui fait tant d'émules ?
À chaque service, le chef-artiste réinvente la cuisine pour une représentation
unique : sans carte ni menu, on se laisse surprendre par des créations qui subju-
guent les sens, et les produits livrent leurs plus belles confidences.
→ Chair de crabe épicée, ravioles végétales. Turbot vapeur, beurre miso-noisette.
Tartelette fraise, rhubarbe et mousse au jasmin.

Tsé Yang Ⓚ 🚱 ↔
25 av. Pierre-1er-de-Serbie ✉ 75016 Ⓜ léna – 𝒞 01 47 20 70 22
• CHINOISE • Menu 39 € (déj.), 49/59 € – Carte 50/100 €
D'élégantes salles à manger (dominantes de noir, plafond doré) en forme d'écrin
pour une cuisine traditionnelle chinoise de Pékin, de Shanghai et du Sichuan. Un
lieu dépaysant, où l'on apprécie également un service attentif et stylé.

Les Tablettes de Jean-Louis Nomicos 🅱 Ⓚ 🚗
16 av. Bugeaud ✉ 75116 Ⓜ Victor Hugo – 𝒞 01 56 28 16 16
– www.lestablettesjeanlouisnomicos.com
• MODERNE • Menu 58 € 🍷 (déj.), 120/145 € – Carte 105/175 €
Après avoir œuvré chez Lasserre – l'un des temples de la cuisine classique –, Jean-Louis
Nomicos a créé ces Tablettes où il a souhaité apposé son nom. C'est dans un décor
contemporain original que s'épanouit sa belle cuisine aux accents méditerranéens,
marquée à la fois par ses racines marseillaises et son exigeant savoir-faire.
→ Gratin de macaronis aux truffes noires et foie gras. Dos de bar sauce vierge au
basilic citrus, fleurs de courgette farcies à la marjolaine. Croustillant au chocolat
grand cru et fève tonka, émulsion au praliné.

XXX **Antoine**   🔳 🕏 ⇔ ⊡ⁱ
😋 *10 av. de New-York ⊠ 75116 Ⓜ Alma Marceau – ℰ 01 40 70 19 28*
– www.antoine-paris.fr – Fermé 3 semaines en août, 1 semaine à Noël, dim. et lundi
• POISSONS ET FRUITS DE MER • Menu 42 € (déj.), 78/120 € – Carte 85/150 €
Sous l'égide du chef Thibault Sombardier, une valeur sûre de la cuisine de la mer à Paris. La carte change chaque jour pour offrir le meilleur de la marée, en liaison directe avec les ports bretons, basques ou méditerranéens. Le tout travaillé avec savoir-faire et inspiration : un must. Élégant décor contemporain.
→ Carpaccio de poissons minute. Poissons de ligne grillés. Soufflé chaud à la mirabelle.

XXX **Le Pergolèse** (Stéphane Gaborieau)   🍴 🔳 🕏 ⇔ ⊡ⁱ
😋 *40 r. Pergolèse ⊠ 75116 Ⓜ Porte Maillot – ℰ 01 45 00 21 40*
– www.lepergolese.com – Fermé 2 semaines en août, 25 déc.-2 janv., sam. midi et dim.
• MODERNE • Menu 50 € (déj.), 105/120 € – Carte 80/120 €
Une cuisine du soleil joliment revisitée par un chef Meilleur Ouvrier de France qui ne dédaigne pas y apporter quelques notes japonaises. Le tout dans un décor à la fois sobre et élégant.
→ Moelleux de sardine à la basquaise, sorbet tomate-basilic. Sole meunière farcie d'une duxelles de champignons. Soufflé aux fruits.

XXX **La Table du Baltimore** – Hôtel Baltimore   🔳 🕏 ⇔ ⊡ⁱ
1 r. Léo-Delibes ⊠ 75016 Ⓜ Boissière – ℰ 01 44 34 54 34
– www.hotel-baltimore-paris.com – Fermé août, sam., dim. et fériés
• MODERNE • Formule 40 € 🍷 – Menu 75 € (semaine)/95 € 🍷 – Carte 78/104 €
L'hôtel Baltimore, c'est aussi cette Table chic qui associe boiseries anciennes, mobilier contemporain et dessins d'art. Un cadre élégant pour une cuisine qui cultive l'air du temps : tourteau à la tomate séchée et ciboule ; ris et joue de veau aux carottes confites ; ananas comme un sushi à la noix de coco...

XX **Cristal Room Baccarat**   🔳 🕏 ⇔
11 pl. des Etats-Unis - Maison Baccarat, (1ᵉʳ étage) ⊠ 75116 Ⓜ Boissière – ℰ 01 40 22 11 10 – www.cristalroom.fr – Fermé dim. et fériés
• MODERNE • Formule 36 € – Menu 55 € (déj.)/109 € – Carte 85/99 €
L'ancien hôtel particulier de Madame de Noailles sert aujourd'hui d'écrin à la célèbre maison Baccarat. La salle du restaurant (fresque peinte, lustres en cristal) a été relookée par Philippe Starck. Un cadre superbe pour une cuisine actuelle.

XX **Bon**   🍴 🔳 ⇔ ⊡ⁱ
25 r. de la Pompe ⊠ 75116 Ⓜ La Muette – ℰ 01 40 72 70 00
– www.restaurantbon.fr
• CRÉATIVE • Formule 28 € 🍷 – Menu 33 € (déj. en semaine) – Carte 46/78 €
Trois salles à manger originales aux ambiances très différentes, imaginées par Philippe Starck : la vinothèque, la cheminée et la bibliothèque. La carte, courte et appétissante, joue la fusion et vagabonde à travers le Sud-Est asiatique.

XX **Marius**   🍴 ⊡ⁱ
82 bd Murat ⊠ 75016 Ⓜ Porte de St-Cloud – ℰ 01 46 51 67 80
– www.restaurantmarius.fr – Fermé août, sam. midi et dim.
• POISSONS ET FRUITS DE MER • Carte 43/79 €
Près du Parc des Princes, une adresse dédiée aux produits de la mer. L'influence méditerranéenne se fait sentir avec des incontournables comme la bouillabaisse. Dans la salle toute blanche, égayée de vieux gréements, on prend le large...

XX **Akrame** (Akrame Benallal)   ⅋ 🔳 🕏
😋😋 *19 r. Lauriston ⊠ 75116 Ⓜ Kléber – ℰ 01 40 67 11 16 – www.akrame.com*
– Fermé 18-26 avril, 1ᵉʳ-23 août, 20 déc.-1ᵉʳ janv., sam. et dim.
• CRÉATIVE • Menu 50 € (déj.), 90/120 € (réservation conseillée)
Passé notamment chez Gagnaire et Adrià, le jeune et sémillant Akrame Benallal déploie aujourd'hui tout son talent : sa cuisine se montre aussi personnelle que décomplexée, et si elle ose des recettes inédites, c'est avec grande finesse et sagacité. Le cadre, très tendance, sied à ces menus uniques qui changent chaque mois...
→ Cuisine du marché.

PARIS

PARIS

XX **6 New York**   AC ⌨

6 av. de New-York ⊠ 75016 ◎ *Alma Marceau –* ℰ *01 40 70 03 30*
– www.6newyork.fr – Fermé août, sam. midi et dim.
• MODERNE • Menu 38 € (déj.), 70/90 € 🍷 – Carte 49/67 €
L'enseigne vous dit tout sur l'adresse... avenue de New York, loin d'une table
nord-américaine ! Saveurs franches et bien marquées, respect des saisons : une
cuisine en parfaite harmonie avec le cadre contemporain et élégant.

XX **Pages** ◍

4 r. Auguste Vacquerie ⊠ 75016 ◎ *Charles de Gaulle-Etoile –* ℰ *01 47 20 74 94*
– www.pages-e.com – Fermé 2 semaines en août, dim. et lundi
• MODERNE • Menu 40 € (déj.)/80 € (réservation conseillée)
Le tartare de veau rencontre le zeste de citron, la poutargue et la crème d'anchois ; le céleri rave épouse la langoustine et le saint-nectaire... Des mariages de
saveurs détonants dans ce restaurant créé en 2014 par un jeune chef japonais
amoureux de la cuisine française. Le tout dans un décor épuré autant à la page !

XX **Étude** ◍   ⅍ AC ⅍

14 r. Bouquet-de-Longchamp ⊠ 75016 ◎ *Boissière –* ℰ *01 45 05 11 41*
– fermé sam. midi, dim. et lundi
• MODERNE • Menu 38 € (déj. en semaine), 55/80 € (réservation conseillée)
Une leçon d'épure : voilà ce qu'inspirent les créations du chef, Keisuke Yamagishi.
Il a choisi de nommer son restaurant "Étude" parce que c'est ainsi qu'il considère
son travail : une recherche inlassable pour atteindre la substance même de la cuisine. Le tout dans un décor lui aussi minimaliste. Une exigence totale.

XX **A et M Restaurant**   ⌂ ⅍ ⌨
☺

136 bd Murat ⊠ 75016 ◎ *Porte de St-Cloud –* ℰ *01 45 27 39 60*
– www.am-restaurant.com – Fermé août, sam. midi et dim.
• MODERNE • Menu 36 € – Carte 35/45 €
Un vrai bistrot de chef, au décor chic et chaleureux. Aux fourneaux, on trouve
Tsukasa Fukuyama, qui s'approprie avec aisance les grands classiques de la gastronomie de l'Hexagone : pressé de tête de veau tiède et sa sauce ravigote,
gigot d'agneau au cumin et jus d'olives noires : on passe un bon moment !

XX **Terrasse Mirabeau**   ⌂ ⌨

5 pl. de Barcelone ⊠ 75016 ◎ *Mirabeau –* ℰ *01 42 24 41 51*
– www.terrasse-mirabeau.com – Fermé 3 semaines en août, 1 semaine fin déc.,
sam. et dim.
• MODERNE • Menu 42/75 €
Sa terrasse à l'ombre des platanes est bien agréable, tout comme sa cuisine bourgeoise qui varie au fil des saisons. Le chef élabore lui-même ses cuvées (languedoc, côtes-du-rhône, bordeaux) ; servies au verre, elles ont un franc succès.

XX **etc...**   ⅊ AC ⌨
⅗

2 r. La Pérouse ⊠ 75016 ◎ *Kléber –* ℰ *01 49 52 10 10 – Fermé 29 juil.-25 août,*
sam. midi et dim.
• MODERNE • Menu 49 € (déj.)/90 € – Carte 60/84 €
Cette table menée par le fameux chef Christian Le Squer a pris la forme d'un bis-
trot chic épuré, à la fois contemporain et convivial. Cuisine actuelle de qua-
lité, courte carte misant sur la saisonnalité, etc...
→ Fantaisie voyageuse terre et mer. Boudin maison, jus au fruit de la passion.
Soufflé chocolat, glace pistache.

XX **Chez Géraud**   ⅊

31 r. Vital ⊠ 75016 ◎ *La Muette –* ℰ *01 45 20 33 00 – Fermé août, 20-28 déc.,*
sam. midi et dim.
• MODERNE • Formule 29 € – Menu 35 € – Carte 45/75 €
L'heure du renouveau a sonné pour cette petite institution de La Muette, reprise
fin 2013 par deux jeunes associés venus du Royal Monceau. La carte, sûre de ses
fondamentaux, est aussi carrée que gourmande, et le cadre allie joliment lustre
d'antan et esprit contemporain. À (re-)découvrir très vite !

XX **Le Vinci**   AC ⌂♞
23 r. Paul-Valéry ✉ *75116* Ⓜ *Victor Hugo* – ☏ *01 45 01 68 18*
– *www.restaurantlevinci.fr* – *Fermé 1er-21 août, sam. et dim.*
• ITALIENNE • Menu 35 € – Carte 46/83 €
La décoration intérieure sympathique et l'amabilité du service font du Vinci un
établissement très prisé, à deux pas de l'avenue Victor-Hugo. Le beau choix de
pâtes et de risottos, les viandes et poissons à la carte, varient selon le marché.

XX **Conti**   AC
72 r. Lauriston ✉ *75116* Ⓜ *Boissière* – ☏ *01 47 27 74 67* – *www.leconti.fr*
– *Fermé 3-23 août, 24 déc.-2 janv., sam., dim. et fériés*
• ITALIENNE • Menu 37 € (déj.) – Carte 60/80 €
Velours rouge, miroirs et lustres en cristal : le décor intimiste hésite entre club
privé et théâtre à l'italienne. La cuisine de la Botte, généreuse et classique, a su
séduire de nombreux habitués.

XX **Le Metropolitan** – Hôtel Metropolitan Radisson Blu   ⅙ AC ⅗ ⇔
10 pl. de Mexico ✉ *75116* Ⓜ *Trocadéro* – ☏ *01 56 90 40 04*
– *www.radissonblu.com/hotel-pariseiffel* – *Fermé 3 semaines en août, dim. et lundi*
• MODERNE • Menu 31 € (déj.)/59 € ♟ – Carte 46/61 €
Chic, moderne et chaleureux : tel est le restaurant de l'hôtel Metropolitan. Au
menu : des recettes internationales – rehaussées de notes japonisantes – concoctées avec un souci de qualité évident (choix des produits, soin d'exécution). Une
table propice à une urbanité toute contemporaine.

XX **Monsieur Bleu**   ⌷ ⅙ AC ⇔
20 av. de New-York, (Palais de Tokyo) ✉ *75016* Ⓜ *Iéna* – ☏ *01 47 20 90 47*
– *www.monsieurbleu.com*
• MODERNE • Carte 42/80 €
L'adresse a alimenté la chronique mondaine dès son inauguration au printemps
2013... Il faut dire qu'au sein du palais de Tokyo, elle est superbe avec sa salle
Art déco tout en gris, vert et or, et sa terrasse regardant la Seine et la tour Eiffel.
L'assiette n'est pas en reste, sophistiquée et savoureuse. Un endroit très en vue !

XX **Flandrin** Ⓜ   ⌷ ⌂♞
80 av. Henri-Martin ✉ *75116* Ⓜ *Avenue Henri Martin* – ☏ *01 45 04 34 69*
• TRADITIONNELLE • Carte 45/110 €
Emplacement original pour ce Flandrin, niché dans une ancienne gare de la Petite
Ceinture devenue station du RER C. Au menu : un décor chic, aux allures de brasserie contemporaine, et une cuisine qui sait satisfaire tous les goûts, entre grands
classiques et recettes exotiques. Verdict : descendez à la station Henri-Martin !

XX **Jérémie** Ⓜ   AC ⌂♞
33 r. de Longchamp ✉ *75116* Ⓜ *Boissière* – ☏ *01 47 04 96 81*
– *www.restaurantjeremie.com* – *Fermé 1er-21 août, sam. midi et dim.*
• MODERNE • Formule 30 € – Menu 40 € (déj. en semaine)/65 €
– Carte 50/65 €
Jérémie Tourdjman a créé cette élégante table en 2014. Le jeune chef est un tenant
de la bistronomie, soucieux notamment de mettre en avant le produit de façon
simple, franche et directe... mais sans rechigner à livrer un vrai travail de cuisinier
(il est passé par les cases Constant et Ducasse). Une partition à encourager !

XX **Zébra Square** – Hôtel Square   ⌷ ⅙ AC
3 r. Boulainvilliers ✉ *75016* Ⓜ *Mirabeau* – ☏ *01 44 14 91 91*
– *www.zebrasquare.com*
• MODERNE • Carte 35/68 €
Jaune, vert, bleu : le Zébra Square n'est pas zébré, mais il ne manque pas de couleurs ! Voilà qui crée une belle ambiance, chaleureuse et branchée, et qui a son
supplément d'âme : une cuisine internationale qui voit large (des nems au pain
perdu) et est concoctée avec soin. Les assiettes aussi sont colorées !

PARIS

XX **Jamin** 🗚 ⟷ ⌂

32 r. de Longchamp ✉ 75116 Ⓜ Iéna – ℰ 01 45 53 00 07
– www.restaurant-jamin.com – Fermé août, sam. midi et dim.
• MODERNE • Formule 28 € – Menu 35 € – Carte 40/56 €
Atmosphère chic et feutrée pour cette table tout en camaïeu de crème et de
beige. On y apprécie une cuisine savoureuse et bien troussée, à l'image de ce tartare d'écrevisses aux zestes de citron vert. Pour l'anecdote, les gastronomes avertis
se rappelleront que Joël Robuchon fit la célébrité de Jamin dans les années 1980...

X **Le Tournesol** Ⓝ ⌂

2 av. de Lamballe ✉ 75016 Ⓜ Avenue du Président Kennedy – ℰ 01 45 25 95 94
– www.le-tournesol.fr – Fermé une semaine mi-août
• TRADITIONNELLE • Carte 37/47 €
Une jolie terrasse d'où la vue porte jusque sur la Seine, un beau décor inspiré des
années 1920 (murs blanc et or, motifs floraux, banquettes en velours...) et, à la
carte, de grands classiques de la brasserie ainsi que des recettes plus originales
– mais toujours bien parfumées. Ce Tournesol a déjà fait tourner quelques têtes !

X **Quinte** ⅙ 🗚 ⌘

79 r. de la Tour ✉ 75116 Ⓜ Rue de la Pompe – ℰ 01 40 72 84 46
– www.quinte-restaurant.com – Fermé 3 semaines en août, 22 déc.-3 janv., sam.
midi, dim. et lundi
• MODERNE • Formule 29 € – Carte 44/64 €
David Alberge (en salle) et Gaël Boulay (en cuisine) ont métamorphosé leur restaurant en 2014, imaginant cette Quinte comme un hommage à nos cinq sens.
Décor stylé d'inspiration scandinave (bois clair, cuir beige) et recettes originales
et percutantes : les cinq sens agréent, le compte est bon !

X **Passy Mandarin La Muette** Ⓝ

6 r. Bois-le-Vent ✉ 75016 Ⓜ La Muette – ℰ 01 42 88 12 18
– www.restaurant-passy-mandarin.fr – fermé août et dim. en juil.
• CHINOISE • Formule 16 € – Carte 27/100 €
Fondé en 1976, le Passy Mandarin La Muette joue la carte de la permanence : l'authenticité est de mise dans les assiettes, où l'on retrouve les grandes spécialités
de la cuisine chinoise – mais aussi thaïlandaise et vietnamienne –, cuisinées avec
un savoir-faire éprouvé. Quant au décor, il assume pleinement ses chinoiseries !

X **Chaumette** ⌂ ⌂

7 r. Gros ✉ 75016 Ⓜ Mirabeau – ℰ 01 42 88 29 27
– www.restaurant-chaumette.com – Fermé 8-20 août, 23 déc.-3 janv., sam. midi,
dim. et fériés
• TRADITIONNELLE • Formule 25 € – Menu 29 € (déj.) – Carte 40/70 €
Un beau bistrot à l'ancienne, tel qu'on se l'imagine : boiseries sombres, tables ali-
gnées, comptoir. La clientèle chic du quartier vient y manger au coude-à-coude
pot-au-feu et millefeuilles tout à fait recommandables. Canaille et convivial.

X **Le Petit Pergolèse** 🗚 ⌂

38 r. Pergolèse ✉ 75016 Ⓜ Porte Maillot – ℰ 01 45 00 23 66 – Fermé août, sam.
et dim.
• TRADITIONNELLE • Carte 45/73 €
Entre bistrot chic et galerie d'art contemporain, cette adresse très animée ose une
déco branchée, à mi-chemin entre l'univers de David LaChapelle et le pop art.
L'alléchante ardoise suggère une cuisine de tradition joliment revisitée.

X **La Villa Corse Rive Droite** ⌂ 🗚 ⌂

141 av. de Malakoff ✉ 75016 Ⓜ Porte Maillot – ℰ 01 40 67 18 44
– www.lavillacorse.com – Fermé dim.
• CORSE • Menu 30 € (déj.) – Carte 35/59 €
Cette Villa de la rive droite, petite sœur de celle du 15e, transpose le terroir
corse dans une ambiance lounge branchée et décontractée (fauteuils club, lustres
en Murano). Produits et vins de qualité, en provenance directe de l'île de Beauté.

X **Il Gusto Sardo**   AC

18 r. Chaillot ✉ *75016* Ⓜ *Alma Marceau* – ☎ *01 47 20 08 90*
– www.restaurant-ilgustosardo.com – Fermé vacances de printemps, août,
vacances de Noël, sam. midi, dim. et fériés
• ITALIENNE • Carte 45/84 €
Ici, c'est tout le goût de la Sardaigne qui s'exprime ! Aidée de ses fils, Nicoletta
œuvre en cuisine. Les habitués apprécient l'ambiance familiale et des classiques
comme la saucisse sarde ou les antipastis de thon. Une authentique trattoria.

X **Juan**

144 r. de la Pompe ✉ *75016* Ⓜ *Victor Hugo* – ☎ *01 47 27 43 51*
– Fermé 2 semaines en août, dim., lundi et fériés
• JAPONAISE • Menu 35 € (déj.), 67/70 €
Une devanture noire, des vitres fumées et une salle minuscule, typiquement nippone.
Le soir, on se laisse tenter par le menu shabu-shabu (de fines tranches de bœuf trem-
pées dans un bouillon de légumes), sukiyaki ou omakasé. Le goût du Japon...

X **Kura**   🌳 AC ↔

56 r. de Boulainvilliers ✉ *75016* Ⓜ *La Muette* – ☎ *01 45 20 18 32*
– www.kuraparis.com – Fermé 16-24 août et lundi
• JAPONAISE • Formule 22 € – Menu 58/105 € ♟
Au cœur de Passy, à deux pas du métro La Muette, une vraie auberge japonaise
d'aujourd'hui (mobilier en bois sombre, petit sushi-bar, accueil prévenant, etc.).
Réalisée dans les règles de l'art, la cuisine ravit par sa finesse et ses parfums – et
l'inventivité des menus du soir. Autre atout : la terrasse ensoleillée.

X **Atelier Vivanda**   AC ✁
🤵
18 r. Lauriston ✉ *75016* Ⓜ *Kléber* – ☎ *01 40 67 10 00* – *www.ateliervivanda.com*
– Fermé 3 semaines en août, vacances de Noël, sam. et dim.
• VIANDES ET GRILLADES • Menu 35 € – Carte environ 50 € *(réservation conseillée)*
Joli néologisme que ce "Vivanda" qui célèbre aussi bien la vie que la viande... Au
menu : bœuf Black Angus, poulet fermier, etc., au gré du marché et des saisons
– le tout servi sur de petites tables façon billot de boucher. La deuxième adresse
du jeune chef Akrame Benallal, dont le gastro se trouve en face.

X **La Table Lauriston**   AC 🍴

129 r. Lauriston ✉ *75016* Ⓜ *Trocadéro* – ☎ *01 47 27 00 07*
– www.restaurantlatablelauriston.com – Fermé août, sam. midi et dim.
• TRADITIONNELLE • Menu 28 € (déj.) – Carte 40/95 €
Cette table des quartiers chic mise sur la simplicité et la qualité d'une belle cuisine de bistrot. L'ardoise est alléchante et la carte n'oublie pas les classiques (tripes maison, canard à l'orange, baba au rhum). Sympathique.

X **La Marée Passy**   🍴

71 av. P. Doumer ✉ *75016* Ⓜ *La Muette* – ☎ *01 45 04 12 81*
– www.lamareepassy.com
• POISSONS ET FRUITS DE MER • Carte 45/56 €
Boiseries, tons rouges et allusions à la navigation : le décor sied parfaitement
aux recettes iodées de cette adresse vouée à la mer. L'ardoise change en fonction
des arrivages en provenance de la côte atlantique. Beaucoup de fraîcheur !

X **Rosimar**   AC

26 r. Poussin ✉ *75016* Ⓜ *Michel Ange Auteuil* – ☎ *01 45 27 74 91*
– www.restaurant-rosimar.com – Fermé août, 24-31 déc., dim., lundi et fériés
• ESPAGNOLE • Menu 42 € ♟ – Carte 36/65 €
Au Rosimar, la cuisine espagnole s'exprime dans toute sa générosité : charcuterie, zarzuela de poisson, escalivada, riz noir, etc. Une sympathique petite affaire
familiale !

Une bonne table sans se ruiner ? Repérez les Bib Gourmand ⊛.

au Bois de Boulogne

✕✕✕✕✕ Le Pré Catelan   😣 😊 ⚙ 🅰 🎐 ⚙ ⌂ 🅿

✿✿✿ rte de Suresnes ⊠ 75016 – 𝒞 01 44 14 41 14 – www.precatelanparis.com
– Fermé 15 fév.-2 mars, 2-24 août, 25 oct.-2 nov., dim. et lundi
• CRÉATIVE • Menu 110 € (déj.), 220/280 € – Carte 237/295 €

Œil vif, geste sûr : impossible de distinguer, dans les créations de Frédéric Anton,
la technique exigeante de l'intuition fulgurante. Si chaque assiette est un chef-
d'œuvre, toutes s'érigent en monuments de plaisir – plaisir sensible et communicatif – à déguster, au cœur du bois, dans un décor de fête blanc et argent.
➔ Langoustine en ravioli, bouillon à l'huile d'olive et nem de langoustine frit.
Crabe parfumé au curry, crème légère, caviar et poméło saveur thaïe. Pomme
soufflée croustillante, crème glacée caramel, cidre et sucre pétillant.

✕✕✕✕ La Grande Cascade   😣 🎐 ⚙ ⌂ 🅿

✿ allée de Longchamp ⊠ 75016 – 𝒞 01 45 27 33 51
– www.restaurantsparisiens.com – Fermé vacances de Noël
• MODERNE • Menu 79/192 € – Carte 140/190 €

Un charmant pavillon 1850, à quelques pas de la Grande Cascade du bois de
Boulogne. Déguster une cuisine raffinée sous sa majestueuse rotonde ou sur sa
ravissante terrasse est un plaisir d'une élégance rare...
➔ Émietté de tourteau en cappuccino à l'anis, rougail de fenouil en fine gelée.
Carré d'agneau de Lozère rôti au thym citron, compression de légumes méditer-
ranéens. Texture tout chocolat grand cru, sorbet cacao.

Palais des Congrès · Wagram · Ternes · Batignolles

17e arrondissement   ⊠ 75017

J.-C. Amiel/hemis.fr

🏨🏨🏨 Renaissance Arc de Triomphe   🕪 🎬 🛗 ⚙ 🅰 ⚙ 🛜 🎮 🚬

39 av. Wagram ⓜ Ternes – 𝒞 01 55 37 55 37 – www.marriott.fr
118 ch – ⦿299/750 € ⦿⦿399/900 € – 5 suites – ⊡ 22 €
Rest Makassar – voir les restaurants ci-après

À deux pas de la place de l'Étoile, on ne peut pas manquer l'impressionnante
façade de cet hôtel dessiné par Christian de Portzamparc. L'originalité et le parti-
pris contemporain sont aussi de mise à l'intérieur, des élégantes chambres au
vaste hall d'accueil. Une réussite !

🏨🏨 Regent's Garden sans rest   🎬 🛗 🅰 ⚙ 🛜 🅿

6 r. Pierre-Demours ⓜ Ternes – 𝒞 01 45 74 07 30 – www.hotel-regents-paris.com
39 ch – ⦿189/729 € ⦿⦿189/729 € – 1 suite – ⊡ 24 €

Savant mélange d'ancien (cheminée, mobilier de style) et de moderne (teintes
sombres, motifs originaux) dans cet hôtel particulier datant de l'époque de Napoléon III. Des espaces feutrés, un délicieux petit jardin japonisant... Quel charme !

🏨🏨 Mac Mahon sans rest   🛗 🅰 ⚙ 🛜

3 av. Mac-Mahon ⓜ Charles de Gaulle-Etoile – 𝒞 01 43 80 23 00
– www.champselyseesmm.com
40 ch – ⦿219/750 € ⦿⦿219/750 € – ⊡ 25 €

Un immeuble haussmannien à deux pas de l'Arc de Triomphe. Entièrement
rénové en 2012, cet établissement mêle habilement le style Empire et la décoration contemporaine. Un pied-à-terre parfait pour partir aux quatre coins de Paris.

Splendid Étoile

1bis av. Carnot Ⓜ *Charles de Gaulle-Etoile –* ℰ *01 45 72 72 00 – www.hsplendid.com*
55 ch – ♦220/410 € ♦♦220/410 € – 2 suites – ⊑ 25 €
Rest *Le Pré Carré* – voir les restaurants ci-après
On reconnaît cet hôtel à sa belle façade ouvragée. Les chambres sont d'inspiration Louis XV ou contemporaines ; certaines ont vue sur l'Arc de Triomphe. Un style feutré très plaisant.

Ampère sans rest

102 av. de Villiers Ⓜ *Pereire –* ℰ *01 44 29 17 17 – www.hotel-ampere-paris.com*
96 ch – ♦150/430 € ♦♦150/460 € – 1 suite – ⊑ 20 €
Les chambres, décorées dans un style contemporain, donnent sur la cour intérieure. Avec son bar feutré, son jardin au calme de l'agitation extérieure, cet hôtel possède un certain cachet.

Hidden sans rest

28 r. de l'Arc-de-Triomphe Ⓜ *Charles de Gaulle-Etoile –* ℰ *01 40 55 03 57*
– www.hidden-hotel.com
35 ch – ♦189/849 € ♦♦189/849 € – ⊑ 19 €
Ambiance "nature" revendiquée pour cet hôtel créé en 2009 et agrandi en 2012 : matériaux nobles comme le bois et l'ardoise, literie en fibres de coco, etc. Un lieu apaisant et très dépaysant, pour vivre un peu caché...

Les Jardins de la Villa sans rest

5 r. Bélidor Ⓜ *Porte Maillot –* ℰ *01 53 81 01 10 – www.jardinsdelavilla.com*
33 ch – ♦113/300 € ♦♦128/450 € – ⊑ 22 €
Les "fashion addicts" vont raffoler de ce petit hôtel très couture. Noir, rose shocking, gris... Les références à l'univers de la mode sont nombreuses. Original, chic et confortable !

Hôtel de Banville sans rest

166 bd Berthier Ⓜ *Porte de Champerret –* ℰ *01 42 67 70 16 – www.hotelbanville.fr*
38 ch – ♦159/600 € ♦♦159/600 € – ⊑ 20 €
Un véritable hôtel de charme, décoré avec goût. Les chambres (bois patiné, détails précieux) sont séduisantes, certaines avec une vue magique !

Beauséjour Montmartre sans rest

6 r. Lécluse Ⓜ *Place de Clichy –* ℰ *01 42 93 35 77 – www.b-montmartre.com*
36 ch – ♦150/600 € ♦♦175/700 € – ⊑ 18 €
Quelques clichés de David LaChapelle, des photos dédicacées de Brigitte Bardot... Un esprit glamour qui fait écho à la place de Clichy voisine, mais auquel on ne saurait résumer cette ancienne pension de famille, transformée en hôtel par un propriétaire issu de la haute couture. Un ensemble très chic et très parisien !

L'Edmond sans rest

22 av. de Villiers Ⓜ *Villiers –* ℰ *01 44 01 09 40 – www.edmond-hotel.com*
17 suites – ♦♦350/1000 € – 6 ch – ⊑ 18 €
Edmond, comme Edmond Rostand, l'auteur de Cyrano de Bergerac, qui vécut dans cette maison, devenue hôtel contemporain, élégant et feutré. Certaines suites, avec balcon, offrent une vue sur le Sacré-Cœur et la tour Eiffel. Très parisien.

Régence Etoile sans rest

24 av. Carnot Ⓜ *Charles de Gaulle-Etoile –* ℰ *01 58 05 42 42*
– www.hotelregenceetoile.com
38 ch – ♦209/259 € ♦♦209/259 € – ⊑ 13 €
À deux pas de l'Arc de Triomphe et des Champs-Élysées, cet établissement bénéficie d'un emplacement de choix pour apprécier les charmes de la Ville Lumière. Les chambres y sont confortables et bien tenues, l'accueil des plus charmants.

Star Champs Élysées sans rest

18 r. de l'Arc-de-Triomphe Ⓜ *Charles de Gaulle-Etoile –* ℰ *01 43 80 27 69*
– www.hotelstarchampselysees.com
62 ch – ♦100/250 € ♦♦100/300 € – ⊑ 13 €
Dans une rue calme près de la place de l'Étoile, cet établissement dispose de chambres certes petites, mais fonctionnelles et bien tenues. Original : la réception avec sa décoration médiévale ! Une bonne adresse qui s'adapte aussi bien à la clientèle d'affaires que touristique.

Doisy sans rest

55 av. des Ternes **Ⓜ** Ternes – *𝒞* 01 45 74 21 86
– www.doisy.com
33 ch – †120/240 € ††120/240 € – ⌓ 14 €

Sur l'avenue des Ternes, cet immeuble abrite des chambres fonctionnelles et bien tenues. Préférez celles – plus calmes – qui donnent côté cour. Idéal pour la clientèle d'affaires, notamment, souhaitant se rendre au palais des congrès tout proche.

Arc de Triomphe Étoile sans rest

3 r. de l'Etoile **Ⓜ** Charles de Gaulle-Etoile – *𝒞* 01 56 68 90 00
– www.hotelarcdetriompheetoile.com
27 ch – †90/300 € ††110/320 € – ⌓ 13 €

Son nom dit tout de son emplacement privilégié. L'établissement a été entièrement rénové en 2012 : ses petites chambres, bien aménagées et plutôt design, s'agrémentent pour certaines de fresques abstraites évoquant les monuments de Paris... Une forme de "street art" bien inspiré !

PARIS

XXXX **Michel Rostang** ⌘⌘
❀❀
20 r. Rennequin **Ⓜ** Ternes – *𝒞* 01 47 63 40 77 – www.michelrostang.com
– Fermé 3 semaines en août, lundi sauf le soir de sept. à juin, sam. midi et dim.
• CLASSIQUE • Menu 80 € (déj.), 175/218 € – Carte 140/225 €

Boiseries, figurines de Robj, œuvres de Lalique et vitrail Art déco composent le décor, à la fois luxueux et insolite. La cuisine est fine, superbement classique, embellie d'une magnifique carte des vins.
→ Sandwich tiède à la truffe. Noix de ris de veau croustillante aux écrevisses. Tarte moelleuse au chocolat amer, sauce au café et sorbet chocolat.

XXXX **Guy Savoy**
❀❀❀
18 r. Troyon, (transfert prévu à la Monnaie de Paris,
11 quai de Conti, Paris 6ᵉ) **Ⓜ** Charles de Gaulle-Etoile
– *𝒞* 01 43 80 40 61 – www.guysavoy.com
– Fermé vacances de Noël, sam. midi, dim. et lundi
• CRÉATIVE • Menu 360/390 € – Carte 195/325 €

Simplicité et sophistication, souvenirs d'enfance et invention, gourmandise assumée et rigueur d'exécution... Tout le paysage mental de Guy Savoy, chef généreux et esthète, qui définit la cuisine comme "l'art de transformer en joie des produits chargés d'histoire" ! Attention, l'établissement devrait déménager en 2015 au sein de l'Hôtel de la Monnaie, au cœur de Paris.
→ Huîtres en nage glacée et deux nouvelles préparations. Saumon figé sur la glace, consommé brûlant et perles de citron. Boule noire.

XXX **Rech**
❀
62 av. des Ternes **Ⓜ** Ternes – *𝒞* 01 45 72 29 47 – www.restaurant-rech.fr
– Fermé août, dim. et lundi
• POISSONS ET FRUITS DE MER • Menu 44 € (déj.), 54/76 € – Carte 85/130 €

Cette institution née en 1925, toujours élégante avec son décor repensé dans un esprit épuré (préférez la salle de l'étage), est bien l'un des meilleurs restaurants de poisson de Paris. La grande qualité et la fraîcheur des pièces proposées, la finesse et la rigueur des préparations : tout ravira les amateurs de saveurs iodées...
→ Carpaccio de mulet aux oursins de pleine mer. Aile de raie à la grenobloise. Mister Rech : succès noisette glacé, sauce au chocolat chaud.

XXX **Sormani**
4 r. Gén.-Lanrezac **Ⓜ** Charles de Gaulle-Etoile – *𝒞* 01 43 80 13 91
– www.restaurantsormani.fr – Fermé août, sam., dim. et fériés
• ITALIENNE • Carte 62/143 €

Tissus tendus, lustres en verre de Murano, moulures et miroirs : toute l'élégance de l'Italie s'exprime dans ce restaurant chic et feutré. La cuisine de Pascal Fayet rend un bel hommage à la cuisine transalpine – et à la précieuse truffe en saison : œufs au plat à la truffe, lasagnes à la truffe noire et foie gras poêlé...

XXX **Dessirier par Rostang Père et Filles**

9 pl. Mar.-Juin Ⓜ *Pereire – ℰ 01 42 27 82 14 – www.restaurantdessirier.com*
– Fermé sam. et dim. en juil.-août
• POISSONS ET FRUITS DE MER • Formule 40 € – Menu 48 € – Carte 60/130 €
Contemporain, arty et chic : le Dessirier, par Michel Rostang... et ses filles Caroline
et Sophie. On y fait toujours la part belle aux produits de la mer, avec finesse.

XXX **Pétrus**

12 pl. du Mar.-Juin Ⓜ *Pereire – ℰ 01 43 80 15 95 – Fermé août et sam. midi*
• MODERNE • Carte 58/94 €
L'élégance de la façade se retrouve tant dans le cadre, contemporain, que dans
l'assiette : on se régale ici d'une cuisine actuelle et soignée. Une belle halte
gourmande.

XX **Timgad**

21 r. Brunel Ⓜ *Argentine – ℰ 01 45 74 23 70*
– www.timgad.fr
• MAROCAINE • Menu 78 € 🍷/124 € 🍷 – Carte 45/90 €
Retrouvez la splendeur passée de la cité de Timgad dans ce cadre mauresque raffiné, tout en mobilier traditionnel et stucs finement sculptés ! La carte est au diapason : riche sélection de couscous (la semoule est d'une rare finesse) et tajines
et pastillas appréciés pour leurs mille et un parfums...

XX **Frédéric Simonin**

25 r. Bayen Ⓜ *Ternes – ℰ 01 45 74 74 74 – www.fredericsimonin.com – Fermé*
2-28 août, dim. et lundi
• MODERNE • Menu 49 € (déj.), 86/159 € – Carte 94/155 €
Dans ce restaurant proche de la place des Ternes, le décor est très chic, tout en
noir et de blanc. Il sied à la cuisine fine et délicate d'un chef au beau parcours...
Voilà bel et bien une table raffinée !
➔ Gros macaroni farci aux racines et à la truffe, nappé d'un beurre de foie gras.
Saint-pierre, daïkon fondant, citron-gingembre et fleur d'ail aux saveurs du
Sichuan. Mousse légère au chocolat nyanbo, sorbet cacao au biscuit Oreo.

XX **Agapé**

51 r. Jouffroy-d'Abbans Ⓜ *Wagram – ℰ 01 42 27 20 18 – www.agape-paris.fr*
– Fermé sam. et dim.
• MODERNE • Menu 39 € (déj.), 90/120 € – Carte 88/109 €
Un nom grec célébrant l'amour, un lieu chic au décor minimaliste en teintes
douces, une carte courte et alléchante. Cette table contemporaine ravit les
gourmets.
➔ Noix de veau fumée au bois de hêtre, burrata et citron. Turbot, courgette,
concombre et couteaux. Mont-blanc, crème glacée à la truffe blanche d'Alba.

XX **Le Pré Carré** – Hôtel Splendid Étoile

1 bis av. Carnot Ⓜ *Charles de Gaulle-Etoile – ℰ 01 46 22 57 35*
– www.restaurant-le-pre-carre.com – Fermé 3 semaines en août, 1 semaine
vacances de Noël, sam. midi et dim.
• TRADITIONNELLE • Menu 36 € (dîner) – Carte 40/70 €
Dans la salle, deux miroirs face à face reflètent à l'infini l'élégant et chaleureux
décor. À la carte, des classiques comme la sole meunière, le tartare ou l'entrecôte
de salers. Les produits sont bien choisis... et le plaisir des papilles garanti !

XX **Jacques Faussat - La Braisière**

54 r. Cardinet Ⓜ *Malesherbes – ℰ 01 47 63 40 37 – www.jacquesfaussat.com*
– Fermé août, 24 déc.-2 janv., sam. sauf le soir d'oct. à avril, dim. et fériés .
• TRADITIONNELLE • Menu 40 € (déj.), 98/138 € – Carte 75/90 €
Dans un quartier tranquille, un restaurant chaleureux et confortable. La carte, qui
évolue au gré du marché et selon l'inspiration du chef, gersois d'origine, associe
avantageusement savoir-faire traditionnel et registre actuel.
➔ Foie gras de canard cuit au torchon aux fruits de saison et fève tonka. Calamar
et pied de cochon sur un tempo forestier. Symphonie opéra chocolat-épices.

PARIS

Coretta ❶

🌿 ㅊ 🅰🅲

151b r. Cardinet Ⓜ *Brochant –* ℰ *01 42 26 55 55 – Fermé 14 juil.-15 août,*
25 déc.-1er janv. et le dim. soir
• MODERNE • Formule 33 € – Menu 39 €
Dans le nouveau quartier Clichy-Batignolles, face au parc Martin-Luther-King
(dont l'épouse s'appelait Coretta), cette table née en 2014 se veut éco-responsable. Décor design où domine le chêne, vue sur les cimes à l'étage et belle cuisine de produits signée par un jeune chef, Jean-François Pantaleon. Le goût de la
nature, oui !

Makassar – Hôtel Renaissance Arc de Triomphe

🌿 ㅊ 🅰🅲 🍴 ⇆

39 av. Wagram Ⓜ *Ternes –* ℰ *01 55 37 55 57*
– www.makassarloungeandrestaurant.com
• CRÉATIVE • Formule 25 € – Menu 38/50 € – Carte 56/70 €
Makassar… Le nom de ce port indonésien évoque le bois précieux et les îles lointaines : une influence que l'on retrouve dans le décor du restaurant, par de
discrets détails. La cuisine n'est pas en reste, avec de belles spécialités exotiques
– mais aussi de grands classiques français.

Graindorge

15 r. Arc-de-Triomphe Ⓜ *Charles de Gaulle-Étoile –* ℰ *01 47 54 00 28*
– www.le-graindorge.fr – Fermé sam. midi et dim.
• FLAMANDE • Formule 24 € – Menu 29 € (déj. en semaine), 35/59 €
– Carte 45/65 €
Potjevlesch, bintje farcie, waterzoï aux crevettes grises d'Ostende, kippers de Boulogne… Ici, on se régale d'une généreuse cuisine flamande accompagnée de belles bières artisanales ! Joli cadre Art déco.

Samesa

ㅊ 🅰🅲

13 r. Brey Ⓜ *Charles de Gaulle-Etoile –* ℰ *01 43 80 69 34 – www.samesa.fr*
– Fermé 3 semaines en août, sam. midi et dim.
• ITALIENNE • Menu 19 € (déj. en semaine)/31 € – Carte 43/54 €
La cuisine transalpine se porte bien dans ce restaurant proche de l'Étoile : tagliatelles aux langoustines flambées au cognac, bar grillé farci à la ratatouille à la sicilienne… le tout associé à une belle sélection de vins italiens. On vient pour les
saveurs ensoleillées du Sud ; on revient aussi pour la convivialité.

La Maison de Charly

🅰🅲 ⇆

97 bd Gouvion-St-Cyr Ⓜ *Porte Maillot –* ℰ *01 45 74 34 62*
– www.lamaisondecharly.fr
– Fermé 3 semaines en août et lundi
• MAROCAINE • Formule 35 € – Carte 37/44 €
L'entrée est encadrée d'oliviers ! Élégant décor mauresque, palmier sous verrière
et trio couscous-tajines-pastilla sérieusement exécuté : une sympathique parenthèse orientale.

Caïus

🅰🅲 🍴 ⇆

6 r. d'Armaillé Ⓜ *Charles de Gaulle-Etoile –* ℰ *01 42 27 19 20*
– www.caius-restaurant.fr – Fermé 3 semaines en août, sam. et dim.
• CRÉATIVE • Formule 33 € – Menu 42 € (semaine), 65 € 🍷/120 € – Carte environ 56 €
Chaque saison, le chef particulièrement inventif de ce restaurant chic et feutré concocte une cuisine ludique et parfumée, rehaussée d'épices et de produits
"oubliés".

Caves Petrissans

🎱 🌿 ⇆ 🍽

30 bis av. Niel Ⓜ *Pereire –* ℰ *01 42 27 52 03 – www.cavespetrissans.fr*
– Fermé août, sam., dim. et fériés
• TRADITIONNELLE • Menu 39 € – Carte 43/77 € *(réservation conseillée)*
Céline, Abel Gance, Roland Dorgelès aimaient fréquenter ces caves plus que cen-
tenaires, à la fois boutique de vins et restaurant. Cuisine bistrotière bien ficelée.

Karl & Erick

20 r. de Tocqueville Ⓜ *Villiers* – ✆ 01 42 27 03 71 – Fermé août, sam. midi et dim.
• MODERNE • Formule 33 € – Menu 39 €
Quand des jumeaux créent un bistrot contemporain, son nom est tout trouvé !
Malgré la ressemblance physique, les rôles sont bien définis : Erick assure l'accueil dans la salle aux airs de loft, tandis que Karl signe un savoureux menu-carte : terrine de lapin à l'estragon ; daurade royale, pack-choï et pample-mousse...

Le Bouchon et l'Assiette

127 r. Cardinet Ⓜ *Malesherbes* – ✆ 01 42 27 83 93 – Fermé
10-17 mai, 3 semaines en août, 1 semaine en janv., dim. et lundi
• TRADITIONNELLE • Menu 25 € (déj. en semaine)/37 € *(réservation conseillée)*
Au déjeuner, l'ardoise du jour propose un joli panaché de petits plats gourmands.
Le soir, place à des plaisirs plus subtils, autour d'une cuisine du marché avide de jolies saveurs. Quant à la carte des vins, elle met en avant d'intéressants petits producteurs. Le bouchon et l'assiette sont bien présents rue Cardinet !

L'Escient

28 r. Poncelet Ⓜ *Ternes* – ✆ 09 66 92 49 13 – www.restaurantescient.fr
– *fermé 1er-17 août, dim. et fériés*
• MODERNE • Formule 28 € – Menu 37/55 € – Carte environ 50 €
Gambas, tarama, daïkon, citron vert et gingembre ; morue fraîche, figues sèches, chorizo et citron confit... Au menu de cet Escient, les associations originales ne manquent pas, et elles sont toujours faites... à bon escient ! Un savoureux métissage signé par un père et sa fille, dans un décor qui joue la carte de la simplicité.

Le Bistrot d'À Côté Flaubert

10 r. Gustave-Flaubert Ⓜ *Ternes* – ✆ 01 42 67 05 81 – www.bistrotflaubert.com
– *Fermé 2 semaines en août, sam. midi, dim. et lundi*
• TRADITIONNELLE • Formule 29 € – Menu 36 € (déj.)/55 € – Carte 45/72 €
Un bistrot sympathique, sous l'égide de Michel Rostang dont le restaurant gastronomique se trouve juste à côté. Cuisine bistrotière valorisant de beaux produits.

L'Entredgeu

83 r. Laugier Ⓜ *Porte de Champerret* – ✆ 01 40 54 97 24 – Fermé 3 semaines
en août, 1 semaine à Noël, dim. et lundi
• TRADITIONNELLE • Formule 26 € – Menu 36 €
Accueil souriant, décor de bistrot, ambiance animée et savoureuse cuisine du marché : entraînez-vous à prononcer son nom, l'Entredgeu en vaut la peine !
L'un des meilleurs rapports qualité-prix de la capitale.

Le Clou de Fourchette

121 r. de Rome Ⓜ *Rome* – ✆ 01 48 88 09 97 – www.lecloudefourchette.com
– *Fermé 3 semaines en août, 1 semaine fin déc., dim. et lundi*
• MODERNE • Formule 20 € – Carte 32/50 €
Voilà un restaurant qui plante fièrement le nom de son propriétaire ! Avec ses associés, Christian Leclou invite à un bon "coup de fourchette" autour de recettes bien mitonnées, à l'instar d'une épaule d'agneau confite aux agrumes et ses navets au miel de romarin. On se régale et l'ambiance est conviviale.

La Fourchette du Printemps (Nicolas Mouton)

30 r. du Printemps Ⓜ *Wagram* – ✆ 01 42 27 26 97
– www.lafourchetteduprintemps.com – Fermé 1er-15 août, 24 déc.-1er janv., dim.
et lundi
• MODERNE • Menu 52/75 € – Carte environ 60 € *(réservation conseillée)*
Le printemps en toute saison ! Ce bistrot contemporain sort du lot : aux commandes, le jeune chef, passé par de belles maisons, cultive le goût du produit sans fard ni détours, pour révéler de jolies saveurs. Le tout dans un décor et avec un service sans chichis. Le goût dans la simplicité...
→ Cuisine du marché.

PARIS

Bistro d'Italie 🆕   AC ⌐🍴

4 r. Gén.-Lanzerac ⓜ *Charles de Gaulle-Etoile* – ☎ *01 40 55 90 00 – fermé 2 semaines en août et sam. midi*
• ITALIENNE • Carte 30/55 €

Une trattoria comme de l'autre côté des Alpes, et où la gourmandise reste chose sérieuse – comme toujours en Italie ! La carte se divise en deux chapitres principaux : les pizzas (garnies de produits de premier choix) et les pâtes (alla puttanesca – olives, câpres et anchois – par exemple). Une cuisine droit dans la Botte !

Cap

42 bd Péreire ⓜ *Wagram* – ☎ *01 44 40 04 15 – www.restaurantcap.fr – fermé août, mardi soir, sam. midi, dim. et lundi*
• MODERNE • Formule 27 € – Menu 38/49 € – Carte 40/55 €

L'enseigne rend hommage au Cap, en Afrique du Sud, ville d'origine du jeune chef qui a repris cet élégant petit restaurant avec son épouse. On s'en doute, la cuisine est métissée, mariant techniques d'ici, souvenirs sud-africains et même notes d'Asie (fil rouge : le salé-sucré). Des recettes bien tournées !

Fabrique 4   🛋

17 r. Brochant ⓜ *Brochant* – ☎ *01 58 59 06 47 – www.fabrique4.com – Fermé 3 semaines en août, vacances de Noël, dim. et lundi*
• MODERNE • Formule 24 € 🍷 – Carte 40/53 €

Ce fut une fabrique de bouchons, puis une brocante, avant de devenir... cette fabrique de saveurs. L'adresse a été créée par un jeune couple de Belges amoureux de la cuisine française. Les recettes se parent de subtiles influences d'Asie (avec des herbes fraîches par exemple) et les assiettes de belles couleurs.

Le Petit Verdot du 17ème

😊

9 r. Fourcroy ⓜ *Ternes* – ☎ *01 42 27 47 42 – Fermé 3 semaines en août, sam. midi et dim.*
• TRADITIONNELLE • Carte 26/51 €

Deux jeunes trentenaires se sont associés pour donner un coup de fouet à cette antique adresse du quartier des Ternes. Ils déclinent ici une cuisine de bistrot généreuse et sincère, fraîche et goûteuse : terrine de lapin maison, fricassée de rognons de veau à la moutarde... À dévorer en toute convivialité !

Comme Chez Maman

5 r. des Moines ⓜ *Brochant* – ☎ *01 42 28 89 53 – www.comme-chez-maman.com – Fermé 10-23 août et 23-27 déc.*
• TRADITIONNELLE • Formule 18 € – Carte 36/108 €

Oui, on se sent comme chez maman dans ce bistrot du cœur des Batignolles ! Le jeune chef, Wim Van Gorp, joue la carte des jolies recettes ménagères : rognon de veau grillé aux aromates, gnocchis maison au beurre et à la sauge, gaufre – un délicieux hommage à ses origines flamandes... Généreux et goûteux !

Giova 🆕

🍝

34 r. St-Ferdinand ⓜ *Argentine* – ☎ *01 83 98 92 85 – Fermé 2 semaines en août, sam. midi et dim.*
• ITALIENNE • Menu 18 € (déj.), 29 € – Carte 37/50 €

Vous rêvez d'une belle cuisine italienne légèrement revisitée à la française ? Vous avez frappé à la bonne porte ! Risotto aux copeaux de foie gras, aubergines à la parmigiana, tiramisu : les plats sont réalisés dans les règles de l'art par un jeune chef transalpin qui a su garder le meilleur de toutes ses expériences passées.

Le Café d'Angel   AC

16 r. Brey ⓜ *Charles de Gaulle-Etoile* – ☎ *01 47 54 03 33 – www.lecafedangel.com – Fermé 2-24 août, 24 déc.-2 janv., sam., dim. et fériés*
• TRADITIONNELLE • Formule 29 € – Menu 35 € – Carte 46/57 €

Cette petite adresse a la nostalgie des bistrots parisiens d'antan : banquettes en skaï, faïences aux murs, plats traditionnels à l'ardoise et cuisine visible derrière le comptoir.

Le Palanquin

4 pl. Boulnois Ⓜ *Ternes – ✆ 01 43 80 46 90*
– Fermé août, sam. et dim.
• VIETNAMIENNE • Carte 34/50 € *(réservation conseillée)*
Qualité rime souvent avec simplicité. Parfaite démonstration avec ce petit restaurant vietnamien où l'on savoure une cuisine authentique et très parfumée (brochettes de crevettes, porc épicé à la citronnelle et crème de coco, etc.). Madame Someaud œuvre seule aux fourneaux, tandis que ses enfants assurent un service charmant.

I Ghiotti Ⓝ

11 r. d'Armaillé Ⓜ *Charles de Gaulle-Etoile – ✆ 01 44 09 05 10 – Fermé 3 semaines en août, 1 semaine vacances de Noël, dim. et lundi*
• ITALIENNE • Formule 20 € – Carte environ 50 € *(réserver)*
I Ghiotti, ce sont "les gourmands" en italien... Tout est dit ! Cette petite table tenue en famille (deux jeunes frères siciliens et la compagne, toscane, de l'un d'eux) sort du lot. Une grande partie des produits vient directement d'Italie, les assiettes sont généreuses et colorées : voilà bien un royaume pour la *golosità !*

L'Envie du Jour Ⓝ

106 r. Nollet Ⓜ *Brochant – ✆ 01 42 26 01 02 – www.lenviedujour.com – Fermé dim. soir et lundi*
• MODERNE • Formule 24 € – Menu 32 €
La création d'un jeune chef qui ne manque pas d'envies, Sergio Dias Lino. Les cuisines, ouvertes sur la petite salle, concentrent toute l'attention : le geste du cuisinier prime, bichonnant de beaux produits afin qu'ils donnent le meilleur. Ses assiettes, colorées et parfumées, donnent envie !

M. Carassale/Sime/Photononstop

Montmartre · Pigalle

18e arrondissement ✉ 75018

Kube

1-5 passage Ruelle Ⓜ *La Chapelle – ✆ 01 42 05 20 00 – www.kubehotel.com*
41 ch – †189/900 € ††189/900 € – ☕ 18 €
Ce n'est pas le quartier le plus séduisant de Paris, mais cet hôtel du 21e s., design et high-tech, ravira les amateurs du genre. Jeux sur la transparence et la blancheur, chambres d'esprit loft, livrent une interprétation "on the rocks" de l'hôtellerie. Restaurant et bars, dont le glacial Ice Kube (- 10° C, tenue fournie) à l'étage.

Terrass' Hôtel sans rest

12 r. J.-de-Maistre, (réouverture en juin après travaux) Ⓜ *Place de Clichy – ✆ 01 46 06 72 85 – www.terrass-hotel.com*
93 ch – †185/640 € ††185/640 € – 6 suites – ☕ 22 €
En montant vers Montmartre, un hôtel cosy avec un beau salon, un piano-bar et une cheminée pour se réchauffer en hiver après une longue promenade. Les chambres sont de tailles variables, modernes et colorées. Et dans les étages élevés, certaines dominent Paris veillé par la tour Eiffel...

PARIS

PARIS

 Mercure Montmartre sans rest

3 r. Caulaincourt Ⓜ *Place de Clichy – ℰ 01 44 69 70 70*
– www.mercure-paris-montmartre.com
305 ch – ♦119/390 € ♦♦119/390 € – ⌂ 20 €

L'atout majeur de cet hôtel réside dans sa situation : près de la place Clichy, du Moulin-Rouge et au pied de la butte Montmartre. Les chambres, toutes rénovées, affichent un style contemporain et soigné, dans des tons de rouge, gris et blanc. Bar avec terrasse ombragée au 1er étage.

 L'Hôtel Particulier Montmartre

23 av. Junot Ⓜ *Lamarck Caulaincourt – ℰ 01 53 41 81 40*
– www.hotel-particulier-montmartre.com
4 ch – ♦390/590 € ♦♦390/590 € – 2 suites – ⌂ 20 €

Un hôtel très... particulier. À l'issue d'un étroit passage montmartrois, on découvre une demeure Directoire au cœur d'un jardin luxuriant. Salons raffinés, chambres décorées dans un style contemporain aussi séduisant que surprenant, ravissante terrasse : so chic.

 Holiday Inn Paris Montmartre sans rest

23 r. Damrémont Ⓜ *Lamarck Caulaincourt – ℰ 01 44 92 33 40*
– www.holidayinn.com/Paris-Montmartre
54 ch – ♦129/370 € ♦♦129/370 € – ⌂ 15 €

Il est parfois difficile de se loger entre Montmartre et la place Clichy : cet hôtel est une bonne option. Le décor se révèle moderne et chaleureux (tons bruns), les chambres fonctionnelles et bien tenues. Du sérieux.

 Relais Montmartre sans rest

6 r. Constance Ⓜ *Abbesses – ℰ 01 70 64 25 25 – www.relaismontmartre.fr*
26 ch – ♦199/259 € ♦♦199/259 € – ⌂ 15 €

Non loin des commerces de la rue Lepic, ce petit hôtel de caractère – inattendu dans un quartier aussi vivant – a le charme d'une maison bourgeoise. Avec leur mobilier de style, les chambres sont bien coquettes. Et quel calme...

Le Chat Noir sans rest

68 bd de Clichy Ⓜ *Blanche – ℰ 01 42 64 15 26 – www.hotel-chatnoir-paris.com*
39 ch – ♦130/450 € ♦♦150/450 € – ⌂ 15 €

L'enseigne fait référence au célèbre cabaret du bas de la Butte ; on retrouve partout le célèbre félin dessiné par Steinlen. Rouge, noir, blanc, graphique et malicieux... le décor joue la carte de l'épure. Apaisant à Pigalle, quartier "noctambule".

 Lumières sans rest

110 r. Damrémont Ⓜ *Jules Joffrin – ℰ 01 42 64 25 75 – www.hotel-lumieres.com*
36 ch – ♦79/215 € ♦♦79/240 € – ⌂ 10 €

Au nord de l'arrondissement, la butte Montmartre fait écran et préserve le quartier de l'agitation du centre de Paris. Le style de l'hôtel, au design épuré et aux aménagements de qualité, prête également à la tranquillité. Un lieu de séjour séduisant, bien qu'excentré.

XX **Chamarré Montmartre**

52 r. Lamarck Ⓜ *Lamarck Caulaincourt – ℰ 01 42 55 05 42*
– www.chamarre-montmartre.com
• CRÉATIVE • Formule 24 € – Menu 32 € (déj. en semaine), 45/70 €
– Carte 61/71 €

Sur la butte Montmartre, ce restaurant contemporain ose la créativité et le métissage culinaire : filet de bar à la seychelloise, homard au jus de kalamantsi, savarin punché... Une invitation au voyage qui commence dès la jolie terrasse.

 Ne confondez pas les couverts X et les étoiles ✿ ! Les couverts définissent une catégorie de confort et de service, tandis que l'étoile couronne uniquement la qualité de la cuisine, quel que soit le standing de la maison.

La Table d'Eugène (Geoffroy Maillard)

18 r. Eugène-Sue ⓜ Jules Joffrin – ℰ 01 42 55 61 64 – www.latabledeugene.com
– Fermé 1er-25 août, 24 déc.-3 janv., dim. et lundi
• MODERNE • Formule 25 € – Menu 32 € (déj. en semaine), 42/92 € ⓣ (réservation conseillée)

Sans coup férir, Geoffroy Maillard – passé notamment par la case Frechon – aura hissé sa charmante Table d'Eugène au rang des meilleures. Une heureuse nouvelle pour le 18e et... tous les gastronomes ! Il signe une cuisine très fraîche, pleine de couleurs et de parfums, généreuse même dans sa subtilité. Puissance et finesse...

→ Foie gras, fraises des bois et concombre. Pigeon en croûte de noisettes. Pomme verte et coriandre.

Le Coq Rico

98 r. Lepic ⓜ Lamarck Caulaincourt – ℰ 01 42 59 82 89 – www.lecoqrico.com
• TRADITIONNELLE • Carte 48/85 €

Cocorico ! La volaille française a trouvé son ambassade à Paris, en cette adresse chic et discrète créée par le fameux chef strasbourgeois, Antoine Westermann. Poulet fermier de Challans, géline de Touraine, volaille de Bresse, etc. Les pièces sont rôties avec art et dégagent de succulents parfums. Les amateurs sont comblés.

Jeanne B

61 r. Lepic ⓜ Lamarck Caulincourt – ℰ 01 42 51 17 53
– www.jeanne-b-comestibles.com
• MODERNE • Formule 19 € – Menu 23 € (déj. en semaine)/27 €

Ce charmant néobistrot est installé à mi-hauteur de la rue Lepic, cauchemar des cyclistes de la butte Montmartre... Décor chaleureux, parfois onirique (ces bouleaux sur fond bleu !), bonne cuisine du marché, colorée et goûteuse ; et surtout, un plat incontournable dont bruisse le Tout-Paris... le Croq'Homard !

Bistro Poulbot

39 r. Lamarck ⓜ Lamarck Caulaincourt – ℰ 01 46 06 86 00
– www.bistropoulbot.com – Fermé août, dim. et lundi
• TRADITIONNELLE • Formule 24 € – Menu 35/46 €

Le chef, d'origine italienne, revisite la gastronomie française en y incorporant des produits venus de l'autre côté des Alpes. Il en résulte une cuisine généreuse et ensoleillée : carpaccio de courgettes, croquant de parmesan, saumon rôti aux lentilles, etc. Une belle petite adresse pour les gamins de Paris... et les autres !

La Rallonge

16 r. Eugène-Sue ⓜ Jules Joffrin – ℰ 01 42 59 43 24 – www.larallonge.fr – Fermé 1 semaine en août, vacances de Noël, dim. et le midi
• MODERNE • Carte 20/38 €

La Rallonge de la fameuse Table d'Eugène, plus haut dans la rue ! Le chef décline ici sa cuisine en version tapas, dans un joli décor de bistrot. Risotto de coquillettes à la truffe ou suprêmes de caille et mousseline de potiron sont servis en petites portions et font merveille... Attention : on ne réserve pas, arrivez tôt !

Miroir

94 r. des Martyrs ⓜ Abbesses – ℰ 01 46 06 50 73 – www.restaurantmiroir.com
– Fermé 3 semaines en août, 2-8 janv., dim., lundi et fériés
• TRADITIONNELLE • Formule 20 € ⓣ – Menu 26/42 € – Carte environ 44 €

Vieux carrelage et comptoir à l'ancienne : un bistrot typique et... branché, comme il se doit aux Abbesses ! Pour le jeune chef, Sébastien Guénard, la qualité du produit est un impératif : légumes bio, poisson sauvage, viande d'origine France... Sa cuisine du marché régale, comme le choix de belles bouteilles.

La Cantine de la Cigale

124 bd Rochechouart ⓜ Pigalle – ℰ 01 55 79 10 10 – www.cafelacigale.com
– Fermé dim.
• MODERNE • Formule 18 € – Carte 30/42 €

Accolée à la Cigale, mythique salle de spectacle du boulevard de Rochechouart, cette Cantine capte le regard grâce à sa façade attrayante et sa terrasse colorée. Au menu, une cuisine de bistrot pleine de couleurs, avec notamment d'excellentes charcuteries du Pays basque... À dévorer avant d'aller au concert !

J. Loic/Photononstop

Parc de la Villette ·
Parc des Buttes Chaumont

19e arrondissement

⊠ 75019

PARIS

🏨 Holiday Inn Express Canal de la Villette sans rest

68 quai de Seine Ⓜ *Crimée –* ℰ *01 44 65 01 01*
– www.holidayinnexpress.com/paris-canal
144 ch – ☑ – †99/320 € ††99/320 €

⩽ 🛗 �&. 🅰🄲 🚗 🛜 🎧 🚬

Les promeneurs du bassin de la Villette connaissent bien cet édifice : son jumeau (un entrepôt de 1853) se dresse toujours sur l'autre rive ; lui, reconstruit en 2008, a été habillé d'une originale gaine métallique. Il abrite cet hôtel chaleureux, aux chambres spacieuses, dont certaines tutoient les flots !

🏨 Canal St-Martin sans rest

🛗 🛜

5 av. Secrétan Ⓜ *Jaurès –* ℰ *01 42 06 62 00*
– www.hotel-canal-saint-martin.com
69 ch – †69/189 € ††89/249 € – ☑ 12 €

Entre le canal St-Martin et le bassin de la Villette, cet hôtel propose plusieurs catégories de chambres dont les "Confort" et "Privilège", modernes et épurées. Une courette fleurie relie les bâtiments entre eux. Le métro est tout proche.

🏨 Crimée sans rest

🛗 🅰🄲 🛜

188 r. de Crimée Ⓜ *Crimée –* ℰ *01 40 36 75 29*
– www.hotelcrimee.com
31 ch – †60/105 € ††60/95 € – ☑ 9 €

À 300 m du canal de l'Ourcq, une adresse toute simple avec des chambres fonctionnelles et bien tenues. En été, vous pourrez profiter de la courette pour préparer vos escapades. Idéal pour les budgets modérés ou un court séjour.

🍴 La Table de Botzaris

🍴 🅰🄲 ⇦

10 r. du Gén.-Brunet Ⓜ *Botzaris –* ℰ *01 40 40 03 30 – www.latabledebotzaris.fr*
– Fermé 27 juil.-18 août, dim. soir et lundi
• MODERNE • **Formule 38 € – Menu 42/59 € – Carte 50/70 €**

Le parc des Buttes-Chaumont est à deux pas de cette table contemporaine où la cuisine épouse l'air du temps. Pour un épigramme de saumon aux agrumes ou une brioche façon pain perdu, arrêtez-vous à Botzaris !

🍴 Café des Concerts

🍴 �&. 🅰🄲 🍴

211 av. Jean-Jaurès Ⓜ *Porte de Pantin –* ℰ *01 42 49 74 74*
– www.cafedesconcerts.com – Fermé août
• TRADITIONNELLE • **Formule 20 € – Carte 30/45 €**

À l'entrée de la Cité de la musique, une vaste brasserie moderne au décor épuré, avec un espace lounge orné de marbre de Carrare et une belle terrasse face à la Halle de la Villette. On retrouve de bons classiques à la carte : steak tartare, fish and chips, saumon rôti, cheeseburger au comté... Jusqu'à 2h du matin !

🍴 Que du bon

🎱

22 r. du Plateau Ⓜ *Buttes-Chaumont –* ℰ *01 42 38 18 65 – Fermé*
1ᵉʳ-7 janv., sam. midi, dim. et lundi
• TRADITIONNELLE • **Formule 15 € – Menu 18 € (déj.) – Carte 35/55 €**

Un patron gouailleur, une collection de tire-bouchons, une grande ardoise proposant des vins de petits producteurs : voilà bien un bistrot contemporain ! Et comme il se doit, les plats changent au gré du marché et des saisons... Chaleureux.

Ô Divin

35 r. des Annelets **M** Botzaris – *C* 01 40 40 79 41 – *Fermé 1 semaine en août, sam. midi, lundi et dim.*
• MODERNE • Formule 18 € – Menu 20 € (déj.), 35/46 € – Carte 28/50 € *(réservation conseillée)*

Près des Buttes-Chaumont, un restaurant à l'ambiance décalée et intime, qui sied bien au quartier. Les deux associés (dont l'un est propriétaire du studio d'enregistrement attenant) ont fait appel à un jeune chef expérimenté, et le résultat est là : une cuisine du marché fraîche et savoureuse, pour un moment réjouissant !

La Violette

11 av. Corentin-Cariou **M** Corentin Cariou – *C* 01 40 35 20 45
– www.restaurant-laviolette.com – *Fermé 11-17 mai, 3-23 août, lundi soir, sam. midi et dim.*
• MODERNE • Formule 23 € – Carte 42/56 € *(réservation conseillée)*

Non loin de la Villette, ce restaurant contemporain n'a de violette... que sa banquette. Nems de gambas sauce thaïe, foie de veau poêlé au vinaigre balsamique, tout Ô chocolat, etc. Gourmands, ne soyez pas modestes !

Lao Siam **N**

49 r. de Belleville **M** Pyrénées – *C* 01 40 40 09 68
• THAÏLANDAISE • Carte 20/40 €

Rien ne distingue Lao Siam des nombreuses cantines asiatiques de Belleville... sinon la file d'attente à l'entrée ! Créé par les parents de l'actuel patron, originaires de Thaïlande et du Laos, il met à l'honneur les cuisines de ces deux pays. Tout est fait maison, fin et parfumé. Nous voilà transporté en Asie – enfin presque !

PARIS

Cimetière du Père Lachaise · Gambetta · Belleville

20e arrondissement ✉ 75020

J.-C. Amiel/hemis.fr

Mama Shelter

109 r. de Bagnolet **M** Gambetta – *C* 01 43 48 48 48 – www.mamashelter.com
171 ch – †79/199 € ††89/599 € – 1 suite – ⌑ 16 €
Rest *Mama Shelter* – voir les restaurants ci-après

Philippe Starck a signé le décor, à la fois épuré, design et fantaisiste, de ce vaste hôtel à la pointe de la modernité. Une ambiance jeune, lounge et un rien décalée, à l'image de ce quartier en plein renouveau.

Palma sans rest

77 av. Gambetta **M** Gambetta – *C* 01 46 36 13 65 – www.hotelpalma.com
32 ch – †95/110 € ††105/140 € – ⌑ 11 €

Voisin de la place Gambetta et du cimetière du Père-Lachaise, cet hôtel dispose de petites chambres fraîches correctement insonorisées et bien tenues. Une adresse à prix sage dans un quartier animé.

Mama Shelter – Hôtel Mama Shelter

109 r. de Bagnolet **M** Gambetta – *C* 01 43 48 45 45 – www.mamashelter.com
• MODERNE • Carte 33/81 €

Les propositions simples et efficaces de ce restaurant très branché sont signées Alain Senderens. La terrasse et l'immense table d'hôte de l'espace pizzeria (ouvert non-stop) ajoutent encore à la convivialité du lieu. Brunch le dimanche.

Roseval

1 r. d'Eupatoria Ⓜ *Ménilmontant* – ☏ *09 53 56 24 14 – www.roseval.fr*
– Fermé août, vacances de Noël, sam., dim. et le midi
• MODERNE • Menu 45 € *(réservation conseillée)*

À force de devenir branché, l'Est parisien devait bien voir fleurir de plus en plus de bonnes adresses... Belle démonstration avec ce Roseval, sur une petite place de Ménilmontant. C'est le repaire de Simone Tondo, jeune chef sarde passé par de belles maisons. Ses recettes sont centrées sur le produit, très gourmandes et inspirées !

Le Baratin

3 r. Jouye-Rouve Ⓜ *Pyrénées* – ☏ *01 43 49 39 70 – Fermé 1 semaine*
en mai, août, 1 semaine en fév., sam. midi, dim. et lundi
• TRADITIONNELLE • Menu 19 € (déj.) – Carte 34/55 € dîner *(réservation conseillée)*

Pas question de faire du baratin ! L'ardoise est plaisante à lire, les prix sont sages et les vins séduisants. Joue de bœuf à la tomate, ris de veau braisés, etc. : la chef argentine Raquel Carena propose au déjeuner un menu assez simple et, le soir, un choix plus élaboré qui ravit les habitués.

Chatomat

6 r. Victor-Letalle Ⓜ *Ménilmontant* – ☏ *01 47 97 25 77 – Fermé le midi, lundi et les trois derniers dim. du mois*
• MODERNE • Menu 40 € – Carte environ 45 € *(réservation conseillée)*

Petite par la taille, mais grande par la qualité ! Nichée dans une ruelle improbable, cette table discrète compte nombre d'aficionados. À sa tête, un couple de talent, qui signe une courte carte aussi vive que savoureuse... Les jeunes gourmets de l'Est parisien en sont "fans" sur les réseaux sociaux, à juste titre.

Le Tablier Rouge

40 r. de la Chine Ⓜ *Gambetta* – ☏ *01 46 36 18 30 – www.letablierrouge.com*
– Fermé 1 semaine début mai, 3 semaines en août, sam. midi, lundi soir et dim.
• TRADITIONNELLE • Formule 16 € – Menu 34 € (dîner) – Carte 35/45 €
(réservation conseillée)

Un sympathique bistrot à vins, tenu par un couple franco-britannique. La carte mêle joliment tradition française et inspirations d'outre-Manche (terrine de lapin et son chutney, fish and chips – un impeccable cabillaud pané –, épaule d'agneau confite, pudding...) et s'accompagne d'un beau choix de vins nature à prix doux !

Lou Tíap Ⓝ

81 r. de Bagnolet Ⓜ *Alexandre Dumas* – ☏ *01 43 70 77 93 – Fermé 1 semaine*
en fév., 1 semaine en avril, 3 semaines en août, merc. midi, dim., lundi et fériés
• DU SUD-OUEST • Menu 18 € (déj. en semaine), 33/35 € – Carte 35/60 €

C'est à la tête de ce Lou Tíap dédié à la cuisine du Sud-Ouest que l'on retrouve Anne Escoffier et Olivier Laterrot (ex-L'Hermès, dans le 19ᵉ). Les deux comparses se considèrent comme des "aubergistes" au sens noble du terme ; de fait, convivialité, recettes de tradition et jolis vins dessinent une bien sympathique auberge !

Le Petit Vingtième

381 r. des Pyrénées Ⓜ *Jourdain* – ☏ *01 43 49 34 50 – http://petit20.com*
– Fermé août, merc. midi, dim., lundi et mardi
• TRADITIONNELLE • Formule 15 € – Menu 18 € (déj. en semaine)
– Carte 29/42 €

Un ancien professeur de français, reconverti dans la cuisine, a réhabilité cet atelier textile du quartier Jourdain : parquet et carrelage bleuté au sol, poutres apparentes, mobilier de bistrot... Charmant ! À la carte, une savoureuse cuisine de tradition, qui privilégie le bio et les artisans du quartier (fromager, boucher).

dutourdumonde/Fotolia.com

Environs de Paris

40 km autour de Paris

cartes 18 à 21

ANTONY
✉ 92160 (Hauts-de-Seine) – 62 012 hab. – Alt. 80 m – Voir carte n°**20**-B3
▶ Paris 13 km – Bagneux 6 km – Corbeil-Essonnes 28 km – Nanterre 23 km
Carte Michelin 311-J3 et 101-25

Hôtel de Berny sans rest
129 av. A.-Briand – ☎ 01 46 11 43 90 – www.hotel-berny.com
40 ch – ♦79/180 € ♦♦79/190 € – 4 suites – ☐ 12 €
Près de la Croix de Berny, hôtel récent avec d'agréables chambres contemporaines (tons chauds, parquet et mobilier en teck...) et quelques suites. Garage bien pratique et salle de séminaire.

La Tour de Marrakech
*72 av. Division-Leclerc – ☎ 01 46 66 00 54 – www.latourdemarrakech.com
– Fermé août et lundi*
Menu 22 € (déj. en semaine), 34 € ♀/58 € ♀ – Carte 30/50 €
Un Paris-Marrakech par voie express ! Décor délicieusement mauresque, plats du pays joliment mitonnés, desserts faits maison, sans oublier l'accueil et le service prévenants.

ARGENTEUIL
✉ 95100 (Val-d'Oise) – 104 282 hab. – Alt. 33 m – Voir carte n°**20**-B1
▶ Paris 16 km – Chantilly 38 km – Pontoise 20 km – St-Germain-en-Laye 19 km
Carte Michelin 305-E7 et 101-14 – Guide Vert Michelin Île de France

La Ferme d'Argenteuil
*2 bis r. Verte – ☎ 01 39 61 00 62 – www.lafermedargenteuil.com – Fermé
1er-8 mai, 1er-22 août, lundi soir, mardi soir, merc. soir, sam. midi et dim.*
Menu 35/70 €
Il n'y a rien d'agricole dans cette jolie ferme ! Tout est feutré, douillet, mignon... Aux commandes, deux sœurs soucieuses de bien faire. Amélia vous reçoit, tandis que Marie, aux fourneaux, concocte une sympathique cuisine d'aujourd'hui.

ASNIÈRES-SUR-SEINE
✉ 92600 (Hauts-de-Seine) – 83 376 hab. – Alt. 37 m – Voir carte n°**20**-B1
▶ Paris 10 km – Argenteuil 6 km – Nanterre 8 km – Pontoise 26 km
Carte Michelin 311-J2 et 101-15 – Guide Vert Michelin Île de France

Le Van Gogh
*1 Port Van Gogh, (accès par le Pont de Clichy) – ☎ 01 47 91 05 10
– www.levangogh.com – Fermé 10-18 août, 21-29 déc., lundi en août, sam. midi
et dim. soir*
Menu 39 € – Carte 48/87 €
Sur les bords de Seine immortalisés par Van Gogh, presque les pieds dans l'eau ! Sur la jolie terrasse, on voit passer les péniches en se délectant d'une cuisine d'aujourd'hui honorant les poissons de l'Atlantique... Et dans la salle à la déco très "bateau", on apprécie la vue sur les cuisines.

1325

XX La Petite Auberge

118 r. Colombes – ℰ 01 47 93 33 94 – Fermé 1 semaine en mai, 11-28 août, dim. soir et lundi

Menu 23 € (semaine)/33 € – Carte 30/52 €

Une petite auberge rustique au charme un brin suranné, mais tellement sympathique... Objets anciens, collection d'assiettes, tout y est ! Côté papilles, la carte respecte la tradition et les saisons, à l'image de ce délicieux filet de rouget au basilic posé sur des tranches d'aubergines poêlées. Ambiance familiale.

AULNAY-SOUS-BOIS

✉ 93600 (Seine-Saint-Denis) – 81 880 hab. – Alt. 46 m – Voir carte n°**21**-D1
▶ Paris 19 km – Bobigny 9 km – Lagny-sur-Marne 23 km – Meaux 30 km
Carte Michelin 305-F7 et 101-18

XXX Auberge des Saints Pères (Jean-Claude Cahagnet) [AC]

212 av. de Nonneville – ℰ 01 48 66 62 11 – www.auberge-des-saints-peres.fr – Fermé 3 semaines en août, merc. soir, sam. et dim.

Menu 44/105 €

Jus de coquillage en gelée, sésame de wasabi et huîtres ; poitrine de cochon et gambas... Des assiettes sophistiquées, originales et techniques, où dialoguent de nombreux ingrédients, accompagnés d'épices et d'herbes : telle est la savoureuse signature de ces Saints Pères, au cadre épuré et élégant.

→ Crème veloutée de petits pois, coques, foie gras et tartine coppa-concombre. Rouget barbet sur une choucroute de navets. Crème mascarpone au sabayon, framboises et macarons.

AUVERS-SUR-OISE

✉ 95430 (Val-d'Oise) – 6 789 hab. – Alt. 30 m – Voir carte n°**18**-B1
▶ Paris 36 km – Beauvais 52 km – Chantilly 35 km – Compiègne 84 km
Carte Michelin 305-E6 et 106-6 – Guide Vert Michelin Île de France

XXX Hostellerie du Nord avec ch 🚗 & rest, [AC] ch, 🛜 ᴬ P

6 r. du Gén.-de-Gaulle – ℰ 01 30 36 70 74 – www.hostelleriedunord.fr – Fermé dim. soir

8 ch – ♦99/129 € ♦♦129/189 € – � 15 € – ½ P Menu 54 € ♀/84 €

Élégance et confort distinguent cet ancien relais de poste, fréquenté au 19ᵉ s. par de nombreux peintres. Le chef, Joël Boilleau, est une vraie figure, dont le rigoureux savoir-faire s'exprime à travers une palette de recettes sûres et soignées. Idéal pour marcher sur les traces des impressionnistes !

X Auberge Ravoux 🚗 ⅋ ᴑ

52 r. du Gén.-de-Gaulle, (face à la mairie) – ℰ 01 30 36 60 60 – www.maisondevangogh.fr – Ouvert début mars à nov. et fermé dim. soir, merc. soir, jeudi soir, lundi et mardi

Formule 29 € – Menu 34/38 € – Carte 49/89 € *(réservation conseillée)*

Bienvenue en terre artiste... Non loin de l'église qu'il a rendue célèbre et du cimetière où il repose, l'âme de Van Gogh plane encore sur "sa" dernière auberge. Ici, la cuisine cultive les recettes d'antan, entre tradition populaire et manières familiales... À noter : la petite chambre du peintre se visite.

BAGNOLET

✉ 93170 (Seine-Saint-Denis) – 34 513 hab. – Alt. 96 m – Voir carte n°**21**-C2
▶ Paris 8 km – Bobigny 6 km – Lagny-sur-Marne 32 km – Meaux 39 km
Carte Michelin 305-F7 et 101-17

ᴍ Novotel Paris Est ⅋◎ Ɫ♣ & [AC] 🛜 ᴬ 🚗

1 av. de la République, (échangeur porte de Bagnolet) ◎ Galliéni – ℰ 01 49 93 63 00 – www.novotel.com

602 ch ⊠ – ♦99/299 € ♦♦99/369 € – 7 suites

En bordure du périphérique, l'un des premiers hôtels de la chaîne (construit en 1973), et l'un des plus fréquentés (plus de 600 chambres). Hommes d'affaires, groupes et touristes du monde entier ne cessent de s'y croiser.

BOIS-COLOMBES

✉ 92270 (Hauts-de-Seine) – 28 927 hab. – Alt. 37 m – Voir carte n°**20**-B1
▶ Paris 12 km – Nanterre 6 km – Pontoise 25 km – St-Denis 11 km
Carte Michelin 311-J2 et 101-15

Le Chefson

ℵ

😊

17 r. Ch.-Chefson – ℰ 01 42 42 12 05 – *Fermé 1 semaine vacances*
de fév., août, lundi soir, sam. et dim.
Formule 24 € – Menu 29/38 € *(réservation conseillée)*
Le Chefson ? Tout le quartier en parle ! Si vous ne connaissez pas, imaginez une cuisine traditionnelle simple et généreuse, une atmosphère bistrotière (ou plus cossue dans la deuxième salle), sans oublier de jolies suggestions du marché à l'ardoise. Plutôt rare dans une banlieue résidentielle très paisible.

BOUGIVAL

✉ 78380 (Yvelines) – 8 472 hab. – Alt. 40 m – Voir carte n°**20**-A2
▶ Paris 21 km – Rueil-Malmaison 5 km – St-Germain-en-Laye 6 km – Versailles 8 km
Carte Michelin 311-I2 et 101-13 – Guide Vert Michelin Île de France

Le Camélia (Thierry Conte)

ℵℵ

✿

7 quai Georges-Clemenceau – ℰ 01 39 18 36 06 – www.lecamelia.com – *Fermé 1 semaine vacances de printemps, 3 semaines en août, 1 semaine vacances de Noël, dim. et lundi*
Formule 32 € – Menu 47/78 € – Carte 100/120 €
L'enseigne évoque le passé artistique de cette charmante auberge, récemment transformée dans l'esprit d'un bistrot chic et feutré, avec cuisines ouvertes sur la salle : une métamorphose réussie. On apprécie d'autant mieux l'œuvre du chef : des recettes inventives, suaves et délicates, réalisées au gré du marché.
➔ Salade de homard breton, pêches et vanille Bourbon. Pigeonneau du val d'Anjou, ail doux et noisettes. Soufflé au Grand Marnier et marmelade d'abricot.

BOULOGNE-BILLANCOURT

✉ 92100 (Hauts-de-Seine) – 116 220 hab. – Alt. 35 m – Voir carte n°**20**-B2
▶ Paris 10 km – Nanterre 9 km – Versailles 11 km
Carte Michelin 311-J2 et 101-24 – Guide Vert Michelin Île de France

Radisson Blu

Plan : BZ**a**

33 av. E.-Vaillant – ℰ 01 46 08 85 00
– www.radissonblu.com/hotel-parisboulogne
170 ch – ♦160/450 € ♦♦160/450 € – 10 suites – ☑ 24 €
Matériaux naturels et démarche écologique : tel est le credo de ce Radisson contemporain certifié "vert". Le restaurant ouvre sur une grande terrasse plantée de vignes... Nature toujours !

Courtyard

Plan : AY**g**

46 r. de Billancourt **Ⓜ** Jean-Jaurès – ℰ 01 81 89 06 80
– www.courtyardparisboulogne.fr
113 ch – ♦199/249 € ♦♦199/249 € – ☑ 18 €
Dans une ancienne agence de la Banque de France, voilà une adresse en or ! Cet établissement ouvert en 2013 dispose de salons avec une belle hauteur sous plafond, de chambres de style contemporain assez spacieuses ; certaines ont même de grandes terrasses privées.

Mercure Porte de St-Cloud

Plan : BZ**b**

37 pl. René-Clair – ℰ 01 49 10 49 10 – www.mercure.com
180 ch – ♦235/380 € ♦♦235/380 € – ☑ 20 €
Derrière une large façade en verre réfléchissant, des prestations de qualité, particulièrement adaptées à la clientèle d'affaires : business-center complet, chambres fonctionnelles et confortables, etc. Fil rouge des décors : le cinéma, à travers des photos des studios Harcourt.

BOULOGNE-BILLANCOURT

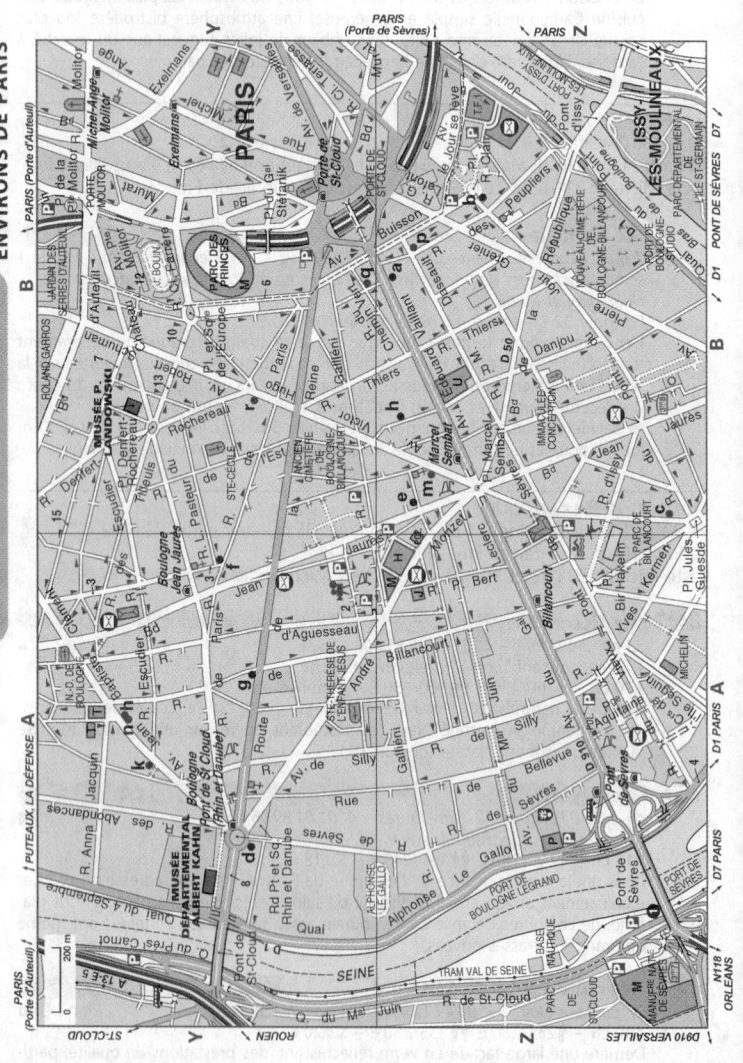

Acanthe sans rest

🛏   🖃 ⅃ AC 🛜 🛁

9 rd-pt Rhin-et-Danube ⓜ Boulogne Pont de Saint-Cloud   Plan : AY**d**
– ℰ 01 46 99 10 40 – www.hotelacanthe.com
70 ch – ♦209/239 € ♦♦209/239 € – ☲ 16 €

Près des studios de Boulogne et des beaux jardins du musée Albert-Kahn, voici un hôtel agréable, aux chambres spacieuses, douillettes et bien insonorisées. Joli patio fleuri et buffet au petit-déjeuner.

Alpha Eiffel sans rest

🖃 🍽 🛜

26 r. Émile-Landrin ⓜ Marcel Sembat – ℰ 01 46 05 80 51   Plan : BZ**h**
– www.alpha-paris-hotel.com
34 ch – ♦89/350 € ♦♦99/350 € – ☲ 13 €

Un établissement dans une petite rue à l'écart de l'agitation. Comme son nom l'indique, la décoration – entièrement refaite en 2012 – a pour thème la tour Eiffel ; les chambres, joliment décorées dans un style contemporain, sont confortables et bien tenues.

Villa Sorel sans rest

🖃 🛜

20 r. Georges-Sorel ⓜ Marcel Sembat – ℰ 01 46 04 91 58   Plan : BZ**e**
– www.villasorel.com – Fermé août
20 ch – ♦60/130 € ♦♦65/160 € – ☲ 10 €

Dans une rue calme, un petit hôtel très central où l'on se sent comme chez soi. Les chambres sont fraîches et colorées ; aux beaux jours, on prend le petit-déjeuner dans la cour intérieure où, l'après-midi, on peut également boire le thé. L'hiver, on préférera la véranda.

Paris sans rest

🖃 AC 🍽 🛜

104 bis r. de Paris ⓜ Boulogne Jean Jaurès – ℰ 01 46 05 13 82   Plan : AY**f**
– www.hotel-paris-boulogne.com
31 ch – ♦79/89 € ♦♦98 € – ☲ 9 €

Dans un secteur calme, non loin du métro, un hôtel familial simple et très accueillant. Les chambres sont certes petites, mais fonctionnelles et tranquilles.

XXX   Au Comte de Gascogne (Benoit Charvet)

🥨 AC

89 av. J.-B.-Clément ⓜ Boulogne Pont de St-Cloud   Plan : AY**h**
– ℰ 01 46 03 47 27 – www.aucomte.fr – Fermé dim. et lundi
Menu 70/92 € – Carte 80/125 €

Une table élégante, sous la lumière d'une belle verrière... Saveur, fraîcheur, simplicité : le sens du produit est un héritage chez les Charvet et, dorénavant, le fils réinterprète joliment les classiques de la maison.

→ Dégustation de foie gras de canard. Homard entier en bisque. Glace à la vanille Bourbon turbinée à la minute.

Le Bistrot – voir les restaurants ci-après

XX   MaSa (Hervé Rodriguez)

🍴

112 av. Victor-Hugo ⓜ Marcel Sembat – ℰ 01 48 25 49 20   Plan : BZ**m**
– www.masa-paris.fr – Fermé 3 semaines en août, sam. et dim.
Formule 38 € – Menu 45 € (déj.), 65/105 €

Œuf de Marans, bœuf de Coutancie, canette de Challans... Les meilleurs produits pour une cuisine volontiers ludique et créative. Ici, le chef joue avec les formes, les textures, les couleurs, sans jamais dénaturer les saveurs. Original et percutant !

→ Œuf de Marans, burrata, citron, café et champignons de Paris. Quasi de veau cuit lentement, socca et olives taggiasche. Déclinaison de chocolat et poivron rouge.

X   Le Bistrot – Rest. Au Comte de Gasgogne

🍴 AC

89 av. J.-B.-Clément ⓜ Boulogne Pont de St-Cloud   Plan : AY**n**
– ℰ 01 46 03 47 27 – www.aucomte.fr – Fermé dim. et lundi
Carte 40/53 €

Sous l'égide d'une table bien connue, un bistrot élégant, avec une agréable terrasse. La cuisine y est soignée, concoctée à partir de beaux produits frais de saison. Outre les classiques (foie gras et saumon fumé maison, etc.), le menu change régulièrement. Une bonne adresse.

ENVIRONS DE PARIS

La Table de Cybèle
        ✂ ⚘

38 r. de Meudon Ⓜ *Billancourt –* ℎ *01 46 21 75 90*   Plan : BZ**c**
– www.latabledecybele.com – Fermé dim. et lundi
Formule 24 € – Menu 29 € (déj. en semaine) – Carte 38/50 € dîner

À la tête de ce néobistrot né à Billancourt en 2013 œuvre un couple franco-américain, et c'est Cybèle, née à San Francisco, qui officie en cuisine, signant des recettes originales, axées sur les bons produits. Intéressant menu au déjeuner, esprit "finger food" le soir : la Table de Cybèle est si jolie...

Mon Bistrot
        Ⓜ ⏻

33 r. Marcel-Dassault Ⓜ *Porte de St-Cloud –* ℎ *01 47 61 90 10*   Plan : BZ**p**
– www.mon-bistrot.fr – Fermé 1 semaine en fév., 3 semaines en août, sam., dim. et fériés
Formule 29 € – Carte 41/63 €

Tourteau décortiqué et flan de crustacés, baba au rhum et sa glace, et, tous les jeudis, viande d'Argentine cuite à la plancha... Un néobistrot convivial et plutôt cosy pour une cuisine bistrotière d'aujourd'hui, fraîche et bien ficelée.

Chez Michel
★★

4 r. Henry-Martin Ⓜ *Porte de St-Cloud –* ℎ *01 46 09 08 10*   Plan : BY**q**
– Fermé août, 24 déc.-2 janv., sam. midi et dim.
Menu 14 € (déj.)/30 € – Carte 24/30 €

Lasagnes d'asperges vertes, turbot aux girolles, meringue aux fruits rouges... Dans le bistrot de Michel, les plats varient avec le marché : fraîcheur et simplicité. Une adresse sympathique, appréciée par la clientèle d'affaires au déjeuner.

Le Gorgeon

42 av. Victor-Hugo Ⓜ *Porte de St-Cloud –* ℎ *01 46 05 11 27*   Plan : BY**r**
– Fermé août, sam. et dim.
Carte 28/60 €

Un bistrot comme on les aime, avec un comptoir millésimé 1925 et une ambiance bon enfant. Sur l'ardoise, rien que de grands classiques bien troussés : œuf (bio) mayo, andouillettes AAAAA et frites maison, harengs pommes à l'huile, etc. Avec une petite carte de vins de propriétaires très judicieuse.

BRIE-COMTE-ROBERT

✉ 77170 (Seine-et-Marne) – 16 075 hab. – Alt. 90 m – Voir carte n°**19**-C2
▶ Paris 30 km – Brunoy 10 km – Évry 20 km – Melun 18 km
Carte Michelin 312-E3 et 101-39 – Guide Vert Michelin Île de France

La Fabrique
    ♾ P

1 bis r. du Coq-Gaulois – ℎ *01 60 02 10 10 – www.restaurantlafabrique.fr*
– Fermé 1 semaine en mars, août, 24 déc.-2 janv., mardi soir, merc. soir, sam. midi, dim. et lundi
Formule 28 € – Menu 35 € (déj.), 64/79 €

Ce loft d'esprit industriel est bien caché au bout d'une petite allée, et il fait bon s'y régaler dans une belle atmosphère conviviale... Une adresse d'aujourd'hui, qui décline les nouveaux codes de la gastronomie bistrotière et gourmande !

BRY-SUR-MARNE

✉ 94360 (Val-de-Marne) – 15 987 hab. – Alt. 40 m – Voir carte n°**21**-D2
▶ Paris 16 km – Créteil 12 km – Joinville-le-Pont 5 km – Nogent-sur-Marne 3 km
Carte Michelin 312-E2 et 101-18

Auberge du Pont de Bry - La Grappille
    Ⓜ

3 av. du Gén.-Leclerc – ℎ *01 48 82 27 70 – www.lagrappille.fr – Fermé 21 juil.-20 août, lundi et mardi*
Menu 33/60 € – Carte 45/63 €

Aux commandes de cette auberge, un chef de métier qui fait preuve de savoir-faire pour sélectionner des ingrédients de qualité et rehausser les saveurs des recettes – même les plus traditionnelles. Pour un résultat très convaincant !

CERGY-PONTOISE

(Val-d'Oise) – 192 859 hab. – Voir carte n°**18-B1**
▶ Paris 35 km – Mantes-la-Jolie 40 km – Pontoise 3 km – Rambouillet 60 km
Carte Michelin 305-D6 et 106-5 – Guide Vert Michelin Île de France

Cergy – ⊠ 95800 – 58 341 hab. – Alt. 30 m

Mercure sans rest 🔒 ⅙ 🗚 🛜 🏋 🚗
3 r. des Chênes-Émeraude, par bd de l'Oise – 𝒞 *01 34 24 94 94*   Plan : Y**a**
– www.mercure.com
57 ch – ♦95/160 € ♦♦95/160 € – ⌷ 15 €
Dans la ville nouvelle de Cergy-Pontoise, cet hôtel datant de 1991 a été entièrement rénové en 2013. Les chambres sont contemporaines, dans des teintes marron et caramel, bien équipées (écran plat, wifi) et fonctionnelles.

Hérouville 8 km au Nord-Est par D 927 – ⊠ 95300 – 607 hab. – Alt. 120 m

Les Vignes Rouges 🗚
3 pl. de l'Église – 𝒞 *01 34 66 54 73 – www.vignesrouges.fr – Fermé 6-13 mai, 3
semaines en août, 2-13 janv., dim. soir, lundi et mardi*
Menu 38 € – Carte 50/84 €
La tradition est de mise dans cette maison surannée, au cœur de ce village proche
d'Auvers-sur-Oise (l'enseigne fait d'ailleurs référence à une œuvre de Van Gogh). De
bonnes saveurs au menu : foie gras poêlé, andouillette braisée au chablis...

ENVIRONS DE PARIS

CERGY-PONTOISE

Bougara (Av. Rédouane) . . . **BV** 4
Bouticourt (Bd Ch.) . . . . **BV** 6

Constellation (Av. de la) . . . **AV** 13
Delarue (Av. du Gén.-G.) . . . **BV** 15
Genottes (Av. des) . . . . **AV** 28
Lavoye (R. Pierre) . . . . **BV** 40
Mendès-France (Mail) . . . . **AX** 44

Mitterrand (Av. Fr.) . . . . . . **BVX** 45
Moulin à Vent (Bd du) . . . . **AV** 47
Petit Albi (R. du) . . . . **AV** 55
Verdun (Av. de) . . . . **BX** 76
Viosne (Bd de la) . . . . **BVX** 83

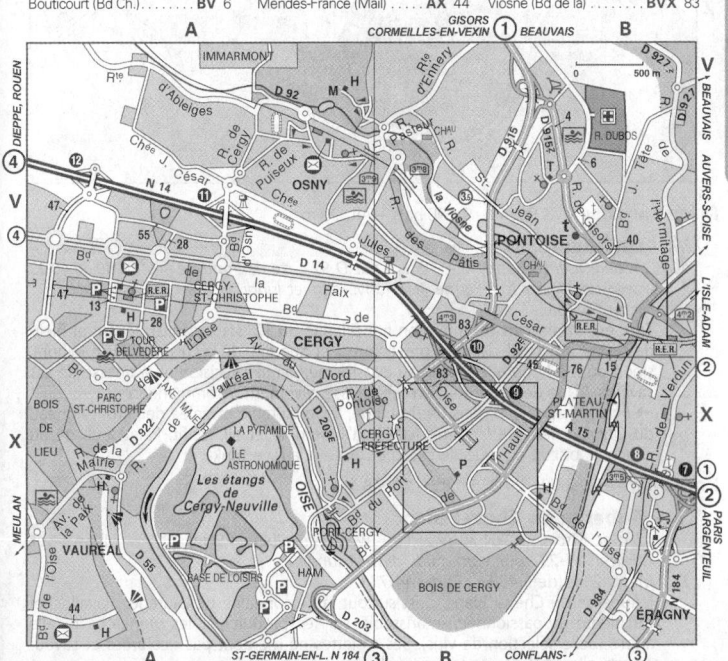

ENVIRONS DE PARIS

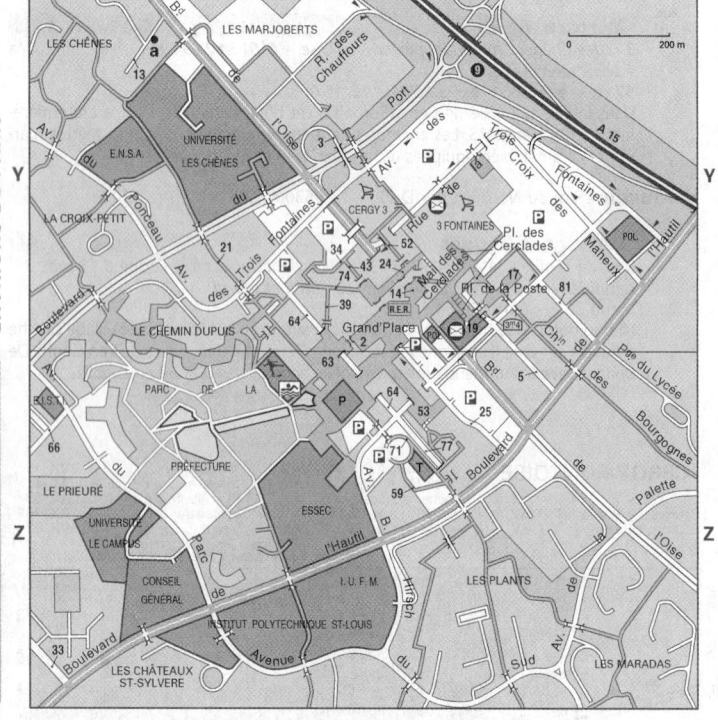

Méry-sur-Oise – ⊠ 95540 – 9 290 hab. – Alt. 29 m

XXX   **Le Chiquito** (Alain Mihura)   🐾 🛁 ᕈ AC ⇔ P

ॐ   3 r. de l'Oise, La Bonneville, 1,5 km par D 922, rte de Pontoise – ℰ 01 30 36 40 23
– www.lechiquito.fr – Fermé 4-19 janv., dim. et lundi
Menu 60/75 €

Tout est plaisir dans cette maison francilienne du 17ᵉ s. : le cadre, élégant et plein
de cachet ; l'accueil, des plus prévenants... et que dire de la cuisine d'Alain Mihura,
sinon qu'elle honore le plus beau classicisme, par sa précision et la finesse de ses
saveurs ? Une demeure tout en délicatesse, vivement recommandable...

➜ Foie gras poêlé, bâtons de rhubarbe, sirop d'érable et gelée de citron. Agneau
du Quercy, nem de légumes, caviar d'aubergine et ail confit. Palet feuilleté au
chocolat, biscuit au grué de cacao et glace à la fève tonka.

Pontoise – ⊠ 95000 – 29 885 hab. – Alt. 48 m

XX   **Auberge du Cheval Blanc**   🐾 🛁

  47 r. de Gisors – ℰ 01 30 32 25 05 – www.chevalblanc95.net   Plan : BV**t**
– Fermé 1ᵉʳ-25 août, sam. midi, dim. et lundi
Menu 25 € (déj.)/43 € – Carte 44/73 €

L'Auberge du Cheval Blanc, c'est surtout la personnalité de Laurence Ravail, chef
truculente et passionnée, intarissable sur les produits et les vignerons qu'elle
adore (belle sélection de vins). Ses assiettes ne mentent pas : colorées et savoureuses, elles mêlent recettes nouvelles et ingrédients bio.

PONTOISE

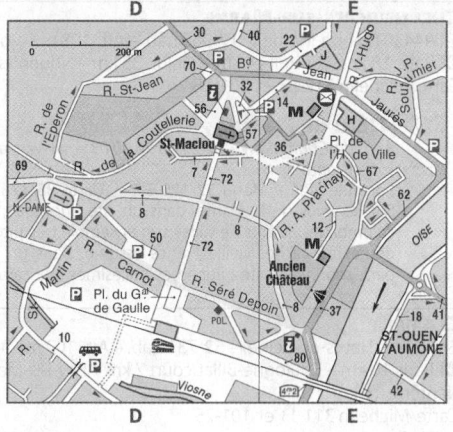

ENVIRONS DE PARIS

CERNAY-LA-VILLE

✉ 78720 (Yvelines) – 1 642 hab. – Alt. 170 m – Voir carte n°**18**-B2
▶ Paris 45 km – Chartres 52 km – Longjumeau 31 km – Rambouillet 12 km
Carte Michelin 311-H3 et 106-29

Abbaye des Vaux de Cernay

rte d'Auffargis, 2,5 km à l'Ouest par D 24 – ℰ 01 34 85 23 00
– www.abbayedecernay.com
54 ch – ♦130/660 € ♦♦130/660 € – 3 suites – ☲ 20 € – ½ P
On accède par un grand parc à cette abbaye cistercienne, magnifique ensemble architectural du 12ᵉˢ. Salons gothiques, vastes chambres au mobilier ancien ou plus actuel. Cuisine traditionnelle servie dans l'étonnante salle à manger coiffée de superbes voûtes.

CHÂTEAUFORT

✉ 78117 (Yvelines) – 1 415 hab. – Alt. 153 m – Voir carte n°**20**-A3
▶ Paris 28 km – Arpajon 28 km – Chartres 75 km – Versailles 15 km
Carte Michelin 311-I3 et 101-22

La Belle Époque

10 pl. de la Mairie – ℰ 01 39 56 95 48 – www.labelleepoque78.fr
– Fermé 1ᵉʳ-20 août, dim. et lundi
Formule 30 € – Menu 39 € (semaine), 69/105 € ▼ – Carte 45/74 €
L'enseigne ne ment pas : derrière une devanture digne d'une auberge d'autrefois, on découvre un décor d'une sobre élégance, au noir et blanc très "début de siècle", assorti d'une jolie terrasse dominant la vallée de Chevreuse. Mais le chef signe une cuisine dans le goût de... notre époque.

CHÂTILLON

✉ 92320 (Hauts-de-Seine) – 33 405 hab. – Alt. 115 m – Voir carte n°**20**-B2
▶ Paris 10 km – Bobigny 25 km – Créteil 19 km – Nanterre 23 km
Carte Michelin 311-J3 et 101-25

Barbezingue AC

14 bd de la Liberté – ℰ 01 49 85 83 50 – www.barbezingue.com – Fermé 2
semaines en août, dim. soir et lundi
Menu 23/42 € – Carte environ 34 €
Drôle de nom pour un étonnant concept : le Barbezingue fait restaurant, table d'hôte (buffet à l'étage) et... barbier le vendredi matin ! On y déguste une généreuse cuisine canaille, avec, en prime, une terrasse pour l'apéritif et un terrain de pétanque. Plus qu'un concept, un lieu de vie plein de gourmandise.

CHENNEVIÈRES-SUR-MARNE

✉ 94430 (Val-de-Marne) – 17 963 hab. – Alt. 108 m – Voir carte n°**21**-D2
▶ Paris 18 km – Créteil 14 km – Melun 35 km – Nogent-sur-Marne 8 km
Carte Michelin 312-E3 et 101-28

𝕏𝕏𝕏 **L'Écu de France**   🏵 🛱 🍴 ⇆ **P**

*31 r. de Champigny – ℰ 01 45 76 00 03 – www.ecudefrance.com – Fermé dim.
soir et lundi*
Formule 37 € – Menu 52/120 € 𝕐 – Carte 88/128 €
Sur les rives de la Marne, dans un site bucolique, une bâtisse de 1717 tout en
colombages et toits de tuiles : un ensemble très pittoresque, même les salles intérieures au cachet vieille France assumé. Dans un tel décor, la cuisine surprend
par... son inventivité ! Superbes millésimes à la carte des vins.

CLAMART

✉ 92140 (Hauts-de-Seine) – 52 731 hab. – Alt. 102 m – Voir carte n°**20**-B2
▶ Paris 10 km – Boulogne-Billancourt 7 km – Issy-les-Moulineaux 4 km –
Nanterre 15 km
Carte Michelin 311-J3 et 101-25

🏠 **La Brèche du Bois** sans rest   🕭 🛜

*7 pl. Jules-Hunebelle – ℰ 01 46 42 29 06 – www.hotel-brechedubois.com – Fermé
1er-16 août*
30 ch – †75/80 € ††84/90 € – 🖵 9 €
Dans un quartier verdoyant, un hôtel familial – une ancienne guinguette ! – avec
des chambres pratiques et très propres. De jolis tableaux décorent la maison et, à
deux pas, les sentiers du bois de Clamart invitent à la promenade.

CLICHY

✉ 92110 (Hauts-de-Seine) – 59 458 hab. – Alt. 30 m – Voir carte n°**20**-B1
▶ Paris 9 km – Argenteuil 8 km – Nanterre 9 km – Pontoise 26 km
Carte Michelin 311-J2 et 101-15

🏠🏠 **Résidence Europe** sans rest   🖵 🖢 🛗 🕭 🅼 🛜 🕭 **P**

*52 bd Gén.-Leclerc Ⓜ Mairie de Clichy – ℰ 01 47 37 13 10
– www.hotel-residence-europe.com*
83 ch – †90/180 € ††90/190 € – 🖵 12 €
Sur une avenue fréquentée, un immeuble en brique (1920) avec des chambres
confortables et fonctionnelles. Points forts : les salles de réunion, la piscine et le
sauna en sous-sol.

𝕏𝕏𝕏 **La Romantica**   🏵 🛱 🕭 ⇆ ⊶

*73 bd Jean-Jaurès Ⓜ Mairie de Clichy – ℰ 01 47 37 29 71 – www.laromantica.fr
– Fermé sam. midi et dim.*
Menu 40 € (déj.), 50/92 € – Carte 50/100 €
Derrière une porte cochère, une étonnante cour intérieure (avec une terrasse
pavée de marbre blanc) et une salle d'une belle élégance, pour un festival de
saveurs italiennes. Fraîcheur des produits, qualité des recettes (pâtes maison ou
propositions plus inventives, telle la tomate mozzarella revisitée...) : *gustoso* !

𝕏𝕏 **La Barrière de Clichy**   🅼 ⇆

*1 r. de Paris Ⓜ Mairie de Clichy – ℰ 01 47 37 05 18 – Fermé août, sam., dim. et
fériés*
Formule 29 € – Menu 36/60 € – Carte 49/88 €
Nappes blanches, argenterie, décor feutré, menu dégustation qui change avec les
saisons : un bon restaurant traditionnel, tenu par un couple avenant et animé par
le désir de bien faire.

COLOMBES

✉ 92700 (Hauts-de-Seine) – 85 102 hab. – Alt. 38 m – Voir carte n°**20**-B1
▶ Paris 19 km – Boulogne-Billancourt 19 km – Montreuil 23 km – Nanterre 9 km
Carte Michelin 312-C2 et 101-14

Courtyard by Marriott 🍽 🛋 🖼 ⅙ AC 🍸 🤫 🕍 🚗
91 bd Charles-de-Gaulle – ℰ 01 47 69 59 49 – www.courtyardcolombes.com
150 ch – †99/319 € ††99/329 € – � 20 €
Un bâtiment récent, doté de chambres fonctionnelles. Hall-salon moderne, réchauffé par une cheminée et accueillant un "market" (boutique self-service). Cuisine méditerranéenne au restaurant (formule buffet au déjeuner).

CONFLANS-STE-HONORINE
✉ 78700 (Yvelines) – 35 582 hab. – Alt. 25 m – Voir carte n°**18-B1**
◘ Paris 38 km – Mantes-la-Jolie 39 km – Poissy 10 km – Pontoise 8 km
Carte Michelin 311-I2 et 101-3 – Guide Vert Michelin Île de France

✗ Au Bord de l'Eau AC
15 quai Martyrs-de-la-Résistance – ℰ 01 39 72 86 51 – Fermé 10-24 août, 26 déc.-5 janv., lundi sauf fériés et le soir sauf sam.
Menu 31 € (déj. en semaine), 45/67 €
Cet ancien bistrot de bateliers des bords de Seine abrite un sympathique restaurant familial. Le décor intérieur rend hommage à la batellerie conflanaise. Cuisine traditionnelle.

CORBEIL-ESSONNES
✉ 91100 (Essonne) – 44 223 hab. – Alt. 37 m – Voir carte n°**18-B2**
◘ Paris 36 km – Créteil 27 km – Évry 6 km – Fontainebleau 37 km
Carte Michelin 312-D4 et 101-37

✗✗ Aux Armes de France ⅙ 🍸 ⇆ 🅿
1 bd Jean-Jaurès – ℰ 01 60 89 27 10 – www.aux-armes-de-france.fr – Fermé de fin juil. à début août, dim. et lundi
Menu 37 € 🍷 (déj. en semaine), 42/48 €
Il souffle comme un vent de fraîcheur sur cet ancien relais de poste tenu par un jeune chef passé par plusieurs maisons étoilées. Au menu : des recettes généreuses en saveurs, à l'image de ces macaronis farcis au foie gras et céleri-rave, gratinés au parmesan. Ambiance feutrée, accueil charmant.

COURBEVOIE
✉ 92400 (Hauts-de-Seine) – 88 530 hab. – Alt. 28 m – Voir carte n°**20-B1**
◘ Paris 10 km – Asnières-sur-Seine 4 km – Levallois-Perret 4 km – Nanterre 5 km
Carte Michelin 311-J2 et 101-15 – Guide Vert Michelin Île de France

🏠 George Sand sans rest 🛋 AC 🛜
18 av. Marceau – ℰ 01 43 33 57 04 – www.georgesandhotel.com
32 ch – †76/179 € ††89/179 € – ⊔ 12 €
Une jolie façade Art déco, un intérieur bonbonnière évoquant l'univers de George Sand (mobilier du 19ᵉ s., salon romantique où l'on prend le petit-déjeuner, tissus muraux dans les chambres) : pour faire revivre (un peu) la baronne Dudevant...

Quartier Charras

🏠 Mercure La Défense 5 🍽 🛋 🖼 ⅙ AC 🛜 🕍 🚗
18 r. Baudin – ℰ 01 49 04 75 00 – www.mercure.com
507 ch – †79/290 € ††79/290 € – 5 suites – ⊔ 18 €
Un hôtel de chaîne dédié à la clientèle d'affaires internationale de la Défense, avec des chambres fonctionnelles et contemporaines. Bistrot, fitness, hammam, solarium, etc.

au Parc de Bécon

✗ Les Trois Marmites AC
215 bd St-Denis – ℰ 01 43 33 25 35 – Fermé août
Formule 38 € – Menu 43 € (déj. en semaine)/73 €
Face au parc de Bécon et tout près des quais, un petit restaurant de quartier tenu en couple – monsieur aux fourneaux, madame en salle. À la carte, honneur à la tradition et aux plats bistrotiers : andouillette, boudin noir, etc.

ENVIRONS DE PARIS

CROSNE

✉ 91560 (Essonne) – 9 190 hab. – Alt. 36 m – Voir carte n°**21-C_D3**

▶ Paris 23 km – Bobigny 28 km – Créteil 10 km – Évry 20 km

Carte Michelin 312-D3 et 101-37

☒ **La Maison du Pressoir**   🍴 ✿

*34 av. Jean-Jaurès – ℰ 01 69 06 49 83 – www.lamaisondupressoir.fr – Fermé 2
semaines en août, dim. soir, lundi et mardi*

Formule 20 € – Menu 25 € (déj. en semaine), 37/52 €

Dehors, une pancarte annonce la couleur : "Restaurant au feu de bois" ! Dans
cette ancienne auberge traditionnelle dont le décor a été modernisé, la cheminée
reste une carte maîtresse. Le chef signe de jolies recettes, qui ne manquent ni
d'idées ni de saveurs... Et la terrasse est au calme.

DAMPIERRE-EN-YVELINES

✉ 78720 (Yvelines) – 1 110 hab. – Alt. 100 m – Voir carte n°**18-B2**

▶ Paris 38 km – Chartres 57 km – Longjumeau 32 km – Rambouillet 16 km

Carte Michelin 311-H3 et 101-31

☒☒☒ **La Table des Blot - Auberge du Château** (Christophe Blot) avec ch

ॐ   *1 Grande-Rue – ℰ 01 30 47 56 56 – www.latabledesblot.com*   AC rest, 🔊
   – Fermé en fév., en août, en déc., dim. soir, lundi et mardi

7 ch – ♦80/120 € ♦♦80/120 € – ☒ 12 €   Menu 45/80 € – Carte 57/72 €

Une belle et élégante auberge du 17ᵉ s., où le talent du chef et les saisons ryth-
ment la créativité des recettes. L'accueil se révèle chaleureux et, pour prolonger
l'étape, on peut réserver une jolie chambre façon maison de campagne.

→ Homard fumé à la livèche. Ris de veau du Limousin rôti au poêlon, jus de légumes acidulé. Chocolat soufflé, glacé et mi-cuit.

LA DÉFENSE

✉ 92400 (Hauts-de-Seine) – Voir carte n°**20-B1**

▶ Paris 10 km – Courbevoie 1 km – Nanterre 4 km – Puteaux 2 km

Carte Michelin 311-J2 et 101-14 – Guide Vert Michelin Paris

🏨 **Pullman La Défense**   ⏸ 🛗 ‖ & AC ⚥ 🛜 🔊 🚗

*11 av. Arche, sortie La Défense 6 ✉ 92081 Ⓜ La Défense – ℰ 01 47 17 50 00
– www.restaurant-quinteetsens.com*

382 ch – ♦150/550 € ♦♦150/550 € – 31 suites – ☒ 26 €

Belle architecture en proue de navire, toute de verre et de pierre ocre. Chambres
spacieuses et élégantes, salons et auditorium très bien équipés (avec cabines de
traduction). Décor design et cuisine à la broche au restaurant.

🏨 **Renaissance**   ⏸ 🛗 ‖ & AC ⚥ 🛜 🔊 🚗

*60 Jardin de Valmy, par bd circulaire, sortie La Défense 7 ✉ 92918
Ⓜ La Défense – ℰ 01 41 97 50 50 – www.renaissanceladefense.fr*

324 ch – ♦250/500 € ♦♦290/620 € – 3 suites – ☒ 29 €

Luxe et raffinement caractérisent cet immeuble contemporain posé au pied de la
Grande Arche : matériaux nobles, confort absolu, chambres chaleureuses parfaitement équipées. Vue sur les jardins de Valmy, plats classiques et suggestions sai-
sonnières à la brasserie.

🏨 **Hilton La Défense**   ⏸ 🛗 ‖ & AC ⚥ 🛜 🔊

2 pl. de la Défense ✉ 92053 Ⓜ La Défense – ℰ 01 46 92 10 10 – www.hilton.com

149 ch – ♦170/630 € ♦♦170/630 € – 4 suites – ☒ 26 €

Hôtel situé dans l'enceinte du Cnit. Certaines chambres ont été pensées pour le
bien-être de la clientèle d'affaires : espaces travail, repos, relaxation et salle de
bains-jacuzzi. Côté Parvis, cuisine dans l'air du temps et jolie vue sur l'Arche.

🏨 **Sofitel Paris La Défense**   ⏸ ‖ & AC ⚥ 🛜 🔊 🚙 🚗

*34 cours Michelet, par bd circulaire sortie La Défense 4 ✉ 92060 Puteaux
Ⓜ Esplanade de la Défense – ℰ 01 47 76 44 43 – www.sofitel-paris-ladefense.com*

151 ch – ♦144/880 € ♦♦144/880 € – ☒ 27 €

Un hôtel d'affaires parfaitement intégré au paysage des tours de la Défense, non
loin de la Grande Arche. Chambres spacieuses et bien équipées, restaurant (carte
méditerranéenne), petit fitness, etc.

Novotel La Défense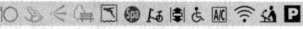

2 bd Neuilly, sortie La Défense 1 ✉ *92081* Ⓜ *Esplanade de la Défense*
– ✆ *01 41 45 23 23 – www.novotel.com*
280 ch – 🛏129/399 € 🛏🛏129/399 € – ☐ 17 €
Au pied de la Défense, côté Seine (en voiture, ne manquez pas la sortie sur le boulevard circulaire). Une trentaine de chambres a été relookée dans un esprit résolument contemporain, tout comme le Novotel Café. Espace fitness au 14ᵉ étage.

DEUIL-LA-BARRE

✉ 95170 (Val-d'Oise) – 21 638 hab. – Alt. 25 m
▶ Paris 19 km – Amiens 121 km – Bobigny 16 km – Pontoise 24 km
Carte Michelin 305-E7 et 101-5

🍴 **Verre Chez Moi**

75 av. de la Division-Leclerc – ✆ *01 39 64 04 34 – www.verre-chez-moi.com*
– Fermé vacances de fév., 3 semaines en août, lundi soir, sam. midi et dim.
Formule 28 € – Menu 34 € (déj.) – Carte 38/62 €
Une belle surprise que cette discrète maison de ville, tenue par un jeune sommelier passionné : à l'unisson de ses vins "coup de cœur" – surtout de petits propriétaires –, on déguste une cuisine très appétissante, fine et parfumée. L'été venu,
profitez de la jolie cour sur l'arrière. Arrêt recommandé Verre Chez Moi !

ENGHIEN-LES-BAINS

✉ 95880 (Val-d'Oise) – 11 560 hab. – Alt. 45 m – Voir carte n°**20**-B1
▶ Paris 17 km – Argenteuil 7 km – Chantilly 34 km – Pontoise 22 km
Carte Michelin 305-E7 et 101-5 – Guide Vert Michelin Île de France

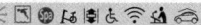

Grand Hôtel Barrière

85 av. du Gén.-de-Gaulle – ✆ *01 39 34 10 00 – www.lucienbarriere.com – Fermé*
14 juil.-15 août et dim. soir
43 ch – 🛏169/289 € 🛏🛏354/474 € – ☐ 21 € – ½ P
Face au lac d'Enghien, ce "grand hôtel" joue la carte d'un classicisme chic et feutré. L'établissement offre un accès direct à un superbe ensemble spa et fitness.
Idéal pour une villégiature aux portes de la région parisienne.

Hôtel du Lac

89 av. du Gén.-de-Gaulle – ✆ *01 39 34 11 00 – www.lucienbarriere.com*
141 ch – 🛏169/354 € 🛏🛏289/474 € – ☐ 21 €
Associé au Grand Hôtel Barrière, il offre accès au même spa, l'un des plus grands
de France. À deux pas du casino, face au lac, l'adresse est propice à un week-end
détente, mais elle satisfait aussi la clientèle d'affaires en semaine, avec son espace
séminaires et ses chambres classiques et fonctionnelles.

GAGNY

✉ 93220 (Seine-Saint-Denis) – 39 378 hab. – Alt. 70 m – Voir carte n°**21**-D1
▶ Paris 17 km – Bobigny 11 km – Raincy 3 km – St-Denis 18 km
Carte Michelin 305-G7 et 101-18

🍴🍴 **Le Vilgacy**

45 av. H.-Barbusse – ✆ *01 43 81 23 33 – www.vilgacy.com – Fermé 1 semaine*
en fév., 27 juil.-20 août, dim. soir, mardi soir et lundi sauf fériés
Formule 22 € – Menu 27/37 € – Carte 51/69 €
Marbré de canard et foie gras, filet de bœuf au ragoût d'escargots, tarte fine aux
pommes, etc. : le goût de la tradition dans cet établissement au cadre bourgeois,
situé dans un quartier pavillonnaire de Gagny. Tables en extérieur aux beaux jours.

LA GARENNE-COLOMBES

✉ 92250 (Hauts-de-Seine) – 28 297 hab. – Alt. 40 m – Voir carte n°**20**-B1
▶ Paris 13 km – Argenteuil 7 km – Asnières-sur-Seine 5 km – Courbevoie 2 km
Carte Michelin 311-J2 et 101-14

ENVIRONS DE PARIS

XX **L'Instinct** 🛱 AC 🕸 ⇔

1 r. Voltaire – ☏ 01 56 83 82 82 – www.linstinct.fr – Fermé 9-25 août, lundi soir, sam. midi et dim.

Menu 25/35 € – Carte 34/49 € *(réservation conseillée)*

Le quartier du marché : idéal pour se retrouver entre amis autour d'une bonne cuisine dans l'air du temps, concoctée avec des produits de saison ! La sélection de vins sort des sentiers battus, tout comme ce lieu contemporain.

X **Le St-Joseph** AC

🙂 *100 bd de la République – ☏ 01 42 42 64 49 – www.restaurantlesaintjoseph.fr – Fermé 2 semaines en mai, 3 semaines en août, sam. midi, dim. et le soir du lundi au jeudi*

Menu 31 € – Carte 34/48 €

Ce bistrot de quartier ne paie pas de mine, pourtant c'est une pépite. La salle est toute simple, le service sans chichi, mais l'assiette... est à tomber ! Le chef concocte une belle cuisine bistrotière, avec les meilleurs produits de saison. Quant à la sélection de vins, elle est tout à fait judicieuse.

GIF-SUR-YVETTE

✉ 91190 (Essonne) – 20 622 hab. – Alt. 61 m – Voir carte n°**20-A3**
▶ Paris 34 km – Boulogne-Billancourt 23 km – Évry 37 km – Montreuil 41 km
Carte Michelin 312-B3 et 101-33

X **Les Saveurs Sauvages** 🛱 ᴖ AC 🕸

4 r. Croix-Grignon, (face à la gare RER) – ☏ 01 69 07 01 16 – Fermé dim. et lundi

Menu 29/42 € – Carte environ 43 €

Face à la petite gare RER de Gif-sur-Yvette, cette adresse entre bistrot et gastro nous accueille dans un bel intérieur contemporain. La cuisine, soignée et goûteuse, est traversée de quelques touches asiatiques – l'un des deux chefs est d'origine vietnamienne. Vous y retournerez avec plaisir : le menu change tous les jours !

GRESSY

✉ 77410 (Seine-et-Marne) – 902 hab. – Alt. 98 m – Voir carte n°**19-C1**
▶ Paris 32 km – Meaux 20 km – Melun 56 km – Senlis 35 km
Carte Michelin 312-F2 et 101-10

🏛 **Le Manoir de Gressy** 🍽 ⌂ 🝗 ⚒ ♨ 🖩 🕭 🛜 ⚒ 🅿

chemin des Carosses – ☏ 01 60 26 68 00 – www.manoirdegressy.com – Fermé 20 juil.-17 août et 23 déc.-5 janv.

85 ch – ♥210/290 € ♥♥210/290 € – ☷ 19 €

Ce manoir, édifié sur le site d'une ferme fortifiée du 18ᵉ s., marie joliment les styles. Les chambres, toutes différentes, ont un charme rétro et donnent sur le jardin et la piscine. On peine à croire que l'on est si près de Paris !

ISSY-LES-MOULINEAUX

✉ 92130 (Hauts-de-Seine) – 65 326 hab. – Alt. 37 m – Voir carte n°**20-B2**
▶ Paris 8 km – Boulogne-Billancourt 3 km – Clamart 4 km – Nanterre 11 km
Carte Michelin 311-J3 et 101-25 – Guide Vert Michelin Île de France

XX **Manufacture** 🛱 AC

20 espl. Manufacture, (face au 30 r. E. Renan) Ⓜ Corentin-Celton – ☏ 01 40 93 08 98 – www.restaurantmanufacture.com – Fermé 3 semaines en août, sam. et dim.

Formule 31 € – Menu 39 €

Cette manufacture de tabac (1904) est devenue un sympathique restaurant design. Petit comptoir, cuisines ouvertes sur la salle, jolie terrasse, carte classique et propositions de saison : reconversion réussie !

Le 7 à Issy AC

7 rond-point Victor-Hugo **Ⓜ** *Corentin-Celton* – ℰ *01 46 45 22 12 – www.7aissy.fr*
– Fermé 1er-25 août, 20-28 déc., lundi soir, sam. midi et dim.
Formule 27 € – Menu 31 € (déj.), 35/49 € – Carte 42/59 €

Terrine de chevreuil maison, selle d'agneau aux épices en papillotte... Ici, on savoure une cuisine traditionnelle copieuse et bien ficelée ; oui oui, on a bien dit ici, à Issy ! Habitués et hommes d'affaires ne boudent pas leur plaisir.

JANVRY

✉ 91640 (Essonne) – 585 hab. – Alt. 160 m – Voir carte n°**18**-B2
▶ Paris 35 km – Briis s/s Forges 4 km – Dourdan 20 km – Palaiseau 19 km
Carte Michelin 312-B4 et 101-33

Bonne Franquette AC

1 r. du Marchais – ℰ *01 64 90 72 06 – www.bonnefranquette.fr – Fermé 2 semaines en mai, 23 août-15 sept., 20 déc.- 4 janv., sam. midi, dim. et lundi*
Menu 39 €

Ex-relais de poste situé face au château (17e s.) d'un joli village francilien. Deux grandes ardoises annoncent la cuisine du jour servie dans un cadre de bistrot chaleureux. Spécialité : cervelle de veau meunière aux câpres.

LE KREMLIN-BICÊTRE

✉ 94270 (Val-de-Marne) – 26 131 hab. – Alt. 60 m – Voir carte n°**21**-C2
▶ Paris 5 km – Boulogne-Billancourt 11 km – Évry 28 km – Versailles 23 km
Carte Michelin 312-D3 et 101-26

Novotel Porte d'Italie 🍽 🛗 & 🖃 🛜 ⚙ 🚗

22 r. Voltaire **Ⓜ** *Porte d'Italie* – ℰ *01 45 21 19 09 – www.novotel.com*
168 ch – ✝105/290 € ✝✝105/290 € – ⌿ 17 €

Ce Novotel ne saurait être plus près de Paris, puisqu'il borde le périphérique. Même du côté du boulevard, les chambres sont calmes, car parfaitement insonorisées. Tout est confortable et moderne dans cet établissement !

LEVALLOIS-PERRET

✉ 92300 (Hauts-de-Seine) – 64 629 hab. – Alt. 30 m – Voir carte n°**20**-B1
▶ Paris 9 km – Argenteuil 8 km – Nanterre 8 km – Pontoise 27 km
Carte Michelin 311-J2 et 101-15

Espace Champerret sans rest 🖃 & AC 🛜

26 r. Louise-Michel **Ⓜ** *Louise Michel* – ℰ *01 47 57 20 71*
– www.hotel-espace-champerret.com
39 ch – ✝70/122 € ✝✝75/142 € – ⌿ 10 €

Les chambres de cet hôtel proche des quartiers d'affaires ont été entièrement rénovées dans un esprit actuel, sobre et chic. Aux beaux jours, on prend son petit-déjeuner dans une agréable cour intérieure.

Le Bistrot d'Oscar 🍴 ⚘

1 pl. du Maréchal-de-Tassigny **Ⓜ** *Louise Michel* – ℰ *01 47 59 00 82 – Fermé 2 semaines en août, sam., dim. et fériés*
Formule 22 € – Menu 30 € (déj.) – Carte 34/52 €

Ici, on joue la carte bistrot ! Tomate farcie aux légumes et chèvre frais, suprême de volaille au jambon serrano... Les plats sont généreux et bien ficelés, parfumés à souhait, et surfent entre les saveurs d'hier et d'aujourd'hui. Et pour ceux qui veulent profiter du grand air, direction la terrasse !

L'Audacieux

51 r. Danton **Ⓜ** *Anatole France* – ℰ *01 47 59 94 17 – www.laudacieux.com*
– Fermé 1 semaine en fév., 3 semaines en août, lundi soir, sam. midi et dim.
Formule 28 € – Menu 35/48 €

"De l'audace, encore de l'audace, toujours de l'audace", disait Danton. De cela, Pierre Lambert, le chef de ce restaurant de poche, n'en manque pas, signant une cuisine inspirée et originale, où les saveurs asiatiques surprennent et la technique sublime le produit. Essayez le menu-surprise, c'est un bol d'air frais !

ENVIRONS DE PARIS

LIVRY-GARGAN

✉ 93190 (Seine-Saint-Denis) – 42 036 hab. – Alt. 60 m – Voir carte n°**21-D1**
◗ Paris 19 km – Aubervilliers 14 km – Aulnay-sous-Bois 4 km – Bobigny 8 km
Carte Michelin 305-G7 et 101-18

✕✕ **La Petite Marmite** 🏵 🔾 AC 🅖

8 bd de la République – 𝒞 *01 43 81 29 15 – www.lapetitemarmite-livry gargan .
com – Fermé vacances de fév., 8-31 août, dim. soir et merc.*
Menu 35 € – Carte 45/75 €
Un auvent couvert de chaume, une salle tout en bois, des banquettes douillettes... Cette Petite Marmite réchauffe les cœurs ! Aux commandes œuvre un duo
complémentaire ; monsieur au marché et madame en cuisine : saumon fumé au
bois de hêtre, tatin, profiteroles, etc., le tout accompagné de bons bordeaux.

LONGJUMEAU

✉ 91160 (Essonne) – 21 510 hab. – Alt. 78 m – Voir carte n°**20-B3**
◗ Paris 20 km – Chartres 70 km – Dreux 84 km – Évry 15 km
Carte Michelin 312-C3 et 101-35

à Saulx-les-Chartreux 2,5 km au Sud-Ouest par D 118 – ✉ 91160
– 5 065 hab. – Alt. 75 m

🏠 **L'Orée** 🔾🔾 🔾 🖥 🅿 🔾 🕳 ✕ 🅖 🛏 ሤ 🛜 🔾 🅿

rte de Montlhéry, par N 20, sortie "La Ville du Bois" – 𝒞 *01 64 48 38 38
– www.loree.fr – Fermé 1ᵉʳ-23 août*
60 ch – †99/154 € ††99/175 € – ⌷ 14 € – ½ P
À 20 km au sud de Paris, un établissement tout indiqué pour un séjour au
vert ! Dans un parc de 6 ha à l'orée de la forêt du Rocher-de-Saulx, le calme est
complet et les occasions de se détendre nombreuses : chambres confortables,
courts de tennis, terrains de volley, spa, restaurant face à la nature... Le tout certifié Écolabel !

MAISONS-ALFORT

✉ 94700 (Val-de-Marne) – 53 265 hab. – Alt. 37 m – Voir carte n°**21-C2**
◗ Paris 10 km – Créteil 4 km – Évry 34 km – Melun 39 km
Carte Michelin 312-D3 et 101-27 – Guide Vert Michelin Île de France

✕✕ **La Bourgogne** AC ⇩
😊 *164 r. Jean-Jaurès* – 𝒞 *01 43 75 12 75 – www.restaurant-labourgogne.com
– Fermé 8-25 août, 24 déc.-1ᵉʳ janv., sam. midi et dim.*
Menu 34/68 € – Carte 53/77 €
La bonne table de Maisons-Alfort et au-delà. Ses atouts : un cadre très moderne,
chaleureux et intime, et surtout de belles saveurs. La cuisine est ici une chose
sérieuse, fondée sur les meilleurs produits et savoir-faire... sans craindre la nouveauté !

MAISONS-LAFFITTE

✉ 78600 (Yvelines) – 23 125 hab. – Alt. 38 m – Voir carte n°**20-A1**
◗ Paris 21 km – Mantes-la-Jolie 38 km – Poissy 9 km – Pontoise 17 km
Carte Michelin 311-I2 et 101-13 – Guide Vert Michelin Île de France

✕✕✕ **Tastevin** (Michel Blanchet) 🏵 🔾 🔾 🅿
🌼 *9 av. Eglé* – 𝒞 *01 39 62 11 67 – www.letastevin-restaurant.fr
– Fermé 18 fév.-7 mars, 28 juil.-22 août, dim. soir, lundi et mardi*
Menu 48 € (semaine)/95 € – Carte 90/106 €
À l'orée du parc, une maison de maître à l'intérieur cossu. On y cultive une cer-
taine idée de l'art de vivre à la française et l'amour des beaux produits. Jolie
carte des vins.
→ Foie gras de canard, croustillant de coing et de poire dorés aux épices douces.
Agneau rôti en trois façons, jus lié au thym. Parfait au pamplemousse rose, glace
Campari.

La Plancha 〔AC〕〔✻〕〔✧〕

5 av. de St-Germain – ℰ 01 39 12 03 75
– Fermé 26 fév.-8 mars, 15 juil.-22 août, dim. soir, mardi et merc.
Formule 26 € – Menu 36/67 € – Carte 54/77 €
Ambiance "voyage" dans ce restaurant à deux pas de la gare du RER A. La carte, assez originale, propose des recettes combinant avec succès les produits français, espagnols et japonais.

MARLY-LE-ROI

✉ 78160 (Yvelines) – 16 645 hab. – Alt. 90 m – Voir carte n°**20**-A2
▷ Paris 24 km – Bougival 5 km – St-Germain-en-Laye 5 km – Versailles 9 km
Carte Michelin 312-B2 et 101-12

Le Village (Uido Tomohiro) 〔AC〕

3 Grande-Rue – ℰ 01 39 16 28 14 – www.restaurant-levillage.fr – Fermé 3 semaines en août, 1 semaine en janv., sam. midi, dim. soir et lundi
Formule 40 € – Menu 50/92 € – Carte 123/202 € *(réservation conseillée)*
Une jolie auberge dans une ruelle pittoresque du vieux Marly. Le chef, né au Japon, signe une cuisine très maîtrisée, avec de jolis accords de textures et de saveurs. La France inspire l'Asie, et réciproquement...
→ Goï cuôn de homard breton et foie gras en terrine au calvados. Pigeonneau d'Anjou en croûte de sel de Guérande au tandoori, cuisses confites. Soufflé chaud au yuzu de Kôchi.

MARNE-LA-VALLÉE

(Île-de-France) – 295 128 hab. – Voir carte n°**19**-C2
▷ Paris 27 km – Meaux 29 km – Melun 40 km
Carte Michelin 312-E2 et 101-19 – Guide Vert Michelin Île de France

à Bussy-St-Georges – ✉ 77600 – 25 135 hab. – Alt. 105 m

Tulip Inn Marne la Vallée

44 bd Antoine-Giroust – ℰ 01 64 66 11 11
– www.goldentulipmarnelavallee.com
87 ch – †100/150 € ††100/150 € – ☐ 14 €
Intégré à un grand ensemble immobilier, face à la station RER, hôtel doté de chambres fonctionnelles, bien insonorisées, et d'un bar décoré façon "Louisiane". Carte traditionnelle rehaussée de notes italiennes, dans la salle à manger aux tons pastel.

à Collégien – ✉ 77090 – 3 099 hab. – Alt. 105 m

Novotel

2 allée des Portes-de-la-Forêt, (sortie 12) – ℰ 01 64 80 53 53
– www.novotel.com/0385
193 ch – †80/260 € ††80/260 € – ☐ 16 €
Non loin de l'autoroute, cet hôtel de chaîne est aussi bien adapté à la clientèle d'affaires (salles de séminaires, fitness) qu'aux familles (aire de jeux et piscine aux beaux jours). Les chambres, au décor actuel (mobilier en bois) sont confortables et correspondent aux standards de la chaîne.

à Magny-le-Hongre – ✉ 77700 – 6 580 hab. – Alt. 117 m

Radisson Blu at Disneyland

allée de la Mare-Houleuse, (près du golf) – ℰ 01 60 43 64 00
– www.radissonblu.com/golfresort-paris
232 ch – †109/590 € ††259/850 € – 18 suites – ☐ 23 € – ½ P
On peut venir à Disneyland Paris pour profiter des attractions, mais aussi pour jouer au golf... la preuve avec cet hôtel très design. Chambres et suites ont vue sur les greens : un bon compromis entre hôtel d'affaires et de loisirs.

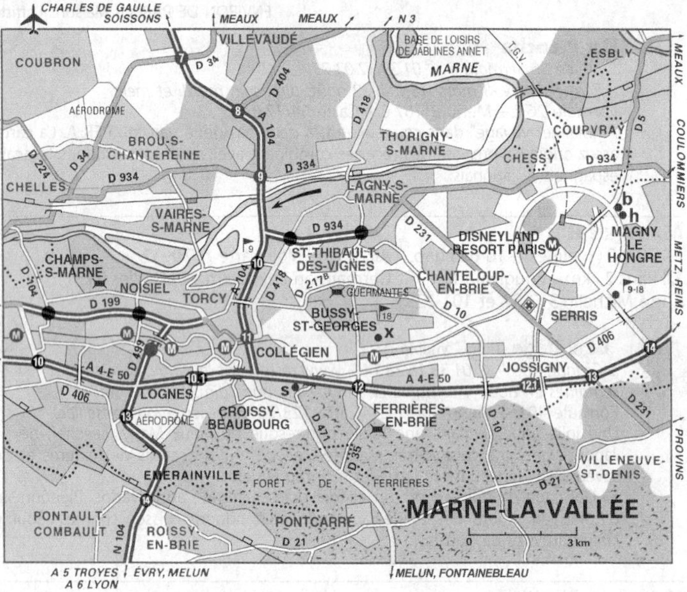

Magic Circus 🔟 ⅏ ⬚ ⬚ ⬚ ⬚ ⬚ ⬚ ⬚ ⬚ ⬚ ⬚ **P**
20 av. de la Fosse-des-Pressoirs, (Val de France) – ℰ 01 64 63 37 37 **h**
– www.vi-hotels.com/magic-circus
391 ch ⌇ – ♦109/295 € ♦♦109/295 € – 5 suites – ½ P
Attention, le spectacle va commencer ! Le monde du cirque inspire le décor haut
en couleur de cet hôtel proche de Disneyland. Piscine couverte. Le soir, entrez en
piste sous le chapiteau du restaurant (formule buffet traditionnel).

Dream Castle 🔟 ⅏ ⬚ ⬚ ⬚ ⬚ ⬚ ⬚ ⬚ ⬚ ⬚ ⬚ ⬚ **P**
40 av. de la Fosse-des-Pressoirs, (Val de France) – ℰ 01 64 17 90 00 **b**
– www.vi-hotels.com/dream-castle
379 ch ⌇ – ♦130/290 € ♦♦130/290 € – 10 suites – ½ P
L'architecture et la décoration de cet hôtel font référence à l'univers des châteaux
forts. Chambres élégantes et spacieuses, jolie piscine et jardin à la française. Le
restaurant The Musketeer's propose le soir des buffets à thème.

MASSY
✉ 91300 (Essonne) – 43 006 hab. – Alt. 78 m – Voir carte n°**20**-B3
🚉 Paris 19 km – Arpajon 19 km – Évry 20 km – Palaiseau 4 km
Carte Michelin 312-C3 et 101-25

Mercure 🔟 ⬚ ⬚ ⬚ ⬚ ⬚
21 av. Carnot, (gare T.G.V) – ℰ 01 69 32 80 20 – www.mercure.com
116 ch – ♦119/325 € ♦♦119/325 € – ⌇ 18 €
Face à la gare TGV, des chambres fonctionnelles et confortables, au décor
contemporain épuré. Un ensemble qui tient ses promesses.

MEUDON
✉ 92190 (Hauts-de-Seine) – 45 010 hab. – Alt. 100 m – Voir carte n°**20**-B2
🚉 Paris 11 km – Boulogne-Billancourt 4 km – Clamart 4 km – Nanterre 12 km
Carte Michelin 311-J3 et 101-24 – Guide Vert Michelin Île de France

XX **L'Escarbille** (Régis Douysset)

8 r. Vélizy – ✆ 01 45 34 12 03 – www.lescarbille.fr – Fermé 2-24 août, 24 déc.-5 janv., dim. et lundi

Menu 53/108 € – Carte 59/71 €

Un buffet de gare ? Oui... et non ! Un passé "ferroviaire" certes, mais un présent résolument gourmet, dans une atmosphère chic et contemporaine. Amoureux du beau produit, le chef réalise ici une élégante cuisine du marché : c'est frais, bien tourné et très bon !

➜ Tarte fine aux cèpes, espuma de champignons et cordifole. Turbot meunière, endives caramélisées et émulsion à la citronnelle. Ganache au chocolat Guayaquil, noix de pécan caramélisées et crème glacée à la vanille Bourbon.

MONTMORENCY

⊠ 95160 (Val-d'Oise) – 20 945 hab. – Alt. 82 m – Voir carte n°**18-B1**

Paris 19 km – Enghien-les-Bains 4 km – Pontoise 24 km – St-Denis 9 km

Carte Michelin 305-E7 et 101-5 – Guide Vert Michelin Île de France

XX **Au Cœur de la Forêt**

av. du Repos-de-Diane, accès par chemin forestier – ✆ 01 39 64 99 19 – www.aucoeurdelaforet.com – Fermé 15-25 fév., août, jeudi soir, dim. soir et lundi

Menu 48 €

À l'issue d'un chemin cahotant, vous voilà bien au cœur de la forêt... Si le dépaysement est garanti, la cuisine suit sans détour la voie de la tradition : au menu, rien que des valeurs sûres, au gré du marché ! Cadre élégant et champêtre, comme il se doit, avec une jolie terrasse face aux frondaisons.

MONTREUIL

⊠ 93100 (Seine-Saint-Denis) – 103 068 hab. – Alt. 70 m – Voir carte n°**21-C2**

Paris 11 km – Argenteuil 28 km – Bobigny 10 km – Boulogne-Billancourt 18 km

Carte Michelin 311-K2 et 101-17 – Guide Vert Michelin Île de France

Franklin sans rest

15 r. Franklin Ⓜ Mairie de Montreuil – ✆ 01 48 59 00 03 – www.hotel-franklin.fr

96 ch – †135/190 € ††145/190 € – ☕ 16 €

Moderne, fonctionnel et chaleureux, cet établissement est bien apprécié de la clientèle d'affaires (bureau dans chaque chambre). L'accueil sympathique ajoute à la qualité de l'adresse.

XX **Villa9Trois**

28 r. Colbert Ⓜ Mairie de Montreuil – ✆ 01 48 58 17 37 – www.villa9trois.com – Fermé dim. soir

Menu 39/48 € – Carte 49/60 €

Une jolie demeure ancienne, un décor bourgeois et design, une grande terrasse sous les arbres, une cuisine en prise sur les dernières tendances... Cette Villa du "9Trois" est un havre pour une clientèle, disons-le, dorée. Dress code : chic et décontracté.

X **L'Amourette**

54 r. Robespierre Ⓜ Robespierre – ✆ 01 48 59 99 94 – www.lamourette.fr – Fermé sam. et dim. en août

Formule 15 € – Menu 20 € (déj. en semaine)/30 € – Carte 27/54 €

Il se dit que les Parisiens n'aiment pas passer le périph'... Et si les "banlieusards" avaient de bonnes raisons de snober la capitale ? C'est le cas à Montreuil avec cet amour de bistrot contemporain. Au menu, point de parigots, mais une superbe tête de veau !

MONTROUGE

⊠ 92120 (Hauts-de-Seine) – 48 710 hab. – Alt. 75 m – Voir carte n°**20-B2**

Paris 5 km – Boulogne-Billancourt 8 km – Longjumeau 18 km – Nanterre 16 km

Carte Michelin 311-J3 et 101-25

Mercure 🕙 🛅 ♿ 🅰🅲 🛜 🛗 🚗

13 r. François Ory Ⓜ *Porte d'Orléans –* ℰ *01 58 07 11 11*
– www.mercure.com/0374
188 ch – ♦107/270 € ♦♦107/270 € – 7 suites – ⌂ 19 €
En léger retrait du périphérique, un Mercure dédié à la clientèle d'affaires avec ses
chambres contemporaines bien insonorisées et ses nombreuses salles de réunion.

MORANGIS

✉ 91420 (Essonne) – 12 592 hab. – Alt. 85 m – Voir carte n°**21-C3**
▶ Paris 21 km – Évry 14 km – Longjumeau 5 km – Versailles 23 km
Carte Michelin 312-D3 et 101-35

XXX **Le Sabayon** 🅰🅲 ⌘

15 r. Lavoisier – ℰ *01 69 09 43 80 – www.restaurantlesabayon.com – Fermé août,*
mardi soir, sam. midi, dim. et lundi
Carte 53/79 €
Ce restaurant chaleureux est un vrai rayon de soleil dans cette zone industrielle un
peu grise... Au menu, une cuisine dans l'air du temps – directement branchée sur
les arrivages de Rungis –, qui connaît sa grammaire et décline joliment la tradition. Pour ne rien gâcher, le service est efficace et tout sourire !

NEUILLY-SUR-SEINE

✉ 92200 (Hauts-de-Seine) – 61 797 hab. – Alt. 34 m – Voir carte n°**20-B1**
▶ Paris 9 km – Argenteuil 10 km – Nanterre 6 km – Pontoise 29 km
Carte Michelin 311-J2 et 101-15 – Guide Vert Michelin Île de France

🏠🏠 **Jardin de Neuilly** sans rest ⌂ 🛅 🅰🅲 🛜 🛗

5 r. P.-Déroulède Ⓜ *Porte Maillot –* ℰ *01 46 24 22 77*
– www.hoteljardindeneuilly.com
28 ch – ♦100/195 € ♦♦120/220 € – ⌂ 15 €
Autour d'un joli jardin fleuri, un bel ensemble de trois bâtiments : un hôtel particulier du 19ᵉ s. à l'esprit classique, un cottage très Belle Époque et un édifice des
années 1950. Calme, confort et cachet, à 300 m de la porte Maillot.

🏠🏠 **Hôtel de la Jatte** sans rest 🛅 🅰🅲 🛜

4 bd du Parc – ℰ *01 46 24 32 62 – www.hoteldelajatte.com*
68 ch – ♦106/195 € ♦♦128/298 € – 3 suites – ⌂ 12 €
Charme, douceur et quiétude dans cette élégante maison (1927) de l'île de la
Jatte, aujourd'hui très prisée des Parisiens. Les chambres, la véranda, le salon...
tout est feutré, chaleureux et plaisant.

🏠 **Neuilly Park** sans rest 🛅 🛜

23 r. M.-Michelis Ⓜ *Porte Maillot –* ℰ *01 46 40 11 15 – www.hotelneuillypark.com*
30 ch – ♦120/230 € ♦♦120/230 € – ⌂ 13 €
Dans une rue commerçante du quartier des Sablons, à 5mn de la porte Maillot,
un petit hôtel qui ne manque pas de personnalité : chaque chambre est décorée
selon un terme différent, mis en scène sans détour et avec couleur (flamenco,
Japon, abécédaire, toile de Jouy, etc.).

XX **Foc Ly** 🅰🅲

79 av. Ch.-de-Gaulle Ⓜ *Les Sablons –* ℰ *01 46 24 43 36 – www.focly.fr – Fermé 3*
semaines en août et dim.
Formule 24 € – Carte 35/75 €
Deux lions encadrent l'entrée de ce restaurant qui dévoile un intérieur contemporain orné de bois clair et de lithographies. Cuisine goûteuse thaï et chinoise.

XX **Jarrasse L'Écailler de Paris** 🕸 🅰🅲 ⟺

4 av. de Madrid Ⓜ *Pont de Neuilly –* ℰ *01 46 24 07 56 – www.jarrasse.com*
– Fermé sam. et dim. en juil.-août
Menu 42/58 € – Carte 60/110 € *(réservation conseillée)*
Un restaurant au décor intimiste et original où les luminaires ont, par exemple, la
forme d'oursins. Dans l'assiette, on se régale de produits de la mer en provenance
directe des petits bateaux de pêche bretons. Fraîcheur garantie !

X **À la Coupole**

3 r. de Chartres **Ⓜ** *Porte Maillot –* 𝒞 *01 46 24 82 90 – Fermé vacances de printemps, août, sam., dim. et fériés*
Formule 31 € – Menu 40 € – Carte 45/60 €
Un lieu chic et sobre, d'esprit feutré (boiseries sombres, tons crème et chocolat), où l'on savoure une bonne cuisine traditionnelle. Parmi les spécialités de la maison : le foie gras et les huîtres en saison.

ORGEVAL

✉ 78630 (Yvelines) – 5 919 hab. – Alt. 100 m – Voir carte n°**18**-B1
▶ Paris 32 km – Mantes-la-Jolie 28 km – Pontoise 22 km –
St-Germain-en-Laye 11 km
Carte Michelin 311-H2 et 101-11

🏠 **Moulin d'Orgeval** 🍽 ⊗ 🛏 ⌁ 🖼 🛜 🛗 P
200 r. de l'Abbaye, 1,5 km au Sud – 𝒞 *01 39 75 85 74
– www.moulindorgeval.com – Fermé 22 déc.-6 janv.*
14 ch – ♦145 € ♦♦165 € – ⌣ 17 €
Rest *Moulin d'Orgeval* – voir les restaurants ci-après
Au cœur d'un grand parc arboré, où les cygnes glissent silencieusement sur le plan d'eau, cet ancien moulin invite à la détente. Les chambres sont classiques, avant tout fonctionnelles ; on organise ici beaucoup de mariages et de séminaires.

XX **Moulin d'Orgeval** 🛏 🍴 🖼 P
200 r. de l'Abbaye, 1,5 km au Sud – 𝒞 *01 39 75 85 74
– www.moulindorgeval.com – Fermé 22 déc.-6 janv. et dim. soir*
Formule 31 € – ♟ – Menu 40 € (en semaine), 49/75 € – Carte 46/74 €
La grande salle de restaurant donnant sur la pièce d'eau, le mobilier en rotin, les tentures... Tout ici a un petit côté rétro. Plusieurs menus sont proposés (cuisine du monde, de la mer, de saison ; beau chariot de desserts...) et l'on vient là comme à la campagne. Option "brasserie" au déjeuner.

OZOIR-LA-FERRIÈRE

✉ 77330 (Seine-et-Marne) – 20 123 hab. – Alt. 110 m – Voir carte n°**19**-C2
▶ Paris 34 km – Coulommiers 42 km – Lagny-sur-Marne 22 km – Melun 29 km
Carte Michelin 312-F3 et 106-33

XXX **La Gueulardière** 🍴 ⅋ ⇔ P
66 av. du Gén.-de-Gaulle – 𝒞 *01 60 02 94 56 – www.la-gueulardiere.com
– Fermé dim. soir*
Menu 27 € (semaine), 52/78 € – Carte 51/118 €
En place depuis plus de 25 ans, Alain Bureau est un vrai chef à l'ancienne, un authentique artisan, inconditionnel du "fait maison", du foie gras au saumon fumé en passant par le pain et les glaces. Classique par ses racines, actuelle par son inspiration, sa cuisine séduit ! Cadre élégant et raffiné, dont une superbe terrasse.

LE PERREUX-SUR-MARNE

✉ 94170 (Val-de-Marne) – 33 214 hab. – Alt. 50 m – Voir carte n°**21**-D2
▶ Paris 16 km – Créteil 12 km – Lagny-sur-Marne 23 km – Villemomble 6 km
Carte Michelin 312-E2 et 101-18

XXX **Les Magnolias** 🖼
48 av. de Bry – 𝒞 *01 48 72 47 43 – www.lesmagnolias.com – Fermé 3 semaines en août, 4-13 janv., sam. midi, dim. et lundi*
Formule 39 € – Menu 59/98 €
Un jeune chef est désormais aux fourneaux de ces agréables Magnolias. Il met un soin particulier dans la présentation de ses plats, goûteux et traversés d'influences asiatiques. Autour de lui, en cuisine et dans l'élégante salle, s'affaire une jeune équipe soucieuse de bien faire.

✗ **L'Ardoise**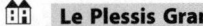

22 bd de la Liberté – ℰ 01 43 24 18 31 – Fermé août, dim., lundi et fériés
Formule 19 € – Carte 29/49 €
Le credo du patron : "je ne fais que ce que je maîtrise bien." Son baron d'agneau aux herbes, son parmentier de boudin basque ou encore son riz au lait lui donnent raison ! Son petit bistrot – avec le mobilier patiné et les murs couleur beurre frais qui vont bien – est épatant.

LE PLESSIS-ROBINSON

▶ Paris 13 km – Bobigny 25 km – Créteil 21 km – Nanterre 24 km
Carte Michelin 312-E3 et 101-E5

🏨 **Le Plessis Grand Hôtel** 🍴 ⅃ɜ 🛗 ⅄ 🛉 ˜ 🛎 🚗

51 av. Aristide-Briand – ℰ 01 41 28 16 16 – www.grandhotel-plessis92.com
50 ch – †92/190 € ††92/190 € – 5 suites – ⌇ 15 €
En plein centre-ville, cet établissement propose des chambres fonctionnelles et assez spacieuses. Pour vous détendre, faites donc une halte au salon, cosy et un rien british ! Au restaurant, cuisine traditionnelle suivant le rythme des saisons.

LE PRÉ ST-GERVAIS

✉ 93310 (Seine-Saint-Denis) – 18 075 hab. – Alt. 82 m – Voir carte n°**21**-C1
▶ Paris 8 km – Bobigny 6 km – Lagny-sur-Marne 33 km – Meaux 38 km
Carte Michelin 305-F7 et 101-16

✗ **Au Pouilly Reuilly** ⒶⒸ

68 r. André-Joineau – ℰ 01 48 45 14 59 – Fermé août, sam. midi, lundi soir et dim.
Formule 25 € – Menu 32 € – Carte 35/80 €
Un bistrot dans son jus, pour une cuisine qui ne l'est pas moins : ris de veau aux morilles, rognons émincés sauce moutarde, boudin noir grillé, côte de bœuf... Le respect de la tradition, avec des produits de qualité.

PUTEAUX

✉ 92800 (Hauts-de-Seine) – 44 683 hab. – Alt. 36 m – Voir carte n°**20**-B1
▶ Paris 11 km – Nanterre 4 km – Pontoise 30 km – St-Germain-en-Laye 17 km
Carte Michelin 311-J2 et 101-14

🏠 **Vivaldi** sans rest 🛗 ⒶⒸ ˜ 🛎

5 r. Roque de Fillol – ℰ 01 47 76 36 01 – www.hotelvivaldi.com
27 ch ⌇ – †67/186 € ††73/236 €
Oubliez Les Quatres Saisons... dans une rue tranquille menant au quartier d'affaires de la Défense, ce joli immeuble en brique propose des chambres fonctionnelles, propres et bien insonorisées. L'été, petit-déjeuner servi dans le patio.

✗ **L'Escargot 1903** 🍴 🍽
☺ *18 r. Charles-Lorilleux – ℰ 01 47 75 03 66 – www.lescargot1903.com – Fermé août, 24 déc.-2 janv., sam. midi, dim. et lundi*
Menu 35/40 € – Carte 36/71 €
Pourquoi se dépêcher ? On le sait, les modes vont et reviennent : il suffisait de moderniser ce bistrot estampillé 1903 pour être pile dans la tendance. Souci du produit, recettes traditionnelles joliment tournées, service sympathique et prix mesurés : on ne change pas des recettes qui marchent... même à pas d'escargot !

ROISSY-EN-FRANCE (AÉROPORTS DE PARIS)

✉ 95700 (Val-d'Oise) – 2 869 hab. – Alt. 85 m – Voir carte n°**19**-C1
▶ Paris 26 km – Chantilly 28 km – Meaux 38 km – Pontoise 39 km
Carte Michelin 305-G6 et 101-8

à l'aérogare n° 2

Sheraton 🍽 < ⅃⅁ 🛗 & 🆔 🛜 🚖 🅿

– ☏ 01 49 19 70 70 – www.sheraton.com/parisairport
252 ch – 🛏189/1499 € 🛏🛏189/1499 € – 🍽 33 €
Rest *Les Étoiles* – voir les restaurants ci-après
Le seul hôtel de Roissy qui soit en contact direct avec l'aérogare n° 2, face à la gare TGV. L'escale est séduisante dans ce bâtiment aux lignes futuristes, qui joue la carte du plus grand confort. Dans les chambres, ambiance feutrée et vue sur les pistes !

XXX **Les Étoiles** – Hôtel Sheraton & 🆔

Roissy-en-France – ☏ 01 49 19 70 70 – www.sheraton.com/parisairport
– Fermé août, vacances de Noël, sam., dim. et fériés
Menu 49/62 € – Carte 82/98 €
La table qui sort du lot dans le périmètre de l'aéroport, au sein de l'hôtel Sheraton (aérogare n° 2). L'endroit mise avec réussite sur une atmosphère feutrée et une cuisine française classique. À noter : le menu "100 % local", réalisé exclusivement avec des produits des environs de Paris !

à Roissypole

Hilton 🍽 🖥 ⅃⅁ 🛗 & 🆔 🛜 🚖

– ☏ 01 49 19 77 77 – www.hiltonhotels.com/fr_FR
392 ch – 🛏179/809 € 🛏🛏179/809 € – 🍽 25 €
Un hall immense sous une verrière vertigineuse, des chambres particulièrement spacieuses, de nombreux équipements (restaurants, piscine, salles de réunion, etc.) : il règne une certaine démesure dans cet établissement de grand confort, véritable ville moderne au cœur de la zone aéroportuaire.

Mercure Airport 🍽 🖥 ⅃⅁ 🛗 & 🆔 🛜 🚖 🅿

Zone centrale Ouest – ☏ 01 49 19 29 29 – www.mercure.com
345 ch – 🛏120/450 € 🛏🛏120/450 € – 5 suites – 🍽 21 €
Premier hôtel construit sur le site, entre les deux aérogares, ce vaste building a bénéficié d'une véritable cure de jouvence : une nouvelle page s'écrit, toujours avec le même souci de satisfaire les clients (salles de séminaire, piscine couverte, fitness, etc.).

à Roissy-Ville

Marriott 🍽 ⅃⅁ 🛗 & 🆔 🛝 🛜 🚖 🅿 🚗

allée du Verger – ☏ 01 34 38 53 53 – www.parismarriottcharlesdegaulle.fr
297 ch – 🛏120/700 € 🛏🛏120/700 € – 3 suites – 🍽 29 €
Parfait pour une clientèle d'affaires transitant par Paris, soucieuse d'un certain standing et d'un grand confort. Fitness, sauna, restaurant, etc.

Novotel Convention et Wellness 🍽 🖥 🅰 ⅃⅁ 🛗 & 🆔 🛜 🚖 🅿 🚗

10 allée du Verger – ☏ 01 30 18 20 00 – www.novotel.com/5418
288 ch – 🛏95/450 € 🛏🛏95/530 € – 7 suites – 🍽 20 €
Fonctionnement parfaitement huilé dans cet hôtel habitué à recevoir voyageurs et clientèle d'affaires. Ses services sont à la pointe pour l'organisation de séminaires (vaste espace avec régie intégrée) comme pour la détente (spa, Novotel Café, etc.).

Mercure Roissy 🍽 🚗 ⅃⅁ 🛗 🆔 🛜 🚖 🅿

3 allée du Verger – ☏ 01 34 29 40 00
– www.mercure-paris-roissy-charles-de-gaulle.com
194 ch – 🛏79/380 € 🛏🛏79/450 € – 8 suites – 🍽 18 €
Le fait mérite d'être souligné : cet établissement privilégie la clientèle individuelle à l'accueil de séminaires et de groupes. On découvre des chambres spacieuses, aux tons apaisants. Le restaurant mérite également attention avec sa carte traditionnelle et ses prix raisonnables.

RUEIL-MALMAISON

✉ 92500 (Hauts-de-Seine) – 79 855 hab. – Alt. 40 m – Voir carte n°**20-A1**
▶ Paris 16 km – Argenteuil 12 km – Nanterre 3 km – St-Germain-en-Laye 9 km
Carte Michelin 311-J2 et 101-14 – Guide Vert Michelin Île de France

Le Relais de la Malmaison

93 bd Franklin-Roosevelt – ℰ 01 47 32 01 33 – www.relaismalmaison.fr
– Fermé 1ᵉʳ-24 août et 24 déc.-3 janv.
60 ch – †160/250 € ††160/350 € – ☑ 19 €
Dans un grand parc et juste à côté du golf, un établissement élégant, avec des chambres contemporaines et de nombreux salons pour les réceptions et séminaires : idéal pour la clientèle d'affaires. Spa avec hammam, sauna, piscine couverte, restaurant... Tout est pensé pour la détente.

Novotel

21 av. Edouard-Belin – ℰ 01 47 16 60 60 – www.novotel.com
118 ch – †115/275 € ††115/275 € – ☑ 16 €
Au sein du quartier d'affaires Rueil 2000 et à deux pas de la gare RER, un Novotel de facture contemporaine particulièrement adapté à la clientèle business.

Les Écuries de Richelieu

21 r. du Dr-Zamenhof – ℰ 01 47 08 63 54 – www.ecuries-richelieu.com
– Fermé août, sam. midi, dim. soir et lundi
Formule 13 € – Menu 16/29 €
Nichées dans une élégante bâtisse du 17ᵉ s., ces Écuries de Richelieu vous accueillent dans une salle voûtée et fraîche, où vous dégusterez une jolie cuisine traditionnelle autour d'un court menu. Bon rapport qualité-prix.

Les Terrasses de l'Impératrice

25 bd Marcel-Pourtout, (au golf) – ℰ 01 76 21 54 68 – Fermé le soir
Formule 23 € – Menu 29 € – Carte 35/60 €
Dans le cadre du golf de Rueil, une cuisine délicate et parfumée avec quelques clins d'œil adressés aux spécialistes du swing : ainsi le "gazon" (des spaghettis aux saveurs de plein air) et la balle "green apple" (une boule en sucre garnie de chocolat blanc). Sympathique !

Le Patte Noire

56 r. du Gué – ℰ 09 81 20 81 69 – www.lepattenoire.com
– Fermé 15 août-7 sept., dim. soir et lundi
Formule 29 € – Menu 35/60 € – Carte 55/70 €
Inutile de montrer patte blanche pour espérer manger dans ce restaurant du centre-ville ! Derrière les fourneaux, le chef réalise une cuisine bien dans l'air du temps avec de beaux produits. Dans l'assiette, les assaisonnements sont bons, les cuissons réussies. Accueil et service tout sourire.

RUNGIS

✉ 94150 (Val-de-Marne) – 5 681 hab. – Alt. 80 m – Voir carte n°**21**-C3
🚩 Paris 14 km – Antony 5 km – Corbeil-Essonnes 30 km – Créteil 13 km
Carte Michelin 312-D3 et 101-26

La Grange

28 r. Notre-Dame – ℰ 01 46 87 08 91 – www.restaurant-lagrange-rungis.com
– Fermé 3 semaines en août, lundi soir, sam. midi et dim.
Formule 40 € – Menu 44/64 €
Rungis, ce n'est pas seulement le célèbre marché connu de tous les chefs, mais aussi un vieux bourg, où se trouve cette Grange au look atypique – tableaux contemporains, banquettes en velours... Homard du vivier, macaroni de foie gras et céleri : la cuisine, bien travaillée, est calée sur les saisons et, évidemment, le marché.

SACLAY

✉ 91400 (Essonne) – 3 439 hab. – Alt. 147 m – Voir carte n°**20**-A3
🚩 Paris 27 km – Antony 14 km – Chevreuse 13 km – Montlhéry 16 km
Carte Michelin 312-C3 et 101-24

Novotel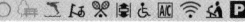

r. Charles-Thomassin – ℰ 01 69 35 66 00 – www.novotel.com/0392
139 ch – †75/220 € ††75/220 € – ☐ 16 €
Dans un ancien corps de ferme dont subsistent la cour pavée et la maison de maître (19ᵉ s.), un Novotel conforme aux standards de la chaîne, avec de bons équipements sportifs et un restaurant ouvert sur la piscine.

St-Cloud

✉ 92210 (Hauts-de-Seine) – 29 194 hab. – Alt. 63 m – Voir carte n°**20-B2**
▶ Paris 12 km – Nanterre 7 km – Rueil-Malmaison 6 km – St-Germain 16 km
Carte Michelin 311-J2 et 101-14 – Guide Vert Michelin Île de France

Quorum ⏸🍴 🖊 & 🛜 ⚹A **P** 📶

2 bd de la République – ℰ 01 47 71 22 33 – www.hotel-quorum-paris.com
59 ch – †135/215 € ††135/215 € – ☐ 12 €
Un hôtel-restaurant à deux pas du parc de Saint-Cloud, avec des chambres contemporaines (objets signés Starck...) et toutes identiques. Parfait pour la clientèle d'affaires.

✗ **Le Garde-Manger**

21 r. d'Orléans – ℰ 01 46 02 03 66 – www.legardemanger.com – *Fermé dim.*
Formule 17 € – Menu 38 €
Dans son garde-manger, le chef stocke de beaux produits et concocte une jolie cuisine bistrotière, pile dans la tendance. Et tendance, son restaurant l'est aussi, avec ses grandes ardoises, ses lampes indus' et son comptoir très... néobistrot !

✗ **L'Heureux Père**

47 bis bd Sénard – ℰ 01 46 02 09 43 – www.lheureuxpere.com – *Fermé 3 semaines en août, 24 déc.-1ᵉʳ janv., sam. midi, dim. et fériés*
Formule 19 € – Menu 24 € (déj.) – Carte 34/49 €
Un repaire chaleureux et gourmand ! Le chef réalise une bonne cuisine traditionnelle et aime surprendre par de jolies associations d'épices et de saveurs créoles. À noter sa collection de vieux rhums bruns qui en ravira plus d'un...

St-Denis

✉ 93200 (Seine-Saint-Denis) – 107 762 hab. – Alt. 33 m – Voir carte n°**21-C1**
▶ Paris 11 km – Argenteuil 12 km – Beauvais 70 km – Chantilly 31 km
Carte Michelin 305-F7 et 101-16 – Guide Vert Michelin Île de France

 Courtyard Paris St-Denis ⏸ 🖊🖊 & 🔟 ⚹ 🛜 ⚹A 📶

34 bd de la Libération, (ZAC Pleyel) Ⓜ *Carrefour Pleyel* – ℰ 01 58 34 91 10
– www.courtyardsaintdenis.com
150 ch – †109/360 € ††109/360 € – ☐ 19 €
Un bon hôtel dans une zone où ils sont rares. Non loin du Carrefour Pleyel et du Stade de France, il abrite des chambres confortables et bien insonorisées, colorées et chaleureuses. Parking, restaurant.

St-Germain-en-Laye

✉ 78100 (Yvelines) – 40 653 hab. – Alt. 78 m – Voir carte n°**20-A1**
▶ Paris 25 km – Beauvais 81 km – Dreux 66 km – Mantes-la-Jolie 36 km
Carte Michelin 311-I2 et 101-13 – Guide Vert Michelin Île de France

Pavillon Henri IV ⏸ ⧖ < 🖊 🛜 ⚹A **P**

21 r. Thiers – ℰ 01 39 10 15 15 – www.pavillonhenri4.fr   Plan : BYZt
42 ch – †150/215 € ††182/450 € – ☐ 19 € – ½ P
Rest *Pavillon Henri IV* – voir les restaurants ci-après
Achevée en 1604 sous Henri IV, à la lisière du parc du château, cette demeure vit naître Louis XIV. Le décor des chambres fait preuve d'un classicisme de belle fraîcheur, tout comme les salons et la grande galerie (parquet, lustres en cristal). Royal !

ST-GERMAIN-EN-LAYE

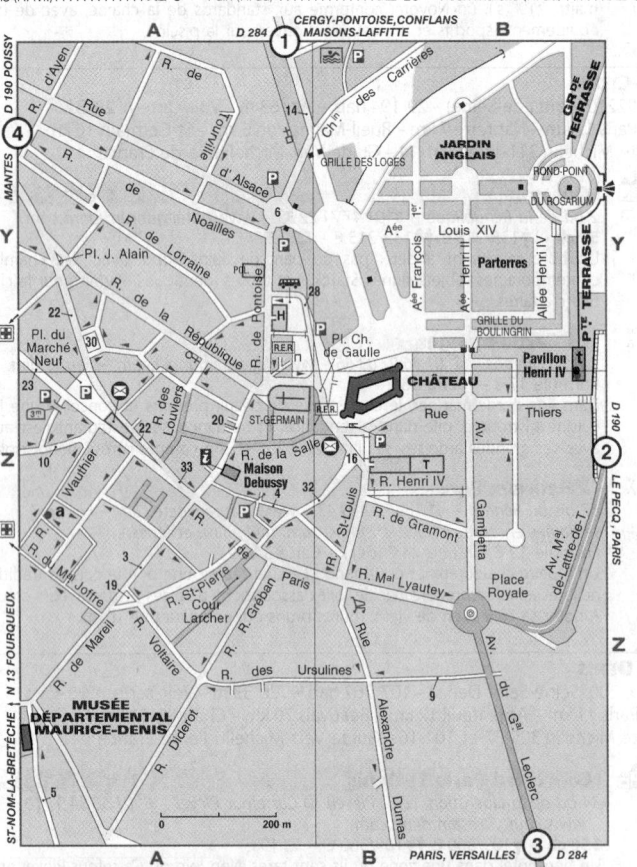

%%% **Pavillon Henri IV** – Hôtel Pavillon Henri IV
19 r. Thiers – ℰ 01 39 10 15 15 – www.pavillonhenri4.fr
– Fermé sam. midi et dim. soir
   Plan : BYZ**t**
Formule 35 € – Menu 39 € (semaine), 49/55 € – Carte 56/90 €
L'un des atouts de ce restaurant est sans conteste son superbe panorama sur la vallée de la Seine. Un cadre exceptionnel où l'on vient savourer une cuisine classique et de beaux produits ; on y inventa les pommes soufflées et la béarnaise !

X **Le Wauthier by Cagna**
31 r. Wauthier – ℰ 01 39 73 10 84
– www.restaurant-wauthier-by-cagna.fr – Fermé 3 semaines en août, 1 semaine en janv., merc. midi, dim. et lundi,
   Plan : AZ**a**
Formule 28 € – Menu 34 € (déj. en semaine)/65 € ♈ – Carte environ 57 €
Risotto du Piémont au homard et beurre blanc, escalopes de ris de veau braisées, mousseline de céleri et sauce Albufera... Une cuisine bien dans l'air du temps, réalisée avec de bons produits du marché : voilà la promesse de cette sympathique maison sangermanoise au joli intérieur de bistrot chic. Service attentionné.

au Nord 2,5 km par ① et D 284 – ✉ 78100

🏛️ **La Forestière**   🔟 🛇 🍴 🛎️ 🤍 🚗 **P**
1 av. du Président-Kennedy – ✆ *01 39 10 38 38* – *www.cazaudehore.fr*
27 ch – 🛏️155/249 € 🛏️🛏️155/319 € – 3 suites – ⌇ 20 € – ½ P
Rest *Cazaudehore* – voir les restaurants ci-après
Charme et confort sont au rendez-vous dans cette séduisante maison entourée
de verdure. Beau mobilier contemporain ou ancien, et coloris choisis agrémentent
les chambres, toutes uniques.

✕✕✕ **Cazaudehore** – Hôtel La Forestière   🏵️ 🍴 🛇 🚻 🅰🅲 ✿ **P**
1 av. du Président-Kennedy – ✆ *01 30 61 64 64* – *www.cazaudehore.fr*
– *Fermé dim. soir en août et de nov. à mars et lundi*
Formule 35 € – Menu 48/80 € – Carte 45/105 €
Ambiance chic et cosy, décor dans l'air du temps, délicieuse terrasse sous les
acacias, cuisine soignée et belle carte des vins... Une vraie histoire de famille
depuis 1928.

à Fourqueux 2,5 km au Sud par D 98 – ✉ 78112 – 4 095 hab. – Alt. 120 m

✕ **Au Fulcosa** ⓝ   🛇
2 r. du Mal.-Foch – ✆ *01 39 21 17 13* – *www.aufulcosa.fr* – *Fermé vacances
de fév., 3 semaines en août, dim. et lundi*
Formule 20 € – Menu 38 €
Au Moyen Âge, Fourqueux portait le nom de Fulcosa, "fougère" en latin, car la
plante tapissait les forêts alentour... Les jeunes propriétaires ont le sens de l'histoire ! Dans un décor chaleureux – mobilier en bois, tableaux en exposition –, ils
nous régalent d'une bonne cuisine de saison, entre tradition et innovation.

ST-JEAN-DE-BEAUREGARD
✉ 91940 (Essonne) – 279 hab. – Alt. 164 m – Voir carte n°**20-A3**
▶ Paris 35 km – Créteil 32 km – Évry 27 km – Nanterre 40 km
Carte Michelin 312-C3 et 101-33

✕✕ **L'Atelier Gourmand**   🍴 🛇 ✿ **P**
5 Grande-Rue – ✆ *01 60 12 31 01* – *www.lateliergourmandjmdelrieu.com*
– *Fermé 1 semaine en mai, 4-24 août, sam. et dim.*
Menu 38 € – Carte 57/63 €
Au cœur du village, dans une ancienne ferme, une table bien nommée : on y
apprécie une cuisine de tradition bien tournée et toute fraîche (le chef s'approvisionne auprès du maraîcher voisin). Cadre classique et agréable, face au jardin
clos de murs.

ST-MANDÉ
✉ 94160 (Val-de-Marne) – 22 292 hab. – Alt. 50 m – Voir carte n°**21-C2**
▶ Paris 7 km – Créteil 10 km – Lagny-sur-Marne 29 km – Maisons-Alfort 6 km
Carte Michelin 312-D2 et 101-27

✕✕ **L'Ambassade de Pékin**   🅰🅲
6 av. Joffre ⓜ *St-Mandé-Tourelle* – ✆ *01 43 98 13 82*
Menu 13 € (déj. en semaine), 24/48 € – Carte 40/55 €
Cette Ambassade au décor typique représente non seulement Pékin, mais aussi le
Sichuan, le Vietnam, la Thaïlande, etc. Au menu, donc, un joli éventail de spéciali-
tés asiatiques, parmi lesquelles les crevettes à l'ail et au poivre, ou le canard laqué.

ST-MAUR-DES-FOSSÉS
✉ 94100 (Val-de-Marne) – 74 818 hab. – Alt. 38 m – Voir carte n°**21-D2**
▶ Paris 12 km – Créteil 6 km – Nogent-sur-Marne 6 km
Carte Michelin 312-D3 et 101-27

ENVIRONS DE PARIS

à La Varenne-St-Hilaire – ✉ 94210

🏠 **Château des Îles** ⏄ 🌂 ♿ 🛜 **P** **P**
85 quai Winston-Churchill – ☎ 01 48 89 65 65 – www.chateau-des-iles.com
12 ch – ♦88 € ♦♦98 € – ☲ 12 €
Rest *Château des Îles* – voir les restaurants ci-après
Dans un paisible secteur résidentiel en bord de Marne, cette demeure familiale entourée de verdure est la promesse d'un séjour ô combien reposant... Les chambres, fonctionnelles et sobrement décorées, profitent pleinement du calme des lieux.

XXX **Château des Îles** 🀄 🌂 ♿ 🅼 ⇄ **P**
85 quai Winston-Churchill – ☎ 01 48 89 65 65 – www.chateau-des-iles.com
– Fermé lundi en août et dim. soir
Menu 44/78 € – Carte 56/81 €
Dans le calme de cette charmante adresse, le chef réalise une cuisine au goût du jour, évoluant au fil des saisons ; on l'accompagne d'un vin de Bordeaux choisi dans une imposante carte. À savourer en terrasse pendant les beaux jours !

X **Faim et Soif** 🅰🅲
28 r. St-Hilaire – ☎ 01 48 86 55 76 – www.faimetsoif.com – Fermé 1 semaine en août, dim. et lundi
Carte 53/72 €
Imaginez une bonbonnière version très contemporaine : alors vous aurez une petite idée de Faim et Soif. Chaleureuse, cette petite table l'est assurément. On s'y retrouve pour déguster des mets appétissants, ceux d'une vraie cuisine de produits.

ST-OUEN

✉ 93400 (Seine-Saint-Denis) – 47 783 hab. – Alt. 36 m – Voir carte n°**21**-C1
🛣 Paris 9 km – Bobigny 12 km – Chantilly 46 km – Meaux 49 km
Carte Michelin 305-F7 et 101-16

XX **Le Coq de la Maison Blanche** 🀄 🌂 🅰🅲 ⇄
*37 bd Jean-Jaurès **Ⓜ** Mairie de St-Ouen – ☎ 01 40 11 01 23*
– www.lecoqdelamaisonblanche.com – Fermé sam. en juil.-août et dim.
Menu 32 € – Carte 36/81 €
Une cuisine très traditionnelle (tête de veau sauce ravigote, coq au vin, etc.), un authentique décor estampillé 1950, des serveurs efficaces et de nombreux habitués de longue date : cette adresse, incontournable à St-Ouen, ressuscite un film d'Audiard !

X **Ma Cocotte** 🌂 ♿ 🅰🅲 ⇄
*106 r. des Rosiers **Ⓜ** Porte de Clignancourt – ☎ 01 49 51 70 00*
– www.macocotte-lespuces.fr
Menu 25 € 🍷 – Carte 30/58 €
Nichée dans les puces de St-Ouen, une cantine chic signée "by Philippe Starck". La déco joue la carte du loft contemporain chaleureux, la cuisine celle des classiques – bien troussés – dont on ne se lasse pas : poulet fermier à la broche, tarte Tatin, etc. Cette cocotte a la cote !

X **La Puce**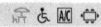
*17 r. Ernest-Renan **Ⓜ** Mairie de St-Ouen – ☎ 01 40 12 63 75 – Fermé 2 semaines en fév., 3 semaines en août, dim. et lundi*
Formule 18 € 🍷 – Menu 35 € – Carte 33/40 €
À un saut de puce des puces de St-Ouen, cette Puce-là ne fait pas faux bond à la qualité : dans ce bistrot sympathique, on apprécie ravioles au foie gras et lentilles à la crème de porto blanc, ch'tiramisu aux spéculos, etc. Des plats bien tournés, aux prix raisonnables, comme les vins. De quoi mettre la puce à l'oreille !

ST-PRIX

✉ 95390 (Val-d'Oise) – 7 243 hab. – Alt. 70 m – Voir carte n°**18**-B1
🛣 Paris 26 km – Cergy 22 km
Carte Michelin 305-E6 et 101-5

Hostellerie du Prieuré

74 r. Auguste-Rey – ℰ 01 34 27 51 51 – www.hostelduprieure.com – Fermé 8-24 août et 1ᵉʳ-4 janv.
7 ch – †118/148 € ††118/148 € – 1 suite – ⊑ 15 € – ½ P
Rest *Hostellerie du Prieuré* – voir les restaurants ci-après
Sa façade du 17ᵉ s. pourrait servir de décor pour un film... Jolie carte postale que cet ancien café de village, qui cache des chambres originales et soignées ("Romance", "Aladin", "Pompadour", etc.). Et St-Prix est idéal pour découvrir le Vexin et la forêt de Montmorency... après un petit-déjeuner bien copieux !

Hostellerie du Prieuré

74 r. Auguste-Rey – ℰ 01 34 27 51 51 – www.restaurantduprieure.com – Fermé 8-24 août, 1ᵉʳ-4 janv., sam. midi, lundi midi et dim.
Formule 22 € – Menu 25 € (déj.) – Carte 46/65 €
Banquettes, nappes à carreaux, objets anciens... Dans ce village pittoresque, cette jolie auberge ravit les amoureux d'autrefois – et la salle avec sa cheminée, les romantiques ! À la carte, pas de nostalgie : foie gras poêlé aux girolles, fricassée d'écrevisses et ris de veau, macaron glacé au caramel...

ST-QUENTIN-EN-YVELINES

(Yvelines) – 144 419 hab. – Voir carte n°**18**-B2
🗷 Paris 33 km – Houdan 33 km – Palaiseau 28 km – Rambouillet 21 km
Carte Michelin 311-H3 et 101-21 – Guide Vert Michelin Île de France

Montigny-le-Bretonneux – ⊠ 78180 – 33 567 hab. – Alt. 162 m

Mercure

9 pl. Choiseul – ℰ 01 39 30 18 00 – www.mercure.com
74 ch – †99/245 € ††99/245 € – ⊑ 19 €
En centre-ville (gare RER à proximité), hôtel récent dont les chambres affichent un style épuré. Cuisine traditionnelle au restaurant (buffets de hors-d'œuvre et desserts).

Voisins-le-Bretonneux – ⊠ 78960 – 11 631 hab. – Alt. 163 m

Novotel St-Quentin Golf National

au Golf National, 2 km à l'Est par D 36 ⊠ 78114 – ℰ 01 30 57 65 65 – www.novotel.com
130 ch – †99/250 € ††99/250 € – 1 suite – ⊑ 15 €
Un hôtel idéalement situé sur le golf, au grand calme. Aucune mauvaise surprise : chambres confortables, équipements de détente (piscine, solarium, tennis), Novotel Café, club-house pour les golfeurs...

La Ferme de Voisins

4 r. Port-Royal – ℰ 01 30 44 18 18 – www.lafermedevoisins.fr – Fermé 21-28 fév., 1ᵉʳ-17 août, 23-30 sept., sam. midi, dim. et fériés.
Formule 27 € – Menu 42/95 € ♀ – Carte 46/61 €
On accède à ce joli corps de ferme du 19ᵉ s. par une cour fleurie, qui fait office de terrasse l'été venu. La carte, plutôt courte, met en valeur les incontournables de la maison – sucettes de gambas, tête de veau "irremplaçable" – et recèle des plats goûteux et créatifs. Une belle adresse à découvrir au plus vite.

STE-GENEVIÈVE-DES-BOIS

⊠ 91700 (Essonne) – 34 771 hab. – Alt. 78 m – Voir carte n°**18**-B2
🗷 Paris 27 km – Arpajon 10 km – Corbeil-Essonnes 18 km – Étampes 30 km
Carte Michelin 312-C4 et 101-35 – Guide Vert Michelin Île de France

La Table d'Antan

38 av. Grande-Charmille-du-Parc, (près de l'hôtel de ville) – ℰ 01 60 15 71 53 – www.latabledantan.fr – Fermé 5-25 août, dim. soir, mardi soir, merc. soir et lundi sauf fériés
Menu 32/50 € – Carte 45/69 €
Vous serez d'abord séduit par un accueil prévenant en ce restaurant d'un quartier résidentiel. On y savoure une cuisine classique et des spécialités du Sud-Ouest de qualité.

SÉNART

✉ 77127 (Seine-et-Marne) – 10 441 hab. – Alt. 89 m – Voir carte n°**19**-C2
Carte Michelin 312-E4 et 101-39 – Guide Vert Michelin Île de France

Le Plessis-Picard – ✉ 77550

%% **La Mare au Diable**   ⟨⟩ 🅿

– ☏ 01 64 10 20 90 – www.lamareaudiable.fr – Fermé 3 semaines en août, dim.
soir et lundi sauf fériés
Formule 25 € – Menu 35 € ♈ (semaine)/47 € – Carte 53/77 €
Amateurs de vieilles pierres, vous apprécierez cette demeure du 15ᵉ s. tapissée de
vigne vierge et de glycine, ses poutres, sa grande cheminée, son parc bucolique…
Un décor qui charma en son temps George Sand ! Le classicisme est de mise dans
l'assiette, mais aussi quelques spécialités italiennes, origines du chef obligent.

SUCY-EN-BRIE

✉ 94370 (Val-de-Marne) – 25 655 hab. – Alt. 96 m – Voir carte n°**21**-D2
🄳 Paris 21 km – Créteil 6 km – Chennevières-sur-Marne 4 km
Carte Michelin 312-E3 et 101-28

%% **Le Clos de Sucy**   ⟨⟩

17 r. de la Porte – ☏ 01 45 90 29 29 – www.leclosdesucy.fr
– Fermé 25 juil.-25 août, sam. midi, dim. soir et lundi
Formule 20 € ♈ – Menu 36/46 € – Carte 42/67 €
Joli cachet dans cette maison du 16ᵉ s. tout en poutres et colombages… À l'unis-
son du décor, la carte s'appuie sur la tradition : parmi les spécialités, pigeonneau
rôti au jus et champignons, et soufflé au chocolat.

quartier les Bruyères 3 km au Sud-Est - ✉ 94370 Sucy-en-Brie

🄷 **Le Tartarin**   ‖○ 👫 🛜 🏔

carrefour de la Patte-d'Oie – ☏ 01 45 90 42 61 – www.auberge-tartarin.com
– Fermé 21-27 avril et août
11 ch – ♦60/75 € ♦♦60/75 € – ☕ 10 €
Cet ancien rendez-vous de chasse posté à l'orée de la forêt est tenu par la même
famille depuis trois générations ! Esprit rustique au salon (avec cheminée), allure
classique dans les chambres, plutôt spacieuses, et carte résolument traditionnelle
au restaurant.

SURESNES

✉ 92150 (Hauts-de-Seine) – 46 876 hab. – Alt. 42 m – Voir carte n°**20**-B2
🄳 Paris 12 km – Nanterre 4 km – Pontoise 32 km – St-Germain-en-Laye 13 km
Carte Michelin 311-J2 et 101-14 – Guide Vert Michelin Île de France

%% **Les Jardins de Camille** avec ch   👫 👫 ⟨ 🛜

70 av. Franklin-Roosevelt – ☏ 01 45 06 22 66 – www.lesjardinsdecamille.com
– Fermé dim. soir et fériés
5 ch ☕ – ♦95/120 € ♦♦95/120 €
Formule 19 € – Menu 23 € (déj. en semaine)/39 € – Carte 40/50 €
Aux abords du mont Valérien, les Jardins de Camille offrent une vue magnifique
sur Paris et la Défense, en terrasse comme en salle. On y apprécie une bonne cuisine actuelle (par exemple, un filet de maquereau fumé minute et espuma de
wasabi) avant de passer la nuit dans l'une des chambres d'hôtes, calmes et jolies.

% **Au Père Lapin**   🛜

10 r. du Calvaire – ☏ 01 45 06 72 89 – www.auperelapin.com – Fermé dim. soir
Formule 28 € – Menu 34 € (déj. en semaine) – Carte 37/48 €
Dîner face à la tour Eiffel, ça vous dit ? Dans ce cas, installez-vous sur la terrasse du
Père Lapin, pour savourer une bonne cuisine de bistrot sans prétention. Un
conseil : ne passez pas à côté des glaces artisanales. Par mauvais temps, on
prend place dans une salle au décor contemporain… et l'on n'est pas malheureux !

TREMBLAY-EN-FRANCE

✉ 93290 (Seine-Saint-Denis) – 34 452 hab. – Alt. 60 m – Voir carte n°**21**-D1
🄳 Paris 24 km – Aulnay-sous-Bois 7 km – Bobigny 13 km – Villepinte 4 km
Carte Michelin 305-G7 et 101-18

à Tremblay-Vieux-Pays – ✉ 93290

XX **Le Cénacle**   🐾 🅰🅲 ⇔
*1 r. de la Mairie – ℰ 01 48 61 32 91 – www.restaurantcenacle.com – Fermé sam.
midi et dim. soir*
Menu 30 € (semaine), 45/90 € – Carte 55/140 €
Rien de confidentiel dans ce Cénacle, mais la tradition dans toute sa générosité
– menu homard – et un décor qui joue une carte très classique (poutres peintes,
chaises de style, etc.).

X **La Jument Verte**   🏠
😊 *43 rte de Roissy – ℰ 01 48 60 69 90 – www.aubergelajumentverte.fr
– Fermé août, sam., dim. et fériés*
Formule 25 € – Menu 30/59 € – Carte 51/71 €
Dans un hameau qui semble tranquille... et pourtant stratégiquement situé, tout
près du parc des expositions de Villepinte et de l'aéroport de Roissy, voici une
escale gourmande toute trouvée. On y déguste une belle cuisine tout en fraîcheur
et saveurs, recherchée juste comme il faut. Décor à la fois simple et avenant.

TRIEL-SUR-SEINE
✉ 78510 (Yvelines) – 11 549 hab. – Alt. 20 m – Voir carte n°**18**-B1
▷ Paris 39 km – Mantes-la-Jolie 27 km – Pontoise 18 km – Rambouillet 55 km
Carte Michelin 311-I2 et 101-10 – Guide Vert Michelin Île de France

X **St-Martin**   🍴
*2 r. Galande, (face à la poste) – ℰ 01 39 70 32 00
– www.restaurantsaintmartin.com – Fermé 2-23 août, vacances de Noël, merc. et
dim.*
Formule 20 € – Menu 26 € (déj. en semaine), 41/67 € 🍷 *(réservation conseillée)*
Proche d'une jolie église gothique du 13ᵉ s. et des bords de Seine, un restaurant
à l'atmosphère familiale. Au menu, des recettes de tradition ou plus actuelles, et
des suggestions qui varient selon le marché. Simple et bien tourné.

VANVES
✉ 92170 (Hauts-de-Seine) – 27 022 hab. – Alt. 61 m – Voir carte n°**20**-B2
▷ Paris 7 km – Boulogne-Billancourt 5 km – Nanterre 13 km
Carte Michelin 311-J3 et 101-25

🏨 **Mercure Paris Porte de Versailles Expo**   ⅠO 🚪 ⅙ 🅰🅲 🛜 🔐 🚗
36 r. du Moulin – ℰ 01 46 48 55 55 – www.mercure.com
388 ch – ♦135/390 € ♦♦135/390 € – 4 suites – ⌧ 19 €
Derrière le parc des Expositions, un Mercure imposant, avec un mur végétal dans
l'atrium, des chambres de facture contemporaine et de nombreuses salles de
séminaire : idéal pour la clientèle business.

XXX **Pavillon de la Tourelle**
*10 r. Larmeroux – ℰ 01 46 42 15 59 – www.lepavillondelatourelle.com
– Fermé 16-22 fév., 27 avril-3 mai, 23 juil.-20 août, 26-28 oct., 2-5 janv., et le soir
de dim. à merc.*
Formule 29 € 🍷 – Menu 44/98 € 🍷 – Carte 55/84 €
En plein cœur de Vanves, on trouve cet ancien pavillon de chasse bordé par un
joli parc... un lieu bucolique ! L'intérieur, avec son grand miroir et ses lustres à
pendeloques, est un modèle de classicisme. Quant à la cuisine proposée, si elle
est ancrée dans la tradition gastronomique, elle adopte aussi de nouveaux codes...

VERSAILLES
✉ 78000 (Yvelines) – 86 307 hab. – Alt. 130 m – Voir carte n°**20**-A2
▷ Paris 22 km – Beauvais 94 km – Dreux 59 km – Évreux 90 km
Carte Michelin 311-I3 et 101-23 – Guide Vert Michelin Île de France

VERSAILLES

Bellevue (Av. de) . . . . U 2
Coste (R.) . . . . V 9
Dr-Schweitzer (Av. du) . . . . . . U 12
Franchet-d'Esperey (Av. du Mar.) . . . . U 15
Glatigny (Bd de) . . . . U 19
Leclerc (Av. du Gén.). . . . . V 22
Marly-le-Roi (R. de) . . . . U 26
Mermoz (R. Jean) . . . . V 27
Moxouris (R.). . . . . U 29
Napoléon III (Rte) . . . . U 30
Pelin (R. L.) . . . . U 32
Porchefontaine (Av.) . . . . V 33
Pottier (R.) . . . . U 35
Rocquencourt (Av. de) . . . . . . U 39
St-Antoine (Allée) . . . . V 40
Sports (R. des) . . . . U 43
Vauban (R.) . . . . V 45

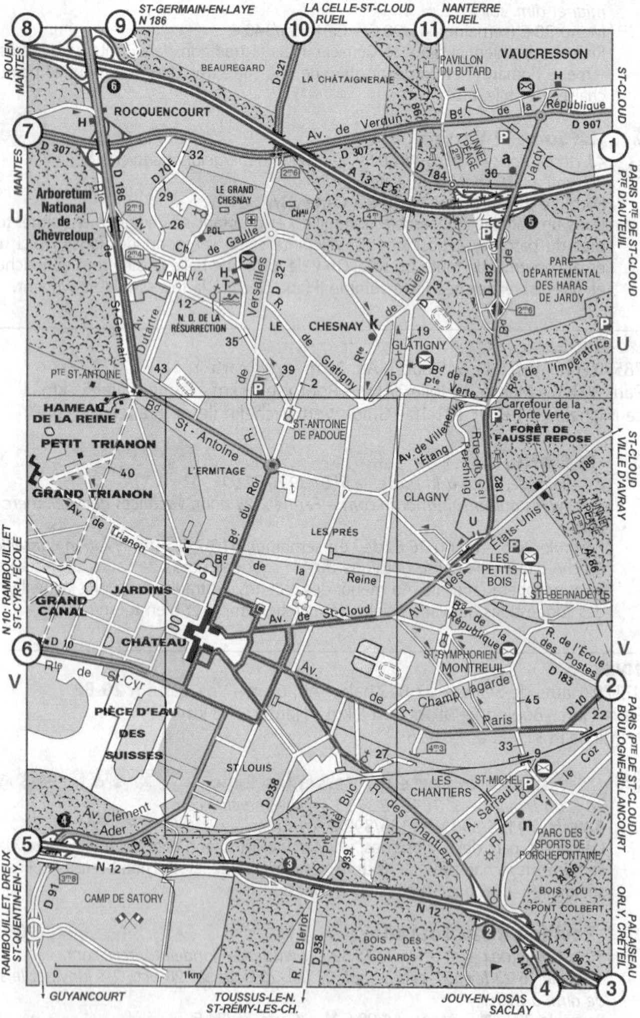

🏨 **Trianon Palace**

1 bd de la Reine – ✆ 01 30 84 50 00 – www.trianonpalace.com Plan : X**r**
176 ch – 🛉229/1200 € 🛉🛉229/1200 € – 23 suites – ☕ 37 € – ½ P
Rest *Gordon Ramsay au Trianon* ✿✿ – voir les restaurants ci-après
Tout le monde, ou presque, a entendu parler de cet hôtel luxueux, à la lisière du parc du château. Avec ses très belles chambres, mariant avec aisance l'élégance du design contemporain et le classicisme du lieu, il n'usurpe pas sa réputation !

VERSAILLES

ENVIRONS DE PARIS

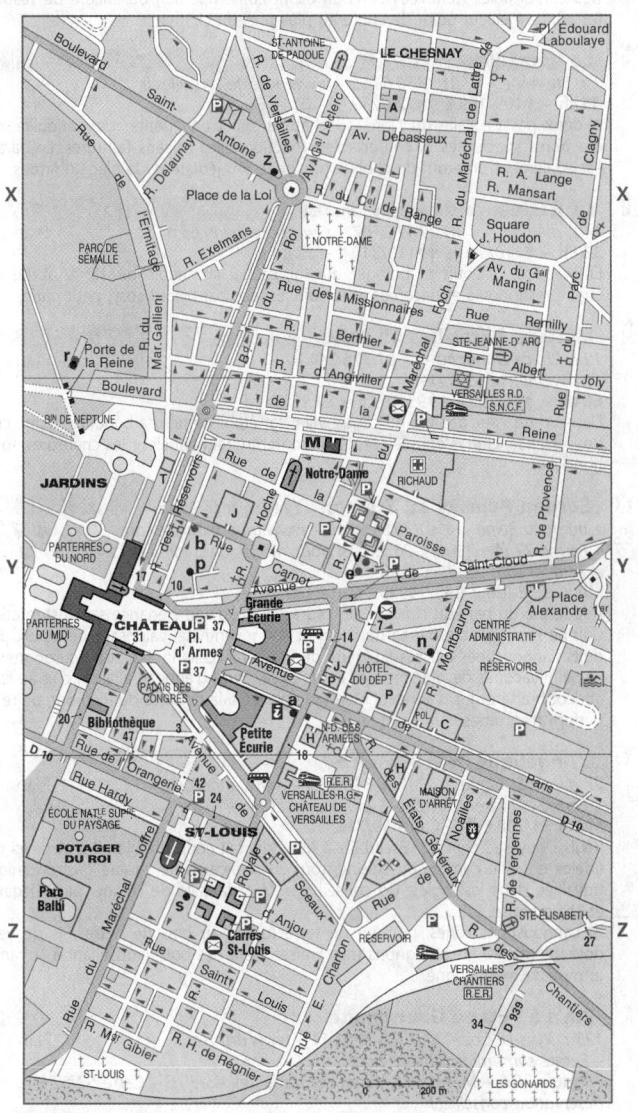

⛫⛫⛫⛫ Pullman
🍽   🛏   ♿   🆒   🛜   🏋   🚗

2 bis av. de Paris – ✆ *01 39 07 46 46 – www.pullmanhotels.com*   Plan : Y**a**

152 ch – 🛏195/318 € 🛏🛏195/318 € – 5 suites – ☕ 26 €

Protégé par son portail d'époque classé, cet hôtel élégant et design est un havre de paix : on profite à loisir de son ambiance feutrée, de ses chambres et suites très confortables (rénovées dans un esprit contemporain) ou encore de l'espace forme. Le meilleur point de chute au plus près du château.

⌂⌂ Le Versailles *sans rest*
🍽   🛏   ♿   🆒   🛜   🏋   🚗

7 r. Ste-Anne – ✆ *01 39 50 64 65 – www.hotel-le-versailles.fr*   Plan : Y**p**

45 ch – 🛏109/199 € 🛏🛏129/239 € – ☕ 15 €

À deux pas de l'aile du Nord du château, dans une petite rue tranquille, des chambres spacieuses et confortables, fonctionnelles et sans fioritures. Le garage est également un atout de choix à proximité immédiate de la place d'Armes.

⌂⌂ La Résidence du Berry *sans rest*
🍽   ♿   🛜

14 r. d'Anjou – ✆ *01 39 49 07 07 – www.hotel-berry.com*   Plan : Z**s**

38 ch – 🛏110/310 € 🛏🛏110/310 € – ☕ 14 €

Entre carrés St-Louis et potager du Roi, ce bel immeuble du 18e s. abrite des chambres intimes et décorées avec soin. Espace bar-billard cosy, petit patio.

⌂⌂ Mercure Versailles Château *sans rest*
🍽   ♿   🆒   🛜   🚗

19 r. Ph.-de-Dangeau – ✆ *01 39 50 44 10*
– www.mercure.com/1909   Plan : Y**n**

60 ch – 🛏95/199 € 🛏🛏95/199 € – ☕ 15 €

Dans un quartier paisible du centre-ville, cet établissement a bénéficié d'une cure de jouvence. Lignes épurées et décor contemporain habillent les chambres, fonctionnelles.

🟥🟥🟥🟥 Gordon Ramsay au Trianon – Hôtel Trianon Palace
🍽   <   🍴   ♿   🆒   🅿

⛊⛊ *1 bd de la Reine –* ✆ *01 30 84 50 18 – www.trianonpalace.com*
– Fermé 22 fév.-2 mars, 26 juil.-24 août, 1er-12 janv., dim., lundi   Plan : X**r**
et le midi sauf vend. et sam.

Menu 90 € (déj.), 143/199 € – Carte 132/168 €

À la lisière du parc du château, un cadre raffiné, d'une élégance sans ostentation. Cuisine remarquable par sa fraîcheur et son inventivité, valorisant de beaux produits (langoustines d'Écosse, pigeon de Bresse). Excellent choix de bourgognes.
➜ Saint-Jacques de plongée de l'île de Skye. Carré d'agneau allaiton cuit au four, abricot braisé et jus d'agneau. Meringue glacée à la noisette du Piémont, poire au parfum d'agrumes.

🟥🟥 L'Angélique (Régis Douysset)
⛊ *27 av. de St-Cloud –* ✆ *01 30 84 98 85 – www.langelique.fr*   Plan : Y**e**
– Fermé 2-24 août, 24 déc.-5 janv., dim. et lundi

Menu 53/108 € 🍷 – Carte 59/71 €

Régis Douysset, chef de l'Escarbille à Meudon, fait coup double : il a placé ici des fidèles en salle comme en cuisine, tous au service d'une cuisine gastronomique travaillée dans les règles. Un conseil : préférez la salle de l'étage, plus élégante et chaleureuse.
➜ Langoustines rôties, pomme de terre fumée au bois de hêtre. Ris de veau doré, blettes au jus et oignons frits. Fraises mara des bois, croustillant à la vanille et mousse mascarpone.

🟥🟥 Zin's à l'Étape Gourmande
🍴   🍽

125 r. Yves-Le-Coz – ✆ *01 30 21 01 63 – www.arti-zins.fr*   Plan : V**n**
– Fermé sam. midi, dim. et lundi

Formule 30 € – Menu 38 € (dîner en semaine), 45/55 € – Carte 53/62 €
(réservation conseillée)

Une vraie étape gourmande, dans le quartier de Porchefontaine. Faire le marché tous les deux jours, ne proposer que du fait-maison (à part le pain) et une large collection de vins : tel est le sacerdoce du chef, Alain Zinsmeister ! L'hiver, on mange au coin du feu et, l'été, sur la jolie terrasse à l'arrière...

🍴 **La Tour** ⛱ AC

6 r. Carnot – ✆ 01 39 50 58 46 – www.restaurant-yvelines.com Plan : Y**b**
– Fermé 3 semaines en août, dim. et lundi
Formule 24 € – Carte 30/109 €
Avis aux amateurs de viande ! Ici, on est expert en la matière : choix des morceaux, maturation, etc. Dans la salle, on a même accroché les plaques émaillées remportées par des éleveurs de bovins. Le cadre est celui d'un bistrot pur jus : tables serrées, comptoir... Ambiance conviviale.

au Chesnay – ✉ 78150 – 29 226 hab. – Alt. 120 m

🍴 **L'Armoise** AC 🚫🐕

41 rte de Rueil – ✆ 01 39 55 63 07 – www.restaurant-larmoise.fr Plan : U**k**
– Fermé août, sam. midi, dim. soir et lundi
Formule 25 € – Menu 29 € – Carte 49/68 €
Le jeune chef délivre une cuisine du marché rythmée par les saisons, mêlant subtilement les bons produits frais et les saveurs. Décor contemporain épuré, relevé de couleurs vives.

Ville-d'Avray

✉ 92410 (Hauts-de-Seine) – 10 733 hab. – Alt. 130 m – Voir carte n°**20**-B2
▶ Paris 14 km – Antony 16 km – Boulogne-Billancourt 5 km – Neuilly-sur-Seine 10 km
Carte Michelin 311-J3 et 101-24

🏠 **Les Étangs de Corot** 🍽 〰 🌳 Spa 🚲 ⇅ ♿ AC 📶 👥 🚗

55 r. de Versailles – ✆ 01 41 15 37 00 – www.etangs-corot.com – Fermé 3-22 août
41 ch – 🚹164/345 € 🚻164/345 € – 2 suites – ☕ 20 € – ½ P
Rest *Le Corot* ✿ **Rest *Le Café des Artistes*** ☺ – voir les restaurants ci-après
Ce ravissant hameau bâti au bord des étangs de Ville-d'Avray inspira le peintre Camille Corot. Il abrite aujourd'hui un hôtel de charme (élégantes chambres au décor soigné) et ses différents restaurants. Le spa est divin... vinothérapie oblige. Un charme bucolique unique aux portes de la capitale !

🍴🍴🍴 ✿ **Le Corot** – Hôtel Les Étangs de Corot AC 🚫🐕

55 r. de Versailles – ✆ 01 41 15 37 00 – www.etangs-corot.com
– Fermé 3-22 août, dim. soir, merc. midi, lundi et mardi
Menu 48 € (déj. en semaine)/95 € – Carte 85/101 € *(réservation conseillée)*
Le jeune chef, excellent technicien, cultive un beau classicisme tout en l'inscrivant pleinement dans l'époque : fraîcheur, légèreté et esthétisme distinguent les assiettes. Joli moment de gastronomie en ces lieux qui préservent avec élégance le souvenir de Camille Corot, qui immortalisa les étangs voisins...
➜ Foie gras, champignons des bois, anguille fumée et betterave. Ris de veau, carottes, girolles et citron. Soufflé menthe poivrée et chocolat.

🍴 ☺ **Le Café des Artistes** – Hôtel Les Étangs de Corot ⛱ AC

55 r. de Versailles – ✆ 01 41 15 37 00 – www.etangs-corot.com – Fermé 3-22 août
Formule 29 € – Menu 35 € – Carte environ 43 €
Gaspacho poivrons tomates et glace basilic, œuf parfait aux girolles et velouté de foie gras, échine de cochon confite au curry... Une cuisine contemporaine goûteuse et inspirée, réalisée avec de beaux produits, que l'on ira volontiers déguster en terrasse, en contemplant distraitement le charmant jardin. Bucolique !

Villeneuve-la-Garenne

✉ 92390 (Hauts-de-Seine) – 25 644 hab. – Alt. 30 m – Voir carte n°**21**-C1
▶ Paris 13 km – Nanterre 14 km – Pontoise 23 km – St-Denis 3 km
Carte Michelin 311-J2 et 101-15

🍴🍴 **Les Chanteraines** ⋖ ⛱ 🅿

av. 8 Mai 1945 – ✆ 01 47 99 31 31 – www.les-chanteraines.net – Fermé 3 semaines en août, sam. et dim.
Menu 39/100 € 🍷 – Carte 40/77 €
Tout près et... très loin de la zone d'activités. Un restaurant agréable et accueillant, avec une véranda et une terrasse donnant sur le lac artificiel du parc des Chanteraines. Le chef concocte une sympathique cuisine traditionnelle...

VINCENNES

✉ 94300 (Val-de-Marne) – 48 649 hab. – Alt. 51 m – Voir carte n°**21**-C2
◗ Paris 7 km – Créteil 11 km – Lagny-sur-Marne 26 km – Meaux 47 km
Carte Michelin 312-D2 et 101-17

❘▣❘ St-Louis sans rest   ⬚ ℁ ◪ ⌗ ⇶ ⚐

2 bis r. Robert-Giraudineau Ⓜ Château de Vincennes – ℰ 01 43 74 16 78
– www.hotel-paris-saintlouis.com
25 ch – ♦115/175 € ♦♦130/350 € – ⏳ 13 €
Au cœur de Vincennes, près du château cher à Saint Louis, un hôtel au charme
bourgeois (meubles de style, tentures, etc.), parfait pour une clientèle soucieuse
de calme et de confort, à deux pas de Paris (le métro est à 100 m).

❘▣❘ Daumesnil Vincennes sans rest   ⬚ ℁ ◪ ⌗ ⇶

50 av. de Paris Ⓜ Bérault – ℰ 01 48 08 44 10 – www.hotel-daumesnil.com
49 ch – ♦140/180 € ♦♦170/230 € – ⏳ 14 €
Amoureuse de son établissement, la propriétaire a soigné le décor de chaque
chambre, inspiré par la Provence, son charme et sa fraîcheur. Avis aux amateurs !
À noter : le parking, très utile à Vincennes. Accueil charmant.

✗ La Rigadelle   ℁ ◪

23 r. de Montreuil Ⓜ Château de Vincennes – ℰ 01 43 28 04 23 – Fermé 3
semaines en juil.-août, dim. et lundi
Formule 26 € – Menu 28/55 € – Carte 45/68 € (réservation conseillée)
Spécialité du lieu : le poisson, d'une grande fraîcheur (arrivages de Bretagne) et préparé dans les règles. Le chef fait tout lui-même et travaille comme un artisan (il s'investit aussi dans la formation des jeunes). Une adresse pleine de goût... et de mérite !

VIRY-CHÂTILLON

✉ 91170 (Essonne) – 31 655 hab. – Alt. 34 m – Voir carte n°**21**-C3
◗ Paris 26 km – Corbeil-Essonnes 15 km – Évry 8 km – Longjumeau 10 km
Carte Michelin 312-D3 et 101-36

✗ Le Marcigny   ◪

27 r. Danielle-Casanova – ℰ 01 69 44 04 09 – www.lemarcigny.fr – Fermé dim.
soir et lundi
Menu 29/39 €
La Bourgogne mise à l'honneur ! Ce petit restaurant à succès porte le nom du village
dont est originaire l'épouse du chef. Plats traditionnels, pain maison et vins régionaux.

WISSOUS

✉ 91320 (Essonne) – 6 093 hab. – Alt. 80 m
◗ Paris 22 km – Créteil 17 km – Évry 19 km – Nanterre 32 km
Carte Michelin 312-C3 et 101-25

✗✗ La Grange aux Dîmes   ⌗ 🅿

3 r. André-Dolimier – ℰ 01 69 81 70 08 – www.grangeauxdimes.com – Fermé 3
semaines en août, sam., dim. et fériés
Menu 36 € – Carte 58/81 €
Vieilles pierres, cheminée monumentale, haute charpente en bois... Cette belle
grange aux dîmes du 13ᵉ s. transporte dans l'Île-de-France d'hier ! Pour autant,
la cuisine joue la carte de la gastronomie d'aujourd'hui, sous l'égide d'un chef
venu de grandes maisons parisiennes. Saveurs flatteuses et accueil aimable.

YERRES

✉ 91330 (Essonne) – 28 933 hab. – Alt. 45 m – Voir carte n°**21**-D3
◗ Paris 25 km – Bobigny 31 km – Créteil 12 km – Évry 20 km
Carte Michelin 312-D3 et 101-38

✗✗ Chalet du Parc   ⌗ ℁ ⇄

2 r. de Concy, (6 r. M.-Sagnier (GPS)) – ℰ 01 69 06 86 29 – www.chaletduparc.fr
– Fermé 3 semaines en août, lundi et mardi
Menu 32 € (déj. en semaine), 39/69 € – Carte 57/67 €
Ce parc qui fut la propriété du peintre Gustave Caillebotte (musée) accueille un
agréable restaurant dont le décor marie joliment l'ancien et le contemporain. Cui-
sine actuelle à base de bons produits, dont les herbes aromatiques du potager.

PAU

✉ 64000 (Pyrénées-Atlantiques) – 79 798 hab. – Agglo. 197 157 hab. – Alt. 207 m
– Voir carte n°**3-B3**
▶ Paris 773 km – Bayonne 112 km – Bordeaux 198 km – Toulouse 198 km
Carte Michelin 342-J5 – Guide Vert Michelin Aquitaine

© P. Jacques/hemis.fr

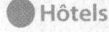 Hôtels

Parc Beaumont ⏏ ◁ ▦ 🕸 🛎 ♿ 🆔 📶 🗜 🅿 🚗
1 av. Edouard-VII – ℰ *05 59 11 84 00*   Plan : FZ**b**
– www.hotel-parc-beaumont.com
69 ch – †280/360 € ††280/360 € – 11 suites – ⌒ 25 € – ½ P
Rest *Le Jeu de Paume* – voir les restaurants ci-après
Ce bâtiment de style contemporain est proche du parc et du palais des congrès ;
ses chambres sont confortables, élégantes et design. Un bel hôtel polyvalent où
rien n'a été oublié pour la détente (piscine, jacuzzi, spa) et les affaires.

Villa Navarre ⏏ ◌ ◁ ⇆ ⊼ ▦ 🛎 ♿ ✎ 📶 🗜 🅿
59 av. Trespoey – ℰ *05 59 14 65 65*   Plan : BX**a**
– www.villanavarre.fr
26 ch – †149/198 € ††168/248 € – 4 suites – ⌒ 19 €
Rest *Villa Navarre* – voir les restaurants ci-après
Atmosphère délicieusement bourgeoise dans cette maison de maître de 1865 et
son aile récente, nichées dans un parc de 2 ha. Les chambres sont vastes et lumineuses ; préférez celles dans le bâtiment le plus ancien. Les lecteurs apprécieront
le salon-bibliothèque habillé de boiseries. Une belle parenthèse "made in Sud-
Ouest".

La Palmeraie ⏏ ♿ 🆔 ✎ 📶 🗜 🅿
1 passage de l'Europe – ℰ *05 59 14 14 14*   Plan : BV**f**
– www.paupalmeraie.com
36 ch – †88/138 € ††93/138 € – ⌒ 15 €
Cette grande bâtisse blanche (1991), habillée de lierre, abrite des chambres
confortables et spacieuses. Préférez les plus récentes. Plats traditionnels au restaurant. Idéal pour la clientèle d'affaires.

Hôtel de Gramont sans rest 🛎 ♿ 📶
3 pl. Gramont – ℰ *05 59 27 84 04* – *www.hotelgramont.com*   Plan : DZ**t**
– Fermé 22 déc.-2 janv.
32 ch – †60/116 € ††82/126 € – 3 suites – ⌒ 11 €
Ce relais de poste du 18ᵉ s. serait le plus vieil hôtel de la ville. Entre le château où
naquit Henri IV et le musée Bernadotte, voilà une bonne adresse pour découvrir
Pau ! Les chambres – bien insonorisées – sont toutes différentes, du classique au
plus contemporain. Copieux buffet au petit-déjeuner.

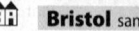

BILLÈRE

Baron Séguier (Av. du) . . . . **AX** 7
Château d'Este (Av. du) . . . **AX** 23
Claverie (R.) . . . . **AX** 24
Entrepreneurs (R. des) . . . . **AX** 57
Galas (R. de) . . . . **BV** 70
Golf (R. du) . . . . **AX** 81
J.J. Rousseau (R.) . . . . **AX** 145
Lalanne (Av.) . . . . **AVX** 91
Lavoir (R. du) . . . . **AX** 95
Lons (Av. de) . . . . **ABV** 100
Piedmont (R.) . . . . **AX** 129
Pilar (R.) . . . . **BV** 130
Plaine (R. de la) . . . . **AX** 132

BIZANOS

Albert 1er (Av.) . . . . **BCX** 2
Clemenceau (R. G.) . . . . . . **BX** 27
Foch (R. Maréchal) . . . . . . **BX** 64
Larribau (Chemin) . . . . **CX** 93
Pic du Midi (R. du) . . . . . . **CX** 127
République (Av. de la) . . . . . **CX** 138

GELOS

Barthou (R. L.) . . . . **BX** 9
Gélos (Av. de) . . . . **BX** 80
Leclerc (Av. du Maréchal) . . **BX** 96
Vallée Heureuse (Av. de la) **BX** 162

JURANÇON

Cambot (Av. G.) . . . . **AX** 17
Corps Franc Pommiès (Av. du) . . . . **AX** 36
Espagne (Pont d') . . . . **AX** 58
Gaulle (R. Ch.-de) . . . . **AX** 77
Ollé-Laprune . . . . **AX** 115

LESCAR

Carrérot (Av.) . . . . **AV** 19
Coustettes (Chemin des) . . **AV** 42
Lacau (R.) . . . . **AV** 89
Santos-Dumont (Av.) . . . . . **AV** 147
Vigné (Côte du) . . . . **AV** 168

LONS

Ampère (Av. André-Marie) . **AV** 3
Ariste (R.) . . . . **AV** 6
Château (R. du) . . . . **AV** 22
Dassault (Av. Marcel) . . . . . **AX** 45
Écoles (R. des) . . . . **AV** 51
Église (R. de l') . . . . **AV** 53
Frères Farman (Bd des) . . . **AV** 67
Frères Mongolfier (Av. des) **AX** 68
Mairie (R. de la) . . . . **AV** 103
Moulin (Av. du) . . . . **AV** 110
Pau (Av. de) . . . . **AV** 125
Souvenir (R. du) . . . . **AV** 152

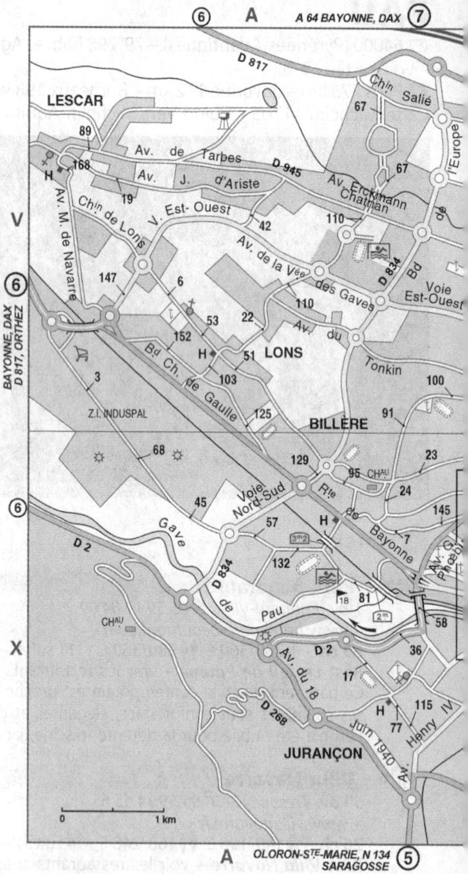

PAU

Bérard (Cours Léon) . . . . . . **BV** 12

Bristol sans rest

3 r. Gambetta – ✆ 05 59 27 72 98 – www.hotelbristol-pau.com Plan : EZ**a**

21 ch – 🚹77/99 € 🚹🚹93/107 € – ☕ 12 €

Ouvrez le portail en fer forgé et traversez la cour... Au cœur de Pau, cette belle bâtisse du 19e s. abrite des chambres spacieuses et lumineuses, certaines avec cheminée. Et sachez qu'au 4e étage, elles offrent une belle vue sur la ville ! En été, petit-déjeuner sur la terrasse.

Le Bourbon sans rest

12 pl. Clemenceau – ✆ 05 59 27 53 12 – www.hotel-lebourbon.com Plan : EZ**d**

31 ch – 🚹68 € 🚹🚹74 € – ☕ 8 €

Dans un quartier animé du centre-ville, des chambres modernes et très bien tenues. La plupart d'entre elles donnent sur la place avec ses nombreux cafés où déguster, pourquoi pas, un verre de bourbon !

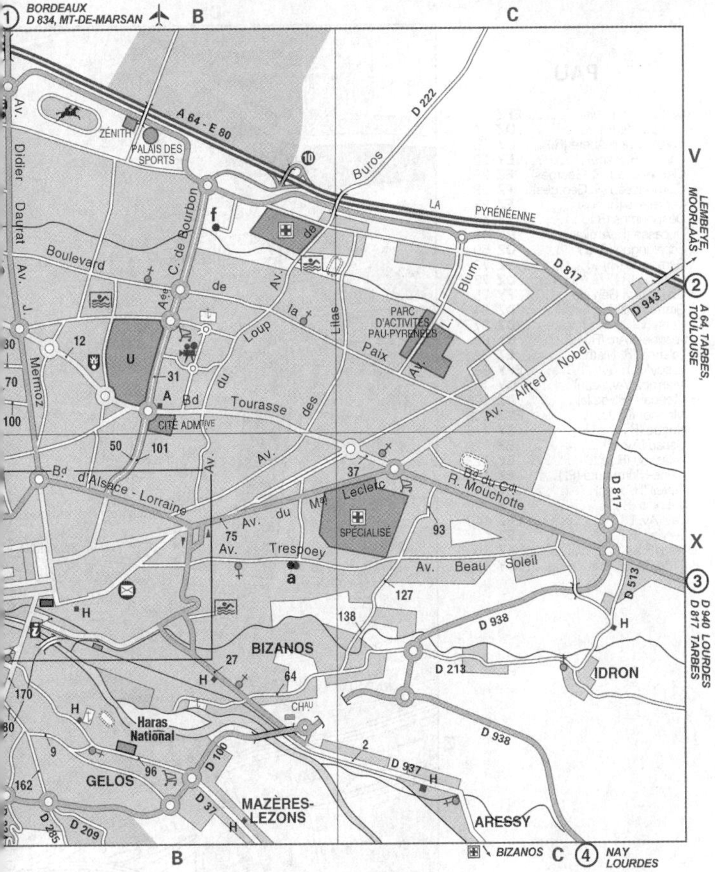

① BORDEAUX
D 834, MT-DE-MARSAN ✈ B   C

ZÉNITH
PALAIS DES SPORTS
A 64 - E 80
D 222
Buros
LA PYRÉNÉENNE
V
D 817
LEMBEYE, MORLAÀS
② A 64, TARBES, TOULOUSE
D 943
Av. Didier Daurat
Boulevard
C. de Bourbon
f +
de
Av. J.
de
Av.
la
Lilas
PARC D'ACTIVITÉS PAU-PYRÉNÉES
Blum
Av.
Mermoz
U
du Loup
Av. Alfred Nobel
31
A Bd
Tourasse
des
CITÉ ADMVE
50 101
Av.
d'Alsace - Lorraine
37
Bd du C^r
R. Mouchotte
D 817
Bd
Av. du M^al Leclerc
SPÉCIALISÉ
93
X
③ D 940 LOURDES, D 817 TARBES
75
Av. Trespoey
a
Av. Beau Soleil
127
D 513
H
138
D 938
H
BIZANOS
27
D 213
IDRON
64
CHAU
H
Haras National
2
D 180
D 938
D 937
H
9
162
96
GELOS
D 37
D 209
D 265
MAZÈRES- LEZONS
H
ARESSY
H
BIZANOS C ④ NAY LOURDES
B

Restaurants

✗✗✗ **Au Fin Gourmet**   ☐ AC ✿

24 av. Gaston-Lacoste – ℰ 05 59 27 47 71   Plan : EZ**v**
– www.restaurant-aufingourmet.com – Fermé 1 semaine en fév., 27 juil.-11 août, mardi midi, dim. soir et lundi
Formule 17 € – Menu 29 € (semaine), 39/76 € ☿ – Carte 52/62 €
Au pied du funiculaire, voilà un endroit prisé des amoureux ! La verrière aux allures de jardin d'hiver offre un cadre romantique pour savourer une cuisine de... fin gourmet. Après quoi, vous pourrez vous rendre sur les hauteurs de la ville et admirer la chaîne des Pyrénées.

Une bonne table sans se ruiner ? Repérez les Bib Gourmand ⊕.

PAU

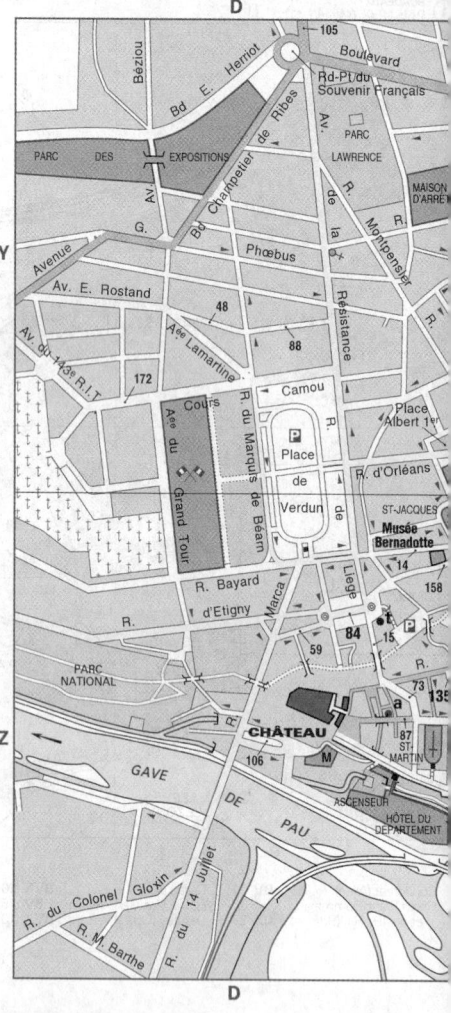

XXX **Villa Navarre** – Hôtel Villa Navarre ⟨⟨ 🏡 🛏 & ⚄ **P**
59 av. Trespoey – ✆ 05 59 14 65 65 Plan : BX**a**
– www.villanavarre.fr
Formule 22 € 🍷 – Menu 57/78 € – Carte environ 60 €
La table est à l'image de l'hôtel Villa Navarre qui l'abrite : raffinée et chaleureuse.
Derrière les fourneaux, le chef revisite la cuisine béarnaise en faisant la part
belle aux produits du terroir. Belle vue sur le parc.

XXX **Le Jeu de Paume** – Hôtel Parc Beaumont ⟨⟨ 🏡 & 🆎 **P**
1 av. Edouard-VII – ✆ 05 59 11 84 00 Plan : FZ**b**
– www.hotel-parc-beaumont.com
Formule 33 € – Menu 43/90 € – Carte 75/110 €
Bois exotique et meubles design, ce restaurant d'hôtel joue la carte du chic et de
l'élégance. La cuisine valorise les produits de saison et du terroir, tout en laissant
s'exprimer une belle créativité : délicieuses Saint-Jacques, pavé de cabillaud
skrei, soufflé chaud à la menthe... On se régale.

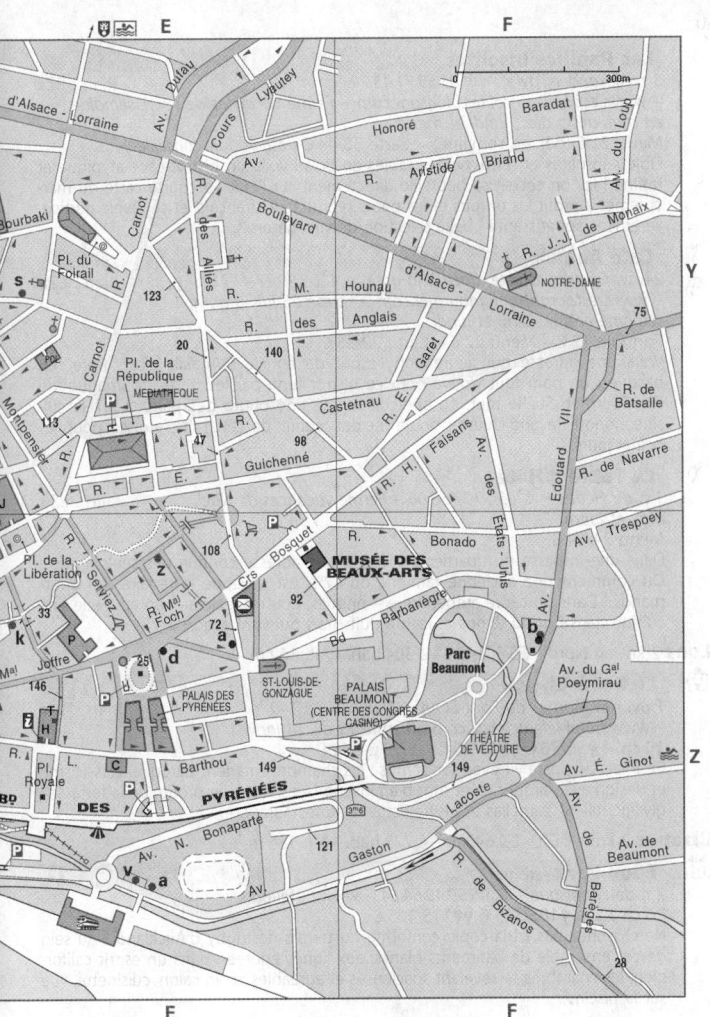

Marc Destrade

🍴🍴   AÏC

30 r. Pasteur – 𝒞 05 59 27 62 60   Plan : EY**s**
– www.restaurant-marc-destrade.fr – Fermé août, dim. soir, merc. soir et lundi
Menu 16 € 🍷 (déj. en semaine)/33 € – Carte 35/50 €

Poussez la porte de cette ancienne ferme paloise, chic et confortable, et installez-vous devant la cheminée pour déguster une appétissante cuisine traditionnelle. Cassolette de ris d'agneau aux girolles, lotte aux légumes : les préparations sont fines et goûteuses, réalisées avec de bons produits frais.

Ze bistrot

🍴

13 r. Henri-IV – 𝒞 05 59 27 44 44 – www.zebistrot.com   Plan : DZ**a**
– Fermé 27 janv.-9 fév., dim. et lundi
Menu 17 € (déj. en semaine) – Carte 36/45 € *(réservation conseillée)*

Brouillade aux truffes, carré d'agneau rosé, paris-brest... La cuisine du chef est comme son bistrot : sans chichis, simplement gourmande, juste et authentique. On l'accompagne de petits vins bien choisis, inscrits à l'ardoise. Ze bistrot est ze place to be !

✗ **Les Papilles Insolites**   ⅗⅗
5 r. Alexander-Taylor – ℰ 05 59 71 43 79   Plan : EZ**z**
*– www.lespapillesinsolites.blogspot.com – Fermé vacances de fév.,1 semaine
en mai, août, dim., lundi et mardi*
Menu 21 € (déj. en semaine) – Carte 38/44 € *(réservation conseillée)*
Objets insolites et rétro, petites tables en bois : voilà un bistrot-cave atypique et
raffiné ! Ici, on choisit sa bouteille directement sur l'étal. La courte carte du marché met à profit les terroirs et les petits producteurs français, et se révèle particulièrement appétissante ; belle sélection de vins naturels.

✗ **Café Anaïak**   ⌕ AC ⅋
🦜 *24 av. Gaston-Lacoste, (face à la gare)* – ℰ 05 59 27 47 71   Plan : EZ**a**
*– www.restaurant-aufingourmet.com – Fermé 25 juil.-8 août, 1
semaine en fév., dim. et lundi*
Formule 17 € – Menu 22 € – Carte 20/35 €
Voilà une adresse qui fleure bon l'esprit de famille ! Anaïak, c'est "frère" en
basque : un nom tout trouvé pour ce bistrot tenu par les frères Ithurriague, du
Fin Gourmet. Sur le mur, on aperçoit même une photo des parents. Ici, la cuisine honore le Sud-Ouest : poule au pot, confit de canard... Terrasse pour les
beaux jours.

✗ **La Table d'Hôte**   ⌕
1 r. du Hédas – ℰ 05 59 27 56 06 – *Fermé vacances de Noël,*   Plan : EZ**k**
dim. et lundi
Menu 24/34 €
Dans une impasse du quartier du Hédas, une adresse connue des seuls initiés...
Ou comment une ancienne tannerie du 17ᵉs. est devenue le repaire des gourmands ! Dans un cadre authentique – briques, poutres, galets –, on apprécie une
cuisine dans l'air du temps et les produits frais qui vont avec.

à Lons 2 km au Nord – ✉ 64140 – 12 304 hab. – Alt. 162 m

🏠 **Le Fer à Cheval**   🍴⏰ ⇔ 🛜 ⅍ 🅿
1 av. des Martyrs-du-Pont-Long – ℰ 05 59 32 17 40   Plan : BV**a**
– www.hotel-leferacheval.com – Fermé 19 déc.-4 janv.
10 ch – ♦56/76 € ♦♦66/86 € – ☟9 € – ½ P
Ce relais de poste vit avec son temps : les chambres marient baroque, classicisme
et design avec simplicité, et sont bien insonorisées. L'été, on profite de la terrasse :
glycine, tilleul, camélias... Cuisine actuelle au restaurant.

à Bizanos 2 km à l'Est – ✉ 64320 – 4 773 hab. – Alt. 186 m

🏨 **Eden Park** *sans rest*   ⅏ ⅍ ⅚ AC ⅋ 🛜 🅿
2 r. de l'Aubisque – ℰ 05 59 40 64 64 – *www.hotel-pau.fr*
26 ch ☟ – ♦105/125 € ♦♦115/165 €
Ne cherchez pas ici la copie conforme du terrain de rugby d'Auckland ! Au sein
de cet ensemble de bâtiments blancs, aux lignes épurées, dans un esprit califor-
nien, les chambres se révèlent spacieuses et agréables : coin salon, cuisinette, vue
sur la piscine...

PASSENANS – 39 (Jura) ➜ voir Poligny

PATRIMONIO – 2B (Haute-Corse) ➜ voir Corse

PAUILLAC

✉ 33250 (Gironde) – 5 059 hab. – Alt. 20 m – Voir carte n°**3**-B1
🚩 Paris 625 km – Arcachon 113 km – Blaye 16 km – Bordeaux 54 km
Carte Michelin 335-G3 – Guide Vert Michelin Aquitaine

🏨🏨 **Château Cordeillan Bages**   🍴⏰ ⅖ ⇔ ⅏ ⅍ ⏢ ⅚ AC ⅋ 🛜 🅿
61 rte des Vignerons, 1 km au Sud par D 2 – ℰ 05 56 59 24 24
– www.cordeillanbages.com – Ouvert de mars à nov.
28 ch – ♦229/549 € ♦♦229/549 € – ☟24 € – ½ P
Rest *Château Cordeillan Bages* ✿✿ – voir les restaurants ci-après
Une chartreuse du 17ᵉ s. alanguie au cœur du vignoble, avec des chambres à
l'épure toute contemporaine. Fitness, sauna, massages : ici tout est pensé pour
la détente...

XXX ⌂ Château Cordeillan Bages   🐟 📠 AC 🕭 ⬦ P

❀❀ *61 rte des Vignerons, 1 km au Sud par D 2 –* 𝒞 *05 56 59 24 24*
– www.cordeillanbages.com – Ouvert de mars à nov. et fermé lundi et mardi
Menu 45 € (déj. en semaine), 90/175 € – Carte 105/170 €
Savoureuse, harmonieuse et créative, la cuisine de Jean-Luc Rocha révèle le talent
d'un grand chef, entre parfaite maîtrise et souffle très personnel. L'invention
inscrite dans la belle tradition !
→ Millefeuille de crabe, fenouil, anis et sorbet piquillos-cardamome. Pigeonneau fumé, mousserons et rhubarbe, réduction de betterave rouge. Fraîcheur de
fruits rouges, réglisse et verveine citronnelle.

X Café Lavinal   🕭 AC

à Bages, pl. Desquet – 𝒞 *05 57 75 00 09 – www.villagedebages.com – Fermé
24 déc.-1ᵉʳ fév. et dim. soir*
Formule 17 € – Menu 28/38 € – Carte 23/64 €
Avec son grand comptoir et ses vieilles affiches, ce joli bistrot du cœur de Bages
est rétro en diable... On s'installe autour de petits plats bistrotiers ancrés dans le
terroir local... Soupe du jour ? Confit de canard ? À vot' convenance !

PAVILLON (COL DU) – 69 (Rhône) → voir Cours

LE PÊCHEREAU

✉ 36200 (Indre) – 1 930 hab. – Alt. 130 m – Voir carte n°**11-B3**
▶ Paris 306 km – Châteauroux 34 km – Limoges 96 km – Orléans 180 km
Carte Michelin 323-F7

⌂ L' Escapade   🕭 🗗 ⅃ AC 🛜 ⅍ P

Le Vivier - 2 r. du Chêne, D 48, rte de Gargilesse – 𝒞 *02 54 24 26 10*
– www.l-escapade.fr – Fermé 2-10 janv.
15 ch – †80/90 € ††90/100 € – ⌷ 10 € – ½ P
Prenez le temps d'une petite escapade dans cette belle maison au milieu de la verdoyante vallée de la Creuse... Les chambres sont confortables (climatisation, wifi,
etc.) ; dans le jardin, on profite d'une piscine et d'un jacuzzi, couverts tous les deux.

PÉGOMAS

✉ 06580 (Alpes-Maritimes) – 7 047 hab. – Alt. 18 m – Voir carte n°**42-E2**
▶ Paris 896 km – Cannes 12 km – Draguignan 59 km – Grasse 9 km
Carte Michelin 341-C6

⌂ Le Bosquet sans rest   🏊 🕭 ⅃ ⅍ AC 🕭 P

chemin des Périssols, rte de Mouans-Sartoux – 𝒞 *04 92 60 21 20*
– www.hoteldubosquet.com – Fermé 15 janv.-1ᵉʳ fév.
22 ch – †70/80 € ††75/85 € – ⌷ 8 €
On est au calme dans cet hôtel simple, fonctionnel et très bien tenu. À l'intérieur,
le décor est moderne ; dans le parc, oliviers et lauriers roses entourent la piscine
et contribuent largement au sentiment de détente. Un bon plan aux prix sages.

PEILLON

✉ 06440 (Alpes-Maritimes) – 1 410 hab. – Alt. 200 m – Voir carte n°**42-E2**
▶ Paris 947 km – Contes 14 km – L'Escarène 14 km – Menton 38 km
Carte Michelin 341-F5 – Guide Vert Michelin Côte d'Azur

🏠 Auberge de la Madone   🕭 🏊 ⬉ 🕭 ⅍ 🛜 ⅍ P

3 pl. Auguste-Arnulf – 𝒞 *04 93 79 91 17 – www.auberge-madone-peillon.com*
– Fermé 12 nov.-20 déc., 14 janv.-5 fév. et merc.
15 ch – †98/178 € ††98/178 € – 2 suites – ⌷ 15 € – ½ P
Rest *Auberge de la Madone* – voir les restaurants ci-après
Peillon, village médiéval perché sur son rocher de l'arrière-pays niçois, est délicieux, et, à ses pieds, cette auberge de caractère semble l'admirer ! Dans les
chambres, tomettes anciennes et murs colorés expriment l'esprit de la Provence ;
au jardin, les odeurs du Sud, les cigales, le calme...

XX **Auberge de la Madone**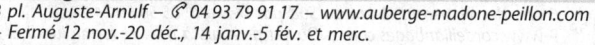

*3 pl. Auguste-Arnulf – ℰ 04 93 79 91 17 – www.auberge-madone-peillon.com
– Fermé 12 nov.-20 déc., 14 janv.-5 fév. et merc.*
Menu 40/65 € – Carte 52/82 €
Cette auberge de tradition semble vivre en symbiose avec l'arrière-pays de Nice...
En terrasse, la vue sur le village perché de Peillon est exquise, et les assiettes
cultivent le goût du répertoire niçois et des beaux produits locaux. Également
une option bistrot.

PEISEY-NANCROIX

✉ 73210 (Savoie) – 649 hab. – Alt. 1 320 m – Voir carte n°**45**-D2
▶ Paris 635 km – Albertville 55 km – Bourg-St-Maurice 13 km
Carte Michelin 333-N4 – Guide Vert Michelin Alpes du Nord

à Plan-Peisey 4 km à l'Est – ✉ 73210

🏠 **La Vanoise**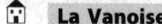

*Peisey-Vallandry – ℰ 04 79 07 92 19 – www.hotel-la-vanoise.com – Ouvert
1er juil.-31 août et 16 déc.-27 avril*
32 ch ⬜ – †85/110 € ††110/150 € – ½ P
Au bord des pistes, à l'écart des habitations, ce grand chalet alpin offre une jolie
vue sur le dôme de Bellecôte... Sachez que les chambres au sud disposent d'un
balcon, parfait pour prendre le soleil entre deux descentes à ski. Restauration traditionnelle (formule rapide au déjeuner).

PENHORS – 29 (Finistère) → voir Pouldreuzic

PENNEDEPIE – 14 (Calvados) → voir Honfleur

PENVÉNAN

✉ 22710 (Côtes-d'Armor) – 2 604 hab. – Alt. 70 m – Voir carte n°**9**-B1
▶ Paris 521 km – Guingamp 34 km – Lannion 16 km – St-Brieuc 70 km
Carte Michelin 309-C2

X **Le Crustacé**

*2 r. de la Poste – ℰ 02 96 92 67 46 – Fermé mardi soir de sept. à juin, dim. soir et
merc.*
Menu 17/37 € – Carte 25/50 €
En face de l'église, ce petit restaurant familial a beau jouer la partition d'un registre classique, il peut réserver quelques surprises comme ces Saint-Jacques aux
fraises et au beurre salé ! Le tout reste cependant très traditionnel, en particulier
le décor, résolument rustique.

PENVINS – 56 (Morbihan) → voir Sarzeau

PERI – 2A (Corse-du-Sud) → voir Corse

PÉRIGNAC – 17 (Charente-Maritime) → voir Pons

PÉRIGNAT-LÈS-SARLIÈVE – 63 (Puy-de-Dôme) → voir Clermont-Ferrand

PÉRIGUEUX

✉ 24000 (Dordogne) – 29 811 hab. – Alt. 86 m – Voir carte n°**4**-C1
▶ Paris 482 km – Agen 138 km – Bordeaux 128 km – Limoges 96 km
Carte Michelin 329-F4 – Guide Vert Michelin Périgord Quercy

🏨 **Mercure** sans rest

7 pl. Francheville – ℰ 05 53 06 65 00 – www.mercure.com
66 ch – †80/143 € ††80/155 € – ⬜ 16 €
Plan : BZe
Cet hôtel à la façade – en pierre de taille – classée bénéficie d'une situation
idéale, près d'un jardin et d'un multiplex. Agréables chambres contemporaines.

Bristol sans rest ⊞ 🖩 🛜 🅿

37 r. A.-Gadaud – ℰ 05 53 08 75 90 – www.bristolfrance.com — Plan : BY**u**
– *Fermé 18 déc.-3 janv.*
29 ch – ♦71/90 € ♦♦71/90 € – ☲ 10 €
Les Anglais, nombreux à s'être installés dans la région, apprécieront la référence à l'une des villes de leur pays ! D'autant que cet hôtel familial est idéalement situé pour visiter la vieille ville. Les chambres, parfaitement tenues, sont bien insonorisées. Une bonne adresse.

XX Le Clos St-Front 🏡 ✿

5-7 r. de la Vertu – ℰ 05 53 46 78 58 — Plan : CY**r**
– *www.leclossaintfront.com – Fermé vacances de fév., dim. soir et lundi sauf de juin à sept.*
Formule 25 € – Menu 30 € (semaine), 42/65 € 🍷 – Carte environ 50 €
Dans la cour à l'abri des regards, ou dans la salle avec sa cheminée monumentale et ses candélabres, cette maison du 16ᵉs., au cœur de Périgueux, offre un cadre des plus intimes... On s'y régale d'une cuisine mêlant exotisme et saveurs du terroir. À noter aussi le menu vigneron autour d'une sélection de vins.

XX Hercule Poireau 🖩

2 r. de la Nation – ℰ 05 53 08 90 76 – *Fermé* — Plan : CZ**r**
mardi sauf août et merc.
Formule 17 € – Menu 26/41 € – Carte 38/57 €
Sur les traces d'Hercule Poireau, on mène l'enquête à deux pas de la cathédrale. Dans la belle salle voûtée du 16ᵉs., les suspects sont attablés. Dans l'assiette, l'objet du crime est une cuisine dans l'air du temps aux accents du terroir... car s'il est un péché commis ici, c'est bien celui de la gourmandise !

XX Le Rocher de l'Arsault ♿ 🖩 ✿ 🅿

15 r. L'Arsault – ℰ 05 53 53 54 06 – www.rocher-arsault.com — Plan : CY**s**
– *Fermé dim. soir et lundi*
Formule 17 € – Menu 21 € (déj. en semaine), 34/48 € – Carte 38/47 €
Quelles couleurs préférez-vous : blanc et vert ou rouge et noir ? Votre préférence déterminera le choix de la salle, à moins que vous ne vous installiez dans la mezzanine... Au menu : une bonne cuisine de saison.

XX Le Grain de Sel

⊙ 7 r. des Farges – ℰ 05 53 53 45 22 – *Fermé 22 juin-15 juil.,* — Plan : BZ**t**
21 déc.-6 janv., dim. et lundi
Formule 24 € – Menu 32/70 € – Carte 48/69 €
Après St-Émilion, le chef a décidé de mettre son Grain de Sel dans la vieille ville de Périgueux ! Au menu : une cuisine du marché gourmande, spontanée et vibrante de saveurs, où les produits de la mer sont à l'honneur. Pour une addition tout sauf salée...

XX La Taula 🖩

3 r. Denfert-Rochereau – ℰ 05 53 35 40 02 — Plan : BZ**k**
– *www.restaurantlataula.com – Fermé 7-13 mars, 4-10 juil. et lundi midi*
Formule 20 € – Menu 32/40 € – Carte 42/51 €
À la Taula (prononcez "taola"), table en patois, les gourmands se régalent d'une bonne cuisine familiale. Parmi les spécialités : pâtés, terrines et cous farcis maison... Voilà une adresse authentique où l'on ne badine pas avec les traditions !

XX L'Essentiel (Eric Vidal) 🏡 🖩 ✿

⬡ 8 r. de la Clarté – ℰ 05 53 35 15 15 — Plan : BZ**n**
– *www.restaurant-perigueux.com – Fermé 1ᵉʳ-14 juil., vacances de printemps, dim. et lundi*
Formule 29 € – Menu 43/98 € – Carte 65/85 € *(réservation conseillée)*
Inutile de se perdre en conjectures, mieux vaut aller à L'Essentiel ! Dans ce restaurant familial voisin de la cathédrale, le produit est roi... et le chef son brillant serviteur. C'est donc une explosion de saveurs, rehaussée par une belle sélection de vins au verre. Et un service attentionné, par-dessus le marché !
➔ Huîtres en gelée de légumes, tourteau et langoustine. Pigeon rôti à la goutte de sang et légumes de saison. Feuille croustillante à la pistache, fraises et crème légère à la vanille.

PÉRIGUEUX

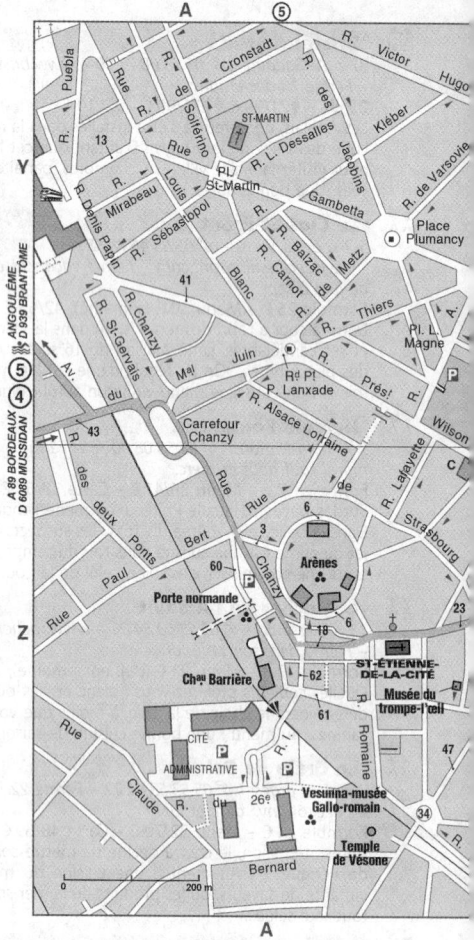

Hiwa

2 r. Montaigne – ℰ 05 53 35 24 88 – Fermé dim. et lundi   Plan : BY**a**
Menu 15 € – Carte 14/31 €

Un izakaya – brasserie traditionnelle japonaise – à Périgueux, voilà déjà une belle surprise. Oubliez les sempiternels sushis : comme les fameux "salarymen" tokyoïtes, on se régale ici de porc émincé cuit au bouillon, d'ailes de poulet tebasaki, de poulet mariné à l'ail et au gingembre... Une adresse atypique et attachante !

L'Épicurien

1 r. du Conseil – ℰ 05 53 09 88 04   Plan : BY**d**
– www.lepicurien-restaurant.fr – Fermé merc., jeudi soir et dim. soir
Formule 15 € – Menu 18 € (déj. en semaine)/34 € – Carte 48/63 €

Tout le charme d'une vieille maison croquignolette, au cœur de Périgueux, pour une cuisine assurément épicurienne, signée par un tout jeune chef, Gilles Labbé de son nom. Du travail dans les assiettes, une jolie inspiration légumière, des cuissons précises... ou comment allier finesse et gourmandise.

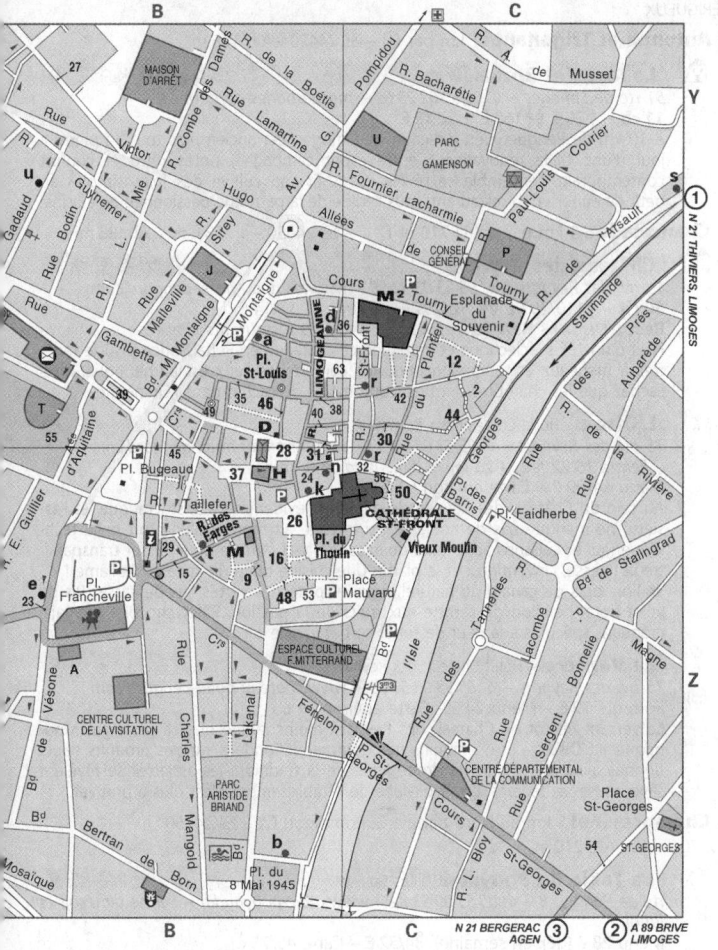

✕ **Un Parfum de Gourmandise**   AC

😊 *67 cours St-Georges – ℰ 05 53 53 46 33 – www.unparfumdegourmandise.com
– Fermé juin, merc. soir, dim. soir et lundi*
Formule 24 € – Menu 32/43 € *(réservation conseillée)*
Un simple parfum de gourmandise ? Tout un déluge d'arômes et de saveurs !
Sébastien Riou et Katell Kergadallan n'ont pas attendu le nombre des années
pour valoriser leur savoir-faire, forgé dans de belles maisons. En intimité avec le ter-
roir périgourdin, leurs assiettes respirent une fraîche et vive inspiration, qui enivre...

✕ **Nicolas L**

😊 *7 pl. du 8-mai-1945 – ℰ 05 53 13 45 02*   Plan : BZ**b**
– www.restaurantnicolasl.com – Fermé dim. et lundi
Formule 22 € – Menu 28/55 € 🍷 – Carte environ 46 €
Nicolas Lamstaes appose sa signature sur les lieux – sobres et élégants – et plus
encore sur les assiettes. Ce pur produit de l'école Ducasse (Louis XV, Rech, Benoit,
Plaza Athénée...) dévoile indéniable savoir-faire sans chercher la complexité : les
assiettes parlent d'elles-mêmes, tout en fraîcheur et saveurs aiguisées.

à Antonne-et-Trigonant 11 km par ① – ⊠ 24420 – Alt. 106 m

🏠 **Le Mas des Bories** 🆕   �🍽️ 🚗 ⌛ 🛁 ⅛ ⚅ 🛜 🅿️

51 rte de Limoges – ☎ 05 53 02 23 52 – masdesbories-dordogne.fr

11 ch – †70 € ††160 € – ⌷ 12 €

À 10 km de Périgueux en direction de Limoges, cet ancien mas tout en pierre a joui d'une belle rénovation : entre esprit campagne, notes rétro et confort contemporain, l'ensemble se révèle cosy... Et l'on cultive de joies simples au petit-déjeuner et au restaurant, sous l'égide de la patronne passionnée de cuisine.

à Chancelade 5,5 km par ⑤, D 710 et D 1 – ⊠ 24650 – 4 258 hab. – Alt. 88 m

🏰 **Château des Reynats**   ⍟ 🚗 ⌛ 🍽️ 🏢 🛜 🧖 🅿️

15 av. des Reynats – ☎ 05 53 03 53 59 – www.chateau-hotel-perigord.com

50 ch – †110/297 € ††110/297 € – 5 suites – ⌷ 14 €

Rest *L'Oison* ✿ **Rest *La Verrière***🛈 – voir les restaurants ci-après

Fruit d'un 19ᵉ s. éclectique et imitateur, ce château néo-Renaissance associe fenêtres à meneaux et tours élégantes... Le confort des lieux est authentique, mais sachez que les chambres ont beaucoup moins de cachet dans l'Orangerie.

🍽️🍽️🍽️ **L'Oison** – Hôtel Château des Reynats   🎇 🚗 🛜 🅿️

✿ *15 av. des Reynats – ☎ 05 53 03 53 59 – www.chateau-hotel-perigord.com – Fermé 16-22 fév., 4-26 janv., dim., lundi et le midi*

Menu 44/99 € – Carte environ 91 €

Au sein du Château des Reynats, le décor est évidemment aristocratique, et l'assiette ne manque pas de noblesse : si le chef fait montre d'une fort belle technique (jus et cuissons sont remarquables), celle-ci s'efface pour laisser transparaître la finesse, l'invention... et le plaisir. Une cuisine qui a du style et de l'âme !

➜ Foie gras de canard au naturel, figue et pistaches vertes, jus de cassis. Ris de veau doré, bouillon de carotte aux fruits de la passion. Palet chocolat guanaja, croquant spéculos à la fleur de sel et sorbet vanille.

🍽️ **La Verrière** – Hôtel Château des Reynats   🅿️

☺ *15 av. des Reynats – ☎ 05 53 03 53 59 – www.chateau-hotel-perigord.com*

Formule 19 € – Menu 24 € – Carte environ 31 €

Le versant bistrot du Château des Reynats, moins raffiné que sa table gastronomique – L'Oison – et néanmoins très gourmand. Fondées sur des produits sélectionnés avec choix, dans la droite ligne de la tradition, les assiettes se révèlent savoureuses et légères. Le savoir-faire de l'établissement n'est plus à prouver...

à Champcevinel 5 km au Nord par av. G. Pompidou CY – ⊠ 24750
– 2 706 hab. – Alt. 210 m

🍽️🍽️ **La Table du Pouyaud** (Gilles Gourvat)   🌲 💠 🅿️

✿ *rte de Paris, D 8 – ☎ 05 53 09 53 32 – www.table-pouyaud.fr – Fermé dim. soir et lundi*

Menu 28 € (déj. en semaine), 34/52 € – Carte 45/75 €

Sur les hauteurs de Périgueux, une ferme joliment rénovée dont le chef honore les classiques. Au fil du repas, on le suit dans ses pérégrinations gourmandes ; il réalise une partition maîtrisée, dont les notes modernes et subtiles réveillent la belle tradition. Le tout à des prix proprement imbattables !

➜ Foie gras poché au banyuls. Pintade farcie en croûte, sauce Périgueux. Le Paris-Périgueux, chou farci de crème mousseline aux noix.

à Annesse-et-Beaulieu 15 km à l'Ouest par D 3, rte de Périgueux – ⊠ 24430
– 1 487 hab. – Alt. 95 m

🏰 **Château de Lalande**   ⍟ 🚗 🛁 ⌛ ⅛ 🅰️ ⚅ 🛜 🧖 🅿️

57 rte de St-Astier – ☎ 05 53 54 52 30 – www.chateau-lalande-perigord.com – Fermé 16 fév.-11 mars

17 ch – †115/220 € ††115/220 € – 2 suites – ⌷ 15 € – ½ P

À 12 km de Périgueux, dans un écrin de verdure, cette noble demeure du 18ᵉ s. a conservé son cachet d'antan. On s'y repose dans des chambres empreintes de classicisme : mobilier de style, parquet, tentures, etc. L'été, on profite de la belle piscine. Beaucoup de charme et de personnalité en ces lieux...

PERNAND-VERGELESSES – 21 (Côte-d'Or) ➜ voir Beaune

PERNAY

⊠ 37230 (Indre-et-Loire) – 1 093 hab. – Alt. 76 m – Voir carte n°**11**-B2
◪ Paris 256 km – Joué-lès-Tours 26 km – Orléans 132 km – Tours 21 km
Carte Michelin 317-L4

⋔ **Domaine de l'Hérissaudière** sans rest
3 km au Nord-Est par D 48 – ℰ *06 03 22 34 45 – www.herissaudiere.com
– Ouvert d'avril à mi-nov.*
5 ch ⊒ – †120/140 € ††130/150 €
Maison de maître bâtie en 1640, blottie dans un parc aux essences rares. Mobilier d'époque et chambres aux noms gouleyants (Vouvray, Chinon...). Bon petit-déjeuner maison.

LA PERNELLE

⊠ 50630 (Manche) – 244 hab. – Alt. 86 m – Voir carte n°**32**-A1
◪ Paris 348 km – Caen 115 km – St-Lô 71 km
Carte Michelin 303-E2

⅋⅋ **Le Panoramique**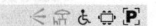
– ℰ *02 33 54 13 79 – www.le-panoramique.fr – Fermé 2 semaines en mars, 2 semaines en oct., 3 semaines en janv. et lundi sauf fériés*
Formule 17 € – Menu 23 € (semaine), 34/44 € – Carte 34/57 €
À côté de l'église du village, sur une colline surplombant la mer et l'île de Tatihou, un restaurant tenu par la même famille depuis... 1966. À l'origine bar, puis crêperie, c'est désormais un agréable restaurant gastronomique, où la cuisine met joliment en avant le terroir normand, au rythme des saisons !

PERNES-LES-FONTAINES

⊠ 84210 (Vaucluse) – 10 496 hab. – Alt. 75 m – Voir carte n°**42**-E1
◪ Paris 685 km – Apt 43 km – Avignon 23 km – Carpentras 6 km
Carte Michelin 332-D10 – Guide Vert Michelin Provence

⅋ **Au Fil du Temps**
51 pl. Louis-Giraud, (face au centre culturel) – ℰ *04 90 30 09 48
– www.aufildutemps84.blogspot.fr – Fermé 1 semaine fin fév., 1 semaine en août, 15 nov.-7 déc., mardi midi, dim. soir et lundi*
Formule 26 € – Menu 30 € (déj. en semaine), 40/60 € *(réservation conseillée)*
Sur la place du monument aux morts, en face de la vieille église – transformée en centre culturel –, cette ancienne épicerie est devenue un charmant petit restaurant. Dans une ambiance légèrement vintage, on déguste des plats créatifs, réalisés avec de bons produits provençaux.

au Nord-Est 4 km par D 1 et rte secondaire – ⊠84210 Pernes-les-Fontaines

⅋⅋ **Mas de la Bonoty** avec ch
chemin de la Bonoty – ℰ *04 90 61 61 09 – www.bonoty.com – Fermé mardi sauf le soir de mars à oct., dim. soir de nov. à fév. et lundi*
4 ch ⊒ – †74/99 € ††74/99 € – ½ P
Formule 19 € – Menu 33 € – Carte 45/60 €
Une jolie bergerie du 17ᵉ s., en pleine campagne. Lové près de la cheminée, on est séduit par le charme rustique de la salle autant que par la cuisine locale, concoctée avec de beaux produits de saison. Chambres de style provençal et jolie piscine extérieure... Le charme de la ruralité !

PÉRONNAS – 01 (Ain) → voir Bourg-en-Bresse

PÉRONNE

⊠ 80200 (Somme) – 7 796 hab. – Alt. 52 m – Voir carte n°**37**-C1
◪ Paris 141 km – Amiens 58 km – Arras 48 km – Doullens 54 km
Carte Michelin 301-K8

▦ **Le St-Claude**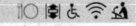
42 pl. du Cdt-L.-Daudré – ℰ *03 22 79 49 49 – www.hotelsaintclaude.com*
40 ch – †65/86 € ††86/112 € – ⊒ 11 € – ½ P
Cet ancien relais de poste de la fin du 19ᵉ s. se trouve sur une grande place commerçante. Les chambres sont plutôt spacieuses, bien tenues et confortables. Au restaurant, on propose une carte traditionnelle. Parfait pour faire étape.

PÉROUGES

✉ 01800 (Ain) – 1 203 hab. – Alt. 290 m – Voir carte n°**44**-B1
▶ Paris 460 km – Bourg-en-Bresse 39 km – Lyon 37 km –
Villefranche-sur-Saône 58 km
Carte Michelin 328-E5 – Guide Vert Michelin Lyon et sa région

Ostellerie du Vieux Pérouges ⏸🟐🛏📶♨🅿🚗
pl. du Tilleul – ☏ *04 74 61 00 88 – www.hostelleriedeperouges.com*
– Fermé 16 fév.-1ᵉʳ mars
23 ch – 💲98/147 € 💲💲136/257 € – 2 suites – ⍁ 17 € – ½ P
Rest *Ostellerie du Vieux Pérouges* – voir les restaurants ci-après
Au cœur de ce charmant village médiéval, plusieurs admirables bâtisses évidemment... moyenâgeuses, réparties dans toute la cité. Lits à baldaquin, poutres et tomettes y côtoient le meilleur confort moderne. De quoi chanter l'amour courtois...

Ostellerie du Vieux Pérouges ♨🅿
pl. du Tilleul – ☏ *04 74 61 00 88 – www.hostelleriedeperouges.com*
– Fermé 16 fév.-1ᵉʳ mars
Menu 39/67 € – Carte 52/81 €
Avis aux amoureux du Moyen Âge : le décor, patiné par les siècles, comme le service, assuré en costume, vous séduiront ! Au menu, toutes les spécialités de la Bresse, de la Dombes et du Bugey (morilles, écrevisses, volailles...), sans oublier la galette "pérougienne" au beurre et aux zestes d'agrumes, une recette familiale.

PERPIGNAN

✉ 66000 (Pyrénées-Orientales) – 118 238 hab. – Agglo. 192 268 hab. – Alt. 60 m
– Voir carte n°**22**-B3
▶ Paris 848 km – Andorra-la-Vella 170 km – Béziers 94 km – Montpellier 156 km
Carte Michelin 344-I6

Villa Duflot ⏸♨🏊📶♿🅰🔏📶♨🅿
rd-pt Albert-Donnezan, 3 km par ④, dir. autoroute – ☏ *04 68 56 67 67*
– www.villa-duflot.com
28 ch – 💲190 € 💲💲210/275 € – 2 suites – ⍁ 15 € – ½ P
Certes, cette villa se trouve en bordure d'une zone commerciale, mais le très beau parc arboré, la piscine, la déco contemporaine et les grandes chambres de style Art déco nous le font bien vite oublier ! L'hôtel le plus confortable de la ville.

Centre del Mon sans rest 🔛♿🅰📶♨
35 bd St-Assiscle – ☏ *04 11 64 71 00*   Plan : AZ**y**
– www.hotels-centredelmon.com
101 ch – 💲75/150 € 💲💲75/150 € – ⍁ 13 €
Pour Dalí, la gare de Perpignan était le centre du monde... Reste à savoir ce qu'il aurait pensé de cet hôtel concept, véritable patchwork de verre à la déco design, tout en noir et blanc. Très tendance, très confortable.

Suite Novotel sans rest 🔏🔛♿🅰📶
34 av. du Général-Leclec – ☏ *04 68 92 72 72 – www.accor.com*   Plan : BY**d**
50 ch – 💲90/160 € 💲💲90/160 € – ⍁ 16 €
Voilà le genre d'hôtel qui plaît aussi bien à la clientèle d'affaires qu'aux touristes de passage amateurs de déco très contemporaine. Les chambres sont spacieuses – 30 m² –, avec un vrai coin salon. Aux beaux jours, on prend le petit-déjeuner en terrasse.

La Fauceille ⏸🏊🔏♿🅰📶♨🅿
860 chemin de la Fauceille, rocade Sud par ③CZ – ☏ *04 68 21 09 10*
– www.lafauceille.com
35 ch – 💲99/290 € 💲💲99/290 € – 1 suite – ⍁ 15 € – ½ P
Rest *Le 860* – voir les restaurants ci-après
L'art du contraste : près d'une rocade et d'une ZAC, cet hôtel contemporain se révèle élégant, épuré et coloré... Le patio, la piscine, les chambres, le restaurant où il fait bon dîner : un lieu plaisant, qui respire la sérénité !

🏠🏠 Le Mas des Arcades ⅠO ⌂ 🛏 ㋕ 🅰 ⚭ 📶 🕰 🅿 🚗

840 av. d'Espagne, 2 km sur N 9 par ④ ⊠ 66100 – 𝒞 *04 68 85 11 11*
– www.hotel-mas-des-arcades.fr
60 ch – 🛏89/140 € 🛏🛏89/140 € – 3 suites – ⊑ 12 € – ½ P
Sur un axe passant, un hôtel des années 1970 rénové dans un style contemporain. Les chambres y sont confortables ; certaines avec balcon donnent sur la piscine. Cuisine traditionnelle au restaurant.

🏠🏠 New Christina ⅠO ⌂ 🛏 ㋕ 🅰 📶 🚗

51 cours Lassus – 𝒞 *04 68 35 12 21* Plan : CYw
– www.hotel-newchristina.com – Fermé 18 déc.-8 janv.
22 ch – 🛏65/95 € 🛏🛏79/99 € – 3 suites – ⊑ 10 € – ½ P
Un petit hôtel proche du palais des congrès, avec des chambres fonctionnelles et bien tenues. Pour se détendre, on fera quelques brasses dans la petite piscine sur le toit, à moins d'opter pour le jacuzzi ou le hammam...

✕✕✕ Le 860 – Hôtel La Fauceille 🕰 ㋕ 🅰 🅿

860 chemin de la Fauceille, rocade Sud par ③ CZ – 𝒞 *04 68 21 09 10*
– www.lafauceille.com – Fermé merc. midi, sam. midi et dim. midi
Formule 20 € – Menu 25 € (déj. en semaine), 31/60 € – Carte 52/80 €
Un agréable endroit, dont la sobriété contemporaine dégage une ambiance à la fois feutrée et chaleureuse, pour une cuisine mettant en valeur des produits de qualité, à l'image de ces goujonnettes de saint-pierre, velours de petits pois et sauce morilles. Les amateurs de vin apprécieront aussi la cave et ses crus d'exception.

✕✕ La Passerelle ㋕ 🅰 ♻

1 cours Palmarole – 𝒞 *04 68 51 30 65 – Fermé 1 semaine* Plan : BYz
début mai, 10-16 août, 20 déc.-4 janv., lundi midi et dim.
Formule 16 € – Menu 22 € (déj. en semaine), 35/53 € – Carte 50/60 €
Au bord de la rivière, une table sympathique et raffinée... En salle, la femme du chef vous conseille de jolis crus régionaux tandis qu'aux fourneaux son mari réalise une cuisine soignée, 100 % maison, où domine le poisson. Une Passerelle vers les saveurs.

✕✕ La Galinette (Christophe Comes) ⚭ 🅰
🏵
23 r. Jean-Payra – 𝒞 *04 68 35 00 90* Plan : BYe
– www.restaurant-galinette.com – Fermé juil., 22 déc.-5 janv., dim. et lundi
Menu 23 € (déj. en semaine)/48 € – Carte 68/84 €
Dans ce restaurant contemporain, le chef a le goût des beaux produits. Le poisson ? Il se le procure chez les petits pêcheurs locaux. Les légumes ? Ceux de son propre potager (3 ha), entretenu avec soin par son père. Résultat ? Une cuisine franche, fine et fraîche !
→ Collection de tomates anciennes en trois services. Rouget vendangeur, jeunes courgettes, jus de bouillabaisse. Mantecado de figues coll de senyora, suc d'agrumes.

✕✕ Les Antiquaires 🅰
😊
pl. Desprès, (r. Michel-Torrent) – 𝒞 *04 68 34 06 58* Plan : BZu
– www.lesantiquairesperpignan.fr.gd – Fermé 24 juin-16 juil.,13-24 janv., dim.
soir et lundi
Menu 26/45 € – Carte 34/58 €
Dans les ruelles du vieux Perpignan, ce petit restaurant porte bien son nom. Objets chinés, bibelots et... convivialité autour d'une cuisine gourmande et bien ficelée. Pour ne rien gâcher, les petits prix sont de la partie : de quoi se faire plaisir sans se ruiner !

✕✕ La Rencontre 🕰
😊
16 r. des Cardeurs – 𝒞 *04 68 34 42 73* Plan : BYb
– www.restaurant-larencontre.fr – Fermé 8-28 juin, 2-8 nov., 28 déc.-10 janv.,
dim. et lundi
Menu 18 € (déj. en semaine), 42/55 € – Carte 54/64 €
Partez à la rencontre de ce tout jeune chef, qui a ici créé sa première affaire après un passage au sein de bonnes maisons du Sud-Ouest. Colorée, parfumée, passionnée et soignée, sa cuisine est une découverte qui mérite... au moins un deuxième rendez-vous ! Le tout dans un décor de pierres et briques, au cœur de la cité.

PERPIGNAN

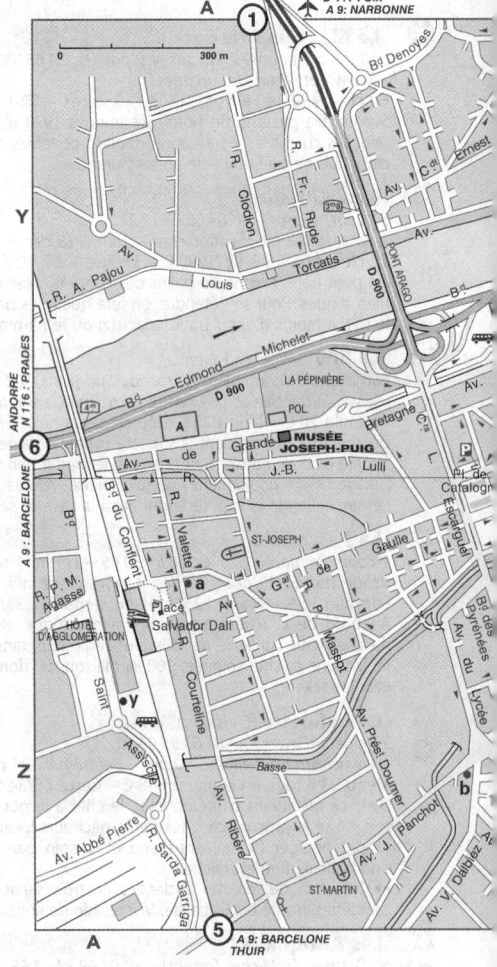

X Le Garriane
😊

15 r. Valette – ℰ 04 68 67 07 44 – *Fermé sam. midi, merc.*   Plan : AZ**a**
midi, dim., lundi et mardi   [AC]
Menu 25 € (déj. en semaine)/30 € *(réservation conseillée) (menu unique)*
"Garriane" pour Garry et Ariane... L'originalité est ici de mise ! Aux fourneaux,
Garry, venu d'Australie, est très influencé par les saveurs asiatiques et signe une
cuisine de saison qui – on peut le dire – magnifie le produit. Le soir, dégustation
autour d'un menu unique. La salle est toute petite, pensez à réserver...

X La Cuisine des Sentiments   &. [AC] ⟡
🍴

9 av. Julien-Panchot – ℰ 04 68 54 16 86   Plan : AZ**b**
– www.la-cuisine-des-sentiments.com – *Fermé sam. midi, merc. midi et mardi*
Menu 14 € (déj.), 26/35 €
Assurément, le chef de ce restaurant sait faire preuve de sentiment lorsqu'il
concocte ses recettes, et cuisine la tradition tout en faisant la part belle aux producteurs locaux. Le rapport qualité-prix est excellent ! Sans surprise, le bouche-à-
oreille marche à plein : n'oubliez pas de réserver.

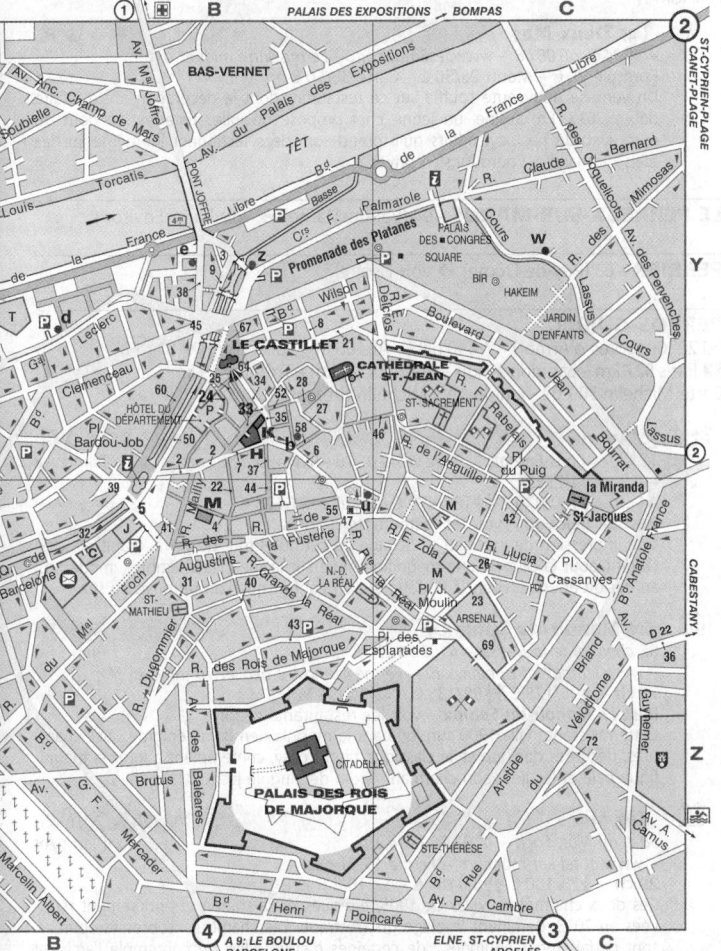

au Nord 10 km par ① près échangeur Perpignan-Nord – ✉66600 Rivesaltes

🏨 **Novotel** 🍽 🚗 ♨ 🏖 ᵭ 📻 🛜 🛁 🅿 🅿

7 r. Alfred-Sauvy – ☎ *04 68 64 02 22* – *www.novotel.com*
57 ch – ♦100/150 € ♦♦100/150 € – ☐ 16 €
Non loin de l'autoroute et tout près de l'aéroport, un Novotel de facture zen et contemporaine. Piscine, terrasse – barbecue en été –, parking sécurisé, etc., pour joindre l'utile à l'agréable.

à Cabestany 5 km par③ et D22ᶜ – ✉ 66330 – 9 199 hab. – Alt. 35 m

🏠 **Les Deux Mas** 🍽 ᵭ 📻 🛜 🛁 🅿 🚗

– ☎ *04 68 50 08 08* – *www.les2mas.com*
32 ch – ♦72/99 € ♦♦92/119 € – 1 suite – ☐ 10 € – ½ P
Rest *Les Deux Mas* – voir les restaurants ci-après
Dans un environnement industriel et commercial, cet hôtel contraste par sa belle atmosphère marocaine... Touches mauresques, patio digne d'un riad sur lequel donnent les chambres, jacuzzi... Ça y est, vous êtes de l'autre côté de la Méditerranée !

1377

X **Les Deux Mas** 🛋 & 🔤 🅿

– ☎ 04 68 50 08 08 – www.les2mas.com – *Fermé sam. midi et dim.*
Formule 20 € – Menu 28/50 € – Carte 30/50 €
Un vent de nouveauté souffle sur ce restaurant dont la décoration a été refaite début 2013. En cuisine, un jeune chef propose de jolies recettes, au goût du jour, avec de beaux produits qu'il prend soin de sélectionner lui-même sur les étals du marché. Pourquoi s'en priver ?

LE PERREUX-SUR-MARNE – 94 (Val-de-Marne) → voir Paris, Environs

---

PERRIER – 63 (Puy-de-Dôme) → voir Issoire

PERROS-GUIREC
✉ 22700 (Côtes-d'Armor) – 7 440 hab. – Alt. 60 m – Voir carte n°**9-B1**
▶ Paris 527 km – Lannion 12 km – St-Brieuc 76 km – Tréguier 19 km
Carte Michelin 309-B2 – Guide Vert Michelin Bretagne Nord

🏨🏨 **L'Agapa** ▮○ 🏊 ← 🛌 🔲 ⊕ 🖪🛎 & 🕸 🛜 🚿 🅿
12 r. des Bons-Enfants – ☎ 02 96 49 01 10 – www.lagapa.com Plan : A**y**
– *Fermé 14-25 déc.*
44 ch – ♦180/470 € ♦♦180/470 € – 1 suite – ☕ 25 € – ½ P
Rest *Le Bélouga* – voir les restaurants ci-après
Une impression de luxe zen se dégage de cet hôtel tout de verre, granit et acier. Offrant pour la plupart une magnifique vue sur la mer, les chambres, modernes, au design épuré, invitent à la détente ; un confort que l'on retrouve au spa.

🏨🏨 **Le Manoir du Sphinx** ▮○ 🏊 ← 🛌🛎 🛜 🅿
67 chemin de la Messe – ☎ 02 96 23 25 42 Plan : B**e**
– www.lemanoirdusphinx.com – *Fermé 15 nov.-2 déc. et 10 janv.-25 fév.*
20 ch – ♦95/125 € ♦♦95/135 € – ☕ 11 € – ½ P
Rest *Le Manoir du Sphinx* – voir les restaurants ci-après
Cette ravissante villa 1900 surplombant la mer n'a rien d'une énigme... Ses chambres, décorées dans un style classique plutôt cosy, contemplent à loisir la magnifique baie et les îles ; son charmant jardin dégringole jusqu'à la mer.

🏨🏨 **Ker Mor** ▮○ 🏊 ← 🛌🛎 & 🛜 🚿 🅿
38 r. du Mar.-Foch – ☎ 02 96 23 14 19 Plan : A**x**
– www.hotel-ker-mor.com – *Fermé 15-31 déc.*
29 ch – ♦73/180 € ♦♦83/180 € – ☕ 10 € – ½ P
Ces deux charmantes villas de 1905, typiques de la station et entièrement rénovées en 2013, dominent la plage du Trestraou. Les chambres, sobres et épurées, sont parfaitement équipées ; de certaines d'entre elles, on contemple l'archipel des Sept-Îles, au large...

🏨🏨 **Les Feux des Îles** ▮○ 🏊 ← 🛌 🚿 🛜 🅿
53 bd Clemenceau – ☎ 02 96 23 22 94 – www.feux-des-iles.com Plan : B**n**
– *Fermé 10-20 oct. et 20 déc.-5 janv.*
18 ch – ♦79/110 € ♦♦130/150 € – ☕ 13 € – ½ P
Le vent du large fait pousser les fleurs du joli jardin de cet hôtel familial. Pour plus d'espace, on demande les chambres de l'annexe, plus actuelles et qui ont vue sur la mer. Du restaurant, on contemple les "feux" (phares) des îles, éclairage poétique pour une cuisine traditionnelle aux notes marines.

🏨 **Hermitage** ▮○ 🏊 🛌 & 🅿
20 r. Frères-Le-Montréer – ☎ 02 96 23 21 22 Plan : B**f**
– www.hotelhermitage-22.com – *Ouvert 1er avril-1er nov.*
16 ch – ♦57/63 € ♦♦61/75 € – ☕ 9 € – ½ P
Une grande bâtisse d'esprit balnéaire, au cœur d'un jardin arboré en centre-ville. Les chambres, qui jouent la carte de la fraîcheur et de la simplicité, se révèlent agréables. Et les nombreux habitués apprécient l'ambiance familiale des lieux...

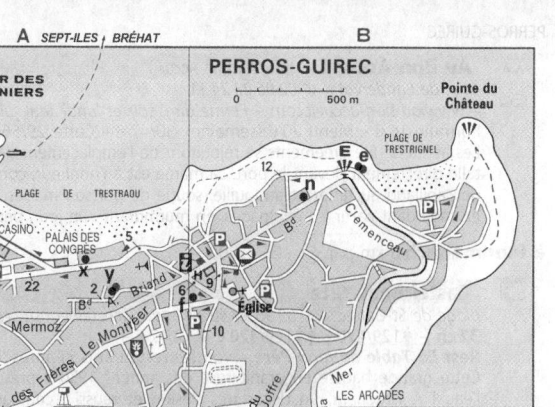

PERROS-GUIREC

Pointe du Château

SENTIER DES DOUANIERS

Le Bihan (Bd J.)	A 7
Bons-Enfants	
(R. des)	A 2
Le Braz (R. A.)	B 8
Casino (Av. du)	A 3
Foch (R. A.)	A 5
Gaulle (R. Gén.-de)	AB 6
L'Héveder	
(R. Sergent)	B 10
Joffre (R. du Mar.)	B
Leclerc (R. du Mar.)	B 9
Messe	
(Chemin de la)	B 12
Renan (R. Ernest)	B 20
Rohellou (R. de)	A 22

🏠 **Au Bon Accueil** ⅠⅠ◯ ※ 🛜 🅿

11 r. de Landerval – 𝒸 *02 96 23 24 11*   Plan : B**v**
– www.au-bon-accueil.com
21 ch ⌷ **–** ✚70/72 € ✚✚99/102 € – ½ P
Rest *Au Bon Accueil* – voir les restaurants ci-après

Dans ce bâtiment rappelant les années 1970, douze chambres offrent une vue sur la mer. On note le contraste entre le mobilier rétro et l'équipement moderne (couettes avec jeté de lit en cuir, écran plat, etc.), et la parfaite tenue de l'ensemble.

XXX **Le Bélouga** – Hôtel L'Agapa   ≤ ⇦ & ※ 🅿

12 r. des Bons-Enfants – 𝒸 *02 96 49 01 10 – www.lagapa.com*   Plan : A**y**
– Fermé 14-25 déc., lundi et mardi sauf vacances scolaires
Menu 29 € ⵟ (déj.), 48/90 € – Carte 61/84 €

Un décor raffiné et épuré, face au spectacle de la côte et de l'archipel des Sept-Îles. Voilà bien un cadre séduisant pour un repas ancré dans la mer et le terroir bretons. Et la qualité du service ajoute au plaisir de l'instant...

XXX **La Clarté**   & 🅰🅲 🅿

24 r. Gabriel-Vicaire, à La Clarté par ② *–* 𝒸 *02 96 49 05 96 – www.la-clarte.com*
– Fermé 18 déc.-6 fév., dim. soir et mardi
Menu 31/78 € – Carte 66/112 € *(réservation conseillée)*

Cette élégante maison en granit rose semble vibrer à l'unisson de la côte... Le chef, Daniel Jaguin, a pour boussole les beaux produits de la région (Saint-Jacques des Côtes-d'Armor, huîtres de Lanmodez, etc.), cuisinés à travers des associations de saveurs originales – notes exotiques et épices lointaines.

XX **Le Manoir du Sphinx** – Hôtel Le Manoir du Sphinx   ≤ ⇦ 🅿

67 chemin de la Messe – 𝒸 *02 96 23 25 42*   Plan : B**e**
– www.lemanoirdusphinx.com – Fermé 15 nov.-2 déc., 11 janv.-25 fév. , dim. soir d'oct. à mars sauf fériés et vacances scolaires, lundi midi et vend. midi
Formule 24 € ⵟ – Menu 31/51 € – Carte 48/89 €

De la salle à manger de cette belle maison, élégante et feutrée, on surplombe le jardin et la côte rocheuse. Une vue panoramique à couper le souffle, qui ne donne que plus de relief à des plats privilégiant producteurs et pêcheurs locaux...

Au Bon Accueil – Hôtel Au Bon Accueil

11 r. de Landerval – ✆ 02 96 23 24 11 Plan : B**v**
– www.au-bon-accueil.com – Fermé dim. soir et lundi sauf juil.-août
Formule 16 € – Menu 20 € (semaine), 30/47 € – Carte 29/56 €
Les amateurs de gréements se réjouiront de l'emplacement de ce restaurant, installé directement devant le port. La marée est à l'honneur, comme il se doit : dos de cabillaud au tartare d'andouille, soupe de poisson maison... que l'on déguste en regardant partir les équipages, en murmurant : un jour, peut-être !

à Ploumanach 6 km par ② – ✉ 22700

Castel Beau Site

plage de St-Guirec – ✆ 02 96 91 40 87 – www.castelbeausite.com
32 ch – †129/420 € ††129/420 € – ☕ 17 € – ½ P
Rest *La Table de mon Père* – voir les restaurants ci-après
Cette grande bâtisse en granit rose des années 1930 a presque les pieds dans l'eau ! À l'intérieur, un décor très design et réussi : couleurs tranchées, toiles contemporaines, douches à l'italienne, etc. Pour découvrir le Trégor autrement...

Hôtel du Parc

174 pl. St-Guirec – ✆ 02 96 91 40 80 – www.hotel-duparc-perros.com – Fermé 5 janv.-6 fév.
10 ch – †68/91 € ††68/91 € – ☕ 11 € – ½ P
Rest *La Cotriade* – voir les restaurants ci-après
Au centre du village, non loin de la plage et de ses célèbres rochers, une maison familiale avec de petites chambres bien agencées et fonctionnelles. Une sympathique étape sur cette côte de granit rose.

Hôtel des Rochers

70 chemin de la Pointe, (au port de Ploumanach) – ✆ 02 96 91 67 54 – www.hotel-desrochers-perros.com – Fermé 4 janv.-13 fév.
11 ch – †65/180 € ††65/180 € – ☕ 10 € – ½ P
Rest *Restaurant des Rochers* – voir les restaurants ci-après
Face au joli petit port de Ploumanach, cette maison cultive un bel esprit... marin. Les chambres, actuelles et cosy, sont bien insonorisées et affichent clairement la couleur : du bleu et du blanc. Enfin, l'accueil est comme le reste : charmant !

La Table de mon Père – Hôtel Castel Beau Site

plage de St-Guirec – ✆ 02 96 91 40 87 – www.castelbeausite.com – Fermé le midi
Menu 38/55 €
Profiter, sur la plage de St-Guirec, des dernières lueurs du couchant, bien au chaud dans une salle design, en dégustant un menu dédié à un produit de saison (Saint-Jacques, homard, etc.)... Une cuisine au goût du jour, présentée avec soin, où l'on sent du sérieux et de l'application.

Restaurant des Rochers – Hôtel des Rochers

70 chemin de la Pointe, (au port de Ploumanach) – ✆ 02 96 46 50 08 – www.hotel-desrochers-perros.com – Fermé 15 nov.-12 déc., 4 janv.-13 fév. et lundi
Formule 16 € – Menu 28/58 € – Carte 36/76 €
Cadre chaleureux, baies vitrées offrant une vue imprenable sur le port, boiseries aux murs et lambris au plafond : cet intérieur rappelle furieusement celui... d'un bateau ! La cuisine, au goût du jour, est aussi dans cet esprit : elle privilégie les produits de la mer, agrémentés de quelques notes créatives.

La Cotriade – Hôtel du Parc

174 pl. St-Guirec – ✆ 02 96 91 40 80 – www.hotel-duparc-perros.com – Fermé 5 janv.-6 fév.
Menu 23/50 € – Carte 38/60 €
L'été, on se presse en terrasse pour déguster une cuisine traditionnelle, tournée vers les produits de la mer : poissons, plateaux de fruits de mer avec huîtres, homard et, bien sûr, de la cotriade ! Il ne faut pas hésiter, d'autant que le chef fait tout lui-même : terrines, foie gras, desserts...

PERTUIS

✉ 84120 (Vaucluse) – 19 033 hab. – Alt. 246 m – Voir carte n°**40-B2**
◪ Paris 747 km – Aix-en-Provence 23 km – Apt 36 km – Avignon 76 km
Carte Michelin 332-G11 – Guide Vert Michelin Provence

🏨 Sévan Parc Hôtel ⏸ ⟨ ⟨ ⌿ 🥈 ⯈ 🔲 🛜 ⚿ 🅿

1862 rte de la Bastidonne, 1,5 km à l'Est – ☎ *04 90 79 19 30*
– www.sevanparchotel.com
41 ch – ♦75/150 € ♦♦85/200 € – ⛋ 13 € – ½ P
Au pied du Luberon, dans un parc fleuri, cet hôtel profite d'un environnement calme et verdoyant. Chambres ensoleillées d'inspiration provençale. Cuisine régionale à L'Olivier (agréable salle contemporaine). À La Paillote, ambiance décontractée, cuisine traditionnelle et terrasse au bord de la piscine.

⌂ Château Grand Callamand sans rest ⟋ ⟨ ⌿ ⚿ 🅿

rte de la Loubière, 2 km par r. Léon-Arnoux – ☎ *04 90 09 61 00*
– www.chateaugrandcallamand.com
3 ch ⛋ – ♦140/200 € ♦♦140/200 €
Superbe bastide du 16ᵉ s. posée au cœur d'un domaine viticole. Accueil charmant, quiétude, piscine, terrasse face à la montagne Ste-Victoire et déco de bon goût dans les chambres.

PETIT-ATTICHES – 59 (Nord) → voir Attiches

PETIT-BERSAC

✉ 24600 (Dordogne) – 171 hab. – Alt. 90 m – Voir carte n°**39-C3**
◪ Paris 501 km – Angoulême 49 km – Bordeaux 121 km – Périgueux 50 km
Carte Michelin 329-C4

🏨 Château Le Mas de Montet ⏸ ⟋ ⟨ ⚿ 🅿

– ☎ *05 53 90 08 71 – www.lemasdemontet.com – Ouvert 1ᵉʳ avril- 20 oct.*
10 ch – ♦96/268 € ♦♦96/268 € – ⛋ 15 € – ½ P
Abords très soignés pour ce superbe château Renaissance. On profite ainsi du parc fleuri, de la piscine, du potager ou encore de la terrasse. L'intérieur, romantique et raffiné, séduit tout autant. Restauration traditionnelle.

PETITE-HETTANGE – 57 (Moselle) → voir Malling

LA PETITE-PIERRE

✉ 67290 (Bas-Rhin) – 622 hab. – Alt. 340 m – Voir carte n°**1-A1**
◪ Paris 433 km – Haguenau 41 km – Sarreguemines 48 km – Sarre-Union 24 km
Carte Michelin 315-H3

🏨 La Clairière ⏸ ⟋ ⌿ 🔲 🌐 ⯈ 🖭 ⅃ 🅿

– ☎ *03 88 71 75 00 – www.la-clairiere.com – Fermé 4-23 janv.*
49 ch – ♦170/270 € ♦♦170/270 € – ⛋ 25 € – ½ P
Lové au cœur de la forêt, cet hôtel moderne est dédié au bien-être : spa de 1 200 m², piscine ouverte sur la terrasse en teck, salles de séminaire avec possibilité d'épreuves sportives... et chambres spacieuses. Cuisine saine et vins bio au restaurant.

🏨 Au Lion d'Or ⏸ ⟨ ⟨ 🔲 🌐 🥈 ⚿ ⅃ 🅿

15 r. Principale – ☎ *03 88 01 47 57 – www.liondor.com – Fermé 2-15 mars*
38 ch – ♦58/152 € ♦♦80/254 € – ⛋ 15 € – ½ P
Rest *Au Lion d'Or* – voir les restaurants ci-après
Parfaite adresse pour se ressourcer ! En pleine nature, cet établissement dispose d'un centre d'arbrothérapie (traduire : utiliser la forêt pour se sentir mieux). Les chambres "arbro" justement, actuelles et épurées, sont bien plaisantes.

✗✗ Au Lion d'Or – Hôtel Au Lion d'Or ⟨ ⟨ 🖭 ⏻ 🅿

15 r. Principale – ☎ *03 88 01 47 57 – www.liondor.com – Fermé 2-15 mars*
Formule 12 € – Menu 18 € (déj. en semaine), 39/59 € – Carte 35/65 €
Le credo de l'hôtel, "être en communion avec la forêt", s'applique également au restaurant, avec sa décoration élégante, ses boiseries et sa vue panoramique sur la vallée. Au menu, de bonnes recettes régionales, très "nature".

à Graufthal 11 km au Sud-Ouest par D 178 et D 122 – ✉ 67320

Au Vieux Moulin ⍾ ⟲ ≤ ⌘ ⟱ ⟱ P

7 r. du Vieux-Moulin – ℰ 03 88 70 17 28 – www.auvieuxmoulin.eu – Fermé 1 semaine fin juin-début juil. et vacances de fév.
15 ch – ♦58/74 € ♦♦58/120 € – 1 suite – ⌷ 10 € – ½ P
Dans ce hameau dont Erckmann et Chatrian ont vanté la sérénité, cette maison vous réserve un accueil chaleureux. Les chambres sont simples et fraîches, avec des touches de couleurs vives. Au restaurant, cuisine familiale aux accents alsaciens.

⍟⍟ Au Cheval Blanc ⟱ P

19 r. Principale – ℰ 03 88 70 17 11 – www.auchevalblanc.net
– Fermé 25 août-14 sept., 2-21 janv., lundi soir, merc. soir et mardi
Formule 25 € – Menu 28 € (semaine), 31/49 € – Carte 34/53 €
Une sympathique auberge, chaleureuse et familiale, nichée au cœur du tranquille village troglodytique de Graufthal. Derrière les fourneaux, le chef, Gilles Stutzmann, concocte à sa façon une cuisine traditionnelle, soignée et savoureuse. En prime : un décor rustique à souhait.

LE PETIT-PRESSIGNY

✉ 37350 (Indre-et-Loire) – 326 hab. – Alt. 80 m – Voir carte n°**11**-B3
◗ Paris 290 km – Le Blanc 38 km – Châtellerault 36 km – Châteauroux 68 km
Carte Michelin 317-O7

⍟⍟⍟ La Promenade (Fabrice et Jacky Dallais) ⍟⍟ Ⓐ ⍟

11 r. du Savoureulx – ℰ 02 47 94 93 52
– www.restaurantdallaislapromenade.com – Fermé 14 sept.-3 oct., 4 janv.-6 fév., mardi sauf le soir en juil.-août, dim. soir et lundi
Menu 43/92 € – Carte 65/105 €
Ce restaurant invite à une jolie promenade ! Derrière les fourneaux, père et fils jouent, à quatre mains, une partition aux notes actuelles, à la fois savoureuse et gourmande. À déguster, au choix, dans un cadre bourgeois ou contemporain. Une des meilleures tables de la région.
➔ Bouillon de carotte aux fèves, sarriette et lard. Poulette de Racan rôtie au citron, beurre d'écrevisse et royale de foie blond. Paris-brest en éclair.

LE PETIT QUEVILLY – 76 (Seine-Maritime) ➔ voir Rouen

PEYREHORADE

✉ 40300 (Landes) – 3 521 hab. – Alt. 19 m – Voir carte n°**3**-B3
◗ Paris 808 km – Bordeaux 229 km – Mont-de-Marsan 96 km – Pau 80 km
Carte Michelin 335-E13 – Guide Vert Michelin Aquitaine

⍟ Le Central avec ch ⎮⎮ ⍟ rest. ⟱ ⍟

pl. Aristide-Briand – ℰ 05 58 73 01 44 – www.hotel-le-central.com
– Fermé 18 fév.-3 mars, 18 déc.-10 janv., vend. soir, dim. soir et lundi sauf en été
14 ch – ♦59 € ♦♦72 € – ⌷ 8,50 € – ½ P   Menu 16/38 € – Carte 40/65 €
Tradition et produits du terroir : tel est le credo de cette maison sympathique. Œufs brouillés aux langoustines, terrine de foie gras maison, velouté de cresson au magret fumé, ou encore médaillons de lotte au gingembre et tête de veau... De jolies préparations que l'on doit à un chef motivé et partageur.

PEYRUIS

✉ 04310 (Alpes-de-Haute-Provence) – 2 749 hab. – Alt. 402 m – Voir carte n°**40**-B2
◗ Paris 735 km – Avignon 165 km – Digne-les-Bains 27 km – Marseille 117 km
Carte Michelin 334-D8 – Guide Vert Michelin Alpes du Sud

Auberge les Galets ⍾ ⍟ ⍟ ⟱ P

quartier Pont-Bernard – ℰ 04 92 35 27 68 – www.auberge-les-galets.fr – Fermé 3-20 janv.
13 ch – ♦59/75 € ♦♦65/99 € – ⌷ 12 € – ½ P
Impossible de ne pas remarquer la façade couleur framboise de cette charmante auberge ! On s'y repose dans de jolies chambres thématiques : Bambou, Acajou, Ébène... Et on apprécie l'ambiance familiale. Restauration traditionnelle.

PÉZENAS

✉ 34120 (Hérault) – 8 290 hab. – Alt. 15 m – Voir carte n°**23-C2**
▶ Paris 734 km – Agde 22 km – Béziers 24 km – Lodève 39 km
Carte Michelin 339-F8

🏨 **Distillerie de Pézenas** 　　　🔟 ⤴ 🕭 🛗 ⅙ 🅰 🛜 🖐 🅿
6 r. Calquières-Hautes – ℰ 04 67 11 51 10 – www.garrigae-resorts.fr
50 ch – ♦119/211 € ♦♦119/211 € – 27 suites – ⏁ 16 €
Enivrante, cette ancienne distillerie transformée en hôtel ? Les amateurs apprécieront son décor résolument contemporain et ses chambres, dont la plupart disposent d'une terrasse ou d'un jardin privatif ; certaines ont même un coin cuisine.

⚐ **Vigniamont** sans rest 　　　　　　　　　　　　　🍽 🛜
5 r. Massillon – ℰ 04 67 35 14 88 – www.hoteldevigniamont.com
5 ch – ♦85/130 € ♦♦95/140 € – ⏁ 9 €
Dans ce village qu'appréciait tant Molière, cet hôtel particulier du 17e s. abrite de
jolies chambres, calmes et décorées avec soin – certaines avec un ciel de lit un
rien théâtral. Ne passez pas à côté du petit-déjeuner maison ! Accueil chaleureux.

✕✕ **L'Entre Pots** 　　　　　　　　　　🕭 🏝 🅰 ⟷
🈂 8 av. Louis-Montagne – ℰ 04 67 90 00 00 – www.restaurantentrepots.com
– Fermé 2 semaines en janv., dim. et lundi
Formule 21 € – Menu 29 € (déj. en semaine)/32 € – Carte 43/51 €
Voilà un jeu de mots justifié pour cet ancien entrepôt de vins dédié aux plaisirs
du palais ! En cuisine, le chef mêle saveurs du terroir et touches créatives. En
salle, les gourmands s'installent dans un cadre branché à la lumière tamisée.
Belle sélection de crus régionaux. Le tout à prix doux.

✕✕ **Le Pré St-Jean** 　　　　　　　　　　　🕭 🏝 🅰
🈂 18 av. Mar.-Leclerc – ℰ 04 67 98 15 31 – www.restaurant-leprestjean.fr
– Fermé dim. soir, jeudi soir et lundi
Formule 20 € – Menu 28/55 € – Carte 40/67 €
La devanture en Corten – un acier à l'aspect de rouille – s'inscrit dans une belle
façade en pierre, sur le boulevard circulaire de la ville. En cuisine, beau-père et
gendre réalisent une cuisine inspirée, goûteuse et gourmande, sur laquelle viennent se greffer quelques plats bistrotiers. Une réussite !

✕ **L'Amphitryon** 　　　　　　　　　　　　　　　🏝 🍽
5 r. du Mar.-Plantavit – ℰ 04 67 90 11 84 – Fermé dim. et lundi
Formule 15 € – Menu 30/49 €
Difficile d'imaginer qu'on se trouve ici dans une ancienne caserne de pompiers !
Aux commandes, un jeune chef qui a été meilleur apprenti d'Europe et sa compagne ex-prof de gym... pour un service tout en souplesse. Extrait de la carte :
fleurs de courgettes farcies et émulsion au vin blanc. Une bonne adresse.

à Montagnac 6,5 km au Nord-Est par D 613 – ✉ 34530 – 3 652 hab. – Alt. 41 m

✕ **Côté Mas** ⓝ 　　　　　　　　　　　🕭 🏝 🅰 ⟷
rte de Villeveyrac – ℰ 04 67 24 36 10 – www.cote-mas.fr – Fermé dim. soir
Formule 22 € 🍷 – Menu 28 € 🍷 (déj. en semaine), 49/69 € 🍷 – Carte 43/57 €
Installé au beau milieu des vignes, un restaurant chaleureux et joliment décoré :
objets d'art contemporain, lustres de Murano, mobilier en bois exotique... L'atmosphère idéale pour savourer cette cuisine étonnante, pleine de saveurs, qui marie
accents du Sud et touches d'Asie. Belle carte de vins au verre.

à Nézignan-l'Évêque 5 km au Sud par D 609 et D 13 – ✉ 34120
– 1 617 hab. – Alt. 40 m

🏨 **Hostellerie de St-Alban** 　　🔟 ⚶ ⟨ ⤴ 🍽 ⅙ 🍽 🛜 🖐 🅿
31 rte d'Agde – ℰ 04 67 98 11 38 – www.saintalban.com – Fermé 1er déc.-3 janv.
13 ch – ♦55/129 € ♦♦79/149 € – ⏁ 9 € – ½ P
Jolie maison de maître du 19e s., nichée dans un coquet jardin fleuri. Espace, couleur et mobilier en fer forgé caractérisent les chambres, parfois très originales.
Cuisine traditionnelle au restaurant.

PEZENS – 11 (Aude) → voir Carcassonne

PÉZILLA-LA-RIVIÈRE

✉ 66370 (Pyrénées-Orientales) – 3 286 hab. – Alt. 75 m – Voir carte n°**22**-B3
▶ Paris 857 km – Argelès-sur-Mer 35 km – Le Boulou 25 km – Perpignan 12 km
Carte Michelin 344-H6

✗ L'Aramon Gourmand

127 av. du Canigou, rte Baho, D 614 – ℰ 04 68 92 43 59
– www.aramongourmand.fr – Fermé 2 semaines en oct., dim. soir, lundi et mardi
Formule 15 € – Menu 29/40 € – Carte 29/45 €
Le chef connaît son métier et cela se sent. Cet enfant du pays concocte une jolie cuisine traditionnelle et quelques plats du terroir. Et de la salle principale, on aperçoit la cave à vin. Rustique... mais sympathique !

PFAFFENHEIM

✉ 68250 (Haut-Rhin) – 1 324 hab. – Alt. 210 m – Voir carte n°**1**-A2
▶ Paris 497 km – Basel 67 km – Colmar 15 km – Strasbourg 94 km
Carte Michelin 315-H9 – Guide Vert Michelin Alsace Vosges

⌂ La Maison d'Émilie

3 r. du Moulin – ℰ 03 69 34 06 96
– www.maisondemilie.com
3 ch ☲ – †80/110 € ††95/125 €
Émilie et Guillaume ont rénové l'ancienne demeure de la grand-mère de ce dernier, pour en faire leur maison de famille... et l'ouvrir aux hôtes de passage. Alliance de poutres anciennes et de grand confort, salle de jeux pour enfants, joli jardin et bonne table d'hôte (Guillaume est chef de profession) : un vrai nid alsacien !

PFAFFENHOFFEN

✉ 67350 (Bas-Rhin) – 2 831 hab. – Alt. 170 m – Voir carte n°**1**-B1
▶ Paris 457 km – Haguenau 16 km – Sarrebourg 55 km – Sarre-Union 50 km
Carte Michelin 315-J3

✗✗ A l'Agneau avec ch

3 r. de Saverne – ℰ 03 88 07 72 38 – www.hotel-restaurant-delagneau.com
– Fermé 9-17 mars, 16-22 juin, 8-26 sept., lundi et mardi
11 ch – †65/77 € ††67/78 € – ☲ 9 € – ½ P
Formule 13 € – Menu 20 € (déj. en semaine), 29/70 € – Carte 47/66 €
Dans cette auberge alsacienne (1769), la restauration est une affaire de famille ! Deux sœurs (7ᵉ génération) sont à la tête de l'établissement, où l'on sert une cuisine traditionnelle parsemée de touches de modernité, qui évolue au fil des saisons. Le tout accompagné de bons crus.

PFULGRIESHEIM – 67 (Bas-Rhin) → voir Strasbourg

PHALSBOURG

✉ 57370 (Moselle) – 4 828 hab. – Alt. 365 m – Voir carte n°**27**-D2
▶ Paris 435 km – Metz 110 km – Sarrebourg 17 km – Sarreguemines 50 km
Carte Michelin 307-O6

🏠 Erckmann-Chatrian

pl. d'Armes – ℰ 03 87 24 31 33 – www.erckmann-chatrian.net
16 ch – †68/82 € ††68/82 € – ☲ 12 € – ½ P
Rest *Erckmann-Chatrian* – voir les restaurants ci-après
Une maison typique de la région dont la façade fleurie ne manque pas de cachet. Les chambres sont relativement spacieuses, plutôt fonctionnelles, et adoptent un style classique. Parfait pour visiter l'ancienne cité fortifiée par Vauban ou pour se rendre, l'été venu, au festival littéraire Erckmann-Chatrian.

XXX **Au Soldat de l'An II** (Georges Schmitt) avec ch   器 需 畑 ch, 奈 P
❀   *1 r. de Saverne – ℰ 03 87 24 16 16 – www.soldatan2.com – Fermé 7-16 avril,*
6-9 juil., 2-12 nov., 5-15 janv., dim. soir, mardi midi et lundi
7 ch – ♦165/185 € ♦♦165/220 € – ☲ 26 € – ½ P
Menu 40 € (semaine), 78/158 € – Carte 80/103 €
Un Soldat distingué : cette ancienne grange affiche une élégance subtilement
baroque (pierres, poutres, tableaux). Produits nobles, recettes innovantes fondées
sur des bases classiques, crus d'exception : les saveurs sont au garde-à-vous ! Et
l'on peut profiter des quelques chambres, spacieuses et au luxe discret...
→ Pralin de foie gras aux pistaches et gelée de vendanges tardives. Côtes et
médaillon de chevreuil du pays aux fruits cassés. Chocolat blanc et glace meringuée aux amandes vertes.

XX **Erckmann-Chatrian** – Hôtel Erckmann-Chatrian   需 & 畑 ⇔
pl. d'Armes – ℰ 03 87 24 31 33 – www.erckmann-chatrian.net
Menu 23/45 € – Carte 30/60 € *(fermé dim. soir, mardi midi et lundi)*
La table de l'hôtel Erckmann-Chatrian met les recettes traditionnelles à l'honneur.
Ici, on privilégie les produits frais et le "fait maison"... pour le plus grand bonheur
des gourmands ! Côté déco, le classicisme de l'établissement se retrouve dans
l'une des salles, l'autre étant plus moderne.

à Bonne-Fontaine 4 km à l'Est par D 604 et rte secondaire – ⌧ 57370

🏠 **Notre-Dame de Bonne Fontaine**   🕙 ⤬ 🖥 🎐 奈 🖾 P
212 rte Bonne-Fontaine – ℰ 03 87 24 34 33
– www.hotel-restaurant-ndbonnefontaine.com – Fermé 1 semaine en fév., vend.
soir, dim. soir et sam. en janv.-fév.
34 ch – ♦65/75 € ♦♦78/90 € – ☲ 11 € – ½ P
La même famille tient depuis plusieurs générations cet hôtel en pleine forêt, non
loin de la source miraculeuse. De belles promenades en perspective avant de
prendre un repos bien mérité dans des chambres toutes simples.

PHILIPPSBOURG

⌧ 57230 (Moselle) – 615 hab. – Alt. 215 m – Voir carte n°**27-D1**
D Paris 450 km – Haguenau 29 km – Strasbourg 58 km – Wissembourg 42 km
Carte Michelin 307-Q5

XX **Au Tilleul**   🍴 & ⇔ P
❀   *24 rte de Niederbronn – ℰ 03 87 06 50 10 – www.resto.fr/autilleul – Fermé*
12 janv.-4 fév., le soir en nov. sauf week-ends, lundi soir, mardi soir et merc.
Formule 13 € – Menu 18 € (semaine), 30/42 € – Carte 30/60 €
Deux espaces dans cette auberge familiale : d'abord un bar où l'on sert des plats
du jour, puis une agréable salle dédiée à la cuisine traditionnelle. Parmi les spécialités de la maison, la truite au bleu.

à l'Étang de Hanau 5 km au Nord-Ouest par D 662 et rte secondaire – ⌧ 57230

🏠 **Beau Rivage** sans rest   ⤬ ⪡ 🍴 🖾 P
1 r. de l'Étang – ℰ 03 87 06 50 32 – www.hotel-beau-rivage-fr.com – Fermé fév.
22 ch – ♦45/54 € ♦♦65/79 € – ☲ 9 €
Des arbres partout... Pas de doute, nous sommes bien au cœur de la forêt. Sur les
rives de l'étang de Hanau, cette auberge familiale est nichée dans un véritable
nid de verdure. Idéalement, on choisira une chambre avec un balcon donnant
sur l'eau. Apaisant !

PIANA – 2A (Corse-du-Sud) → voir Corse

LE PIAN-MÉDOC

⌧ 33290 (Gironde) – 5 818 hab. – Alt. 36 m – Voir carte n°**3-B1**
D Paris 578 km – Bordeaux 20 km – Mérignac 18 km – Pessac 24 km
Carte Michelin 335-H5

Golf du Médoc Hôtel & Spa
chemin de Courmanteau, à Louens – ℰ *05 56 70 31 31*
– www.hotelgolfdumedoc.com
79 ch – 🛉95/240 € 🛉🛉110/260 € – ☑ 25 €
Sur le site du golf du Médoc (320 ha), cet ensemble récent s'intègre parfaitement dans le paysage. Chambres spacieuses, fonctionnelles et chaleureuses ;
agréable spa (soins esthétiques et modelages) ; club house et restaurant... Tout
pour la détente !

 Le Pont Bernet
1160 rte de Soulac – ℰ *05 56 70 20 19* – *www.pont-bernet.fr* – *Fermé
22 déc.-5 janv.*
18 ch – 🛉75 € 🛉🛉89 € – ☑ 11 € – ½ P
En bordure de la route menant à Bordeaux, cet hôtel d'une excellente tenue est
l'un des plus anciens établissements de la région ! On s'y repose dans des
chambres confortables et bien équipées ; préférez celles donnant sur l'arrière,
plus calmes.

PIERRE-BUFFIÈRE

✉ 87260 (Haute-Vienne) – 1 156 hab. – Alt. 330 m – Voir carte n°**24**-B2
🚩 Paris 415 km – Brantôme 84 km – Guéret 107 km – Limoges 22 km
Carte Michelin 325-F6

 La Providence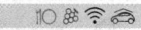
pl. Adeline – ℰ *05 55 00 60 16* – *www.hotel-limoges.net* – *Ouvert 10 fév.-15 nov.*
14 ch – 🛉65/99 € 🛉🛉65/130 € – ☑ 10 €
Vous êtes fatigué de rouler ? Heureusement, la providence a mis cette auberge
de village sur votre chemin ! Les chambres y sont très bien tenues et, côté restaurant, on propose des recettes traditionnelles à base de produits régionaux.

PIERRE-DE-BRESSE

✉ 71270 (Saône-et-Loire) – 1 966 hab. – Alt. 202 m – Voir carte n°**8**-D2
🚩 Paris 354 km – Beaune 47 km – Chalon-sur-Saône 42 km – Dole 36 km
Carte Michelin 320-L8 – Guide Vert Michelin Bourgogne

🍴 **La Poste**
9 pl. Comte-André-d'Estampes, (face au château) – ℰ *03 85 76 24 47*
– www.hoteldelaposte.free.fr – *Fermé merc. soir et jeudi soir*
Formule 12 € – Menu 24/42 € – Carte 34/55 €
Face au château du 17e s., cette auberge joue la carte de l'authenticité : poutres
apparentes, déco champêtre, mais aussi et surtout de bons produits du terroir
cuisinés avec soin, pour des assiettes généreuses et goûteuses !

PIERREFITTE-EN-AUGE – 14 (Calvados) → voir Pont-L'Évêque

PIERREFITTE-SUR-SAULDRE

✉ 41300 (Loir-et-Cher) – 843 hab. – Alt. 125 m – Voir carte n°**12**-C2
🚩 Paris 185 km – Aubigny-sur-Nère 23 km – Blois 73 km – Orléans 52 km
Carte Michelin 318-J6 – Guide Vert Michelin Châteaux de la Loire

🍴🍴 **Le Lion d'Or**
1 pl. de l'Église – ℰ *02 54 88 62 14* – *www.liondor-sologne.com* – *Fermé 2
semaines en sept., 2 semaines en janv., merc. soir et jeudi soir hors saison, lundi
et mardi sauf fériés*
Menu 33 € (semaine)/39 € – Carte environ 47 €
Solognote dans l'âme, cette maison dégage un charme indéniable. Tout comme
les plats qui y sont concoctés, résolument traditionnels : andouillette de gésiers
confits, saumon fumé maison, lièvre à la royale... Amateur de recettes régionales
et de gibier ? Vous pourrez revenir souvent : les menus changent toutes les
semaines.

PIERREFONDS

✉ 60350 (Oise) – 1 890 hab. – Alt. 81 m – Voir carte n°**37**-C2
🚩 Paris 82 km – Beauvais 78 km – Compiègne 15 km – Soissons 31 km
Carte Michelin 305-I4

à St-Jean-aux-Bois 6 km par D 85 – ✉ 60350 – 281 hab. – Alt. 71 m

Auberge à la Bonne Idée

3 r. des Meuniers – ☎ 03 44 42 84 09 – www.a-la-bonne-idee.fr – Fermé 2 semaines en janv., dim. soir et lundi

23 ch – †110/170 € ††110/170 € – ☕ 14 € – ½ P

Rest *Auberge à la Bonne Idée* ✿ – voir les restaurants ci-après

En plein cœur de la forêt de Compiègne, cette charmante auberge s'articule autour d'un jardin fleuri aux beaux jours. L'intérieur se pare de belles touches rustiques (poutres apparentes, grande cheminée) ; les chambres sont cosy et bien entretenues.

Auberge à la Bonne Idée

3 r. des Meuniers – ☎ 03 44 42 84 09 – www.a-la-bonne-idee.fr – Fermé 2 semaines en janv., dim. soir et lundi

Menu 36 € (semaine), 54/88 € – Carte 91/107 €

Plus qu'une bonne, une excellente idée qu'un repas en cette jolie auberge (pierres, poutres, cheminée...). La cuisine est raffinée et harmonieuse, soucieuse du respect des saveurs, des cuissons et des assaisonnements : on sent tout le travail d'une équipe animée par le désir de bien faire.

➜ Ravioles de foie gras, jus de truffes. Homard bleu poché, tombée d'épinards et bouillon au combava. Crêpe flambée au kirsch, jus de griottines.

PIERREFORT

✉ 15230 (Cantal) – 905 hab. – Alt. 950 m – Voir carte n°**5-B3**

Paris 540 km – Aurillac 64 km – Entraygues-sur-Truyère 55 km – Espalion 62 km

Carte Michelin 330-F5 – Guide Vert Michelin Auvergne

Hôtel du Midi

5 av. Georges-Pompidou – ☎ 04 71 23 30 20 – www.hoteldumidi-pierrefort.com – Fermé 22 déc.-18 janv.

13 ch – †63/65 € ††65/69 € – ☕ 9 € – ½ P

Une adresse facile à repérer au centre du village. Des chambres fonctionnelles, un espace réunion, une nurserie, un restaurant (dans une ancienne maison de vigneron adjacente, pleine de caractère) : elle convient aussi bien aux familles qu'à la clientèle d'affaires.

PIERRE-PERTHUIS – 89 (Yonne) ➜ voir Vézelay

PIETRANERA – 2B (Haute-Corse) ➜ voir Corse (Bastia)

PIGNA – 2B (Haute-Corse) ➜ voir Corse (Ile-Rousse)

LE PIN-AU-HARAS

✉ 61310 (Orne) – 332 hab. – Alt. 202 m – Voir carte n°**33-C2**

Paris 183 km – Alençon 47 km – Caen 78 km – Lisieux 68 km

Carte Michelin 310-J2 – Guide Vert Michelin Normandie Cotentin

La Tête au Loup

– ☎ 02 33 35 57 69 – www.lateteauloup.fr – Fermé 16 déc.-30 janv., dim. soir, lundi et mardi

Menu 29/49 € – Carte 49/68 € *(réservation conseillée)*

La faim chasse le loup du bois... Si l'animal peuplait encore la région, on pourrait le pister – à pas de loup – pour découvrir cette auberge traditionnelle, voisine du célèbre haras du Pin. Tel un vieux loup de mer, le chef est un tenant du "fait maison" et du terroir local. Il n'y a point de loup ici, mais que du bon !

LE PIN-LA-GARENNE – 61 (Orne) ➜ voir Mortagne-au-Perche

PINSAGUEL – 31 (Haute-Garonne) ➜ voir Toulouse

PINSOT – 38 (Isère) ➜ voir Allevard

PIOGGIOLA – 2B (Haute-Corse) ➜ voir Corse

PIOLENC

✉ 84420 (Vaucluse) – 5 080 hab. – Alt. 40 m – Voir carte n°**40-A2**
Paris 659 km – Avignon 36 km – Marseille 123 km – Montélimar 50 km
Carte Michelin 332-B8

Au Comptoir

13 av. de Provence – ✆ 04 86 71 67 81 – www.aucomptoir-restaurant.fr – Fermé dim. et lundi
Formule 16 € – Menu 17 € (déj.)/27 € – Carte 47/52 €
Ce bar à vins est tenu par un couple éminemment sympathique, qui mène sa barque selon deux principes immuables : servir une cuisine de bistrot simple et bien tournée, et privilégier de bons produits frais. Après avoir dégusté une paupiette de veau bouchère avec sa poêlée de légumes, on peut le confirmer : c'est un succès !

PISCIATELLO – 2A (Corse-du-Sud) ➜ voir Corse (Ajaccio)

PISCIATELLO – 2A (Corse-du-Sud) ➜ voir Corse

PITHIVIERS

✉ 45300 (Loiret) – 8 893 hab. – Alt. 115 m – Voir carte n°**12-C1**
Paris 82 km – Chartres 74 km – Fontainebleau 46 km – Montargis 46 km
Carte Michelin 318-K2 – Guide Vert Michelin Châteaux de la Loire

Le Relais de la Poste

10 Mail Ouest – ✆ 02 38 30 40 30 – www.hotel-pithiviers.com
41 ch – †60/70 € ††70 € – ☕ 8 € – ½ P
Dans une grande bâtisse du centre-ville, autrefois relais de poste (19e s.), des chambres spacieuses et bien tenues (dont certaines ont été entièrement rénovées), avec poutres et mansardes aux étages supérieurs.

Aux Saveurs Lointaines

1 pl. Martroi – ✆ 02 38 30 18 18 – www.auxsaveurslointaines.com – Fermé sept., 15 déc.-15 janv., dim. soir et lundi
Menu 14 € (déj. en semaine) – Carte 16/40 €
Envie de goûter aux spécialités vietnamiennes sans subir les cinq heures de décalage horaire ? Si oui, rendez-vous dans ce restaurant où la cuisine évoque les saveurs lointaines. Dans un cadre au diapason, les assiettes sont colorées, parfumées et bien maîtrisées. Une invitation au voyage...

PIZAY – 69 (Rhône) ➜ voir Belleville

PLAGE DE CALALONGA – 2A (Corse-du-Sud) ➜ voir Corse (Bonifacio)

LA PLAGNE

✉ 73210 (Savoie) – Voir carte n°**45-D2**
Paris 678 km – Bourg-St-Maurice 32 km – Grenoble 140 km – Lyon 219 km
Carte Michelin 333-N4 – Guide Vert Michelin Alpes du Nord

à Plagne-Bellecôte 4 km à l'Est – ✉ 73210

Carlina

à Belle-Plagne : 2 km – ✆ 04 79 09 78 46 – www.carlina-belleplagne.com – Ouvert 12 déc.-20 avril
46 ch – ½ P seult 228/338 €
Ce grand chalet se niche sur les hauteurs, à Belle-Plagne. La vue depuis la terrasse n'en est que plus belle, sans parler de l'accès direct aux pistes... Les chambres se déclinent dans un esprit montagnard ou dans un style plus épuré. Une adresse fort sympathique.

PLAGNE-BELLECÔTE – 73 (Savoie) ➜ voir la Plagne

PLAILLY

✉ 60128 (Oise) – 1 678 hab. – Alt. 100 m – Voir carte n°**19-C2**
Paris 40 km – Beauvais 69 km – Chantilly 16 km – Compiègne 46 km
Carte Michelin 305-G6

XX **La Gentilhommière** &

25 r. Georges Bouchard, (derrière l'église) – € 03 44 54 30 20
– www.lagentilhommiere-plailly.perso.neuf.fr
– Fermé 26 juil.-26 août, 16-26 fév., dim. soir, lundi et mardi
Menu 25 € (déj. en semaine), 35/45 €
Cette table prend ses aises dans l'ancienne étable d'un relais de poste du 17ᵉ s. !
Ambiance feutrée, carte traditionnelle et suggestions du jour selon le marché.

PLAIMPIED-GIVAUDINS

✉ 18340 (Cher) – 1 783 hab. – Alt. 165 m – Voir carte n°**12**-C3
▶ Paris 254 km – Bourges 14 km – Châteauroux 74 km – Orléans 128 km
Carte Michelin 323-K5 – Guide Vert Michelin Limousin Berry

X **Aux Marais** 🔝 ⇔ **P**

😊 *12 r. des Marais – € 02 48 25 54 45 – Fermé 3 semaines en juil.-août, vacances*
de fév., dim. soir, lundi et merc.
Menu 28/38 €
Une cuisine réalisée à quatre mains… à Plaimpied ! Formés dans de belles maisons, Amandine et Stéphane Pasquier signent une carte fraîche et plutôt audacieuse, renouvelée tous les deux mois : mariage terre-mer, sucré-salé, etc. Du plaisir à prix doux. Cadre rustique (tomettes, poutres, cheminée, etc.).

PLAINE-DE-WALSCH

✉ 57870 (Moselle) – 625 hab. – Alt. 300 m – Voir carte n°**27**-D2
▶ Paris 454 km – Épinal 150 km – Metz 130 km – Nancy 94 km
Carte Michelin 307-N6

XX **Étable Gourmande** avec ch & 🅰 🛜 **P**

3 rte du Stossberg, rte de Vallerysthal – € 03 87 25 66 34
– www.aubergedeletable.com – Fermé 1 semaine en janv., 2 semaines en août, 1
semaine en déc., lundi midi, mardi midi, sam. midi et dim. soir
10 ch – †69 € ††69 € – � 9 € – ½ P
Menu 24 € (déj. en semaine), 46/63 € – Carte 55/70 €
Élégant et rustique, le cadre surprend d'abord agréablement. Puis viennent les
délices du saumon fumé maison, de la belle charcuterie de cochon fermier,
d'une cuisine généreuse et bien réalisée. Une étable – ou étape – effectivement
gourmande ! Les chambres, agencées dans un esprit chalet, ne sont pas mal
non plus...

LA PLAINE-SUR-MER

✉ 44770 (Loire-Atlantique) – 3 881 hab. – Alt. 26 m – Voir carte n°**34**-A2
▶ Paris 438 km – Nantes 58 km – Pornic 9 km – St-Michel-Chef-Chef 7 km
Carte Michelin 316-C5

🏨 **Anne de Bretagne** 🅾 ⊗ ⇐ 🚣 🛟 🍽 🛎 & 🛜 🚲 **P**

au Port de la Gravette, 3 km au Nord-Ouest – € 02 40 21 54 72
– www.annedebretagne.com – Fermé 12 nov.-13 fév.
20 ch – †147/435 € ††147/435 € – ⊻ 25 € – ½ P
Rest *Anne de Bretagne* ✿ ✿ – voir les restaurants ci-après
Une grande bâtisse contemporaine, toute blanche, posée sur une dune. À l'horizon : le petit port de la Gravette et... rien que la mer ! Idéal pour une escale marine
rassérénante, d'autant que le décor « au beau design épuré » repose les sens...

XXX **Anne de Bretagne** (Philippe Vétélé) 🍴 ⇐ ⇐ & **P**

✿✿ *au Port de la Gravette, 3 km au Nord-Ouest – € 02 40 21 54 72*
– www.annedebretagne.com – Fermé 12 nov.-13 fév., dim. soir et merc.
midi d'oct. à mai, mardi sauf le soir de juin à sept. et lundi
Formule 38 € – Menu 45 € (déj. en semaine), 71/159 € – Carte 106/133 €
Une grande salle ouverte sur la mer : le cœur d'un sujet superbement illustré. Philippe Vétélé témoigne d'une grande adresse en faisant siens recettes classiques et
bons produits (pêche locale, mais aussi terroir), pour les mettre au service de son
inspiration. Le service, aimable et efficace, ajoute encore au plaisir...
➔ Palourdes, sifflets de poireau, sorbet vinaigrette à l'huile de colza bio. Bar sauvage en cuisson lente, sardines concassées et aromates. Crémeux de chocolat
guanaja à l'armoise, macaron à l'estragon.

PLAISIANS

✉ 26170 (Drôme) – 178 hab. – Alt. 612 m – Voir carte n°**44**-B3

Paris 690 km – Carpentras 44 km – Nyons 33 km – Vaison-la-Romaine 27 km

Carte Michelin 332-E8

Auberge de la Clue

pl. de l'Église – ✆ 04 75 28 01 17 – Ouvert 1er avril-20 oct., week-ends et fériés de nov. à mars sauf fév. et fermé dim. soir et lundi

Formule 20 € – Menu 29/35 € – Carte 35/50 €

En montant vers ce village montagnard, arrêtez-vous devant la jolie Clue, goulet d'étranglement où les cours d'eau s'emballent. On vient parfois de loin pour savourer cette alléchante cuisine du terroir face au mont Ventoux : caillette aux herbes, blanquette de chevreau, lapin à la tapenade... Sympathique !

LES PLANCHES-PRÈS-ARBOIS – 39 (Jura) ➜ voir Arbois

PLANCOËT

✉ 22130 (Côtes-d'Armor) – 3 084 hab. – Alt. 41 m – Voir carte n°**10**-C2

Paris 417 km – Dinan 17 km – Dinard 20 km – St-Brieuc 46 km

Carte Michelin 309-I3

Maison Crouzil et Hôtel L'Écrin (Maxime Crouzil) avec ch

rest, rest,

20 les Quais – ✆ 02 96 84 10 24 – www.crouzil.com – Fermé 2 semaines en mars, 2 semaines en oct., mardi soir sauf juil.-août, dim. soir et lundi

7 ch – 🛉75/100 € 🛉🛉100/135 € – ☕ 15 € – ½ P

Formule 25 € – Menu 30/90 € – Carte 80/100 € *(réservation conseillée)*

L'occasion d'une bien agréable étape entre Dinard et le cap Fréhel : à la suite de son père, Maxime Crouzil signe une cuisine fine et savoureuse, où le savoir-faire le dispute à l'originalité ! Le tout dans un séduisant décor contemporain (nouveauté 2014) et avec, pour passer la nuit, des chambres classiques et confortables.

➜ Bonbon de grosse langoustine, croustillant aux herbes folles et cœur fenouil fondant. Blanc de turbot en vapeur douce et crème de cocos de Paimpol. Moelleux tiède au chocolat noir, glace spéculos.

PLAN-DE-LA-TOUR

✉ 83120 (Var) – 2 910 hab. – Alt. 69 m – Voir carte n°**41**-C3

Paris 859 km – Cannes 68 km – Draguignan 36 km – Fréjus 28 km

Carte Michelin 340-O5

Mas des Brugassières sans rest

1,5 km au Sud par rte de Grimaud – ✆ 04 94 55 50 55 – www.mas-des-brugassieres.com – Ouvert 1er mai-30 sept.

10 ch – 🛉99/110 € 🛉🛉110/230 € – 1 suite – ☕ 11 €

Ce mas, situé au cœur des Maures, ne manque pas d'atouts ! Les chambres sont coquettes, décorées dans un esprit zen et nature, et certaines disposent d'une terrasse ; à toute heure, la piscine chauffée vous tend les bras...

PLAN-DU-VAR

✉ 06670 (Alpes-Maritimes) – Voir carte n°**41**-D2

Paris 941 km – Antibes 38 km – Cannes 48 km – Nice 32 km

Carte Michelin 341-E4 – Guide Vert Michelin Côte d'Azur

Cassini

231 av. Porte des Alpes, D 6202 – ✆ 04 93 08 91 03 – www.restaurantcassini.com – Fermé 5-25 août, 26-30 déc., mardi soir, merc. soir, jeudi soir, dim. soir et lundi

Formule 20 € – Menu 25 € (déj. en semaine), 36/72 € 🍷 – Carte 51/64 €

Sur la rue principale du village, cette table a été créée par la famille Cassini il y a plus de 80 ans ! La maison a su évoluer avec son temps, avec un décor soigné aux touches contemporaines et une carte qui revisite la tradition régionale au gré des saisons.

PLANGUENOUAL

✉ 22400 (Côtes-d'Armor) – 2 083 hab. – Alt. 76 m – Voir carte n°**10**-C2

Paris 449 km – Rennes 96 km – Saint-Brieuc 19 km – Saint-Malo 56 km

Carte Michelin 309-G3

Manoir de la Hazaie 🕙 ⬧ 🖙 ⏃ ⅋ P
r. de Lamballe, 2,5 km au Sud-Est par D 59 – 🕿 02 96 32 73 71
– www.manoir-hazaie.com
5 ch – 🛉152/162 € 🛉🛉162/272 € – ⌧ 16 €
En pleine campagne, ce beau manoir en granit du 16ᵉ s. trône au milieu d'un parc
verdoyant, avec un plan d'eau et un petit jardin d'herbes médiévales. Quant
aux chambres, elles ont belle allure (mobilier ancien, baldaquin ou ciel de lit...),
sans rien négliger du confort douillet du 21ᵉ s. De quoi traverser les époques !

PLAN-PEISEY – 73 (Savoie) ➜ voir Peisey-Nancroix

PLAPPEVILLE – 57 (Moselle) ➜ voir Metz

PLAZAC

✉ 24580 (Dordogne) – 703 hab. – Alt. 110 m – Voir carte n°**4**-D1
🔼 Paris 530 km – Bordeaux 170 km – Brive-la-Gaillarde 60 km – Périgueux 38 km
Carte Michelin 329-H5 – Guide Vert Michelin Périgord Quercy

 Béchanou 🕙 ⬧ ⬅ 🖙 ⏃ ⅋ 🛜 P 🛏
Lieu-dit Béchanou, 4 km au Nord par D 6 et rte secondaire – 🕿 05 53 50 39 52
– www.bechanou.com
5 ch ⌧ – 🛉90/95 € 🛉🛉100/150 €
Vieille demeure en pierre située au bout d'un chemin pentu, qui offre tranquillité
et vue imprenable sur la vallée. Les chambres sont sobres, fidèles à l'âme du lieu.
Jolie piscine. À la table d'hôte, on se régale d'une alléchante cuisine familiale.

PLÉLO

✉ 22170 (Côtes-d'Armor) – 3 276 hab. – Alt. 110 m – Voir carte n°**10**-C1
🔼 Paris 470 km – Lannion 54 km – Rennes 118 km – Saint-Brieuc 22 km
Carte Michelin 309-E3

🍴 **Au Char à Bancs** avec ch ⬧ 🖙 🛏 ⅋ 🛜 P
Moulin de la Ville Geffroy, 1 km au Nord par D 84 – 🕿 02 96 74 13 63
– www.aucharabanc.com – Fermé janv. et en semaine sauf juil.-août
5 ch ⌧ – 🛉68/108 € 🛉🛉78/118 € Carte 12/32 € *(réservation conseillée)*
Une ferme-auberge de charme, véritable paradis du tourisme vert. On vient
d'abord pour les crêpes et les galettes, et pour la bonne potée mijotée dans la cheminée. Légumes, cidre, cochon ; tout est cultivé, élevé ou transformé sur place !
Les chambres, dans un style brocante et rétro chic, sont adorables...

PLÉNEUF-VAL-ANDRÉ

✉ 22370 (Côtes-d'Armor) – 4 093 hab. – Alt. 52 m – Voir carte n°**10**-C1
🔼 Paris 446 km – Dinan 43 km – Erquy 9 km – Lamballe 16 km
Carte Michelin 309-G3 – Guide Vert Michelin Bretagne Nord

au Val-André 2 km à l'Ouest – ✉ 22370

🍴🍴 **Au Biniou** ⅋
*121 r. Clemenceau – 🕿 02 96 72 24 35 – www.restaurant-au-biniou.com – Fermé
vacances de fév., mardi soir et merc. sauf du 10 juil. au 25 août*
Formule 17 € – Menu 28/38 € – Carte 44/50 €
Ce Biniou résonne du vent du large... Dans cette petite maison blanche proche de
la plage du Val-André, les produits de la mer et les saveurs fraîches et iodées ont
la cote, pour le plaisir des amateurs.

🍴 **Le Sub** 🛏
🙂 *28 quai des Terres-Neuvas, 2 km au Sud-Ouest – 🕿 02 96 61 53 18 – Fermé
1ᵉʳ janv.-10 fév., merc. midi et mardi*
Menu 29 €
Face au port de Dahouët, la déco (grande voile de bateau, maquettes de vieux
gréements, etc.) nous ancre en Bretagne ! Un symbole pour le chef, revenu dans
sa région d'origine après une belle carrière dans le Sud. Sa cuisine reflète le meilleur de la mer et du terroir breton : excellent rapport qualité-prix.

LE PLESSIS-PICARD – 77 (Seine-et-Marne) ➜ voir Paris, Environs (Sénart)

LE PLESSIS-ROBINSON – 92 (Hauts-de-Seine) → voir Paris, Environs

PLOEMEUR

✉ 56270 (Morbihan) – 17 747 hab. – Alt. 45 m – Voir carte n°**9-B2**
▶ Paris 509 km – Concarneau 51 km – Lorient 6 km – Quimper 68 km
Carte Michelin 308-K8

à Lomener 4 km au Sud par D 163 – ✉ 56270

Le Vivier 🔟 ⟨ 🗄 ৬ 🤶 P
9 r. de Beg-Er-Vir – ℰ *02 97 82 99 60 – www.levivier-lomener.com
– Fermé 23 déc.-7 janv.*
14 ch – ♦105/127 € ♦♦115/142 € – ☑ 15 € – ½ P
Rest *Le Vivier* – voir les restaurants ci-après
Imaginez tout l'océan, l'île de Groix, et encore tout l'océan, à perte de vue... Tel
est le panorama unique offert par cette maison moderne ancrée sur un rocher !
On n'y entend que le bruit des vagues...

Le Vivier ❄ ⟨ ৬ ⟳ P
9 r. de Beg-Er-Vir – ℰ *02 97 82 99 60 – www.levivier-lomener.com – Fermé
23 déc.-7 janv. et dim. soir de mi-sept. à Pâques*
Formule 25 € – Menu 30/85 € – Carte 50/71 €
Dans cet établissement posé face au large, la cuisine est évidement vouée à
Neptune : les pieds presque dans l'eau, on fait le plein d'iode avec de très beaux
produits de la pêche (entre autres). Le menu enfant ravit les petits gourmands.

PLOËRMEL

✉ 56800 (Morbihan) – 9 221 hab. – Alt. 93 m – Voir carte n°**10-C2**
▶ Paris 417 km – Lorient 88 km – Loudéac 47 km – Rennes 68 km
Carte Michelin 308-Q7 – Guide Vert Michelin Bretagne Sud

Le Roi Arthur 🔟 ❄ ⟨ 🛏 🖼 ⊕ 🗄 ৬ 🍴 🚣 🅿 P
au lac au Duc , 1,5 km par D 8 – ℰ *02 97 73 64 64 – www.hotelroiarthur.com
– Fermé 2-15 mars*
46 ch – ♦94/134 € ♦♦157/215 € – ☑ 16 € – ½ P
Rest *Le Roi Arthur* – voir les restaurants ci-après
En quête du Graal ? Il se cache peut-être ici, entre le lac au Duc et le golf... Les
chambres sont confortables et d'esprit actuel, la majorité d'entre elles donnant
sur le plan d'eau.

Le Roi Arthur – Hôtel Le Roi Arthur ⟨ 🛏 🗄 ৬ 🆔 P
au lac au Duc, 1,5 km par D 8 – ℰ *02 97 73 64 64 – www.hotelroiarthur.com
– Fermé 2-15 mars*
Menu 27 € (déj. en semaine)/44 € – Carte 40/69 €
Les chevaliers non pas de La Table ronde mais des Temps modernes se sentiront
comme des rois dans ce restaurant baigné de lumière. Par les baies vitrées, on
peut même contempler les flots. Au menu, cuisine classique et service sans fausse
note. Une bonne adresse.

PLOGOFF

✉ 29770 (Finistère) – 1 300 hab. – Alt. 70 m – Voir carte n°**9-A2**
▶ Paris 610 km – Audierne 11 km – Douarnenez 32 km – Pont-l'Abbé 43 km
Carte Michelin 308-D6

Kermoor 🔟 ⟨ 🤶 P
plage du Loch, 2,5 km rte d'Audierne – ℰ *02 98 70 62 06
– www.restaurant-kermoor.com – Fermé 5 janv.-11 fév.*
12 ch – ♦75/130 € ♦♦75/130 € – ☑ 12 € – ½ P
Cette maison néobretonne domine la baie d'Audierne, la plage et le petit port...
Les chambres ont vue sur la mer, et on profite d'un agréable espace bien-être
(bassin de nage à contre-courant, jacuzzi, etc.). Côté restaurant, priorité aux produits bio !

PLOMBIÈRES-LES-BAINS

✉ 88370 (Vosges) – 1 856 hab. – Alt. 429 m – Voir carte n°**27-C3**
▶ Paris 378 km – Belfort 79 km – Épinal 38 km – Gérardmer 43 km
Carte Michelin 314-G5

Le Grand Hôtel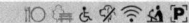
av. des Etats-Unis – ℰ 03 29 30 07 07 – www.plombieres-les-bains.com
78 ch – †69/99 € ††99 € – 2 suites – ⌹ 12 € – ½ P
On entre dans cet hôtel Napoléon III – relié aux thermes de la ville – par un hall lumineux, sous une verrière. Vastes chambres sobres et contemporaines ; au restaurant, immense salle à manger Belle Époque avec moulures, lustres et bustes... du cachet !

PLOMODIERN

✉ 29550 (Finistère) – 2 239 hab. – Alt. 60 m – Voir carte n°**9-A2**
◗ Paris 559 km – Brest 60 km – Châteaulin 12 km – Crozon 25 km
Carte Michelin 308-F5

XXX **L'Auberge des Glazicks** (Olivier Bellin) avec ch
ॐ ॐ *7 r. de la Plage – ℰ 02 98 81 52 32 – www.aubergedesglazick.com*
– Fermé 2 semaines en mars, 2 semaines en nov., dim. soir sauf vacances scolaires, lundi et mardi
8 ch – †160/305 € ††160/305 € – ⌹ 18 €
Menu 55 € (déj. en semaine), 85/170 € – Carte 110/145 €
Inventif et touche-à-tout, Olivier Bellin n'a qu'une passion : cultiver le meilleur de la pêche locale et du terroir breton. Chaque assiette est un hymne aux saveurs de la région, réinventées et toujours aussi... vivifiantes ! Et pour découvrir ce travail, pourquoi ne pas profiter des chambres, élégantes et confortables ?
→ Langoustines, girolles, blé noir et jus de carcasse. Homard bleu façon kig-ha-farz. Feuille à feuille de pomme, estragon et crème caramel au beurre salé.

PLOUBALAY

✉ 22650 (Côtes-d'Armor) – 2 846 hab. – Alt. 32 m – Voir carte n°**10-C1**
◗ Paris 412 km – Dinan 18 km – Dol-de-Bretagne 35 km – Lamballe 36 km
Carte Michelin 309-J3 – Guide Vert Michelin Bretagne Nord

XX **Restaurant de la Gare**
☺ *4 r. des Ormelets – ℰ 02 96 27 25 16 – www.restaurant-la-gare-ploubalay.com*
– Fermé 28 juin-9 juil., 15 fév.-6 mars, lundi et mardi sauf le midi de sept. à juin et merc. sauf juil.-août
Formule 15 € – Menu 29/60 € – Carte 37/62 €
Si vous parcourez les stations de la Côte d'Émeraude, faites donc un arrêt dans cette Gare gourmande ! À travers une cuisine personnelle et savoureuse, Thomas Mureau joue sans excès avec la tradition régionale, la mer et la terre bretonnes. Évidemment, les menus s'adaptent aux opportunités du marché... qualité oblige.

PLOUBAZLANEC – 22 (Côtes-d'Armor) → voir Paimpol

PLOUER-SUR-RANCE

✉ 22490 (Côtes-d'Armor) – 3 378 hab. – Alt. 62 m – Voir carte n°**10-D2**
◗ Paris 397 km – Dinan 13 km – Dol-de-Bretagne 20 km – Lamballe 53 km
Carte Michelin 309-J3 – Guide Vert Michelin Bretagne Nord

 Manoir de Rigourdaine sans rest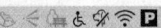
à Rigourdaine, 3 km par rte de Langrolay puis rte secondaire – ℰ 02 96 86 89 96
– www.hotel-rigourdaine.fr – Ouvert de début avril à mi-nov.
19 ch – †89/97 € ††97/105 € – ⌹ 10 €
Dominant l'estuaire de la Rance, cette ancienne ferme a été restaurée avec goût. Poutres ancestrales, cheminée et mobilier campagnard... Un décor de caractère, au grand calme !

PLOUESCAT

✉ 29430 (Finistère) – 3 603 hab. – Alt. 30 m – Voir carte n°**9-B1**
◗ Paris 570 km – Brest 49 km – Brignogan-Plages 16 km – Morlaix 34 km
Carte Michelin 308-F3 – Guide Vert Michelin Bretagne Nord

PLOUESCAT

Cap Ouest
r. de Brest, (derrière le casino) – ℰ 02 98 19 19 19 – www.hotelcapouest.fr
41 ch – †80/140 € ††80/140 € – 1 suite – ☲ 12 € – ½ P
Derrière le casino, cet hôtel – un simple parallélépipède tout en longueur – abrite des chambres confortables et fonctionnelles, utiles pour le travail comme pour les vacances. Pour se détendre, on fera un passage à l'espace balnéo.

PLOUFRAGAN – 22 (Côtes-d'Armor) → voir St-Brieuc

PLOUGASNOU

✉ 29630 (Finistère) – 3 159 hab. – Alt. 55 m – Voir carte n°**9-B1**
◗ Paris 550 km – Rennes 198 km – Quimper 100 km – Lannion 34 km
Carte Michelin 308-I2 – Guide Vert Michelin Bretagne Nord

XX **La Maison de Kerdiès**
🍴 *5 rte de Perherel, (lieu dit St-Samson) – ℰ 02 98 72 40 66*
– www.maisonkerdies.com – Fermé janv., dim. soir d'oct. à mars et lundi
Menu 17 € (déj. en semaine), 24/31 € – Carte 30/60 €
Cette maison de la pointe du Trégor fut à l'origine un sémaphore, avant d'être transformée en colonie de vacances, puis en restaurant. De la salle, on profite d'une vue panoramique sur Roscoff et l'île de Batz... Mais on se recentre vite sur l'assiette, et sur cette généreuse cuisine de tradition, servie avec le sourire !

PLOUGONVEN
✉ 29640 (Finistère) – 3 307 hab. – Alt. 176 m – Voir carte n°**9-B1**
◗ Paris 535 km – Lannion 38 km – Morlaix 12 km – Rennes 183 km
Carte Michelin 308-I3 – Guide Vert Michelin Bretagne Nord

⬠ **La Grange de Coatélan**
Coatélan, 4 km à l'Ouest par D 109 – ℰ 02 98 72 60 16
– www.les-gites-en-bretagne.fr – Fermé vacances de Noël
5 ch – †51/98 € ††51/98 € – ☲ 8 €
En pleine campagne, cette ferme bretonne du 16e s. couverte de vigne vierge invite au calme le plus absolu... Les chambres sont aménagées dans les dépendances, dont elles partagent le caractère rustique. Quant à la table d'hôte, elle s'épanouit dans une ancienne grange et joue la carte du terroir (sur réservation).

PLOUGRESCANT
✉ 22820 (Côtes-d'Armor) – 1 316 hab. – Alt. 53 m – Voir carte n°**9-B1**
◗ Paris 514 km – Guingamp 38 km – Lannion 23 km – Rennes 162 km
Carte Michelin 309-C1 – Guide Vert Michelin Bretagne Nord

Manoir de Kergrec'h sans rest
– ℰ 02 96 92 59 13 – www.manoirdekergrech.com – Fermé 16-27 mars,
16 nov.-3 déc. et 5 janv.-23 fév.
11 ch – †95/170 € ††95/185 € – ☲ 15 €
Un superbe manoir épiscopal (17e s.) trônant au milieu d'un parc majestueux qui descend jusqu'à la mer... L'année 2012 a été pour lui celle de la renaissance, avec une complète et belle rénovation. Confort total et calme absolu.

PLOUHARNEL

✉ 56340 (Morbihan) – 2 092 hab. – Alt. 21 m – Voir carte n°**9-B3**
◗ Paris 492 km – Lorient 50 km – Rennes 141 km – Vannes 32 km
Carte Michelin 308-M9 – Guide Vert Michelin Bretagne Sud

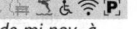
Carnac Lodge sans rest
Kerhueno – ℰ 02 97 58 30 30 – www.carnaclodge.com – Fermé de mi-nov. à Noël
20 ch – †82/175 € ††82/175 € – ☲ 13 €
Entre Carnac et Plouharnel, cet hôtel dispose de chambres au décor soigné, un brin branché (plexiglas, touches néobaroques, etc.). Agréable piscine ; jardin calme et verdoyant.

PLOUIDER

✉ 29260 (Finistère) – 2 003 hab. – Alt. 74 m – Voir carte n°**9-A1**

▶ Paris 582 km – Brest 36 km – Landerneau 21 km – Morlaix 46 km

Carte Michelin 308-F3

🏨 La Butte 🍽 ⇐ 🏠 ☒ 🌐 🛁 ⅙ 🛜 🕸 **P**

12 r. de la Mer – ☎ 02 98 25 40 54 – www.labutte.fr – Fermé 1ᵉʳ-23 janv.

21 ch – ♦129/154 € ♦♦129/154 € – ⬚ 17 € – ½ P

Rest *La Butte* ۞ – voir les restaurants ci-après

Une saga familiale débutée en 1952... et qui n'est pas prête de se terminer ! Les chambres, contemporaines et épurées, donnent toutes sur la mer, et un spa est à disposition. Idéal pour se ressourcer au grand air...

XXX La Butte (Nicolas Conraux) ⇐ 🏠 ⅙ 🕸 **P**

۞ *12 r. de la Mer – ☎ 02 98 25 40 54 – www.labutte.fr – Fermé 1ᵉʳ-23 janv. et lundi midi*

Menu 25 € (déj. en semaine), 48/98 € – Carte 56/108 €

Fraîcheur, précision, parfums : c'est un véritable hommage aux produits de Bretagne que rend le jeune chef, Nicolas Conraux, qui sait allier maîtrise technique et créativité. La sympathie du service, comme la vue sur la baie, ajoutent au plaisir du repas. Une Butte ? Un roc... un pic... un cap !

➜ Ormeaux sauvages, vermicelles et dulse. Aiguillette de pigeon en croque-madame et farz du. Dentelle de froment et framboises, mingaux de gros lait.

PLOUIGNEAU

✉ 29610 (Finistère) – 4 799 hab. – Alt. 156 m – Voir carte n°**9-B1**

▶ Paris 530 km – Lannion 32 km – Quimper 96 km – Rennes 177 km

Carte Michelin 308-I3 – Guide Vert Michelin Bretagne Nord

⌂ Manoir de Lanleya sans rest 🌿 ⇐ 🕸 🛜 **P** 🚭

4 km au Nord par D 64 et rte secondaire – ☎ 02 98 79 94 15
– www.manoir-lanleya.com

5 ch ⬚ – ♦52/76 € ♦♦57/81 €

Dans ce pittoresque hameau, de superbes maisons bretonnes. Parmi elles, ce manoir du 16ᵉ s. magnifiquement restauré par des Compagnons. Tout est délicieux, les jolies chambres meublées d'ancien, le jardin, la rivière... Accueil plein de gentillesse.

PLOUMANACH – 22 (Côtes-d'Armor) ➜ voir Perros-Guirec

PLOUMILLIAU

✉ 22300 (Côtes-d'Armor) – 2 515 hab. – Alt. 110 m – Voir carte n°**9-B1**

▶ Paris 520 km – Quimper 113 km – Rennes 169 km – St-Brieuc 73 km

Carte Michelin 309-A2 – Guide Vert Michelin Bretagne Nord

⌂ Manoir de l'Isle sans rest 🌿 ⇐ 🕸 🛜 **P** 🚭

Lieu-dit L'Isle – ☎ 02 96 35 39 90 – www.manoirdelisle.com – Fermé 20 déc.-31 janv.

4 ch ⬚ – ♦116 € ♦♦157 €

Un ancien manoir du 18ᵉ s. entièrement restauré, à une poignée de kilomètres de la mer. L'atmosphère est cosy, tout en conservant le côté rustique des lieux (pierres et poutres apparentes, parquet ou tomettes au sol...). Parfait pour une escapade amoureuse en Bretagne !

PLUGUFFAN – 29 (Finistère) ➜ voir Quimper

LE POËT-LAVAL – 26 (Drôme) ➜ voir Dieulefit

POINTE DE MOUSTERLIN – 29 (Finistère) ➜ voir Fouesnant

POINTE DE ST-MATHIEU – 29 (Finistère) ➜ voir Conquet

POINTE DU GROUIN – 35 (Ille-et-Vilaine) ➜ voir Cancale

POINTE-DU-RAZ

✉ 29770 (Finistère) – Voir carte n°**9**-A2

▶ Paris 614 km – Douarnenez 37 km – Pont-l'Abbé 48 km – Quimper 53 km
Carte Michelin 308-C6 – Guide Vert Michelin Bretagne Sud

à La Baie des Trépassés 3,5 km par D 784 et rte secondaire – ✉ 29770

⌂ **Hôtel de la Baie des Trépassés**　　　○ ⧖ ⟨ ⚡ ⚙ **P**
– ☏ 02 98 70 61 34 – www.baiedestrepasses.com – Ouvert de mi-fév. à mi-nov.
25 ch – †60/92 € ††60/170 € – ⚏ 13 € – ½ P
Cette bâtisse semble avoir été déposée devant la plage de la baie des Trépassés, qu'encadrent les pointes du Raz et du Van. Pour se reposer d'un environnement aussi sauvage, mieux vaut choisir les chambres donnant sur la mer ou celles mansardées du 2e étage...

POINT-SUBLIME

✉ 04120 (Alpes-de-Haute-Provence) – Voir carte n°**41**-C2

▶ Paris 803 km – Castellane 18 km – Digne-les-Bains 71 km – Draguignan 53 km
Carte Michelin 334-G10 – Guide Vert Michelin Alpes du Sud

✗ **Auberge du Point Sublime** avec ch　　　⧖ ⌂ **P**
D 952 – ☏ 04 92 83 60 35 – www.auberge-pointsublime.com – Ouvert
26 avril-6 oct. et fermé jeudi midi sauf du 14 juil. au 15 août et merc.
13 ch – †69/77 € ††69/77 € – ⚏ 9 € – ½ P
Formule 18 € – Menu 27/38 € – Carte 34/59 €
Un point de vue... sublime, au cœur des gorges du Verdon ! Cette sympathique auberge familiale propose une cuisine qui fleure bon le terroir (bonne viande et frites maison), dans un cadre à l'ancienne. Pratique : les petites chambres pour l'étape.

POISSON – 71 (Saône-et-Loire) → voir Paray-le-Monial

POITIERS

✉ 86000 (Vienne) – 87 906 hab. – Agglo. 128 160 hab. – Alt. 116 m
– Voir carte n°**39**-C1

▶ Paris 335 km – Angers 134 km – Limoges 126 km – Nantes 215 km
Carte Michelin 322-H5 – Guide Vert Michelin Poitou-Charentes

⌂⌂⌂ **Mercure Centre**　　　○ ⧉ ⧖ ⚡ ⚙ ⟨ ⚙
14 r. Édouard-Grimaux – ☏ 05 49 50 50 60　　　Plan : DY**t**
– www.hotelmercurepoitiers.com
50 ch – †128/280 € ††128/280 € – 2 suites – ⚏ 16 €
Rest Les Archives – voir les restaurants ci-après
Au cœur de la ville, cet établissement prend ses aises dans une ancienne chapelle jésuite de 1854. Dans les chambres, confortables et fonctionnelles, le mobilier contemporain se marie aux chapiteaux et voûtes néogothiques ! Le restaurant, lui, a été créé dans la nef. Original et réussi.

⌂⌂ **Le Grand Hôtel** sans rest　　　⧖ ⧉ ⧖ ⚡ ⟨ ⚙ ⟨
28 r. Carnot – ☏ 05 49 60 90 60 – www.grandhotelpoitiers.fr　　　Plan : CZ**k**
41 ch – †69/115 € ††79/135 € – 6 suites – ⚏ 12 €
Dans une rue très animée du centre-ville, mais au calme sur une cour intérieure... Un établissement très bien tenu, aux chambres assez spacieuses et confortables – même si leur décor n'est pas de la dernière actualité. Agréable terrasse pour le petit-déjeuner.

⌂⌂ **Hôtel de l'Europe** sans rest　　　⧖ ⧉ ⧖ ⚡ ⟨ ⚙ **P** ⟨
39 r. Carnot – ☏ 05 49 88 12 00　　　Plan : CZ**n**
– www.hotel-europe-poitiers.com – Fermé 24 déc.-3 janv.
88 ch – †69/105 € ††69/105 € – ⚏ 10 €
Au cœur de la ville, un large porche ouvre sur ce relais de poste du 19e s., encadré par deux ailes contemporaines. De bonnes prestations : l'ensemble a été entièrement rénové ces dernières années. Jardin arboré sur l'arrière.

XX **Le Poitevin** ⓘ ✛

76 r. Carnot – ✆ *05 49 88 35 04 – www.le-poitevin.fr* Plan : CZ**r**
– Fermé 27 avril-12 mai, 3 semaines en juil., 21 déc.-6 janv., sam. midi, dim. soir et lundi
Formule 12 € – Menu 25/36 € – Carte 42/64 €
Des tons clairs, un décor dans l'air du temps et, dans l'une des trois salles, une cheminée qui crépite dès les premiers frimas : simplicité et chaleur autour de plats traditionnels élaborés avec de beaux produits régionaux.

X **Les Archives** – Hôtel Mercure Centre

14 r. Édouard-Grimaux – ✆ *05 49 30 53 00 – www.lesarchives.fr* Plan : DY**t**
– Fermé sam. midi et dim. soir
Formule 14 € – Menu 24 € (déj. en semaine), 32/65 € – Carte 34/62 €
Premièrement, il faut planter le décor : une chapelle du 19ᵉ s. dont la nef, tout en colonnes et arcs, a été transfigurée par un aménagement contemporain saisissant ! Depuis la salle, on observe l'équipe s'affairer en cuisine. Les assiettes se distinguent par leur créativité, à l'aune des lieux...

à Chasseneuil-du-Poitou 9 km par ① – ✉ 86360 – 4 526 hab. – Alt. 75 m

🏨 **Quality Hotel Alisée** 🍽 ⅍ 🖴 ⌁ 🛋 � 🛜 🛄 P

14 r. du Commerce, D 910 – ✆ *05 49 52 90 41 – www.choicehotels.fr*
75 ch – ♦75/99 € ♦♦75/99 € – ⚏ 10 €
Dans une grande zone commerciale, une construction des années 1970 abrite cet hôtel de bon confort. Les chambres sont spacieuses et bien tenues.

Parc du Futuroscope 12 km par ① - ✉ 86360 Chasseneuil-du-Poitou

🏨🏨 **Plaza Futuroscope** 🍽 🖼 🛋 㐀 ⓘ 🛜 🛄 P

av. du Futuroscope, Téléport 1 – ✆ *05 49 49 07 07*
– www.hotel-plaza-site-du-futuroscope.com
274 ch – ♦80/150 € ♦♦80/150 € – ⚏ 15 €
Son architecture de verre s'intègre parfaitement au site du Futuroscope, à côté du palais des congrès. Du hall d'accueil aux chambres, on apprécie l'espace et le confort, le tout dans un style contemporain épuré et sobre. Sûrement le meilleur hôtel du secteur.

🏨🏨 **Novotel Futuroscope** 🍽 ⌁ 🛁 🛋 㐀 ⓘ 🛜 🛄 P P

Téléport 4 – ✆ *05 49 49 91 91 – www.novotel.com*
110 ch – ♦69/176 € ♦♦69/176 € – ⚏ 16 €
Une architecture... futuriste, pour cette grosse structure de verre posée directement dans le parc du Futuroscope. La tenue des chambres est irréprochable, et les tarifs raisonnables : une bonne adresse !

🏨 **Mercure Aquatis Futuroscope** 🍽 🛋 㐀 ⓘ 🛜 🛄 P

av. Jean-Monnet, Téléport 3 – ✆ *05 49 49 55 00*
– www.mercure-poitiers-aquatis-site-du-futuroscope.com
84 ch – ♦65/105 € ♦♦65/105 € – ⚏ 15 €
Juste à la sortie l'A10, un hôtel né en 1995 et entièrement rénové en 2009. Très fonctionnel et plutôt confortable.

🏨 **Ibis Site du Futuroscope** 🍽 ⌁ 🛋 㐀 ⓘ 🛜 🛄 P

av. Thomas-Edison – ✆ *05 49 49 90 00 – www.ibishotel.com*
90 ch – ♦69/98 € ♦♦69/149 € – 6 suites – ⚏ 10 €
À proximité de la sortie de l'autoroute – bien pratique –, un hôtel qui propose des chambres et des suites confortables. Pendant les beaux jours, on profite de la terrasse et de la piscine.

rte de Limoges 10 km par ③, N 147 et rte secondaire – ✉86550 Mignaloux

🏨🏨 **Manoir de Beauvoir** 🍽 ⅍ ⟨ ⌁ 🖼 🛋 㐀 ⓘ 🛜 🛄 P

635 rte de Beauvoir, au golf – ✆ *05 49 55 47 47 – www.manoirdebeauvoir.com*
40 ch – ♦65/156 € ♦♦65/156 € – 5 suites – ⚏ 13 € – ½ P
Pour un week-end golf ou pour une parenthèse au calme, une demeure de style victorien (1872) sur le site du 18-trous de Poitiers. Confort et sobriété dans les chambres du Manoir (poutres aux 2ᵉ et 3ᵉ étages) ; kitchenettes côté "Résidence". Décor de boiseries au restaurant, club-house sur les greens.

POITIERS

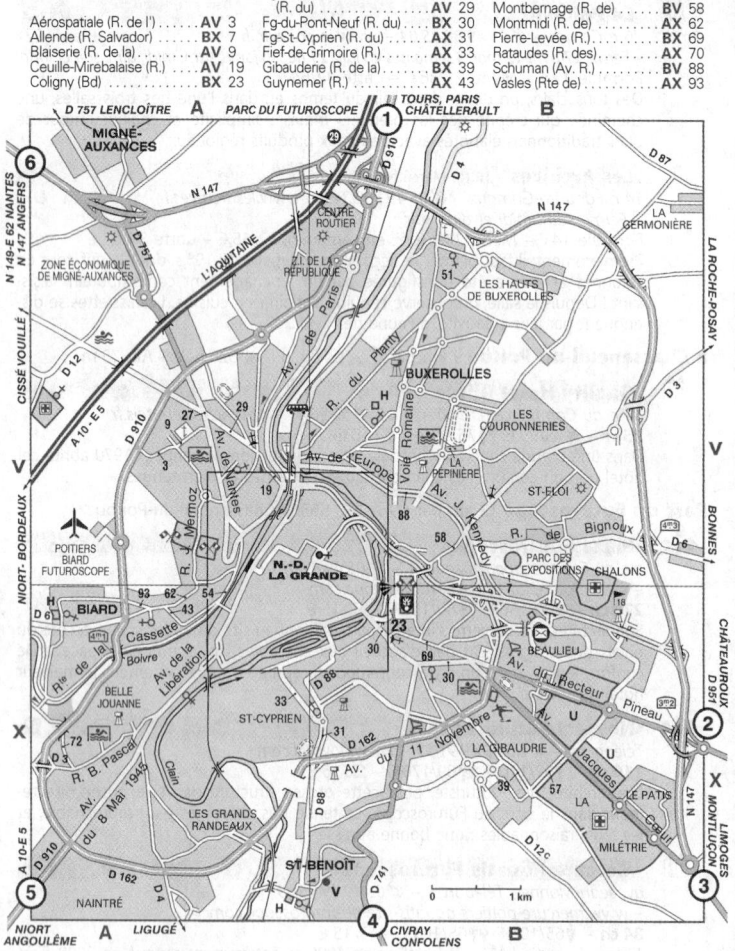

à St-Benoît 4 km au Sud du plan par D 88 – ⊠ 86280 – 6 987 hab. – Alt. 77 m

🍴🍴🍴 **Passions et Gourmandises** (Richard Toix) ⊕ ⇐ 🏠 ⚹ 🆎 ⚇ ✇ ⌂ **P**

❄ 6 r. du Square – ✆ 05 49 61 03 99 Plan : BX**v**

– www.passionsetgourmandises.com

– Fermé 22-27 déc., 23-29 janv., dim. soir, mardi midi et lundi

Formule 22 € – Menu 33 € (déj. en semaine), 45/115 €

Passions et gourmandises, vaste programme ! Passion de l'accueil, d'abord, avec ce décor très soigné et une jolie terrasse en bord de ruisseau. Puis gourmandise dans l'assiette, évidemment : le chef a le goût du produit – d'origine locale –, le sens de l'invention, et sa cuisine magnifie les saveurs sans les dénaturer.

➜ Cuisine du marché.

POITIERS

rte d'Angoulême 6 km par ⑤, sortie Hauts-de-Croutelle – ⊠86240 Croutelle

%%% **La Chênaie**   🛋 🌳 AC 🕸 P

Les Hauts de Croutelle, lieu-dit La Berlanderie, r. du Lejat
– ☎ 05 49 57 11 52
– www.la-chenaie.com
– Fermé 1 semaine vacances de fév., 14 juil.-15 août, dim. soir et lundi
Menu 21/49 € – Carte 48/88 €

Dans un jardin planté de... chênes. On admire leurs ramures centenaires à travers les grandes baies de la salle, en appréciant une cuisine généreuse et fraîches : ravioles de fruits de mer à l'effiloché de poireaux, parmentier de volaille et son escalope de foie gras poêlé, millefeuille aux fraises...

à Aslonnes 11 km par ⑤ , D 910, N 10 et route secondaire – ✉ 86340
– 1 021 hab. – Alt. 121 m

⌂   **Le Moulin de Port Laverré** sans rest   ⌖ ⟨ ⟨ 🗴 🖾 🛇 ⟨ ⤵
17 Le Port Laverré, rte de Vaintray – ✆ 05 49 61 08 38 – www.moulinlaverre.com
5 ch ⌑ – ✝80 € ✝✝100 €
Pour vivre au fil de l'eau, un site bucolique à souhait, baigné par une jolie rivière...
Cannes à pêche et barques sont à disposition, et l'on peut aussi divaguer dans la
piscine. Une belle propriété, mêlant vieilles pierres et esprit contemporain.

POLIGNY
✉ 05500 (Hautes-Alpes) – 332 hab. – Alt. 1 062 m – Voir carte n°**41-C1**
◗ Paris 658 km – Gap 19 km – Marseille 199 km – Vizille 71 km
Carte Michelin 334-E4

⌂   **Le Chalet des Alpages**   ⅠO ⟨ ⟨ 🛇 ⟨ ⤵
Les Forestons, 1,5 km à l'Ouest – ✆ 04 92 23 08 95
– www.lechaletdesalpages.com
5 ch ⌑ – ✝90/115 € ✝✝95/150 €
Dans les alpages qui se déploient à perte de vue, avec au loin le col du Noyer, la
barrière de Faraud, le Vieux Chaillol... Au cœur de ce spectacle grandiose, ce grand
chalet tout en bois, dedans comme dehors, constitue un refuge à taille humaine,
très chaleureux et confortable. Une belle manière de vivre la montagne !

POLIGNY
✉ 39800 (Jura) – 4 209 hab. – Alt. 373 m – Voir carte n°**16-B3**
◗ Paris 397 km – Besançon 57 km – Dole 45 km – Lons-le-Saunier 30 km
Carte Michelin 321-E5 – Guide Vert Michelin Franche-Comté Jura

à Passenans 11 km au Sud-Ouest par D 1083 et D 57 – ✉ 39230
– 342 hab. – Alt. 320 m

🏠   **Domaine du Revermont**   ⅠO ⟨ ⟨ 🗴 🗴 🖩 ⟨ ⟨ 🛇 🖾 ⟨
600 rte de Revermont – ✆ 03 84 44 61 02 – www.domaine-du-revermont.fr
– Fermé 20 déc.-1er mars
28 ch – ✝79/131 € ✝✝79/131 € – ⌑ 13 € – ½ P
Dans un environnement privilégié – champs et vignes –, une grande bâtisse d'un
blanc immaculé où règne un bel esprit détente et loisirs : piscine, tennis, baby-
foot, billard, etc. Les chambres se déclinent dans un style contemporain ; recettes
régionales au restaurant !

POLLIAT
✉ 01310 (Ain) – 2 388 hab. – Alt. 260 m – Voir carte n°**44-B1**
◗ Paris 415 km – Bourg-en-Bresse 12 km – Lyon 74 km – Mâcon 26 km
Carte Michelin 328-D3

✗✗   **Téjérina-Hôtel de la Place** avec ch   🖾 🖆 rest, 🗛 rest, 🛇 🛇 🅿
😊   *51 pl. de la Mairie* – ✆ 04 74 30 40 19 – www.restaurant-tejerina-logis.fr – Fermé
20 juil.-11 août, 26 déc.-8 janv., dim. soir et lundi
7 ch – ✝55/60 € ✝✝59/67 € – ⌑ 9 € – ½ P
Menu 21 € (semaine), 31/65 € – Carte 31/55 €
L'auberge familiale par excellence, où l'on vous sert avec le sourire une goûteuse
et généreuse cuisine du terroir. Tête de veau, poulet à la crème, soufflé aux foies
de volaille et grenouilles sont à l'honneur ! Chambres bien tenues pour prolonger l'étape.

POLMINHAC
✉ 15800 (Cantal) – 1 104 hab. – Alt. 650 m – Voir carte n°**5-B3**
◗ Paris 553 km – Aurillac 15 km – Murat 34 km – Vic-sur-Cère 5 km
Carte Michelin 330-D5 – Guide Vert Michelin Auvergne

Au Bon Accueil
9 allée des Monts d'Auvergne – ℰ 04 71 47 40 21 – www.hotel-bon-accueil.com – Fermé 15 oct.-1ᵉʳ déc., dim. soir et lundi
22 ch – ✦49/55 € ✦✦54/60 € – ⊇ 9 € – ½ P
Il y a toute la bonne humeur du pays dans cette grande bâtisse blanche plantée au milieu des champs. Les chambres sont simples et fonctionnelles (certaines avec vue sur la vallée de la Cère) l'ambiance est familiale, et le restaurant met à l'honneur les légumes du potager.

LA POMARÈDE
✉ 11400 (Aude) – 163 hab. – Alt. 304 m – Voir carte n°**22**-A2
▶ Paris 728 km – Auterive 49 km – Carcassonne 49 km – Castres 38 km
Carte Michelin 344-C2

Hostellerie de la Pomarède-Le Presbytère (Gérald Garcia) avec ch
Château de la Pomarède
– ℰ 04 68 60 49 69 – www.hostellerie-lapomarede.fr – fermé dim. soir, mardi midi et lundi du 1ᵉʳ oct. au 1ᵉʳ juin
14 ch ⊇ – ✦99/250 € ✦✦99/250 € – 2 suites – ½ P
Formule 25 € – Menu 29 € (déj. en semaine), 49/127 € ♈ – Carte 65/100 €
S'il est inventif, Gérald Garcia n'oublie pas la tradition régionale : dans cet élégant château du 11ᵉ s., il propose foie gras, boudin noir, agneau du Lauragais, vins locaux... Les produits sont beaux, les associations de saveurs et de textures étudiées. Plusieurs possibilités d'hébergement, dont des chambres "au château".
➜ Macaronade à la truffe et crème de parmesan. Ris de veau rôti, papillon de homard. Œuf coque, litchi, rose et mouillette façon Palmito.

POMMARD – 21 (Côte-d'Or) ➜ voir Beaune

POMMIERS
✉ 69480 (Rhône) – 2 277 hab. – Alt. 315 m – Voir carte n°**43**-E1
▶ Paris 442 km – Lyon 32 km – Villeurbanne 45 km – Vénissieux 45 km
Carte Michelin 327-H4 – Guide Vert Michelin Lyon et sa région

Les Terrasses de Pommiers
706 montée de Buisante – ℰ 04 74 65 05 27 – www.terrasses-de-pommiers.com – Fermé vacances de la Toussaint, de fév., mardi et merc.
Formule 21 € – Menu 34/54 € – Carte 42/65 €
Un beau travail d'architecte : entièrement vitrée, tout en lignes épurées et en tons bleu-gris – écho au ciel sur laquelle elle ouvre en grand ? –, la salle domine les monts du Lyonnais et la vallée... Côté papilles, on savoure des plats dans l'air du temps fort alléchants.

PONS
✉ 17800 (Charente-Maritime) – 4 238 hab. – Alt. 39 m – Voir carte n°**38**-B3
▶ Paris 493 km – Blaye 64 km – Bordeaux 97 km – Cognac 24 km
Carte Michelin 324-G6 – Guide Vert Michelin Poitou-Charentes

Bordeaux avec ch
1 av. Gambetta – ℰ 05 46 91 31 12 – www.hotel-de-bordeaux.com – Fermé vacances de Noël, sam. midi et dim. d'oct. à avril
16 ch – ✦52 € ✦✦68 € – ⊇ 9 € – ½ P
Formule 14 € – Menu 19/59 € – Carte 35/68 €
Crêpe de pied de porc et sa sauce aux champignons ; noix de veau et julienne de citron ; tarte au chocolat amer et glace au lait... Une cuisine fort soignée, à la rencontre du marché et de l'inspiration du chef, pour un rapport plaisir-prix excellent. Cadre cosy avec un joli patio fleuri et des chambres pour prolonger l'étape.

à Pérignac 8 km au Nord-Est par rte de Cognac – ✉ 17800 – 987 hab. – Alt. 41 m

XX **La Gourmandière**

42 av. de Cognac – ✆ 05 46 96 36 01 – www.la-gourmandiere-perignac.com
– Fermé mardi soir et merc. sauf juil.-août et dim. soir
Formule 16 € – Menu 30/38 € – Carte 40/53 €
Une cuisine savoureuse avec des produits tout droit sortis de la mer, à l'image de ces Saint-Jacques rôties et leur délicate tortilla aux poivrons... Les ingrédients, majoritairement bio (comme les vins), changent selon les saisons et le marché ! Et pour ne rien gâcher, le cadre se révèle charmant.

à Mosnac 11 km au Sud par rte de Bordeaux et D 134 – ✉ 17240 – 472 hab. – Alt. 23 m

🏠 **Moulin du Val de Seugne**

lieu-dit Marcouze – ✆ 05 46 70 46 16 – www.valdeseugne.com – Fermé 2-26 janv.
14 ch – ♦119/169 € – ♦♦119/169 € – ⌐ 15 € – ½ P
Rest *Moulin du Val de Seugne* – voir les restaurants ci-après
Un élégant moulin tout en pierre (16ᵉ s.), au bord de la Seugne, en pleine nature. Sur l'île voisine vivent en liberté lapins, oies, chèvres, poneys... Les chambres, spacieuses et raffinées, sont décorées dans un bel esprit maison d'hôtes. Charme champêtre !

XXX **Moulin du Val de Seugne**

lieu-dit Marcouze – ✆ 05 46 70 46 16 – www.valdeseugne.com – Fermé 2-26 janv., dim. soir, mardi midi et lundi de fin oct. à fin mars
Formule 23 € – Menu 30/79 € – Carte 55/98 €
Comment résister à un cadre si bucolique ? Ce moulin au bord de l'eau, cerné par la verdure, est tout simplement délicieux... Et la carte proposée – une cuisine d'aujourd'hui aux doux accents du terroir local, inspirée par le marché et les saisons – lui va si bien !

PONTAILLAC – 17 (Charente-Maritime) ➜ voir Royan

PONT-A-MOUSSON

✉ 54700 (Meurthe-et-Moselle) – 14 929 hab. – Alt. 180 m – Voir carte n°**26**-B2
🚗 Paris 325 km – Metz 31 km – Nancy 30 km – Toul 48 km
Carte Michelin 307-H5

X **Le Fourneau d'Alain**

64 pl. Duroc, (1ᵉʳ étage) – ✆ 03 83 82 95 09 – www.lefourneaudalain.com
– Fermé 8-22 juin, merc. soir, dim. soir et lundi
Menu 29/53 € – Carte 45/60 €
Ce restaurant sagement contemporain s'est installé sur la place principale, dans l'une des maisons à arcades du 16ᵉ s. Parmi les spécialités traditionnelles du lieu, le foie gras poêlé aux griottes et le pigeon fermier au beurre rouge.

PONTARLIER

✉ 25300 (Doubs) – 17 998 hab. – Alt. 838 m – Voir carte n°**17**-C2
🚗 Paris 462 km – Besançon 60 km – Dole 88 km – Lausanne 67 km
Carte Michelin 321-I5 – Guide Vert Michelin Franche-Comté Jura

XX **L'Alchimie**

1 av. de l'Armée-de-l'Est – ✆ 03 81 46 65 89 – www.l-alchimie.com
– Fermé 22 avril-3 mai, 15 juil.-2 août, 1ᵉʳ-12 janv., mardi soir, dim. et merc.
Formule 14 € – Menu 19 € (déj. en semaine), 45/79 € – Carte 58/65 €
Une Alchimie originale et inédite : le chef, Pierre-Ivan Boos, aime sortir des sentiers battus, inventer et surprendre, en particulier à travers le menu "mystère" proposé chaque soir. Produits locaux, influences d'ailleurs (d'Asie principalement) et techniques nouvelles se marient en toute liberté... et créativité.

PONTAUBERT – 89 (Yonne) ➜ voir Avallon

PONT-AUDEMER

✉ 27500 (Eure) – 8 943 hab. – Alt. 15 m – Voir carte n°**32-B3**
▶ Paris 164 km – Caen 74 km – Évreux 68 km – Le Havre 44 km
Carte Michelin 304-D5 – Guide Vert Michelin Normandie Vallée de la Seine

⁂ Belle Isle sur Risle

*112 rte de Rouen, à l'Est par D 810 – ℰ 02 32 56 96 22 – www.bellile.com
– Ouvert 13 mars-15 nov.*
24 ch – ♦115/192 € ♦♦125/320 € – ☐ 19 € – ½ P
Rest *Belle Isle sur Risle* – voir les restaurants ci-après
Un environnement privilégié, digne d'un tableau impressionniste : cette maison de maître du 19e s., noyée sous la vigne vierge, se dresse sur une île de la Risle, transformée en un superbe jardin. Avec leurs mobilier de style, tentures et tapis, les lieux cultivent un classicisme intemporel...

⁂ Belle Isle sur Risle

*112 rte de Rouen, à l'Est par D 810 – ℰ 02 32 56 96 22 – www.bellile.com
– Ouvert 13 mars-15 nov. et fermé lundi midi, mardi midi et merc. midi*
Menu 40/98 € – Carte 56/111 €
Au sein de son parc arboré, ce manoir dévoile un décor on ne peut plus classique (moulures, miroirs, lustres à pendeloques – avec une rotonde de style victorien, etc.), propice à un repas gastronomique dans le droit fil de la tradition bourgeoise. Pastilla de lapin, dos d'espadon en croûte de pignons de pin, etc.

à Campigny 6 km au Sud-Est par D 810 et D 29 – ✉ 27500 – 1 024 hab. – Alt. 121 m

⁂ Le Petit Coq aux Champs avec ch

*400 chemin du Petit-Coq – ℰ 02 32 41 04 19 – www.lepetitcoqauxchamps.fr
– Fermé 20 déc.-6 fév., dim. soir et lundi d'oct. à mars*
16 ch – ♦120/160 € ♦♦120/300 € – ☐ 15 € – ½ P
Menu 45/73 € – Carte 50/70 €
Des toits de chaume, des colombages, un écrin de verdure : voilà bien une élégante chaumière normande ! À l'unisson de ce cadre, la carte fait profession de classicisme et joue le répertoire régional. On ne se privera pas des chambres, décorées avec goût, les unes contemporaines, les autres rustiques et romantiques...

PONT-AVEN

✉ 29930 (Finistère) – 2 840 hab. – Alt. 18 m – Voir carte n°**9-B2**
▶ Paris 536 km – Carhaix-Plouguer 65 km – Concarneau 15 km – Quimper 36 km
Carte Michelin 308-I7 – Guide Vert Michelin Bretagne Nord

⌂ Les Ajoncs d'Or

*1 pl. de l'Hôtel de Ville – ℰ 02 98 06 02 06 – www.ajoncsdor-pontaven.com
– Fermé vacances de fév., 18-28 oct., dim. soir et lundi hors saison*
14 ch – ♦68/75 € ♦♦68/85 € – ☐ 10 € – ½ P
Gauguin aurait logé dans cette accueillante maison bretonne, juste sur la place du marché (attention où vous vous garez !). Simples et colorées, les chambres portent des noms de peintres... Sympathiques, le restaurant et ses spécialités terre et mer.

⌂ Hôtel des Mimosas

22 square Théodore-Botrel – ℰ 02 98 06 00 30 – Fermé de mi-nov. à mi-déc.
10 ch – ♦70/96 € ♦♦70/96 € – ☐ 8 €
Sur les quais de Pont-Aven, une maison de pays toute mignonne. Les chambres, classiques et bien tenues, offrent une vue imprenable sur les bateaux. Aux beaux jours, on se régale de fruits de mer sur la terrasse face au port.

⁂ Le Moulin de Rosmadec (Frédéric Sebilleau) avec ch

*près du pont, centre ville – ℰ 02 98 06 00 22 – www.moulinderosmadec.com
– Fermé 10 nov.-10 déc.*
4 ch – ♦85/105 € ♦♦98/105 € – ☐ 15 €
Menu 43/79 € – Carte 73/84 € *(fermé dim. soir et lundi)*
On se sent bien dans ce pittoresque moulin du 15e s. La rivière, l'exubérance des frondaisons, tout concourt au beau moment gastronomique. La cuisine est logiquement orientée mer, et soignée, goûteuse, ne retenant que les meilleurs produits. Pour prolonger ce bon moment, des chambres d'hôte décorées avec goût et sobriété.
→ Langoustines marinées, en vapeur d'algues et au blé noir. Homard breton rôti, pâtes fraîches à l'estragon et jus de crustacés. Crêpes soufflées au citron.

✗ **Sur le Pont ...** 🖾 &
11 pl. Paul Gauguin – ℰ 02 98 06 16 16 – www.surlepont-pontaven.fr – Fermé 2
semaines en oct., 2 semaines en janv. et merc.
Formule 24 € – Menu 30 € – Carte 40/55 € *(réservation conseillée)*
Cette maison ancienne s'appuie en partie sur le vieux pont qui enjambe l'Aven...
Un lieu plein de charme, au service d'une cuisine créative mais tout en maîtrise,
concentrée sur le poisson : le chef l'accommode à toutes les sauces, avec ce qu'il
faut d'originalité, sans jamais dénaturer le produit. Tous sur le pont !

rte de Concarneau 4 km à l'Ouest par D 783 - ✉ 29930 Pont-Aven

✗✗✗ **La Taupinière** 🎇 🖾 &
Croissant St-André – ℰ 02 98 06 03 12 – www.la-taupiniere.fr
– Fermé 16-22 mars, 21 sept.-14 oct., lundi et mardi
Menu 55/90 € – Carte 70/100 €
Cette chaumière à la campagne est, depuis plusieurs décennies, une institution
pour de nombreux habitués, qui ne se lassent pas de sa cuisine très iodée, soignée
et de première fraîcheur (le chef fait son marché à Concarneau chaque matin). La
"demoiselle des mers" – la langoustine – est l'une des vedettes de la carte...

PONTCHARTRAIN
✉ 78760 (Yvelines) – 5 297 hab. – Voir carte n°**18-A2**
◗ Paris 37 km – Dreux 42 km – Mantes-la-Jolie 32 km – Montfort-l'Amaury 10 km
Carte Michelin 311-H3

✗✗ **Bistro Gourmand** 🖾 ✿
7 rte du Pontel, (N 12) – ℰ 01 34 89 25 36 – www.bistrogourmand.fr – Fermé
dim. soir, merc. soir et lundi
Menu 30 € 🍷 (dîner en semaine)/40 € 🍷 – Carte environ 44 €
Au menu, cuisine traditionnelle teintée de touches actuelles et suggestions à l'ardoise. Salle classique (bordeaux et grise) et terrasse au calme pour les beaux jours.

à Ste-Apolline 3 km à l'Est par N 12 et D 134 – ✉ 78370

✗✗✗ **La Maison des Bois** 🖾 🎇 🖪
av. d'Armorique – ℰ 01 30 54 23 17 – www.lamaisondesbois.fr – Fermé
4-25 août, dim. soir, merc. soir et jeudi
Menu 48 € – Carte 61/82 €
Dans la même famille depuis 1926, cette auberge typique, couverte de vigne
vierge, affiche un décor des plus classiques. Même esprit à la carte, avec des
recettes traditionnelles et des suggestions du marché. Terrasse ombragée sous
un vieux marronnier.

PONTCHÂTEAU
✉ 44160 (Loire-Atlantique) – 9 836 hab. – Alt. 7 m – Voir carte n°**34-A2**
◗ Paris 430 km – Nantes 55 km – Rennes 118 km – Vannes 61 km
– Guide Vert Michelin Pays de la Loire

✗ **Le 11** & 🖾
😊 *11 r. de Verdun – ℰ 02 40 42 23 28 – www.restaurant-le11.fr – Fermé lundi soir,*
merc. soir et dim.
Formule 19 € – Menu 26 € (déj.), 32/39 € – Carte environ 37 €
Au cœur de Pontchâteau, ce bistrot minimaliste fait saliver la région depuis 2011.
À sa tête, un chef qui a, comme on dit, du métier, et qui revient ici à plus de simplicité, avec des plats ancrés dans une jolie tradition gourmande (navarin
d'agneau, filets de rouget en tempura, tarte Tatin, etc.).

PONT-CROIX
✉ 29790 (Finistère) – 1 682 hab. – Alt. 25 m – Voir carte n°**9-A2**
◗ Paris 602 km – Brest 105 km – Quimper 40 km – Rennes 251 km
Carte Michelin 308-E6 – Guide Vert Michelin Bretagne Sud

Villa les Hortensias sans rest
rte de Lochrist – ℰ 02 98 70 56 85 – www.villa-leshortensias.com – Fermé 1er
oct.-3 nov., 23 déc.-4 janv.
5 ch ⊡ – ✝65/120 € ✝✝65/120 €
Dans son grand jardin, cette villa bretonne des années 1970, entourée d'hortensias, abrite cinq chambres à thème (Louis XV, chinois, romantique, charme ou familial). Une adresse que l'on apprécie notamment pour son accueil, à la fois sympathique et sincère.

PONT-DE-BRIQUES – 62 (Pas-de-Calais) → voir Boulogne-sur-Mer

PONT-DE-CHAZEY-VILLIEU – 01 (Ain) → voir Meximieux

PONT-DE-DORE – 63 (Puy-de-Dôme) → voir Thiers

PONT-DE-FILLINGES – 74 (Haute-Savoie) → voir Bonne

PONT-DE-L'ARCHE
⊠ 27340 (Eure) – 4 154 hab. – Alt. 20 m – Voir carte n°**33-D2**
▶ Paris 114 km – Les Andelys 30 km – Elbeuf 15 km – Évreux 36 km
Carte Michelin 304-G6 – Guide Vert Michelin Normandie Vallée de la Seine

⌂ **Hôtel de la Tour** sans rest
41 quai Foch – ℰ 02 35 23 00 99 – www.hoteldelatour.org – Fermé 4-25 août
18 ch – ✝71 € ✝✝80 € – ⊡ 10 €
À deux pas des bords de Seine, cet hôtel – créé dans deux maisons de pays accolées – se révèle simple et accueillant. Ambiance familiale, chambres soigneusement tenues : une étape sympathique.

Aux Damps 2km à l'Est, au bord de l'Eure – ⊠ 27340 – 1 283 hab. – Alt. 20 m

✗✗✗ **L'Auberge de la Pomme** (William Boquelet)
ස *aux Damps, 1,5 km au bord de l'Eure – ℰ 02 35 23 00 46*
– www.laubergedelapomme.com – Fermé 17-31 août, 24-29 déc., dim. soir,
mardi midi et lundi
Menu 32 € (déj. en semaine), 49/95 € – Carte 77/107 €
Un nom hautement normand, une façade à colombages typique de la région... mais l'image d'Épinal s'arrête là ! La maison cache un décor très contemporain, bien à l'image de la cuisine du chef, William Boquelet, aussi inventif que passionné. Ses assiettes, pleines de relief, mettent bien en valeur les producteurs locaux...
→ Foie gras poêlé, tartare de langoustines, pomme verte et échalote. Canard de Rouen en deux cuissons, coing confit, cèpes crus et cuits. Biscuit moelleux, fruits de la passion, glace caramel et cacahouète.

PONT-DE-L'ISÈRE – 26 (Drôme) → voir Valence

PONT-DE-ROIDE
⊠ 25150 (Doubs) – 4 389 hab. – Alt. 351 m – Voir carte n°**17-C2**
▶ Paris 478 km – Belfort 36 km – Besançon 77 km – La Chaux-de-Fonds 55 km
Carte Michelin 321-K2 – Guide Vert Michelin Franche-Comté Jura

✗ **La Tannerie**
1 pl. Gén.-de-Gaulle – ℰ 03 81 92 48 21 – www.restaurant-latannerie.com
– Fermé dim. soir, jeudi soir et merc.
Formule 13 € – Menu 24 € (semaine)/30 € – Carte 30/45 €
Au menu de cette maison toute simple qui borde le Doubs, une cuisine traditionnelle bien tournée, où les produits locaux sont privilégiés. Aux beaux jours, profitez de la terrasse au-dessus de la rivière.

PONT-DES-SABLES – 47 (Lot-et-Garonne) → voir Marmande

PONT-DE-VAUX
⊠ 01190 (Ain) – 2 219 hab. – Alt. 177 m – Voir carte n°**44-B1**
▶ Paris 380 km – Bourg-en-Bresse 40 km – Lons-le-Saunier 69 km – Mâcon 24 km
Carte Michelin 328-C2 – Guide Vert Michelin Lyon et sa région

Les Platanes

aux Quatre-Vents – ℰ 03 85 30 32 84 – www.hotelplatanes.com – Fermé
25 fév.-20 mars, vend. midi, dim. soir et lundi
8 ch – ♥60/77 € ♥♥60/77 € – ⌷ 10 € – ½ P

Rest *Les Platanes* – voir les restaurants ci-après

À l'entrée de la ville, cette auberge est tenue par la même famille depuis quatre générations ! Les chambres y sont fonctionnelles, confortables et assez calmes. Parfait pour une étape ou un séjour de quelques jours.

Le Raisin

2 pl. M.-Poisat – ℰ 03 85 30 30 97 – www.leraisin.com – Fermé janv.,
dim. sauf juil.-août, mardi midi et lundi
18 ch – ♥68 € ♥♥68/72 € – ⌷ 10 €

Rest *Le Raisin* ✿ – voir les restaurants ci-après

Dans cet ancien relais de poste, les enfants ont pris la suite de leurs parents. Pour les chambres, vous avez deux options : authenticité dans le bâtiment principal, spacieuses dans l'aile plus récente. Une bonne adresse pour profiter des bienfaits – notamment culinaires ! – de la Bresse.

Le Raisin (Frédéric Michel) – Hôtel Le Raisin

✿

2 pl. M.-Poisat – ℰ 03 85 30 30 97 – www.leraisin.com – Fermé janv.,
dim. sauf juil.-août, mardi midi et lundi
Formule 21 € – Menu 28/70 € – Carte 54/70 €

Quelle bonne surprise... Comment imaginer, au menu de cette authentique maison bressane (vieux fourneau, ustensiles de cuivre, poutres, etc.), une aussi belle cuisine, fine et travaillée, cultivant avec réussite la tradition comme l'originalité ? Frédéric Michel nous offre une expérience d'un excellent rapport qualité-prix !

→ Confit de foie gras de canard au cassis, brioche maison. Dos de sandre rôti, pommes ratte, artichaut camus, raisins et beurre blanc au crémant de Bourgogne. Parfait glacé à la réglisse, crème chocolat.

Les Platanes – Hôtel Les Platanes

aux Quatre-Vents – ℰ 03 85 30 32 84 – www.hotelplatanes.com – Fermé
25 fév.-20 mars, vend. midi, dim. soir et lundi
Formule 21 € – Menu 28/70 € – Carte 42/58 €

L'enseigne de cette auberge régionale ne ment pas : elle jouit d'une terrasse... sous les platanes ! La cuisine est bressane, évidemment, mais le chef propose aussi quelques plats dans l'air du temps. Dans un cas comme dans l'autre, la générosité est là !

à St-Bénigne 2 km au Nord-Est par D 2 – ⌷ 01190 – 1 185 hab. – Alt. 208 m

St-Bénigne

– ℰ 03 85 30 96 48 – www.restaurant-le-saint-benigne.fr – Fermé 16-24 mars,
22-30 juin, 28 sept.-6 oct., 21 déc.-5 janv., lundi et le soir sauf sam.
Menu 14 € (déj. en semaine), 23/42 € – Carte 28/48 €

Un vrai restaurant de campagne, où l'on trouve même un bar pour les habitués ! On vient ici pour les grenouilles au beurre et à la persillade, la spécialité de la maison, mais pas seulement : le chef, en bon artisan, travaille les produits locaux et maîtrise de nombreuses recettes de la région...

PONT-D'OUILLY

⌷ 14690 (Calvados) – 1 016 hab. – Alt. 65 m – Voir carte n°**32-B2**
▶ Paris 230 km – Briouze 24 km – Caen 41 km – Falaise 20 km
Carte Michelin 303-J6 – Guide Vert Michelin Normandie Cotentin

Relais du Commerce

8 r. de la Vème-République – ℰ 02 31 69 80 16 – www.relaisducommerce.fr
– Fermé janv.
12 ch – ♥60/77 € ♥♥77/90 € – ⌷ 8 € – ½ P

Rest *Relais du Commerce* – voir les restaurants ci-après

Dans un charmant village de la Suisse normande, cet hôtel-restaurant, entièrement rénové il y a quelques années, vit une seconde jeunesse. Les chambres y sont confortables et bien tenues ; préférez celles donnant sur le jardin. Idéal pour une escapade.

Relais du Commerce ⚘ P

8 r. de la Vème-République – ℰ *02 31 69 80 16 – www.relaisducommerce.fr*
– Fermé janv.
Formule 11 € – Menu 28/53 € – Carte 30/64 €
On se lèche les babines en voyant arriver cette tête de veau... L'une des spécialités de la maison. En cuisine, le chef concocte des recettes traditionnelles, sans oublier les amateurs de saveurs iodées, qui se précipiteront sur ses plateaux de fruits de mer. Une bonne adresse.

PONT-DU-BOUCHET

✉ 63380 (Puy-de-Dôme) – Voir carte n°**5-B2**
�«» Paris 390 km – Clermont-Ferrand 39 km – Pontaumur 13 km – Riom 36 km
Carte Michelin 326-D7

La Crémaillère ⏹ ⟍ ⟨ ⚘ ⌸ 🛜 P

– ℰ *04 73 86 80 07 – www.hotel-restaurant-cremaillere.com – Fermé*
24-29 août, 1ᵉʳ-19 janv., vend. soir, dim. soir et sam. hors saison
16 ch – ♦50/53 € ♦♦52/54 € – � 8 € – ½ P
Vous n'êtes pas adepte des pendaisons de crémaillère ? Cela pourrait changer... Cette auberge de village, au-dessus du lac de Mirepont, propose des chambres simples et confortables. Le restaurant, lui, cultive cuisine traditionnelle et décor campagnard. Une adresse authentique.

PONT-DU-CASSE – 47 (Lot-et-Garonne) ➔ voir Agen

PONT-DU-CHAMBON – 19 (Corrèze) ➔ voir Marcillac-la-Croisille

PONT-DU-CHÂTEAU

✉ 63430 (Puy-de-Dôme) – 10 632 hab. – Alt. 365 m – Voir carte n°**5-B2**
�«» Paris 418 km – Billom 13 km – Clermont-Ferrand 16 km – Riom 21 km
Carte Michelin 326-G8 – Guide Vert Michelin Auvergne

Auberge du Pont ⟨ ⚘ & 🅰 ⇔ P

70 av. Dr.-Besserve – ℰ *04 73 83 00 36 – www.auberge-du-pont.com – Fermé*
15 août-6 sept., 1ᵉʳ-15 janv., dim. soir, lundi et merc.
Formule 23 € – Menu 30 € (déj. en semaine), 37/120 € ▾ – Carte 59/103 €
Rodolphe Regnauld possède la fougue du vent breton (il a grandi dans la péninsule) comme le souci du détail et de la finesse : de là, des assiettes joliment travaillées, à la fois savoureuses et ludiques. Le cadre de cet ancien relais de batellerie (19ᵉ s.) séduit tout autant, comme la terrasse bordant l'Allier...

Le Calliope 🅰

6 r. de la Poste – ℰ *04 73 83 50 03 – www.restaurant-calliope.com*
– Fermé 1ᵉʳ-15 août, 2-15 janv., dim. soir, lundi et merc.
Formule 14 € – Menu 19 € (déj. en semaine), 31/45 € – Carte environ 38 €
Du nom du premier bateau sur lequel le chef travailla... Ce restaurant au cœur de Pont-du-Château propose une cuisine mariant tradition et saveurs actuelles, tout en privilégiant les produits frais. De quoi partir à l'abordage des assiettes !

PONT-DU-GARD

✉ 30210 (Gard) – Voir carte n°**23-D2**
�«» Paris 688 km – Alès 48 km – Arles 40 km – Avignon 26 km
Carte Michelin 339-M5

à Castillon-du-Gard 4 km au Nord-Est par D 19 et D 228 – ✉ 30210
– 1 482 hab. – Alt. 90 m

Le Vieux Castillon ⏹ ⟍ ⚘ ⌺ ▮ & 🅰 🛜 🛁 P

r. Turion-Sabatier – ℰ *04 66 37 61 61 – www.vieuxcastillon.com – Ouvert*
1ᵉʳ avril- 31 oct.
30 ch – ♦155/310 € ♦♦155/410 € – 3 suites – � 22 € – ½ P
Rest *Le Vieux Castillon* – voir les restaurants ci-après
Au cœur de ce beau village médiéval, surplombant la région, un havre au luxe discret : vieilles pierres, patios, terrasses, décor provençal, grand confort... Le charme intemporel du Sud, à quelques encablures du pont du Gard.

Le Vieux Castillon

r. Turion-Sabatier – ✆ 04 66 37 61 61 – www.vieuxcastillon.com – Ouvert
1ᵉʳ avril-31 oct. et fermé lundi midi et mardi midi
Formule 25 € – Menu 55 € (dîner)/78 € – Carte 50/84 €
Tout autour ce ne sont que ruelles médiévales et champs de lavande… Dans ce
coin de Provence inondé de lumière, cette table élégante – aux couleurs du Sud
– vit au rythme des saisons et des produits gorgés de soleil.

L'Amphitryon

pl. 8-Mai-1945 – ✆ 04 66 37 05 04 – Fermé 2 semaines en déc., mardi
sauf juil.-août et merc.
Menu 45 € ♈/68 € – Carte 65/75 €
Voûtes, pierre brute et touches modernes composent le cadre de cette demeure
ancienne. Joli patio pour l'été. Cuisine régionale actualisée, ambiance à la fois chic
et conviviale.

à Collias 7 km à l'Ouest par D 981, D 112 et D 3 – ✉ 30210 – 1 044 hab. – Alt. 45 m

Hostellerie Le Castellas

30 Grand'rue – ✆ 04 66 22 88 88 – www.lecastellas.fr – Fermé 19 janv.-12 fév.
12 ch – ♦83/139 € ♦♦95/299 € – 2 suites – ☑ 20 € – ½ P
Rest *Hostellerie Le Castellas* – voir les restaurants ci-après
Au sein de ce village des bords du Gard – franchi par le célèbre pont romain à
quelques kilomètres –, une hostellerie en pierre du pays du 17ᵉ s., avec son jardin
verdoyant, ses petits coins salon et ses chambres confortables, aux styles variés
(simplicité provençale, moderne chic, ethnique, etc.). Une adresse de charme !

Le Gardon sans rest

Campchestève – ✆ 04 66 22 80 54 – www.hotel-le-gardon.com
– Ouvert 1ᵉʳ mars-1ᵉʳ nov.
27 ch – ♦76/86 € ♦♦76/86 € – ☑ 11 €
Agréable refuge dans la garrigue, cet hôtel bordé par une oliveraie respire la sérénité. Les chambres y sont confortables et bien tenues, et aux beaux jours il fait
bon se promener dans le jardin et profiter de la piscine. Accueil familial.

Hostellerie Le Castellas

30 Grand'rue – ✆ 04 66 22 88 88 – www.lecastellas.fr – Fermé 19 janv.-12 fév.,
mardi et merc.
Formule 31 € – Menu 49/150 € – Carte 62/85 €
Toute l'élégance de la Provence dans cette demeure nichée au cœur de ce village
pittoresque. Voûtes anciennes, agréable terrasse entre verdure et vieilles pierres,
tables bien dressées… Un cadre des plus agréables pour un repas dédié à la
noble gastronomie.

à Vers-Pont-du-Gard 3,5 km au Nord par D 19 et D 112 – ✉ 30210
– 1 751 hab. – Alt. 40 m

La Bégude Saint-Pierre

295 chemin des Bégudes , (rive gauche du Gardon), D 981 – ✆ 04 66 02 63 60
– www.hotel-begude-saint-pierre.com – Fermé 1ᵉʳ-13 fév.
23 ch – ♦115/260 € ♦♦115/260 € – ☑ 15 € – ½ P
Rest *La Bégude Saint-Pierre* – voir les restaurants ci-après
À proximité du pont du Gard, autour d'une cour fermée, un charmant corps de
bâtiment du 17ᵉ s. tout en vieilles pierres et toits de tuiles. L'ensemble a été
rénové avec grand soin et joue avec réussite la sobriété contemporaine, entre
design zen et luxe sage. Comment ne pas avoir le béguin pour cette Bégude ?

La Bégude Saint-Pierre

295 chemin des Bégudes , (rive gauche du Gardon), D 981 – ✆ 04 66 02 63 60
– www.hotel-begude-saint-pierre.com – Fermé 1ᵉʳ-13 fév.
Menu 25 € ♈ (déj. en semaine), 42/69 € – Carte 65/76 €
Tout le caractère d'un mas provençal qui a traversé les siècles, l'élégance contemporaine en plus… On passe un agréable moment dans ce charmant restaurant, où
la gastronomie se montre sous son jour le plus délicat. Produits de qualité et
recettes joliment ciselées au menu !

PONT-EN-ROYANS

✉ 38680 (Isère) – 817 hab. – Alt. 197 m – Voir carte n°**43-E2**
▶ Paris 604 km – Grenoble 63 km – Lyon 143 km – Valence 45 km
Carte Michelin 333-F7 – Guide Vert Michelin Alpes du Nord

🏠 **Le Musée de l'Eau** 🍴 🖥 ⚅ 🕍 🛰 🚗 **P**
pl. Breuil – ☎ 04 76 36 15 53 – www.musee-eau.com – Fermé 6-19 janv.
31 ch – †45/47 € ††56/62 € – ☲ 9 € – ½ P
Au sein même du musée de l'Eau et surplomblant la Bourne, au pied de cet étonnant village accroché à la falaise, des chambres propres et fonctionnelles ; certaines ont vue sur la montagne. Thématique aquatique oblige, on trouve un bar à
eaux et une terrasse équipée de brumisateurs.

LE PONTET – 84 (Vaucluse) ➜ voir Avignon

PONTGIBAUD

✉ 63230 (Puy-de-Dôme) – 716 hab. – Alt. 735 m – Voir carte n°**5-B2**
▶ Paris 432 km – Aubusson 68 km – Clermont-Ferrand 23 km – Le Mont-Dore 37 km
Carte Michelin 326-E8 – Guide Vert Michelin Auvergne

🍴🍴 **Poste** avec ch ⚅ 🕍 rest, 🛰 ch, 🛰
*pl. de la République – ☎ 04 73 88 70 02 – www.hoteldelaposte-pontgibaud.com
– Fermé 23 fév.-19 mars, 12-22 oct., dim. soir, lundi et mardi d'oct. à mai*
11 ch – †46/77 € ††46/77 € – ☲ 7 € – ½ P
Formule 14 € – Menu 23/53 € – Carte 32/66 €
Les gourmands, au régime par exemple, pourront toujours cacher leur forfait en
disant qu'ils vont à La Poste.... Dans cette maison de pays, au cœur d'un bourg
tranquille, on se régale de recettes régionales à l'abri des regards. Chambres
pour l'étape.

à La Courteix 4 km à l'Est par D 941[B] – ✉ 63230

🍴🍴🍴 **L'Ours des Roches** 🕸 🛰 ⚅ **P**
😊 – ☎ 04 73 88 92 80 – www.oursdesroches.com – Fermé 24-30 sept., 2-22 janv.,
dim. soir, lundi et mardi sauf fériés
Formule 22 € ▽ – Menu 32/63 € – Carte 58/94 €
Non loin de Vulcania, sous les voûtes d'une ancienne bergerie : un cadre de
pierre pour une cuisine de douceur, signée par un chef amoureux du produit.
Dans l'assiette, le terroir n'est jamais très loin et le rythme des saisons respecté.
Une éruption de saveurs !

PONTIVY

✉ 56300 (Morbihan) – 14 011 hab. – Alt. 99 m – Voir carte n°**10-C2**
▶ Paris 460 km – Lorient 59 km – Rennes 110 km – St-Brieuc 58 km
Carte Michelin 308-N6 – Guide Vert Michelin Bretagne Sud

🏠 **Le Rohan** sans rest 🖥 🛰 🛰 🛰 **P**
90 r. Nationale – ☎ 02 97 25 02 01 – www.hotelpontivy.com Plan : Z**u**
16 ch – †67/150 € ††77/150 € – ☲ 13 €
Belle demeure fin 19ᵉ sur la rue principale de Pontivy. Orientale, marine, romantique, BD ou cinéma : chaque chambre est unique ; toutes sont coquettes...

🏠 **L'Europe** sans rest 🖫 🖥 🛰 **P**
12 r. François Mitterrand – ☎ 02 97 25 11 14 Plan : Z**t**
– www.hotellerieurope.com – Fermé 27 déc.-6 janv.
17 ch – †72/140 € ††78/160 € – ☲ 12 €
Dans cette maison Napoléon III datant de 1850, les chambres sont délicieusement
classiques (mais plus modernes sous les mansardes du 3ᵉ étage) ; on prend son
petit-déjeuner dans un salon à l'élégance bourgeoise (parquet et boiseries) ou
sous une jolie véranda.

PONTIVY

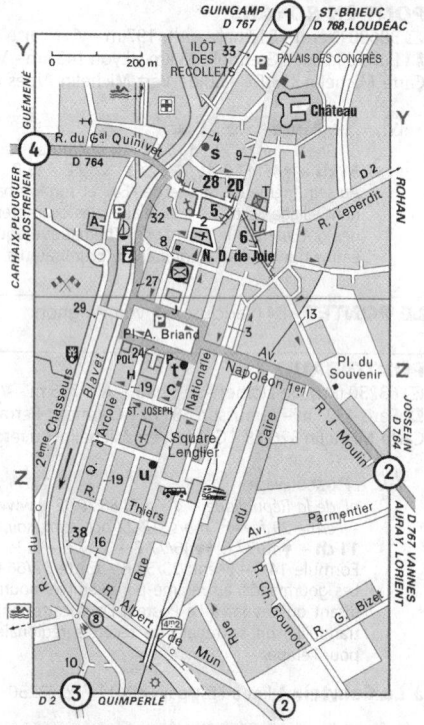

XX   La Pommeraie sans rest

17 quai du Couvent – ℰ *02 97 25 60 09 – Fermé 4-12 mai,*   Plan : Y**s**
17 août-4 sept., 26 déc.-4 janv., lundi soir, mardi soir, sam. midi et dim.
Formule 17 € – Menu 38/50 € – Carte environ 44 €

Cette Pommeraie à la façade framboise et citron ne manque pas de piquant ! Ici, point de pommier mais des plats tout en simplicité et finement cuisinés avec de bons produits du terroir. Le cadre est élégant et convivial, ce qui donne à l'ensemble une allure de bistrot chic. Une bonne adresse.

PONT-L'ÉVÊQUE

✉ 14130 (Calvados) – 4 432 hab. – Alt. 12 m – Voir carte n°**32-A3**
🗗 Paris 190 km – Caen 49 km – Le Havre 43 km – Rouen 78 km
Carte Michelin 303-N4 – Guide Vert Michelin Normandie Vallée de la Seine

🏠 Le Lion d'Or sans rest

8 pl. du Calvaire – ℰ *02 31 65 01 55 – www.leliondorhotel.com*
25 ch – ♦91/140 € ♦♦117/180 € – 1 suite – ☐ 12 €

Cet ancien relais de poste du 17e s. abrite des chambres fort confortables, au sobre décor (mobilier en fer forgé), la plupart en duplex, ainsi qu'un superbe centre de soins (piscine couverte, hammam, sauna, etc.). Dans le salon, quelques objets chinés donnent un supplément d'âme au moment du petit-déjeuner.

🏠 Eden Park   ⅠⅠ◯ 🖙 ⅀ 🎇 🛎 P

av. de la Libération, RD 48 – ℰ *02 31 64 64 00 – www.edenparkhotel.com*
– Fermé 19 déc.-5 janv.
50 ch – ♦74/98 € ♦♦74/98 € – ☐ 11 € – ½ P

Un agréable ensemble de bâtiments situé sur les rives du lac de Pont-l'Évêque, en face de la base de loisirs. Les chambres sont confortables, décorées avec des meubles en bois patiné, et l'ensemble est plutôt cosy. Et côté restaurant, la carte change chaque semaine !

à St-Martin-aux-Chartrains 3 km par D 677, direction Deauville – ✉ 14130
– 403 hab. – Alt. 13 m

🏨🏨 **Mercure** 🍴 ⛭ ⌚ ✗ 🐴 🛦 🛱 🅿

– ☎ 02 31 64 40 40 – www.hoteldeauville.fr – Fermé 1er-27 janv.
63 ch – ✚95/119 € ✚✚106/132 € – ⌚ 14 €
La clientèle d'affaires traitant dans la région apprécie cet hôtel contemporain aux
chambres confortables et bien tenues. Autres atouts : la piscine, le restaurant et la
proximité de la Côte Fleurie.

🏠 **Manoir le Mesnil** sans rest 🐴 ✗ 🛱 🅿 🛏
750 rte de Pont l'Évêque – ☎ 06 87 64 49 38 – www.manoirlemesnil.com
– Fermé 1 semaine en mars et 1 semaine en nov.
5 ch ⌚ – ✚95 € ✚✚130 €
Une belle demeure bourgeoise de la fin du 19e s., au cœur du pays d'Auge. Toutes
différentes, les chambres distillent le charme d'une maison de famille... La propriétaire se montre des plus accueillantes, et prépare chaque matin un petit-déjeuner
gourmand dont on se régale dans le salon-bibliothèque. Les hôtes sont ravis !

à Pierrefitte-en-Auge 5 km au Sud-Est par D 48 et D 280A – ✉ 14130
– 156 hab. – Alt. 59 m

🍴 **Auberge des Deux Tonneaux** < 🛱
– ☎ 02 31 64 09 31 – www.aubergedesdeuxtonneaux.com – Fermé mardi
sauf juil. août et lundi
Carte 32/52 €
On se croirait dans un pub anglais ! Elle a un charme fou, cette ravissante chaumière avec sa terrasse ombragée face à la vallée. Croustillant de cochon, boudin
noir, tripes, tarte aux pommes... on cuisine avec des produits locaux, achetés chez
les artisans de la région. Et les cidres normands ont leur propre carte !

PONTLEVOY

✉ 41400 (Loir-et-Cher) – 1 564 hab. – Alt. 99 m – Voir carte n°**11-A1**
D Paris 211 km – Amboise 25 km – Blois 27 km – Montrichard 9 km
Carte Michelin 318-E7 – Guide Vert Michelin Châteaux de la Loire

🍴🍴 **Auberge de l'École** avec ch 🐴 🛱 ✗ 🅿 🅿
12 rte Montrichard – ☎ 02 54 32 50 30 – www.hotelrestaurantdelecole.com
– Fermé 2 semaines en fév., 1 semaine en oct., 2 semaines en déc., lundi hors
saison, dim. soir, et merc. midi sauf fériés
11 ch – ✚65/95 € ✚✚65/95 € – ⌚ 10 € – ½ P
Formule 15 € – Menu 26 €, 40/56 € – Carte 39/76 € (réservation conseillée)
Cuisine traditionnelle dans une jolie maison ligérienne abritant deux salles rustiques, dont l'une avec cheminée. La spécialité des lieux ? La cassolette de cœur
de ris de veau aux morilles. En été, on s'installe dans le jardin fleuri où murmure
une fontaine... Chambres totalement rénovées ; copieux petit-déjeuner.

PONTOISE – 95 (Val-d'Oise) → voir Paris, Environs (Cergy-Pontoise)

PONT-ST-PIERRE

✉ 27360 (Eure) – 1 151 hab. – Alt. 15 m – Voir carte n°**33-D2**
D Paris 106 km – Les Andelys 20 km – Évreux 47 km – Louviers 23 km
Carte Michelin 304-H5 – Guide Vert Michelin Normandie Vallée de la Seine

🍴🍴 **Auberge de l'Andelle** ⟡
27 Grande-Rue – ☎ 02 32 49 70 18 – www.aubergedelandelle.fr – Fermé
22 déc.-2 janv. et mardi soir
Menu 25/66 € – Carte 38/55 €
Une maison à colombages chaleureuse et charmante, dont la belle cheminée
ravit les habitués. Dans l'entrée, le patron a installé un vivier, faisant du homard la
star d'un menu... qui vient compléter une sympathique carte traditionnelle.

PONT-STE-MARIE – 10 (Aube) → voir Troyes

PONT-SCORFF

✉ 56620 (Morbihan) – 3 337 hab. – Alt. 42 m – Voir carte n°**9-B2**
▶ Paris 503 km – Lanester 13 km – Lorient 13 km – Rennes 152 km
Carte Michelin 308-K8 – Guide Vert Michelin Bretagne Sud

%% **Laurent Le Berrigaud**   🍴 ⚐ **P**
Le Moulin des Princes par la rue du Pont-Romain – ℰ 02 97 32 42 07
– www.laurentleberrigaud.com – Fermé lundi et mardi
Formule 20 € – Menu 25 € (déj. en semaine), 49/59 € – Carte 62/97 €
Un vieux moulin et sa terrasse sur pilotis donnant sur un riant cours d'eau... charmant ! On y savoure une bonne cuisine de la mer (bar, Saint-Jacques, homard...) agrémentée, au fil des saisons, des beaux légumes du potager. En semaine, la formule déjeuner permet de manger sur le pouce.

% **L'Art Gourmand**   ⚐ **AC**
🥜 *14 pl. de la Maison-des-Princes – ℰ 02 97 32 65 08 – www.lartgourmand.com*
😊 *– Fermé vacances de fév., 1 semaine en juin, vacances de la Toussaint, mardi soir et merc.*
Formule 14 € – Menu 17 € (déj. en semaine), 20/30 € – Carte environ 39 €
(réservation conseillée)
La maison célèbre l'art sous toutes ses formes. Les artistes locaux sont à l'honneur sur les murs et, en cuisine, le chef s'exprime à travers les bons produits, en particulier le poisson. Beaucoup de simplicité, presque de la modestie, mais également un certain sens du détail, ce qui est loin d'être l'enfance de l'art...

LES PONTS-NEUFS

✉ 22400 (Côtes-d'Armor) – Voir carte n°**10**-C2
▶ Paris 441 km – Dinan 51 km – Dinard 52 km – Lamballe 9 km
Carte Michelin 309-G3

%% **La Cascade**   ≤ **P**
4 r. des Ponts-Neufs, sur D 786 – ℰ 02 96 32 82 20
– www.restaurant-lacascade-22.fr – Fermé mardi soir, merc. soir et jeudi soir du 16 sept. au 14 juin, dim. soir et lundi
Menu 24 € (déj. en semaine)/55 € – Carte 38/65 €
En jetant un coup d'œil par les larges baies vitrées de ce restaurant cosy et feutré, on peut se laisser captiver par l'étang des Ponts-Neufs et la verdure qui l'entoure... En cuisine, le chef sait capter l'air du temps et privilégie le meilleur de la pêche de la baie, qu'il associe aux produits du terroir breton.

PORNIC

✉ 44210 (Loire-Atlantique) – 14 310 hab. – Alt. 20 m – Voir carte n°**34**-A2
▶ Paris 429 km – Nantes 49 km – La Roche-s-Yon 89 km –
Les Sables-d'Olonne 93 km
Carte Michelin 316-D5 – Guide Vert Michelin Pays de la Loire

🏨 **Alliance**
plage de la Source, 1 km au Sud – ℰ 02 40 82 21 21 – www.thalassopornic.com
– Fermé 6-19 déc.
118 ch – ♦119/299 € ♦♦165/349 € – 2 suites – ⬚ 16 € – ½ P
Beau programme dans ce complexe hôtelier dressé dans une crique bordée de rochers et de pins : centre de thalasso (large palette de soins), vue sur la mer, calme, lumière et espace... Différentes options pour se restaurer : cuisine traditionnelle à La Source ou menus diététiques à La Terrasse.

🏨 **Auberge La Fontaine aux Bretons**
chemin des Noëlles, 3 km au Sud-Est par rte de la Bernerie   **P**
– ℰ 02 51 74 07 07 – www.auberge-la-fontaine.com
32 ch – ♦98/147 € ♦♦98/188 € – ⬚ 15 € – ½ P
Rest *Auberge La Fontaine aux Bretons* – voir les restaurants ci-après
Entre mer et campagne, cette ancienne ferme (1867) conserve un grand potager et des enclos avec animaux... Idéal avec des enfants ! Les chambres sont rustiques et cosy, le petit-déjeuner excellent.

🏠 Pornic

🍴 🎧 🏨 🕭 🅰 ⌀ 📶 Ⓟ 🚗

12 r. Jean-Monnet – ℰ 02 40 82 55 55 – www.bestwesternhotelpornic.com
59 ch – †88/205 € ††88/205 € – ⌑ 13 €

Certes, sa situation n'est pas des plus idylliques (une zone commerciale et industrielle), mais le golf de Pornic se trouve à 500 m et ses infrastructures se révèlent
agréables : des chambres confortables et spacieuses, une ambiance feutrée, avec
espace fitness, jacuzzi et hammam. Spécialités de grillades au restaurant.

🏠 Beau Soleil sans rest

◁ 📶

70 quai Leray – ℰ 02 40 82 34 58 – www.hotel-beausoleil-pornic.com
17 ch – †69/133 € ††69/133 € – ⌑ 10 €

Bâtiment des années 1980 face au port et au château : la plupart des chambres
offrent une jolie vue. Décor contemporain, simple et avenant. Faïence de Pornic
pour le petit-déjeuner.

🏠 Maison Solveig

🍴 🦢 🚪 ⌧ 🕭 ⌀ 📶 Ⓟ

*4 r. Charles-Babin – ℰ 02 40 82 53 62 – www.solveig-pornic.com – Fermé d'oct.
à déc.*
4 ch ⌑ – †90/100 € ††100/110 €

Non loin du chemin des douaniers, une demeure originale, construite à la
manière d'une maison coloniale entourée de coursives de bois. Chaque chambre
possède une identité très marquée : "Val d'Isère" façon chalet, "Victorine" d'esprit
Louis XV, etc. Accueil sympathique.

🍴🍴 Auberge La Fontaine aux Bretons – Hôtel Auberge La Fontaine aux Bretons

🚪 🏠

🍝 *chemin des Noëlles, 3 km au Sud-Est par rte de la Bernerie* 🕭 Ⓟ
*– ℰ 02 51 74 08 08 – www.auberge-la-fontaine.com – Fermé dim. soir et
lundi de nov. à mars sauf fériés et vacances scolaires*
Formule 15 € – Menu 20 € (semaine), 33/53 € – Carte 41/54 €

Une superbe salle à manger à la mode d'autrefois, pour une cuisine du terroir
saine et savoureuse, concoctée avec de bons produits et les légumes bio du jardin. Pot-au-feu, filet de sandre façon grand-mère, gâche vendéenne comme un
pain perdu... Et une belle rôtissoire pour cuire les porcelets !

🍴 La Poissonnerie du Môle

🏠 🕭 🅰

*30 r. de la Marine – ℰ 02 40 21 04 86 – www.la-poissonnerie-du-mole.fr – Fermé
lundi midi en juil.-août, jeudi hors vacances scolaires et merc. de sept. à juin*
Formule 21 € – Menu 29/49 € – Carte 35/49 €

Derrière le port de pêche, un restaurant installé dans l'ancienne poissonnerie des
grands-parents de son actuel propriétaire. On y déguste des recettes où, évidemment, le poisson a la part belle. Les amateurs apprécieront la fraîcheur des produits, cuisinés avec un soupçon d'originalité. Cadre épuré.

PORNICHET

✉ 44380 (Loire-Atlantique) – 10 361 hab. – Alt. 12 m – Voir carte n°**34-A2**
▯ Paris 444 km – La Baule 6 km – Nantes 70 km – St-Nazaire 11 km
Carte Michelin 316-B4 – Guide Vert Michelin Pays de la Loire

🏨 Sud Bretagne

🍴 🚪 ⌧ 🎧 📶 🛤 Ⓟ

42 bd de la République – ℰ 02 40 11 65 00 – www.hotelsudbretagne.com
30 ch – †120/250 € ††120/250 € – ⌑ 14 € – ½ P

Entre port, commerces et plages, hôtel d'un certain cachet : chaque chambre a une
vraie personnalité (design, classique, baroque, etc.) ; la moitié ouvre sur le grand jardin avec piscine. Salle à manger soignée, coquette terrasse et cuisine iodée.

🏨 Château des Tourelles ℕ

🍴 🦢 🚪 ⌧ 🗔 ⊛ 🎧 🕭 🅰 📶 🛤 Ⓟ

1 av. Léon Dubas - Pointe du Bec – ℰ 02 40 60 80 80 🚗
– www.thalasso-tourelles.com – Fermé 22 nov.-6 déc.
103 ch – †180/770 € ††180/770 € – 2 suites – ⌑ 29 €

Sur le front de mer, difficile de manquer cette élégante demeure de 1850, avec
ses tours, ses dépendances et son grand parc. On y trouve tout le confort souhai-
table : piscine avec jacuzzi, plusieurs hammams et un sauna, des chambres
luxueuses avec balcon donnant sur la mer... Tout simplement délicieux.

Villa Flornoy

7 av. Flornoy, (près de l'hôtel de ville) – ℰ 02 40 11 60 00 – www.villa-flornoy.com – Fermé 15 déc.-6 janv.
30 ch – †99/139 € ††99/159 € – ☐ 12 € – ½ P
Dans un quartier résidentiel proche de l'hôtel de ville, une grande villa de style anglo-normand. Chambres assez spacieuses, colorées ou plus classiques (toile de Jouy), d'un bon rapport confort-prix. Piscine couverte, restaurant.

Escale Océania *sans rest*

50 av. de la Plage – ℰ 02 40 11 26 26 – www.oceaniahotels.com
95 ch – †70/145 € ††70/145 € – ☐ 11 €
Cet hôtel est très bien situé, entre la place du marché et la plage des Libraires. Au choix : chambres ou appartements, tous bien équipés et confortables.

Le Régent

150 bd des Océanides – ℰ 02 40 61 04 04 – www.le-regent.fr
23 ch – †99/179 € ††99/209 € – ☐ 12 € – ½ P
Un hôtel-restaurant centenaire, tenu en famille, et un lieu plein de vie ! Les chambres sont chaleureuses, plutôt modernes, certaines avec une terrasse embrassant l'Atlantique... Espace bien-être.

PORQUEROLLES (ÎLE DE) – 83 (Var) → voir Île de Porquerolles

PORSPODER

✉ 29840 (Finistère) – 1 764 hab. – Alt. 25 m – Voir carte n°**9-A1**
◘ Paris 618 km – Quimper 103 km – Rennes 266 km

Le Château de Sable

38 r. de l'Europe – ℰ 02 29 00 31 32 – www.lechateaudesablehotel.fr – Fermé 1ᵉʳ janv.-10 fév.
26 ch – †87/119 € ††91/165 € – 1 suite – ☐ 12 € – ½ P
Rest *Le Château de Sable* – voir les restaurants ci-après
Face à la presqu'île St-Laurent – un lieu hors du temps –, un établissement à la pointe de la réglementation environnementale (bois, verre, etc.). Les chambres sont lumineuses, aux teintes douces et tournées en grande partie vers la côte sauvage et l'océan... Idéal pour se reposer entre deux châteaux de sable !

Le Château de Sable

38 r. de l'Europe – ℰ 02 29 00 31 32 – www.lechateaudesablehotel.fr – Fermé 1ᵉʳ janv.-10 fév., dim. soir, lundi et mardi
Formule 20 € – Menu 26 € (déj. en semaine), 42/140 € ¶
Julien Marseault, jeune chef revenu après un beau parcours en Corse, a rapidement trouvé ses marques : il sait mettre en avant les meilleurs produits du terroir breton et de la pêche locale, et ose quelques mariages originaux... Formule bistrot au déjeuner, esprit gastronomique le soir.

PORT-CAMARGUE – 30 (Gard) → voir Grau-du-Roi

PORT-CROS (ÎLE DE) – 83 (Var) → voir Île de Port-Cros

PORT-DE-GAGNAC – 46 (Lot) → voir Bretenoux

PORT-DE-SALLES – 86 (Vienne) → voir l'Isle-Jourdain

PORT-DE-SECHEX – 74 (Haute-Savoie) → voir Thonon-les-Bains

PORT-EN-BESSIN

✉ 14520 (Calvados) – 2 084 hab. – Alt. 10 m – Voir carte n°**32-B2**
◘ Paris 275 km – Bayeux 10 km – Caen 41 km – Cherbourg 92 km
Carte Michelin 303-H3 – Guide Vert Michelin Normandie Cotentin

La Chenevière

1,5 km au Sud par D 6 – ℰ 02 31 51 25 25 – www.lacheneviere.fr
– Ouvert mars-nov.
26 ch – †220/415 € ††220/415 € – 3 suites – ☶ 25 € – ½ P
Rest *La Chenevière* – voir les restaurants ci-après
Un havre de paix... Cette demeure normande du 18ᵉ s. et ses dépendances entourées d'un parc – lequel mérite une promenade ! – allient grâce et grand confort. Entre tissus imprimés et mobilier de style, il règne même l'esprit d'un manoir anglais...

Mercure

chemin du Colombier, (sur le golf), 2 km à l'Ouest par D 514 – ℰ 02 31 22 44 44
– www.mercure.com – Fermé 6 déc.-6 janv.
70 ch – †90/200 € ††100/220 € – ☶ 16 € – ½ P
Un complexe parfait pour les golfeurs, directement situé sur les greens du golf d'Omaha Beach. Chambres spacieuses au style contemporain, espace bien-être, esprit brasserie au restaurant.

XXX La Chenevière – Hôtel La Chenevière

1,5 km au Sud par D 6 – ℰ 02 31 51 25 25 – www.lacheneviere.fr
– Ouvert mars-nov. et fermé le midi
Menu 36 € (semaine), 57/95 € – Carte 62/95 €
Panneaux de bois sculptés, superbe parquet, mobilier du 18ᵉ s. : un cadre plein de noblesse. La cuisine est aussi délicate, avec de jolies variations autour du terroir normand et d'agréables mariages de saveurs.

X Fleur de Sel

6 quai Félix Faure – ℰ 02 31 21 73 01 – www.fleudesel-restaurant.fr
– Fermé 5 janv.-12 fév., mardi et merc. sauf de mai à sept.
Menu 17 € (semaine), 27/45 € – Carte 29/62 €
Un sympathique restaurant sur le port. À la carte, des propositions simples, des fruits de mer, un menu homard : les must de la côte normande. Belle vue sur la tour Vauban de la salle à l'étage.

PORT-GOULPHAR – 56 (Morbihan) → voir Belle-Ile-en-Mer

PORT-GRIMAUD

✉ 83310 (Var) – Voir carte n°**41-C3**
▶ Paris 867 km – Brignoles 63 km – Fréjus 27 km – Hyères 47 km
Carte Michelin 340-O6 – Guide Vert Michelin Côte d'Azur

Suffren sans rest

16 pl. du Marché – ℰ 04 94 55 15 05 – www.hotel-suffren.com
– Ouvert 3 avril-10 oct.
19 ch – †95/315 € ††95/315 € – ☶ 13 €
Dans un secteur semi-piéton au cœur de la "Venise provençale", on trouve cet hôtel récent et bien entretenu. Patines à l'ancienne et couleurs du Sud égayent les chambres, dont la plupart ont leur propre balcon.

PORTICCIO – 2A (Corse-du-Sud) → voir Corse

PORTIRAGNES

✉ 34420 (Hérault) – 3 202 hab. – Alt. 10 m – Voir carte n°**23-C2**
▶ Paris 762 km – Agde 13 km – Béziers 13 km – Montpellier 72 km
Carte Michelin 339-F9

Mirador

4 bd Front-de-Mer, à Portiragnes-Plage – ℰ 04 67 90 91 33
– www.hotel-le-mirador.com – Fermé 11-29 fév., 15 oct.-2 nov. et 17 déc.-4 janv.
16 ch – †58/146 € ††58/146 € – ☶ 10 € – ½ P
Près du rivage, un hôtel familial aux chambres fonctionnelles et bien tenues. Certaines disposent de terrasses orientées vers les flots.

PORTIVY – 56 (Morbihan) → voir Quiberon

PORT-JOINVILLE – 85 (Vendée) → voir Île d'Yeu

PORT-LA-NOUVELLE

✉ 11210 (Aude) – 5 682 hab. – Alt. 2 m – Voir carte n°**22-B3**
▶ Paris 813 km – Carcassonne 81 km – Montpellier 120 km – Perpignan 49 km
Carte Michelin 344-J4

🏠 Méditerranée ⫤ ⟨ 🅿 ⟨ 👌 🐾 ⟨ 🛜 🖥 🚗

*bd Front-de-Mer – ℰ 04 68 48 03 08 – www.hotelmediterranee.com – Fermé
mi déc.-mi janv.*
29 ch – ♦67/98 € ♦♦67/98 € – ⊆ 9 € – ½ P

Un hôtel familial idéalement situé face à la plage... Les chambres sont très simples
mais bien pratiques et certaines ont même un balcon donnant sur la mer.

PORT-LESNEY

✉ 39330 (Jura) – 557 hab. – Alt. 251 m – Voir carte n°**16-B2**
▶ Paris 401 km – Arbois 12 km – Besançon 36 km – Dole 39 km
Carte Michelin 321-E4 – Guide Vert Michelin Franche-Comté Jura

🏠🏠🏠 Château de Germigney ⫤ ⟨ 🔲 🅿

*r. Edgar-Faure – ℰ 03 84 73 85 85 – www.chateaudegermigney.com – Fermé
vacances de fév. et de la Toussaint*
19 ch ⊆ – ♦150/350 € ♦♦150/350 € – 1 suite
Rest *Château de Germigney* ✿ – voir les restaurants ci-après

Bucolique ! Un parc superbe, une piscine écologique (l'eau d'un étang filtré
naturellement) et ce joli manoir, avec ses grandes chambres élégantes et pleines
de charme. Tissus choisis, raffinement romantique, fumoir avec une cheminée
monumentale... Tout cela pour vous donner une petite idée de la vie de château.

🍽🍽🍽 Château de Germigney ⫤ 🅿
✿
*r. Edgar-Faure – ℰ 03 84 73 85 85 – www.chateaudegermigney.com
– fermé vacances de fév., de la Toussaint, lundi midi et mardi midi*
Menu 35 € (déj.), 80/110 € – Carte 58/89 €

Dans cet élégant Château, cossu et chic comme il se doit, la Provence et le Jura
se sont unis pour le meilleur... Dans la salle voûtée, à l'orangerie ou sur la terrasse,
on savoure une cuisine fine et harmonieuse, toute en simplicité, autour de produits régionaux et méditerranéens. Et le service est impeccable !

→ Ravioli de langoustine au beurre blanc et vin jaune, pomme verte et caramel
salé. Daurade royale, pommes fondantes, fenouil farci et sauce savagnin. Glace
au miel de sapin, tarte aux pignons et crème brûlée à la fleur d'oranger.

🍽 Le Bistrot Pontarlier 🗺 🅿
😊
*pl. du 8-Mai-1945 – ℰ 03 84 37 83 27 – www.bistrotdeportlesney.com
– Fermé vacances de fév., Toussaint et Noël, merc. et jeudi*
Menu 28 € – Carte 32/43 €

Au bord de la Loue, un grand bistrot foisonnant de bibelots chinés, une terrasse digne
d'une guinguette et... une ode au terroir : comté, truite de rivière, etc. Évidemment, c'est
sur une nappe à carreaux que l'on savoure le repas, généreux et canaille à souhait !

PORT-LEUCATE – 11 (Aude) → voir Leucate

PORT-LOUIS

✉ 56290 (Morbihan) – 2 705 hab. – Alt. 5 m – Voir carte n°**9-B2**
▶ Paris 505 km – Lorient 19 km – Pontivy 61 km – Vannes 50 km
Carte Michelin 308-K8 – Guide Vert Michelin Bretagne Sud

🍽🍽🍽 Avel Vor (Patrice Gahinet) avec ch 🕲 ⟨ 👌 rest, 🔲 rest, 🍴 🛜
✿
*25 r. de Locmalo – ℰ 02 97 82 47 59 – www.restaurant-avel-vor.com – Fermé 1
semaine en juin, 28 sept.-14 oct., 2 semaines en janv., mardi sauf juil.-août, dim.
soir et lundi*
3 ch ⊆ – ♦110/140 € ♦♦110/140 €
Menu 30 € (semaine), 57/96 € – Carte 79/118 €

Un Avel Vor ("vent de mer" en breton) souffle sur cette table au cadre contemporain et raffiné. Cet air iodé sied visiblement à la cuisine, pleine de finesse et subli-
mant, entre autres, les poissons fraîchement pêchés... Belle carte des vins.

→ Salade de légumes de saison, pain croustillant, tapenade et rouget. Turbot
poché dans son jus crémeux et acidulé, truffes d'été. Fruits caramélisés, tuile craquante et glace maison.

PORT-MANECH

✉ 29920 (Finistère) – Voir carte n°**9-B2**
▶ Paris 545 km – Carhaix-Plouguer 73 km – Concarneau 18 km – Quimper 44 km
Carte Michelin 308-I8 – Guide Vert Michelin Bretagne Sud

Manoir Dalmore

7 corniche de Pouldon - plage de Port-Manec'h – ✆ 02 98 06 82 43 – www.manoirdalmore.com – Fermé 6-30 janv.
10 ch – †100/230 € ††100/230 € – ☕ 14 €
Un ravissant manoir de 1926, isolé au-dessus de la plage de Port-Manec'h... Une situation idyllique, avec un chemin d'accès direct à la mer ! Les chambres mêlent avec goût l'ancien (cheminées, mobilier de famille) et des notes plus actuelles et épurées. Quant à l'accueil, il est digne d'une maison d'hôtes...

Hôtel du Port et de l'Aven

30 r. de l'Aven – ✆ 02 98 06 82 17 – www.hotelduport.com – Ouvert d'avril à sept.
31 ch – †52/76 € ††52/76 € – ☕ 9 € – ½ P
Près du port, une adresse familiale sympathique et bien tenue. Le genre d'adresse où l'on se sent toujours en vacances dans des chambres simples et gaies, au calme face à la mer. Bienvenue également, la cuisine traditionnelle et iodée du restaurant.

PORT-MORT

✉ 27940 (Eure) – 951 hab. – Alt. 19 m – Voir carte n°**33-D2**
▶ Paris 89 km – Les Andelys 11 km – Évreux 33 km – Rouen 55 km
Carte Michelin 304-I6

Auberge des Pêcheurs

122 Grande Rue – ✆ 02 32 52 60 43 – Fermé vacances de fév., 28 juil.-21 août, dim. soir, mardi soir et merc.
Menu 17 € (déj. en semaine), 27/37 € – Carte 38/55 €
Depuis trente ans, la passion du couple Bicot pour le métier ne se dément pas : toujours de nouveaux projets en tête, et la même envie de satisfaire les clients ! Dans ce petit village proche de la Seine, leur sympathique auberge cultive la tradition avec goût et simplicité, à l'image de cette compotée de lapin en gelée de cidre...

PORT-NAVALO – 56 (Morbihan) ➜ voir Arzon

PORTO – 2A (Corse-du-Sud) ➜ voir Corse

PORTO-POLLO – 2A (Corse-du-Sud) ➜ voir Corse

PORTO-VECCHIO – 2A (Corse-du-Sud) ➜ voir Corse

PORT-ST-PÈRE

✉ 44710 (Loire-Atlantique) – 2 787 hab. – Alt. 16 m – Voir carte n°**34-B2**
▶ Paris 409 km – Angers 114 km – Nantes 22 km – La Roche-sur-Yon 86 km
Carte Michelin 316-F5

Demeure Les Arabesques sans rest

La Bogetterie, 3 km au Nord-Ouest par D 103, rte du Pellerin – ✆ 02 40 47 80 42 – www.demeure-arabesques.com
3 ch ☕ – †100/127 € ††100/127 €
Roland Petit, Maurice Béjart et Patrick Dupont : ainsi se prénomment les chambres de ces Arabesques, créées par une ancienne professeur de danse. Entre ces murs du 16e s., l'ambiance est à la grâce et à la douceur... Un beau refuge parmi les bois et les étangs, à mi-chemin entre Nantes et Pornic.

PORTSALL

✉ 29830 (Finistère) – Voir carte n°**9-A1**
▶ Paris 616 km – Brest 29 km – Quimper 98 km – Rennes 263 km
Carte Michelin 308-C3 – Guide Vert Michelin Bretagne Nord

⌂ **La Demeure Océane** sans rest
20 r. Bar Al Lan – ℰ 02 98 48 74 42 – www.demeure-oceane.fr – Fermé 4 nov.-10 janv.
5 ch ☐ – †68/75 € ††70/80 €
Une agréable maison bourgeoise datant de la fin du 19ᵉ s., au-dessus du port. Les chambres sont fraîches et romantiques, un peu rêveuses (Violette, Jeanne et Victor, Napoléon, etc.). Une bonne adresse pour les amoureux de paysages sauvages et naturels.

✗ **Les Littorines**
8 square de l'Aberic – ℰ 02 98 48 61 85
– Ouvert de fév. à oct., dim. soir et lundi
Formule 20 € – Menu 29/34 € – Carte 33/44 €
À deux pas du joli port de Portsall, cette charmante maison familiale (19ᵉ s.) dégage incontestablement un air marin... La cuisine est tournée vers le large, avec pour spécialités le saumon fumé, l'aile de raie aux câpres et le "Pesked a Farz" !

PORT-SUR-SAÔNE

✉ 70170 (Haute-Saône) – 3 002 hab. – Alt. 228 m – Voir carte n°**16-B1**
▶ Paris 347 km – Besançon 61 km – Bourbonne-les-Bains 46 km – Épinal 75 km
Carte Michelin 314-E6

à Vauchoux 3 km au Sud par D 6 – ✉ 70170 – 126 hab. – Alt. 210 m

✗✗✗ **Château de Vauchoux** (Jean-Michel Turin)
❀ *rte de la vallée de la Saône – ℰ 03 84 91 53 55 – Fermé 16-27 fév., merc. midi, lundi et mardi*
Menu 75/135 € *(réservation conseillée)*
Étonnant destin pour ce château, ancien relais de chasse de Louis XV devenu l'une des meilleures tables de la région ! La salle allie mobilier de style et pièces design. Dans l'assiette, en revanche, pas de mélange des genres avec une cuisine de tradition centrée sur le produit. Très belle sélection de vins.
→ Cappuccino de homard au piment d'Espelette. Chausson aux truffes. Carolines glacées, excellence de chocolat noir et sorbet menthe fraîche.

PORT-VENDRES

✉ 66660 (Pyrénées-Orientales) – 4 240 hab. – Alt. 3 m – Voir carte n°**22-B3**
▶ Paris 881 km – Montpellier 192 km – Perpignan 32 km
Carte Michelin 344-J7

🏠 **Les Jardins du Cèdre**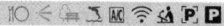
29 rte de Banyuls – ℰ 04 68 82 01 05
– www.lesjardinsducedre.com
– Fermé 6 janv.-7 fév.
18 ch – †76/156 € ††76/190 € – 1 suite – ☐ 12 € – ½ P
Rest *Les Jardins du Cèdre* – voir les restaurants ci-après
Jolie piscine, palmiers, chambres simples mais fraîches dont certaines donnent sur la mer et... vieux cèdre du Liban : un hôtel agréable, malgré la route toute proche. En haute saison, la demi-pension est obligatoire.

✗✗ **Les Jardins du Cèdre** – Hôtel Les Jardins du Cèdre
29 rte de Banyuls – ℰ 04 68 82 62 20 – www.lesjardinsducedre.com
– Fermé 6 janv.-13 fév. et lundi
Formule 20 € – Menu 24 € (déj. en semaine), 29/60 € – Carte 54/67 €
Une terrasse ombragée par un beau cèdre du Liban, offrant une vue superbe sur le port et la mer, des tables espacées et une jolie mise en place, invitant à découvrir une cuisine au goût du jour et bien réalisée. Ces jardins vous tendent les bras !

XX   Côte Vermeille

quai du Fanal, (en direction de la criée) – ℰ 04 68 82 05 71
– www.restaurantlacotevermeille.com – Fermé 7-28 fév., 1 semaine en nov., dim.
sauf juil.-août et lundi
Menu 32 € (semaine), 42 € ♟/56 € – Carte 56/68 €
Sous l'égide de deux frères, une belle table marine ancrée sur le port. Homard en salade à la sauce truffée, filet de saint-pierre aux asperges vertes et cèpes... Achetés à la criée voisine, tous les poissons sont sauvages et cuisinés avec goût. Grillades au Côté Terrasse.
Côté Terrasse – 1er étage, ℰ 04 68 88 85 05 – Formule 22 € – Menu 29 € (déj.), 32/36 € – Carte 46/62 € *(Ouvert avril-oct., fermé le soir en avril et oct., dim. et lundi sauf juil.-août)*

LA POTERIE – 22 (Côtes-d'Armor) → voir Lamballe

POUANÇAY

⊠ 86120 (Vienne) – 245 hab. – Alt. 73 m – Voir carte n°**39**-C1
▶ Paris 348 km – Bressuire 56 km – Poitiers 75 km – Saumur 29 km
Carte Michelin 322-F2

XX   Trésor Belge

1 allée du Jardin Secret – ℰ 05 49 98 72 25 – www.tresorbelge.com – Fermé
1er-8 juil., 1er-9 sept., 23-26 déc., 1er-21 janv., lundi et mardi
Menu 30/50 € – Carte 40/60 € *(réservation conseillée)*
Une "ambassade" de la cuisine flamande où l'on déguste en toute convivialité de belles spécialités belges arrosées d'une très belle sélection d'incontournables bières du "plat pays". Une adresse bien gourmande !

POUILLON

⊠ 40350 (Landes) – 2 913 hab. – Alt. 28 m – Voir carte n°**3**-B3
▶ Paris 742 km – Dax 16 km – Mont-de-Marsan 69 km – Orthez 28 km
Carte Michelin 335-F13

XX   L'Auberge du Pas de Vent

281 av. du Pas-de-Vent
– ℰ 05 58 98 34 65 – www.auberge-dupasdevent.com
– Fermé vacances de fév., de Toussaint, dim. soir, lundi, mardi soir et merc.
Menu 13 € (déj. en semaine), 25/37 € – Carte 39/54 €
Une chose est sûre, on ne va pas à l'Auberge du Pas de Vent à reculons ! Au cœur des Landes, le cadre champêtre n'a d'égal que la généreuse cuisine du terroir. Le chef, Frédéric Dubern, sélectionne les meilleurs produits locaux – dont un magnifique jambon cru. Une savoureuse adresse, très authentique.

POUILLY-EN-AUXOIS

⊠ 21320 (Côte-d'Or) – 1 600 hab. – Alt. 390 m – Voir carte n°**8**-C2
▶ Paris 270 km – Avallon 66 km – Beaune 42 km – Dijon 44 km
Carte Michelin 320-H6 – Guide Vert Michelin Bourgogne

X   Restaurant de la Poste avec ch

pl. de la Libération – ℰ 03 80 90 86 44 – www.hoteldelaposte-pouilly.fr – Fermé
19-26 oct., 16-29 nov., dim. soir et lundi
4 ch – ♦53/60 € ♦♦59/87 € – 🖵 8 € – ½ P
Formule 15 € – Menu 20 € (semaine), 26/54 € – Carte 33/49 €
Sur la place centrale de cette petite localité bourguignonne, cette auberge est tenue par la même famille depuis 1947. Il y règne une sympathique atmosphère champêtre et l'on déguste une cuisine traditionnelle aux accents régionaux. Chambres pratiques pour l'étape.

à Ste-Sabine 8 km au Sud-Est par D 981, D 977bis et D 970 – ✉ 21320
– 190 hab. – Alt. 365 m

🏚🏚🏚 Château Sainte Sabine 🍽 ⋖ 🖾 ⅃ ▣ ⅃ ⅃ ⅃ ⅃ 🅿

– ℰ 03 80 49 22 01 – www.saintesabine.com – Fermé 23 nov.-20 déc.
22 ch – ♦130/220 € – ♦♦130/220 € – ⌿ 14 € – ½ P
Rest *Château Sainte Sabine* – voir les restaurants ci-après
L'art de vivre à la française imprègne ce beau château du 17e s., d'architecture
classique. Chic et impeccables, les chambres jouent la carte d'une élégance
intemporelle, dans une version plus "châtelaine" pour celles de la tour. Et l'on ne
se lasse pas des belles échappées sur le parc environnant, où vagabondent des
animaux en liberté...

🍴🍴🍴 Château Sainte Sabine ⋖ 🖾 ⅃ ⅃ ⅃ ⅃

– ℰ 03 80 49 22 01 – www.saintesabine.com – Ouvert 1er janv.-21 fév.,
5 mars-22 nov. et fermé mardi midi et merc.
Formule 26 € – Menu 42 € (déj. en semaine), 55/73 € – Carte 58/72 €
Dans le cadre historique du château Sainte-Sabine, né au Grand Siècle, face au
parc et à son plan d'eau, une table élégante et raffinée. Le chef a le souci du
détail : ses plats se révèlent fins, soignés et parfumés. Excellent rapport plaisir-prix.

à Chailly-sur-Armançon 6,5 km à l'Ouest par D 977bis – ✉ 21320
– 255 hab. – Alt. 387 m

🏚🏚🏚🏚 Château de Chailly 🍽 ⋗ 🖾 ⅃ ⅃ ⅃ ⅃ ⅃ ⅃ ⅃ ⅃ 🅿

– ℰ 03 80 90 30 30 – www.chailly.com – Ouvert 10 mars-15 déc.
42 ch – ♦165/529 € – ♦♦165/529 € – 3 suites – ⌿ 20 €
Rest *L'Armançon* – voir les restaurants ci-après
Une riche façade Renaissance, une autre grandiose et médiévale : ce château a
du style ! Ses hôtes pourront musarder dans le superbe parc, s'adonner aux
joies du golf ou de la natation, profiter des deux restaurants... Vous avez dit "vie
de château" ?

🍴🍴🍴 L'Armançon – Hôtel Château de Chailly 🖾 ⅃ ⅃ ⅃ 🅿

– ℰ 03 80 90 30 30 – www.chailly.com – Ouvert 10 mars-15 déc. et fermé le
midi, mardi de nov. à mars, dim. et lundi
Menu 53/86 € – Carte 64/88 €
En ce beau château des 15e-16e s., dames et damoiseaux viennent déguster de
bons plats traditionnels : foie gras de canard au cassis, filet de bœuf charolais
avec des pommes savonnettes parfumées à la truffe, etc. Le tout dans un cadre
pour le moins... distingué !

POUILLY-LE-FORT

✉ 77240 (Seine-et-Marne) – Voir carte n°**19**-C2
◨ Paris 57 km – Créteil 35 km – Évry 23 km – Melun 7 km
Carte Michelin 312-E4

🍴🍴 Le Pouilly 🍸 🖾 ⅃ ⇄ 🅿

🕸 1 r. de la Fontaine – ℰ 01 64 09 56 64 – www.lepouilly.fr – Fermé 10 août-5 sept.,
22-28 déc., dim. soir et lundi
Menu 29 € (déj. en semaine), 49/85 € – Carte 76/95 €
On se sent bien, dans l'ancienne grange de cette vieille ferme briarde...
Le décor est charmant (pierres apparentes, poutres, etc.) et l'on savoure une
agréable cuisine d'aujourd'hui.
➜ Tartare de bœuf de Charolles et huître fine de claire. Turbot cuit à la vapeur
d'algues, carottes glacées au gingembre. Baba à la Chartreuse verte, glace au foin.

POUILLY-SOUS-CHARLIEU

✉ 42720 (Loire) – 2 544 hab. – Alt. 264 m – Voir carte n°**44**-A1
◨ Paris 393 km – Charlieu 5 km – Digoin 43 km – Roanne 15 km
Carte Michelin 327-D3

XX **Loire** ⬆ 🏠 ✧ **P**
r. de la Berge – ℰ 04 77 60 81 36 – www.restaurant-loire.fr – *Fermé*
23 mars-2 avril, 12-23 oct., 6-25 janv., dim. soir, lundi et mardi
Formule 16 € – Menu 21 € (semaine), 31/70 € – Carte 37/78 €
Cette auberge, en bord de Loire, servait jadis de la friture... Aujourd'hui, c'est
un joli restaurant, avec une terrasse côté jardin. On y apprécie une cuisine traditionnelle et soignée, qui privilégie les produits frais.

POUILLY-SUR-LOIRE

✉ 58150 (Nièvre) – 1 710 hab. – Alt. 168 m – Voir carte n°**7-A2**
▶ Paris 200 km – Bourges 58 km – Clamecy 54 km – Cosne-Cours-sur-Loire 18 km
Carte Michelin 319-A8 – Guide Vert Michelin Bourgogne

🏠 **Relais de Pouilly** ▮○ ⬆ ⭙ 🄰🄲 ⚲ 🗟 **P**
rte de Mesves-sur-Loire, 3 km au Sud par D 28^A – ℰ 03 86 39 03 00
– www.relaisdepouilly.com
23 ch – ♦️74/74 € ♦️♦️77/87 € – ☐ 10 € – ½ P
Pour l'étape, un hôtel proche de la cité vigneronne et d'une aire d'autoroute
(accès piétonnier). Chambres insonorisées tournées vers la réserve naturelle de
la Loire ; jardin et aire de jeux. Cuisine traditionnelle, buffets, grillades et sélection
de pouillys.

XX **Le Coq Hardi-Relais Fleuri** avec ch ≤ ⬆ 🏠 ⭙ ch, 🄰🄲 rest, 🗟 **P**
42 av. de la Tuilerie – ℰ 03 86 39 12 99 – www.lecoqhardi.fr
– *Fermé 15 fév.-10 mars, 20-29 déc., 4-20 janv., mardi sauf le soir de mai à sept.*
et lundi
9 ch – ♦️81 € ♦️♦️81/98 € – ☐ 11 € – ½ P
Formule 20 € – Menu 26 € (semaine), 40/65 € – Carte 59/73 €
Dans cette vénérable hostellerie, on s'installe dans une salle donnant sur le jardin
qui borde la Loire... Le chef concocte une cuisine traditionnelle pleine de saveur.
Certaines des chambres ouvrent sur la verdure.

POULDREUZIC

✉ 29710 (Finistère) – 2 051 hab. – Alt. 51 m – Voir carte n°**9-A2**
▶ Paris 587 km – Audierne 17 km – Douarnenez 17 km – Pont-l'Abbé 15 km
Carte Michelin 308-E7 – Guide Vert Michelin Bretagne Sud

à Penhors 4 km à l'Ouest par D 40 – ✉ 29710

🏠🏠 **Breiz Armor** ▮○ ⬙ ≤ ⬆ 🛏 🛎 ⭙ 🗟 🐾 **P**
à la plage – ℰ 02 98 51 52 53 – www.breiz-armor.fr – *Ouvert 31 mars-11 oct.*
et 25-31 déc.
36 ch – ♦️87/102 € ♦️♦️87/102 € – ☐ 12 € – ½ P
Ce grand bâtiment est idéalement situé près de la plage, face au large. Les chambres, assez spacieuses, disposent d'un équipement complet (écran plat, minibar,
coffre-fort), et l'on profite aussi d'un espace bien-être et d'une salle de jeux.

LE POULDU

✉ 29360 (Finistère) – Voir carte n°**9-B2**
▶ Paris 521 km – Concarneau 37 km – Lorient 25 km – Moëlan-sur-Mer 10 km
Carte Michelin 308-J8 – Guide Vert Michelin Bretagne Sud

🏠 **Le Panoramique** sans rest ⚲ 🗟 **P**
2 r. du Kerou, au Kerou-plage – ℰ 02 98 39 93 49 – www.hotel-panoramique.fr
– *Ouvert 1er avril-2 nov.*
25 ch – ♦️63/79 € ♦️♦️63/79 € – ☐ 10 €
Un hôtel tout simple, parfait pour profiter de la plage et du littoral. Les installations sont de qualité, tout est très propre et l'on vous accueille avec un grand
sourire. À noter : certaines chambres offrent une petite vue sur la mer.

POULIGNY-NOTRE-DAME – 36 (Indre) ➔ voir La Châtre

POURVILLE-SUR-MER – 76 (Seine-Maritime) ➔ voir Dieppe

LE POUZIN

⊠ 07250 (Ardèche) – 2 804 hab. – Alt. 90 m – Voir carte n°**44-B3**
◩ Paris 590 km – Lyon 127 km – Privas 16 km – Valence 28 km
Carte Michelin 331-K5

🏠🏠🏠 La Cardinale ⑩ 🖨 ⌿ 🖾 🛜 🅿

quartier Serre-Petou – *☎ 04 75 41 20 39* – *www.le.hotellacardinale.com* – *Ouvert d'avril à oct.*
8 ch – †120/245 € ††155/255 € – ☲ 15 €
Un beau mas, un parc aux essences choisies, un élégant restaurant, une jolie pis-cine, des kiosques... c'est charmant ! Les chambres sont raffinées (salles de bains rétro), certaines de plain-pied dans l'annexe récente (avec terrasse). Un établisse-ment de qualité.

PRADES

⊠ 66500 (Pyrénées-Orientales) – 5 854 hab. – Alt. 360 m – Voir carte n°**22-B3**
◩ Paris 892 km – Mont-Louis 36 km – Olette 16 km – Perpignan 46 km
Carte Michelin 344-F7

🏠 Pradotel ⑩ 🖨 ⌿ 🖾 🛜 🛖 🅿

av. Festival, sur la rocade – *☎ 04 68 05 22 66* – *www.hotel-prades.com*
39 ch – †56/80 € ††61/80 € – ☲ 9 € – ½ P
En bordure de nationale, un hôtel récent, pratique, familial... et économique. Abri pour les vélos, terrain de pétanque, grande piscine, parking, etc. : parfait pour une étape.

à Clara 5 km au Sud par D 35 – ⊠ 66500 – 245 hab. – Alt. 650 m

✗✗✗ Les Loges du Jardin d'Aymeric avec ch 🖨 ⌿ 🖾 % ch 🛜 🅿

7 r. du Canigou – *☎ 04 68 96 08 72* – *www.logesaymeric.com* – *Fermé janv., mardi soir et merc.*
3 ch ☲ – †65/75 € ††75/85 € – ½ P
Menu 20 € (déj. en semaine), 38/58 € *(réservation conseillée)*
Au sein de ce village perché, il fait bon s'attabler dans cette maison typique de la région, lumineuse et élégante ! Le chef concocte une belle cuisine du marché avec de bons produits locaux et les légumes de son potager – son autre passion. Et s'il vous prend l'envie de rester, les chambres sont pleines de cachet...

LE PRADET

⊠ 83220 (Var) – 11 401 hab. – Alt. 1 m – Voir carte n°**41-C3**
◩ Paris 842 km – Draguignan 76 km – Hyères 11 km – Toulon 10 km
Carte Michelin 340-L7 – Guide Vert Michelin Côte d'Azur

aux Oursinières 3 km au Sud par D 86 – ⊠ 83220

🏠 L'Escapade sans rest 🖨 ⌿ 🖾 🚗

1 r. de la Tartane – *☎ 04 94 08 39 39* – *www.hotel-escapade.com*
– *Ouvert 7 mars-4 nov.*
9 ch – †129/239 € ††129/239 € – 1 suite – ☲ 15 €
À 100 m de la mer, un petit nid au calme, idéal pour une escapade sous le soleil. Atmosphère douillette dans des chambres rustiques, d'une tenue irréprochable ; agréable piscine avec transats à l'abri des arbres...

✗✗ La Chanterelle 🖨 🖳

50 r. de la Tartane – *☎ 04 94 08 52 60* – *www.hotel-escapade.com* – *Ouvert de mars à oct. et fermé lundi et mardi de sept. à avril*
Formule 24 € – Menu 42 € – Carte 54/63 €
Une cuisine provençale délicate et pleine d'arômes, que l'on déguste avec plaisir dans une jolie maison en pierre (plafond en bois sculpté, vitraux colorés, jardin fleuri).

PRALOGNAN-LA-VANOISE

⊠ 73710 (Savoie) – 750 hab. – Alt. 1 425 m – Voir carte n°**45-D2**
◩ Paris 634 km – Albertville 53 km – Chambéry 103 km – Moûtiers 28 km
Carte Michelin 333-N5 – Guide Vert Michelin Alpes du Nord

⌂ Les Airelles
les Darbelays, 1 km au Nord – ℰ *04 79 08 70 32 – www.hotel-les-airelles.fr
– Ouvert 6 juin-13 sept. et 19 déc.-7 avril*
21 ch – †68/88 € ††88/108 € – ⌑ 9 € – ½ P
Pralognan est très apprécié par les randonneurs et ces Airelles sont idéales pour
un séjour nature ! Dans un hameau à l'orée de la forêt des Granges, on se sent
comme chez soi dans ce beau chalet des années 1980, qui allie ambiance familiale, calme et vue sur les montagnes. Restaurant savoyard.

⌂ Hôtel de la Vanoise
chemin du Dou-des-Ponts – ℰ *04 79 08 70 34 – www.hoteldelavanoise.fr
– Ouvert de mi-juin à mi-sept. et 15 déc.-15 avril*
32 ch – †80/140 € ††80/140 € – ⌑ 12 € – ½ P
L'aîné des hôtels de cette sympathique station de montagne, au cœur de la
Vanoise. Derrière une façade traditionnelle, on découvre des chambres coquettes
et chaleureuses, la plupart avec balcon face aux sommets... Avis aux skieurs : les
remontées mécaniques sont toutes proches.

⌂ Hôtel du Grand Bec
av. Grande Casse – ℰ *04 79 08 71 10 – www.hoteldugrandbec.fr
– Ouvert 2 juin-12 sept. et 20 déc.-11 avril*
39 ch – †58/100 € ††62/130 € – ⌑ 11 € – ½ P
La crête du Grand Bec veille sur ce chalet des années 1930, posté à l'entrée de
Pralognan. Les chambres se révèlent toutes simples, avec un décor d'esprit montagnard. Autres atouts : une très belle piscine couverte et un restaurant traditionnel dont la terrasse regarde les sommets...

LE PRARION – 74 (Haute-Savoie) ➜ voir Les Houches

PRATS-DE-MOLLO-LA-PRESTE
✉ 66230 (Pyrénées-Orientales) – 1 076 hab. – Alt. 740 m – Voir carte n°**22-B3**
◨ Paris 905 km – Céret 32 km – Perpignan 64 km
Carte Michelin 344-F8

⌂ Bellevue
pl. du Foiral – ℰ *04 68 39 72 48 – www.hotel-le-bellevue.fr – Ouvert 6 fév.-29 nov.
et fermé mardi et merc. de nov. à mars*
15 ch – †44/68 € ††57/84 € – ⌑ 10 € – ½ P
Rest *Bellevue* ⊛ – voir les restaurants ci-après
Cet hôtel trône sur la place du village, au pied des remparts médiévaux. Les
chambres, fonctionnelles et modernes, sont soigneusement tenues. Parfait pour
une étape dans cette pittoresque cité frontalière.

✕✕ Bellevue
⊛
pl. du Foiral – ℰ *04 68 39 72 48 – www.hotel-le-bellevue.fr – Ouvert 6 fév.-29 nov.
et fermé mardi et merc. de nov. à mars*
Formule 20 € – Menu 31/50 € – Carte 44/56 €
Voilà une délicieuse découverte ! La carte fleure bon le terroir régional, et pour
cause : le chef met en valeur les petits producteurs locaux, qui viennent dans la
cité uniquement pour le livrer. Agneau catalan, fromage des Pyrénées... Les assiettes forment de véritables bouquets de saveurs.

à La Preste 8 km – ✉ 66230

⌂ Ribes
– ℰ *04 68 39 71 04 – www.hotel-ribes.com – Ouvert 20 avril -15 oct.*
16 ch – †50/59 € ††50/59 € – ⌑ 8 € – ½ P
Isolée en pleine montagne, cette ancienne ferme jouit d'un calme absolu... L'ambiance familiale, la déco plutôt surannée : tout évoque un hôtel-restaurant d'une
autre époque, idéal pour se couper du monde !

Le Val du Tech
– ℰ 04 68 39 71 12 – www.hotel-levaldutech.com – Ouvert 25 avril-25 oct.
18 ch – †37/45 € ††60/66 € – ⌑ 10 € – ½ P
Curistes et randonneurs apprécient ce petit hôtel traditionnel situé à flanc de colline, à deux pas des thermes. Les chambres y sont fonctionnelles et bien tenues. Le petit plus : la salle du restaurant offre une vue superbe sur le val.

PRATZ
✉ 39170 (Jura) – 571 hab. – Alt. 682 m – Voir carte n°**16-B3**
◨ Paris 460 km – Besançon 130 km – Genève 113 km – Lons-le-Saunier 47 km
Carte Michelin 321-E8

✗ **Les Louvières**
– ℰ 03 84 42 09 24 – www.leslouvieres.com – Ouvert avril-oct. et fermé dim. soir, lundi et mardi
Formule 38 € – Menu 44 €
Cette ferme de pays a été rénovée dans un esprit chic et contemporain, sans rien renier de son cachet montagnard. Un endroit vraiment sympathique, où l'on savoure une cuisine créative alléchante et de bons vins du monde.

LE PRAZ – 73 (Savoie) → voir Courchevel

LES PRAZ-DE-CHAMONIX – 74 (Haute-Savoie) → voir Chamonix-Mont-Blanc

PRAZ-SUR-ARLY
✉ 74120 (Haute-Savoie) – 1 319 hab. – Alt. 1 036 m – Voir carte n°**46-F1**
◨ Paris 602 km – Albertville 28 km – Chambéry 79 km –
Chamonix-Mont-Blanc 37 km
Carte Michelin 328-M5

 **La Griyotire**
50 rte La Tonnaz – ℰ 04 50 21 86 36 – www.griyotire.com – Ouvert 8 juin-15 sept. et 20 déc.-10 avril
16 ch – †120/150 € ††120/174 € – 5 suites – ⌑ 15 € – ½ P
Un élégant chalet savoyard, à la fois central et paisible, avec des chambres charmantes et cosy. Hammam, sauna et massages, restaurant montagnard (spécialités traditionnelles et régionales) : les vacances version alpine, tout simplement !

PREIGNAC – 33 (Gironde) → voir Langon

PRÉNERON – 32 (Gers) → voir Vic-Fezensac

PRENOIS – 21 (Côte-d'Or) → voir Dijon

LE PRÉ-ST-GERVAIS – 93 (Seine-Saint-Denis) → voir Paris, Environs

LA PRESTE – 66 (Pyrénées-Orientales) → voir Prats-de-Mollo

PRINGY
✉ 77310 (Seine-et-Marne) – 2 459 hab. – Alt. 70 m – Voir carte n°**19-C2**
◨ Paris 50 km – Évry 17 km – Melun 11 km – Orléans 140 km
Carte Michelin 312-E4

✗✗✗ **L'Inédit** (Eddy Creuzé)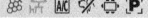
❀ 20 av. de Fontainebleau, D 607 – ℰ 01 60 65 57 75 – www.linedit.fr
– Fermé 27 juil.-26 août, 23 déc.-1er janv., dim. soir, mardi et merc.
Formule 29 € – Menu 42/135 € ♟ – Carte 81/116 €
Une image de l'Inédit ? Cette entrée : un capuccino de pommes de terre de Noirmoutier bien crémeux, avec un foie gras savamment poêlé et un jus à la truffe noire parfumé. Une belle association, qui illustre l'esprit de création du chef et son goût pour les produits nobles – comme la truffe, mise en avant en saison !
→ Ragoût de morilles à l'œuf parfait. Lièvre à la royale. Glace à la truffe noire.

PRIVAS

✉ 07000 (Ardèche) – 8 352 hab. – Alt. 300 m – Voir carte n°**44-B3**
▶ Paris 596 km – Montélimar 34 km – Le Puy-en-Velay 91 km – Valence 41 km
Carte Michelin 331-J5 – Guide Vert Michelin Ardèche Drôme

à Rochessauve 11km au Sud-Est par D2 et D 299 – ✉ 07210 – 403 hab. – Alt. 300 m

⌂ **Château de Rochessauve** ⅠⓄ ⅏ ⇐ ⌂ ⅀ 🛜 **P** ⤬
– ℰ 04 75 65 07 06 – www.chateau-de-rochessauve.com – Ouvert de Pâques au
31 oct.
5 ch ⌷ – ♦120/130 € ♦♦150/160 €
Un château du 13ᵉs. perché sur un piton rocheux... Protégé du mistral par la
falaise, on contemple la chaîne des Alpes dans un calme absolu. Les propriétaires
sont d'anciens antiquaires (que de beaux objets !) et... de bons cuisiniers (volailles
et légumes maison).

PROISSANS

✉ 24200 (Dordogne) – 935 hab. – Alt. 188 m – Voir carte n°**4-D3**
▶ Paris 524 km – Bordeaux 198 km – Limoges 135 km – Périgueux 75 km
Carte Michelin 329-I6

✗ **Au Puits Gourmand** 🛖 **P**
– ℰ 05 53 29 52 71 – www.aupuitsgourmand.net – Fermé vacances de Noël et
merc.
Formule 14 € – Menu 27/39 € – Carte 38/54 €
Le chef, normand d'origine, puise son inspiration dans les produits frais et cher-
che à proposer le meilleur rapport qualité-prix : pari réussi, en toute simplicité !
Côté décor : une petite maison de pays, aux murs vert flashy, et une sympa-
thique terrasse.

PROJAN

✉ 32400 (Gers) – 159 hab. – Alt. 157 m – Voir carte n°**28-A2**
▶ Paris 742 km – Pau 42 km – Tarbes 60 km – Toulouse 169 km
Carte Michelin 336-A8

🏠 **Le Château de Projan** ⅠⓄ ⅏ ⇐ ⌂ ⅀ ✗ ⚐ **P**
500 rte Château – ℰ 05 62 09 46 21 – www.chateau-de-projan.com – Fermé 1
semaines vacances de la Toussaint, 19-26 déc., début janv.-début mars, dim. et
lundi
7 ch – ♦120/180 € ♦♦135/200 € – ⌷ 15 € – ½ P
Ambiance de maison d'hôtes dans ce château blotti dans un parc au sommet
d'une colline. Beau mobilier ancien et tableaux contemporains ornent chambres
et salons. Lumineuse salle à manger prolongée d'une terrasse où l'on sert des
plats régionaux. Cours de cuisine.

PROPRIANO – 2A (Corse-du-Sud) → voir Corse

PROVINS

✉ 77160 (Seine-et-Marne) – 12 206 hab. – Alt. 91 m – Voir carte n°**19-D2**
▶ Paris 88 km – Châlons-en-Champagne 98 km – Fontainebleau 55 km –
Sens 47 km
Carte Michelin 312-I4 – Guide Vert Michelin Île-de-France

🏠 **Aux Vieux Remparts** ⅠⓄ ⅏ 🖵 ⑩ 🛎 ё Ⓚ 🛜 🛁 **P P**
3 r. Couverte - ville haute, (cité médiévale) – ℰ 01 64 08 94 00   Plan : AV**b**
– www.auxvieuxremparts.com
42 ch – ♦99/249 € ♦♦119/279 € – ⌷ 19 € – ½ P
Ces Vieux Remparts évoquent tout le charme de la cité médiévale : dans trois
maisons attenantes, les chambres se révèlent raffinées et cosy – et plus loin du
Moyen Âge, certaines adoptent même un agréable esprit contemporain, sans parler du spa. L'adresse comblera aussi les gros appétits, avec pas moins de quatre
restaurants !

PROVINS

⌂ **Demeure des Vieux Bains** sans rest   ⇦ 🅿 🛠 📶 ♿ 🅿
7 r. du Moulin-de-la-Ruelle, (au pied de la cité médiévale)   Plan : BV**d**
– ℰ 06 74 64 54 00 – www.demeure-des-vieux-bains.com
5 ch ⌂ – ♦100/295 € ♦♦170/295 €
Une belle demeure seigneuriale (12ᵉ-17ᵉ s.) à flanc de colline. Le nom de chaque
chambre évoque son élégant décor : Hortensia, Pleyel (avec hammam), Flamande
(avec balnéo)…

Une bonne table sans se ruiner ? Repérez les Bib Gourmand ⓐ.

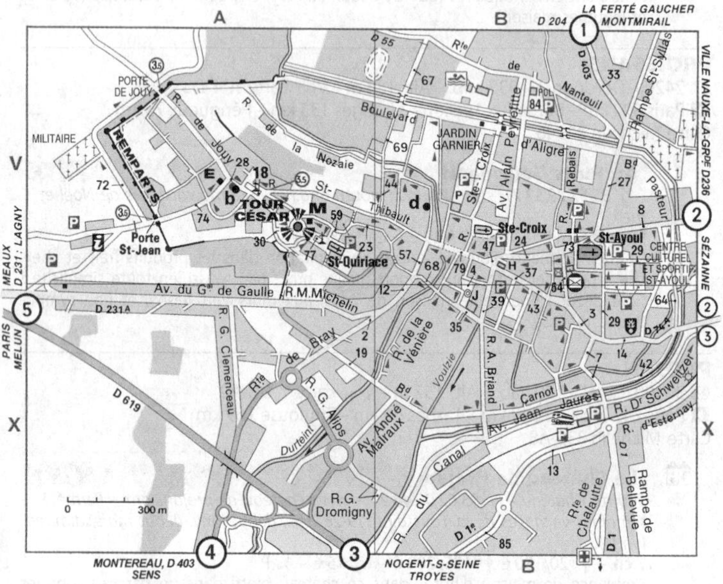

PRUNETE – 2B (Haute-Corse) ➜ voir Corse (Cervione)

PUGET-SUR-ARGENS
✉ 83480 (Var) – 6 630 hab. – Alt. 17 m – Voir carte n°**41-C3**
◪ Paris 871 km – Marseille 143 km – Monaco 88 km – Toulon 86 km
Carte Michelin 340-P5
1426

↑ **Le Clos des Escapades**

*2323 bd Gén.-Leclerc, 3 km au Nord, direction La Lieutenante – 𝒞 04 94 45 89 88
– www.leclosdesescapades.com – Fermé 5 nov.-1er fév.*
5 ch ⌂ – †110/195 € ††110/195 €

Au grand calme, sur les premiers contreforts de l'Esterel, ce grand mas provençal ouvre sur un horizon de mimosas et d'oliviers... "Lune de Miel", "Rêverie", "Perle de Rose" : le nom des chambres dit beaucoup de leur esprit ! Autres atouts : une belle piscine et un espace bien-être pour parfaire la détente.

PUJAUDRAN – 32 (Gers) → voir L'Isle-Jourdain

PUJAUT

⊠ 30131 (Gard) – 4 039 hab. – Alt. 70 m – Voir carte n°**23-D2**
▶ Paris 683 km – Marseille 117 km – Montpellier 95 km – Orange 23 km
Carte Michelin 339-N4

XXX **Entre Vigne et Garrigue** (Serge Chenet) avec ch

✿ *600 rte de St-Bruno, 2 km au Sud-Ouest
– 𝒞 04 90 95 20 29 – www.vigne-et-garrigue.com
– Fermé 9-18 mars, 31 août-8 sept., 12 janv.-3 fév., mardi d'oct. à avril, dim.
soir et lundi*
5 ch ⌂ – †120/140 € ††145/175 €
Formule 35 € ♀ – Menu 48/115 € *(réservation conseillée)*

Un cadre authentique – une ferme provençale isolée, entre falaises et vignobles – et une savoureuse cuisine du marché, bien dans son époque. Produits nobles, légumes et fruits de saison ont les faveurs du chef... Chambres au décor soigné, dans l'esprit d'une maison d'hôte.
→ Homard en nage mousseuse au parfum de réglisse. Côte de veau fermier et son jus arabica. Duo de fraises et olives noires confites, glace à l'huile d'olive et madeleine à la tapenade.

PUJOLS – 47 (Lot-et-Garonne) → voir Villeneuve-sur-Lot

PUJOLS

⊠ 33350 (Gironde) – 595 hab. – Alt. 60 m – Voir carte n°**4-C2**
▶ Paris 560 km – Bordeaux 51 km – Mérignac 68 km – Pessac 63 km
Carte Michelin 335-K6 – Guide Vert Michelin Aquitaine

↑ **Les Gués Rivières**

*5 pl. du Gén. de Gaulle – 𝒞 05 57 40 74 73 – http://
margotte.olivier.pagesperso-orange.fr – Fermé 20 déc.-5 janv.*
4 ch ⌂ – †70/80 € ††80 €

Sur la place du village, une maison locale (1854) avec des chambres mignonnes et bien tenues... L'atout charme des lieux ? Une superbe terrasse surplombant les vignes et St-Émilion, sur laquelle on peut prendre le petit-déjeuner – gargantuesque ! – et se restaurer d'une agréable cuisine du Sud-Ouest.

X **La Poudette**

*La Rivière, par D 17 – 𝒞 05 57 40 71 52 – www.lapoudette.com
– Fermé 1er-15 mars, janv., dim. soir d'oct. à mai, mardi sauf le soir de mai
à sept. et lundi*
Menu 22 € (déj. en semaine), 35/45 € – Carte environ 54 €

Dans le jardin courent poules et oies... Quoi de plus naturel dans une ancienne ferme ? Ici, on est vraiment à la campagne et l'on se régale d'une jolie cuisine de produits, fraîche et fine. Et pour se mettre au vert, il y a aussi deux confortables chambres.

PULIGNY-MONTRACHET

⊠ 21190 (Côte-d'Or) – 397 hab. – Alt. 227 m – Voir carte n°**7-A3**
▶ Paris 329 km – Dijon 59 km – Lons-le-Saulnier 121 km – Mâcon 82 km
Carte Michelin 320-I8 – Guide Vert Michelin Bourgogne

La Maison d'Olivier Leflaive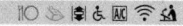

10 pl. du Monument – ☎ 03 80 21 95 27 – www.maison-olivierleflaive.fr – Fermé 21 déc.-29 janv.
13 ch – ♦120/240 € ♦♦120/240 € – ☑ 16 €
Authentique bâtisse du 17ᵉ s. avec de belles chambres d'esprit baroque. Les vins du domaine sont bien sûr à l'honneur : visite des caves et vignes, dégustation dans le beau salon contemporain... Idéal pour la clientèle d'affaires.

Le Montrachet

10 pl. des Marronniers – ☎ 03 80 21 30 06 – www.le-montrachet.com – Fermé 23 nov.-15 janv.
29 ch – ♦150/165 € ♦♦165/230 € – 2 suites – ☑ 18 € – ½ P
Rest *Le Montrachet* ☼ – voir les restaurants ci-après
Sur une place tranquille, une belle bâtisse en pierre de pays et ses dépendances ; en fait l'auberge du village peu à peu métamorphosée en hôtel cossu. Les chambres, spacieuses et classiques (plafonds à la française...), sont bien agréables.

La Chouette *sans rest*

3 bis r. des Creux-de-Chagny – ☎ 03 80 21 95 60 – www.la-chouette.fr – Fermé 1ᵉʳ déc.-3 janv.
6 ch ☑ – ♦130/140 € ♦♦140/155 €
Une maison paisible et chaleureuse, un jardin donnant sur les vignes, de grandes chambres au décor soigné : chouette ! Et le petit-déjeuner est délicieux, avec ses gâteaux et confitures maison, ses charcuteries et ses fromages...

Domaine des Anges

pl. des Marronniers – ☎ 03 80 21 38 28 – Fermé 20 déc.-4 janv.
4 ch ☑ – ♦90/140 € ♦♦90/140 €
D'une propriété viticole au cœur du village, ce couple de la bonne société anglaise a fait un lieu *very charming*... Meubles d'antiquaire, poutres, moulures, cuisine bourgeoise à la table d'hôte : pittoresque et *so french* ! Quant au breakfast et à l'afternoon tea, ils séduisent par leur majesté toute britannique.

XXX Le Montrachet – Hôtel Le Montrachet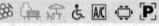
☼

10 pl. des Marronniers – ☎ 03 80 21 30 06 – www.le-montrachet.com – Fermé 23 nov.-15 janv.
Menu 34 € (déj.), 64/90 € – Carte 75/96 €
Classique et raffiné : voilà qui qualifie à merveille ce restaurant – tout en poutres et pierres apparentes – et la cuisine de saison que l'on y sert... À noter également, la très belle cave de 1000 références dont plus de 200 grands crus.
→ Escargots de Bourgogne en coquilles, beurre d'herbes émulsionné. Filet de bœuf charolais cuit au sautoir. Composition carrément chocolat.

PUPILLIN – 39 (Jura) → voir Arbois

PUTEAUX – 92 (Hauts-de-Seine) → voir Paris, Environs

PUYCELCI

✉ 81140 (Tarn) – 484 hab. – Alt. 258 m – Voir carte n°**29**-C2
🚗 Paris 637 km – Albi 44 km – Gaillac 25 km – Montauban 40 km
Carte Michelin 338-C7

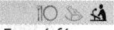 L'Ancienne Auberge

pl. de l'Eglise – ☎ 05 63 33 65 90 – www.ancienne-auberge.com – Fermé fév.
8 ch – ♦80/125 € ♦♦80/125 € – ☑ 9 € – ½ P
Au cœur d'un village fortifié authentique et charmant, ce presbytère du 13ᵉ s. s'est mué en une auberge de caractère. Dans les chambres cohabitent meubles anciens et confort d'aujourd'hui et, au bistrot, la cheminée médiévale fait son petit effet : du style, c'est certain !

LE PUY-EN-VELAY

✉ 43000 (Haute-Loire) – 18 537 hab. – Alt. 629 m – Voir carte n°**6**-C3
🚗 Paris 539 km – Clermont-Ferrand 129 km – Mende 87 km – St-Étienne 76 km
Carte Michelin 331-F3 – Guide Vert Michelin Ardèche Drôme

LE PUY-EN-VELAY

Hôtel du Parc sans rest
4 av. C.-Charbonnier – ℰ *04 71 02 40 40*
Plan : AZ**s**
– *www.hotel-du-parc-le-puy.com*
15 ch – †81/210 € ††81/210 € – ☐ 14 €
Près du beau jardin Vinay, un hôtel très design ! Mobilier aux lignes géométriques, ambiance zen, sens du confort : les chambres respirent le goût contemporain. Le meilleur établissement de la ville.

Regina
34 bd Mar.-Fayolle – ℰ *04 71 09 14 71*
Plan : BZ**d**
– *www.hotelrestregina.com*
25 ch – †74/101 € ††74/101 € – ☐ 12 € – ½ P
Ce bel immeuble (1905) flanqué d'une tourelle possède un indéniable cachet. Ses chambres, fonctionnelles et généralement spacieuses, sont décorées avec goût dans un style contemporain. Au restaurant, cuisine de tradition et plats méditerranéens.

Ibis Styles sans rest
47 bd du Mar.-Fayolle – ℰ *04 71 09 32 36* – *www.lepuy-hotels.com*
Plan : BZ**a**
50 ch – †89/111 € ††99/121 €
Très central, un hôtel de chaîne décoré dans un style contemporain et plutôt vitaminé, avec des chambres bien équipées. Le bon plan : les chambres familiales à prix doux.

Tournayre
12 r. Chênebouterie – ℰ *04 71 09 58 94*
Plan : AY**f**
– *www.restaurant-tournayre.com* – *Fermé 1er-10 sept., 21 déc.-31 janv., mardi sauf juil.-août, dim. soir et lundi*
Menu 27/74 € – Carte 54/74 €
Croisées d'ogives, boiseries, fresques... Le cadre rare et charmant d'une ancienne chapelle du 16e s. ! La cuisine y est gardienne d'une certaine tradition, pour le meilleur (lentilles, veau du Velay, jambon cru d'Auvergne, fromages, etc.).

Le Poivrier
69 r. Pannessac – ℰ *04 71 02 41 30* – *www.lepoivrier.fr*
Plan : AY**v**
– *Fermé mardi soir, dim. soir et lundi*
Menu 18 € (semaine), 22/36 € – Carte 35/53 €
Un design épuré, du skaï, des expositions de photographies, de la musique jazzy : un lieu branché et chaleureux. Agréable paradoxe, on sert de la cuisine du terroir et des spécialités de viande de bœuf de Haute-Loire.

Comme à la Maison
7 r. Séguret – ℰ *04 71 02 94 73* – *www.restaurant-43.com*
Plan : AY**u**
– *Fermé 20-30 sept., 13-20 janv., merc. soir, sam. midi et dim.*
Formule 25 € – Menu 38 € – Carte 38/46 €
Déclinaison autour de la tomate, magret et écrasé de pomme de terre, crème brûlée, etc. Le jeune chef de ce bistrot contemporain – niché dans la vieille ville, au pied de la cathédrale – joue la carte "cuisine du marché". La terrasse dans le patio s'avère être un petit havre de paix... et l'on se sent comme à la maison.

Bambou et Basilic
18 r. Grangevieille – ℰ *04 71 09 25 59*
Plan : AY**b**
– *www.bambou-basilic.com* – *Fermé 24 août-9 sept., lundi et mardi*
Menu 22 € (déj. en semaine), 28/62 € – Carte 42/58 €
Cette petite maison du centre historique mise tout sur la fraîcheur ! S'inspirer des bons produits du terroir : tel est le credo de ses jeunes et sympathiques propriétaires, qui aiment aussi apporter cette touche de modernité qui fait la différence. Et côté prix, on est loin du coup de bambou...

à Espaly-St-Marcel 3 km par ③ – ⊠ 43000 – 3 514 hab. – Alt. 650 m

L'Ermitage
73 av. de l'Ermitage, rte de Clermont-Ferrand – ℰ *04 71 04 08 99*
– *Fermé 24 août-7 sept., 4-25 janv., dim. soir et lundi*
Formule 22 € – Menu 28 € (semaine), 38/60 € – Carte 35/56 € *(réservation conseillée)*
Cette ancienne grange joliment restaurée a conservé son cachet rustique et le petit côté nature de ses origines. La terrasse est sympathique et l'on s'attable avec plaisir pour apprécier une cuisine de tradition. Et en hiver, il y a la cheminée...

PUYLAURENS

✉ 81700 (Tarn) – 3 235 hab. – Alt. 350 m – Voir carte n°**29**-C2

▶ Paris 726 km – Albi 62 km – Carcassonne 72 km – Toulouse 51 km

Carte Michelin 338-E9 – Guide Vert Michelin Midi Toulousain

	Cap de Castel	🄾 ◎ 疹 ス & 丞 🛜

36 r. Cap-de-Castel – ℰ 05 63 70 21 76 – www.capdecastel.com – Fermé 1ᵉʳ janv.-10 fév.

11 ch – ♦80/150 € ♦♦96/180 € – ☑ 15 € – ½ P

Rest Cap de Castel – voir les restaurants ci-après

Ici, tout est beau dans sa simplicité : l'accueil souriant, le charme d'une maison du pays, les chambres décorées avec un soin extrême sur le thème du cinéma, de la mer, du Maroc... Sans oublier la jolie piscine et sa vue sur la campagne !

✗	**Cap de Castel**	疹 疹 丞

36 r. Cap-de-Castel – ℰ 05 63 70 21 76 – www.capdecastel.com – Fermé 1ᵉʳ janv.-10 fév., dim. et le midi

Menu 33/56 € – Carte environ 65 €

Tournedos de filet de bœuf du coin, saumon aux olives noires... Sur l'agréable terrasse, toisant les Pyrénées lointaines et la Montagne noire toute proche, on déguste la délicate cuisine de Xavier Monnier. Saveurs et textures sont au rendez-vous, comme les bons produits locaux. Un avant-goût du paradis !

PUY-L'ÉVÊQUE

✉ 46700 (Lot) – 2 052 hab. – Alt. 130 m – Voir carte n°**28**-B1

▶ Paris 601 km – Agen 71 km – Cahors 31 km – Gourdon 41 km

Carte Michelin 337-C4

✗✗	**Côté Lot et Bellevue** avec ch	🕸 ≤ 🕻 & ch, 🄰 rest, 🛜

pl. de la Truffière – ℰ 05 65 36 06 60 – www.hotelbellevue-puyleveque.com – Ouvert fév.-oct. et fermé mardi soir hors saison, dim. soir et lundi

11 ch – ♦68/96 € ♦♦76/96 € – ☑ 10 € – ½ P

Formule 15 € – Menu 20 € (déj. en semaine)/34 €

Cet établissement mérite bien son nom ! Depuis la salle surplombant le Lot, la vue est à couper le souffle. Côté cuisine, le chef travaille les beaux produits du terroir. Côté hôtel, les chambres sont claires et confortables... et le panorama toujours aussi admirable.

à Mauroux 12 km au Sud-Ouest par D 8 et D 5 – ✉ 46700 – 531 hab. – Alt. 213 m

🏠🏠	**Hostellerie le Vert**	🄾 ◎ ≤ 疹 ス 🄰 🛜 🅿

Lieu dit "Le Vert" – ℰ 05 65 36 51 36 – www.hotellevert.com – Ouvert avril- oct.

6 ch – ♦85/130 € ♦♦85/130 € – ☑ 10 € – ½ P

Ambiance chaleureuse dans cette ferme quercynoise du 14ᵉs. perdue en pleine nature. Dans les chambres, le mobilier de style cohabite avec les meubles campagnards. Cuisine réalisée à quatre mains à partir de produits frais et bio, au gré de l'inspiration.

à Anglars-Juillac 8 km à l'Est par D 811 et D 67 – ✉ 46140 – 351 hab. – Alt. 98 m

✗✗	**Clau del Loup** avec ch	疹 疹 疹 🄽 🛜 🅿

Métairie Haute, D 8 – ℰ 05 65 36 76 20 – www.claudelloup.com

5 ch – ♦80/140 € ♦♦80/140 € – ☑ 12 € – ½ P

Formule 14 € – Menu 20 € 🍷 (déj. en semaine), 29/65 € – Carte 42/54 €

Une belle demeure en pierre (1818), un univers feutré et une cuisine gastronomique aux accents du Sud, savoureuse et réalisée avec des produits de qualité, signée par un enfant du pays. Conquis ? Si oui, des chambres agréables et soignées permettent de ne pas refermer trop vite cette douce parenthèse.

PUYMIROL

✉ 47270 (Lot-et-Garonne) – 957 hab. – Alt. 153 m – Voir carte n°**4**-C2

▶ Paris 649 km – Agen 17 km – Moissac 35 km – Villeneuve-sur-Lot 30 km

Carte Michelin 336-G4 – Guide Vert Michelin Aquitaine

🏛️🏛️ Michel Trama

52 r. Royale – ☎ 05 53 95 31 46 – www.aubergade.com – Fermé 3 semaines en nov., dim. soir et lundi soir d'oct. à juin
9 ch – ♦220/620 € ♦♦220/620 € – 1 suite – ☲ 29 € – ½ P
Rest *Michel Trama* ✿✿ **Rest** *La Poule d'Or* ✿ – voir les restaurants ci-après
Drapés de soie, baldaquins, mobilier 19ᵉ s., tons cramoisi et pourpre, etc. Au cœur de la campagne agenaise, ce décor opulent et théâtral est signé Jacques Garcia. Étape luxueuse et onirique entre ces murs superbes des 13ᵉ-17ᵉ s. !

🍴🍴🍴 Michel Trama

✿✿ *52 r. Royale – ☎ 05 53 95 31 46 – www.aubergade.com – Fermé 3 semaines en nov., dim. soir et lundi soir d'oct. à juin, lundi midi et mardi midi*
Formule 60 € 🍷 – Menu 75 € (semaine), 115 € 🍷/215 € – Carte 120/185 €
Le hamburger de foie gras – un classique – résume l'esprit du style Michel Trama : entre terroir et invention, artifice et vérité... Sous des voûtes du 13ᵉ s., le décor ne laisse pas indifférent : fastueux, dandy, énigmatique !
→ Papillote de pomme de terre en habit vert à la truffe. Hamburger de foie gras chaud aux cèpes, jus de canard corsé. Cristalline de pomme verte.

🍴 La Poule d'Or

52 r. Royale – ☎ 05 53 95 29 00 – www.aubergade.com – Fermé 3 semaines en nov., dim. soir et lundi soir d'oct. à juin, lundi midi et mardi midi
Menu 29 € (déj.), 31/39 €
Au sein de sa maison mère – le fameux restaurant de Michel Trama –, cette Poule d'Or a tout d'une auberge chic. Au menu : du grand classique de bistrot, dans le droit fil de la (belle) tradition française : pâté pantin, parmentier de queue de bœuf... Tout est maîtrisé, savoureux et gourmand. Une adresse en or !

PUY-ST-PIERRE – 05 (Hautes-Alpes) → voir Briançon

PUY-ST-VINCENT

✉ 05290 (Hautes-Alpes) – 292 hab. – Alt. 1 325 m – Voir carte n°**41-C1**
◨ Paris 700 km – L'Argentière-la-Bessée 10 km – Briançon 21 km – Gap 83 km
Carte Michelin 334-G4 – Guide Vert Michelin Alpes du Sud

🏠 La Pendine

Les Prés, 1 km à l'Est par D 404 – ☎ 04 92 23 32 62 – www.lapendine.com – Ouvert 26 juin-30 août et 16 déc.-5 avril
25 ch ☲ – ♦60/83 € ♦♦85/115 € – ½ P
Rest *La Pendine* – voir les restaurants ci-après
Perché sur les hauteurs, ce beau chalet en bois abrite des chambres agréables, d'esprit montagnard, certaines avec balcon. Espace détente (sauna, jacuzzi). La référence de la station.

🍴🍴 La Pendine

Les Prés, 1 km à l'Est par D 404 – ☎ 04 92 23 32 62 – www.lapendine.com – Ouvert juil.-août, 16 déc.-5 avril et fermé lundi midi, mardi midi et merc. midi en été et hors vacances scolaires en hiver
Menu 30 € – Carte 34/50 €
Le panorama sur la Vallouise et les Écrins est magnifique, en terrasse comme en salle ! On y déguste une cuisine plutôt rustique, authentique et concoctée avec savoir-faire : voilà qui va bien au paysage...

PYLA-SUR-MER

✉ 33115 (Gironde) – Voir carte n°**3-B2**
◨ Paris 648 km – Arcachon 8 km – Biscarrosse 34 km – Bordeaux 66 km
Carte Michelin 335-D7 – Guide Vert Michelin Aquitaine

Voir plan d'Arcachon agglomération.

La Co(o)rniche

46 bd Louis-Gaume – ℰ *05 56 22 72 11* – *www.lacoorniche-pyla.com*
29 ch ⌑ – ♦380/795 € ♦♦380/795 €
Sur les hauteurs – entre sable et pinède – cette villa néobasque des années 1930 a été entièrement rénovée par Philippe Starck. Chambres d'une blancheur immaculée, échappées superbes sur le bassin ou les dunes, brasserie avec une magnifique terrasse panoramique extrêmement animée. Un endroit très en vue !

L'Authentic d'Éric Thore

35 bd de l'Océan – ℰ *05 56 54 07 94*   Plan : AY**e**
– *www.ericthore-authentic.com* – *Fermé dim. soir et mardi sauf juil.-août et lundi*
Menu 25 € (déj. en semaine), 32/65 € – Carte 60/90 €
Une table chaleureuse et élégante, avec un petit salon privé et une jolie pergola. La cuisine privilégie les produits du terroir (caviar d'Aquitaine, viande du Sud-Ouest) et suit les saisons ; le petit menu offre un bon rapport qualité-prix.

QUARRÉ-LES-TOMBES

✉ 89630 (Yonne) – 731 hab. – Alt. 457 m – Voir carte n°**7-B2**
◻ Paris 233 km – Auxerre 73 km – Avallon 18 km – Château-Chinon 49 km
Carte Michelin 319-G7 – Guide Vert Michelin Bourgogne

Hôtel du Nord

25 pl. de l'Église – ℰ *03 86 32 29 30* – *www.hoteldunord-morvan.com* – *Ouvert 16 fév.-3 nov. et fermé merc. et jeudi*
8 ch – ♦51/58 € ♦♦65/78 € – ⌑ 9 € – ½ P
Face à la célèbre église St-Georges, cet ancien relais de poste a été restauré avec goût. Les chambres y sont pratiques, bien tenues et bon marché, et l'on peut profiter du bistrot du terroir. Une adresse sympathique.

Le Morvan avec ch

6 r. des Écoles, (face au parc municipal) – ℰ *03 86 32 29 29* – *www.le-morvan.fr* – *Fermé 15 déc.-27 fév., merc. midi, lundi et mardi*
8 ch – ♦57/78 € ♦♦63/84 € – ⌑ 10 € – ½ P   Menu 25/53 € – Carte 37/57 €
Un petit salon feutré et une salle cosy, des poutres apparentes, une belle horloge comtoise... Tout invite à la découverte du terroir, joliment revisité par le chef, au plus près des saisons. L'été, attablez-vous dans le jardin fleuri et musardez au soleil ! Une bonne étape à l'entrée du Parc naturel régional du Morvan.

aux Lavaults 5 km au Sud-Est par D 10

Auberge de l'Âtre avec ch

– ℰ *03 86 32 20 79* – *www.auberge-de-latre.com* – *Fermé 24 juin-6 juil., 16 fév.-12 mars, lundi et mardi*
7 ch ⌑ – ♦♦96/115 € – ½ P
Formule 30 € – Menu 35 € (semaine), 56/64 € – Carte 45/85 € *(réservation conseillée)*
Au bord d'une route de campagne, cette ferme distille un charme rustique et authentique... Pour ne rien gâter, la carte célèbre les bons vins et le terroir (spécialité de champignons), et les desserts sont particulièrement soignés. Chambres très bien tenues, agréables pour une étape.

QUÉDILLAC

✉ 35290 (Ille-et-Vilaine) – 1 151 hab. – Alt. 85 m – Voir carte n°**10-C2**
◻ Paris 389 km – Dinan 30 km – Lamballe 45 km – Loudéac 57 km
Carte Michelin 309-J5

Le Relais de la Rance avec ch

6 r. de Rennes – ℰ *02 99 06 20 20* – *Fermé 20 déc.-15 janv., vend. soir et dim. soir*
13 ch – ♦60/80 € ♦♦60/80 € – ⌑ 10 € – ½ P
Formule 17 € – Menu 21/60 € – Carte 39/85 €
Dès le printemps, cette maison de granit (1880) croule sous les géraniums. Derrière ce rideau de fleurs se cache un cadre très classique, à l'unisson de la cuisine qui joue la carte de la tradition. Chambres bien tenues aux prix raisonnables. Accueil familial et sympathique.

LES QUELLES – 67 (Bas-Rhin) → voir Schirmeck

QUEND

⊠ 80120 (Somme) – 1 389 hab. – Alt. 5 m – Voir carte n°**36**-A1

🚹 Paris 209 km – Abbeville 35 km – Amiens 91 km – Boulogne-sur-Mer 58 km

Carte Michelin 301-C6

🛏️ **Les Augustines** sans rest   & 🛜 P

18 rte de la plage Monchaux – ℰ *03 22 23 54 26* – *www.hotel-augustines.com*
– Fermé déc.-janv.
15 ch – †80/91 € ††80/91 € – ☲ 10 €

Sur la route de la plage, ces Augustines jouent la carte motel, en alignant de plain-pied des chambres confortables et fonctionnelles. Comme le veut le concept, le client jouit d'une grande indépendance et les tarifs sont mesurés : on s'y arrête volontiers !

QUESTEMBERT

⊠ 56230 (Morbihan) – 7 464 hab. – Alt. 100 m – Voir carte n°**10**-C3

🚹 Paris 445 km – Ploërmel 32 km – Redon 34 km – Rennes 96 km

Carte Michelin 308-Q9 – Guide Vert Michelin Bretagne Sud

XXX **Le Bretagne et sa Résidence** avec ch   🕸 🗝 & ch, 🛜 🎿 P

13 r. St-Michel – ℰ *02 97 26 11 12* – *www.residence-le-bretagne.com*
– Fermé 5 janv.-2 fév. et lundi
9 ch – †70/90 € ††90/150 € – ☲ 15 € – ½ P
Formule 15 € 🍷 – Menu 26 € 🍷 (déj. en semaine), 40 € 🍷/145 € 🍷
– Carte 76/93 € *(réservation conseillée)*

Cet ancien relais de poste est né en 1875 et il est devenu une institution locale. Boiseries, jardin d'hiver, etc. : le cadre est élégant et classique. Quant à la cuisine, elle joue la carte de la générosité... et des vins du Val de Loire. Côté annexe, des chambres cossues, un brin rétro.

QUETTEHOU

⊠ 50630 (Manche) – 1 588 hab. – Alt. 14 m – Voir carte n°**32**-A1

🚹 Paris 345 km – Barfleur 10 km – Cherbourg 29 km – St-Lô 66 km

Carte Michelin 303-E2 – Guide Vert Michelin Normandie Cotentin

🏠 **Demeure du Perron** sans rest   🌫 🗝 & 🛜 🎿 P

rte de St-Vaast – ℰ *02 33 54 56 09* – *www.hoteldemeureduperronquettehou.com*
– Fermé vacances de Noël et dim. soir du 15 nov. au 15 mars
20 ch – †54/86 € ††54/86 € – ☲ 6 €

À la sortie du village, en direction de St-Vaast, des pavillons dans un agréable jardin, avec des chambres simples et propres. Préférez-les dans les deux bâtiments reliés : elles y sont plus récentes et agréables.

LA QUEUE-EN-BRIE – 94 (Val-de-Marne) → voir Paris, Environs

QUIBERON

⊠ 56170 (Morbihan) – 5 028 hab. – Alt. 10 m – Voir carte n°**9**-B3

🚹 Paris 505 km – Auray 28 km – Concarneau 98 km – Lorient 47 km

Carte Michelin 308-M10 – Guide Vert Michelin Bretagne Sud

🏨 **Sofitel Thalassa**   🍽 🌫 ⇐ 🌐 🖼 🎧 ⓘ 🧖 🎽 & 🛜 🎿 🛫 P

bd Louison Bobet – ℰ *02 97 50 20 00* – *www.sofitel.com*   Plan : B**a**
– Fermé 6-20 déc.
110 ch – †120/550 € ††120/550 € – 19 suites – ☲ 25 € – ½ P

Pour un séjour iodé et tonique, ce complexe hôtelier fait face à la plage et communique avec l'institut de thalassothérapie. Au programme : un décor résolument contemporain et un grand confort. Certaines chambres donnent sur les flots, tout comme les deux restaurants (produits de la mer).

🏨 **Sofitel Diététique**   🍽 🌫 ⇐ 🌐 🖼 🎧 ⓘ 🧖 🍽 🖼 & 🛜 P

pointe de Goulvars – ℰ *02 97 50 20 00* – *www.sofitel.com*   Plan : B**v**
– Fermé 6-20 déc.
74 ch ☲ – †230/530 € ††290/530 € – 2 suites – ½ P

Un hôtel parfait pour retrouver la ligne... Les chambres, sur le thème de l'eau, sont spacieuses et très confortables. On accède directement au spa de 1 000 m² et le restaurant propose des menus diététiques. Pas une goutte d'alcool, même au bar !

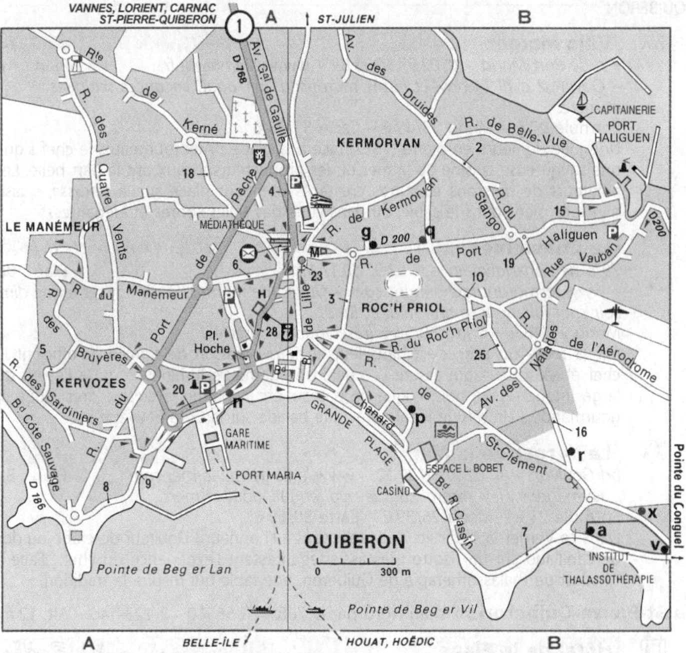

Corsaires (R. des)	B 2	Hoëdic (Bd d')	A 8	Peupliers (R. des)	B 19
France (Bd A.)	B 3	Houat (Quai de)	A 9	Port Maria (R. de)	A 20
Gare (R. de la)	AB 4	Korrigans (R. des)	B 10	Repos (Pl. du)	B 23
Genêts (R. des)	A 5	Mané (R. du)	B 15	Sirènes (R. des)	B 25
Golvan (R. V.)	A 6	Marronniers (Av. des)	B 16	Verdun (R. de)	A 28
Goviro (Bd du)	B 7	Petit Pont d'Eau (R. du)	A 18		

Ker Noyal sans rest

43 chemin des Dunes – ✆ 02 97 50 33 31 – www.ker-noyal.com Plan : B**p**
– Ouvert 14 mars-11 nov.

17 ch – 69/129 € 69/129 € – 11 €

Un hôtel tout blanc, typique du bord de mer, au calme dans un quartier résidentiel situé près du casino. Les chambres sont décorées avec goût dans un style contemporain.

Ibis Styles sans rest

43 r. du Port-Haliguen – ✆ 02 97 58 35 80 Plan : B**g**
– www.hotelibisstyles-quiberon.com – Fermé déc. et janv.

57 ch – 69/159 € 79/169 €

À deux pas du port de plaisance d'Haliguen, animé l'été par des régates, cet hôtel récent accueille les amateurs d'air marin. Les chambres y sont confortables et bien tenues, et il fait bon se détendre à l'espace bien-être...

Ibis

av. des Marronniers, (pointe de Goulvars) – ✆ 02 97 30 47 72 Plan : B**r**
– www.hotelibis-quiberon.com

95 ch – 82/129 € 95/165 € – 11 € – ½ P

Non loin de la côte sauvage, cet hôtel de chaîne propose des chambres fonctionnelles et bien tenues ; certaines sont en duplex... Idéal pour les familles. Agréable espace bien-être. Cuisine traditionnelle sans prétention, également servie en terrasse.

※※ Villa Margot   ⪡ 🛋 ⅊

7 r. de Port-Maria – 𝒞 02 97 50 33 89 – www.villamargot.fr   Plan : A**n**
– Ouvert 2 avril-14 nov. et fermé mardi sauf juil.-août, vacances scolaires
et merc.
Formule 27 € – Menu 33/45 € – Carte 51/85 €
Une jolie demeure en pierre (1872) face à la plage... Aux fourneaux, le chef signe
une savoureuse cuisine de la mer où les producteurs locaux ont la part belle. Les
amateurs de poissons et autres crustacés prennent place sur la terrasse, quasiment les pieds dans le sable, ou dans l'une des salles sobres et élégantes.

※※ La Chaumine   🛋 ⅊ 🆔

😊 *79 r. de Port-Haliguen – 𝒞 02 97 50 17 67*   Plan : B**q**
– www.restaurant-lachaumine.com – Ouvert de mi-mars à mi-nov. et fermé dim.
soir sauf juil.-août, mardi midi et lundi
Menu 29/45 € – Carte 30/56 € *(réservation conseillée)*
Sur la route du port, c'est dans leur ancienne maison de famille qu'officient le
chef et sa sœur – qui assure l'accueil. Une demeure lumineuse qui a l'esprit du
large (mouettes en bois, coque de bateau, etc.), comme la cuisine, très iodée et
gourmande... Un refuge idéal après une balade sur la Côte Sauvage !

※※ Le Verger de la Mer

bd Goulvars – 𝒞 02 97 50 29 12 – www.le-verger-de-la-mer.com   Plan : B**x**
– Fermé janv., fév., mardi sauf le midi en juil.-août et merc.
Formule 21 € – Menu 26/39 € – Carte 30/65 €
Dans ce Verger-là, les fruits de la mer sont à l'honneur ! Douceur de crabe ou des
de cabillaud sur un risotto : les assiettes attestent l'expérience du chef... Face à
l'institut de thalassothérapie de Quiberon, une table qui respire la tradition.

à St-Pierre-Quiberon 5 km au Nord par D 768 – ✉ 56510 – 2 123 hab. – Alt. 12 m

🏨 Hôtel de la Plage   ▮○ ⪡ 🕴 ⅊ 🛜 🆑 🅿

25 quai d'Orange – 𝒞 02 97 30 92 10 – www.hotel-plage-quiberon.com – Ouvert
début avril-fin sept.
30 ch – ♦64/136 € – ♦♦64/136 € – 6 suites – ⌑ 12 €
L'enseigne de cet hôtel familial dit la vérité : la plage est à vos pieds ! Chambres
fonctionnelles et bien tenues, avec balcon côté baie. Cartes et menus typiques de
la région ; saveurs iodées et vue superbe sur le large.

à Portivy 6 km au Nord par D 768 et rte secondaire – ✉ 56510

※ Le Petit Hôtel du Grand Large (Hervé Bourdon) avec ch   ⪡ ⅊ rest,

🕸 *11 quai St-Ivy – 𝒞 02 97 30 91 61 – www.lepetithoteldugrandlarge.fr*   🛜
– Fermé 3 janv.-15 fév., dim. soir et merc. sauf le soir hors saison et mardi
6 ch – ♦95/115 € – ♦♦115/135 € – ⌑ 13 €
Menu 30 € (déj. en semaine), 50/75 € – Carte 62/72 €
Un étonnant bistrot marin, tenu par un chef autodidacte amoureux de la mer et
approvisionné chaque jour par un ami pêcheur ! Le poisson est remarquable de
qualité et de fraîcheur, et il est parfaitement cuisiné, non sans originalité. Les
chambres, joliment décorées, donnent sur le petit port...
→ Cuisine du marché.

QUILINEN – 29 (Finistère) → voir Quimper

QUILLAN
✉ 11500 (Aude) – 3 249 hab. – Alt. 291 m – Voir carte n°**22-A3**
🚩 Paris 797 km – Andorra la Vella 113 km – Carcassonne 52 km – Foix 64 km
Carte Michelin 344-E5

🏨 La Chaumière   ▮○ ♨ 🕴 ⅊ 🆔 🛜 🚗

25 bd Ch. de Gaulle – 𝒞 04 68 20 02 00 – www.pyren.fr
26 ch – ♦65/130 € – ♦♦65/130 € – ⌑ 11 € – ½ P
Sur le boulevard qui ceinture la ville, une "chaumière" d'allure rustique – poutres
et cheminée dans la salle de restaurant – pour des chambres... contemporaines,
fonctionnelles et bien insonorisées. Un heureux contraste !

⌂ **Cartier**   ⫶◯ ▯ 🅰️ 🛜
31 bd Ch. de Gaulle – 𝒞 *04 68 20 05 14 – www.hotelcartier.com – Ouvert
25 mars-15 déc.*
27 ch – ♦61/85 € ♦♦61/85 € – � 9 € – ½ P
Derrière cette jolie façade des années 1950 de style "paquebot", un hôtel bien
sympathique pour prendre ses quartiers d'été en famille ! Les chambres y
sont sobres et bien tenues ; préférez celles plus grandes et calmes sur l'arrière.
Recettes traditionnelles au restaurant.

QUIMPER

✉ 29000 (Finistère) – 63 235 hab. – Agglo. 79 124 hab. – Alt. 41 m
– Voir carte n°**9-B2**
◨ Paris 564 km – Brest 73 km – Lorient 67 km – Rennes 215 km
Carte Michelin 308-G7 – Guide Vert Michelin Bretagne Sud

🏨 **Océania**   ⫶◯ 🍽 ⊿ ▯ & 🅰️ 🛜 ♨ 🅿️
17 r. du Poher, zone de Kerdrézec – 𝒞 *02 98 90 46 26*   Plan : AX**b**
– www.oceaniahotels.com
92 ch – ♦79/159 € ♦♦79/159 € – ⊽ 15 €
À proximité du centre-ville et juste derrière un centre commercial, cet hôtel est
niché dans un îlot de verdure et propose des chambres spacieuses, dont les
"Océane", joliment design et bien équipées. Petits plus : la cuisine traditionnelle
du restaurant et la piscine.

🏨 **Manoir-Hôtel des Indes** sans rest   ◊ 🍽 ⊿ ▯ & 🛜 ♨ 🅿️
1 allée de Prad-ar-C'hras, 4 km par ⑦ *et D 765 –* 𝒞 *02 98 55 48 40*
– www.manoir-hoteldesindes.com
14 ch – ♦98/225 € ♦♦130/255 € – ⊽ 15 €
Les Indes, où voyagea René Madec, aventurier quimpérois et ancien maître de ce
manoir... C'est en souvenir de lui que les propriétaires ont décoré les chambres sur
le thème de l'exotisme. Parc, piscine, traiteur : original et dépaysant.

🏨 **Kregenn** sans rest   ▯ & 🛜 ♨ 🅿️
13 r. des Réguaires – 𝒞 *02 98 95 08 70 – www.hotel-kregenn.fr*   Plan : BZ**t**
32 ch – ♦89/154 € ♦♦104/220 € – ⊽ 13 €
Kregenn, pour "coquillage" en breton : un joli nom pour cet hôtel contemporain
décoré avec goût. Dès la réception, on se sent bien ; impression qui perdure
dans les chambres, à l'ambiance feutrée, ou dans la cour, près de la pièce d'eau.
Bon accueil !

🏨 **Gradlon** sans rest   & 🛜
30 r. de Brest – 𝒞 *02 98 95 04 39 – www.hotel-gradlon.com*   Plan : BY**a**
20 ch – ♦78/206 € ♦♦78/206 € – ⊽ 12 €
On n'imagine pas, en voyant cette façade banale, qu'elle dissimule des chambres
au style "very british", fleuri et cosy à souhait. Un soin tout particulier est accordé
aux détails, des rosiers du jardin à l'agréable véranda. Charming !

⌂ **Le Logis du Stang** sans rest   ◊ 🍽 ℅ 🛜 🅿️
*allée de Stang-Youen, r. Ch-Le-Goffic et chemin de Linéostic, 4 km à l'Est du
plan : BX –* 𝒞 *02 98 52 00 55 – www.logis-du-stang.com – Fermé 1ᵉʳdéc.-1ᵉʳ fév.*
4 ch ⊽ – ♦70/80 € ♦♦78/88 €
Il a de l'allure, ce manoir du 19ᵉ s., avec son ravissant jardin. Les trois chambres
sont réellement délicieuses, et pour s'isoler au calme en pleine campagne, il n'y
a pas mieux. Romantique et bucolique !

✗✗ **L'Ambroisie** (Gilbert Guyon)   ℅ ۞
۞ *49 r. Elie-Fréron –* 𝒞 *02 98 95 00 02*   Plan : BY**u**
– www.ambroisie-quimper.com – Fermé mardi de sept. à mi-juin, dim. soir et lundi
Menu 30 € (déj. en semaine), 45/86 € – Carte 74/82 € *(réservation conseillée)*
L'ambroisie coule à flots dans ce restaurant de poche à la fois sobre et original.
Dès les amuse-bouches, les papilles frémissent. Voilà une cuisine bretonne ancrée
dans l'époque, centrée sur des produits locaux de première fraîcheur, des Saint-
Jacques fraîches au turbot de la baie d'Audierne. Le tout réalisé avec soin !
➜ Homard breton au bouillon d'épices et céleri. Sole au jus d'herbes, artichaut au
cidre. Fraises de pays, jus d'agrumes et reine-des-prés glacée.

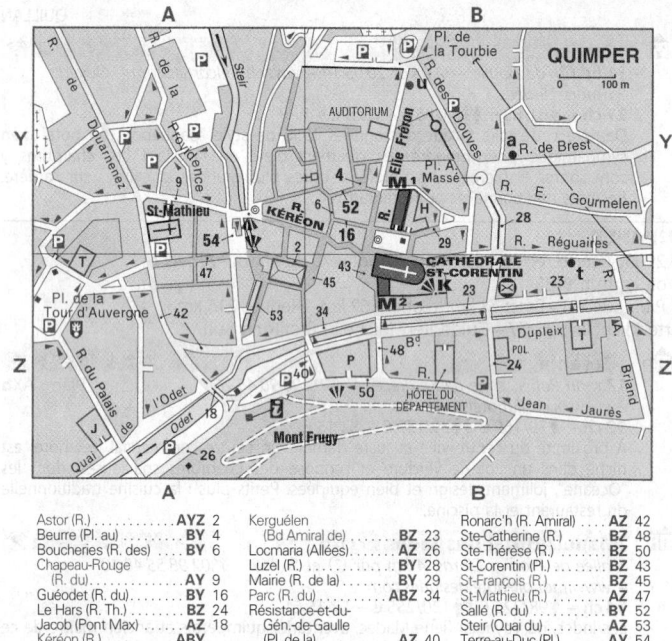

✕✕ La Ferme de l'Odet 🚲 ☕ **P**

*74 chemin de la Baie-de-Kerogan, 5 km par ⑤ rte de Bénodet
– ☎ 02 98 95 63 13 – www.restaurant-lafermedelodet-quimper.com – Fermé
vacances de fév., 2 semaines en juil., dim. soir, mardi soir et merc.*
Formule 21 € – Menu 24 € (déj. en semaine), 35/46 €
Situation privilégiée pour cette ancienne ferme (1900) bordant l'Odet ; la terrasse,
en particulier, ouvre sur les berges et les bois voisins... Un cadre champêtre qui se
prête à la dégustation d'une cuisine traditionnelle bien tournée, avec une intéressante formule au déjeuner et des recettes plus pointues le soir.

à Ty-Sanquer 7 km au Nord par D 770 – ✉ 29000

✕✕ Auberge de Ti-Coz 🎋 ♿ ✿ **P**

*4 Hent-Coz – ☎ 02 98 94 50 02 – www.restaurantticoz.com – Fermé dim. soir et
lundi sauf fériés*
Menu 23 € (déj. en semaine), 31/60 € – Carte 51/63 €
Comme un rêve de Bretagne : une charmante auberge en pierre, à la fois rustique,
moderne et élégante. Le chef y prépare une savoureuse cuisine, qui fait la part
belle aux meilleurs produits du terroir breton. En ancien sommelier passionné, il
accompagne ses recettes d'une belle carte des vins (plus de 450 références).

à Quilinen 11 km par ① et D 770 – ✉ 29510

✕ Auberge de Quilinen

*– ☎ 02 98 57 93 63 – www.aubergequilinen.com – Fermé 17-30 août, le soir du
dim. au jeudi et lundi*
Menu 20 € (déj. en semaine), 29/38 €
Une coquette maison bretonne, dans un hameau avec une belle chapelle du 15ᵉ
s. Le genre d'adresse où déguster d'appétissantes recettes du terroir, un kouign
amann par exemple, beurré, croustillant, avec de la glace à la vanille parfumée !

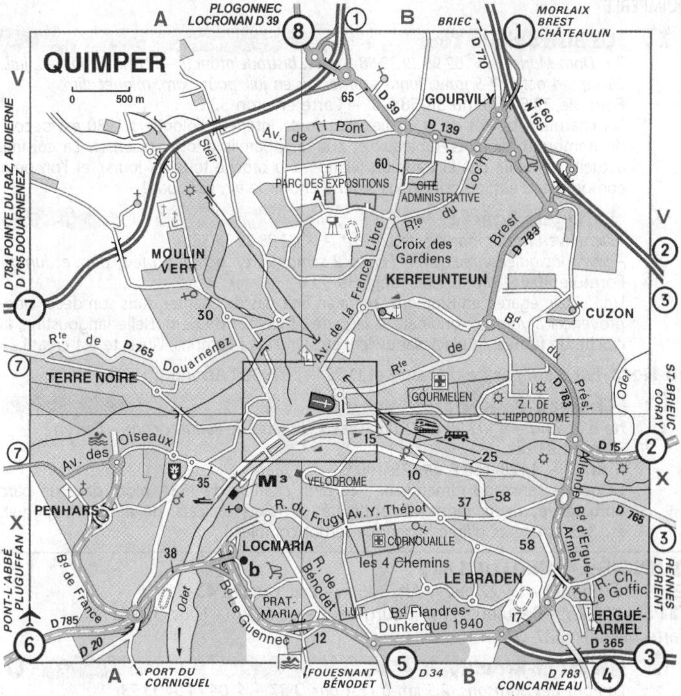

Bécharles (Av. de) . . . . . . **BV** 3	Gutenberg (Bd) . . . . **BX** 17	Potiers (Ch. des) . . . . **BX** 37
Concarneau (R. de) . . . . . **BX** 10	Libération (Av. de la) . . . . . **BX** 25	Poulguinan (Bd de) . . . . . . **AX** 38
Créac'h Gwen (Bd de) . . . . **BX** 12	Moulin-Vert (R. du) . . . . . . **AV** 30	Tour-d'Auvergne (R. de la) . . . . **BX** 58
Gare (Av. de la) . . . . **BX** 15	Plogonnec (Rte de) . . . . . . **BV** 65	Ty-Nay (Rte de) . . . . **BV** 60
	Pont-l'Abbé (R. de) . . . . . **AX** 35	

à Pluguffan 7 km par ⑥ et D 40 – ✉ 29700 – 3 616 hab. – Alt. 90 m

La Coudraie sans rest

7 r. du Stade – ✆ 02 98 94 31 26 – www.lacoudraie.fr – Fermé 3 semaines en nov. et dim. hors saison

11 ch – †66/82 € ††66/82 € – ☕ 9 €

Dans une localité calme et tranquille de la périphérie quimpéroise, ce petit hôtel réserve un accueil charmant aux voyageurs de passage. En hiver, au petit-déjeuner, c'est à la chaleur d'un feu de cheminée que l'on déguste crêpes et far breton maison !

QUIMPERLÉ

✉ 29300 (Finistère) – 12 156 hab. – Alt. 30 m – Voir carte n°**9-B2**

Paris 517 km – Carhaix-Plouguer 57 km – Concarneau 32 km – Pontivy 76 km

Carte Michelin 308-J7 – Guide Vert Michelin Bretagne Sud

Le Vintage sans rest

20 r. Bremond-d'Ars – ✆ 02 98 35 09 10 – www.hotelvintage.fr – Fermé 29 juin-5 juil.

10 ch – †63/95 € ††95/128 € – ☕ 13 €

Au cœur de la vieille ville, on jette un œil admiratif sur la façade de cet ancien hôtel particulier de 1907, autrefois agence bancaire... Tableaux, sculptures, escalier en bois et grandes chambres : chaleureux et fonctionnel !

✗✗ **Le Bistro de la Tour** 🕮

2 r. Dom-Morice – ℰ 02 98 39 29 58 – www.bistrodelatour.fr – Fermé 29 juin-12 juil.,
28 sept.-4 oct., 1ᵉʳ-5 janv., lundi sauf le soir en juil.-août, sam. midi et dim.
Formule 27 € – Menu 38/58 € ▼ – Carte environ 52 €
Un charmant bistrot de la vieille ville, dont l'intérieur volontiers 1930 est décoré
de nombreux bibelots, tableaux et autres appareils photo anciens… La cuisine,
actuelle, n'oublie pas la tradition (viande à la broche tous les jours), et l'on peut
compter sur l'équipe pour nous aider à choisir le vin adéquat !

✗ **La Cigale Egarée** 🖂 🛝 **P**

Villeneuve-Braouic par rte de Lorient – ℰ 02 98 39 15 53
– www.lacigaleegaree.com – Fermé 2 semaines en oct. et en fév., dim. et lundi
Formule 20 € – Menu 25 € (déj.), 39/99 €
Une cigale égarée en Bretagne, qui n'en finit pas de chanter dans son décor néoprovençal atypique : original ! À la carte : frivolités de demoiselle langoustine, la
cloche de fumée, le black sandwich, etc. On l'aura compris, l'insecte est créatif.

au Nord-Est 6 km par rte d'Arzano et D 22 – ⊠ 29300 Arzano

⌂ **Château de Kerlarec** sans rest 🛝 🖂 ⌁ ✗ 🦮 **P**

rte d'Arzano – ℰ 02 98 71 75 06 – www.chateau-de-kerlarec.com – Ouvert
21 mars-31 oct.
5 ch ⊊ – †125/160 € ††125/160 €
La quintessence du romantisme : ce petit château de 1834, blotti dans un parc
ombragé et fleuri, regorge d'antiquités, d'objets délicats, de décors d'époque,
etc. Les amateurs d'âme historique seront comblés !

QUINCIÉ-EN-BEAUJOLAIS

⊠ 69430 (Rhône) – 1 222 hab. – Alt. 325 m – Voir carte n°**43**-E1
🚩 Paris 428 km – Beaujeu 6 km – Bourg-en-Bresse 55 km – Lyon 57 km
Carte Michelin 327-G3

🏠 **Le Mont-Brouilly** 🅾 🖂 ⌁ 🛜 🦮 **P**

Le Pont des Samsons, 2,5 km à l'Est par D 37 – ℰ 04 74 04 33 73
– www.hotelbrouilly.com – Fermé 21-27 déc., 2 semaines en fév., dim. soir et
lundi d'oct. à avril, lundi midi et mardi midi de mai à sept.
28 ch – †64 € ††69/101 € – ⊊ 9 € – ½ P
Au pied du mont Brouilly, un petit hôtel-restaurant entouré de vignes, pratique,
propre et accueillant. Dans le grand jardin, on profite de la piscine et il y a
même une aire de jeux pour les enfants.

QUINÉVILLE

⊠ 50310 (Manche) – 294 hab. – Alt. 29 m – Voir carte n°**32**-A1
🚩 Paris 338 km – Barfleur 21 km – Carentan 31 km – Cherbourg 37 km
Carte Michelin 303-E2 – Guide Vert Michelin Normandie Cotentin

🏠 **Château de Quinéville** 🅾 🛝 🖂 ⌁ ⅋ **P**

18 r. de l'Église – ℰ 02 33 21 42 67 – www.chateau-de-quineville.com – Ouvert
1ᵉʳ avril-20 déc.
30 ch – †85/175 € ††85/175 € – ⊊ 12 € – ½ P
Un beau petit château du 18ᵉ s. et son restaurant de tradition, au cœur d'un parc et
d'un jardin à la française. Les chambres ont un petit côté bonbonnière et vieille France
qui séduira les amateurs du genre ; à l'abri des regards, on fait un saut dans la piscine…

QUINSON

⊠ 04500 (Alpes-de-Haute-Provence) – 445 hab. – Alt. 370 m – Voir carte n°**41**-C2
🚩 Paris 804 km – Aix-en-Provence 76 km – Brignoles 44 km – Castellane 72 km
Carte Michelin 334-E10 – Guide Vert Michelin Alpes du Sud

🏠 **Relais Notre-Dame** 🅾 🖂 ⌁ 🛜 **P**

– ℰ 04 92 74 40 01 – www.relaisnotredame-04.com – Ouvert 30 mars-15 nov.
13 ch – †65/103 € ††83/103 € – ⊊ 11 € – ½ P
Rest *Relais Notre-Dame* – voir les restaurants ci-après
Sur la route des gorges du Verdon, près du musée de la Préhistoire, un hôtel
familial avec jardin et piscine. Les chambres sont décorées dans un style provençal actuel et plaisant.

✗ **Relais Notre-Dame** 🛅 🛖 **P**
– ☏ 04 92 74 40 01 – www.relaisnotredame-04.com – Ouvert 25 fév.-15 déc. et
fermé lundi et mardi hors saison
Menu 25/41 € – Carte 27/37 €
Une jolie salle champêtre et beaucoup de générosité... Ici, on savoure une cuisine
régionale copieuse et bien faite. Sur la carte, les végétariens ne sont pas laissés
pour compte et, en saison, on se régale de truffe. Que dire enfin de la ravissante
terrasse sous les platanes ? C'est le Sud tout entier !

QUINT-FONSEGRIVES – 31 (Haute-Garonne) ➜ voir Toulouse

QUINTIN
✉ 22800 (Côtes-d'Armor) – 2 834 hab. – Alt. 180 m – Voir carte n°**10-C2**
🄳 Paris 463 km – Lamballe 35 km – Loudéac 31 km – St-Brieuc 18 km
Carte Michelin 309-E4 – Guide Vert Michelin Bretagne Nord

🏠 **Hôtel du Commerce** 🍽 🛜
2 r. Rochonen – ☏ 02 96 74 94 67 – www.hotelducommerce-quintin.com – Fermé
23-30 août et vacances de Noël
11 ch 🛏 – †63/68 € ††77/87 €
Cette maison de granit, ancien relais de diligence du village, date probablement
du 18e s. et a conservé le charme et la simplicité des vieilles pierres. Les chambres, particulièrement bien tenues, portent toutes un nom d'épice exotique...

RABAT-LES-TROIS-SEIGNEURS – 09 (Ariège) ➜ voir Tarascon-sur-Ariège

RAGUENÈS-PLAGE – 29 (Finistère) ➜ voir Névez

RAISMES – 59 (Nord) ➜ voir Valenciennes

RAMATUELLE
✉ 83350 (Var) – 2 127 hab. – Alt. 136 m – Voir carte n°**41-C3**
🄳 Paris 873 km – Fréjus 35 km – Le Lavandou 34 km – St-Tropez 10 km
Carte Michelin 340-O6 – Guide Vert Michelin Côte d'Azur

🏰 **La Réserve Ramatuelle** 🍽 🛏 ← 🛅 ☒ 🖳 ⊛ ♨ 🛗 ♿ ✗ 🛜 **P**
chemin de la Quessine, au Sud-Est, direction Plage de l'Escalet et rte secondaire
– ☏ 04 94 44 94 44 – www.lareserve-ramatuelle.com – Ouvert avril-oct.
16 suites 🛏 – ††1220/4500 € – 12 ch
Rest *La Voile* ✸ – voir les restaurants ci-après
Un lieu caché, rare... Dès l'arrivée, le bâtiment éblouit : tout en transparence,
comme suspendu au-dessus de la mer, avec la flore méditerranéenne pour écrin.
Chaque chambre, au minimalisme racé, est un balcon sur la Grande Bleue ! Un
sommet de luxe contemporain, qui capte l'essence de cette côte si azurée...

🏨 **La Vigne de Ramatuelle** 🍽 🛏 🛅 ☒ 🅰🅲 🛜 **P**
rte de La Croix-Valmer, sur D 93, à 3 km – ☏ 04 94 79 12 50
– www.lavignederamatuelle.com – Ouvert 1er avril-1er oct.
12 ch – †200/590 € ††200/590 € – 2 suites – 🛏 18 €
Presque une maison d'amis, au milieu des vignes... Cette villa concilie charme,
atmosphère contemporaine et tranquillité. Chambres raffinées, avec terrasse. Piscine dans la verdure.

🏨 **La Bastide de Ramatuelle** 🍽 🛅 ☒ ♿ 🅰🅲 🛜 **P**
La Rouillière Sud, D 61 direction Gassin – ☏ 04 94 55 23 40
– www.labastideramatuelle.com – Ouvert de mi-avril à mi-oct.
9 ch 🛏 – †330/430 € ††450/700 €
Au cœur de cette presqu'île de St-Tropez couverte de pinèdes et de vignobles,
cet hôtel-restaurant dispose de chambres contemporaines et confortables. Il fait
bon se promener dans le joli jardin ou faire quelques brasses dans la piscine. Un
point de chute idéal pour profiter du soleil du Midi !

La Voile – Hôtel La Réserve Ramatuelle ≤ 🐾 🏠 ᵴ 🅰🄲 ℀ 🄿

chemin de la Quessine, au Sud-Est, direction Plage de l'Escalet et rte secondaire – ✆ 04 94 44 94 44 – www.lareserve-ramatuelle.com – Ouvert avril-oct.
Menu 119 € (dîner) – Carte 95/150 €
La lumière, la nature, la mer... Au sein de la Réserve Ramatuelle, hôtel exclusif s'il en est, la table ne déroge pas à la règle du raffinement, mettant à l'honneur les légumes, le thym et le romarin du potager, l'huile d'olive et les produits bio, à travers des recettes légères et enlevées... Le chef, Éric Canino, est un orfèvre !
➜ Thon rouge aux épices et niçoise acidulée. Loup de Méditerranée aux huîtres et caviar. Citron crémeux au basilic, meringue acidulée.

L'Écurie du Castellas avec ch ≤ 🏠 ℀ 🛜 🄿

rte du Moulins-de-Paillas – ✆ 04 94 79 11 59 – www.lecurieducastellas.com – Fermé 23-25 déc., 11-28 janv., lundi et mardi en hiver
14 ch – †76/230 € ††76/230 € – ☒ 15 € – ½ P
Menu 33/95 € ♈ – Carte 59/74 €
Belle adresse, où l'on se régale d'une fine cuisine classique dans un joli intérieur provençal, en profitant d'un superbe panorama : la terrasse domine le village, les pinèdes et, au loin, la Grande Bleue !

à la Bonne Terrasse 5 km à l'Est par D 93 et rte de Camarat – ✉ 83350

Chez Camille ≤ 🏠 🄿

quartier de Bonne Terrasse – ✆ 04 98 12 68 98 – www.chezcamille.fr – Ouvert 4 avril-4 oct. et fermé vend. midi et mardi
Menu 46/81 € *(réservation conseillée)*
Depuis la fin des années 1930, pères et fils se succèdent en cuisine. On vient ici pour déguster la "vraie" bouillabaisse et les poissons de la pêche locale, les pieds dans l'eau... Authentique !

RAMBERVILLERS
✉ 88700 (Vosges) – 5 553 hab. – Alt. 287 m – Voir carte n°**27-C3**
▶ Paris 407 km – Epinal 27 km – Lunéville 36 km – Nancy 68 km
Carte Michelin 314-H2

Mirabelle ℀

6 r. de l'Église – ✆ 03 29 65 37 37 – www.mirabelle.fr – Fermé 15 août-15 sept., 23 déc.-10 janv. et merc. de nov. à juin
Formule 19 € – Menu 41 € – Carte 40/75 €
Dans ce restaurant intime, décoré aux couleurs de la Lorraine, le message est clair : tout est fait maison ! On se régale de bonnes spécialités régionales (pâté lorrain, quiche et tourte) agrémentées avec les fruits et légumes du potager, et de la grande fierté du chef : la tête de veau "sauce Ginette".

RAMBOUILLET
✉ 78120 (Yvelines) – 25 860 hab. – Alt. 160 m – Voir carte n°**18-A2**
▶ Paris 53 km – Chartres 42 km – Mantes-la-Jolie 50 km – Orléans 93 km
Carte Michelin 311-G4 – Guide Vert Michelin Île-de-France

Mercure Relays du Château sans rest 🏢 ᵴ 🅰🄲 🛜 🏃

1 pl. de la Libération – ✆ 01 34 57 30 00   Plan : Z**b**
– www.mercure-rambouillet.com
83 ch – †80/189 € ††80/239 € – ☒ 15 €
Face au château, cet ancien relais de poste du 17e s. est désormais un agréable hôtel de chaîne, ayant conservé quelques touches de classicisme. Les chambres sont confortables et fonctionnelles, l'ensemble est bien entretenu.

L'Orangerie des Trois Roys 🏠 ᵴ ♻

4 r. Raymond-Poincarré – ✆ 01 30 88 69 95   Plan : Y**a**
– www.lorangeriedestroisroys.fr
Carte 45/80 €
Face aux grilles du parc du château, un établissement raffiné et lumineux, avec sa véranda donnant sur un charmant jardin. On y déguste une belle sélection de produits de la mer : bar de ligne grillé sur pierre de lave, huîtres chaudes pochées au champagne et fondue de poireaux... Les amateurs seront comblés !

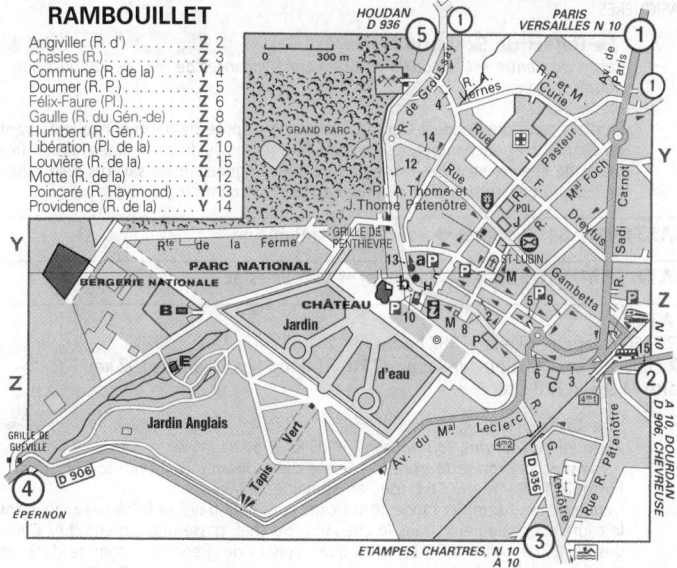

RAMBOUILLET

Angiviller (R. d') . . . . **Z** 2
Chasles (R.) . . . . **Z** 3
Commune (R. de la) . . . . . **Y** 4
Doumer (R. P.) . . . . **Z** 5
Félix-Faure (Pl.) . . . . **Z** 6
Gaulle (R. du Gén.-de) . . . **Z** 8
Humbert (R. Gén.) . . . . . . **Z** 9
Libération (Pl. de la) . . . . **Z** 10
Louvière (R. de la) . . . . . . **Z** 15
Motte (R. de la) . . . . **Y** 12
Poincaré (R. Raymond) . . . **Y** 13
Providence (R. de la) . . . . **Y** 14

à Gazeran 5 km par ④ – ⊠ 78125 – 1 256 hab. – Alt. 162 m

XXX **Villa Marinette**

20 av. du Gén.-de-Gaulle – ℰ 01 34 83 19 01 – www.villamarinette.fr – Fermé dim. soir, lundi et mardi
Menu 33 € ⵟ (déj. en semaine)/65 € – Carte 60/69 €
Cette ancienne auberge cache un intérieur cossu, au décor soigné, et, l'été, une agréable terrasse dressée dans le joli jardin clos. Au menu, une cuisine au goût du jour rythmée par les saisons, signée par un jeune chef respectueux du produit. Accueil souriant.

RANCÉ

⊠ 01390 (Ain) – 649 hab. – Alt. 282 m – Voir carte n°**43**-E1
◲ Paris 437 km – Bourg-en-Bresse 44 km – Lyon 32 km –
Villefranche-sur-Saône 13 km
Carte Michelin 328-C5

X **Restaurant de Rancé**

10 rte de St-Jean – ℰ 04 74 00 81 83 – www.restaurantderance.com – Fermé 1 semaine en mars, 1 semaine en août, lundi et le soir sauf vend. et sam.
Formule 15 € – Menu 20 € (déj. en semaine), 29/66 € – Carte 31/80 €
Face à la petite église du village, on vient ici pour apprécier une cuisine dombiste généreuse et pleine de fraîcheur (grenouilles, carpe, poulet...). Le salle est lumineuse et l'accueil chaleureux, que demander de mieux ?

RANG-DU-FLIERS – 62 (Pas-de-Calais) ➜ voir Berck-sur-Mer

RANGUEIL – 31 (Haute-Garonne) ➜ voir Toulouse

RASIGUÈRES

⊠ 66720 (Pyrénées-Orientales) – 160 hab. – Alt. 178 m – Voir carte n°**22**-B3
◲ Paris 874 km – Carcassonne 140 km – Montpellier 178 km – Perpignan 34 km
Carte Michelin 344-G6

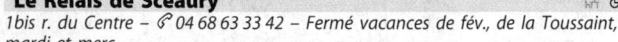

※ **Le Relais de Sceaury**

1bis r. du Centre – *☎ 04 68 63 33 42 – Fermé vacances de fév., de la Toussaint, mardi et merc.*
Menu 24/32 €
En plein cœur des Fenouillèdes, on a la bonne surprise de découvrir ce restaurant où chantent, et enchantent, les produits frais (légumes du soleil, fines herbes, fromage de chèvre, etc.). Les présentations sont soignées et les saveurs bien mises en valeur ; une cuisine légère et aromatique comme on les aime !

RASTEAU – 84 (Vaucluse) → voir Vaison-la-Romaine

RATHSAMHAUSEN – 67 (Bas-Rhin) → voir Sélestat

RATTE
✉ 71500 (Saône-et-Loire) – 387 hab. – Alt. 201 m – Voir carte n°**8-D3**
▶ Paris 386 km – Chalon-sur-Saône 47 km – Dijon 111 km – Mâcon 97 km
Carte Michelin 320-L10

※ **Le Chaudron**

71 route de Louhans, (au bourg) – *☎ 03 85 75 57 81
– www.lechaudron-restaurant.fr – Fermé dim. soir en hiver, lundi soir et mardi*
Formule 13 € – Menu 16 € (déj. en semaine), 23/32 €
L'auberge peut sembler modeste sur cette route qui traverse le hameau, pourtant le cadre est chaleureux. Dans le chaudron du chef, passé notamment chez Georges Blanc, de belles recettes telles que : cuisses de grenouilles comme dans les Dombes, poulette de Bresse à la crème, truite fraîche marinée à l'aneth...

RAULHAC
✉ 15800 (Cantal) – 309 hab. – Alt. 740 m – Voir carte n°**5-B3**
▶ Paris 571 km – Aurillac 31 km – Clermont-Ferrand 156 km – St-Flour 73 km
Carte Michelin 330-D5

⌂ **Château de Courbelimagne**

4 km au Sud par rte de Mur-de-Barrez (D 600) – *☎ 04 71 49 58 25 – http://perso.wanadoo.fr/courbelimagne/ – Ouvert 2 avril-15 nov.*
5 ch ⌷ – †85 € ††110 €
Dans son parc romantique, ce beau manoir de famille (16e-19e s.) cultive une veine naturaliste avec sa superbe collection d'herbiers (plantes de la région), les cours de naturothérapie proposés par sa propriétaire, et sa table d'hôte qui mêle champignons de la forêt, mûres des haies alentour, herbes et fleurs... Quel charme !

RAYOL-CANADEL-SUR-MER
✉ 83820 (Var) – 718 hab. – Alt. 100 m – Voir carte n°**41-C3**
▶ Paris 886 km – Fréjus 49 km – Hyères 35 km – Le Lavandou 13 km
Carte Michelin 340-N7

🏨 **Le Bailli de Suffren**

av. des Américains – *☎ 04 98 04 47 00 – www.lebaillidesuffren.com – Ouvert 11 avril-10 oct.*
55 ch – †150/520 € ††150/520 € – ⌷ 23 € – ½ P
Rest La Praya – voir les restaurants ci-après
Superbe vue sur les îles d'Hyères depuis ce bel hôtel les pieds dans l'eau. Plage privée, balcons et terrasses face aux flots, restaurants panoramiques... Ou comment vivre en intimité avec la mer !

🏨 **Les Terrasse du Bailli** ❶ sans rest

18 av. du Capitaine-Thorel ✉ 83820 Rayol-Canadel-sur-Mer – *☎ 04 98 04 47 00 – www.lebaillidesuffren.com*
24 ch – †85/285 € ††85/285 € – ⌷ 15 €
Une séduisante adresse sur les hauteurs du Rayol, dans un quartier résidentiel proche de la mer. Les chambres les plus spacieuses et confortables se situent dans l'extension contemporaine, où certaines jouissent de grandes terrasses d'où la vue porte jusque sur les îles du Levant et de Port-Cros...

XXX **La Praya** – Hôtel Le Bailli de Suffren ≤ 🍴 🛏 🔥 ⚙ 👒 **P**
av. des Américains – ℰ 04 98 04 47 00 – www.lebaillidesuffren.com – Ouvert
11 avril-10 oct. et fermé le midi en juil.-août
Formule 46 € – Menu 56/110 € – Carte 70/90 €
Un bel endroit, d'une élégance toute provençale et jouissant d'une superbe terrasse sous les palmiers, face à la Méditerranée... La Méditerranée, précisément,
est la source d'inspiration du chef, qui signe une cuisine actuelle, légère et appétissante, à l'image de ces sardines en escabèche et gelée aux zestes de citron.

X **Le Relais des Maures** avec ch 🍴 🛏 👒 **P**
😊 *av. Ch.-Koeklin, Le Canadel – ℰ 04 94 05 61 27 – www.lerelaisdesmaures.fr*
– Ouvert de mi-mars à oct. et fermé le midi en juil.-août, dim. soir et lundi hors
saison
10 ch – ♦85/105 € ♦♦85/105 € – ☁ 10 € Menu 31/51 € – Carte 44/60 €
Cette grande auberge, décorée dans un style rétro plutôt chic, cultive le goût du
Sud. Le chef y réalise une cuisine pétrie de tradition, calée sur le marché : soupe
de poisson, cocotte d'agneau, pannacotta aux fruits de saison... Quelques chambres d'esprit rustique pour faire étape, avec vue sur la mer au 2ᵉ étage.

RÉ (ÎLE DE) – 17 (Charente-Maritime) ➜ voir Île de Ré

REDON

✉ 35600 (Ille-et-Vilaine) – 9 576 hab. – Alt. 10 m – Voir carte n°**10**-C3
➡ Paris 410 km – Nantes 78 km – Rennes 65 km – St-Nazaire 53 km
Carte Michelin 309-J9 – Guide Vert Michelin Bretagne Sud

XX **La Bogue**
3 r. des Etats – ℰ 02 99 71 12 95 – Fermé dim. soir et lundi
Formule 17 € – Menu 22/62 € – Carte 33/55 €
Dans ce pays de Redon réputé pour ses châtaigneraies, ce restaurant a bien choisi
son nom ! À deux pas des halles, la cuisine évolue au fil du marché et des saisons, et les produits de la mer dominent : huîtres froides et chaudes, bar rôti au
beurre demi-sel... Le tout servi avec le sourire !

REHAUPAL

✉ 88640 (Vosges) – 193 hab. – Alt. 510 m – Voir carte n°**27**-C3
➡ Paris 424 km – Épinal 27 km – Metz 151 km – Strasbourg 132 km
Carte Michelin 314-I4

🏠 **Auberge du Haut-Jardin** 🍴 ⚙ 🛏 🔥 👒 📶 **P**
43 bis Le Village – ℰ 03 29 66 37 06 – www.domaine-du-haut-jardin.com
– Fermé 1 semaine en mars, 1 semaine en nov. et 1 semaine en janv.
8 suites – ♦72/97 € ♦♦72/97 € – 7 ch – ☁ 13 € – ½ P
Rest *Auberge du Haut-Jardin* – voir les restaurants ci-après
Dans ce petit village de la campagne vosgienne, une maison de pays tenue par
un couple accueillant ; les chambres associent esprit rustique et confort, avec un
soin notable. Et dans le parc, on découvre six magnifiques chalets avec spa privatif sur la terrasse...

X **Auberge du Haut-Jardin** 🍴 🛏 🔥 👒 **P**
43 bis Le Village – ℰ 03 29 66 37 06 – www.domaine-du-haut-jardin.com
– Fermé 1 semaine en mars, 1 semaine en nov., 1 semaine en janv., lundi midi et
merc. midi hors vacances scolaires
Formule 21 € – Menu 26/40 € – Carte 30/50 €
Poutres, cheminée (difficile de la quitter l'hiver...) et saveurs du terroir : un vrai
concentré des Vosges dans cette auberge, dont le chef privilégie au maximum
les produits locaux.

REILHAC – 43 (Haute-Loire) ➜ voir Langeac

REIMS

✉ 51100 (Marne) – 180 752 hab. – Agglo. 209 086 hab. – Alt. 85 m
– Voir carte n°**13**-B2

▶ Paris 144 km – Bruxelles 218 km – Châlons-en-Champagne 48 km – Lille 208 km
Carte Michelin 306-G7 – Guide Vert Michelin Champagne Ardenne

© Govin-Sorel/Photononstop

 Hôtels

 Domaine Les Crayères   ⫶⃝ 🚭 ⟨ 🚗 ✗ 🍽 ⬚ 🕭 ⒜🅼 🛜 🅿
64 bd Henry-Vasnier – ℰ 03 26 24 90 00   Plan : CZ**a**
– www.lescrayeres.com – Fermé 20 déc.-12 janv.
20 ch – 🛏370/735 € 🛏🛏370/735 € – ⚏ 29 € – ½ P
Rest *Le Parc Les Crayères* ❀❀ **Rest** *Le Jardin Les Crayères* – voir les
restaurants ci-après
Dans un grand parc, un décor brillant comme… du champagne. Faut-il préciser
que cette superbe demeure est entourée des caves les plus renommées ? Un
vrai symbole du luxe à la française que cet établissement, tout en raffinement,
tentures épaisses, mobilier bourgeois...

 L'Assiette Champenoise   ⫶⃝ 🚭 🚗 ▣ 🕭 ⬚ ⒜🅼 🛜 🅓 🅿
40 av. Paul-Vaillant-Couturier, à Tinqueux ✉ 51430   Plan : V**e**
– ℰ 03 26 84 64 64 – www.assiettechampenoise.com – Fermé fév.
25 ch – 🛏220/645 € 🛏🛏220/645 € – 8 suites – ⚏ 33 €
Rest *L'Assiette Champenoise* ❀❀❀ – voir les restaurants ci-après
Une élégante maison de maître de la fin du 19ᵉ s., dans un grand parc clos.
Les chambres, très spacieuses, jouent la carte du goût contemporain avec beaucoup de réussite. On les regagne avec plaisir après avoir profité des délices de la
table... La satisfaction est complète.

 Hôtel de la Paix   ⫶⃝ ▣ 🝙 🕭 ⬚ ⒜🅼 🛜 🅓 🚗
9 r. Buirette – ℰ 03 26 40 04 08 – www.hotel-lapaix.fr   Plan : AY**q**
164 ch – 🛏140/240 € 🛏🛏140/240 € – 1 suite – ⚏ 15 €
Cet hôtel, tenu par la même famille depuis 1912, vit avec son temps : jolies chambres contemporaines (tableaux d'artistes rémois, meubles Starck), bar pop et très
tendance, et cadre design à la brasserie Au Café de la Paix, qui propose fruits de
mer, tartares, choucroutes... Le tout à proximité de la cathédrale.

Mercure - Cathédrale   ⫶⃝ 🕭 ⬚ ⒜🅼 🛜 🅓 🚗
31 bd Paul Doumer – ℰ 03 26 84 49 49   Plan : AY**v**
– www.mercure-reims-centre-cathedrale.com
130 ch – 🛏111/199 € 🛏🛏111/199 € – ⚏ 18 €
Nuits calmes garanties dans ce grand bâtiment des années 1970 bordant un boulevard mais totalement insonorisé, aux chambres fonctionnelles et bien équipées,
très confortables. Du restaurant, à l'étage, on a une belle vue panoramique sur le
canal et les péniches.

REIMS

🏠 Grand Hôtel des Templiers sans rest 🌊 🖥 🛗 👤 Ⓐ😘 ✜ 🛜 Ⓟ

22 r. des Templiers – 𝒞 *03 26 88 55 08*
Plan : BX**a**
– www.grandhoteldestempliers-reims.com
18 ch – 👤190/280 € 👤👤190/280 € – ⌇ 25 €
Luxe et raffinement sont au rendez-vous dans cette belle demeure du 19ᵉ s. :
mobilier de style, tissus opulents, salon bourgeois, chambres feutrées... Une certaine image de l'hôtellerie classique à la française.

🏠 Grand Hôtel Continental 🍽 🛗 👤 Ⓐ😘 🛜 🛁

93 pl. Drouet-d'Erlon – 𝒞 *03 26 40 39 35*
Plan : AXY**r**
– www.grandhotelcontinental.com
63 ch – 👤75/210 € 👤👤90/210 € – ⌇ 16 € – ½ P
La belle façade de cet ancien hôtel particulier de 1862 dissimule des chambres
confortables, calmes et décorées dans des styles variés (classique, ancien,
actuel, etc.). Un ensemble bourgeois bien adapté au tourisme comme aux voyages d'affaires. Cuisine traditionnelle au Conti.

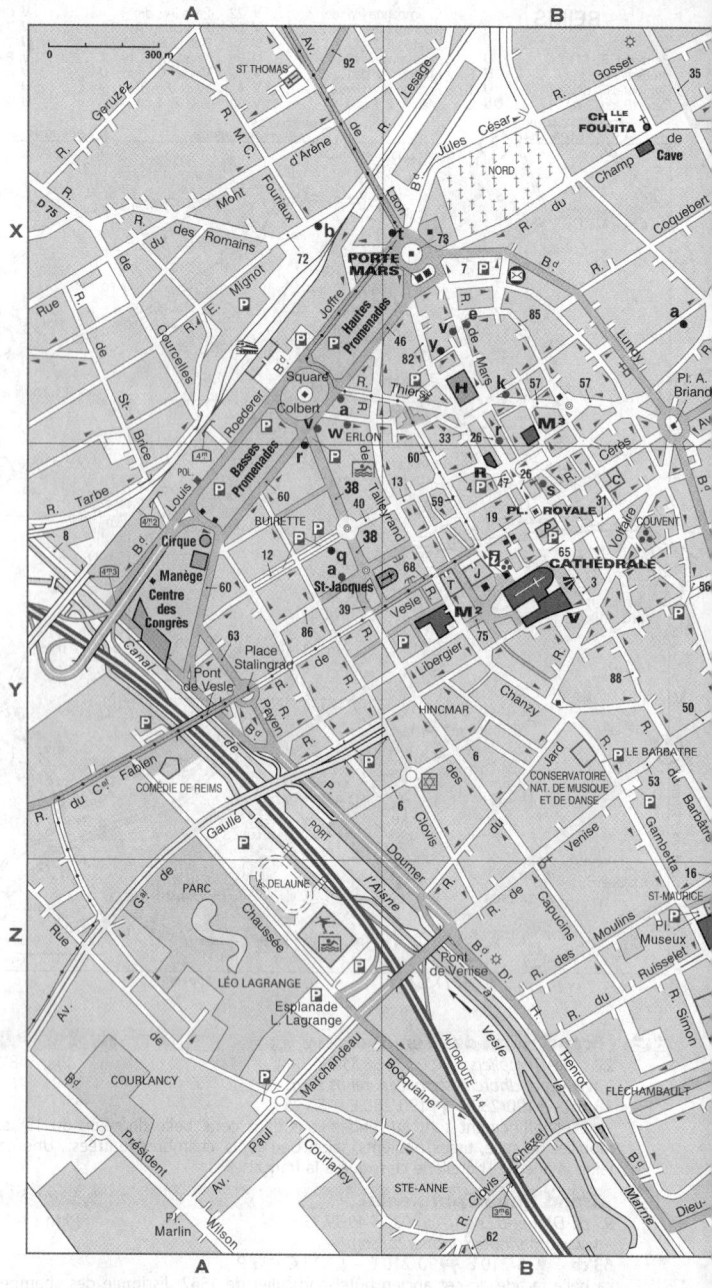

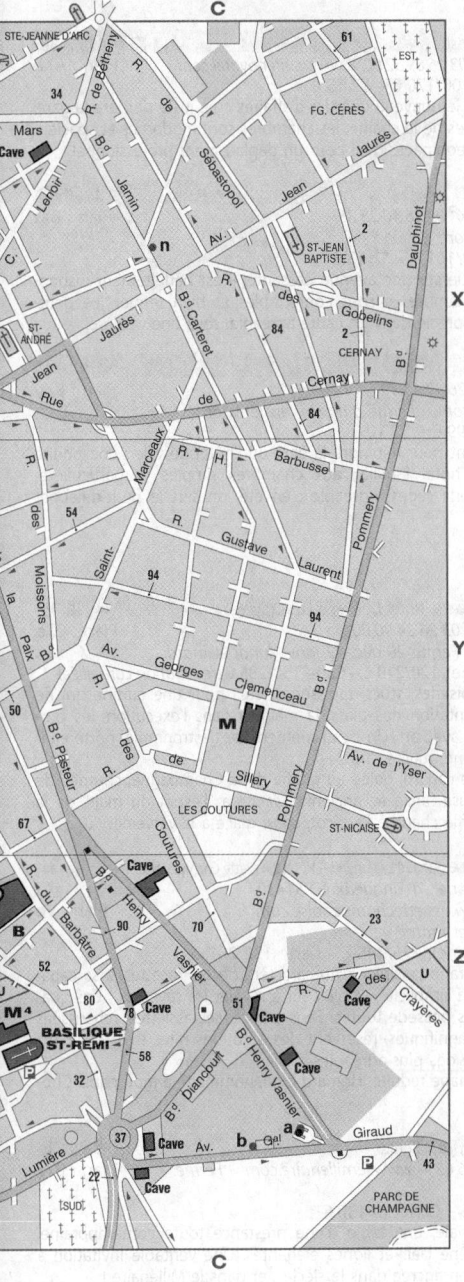

REIMS

Suite Novotel sans rest   🖪 🖨 & 🖭 🛜 🅿

1 r. Édouard-Mignot – ℰ 03 26 89 52 00 – www.suitenovotel.com   Plan : AX**b**
80 ch – †100/170 € ††100/170 € – � 15 €

Un hôtel bien situé, dans le nouveau quartier d'affaires créé juste derrière la gare. Conformément aux normes de la chaîne, les chambres sont modernes et spacieuses, bien insonorisées et équipées. Idéal pour un déplacement professionnel.

Porte Mars sans rest   🖨 🖭 🛜

2 pl. de la République – ℰ 03 26 40 28 35   Plan : BX**t**
– www.hotel-portemars.com
24 ch – †89/161 € ††99/161 € – ⊻ 13 €

Cet hôtel a beau être situé sur une avenue passante, il est parfaitement insonorisé... et climatisé. Les chambres y sont confortables et bien tenues. Le petit-déjeuner, gourmand, s'apprécie dans un cadre agréable, sous une verrière.

Azur sans rest   🍽 🛜 🚗

9 r. des Ecrevées – ℰ 03 26 47 43 39   Plan : BX**y**
– www.hotel-azur-reims.com – Fermé dim. soir en janv. et fév.
19 ch – †64/80 € ††69/99 € – ⊻ 10 €

Quelques minutes suffisent pour rejoindre la gare ou l'hôtel de ville : une bonne situation pour ce petit hôtel familial, aux chambres simples et particulièrement bien tenues, aux prix sages. Agréable : en été, on sert le petit-déjeuner dans un jolie courette.

🟢 Restaurants

 XXXXX **Le Parc Les Crayères** – Hôtel Domaine Les Crayères   🐕 ⇔ 🖭 🅿
🌼🌼 *64 bd Henry-Vasnier – ℰ 03 26 24 90 00*   Plan : CZ**a**
– www.lescrayeres.com – Fermé 20 déc.-12 janv., lundi et mardi
Menu 69 € (déj. en semaine), 120/210 € – Carte 150/235 € *(réservation conseillée)*

Un décor magnifique (boiseries, stucs, tapisseries, etc.) pour une cuisine qui ne l'est pas moins. La présentation des plats, la maîtrise dans l'exécution, les produits... tout semble ciselé avec art. Un beau moment de gastronomie, porté également par un service d'une qualité rare !
→ Terrine de foie gras de canard, gelée au ratafia de la Champagne, chutney de pêche et d'amande. Grouse farcie à l'ancienne, sauce à "l'esprit du malt" de la montagne de Reims. Soufflé chaud à l'abricot, cœur glacé à la verveine.

XXXX **L'Assiette Champenoise** (Arnaud Lallement) – Hôtel L'Assiette Champenoise   🐕 ⇔
🌼🌼🌼 *40 av. Paul-Vaillant-Couturier, à Tinqueux ⊠ 51430*   & 🖭
– ℰ 03 26 84 64 64 – www.assiettechampenoise.com   Plan : V**e**
– Fermé fév., merc. midi et mardi
Menu 98 € (déj. en semaine), 175/245 € – Carte 136/201 €

À quoi reconnaît-on un grand cuisinier ? Au caractère de ses recettes, à sa capacité à apprivoiser même la simplicité, et bien sûr à révéler les saveurs... Ces qualités, Arnaud Lallement les possède toutes. Sans artifice, ses assiettes, rehaussées notamment de sauces magnifiques, réservent des émotions rares ! Le tout dans un cadre chic et moderne des plus agréables.
→ Langoustine royale et nage réduite. Homard bleu, hommage à mon papa. Chocolat et cerise.

XXX **Le Millénaire** (Laurent Laplaige)   🛜 & 🖭 ⇔
🌼 *4 r. Bertin – ℰ 03 26 08 26 62 – www.lemillenaire.com – Fermé*   Plan : BY**s**
sam. midi et dim.
Menu 38 € (déj.), 55/98 € – Carte 90/130 €

Non loin de la place Royale, une table d'une prestance toute contemporaine, associant tons crème, chêne clair et lignes élégantes. Une véritable invitation à découvrir cette cuisine bien ancrée dans le siècle... et dans le Millénaire !
→ Langoustines saisies, rémoulade de sucrine et tuile de mimolette vieille. Ris de veau du Limousin braisé aux girolles. Soufflé chaud au cassis, parfait glacé à la pomme flambé au calvados.

XXX **Le Pavillon CG**   🏠 & AK ⇔ P

7 r. Noël – ℰ 03 26 03 15 15 – www.le-pavillon-cg.com   Plan : AX**w**
– Fermé 27 avril-4 mai, 21 juil.-5 août, 26-30 déc., merc. et dim. soir
Formule 25 € – Menu 31/86 € – Carte 39/57 €
Cette maison bourgeoise (1850) abritait une banque avant d'être transformée en restaurant ! C'est une valeur sûre pour apprécier une cuisine gastronomique réalisée avec de beaux produits. On appréciera également l'amabilité du service et l'élégance de la salle, en rotonde.

XXX **Le Foch** (Jacky Louazé)   🕸 AK

£3 *37 bd Foch – ℰ 03 26 47 48 22 – www.lefoch.com*   Plan : AX**a**
– Fermé vacances de fév., 3 semaines en août, sam. midi, dim. soir et lundi
Menu 33 € (déj. en semaine), 51/85 € – Carte 72/115 €
Le restaurant borde les Promenades, ces cours ombragés dessinés au 18e s. Le cadre, à la fois classique et contemporain, sied à la cuisine volontiers inventive du chef, où les produits de qualité sont rois (homard, beaux poissons, etc.).
→ Raviole virtuelle de Saint-Jacques, huître Marennes-Oléron et caviar osciètre. Bar cuit en terre d'argile de Vallauris. Banana split revisité.

XXX **La Vigneraie**   🕸 🏠 AK ⇔

14 r. Thillois – ℰ 03 26 88 67 27 – www.vigneraie.com – Fermé   Plan : AY**a**
23 fév.-9 mars, 27 juil.-17 août, merc. midi, dim. soir et lundi
Formule 17 € – Menu 26 € (déj. en semaine), 34/71 € – Carte 64/78 €
Charmant restaurant qui, comme son nom l'indique, rend hommage à la vigne. Les murs s'égayent de citations de grands auteurs, tandis que les assiettes déclinent pigeon en deux façons, ficelle champenoise aux escargots, etc. Beau choix de vins et de champagnes.

XX **Le Pré Champenois**   AK

1 r. Jean-Jacques-Rousseau – ℰ 03 26 24 27 15   Plan : BX**k**
– www.leprechampenois.fr – Fermé dim. et lundi
Formule 18 € – Menu 22 € (déj.), 34/70 € – Carte 33/59 €
Pré carré des gourmets à deux pas de l'hôtel de ville, ce restaurant se révèle intime et feutré. C'est un endroit où l'on se sent bien, sans compter que l'on s'y régale de plats savoureux, dans l'air du temps ou plus classiques (calamars à la carbonara, soufflé au Grand Marnier, etc.).

X **Le Jardin Les Crayères** – Hôtel Domaine Les Crayères   🏠 🏠 & AK P

7 av. du Gén.-Giraud – ℰ 03 26 24 90 90   Plan : CZ**b**
– www.lescrayeres.com – Fermé 20 déc.-12 janv.
Menu 31/47 € – Carte 45/75 €
La "petite adresse" du Domaine Les Crayères est située dans une dépendance du parc : une brasserie chic, très contemporaine, avec sa jolie véranda et sa terrasse juste en face du jardin d'herbes aromatiques. On y apprécie une savoureuse cuisine de saison réalisée avec de beaux produits.

X **Éveil des Sens**   & AK ⇔

8 r. Colbert – ℰ 03 26 35 16 95 – www.eveildessens-reims.com   Plan : BXY**r**
– Fermé 1er-8 mars, 27 juil.-8 août, dim. et merc.
Menu 31 € (déj. en semaine)/38 € (réservation conseillée)
Comptez sur ce restaurant pour éveiller vos sens ! Derrière les fourneaux, Nicolas Lefèvre, un jeune chef passé par de belles maisons, réalise une savoureuse cuisine du marché avec des produits de grande qualité. Le tout s'appréciant dans un cadre à l'épure toute contemporaine et avec un accueil aux petits soins.

X **Le Jamin**   AK

18 bd Jamin – ℰ 03 26 07 37 30 – www.lejamin.com   Plan : CX**n**
– Fermé 20-24 avril, 16-31 août, 15-29 janv., dim. soir et lundi
Formule 15 € ▼ – Menu 24 € ▼/37 € – Carte 30/47 €
Un petit restaurant de quartier simple et généreux. On vient là pour la cuisine traditionnelle (cuisses de grenouille à la provençale, rognons aux girolles, etc.) et les suggestions à l'ardoise, aux prix doux. Service aimable et efficace.

✗ Brasserie Les Halles 1924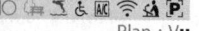

48 r. de Mars – ℰ 03 26 50 04 00 – www.brasserieleshalles.fr   Plan : BX**e**
– Fermé dim.
Formule 18 € ☂ – Menu 29 € – Carte 35/56 €

Une large devanture aux portes battantes typiques, un sol en granito, des appliques Art déco, des banquettes matelassées : cette brasserie née en 1924 conserve tout son cachet. Le jeune chef est passé par de belles maisons ; ses croustillants de pied de cochon, tartare de bœuf et autre baba au rhum honorent la tradition.

✗ Le Bocal

27 r. de Mars – ℰ 03 26 47 02 51 – www.restaurantlebocal.fr   Plan : BX**v**
– Fermé 20 déc.-6 janv., dim. et lundi
Carte 19/49 € *(réservation conseillée)*

Une adresse insolite et confidentielle... À l'arrière de la Poissonnerie des Halles, on découvre une petite salle toute simple, où l'on célèbre sans chichis les saveurs de la mer : huîtres, saumon fumé maison, tartares, poisson du jour, etc. On surnomme les habitués les "agités du bocal" : attention à la contagion !

à Rilly-la-Montagne 14 km par ⑤ et D 26 – ✉ 51500 – 1 037 hab. – Alt. 160 m

⛪ Château de Rilly

38 r. de Reims – ℰ 03 26 07 53 21 – www.lechateauderilly.com
15 ch – ✝135/195 € ✝✝175/195 € – ☑ 18 € – ½ P

Au centre de ce village de vignerons de la vallée de Reims, cette belle maison bourgeoise datant du 19ᵉ s. a été transformée en un hôtel charmant et intime, avec son élégant cadre classique (moulures, lustres à pampilles, mobilier de style), son jardin à la française, son spa, son restaurant où le champagne est roi...

à Sillery 11 km par ③ et D 8ᴱ – ✉ 51500 – 1 637 hab. – Alt. 90 m

✗✗✗ Le Relais de Sillery

3 r. de la Gare – ℰ 03 26 49 10 11 – www.relaisdesillery.fr – Fermé 2-10 mars,
16 août-9 sept., 2-10 janv., dim. soir, lundi et mardi
Menu 22 € (semaine), 43/78 € – Carte 53/74 €

Une auberge élégante dont la terrasse domine la Vesle. Le cadre est bucolique, la gastronomie classique : langoustines en risotto crémeux, gratin de cuisses de grenouille... La cave – aux prix étudiés – impressionne !

à Montchenot 11 km par⑤ – ✉ 51500

✗✗✗ Le Grand Cerf (Dominique Giraudeau et Pascal Champion)
🍀
50 rte Nationale – ℰ 03 26 97 60 07 – www.le-grand-cerf.fr
– Fermé août, vacances de fév., dim. soir, mardi soir et merc.
Menu 39 € (déj. en semaine), 86/104 € – Carte 94/138 €

Au pied de la montagne de Reims, cette auberge affiche un style cossu... Un écrin élégant pour une belle cuisine classique concoctée à quatre mains. Les deux chefs, Pascal Champion et Dominique Giraudeau, aiment travailler les produits nobles, avec par exemple un menu dédié aux morilles !
→ Homard en vinaigrette aigre-douce aux baies roses. Ris de veau fermier aux truffes. Poêlée de fruits de saison, glace à la vanille Bourbon.

à l'Ouest 6 km par ⑦,autoroute A 4 sortie Tinqueux –✉ 51430 Tinqueux

🏨 Novotel

rte de Soissons – ℰ 03 26 08 11 61 – www.novotel.com   Plan : V**u**
127 ch – ✝138/165 € ✝✝138/165 € – ☑ 16 €

Dans une zone commerciale et d'affaires, cet hôtel des années 1970 vit avec son temps : style épuré et concept Novation dans toutes les chambres, impeccables. Même tendance au restaurant avec des plats réalisés à la plancha.

🏨 Qualys sans rest

1 av. d'A.F.N. – ℰ 03 26 83 84 85   Plan : V**t**
– www.qualys-reims-tinqueux.com
66 ch – ✝62/145 € ✝✝62/145 € – ☑ 11 €

Près de l'autoroute, un hôtel fonctionnel et bien tenu, pratiquant des tarifs très raisonnables. Dans les chambres, on met les photographes locaux à l'honneur avec des clichés du vignoble champenois. Parfait pour une étape ou un voyage d'affaires.

REIPERTSWILLER

✉ 67340 (Bas-Rhin) – 933 hab. – Alt. 230 m – Voir carte n°**1-A1**
▶ Paris 450 km – Bitche 19 km – Haguenau 33 km – Sarreguemines 48 km
Carte Michelin 315-I3

🏠 **La Couronne**　　　　　　　　　　　🍴 🛏 🛜 ⚒ **P**
*13 r. Wimmenau – ✆ 03 88 89 96 21 – www.hotel-la-couronne67.com
– Fermé 26 janv.-12 fév., 15 juin-2 juil. et 16-27 nov.*
16 ch – ♦49/60 € ♦♦51/72 € – ⬚ 13 € – ½ P
Rest *La Couronne* – voir les restaurants ci-après
Un hôtel sympathique, installé sur les pentes d'un paisible village du parc naturel des Vosges du Nord. Chambres spacieuses et confortables, confitures et brioche maison au petit-déjeuner, accueil familial : on s'y sent bien !

🍴🍴 **La Couronne**　　　　　　　　　　　🛏 ♿ ⟲ **P**
*13 r. Wimmenau – ✆ 03 88 89 96 21 – www.hotel-la-couronne.com – Fermé
26 janv.-12 fév., 15 juin-2 juil., 16-27 nov., merc. midi de nov. à mars, dim. soir,
merc. lundi et mardi*
Formule 10 € – Menu 22 € (déj. en semaine), 31/52 € – Carte 40/63 €
Pour sûr, le chef mérite une couronne de laurier – voire tout un bouquet garni – pour sa cuisine classique et raffinée, qui régale (presskopf, tarte chaude aux quetsches...). Le décor est grand ouvert sur la nature – la vraie reine de cette table.

LA REMIGEASSE – 17 (Charente-Maritime) ➜ voir Île d'Oléron

REMIGNY

✉ 71150 (Saône-et-Loire) – 442 hab. – Alt. 215 m – Voir carte n°**7-A3**
▶ Paris 335 km – Dijon 65 km – Lons-le-Saunier 127 km – Mâcon 82 km
Carte Michelin 320-I8

🍴 **L'Escale**　　　　　　　　　　　　　　　🍴 🛜 AC **P**
🍮 *2 rte de Chassey-le-Camp – ✆ 03 85 87 07 03
– www.restaurant-lescale-remigny.com – Fermé 15-30 sept., 2-20 janv., dim. soir,
mardi soir et merc.*
Formule 14 € – Menu 19 € (déj. en semaine)/31 € – Carte 25/55 €
Sur la route du vignoble, au bord du canal, cette auberge semble sourire. Une escale simple et animée, où l'accueil est charmant et où l'on cultive la tradition : foie gras maison, croustillant d'escargots, coq au chardonnay, pintade aux pruneaux... Petits prix au menu !

REMIREMONT

✉ 88200 (Vosges) – 7 895 hab. – Alt. 400 m – Voir carte n°**27-C3**
▶ Paris 413 km – Belfort 70 km – Colmar 80 km – Épinal 28 km
Carte Michelin 314-H4

🍴🍴 **Le Clos Heurtebise**　　　　　　　　　🛏 🛜 ⟲ **P**
🍮 *13 chemin des Capucins, par r. Capit.-Flayelle – ✆ 03 29 62 08 04
– www.lesclosheurtebise.com – Fermé 17 août-2 sept., dim. soir, jeudi soir
et lundi*
Menu 18 € (semaine), 29/67 € – Carte environ 49 €
Cette engageante maison bourgeoise, tenue par un jeune couple sympathique, propose une bonne cuisine actuelle – asperges tièdes à l'huile d'olive des Baux-de-Provence, carré d'agneau en croûte d'herbes et harissa... On se régale dans une élégante salle ou sur la terrasse, d'où l'on aperçoit les Vosges.

🍴 **La Quarterelle**
*3 r. de la Carterelle – ✆ 03 29 23 98 69
– Fermé fin mars-début avril, fin juin-début juil., fin sept.-début oct., fin déc.-début janv.,
dim. soir, lundi soir, mardi soir et merc.*
Formule 24 € – Menu 30/34 € (réservation conseillée)
C'est en couple qu'on préside à la destinée de cette Quarterelle. Monsieur concocte une cuisine mâtinée d'épices et madame vous accueille avec le sourire. Pensez à réserver !

à Dommartin-lès-Remiremont 5 km à l'Est par D 23 – ⊠ 88200
– 1 836 hab. – Alt. 398 m

XX **Le Karelian** 🔘   **P**

*36 r. du Cuchot – ✆ 03 29 62 44 05 – www.lekarelian.fr – Fermé 1 semaine
en avril, 27 juil.-9 août, 1 semaine en déc., dim. soir et lundi*
Formule 17 € – Menu 29/49 € – Carte 37/62 €
Une généreuse cuisine du marché, recherchée et parfumée – pressé de veau et
légumes acidulés, maquereau mariné à la citronnelle thaïe –, à découvrir dans
cette maison de pays rustique et accueillante. Le petit plus ? Un superbe chariot
de desserts qui ravira les amateurs.

à Girmont-Val-d'Ajol 9 km au Sud-Est par D 23, D 57 et rte secondaire – ⊠ 88340
– 233 hab. – Alt. 650 m

🏠 **La Vigotte**   📶 ⌂ ⪻ ⪫ 🕮 🕱 & 🛜 **P**

*131 lieu-dit la Vigotte – ✆ 03 29 24 01 82 – www.vigotte.com – Fermé 4-25 janv.,
lundi midi et merc. midi*
20 ch – 🛏40/80 € 🛏🛏50/100 € – ⌂ 9 € – ½ P
Entourée de forêt vosgienne, de prairies et d'étangs, cette ferme de 1750 ravira
les amoureux de la nature. Chambres simples et sympathiques. Cuisine de tradition et de terroir servie dans la grande salle rustique ; chaleureuse ambiance
montagnarde.

RENAISON

⊠ 42370 (Loire) – 2 877 hab. – Alt. 387 m – Voir carte n°**44-A1**
🟦 Paris 385 km – Chauffailles 43 km – Lapalisse 39 km – Roanne 11 km
Carte Michelin 327-C3 – Guide Vert Michelin Lyon et sa région

XX **Jacques Cœur**   ╒

🙂 *15 r. de Roanne – ✆ 04 77 64 25 34 – www.restaurant-jacques-coeur.fr
– Fermé 12 nov.-3 déc., dim. soir, lundi et mardi*
Formule 23 € 🍷 – Menu 31/49 € – Carte 37/48 €
"À cœur vaillant, rien d'impossible !" La devise de Jacques Cœur accompagne le
chef, qui ne manque pas d'allant lorsqu'il s'agit de mitonner de bons petits plats
de tradition : tête de veau sauce gribiche, terrine de langoustines, etc.

St-Haon-le-Vieux 3 km au Nord par D 8 – ⊠ 42370 – 912 hab. – Alt. 424 m

XX **Auberge du Bon Accueil**   ╒

*La Croix-Lucas – ✆ 04 77 64 40 72 – www.restaurant-lebonaccueil.fr
– Fermé vacances de printemps, 1er-8 juil., 19-31 janv., mardi soir, dim. soir
et lundi*
Formule 14 € – Menu 31/45 €
En bordure de route, une agréable auberge avec un petit jardin et une terrasse
ombragée. Le chef y concocte une cuisine dans l'air du temps avec des produits
de saison. Et ici, le bon accueil n'est pas qu'un simple nom...

RENNES

✉ 35000 (Ille-et-Vilaine) – 208 033 hab. – Agglo. 313 480 hab. – Alt. 40 m
– Voir carte n°**10-D2**
▶ Paris 349 km – Angers 129 km – Brest 246 km – Caen 185 km
Carte Michelin 309-L6 – Guide Vert Michelin Bretagne Nord

© Hussenot/SoFood/Photononstop

 Hôtels

🏨 **Balthazar Hôtel & Spa** Ⓝ   🍴 ⬚ Ⓢ 🛋 🛗 ⅰ 🅰🅲 🛜 🏊
19 r. du Maréchal-Joffre – ℰ *02 99 32 32 32*   Plan : BZ**g**
– *www.hotel-balthazar.com*
56 ch – ✦130/655 € ✦✦130/655 € – ⌓ 23 €
Inauguré mi-2014, l'établissement s'impose d'emblée comme le meilleur de la
ville : derrière une belle façade classique, peinte de gris perle, les aménagements
allient lignes élégantes et larges volumes, matières naturelles et ambiance feutrée,
services de qualité et spa superbe... Un ensemble contemporain qui fera date.

🏨 **Novotel Centre Gare**   🍴 ⬚ Ⓢ 🛋 🛗 ⅰ 🅰🅲 🛜 🏊 🚗
22 av. Janvier – ℰ *02 99 84 08 08* – *www.novotel.com*   Plan : BZ**t**
89 ch – ✦89/350 € ✦✦89/350 € – 14 suites – ⌓ 16 €
À 2mn à pied de la gare, ce Novotel allie esprit contemporain et caractère fonctionnel, espace et luminosité. À noter : une agréable petite piscine à contre-courant.

🏨 **Le Coq-Gadby**   🍴 ⬚ Ⓢ 🛗 ⅰ 🛜 🏊 🅿
156 r. d'Antrain – ℰ *02 99 38 05 55* – *www.lecoq-gadby.com*   Plan : DU**x**
24 ch – ✦98/248 € ✦✦102/328 € – 2 suites – ⌓ 18 €
Rest *La Coquerie* ❀ – voir les restaurants ci-après
Au 156 rue d'Antrain, on voit la vie en vert ! Dans un jardin, une maison du 17ᵉ s.
doublée d'une bâtisse en bois conçue selon les dernières normes environnementales. Au choix, chambres cosy et feutrées, ou plus spacieuses et contemporaines.
Spa écologique et soins bio.

🏨 **Anne de Bretagne** sans rest   ⬚ 🅰🅲 🛜 🏊 🚗
12 r. Tronjolly – ℰ *02 99 31 49 49* – *www.hotel-rennes.com*   Plan : AZ**q**
– *Fermé 23 déc.-3 janv.*
42 ch – ✦78/185 € ✦✦78/185 € – ⌓ 12 €
Hôtel entièrement rénové, entre le centre historique et la gare. Les chambres,
assez spacieuses, sont bien équipées et parfaitement tenues. Préférez celles
– plus calmes – situées sur l'arrière du bâtiment.

🏨 **Hôtel de Nemours** sans rest   ⬚ 🅰🅲 🛜
5 r. de Nemours – ℰ *02 99 78 26 26* – *www.hotelnemours.com*   Plan : AZ**f**
41 ch – ✦71/150 € ✦✦84/150 € – ⌓ 12 €
Non loin de la Vilaine et du centre historique, cet hôtel à la façade noire annonce
la couleur. Ici, point d'extravagance mais un intérieur tout en sobriété et élégance : chambres confortables et épurées où domine le mobilier cérusé.

RENNES

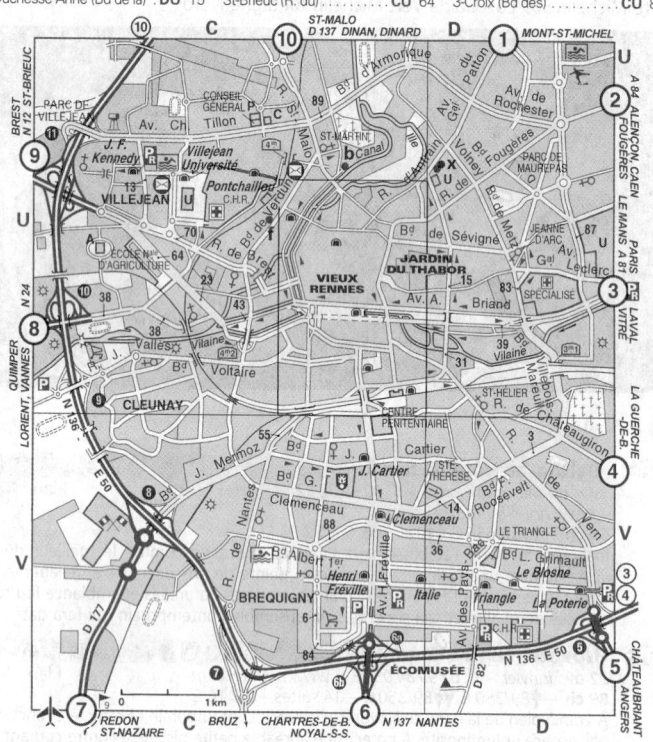

Restaurants

🍴🍴🍴 La Fontaine aux Perles

96 r. de la Poterie, (quartier de la Poterie), par ④ – ℰ 02 99 53 90 90
– www.lafontaineauxperles.com – Fermé dim. soir et lundi
Menu 28 € (déj. en semaine), 42/95 € – Carte 67/82 €

Au calme d'un jardin arboré, ce petit manoir du 19ᵉ s. laisse échapper de savoureux fumets... En cuisine, beaux produits et maîtrise des cuissons sont de mise,
avec un superbe accompagnement de champagnes et de digestifs. Côté décor,
trois salles, trois thèmes : le champagne, le vin ou le Stade rennais !

🍴🍴🍴 La Coquerie – Hôtel Le Coq-Gadby

156 r. d'Antrain – ℰ 02 99 38 05 55 – www.lecoq-gadby.com   Plan : DU**x**
– Fermé 1 semaine en fév., 19 juil.-13 août, 25 oct.-2 nov., 27 déc.-4 janv., merc.
midi, dim. et lundi
Menu 29 € (déj. en semaine), 55/115 € (menu unique)

Le chef, arrivé aux fourneaux de cette institution rennaise en 2012, laisse libre
cours à son instinct voyageur : il en résulte des plats modernes, épurés, traversés
de touches japonisantes, entre saveurs aigres-douces et apparitions d'algues...
Une cuisine qui colle parfaitement avec le décor, épuré et naturel.
→ Cuisine du marché.

1456

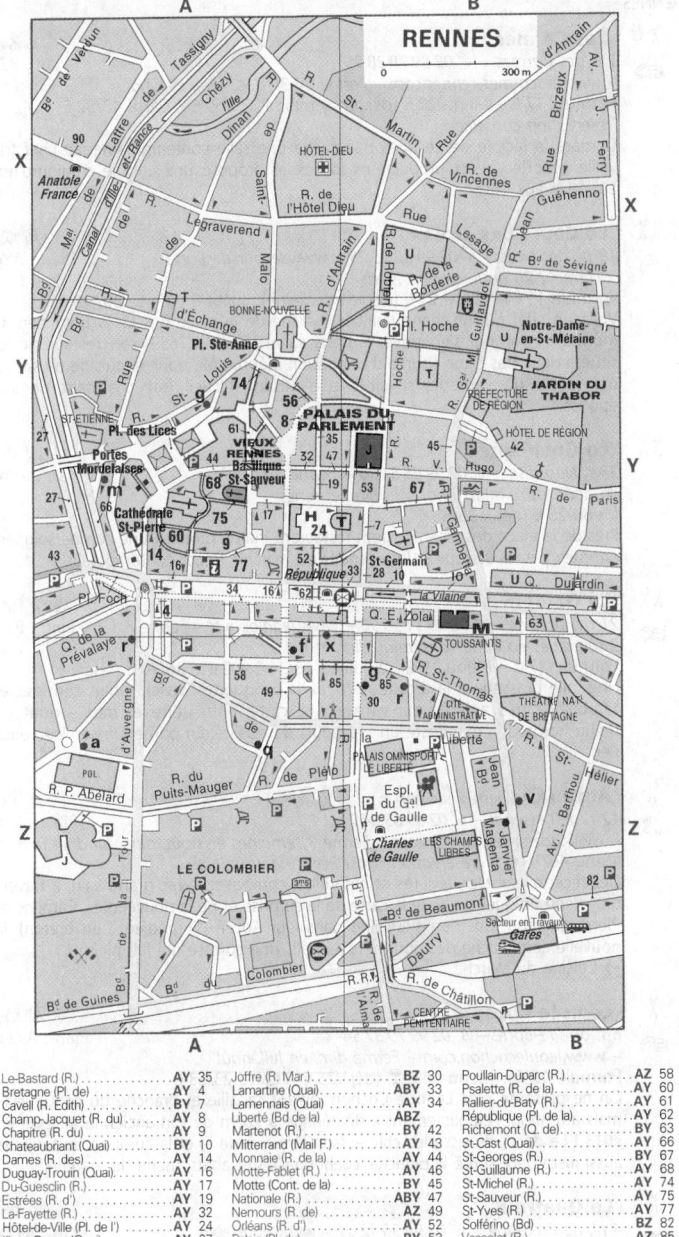

RENNES

0 ──────── 300 m

Les Carmes

XX   ⌖ ⌖

2 r. des Carmes – ℰ 02 99 79 28 95   Plan : BZ**r**
– www.lescarmes-rennes.com – Fermé 24-30 déc., dim. et lundi
Formule 17 € – Menu 20 € (déj. en semaine), 33/60 € – Carte 43/52 €
(réservation conseillée)
Derrière la façade de ce bistrot se cache une salle contemporaine. Le chef travaille avec les petits producteurs locaux et propose une cuisine d'aujourd'hui, attentive aux saisons.

Le Cours des Lices

XX   ⌘ ⌖

18 pl. des Lices – ℰ 02 99 30 25 25 – www.lecoursdeslices.fr   Plan : AY**g**
– Fermé 2-20 août, dim. et lundi
Formule 19 € – Menu 21 € (déj. en semaine), 30/44 € – Carte 39/59 €
Voilà un chef qui ne manquerait le marché de la place des Lices pour rien au monde ! Pourquoi s'en priver ? Dans sa maison de 1659, son restaurant est situé à deux pas : une source d'inspiration inépuisable pour sa cuisine de saison qui révèle un véritable savoir-faire d'artisan. Accueil fort charmant de son épouse.

Le Guehennec

XX   ⌘ ⌖

33 r. Nantaise – ℰ 02 99 65 51 30 – Fermé 2 semaines   Plan : AY**m**
en août, sam. midi, lundi soir, dim. et fériés
Menu 25 € (déj.), 36/58 €
Près de la place des Lices, ce petit restaurant intime propose une cuisine soignée, rythmée par les saisons et les produits du marché. Décor contemporain.

Le Galopin

XX   ⌘ ⌖ ⌗

21 av. Janvier – ℰ 02 99 31 55 96 – www.legalopin.fr – Fermé   Plan : BZ**v**
2 semaines en août, sam. midi, dim. et fériés
Formule 17 € – Menu 19 € (semaine), 28/36 € – Carte 36/70 € *(réserver)*
Une jolie brasserie à la façade rétro, avec banquettes, vivier, tables serrées... et l'ambiance très animée qui va avec. La carte, entre terre et mer – dont un menu homard –, manifeste un vrai souci de qualité. En prime, un service voiturier.

Aozen ⓝ (Pierre Legrand)

X   ⌘

12 r. de l'Arsenal – ℰ 02 99 65 64 21   Plan : AZ**a**
– www.aozen-restaurant.com – Fermé 3 semaines en août, dim., lundi et le midi
Menu 46/75 € ⚑ *(réservation conseillée) (menu unique)*
Des recettes subtiles, légères et naturelles, composées avec grand soin, à travers un "menu unique" qui joue la carte de la surprise et de la nouveauté... Caroline et Pierre Legrand font des merveilles dans leur Aozeñ ("ingrédient", en breton), la nouvelle coqueluche des gourmets rennais. Une adresse qui fait plaisir !
→ Cuisine du marché.

Léon le Cochon

X   ⌘ ⌖

6 r. du Pré-Botté – ℰ 02 99 79 37 54   Plan : AYZ**x**
– www.leonlecochon.com – Fermé dim. en juil.-août
Formule 12 € – Menu 16 € ⚑ (déj.)/25 € – Carte 23/53 €
On ne présente plus Léon le Cochon, bistrot canaille et branché du centre-ville, mais attention, l'établissement a déménagé à 200m de son ancienne adresse en 2013 ! Le décor en est plus chic – sans être guindé –, et la cuisine vise toujours aussi juste : poisson à la plancha, cochonnailles et abats, menu du marché...

Le Quatre B

X   ⌘ ⌖

4 pl. de Bretagne – ℰ 02 99 30 42 01 – www.quatreb.fr   Plan : AYZ**r**
– Fermé sam. midi et dim. soir
Formule 13 € – Menu 17 € (déj. en semaine), 25/31 € – Carte 31/55 €
Tout le monde à Rennes connaît Le Quatre B ! Il faut dire que son concept est une réussite, alliance d'un décor élégant et d'une cuisine à la fois soignée et gourmande. Beaucoup d'invention, beaucoup de succès.

✗ **Essentiel** ≤ 屛 ᴺ
11 r. Armand-Rebillon – 𝒞 02 99 14 25 14 Plan : CU**b**
– www.restaurantessentiel.com – Fermé sam. midi et dim.
Menu 21 € (déj.)/31 €
Sur le pittoresque canal d'Ille-et-Rance, un bâtiment original, tout en verre, avec
terrasse sur deux niveaux. Bois, briques, tons gris : le lieu évoque un loft urbain !
Quant à la carte, elle propose un alléchant menu contemporain, à déguster tout
en regardant passer les bateaux.

✗ **Chez Meh Le Chiangmai** Ⓝ 𝒮
⊗ *37 bd de Verdun – 𝒞 02 99 54 59 18 – www.chezmeh.com* Plan : CU**f**
– Fermé dim. et lundi
Formule 13 € – Menu 17 € – Carte 21/30 €
Des parfums de gingembre, de citron vert et de citronnelle, de subtils aigres-doux,
des woks généreux et d'incontournables larmes du tigre : les saveurs de la Thaïlande et du Laos (dont est originaire la famille propriétaire) révélées par une cuisinière émérite, qui s'approvisionne sur les meilleurs marchés rennais. Réservez !

à St-Grégoire 3 km au Nord par D82 - CU – ✉ 35760 – 8 580 hab. – Alt. 45 m

🏠 **Les Patios** ⅠⓄ ⌂ ⌖ 🗚 🛜 🖨 🅿
1 imp. du Vieux-Bourg, (près de l'église) – 𝒞 02 99 68 79 35 – www.le-saison.com
5 ch ⌑ – †180/200 € ††195/215 €
Rest *Le Saison* ⌂ – voir les restaurants ci-après
Lassé par l'agitation de la ville ? Faites une pause dans cet hôtel situé à 6 km au
nord de Rennes. Avec son joli jardin et son décor zen et épuré, l'endroit respire la
sérénité. Et les chambres, immenses et très soignées, comptent incontestablement parmi les plus belles de la métropole rennaise...

✗✗✗ **Le Saison** (David Etcheverry) – Hôtel les Patios ⌘ ⌂ 屛 ᴺ 🅿
⌂ *1 imp. du Vieux-Bourg, (près de l'église) – 𝒞 02 99 68 79 35 – www.le-saison.com*
– Fermé dim. soir et lundi
Menu 35 € (semaine), 52/98 € – Carte 88/118 €
Ce pourrait être une simple longère aux portes de Rennes, c'est un petit havre de
design contemporain, élégant et lumineux... Le repas n'en est que plus agréable,
car le chef signe une cuisine de saison très soignée, centrée sur le produit et subtile dans ses effets !
➔ Pomme de terre nouvelle, beurre noisette, caviar osciètre et fleur sauvage.
Cochon noir rôti au carvi, râpée de topinambour et baies de goji. Zigzag de fraises cirafine, menthe poivrée et parfums des bois.

à Cesson-Sévigné 6 km par ③ – ✉ 35510 – 15 413 hab. – Alt. 28 m

🏠 **Le Germinal** ⅠⓄ ⌂ ≤ 🕮 ᴺ 🛜 🗚
9 cours de la Vilaine, au bourg – 𝒞 02 99 83 11 01 – www.legerminal.com
– Fermé 27 juil.-18 août et 22 déc.-7 janv.
17 ch – †88/115 € ††100/160 € – ⌑ 12 € – ½ P
Rest *Le Germinal* – voir les restaurants ci-après
Germinal, c'est le printemps et la renaissance de la nature... Un nom parfait pour
cet ancien moulin familial posé sur un îlot de la Vilaine. Depuis les chambres,
cosy et parfaitement tenues, on observe les méandres de la rivière. Un lieu bucolique à souhait !

✗✗ **Le Germinal** – Hôtel Le Germinal ≤ 屛
9 cours de la Vilaine, au bourg – 𝒞 02 99 83 11 01 – www.legerminal.com
– Fermé 27 juil.-18 août, 22 déc.-7 janv., sam. midi, dim. et fériés
Menu 21 € (déj. en semaine), 32/42 € – Carte 34/64 €
Une terrasse aux airs de pont de bateau avec vue plongeante sur la rivière... Ah, la
douceur champêtre d'un moulin sur la Vilaine ! Dans ce très sympathique restaurant, on savoure une cuisine bien tournée et pleine de fraîcheur, mâtinée de touches inventives.

✗✗ L'Adresse

*32 cours de la Vilaine – ℰ 02 99 83 82 06 – www.restaurant-ladresse.com
– Fermé 1 semaine en fév., 2 semaines en août, 1 semaine en oct., sam. midi,
dim. soir, mardi soir et lundi*
Formule 16 € – Menu 19 € (déj. en semaine), 24/45 € – Carte 34/51 €
Cette maison en granit, bordant la Vilaine, dispose de salles contemporaines, dont
une très feutrée. L'été, préférez la terrasse avec sa pergola où grimpe une
superbe glycine. Cuisine qui suit la tendance.

à Noyal-sur-Vilaine 12 km par ③ – ⊠ 35530 – 5 465 hab. – Alt. 75 m

✗✗✗ Auberge du Pont d'Acigné (Sylvain Guillemot)

*3 km au Nord par rte d'Acigné – ℰ 02 99 62 52 55
– www.auberge-du-pont-dacigne.com – Fermé 13-23 avril, 3-20 août, dim. soir,
lundi et mardi*
Menu 39 € (déj. en semaine), 58/158 €
Voilà ce qu'on appelle une cuisine du terroir maîtrisée et inventive ! Les assiettes
se révèlent subtiles, très soignées et parfumées... Le cadre, élégant et lumineux, la
terrasse en bord de la Vilaine, comme le service, très agréable, ajoutent au plaisir
de cette parenthèse gastronomique. Très beau choix de vins.
➙ Pomme de terre, caviar et chou pak-choï, émulsion de lait ribot. Rouget-bar-
bet, girolles et huile d'estragon. Crémeux à la pistache et aux cerises.

✗✗ Les Forges avec ch

*22 av. du Gén.-de-Gaulle – ℰ 02 99 00 51 08 – Fermé 3 semaines
en août, vacances de fév., vend. soir, sam. midi et dim. soir*
12 ch – †46/55 € ††46/55 € – ⊠ 8 € – ½ P
Menu 16 € (déj. en semaine), 24/39 € – Carte 33/45 €
Cette auberge engageante, située au bord de la route, est installée dans les
anciennes forges de la ville. À l'intérieur, l'une des salles est contemporaine et
colorée, l'autre plus classique. Côté cuisine, on est en plein dans la tradition :
tout est fait maison et le chef travaille comme un véritable artisan !

rte de St-Nazaire 8 km par ⑦ – ⊠ 35170 Bruz

🏨 Kerlann

*ZA La Porte de Ker Lann – ℰ 02 99 05 95 80 – www.hotel-kerlann.com – Fermé
vacances de Noël*
49 ch – †82/143 € ††82/169 € – 3 suites – ⊠ 13 € – ½ P
Entre Rennes et St-Nazaire, non loin de l'aéroport et du golf de Cicé, cet hôtel
bénéficie d'une excellente situation. Les chambres, réparties autour d'un patio,
sont confortables et bien tenues. Restaurant traditionnel.

Le Rheu 8 km par ⑧ et D 129 – ⊠ 35650 – 7 696 hab. – Alt. 30 m

🏰 Château d'Apigné

rte de Chavagne – ℰ 02 99 14 80 66 – www.chateau-apigne.fr
16 ch – †145/230 € ††145/230 € – ⊠ 16 € – ½ P
Rest *Les Tourelles* – voir les restaurants ci-après
Envie de jouer les aristocrates le temps d'une escapade en Bretagne ? Dans ce
cas, cet élégant château néo-Renaissance (1833), au cœur d'un parc
immense, est fait pour vous ! Vous apprécierez les chambres alliant classicisme
et raffinement : boiseries, moulures, parquet d'époque... Très classe, of course !

✗✗✗ Les Tourelles – Hôtel Château d'Apigné

*rte de Chavagne – ℰ 02 99 14 80 66 – www.chateau-apigne.fr
– Fermé 16-22 fév., 1er-4 janv., mardi midi, merc. midi, sam. midi, dim. soir et
lundi*
Formule 19 € ♟ – Menu 27 € (semaine), 39/59 € – Carte 59/66 €
Le plafond en ogive, les boiseries, les tentures... Il règne ici une atmosphère raffinée, romantique et si châtelaine ! Un décor superbe qui sert à merveille la cuisine
gastronomique du chef, créative mêlant sucré et salé.

LA RÉOLE

⊠ 33190 (Gironde) – 4 178 hab. – Alt. 44 m – Voir carte n°**4-C2**
◨ Paris 649 km – Bordeaux 74 km – Casteljaloux 42 km – Duras 25 km
Carte Michelin 335-K7 – Guide Vert Michelin Aquitaine

XX **Aux Fontaines**

8 r. de Verdun – ℰ 05 56 61 15 25 – www.restaurant-aux-fontaines.com
– Fermé 2 semaines en nov., vacances de fév., merc. soir hors saison, dim. soir et lundi
Formule 20 € – Menu 26/38 € – Carte 33/51 € *(réservation conseillée)*
Adossée à une colline, cette grande demeure du centre-ville abrite un restaurant où l'on déjeune l'été sur la terrasse, dressée dans un joli jardin. Cuisine traditionnelle.

LA RÉPARA-AURIPLES – 26 (Drôme) → voir Crest

REPLONGES

✉ 01750 (Ain) – 3 601 hab. – Alt. 189 m – Voir carte n°**44**-B1
▶ Paris 400 km – Bourg-en-Bresse 33 km – Lyon 78 km – Mâcon 6 km
Carte Michelin 328-C3

X **Entre-Nous**

11 rte de Pont-de-Veyle – ℰ 03 85 31 00 08 – www.resto-entrenous.com
– Fermé sam. et le soir
Formule 14 € – Menu 23/33 € – Carte 27/47 €
Que cela ne reste pas entre nous, voici une bonne adresse ! Dans ce restaurant, au cœur du village, le chef réalise une cuisine où les spécialités bressanes et dombistes ont la part belle : gâteau de foie de volaille, grenouilles poêlées au beurre, etc. Le tout à apprécier dans un cadre contemporain.

RESTONICA (GORGES DE LA) – 2B (Haute-Corse) → voir Corse (Corte)

RETHONDES – 60 (Oise) → voir Compiègne

REUGNY

✉ 03190 (Allier) – 267 hab. – Alt. 204 m – Voir carte n°**5**-B1
▶ Paris 312 km – Bourbon-l'Archambault 43 km – Montluçon 15 km –
Montmarault 45 km
Carte Michelin 326-C4

XX **La Table de Reugny**

25 rte de Paris – ℰ 04 70 06 70 06 – www.restaurant-reugny.com
– Fermé 17 août-8 sept., 2-13 janv., dim. soir, lundi et mardi
Formule 18 € – Menu 23 € (semaine), 32/53 € – Carte 37/43 €
Dans les cuisines de cette jolie maison rose aux volets blancs, Jean-Luc Sanguillon a la main sûre et fait parler son instinct. "Mon plus grand bonheur, explique-t-il, est de donner une émotion à mes convives." C'est réussi : on se régale avec des plats du terroir pleins de saveurs, d'énergie et de générosité. Vivifiant !

REUILLY-SAUVIGNY

✉ 02850 (Aisne) – 226 hab. – Alt. 78 m – Voir carte n°**37**-C3
▶ Paris 109 km – Château-Thierry 16 km – Épernay 34 km – Reims 50 km
Carte Michelin 306-D8

XXX **Auberge Le Relais** (Martial Berthuit) avec ch

2 r. de Paris – ℰ 03 23 70 35 36 – www.relaisreuilly.com
– Fermé fév., 16 août-3 sept., mardi et merc.
7 ch – †89/107 € ††94/112 € – ☐ 18 €
Menu 35 € (semaine), 58/92 € – Carte 85/113 €
Cette coquette auberge cumule de nombreux atouts : intérieur actuel et élégant, belle véranda entourée de verdure et fine cuisine mariant habilement tradition et modernité. Décor contemporain dans les chambres.
→ Foie gras de canard poêlé aux pommes et raisins, crumble et sauce au ratafia. Ris de veau à la graisse d'oie, navets boule d'or, croustillant de tomate et jus au basilic. Sablé au chocolat noir nyanbo, crème Carambar et glace café.

REVEL

✉ 31250 (Haute-Garonne) – 9 352 hab. – Alt. 210 m – Voir carte n°**29**-C2
▶ Paris 727 km – Carcassonne 46 km – Castelnaudary 21 km – Castres 28 km
Carte Michelin 343-K4

Hôtel du Midi

34 bd Gambetta – 𝒞 *05 61 83 50 50 – www.hotelrestaurantdumidi.com – Fermé 21-30 nov.*
17 ch – †53/75 € ††53/75 € – ⌸ 9 € – ½ P
Un relais de poste du 19ᵉ s. en centre-ville, dont le patron a pris la suite de ses parents il y a plus de trente ans ! Les chambres sont bien tenues. Restaurant traditionnel.

Le Comptoir de l'Horte

chemin de l'Horte – 𝒞 *05 34 66 50 08 – www.comptoir-horte.com – Fermé mardi soir et merc.*
Formule 14 € – Menu 30/36 € – Carte 26/46 €
À la périphérie de la ville, une demeure particulière entourée d'un grand jardin ("horte", en occitan), où prend d'ailleurs ses aises la terrasse sous une pergola. Au menu : des petits plats d'aujourd'hui bien ficelés et soucieux du produit.

REVIGNY-SUR-ORNAIN

✉ 55800 (Meuse) – 3 051 hab. – Alt. 144 m – Voir carte n°**26-A2**
▶ Paris 239 km – Bar-le-Duc 18 km – St-Dizier 30 km – Vitry-le-François 36 km
Carte Michelin 307-A6

La Maison Forte sans rest

6 pl. Henriot-du-Coudray – 𝒞 *06 63 46 03 26 – www.lamaisonforte.fr – Fermé 15 déc.-15 janv.*
5 ch ⌸ – †85/135 € ††85/135 €
Cette demeure du 18ᵉ s. fut jadis la propriété du duc de Bar, puis du duc de Lorraine. Les chambres ont été personnalisées dans des tons doux, avec de jolis matériaux (pierre, tomettes) ; au petit-déjeuner, on se régale de confitures et tartes maison.

RÉVILLE

✉ 50760 (Manche) – 1 172 hab. – Alt. 12 m – Voir carte n°**32-A1**
▶ Paris 351 km – Carentan 44 km – Cherbourg 30 km – St-Lô 72 km
Carte Michelin 303-E2

La Villa Gervaiserie sans rest

17 rte des Monts – 𝒞 *02 33 54 54 64 – www.lagervaiserie.com – Ouvert avril-sept.*
10 ch – †90/134 € ††90/134 € – ⌸ 10 €
À la sortie de Réville, un hôtel récent bordé d'un jardin verdoyant. Les chambres, spacieuses et jolies (mobilier chiné, tissus choisis) sont impeccablement tenues et ont toutes un balcon ou une terrasse donnant sur l'île de Tatihou.

Au Moyne de Saire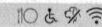

15 r. du Gén.-de-Gaulle – 𝒞 *02 33 54 46 06 – www.au-moyne-de-saire.com*
11 ch – †58/62 € ††58/96 € – ⌸ 8 € – ½ P
En bordure de route, au cœur de ce village, se trouve cette auberge entièrement rénovée en 2012. Des chambres bien tenues, dans un style actuel et fonctionnel ; une cuisine traditionnelle, servie dans une salle claire et confortable... Plaisant !

REZÉ – 44 (Loire-Atlantique) ➜ voir Nantes

LE RHEU – 35 (Ille-et-Vilaine) ➜ voir Rennes

LE RHIEN – 70 (Haute-Saône) ➜ voir Ronchamp

RHINAU

✉ 67860 (Bas-Rhin) – 2 693 hab. – Alt. 158 m – Voir carte n°**1-B2**
▶ Paris 525 km – Marckolsheim 26 km – Molsheim 38 km – Obernai 28 km
Carte Michelin 315-K7

XXX **Au Vieux Couvent** (Alexis Albrecht) &. AK ✿

✿ *6 r. des Chanoines* ✉ *67860 Rhinau – ℰ 03 88 74 61 15 – www.vieuxcouvent.fr*
– Fermé lundi soir, mardi et merc.
Menu 37 € (semaine), 54/99 € – Carte 68/158 €
On repère de loin cette engageante maison couleur terre, située près des berges
fleuries du Brunnwasser. À l'intérieur, une salle baignée de lumière ; dans l'assiette, la cuisine du chef, pleine d'inventivité, qui met en avant les poissons des
rivières alsaciennes... et les bons légumes du potager familial !
→ Carpaccio d'espadon, dés de tomates séchées, valses d'herbes et fleurs sauvages. Matelote comme la faisait ma grand-mère, nouilles maison. Festival de desserts d'Alexis.

RIANS

✉ 83560 (Var) – 4 253 hab. – Alt. 406 m – Voir carte n°**40-B3**
▶ Paris 770 km – Aix-en-Provence 40 km – Avignon 100 km – Manosque 33 km
Carte Michelin 340-J4

XX **La Roquette** 📶 P

quartier La Roquette , 1 km par rte de Manosque – ℰ 04 94 80 32 58
– www.laroquette-rians.com – Fermé 25-31 août, 2-19 janv., merc., dim. soir et le
soir en hiver sauf vend. et sam.
Formule 22 € – Menu 28/51 € – Carte 39/57 €
Une petite maison provençale sur la route de Manosque... Du pain aux pâtisseries,
tout est fait maison, et le jardin potager fournit aux cuisines une partie des fruits
et légumes. Aux beaux jours, les recettes régionales prennent de jolies couleurs
sur la terrasse, face aux collines environnantes.

RIBEAUVILLÉ

✉ 68150 (Haut-Rhin) – 4 841 hab. – Alt. 240 m – Voir carte n°**2-C2**
▶ Paris 439 km – Colmar 16 km – Mulhouse 60 km – St-Dié 42 km
Carte Michelin 315-H7

RIBEAUVILLÉ

Abbé-Kremp (R. de l')	**A** 2	Frères-Mertian (R. des)	**A** 7	Hôtel de Ville (Pl. de l')	**A** 13
Château (R. du)	**A** 3	Gaulle (Av. du Gén.-de)	**B** 9	Ortlieb (R.)	**B** 14
Flesch (R.)	**B** 5	Gouraud (Pl.)	**B** 10	Ste-Marie-aux-Mines (Rte)	**A** 15
Fontaine (R. de la)	**A** 6	Grand'Rue	**AB**	Sinne (Pl. de la)	**A** 16
		Grand'Rue de l' Eglise	**A** 21	Synagogue (R. de la)	**B** 17
		Halle aux Blés (R. de la)	**B** 12	Tanneurs (R. des)	**B** 18

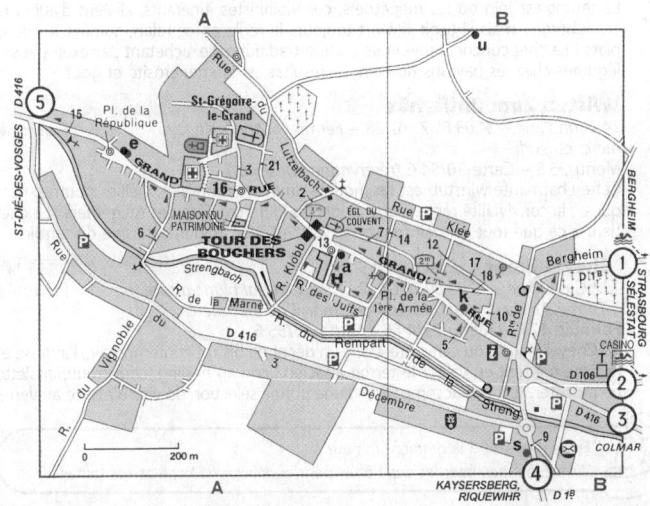

Le Clos St-Vincent

🏠🏠🏠

🔟 🛇 ⟨ 🖿 🖪 ℔ 🖪 ᕯ 🛜 🅿

chemin Osterbergweg, 1,5 km au Nord-Est par rte secondaire — Plan : B**u**
– 𝒞 03 89 73 67 65 – www.leclossaintvincent.com – Ouvert 20 mars-14 déc.
19 ch ⚄ – †115/250 € ††125/250 € – 5 suites – ½ P

Quelle vue sur la plaine d'Alsace ! Des vignes, des montagnes... Devant cette grande et belle maison, elles se déroulent à perte de vue. Les chambres y sont spacieuses, toutes personnalisées et confortables. Et pour se détendre, on file à l'espace fitness pour profiter du sauna et du jacuzzi.

Le Ménestrel sans rest

🖪 🖪 ℔ 🛜 🅿

27 av. Gén.-de-Gaulle, par ④ – 𝒞 03 89 73 80 52 – www.hotel-menestrel.com
– Fermé fév.
31 ch – †74/94 € ††84/124 € – ⚄ 12 €

Un établissement proche du centre-ville. Le genre d'hôtel fonctionnel et pratique, décoré dans un style contemporain, qui permet de rayonner aux alentours. D'autant plus que l'on est sur la route des vins !

La Tour sans rest

℔ 🖪 🛜 🅿

1 r. de la Mairie – 𝒞 03 89 73 72 73 – www.hotel-la-tour.com
– Fermé 4 janv.-12 mars — Plan : A**a**
31 ch – †77/102 € ††83/110 € – ⚄ 10 €

Face à la tour des Bouchers, sur la place du village, cet hôtel porte bien son nom ! Et on se sent bien dans cette confortable maison à colombages – une ancienne propriété viticole – au décor d'inspiration alsacienne.

Cheval Blanc

🔟 🛜

122 Grand'Rue – 𝒞 03 89 73 61 38 – www.cheval-blanc-alsace.fr — Plan : A**e**
– Fermé 21 fév.-9 mars et 16-26 nov.
18 ch – †68/73 € ††73/85 € – ⚄ 10 € – ½ P

Rest *Cheval Blanc* – voir les restaurants ci-après

Une façade qui se couvre de fleurs en saison, des chambres fonctionnelles et confortables, une ambiance familiale, voilà qui n'est déjà pas si mal. Et si, en plus, vous ajoutez un très bon rapport qualité-prix, vous pouvez être sûr d'avoir mis la main sur une bonne affaire !

🍴🍴 Au Relais des Ménétriers

🍲
🍸

10 av. du Gén.-de-Gaulle – 𝒞 03 89 73 64 52 — Plan : B**s**
– www.restaurant-menetriers.com – Fermé 1ᵉʳ-16 mars, 13-27 juil., jeudi soir, dim. soir et lundi
Menu 14 € (déj. en semaine), 30/40 € – Carte 42/63 €

Le temps est loin où les ménétriers, ces violonistes itinérants, allaient d'auberge en auberge... mais l'hospitalité est toujours la règle en ce relais, comme les bons plats ! Le chef concocte une vraie cuisine traditionnelle, achetant par exemple ses légumes chez les paysans du coin. Le résultat est là : générosité et goût.

🍴 Wistub Zum Pfifferhüs

14 Grand'Rue – 𝒞 03 89 73 62 28 – Fermé vacances de fév., — Plan : B**k**
merc. et jeudi
Menu 26 € – Carte 30/54 € *(réservation conseillée)*

Cette charmante winstub est un modèle du genre (boiseries, vieilles poutres, fresques) ; la convivialité règne, surtout lors du Pfifferdaj (fête des ménétriers). Le chef tient à ce que tout soit fait maison et défend avec amour la cuisine du terroir.

🍴 Cheval Blanc – Hôtel Cheval Blanc

🌇 🍸

122 Grand'Rue – 𝒞 03 89 73 61 38 – www.cheval-blanc-alsace.fr — Plan : A**e**
– Fermé 21 fév.-9 mars, 16-26 nov., mardi midi et merc.
Formule 17 € – Menu 22/44 € – Carte 25/55 €

Ce Cheval Blanc a du caractère. Dans un décor de bistrot contemporain, l'ardoise et la carte mettent en valeur le terroir alsacien : coq au riesling, choucroute, assiette de munster... Le tout accompagné d'une bonne sélection de vins d'Alsace au verre.

Envie de partir à la dernière minute ?
Visitez les sites Internet des hôtels pour bénéficier de promotions tarifaires.

Ⅹ **Auberge du Parc Carola** �'🛋 **P**
48 rte de Bergheim, par ① – ℰ 03 89 86 05 75 – www.auberge-parc-carola.com
– Fermé 16 fév.-19 mars, 17-27 août, 2-19 nov., mardi et merc.
Formule 19 € – Menu 23 € (déj. en semaine), 31/62 € – Carte 47/67 €
Une nouvelle aventure pour Michaela Peters, jeune chef allemande qui s'était
notamment fait connaître au Rendez-vous de Chasse à Colmar. Avec son compagnon pâtissier, elle signe une belle cuisine traditionnelle, aux saveurs flatteuses. Jolie terrasse sous les arbres.

RIBÉRAC
✉ 24600 (Dordogne) – 4 053 hab. – Alt. 68 m – Voir carte n°**4**-C1
◗ Paris 505 km – Angoulême 58 km – Barbezieux 58 km – Bergerac 52 km
Carte Michelin 329-D4 – Guide Vert Michelin Périgord Quercy

🏠 **Rêv'Hôtel** sans rest 🛋 📶 **P**
rte de Périgueux, à 1,5 km – ℰ 05 53 91 62 62 – www.rev-hotel.fr – Fermé
23 déc.-4 janv.
29 ch – ✝46/68 € ✝✝75/90 € – ☕ 7 €
À la sortie de la ville, dans une petite zone d'activités, des chambres bien tenues
et joliment arrangées, toutes en rez-de-jardin – lequel est d'ailleurs bien tenu, la
propriétaire étant ancienne fleuriste. Bon accueil et tarifs raisonnables.

LES RICEYS
✉ 10340 (Aube) – 1 343 hab. – Alt. 180 m – Voir carte n°**13**-B3
◗ Paris 210 km – Bar-sur-Aube 48 km – St-Florentin 58 km – Tonnerre 37 km
Carte Michelin 313-G6 – Guide Vert Michelin Champagne Ardenne

🏠 **Le Marius** 🕙 🛋 **P**
2 pl. de l'Église, Ricey-Bas – ℰ 03 25 29 31 65 – www.hotel-le-marius.com – Fermé
10 nov.-30 nov. et 21 déc.-18 janv., dim. sauf fériés et lundi
11 ch – ✝63/160 € ✝✝63/160 € – ☕ 11 € – ½ P
Rest *Le Marius* – voir les restaurants ci-après
Ces quatre belles maisons du 16e s. ont appartenu à Marius, le grand-père de l'actuelle propriétaire. Poutres, cheminées et pierres apparentes donnent un vrai
charme aux onze chambres dont les noms sont très... champenois. Une adresse
où l'on se sent bien.

🏠 **Le Magny** 🕙 🛋 **P**
rte de Tonnerre, D 452 – ℰ 03 25 29 38 39 – www.hotel-lemagny.com
– Fermé 23-30 août, 4 janv.-28 fév., mardi et merc.
12 ch – ✝66/85 € ✝✝66/85 € – ☕ 10 € – ½ P
Rest *Le Magny* – voir les restaurants ci-après
Sur le site d'une ancienne ferme, une belle maison en pierre à la sortie du village,
avec plusieurs corps de bâtiment. Les chambres, classiques, se révèlent plutôt
spacieuses et tenues avec grand soin. Autre atout : on peut profiter de la piscine
chauffée...

ⅩⅩ **Le Magny** – Hôtel Le Magny 🚑🛋 **P**
🕸 *rte de Tonnerre, D 452 – ℰ 03 25 29 38 39 – www.hotel-lemagny.com*
– Fermé 23-30 août, 4 janv.-28 fév., mardi et merc.
Formule 20 € – Menu 17/46 € – Carte 30/56 €
Une auberge au cadre champêtre, dont le chef concocte une cuisine traditionnelle inspirée par les produits du terroir, accompagnée d'une carte des vins où
les champagnes de l'Aube ont la part belle. Une sympathique adresse.

ⅩⅩ **Le Marius** – Hôtel Le Marius 🛋
🕸 *2 pl. de l'Église, Ricey-Bas – ℰ 03 25 29 31 65 – www.hotel-le-marius.com*
– Fermé 10-30 nov., 21 déc.-18 janv., dim. soir sauf fériés et lundi
Menu 14 € 🍷 (déj. en semaine), 27/50 € – Carte 28/53 €
Ce Marius-là est à la fois un hôtel et un restaurant. Dans de belles caves, les spécialités régionales (salade au chaource, andouillette de Troyes) cohabitent avec
des plats plus tendance, à base de kangourou ou de requin par exemple !

RICHELIEU

✉ 37120 (Indre-et-Loire) – 1 894 hab. – Alt. 40 m – Voir carte n°**11-A3**
▶ Paris 299 km – Joué-lès-Tours 60 km – Orléans 175 km – Poitiers 66 km
Carte Michelin 317-K6 – Guide Vert Michelin Châteaux de la Loire

🏠   **Le Puits Doré**   ⫘ 📶 ⬩ ⬩ 🛜 🏋

24 pl. du Marché – 𝒞 02 47 58 16 02 – www.lepuitsdore.fr
25 ch – ♦68/101 € – ♦♦68/101 € – ⬚ 9 € – ½ P
Au cœur de la "ville nouvelle" due au cardinal de Richelieu, ce bel hôtel particulier date de la création même de la cité (1642). Charme historique de l'escalier classé, des chambres avec pierres et poutres – mais on pourra préférer celles récemment créées dans un esprit chic et cosy ! Restaurant traditionnel.

RICHERENCHES

✉ 84600 (Vaucluse) – 696 hab. – Alt. 160 m – Voir carte n°**40-A2**
▶ Paris 646 km – Avignon 66 km – Marseille 154 km – Valence 85 km
Carte Michelin 332-C7

🍴   **O'Rabasse** ❶   ⫘ 🄰🄲 ⬩

🍽️   *5 pl. de la Pompe – 𝒞 09 52 97 34 93 – www.orabasse.com – Fermé mardi et merc.*
Menu 25 € (déj.)/30 € *(nombre de couverts limité, réserver)*
Au cœur de la "capitale de la truffe", une bonne table tenue par un jeune couple de Belges. Comment ne pas être séduit par la qualité des assiettes, très soignées et aux beaux produits frais, à l'image de cette tempura de ris de veau, petits pois et raifort ? Une véritable ode au marché et, en saison, au diamant noir local !

🍴   **L'Escapade**   ⫘ 🄿

247 av. de la Rabasse – 𝒞 04 90 28 01 46 – www.alescapade.com – Fermé 2 semaines en avril, 3 semaines en oct., lundi et mardi
Formule 25 € – Menu 42/70 €
Dans un village mondialement connu pour son marché aux truffes noires (tuber melanosporum, pour les intimes), on s'installe sur la terrasse ombragée de cette maison familiale. Le jeune chef concocte de généreuses recettes traditionnelles : terrine de campagne, jarret de bœuf au vin rouge et... menu truffe en saison !

RIEC-SUR-BELON

✉ 29340 (Finistère) – 4 115 hab. – Alt. 65 m – Voir carte n°**9-B2**
▶ Paris 529 km – Carhaix-Plouguer 61 km – Concarneau 20 km – Quimper 43 km
Carte Michelin 308-I7

au Port de Belon 4 km au Sud par C 3 et C 5 – ✉29340 Riec-sur-Belon

🍴   **Chez Jacky**   ⩽ ⫘

6 port du Belon – 𝒞 02 98 06 90 32 – www.chez-jacky.com – Ouvert Pâques à fin sept.
Menu 27/89 € – Carte 22/105 € *(réservation conseillée)*
La fraîcheur à l'état brut. On ne sert que des produits de la mer dans cette avenante maison d'ostréiculteur située au bord du Belon ; le bassin d'affinage d'huîtres est juste à côté ! Une adresse bien connue dans la région.

RIEDISHEIM – 68 (Haut-Rhin) ➜ voir Mulhouse

RIEUMES

✉ 31370 (Haute-Garonne) – 3 408 hab. – Alt. 270 m – Voir carte n°**28-B2**
▶ Paris 712 km – Auch 56 km – Foix 75 km – Toulouse 39 km
Carte Michelin 343-E4

🏨   **Auberge les Palmiers**   ⫘ 🍴 ⬩ ⬩ 🛜

13 pl. du Foirail – 𝒞 05 61 91 81 01 – www.auberge-lespalmiers.com
– Fermé 24 août-6 sept. et vacances de Noël
12 ch – ♦70 € – ♦♦70 € – ⬚ 9 € – ½ P
Rest *Auberge les Palmiers* – voir les restaurants ci-après
Une grande maison couverte de vigne vierge, très chaleureuse, tout comme sa propriétaire. L'ancien et le contemporain se mêlent avec douceur ; les chambres sont simples mais décorées avec de jolies champêtres...

XX **Auberge les Palmiers** 🛜 AC
☺☺
13 pl. du Foirail – ℰ 05 61 91 81 01 – www.auberge-lespalmiers.com
– Fermé 22 août-4 sept., vacances de Noël, dim. soir et lundi
Formule 13 € – Menu 16 € (déj. en semaine), 25/35 € – Carte 35/50 €
À quatre mains, le patron et son fidèle second réalisent une cuisine traditionnelle fondée sur le beau produit. Des recettes qui vont bien à l'esprit classique des lieux, d'une fraîcheur toute provinciale... Et l'été, on déjeune sur la terrasse, bordée de quelques palmiers !

RIEUPEYROUX
✉ 12240 (Aveyron) – 2 063 hab. – Alt. 750 m – Voir carte n°**29-C1**
▶ Paris 632 km – Albi 54 km – Carmaux 38 km – Millau 94 km
Carte Michelin 338-F5

🏠 **Hôtel du Commerce** 🍽 🛏 ⌧ 🖳 ⚙ 🛜 🛢 P 🌳
60 r. l'Hom – ℰ 05 65 65 53 06 – www.hotel-commerce-aveyron.com – Fermé 1 semaine en oct., 21 déc.-21 janv., vend. soir de mi-sept. à fin mai et dim. soir
22 ch – †55/77 € ††55/77 € – ⌧ 9 € – ½ P
Un hôtel-restaurant familial au cœur du bourg. Les chambres, fonctionnelles et bien tenues, arborent pour la plupart un style contemporain très frais, voire zen et naturel pour certaines. Cuisine traditionnelle au restaurant.

RIGNY – 70 (Haute-Saône) → voir Gray

RILLIEUX-LA-PAPE – 69 (Rhône) → voir Lyon

RILLY-LA-MONTAGNE – 51 (Marne) → voir Reims

RIMBACH-PRÈS-GUEBWILLER – 68 (Haut-Rhin) → voir Guebwiller

RIMONT
✉ 09420 (Ariège) – 588 hab. – Alt. 525 m – Voir carte n°**28-B3**
▶ Paris 765 km – Auch 136 km – Foix 32 km – St-Gaudens 56 km
Carte Michelin 343-F7

个 **Domaine de Terrac** 🍽 ⌇ ⟨ 🛏 🛜 P
4 km à l'Est par D 117 et rte secondaire – ℰ 05 61 96 39 60
– www.chambresdhotesariege.fr – Ouvert 1ᵉʳmai-31 oct.
5 ch ⌧ – †70/90 € ††70/90 €
Située dans un petit hameau, cette ferme merveilleusement restaurée n'aura aucun mal à vous séduire. Les chambres sont personnalisées, et disposent d'un couchage en mezzanine – idéal pour les familles ! Par beau temps, les enfants se rueront au jardin, face aux Pyrénées...

RIOM
✉ 63200 (Puy-de-Dôme) – 18 291 hab. – Alt. 363 m – Voir carte n°**5-B2**
▶ Paris 407 km – Clermont-Ferrand 15 km – Montluçon 102 km – Thiers 45 km
Carte Michelin 326-F7 – Guide Vert Michelin Auvergne

🏠 **Le Pacifique** sans rest 🛜 ⚙ P
52 av. de Paris, par ① – ℰ 04 73 38 15 65 – www.hotel-lepacifique-riom.com
– Fermé 15 déc.-15 janv.
16 ch – †62/73 € ††68/80 € – ⌧ 9 €
On est bien loin du Pacifique et pourtant... À la périphérie du centre-ville, cette adresse de style motel présente plusieurs atouts : accueil tout sourire, chambres bien tenues, parking, etc. Parfait pour la clientèle d'affaires.

XX **Le Moulin de Villeroze** 🛜 P
144 rte de Marsat, Sud-Ouest du plan par D 83 – ℰ 04 73 38 62 23
– www.le-moulin-de-villeroze.fr – Fermé 15 août-4 sept., dim. soir, merc. soir et lundi
Menu 29/57 € – Carte 50/74 €
Le meunier a fait place au chef dans ce moulin bâti à la fin du 19ᵉ s. Dans une salle des plus sobres ou sur la terrasse, les gourmands apprécient des recettes dans l'air du temps. Et après le repas, il fait bon se promener dans le jardin, au bord du ruisseau de la Palle.

RIOM

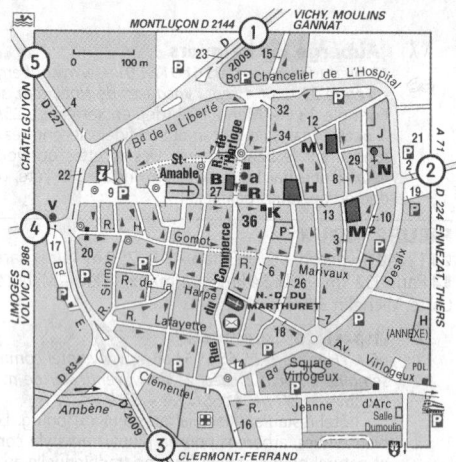

✕✕ Le Flamboyant

21 bis r. de l'Horloge – ℰ 04 73 63 07 97 – www.restaurant-le-flamboyant.com
– Fermé 27 juin-10 juil., 1 semaine en janv., merc. soir, dim. soir et lundi
Formule 17 € – Menu 23/95 € ▾ – Carte 80/91 €

Ce restaurant a été créé dans une ancienne école de filles. Que les gourmands se détendent, les interrogations écrites n'y ont plus cours depuis longtemps ! À présent, installé dans un décor zen, on apprécie une cuisine... aux notes actuelles.

✕✕ Le Magnolia

11 av. du Cdt-Madeline – ℰ 04 73 38 08 25 – www.lemagnolia.fr
– Fermé vacances de fév., 2 semaines en août, dim. et lundi
Formule 16 € ▾ – Menu 23 € ▾ (semaine), 33/43 € – Carte environ 34 €

Ici, point de "magnolias par centaines" comme le chantait Claude François mais un restaurant résolument moderne : ciment brossé, boiseries exotiques et mise en place originale. Cuisine dans l'air du temps.

RIOM-ÈS-MONTAGNES

✉ 15400 (Cantal) – 2 681 hab. – Alt. 840 m – Voir carte n°**5-B3**
▣ Paris 506 km – Aurillac 80 km – Clermont-Ferrand 91 km – Ussel 46 km
Carte Michelin 330-D3 – Guide Vert Michelin Auvergne

⌂ St-Georges

5 r. Cap. Chevalier – ℰ 04 71 78 00 15 – www.hotel-saint-georges.com – Fermé 5-31 janv.
14 ch – †36/48 € ††52/60 € – ☑ 8 € – ½ P

Amateurs de randonnées parmi les volcans et les gentianes, arrêtez-vous au centre du village dans cette maison en pierre de la fin du 19ᵉ s. Les chambres ne sont pas bien grandes mais elles sont fraîches, bien équipées et parfaitement tenues. Restaurant traditionnel.

RIQUEWIHR

✉ 68340 (Haut-Rhin) – 1 174 hab. – Alt. 300 m – Voir carte n°**2-C2**
▣ Paris 442 km – Colmar 15 km – Gérardmer 52 km – Ribeauvillé 5 km
Carte Michelin 315-H8

⌂⌂ Le Schoenenbourg sans rest

2 r. de la Piscine – ℰ 03 89 49 01 11
Plan : B**r**
– www.hotel-schoenenbourg.fr – Fermé 4 janv.-12 fév.
55 ch – †50/165 € ††70/220 € – 3 suites – ☑ 13 €

Près de la route des vins et du cœur historique de Riquewihr, ces constructions modernes se dressent au pied des vignes, au grand calme. Les chambres sont confortables et bien tenues ; le matin, un copieux petit-déjeuner est servi sous forme de buffet. Parfait pour découvrir cette riche région.

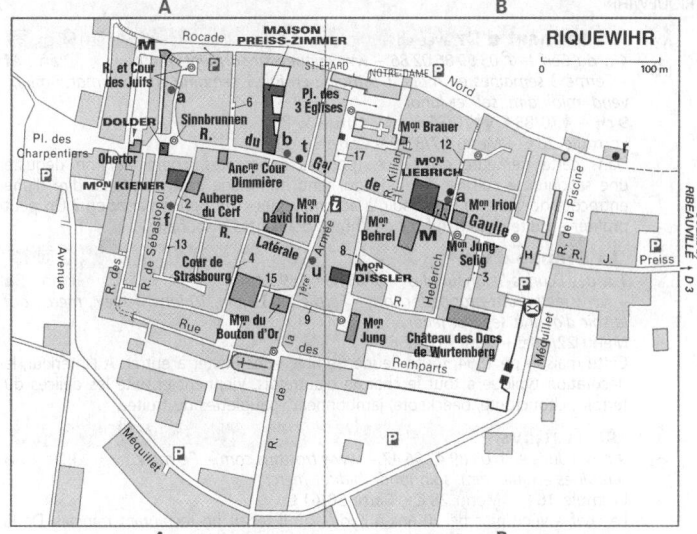

Le Riquewihr sans rest

3 rte de Ribeauvillé – ☏ 03 89 86 03 00 – www.hotel-riquewihr.fr – Fermé de début janv. à mi-fév.

43 ch – †67/99 € ††67/99 € – 6 suites – ☑ 11 €

Une famille de vignerons tient cette vaste maison de style alsacien au bord d'une route traversant les parcelles de vignobles. Les chambres sont méticuleusement tenues et le petit-déjeuner, copieux, ne déçoit pas. En prime, un petit espace fitness permet de se détendre.

À l'Oriel sans rest

3 r. des Ecuries-Seigneuriales – ☏ 03 89 49 03 13   Plan : B**a**
– www.hotel-oriel.com – Fermé 18 janv.-1er fév.

21 ch – †76/137 € ††76/165 € – 1 suite – ☑ 13 €

Il faut se perdre dans les ruelles du village pour trouver cette jolie façade du 16e s. et son... oriel. L'adresse est familiale, avec des chambres au charme rustique. À la belle saison, on prend le petit-déjeuner dans un agréable patio.

Le B. Espace Suites sans rest

48 r. Gén.-de-Gaulle – ☏ 03 89 86 54 55 – www.jlbrendel.com   Plan : A**t**
– Fermé 4 janv.-6 fév.

5 ch – †129/287 € ††129/287 € – ☑ 18 €

Cette magnifique maison au cœur du village date de la Renaissance... mais cultive avec art le luxe contemporain ! Design, racé et confortable : un ensemble très réussi. Les familles et les amoureux de charme bucolique préféreront le B. Cottage, à l'écart dans le luxuriant jardin où s'épanouissent herbes et légumes oubliés...

La Table du Gourmet (Jean-Luc Brendel)

5 r. de la 1ère-Armée – ☏ 03 89 49 09 09 – www.jlbrendel.com   Plan : A**u**
– Fermé 4 janv.-13 fév., merc. sauf le soir d'avril à mi-nov., jeudi midi et mardi

Menu 38 € (déj. en semaine), 72/105 €

Cette maison a du caractère – poutres et murs rouge vif – comme la cuisine de son chef, Jean-Luc Brendel. Inventif, il met en valeur des produits de qualité, souvent bio et même de son propre potager. De l'originalité et du tempérament.

➜ Balade dans les bois en Alsace et foie gras. Homard bleu, tajarin, châtaignes brûlées et poudre d'agrumes. Pomme reinette, lait foisonné à la fleur d'oranger.

XX **Le Sarment d'Or** avec ch   ⌑ AC rest, ⌑ ch, 📶

4 r. du Cerf – ✆ 03 89 86 02 86 – www.riquewihr-sarment-dor.fr   Plan : A**f**
– Fermé 3 semaines en mars, 1 semaine en juil.,1 semaine en nov., mardi midi,
vend. midi, dim. soir et lundi
9 ch – ♦70/85 € ♦♦70/85 € – ☐ 10 € – ½ P
Formule 20 € – Menu 27/39 € – Carte 39/69 €
Dans cette demeure du 17ᵉ s. (poutres apparentes, cheminée), on déguste
une savoureuse cuisine classique qui rend hommage au terroir. Que dire d'une
entrecôte de veau au pinot noir, à accompagner d'un bon vin alsacien ? On peut
profiter ensuite des chambres de l'hôtel, douillettes à souhait.

X **La Grappe d'Or**   AC ⟺

1 r. des Ecuries-Seigneuriales – ✆ 03 89 47 89 52   Plan : B**a**
– www.restaurant-grappedor.com – Fermé 22-30 juin, 10 janv.-10 fév., merc. sauf
le soir d'avril à sept. et jeudi
Menu 22/38 € – Carte 31/47 €
Cette maison de 1554, toute fleurie, semble vous inviter à entrer. À l'intérieur, la
décoration typique a tout le charme d'autrefois. Viennent ensuite les délices du
terroir : choucroute, baeckeofe, jambonneau, paupiettes de truite...

X **Au Trotthus**   ⟺

9 r. des Juifs – ✆ 03 89 47 96 47 – www.trotthus.com – Fermé 2   Plan : A**a**
semaines en juil., dim. soir, lundi midi et merc.
Formule 18 € – Menu 28 € – Carte 50/61 €
Le chef a vécu plus de 20 ans à Kyoto, où il tenait un restaurant français. De là
l'originalité de sa cuisine, qui mêle bons produits locaux et esprit japonisant. Les
accords des vins alsaciens se révèlent également intéressants avec ces plats épi-
cés ! Service agréable, joli cadre rustique et coloré.

X **d'Brendelstub**   AC

48 r. Gén.-de-Gaulle – ✆ 03 89 86 54 54 – www.jlbrendel.com   Plan : A**b**
– Fermé de début janv. à début fév., mardi et merc. sauf en saison
Menu 20/40 € – Carte 24/57 €
Dans la rue principale de cette jolie cité, on reconnaît cette maison vigneronne
(14ᵉ s.) à sa façade lie-de-vin. Surprise à l'intérieur : le décor est très tendance... et
l'on propose aussi bien des recettes ouvertes sur le monde que des spécialités
cuites au feu de bois ou à la rôtissoire !

à Zellenberg 1 km à l'Est par D 3 – ⌧ 68340 – 365 hab. – Alt. 300 m

XXX **Maximilien** (Jean-Michel Eblin)   ⌑ ⟨ 🍽 ☐ AC ⌑ **P**

🟢 19a rte d'Ostheim – ✆ 03 89 47 99 69 – www.le-maximilien.com – Fermé
24 août-8 sept., 23 déc.-7 janv., vend. midi, dim. soir et lundi
Menu 35 € (déj. en semaine), 52/98 € – Carte 75/98 €
Nul doute : Jean-Michel Eblin sait travailler les bons produits, et signe une cuisine
fine et savoureuse, rehaussée d'une belle carte des vins. De plus, cette grande
maison adossée à la colline, en bordure de vignoble, se révèle élégante avec ses
boiseries claires. Tous les ingrédients pour passer un très bon moment.
→ Tartare de truite légèrement fumée, cuisses de grenouilles à la crème d'ail.
Schniederspaetzle, poêlée de Saint-Jacques, cappuccino homardine. Millefeuille
rhubarbe et fraise, sorbet fraise au poivre du Sichuan.

XX **Auberge du Froehn**   AC

5 rte d'Ostheim – ✆ 03 89 47 81 57 – www.auberge-du-froehn.com – Fermé
28 juin-7 juil., 15-24 nov., mardi et merc.
Menu 13 € (déj. en semaine), 24/47 € – Carte 32/47 €
Le nom de cet ancien caveau (19ᵉ s.) évoque le vignoble qui surplombe le village.
Au menu, plats régionaux et cuisine du marché : foie gras, sandre rôti, agneau en
croûte d'herbes... Avec en prime un accueil charmant.

RIVA-BELLA – 14 (Calvados) → voir Ouistreham-Riva-Bella

RIVE-DE-GIER

⌧ 42800 (Loire) – 14 709 hab. – Alt. 225 m – Voir carte n°**44-B2**
▣ Paris 494 km – Lyon 38 km – Montbrison 65 km – Roanne 105 km
Carte Michelin 327-G6 – Guide Vert Michelin Lyon Drôme Ardèche

XXX **Hostellerie La Renaissance** avec ch 舘 🖙 🏡 **P**
41 r. Antoine Marrel – 𝒞 *04 77 75 04 31* – *www.hotellerie-la-renaissance.com*
– *Fermé 2 semaines en août, 2-7 janv., lundi, merc. soir et dim. soir*
5 ch – ♦50/60 € ♦♦50/60 € – ⌷ 14 € – ½ P   Menu 31/75 € – Carte 48/71 €
Une table élégante, où l'on déguste une cuisine de belle tenue, soignée et savoureuse : pigeon rôti au sautoir et sauce salmis, terrine de foie gras de canard grillé
à la flamme, ou encore gelée de café et coulis acidulé aux fruits de la passion.
Quelques chambres pour l'étape.

RIVEDOUX-PLAGE – 17 (Charente-Maritime) ➜ voir Île de Ré

RIVESALTES
✉ 66600 (Pyrénées-Orientales) – 8 167 hab. – Alt. 13 m – Voir carte n°**22**-B3
◗ Paris 842 km – Carcassonne 108 km – Montpellier 146 km – Perpignan 11 km
Carte Michelin 344-I6

X **La Table d'Aimé** 舘 🏡 ᘓ AC **P**
4 r. Fransisco-Ferrer – 𝒞 *04 68 34 35 77* – *www.cazes-rivesaltes.com* – *Fermé*
20 déc.-5 janv., dim. et lundi d'oct. à avril
Formule 25 € – Menu 31 € (dîner)/50 € – Carte environ 81 €
La terrasse a des airs de place de village, la salle a été aménagée dans un pigeonnier... l'adresse est très bucolique ! Idéale, donc, pour savourer une cuisine du
marché réalisée avec de bons produits bio et accompagnée d'un bon choix de vins
(également proposés au verre).

LA RIVIÈRE – 33 (Gironde) ➜ voir Libourne

LA RIVIÈRE-ST-SAUVEUR – 14 (Calvados) ➜ voir Honfleur

LA RIVIÈRE-THIBOUVILLE
✉ 27550 (Eure) – Alt. 72 m – Voir carte n°**33**-C2
◗ Paris 140 km – Bernay 15 km – Évreux 34 km – Lisieux 39 km
Carte Michelin 304-E7

XX **Le Manoir du Soleil d'Or** ⪡ 🏡 ᘓ ✿ **P**
23 Côte-de-Paris – 𝒞 *02 32 44 90 31* – *www.manoirdusoleildor.com* – *Fermé dim.*
soir et merc.
Formule 24 € ♟ – Menu 29/56 € – Carte 47/58 €
À l'issue d'une longue allée forestière, un élégant castel anglo-normand (années
1930) dominant la vallée de la Risle et le village... Cet environnement privilégié
est l'atout principal du repas, plutôt ancré dans la tradition (mention spéciale
pour les légumes du potager). Deux chambres confortables pour la nuit.

RIXHEIM – 68 (Haut-Rhin) ➜ voir Mulhouse

ROANNE
✉ 42300 (Loire) – 36 147 hab. – Agglo. 80 512 hab. – Alt. 265 m – Voir carte n°**44**-A1
◗ Paris 395 km – Clermont-Ferrand 115 km – Lyon 84 km – St-Étienne 85 km
Carte Michelin 327-D3 – Guide Vert Michelin Lyon et sa région

🏠🏠🏠 **Troisgros** ⑩ 🖙 ♨ ♨ AC 🛜 ⌂
pl. Jean-Troisgros – 𝒞 *04 77 71 66 97* – *www.troisgros.com*   Plan : CXr
– *Fermé 16 fév.-4 mars, 4-19 août, mardi et merc.*
9 ch – ♦340/665 € ♦♦340/665 € – 5 suites – ⌷ 30 €
Rest *Troisgros* ✿✿✿ – voir les restaurants ci-après
De grandes signatures du design, des œuvres d'art contemporain, un confort
pensé dans les moindres détails, etc., sans compter une table qui "vaut le
voyage"... L'hôtel de gare créé par la famille Troisgros en 1930 est aujourd'hui un
modèle pour la nouvelle hôtellerie française, tout au service de ses hôtes.

ROANNE

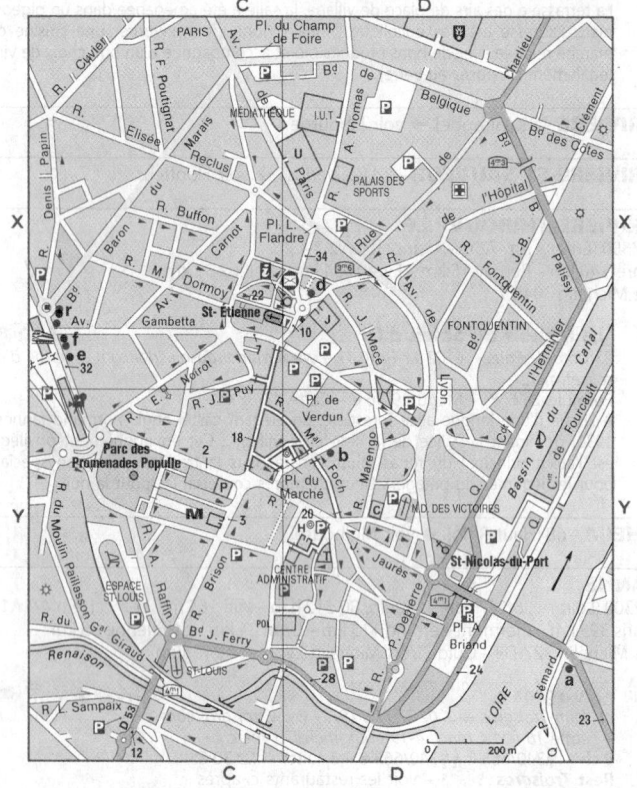

Le Grand Hôtel sans rest 🏠 🖼️ 🛗 ⌖ 🛜 ♨ 🅿️
54 cours de la République, (face à la gare) – ℰ 04 77 71 48 82   Plan : CX**f**
– *www.grand-hotel-roanne.com* – Fermé 2-17 août
31 ch – ♦68/85 € ♦♦75/95 € – ⌷ 10 €
Face à la gare, cet hôtel traditionnel (début du 20ᵉ s.) est apprécié des voyageurs comme de la clientèle d'affaires. Cossu – avec un salon à l'accent british au rez-de-chaussée – et bien tenu, il abrite aussi quelques chambres très design.

Ibis Styles Ⓝ sans rest 🖼️ 🖼️ 🛜 🅿️
46 cours de la République – ℰ 04 77 71 79 69   Plan : CX**e**
– *www.ibis-styles-roanne.com*
41 ch ⌷ – ♦79/109 € ♦♦89/139 €
L'ancien hôtel Terminus est devenu un bel établissement moderne, accueillant et bien conçu. Les chambres, de taille moyenne, sont originales et colorées ; un espace business est mis à disposition. Sans doute le meilleur hôtel de la ville !

Troisgros (Michel Troisgros) – Hôtel Troisgros 🍴 ⇔ 🖼️ 🍽️
❀❀❀ *pl. Jean-Troisgros* – ℰ 04 77 71 66 97 – *www.troisgros.com*   Plan : CX**r**
– *Fermé 16 fév.-4 mars, 4-19 août, lundi midi d'oct. à fév., mardi et merc.*
Menu 110 € (déj. en semaine), 190/230 € – Carte 185/210 € *(réservation conseillée)*
Petit-fils… et grand chef ! Michel Troisgros aura résolument mis Roanne du centre de la France au centre du monde. Dans cette localité des bords de Loire dialoguent la canette de Challans, le wasabi, la ricotta, le jasmin… tous les terroirs sublimés par l'amour du goût. L'héritage Troisgros – trois étoiles en 1968 – porté avec audace !
→ Océan de sentiments. Dentelle de saint-pierre à la truffe. Rococo, rhubarbe et estragon.

L'Astrée 🖼️
52 cours de la République, (face à la gare) – ℰ 04 77 72 74 22   Plan : CX**f**
– *Fermé 27 janv.- 9 fév., dim. et lundi*
Menu 28 € (semaine), 38/65 € – Carte 50/85 €
Boiseries blondes, beaux tissus, couleurs et élégance : le décor n'est pas sans évoquer une salle de théâtre. Ni drame ni comédie dans l'assiette, mais une jolie leçon de choses, où la tradition tient le premier rôle. La carte des vins sait mettre en valeur toutes les régions viticoles françaises.

Le Relais Fleuri ⇔ 🛜 ⌖ 🖼️ 🅿️
1 allée Claude-Barge – ℰ 04 77 67 18 52   Plan : BV**v**
– *lerelaisfleuri.pagesperso-orange.fr* – Fermé dim. soir, mardi et merc.
Menu 19/46 € – Carte 32/44 €
Dans ce restaurant des bords de Loire, la tradition domine dans le décor, comme dans l'assiette. Foie gras de canard maison et râble de lapin farci aux ris de veau ravissent une clientèle d'habitués depuis longtemps acquis.

Le Tourdion ⌖ 🖼️
17 r. de Sully – ℰ 04 77 70 84 58   Plan : DY**b**
– *www.restaurant-letourdion.fr* – Fermé merc. soir et dim.
Formule 15 € – Menu 18 € (déj.), 28/50 € – Carte 38/53 €
Une déco contemporaine et épurée, bien en phase avec une cuisine qui fait la part belle aux produits, aux saveurs, aux couleurs… Les assiettes sont aussi jolies que bonnes, avec une pointe de raffinement qui achève de séduire. Très recommandable !

Le Central 🖼️ ⇔
58 cours de la République, (face à la gare) – ℰ 04 77 67 72 72   Plan : CX**r**
– *www.troisgros.com* – Fermé 2-22 août, dim. et lundi
Formule 22 € 🍷 – Menu 29 € (déj.)/33 € – Carte 45/63 € *(réservation conseillée)*
L'annexe de la Maison Troisgros, en forme de "bistrot-épicerie" ! Comme une échoppe d'autrefois – de longs rayonnages garnis de bons produits –, avec des portraits en noir et blanc de producteurs de la région, le décor est parfait pour déguster une cuisine très gourmande. Une belle affaire qui ne désemplit pas.

☆ **Aux Anges**
6 pl. Georges-Clemenceau – 𝒞 04 77 78 19 85 Plan : DX**d**
– www.aux-anges.com – Fermé merc. soir et dim.
Formule 20 € – Menu 25 € (déj. en semaine), 36/50 € – Carte environ 45 €
Marco, le jeune chef italien, ne manque ni de fougue ni d'imagination, et il aime
venir expliquer lui-même ses plats à la clientèle. Mozzarella et sardine, macaronis
à la truffe, pigeon à la poutargue... Une cuisine créative, brute de décoffrage, qui
met en valeur de délicieux produits : on est aux Anges !

au Coteau (rive droite de la Loire) – ⊠ 42120 – 6 871 hab. – Alt. 350 m

☆☆☆ **L'Auberge Costelloise** AK
2 av. de la Libération – 𝒞 04 77 68 12 71 Plan : DY**a**
*– www.auberge-costelloise.fr – Fermé 3 semaines en août, 1 semaine
début janv., dim. soir, lundi et mardi*
Menu 17/55 € – Carte 40/72 €
Une déco originale – moderne et très colorée – pour ce restaurant gastronomique qui borde la Loire. La carte, elle aussi, épouse l'air du temps, avec une prédilection pour le poisson.

à Villerest 6 km par ③ – ⊠ 42300 – 4 666 hab. – Alt. 363 m

☆☆☆ **Château de Champlong** avec ch 🏖 🚶 🛋 ⊕ 🍴 ⚙ AK ⚅ rest, 🛜 **P**
100 chemin de la Chapelle, (près du golf) – 𝒞 04 77 69 69 69
*– www.chateau-de-champlong.com – Fermé 2-24 fév., 26 oct.-11 nov., dim. soir,
mardi midi et lundi*
12 ch – ♦130/210 € ♦♦130/210 € – ⊑ 16 € – ½ P
Formule 20 € – Menu 28 € (semaine), 41/90 € – Carte 67/87 €
Moments charmants dans cette demeure du 18ᵉs. nichée dans la verdure. Admirez
par exemple la "salle des peintures" : tableaux d'époque, joli parquet et grande cheminée... Les chambres se révèlent aussi d'une belle élégance. Menu gastronomique.

ROCAMADOUR
⊠ 46500 (Lot) – 656 hab. – Alt. 279 m – Voir carte n°**29-C1**
🚩 Paris 531 km – Brive-la-Gaillarde 54 km – Cahors 60 km – Figeac 47 km
Carte Michelin 337-F3

au château

🏯 **Château** 🍽 🛋 ≼ 🚶 🛋 ⚙ ⚅ AK 🛜 🎿 **P**
rte du Château – 𝒞 05 65 33 62 22 Plan : AZ**r**
– www.hotelchateaurocamadour.com – Ouvert 28 mars-8 nov.
56 ch – ♦68/116 € ♦♦68/116 € – ⊑ 10 € – ½ P
Loin de l'agitation touristique, cet hôtel facile d'accès dispose de chambres spacieuses et fonctionnelles, avec piscine, tennis et jardin. Parfait pour visiter Rocamadour... et ses grottes !

dans la cité

🏨 **Beau Site** 🍽 🛋 ≼ 🛎 AK 🛜 **P** 🏖
𝒞 05 65 33 63 08 – www.bestwestern-beausite.com Plan : BZ**a**
– Ouvert 14 fév.-10 nov.
37 ch – ♦89/165 € ♦♦89/165 € – ⊑ 14 €
Rest *Jehan de Valon* – voir les restaurants ci-après
Au cœur de la cité, cette maison du 15ᵉ s. abrite une réception d'inspiration
médiévale et des chambres de caractère. À l'annexe, le décor est plus actuel et a
peut-être un peu moins de charme.

🏠 **Le Terminus des Pèlerins** 🍽 🛋 ≼ 🛜
pl. de la Carretta – 𝒞 05 65 33 62 14 Plan : BZ**e**
– www.terminus-des-pelerins.com – Ouvert 4 avril-1ᵉʳ nov.
12 ch – ♦58/74 € ♦♦62/83 € – ⊑ 8 € – ½ P
Au pied d'une falaise escarpée, terminus dans ce petit hôtel familial et chaleureux. Les chambres, sobres et confortables, offrent une vue imprenable sur la vallée en contrebas.

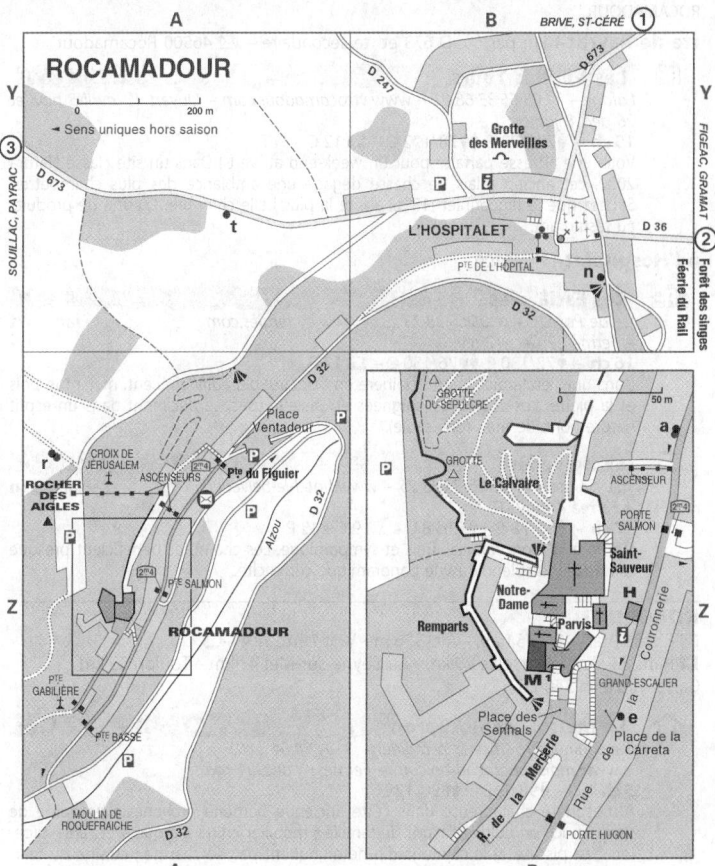

ROCAMADOUR

BRIVE, ST-CÉRÉ ①

FIGEAC, GRAMAT ②

Forêt des singes

Féerie du Rail

Grotte des Merveilles

L'HOSPITALET

Pte DE L'HÔPITAL

SOUILLAC, PAYRAC

Place Ventadour

CROIX DE JERUSALEM

ROCHER DES AIGLES

ASCENSEURS

Pte du Figuier

Pte SALMON

ROCAMADOUR

Pte GABILIÈRE

Pte BASSE

MOULIN DE ROQUEFRAICHE

GROTTE DU SEPULCRE

GROTTE

Le Calvaire

ASCENSEUR

PORTE SALMON

Saint-Sauveur

Notre-Dame

Remparts

Parvis

Coutronnerie

GRAND-ESCALIER

Place des Senhals

Place de la Carreta

R. de la Mercerie

Rue de la

PORTE HUGON

✕✕ **Jehan de Valon** – Hôtel Beau Site

🖋 05 65 33 63 08 – www.bestwestern-beausite.com

Plan : BZ**a**

– Ouvert 14 fév.-10 nov.

Formule 20 € – Menu 27/38 € – Carte 45/110 €

Dans cet agréable restaurant, que l'on déguste une croustade de truffes ou un magret rôti, il convient d'accompagner le repas... de vins du Sud-Ouest ! En outre, les lieux offrent une jolie vue sur la vallée de l'Alzou.

rte de Brive 2,5 km par ① et par D 673– ⌗ 46500 Rocamadour

⌂ **Troubadour**

🖋 05 65 33 70 27 – www.hotel-troubadour.com

– Ouvert 13 fév.-15 nov.

10 ch – ♦75/120 € ♦♦75/120 € – 2 suites – ⌑ 12 € – ½ P

Ferme joliment rénovée ceinte d'un beau jardin, très tranquille. On s'y repose dans des chambres rustiques et bien tenues. Original : la belle salle de billard dans l'ancien fournil. Cuisine du terroir, le soir, pour les résidents.

rte de Payrac 4 km par ③, D 673 et rte secondaire – ⊠ 46500 Rocamadour

🏨 **Les Vieilles Tours** 🍽 ⌕ < 🐕 ⌫ 🛜 🛎 P
Lafage – ℰ 05 65 33 68 01 – www.vtrocamadour.com – Ouvert 1ᵉʳ avril-5 nov. et 26 déc.-8 janv.
15 ch – †78/172 € ††78/172 € – � 12 € – ½ P
Voilà une adresse parfaite pour un week-end au vert ! Dans un site classé Natura 2000, cet ancien relais de chasse dégage une ambiance des plus champêtres. Sachez que le fauconnier (13ᵉ s.) abrite la plus belle chambre. Cuisine de produits au restaurant.

à l'Hospitalet – ⊠ 46100

🏨 **Les Esclargies** sans rest 🐕 ⌫ 🛜 🛎 P
*rte de Payrac – ℰ 05 65 38 73 23 – www.esclargies.com   Plan : AY**t***
– Fermé 22 déc.-12 fév.
16 ch – †72/130 € ††76/150 € – � 12 €
Dans une "esclargie" (petite clairière en occitan), bel édifice récent, mêlant le bois et la pierre. Les chambres, soignées et chaleureuses, se déclinent dans un esprit nature (jonc de mer, tons sable).

🏨 **Le Belvédère** 🍽 < P
*voie Sainte – ℰ 05 65 33 63 25 – www.hotel-le-belvedere.fr   Plan : BY**n***
– Fermé 4 janv.-10 fév.
17 ch – †57/78 € ††57/78 € – � 9 € – ½ P
Un hôtel d'esprit familial, frais et sympathique. Les chambres bénéficient de presque toutes d'une splendide vue panoramique sur la cité.

ROCBARON
⊠ 83136 (Var) – 3 735 hab. – Alt. 376 m – Voir carte n°**41**-C3
▶ Paris 832 km – Marseille 79 km – La Seyne-sur-Mer 43 km – Toulon 35 km
Carte Michelin 340-L6

🏠 **La Maison de Rocbaron** 🍽 🐕 ⌫ 🛜 P ⊷
3 r. St-Sauveur, (face à la mairie) – ℰ 04 94 04 24 03
– www.maisonderocbaron.com – Fermé 1ᵉʳ déc.-31 mars
5 ch ⊷ – †98/118 € ††98/128 €
Atmosphère chaleureuse dans cette ancienne bergerie provençale entourée de verdure. Ici, on cultive l'esprit de famille : mobilier chiné, parquets et tapis, bibelots... La piscine et le calme jardin ne manquent pas de charme ; cuisine du marché à la table d'hôte.

LA ROCHE-BERNARD
⊠ 56130 (Morbihan) – 726 hab. – Alt. 38 m – Voir carte n°**10**-C3
▶ Paris 444 km – Nantes 70 km – Ploërmel 55 km – Redon 28 km
Carte Michelin 308-R9 – Guide Vert Michelin Bretagne Sud

🏨 **Le Manoir du Rodoir** 🍽 🐕 ⌫ 🛜 🛎 P
rte de Nantes – ℰ 02 99 90 82 68 – www.lemanoirdurodoir.com – Fermé 28 nov.-2 fév.
24 ch – †85/130 € ††85/130 € – ⊷ 12 € – ½ P
Cette ancienne fonderie de 1870 est entourée d'un parc aux chênes centenaires. Les chambres sont spacieuses et confortables, décorées dans un style cosy. Au restaurant, on apprécie la cuisine du terroir.

🏨 **Le Domaine de Bodeuc** 🍽 🐕 ⌫ 🛜 P
rte de St-Dolay, 6 km au Nord-Est par D 34 et rte secondaire – ℰ 02 99 90 89 63
– www.hotel-bodeuc.com – Fermé janv.
14 ch – †72/202 € ††85/202 € – 2 suites – ⊷ 13 € – ½ P
Près de La Roche-Bernard, ce petit manoir du 19ᵉ s. et ses dépendances se nichent dans un parc aux arbres centenaires, avec piscine ! Piano et cheminée confèrent aux salons un charme intime. Chambres plus spacieuses dans l'annexe. Restauration traditionnelle.

XXX **L'Auberge Bretonne** avec ch

2 pl. Duguesclin – ℰ 02 99 90 60 28 – www.auberge-bretonne.com – Fermé 27 janv.-9 fév., 10-24 mars, 1er-7 déc., 24-28 déc., dim. soir, mardi midi et lundi
11 ch – †70/140 € ††70/140 € – ⌾ 15 € – ½ P
Formule 18 € ▾ – Menu 26/76 € – Carte 46/68 €
Ne vous fiez pas aux apparences... Cette maison de granit n'a pas un cœur de pierre ! À l'image de la cuisine du chef, dans l'air du temps et respectant les saisons, qui console bien des gourmands. À cela s'ajoute le joli décor de la salle, donnant sur un petit jardin où poussent des herbes aromatiques. Attrayant !

ROCHECORBON – 37 (Indre-et-Loire) → voir Tours

ROCHEFORT

✉ 17300 (Charente-Maritime) – 25 183 hab. – Alt. 12 m – Voir carte n°**38**-B2
▶ Paris 475 km – Limoges 221 km – Niort 62 km – La Rochelle 38 km
Carte Michelin 324-E4 – Guide Vert Michelin Poitou-Charentes

La Corderie Royale

r. Audebert – ℰ 05 46 99 35 35 – www.corderieroyale.com   Plan : BY**h**
– Fermé de mi-déc. à mi-janv. et dim. soir de nov. à mars
43 ch – †89/120 € ††89/203 € – 2 suites – ⌾ 12 € – ½ P
Rest *La Corderie Royale* – voir les restaurants ci-après
Dormir dans une artillerie royale du 17e s. et plonger dans l'histoire... ou la piscine ! Côté repos : les chambres affichent un classicisme de bon aloi. Le tout à deux pas de la Charente sur laquelle donne la terrasse où l'on regarde passer les bateaux. Une invitation au voyage.

Les Remparts

43 av. C.-Pelletan, (aux Thermes) – ℰ 05 46 87 12 44   Plan : BY**s**
– www.hotel-remparts.com
71 ch – †59/74 € ††61/76 € – ⌾ 9 € – ½ P
Cet hôtel des années 1980, rénové au début des années 2010, dispose de grandes chambres bien tenues et fonctionnelles. Le petit plus ? L'accès direct aux thermes et à la source de l'Empereur.

Roca Fortis sans rest

14 r. de la République – ℰ 05 46 99 26 32 – www.hotel-rochefort.fr   Plan : BY**t**
15 ch – †62/110 € ††62/110 € – ⌾ 10 €
Deux maisons régionales datant du 18e s., autour d'un petit patio... pour un même hôtel, tenu par un couple charmant. Le petit-déjeuner est copieux et réserve une surprise bien fraîche : de délicieux smoothies concoctés par le patron.

Ibis sans rest

1 r. Bégon – ℰ 05 46 99 31 31 – www.accorhotels.com   Plan : BY**a**
66 ch – †72/93 € ††72/93 € – ⌾ 10 €
Un Ibis agréable et bien tenu, avec des chambres de bonne taille.

XXX **La Corderie Royale** – Hôtel La Corderie Royale

r. Audebert – ℰ 05 46 99 35 35 – www.corderieroyale.com   Plan : BY**h**
– Fermé de mi-déc. à mi-janv., sam. midi, dim. soir et lundi de nov. à Pâques
Formule 28 € – Menu 36 € (déj. en semaine), 55/66 € – Carte 37/65 €
Une belle bâtisse au bord du fleuve ; installé sur la terrasse, on profite pleinement de la vue sur la Charente. À la carte, huîtres, brochette de cailles aux senteurs des sous-bois, bar en croûte de sel, etc. – l'expression d'un nouveau classicisme.

par ② 3 km rte de Royan avant pont de Martrou –✉ 17300 Rochefort

La Belle Poule

102 av. du 11-nov.-1918 – ℰ 05 46 99 71 87 – www.hotel-labellepoule.com
– Fermé 1er-22 nov. et 1er-6 janv.
21 ch – †59/70 € ††65/80 € – ⌾ 9 € – ½ P
Rest *La Belle Poule* – voir les restaurants ci-après
Près du pont transbordeur de Martrou, une imposante bâtisse des années 1980 avec des chambres confortables, bien tenues, et un agréable restaurant. Les belles maquettes navales (dont celle de La Belle Poule) contribuent à créer une atmosphère marine.

ROCHEFORT

Audry-de-Puyravault (R.) . . . . . . **ABZ**
Combes (R. Emile) . . . . . . **ABZ** 5
Courbet (R. Amiral) . . . . . . **BZ** 2

La-Fayette (Av.) . . . . **ABZ**
Fosse-aux-Mâts (Av. de la) . . **BZ** 8
Galliéni (R.) . . . . **BY** 9
Gaulle (Av. Ch.-de) . . . . . . **ABZ**
Grimaux (R. Édouard) . . . . **ABZ** 10
Laborit (R. Henri) . . . . **AY** 15

Lesson (R.) . . . . **BZ** 18
République (R. de la) . . . . . **ABZ**
Résistance (Bd de la) . . . . . **AZ**
Rochambeau (Av.) . . . . **AZ** 23
11-Novembre-1918 (Av. du) . **BZ** 28
14-Juillet (R. du) . . . . **AZ** 29

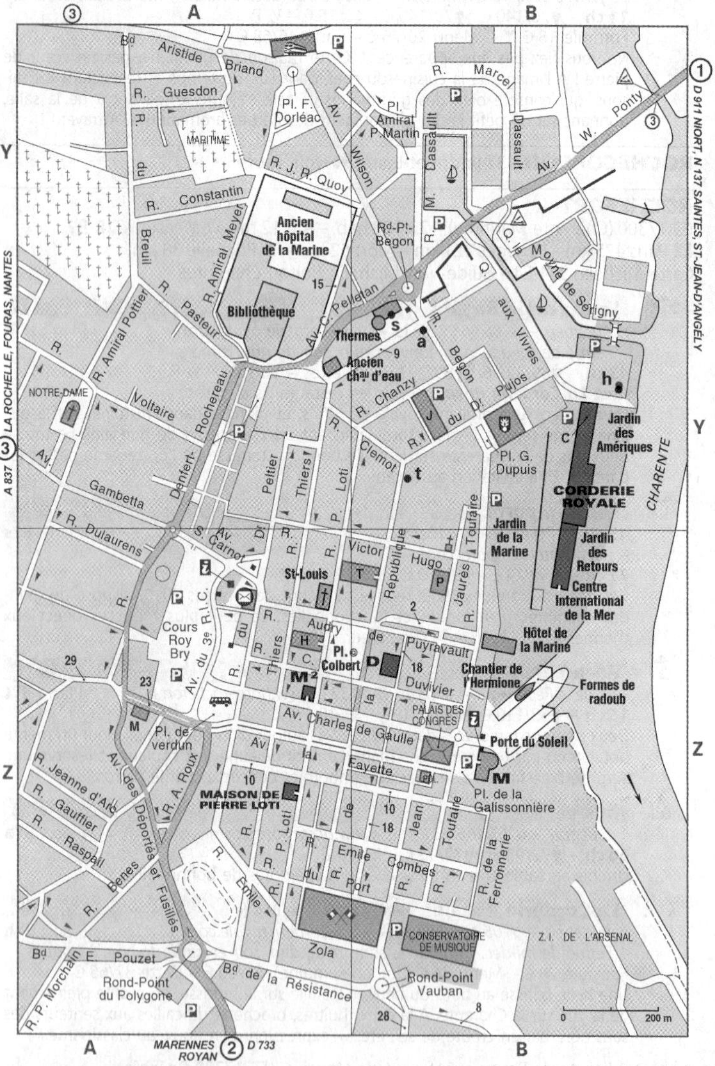

La Belle Poule

102 av. du 11-nov.-1918 – ℰ 05 46 99 71 87 – www.hotel-labellepoule.com – Fermé 1er-22 nov., 1er-6 janv., vend. sauf le soir en juil.-août et dim. soir de sept. à juin
Formule 14 € – Menu 28/48 € – Carte 42/65 €
Sous une belle charpente en bois, face à une imposante cheminée, on se laisse séduire par la chaleur des lieux... À la carte : huîtres, foie gras poêlé, agneau de lait à la compotée d'abricots secs, fromages rochefortais, etc. Le chef est un sérieux professionnel – membre des Compagnons – qui sait repenser les classiques !

ROCHEFORT-EN-TERRE

✉ 56220 (Morbihan) – 742 hab. – Alt. 40 m – Voir carte n°**10-C2**
▶ Paris 431 km – Ploërmel 34 km – Redon 26 km – Rennes 82 km
Carte Michelin 308-Q8 – Guide Vert Michelin Bretagne Sud

XX L'Ancolie   &

*12 r. St-Michel – ℰ 02 97 43 33 09 – Fermé 3 semaines en oct., 2 semaines en fév.
et mardi soir*
Menu 30/40 € – Carte 35/50 € *(réservation conseillée)*
Du nom d'une jolie fleur, une table agréable, mêlant avec réussite vieilles pierres
et élégance contemporaine. La cuisine trahit une belle inspiration bourgeoise, à
l'image de ce tartare d'écrevisses et de ces coquilles Saint-Jacques à l'orange
vanillée.

XX Le Pélican *avec ch*

*pl. des Halles – ℰ 02 97 43 38 48 – www.hotel-pelican-rochefort.com – Fermé
1er-10 mars, dim. soir, merc. soir et lundi*
6 ch – ½ P seult 135/178 €   Menu 21/45 €
Ce pélican-là ne manque pas de piquant ! Dans une salle rustique à souhait (poutres apparentes, cheminée monumentale et meubles en bois sculpté), les gourmands savourent une cuisine traditionnelle revisitée et saupoudrée d'épices.
Quelques chambres parfaitement tenues à l'étage.

ROCHEFORT-EN-YVELINES

✉ 78730 (Yvelines) – 937 hab. – Alt. 140 m – Voir carte n°**18-B2**
▶ Paris 50 km – Chartres 43 km – Dourdan 9 km – Étampes 26 km
Carte Michelin 311-H4 – Guide Vert Michelin Île-de-France

XX L'Escu de Rohan

*15 r. Guy-le-Rouge – ℰ 01 30 41 31 33 – www.lescuderohan.com – Fermé août,
vacances de fév., merc. soir, dim. soir et lundi*
Menu 29/37 €
Dans les murs d'un relais de poste du 16e s., un charmant restaurant d'esprit rustique : charpente apparente, cheminée monumentale... Au menu, une bonne cuisine traditionnelle, avec pour spécialités la tête de veau sauce gribiche, le gibier
en saison et les profiteroles au chocolat. Une adresse sympathique.

ROCHEFORT-SUR-NENON – 39 (Jura) ➜ voir Dôle

ROCHEGUDE

✉ 26790 (Drôme) – 1 489 hab. – Alt. 121 m – Voir carte n°**44-B3**
▶ Paris 641 km – Avignon 46 km – Bollène 8 km – Carpentras 34 km
Carte Michelin 332-B8

⋔⋔⋔ Château de Rochegude

– ℰ 04 75 97 21 10 – www.chateauderochegude.com – Fermé 1er nov.-4 déc.
25 ch – ♦170/540 € ♦♦170/540 € – ⊡ 20 € – ½ P
Rest *Château de Rochegude* – voir les restaurants ci-après
Pierre blonde et verdure... Ce superbe château du 11e s. – remanié au 18e
– domine les vignobles des Côtes-du-Rhône. Daims et biches vagabondent dans
l'immense parc et l'on se repose en toute quiétude, dans des chambres de grand
caractère !

XXX Château de Rochegude

– ℰ 04 75 97 21 10 – www.chateauderochegude.com
– Fermé 1er nov.-4 déc., dim. soir, mardi midi et lundi de nov. à mars
Formule 26 € – Menu 49 € (dîner), 75/95 € – Carte 79/97 €
Châtelain, classique, élégant... Un cadre plaisant, au service d'une agréable cuisine
gastronomique, tenante d'un certain classicisme : ballotine de gibier et châtai-
gnes, cassolette de homard et ris de veau, etc.

LA ROCHE-L'ABEILLE

✉ 87800 (Haute-Vienne) – 618 hab. – Alt. 400 m – Voir carte n°**24-B2**
▶ Paris 423 km – Limoges 34 km – Panazol 34 km – St-Junien 63 km
Carte Michelin 325-E7

XXX **Le Moulin de la Gorce** (Pierre Bertranet) avec ch ❄ ch,
✿ – ☎ 05 55 00 70 66 – www.moulindelagorce.com – Ouvert avril P
à nov. et fermé lundi et merc. sauf le soir en juil.-août et mardi
10 ch – ♦95/235 € ♦♦95/235 € – ☐ 18 € – ½ P   Menu 41/145 €
Une institution dans le département... Dans ce moulin du 16ᵉ s., le chef réalise
une cuisine classique revisitée, d'une belle finesse et respectueuse des produits. Pour prolonger l'étape en profitant du cadre bucolique – étang, parc
romantique –, il y a les chambres cosy à souhait !
→ Œufs brouillés aux truffes. Carré de veau fermier du Limousin élevé sous la
mère. Puits d'amour aux framboises.

X **La Table du Moulin** ♿ AC
3 r. du 8-mai-1945 – ☎ 05 55 00 22 03 – www.moulindelagorce.com
– Fermé 22 déc.-23 janv., mardi midi de sept. à juin, dim. soir et lundi
Formule 23 € – Menu 31/40 €
Repris par le chef du Moulin de la Gorce, ce café de village s'est métamorphosé
en un charmant bistrot, mêlant patine rustique et élégance contemporaine. On
s'y régale de petits plats traditionnels et canailles qui fleurent bon le terroir. Pas
de doute, la gourmandise est au rendez-vous !

ROCHE-LEZ-BEAUPRÉ – 25 (Doubs) → voir Besançon

LA ROCHELLE
✉ 17000 (Charente-Maritime) – 74 880 hab. – Agglo. 126 882 hab. – Alt. 1 m
– Voir carte n°**38-A2**
◘ Paris 472 km – Angoulême 150 km – Bordeaux 183 km – Nantes 141 km
Carte Michelin 324-D3 – Guide Vert Michelin Poitou-Charentes

Le Champlain sans rest
30 r. Rambaud – ☎ 05 46 41 34 66   Plan : CY**b**
– www.hotelchamplain.com
36 ch – ♦84/132 € ♦♦84/165 € – 4 suites – ☐ 13 €
Un bel hôtel particulier du 19ᵉ s. avec son jardin bucolique, où plane l'odeur
douce et entêtante des roses. Les salons sont superbes, les chambres délicates
et pleines de cachet... Pour un séjour romantique à souhait !

Masqhôtel sans rest
17 r. de l'Ouvrage-à-Cornes, (par av. de Mulhouse)   Plan : DZ**t**
– ☎ 05 46 41 83 83 – www.masqhotel.com
76 ch – ♦102/175 € ♦♦102/265 € – ☐ 13 €
Design, coloré, raffiné, minimaliste et chic tout à la fois : un hôtel très contemporain, d'esprit urbain. Pour l'anecdote, le totem du lieu n'est autre qu'un masque
néoguinéen célébrant la fertilité.

Novotel
av. de la Porte-Neuve – ☎ 05 46 34 24 24 – www.novotel.com   Plan : CY**t**
94 ch – ♦90/200 € ♦♦90/200 € – ☐ 16 €
Un Novotel contemporain dans un quartier calme et agréable, près d'un cours
d'eau et d'un jardin public. Grand confort et bonnes prestations (piscine).

La Monnaie sans rest
3 r. de la Monnaie – ☎ 05 46 50 65 65   Plan : CZ**z**
– www.hotelmonnaie.com
36 ch – ♦184/244 € ♦♦184/244 € – 2 suites – ☐ 18 €
Près de la tour de la Lanterne, un hôtel particulier du 17ᵉ s., où l'on frappait jadis
la monnaie, d'où son nom. Il arbore aujourd'hui un décor très contemporain :
design épuré, beaucoup de noir et blanc, des douches à l'italienne, un spa, une
cour intérieure où l'on prend le petit-déjeuner l'été... Un bel ensemble !

Mercure Océanide
quai Louis-Prunier – ☎ 05 46 50 61 50   Plan : DZ**e**
– www.mercure-la-rochelle-vieux-port.com
123 ch – ♦69/190 € ♦♦69/190 € – ☐ 16 € – ½ P
Un hôtel idéal pour la clientèle d'affaires, notamment à l'occasion de séminaires.
Les chambres – bois brun et tissus bleus – sont très fonctionnelles et font penser
à des cabines de bateaux. D'ailleurs, la mer et l'aquarium sont tout proches.

LA ROCHELLE

🏨 St-Nicolas sans rest   🕴 ♿ 🅰️ 🛜 ♨ 🅿️

13 r. Sardinerie – ℰ 05 46 41 71 55   Plan : DZ**a**
– www.hotel-saint-nicolas.com
86 ch – †98/140 € **††**98/140 € – ☲ 12 €

Cette bâtisse de la vieille ville, doublée d'une extension récente, abrite un hôtel bien agréable. Chambres fonctionnelles et design, entretien soigné et… petit-déjeuner gourmand. Autre point fort : le parking privé.

🏨 Les Brises sans rest   ♨ ⩽ 🕴 🛜 🅿️ 🚗

r. Philippe-Vincent, (chemin de la digue Richelieu)   Plan : AX**q**
– ℰ 05 46 43 89 37 – www.hotellesbrises.com
48 ch – †80/103 € **††**89/230 € – ☲ 13 €

Sentez-vous cette légère brise ? Les chambres de cet hôtel moderne, bordant le littoral dans un secteur résidentiel, évoquent des cabines de bateau et toisent, pour certaines, l'Océan… Quant à la jolie terrasse au-dessus des flots, elle est bien agréable pour prendre son petit-déjeuner dès les premiers beaux jours !

🍴🍴🍴🍴 Christopher Coutanceau   ⅏ ⩽ 🅰️
ॐॐ *plage de la Concurrence – ℰ 05 46 41 48 19*   Plan : AX**r**
– www.coutanceaularochelle.com – Fermé 1 semaine en mars, 2 semaines en janv., lundi sauf le soir de juil. à août et dim.
Menu 62/128 € – Carte 130/250 €

Une salle en rotonde, raffinée et contemporaine, grande ouverte sur l'Océan : cet écrin vient sublimer la belle et généreuse cuisine de la mer des Coutanceau (le fils à la suite du père), portée par un sens éclatant du produit et des saveurs ; à déguster avec un cru de la belle carte de vins de Loire et de Bourgogne.
➜ Cuisses de grenouilles et petits gris, makis de blettes et girolles. Civet de homard breton, beurre de crustacés et petits légumes de saison. Soufflé laqué au cœur de manjari et chocolat liégeois.

1481

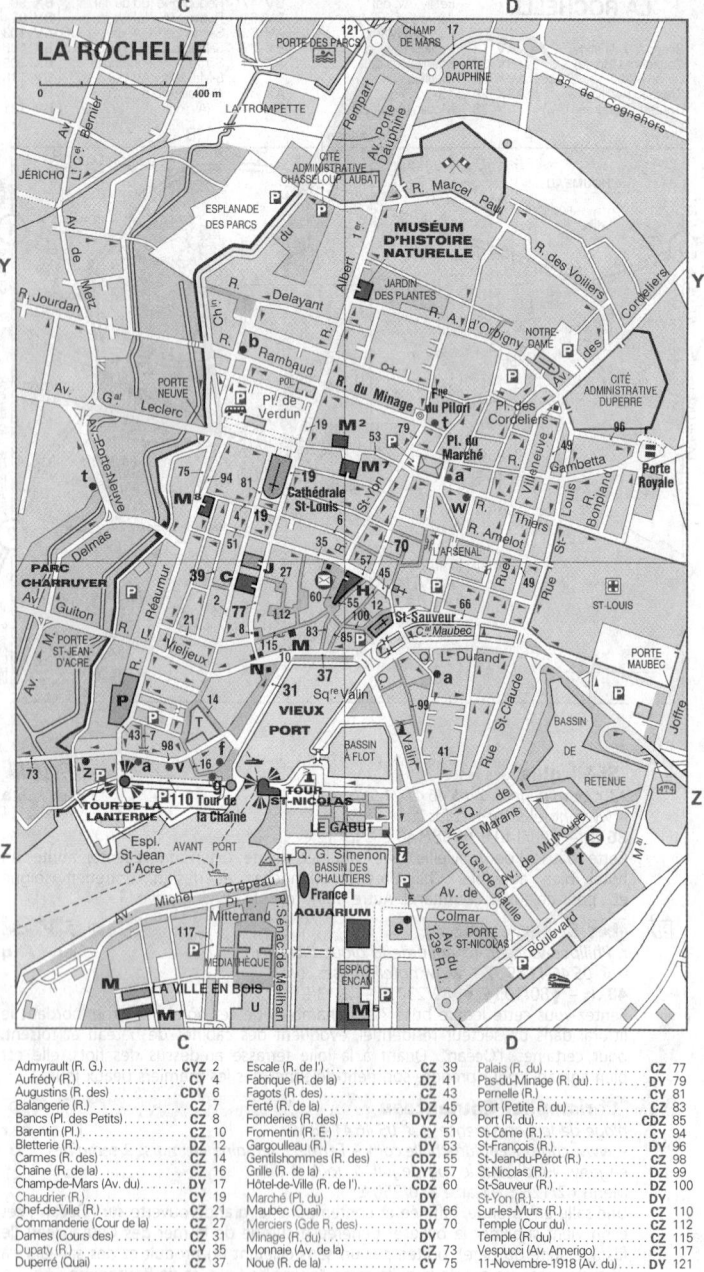

LA ROCHELLE

XX **Les Flots** 🕸 ≤ 🏠

1 r. de la Chaîne – ℰ 05 46 41 32 51 – www.les-flots.com Plan : CZ**g**
Menu 29 € (déj.), 46/29 € – Carte 76/90 €
Saint-pierre cuit à la plancha et ses ravioles de légumes, crevettes finement aillées et persillées : dans cette adresse du vieux port, la mer a des reflets d'argent ! Élégance dans l'assiette mais aussi dans le décor, entre authenticité d'un ancien estaminet et sobriété contemporaine.

XX **Les Quatre Sergents** 🕸 ὂ 🗚

49 r. St-Jean-du-Pérot – ℰ 05 46 41 35 80 Plan : CZ**a**
– www.les4sergents.com – Fermé lundi d'oct. à avril
Formule 20 € – Menu 26/55 € – Carte 53/95 €
Un authentique jardin d'hiver, avec une élégante structure métallique, à deux pas du port : voilà qui est charmant... L'endroit est idéal pour cultiver des plaisirs très naturels : le chef affectionne les produits locaux et bio, de même que les vins de petits viticulteurs indépendants. Que du bon !

X **L'Entracte, la Brasserie de Grégory** 🗠 ὂ 🗚

35 r. St-Jean-du-Pérot – ℰ 05 46 52 26 69 – www.lentracte.net Plan : CZ**v**
Formule 19 € – Carte environ 48 €
Une brasserie chic signée Grégory Coutanceau, un nom de famille bien connu des gastronomes rochelais. Les cuisines ouvertes sur la salle n'autorisent aucun entracte pour le chef et sa brigade, qui livrent une jolie interprétation du genre, avec ce credo : cuisiner au plus près du produit !

X **André** 🗠 🍴

5 r. St-Jean du Pérot, (pl. de la Chaîne) – ℰ 05 46 41 28 24 Plan : CZ**f**
– www.barandre.com
Menu 37 € – Carte 31/59 €
Une institution locale, depuis 1947, pour les amateurs de cuisine iodée et de beaux plateaux de fruits de mer. Voyages transatlantiques, pêche, voiliers : chaque salle – il y en a sept ! – célèbre les flots à sa façon.

X **Les Orchidées** 🗚

24 r. Thiers – ℰ 05 46 41 07 63 Plan : DY**w**
– www.restaurant-les-orchidees.com
Formule 19 € – Menu 31 € – Carte 65/100 €
Une table contemporaine au cœur du quartier des halles... La cuisine suit l'air du temps et, chaque jour, le chef propose un appétissant poisson frais. Quant au nom de l'établissement, il vient des orchidées que l'on peut admirer dans l'entrée.

X **La Cuisine de Jules**
😋
5 r. Thiers – ℰ 05 46 41 50 91 – www.lacuisinedejules.com Plan : DY**a**
– Fermé dim. et lundi
Formule 26 € – Menu 31 € – Carte 40/66 €
Le dada de ce Jules contemporain ? Une agréable cuisine du marché fraîche et pleine de goût, avec des recettes de toujours joliment revisitées. Cerise sur le gâteau : une carte des vins courte mais bien tournée.

X **Le Bistrot de Jules** 🗠 🗚

5 r. des Bonnes-Femmes – ℰ 05 46 52 19 91 Plan : DY**t**
– www.lebistrotdejules.fr – Fermé dim. et lundi
Formule 16 € – Carte 29/52 €
Si l'on n'était à La Rochelle, l'on se croirait au Maroc tant son imposante porte d'entrée mauresque prête à confusion ! L'illusion se dissipe devant le menu et ses bonnes recettes traditionnelles (avec une formule rôtisserie) ; elles ont de qui tenir puisque la maison est affiliée au déjà bien connu La Cuisine de Jules.

LA ROCHE-POSAY

✉ 86270 (Vienne) – 1 562 hab. – Alt. 112 m – Voir carte n°**39-D1**
▶ Paris 325 km – Le Blanc 29 km – Châteauroux 76 km – Loches 49 km
Carte Michelin 322-K4 – Guide Vert Michelin Poitou-Charentes

Les Loges du Parc sans rest ⊨ ⊼ ⅃ʁ 🐕 ⅃ 👪 📶 🛄 🌾 🛜 🏊 Ⓟ
10 pl. de la République – ℰ 05 49 19 40 50 – www.resorthotel-larocheposay.info
– Fermé 1er janv.-12 mars
49 ch – †97/275 € ††112/275 € – 3 suites – ⊇ 16 €
Au cœur de la station thermale, un bel hôtel 1900, d'esprit classique. Escalier d'époque, deux élégantes suites sur les thèmes du jazz et de l'Égypte, billard, piscine, etc. Formule résidence à la semaine, idéale pour les curistes.

St-Roch ⅃Ⓞ ⊨ 🏠 👪 🛄 🌾 🛜 🏊 Ⓟ
4 cours Pasteur – ℰ 05 49 19 49 00 – www.resorthotel-larocheposay.fr – Fermé
1er-9 janv. et 13-31 déc.
37 ch – †55/101 € ††88/122 € – ⊇ 12 € – ½ P
Rest St-Roch – voir les restaurants ci-après
Cet établissement central est apprécié pour son accès direct aux thermes St-Roch. Les chambres y sont avant tout fonctionnelles et très bien tenues, les plus agréables donnant sur le jardin.

℅ ℅ St-Roch ⊨ 🌿 👪 Ⓟ
4 cours Pasteur – ℰ 05 49 19 49 45 – www.resorthotel-larocheposay.fr – Fermé
1er-9 janv. et 13-31 déc.
Formule 19 € 🍷 – Menu 30/44 € – Carte 37/59 €
Croustillant de chèvre, joue de bœuf et ses petits légumes... Le chef réalise une cuisine fine et goûteuse, ainsi que de bons petits plats diététiques adaptés aux curistes. Le tout à apprécier dans un cadre contemporain ou, aux beaux jours, sur l'agréable terrasse.

LE ROCHER – 07 (Ardèche) → voir Largentière

LES ROCHES-DE-CONDRIEU
✉ 38370 (Isère) – 1 976 hab. – Alt. 158 m – Voir carte n°**44**-B2
🚹 Paris 506 km – Grenoble 134 km – Lyon 43 km – Saint-Étienne 63 km
Carte Michelin 333-B5

🏠 Le Bellevue ⅃Ⓞ ◁ 🏠 👪 🛄 🛜 🏊 Ⓟ
1 pl. Carcan, (quai du Rhône) – ℰ 04 74 56 41 42 – www.le-bellevue.net – Fermé
2-15 janv.
16 ch – †89/100 € ††89/100 € – 1 suite – ⊇ 12 € – ½ P
Une belle bâtisse de couleur ocre, posée sur les rives du Rhône, dont une partie des chambres offrent une vue dégagée sur les flots. Entretien soigné, bons équipements, et même un restaurant proposant une cuisine traditionnelle !

ROCHESSAUVE – 07 (Ardèche) → voir Privas

LA ROCHE-SUR-FORON
✉ 74800 (Haute-Savoie) – 10 510 hab. – Alt. 548 m – Voir carte n°**46**-F1
🚹 Paris 553 km – Annecy 34 km – Bonneville 8 km – Genève 26 km
Carte Michelin 328-K4 – Guide Vert Michelin Alpes du Nord

🏠 Le Foron sans rest ⊼ 👪 🛄 🛜 Ⓟ 🚗
imp. de l'Étang, (Z.I. du Dragiez), D 1203 – ℰ 04 50 25 82 76
– www.hotel-le-foron.com – Fermé 26 déc.-3 janv. et dim.
26 ch – †62/64 € ††70/74 € – ⊇ 8,50 €
Un petit hôtel dans la zone industrielle de la Roche-sur-Foron, pour une étape avant tout pratique. Chambres fonctionnelles, insonorisées et bien tenues. Terrasse et piscine.

LA ROCHE-SUR-YON
✉ 85000 (Vendée) – 52 773 hab. – Alt. 75 m – Voir carte n°**34**-B3
🚹 Paris 418 km – Cholet 69 km – Nantes 68 km – Niort 91 km
Carte Michelin 316-H7 – Guide Vert Michelin Pays de la Loire

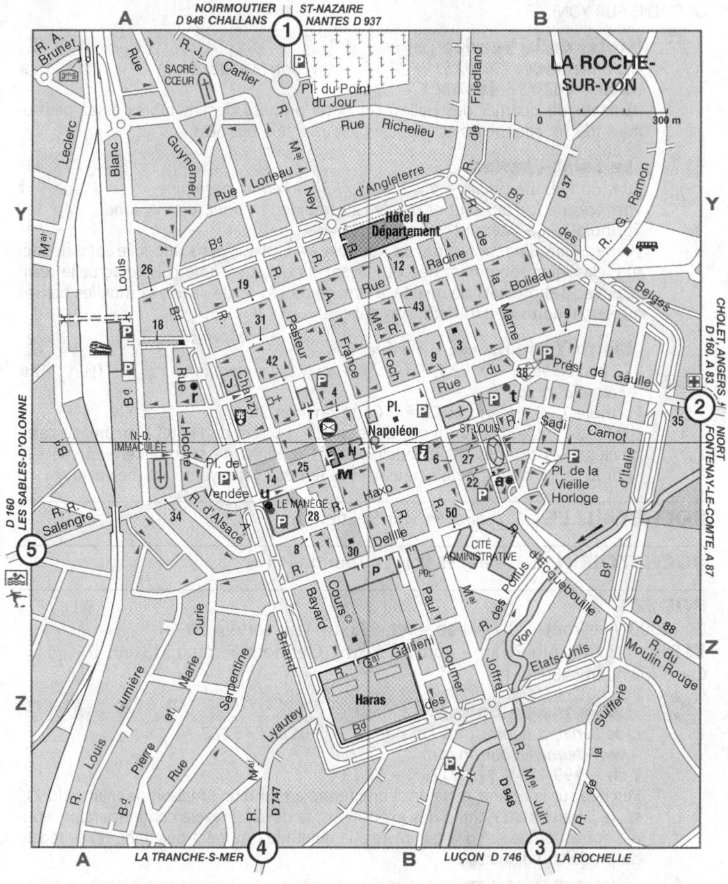

LA TRANCHE-S-MER ④ ③ LA ROCHELLE
② LUÇON D 746

D 160 LES SABLES-D'OLONNE ⑤

CHOLET, ANGERS D 160, A 83
NIORT FONTENAY-LE-COMTE, A 87

Mercure

🍴 📶 ⅃ AC 🛜 🎿

117 bd A.-Briand – ℰ 02 51 46 28 00
Plan : AZ**u**
– www.mercure-la-roche-sur-yon.com
67 ch – ♦89/170 € ♦♦89/170 € – ☲ 15 € – ½ P
Rest *Bistro Yonnais* – voir les restaurants ci-après
Idéalement situé entre la gare et la place Napoléon, un Mercure de facture contemporaine avec des chambres spacieuses et bien insonorisées.

Napoléon sans rest

📶 AC 🛜 🎿

50 bd A.-Briand – ℰ 02 51 05 33 56
Plan : AY**r**
– www.hotel-le-napoleon.com
29 ch – ♦75/95 € ♦♦80/105 € – ☲ 10 €
Sur un grand boulevard du centre-ville, mais au calme ! Les chambres, d'esprit contemporain, sont cosy et impeccablement tenues... Un lieu avenant, idéal pour la clientèle d'affaires.

Hôtel de la Vendée sans rest

4 r. Malesherbes – ✆ *02 51 37 28 67* – *www.hotel-vendee.com*   Plan : BZ**a**
32 ch – ♦62/75 € ♦♦67/80 € – ☐ 8 €
Au cœur du quartier des Halles, cet hôtel propose des chambres assez petites, mais très fonctionnelles et adaptées à la clientèle business.

Le Saint-Charles

38 r. du Prés.-de-Gaulle – ✆ *02 51 47 71 37* – *Fermé 1 semaine*   Plan : BY**t**
vacances de la Toussaint et de fév., 2 semaines en août, dim. et lundi
Formule 17 € – Menu 21/40 €
Derrière une discrète façade, on s'attable avec plaisir dans une jolie salle de facture classique, sobrement décorée, avant de découvrir une cuisine actuelle réalisée avec des produits de qualité, à l'image de ces ris de veau aux morilles braisés au four, tendres et parfumés... Un délice !

Bistro Yonnais – Hôtel Mercure

117 bd A.-Briand – ✆ *02 51 06 94 26* – *www.bistro-yonnais.fr*   Plan : AZ**u**
– Fermé dim. soir
Formule 15 € – Menu 20/25 € – Carte environ 30 €
Un "bistro" utile pour un repas dans la ville, au sein de l'hôtel Mercure. La carte privilégie les recettes traditionnelles et les produits de saison. Mention spéciale pour le cadre contemporain, réussi, et la terrasse verdoyante aux beaux jours.

ROCHETAILLÉE – 42 (Loire) ➜ voir St-Étienne

ROCHETOIRIN – 38 (Isère) ➜ voir La Tour-du-Pin

RODEZ
✉ 12000 (Aveyron) – 23 794 hab. – Alt. 635 m – Voir carte n°**29**-C1
◘ Paris 623 km – Albi 76 km – Aurillac 87 km – Clermont-Ferrand 213 km
Carte Michelin 338-H4

La Ferme de Bourran sans rest

r. de Berlin, à Bourran 1,5 km par ③ – ✆ *05 65 73 62 62*
– www.fermedebourran.com
7 ch – ♦99/179 € ♦♦99/179 € – ☐ 13 €
Perchée sur la colline, cette ancienne ferme a tout d'une maison de maître du 21e s. : le jardin vit au rythme des expositions, la déco se révèle contemporaine, épurée et très raffinée... Voilà qui invite à la quiétude ! Au petit-déjeuner, on se régale de produits régionaux.

Mercure Cathédrale sans rest

1 av. Victor-Hugo – ✆ *05 65 68 55 19*   Plan : ABY**p**
– www.mercure-rodez-cathedrale.com
34 ch – ♦90/150 € ♦♦90/150 € – ☐ 14 €
Non loin de la cathédrale et du musée Soulages, un hôtel 1930 dont on a conservé les parties classées : mosaïques Art déco en façade et sur le sol de l'entrée, grand escalier en bois massif, peintures de Maurice Bompard. Les chambres sont agréables et contemporaines.

La Tour Maje sans rest

1 bd Gally – ✆ *05 65 68 34 68* – *www.hoteltourmaje.fr* – *Fermé*   Plan : BZ**s**
vacances de Noël
40 ch – ♦69/99 € ♦♦80/150 € – ☐ 13 €
Cet hôtel des années 1970, adossé à une tour du 15e s., abrite des chambres confortables et bien tenues ; préférez celles du 1er étage, plus spacieuses. Au réveil, de bons produits vous attendent au petit-déjeuner !

Biney sans rest

7 bd Gambetta – ✆ *05 65 68 01 24* – *www.hotel-biney.com*   Plan : BY**k**
27 ch – ♦69 € ♦♦79/112 € – 1 suite – ☐ 12 €
Un hôtel en plein centre-ville. Les chambres, certes parfois un peu petites, sont mignonnes et soignées, et offrent une confortable literie. À noter : joli patio fleuri et sauna.

RODEZ

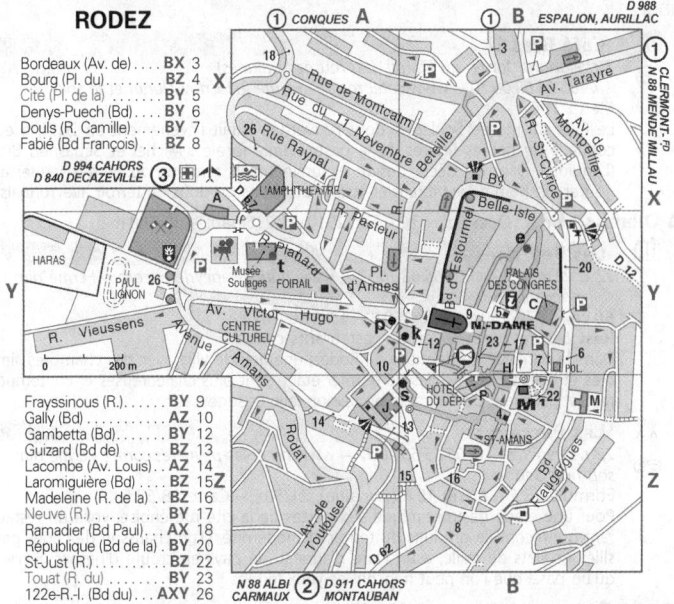

🏠 **Deltour** sans rest   🖥 & 📶 **P**

6 r. de Bruxelles, à Bourran, 1,5 km par ③ – ℰ 05 65 73 03 03
– www.rodez.deltourhotel.com – Fermé vacances de Noël
39 ch – ✦49/55 € ✦✦51/59 € – ☑ 8 €
Cet hôtel récent répond aux attentes de la clientèle business : chambres fonctionnelles, confortables et bien insonorisées ; bon rapport qualité-prix.

XX **Goûts et Couleurs** (Jean-Luc Fau)   🕸 🍴
❀ *38 r. Bonald – ℰ 05 65 42 75 10 – www.goutsetcouleurs.com*   Plan : BY**e**
– Fermé 8 mars-1er avril, 1er-16 sept., mardi midi hors saison, dim. et lundi
Menu 32 € (déj. en semaine), 42/82 € – Carte 60/75 €
Goûts et Couleurs : on ne saurait mieux dire ! Dans l'assiette, de belles saveurs
mâtinées d'épices et mises en valeur par un chef vraiment passionné... et peintre
à ses heures : ses toiles, inspirées par la nature, égayent l'intérieur du restaurant.
Une adresse voyageuse, dont l'attrait ne se discute pas !
➔ Calamars poêlés "Pierre Soulages", à l'encre, basilic, anis vert et riz noir. Ris de
veau rôti aux noisettes, artichauts poivrade, épinards et purée d'ail des ours.
Sphère chocolat au porto et mousse de havane au rhum.

XX **Les Jardins de l'Acropolis**   & 🆔 ⇔
😊 *r. d'Athènes, à Bourran, 1,5 km par ③ – ℰ 05 65 68 40 07*
– www.restaurant-acropolis.com – Fermé 1er-10 mai, 25 juil.-2 août, lundi soir et dim.
Formule 18 € – Menu 21 € (déj. en semaine), 25/42 € – Carte 45/52 €
Les gourmands se donnent régulièrement rendez-vous dans ce restaurant contemporain, dont le chef concocte une cuisine du marché savoureuse, moderne et bien
ficelée. Jarret de veau de lait confit, guimauve maison grillée au thé d'Aubrac... De
bons produits, des assaisonnements bien marqués : c'est frais et bon !

X **Isabelle Auguy** 🆕   🍴 & 🆔 ⅍ ⇔ **P**
😊 *154 r. Pierre-Carrère, parc d'activités La Gineste par ② – ℰ 05 65 47 77 51*
– www.restaurantisabelleauguy.fr – Fermé 10-25 août, 30 déc.-5 janv., dim. soir et lundi
Formule 19 € – Menu 24 € (semaine), 32/52 €
Dans son fief ruthénois, Isabelle Auguy propose une cuisine parfumée, entre terroir et modernité, fondée sur des produits bien choisis : assiette de charcuterie de
la maison Conquet, faux-filet de l'Aubrac à la sauce poivrade et aligot maison... Le
tout est servi avec gentillesse et attention, pour ne rien gâcher !

X **Café Bras** ⓝ 　　　　　　　　　　　　　　　　　　🍴 AC
😊　*7 r. Planard, Jardin du Foirail, (au musée Soulages)* 　　　Plan : AY**t**
　　– ℰ 05 65 68 06 70 – www.cafebras.fr – Fermé 2-15 nov., lundi et le soir
　　Menu 31 €
　　Le Café du musée Soulages, dont l'ouverture a fait l'événement en 2014, a été
　　confié à de hautes figures de la gastronomie locale : Michel et Sébastien Bras
　　(Laguiole). Dans un décor design et lumineux, ils rendent, du petit-déjeuner au
　　goûter, un hommage vibrant et inspiré aux bons produits du terroir aveyronnais !

à Olemps 3 km à l'Ouest par ② – ✉ 12510 – 3 215 hab. – Alt. 580 m

🏠　**Les Peyrières** 　　　　　　　　🍴 & 🛁 🛂 & ⚡ 🤖 🅿
　　22 r. Peyrières – ℰ 05 65 68 20 52 – www.hotel-les-peyrieres.com – Fermé dim.
　　soir hors saison
　　60 ch – ♦70/150 € ♦♦70/150 € – ⌕ 11 € – ½ P
　　Rest *Les Peyrières* – voir les restaurants ci-après
　　Dans la banlieue résidentielle de Rodez, une grande villa avec des chambres sim-
　　ples et bien tenues ; celles du dernier étage sont plus chaleureuses et contempo-
　　raines (parquet). Une adresse professionnelle et sérieuse !

XX　**Les Peyrières** 　　　　　　　　　　　　　　　🍴 & 🅿
😊　*22 r. Peyrières – ℰ 05 65 68 20 52 – www.hotel-les-peyrieres.com – Fermé dim.*
　　soir hors saison
　　Formule 13 € – Menu 15 € (semaine), 21/50 € – Carte 38/52 €
　　Pour une étape gastronomique aux portes de la cité ruthénoise, voilà un restau-
　　rant qui réconcilie produits du terroir et modernité. D'un chausson de cèpes per-
　　sillés et filets de caille, à un carré d'agneau de pays en croûte d'herbes, il n'y a
　　qu'un pas... que l'on peut franchir les yeux fermés !

rte de Conques au Nord par D 901 AX

🏠　**Hostellerie de Fontanges** 　　🍴 🏊 & 🚪 ⚡ 🛁 ⚡ 🤖 🅿
　　rte de Conques, à 4 km – ℰ 05 65 77 76 00 – www.hostellerie-fontanges.com
　　43 ch – ♦62/79 € ♦♦72/92 € – 5 suites – ⌕ 13 € – ½ P
　　Une belle et vaste demeure des 16ᵉ et 17ᵉ s. blottie dans un parc attenant à un
　　golf. Les chambres jouent la carte de la sobriété, quand les suites se révèlent très
　　raffinées (mobilier de style). Quant au restaurant, il distille un esprit très châtelain...

🏠　**Château de Labro** 　　　　　　🍴 & 🚪 ⚡ ⚡ 🤖 🅿
　　Onet-Village, à 7 km par D 901 et D 568 – ℰ 05 65 67 90 62 – www.chateaulabro.fr
　　17 ch – ♦90/150 € ♦♦130/160 € – ⌕ 12 € – ½ P
　　Un château ravissant, avec des chambres romantiques (beaux meubles chinés)
　　ou, pour les baroudeurs chics, une cabane dans un arbre. Le petit-déjeuner est
　　servi au milieu des objets de brocante, il y a aussi une piscine dans les vignes,
　　un petit spa, un restaurant aux airs de table d'hôte... Un lieu délicieux !

ROISSY-EN-FRANCE – 95 (Val-d'Oise) → voir Paris, Environs

ROLLEBOISE
✉ 78270 (Yvelines) – 406 hab. – Alt. 20 m – Voir carte n°**18-A1**
🚊 Paris 65 km – Dreux 45 km – Mantes-la-Jolie 9 km – Rouen 72 km
Carte Michelin 311-F1

🏠　**Le Domaine de la Corniche** 　🍴 & 🚪 ⚡ 🛁 🖥 ⚡ 🍴 & 🤖 ⚡ 🛁
　　5 rte de la Corniche – ℰ 01 30 93 20 00 – www.domainedelacorniche.com 　🅿
　　44 ch – ♦95/405 € ♦♦95/405 € – ⌕ 16 € – ½ P
　　Rest *Le Domaine de la Corniche* – voir les restaurants ci-après
　　Quelle "folie" Léopold II de Belgique ne fit-il pas pour son dernier amour ! Le résultat est
　　cette jolie demeure dominant la Seine. Les amoureux d'aujourd'hui apprécieront son
　　intérieur design, les chambres avec vue, la piscine panoramique et le superbe spa...

XXX　**Le Domaine de la Corniche** 　　　　　　　🚪 ⚡ & 🅿
　　5 rte de la Corniche – ℰ 01 30 93 20 00 – www.domainedelacorniche.com
　　Formule 32 € 🍷 – Menu 45/72 € – Carte 44/62 €
　　Pas besoin de résider au Domaine de la Corniche pour apprécier ce restau-
　　rant contemporain et son belvédère. Plats classiques et préparations plus inventi-
　　ves se succèdent face aux méandres de la Seine.

ROMAGNIEU

✉ 38480 (Isère) – 1 465 hab. – Alt. 298 m – Voir carte n°**45**-C2
◧ Paris 539 km – Chambéry 35 km – Grenoble 57 km – Lyon 109 km
Carte Michelin 333-G4

⊞ Auberge les Forges de la Massotte ⏚ 🏠   🅞   🍴   ❧   ☂   🄿   🚗

655 chemin des Forges, 2 km à l'Ouest, sortie ⑩ sur l'A 43 – ℰ 04 76 31 53 00
– www.aubergemassotte.com – Fermé 1 semaine en mai, 3 semaines en oct. et dim.
5 ch – ♦69/77 € ♦♦77 € – ⊊ 10 € – ½ P
Cette ancienne forge transformée en auberge comblera les amoureux de nature et
de calme. Les chambres coquettes affirment sans complexe un réconfortant style
savoyard. Accueil charmant et petit-déjeuner copieux : on ne veut plus repartir !

ROMANÈCHE-THORINS

✉ 71570 (Saône-et-Loire) – 1 905 hab. – Alt. 187 m – Voir carte n°**8**-C3
◧ Paris 406 km – Chauffailles 46 km – Lyon 55 km – Mâcon 17 km
Carte Michelin 320-I12 – Guide Vert Michelin Bourgogne

⊞ Les Maritonnes Parc & Vignoble 🍴 📶 🍴 ❧ & 🄰 ☂ 🄰 🄿

513 rte de Fleurie, (près de la gare) – ℰ 03 85 35 51 70 – www.lespritblanc.com
– Fermé janv.
21 ch – ♦89/210 € ♦♦89/210 € – 2 suites – ⊊ 19 € – ½ P
Rest *Rouge & Blanc* ⓐ – voir les restaurants ci-après
Dans ce fameux village viticole, une escale toute trouvée pour les amateurs
d'œnotourisme... et les autres. Le parc verdoyant et fleuri, la piscine, l'imposante
maison avec ses chambres contemporaines, confortables et agréables, le beau
buffet au petit-déjeuner : une douce villégiature bourguignonne...

✗✗ Rouge & Blanc – Hôtel Les Maritonnes Parc & Vignoble 📶 🍴 & 🄰 🄿

ⓐ
513 rte de Fleurie, (près de la gare) – ℰ 03 85 35 51 70 – www.lespritblanc.com
– Fermé janv.
Formule 23 € 🍷 – Menu 27/55 € – Carte 44/68 €
Rouge et (Georges) Blanc : le célèbre chef bressan est propriétaire de cet établissement où la tradition régionale est évidemment reine, de même que les vins
locaux et le célèbre cru du village, le moulin-à-vent. Au cœur de la tradition de
la bonne chère bourguignonne !

ROMANS-SUR-ISÈRE

✉ 26100 (Drôme) – 33 613 hab. – Alt. 162 m – Voir carte n°**43**-E2
◧ Paris 558 km – Die 78 km – Grenoble 81 km – St-Étienne 121 km
Carte Michelin 332-D3 – Guide Vert Michelin Ardèche Drôme

⊞ L'Orée du Parc sans rest 📶 🍴 🄰 ❧ 🄿

6 av. Gambetta – ℰ 04 75 70 26 12 – www.hotel-oreeparc.com – Fermé 27 déc.-5 janv.
10 ch – ♦80/115 € ♦♦86/125 € – ⊊ 13 €
À l'entrée de l'ancienne capitale du soulier, cette belle maison bourgeoise (début
20ᵉ s.) est entourée d'un joli jardin avec piscine. Les chambres, de bon
confort, sont décorées avec soin. De quoi trouver chaussure à son pied !

✗✗ L'Instant 🄰 & 🄰 ❁ 🄿

10 r. de Delay – ℰ 04 75 45 40 72 – www.restaurant-instant.com – Fermé
24 déc.-2 janv., mardi en juil.-août, dim. et lundi
Menu 28 € (déj. en semaine), 38/67 €
Excentrée dans un quartier résidentiel proche de la gare, cette belle maison bourgeoise – datant des années 1930 – vous accueille dans un joli décor contemporain ; on vous sert une délicieuse cuisine du marché, réalisée à partir de bons produits frais. Des assiettes qui s'avalent... en un Instant !

✗ Mandrin 🄰 🄰

70 r. St-Nicolas – ℰ 04 75 02 93 55 – www.lemandrin.fr
– Fermé 30 juil.-21 août, 24 déc.-4 janv., dim. soir et lundi
Formule 17 € – Menu 24/42 € – Carte 26/37 €
Du nom du célèbre contrebandier qui y aurait séjourné, cette maison classée (15ᵉ
s.) a le charme de l'authenticité : murs en galets roulés, bois, tomettes... Le chef y
concocte une cuisine traditionnelle aux prix mesurés.

❌ **La Romance des Saisons**

pl. du Puits-du-Cheval – ℰ 04 75 05 01 29 – www.laromancedessaisons.fr
– Fermé merc. soir, dim. soir et lundi
Menu 29 € (déj. en semaine), 39/59 € – Carte 51/70 € *(réservation conseillée)*
Au cœur de la vieille ville, un sympathique bistrot contemporain – comptoir en zinc, tables en bois – tenu par un jeune couple franco-japonais : lui en cuisine, elle en salle (ancienne designer, elle a aussi signé la déco). Chaque jour, ils réalisent un menu surprise avec de bons produits du marché : simplement bon !

❌ **Nature Gourmande**

37 pl. Jacquemart – ℰ 04 75 05 30 46 – www.restaurant-naturegourmande.com
– Fermé 27 juil.-24 août, mardi midi, dim. et lundi
Menu 35/60 € – Carte 46/56 € *(réservation conseillée)*
Entrez donc dans ce restaurant de poche et faites preuve d'une Nature Gourmande ! Madame reçoit avant de rejoindre monsieur, en cuisine, pour préparer les pâtisseries. Dans l'assiette, les bons produits du marché sont à l'honneur. Un régal...

à Granges-lès-Beaumont 6 km à l'Ouest – ✉ 26600 – 920 hab. – Alt. 155 m

❌❌❌❌ **Les Cèdres** (Jacques Bertrand)

25 r. Henri-Machon – ℰ 04 75 71 50 67 – www.restaurantlescedres.fr
– Fermé 13-23 avril, 17 août-1er sept., 21 déc.-5 janv., dim. soir sauf de juin à août, lundi et mardi
Menu 45 € (déj. en semaine), 80/140 € *(réservation conseillée)*
Les cèdres dressent leurs ramures aériennes au-dessus de cette demeure éminemment bourgeoise. On y déguste une cuisine pleine de classicisme, à base de très beaux produits travaillés sans fausse note. La carte des vins honore les Côtes du Rhône.
→ Tartare de thon rouge akami aux condiments et yuzu, coulis de tomate épicé. Bar cuit à basse température, fondue de poireau et râpée de truffe. Pêche blanche pochée dans un sirop de badiane, sorbet vanille de Madagascar.

à St-Paul-lès-Romans 8 km à l'Est – ✉ 26750 – 1 793 hab. – Alt. 171 m

❌❌❌ **La Malle Poste**

Le village – ℰ 04 75 45 35 43 – Fermé 8-25 août, 2-25 janv., dim. soir, lundi et mardi
Menu 39/67 €
Dans l'ancien café du village, on respecte le terroir et les saisons. Des plats à déguster avec l'un des crus de la belle carte des vins (plus de 350 références). Voilà une Malle Poste dans laquelle on apprécie de faire un bout de chemin...

à Châtillon-St-Jean 11 km au Nord-Est – ✉ 26750 – 1 221 hab. – Alt. 198 m

⌂ **Maison Forte de Clérivaux** sans rest

540 Montée de Clérivaux, 2,5 km au Nord par D 123 direction Parnans et D 184 direction St-Michel-sur-Savasse – ℰ 04 75 45 32 53 – www.clerivaux.fr
– Fermé 3 janv.-10 mars
4 ch ☞ – ♦60/70 € ♦♦65/75 €
Au milieu des champs, cette maison forte du 13e s. a bien traversé les siècles ! Les chambres – mobilier chiné et linge de famille – se trouvent dans de jolies dépendances (16e-17e s.). Tout le cachet, simple et évocateur, des vieilles pierres...

ROMILLY-SUR-SEINE

✉ 10100 (Aube) – 13 673 hab. – Alt. 76 m – Voir carte n°**13**-B2
◫ Paris 124 km – Châlons-en-Champagne 76 km – Nogent-sur-Seine 18 km – Sens 65 km
Carte Michelin 313-C2

 Auberge de Nicey

24 r. Carnot – ℰ 03 25 24 10 07 – www.denicey.com – Fermé 24 déc.-4 janv.
23 ch – ♦101/117 € ♦♦131/147 € – ☞ 14 € – ½ P
À deux pas de la gare, cet établissement propose des chambres confortables, joliment meublées et bien insonorisées. Autres atouts : un espace détente avec piscine et fitness, et un restaurant traditionnel.

ROMORANTIN-LANTHENAY

✉ 41200 (Loir-et-Cher) – 16 908 hab. – Alt. 93 m – Voir carte n°**12**-C2
◪ Paris 202 km – Blois 42 km – Bourges 74 km – Orléans 67 km
Carte Michelin 318-H7 – Guide Vert Michelin Châteaux de la Loire

🏨🏨🏨🏨 **Grand Hôtel du Lion d'Or**   🔟 📶 ⅙ Ⓜ 🛜 🅿
69 r. Clemenceau – 📞 *02 54 94 15 15 – www.hotel-liondor.fr – Fermé 15 fév.-27 mars*
13 ch – ♦160/395 € ♦♦160/540 € – 3 suites – ☕ 25 €
Rest *Grand Hôtel du Lion d'Or* ❀ – voir les restaurants ci-après
Cette belle demeure Renaissance (avec des encadrements de pierre caractéristiques en façade) est un hôtel depuis 1774 ! Confort exquis, cour intérieure, espace et... sens de l'accueil peaufiné par les siècles.

🏠 **La Pyramide**   🔟 📶 ⅙ 🛜 ♨ 🅿
r. de la Pyramide – 📞 *02 54 76 26 34 – www.hotellapyramide.com*
66 ch – ♦60/88 € ♦♦70/88 € – ☕ 9 € – ½ P
Pour l'étape, un agréable hôtel de chaîne, voisin d'un complexe culturel. Chambres fonctionnelles et bien tenues, dont neuf dans la catégorie "Prestige", plus contemporaines.

🍴🍴🍴🍴 **Grand Hôtel du Lion d'Or** (Didier Clément)   ❀❀ 🏡
❀   *69 r. Clemenceau –* 📞 *02 54 94 15 15 – www.hotel-liondor.fr – Fermé 15 fév.-27 mars et mardi midi*
Formule 49 € – Menu 64 € (déj. en semaine), 110/145 € – Carte 125/175 € *(réservation conseillée)*
Une cuisine très joliment ciselée, pleine de saveurs et de subtilité ; un vrai travail au service du produit – mention spéciale pour le pigeon –, toujours très frais et relevé de quelques notes d'ailleurs (épices, condiments...) ; une superbe carte de vins de Loire... Une belle table dans la capitale de la Sologne !
➜ Variation d'asperges blanches de Sologne. Pigeon farci façon babylonienne. Brioche caramélisée à l'angélique fraîche.

RONCE-LES-BAINS

✉ 17390 (Charente-Maritime) – Alt. 6 m – Voir carte n°**38**-A2
◪ Paris 505 km – Marennes 9 km – Rochefort 31 km – La Rochelle 68 km
Carte Michelin 324-D5 – Guide Vert Michelin Poitou-Charentes

🏠 **Le Grand Chalet**   🔟 ≤ 📶 🍸 🛜 🅿
2 av. La Cèpe – 📞 *05 46 36 06 41 – www.legrandchalet.net – Fermé 20 nov.-6 fév.*
26 ch – ♦63/110 € ♦♦63/110 € – ☕ 10 € – ½ P
Rest *Le Brise-Lames* – voir les restaurants ci-après
Ne vous fiez pas à ses airs de chalet tranquille, le lieu fut jadis un casino... surplombant la mer, avec un accès direct à la plage. Les chambres, au décor un brin suranné, sont simples et propres. Alors, faites vos jeux mais préférez celles côté Oléron, pour la vue !

🍴🍴 **Le Brise-Lames** – Le Grand Chalet   ≤ 📶 🅿
2 av. La Cèpe – 📞 *05 46 36 06 41 – www.legrandchalet.net – Fermé 20 nov.-6 fév., lundi et mardi*
Formule 19 € – Menu 30/55 € – Carte 37/71 €
Queues de langoustine rôties au four et leur sauce au homard, noix de Saint-Jacques poêlées et risotto... Dans ce restaurant de bord de mer, la cuisine – traditionnelle et respectueuse des saisons – se révèle parfumée, bien faite et tout simplement bonne. Le cadre est classique, et la vue sur les flots imprenable !

RONCHAMP

✉ 70250 (Haute-Saône) – 2 938 hab. – Alt. 380 m – Voir carte n°**17**-C1
◪ Paris 399 km – Belfort 22 km – Besançon 88 km – Lure 12 km
Carte Michelin 314-H6 – Guide Vert Michelin Franche-Comté Jura

⌂ **La Maison d'Hôtes du Parc**
12-14 r. du Tram – ℰ 03 84 63 93 43 – www.hotesduparc.com
5 ch � – ✝79/95 € ✝✝110/130 €
Au pied de la colline de la chapelle Notre-Dame-du-Haut, cette belle maison de maître du 19ᵉ s. est nichée dans un joli parc au bord de la rivière... À l'intérieur, prime à l'élégance et au classicisme (mobilier de famille, papiers peints et tissus) sans une once de nostalgie ! Table d'hôtes avec produits du potager en saison.

au Rhien 3 km au Nord – ⊠ 70250

⌂ **Rhien Carrer**
14 r. d'Orière – ℰ 03 84 20 62 32 – www.ronchamp.com – Fermé dim.
19 ch – ✝57/65 € ✝✝74/80 € – � 11 € – ½ P
En pleine nature ! Dans cet agréable hôtel familial, on se repose dans des chambres joliment rénovées dans un esprit contemporain. À table, le terroir et les spécialités franc-comtoises sont à l'honneur. Terrasse dans un écrin... de verdure.

à Champagney 4,5 km à l'Est par D 4 – ⊠ 70290 – 3 803 hab. – Alt. 370 m

⌂ **Le Pré Serroux**
4 av. Gén.-Brosset – ℰ 03 84 23 13 24 – www.lepreserroux.com – Fermé 24 déc.-15 janv.
25 ch – ✝80/100 € ✝✝85/100 € – � 12 € – ½ P
Rest *Le Pré Serroux* – voir les restaurants ci-après
À deux pas de la Maison de la négritude et des Droits de l'homme – à laquelle Léopold Senghor accorda son patronage –, cet hôtel propose des chambres simples mais bien tenues. Les amateurs de brocante apprécieront la décoration, fruit d'un long travail de chine. Agréable piscine couverte.

✕✕ **Le Pré Serroux**
⌖ *4 av. Gén.-Brosset – ℰ 03 84 23 13 24 – www.lepreserroux.com – Fermé 24 déc.-15 janv., sam. midi et dim.*
Menu 17 € (déj. en semaine), 24/55 € – Carte 35/52 €
Le Pré Serroux, c'est aussi un restaurant avec sa salle classique et confortable. Les gourmands y apprécient une cuisine à l'accent régional, accompagnée d'une belle sélection de vins. Aux beaux jours, profitez de la terrasse !

ROOST-WARENDIN – 59 (Nord) ➔ voir Douai

ROPPENHEIM
⊠ 67480 (Bas-Rhin) – 945 hab. – Alt. 117 m – Voir carte n°**1-B1**
▶ Paris 503 km – Haguenau 25 km – Karlsruhe 41 km – Strasbourg 48 km
Carte Michelin 315-M3

✕ **À l'Agneau**
11 r. Principale – ℰ 03 88 86 40 08 – www.auberge-agneau.com – Fermé 1ᵉʳ-4 mai, 20 juil.-13 août, 20 déc.-5 janv., dim., lundi et le midi sauf sam.
Carte 30/66 €
Généreuse table que celle de cette maison alsacienne du 18ᵉ s. En cuisine, les petits plats mijotent sous l'œil attentif du chef, amoureux de sa région. Dans l'assiette, on apprécie les spécialités du pays et de viandes. Simple et authentique !

ROQUEBRUNE-CAP-MARTIN
⊠ 06190 (Alpes-Maritimes) – Alt. 257 m – Voir carte n°**42-E2**
▶ Paris 953 km – Menton 3 km – Monaco 9 km – Monte-Carlo 7 km
Carte Michelin 341-F5 – Guide Vert Michelin Côte d'Azur

Plans : voir à Menton.

🏨 **Victoria** sans rest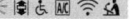
7 promenade du Cap – ℰ 04 93 35 65 90 – www.hotel-victoria.fr   Plan : AV**k**
32 ch – ✝84/290 € ✝✝84/290 € – � 14 €
Un décor tout en bleu et blanc : telle est la signature de cet hôtel balnéaire, idéalement situé sur le front de mer. On appréciera le confort contemporain des chambres, leurs grands balcons face aux flots, et la situation, idéale pour découvrir la côte, de Monaco à Menton.

⌂ **Le Roquebrune** ⫿⃝ ⪪ ⅃ 🄰🄲 🛜 🅿

100 av. J. Jaurès, par ③ et rte de Monaco (D 6098) par basse corniche
– ✆ 04 93 35 00 16 – www.le-roquebrune.com – Fermé 20 nov.-5 déc.
6 ch – ♦120/150 € ♦♦155/200 € – 😐 13 €

L'azur est à vous ! Perchée sur la route de Monaco, au-dessus de la plage du Golfe bleu, cette villa tutoie les flots... Chaque chambre dispose d'une terrasse – parfois digne d'un petit jardin méditerranéen – délicieuse pour profiter du panorama. Et la table fait honneur aux poissons et légumes de la région.

✗✗ **Les Deux Frères** avec ch ⪪ 🏠 🄰🄲 ch, 🛜

pl. des Deux Frères, au village, 3,5 km par ③ – ✆ 06 80 86 22 41
– www.lesdeuxfreres.com – Fermé 1 semaine en mars, nov., lundi, mardi midi et dim. soir
9 ch – ♦75/110 € ♦♦75/110 € – 😐 9 € – ½ P
Formule 28 € ⵏ – Menu 48/65 € – Carte environ 64 €

La falaise plonge dans la mer, les flots ondoient au soleil, Monaco se dessine à l'horizon... Quelle terrasse, quel panorama ! Le repas, ancré dans le Sud, n'en est que plus agréable. Et l'on peut profiter de l'une des chambres de cette élégante villa ("Afrique", "1 001 nuits", "Nuit de noce", etc.).

✗✗ **L'Hippocampe** ⪪ 🏠

44 av. W.-Churchill – ✆ 04 93 35 81 91 Plan : AV**h**
– www.hippocampe-restaurant.com – Fermé 15 nov.-27 déc., le soir d'oct. à juin sauf vend. et sam. en oct., avril, mai, juin et lundi
Menu 28/48 € – Carte 36/72 € *(réservation conseillée)*

Un emplacement superbe, avec la baie de Menton pour horizon et une terrasse les pieds dans l'eau... L'adresse est idéale pour se retremper dans la tradition locale : le filet de sole en brioche est le grand classique de la maison, mais aussi la bouillabaisse et le coq au vin. Esprit de famille avant tout !

LA ROQUE-D'ANTHÉRON

✉ 13640 (Bouches-du-Rhône) – 5 357 hab. – Alt. 183 m – Voir carte n°**42**-E1
▶ Paris 726 km – Aix-en-Provence 29 km – Cavaillon 34 km – Manosque 60 km
Carte Michelin 340-G3 – Guide Vert Michelin Provence

⌂ **Mas de Jossyl** ⫿⃝ ⪪ ⅃ 🛁 ⅃ 🄰🄲 🗲 🛜 🏛 🅿

av. du Parc – ✆ 04 42 50 71 00 – www.masdejossyl.com
28 ch – ♦88/165 € ♦♦90/165 € – 😐 10 € – ½ P

Face au parc du château de Florans (17ᵉ s.), un hôtel récent, fonctionnel et bien tenu, pratique pour assister au Festival international de piano. Cuisine régionale au restaurant.

ROQUEFORT

✉ 40120 (Landes) – 1 884 hab. – Alt. 69 m – Voir carte n°**3**-B2
▶ Paris 667 km – Bordeaux 107 km – Mont-de-Marsan 23 km –
Saint-Pierre-du-Mont 31 km
Carte Michelin 335-J10 – Guide Vert Michelin Aquitaine

⌂⌂ **Le St-Vincent** ⫿⃝ ⅃ 🛜 🏛 🅿

76 r. Laubaner – ✆ 05 58 45 75 36 – www.lestvincent.com
7 ch – ♦70/95 € ♦♦70/95 € – 😐 8 €
Rest *Le St-Vincent*😊 – voir les restaurants ci-après

Cette maison de maître du 19ᵉs. possède un indéniable cachet : beaux volumes, carrelages et parquets d'origine, murs en pierre, etc., le tout aménagé dans une veine classique. À noter : les salles de bains sont équipées uniquement d'une douche.

✗✗ **Le St-Vincent** – Hôtel Le St-Vincent 🏠 ⅃ 🗲 🅿
😊
76 r. Laubaner – ✆ 05 58 45 75 36 – www.lestvincent.com – Fermé jeudi sauf de juin à août
Formule 18 € – Menu 22/40 € *(réservation conseillée)*

Originaire du Lot-et-Garonne, le jeune chef a voulu fêter son retour dans le Sud-Ouest en renouant avec la clientèle locale. Il a donc pris le parti d'une cuisine simple et efficace, accessible à toutes les bourses, mais... nullement oublieuse de la qualité des produits. Tout en saveurs, le pari est réussi !

LA ROQUE-GAGEAC

✉ 24250 (Dordogne) – 428 hab. – Alt. 85 m – Voir carte n°**4**-D3
◗ Paris 535 km – Brive-la-Gaillarde 71 km – Cahors 53 km – Périgueux 71 km
Carte Michelin 329-I7 – Guide Vert Michelin Périgord Quercy

XX **La Belle Étoile** avec ch   ◁ 🛜 🅰 🛜
😊 *Le Bourg – 𝒞 05 53 29 51 44 – www.belleetoile.fr – Ouvert 1ᵉʳ avril-3 nov. et fermé merc. midi et lundi*
14 ch – ♦65/80 € ♦♦75/130 € – ☉ 12 € – ½ P   Menu 31/50 €
Manger à La Belle Étoile en plein jour, c'est possible ! Rendez-vous donc dans cette demeure tournée vers la Dordogne… La cuisine réserve de belles surprises : savoureuse et gourmande, elle sait mettre le terroir en valeur et régale ! Et de petites chambres permettent de prolonger son séjour dans ce joli village.

rte de Vitrac au Sud-Est par D 703 – ✉24250 La-Roque-Gageac

🏠 **Le Périgord**   🅾 ☝ 🍽 🅰 🔥 🅿
à 3 km – 𝒞 05 53 28 36 55 – www.hotelleperigord.eu – Fermé janv. et fév.
39 ch – ♦67/87 € ♦♦67/87 € – ☉ 10 € – ½ P
Au pied de la bastide de Domme, cette maison d'allure régionale est entourée d'un grand jardin. Chambres confortables et bien tenues ; préférez les plus récentes. Au restaurant : spécialités périgourdines – enseigne oblige !

LA ROQUE-SUR-PERNES

✉ 84210 (Vaucluse) – 439 hab. – Alt. 250 m – Voir carte n°**42**-E1
◗ Paris 697 km – Avignon 34 km – Marseille 99 km – Salon-de-Provence 49 km
Carte Michelin 332-D10

⛰ **Château La Roque**   🅾 🌊 ◁ ☝ 🌊 🅰 🍽 🛜 🅿
263 chemin du Château – 𝒞 04 90 61 68 77 – www.chateaularoque.com – Fermé 17 nov.-12 fév.
5 ch – ♦180/220 € ♦♦180/320 € – ☉ 20 €
Ce château du 11ᵉs. a été magnifiquement restauré. Chambres raffinées et spacieuses ; terrasses en restanques et belle piscine dans la roche. Vue provençale époustouflante ! Repas concoctés par le maître des lieux et pris dans la salle templière ou le jardin.

ROSAY – 78 (Yvelines) ➜ voir Mantes-la-Jolie

ROSBRUCK – 57 (Moselle) ➜ voir Forbach

ROSCOFF

✉ 29680 (Finistère) – 3 594 hab. – Alt. 7 m – Voir carte n°**9**-B1
◗ Paris 563 km – Brest 66 km – Landivisiau 27 km – Morlaix 27 km
Carte Michelin 308-H2 – Guide Vert Michelin Bretagne Nord

🏨 **Le Brittany**   🅾 🌊 ◁ ☝ 🔲 🌐 🛎 ᴧ 🛜 🅿
bd Ste-Barbe – 𝒞 02 98 69 70 78 – www.hotel-brittany.com   Plan : Z**a**
– Ouvert d'avril à nov.
20 ch – ♦150/560 € ♦♦150/560 € – 3 suites – ☉ 23 € – ½ P
Rest *Le Brittany* 🏵 – voir les restaurants ci-après
Ce beau manoir du 17ᵉ s. fut démonté puis reconstruit à l'identique sur le port de la petite cité corsaire ! Chambres au charme discret, salons cossus, spa avec piscine, sens de l'accueil : tout est mis en œuvre pour que l'on se sente bien.

🏨 **Le Temps de Vivre** sans rest   🛎 ᴧ 🛜
19 pl. Lacaze-Duthiers – 𝒞 02 98 19 33 19 – www.letempsdevivre.net   Plan : Y**e**
– Fermé 3 semaines début déc., 3 semaines début fév., dim. et lundi en hiver
15 ch – ♦110/315 € ♦♦110/315 € – ☉ 15 €
Plusieurs maisons corsaires, pétries du charme âpre de la pierre, pour de grandes chambres épurées. Extrêmement raffinées dans leur dépouillement (pierre, wengé, chêne), elles s'enroulent autour d'un patio fleuri ; le confort est au rendez-vous.

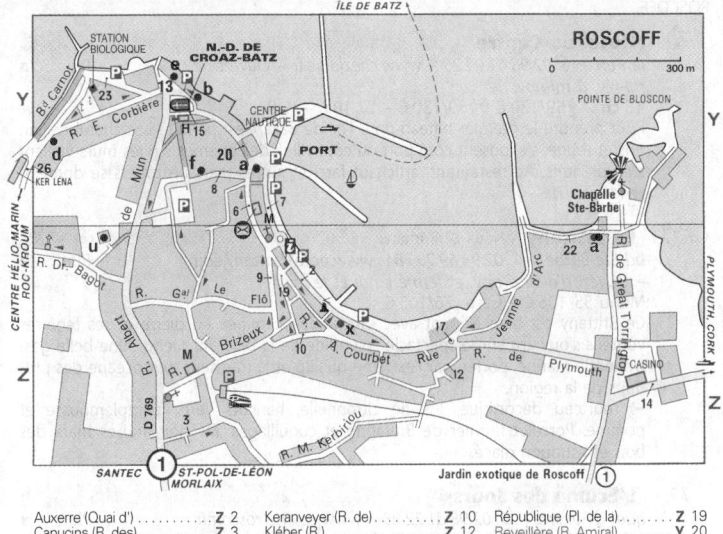

ROSCOFF

 Best Western Roscoff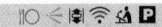

27 pl. Lacaze-Duthiers, (près de l'église) – ℰ 02 98 61 24 95 Plan : Y**b**
– www.hotel-talabardon.com
37 ch – ♦79/179 € ♦♦79/179 € – ♀ 13 € – ½ P

Bien que situé dans une des rues pittoresques de Roscoff, juste à côté de la superbe église, cet hôtel est un exemple de confort moderne. Bien sûr, les chambres les plus prisées ont vue sur la mer et la jetée. Le restaurant aussi, et c'est un vrai plaisir d'y déguster coquillages, poissons et crustacés.

 La Résidence des Artistes sans rest

14 r. des Johnnies – ℰ 02 98 69 74 85 Plan : Y**f**
– www.hotelroscoff-laresidence.fr – Ouvert 10 fév.-15 déc.
28 ch – ♦70/99 € ♦♦70/99 € – ♀ 11 €

Dans un quartier calme près du port et de l'église. L'hôtel abrite des chambres élégantes et cosy, toutes rénovées avec goût. La tenue de l'ensemble est irréprochable et l'accueil toujours aussi aimable.

 Armen Le Triton sans rest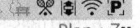

r. du Dr.-Bagot – ℰ 02 98 61 24 44 – www.hotel-letriton.com Plan : Z**u**
44 ch – ♦61/99 € ♦♦71/99 € – ♀ 9 €

Repos garanti dans cet établissement situé à deux pas du centre-ville et des plages. Une adresse à choisir également pour ses chambres colorées, aux styles divers, proposées à un prix raisonnable, et pour son parking privé !

 Aux Tamaris sans rest

49 r. Édouard-Corbière – ℰ 02 98 61 22 99 Plan : Y**d**
– www.hotel-aux-tamaris.com – Fermé 4-18 janv.
25 ch – ♦65/115 € ♦♦65/115 € – ♀ 11 €

Calme et confortable, un hôtel un peu excentré, juste en face de la mer. Les chambres déclinent elles aussi la panoplie du charme marin (voiles, phares, plancher en bois, etc). Et l'on prend son petit-déjeuner devant l'île de Batz...

Hôtel du Centre

le Port – 𝒞 *02 98 61 24 25* – *www.chezjanie.fr* – *Ouvert de*   Plan : Y**a**
mi-fév. à mi-nov.
16 ch – ♦59/130 € – ♦♦59/130 € – ⌑ 10 € – ½ P
Pour prendre le premier bateau pour l'île de Batz, c'est parfait ! Les chambres, en gris et rouge, s'exposent côté port ou côté ville ; des poèmes sur les murs veillent sur vos nuits. Au restaurant, artichaut farci et autres plats bistrotiers se donnent rendez-vous.

Le Brittany – Hôtel Le Brittany

bd Ste-Barbe – 𝒞 *02 98 69 70 78* – *www.hotel-brittany.com*   Plan : Z**a**
– Ouvert d'avril à nov. et fermé lundi et le midi
Menu 55/105 € – Carte 76/105 €
Ce Brittany est bien élégant avec sa grande cheminée en pierre et ses fenêtres voûtées s'ouvrant sur le spectacle splendide de la baie. Au menu : une belle gastronomie marine, portée par l'extrême qualité et la fraîcheur tout océane des produits de la région.
→ Tourteau décortiqué, jus de citronnelle, haricots verts, pamplemousse et pomme. Porcelet fermier de Bretagne et coquillages. Blé noir, fraises mara des bois et estragon glacé.

L'Écume des Jours

quai d'Auxerre – 𝒞 *02 98 61 22 83* – *www.ecume-roscoff.fr*   Plan : Z**x**
– Fermé 15 déc.-31 janv., mardi et merc. sauf juil.-août
Formule 23 € – Menu 35/59 € – Carte 43/62 €
Il faut marcher un peu vers le phare, face au port, pour trouver cette maison d'armateur datant du 16ᵉ s. Murs de granit, petite tourelle : elle n'a rien perdu de son charme d'antan ! On y déguste une cuisine généreuse, qui justifie sa très bonne cote dans les environs.

ROSENAU

✉ 68128 (Haut-Rhin) – 2 177 hab. – Alt. 230 m – Voir carte n°**1**-B3
◘ Paris 492 km – Altkirch 25 km – Basel 15 km – Belfort 70 km
Carte Michelin 315-J11

Au Lion d'Or

5 r. Village-Neuf – 𝒞 *03 89 68 21 97* – *www.auliondor-rosenau.com* – *Fermé 2 semaines en juil., 1 semaine vacances de fév. et de la Toussaint, dim. soir de déc. à fév., lundi et mardi*
Menu 19 € (déj. en semaine), 30/47 € – Carte 29/58 €
Une auberge sympathique et élégante, tenue par la même famille depuis 1928. Le chef mêle avec brio saveurs d'aujourd'hui et richesses du terroir, sans exclure les spécialités des autres régions de France ! La sélection de vins au verre est courte, mais bien ficelée. Et l'été, on profite de la jolie terrasse.

ROSHEIM

✉ 67560 (Bas-Rhin) – 4 862 hab. – Alt. 190 m – Voir carte n°**1**-A2
◘ Paris 485 km – Erstein 20 km – Molsheim 9 km – Obernai 6 km
Carte Michelin 315-I6

Hostellerie du Rosenmeer

45 av. de la Gare, 2 km au Nord-Est sur D 35 – 𝒞 *03 88 50 43 29*
– www.le-rosenmeer.com – *Fermé 17 fév.-12 mars et 21 juil.-7 août*
22 ch – ♦69/109 € – ♦♦69/169 € – ⌑ 12 € – ½ P
Rest *Hostellerie du Rosenmeer* ❀ **Rest** *Winstub d'Rosemer* – voir les restaurants ci-après
Cet hôtel d'inspiration alsacienne borde le ruisseau qui lui a donné son nom. Les chambres sont de facture classique ou plus contemporaine. Et l'étape gastronomique est tentante...

XXX **Hostellerie du Rosenmeer** (Hubert Maetz)   🏨 🛏 🍴 ᴄ 🅰ᴄ 🅿

🏵 *45 av. de la Gare, 2 km au Nord-Est sur D 35 – ℰ 03 88 50 43 29*
– www.le-rosenmeer.com – Fermé 17 fév.-12 mars, 21 juil.-7 août , dim. soir,
lundi et merc.
Formule 35 € – Menu 62/122 € – Carte 46/72 €
Il fallait un décor sobre et contemporain pour mettre en valeur la cuisine volontiers inventive d'Hubert Maetz. La carte privilégie les produits d'une extrême fraîcheur, travaillés avec finesse, et la terre d'Alsace, y compris sa flore (coulis d'orties, jus de racine de primevère, ail des ours...).
→ Foie de canard poêlé au caramel de muscat. Dos de sandre au riesling, purée de chénopode. Dôme chocolat au lait, écume passion.

XX **Auberge du Cerf**   🍴 ᴄ ⇔

🍽 *120 r. du Gén.-de-Gaulle – ℰ 03 88 50 40 14*
– Fermé mardi soir et merc.
Menu 14 € (semaine), 18/45 € – Carte 33/52 €
Au cœur de la cité vigneronne, bienvenue dans cette auberge à colombages joliment fleurie, reprise par un jeune couple. On y propose une cuisine traditionnelle et régionale, avec notamment de nombreuses spécialités de poisson. Saveurs et fraîcheur des produits sont au rendez-vous.

X **La Petite Auberge**   🍴 ᴄ 🅰ᴄ 🍽 ⇔

41 r. du Gén.-de-Gaulle – ℰ 03 88 50 40 60 – www.petiteauberge.fr
– Fermé janv., jeudi soir et merc.
Formule 11 € – Menu 22/40 € – Carte 27/55 €
Dans la rue principale, cette maison alsacienne typique cache une salle aux allures de bistrot chic. Nombreux menus traditionnels et, chaque jour, suggestions du marché.

X **Winstub d'Rosemer** – Hostellerie du Rosenmeer   🛏 ᴄ 🅿

45 av. de la Gare, 2 km au Nord-Est sur D 35 – ℰ 03 88 50 43 29
– www.le-rosenmeer.com – Fermé 17 fév.-12 mars, 21 juil.-7 août, dim. soir
et lundi
Menu 38 € 🍷 – Carte 30/45 €
Qui dit winstub dit tradition ! Celle-ci ne déroge pas à la règle... Pâté en croûte et foie gras maison, hareng frais accompagné de munster et d'un verre de gewurztraminer : tout cela attire les gourmands.

LA ROSIÈRE – 14 (Calvados) → voir Arromanches-les-Bains

LA ROSIÈRE 1850
✉ 73700 (Savoie) – Alt. 1 850 m – Voir carte n°**45**-D2
▶ Paris 657 km – Albertville 76 km – Bourg-St-Maurice 22 km – Chambéry 125 km
Carte Michelin 333-O4 – Guide Vert Michelin Alpes du Nord

🏠 **Relais du Petit St-Bernard**   ❙○ 🛏 ≤ 📶

– ℰ 06 60 69 80 48 – www.petit-saint-bernard.com – Ouvert 20 juin-6 sept. et
12 déc.-17 avril
20 ch – ♦35/65 € ♦♦50/93 € – ⬜ 10 € – ½ P
De retour du col du Petit-St-Bernard (2 188 m), vous pourrez reprendre des forces dans cet hôtel rustique à souhait et fort bien tenu. Préférez les chambres avec balcon : le panorama vaut le coup d'œil... Les fondues, raclettes et autres recettes traditionnelles servies au restaurant finiront de vous remettre sur pied !

LES ROSIERS-SUR-LOIRE
✉ 49350 (Maine-et-Loire) – 2 341 hab. – Alt. 22 m – Voir carte n°**35**-C2
▶ Paris 304 km – Angers 32 km – Baugé 27 km – Bressuire 66 km
Carte Michelin 317-H4 – Guide Vert Michelin Châteaux de la Loire

ⅩⅩ   **La Toque Blanche**   🏠 ﾑ ⇔ **P**

2 r. Quarte, rte d'Angers – ✆ *02 41 51 80 75* – *www.restaurantlatoqueblanche.fr*
– Fermé 3 semaines en janv., merc. de sept. à avril et mardi
Formule 20 € ☂ – Menu 25/55 € – Carte 40/60 €
Un nouveau couple de propriétaires s'est installé en 2012 dans ce restaurant des
bords de Loire. Le décor a été rafraîchi – mais la vue sur le fleuve demeure – et la
carte a été renouvelée : crème de céleri à la julienne de truffe, tête de veau braisée aux petits légumes... Direction la terrasse aux beaux jours !

ROSPEZ – 22 (Côtes-d'Armor) → voir Lannion

ROSTRENEN

✉ 22110 (Côtes-d'Armor) – 3 272 hab. – Alt. 216 m – Voir carte n°**9-B2**
◪ Paris 485 km – Carhaix-Plouguer 22 km – Quimper 71 km – St-Brieuc 58 km
Carte Michelin 309-C5 – Guide Vert Michelin Bretagne Nord

Ⅹ   **Le Bistrot qui Coz** ⓝ   🏠

3 pl. du Bourg-Coz – ✆ *02 96 29 10 71* – *Fermé mardi soir, dim. et lundi*
Formule 14 € – Menu 17 € (déj.) – Carte 25/30 €
Les gastronomes de la région connaissaient tous l'Éventail des Saveurs, la table
de Laurent Bacquer ; la voici transfigurée en bistrot gourmand ! Au menu : un
nouveau décor propice à la convivialité et une cuisine du marché jouant à fond
la carte des saisons. Le concept est abouti : voici un Bistrot qui Coz... du plaisir.

ROUBAIX

✉ 59100 (Nord) – 94 186 hab. – Alt. 27 m – Voir carte n°**31-C2**
◪ Paris 232 km – Kortrijk 23 km – Lille 15 km – Tournai 20 km
Carte Michelin 302-H3

Accès et sorties : voir plan de Lille

Ⅹ   **Le Beau Jardin**   ≤ 🏠 &

av. Le Nôtre, (Le Parc Barbieux) – ✆ *03 20 20 61 85*   Plan : **3HSw**
– www.lebeaujardin.fr – Fermé 23 déc.-1ᵉʳ janv., sam. de mi-oct. à fin mars et le
soir
Formule 17 € – Menu 34 € ☂ – Carte 26/45 €
Au cœur du magnifique parc de Barbieux, une grande salle lumineuse et une terrasse donnant toutes les deux sur le plan d'eau – une vue très agréable... On se
régale de salades et de petits plats qui mettent en valeur les saveurs de saison.

ROUEN

✉ 76000 (Seine-Maritime) – 111 553 hab. – Agglo. 464 237 hab. – Alt. 12 m
– Voir carte n°**33**-D2
▶ Paris 134 km – Amiens 122 km – Caen 124 km – Le Havre 87 km
Carte Michelin 304-G5 – Guide Vert Michelin Normandie Vallée de la Seine

© Ch. Rouffio/hemis.fr

🔵 Hôtels & maisons d'hôtes

🏨 Hôtel de Bourgtheroulde   🔟 📺 🌐 🧖 🛗 🛗 AC 🤚 🛝 🍴
15 pl. de la Pucelle – ☎ 02 35 14 50 50 – www.hotelsparouen.com   Plan : AY**m**
78 ch – ♦270/330 € ♦♦270/330 € – ☖ 22 €
Tourelle gothique, meneaux, galerie Renaissance : ce véritable monument historique (16ᵉ s.) est un joyau... Avec ses chambres qui associent au mieux ancien et
contemporain, son spa superbe, ses deux restaurants (dont une brasserie dédiée
à la viande) et son bar qui impressionne avec son plancher de verre surplombant
la piscine, voilà bien un ensemble d'exception !

🏨 Mercure Champ-de-Mars   🔟 🛗 🛗 AC 🤚 🤚 🛝 🍴
12 av. A.-Briand – ☎ 02 35 52 42 32 – www.rouen-hotel.fr   Plan : CZ**j**
121 ch – ♦80/250 € ♦♦95/275 € – ☖ 18 €
À la limite du centre-ville, au bord de la Seine (de laquelle il est séparé – il faut le
préciser – par un boulevard très passant), ce Mercure est idéal pour la clientèle de
passage soucieuse de confort.

🏨 Mercure Centre Cathédrale sans rest   🛗 🛗 AC 🤚 🛝 🍴
7 r. de la Croix-de-Fer – ☎ 02 35 52 69 52 – www.mercure.com   Plan : BZ**f**
124 ch – ♦105/250 € ♦♦120/270 € – 1 suite – ☖ 18 €
Dans le quartier piétonnier du vieux Rouen, ce bâtiment moderne s'insère plutôt
bien entre les maisons à colombages environnantes. Certaines chambres donnent
sur la cathédrale et leur déco met à l'honneur les grands écrivains de la région
(Flaubert, Maupassant...) : un ensemble réussi et confortable.

🏨 Hôtel du Vieux Marché sans rest   🤚 🛗 🤚 🛝 P 🍴
15 r. de la Pie – ☎ 02 35 71 00 88   Plan : AY**h**
– www.bestwestern-hotel-vieuxmarche.com
51 ch – ♦180/300 € ♦♦210/300 € – ☖ 15 €
À deux pas de la place du Vieux-Marché, où périt Jeanne d'Arc, cet ensemble de
maisons médiévales, tout en colombages, abrite des chambres très... modernes,
sobres et feutrées. Le calme des lieux est étonnant vu la situation en centre-ville !

🏨 Hôtel de Dieppe   🔟 🛗 🛝 🍴
pl. B.-Tissot, (face à la gare) – ☎ 02 35 71 96 00   Plan : BY**z**
– www.hotel-dieppe.fr
41 ch – ♦95/135 € ♦♦110/160 € – ☖ 13 € – ½ P
Le classicisme est de mise dans cet hôtel à l'atmosphère bourgeoise, tenu par la
même famille depuis 1880 ! Sa situation – face à la gare – est intéressante, et son
restaurant – de tradition – est connu pour sa recette du caneton à la rouennaise
(réalisé à la presse).

ROUEN

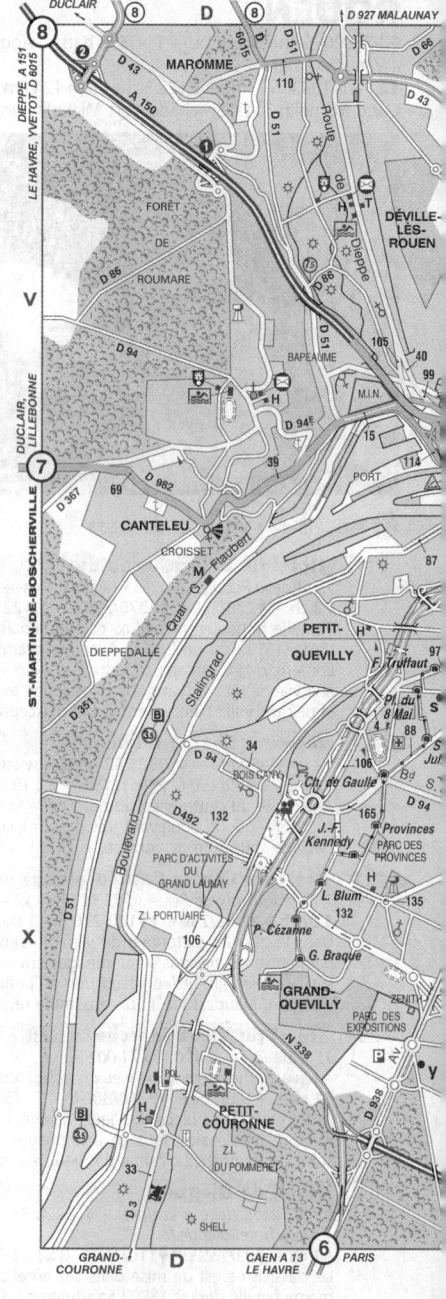

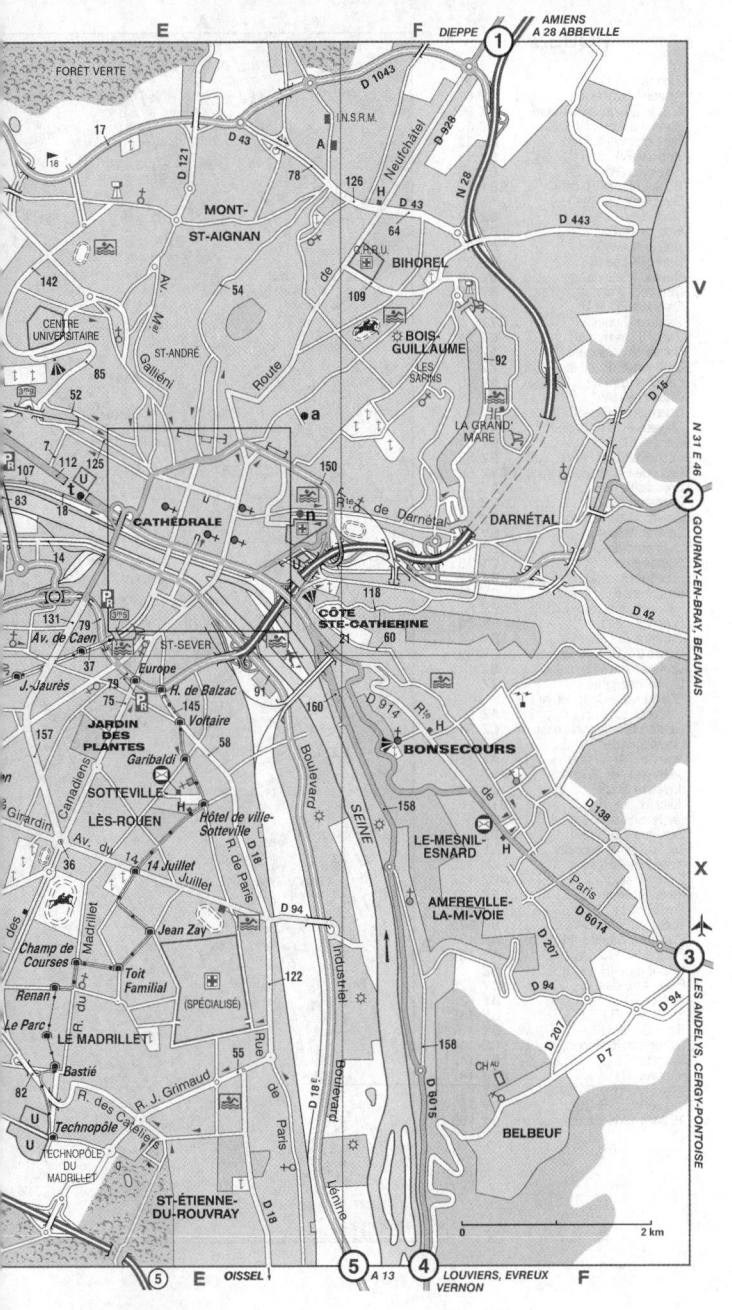

ROUEN

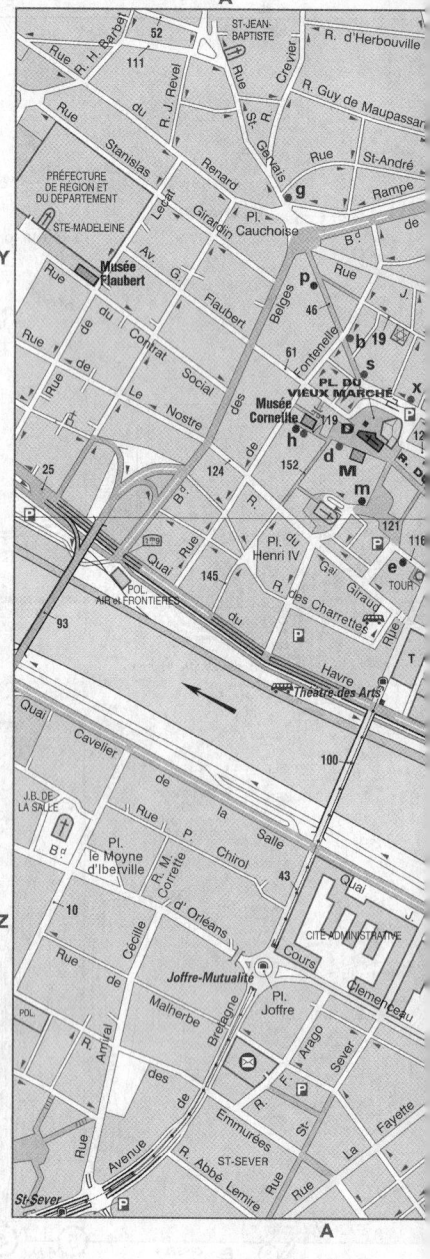

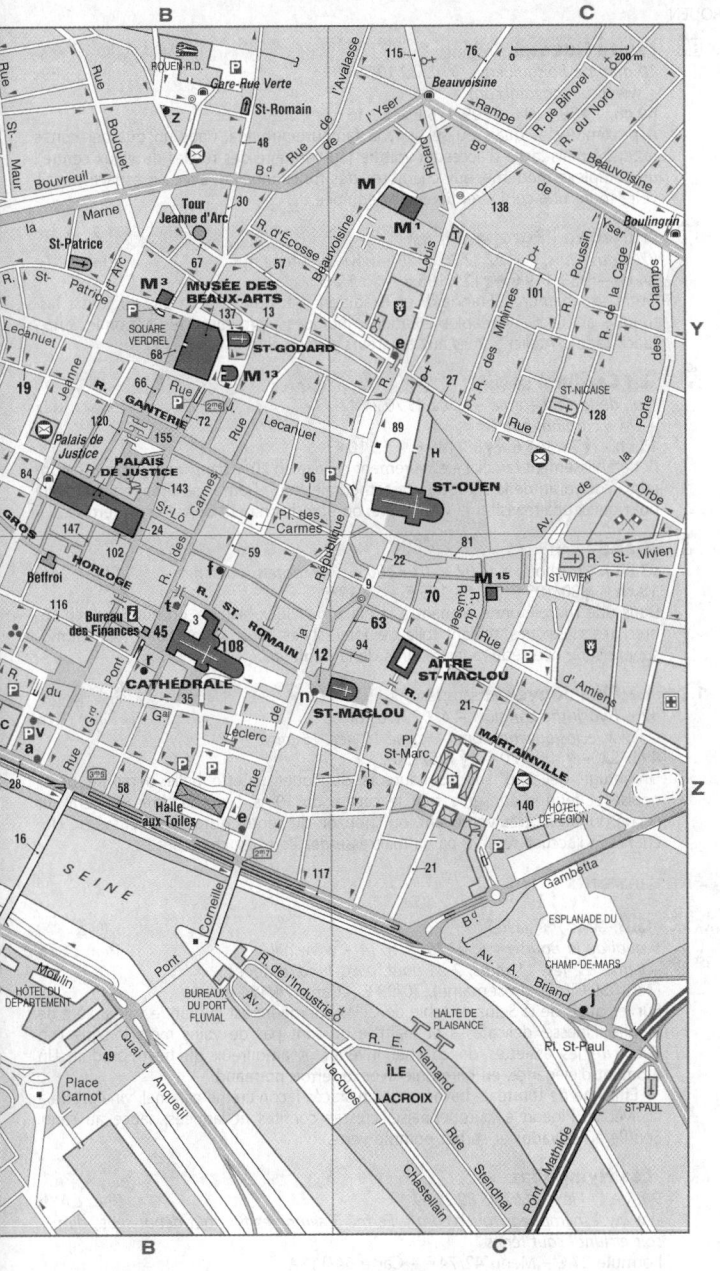

🏨 Suite Novotel sans rest ᛚᚣ 🖥 ₺ 🗚 🛜 🚗

10 quai de Boisguibert – 𝒞 *02 32 10 58 68* Plan : EV**t**
– www.suitenovotel.com
80 ch – ♦99/160 € ♦♦99/175 € – 🖵 15 €

À proximité des quais où se tient la fameuse Armada, dans un quartier certes excentré mais facile d'accès en voiture (au contraire des ruelles du vieux centre), un complexe moderne, aux chambres très fonctionnelles, avec un espace travail, voire toute une cuisine entièrement équipée.

🏨 Hôtel de l'Europe sans rest 🖥 🍽 🛜

87 r. aux Ours – 𝒞 *02 32 76 17 76 – www.h-europe.fr* Plan : AZ**e**
24 ch – ♦89/119 € ♦♦129/195 € – 🖵 14 €

Outre ses chambres "Standard" et "Tradition", cet hôtel à deux pas du centre historique abrite de véritables créations, ludiques voire futuristes : "Comic Strip", "Backstage", "Atelier"... Avis aux amateurs d'originalité !

🏠 Le Cardinal sans rest 🖥 🍽 🛜

1 pl. de la Cathédrale – 𝒞 *02 35 70 24 42* Plan : BZ**r**
– www.cardinal-hotel.fr
15 ch – ♦78/165 € ♦♦88/185 € – 🖵 10 €

Cet établissement familial – entièrement rénové en 2012 dans un esprit contemporain – est voisin de la somptueuse cathédrale Notre-Dame : sa situation est idéale pour qui souhaite visiter la ville ! L'été, on prend son petit-déjeuner en terrasse.

🏠 Dandy sans rest 🖥 🛜

93 bis r. Cauchoise – 𝒞 *02 35 07 32 00 – www.hotels-rouen.net* Plan : AY**p**
18 ch – ♦80/105 € ♦♦105/125 € – 🖵 12 €

Dans une rue piétonne menant à la place du Vieux-Marché, un hôtel aux chambres très classiques, mêlant toile de Jouy, styles Louis XV ou Louis XVI. L'atmosphère surannée séduira les tenants de la tradition...

🏡 Le Clos Jouvenet sans rest ᛋ ⟨ 🔥 🍽 🛜 🅿 ⤵

42 r. Hyacinthe-Langlois – 𝒞 *02 35 89 80 66* Plan : EV**a**
– www.leclosjouvenet.com – Fermé 15 déc.-15 janv.
4 ch 🖵 – ♦100/120 € ♦♦120/130 €

Un refuge délicieux sur les hauteurs de Rouen... Cette belle demeure bourgeoise et feutrée conserve tout le cachet du 19ᵉ s. Les chambres ouvrent sur l'écrin du jardin, très verdoyant, ou l'horizon du centre historique hérissé de clochers... Et l'accueil réservé par la maîtresse des lieux est charmant !

🔵 Restaurants

🍴🍴🍴🍴 Gill (Gilles Tournadre) ⅋⅋ 🗚 ⟱

🌸🌸 *9 quai de la Bourse –* 𝒞 *02 35 71 16 14 – www.gill.fr* Plan : BZ**a**
– Fermé 22 fév.-11 mars, 2-25 août, dim., lundi et fériés
Menu 39 € (déj. en semaine), 70/98 € – Carte 74/121 €

Sur les quais de la Seine, la table de Gilles Tournadre est la grande valeur sûre de la ville. Finesse, délicatesse et maîtrise ne sont pas de vains mots lorsque l'on découvre les assiettes de ce chef inventif et amoureux du beau produit. Un moment d'élégance, en harmonie avec le terroir normand.

→ Effiloché de tourteau, bavarois de crustacés façon crème caramel, vinaigrette à la livèche. Pigeon à la rouennaise, cuisses confites et laquées, sauce au sang. Soufflé au calvados et sorbet pomme verte.

🍴🍴🍴 Les Nymphéas 🛜

9 r. de la Pie – 𝒞 *02 35 89 26 69* Plan : AY**h**
– www.lesnympheas-rouen.com – Fermé 3 semaines fin août-début sept., dim. soir et lundi sauf fériés
Formule 27 € – Menu 42/74 € – Carte 64/111 €

Cette table bien connue des Rouennais a récemment tourné une page de son histoire : on trouve aux fourneaux un jeune chef talentueux qui n'aura pas attendu le nombre des années (il est né en 1989 !) pour savoir exécuter les classiques de la maison avec brio... L'avenir est ouvert pour cette institution.

XXX Les P'tits Parapluies

pl. de la Rougemare – ℰ 02 35 88 55 26   Plan : CY**e**
– *www.lesptits-parapluies.com* – *Fermé 10-25 août, sam. midi, dim. soir et lundi*
Menu 29 € (déj. en semaine), 36/46 € – Carte 55/72 €

Quelle que soit la météo, on se réfugie avec plaisir dans cette ancienne fabrique de parapluies ! Car c'est une vraie table de qualité, menée par un couple de sérieux professionnels – Marc et Gisèle Andrieu. Si le classicisme est de mise côté décor, la cuisine cultive l'air du temps... sans intempéries.

XXX La Couronne

31 pl. du Vieux-Marché – ℰ 02 35 71 40 90   Plan : AY**d**
– *www.lacouronne.com.fr*
Menu 25 € (déj. en semaine), 35/49 € – Carte 50/85 €

Superbement préservée, cette maison normande de 1345 serait "la plus vieille auberge de France". C'est évidemment une grande institution rouennaise, pleine d'âme, idéale pour savourer une cuisine empreinte de classicisme... Quel exemple de longévité !

XXX Le Réverbère

5 pl. de la République – ℰ 02 35 07 03 14   Plan : BZ**e**
– *www.le-reverbere-rouen.fr* – *Fermé 1 semaine en avril, 3 semaines en août, sam. midi et dim.*
Menu 45 € ♈/60 € – Carte 30/61 €

Près de la Seine, ce Réverbère illumine les papilles ! Nous sommes dans le repaire de José Rato, chef entier s'il en est, qui signe une cuisine à la fois généreuse et délicate. Côté décor, des lignes très modernes, des dominantes de rouge et de noir, et des chaises Starck : le ton est donné. Beau choix de bordeaux.

XX Origine (Benjamin Lechevallier)

26 rampe Cauchoise – ℰ 02 35 70 95 52   Plan : AY**g**
– *www.restaurant-origine.com* – *Fermé 3 semaines en août, sam., dim. et fériés*
Formule 29 € – Menu 34 € (déj.), 46/89 € – Carte 72/98 €

Mariages de saveurs judicieux, belle maîtrise, fraîcheur et finesse : le jeune chef, Benjamin Lechevallier, a fait ses classes chez les plus grands... La force des origines ? Il signe en tout cas une cuisine du marché très personnelle, qui ravit. Menus sans choix.
➜ Langoustines, pied de cochon et jus de presse infusé à la cardamome verte. Quasi de veau cuit tout doucement, ris laqué, panais et jus mixé à la pâte d'arachide. Saint-honoré revisité.

XX Le Saint-Hilaire

110 r. St-Hilaire – ℰ 02 35 98 74 55 – *www.le-saint-hilaire.com*   Plan : EV**n**
– *Fermé 3 semaines en juil.-aout, sam. midi, dim. et lundi*
Formule 19 € – Menu 22 € (semaine), 31/45 € – Carte environ 51 €

Arrêt vivement recommandé rue St-Hilaire : au n° 110, les assiettes font des étincelles ! Générosité, exigence, inspiration (la carte change toutes les semaines au gré du marché) : le jeune chef, Thomas Lemelle, a du talent, et ses réalisations sont pleines de parfum...

X L'Odas (Olivier Da Silva)

4 passage Maurice-Lenfant – ℰ 02 35 73 83 24 – *www.lodas.fr*   Plan : BZ**t**
– *Fermé dim. et lundi*
Formule 28 € – Menu 45/65 € – Carte 76/96 €

"Odas" pour Olivier Da Silva... mais aussi parce que ce jeune chef n'a pas manqué d'audace en s'installant fin 2013 dans ce bel hôtel particulier gothique du 16e s., où il propose une cuisine créative mettant en avant de beaux produits de saison, préparés avec justesse et maîtrise. De l'Odas et... du savoir-faire !
➜ Cuisine du marché.

X Minute et Mijoté

58 r. de Fontenelle, (angle r. Cauchoise) – ℰ 02 32 08 40 00   Plan : AY**b**
– *www.minutemijote.canalblog.com* – *Fermé 2 semaines en août, dim. et lundi*
Formule 17 € – Menu 21 € (déj.)/31 € – Carte environ 44 €

Des réclames rétro, des photos en noir et blanc, des pochettes de disques, des bibelots : ce bistrot regorge d'objets anciens et joue la carte de la plus chaleureuse nostalgie ! Dans le même esprit, le credo du chef est : faire simple mais bon. On en redemande...

X **Le 37** AK

37 r. St-Étienne-des-Tonneliers – ✆ *02 35 70 56 65*   Plan : BZ**v**
– www.le37.fr – Fermé 3 semaines en juil.-août, dim., lundi et feriés
Formule 20 € – Carte 40/50 €
Bistrot tendance, ambiance décontractée et, au piano, un chef qui prépare une
cuisine très fraîche et pétillante, avec des suggestions à l'ardoise renouvelées
chaque jour. Le 37 ? Un numéro gagnant !

X **La Place** ⌂ ✿

26 pl. du Vieux-Marché – ✆ *02 35 71 97 06 – Fermé dim. et*   Plan : AY**s**
lundi
Formule 19 € – Menu 25 € – Carte 25/35 €
Un concept signé Gilles Tournadre, du restaurant gastronomique Gill : un lieu chic
et épuré ; une carte traditionnelle mâtinée d'Asie servie sous forme de petits plats
à grignoter. Touche finale : le bar à cocktails. La formule est séduisante.

X **Gill Côté Bistro**

14 pl. du Vieux-Marché – ✆ *02 35 89 88 72*   Plan : AY**x**
Formule 22 € – Carte environ 30 €
Le "côté bistro" du restaurant gastronomique de Gilles Tournadre. Sur la place du
Vieux-Marché, les produits frais sont à l'honneur, comme la générosité. Et c'est
ainsi qu'un simple gratin de chou-fleur annonce des plaisirs francs et sincères !

X **Le Parvis** ⌂ ✿

   7 pl. Barthélémy – ✆ *02 35 15 28 80 – www.le-parvis-rouen.fr*   Plan : BZ**n**
∞ *– Fermé vacances de Noël, dim. soir, mardi midi, jeudi midi et lundi*
Menu 17 € (déj. en semaine)/28 €
Une maison en colombages au pied des superbes dentelles de pierre de l'église
St-Maclou : une vraie carte postale ancienne de la Normandie... Aux commandes,
Laure clame : "pas de congélateur chez nous !" Elle fait tout maison et ne manque
pas d'idées : voyez sa bouillabaisse à la normande. Sa petite adresse est épatante.

à Martainville-Épreville 13 km à l'Est par D 13, D 43 et rte secondaire – ✉ 76116
– 725 hab. – Alt. 152 m

⌂ **Sweet Home** ⌸ ⌺ ⌱ ⚘ 🛜 **P** ⊘

534 r. des Marronniers, accès par imp. Coquetier – ✆ *02 35 23 76 05*
– http://jy.aucreterre.free.fr
4 ch ⊑ – ♦59/105 € ♦♦59/105 €
Au calme de la campagne, dans un petit hameau aux portes de Rouen, cette
belle maison des années 1970 a des airs de gentilhommière... L'écrin de verdure
du jardin, l'accueil chaleureux des propriétaires, le confort des chambres, comme
le bon petit-déjeuner : tout séduit.

au Petit-Quevilly 3 km au Sud-Ouest – ✉ 76140 – 22 055 hab. – Alt. 5 m

XXX **Les Capucines** ⌂ AK ✿ **P**

16 r. Jean-Macé – ✆ *02 35 72 62 34 – www.les-capucines.fr*   Plan : DX**s**
– Fermé 2 semaines en août, 1 semaine en janv., sam. midi, dim. soir et lundi
Menu 29/55 € – Carte 47/82 € *(réservation conseillée)*
Une maison rouennaise dans laquelle la famille Demoget cultive l'art de recevoir
depuis trois générations ! Décor élégant et cuisine généreuse, ancrée dans notre
époque.

ROUFFACH

✉ 68250 (Haut-Rhin) – 4 537 hab. – Alt. 204 m – Voir carte n°**1-A3**
🚗 Paris 479 km – Basel 61 km – Belfort 57 km – Colmar 16 km
Carte Michelin 315-H9

⌂ **Château d'Isenbourg** ⌸ ⌺ ⋖ ⌱ ⌅ ⌦ ⊛ ⊗ 🏢 AK 🛜 ⋈ **P**

rte de Plaffenheim – ✆ *03 89 78 58 50 – www.isenbourg.com*
40 ch – ♦150/450 € ♦♦150/450 € – 1 suite – ⊑ 24 € – ½ P
Ce château du 18ᵉ s., bordé de vignes, domine la vieille ville. Les chambres
sont spacieuses et cossues, mais un peu anciennes. Pour se détendre sereinement, on profite de la piscine, du sauna et du restaurant...

XXX **Philippe Bohrer** ⚶ 🍴 AC ⇔ P

⊖⊖ r. Poincaré – ℰ 03 89 49 62 49 – www.philippe-bohrer.fr
Menu 31 € (déj. en semaine), 46/95 € – Carte 60/90 € *(fermé 20 juil.-2 août, lundi midi, merc. midi et dim.)*
Une belle demeure régionale à l'élégance bourgeoise et champêtre, pour une cuisine gastronomique associée à un judicieux choix de vins, notamment régionaux. Ambiance conviviale à la Brasserie Chez Julien, aménagée dans un ancien cinéma.
Brasserie Chez Julien ℰ 03 89 49 69 80 – Menu 12 € (déj. en semaine), 22/30 € – Carte 31/61 €

ROUFFIAC-TOLOSAN – 31 (Haute-Garonne) → voir Toulouse

ROUFFIGNAC

✉ 24580 (Dordogne) – 1 579 hab. – Alt. 300 m – Voir carte n°**4-D1**
◩ Paris 532 km – Bordeaux 156 km – Limoges 143 km – Périgueux 32 km
Carte Michelin 329-G5 – Guide Vert Michelin Périgord Quercy

🏠 **Manoir des Cèdres** sans rest ⟺ 🍸 ⅃ & AC ⅏ 🛜 P
Tourtel – ℰ 05 53 03 01 60 – www.manoirdescedres.com – Ouvert d'avril à nov.
23 ch – ♥50/75 € ♥♥70/115 € – ⌷ 10 €
On se sent comme chez soi dans cette ancienne maison de famille transformée en hôtel ! Les chambres – réparties dans le manoir et ses dépendances – sont confortables et bien tenues ; préférez celles du bâtiment principal. Il fait bon se promener dans le parc ou profiter de la belle piscine. Une bonne adresse.

LE ROUGET

✉ 15290 (Cantal) – 971 hab. – Alt. 614 m – Voir carte n°**5-A3**
◩ Paris 549 km – Aurillac 25 km – Figeac 41 km – Laroquebrou 15 km
Carte Michelin 330-B5

🏠 **Hôtel des Voyageurs** ‖O ⅃ 🛜 ⅏ P ⌂
20 av. du 15-Septembre-1945 – ℰ 04 71 46 10 14
– www.hotel-des-voyageurs.com – Fermé 15 fév.-15 mars
23 ch – ♥66/83 € ♥♥88/93 € – ⌷ 9 € – ½ P
Rest *Restaurant des Voyageurs* – voir les restaurants ci-après
Cet hôtel sympathique, proche de la voie ferrée, perpétue la tradition de l'hospitalité. Simples et cosy, les chambres adoptent plusieurs styles (campagne, moderne ou british). Ne manquez pas l'espace bien-être avec sa douche à chromothérapie : idéal pour se détendre !

X **Restaurant des Voyageurs** 🍴 AC P
20 av. du 15-Septembre-1945 – ℰ 04 71 46 10 14 – www.hotel-des-voyageurs.com
– Fermé 15 fév.-15 mars et dim. soir de sept. à juin
Formule 13 € – Menu 25/42 € – Carte 28/52 €
À l'arrière de l'hôtel du même nom, un restaurant à l'atmosphère fraîche et lumineuse. Attablé non loin de la piscine, on déguste une cuisine traditionnelle faisant la part belle au terroir : cuisses de grenouilles persillées, rôti de sandre et jambon croustillant avec risotto crémeux à la tomme... Un bon moment.

ROULLET – 16 (Charente) → voir Angoulême

ROURE

✉ 06420 (Alpes-Maritimes) – 206 hab. – Alt. 1 130 m – Voir carte n°**41-D2**
◩ Paris 892 km – Digne-les-Bains 145 km – Marseille 260 km – Nice 70 km
Carte Michelin 341-D3

X **Auberge le Robur** (Christophe Billau) avec ch ⟾ ⩽ ⅏ ch, 🛜
🕸 r. Centrale, (accès piétonnier) ✉ 06240 Roure – ℰ 04 93 02 03 57
– www.aubergelerobur.fr – Fermé janv., mardi et merc.
8 ch – ♥76 € ♥♥76 € – ⌷ 10 € – ½ P Menu 35/60 € *(réservation conseillée)*
Cette auberge nichée dans un joli village vaut bien l'ascension à 1 100 m ! Loin du luxe de la côte, on est époustouflé par la vue sur la vallée de la Tinée... et la qualité de la cuisine du chef : de beaux produits de saison, une technique sans faille et d'harmonieux accords de saveurs ; une divine surprise...
→ Tomate bio du pays pour croquer l'été. Paleron de veau braisé à basse température, girolles d'ici au jus réduit. Il était une fois la fraise bio de Saint-Blaise.

LE ROURET

✉ 06650 (Alpes-Maritimes) – 3 887 hab. – Alt. 350 m – Voir carte n°**42-E2**
▶ Paris 913 km – Cannes 19 km – Grasse 10 km – Nice 28 km
Carte Michelin 341-D5

🏠 **Hôtel du Clos** sans rest

3 chemin des Écoles – ℰ 04 93 40 78 85 – www.hotel-du-clos.com
11 ch – ♦129/260 € ♦♦129/260 € – ☐ 15 €
Dans le haut du village, voilà bien un hôtel de charme... Un grand jardin planté d'oliviers centenaires et d'arbres fruitiers, des murs en pierre, des toits de tuiles, de jolies chambres toutes différentes, etc. : l'ensemble est résolument orienté côté Provence.

🍴🍴 **Le Clos St-Pierre** (Daniel Ettlinger)

⭐ *pl. de la Mairie, (quartier St-Pons)* – ℰ 04 93 77 39 18 – *Fermé mardi et merc.*
Menu 36 € (déj. en semaine), 51/62 € *(réservation conseillée)*
Face à l'église de ce village dédié aux parfums, cette charmante auberge... embaume ! Le chef, Daniel Ettlinger, a su imposer son style, que l'on découvre à travers des menus imposés (sans choix) imaginés avec les beaux produits du marché. Parfums de Provence...
→ Légumes niçois grillés, tempura de fleur de courgette et sauce verte à l'huile d'olive. Gigot d'agneau des Alpilles, pommes de terre fondantes et légumes de saison. Figues à la frangipane, glace au yaourt et réduction de porto.

🍴 **Bistro du Clos**

9 rte d'Opio, (La Maison du Terroir) – ℰ 04 97 05 08 34 – www.bistro-du-clos.com
– *Fermé 3 semaines en janv., dim. et lundi*
Menu 23 € – Carte 22/35 €
Bel intérieur épuré, terrasse à l'ombre des micocouliers... Ce bistro a du charme ! Sous l'égide de son grand frère Le Clos St-Pierre, on y mitonne une délicieuse cuisine méditerranéenne, dans laquelle la salade niçoise et les pâtes aux pérugines côtoient les pieds-paquets et le steak de veau à l'ail...

LES ROUSSES

✉ 39220 (Jura) – 3 150 hab. – Alt. 1 110 m – Voir carte n°**16-B3**
▶ Paris 461 km – Genève 45 km – Gex 29 km – Lons-le-Saunier 64 km
Carte Michelin 321-G8 – Guide Vert Michelin Franche-Comté Jura

🏠 **Le Lodge** sans rest

309 r. Pasteur – ℰ 03 84 60 50 64 – www.hotellelodge.com
9 ch – ♦96/146 € ♦♦96/146 € – 1 suite – ☐ 12 €
En plein centre-ville, ce relais de poste sur la voie Paris-Genève est né en 1850, mais il a su rester jeune. Des pierres, du bois : un vrai chalet chic – douillet et chaleureux –, et des chambres très confortables (excellente literie).

🏠 **Le Chamois**

230 montée du Noirmont – ℰ 03 84 60 01 48 – www.lechamois.org
12 ch – ♦65/180 € ♦♦65/180 € – ☐ 12 € – ½ P
En retrait de la station et tout près des téléskis... en pleine nature ! Ce grand chalet dissimule des chambres vastes, modernes, chaleureuses et bien équipées.

🏠 **Hôtel du Village** sans rest

344 r. Pasteur – ℰ 03 84 34 12 75 – www.hotelvillage.fr – *Fermé 22 juin-5 juil.*
10 ch – ♦52/70 € ♦♦56/106 € – ☐ 7 €
Dans la rue principale du village, petit hôtel pratique avec des chambres simples et très bien tenues. Possibilité d'accueillir les familles.

🏠 **La Ferme du Père François**

214 r. Pasteur – ℰ 03 84 60 34 62 – www.perefrancois.fr – *Ouvert juin-sept. et déc.-mars*
7 ch – ♦89/127 € ♦♦89/127 € – ☐ 12 € – ½ P
Au cœur de la station, ce petit hôtel-restaurant tenu par un couple sympathique arbore un esprit alpin sobre et élégant. Tenue impeccable, atmosphère conviviale, bon petit-déjeuner et cuisine du terroir (fondues, tartiflettes, etc.) : un lieu attachant.

ROUSSILLON

✉ 84220 (Vaucluse) – 1 312 hab. – Alt. 360 m – Voir carte n°**42**-E1

▶ Paris 720 km – Apt 11 km – Avignon 46 km – Bonnieux 12 km

Carte Michelin 332-E10 – Guide Vert Michelin Provence

Le Clos de la Glycine
pl. de la Poste – ℰ 04 90 05 60 13 – www.luberon-hotel.com – Fermé de mi-nov. à mi-déc.

8 ch – †115/190 € ††115/190 € – 1 suite – ⟳ 14 € – ½ P

Rest *David* – voir les restaurants ci-après

Un hôtel-restaurant plein de charme, avec des chambres confortables et une vue magnifique sur la chaussée des Géants et le Ventoux. Très bon petit-déjeuner (fruits frais, yaourts fermiers).

Les Sables d'Ocre sans rest
rte d'Apt – ℰ 04 90 05 55 55 – www.sablesdocre.com – Ouvert mi-mars à mi-nov.

22 ch – †98/148 € ††98/148 € – ⟳ 13 €

Au cœur du pays de l'Ocre, ce mas récent à l'aspect engageant allie confort moderne et décoration d'inspiration provençale. Restauration prévue pour les résidents.

✗✗ David – Hôtel Le Clos de la Glycine
pl. de la Poste – ℰ 04 90 05 60 13 – www.luberon-hotel.com – Fermé de mi-nov. à mi-déc., dim. soir, jeudi midi et merc. hors saison

Menu 33/53 € – Carte 53/377 € *(réservation conseillée)*

Dans cette belle maison de village, il fait bon se mettre à table ! On y propose en effet une appétissante cuisine provençale – épaule d'agneau de pays braisée aux aromates, artichauts en barigoule aux fanes du jardin –, à déguster sous la glycine pendant les beaux jours... Délicieux !

ROUSSILLON

✉ 38150 (Isère) – 7 983 hab. – Alt. 200 m – Voir carte n°**44**-B2

▶ Paris 505 km – Annonay 24 km – Grenoble 92 km – St-Étienne 68 km

Carte Michelin 333-B5 – Guide Vert Michelin Lyon et sa région

Médicis sans rest
16 r. Fernand Léger – ℰ 04 74 86 22 47 – www.hotelmedicis.fr

15 ch – †61/78 € ††70/78 € – ⟳ 9 €

Dans un quartier pavillonnaire assez calme, un hôtel moderne aux chambres confortables et joliment colorées, avec de bons équipements. La qualité de l'accueil et de l'entretien montre l'importance que la direction accorde au bien-être des clients.

ROUTOT

✉ 27350 (Eure) – 1 409 hab. – Alt. 140 m – Voir carte n°**33**-C2

▶ Paris 148 km – Bernay 45 km – Évreux 68 km – Le Havre 57 km

Carte Michelin 304-E5 – Guide Vert Michelin Normandie Vallée de la Seine

✗✗ Auberge de l'Écurie
pl. de la Mairie – ℰ 02 32 57 30 30 – Fermé mardi soir, merc. soir, jeudi soir, dim. soir et lundi

Formule 15 € – Menu 21 € (semaine), 31/36 € – Carte 44/59 €

Sur la place de la mairie, face aux jolies halles, cet ancien relais de poste cultive tout simplement le goût de la tradition. Et c'est ainsi que l'on apprécie des rillettes de canard au vin blanc, une terrine de foie gras, une salade de Saint-Jacques, ou encore un millefeuille à la pomme...

ROUVRES-EN-XAINTOIS

✉ 88500 (Vosges) – 288 hab. – Alt. 330 m – Voir carte n°**26**-B3

▶ Paris 357 km – Épinal 42 km – Lunéville 58 km – Mirecourt 9 km

Carte Michelin 314-E3

Burnel
22 r. Jeanne-d'Arc – ℰ 03 29 65 64 10 – www.burnel.fr – Fermé 19-31 déc. et dim. soir sauf du 13 juil. au 21 sept.

21 ch – †61/67 € ††69/99 € – 2 suites – ⟳ 11 € – ½ P

Rest *Burnel* – voir les restaurants ci-après

Certaines chambres, façon chalet, donnent sur le jardin, tandis que d'autres, situées au-dessus du restaurant, adoptent l'esprit "savane" ; enfin, le salon est paré de tissus originaux. Au cœur d'un petit village, une auberge familiale et nullement vieillotte.

Burnel ⤙ 🛋 🅰🅲 ⇧ **P**

😵 *22 r. Jeanne-d'Arc –* ✆ *03 29 65 64 10 – www.burnel.fr – Fermé 19-31 déc., dim. soir sauf du 13 juil. au 21 sept., sam. midi et lundi midi*
Menu 16 € (semaine), 21/50 € – Carte 42/71 €
Au bonheur du marché, une cuisine du terroir mêlant civets, foie gras, poissons de lac, andouillette, gibier en saison... Des saveurs classiques, donc, dans un décor néorustique ou en terrasse, face au jardin fleuri.

ROUVROIS-SUR-OTHAIN – 55 (Meuse) → voir Longuyon (Meurthe-et-Moselle)

ROYAN

✉ 17200 (Charente-Maritime) – 17 875 hab. – Alt. 20 m – Voir carte n°**38-A3**
🚗 Paris 504 km – Bordeaux 121 km – Périgueux 183 km – Rochefort 40 km
Carte Michelin 324-D6 – Guide Vert Michelin Poitou-Charentes

Cordouan 🕙 🛏 ⟨ 🍽 🕸 🎬 🔧 👤 🅰🅲 🛜 🏋 **P** 🚗

6 allée des Rochers, (Conche du Chay) – ✆ *05 46 39 46 39*   Plan : **A**b
– www.hotel-cordouan-royan.com – Fermé 2 semaines en janv.
83 ch – ♦114/254 € ♦♦114/279 € – ⬜ 17 € – ½ P
Un hôtel surplombant la plage avec un beau centre de thalasso. Les chambres, spacieuses et contemporaines, ont toutes un balcon donnant sur la mer... Une belle idée de l'océan et du confort !

Family Golf Hôtel sans rest ⟨ 👤 🔧 🛜

28 bd Garnier – ✆ *05 46 05 14 66 – www.family-golf-hotel.com*   Plan : **C**m
– Ouvert 27 mars-30 nov.
30 ch – ♦78/140 € ♦♦78/199 € – ⬜ 12 €
Un agréable hôtel sur le front de mer, avec des chambres colorées et impeccablement tenues, donnant pour moitié sur les flots. L'été, on prend son petit-déjeuner sur la terrasse, avant de filer à la plage.

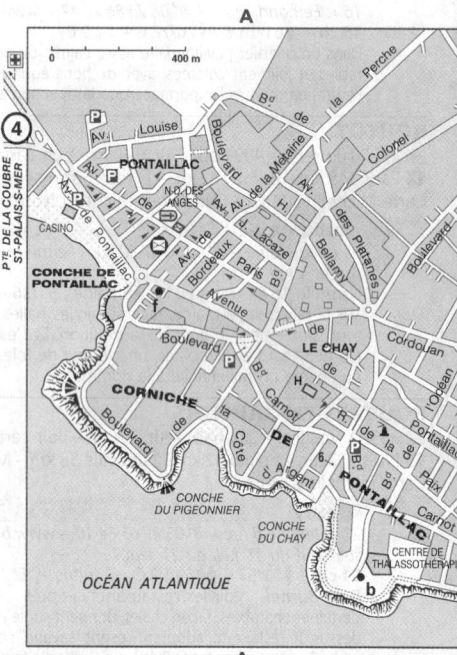

ROYAN

⬚ 🛏 **Rêve de Sable** sans rest   ⬇ 🛜
10 pl. Foch – ℰ *05 46 06 52 25*   Plan : C**z**
– www.revedesable.com
11 ch – 🛇70/120 € – 🛇🛇70/120 € – ⬜ 10 €
Hôtel familial près de la plage et du centre-ville. Les chambres sont lumineuses,
pratiques et donnent en partie sur la mer... Et les touches de déco 100 % marines,
certes un peu kitsch, jouent la carte océanique avec fraîcheur. Un bon plan !

🍴🍴 **Les Filets Bleus**   🆎
🍝 *14 r. Notre-Dame –* ℰ *05 46 05 74 00*   Plan : B**s**
🐷 *– Fermé 1 semaine vacances de fév., 23 juin-7 juil., vacances de la Toussaint,
dim. et lundi*
Formule 17 € – Menu 19 € (déj. en semaine), 30/60 € – Carte 29/70 €
En léger retrait du front de mer, ce restaurant se tourne logiquement vers les
richesses de l'Atlantique pour composer sa carte. Le chef veille à n'y inscrire que
des produits frais et de saison pour concocter des plats 100 % maison. Résultat ? Une cuisine traditionnelle agréable et bien iodée.

à Pontaillac – ⬛ 17640

🛏 **Belle-Vue** sans rest   ⬅ 🛜 **P**
122 av. Pontaillac – ℰ *05 46 39 06 75*   Plan : A**f**
– www.bellevue-pontaillac.com – Ouvert d'avril à nov.
22 ch – 🛇59/90 € – 🛇🛇59/90 € – ⬜ 8 €
Bordant le front de mer, une grande villa balnéaire typique des années 1950. Les
chambres sont agréables et très bien tenues ; côté plage, elles offrent une bien
belle vue sur les flots.

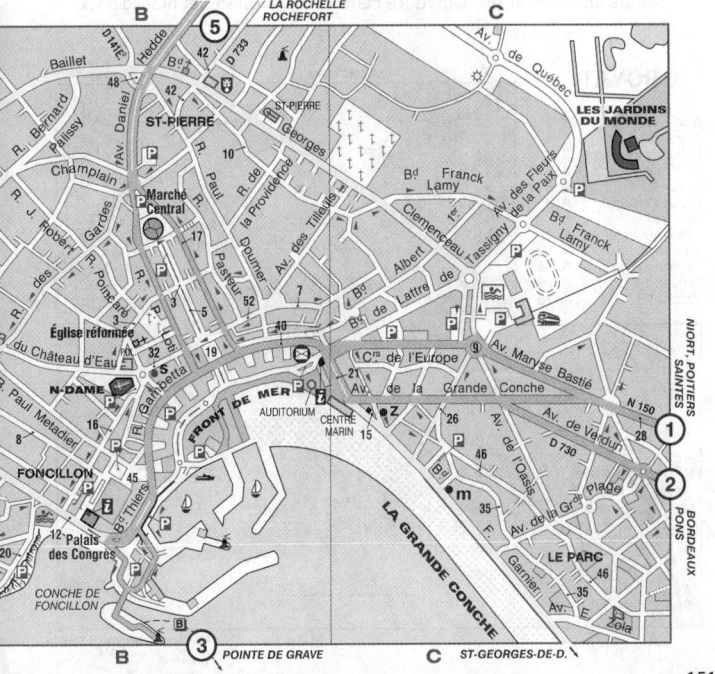

rte de St-Palais 3,5 km par ④ – ⊠17640 Vaux-sur-Mer

🏠 **Résidence de Rohan** sans rest   ⇘ ⇐ 🛏 ⚓ 🛋 ⚡ 🔋 **P**
7 av. de Rohan – ℰ 05 46 39 00 75 – www.residence-rohan.com – *Ouvert 28 mars-12 nov.*
43 ch – ♦89/125 € ♦♦89/169 € – ⊊ 12 €
Jadis résidence d'été de la famille de Rohan, cette jolie demeure à l'architecture typique de la fin du 19ᵉ s. est douce et résolument feutrée : mobilier de style, chambres cosy… Même atmosphère dans les deux annexes au cœur du beau parc dominant la plage. Un vrai lieu de villégiature !

ROYAT

⊠ 63130 (Puy-de-Dôme) – 4 490 hab. – Alt. 450 m – Voir carte n°**5-B2**
🄳 Paris 423 km – Aubusson 89 km – La Bourboule 47 km – Clermont-Ferrand 5 km
Carte Michelin 326-F8 – Guide Vert Michelin Auvergne

Accès et sorties : voir plan de Clermont-Ferrand agglomération.

🏘 **Princesse Flore**   🍽 🛎 🔍 ㋙ ⚡ 🏋 🚗
5 pl. Allard – ℰ 04 73 35 63 63 – www.princesse-flore-hotel.com   Plan : B**e**
31 ch – ♦135/300 € ♦♦135/300 € – 12 suites – ⊊ 19 € – ½ P
Rest *La Table d'Isidore* – voir les restaurants ci-après
Pour un séjour haut de gamme aux portes de Clermont-Ferrand, ce superbe immeuble (1883) évoque les fastes de la cité thermale à la Belle Époque : marbres et décors anciens… mais aussi installations dernier cri, design contemporain et un accès direct au centre thermoludique Royatonic.

🏠 **Royal St-Mart**   🍽 ⇐ 🛎 ⚡ 🏋 **P**
6 av. de la Gare – ℰ 04 73 35 80 01 – www.hotel-auvergne.com   Plan : B**n**
50 ch – ♦70/135 € ♦♦70/140 € – ⊊ 13 € – ½ P
Depuis 1853, la même famille vous accueille dans cette demeure bourgeoise du Second Empire. Les chambres sont assez simples ; préférez-les côté jardin. Avec ses grands arbres et ses transats, ce dernier séduira curistes et nostalgiques.

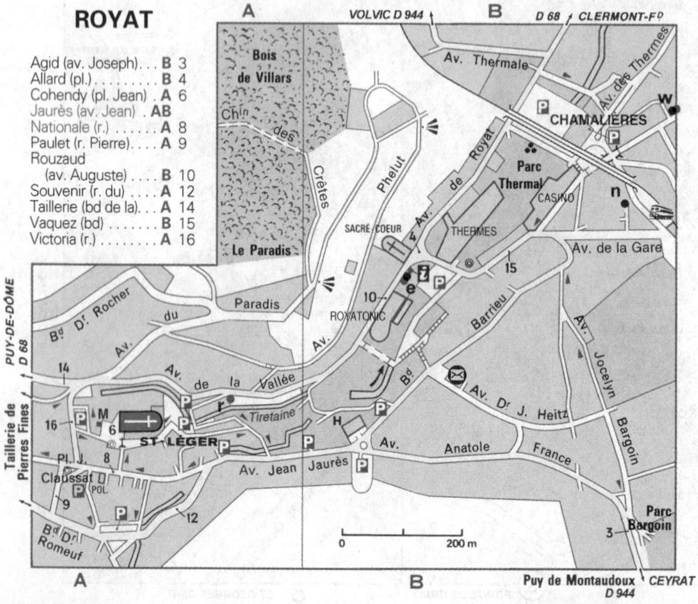

ROYAT

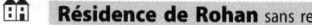

Agid (av. Joseph)... **B** 3
Allard (pl.) .... **B** 4
Cohendy (pl. Jean) . **A** 6
Jaurès (av. Jean) . **AB**
Nationale (r.) ...... **A** 8
Paulet (r. Pierre).... **A** 9
Rouzaud
  (av. Auguste)... **B** 10
Souvenir (r. du) .... **A** 12
Taillerie (bd de la).. **A** 14
Vaquez (bd) ...... **B** 15
Victoria (r.) .... **A** 16

XXX **La Belle Meunière** avec ch   ⚕ 🏠 ➳ rest, 🍽 ch, 🛜 🔊

25 av. de la Vallée – ℰ *04 73 35 80 17*   Plan : A**r**
☺ – *www.la-belle-meuniere.com* – Fermé sam. midi, dim. soir et lundi
3 ch ☲ – ♦♦139/250 € ♦♦♦139/250 € – 1 suite – ½ P
Menu 20 € (déj. en semaine), 25/82 € – Carte 38/84 €

En bord de Tiretaine, table où fusionnent produits de saison et touches asiatiques, dans un cadre – parquet, moulures, lustres – magnifié par des vitraux contemporains. L'idylle entre la Belle Meunière et le général Boulanger inspire le décor (19e s.) de certaines chambres.

XX **La Table d'Isidore** – Hôtel Princesse Flore   🏠 ➳ 🎰 ⇔

5 pl. Allard – ℰ *04 73 35 63 63* – *www.princesse-flore-hotel.com*   Plan : B**e**
Formule 20 € – Menu 35 € (dîner) – Carte 49/68 €

La belle image d'un restaurant de grand hôtel façon Belle Époque : moulures, grandes verrières, rideaux bouillonnés... Dans ce décor intemporel, on déguste une cuisine dans l'air du temps, réalisée avec le souci du beau et du bon.

ROYE

✉ 80700 (Somme) – 6 255 hab. – Alt. 88 m – Voir carte n°**36**-B2
▶ Paris 113 km – Amiens 44 km – Arras 75 km – Compiègne 42 km
Carte Michelin 301-J9

XXX **La Flamiche**   🎰

20 pl. de l'Hôtel-de-Ville – ℰ *03 22 87 00 56* – *www.laflamiche.fr* – Fermé 3 semaines en août, dim. soir, mardi midi et lundi
Formule 30 € – Menu 50 € ⵂ/174 € ⵂ – Carte 84/114 €

Rien d'étonnant à ce que ce restaurant, du nom de la fameuse spécialité locale, propose une cuisine – entre registre gastronomique et répertoire bistrotier – à l'accent régional ! Les salles distillent une ambiance bourgeoise et classique, et sont meublées dans le style picard... forcément.

XX **Le Florentin Hôtel Central** avec ch   🎰 rest, 🍽 ch, 🛜 🔊

36 r. d'Amiens – ℰ *03 22 87 11 05* – *www.leflorentin.com* – Fermé 1er-9 mars,
☺ 10-26 août, dim. soir et lundi
8 ch – ♦54 € ♦♦56/60 € – ☲ 7 €   Menu 17/40 € – Carte 36/53 €

Ne vous fiez pas à la façade en brique rouge ! Celle-ci cache une salle d'inspiration italienne : colonnes, moulures, marbres et fresques. Dans ce décor pour le moins déroutant, on sert une cuisine de tradition : fricassée d'escargots, tête de veau sauce gribiche, etc.

XX **Le Roye Gourmet**   🎰

1 pl. de la République – ℰ *03 22 87 10 87* – *www.restaurant-leroyegourmet.fr*
– Fermé 2 semaines en août, lundi, merc. soir et dim. soir
Formule 16 € ⵂ – Menu 23/40 € – Carte 31/59 €

Sur une place sympathique, cette enseigne célèbre gaiement le terroir : filet de bœuf flambé en salle, sauté de ris d'agneau et de foie gras, profiteroles... Une cuisine généreuse et bien tournée. Pas étonnant que les gourmets de Roye aient fait de l'adresse leur QG !

ROYE – 70 (Haute-Saône) ➜ voir Lure

LE ROZIER

✉ 48150 (Lozère) – 151 hab. – Alt. 400 m – Voir carte n°**22**-B1
▶ Paris 632 km – Florac 57 km – Mende 63 km – Millau 23 km
Carte Michelin 330-H9

🏠🏠🏠 **Hôtel de la Muse et du Rozier**   🔟 ⚓ ≼ 🍴 ⵊ 🛗 🛜 🔊 **P**

rte des Gorges, (à La Muse), D 907 ✉ *12720 Mostuéjols* – ℰ *05 65 62 60 01*
– *www.hotel-delamuse.fr* – Ouvert 3 avril-31 oct. et fermé lundi et mardi en avril et oct.
35 ch – ♦120/190 € ♦♦120/190 € – ☲ 15 € – ½ P
Rest *Restaurant de la Muse et du Rozier* – voir les restaurants ci-après

Dans le jardin de ce grand hôtel centenaire, une plage privée au bord du Tarn ! L'esprit des lieux ? Contemporain, sobre et zen, en harmonie avec les sublimes paysages environnants. Une certaine idée de l'élégance...

Doussière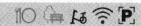

Route de Meyrueis – ℰ 05 65 62 60 25 – www.hotel-doussiere.com – Ouvert 15 mars-11 nov.
19 ch – †50/60 € ††50/60 € – ⌓ 9 € – ½ P
Une affaire de famille (2ᵉ génération) qui, pour l'anecdote, n'est autre que l'ex-auberge de jeunesse du village. Préférez les chambres de la bâtisse principale, plus récentes qu'à l'annexe ; au restaurant, cap sur le terroir et vue sur la Jonte.

Restaurant de la Muse et du Rozier

rte des Gorges, (à La Muse), D 907 ⊠ 12720 Mostuéjols – ℰ 05 65 62 60 01 – www.hotel-delamuse.fr – Ouvert 3 avril-31 oct. et fermé lundi et mardi en avril et oct. et le midi sauf dim.
Menu 30/45 € – Carte 40/56 €
Honneur à la fraîcheur, aux saisons et au terroir, à travers une cuisine dans l'air du temps qui s'accorde à merveille avec le décor. Aux beaux jours, on savoure aussi la superbe terrasse donnant sur le Tarn...

RUE

⊠ 80120 (Somme) – 3 121 hab. – Alt. 9 m – Voir carte n°**36-A1**
▶ Paris 212 km – Abbeville 28 km – Amiens 77 km – Berck-Plage 22 km
Carte Michelin 301-D6

Au Petit Chaudron

390 rte d'Abbeville – ℰ 03 22 25 80 16 – www.petit-chaudron.com – Fermé 3 semaines fin nov.-début déc. et lundi sauf fériés le midi
Formule 21 € – Menu 30/34 € – Carte 30/37 €
Tel Obélix tombé petit dans la potion magique, les gourmands ont toujours envie de plonger dans ce Petit Chaudron entouré de verdure ! Foie gras mi-cuit à la nougatine et sa tatin d'oignons, côtes d'agneau au thym, trilogie de poissons façon bouillabaisse... Le chef récite sa cuisine avec passion ; on se régale.

à St-Firmin 3 km à l'Ouest par D 4 – ⊠ 80550

Auberge de la Dune

1352 r. de la Dune – ℰ 03 22 25 01 88 – www.auberge-de-la-dune.com
11 ch – †78/85 € ††78/85 € – ⌓ 12 € – ½ P
Cette ancienne ferme typiquement picarde, toute proche du parc ornithologique, s'est transformée en auberge champêtre. Labellisée "clef verte", elle propose des chambres très bien tenues, parfaites pour des randos écolos dans le Marquenterre.

RUEIL-MALMAISON – 92 (Hauts-de-Seine) → voir Paris, Environs

RUNGIS – 94 (Val-de-Marne) → voir Paris, Environs

RUPT-SUR-MOSELLE

⊠ 88360 (Vosges) – 3 509 hab. – Alt. 424 m – Voir carte n°**27-C3**
▶ Paris 423 km – Belfort 58 km – Colmar 80 km – Épinal 38 km
Carte Michelin 314-H5

Hôtel du Centre

30 r. de l'Église – ℰ 03 29 24 34 73 – www.valerieetcedric.com – Fermé 26 juin-9 juil. et vacances de Noël
8 ch – †54/70 € ††59/85 € – ⌓ 9 € – ½ P
On s'arrête toujours avec plaisir dans cette maison mosellane située aux portes du parc régional des ballons des Vosges. Les chambres, rénovées pour la plupart en 2013, s'habillent de matériaux naturels – bois, liège – et se révèlent très confortables.

LES SABLES-D'OLONNE

⊠ 85100 (Vendée) – 14 165 hab. – Alt. 4 m – Voir carte n°**34-A3**
▶ Paris 456 km – Cholet 107 km – Nantes 102 km – Niort 115 km
Carte Michelin 316-F8 – Guide Vert Michelin Pays de la Loire

Mercure Côte Ouest Thalasso & Spa   🕙 ⓢ ⇆ 🐞 ⌺ 🔲 ⑩ 🛗 🔲

rte du Tour de France, au Lac de Tanchet, 2,5 km par   ♿ 🅰🅺 ⚛ 🛜 🏋 🅿

la corniche – ℰ 02 51 21 77 77 – www.hotel-coteouest.com   Plan : CY**f**

97 ch – 🛉124/542 € 🛉🛉144/542 € – ⌷ 18 € – ½ P

Situé en retrait de la mer, dominant le lac de Tanchet, cet établissement nous plonge dans l'atmosphère élégante et feutrée des paquebots des années 1930, avec leurs belles malles et le mobilier d'époque... Et les chambres, spacieuses et impeccablement tenues, prolongent cette expérience.

Atlantic Hôtel   🕙 ⇆ 🔲 🛗 🅰🅺 🛜 🏋

5 promenade Georges Godet – ℰ 02 51 95 37 71   Plan : BY**e**

– www.atlantichotel.fr

34 ch – 🛉85/165 € 🛉🛉110/225 € – ⌷ 13 € – ½ P

Un bâtiment des années 1970 sur le front de mer. Derrière sa façade toute blanche, un décor contemporain de bon ton, particulièrement agréable quand les chambres donnent sur l'Atlantique. Et pour les amateurs d'eau douce, la piscine couverte est idéale !

Kyriad Arundel sans rest   🛗 🅰🅺 🛜

8 bd F.-Roosevelt – ℰ 02 51 32 03 77   Plan : AZ**k**

– www.kyriad-les-sables-dolonne-plage.fr

42 ch – 🛉79/149 € 🛉🛉79/149 € – ⌷ 11 €

Un hôtel récent en face du casino, idéalement situé entre plage et ports. Les chambres sont fonctionnelles, confortables et soignées, avec balcon côté mer.

Arc en Ciel Spa sans rest   ⑩ 🛗 🛗 ♿ ⚛ 🏋 🅿

13 r. Chanzy – ℰ 02 51 96 92 50 – www.arcencielhotel.com   Plan : BZ**t**

39 ch – 🛉69/140 € 🛉🛉83/140 € – 1 suite – ⌷ 10 €

Urban green ? Blue opera ? Glamour ? À deux pas de la plage, choisissez votre ambiance dans ce petit hôtel avenant, proposant des chambres très colorées et originales... dont le plafond est digne d'un vrai ciel étoilé !

Antoine   🕙 ⚛ 🛜 🚗

60 r. Napoléon – ℰ 02 51 95 08 36 – www.antoinehotel.com   Plan : AZ**a**

– Ouvert de mi-mars à mi-oct.

20 ch – 🛉62/85 € 🛉🛉62/85 € – ⌷ 8 € – ½ P

Entre le vieux port et la plage, une ancienne propriété d'armateur (18ᵉ s.) dans laquelle règne une atmosphère résolument familiale. Les chambres sont simples, mais spacieuses et très bien tenues.

Les Embruns sans rest   ♿ ⚛ 🛜 🅿

33 r. Lt-Anger – ℰ 02 51 95 25 99   Plan : AY**n**

– www.hotel-lesembruns.com – Ouvert 1ᵉʳ mars-2 nov.

20 ch – 🛉56/77 € 🛉🛉56/77 € – ⌷ 8,50 €

Dans le quartier pittoresque de la Chaume, une maison avenante et familiale avec des chambres toutes différentes, fraîches et colorées... pour se loger à bon compte.

Les Hirondelles sans rest   🛗 ♿ 🛜 🅿

44 r. de la Corderie – ℰ 02 51 95 10 50   Plan : BZ**p**

– www.hotelhirondelles.com – Ouvert 3 avril-4 oct.

31 ch – 🛉60/66 € 🛉🛉68/80 € – ⌷ 8,50 €

Non loin d'une longue plage de sable fin, un hôtel pratique avec des chambres fonctionnelles, claires et très bien tenues. Agréable petit patio fleuri ; copieux buffet au petit-déjeuner.

Maison Richet sans rest   🛜

25 r. de la Patrie – ℰ 02 51 32 04 12 – www.maison-richet.fr   Plan : AZ**d**

– Fermé janv.

17 ch – 🛉50/78 € 🛉🛉61/78 € – ⌷ 9 €

Il règne ici une agréable et chaleureuse atmosphère de maison d'hôtes. Les chambres sont petites mais douillettes (jonc de mer, tons gris perle et beige...) et il y a même un joli patio, où l'on prend le petit-déjeuner aux beaux jours.

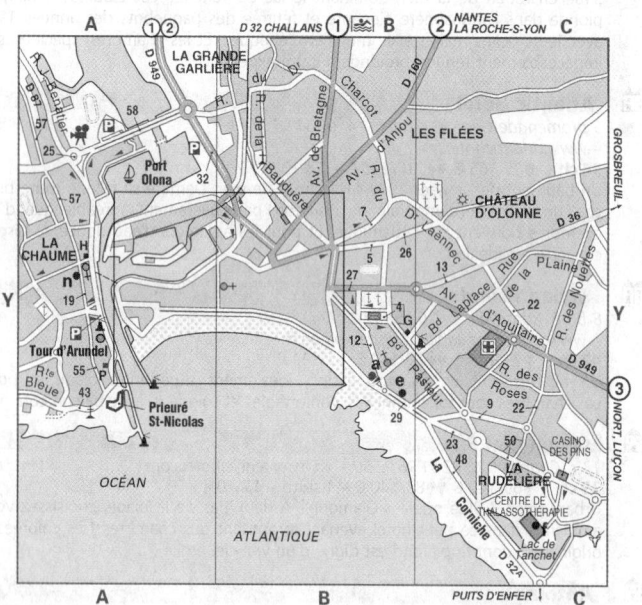

Loulou Côte Sauvage

19 rte Bleue, à La Chaume AY – 𝒞 02 51 21 32 32 – www.louloucotesauvage.com – Fermé 19 nov.-14 janv., dim. soir, lundi et mardi sauf juil.-août et fériés
Formule 25 € – Menu 33/66 € – Carte 45/84 €

Ce Loulou-là a accroché sa jolie maison aux rochers de la côte sauvage, face à la mer : la vue est imprenable ! Ici, les produits iodés – extrafrais – sont évidemment à l'honneur : homards tirés du vivier, poissons achetés directement à la criée des Sables... pour des plats savoureux et bien tournés.

Le Quai des Saveurs

10 quai Guiné – 𝒞 02 51 23 84 91 – www.lequaidessaveurs.net — Plan : AZ**g**
– Fermé fin juin-début juil., 1 semaine en oct., 2 semaines en janv., dim. soir, lundi et merc. hors saison
Formule 20 € – Menu 25 € (déj. en semaine), 47/63 € – Carte 54/62 €

Sur le port de pêche, derrière une discrète façade, une table tenue par un jeune couple très professionnel. Le chef signe un menu unique (décliné en 3, 4 ou 5 plats) qui évolue au gré du marché. Une cuisine métissée, créative et soignée : ce Quai des Saveurs n'a pas volé son nom.

La Flambée

81 r. des Halles – 𝒞 02 51 96 92 35 – Fermé dim. soir, mardi — Plan : AZ**e**
soir et lundi
Formule 20 € – Menu 40/53 €

Un néobistrot épuré du quartier des halles, où saveur rime avec fraîcheur. Crème de poivron, gambas et glace à l'anis ; noix de ris de veau et émulsion de beurre noisette : le chef se donne du mal pour faire plaisir à ses hôtes... qui apprécient !

LES SABLES D'OLONNE

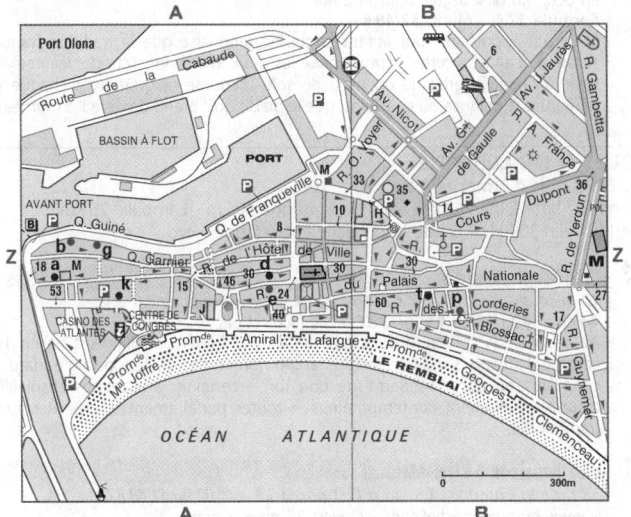

𝄙𝄙 Le Clipper

19 bis quai Guiné – ☏ 02 51 32 03 61 – www.le-clipper.com   Plan : AZ**b**
– Fermé 1ᵉʳ-7 fév., 2-25 déc., jeudi midi en juil.-août, mardi et merc. de sept.
à juin
Menu 18 € (semaine), 28/39 € – Carte 40/90 €
Homard bleu à la chair très fine, filet de bar de ligne rôti, risotto crémeux de crevettes et légumes : dans ce restaurant du port au décor très marin, les beaux produits... de la mer sont à l'honneur !

𝄙 La Pilotine

7 et 8 prom. Clemenceau – ☏ 02 51 22 25 25 – Fermé dim. soir   Plan : BY**a**
et mardi de sept. à juin et lundi
Menu 18/58 € – Carte 48/89 € (réservation conseillée)
Saumon, palourdes, turbot, crevettes ou homard ? Dans ce restaurant du front de
mer, on déguste une cuisine généreuse et soignée, axée sur les produits de la
pêche. L'accueil est charmant et les prix doux ; prenez le large sans hésiter à
bord de cette Pilotine, mais n'oubliez pas de réserver !

à l'anse de Cayola 7 km au Sud-Est par la Corniche – CY✉
85180 Château-d'Olonne

𝄙𝄙𝄙 Cayola

76 promenade Cayola – ☏ 02 51 22 01 01 – www.le-cayola.com – Fermé
23 déc.-21 janv., mardi soir et merc. soir d'oct. à mars, dim. soir et lundi sauf
fériés
Menu 35/77 € – Carte 78/111 €
Dans la salle ou sur la terrasse, la vue sur l'Atlantique est superbe et l'on se prend
à rêver de croisières au long cours. Mais l'évasion est déjà dans l'assiette, raffinée et iodée : les produits de la mer sont rois en ce royaume...
➔ Langoustines en tartare, bouillon chaud à la citronnelle. Saint-pierre cuit à
basse température et homard bleu en carpaccio à la truffe. Tubes des Caraïbes
aux deux parfums, sorbet cacao.

à Château-d'Olonne 3 km à l'Est – ✉ 85180 – 13 473 hab. – Alt. 20 m

✗ La Ferme de Villeneuve

28 r. du Pré-Etienne, 5 km au Nord-Est par D 36 (CY) et rte secondaire – ℰ 02 51 33 41 83 – www.lafermedevilleneuve.com – Fermé janv., 1 semaine en oct., mardi sauf juil.-août et lundi

Formule 17 € – Menu 32/48 €

Ceux qui apprécient tout autant la cuisine japonaise que la tradition française seront aux anges : cette "Ferme" marie les deux avec brio ! Tête de veau croustillante à la sauce gribiche ou maki de sole (parfumé et goûteux) : chaque plat démontre la maîtrise du chef, ainsi que le plaisir qu'il prend derrière les fourneaux...

SABLES-D'OR-LES-PINS

✉ 22240 (Côtes-d'Armor) – Voir carte n°**10**-C1

◩ Paris 437 km – Dinan 42 km – Dol-de-Bretagne 60 km – Lamballe 26 km

Carte Michelin 309-H3 – Guide Vert Michelin Bretagne Nord

🏨 Hôtel de Diane

12 allée des Acacias – ℰ 02 96 41 42 07 – www.hoteldiane.fr

46 ch – ♦96/198 € ♦♦96/198 € – ☑ 13 € – ½ P

Au cœur de la station, à deux pas de la mer, l'Hôtel de Diane est né en 1921 comme l'atteste son architecture anglo-normande. Nulle nostalgie dans les chambres, au décor moderne de bon ton – certaines aux teintes ensoleillées, d'autres résolument contemporaines –, toutes parfaitement tenues. Restaurant traditionnel.

🏨 Le Manoir Saint-Michel *sans rest*

38 r. de la Carquois, 1,5 km à l'Est par D 34 – ℰ 02 96 41 48 87 – www.manoirstmichel.com – Ouvert 27 mars-3 nov.

20 ch – ♦53/123 € ♦♦63/153 € – ☑ 9 €

Ce beau manoir du 16e s. domine la plage et l'on s'y sent vraiment bien : vaste parc avec plan d'eau (pêche autorisée), chambres douillettes au charme d'antan (mobilier rustique et breton), petit-déjeuner servi près de la cheminée ou dans l'orangerie... Au rythme des marées !

SABLÉ-SUR-SARTHE

✉ 72300 (Sarthe) – 12 324 hab. – Alt. 29 m – Voir carte n°**35**-C1

◩ Paris 252 km – Angers 64 km – La Flèche 27 km – Laval 44 km

Carte Michelin 310-G7 – Guide Vert Michelin Pays de la Loire

✗✗ Parfum d'Épices

rte de Laval (D 306) – ℰ 02 43 92 94 14 – www.parfumdepices.com – Fermé 19 août-1er sept. et lundi sauf fériés

Formule 16 € – Menu 22/42 € – Carte 32/46 €

Une étape agréable sur la route de Laval, pour déguster une bonne cuisine traditionnelle. Le restaurant est marqué par le souvenir des Antilles, où le chef vivait avant de rentrer en métropole : de la décoration – mobilier en rotin tressé, couleurs – à ce menu créole proposant acras de morue et boudin antillais.

à Solesmes 3 km au Nord-Est par D 22 – ✉ 72300 – 1 360 hab. – Alt. 28 m

🏨 Grand Hôtel de Solesmes

16 pl. Dom-Guéranger – ℰ 02 43 95 45 10 – www.grandhotelsolesmes.com – Fermé 26 déc.-6 janv.

26 ch – ♦94/130 € ♦♦105/265 € – ☑ 13 € – ½ P

Rest *Grand Hôtel de Solesmes* – voir les restaurants ci-après

Face à la belle abbaye St-Pierre, d'où l'on entend parfois s'échapper les chants grégoriens des moines, cet hôtel est assurément propice au repos : très confortable, avec des chambres personnalisées et un entretien sans faille. Louange au Grand Hôtel de Solesmes !

XXX **Grand Hôtel de Solesmes**   ⇔ & P

16 pl. Dom-Guéranger – ℰ 02 43 95 45 10 – www.grandhotelsolesmes.com
– Fermé 26 déc.-6 janv., sam. midi et dim. soir de sept. à mars
Formule 22 € – Menu 34/68 € – Carte 48/92 €
Langoustines poêlées au jus de réglisse et fenouil, suprême de poulet de Loué en
croûte d'épices douces, soufflé chaud au cointreau... Une délicate cuisine classique qui séduit d'emblée ; on ne triche pas sur la qualité des produits. De plus,
l'accueil et le service sont charmants !

SABRES

✉ 40630 (Landes) – 1 201 hab. – Alt. 78 m – Voir carte n°**3-B2**
🚩 Paris 676 km – Arcachon 92 km – Bayonne 111 km – Bordeaux 94 km
Carte Michelin 335-G10 – Guide Vert Michelin Aquitaine

🏠 **Auberge des Pins**   �️⓪ ⇔ & ⇔ 🤶 P

r. de la piscine – ℰ 05 58 08 30 00 – www.aubergedespins.fr – Fermé 3 semaines en janv.
20 ch – †70 € ††75/100 € – ⌷ 12 € – ½ P
Rest *Auberge des Pins* – voir les restaurants ci-après
Un bel esprit maison de famille dans cette grande demeure landaise à colombages : joli
parc arboré, chambres au décor soigné (meubles rustiques, bois peint...) et salon cosy.

XX **Auberge des Pins**   ⇔ ⇔ & P

⊂⊃ *r. de la piscine – ℰ 05 58 08 30 00 – www.aubergedespins.fr – Fermé 3 semaines*
en janv., lundi sauf le soir en juil.-août et dim. soir
Menu 19 € (déj. en semaine), 25/75 € – Carte 45/70 €
Des boiseries, des poutres, une cheminée... Un endroit authentique et chaleureux,
idéal pour savourer une cuisine classique qui fait de jolis clins d'œil au terroir.

SACHÉ – 37 (Indre-et-Loire) → voir Azay-le-Rideau

SACLAY – 91 (Essonne) → voir Paris, Environs

SAGELAT – 24 (Dordogne) → voir Belves

SAIGNON – 84 (Vaucluse) → voir Apt

SAILLAGOUSE

✉ 66800 (Pyrénées-Orientales) – 1 037 hab. – Alt. 1 309 m – Voir carte n°**22-A3**
🚩 Paris 855 km – Bourg-Madame 10 km – Font-Romeu-Odeillo-Via 12 km –
Mont-Louis 12 km
Carte Michelin 344-D8

🏠 **Chez Planes**   ⅐️⓪ 🍴 ⇔

6 pl. Cerdagne – ℰ 04 68 04 72 08 – www.planotel.fr
19 ch – †68/85 € ††74/85 € – ⌷ 9 € – ½ P
Avis aux amateurs de rusticité montagnarde : sur l'axe principal du village, cette maison locale tenue de père en fils est une institution. Les chambres, pratiques et impeccables, sont peu à peu rénovées. Un bon plan ! Cuisine régionale au restaurant.

🏠 **Planotel** sans rest   🕭 ≤ 🎄 🎠 ⇔ P

5 r. Torrent – ℰ 04 68 04 72 08 – www.planotel.fr – Ouvert 1ᵉʳ juin-30 sept. et
vacances scolaires
18 ch – †68/85 € ††74/85 € – ⌷ 9 €
En retrait du village, cet hôtel fleuri des années 1980 est ouvert uniquement en saison.
Les chambres, bien pratiques et un brin rétro, ont toutes un balcon. Et pour la
détente : sauna, piscine chauffée, etc.

à Llo 3 km à l'Est par D 33 – ✉ 66800 – 161 hab. – Alt. 1 424 m

🏠 **L'Atalaya** sans rest   🕭 ≤ 🎄 🎠 ⇔ P

– ℰ 04 68 04 70 04 – www.atalaya66.com
5 ch ⌷ – †95/115 € ††95/115 €
Que dire du jardinet fleuri, des chambres romantiques et de tous ces objets chinés par la propriétaire ? Qu'ils ont du charme, tout simplement ! Cette bergerie
perchée sur la montagne cerdane a tout le cachet des belles maisons d'hôtes, et
l'accueil réservé est délicieux...

SAINCAIZE-MEAUCE – 58 (Nièvre) ➜ voir Nevers

SAINGHIN-EN-MÉLANTOIS – 59 (Nord) ➜ voir Lille

STE (Sainte) voir après la nomenclature des Saints

ST-AFFRIQUE-LES-MONTAGNES
✉ 81290 (Tarn) – 767 hab. – Alt. 244 m – Voir carte n°**29**-C2
◗ Paris 741 km – Albi 55 km – Carcassonne 53 km – Castres 12 km
Carte Michelin 338-F9

🏠 **Domaine de Rasigous**
lieu-dit Rasigous, 2 km au Sud par D 85 – ℰ 05 63 73 30 50
– www.domainederasigous.com – Ouvert 15 mars-15 nov.
6 ch – ♦80/200 € ♦♦130/200 € – 2 suites – 🖙 12 € – ½ P
Au cœur d'un parc jalonné d'œuvres d'art – le propriétaire est un passionné –,
cette demeure du 19ᵉ s. cultive un bel esprit maison d'hôtes. Parquet ancien,
mobilier chiné, les chambres ont beaucoup de caractère ; à l'extérieur, l'espace
bien-être vous tend les bras.

ST-AGRÈVE
✉ 07320 (Ardèche) – 2 546 hab. – Alt. 1 050 m – Voir carte n°**44**-A2
◗ Paris 582 km – Aubenas 68 km – Lamastre 21 km – Privas 64 km
Carte Michelin 331-I3 – Guide Vert Michelin Ardèche Drôme

🗙🗙 **Domaine de Rilhac** avec ch
2 km au Sud-Est par D 120, D 21 et rte secondaire – ℰ 04 75 30 20 20
*– www.domaine-de-rilhac.com – Fermé 20 déc.-15 mars, mardi soir, jeudi midi et
merc.*
7 ch – ♦95/132 € ♦♦95/132 € – 🖙 15 € – ½ P   Formule 20 € – Menu 31/58 €
Calme assuré dans cette ancienne ferme ardéchoise perdue dans la campagne,
où l'on savoure une goûteuse cuisine de saison face au mont Gerbier-de-Jonc.
Idéal pour se régaler tout en écoutant le chant des oiseaux ! Quelques chambres,
dont certaines mansardées.

ST-AIGNAN
✉ 41110 (Loir-et-Cher) – 3 084 hab. – Alt. 115 m – Voir carte n°**11**-A2
◗ Paris 221 km – Blois 41 km – Châteauroux 65 km – Romorantin-Lanthenay 36 km
Carte Michelin 318-F8 – Guide Vert Michelin Châteaux de la Loire

🏠 **Les Jardins de Beauval**
(au zoo-parc de Beauval), 4 km par D 675 – ℰ 02 54 75 60 00
– www.lesjardinsdebeauval.com
112 ch – ♦108/148 € ♦♦108/148 € – 🖙 12 € – ½ P
Cinq pavillons dans un jardin paysagé, au pied du magnifique parc animalier de
Beauval. Source d'inspiration affichée : l'Indonésie... et les chambres – classiques – s'habillent de mobilier en bois exotique. Un lieu atypique et avec un certain cachet.

🗙 **Le Mange-Grenouille** ❶
😊 *10 r. Paul-Boncour – ℰ 02 54 71 74 91 – www.lemangegrenouille.fr – Fermé
22 juin-5 juil., 3 semaines en oct., sam. midi, dim. soir et lundi*
Formule 14 € – Menu 16 € (déj. en semaine), 31/40 €
Décoration baroque, mobilier chiné et grenouilles en tous genres offertes par les
clients : cet ancien relais de poste ne manque pas de caractère ! On s'y régale
d'une cuisine traditionnelle simple et bonne (rillettes de lapin et chèvre fermier,
pluma de bellota grillée), qui évolue régulièrement. Attachant !

ST-ALBAN-DE-MONTBEL – 73 (Savoie) ➜ voir Aiguebelette-le-Lac

ST-ALBAN-LES-EAUX
✉ 42370 (Loire) – 926 hab. – Alt. 410 m – Voir carte n°**44**-A1
◗ Paris 390 km – Lapalisse 45 km – Montbrison 56 km – Roanne 12 km
Carte Michelin 327-C3 – Guide Vert Michelin Lyon et sa région

Le Petit Prince

Le bourg – ℰ 04 77 65 87 13 – www.restaurant-lepetitprince.fr
– *Fermé janv., mardi de sept. à mai, dim. soir en juil.-août et lundi*
Menu 22 € (semaine), 32/85 €

Ce charmant restaurant n'est pas tombé d'un astéroïde : il a été fondé en 1805 par les arrière-grand-tantes de l'actuel patron ! Sa cuisine, fraîche, colorée et inventive, combine légèreté et gourmandise. Ce Petit Prince saura vous apprivoiser...

ST-ALBAN-LEYSSE – 73 (Savoie) → voir Chambéry

ST-ALBAN-SUR-LIMAGNOLE

✉ 48120 (Lozère) – 1 500 hab. – Alt. 950 m – Voir carte n°**23**-C1
▶ Paris 552 km – Espalion 72 km – Mende 40 km – Le Puy-en-Velay 75 km
Carte Michelin 330-I6

Relais St-Roch

chemin du Carreirou – ℰ 04 66 31 55 48 – www.relais-saint-roch.fr – *Ouvert de mi-avril à la Toussaint*
9 ch – †116/290 € ††116/290 € – ⬚ 18 € – ½ P
Rest *La Petite Maison* – voir les restaurants ci-après
"Verveine", "Violette", "Narcisse"... Dans cette gentilhommière du 19e s. en granit rose, les chambres honorent la nature dans un esprit d'antan (lambris vernissés, tissus tendus) qui a fidélisé de nombreux habitués. Agréable piscine dans le beau jardin.

La Petite Maison – Hôtel Relais St-Roch

av. de Mende – ℰ 04 66 31 56 00 – www.la-petite-maison.fr – *Ouvert de mi-avril à la Toussaint et fermé lundi midi, mardi midi et merc. midi*
Formule 25 € – Menu 29/78 € – Carte 46/84 €
Une table régionale où règne une atmosphère chaleureuse et rustique. Les spécialités de la maison ? La viande de bison américain (depuis 1992 !), la friture de truitelle, le whisky (400 références) et les vins du Languedoc-Roussillon. Enfin, les propriétaires sont aux petits soins : on se sent comme un coq en pâte...

ST-AMAND-MONTROND

✉ 18200 (Cher) – 10 646 hab. – Alt. 160 m – Voir carte n°**12**-C3
▶ Paris 282 km – Bourges 52 km – Châteauroux 65 km – Montluçon 56 km
Carte Michelin 323-L6 – Guide Vert Michelin Limousin Berry

L'Amandois

7 r. Henri-Barbusse, (face pl. de la République) – ℰ 02 48 63 72 00 – www.logishotels.com
43 ch – †72/82 € ††85/95 € – ⬚ 11 € – ½ P
Une adresse fonctionnelle et pratique, où les chambres, modernes et fort bien équipées, sont réparties dans deux bâtiments. Restaurant traditionnel.

à Noirlac 4 km au Nord-Ouest par D 2144 (rte de Bourges) et D 35 – ✉ 18200

Auberge de l'Abbaye de Noirlac

– ℰ 02 48 96 22 58 – www.aubergeabbayenoirlac.free.fr – *Ouvert 25 fév.-30 nov. et fermé mardi soir et merc.*
Menu 23 € (semaine), 29/38 € – Carte 42/62 €
Face à l'abbaye de Noirlac, cette auberge créée dans une chapelle du 12e s. rend hommage à la cuisine du terroir. En digne enfant du pays, le chef orchestre la cérémonie avec les produits de la région : fromage berrichon, poule noire… et côté vins : châteaumeillant, st-pourçain, sancerre, etc.

à Bruère-Allichamps 8,5 km au Nord-Ouest par rte de Bourges (D 2144) – ✉ 18200 – 640 hab. – Alt. 170 m

Les Tilleuls avec ch

45 rte de Noirlac – ℰ 02 48 61 02 75 – www.hotel-restaurant-tilleuls.com
– *Fermé 1 semaine en mars, vacances de la Toussaint, de Noël, dim. soir de nov. à avril, mardi midi de mai à oct., merc. midi et lundi*
9 ch – †50/55 € ††55/65 € – ⬚ 9 € – ½ P
Formule 16 € – Menu 25/38 € – Carte 29/41 €
Sur la route touristique longeant le Cher, une construction des années 1960 derrière un rideau de... tilleuls. Au menu : une cuisine dans l'air du temps, avec quelques recettes très originales. Quelques chambres fonctionnelles à l'étage.

ST-AMARIN

⊠ 68550 (Haut-Rhin) – 2 353 hab. – Alt. 410 m – Voir carte n°**1-A3**
◨ Paris 461 km – Belfort 52 km – Colmar 53 km – Épinal 76 km
Carte Michelin 315-G9

⌂ **Auberge du Mehrbächel** ⏐○ ⬡ ⬳ ⚇ 🛜 ⚲ **P**
4 km à l'Est par rte du Mehrbächel – ℰ *03 89 82 60 68*
– www.auberge-mehrbachel.com – Fermé 31 oct.-11 nov.
19 ch – ♦60/75 € ♦♦68/95 € – � 10 € – ½ P
En pleine montagne et sur le passage d'un GR, cette auberge (qui est aussi une vraie ferme !) a des airs de refuge rustique et douillet... Au restaurant, on partage quelques spécialités alsaciennes avec des randonneurs affamés et ravis.

ST-AMBROIX

⊠ 30500 (Gard) – 3 401 hab. – Alt. 142 m – Voir carte n°**23-C1**
◨ Paris 686 km – Alès 20 km – Aubenas 56 km – Mende 111 km
Carte Michelin 339-K3

à St-Victor-de-Malcap 2 km au Sud-Est par D 51 – ⊠ 30500
– 769 hab. – Alt. 140 m

※※ **La Bastide des Senteurs** avec ch ⊞ ⬡ 🛏 ⫚ ⬚ 🄺 ch, **P**
5 r. de la Traverse – ℰ *04 66 60 24 45 – www.bastide-senteurs.com – Ouvert de mars à nov. et fermé lundi midi et sam. midi*
14 ch – ♦87/106 € ♦♦87/147 € – ⊒ 12 € – ½ P
Formule 19 € ⵟ – Menu 27/85 €
Dans cette ancienne magnanerie, quel plaisir de s'installer sur la terrasse dominant le vallon ! Les yeux sur l'horizon, on savoure une cuisine empreinte de classicisme et qui porte haut les couleurs de la Méditerranée. Spécialité : la poularde en vessie. Chambres aux noms de cépages, confortables et soignées.

à Larnac 3,5 km au Sud-Ouest par rte d'Alès – ⊠ 30960

🏠 **Le Clos des Arts** ⏐○ ⬡ ⫚ ⬚ 🄺 🛜 **P**
Domaine Villaret – ℰ *04 66 25 40 91 – www.closdesarts.com*
15 ch – ♦59/79 € ♦♦59/79 € – ⊒ 8 € – ½ P
Dans une ancienne filature de soie du 17ᵉ s., des chambres spacieuses, déclinées en deux thématiques : Inde et design. De nombreuses œuvres d'art donnent du charme à ce clos bien nommé.

ST-AMOUR-BELLEVUE

⊠ 71570 (Saône-et-Loire) – 559 hab. – Alt. 306 m – Voir carte n°**8-C3**
◨ Paris 402 km – Bourg-en-Bresse 48 km – Lyon 63 km – Mâcon 13 km
Carte Michelin 320-I12

🏠 **Auberge du Paradis** ⏐○ ⬚ 🄺 🛜
Le Plâtre Durand ⊠ *71570 Saint-Amour-Bellevue* – ℰ *03 85 37 10 26*
– www.aubergeduparadis.fr – Fermé vacances de la Toussaint et janv.
7 ch – ♦145/175 € ♦♦220/260 € – 2 suites – ⊒ 23 €
Rest *Auberge du Paradis* ✿ – voir les restaurants ci-après
Un petit paradis en effet, aux chambres originales et contemporaines, décorées avec goût comme l'ensemble de l'établissement. Autres motifs de détente : le couloir de nage, le salon de lecture et un petit-déjeuner assez exceptionnel.

※※※ **Au 14 Février** (Masafumi Hamano) 🛏 ⬚ 🄺
✿ *Le Plâtre-Durand* – ℰ *03 85 37 11 45 – www.au14fevrier.com – Fermé 1 semaine en mai, vacances de Noël, dim. soir en hiver, jeudi midi, mardi et merc.*
Menu 35 € (déj. en semaine), 52/92 € *(réservation conseillée)*
Après St-Valentin et Lyon, au tour de... St-Amour-Bellevue d'accueillir son 14 Février ! Dans une ancienne auberge, le décor se décline en cuir rouge et bois wengé ; une fois encore, on est séduit par cette savoureuse cuisine franco-japonaise, délicate et variée, qui est la marque de cette équipe si féconde en bonnes tables...
→ Foie gras poêlé du Périgord. Homard bleu rôti. Dôme au chocolat blanc.

XX **Auberge du Paradis** (Cyril Laugier) ⌖ &. ⒜⒞
🏵 *Le Plâtre Durand –* ℰ *03 85 37 10 26 –* www.aubergeduparadis.fr *– Fermé vacances de la Toussaint, janv., lundi, mardi et le midi sauf dim.*
Menu 68 € *(réservation conseillée) (menu unique)*
Dans un cadre cosy, une cuisine voyageuse, inspirée et soignée, qui exprime toute sa créativité à travers de belles notes d'épices rehaussant de superbes produits. Le chef se livre à un véritable travail d'équilibriste, et le repas a évidemment un petit goût... de paradis.
→ Cuisine du marché.

ST-ANDRÉ

✉ 66690 (Pyrénées-Orientales) – 3 200 hab. – Alt. 10 m – Voir carte n°**22**-B3
▶ Paris 880 km – Girona 87 km – Montpellier 184 km – Perpignan 25 km
Carte Michelin 344-I7

X **La Table de Cuisine** ⒜⒞ ⌖
🐧 *8a r. de Taxo –* ℰ *04 68 95 42 06 –* www.latabledecuisine.wordpress.com *– Fermé vacances de fév., 1 semaine vacances de la Toussaint, sam. midi et merc.*
Formule 22 € – Menu 25 € *(déj. en semaine)*, 31/45 €
En reprenant cette maison de village, les propriétaires n'avaient qu'une idée en tête : travailler avec les meilleurs producteurs locaux. Anchois de Collioure au vinaigre, lapin à l'ail et au banyuls blanc... Pari tenu avec authenticité et générosité ! Un conseil : pensez à réserver, c'est souvent complet.

ST-ANDRÉ-DE-BUÈGES

✉ 34190 (Hérault) – 57 hab. – Alt. 130 m – Voir carte n°**7**-A2
▶ Paris 733 km – Mende 128 km – Montpellier 46 km – Nîmes 73 km
Carte Michelin 339-G5

🏠 **Mas de Luzière** ⓝ ⑩ ⌣ ⌖ ⌙ ⑃ 🛜 ⌖ ⒫
– ℰ *04 67 73 34 97 –* www.luziere.com *– Fermé janv. et fév.*
17 ch – ♦59/69 € ♦♦69/79 € – ☕ 9 € – ½ P
On est immanquablement séduit par ce superbe mas – un ancien domaine viticole –, bâti à flanc de colline dans la vallée de la Buèges ; les nouveaux propriétaires y ont aménagé des chambres spacieuses et confortables. Avantage de taille : les Cévennes sont tout près !

ST-ANDRÉ-DE-NAJAC

✉ 12270 (Aveyron) – 418 hab. – Alt. 380 m – Voir carte n°**29**-C2
▶ Paris 664 km – Albi 46 km – Rodez 74 km – Toulouse 103 km
Carte Michelin 338-E5

X **Relais Mont le Viaur** avec ch 🐕 ⌖ &. ⒜⒞ 🛜 ⒫
La Croix-Grande – ℰ *05 65 65 08 68 –* www.montleviaur.fr *– Fermé de mi-déc. à mi-janv., dim. soir, lundi soir et mardi soir*
7 ch – ♦57 € ♦♦62/75 € – ☕ 9 € – ½ P
Formule 14 € – Menu 21/45 € – Carte 33/57 €
Le chef de cette jolie ferme régionale, chaleureuse et conviviale, a été auparavant sommelier dans plusieurs tables étoilées. Une chose le guide : la passion ! Il réalise ici une savoureuse cuisine du terroir : terrine de jarret de porc, foie gras maison, veau du Ségala... Pour l'étape, des chambres agréables.

ST-ANDRÉ-DE-ROQUELONGUE

✉ 11200 (Aude) – 1 183 hab. – Alt. 72 m – Voir carte n°**22**-B3
▶ Paris 821 km – Béziers 53 km – Montpellier 112 km – Perpignan 71 km
Carte Michelin 344-I4

🏠 **Demeure de Roquelongue** ⑩ ⌣ ⌖ ⌙ ⑃ 🛜 ⒫
53 av. de Narbonne – ℰ *04 68 45 63 57 –* www.demeure-de-roquelongue.com
– Ouvert 15 fév.-15 nov.
5 ch ☕ – ♦95/120 € ♦♦110/135 €
En plein cœur du village, cette belle demeure de vigneron (1885) a le charme des maisons de famille : mobilier chiné, patio verdoyant, salles de bains rétro, cuisine traditionnelle à la table d'hôte... De l'âme et du style !

ST-ANDRÉ-LEZ-LILLE – 59 (Nord) → voir Lille

ST-ANDRÉ-LES-VERGERS – 10 (Aube) → voir Troyes

ST-ANTOINE-L'ABBAYE

✉ 38160 (Isère) – 1 032 hab. – Alt. 339 m – Voir carte n°**43**-E2

◘ Paris 553 km – Grenoble 66 km – Romans-sur-Isère 26 km – St-Marcellin 12 km
Carte Michelin 333-E6 – Guide Vert Michelin Lyon et sa région

ΧΧ　**Auberge de l'Abbaye**　　　　　　　　　　🖙 AK

*Mail de l'Abbaye – ℰ 04 76 36 42 83 – www.auberge-abbaye.com
– Fermé 4 janv.-8 fév., dim. soir, lundi sauf le midi de juil. à sept. et mardi*
Menu 23 € (déj.), 31/59 € – Carte 35/80 €

Au cœur du village médiéval, une maison ancienne datant du 14ᵉ s., agréable et chaleureuse avec son décor d'inspiration Louis XIII. Au menu, une cuisine actuelle valorisant le terroir : filet de truite aux petits légumes et sauce aux noix, superposition de paleron de veau et bœuf à l'infusion d'arabica...

ST-ANTONIN-NOBLE-VAL

✉ 82140 (Tarn-et-Garonne) – 1 899 hab. – Alt. 125 m – Voir carte n°**29**-C2

◘ Paris 628 km – Cahors 56 km – Montauban 45 km – Toulouse 98 km
Carte Michelin 337-G7

ΧΧ　**Le Carré des Gourmets**　　　　　　　　　< 🖙 ⴺ

13 bd des Thermes – ℰ 05 63 30 65 49 – www.carredesgourmets.fr – Fermé 15 déc.-1ᵉʳ mars , dim. soir, mardi soir et merc. de sept. à juil.
Formule 19 € – Menu 23 € (déj. en semaine)/56 € ▼ – Carte environ 53 €

Sur les bords de l'Aveyron, un restaurant au cadre contemporain, tout en nuances de gris. Derrière les fourneaux, le chef concocte une cuisine dans l'air du temps avec des produits du terroir : terrine de rouget et de légumes, ballotine de volaille fermière avec sa purée, etc. Terrasse face à la rivière.

ST-AUBIN – 22 (Côtes-d'Armor) → voir Erquy

ST-AUBIN-DE-LANQUAIS

✉ 24560 (Dordogne) – 304 hab. – Alt. 110 m – Voir carte n°**4**-C1

◘ Paris 548 km – Bergerac 13 km – Bordeaux 101 km – Périgueux 56 km
Carte Michelin 329-E7

⌂　**L'Agrybella** sans rest　　　　🖙 ⴺ 🛈 ⴺ ⑨ 🛜 ₽ ⴺ

pl. de l'Église – ℰ 05 53 58 10 76 – www.agrybella.fr.st – Fermé janv.-fév.
3 ch ⴺ – ✦100 € ✦✦100 €

Au cœur d'un village tranquille, une belle demeure (18ᵉ s.) dans un jardin clos de murs. Choisissez parmi trois chambres de style différent, très bien entretenues par la propriétaire... et n'oubliez pas de profiter de la piscine extérieure chauffée avec sauna, hammam et jacuzzi !

ST-AUBIN-DE-MÉDOC

✉ 33160 (Gironde) – 6 338 hab. – Alt. 29 m – Voir carte n°**3**-B1

◘ Paris 592 km – Angoulême 132 km – Bayonne 193 km – Bordeaux 19 km
Carte Michelin 335-G5

ΧΧ　**Le Pavillon de St-Aubin-Thierry Arbeau** avec ch　🏮 🖙 🛜 ₽

Le Hiou, rte de Picot – ℰ 05 56 95 98 68 – www.thierry-arbeau.com – Fermé sam. midi, dim. soir et lundi
12 ch – ✦75/85 € ✦✦80/90 € – ⴺ 10 € – ½ P　Menu 29/59 € – Carte 58/82 €

Makis de thon rouge, pigeonneau aux épices douces... Une carte bien dans son époque alliée à une très belle sélection de bordeaux, pour un moment gourmand dans un lieu chaleureux – tons ensoleillés, cheminée et tables bien dressées. Pour l'étape, les chambres sont fonctionnelles et bien tenues.

ST-AUBIN-SUR-GAILLON – 27 (Eure) → voir Gaillon

ST-AVÉ – 56 (Morbihan) → voir Vannes

ST-AVIT-DE-TARDES

✉ 23200 (Creuse) – 187 hab. – Alt. 560 m – Voir carte n°**25**-C2
◨ Paris 415 km – Guéret 55 km – Limoges 151 km – Ussel 67 km
Carte Michelin 325-K5

⌂ **Le Moulin de Teiteix** sans rest   ♨ ⛌ 🐾 🀄 🛜 **P** ⊄
  – 𝒞 05 55 67 34 18 – http://moulin-de-teiteix.pagesperso-orange.fr
  4 ch ⊑ – ♦59 € ♦♦79/129 €
Au pied d'une petite rivière poissonneuse et au grand calme, un moulin du 19e s. rustique et bucolique à souhait, où priment la simplicité et la convivialité. Les chambres, toutes différentes, sont spacieuses et agréables ; à l'heure du repas, la propriétaire concocte même une cuisine traditionnelle et familiale.

ST-AVIT-SÉNIEUR

✉ 24440 (Dordogne) – 456 hab. – Alt. 164 m – Voir carte n°**4**-C1
◨ Paris 551 km – Agen 82 km – Bordeaux 127 km – Périgueux 65 km
Carte Michelin 329-F7 – Guide Vert Michelin Périgord Quercy

✕ **La Table de Léo** 🆕   🀄
⊛ Le Bourg – 𝒞 05 53 57 89 15 – Fermé 1 semaine en juin, 1 semaine en oct., 2
  semaines en janv., merc. sauf juil.-août, dim. soir et lundi
Menu 20 € (déj. en semaine)/30 €
Une maison en pierre au cœur du village, avec une belle terrasse au-dessus de la place de l'église... L'ensemble cache une vraie bonne petite adresse, dont le chef ose sortir des sentiers battus des recettes régionales, et démontre une vraie attention aux produits, aux dressages et aux cuissons. De la légèreté, du goût...

ST-AVOLD

✉ 57500 (Moselle) – 16 278 hab. – Alt. 260 m – Voir carte n°**27**-C1
◨ Paris 372 km – Metz 46 km – Saarbrücken 33 km – Sarreguemines 29 km
Carte Michelin 307-L4

au Nord 2,5 km sur D 633 (près échangeur A 4) – ✉ 57500 St-Avold

🏨 **Novotel**   🍴 ♨ ⛌ ⅏ 🀄 🛜 🛁 **P**
RN 33 – 𝒞 03 87 92 25 93 – www.novotel.com
61 ch – ♦85/143 € ♦♦85/143 € – ⊑ 16 € – ½ P
Dans ce Novotel entre forêt et autoroute (heureusement très calme), l'idéal est de choisir une chambre face à la piscine. Au restaurant, l'étape est pratique et sans surprise, mais la terrasse a vue sur les bois.

ST-AY

✉ 45130 (Loiret) – 3 147 hab. – Alt. 100 m – Voir carte n°**12**-C2
◨ Paris 140 km – Blois 48 km – Châteaudun 52 km – Orléans 13 km
Carte Michelin 318-H4

✕✕ **La Grande Tour**   🀄 ⅏ 🐾 ⇿ **P**
⊛ 21 rte Nationale – 𝒞 02 38 88 83 70 – www.lagrandetour.com
  – Fermé 11-31 août, 11-19 janv., dim. soir, merc. soir et lundi
Menu 16 € (déj. en semaine), 28/38 € – Carte 45/61 €
La Pompadour séjourna dans cet ancien et chaleureux relais de poste, situé sur la route des châteaux de la Loire. Cuisine traditionnelle (tête de veau, canette rôtie, sandre au beurre blan... avec une belle carte de soufflés en dessert), servie en terrasse l'été venu.

ST-AYGULF

✉ 83370 (Var) – Alt. 12 m – Voir carte n°**41**-C3
◨ Paris 872 km – Brignoles 69 km – Draguignan 35 km – Fréjus 6 km
Carte Michelin 340-P5 – Guide Vert Michelin Côte d'Azur

🏠 **Cap Riviera** sans rest   ≤ ⅏ 🀄 ⅏ 🛜 **P**
21 r. de Claviers, (plage du Grand-Boucharel) – 𝒞 04 94 81 21 42
– www.frejus-hotel.com – Ouvert 21 mars-15 oct.
19 ch – ♦81/159 € ♦♦81/159 € – 1 suite – ⊑ 9 €
Sympathique hôtel familial, sur la route côtière, face à la mer. Chambres coquettes et colorées, plus calmes côté patio ; l'accueil est aimable et l'on profite toute l'année d'une petite restauration, réservée à la clientèle.

ST-BAZILE-DE-MEYSSAC

✉ 19500 (Corrèze) – 147 hab. – Alt. 230 m – Voir carte n°**25**-C3
◼ Paris 514 km – Brive-la-Gaillarde 28 km – Limoges 125 km – Tulle 37 km
Carte Michelin 329-L5

⌂ **Le Manoir de la Brunie** sans rest   ❧ ⪜ 🖃 ⅋ 🛜 🅿 ⇆
La Brunie – ☏ 05 55 84 23 07 – www.manoirlabrunie.com
3 ch � – ♦90/120 € ♦♦90/120 €
Pour un week-end au calme, ce manoir du 18ᵉ s. chargé d'histoire – le propriétaire ne manque pas d'anecdotes sur le sujet – a conservé tout son cachet. Poutres et tomettes, mobilier chiné, joli jardin arboré... le tout aménagé avec goût. Belle escapade au programme !

ST-BEAUZEIL

✉ 82150 (Tarn-et-Garonne) – 126 hab. – Alt. 181 m – Voir carte n°**28**-B1
◼ Paris 631 km – Agen 32 km – Cahors 55 km – Montauban 64 km
Carte Michelin 337-B5

🏨 **Château de l'Hoste**   ⅋○ ❧ 🖃 ⌇ & ⅋ 🅿
rte d'Agen, D 656 – ☏ 05 63 95 25 61 – www.chateaudelhoste.com – Ouvert de Pâques à début nov.
22 ch – ♦110/290 € ♦♦110/290 € – � 15 €
Rest *Château de l'Hoste* – voir les restaurants ci-après
Au cœur de la campagne quercynoise, dans un superbe jardin, une gentilhommière du 17ᵉ s. pleine de caractère et de confort. Que dire de la bibliothèque, du bar ou encore de la piscine ? Le temps d'un week-end ou d'un séjour plus long, on se rêve lady et gentleman-farmer...

XX **Château de l'Hoste**   🍴 ⅋ 🅿
rte d'Agen, D 656 – ☏ 05 63 95 25 61 – www.chateaudelhoste.com – Ouvert de Pâques à début nov., fermé le midi hors saison sauf dim.
Formule 25 € – Menu 29/39 € – Carte 37/54 €
La table du Château de l'Hoste est à l'image de l'établissement : élégante et authentique. Ainsi, le chef privilégie les légumes du potager bio – ici, la tendance est au locavorisme – pour ses recettes qui osent les accords sucrés-salés. L'été, on profite de la terrasse et l'hiver, on s'installe devant la cheminée.

ST-BÉNIGNE – 01 (Ain) ➜ voir Pont-de-Vaux

ST-BENOIT – 86 (Vienne) ➜ voir Poitiers

ST-BENOÎT-SUR-LOIRE

✉ 45730 (Loiret) – 2 060 hab. – Alt. 126 m – Voir carte n°**12**-C2
◼ Paris 166 km – Bourges 92 km – Châteauneuf-sur-Loire 10 km – Gien 32 km
Carte Michelin 318-K5 – Guide Vert Michelin Châteaux de la Loire

XX **Grand St-Benoît**   🍴 & 🅰🅲 ⅋ ⇄
☺ *7 pl. St-André* – ☏ 02 38 35 11 92 – www.hoteldulabrador.fr
– Fermé 21 fév.-9 mars, 17-31 août, 21-27 déc., dim. et lundi
Formule 21 € – Menu 31/62 € *(réservation conseillée)*
Une maison chaleureuse, avec une jolie terrasse, au cœur de ce village où repose le poète Max Jacob. Au menu, de délicieux petits plats joliment cuisinés, avec de subtils mariages de saveurs. De quoi trouver l'inspiration !

ST-BERNARD

✉ 01600 (Ain) – 1 386 hab. – Alt. 250 m – Voir carte n°**43**-E1
◼ Paris 443 km – Bourg-en-Bresse 57 km – Lyon 29 km – Villeurbanne 37 km
Carte Michelin 328-B5

🏨 **Le Clos du Chêne**   🍴○ ❧ 🖃 ⌇ 🖟 & 🅰🅲 ⅋ 🛜 🅿
370 chemin du Carré – ☏ 04 74 00 45 39 – www.leclosduchene.com – Fermé 22 déc.-4 janv.
8 ch – ♦170/193 € ♦♦170/193 € – ⊆ 14 €
En bordure de Saône, de superbes chambres romantiques et cosy dans une vaste propriété, alliant esprit de maison de famille, équipements modernes et thématique équestre. Raffiné !

ST-BÔMER-LES-FORGES

⊠ 61700 (Orne) – 1 047 hab. – Alt. 250 m – Voir carte n°**32-B3**
▶ Paris 261 km – Alençon 73 km – Caen 88 km – Flers 16 km
Carte Michelin 310-F3

⌂ **Château de la Maigraire** sans rest   ⌖ ⌂ ⚄ ⿻ **P** ⇄
2 km au Sud-Est par D 260 – ✆ 02 33 38 09 52 – www.la-maigraire.fr – Fermé 1er nov.-15 mars
3 ch ⌸ – †100 € ††110/130 €
En pleine campagne, un château normand qui date du 1860 avec son parc, sa forêt et son plan d'eau, bref : tout ce qu'il faut pour venir se ressourcer au vert le temps d'un week-end... Les salons sont d'époque et les chambres portent des noms évocateurs, telle la "Marie-Antoinette". Un cachet certain !

ST-BONNET-LE-CHÂTEAU

⊠ 42380 (Loire) – 1 583 hab. – Alt. 870 m – Voir carte n°**44-A2**
▶ Paris 484 km – Ambert 48 km – Montbrison 31 km – Le Puy-en-Velay 66 km
Carte Michelin 327-D7 – Guide Vert Michelin Lyon et sa région

XX **La Calèche**   龠 & ⇔
 2 pl. Cdt-Marey – ✆ 04 77 50 15 58 – www.restaurantlacaleche.fr – Fermé dim. soir, lundi soir, mardi et merc.
Formule 17 € – Menu 30/62 € – Carte 40/50 €
Dans cet hôtel particulier du 17e s., au pimpant décor, Jean-Marie Tatier propose une cuisine dans l'air du temps où chaque assiette est travaillée avec justesse. Couleurs et parfums sont au rendez-vous, avec juste ce qu'il faut de sophistication. Cette Calèche convie à une jolie promenade gourmande !

ST-BONNET-LE-FROID

⊠ 43290 (Haute-Loire) – 236 hab. – Alt. 1 126 m – Voir carte n°**6-D3**
▶ Paris 555 km – Annonay 27 km – Le Puy-en-Velay 58 km – St-Étienne 51 km
Carte Michelin 331-I3

🏨 **Le Clos des Cimes**   ⍿O ⌂ & 🅺 **P**
le village – ✆ 04 71 59 93 72 – www.regismarcon.fr – Fermé 21 déc.-4 avril et mardi
12 ch – †175 € ††175 € – ⌸ 22 €
Rest *Bistrot la Coulemelle* 🕸 – voir les restaurants ci-après
C'est ici que tout a commencé pour la famille Marcon ! Une maison de pays au cœur du village, des chambres aujourd'hui colorées et confortables, avec vue sur la vallée et... les cimes. Mention spéciale pour le copieux petit-déjeuner (viennoiseries, charcuterie locale, etc.).

🏨 **Le Fort du Pré**   ⍿O ⌂ ⚲ 🔲 ⌿ & ⿻ 🏋 **P**
rte du Puy – ✆ 04 71 59 91 83 – www.le-fort-du-pre.fr
– Fermé 30 août-4 sept., 1er déc.-6 mars, dim. soir de sept. à juin et lundi sauf le soir en juil.-août
29 ch – †83/133 € ††83/133 € – ⌸ 13 € – ½ P
Rest *Le Fort du Pré* 🕸 – voir les restaurants ci-après
Un peu en dehors du village, cette maison de maître abrite des chambres impeccablement tenues et fonctionnelles, fruit d'une rénovation en 2012. N'hésitez pas à profiter des nombreux loisirs proposés (piscine, fitness, cours de cuisine...).

XXXX **Régis et Jacques Marcon** avec ch   龠 ⌖ < ⌸ & 🅺 ⚄ rest, ⿻
⍟⍟⍟ *Larsiallas, sur les hauteurs du village – ✆ 04 71 59 93 72*   ⌿ soir, ⇔
– www.regismarcon.fr – Ouvert 4 avril-20 déc. et fermé lundi midi de juin à août, lundi soir de nov. à mai, mardi et merc.
10 ch – †370 € ††370 € – ⌸ 25 €
Menu 130/205 € – Carte 184/204 € *(réservation conseillée)*
Viandes du plateau, lentilles vertes du Puy, fromages locaux, etc. : la cuisine des Marcon magnifie le terroir et l'automne est leur saison de prédilection. C'est là, dans l'intimité des sous-bois aux feuilles rougissantes, qu'ils cueillent ces champignons dont ils ont fait... un art ! Le bâtiment, ceint de verre, rend également un superbe hommage à la nature.
→ Asperges gratinées au pralin de cèpes. Cassoulet de homard aux lentilles vertes du Puy. Millefeuille à la chicorée.

XX **André Chatelard** avec ch   🏵️ 🛏️ & 🔟 rest. 🛜

😊 *pl. aux Champignons – ℰ 04 71 59 96 09 – www.restaurant-chatelard.com*
– Fermé 7-11 sept., janv., fév., mardi sauf en août, dim. soir et lundi
4 ch 🖙 – ♦145 € ♦♦145 € – ½ P
Menu 22 € (semaine), 32/76 € – Carte 31/67 €
Des truites du Lignon, de la bonne charcuterie, des champignons aux parfums de
sous-bois, des fromages nobles et fleuris, des bons vins à petits prix... et un beau
chariot de desserts (le chef est ancien pâtissier) : cette cuisine régionale invite à la
joie de vivre ! Atmosphère conviviale et jolies chambres en prime.

XX **Le Fort du Pré** – Hôtel Le Fort du Pré   🛏️ 🏚️ 🛁 🅿️

😊 *rte du Puy – ℰ 04 71 59 91 83 – www.le-fort-du-pre.fr*
– Fermé 30 août-4 sept., 1ᵉʳ déc.-6 mars, dim. soir de sept. à juin et lundi sauf le
soir en juil.-août
Formule 21 € – Menu 29/71 € – Carte 41/64 €
St-Bonnet-le-Froid peut bien se targuer du titre de "village gourmand" ! Jolie
démonstration avec ce Fort du Pré, qui propose une savoureuse cuisine d'aujourd'hui, mettant admirablement en valeur le travail des producteurs de la
région. Le tout dans un environnement verdoyant... Une valeur sûre.

XX **Bistrot la Coulemelle** – Hôtel Le Clos des Cimes   🛏️ & 🔟 🅿️

😊 *le village – ℰ 04 71 65 63 62 – www.regismarcon.fr – Fermé*
21 déc.-13 fév., merc., jeudi et vend. midi du 13 fév. au 4 avril, lundi et mardi
Formule 25 € – Menu 29/42 €
Au cœur du village, voici la délicieuse "annexe bistrotière" du grand restaurant de
Régis Marcon. Feuilleté gourmand de champignons, composé de lapin, beau
choix de pâtisseries maison : rien à dire, tout est généreux et diablement bon. Et
les cuisines ouvertes ajoutent un côté chaleureux à l'ensemble...

au Nord-Ouest 6 km par D 44

⌂ **La Maison d'en Haut** sans rest   🌫️ 🛏️ 🛁 🛜 🅿️ 🚫

Malatray – ℰ 04 71 61 96 20 – www.maison-den-haut.com – Ouvert d'avril à déc.
3 ch 🖙 – ♦95 € ♦♦95 €
Tout est si calme dans ce hameau de quelques âmes, au bout d'une route étroite
et sinueuse ! Cette jolie ferme en pierre (18ᵉ s.), avec ses chambres meublées telle
une maison de famille, est comme un refuge contre le temps qui passe. Ô cachet
rustique...

ST-BREVIN-LES-PINS

✉ 44250 (Loire-Atlantique) – 12 456 hab. – Alt. 9 m – Voir carte n°**34**-A2
🚼 Paris 442 km – Nantes 57 km – Saint-Herblain 62 km – Saint-Nazaire 15 km
Carte Michelin 316-C4 – Guide Vert Michelin Pays de la Loire

🏨🏨 **Hôtel du Beryl**   🝙 ⪡ 🔲 🍴 🛁 🔟 🛜 🏊 🅿️ 🚗

55 bd de l'Océan – ℰ 02 28 53 20 00 – www.hotel-stbrevinocean.com
99 ch – ♦71/209 € ♦♦71/209 € – 🖙 13 € – ½ P
Dans cette petite station proche de Pornic, un bel établissement aux chambres
spacieuses et lumineuses, ouvrant sur l'océan en façade et les pins à l'arrière...
En plus des plaisirs du bord de mer : spa, casino, restaurant face aux flots, etc.

ST-BRICE

✉ 53290 (Mayenne) – 541 hab. – Alt. 71 m – Voir carte n°**35**-C1
🚼 Paris 271 km – Laval 43 km – Le Mans 70 km – Nantes 147 km
Carte Michelin 310-G7

⌂ **Au Manoir des Forges**   🝙 🌫️ 🛏️ 🛢 🛁 🍴 🛜 🅿️

Les Forges, 0,5 km à l'Est par D 212 – ℰ 02 43 70 84 40
– www.manoirdesforges.fr – Ouvert 1ᵉʳ mai-11 nov.
5 ch 🖙 – ♦138/188 € ♦♦138/188 €
Sur les hauteurs du village, petit manoir de 1550 au charme authentique : parc,
plan d'eau où nagent des cygnes noirs... Chambres rustiques et cosy (tomettes,
poutres, cheminée). Cuisine provençale et spécialités corses au coin du feu ou
sous la tonnelle.

ST-BRICE-EN-COGLÈS

✉ 35460 (Ille-et-Vilaine) – 2 823 hab. – Alt. 105 m – Voir carte n°**10-**D2
▶ Paris 343 km – Avranches 34 km – Fougères 17 km – Rennes 57 km
Carte Michelin 309-N4

Le Lion d'Or   ⅰ○ 🛏 🖼 ♨ ⚹ 🤟 🛁

6-8 r. Chateaubriand – ✆ 02 99 98 61 44 – www.hotel-leliondor.fr – Fermé dim.
soir de sept. à juin
36 ch – ♦65/125 € ♦♦65/125 € – ☲ 10 € – ½ P
Dans la rue principale du village, cet ancien relais de diligence en granit abrite
des chambres confortables et régulièrement rénovées. Restaurant traditionnel et,
au déjeuner, espace brasserie.

ST-BRIEUC

✉ 22000 (Côtes-d'Armor) – 46 173 hab. – Agglo. 94 351 hab. – Alt. 78 m
– Voir carte n°**10-**C2
▶ Paris 451 km – Brest 144 km – Quimper 127 km – Rennes 101 km
Carte Michelin 309-F3 – Guide Vert Michelin Bretagne Nord

Edgar   ⅰ○ 🛏 ⚹ 🖼 🤟

15 r. Jouallan – ✆ 02 96 60 27 27 – www.hotel-edgar.fr   Plan : AY**g**
28 ch – ♦88/110 € ♦♦88/135 € – ☲ 10 € – ½ P
Une belle maison ancienne en pierre du pays... qui fut la résidence d'un armateur
avant de devenir l'hôtel de police. Aujourd'hui, on y fait surtout délit de confort :
les chambres sont bien équipées et fonctionnelles, dans un esprit cosy.

Hôtel de Clisson sans rest   🛏 🖼 🤟 🛁 **P**

36 r. de Gouët – ✆ 02 96 62 19 29 – www.hoteldeclisson.com   Plan : AY**e**
25 ch – ♦64/125 € ♦♦82/125 € – ☲ 9 €
Cette bâtisse blanche, près du cœur historique de St-Brieuc, réserve à ses visiteurs
un accueil charmant. Les chambres sont diversement meublées, et celles avec
baignoire balnéo sont plus spacieuses. Il y a aussi un joli jardin !

Ker Izel sans rest   🛏 ⚿ 🤟

20 r. de Gouët – ✆ 02 96 33 46 29 – www.hotel-kerizel.com   Plan : AY**a**
– Fermé 24 déc.-2 janv.
22 ch – ♦50/55 € ♦♦60/65 € – ☲ 8 €
Dans le cœur historique de St-Brieuc, c'est vraisemblablement le plus vieil hôtel
de la ville. Les chambres sont plutôt petites, mansardées au 2e étage, et bien
tenues. Avec son jardinet et sa piscine, l'adresse est d'un bon rapport qualité-prix.

Champ de Mars sans rest   🖼 ⚹ 🤟

13 r. du Gén.-Leclerc – ✆ 02 96 33 60 99   Plan : BZ**s**
– www.hotel-saint-brieuc.fr – Fermé vacances de Noël
21 ch – ♦54/58 € ♦♦59/63 € – ☲ 8 €
Un emplacement pratique pour cet hôtel situé en cœur de ville. Les chambres,
sobres et fonctionnelles, sont parfaitement tenues et proposées à des tarifs raisonnables.

Aux Pesked (Mathieu Aumont)   🎇 < � 🖼 🍽 **P**
✿

59 r. du Légué – ✆ 02 96 33 34 65 – www.auxpesked.com   Plan : AV**a**
– Fermé 1 semaine en mai, 2 semaines en août, 2 semaines début janv., sam.
midi, dim. soir et lundi
Formule 25 € – Menu 29 € (déj. en semaine), 49/85 € – Carte 77/105 €
En ville... et déjà à la campagne : cette ancienne auberge, transformée dans un
style résolument contemporain, offre une vue plongeante sur les rives verdoyantes
du Gouët. Logiquement, les pesked ("poissons" en breton) sont à l'honneur : de
superbe fraîcheur, cuisinés avec soin, au gré du marché. La mer à la campagne !
→ Ormeaux, carottes glacées et jus de carottes au gingembre. Homard entier en
deux services. Tarte fine au citron.

ST-BRIEUC

XX **Ô Saveurs** &

10 r. Jules-Ferry – ℰ *02 96 94 05 34* Plan : AX**n**
*– www.osaveurs-restaurant.com – Fermé 2 semaines en fév., 2 semaines
en août, merc. soir, dim. et lundi*
Formule 15 € – Menu 29/53 € – Carte 38/50 €
Difficile d'indiquer quelques-unes des spécialités du chef, car la carte, courte et de
saison, change très souvent. Aujourd'hui un chou-fleur en velouté Dubarry,
demain un filet de daurade rôti sur peau à la crème de fenouil... Mais ce qui ne
change pas, c'est la recherche des saveurs, et c'est bien l'essentiel !

X **Youpala Bistrot** (Jean-Marie Baudic) AC

5 r. Palasne-de-Champeaux, au Sud-Ouest par bd Charner – ℰ *02 96 94 50 74
– www.youpala-bistrot.com – Fermé vacances de fév., 1er-15 juil., vacances de la
Toussaint, dim. et lundi*
Menu 24 € (déj. en semaine), 29/80 € ♈ (réservation conseillée)
Envie de nouveauté ? Le Youpala Bistrot est là. Chaque jour au gré du marché,
Jean-Marie Baudic improvise un menu unique qui met à l'honneur les légumes
et la marée bretonne. Inspiration et respect des techniques, harmonie et vivacité
des saveurs, jeux de textures : plus qu'une cuisine d'auteur, un régal !
→ Saint-Jacques de la baie de Saint-Brieuc. Saint-pierre. Figue et chocolat.

X **L'Air du Temps**

4 r. de Gouët – ℰ *02 96 68 58 40 – www.airdutemps.fr* Plan : AY**z**
– Fermé 2 semaines en juil., vacances de la Toussaint et de fév., dim. et lundi
Formule 13 € – Menu 17 € – Carte 30/50 €
Dans une petite rue en plein centre-ville, près des Halles, un bistrot dont le
cachet mêle l'actuel et l'ancien (pierres apparentes, cheminée, poutres éclair-
cies…). On y prépare une cuisine traditionnelle revisitée, mitonnée en cocotte :
rognons de veau, Saint-Jacques, porc ibérique… Grand succès !

à Sous-la-Tour 3 km au Nord-Est par Port Légué et D 24 BV – ✉ 22190

🏠 **La Maison du Phare** sans rest & ⚘ 📶

93 r. de la Tour – ℰ *02 96 33 34 65 – www.maisonphare.com – Fermé
20 août-9 sept. et 1er-15 janv.*
5 ch – ♦80/90 € ♦♦90/110 € – ⏄ 8 €
Adossée à la falaise, près du port, cette ancienne maison d'armateur du 19e s.
cultive une certaine douceur de vivre. Les chambres portent des noms de phares
bretons, et le mobilier ancien apporte un cachet "chiné" à l'ensemble, tout en
offrant le confort actuel.

XX **La Vieille Tour** (Nicolas Adam) 🎴 AC ⟷

75 r. de la Tour – ℰ *02 96 33 10 30 – www.la-vieille-tour.com – Fermé vacances
de fév., 16 août-8 sept., sam. midi, dim. et lundi*
Formule 21 € – Menu 29 € (semaine), 41/72 € – Carte 73/108 € (réservation
conseillée)
Le cadre, très contemporain, jouant sur la lumière et les matières (verre, wengé...),
est en totale adéquation avec les saveurs fines et iodées de cette maison de pays,
face au chenal. Les produits sont de belle qualité, les cuissons justes et l'harmonie
des saveurs très convaincante. À votre Tour !
→ Hamburger de foie gras frais et Saint-Jacques snackées, cèpes et ketchup de
framboise. Lotte cuite à basse température, chorizo et olives noires. Cheesecake
litchi-framboise flambé au Grand Marnier.

à Cesson 3 km à l'Est par r. de Genève BV – ✉ 22000

XXX **La Croix Blanche** ⟨ & ⟷

61 r. de Genève – ℰ *02 96 33 16 97 – www.restaurant-lacroixblanche.fr
– Fermé 9-23 fév., 3-25 août, 2-6 janv., dim. soir et lundi*
Menu 20 € (déj. en semaine), 24/91 € – Carte environ 60 €
Chair de tourteau et gressins aux trois saveurs ; Saint-Jacques au chou pak-choï,
jambon et oignons rouges... Dans ce plaisant restaurant ouvert sur un joli jardin,
le chef concocte une cuisine d'aujourd'hui gourmande et raffinée, où le poisson
tient le premier rôle. Un rapport plaisir-prix à marquer d'une croix blanche !

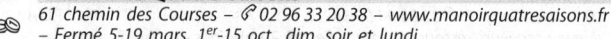

Manoir le Quatre Saisons

61 chemin des Courses – ℰ 02 96 33 20 38 – www.manoirquatresaisons.fr – Fermé 5-19 mars, 1ᵉʳ-15 oct., dim. soir et lundi
Formule 15 € ℹ – Menu 20 € (déj. en semaine)/60 € – Carte 52/60 €
Hors de la ville, presque à la campagne, une maison typiquement régionale et très accueillante, avec un jardin fleuri. Dans ce décor classique et confortable, on déguste une cuisine traditionnelle revisitée ; le chef fait évoluer la carte en fonction des saisons, et travaille de bons produits frais.

à Ploufragan 5 km au Sud-Ouest par rte de Quintin – ✉ 22440
– 11 234 hab. – Alt. 139 m

Le Brézoune

15 r. de la Poste – ℰ 02 96 01 59 37 – Fermé août, janv., merc. soir, dim. soir et lundi
Menu 22 € (déj. en semaine), 33/45 €
Un jeune couple formé à bonne école a repris cette adresse traditionnelle : si les pierres et poutres demeurent, la déco a pris un virage contemporain, comme la carte, où les produits du terroir breton se marient à des notes d'Asie. Originalité, fraîcheur et accueil charmant au menu !

ST-CALAIS

✉ 72120 (Sarthe) – 3 357 hab. – Alt. 155 m – Voir carte n°**35**-D1
▶ Paris 188 km – La Ferté-Bernard 33 km – Le Mans 47 km – Tours 66 km
Carte Michelin 310-N7 – Guide Vert Michelin Pays de la Loire

Rte de la Ferté-Bernard 3 km au Nord par D 1

Château de la Barre

– ℰ 02 43 35 00 17 – www.chateaudelabarre.com – Fermé 10 janv.-1ᵉʳ mars
5 ch ⬚ – †170/470 € ††295/620 €
Le comte et la comtesse de Vanssay, vingtièmes du nom, vous accueillent dans leur château des 15ᵉ-18ᵉ s. Un bijou d'élégance à la française... Portraits ancestraux, meubles d'époque, imprimés foisonnants et, dans le parc, des jardins à thème (japonais, italien, inca, etc.). Une villégiature rêvée pour les amateurs !

ST-CANNAT

✉ 13760 (Bouches-du-Rhône) – 5 474 hab. – Alt. 216 m – Voir carte n°**40**-B3
▶ Paris 731 km – Aix-en-Provence 17 km – Cavaillon 39 km – Manosque 65 km
Carte Michelin 340-G4 – Guide Vert Michelin Provence

au Sud 2 km par rte d'Éguilles et rte secondaire – ✉13760 St-Cannat

Mas de Fauchon

1666 chemin de Berre – ℰ 04 42 50 61 77 – www.mas-de-fauchon.fr – Fermé 16 fév.-15 mars
14 ch – †120/240 € ††120/300 € – 2 suites – ⬚ 15 € – ½ P
Le calme à l'état pur avec pour seule musique le chant des cigales... En pleine campagne, autour d'une bergerie du 17ᵉ s., on découvre de grandes chambres d'un élégant style provençal, de plain-pied avec le jardin. Agréable piscine et espace détente. Restaurant traditionnel dans la bâtisse principale.

ST-CÉRÉ

✉ 46400 (Lot) – 3 526 hab. – Alt. 152 m – Voir carte n°**29**-C1
▶ Paris 531 km – Aurillac 62 km – Brive-la-Gaillarde 51 km – Cahors 80 km
Carte Michelin 337-H2

Les Trois Soleils de Montal

rte de Gramat, 2 km par D 673 – ℰ 05 65 10 16 16 – www.3soleils.fr – Fermé 1 semaine fin mars, 1 semaine début oct., déc. et janv.
25 ch – †95/125 € ††95/185 € – 4 suites – ⬚ 13 € – ½ P
Rest Les Trois Soleils de Montal ❀ – voir les restaurants ci-après
Dans cette campagne lotoise si bucolique, qui plus est dans un parc charmant, à deux pas du château de Montal : l'adresse est idéale pour voir la vie en vert ! Chambres spacieuses et confortables, dans une veine plutôt moderne.

⌂ **Hôtel de France** ⫟⊖ ⌑ ⌇ 🅿

av. François-de-Maynard, rte d'Aurillac – ℰ *05 65 38 02 16*
– www.hotel-de-france-saint-cere.fr – Fermé 19 déc.-20 janv. et vend. soir
de juin à juin
20 ch – ♦50/57 € ♦♦58/64 € – ⊇ 10 € – ½ P
Rest *Restaurant de France* – voir les restaurants ci-après
À l'entrée de St-Céré, un hôtel aux chambres fonctionnelles, sobres et rustiques ;
préférez celles donnant sur le jardin. Terrasse ombragée.

𝒳𝒳𝒳 **Les Trois Soleils de Montal** (Frédérik Bizat) – Hôtel les Trois Soleils de Montal < ⊖ 🐟
☙ *rte de Gramat, 2 km par D 673 –* ℰ *05 65 10 16 16* 🅰🅲 𝒮̸ 🅿
– www.3soleils.fr – Fermé 1 semaine fin mars, 1 semaine début oct., déc., janv.,
dim. soir et mardi midi d'oct. à mars et lundi sauf le soir d'avril à sept.
Menu 32 € (déj. en semaine), 52/78 €
Un, deux, trois... soleil ! Le décor élégant d'abord, la qualité des produits ensuite,
la finesse d'exécution en clap de fin : vous pouvez faire un mouvement et déguster sans craindre, le rapport qualité-plaisir est excellent.
→ Salade de homard bleu aux pluches de légumes. Côte de veau de lait en cuisson lente, champignons du moment. Tarte sablée au citron.

𝒳𝒳 **Restaurant de France** – Hôtel de France ⊖ 🐟 🅿

av. François-de-Maynard, rte d'Aurillac – ℰ *05 65 38 02 16*
– www.hotel-de-france-saint-cere.fr – Fermé 19 déc.-20 janv., lundi midi,
vend. midi, sam. midi et vend. soir hors saison
Menu 25/44 €
De passage à St-Céré ? Direction la table de l'Hôtel de France, où palpite le cœur
du Quercy ! Épaule d'agneau farcie aux saveurs de pistou, carpaccio de noix de
Saint-Jacques marinées au gingembre et citron vert... On se régale dans un intérieur élégant, dont les baies vitrées donnent sur un charmant jardin.

ST-CHAMAS

✉ 13250 (Bouches-du-Rhône) – 7 774 hab. – Alt. 15 m – Voir carte n°**40-A3**
▶ Paris 738 km – Arles 43 km – Marseille 50 km – Martigues 26 km
Carte Michelin 340-F4 – Guide Vert Michelin Provence

𝒳𝒳 **Le Rabelais** avec ch 🐟 🅰🅲 𝒮̸ ch,
☺ *8 r. Auguste-Fabre, (centre ville) –* ℰ *04 90 50 84 40*
– www.restaurant-le-rabelais.com – Fermé merc. soir de sept. à juin, dim. sauf le
midi de sept. à juin et lundi
2 ch – ♦85 € ♦♦85 € – ⊇ 9 € Formule 21 € – Menu 29/65 € – Carte 35/50 €
Installé dans la jolie salle voûtée du 17ᵉ s. d'un vieux moulin à blé, un restaurant
que n'aurait pas renié le héros de Rabelais, l'insatiable Gargantua ! On y sert une
goûteuse cuisine, ancrée dans les saisons et préparée avec le plus grand soin.
Pour faire étape, deux jolies chambres à l'étage.

ST-CHAMOND

✉ 42400 (Loire) – 35 419 hab. – Alt. 388 m – Voir carte n°**44-B2**
▶ Paris 505 km – Feurs 55 km – Lyon 50 km – Montbrison 53 km
Carte Michelin 327-G7 – Guide Vert Michelin Lyon et sa région

𝒳𝒳 **Les Ambassadeurs** 🅰🅲 ⇔
28 av. de la Libération, (près de la gare) – ℰ *04 77 22 85 80*
– www.hotel-ambassadeurs.fr – Fermé 4-25 août, 25-30 déc., sam. midi, dim. soir
et lundi
Formule 28 € – Menu 37 € (déj. en semaine), 45/79 € – Carte environ 77 €
Sous l'égide d'un jeune chef arrivé en 2014, ces Ambassadeurs-là délivrent aux
papilles un nouveau message : celui de recettes actuelles, pensées au fil des saisons, à l'image de cette épaule d'agneau cuite 8h, purée de pois chiches et légumes du moment. Cadre classique, d'un certain standing.

ST-CHÉLY-D'APCHER

✉ 48200 (Lozère) – 4 255 hab. – Alt. 1 000 m – Voir carte n°**22-B1**
▶ Paris 540 km – Aurillac 106 km – Mende 45 km – Le Puy-en-Velay 85 km
Carte Michelin 330-H6

Les Portes d'Apcher
🏠 ⦿ ⬅ ⬅ 🍴 ≤ ⬅ & 🦽 🤧 🛜 🐾 **P** 🚗

rte de St-Flour, 1,5 km au Nord sur D 809 – ☎ 04 66 31 00 46
– www.hotels-brunel.com
17 ch – †70/76 € ††70/90 € – ☑ 8 € – ½ P
Non loin de l'autoroute A 75, un hôtel-restaurant très pratique, à l'esprit contemporain et cosy (du bois, de la pierre...). Une étape sympathique aux portes de la Lozère !

à La Garde 9 km au Nord par D 809 – ⊠ 48200

Château d'Orfeuillette
🏰 ⦿ 🍴 ⬅ ⬅ 🛥 📶 & 🦽 🤧 **P**

échangeur A 75 sortie 32 puis sur D 809, suivre la Garde – ☎ 04 66 42 65 65
– www.chateauorfeuillette.com – *Ouvert d'avril à nov.*
9 ch – †155/215 € ††155/215 € – 2 suites – ☑ 16 € – ½ P
Rest *Château d'Orfeuillette* – voir les restaurants ci-après
Dans le parc paressent des ânes et des chevaux... Au cœur du Gévaudan, voilà bien un lieu paisible et raffiné : ce château de la fin du 19e s. mêle charme de l'ancien, mobilier design et touches baroques avec un caractère certain ! Également quelques chambres côté "Orangerie".

Le Rocher Blanc
🏠 ⦿ ⬅ 🛥 🖥 🎣 🍴 🤧 **P** 🚗

– ☎ 04 66 31 90 09 – www.lerocherblanc.com
19 ch – †59/92 € ††59/92 € – ☑ 9 € – ½ P
Rest *Le Rocher Blanc* 🐌 – voir les restaurants ci-après
"Mille et une nuits", "Temps modernes", "Masaï", "Campagnarde", etc. La plupart des chambres de cet hôtel déclinent un thème différent, parfaitement mis en scène. Un voyage dans le voyage… et une bonne étape, aux prestations variées et agréables.

𝖷𝖷 Château d'Orfeuillette – Hôtel Château d'Orfeuillette
🐟 ⬅ ⬅ 🤧 **P**

échangeur A 75 sortie 32 puis sur D 809, suivre la Garde – ☎ 04 66 42 65 65
– www.chateauorfeuillette.com – *Fermé le midi sauf dim. et lundi*
Menu 35/62 € – Carte 32/67 €
Atmosphère châtelaine, feutrée et romantique pour une table associant élégance des vieilles pierres et esprit très contemporain. Avec de bons produits locaux, le chef concocte une cuisine d'aujourd'hui, fine et plaisante.

𝖷 Le Rocher Blanc – Hôtel Le Rocher Blanc
🐟 ⬅ 🆔 **P**

🐌 – ☎ 04 66 31 90 09 – www.lerocherblanc.com
Menu 15 € (déj. en semaine), 22/62 € – Carte 35/55 €

🐌 Une auberge campagnarde et... branchée ! Le chef aime bousculer les habitudes, dans le décor – aux styles mêlés – comme dans l'assiette. À la carte : goût du terroir et zeste d'audace (escargots de Massiac sautés avec une touche d'anis et de parmesan, pavés de lotte rôtis au vinaigre de Xérès...). Une réussite !

ST-CHÉLY-D'AUBRAC
⊠ 12470 (Aveyron) – 548 hab. – Alt. 700 m – Voir carte n°**29**-D1
⬛ Paris 589 km – Espalion 20 km – Mende 74 km – Rodez 50 km
Carte Michelin 338-J3

𝖷 Hôtel des Voyageurs avec ch
🤧 ch, 🛜

🐌 *av. d'Aubrac* – ☎ 05 65 44 27 05 – www.hotel-conserverie-aubrac.com
– *Ouvert 10 avril-29 sept. et fermé merc. sauf le soir en juil.-août*
7 ch – †51/54 € ††51/54 € – ☑ 8 € – ½ P   Menu 14/26 € – Carte 24/39 €
Les villages perdus dans la campagne réservent de belles surprises ! Ici, on déguste une bonne cuisine familiale à l'accent aveyronnais (tripoux, chou farci, foie gras...) et l'on peut même faire des provisions, car le chef a ouvert une conserverie artisanale. Pour l'étape, des chambres simples et impeccables.

ST-CHRISTOPHE-LA-GROTTE – 73 (Savoie) ➜ voir Échelles

ST-CIERS-DE-CANESSE
⊠ 33710 (Gironde) – 801 hab. – Alt. 40 m – Voir carte n°**3**-B1
⬛ Paris 548 km – Blaye 10 km – Bordeaux 45 km – Jonzac 54 km
Carte Michelin 335-H4

🏠 **La Closeree des Vignes**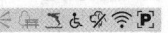
village Les Arnauds, 2 km au Nord par D 250 et D 135 – ℰ 05 57 64 81 90
– www.hotel-restaurant-gironde.com – Ouvert 1ᵉʳ avril-31 oct.
7 ch – †94/100 € ††100/120 € – ☕ 11 € – ½ P
Au milieu des vignes de Blaye, ce pavillon est si paisible. Chambres pratiques et fraîches, cuisine familiale simple (confit, tarte maison, etc.), jardin... Pour une retraite au vert !

ST-CIRQ-LAPOPIE
✉ 46330 (Lot) – 218 hab. – Alt. 320 m – Voir carte n°**29**-C1
▶ Paris 574 km – Cahors 26 km – Figeac 44 km – Villefranche-de-Rouergue 37 km
Carte Michelin 337-G5

🍴 **Auberge du Sombral - Les Bonnes Choses** avec ch
– ℰ 05 65 31 26 08 – www.lesombral.com – Ouvert 1ᵉʳ avril-30 nov. et fermé jeudi sauf vacances scolaires, sept. et le soir sauf vend. et sam.
8 ch – †60/75 € ††60/85 € – ☕ 9 €
Formule 17 € – Menu 25 € (déj.)/30 € – Carte 34/53 €
Dans cette maison, au pied du château des Lapopie, on sait ce que sont Les Bonnes Choses ! La preuve : on y savoure une sympathique cuisine du terroir où les produits locaux ont la part belle (agneau, foie gras, fromages...). Quelques jolies chambres pour prolonger la visite de ce village dominant le Lot.

à Tour-de-Faure 2 km à l'Est par D 8 – ✉ 46330 – 403 hab. – Alt. 137 m

🏨 **Le Saint-Cirq** sans rest
Lieu-dit le Mas, (face à St-Cirq-Lapopie) – ℰ 05 65 30 30 30
– www.hotel-lesaintcirq.com – Fermé en janv.
26 ch – †78/180 € ††78/180 € – ☕ 14 €
Face au cirque de Lapopie, cet hôtel récent s'inspire d'un hameau quercynois : accueil dans un ancien séchoir à tabac, matériaux nobles et parc planté d'arbres fruitiers. L'ensemble dégage un charme et une quiétude qui donnent envie de s'attarder...

ST-CLAIR – 83 (Var) → voir Le Lavandou

ST-CLAR
✉ 32380 (Gers) – 1 006 hab. – Alt. 150 m – Voir carte n°**28**-B2
▶ Paris 706 km – Agen 49 km – Auch 37 km – Toulouse 79 km
Carte Michelin 336-G6

🏠 **La Garlande** sans rest
12 pl. de la Mairie – ℰ 05 62 66 47 31 – www.lagarlande.com – Ouvert 28 mars-12 nov.
3 ch ☕ – †60/70 € ††69/78 €
Maison du 18ᵉ s. pleine de cachet : on accède aux chambres cosy par un escalier ouvert sur un puits de lumière. Moulures, parquet et cheminée ajoutent au charme des lieux.

ST-CLAUD
✉ 16450 (Charente) – 1 056 hab. – Alt. 144 m – Voir carte n°**39**-C2
▶ Paris 437 km – Angoulême 44 km – Poitiers 111 km – Saint-Junien 38 km
Carte Michelin 324-M4

🏠 **Logis de la Broue**
r. Abbé-Rousselot – ℰ 06 72 14 68 94 – www.logisdelabroue.com
3 ch ☕ – †100/125 € ††125/200 €
Joliment restaurée, cette propriété viticole est désormais un lieu de villégiature charmant, bucolique et paisible. Salon bourgeois orné d'authentiques tapisseries d'Aubusson, chambres classiques d'esprit maison de famille, piscine, billard et plats du terroir à la table d'hôte : plaisirs intemporels...

ST-CLAUDE

✉ 39200 (Jura) – 10 690 hab. – Alt. 450 m – Voir carte n°**16**-B3

▷ Paris 465 km – Annecy 88 km – Genève 60 km – Lons-le-Saunier 59 km

Carte Michelin 321-F8 – Guide Vert Michelin Franche-Comté Jura

🏠 **Jura** ⅰ○ 🛜 🚗

40 av. de la Gare – 𝒞 *03 84 45 24 04 – www.jurahotel.com*

35 ch – ♦55/65 € ♦♦58/68 € – ☲ 8 € – ½ P

Face à la gare, un hôtel qui ne paie pas de mine, mais dispose de chambres pratiques, dont les plus confortables et spacieuses ont vue sur la rivière et la montagne. Au restaurant, cuisine traditionnelle.

ST-CLÉMENT-DES-BALEINES – 17 (Charente-Maritime) → voir Île de Ré

ST-CLÉMENT-LES-PLACES

✉ 69930 (Rhône) – 610 hab. – Alt. 625 m – Voir carte n°**44**-A1

▷ Paris 458 km – Lyon 54 km – Saint-Étienne 69 km – Villeurbanne 63 km

Carte Michelin 327-F5

✗ **L'Auberge de Saint-Clément** ≤ 🛜 **P**

Le bourg – 𝒞 *04 74 26 03 83 – Fermé 23 déc.-3 janv., 5-26 août, merc. et le soir*

Menu 22 € (semaine)/26 € *(réservation conseillée)*

Dans les monts du Lyonnais, cette paisible auberge offre, depuis la terrasse, une jolie vue sur la campagne. Dans une ambiance très conviviale, on y sert une cuisine de bistrot préparée en toute simplicité, avec la complicité des producteurs locaux.

ST-CLOUD – 92 (Hauts-de-Seine) → voir Paris, Environs

ST-CRÉPIN

✉ 05600 (Hautes-Alpes) – 640 hab. – Alt. 910 m – Voir carte n°**41**-C1

▷ Paris 759 km – Briançon 26 km – Digne-les-Bains 140 km – Gap 60 km

Carte Michelin 334-H4 – Guide Vert Michelin Alpes du Sud

✗ **Les Tables de Gaspard** (Sébastien Corniau) avec ch ≤ 🛡 rest. 🛜

☺ *r. Principale –* 𝒞 *04 92 24 85 28 – www.lestablesdegaspard.com – Fermé 3 semaines en déc., mardi et merc.*

3 ch ☲ – ♦47/52 € ♦♦47/52 €

Formule 19 € – Menu 25 € (déj. en semaine), 31/57 € *(réservation conseillée)*

Ne vous attendez pas au cliché d'un grand restaurant "gastronomique" : ici, tout simplement, on se régale d'une cuisine franche, sincère et généreuse ! Le jeune chef, Sébastien Corniau, est sans nul doute un fieffé gourmand, tout entier guidé par les saveurs… La salle, avec ses voûtes du 16ᵉ s., ne manque pas non plus de caractère, comme les chambres d'hôtes à l'étage.

→ Tourte à la viande et aux blettes. Carré d'agneau rôti, croûtons de polenta, carottes au cumin et purée de datte. Millefeuille aux framboises, crème à la vanille de Tahiti.

ST-CRÉPIN-ET-CARLUCET

✉ 24590 (Dordogne) – 502 hab. – Alt. 262 m – Voir carte n°**4**-D3

▷ Paris 519 km – Bordeaux 196 km – Brive-la-Gaillarde 40 km –

Sarlat-la-Canéda 12 km

Carte Michelin 329-I6 – Guide Vert Michelin Périgord Quercy

🏠 **Les Charmes de Carlucet** sans rest ≥ ≤ 🚪 🛜 🌿 🛜 **P**

Carlucet – 𝒞 *05 53 31 22 60 – www.carlucet.com – Ouvert 1ᵉʳ mars-12 nov.*

4 ch – ♦84/119 € ♦♦84/119 € – ☲ 5 €

Calme assuré dans cette propriété périgourdine nichée dans un parc clos de murs. Si la demeure affiche tout le caractère de l'architecture régionale, les chambres jouent la carte d'une certaine simplicité. Le confort des lieux, la piscine chauffée aux beaux jours, l'accueil attentionné : le plaisir de se sentir hôte...

ST-CYPRIEN

✉ 66750 (Pyrénées-Orientales) – 10 438 hab. – Alt. 5 m – Voir carte n°**22**-B3

▷ Paris 859 km – Céret 31 km – Perpignan 17 km – Port-Vendres 20 km

Carte Michelin 344-J7

à St-Cyprien-Plage 3 km au Nord-Est par D 22 – ⊠ 66750

🏨🏨🏨 **Mas d'Huston**
*r. Jouy-d'Arnaud, (au golf) – 𝒞 04 68 37 63 63 – www.golf-saint-cyprien.com
– Fermé 16 nov.-18 déc. et 5-29 janv.*
46 ch – †120/340 € ††120/340 € – 2 suites – ⊇ 16 € – ½ P
À l'entrée du golf, un hôtel récent niché dans la verdure, au calme. La moitié
des chambres, sobres et contemporaines, donnent de plain-pied sur le parc et
les greens ; sur place, un restaurant gastronomique et une brasserie
de type "club-house".

à St-Cyprien-Sud 3 km – ⊠ 66750 St-Cyprien

🏨🏨🏨 **L'Île de la Lagune**
*bd de l'Almandin, (par av. Armand-Lanoux) – 𝒞 04 68 21 01 02
– www.hotel-ile-lagune.com*
18 ch – †170/395 € ††170/395 € – 6 suites – ⊇ 22 € – ½ P
Rest *L'Almandin* – voir les restaurants ci-après
Au bout d'une petite route, sur une marina artificielle et... au grand calme ! Le
bâtiment, entièrement rénové en 2012, se dresse sur les rives. Au programme :
thalasso, piscine sur le toit et plage... L'été, un bateau y conduit même les clients.

🏨🏨 **La Lagune**
*28 av. Armand Lanoux – 𝒞 04 68 21 24 24 – www.hotel-lalagune.com – Ouvert
3 avril-1ᵉʳ nov.*
49 ch – †95/199 € ††95/199 € – ⊇ 14 € – ½ P
Sur la plage, un hôtel intégré à un vaste complexe résidentiel, idéal pour les
familles et les groupes. Les chambres, fonctionnelles et bien tenues, donnent sur
la piscine ou la lagune. Les adeptes de l'esprit club apprécieront les animations
musicales en saison et les formules buffet, ainsi que le joli spa.

XXX **L'Almandin** – Hôtel L'Île de la Lagune
*bd de l'Almandin, (par av. Armand-Lanoux) – 𝒞 04 68 21 01 02
– www.hotel-ile-lagune.com*
Formule 30 € – Menu 49 € (dîner), 68/98 € – Carte 72/94 €
Au bord de la Méditerranée, dans un cadre contemporain, une cuisine gastronomique qui joue la carte de la créativité – ainsi cette "truffe virtuelle" : une mousse
d'aubergine emprisonnée dans une coque de cacao et d'encre de seiche. Des
recettes plaisantes et savoureuses. Accueil et service tout sourire.

ST-CYR-AU-MONT-D'OR – 69 (Rhône) → voir Lyon

ST-CYR-DU-GAULT
⊠ 41190 (Loir-et-Cher) – 177 hab. – Alt. 130 m – Voir carte n°**11**-A1
🄳 Paris 222 km – Blois 28 km – Orléans 98 km – Tours 43 km
Carte Michelin 318-D6

⌂ **Château Le Parc** sans rest
Le Parc – 𝒞 02 54 46 19 58 – www.chateau-leparc.com – Fermé déc. et janv.
3 ch ⊇ – †130 € ††160 €
Un château de 1870 construit sur des ruines du 15ᵉ s. Les chambres y sont très
spacieuses et joliment décorées de meubles anciens ou contemporains. Mais
l'atout majeur de l'adresse est sans aucun doute son superbe parc de 21 ha où il
n'est pas rare d'apercevoir une biche ou un chevreuil.

ST-CYR-EN-TALMONDAIS
⊠ 85540 (Vendée) – 355 hab. – Alt. 31 m – Voir carte n°**34**-B3
🄳 Paris 444 km – Luçon 14 km – La Rochelle 57 km – La Roche-sur-Yon 30 km
Carte Michelin 316-H9 – Guide Vert Michelin Pays de la Loire

✗✗ **Auberge de la Court d'Aron** avec ch 🛏 ⅋ ch, 🛰 ⅏ **P**
1 allée des Tilleuls – 𝒞 02 51 30 81 80 – www.court-d-aron.com
– Fermé 23 nov.-14 déc., 19 janv.-4 fév., dim. soir et mardi soir hors saison et lundi
4 ch – 🛏68/89 € 🛏🛏76/97 € – 🍴 11 € – ½ P
Formule 16 € – Menu 27/42 € – Carte 27/46 €
Seconde vie pour les écuries du château... transformées en une charmante auberge rustique ! On y apprécie une cuisine traditionnelle simple dans son esprit, mais bien faite et concoctée avec de bons produits. Et pour rester pour la nuit, quatre très jolies chambres mêlant épure, esprit nature et chaleur du bois.

ST-CYR-SUR-MER
✉ 83270 (Var) – 11 769 hab. – Alt. 10 m – Voir carte n°**40-B3**
◗ Paris 810 km – Bandol 8 km – Le Beausset 10 km – Brignoles 70 km
Carte Michelin 340-J6 – Guide Vert Michelin Côte d'Azur

rte de Bandol 4 km par D 559 – ✉ 83270

🏨🏨 **Dolce Frégate Provence** � ⅏ ◁ ⅃ 🔟 🗠 ⅋ 🗺 ⅏ ⅙ 🅰 🛰 ⅍
lieu-dit Frégate, RD 559, rte de Bandol – 𝒞 04 94 29 39 39 **P** 🚗
– www.dolcefregate.com
99 ch – 🛏199/329 € 🛏🛏199/329 € – 34 suites – 🍴 24 € – ½ P
Calme et verdure dans cet établissement d'esprit resort. Superbe vue sur la mer, chambres de style provençal et espace séminaires. Au Mas des Vignes, cuisine gastronomique et cadre cosy. Repas plus décontracté à la Restangue. Agréable terrasse.

ST-DALMAS-DE-TENDE – 06 (Alpes-Maritimes) → voir Tende

ST-DENIS-LE-VÊTU
✉ 50210 (Manche) – 609 hab. – Voir carte n°**32-A2**
◗ Paris 327 km – Caen 95 km – St-Lô 32 km
Carte Michelin 303-D6

✗✗ **La Baratte** 🛏 ⅙ ⟳
Le Bourg – 𝒞 02 33 45 45 49 – www.restaurant-labaratte.fr – Fermé vacances de la Toussaint et de fév., mardi soir et merc.
Formule 16 € – Menu 24/41 € – Carte 36/48 €
Au cœur de la petite bourgade, cette maison en pierre du pays – ancien bar-épicerie – est devenue une coquette auberge familiale... Le cadre est délicieusement rustique, avec une agréable terrasse pour les beaux jours ; la cuisine, dans l'air du temps, s'ancre sur de solides bases traditionnelles et les producteurs locaux.

ST-DIDIER – 35 (Ille-et-Vilaine) → voir Châteaubourg

ST-DIDIER-DE-FORMANS
✉ 01600 (Ain) – 1 775 hab. – Alt. 280 m – Voir carte n°**43-E1**
◗ Paris 443 km – Bourg-en-Bresse 49 km – Lyon 33 km – St-Etienne 92 km
Carte Michelin 328-B5

⌂ **Château de Tanay** sans rest 🗠 ⅃ ⅋ 🛰 **P**
chemin de Tanay – 𝒞 06 63 94 70 27 – www.chateau-tanay.com
– Fermé 20 déc.-15 janv.
5 ch 🍴 – 🛏85/95 € 🛏🛏115/160 €
Un château du 11e s. avec son beau parc à la française. Certains profiteront de la piscine chauffée tandis que d'autres préféreront se promener dans le verger. Quant aux chambres, dont la plupart sont situées dans l'annexe, elles sont confortables et ultracontemporaines. Parfait pour un séjour au grand calme !

ST-DIDIER-DE-LA-TOUR – 38 (Isère) → voir La Tour-du-Pin

ST-DIDIER-EN-VELAY
✉ 43140 (Haute-Loire) – 3 422 hab. – Alt. 830 m – Voir carte n°**6-D3**
◗ Paris 538 km – Le Puy-en-Velay 55 km – St-Étienne 25 km – St-Agrève 45 km
Carte Michelin 331-H2

XX **Auberge du Velay**   & ✿

Grand' place – ℰ 04 71 61 01 54 – www.aubergeduvelay.com – Fermé 1 semaine en janv., dim. soir, mardi soir et lundi
Formule 17 € – Menu 20 € (semaine), 27/39 € – Carte 35/45 €
Au cœur du village, une ancienne auberge entièrement rénovée : couleurs tendance, mise en espace conceptuelle, etc. Côté assiettes, on met en avant les produits du terroir et du marché, le tout présenté sur des matières brutes (bois, galets, ardoise) et dans des tubes à essai. Original !

ST-DIÉ-DES-VOSGES

✉ 88100 (Vosges) – 21 361 hab. – Alt. 350 m – Voir carte n°**27**-C3
▶ Paris 397 km – Colmar 53 km – Épinal 53 km – Mulhouse 108 km
Carte Michelin 314-J3

⌂ **Ibis**   ‖○ 🖃 & 🄰🄲 🛜 🕍 🚗

5 quai Jeanne-d'Arc – ℰ 03 29 42 24 22 – www.ibishotel.com
58 ch – †66/89 € ††66/89 € – � 10 €
Une adresse utile en centre-ville, sur un boulevard bordant la Meurthe.

XX **Les Voyageurs**   🄰🄲

22 r. Hellieule – ℰ 03 29 56 21 56 – www.restaurant-des-voyageurs.fr – Fermé 5-12 janv., 25 juil.-13 août, dim. soir et lundi
Formule 21 € – Menu 26/39 € – Carte 45/59 €
Une cuisine traditionnelle (foie gras maison, fricassée de rognons et ris de veau...) réalisée avec des produits soigneusement choisis : voici ce qui vous attend dans cette sympathique brasserie contemporaine. Sur la carte des vins, l'Alsace figure en tête.

ST-DISDIER

✉ 05250 (Hautes-Alpes) – 136 hab. – Alt. 1 024 m – Voir carte n°**40**-B1
▶ Paris 643 km – Gap 46 km – Grenoble 81 km – La Mure 41 km
Carte Michelin 334-D4 – Guide Vert Michelin Alpes du Nord

⌂ **La Neyrette**   ‖○ 🍃 ⋜ 🖃 & 🛜 🅿

– ℰ 04 92 58 81 17 – www.la-neyrette.com – Fermé 7-25 avril et 6 oct.-20 déc.
12 ch – †65/78 € ††79/93 € – � 11 € – ½ P
Une sympathique petite auberge, bordée par un plan d'eau où l'on peut ferrer sa truite pour le dîner... à moins de préférer l'espace bien-être avec son bassin de nage ! Les chambres, bien tenues, sont peu à peu rénovées. Beaucoup de calme.

ST-DONAT-SUR-L'HERBASSE

✉ 26260 (Drôme) – 3 883 hab. – Alt. 202 m – Voir carte n°**43**-E2
▶ Paris 545 km – Grenoble 92 km – Hauterives 20 km – Romans-sur-Isère 13 km
Carte Michelin 332-C3 – Guide Vert Michelin Ardèche Drôme

XXX **Chartron** (Bruno Chartron) avec ch   🕸 🍃 🖃 & 🄰🄲 🛜

1 av. Gambetta – ℰ 04 75 45 11 82 – www.restaurant-chartron.com – Fermé 27 avril-7 mai, 1ᵉʳ-18 sept., 2-9 janv., mardi et merc.
8 ch – †80/98 € ††98/180 € – � 14 €   Menu 38/98 €
Une institution locale au sein de ce village célèbre pour son festival Jean-Sébastien-Bach (juillet). Est-ce l'inspiration musicale ? Le fait est que la cuisine de cette table élégante se révèle harmonieuse et raffinée, tout en touches délicates. Une belle partition, jouée avec de très bons produits.
→ Couronne d'asperges vertes et homard bleu au poméló. Pigeonneau rôti, jus aux épices de cacao. Gratin aux fraises des bois.

X **La Mousse de Brochet**   🖼 🄰🄲

6 av. du Cdt-Corlu – ℰ 04 75 45 10 47 – www.restaurant-lamousse-stdonat.fr – Fermé 25 juin-15 juil., 2-8 janv., le soir en semaine de sept. à mai, dim. soir et lundi
Formule 16 € – Menu 20/37 € – Carte 31/44 €
Après avoir admiré les orgues de la collégiale, faites une halte dans ce petit restaurant aux airs de bistrot de campagne. Le chef privilégie les produits frais, souvent de la région. Mention spéciale pour... la mousse de brochet, évidemment.

ST-DYÉ-SUR-LOIRE

✉ 41500 (Loir-et-Cher) – 1 119 hab. – Alt. 96 m – Voir carte n°**11**-B2
▶ Paris 173 km – Beaugency 21 km – Blois 17 km – Orléans 52 km
Carte Michelin 318-F6 – Guide Vert Michelin Châteaux de la Loire

 Manoir Bel Air ⅠⅠ◎ ⌂ ◁ ⇔ ⅋ ⅍ **P**
*1 rte d'Orléans – ℰ 02 54 81 60 10 – www.manoirbelair.com
– Fermé 26 janv.-9 mars*
43 ch – ♦88/108 € ♦♦100/108 € – ⌧ 14 € – ½ P
Cette maison de maître (17e s.) et son jardin sont agréablement posés sur les
bords de Loire. Les chambres, de facture classique, sont spacieuses. Au restaurant,
on savoure des plats traditionnels et de vieux bordeaux millésimés en regardant
couler le fleuve...

ST-ÉMILION

✉ 33330 (Gironde) – 1 958 hab. – Alt. 30 m – Voir carte n°**4**-C1
▶ Paris 584 km – Bergerac 58 km – Bordeaux 40 km – Langon 49 km
Carte Michelin 335-K5 – Guide Vert Michelin Aquitaine

 Hostellerie de Plaisance ⅠⅠ◎ ⌂ ◁ ⇔ ⅋ ⅍ ⍰ 🛜 ⅍ **P**
*5 pl. du Clocher – ℰ 05 57 55 07 55 – www.hostelleriedeplaisance.com
– Fermé 21 déc.-12 fév.*
17 ch – ♦390/590 € ♦♦390/590 € – 4 suites – ⌧ 32 €
Rest *Hostellerie de Plaisance* ❀ – voir les restaurants ci-après
Au cœur du village, cette belle demeure du 14e s. mêle luxe et douceur de vivre.
Jardins élégants, vignes alentour : tout est si délicieux, verdoyant et calme... Un
lieu rare pour profiter des charmes de St-Émilion !

 Au Logis des Remparts sans rest ⇔ ⅍ ⍰ ⅋ 🛜 ⅍ **P**
*18 r. Guadet – ℰ 05 57 24 70 43 – www.logisdesremparts.com – Fermé
15 déc.-31 janv.*
20 ch – ♦105/450 € ♦♦105/450 € – 3 suites – ⌧ 16 €
Le charme des vieilles pierres – l'hôtel se compose de deux maisons des 14e
et 17e s. –, la luxuriance d'un beau jardin à la lisière des vignes... Chambres sobres
et agréables, dont trois suites contemporaines et luxueuses.

 Palais Cardinal ⅠⅠ◎ ⇔ ⅍ ⍰ ⅋ ⍰ ⅋ ⍰ ⍰
*pl. 11-novembre-1918 – ℰ 05 57 24 72 39 – www.palais-cardinal.com – Ouvert
d'avril à nov.*
27 ch – ♦75/151 € ♦♦94/180 € – ⌧ 15 € – ½ P
Au 14e s., un cardinal vécut dans cette maison... comme un pape. Les chambres
sont sympathiques (préférez celles de l'annexe, plus spacieuses et confortables) ;
quant au jardin et à la piscine, ils sont vraiment plaisants.

 Auberge de la Commanderie sans rest ⍰ ⍰ ⅋ 🛜 ⅍ **P**
*r. des Cordeliers – ℰ 05 57 24 70 19 – www.aubergedelacommanderie.com
– Fermé 20 déc.-20 fév.*
17 ch – ♦85/130 € ♦♦85/130 € – ⌧ 11 €
Commanderie du 17e s. avec des chambres fonctionnelles et bien tenues ; celles
de l'annexe, plus grandes, conviennent bien aux familles. Et en prime, l'adresse
est en plein centre-ville.

⌂ **Clos de la Barbanne** ⅠⅠ◎ ⌂ ⇔ ⍰ ⅋ 🛜 **P**
*2 Les Grandes-Pièces, à 5 km, rte de St-Christophe-des-Bardes puis rte de Parsac
✉ 33570 Montagne – ℰ 06 27 05 27 13 – www.closdelabarbanne.com – Fermé
20-31 déc.*
4 ch ⌧ – ♦150/195 € ♦♦150/195 €
Une maison girondine au milieu des vignes... et des propriétaires vignerons, qui
produisent chaque année 3 000 bouteilles de leur nectar. Les chambres sont spacieuses et épurées ; sur demande, la maîtresse des lieux vous régalera de ses
petits plats du terroir. Agréable et bucolique.

XXXX **Hostellerie de Plaisance** – Hostellerie de Plaisance ⚘ ⚘ 告 AC

✿ *5 pl. du Clocher* – ✆ *05 57 55 07 55* – *www.hostelleriedeplaisance.com*
– *Fermé 21 déc.-12 fév., dim., lundi et le midi sauf sam.*
Menu 120/150 € – Carte 125/160 €
La découverte de St-Émilion est toujours un ravissement ; prolongez idéalement le plaisir dans cette belle demeure qui honore les produits locaux et... le vignoble bordelais. À la tête des cuisines, Cédric Béchade signe une partition minutieuse : beauté des présentations et palette des saveurs vont comme un gant à la région !
➜ L'artichaut et le caviar d'Aquitaine, jus des feuilles et crème verveine. Ris de veau "crispy", rhubarbe grillée et betterave moelleuse. Baba à l'armagnac, ganache chocolat à l'orange.

XX **Le Tertre** ⚘ 斎 AC ⌀

5 r. Tertre-de-la-Tente – ✆ *05 57 74 46 33* – *www.restaurant-le-tertre.com*
– *Ouvert 11 fév.-11 nov. et fermé merc. en fév.-mars et jeudi*
Formule 24 € – Menu 33/75 € – Carte 62/100 €
Un lieu champêtre et intime, avec un vivier à crustacés et une petite salle creusée dans la roche... Idéal pour déguster une agréable cuisine de tradition accompagnée de bons vins (400 références, dont beaucoup de saint-émilion).

X **Huitrier Pie** 斎 告

11 r. de la Porte-Bouqueyre – ✆ *05 57 24 69 71* – *www.lhuitrier-pie.net* – *Fermé 22 déc.-12 fév., mardi et merc.*
Formule 22 € ▼ – Menu 25/54 € – Carte 38/70 €
En bas de la cité médiévale, un restaurant avec une jolie terrasse où l'on s'installe aux beaux jours... À moins de préférer la salle avec sa cheminée. On goûte ensuite aux bonnes recettes du chef, dans lesquelles le poisson est roi : pain de lotte et aïoli, barbu avec son beurre noisette, etc. Service aux petits soins.

à l'Est 2 km à l'Est par rte de St-Christophe-des-Bardes D 243 et D 243E1

XX **Les Belles Perdrix de Troplong-Mondot** avec ch ⚘ 斎 AC rest,

lieu-dit Mondot ✉ *33330 St-Emilion* – ✆ *05 57 55 32 05* ⌀ 🛜 🅿
– *www.chateau-troplong-mondot.com* – *Fermé 16 nov.-1er déc., mardi et merc.*
4 ch ⌂ – †160/205 € ††160/330 € – 2 suites
Menu 35 € (déj. en semaine), 50/150 €
C'est dans le vignoble, au sein même du château d'un 1er grand cru classé, que s'épanouit ce restaurant tout en pierre blonde, avec une superbe terrasse face aux coteaux. Aux commandes : deux chefs revisitant à quatre mains la gastronomie du terroir... avec des créations qui siéent divinement bien aux vins du domaine !

rte de Libourne 4 km au Nord-Ouest par D 243

🏨 **Château Grand Barrail** ⓘⓄ ⚘ ⚘ ⟨ 🛏 ⅃ ⑩ ♨ 🖼 告 AC 🛜 🏊 🅿

✉ *33330 St-Émilion* – ✆ *05 57 55 37 00* – *www.grand-barrail.com*
– *Fermé 20 déc.-6 fév.*
43 ch – †175/500 € ††175/750 € – 3 suites – ⌂ 24 € – ½ P
Au milieu du vignoble, ce château du 19e s. d'allure si romantique. Le parc verdoyant ; le spa et la piscine pour se prélasser ; les chambres – douillettes, raffinées et pleines de caractère dans la bâtisse principale ; le restaurant gastronomique... tout ici a du cachet !

ST-ESTÈPHE

✉ 24360 (Dordogne) – 590 hab. – Alt. 222 m – Voir carte n°**4**-C1
▶ Paris 460 km – Bordeaux 163 km – Limoges 67 km – Périgueux 55 km
Carte Michelin 329-E2

X **Le Moulin du Grand Étang** ⓝ ⟨ 斎 告 🅿

⚭ – ✆ *05 53 60 41 69* – *www.lemoulindugrandetang.sitew.fr*
– *Fermé janv.-fév., dim. soir, merc. soir, jeudi soir, lundi et mardi sauf juil.-août*
Menu 13 € (déj. en semaine), 26/40 € – Carte 24/63 €
Un peintre pourrait faire sienne cette petite maison bordant un grand étang, dont les rives bucoliques se reflètent à loisir sur les ondes... Peintre, le jeune chef de cette table l'est pour ainsi dire, lui qui signe une cuisine vive et colorée, après avoir travaillé auprès de vrais maîtres (Arnaud Donckele, Michel Rochedy...).

ST-ÉTIENNE

✉ 42000 (Loire) – 170 049 hab. – Agglo. 369 586 hab. – Alt. 520 m
– Voir carte n°**44-A2**
▶ Paris 517 km – Clermont-Ferrand 147 km – Grenoble 154 km – Lyon 61 km
Carte Michelin 327-F7 – Guide Vert Michelin Lyon et sa région

⛩ Hôtel du Golf

*67 r. St-Simon, face au golf par r. Revollier T – ℰ 04 77 41 41 00
– www.hoteldugolf42.com*
48 ch ⌑ – ♦125/150 € ♦♦140/325 € – 3 suites – ½ P
L'hôtel le plus confortable de St-Étienne, sur les hauteurs de la ville, domine le
golf municipal et la plaine du Forez. En ces lieux, un goût avéré de la modernité :
mobilier design, couleurs vives, piscine face à la verdure, etc. Un établissement
très trendy.

⛩ Hôtel du Midi sans rest

19 bd Pasteur – ℰ 04 77 57 32 55 – www.hotelmidi.fr – Fermé   Plan : V**e**
27 juil.-25 août et 26 déc.-5 janv.
33 ch – ♦61/95 € ♦♦62/115 € – ⌑ 11 €
Un hôtel aussi joli dedans que dehors ! Derrière sa façade du début du 20ᵉ s., on
découvre un décor charmant, qui revisite l'esprit chic et indémodable des années
1930. Cosy et original, en toute simplicité.

⛩ Astoria sans rest

r. Henri-Déchaud – ℰ 04 77 25 09 56 – www.hotel-astoria.fr   Plan : V**n**
– Fermé 4-25 août,
33 ch – ♦69/89 € ♦♦69/89 € – ⌑ 9 €
Bon rapport qualité-prix dans cet hôtel proche du centre de congrès, très fonctionnel et bien tenu. Parfait pour la clientèle d'affaires.

✕✕✕ A la Table des Lys

5 cours Fauriel – ℰ 04 77 25 48 55 – www.latabledeslys.fr   Plan : CZ**q**
– Fermé 9-17 mai, 1ᵉʳ-23 août, sam. et dim.
Menu 30/95 € – Carte 37/90 €
Une table élégante et intime, idéale pour un dîner en ville. Vous aurez le choix
entre trois salles évoquant de petits salons feutrés, pour déguster une cuisine
éprise de fraîcheur, de légèreté et de finesse.

✕✕✕ André Barcet

19 bis cours Victor-Hugo – ℰ 04 77 32 43 63   Plan : BZ**u**
– www.restaurantbarcet.com – Fermé 14 juil.-11 août, dim. soir et merc.
Formule 24 € – Menu 36 € (déj. en semaine), 47/68 € – Carte 59/77 €
Non loin des halles, un restaurant empreint de classicisme. La cuisine maison a
fait ses preuves : André Barcet compte à St-Étienne une clientèle nombreuse
d'habitués de longue date !

✕✕ Régency

17 bd J.-Janin – ℰ 04 77 74 27 06 – Fermé août, sam. et dim.   Plan : BX**r**
Menu 37/45 € – Carte 40/55 €
À la fois contemporain et intime, design et chaleureux, le décor du Régency
séduit. Sa cuisine également, centrée sur des valeurs sûres du registre bistrotier
– avec, au gré des approvisionnements, des suggestions proposées de vive voix
par le chef, qui connaît bien les goûts de ses clients.

✕✕ Aromatic - Pierre Daret ⓝ

7 r. François-Gillet – ℰ 04 77 33 20 68   Plan : BY**a**
– www.aromatic-pierredaret.fr – Fermé dim., lundi, mardi soir et merc. soir
Formule 18 € – Menu 25/40 €
Dans une petite ruelle du centre-ville, on trouve ce nouveau bistrot qui devrait
ravir les Stéphanois. Le chef connaît son sujet : il réalise une cuisine du marché
pleine de saveurs, dans laquelle les jus et les cuissons sont parfaitement maîtrisés. De plus, les prix sont raisonnables – le menu de midi est un vrai bon plan !

ST-ÉTIENNE

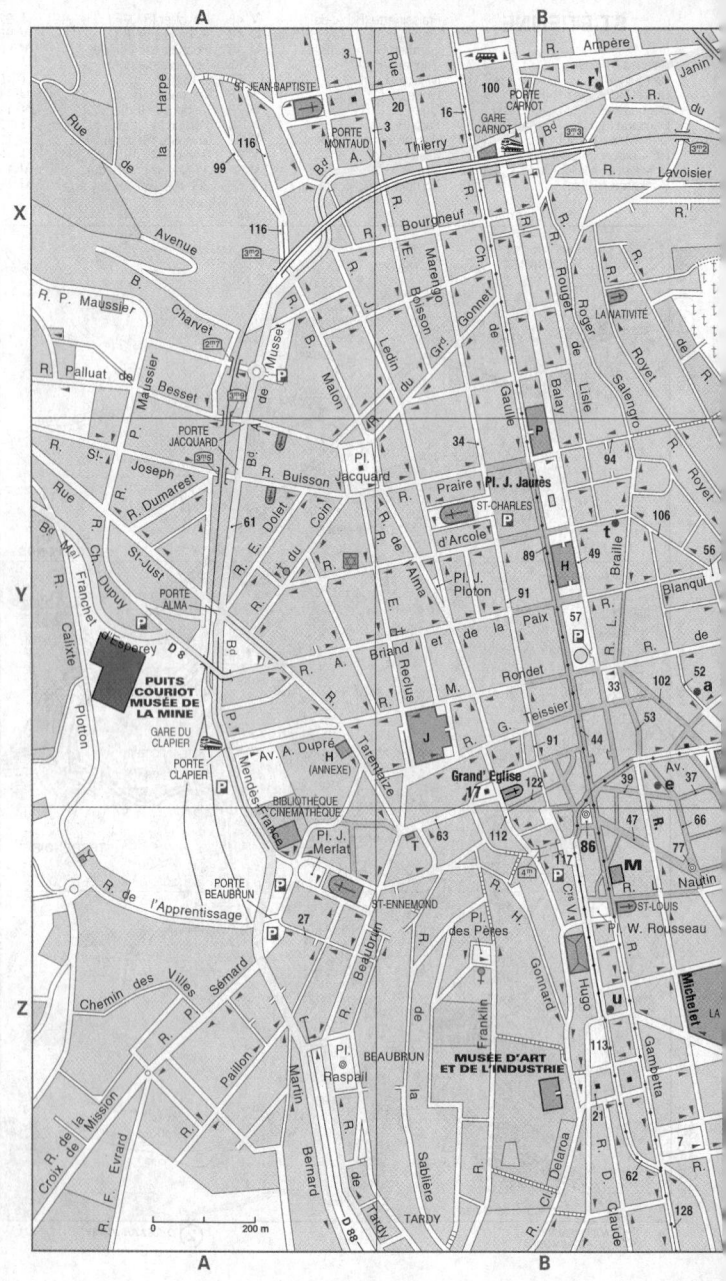

ST-ÉTIENNE

Insens

10 r. de Lodi – ℰ 04 77 32 34 34 – www.insens-restaurant.fr   Plan : BY**t**
– Fermé août, vacances de Noël, dim. et lundi
Formule 14 € – Menu 19 € (déj.), 27/43 € – Carte 19/45 €
Un joli restaurant, simple et élégant, dont le nom évoque à la fois les cinq sens et le goût de l'insensé... Son jeune chef signe une cuisine pétillante, savoureuse, colorée et ludique – fondée sur un vrai tour de main. Sans doute le meilleur rapport plaisir-prix de St-Étienne !

Nado

38 r. des Martyrs-de-Vingré – ℰ 04 77 37 49 95   Plan : BY**e**
– www.nadoapebar.com – Fermé dim.
Formule 17 € – Menu 22/33 € – Carte 42/53 €
Au cœur de la ville, un restaurant à la fois sobre et contemporain, où l'on se retrouve autour d'une cuisine de produits franche et plaisante. Une sympathique option pour une soirée stéphanoise.

à Sorbiers 10 km au Nord par D 106, N 82 et D 3 – ⊠ 42290
– 7 799 hab. – Alt. 560 m

Le Valjoly

9 r. de l'Onzon – ℰ 04 77 53 60 35 – http://levaljoly.free.fr – Fermé 16-22 fév.,
27 juil.-13 août, lundi et le soir sauf vend. et sam.
Formule 14 € – Menu 18 € (déj. en semaine), 22/45 € – Carte 28/55 €
Aux portes de St-Étienne, ce restaurant tenu par un jeune couple cultive la tradition avec fraîcheur : terrine de canard aux noisettes et pistaches, Saint-Jacques et ris de veau aux morilles, cocotte de la mer au fumet de crustacés, etc. Simple et plaisant !

à Rochetaillée 8 km au Sud-Est par D 8 – ⊠ 42100

Yves Genaille

3 r. du Parc – ℰ 04 77 32 88 48 – www.restaurant-genaille.fr – Fermé 1 semaine
en mars, 1 semaine en avril, 2 semaines en août, 3 semaines en sept., dim. soir,
lundi et mardi
Formule 18 € – Menu 26 € (déj. en semaine), 33/65 € – Carte 50/61 €
(réservation conseillée)
Au pied du château de ce village médiéval, un restaurant résolument ancré dans... notre époque ! Le décor est design, la cuisine non moins contemporaine, mais elle n'en oublie pas le terroir et ses produits (vins de petits producteurs). De surcroît, la salle offre un panorama superbe sur la campagne alentour.

à St-Priest-en-Jarez 4 km au Nord-Ouest – ⊠ 42270 – 6 158 hab. – Alt. 605 m

Restaurant du Musée

musée d'Art moderne la Terrasse – ℰ 04 77 79 24 52   Plan : T**s**
– www.restaurantdumusee.fr – Fermé le soir
Formule 16 € – Menu 20 € – Carte 34/41 €
Nourritures terrestres au sein du musée d'Art moderne de St-Étienne Métropole (l'un des plus importants de France) avec une cuisine épousant les tendances. La technique est impeccable et les prix renversants ! Pour les nourritures célestes, direction les salles d'exposition, à deux pas.

à La Fouillouse 10 km au Nord-Ouest par A 72, D 201 puis D 1082 – ⊠ 42480
– 4 354 hab. – Alt. 438 m

Le 3ème Acte

7 r. des Grandes-Maisons – ℰ 04 77 30 24 81 – www.le3emeacte.sitew.com
– Fermé 16 août-3 sept., 2-16 janv., mardi soir, merc. soir, dim. soir et lundi
Formule 16 € – Menu 24/72 € – Carte 42/74 €
Le "3ème acte", car il s'agit de la troisième affaire des patrons, un couple dynamique qui met ici à profit son expérience. Les lieux se révèlent chaleureux, avec tableaux et références cinématographiques dans le décor ; la cuisine est pleine de sincérité (bonbon de pied de porc, chausson de truffe et foie gras poêlé, etc.).

ST-ÉTIENNE-DE-BAÏGORRY

✉ 64430 (Pyrénées-Atlantiques) – 1 585 hab. – Alt. 163 m – Voir carte n°**3-A3**

▶ Paris 813 km – Biarritz 51 km – Cambo-les-Bains 31 km – Pau 116 km

Carte Michelin 342-D5 – Guide Vert Michelin Pays Basque et Navarre

🏨 **Arcé**   🕪 🌱 ← 👜 🛎 ✕ 🛜 🅿

rte du col d'Ispéguy – ℰ 05 59 37 40 14 – www.hotel-arce.com
– Ouvert 3 avril-11 nov.
18 ch – ♦100/180 € ♦♦100/240 € – 2 suites – � 16 € – ½ P
Rest Arcé 🌼 – voir les restaurants ci-après

Une authentique maison basque au pied du col d'Ispéguy et de la Nive. Atout charme : la passerelle métallique au-dessus de la rivière, permettant d'accéder à la piscine.

🍴 **Arcé**   ← 👜 🛋 🅿

rte du col d'Ispéguy – ℰ 05 59 37 40 14 – www.hotel-arce.com
– Ouvert 3 avril-11 nov. et fermé lundi midi du 1er sept. au 31 juil., merc. midi et jeudi midi du 15 sept. au 15 juil. sauf fériés
Formule 18 € – Menu 32 € – Carte 37/70 € (réservation conseillée)

Faites donc une halte gourmande au pied du col d'Ispéguy ! Dans ce restaurant – un ancien trinquet (salle de pelote basque) –, on savoure une cuisine du marché bien ancrée dans sa région : tournedos de cochon de lait, boudin noir... L'été, on s'installe sur l'agréable terrasse bordée de platanes.

ST-ÉTIENNE-DE-FURSAC – 23 (Creuse) → voir La Souterraine

ST-ÉTIENNE-DU-VAUVRAY – 27 (Eure) → voir Louviers

ST-ÉTIENNE-LÈS-REMIREMONT – 88 (Vosges) → voir Remiremont

ST-EUTROPE-DE-BORN – 47 (Lot-et-Garonne) → voir Cancon

ST-EVROULT-NOTRE-DAME-DU-BOIS

✉ 61550 (Orne) – 473 hab. – Alt. 355 m – Voir carte n°**33-C2**

▶ Paris 155 km – Argentan 42 km – Caen 91 km – Lisieux 52 km

Carte Michelin 310-L2 – Guide Vert Michelin Normandie Vallée de la Seine

🏠 **Le Relais de l'Abbaye**   🕪 🌱 ⌖ 🛜 🛋

r. Principale – ℰ 02 33 84 19 00 – www.abbaye-restaurant61.fr
11 ch – ♦68/75 € ♦♦68/75 € – ⊑ 9 €

De l'abbaye – l'un des plus grands centres intellectuels anglo-normands (11-12e s.) – ne subsistent que des ruines... mais le village reste empreint de quiétude. Un hôtel-restaurant tout simple pour une étape loin des sentiers battus.

ST-FARGEAU

✉ 89170 (Yonne) – 1 794 hab. – Alt. 175 m – Voir carte n°**7-A2**

▶ Paris 180 km – Auxerre 45 km – Clamecy 48 km – Gien 41 km

Carte Michelin 319-B6 – Guide Vert Michelin Bourgogne

🏠 **Les Grands Chênes** sans rest   🌱 👜 🛜 🛋

Les Berthes-Bailly, 4,5 km au Sud par D 18 – ℰ 03 86 74 04 05
– www.hotellesgrandschenes.com
13 ch – ♦89 € ♦♦89/98 € – ⊑ 10 €

En pleine Puisaye, cette jolie demeure bourgeoise est en fait un hôtel, niché dans un grand parc. Le salon avec cheminée et les chambres colorées ont beaucoup de charme.

ST-FÉLIX-LAURAGAIS

✉ 31540 (Haute-Garonne) – 1 323 hab. – Alt. 332 m – Voir carte n°**29-C2**

▶ Paris 716 km – Auterive 46 km – Carcassonne 58 km – Castres 38 km

Carte Michelin 343-J4

XXX **Auberge du Poids Public** avec ch   ⇐ 🈯 AC 🛜 🏊
rte de Toulouse, fg. St-Roch – ℰ 05 62 18 85 00 – www.auberge-du-poids-public.fr
– Fermé dim. soir sauf juil.-août
11 ch – ♦65/75 € ♦♦85/110 € – 1 suite – ☲ 11 € – ½ P
Menu 26 € (déj. en semaine), 46/76 € – Carte 58/78 €
Vous serez accueillis dans un cadre agréable ouvrant sur la plaine du Lauragais
(terrasse panoramique) ; décor mi-rustique, mi-contemporain et cuisine de terroir
revisitée. Chambres confortables et fraîches.

ST-FIRMIN – 80 (Somme) → voir Rue

ST-FLORENT – 2B (Haute-Corse) → voir Corse

ST-FLORENTIN

✉ 89600 (Yonne) – 4 693 hab. – Alt. 120 m – Voir carte n°**7-B1**
▶ Paris 169 km – Auxerre 32 km – Chaumont 145 km – Dijon 172 km
Carte Michelin 319-F3 – Guide Vert Michelin Bourgogne

X **Les Tilleuls** avec ch   🍸 ⇐ 🈯 AC rest, 🍴 ch, 🛜 P P 🚲
3 r. Descourtives – ℰ 03 86 35 09 09 – www.hotel-les-tilleuls.com
9 ch – ♦61/66 € ♦♦71/83 € – ☲ 11 €
Formule 19 € – Menu 33 € (déj.)/49 € – Carte 52/66 € *(réservation conseillée)*
Dans les murs d'un ancien couvent de capucins (1635), un décor classique ouvert
sur un joli tableau de verdure – dont on profite en terrasse. Le cadre est soigné
pour une vraie cuisine de tradition : terrine de biche aux champignons, sole meunière, fromages de Bourgogne...

ST-FLOUR

✉ 15100 (Cantal) – 6 665 hab. – Alt. 783 m – Voir carte n°**5-B3**
▶ Paris 513 km – Aurillac 70 km – Issoire 67 km – Le Puy-en-Velay 94 km
Carte Michelin 330-G4 – Guide Vert Michelin Auvergne

Ville basse

🏨 **Grand Hôtel de l'Étape**   🍴O 📧 🍴 🛜 🚗
18 av. de la République – ℰ 04 71 60 13 03 – www.hotel-etape.com – Fermé dim.
soir sauf juil.-août
23 ch – ♦62/80 € ♦♦68/98 € – ☲ 11 € – ½ P
Rest *Grand Hôtel de l'Étape* ⊛ – voir les restaurants ci-après
Rien n'a vraiment changé dans cet hôtel familial construit dans les années
1970. Un établissement sérieux, avec des chambres plutôt grandes et bien pratiques ; préférez celles avec vue sur la montagne.

🏠 **L'Ander**   🍴O 📧 ⅙ 🛜 🏊 P
6 av. du Cdt Delorme – ℰ 04 71 60 21 63 – www.hotel-ander.com
– Fermé 25 janv.-20 mars
20 ch – ♦57/88 € ♦♦57/88 € – ☲ 10 € – ½ P
Rest *L'Ander* – voir les restaurants ci-après
Au pied de la ville haute juchée sur sa colline, cet hôtel a retrouvé une nouvelle
jeunesse, avec des chambres pimpantes et douillettes, parfois ponctuées d'allusions naturelles (des troncs de bouleau, par exemple).

🏠 **Auberge de la Providence**   🍴O ⅙ 🛜 P
1 r. Château d'Alleuze, par D 40 (au sud) – ℰ 04 71 60 12 05
– www.auberge-providence.com – Fermé 15 nov.-5 janv.
12 ch – ♦70/100 € ♦♦70/130 € – ☲ 10 € – ½ P
Serait-ce effectivement la Providence ? On est accueilli avec un grand sourire dans
cette maison typique de la ville, aux chambres simples et très bien tenues.
Ambiance terroir au restaurant avec le menu du patron.

XX **Grand Hôtel de l'Étape**

18 av. de la République – ℰ 04 71 60 13 03 – www.hotel-etape.com – Fermé dim. soir et lundi sauf juil.-août
Formule 15 € – Menu 28/35 € – Carte 36/55 €
Ne vous fiez pas à l'allure un peu "vintage" du restaurant. Il dissimule une authentique table régionale, emmenée par une nouvelle génération ! Croustillant de cantal, tripoux, entrecôte au bleu : une cuisine tout en simplicité et franchise, sous l'œil bienveillant de la grande tradition auvergnate.

X **L'Ander** – Hôtel L'Ander   ♿ P

6 av. du Cdt Delorme – ℰ 04 71 60 21 63 – www.hotel-ander.com
– Fermé 25 janv.-20 mars et dim. soir d'oct. à mars
Formule 13 € – Menu 20 € (semaine), 25/50 € – Carte 24/44 €
Pourquoi ne pas faire un tour dans la ville basse ? Ce sera l'occasion de découvrir ce restaurant chaleureux et coloré, où l'on sert une cuisine du terroir repensée, qui ne manque pas d'originalité. Pour le dessert, un soufflé chaud à la mandarine ne devrait pas faire retomber votre plaisir...

à St-Georges 5 km   à l'Est par D 909 et rte secondaire – ✉ 15100
– 1 094 hab. – Alt. 860 m

🏨 **Le Château de Varillettes**   ⫯○ ⬥ ← ⬚ ⌿ 🛜 ⚐ P

dir. Vabre – ℰ 04 71 60 45 05 – www.chateaudevarillettes.com
– Ouvert 2 mai-27 sept.
12 ch – ♦135/260 € ♦♦135/260 € – 1 suite – ⊑ 17 € – ½ P
Ce beau château du 15e s. servit de résidence aux évêques de St-Flour. Depuis certaines des jolies chambres (mobilier de style), on contemple le jardin médiéval et son carré des simples ; parfait pour un tourisme vert en quelque sorte.

ST-FORGEUX-LESPINASSE
✉ 42640 (Loire) – 547 hab. – Alt. 330 m – Voir carte n°**44**-A1
▶ Paris 387 km – Clermont-Ferrand 139 km – Lyon 100 km – St-Étienne 99 km
Carte Michelin 327-C3

XX **L'Assiette Roannaise**   ⫯⚇ AK ⚘

pl. de Verdun – ℰ 04 77 65 65 99 – www.restaurant-assiette-roannaise.fr
– Fermé 24 août-7 sept., vacances de la Toussaint et de fév., mardi soir et merc.
Menu 19 € (déj. en semaine), 25/55 € – Carte 36/90 €
Voilà une table qui joue la carte de l'originalité ! À l'unisson de la déco, très contemporaine, le chef est à l'affût des nouvelles tendances et techniques : ses assiettes se révèlent très esthétiques, privilégiant créativité et fraîcheur.

ST-FORT-SUR-GIRONDE
✉ 17240 (Charente-Maritime) – 853 hab. – Alt. 28 m – Voir carte n°**38**-B3
▶ Paris 518 km – Poitiers 186 km – La Rochelle 115 km – Saintes 45 km
Carte Michelin 324-F7

↑ **Château des Salles**   ⫯○ ⬥ ⬚ ⚘ 🛜 P

61 r. du Gros-Chêne, 1,5 km au Nord-Est par D 125 – ℰ 05 46 49 95 10
– www.chateaudessalles.com – Ouvert 1er avril-1er nov.
5 ch ⊑ – ♦79/153 € ♦♦88/160 €
Au cœur du vignoble de Cognac, un joli château du 15e s. Les chambres, feutrées et meublées avec style, portent de doux noms (Myosotis, Aubépine, Églantine, etc.), et on s'installe au salon (piano et livres à disposition) comme dans une maison de famille... Produits du terroir, du potager et vins du domaine à la table d'hôte.

ST-FRONT
✉ 43550 (Haute-Loire) – 445 hab. – Alt. 1 223 m – Voir carte n°**6**-C3
▶ Paris 570 km – Clermont-Ferrand 156 km – Firminy 69 km –
Le Puy-en-Velay 27 km
Carte Michelin 331-G4

La Vidalle d'Eyglet sans rest

Vidalle, 7 km au Sud par D 39, D 500 et rte secondaire – 𝒞 04 71 59 55 58
– www.vidalle.fr – Ouvert 9 fév.-30 mars et 22 mai-12 oct.
5 ch ⬚ – ♦105/130 € ♦♦120/135 €
Au cœur du plateau du Mézenc, une jolie ferme restaurée par un couple d'ensei-
gnants amoureux de la nature. Les chambres sont coquettes et rustiques, offrant
une superbe vue sur les bêtes qui paissent aux alentours ; au salon, on s'assied au
coin du feu, près de la bibliothèque... Confort garanti !

ST-FRONT-DE-PRADOUX

✉ 24400 (Dordogne) – 1 130 hab. – Alt. 40 m – Voir carte n°**4-C1**
▶ Paris 582 km – Angoulême 83 km – Bordeaux 104 km – Périgueux 40 km
Carte Michelin 329-D5

Château la Thuilière

La Thuilière – 𝒞 06 45 35 36 82 – www.lathuiliere.net – Fermé 10 janv.-26 mars
5 ch ⬚ – ♦159/259 € ♦♦169/269 €
Dans son parc arboré, cet élégant châtelet dévoile de belles ambiances : très 19ᵉs.
(boiseries, stucs) ou résolument contemporaines (lignes épurées, grand confort),
tout en grâce et équilibre. Et la table d'hôte sait jouer la carte des produits locaux
et... de la créativité.

ST-GALMIER

✉ 42330 (Loire) – 5 580 hab. – Alt. 400 m – Voir carte n°**44-A2**
▶ Paris 457 km – Lyon 82 km – Montbrison 25 km – Montrond-les-Bains 11 km
Carte Michelin 327-E6 – Guide Vert Michelin Lyon et sa région

La Charpinière

lieu-dit La Charpinière – 𝒞 04 77 52 75 00 – www.lacharpiniere.com
46 ch – ♦95/391 € ♦♦105/391 € – ⬚ 14 € – ½ P
Agréable étape, au calme, dans un environnement verdoyant : cette gentilhommière tapissée de vigne vierge se cache dans un grand parc, avec piscine, tennis
et espace détente. Diverses formules aux restaurants : menus gastronomique, du
marché ou brasserie.

Hostellerie du Forez

6 r. Didier-Guetton – 𝒞 04 77 54 00 23 – www.hostellerieduforez.com
24 ch – ♦76/106 € ♦♦76/106 € – ⬚ 10 € – ½ P
Rest *Hostellerie du Forez* – voir les restaurants ci-après
Près de l'hôtel de ville, ce relais de poste du 19ᵉ s. arbore une façade bien avenante... De fait, les lieux se révèlent agréables pour une étape : les chambres ont
été entièrement rénovées en 2012.

✕✕ Le Bougainvillier avec ch

2 av. de la Coise – 𝒞 04 77 54 03 31 – www.restaurant-bougainvillier.com
– Fermé 3-24 août, 24 déc.-1ᵉʳ janv., merc. soir, dim. et lundi
4 ch ⬚ – ♦85/95 € ♦♦90/100 € – ½ P
Menu 45/70 € – Carte environ 64 € *(réservation conseillée)*
Une jolie demeure couverte de vigne vierge, à deux pas d'une rivière... Ce site
verdoyant charme, et le décor très contemporain de la salle ne le dénature en
rien, au contraire. Pas plus la cuisine, gastronomique, fraîche et bien travaillée. Esprit design dans les chambres, qui offrent calme et espace.

✕✕ Hostellerie du Forez – Hostellerie du Forez

6 r. Didier Guetton – 𝒞 04 77 54 00 23 – www.hostellerieduforez.com – Fermé
2-23 août, 24-31 déc., lundi midi et dim.
Formule 10 € – Menu 23/31 € – Carte 34/54 €
Un restaurant chaleureux, aux allures de bistrot contemporain, dont le chef affectionne les produits frais et les légumes bio. À noter : trois belles salles voûtées – les
anciennes écuries de ce relais de poste – pour les réceptions et cocktails.

✕ **Amphitryon** ⓝ
🍴 *9 bd du Dr-Cousin –* ☎ *04 77 56 33 39 – Fermé 3 semaines en août, dim. et lundi*
Menu 17 € (déj.)/24 €
Gaspacho d'aubergine et maki de tofu ; saltimbocca de veau et pâtes fraîches ; tarte aux abricots... Un joli panaché d'influences multiples, mais ancré sur les produits locaux : telle est la recette de ce restaurant dont le cadre contemporain, voire baroque, ne laisse pas indifférent. Le menu déjeuner est une vraie bonne affaire.

ST-GATIEN-DES-BOIS
✉ 14130 (Calvados) – 1 338 hab. – Alt. 149 m – Voir carte n°**32**-A3
▶ Paris 195 km – Caen 58 km – Deauville 10 km – Le Havre 36 km
Carte Michelin 303-N3

🏠 **Le Clos Deauville St-Gatien**
4 r. des Brioleurs – ☎ *02 31 65 16 08 – www.clos-st-gatien.fr*
55 ch – ♦81/209 € ♦♦81/209 € – ☐ 14 € – ½ P
Rest *Le Michels* – voir les restaurants ci-après
Entre Deauville et Honfleur, au cœur d'un jardin arboré, cette ancienne ferme et ses dépendances ont été transformées en complexe hôtelier de bon standing, particulièrement adapté pour les séminaires mais aussi propice à la détente avec plusieurs piscines, un espace bien-être, etc. Le tout à proximité de l'aéroport !

✕✕ **Le Michels** – Hôtel Le Clos Deauville St-Gatien
4 r. des Brioleurs – ☎ *02 31 65 16 08 – www.clos-st-gatien.fr*
Formule 16 € – Menu 22/62 € – Carte 28/64 €
Ce restaurant a su préserver son cachet régional (poutres, colombages) pour mieux faire apprécier les classiques de la cuisine traditionnelle : fruits de mer, pintade au cidre, foie gras poêlé, etc.

ST-GAUDENS
✉ 31800 (Haute-Garonne) – 11 191 hab. – Alt. 405 m – Voir carte n°**28**-B3
▶ Paris 766 km – Bagnères-de-Luchon 48 km – Tarbes 68 km – Toulouse 94 km
Carte Michelin 343-C6

🏠 **Hôtel du Commerce**
2 av. de Boulogne – ☎ *05 62 00 97 00 – www.commerce31.com*
– Fermé 18 déc.-11 janv.
48 ch – ♦65/110 € ♦♦65/110 € – ☐ 10 € – ½ P
À deux pas du centre-ville, un hôtel moderne avec des chambres agréables et fonctionnelles (toutes climatisées). Pour se relaxer, on file à l'espace bien-être. Au restaurant, large choix de plats dans un registre traditionnel.

ST-GÉLY-DU-FESC – 34 (Hérault) → voir Montpellier

ST-GENIEZ-D'OLT
✉ 12130 (Aveyron) – 2 013 hab. – Alt. 410 m – Voir carte n°**29**-D1
▶ Paris 612 km – Espalion 28 km – Florac 80 km – Mende 68 km
Carte Michelin 338-J4 – Guide Vert Michelin Midi-Pyrénées

🏠 **Château de la Falque** sans rest
rte de Prades – ☎ *05 65 62 45 60 – www.chateau-la-falque.fr – Fermé*
3 janv.-10 fév. et 15-30 nov.
7 ch – ♦90/130 € ♦♦90/140 € – 3 suites – ☐ 14 €
Cet ancien couvent (17ᵉ s.), composé de plusieurs bâtisses en pierre, a été admirablement réhabilité. Les chambres, bien équipées, sont décorées avec goût (tableaux, sculptures, objets) et nous transportent du Maroc en Chine... Un hôtel plein de charme !

ST-GENIX-SUR-GUIERS
✉ 73240 (Savoie) – 2 278 hab. – Alt. 235 m – Voir carte n°**45**-C2
▶ Paris 513 km – Belley 22 km – Chambéry 34 km – Grenoble 58 km
Carte Michelin 333-G4 – Guide Vert Michelin Alpes du Nord

à Champagneux 4 km au Nord-Ouest par D 1516 – ⊠ 73240
– 632 hab. – Alt. 214 m

🏠 **Les Bergeronnettes**   ⑩ ⌖ ≤ ⇆ ⏹ ⧈ ⅃ P

Le Bourg, près de l'église – ℰ 04 76 31 50 30 – www.hotel-bergeronnettes.com
– Fermé 24 déc.-1er fév.
18 ch – †78 € ††78/125 € – ☴ 10 € – ½ P
Un cadre verdoyant et champêtre pour cet hôtel alangui abritant des chambres
spacieuses et fonctionnelles. Petit-déjeuner sous forme de buffet. Au restaurant,
on apprécie la cuisine régionale (spécialités de cuisses de grenouilles). Terrasse
sous un chapiteau.

ST-GEORGES – 15 (Cantal) → voir St-Flour

ST-GEORGES-DES-SEPT-VOIES

⊠ 49350 (Maine-et-Loire) – 694 hab. – Alt. 83 m – Voir carte n°**35**-C2
▶ Paris 314 km – Angers 30 km – Nantes 127 km – Saumur 27 km
Carte Michelin 317-H4

※※ **Auberge de la Sansonnière** avec ch   ⌖ ⇆ ⅃ 🄰🄲 rest. 🛜 P

La Sansonnière, (près de la mairie) – ℰ 02 41 57 57 70
*– www.auberge-sansonniere.com – Fermé 16 fév.-9 mars, 16 nov.-14 déc., dim.
soir et lundi*
7 ch – †75/85 € ††80/90 € – ☴ 11 € – ½ P
Formule 13 € – Menu 19 € (déj. en semaine), 32/44 € – Carte 51/60 €
La vie s'écoule paisiblement dans cette charmante auberge de campagne, installée dans un ancien prieuré du 17e s. On y savoure une cuisine actuelle, fraîche et
bien troussée, où les produits de saison ont la part belle. Chambres bien tenues
pour l'étape.

ST-GEORGES-SUR-CHER

⊠ 41400 (Loir-et-Cher) – 2 503 hab. – Alt. 70 m – Voir carte n°**11**-A1
▶ Paris 225 km – Blois 40 km – Orléans 102 km – Tours 40 km
Carte Michelin 318-D8

⌂ **Prieuré de la Chaise** sans rest   ⌖ ⇆ ⅃ 🄰🄲 ⅗ 🛜 P

8 r. du Prieuré – ℰ 06 07 06 61 65 – www.prieuredelachaise.com
5 ch ☴ – †70/95 € ††95/150 €
Un charmant prieuré du 16e s. niché dans un parc... au calme. Tomettes et meubles anciens dans les chambres. L'hiver venu, belles flambées dans la cheminée
de la salle à manger.

ST-GERMAIN-DE-BELVÈS – 24 (Dordogne) → voir Belvès

ST-GERMAIN-DE-JOUX

⊠ 01130 (Ain) – 477 hab. – Alt. 507 m – Voir carte n°**45**-C1
▶ Paris 487 km – Bellegarde-sur-Valserine 13 km – Belley 61 km –
Bourg-en-Bresse 63 km
Carte Michelin 328-H3

※※ **Reygrobellet** avec ch   ⅗ 🛜 P

D 1084 – ℰ 04 50 59 81 13 – www.hotel-reygrobellet.com – Fermé 10-17 fév.,
1er-17 juil., 20 oct.-8 nov., dim., lundi et jeudi soir hors saison
8 ch – †61/72 € ††61/72 € – ☴ 10 € – ½ P
Menu 23 € (semaine)/68 € – Carte 39/67 €
Outre son confortable intérieur campagnard, cette maison a pour elle une généreuse cuisine traditionnelle basée sur des produits frais (volaille de Bresse, grenouilles, écrevisses et asperges en saison). Les chambres sont simples et agréables.

ST-GERMAIN-DES-VAUX

⊠ 50440 (Manche) – 405 hab. – Alt. 59 m – Voir carte n°**32**-A1
▶ Paris 383 km – Barneville-Carteret 48 km – Cherbourg 28 km –
Nez de Jobourg 7 km
Carte Michelin 303-A1

L'Erguillère sans rest

Port Racine, 1,8 km à l'Est par D 45 – ✆ 02 33 52 75 31 – www.hotel-lerguillere.com – Fermé vacances de fév.

10 ch – †59/155 € ††59/155 € – ☕ 17 €

Direction le bout du monde... À la pointe de la Hague, au-dessus de la mer et de Port-Racine, un hôtel très cosy où se réfugier à la suite de Jacques Prévert, qui le fréquenta ; tout y respire le calme et la sérénité, jusqu'au charmant accueil des propriétaires.

Le Moulin à Vent

10 rte de Port Racine, (Hameau Danneville), 1,5 km à l'Est par D 45 – ✆ 02 33 52 75 20 – www.le-moulin-a-vent.fr – Fermé 17 déc.-5 janv., 4-22 fév., merc. et jeudi sauf en juil.-août

Menu 35/65 € – Carte 42/69 € *(réservation conseillée)*

Sur une route qui domine la mer, on se réfugie avec plaisir dans cette ancienne auberge de pays : d'abord le bar, façon pub anglais très chaleureux ; puis la salle, toute blanche et élégante. Le jeune chef se fournit auprès des pêcheurs locaux – produits extrafrais – et signe une cuisine assez inventive.

ST-GERMAIN-DU-BOIS

✉ 71330 (Saône-et-Loire) – 1 928 hab. – Alt. 210 m – Voir carte n°**8-D3**

Paris 367 km – Chalon-sur-Saône 33 km – Dole 58 km – Lons-le-Saunier 29 km

Carte Michelin 320-L9 – Guide Vert Michelin Bourgogne

Hostellerie Bressane avec ch

2 rte de Sens – ✆ 03 85 72 04 69 – www.giot-hostelleriebressane.fr – Fermé dim. soir sauf du 5 juil. au 23 août et lundi

9 ch – †56 € ††63 € – ☕ 10 € – ½ P

Formule 16 € – Menu 25/52 € – Carte 39/53 €

Au cœur du village, face à la place du marché, une grande maison régionale (18e s.), avec une terrasse ponctuée de chaises colorées. Le cadre est sympathique pour apprécier une bonne cuisine de tradition : le chef aime les beaux produits, et exprime sa personnalité avec une gourmandise et une générosité clairement affichées !

ST-GERMAIN-EN-LAYE – 78 (Yvelines) ➜ voir Paris, Environs

ST-GERMAIN-LÈS-ARLAY

✉ 39210 (Jura) – 489 hab. – Alt. 255 m – Voir carte n°**16-B3**

Paris 398 km – Besançon 74 km – Chalon-sur-Saône 58 km – Dole 46 km

Carte Michelin 321-D6

Hostellerie St-Germain avec ch

635 Grande-Rue – ✆ 03 84 44 60 91 – www.hostelleriesaintgermain.com – Fermé lundi

12 ch – †78/140 € ††78/140 € – ☕ 12 € – ½ P

Menu 29/74 € – Carte 45/80 €

Face à l'église, ce sympathique relais de poste du 17e s. a été entièrement rénové en 2013, dans un style sobre et lumineux. Le chef travaille des produits du terroir – souvent bio – et concocte une cuisine gourmande, accompagnée de bons vins du Jura. Pour l'étape, des chambres confortables, plus calmes côté terrasse.

ST-GERMAIN-SUR-AY

✉ 50430 (Manche) – 891 hab. – Alt. 5 m – Voir carte n°**32-A2**

Paris 344 km – Caen 111 km – St-Lô 44 km

Carte Michelin 303-C4

La Ferme des Mares

26 r. des Mares – ✆ 02 33 17 01 02 – www.la-ferme-des-mares.com – Fermé janv.

10 ch – †90/153 € ††90/153 € – ☕ 10 € – ½ P

Isolé du reste du village, un ancien corps de ferme du 17e s. au cœur d'un parc de deux hectares... Les chambres, assez spacieuses et lumineuses, ont été rénovées dans un style contemporain, voire un brin design ; certaines sont plus cosy et feutrées.

ST-GERVAIS-D'AUVERGNE

✉ 63390 (Puy-de-Dôme) – 1 332 hab. – Alt. 725 m – Voir carte n°**5-B2**
▶ Paris 377 km – Aubusson 72 km – Clermont-Ferrand 55 km – Gannat 41 km
Carte Michelin 326-D6 – Guide Vert Michelin Auvergne

🛏 Castel Hôtel 1904   ⏴🔟 ⬦ ⬒ ♨ 🛜 🅿
r. du Castel – ☎ 04 73 85 70 42 – www.castel-hotel-1904.com – Fermé janv.
15 ch – ♦69/79 € ♦♦69/99 € – ⏴ 11 € – ½ P
Cette demeure du 17ᵉ s. a du caractère avec sa déco à l'ancienne et son jardin planté de beaux arbres. Un petit creux ? Vous avez le choix entre le bistrot et le gastro.

ST-GERVAIS-EN-VALLIÈRE

✉ 71350 (Saône-et-Loire) – 436 hab. – Alt. 203 m – Voir carte n°**7-A3**
▶ Paris 324 km – Beaune 16 km – Chalon-sur-Saône 24 km – Dijon 57 km
Carte Michelin 320-J8

à Chaublanc 3 km au Nord-Est par D 94 et D 183 – ✉ 71350

🛏 Le Moulin d'Hauterive   🔟 🎇 ⬦ ⬒ ⌘ 🛁 ✗ ♿ 🄰 🛜 ♨ 🅿
*8 r. du Moulin – ☎ 03 85 91 55 56 – www.moulinhauterive.com – Fermé
22 déc.-13 fév., mardi et merc.*
10 ch – ♦70/179 € ♦♦139/179 € – 10 suites – ⏴ 16 € – ½ P
Isolé en pleine nature, cet ancien moulin à farine bordant la Dheune, bâti au 12ᵉ s. par les moines de Cîteaux, distille un charme certain. Les chambres sont cosy et décorées avec soin ; pour se détendre, on profite de l'espace bien-être, et l'on peut manger au restaurant pour profiter de la terrasse au bord de l'eau...

ST-GERVAIS-LES-BAINS

✉ 74170 (Haute-Savoie) – 5 646 hab. – Alt. 820 m – Voir carte n°**46-F1**
▶ Paris 597 km – Annecy 84 km – Bonneville 42 km – Chamonix-Mont-Blanc 25 km
Carte Michelin 328-N5 – Guide Vert Michelin Alpes du Nord

✕✕ Le Sérac (Raphaël Le Mancq)   ≤ �
🏵 *22 r. de la Comtesse – ☎ 04 50 93 80 50 – www.3serac.fr – Fermé 2 semaines
en nov., lundi et merc. sauf vacances scolaires*
Menu 35 € (déj.), 52/75 € – Carte 69/78 €
Aucune chance que ce Sérac-là se dérobe sous vos pieds ! Bien installé dans une grande salle lumineuse et épurée, on se laisse séduire par la cuisine du chef, dont l'inspiration varie au gré des saisons. Son pigeon de Bresse, tendre et parfumé, laisse un souvenir délicieux... Et pour l'option "simplifiée", direction le Bistrosérac, à 50 m de là.
➔ Foie gras, grué de noisettes salées, mouliné de butternut et fruits de la passion. Poitrine de pigeonneau, patate douce et jus au gingembre. Omelette norvégienne de l'instant.

au Fayet 4 km au Nord-Ouest par D 902 – ✉ 74190

🛏 Hôtel des Deux Gares   🔟 📺 ▣ 🛜 🅿 🚗
*50 imp. des Deux-Gares – ☎ 04 50 78 24 75 – www.hotel2gares.com
– Fermé 25 avril-4 mai et 22 oct.-15 déc.*
28 ch – ♦47/56 € ♦♦62/69 € – ⏴ 8 € – ½ P
Juste en face de la gare de départ du fameux tramway du Mont-Blanc, un chalet familial très sympathique, avec des chambres douillettes, une piscine couverte, un bar, une salle de jeux (billard, babyfoot...), etc. Excellent rapport qualité-prix.

ST-GERVAIS-SUR-MARE

✉ 34610 (Hérault) – 861 hab. – Alt. 330 m – Voir carte n°**22-B2**
▶ Paris 734 km – Albi 100 km – Montpellier 91 km – Rodez 158 km
Carte Michelin 339-D7

✕✕ L'Ortensia avec ch   � ▣ ♿ 🄰 🛜 🅿
2 r. du Château – ☎ 04 67 97 69 88 – www.restaurant-ortensia.com
5 ch ⏴ – ♦59/85 € ♦♦85/155 € – 1 suite – ½ P
Formule 25 € 🍷 – Menu 32/65 € – Carte 48/77 €
Lui manque-t-il un "h" ? Non : c'est ainsi que l'on orthographie cette plante en occitan ! Créé dans une ancienne pépinière, le restaurant – au cadre intime – laisse s'épanouir de bien jolis bouquets de saveurs, tout à l'honneur des viandes et légumes issus des fermes environnantes. Une fleur très séduisante !

ST-GILLES

✉ 30800 (Gard) – 13 564 hab. – Alt. 10 m – Voir carte n°**23**-D2
▶ Paris 724 km – Arles 18 km – Beaucaire 27 km – Lunel 31 km
Carte Michelin 339-L6

🏠 Le Mas de l'Espérance   🔟 ⅓ 🛏 🔟 AC 🛜 🐾 🅿

Lieu-dit Saint-Bénézet, 10 km au Nord par D 42 rte de Nîmes et rte secondaire
– 𝒞 04 66 70 01 51 – www.mas-esperance.com
5 ch ⊆ – †160/330 € ††160/370 € – ½ P
Dans un parc très fleuri environné d'oliviers et d'arbres fruitiers – les propriétaires
du domaine sont aussi arboriculteurs –, une auguste demeure datée de 1780 à
l'ombre de pins aériens. Voilà qui vaut le coup d'œil ! Beaux volumes, esprit
cosy, terrasses privatives dans chaque chambre : un havre de charme...

🏠 Domaine de la Fosse   🔟 ⅓ 🛏 ⌶ AC 🍽 🛜 🅿

rte de Sylvéréal, 7 km au Sud par D 179, croisement D 202 – 𝒞 04 66 87 05 05
– www.domainedelafosse.com
5 ch ⊆ – †100/115 € ††115/145 €
Camargue ! Au cœur d'un immense domaine rizicole, cette ancienne commanderie des Templiers (17ᵉs.) abrite des chambres de caractère (mansardes, mobilier
chiné). Sauna, hammam, jacuzzi.

ST-GILLES-CROIX-DE-VIE

✉ 85800 (Vendée) – 7 322 hab. – Alt. 12 m – Voir carte n°**34**-A3
▶ Paris 462 km – Cholet 112 km – Nantes 79 km – La Roche-sur-Yon 44 km
Carte Michelin 316-E7 – Guide Vert Michelin Pays de la Loire

🏨 Edena sans rest   ⌶ 🔟 ⅙ 🍽 ⅙ AC 🍽 🛜 🅿

39 bd de Lattre-de-Tassigny – 𝒞 02 51 55 30 44 – www.hoteledena.com
– Ouvert 2 avril-1ᵉʳ nov.
24 ch – †85/124 € ††85/124 € – ⊆ 10 €
Dans un quartier pavillonnaire, ce complexe hôtelier propose des chambres
agréables et spacieuses – certaines ont même une terrasse privative –, mais
aussi deux piscines, une aire de jeux pour enfants et des appartements familiaux,
bref : de quoi plaire à tout le monde !

✗✗ Boisvinet   AC

2 r. Louis-Cristau – 𝒞 02 51 55 51 77 – www.boisvinet.com – Fermé dim. soir,
mardi soir, merc. de sept. à juin et mardi en juil.-août
Menu 23 € (déj. en semaine), 29/53 €
Une villa de bord de mer à la déco contemporaine et épurée... Un lieu avenant
pour une cuisine fort appétissante : homard et risotto au lait de coco, cuisse de
lapin aux agrumes, tiramisu au Nutella, etc. Vive les recettes dans l'air du temps !

✗ La Cotriade   AC

⌘ *8 r. Louis-Cristau – 𝒞 02 51 55 09 62 – www.la-cotriade-85.com*
– Fermé 21 déc.-20 janv., dim. soir et lundi
Menu 20/35 € – Carte 26/52 €
En retrait de l'agitation touristique, un restaurant au cadre contemporain, où l'on
déguste une séduisante cuisine du moment et quelques spécialités plus traditionnelles. Ajoutez à cela du poisson local extrafrais et un service au petits oignons,
vous obtenez une charmante petite adresse !

✗ Le Casier   🍽

⌘ *pl. du Vieux Port – 𝒞 02 51 55 01 08 – www.lecasier.com*
– Fermé 15 déc.-1ᵉʳ mars, lundi en mars, nov. et déc.
Menu 15 € (déj. en semaine)/19 € – Carte 21/43 €
À deux pas des quais, un bistrot marin très convivial dans... une ancienne charcuterie ! Le chef, jadis propriétaire de la boutique, a donc troqué le tablier de charcutier pour la toque. Derrière les fourneaux, il concocte désormais des petits plats
bien iodés. Accueil et service tout sourire.

à Coëx 14 km à l' Est par D 6 – ✉ 85220 – 3 057 hab. – Alt. 50 m

XX **Le Balata**

Golf des Fontenelles, 2 km à l'Ouest par D 6 – ✆ 02 28 10 63 96 – www.lebalata.com – Fermé 5-18 janv., dim. soir et lundi

Formule 15 € – Menu 28/41 € – Carte 35/55 €

La tomate se décline en gaspacho, tartare ou sorbet ; la fraise s'allie au romarin... Une cuisine raffinée et recherchée, dans une atmosphère contemporaine feutrée avec vue sur le green. Idéal pour faire une pause gourmande entre deux swings !

à Sion-sur-l'Océan 5 km à l'Ouest par la Corniche Vendéenne – ✉ 85270

Frédéric sans rest

25 r. des Estivants – ✆ 02 51 54 30 20 – www.hotel-frederic.com

13 ch – †69 € ††96/141 € – ☕ 11 €

Dans les années 1930, cette jolie villa était un hôtel chic et dans le vent... Modernisée, elle n'a rien perdu de son charme d'antan ! Il y règne une vraie atmosphère rétro et cosy, surtout dans les chambres donnant sur la mer, et l'on profite même d'un bar à huîtres.

ST-GINGOLPH

✉ 74500 (Haute-Savoie) – 763 hab. – Alt. 385 m – Voir carte n°**46**-F1

Paris 560 km – Annecy 102 km – Évian-les-Bains 19 km – Montreux 21 km

Carte Michelin 328-N2 – Guide Vert Michelin Alpes du Nord

XXX **Aux Ducs de Savoie**

r. du 23 Juillet 44 – ✆ 04 50 76 73 09 – www.ducsdesavoie.net – Fermé 26 oct.-4 nov., 4-27 janv., mardi sauf juil.-août et lundi

Formule 20 € – Menu 42/78 € – Carte 40/73 €

Sur les hauteurs de ce village face au Léman, un agréable chalet, cossu et bourgeois : le chef concocte une goûteuse cuisine classique (appétissant chariot de desserts) et l'on profite de la terrasse ombragée face au lac, pendant les beaux jours. Accueil très sympathique.

ST-GIRONS

✉ 09200 (Ariège) – 6 423 hab. – Alt. 398 m – Voir carte n°**28**-B3

Paris 774 km – Auch 123 km – Foix 45 km – St-Gaudens 43 km

Carte Michelin 343-E7

Château de Beauregard

av. de la Résistance – ✆ 05 61 66 66 64 – www.chateaubeauregard.net

6 ch – †60/220 € ††60/220 € – 4 suites – ☕ 13 € – ½ P

Rest *Auberge d'Antan* – voir les restaurants ci-après

Au cœur d'un parc paisible, un petit château et ses dépendances (19e s.) avec des chambres patinées par les ans, entre rustique et tradition, et des suites de caractère. Et dans les anciennes granges, un espace bien-être avec jacuzzi et sauna...

X **Auberge d'Antan** – Hôtel Château de Beauregard

av. de la Résistance – ✆ 05 61 64 11 02 – www.chateaubeauregard.net – Fermé sam. midi, dim. soir et lundi

Formule 15 € – Menu 30/48 € – Carte 36/44 €

Dans l'ancienne grange du château, cette salle en impose par sa hauteur sous charpente ; jambons suspendus, pierres et poutres dégagent une belle atmosphère campagnarde. On retrousse ses manches au moment de s'attabler face à l'immense cheminée, où sont préparés grillades, plats traditionnels et cochons de lait…

à Lorp-Sentaraille 4 km au Nord-Ouest par D 117 – ✉ 09190 – 1 354 hab. – Alt. 361 m

XX **La Petite Maison**

rte de Toulouse – ✆ 05 61 66 54 49 – www.lapetitemaison-magnypao.com – Fermé janv., lundi et mardi

Formule 18 € – Menu 27/51 € – Carte 47/59 €

Dans un cadre frais et ensoleillé, le jeune chef, Pao Magny, distille l'essentiel avec beaucoup de générosité. Il réalise des plats de saison aux saveurs fines et franches, imaginés avec justesse et toujours joliment présentés, dans l'esprit du temps. Avec une mention spéciale pour les pâtisseries !

ST-GRÉGOIRE – 35 (Ille-et-Vilaine) → voir Rennes

ST-GUÉNOLÉ

✉ 29760 (Finistère) – Voir carte n°**9-A2**

▶ Paris 587 km – Douarnenez 47 km – Guilvinec 8 km – Pont-l'Abbé 14 km

Carte Michelin 308-E8 – Guide Vert Michelin Bretagne Sud

🏨 **Sterenn** 🕙 🕭 ≤ 🛜 **P**

plage de la Joie – ℰ 02 98 58 60 36 – www.hotel-sterenn.com – Fermé mi-nov. à mi-déc.

16 ch – †75/117 € ††75/117 € – ⌂ 12 € – ½ P

Rest Sterenn 🕙 – voir les restaurants ci-après

Face à la plage, cette construction néobretonne des années 1970 a le charme des établissements familiaux. Les chambres sont simples, colorées et nettes ; la plupart donnent sur la mer. Pour une grande bouffée d'air iodé !

🏠 **Les Ondines** 🕙 🕭 ⅋ 🛜

90 r. Pasteur, rte du phare d'Eckmühl – ℰ 02 98 58 74 95 – www.hotel-lesondines.net – Ouvert 4 avril-31 oct. et fermé mardi sauf le soir en juil.-août

14 ch – †60/75 € ††60/75 € – ⌂ 11 € – ½ P

À l'extrême pointe du pays bigouden et à deux pas de la mer, un hôtel pour les enfants des ondes. On a parfois l'impression d'être dans un bateau, que ce soit dans les chambres ou sous la véranda, où l'océan préside aux repas : choucroute de la mer et sole meunière sont au menu...

✕✕ **Sterenn** – Hôtel Sterenn ≤ 🕭 & 🎴 **P**

😊 *plage de la Joie – ℰ 02 98 58 60 36 – www.hotel-sterenn.com – Fermé mi-nov. à mi-déc. et lundi*

Formule 19 € – Menu 27/48 € – Carte 35/61 €

Dans ce restaurant typiquement breton, posé sur la pointe de Penmarch, on travaille en famille : le chef compose avec son gendre une partition culinaire à quatre mains. Les produits de la mer dominent, avec des poissons issus de la pêche côtière locale, préparés avec attention et joliment présentés dans l'assiette.

ST-GUILHEM-LE-DESERT

✉ 34150 (Hérault) – 265 hab. – Alt. 89 m – Voir carte n°**23-C2**

▶ Paris 726 km – Lodève 31 km – Millau 90 km – Montpellier 41 km

Carte Michelin 339-G6

🏠 **Le Guilhaume d'Orange** 🕙 & 🛜

2 av. Guilhaume d'Orange – ℰ 04 67 57 24 53 – www.guilhaumedorange.com – Fermé 22 déc.-18 janv. et merc. hors saison

11 ch – †71/91 € ††71/102 € – ⌂ 9 € – ½ P

Face aux gorges de l'Hérault, cette bâtisse restaurée avec goût a su conserver son cachet d'origine. Les chambres sont coquettes et romantiques à souhait. En salle ou sur la belle terrasse, vous apprécierez la cuisine du terroir.

ST-HAON

✉ 43340 (Haute-Loire) – 341 hab. – Alt. 1 000 m – Voir carte n°**6-C3**

▶ Paris 559 km – Langogne 25 km – Mende 68 km – Le Puy-en-Velay 29 km

Carte Michelin 331-E4 – Guide Vert Michelin Auvergne

✕ **Auberge de la Vallée** avec ch 🕭 ≤ 🕭 🛜

😊 *– ℰ 04 71 08 20 73 – www.auberge-de-la-vallee43.fr – Ouvert 1er avril-19 déc. et fermé dim. soir et lundi d'oct. à avril*

10 ch – †39 € ††50 € – ⌂ 8 € – ½ P   Menu 19/42 € – Carte 26/51 €

Une auberge familiale modeste, au cœur d'un village d'altitude. Dans la grande salle, les tables sont simplement dressées et les nombreux randonneurs apprécient la cuisine du terroir. Les chambres proprettes permettent de faire le plein d'air pur.

ST-HAON-LE-VIEUX – 42 (Loire) → voir Renaison

ST-HERBLAIN – 44 (Loire-Atlantique) → voir Nantes

ST-HILAIRE-DE-BRETHMAS – 30 (Gard) → voir Alès

ST-HILAIRE-LE-CHÂTEAU

✉ 23250 (Creuse) – 253 hab. – Alt. 453 m – Voir carte n°**25**-C1
▶ Paris 385 km – Guéret 27 km – Limoges 64 km – Le Palais-sur-Vienne 56 km
Carte Michelin 325-I5

à l'Est 3 km par D 941 (rte Aubenas), D10 et rte secondaire ✉23250 St-Hilaire-le-Château

⌂ **Château de la Chassagne**

La Chassagne – ☏ 05 55 64 79 48 – www.chateau-lachassagne.com – Ouvert Pâques-11 nov.

4 ch ⌂ – †100/130 € ††120/140 €

Imposant château (15ᵉ et 17ᵉ s.) isolé dans un parc ravissant, où paissent des chevaux. Un escalier à vis dessert des chambres raffinées, dont une nichée sous une superbe charpente ; on est reçu avec gentillesse et simplicité et, à la table d'hôte, on vous concocte une cuisine traditionnelle et familiale.

ST-HILAIRE-ST-FLORENT – 49 (Maine-et-Loire) → voir Saumur

ST-HIPPOLYTE

✉ 25190 (Doubs) – 905 hab. – Alt. 380 m – Voir carte n°**17**-C2
▶ Paris 490 km – Basel 93 km – Belfort 48 km – Besançon 89 km
Carte Michelin 321-K3 – Guide Vert Michelin Franche-Comté Jura

⌂ **Le Bellevue**

28 Grande-Rue – ☏ 03 81 96 51 53 – www.lebellevue-hotel.fr – Fermé 2-11 janv., dim. soir et vend. soir de sept. à avril

16 ch – †70 € ††84 € – ⌂ 12 € – ½ P

Rest *Le Bellevue* – voir les restaurants ci-après

À la sortie du village, dominant le Dessoubre, cette sympathique hostellerie familiale propose des chambres fort bien tenues, toutes différentes, bienvenues pour une étape. Accueil aimable.

✕✕ **Le Bellevue**

28 Grande-Rue – ☏ 03 81 96 51 53 – www.hotel.bellevue.free.fr – Fermé 2-11 janv., dim. soir et vend. soir de sept. à avril

Formule 13 € – Menu 28/38 € – Carte 31/61 €

Truite blanche, pieds de porc... Une agréable cuisine traditionnelle concoctée à quatre mains par un père et son fils. On la déguste dans un cadre rustique et cossu, ou sur la terrasse ombragée aux beaux jours.

ST-HIPPOLYTE

✉ 68590 (Haut-Rhin) – 1 035 hab. – Alt. 234 m – Voir carte n°**2**-C1
▶ Paris 439 km – Colmar 21 km – Ribeauvillé 8 km – St-Dié 42 km
Carte Michelin 315-I7

⌂ **Le Parc**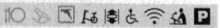

6 r. du Parc – ☏ 03 89 73 00 06 – www.le-parc.com – Fermé 11 janv.-6 fév.

29 ch – †95/125 € ††100/200 € – 3 suites – ⌂ 15 € – ½ P

Rest *Winstub Rabseppi-Stebel* ⊛ **Rest** *Joséphine* – voir les restaurants ci-après

Un hôtel cosy où les chambres sont à la fois tendance et raffinées. Pour décompresser, on profite de l'espace détente et de la piscine avant de se régaler au restaurant ou à la winstub. Un programme des plus plaisants !

⌂ **Hostellerie Munsch Aux Ducs de Lorraine**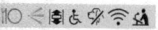

16 rte du Vin – ☏ 03 89 73 00 09 – www.hotel-munsch.com – Fermé 11-29 nov. et 13 janv.-7 mars

40 ch – †50/90 € ††85/165 € – ⌂ 12 € – ½ P

Cette imposante auberge d'esprit régional est une institution locale... qui perpétue la tradition depuis quatre générations ! Certes les chambres se révèlent un brin désuettes, dans l'esprit des années 1970, mais elles sont d'une tenue irréprochable et donnent sur le château du Haut-Koenigsbourg ou sur les vignes.

XXX   **Joséphine** – Hôtel Le Parc   🏦 🛏 AC P

6 r. du Parc – ℰ 03 89 73 00 06 – www.le-parc.com – Fermé 11 janv.-6 fév., lundi et mardi
Menu 38 € (semaine), 48/70 € – Carte 65/74 €
Pressé de foie gras de canard en croûte de pain d'épice ; mignon rôti de veau, aigre-doux de citron vert et polenta de petits pois ; pêche pochée à la verveine et sablé breton au safran : raffinée, moderne sans extravagance, cette élégante Joséphine saura vous séduire...

X   **Winstub Rabseppi-Stebel** – Hôtel Le Parc   AC P

😊   *6 r. du Parc – ℰ 03 89 73 00 06 – www.le-parc.com – Fermé 11 janv.-6 fév., lundi midi et mardi midi*
Menu 26/31 € – Carte 38/56 €
Une winstub conviviale, au sein de l'hôtel Le Parc. On s'y régale d'une cuisine authentique, généreuse et respectueuse des saisons, qui fait la part belle aux produits du terroir. Et pour parfaire le tout, on accompagne les recettes du chef de bons nectars du cru. Gourmand !

ST-HUBERT

✉ 57640 (Moselle) – 210 hab. – Alt. 220 m – Voir carte n°**27-C1**
🚗 Paris 336 km – Luxembourg 63 km – Metz 21 km – Saarbrücken 69 km
Carte Michelin 307-I3

⌂   **La Ferme de Godchure** sans rest   🛏 🚗 🐾 🛜 P

r. Principale – ℰ 03 87 77 03 96 – www.godchure.com
4 ch 🍽 – †95/125 € ††95/125 €
Aux portes d'un petit village, en pleine campagne, cette maison d'hôtes n'est autre que la grange d'une ancienne ferme cistercienne. Les chambres – indépendantes de la résidence des propriétaires – sont décorées dans un style plutôt zen que l'on retrouve aussi au spa. Apaisant à souhait !

ST-ISIDORE – 06 (Alpes-Maritimes) → voir Nice

ST-JACQUES-DES-BLATS

✉ 15800 (Cantal) – 319 hab. – Alt. 990 m – Voir carte n°**5-B3**
🚗 Paris 536 km – Aurillac 32 km – Brioude 76 km – Issoire 91 km
Carte Michelin 330-E4 – Guide Vert Michelin Auvergne

⌂   **L'Escoundillou**   🍴 🛏 ← 🛏 ఉ 🛜 P

rte de la gare – ℰ 04 71 47 06 42 – www.hotel-escoundillou.com
– Fermé 16 nov.-25 déc. et vend. soir de mi-oct. à mi-nov.
12 ch – †49/52 € ††52/59 € – 🍽 9 € – ½ P
Au bord d'une pittoresque route de campagne, cette petite cachette ("escoundillou" en patois) est idéale pour les amoureux de la nature. On vient s'y reposer dans des chambres claires et fonctionnelles, et respirer l'air pur des monts du Cantal.

ST-JEAN – 06 (Alpes-Maritimes) → voir Pégomas

ST-JEAN-AUX-AMOGNES

✉ 58270 (Nièvre) – 490 hab. – Alt. 230 m – Voir carte n°**7-B2**
🚗 Paris 252 km – Bourges 81 km – Château-Chinon 51 km – Clamecy 61 km
Carte Michelin 319-D9

XX   **Le Relais de Bourgogne**   🛏 🔄

ℰ 03 86 58 61 44 – Fermé 1er-21 janv., dim. soir, lundi et merc. sauf juil.-août et fériés
Menu 27/45 € – Carte 44/56 €
Dans cette maison de village, le décor est champêtre et chaleureux, la véranda ouvre sur un sympathique jardin et les plats respirent la générosité et la tradition.

ST-JEAN-AUX-BOIS – 60 (Oise) → voir Pierrefonds

ST-JEAN-CAP-FERRAT

✉ 06230 (Alpes-Maritimes) – 2 014 hab. – Alt. 12 m – Voir carte n°**42-E2**
🚗 Paris 935 km – Menton 25 km – Nice 8 km
Carte Michelin 341-E5 – Guide Vert Michelin Côte d'Azur

Grand Hôtel du Cap Ferrat

71 bd du Gén.-de-Gaulle, au Cap-Ferrat – ✆ 04 93 76 50 50 – www.ghcf.fr – Fermé 1er janv.-18 mars **a**

49 ch – 285/1800 € 285/1800 € – 24 suites – 45 €

Rest *Le Cap* **Rest *La Véranda*** **Rest *Club Dauphin*** – voir les restaurants ci-après

Époustouflant ! Le parc divin et ses superbes pins parasols, la vue sur la côte tout simplement sublime, le délicieux bassin à débordement, la gourmandise des restaurants, les suites avec leur piscine privée... L'élégance luxueuse d'un grand hôtel mythique, né en 1908. Tout ici est une invitation au farniente !

Royal Riviera

3 av. Jean-Monnet – ✆ 04 93 76 31 00 – www.royal-riveria.com – Fermé de fin-nov. à mi-janv. **m**

91 ch – 295/1140 € 295/3690 € – 3 suites – 38 € – ½ P

Rest *La Table du Royal* **Rest *La Pergola*** – voir les restaurants ci-après

Une bâtisse construite en 1904 et son beau jardin au bord de l'eau. La plupart des chambres – contemporaines et raffinées – donnent sur la Grande Bleue et, dans l'Orangerie, elles ont adopté un style atypique, provençal et branché... Le charme haut en couleur de la French Riviera !

La Voile d'Or

7 av. Jean-Mermoz, au port – ✆ 04 93 01 13 13 – www.lavoiledor.fr – Ouvert de mi-avril à début oct. **f**

45 ch – 385/875 € 785/985 € – ½ P

Rest *La Voile d'Or* – voir les restaurants ci-après

Ancré sur son rocher, face au port de plaisance, ce superbe hôtel est une ode à la Méditerranée : chambres au décor d'inspiration florentine, piscine d'eau de mer, plage... Agréable !

ST-JEAN-CAP-FERRAT

Albert-1er (Av.) 2
Gaulle (Bd Gén.-de) 6
Grasseuil (Av.) 7
Libération (Bd) 9
Mermoz (Av. J.) 12
Passable (Ch. de) 13
Phare (Av. du) 14
Prince-Rainier III de Monaco (Av.) . . . 3
Puncia (Av. de la) 15
Sabatier (Av. Marie-Louise) . . . 5
St-Jean (Pont) 16
Sauvan (Bd H.) 17
Semeria (Av. D.) 18
Verdun (Av. de) 20
Vignon (Av. C.) 21

Les flèches noires indiquent les sens uniques supplémentaires l'été

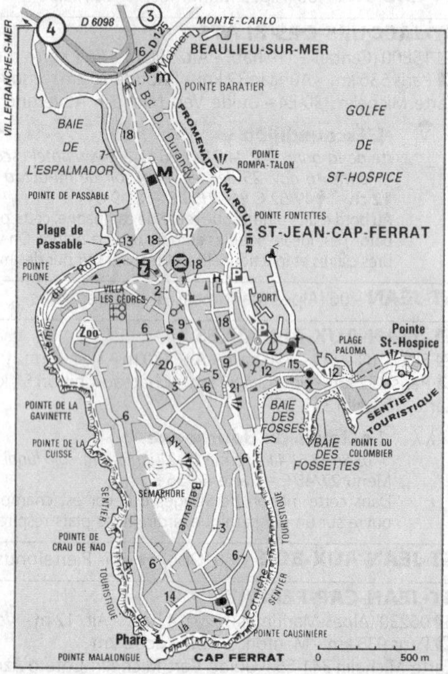

🏠 **Brise Marine** sans rest
58 av. Jean-Mermoz – ℰ *04 93 76 04 36* – *www.hotel-brisemarine.com*　**x**
– *Ouvert de mars à oct.*
16 ch – ♦182/207 € ♦♦182/207 € – ☱ 16 €
Surplombant une rue calme, cette jolie villa de style italien (1878), chaleureuse et
familiale, possède ce supplément d'âme propre aux maisons d'hôtes. Les chambres sont sobres et donnent sur Beaulieu et Èze ; on prend son petit-déjeuner sur
la terrasse, en admirant le jardin en espaliers.

🏠 **Le Panoramic** sans rest
3 av. Albert-1ᵉʳ – ℰ *04 93 76 00 37* – *www.hotel-lepanoramic.com*　**s**
– *Fermé 15 nov.-25 déc.*
20 ch – ♦105/150 € ♦♦150/180 € – ☱ 12 €
Le Panoramic porte bien son nom : la vue sur le village et la pointe St-Hospice y
est exceptionnelle. Mobilier des années 1950, balcon dans toutes les chambres...
Un brin désuet, mais familial et sympathique !

XXXXX **Le Cap** – Grand Hôtel du Cap Ferrat
🕸 *71 bd du Gén.-de-Gaulle, au Cap-Ferrat* – ℰ *04 93 76 50 26*　**a**
– *www.ghcf.fr* – *Ouvert 30 avril-20 sept. et fermé le midi*
Menu 158/198 € – Carte 172/390 €
Cap sur... une belle cuisine d'aujourd'hui, réalisée sur des bases classiques ! On y
savoure, par exemple, des langoustines, des lasagnes au caviar d'Aquitaine ou un
délicieux filet de loup. Aux beaux jours, on profite de la vue depuis la terrasse
panoramique.
➔ Fines lasagnes au caviar d'Aquitaine, jeunes poireaux à l'huile d'olive. Côte de
veau poêlée, légumes croquants à la niçoise, jus court à l'huile d'olive. Chocolat
au parfum d'agrumes et gingembre.

XXX **La Table du Royal** – Hôtel Royal Riviera
3 av. Jean-Monnet – ℰ *04 93 76 31 00* – *www.royal-riviera.com*　**m**
– *Fermé de fin-nov. à mi-janv. et le midi en juil.-août*
Formule 38 € – Menu 62/95 € – Carte 72/116 €
Ici, c'est la mer à perte de vue et... le ciel bleu. L'assiette, méditerranéenne et
pleine de saveurs, mérite aussi qu'on la regarde ! Le dimanche, le brunch est
très prisé.

XXX **La Véranda** – Grand Hôtel du Cap Ferrat
71 bd du Gén.-de-Gaulle, au Cap-Ferrat – ℰ *04 93 76 50 27*　**a**
– *www.ghcf.fr* – *Fermé 1ᵉʳ janv.-19 mars*
Formule 68 € 👓 – Menu 78/135 € – Carte 82/116 €
Une salle à manger d'hiver très élégante, une délicieuse terrasse (l'une des plus
belles de la côte ?), une carte attrayante, une formule salon de thé l'après-midi...
Cette Véranda ne manque pas d'atouts ! Et que dire de la cuisine ? Avec ses
accents de Provence, elle séduit dès la première bouchée...

XXX **La Voile d'Or** – Hôtel La Voile d'Or
7 av. Jean-Mermoz, au port – ℰ *04 93 01 13 13* – *www.lavoiledor.fr*　**f**
– *Ouvert de mi-avril à début oct.*
Menu 49 € 👓 (dîner), 78/110 € – Carte 47/134 €
Une belle cuisine méridionale réalisée avec de bons produits et des poissons issus
de la pêche locale ; une salle panoramique et une terrasse délicieuse... On n'a
guère envie de mettre les voiles ! Également une petite restauration de plage.
Attention, à la belle saison, l'établissement n'est ouvert que le soir.

XX **Club Dauphin** – Grand Hôtel du Cap Ferrat
71 bd du Gén.-de-Gaulle, au Cap-Ferrat – ℰ *04 93 76 50 21*　**a**
– *www.ghcf.fr* – *Ouvert 27 mars-1ᵉʳ nov. et fermé le soir*
Formule 59 € – Carte 102/131 €
Viandes et poissons grillés, saveurs méridionales, vue superbe sur la Grande Bleue
et magnifique terrasse face à la piscine... Détail qui a son importance : on accède
à ce restaurant par un funiculaire privé !

✗ **La Pergola** – Hôtel Royal Riviera ⟨ 🛆 🍴

3 av. Jean-Monnet – ℰ 04 93 76 31 00 – www.royal-riviera.com **m**
– Ouvert le midi de mi-avril à mi-oct.
Carte 49/90 €

Tout près des flots, au bord de la piscine et presque les pieds dans l'eau... Cette pergola a de quoi séduire ! Les gourmands trouvent leur bonheur parmi les classiques de la brasserie et les grillades. Belle terrasse.

ST-JEAN-D'ALCAS

✉ 12250 (Aveyron) – Voir carte n°**29**-D2
▶ Paris 677 km – Millau 35 km – Rodez 118 km – Toulouse 170 km
Carte Michelin 338-K7

⬆ **Le Moulin de Gauty** sans rest 🍴 🛏 🎐 🍴 🛜 **P** ⇄

– ℰ 05 65 97 51 90 – www.moulindegauty.com
– Fermé janv.
4 ch ⊑ – ✝78/90 € ✝✝88/136 €

Au fond d'une vallée encaissée – on ne peut aller plus loin –, on quitte sa voiture pour enjamber le cours d'eau par une passerelle et rejoindre cet ancien moulin. Les chambres (dont une familiale) arborant une déco épurée, le petit-déjeuner avec de bons produits régionaux, le joli jardin : tout invite à la quiétude !

ST-JEAN-D'ANGÉLY

✉ 17400 (Charente-Maritime) – 7 702 hab. – Alt. 25 m – Voir carte n°**38**-B2
▶ Paris 444 km – Niort 48 km – Royan 69 km – Saintes 36 km
Carte Michelin 324-G4 – Guide Vert Michelin Poitou-Charentes

✗✗ **Le Scorlion** 🖼 **AC** 🍴

5 r. de l'Abbaye – ℰ 05 46 32 52 61 – www.restaurant-le-scorlion.fr
– Fermé 2 semaines fin avril-début mai, 2 semaines en oct., 2 semaines début janv., merc. soir d'oct. à mai, dim. soir et lundi
Formule 15 € – Menu 26/39 € – Carte 35/53 €

Après un détour par l'Irlande, les États-Unis et l'Australie, le chef a posé ses bagages dans la région natale de son épouse... Ensemble, ils ont repris le Scorlion et vous proposent une jolie cuisine d'aujourd'hui. Des saveurs bien maîtrisées, un soupçon de créativité : un bon moment gastronomique.

ST-JEAN-DE-BEAUREGARD – 91 (Essonne) → voir Paris, Environs

ST-JEAN-DE-BLAIGNAC

✉ 33420 (Gironde) – 428 hab. – Alt. 50 m – Voir carte n°**4**-C1
▶ Paris 592 km – Bergerac 56 km – Bordeaux 40 km – Libourne 17 km
Carte Michelin 335-K6

✗✗ **Auberge St-Jean** (Thomas L'Hérisson) **AC** 🍴
⠿
8 r. du Pont – ℰ 05 57 74 95 50 – www.aubergesaintjean.com
– Fermé 23 fév.-18 mars, 24 août-2 sept., dim. soir, mardi sauf le midi de mars à oct. et merc.
Formule 25 € 💯 – Menu 50/62 €

Un jeune couple plein d'allant – et justifiant de solides antécédents – préside aux destinées de cette auberge nichée au bord de la Dordogne... et par lui placée sur l'orbite des belles saveurs ! Au programme : un court menu qui varie au fil du marché et des saisons, des recettes inspirées, de l'habileté et de la finesse...

→ Raviole de langoustine à l'encre de seiche, bisque parfumée et radis rouge façon thaïe. Suprême de pigeon poêlé, cuisses cuites longuement, cèpes, tomate et dattes. Poire Williams, mousse gianduja et glace au caramel amer.

ST-JEAN-DE-BRAYE – 45 (Loiret) → voir Orléans

ST-JEAN-DE-LINIERES – 49 (Maine-et-Loire) → voir Angers

ST-JEAN-DE-LUZ

⊠ 64500 (Pyrénées-Atlantiques) – 12 960 hab. – Alt. 3 m – *Voir carte n°***3-A3**
▶ Paris 785 km – Bayonne 24 km – Biarritz 18 km – Pau 129 km
Carte Michelin 342-C4 – Guide Vert Michelin Pays Basque et Navarre

🏠🏠🏠 **Parc Victoria**

🍽 ⚓ 🏊 ⛳ 🛗 ⬧ AC 🛜 🏋 **P** 🛒

5 r. Cépé, par bd Thiers et rte du Quartier du Lac BY – 𝒞 *05 59 26 78 78*
– www.parcvictoria.com – Ouvert 15 mars-14 nov.
14 ch – †185/390 € ††185/450 € – 6 suites – � 21 € – ½ P
Rest *Les Lierres* – voir les restaurants ci-après

Cette villa fin 19ᵉs. et ses annexes nichent dans un parc luxuriant et très fleuri. Les
chambres cultivent un superbe esprit Art déco ou, plus classiques, Napoléon III :
ce charme historique séduit et la piscine est superbe !

🏠🏠🏠 **Hélianthal**

🍽 🌀 🏊 🛗 ⬧ 🛜 🏋 🛒

pl. Maurice-Ravel – 𝒞 *05 59 51 51 51 – www.helianthal.fr*   **Plan :** BY**v**
– Fermé 29 nov.-19 déc.
100 ch – †93/260 € ††128/260 € – ⊻ 18 € – ½ P

Hôtel associé à un beau centre de thalassothérapie. L'esprit des années
1930 imprègne les chambres, fonctionnelles et conçues à l'identique. Cuisine au
goût du jour dans une salle à manger ornée de fresques représentant un paquebot. Terrasse donnant sur le large.

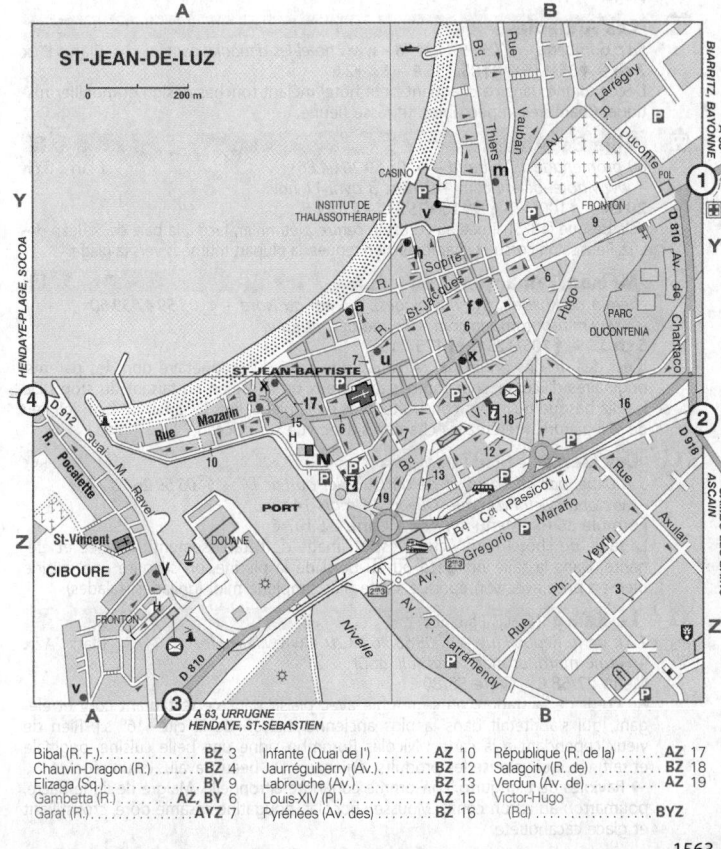

Bibal (R. F.) . . . . **BZ** 3	Infante (Quai de l') . . . . **AZ** 10	République (R. de la) . . . . **AZ** 17
Chauvin-Dragon (R.) . . . . . **BZ** 4	Jaurréguiberry (Av.) . . . . . **BZ** 12	Salagoity (R. de) . . . . **BZ** 18
Elizaga (Sq.) . . . . **BY** 9	Labrouche (Av.) . . . . **BZ** 13	Verdun (Av. de) . . . . **AZ** 19
Gambetta (R.) . . . . . . **AZ, BY** 6	Louis-XIV (Pl.) . . . . **AZ** 15	Victor-Hugo
Garat (R.) . . . . **AYZ** 7	Pyrénées (Av. des) . . . . . **BZ** 16	(Bd) . . . . **BYZ**

1563

La Réserve ⅰⓞ ⌂ ← 🏊 🛥 ✕ 🖥 & 📶 🛜 🄿 🚗

1 av. Gaëtan-de-Bernoville, (rd-pt Ste-Barbe), 2 km au Nord par bd Thiers BY
– ☏ 05 59 51 32 00 – www.hotel-lareserve.com – Ouvert 3 mars-8 nov.
37 ch – ♥110/390 € ♥♥110/390 € – 4 suites – ⌧ 17 € – ½ P
Rest *Ilura* – voir les restaurants ci-après
Au faîte des falaises de la pointe Ste-Barbe, à l'écart de la station, cette Réserve domine superbement l'Océan, que l'on observe à loisir en se promenant dans le grand jardin ou de la piscine à débordement... Vue sur les flots également de la majorité des chambres, confortables et cossues. L'Atlantique est à vous !

La Devinière sans rest ⌂ 🛜

5 r. Loquin – ☏ 05 59 26 05 51 – www.hotel-la-deviniere.com   Plan : BY**f**
8 ch – ♥120/160 € ♥♥120/160 € – ⌧ 12 €
Tableaux, bibelots, photos, tentures et livres anciens participent au charme de cette maison basque. Côté jardin – lequel est très fleuri – les chambres ouvrent sur un balcon... idéal pour conter fleurette. Salon de thé à l'anglaise.

Hôtel de la Plage sans rest ← 🖥 & 🄰🄲 ✕ 🛜 🚗

48 promenade J.-Thibaud – ☏ 05 59 51 03 44   Plan : AY**a**
– www.hoteldelaplage.com – Ouvert 14 fév.-11 nov. et 19 déc.-4 janv.
22 ch – ♥89/179 € ♥♥89/179 € – ⌧ 11 €
Comme son nom l'indique, cette grande bâtisse de style régional borde l'Océan. Cadre actuel et fonctionnel dans les chambres ouvrant en majorité sur la plage.

Les Almadies sans rest ✕ 🛜

58 r. Gambetta – ☏ 05 59 85 34 48 – www.hotel-les-almadies.com   Plan : BY**x**
7 ch – ♥85/135 € ♥♥85/135 € – ⌧ 12 €
Décor soigné dans ce charmant petit hôtel mêlant touches design et mobilier rustique. Chambres impeccables, terrasse fleurie.

Villa Bel Air sans rest ← 🖥 🛜 🄿

60 promenade J.-Thibaud – ☏ 05 59 26 04 86   Plan : BY**h**
– www.hotel-bel-air.com – Ouvert 3 avril-11 nov.
20 ch – ♥100/175 € ♥♥100/195 € – ⌧ 11 €
Villa basque (1875) située au cœur du centre piétonnier, face à la baie de St-Jean-de-Luz. Petit salon cossu et chambres bien tenues, la plupart tournées vers la plage.

Maison Tamarin sans rest ⌂ ← 🏊 🛥 ✕ 🛜 🄿

chemin de Kokotia, (rte des plages), 2,5 km au Nord – ☏ 05 59 47 59 60
– www.maisontamarin.com – Fermé déc. et janv.
5 ch – ♥105/125 € ♥♥105/125 €
Il est des destins originaux... À l'image de celui du propriétaire dont les parents, originaires d'Écosse, sont tombés amoureux de la région en faisant du stop ! De la villa basque qu'ils ont construite, près de la plage, leur fils a fait un bien joli lieu de villégiature. Préférez les chambres avec vue sur l'Océan.

✕✕✕ Les Lierres – Hôtel Parc Victoria 🍴 🌫 & 🄰🄲

5 r. Cépé, par bd Thiers et rte du Quartier du Lac BY – ☏ 05 59 26 78 78
– www.parcvictoria.com – Ouvert 15 mars-14 nov.
Formule 35 € – Menu 49/79 € – Carte 82/107 €
La table de l'hôtel Parc Victoria est à l'image de l'établissement : raffinée et élégante. Dans la salle Art déco ou au bord de la piscine, on savoure une cuisine bien en prise avec son époque. Carte plus simple le midi (grillades, salades).

✕✕ Le Kaïku (Nicolas Borombo) 🌫

☸ *17 r. de la République – ☏ 05 59 26 13 20 – www.kaiku.fr*   Plan : AZ**x**
– Fermé mardi et merc. sauf juil.-août
Menu 27/58 € – Carte 58/80 €
Au cœur de la station, on se réfugie avec plaisir dans ce restaurant cosy et élégant, qui s'abriterait dans la plus ancienne maison de la cité (16e s.). Rien de vieux cependant à la carte : Nicolas Borombo signe une belle cuisine, originale et raffinée, qui valorise les produits régionaux. Du beau travail... et un régal !
➔ Ravioles de txangurro, consommé coriandre-citronnelle. Maigre de ligne nacré, potimarron au citron confit. Mousse chocolat, nougatine sésame doré, croustillant et glace cacahouète.

XX **Zoko Moko**

6 r. Mazarin – ✆ 05 59 08 01 23 – www.zoko-moko.com – Fermé 3 semaines en mars, 1 semaine fin nov., dim. d'oct. à juin et lundi Plan : AZ**a**

Formule 20 € – Menu 26 € (déj. en semaine), 49/77 € – Carte 49/61 €

Zoko moko, c'est un "coin tranquille" en basque... et pourtant, un tout jeune chef – de retour dans sa ville natale après de belles expériences parisiennes – bouscule ici les papilles. Bien pensées, centrées sur de bons produits locaux travaillés avec soin et relevés par des associations originales, ses assiettes régalent !

➜ Langoustine rôtie, la pince en croquette, émulsion de bisque au gingembre. Merlu de ligne, cèpes et jus émulsionné. Txuri beltz aux deux chocolats.

XX **Ilura** – Hôtel La Réserve

1 av. Gaëtan-de-Bernoville, (rd-pt Ste-Barbe), 2 km au Nord par bd Thiers BY – ✆ 05 59 51 32 00 – www.hotel-lareserve.com – Ouvert 3 mars-8 nov. et fermé dim. soir et lundi sauf du 15 juin au 15 sept.

Formule 25 € – Menu 70 € – Carte 46/68 €

Au sein de l'hôtel La Réserve situé sur les hauteurs de St-Jean-de-Luz, avec une superbe terrasse en surplomb de l'Océan, cette table élégante promet un joli moment de gastronomie. Fraîcheur et qualité des produits, justesse et créativité des recettes : une belle interprétation du terroir basque.

X **Petit Grill Basque - Chez Maya**

2 r. St-Jacques – ✆ 05 59 26 80 76 – Fermé 20 déc.-25 janv., lundi midi, jeudi midi et merc. Plan : AY**u**

Menu 22/32 € – Carte 26/48 €

Incontournable, cette auberge basque ! Fresques et assiettes de Louis Floutier, cuivres, amusant système de ventilation manuelle et... plats régionaux dans toute leur authenticité.

X **Olatua**

30 bd Thiers – ✆ 05 59 51 05 22 – www.olatua.fr – Fermé de mi-nov. à mi-déc., lundi et mardi Plan : BY**m**

Formule 21 € – Menu 28 € – Carte 33/49 €

Olatua, c'est la "houle" en basque... et voilà bien, en effet, une adresse toujours en mouvement, largement fréquentée par les Luziens qui apprécient son bon rapport qualité-prix. La carte revisite les classiques de la cuisine basque avec simplicité et goût.

à Urrugne 4 km par ③ – ✉ 64122 – 8 946 hab. – Alt. 34 m

Château d'Urtubie sans rest

1 r. B.-de-Coral – ✆ 05 59 54 31 15 – www.chateaudurtubie.fr – Ouvert 15 avril-15 oct.

10 ch – †85/165 € ††95/175 € – ☕ 12 €

Sur la route de l'Espagne, ce château fort du 14e – remanié au cours des siècles – est la propriété de la même famille depuis 24 générations ! Aujourd'hui musée et hôtel, il abrite des chambres de caractère, garnies de mobilier ancien.

X **Ferme Lizarraga**

chemin de Lizarraga – ✆ 05 59 47 03 76 – www.lizarraga.fr – Fermé janv., fév., le midi en juil.-août et lundi hors saison

Menu 30 € – Carte 32/50 €

Dans un bel environnement naturel – *lizarraga* signifie "forêt de frênes" en basque –, une ferme du 17e s. au caractère préservé, à la fois chic et champêtre. Aux commandes, une femme chef signe une cuisine du marché éprise de tradition et du terroir. On passe un moment très sympathique !

à Ciboure 1 km par ④ – ✉ 64500 – 6 864 hab. – Alt. 3 m

XX **L'Ephémère**

15 quai M.-Ravel – ✆ 05 59 47 29 16 – www.lephemere-ciboure.fr – Fermé lundi midi, merc. midi et vend. midi de mi-juil. à mi-sept., jeudi midi, mardi et merc. de mi-sept. à mi-juil. Plan : AZ**y**

Menu 28 € (déj. en semaine), 45/70 € – Carte 53/62 €

Voiles d'acier, murs gris métallisé, vaisselle design : la version moderniste du style nautique. La cuisine est tendance, foisonnante de saveurs et de contrastes – avec par exemple un très original dessert sans sucre.

X **Chez Mattin**   AK

63 r. E.-Baignol – € 05 59 47 19 52 – Fermé 1 semaine en juin,   Plan : AZ**v**
1 semaine en oct., fév., dim. et lundi
Carte 31/52 €
Ambiance très familiale dans cette maison de pays rustique à souhait (poutres,
cuivres...). Spécialités basques et suggestions au gré du marché ; le poisson est à
l'honneur.

à Socoa 3 km par ④ – ⊠ 64122

XX **Pantxua**   🛱

au port de Socoa – € 05 59 47 13 73 – www.pantxua-socoa.com – Fermé 2
semaines en janv., 2 semaines en nov., lundi soir et mardi hors saison
Menu 25 € (semaine) – Carte 35/100 €
Tableaux basques et tresses de piments dans la salle ; agréable vue sur la baie
dans la véranda ou sur la terrasse. Dans l'assiette, les poissons frais ont le beau rôle.

ST-JEAN-DE-MAURIENNE

⊠ 73300 (Savoie) – 8 148 hab. – Alt. 556 m – Voir carte n°**46-F2**
▶ Paris 635 km – Albertville 62 km – Chambéry 75 km – Grenoble 105 km
Carte Michelin 333-L6 – Guide Vert Michelin Alpes du Nord

🏠 **St-Georges** sans rest   🔋 �👤 AK 🛜 P

334 r. de la République – € 04 79 64 01 06 – www.hotel-saintgeorges.com
30 ch – 🛏67/69 € 🛏🛏77/82 € – ⊔ 12 €
Sur la route de la Croix-de-Fer, cet ancien relais de poste (1866) présente l'avantage d'être au calme et à la fois proche du centre-ville. Il abrite des chambres simples et fonctionnelles, parfaites pour une étape. Un conseil : au petit-déjeuner,
goûtez les confitures maison !

🏠 **Nord**   🛗 🦟 🛎 🛜 P

pl. Champ de Foire – € 04 79 64 02 08 – www.hoteldunord.net – Fermé 11-27
avril, 17 oct.-2 nov., dim. soir sauf juil.-août et lundi midi
19 ch – 🛏48/52 € 🛏🛏66/68 € – ⊔ 10 € – ½ P
Au cœur de la cité, à côté de la cathédrale et du musée Opinel, des chambres toutes simples et bien tenues, aux tarifs mesurés : pratique pour séjourner dans la
vallée. On peut également profiter du cadre chaleureux du restaurant, dont le
chef aime revisiter les produits du terroir.

X **Le Gavroche**   🛱 👤 AK

pl. du Marché – € 04 79 20 49 30 – www.restaurant-le-gavroche.com – Fermé
4-12 mai, 16-26 nov., 4-14 janv., dim. soir de sept. à juin et lundi sauf fériés
Formule 19 € – Menu 29/49 € – Carte 34/46 €
Un Gavroche bien sympathique, ce restaurant, à l'image du personnage de Victor
Hugo. Derrière les fourneaux, le chef signe une cuisine d'esprit créatif, très appréciée dans la région. L'hiver, dans la salle sous véranda, on regarde la neige tomber, et l'été, on apprécie la fraîcheur de la terrasse ombragée.

ST-JEAN-DE-MONTS

⊠ 85160 (Vendée) – 8 196 hab. – Alt. 16 m – Voir carte n°**34-A3**
▶ Paris 451 km – Cholet 123 km – Nantes 73 km – La Roche-sur-Yon 61 km
Carte Michelin 316-D7 – Guide Vert Michelin Pays de la Loire

🏨 **Atlantic Thalasso**   🛗 🦟 ⛆ 🛁 ⊜ 🔋 🛎 👤 🛜 🏊 P

16 av. des Pays-de-Monts – € 02 51 59 15 15 – www.atlantic-thalasso-hotel.com
44 ch – 🛏75/140 € 🛏🛏75/140 € – 3 suites – ⊔ 13 €
Confort et douceur dans cet hôtel qui a fait peau neuve il y a seulement quelques
années. Les chambres disposent toutes d'un balcon. Le tout à deux pas de la plage,
du golf et du centre de thalasso, voilà ce que l'on appelle une situation de rêve !

⌂⌂ Le Robinson · ⑩ 🗔 🛏 ♿ 🗚 🛜 🏊 🚗

28 bd du Gén.-Leclerc – ℰ 02 51 59 20 20 – www.hotel-lerobinson.com
– Ouvert 7 fév.-29 nov.
58 ch – ♦64/105 € ♦♦64/105 € – ☑ 11 € – ½ P
Rest *Le Robinson* – voir les restaurants ci-après
En retrait des plages, cet hôtel permet de se loger confortablement et à bon prix.
Les chambres, entièrement rénovées il y a quelques années, sont agréables voire,
pour certaines, assez tendance. Et si l'on veut faire un peu de sport il y a la pis-
cine intérieure ou la petite salle de musculation.

⌂⌂ L'Espadon · ⑩ 🛏 🗚 🛜 🏊 P

8 av. de la forêt – ℰ 02 51 58 03 18 – www.hotel-espadon.com
27 ch – ♦60/111 € ♦♦60/111 € – ☑ 10 € – ½ P
Sur une avenue reliant la plage au bourg, un hôtel des années 1970 où règne
un esprit familial. Ici, les chambres sont fonctionnelles, confortables, climatisées...
et, cerise sur le gâteau, elles disposent d'un balcon. Cuisine traditionnelle au restaurant.

⌂ Hôtel de la Forêt sans rest · 🛏 🏊

13 r. Pouvreau – ℰ 02 51 58 00 36 – www.hotel-de-la-foret.fr – Ouvert
15 mars-15 déc.
16 ch – ♦63/108 € ♦♦63/108 € – ☑ 10 €
Un hôtel en lisière de forêt, aux airs de paisible maison de vacances. Les chambres, plaisantes avec leur mobilier rustique vendéen et bien insonorisées, se répartissent dans trois petites bâtisses entourant la piscine. Une invitation au repos.

✕✕ Le Robinson – Hôtel Le Robinson · ♿ 🗚

28 bd du Gén.-Leclerc – ℰ 02 51 59 20 20 – www.hotel-lerobinson.com
– Ouvert 7 fév.-29 nov.
Menu 19/55 € – Carte 31/50 €
Saumon fumé maison, gigot d'agneau, plateau de fruits de mer... Dans l'assiette
de ce Robinson, on découvre une sympathique cuisine traditionnelle, un brin
actualisée, qui privilégie les produits iodés ; le tout à apprécier dans un cadre
contemporain. Pas sûr que l'on trouve tout cela sur une île déserte !

✕✕ Le Petit St-Jean · 🗚 P

128 rte Notre-Dame-de-Monts – ℰ 02 51 59 78 50 – Fermé merc. soir hors saison,
dim. soir et lundi
Formule 15 € – Menu 20 € (déj. en semaine), 26/48 € – Carte 33/52 €
(réservation conseillée)
Pierres, poutres et meubles anciens... Voilà une auberge vendéenne aussi sympathique que ses propriétaires ! L'endroit est idéal pour déguster une cuisine traditionnelle actualisée et bien gourmande, qui prend de jolis accents régionaux et
suit le cours des saisons. Une bonne adresse.

ST-JEAN-DU-BRUEL

✉ 12230 (Aveyron) – 668 hab. – Alt. 520 m – Voir carte n°**29**-D2
🗗 Paris 676 km – Lodève 43 km – Millau 40 km – Montpellier 97 km
Carte Michelin 338-M6

⌂⌂ Midi-Papillon · ⑩ 🍽 🏊 P

pl. du Manège – ℰ 05 65 62 26 04 – www.hoteldumidipapillon.fr
– Ouvert 28 mars-11 nov.
18 ch – ♦41/74 € ♦♦41/74 € – ☑ 7 € – ½ P
Rest *Midi-Papillon* – voir les restaurants ci-après
Au bord de la Dourbie, cet ancien relais de poste allie le charme du bien recevoir
au confort de chambres jolies et toutes différentes. Romantique et douillet...

✕✕ Midi-Papillon · 🍽 P

pl. du Manège – ℰ 05 65 62 26 04 – www.hoteldumidipapillon.fr – Ouvert
28 mars-11 nov.
Formule 16 € – Menu 26 € (semaine), 31/46 € – Carte 22/42 €
Au bord de la Dourbie, une maison romantique où la famille Papillon choie ses
hôtes depuis 1850... On produit presque tout sur place : légumes, fruits, lapins,
volailles – sans oublier les cochons de la ferme voisine (délicieuses charcuteries)
et les cèpes des bois alentour. Conclusion : une savoureuse cuisine du terroir !

ST-JEAN-EN-ROYANS

✉ 26190 (Drôme) – 2 966 hab. – Alt. 250 m – Voir carte n°**43-E2**
▶ Paris 584 km – Die 62 km – Grenoble 71 km – Romans-sur-Isère 28 km
Carte Michelin 332-E3 – Guide Vert Michelin Alpes du Nord

au col de la Machine 11 km au Sud-Est par D 76 – ✉ 26190 – Alt. 1 011 m

Hôtel du Col de la Machine   ⅰ⊘≪⌂⪦⤸➀₳▣⇔

– 𝒞 04 75 48 26 36 – www.hotel-coldelamachine.com – Fermé 15-31 mars,
17-27 oct., 23 nov.-26 déc., mardi soir et merc. sauf vacances scolaires
11 ch – ♦71/74 € ♦♦77/79 € – ☲ 9 € – ½ P
Rest *Restaurant du Col de la Machine* – voir les restaurants ci-après
Dans le superbe cadre des gorges du Vercors, cet ensemble de maisons en pierre
a tout pour plaire ! Esprit chalet et confort douillet dans les chambres (mobilier
en bois brut, lambris...) ; jardin en lisière de forêt.

Restaurant du Col de la Machine   ≪⌂⪦⪦⭳➀▣

– 𝒞 04 75 48 26 36 – www.hotel-coldelamachine.com – Fermé
15-31 mars, 17-27 oct., et 23 nov.-26 déc., mardi soir et merc. sauf vacances
scolaires
Menu 21/45 €
Depuis six générations, la même famille tient cette maison du col de la Machine.
La table rend hommage au terroir avec des plats goûteux et généreux : terrine de
magret de canard, assiette aux trois viandes... Une halte bien agréable.

ST-JEAN-LE-BLANC – 45 (Loiret) → voir Orléans

ST-JEAN-LE-COMTAL – 32 (Gers) → voir Auch

ST-JEAN-PIED-DE-PORT

✉ 64220 (Pyrénées-Atlantiques) – 1 490 hab. – Alt. 159 m – Voir carte n°**3-B3**
▶ Paris 817 km – Bayonne 54 km – Biarritz 55 km – Pau 106 km
Carte Michelin 342-E6 – Guide Vert Michelin Pays Basque et Navarre

Les Pyrénées   ⅰ⊘⌶⪦⪦⅙⤸➀₳⇔

19 pl. Ch.-de-Gaulle – 𝒞 05 59 37 01 01 – www.hotel-les-pyrenees.com – Fermé
11-28 nov., 5 janv.-6 fév., lundi soir de nov. à mars et mardi du 20 sept.
au 30 juin sauf fériés
14 ch – ♦105/185 € ♦♦220/255 € – 4 suites – ☲ 17 € – ½ P
Rest *Les Pyrénées* ✿ – voir les restaurants ci-après
Au cœur de ce joli village – dernière étape française pour les pèlerins de Compostelle –, ce relais de poste jouit d'un jardin luxuriant (avec piscine) et abrite
des chambres sobres et modernes, bien confortables. Une bonne étape avant
l'Espagne !

Les Pyrénées (Philippe Arrambide)   ⅙⪦

✿
19 pl. Ch.-de-Gaulle – 𝒞 05 59 37 01 01 – www.hotel-les-pyrenees.com – Fermé
11-28 nov., 5 janv.-6 fév., lundi soir de nov. à mars et mardi du 20 sept. au
30 juin sauf fériés
Menu 42/110 € ⵟ – Carte 77/115 € (réservation conseillée)
De père en fils, une institution à St-Jean-Pied-de-Port. Dans le décor comme dans
l'assiette, ces Pyrénées cultivent le goût du Pays basque avec délicatesse et
finesse. Renouvelées sur le fondement de produits de grande qualité, les assiettes
sont pleines d'allure !
→ La langoustine sous toutes ses formes. Lasagnes de foie gras aux truffes, pommes de terre et jus émulsionné. Crêpes chaudes, salade d'oranges et sorbet au
pain d'épice.

Iratze Ostatua   ⪦

11 r. de la Citadelle – 𝒞 05 59 49 17 09 – http://iratzeostatua.blogspot.fr
– Fermé janv., fév. et mardi
Menu 28 € – Carte 35/61 €
"L'auberge des fougères" en basque ! Pour retrouver les saveurs d'antan et la belle
simplicité de la cuisine paysanne : gazpatxo, axoa, chipirons à l'encre ou
encore etxeko bixkoxka (gâteau basque à la figue – une spécialité maison), etc.

à Aincille 7 km par ① et D 18 – ⊠ 64220 – 135 hab. – Alt. 253 m

χ **Pecoïtz ⑩** avec ch ⪥ 📶 🏠 **AC** rest, 📶 **P**

☺☺ *rte d'Iraty – 𝒞 05 59 37 11 88 – www.hotel-pecoitz-pays-basque.com – Fermé 1ᵉʳ janv.-24 mars et jeudi sauf de mai à sept.*
9 ch – ♟55 € ♟♟50/65 € – ⌑ 5 € – ½ P
Formule 12 € – Menu 16/33 € – Carte 24/37 €
Une auberge typique – façade blanche et volets rouges – dans ce village cerné par les montagnes et le vignoble d'Irouléguy. À l'unisson du paysage, la carte respire la générosité du terroir basque : piquillos à la morue, chipirons, ossau-iraty fermier... Quelques chambres toutes simples pour passer la nuit.

ST-JEAN-SUR-VEYLE

⊠ 01290 (Ain) – 1 087 hab. – Alt. 200 m – Voir carte n°**44**-B1
🚗 Paris 402 km – Bourg-en-Bresse 32 km – Mâcon 12 km –
Villefranche-sur-Saône 45 km
Carte Michelin 328-C3

χ **La Petite Auberge** 🏠 &

Le bourg – 𝒞 03 85 31 53 92 – www.lapetiteaubergeenbresse.fr – Fermé 2 semaines fin août-début sept., 2 semaines fin déc., mardi soir, dim. soir et lundi
Formule 16 € – Menu 22 € (semaine)/54 € – Carte 39/52 €
Cette maison à colombages du 18ᵉ s., avec ses briquettes rouges et ses poutres, a vraiment du charme. Dans une salle des plus lumineuses, on déguste les spécialités régionales. L'été, on profite de la terrasse.

χ **Le Grand Saint Jean-Baptiste** 🏠 🎯 ♻

☺ *38 r. Chavagnat, (le bourg) – 𝒞 03 85 36 26 14 – www.lgsjb.com – Fermé 1 semaine en janv., 2 semaines en août, dim. soir, mardi et merc.*
Formule 24 € – Menu 31/65 € – Carte 44/54 €
Cet ancien relais de diligences du 18ᵉ s. a été repris par un jeune couple passé par de grandes maisons. Produits du terroir, goûteuses recettes traditionnelles, vins de petits producteurs, accueil tout sourire... Bref, tous les ingrédients sont réunis pour faire de ce lieu une bonne adresse.

ST-JOACHIM

⊠ 44720 (Loire-Atlantique) – 4 003 hab. – Alt. 5 m – Voir carte n°**34**-A2
🚗 Paris 435 km – Nantes 61 km – Redon 40 km – St-Nazaire 14 km
Carte Michelin 316-C3 – Guide Vert Michelin Pays de la Loire

χχχ **La Mare aux Oiseaux** (Eric Guérin) avec ch ❀ ⪥ 🏠 & 📶 ♨ **P**

❀ *223 r. du chef de l'Île Fedrun – 𝒞 02 40 88 53 01 – www.mareauxoiseaux.fr – Fermé 5-29 janv. et lundi midi*
13 ch – ♟160/195 € ♟♟160/195 € – 2 suites – ⌑ 20 € – ½ P
Menu 45 € (déj. en semaine), 65/98 €
Moment de poésie au cœur de la Brière, parmi les oiseaux en liberté... Éric Guérin signe une cuisine ludique et inventive, à base de beaux produits régionaux. Pour prolonger la magie, des chambres luxueuses (certaines dans des bungalows) et un espace bien-être. Une grue viendra peut-être toquer à votre porte...
→ Poulpe, rhubarbe, laitue celtuce, caviar de citron et vinaigrette au miel. Filet de bœuf de Brière, anguille fumée et burrata crémeuse. Dacquoise aux fruits rouges, coco-menthe.

ST-JOUAN-DES-GUÉRETS

⊠ 35430 (Ille-et-Vilaine) – 2 637 hab. – Alt. 31 m – Voir carte n°**10**-D1
🚗 Paris 398 km – Granville 89 km – Rennes 65 km – Saint-Malo 10 km
Carte Michelin 309-K3

🏠 **La Malouinière des Longchamps** sans rest ❀ ⪥ ⌶ 🎯 & 🎯 📶

1,5 km à l'Est par D 204 – 𝒞 02 99 82 74 00 **P** ☺
– www.malouiniere.com – Fermé 4 janv.-14 fév.
9 ch – ♟69/198 € ♟♟79/198 € – ⌑ 13 €
Idéal pour un séjour reposant et champêtre ! Cette ancienne ferme et ses dépendances disposent de chambres confortables et bien tenues. Jardin fleuri, piscine, espace beauté et bien-être.

ST-JOUIN-BRUNEVAL

✉ 76280 (Seine-Maritime) – 1 848 hab. – Alt. 110 m – Voir carte n°**33**-C1
▶ Paris 202 km – Fécamp 25 km – Le Havre 20 km – Rouen 92 km
Carte Michelin 304-A4

XX **Le Belvédère** ⩽ ❺ P.
rte du Belvédère – ℰ 02 35 20 13 76 – www.restaurant-lebelvedere.com
– Fermé 10 janv.-10 fév., dim. soir, lundi soir et mardi soir d'oct. à avril, merc.
soir et jeudi sauf fériés
Menu 24 € (semaine), 34/44 € – Carte 39/66 € *(réservation conseillée)*
Délicieux croustillant de camembert fermier chaud, ou encore chou farci à la mousse de haddock... C'est original, raffiné, et l'on sent la patte très sûre d'un chef qui travaille comme un vrai artisan respectueux des produits. Le tout avec une vue à couper le souffle sur les falaises et le grand large. Mer à l'horizon !

ST-JULIEN-AUX-BOIS

✉ 19220 (Corrèze) – 496 hab. – Alt. 594 m – Voir carte n°**25**-C3
▶ Paris 524 km – Aurillac 53 km – Brive-la-Gaillarde 66 km – Mauriac 29 km
Carte Michelin 329-N5 – Guide Vert Michelin Limousin Berry

X **Auberge de St-Julien-aux-Bois** avec ch 🛏 🍴 🛜 P.
1 rte des Pierres Blanches – ℰ 05 55 28 41 94 – www.auberge-saint-julien.com
– Fermé vacances de fév., 26-30 déc., sam. midi, dim. soir et vend. de sept. à juin
6 ch – �50/59 € ♥♥59/67 € – ⌒ 8 € – ½ P
Formule 18 € – Menu 22/39 € – Carte 27/48 €
Une maison de village à la terrasse fleurie... et à l'âme "verte" : la patronne, d'origine allemande, réalise une cuisine saine et originale, où les produits bio des fermes environnantes sont à l'honneur ! L'intérieur est coquet, avec des tableaux aux murs et une jolie cheminée. Pour l'étape, des chambres bien tenues.

ST-JULIEN-CHAPTEUIL

✉ 43260 (Haute-Loire) – 1 864 hab. – Alt. 815 m – Voir carte n°**6**-C3
▶ Paris 559 km – Lamastre 52 km – Privas 88 km – Le Puy-en-Velay 20 km
Carte Michelin 331-G3 – Guide Vert Michelin Lyon Drôme Ardèche

XXX **Vidal** ✧
😊 *18 pl. du Marché – ℰ 04 71 08 70 50 – www.restaurant-vidal.com – Fermé*
1er-4 juil., 2-5 sept., mi-janv. à mi-fév., mardi soir hors saison, dim. soir et lundi
Formule 19 € ♟ – Menu 31/80 € – Carte 71/84 €
Dans une élégante salle au style contemporain, on profite d'une très savoureuse cuisine actuelle tournée vers le terroir local et son célèbre bœuf "Fin Gras du Mézenc". Un style rustique mais contemporain que l'on retrouve au Bistrot de Justin, avec un menu différent chaque semaine.
Bistrot de Justin Formule 19 € ♟ – Menu 24 € ♟ *(fermé le soir, dim. et lundi)*

ST-JULIEN-DE-LAMPON

✉ 24370 (Dordogne) – 625 hab. – Alt. 120 m – Voir carte n°**4**-D1
▶ Paris 530 km – Bordeaux 253 km – Limoges 141 km – Périgueux 124 km
Carte Michelin 329-J6

X **La Gabarre** 🍴 ❺
😊 *Le Mondou – ℰ 05 53 29 61 43 – www.restaurantlagabarre.com – Fermé de*
mi-janv. à mi-mars, lundi et mardi de mi-nov. à janv., sam. midi, dim. soir et
merc.
Formule 21 € – Menu 28/48 €
En surplomb de la Dordogne, cette maison du 12e s. a vu passer bien des gabarres... Désormais, elle assiste à un tout autre défilé : celui de bonnes recettes du terroir teintées d'inventivité. Aux premiers rayons de soleil, à la salle rustique à souhait, on préfère la belle terrasse. Accueil tout sourire.

ST-JULIEN-DU-SAULT

✉ 89330 (Yonne) – 2 367 hab. – Alt. 82 m – Voir carte n°**7**-A1
▶ Paris 137 km – Auxerre 40 km – Dijon 187 km – Sens 25 km
Carte Michelin 319-C3 – Guide Vert Michelin Bourgogne

✗✗ Les Bons Enfants 🛋 &
😊 *4 pl. de l'Hôtel-de-Ville – 𝒞 03 86 91 17 38 – Fermé lundi de sept. à juin et dim. soir*
Formule 20 € – Menu 25 € (semaine), 31/58 € – Carte environ 36 €
Au cœur de la cité, cet endroit ravissant doit tout à la personnalité de son propriétaire, ancien imprimeur pétri de culture gastronomique. L'homme s'est fait une spécialité de recruter de jeunes chefs japonais talentueux. L'assiette parle d'elle-même : avec ses accents canailles et terroir, elle déborde de saveurs. Chapeau bas !

ST-JULIEN-EN-CHAMPSAUR
✉ 05500 (Hautes-Alpes) – 319 hab. – Alt. 1 050 m – Voir carte n°**41**-C1
▶ Paris 658 km – Gap 17 km – Grenoble 95 km – La Mure 55 km
Carte Michelin 334-E5

✗✗ Les Chenets avec ch AC rest, 🛜
😊 *Le village – 𝒞 04 92 50 03 15 – www.les-chenets.com – Fermé avril,*
11 nov.-26 déc., dim. soir et jeudi
16 ch – ♦36/48 € ♦♦50/62 € – � 8 € – ½ P   Menu 23/39 € – Carte 36/54 €
Épatant, ce restaurant d'un petit village du Champsaur ! Aux commandes, un chef adepte du fait maison, dans le droit fil de la tradition et des spécialités du terroir. Bons points aussi pour l'accueil et le service, sympathiques et attentionnés. Sans oublier le cadre, avenant et soigné.

ST-JULIEN-EN-GENEVOIS
✉ 74160 (Haute-Savoie) – 11 954 hab. – Agglo. 161 364 hab. – Alt. 460 m
– Voir carte n°**46**-F1
▶ Paris 525 km – Annecy 35 km – Bonneville 36 km – Genève 11 km
Carte Michelin 328-J4

à Archamps 5 km à l'Est par A 40, sortie 13.1 – ✉ 74160 – 2 276 hab. – Alt. 535 m

🏨 Porte Sud de Genève 🍽 ⬚ ⬚ ⑤ & AC 🛜 ⓧ P P
parc d'affaires international, (site d'Archamps) – 𝒞 04 50 31 16 06
– www.bestwerngeneve.com
90 ch – ♦104/125 € ♦♦125/146 € – ⊔ 16 €
Au cœur de la technopole franco-suisse d'Archamps, un hôtel moderne, aux chambres contemporaines, reposantes et idéalement pensées pour la clientèle d'affaires, tout comme le restaurant et sa terrasse dressée dans le jardin.

à Bossey 7 km à l'Est par D 1206 – ✉ 74160 – 765 hab. – Alt. 438 m

✗✗✗ La Ferme de l'Hospital (Jean-Jacques Noguier) 🕸 🛋 AC ⌀ ⬚ P
😊 *rte du golf – 𝒞 04 50 43 61 43 – www.ferme-hospital.com – Fermé 8-24 fév.,*
2-18 août, dim. et lundi
Formule 38 € – Menu 58/88 € – Carte 90/100 € *(réservation conseillée)*
Ne vous fiez pas au caractère imposant de cette ferme (ancienne propriété de l'hôpital de Genève), l'intérieur est vraiment chaleureux. Le chef ne travaille que de beaux produits, sur des bases traditionnelles, mais il sait y apporter une note d'exotisme culinaire. On en sort comblé !
➜ Raviolis de foie gras, truffe, morille et poularde, émulsion des bois. Omble chevalier meunière en croûte de polenta et jus de volaille à la mélisse. Soufflé Chartreuse verte et jaune.

ST-JULIEN-EN-VERCORS
✉ 26420 (Drôme) – 233 hab. – Alt. 905 m – Voir carte n°**45**-C2
▶ Paris 623 km – Gap 173 km – Grenoble 49 km – Valence 69 km
Carte Michelin 332-F3

✗ Café Brochier avec ch ⌂ 🛋 ⌀ 🛜
pl. du village – 𝒞 04 75 48 20 84 – www.cafebrochier.com – Fermé nov., merc.
midi et mardi
3 ch ⊔ – ♦60/75 € ♦♦60/75 €   Carte 31/46 €
Une institution dans ce village de 200 âmes ! Elle a été reprise en 2014 par un chef au parcours original : il a quitté une carrière dans l'événementiel pour se consacrer à sa passion et passer un CAP de cuisine. Une démarche à soutenir : son travail, fondé sur le produit frais, est généreux et tout simplement bon.

ST-JULIEN-LE-FAUCON

⊠ 14140 (Calvados) – 725 hab. – Alt. 40 m – Voir carte n°**33**-C2

▶ Paris 192 km – Caen 41 km – Falaise 32 km – Lisieux 14 km

Carte Michelin 303-M5

✗ **Auberge de la Levrette**

48 r. Lisieux – ⏱ *02 31 63 81 20 – Fermé 9-15 mars, 6-19 juil., 2-8 nov., 21 déc.-3 janv., lundi sauf fériés le midi, dim. soir et le soir du mardi au vend. de nov. à fin mars*

Menu 22/40 € – Carte 24/42 €

Cette maison à colombages de 1550, typique du pays d'Auge, abrite un petit musée dédié à la musique mécanique : juke-box, orgues de Barbarie, phonographes, etc. Un cadre atypique pour une cuisine de tradition. Gourmandise et flon-flons !

ST-JULIEN-SUR-CHER

⊠ 41320 (Loir-et-Cher) – 751 hab. – Alt. 110 m – Voir carte n°**12**-C2

▶ Paris 227 km – Blois 51 km – Bourges 66 km – Châteauroux 62 km

Carte Michelin 318-H8

✗ **Les Deux Pierrots**

9 r. Nationale – ⏱ *02 54 96 40 07 – Fermé août, dim. soir, lundi et mardi*

Menu 30 € 🍷/42 € – Carte environ 36 €

Feuilleté d'escargots à la crème d'ail, terrine de foies de volaille, rognons de veau à la moutarde... Dans cette auberge de village, rustique à souhait, on ne plaisante pas avec la tradition. Ici, tout est fait maison et les légumes proviennent du potager. Difficile de faire plus authentique !

ST-JUNIEN

⊠ 87200 (Haute-Vienne) – 11 506 hab. – Alt. 240 m – Voir carte n°**24**-A2

▶ Paris 416 km – Angoulême 73 km – Bellac 34 km – Confolens 27 km

Carte Michelin 325-C5 – Guide Vert Michelin Limousin Berry

🏠 **Le Relais de Comodoliac**   ⅠⓄ 📶 🛜 ♨ **P**

22 av. Sadi-Carnot – ⏱ *05 55 02 27 26 – www.comodoliac.fr – Fermé 20 fév.-1ᵉʳ mars*

29 ch – 🛏69/79 € – 🛏🛏75/85 € – � 10 € – ½ P

Rest *Le Relais de Comodoliac* – voir les restaurants ci-après

Un hôtel bien situé, tout près de la route mais néanmoins au calme, dans un joli jardin. Les chambres, d'esprit contemporain, sont agréables et impeccablement tenues.

✗✗ **Le Relais de Comodoliac**   📶 🍴 **AK P**

22 av. Sadi-Carnot – ⏱ *05 55 02 27 26 – www.comodoliac.fr – Fermé 20 fév.-1ᵉʳ mars et dim. soir*

Menu 18 € (semaine), 31/41 € – Carte 38/62 €

Un croustillant de tête de veau joliment revisité et accompagné de cèpes poêlés, une blanquette de veau avec une viande bien tendre et de bons petits légumes, etc. Tout l'esprit d'une cuisine généreuse et savoureuse, réalisée avec un savoir-faire certain. Le cadre, contemporain et de bon goût, ajoute au plaisir du repas !

au Sud 2 km par rte de Rochechouart, D 675 et rte secondaire – ⊠ 87200 St-Junien

✗✗ **Lauryvan**   📶 🍴 ♿ ⇔ **P**

200 allée du Bois-au-Bœuf – ⏱ *05 55 02 26 04 – www.lauryvan.fr – Fermé 2-12 janv., dim. soir, merc. soir et lundi*

Formule 35 € – Menu 50 € 🍷 (semaine)/85 € 🍷 – Carte 40/63 €

Bistrot côté Auberge ou "gastro" classique ? Le Lauryvan répond à l'appétit et à l'envie du moment. L'été, on s'installe sur la jolie terrasse pour profiter de la vue sur l'étang.

L' Auberge Formule 15 € – Menu 27 € 🍷 (semaine) – Carte 21/45 €

ST-JUST-ET-VACQUIÈRES

⊠ 30580 (Gard) – 290 hab. – Alt. 190 m – Voir carte n°**23**-C1

▶ Paris 699 km – Alès 18 km – Montpellier 104 km – Nîmes 54 km

Carte Michelin 339-K4

Mas Vacquières sans rest
hameau de Vacquières – ⏱ *04 66 83 70 75* – *www.masvac.com*
5 ch ⏳ – †95/140 € ††95/140 €
Dans une ruelle du hameau, maison typique blottie dans un jardin fleuri bien au calme. Chambres fraîches et impeccablement tenues. Copieux petit-déjeuner servi en terrasse.

ST-JUSTIN

✉ 40240 (Landes) – 943 hab. – Alt. 90 m – Voir carte n°**3-B2**
▶ Paris 694 km – Aire-sur-l'Adour 38 km – Casteljaloux 49 km – Dax 84 km
Carte Michelin 335-J11 – Guide Vert Michelin Aquitaine

 Hôtel de France avec ch
21 pl. des Tilleuls – ⏱ *05 58 44 83 61* – *www.hotelrestaurant-landes.com*
– *Fermé 13 déc.-5 janv., dim. soir et lundi*
8 ch – †48/60 € ††48/60 € – ⏳ 8,50 € Formule 25 € – Menu 37/47 €
Une belle maison gasconne s'ouvrant sur les arcades de la place médiévale, où l'on s'installe en terrasse en saison. Deux salles, deux formules : d'un côté, esprit bistrotier et petite ardoise du terroir (boudin maison, millassou landais, etc.) ; de l'autre, âme bourgeoise et authentique cuisine de tradition.

ST-LARY

✉ 09800 (Ariège) – 141 hab. – Alt. 692 m – Voir carte n°**28-B3**
▶ Paris 786 km – Bagnères-de-Luchon 48 km – St-Gaudens 36 km – St-Girons 24 km
Carte Michelin 343-D7

 Auberge de l'Isard
r. des Bains – ⏱ *05 61 96 72 83* – *www.hotel-logis-ariege.com* – *Fermé*
1er fév.-16 mars
8 ch – †45/65 € ††50/75 € – ⏳ 8 € – ½ P
L'authentique auberge de village ! Bar, maison de la presse, boutique de produits du terroir, agréable restaurant traditionnel – auquel on accède en traversant la rivière –, sans compter les chambres fraîches et fonctionnelles et l'accueil charmant... Un vrai poumon pour ce hameau de moyenne montagne.

ST-LARY-SOULAN

✉ 65170 (Hautes-Pyrénées) – 886 hab. – Alt. 820 m – Voir carte n°**28-A3**
▶ Paris 830 km – Arreau 12 km – Auch 103 km – Bagnères-de-Luchon 44 km
Carte Michelin 342-N8

 La Pergola
25 r. Vincent-Mir – ⏱ *05 62 39 40 46* – *www.hotellapergola.fr*
25 ch – †60/85 € ††66/120 € – ⏳ 11 € – ½ P
Paisible maison dans un jardin, avec de grandes chambres orientées au sud et ouvertes sur les cimes. Décor traditionnel au restaurant (cuisine actuelle).

 Neste de Jade sans rest
lieu-dit Graouès – ⏱ *05 62 39 42 79* – *www.hotelnestedejade.com*
– *Ouvert 15 juin-15 sept. et 3 déc.-3 avril*
19 ch – †59/119 € ††59/119 € – ⏳ 9 €
Authentique et chaleureux : lambris, parquet, tissus chatoyants... Certaines chambres sont mansardées. En bordure de rivière et proche de la télécabine.

Aurélia
à Vielle-Aure, par D 116 et D 19 – ⏱ *05 62 39 56 90* – *www.hotel-aurelia.com*
– *Ouvert 16 déc.-28 sept.*
20 ch – †45 € ††54/65 € – ⏳ 8 €
Près des thermes, un hôtel familial prisé pour ses activités de loisirs, sa piscine et son fitness. Chambres simples et bien tenues, mansardées au 3e étage. Au restaurant, cuisine traditionnelle modernisée.

XX **La Grange** ❶ 🛰 🍽 P

3 rte d'Autun – ℰ 05 62 40 07 14 – www.restaurant-saint-lary.com
– Fermé fin avril-début mai, début nov. à mi-déc., mardi et merc. sauf le soir en saison
Formule 15 € – Menu 25/36 € – Carte 39/54 €

Sur la route d'Autun, cette ancienne grange est aujourd'hui un restaurant chic et chaleureux, où règne une ambiance résolument montagnarde. Dans l'assiette, une cuisine goûteuse et soignée, réalisée avec de beaux produits régionaux : tartare de truite, côtes d'agneau de pays, far aux pruneaux... Une belle adresse.

ST-LATTIER

✉ 38840 (Isère) – 1 267 hab. – Alt. 170 m – Voir carte n°**43**-E2
▶ Paris 571 km – Grenoble 67 km – Romans-sur-Isère 13 km – St-Marcellin 15 km
Carte Michelin 333-E7

⌂ **Le Lièvre Amoureux** 🍽 ⬚ 🛰 P

La Gare – ℰ 04 76 64 50 67 – www.lelievreamoureux.com – Fermé 10-20 fév. et 12-27 août
5 ch – ♦70/130 € ♦♦90/140 € – ⬚ 11 €

Cet ancien relais de chasse propose des chambres et duplex spacieux, au style simple et classique, parfaits pour profiter du calme et de la verdure. Une grande cheminée veille sur la table d'hôte où l'on déguste de savoureux produits du terroir dauphinois préparés par le propriétaire, enfant du pays.

X **Auberge du Viaduc** avec ch ⬚ 🛰 🍽 🛰 P

D 1092 (hameau de la rivière) – ℰ 04 76 64 51 65
– www.auberge-du-viaduc.new.fr – Ouvert 13 fév.-28 nov. et fermé dim. soir de nov. à avril, merc. midi, lundi et mardi
6 ch – ½ P seult 105/145 €
Menu 34/64 € – Carte 46/70 € *(réservation conseillée)*

Non loin d'un viaduc ferroviaire, cette demeure ancienne en pierre abrite un agréable petit restaurant (cuisine traditionnelle) et des chambres fort commodes pour l'étape. Accueillant également, le jardin fleuri avec piscine.

X **Brun** avec ch 🛰 🛰 P
⊗

Les Fauries, D 1092 – ℰ 04 76 64 54 08 – www.hotel-brun.com – Fermé 9-26 fév., 12-30 oct. et dim. soir
11 ch – ♦57 € ♦♦68 € – ⬚ 9 € – ½ P
Formule 15 € – Menu 20 € (semaine)/40 € – Carte environ 40 €

Couleurs vives et style contemporain se sont donné rendez-vous au sein de cette table tenue en famille, où l'on déguste une bonne cuisine traditionnelle remise au goût du jour. À la belle saison, on profite de la terrasse sous les tilleuls, au bord de l'Isère...

ST-LAURENT-DE-CERDANS

✉ 66260 (Pyrénées-Orientales) – 1 240 hab. – Alt. 675 m – Voir carte n°**22**-B3
▶ Paris 901 km – Céret 28 km – Perpignan 60 km
Carte Michelin 344-G8

au Sud-Ouest 6,5 km par D 3 et rte secondaire – ✉ 66260 St-Laurent-de-Cerdans

🏨 **Domaine de Falgos** 🍽 🛰 🛰 🛰 🛰 🍽 🛰 🛰 🛰 🛰 P

– ℰ 04 68 39 51 42 – www.falgos.com – Ouvert de mi-mars à mi-nov.
25 ch – ♦99/149 € ♦♦139/229 € – 7 suites – ⬚ 14 € – ½ P

Sur la frontière espagnole, une ancienne ferme à plus de 1 000 m d'altitude ! Les chambres y sont spacieuses, cosy, bien équipées et... au grand calme. Les plus : le parcours de golf et le bel espace de remise en forme. Au restaurant, spécialités de brasserie et recettes traditionnelles. Terrasse face aux greens.

ST-LAURENT-DE-LA-SALANQUE

✉ 66250 (Pyrénées-Orientales) – 9 014 hab. – Alt. 2 m – Voir carte n°**22**-B3
▶ Paris 845 km – Elne 26 km – Narbonne 62 km – Perpignan 19 km
Carte Michelin 344-I6

Le Commerce avec ch   AC rest, 🛜 🔊
2 bd de la Révolution – ℰ 04 68 28 02 21 – www.lecommerce66.com
– Fermé 19 oct.-17 nov., dim. soir et lundi soir de sept. à mi-juil. et lundi midi
10 ch – †55/64 € ††55/119 € – ☐ 8,50 € – ½ P
Formule 14 € – Menu 19 € (semaine)/40 € – Carte 40/65 €
Ce Commerce fleure bon le Sud ! Aux fourneaux œuvre un enfant du pays, qui signe une savoureuse cuisine du marché, des plats du terroir catalan et les spécialités de la maison que sont la bouillabaisse et la paella. Pour prolonger l'étape, les petites chambres rustiques sont bien pratiques.

ST-LAURENT-DE-MURE

✉ 69720 (Rhône) – 5 297 hab. – Alt. 252 m – Voir carte n°**43**-E1
🚩 Paris 478 km – Lyon 19 km – Pont-de-Chéruy 16 km – La Tour-du-Pin 38 km
Carte Michelin 327-J5

Hostellerie Le St-Laurent   🍽 🦽 ⅃ ⅌ 🛜 ℙ ℙ
8 r. Croix-Blanche – ℰ 04 78 40 91 44 – www.lesaintlaurent.fr
– Fermé 27 avril-3 mai, 11-14 juil., 1er-23 août, 24 déc.-3 janv., vend. soir, sam., dim. et fériés
30 ch – †86/130 € ††86/130 € – ☐ 10 €
Rest Christian Lavault – voir les restaurants ci-après
Au cœur d'un joli parc arboré, cette demeure dauphinoise (18e s.) a de l'allure. Les chambres sont agréables et très bien tenues, dans un style frais et contemporain... Une bonne adresse, sans parler de l'accueil souriant des propriétaires.

Christian Lavault – Hostellerie Le St-Laurent   🦽 🈸 ℙ
8 r. Croix-Blanche – ℰ 04 78 40 91 44 – www.lesaintlaurent.fr
– Fermé 27 avril-3 mai, 11-14 juil., 1er-23 août, 24 déc.-3 janv., vend. soir, sam., dim. et fériés
Formule 20 € – Menu 24 € (déj.), 30/62 € – Carte 45/64 €
Filet de féra à la badiane, foie gras et son pain aux figues... Le chef est un passionné et aime cuisiner la tradition ! On passe un bon moment dans ce cadre chaleureux, ou sur la terrasse, à l'ombre d'un superbe tilleul plusieurs fois centenaire...

ST-LAURENT-DES-ARBRES

✉ 30126 (Gard) – 2 587 hab. – Alt. 60 m – Voir carte n°**23**-D2
🚩 Paris 673 km – Alès 70 km – Avignon 20 km – Nîmes 47 km
Carte Michelin 339-N4

Le Saint-Laurent sans rest   🦢 AC 🛜
pl. de l'Arbre – ℰ 04 66 50 14 14 – www.lesaintlaurent.biz – Fermé 2 semaines fin nov.
7 ch – †95/165 € ††95/165 € – 3 suites – ☐ 16 €
Sur les hauteurs du village, au cœur d'un dédale de rues, cette ancienne maison de viticulteur distille le charme d'une bonbonnière (meubles anciens, tissus Liberty, toile de Jouy, poutres...). Avec de surcroît un petit espace bien-être et un bassin de nage.

Felisa sans rest   🦽 ⅃ 🛜 ℙ
6 r. Barris – ℰ 04 66 39 99 84 – www.maison-felisa.com – Fermé 1er janv.-9 fév.
5 ch ☐ – †130/170 € ††130/170 €
Une ancienne maison de vigneron (1830) très zen d'esprit ! Massages, yoga, joli jardin, piscine et déco tendance (béton ciré, carreaux de ciment, fauteuils club, etc.).

ST-LAURENT-DES-COMBES

✉ 33330 (Gironde) – 259 hab. – Alt. 19 m – Voir carte n°**4**-C1
🚩 Paris 592 km – Agen 127 km – Bordeaux 43 km – Périgueux 103 km
Carte Michelin 335-K5

X **L'Atelier de Candale**

allée des Grandes-Plantes, (Château de Candale) – ℰ 05 57 24 15 45
– www.chateaudecandale.fr – Fermé 20 déc.-3 fév., lundi et dim.
Formule 15 € – Carte 35/49 €
Un restaurant au cœur du vignoble St-Émilionnais... Noblesse oblige, on aime les
jolis crus locaux, qui accompagnent les bons petits plats du chef : mille feuilles
aux noix de pétoncles, morceau de porc bien fondant avec une sauce au miel,
coriandre et gingembre, etc. Agréable terrasse pour les beaux jours.

ST-LAURENT-DES-VIGNES – 24 (Dordogne) → voir Bergerac

ST-LAURENT-DU-PONT

✉ 38380 (Isère) – 4 512 hab. – Alt. 410 m – Voir carte n°**45**-C2
◘ Paris 560 km – Chambéry 29 km – Grenoble 34 km – La Tour-du-Pin 42 km
Carte Michelin 333-H5 – Guide Vert Michelin Alpes du Nord

XX **La Blache**

2 pl. du 10ème Groupement – ℰ 04 76 55 29 57 – Fermé 1 semaine en mars, 1
semaine en juin, 1 semaine en sept., 1 semaine en nov., 2 semaines en janv.,
dim. soir, lundi et mardi
Formule 19 € – Menu 30/53 € – Carte 36/63 €
Dans ce restaurant proche des gorges du Guiers-Mort, on ne badine pas avec la
tradition et les produits frais : terrine de pigeon, sot-l'y-laisse aux morilles, gibier
(en saison de chasse) et pâtes fraîches maison, vacherin à la Chartreuse, etc. Des
mets de qualité, fruits de la longue carrière du chef !

ST-LAURENT-DU-VAR

✉ 06700 (Alpes-Maritimes) – 29 942 hab. – Alt. 18 m – Voir carte n°**42**-E2
◘ Paris 919 km – Antibes 16 km – Cagnes-sur-Mer 5 km – Cannes 26 km
Carte Michelin 341-E5 – Guide Vert Michelin Côte d'Azur

au Cap 3000

 Novotel

40 av. de Verdun – ℰ 04 93 19 55 55 – www.novotel.com
103 ch – ♦90/159 € ♦♦90/159 € – �, 16 €
Dans une zone commerciale proche de l'aéroport de Nice, un hôtel dédié à la
clientèle d'affaires, mais qui compte quelques agréments : le front de mer est
proche et l'on peut profiter du jardin avec sa piscine.

au Port St-Laurent

 Holiday Inn Resort sans rest

167 promenade des Flots-Bleus – ℰ 04 93 14 80 00 – www.holinice.com
124 ch – ♦99/400 € ♦♦99/400 € – �, 19 €
Cet hôtel moderne joint l'utile à l'agréable avec ses chambres confortables et son
bon emplacement en bord de mer. On peut d'ailleurs profiter de la plage privée
et de la belle terrasse les pieds dans le sable !

ST-LAURENT-DU-VERDON

✉ 04500 (Alpes-de-Haute-Provence) – 91 hab. – Alt. 468 m – Voir carte n°**41**-C2
◘ Paris 806 km – Brignoles 49 km – Castellane 70 km – Digne-les-Bains 59 km
Carte Michelin 334-E10

 Le Moulin du Château

99 chemin d'Albiosc – ℰ 04 92 74 02 47 – www.moulin-du-chateau.com
– Ouvert 21 mars-2 nov.
9 ch – ♦100/114 € ♦♦100/114 € – 1 suite – �, 10 € – ½ P
Dans ce charmant moulin à huile du 17ᵉs., l'ancienne meule a toujours sa place
dans le décor très soigné ! Farniente au jardin et éthique écologique (citerne
d'eau de pluie, produits bio...). Table d'hôte à la provençale (menu unique pour
les résidents).

ST-LAURENT-EN-GRANDVAUX

✉ 39150 (Jura) – 1 816 hab. – Alt. 904 m – Voir carte n°**16-B3**
▶ Paris 442 km – Champagnole 22 km – Lons-le-Saunier 45 km – Morez 11 km
Carte Michelin 321-F7 – Guide Vert Michelin Franche-Comté Jura

 Au Moulin des Truites Bleues
*4 km au Nord par N5 – ℰ 03 84 60 83 03 – www.truites-bleues.com – Fermé dim.
soir et lundi midi hors saison*
17 ch – ♦63/82 € ♦♦67/85 € – ☲ 10 € – ½ P
En bord de nationale, cette grande bâtisse régionale est en fait un ancien moulin.
Les chambres, grandes et pratiques, cultivent un certain esprit montagne qui ne
manque pas de charme ; au restaurant, rusticité de bon aloi, truites du vivier, spécialités régionales et jolie terrasse dominant la Lemme.

ST-LAURENT-LA-GÂTINE

✉ 28210 (Eure-et-Loir) – 447 hab. – Alt. 134 m – Voir carte n°**11-B1**
▶ Paris 77 km – Évreux 66 km – Orléans 121 km – Versailles 57 km
Carte Michelin 311-F3

 Clos St-Laurent sans rest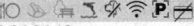
6 r. de l'Église – ℰ 02 37 38 24 02 – www.clos-saint-laurent.com – Fermé 22 déc.-5 janv.
4 ch ☲ – ♦79 € ♦♦88 €
Un ancien corps de ferme (19e s.) ravissant et authentique, avec de grandes chambres
décorées avec goût dans un style champêtre clair et chic. On prend le petit-déjeuner
au coin du feu ou dans le jardin d'hiver. Parfait pour un séjour très campagne !

ST-LAURENT-SUR-SAÔNE – 01 (Ain) ➔ voir Mâcon

ST-LÉON

✉ 47160 (Lot-et-Garonne) – 303 hab. – Alt. 80 m – Voir carte n°**4-C2**
▶ Paris 667 km – Agen 43 km – Bordeaux 107 km – Villeneuve-sur-Lot 44 km
Carte Michelin 336-D4

 Le Hameau des Coquelicots
*Lieu-dit Goutte-d'Or, 2 km au Sud par D 285 – ℰ 05 53 84 06 13
– www.lehameaudescoquelicots.com*
5 ch – ♦70/90 € ♦♦90/110 € – ☲ 10 €
En pleine campagne, ces trois maisons ont tout misé sur la quiétude et l'élégance
très nature des matériaux bruts. Déco épurée, piscine "verte", légumes du potager
à la table d'hôte, massages californiens dans une jolie roulotte et... accueil charmant : un endroit zen et plaisant !

ST-LÉONARD-DE-NOBLAT

✉ 87400 (Haute-Vienne) – 4 621 hab. – Alt. 347 m – Voir carte n°**24-B2**
▶ Paris 407 km – Aubusson 68 km – Brive-la-Gaillarde 99 km – Guéret 62 km
Carte Michelin 325-F5 – Guide Vert Michelin Limousin Berry

 Le Relais St-Jacques
*6 bd A.-Pressemane – ℰ 05 55 56 00 25 – www.lerelaissaintjacques.com
– Fermé 16 fév.-8 mars, 24 déc.-3 janv., 19-24 oct. et dim. de nov. à mars*
9 ch – ♦65 € ♦♦90 € – ☲ 9 € – ½ P
Rest *Le Relais St-Jacques* – voir les restaurants ci-après
Non loin de la collégiale des 11e et 12e s., fameuse étape sur la route de St-Jacques-de-Compostelle, ce relais plutôt simple en apparence cache de jolies chambres contemporaines, sobres et confortables (mobilier en wengé, bonne literie,
etc.). Pour les pèlerins... et les autres.

XX **Le Relais St-Jacques**
*6 bd A.-Pressemane – ℰ 05 55 56 00 25 – www.lerelaissaintjacques.com
– Fermé 16 fév.-8 mars, 24 déc.-3 janv., 19-24 oct. et dim. soir de nov. à mars*
Menu 21 € (semaine), 29/47 € – Carte 33/49 €
Les suaves odeurs qui s'échappent des cuisines ne laissent planer aucun doute : ce
restaurant – tenu par un couple charmant – honore la bonne cuisine. En "locavore"
convaincu, le chef favorise les produits de la région, dont la viande limousine bien
sûr. En prime, un bon choix de vins au verre, et une déco moderne de bon ton.

ST-LIEUX-LÈS-LAVAUR

✉ 81500 (Tarn) – 913 hab. – Alt. 125 m – Voir carte n°**29-C2**
◗ Paris 713 km – Albi 44 km – Montauban 90 km – Toulouse 44 km
Carte Michelin 338-C8

XX **Le Colvert** 🛜 ❀ **P**

🕸 *En Boyer – ℰ 05 63 41 32 47 – www.restaurantlecolvert.com – Fermé 1er-14 janv.,*
sam. midi, dim. soir et lundi
Menu 13 € (déj. en semaine), 24/40 € – Carte 27/47 €
Longtemps, cette charmante maison ancienne, baignée de verdure, a été une
boulangerie-épicerie ; aujourd'hui, c'est toujours un repaire gourmand, mais on y
savoure un risotto aux agrumes, un poisson à la plancha aux petits légumes, ou
encore une douce crème brûlée à la banane... Frais, simple et bon !

ST-LIZIER

✉ 09190 (Ariège) – 1 430 hab. – Alt. 381 m – Voir carte n°**28-B3**
◗ Paris 774 km – Foix 46 km – Ordino 151 km – Toulouse 99 km
Carte Michelin 343-E7

XX **Le Carré de l'Ange** ⇐ 🛜 **P**

🕸 *Palais des Evêques – ℰ 05 61 65 65 65 – www.lecarredelange.com*
– Ouvert 1er avril-1er janv. et fermé dim. soir et lundi sauf du 9 juil. au 24 août
Menu 19 € (déj. en semaine), 25/89 €
On doit laisser sa voiture pour accéder aux caves voûtées du palais épiscopal. Un
cadre exceptionnel pour une cuisine tournée vers de beaux produits, sou-
vent régionaux.

ST-LÔ

✉ 50000 (Manche) – 18 874 hab. – Alt. 20 m – Voir carte n°**32-A2**
◗ Paris 296 km – Caen 62 km – Cherbourg 80 km – Laval 154 km
Carte Michelin 303-F5 – Guide Vert Michelin Normandie Cotentin

🏠 **Mercure** ⏸ 🎮 ❧ 🛜 🐾

1 av. Briovère – ℰ 02 33 05 10 84 Plan : A**v**
– www.mercure-saint-lo.com
67 ch – †75/160 € – ††75/160 € – 🛏 14 € – ½ P
À côté de la gare, ce grand bâtiment moderne propose des chambres fonctionnelles et bien tenues ; pour être au calme, préférez celles situées côté remparts.
Cuisine traditionnelle au restaurant.

XX **Intuition** ✑

1 r. Alsace-Lorraine, (1er étage) – ℰ 02 33 05 14 91 Plan : A**b**
– www.restaurant-intuition.com – Fermé vacances de fév., 2 semaines en août,
sam. midi, dim. soir et lundi
Formule 25 € – Menu 38 € (semaine), 48/65 € *(réservation conseillée)*
À l'étage de la Brasserie Les Capucines, une table intime et feutrée, au décor
sobre et épuré. Le chef laisse aller sa créativité, et fait mouche : il marie avec subtilité d'excellents produits du terroir normand et des saveurs exotiques (pak-choï,
satay, basilic thaï...). Une table qui ne laisse pas indifférent !
Brasserie Les Capucines – voir les restaurants ci-après

X **Brasserie Les Capucines** 🛜 ♿

🕸 *1 r. Alsace-Lorraine – ℰ 02 33 05 15 36* Plan : A**b**
– www.brasserie-les-capucines.com – Fermé dim. soir
Formule 15 € – Menu 19 € (déj. en semaine), 28 € – Carte 28/40 €
Une salle de brasserie relookée à la mode contemporaine avec son long
comptoir, ses mange-debout, ses couleurs actuelles – chocolat, crème et orange...
Les plats sont à l'avenant : tartare, huîtres, salades, ou encore le pied de cochon
grillé sauce béarnaise ou le paris-brest. Sans prétention, simplement bon !

ST-LÔ

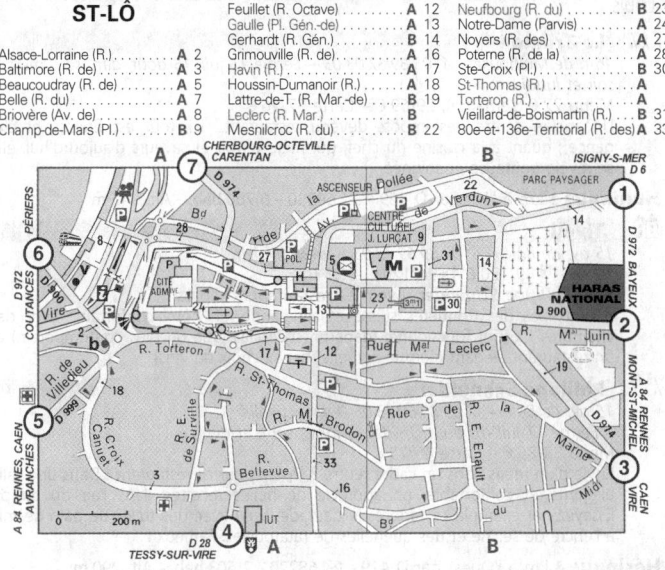

à Agneaux 3 km par ⑥ – ⊠ 50180 – 4 192 hab. – Alt. 60 m

🏠 Château d'Agneaux   ⏸️ ◎ ♿ 🛎 🤗 🏊 P

av. Ste-Marie – ℰ *02 33 57 65 88 – www.chateau-agneaux.com – Fermé dim. soir hors saison*

11 ch – †80/212 € **††**80/212 € – ☲ 12 € – ½ P

Escalier en pierre de taille, tomettes, poutres apparentes, mobilier médiéval ou rustique : ce petit château du 13ᵉ s. a un certain cachet, et ses abords arborés, non loin du centre de St-Lô, sont appréciables. Dans les dépendances se nichent deux jolis restaurants, l'un gastronomique, l'autre bistrot, au choix !

ST-LOUIS

⊠ 68300 (Haut-Rhin) – 20 294 hab. – Alt. 250 m – Voir carte n°**1-B3**
▶ Paris 498 km – Altkirch 29 km – Basel 5 km – Belfort 76 km
Carte Michelin 315-J11

🏠 La Villa K sans rest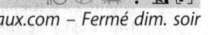

10 av. de Bâle – ℰ *03 89 70 93 40 – www.lavillak.com*

41 ch ☲ – **†**105/169 € **††**115/179 €

Cette belle demeure de maître fut l'élégante "maison Katz", dont le claquant K de la raison sociale perpétue le souvenir. Aujourd'hui, place à un décor mêlant très subtilement l'ancien et le contemporain, dans un esprit zen et design.

🏠 Ibis   ⏸️ 🛎 ♿ 🤗 🏊 🚗

17 r. du Gén.-de-Gaulle – ℰ *03 89 69 06 58 – www.ibishotels.com*

65 ch – †59/110 € **††**59/110 € – ☲ 11 €

Une bâtisse en brique rouge à deux pas des cinémas. Les chambres sont pratiques et impeccables. Et il y a tous ces petits plus qui font la différence : pains et viennoiseries du boulanger voisin, navette gratuite pour l'aéroport, etc.

🏠 Berlioz sans rest   ☕ 🤗 P 🚗

r. Henner, (près de la gare) – ℰ *03 89 69 74 44 – www.hotelberlioz.com – Fermé 22 déc.-2 janv.*

20 ch – †80/96 € **††**80/96 € – ☲ 11 €

Près de la gare, un petit immeuble des années 1930 avec des chambres fonctionnelles et d'une tenue sans faille. Le personnel se montre disponible et prévenant et, au petit-déjeuner, le buffet est copieux.

XXX　Le Trianon

46 r. de Mulhouse – ☏ 03 89 67 03 03 – Fermé 15 juil.-15 août, dim. soir, merc. soir et lundi
Menu 22 € (semaine), 29/69 € – Carte 37/56 €
Un ancien centre des impôts devenu restaurant... Ici, tout est finesse et élégance ; quant à la cuisine du chef, qui mêle terroir et saveurs d'aujourd'hui, elle se révèle goûteuse et soignée.

à Huningue 2 km à l'Est par D 469 – ⊠ 68330 – 6 760 hab. – Alt. 245 m

🏠　Tivoli

15 av. de Bâle – ☏ 03 89 69 73 05 – www.tivoli.fr
39 ch – †89/120 € ††94/120 € – � 10 €
Rest *Philippe Schneider* – voir les restaurants ci-après
À deux pas des frontières suisse et allemande, un hôtel confortable avec des chambres d'esprit fonctionnel (dans un style classique ou plus contemporain) et un restaurant élégant (cuisine actuelle, beaux choix de vins).

XXX　Philippe Schneider

15 av. de Bâle – ☏ 03 89 69 73 05 – www.tivoli.fr
– Fermé 17 juil.-10 août, 18 déc.-4 janv., sam. et dim.
Menu 33/85 € – Carte 45/75 €
Envie d'un repas dans un cadre feutré ? Optez pour ce restaurant ! Dans une salle élégante et confortable, on apprécie de belles recettes dans l'air du temps. Essayez par exemple ce tartare de daurade, servi avec des tuiles de pain de mie à l'encre de seiche et des quenelles de ratatouille... Fameux !

à Hésingue 4 km à l'Ouest par D 419 – ⊠ 68220 – 2 503 hab. – Alt. 290 m

XXX　Au Bœuf Noir

2 r. de Folgensbourg – ☏ 03 89 69 76 40 – www.auboeufnoir.fr
– Fermé 18-25 mars, 18-31 août, sam. midi, dim. et lundi
Menu 29 € (déj.), 40/63 € – Carte 54/75 €
Une bien jolie maison, où règne la douce atmosphère familiale des lieux qui ont leurs habitués. On suit les conseils glissés par le chef entre deux sauts en salle ; on s'émerveille à l'arrivée d'un poisson découpé entier sous les yeux des gourmands... Classique, plein de vie et réconfortant !

ST-LOUP-DE-VARENNES – 71 (Saône-et-Loire) → voir Chalon-sur-Saône

---

ST-LUNAIRE – 35 (Ille-et-Vilaine) → voir Dinard

ST-LUPERCE – 28 (Eure-et-Loir) → voir Chartres

ST-LYPHARD

⊠ 44410 (Loire-Atlantique) – 4 388 hab. – Alt. 12 m – Voir carte n°**34-A2**
◨ Paris 447 km – La Baule 17 km – Nantes 73 km – Redon 43 km
Carte Michelin 316-C3 – Guide Vert Michelin Pays de la Loire

🏠　Les Chaumières du Lac et Auberge Les Typhas

rte d'Herbignac – ☏ 02 40 91 32 32
– www.leschaumieresdulac.com – Fermé 23 déc.-12 janv.
20 ch – †70/120 € ††70/120 € – � 11 € – ½ P
Sur l'une des routes principales de la Brière, plusieurs petits bâtiments construits en 1990 dans un esprit traditionnel (toits de chaume). Chambres simples et classiques. Avis aux courageux : on peut se baigner dans le lac contigu.

rte de St-Nazaire 3 km au Sud par D 47 – ⊠44410 St-Lyphard

X　Auberge le Nézil

rte de St-Nazaire – ☏ 02 40 91 41 41 – www.aubergelenezil.fr – Fermé 23-27 déc., merc. soir sauf juil.-août, dim. soir et lundi
Formule 20 € – Menu 32/39 €
Une façade blanche percée de petites fenêtres et coiffée d'un lourd toit de chaume : voilà une auberge typique de la Brière ! Rien de passéiste cependant entre ses murs, dans le décor comme dans l'assiette, laquelle met en valeur des recettes originales et de bons produits (dont les inévitables anguilles et grenouilles).

à Bréca 6 km au Sud par D 47 et rte secondaire – ⊠ 44410

XX **Auberge de Bréca** 🛬 🛜 &
D 47 – ℰ 02 40 91 41 42 – www.auberge-breca.com – Fermé merc. soir et mardi de nov. à mars, dim. soir et lundi sauf fériés
Formule 20 € – Menu 30/63 € – Carte environ 53 €
Cette maison délicieusement rustique – toit de chaume à l'extérieur, chaises paillées à l'intérieur – assume totalement son passé de relais de chasse : le gibier – à plumes et à poils – est à l'honneur en saison. Le reste de la carte est une ode à la tradition : Saint-Jacques, anguilles, cuisses de grenouilles...

ST-MACAIRE – 33 (Gironde) → voir Langon

ST-MACLOU
⊠ 27210 (Eure) – 572 hab. – Alt. 114 m – Voir carte n°32-A3
▶ Paris 179 km – Le Grand-Quevilly 67 km – Le Havre 35 km – Rouen 73 km
Carte Michelin 304-C5

⌂ **Château de Saint-Maclou-la-Campagne** sans rest 🐾 🛬 🛜 P
352 r. Émile-Desson – ℰ 02 32 57 26 62 – www.chateaudesaintmaclou.com
4 ch – ♦175/225 € ♦♦175/225 € – ☲ 13 €
Un élégant appareillage de pierres et de briques, des toits à la Mansart : une belle illustration de l'architecture française du 17ᵉ s. et... une élégance so British ! Sous l'égide d'un sujet de Sa Majesté – ancien antiquaire –, ce château a retrouvé tout son lustre, mêlant meubles d'époque, portraits d'ancêtres... *Magnificent !*

X **La Crémaillère** 🛜 ♨
🕮 *70 rte de Foulbec – ℰ 02 32 41 17 75 – www.la-cremaillere.fr – Fermé 23 fév.-4 mars, 29 juil.-7 août, 12-20 nov., mardi soir et merc.*
Menu 15 € (semaine)/46 € – Carte 30/58 €
Au cœur du village, cette charmante petite auberge fleurie se révèle pimpante avec ses boiseries et ses couleurs gaies. Un côté chaleureux que l'on retrouve dans la cuisine traditionnelle. Poissons et produits du terroir sont à la fête, le tout à prix doux !

ST-MAIXENT-L'ÉCOLE
⊠ 79400 (Deux-Sèvres) – 7 159 hab. – Alt. 85 m – Voir carte n°38-B2
▶ Paris 383 km – Angoulême 106 km – Niort 24 km – Parthenay 30 km
Carte Michelin 322-E6 – Guide Vert Michelin Poitou-Charentes

🏠 **Le Logis St-Martin**
chemin de Pissot – ℰ 05 49 05 58 68 – www.logis-saint-martin.com
10 ch – ♦105/150 € ♦♦105/360 € – 3 suites – ☲ 16 € – ½ P
Rest *Le Logis St-Martin* – voir les restaurants ci-après
Au cœur d'un parc bordé par la Sèvre, voilà une gentilhommière du 17ᵉ s. bien agréable. Les chambres sont chaleureuses ; la literie de qualité conjuguée au calme garantissent une bonne nuit de repos. Le copieux petit-déjeuner ne gâte rien !

XX **Le Logis St-Martin**
chemin de Pissot – ℰ 05 49 05 58 68 – www.logis-saint-martin.com – Fermé lundi hors saison et sam. midi
Formule 15 € 🍷 – Menu 32 € (déj. en semaine), 48/79 €
La jeune chef élabore une cuisine saine qui redonne de la vigueur au terroir régional. Le soir, la lueur des chandelles et la belle cheminée ajoutent au caractère intime du lieu. Formule bistrot au déjeuner.

ST-MALO

✉ 35400 (Ille-et-Vilaine) – 45 201 hab. – Alt. 5 m – Voir carte n°**10-D1**
Paris 404 km – Avranches 68 km – Dinan 32 km – Rennes 70 km
Carte Michelin 309-J3 – Guide Vert Michelin Bretagne Nord

© E. Ereza/age fotostock

Intra muros

La Maison des Armateurs sans rest

6 Grand-Rue – ✆ 02 99 40 87 70 Plan : DZ**g**
– www.maisondesarmateurs.com
45 ch – 80/189 € 170/330 € – 7 suites – 15 €
Inutile d'avoir le pied marin pour apprécier les charmes de La Maison des Armateurs ! Au cœur de St-Malo, les chambres sont baptisées – selon leur taille – Matelot, Major ou Amiral, et les étages portent les noms de personnalités locales : Surcouf, Cartier... Ici, on ne badine pas avec le patrimoine.

Ajoncs d'Or sans rest

10 r. des Forgeurs – ✆ 02 99 40 85 03 Plan : DZ**a**
– www.st-malo-hotel-ajoncs-dor.com – Fermé janv.
23 ch – 49/99 € 59/116 € – 12 €
Un hôtel situé dans une rue tranquille de la vieille ville. Les chambres, confortables et bien tenues, distillent une atmosphère feutrée. De quoi se prendre pour un véritable Malouin !

Hôtel du Louvre sans rest

2 r. des Marins – ✆ 02 99 40 86 62 Plan : DZ**b**
– www.hoteldulouvre-saintmalo.com
50 ch – 67/150 € 76/170 € – 13 €
Au cœur de la cité corsaire, cet hôtel dispose de chambres sobres et fonctionnelles. Copieux petit-déjeuner proposé dans une salle ornée de toiles d'un artiste local.

Quic en Groigne sans rest

8 r. d'Estrées – ✆ 02 99 20 22 20 – www.quic-en-groigne.com Plan : DZ**u**
– Fermé 18-26 déc. et 5-24 janv.
15 ch – 67/82 € 85/115 € – 11 €
Quic-en-Groigne ? Le nom de la tour accolée au château... et de cet hôtel abritant des chambres actuelles et de bonne tenue. Petit-déjeuner sous la véranda ; accueil souriant.

Le Nautilus sans rest

9 r. de la Corne-de-Cerf – ✆ 02 99 40 42 27 Plan : DZ**q**
– www.hotel-lenautilus-saint-malo.com – Fermé 22 nov.-25 déc.
15 ch – 60/68 € 68/80 € – 9 €
Dans une ruelle typique, cette maison érigée en 1692 (classée) abrite de petites chambres colorées, bien tenues et cosy. Décor marin au bar et bon accueil de l'équipage.

XX **À la Duchesse Anne**   ⊞ ⌂

5 pl. Guy-La-Chambre – ℰ 02 99 40 85 33   Plan : DZ**e**
– www.restaurant-duchesse-anne.com – Fermé janv.
Menu 24/79 € – Carte 41/71 €
Dans cette institution (1945) de la cité corsaire, le temps semble s'être arrêté !
Dans la salle, rétro à souhait, la valse des serveurs en veste blanche et nœud
papillon bat son plein. À table, la cuisine fait la part belle aux produits de la
mer. Pas de doute, la duchesse Anne est dignement représentée.

XX **Le Chalut** (Jean-Philippe Foucat)   ⌷ ⌘
☆ 8 r. de la Corne-de-Cerf – ℰ 02 99 56 71 58 – Fermé mardi   Plan : DZ**d**
sauf le soir en juil.-août et lundi
Formule 26 € – Menu 29 € (déj. en semaine), 44/79 € – Carte 51/66 €
(réservation conseillée)
En direct... du chalut ! Derrière cette façade bleu océan, on se régale de produits
de la mer au top de leur fraîcheur. Le chef signe des préparations raffinées et
savoureuses, dont un menu "tout homard" qui ravira les amateurs.
→ Noix de Saint-Jacques à l'huile de noix. Filet de saint-pierre à la coriandre fraîche. Délice glacé au whisky pur malt.

X **Gilles**

2 r. de la Pie-qui-Boit – ℰ 02 99 40 97 25   Plan : DZ**t**
– www.restaurant-gilles-saint-malo.com – Fermé 2 semaines en déc., 3 semaines
en janv., jeudi d'oct. à juin sauf vacances scolaires et merc.
Formule 19 € – Menu 22 € (déj. en semaine)/30 € (réservation conseillée)
Voilà plus de vingt ans que Philippe Poignand est à la barre de ce petit restaurant où l'on vient reprendre des forces après une escapade sur les remparts de
la citadelle. Dans l'assiette, on retrouve de bons plats de saison joliment présentés ; le cadre, entièrement rénové en 2014, est intime et reposant.

X **Autour du Beurre** Ⓝ
⊕ 7 r. de l'Orme – ℰ 02 23 18 25 81 – www.lebeurrebordier.com   Plan : DZ**n**
– Fermé 1 semaine en juin, janv., merc. soir et mardi hors saison, jeudi soir
de nov. à mars, dim. et lundi
Formule 15 € – Menu 18 € (déj. en semaine) – Carte 35/42 €
Le restaurant attenant à la célèbre maison Bordier, dont le beurre se retrouve sur
les plus grandes tables. Sur la courte carte, la tradition domine, avec des plats
pleins de fraîcheur... et une remarquable sélection de beurres. Et côté décor, des
bouteilles de lait font des luminaires et une baratte une table...

X **Le Comptoir Breizh Café** Ⓝ

6 r. de l'Orme – ℰ 02 99 56 96 08 – www.breizhcafe.com   Plan : DZ**z**
– Fermé lundi et mardi
Formule 16 € – Carte 18/28 € (réservation conseillée)
Dans le dédale de l'intra-muros, une crêperie qui bat au rythme de la Bretagne.
Les produits locaux (lard, andouilles, légumes) sont utilisés dans le respect de la
tradition et du savoir-faire breton, avec une pointe d'originalité et quelques tou-
ches nippones... Pour redécouvrir l'éternelle galette au sarrasin !

X **L'Éveil des Sens**   ⌂

6 r. Sainte-Barbe – ℰ 02 99 40 92 46 – www.leveildessens.fr   Plan : DZ**x**
– Fermé 3 semaines en janv., dim. soir et lundi de sept. à avril
Menu 28/48 € – Carte 42/78 €
Un jeune couple fait souffler un vent de nouveauté sur ce restaurant ! Au gré
d'un menu du marché qui change tous les jours, le chef laisse parler son inspiration et agrémente ses plats avec une pincée de safran par ici, une pointe de combava par là... pour une cuisine originale et voyageuse.

X **L'Ancrage**   ⌂ ⌘

⊕ 7 r. Jacques-Cartier – ℰ 02 99 40 15 97   Plan : DZ**r**
– Fermé 7 janv.-8 fév., merc. hors saison et mardi
Menu 19 € (déj.), 23/40 € – Carte 34/63 €
Jetez l'ancre dans ce restaurant digne d'une cabine de bateau (boiseries sombres,
lampes en laiton) ou dans sa salle voûtée ! Le chef prépare des recettes résolument
tournées vers la mer. Une bonne adresse pour faire le plein d'iode sur les remparts.

ST-MALO
PARAMÉ-ST-SERVAN

0   500 m

ILE DU Gr⁰ BÉ

FORT NATIONAL

ST-MALO

CASINO

Chaussée   du Sillon

PARC DES EXPOSITIONS

BASSIN DUGUAY-TROUIN

Duguay-Trouin

HERMES MARINS   **h**   **n**   **a**

Pasteur

Moka   Av. du 47ème   R.I.

Botrel

v   Av.

Av. L. Martin   **c**

BASSIN VAUBAN   BASSIN JACQUES CARTIER

Av. J. Jaurès   Av.   A.

q

GARES MARITIMES

63

68   BASSIN BOUVET

Q. du Val   R.P de Coubertin

Av. de Marville

R. de Triqueville   J.P.

ANSE DES SABLONS

15   12

ST-SERVAN SUR-MER

Fort de la Cité

Pl. St. Pierre

3   71

36   **a**

n

Ste-Croix

TOUR SOLIDOR

Parc des Corbières

H

R. J. Jagan   R. Jean XXII   R.P. Certain

71   B⁴ Douville   Marne   B⁴ L. Demalvilak

B⁴ de l'Espadon

R. de la Motte   Antilles

B⁴ Trénouart

v   **a**

Boulevard   du   Rosais

16   D 137

BELVÉDÈRE DU ROSAIS

RANCE

CORK, PLYMOUTH, POOLE PORSMOUTH, WEYMOUTH   CORNICHE D'ALETH   SARK GUERNSEY, JERSEY   MILE DES NOIRES   CÔTAINES   Av. de Marville

USINE MAREMOTRICE, DINARD
La Briantais   (4)   (3) B   DOL, RENNES ST-BRIEUC
Grand Aquarium-St-Malo

✂ Ⅹ   ## Le Cambusier 🅽

6 r. des Cordiers   Plan : DZ**h**
– 📞 02 99 20 18 42 – www.cambusier.fr
– Fermé dim. soir et merc. sauf juil.-août
Formule 16 € – Menu 22 € (déj.)/35 € – Carte 37/56 €
Au cœur de la cité historique, bienvenue dans ce bar à vins lumineux et convivial.
La patronne, charmante, se dit "Bretonne 100 % pur beurre" ! En cuisine, son mari
réalise une cuisine créative avec les produits de la côte : Saint-Jacques aux bette-
raves et pistaches, pavé de bar aux topinambours... On se régale.

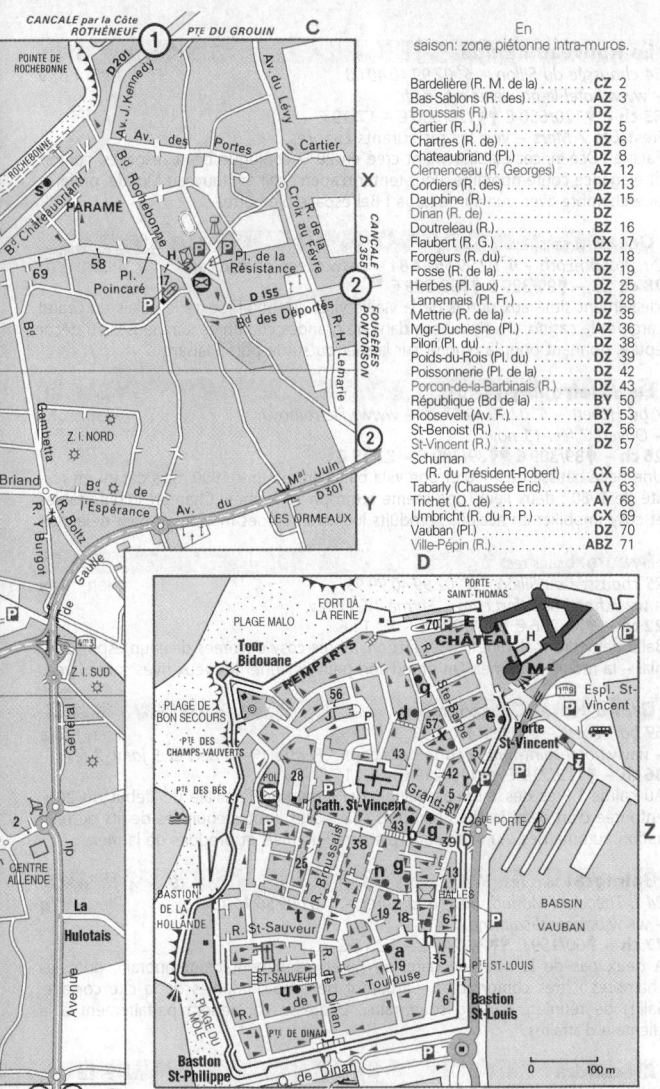

En
saison: zone piétonne intra-muros.

St-Malo Est et Paramé – ⊠35400 St-Malo

🏨 **Grand Hôtel des Thermes**   ⵏⵓ 🛏 ⵗ 🗙 ⓦ 🧖 ⓕ ⓧ ⓜ 📶 🏊 ⵗ
100 bd Hébert – ℰ 02 99 40 75 75   Plan : BX**n**
– www.le-grand-hotel-des-thermes.fr – Fermé 6-19 janv.
167 ch – ♦108/140 € ♦♦176/255 € – 7 suites – ⵧ 23 €
Rest Le Cap Horn – voir les restaurants ci-après
Sur le front de mer, le palace de Saint-Malo a le charme rétro des villégiatures bourgeoises du 19ᵉ s. Ses chambres et suites sont très douillettes (classiques ou contemporaines) ; quant à son centre de thalasso (six piscines à l'eau de mer, soins de qualité), il est superbe !

Le Nouveau Monde ⏹ 🔲 🈺 🕭 🎔 📶 🕭 🕭
64 chaussée du Sillon – ℰ 02 99 40 40 00 Plan : BX**v**
– www.hotel-le-nouveau-monde.fr
83 ch ⊒ – ♦120/650 € ♦♦120/650 € – ⊒ 19 € – ½ P
Rest *Les 7 Mers* – voir les restaurants ci-après
Face à l'Océan, cet établissement créé en 2012 conjugue beaux espaces, confort et élégance contemporaine. Pour tenter d'apercevoir le Nouveau Monde, préférez une chambre avec vue sur le large ! Bel espace bien-être.

Océania sans rest ⇚ 🕭 🈺 🕭 🎔 📶 🕭
2 r. Joseph-Loth – ℰ 02 99 56 84 84 – www.oceaniahotels.com Plan : AY**b**
78 ch ⊒ – ♦99/329 € ♦♦99/329 €
Idéalement situé aux portes de la vieille ville, cet hôtel jouxte le palais du Grand Large et le casino. On s'y repose dans de grandes chambres lumineuses au décor épuré, donnant pour la plupart sur la mer ou sur le port. Plaisant !

La Villefromoy sans rest 🕭 🕭 📶 🅿
7 bd Hébert – ℰ 02 99 40 92 20 – www.villefromoy.fr Plan : CX**s**
– Ouvert 7 fév.-15 nov.
26 ch – ♦89/309 € ♦♦89/309 € – ⊒ 15 €
Une belle bâtisse de 1880 et une villa balnéaire d'esprit 1900 mais datant en réalité de 1980 : deux lieux, une même atmosphère feutrée. Chambres confortables et cosy (mobilier en acajou) ; produits locaux et crêpes maison au petit-déjeuner.

Beaufort sans rest ⇚ 🕭 📶
25 chaussée du Sillon – ℰ 02 99 40 99 99 Plan : BX**x**
– www.hotel-beaufort.com – Fermé 1er-12 fév.
22 ch – ♦79/286 € ♦♦79/286 € – ⊒ 13 €
Belle demeure malouine (1860) aux chambres cosy décorées dans un esprit colonial – la moitié côté mer. On prend son petit-déjeuner les yeux rivés sur le large.

Grand Hôtel Courtoisville ⏹ 🕭 🕭 🔲 🕭 🕭 📶 🕭 🅿
69 bd Hébert – ℰ 02 99 40 83 83 Plan : BX**a**
– www.hotel-saint-malo-courtoisville.com – Fermé 1er-18 déc. et 5 janv.-7 fév.
46 ch – ♦119/219 € ♦♦119/219 € – ⊒ 15 € – ½ P
Au calme ! Près des thermes marins, belle pension familiale du début du 20e s. entourée d'un beau jardin. Chambres spacieuses, toutes équipées de lits de relaxation automatiques. Au restaurant, plats traditionnels et produits de la mer.

Balmoral sans rest 🕭 🕭 🈚 📶 🕭 🕭
24 r. Théodore-Monod, (face à la gare) – ℰ 02 99 56 16 73 Plan : BY**q**
– www.balmoral-saintmalo.fr
77 ch – ♦60/159 € ♦♦71/247 € – ⊒ 12 €
À deux pas de la nouvelle gare, un hôtel résolument contemporain, dont les chambres – très confortables – arborent des photographies de la cité corsaire. Salles de réunion, parking souterrain... L'adresse conviendra parfaitement à la clientèle d'affaires.

Alexandra ⏹ ⇚ 🕭 🕭 🔲 📶 🅿 🕭
138 bd Hébert – ℰ 02 99 56 11 12 – www.hotelalexandra.com Plan : BX**h**
– Fermé janv.
33 ch – ♦108/158 € ♦♦120/220 € – ⊒ 17 € – ½ P
Hôtel situé sur la digue de St-Malo, face à la mer. Les chambres sont fonctionnelles et bien tenues (la plupart avec terrasse ou bow-window). Au restaurant, belle vue sur le large. La carte, traditionnelle, privilégie les poissons et fruits de mer.

Mercure sans rest 🕭 🕭 🔲 📶
36 chaussée du Sillon – ℰ 02 23 18 47 47 – www.mercure.com Plan : AY**z**
51 ch – ♦83/175 € ♦♦83/228 € – ⊒ 15 €
Un Mercure idéalement situé sur le Sillon, face à la mer. Aménagements fonctionnels et décoration contemporaine. Buffet pour le petit-déjeuner, servi également en chambre.

XXX **Les 7 Mers** – Hôtel Le Nouveau Monde   AC �

64 chaussée du Sillon – ⌀ 02 99 40 40 00   Plan : BX**v**
– www.hotel-le-nouveau-monde.fr
Formule 22 € – Menu 42/89 € – Carte 52/98 €
Sur la plage du Sillon, face à la baie de St-Malo, la salle panoramique donne envie
de parcourir les mers... C'est chose faite au cours du repas, où le terroir marin
– mais aussi terrestre – est subtilement mis en valeur. Fraîcheur, soin, saveurs :
une jolie échappée gastronomique.

XX **Le Cap Horn** – Grand Hôtel des Thermes   ⸰⸰ ⩽ & AC �%

100 bd Hébert – ⌀ 02 99 40 75 40   Plan : BX**n**
– www.restaurant-caphorn.fr – Fermé 6-19 janv.
Menu 36/65 € – Carte 54/121 €
Au sein du Grand Hôtel des Thermes, un Cap Horn cossu, avec une jolie vue sur
la mer, très loin des quarantièmes rugissants ! L'endroit idéal pour savourer une
cuisine dans l'air du temps ou des recettes plus traditionnelles. Belle carte de
bordeaux.

à St-Servan-sur-Mer – ⊠ 35400

🏠🏠 **Manoir du Cunningham** sans rest   ⩽ & ⅞ 🛜 🅿

9 pl. Mgr-Duchesne – ⌀ 02 99 21 33 33   Plan : AZ**a**
– www.st-malo-hotel-cunningham.com – Ouvert de mars à début déc.
12 ch – ♦69/210 € ♦♦69/210 € – ⌑ 13 €
Belle demeure du 17e s., aux allures de manoir anglo-normand, face à l'anse des
Sablons. Grandes chambres cosy aux charmants noms d'îles paradisiaques, la plupart donnant sur la mer...

🏠🏠 **Malouinière Le Valmarin** sans rest   ⸰ ⩽ 🛜 🅿

7 r. Jean-XXIII – ⌀ 02 99 81 94 76 – www.levalmarin.com   Plan : AZ**n**
12 ch – ♦89/125 € ♦♦95/165 € – ⌑ 12 €
Parquet d'origine, trumeaux, moulures : une authentique malouinière de la fin
du 17e s., au charme raffiné. Les plus belles chambres s'ouvrent sur le paisible parc arboré.

XX **Le St-Placide** (Luc Mobihan)   ⸰⸰ & AC
                                                                      Plan : BZ**a**
❀ *6 pl. du Poncel* – ⌀ 02 99 81 70 73 – www.st-placide.com
– Fermé 1 semaine en mars, 9-24 nov., lundi et mardi sauf le soir en juil.-août
Formule 27 € – Menu 46 € (déj. en semaine), 69/95 € – Carte 65/91 €
Si vous errez le ventre en peine, fiez-vous à saint Placide, patron des naufragés ! Dans le décor contemporain de ce restaurant de poche, le chef laisse libre
cours à son imagination, concoctant une jolie cuisine en prise avec son époque.
Accueil prévenant et belle carte des vins (Loire et Bourgogne).
→ Langoustine en raviole, coriandre, parmesan et huile de roquette. Bar confit,
coquillages en marinière. Sablé chocolat noir et fleur de sel, crémeux caramel et
sorbet cacao.

X **Bistrot Le Poncel**   🈺

3 pl. du Poncel – ⌀ 02 99 19 57 26   Plan : BZ**v**
*– www.restaurant-bistrot-le-poncel.fr – Fermé 22 déc.-5 janv., lundi sauf le midi
de sept. à juil., mardi soir sauf août et dim.*
Formule 20 € – Menu 24 € (déj. en semaine)/30 € – Carte 38/49 € *(réservation
conseillée)*
Ce restaurant bien connu des Malouins affiche souvent complet ! Il faut dire qu'au
menu (le midi) comme à l'ardoise (le soir), fraîcheur des produits, simplicité et
saveurs sont au rendez-vous. Le tout à savourer dans un décor résolument bistrot.
Un bon moment en perspective...

X **Bistrot Solidor** 🆕   ⩽ ⅞

❀ *1 pl. St-Pierre* – ⌀ 02 99 21 04 87 – www.lebistrotdesolidor.com Plan : AZ**t**
– Fermé sam. et dim.
Formule 18 € – Carte 36/42 € *(réservation conseillée)*
Une ardoise alléchante qui privilégie les produits de saison, une jolie terrasse permettant de profiter d'une vue sur la tour Solidor toute proche, une ambiance
conviviale assurée par le truculent patron, le tout tenu avec soin... Cette table présente de solides atouts !

rte de Rennes 3 km par ③ et av. Gén. de Gaulle – ✉35400 St-Malo

🏨 **La Grassinais** 〽️ 🛏 🕭 ⚲ 🅿
*12 allée de la Grassinais – ☎ 02 99 81 33 00 – www.saint-malo-hebergement.com
– Fermé de fin déc. à mi-janv.*
29 ch – 🛏62/97 € 🛏🛏62/97 € – ⌑ 10 € – ½ P
Rest *La Grassinais* – voir les restaurants ci-après
En périphérie de St-Malo, au cœur d'une zone artisanale, on ne s'attend pas
à trouver cette jolie ferme en pierre du pays du 17e s., restaurée avec soin. Les
chambres sont simples, mais très bien tenues... Une bonne étape !

❌❌ **La Grassinais** 🛏 🕭 Ⓚ 🅿
*12 allée de la Grassinais – ☎ 02 99 81 33 00 – www.saint-malo-hebergement.com
– Fermé de fin déc. à mi-janv., dim. soir de sept. à mi-juil., mardi midi de mi-juil.
à fin août, sam. midi et lundi*
Formule 15 € – Menu 29/39 € – Carte 38/50 €
Cabillaud, merlu et rouget sont finement accommodés avec des légumes de saison, et l'agneau de sept heures est toujours au rendez-vous... Une cuisine traditionnelle sympathique, dans un cadre mêlant charme rustique (poutres, boiseries)
et touches plus contemporaines. Accueil et service aux petits soins.

ST-MANDÉ – 94 (Val-de-Marne) → voir Paris, Environs

ST-MARCEL-DU-PÉRIGORD
✉ 24510 (Dordogne) – 157 hab. – Alt. 160 m – Voir carte n°**4**-C1
▶ Paris 538 km – Bergerac 26 km – Périgueux 58 km – Bordeaux 144 km
Carte Michelin 329-F6

❌ **Auberge Lou Peyrol** avec ch 🛏 🍴 ch, 🕭
*au bourg – ☎ 05 53 24 09 71 – www.loupeyrol.com – Ouvert d'avril à déc. et
fermé mardi, merc. et jeudi hors saison et lundi*
3 ch – 🛏98 € 🛏🛏98 € – ⌑ 8 € – ½ P Menu 39 € – Carte 41/57 €
Une auberge périgourdine au charme on ne peut plus rustique, avec sa terrasse à
l'ombre d'un vénérable tilleul. On y déguste une cuisine régionale de saison avec
de beaux produits du terroir. Sous les toits, les chambres, spacieuses et confortables, sont des plus romantiques. Accueil sympathique.

ST-MARCEL-LÈS-ANNONAY – 07 (Ardèche) → voir Annonay

ST-MARCEL-LÈS-SAUZET – 26 (Drôme) → voir Montélimar

ST-MARCELLIN
✉ 38160 (Isère) – 8 063 hab. – Alt. 282 m – Voir carte n°**43**-E2
▶ Paris 570 km – Die 76 km – Grenoble 55 km – Valence 46 km
Carte Michelin 333-E7 – Guide Vert Michelin Lyon et sa région

❌❌ **La Tivollière** 🕭 🍴 ⚲ 🅿
*Château du Mollard – ☎ 04 76 38 21 17 – www.lativolliere.com – Fermé
2-20 janv., 1er-14 août, mardi soir, merc. soir, dim. soir et lundi*
Formule 17 € – Menu 23/61 € – Carte 36/59 €
Aménagé dans un château du 15e s. dominant la ville, ce restaurant dispose
d'une belle terrasse donnant sur le Vercors. Au menu, une sympathique cuisine
d'aujourd'hui : gaspacho de tomate, filets de féra du Léman et galette de pommes de terre, chorizo et oignons... C'est fin, goûteux et servi avec attention !

ST-MARTIAL-DE-NABIRAT
✉ 24250 (Dordogne) – 652 hab. – Alt. 175 m – Voir carte n°**4**-D2
▶ Paris 556 km – Cahors 43 km – Périgueux 82 km – Bordeaux 213 km
Carte Michelin 329-I7

XX **Le St-Martial**

au bourg – ✆ 05 53 29 18 34 – www.lesaintmartial.com – Fermé vacances de fév., 28 juin-8 juil., 19-24 déc., merc. midi en juil.-août, lundi et mardi sauf le soir en juil. -août
Menu 36/68 €
Une belle maison périgourdine à la décoration contemporaine. Ou comment un zeste de modernité magnifie l'authenticité des vieilles pierres ! Derrière les fourneaux, le chef réalise une cuisine en prise avec son époque, appuyée sur de bons produits.

ST-MARTIN-AUX-CHARTRAINS – 14 (Calvados) → voir Pont-L'Évêque

---

ST-MARTIN-DE-BELLEVILLE

✉ 73440 (Savoie) – 2 589 hab. – Alt. 1 450 m – Voir carte n°**46-F2**
Paris 624 km – Albertville 44 km – Chambéry 93 km – Moûtiers 20 km
Carte Michelin 333-M5 – Guide Vert Michelin Alpes du Nord

La Bouitte

à St-Marcel, 2 km au Sud-Est – ✆ 04 79 08 96 77 – www.la-bouitte.com – Ouvert de fin juin à début sept. et de début déc. à fin avril
16 ch – †209/509 € ††209/509 € – 9 suites – ☕ 29 € – ½ P
Rest *La Bouitte* ✿✿✿ – voir les restaurants ci-après
Si vous avez fait la route pour profiter de l'excellence culinaire de la Bouitte, sachez que l'on vous y accueille aussi pour la nuit. Dans un chalet mitoyen, six chambres et suites du dernier chic montagnard vous attendent. Un véritable cocon !

Saint-Martin

r. des Grangeraies – ✆ 04 79 00 88 00 – www.hotel-stmartin.com – Ouvert 13 déc.-11 avril
23 ch ☕ – †190/410 € ††250/430 € – 4 suites – ½ P
Rest *Le Grenier* – voir les restaurants ci-après
Sur les hauteurs de ce village de montagne, un plaisant chalet au toit de lauzes, à deux pas des pistes. Les chambres, d'esprit savoyard, jouissent toutes d'un balcon. Restauration traditionnelle.

XXX ✿✿✿ **La Bouitte** (René et Maxime Meilleur) – Hôtel La Bouitte

à St-Marcel, 2 km au Sud-Est – ✆ 04 79 08 96 77 – www.la-bouitte.com – Ouvert de fin juin à début sept. et de début déc. à fin avril et fermé lundi en été
Menu 115/225 € – Carte 170/306 €
La Bouitte… ou une aventure familiale devenue épopée ! D'années en années, en toute discrétion, René et Maxime Meilleur – père et fils très complices – ont forgé une table d'une sincérité rare, ode superbe à la Savoie. Chaque ingrédient est à sa place, cuisiné à la perfection, sans nulles afféteries. Les assiettes débordent de senteurs originales ; elles transpirent, tout simplement, le bonheur.
→ Crozets au beaufort façon risotto, girolles et oseille des bois. Ris de veau glacé, pomme de terre agria et cigarette russe au raifort. Le lait dans tous ses états.

L'Edelweiss sans rest

r. St-François – ✆ 04 79 08 96 67 – www.hotel-edelweiss73.com – Ouvert 10 juil.-31 août et 20 déc.-26 avril
16 ch ☕ – †95/115 € ††140/220 €
L'esprit montagnard fleurit à l'Edelweiss : logique, le maître des lieux est un enfant du pays. Les chambres, petites et au décor alpestre, sont bien tenues. Possibilité de demi-pension avec l'Étoile des Neiges. Navettes gratuites pour la télécabine.

XX **Étoile des Neiges**

r. St-Martin – ✆ 04 79 08 92 80 – www.hotel-edelweiss73.com – Ouvert 15 déc.-30 avril
Menu 26 € (dîner), 35/56 € – Carte 61/88 €
Si vous aimez le foie de veau persillé, cette table – dont c'est la spécialité – est faite pour vous ! Dans la salle, de style montagnard, on savoure des plats traditionnels devant la cheminée. Ambiance familiale.

X **Le Grenier** – Hôtel Saint-Martin ⪕ 🏠
r. des Grangeraies – ⌀ *04 79 00 88 00 – www.hotel-stmartin.com*
– Ouvert 20 déc.-11 avril
Menu 29 € – Carte 33/53 €
Voilà une adresse qui n'est pas à remiser au grenier ! Dans la salle sous charpente,
le décor, un brin rustique, colle à merveille avec les recettes savoyardes et autres
spécialités fromagères du chef. Terrasse en front de neige.

X **Le Montagnard** 🚫
Le Village – ⌀ *04 79 01 08 40 – www.le-montagnard.com – Ouvert 1ᵉʳ*
juil.-31 août et 10 déc.-1ᵉʳ mai et fermé le mardi en juil.-août
Carte 49/64 €
Murs chaulés, mobilier en pin, vieux skis et photos des aïeux composent le sympathique décor de cette ancienne étable. Le chef concocte une cuisine traditionnelle avec les produits du marché, sans oublier les spécialités fromagères.

ST-MARTIN-DE-LONDRES

✉ 34380 (Hérault) – 2 473 hab. – Alt. 194 m – Voir carte n°**23**-C2
▶ Paris 744 km – Montpellier 25 km – Le Vigan 37 km
Carte Michelin 339-H6

XX **Le Coin Perdu** Ⓝ 🏯 ⇔ 🅿
19 rte des Cévennes – ⌀ *04 67 55 23 10 – www.le-coin-perdu.fr – Fermé*
26-30 déc., 1 semaine en janv., lundi et mardi
Formule 25 € – Menu 39/79 € 🍷 – Carte 44/68 €
Vous évitez les coins perdus ? Cette adresse vous donnera tort : vous allez adorer
le coin perdu de Dimitri Dufaux ! Ce jeune chef autodidacte a pris ses quartiers au
pied des Cévennes ; il compose une cuisine fine et délicate, pleine de fraîcheur,
tandis qu'en salle, son épouse assure un accueil charmant et efficace.

au Sud 12 km par D 32, D 127 et D 127ᴱ⁶ – ✉34380 Argelliers

XX **Auberge de Saugras** avec ch 🐌 🏯 🛁 🆔 ch. 🛜 🅿
Domaine de Saugras – ⌀ *04 67 55 08 71 – www.aubergedesaugras.fr*
– Fermé 24 août-6 sept., vacances de Noël, mardi sauf le soir en juil.-août et
merc.
7 ch – 🍴49/89 € 🍴🍴49/89 € – 🖵 11 € – ½ P
Formule 19 € – Menu 23 € (semaine), 31/75 € – Carte 57/148 €
N'hésitez pas à braver la garrigue sauvage ! Avec à la clé, la découverte de ce mas
en pierre du 12ᵉs. Généreuse cuisine du terroir, jolie terrasse et chambres fonctionnelles.

ST-MARTIN-DE-RÉ – 17 (Charente-Maritime) ➜ voir Île de Ré

ST-MARTIN-DE-VALGALGUES – 30 (Gard) ➜ voir Alès

ST-MARTIN-DU-FAULT – 87 (Haute-Vienne) ➜ voir Limoges

ST-MARTIN-DU-TOUCH – 31 (Haute-Garonne) ➜ voir Toulouse

ST-MARTIN-EN-BRESSE

✉ 71620 (Saône-et-Loire) – 1 876 hab. – Alt. 192 m – Voir carte n°**8**-C3
▶ Paris 353 km – Beaune 48 km – Chalon-sur-Saône 18 km – Dijon 86 km
Carte Michelin 320-K9 – Guide Vert Michelin Bourgogne

XX **Au Puits Enchanté** avec ch 🛜 🛁 🅿
🄰 *1 pl. René-Cassin* – ⌀ *03 85 47 71 96 – www.aupuitsenchante.com*
– Fermé 1ᵉʳ-10 mars, 20-29 sept., 23 nov.-1ᵉʳ déc., 2-21 janv., dim. soir, lundi et
mardi
10 ch – 🍴64/75 € 🍴🍴64/75 € – 🖵 11 € – ½ P
Formule 17 € – Menu 23/43 € – Carte 31/52 €
Au cœur de ce bourg de la Bresse bourguignonne, une maison de pays joliment
modernisée. Le chef est passionné par son métier : sa cuisine, concoctée avec de
bons produits du terroir, est généreuse, fine, et ses prix sont doux. En prime : de
jolis crus de la côte chalonnaise. On passe un délicieux moment !

ST-MARTIN-LA-MÉANNE

✉ 19320 (Corrèze) – 359 hab. – Alt. 500 m – Voir carte n°**25**-C3
▶ Paris 510 km – Aurillac 67 km – Brive-la-Gaillarde 54 km – Mauriac 48 km
Carte Michelin 329-M4

X **Les Voyageurs** avec ch 　　　　　　　　　　　　　　　　　　　🛏 🏠 🛜 🅿
pl. de la Mairie – 𝒞 05 55 29 11 53 – www.hotellesvoyageurs.com – Ouvert 1er avril-11 nov. et fermé dim. soir et lundi sauf de mai à sept.
4 ch – ♦67/79 € ♦♦67/79 € – ☑ 8 € – ½ P
Formule 17 € – Menu 24/37 € – Carte 34/49 €
Vous ne connaissez pas la Corrèze ? On ne peut que vous conseiller de franchir le seuil de cette maison datant de 1853, bâtie en pierre du pays. Le chef vous régalera de plats généreux et goûteux, typiquement corréziens : hure de porc au foie gras, cuisses de grenouilles persillées... Un havre pour les voyageurs !

ST-MARTIN-LESTRA

✉ 42110 (Loire) – 927 hab. – Alt. 550 m – Voir carte n°**44**-A2
▶ Paris 450 km – Clermont 118 km – Lyon 53 km – St-Étienne 60 km
Carte Michelin 327-F5

X **L'École** 　　　　　　　　　　　　　　　　　　　🏠 ♿ 🎬
Bouchala – 𝒞 04 77 27 25 87 – www.lecoledebouchala.com – Fermé dim. soir, lundi et mardi
Formule 19 € – Menu 25 €
Sortez vos stylos, on retourne à l'école ! Ce bistrot/bouchon joue la thématique jusqu'au bout : ancien préau, marelle, cahiers, équerres... Au menu, nulle punition, mais des petits plats bien mijotés et des spécialités : museau vinaigrette, jambon persillé, tête de veau, etc. Une sympathique leçon !

ST-MARTIN-SUR-LA-CHAMBRE

✉ 73130 (Savoie) – 504 hab. – Alt. 560 m – Voir carte n°**46**-F2
▶ Paris 635 km – Chambéry 69 km – Lyon 167 km
Carte Michelin 333-K5

XX **Le Clocher des Pères** ❶ avec ch 　　　　　　🌿 ≼ 🏠 🆒 rest, 🎬 🛜 🅿
Le Mollard – 𝒞 04 79 59 98 06 – www.leclocherdesperes.com – Fermé 16-27 avril, 22 oct.-2 nov., 1 semaine en janv., mardi, merc. et le midi sauf sam. et dim.
3 ch ☑ – ♦75 € ♦♦75 €
Menu 39/62 € – Carte environ 61 € *(réservation conseillée)*
Dominant la vallée, cette ancienne maison forte (15e s.) toise la chaîne de Belledonne, dont le Clocher des Pères. Un lieu plein de cachet pour une cuisine séduisante : fine et créative, alliant élégance visuelle et gustative, elle porte la marque du chef, Pierre Troccaz. Accueil charmant et jolies chambres pour la nuit.

ST-MARTIN-VÉSUBIE

✉ 06450 (Alpes-Maritimes) – 1 322 hab. – Alt. 1 000 m – Voir carte n°**41**-D2
▶ Paris 845 km – Antibes 73 km – Barcelonnette 111 km – Cannes 83 km
Carte Michelin 341-E3 – Guide Vert Michelin Côte d'Azur

🏠 **La Bonne Auberge** 　　　　　　　　　　　　　　　　　　　
98 allée de Verdun – 𝒞 04 93 03 20 49 – www.labonneauberge06.fr – Ouvert 16 fév.-14 nov.
12 ch – ♦46/59 € ♦♦59/63 € – ☑ 9 €
Cette auberge, construite au 19e s. dans ce joli village de la Suisse niçoise, est gérée par la même famille depuis 1946. L'endroit possède un charme rustique certain, avec ses cuivres et sa grande cheminée, et ses chambres fraîches et colorées !

ST-MAUR-DES-FOSSÉS – 94 (Val-de-Marne) → voir Paris, Environs

ST-MAURICE-DE-SATONNAY

✉ 71260 (Saône-et-Loire) – 421 hab. – Alt. 250 m – Voir carte n°**8**-C3
▶ Paris 400 km – Chalon-sur-Saône 61 km – Mâcon 17 km – Dijon 129 km
Carte Michelin 320-I11

Auberge des Grenouillats

Le Bourg – ☏ 03 85 33 40 50 – Fermé 23 août-3 sept., vacances de Noël, dim. soir hors saison, mardi soir et merc.
Menu 26/35 € *(réservation conseillée)*
Un petit bistrot avenant tenu par un couple sympathique. Le chef travaille de beaux produits frais et concocte de jolis plats faisant honneur à la région : bœuf charolais, grenouilles, jambon persillé à la bourguignonne...

ST-MAXIMIN-LA-STE-BAUME
✉ 83470 (Var) – 14 587 hab. – Alt. 289 m – Voir carte n°**40**-B3
◗ Paris 793 km – Aix-en-Provence 44 km – Marseille 51 km – Toulon 55 km
Carte Michelin 340-K5 – Guide Vert Michelin Provence

La Table de Bruno

2 av. Maréchal-Foch – ☏ 04 94 80 50 39 – www.la-table-de-bruno.com – Fermé dim. soir et lundi
Formule 26 € – Menu 48 € – Carte 40/51 €
Après avoir fait les beaux jours de maisons provençales de qualité, Bruno Gazagnaire a créé cette table avec son épouse, elle-même pâtissière. Timbale d'écrevisses aux girolles, saint-pierre rôti au jus de bouillabaisse, pêche rôtie à la lavande, etc. : la carte cultive avec délicatesse les codes de la gastronomie d'aujourd'hui.

ST-MÉDARD
✉ 46150 (Lot) – 162 hab. – Alt. 170 m – Voir carte n°**28**-B1
◗ Paris 571 km – Cahors 17 km – Gourdon 34 km – Villeneuve-sur-Lot 59 km
Carte Michelin 337-D4

Gindreau (Pascal Bardet)

– ☏ 05 65 36 22 27 – www.legindreau.com – Fermé 16-31 mars, 19 oct.-12 nov., dim. soir et merc., mardi midi en janv.-fév., mardi de mars à déc. et lundi
Menu 40 € (déj. en semaine), 57/147 € *(réservation conseillée)*
Une ancienne école de village transformée en restaurant. Derrière les fourneaux, Pascal Bardet – ancien d'Alain Ducasse pendant 18 ans – signe une savoureuse cuisine contemporaine qui met en valeur les produits du terroir, et particulièrement la truffe, dont il est un vrai spécialiste ! Terrasse sous les marronniers.
➜ Foie gras de canard plié dans une feuille de blette, consommé et lentilles de Belvèze. Râble de lièvre farci a l'ancienne. Soufflé aux noix et aux noisettes flambé à la vieille prune.

ST-MICHEL-D'EUZET
✉ 30200 (Gard) – 584 hab. – Alt. 110 m – Voir carte n°**23**-D1
◗ Paris 667 km – Avignon 43 km – Montpellier 113 km – Nîmes 64 km
Carte Michelin 339-M3

La Table de Marine

7 pl. Jean-Jaurès – ☏ 04 66 33 13 89 – Fermé 1 semaine vacances de printemps et de la Toussaint, 1 semaine en janv., sam. midi, dim. et lundi
Menu 26 € (déj.), 39/56 € – Carte environ 49 €
Un bon rapport qualité-prix dans ce restaurant traditionnel à l'ambiance rustique : saucisson lyonnais et salade de lentilles, pintade fermière et sauce au homard (association terre-mer), etc. Une adresse qui met en appétit.

ST-MICHEL-EN-L'HERM
✉ 85580 (Vendée) – 2 235 hab. – Alt. 9 m – Voir carte n°**34**-B3
◗ Paris 453 km – Luçon 15 km – La Rochelle 46 km – La Roche sur Yon 47 km
Carte Michelin 316-I9 – Guide Vert Michelin Pays de la Loire

XX **La Rose Trémière**　　　　　　　　　　　　　　AC

4 r. de l'Église – ☏ 02 51 30 25 69 – www.maitresrestaurateurs.com/rosetremiere
– Fermé 2 semaines en oct., dim. soir, mardi soir et lundi
Menu 29/58 € – Carte 44/60 €
Deux en un : côté gastronomique, une table pleine de cachet (pierres, poutres,
parquet) au service d'une jolie cuisine traditionnelle ; côté bistrot L'Atelier, déco
contemporaine, convivialité et bons petits plats... pour les gourmets pressés qui
peuvent en prime observer la brigade s'activer en cuisine.
L' Atelier Carte 18/25 € *(fermé le soir de sept. à juin, dim. sauf le midi*
en juil.-août et lundi)

ST-MICHEL-ESCALUS

✉ 40550 (Landes) – 292 hab. – Alt. 23 m – Voir carte n°**3-B2**
🚗 Paris 721 km – Bayonne 67 km – Bordeaux 135 km – Dax 30 km
Carte Michelin 335-D11

⌂ **La Bergerie-St-Michel** sans rest　　　　🌿 🗫 🎿 ⤢ 🄿 ⤢

50 chemin du Plomb, à St-Michel le Bourg, par D 142, rte de Castets
– ☏ 05 58 48 74 04 – www.bergeriestmichel.fr
3 ch ⌑ – ✝80/110 € ✝✝90/130 €
La forêt landaise, rien que la forêt landaise, entoure cette ancienne ferme à
colombages magnifiquement restaurée... Les chambres, indépendantes, marient
beaux espaces, meubles anciens et contemporains. Quant au petit-déjeuner maison, raffiné et varié, il ne dépare pas en ces lieux !

ST-MICHEL-MONT-MERCURE

✉ 85700 (Vendée) – 1 986 hab. – Alt. 284 m – Voir carte n°**34-B3**
🚗 Paris 383 km – Bressuire 36 km – Cholet 35 km – Nantes 85 km
Carte Michelin 316-K7 – Guide Vert Michelin Pays de la Loire

⌂ **Château de la Flocellière**　　　　🔟 🌿 ≤ 🗫 ⪩ 🎿 🄿

La Flocellière, 2 km à l'Est par D 64 – ☏ 02 51 57 22 03
– www.chateaudelaflocelliere.com – Fermé janv.-fév.
5 ch ⌑ – ✝195/235 € ✝✝195/235 €
Un superbe château, mêlant les styles et les siècles (12e, 15e, 17e et 19e s.) : de
quoi se rêver preux chevalier ou gente dame ! Les chambres, raffinées, donnent
sur le parc ; dans le donjon, la "Médiévale" est splendide. Et pour festoyer, les propriétaires organisent des dîners thématiques dans une salle du 16e s.

XX **Auberge du Mont Mercure**　　　　　≤ 🕏 ⇔ 🄿

☺ *8 r. l'Orbrie, (près de l'église) – ☏ 02 51 57 20 26*
– www.aubergemontmercure.com – Fermé mardi soir et merc. soir sauf juil.-août
et lundi
Formule 12 € 🍷 – Menu 19 € (semaine)/30 € – Carte 30/42 €
Au sommet du village le plus haut de Vendée, cette auberge rustique et familiale réserve deux surprises : une vue superbe sur le bocage... et une plongée gourmande dans la cuisine classique. Ici, les plats, copieux et bien faits, sont
tout simplement bons !

ST-MIHIEL

✉ 55300 (Meuse) – 4 479 hab. – Alt. 228 m – Voir carte n°**26-B2**
🚗 Paris 287 km – Bar-le-Duc 35 km – Nancy 66 km – Metz 63 km
Carte Michelin 307-E5

à Heudicourt-sous-les-Côtes 15 km au Nord-Est par D 901 et D 133 – ✉ 55210
– 177 hab. – Alt. 240 m

🏠 **Lac de Madine**　　　　　　🔟 🕭 🎿 🏊 🄿

22 r. Charles-de-Gaulle – ☏ 03 29 89 34 80 – www.hotel-lac-madine.com – Fermé
20 déc.-20 janv.
44 ch – ✝67/99 € ✝✝67/99 € – ⌑ 11 € – ½ P
Près du lac, une auberge familiale avec des chambres fonctionnelles et bien
tenues, dont la plupart se trouvent dans une annexe aux airs de motel. Pratique
aussi, le restaurant de tradition sous une belle charpente en bois.

ST-MONT

✉ 32400 (Gers) – 308 hab. – Alt. 133 m – Voir carte n°**28-A2**
◫ Paris 719 km – Auch 84 km – Bordeaux 160 km – Mont-de-Marsan 47 km
Carte Michelin 336-B8

⌂ **Château Monastère de Saint-Mont** sans rest
(près de l'église) – ℰ 05 62 09 53 01
– *www.chateau-monastere-de-saint-mont.com* – Ouvert 14 mars-11 nov.
5 ch ⌷ – †90/130 € ††90/130 €
Sur les hauteurs du village, cet ancien monastère du 11ᵉ s. assure d'un séjour au calme dans ses chambres pleines de charme (cheminée, tommettes). Grand parc, piscine, billard...

ST-NAZAIRE

✉ 44600 (Loire-Atlantique) – 67 097 hab. – Agglo. 147 535 hab. – Alt. 4 m
– Voir carte n°**34-A2**
◫ Paris 435 km – La Baule 19 km – Nantes 61 km – Vannes 79 km
Carte Michelin 316-C4 – Guide Vert Michelin Pays de la Loire

🏨 **Le Berry**
1 pl. Pierre-Semard – ℰ 02 40 22 42 61 – www.hotel-du-berry.fr   Plan : AY**r**
– Fermé 24 déc.-2 janv.
27 ch – †90/140 € ††100/150 € – ⌷ 12 €
On est chaleureusement accueilli dans cet hôtel installé dans un bâtiment de l'après-guerre, juste en face de la gare ferroviaire. Autres atouts de taille : un entretien sans défaut et une bonne insonorisation.

🏠 **Holiday Inn Express** sans rest
1 r. de la Floride – ℰ 02 40 19 01 01   Plan : BZ**a**
– www.hotelsaintnazaire.com
75 ch ⌷ – †95/155 € ††95/155 €
Un établissement moderne à débusquer dans le nouveau cœur de la ville, face à l'ancienne base sous-marine transformée en centre culturel. Une bonne option pour une étape à St-Nazaire.

✗ **Le Sabayon**
7 r. de la Paix – ℰ 02 40 01 88 21 – Fermé 15-23 fév., 3   Plan : AZ**b**
semaines en août, dim. et lundi
Menu 20/31 € – Carte 32/60 €
Sur une rue semi-piétonne, cette petite adresse familiale propose, dans un décor tout simple, une cuisine respectueuse de la tradition (préparations maison, produits frais).

ST-NECTAIRE

✉ 63710 (Puy-de-Dôme) – 724 hab. – Alt. 700 m – Voir carte n°**5-B2**
◫ Paris 453 km – Clermont-Ferrand 43 km – Issoire 27 km – Le Mont-Dore 24 km
Carte Michelin 326-E9 – Guide Vert Michelin Auvergne

🏨 **Mercure**
Les Bains Romains – ℰ 04 73 88 57 00 – www.hotel-bains-romains.com
71 ch – †80/144 € ††80/144 € – ⌷ 14 € – ½ P
Installé dans les anciens thermes de la cité, cet hôtel créé en 1850 offre de belles prestations. Grande hauteur sous plafond, parquet, chambres spacieuses... et un espace bien-être de 250 m2 avec couloir de nage, sauna, hammam et jacuzzi.

ST-NEXANS – 24 (Dordogne) → voir Bergerac

ST-NIZIER-SOUS-CHARLIEU – 42 (Loire) → voir Charlieu

ST-OMER

✉ 62500 (Pas-de-Calais) – 14 064 hab. – Alt. 23 m – Voir carte n°**30-B2**
◫ Paris 257 km – Arras 77 km – Boulogne-sur-Mer 52 km – Calais 43 km
Carte Michelin 301-G3

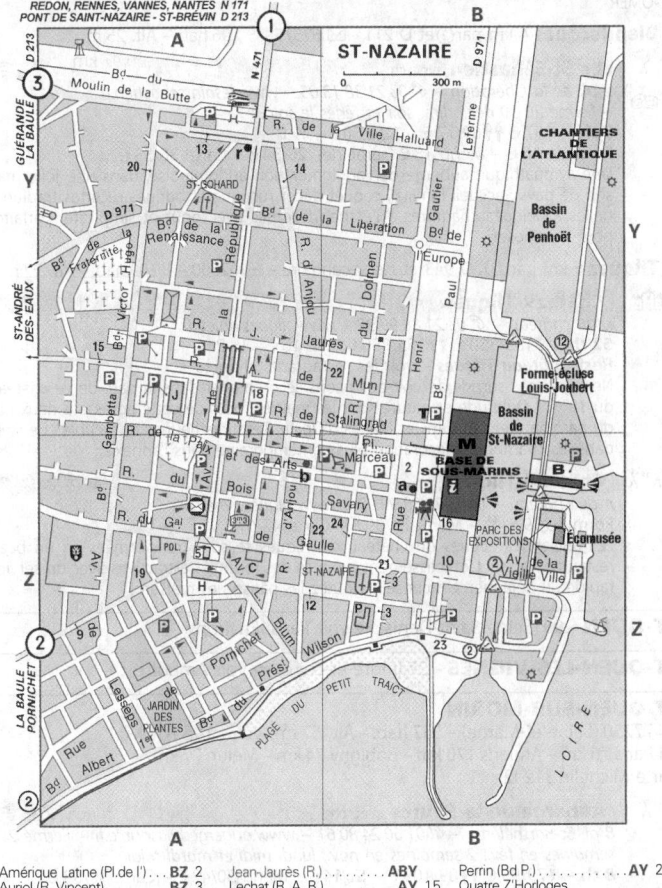

CHANTIERS DE L'ATLANTIQUE

Bassin de Penhoët

Forme-écluse Louis-Joubert

Bassin de St-Nazaire

BASE DE SOUS-MARINS

PARC DES EXPOSITIONS

Écomusée

JARDIN DES PLANTES

🏠 St-Louis

🍽 🛜 ♿ **P**

25 r. d'Arras – ☏ 03 21 38 35 21 – www.hotel-saintlouis.com – Fermé 20 déc.-11 janv.

30 ch – 🛏 66/79 € 🛏🛏 79/84 € – 🍽 10 € – ½ P

À proximité de la cathédrale, dans un ancien relais de poste, un hôtel simple, typique de la région. Les chambres sont propres et bien entretenues, plus récentes dans l'annexe. Pratique pour découvrir le pays de Saint-Omer.

🍴🍴🍴 Le Cygne

🌳 **AC** ♿

8 r. Caventou – ☏ 03 21 98 20 52 – www.restaurantlecygne.fr – Fermé 2 semaines en fév., 3 semaines en août, dim. soir et lundi sauf fériés

Formule 18 € – Menu 21 € (semaine), 30/58 € – Carte 40/60 €

La meilleure table de la ville. Dans un cadre bourgeois, on apprécie une cuisine de saison cultivant un certain classicisme (ris de veau aux morilles sauce porto, tournedos de bœuf au poivre, turbot sauce hollandaise, etc.) et faisant la part belle au gibier en saison.

à Blendecques 4 km par ② et D 211 – ✉ 62575 – 5 196 hab. – Alt. 25 m

Le St-Sébastien avec ch

2 pl. de la Libération – ✆ 03 21 38 13 05 – www.lesaintsebastien.fr – Fermé 20-30 déc., dim. soir et fériés le soir

7 ch – †57 € ††69/77 € – ☕ 8,50 € – ½ P

Formule 16 € – Menu 18 € (semaine), 26/34 € – Carte 36/55 €

Une sympathique auberge de l'agglomération audomaroise, dans une jolie maison de pays : accueil familial, coquet décor rustique et bonnes recettes traditionnelles. Quelques chambres à l'étage, décorées avec goût et simplicité, parfaites pour se reposer.

à Tilques 6 km par ④, D 943 et rte secondaire – ✉ 62500 – 1 109 hab. – Alt. 27 m

Château Tilques

r. du château – ✆ 03 21 88 99 99 – www.tilques.najeti.fr

52 ch – †185/350 € ††185/350 € – ☕ 16 € – ½ P

Rest *Château Tilques* – voir les restaurants ci-après

Ne soyez pas surpris de voir des paons se promener dans le parc de ce château du 19e s. ! Quiétude et nature sont les maîtres mots de cette adresse à deux pas du parc naturel des Caps et Marais d'Opale. Tentures fleuries et meubles de style dans les chambres ; décoration plus contemporaine dans l'annexe.

Château Tilques

r. du château – ✆ 03 21 88 99 99 – www.tilques.najeti.fr

Formule 19 € 🍷 – Menu 29/39 € – Carte 42/61 €

Les anciennes écuries du château de Tilques se sont transformées en un beau restaurant cossu. L'établissement propose des formules attractives avec un service rapide au déjeuner. Un conseil : goûtez les pâtisseries maison !

ST-OUEN – 93 (Seine-Saint-Denis) ➜ voir Paris, Environs

ST-OUEN-LES-VIGNES – 37 (Indre-et-Loire) ➜ voir Amboise

ST-OUEN-SUR-MORIN

✉ 77750 (Seine-et-Marne) – 557 hab. – Alt. 67 m – Voir carte n°**19**-D1

Paris 76 km – Amiens 170 km – Bobigny 74 km – Melun 77 km

Carte Michelin 312-I2

Auberge de la Source avec ch — rest,

8 pl. St-Barthélémy – ✆ 01 60 24 80 61 – www.aubergedelasource.fr – Fermé 2 semaines en fév., 2 semaines en nov., lundi midi et mardi midi

8 ch – †79/99 € ††89/109 € – ☕ 14 € Menu 30/42 € – Carte 39/58 €

Les gourmands s'abreuvent à la source de cette auberge depuis 1763 ! Mais point de nostalgie du 18e s. : dans un cadre sobre et élégant, on propose une cuisine classique faisant quelques incursions du côté de l'Italie... Simple et bon.

ST-OUTRILLE

✉ 18310 (Cher) – 212 hab. – Alt. 108 m – Voir carte n°**12**-C3

Paris 233 km – Blois 71 km – Bourges 46 km – Châteaudun 39 km

Carte Michelin 323-H4 – Guide Vert Michelin Limousin Berry

La Grange aux Dîmes

pl. de l'église – ✆ 02 48 71 84 93 – www.lagrangeauxdimes.com – Fermé lundi soir, mardi et merc.

Formule 16 € – Menu 28 € (déj. en semaine), 35/41 €

Une ancienne grange sur la place de la collégiale du 11e s. Le lieu a du cachet, sinon du charme. En cuisine, le jeune chef concocte des recettes dans l'air du temps, bien ficelées. Les beaux produits sont là, les saveurs aussi. Ainsi ne rechigne-t-on pas à verser la dîme à la fin du repas !

ST-PALAIS

✉ 64120 (Pyrénées-Atlantiques) – 1 856 hab. – Alt. 50 m – Voir carte n°**3**-B3

Paris 788 km – Bayonne 52 km – Biarritz 63 km – Dax 60 km

Carte Michelin 342-F5 – Guide Vert Michelin Pays Basque et Navarre

La Maison d'Arthezenea   �ᴏ 🛏 ⅍ 🛜 🅿

42 r. du Palais de Justice – ℰ *06 15 85 68 64*
– www.gites64.com/maison-darthezenea
4 ch 🖵 – †70/75 € ††75/80 €

Dans cette demeure en pierre et son jardin verdoyant, on se sent comme chez soi. Élégante atmosphère "maison de famille" : parquet, gravures et mobilier ancien... À la table d'hôte, belles spécialités (foie gras maison, ris d'agneau et palombe flambée en saison).

ST-PALAIS-SUR-MER

✉ 17420 (Charente-Maritime) – 3 947 hab. – Alt. 5 m – Voir carte n°**38-A3**
🚘 Paris 512 km – La Rochelle 82 km – Royan 6 km
Carte Michelin 324-D6 – Guide Vert Michelin Poitou-Charentes

🏠 **Hôtel de la Plage**   �ᴏ 🍽 🛁 ⅍ 🛜

1 pl. de l'Océan – ℰ *05 46 23 10 32 – www.hoteldelaplage-stpalais.fr*
– Ouvert 15 fév.-1ᵉʳ nov.
29 ch – †59/122 € ††59/122 € – 🖵 10 € – ½ P
Rest *Restaurant de la Plage*🏠 – voir les restaurants ci-après

Un hôtel familial dans le centre-ville avec des chambres fonctionnelles, certes petites mais très bien tenues. Dans la courette, une piscine très sympathique... Esprit vacances !

✗✗ **Les Agapes**   🍴 ⅍ 🄰🄲
🏠
8 r. M.-Vallet – ℰ *05 46 23 10 23 – www.les-agapes.fr – Fermé vacances de la Toussaint, janv., mardi et merc. de nov. à mars, dim. soir sauf juil.-août et lundi*
Formule 18 € 🍷 – Menu 29/54 € – Carte 56/66 €

Dans cette maison face au marché, le chef concocte des plats traditionnels bien tournés, avec une pointe d'invention : ragoût d'agneau avec sa purée de pomme de terre, de petits pois et de fèves façon parmentier, filet de bar en croûte d'épices... De belles agapes dans un cadre accueillant !

✗ **Restaurant de la Plage** – Hôtel de la Plage   ⅍
🏠
1 pl. de l'Océan – ℰ *05 46 23 10 32 – www.hoteldelaplage-stpalais.fr – Ouvert 10 mars-15 oct. et fermé dim. soir et lundi sauf de juin à mi-sept.*
Menu 30 € – Carte 35/50 €

Aile de raie cuite à la perfection et ses pommes de terre et tomates confites, délicieux financier aux cerises et glace au nougat... Le chef concocte une cuisine simple et juste, où fraîcheur rime avec saveur. Un vrai rendez-vous gourmand, avec vue sur la mer !

✗ **Le Flandre**   🍴 🅿

av. Tamaris, 2 km par rte de la Palmyre – ℰ *05 46 23 36 16 – www.leflandre.com – Fermé 16 nov.-18 déc., 4-29 janv., dim. soir, lundi et mardi de nov. à mars, merc. sauf juil.-août et sauf vacances scolaires*
Menu 21 € (déj. en semaine)/45 € – Carte 29/63 €

Plafond façon coque de bateau renversée, vivier à homards et produits de la mer dans l'assiette : ce restaurant niché dans une forêt de pins affirme un bel ancrage maritime. Sans compter que cette escale gourmande est idéalement située sur la route du zoo de la Palmyre !

ST-PAL-DE-MONS

✉ 43620 (Haute-Loire) – 2 121 hab. – Alt. 840 m – Voir carte n°**6-D3**
🚘 Paris 516 km – Clermont-Ferrand 177 km – Le Puy-en-Velay 57 km –
Saint-Étienne 35 km
Carte Michelin 331-H2

 Les Feuillantines   �ᴏ ⟨ ⅍ 🛜 🛓

La Vialatte – ℰ *04 71 75 63 25 – www.lesfeuillantines.com – Fermé 11-27avril, 1ᵉʳ-31 août et 31 déc.-10 janv.*
16 ch – †68/74 € ††68/74 € – 🖵 10 € – ½ P

Sur les hauteurs du village, un établissement contemporain au cœur d'un superbe environnement. Les chambres, spacieuses et confortables – certaines avec terrasse –, donnent majoritairement sur la vallée et les massifs : quelle vue !

ST-PARDOUX-L'ORTIGIER

✉ 19270 (Corrèze) – 477 hab. – Alt. 360 m – Voir carte n°**24**-B3
▶ Paris 465 km – Limoges 76 km – Périgueux 88 km – Tulle 21 km
Carte Michelin 329-K4

  Les Coquelicots 🍽 🌿 🖨 ⌼ & 🆎 ❄ 🛜 🛗 P
La Croix de Fer – ✆ *05 55 84 51 02* – *www.hotel-coquelicots.fr* – Fermé
27 avril-10 mai, 17-30 oct. et 19 déc.-4 janv.
22 ch – †80/115 € ††80/150 € – ⌷ 10 € – ½ P
Rest *Les Coquelicots* – voir les restaurants ci-après
En bordure de l'ancienne N 20, un hôtel aux allures d'auberge, dont la bâtisse principale et les deux ailes encadrent un sympathique jardin avec piscine. On apprécie
la sobriété des chambres, ainsi que leurs équipements (wifi, écran plat, etc.).

✗ **Les Coquelicots** 🐝 🖨 & P
La Croix de Fer – ✆ *05 55 84 51 02* – *www.hotel-coquelicots.fr* – Fermé
27 avril-10 mai, 17-30 oct., 19 déc.-4 janv. et le midi sauf dim.
Menu 29/55 € – Carte 48/75 €
À l'origine autodidacte et passionnée de cuisine, la jeune patronne revisite la tradition avec de beaux produits frais : foie gras poêlé aux fruits, tête et langue de
veau sauce ravigote, filet d'agneau du Quercy, râble de lapereau au thym... Et tout
cela ne serait rien sans la très belle carte des vins !

ST-PATERNE – 72 (Sarthe) → voir Alençon

ST-PATRICE – 37 (Indre-et-Loire) → voir Langeais

ST-PAUL-DE-VENCE

✉ 06570 (Alpes-Maritimes) – 3 533 hab. – Alt. 125 m – Voir carte n°**42**-E2
▶ Paris 922 km – Antibes 18 km – Cagnes-sur-Mer 7 km – Cannes 28 km
Carte Michelin 341-D5 – Guide Vert Michelin Côte d'Azur

  Le Mas de Pierre 🍽 🌿 🖨 ⌼ ⊕ 🛁 🖭 & 🆎 🛜 🛗 🚗
2320 rte des Serres, 2 km au Sud – ✆ *04 93 59 00 10* – *www.lemasdepierre.com*
54 ch – †210/560 € ††263/952 € – 4 suites – ⌷ 29 € – ½ P
Rest *La Table de Pierre* – voir les restaurants ci-après
Au cœur d'un jardin méridional enchanteur, de superbes bastides avec des chambres au luxe raffiné : beau décor de maison bourgeoise, tableaux et tapis, baldaquin ou ciel de lit... et dehors, une agréable piscine. Pourquoi ne pas juste musarder en laissant le temps filer ?

  Le Saint-Paul 🍽 🌿 ≤ 🖭 🆎 🛜 🛗
86 r. Grande, (au village) – ✆ *04 93 32 65 25* – *www.lesaintpaul.com*
– Ouvert 1er avril-1er nov.
13 ch – †260/290 € ††260/750 € – 3 suites – ⌷ 28 € – ½ P
Belles pierres, fresques champêtres, fontaine, chambres au charme feutré... Voilà
le décor élégant de cette demeure du 16e s. perchée dans le village médiéval.

  La Vague de St-Paul 🍽 🌿 ≤ 🖨 ⌼ 🍴 🖭 & 🆎 🛜 🛗 P
chemin des Salettes, 2 km par rte de la Fondation Maeght – ✆ *04 92 11 20 00*
– www.vaguesaintpaul.com – Fermé janv.
46 ch – †96/390 € ††96/390 € – ⌷ 15 € – ½ P
Cette construction en forme de vague, conçue par André Minangoy dans les
années 1970, laisse d'abord perplexe, puis séduit. À l'intérieur, grand hall lumineux très "seventies" ; belles chambres épurées et rehaussées de couleurs
vives. Plaisant !

  La Colombe d'Or 🍽 ⌼ 🆎 🛜 P
pl. Charles-de-Gaulle – ✆ *04 93 32 80 02* – *www.la-colombe-dor.com* – Fermé
27 oct.-21 déc. et 5-16 janv.
13 ch – †250/330 € ††250/500 € – 12 suites – ⌷ 18 € – ½ P
Cet hôtel-restaurant est un vrai musée ! Il abrite une superbe collection de peintures et de sculptures d'artistes ayant séjourné ici, tels Braque, Léger, Ben... Cadre
"vieille Provence" et chambres au décor rustique ; terrasse ombragée.

Le Hameau sans rest
528 rte de la Colle – 𝒞 04 93 32 80 24 – www.le-hameau.com – Ouvert 14 fév.-15 nov.
15 ch – ♦120/300 € ♦♦120/300 € – 2 suites – ☑ 16 €
Dans un jardin planté d'orangers et de cédrats, ce Hameau tout blanc a le charme de l'authenticité. Tomettes, murs à la chaux, faïence locale : rien ne manque ! Sans parler des bonnes confitures maison dont on se régale au petit-déjeuner...

La Grande Bastide sans rest
1350 rte de la Colle – 𝒞 04 93 32 50 30 – www.la-grande-bastide.com
– Fermé 15 nov.-24 déc. et 13 janv.-28 fév.
12 ch – ♦160/260 € ♦♦160/380 € – 2 suites – ☑ 22 €
Ce mas du 18e s. a été rénové avec goût. Avec leurs tissus élégants, leur charme romantique et méridional, les chambres ne manquent pas de caractère ! Certaines d'entre elles ont même un balcon donnant sur le village et la mer...

Hostellerie des Messugues sans rest
allée des Lavandes, 1 km, quartier Gardettes par rte de la Fondation Maeght
– 𝒞 04 93 32 53 32 – www.hotelmessugues.com – Ouvert 1er avril-30 oct.
15 ch – ♦100/170 € ♦♦100/170 € – ☑ 15 €
Une villa provençale dans une pinède... au calme. Parmi les curiosités du lieu, il y a la jolie piscine circulaire et les portes des chambres, qui proviennent d'une prison du 19e s. ! L'ensemble est plaisant et bien tenu. Très bon rapport qualité-prix.

Les Vergers de St Paul sans rest
940 rte de la Colle – 𝒞 04 93 32 94 24 – www.vergersdesaintpaul.com
17 ch – ♦125/265 € ♦♦125/265 € – ☑ 14 €
À l'entrée du village, un hôtel niché dans un petit jardin. Du blanc, des moulures, des rayures pour un esprit assez cosy : les chambres (avec terrasse ou balcon) sont agréables et certaines donnent de plain-pied sur la piscine.

La Table de Pierre – Hôtel Le Mas de Pierre
2320 rte des Serres, 2 km au Sud – 𝒞 04 93 59 00 10 – www.lemasdepierre.com
Formule 45 € – Menu 62 € ♀/85 € – Carte environ 59 €
Tourteau au gingembre, petits farcis niçois, rouget recouvert d'une tapenade et accompagné d'un tian de légumes... Une jolie cuisine de la Méditerranée à déguster dans un élégant mas ! Jolie terrasse ouverte sur le jardin et la piscine.

Toile Blanche avec ch
826 chemin Pounchounière – 𝒞 04 93 32 74 21 – www.toileblanche.com – Ouvert 15 juin-15 sept. et fermé le midi
6 ch – ♦165/350 € ♦♦165/350 € – ☑ 17 €
Menu 49 € – Carte 55/80 € *(réservation conseillée)*
En contrebas du village, dans le vallon, cette Toile Blanche ne manque ni de couleur ni de piquant ! Dans l'assiette, la cuisine se fait inventive ; la piscine est ravissante, le jardin verdoyant et calme... Quant aux chambres, elles cultivent un style contemporain "trendy".

Le Tilleul
pl. du Tilleul – 𝒞 04 93 32 80 36 – www.restaurant-letilleul.com
Formule 25 € – Menu 29 € (déj. en semaine) – Carte 32/57 €
Un joli bistrot provençal à l'entrée du vieux village. Entouré de nombreux habitués, on se réjouit de goûter cette jolie cuisine traditionnelle aux parfums de Provence, parsemée de petites touches personnalisées. La grande terrasse, abritée par un tilleul et un érable, est un havre pour les gourmands !

Le Vieux Moulin
rte de Vence – 𝒞 04 93 58 36 76 – www.levieuxmoulinsaintpaul.fr – Fermé 1er janv.-28 fév., dim. soir et lundi de nov. à avril
Carte 37/59 €
Dans cet ancien moulin à huile du 17e s. – dont on peut encore admirer la meule et le pressoir –, on découvre les créations du chef : salade d'artichauts crus avec roquette et parmesan, magret de canard du Gers et sa sauce au miel, millefeuille à la vanille ou aux framboises... Région et tradition sont au menu !

ST-PAUL-DOUEIL – 31 (Haute-Garonne) → voir Bagnères-de-Luchon

ST-PAUL-LÈS-DAX – 40 (Landes) → voir Dax

ST-PAUL-LÈS-ROMANS – 26 (Drôme) → voir Romans-sur-Isère

ST-PAUL-TROIS-CHATEAUX

✉ 26130 (Drôme) – 8 707 hab. – Alt. 90 m – Voir carte n°**44-B3**
▶ Paris 628 km – Montélimar 28 km – Nyons 39 km – Orange 33 km
Carte Michelin 332-B7 – Guide Vert Michelin Ardèche Drôme

Villa Augusta   ⑩ ⊗ 🍴 ♨ & ℳ 🛜 🄿
14 r. Serre-Blanc – ☏ 04 75 97 29 29 – www.villaaugusta.fr – Fermé 2-18 janv.
21 ch – ♦120/360 € ♦♦120/360 € – 2 suites – ⌷ 18 € – ½ P
Rest David Mollicone – voir les restaurants ci-après
Au pays des oliviers et de la lavande, cette jolie villa du 19ᵉ s., avec son jardin arboré, est parfaite pour une escapade provençale. Côté déco, couleurs vives, esprit méridional et style contemporain se succèdent dans les chambres cosy...

𝔛𝔛𝔛   **David Mollicone** – Hôtel Villa Augusta   🍴 🛜 & ℳ 🄿
14 r. Serre-Blanc – ☏ 04 75 97 29 29 – www.villaaugusta.fr – Fermé 2-18 janv., dim. soir sauf juil.-août, sam. midi et lundi
Formule 19 € – Menu 28 € (déj. en semaine), 50/85 € – Carte environ 72 €
Un lieu contemporain, à la fois feutré et lumineux – avec ses grandes baies ouvertes sur le jardin –, au service d'une cuisine fine et délicate : David Mollicone, chef expérimenté, n'est jamais à court d'idées lorsqu'il s'agit de marier les beaux produits, de faire varier les goûts et les textures...

𝔛   **L et Lui**   🛜
2 r. Charles-Chaussy – ☏ 04 75 46 61 14 – www.letlui.com – Fermé 1 semaine vacances de la Toussaint, merc. soir hors saison, dim. et lundi
Formule 23 € ℗ – Menu 30 € (déj. en semaine), 40/55 €
L jardine et Lui cuisine les légumes et herbes aromatiques de ce potager bio, à travers des menus "improvisation" qui font la surprise des clients ! À noter : chaque mois, la cave met à l'honneur un vigneron de la région. Décor acidulé, comme le concept.

ST-PÉE-SUR-NIVELLE

✉ 64310 (Pyrénées-Atlantiques) – 5 865 hab. – Alt. 30 m – Voir carte n°**3-A3**
▶ Paris 785 km – Bayonne 22 km – Biarritz 17 km – Cambo-les-Bains 17 km
Carte Michelin 342-C4 – Guide Vert Michelin Pays Basque et Navarre

𝔛𝔛   **L'Auberge Basque** (Cédric Béchade) avec ch   🕸 🍴 🛜 & ℳ 🛜 🄰 🄿
ⵣⵣ   quartier Helbarron, D 307 (ancienne rte de St-Pée à St-Jean-de-Luz)
– ☏ 05 59 51 70 00 – www.aubergebasque.com – Fermé 6 janv.-6 fév.
12 ch ⌷ – ♦108/132 € ♦♦108/292 € – ½ P
Formule 25 € – Menu 64/83 € – Carte 48/63 € (fermé mardi sauf le soir d'avril à oct., vend. midi de nov. à mars et lundi)
Cette ferme du 17ᵉ s. cache une aile très contemporaine, ouverte sur la Rhune et la campagne... Même alliage en cuisine : le chef signe des mets très inventifs, dont les racines plongent dans le terroir. Assiettes pleines de saveurs et de couleurs ! Chambres confortables ; "grand" petit-déjeuner tout en gourmandises...
→ Piperade, copeaux d'épaule ibérique. Merlu de ligne au txangurro, courgettes et marjolaine. Tarte amatxi, sorbet pomme verte et thym citron.

𝔛   **Ttotta**   🛜 & 🄿
⊗   quartier Ibarron, (Espace Ibarrondoan), rte de St-Jean-de-Luz, 1 km à l'Ouest par
D918 – ☏ 05 59 47 03 55 – www.ttotta.fr – Fermé 2 semaines en fév. et en nov.,
😊   mardi soir hors saison et merc.
Formule 13 € – Menu 19 € (semaine)/26 € – Carte 29/44 €
Sur la route de St-Jean-de-Luz, ce sympathique restaurant fait honneur au Pays basque ! Dans un décor contemporain, on déguste une cuisine du terroir avec de beaux produits du marché. Mention spéciale pour la viande et la charcuterie locales. Le tout accompagné de vins du Sud-Ouest. Une bonne adresse.

ST-PÈRE – 89 (Yonne) → voir Vézelay

ST-PHILBERT-DE-GRAND-LIEU

☒ 44310 (Loire-Atlantique) – 8 248 hab. – Alt. 10 m – Voir carte n°**34**-B2
◪ Paris 405 km – Nantes 27 km – Niort 150 km – Rennes 138 km
Carte Michelin 316-G5 – Guide Vert Michelin Pays de la Loire

🏠 La Bosselle   ⅠⓄ & ⅏ 🛜 🖾 P

8 r. du Port – ℰ 02 40 78 73 47 – www.la-bosselle.fr
14 ch – ♦60/64 € ♦♦60/64 € – ⌐ 8 € – ½ P
Étape utile que cet hôtel situé à deux pas de l'abbatiale de St-Philbert (9e s.), au sud
de la réserve naturelle du lac de Grand-Lieu. Chambres toutes simples et bien tenues,
plus calmes sur l'arrière. Au restaurant, poissons du lac et grillades au feu de bois.

ST-PHILBERT

☒ 56470 (Morbihan) – 1 608 hab. – Alt. 15 m – Voir carte n°**9**-A3
◪ Paris 489 km – Lorient 50 km – Rennes 137 km – Vannes 29 km
Carte Michelin 308-N9

🏠 Le Galet sans rest   ⅏ ⅃ ⌂ ⅏ ⌖ ⅏ & 🛜 🖾 P

*rte de la Trinité-sur-Mer, 1,2 km au Nord par D 28 et D 781 – ℰ 02 97 55 00 56
– www.legalet.fr*
19 ch – ♦98/130 € ♦♦98/130 € – 2 suites – ⌐ 13 €
Pour une escale tranquille à deux minutes de la Trinité-sur-Mer : un hôtel design
entouré d'un joli jardin. Espace bien-être parfaitement conçu (soins du corps,
sauna, jacuzzi).

ST-PIERRE-CANIVET – 14 (Calvados) ➜ voir Falaise

ST-PIERRE-D'ALBIGNY

☒ 73250 (Savoie) – 3 756 hab. – Alt. 410 m – Voir carte n°**46**-F2
◪ Paris 596 km – Annecy 77 km – Chambéry 29 km – Lyon 137 km
Carte Michelin 333-J4 – Guide Vert Michelin Alpes du Nord

🏠 Château des Allues   ⅠⓄ ⅏ ⌂ ⌂ 🛜 P ⇄

*Lieu-dit les Allues – ℰ 06 75 38 61 56 – www.chateaudesallues.com – Fermé
1er nov.-15 déc.*
5 ch ⌐ – ♦110 € ♦♦140/165 €
Ce manoir du 19e s. a été rénové avec goût, dans un esprit mêlant subtilement ancien
et contemporain : superbes boiseries, mobilier chiné, tissus raffinés... À la table d'hôte,
on déguste les légumes du superbe potager bio – lequel est à découvrir.

ST-PIERRE-DE-JARDS

☒ 36260 (Indre) – 116 hab. – Alt. 148 m – Voir carte n°**12**-C3
◪ Paris 232 km – Bourges 35 km – Issoudun 22 km – Romorantin-Lanthenay 40 km
Carte Michelin 323-H4

╳╳ Les Saisons Gourmandes   ⌂ & AC

*pl. des Tilleuls – ℰ 02 54 49 37 67 – www.lessaisonsgourmandes.fr
– Fermé 21 fév.-4 mars, 4-7 mai, 19 oct.-2 nov., 2 semaines en janv., lundi soir,
mardi soir et merc. de sept. à juin, dim. soir et lundi en juil.-août*
Menu 23 € (semaine), 27/49 € – Carte 31/46 €
Une terrasse fleurie, des poutres peintes en "bleu berrichon" : l'endroit est sympathique,
et la gourmandise y est au rendez-vous, sous l'égide du jeune chef qui puise son inspiration dans la tradition et... les saisons. Aux beaux jours, réservez une table en terrasse.

ST-PIERRE-DE-MANNEVILLE

☒ 76113 (Seine-Maritime) – 750 hab. – Alt. 6 m – Voir carte n°**33**-C2
◪ Paris 150 km – Évreux 72 km – Rouen 18 km – Sotteville-lès-Rouen 20 km
Carte Michelin 304-F5 – Guide Vert Michelin Normandie Vallée de la Seine

🏠 Manoir de Villers sans rest   ⅏ ⌂ ⌂ ⅏ P ⇄

30 rte de Sahurs – ℰ 02 35 32 07 02 – www.manoirdevillers.com
4 ch – ♦150/160 € ♦♦160/170 € – ⌐ 10 €
Ce fabuleux manoir normand (16e-19e s.) appartient à la même famille depuis le
18e s. Parquets, toiles de Jouy et meubles anciens donnent l'impression d'être
dans un vrai musée... ce qui ne manquera pas de ravir les amateurs d'Histoire. Et
que dire du grand parc, sinon qu'il est idéal pour une balade bucolique !

ST-PIERRE-D'OLÉRON – 17 (Charente-Maritime) → voir Île d'Oléron

ST-PIERRE-DU-MONT

✉ 14450 (Calvados) – 72 hab. – Alt. 25 m – Voir carte n°**32**-B2
◗ Paris 291 km – Bayeux 29 km – Caen 58 km – St-Lô 58 km
Carte Michelin 303-G3

 Le Château Saint-Pierre sans rest 🖼 � 🛇 **P**
1 km à l'Ouest par D 514 – ℰ 02 31 22 63 79
– www.chambresdhotes-bayeuxarromanchesgrandcamp.com
5 ch ☑ – †60 € ††75/85 €
L'adresse idéale pour visiter les plages du Débarquement tout en profitant des
charmes d'une demeure normande du 16ᵉ s., classique et de bon goût. Au petit-
déjeuner, on vous sert confitures maison et lait de ferme tout frais !

ST-PIERRE-LA-NOAILLE – 42 (Loire) → voir Charlieu

ST-PIERREMONT

✉ 88700 (Vosges) – 161 hab. – Alt. 251 m – Voir carte n°**27**-C2
◗ Paris 366 km – Lunéville 24 km – Nancy 56 km – St-Dié 43 km
Carte Michelin 314-H2

 Le Relais Vosgien 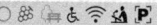 ⒑ ⅏ 🚷 ᕲ 😀 🖼 **P**
*9 Grande-Rue – ℰ 03 29 65 02 46 – www.relais-vosgien.fr – Fermé
22 déc.-10 janv.*
16 ch – †78/120 € ††95/198 € – 1 suite – ☑ 14 € – ½ P
Une grande maison – ancienne ferme – au cœur du bourg, tenue à ce jour par
la quatrième génération Thénot, famille d'hôteliers dévoués ! On y dort dans des
chambres confortables, au décor sobre et soigné. Côté restaurant, on joue la carte
régionale et la tradition.

ST-PIERRE-QUIBERON – 56 (Morbihan) → voir Quiberon

ST-PIERRE-SUR-DIVES

✉ 14170 (Calvados) – 3 651 hab. – Alt. 30 m – Voir carte n°**33**-C2
◗ Paris 194 km – Caen 35 km – Hérouville-Saint-Clair 34 km – Lisieux 27 km
Carte Michelin 303-L5 – Guide Vert Michelin Normandie Cotentin

✗ **Auberge de la Dives** 🖼 ⇄
*27 bd Collas – ℰ 02 31 20 50 50 – Fermé 16-30 mars, 15 nov.-2 déc., dim. soir,
lundi soir et mardi*
Formule 16 € – Menu 21/38 € – Carte 37/58 €
Cette auberge champêtre, dont la terrasse borde la Dives, propose des recettes
traditionnelles bien tournées qui font la part belle aux produits du terroir. Les
plats mijotent sur le feu, ça sent si bon !

ST-POL-DE-LÉON

✉ 29250 (Finistère) – 6 804 hab. – Alt. 60 m – Voir carte n°**9**-B1
◗ Paris 557 km – Brest 62 km – Brignogan-Plages 31 km – Morlaix 21 km
Carte Michelin 308-H2 – Guide Vert Michelin Bretagne Nord

 Hôtel de France sans rest 🖼 🚷 ᕲ 😀 **P**
*29 r. des Minimes – ℰ 02 98 29 14 14 – www.hotel-saint-pol.com – Fermé
5 janv.-9 fév.*
22 ch – †53/58 € ††63/68 € – ☑ 8 €
Presque confidentielle, cette élégante demeure régionale des années 1930 est
vraiment au calme ! Les chambres sont fonctionnelles et bien tenues ; optez
pour celles ouvrant sur le Kreisker ou le jardin. Petit plus appréciable : le parking.

XX **Auberge La Pomme d'Api** (Jérémie Le Calvez)

ఘ *49 r. Verderel, – 𝒞 02 98 69 04 36 – www.aubergelapommedapi.com – Fermé 2 semaines en mars, dim. soir et lundi soir de sept. à juin et lundi midi*
Formule 25 € 𝐘 – Menu 47/95 € – Carte 55/70 €
Si la maison conserve tout le cachet de ses murs anciens (1535) et de sa chemi-née, la cuisine joue résolument la carte des recettes d'aujourd'hui et de la fraî-cheur. La jeune équipe qui a récemment repris l'affaire aura su la hisser d'emblée en valeur sûre... pour le bonheur du terroir breton !
→ Cannelloni de radis daïkon et tourteau de Roscoff. Turbot gratiné au sésame et parmesan, sabayon d'agrumes. Chocolat à la cardamome noire, sorbet exotique-gingembre.

ST-PONS
⊠ 07580 (Ardèche) – 272 hab. – Alt. 350 m – Voir carte n°**44**-B3
◘ Paris 621 km – Aubenas 24 km – Montélimar 21 km – Privas 24 km
Carte Michelin 331-J6

⌂ **Hostellerie Gourmande Mère Biquette** ❙⃝ ◇ ⊞ ⻌ ㇱ ⁂ & ⬡ ⬡
Les Allignols, 4 km au Nord par rte secondaire – 𝒞 04 75 36 72 61 **P**
– www.merebiquette.fr – Fermé 17 nov.-5 fév.
15 ch – ✝76/119 € ✝✝76/119 € – ⊡ 12 € – ½ P
Rest *Hostellerie Gourmande Mère Biquette* – voir les restaurants ci-après
Les amoureux de nature et de grand calme apprécieront cette ferme ardéchoise nichée entre vignes et châtaigniers. Chambres pratiques, plus spacieuses dans l'aile récente.

X **Hostellerie Gourmande Mère Biquette** ◇ ⊞ ㇱ **P**
Les Allignols, 4 km au Nord par rte secondaire – 𝒞 04 75 36 72 61
– www.merebiquette.fr – Fermé 17 nov.-5 fév., dim. soir d'oct. à mars et lundi midi
Menu 28/43 € – Carte 38/60 €
Rustique et chaleureux : aucun doute, il fait bon s'installer chez cette Mère Biquette et savourer ses petits plats régionaux et traditionnels. L'hiver, on trouve refuge près de la cheminée...

ST-PONS – 04 (Alpes-de-Haute-Provence) → voir Barcelonnette

ST-PORCHAIRE
⊠ 17250 (Charente-Maritime) – 1 684 hab. – Alt. 16 m – Voir carte n°**38**-B2
◘ Paris 474 km – Niort 77 km – Rochefort 27 km – La Rochelle 56 km
Carte Michelin 324-E5

XX **Le Bruant** avec ch ⻌ ㇱ & ⬡ ⛊ **P**
ఘ *76 r. Nationale – 𝒞 05 46 94 65 36 – www.lebruant.com – Fermé dim. soir et lundi*
4 ch – ✝65 € ✝✝76/91 € – ⊡ 8 €
Formule 15 € – Menu 20/40 € – Carte 29/43 €
Un beau jardin à l'ombre des mûriers-platanes, quelques pieds de vigne sur le devant : cette maison de pays est pleine de charme ! On y sert une cuisine au goût du jour, qui décline joliment le terroir : ragoût de cagouilles à la charentaise, médaillons de lotte au beurre d'orange... De belles chambres pour l'étape.

ST-PORQUIER
⊠ 82700 (Tarn-et-Garonne) – 1 410 hab. – Alt. 95 m – Voir carte n°**28**-B2
◘ Paris 651 km – Colomiers 60 km – Montauban 18 km – Toulouse 55 km
Carte Michelin 337-D7

⌂ **Les Hortensias** sans rest ◈ ⻌ ㇱ ⁂ ⬡ **P** ⤢
18 r. Ste-Catherine – 𝒞 06 77 46 88 98 – www.chambres-hotes-leshortensias.com
3 ch ⊡ – ✝70/90 € ✝✝70/90 €
Dans cette jolie maison en brique rose avec son grand jardin et son potager, les propriétaires sont aux petits soins pour leurs hôtes. Monsieur est ancien pâtissier et prépare souvent des douceurs sucrées... Les chambres sont simples et coquet-tes, dans un esprit champêtre.

ST-PÔTAN

✉ 22550 (Côtes-d'Armor) – 806 hab. – Alt. 55 m – Voir carte n°**10**-C1
▶ Paris 429 km – Rennes 79 km – Saint-Brieuc 46 km – Saint-Malo 35 km
Carte Michelin 309-I3

Auberge du Manoir

31 r. du 19 mars 1962 – ✆ 02 96 83 72 58 – www.auberge-du-manoir.pays-de-matignon.net – Fermé 2 semaines en fév. et en nov., dim. soir, mardi soir et merc.
Menu 15 € (déj. en semaine), 32/47 € – Carte 30/52 €
Une auberge de village non loin de la Côte d'Émeraude... Le chef joue la carte de la tradition (tête de veau, rognons sauce Porto, pièce de bœuf sauce bordelaise), rehaussée d'une pointe de nouveauté. Bon à savoir : au déjeuner, son menu du jour se révèle fort attrayant !

ST-PRIEST – 69 (Rhône) → voir Lyon

ST-PRIEST-EN-JAREZ – 42 (Loire) → voir St-Étienne

ST-PRIEST-TAURION

✉ 87480 (Haute-Vienne) – 2 807 hab. – Alt. 255 m – Voir carte n°**24**-B2
▶ Paris 387 km – Bellac 47 km – Bourganeuf 33 km – Limoges 15 km
Carte Michelin 325-F5 – Guide Vert Michelin Limousin Berry

Relais du Taurion

2 chemin des Contamines – ✆ 05 55 39 70 14 – www.relais-taurion.fr – Fermé 5-30 oct., 5-15 janv., dim. soir, mardi midi et lundi
Menu 25 € (semaine), 31/42 € – Carte 32/49 €
Non loin de la rivière, ce restaurant – un ancien relais de poste – a été repris par un jeune couple il y a quelques années. On y apprécie une généreuse cuisine traditionnelle, en toute simplicité.

ST-PRIVAT

✉ 19220 (Corrèze) – 1 108 hab. – Alt. 580 m – Voir carte n°**25**-C3
▶ Paris 526 km – Aurillac 50 km – Limoges 137 km – Tulle 47 km
Carte Michelin 329-N5

Auberge de la Xaintrie

25 r. de la Xaintrie – ✆ 05 55 28 49 80 – www.aubergedelaxaintrie.fr – Fermé 10 janv.-10 fév.
28 ch – †75/90 € ††120/145 € – ☕ 9 € – ½ P
Un hôtel installé en plein centre de cette agréable bourgade. Les chambres sont spacieuses, bien équipées et décorées dans un esprit contemporain ; pour vous requinquer, l'espace bien-être (sauna, hammam et jacuzzi) et le généreux restaurant traditionnel vous tendent les bras !

ST-PRIVAT-DES-VIEUX – 30 (Gard) → voir Alès

ST-PRIX

✉ 71990 (Saône-et-Loire) – 209 hab. – Alt. 464 m – Voir carte n°**7**-B2
▶ Paris 308 km – Le Creusot 41 km – Dijon 107 km – Montceau-les-Mines 54 km
Carte Michelin 320-E8

Chez Franck et Francine

Le bourg – ✆ 03 85 82 45 12 – www.chez-franck-et-francine.fr.st – Fermé janv., dim. soir et lundi
Menu 47/55 € *(réservation conseillée)*
Ici, tout est fait maison, de l'amuse-bouche au dessert ! Les légumes viennent du jardin, volailles et lapins de la ferme familiale. Parmi les spécialités du chef, le filet de bœuf Rossini.

ST-PRIX – 95 (Val-d'Oise) → voir Paris, Environs

ST-QUAY-PORTRIEUX

✉ 22410 (Côtes-d'Armor) – 3 130 hab. – Alt. 25 m – Voir carte n°**10-C1**
Paris 470 km – Étables-sur-Mer 3 km – Guingamp 29 km – Lannion 54 km
Carte Michelin 309-F3 – Guide Vert Michelin Bretagne Nord

Ker Moor sans rest
13 r. du Prés.-Le-Sénécal – ✆ 02 96 70 52 22 – www.ker-moor.com
30 ch – †89/169 € ††89/185 € – ☕ 15 €
Dans l'extension moderne d'une belle villa d'inspiration mauresque, le long du chemin des douaniers, des chambres élégantes et confortables, au grand calme. Depuis leur terrasse, on dispose d'une vue sur toute la baie de St-Brieuc. Superbe situation !

ST-QUENTIN

✉ 02100 (Aisne) – 56 278 hab. – Agglo. 65 552 hab. – Alt. 74 m – Voir carte n°**37-C2**
Paris 165 km – Amiens 81 km – Charleroi 161 km – Lille 113 km
Carte Michelin 306-B3

Le Grand Hôtel sans rest
6 r. Dachery – ✆ 03 23 62 69 77 Plan : BZ**n**
– www.hotel-saint-quentin-aisne.com – Fermé 3 semaines en août, 1 semaine en déc. et 1 semaine en janv.
24 ch – †95/134 € ††95/144 € – ☕ 13 €
L'hôtel le plus confortable de la ville, en bordure du centre. Derrière sa façade traditionnelle, on découvre un grand patio entouré de coursives, desservies par un amusant ascenseur vitré. Les chambres, elles, demeurent tout à fait classiques. Parking privé gratuit.

Mémorial sans rest
8 r. de la Comédie – ✆ 03 23 67 90 09 Plan : AZ**b**
– www.hotel-memorial.com
18 ch – †51/90 € ††51/90 € – ☕ 10 €
Trois bâtiments réunis au cœur de la cité. La cour intérieure offre un parking bien utile, mais l'accès en est étroit. Certaines chambres ont été rénovées dans un esprit plus moderne, elles sont les plus agréables.

XX **Auberge de l'Ermitage**
331 rte de Paris, 3 km par ⑤ – ✆ 03 23 62 42 80 – Fermé 1 semaine en fév., 3 semaines en août, sam. midi, dim. soir, lundi soir, mardi soir et merc.
Formule 20 € 🍷 – Menu 30/65 €
Un "ermitage" un peu à l'écart du centre-ville, à l'atmosphère contemporaine et feutrée. Le patron fait œuvre de tradition avec sérieux ; le filet de bœuf, le cœur de ris de veau et le foie gras de canard sont récurrents à la carte.

à Neuville-St-Amand 3 km par ③ et D 12 – ✉ 02100 – 887 hab. – Alt. 82 m

Château
11 r. de la Fontaine – ✆ 03 23 68 41 82 – www.chateauneuvillestamand.com – Fermé 27 juil.-17 août, 21 déc.-4 janv., dim. soir, lundi et fériés
15 ch – †85 € ††97 € – ☕ 13 €
Quel calme... Cette jolie maison de maître, accueillante et chaleureuse, trône dans un grand parc où il fait bon flâner. Les chambres sont rustiques et propres, avec de grandes salles de bains. Cuisine traditionnelle au restaurant.

à Holnon 6 km par ⑥ et D 1029 – ✉ 02760 – 1 424 hab. – Alt. 102 m

Le Pot d'Étain
D 1029 – ✆ 03 23 09 34 35 – www.lepotdetain.fr
30 ch – †63/72 € ††85/110 € – ☕ 11 € – ½ P
À l'entrée du bourg, un hôtel-restaurant traditionnel fort bien tenu. Les chambres donnent toutes de plain-pied sur le jardin, au calme, un peu à la manière d'un motel. Elles sont peu à peu rénovées dans un style plus moderne et cosy.

ST-QUENTIN

Aumale (R. d') . . . . **AZ** 2
Basch (R. Victor) . . . . **AYZ** 3
Basilique (Pl. de la) . . . . **ABY** 4
Campions (Pl. des) . . . . **AZ** 5
Croix-Belle-Porte (R.) . . . . . . **AY** 6
Dufour-Denelle (Pl.) . . . . **AZ** 7
États-Généraux (R. des) . . . . **AY** 8
Foy (R. du Gén.) . . . . **AZ** 10
Gaulle (Av. du Gén.-de) . . . . . **BZ** 13
Gouvernement (R. du) . . . . . **BY** 15
Héros-du-2-Septembre-1945 (Pl. des) . . . . **BZ** 16
Herriot (R. Édouard) . . . . **BZ** 17
Hôtel-de-Ville (Pl. de l') . . . . . **AZ** 18
Isle (R. d') . . . . **BZ**
Leclerc (R. Gén.) . . . . **BZ** 21
Lyon (R. de) . . . . **BZ** 24
Mulhouse (Pl.) . . . . **BY** 25
Ovres (R. E.) . . . . **BY** 26
Paringault (R.) . . . . **ABY** 27
Pompidou (R. G.) . . . . **AY** 28
Prés.-J.-F.-Kennedy (R. du) . . **AY** 29
Raspail (R.) . . . . **AY**
Rémicourt (Av. de) . . . . **BY** 31
St-André (R.) . . . . **AY** 32
Sellerie (R. de la) . . . . **BZ** 33
Le Sérurier (R.) . . . . **AY** 23
Sous-Préfecture (R. de la) . . **BZ** 34
Thomas (R. A.) . . . . **AY** 36
Toiles (R. des) . . . . **BZ** 37
Verdun (Bd) . . . . **AZ** 38
Zola (R. Émile) . . . . **AZ**
8-Octobre (Pl. du) . . . . **BZ** 41

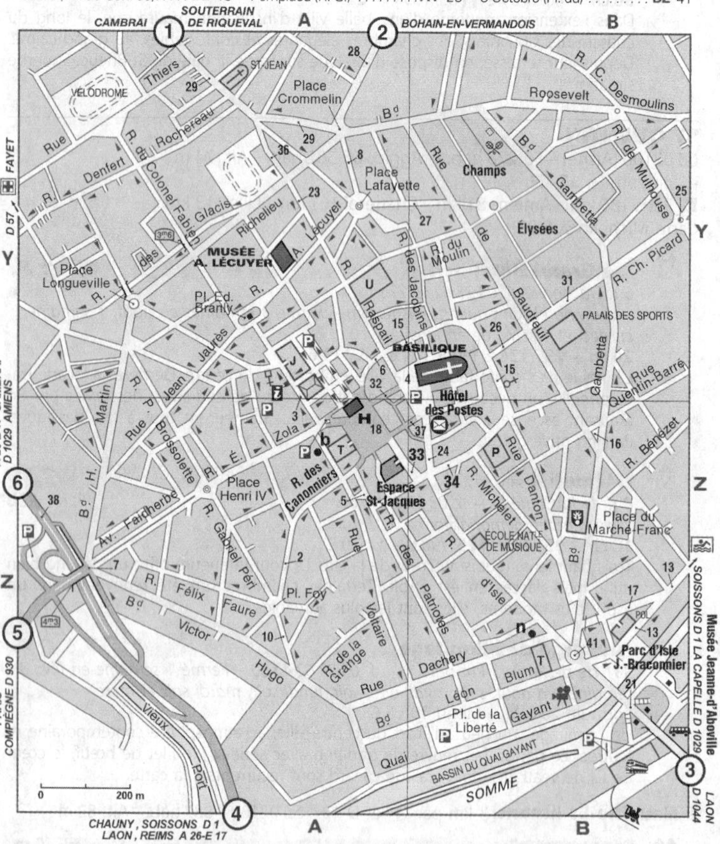

ST-QUENTIN-DE-CAPLONG

✉ 33220 (Gironde) – 248 hab. – Alt. 75 m – Voir carte n°**4-C1**
Paris 571 km – Agen 106 km – Bordeaux 70 km – Périgueux 90 km
Carte Michelin 335-L6

La Girarde

Lieu-dit la Girarde, 4,5 km au Nord-Ouest par D 128 et D 18 rte de Gensac – ✆ 05 57 41 02 68 – www.lagirarde.com – Fermé 20 déc.-6 janv.
4 ch – 100/115 € 105/120 €
Une belle maison en pierre ayant jadis appartenu à Jean Carrive, l'un des fondateurs du mouvement surréaliste. Nous sommes ici en pleine nature, entre vignobles et forêt ; les chambres, spacieuses et cosy, donnent envie de ne plus repartir... d'autant que la table d'hôte met à l'honneur les petits producteurs de la région !

ST-QUENTIN-EN-YVELINES – 78 (Yvelines) → voir Paris, Environs

ST-QUENTIN-LA-POTERIE – 30 (Gard) → voir Uzès

ST-QUENTIN-SUR-LE-HOMME – 50 (Manche) → voir Avranches

ST-QUIRIN
✉ 57560 (Moselle) – 784 hab. – Alt. 305 m – Voir carte n°**27**-D2
▶ Paris 433 km – Baccarat 40 km – Lunéville 56 km – Phalsbourg 34 km
Carte Michelin 307-N7

XX   **Hostellerie du Prieuré** avec ch   🚗 ⅃ 🛜 ♨ **P**
163 r. du Gén.-de-Gaulle – ℰ 03 87 08 66 52 – www.saint-quirin.com – Fermé vacances de fév. et de la Toussaint, 24-29 août, sam. midi, mardi soir et merc.
8 ch – ✝58/60 € ✝✝62/70 € – ⚏ 9 € – ½ P
Menu 14 € (déj. en semaine), 30/72 € – Carte 38/66 €
Les randonneurs du GR 5 apprécient cet ancien couvent du 18ᵉ s. où ils ne viennent plus faire pénitence... mais bombance ! Le chef s'en donne à cœur joie avec les produits du terroir (mirabelles, perche de Hampont, etc.) ; les portions sont généreuses. Et les chambres sont bien pratiques.

ST-RAMBERT-D'ALBON
✉ 26140 (Drôme) – 6 013 hab. – Alt. 142 m – Voir carte n°**43**-E2
▶ Paris 522 km – Grenoble 93 km – Lyon 59 km – Valence 53 km
Carte Michelin 332-B2

🏨   **Golf d'Albon**   ⅃○ ⅃ 🛜 ♨ **P**
au golf d'Albon-Senaud, 4 km au Sud par N 7 et D 122 A – ℰ 04 75 03 03 90 – www.golf-albon.com – Fermé dim. soir
30 ch ⚏ – ✝109/124 € ✝✝118/134 € – ½ P
À proximité immédiate du golf, cet hôtel est parfait pour ceux dont la main est greffée à un club ! Les chambres sont spacieuses ; certaines disposent même de lits king size. Au restaurant, cuisine traditionnelle face au green.

ST-RAPHAËL
✉ 83700 (Var) – 33 624 hab. – Alt. 20 m – Voir carte n°**41**-C3
▶ Paris 870 km – Aix-en-Provence 121 km – Cannes 42 km – Fréjus 4 km
Carte Michelin 340-P5 – Guide Vert Michelin Côte d'Azur

Accès et sorties : voir plan de Fréjus.

🏨   **La Marina**   ⅃○ ⅃ 🖥 ⅃ 🛜 ♨ 🚗
port Santa-Lucia, (Palais des Congrès), par ① – ℰ 04 94 95 31 31 – www.hotel-lamarina.fr
100 ch – ✝99/239 € ✝✝99/239 € – ⚏ 16 € – ½ P
Bel emplacement sur le port pour cet établissement, dont de nombreuses chambres ouvrent sur le bassin de plaisance et sa myriade de mâts... L'hébergement est à la fois fonctionnel et confortable : un bon point de chute, qui donne envie de prendre le large !

🏨   **Continental** sans rest
100 promenade René-Coty – ℰ 04 94 83 87 87   Plan : Z**e**
– www.hotels-continental.com – Ouvert de mars à oct.
44 ch – ✝99/269 € ✝✝122/269 € – ⚏ 16 €
Pour poser ses valises face à la plage, au cœur de l'animation de la station, l'établissement est tout indiqué. Spacieuses, lumineuses et d'un bel esprit contemporain, les chambres se prêtent à de douces nuits... surtout côté mer !

🏨   **Santa Lucia** sans rest
418 Corniche-d'Or, par ① – ℰ 04 94 95 23 00 – www.hotelsantalucia.fr – Ouvert 15 mars-25 oct.
12 ch – ✝79/139 € ✝✝94/154 € – ⚏ 9 €
Un établissement charmant, non seulement très soigné mais aussi décoré avec goût : chaque chambre évoque l'atmosphère d'un pays lointain, de la Chine au Kenya, en passant par Bali... Une réussite, qui ravira les âmes voyageuses !

ST-RAPHAËL

Aicard (R. J.) .... Z 2	Baux (R. Amiral) .... Y 9	Libération (Bd de la) .... Z 22
Albert-1er (Quai) .... Z 3	Carnot (Pl.) .... Y 10	Liberté (R. de la) .... Y 23
Allongue (R. Marius) .... Y 5	Coty (Promenade René) .... Z 13	Martin (Bd Félix) .... YZ 24
Barbier (R. J.) .... Z 6	Doumer (Av. Paul) .... Z 14	Péri (Pl. Gabriel) .... Y 26
Basso (R. Léon) .... Y 7	Gambetta (R.) .... Y 15	Remparts (R. des) .... Y 28
	Gounod (R. Ch.) .... Z 17	Rousseau (R. W.) .... Y 30
	Guilbaud (Cours Cdt) .... Y 18	Vadon (R. H.) .... Z 31
	Karr (R. A.) .... Y 21	

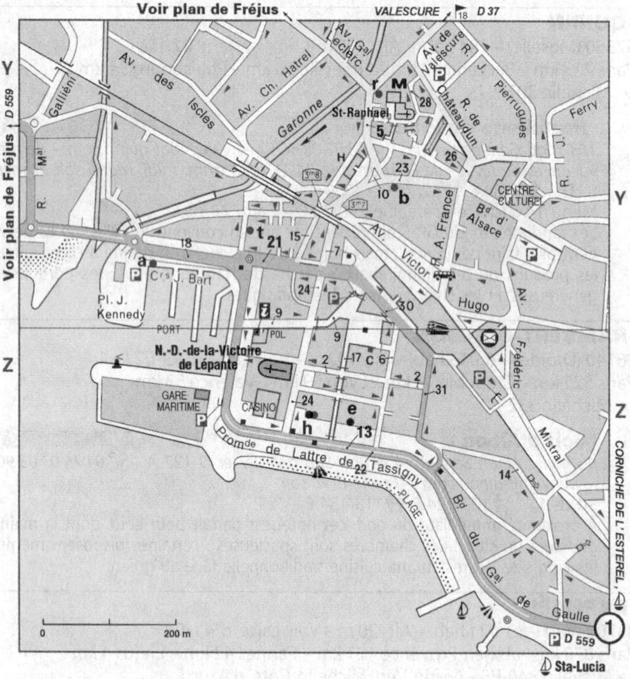

Excelsior

193 bd Félix-Martin, (prom. René-Coty) – ✆ 04 94 95 02 42 Plan : Z**h**
– www.excelsior-hotel.com

34 ch – †80/221 € ††145/221 € – ☕ 13 € – ½ P

Rest *Excelsior* – voir les restaurants ci-après

L'esprit de villégiature règne sur cette grande bâtisse blanche, née à la fin du 19e s. et située légèrement en retrait sur le front de mer. Les chambres, feutrées et confortables, ne manquent pas de confort, et l'on peut profiter du bar de l'hôtel – une belle illustration du genre !

Archange (N) (Stéphane Léger)

Parvis Kennedy - 1er étage, (vieux port) – ✆ 04 94 55 74 38 Plan : Y**a**
– www.stephaneleger.com – Fermé 5-21 janv., jeudi midi et lundi en saison, mardi et merc. hors saison

Menu 39 € (déj.), 79/95 € – Carte 84/120 €

Parmi les archanges bibliques, saint Raphaël veillerait-il sur cette table ? Dans le décor raphaëlois d'une salle surplombant le port de plaisance, Stéphane Léger met à l'honneur la pêche locale avec une grâce angélique : la qualité des produits le dispute à la justesse des préparations, portées par de belles notes créatives...

➜ Salade de homard, huile vanillée et saveurs d'agrumes. Langoustines rôties, crème de petits pois, girolles et mayonnaise tiède au cerfeuil. Le Saint-Raphaël : gâteau au chocolat, crème caramélisée et glace vanille.

XX **Elly's**

54 r. de la Liberté – ✆ 04 94 83 63 39 – www.elly-s.com – Fermé 3 semaines en janv., le midi en juil.-août, dim. et lundi de sept. à juin Plan : Y**b**

Formule 24 € – Menu 35/70 € – Carte 61/67 €

Elly a grandi dans un restaurant en Bourgogne, Franck a appris la cuisine dans sa Franche-Comté natale, le duo s'est parfaitement trouvé... Légumes bio et jolis produits de saison sont à la carte, déclinés à travers une cuisine pétillante et libre. Une adresse qui renouvelle le genre du "restaurant gastronomique" !

XX **Excelsior** – Hôtel Excelsior

193 bd Félix-Martin, (prom. René-Coty) – ✆ 04 94 95 02 42 – www.excelsior-hotel.com Plan : Z**h**

Formule 28 € – Menu 35 € (déj. en semaine) – Carte 32/67 €

La table de l'hôtel Excelsior, une valeur sûre pour un repas dans le respect de la tradition et des saveurs régionales. Au menu : produits frais et recettes appétissantes, particulièrement appréciables en terrasse, sous le soleil et avec la Méditerranée en ligne de mire.

X **Le Lamparo** (N)

Parvis Kennedy, (au vieux port) – ✆ 04 94 55 74 38 – www.stephaneleger.com – Fermé 5-21 janv., mardi soir et mercredi hors saison Plan : Y**a**

Formule 20 € – Menu 34 € – Carte 38/60 €

Millefeuille de tourteau, avocat et pomme verte ; salade niçoise ; bourride raphaëloise ; pièce de bœuf sauce béarnaise ; café liégeois ; profiteroles... Une vraie cuisine de tradition pour cette brasserie de qualité, située de plain-pied sur les quais et associée au restaurant gastronomique Archange situé à l'étage.

X **La Brasserie Tradition & Gourmandise**

6 av. de Valescure – ✆ 04 94 95 25 00 – www.labrasserietg.fr – Fermé 1er-11 nov., 4-18 janv., dim. et fériés sauf juil.-août Plan : Y**r**

Formule 17 € – Menu 20 € (déj. en semaine) – Carte 30/46 €

Une brasserie à la mode contemporaine, avec une terrasse conviviale entourée de verdure. On y déguste une cuisine canaille et bien ficelée, parfaitement dans l'esprit "tradition et gourmandise" : papillote croustillante au miel et chèvre, bourride raphaëloise... Le repaire des gourmands dans la station.

X **Les Voiles**

Port Santa-Lucia, par ① – ✆ 04 94 40 39 15 – www.facebook.com/les.voiles.saint.raphael – Fermé mi-déc. à mi-janv., mardi sauf juil.-août et lundi

Formule 16 € – Menu 31 € – Carte 44/64 €

Sur le port de plaisance, vous aurez envie de tout... sauf de mettre les voiles ! De fait, dans ce restaurant au décor marin, on admire à loisir les bateaux... tout en s'offrant une jolie traversée gourmande : au menu, une cuisine du marché soignée et parfumée, à l'image de cette savoureuse terrine aux légumes et à la brousse.

X **La Table** (N)

47 r. Thiers – ✆ 04 94 53 93 35 – www.latablerestaurant.fr – Fermé 1er-15 juin, 1er-15 janv., le midi en août, dim. et lundi midi Plan : Y**t**

Formule 16 € – Menu 20 € (déj. en semaine) – Carte 29/50 €

La devise de la maison : "Détendez-vous, l'équipe de La Table fait le reste." Il est vrai qu'il règne une belle ambiance autour de la grande table en bois massif qui fait l'originalité de l'endroit. Au menu, un esprit bistrot convaincant : nem de thon mi-cuit, pied de porc pané, brouillade de truffe, tiramisu... Tous à table !

à Valescure 5 km au Nord-Est – ✉ 83700

Golf Hôtel de Valescure

55 av. Paul-L'Hermite, (au golf) – ✆ 04 94 52 85 00 – www.valescure.najeti.fr

50 ch – †89/215 € ††113/290 € – 12 suites – ☕ 16 € – ½ P

Rest *Les Pins Parasols* – voir les restaurants ci-après

Pour un séjour golf – mais pas seulement –, ce complexe hôtelier, tout près des greens, propose de belles prestations : chambres spacieuses, décor contemporain, piscine... et deux restaurants, dont le Club House établi dans l'ancien pavillon de la Norvège pour l'Exposition universelle de 1900 !

XX **Le Jardin de Sébastien**

599 av. des Golfs – ℰ 04 94 44 66 56 – Fermé vacances de la Toussaint, mardi midi et sam. midi en juil.-août, dim. soir et merc. midi de sept. à juin et lundi
Formule 24 € – Menu 31/53 € – Carte 42/62 €

Près des golfs de Valescure, une villa méditerranéenne cernée par les pins et les mimosas. Un couple charmant préside à ses destinées, et propose une cuisine qui sent bon la Provence : gnocchis aux anchois et basilic, pavé de cabillaud et bulots en aïgo boulido... À déguster sur la charmante terrasse.

XX **Les Pins Parasols** – Golf Hôtel de Valescure

55 av. Paul-L'Hermite, (au golf) – ℰ 04 94 52 85 00 – www.valescure.najeti.fr – Fermé le midi
Menu 39 € ♈/58 € ♈ – Carte 46/83 €

Une terrasse sous les pins, face à la piscine, et une salle qui réinvente le répertoire provençal dans un camaïeu de gris et d'aubergine... La carte joue la même partition : soupe de poisson, trilogie autour du foie gras, daurade aux couleurs du Sud, filet de bœuf en brochette de romarin, etc. Et des grillades en été !

à Boulouris 4 km par ① – ⊠ 83700

🏠🏠🏠 **La Villa Mauresque**

1792 rte de la Corniche – ℰ 04 94 83 02 42 – www.villa-mauresque.com – Ouvert 7 mars-3 nov.
15 ch – ♦225/1450 € ♦♦225/1450 € – 4 suites – ⊡ 23 € – ½ P
Rest *Le Bougainvillier* – voir les restaurants ci-après

En bord de mer, cette magnifique villa d'inspiration mauresque – datant de 1881 – ne manque pas d'atouts. Mobilier chiné, bibelots et tableaux orientaux habillent superbement les chambres, toutes différentes et baptisées d'après de grands artistes (Degas, Wilde, Rimbaud...). Une demeure d'exception !

XXX **Le Bougainvillier** – Hôtel La Villa Mauresque

1792 rte de la Corniche – ℰ 04 94 83 02 42 – www.villa-mauresque.com – Ouvert 4 avril-3 nov. et fermé lundi et mardi hors saison
Menu 45 € (déj. en semaine), 70/110 € – Carte 91/101 €

Tout St-Raphaël connaît la table de la Villa Mauresque, avec sa salle à manger au style caractéristique (arches en fer à cheval, grands luminaires) et sa superbe terrasse qui fait face à la Grande Bleue. L'endroit se prête aisément à la rêverie, d'autant que la cuisine se montre volontiers voyageuse...

ST-RÈGLE – 37 (Indre-et-Loire) → voir Amboise

ST-RÉMY – 71 (Saône-et-Loire) → voir Chalon-sur-Saône

ST-RÉMY – 21 (Côte-d'Or) → voir Montbard

ST-RÉMY-DE-CHARGNAT – 63 (Puy-de-Dôme) → voir Issoire

ST-RÉMY-DE-PROVENCE

✉ 13210 (Bouches-du-Rhône) – 10 826 hab. – Alt. 59 m – Voir carte n°**42-E1**
▶ Paris 702 km – Arles 25 km – Avignon 20 km – Marseille 89 km
Carte Michelin 340-D3 – Guide Vert Michelin Provence

© Bernard/imagebroker/age fotostock

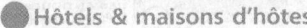 **Hôtels & maisons d'hôtes**

Le Château des Alpilles
⫴ ◈ ⯪ ⌧ ✕ ☏ ⅙ 🄰🄲 🛜 🏠 🅿
2 km à l'Ouest par D 31 – ☏ *04 90 92 03 33 – www.chateaudesalpilles.com*
– Fermé 4 janv.-16 mars
18 ch – ♦215/290 € ♦♦247/450 € – 3 suites – ⌧ 24 €
Rest Le Château des Alpilles – voir les restaurants ci-après
Superbe demeure du 19ᵉs. décorée avec goût, dans un parc aux platanes centenaires. Chambres classiques au château, contemporaines dans les annexes : mas,
lavoir, chapelle... Impossible de ne pas trouver son bonheur !

Le Vallon de Valrugues & Spa
⫴ ◈ ⯪ 🕤 ⅙ 🄰🄲 🛜 🏠 🅿
chemin Canto-Cigalo, 1 km par ② – ☏ *04 90 92 04 40 – www.vallondevalrugues.com*
47 ch – ♦220/1400 € ♦♦220/1400 € – 1 suite – ⌧ 23 € – ½ P
Rest Le Vallon de Valrugues – voir les restaurants ci-après
Dans un quartier résidentiel, une grande villa entourée d'un beau jardin arboré
avec piscine. Les chambres, provençales ou contemporaines, le spa et le restaurant participent au sentiment d'exclusivité...

Hôtel de l'Image
⫴ ◈ ⯪ ⟨ ⌧ 🕤 ⅙ 🄰🄲 🛜 🏠 🅿
36 bd Victor-Hugo – ☏ *04 90 92 51 50*   Plan : Z**x**
– www.hoteldelimage.com – Ouvert de fin mars à début nov.
25 ch – ♦200/350 € ♦♦200/490 € – 7 suites – ⌧ 22 € – ½ P
Drôle de destin que celui de cet ancien cinéma et music-hall devenu un hôtel
design ! Les chambres, aux lignes épurées, disposent pour la moitié d'une terrasse. À noter : une originale suite-cabane dans un arbre et un amusant labyrinthe dans le parc. Cuisine moderne et locavore au restaurant.

Château de Roussan
⫴ ◈ ⯪ ☏ ⅙ 🄰🄲 🕤 🛜 🏠 🅿
rte de Tarascon, 3 km par D 99 – ☏ *04 90 92 79 00 – www.chateauderoussan.com*
16 ch ⌧ – ♦185/315 € ♦♦205/335 € – 4 suites – ½ P
Raffinement, élégance et douceur de vivre sont les mots d'ordre de ce beau château
des 17ᵉ et 18ᵉ s., avec son allée de platanes séculaires et sa belle serre... Et à l'intérieur,
le joli salon-bibliothèque et les vastes chambres ont au moins autant de caractère.

Gounod *sans rest*
⌧ 🄰🄲 🕤 🏠 🅿
18 pl. de la République – ☏ *04 90 92 06 14*   Plan : Z**a**
– www.hotel-gounod.com – Ouvert d'avril à oct.
29 ch – ♦80/210 € ♦♦99/210 € – ⌧ 15 €
Charles Gounod composa ici son opéra Mireille. Décor d'inspiration baroque, exubérant et haut en couleurs. Jardin, piscine et bon petit-déjeuner (100 % bio !)
servi dans le salon de thé cosy.

ST-RÉMY-DE-PROVENCE

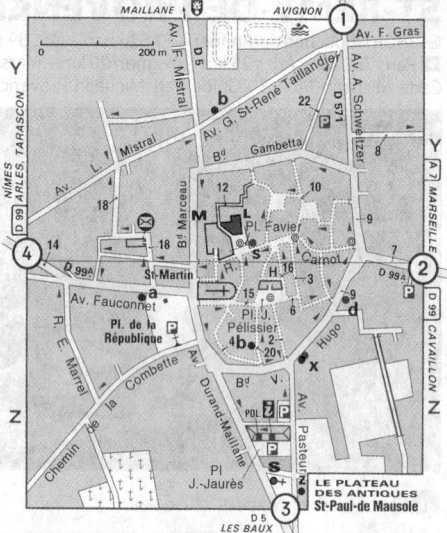

Le Mas des Carassins

1 chemin des Gaulois, 1 km par ③ – ℰ 04 90 92 15 48
– www.masdescarassins.com – Fermé 29 nov.-19 déc. et 3 janv.-27 fév.
19 ch ⌂ – †99/272 € ††110/272 € – 3 suites – ½ P
Lavandes, citronniers, oliviers, fontaines et bassins, piscines... Dans un beau jardin
se dressent ce mas du 19ᵉ s. aménagé avec goût – jolies chambres provençales
– et son annexe contemporaine. Menu unique autour d'un produit (porc, bœuf,
poisson) le soir au restaurant.

Mas Valentine

44 rte de Noves, 3 km par ② – ℰ 04 90 90 14 91 – www.mas-valentine.com
12 ch – †180/430 € ††180/430 € – ⌂ 19 € – ½ P
Rest Mas Valentine – voir les restaurants ci-après
Sur la route de Noves, cette ancienne ferme – entièrement rénovée en 2012 – a
un sacré cachet ! Les chambres sont joliment meublées et dotées, pour certaines,
de petites terrasses. Aux beaux jours, on profite de la grande piscine. Parfait pour
se ressourcer et tout oublier !

Sous les Figuiers sans rest

3 av. Taillandier – ℰ 04 32 60 15 40   Plan : Y**b**
– www.hotel-charme-provence.com – Fermé 6 janv.-9 mars
14 ch – †78/151 € ††88/188 € – ⌂ 14 €
Un petit hôtel de charme aux chambres raffinées (boutis, meubles chinés – le
tout sans télévision), certaines avec terrasse... sous les figuiers. Le petit-déjeuner
est délicieux ! À noter : la piscine est petite. Cours de peinture.

Hôtel du Soleil sans rest

35 av. Pasteur – ℰ 04 90 92 00 63 – www.hotelsoleil.com   Plan : Z**z**
27 ch – †89/99 € ††89/139 € – 3 suites – ⌂ 10 €
Du soleil, du calme, des toits de tuiles, quelques murs en pierre... et l'esprit de la Provence. L'établissement s'organise autour d'une vaste cour, arborée et avec piscine ;
on profite même d'un espace bien-être avec sauna, jacuzzi et soins esthétiques.

Le Mas St-Joseph sans rest

271 rte de Maillane, par D 5 – ℰ 04 90 92 13 43 – www.hotel-mas-saint-joseph.com
11 ch – †79/150 € ††79/150 € – 2 suites – ⌂ 10 €
Ne vous arrêtez pas à l'environnement – à côté d'un supermarché – de cet hôtel,
une fois à l'intérieur vous aurez tôt fait de l'oublier ! L'établissement, entièrement
rénové ces dernières années, dispose de chambres charmantes et bien insonorisées. Et pour se détendre, rien de mieux qu'un plongeon dans la piscine.

⛌ **La Maison du Village** sans rest 🆕   🅰️🅲 🛜
10 r. du 8-mai-1945 – 𝒞 04 32 60 68 20   Plan : Z**b**
– www.lamaisonduvillage.com – Ouvert de mars à oct.
5 ch – †176/220 € ††176/220 € – ☕ 15 €
Un havre de paix au cœur de la cité... Cette jolie maison du 18ᵉ s. abrite de belles
suites au charme rétro, décorées de teintes chaleureuses (écru, violette, rose,
framboise, beige). Pour réinventer le passé...

⛌ **Mas des Figues**   🍽   ⬅ 🔺 🛜 🅿️
Vieux-Chemin-d'Arles, 3 km par chemin de la Combette – 𝒞 04 32 60 00 98
– www.masdesfigues.com – Ouvert d'avril à oct.
5 ch – †100/250 € ††130/290 € – ☕ 12 €
Quatre mille rosiers, mille oliviers, des parterres de lavande, un vaste potager... on
ne compte plus les atouts de cette belle propriété, également ornée des sculptures du maître des lieux. La demeure est pleine de charme et regarde les Alpilles.
Quant à la table d'hôte, elle met en valeur les produits maison !

◉ Restaurants

✗✗✗ **Le Vallon de Valrugues** – Hôtel Le Vallon de Valrugues & Spa   🔸 < ⬅ 🔺
chemin Canto-Cigalo, 1 km par ② – 𝒞 04 90 92 04 40   🅰️🅲 ⇔
– www.vallondevalrugues.com
Formule 39 € – Menu 55/80 € – Carte 78/109 €
Un chef au beau parcours – Château de Courcelles, Anne-Sophie Pic – a investi
les fourneaux du restaurant et y a rapidement pris ses marques : entouré d'une
équipe motivée, il propose une cuisine classique et mâtinée de modernité, qui
fait mouche. Les clients de l'hôtel en profiteront très judicieusement.

✗✗ **Le Château des Alpilles** – Hôtel Le Château des Alpilles   ⬅ 🔺 🛇
2 km à l'Ouest par D 31 – 𝒞 04 90 92 03 33 – www.chateaudesalpilles.com
– Fermé 4 janv.-16 mars, merc. sauf le midi en juil.-août et jeudi midi hors saison
Formule 26 € – Menu 49/59 € – Carte 51/67 €
Entre style bourgeois et design seventies, la table du Château des Alpilles mêle les
styles ! Sur la carte, recettes classiques et inspiration méridionale font bon
ménage. L'été, on mange au bord de la piscine.

✗✗ **Mas de l'Amarine** avec ch   🔸   ⬅ 🔺 🔺 ⭐ rest, 🅰️🅲 ch, 🛇 ch, 🛜 🅿️
ancienne voie Aurélia, 2 km par ③ et av. Folco de Baroncelli – 𝒞 04 90 94 47 82
– www.mas-amarine.com – Fermé 13 nov.-2 déc., 18 janv.-1ᵉʳ mars, lundi et
mardi sauf le soir de fin juin à début sept. et merc. midi en juil.-août
5 ch – †190/270 € ††190/370 € – ☕ 20 € – ½ P
Formule 29 € – Menu 35 € (déj.) – Carte 61/77 €
Ancienne ferme du 18ᵉ s., maison de l'artiste Roger Bezombes au 20ᵉ s., puis restaurant... Ce Mas a eu plusieurs vies ! On y propose une savoureuse cuisine de
saison, à l'instar de ce fagot d'asperges vertes tièdes, de ce saint-pierre rôti au
thym, ou de ces pois mangetout et artichaut barigoule... Cadre design.

✗✗ **La Maison Jaune** (François Perraud)   🔺
⭐ *15 r. Carnot – 𝒞 04 90 92 56 14 – www.lamaisonjaune.info – Ouvert*   Plan : Y**s**
15 mars-31 oct. et fermé lundi sauf le soir en juil.-août, dim. de sept. à juin et mardi midi
Menu 32 € (déj. en semaine), 42/72 € – Carte 78/88 €
Une cuisine provençale lumineuse et précise, les beaux parfums des produits de la région,
des desserts délicats... François Perraud est un chef passionné, guidé par le souci de
satisfaire les clients ! Joli décor et agréable terrasse à l'ombre d'un toit de tuiles du pays.
➔ Légumes primeurs cuits et crus. Poisson sauvage de Méditerranée ou d'Atlantique, vinaigrette de fenouil et orange. Déclinaison de pêche et nectarine.

✗✗ **Auberge de la Reine Jeanne** 🆕 avec ch   🔺 ⭐ rest, 🅰️🅲 ch, 🛇 🛜
12 bd Mirabeau – 𝒞 04 90 92 15 33   Plan : Z**d**
– www.auberge-reinejeanne.com – Fermé 5 janv.-13 fév., lundi et mardi de fév. à avril
11 ch – †90/140 € ††90/140 € – ☕ 12 € – ½ P
Formule 25 € – Menu 32 € (déj. en semaine), 39/68 € – Carte 57/81 €
Fanny Rey, finaliste de Top Chef 2011, est aux fourneaux de cette vénérable Reine
Jeanne. Avec Jonathan, son compagnon (pâtissier de formation), elle concocte une
savoureuse cuisine du marché, mettant en valeur les produits des Alpilles. Le tout
se déguste en terrasse ou, l'hiver, près de la cheminée qui crépite... loin de la TV.

XX **Mas Valentine** – Hôtel Mas Valentine

44 rte de Noves, 3 km par ② – ☏ 04 90 90 14 91 – www.mas-valentine.com
– Fermé mardi et merc. d'oct. à mars sauf fériés
Formule 19 € – Menu 32 € 🍷 (déj. en semaine), 39/95 € – Carte 63/99 €
Dans cette ancienne ferme entièrement rénovée, on apprécie les saveurs provençales en y ajoutant une pointe de nouveauté. Foie gras d'oie poêlé, raviole de langoustine, terrine de foie de lotte, forêt noire revisitée... Priorité aux bons produits de saison ! Agréable terrasse à l'ombre des platanes.

X **Maison Drouot** Ⓝ

150 rte de Maillane – ☏ 04 90 15 47 42 – www.maisondrouot.blogspot.com
– Fermé lundi et mardi
Formule 26 € – Menu 45/65 €
Porc ibérique snacké, crémeux chou rouge myrtille ; quasi de veau rosé, feuille de romaine farcie à la ricotta et artichauts... Voilà quelques exemples de la belle cuisine du marché que l'on déguste dans cette Maison Drouot, tenue par un jeune couple. Avec une jolie terrasse ombragée, pour ne rien gâcher !

à Eyragues 6,5 km par ①, D 571 – ✉ 13630 – 4 100 hab. – Alt. 23 m

XX **Le Pré Gourmand**

175 av. Marx-Dormoy – ☏ 04 90 94 52 63 – www.restaurant-lepregourmand.com
– Fermé dim. soir et lundi soir de sept. à juin, sam. midi et lundi midi
Formule 25 € 🍷 – Menu 28 € (semaine), 45/72 € – Carte 63/74 €
Foie gras de canard confit au laurier et julienne de légumes, raviolis de foie gras et chutney de fruits : voici deux plats phares de cette sympathique adresse située à la sortie du village. Depuis la terrasse abritée, on profite de la vue sur un grand pré recouvert de fleurs...

au Domaine de Bournissac 11 km par ②, D 30 et D 29
– ✉13550 Paluds-des-Noves

La Maison de Bournissac

montée d'Eyragues – ☏ 04 90 90 25 25 – www.lamaison-a-bournissac.com
– Fermé 2-22 janv.
10 ch – †145/165 € ††145/210 € – 3 suites – ☕ 17 € – ½ P
Rest *La Maison de Bournissac* ✿ – voir les restaurants ci-après
Un long chemin serpentant parmi vignes et oliviers... et tout en haut, ce mas du 14e s. qui domine le Luberon, les Alpilles et le Ventoux. Un ravissement ! Les chambres offrent le charme simple – et si séduisant – de la Provence.

XX ✿ **La Maison de Bournissac** (Christian Peyre)

montée d'Eyragues – ☏ 04 90 90 25 25 – www.lamaison-a-bournissac.com
– Fermé 2-23 janv., lundi et mardi d'oct. à avril
Menu 34 € 🍷 (déj. en semaine), 49/89 € – Carte 71/99 €
Pour déguster une belle cuisine du Sud dans le calme de la campagne provençale, loin de tout... Les sens en éveil – sous les figuiers l'été –, on se grise de saveurs méridionales et de bons produits : bouillabaisse le vendredi, homard le dimanche...
→ Langoustine croustillante au basilic et tartare de tomate. Pigeon de Pornic rôti, cuisses confites en pastilla. Traditionnel soufflé à la mandarine.

à Verquières 11 km par ②, D 30 et D 29 – ✉ 13670 – 815 hab. – Alt. 48 m

XX **Le Croque Chou - La Table de Verquières**

8 r. Lucien Pellegrin, (face à l'église) – ☏ 04 90 95 18 55 – www.le-croque-chou.fr
– Fermé 16 fév.-8 mars, 1 semaine en oct., dim. soir de sept. à mi-juin, lundi et mardi
Formule 21 € – Menu 27 € (semaine) – Carte 37/50 € *(réservation conseillée)*
On vous reçoit en famille, avec le sourire, dans cette ancienne bergerie transformée en auberge. Ici, on vient pour la cuisine du Sud, les produits bio et la belle carte de vins qui met en avant des domaines méconnus.

à Maillane 7 km au Nord-Ouest par D 5 – ⊠ 13910 – 2 408 hab. – Alt. 14 m

✗✗ **L'Oustalet Maïanen**

16 av. Lamartine – ℰ 04 90 95 74 60 – www.oustalet-maianen.fr – *Ouvert de mars à nov. et fermé sam. midi et dim. soir sauf juil.-août, mardi midi en juil.-août et lundi*
Formule 21 € – Menu 32/52 € – Carte 42/55 €
Le chef de cette maison, Christian Garino, est un vrai passionné qui prend lui-même tous les commandes et fait parfois le service... Ici, on ne triche pas ! Sous la tonnelle de vigne vierge ou dans le patio, les Mireille d'aujourd'hui savourent ses créations gorgées de soleil, qui font la part belle aux produits régionaux.

ST-ROMAIN

⊠ 21190 (Côte-d'Or) – 228 hab. – Alt. 350 m – Voir carte n°**7-A3**
▶ Paris 330 km – Dijon 59 km – Chalon-sur-Saône 41 km – Le Creusot 50 km
Carte Michelin 320-I8 – Guide Vert Michelin Bourgogne

⌂ **Domaine Corgette** sans rest

14 r. de la Perrière – ℰ 03 80 21 68 08 – www.domainecorgette.com
5 ch – †90/110 € ††90/110 €
Au cœur de ce village typique, au cachet préservé, une maison de vigneron rénovée avec goût. Les chambres sont charmantes et claires : jolis tissus, mobilier patiné... Au petit-déjeuner, on se régale de confitures maison, puis on peut se faire masser (sur rendez-vous).

✗ **Les Roches** avec ch

pl. de la Mairie – ℰ 03 80 21 21 63 – www.les-roches.fr – *Fermé 20 déc.-7 janv., mardi et merc.*
8 ch – †50/70 € ††50/70 € – ☑ 12 € – ½ P   Menu 29 € – Carte 27/43 €
Un bistrot simple et accueillant, pour savourer une cuisine du terroir bien copieuse et des plats canailles soignés, le tout à l'ardoise. La signature de la maison ? La tatin d'oreilles de cochon à la sauge ! Ici, on mange bien et il y a même quelques chambres sobres et pratiques pour l'étape.

ST-ROMAIN-LE-PUY – 42 (Loire) → voir Montbrison

ST-ROMAN-DE-BELLET – 06 (Alpes-Maritimes) → voir Nice

ST-ROME-DE-TARN

⊠ 12490 (Aveyron) – 859 hab. – Alt. 360 m – Voir carte n°**29-D2**
▶ Paris 660 km – Millau 21 km – Rodez 68 km – Toulouse 170 km
Carte Michelin 338-J6

⌂ **Les Raspes**

av. Denis Affre – ℰ 05 65 58 11 44 – www.lesraspes-12.com – *Fermé déc.-janv., sam. et dim. de nov. à mars*
16 ch – †68/98 € ††68/98 € – ☑ 11 € – ½ P
Derrière une façade en pierre, dans ce village perché au-dessus de la rivière, se cache cette petite auberge chaleureuse ; on s'y repose dans des chambres douillettes, sobres et soignées, et on profite du restaurant traditionnel, avant d'aller marcher dans le charmant jardin... le calme absolu !

ST-SATUR – 18 (Cher) → voir Sancerre

ST-SATURNIN

⊠ 63450 (Puy-de-Dôme) – 1 022 hab. – Alt. 520 m – Voir carte n°**5-B2**
▶ Paris 438 km – Clermont-Ferrand 24 km – Cournon-d'Auvergne 18 km – Riom 37 km
Carte Michelin 326-F9 – Guide Vert Michelin Auvergne

⌂ **Château Royal de Saint-Saturnin** sans rest

pl. de l'Ormeau – ℰ 04 73 39 39 64 – www.chateaudesaintsaturnin.com
– *Ouvert 20 mars-10 nov.*
5 ch – †198/222 € ††198/222 € – ☑ 15 €
L'histoire reste bien vivante dans ce noble château du 13e s. qui domine le village et la campagne auvergnate. Point de mœurs guerrières aujourd'hui, mais un cadre propice à chanter l'amour courtois : vieilles pierres, mobilier ancien, art contemporain...

ST-SATURNIN – 72 (Sarthe) → voir Mans

ST-SATURNIN-LÈS-APT
✉ 84490 (Vaucluse) – 2 722 hab. – Alt. 420 m – Voir carte n°**42**-E1
🚩 Paris 728 km – Apt 9 km – Avignon 55 km – Carpentras 44 km
Carte Michelin 332-F10 – Guide Vert Michelin Provence

XXX **Domaine des Andéols** avec ch ⠀⠀⠀⠀⠀⠀⠀⠀ 🛉 ꕥ 🍴 😊 🕏 🎑 ⛱ ♨ ✗ 🔥 Ⓜ Ⓐ ch,
D2 – ℰ 04 90 75 50 63 – www.andeols.com – Ouvert 1er avril-31 oct. ⠀⠀⠀⠀⠀⠀ 📶 P
10 ch – ♦190/422 € ♦♦288/1112 € – ⚏ 25 € – ½ P
Menu 29/45 € – Carte 50/67 €
En pleine campagne, au cœur du Luberon, cet ancien fief agricole accueille ce restaurant au cadre ultrachic, où la cuisine provençale se conjugue avec les fruits et
légumes du potager. Et pour un séjour luxueux, réservez l'une des maisons du
domaine, tout en œuvres d'art et mobilier design, certaines avec piscine privative !

ST-SAUD-LACOUSSIÈRE
✉ 24470 (Dordogne) – 866 hab. – Alt. 370 m – Voir carte n°**4**-C1
🚩 Paris 443 km – Brive-la-Gaillarde 105 km – Châlus 23 km – Limoges 57 km
Carte Michelin 329-F2

🏠 **Hostellerie St-Jacques** ⠀⠀⠀⠀⠀⠀⠀⠀⠀⠀ 🍽 😊 ꕥ 🍴 ✗ 🔥 📶 P
10 rte du Grand-Étang – ℰ 05 53 56 97 21 – www.hostellerie-saint-jacques.com
– Ouvert 26 fév.-28 nov. et 25 déc.-1er janv.
12 ch – ♦83/165 € ♦♦83/165 € – 1 suite – ⚏ 14 € – ½ P
Rest *Hostellerie St-Jacques* – voir les restaurants ci-après
Ancienne halte des pèlerins de Compostelle, cette maison tapissée de lierre n'est
en rien austère : chambres au décor précieux, piscine et jardin fleuri... Du caractère !

XX **Hostellerie St-Jacques** ⠀⠀⠀⠀⠀⠀⠀⠀⠀⠀⠀⠀⠀⠀⠀ 🎴 ꕥ 🍴 🍷
10 rte du Grand-Étang – ℰ 05 53 56 97 21 – www.hostellerie-saint-jacques.com
– Ouvert 26 fév.-28 nov. et 25 déc.-1er janv. et fermé dim. soir, mardi midi et
lundi hors saison sauf fériés
Menu 29 € 🍷 (déj. en semaine), 38/53 € 🍷 – Carte environ 62 €
Carpaccio de veau, cubisme de coq au vin, espuma de choux fleurs, etc. Le chef réalise
une cuisine du moment parfois un peu complexe, mais pleine de saveur... et accompagnée de bien jolis nectars. Aux beaux jours, direction la terrasse ombragée.

ST-SAUVANT – 17 (Charente-Maritime) → voir Saintes

ST-SAVIN
✉ 38300 (Isère) – 3 638 hab. – Alt. 260 m – Voir carte n°**44**-B2
🚩 Paris 514 km – Bourg-en-Bresse 81 km – Grenoble 77 km – Lyon 47 km
Carte Michelin 333-E4

XX **Les 3 Faisans** ⠀⠀⠀⠀⠀⠀⠀⠀⠀⠀⠀⠀⠀⠀⠀⠀⠀⠀⠀⠀⠀ ꕥ Ⓐ P
100 r. des Auberges – ℰ 04 74 28 92 57 – www.les3faisans.fr – Fermé dim. soir,
mardi et merc.
Menu 25 € (déj. en semaine), 36/48 € – Carte 41/58 €
Aux pieds des vignes du côteau de la Rémonde, une coquette auberge abritant
deux petites salles chaleureuses à la décoration moderne ; on peut aussi s'installer sur la jolie terrasse ombragée, pendant que mijotent en cuisine de délicieux
plats au goût du jour, soignés, pleins de saveurs... et servis avec le sourire !

ST-SAVIN – 65 (Hautes-Pyrénées) → voir Argelès-Gazost

ST-SEINE-L'ABBAYE
✉ 21440 (Côte-d'Or) – 358 hab. – Alt. 451 m – Voir carte n°**8**-C2
🚩 Paris 289 km – Autun 78 km – Châtillon-sur-Seine 57 km – Dijon 28 km
Carte Michelin 320-I5 – Guide Vert Michelin Bourgogne

Hôtel de La Poste 🏠 ⊫ ⅃ ६ 🛜 🆎 **P**

17 r. Carnot – ✆ 03 80 35 00 35 – www.postesoleildor.fr – Fermé 15 fév.-7 mars et 20 déc.-3 janv.

15 ch – 🛏60/70 € 🛏🛏70/81 € – ⌷ 10 € – ½ P

Louis XIV aurait séjourné dans ce paisible relais de poste ; apprécierait-il aujourd'hui l'agréable piscine chauffée, les chambres décorées dans un joli style contemporain (à préférer aux plus anciennes, un peu vieille France) et le restaurant traditionnel au vrai cachet bourguignon ?

ST-SERNIN-SUR-RANCE

✉ 12380 (Aveyron) – 664 hab. – Alt. 300 m – Voir carte n°**29-D2**

▶ Paris 694 km – Albi 50 km – Castres 69 km – Lacaune 29 km

Carte Michelin 338-H7

Carayon 🔟 ⅃ 🖫 ⅄ ⊫ ⅃ 🖬 ⅃ ⅄ ⊠ ६ 🛜 **P** ⌷

pl. du Fort – ✆ 05 65 98 19 19 – www.hotel-carayon.fr

55 ch – 🛏45/105 € 🛏🛏45/105 € – ⌷ 8 € – ½ P

Sports, loisirs, cuisine du terroir ; tout est prévu dans cet hôtel familial. On a le choix entre les chambres simples et fonctionnelles du bâtiment principal ou les annexes du parc, plus originales (pigeonnier, maison de pêcheur, chalet et pavillon). Une bonne adresse pour un séjour prolongé dans la région.

ST-SERVAN-SUR-MER – 35 (Ille-et-Vilaine) ➔ voir St-Malo

ST-SORNIN

✉ 17600 (Charente-Maritime) – 309 hab. – Alt. 16 m – Voir carte n°**38-B2**

▶ Paris 500 km – Poitiers 167 km – Rochefort 26 km – La Rochelle 56 km

Carte Michelin 324-E5 – Guide Vert Michelin Poitou-Charentes

La Caussolière sans rest ⅄ ⊫ ⅃ ६ ⅄ ⌷ **P** ⌷

10 r. du Petit Moulin – ✆ 05 46 85 44 62 – www.caussoliere.com – Ouvert d'avril à oct.

4 ch ⌷ – 🛏65/79 € 🛏🛏72/91 €

Cette belle maison en pierre – une ferme du 19e s. typiquement charentaise – s'ouvre sur un superbe jardin avec piscine ; les chambres sont chaleureuses (poutres, parquet ou terre cuite) et disposent toutes d'une entrée indépendante. Charme !

ST-SOZY

✉ 46200 (Lot) – 509 hab. – Alt. 104 m – Voir carte n°**29-C1**

▶ Paris 519 km – Cahors 75 km – Limoges 130 km – Toulouse 178 km

Carte Michelin 337-F2

 Grangier 🔟 ⅃ 🛜 **P**

– ✆ 05 65 32 20 14 – www.hotel-grangier.com – Fermé fév.

12 ch – 🛏67/115 € 🛏🛏67/115 € – ⌷ 9 € – ½ P

Une belle maison en pierre flanquée d'une tour, abritant des chambres bien tenues et confortables... L'été, on profite de la jolie piscine. Restaurant traditionnel.

ST-SULIAC

✉ 35430 (Ille-et-Vilaine) – 946 hab. – Alt. 30 m – Voir carte n°**10-D1**

▶ Paris 396 km – Granville 87 km – Rennes 62 km – Saint-Malo 14 km

Carte Michelin 309-K3 – Guide Vert Michelin Bretagne Nord

✗ **La Ferme du Boucanier** 🖀 ६ ⟳

2 r. de l'Hôpital – ✆ 02 23 15 06 35 – www.boucanier-et-cie.fr – Fermé de Noël à début fév., merc. hors saison et mardi

Formule 16 € – Menu 31/45 € – Carte 36/54 € dîner *(réservation conseillée)*

Étonnante adresse que cette auberge de pays au décor de brocante. Dans sa cuisine ouverte sur la salle, le chef d'origine belge revisite les plats du terroir grâce aux épices et autres marinades, sans pour autant oublier quelques spécialités de son pays. Voilà un digne boucanier, non pas des mers mais des saveurs !

ST-SULPICE

✉ 81370 (Tarn) – 8 213 hab. – Alt. 112 m – Voir carte n°**29-C2**

▶ Paris 666 km – Albi 46 km – Castres 54 km – Montauban 44 km

Carte Michelin 338-C8

✗✗ **Auberge de la Pointe** ⌂ ↔ **P**

108 rte de Toulouse, D 988 – ℰ 05 63 41 80 14 – www.aubergedelapointe.fr
– Fermé 1 semaine en mars, 7-20 sept., 23 nov.-6 déc., jeudi midi en juil.-août,
mardi soir de sept. à juin, dim. soir et merc.
Formule 19 € – Menu 31 €
Une grande bâtisse blanche entre Albi et Toulouse : briques, poutres, carrelages anciens, et une immense cheminée... mais aussi une jolie terrasse qui paresse au bord du Tarn. Le cadre idéal pour découvrir une cuisine respectueuse du produit, savoureuse et légère, dont la présentation se révèle soignée et épurée.

ST-SULPICE-LE-VERDON

✉ 85260 (Vendée) – 952 hab. – Alt. 65 m – Voir carte n°**34-B3**
◗ Paris 430 km – Cholet 51 km – Nantes 45 km – La Roche-sur-Yon 31 km
Carte Michelin 316-H6 – Guide Vert Michelin Poitou Vendée Charentes

🏠🏠 **Thierry Drapeau** ⅠⓄ ⌖ 🖙 ⸫ & 🎀 ✂ 🀙 **P**

Le Logis de la Chabotterie, 3 km au Sud-Est par D 18 – ℰ 02 51 40 00 03
– www.thierry-drapeau.com
14 ch – †99/275 € – ††99/275 € – 3 suites – ☖ 24 €
Rest *Thierry Drapeau* ✿✿ – voir les restaurants ci-après
En pleine campagne, cette bâtisse toute de bois vêtue semble ne vouloir faire qu'un avec la nature. Les chambres sont confortables et toutes climatisées ; pour se détendre, on se rend au sauna ou à la salle de massage. Un parfait complément à la table gastronomique de Thierry Drapeau.

✗✗✗ **Thierry Drapeau** 🍱 🖙 ⌂ & ✂ **P**

✿✿ *Le Logis de la Chabotterie, 3 km au Sud-Est par D 18 – ℰ 02 51 09 59 31*
– www.thierry-drapeau.com – Fermé 2 semaines en mars, 2 semaines
en juil., dim. soir, lundi et mardi
Menu 39 € ♟ (déj. en semaine), 85/210 € ♟ – Carte 111/121 €
En mars 1796, Charette était arrêté dans cette commune par les troupes républicaines, ce qui marqua la fin du soulèvement de la Vendée. Point de heurts aujourd'hui en ces lieux, qui conjuguent même révolution et aristocratie : Thierry Drapeau met son sens de l'invention au service de saveurs… royales !
→ Artichaut de Macau. Cabillaud façon grenobloise. Millefeuille vanille.

ST-THÉGONNEC

✉ 29410 (Finistère) – 2 633 hab. – Alt. 83 m – Voir carte n°**9-B1**
◗ Paris 549 km – Brest 50 km – Châteaulin 50 km – Morlaix 13 km
Carte Michelin 308-H3 – Guide Vert Michelin Bretagne Nord

🏠 **Auberge Saint-Thégonnec** ⅠⓄ 🖙 🀙 🛆 **P**

6 pl. de la Mairie – ℰ 02 98 79 61 18 – www.aubergesaintthegonnec.com
– Fermé 1er-7 juil. et 21 déc.-7 janv.
19 ch – †65/85 € – ††78/98 € – ☖ 10 € – ½ P
Rest *Auberge Saint-Thégonnec* ⊛ – voir les restaurants ci-après
Presque en face de l'église et de son célèbre enclos paroissial, véritables bijoux du patrimoine régional, cette bâtisse en pierres apparentes est bien située ! On apprécie les chambres, fonctionnelles, la plupart côté jardin, ainsi que le parking privé.

✗✗ **Auberge Saint-Thégonnec** 🖙 & **P**

⊛ *6 pl. de la Mairie – ℰ 02 98 79 61 18 – www.aubergesaintthegonnec.com*
– Fermé 1er-7 juil., 21 déc.-7 janv., dim. midi de sept. à mars, lundi soir d'avril
à août, sam. midi, dim. soir et lundi midi
Formule 19 € – Menu 25 € (déj. en semaine), 30/47 € – Carte 35/56 €
Fleuron du patrimoine breton, le magnifique calvaire sculpté de St-Thégonnec (1610) vaut assurément le détour... Et la visite du village est d'autant plus agréable qu'une adresse s'impose à l'heure du repas : cette auberge où la tradition, la simplicité et la fraîcheur sont de mise. La cuisine aussi est patrimoine !

ST-THIBAULT – 18 (Cher) → voir Sancerre

ST-TROJAN-LES-BAINS – 17 (Charente-Maritime) → voir Île d'Oléron

ST-TROPEZ

⊠ 83990 (Var) – 4 499 hab. – Alt. 4 m – Voir carte n°**41**-C3
▶ Paris 872 km – Aix-en-Provence 123 km – Cannes 73 km – Draguignan 47 km
Carte Michelin 340-O6 – Guide Vert Michelin Côte d'Azur

© SIME/R. Rinaldi/Sime/Photononstop

Hôtels

🏨🏨🏨🏨 **Byblos** 🍴 ⤢ 🛎 🐾 *∫�* 🛗 🅰🅒 📶 🎬 🄿 🄟 🚗
20 av. Paul-Signac – ℰ *04 94 56 68 00* – *www.byblos.com* Plan : Z**d**
– Ouvert d'avril à oct.
50 suites – ♛♛875/3070 € – 41 ch – 🖵40 €
Rest *Rivea* – voir les restaurants ci-après
Le palace de St-Tropez, véritable village dans le village – un ensemble de maisons colorées entrelacées de jardins et de patios –, au cœur du mythe tropézien ! Les chambres regorgent de meubles anciens et d'œuvres d'art, le spa est superbe, la boîte de nuit incontournable... L'alliance du luxe et de la convivialité.

🏨🏨🏨 **Résidence de la Pinède** 🍴 ⤢ ≤ 🚗 🛗 🅰🅒 📶 🄿
plage de la Bouillabaisse, par ① – ℰ *04 94 55 91 00* – *www.residencepinede.com*
– Ouvert de mi-avril à mi-oct.
32 ch – ♛395/1400 € ♛♛395/1400 € – 4 suites – 🖵40 €
Rest *La Vague d'Or* ❀❀❀ – voir les restaurants ci-après
Un beau bouquet de pins maritimes bien sûr, mais aussi une vue superbe sur le golfe, une plage privée avec son ponton, des chambres d'un très grand confort, etc. Tous les délices de la Côte d'Azur, vécus dans la plus douce intimité qui soit... pour des séjours inoubliables !

🏨🏨🏨 **Hôtel de Paris Saint-Tropez** 🍴 🛗 🐾 *∫6* 🅰🅒 📶 *∫4* 🚗
1 Traverse de la Gendarmerie – ℰ *04 83 09 60 00* Plan : Z**b**
– www.hoteldeparis-sainttropez.com – Ouvert 2 avril-1er nov.
58 ch – ♛280/690 € ♛♛330/1240 € – 32 suites – 🖵32 €
Rest *Suffren Café* – voir les restaurants ci-après
Sur la place de l'ancienne gendarmerie, le dernier-né des grands hôtels tropéziens n'a rien à envier à ses aînés. Ici, on joue la carte du design et, détail original, le patio est surmonté d'une piscine donnant sur le toit. Quant aux chambres, spacieuses, elles ont toutes une thématique : Paris, les arts, St-Tropez... Déjà culte !

🏨🏨🏨 **La Bastide de St-Tropez** 🍴 ⤢ 🚗 🛗 *∫6* 🅰🅒 📶 🄿
rte des Carles : 1 km par av. P. -Roussel - Z – ℰ *04 94 55 82 55*
– www.bastidesaint-tropez.com – Fermé 2 janv.-12 fév.
16 ch – ♛315/710 € ♛♛420/1320 € – 10 suites – 🖵30 € – ½ P
Rest *L'Olivier* – voir les restaurants ci-après
Atmosphère chic et feutrée dans cette maison tropézienne et ses quatre mas : mobilier chiné, pointe de baroque et soupçon provençal relevés d'un luxuriant jardin méditerranéen. Un havre de paix et de charme à l'écart du centre-ville.

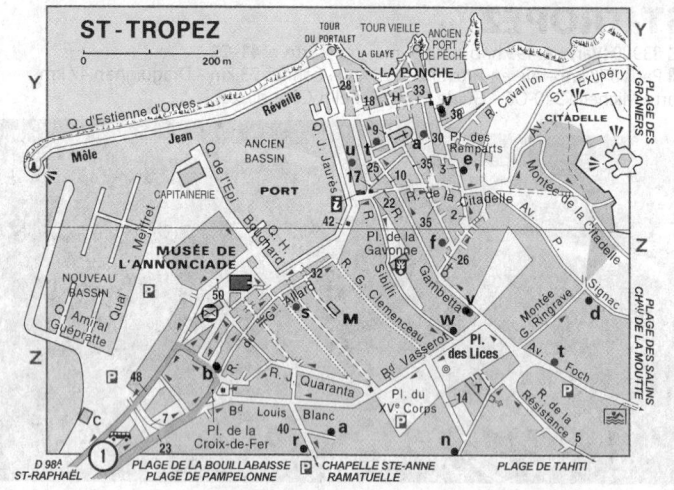

ST-TROPEZ

En saison: zone piétonne dans la vieille ville.

Aire du Chemin (R.) .... **Y** 2	Herbes (Pl. aux) .... **Y** 17	Péri (Quai Gabriel) .... **Z** 32
Aumale (Bd d') .... **Y** 3	Hôtel de ville (Pl. de l') .... **Y** 18	Ponche (R. de la) .... **Y** 33
Belle Isnarde (Rte de la) .... **Z** 5	Laugier (R. V.) .... **Y** 22	Portail Neuf (R. du) .... **YZ** 35
Blanqui (Pl. Auguste) .... **Y** 7	Leclerc (Av. Général) .... **Z** 23	Remparts (R. des) .... **Y** 38
Clocher (R. du) .... **Y** 9	Marché (R. du) .... **Y** 25	Roussel (Av. Paul) .... **Z** 40
Commerçants (R. des) .... **Y** 10	Miséricorde (R.) .... **Y** 26	Suffren (Quai) .... **Y** 42
Grangeon (Av.) .... **Z** 14	Mistral (Quai Frédéric) .... **Y** 28	8-Mai-1945 (Av. du) .... **Z** 48
Guichard (R. du Cdt) .... **Y** 15	Ormeau (Pl. de l') .... **Y** 30	11-Novembre (Av. du) .... **Z** 50

 Pan Deï Palais 🍴 🛏 ⊟ 🖧 ⚙ 🔦 ⓟ

52 r. Gambetta – ℰ *04 94 17 71 71 – www.pandei.com* Plan : Z**v**
– Fermé 3 nov.-18 déc.
10 ch – 🛏210/1750 € 🛏🛏210/1750 € – 2 suites – ☲ 35 €
Rest *Pan Deï Palais* – voir les restaurants ci-après
Une demeure construite en 1835, présent d'un général napoléonien à son épouse
indienne. Ici règne un élégant parfum d'exotisme : tissus chamarrés, bois précieux, hammam, nombreux tableaux et autres bibelots... Un lieu pétri de charme,
que l'on quitte à regret !

 Le Yaca 🍴 ⊟ ⚙ 🔦 ⓟ

1 bd Aumale – ℰ *04 94 55 81 00 – www.hotel-le-yaca.fr* Plan : Y**e**
– Ouvert 1er mai-4 oct.
31 ch – 🛏255/385 € 🛏🛏295/795 € – 2 suites – ☲ 35 €
Cet hôtel de charme (18e s.), le premier de St-Tropez, fut et demeure le refuge
des artistes et des célébrités (P. Signac, Colette, B. Bardot, etc.). Tomettes
et meubles anciens : tel est le caractère des chambres – cependant plus
modernes dans l'aile située à l'arrière. Cuisine italienne au restaurant, en bord
de piscine.

 La Ponche 🍴 ⊟ ⚙ 🔦 🕿

5 r. des Remparts, (pl. Revelin) – ℰ *04 94 97 02 53* Plan : Y**v**
– www.laponche.com – Ouvert 14 mars-1er nov.
18 ch – 🛏280/350 € 🛏🛏430/580 € – 4 suites – ☲ 22 €
Rest *La Ponche* – voir les restaurants ci-après
Ces anciennes maisons de pêcheurs, dans le pittoresque quartier de la Ponche,
firent le bonheur de Romy Schneider, entre autres personnalités. Mobilier, tissus, vue sur les toits de tuiles... l'esprit de la région s'exprime dans chaque
chambre.

Pastis sans rest ⬛🚫♿🆚🛜ⓟ

75 av. du Général-Leclerc, port du Pilon par ① – 𝒞 04 98 12 56 50
– www.pastis-st-tropez.com – Ouvert 1ᵉʳ fév. -30 nov.
9 ch – 🛏225/750 € 🛏🛏225/750 € – ⛝ 20 €
Chaque pièce de cet hôtel est superbe : mobilier ancien, provençal, contemporain, nombreux tableaux... Une véritable galerie d'art ! Les chambres sont élégantes et confortables ; dehors, un jardin avec palmiers centenaires et une piscine au calme.

White 1921 sans rest 🆚🛜

6 pl. des Lices – 𝒞 04 94 45 50 50 – www.white1921.com   Plan : Z**w**
– Ouvert de mai à oct.
5 ch – 🛏290/560 € 🛏🛏290/560 € – 3 suites – ⛝ 28 €
Sur la place des Lices, au cœur de l'animation tropézienne, cette belle maison bourgeoise (1900), toute blanche, joue contre toute attente la carte du design et de l'épure. Un refuge très tendance pour les amateurs d'ambiances exclusives !

Hôtel des Lices sans rest ⬛🆚🛜ⓟ

av. Augustin-Grangeon – 𝒞 04 94 97 28 28   Plan : Z**n**
– www.hoteldeslices.com – Ouvert 26 mars- 1ᵉʳnov. et 26 déc.- 4 janv.
40 ch – 🛏150/375 € 🛏🛏200/410 € – 1 suite – ⛝ 17 €
Près de la place des Lices, cette adresse familiale distille une atmosphère chaleureuse et cossue, pleine de cachet et de vie. Nombreux sont les habitués à en avoir fait un lieu de villégiature privilégié !

La Bastide du Port sans rest ♿🆚🛜ⓟ

73 av. du Général-Leclerc, port du Pilon par ① – 𝒞 04 94 97 87 95
– www.bastideduport.com – Fermé 5 nov.-31 déc. et 5 janv.-25 mars
29 ch – 🛏140/360 € 🛏🛏140/360 € – ⛝ 15 €
De l'ocre, de la terre cuite, une terrasse fleurie et ombragée où l'on sert le petit-déjeuner en été : la Provence dans ce qu'elle a de meilleur ! Les chambres, dont certaines offrent une jolie vue sur la mer, incitent au repos.

Y sans rest 🆚🛜ⓟ

2 av. Paul-Signac – 𝒞 04 94 55 55 15 – www.hotel-le-yaca.fr   Plan : Y**z**
– Ouvert 21 mai-4 oct.
11 ch – 🛏275/565 € 🛏🛏275/725 € – 2 suites – ⛝ 35 €
Une belle demeure ocre au pied de la citadelle... Une ambiance feutrée baigne les chambres, qui jouent la carte de la sobriété contemporaine. Un établissement associé au fameux hôtel Yaca.

Le Mouillage sans rest ⬛♿🆚🛜ⓟ

79 av. du Général-Leclerc, port du Pilon par ① – 𝒞 04 94 97 53 19
– www.hotelmouillage.fr – Ouvert mi-fév. à mi-nov.
12 ch – 🛏130/280 € 🛏🛏160/310 € – 2 suites – ⛝ 16 €
Jetez l'ancre à une encablure du port du Pilon, dans cet hôtel aux chatoyantes couleurs du Sud. Dans les chambres, le décor est une invitation au voyage : Capri, Paros, Lipari... Avec, au calme, une agréable piscine chauffée.

Le Colombier sans rest 🆚🛜

17 impasse des Conquettes – 𝒞 04 94 97 05 31   Plan : Z**a**
– http://lecolombierhotel.free.fr – Ouvert fin mars à mi-nov.
10 ch – 🛏95/185 € 🛏🛏95/255 € – ⛝ 13 €
Au fond d'une impasse, au calme, on trouve cet hôtel familial et reposant. La fraîcheur de son intérieur (murs en crépi blanc, mobilier en bois peint, tissus clairs) en fait une étape de choix pendant les grandes chaleurs. Emplacement idéal en centre-ville.

Lou Cagnard sans rest 🆚🛜ⓟ

18 av. Paul-Roussel – 𝒞 04 94 97 04 24   Plan : Z**r**
– www.hotel-lou-cagnard.com – Ouvert de mars à oct.
19 ch – 🛏84/171 € 🛏🛏84/171 € – ⛝ 12 €
Cette maison ancienne s'est dorée sous le cagnard et a pris de belles couleurs provençales. Les chambres sont simples et sans prétention ; l'été, on prend le petit-déjeuner à l'ombre des mûriers et figuiers, à la fraîche.

Restaurants

XXXX **La Vague d'Or** – Hôtel Résidence de la Pinède   88 ≤ 🍴 🍴 AC **P**
❀❀❀ *plage de la Bouillabaisse, par ① – 𝒞 04 94 55 91 00 – www.residencepinede.com*
– *Ouvert de mi-avril à mi-oct. et fermé dim. et lundi de mi-avril à mi-mai et le midi*
Menu 245 € – Carte 200/300 €

Parcours fulgurant que celui d'Arnaud Donckele ! Ce jeune Normand rend aujourd'hui l'un des plus beaux hommages qui soient à… la Méditerranée. Comment rester insensible devant tant d'inspiration et d'exigence ? Des accords de saveurs enivrants, des produits rares qui sont la quintessence de la région, un service remarquable… La table d'un chef passionné par son art !
→ La liche grillée à l'âtre, tomates de plein champ et avocat corse. Agneau de Sisteron en deux services. Fines feuilles de fraises des étals varois et citron vert glacé.

XXX **Pan Deï Palais** – Hôtel Pan Deï Palais   🍴 ⅋ AC ⌂🍴
52 r. Gambetta – 𝒞 04 94 17 71 71 – www.pandei.com – Fermé   Plan : Z**v**
3 nov.-18 déc., lundi et mardi de janv. à mars et le midi
Menu 79/145 € – Carte 76/118 €

Dans ce palais placé sous le vocable de l'Asie, la cuisine se teinte d'exotisme et cultive un raffinement non dénué de grâce. Même inspiration côté décor, qui emprunte l'élégance de ses lignes à l'esthétique indienne.

XXX **La Ponche** – Hôtel La Ponche   🍴 AC
5 r. des Remparts, (pl. Revelin) – 𝒞 04 94 97 09 29   Plan : Y**v**
– *www.laponche.com – Ouvert 14 mars-1ᵉʳnov.*
Formule 28 € – Menu 34 € – Carte 47/94 €

Soupe de poissons, salade de crustacés, moules à la provençale, filets de rouget et spaghettis de courgettes au basilic… Voici les indéboulonnables spécialités de ce bel établissement, qui cultive l'esprit méditerranéen sans nostalgie. Argument de poids : la terrasse offrant une belle échappée sur la mer.

XXX **L'Olivier** – Hôtel La Bastide de St-Tropez   🍴 🍴 ⅋ **P**
rte des Carles : 1 km par av. P.- Roussel - Z – 𝒞 04 94 55 82 55
– *www.bastidesaint-tropez.com – Fermé 2 janv.-12 fév. et le midi*
Menu 68/80 € – Carte 59/80 €

De belles saveurs sont à découvrir dans le cadre feutré de l'hôtel La Bastide. Dans son genre très classique, la véranda est superbe, et la terrasse idéale pour les beaux jours.

XX **Rivea** – Hôtel Byblos   88 🍴 AC
27 av. du Mar.-Foch – 𝒞 04 94 56 68 20 – www.byblos.com   Plan : Z**t**
– *Ouvert d'avril à oct et fermé le midi.*
Carte 62/119 €

Au sein du Byblos, palace capital pour la chronique tropézienne, une table griffée Alain Ducasse, instigateur d'une cuisine ludique et contemporaine qui, ici, fait la part belle au terroir de la Riviera française sans oublier quelques saveurs italiennes. Cadre design, éclairage tamisé et terrasse sous les platanes…

XX **Suffren Café** – Hôtel de Paris Saint-Tropez   88 🍴 AC ⅋
1 Traverse de la Gendarmerie – 𝒞 04 83 09 60 00   Plan : Z**b**
– *www.hoteldeparis-sainttropez.com – Ouvert 2 avril-1ᵉʳ nov.*
Menu 38 € 🍷 (déj. en semaine)/52 € – Carte 59/106 €

Des recettes parfaitement maîtrisées, parfumées, fondées sur de très beaux produits : voilà qui résume la cuisine servie dans ce restaurant situé en léger retrait du port. Les Tropéziens accourent, notamment le midi avec la formule d'un bon rapport qualité-prix… Et l'été, on profite de la terrasse !

XX **Le Girelier**   🍴 ⅋ AC
quai Jean-Jaurès – 𝒞 04 94 97 03 87 – www.legirelier.fr   Plan : Y**u**
– *Ouvert 20 mars-1ᵉʳ nov. et 26 déc.-3 janv.*
Menu 34 € (déj.)/39 € – Carte 53/110 €

Sur le port, ce restaurant a atteint sa vitesse de croisière : poissons et crustacés ultrafrais simplement cuisinés à la plancha, bouillabaisse, loup en croûte de sel et paella… Les produits de la mer sont les rois, le tout à des prix raisonnables pour la ville. Une adresse sérieuse.

XX **Cristina Saulini** ⊕   🍴 AC ⇔
☺ 19 r. des Féniers – ℰ 04 94 97 46 10 – www.cristinasaulini.com   Plan : Z**f**
– Ouvert début avril-fin oct. et fermé mardi hors saison et le midi
Carte 64/88 € (réservation conseillée)
Dans une toute petite ruelle du vieux St-Trop', une sympathique adresse italienne où tout est fait maison, même le pain ! Fleurs de courgettes farcies à la ricotta, raviolis à la crème de truffe, pannacotta aux noisettes croquantes et caramel... Des recettes fraîches et authentiques, qui régalent les papilles.

XX **Salama** ⊕   AC
☺ 1 r. des Tisserands – ℰ 04 94 97 59 62   Plan : Z**s**
– www.restaurant-salama.com – Ouvert début mars à mi-nov. et fermé le midi
Carte 41/56 € (réservation conseillée)
Dans une étroite venelle, cette bâtisse est en réalité une ancienne abbaye du 18e s. ; elle abrite aujourd'hui cette élégante table dédiée à la cuisine marocaine. Tajines traditionnels, couscous et autres pâtisseries orientales sont réalisés dans les règles de l'art par une chef méticuleuse, qui importe ses épices du Maroc.

X **Les Viviers du Pilon** ⊕   ≤ 🍴
☺ 2 av. du Général-de-Gaulle, port du Pilon par ① – ℰ 04 94 97 00 92
– www.viviers-dupilon-restaurant.com – Ouvert d'avril à oct. et fermé le midi en juil.-août
Formule 29 € – Carte 50/120 €
Le restaurant est pour ainsi dire un vivier à lui seul, car il est l'annexe d'une poissonnerie, qui plus est renommée ! Fruits de mer, homards, langoustes, poissons sauvages : la maison ne transige pas avec la qualité. Dernier atout : un cadre charmant, avec une vue imprenable sur le golfe de St-Tropez...

X **Le Banh Hoï** ⊕   🍴 AC ⇔
☺ 12 r. Petit-St-Jean – ℰ 04 94 97 36 29 – www.banhhoi.fr   Plan : Y**a**
– Ouvert 1er avril-4 oct. et fermé le midi
Carte 51/67 €
Un très joli décor... Lumière tamisée, murs et plafonds laqués de noir, bouddhas stylisés servent d'écrin à une sympathique cuisine parfumée, vietnamienne et thaïlandaise.

X **Le Bistrot à la Truffe** ⊕   🍴 AC
2 r. de l'Eglise – ℰ 04 94 43 95 18 – www.bistrot-la-truffe.com   Plan : Y**t**
– Ouvert mi-avril à fin oct. et fermé le midi
Menu 69/149 € (réservation conseillée)
Les amateurs du "diamant noir" connaissent le restaurant Bruno, à Lorgues, véritable référence en la matière. C'est en association avec lui qu'est né ce bistrot au joli cadre rétro, où l'on retrouve des recettes fameuses : brouillade aux truffes, pomme de terre à la truffe, glace aux truffes... L'esprit de la maison mère est là !

au Sud-Est par av. Foch - Z - ✉ 83990 St-Tropez

🏨 **Sezz**   🍴 ♨ ▨ 🐾 க AC 🛜 🅿
151 rte des Salins, à 2 km – ℰ 04 94 55 31 55 – www.saint-tropez.hotelsezz.com
– Ouvert 24 avril-4 oct.
35 ch – †700/950 € ††700/950 € – 2 suites – 🍴 38 € – ½ P
Rest Colette – voir les restaurants ci-après
Le Sezz parisien s'exporte à St-Tropez : ultramoderne, design et ouvert au maximum sur l'extérieur pour profiter du climat... Dans chaque chambre : matériaux naturels, terrasse et douche extérieure. Un art de vivre très tendance !

🏨 **La Tartane Saint-Amour**   🍴 ♨ ▨ 🛁 க AC 🛜 🅿
rte des Salins, à 3,5 km – ℰ 04 94 97 21 23 – www.saintamour-hotel.com
– Ouvert de Pâques à début oct.
23 ch – †290/590 € ††400/1000 € – 5 suites – 🍴 31 € – ½ P
Chic, précieux, raffiné : sur la route des Salins, un lieu idéal pour se ressourcer... Tons chauds, influences ethniques (Afrique, Bali, etc.), beau hammam en mosaïque, fitness face au jardin et restaurant mettant à l'honneur la cuisine de l'Asie du Sud-Est : une vraie parenthèse.

🏨 **Benkiraï** 🍴 🛏 🏊 ᵬ AC 📶 ⚐ P
70 chemin du Pinet, à 3 km – ℰ 04 94 97 04 37 – www.charmandmore.com
– Ouvert de Pâques à mi-oct.
38 ch – 🛏180/990 € 🛏🛏180/1200 € – 1 suite – ☟ 25 € – ½ P
Rest *La Régalade* – voir les restaurants ci-après
Le fameux designer Patrick Jouin a signé la déco du Benkiraï, mêlant lignes pures,
blancheur immaculée, béton ciré et jeux de lumière... Une œuvre minimaliste très
aboutie, qui sied parfaitement à l'environnement plutôt tranquille dont jouit l'établissement, à l'écart du centre-ville.

🏨 **Le Pré de la Mer** sans rest 🦿 🍴 🏊 ᵬ AC 📶 P
rte des Salins, à 2 km – ℰ 04 94 97 12 23 – www.lepredelamer.fr
– Ouvert 18 avril -15 oct.
13 ch ☟ – 🛏290/520 € 🛏🛏290/590 € – 1 suite
Il y a le ciel, le soleil et... le Pré de la Mer. Ambiance zen, terrasses privatives dans
chaque chambre, jardin fleuri, belle piscine, fitness et hammam : un endroit
nature et cosy, parfait pour une villégiature revigorante.

✗✗ **Colette** – Hôtel Sezz 🍴 🍸 ᵬ AC P
151 rte des Salins, à 2 km – ℰ 04 94 44 53 11 – www.saint-tropez.hotelsezz.com
– Ouvert 24 avril-4 oct. et fermé lundi et mardi de sept. à juin et le midi sauf
dim.
Menu 69 € (dîner)/96 € – Carte 97/155 €
Colette, qui avait une propriété à St-Tropez, aurait sans doute aimé cette table.
Produits méditerranéens, épices lointaines, notes d'Asie : un panaché très subtil,
dans un élégant décor contemporain (charmante terrasse).

✗✗ **La Régalade** – Hôtel Benkiraï 🍸 AC
70 chemin du Pinet, à 3 km – ℰ 04 94 97 04 37 – www.charmandmore.com
– Ouvert de Pâques à mi-oct.
Menu 47 € – Carte 46/66 €
La Régalade de Bruno Doucet – dont il existe déjà trois déclinaisons à Paris – prend
aussi ses quartiers à St-Tropez ! On retrouve avec plaisir le concept bistronomique
du chef, dans l'écrin ultracontemporain de l'hôtel Benkiraï. Ou comment allier
mode et gourmandise...

au Sud-Est par av. Paul-Roussel et rte de Tahiti - ✉ 83990 St-Tropez

🏰🏰 **Château de la Messardière** 🍴 🦿 ≤ 🍴 🏊 🔳 🌐 🖴 🍸 AC 📶 ⚐ P
161 rte de Tahiti, à 2 km – ℰ 04 94 56 76 00 🚗
– www.messardiere.com – Ouvert 17 avril-31 oct.
92 ch ☟ – 🛏320/1100 € 🛏🛏320/1100 € – 25 suites
Rest *L'Acacia* – voir les restaurants ci-après
Niché dans un parc de 10 ha dominant la baie, un château de conte de fées (1890)
aux teintes ensoleillées. Tout y est si brillant et impeccable, que l'on voudrait y
pénétrer avec des patins de feutre et préserver à jamais ce magnifique ensemble !
Mention spéciale au spa et aux services proposés, bien dignes d'un palace.

🏨 **La Ferme d'Augustin** 🍴 🦿 🍴 🏊 🖴 ᵬ AC 📶 P
rte de Tahiti, à 4 km ✉ 83350 Ramatuelle – ℰ 04 94 55 97 00
– www.fermeaugustin.com – Ouvert 20 mars-20 oct.
44 ch – 🛏225/395 € 🛏🛏225/555 € – 2 suites – ☟ 20 €
Dans ce vaste domaine arboré et fleuri, une demeure familiale délicieuse, où on
cultive l'art de recevoir. Du vignoble sortent 2 000 bouteilles de rosé chaque
année ; l'huile d'olive est faite maison et le potager fournit les légumes. Un
havre de douceur loin du bling-bling !

🏨 **St-Vincent** 🍴 🦿 🍴 🏊 ᵬ AC 📶 P
rte de Tahiti, à 4 km ✉ 83350 Ramatuelle – ℰ 04 94 97 36 90
– www.hotelsaintvincent.com – Ouvert mai-sept.
20 ch ☟ – 🛏120/315 € 🛏🛏120/315 €
Quatre maisons provençales face aux lauriers-roses et aux vignes – nous sommes
sur un domaine viticole ! Les chambres sont spacieuses et accueillantes ; on profite de la délicieuse quiétude des terrasses et de la piscine... un petit paradis
bucolique.

XXXX **L'Acacia** – Hôtel Château de la Messardière   🛱 ≤ 🖢 🖟 AK P

161 rte de Tahiti, à 2 km – ℰ 04 94 56 76 00 – www.messardiere.com – Ouvert 17 avril-31 oct. et fermé le midi

Menu 65/120 € – Carte 95/130 €

Moment de gastronomie dans le cadre très chic du château de la Messardière, en surplomb de la pinède et de la baie de Pampelonne... Un décor très "Riviera" pour une cuisine contemporaine inspirée par la nature, les fleurs, les herbes et évidemment les saisons.

X **La Pomme de Pin** 🟦   🛱 P

😋 *rte de Tahiti, à 4 km ⊠ 83350 Ramatuelle – ℰ 04 94 97 73 70 – Ouvert début avril à mi-oct.*

Menu 15 € (déj. en semaine) – Carte 30/50 €

Le patron, d'origine sarde, est installé ici depuis 1992. Sur la terrasse, à l'abri des pins, on déguste les savoureuses spécialités italiennes qu'il concocte sans chichis. Les spécialités de la maison ? Assiette d'antipasti, pâtes aux fruits de mer, linguines au homard, ou encore tiramisu. Simple et authentique !

rte de Ramatuelle par ① et D 93 – ⊠83350 Ramatuelle

🏠🏠🏠 **Villa Marie**   🍽 ⌖ 🖢 🏊 🖟 AK 🛜 P

1100 chemin du Val-Rian – ℰ 04 94 97 40 22 – www.villamarie.fr – Ouvert 7 mai à début oct.

43 ch – †410/882 € ††410/1040 € – 2 suites – � 32 €

Rest *Dolce Vita* – voir les restaurants ci-après

Raffinement, luxe et charme réunis sous le même toit en cette villa enchanteresse nichée dans une pinède dominant la baie de Pampelonne. Les chambres, soigneusement décorées dans un esprit de demeure bourgeoise provençale, ont un charme fou !

🏠🏠🏠 **Muse**   🍽 ⌖ 🖢 🏊 🖟 🖟 AK 🛜 P

rte des Marres – ℰ 04 94 43 04 40 – www.muse-hotels.com – Ouvert d'avril à oct.

12 suites ⊇ – ††370/3600 € – 2 ch

Les Muses pourraient élire domicile dans ce domaine au charme infini ! Architecture en pierres sèches, jardin au naturel, aménagements ultradesign et vastes suites aux lignes épurées : un sommet d'élégance contemporaine et la dernière enclave exclusive, aux portes de St-Tropez.

🏠 **Les Bouis** 🟦 sans rest   ⌖ ≤ 🖢 🏊 🖟 AK 🛜 P

chemin des Bouis, 6 km par rte de la plage de Pampelonne – ℰ 04 94 79 87 61 – www.hotel-les-bouis.com – Ouvert 4 avril-10 oct.

23 ch – †170/260 € ††200/320 € – ⊇ 18 €

Un décor de carte postale ! La baie de Pampelonne pour tout horizon et l'ombre des pins parasols... Chambres au calme, avec terrasse ou balcon, très belle piscine avec vue sur la région, proximité des plages : que vouloir de plus ?

XXX **Dolce Vita** – Hôtel Villa Marie   ≤ 🛱

1100 chemin du Val-Rian – ℰ 04 94 97 40 22 – www.villamarie.fr – Ouvert 7 mai à début oct.

Carte 77/118 €

Niché dans un parc de trois hectares, au pied de l'hôtel Villa Marie, un restaurant qui fait notre vie... plus douce ! De séduisantes recettes provençales et méditerranéennes : voilà les plaisirs qui nous attendent ici, avec une mention particulière pour le poisson et pour les herbes du potager qui agrémentent le tout.

à l'Ouest par ① – ⊠83580 Gassin

🏠🏠🏠 **Villa Belrose**   🍽 ⌖ ≤ 🖢 🏊 🖟 📶 🖟 AK 🛜 P 🚗

bd des Crêtes, à 3 km – ℰ 04 94 55 97 97 – www.villabelrose.com – Ouvert 1er mai-11 oct.

34 ch – †320/1500 € ††420/1500 € – 3 suites – ⊇ 37 € – ½ P

Rest *Villa Belrose* ❀ – voir les restaurants ci-après

Cette grande villa contemporaine embrasse la baie de St-Tropez ! Colorée et lumineuse, elle semble tutoyer le soleil... Les prestations sont superbes, soignées jusqu'au moindre détail (marbre italien, mobilier de style, grand confort, etc.).

Kube

rte de Saint-Tropez, à 2 km – ℰ 04 94 97 20 00 – www.kubehotel.com
– Ouvert avril-oct.
41 ch – †265/745 € ††500/2295 € – ☑ 25 €
Bordant le golfe de St-Tropez, un écrin contemporain tout en blancheur, lignes
géométriques et aménagement design. De la belle piscine face à la mer jusqu'au
toit-terrasse aménagé en bar lounge – idéal pour surveiller son yacht en train de
mouiller au large ! –, l'adresse ravira les amateurs d'ambiance branchée...

Mas de Chastelas

2 chemin de Chastelas - quartier Bertaud, à 4 km, direction Gassin
– ℰ 04 94 56 71 71 – www.chastelas.com – Ouvert avril-oct.
16 ch – †290/820 € ††290/820 € – ☑ 30 € – ½ P
Voilà un endroit où apprécier l'art de vivre provençal ! Dans un parc de 3 ha aux
senteurs d'arbousiers, la bastide du 18e s. et ses deux villas abritent des chambres
élégantes et cosy, la plupart dans un bel esprit méditerranéen, certaines très
contemporaines. Piscine, restaurant... Parfait pour une escapade romantique.

Villa Belrose – Hôtel Villa Belrose

bd des Crêtes, à 3 km – ℰ 04 94 55 97 97 – www.villabelrose.com – Ouvert 1er
mai-11 oct. et fermé le midi sauf dim. et fériés
Menu 110/130 € – Carte 110/180 €
Une superbe terrasse panoramique dominant le golfe de St-Tropez, une élégante salle
aux lignes contemporaines... Le cadre est très agréable pour déguster une belle cui-
sine méditerranéenne, aux fines associations niçoises, transalpines et provençales.
→ Tian de légumes rafraîchis, salade au goût du pays niçois. Bouillabaisse Saint-
Tropez 2015. Chocolat et praliné amandes-noisettes.

ST-UZE – 26 (Drôme) → voir St-Vallier

ST-VAAST-LA-HOUGUE

✉ 50550 (Manche) – 1 966 hab. – Alt. 4 m – Voir carte n°**32-A1**
🅳 Paris 347 km – Carentan 41 km – Cherbourg 31 km – St-Lô 68 km
Carte Michelin 303-E2 – Guide Vert Michelin Normandie Cotentin

La Granitière sans rest

74 r. du Mar.-Foch – ℰ 02 33 54 58 99 – www.hotel-la-granitiere.com
9 ch – †93/99 € ††93/125 € – ☑ 11 €
Station balnéaire et port de pêche, "St-Va" abrite cette belle demeure en granit
gris, légèrement en retrait de la rue. L'entretien est impeccable, et les chambres
ont un petit côté vieille France qui séduira les nostalgiques du feutre d'antan.

France et Fuchsias

20 r. du Mar.-Foch – ℰ 02 33 54 40 41 – www.france-fuchsias.com – Fermé
4 janv.-13 fév., 30 nov.-8 déc. et lundi sauf de juin à sept.
34 ch – †59/138 € ††59/138 € – ☑ 11 € – ½ P
Rest France et Fuchsias – voir les restaurants ci-après
Fuchsias, palmiers, mimosas et eucalyptus : un bien joli jardin ! Dans ce petit hôtel
tenu en famille, les chambres, au confort simple, sont plus spacieuses dans l'annexe.

France et Fuchsias – Hôtel France et Fuchsias

20 r. du Mar.-Foch – ℰ 02 33 54 40 41 – www.france-fuchsias.com
– Fermé 4 janv.-13 fév., 30 nov.-8 déc., dim. soir de nov. à mars, lundi sauf le soir
en juil.-août, mardi midi en mai-juin et sept. et le midi d'oct. à avril sauf sam. et dim.
Formule 19 € – Menu 30 € (dîner)/42 € – Carte 46/81 €
Dans cet accueillant restaurant, le chef concocte une cuisine actuelle inspirée par
le terroir normand... Et l'été, on profite de la terrasse, très généreusement fleurie.

Le Chasse Marée

8 pl. du Gén.-de-Gaulle – ℰ 02 33 23 14 08 – www.chassemaree.com
– Fermé janv. à mi-fév., lundi et mardi hors saison
Menu 18 € (déj. en semaine), 24/37 € – Carte 30/68 €
Photos de bateaux, fanions laissés par les clients navigateurs, terrasse sur le
port et bons produits de la pêche locale : un charmant petit bistrot marin où
l'on se sent bien, tout simplement.

ST-VALENTIN – 36 (Indre) → voir Issoudun

ST-VALERY-EN-CAUX
✉ 76460 (Seine-Maritime) – 4 374 hab. – Alt. 5 m – Voir carte n°**33**-C1
◫ Paris 190 km – Bolbec 46 km – Dieppe 35 km – Fécamp 33 km
Carte Michelin 304-E2 – Guide Vert Michelin Normandie Vallée de la Seine

▦▦ **Hôtel du Casino** ○ £▦▩&ⅣⅩ%⌆▲ℙ
14 av. Clemenceau – ℰ 02 35 57 88 00 – www.hotel-casino-saintvalery.com
76 ch – ♦92/98 € ♦♦102/108 € – ⌂ 12 € – ½ P
Face au port de plaisance, cet hôtel impressionne par ses grands volumes, depuis
le grand hall d'entrée jusqu'aux chambres, contemporaines et fonctionnelles. Une
adresse très appréciée des clientèles d'affaires et touristique.

✗✗ **Le Port** ≤ 🏠
⊕ 18 quai d'Amont – ℰ 02 35 97 08 93 – Fermé dim. soir, jeudi soir et lundi
Menu 26/46 € – Carte 46/74 €
Ce restaurant n'a pas volé son nom : il domine le quai, où oscillent les bateaux. La
salle est charmante, avec ses photos noir et blanc des falaises du pays de Caux ;
quant à la cuisine de la mer, elle est réalisée avec de bons produits – cabillaud,
sole, turbot – achetés exclusivement auprès des pêcheurs locaux.

ST-VALERY-SUR-SOMME
✉ 80230 (Somme) – 2 760 hab. – Alt. 27 m – Voir carte n°**36**-A1
◫ Paris 206 km – Abbeville 18 km – Amiens 71 km – Blangy-sur-Bresle 45 km
Carte Michelin 301-C6

▦▦▦ **Les Corderies** ○ ◈ ≤ 🏠 🔲 ☼ ▦ & % ⌆ ▲ ℙ
214 r. des Moulins – ℰ 03 22 61 30 61 – www.lescorderies.com
– Fermé 3 semaines en janv.
18 ch – ♦175/260 € ♦♦175/260 € – ⌂ 15 € – ½ P
Rest La Table des Corderies – voir les restaurants ci-après
Un imposant hôtel blanc comme l'albâtre, sur les hauteurs de St-Valéry. Sobriété,
design et confort : quel plaisir de regagner sa chambre après un passage à l'espace
bien-être ou une balade sur la plage... surtout si l'on a opté pour la vue sur la baie !

▦▦ **Les Pilotes** ○ ≤ ▦ & % ⌆
62 r. de la Ferté – ℰ 03 22 60 80 39 – www.lespilotes.fr
25 ch – ♦90/140 € ♦♦110/280 € – ⌂ 11 €
Rest Bistrot des Pilotes – voir les restaurants ci-après
Sur les quais de la baie de Somme, un hôtel aux chambres petites mais bien aménagées, rétro à souhait, avec leur décoration qui fait des clins d'œil appuyés aux
années 1960. Préférez celles côté baie : la vue y est superbe !

▦▦ **Picardia** sans rest ▦ ⌆
41 quai Romerel – ℰ 03 22 60 32 30 – www.picardia.fr
18 ch – ♦80/115 € ♦♦100/125 € – ⌂ 14 €
Sympathique maison de pays à deux pas du petit quartier médiéval et des quais. Chambres spacieuses et cosy ; certaines, avec mezzanine, accueillent volontiers les familles.

⌂ **Le Castel** sans rest ◈ ≤ 🏠 🔲 % ⌆ ℙ
r. du Castel – ℰ 03 22 60 45 79 – www.castel-baie-de-somme.com – Ouvert
13 fév.-15 nov.
5 ch ⌂ – ♦175/195 € ♦♦175/195 €
Au cœur de la ville haute, cette magnifique propriété est un ravissement... Son
parc de 2 ha s'abrite derrière les anciens remparts du château médiéval, d'où l'on
jouit d'une vue superbe sur la baie de Somme. La demeure (19e s.) a un charme
fou : parquet à chevrons, cheminées, moulures, etc. Et l'accueil est charmant !

✗ **La Table des Corderies** – Hôtel les Corderies 🏠 🏠 &
214 r. des Moulins – ℰ 03 22 61 30 61 – www.latabledescorderies.com
– Fermé 3 semaines en janv.
Formule 30 € – Menu 36/65 € – Carte 40/56 € (réservation conseillée)
Envie de saveurs de la mer ? Rendez-vous aux Corderies, sur les hauteurs de la
ville. Saumon façon gravlax, pavé de cabillaud à la fricassée de lentilles vertes et
jus de coquillages... On fait ici la part belle à la pêche régionale et aux producteurs locaux, avec une touche de créativité maîtrisée.

✗ **Bistrot des Pilotes** – Hôtel Les Pilotes

37 quai Blavet – ℰ 03 22 60 38 95 – www.lespilotes.fr – Fermé 22 déc.-11 janv., dim. soir, lundi et mardi

Carte 27/44 €

Il y a bien un pilote dans l'avion... ou plutôt le bistrot ! Derrière les fourneaux, le chef signe une belle cuisine du marché, travaillant de beaux produits frais : rognons de veau, crevettes grises, poisson en fonction de la marée... Et l'on se régale les yeux tournés vers la baie.

ST-VALLIER

✉ 26240 (Drôme) – 3 992 hab. – Alt. 135 m – Voir carte n°**43**-E2

▶ Paris 526 km – Annonay 21 km – St-Étienne 61 km – Tournon-sur-Rhône 16 km

Carte Michelin 332-B2 – Guide Vert Michelin Ardèche Drôme

✗ **Le Bistrot d'Albert**

116 av. Jean-Jaurès, rte de Lyon – ℰ 04 75 23 01 12 – Fermé 2 semaines en août, 2 semaines en fév., sam. et dim.

Menu 22 €

Plus qu'un bistrot, toute une épicerie fine et même une cave à vins ! On s'attable au milieu des présentoirs où trônent les victuailles sélectionnées par la maison (conserves et autres bouteilles) : sympathique pour apprécier des assiettes de tradition d'un bon rapport qualité-prix (plat du jour, grignotage pour l'apéro).

à St-Uze 6 km à l'Est par D 51 – ✉ 26240 – 1 977 hab. – Alt. 189 m

✗ **Philip Liversain**

23 r. Pierre-Sémard – ℰ 04 75 03 52 58 – www.philip-liversain.com – Fermé 3 semaines en juil., 2-15 janv., merc. soir, dim. soir et lundi

Formule 13 € – Menu 18 € (déj. en semaine), 23/46 €

Le soleil et la fraîcheur se donnent rendez-vous dans cet ancien relais de poste (19ᵉ s.) au cadre coloré. La carte est inspirée par le marché et les saisons : le chef est un vrai défenseur des produits de la région ; la tradition s'en trouve revigorée !

ST-VIANCE

✉ 19240 (Corrèze) – 1 696 hab. – Alt. 119 m – Voir carte n°**24**-B3

▶ Paris 479 km – Brive-la-Gaillarde 12 km – Limoges 90 km – Tulle 45 km

Carte Michelin 329-J4 – Guide Vert Michelin Périgord Quercy

⌂ **Auberge sur Vézère**

23 r. du Pontel – ℰ 05 55 84 28 23 – www.aubergesurvezere.com – Fermé dim. soir hors saison et lundi midi

9 ch – †76 € ††86 € – 🖵 9 € – ½ P

À l'entrée du village, on remarque sa jolie terrasse à l'ombre des platanes... Une auberge de pays gérée sereinement, où l'on est accueilli avec un grand sourire ; les chambres, fonctionnelles et bien équipées, sont impeccablement tenues. Une adresse sympathique !

ST-VIATRE

✉ 41210 (Loir-et-Cher) – 1 265 hab. – Alt. 107 m – Voir carte n°**12**-C2

▶ Paris 179 km – Blois 106 km – Orléans 53 km – Vierzon 53 km

Carte Michelin 318-I6 – Guide Vert Michelin Châteaux de la Loire

⌂ **Villepalay** sans rest

Lieu-dit Villepalay, 2 km par rte de Nouan le Fuzelier – ℰ 02 54 88 22 35 – www.villepalay.com – Fermé mars sauf vacances scolaires

3 ch 🖵 – †70/75 € ††75/80 €

Cette ferme solognote au charme bucolique vous réserve le meilleur accueil : prêt de vélos, organisation de sorties en forêt pour observer les animaux, étang pour la pêche et le canotage... Les chambres y sont confortables et bien tenues. Petit-déjeuner bio avec confitures maison.

ST-VICTOR – 03 (Allier) → voir Montluçon

ST-VICTOR-DE-MALCAP – 30 (Gard) → voir St-Ambroix

ST-VINCENT

✉ 43800 (Haute-Loire) – 971 hab. – Alt. 605 m – Voir carte n°**6-C3**

▶ Paris 543 km – La Chaise-Dieu 37 km – Le Puy-en-Velay 18 km – St-Étienne 76 km
Carte Michelin 331-F3

✗✗ La Renouée

à Cheyrac, 2 km au Nord par D 103 – ✆ 04 71 08 55 94
– www.auberge-larenouee.com – Fermé fév., 1 semaine vacances de la
Toussaint, janv., mardi, merc. et jeudi du 1er oct. au 31 mars, dim. soir et lundi
Formule 17 € – Menu 28/49 € *(réservation conseillée)*
Cette maison familiale est bien sympathique, avec sa grande cheminée en pierre,
son joli vaisselier et son atmosphère rustique. On y savoure une cuisine assez
actuelle, qui fait la part belle au terroir.

ST-VINCENT-DE-COSSE

✉ 24220 (Dordogne) – 357 hab. – Alt. 80 m – Voir carte n°**4-D3**

▶ Paris 554 km – Bordeaux 157 km – Cahors 72 km – Périgueux 74 km
Carte Michelin 329-H6

🏠 Château de Monrecour

– ✆ 05 53 28 33 59 – www.monrecour.com
31 ch – ♦65/180 € ♦♦65/180 € – 🍽 11 € – ½ P
Rest *Château de Monrecour* – voir les restaurants ci-après
Il s'annonce de loin sur la route de Sarlat à St-Cyprien avec ses hauts toits de
tuile. Cette altière architecture (17e s.-début du 20e s.) fait un bel écho à la noble
nature périgourdine qui lui sert d'écrin ! Au choix : grand style dans le château
(lits à baldaquin, tentures, etc.) ou esprit champêtre dans les dépendances...

✗✗ Château de Monrecour

– ✆ 05 53 28 33 59 – www.monrecour.com – Fermé le midi
Menu 29/50 €
Au sein de ce domaine dominant la campagne périgourdine, dans une extension
contemporaine aménagée dans un style classique affirmé, une table gastronomique cultivant l'air du temps à travers des recettes de bonne facture et savoureuses. Parfait pour les résidents de l'hôtel, mais pas seulement...

ST-VINCENT-DE-TYROSSE

✉ 40230 (Landes) – 7 743 hab. – Alt. 24 m – Voir carte n°**3-B3**

▶ Paris 743 km – Anglet 32 km – Bayonne 29 km – Bordeaux 157 km
Carte Michelin 335-D13

✗✗✗ Le Hittau

1 r. du Nouaou – ✆ 05 58 77 11 85 – Fermé vacances de fév., 1er-7 juil., vacances
de la Toussaint, mardi sauf de mi-juil. à fin août et merc.
Formule 24 € – Menu 36/78 € – Carte 56/64 €
Cette ancienne bergerie ne manque pas de cachet avec sa charpente apparente
et sa cheminée monumentale, et sa terrasse se révèle agréable. Au menu, une
cuisine d'aujourd'hui qui fait la part belle aux bons produits de saison, aux recettes landaises et surtout au poisson de la criée de Capbreton.

ST-YBARD – 19 (Corrèze) → voir Uzerche

STE-ANNE-D'AURAY

✉ 56400 (Morbihan) – 2 500 hab. – Alt. 42 m – Voir carte n°**9-A3**

▶ Paris 475 km – Auray 7 km – Hennebont 33 km – Locminé 27 km
Carte Michelin 308-N8 – Guide Vert Michelin Bretagne Sud

🏠 L'Auberge

56 r. de Vannes – ✆ 02 97 57 61 55 – www.auberge-sainte-anne.com – Fermé
16-25 fév., 2-18 nov. et 6-25 janv.
14 ch – ♦60/95 € ♦♦60/150 € – 2 suites – 🍽 10 € – ½ P
Rest *L'Auberge* – voir les restaurants ci-après
L'hôtel joue la carte Art nouveau : palissandre, loupe d'orme, reproductions de
Mucha, pâtes de verre Lalique. Les chambres sont douillettes, avec de spacieuses
salles de bains en marbre.

××× L'Auberge
56 r. de Vannes – ℰ 02 97 57 61 55 – www.auberge-sainte-anne.com – Fermé 16-25 fév., 2-18 nov., 6-25 janv. et lundi
Menu 29/85 € – Carte 40/94 €
Ste-Anne-d'Auray est une ville pieuse et Jean-Paul II se serait arrêté au restaurant de l'Auberge en 1996. Contentons-nous d'un pèlerinage devant ses assiettes joliment présentées et ses produits de la mer de qualité...

× L'Aubergine 🆕
20 pl. Y. Nicolazic – ℰ 02 97 31 37 19 – www.restaurant-aubergine-56.com – Fermé 8-23 fév., 8-15 juil., 1 semaine vacances de la Toussaint, 23 déc.- 2 janv., merc. et dim.
Formule 12 € – Menu 18/23 € – Carte environ 24 €
Dans un bâtiment couleur aubergine se niche ce chaleureux bar à vins, mettant à l'honneur des bouteilles de toutes les régions de France. À l'ardoise, des classiques bistrotiers bien ficelés : entrecôte au beurre persillé et pommes Anna, filet de daurade et risotto d'épeautre, gigot d'agneau à la purée de céleri...

STE-ANNE-LA-PALUD (Chapelle de)
✉ 29550 (Finistère) – Alt. 65 m – Voir carte n°**9**-A2
◪ Paris 584 km – Brest 68 km – Châteaulin 20 km – Crozon 27 km
Carte Michelin 308-F6 – Guide Vert Michelin Bretagne Sud

🏠 La Plage
– ℰ 02 98 92 50 12 – www.plage.com – Ouvert 4 avril-1er nov.
21 ch – ♦192/380 € ♦♦192/487 € – ⏝ 22 € – ½ P
Rest *La Plage* – voir les restaurants ci-après
Un emplacement superbe, directement sur la plage, au pied de la chapelle ! Les chambres, cossues comme toute la demeure, donnent sur la baie ou sur le jardin fleuri. Mobilier de famille, antiquités, esprit contemporain... Comment mieux profiter de la plage ?

××× La Plage
– ℰ 02 98 92 50 12 – www.plage.com – Ouvert 4 avril-1er nov. et fermé lundi midi, mardi midi, merc. midi et vend. midi
Menu 58/104 € – Carte 78/122 €
La salle, panoramique, ouvre grand sur la plage et le va-et-vient des marées... Un cadre séduisant pour apprécier une cuisine mettant à l'honneur de beaux produits – en particulier de la mer – et exécutée avec attention. Le tout dans une veine classique.

STE-CÉCILE-LES-VIGNES
✉ 84290 (Vaucluse) – 2 353 hab. – Alt. 108 m – Voir carte n°**40**-A2
◪ Paris 646 km – Avignon 47 km – Bollène 13 km – Nyons 26 km
Carte Michelin 332-C8

× Campagne, Vignes et Gourmandises
rte de Suze-la-Rousse – ℰ 04 90 63 40 11 – www.restaurant-cvg.com – Fermé 1 semaine en avril et oct., vacances de Noël, dim. soir d'oct. à avril, mardi sauf juil.-août et lundi
Formule 19 € – Menu 24/42 € – Carte 44/54 € *(réservation conseillée)*
Avec son ambiance entre charme rustique (pierres apparentes, mobilier en bois peint) et modernité (tableaux contemporains), ce restaurant ne manque pas de cachet. Côté cuisine, le chef, Sylvain Fernandes, travaille des produits frais et célèbre avec délicatesse les parfums du Sud. Et le service est d'une grande gentillesse !

STE-COLOMBE – 84 (Vaucluse) → voir Bédoin

STE-CROIX – 01 (Ain) → voir Montluel

STE-CROIX-EN-PLAINE – 68 (Haut-Rhin) → voir Colmar

STE-ÉNIMIE

✉ 48210 (Lozère) – 526 hab. – Alt. 470 m – Voir carte n°**23**-C1
▶ Paris 612 km – Florac 27 km – Mende 28 km – Meyrueis 30 km
Carte Michelin 330-I8

🏠 Auberge du Moulin 🔟 🦮 🛜 🅿

r. Combe – 𝒞 04 66 48 53 08 – www.aubergedumoulin48.com – Ouvert de Pâques à la Toussaint
10 ch – †61/70 € ††61/76 € – ➘ 9 € – ½ P
Un hôtel-restaurant de tradition dans une jolie demeure en pierre, au cœur de l'un des plus beaux villages de France. Chambres sobres, dont la moitié avec terrasse donnant sur le Tarn.

STE-EULALIE

✉ 07510 (Ardèche) – 234 hab. – Alt. 1 233 m – Voir carte n°**44**-A3
▶ Paris 587 km – Aubenas 47 km – Langogne 47 km – Privas 51 km
Carte Michelin 331-H5 – Guide Vert Michelin Ardèche Drôme

🏠 Hôtel du Nord 🔟 🦮 ♿ 🛜 🅿

– 𝒞 04 75 38 80 09 – www.hoteldunord-ardeche.com – Ouvert 15 mars-11 nov.
15 ch – †64/74 € ††64/74 € – ➘ 11 € – ½ P
Sympathique hostellerie appréciée des pêcheurs qui viennent ferrer le poisson dans la Loire, qui prend sa source à 5 km ! Chambres sobres, régulièrement rénovées. Cuisine du terroir au restaurant.

STE-FLORINE

✉ 43250 (Haute-Loire) – 3 096 hab. – Alt. 440 m – Voir carte n°**6**-C2
▶ Paris 465 km – Brioude 16 km – Clermont-Fd 55 km – Issoire 19 km
Carte Michelin 331-B1

🏠 Le Florina 🔟 🛜

pl. Hôtel de Ville – 𝒞 04 73 54 04 45 – www.hotel-leflorina.com – Fermé 20 déc.-11 janv.
14 ch – †50/54 € ††54/90 € – ➘ 8 € – ½ P
En plein centre-ville, cette adresse familiale propose des chambres fonctionnelles, pratiques et bien tenues ; celles du deuxième étage étant mieux équipées (bain bouillonnant, douche à jets, etc.) mais plus chères. Restaurant traditionnel.

STE-FOY-LA-GRANDE

✉ 33220 (Gironde) – 2 400 hab. – Alt. 10 m – Voir carte n°**4**-C1
▶ Paris 555 km – Bordeaux 71 km – Langon 59 km – Marmande 44 km
Carte Michelin 335-M5 – Guide Vert Michelin Aquitaine

✖✖ Côté Bastide 🕸 ≤ 🍴 ♿ 🆎 🦮

4 r. de l'Abattoir, (près hôpital) – 𝒞 05 57 46 14 02 – www.cote-bastide.org – Fermé 25-31 août, lundi soir de sept. à juin, dim., merc. et fériés
Formule 20 € ☷ – Menu 26/43 € – Carte 38/47 €
Dans cette agréable maison, madame est aux fourneaux et monsieur en salle. Sommelier, ce dernier propose de délicats accords mets-vins et met en valeur les bons petits plats de sa compagne, fins et légers. L'été, jolie terrasse sous la tonnelle.

STE-FOY-TARENTAISE

✉ 73640 (Savoie) – 809 hab. – Alt. 1 050 m – Voir carte n°**45**-D2
▶ Paris 647 km – Albertville 66 km – Chambéry 116 km – Moûtiers 40 km
Carte Michelin 333-O4 – Guide Vert Michelin Alpes du Nord

🏠🏠 Le Monal 🔟 🕸 ≤ 🛎 🛜 🚗

rte de Val-d'Isère – 𝒞 04 79 06 90 07 – www.le-monal.com
19 ch – †60/75 € ††90/150 € – ➘ 10 € – ½ P
Dans la délicieuse quiétude d'un hameau alpin, ce chalet appartient à la même famille depuis 1888, mais il n'a cessé d'évoluer avec son temps. Résultat : les lieux – dont une annexe récemment aménagée – mêlent modernité et authenticité, confort et fraîcheur. Un lieu apaisant !

STE-GEMME-MORONVAL – 28 (Eure-et-Loir) ➜ voir Dreux

STE-GENEVIÈVE-DES-BOIS – 91 (Essonne) → voir Paris, Environs

STE-HERMINE
✉ 85210 (Vendée) – 2 729 hab. – Alt. 28 m – Voir carte n°**34-B3**
◘ Paris 433 km – Nantes 93 km – La Rochelle 59 km – La Roche-sur-Yon 35 km
Carte Michelin 316-J8

🏠 **Clem'otel**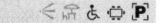
parc Vendée-Atlantique, 2 km au Sud sur D 137 – 𝒞 02 51 28 46 94
– www.clemotel.com – Fermé 24 déc.-6 janv.
49 ch – †63 € ††76 € – ☷ 9 € – ½ P
À la sortie de l'autoroute, hôtel récent au cœur d'une zone artisanale, avec des
chambres fonctionnelles, agréables et bien insonorisées... Pratique, économique et
confortable !

STE-LIVRADE-SUR-LOT
✉ 47110 (Lot-et-Garonne) – 6 182 hab. – Alt. 56 m – Voir carte n°**4-C2**
◘ Paris 647 km – Agen 35 km – Bordeaux 135 km – Montauban 121 km
Carte Michelin 336-F3

🍴 **Au Bord de la Source** ≤ 🏡 ⅃ ✿ **P**
rte de Bordeaux, 1,5 km à l'Ouest par D 911 – 𝒞 05 53 01 36 84
– www.auborddelasource.com – Fermé dim. soir sauf juil. août, lundi et mardi
Formule 19 € – Menu 24 € (semaine), 39/55 € – Carte 45/59 €
Sur les bords du Lot, une jolie maison typique de la région. On y déguste une
cuisine dans l'air du temps, qui oscille entre créativité et tradition. Ambiance
décontractée et vue imprenable sur la rivière.

STE-LUCIE-DE-PORTO-VECCHIO – 2A (Corse-du-Sud) → voir Corse

STE-MAGNANCE
✉ 89420 (Yonne) – 441 hab. – Alt. 310 m – Voir carte n°**7-B2**
◘ Paris 224 km – Auxerre 65 km – Avallon 15 km – Dijon 68 km
Carte Michelin 319-H7 – Guide Vert Michelin Bourgogne

🍴🍴 **Auberge des Cordois** 🏡 **P**
D 606 – 𝒞 03 86 33 11 79 – www.lescordois.fr – Fermé 21 juin-1ᵉʳ juil., 2-30 janv.,
lundi soir, mardi et merc.
Formule 18 € – Menu 31/38 € – Carte 34/53 €
En bord de route, cette auberge du 18ᵉs. ne passe pas inaperçue avec sa façade
jaune ! Et dans cet établissement tenu par la même famille depuis 1910, la tradition est sacrée, même si elle est joliment revisitée. Formule bistrot dans l'ancien
bar. Attention : un projet de déménagement est envisagé courant 2015.

STE-MARGUERITE (ÎLE) – 06 (Alpes-Maritimes) → voir Île Sainte-Marguerite

STE-MARIE-DE-RÉ – 17 (Charente-Maritime) → voir Île de Ré

STE-MARIE-DE-VARS – 05 (Hautes-Alpes) → voir Vars

STES-MARIES-DE-LA-MER → voir après Saintes

STE-MARIE-SICCHÉ – 2A (Corse-du-Sud) → voir Corse

STE-MARINE – 29 (Finistère) → voir Bénodet

STE-MAURE – 10 (Aube) → voir Troyes

STE-MAURE-DE-TOURAINE
✉ 37800 (Indre-et-Loire) – 4 153 hab. – Alt. 85 m – Voir carte n°**11-B3**
◘ Paris 273 km – Le Blanc 71 km – Châtellerault 39 km – Chinon 32 km
Carte Michelin 317-M6 – Guide Vert Michelin Châteaux de la Loire

⌂⌂ Hostellerie les Hauts de Sainte-Maure

32 r. des Merigotteries – ℰ *02 47 65 50 65*
– www.hostelleriehautsdestemaure.fr – Fermé janv. et dim. d'oct. à mai
10 ch – †119/440 € ††119/440 € – ⌑ 19 € – ½ P
Rest *The Goat* – voir les restaurants ci-après
Ce relais de poste du 16ᵉ s., organisé autour d'une paisible cour, abrite des chambres confortables et joliment décorées avec du mobilier ancien. Pour l'agrément : jardin et piscine intérieure avec balnéo.

✗✗ The Goat – Hostellerie Les Hauts de Sainte Maure

2 av. Gén.-de-Gaulle – ℰ *02 47 65 50 93 – www.hostelleriehautsdestemaure.fr*
– Fermé janv., lundi midi et dim. d'oct. à mai
Menu 65/119 €
À la carte de ce restaurant rustique, peu de choix, mais un menu unique qui varie selon l'inspiration du chef et qui naît de bons produits, dont une partie issue du potager. Une cuisine gourmande et soignée, accompagnée d'une belle carte des vins.

rte de Chinon 2,5 km à l'Ouest par D 760 - ✉ 37800 Noyant-de-Touraine

✗✗ La Ciboulette

78 rte de Chinon, face à l'échangeur A 10, sortie n° 25 – ℰ *02 47 65 84 64*
– www.laciboulette.fr – Fermé le soir d'oct. à mars sauf jeudi, vend., sam., dim. et fériés
Formule 24 € – Menu 30/65 € – Carte 35/56 €
L'attrait de cette grande maison couverte de vigne vierge ? Ses bonnes recettes servies dans un intérieur chaleureux ou sur la terrasse bordée d'un jardinet où vous trouverez peut-être... de la ciboulette. Les gourmands de passage ont aussi un faible pour l'île flottante de la maison, généreuse et délicieuse !

STE-MAXIME

✉ 83120 (Var) – 13 337 hab. – Alt. 10 m – Voir carte n°**41-C3**
◨ Paris 872 km – Cannes 59 km – Draguignan 34 km – Fréjus 20 km
Carte Michelin 340-O6 – Guide Vert Michelin Côte d'Azur

⌂⌂⌂ Villa les Rosiers

4 chemin de Guerrevieille Beauvallon-Grimaud, 5 km par ③ – ℰ *04 94 55 55 20*
– www.villa-les-rosiers.com – Ouvert 28 mars-2 nov. et 19 déc.-5 janv.
12 ch – †190/530 € ††190/530 € – ⌑ 24 €
Une villa provençale aux murs roses, dans un jardin fleuri de... rosiers. De quoi embaumer la vue superbe sur le golfe de St-Tropez ! De grandes chambres blanches et élégantes, des sculptures et tableaux contemporains : beaucoup de raffinement. Repas en terrasse aux beaux jours.

⌂⌂⌂ Hostellerie la Belle Aurore

5 bd Jean-Moulin, par ③ – ℰ *04 94 96 02 45 – www.belleaurore.com*
– Ouvert 4 avril-11 oct.
16 ch – †150/455 € ††150/455 € – 1 suite – ⌑ 20 € – ½ P
La Grande Bleue vient caresser ses murs, face à St-Tropez, et chaque chambre dispose d'une terrasse ou d'un balcon. L'impression d'avoir la mer pour soi ! Teintes chaleureuses, grand confort, ambiance paisible : une Belle Aurore...

⌂⌂ Montfleuri

3 av. Montfleuri, par ② – ℰ *04 94 55 75 10 – www.montfleuri.com – Ouvert 13 mars-1ᵉʳnov.*
32 ch – †70/175 € ††85/385 € – ⌑ 14 € – ½ P
Dans un quartier résidentiel en bordure de côte, cet hôtel abrite des chambres chaleureuses et bien aménagées, avec d'agréables balcons côté mer. Matériaux de qualité et tableaux originaux rehaussent l'ensemble.

⌂⌂ Le Mas des Oliviers sans rest

quartier de la Croisette, 1 km par ③ – ℰ *04 94 96 13 31*
– www.hotellemasdesoliviers.com – Ouvert de mars à nov.
20 ch – †75/205 € ††75/205 € – ⌑ 12 €
Au calme sur une colline de pins parasols, on s'installe dans des chambres rustiques et provençales ; de là, on profite de la jolie vue sur le golfe de St-Tropez... Entretien impeccable.

Le Petit Prince sans rest

🛗 ♿ 🅰🅒 📶 🅿 🚗

11 av. St-Exupéry – ℰ *04 94 96 44 47 – www.hotellepetitprince.com*   Plan : A**e**
31 ch – 🛏65/177 € 🛏🛏65/237 € – ☕ 11 €
Sur une avenue passante proche des plages et du centre, des chambres actuelles et très bien insonorisées, avec balcon pour la plupart. Terrasse pour le petit-déjeuner. Un point de chute utile et bien tenu.

Matisse Hôtel sans rest

🏊 🛗 ♿ 🅰🅒 📶 🏖

11 bd Frédéric-Mistral – ℰ *04 94 96 18 33 – www.hotel-matisse.com*   Plan : B**b**
28 ch – 🛏70/185 € 🛏🛏80/300 € – ☕ 13 €
Un hôtel idéalement situé en centre-ville. Le décor, contemporain, multiplie les clins d'œil à Matisse : le célèbre peintre était un habitué de la région. Les chambres sont chaleureuses et plus calmes sur l'arrière. Petit patio avec piscine.

Royal Bon Repos sans rest

🚗 ♿ 🅰🅒 📶 🅿

11 r. Jean-Aicard – ℰ *04 94 96 08 74 – www.hotelroyalbonrepos.fr*   Plan : B**r**
22 ch – 🛏105/210 € 🛏🛏105/210 € – ☕ 15 €
Nichée dans une impasse proche d'une église et du musée de la Tour-Carrée, cette bâtisse de 1939 a tout de l'élégante demeure de famille : mobilier proven-çal, tableaux chinés, billard... Les chambres, avec leurs vieux parquets ou leurs tomettes, sont élégantes et décorées avec goût. Un bel hôtel de caractère.

La Badiane (Geoffrey Poësson)

🅰🅒 ✂

6 r. Fernand-Bessy – ℰ *04 94 96 53 93 – Fermé*   Plan : B**d**
24 nov.-8 déc., 14 janv.-3 fév. et le midi
Menu 41/85 € – Carte 67/117 € *(réservation conseillée)*
Geoffrey Poësson a une formation de pâtissier... mais il excelle dans tous les com-partiments du repas ! Son restaurant, situé dans une ruelle piétonne de la vieille ville, est sobrement décoré ; il régale les gourmands grâce à des recettes per-sonnelles et graphiques, qu'il maîtrise à la perfection.
→ Lisette marinée minute, petits pois et yaourt acidulé. Cuisse de pigeon aux abats, le suprême en croûte de lard, le cou farci au foie gras. Petits babas pochés au limoncello, carottes confites à l'orange.

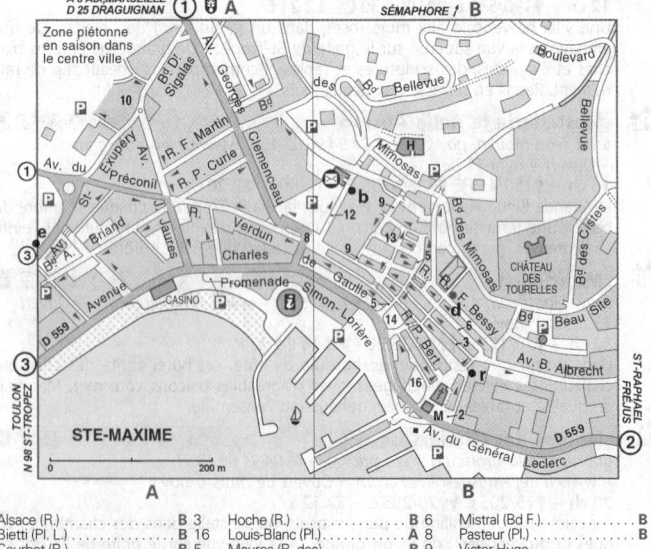

à la Nartelle 4 km par ② – ✉ 83100 Ste-Maxime

   🏠   **La Plage** sans rest   AC 🛁 🛜 P

36 av. Gén.-Touzet-du-Vigier – 𝒞 04 94 96 14 01
– www.hotel-plage-ste-maxime.com
18 ch – ♥65/175 € ♥♥65/175 € – � 11 €
Comme son nom l'indique, cet hôtel fonctionnel et bien tenu est situé juste à
côté de la plage, en bordure de route ; les chambres de l'étage offrent une jolie
vue sur la mer.

à Val d'Esquières 6 km au Nord-Ouest par ② – ✉ 83120 Ste-Maxime

   🏠   **La Villa** sans rest   AC 🛁 🛜 P

122 av. Croiseur-Léger-Le-Malin, à la Garonnette, D 559 – 𝒞 04 94 49 40 90
– www.hotellavilla.fr – Ouvert 1ᵉʳ avril-1ᵉʳ nov.
8 ch – ♥65/155 € ♥♥65/180 € – 4 suites – ⊊ 10 €
Face à la plage (il faut simplement traverser la route), cet établissement familial
abrite de petites chambres d'esprit provençal, plus calmes sur l'arrière.

STE-MENÉHOULD

✉ 51800 (Marne) – 4 390 hab. – Alt. 137 m – Voir carte n°**14-C2**
◘ Paris 221 km – Bar-le-Duc 50 km – Châlons-en-Champagne 48 km – Reims 80 km
Carte Michelin 306-L8 – Guide Vert Michelin Champagne Ardenne

   🏠   **Le Cheval Rouge**   ⅧO 🛜 🌣

1 r. Chanzy – 𝒞 03 26 60 81 04 – www.lechevalrouge.com – Fermé
21 déc.- 4 janv.
24 ch – ♥55/60 € ♥♥60/65 € – ⊊ 8 € – ½ P
Rest *Le Cheval Rouge* – voir les restaurants ci-après
À deux pas de l'hôtel de ville, on découvre les chambres fonctionnelles et bien
tenues de cette auberge, où vous dormirez comme un loir ; préférez les plus
récentes. Pour un repas express et sans prétention, la Brasserie vous tend les bras !

   XX   **Le Cheval Rouge**

1 r. Chanzy – 𝒞 03 26 60 81 04 – www.lechevalrouge.com – Fermé
21 déc.- 4 janv., dim. soir et lundi
Menu 23/65 € – Carte 52/67 €
Connaissez-vous le pied de cochon "à la Sainte-Ménehould" ? C'est en tout cas le
moment de découvrir LA spécialité culinaire de cette auberge ouverte en 1873.
Une véritable institution !

à Futeau 13 km à l'Est par D 603 et D 2 – ✉ 55120 – 165 hab. – Alt. 190 m

   🏠🏠   **L'Orée du Bois**   ⅧO 🌿 ⮜ 🍴 🌣 🛜 P

Hameau de Courupt, 1 km au Sud – 𝒞 03 29 88 28 41 – www.aloreedubois.fr
– Fermé 30 nov.-25 janv.
14 ch – ♥100/130 € ♥♥135/180 € – ⊊ 15 € – ½ P
Rest *L'Orée du Bois* – voir les restaurants ci-après
Voilà une auberge accueillante, délicieusement isolée à la lisière de la grande
forêt d'Argonne. Ici, parler de "tranquillité" est un euphémisme : dans les chambres, le calme n'est rompu que par le chant des oiseaux ! L'endroit idéal pour se
mettre au vert.

   XXX   **L'Orée du Bois**

Hameau de Courupt, 1 km au Sud – 𝒞 03 29 88 28 41 – www.aloreedubois.fr
– Fermé 30 nov.-25 janv., lundi midi et mardi midi de Pâques à fin sept., lundi et
mardi sauf fériés d'oct. à nov. et de fin janv. à Pâques
Menu 30 € (semaine), 47/78 € – Carte 55/82 €
Ambiance rustique et familiale dans cette auberge entre Marne et Meuse. Avec
des produits frais et de saison, le chef concocte des spécialités traditionnelles :
écrevisses venues de Bretagne, pigeonneau aux champignons sauvages, foie
gras poêlé... Quant au pain et au chocolat, ils sont faits maison !

STE-NATHALÈNE

✉ 24200 (Dordogne) – 585 hab. – Alt. 145 m – Voir carte n°**4-D3**
◘ Paris 538 km – Bordeaux 205 km – Brive-la-Gaillarde 63 km – Périgueux 74 km
Carte Michelin 329-I6

La Roche d'Esteil

La Croix d'Esteil – ℰ 05 53 29 14 42 – www.larochedesteil.com – Ouvert mars à nov.
5 ch – †70/106 € ††70/106 € – ☑ 8 €

Un domaine restauré avec goût par des propriétaires passionnés, dans le respect de la tradition périgourdine. Les chambres, au charme rustique, se trouvent dans les anciennes granges et sont donc indépendantes. Le soir, décor plus contemporain et ambiance conviviale à la table d'hôte.

STE-PREUVE

✉ 02350 (Aisne) – 84 hab. – Alt. 115 m – Voir carte n°**37**-D2
◪ Paris 188 km – Laon 29 km – Reims 49 km – Saint-Quentin 69 km
Carte Michelin 306-F5

 Domaine de Barive

3 km au Sud-Ouest – ℰ 03 23 22 15 15 – www.domainedebarive.com
15 ch – †140/290 € ††140/290 € – 7 suites – ☑ 18 € – ½ P
Rest *Les Epicuriens* – voir les restaurants ci-après

Une superbe bâtisse du 19ᵉ s. dans un immense parc : calme champêtre... Les chambres sont cosy (mansardées au 2ᵉ étage) et décorées avec soin, dans une veine contemporaine ou classique, les suites très jolies et l'accueil prévenant.

 Le Prieuré sans rest

Domaine de Barive – ℰ 03 23 22 15 15 – www.ferme-du-prieure.com – Fermé 11 nov.-15 déc., dim. et lundi de déc. à mars
5 ch ☑ – †135/155 € ††135/155 €

Calme et détente assurés en cette ancienne ferme qui allie beaux volumes, éléments rustiques et confort contemporain, jusqu'au sauna et au jacuzzi. Les chambres, joliment décorées, sont toutes mansardées et donnent sur la nature environnante. Idéal pour un week-end au vert.

XXX **Les Epicuriens** – Hôtel Domaine de Barive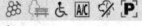

3 km au Sud-Ouest – ℰ 03 23 22 15 15 – www.domainedebarive.com
Formule 30 € – Menu 40/95 € – Carte 70/108 €

Voilà bien une table destinée aux épicuriens ! Sérieux professionnel, le chef signe une cuisine raffinée, mêlant inspiration traditionnelle et méridionale : les assiettes ravissent l'œil comme le palais... Quant au cadre, il est élégant et ouvre sur la verdure. Service attentif.

SAINTES

✉ 17100 (Charente-Maritime) – 25 586 hab. – Alt. 15 m – Voir carte n°**38**-B3
◪ Paris 469 km – Bordeaux 117 km – Poitiers 138 km – Rochefort 42 km
Carte Michelin 324-G5 – Guide Vert Michelin Poitou-Charentes

 Relais du Bois St-Georges

132 cours Genet le Pinier, (Le Pinier-Parc Atlantique)   Plan : Y**d**
– ℰ 05 46 93 50 99 – www.relaisdubois.com
30 ch – †120/200 € ††165/370 € – ☑ 21 €

Banquise, Tombouctou, Monte-Cristo, Cerisaie, Clef des champs... des chambres toutes originales pour se reposer et rêver. Si vous avez le temps, promenez-vous dans le parc, le long des étangs. Côté papilles, on peut opter pour un vrai moment gastronomique, ou un repas plus bistrotier à La Table du Bois.

 Hôtel des Messageries sans rest

r. des Messageries – ℰ 05 46 93 64 99   Plan : AZ**r**
– www.hotel-des-messageries.com – Fermé vacances de Noël
32 ch – †82/97 € ††88/97 € – ☑ 10 €

Dans cet ancien relais de poste (1792) du quartier historique règne une quiétude très "maison de famille". Les chambres sont confortables, dans une veine romantique. Et au petit-déjeuner, on se régale de bons produits charentais.

SAINTES

Allende (Av. Salvador) . . . . Y 2
Alsace-Lorraine (R.) . . . . AZ 3
Arc-de-Triomphe (R.) . . . . BZ 4
Bassompierre (Pl.) . . . . BZ 5
Berthonnière (R.) . . . . AZ 7
Blair (Pl.) . . . . AZ 9
Bois d'Amour (R.) . . . . AZ 10
Bourignon (R.) . . . . Y 12
Brunaud (R. A.) . . . . AZ 13
Clemenceau (R.) . . . . AZ 15
Denfert-Rochereau (R.) . . . . . BZ 16
Dufaure (Av. J.) . . . . Y 18
Foch (Pl. Mar.) . . . . AZ 20
Gambetta (Av.) . . . . BZ
Jacobins (R. des) . . . . AZ 25
Jean (R. du Dr) . . . . Y 27
Kennedy (Av. J.-F.) . . . . Y 31
Lacurie (R.) . . . . Y 33
Leclerc (Crs Mar.) . . . . Y 34
Lemercier (Cours) . . . . AZ 35
Marne (Av. de la) . . . . BZ 37
Mestreau (R. F.) . . . . BZ 38
Monconseil (R.) . . . . AZ 39
National (Cours) . . . . AZ
République (Quai) . . . . AZ 41
St-Eutrope (R.) . . . . AZ 42
St-François (R.) . . . . AZ 43
St-Macoult (R.) . . . . AZ 45
St-Pierre (R.) . . . . AZ 46
St-Vivien (Pl.) . . . . AZ 47
Victor-Hugo (R.) . . . . AZ 49

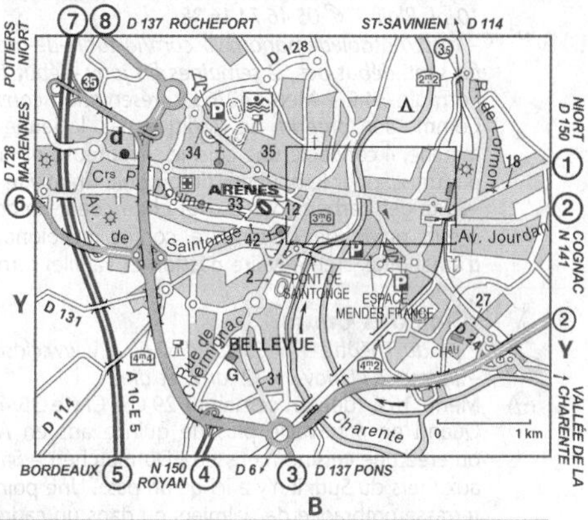

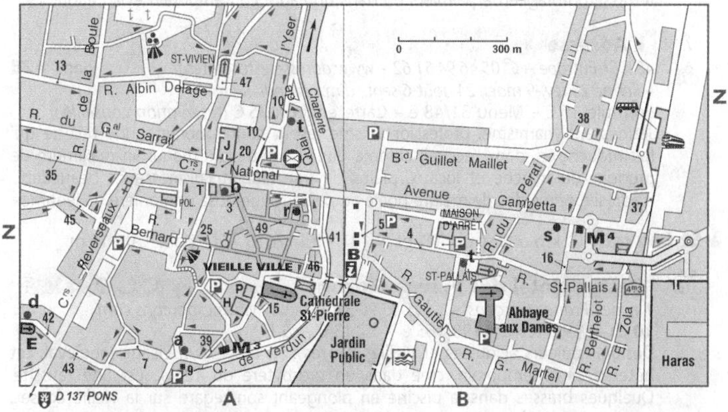

L'Avenue sans rest
114 av. Gambetta – ✆ 05 46 74 05 91 Plan : BZ**s**
– www.hoteldelavenue.com – Fermé 20-28 déc.
15 ch – †66/73 € ††69/76 € – ☕ 8 €
Cet hôtel des années 1970 a beau être en bord de route, ses chambres n'en sont pas moins calmes, impeccables, chaleureuses et colorées – certes parfois un peu kitsch. Pratique et sympathique !

Le Parvis
12-12 bis quai de l'Yser, (Petite-Rue-du-Bois-d'Amour) Plan : AZ**t**
– ✆ 05 46 97 78 12 – www.restaurant-le-parvis.fr – Fermé dim. soir et lundi
Formule 18 € – Menu 34/56 € – Carte environ 52 €
Cabillaud en croûte de tandoori et son risotto de potiron, figues rôties au beurre salé... De beaux produits pour une cuisine pleine de charme, dans une maison de ville qui n'en manque pas. Pour un moment élégant.

Saveurs de l'Abbaye avec ch
rest, ch,
1 pl. St-Pallais – ✆ 05 46 94 17 91 – www.saveurs-abbaye.com Plan : BZ**t**
– Fermé 25 sept.-8 oct. dim. et lundi
8 ch – †57/65 € ††62/69 € – ☕ 9 € – ½ P Formule 17 € – Menu 28/48 €
À deux pas de l'abbaye aux Dames, devenue "cité musicale", un restaurant dans l'air du temps, tant par son décor épuré et chaleureux que par sa carte mêlant épices et terroir. Pour la nuit, les chambres, sobres et agréables, cultivent un certain esprit maison d'hôtes.

✗ **La Table de Marion** (Marion Monnier)   AK
☼ *10 pl. Blair – ℰ 05 46 74 16 38*   Plan : AZ**a**
   *– http://latabledemarion.wix.com/la-table-de-marion – Fermé 2 semaines
   fin sept.-début oct., 2 semaines fin janv.-début fév., mardi et merc.*
   Formule 34 € – Menu 42/63 € *(réservation conseillée)*
   Comme son prénom ne l'indique pas, le jeune chef est un homme. Au gré du
   marché, il concocte une cuisine savoureuse et raffinée, jouant sur les textures, les
   parfums... pour le bonheur du produit. Créativité et délicatesse ! Service charmant.
   → Rouget barbet, couteaux et chou cœur-de-bœuf aux épices douces. Pièce de
   bœuf, pulpe de bergamote confite et oignon de Florence confit. Gnocchis
   d'amandine, crème ivoire passion et vanille, sorbet cassis.

✗ **Clos des Cours**   🌫 AK
☙ *2 pl. du Théâtre – ℰ 05 46 74 62 62 – www.closdescours.com*   Plan : AZ**b**
   – Fermé 2-11 nov., 5-12 janv. et dim.
🙂 Menu 15 € (déj. en semaine)/29 € – Carte 35/41 €
   Quand on a travaillé plus de quinze ans en Australie et en Nouvelle-Zélande,
   on crée une cuisine métissée ! Du marché de Saintes (où le chef s'approvisionne)
   aux mers du Sud, il n'y a ici qu'un pas... Une pointe d'exotisme à savourer sur une
   terrasse ombragée de palmiers ou dans un cadre contemporain et agréable.

✗ **L'Adresse**
🙂 *48 r. St-Eutrope – ℰ 05 46 94 51 62 – www.adresserestosaintes.fr*   Plan : AZ**d**
   – Fermé 23 fév.-9 mars, 24 août-6 sept., dim. et lundi
   Formule 16 € – Menu 31/48 € – Carte environ 35 € *(réservation conseillée)*
   Jeunesse, dynamisme, professionnalisme, esprit contemporain : une recette qui
   fait mouche ici, dans l'accueil comme dans l'assiette. Au menu, un maximum de
   produits du marché et locaux, pleins de fraîcheur et cuisinés avec beaucoup...
   d'adresse, tel ce dos de maigre poêlé au pesto rouge et sa printanière de légumes.

à St-Sauvant 13 km à l'Est par ② et N 141 – ✉ 17610 – 509 hab. – Alt. 18 m

🏨 **Design Hôtel des Francs Garçons**   🕙 🌫 📶 ℹ AK 🛜
   1 r. des Francs-Garçons – ℰ 05 46 90 33 93 – www.francsgarcons.com
   10 ch – ♥90/103 € ♥♥90/165 € – ☐ 13 € – ½ P
   Design, couleurs acidulées et vieilles pierres : au cœur d'un village médiéval, cet
   hôtel très contemporain, créé dans un presbytère du 12e s., est une réussite.
   Quelques brasses dans la piscine en plongeant son regard sur la vieille église...
   et, pour les résidents, dîner traditionnel. Franc et... beau !

à Thénac 10 km au Sud par ③ et D 6 – ✉ 17460 – 1 636 hab. – Alt. 62 m

🏨 **Domaine les Chais de Thénac**   🕙 🌫 ♨ 🎐 🛜 ⚕ P
   41 r. de la République – ℰ 05 46 91 05 74 – www.domainedeschais.com
   6 ch ☐ – ♥95/120 € ♥♥95/120 € – ½ P
   Quiétude et charme de la campagne au sein de ces beaux chais du 18e s. restaurés et décorés avec goût, à la manière d'une maison d'hôtes. Quel plaisir de
   paresser dans le jardin, au bord de la piscine...

La sélection de ce guide s'enrichit avec vous : vos découvertes et vos
commentaires nous intéressent ! Coup de cœur ou coup de colère,
écrivez-nous sur notre site Michelin Restaurants : restaurant.michelin.fr

STE-SABINE
✉ 24440 (Dordogne) – 389 hab. – Alt. 133 m – Voir carte n°**4-C2**
▶ Paris 565 km – Bergerac 32 km – Bordeaux 130 km – Périgueux 79 km
Carte Michelin 329-F7

XX ☉ **Étincelles-La Gentilhommière** (Vincent Lucas) avec ch 🦌 🍴 🛏 🎾
★ *🎟 05 53 74 08 79 – www.gentilhommiere-etincelles.com – Fermé* 🎾 🏊
vacances de fév., de printemps, 1ᵉʳ-8 juil., 20-30 sept., vacances de la Toussaint,
mardi sauf le soir en juil.-août, vend. midi et merc. de sept. à juin, dim. soir, lundi
midi, jeudi midi et sam. midi
4 ch ▢ – ✣101/115 € ✣✣101/115 €
Menu 31 € (déj. en semaine), 53/110 € *(réservation conseillée)*
Une chaleureuse maison périgourdine, dans un jardin aux arbres majestueux. Le
concept : on réserve au plus tard la veille, car le chef ne travaille que des produits
frais. Il propose un menu unique et sa créativité fait des étincelles ! Chambres thématiques (romantique, orientale, montagnarde...).
→ Foie gras poêlé, vinaigrette de tomates anciennes et haddock. Carré de veau
grillé, risotto de cacao. Salade de fenouil à la vanille, glace au fenouil sauvage.

STES-MARIES-DE-LA-MER
✉ 13460 (Bouches-du-Rhône) – 2 396 hab. – Alt. 1 m – Voir carte n°**40-A3**
▶ Paris 778 km – Arles 39 km – Marseille 129 km – Nîmes 67 km
Carte Michelin 340-B5 – Guide Vert Michelin Provence

🏠 **Mas de Cocagne** sans rest 🏠 ⛰ ♿ 🆔 🛜 P
rte d'Arles – 🎟 04 90 97 96 17 – www.mas-cocagne.com – Ouvert 26 mars-3 nov.
18 ch – ✣105/155 € ✣✣125/180 € – ▢ 18 €
Sur la route d'Arles, cet hôtel de standing moderne propose des chambres fort
bien tenues, au décor contemporain et coloré, avec terrasse privative. Agréable
piscine. Des prestations de qualité.

X **Casa Romàna**
6 r. Joseph-Roumanille – 🎟 04 90 97 83 33 – Fermé 6 janv.-10 fév., lundi et mardi midi
Formule 20 € 💧 – Menu 25 € – Carte 28/45 € *(réservation conseillée)*
Voilà une Casa qu'on aimerait faire sienne ! Derrière les fourneaux, le chef
concocte de généreuses recettes régionales, telles la daube de taureau aux olives,
la soupe de poisson ou les tellines en persillade crémée... Un conseil : pensez à
réserver, c'est souvent complet !

rte de Cacharel 6 km au Nord 6 km par D 85ᴬ – ✉ 13460 Les Saintes-Maries-de-la-Mer

🏠 **Mas de Calabrun** 🍴 🦌 🍴 🛏 🎾 🆔 🛜 🐴 P
rte de Cacharel – 🎟 04 90 97 82 21 – www.mas-de-calabrun.fr – Fermé
11 nov.-26 déc. et 5 janv.-10 fév.
37 ch ▢ – ✣114/184 € ✣✣129/199 € – ½ P
Rest *La Coursejade* – voir les restaurants ci-après
Un hôtel-restaurant dans une bâtisse typiquement régionale, isolée en pleine
Camargue. Les chambres, confortables et bien tenues, donnent sur la piscine ou,
plus au calme, sur le jardin. Et trois d'entre elles, face à l'étang, sont même installées dans de vraies roulottes gitanes !

XX **La Coursejade** – Hôtel Mas de Calabrun 🎾 🆔 P
rte de Cacharel – 🎟 04 90 97 82 21 – www.mas-de-calabrun.fr – Fermé
11 nov.-26 déc., 5 janv.-10 fév., dim. et lundi hors saison et le midi sauf
week-ends et sauf juil.-août
Menu 38/44 € – Carte 29/42 €
Risotto au riz rouge et légumes de saison : voilà la spécialité du nouveau chef de
cette Coursejade – le nom d'une épreuve équestre locale –, maison rustique installée dans un joli coin de Camargue... On s'y régale d'assiettes régionales réglées
sur le marché : de quoi se sentir gardian pendant quelques heures !

rte du Bac du Sauvage 4 km au Nord-Ouest par D 38 – ✉
13460 Les Stes-Maries-de-la-Mer

🏠 **Mas de la Fouque** 🍴 🦌 ☜ 🍴 🛏 🎷 💆 🎾 🆔 🛜 🐴 P
rte du Petit-Rhône – 🎟 04 90 97 81 02 – www.masdelafouque.com – Fermé janv.
20 ch – ✣295/545 € ✣✣295/545 € – 6 suites – ▢ 20 €
Des étangs, des chevaux, des flamants roses... Ce domaine séduisant joue, à
l'écart de tout, la carte de la décontraction chic pour une clientèle discrète ; on y
trouve même deux chambres originales dans des roulottes. Une fois installé, il
n'est qu'à profiter du calme des lieux !

L'Estelle en Carmargue

rte du Petit-Rhône, D 38 – ℰ 04 90 97 89 01 – www.hotelestelle.com
– Ouvert 28 mars- 8 nov. et 23 déc. - 2 janv.
19 ch ☐ – ♦270/320 € ♦♦290/540 € – 1 suite – ½ P
Un hôtel-restaurant plein de charme, au bord du Petit-Rhône, avec la Camargue pour horizon. Les chambres, certaines de style provençal, ont vue sur l'étang ou le jardin ; préférez les plus récentes. Belle terrasse face à la piscine.

STE-VERGE – 79 (Deux-Sèvres) ➜ voir Thouars

LES SAISIES

✉ 73620 (Savoie) – Voir carte n°**45**-D1
◗ Paris 597 km – Albertville 29 km – Annecy 61 km – Bourg-St-Maurice 53 km
Carte Michelin 333-M3 – Guide Vert Michelin Alpes du Nord

Le Calgary

73 r. des Periots – ℰ 04 79 38 98 38 – www.hotelcalgary.com
– Ouvert 13 juin-5 sept. et 13 déc.-25 avril
39 ch – ♦62/160 € ♦♦78/230 € – 1 suite – ☐ 14 € – ½ P
Rest *Le Calgary* – voir les restaurants ci-après
Son nom rappelle les exploits de Franck Piccard, originaire de la station et médaillé d'or aux Jeux olympiques de Calgary en 1988 : de fait, le skieur est propriétaire des lieux ! Évidemment, ce beau chalet, très confortable, est idéal pour profiter des joies de la montagne, que l'on soit sportif... ou non.

✕✕ Le Calgary

73 r. des Periots – ℰ 04 79 38 98 38 – www.hotelcalgary.com
– Ouvert 13 juin-5 sept. et 13 déc.-25 avril et fermé le midi
Menu 18/39 € – Carte 31/44 €
Foie gras aux épices douces, sirupeux au vin jaune ; omble chevalier sur une tulipe croustillante, chicorée aux cèpes, crème de panais et coulis d'écrevisses... Que de belles choses à la carte de ce restaurant ! On sent dans chaque assiette la motivation de l'équipe en cuisine, et de son chef tout particulièrement.

SALBRIS

✉ 41300 (Loir-et-Cher) – 5 731 hab. – Alt. 104 m – Voir carte n°**12**-C2
◗ Paris 187 km – Blois 65 km – Bourges 62 km – Montargis 102 km
Carte Michelin 318-J7 – Guide Vert Michelin Châteaux de la Loire

Le Parc Sologne

8 av. d'Orléans – ℰ 02 54 97 18 53 – www.hotelleparcsologne.com – Fermé vacances de Noël
26 ch – ♦80/105 € ♦♦90/130 € – ☐ 10 € – ½ P
Grande demeure bourgeoise dans un beau jardin arboré. Les chambres, sobres et élégantes, sont bien tenues. Au restaurant, ambiance rustique, cuisine tradition-nelle et vaste cheminée pour réchauffer les rudes journées d'hiver de la Sologne...

Domaine de Valaudran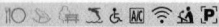

av. de Romoratin, 1,5 km au Sud-Ouest par rte de Romorantin (proche sortie ④ A71) – ℰ 02 54 97 20 00 – www.hotelvalaudran.com – Fermé 23-30 déc.
31 ch – ♦78/105 € ♦♦98/150 € – ☐ 13 € – ½ P
Au cœur de la Sologne, laissez-vous charmer par cette gentilhommière du 19ᵉ s. avec son parc de 2 ha et sa piscine. Les chambres y sont confortables et très bien tenues ; certaines mansardées. Le soir, il fait bon prendre un cocktail au salon assis dans un fauteuil club. Restaurant traditionnel.

SALERS

✉ 15140 (Cantal) – 354 hab. – Alt. 950 m – Voir carte n°**5**-B3
◗ Paris 509 km – Aurillac 43 km – Brive-la-Gaillarde 100 km – Mauriac 20 km
Carte Michelin 330-C4 – Guide Vert Michelin Auvergne

🏨 Le Bailliage 🍽 🦽 ⚓ 🛎 🐾 🎫 🅿 🚗

r. Notre-Dame – ℰ 04 71 40 71 95 – www.salers-hotel-bailliage.com
– Ouvert 15 fév.-15 nov.
23 ch – ♦70/170 € ♦♦80/170 € – 2 suites – 🍽 13 € – ½ P
Rest Le Bailliage🍴 – voir les restaurants ci-après
Cette grande demeure régionale constitue un point de chute plein de vie pour découvrir le village, si pittoresque. Les chambres, spacieuses et décorées avec goût, donnent sur le jardin ou la campagne ; certaines arborent un style plus moderne.

🏨 Hôtel Les Remparts 🍽 🦽 & 🎫 🅿

1 av. Barrouze – ℰ 04 71 40 70 33 – www.salers-hotel-remparts.com
– Fermé 8 nov.- 4 janv.
15 ch – ♦78/106 € ♦♦78/146 € – 🍽 11 € – ½ P
Une affaire familiale, que l'on se transmet de... mère en fille ! Ce bel hôtel est parfait pour découvrir ce fleuron du Cantal qu'est le village de Salers. D'autant que les chambres, chaleureuses et modernes, offrent un beau panorama sur la vallée de Fontanges...

🏠 Saluces sans rest 🦽 🎫

r. Martille – ℰ 04 71 40 70 82 – www.hotel-salers.fr – Fermé
15 nov.-20 déc. et 6 janv.-5 fév.
8 ch – ♦74/95 € ♦♦74/95 € – 🍽 13 €
Cette propriété appartenait au marquis de Lur Saluces, gouverneur de la cité au
16ᵉ s. Aujourd'hui, la maison affiche un style épuré, avec mobilier chiné et matériaux naturels (bois, marbre, ardoise). On appréciera également le petit-déjeuner sous le vieux marronnier !

🍴🍴 Le Bailliage – Hôtel Le Bailliage 🦽 🎫 🅿
🍴
r. Notre-Dame – ℰ 04 71 40 71 95 – www.salers-hotel-bailliage.com – Ouvert
15 fév.-15 nov. et fermé lundi midi
Menu 25/52 € – Carte 30/85 €
Dans la région, tout le monde connaît ce Bailliage gourmand ! Les meilleurs éleveurs fournissent le restaurant en viande... de salers, et l'on se presse pour goûter pounti, truffade, tripoux, etc., et de délicieux fromages auvergnats, dont... le salers. Une cuisine du terroir généreuse et débordante de saveurs !

à Fontanges 5 km au Sud par D 35 – ✉ 15140 – 212 hab. – Alt. 692 m

🏨 Auberge de l'Aspre 🍽 🦽 ≤ 🦽 🛎 🎫 🅿

Le Bourg – ℰ 04 71 40 75 76 – www.auberge-aspre.fr – Ouvert 1ᵉʳ mai-24 nov.
et fermé dim. soir et lundi d'oct. à mai
8 ch – ♦62 € ♦♦62 € – 🍽 9 € – ½ P
En pleine nature, cette ancienne ferme abrite des chambres simples et fonctionnelles (salles de bains en mezzanine). Avec vue sur le verger, la piscine ou bien la chapelle monolithe, elles permettent de se ressourcer en pleine campagne.

au Theil 6 km au Sud-Ouest par D 35 et D 37 – ✉ 15140

🏨 Hostellerie de la Maronne 🍽 🦽 ≤ 🦽 🛎 📶 🆔 🎫 🅿

– ℰ 04 71 69 20 33 – www.maronne.com – Ouvert 11 avril-5 nov.
16 ch – ♦80/160 € ♦♦80/200 € – 3 suites – 🍽 12 € – ½ P
Quelle vue ! Les pâturages se déroulent à perte de vue devant cette belle maison de maître (19ᵉ s.) en pierres et lauzes. Chambres et salons élégants, piscine, tennis : un ensemble très confortable et un bon point de départ pour de superbes randonnées.

SALIES-DE-BÉARN

✉ 64270 (Pyrénées-Atlantiques) – 4 940 hab. – Alt. 50 m – Voir carte n°**3**-B3
🚗 Paris 762 km – Bayonne 60 km – Dax 36 km – Orthez 17 km
Carte Michelin 342-G4 – Guide Vert Michelin Aquitaine

🏨 Hôtel du Parc 🍽 🦽 🛎 & 🆔 🎫 🔋

bd St-Guily – ℰ 05 59 38 31 27 – www.hotelsalies.com
51 ch – ♦80 € ♦♦130 € – 🍽 10 € – ½ P
L'entrée impressionne, avec ses galeries à l'italienne et sa verrière... sans oublier le casino ! Heureusement, l'isolation est parfaite, y compris dans les chambres, modernes et bien agencées. Restauration traditionnelle.

SALIES-DE-BÉARN

Hôtel du Golf Le Lodge ⫶⊙ ⊠ ⬚ ⭐ 🅰 🛜 ⛷ 🅿

chemin de Labarthe – ☎ 05 59 67 75 23 – www.le-lodge-salies.com
– *Fermé 22 déc.-12 janv.*
31 ch – †79/89 € ††88/98 € – ⊇ 12 €

La construction peut sembler somme toute banale, mais ses propriétaires en ont soigné la décoration, dans un style lodge : plantes exotiques, bambou, portraits d'animaux africains... Certaines chambres donnent sur le golf. Cuisine régionale au restaurant.

Restaurant des Voisins ⓝ ⛩ 🅰 🅰

12 r. des Voisins – ☎ 05 59 38 01 79 – www.restaurant-des-voisins.fr – *Fermé dim. soir sauf de juil. à sept., lundi et mardi*
Formule 15 € – Menu 31 € – Carte 40/52 €

Esprit design, piano, œuvres contemporaines, cuisines ouvertes, etc. : voilà le décor, chic et éclectique, de cette maison qui serait la plus ancienne du village. Un jeune couple l'a récemment reprise et y propose une cuisine bien ficelée, gourmande et originale. Une adresse où l'on aimerait toujours pouvoir venir en voisin !

à Castagnède 8 km au Sud-Ouest par D 17, D 27 et D 384 – ⊠ 64270
– 189 hab. – Alt. 38 m

La Belle Auberge avec ch ⫶ ⬚ 🛜 ⬚ 🅰 rest. 🅰 ch, 🍽 ch, 🛜 🅿

– ☎ 05 59 38 15 28 – *Fermé 2 semaines début juin, mi-déc. à fin janv., dim. soir et lundi soir sauf en juil.-août*
14 ch – †58/64 € ††58/64 € – ⊇ ½ P
Menu 14 € (semaine), 21/27 € – Carte 29/45 €

Dans ce paisible hameau du Béarn, impossible de ne pas remarquer cette auberge aux volets rouges. On ne s'étonnera pas que les spécialités régionales y aient la part belle, entre tradition basque et... sauce béarnaise ! Aux beaux jours, profitez de la terrasse ombragée. Chambres fonctionnelles pour prolonger le séjour.

SALINS-LES-BAINS

⊠ 39110 (Jura) – 2 864 hab. – Alt. 340 m – Voir carte n°**16**-B2
🚩 Paris 419 km – Besançon 41 km – Dole 43 km – Lons-le-Saunier 52 km
Carte Michelin 321-F5 – Guide Vert Michelin Franche-Comté Jura

Grand Hôtel des Bains ⫶⊙ ⊠ ⭐ 🅰 🛜 ⛷ 🅿

– ☎ 03 84 37 90 50 – www.hotel-des-bains.fr – *Fermé 2 semaines en janv.*
30 ch – †79/102 € ††79/102 € – ⊇ ½ P

Il est des records qui méritent d'être soulignés tel cet établissement dans le guide rouge depuis plus d'un siècle ! Cet hôtel de 1860 a revêtu des atours contemporains, mais conserve un salon classé. Les chambres sont agréables, tout comme la piscine des thermes accessible aux hôtes.

Charles Sander sans rest ⭐ 🅰 🛜 ⛷

26 r. de la République – ☎ 03 84 73 36 40 – www.residencesander.com
12 ch – †80/110 € ††92/110 € – ⊇ 12 €

Dans cette maison vigneronne, les chambres sont chaleureuses et fonctionnelles ; la plupart disposent même d'une kitchenette. Et pour les amateurs de produits régionaux, une halte à l'épicerie fine s'impose !

Hôtel des Deux Forts ⫶⊙ ⭐ 🅰 🛜

5 pl. du Vigneron – ☎ 03 84 73 70 40 – www.hoteldesdeuxforts.com
23 ch – †60/95 € ††76/95 € – ⊇ 10 € – ½ P

Face aux Salines, cette jolie maison traditionnelle se distingue par sa jolie façade blanche avec des volets vert pâle ; on y dort dans des chambres spacieuses et confortables. Au restaurant, on apprécie une bonne cuisine de tradition.

SALLANCHES

⊠ 74700 (Haute-Savoie) – 15 683 hab. – Alt. 550 m – Voir carte n°**46**-F1
🚩 Paris 585 km – Annecy 72 km – Bonneville 29 km – Chamonix-Mont-Blanc 28 km
Carte Michelin 328-M5 – Guide Vert Michelin Alpes du Nord

Les Prés du Rosay

285 rte de Rosay – ℰ 04 50 58 06 15 – www.lespresdurosay.fr
15 ch – †75/90 € ††85/101 € – � 11 € – ½ P

Cet hôtel traditionnel situé dans un quartier résidentiel a tous les atouts pour un séjour à la montagne : des chambres simples et fonctionnelles (écran plat, wifi) avec vue sur les sommets, un restaurant traditionnel et un espace forme complet. Le patron est un ancien rugbyman : voyez les photos qui ornent le bar !

Auberge de l'Orangerie

*carrefour de la Charlotte, 2,5 km par rte Passy (D 13) – ℰ 04 50 58 49 16
– www.orangeriemontblanc.fr – Fermé 22 juin-8 juil.*
18 ch – †68/82 € ††87/100 € – ⊇ 12 €
Rest *Auberge de l'Orangerie* – voir les restaurants ci-après

Dans cette maison coquette, l'accueil est charmant et dans les chambres, douillettes et lambrissées, on se repose en regardant le mont Blanc. Un petit tour au hammam et la détente est totale.

Auberge de l'Orangerie

*carrefour de la Charlotte, 2,5 km par rte Passy (D 13) – ℰ 04 50 58 49 16
– www.orangeriemontblanc.fr – Fermé 22 juin-8 juil., 4-25 janv., lundi,
dim. soir et le midi sauf dim.*
Carte 41/69 €

Le cadre est lumineux, rustique et sans prétention ; le chef prépare une cuisine de saison, pleine de personnalité, fondée sur les produits du terroir. On se lèche les babines à la lecture de la carte ! Avis aux amateurs : la maison a le chic pour sortir de bons petits vins de derrière les fagots...

LA SALLE-LES-ALPES

✉ 05240 (Hautes-Alpes) – 896 hab. – Voir carte n°**41-C1**
◧ Paris 678 km – Chambéry 168 km – Gap 94 km – Marseille 269 km
Carte Michelin 334-H3 – Guide Vert Michelin Alpes du Sud

Rock Noir & Spa ⓝ

*1 pl. de l'Aravet – ℰ 04 92 25 54 90 – www.rocknoir.fr – Ouvert 12 déc.-18 avril et
26 juin-6 sept.*
32 ch – †110/480 € ††110/480 € – ⊇ 17 € – ½ P

Dans ce grand domaine qu'est "Serre-Che", c'est le petit nouveau. Cet hôtel situé au pied des pistes devrait séduire les skieurs – et même les autres ! – avec sa décoration épurée mêlant bois brut, velours et fourrures, influences montagnardes et touches design... Original !

SALLELES-D'AUDE

✉ 11590 (Aude) – 2 722 hab. – Alt. 18 m – Voir carte n°**22-B2**
◧ Paris 794 km – Carcassonne 73 km – Montpellier 98 km – Perpignan 77 km
Carte Michelin 344-I3

Les Écluses

*20 Grand'Rue – ℰ 04 68 46 94 47 – Fermé 12 nov.-10 déc., fév., lundi soir et
mardi soir hors saison, dim. soir et merc.*
Formule 16 € – Menu 24/39 € – Carte 32/48 €

Dans cette maison au bord du canal, le chef, un vrai passionné de gastronomie et de vins (priorité aux petits producteurs de la région), réalise une cuisine de produits sans chichis, sincère et vraiment bonne : quasi de veau à la chair fondante, glace au nougat garnie de copeaux de chocolat, etc. On en redemande !

SALLES-LA-SOURCE

✉ 12330 (Aveyron) – 2 093 hab. – Alt. 450 m – Voir carte n°**29-C1**
◧ Paris 670 km – Rodez 13 km – Toulouse 160 km –
Villefranche-de-Rouergue 71 km
Carte Michelin 338-H4

Gîtes de Cougousse sans rest

r. du Père-Colombier, à Cougousse, 4 km au Nord Ouest par D 901
– ℰ 05 65 71 85 52 – www.gites-cougousse.com – Ouvert 1ᵉʳ avril-15 oct.
4 ch ☐ – †60 € ††67 €
Une imposante demeure du 15ᵉ s., rustique à souhait, au sein d'un jardin avec potager baigné par une rivière et bordé par le vignoble du marcillac : un cadre bucolique... Ciels de lit, linge brodé à l'ancienne et mobilier chiné : les chambres sont douillettes et cultivent aussi le charme aveyronnais !

LES SALLES-SUR-VERDON

✉ 83630 (Var) – 237 hab. – Alt. 440 m – Voir carte n°**41**-C2
▶ Paris 790 km – Brignoles 57 km – Digne-les-Bains 60 km – Draguignan 49 km
Carte Michelin 340-M3 – Guide Vert Michelin Alpes du Sud

Auberge des Salles sans rest

18 r. Ste-Catherine – ℰ 04 94 70 20 04 – www.aubergedessalles.com
– Ouvert 1ᵉʳ avril-5 oct.
30 ch – †62/85 € ††62/85 € – ☐ 8 €
Si ses chambres sont simples et fonctionnelles, son environnement est privilégié : bien au calme, l'établissement domine le lac de Ste-Croix et les collines verdoyantes qui lui servent d'écrin – un panorama dont on ne se lasse pas !

SALON-DE-PROVENCE

✉ 13300 (Bouches-du-Rhône) – 42 812 hab. – Alt. 80 m – Voir carte n°**40**-B3
▶ Paris 720 km – Aix-en-Provence 37 km – Arles 46 km – Avignon 50 km
Carte Michelin 340-F4 – Guide Vert Michelin Provence

XX **Le Mas du Soleil**

38 chemin St-Côme, à l'Est par D 17 – ℰ 04 90 56 06 53
– www.lemasdusoleil.com – Fermé dim. soir et lundi sauf fériés
Formule 15 € – Menu 49/62 € – Carte 58/115 €
Villa méridionale où l'on goûte des plats aux saveurs du Sud dans un cadre lumineux et élégant, face au jardin. Chambres vastes et confortables, donnant pour certaines sur la piscine.

au Nord-Est 5 km par D 17 puis D 16 (direction Aurons) – ✉ 13300 Salon-de-Provence

Abbaye de Sainte-Croix

rte du Val-de-Cuech – ℰ 04 90 56 24 55 – www.abbayesaintecroix.com
– Fermé de début nov. à début avril
21 ch – †135/525 € ††135/525 € – 4 suites – ☐ 20 € – ½ P
Rest *La Table de l'Abbaye* – voir les restaurants ci-après
Dans un parc isolé sur les hauteurs de Salon, parmi les cyprès et les pieds de lavande, cette abbaye du 12ᵉ s. n'a rien d'ascétique ! Chambres confortables, certaines dans d'anciennes cellules...

XXX **La Table de l'Abbaye** – Hôtel Abbaye de Sainte-Croix

rte du Val-de-Cuech – ℰ 04 90 56 24 55 – www.abbayesaintecroix.com
– Fermé de début nov. à début avril, dim. soir et lundi de sept. à début nov.
Menu 52/90 € – Carte 72/90 €
Il règne une belle atmosphère provençale dans ce restaurant isolé dans la garrigue, et la cuisine n'y est pas pour rien ! D'un filet de veau rôti en croûte d'herbes, à une tatin aux poivrons confits, elle revisite joyeusement les classiques et met en avant les producteurs locaux. Agréable terrasse panoramique.

au Sud 5 km par N 538, N 113 et D 19 (direction Grans) – ✉ 13250 Cornillon-Confoux

Devem de Mirapier sans rest

rte de Grans, D 19 – ℰ 04 90 55 99 22 – www.mirapier.com – Fermé 20 déc.- 20 janv.
13 ch – †84/99 € ††104/129 € – 2 suites – ☐ 10 €
Au milieu des pins et de la garrigue, une adresse parfaite pour se reposer et sillonner la région. Accueil sympathique, chambres douillettes au décor soigné, terrasse autour de la piscine...

SALT-EN-DONZY – 42 (Loire) ➜ voir Feurs

LES SALVAGES – 81 (Tarn) ➜ voir Castres

SALVAGNAC

⊠ 81630 (Tarn) – 1 089 hab. – Alt. 231 m – Voir carte n°**29-C2**

▶ Paris 657 km – Albi 44 km – Montauban 33 km – Toulouse 49 km

Carte Michelin 338-C7

🏠 Le Relais des Deux Vallées   ⅠⓄ 🔥 🄰🄺 🛜

Grand'rue – 𝒞 05 63 33 61 90 – www.hotel-tarn.com – Fermé 29 août-13 sept. et 3-10 janv.

10 ch – ♥53 € ♥♥53 € – ⌧ 8 € – ½ P

Sur la place du village, un petit hôtel-restaurant tenu par deux frères, avec des chambres simples et fonctionnelles (certaines avec une terrasse commune) et une cuisine traditionnelle sans chichi. Une étape pratique et économique.

SALZUIT

⊠ 43230 (Haute-Loire) – 362 hab. – Alt. 590 m – Voir carte n°**6-C3**

▶ Paris 500 km – Aurillac 129 km – Clermont-Ferrand 85 km – Le Puy-en-Velay 47 km

Carte Michelin 331-C2

🏨 Domaine St Roch   ⅠⓄ 🔲 ⟨ 🚗 ⊕ 🌡 🔳 🔥 🄰🄺 🖴 🅿

Le Château – 𝒞 04 71 74 04 23 – www.hotel-auvergne-saintroch.com – Fermé déc., janv. et fév.

21 ch – ♥90/125 € ♥♥90/125 € – ⌧ 15 € – ½ P

Rest *Domaine St Roch* – voir les restaurants ci-après

Cette imposante bâtisse du 19e s., flanquée d'une église remontant au 12e s., domine le village en lisière de forêt. Les chambres sont décorées avec goût et simplicité dans un style un peu rétro. Pour se détendre, direction le spa et ses soins à base d'argile !

✗✗ Domaine St Roch   ⟨ 🚗 🅿

Le Château – 𝒞 04 71 74 04 23 – www.hotel-auvergne-saintroch.com – Fermé déc., janv., fév., dim. soir, mardi midi et lundi sauf en saison

Formule 22 € – Menu 27/75 € – Carte 42/59 €

Au cœur de cette propriété qui surplombe le village, une grande salle ceinte de verrières, ouvrant à la fois sur le panorama et la forêt voisine... Quel paysage ! Illustration du menu : risotto de langoustine et lentilles vertes du Puy, déclinaison de bœuf bio aux légumes sautés, fromages régionaux...

SAMATAN

⊠ 32130 (Gers) – 2 350 hab. – Alt. 170 m – Voir carte n°**28-B2**

▶ Paris 703 km – Auch 37 km – Gimont 18 km – L'Isle-Jourdain 21 km

Carte Michelin 336-H9

✗✗ Au Canard Gourmand avec ch   🔲 🔥 rest. 🄰🄺 ch, 🍴 ch, 🛜 🅿

La Rente, par D 632 – 𝒞 05 62 62 49 81 – www.aucanardgourmand.com

6 ch – ♥86 € ♥♥96/125 € – ⌧ 10 € – ½ P

Menu 16 € (déj. en semaine), 28/45 € ☂ – Carte dîner *(fermé lundi soir et mardi) (réservation conseillée)*

Le cadre, design et ultravitaminé, accompagne bien la cuisine gasconne – véritable ode au canard – ainsi qu'une carte un peu plus tendance. Les chambres jouent leurs thèmes et variations (Sienne, Lolypop, Voyage...) avec raffinement ; une invitation au cocooning.

SAMAZAN – 47 (Lot-et-Garonne) → voir Marmande

LE SAMBUC

⊠ 13200 (Bouches-du-Rhône) – Voir carte n°**40-A3**

▶ Paris 742 km – Arles 25 km – Marseille 117 km – Stes-Marie-de-la-Mer 50 km

Carte Michelin 340-D4

🏨 Le Mas de Peint   ⅠⓄ 🔲 🚗 🌊 🄰🄺 🛜 🅿

2,5 km par rte de Salins – 𝒞 04 90 97 20 62 – www.masdepeint.com – Ouvert 20 mars-11 nov. et 18 déc.-3 janv.

13 ch – ♥245/330 € ♥♥245/465 € – ⌧ 22 € – ½ P

Rest *Le Mas de Peint* – voir les restaurants ci-après

Dans un vaste domaine, ce superbe mas du 17e s. cultive la tradition camarguaise (promenades à cheval, arènes privées). La décoration est réussie, les chambres raffinées... Beaucoup d'élégance !

XX **Le Mas de Peint**

2,5 km par rte de Salins – 04 90 97 20 62 – www.masdepeint.com
– Ouvert 20 mars-11 nov. et 18 déc.-3 janv. et fermé le midi en semaine hors saison et jeudi
Menu 59/97 € – Carte 50/78 € déjeuner *(réservation conseillée)*
Avec de bons produits – légumes du potager, riz de la propriété et taureau de l'élevage –, le chef concocte une belle cuisine du marché (menu unique le soir). La terrasse sous la glycine est ravissante et ce Mas tellement charmant... Une bonne adresse !

SAMER

✉ 62830 (Pas-de-Calais) – 3 712 hab. – Alt. 70 m – Voir carte n°**30**-A2
▶ Paris 244 km – Arras 112 km – Calais 50 km – Lille 132 km
Carte Michelin 301-D4

XX **Le Clos des 3 Tonneaux**

73 r. de Montreuil – 03 21 92 33 33 – www.leclosdes3tonneaux.com – Fermé 16 sept.-11 oct., dim. soir, lundi, mardi et merc.
Formule 17 € – Menu 29/49 € – Carte 40/49 €
Revue à la mode contemporaine, cette ancienne distillerie du 18e s. n'a rien perdu de sa superbe. On y savoure une cuisine "bistronomique" bien en prise avec son époque, mais qui n'oublie pas le terroir. Franc succès aussi pour la Taverne des Brasseurs, où l'on sert des plats de qualité à des prix très abordables !
La Taverne des Brasseurs Carte 15/26 €

SAMOËNS

✉ 74340 (Haute-Savoie) – 2 299 hab. – Alt. 710 m – Voir carte n°**46**-F1
▶ Paris 581 km – Annecy 75 km – Chamonix-Mont-Blanc 60 km – Genève 53 km
Carte Michelin 328-N4 – Guide Vert Michelin Alpes du Nord

🏨 **Neige et Roc**

rte de Taninges – 04 50 34 40 72 – www.neigeetroc.com
– Ouvert 2 juin-15 sept. et 20 déc.-15 avril
48 ch – †100/195 € ††100/280 € – ⌂ 16 € – ½ P
Légèrement excentré, un imposant chalet à la mode des années 1970, chaleureux et accueillant. Les chambres, spacieuses, jolies et montagnardes comme il se doit, ont toutes un balcon ; à l'annexe, on propose des studios avec cuisinette. En outre : piscines, espace bien-être, restaurant régional, etc.

🏠 **Gai Soleil** 🍴 ⇐ 🏠 📺 🎿 🛗 🛜 🚶 🅿

26 rte de Taninges – 04 50 34 40 74 – www.hotel-samoens.com
– Ouvert 23 mai-19 sept. et 20 déc.-18 avril
30 ch – †70/151 € ††70/151 € – ⌂ 13 € – ½ P
À l'entrée du village, un petit chalet tenu en famille. Accueil aimable, chambres d'esprit savoyard – sobres et impeccables –, bar au coin du feu, spécialités régionales au restaurant, salle de jeux, sauna et piscine... Chaleureux et gai !

🏠 **Edelweiss** 🍴 🔽 ⇐ 🛜 🅿

809 rte de la Piaz, 1,5 km au Nord-Ouest par rte de Plampraz – 04 50 34 41 32
– www.edelweiss-samoens.com – Fermé 11 avril-13 mai et 27 sept.-19 déc.
20 ch – †66/86 € ††76/96 € – ⌂ 10 € – ½ P
Edelweiss, l'éternelle des neiges et... ce joli chalet, convivial, bien tenu et au grand calme. Les chambres sont simples mais ont un certain cachet montagnard ; au restaurant, on sert une cuisine classique, préparée avec des produits frais.

à Morillon 4,5 km à l'Ouest – ✉ 74440 – 594 hab. – Alt. 687 m

🏨 **Grand Massif** sans rest

Le Caton – 04 50 18 08 78 – www.residence-morillon.fr
46 ch – †69/159 € ††69/239 € – ⌂ 9 €
Un grand chalet récent, en sortie de village, aux pieds du domaine du Grand Massif. Les chambres (doubles ou quadruples) sont sobres et fonctionnelles, et équipées de kitchenettes. Quant à la grande piscine, elle est sympathique !

Le Morillon

✆ 04 50 90 10 32 – www.hotellemorillon.com – Ouvert 10 juin-15 sept. et 20 déc.- 15 avril
22 ch – 🚹105/185 € 🚹🚹105/185 € – ☕ 14 € – ½ P
Il règne une douce atmosphère familiale dans ce chalet... Les chambres sont sobres, petites mais bien tenues, ou (catégorie supérieure) très cosy, dans un bel esprit montagnard d'aujourd'hui. Pour la détente, charmant espace balnéo.

SAMOUSSY – 02 (Aisne) ➜ voir Laon

SAMPANS – 39 (Jura) ➜ voir Dole

SANARY-SUR-MER

✉ 83110 (Var) – 15 844 hab. – Alt. 1 m – Voir carte n°**40**-B3
▶ Paris 824 km – Aix-en-Provence 75 km – La Ciotat 23 km – Marseille 55 km
Carte Michelin 340-J7 – Guide Vert Michelin Côte d'Azur

Hostellerie La Farandole

140 chemin de la Plage-de-la-Gorguette – ✆ 04 94 90 30 20 – www.hostellerielafarandole.com – Fermé 5-25 janv.
27 ch – 🚹158/898 € 🚹🚹158/898 € – 5 suites – ☕ 15 € – ½ P
Face aux rondeurs de la baie, sur la plage de la Gorguette (entre Sanary et Bandol), un bâtiment géométrique, tout en pierre, bois et verre. Inaugurée en 2011, cette luxueuse hostellerie associe esprit Côte d'Azur et art de vivre contemporain, entre plage et spa.

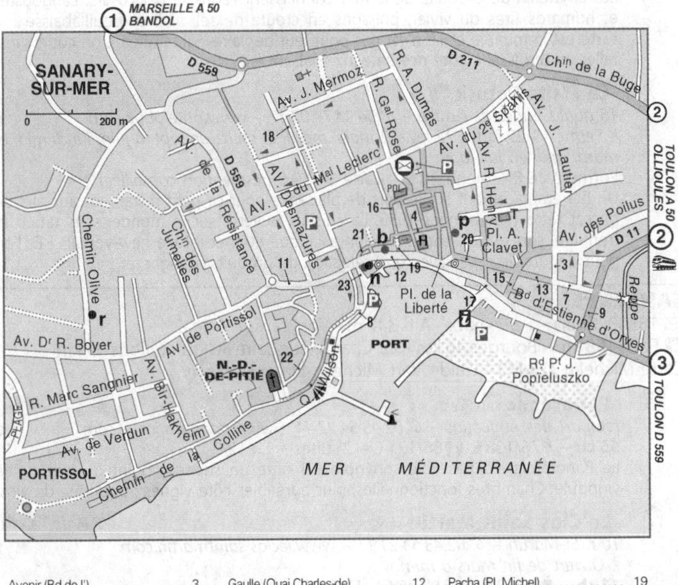

Avenir (Bd de l')	3	Gaulle (Quai Charles-de)	12	Pacha (Pl. Michel)	19
Blanc (R. Louis)	4	Giboin (R.)	13	Péri (R. Gabriel)	20
Clemenceau (Av. G.)	7	Granet (R.)	15	Prudhomie (R. de la)	21
Esménard (Quai M.)	8	Gueirard (R. L.)	16	Sœur-Vincent (Montée)	22
Europe-Unie (Av. de l')	9	Jean-Jaurès (R.)	17	Tour (Pl. de la)	23
Galliéni (Av. du Mar.)	11	Lyautey (Av. Mar.)	18		

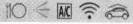

Hôtel de la Tour
quai Gén. de Gaulle – ✆ 04 94 74 10 10 – www.sanary-hoteldelatour.com – Fermé 1er-15 déc. **n**
24 ch – 71/120 € 80/140 € – ½ P
Rest ***Restaurant de la Tour*** – voir les restaurants ci-après
Sous le soleil, la grande façade de l'hôtel jette son ombre au-dessus des embarcations arrimées dans le port de Sanary. Dans cet établissement familial, les chambres sont chaleureuses (mobilier chiné, boutis) et conservent quelque chose de la tradition provençale...

Synaya sans rest
92 chemin Olive, (direction Plage de Portissol) – ✆ 04 94 74 10 50 – www.hotelsynaya.fr – Ouvert 15 mars-30 nov. **r**
11 ch – 100/199 € 100/199 € – 14 €
Dans un quartier résidentiel, ce petit hôtel est agrémenté d'un jardin planté de palmiers. Les chambres sont sobres et fonctionnelles, avec de belles salles de bains ; on profite aussi d'une piscine au calme, idéale pour le farniente...

La P'tite Cour (N)
6 r. Barthélémy-de-Don – ✆ 04 94 88 08 05 – www.laptitecour.com – Fermé sam. midi et mardi de sept. à juin, le midi en juil.-août et merc. **p**
Formule 22 € – Menu 29/42 € *(réservation conseillée)*
Bonite confite et croquettes de riz crémeux, poisson du jour en croûte d'anchois avec épinards frais et panisse... La jeune patronne mitonne avec le plus grand soin une succulente cuisine du marché, que l'on déguste idéalement dans la p'tite cour ensoleillée, cachée à l'arrière de la maison. Et le service est impeccable !

Restaurant de la Tour – Hôtel de la Tour
quai Gén. de Gaulle – ✆ 04 94 74 10 10 – www.sanary-hoteldelatour.com – Fermé 24 fév.-11 mars, 13-21 oct., 17 nov.-16 déc., merc. sauf le soir en juil.-août et mardi **n**
Formule 20 € – Menu 39/52 € – Carte 45/62 €
Les amateurs de produits de la mer connaissent l'adresse par cœur... Langoustes et homards tirés du vivier, poissons en croûte de sel, aïoli et bouillabaisse : la carte est immuable et ce n'est pas pour leur déplaire. S'il fait beau, on court s'installer en terrasse, à côté des bateaux. Plaisant !

La P'tite Fabrik (N)
16 quai Charles-de-Gaulle – ✆ 04 94 74 02 17 – www.ptitefabrik.com – Fermé 13-29 janv., 22 fév.-12 mars, mardi et merc. de sept. à juin, lundi midi et mardi midi en juil.-août **b**
Formule 16 € – Menu 28 € – Carte 34/59 € *(réservation conseillée)*
Un bel emplacement sur le port de plaisance pour ce petit restaurant aux airs de bistrot rétro typé années 1950. La cuisine, ouverte sur le monde, sans tabou ni frontière, sort du lot, entre bouillon asiatique et cheesecake new-yorkais ! Et l'on peut débuter le repas avec une sélection de produits à grignoter...

SANCERRE

✉ 18300 (Cher) – 1 594 hab. – Alt. 342 m – Voir carte n°**12**-D2
Paris 198 km – Bourges 46 km – La Charité-sur-Loire 30 km – Salbris 69 km
Carte Michelin 323-M3 – Guide Vert Michelin Limousin Berry

Panoramic sans rest
rempart des Augustins – ✆ 02 48 54 22 44 – www.panoramicotel.com **a**
55 ch – 76/108 € 88/121 € – 2 suites – 12 €
Le Panoramic n'a pas volé son nom ! Il offre un superbe point de vue sur le vignoble. Chambres fonctionnelles, plus agréables côté vignes ; boutique de vins.

Le Clos Saint-Martin sans rest
10 r. St-Martin – ✆ 02 48 54 21 11 – www.leclos-saintmartin.com – Ouvert de fin mars à mi-nov. **f**
41 ch – 55/60 € 61/125 € – 11 €
Au cœur du village, cet ancien relais de poste (19e s.) dispose de chambres fonctionnelles, sobres et agréables. Petit salon cosy de style napoléonien, produits régionaux au petit-déjeuner... Un endroit coquet !

XXX **La Tour** (Baptiste Fournier)   🕸 AC

🕸 *31 Nouvelle-Place – ℰ 02 48 54 00 81 – www.latoursancerre.fr*   **e**
– Fermé janv., dim. soir et lundi
Formule 25 € – Menu 29 € (déj. en semaine), 42/110 € ♟ – Carte 54/62 €
Saveurs et fraîcheur, au pied d'une tour du 14ᵉ s. ! Un jeune chef œuvre ici et
concocte, avec de beaux produits, une cuisine non dénuée de finesse, de
goût et de caractère. Pour ne rien gâcher, l'atmosphère est amicale et détendue ; depuis le premier étage, on profite tranquillement de la vue sur le
vignoble...
➜ Tartare de veau, sauce fromage blanc et huître. Pigeonneau, courge et truffe
noire. Religieuse caramel au beurre salé, sorbet pomme et poire.

X **La Pomme d'Or**   ♿

🍝 *r. de la Panneterie – ℰ 02 48 54 13 30 – Fermé vacances de Noël, dim.*   **s**
🍝 *soir d'oct. à mars, mardi et merc.*
Menu 20 € (déj. en semaine), 31/48 € *(réservation conseillée)*
N'hésitez pas à croquer dans cette pomme ! Ici, le chef joue la carte de la tradition pour le plus grand bonheur des gourmands. Dans l'assiette, c'est parfumé et
coloré. Le tout accompagné, cela va de soi, d'un verre de sancerre blanc, rosé ou
rouge... selon votre envie.

à St-Satur 3 km par ① et D 955 – ☒ 18300 – 1 579 hab. – Alt. 155 m

⌂ **La Chancelière** sans rest   🚗 🛗 🛜 P
5 r. Hilaire-Amagat – ℰ 02 48 54 01 57 – www.la-chanceliere.com
5 ch ☕ – ♦120 € ♦♦160/180 €
La terrasse de cette maison de maître (18ᵉ s.) jouit du panorama sur Sancerre et
son vignoble. Tomettes, poutres apparentes et meubles anciens donnent du
caractère aux chambres.

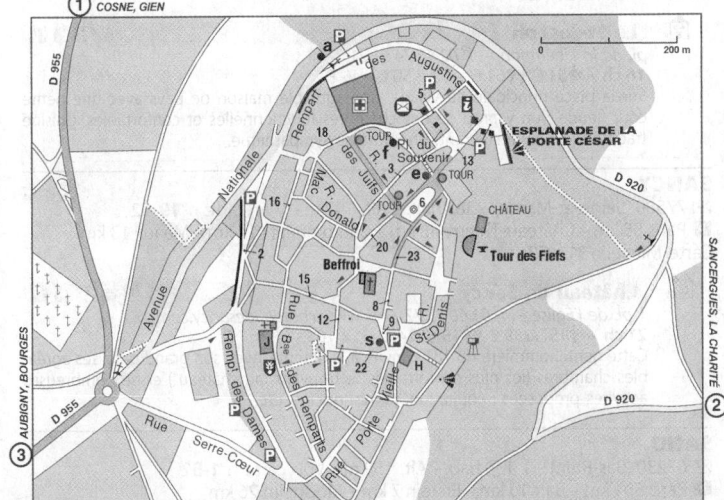

à Chavignol 4 km par ① et D 183 – ✉ 18300

La Côte des Monts Damnés
〒 02 48 54 01 72 – www.montsdamnes.com
12 ch – †96/164 € ††103/184 € – 2 suites – ☉ 14 €
Rest *Le Bistrot de Damnés* **Rest** *La Côte des Monts Damnés* – voir les restaurants ci-après
Un charmant hôtel au cœur de Chavignol, village vénéré pour son fameux "crottin". Les chambres, spacieuses et chaleureuses, adoptent une déco résolument contemporaine... Une adresse de caractère !

La Côte des Monts Damnés
〒 02 48 54 01 72 – www.montsdamnes.com – Fermé 1 semaine début juil., 17 fév.-9 mars, mardi et merc.
Menu 37/64 € *(réservation conseillée)*
Filet de lapereau, magret de canard et sa purée de panais... Ces Damnés-là – chaleureux, élégants et actuels – vous régalent d'une cuisine traditionnelle et régionale qui donne dans la belle générosité.

Le Bistrot de Damnés – Hôtel La Côte des Monts Damnés
〒 02 48 54 01 72 – www.montsdamnes.com
Formule 10 € – Menu 13 € (déj. en semaine), 19/31 € – Carte 28/37 €
Honneur au célébrissime chavignol et aux belles viandes. Ici, on savoure moult plats du terroir dans une atmosphère conviviale et il y a aussi le petit menu du jour à l'ardoise, comme dans tout bistrot qui se respecte. Des Damnés... élus !

à St-Thibault 4 km par ① et D 4 – ✉ 18300

Hôtel de la Loire sans rest
2 quai de Loire – 〒 02 48 78 22 22 – www.hotel-de-la-loire.fr
11 ch – †77/102 € ††77/102 € – ☉ 11 €
Original et confortable ! Des chambres décorées sur le thème du voyage, en bord de Loire... Ici, Georges Simenon écrivit deux romans. Grand choix de pains et confitures maison.

SANCOINS
✉ 18600 (Cher) – 3 301 hab. – Alt. 210 m – Voir carte n°**12**-D3
🚩 Paris 284 km – Bourges 51 km – Nevers 46 km – Orléans 172 km
Carte Michelin 323-N6

Le St-Joseph
pl. de la Libération – 〒 02 48 74 61 21
16 ch – †51 € ††61 € – ☉ 8,50 € – ½ P
Sur la place principale du village, une agréable maison de pays avec une petite cour fleurie ; on y propose des chambres fonctionnelles et confortables. Cuisine traditionnelle au restaurant. Une adresse sympathique.

SANCY
✉ 77580 (Seine-et-Marne) – 382 hab. – Alt. 142 m – Voir carte n°**19**-C2
🚩 Paris 55 km – Château-Thierry 48 km – Coulommiers 14 km – Meaux 13 km
Carte Michelin 312-G2

Château de Sancy
1 pl. de l'Église – 〒 01 60 25 77 77 – www.chateaudesancy.com
21 ch – †157/239 € ††157/274 € – ☉ 16 €
Cette gentilhommière du 18e s. invite à la détente, avec son grand parc, ses agréables chambres (les plus confortables se trouvant "au château") et de nombreuses activités proposées : équitation, tennis, piscine, etc.

SAND
✉ 67230 (Bas-Rhin) – 1 139 hab. – Alt. 159 m – Voir carte n°**1**-B2
🚩 Paris 501 km – Barr 15 km – Erstein 7 km – Molsheim 26 km
Carte Michelin 315-J6

🏠 **La Charrue** 🛏️ 🛋️ 🍴 🛜 🅿️
4 r. du 1er-Décembre – 𝒞 03 88 74 42 66 – www.lacharrue.com – Fermé
16-31 août et 23 déc.-5 janv.
21 ch – 🛏65/110 € 🛏🛏75/110 € – ⌷ 12 € – ½ P
Une auberge familiale et conviviale, en lieu et place d'un ancien relais de charre-tiers (d'où l'enseigne). Les chambres sont bien tenues, dans des styles variés : moderne, classique ou plus rustique. Sympathique bar-winstub ; cuisine régionale au restaurant, d'esprit bistrot chic.

SANDARVILLE

✉ 28120 (Eure-et-Loir) – 387 hab. – Alt. 171 m – Voir carte n°**11-B1**
🚗 Paris 105 km – Brou 23 km – Chartres 16 km – Châteaudun 36 km
Carte Michelin 311-E5

🍴🍴 **Auberge de Sandarville** 🌿 🏡 🍴
14 r. Sente-aux-Prêtres, (près de l'église) – 𝒞 02 37 25 33 18 – Fermé
25 juil.-10 août, 18 janv.-8 fév., mardi soir en hiver, dim. soir et lundi
Menu 32 € (déj. en semaine), 37/64 € – Carte 45/65 €
Poutres, cheminée, meubles chinés et tableaux composent le cadre de cette ferme beauceronne (1850), au charme bucolique. Aux beaux jours, on profite de la ter-rasse fleurie et on se dit que la tradition a du bon !

SANDILLON

✉ 45640 (Loiret) – 3 908 hab. – Alt. 101 m – Voir carte n°**12-C2**
🚗 Paris 148 km – Châteaudun 65 km – Châteauneuf-sur-Loire 16 km –
Orléans 13 km
Carte Michelin 318-J4

à l'Est 2 km par D 951 et rte secondaire

🏠 **Château de Champvallins** sans rest 🌿 🌿 🍴 🛁 🅿️
1079 r. de Champvallins – 𝒞 02 38 41 16 53 – www.chateaudechampvallins.com
– Fermé fév.
5 ch – 🛏130/220 € 🛏🛏130/220 € – ⌷ 14 €
Êtes-vous prêt à remonter le temps ? Si oui, passez le portail sécurisé de ce superbe château du 18e s., environné d'un parc de 10 ha. Dans les chambres, classicisme rime avec raffinement. Douceur et charme bucolique...

SANILHAC – 07 (Ardèche) → voir Largentière

SAN-MARTINO-DI-LOTA – 2B (Haute-Corse) → voir Corse (Bastia)

SANTA-GIULIA (GOLFE DE) – 2A (Corse-du-Sud) → voir Corse (Porto-Vecchio)

SANT'ANTONINO – 2B (Haute-Corse) → voir Corse

SANTENAY

✉ 21590 (Côte-d'Or) – 848 hab. – Alt. 225 m – Voir carte n°**7-A3**
🚗 Paris 330 km – Autun 39 km – Beaune 18 km – Chalon-sur-Saône 25 km
Carte Michelin 320-I8 – Guide Vert Michelin Bourgogne

🏠 **Prosper Maufoux** sans rest 🆎 🌿 🛜 🅿️
1pl. du Jet-d'Eau – 𝒞 03 80 20 68 71 – www.maufoux.com – Fermé 2 semaines
en janv.
3 ch ⌷ – 🛏140 € 🛏🛏150 €
Cette imposante maison de maître, sur la place principale de Santenay, a été cons-truite en 1860 par le notaire Prosper Maufoux. Les chambres, décorées avec raffi-nement, préservent l'esprit de l'époque : parquet à chevrons, mobilier de style, cheminées... Et le caveau de dégustation accueillera les amateurs de bons vins !

X X **Le Terroir**
pl. du Jet-d'Eau – ℰ 03 80 20 63 47 – www.restaurantleterrroir.com
– Fermé 1ᵉʳ-7 sept., 4 déc.-10 janv., merc. soir de nov. à avril, dim. soir et jeudi
Formule 22 € – Menu 27/55 € – Carte 42/58 €
Au cœur du village, une maison pimpante et chaleureuse au service d'une cuisine régionale appétissante. Joli choix de vins au verre.

LE SAPPEY-EN-CHARTREUSE
✉ 38700 (Isère) – 1 091 hab. – Alt. 1 014 m – Voir carte n°**45**-C2
◘ Paris 577 km – Chambéry 61 km – Grenoble 14 km –
St-Pierre-de-Chartreuse 14 km
Carte Michelin 333-H6 – Guide Vert Michelin Alpes du Nord

X X **Les Skieurs** avec ch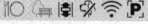
*– ℰ 04 76 88 82 76 – www.lesskieurs.com – Fermé vacances de printemps,
de Toussaint, de Noël, mardi midi, dim. soir et lundi*
11 ch – †79/87 € ††79/87 € – ⊊ 12 € – ½ P
Formule 17 € – Menu 25 € (semaine), 37/47 € – Carte 34/60 €
Une bonne auberge pour les skieurs certes, mais aussi pour les marmottes – le feu de cheminée crépite tout l'hiver – et plus encore pour les gourmands. Dans un décor tout en bois, on déguste de solides assiettes pétries des saveurs du terroir... avant de voir arriver un beau chariot de fromages et de desserts maison !

SARE
✉ 64310 (Pyrénées-Atlantiques) – 2 517 hab. – Alt. 70 m – Voir carte n°**3**-A3
◘ Paris 794 km – Biarritz 26 km – Cambo-les-Bains 19 km – Pau 138 km
Carte Michelin 342-C5 – Guide Vert Michelin Pays Basque et Navarre

🏠 **Arraya**
pl. du village – ℰ 05 59 54 20 46 – www.arraya.com – Ouvert 28 mars-2 nov.
18 ch – †75/150 € ††94/150 € – ⊊ 11 € – ½ P
Cet ancien relais de Compostelle, d'architecture traditionnelle, abrite des chambres coquettes (mobilier en bois, tissus cousus main), certaines ouvrant sur le jardin classé. Décor basque au restaurant, avec terrasse ombragée : plats régionaux et boutique gourmande.

🏠 **Lastiry**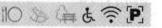
*pl. du village – ℰ 05 59 54 20 07 – www.hotel-lastiry.com – Ouvert
15 mars-15 nov.*
11 ch ⊊ – †80/100 € ††95/135 €
Derrière une façade typiquement basque, un hôtel chaleureux et familial. Les chambres sont confortables et soignées, certaines avec un petit cachet ancien. Au restaurant, recettes du terroir et ambiance rustique.

🏠 **Pikassaria**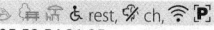
*à Lehenbiscay 2 km au Sud par D 409 – ℰ 05 59 54 21 51
– www.hotel-pikassaria.com – Ouvert 15 mars-11 nov.*
17 ch – †50/60 € ††60/90 € – ⊊ 8 € – ½ P
Bâtisse d'aspect régional située dans la campagne, sur la route de l'Espagne. Chambres propres et fonctionnelles, mais anciennes pour la plupart. Au restaurant, décor rustique et cuisine traditionnelle. Une adresse appréciée notamment des randonneurs.

X **Olhabidea** avec ch
*quartier Sainte-Catherine, 2 km à l'Est par D 4 – ℰ 05 59 54 21 85
– www.olhabidea.com – Fermé déc.-janv.*
5 ch ⊊ – †80 € ††90 € – Menu 28 € (déj.)/42 €
Une ferme basque du 16ᵉ s. où l'on sert une cuisine du potager simple et sans prétention, servie dans l'ambiance feutrée du salon ou de la bibliothèque... Les chambres regorgent d'objets personnels et de souvenirs ; autour, on flâne dans un parc de quatre hectares planté d'érables, de conifères et de camélias... Quel charme !

SARLAT-LA-CANÉDA

✉ 24200 (Dordogne) – 9 568 hab. - Alt. 145 m – Voir carte n°**4-D3**

▷ Paris 526 km – Bergerac 74 km – Brive-la-Gaillarde 52 km – Cahors 60 km
Carte Michelin 329-I6 – Guide Vert Michelin Périgord Quercy

Clos La Boëtie sans rest
97 av. de Selves – ✆ 05 53 29 44 18
– www.closlaboetie-sarlat.com – Ouvert 29 mars-15 nov.
Plan : V**b**
8 ch – ♦252/314 € ♦♦252/314 € – 3 suites – ☲ 20 €
Aux portes de la si belle cité de Sarlat, cette demeure bourgeoise joue la carte du raffinement et du confort : beaux tissus, mobilier de qualité et aménagements soignés créent une atmosphère feutrée et romantique. Autres atouts notables : la piscine couverte, l'espace bien-être et l'accueil soucieux du client.

Plaza Madeleine sans rest
1 pl. de la Petite-Rigaudie – ✆ 05 53 59 10 41
– www.hoteldelamadeleine-sarlat.com
Plan : Y**e**
39 ch – ♦99/179 € ♦♦99/218 € – ☲ 15 €
Emplacement avantageux pour cet hôtel de bonne facture, situé à l'entrée de la vieille ville. Les murs anciens de la demeure (19e s.), le chic contemporain des chambres, la piscine à débordement et l'espace bien-être, le soin apporté à l'entretien des lieux : tout invite à un agréable séjour.

Le Renoir sans rest
2 r. Abbé-Surgier – ✆ 05 53 59 35 98
– www.hotel-renoir-sarlat.com
Plan : X**u**
36 ch – ♦91/153 € ♦♦91/186 € – ☲ 13 €
Rien d'impersonnel dans cet hôtel voisin de la cité médiévale, qui se répartit dans deux maisons de maître séparées par un petit jardin avec piscine. Toutes différentes, les chambres se révèlent cosy et tenues avec soin.

Compostelle sans rest
66 av. de Selves – ✆ 05 53 59 08 53
– www.hotel-compostelle-sarlat.com – Ouvert 30 mars-15 nov.
Plan : V**r**
23 ch – ♦80/100 € ♦♦90/125 € – ☲ 12 €
Un établissement familial, à 400 m du centre historique. Les chambres, dans un style contemporain, sont confortables et bien tenues. Idéal pour partir à la découverte de la cité !

La Maison des Peyrat sans rest
Le Lac de la Plane, à l'Est par chemin des Monges-VX – ✆ 05 53 59 00 32
– www.maisondespeyrat.com – Ouvert 1er avril-15 nov.
10 ch – ♦71/112 € ♦♦71/112 € – ☲ 10 €
On s'y croirait dans une maison de famille à la campagne... Difficile de résister au charme de cette jolie demeure noyée sous la verdure, sur les hauteurs de Sarlat : vieilles pierres, poutres anciennes, mobilier en bois peint, joli jardin plein de recoins pour paresser, et accueil très chaleureux !

Les Peyrouses
aux Peyrouses, 2 km à l'Ouest - V – ✆ 05 53 28 89 25 – www.lespeyrouses-24.com
5 ch – ♦76/82 € ♦♦76/82 € – ☲ 10 € – ½ P
Étape au calme, dans un environnement vallonné à deux pas du centre de Sarlat. Dans l'agréable salon avec cheminée, on se sent comme chez des amis. Chambres de belle taille, joliment rustiques. Sur réservation, table d'hôte le soir.

Le Grand Bleu (Maxime Lebrun)
43 av. de la Gare, par ② – ✆ 05 53 31 08 48 – www.legrandbleu.eu – Ouvert de mi-avril à fin déc. et fermé mardi midi, merc. midi, dim. soir et lundi
Menu 36 € (déj.), 54/125 €
De son passage dans de grandes maisons, Maxime Lebrun a retenu l'amour du travail bien fait, un vrai sens de la générosité et l'esprit d'invention. Il signe une cuisine de l'instant, très fine et en phase avec les saisons, revendiquant même ne travailler qu'avec les producteurs de son département !
→ Maki de homard et foie gras au yuzu, coulis de mangue et glace au riz basmati. Ris de veau de lait caramélisé et truffé, sauce Périgueux. Soufflé à la Mandarine Impériale, glace coriandre.

SARLAT-LA-CANÉDA

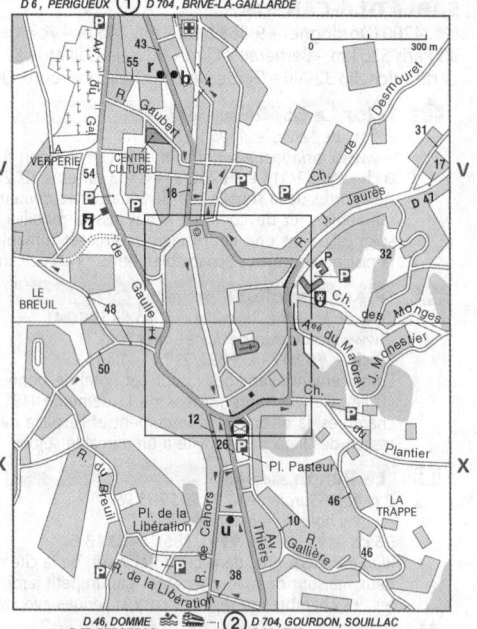

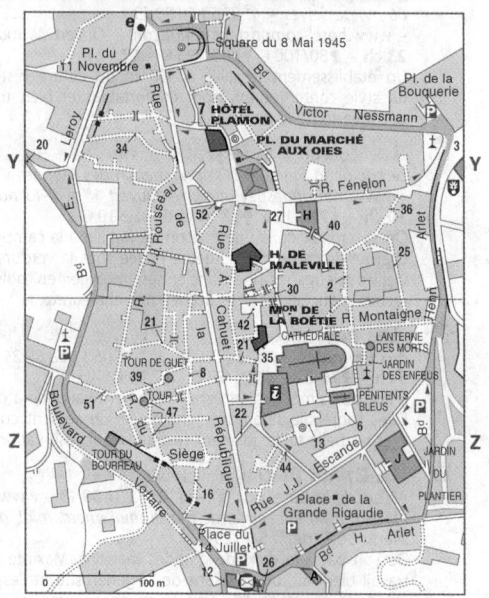

au Sud 5 km rte de Gourdonpuis rte de la Canéda et rte secondaire - ⊠ 24200
Sarlat-la-Canéda

🏠 **Le Mas de Castel** sans rest   ♨ 🛏 🔼 & 🛜 🅿

*Le Sudalissant – 𝒞 05 53 59 02 59 – www.hotel-lemasdecastel.com
– Ouvert Pâques-11 nov.*
19 ch – †77/135 € ††77/135 € – ☑ 11 €
À la campagne, un ancien corps de ferme devenu sympathique hostellerie. Dans
les chambres, simplement mais joliment arrangées (certaines en rez-de-jardin), les
nuits sont paisibles, et une nouvelle extension vient d'être achevée, offrant plus
d'espace et un bel esprit contemporain...

au Sud 3 km par ② rte de Bergerac et rte secondaire – ⊠ 24200

🏠🏠🏠 **Relais de Moussidière** sans rest   ♨ ≤ 📶 🔼 📱 & ⅀ 🛜 👌 🅿

*Moussidière Basse – 𝒞 05 53 28 28 74 – www.hotel-moussidiere.com – Ouvert
d'avril à oct.*
35 ch ☑ – †147/187 € ††147/187 €
Calme absolu dans cette maison de caractère bâtie à flanc de rocher. Les chambres, avec leurs notes exotiques, invitent au voyage. Dans la journée ou le soir
venu, on se promène dans le parc en terrasse qui descend jusqu'à un étang. Un
établissement idéal pour visiter les joyaux du Périgord noir !

SARPOIL – 63 (Puy-de-Dôme) → voir Issoire

SARRAS
⊠ 07370 (Ardèche) – 2 072 hab. – Alt. 133 m – Voir carte n°**43-E2**
◫ Paris 527 km – Annonay 20 km – Lyon 72 km – St-Étienne 60 km
Carte Michelin 331-K2

🍴🍴 **Le Vivarais** avec ch   ⅀ rest, 🛜 🅿

𝒞 04 75 23 01 88 – Fermé vacances de fév., 3-25 août, dim. soir, lundi soir et mardi
6 ch – †56 € ††65/80 € – ☑ 8 €
Formule 19 € – Menu 22 € (semaine), 32/65 € – Carte 44/62 €
Au menu de cette sympathique maison traditionnelle, on découvre une généreuse cuisine classique, réalisée par un chef qui connaît son sujet sur le bout des
doigts ! Mention spéciale pour le chariot de desserts, toujours aussi appétissant...
Quelques chambres bien pratiques pour une étape sur la route des vacances.

SARREGUEMINES
⊠ 57200 (Moselle) – 21 604 hab. – Alt. 210 m – Voir carte n°**27-D1**
◫ Paris 396 km – Metz 70 km – Nancy 96 km – Saarbrücken 18 km
Carte Michelin 307-N4

🏠🏠🏠 **Auberge St-Walfrid**   ⅰ◯ ♨ 📶 📱 & 🛜 👌 🅿

*58 r. de Grosbliederstroff, 2 km par ③ et rte de Grosbliederstroff
– 𝒞 03 87 98 43 75 – www.stwalfrid.com*
11 ch – †108/158 € ††108/158 € – ☑ 15 € – ½ P
Rest *Auberge St-Walfrid* ❀ – voir les restaurants ci-après
À la sortie de la ville, une belle maison en pierre où, depuis cinq générations, la
même famille cultive l'art de recevoir. Dans les grandes chambres au parquet de
chêne, on respire le charme discret de la bourgeoisie.

🏠 **Amadeus** sans rest   📱 🛜

7 av. de la Gare – 𝒞 03 87 98 55 46 – www.amadeus-hotel.fr   Plan : BZ**r**
– Fermé vacances de Noël
39 ch – †62/72 € ††72/78 € – ☑ 9 €
Un immeuble des années 1930 près de la gare. Les chambres sont avant tout
fonctionnelles, équipées de bonnes literies. Une adresse adaptée à la clientèle
d'affaires ou de passage.

SARREGUEMINES

Chamborand
(R. du Marquis-de) ...... **BZ** 2
Chapelle (R. de la) .... **BZ** 3
Cremer (R. des Généraux) **ABZ** 6

Faïenceries (Bd des) ...... **BZ** 7	Paix (R. de la) .... **AY** 23
France (R. de) .... **AZ** 8	Pasteur (R. L.) .... **BZ** 24
Gare (Av. de la) .... **BZ** 12	Ste-Croix (R.) .... **BZ** 27
Louvain (Chaussée de) ... **BYZ** 15	St-Nicolas (R.) .... **AZ** 26
Marché (Pl. du) .... **AZ** 17	Sibille (Pl. du Gén.) ...... **BZ** 28
Nationale (R.) .... **ABZ** 20	Utzschneider (R.) .... **BZ** 30
Or (R. d') .... **AZ** 22	Verdun (R. de) .... **AZ** 33

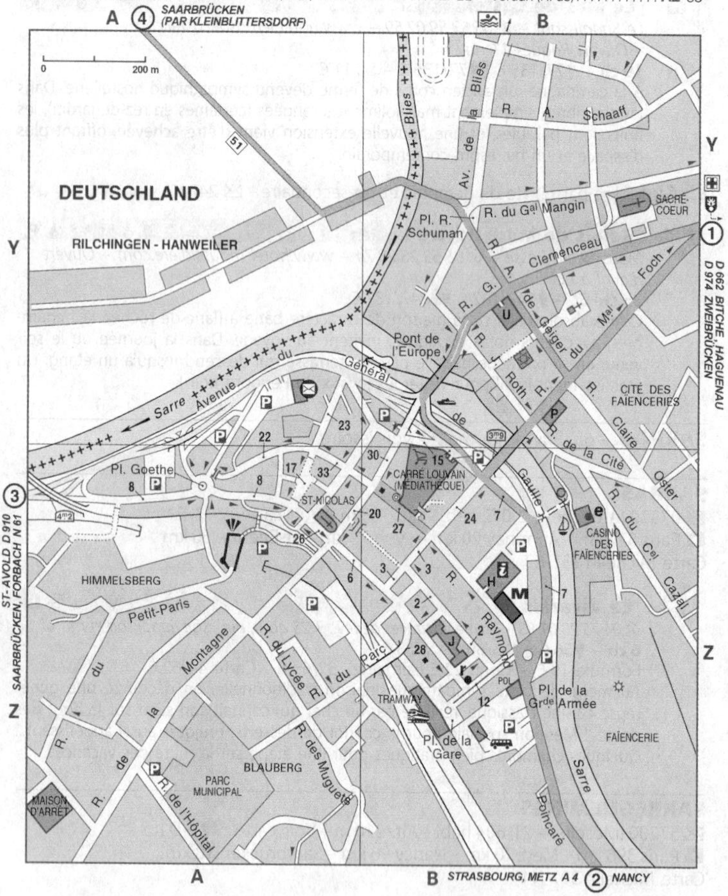

Les Chalands sans rest

8 r. des Chalands, 1,5 km par ③ – 𝒞 03 87 26 34 10
– www.les-chalands.com

5 ch 🛏 – ♦60/80 € ♦♦80/100 €

Un ancien presbytère du 19ᵉ s. au cachet d'autrefois. De ses grandes chambres au parquet de bois blond, on contemple la Sarre et le canal, espérant de mystérieux chalands… Le charme se prolonge au jardin et sur la terrasse sur pilotis pour un copieux petit-déjeuner.

Se régaler sans se ruiner ? Repérez les Bib Gourmand 🍴. Ils vous aideront à dénicher les bonnes tables sachant marier cuisine de qualité et prix ajustés !

XXX **Auberge St-Walfrid** (Stephan Schneider)
ΣΣΣ *58 r. de Grosbliederstroff, 2 km par ③ et rte de Grosbliederstroff*
– ℰ 03 87 98 43 75 – www.stwalfrid.com – Fermé vacances de fév., 2 semaines
fin juil.-début août, lundi midi, sam. midi et dim.
Menu 35 € (semaine), 68/108 € – Carte 69/103 €
Une bien jolie auberge, où l'on s'attable parmi les vitrines où brille la faïence de
Sarreguemines. Le chef, Stephan Schneider, est un défenseur de la belle tradition !
Il aime travailler avec les maraîchers de la région et acheter des bêtes entières,
pour les préparer lui-même. À la force du goût.
➜ Foie gras poêlé à la mirabelle, streusel à la cannelle. Brochette de langoustines,
croustillant de pomme de terre et jus vert. Succès aux fraises.

X **Le Petit Thierry**
135 r. de France, 1,5 km par ③ – ℰ 03 87 98 22 59 – Fermé 26 janv.-7 fév.,
29 août-7 sept., merc. soir et jeudi
Formule 25 € – Menu 37 € – Carte 30/40 €
Cet ancien moulin, face à la Sarre, arbore le look d'un bistrot contemporain... mais conserve son imposant poêle en faïence ! On y apprécie une cuisine du
marché à travers un menu-carte qui change régulièrement. Frais et coloré.

X **Brasserie du Casino**
4 r. Col.-Édouard-Cazal, (casino des Faïenciers) Plan : BZe
– ℰ 03 87 09 59 78 – www.brasserie-du-casino.com – Fermé 1er-13 janv., lundi et
mardi du 13 oct. au 29 mars
Formule 17 € ♟ – Menu 22/32 € – Carte 27/49 €
Sur les bords de la Sarre, l'ancienne faïencerie de Sarreguemines transformée en
restaurant ! On y savoure des recettes régionales concoctées avec des produits de
qualité. Et confortablement installé dans la salle, on peut admirer la belle collection de... faïences. En prime, les prix sont raisonnables.

rte de Bitche 11 km par ① sur D 662 – ✉57200 Sarreguemines

XX **Pascal Dimofski**
rte de Bitche, (2 Quartier de la Gare) – ℰ 03 87 02 38 21 – Fermé 3
semaines en août, 2 semaines en fév., sam. midi, dim. soir, lundi et mardi
Menu 30 € (déj.), 40/90 € – Carte 60/95 €
Il serait dommage de ne pas s'arrêter dans cet ancien relais routier. Tout y a
changé depuis longtemps... Le cadre est plutôt original et on y mange fort bien
(tartare de dorade aux saveurs iodées, Saint-Jacques et chips de vitelotte, etc.) : le
chef a notamment travaillé avec Antoine Westermann ; sa cuisine ravit !

SARRE-UNION
✉ 67260 (Bas-Rhin) – 3 017 hab. – Alt. 240 m – Voir carte n°**1-A1**
❚ Paris 407 km – Metz 81 km – Nancy 84 km – St-Avold 37 km
Carte Michelin 315-G3

rte de Strasbourg 10 km au Sud-Est par N 61 – ✉67260 Burbach

XXX **Windhof**
lieu-dit Windhof – ℰ 03 88 01 72 35 – www.windhof.fr – Fermé 2 semaines
en août, 2 semaines en janv., dim. soir, mardi soir et lundi
Formule 23 € – Menu 26 € (semaine)/57 € – Carte 36/60 €
Escargots d'Hirschland, crème de panais et sablé au parmesan ; filet de sandre et
choucroute nouvelle... Cette adresse familiale joue la carte de la gastronomie
d'aujourd'hui ; soin et saveurs sont au rendez-vous. Bon à savoir : l'établissement
est facilement accessible depuis l'autoroute A 4 (sortie 43).

SARZEAU
✉ 56370 (Morbihan) – 7 688 hab. – Alt. 30 m – Voir carte n°**9-A3**
❚ Paris 478 km – Nantes 111 km – Redon 62 km – Vannes 23 km
Carte Michelin 308-O9 – Guide Vert Michelin Bretagne Sud

à Penvins 7 km au Sud-Est par D 198 – ⊠ 56370

XX   **Le Mur du Roy** avec ch   ⚲ ⟨ 🖘 🖢 ₺ rest. 🛜 🅿
43 chemin du Mur-du-Roy, Penvins – 𝒞 02 97 67 34 08 – www.lemurduroy.com
– Fermé 13 déc.-31 janv., vend. midi, dim. soir et jeudi hors saison
10 ch – ♦63/95 € ♦♦63/95 € – ⟙ 11 € – ½ P   Menu 27/47 € – Carte 38/67 €
Les yeux dans le bleu... On savoure une cuisine iodée servie dans l'une des deux
vérandas au décor marin ou sur la terrasse face à l'océan. Pas de fausse note, tout
est raccord ! Petites chambres fonctionnelles pour prolonger l'étape.

SASSENAY – 71 (Saône-et-Loire) → voir Chalon-sur-Saône

SASSETOT-LE-MAUCONDUIT

⊠ 76540 (Seine-Maritime) – 1 030 hab. – Alt. 89 m – Voir carte n°**33-C1**
🅓 Paris 198 km – Bolbec 29 km – Fécamp 16 km – Le Havre 55 km
Carte Michelin 304-D3

🏨   **Château de Sissi**   ⅠⓄ ⚲ 🖘 🛜 🛁 🅿
r. Elisabeth d'Autriche – 𝒞 02 35 28 00 11 – www.chateau-de-sassetot.com
– Fermé 2 janv.-12 fév.
28 ch – ♦75/325 € ♦♦75/325 € – 2 suites – ⟙ 16 € – ½ P
Point de cinéma, mais une réalité historique : l'impératrice Sissi séjourna trois
mois dans ce beau château du 18ᵉ s. Photos et tableaux permettent de se
confronter à la vérité du mythe, tout en cultivant l'art de vivre... à la viennoise !

XX   **Le Relais des Dalles** avec ch   🎐 ⟨ 🖙 🛜
6 r. Élisabeth-d'Autriche, (près du château) – 𝒞 02 35 27 41 83
– www.relais-des-dalles.fr – Fermé 22 déc.-15 janv., lundi et mardi sauf le soir du
14 juil. au 24 août et merc. midi
5 ch – ♦80 € ♦♦80/152 € – ⟙ 13 € – ½ P
Formule 23 € – Menu 32/57 € – Carte 43/73 €
Un Relais qui fleure bon la Normandie... La maison est rustique à souhait, mais
notre préférence va au jardin, charmant (terrasse). La carte cultive la tradition,
avec un beau choix de vins de Loire et de bordeaux. Quelques jolies chambres
dans la maison attenante.

SAUGUES

⊠ 43170 (Haute-Loire) – 1 844 hab. – Alt. 960 m – Voir carte n°**6-C3**
🅓 Paris 529 km – Brioude 51 km – Mende 72 km – Le Puy-en-Velay 43 km
Carte Michelin 331-D4 – Guide Vert Michelin Auvergne

🏠   **La Terrasse**   ⅠⓄ 🍴 🛜
cours du Dr-Gervais – 𝒞 04 71 77 83 10 – www.hotellaterrasse-saugues.com
– Ouvert 16 mars-14 nov. et fermé dim. soir et lundi hors saison
9 ch – ♦70 € ♦♦85/110 € – ⟙ 15 € – ½ P
Rest *La Terrasse* – voir les restaurants ci-après
Au centre du village dominé par la tour des Anglais, maison ancienne tenue par
la même famille depuis 1795. Chambres d'esprit contemporain, fraîches et bien
équipées.

XX   **La Terrasse**   Ⓐⓚ 🍴
cours du Dr-Gervais – 𝒞 04 71 77 83 10 – www.hotellaterrasse-saugues.com
– Ouvert 16 mars-14 nov. et fermé dim. soir, lundi et mardi hors saison
Menu 30 € (semaine), 35/65 €
Rassurez-vous : la bête du Gévaudan n'est plus ! En revanche, si vous
avez conservé un appétit de loup, cette adresse est pour vous : le chef, Cyril
Tardy, livre une interprétation actuelle de la cuisine du terroir, en utilisant de
bons produits locaux pleins de fraîcheur.

SAUJON

⊠ 17600 (Charente-Maritime) – 6 904 hab. – Alt. 7 m – Voir carte n°**38-B3**
🅓 Paris 499 km – Poitiers 165 km – La Rochelle 71 km – Saintes 28 km
Carte Michelin 324-E5 – Guide Vert Michelin Poitou-Charentes

⌂ Le Richelieu 🍽 & AC ⌖ 🛜

pl. Richelieu – ℰ 05 46 02 82 43 – www.hotel-lerichelieu-saujon.com – Fermé 5-18 janv.
20 ch – ♦59/79 € ♦♦59/134 € – ⌷ 10 € – ½ P
Rest *Le Ménestrel*☺ – voir les restaurants ci-après
Sur la place du village, une belle maison en pierre (18ᵉ s.) avec des chambres
fonctionnelles, engageantes et parfaitement tenues. Un bon plan !

✗✗ Le Ménestrel – Hôtel Le Richelieu 🛜 AC

pl. Richelieu – ℰ 05 46 06 92 35 – www.restaurant-lemenestrel.com – Fermé 12-22 mai,
6-19 oct., 4-19 janv., mardi midi, dim. soir sauf du 12 juil. au 23 août et lundi
Formule 15 € – Menu 31/109 € – Carte 50/72 €
Sans verser dans la chanson épique, David Ménestrel laisse aller son imagination
pour créer des plats actuels, forts en goût ; la meilleure preuve en est ce risotto
de la mer, agrémenté de langoustines, où finesse et saveur se partagent la
vedette. L'été, on déguste tout cela en terrasse, sous les arbres !

SAULES – 25 (Doubs) ➜ voir Ornans

SAULGES

✉ 53340 (Mayenne) – 300 hab. – Alt. 97 m – Voir carte n°**35**-C1
◗ Paris 249 km – Château-Gontier 37 km – La Flèche 48 km – Laval 33 km
Carte Michelin 310-G7 – Guide Vert Michelin Pays de la Loire

⌂⌂ L'Ermitage 🍽 ⓢ ⊨ 🏊 & 🛜 🅿 🚗

3 pl. St-Pierre – ℰ 02 43 64 66 00 – www.hotel-ermitage.fr – Fermé 17-26 avril,
23 oct.-1ᵉʳ nov. et 18 déc.-10 janv.
34 ch – ♦79/126 € ♦♦79/126 € – ⌷ 11 € – ½ P
Cette maison ancienne se trouve dans un petit village connu pour ses grottes et
son canyon. Les chambres sont coquettes et donnent sur la campagne ou le village, celles de l'annexe étant plus spacieuses et modernes. Ne manquez pas de
visiter la jolie petite chapelle (16ᵉ s.) qui se trouve à deux pas.

SAULIEU

✉ 21210 (Côte-d'Or) – 2 538 hab. – Alt. 535 m – Voir carte n°**8**-C2
◗ Paris 248 km – Autun 40 km – Avallon 39 km – Beaune 65 km
Carte Michelin 320-F6 – Guide Vert Michelin Bourgogne

⌂⌂⌂ Le Relais Bernard Loiseau 🍽 ⓢ ⊨ 🏊 ⓥ 🛁🕹 & AC 🛜 🏊 🚗

2 r. d'Argentine – ℰ 03 80 90 53 53 – www.bernard-loiseau.com   **e**
– Fermé 19 janv.-25 fév., mardi et merc. sauf fériés
19 ch – ♦155/395 € ♦♦155/695 € – 13 suites – ⌷ 22 €
Rest *Le Relais Bernard Loiseau* ✿✿✿ – voir les restaurants ci-après
Un Relais dans la grande tradition française, qui fait honneur à l'hospitalité bourguignonne. Murs du 18ᵉ s., poutres et colombages patinés par les ans, sols en terre cuite,
mobilier ancien... mais aussi spa et piscine idyllique. Intemporel et furieusement chic !

⌂⌂ Hostellerie de la Tour d'Auxois 🍽 ⊨ 🏊 🕹 & AC 🛜 🏊

square Alexandre-Dumaine – ℰ 03 80 64 36 19   **r**
– www.tourdauxois.com – Fermé 21 déc.-12 fév.
29 ch – ♦85/145 € ♦♦85/145 € – ⌷ 13 € – ½ P
Un couvent ! Oui... et non ! Il y a bien longtemps que les cellules ont fait place à des
chambres cosy et à de jolis duplex, mais le charme bucolique du lieu est demeuré
intact. Jardin paysager, piscine, restaurant bourguignon : une halte sympathique.

✗✗✗✗ Le Relais Bernard Loiseau – Hôtel Le Relais Bernard Loiseau ⅏ ⊨ &

✿ ✿ ✿ *2 r. d'Argentine – ℰ 03 80 90 53 53 – www.bernard-loiseau.com*   AC
– Fermé 19 janv.-25 fév., mardi et merc. sauf fériés   **e**
Menu 70 € (déj.), 150/215 € – Carte 120/230 €
Durant vingt ans, Patrick Bertron fut le second de Bernard Loiseau... Aujourd'hui, il
interprète avec une sensibilité toute personnelle les classiques du "maître de Saulieu" et réinvente chaque jour la "grande" cuisine française. Une bouchée, une
gorgée, un instant... toute la magie de la belle gastronomie.
➜ Jambonnettes de grenouilles à la purée d'ail et au jus de persil. Ris de veau
doré à la purée de pomme de terre truffée. Rose des sables, glace chocolat et
coulis d'oranges confites.

SAULIEU

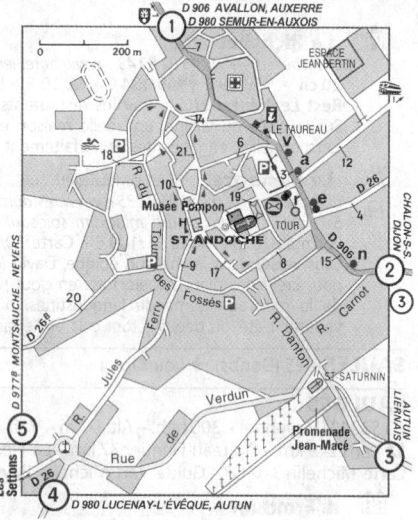

XX **La Borne Impériale** avec ch   ⇦ ⌂ **P**

16 r. d'Argentine – 𝒞 *03 80 64 19 76* – *www.borne-imperiale.com*   **v**
– Fermé 10 janv.-10 fév., lundi soir et mardi
6 ch – ♦42/86 € ♦♦66/86 € – ⊊ 10 €
Formule 19 € 𝝞 – Menu 26/49 € – Carte 45/69 €
Il règne ici une atmosphère délicieusement rétro ; le chef vous régale d'une cuisine copieuse et soignée, parée de jolies teintes régionales. Pour prolonger l'étape, on trouve des chambres agréables (préférez les plus récentes).

SAULON-LA-RUE

✉ 21910 (Côte-d'Or) – 664 hab. – Alt. 215 m – Voir carte n°**8-D1**
◨ Paris 324 km – Beaune 43 km – Dijon 12 km – Gevrey-Chambertin 9 km
Carte Michelin 320-K6

🏠 **Château de Saulon**   ⍭◯ ⇲ ⇦ ⫴ ✗ 📶 & 🛜 ⛿ **P**

67 r de Dijon, (rte de Seurre) – 𝒞 *03 80 79 25 25* – *www.chateau-saulon.com*
– Fermé 15 fév.-8 mars
32 ch – ♦99/185 € ♦♦99/185 € – ⊊ 15 € – ½ P
Dans son parc arboré où rien ne manque (piscine, étang...), ce joli petit château du 17e s. joue les dandys du 21e s. Mariages et séminaires trouveront ici un écrin de valeur, avec quatre espaces dédiés. Côté chambres, sobriété et classicisme sont de mise.

SAULT

✉ 84390 (Vaucluse) – 1 357 hab. – Alt. 765 m – Voir carte n°**42-E1**
◨ Paris 718 km – Aix-en-Provence 86 km – Apt 31 km – Avignon 69 km
Carte Michelin 332-F9 – Guide Vert Michelin Provence

🏠 **Hostellerie du Val de Sault**   ⍭◯ ⇲ ≼ ⇦ ⫴ ✗ 🛜 ⛿ **P**

2 km, rte St-Trinit et rte secondaire – 𝒞 *04 90 64 01 41* – *www.valdesault.com*
– Ouvert 27 avril-3 nov.
14 suites – ♦♦135/320 € – 6 ch – ⊊ 18 € – ½ P
Original : à la manière d'un hameau dans la pinède, les chambres se répartissent dans plusieurs bungalows. Spacieuses, avec coin salon et terrasse, certaines en duplex avec des salles de bains panoramiques ! Symbiose avec la Provence...

SAULT-DE-NAVAILLES

⊠ 64300 (Pyrénées-Atlantiques) – 836 hab. – Alt. 65 m – Voir carte n°**3-B3**

▶ Paris 756 km – Bordeaux 177 km – Mont-de-Marsan 44 km – Pau 58 km

Carte Michelin 342-H1

✗ La Tour Galante   � ఉ 🎟 ⇪ **P**

699 r. de France, (à côté de l'Église) – ℰ 05 59 67 55 29 – www.latourgalante.com – Fermé 24 juin- 8 juil., 14-28 oct., 18-26 fév., lundi soir, mardi soir et merc.

Menu 24/40 € – Carte 28/57 €

La façade pimpante de ce restaurant donne sur la tour de Gaston Fébus. Ici, tout est frais et fait maison : garbure, foie gras, salade landaise et volaille basquaise. Voilà une adresse où l'on cultive l'art de vivre made in Sud-Ouest !

SAULX-LES-CHARTREUX – 91 (Essonne) ➜ voir Paris, Environs (Longjumeau)

SAULXURES

⊠ 67420 (Bas-Rhin) – 531 hab. – Alt. 535 m – Voir carte n°**1-A2**

▶ Paris 407 km – Épinal 71 km – Lunéville 65 km – Strasbourg 67 km

Carte Michelin 315-G6

🏠 La Belle Vue   ⅠℴÞ ⅋ 🚐 📶 ☎ 🆔 🏃 **P**

36 r. Principale – ℰ 03 88 97 60 23 – www.la-belle-vue.com – Fermé 3 semaines en janv.

9 ch – ✦98/127 € ✦✦98/146 € – 2 suites – ☑ 13 € – ½ P

Rest *Côté Bistrot* ✿ **Rest** *Côté Gastro* – voir les restaurants ci-après

La même famille tient cette auberge depuis quatre générations. Point trop de tradition cependant : l'adresse surprend par son décor contemporain, tout en beaux matériaux ! Les chambres et suites sont confortables, avec du mobilier ramené de nombreux voyages... Agréable jardin.

✗✗ Côté Gastro – Hôtel La Belle Vue   📶 **P**

36 r. Principale – ℰ 03 88 97 60 23 – www.la-belle-vue.com – Fermé 3 semaines en janv., mardi et merc. de sept. à juin

Menu 37/65 € – Carte environ 45 €

Lambris et plancher blond le disputent aux paravents peints ; la terrasse ombragée par des sapins domine la forêt des Vosges... Un bel endroit, assurément, pour une cuisine "gastro" qui prend racine dans la région et se montre aussi voyageuse, à l'image de ce thon snacké, tomates de plein champ et condiment ananas-vanille.

✗ Côté Bistrot 🅝 – Hôtel La Belle Vue   📶 **P**

🆎   *36 r. Principale – ℰ 03 88 97 60 23 – www.la-belle-vue.com – Fermé 3 semaines en janv., mardi et merc. de sept. à juin et dim. midi*

🅐   Menu 15 € (déj. en semaine)/23 € – Carte 33/54 €

Au sein de l'auberge La Belle Vue, le pendant du "Côté Gastro" : ici, on profite à moindre coût du savoir-faire de la maison, de son souci du bon produit et du fait-main, à travers de savoureuses spécialités régionales et quelques recettes plus originales.

SAUMUR

⊠ 49400 (Maine-et-Loire) – 27 093 hab. – Alt. 30 m – Voir carte n°**35-C2**

▶ Paris 300 km – Angers 67 km – Le Mans 124 km – Poitiers 97 km

Carte Michelin 317-I5 – Guide Vert Michelin Châteaux de la Loire

🏠🏠 Château de Verrières sans rest   ⅅ 🚐 ⅄ 📶 ⅋ 🎟 ⅋ 🚿 ☎ 🏃 **P**

53 r. d'Alsace – ℰ 02 41 38 05 15 – www.chateau-verrieres.com   Plan : AY**v**

10 ch – ✦180/345 € ✦✦180/345 € – ☑ 17 €

Un lieu idéal pour un séjour romantique : un bel édifice Napoléon III, des boiseries aux teintes chaudes, un décor Belle Époque et un grand parc... où trônent un noyer d'Amérique et un cyprès, aussi vieux que la demeure ! Accueil amical des châtelains.

🏠 St-Pierre sans rest   ⅅ 📱 🎟 ☎ 🏃 **P**

8 r. Haute-St-Pierre – ℰ 02 41 50 33 00   Plan : BY**b**

– www.saintpierresaumur.com

14 ch – ✦110/195 € ✦✦120/250 € – ☑ 14 €

Poutres massives, colombages, hautes cheminées en tuffeau, escalier à vis et meubles de style : un bien charmant hôtel installé dans des maisons datant de 1740 et joliment restaurées.

SAUMUR

Anjou (R. d') **BZ** 2	Dupetit-Thouars (Pl.) **BZ** 7	Portail-Louis (R. du) **BY** 13
Beaurepaire (R.) **AY** 3	Fardeau (R.) **AZ** 9	République (Pl. de la) **BY** 15
Bilange (Pl. de la) **BY** 4	Gaulle (Av. Général-de) **BX**	Roosevelt (R. Fr.) **BY** 16
Cadets (Ponts des) **BX** 5	Leclerc (R. du Mar.) **AZ**	St-Jean (R.) **BY** 18
Dr-Bouchard (R. du) **AZ** 6	Nantilly (R. de) **BZ** 10	St-Pierre (Pl.) **BY** 19
	Orléans (R. d') **ABY**	Tonnelle (R. de la) **BY** 20
	Poitiers (R. de) **AZ** 12	Vieux-Pont (R. du) **BY** 22

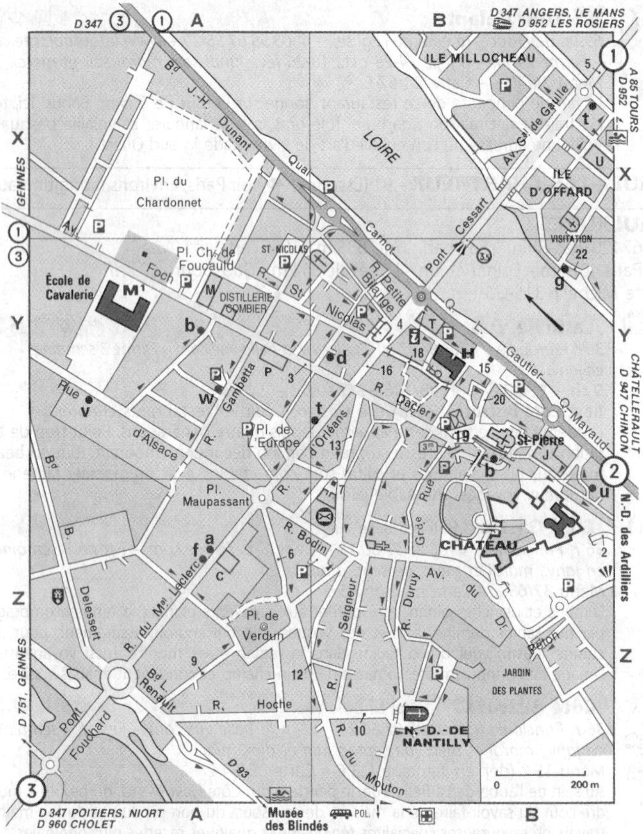

Adagio sans rest
94 av. du Gén.-de-Gaulle – ✆ 02 41 67 45 30 – www.hoteladagio.com – Fermé 23 déc.-2 janv. Plan : BX**t**
39 ch – 🛉68/89 € 🛉🛉78/160 € – ☕ 13 €
Au cœur de l'île d'Offard, en bord de Loire, cette imposante bâtisse abrite des chambres contemporaines et feutrées, très fonctionnelles. L'ensemble est propre et bien tenu, l'accueil est aimable : une bonne option pour découvrir la ville.

Mercure Bord de Loire sans rest
r. du Vieux-Pont – ✆ 02 41 67 22 42 – www.mercure.com Plan : BY**g**
45 ch – 🛉79/189 € 🛉🛉79/189 € – 3 suites – ☕ 15 €
Sur l'île d'Offard, un hôtel moderne aux chambres fonctionnelles bien équipées. Atout de choix : certaines offrent un beau panorama sur la Loire et le centre historique.

Kyriad sans rest
23 r. Daillé – ✆ 02 41 51 05 78 – www.hotelsaumur.com Plan : BY**d**
29 ch – 🛉65/92 € 🛉🛉75/132 € – ☕ 10 €
Situation centrale et calme assuré en cet établissement abritant de petites chambres confortables. Le décor est agréable : meubles de style ancien et teintes claires pour certaines ; épure contemporaine pour les autres…

⌂ **Le Londres** sans rest 🛜 **P**

48 r. d'Orléans – 𝒞 02 41 51 23 98 – www.lelondres.com Plan : BY**t**
27 ch – ♦60/140 € ♦♦65/140 € – ⌷ 10 €

Depuis quelques années, ses propriétaires ont su donner de la personnalité et un véritable coup de jeune à cet hôtel de 1837. Décors variés dans les chambres : anglais, lagon, prune, volupté... Deux appartements (avec cuisinettes) conviendront particulièrement aux familles.

⌂ **Ibis Styles** ⓪ sans rest 🛗🕭🛜🏋️**P**

15 av. David-d'Angers, (face à la gare), par ① – 𝒞 02 41 67 31 01 – www.ibisstyles.com
46 ch ⌷ – ♦69/99 € ♦♦79/109 €

L'ancien hôtel Terminus – qui datait de 1890 ! – a bénéficié d'un lifting saisissant. Belle façade, intérieur moderne et graphique à tous les étages, agréables chambres climatisées avec douches à l'italienne... Une transformation réussie.

⌂ **Manoir Plessis Bellevue** ⓪ sans rest ⬅🕭🜍🛜**P**

15 r. Allix, (par la rue du Petit Puy) ✉ 49400 Saumur – 𝒞 02 41 51 32 73
– www.manoirplessisbellevue.com
5 ch ⌷ – ♦120/180 € ♦♦150/180 €

Victor Hugo séjourna à plusieurs reprises dans ce beau manoir du 18ᵉ s., offrant une vue magistrale sur la Loire depuis les hauteurs de Saumur. Le jardin avec ses roses anciennes, la piscine panoramique, les chambres qui pourraient servir de décor à un film d'époque, tout exprime le bel art de vivre de la région...

✗✗✗ **Les Ménestrels** 🥂🍴

11 r. Raspail – 𝒞 02 41 67 71 10 Plan : BZ**u**
– www.restaurant-les-menestrels.com – Fermé 14-20 mars, 22 nov.-8 déc.,
5-12 janv., dim. et lundi sauf fériés
Formule 23 € – Menu 36/66 €

Près du château, troubadours de passage et autres trouvères apprécieront le raffinement de cette demeure ancienne. De beaux vins de Loire accompagnent la carte – une savoureuse cuisine de saison – ou la formule rapide.

✗✗ **Le Gambetta** (Mickael Pihours)

❀ *12 r. Gambetta – 𝒞 02 41 67 66 66 – www.restaurantlegambetta.fr* Plan : AY**w**
– Fermé 13-19 avril, 25 juil.-9 août, 1 semaine en oct., 21-28 déc., dim. soir, lundi et merc.
Menu 26 € (déj. en semaine), 32/99 € – Carte 75/100 €

Jeux sur les textures, les associations de saveurs et les présentations : le jeune chef bouscule la tradition. Foie gras de canard, anguille et asperge verte ; saint-pierre cuit à 45°C, écorce de yuzu, couteaux à la grenade, quinoa au citron noir... La créativité est au rendez-vous, les sens sont en fête.

→ Gambas et œuf en déclinaison. Pigeonneau aux saveurs orientales, jus à la bergamote et pain pita. Variation autour du citron jaune, lime et combava.

✗ **L'Escargot** 🍴🕭

❀ *30 r. du Mar.-Leclerc – 𝒞 02 41 51 20 88 – Fermé 17 août- 4 sept.,* Plan : AZ**a**
vacances de la Toussaint, de printemps, sam. midi, mardi et merc.
Formule 14 € – Menu 19 € (déj. en semaine), 28/35 € *(réservation conseillée)*

Un joli petit Escargot où prendre le temps de se restaurer ! Décor feutré et cuisine traditionnelle élaborée à partir de bons produits. Agréable terrasse ; tarifs mesurés.

✗ **L'Alchimiste** 🍴

6 r. de Lorraine – 𝒞 02 41 67 65 18 – www.lalchimiste-saumur.fr Plan : AY**b**
– Fermé 1 semaine en fév., vacances de la Toussaint, dim. et lundi
Formule 18 € – Menu 21 € – Carte 30/50 € *(réservation conseillée)*

Dans ce petit restaurant contemporain, pas de cuisine moléculaire ou alchimiste, mais de bons petits plats cuisinés avec savoir-faire. Le rapport saveurs-prix est bon ! Mieux vaut réserver car l'établissement, bien que discret, est souvent complet...

✗ **L'Aromate** 🕭🄰🝔

42 r. du Mar.-Leclerc – 𝒞 02 41 51 31 45 Plan : AZ**f**
– www.laromate-restaurant.com – Fermé dim. et lundi
Formule 19 € – Menu 28/37 € – Carte environ 47 €

Herbes, épices... Le chef, revenu dans sa région natale après un long détour par Vichy, fait la part belle aux aromates ! On travaille ici en famille, au service d'une jolie cuisine bistronomique qui évolue avec les saisons. Bon rapport qualité-prix.

à St-Hilaire-St-Florent 3 km par av. Foch AXY et D 751 – ✉ 49400
– 4 200 hab. – Alt. 33 m

 Les Terrasses de Saumur ⫶⃝ 🛏 ⬤ 🚗 ⏋ 🏊 🛜 🐕 **P**
chemin de l'Alat – 📞 *02 41 67 28 48 – www.lesterrassesdesaumur.fr*
20 ch – 🛏70/99 € 🛏🛏70/99 € – ⌚ 12 € – ½ P
Tout près du Cadre noir, cet hôtel joue la carte des tendances : couleurs tranchées, lumière travaillée, espace bien-être… sans oublier la piscine et la terrasse en bois exotique ! Le restaurant offre même une vue superbe sur la ville.

SAUSHEIM – 68 (Haut-Rhin) ➜ voir Mulhouse

LA SAUSSAYE

✉ 27370 (Eure) – 1 891 hab. – Alt. 137 m – Voir carte n°**33-D2**
▶ Paris 130 km – Évreux 40 km – Louviers 20 km – Pont-Audemer 49 km
Carte Michelin 304-F6 – Guide Vert Michelin Normandie Vallée de la Seine

 Manoir des Saules ⫶⃝ 🛏 🚗 ⬤ 🛎 🛜 🐕 **P**
2 pl. St-Martin – 📞 *02 35 87 25 65 – www.manoirdessaules.com*
– Fermé 15 fév.-4 mars, 3 semaines en nov., dim. soir, lundi et mardi
6 ch – 🛏165/320 € 🛏🛏230/320 € – ⌚ 24 € – ½ P
Rest *Manoir des Saules* – voir les restaurants ci-après
Ferronneries, cheminées, meubles anciens (dont quelques belles armoires normandes) : cet authentique manoir allie cachet et élégance, et l'on y fait étape comme dans une jolie gravure ancienne... Parfaitement tenu et charmant !

XⁿXⁿXⁿ **Manoir des Saules** ⬤⬤ 🚗 🛎 ⬤ 🅰🅺 🍽 ⬤ **P**
2 pl. St-Martin – 📞 *02 35 87 25 65 – www.manoirdessaules.com*
*– Fermé 15 fév.-4 mars, 3 semaines en nov., merc. midi d'oct. à mars, dim. soir,
lundi et mardi*
Menu 45 € (semaine), 65/85 € *(réservation conseillée)*
Les lieux évoquent à la fois une bonbonnière et un musée, mêlant œuvres d'art, objets décoratifs, recoins et poutres anciennes... Un cachet intemporel au service d'une cuisine qui joue elle aussi une partition classique : le goût de la tradition.

SAUSSET-LES-PINS

✉ 13960 (Bouches-du-Rhône) – 7 740 hab. – Alt. 15 m – Voir carte n°**40-B3**
▶ Paris 768 km – Aix-en-Provence 41 km – Marseille 37 km – Martigues 13 km
Carte Michelin 340-F6 – Guide Vert Michelin Provence

XⁿXⁿ **Les Girelles** ⬍ 🅰🅺
r. Frédéric-Mistral – 📞 *04 42 45 26 16 – www.restaurant-les-girelles.com*
– Fermé janv., dim. soir, merc. midi et lundi
Menu 25 € 🍷 (déj. en semaine), 35/65 € – Carte 49/98 €
Simplement séparé de la Méditerranée par la route, cet agréable restaurant de bord de mer est une valeur sûre. Crustacés et poissons sont à l'honneur : homard, loup et dorade sont les spécialités de la carte, sans oublier le soufflé d'oursin (en hiver) et la bouillabaisse, avec ou sans girelles – ces petits poissons arc-en-ciel.

SAUTERNES

✉ 33210 (Gironde) – 742 hab. – Alt. 50 m – Voir carte n°**3-B2**
▶ Paris 624 km – Bazas 24 km – Bordeaux 49 km – Langon 11 km
Carte Michelin 335-I7 – Guide Vert Michelin Aquitaine

 Relais du Château d'Arche sans rest ⬤ ⬍ 🚗 🐕 **P**
rte de Bommes, 0,5 km au Nord – 📞 *05 56 76 67 67 – www.chateaudarche-sauternes.com*
9 ch – 🛏120 € 🛏🛏150 € – ⌚ 10 €
Une charmante chartreuse du 17ᵉ s. au cœur d'un domaine viticole, dont on peut déguster les crus après une visite. Chambres classiques et cosy, avec une vue superbe sur les vignes alentour.

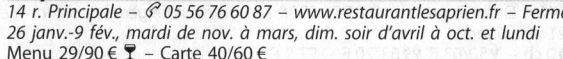

XX **Saprien**　　　　　　　　　　　　　　　　　< 🛆 😊 **P**

😊 *14 r. Principale – 𝒞 05 56 76 60 87 – www.restaurantlesaprien.fr – Fermé
26 janv.-9 fév., mardi de nov. à mars, dim. soir d'avril à oct. et lundi*
Menu 29/90 € **Υ** – Carte 40/60 €
Un village réputé, une maison typique de vigneron, une terrasse pavée au pied
des vignes du château Guiraud, des recettes inspirées, très joliment tournées et
savoureuses, pensées autour du célèbre vin liquoreux... Au Saprien, on est au
cœur du sujet "sauternes" !

SAUVETERRE

✉ 30150 (Gard) – 1 743 hab. – Alt. 23 m – Voir carte n°**23-D2**
🚩 Paris 669 km – Alès 77 km – Avignon 15 km – Nîmes 49 km
Carte Michelin 339-N4

🏠 **Château de Varenne** sans rest　　　　　🌣 🛆 🛋 🄰🄲 🛜 ♨ **P**
pl. St-Jean – 𝒞 04 66 82 59 45 – www.chateaudevarenne.com – Ouvert avril-oct.
13 ch – ♥98/268 € ♥♥108/340 € – 🖵 19 €
Le parc à la française, où trône un superbe cèdre du Liban, ajoute au charme de cette
élégante demeure du 18ᵉ s. Chambres raffinées, décorées de riches tissus et objets
anciens.

SAUVETERRE-DE-COMMINGES

✉ 31510 (Haute-Garonne) – 724 hab. – Alt. 480 m – Voir carte n°**28-B3**
🚩 Paris 777 km – Bagnères-de-Luchon 36 km – Lannemezan 31 km – Tarbes 71 km
Carte Michelin 343-C6

🏠🏠 **Hostellerie des 7 Molles**　　　🄸🄾 🌣 < 🛆 🛋 🎽 🎒 🛜 **P**
*à Gesset – 𝒞 05 61 88 30 87 – www.hotel7molles.com – Fermé 15 fév.-15 mars,
mardi et merc. d'oct. à juin*
14 ch – ♥92/158 € ♥♥118/180 € – 🖵 14 € – ½ P
Une grande maison dans une vallée calme, en pleine nature. Tranquillité, atmosphère familiale, restaurant traditionnel et... confort douillet ! Certaines chambres ont même un balcon donnant sur les citronniers et les orangers du jardin.

SAUVETERRE-DE-ROUERGUE

✉ 12800 (Aveyron) – 790 hab. – Alt. 460 m – Voir carte n°**29-C1**
🚩 Paris 652 km – Albi 52 km – Millau 88 km – Rodez 30 km
Carte Michelin 338-F5

🏠🏠 **Le Sénéchal**　　　　　🄸🄾 🌣 🛆 🖪 🄰🄲 🛜 ♨ **P**
*Le bourg – 𝒞 05 65 71 29 00 – www.hotel-senechal.fr – Fermé 1ᵉʳjanv.-20 mars,
dim. et lundi sauf juil.-août*
8 ch – ♥130/150 € ♥♥130/150 € – 3 suites – 🖵 17 € – ½ P
Rest Le Sénéchal ❀ – voir les restaurants ci-après
Une auberge reconstruite dans le style du pays aux portes de cette bastide royale
du 13ᵉ s. Les chambres sont spacieuses et confortables, certaines jouissant de belles terrasses. Un ensemble cossu et parfaitement tenu ; un beau représentant
de la tradition hôtelière.

XXX **Le Sénéchal** (Michel Truchon)　　　　　🛆 😊 & 🄰🄲

❀ *Le bourg – 𝒞 05 65 71 29 00 – www.hotel-senechal.fr – Fermé 1ᵉʳ janv.-20 mars,
dim. soir et mardi midi de sept. à juin et lundi sauf le soir en juil.-août*
Menu 30 € (semaine), 52/120 € – Carte 83/113 € *(réservation conseillée)*
Un poisson rouge en bocal sur chaque table, des œuvres d'art : le cadre sert à
merveille la cuisine fine et délicate du chef, Michel Truchon. Il joue judicieusement sur les textures et les saveurs, proposant de beaux visuels, le tout avec des
produits soigneusement choisis... Une cuisine généreuse et attentionnée !
➜ Escalope de foie gras, gnocchis de pomme de terre aux truffes. Poitrine de cochon
laquée aux épices douces. Sphère caraïbe, mousse praliné et framboise "crunch".

SAUVIAT-SUR-VIGE

✉ 87400 (Haute-Vienne) – 940 hab. – Alt. 450 m – Voir carte n°**24-B2**
🚩 Paris 404 km – Guéret 49 km – Limoges 34 km – Panazol 30 km
Carte Michelin 325-G5

Auberge de la Poste
*141 r. Emile Dourdet – ℰ 05 55 75 30 12 – www.aubergedelaposte.fr – Fermé
21 déc.-6 janv.*
10 ch – †50/63 € ††63/70 € – ☐ 9 € – ½ P
Une auberge chaleureuse sur l'axe principal du village. Les chambres sont pratiques,
impeccablement tenues et se trouvent à l'écart des nuisances de la route ; quant au
restaurant, il a un vrai cachet rustique et l'on y déguste des petits plats traditionnels.

SAUVIGNY-LES-BOIS – 58 (Nièvre) → voir Nevers

SAUXILLANGES
✉ 63490 (Puy-de-Dôme) – 1 179 hab. – Alt. 460 m – Voir carte n°**6-C2**
▶ Paris 455 km – Ambert 46 km – Clermont-Ferrand 45 km – Issoire 14 km
Carte Michelin 326-H9 – Guide Vert Michelin Auvergne

XX **Restaurant de la Mairie**
*11-17 pl. St-Martin – ℰ 04 73 96 80 32 – www.fontbonne.fr – Fermé 22 juin-4 juil.,
21 sept.-2 oct., 4-20 janv., merc. sauf juil.-août, dim. soir et lundi*
Formule 16 € – Menu 20 € (semaine), 31/68 € – Carte 28/65 €
Un vrai coup de cœur pour cette maison typiquement auvergnate dont la chef,
Chantal Fontbonne, nous régale littéralement ! Traditionnelle sans être vieux jeu, sa
cuisine célèbre les beaux produits de la région et déborde de saveurs. En salle, son
époux assure un service des plus charmants. On part avec l'envie de revenir vite...

LE SAUZE – 04 (Alpes-de-Haute-Provence) → voir Barcelonnette

SAUZON – 56 (Morbihan) → voir Belle-Ile-en-Mer

SAVERNE
✉ 67700 (Bas-Rhin) – 11 685 hab. – Alt. 200 m – Voir carte n°**1-A1**
▶ Paris 450 km – Lunéville 88 km – St-Avold 89 km – Sarreguemines 65 km
Carte Michelin 315-I4

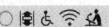 **Chez Jean**
3 r. de la Gare – ℰ 03 88 91 10 19 – www.chez-jean.com Plan : A**v**
– Fermé 23-26 déc.
40 ch – †70/87 € ††89/110 € – ☐ 10 € – ½ P
Une affaire familiale proche de la gare, où l'on trouve des chambres confortables et
spacieuses, dont deux en duplex pour accueillir les familles. Bel espace détente (hammam, jacuzzi, salle de soins, etc.). Spécialités régionales à la Winstub s'Rosestiebel.

Europe sans rest
7 r. de la Gare – ℰ 03 88 71 12 07 – www.hotel-europe-fr.com Plan : A**e**
– Fermé 23 déc.-5 janv.
28 ch – †70/81 € ††76/135 € – ☐ 11 €
Derrière une belle façade du début du 20ᵉ s., à deux pas du château
des Rohan, un hôtel cossu et confortable, tenu avec soin. Les chambres sont spacieuses et sobrement décorées, et l'on profite d'un agréable salon feutré.

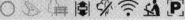 **Le Clos de la Garenne**
*88 rte du Haut-Barr, 1,5 km par rte du Haut-Barr – ℰ 03 88 71 20 41
– www.closgarenne.unblog.fr*
14 ch – †48/58 € ††68/98 € – ☐ 12 € – ½ P
Rest *Le Clos de la Garenne* – voir les restaurants ci-après
Au pied des Vosges, cet hôtel abrite des chambres cosy à souhait. Bois, petits
cœurs rouges, le charme est résolument montagnard... Une bonne adresse, chaleureuse comme on les aime, avec même un jacuzzi dans le jardin !

XX **Le Clos de la Garenne** – Hôtel le Clos de la Garenne
*88 rte du Haut-Barr, 1,5 km par rte de Haut-Barr – ℰ 03 88 71 20 41
– www.closgarenne.unblog.fr – Fermé merc. midi, sam. midi et dim. soir*
Menu 20 € (déj. en semaine), 32/90 € – Carte 56/78 €
Il suffit parfois de prendre de la hauteur pour se croire à la montagne ! À l'image
de ce restaurant, dominant la ville, avec sa salle à la décoration alpine. On y
déguste de beaux produits travaillés dans un esprit gastronomique ou winstub
(deux cartes distinctes). Accueil et service aux petits soins.

SAVERNE

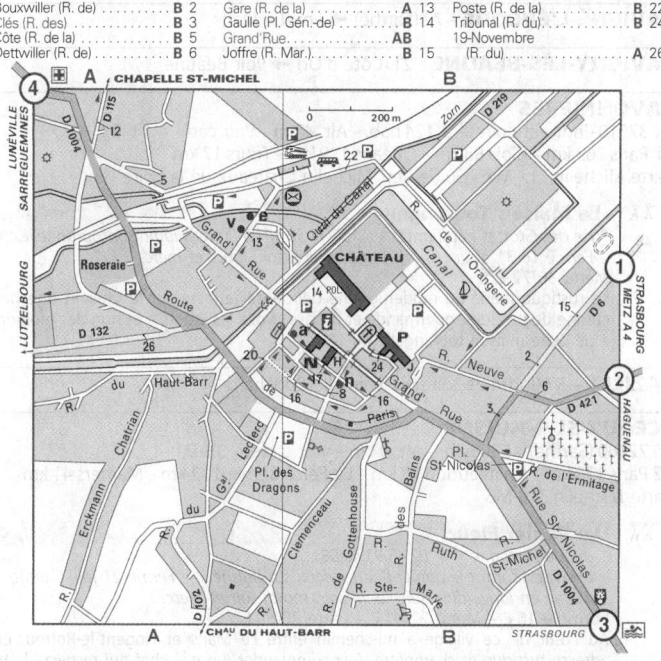

✕✕ Zum Staeffele 🖸 ☯

1 r. Poincaré – ✆ 03 88 91 63 94   Plan : B**a**
– www.strasnet.com/staeffele.htm – Fermé 3-25 août, 23 déc.-3 janv., dim. soir, lundi et mardi
Menu 26 € (déj. en semaine), 35/58 € – Carte 53/69 €
St-Pierre braisé à la crème, fraises marinées à la vanille meringue et menthe, tartelette de morilles et ris de veau... Une cuisine dans l'air du temps, proposée dans un cadre contemporain. Louis XV, Louis XVI ou encore Goethe – hôtes du château tout proche – auraient sans doute apprécié !

✕ Taverne Katz 🏠

80 Grand'Rue – ✆ 03 88 71 16 56 – www.tavernekatz.com   Plan : B**n**
☜ *– Fermé vacances de fév., lundi et jeudi soir*
Menu 18 € (déj. en semaine), 45/56 € – Carte 34/63 €
Pour trouver ce restaurant, rien de plus simple : rendez-vous à l'hôtel de ville, c'est juste à côté ! Dans cette superbe maison à colombages (1605), on défend la cuisine locale dans une atmosphère conviviale.

à l'Est par ② 3 km sur D 421 – ⊠ 67700 Monswiller

✕✕✕ Kasbür (Yves Kieffer) 🏠 🏠 & 🖸 🅿

☆ *8 r. de Dettwiller – ✆ 03 88 02 14 20 – www.restaurant-kasbur.fr – Fermé vacances de fév., 22 juil.-12 août, dim. soir, merc. soir, lundi et fériés le soir*
Menu 23 € (déj. en semaine), 48/90 € – Carte 62/78 €
Né en 1932, le Kasbür est lié à la famille Kieffer depuis trois générations. Force de l'héritage ou fruit d'une exigence jamais démentie ? Yves Kieffer écrit aujourd'hui une nouvelle page de son histoire : produits de qualité, sauces pleines de parfums, pointe d'inédit... Une valeur sûre.
➔ Tarte fine aux cuisses de grenouilles. Bœuf à la mode en deux cuissons. Moelleux au chocolat.

SAVIGNEUX – 42 (Loire) ➜ voir Montbrison

SAVIGNÉ-L'ÉVÊQUE – 72 (Sarthe) ➜ voir Le Mans

SAVIGNY-LÈS-BEAUNE – 21 (Côte-d'Or) ➜ voir Beaune

SAVONNIÈRES
✉ 37510 (Indre-et-Loire) – 3 124 hab. – Alt. 47 m – Voir carte n°**11-B2**
◳ Paris 263 km – Blois 88 km – Orléans 139 km – Tours 17 km
Carte Michelin 317-M4 – Guide Vert Michelin Châteaux de la Loire

✕✕   La Maison Tourangelle
⊕   *9 rte des Grottes-Pétrifiantes – ℰ 02 47 50 30 05 – www.lamaisontourangelle.com*
– Fermé 16-31 août, 18 fév.-9 mars, dim. soir, lundi et merc.
Menu 30/72 € ♈
Le rustique marié au moderne, une délicieuse terrasse sur le Cher et une belle
cuisine de produits, gourmande et précise : voilà les atouts – et non des moindres
– de cette maison tourangelle du 18ᵉ s.

SAZILLY – 37 (Indre-et-Loire) ➜ voir L'Île-Bouchard

SCEAUX-SUR-HUISNE
✉ 72160 (Sarthe) – 580 hab. – Alt. 93 m – Voir carte n°**35-D1**
◳ Paris 173 km – Châteaudun 75 km – La Ferté-Bernard 12 km – Mamers 41 km
Carte Michelin 310-M6

✕✕   Le Panier Fleuri   ⇧
1 av. de Bretagne – ℰ 02 43 93 40 08
*– www.restaurant-le-panier-fleuri-sceaux-sur-huisne.fr – Fermé 21 juil.-6 août, 1
semaine en janv., dim. soir, lundi soir, mardi soir et merc.*
Formule 16 € – Menu 22/41 € – Carte 28/50 €
Au cœur de ce village à mi-chemin entre Le Mans et Nogent-le-Rotrou, une
adresse rustique et champêtre. Aux commandes, un vrai chef qui respecte la tradition culinaire et utilise de bons produits. Appétissant !

SCHERWILLER
✉ 67750 (Bas-Rhin) – 3 074 hab. – Alt. 185 m – Voir carte n°**2-C1**
◳ Paris 439 km – Barr 21 km – Colmar 27 km – St-Dié 42 km
Carte Michelin 315-I7

🏠   Auberge Ramstein   
1 r. Riesling, direction Dambach-la-Ville – ℰ 03 88 82 17 00
– www.hotelramstein.fr – Fermé 23 déc.-15 janv.
21 ch – ♦68/84 € ♦♦80/96 € – ⌷ 11 € – ½ P
Rest *Auberge Ramstein* – voir les restaurants ci-après
"L'Alsace m'a adoptée !" affirme avec le sourire la patronne autrichienne... Cette
demeure régionale, ouverte sur le vignoble, est très accueillante. Les chambres y
sont spacieuses et soignées.

✕✕   Auberge Ramstein   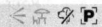
1 r. Riesling, direction Dambach-la-Ville – ℰ 03 88 82 17 00 – www.hotelramstein.fr
– Fermé 23 déc.-15 janv., le midi sauf dim. de mi-nov. à mi-avril, dim. soir et lundi
Menu 32/51 €
Priorité à la tradition ! Foie gras et son chutney de prunes d'Alsace, filet de sandre
au riesling : dans cette auberge au goût d'antan, les produits sont frais et de saison. Quant à la carte des vins, elle se montre digne de ce village vinicole.

SCHILTIGHEIM – 67 (Bas-Rhin) ➜ voir Strasbourg

SCHIRMECK
✉ 67130 (Bas-Rhin) – 2 401 hab. – Alt. 315 m – Voir carte n°**1-A2**
◳ Paris 412 km – Nancy 101 km – St-Dié 41 km – Saverne 48 km
Carte Michelin 315-H6

aux Quelles 7,5 km au Sud-Ouest par D 1420, D 261 et rte forestière – ✉ 67130

Neuhauser
🏨 🕙 ❄ ⛤ 🖼 ☰ 🕭 🛜 🕍 **P**

𝒞 03 88 97 06 81 – www.hotel-neuhauser.com – Fermé 2 semaines fin nov. et 21 fév.-11 mars

17 ch – †89/97 € ††97/139 € – ☲ 14 € – ½ P

Calme garanti dans cette auberge tapie dans un vallon de la forêt vosgienne. Chambres confortables (mobilier en bois clair) ; quelques chalets individuels sur le terrain. Au restaurant, cuisine régionale et... eau-de-vie de la distillerie familiale en digestif !

LA SCHLUCHT (COL DE) – 88 (Vosges) → voir Col de la Schlucht

SCHNELLENBUHL – 67 (Bas-Rhin) → voir Sélestat

SECLIN

✉ 59113 (Nord) – 12 333 hab. – Alt. 30 m – Voir carte n°**31**-C2

▶ Paris 212 km – Lens 26 km – Lille 17 km – Tournai 33 km

Carte Michelin 302-G4

Auberge du Forgeron avec ch
🍴🍴🍴 ⚭ 🖼 ⚫ rest, 🛜 🕍

17 r. Roger-Bouvry – 𝒞 03 20 90 09 52 – www.aubergeduforgeron.com – Fermé 2-18 août, 24-30 déc., sam. midi et dim.

16 ch – †79/105 € ††121/189 € – ☲ 14 €

Formule 28 € – Menu 31 € (semaine), 42/79 € – Carte 61/89 €

Une auberge familiale pleine de charme. Côté restaurant gastronomique, la carte épouse l'air du temps ; côté bistrot, honneur au terroir et à la tradition. Et à l'heure du repos, on profite de chambres confortables et bien tenues.

Le Bistro Formule 22 € – Menu 25 € (déj.)/30 € – Carte 28/50 €

SEDAN

✉ 08200 (Ardennes) – 18 512 hab. – Alt. 154 m – Voir carte n°**14**-C1

▶ Paris 246 km – Charleville-Mézières 25 km – Metz 134 km – Reims 101 km

Carte Michelin 306-L4 – Guide Vert Michelin Champagne Ardenne

Hôtel le Château Fort
🏰 🕙 🖼 ⚫ 🛜 🕍 **P**

dans le château fort, accès Porte-des-Princes — Plan : BY**a**
– 𝒞 03 24 26 11 00 – www.chateaufort-sedan.fr

44 ch – †95/135 € ††95/135 € – 10 suites – ☲ 14 € – ½ P

Cet impressionnant château fort du 15ᵉ s., aujourd'hui surplombe la ville. Son ancien magasin à poudre s'est transformé en hôtel ! Dans les élégantes chambres et suites, de discrètes allusions médiévales évoquent le temps jadis. Quant aux repas, ils se déroulent dans l'ex-logis du lieutenant du roi.

Au Bon Vieux Temps
🍴🍴 [AC]

3 pl. de la Halle – 𝒞 03 24 29 03 70 — Plan : BYZ**r**
🍸 *– www.restaurant-aubonvieuxtemps.com*
– Fermé 25 août-8 sept., 16 fév.-11 mars, dim. soir, merc. soir et lundi

Menu 28/49 € – Carte 31/64 €

Une maison du 17ᵉ s. avec, comme au bon vieux temps, des murs ornés de fresques représentant Sedan dans les années 1900. Foie gras maison, suprême de turbot béarnaise : les amateurs de registre classique ne seront pas déçus. Ambiance plus décontractée, façon bistrot de terroir, au Marmiton.

Marmiton Menu 16 € (déj.)/19 € – Carte 18/25 €

à Donchery 10 km par ② puis D 334 – ✉ 08350 – 2 328 hab. – Alt. 150 m

Domaine Château du Faucon
🏰 🕙 ❄ ⛤ 🍽 ⚫ 🛜 🕍 **P**

rte de Vrigne-aux-Bois – 𝒞 03 24 41 87 83 – www.domaine-chateaufaucon.com

8 ch – †85/220 € ††143/330 € – 5 suites – ☲ 15 €

Ce joli château du 17ᵉ s. entouré d'un beau parc de 28 ha, distille une ambiance feutrée ; ses chambres, élégantes, n'hésitent pas à mêler classique et contemporain. On peut même aller voir les chevaux dans les écuries voisines ! Cuisine actuelle et ambiance lounge au restaurant.

Petit déjeuner compris ? La tasse ☲ suit directement le nombre de chambres.

SEDAN

SÉES

✉ 61500 (Orne) – 4 377 hab. – Alt. 186 m – Voir carte n°**33**-C3
🚊 Paris 183 km – L'Aigle 42 km – Alençon 22 km – Argentan 24 km
Carte Michelin 310-K3 – Guide Vert Michelin Normandie Cotentin

à Macé 5,5 km par rte d'Argentan, D 303 et D 747 – ✉ 61500 – 478 hab. – Alt. 173 m

🏠 **Île de Sées** ⅠⓄ 🌭 🖧 🌫 🛜 🏃 **P**

Vandel – ℰ 02 33 27 98 65 – www.ile-sees.fr – Ouvert de mars à nov. et fermé dim. soir
16 ch – ♦60 € ♦♦65/72 € – ☷ 9 € – ½ P
Rest Île de Sées – voir les restaurants ci-après

Dans la campagne aux portes de Sées – et de sa belle cathédrale –, au cœur d'un parc arboré, cette maison de pays, couverte de vigne vierge, jouit du plus grand calme. Les chambres, sobres et épurées, sont bienvenues pour se ressourcer et découvrir la région.

XX **Île de Sées** 🖧 🍴 🌫 🔄 **P**

Vandel – ℰ 02 33 27 98 65 – www.ile-sees.fr – Ouvert de mars à nov. et fermé dim. soir, lundi midi, mardi midi et merc. midi
Formule 22 € – Menu 28 €

Blanquette de lapin au cidre, ris de veau au pommeau, aumônière d'andouille de Vire et camembert, baba au calvados... Telles sont les spécialités de cette table normande attachée à la tradition et aux produits locaux. Quant au décor, il joue lui aussi la carte du classicisme.

SEGONZAC

✉ 19310 (Corrèze) – 230 hab. – Alt. 345 m – Voir carte n°**24**-B3
🚊 Paris 506 km – Brive-la-Gaillarde 31 km – Limoges 117 km – Tulle 58 km
Carte Michelin 329-I4 – Guide Vert Michelin Périgord Quercy

⌂ **Pré Laminon**
Laurégie – ☎ 05 55 84 17 39 – www.prelaminon.com – Ouvert avril-sept.
3 ch 🖵 – ♦50 € ♦♦60 €
Beaucoup de charme dans cette ancienne grange au milieu des collines, à la croisée du Périgord et du Limousin. L'endroit est chaleureux, avec des chambres douillettes habillées de bois blond, à l'image d'un chalet savoyard. La table d'hôte propose une bonne cuisine du terroir (confits maison). Et la tranquillité est assurée...

SÉGOS – 32 (Gers) → voir Aire-sur-l'Adour

SEGRÉ
⌧ 49500 (Maine-et-Loire) – 6 921 hab. – Alt. 40 m – Voir carte n°**34-B2**
▶ Paris 334 km – Angers 44 km – Laval 55 km – Nantes 83 km
Carte Michelin 317-D2 – Guide Vert Michelin Pays de la Loire

🏨 **Ibis Styles**
r. Gustave-Eiffel – ☎ 02 41 94 81 81 – www.accorhotels.com
48 ch 🖵 – ♦69/119 € ♦♦79/119 € – ½ P
À côté d'une zone artisanale à la sortie de la ville, un complexe moderne abritant des chambres confortables, dans un esprit contemporain. Buffet et grillades sont proposés au restaurant.

SÉGURET – 84 (Vaucluse) → voir Vaison-la-Romaine

SEIGNOSSE
⌧ 40510 (Landes) – 3 313 hab. – Alt. 15 m – Voir carte n°**3-A3**
▶ Paris 747 km – Biarritz 36 km – Dax 32 km – Mont-de-Marsan 85 km
Carte Michelin 335-C12

🏠 **Villa de l'Étang Blanc**
2265 rte de l'Étang-Blanc, 2,5 km au Nord par D 185 et D 432 – ☎ 05 58 72 80 15 – www.villaetangblanc.fr – Ouvert de fév. à oct.
7 ch – ♦80/160 € ♦♦80/180 € – 🖵 12 €
Rest *Villa de l'Étang Blanc* – voir les restaurants ci-après
Dans la forêt, à deux pas de l'Étang Blanc, une jolie villa landaise idéale pour une escapade romantique : dans ce site naturel privilégié, d'une grande quiétude, la demeure joue la carte d'un esprit contemporain empreint de douceur... Un bel endroit !

✗ **Villa de l'Étang Blanc**
2265 rte de l'Étang-Blanc, 2,5 km au Nord par D 185 et D 432 – ☎ 05 58 72 80 15 – www.villaetangblanc.fr – Ouvert de fév. à oct. et fermé dim. soir, lundi et mardi d'oct. à avril
Formule 19 € – Menu 28 € (déj. en semaine) – Carte 43/54 €
Une salle grande ouverte sur l'étang, une jolie terrasse... Les joies de la nature autour d'une belle cuisine du moment – calamar en tagliatelles façon carbonara, bonite à la mousseline de petits pois et tomate confite, etc. Priorité est donnée aux produits du terroir landais et au bio.

SEILH – 31 (Haute-Garonne) → voir Toulouse

SEILLANS
⌧ 83440 (Var) – 2 510 hab. – Alt. 350 m – Voir carte n°**41-C3**
▶ Paris 890 km – Antibes 54 km – Marseille 142 km – Toulon 106 km
Carte Michelin 340-O4 – Guide Vert Michelin Côte d'Azur

🏠 **Hôtel des Deux Rocs**
1 pl. Font-d'Amont – ☎ 04 94 76 87 32 – www.hoteldeuxrocs.com – Fermé 2 janv.-1er mars
15 ch – ♦73/78 € ♦♦75/195 € – 🖵 15 € – ½ P
Rest *Restaurant des Deux Rocs* – voir les restaurants ci-après
Il règne dans cette belle bastide du 18e s. postée sur les hauteurs du bourg l'atmosphère et le charme des maisons d'antan : mobilier ancien, jolis objets chinés, salles de bains rétro... Pour une escapade dans la Provence d'autrefois !

✗ **La Gloire de mon Père** 🛱 ᕗ
1 pl. du Thouron – 𝒞 04 94 60 18 65 – www.lagloiredemonpere.fr – Fermé merc.
Formule 23 € ☜ – Menu 31/41 € – Carte 34/62 €
L'atout de ce restaurant : sa terrasse dressée sur la place du village, entourant la belle fontaine et le lavoir. Au frais sous les vieux platanes, les plats traditionnels n'en ont que plus de relief...

✗ **Restaurant des Deux Rocs** – Hôtel Des Deux Rocs 🛱
1 pl. Font-d'Amont – 𝒞 04 94 76 87 32 – www.hoteldeuxrocs.com – Fermé 2 janv.-1er mars, dim. soir et mardi midi d'oct. à mai et lundi en juil.-août
Formule 26 € – Menu 31 € (déj. en semaine), 33/37 €
La salle a le charme de la région, la terrasse prend ses aises sur les pavés et... sous les platanes, et la cuisine honore la gastronomie provençale. Ces Deux Rocs cultivent une vraie douceur de vivre, avec une pointe de raffinement.

SEIN (ÎLE DE) – 29 (Finistère) ➜ voir Île de Sein

SÉLESTAT

✉ 67600 (Bas-Rhin) – 19 181 hab. – Alt. 170 m – Voir carte n°**2**-C1
◗ Paris 441 km – Colmar 24 km – Gérardmer 65 km – St-Dié 44 km
Carte Michelin 315-I7

🏠 **Hostellerie Abbaye de la Pommeraie** 🍽 🖙 🖂 🗚 🛜 🗛 🚗
8 bd du Mar.-Foch – 𝒞 03 88 92 07 84 – www.pommeraie.fr Plan : BY**a**
12 ch – †150/270 € ††150/270 € – 2 suites – ☲ 19 € – ½ P
Rest *Le Prieuré* **Rest** *L'Apfelstuebel* – voir les restaurants ci-après
Au cœur de la vieille ville, cette noble demeure du 17e s. distille une atmosphère feutrée et élégante... Dans une veine classique, les chambres sont spacieuses, toutes différentes et décorées avec du beau mobilier ancien ou de style.

🏠 **Vaillant** 🍽 🖊 🖙 🖂 🗚 🛜 🗛
7 r. Ignace-Spiess – 𝒞 03 88 92 09 46 – www.hotel-vaillant.com Plan : AZ**e**
47 ch – †85/105 € ††105/125 € – ☲ 10 € – ½ P
De nombreuses œuvres d'artistes locaux sont exposées dans cet hôtel moderne bordant une placette ombragée. Les chambres sont spacieuses et très soignées, agrémentées de tableaux, d'objets d'art et de mobilier design. Cuisine traditionnelle au restaurant.

✗✗✗ **Le Prieuré** – Hostellerie Abbaye de la Pommeraie 🛱 🗚
8 bd du Mar.-Foch – 𝒞 03 88 92 07 84 – www.pommeraie.fr Plan : BY**a**
– Fermé dim. soir et lundi
Formule 25 € – Menu 54 € ☜/72 € – Carte 71/82 €
Une vraie table gastronomique, où règne un esprit bourgeois et raffiné. Le jeune chef compose une cuisine d'aujourd'hui, réalisée avec des produits nobles, tels le foie gras, le bar sauvage, les Saint-Jacques, etc.

✗✗ **La Vieille Tour** ᕗ ✧
⊗ *8 r. de la Jauge – 𝒞 03 88 92 15 02 – www.vieille-tour.com* Plan : BY**s**
– Fermé 20 juil.-7 août, 24 fév.-9 mars, dim. soir et lundi
🅰 Menu 14 € (déj. en semaine), 21/58 € – Carte 38/57 € (réservation conseillée)
Au cœur du vieux Sélestat, dans cette chaleureuse maison alsacienne flanquée d'une tour (13e-15e s.), deux frères exécutent à quatre mains une partition généreuse, qui dévoile de jolis accords : tradition et notes plus actuelles, produits de qualité à prix raisonnables. Une adresse prisée !

✗✗ **L'Apfelstuebel** – Hostellerie Abbaye de la Pommeraie 🛱 🗚
8 bd du Mar.-Foch – 𝒞 03 88 92 07 84 – www.pommeraie.fr Plan : BY**a**
– Fermé dim. soir et lundi
Formule 25 € – Menu 54 € ☜ – Carte 40/57 €
Tradition ! Au S'Apfelstuebel, la carte fleure bon le terroir et les marchés alsaciens ; on cultive une ambiance "brasserie" à la fois chic et conviviale...

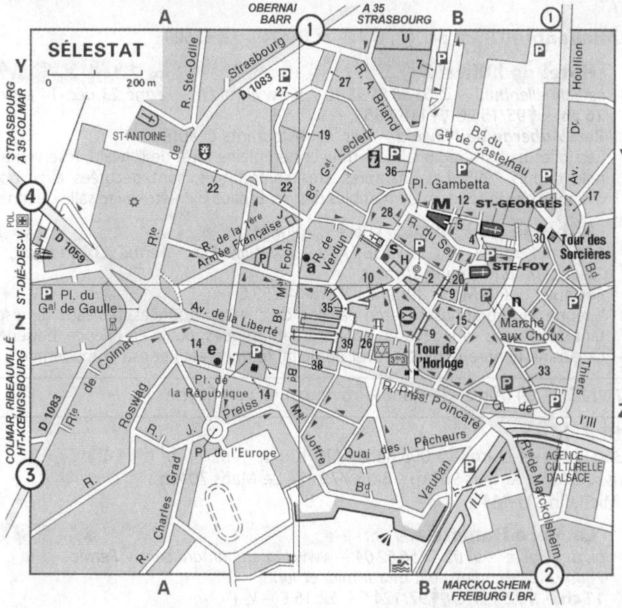

Armes (Pl. d') **BY** 2	Lattre-de-Tassigny (Pl. du Mar.de) **BY** 17	Serruriers (R. des) **BY** 28
Babil (R. du) **BY** 4	Maire-Knol (Allée du) **BY** 19	Strasbourg (Pl. Pte-de) **BY** 30
Bibliothèque (R. de la) **BY** 5	Marché-Vert (Pl. du) **BY** 20	Tanneurs (Quai des) **BZ** 33
Charlemagne (Bd) **BY** 7	Paix (R. de la) **AY** 22	Victoire (Pl. de la) **BZ** 35
Chevaliers (R. des) **BYZ** 9	Prés.-Poincaré (R. du) **BZ**	Vieux-Marché aux Vins (R. du) **BY** 36
Clefs (R. des) **BYZ** 10	Sainte-Barbe (R.) **BZ** 26	4e-Zouaves (R. du) **BZ** 38
Église (R. de l') **BY** 12	Schweisguth (Av.) **ABY** 27	17-Novembre (R. du) **BZ** 39
Gallieni (R. du Gén.) **AZ** 14		
Hôpital (R. de l') **BZ** 15		

Au Bon Pichet

pl. du Marché-aux-Choux – ✆ 03 88 82 96 65 – Fermé 5-15 juil., 25 déc.-5 janv., dim. et lundi Plan : BZ**n**

Menu 23 € (déj. en semaine)/30 € – Carte 40/69 €

Il fait bon se restaurer dans cette maison tenue par la même famille depuis quatre générations ! Comme hier, le chef concocte de bonnes recettes traditionnelles : jarret de porc fumé en choucroute de pommes de terre, quenelles de sandre et sauce matelote... L'accueil convivial et le décor de winstub confirment que les règles du bien vivre sont indémodables !

à Rathsamhausen 5 km à l'Est par D 21 et D 209 – ✉ 67600

Les Prés d'Ondine

5 rte Baldenheim – ✆ 03 88 58 04 60 – www.presdondine.com – Fermé fév. à mi-mars

12 ch – †73/142 € ††73/142 € – ☕ 12 € – ½ P

Atmosphère bucolique et cosy dans cette ancienne maison forestière transformée en hôtel de caractère : salon feutré, bibliothèque et chambres raffinées (mobilier chiné). Au restaurant, on profite de la vue sur l'Ill – qui borde le jardin – et de plats inspirés du marché.

La sélection de ce guide s'enrichit avec vous : vos découvertes et vos commentaires nous intéressent ! Coup de cœur ou coup de colère, écrivez-nous sur notre site Michelin Restaurants : restaurant.michelin.fr

Le Schnellenbuhl 8 km par ②, D 159 et D 424 – ⊠ 67600

🏠🏠 **Hôtel de l'Illwald** 〇 🚬 🎢 🕭 🗲 🝌 🛜 🕉 **P**
Le Schnellenbuhl – 🕾 *03 88 85 35 40* – *www.illwald.fr* – *Fermé 23 déc.-14 janv.*
16 ch – †95/155 € ††115/155 € – 🖵 16 €
Rest *Auberge de l'Illwald* – voir les restaurants ci-après
Ces jolies bâtisses régionales se trouvent en pleine forêt de l'Illwald, réserve naturelle depuis 1995. Les chambres, très confortables, sont décorées avec goût,
mélange de boiseries et de meubles design. Espace bien-être avec salle de fitness.

🝌🝌 **Auberge de l'Illwald** – Hôtel de l'Illwald 🚬 **P**
Le Schnellenbuhl – 🕾 *03 90 56 11 40* – *www.illwald.fr* – *Fermé 23 juin-8 juil.,*
23 déc.-14 janv., mardi et merc.
Formule 12 € – Menu 40/54 € – Carte 44/59 €
Il règne ici une atmosphère de pavillon de chasse : trophées, tableaux représen-
tant des scènes cynégétiques naïves et fantastiques, poêle en faïence, boiseries...
La cuisine honore le terroir (civet de daim, terrines, etc.) et ose la modernité.

SELONNET – 04 (Alpes-de-Haute-Provence) → voir Seyne

SEMBLANÇAY
⊠ 37360 (Indre-et-Loire) – 2 095 hab. – Alt. 100 m – Voir carte n°**11-B2**
🚩 Paris 248 km – Angers 96 km – Blois 77 km – Le Mans 70 km
Carte Michelin 317-M4

🝌🝌 **La Mère Hamard** avec ch 🐝 🗙 🛜 🕉 **P**
😊 *pl. de l'Église* – 🕾 *02 47 56 62 04* – *www.lamerehamard.com* – *Fermé*
2 janv.-13 fév., dim. soir, mardi midi et lundi
11 ch – †92/117 € ††97/124 € – 🖵 15 € – ½ P
Formule 24 € – Menu 31/64 € – Carte 62/89 €
Une petite auberge chaleureuse, une terrasse charmante, un accueil des plus
attentionnés, une cuisine généreuse, pleine de saveurs, sûre de ses classiques
et aux prix doux : cette institution née en 1903 connaît la recette du bonheur !

SEMÈNE – 43 (Haute-Loire) → voir Aurec-sur-Loire

SEMNOZ (MONTAGNE DU) – 74 (Haute-Savoie) → voir Montagne du Semnoz

---

SEMUR-EN-AUXOIS
⊠ 21140 (Côte-d'Or) – 4 166 hab. – Alt. 286 m – Voir carte n°**8-C2**
🚩 Paris 246 km – Auxerre 87 km – Avallon 42 km – Beaune 78 km
Carte Michelin 320-G5 – Guide Vert Michelin Bourgogne

🏠 **La Côte d'Or** sans rest 🗲 🛜
1 r. de la Liberté – 🕾 *03 80 97 24 54* – *www.auxois.fr*
17 ch – †115/140 € ††115/140 € – 1 suite – 🖵 12 €
Cette maison de caractère fut jadis le relais de poste de Semur. Entièrement rénovée, elle arbore un style frais, soigné et plaisant, mêlant avec un goût sûr le
contemporain et les beaux matériaux anciens. Charme et tranquillité à prix doux...

🏠🏠 **Hostellerie d'Aussois** 〇 < 🚬 🝌 🝌 🗲 🝌 🛜 🕉 **P**
rte de Saulieu – 🕾 *03 80 97 28 28* – *www.hostellerie.fr*
42 ch – †75/90 € ††80/120 € – 🖵 12 € – ½ P
Rest *La Table de l'Hostellerie* – voir les restaurants ci-après
À la sortie de Semur, capitale de l'Auxois, ne vous fiez pas à l'extérieur de cet établissement, qui a été entièrement rénové : les chambres, contemporaines, pratiques et bien insonorisées, sont très reposantes... Un lieu propice au travail (bel
espace séminaire) comme à la détente (piscine, bar, restaurant).

🝌🝌 **La Table de l'Hostellerie** – Hostellerie d'Aussois < 🗙 🗲 🝌 **P**
rte de Saulieu – 🕾 *03 80 97 28 28* – *www.hostellerie.fr* – *Fermé sam. midi et vend.*
Formule 16 € 🍷 – Menu 25 € – Carte 28/41 €
Cet hôtel-restaurant moderne vit sa vie à l'orée d'une campagne bourguignonne
prisée pour les randonnées pédestres. Les plats, entre tradition et terroir, rivalisent de saveurs et de touches personnelles originales, dans un décor entièrement
rénové à la mode contemporaine.

SÉNART – 77 (Île-de-France) ➜ voir Paris, Environs

SÉNÉ – 56 (Morbihan) ➜ voir Vannes

SENLIS

⊠ 60300 (Oise) – 15 845 hab. – Alt. 76 m – Voir carte n°**36-B3**
▶ Paris 52 km – Amiens 102 km – Beauvais 56 km – Compiègne 33 km
Carte Michelin 305-G5 – Guide Vert Michelin Île-de-France

Le Julianon

5 pl. Gérard-de-Nerval – ✆ 03 44 32 12 05 – www.le-julianon.fr Plan : AY**d**
– Fermé 3 semaines en août, lundi sauf le midi d'oct. à mars, sam. midi et dim.
Formule 21 € – Menu 25 € (déj.), 36/56 € – Carte 53/63 € *(réservation conseillée)*
Dans cette charmante petite maison du 17e s., le décor de bistrot contemporain invite à s'asseoir et à profiter du repas. Le chef propose une cuisine inventive, jouant avec tact sur les textures et les harmonies de saveurs ; il fait évoluer la carte au gré des saisons et de son inspiration du moment.

Le Scaramouche

4 pl. Notre-Dame – ✆ 03 44 53 01 26 – www.le-scaramouche.fr Plan : BY**e**
– Fermé 3-24 août, dim. et lundi
Formule 19 € – Menu 23 € – Carte 28/48 €
Comme dans la Commedia dell'arte – dont Scaramouche est issu –, il se joue ici une sympathique pièce ! Terrine de canard à l'orange, blanquette d'agneau au riz pilaf et pignons de pin, des œufs à la neige à la praline rose... On se régale d'une cuisine bistrotière joliment réalisée, goûteuse et généreuse.

SENLIS

Apport-au-Pain (R.) **AY** 2	Heaume (R. du) **AZ** 13	Poulaillerie (R. de la) **AY** 31
Boutteville (Cours) **BY** 5	Leclerc (Av. Gén.) **BY** 15	Puits-Tiphaine (R. du) **AY** 27
Bretonnerie (R. de la) **AZ** 6	Montagne St-Aignan (R. de la) **AY** 17	Ste-Geneviève (R.) **BZ** 40
Clemenceau (Av. G.) **BY** 7	Montauban (Rempart du) **AY** 19	St-Vincent (Rempart) **BZ** 36
Cordeliers (R. des) **AZ** 9	Moulin St-Rieul (R. du) **BY** 21	St-Yves-à-l'Argent (R.) **BZ** 38
Halle (Pl. de la) **BY** 12	Odent (R.) **BY** 24	Treille (R. de la) **AY** 42
	Parvis (Pl. du) **BY** 26	Vernois (Av. F.) **AY** 47
	Poterne (R. de la) **BZ** 29	Vignes (R. des) **BZ** 49
		Villevert (R. de) **BY** 52

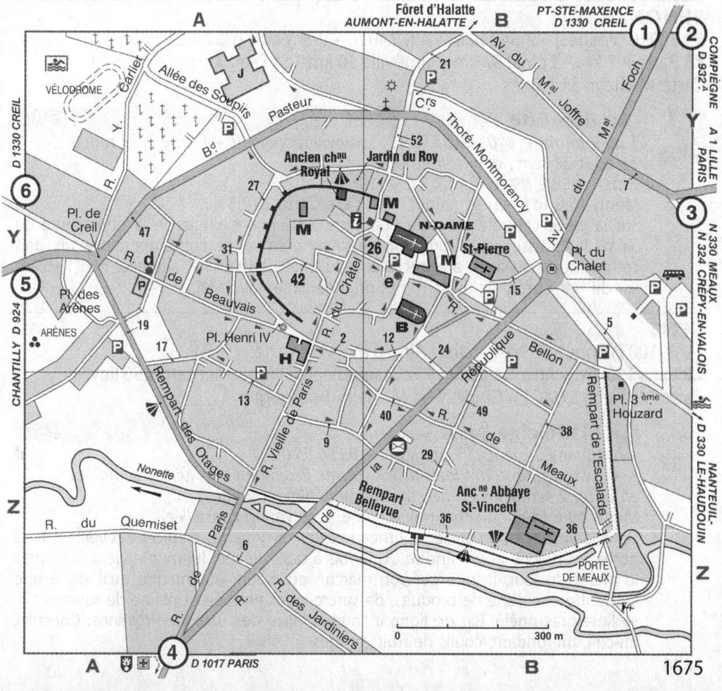

SENONCHES

⊠ 28250 (Eure-et-Loir) – 3 141 hab. – Alt. 223 m – Voir carte n°**11**-B1
▶ Paris 115 km – Chartres 38 km – Dreux 38 km – Mortagne-au-Perche 42 km
Carte Michelin 311-C4 – Guide Vert Michelin Normandie Vallée de la Seine

La Forêt
pl. du Champ-de-Foire – *𝒞 02 37 37 78 50* – *www.hoteldelaforet-senonches.com*
– Fermé 24 déc.-2 janv.
13 ch – †62/97 € ††66/97 € – ⊡ 10 € – ½ P
Rest *La Forêt* – voir les restaurants ci-après
Résurrection réussie pour cette jolie maison à colombages. Déco de bon goût dans les chambres, restaurant qui fait monter l'eau à la bouche : le Perche comme on l'aime.

La Pomme de Pin avec ch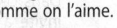
15 r. M. Cauty – *𝒞 02 37 37 76 62* – *www.restaurant-pommedepin.com*
– Fermé 26-31 juil., 2-7 janv., dim. soir, mardi midi et lundi
10 ch – †54 € ††65/82 € – ⊡ 10 € – ½ P
Formule 12 € – Menu 29/55 € – Carte 39/61 €
On vient dans cet ancien relais de poste pour ses belles spécialités traditionnelles, dont le pâté de Chartres au canard et au foie gras ou le médaillon de ris de veau aux morilles. Le lieu est engageant avec sa belle façade à colombages et l'on découvre, sur l'arrière, un joli parc avec plan d'eau. Chambres simples pour l'étape.

La Forêt – Hôtel La Forêt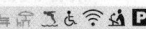
pl. du Champ-de-Foire – *𝒞 02 37 37 78 50* – *www.hoteldelaforet-senonches.com*
– Fermé 24 déc.-2 janv., le soir du lundi au merc. de nov. à avril, dim. soir et mardi soir de mai à oct.
Formule 12 € – Menu 16 € (semaine), 29/69 € – Carte 45/70 €
Œuf mollet de la ferme fumé sous cloche, jus de veau infusé au foin bio... Ici, la tradition prend un sacré coup de jeune. Et ce restaurant est à la fois rustique et élégant, ce qui ne gâte rien !

SENONES

⊠ 88210 (Vosges) – 2 543 hab. – Alt. 340 m – Voir carte n°**27**-C2
▶ Paris 392 km – Épinal 57 km – Lunéville 50 km – St-Dié 23 km
Carte Michelin 314-J2

Au Bon Gîte avec ch
3 pl. Vaultrin – *𝒞 03 29 57 92 46* – *www.aubongite.fr* – *Fermé 2-23 mars, 31 août-22 sept., dim. soir et lundi*
7 ch – †58 € ††58 € – ⊡ 7 € – ½ P
Menu 15 € (déj. en semaine), 19/38 € – Carte 32/55 €
Sur la place centrale de cette bourgade, ancienne capitale de la principauté de Salm, la bâtisse rose abrite un restaurant sobre et contemporain : on doit cette rénovation à un architecte ami du chef ! La cuisine, actuelle, met l'accent sur de bons produits du terroir et un indéniable savoir-faire.

SENS

⊠ 89100 (Yonne) – 25 146 hab. – Alt. 70 m – Voir carte n°**7**-B1
▶ Paris 116 km – Auxerre 59 km – Fontainebleau 54 km – Montargis 50 km
Carte Michelin 319-C2 – Guide Vert Michelin Bourgogne

La Madeleine (Patrick Gauthier)
1 r. Alsace-Lorraine, (1ᵉʳ étage) – *𝒞 03 86 65 09 31*   **d**
– www.restaurant-lamadeleine.fr – Fermé 2 semaines en juin, 2 semaines en août, 2 semaines en déc., mardi midi, dim. et lundi
Menu 49 € (déj. en semaine), 65/79 € (réservation conseillée)
Dans le vestibule, un ancien fourneau et des rayonnages d'épicerie réveillent tous nos souvenirs de gourmandise... Une fois à table, le chef lui-même vient présenter le menu du jour, inspiré par son marché du matin. Autant dire qu'il signe une authentique cuisine de produits, de surcroît très enlevée et pleine de saveurs !
→ Foie gras poêlé. Bar de ligne à l'huile d'olive des Baux-de-Provence. Chocolat mi-cuit, mi-fondant, coulis de fruits rouges.

SENS

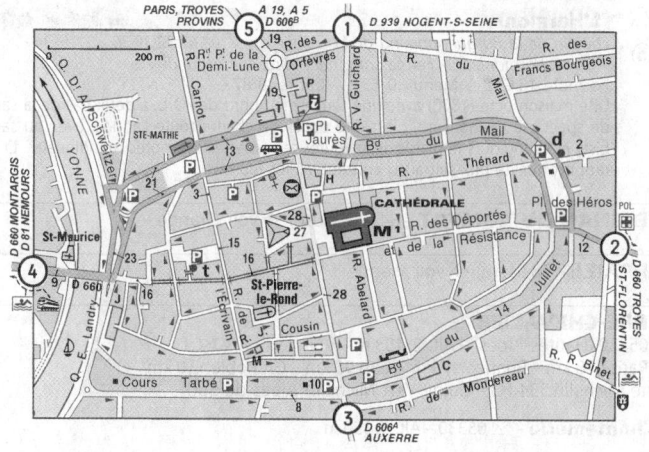

XX Le Clos des Jacobins 🀫 AC ❄

49 Gde-Rue – ℰ 03 86 95 29 70 – www.restaurantlesjacobins.com **t**
– Fermé 9 juil.-1ᵉʳ août, 24 déc.-8 janv., dim. soir, mardi soir et merc.
Formule 22 € 🍷 – Menu 32/45 € – Carte 37/70 €
Croustillant de cabillaud et langoustines, crème basilic ; moelleux de joue de
bœuf aux citrons confits et olives... De savoureuses recettes, en prise sur les saisons, à savourer dans un cadre contemporain et cosy (avec une terrasse côté
cour intérieure), à deux pas de l'Yonne et de la cathédrale.

X Au Crieur de Vin AC

1 r. Alsace-Lorraine – ℰ 03 86 65 92 80 – www.patrickgauthier.fr **d**
– Fermé 2 semaines en juin, 2 semaines en août, 22 déc.-8 janv., mardi midi,
dim., lundi et fériés
Menu 26/42 € – Carte 40/51 €
Un bistrot typique, où tradition et convivialité sont de mise. La carte fait honneur
aux viandes à la broche ; petite sélection de vins proposée à l'ardoise.

SÉREILHAC

✉ 87620 (Haute-Vienne) – 1 854 hab. – Alt. 322 m – Voir carte n°**24**-B2
🚩 Paris 405 km – Confolens 50 km – Limoges 19 km – Périgueux 77 km
Carte Michelin 325-D6

🏠 Le Relais des Tuileries ⅋○ ⇦ 🛏 AC ❄ 🛜 P

aux Betoulles, 2 km au Nord-Est sur N 21 – ℰ 05 55 39 10 27
– www.relais-tuileries.fr – Fermé 11-27 nov., 15 janv.-9 fév., dim. et lundi
sauf juil.-août
10 ch – ♦75/80 € ♦♦75/80 € – ⌑ 10 € – ½ P
En rez-de-jardin, façon motel, des chambres propres et fraîches, une piscine et un
grand jardin, ainsi qu'un restaurant traditionnel et terroir dans un cadre évidemment rustique ! Pratique pour l'étape.

Se régaler sans se ruiner ? Repérez les Bib Gourmand 🀫. Ils vous aideront à
dénicher les bonnes tables sachant marier cuisine de qualité et prix ajustés !

SÉRIGNAN

✉ 34410 (Hérault) – 6 740 hab. – Alt. 7 m – Voir carte n°**23**-C2
▶ Paris 770 km – Béziers 12 km – Montpellier 70 km – Narbonne 39 km
Carte Michelin 339-E9

%% **L'Harmonie**　　　　　　　　　🛒 🎍 ⚅ 🅰🅒 ⇔ 🅿
chemin de la Barque, parking de la Cigalière – ℰ 04 67 32 39 30
– www.lharmonie.fr – Fermé sam. midi, dim. soir et lundi
Formule 18 € ♟ – Menu 30/85 € – Carte 48/87 €
Une maison ocre (1800) avec une terrasse au bord de l'Orb, à deux pas de la salle
de spectacle La Cigalière. C'est dire qu'ici, on chante toute l'année, avec ou sans
bise, mais toujours le plaisir de savoureuses assiettes aux notes méridionales. Et le
rapport qualité-prix sait aussi contenter… les fourmis.

SÉRIGNAN-DU-COMTAT – 84 (Vaucluse) → voir Orange

SERPAIZE – 38 (Isère) → voir Vienne

SERRE-CHEVALIER

✉ 05330 (Hautes-Alpes) – Alt. 2 483 m – Voir carte n°**41**-C1
▶ Paris 678 km – Briançon 7 km – Gap 95 km – Grenoble 110 km
Carte Michelin 334-H3 – Guide Vert Michelin Alpes du Sud

à Chantemerle – ✉ 05330 – Alt. 1 350 m

⌂ **Les Marmottes**　　　　　　🍽 🛒 ⚇ 🎐 🚲
22 r. du Centre – ℰ 04 92 24 11 17 – www.chalet-marmottes.com
5 ch ⌷ – ♦61/90 € ♦♦81/102 €
Une maison d'hôtes dans une station de montagne, ce n'est pas si courant ! Il fait
bon hiberner dans cette ancienne ferme au cœur du vieux village : un salon au
coin du feu, une grande table d'hôte en bois, de jolies chambres dans l'esprit de
la région… Pourquoi skier ou randonner ?

à Villeneuve-la-Salle – ✉ 05240

🏠 **Le Mont Thabor** sans rest　　　　　　🛗 ⚇ 🎐
1 bis chemin Envers – ℰ 04 92 24 74 41 – www.mont-thabor.com
– Ouvert 15 déc.-14 avril et 15 juin-15 sept.
27 ch ⌷ – ♦70/133 € ♦♦80/210 €
Sur la route principale du village, un hôtel récent et fonctionnel, au décor sobre,
d'inspiration montagnarde : on ne vient pas ici pour jouir du charme de l'ancien,
mais d'un bon niveau de confort.

au Monêtier-les-Bains – ✉ 05220 – 1 023 hab. – Alt. 1 480 m

🏠 **L'Auberge du Choucas**　　　　🍽 🏔 🛒 ⚇ 🎐 🎿
17 r. de la Fruitière – ℰ 04 92 24 42 73 – www.aubergeduchoucas.com – Fermé
4-29 mai et 2 nov.-5 déc.
8 ch – ♦90/200 € ♦♦90/290 € – 4 suites – ⌷ 18 € – ½ P
Rest *L'Auberge du Choucas* – voir les restaurants ci-après
Dans ce village typiquement haut-alpin, cette authentique maison du milieu du
17ᵉ s. ne manque pas de caractère. Le décor est résolument rustique et montagnard, du petit hall aux chambres avec leurs boiseries, et l'ensemble est bien tenu.

🏠 **Alliey**　　　　　　　　🍽 ≼ 🛒 🌐 🎐
11 r. de l'École – ℰ 04 92 24 40 02 – www.alliey.com – Ouvert de fin juin à
début sept. et de mi-déc. à fin avril
21 ch ⌷ – ♦89/159 € ♦♦89/159 € – ½ P
Rest *Maison Alliey* – voir les restaurants ci-après
Une simple maison de village ? Un véritable refuge, charmant et très chaleureux,
tout en bois blond… En termes d'agrément, l'espace balnéo n'est pas en reste.
Une adresse très recommandable pour un séjour dans cette belle station des
Alpes du Sud !

✕✕✕ L'Auberge du Choucas

17 r. de la Fruitière – ℰ 04 92 24 42 73 – www.aubergeduchoucas.com
– Fermé 13 avril-29 mai, 13 oct.-18 déc. et le midi en semaine sauf juil.-août
Formule 22 € – Menu 31/79 € – Carte 55/76 €
Une belle salle voûtée, un cadre élégant... Cette table a bien du cachet ! On s'y régale d'une jolie cuisine traditionnelle – montagnarde, mais pas seulement – concoctée avec de bons produits, ainsi que de plats plus sophistiqués, dans l'air du temps. Et l'on peut choisir parmi une belle sélection de vins.

✕✕ La Table du Chazal

Les Guibertes, 2,5 km au Sud-Est par rte de Briançon – ℰ 04 92 24 45 54 – Fermé 2 semaines en juin, 15 nov.-15 déc., le midi sauf dim., dim. soir, mardi hors saison et lundi
Menu 31/49 € *(réservation conseillée)*
Une table chaleureuse dont le décor mêle épure et zen avec élégance. Saint-Jacques et leur réduction de bière d'hiver, croustillant de lapin à la tapenade, soufflé à l'orange... le chef aime son métier et cela se sent !

✕ Maison Alliey – Hôtel Alliey

11 r. de l'École – ℰ 04 92 24 40 02 – www.alliey.com – Ouvert de fin juin à début sept. et de mi-déc. à fin avril et fermé le midi
Carte 35/51 €
Le décor oscille entre lignes contemporaines et touches rustiques. Après tout, pourquoi vouloir toujours choisir ? Dans cet agréable intérieur, on déguste une cuisine pleine de parfums, variée et inventive, qui fait la part belle au terroir. Cerise sur le gâteau : l'accueil est sympathique !

SERRIÈRES

✉ 07340 (Ardèche) – 1 128 hab. – Alt. 140 m – Voir carte n°**43**-E2
▶ Paris 514 km – Annonay 16 km – Privas 91 km – St-Étienne 55 km
Carte Michelin 331-K2 – Guide Vert Michelin Ardèche Drôme

✕✕✕ Schaeffer avec ch

D 86 – ℰ 04 75 34 00 07 – www.hotel-schaeffer.com – Fermé 1er-8 mai, 3-17 août, 2-15 janv., sam. midi, dim. soir et lundi
15 ch – †67/100 € ††77/125 € – ⚌ 10 € – ½ P
Formule 26 € – Menu 39/85 € – Carte 62/88 €
Une bonne table face au pont à haubans qui enjambe le Rhône : dans un élégant décor d'inspiration contemporaine, on déguste des recettes réalisées avec savoir-faire, accompagnées d'une magnifique sélection de côtes-du-rhône. Chambres confortables pour l'étape.

SERVON

✉ 50170 (Manche) – 256 hab. – Alt. 25 m – Voir carte n°**32**-A3
▶ Paris 352 km – Avranches 15 km – Dol-de-Bretagne 30 km – St-Lô 72 km
Carte Michelin 303-D8

✕✕ Auberge du Terroir avec ch

Le Bourg – ℰ 02 33 60 17 92 – www.aubergeduterroirservon.fr – Fermé 25-30 juin, 18 nov.-10 déc., 1er-14 mars, jeudi midi, sam. midi et merc.
6 ch – †65/80 € ††78/92 € – ⚌ 10 € – ½ P
Menu 21/45 € – Carte 32/73 € *(réservation conseillée)*
L'ancienne école de filles et l'ex-presbytère de Servon (fin 18e s.) prêtent désormais leurs murs à cette charmante auberge champêtre, où l'on se régale d'une cuisine traditionnelle bien gourmande. Pour l'étape, des chambres coquettes et champêtres.

SERVOZ

✉ 74310 (Haute-Savoie) – 930 hab. – Alt. 816 m – Voir carte n°**46**-F1
▶ Paris 598 km – Annecy 85 km – Bonneville 43 km – Chamonix-Mont-Blanc 14 km
Carte Michelin 328-N5 – Guide Vert Michelin Alpes du Nord

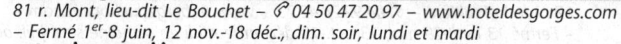

Les Gorges de la Diosaz avec ch

81 r. Mont, lieu-dit Le Bouchet – ✆ 04 50 47 20 97 – www.hoteldesgorges.com
– Fermé 1er-8 juin, 12 nov.-18 déc., dim. soir, lundi et mardi
6 ch – †75/95 € ††75/95 € – ☑ 11 € – ½ P
Formule 21 € – Menu 25 € (déj. en semaine), 31/60 € – Carte 42/60 €
Sur la route menant aux célèbres gorges de la Diosaz, un chalet typique avec ses
belles boiseries montagnardes. On vient ici pour la généreuse cuisine du chef,
Marc Serres, respectueuse des saisons et inscrite dans la région : ou comment
allier originalité et authenticité ! Quelques chambres pour une étape.

SESSENHEIM

☒ 67770 (Bas-Rhin) – 2 177 hab. – Alt. 120 m – Voir carte n°**1-B1**
▶ Paris 497 km – Haguenau 18 km – Strasbourg 39 km – Wissembourg 44 km
Carte Michelin 315-L4

Auberge au Bœuf (Yannick Germain)

1 r. de l'Église – ✆ 03 88 86 97 14 – www.auberge-au-boeuf.com – Fermé
1er-13 janv., lundi et mardi
Formule 18 € ℡ – Menu 30 € (semaine), 49/69 € – Carte 62/80 €
On est forcément séduit par cette auberge alsacienne, avec ses bancs d'église, ses
chaises à haut dossier, et même... son petit musée dédié à Goethe. Les créations
du jeune chef – la 3e génération de la famille – font briller la table d'un nouvel
éclat : maîtrisées et empreintes de terroir, elles révèlent un talent indéniable !
➜ Cromesquis d'escargots aux noisettes, panais et émulsion au cresson. Selle de
veau de lait en cuisson douce, gnocchis de sucrine. Millefeuille à la crème de marron, chantilly au cognac et glace vanille Bourbon.

SÈTE

☒ 34200 (Hérault) – 43 408 hab. – Alt. 4 m – Voir carte n°**23-C2**
▶ Paris 787 km – Béziers 48 km – Lodève 63 km – Montpellier 35 km
Carte Michelin 339-H8

Le Grand Hôtel

17 quai Mar.-de-Lattre-de-Tassigny – ✆ 04 67 74 71 77   Plan : AY**t**
– www.legrandhotelsete.com – Fermé 22 déc.-1er janv.
42 ch – †95/145 € ††95/145 € – 1 suite – ☑ 11 €
Près de la maison natale de Brassens et face au canal, un élégant hôtel (1882) de style
Belle Époque. Chambres raffinées mêlant ancien et moderne, joli patio sous verrière.
Cuisine actuelle au restaurant décoré de fresques retraçant l'histoire maritime sétoise.

Hôtel de Paris

2 r. Frédéric-Mistral – ✆ 04 67 18 00 18   Plan : AZ**a**
– www.hoteldeparis-sete.com
36 ch – †89/199 € ††89/199 € – ☑ 10 € – ½ P
Avec des œuvres de Robert Combas et une sirène signée Pierre Nocca, cet hôtel-restaurant a des allures de galerie ! Les chambres jouent la carte de la zen attitude : matériaux
bruts, couleurs minérales... Espace détente. Cuisine traditionnelle au Café de Paris.

Port Marine

Môle St-Louis – ✆ 04 66 74 92 34 – www.hotel-port-marine.com   Plan : AZ**d**
49 ch – †79/185 € ††79/185 € – 6 suites – ☑ 11 € – ½ P
Architecture moderne face au môle St-Louis d'où L'Exodus prit la mer en 1947.
Chambres fonctionnelles au mobilier de style bateau. Solarium sur le toit. Cuisine
traditionnelle servie au restaurant ou sur la terrasse avec vue sur la Grande Bleue.

L'Orque Bleue sans rest

10 quai Aspirant-Herber – ✆ 04 67 74 72 13   Plan : BZ**e**
– www.hotel-orquebleue-sete.com – Fermé 4-26 janv.
30 ch – †72/140 € ††72/140 € – ☑ 10 €
Sur les quais, bel immeuble en pierre avec des balcons en fer forgé. Chambres comforta-
bles à choisir au calme côté patio ou côté canal pour découvrir les joutes sétoises !

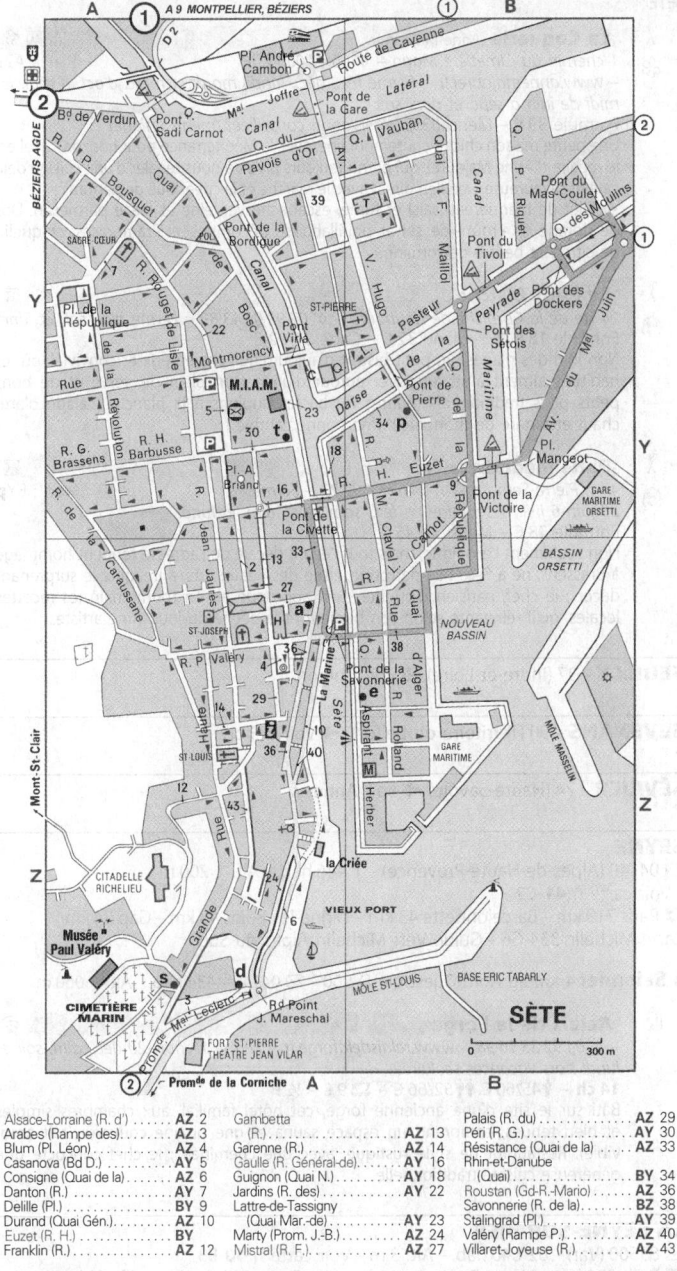

La Coquerie (Anne Majourel)
1 chemin du Cimetière Marin – ✆ 06 47 06 71 38 — Plan : AZ**s**
– www.annemajourel.fr – Fermé fév., déc., lundi, mardi et merc. d'oct. à mai, le midi de juin à sept. et dim. soir
Formule 39 € – Menu 63 € *(réservation conseillée) (menu unique)*
Une petite maison chic et contemporaine, avec la Méditerranée pour horizon… Tel est le repaire d'Anne Majourel, qui prend toujours plaisir à nous régaler d'une cuisine délicate et savoureuse – en lien direct avec le marché et la criée. Que de parfums !
→ Filet de maquereau saisi et fumé, escabèche verveine et glace parmesan. Dos de dorade en croûte de sel et bouillabaisse décomposée. Framboises, craquelin de citron et beurre de romarin.

Le Petit Bistrot
14 rte de la Corniche-de-Neubourg – ✆ 04 99 02 43 89 – Fermé dim. soir et lundi
Formule 18 € – Menu 32 € – Carte 31/92 €
Non loin des plages, un petit bistrot d'aujourd'hui, chaleureux et convivial, où les habitués aiment à se retrouver autour d'un patron plein de verve et de bons petits plats traditionnels (huîtres du bassin, supions à la plancha, salade d'artichaut et tartare de thon, etc.). Une bonne cantine !

Paris Méditerranée
47 r. Pierre-Semard – ✆ 04 67 74 97 73 – Fermé — Plan : BY**p**
20 juin-6 juil., 1 semaine en fév., sam. midi, dim. et lundi
Formule 28 € – Menu 31/45 €
Non seulement l'enseigne, mais tout l'esprit décalé de l'adresse rendent hommage à Brassens, né à Sète ! La patronne, issue des Beaux-Arts, a imaginé le surprenant décor ; le chef, parisien d'origine, s'est approprié en un tournemain les recettes locales, qu'il réinvente selon son humeur et la pêche du jour. Âme artiste…

SEUILLY – 37 (Indre-et-Loire) → voir Chinon

SEVENANS – 90 (Territoire de Belfort) → voir Belfort

SÉVRIER – 74 (Haute-Savoie) → voir Annecy

SEYNE
✉ 04140 (Alpes-de-Haute-Provence) – 1 446 hab. – Alt. 1 200 m
– Voir carte n°**41-C2**
▶ Paris 719 km – Barcelonnette 43 km – Digne-les-Bains 43 km – Gap 54 km
Carte Michelin 334-G6 – Guide Vert Michelin Alpes du Sud

à Selonnet 4 km au Nord-Ouest par D 900 – ✉ 04140 – 434 hab. – Alt. 1 060 m

Relais de la Forge
– ✆ 04 92 35 16 98 – www.relaisdelaforge.fr – Fermé 11 nov.-20 déc., dim. soir et lundi hors vacances scolaires
14 ch – †45/60 € ††52/66 € – ⬡ 9 € – ½ P
Bâti sur le site d'une ancienne forge, cet hôtel familial, aux chambres simples et bien tenues, comprend un espace sauna et une piscine couverte (toit amovible). Restaurant de style rustique, avec une cheminée ; le chef concocte une généreuse cuisine traditionnelle.

LA SEYNE-SUR-MER
✉ 83500 (Var) – 62 640 hab. – Alt. 3 m – Voir carte n°**40-B3**
▶ Paris 830 km – Aix-en-Provence 81 km – La Ciotat 32 km – Marseille 60 km
Carte Michelin 340-K7 – Guide Vert Michelin Côte d'Azur

Voir plan de Toulon

Kyriad Prestige sans rest   ⪚ ⅉ ⅊ ⅈ ⅉ ⅈ 靐 ⬚ 尐 **P**
1 quai du 19-Mars-1962, (au port) – ℰ 04 94 05 34 00   Plan : AV**k**
– www.hotel-kyriad-prestige-toulon-lssm.com
93 ch – ♦75/180 € ♦♦75/280 € – 1 suite – ⬚ 14 €
Parfait pour un séjour professionnel ou un week-end en dehors d'une grande
ville, cet hôtel contemporain, ancré sur le port, mêle verre et bois. Inspirés par
les anciens chantiers navals de la cité, ses décors se révèlent chaleureux, mais
son principal atout, c'est la vue sur la rade de Toulon !

à Fabrégas 4 km au Sud par rte de St-Mandrier et rte secondaire – ✉ 83500

X X **Chez Daniel et Julia - Restaurant du Rivage**   ⪚ 氚 **P**
– ℰ 04 94 94 85 13 – Fermé nov., dim. soir et lundi sauf juil.-août
Menu 42/90 € – Carte 49/65 €
Daniel et Julia, père et fille, sont l'âme de cette institution nichée dans une charmante crique. En terrasse, à l'ombre des tamaris, on scrute l'île de Porquerolles au
loin ; coquillages, langoustes et homards sont tirés du vivier, et côtoient à la carte
les poissons de la pêche locale... Une adresse au cœur du Midi !

SEYSSINS – 38 (Isère) → voir Grenoble

SÉZANNE
✉ 51120 (Marne) – 5 218 hab. – Alt. 137 m – Voir carte n°**13-B2**
🚩 Paris 116 km – Châlons-en-Champagne 59 km – Meaux 78 km – Melun 89 km
Carte Michelin 306-E10 – Guide Vert Michelin Champagne Ardenne

🏠 **Le Relais Champenois**   1O 尐 氚 尐 **P**
157 r. Notre-Dame – ℰ 03 26 80 58 03 – *www.relaischampenois.com*
– Fermé 15-31 juil., 23 déc.-5 janv.
19 ch – ♦46/95 € ♦♦50/120 € – ⬚ 13 € – ½ P
Rest *Le Relais Champenois* – voir les restaurants ci-après
De relais de poste, cet établissement est devenu une auberge de campagne joliment fleurie. Les chambres sont confortables et bien tenues ; pour ceux qui ont
besoin d'espace, direction la suite familiale sous les combles... avec la climatisation !

X X **Le Relais Champenois**   靐 **P**
157 r. Notre-Dame – ℰ 03 26 80 58 03 – *www.relaischampenois.com*
– Fermé 15-31 juil., 24 déc.-5 janv. et dim. soir
Formule 20 € – Menu 27/60 € – Carte 34/58 €
Gourmande et rustique, c'est ainsi que ce Relais conçoit la tradition régionale. Fricassée d'escargots aux orties sauvages, andouillette de Troyes à la moutarde, gratin de fruits au sabayon de champagne... Une cuisine généreuse, ancrée dans le
terroir local, à déguster sans modération.

à Mondement-Montgivroux 12 km par D 951 et D 439 – ✉ 51120
– 42 hab. – Alt. 188 m

 Domaine de Montgivroux sans rest   尐 氚 ⅉ ⅈ 氚 尐 **P P**
*– ℰ 03 26 42 06 93 – www.audomainedemontgivroux.com – Ouvert de juin
à oct.*
21 ch – ♦70/100 € ♦♦80/230 € – 3 suites – ⬚ 11 €
Une ancienne ferme champenoise du 17ᵉ s. transformée en hôtel. Sa cour pavée,
sa jolie piscine, ses jardins, ses chambres spacieuses et confortables... Ce lieu est
une invitation au repos et à la détente. Le tout à proximité des domaines viticoles.

SIERCK-LES-BAINS
✉ 57480 (Moselle) – 1 694 hab. – Alt. 147 m – Voir carte n°**27-C1**
🚩 Paris 355 km – Luxembourg 40 km – Metz 46 km – Thionville 17 km
Carte Michelin 307-J2

à Montenach 3,5 km au Sud-Est sur D 956 – ✉ 57480 – 425 hab. – Alt. 200 m

XX **Auberge de la Klauss**

1 rte de Kirschnaumen – ✆ 03 82 83 72 38 – www.auberge-de-la-klauss.com – Fermé 24 déc.-7 janv. et lundi

Menu 18/58 € – Carte 32/70 €

Un délicieux petit coin de campagne ! Dans cette ferme du 19e s., palmipèdes et cochons s'ébattent en plein air... avant de finir en cochonnailles, foie gras, magret, etc. Une cuisine du terroir à déguster dans un décor rustique et que l'on retrouve dans la boutique attenante.

SIERENTZ

✉ 68510 (Haut-Rhin) – 3 170 hab. – Alt. 270 m – Voir carte n°**1-A3**

Paris 487 km – Altkirch 19 km – Basel 18 km – Belfort 65 km

Carte Michelin 315-I11

XXX **Auberge St-Laurent** (Laurent Arbeit) avec ch

1 r. Fontaine – ✆ 03 89 81 52 81 – www.auberge-saintlaurent.fr – Fermé 16 fév.-3 mars, 6-21 juil., 14-22 sept., 4-8 janv., lundi et mardi

10 ch – †100/120 € ††120/150 € – ☕ 15 €

Formule 33 € – Menu 40/86 € – Carte 70/85 €

Ce relais de poste du 18e s. est une institution locale, authentique et élégante. Aux fourneaux, Laurent Arbeit compose une cuisine harmonieuse et fine, aux saveurs bien équilibrées. Du travail d'orfèvre... Et pour prolonger l'étape, les chambres sont mignonnes et douillettes.

➜ Foie gras de canard poêlé et laqué de bière alsacienne, griottines et amandes fraîches. Pigeonneau de nid fermier d'Alsace, girolles dorées et petits pois. Variation gourmande au chocolat, praliné et noisettes.

SIGNY-L'ABBAYE

✉ 08460 (Ardennes) – 1 355 hab. – Alt. 240 m – Voir carte n°**13-B1**

Paris 208 km – Charleville-Mézières 31 km – Hirson 41 km – Laon 74 km

Carte Michelin 306-I4 – Guide Vert Michelin Champagne Ardenne

X **Auberge de l'Abbaye** avec ch

2 pl. Aristide Briand – ✆ 03 24 52 81 27 – www.auberge-de-labbaye.com – Fermé 25 janv.-12 mars et merc. midi

13 ch – †50/65 € ††65/75 € – ☕ 9 € – ½ P

Formule 12 € – Menu 17/33 € – Carte 26/37 €

Dans cet ancien relais de poste, la même famille cultive la tradition depuis 1803. Viandes et légumes bio viennent directement de la ferme, de quoi se régaler de fondue vigneronne, tartine au maroilles, tripes au jus de pommes... Les chambres, simples et agréables, permettent de profiter de la campagne.

SIGNY-LE-PETIT

✉ 08380 (Ardennes) – 1 309 hab. – Alt. 238 m – Voir carte n°**13-B1**

Paris 228 km – Châlons-en-Champagne 168 km – Charleville-Mézières 37 km – Hirson 15 km

Carte Michelin 306-H3 – Guide Vert Michelin Champagne Ardenne

Au Lion d'Or

pl. de l'Église – ✆ 03 24 53 51 76 – www.lahulotte-auliondor.fr – Fermé 31 juil.-16 août et 18 déc.-11 janv.

18 ch – †73/85 € ††73/120 € – ☕ 10 € – ½ P

Un ancien relais de poste, face à l'église de Signy. Les chambres, réparties entre la bâtisse principale et une dépendance, sont classiques et bien tenues, avec un petit côté rustique que l'on retrouve aussi au restaurant. Chouette (l'emblème de la maison), on est tout près de la forêt !

SILLÉ-LE-GUILLAUME

✉ 72140 (Sarthe) – 2 367 hab. – Alt. 161 m – Voir carte n°**35-C1**

Paris 230 km – Alençon 39 km – Laval 55 km – Le Mans 35 km

Carte Michelin 310-I5 – Guide Vert Michelin Pays de la Loire

Le Bretagne 🏠 ⏸ 🌂 ✂ 🛜 P

pl. de la Croix-d'Or – ☎ 02 43 20 10 10 – www.hotelsarthe.com – Fermé
26 juil.-12 août, vend. soir, sam. midi et dim. soir
15 ch – 🛏70/81 € 🛏🛏75/88 € – ☕ 9 € – ½ P
Rest *Le Bretagne* 🍴 – voir les restaurants ci-après
Un couple d'aubergistes tient cette maison avec beaucoup de soin, tant dans la propreté de l'ensemble que dans l'accueil de la clientèle. Les chambres sont agréables, bien équipées (écran plat, wifi), et diversement meublées : rotin, rustique, années 1950...

✕✕ Le Bretagne – Hôtel Le Bretagne 🛜 ♿ P
🍴
pl. de la Croix-d'Or – ☎ 02 43 20 10 10 – www.hotelsarthe.com – Fermé
22 juil.-12 août, vend. soir, sam. midi et dim. soir
🍴 Menu 19 € (semaine), 30/50 € – Carte 38/45 €
Entre Normandie, Maine et Bretagne, ce relais de diligences du 19e s. perpétue une longue tradition d'étape. Il faut s'arrêter pour découvrir les assiettes du chef, tout en fraîcheur et saveurs, dans une belle veine traditionnelle ! Pour les plus pressés, une intéressante formule bistrot est proposée au déjeuner en semaine.

SILLERY – 51 (Marne) → voir Reims

SION-SUR-L'OCÉAN – 85 (Vendée) → voir St-Gilles-Croix-de-Vie

SIORAC-EN-PÉRIGORD
✉ 24170 (Dordogne) – 1 024 hab. – Alt. 77 m – Voir carte n°**4-C3**
▶ Paris 548 km – Bergerac 45 km – Brive-la-Gaillarde 73 km –
Sarlat-la-Canéda 29 km
Carte Michelin 329-G7 – Guide Vert Michelin Périgord Quercy

🏠🏠 Relais du Périgord Noir 🍴 ⏸ 🛏 🖥 ♿ 🛜 P
pl. de la Poste – ☎ 05 53 31 60 02 – www.relais-perigord-noir.fr
– Ouvert 30 avril-30 sept.
40 ch – 🛏88/250 € 🛏🛏88/250 € – ☕ 10 € – ½ P
Ce beau relais de poste du 19e s. vit avec son temps : comme les espaces communs, les chambres cultivent un esprit contemporain original et coloré, et si une partie restent plus classiques et anciennes, elles constituent une bonne alternative pour les petits budgets. Autre point fort : la piscine chauffée toute l'année.

SISTERON
✉ 04200 (Alpes-de-Haute-Provence) – 7 408 hab. – Alt. 490 m – Voir carte n°**40-B2**
▶ Paris 704 km – Barcelonnette 100 km – Digne-les-Bains 40 km – Gap 52 km
Carte Michelin 334-D7 – Guide Vert Michelin Alpes du Sud

🏠🏠 Grand Hôtel du Cours 🍴 🖥 ♿ 🛜 🚗
pl. de l'Église – ☎ 04 92 61 04 51 – www.hotel-lecours.com – Ouvert
16 mars-3 nov.
45 ch – 🛏71/82 € 🛏🛏81/97 € – 5 suites – ☕ 12 € – ½ P
Tenu par la même famille depuis 1900, cet hôtel se trouve en plein centre historique, entre deux tours d'enceinte du 14e s. ! Préférez les chambres, plus calmes et spacieuses, sur l'arrière du bâtiment. Au restaurant, on apprécie la cuisine traditionnelle.

SIZUN
✉ 29450 (Finistère) – 2 232 hab. – Alt. 112 m – Voir carte n°**9-B2**
▶ Paris 572 km – Brest 37 km – Châteaulin 36 km – Landerneau 16 km
Carte Michelin 308-G4 – Guide Vert Michelin Bretagne Nord

🏠 Les Voyageurs 🍴 🌂 🛜 ♨ P
2 r. Argoat – ☎ 02 98 68 80 35 – www.hotelvoyageur.fr – Fermé 12 sept.-6 oct.,
vend. soir, dim. soir et sam. d'oct. à juin
22 ch – 🛏58/60 € 🛏🛏63/65 € – ☕ 9 € – ½ P
Dans cet hôtel familial tenu par deux frères, le mot "accueil" veut encore dire beaucoup ! La simplicité est de mise dans les chambres, tenues avec grand soin et aux tarifs mesurés. Cuisine traditionnelle au restaurant.

SOCHAUX

⊠ 25600 (Doubs) – 4 027 hab. – Alt. 310 m – Voir carte n°**17**-C1
▶ Paris 478 km – Audincourt 5 km – Belfort 18 km – Besançon 77 km
Carte Michelin 321-L1 – Guide Vert Michelin Franche-Comté Jura

Voir plan de Montbéliard agglomération.

🏠 **Arianis**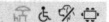

11 av. du Gén.-Leclerc – ℰ 03 81 32 17 17 – www.arianis.fr   Plan : X**u**
– Fermé 3-23 août
68 ch – †62/97 € ††67/97 € – ⊇ 10 € – ½ P
À deux pas du musée Peugeot, cet établissement a été entièrement rénové en
2013. Le décor est contemporain du hall jusqu'aux chambres, relativement spacieuses et bien équipées. Cuisine classique au restaurant.

à Étupes 3 km par ③ et D 463 – ⊠ 25460 – 3 557 hab. – Alt. 337 m

✗✗ **Au Fil des Saisons**

 3 r. de la Libération – ℰ 03 81 94 17 12 – www.aufildessaisons.eu
– Fermé 1ᵉʳ-21 août, 24 déc.-6 janv., sam. midi, dim. soir et lundi
Menu 25 € (déj. en semaine), 29/39 € – Carte 33/62 €
Dans la jolie maison de Stéphane et Fabienne Robinne, le fil des saisons est bien
sûr un leitmotiv, mais pas seulement : les beaux produits sont à l'honneur, mis en
valeur à travers de judicieuses harmonies de saveurs et une certaine recherche esthétique. Respect de la tradition et sensibilité d'aujourd'hui !

SOCOA – 64 (Pyrénées-Atlantiques) ➜ voir St-Jean-de-Luz

SOCX

⊠ 59380 (Nord) – 956 hab. – Alt. 24 m – Voir carte n°**30**-B1
▶ Paris 287 km – Calais 52 km – Dunkerque 20 km – Lille 64 km
Carte Michelin 302-C2

✗✗ **Au Steger**

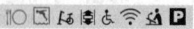 *27 rte de St-Omer – ℰ 03 28 68 20 49 – www.restaurant-lesteger.com – Fermé 3*
semaines en août et le soir sauf sam.
Formule 15 € – Menu 19 € (déj. en semaine), 27/38 € – Carte 30/58 €
De génération en génération, cette table traditionnelle s'est forgée une belle
réputation dans la région. Le chef est passionné par le vin et les terroirs, et il
aime partager ses découvertes… Le tout s'apprécie dans un cadre résolument
contemporain et une ambiance conviviale. Une adresse pleine de dynamisme !

SOISSONS

⊠ 02200 (Aisne) – 28 551 hab. – Alt. 47 m – Voir carte n°**37**-C2
▶ Paris 102 km – Compiègne 39 km – Laon 37 km – Reims 59 km
Carte Michelin 306-B6

🏨 **Hôtel des Francs**

62 bd Jeanne-d'Arc – ℰ 03 60 71 40 00   Plan : AZ**a**
– www.hoteldesfrancs.fr
70 ch – †100/160 € ††100/160 € – ⊇ 14 € – ½ P
Rest *Relais des Vignes* – voir les restaurants ci-après
Une étape de choix sur les hauteurs de Soissons, face à l'ancienne abbaye de St-
Jean-des-Vignes. Cet hôtel récent allie démarche écologique (normes HQE), décor
contemporain et bons équipements. Un endroit séduisant, qui conviendra parfaitement à la clientèle d'affaires.

✗✗ **Relais des Vignes** – Hôtel des Francs

62 bd Jeanne-d'Arc – ℰ 03 60 71 40 00   Plan : AZ**a**
www.hoteldesfrancs.fr
Formule 19 € – Menu 25 € (déj.), 29/45 € – Carte 40/50 €
Dans un agréable décor façon brasserie chic, on apprécie une bonne cuisine de
saison avec, par exemple, un menu du marché et des spécialités bistrotières
concoctés avec des produits frais.

SOISSONS

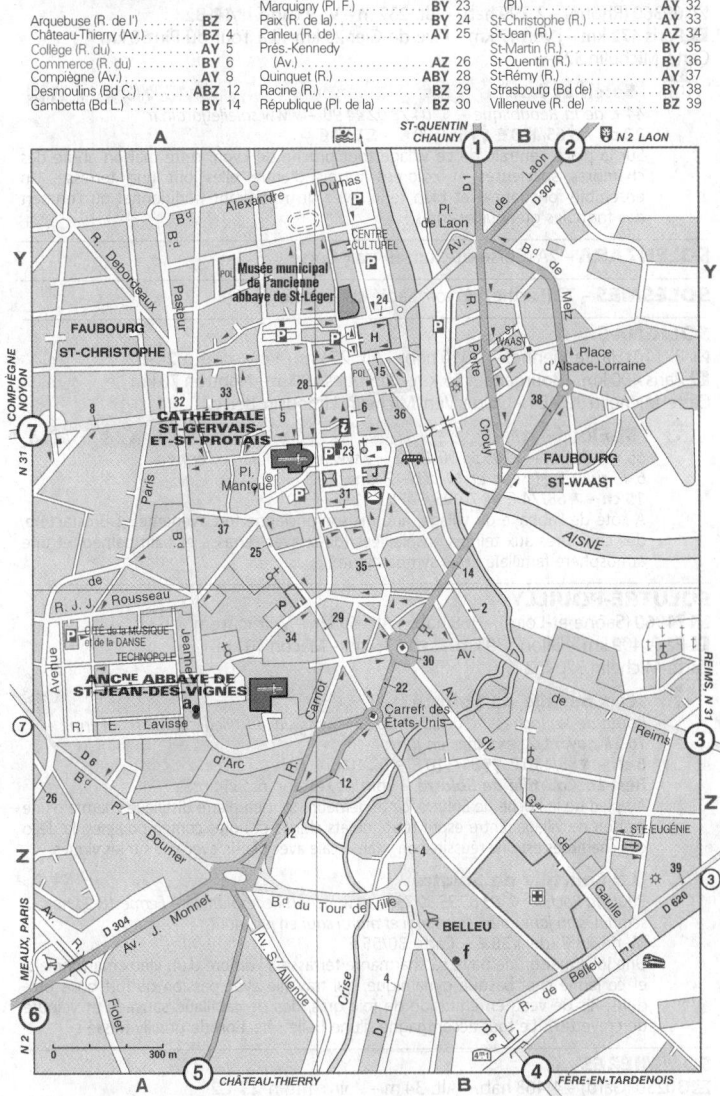

à Belleu 3 km au Sud par D 1 et D 690 – ⌧ 02200 – 3 867 hab. – Alt. 55 m

✗✗ Le Grenadin

19 rte de Fère-en-Tardenois – ℰ 03 23 73 20 57 –   Plan : BZ**f**
*www.restaurant-grenadin.fr – Fermé 16-22 avril, 1er-10 mai, 8-23 août , merc.
soir, dim. soir et lundi*
Formule 17 € – Menu 20 € (déj. en semaine), 26/42 € – Carte 30/54 €
Perché sur la façade, un angelot veille sur cette sympathique maison régionale. On y
sert une cuisine traditionnelle soignée, variant avec les saisons ; le midi, en semaine,
on profite d'une alléchante carte de bistrot... Et l'été, on se prélasse au jardin.

SOLAIZE

⌧ 69360 (Rhône) – 2 799 hab. – Alt. 232 m – Voir carte n°**44**-B2

▶ Paris 472 km – Lyon 17 km – Rive-de-Gier 25 km – La Tour-du-Pin 58 km

Carte Michelin 327-I6

 Soleil et Jardin 🍽 🕭 ₤ ₥ 🤶 🛄 **P**

44 r. de la République – 𝒞 04 78 02 44 90 – www.soleiletjardin.fr

22 ch – †65/180 € ††85/180 € – ⌻ 10 €

Sur la place centrale de ce village tout proche de Lyon, cette maison abrite des chambres spacieuses et colorées ; trois d'entre elles ont une terrasse. Un ensemble fonctionnel et bien tenu, avec un restaurant traditionnel où l'on sert des formules grenouilles-frites !

SOLENZARA – 2A (Corse-du-Sud) → voir Corse

SOLESMES – 72 (Sarthe) → voir Sablé-sur-Sarthe

SOLIGNAC

⌧ 87110 (Haute-Vienne) – 1 510 hab. – Alt. 251 m – Voir carte n°**24**-B2

▶ Paris 400 km – Bourganeuf 55 km – Limoges 10 km – Nontron 70 km

Carte Michelin 325-E6 – Guide Vert Michelin Limousin Berry

 St-Éloi 🍽 ₤ 🤶 🤶 🛄

*66 av. St-Éloi – 𝒞 05 55 00 44 52 – www.lesainteloi.fr – Fermé
6-15 juin, 5-21 sept. et 19 déc.-12 janv.*

15 ch – †68/74 € ††70/95 € – ⌻ 11 € – ½ P

À côté de l'abbaye du village, une maison ancienne fort avenante... Du caractère, des chambres aux teintes ensoleillées (deux avec terrasse et bain balnéo) et une atmosphère familiale : très sympathique !

SOLUTRÉ-POUILLY

⌧ 71960 (Saône-et-Loire) – 368 hab. – Alt. 495 m – Voir carte n°**8**-C3

▶ Paris 409 km – Dijon 139 km – Lyon 76 km – Mâcon 10 km

Carte Michelin 320-I12

 La Courtille de Solutré 🍽 🤶

*Route de la Roche – 𝒞 03 85 35 80 73 – www.lacourtilledesolutre.fr – Fermé
16-24 nov. et 2 semaines en janv.*

6 ch – †85/110 € ††85/110 € – ⌻ 10 €

Rest *La Courtille de Solutré* – voir les restaurants ci-après

Au pied de la Roche de Solutré, cette demeure tout en pierre distille le charme d'une maison de village. Entre esprit rétro, objets chinés et notes contemporaines, la déco des chambres est une réussite ; on y fait escale avec plaisir, avec vue sur les vignes.

 La Courtille de Solutré 🤶 ₤

*Route la Roche – 𝒞 03 85 35 80 73 – www.lacourtilledesolutre.fr – Fermé 18-24 nov., 2
semaines en janv., dim. soir, lundi et mardi sauf en juil.-août*

Menu 23 € (déj.)/38 € – Carte 30/55 €

Une jolie maison de pays, sa charmante terrasse à l'ombre d'un vieux marronnier... et ce jeune chef basque dynamique, qui travaille avec passion de fort bons produits. Ris de veau en émulsion de foie gras, dos de cabillaud sauvage et velouté de crevettes... Le tout accompagné d'une belle sélection de pouilly-fuissé !

SOMMIÈRES

⌧ 30250 (Gard) – 4 463 hab. – Alt. 34 m – Voir carte n°**23**-C2

▶ Paris 734 km – Montpellier 35 km – Nîmes 29 km

Carte Michelin 339-J6

 Auberge du Pont Romain 🍽 🖚 🖾 🤶 🛄 **P**

*2 av. Émile-Jamais – 𝒞 04 66 80 00 58 – www.aubergedupontromain.com
– Ouvert 21 mars-18 oct. et 3 nov.-11 janv.*

15 ch – †77/137 € ††77/137 € – ⌻ 13 € – ½ P

Rest *Auberge du Pont Romain* – voir les restaurants ci-après

Au 19e s., cette belle demeure en pierre du Gard était... une fabrique de draps de laine. Aujourd'hui, il règne dans les chambres une belle atmosphère provençale, cosy et sobre. Aucun doute, on est dans de beaux draps !

XX **Auberge du Pont Romain** – Hôtel Auberge du Pont Romain
2 av. Emile-Jamais – ✆ 04 66 80 00 58
*– www.aubergedupontromain.com – Ouvert 21 mars-30 sept. et 3 nov.-11 janv.
et fermé merc. sauf le soir en juil.-août, lundi midi et mardi*
Formule 30 € – Menu 40/62 € – Carte 60/75 €
Soupe froide d'asperges, épaule de lapin confite et sa polenta aux olives noires... Dans cette charmante auberge, chic et champêtre, le chef privilégie les produits du terroir et les légumes bio. Résultat : une cuisine fraîche et sympathique.

X **Chez Tibère**
*1 r. Compane, (parking du Vidourle) – ✆ 04 66 51 32 72 – Fermé vacances de la
Toussaint, dim. et lundi*
Formule 20 € – Menu 33 € – Carte 30/45 €
Machines à coudre, tables de tailleur... Ce bistrot contemporain joue la carte post-industrielle version textile ! Point de cuisine cousue de fil blanc pour autant ; au contraire, des spécialités de brasserie concoctées à grand renfort de produits frais. Un conseil : ne passez pas à côté des pâtisseries maison.

SONDERNACH
✉ 68380 (Haut-Rhin) – 655 hab. – Alt. 540 m – Voir carte n°**1-A2**
▶ Paris 466 km – Colmar 27 km – Gérardmer 41 km – Guebwiller 39 km
Carte Michelin 315-G9

X **À l'Orée du Bois** avec ch
⊗ *4 rte du Schnepfenried – ✆ 03 89 77 70 21 – www.oredubois.com – Fermé
22-30 juin, 6 janv.-7 fév., merc. midi et mardi*
7 ch ☲ – †60 € ††78 € – ½ P   Formule 10 € – Menu 15/29 € – Carte 19/49 €
Au-dessus du village, ce restaurant rustique (boiseries, poêle en faïence) vaut pour sa cuisine traditionnelle simple (tartes flambées, fondues...) et sa grande terrasse donnant sur la vallée. Pour l'étape, on propose des chambres d'esprit chalet, un peu vieillottes mais très bon marché.

SONNAZ – 73 (Savoie) → voir Chambéry

SOPHIA-ANTIPOLIS – 06 (Alpes-Maritimes) → voir Valbonne

SORBIERS – 42 (Loire) → voir St-Étienne

SORGES
✉ 24420 (Dordogne) – 1 360 hab. – Alt. 178 m – Voir carte n°**4-C1**
▶ Paris 463 km – Brantôme 24 km – Limoges 77 km – Nontron 36 km
Carte Michelin 329-G4 – Guide Vert Michelin Périgord Quercy

🏨 **Auberge de la Truffe**
par N 21 – ✆ 05 53 05 02 05 – www.auberge-de-la-truffe.com
20 ch – †66/115 € ††72/130 € – 7 suites – ☲ 12 € – ½ P
Rest *Auberge de la Truffe* – voir les restaurants ci-après
À proximité de la Maison de la Truffe, cette auberge villageoise est une petite institution locale. Confortables et plutôt spacieuses, les chambres arborent des décors variés, du plus classique au plus contemporain, certaines ouvrant de plain-pied sur le jardin.

XX **Auberge de la Truffe**
*par N 21 – ✆ 05 53 05 02 05 – www.auberge-de-la-truffe.com – Fermé dim. soir
du 3 nov. au 13 avril, lundi et merc.*
Formule 16 € – Menu 21 € (semaine), 28/115 € – Carte 28/75 €
Le "diamant noir" est roi en Périgord blanc, et plus encore en cette auberge classique, où il est la star d'un menu spécial, incontournable pour les amateurs ! Plus largement, le terroir et les belles recettes classiques sont à l'honneur, à l'image de ce lièvre à la royale cuisiné dans les règles de l'art...

SORGUES
✉ 84700 (Vaucluse) – 18 222 hab. – Alt. 24 m – Voir carte n°**42-E1**
▶ Paris 672 km – Avignon 12 km – Carpentras 20 km – Cavaillon 34 km
Carte Michelin 332-C9

✕✕✕ La Table de Sorgues

12 r. du 19-Mars-1962, (pl. de l'Hôtel-de-Ville) – ℰ 04 90 39 11 02
– www.latabledesorgues.fr – Fermé 17 août-1er sept., 22 déc.-3 janv., dim. et lundi
Menu 38/53 € *(réservation conseillée)*

Au cœur de la localité, une belle maison de maître (1891) avec une terrasse dans une cour ombragée par deux grands pins. Idéal pour déguster une lotte de pêche bretonne frottée d'"huile noire", et autres plats de saison savoureux et pleins de fraîcheur... Sans cesse réinventés au gré de l'inspiration du chef !

SOTTEVILLE-SUR-MER

✉ 76740 (Seine-Maritime) – 356 hab. – Alt. 60 m – Voir carte n°**33**-C1
▶ Paris 191 km – Dieppe 26 km – Fontaine-le-Dun 11 km – Rouen 60 km
Carte Michelin 304-E2

✕✕ Les Embruns

4 pl. de la Libération, (près de l'église) – ℰ 02 35 97 77 99
– www.restaurantlesembruns.fr – Fermé 19 janv.-8 fév., 13-26 oct., mardi d'oct.
à mars, dim. soir et lundi
Menu 35/50 €

Lorsqu'il y a trop d'embruns, partez vous réfugier dans cette petite maison typique de la région, juste à côté de l'église. Dans un cadre rustique – poutres apparentes, cheminée en brique, etc. – on apprécie la bonne cuisine traditionnelle du chef. Ici, indéniablement, le terroir a la part belle !

SOUILLAC

✉ 46200 (Lot) – 3 808 hab. – Alt. 104 m – Voir carte n°**28**-B1
▶ Paris 516 km – Brive-la-Gaillarde 39 km – Cahors 68 km – Figeac 74 km
Carte Michelin 337-E2

🛏 Le Pavillon St-Martin *sans rest*

5 pl. St-Martin – ℰ 05 65 32 63 45 – www.hotel-saint-martin-souillac.com
11 ch – †81/115 € ††81/115 €

Une maison de caractère (16e s.) face au beffroi. Le point fort de l'endroit : l'accueil des charmants propriétaires, qui vous renseigneront sans peine sur les trésors de la région ! Les chambres, décorées dans un style contemporain, sont agréables.

🛏 Le Quercy *sans rest*

1 r. Récège – ℰ 05 65 37 83 56 – www.le-quercy.fr – Ouvert 20 mars-15 nov.
25 ch – †55/59 € ††70/78 € – ⌑ 12 €

Accueil familial dans cet hôtel confortable, à l'écart du centre. Les chambres y sont confortables et bien tenues. Préférez celles avec balcon.

SOULAC-SUR-MER

✉ 33780 (Gironde) – 2 588 hab. – Alt. 7 m – Voir carte n°**3**-B1
▶ Paris 515 km – Bordeaux 99 km – Lesparre-Médoc 31 km – Royan 12 km
Carte Michelin 335-E1 – Guide Vert Michelin Aquitaine

✕✕ La Table Corto *avec ch*

4 r. Périer-de-Larsan – ℰ 05 56 09 81 34 – www.ecumedesjours.fr – Ouvert
1er mai-15 nov. et fermé le midi sauf dim.
10 ch – †70/90 € ††78 € – ⌑ 9 €   Menu 28 € – Carte 45/60 €

La Table Corto... Maltese, bien sûr ! Le célèbre héros de bande-dessinée au caban, imaginé par Hugo Pratt, est omniprésent dans le décor de ce restaurant, entre autres tableaux de bateaux et objets marins. La cuisine est dans la même veine : au goût du jour, elle met en avant de délicieux poissons et fruits de mer.

à l'Amélie-sur-Mer 5 km au Sud-Ouest par D 101E – ✉ 33780

🛏 Hôtel des Pins

92 bd de l'Amélie – ℰ 05 56 73 27 27 – www.hotel-des-pins.com
– Ouvert 29 mars-2 nov.
29 ch – †60/135 € ††60/135 € – ⌑ 11 € – ½ P
Rest *Restaurant des Pins* – voir les restaurants ci-après

À 100 m de la plage – sable fin à perte de vue – et en lisière des pins, un hôtel balnéaire au milieu d'un grand jardin, avec des chambres accueillantes et cosy. Et ici, les propriétaires sont aux petits soins !

XX **Restaurant des Pins** ⌂ 🛋 AC ⚶ P

92 bd de l'Amélie – ℰ 05 56 73 27 27 – www.hotel-des-pins.com
– Ouvert 30 mars-2 nov. et fermé lundi midi, mardi midi et vend. midi sauf du
15 juin au 15 sept.
Formule 18 € – Menu 29/42 € – Carte 35/64 €
De beaux produits au service d'une carte qui privilégie le terroir et la région... Un restaurant traditionnel sympathique et bon. Les nombreux fidèles (de toutes nationalités) ne laisseraient leur place pour rien au monde !

SOULAGES-BONNEVAL – 12 (Aveyron) → voir Laguiole

LA SOURCE – 45 (Loiret) → voir Orléans

SOUSCEYRAC
✉ 46190 (Lot) – 900 hab. – Alt. 559 m – Voir carte n°**29**-C1
� Paris 548 km – Aurillac 47 km – Cahors 96 km – Figeac 41 km
Carte Michelin 337-I2

XX **Au Déjeuner de Sousceyrac** (Patrick Lagnès) avec ch ⚶
🕸 *Le Bourg – ℰ 05 65 33 00 56 – www.au-dejeuner-de-sousceyrac.com*
– Ouvert 1ᵉʳmars-20 nov. et fermé dim. soir et lundi
8 ch – †50 € ††60 € – ⌑ 10 € – ½ P
Menu 30/70 € – Carte environ 70 € *(réservation conseillée)*
Beaucoup de générosité, des produits qui honorent le terroir, des assiettes pleines de saveurs, un excellent rapport qualité-prix... Décidément, on quitte cette maison avec l'envie d'y revenir très vite ! À moins de prolonger le séjour dans l'une des chambres, bien tenues et abordables.
→ Foie gras de canard poêlé aux coques, crème de navet boule d'or. Pigeonneau rôti aux dattes et citron confit. Soufflé glacé au whisky, café-crème de noisette.

SOUS-LA-TOUR – 22 (Côtes-d'Armor) → voir St-Brieuc

SOUSTONS
✉ 40140 (Landes) – 7 318 hab. – Alt. 9 m – Voir carte n°**3**-B2
� Paris 736 km – Anglet 51 km – Bayonne 47 km – Bordeaux 150 km
Carte Michelin 335-D12 – Guide Vert Michelin Aquitaine

XX **Auberge Batby** avec ch AC ⚶ rest, 🛜
63 av. Galleben – ℰ 05 58 41 18 80 – www.aubergebatby.fr – Fermé 23-26 déc.,
dim. soir et lundi hors saison
6 ch – †85/150 € ††120/170 € – ⌑ 12 € – ½ P
Menu 25 € (déj. en semaine), 40/58 € – Carte 48/75 €
Un restaurant moderne situé juste au bord du lac, où l'on favorise le terroir : pintade fermière farcie à l'ancienne, palombe en saison, pibales (alevins d'anguilles)... C'est goûteux, généreux, et les prix sont très doux. Quelques chambres agréables permettent de prolonger l'étape.

LA SOUTERRAINE
✉ 23300 (Creuse) – 5 575 hab. – Alt. 390 m – Voir carte n°**24**-B1
� Paris 344 km – Bellac 41 km – Châteauroux 79 km – Guéret 35 km
Carte Michelin 325-F3 – Guide Vert Michelin Limousin Berry

🏠 **Alexia** ⫘ 🏊 ⚶ 🛏 ⛟ AC 🛜 🦽 P
19 ZA la Prade – ℰ 05 55 63 01 01 – www.hotelalexia.com
45 ch – †62/72 € ††62/88 € – ⌑ 9 € – ½ P
Ouvert il y a quelques années, cet établissement de prime abord assez impersonnel affiche un style chaleureux : chambres douillettes et bien conçues décorées sur le thème du voyage, petite restauration... Une étape pour le moins pratique !

à l'Est 7 km par N 145, D 74 et rte secondaire – ⊠ 23300 La Souterraine

🏠🏠 **Château de la Cazine** ⏸ 🍸 📺 🛜 ⓟ

Domaine de la Fôt – ℰ 05 55 63 97 10 – www.chateaudelacazine.fr – Fermé
1er janv.-12 fév.
18 ch – †95/250 € ††95/250 € – 1 suite – ⭥ 17 € – ½ P
Rest *Château de la Cazine* ✿ – voir les restaurants ci-après
Une certaine image de l'art de vivre à la française... Ce beau château du 18e s.
trône dans une superbe vallée, entre arbres centenaires et étangs bucoliques.
Peintures classées, grand escalier et mobilier de style manifestent le caractère
des lieux... où même le silence se fait élégance.

❋❋❋ **Château de la Cazine** ⏸ 🛜 ⓟ

✿ *Domaine de la Fôt* – ℰ 05 55 63 97 10 – www.chateaudelacazine.fr – Fermé
1er-15 janv., lundi midi, mardi midi et merc. midi
Menu 35 € (déj. en semaine), 55/85 € – Carte 80/93 €
Au cœur de son immense parc, cette architecture du 18e s. semble cultiver le
goût du siècle des Lumières pour la nature et l'élégance... Dans ses salles d'un
beau classicisme, ou en terrasse, face à la verdure, on découvre une cuisine ambitieuse, où brillent les produits du terroir local. Nature et raffinement vont de pair !
→ Œuf fermier confit à 64°, émulsion de pomme de terre fumée au foin. Ris de veau
rôti au sautoir, jus réduit au porto et au foie gras. Le chocolat dans tous ses états.

à St-Étienne-de-Fursac 11 km au Sud par rte de Fursac (D 1) – ⊠ 23290
– 829 hab. – Alt. 322 m

❋❋ **Nougier** avec ch 🏠 🛜 ⓟ

☺ *2 pl. de l'Église* – ℰ 05 55 63 60 56 – www.hotelnougier.fr – Ouvert mi-mars à
mi-déc. ; fermé dim. soir de sept. à juin, lundi sauf le soir en été et mardi midi
12 ch – †62/68 € ††72/95 € – ⭥ 10 €
Formule 16 € – Menu 27/57 € – Carte 44/68 €
Dans cette auberge de village, on cultive l'art du bon accueil et du bien manger
depuis trois générations. Le chef concocte des plats gourmands et soignés, qui
honorent le terroir tout en sortant des sentiers battus. Alors, attablez-vous dans
la jolie salle, au décor sobre et contemporain, et commandez en confiance !

SOUVIGNY

⊠ 03210 (Allier) – 1 991 hab. – Alt. 242 m – Voir carte n°**5-B1**
▶ Paris 301 km – Bourbon-l'Archambault 16 km – Montluçon 70 km –
Moulins 13 km
Carte Michelin 326-G3 – Guide Vert Michelin Auvergne

❋❋ **Auberge des Tilleuls** 🛜 ⓐⓒ

☺☺ *9 pl. St-Éloi* – ℰ 04 70 43 60 70 – www.auberge-tilleuls.com – Fermé vacances
de fév., 24 août-6 sept., 31 déc.-6 janv., mardi soir et merc. soir de sept.
à mars, dim. soir et lundi
Formule 14 € – Menu 20 € (semaine), 24/51 € – Carte 30/57 €
Non loin du célèbre prieuré St-Pierre (11e-15e s.), cette auberge traditionnelle joue
la carte du terroir avec beaucoup de goût : aiguillettes de canard aux figues, terrine de pot-au-feu au foie gras, dessert émotion au chocolat blanc et passion...

SOYAUX – 16 (Charente) → voir Angoulême

STELLA-PLAGE – 62 (Pas-de-Calais) → voir Touquet

STIRING-WENDEL – 57 (Moselle) → voir Forbach

STRASBOURG

✉ 67000 (Bas-Rhin) – 272 222 hab. – Agglo. 451 522 hab. – Alt. 143 m
– Voir carte n°**1-B1**
▶ Paris 489 km – Basel 141 km – Karlsruhe 81 km – Stuttgart 149 km
Carte Michelin 315-K5 – Guide Vert Michelin Alsace Vosges

© J.-D. Sudres/hemis.fr

Hôtels & maisons d'hôtes

Régent Petite France & Spa

5 r. des Moulins – ✆ 03 88 76 43 43 – www.regent-petite-france.com Plan : **5**JZ**f**

64 ch – 179/385 € 179/385 € – 8 suites – ☕ 24 €

Dans la Petite France, une grande et belle adresse, aménagée dans les ex-glacières des bords de l'Ill. Intérieurs confortables, modernes et chic, sans ostentation ; chambres agréablement feutrées. Carte actuelle au restaurant, bar lounge et terrasse sur la rivière.

Sofitel

4 pl. St-Pierre-le-Jeune – ✆ 03 88 15 49 00 – www.sofitel-strasbourg.com Plan : **5**JY**s**

145 ch – 128/465 € 128/465 € – 5 suites – ☕ 25 €

Dans un quartier calme, au nord de la cathédrale, cet établissement moderne conjugue espace, esprit contemporain et tenue impeccable. À quinze minutes de la gare, ses chambres agréables à vivre invitent à faire une étape reposante.

Cour du Corbeau sans rest

6 r. des Couples – ✆ 03 90 00 26 26 – www.cour-corbeau.com Plan : **6**KZ**h**

63 ch – 169/675 € 169/675 € – ☕ 24 €

Près du pont du Corbeau, l'alliance du confort le plus contemporain et du charme des vieilles pierres : cet hôtel s'épanouit dans plusieurs superbes maisons anciennes (16e-19e s.).

Les Haras

23 r. des Glacières – ✆ 03 90 20 50 00 – www.les-haras-hotel.com Plan : **5**HZ**e**

55 ch – 150/565 € 150/565 € – ☕ 24 €

Au cœur de Strasbourg, l'établissement, inauguré en 2013, a été créé dans les anciens haras nationaux du 18e s. ! Un cadre exceptionnel pour une adresse qui l'est tout autant. Les chambres, au décor épuré, sont assez voire très spacieuses (17 à 35 m²), et le moindre détail est soigné...

Le Bouclier d'Or sans rest

1 r. du Bouclier – ✆ 03 88 13 73 55 – www.lebouclierdor.com Plan : **5**JZ**n**

22 ch – 160/325 € 160/325 € – 1 suite – ☕ 22 €

Ouvert en 2012, cet établissement prend ses aises dans un ancien hôtel particulier dont la partie la plus ancienne remonte au 16e s. Dans les chambres, le luxe le dispute au raffinement. Et ne passez pas à côté du spa – de 150 m² – aménagé dans une superbe cave voûtée.

STRASBOURG
AGGLOMÉRATION

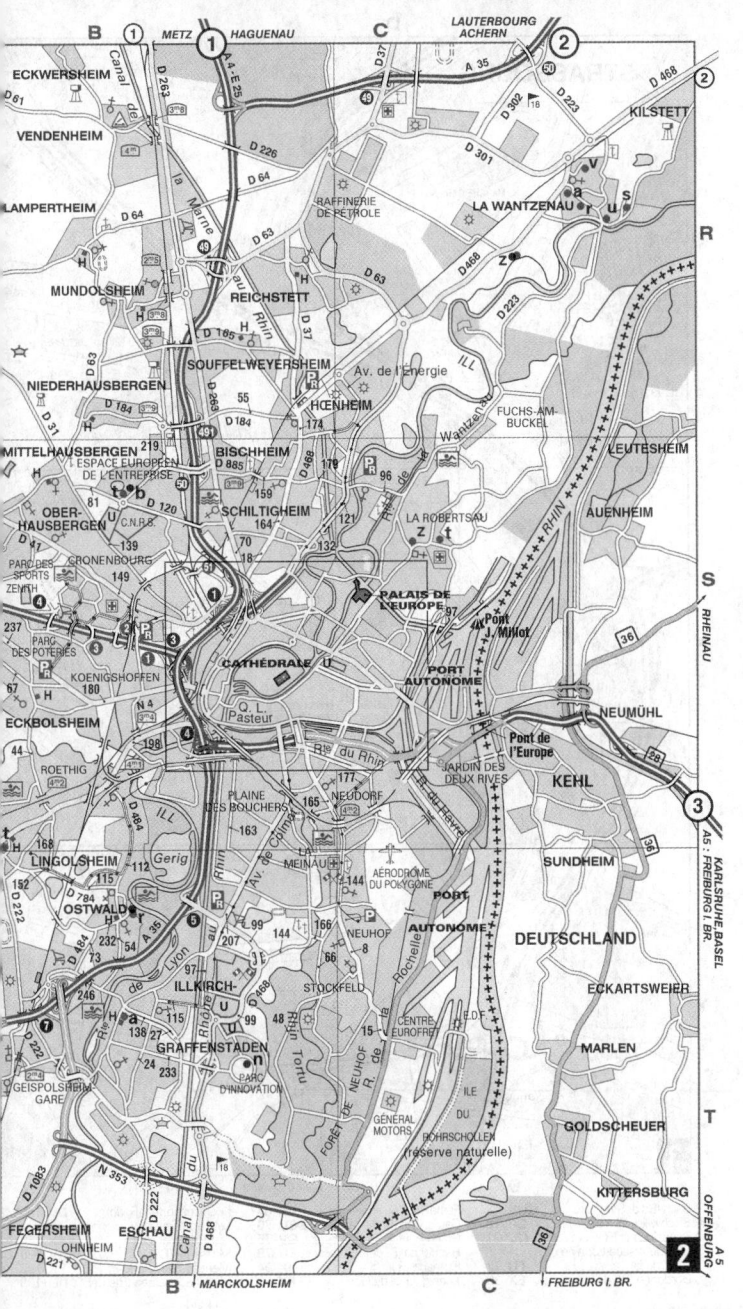

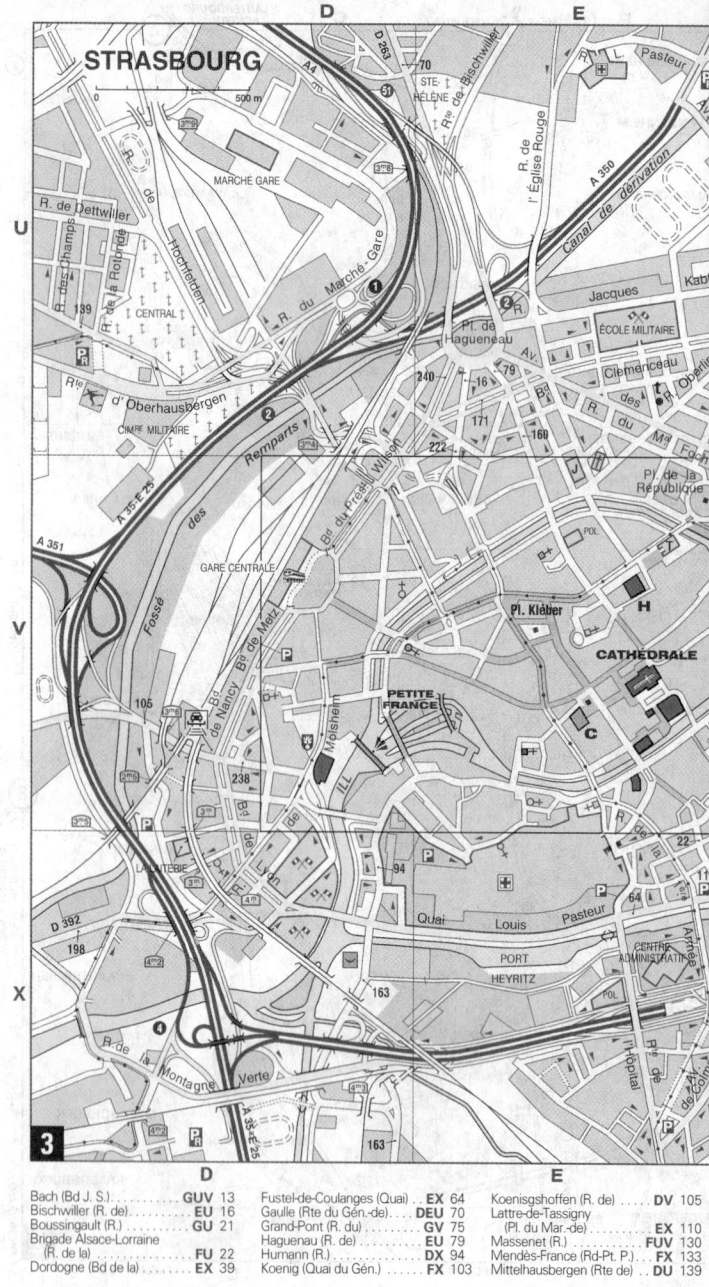

STRASBOURG

500 m

STRASBOURG

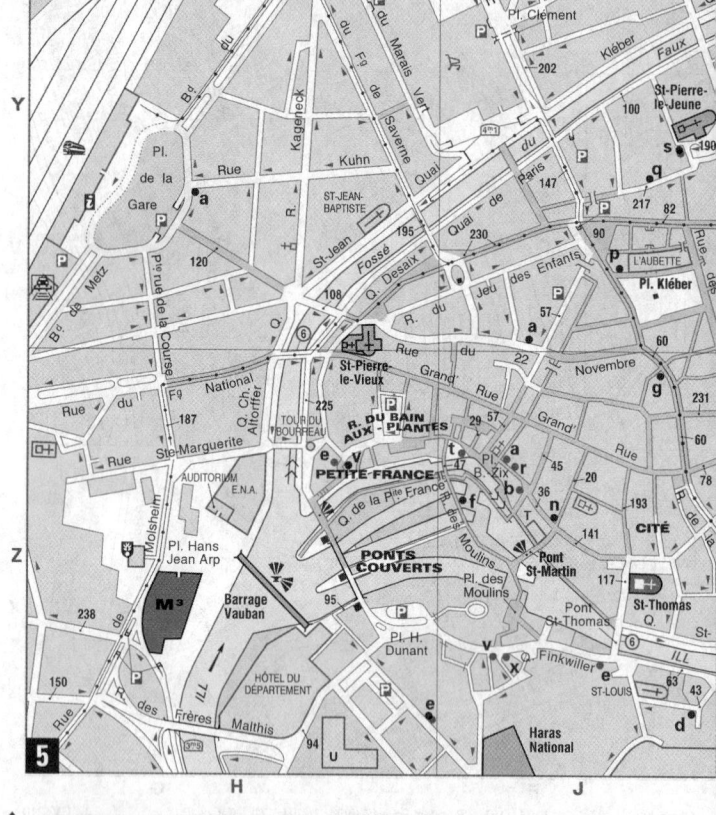

Régent Contades sans rest

8 av. de la Liberté – ℰ 03 88 15 05 05 – www.regent-contades.com

Plan : **6**LY**f**

46 ch – †112/285 € ††112/285 € – 2 suites – ☐ 21 €

Derrière la noble façade de cet hôtel particulier du 19ᵉ s., on évolue dans un décor empreint de raffinement et de classicisme (boiseries, tableaux, lustres à pampilles...). Les chambres sont spacieuses, avec du caractère, et le personnel est aux petits soins. Une belle adresse pour découvrir la ville.

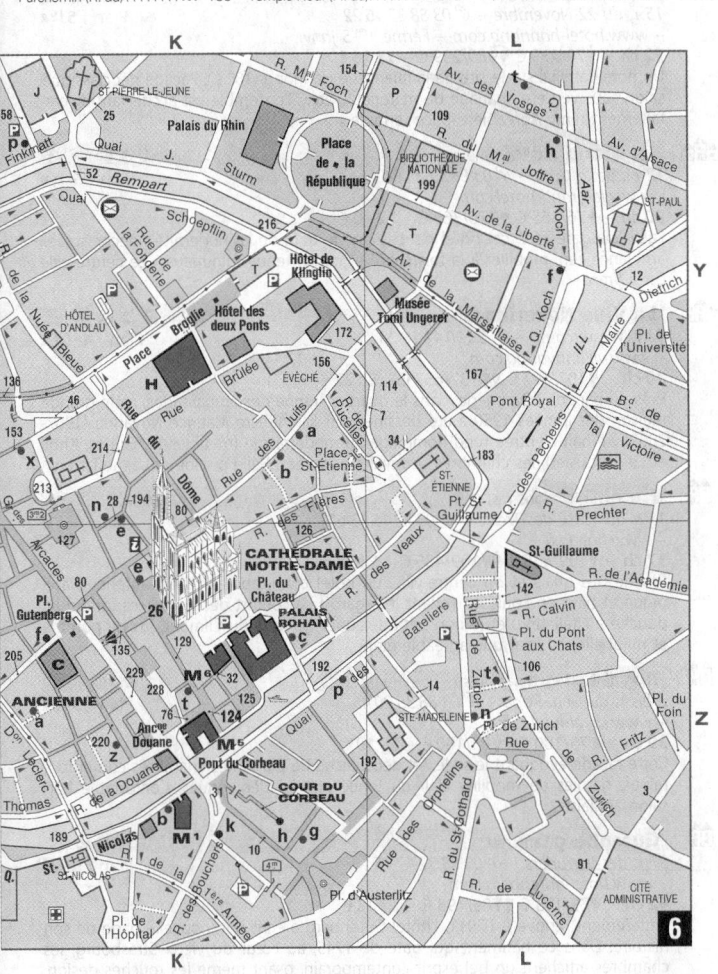

Beaucour sans rest
5 r. des Bouchers – ℰ 03 88 76 72 00 – www.hotel-beaucour.com
Plan : **6**KZ**k**
49 ch – †86/123 € ††153/186 € – ⌓ 14 €
Deux maisons alsaciennes du 18ᵉ s. autour d'une charmante cour fleurie. Les lieux dégagent un réel cachet ; certaines des chambres empruntent à la tradition alsacienne, d'autres sont plus contemporaines. Un ensemble chaleureux et confortable.

Maison Rouge sans rest

🛗 ᴄ 🄰🄲 🛇 🤶 ♨

4 r. des Francs-Bourgeois – ℰ 03 88 32 08 60
Plan : **5**JZ**g**
– www.maison-rouge.com
139 ch ☐ – ❙106/219 € ❙❙116/229 € – 3 suites
Au cœur de la ville, sur le passage d'une ligne de tramway, cet hôtel de tradition associe confort et service de standing. Les chambres sont spacieuses et soignées, desservies par des paliers ornés d'objets d'art.

Hannong sans rest

🛗 🄰🄲 🤶 ♨

15 r. du 22-Novembre – ℰ 03 88 32 16 22
Plan : **5**JY**a**
– www.hotel-hannong.com – Fermé 1ᵉʳ-5 janv.
72 ch – ❙79/239 € ❙❙89/299 € – ☐ 16 €
Un hôtel familial sur le site de la faïencerie Hannong (18ᵉ s.). Façade néoclassique, salon sous verrière, mariage de matériaux, etc. : l'ensemble est accueillant et parfaitement tenu. Agréable espace terrasse.

Le Grand Hôtel sans rest

🛗 ᴄ 🄰🄲 🤶 ♨

12 pl. de la Gare – ℰ 03 88 52 84 84
Plan : **5**HY**a**
– www.le-grand-hotel.com
90 ch – ❙76/365 € ❙❙76/365 € – ☐ 10 €
Face à la gare TGV, cet hôtel n'a pas raté le train de la modernité : décor actuel, ambiance zen, mobilier à la fois sobre et cossu, tenue minutieuse. Le centre-ville est à 5mn.

La Villa Novarina sans rest

🌿 🏡 🛏 🛗 🄰🄲 🤶 🤶

11 r. Westercamp – ℰ 03 90 41 18 28
Plan : **4**FGU**t**
– www.villanovarina.com
30 ch – ❙107/607 € ❙❙137/657 € – ☐ 22 €
Près du parc de l'Orangerie, dans le quartier huppé des ambassades, cette grande maison des années 1950 a été dessinée par l'architecte Maurice Novarina (1907-2002). Le hall d'entrée rend hommage au modernisme (meubles de Eames, Knoll et Le Corbusier), les chambres se révèlent épurées. Belle piscine et calme jardin.

Hotel.D sans rest

🛁 🛗 ᴄ 🄰🄲 🤶 🚗

15 r. du Fossé-des-Treize – ℰ 03 88 15 13 67
Plan : **6**KY**p**
– www.hoteld.fr
37 ch – ❙109/485 € ❙❙109/485 € – ☐ 18 €
Proche des quais et du centre-ville, un hôtel contemporain dont l'intérieur, atypique et haut en couleurs, retient le regard ! Le confort des chambres (grand lit, douche à l'italienne) et le bon petit-déjeuner (yaourts du Climont, jus de pomme et mirabelle) en font une agréable étape.

Royal Lutetia sans rest

🛗 🄰🄲 🤶 🤶

2 bis r. du Gén.-Rapp – ℰ 03 88 35 20 45
Plan : **3**EU**t**
– www.royal-lutetia.fr
39 ch – ❙75/180 € ❙❙75/180 € – ☐ 10 €
Cette façade évoquant le style Art déco cache de plaisantes chambres contemporaines, garnies de mobilier clair ou foncé et très bien tenues. Confortable bar-salon anglais.

Gutenberg sans rest

🛗 🄰🄲 🤶

31 r. des Serruriers – ℰ 03 88 32 17 15
Plan : **6**KZ**f**
– www.hotel-gutenberg.com
42 ch – ❙89/195 € ❙❙89/195 € – ☐ 13 €
Entièrement rénové en 2011, l'hôtel Gutenberg a écrit une nouvelle page de son histoire. Dans ce bâtiment qui date de 1745, au cœur du vieux Strasbourg, les chambres affichent un bel esprit contemporain, osant même les touches design. Et le personnel est des plus avenants.

Dragon sans rest

🛗 🤶 ♨

12 r. du Dragon – ℰ 03 88 35 79 80 – www.dragon.fr
Plan : **5**JZ**d**
32 ch – ❙94/134 € ❙❙101/236 € – ☐ 13 €
Dans un quartier calme à deux pas du centre-ville, deux demeures du 17ᵉ s. autour d'un patio fleuri (où le petit-déjeuner est servi l'été). Chambres confortables et actuelles, mansardées au dernier étage.

Mercure Centre sans rest 🛗 & 🅰🅲 🤝 🚗

25 r. Thomann – 𝒞 *03 90 22 70 70* Plan : **5**JY**q**
– www.mercure-strasbourg-centre.com
98 ch – †81/250 € ††81/250 € – ⌑ 18 €
Situation centrale pour cet établissement rénové avec des tons vifs et un mobilier design. Au 7ᵉ étage, la salle des petits-déjeuners jouit d'une petite vue sur la cathédrale.

Chut - Au Bain aux Plantes 🍽 & 🤝

4 r. Bain-aux-Plantes – 𝒞 *03 88 32 05 06* Plan : **5**HZ**v**
– www.hote-strasbourg.fr
8 ch – †95/165 € ††95/165 € – 1 suite – ⌑ 12 € – ½ P
Dans une rue pittoresque de la Petite France, un hôtel digne d'une maison d'hôtes, charme compris : esprit déco, objets et mobilier design ou chinés, ambiance zen... On ne s'étonnera pas d'apprendre que la propriétaire est architecte !

Le Kléber sans rest 🛗 ⌘ 🤝

29 pl. Kléber – 𝒞 *03 88 32 09 53 – www.hotel-kleber.com* Plan : **5**JY**p**
37 ch – †70/100 € ††80/100 € – ⌑ 9 €
"Meringue", "Fraise", "Cannelle", etc. : ici, toutes les chambres se prêtent à une thématique sucrée-salée, richement colorée. Situation imparable sur la célèbre place Kléber.

Du côté de Chez Anne Ⓝ sans rest 🚪 🅰🅲 🤝 🅿

4 r. de la Carpe-Haute – 𝒞 *03 88 41 80 77 – www.du-cote-de-chez-anne.com*
5 ch ⌑ – †85/295 € ††85/295 €
À la périphérie de la ville, on trouve cette idyllique maison datant du 19ᵉ s. avec ses colombages typiques de la région. Vous serez accueilli dans des chambres luxueuses et confortables, aux intitulés fleuris : Pivoine, Pâquerette, Coquelicot, Bleuet, Bouton d'Or... Voluptueux.

🔵 Restaurants

XXXX **Au Crocodile** 🕸 🅰🅲

10 r. de l'Outre – 𝒞 *03 88 32 13 02 – www.au-crocodile.com* Plan : **6**KY**x**
– Fermé dim. et lundi sauf déc.
Menu 40 € (déj. en semaine), 74/144 € – Carte 81/187 €
Élégance feutrée dans cette fameuse institution strasbourgeoise. Si les assiettes n'ont plus l'éclat qu'elles ont pu avoir par le passé, elles demeurent tenantes d'un noble classicisme – tel le fameux canard au sang – et certaines jouent la carte de l'originalité (les desserts notamment). Quant au choix de vins, il est superbe !

XXX **1741** 🕸 🅰🅲 🍽

𝄪 *22 quai des Bateliers –* 𝒞 *03 88 35 50 50 – www.1741.fr* Plan : **6**KZ**p**
– Fermé 16-29 juil., 2 semaines en janv., mardi et merc. sauf déc.
Menu 38 € (déj. en semaine), 64/130 € – Carte 74/108 €
Face au palais Rohan, chef-d'œuvre du classicisme achevé en 1741, cette table cultive un esprit boudoir aussi intime qu'élégant. Un cadre très séduisant pour une cuisine tout en finesse, savoureuse et parfumée, et accompagnée d'une belle sélection de vins d'Alsace (grands crus, bio, etc.). On quitte l'endroit à regret...
→ Anguille fumée, jus de volaille, agrumes et mousseline de poireaux. Homard bleu, courgette violon, beurre de homard et velouté de cressonnette. Feuille à feuille aux trois chocolats, sorbet cacao.

XXX **Buerehiesel** (Eric Westermann) 🕸 ⩤ 🛋 & 🅰🅲 🅿

𝄪 *dans le parc de l'Orangerie –* 𝒞 *03 88 45 56 65* Plan : **4**GU**a**
– www.buerehiesel.com – Fermé 1ᵉʳ-11 mars,
26 juil.-17 août, 27 déc.-11 janv., dim. et lundi
Menu 39 € (déj. en semaine), 72/98 € – Carte 69/104 €
Adresse exquise, sise dans une belle ferme à colombages du 17ᵉ s., remontée dans le parc de l'Orangerie (vue bucolique de la salle en verrière et de la terrasse). La cuisine, fine et actuelle, fait quelques détours par la tradition locale – mais sans s'y attarder – et met en valeur d'excellents produits. Un régal.
→ Cuisses de grenouilles poêlées au cerfeuil et schniederspaetle. Pillette de Bresse cuite entière comme un baeckeofe. Brioche caramélisée à la bière, glace à la bière et poire rôtie.

XXX **Maison des Tanneurs dite Gerwerstub** 🍴 ⟡

42 r. Bain-aux-Plantes – ℰ *03 88 32 79 70* Plan : **5**JZ**t**
– *www.maison-des-tanneurs.com – Fermé 2-10 août, 30 déc.-19 janv., dim. et lundi*
Formule 19 € – Menu 21 € (déj. en semaine) – Carte 41/62 €
Au bord de l'Ill, dans la Petite France, cette maison alsacienne pleine de caractère
(1572) est une institution de la choucroute, parmi d'autres célèbres spécialités
régionales.

XX **La Cambuse** 🍴 AC

1 r. des Dentelles – ℰ *03 88 22 10 22* – *Fermé* Plan : **5**JZ**a**
26 avril-11 mai, 2-24 août, 24 déc.-11 janv., dim. et lundi
Carte 46/63 € *(réservation conseillée)*
Cette discrète adresse, à portée de ricochet des quais de l'Ill, est une institution
de la cuisine de la mer à Strasbourg. Le cadre, intime et original, s'inspire d'une
cabine de yacht, et les recettes empruntent quelques inspirations à l'Asie (épices,
cuissons courtes...). Une plaisante traversée.

XX **Girardin - La Casserole** (Eric Girardin) 🕸 AC

❀ *24 r. des Juifs* – ℰ *03 88 36 49 68* – *www.restaurantlacasserole.fr* Plan : **6**KY**b**
– *Fermé 26 avril-11 mai, 12-26 juil., mardi midi, dim. et lundi*
Menu 39 € (déj.), 75/115 € – Carte 79/100 € *(réservation conseillée)*
Derrière la cathédrale, un cadre contemporain et feutré, qui se prête à un
moment délicieux et délicat. Éric Girardin crée des plats nobles et harmonieux,
avec une dextérité saisissante. Et l'accueil est charmant...
➜ Tartare de bœuf, coriandre, basilic et menthe. Maigre de ligne, pomme de
terre et sauce citronnée. Vanille de Madagascar dans l'esprit d'un millefeuilles.

XX **Gavroche** (Benoit Fuchs) AC

❀ *4 r. Klein* – ℰ *03 88 36 82 89* – *www.restaurant-gavroche.com* Plan : **6**KZ**g**
– *Fermé 25 juil.-16 août, 23 déc.-3 janv., sam. et dim.*
Formule 29 € – Menu 50/70 € – Carte 73/81 € *(réservation conseillée)*
On sent ici le souci de satisfaire les clients, en salle comme en cuisine... Le
moment est agréable au fil du repas, qui ne manque ni de finesse ni de caractère.
Les assiettes se concentrent sur de bons produits et on se régale !
➜ Œuf poché, céleri et crème d'asperges. Filet de turbot, ravioles de petits pois
et girolles. Soufflé au fromage blanc et pêches rôties.

XX **Umami** (René Fieger) AC

❀ *8 r. des Dentelles* – ℰ *03 88 32 80 53* Plan : **5**JZ**b**
– *www.restaurant-umami.com – Fermé 29 avril-8 mai, 26 août-17 sept., lundi
midi, mardi midi, vend. midi, merc. et jeudi*
Menu 50/70 € – Carte 54/72 € *(réservation conseillée)*
Sucré, salé, acide, amer... et *umami*, la 5e saveur dans la gastronomie japonaise.
Une signature pour une cuisine qui croise les goûts d'ici et d'ailleurs. Séduisant
cadre moderne.
➜ Cuisine du marché.

XX **Zuem Ysehuet** 🕸 🍴 ⚹

21 quai Mullenheim – ℰ *03 88 35 68 62* Plan : **4**FU**b**
– *www.zuem-ysehuet.com – Fermé vacances de fév., 3-17 août, lundi midi
de nov. à mars, sam. sauf le soir d'avril à oct. et dim.*
Formule 30 € – Menu 38/51 € – Carte 42/54 €
Dans un quartier huppé au bord de l'Ill, cette jolie auberge est recouverte de vigne
vierge. L'intérieur est résolument contemporain ; quant aux recettes, elles font la part
belle aux produits de saison (légumes du potager), que l'on accompagne de l'une des
600 références présentes sur la carte des vins. Terrasse au calme.

XX **Le Violon d'Ingres** 🍴

1 r. Chevalier-Robert, à La Robertsau – ℰ *03 88 31 39 50* Plan : **2**CS**z**
– *www.violondingres.com – Fermé 2 semaines en août, 1 semaine en oct.,
1 semaine en janv., sam. midi, dim. soir et lundi*
Menu 36/62 € – Carte 55/70 €
Cette maison alsacienne est l'une des plus anciennes du quartier de la Robertsau,
par-delà le Parlement européen. À la carte, une cuisine classique bien réalisée,
avec homard, foie gras, poisson, gibier en saison, etc. À déguster dans l'élégante
salle à manger ou en terrasse, à l'ombre d'un imposant marronnier...

XX **Maison Kammerzell et Hôtel Baumann** avec ch 〔非 AC ❀ rest. 令
16 pl. de la Cathédrale – ℰ *03 88 32 42 14* Plan : **6**KZ**e**
– *www.maison-kammerzell.com*
9 ch – †110/165 € ††110/165 € – ☑ 10 € Menu 30/48 € – Carte 36/55 €
À côté de la cathédrale, maison strasbourgeoise du 16e s. dégageant une authentique
ambiance moyenâgeuse : vitraux, peintures, bois sculpté, voûtes gothiques. Cuisine du
terroir et carte de brasserie, avec en spécialité la choucroute. Chambres sobres.

XX **Pont des Vosges** 令
15 quai Koch – ℰ *03 88 36 47 75* Plan : **6**LY**h**
– *www.lepont-des-vosges.fr* – *Fermé dim.*
Carte 37/60 €
À l'angle d'un immeuble ancien, cette brasserie, dont la réputation n'est plus à
faire, régale de bons plats généreux. Vieilles affiches publicitaires et miroirs
en décor. Accueil et service agréables.

XX **L'Amuse Bouche** ⬦
3a r. de Turenne – ℰ *03 88 35 72 82* Plan : **6**LY**t**
– *www.lamuse-bouche.fr* – *Fermé dim. et lundi*
Formule 16 € – Menu 39/79 € ♈ – Carte 47/59 €
Restaurant discret hors de l'animation du centre-ville. Salle classique aux tons pastel, pour une cuisine dans l'air du temps, fraîche et sans fausse note.

XX **Villa Casella** 令 AC
5 r. du Paon – ℰ *03 88 32 50 50* – *Fermé 22 fév.-9 mars,* Plan : **6**KZ**a**
1er-10 mai, 24-31 août, dim. et lundi
Formule 20 € – Menu 36/70 € – Carte 41/54 €
Fermez les yeux, vous voilà en Italie ! Derrière les fourneaux, le chef, venu du sud
de la Botte, met beaucoup de cœur à défendre la cuisine de ses origines. Pour
preuve, il réalise lui-même ses pâtes... Que l'on dévore parmi les habitués, dans
une ambiance méditerranéenne, ou en terrasse si le temps le permet.

XX **Esprit Terroir** ⓝ AC ⬦
ᠻᠵ *2 quai Finkwiller* – ℰ *03 88 37 32 34* – *www.esprit-terroir.fr* Plan : **5**JZ**e**
– *Fermé dim. et lundi*
Formule 21 € – Menu 27 € (déj. en semaine), 54/73 € – Carte 45/70 €
Savoureuse découverte que ce restaurant de poche – dans une vieille maison sur
les quais – repris juste avant l'été 2014 par un jeune couple passé par de belles
maisons (l'Auberge de l'Ill, Le Cerf à Marlenheim, etc.). Qualité des produits,
finesse et parfums des assiettes : d'emblée une belle réussite !
→ Cuisine du marché.

X **Les Haras** 令 ⅋ AC ⬦ ⮔ P
23 r. des Glacières – ℰ *03 90 20 50 00* Plan : **5**HZ**e**
– *www.les-haras-brasserie.com* – *Fermé dim. soir et lundi*
Formule 25 € – Menu 34/71 € – Carte 34/59 €
Sous la tutelle du grand chef Marc Haeberlin, une table élégante et raffinée, au
sein des anciens haras nationaux construits sous Louis XV. On y apprécie de belles recettes traditionnelles, sans oublier quelques plats du terroir local. Et le
superbe décor contemporain, avec cuisines ouvertes, vaut le coup d'œil !

X **La Cuiller à Pot** 令
18b r. Finkwiller – ℰ *03 88 35 56 30* – *www.lacuillerapot.fr* Plan : **5**JZ**v**
– *Fermé sam. midi, dim. et lundi*
Carte 30/50 € *(réservation conseillée)*
À deux pas de la Petite France, plongez allégrement votre cuiller dans ce Pot tout
simple et gourmand : le jeune chef concocte une cuisine généreuse et soignée, qui
a la fraîcheur de l'instant. Une carte courte, peu de tables : la formule du plaisir.

X **Kobus** 令 AC
7 r. des Tonneliers – ℰ *03 88 32 59 71* Plan : **6**KZ**z**
– *www.restaurantkobus.com* – *Fermé 24 juin-15 juil., 10-16 nov., dim. et lundi*
Formule 21 € ♈ – Menu 45 € – Carte 47/69 €
Dans une rue piétonne du centre, sympathique restaurant contemporain : la salle, tout
en longueur et claire, mêle bois et pierre ; les produits du marché inspirent la cuisine.

X **La Table de Christophe** [AC]

28 r. des Juifs – ℰ 03 88 24 63 27 Plan : **6**KY**a**
*– www.tabledechristophe.com – Fermé 4-11 mai, 27 juil.-19 août, 26 janv.-2 fév.,
dim., lundi et fériés*
Formule 14 € – Menu 31 € – Carte 37/46 € *(réservation conseillée)*
À deux pas de la cathédrale de Strasbourg, on s'invite à La Table de Christophe !
En cuisine, le chef signe de savoureuses recettes traditionnelles avec de bons produits du marché. Mention spéciale pour les rognons de veau… une pure merveille. Autre avantage : les prix sont très raisonnables.

X **Du côté de Chez Anne** ⓝ 🛖 AC P

4 r. de la Carpe-Haute – ℰ 03 88 41 80 77 Plan : **4**GU**b**
– www.du-cote-de-chez-anne.com – Fermé dim. et lundi
Formule 26 € – Menu 29 € (déj. en semaine), 49/69 € – Carte 60/76 €
Langoustines cuites sur galet et espuma d'algues, moules de bouchot en différentes textures et échalotes confites, filet de bœuf de Salers cuit au foin, etc. Élégant
moment de gastronomie dans cette superbe maison à colombages baignée, en
bordure de ville, d'une délicieuse ambiance champêtre. L'occasion d'une douce
escapade...

X **Le Bistrot du Boulanger** 🛖 ⟨ 🍴

🕭 *42 r. de Zürich – ℰ 03 88 37 95 95* Plan : **6**LZ**n**
*– www.aupaindemongrandpere.com – Fermé 9-23 août, 24 déc.-1er janv., dim.
soir et lundi*
Formule 12 € – Menu 15 € (déj. en semaine)/29 € – Carte 26/47 €
L'histoire est peu commune : un ancien homme d'affaires, devenu maître boulanger sur le tard, a décidé de reprendre cette ancienne pizzeria avec l'aide de son
fils... Bien lui en a pris ! Les recettes proposées sont généreuses et savoureuses,
dans la pure tradition bistrotière : une belle interprétation du genre.

X **Rivière** ⓝ

3 r. des Dentelles – ℰ 03 88 22 09 25 – fermé 12-25 août, Plan : **5**JZ**r**
23 déc.-13 janv., dim. lundi et le midi
Carte 39/59 €
Une Rivière aux multiples affluents... Voilà plus de 50 ans que l'adresse appartient
à la famille Meier et, aujourd'hui sous la conduite de Richard – vietnamien par sa
mère et dont l'épouse, d'origine iranienne, œuvre en cuisine –, elle nous fait
voyager partout en Asie ! Des recettes élégantes, pour un endroit charmant...

X **La Vignette** 🛖 ⟨

29 r. Mélanie, à la Robertsau – ℰ 03 88 31 38 10 Plan : **2**CS**t**
– www.lavignette-strasbourg-robertsau.com – Fermé 1er-15 août, 24 déc.-5 janv.
Formule 15 € – Menu 32 € – Carte 29/46 €
Il flotte comme un air de guinguette dans cette charmante maison à l'esprit rétro.
En cuisine, le chef concocte de généreuses recettes bistrot aux saveurs bien marquées. Accueil sympathique et prix raisonnables : voilà une vignette à coller dans
votre carnet d'adresses gourmandes !

X **La Vieille Tour** 🛖 AC

1 r. Adolphe-Seyboth – ℰ 03 88 32 54 30 – Fermé dim. sauf Plan : **5**HZ**e**
le midi en déc., lundi et fériés
Formule 23 € – Menu 29 € (déj. en semaine), 40/29 € – Carte 43/65 €
(réservation conseillée)
Cette adresse, toute proche de la Petite France, cultive le goût de la tradition, au
gré du marché (ardoise). Décor simple, relevé d'affiches humoristiques sur l'Alsace.

X **Lucullus** 🛖 AC

🕭 *15 r. Jacques-Peirotes – ℰ 03 88 37 11 07 – Fermé 1* Plan : **4**FX**e**
semaine en fév., 2 semaines en août, sam. et dim.
Menu 17 € (déj.) – Carte 28/45 €
Dans ce restaurant de poche, on s'assoit au coude-à-coude avant de faire son
choix parmi les suggestions de l'ardoise. Que choisir ? Derrière les fourneaux, le
chef réalise une appétissante cuisine du marché axée sur les beaux produits
frais. Accueil sympathique.

✗ Le Pont aux Chats

42 r. de la Krutenau – ☎ 03 88 24 08 77 – pontauxchats.fr   Plan : **6LZt**
– Fermé vacances de fév., 3 semaines en août, sam. midi et dim.
Menu 23 €
Mariage de colombages anciens et de mobilier contemporain, terrasse sur cour, produits de saison cuisinés dans l'air du temps : une petite adresse qui fait ron-ronner de plaisir.

✗ Pierre Bois & Feu ⓝ

6 r. du Bain-aux-Roses – ☎ 03 88 36 25 59   Plan : **6KZt**
– www.pierreboisetfeu.fr – Fermé 1 semaine en fév., 2 semaines en août, lundi midi, merc. midi et dim.
Menu 42 € – Carte 62/97 €
Dans une ruelle proche des quais, ce petit bistrot contemporain est abrité dans une maison datant du 17ᵉ s. Tables en bois brut, cuisine ouverte : l'endroit a du charme. À la carte, des plats de saison et de beaux produits, avec pour spécialité la viande de salers... cuite au fer à repasser, à découvrir !

⬤ LES WINSTUBS :

dégustation de vins et cuisine du pays, ambiance typiquement alsacienne

✗ S'Burjerstuewel - Chez Yvonne

10 r. du Sanglier – ☎ 03 88 32 84 15 – www.chez-yvonne.net   Plan : **6KYZe**
Carte 28/61 €
Atmosphère chic dans cette winstub qui fait figure d'institution (photos et dédica-ces de stars à l'appui). On y mange au coude à coude et la carte respecte la plus pure tradition alsacienne. Ne passez pas à côté de l'une des spécialités maison : le coq au riesling. Une belle adresse.

✗ Le Clou

3 r. du Chaudron – ☎ 03 88 32 11 67 – www.le-clou.com   Plan : **6KYn**
– Fermé dim.
Formule 15 € – Carte 27/56 €
À deux pas de la cathédrale, cette antique winstub promet d'être le Clou... de votre soirée ! Comme attendu, le lieu fait belle à la tradition alsacienne : chou-croute royale, baeckeofe ou jambon en croûte sont proposés dans un décor de mar-queteries et de scènes du temps jadis... Attention : c'est souvent complet.

✗ Le Tire-Bouchon

5 r. des Tailleurs-de-Pierre – ☎ 03 88 22 16 32   Plan : **6KZt**
– www.letirebouchon.fr
Formule 10 € – Menu 24/29 € – Carte 24/41 €
Dans une ruelle pittoresque à deux pas de la cathédrale, ne passez pas à côté de cette winstub représentative de l'art de vivre alsacien ! Un cadre chaleureux (boiseries, lumière tamisée...), une généreuse cuisine du pays, des crus locaux : rien ne manque.

✗ Au Pont du Corbeau

21 quai St-Nicolas – ☎ 03 88 35 60 68 – Fermé août,   Plan : **6KZb**
vacances de fév., dim. midi et sam. sauf en déc.
Formule 14 € – Menu 31 € – Carte 31/52 €
À côté du Musée alsacien dédié à l'art populaire, une savoureuse manière de pas-ser à la pratique ! Tout séduit dans cette authentique winstub tenue en famille : le décor traditionnel (éléments Renaissance, affiches), le choix de vins et, bien sûr, la cuisine alsacienne, appuyée sur un réseau de producteurs locaux... Coup de cœur !

✗ Fink'Stuebel

26 r. Finkwiller – ☎ 03 88 25 07 57   Plan : **5JZx**
– www.restaurant-finkstuebel.com – Fermé 3 semaines en août, dim. et lundi
Formule 18 € – Carte 33/64 €
Colombages, parquet brut, bois peints, mobilier régional et nappes fleuries : cet endroit a tout de l'image d'Épinal. On travaille ici en famille, dans le respect de la tradition : cuisine du terroir et foie gras sont à l'honneur. La winstub dans toute sa splendeur !

Environs

à Schiltigheim 4 km au Nord – ✉ 67300 – 31 633 hab. – Alt. 140 m

🏨 **Kyriad Prestige** sans rest   🕭 🖢 🕭 🕭 🖱 🗟 🖳 🚗
2 av. de l'Europe, (Espace Européen de l'Entreprise)   Plan : 2BS**b**
– 𝒞 03 90 22 60 60 – www.kyriad-prestige-strasbourg-nord-schiltigheim.fr
66 ch – ♦69/138 € ♦♦69/168 € – �𝄪 14 €
En périphérie, dans l'Espace Européen de l'Entreprise (accès facile de l'autoroute),
cet hôtel associe fonctionnalité et confort. Salle de petit-déjeuner avec terrasse.

🍴🍴🍴 **La Carambole**   🕭 🖵 🖢 🕭 🖨 🖳
14 av. Pierre-Mendes-France – 𝒞 03 88 47 44 44   Plan : 2 BCS**[**
– www.restaurant-lacarambole.com – Fermé 24 déc.-1ᵉʳ janv., sam. et dim.
Formule 24 € – Menu 31 € (déj.), 58/71 € – Carte 58/73 €
Dans ce quartier d'affaires, un élégant restaurant au 3ᵉ étage d'un immeuble
contemporain. Le jeune chef, passé par de bonnes maisons, démontre un joli
savoir-faire : raviole de foie gras et anguille fumée, tartelette de potimarron et
noix de pécan... le tout porté par un choix de vins avisé. Une adresse de qualité.

🍴🍴 **Côté Lac**   🖵 🖢 🕭 🖳
2 pl. de Paris, Espace Européen de l'Entreprise – 𝒞 03 88 83 82 81   Plan : 2BS**t**
– www.cote-lac.com – Fermé lundi soir, sam. midi, dim. et fériés
Formule 29 € – Menu 37/67 €
Dans une zone d'activité du nord de la ville, on est surpris de découvrir ce parallélépipède de béton brut et de verre, posé au bord d'un petit lac. L'intérieur a
tout du loft moderne, avec ses éclairages modernes et ses tableaux contemporains ; on y déguste une cuisine actuelle, soignée, qui évolue régulièrement.

à La Wantzenau 12 km au Nord-Est – ✉ 67610 – 5 837 hab. – Alt. 130 m

🏨 **Le Moulin de la Wantzenau**   🍴🏵 🖢 ⪬ 🖨 🖳 🖳
3 impasse du Moulin, 1,5 km au Sud par D 468   Plan : 2CR**z**
– 𝒞 03 88 59 22 22 – www.moulin-wantzenau.com – Fermé 24 déc.-6 janv.
20 ch – ♦79/112 € ♦♦95/139 € – ⊡ 14 € – ½ P
Rest Au Moulin – voir les restaurants ci-après
Ancien moulin isolé dans la campagne, sur une rive de l'Ill. La bâtisse, d'apparence
robuste, abrite des chambres colorées et design, pleines de fraîcheur : original et
sympathique dans un tel environnement ! Produits régionaux au petit-déjeuner.

🏨 **Relais de la Poste**   🍴🖵 🖢 🖨 🖳 🖳
21 r. du Gén.-de-Gaulle – 𝒞 03 88 59 24 80   Plan : 2CR**a**
– www.relais-poste.com – Fermé 28 juil.-10 août
18 ch – ♦82/112 € ♦♦92/187 € – ⊡ 16 € – ½ P
Rest Relais de la Poste ✿ – voir les restaurants ci-après
Dans cette localité du nord de Strasbourg, une imposante et belle maison alsacienne
où l'on est accueilli chaleureusement ! Les chambres sont cosy, d'esprit rustique ou
moderne ; on profite d'un buffet au petit-déjeuner, sous la véranda. Tenue impeccable.

🍴🍴🍴 **Zimmer**   🖵 🕏
23 r. des Héros – 𝒞 03 88 96 62 08 – www.restaurant-zimmer.fr   Plan : 2CR**r**
– Fermé 25 juil.-12 août, 22 fév.-10 mars, dim. soir et lundi sauf fériés
Formule 23 € – Menu 27/40 € – Carte 41/68 €
Trois salons élégants, agrémentés de lambris blanc et de poutres colorées, où l'on sert
une cuisine conjuguant terroir et notes actuelles (menus d'un bon rapport qualité-prix).

🍴🍴🍴 **Relais de la Poste** – Hôtel Relais de la Poste   🕭 🖵 🖢 🕭 🖳
✿ 21 r. du Gén.-de-Gaulle – 𝒞 03 88 59 24 80   Plan : 2CR**a**
– www.relais-poste.com – Fermé 28 juil.-10 août, sam. midi et dim. soir
Formule 29 € – Menu 52/98 € – Carte 62/120 €
Une partition classique fort bien exécutée, fine et flatteuse ; une belle carte des
vins aux prix raisonnables : cette maison alsacienne, tout en colombages et toits
de tuile, honore la tradition du goût – et aussi de l'accueil. Décor élégant : boiseries, véranda face à la terrasse...
→ Foie de canard vendéen poêlé, compotée de pêches caramélisées. Homard au
bouillon, pépinettes et céleri branche au lait de coco. Voyage autour des grands
crus de cacao.

XX **Les Semailles**

10 r. Petit-Magmod – ✆ 03 88 96 38 38 – www.semailles.fr Plan : **2**CR**s**
– Fermé dim. soir, merc. et jeudi
Formule 23 € – Menu 28 € (déj. en semaine), 40/70 € – Carte 51/58 €
Jolie graine que cette maison alsacienne chatoyante, dressée dans une petite rue calme. Aux beaux jours, profitez de la terrasse ombragée sous une glycine centenaire... Au menu : des produits au-dessus de tout soupçon, parfaitement cuisinés, avec personnalité.

XX **Au Moulin** – Hôtel Le Moulin de la Wantzenau

2 impasse du Moulin, 1,5 km au Sud par D 468 Plan : **2**CR**z**
– ✆ 03 88 96 20 01 – www.restaurant-moulin-wantzenau.fr
– Fermé 22 fév.-5 mars, 10 juil.-1er août, 24 déc.-6 janv., dim. soir, lundi et mardi
Formule 19 € – Menu 24 € (semaine), 29/110 € 🍷 – Carte 42/90 €
Un cadre élégant et lumineux, dans les dépendances d'un ancien moulin posté au bord de l'Ill. La terrasse profite du calme de la campagne environnante. Cuisine classique.

X **Le Jardin Secret**

32 r. de la Gare – ✆ 03 88 96 63 44 Plan : **2**CR**v**
– www.restaurant-jardinsecret.fr – Fermé vacances fév., 26 déc.-5 janv., sam. midi, dim. soir et lundi
Formule 22 € – Menu 26/55 € – Carte 48/55 €
Face à la petite gare, accueillant restaurant tenu par une jeune équipe. Le cadre est contemporain (tons blanc et taupe, tableaux), la cuisine... bien d'aujourd'hui et ambitieuse. Et pour jardin secret, une terrasse sur l'arrière de la maison.

X **Au Pont de l'Ill**

2 r. du Gén.-Leclerc – ✆ 03 88 96 29 44 Plan : **2**CR**u**
– www.aupontdelill.com – Fermé août et sam. midi
Formule 13 € – Menu 24 € (semaine), 26/41 € – Carte 31/55 €
Fruits de mer et poissons jouent les vedettes sur la carte de cette brasserie très fréquentée, abritant pas moins de cinq salles (au choix : style marin, Art nouveau, etc.). À deux pas de Strasbourg, vous voilà au bord de la mer ! Le tout à prix doux.

à Illkirch-Graffenstaden 5 km au Sud – ✉ 67400 – 26 467 hab. – Alt. 140 m

XX **Estaminet à l'Agneau**

185 rte de Lyon – ✆ 03 88 66 06 58 – www.agneau-illkirch.fr Plan : **2**BT**a**
– Fermé 4-25 août, 27 déc.-3 janv., sam. midi, dim. soir et lundi
Formule 16 € – Carte 28/42 €
Saumon gravlax, ferme et bien parfumé, blanquette de veau, pot-au-feu de skrei, navarin d'agneau, tartelette au citron et meringue... Dans un intérieur digne d'un bistrot parisien, Guillaume Kern régale désormais ses clients avec des petits plats du marché goûteux, généreux et variés. Le tout à prix doux !

à Fegersheim 14 km au Sud – ✉ 67640 – 5 449 hab. – Alt. 145 m

X **Auberge du Bruchrhein**

24 r. de Lyon – ✆ 03 88 64 17 77 – Fermé dim. soir, lundi soir et jeudi soir Plan : **1**AT**x**
Formule 12 € – Menu 16 € (déj. en semaine), 26/31 € – Carte 32/49 €
Une auberge alsacienne à la façade colorée, où la simplicité et la convivialité sont de mise. Au menu : des petits plats traditionnels où le répertoire régional a toute sa place. Prix mesurés.

à Entzheim 12 km par A 35 (sortie n° 8), D 400 et D 392 – ✉ 67960 – 1 777 hab. – Alt. 150 m

Père Benoit

34 rte de Strasbourg – ✆ 03 88 68 98 00 Plan : **1**AT**h**
– www.hotel-perebenoit.com – Fermé 26 juil.-16 août, 23 déc.-3 janv.
60 ch – 🚹77/87 € 🚹🚹83/93 € – ☕ 9 €
Rest *Steinkeller* – voir les restaurants ci-après
Le village est coquet et cette ferme à colombages du 18e s. est alsacienne dans l'âme ! Après le porche, on découvre d'une part le restaurant, d'autre part l'hôtel avec des chambres agréables, rustiques ou plus contemporaines. Le petit-déjeuner est un pur régal !

XX **Steinkeller** – Hôtel Père Benoit   🖂 AC ⅍ P

🕸 *34 rte de Strasbourg – 𝒞 03 88 68 91 65*   Plan : 1AT**h**
*– www.hotel-perebenoit.com – Fermé 26 juil.-16 août, 23 déc.-3 janv., sam. midi,
lundi midi et dim.*
Formule 20 € – Menu 25 € – Carte 25/45 €
Une belle winstub, une grande véranda, un caveau en pierre (d'où ce nom de
"Steinkeller"), etc. : un vrai univers alsacien, regorgeant de bois sculpté, de vitraux,
de mobilier traditionnel... Flammekueche, presskopf et autres recettes traditionnelles portent aussi haut les couleurs de la région ! Prix mesurés.

à Ostwald 7 km au Sud-Ouest – 🖂 67540 – 11 527 hab. – Alt. 140 m

🏠🏠🏠 **Château de l'Île**   IO 🛏 < 🖂 🕸 📶 🕮 ᕹ AC ⅍ 🛜 🏊 P

4 quai Heydt – 𝒞 03 88 66 85 00 – www.chateau-ile.com   Plan : 2BT**r**
60 ch – †190/560 € ††190/560 € – 2 suites – 🍽 24 € – ½ P
Dans un parc baigné par l'Ill, un petit château à l'architecture éclectique (19ᵉ s.)
entouré de grandes dépendances à colombages (construction moderne). Ils abritent des chambres spacieuses et confortables, tout en tissus imprimés et mobilier
de style. Restaurant gastronomique et winstub.

à Lingolsheim 5 km au Sud-Ouest – 🖂 67380 – 16 703 hab. – Alt. 140 m

XX **L'ID** 🆕   🕮 ᕹ ⇔

11 r. du Château – 𝒞 03 88 78 40 48 – www.restaurant-id.fr   Plan : 2BS**t**
– Fermé 22 fév.-9 mars, 9-17 août, lundi soir et dim.
Formule 32 € – Carte 38/52 €
Une belle maison de maître, décorée avec goût – tons gris et chocolat, magnifique escalier en bois datant du 18ᵉ s. Au menu, une bonne cuisine du marché
(panaché de tomates et burrata ; filet de saint-pierre et fricassée de fèves ;
pêche rôtie au miel), à déguster sur l'agréable terrasse aux beaux jours.

à Pfulgriesheim 10 km au Nord-Ouest – 🖂 67370 – 1 239 hab. – Alt. 135 m

X **Bürestubel**   🕮 ᕹ ⇔ P

8 r. de Lampertheim – 𝒞 03 88 20 01 92   Plan : 1AR**a**
– www.restaurantburestubel.fr – Fermé 22 fév.-8 mars, 10-24 août, dim. et lundi
Menu 22/35 € – Carte 26/45 €
Cette ferme à colombages respire l'Alsace ! Joli décor régional et spécialités (très)
locales : flammekueche, tartes flambées, sirops et sorbets réalisés avec les fruits
du verger...

STURZELBRONN

🖂 57230 (Moselle) – 183 hab. – Alt. 250 m – Voir carte n°**27**-D1
▪ Paris 449 km – Bitche 13 km – Haguenau 39 km – Strasbourg 68 km
Carte Michelin 307-Q4

X **Au Relais des Bois**   🖂 🕮 P

🕸 *13 r. Principale – 𝒞 03 87 06 20 30 – www.aurelaisdesbois.fr – Fermé janv. et fév.
sauf week-ends, lundi et mardi*
Menu 12 € (déj. en semaine), 20/27 € – Carte 30/40 €
Une petite adresse familiale nichée au cœur d'un village du parc naturel régional
des Vosges du Nord. À la carte : poulet au gris de Toul, ragoût de gibier à l'ancienne, rognons aux girolles... De quoi réjouir les adeptes de cuisine traditionnelle
et autres amoureux des produits du terroir !

SUCÉ-SUR-ERDRE – 44 (Loire-Atlantique) ➔ voir Nantes

SUCY-EN-BRIE – 94 (Val-de-Marne) ➔ voir Paris, Environs

SULLY-SUR-LOIRE

🖂 45600 (Loiret) – 5 455 hab. – Alt. 115 m – Voir carte n°**12**-C2
▪ Paris 149 km – Bourges 84 km – Gien 25 km – Montargis 40 km
Carte Michelin 318-L5 – Guide Vert Michelin Châteaux de la Loire

Burgevin sans rest   🕭 AC 🛇 🛜 P
r. du Faubourg-Saint-Germain – ℰ 02 38 38 13 12 – www.hotelburgevin.com
– Fermé dim. de nov. à mars
16 ch – †96/140 € ††110/165 € – 1 suite – ⊑ 14 €
À 200 m du château de Sully-sur-Loire, cet hôtel familial existe depuis 1898 ! Pas
de quoi concurrencer le monument historique, mais idéal pour poser ses bagages : l'établissement est confortable et l'on s'y sent vraiment bien. Service aux
petits soins et très bon petit-déjeuner.

 La Closeraie sans rest   🕭 AC 🛇 🛜
14 r. Porte-Berry – ℰ 02 38 05 10 90 – www.hotel-la-closeraie.com
9 ch – †70/100 € ††80/100 € – ⊑ 10 €
Dans cette maison du 19ᵉ s., on peut jouer sur le vieux piano ou bouquiner dans
la bibliothèque en attendant le soir. Les chambres, romantiques à souhait, sont
décorées avec goût et simplicité. Parfait pour un week-end en amoureux.

aux Bordes Nord-Est 6 km par D 948 et D 961 – ⊠ 45460 – 1 822 hab. – Alt. 132 m

XX **La Bonne Étoile**   🍴 🕭 AC P
😊 D 952 – ℰ 02 38 35 52 15 – www.restaurant-labonneetoile.fr – Fermé dim. soir et
lundi
Formule 15 € – Menu 18 € (semaine), 29/41 € – Carte 20/40 €
Votre bonne étoile vous conduira peut-être dans cette engageante petite
auberge. Les gourmands y savourent une cuisine traditionnelle faisant la part
belle aux produits du marché, lesquels sont sélectionnés avec le plus grand soin.
Une fois votre repas terminé, promenez-vous dans la forêt d'Orléans toute proche.

SURESNES – 92 (Hauts-de-Seine) → voir Paris, Environs

SUZE-LA-ROUSSE
⊠ 26790 (Drôme) – 1 923 hab. – Alt. 92 m – Voir carte n°**44**-B3
🖸 Paris 641 km – Avignon 59 km – Bollène 7 km – Nyons 28 km
Carte Michelin 332-C8 – Guide Vert Michelin Ardèche Drôme

 La Bastide Saint Bach   🍴 🛏 🛜 P
rte de Bollène, 2 km à l'Ouest par D 94 – ℰ 04 75 04 85 67
– www.saint-bach.com
13 ch – †58 € ††68 € – ⊑ 9 € – ½ P
À la sortie de la ville, cette bastide du 18ᵉ s., au cœur des vignes, regarde le mont
Ventoux. Les chambres, simples et spacieuses, s'ouvrent sur la piscine... Idéal pour
un plongeon au saut du lit ou un bain de minuit !

↑ **Les Aiguières**   🍴 🛏 🛏 🛇 🛜
80 r. de la Fontaine-d'Argent – ℰ 04 75 98 40 80 – www.les-aiguieres.com
5 ch ⊑ – †75 € ††85 €
À deux pas du château et de son université du vin, une maison du 18ᵉ s. avec jardin, piscine, grand salon (feu de cheminée en hiver) et chambres d'esprit provençal. Table d'hôte sur réservation (spécialités du Sud).

TAILLADES
⊠ 84300 (Vaucluse) – 1 964 hab. – Alt. 80 m – Voir carte n°**42**-E1
🖸 Paris 715 km – Avignon 33 km – Marseille 81 km – Nîmes 81 km
Carte Michelin 332-D10

X **L'Auberge des Carrières** ●   🍴 🕭 AC P
😊 36 av. du Château – ℰ 04 32 50 19 97 – www.aubergedescarrieres.com
– Fermé sam. midi, dim. soir et lundi de juin à mi-sept.
Menu 20 € (déj. en semaine)/39 € – Carte 50/64 €
Au pied du Luberon, une auberge tenue par un charmant couple belge, installé
en Provence depuis dix ans. Le temps de prendre place sur la jolie terrasse, et
voilà déjà notre assiette ; la cuisine est de saison, principalement inspirée des
recettes méditerranéennes, avec quelques touches flamandes... On se régale.

TAILLECOURT – 25 (Doubs) → voir Audincourt

TAIN-L'HERMITAGE

✉ 26600 (Drôme) – 5 822 hab. – Alt. 124 m – Voir carte n°**43-E2**
▶ Paris 545 km – Grenoble 97 km – Le Puy-en-Velay 105 km – St-Étienne 76 km
Carte Michelin 332-C3 – Guide Vert Michelin Ardèche Drôme

Le Pavillon de l'Ermitage Ⓝ

69 av J.-Jaurès – ✆ 04 75 08 65 00 – www.pavillon-ermitage.com Plan : C**e**
40 ch – †97/99 € ††108/111 € – 2 suites – ☕ 12 €
Dans le centre de la ville, un hôtel confortable, aux chambres relativement spacieuses, les plus agréables jouissant d'une loggia face à la piscine, avec le coteau de l'Hermitage et les hauteurs de Tournon en ligne de mire.

Les 2 Coteaux sans rest

18 r. J.-Péala – ✆ 04 75 08 33 01 – www.hotel-les-2-coteaux-26.com – Fermé 27 déc.-15 janv.
18 ch – †67 € ††70/77 € – ☕ 10 €
Dans cet hôtel familial, vous pourrez admirer le Rhône... Les chambres sont sobres, calmes et lumineuses ; préférez évidemment celles avec vue sur le fleuve.

Le Castel sans rest

16 r. Paul-Durand – ✆ 04 75 08 04 53 – www.hotel-le-castel.fr
14 ch – †65 € ††65/70 € – ☕ 8 €
À deux pas de la gare, cet hôtel a pris ses quartiers dans une ancienne école ! Révisez vos leçons en dormant, dans des chambres petites mais fonctionnelles. Décor sobre et contemporain.

Umia

2 r. de la petite pierrelle – ✆ 04 75 09 19 85 – www.umia.fr – Fermé 10 août-10 sept., 25 déc.-1er janv., dim., lundi et mardi
Menu 37 € (déj. en semaine), 46/78 €
Umia, c'est "délicieux" en japonais... Cette table gastronomique, tenue par un couple franco-nippon, allie délicatesse et finesse en un subtil métissage. Frédéric Bau est aussi l'inspirateur de l'École du Grand Chocolat. Ses desserts chocolatés sont incontournables !

Le Quai

17 r. J.-Péala – ✆ 04 75 07 05 90 – www.michelchabran.fr – Fermé dim. soir de nov. à mars
Formule 19 € – Menu 25/32 € – Carte 38/52 €
On pourrait rester à quai pendant des heures, à admirer le Rhône et les vignobles... En terrasse ou dans la salle, très lumineuse, on se croirait presque sur un paquebot ! Et dans ce bistrot des temps modernes, les assiettes sont généreuses et soignées. Une bonne adresse.

Le Mangevins

6 av. du Dr.-Paul-Durand – ✆ 04 75 08 00 76 – Fermé 2 semaines en avril, 2 semaines en août, 1er-7 janv., sam. et dim.
Formule 27 € – Menu 32 € *(réservation conseillée)*
Il n'est pas vain de s'arrêter au Mangevins... Ce petit bistrot contemporain, tenu par un jeune couple franco-japonais, propose une cuisine du marché très soignée ! On y mange au coude-à-coude, servi par monsieur – et parfois madame qui quitte son "piano" pour voir si la musique vous plaît. Belle carte des vins.

TALANT – 21 (Côte-d'Or) ➜ voir Dijon

TALLOIRES

✉ 74290 (Haute-Savoie) – 1 708 hab. – Alt. 470 m – Voir carte n°**46-F1**
▶ Paris 551 km – Albertville 34 km – Annecy 13 km – Megève 49 km
Carte Michelin 328-K5 – Guide Vert Michelin Alpes du Nord

L'Auberge du Père Bise

303 rte du Port – ✆ 04 50 60 72 01 – www.perebise.com – Fermé de mi-déc. à mi-fév.
19 ch – †165/330 € ††200/430 € – 4 suites – ☕ 22 €
Rest *L'Auberge du Père Bise* ✿ – voir les restaurants ci-après
Un environnement féerique, au pied du lac... Depuis plus d'un siècle, cette belle maison accueille les grands de ce monde. Tout y est feutré, et les chambres – classiques ou plus contemporaines – sont d'un luxe sobre et de bon ton.

⛪ Le Cottage 🗄 ⊗ ⩽ 🖢 ♨ 🏋 🎐 🛜 🅿

Le Port – ☎ 04 50 60 71 10 – www.cottagebise.com – Ouvert fin avril-début oct.
28 ch – ♦140 € ♦♦270 € – 6 suites – � 21 € – ½ P
Rest *Le Cottage* – voir les restaurants ci-après
Face à l'embarcadère, ces maisons des années 1930 ont des airs de... cottage chic.
Vue sur le lac, le jardin ou la montagne ; décor soigné et frais : les chambres, cosy
et dans l'air du temps, ont toutes ce petit quelque chose qu'on nomme le charme !

⛪ L'Abbaye 🗄 ⊗ ⩽ 🖢 🛜 🛁 🅿

*chemin des Moines – ☎ 04 50 60 77 33 – www.abbaye-talloires.com – Ouvert
mi-fév. à début nov.*
32 ch – ♦119/720 € ♦♦119/720 € – 1 suite – ⊆ 25 € – ½ P
Cette abbaye bénédictine du 17e s. aurait accueilli Cézanne... Et pour cause, tout y
est si calme et la vue sur le lac est un vrai tableau ! Chambres d'un classicisme
raffiné, jardin face aux flots avec ponton privé et... dépaysement.

⛪ La Charpenterie 🗄 ⊗ 🏋 🎐 🛜 🅿

*72 r. A.-Theuriet – ☎ 04 50 60 70 47 – www.la-charpenterie.com – Ouvert
20 mars-1er nov.*
18 ch – ♦80/130 € ♦♦80/130 € – ⊆ 12 € – ½ P
Dans ce charmant chalet récent (jolis balcons ouvragés) règne une sympathique
atmosphère familiale. Intérieur chaleureux et confortable, où le bois s'impose partout ; nombreuses chambres avec terrasse et restaurant ancré dans la tradition...
Un lieu bien charpenté !

⛪ Golf et Montagne sans rest ⊗ ⩽ 🖼 ⅙ 🛜 🅿

*151 chemin des Sablons, à Echarvines – ☎ 04 50 05 35 35
– www.hotel-golf-montagne.fr*
15 ch – ♦88/144 € ♦♦88/144 € – ⊆ 13 €
Un joli lodge de montagne, créé il y a maintenant quelques années à l'entrée du
golf. Les chambres sont sobres, fraîches et très pratiques, et toutes ont une terrasse (certaines donnant sur le lac) ; le petit-déjeuner se révèle copieux et bon.

⛪ Chalet Christine 🗄 ⩽ 🗔 🍽 🛜 🅿

181 Le Thoron – ☎ 04 50 02 03 03 – www.chaletchristine.com
5 ch ⊆ – ♦160/280 € ♦♦175/380 €
Cette jolie maison surplombant le lac propose des chambres contemporaines, confortables et bien tenues. Pour une détente optimale, on profite de la piscine couverte,
du sauna ou du hammam... À la table d'hôte, on se régale de plats traditionnels réalisés avec de beaux produits locaux. Terrasse donnant sur le potager.

❁❁❁❁ L'Auberge du Père Bise (Sophie Bise) ⩽ 🖢 🎐 🅿
❀

*303 rte du Port – ☎ 04 50 60 72 01 – www.perebise.com – Fermé de mi-déc.
à mi-fév., merc. d'oct. à mai et mardi sauf le soir de juin à sept.*
Menu 82/180 € – Carte 106/146 €
Plus qu'une maison de tradition au charme fou, une institution ! Aux fourneaux, la
brigade fourmille, s'activant autour de mille superbes produits... Et dans l'assiette,
le grand classicisme le dispute à la modernité avec finesse, saveur et justesse.
Sans parler de l'idyllique terrasse tournée vers les flots.
➔ Écrevisses "pattes rouges" en gratin façon Marguerite Bise. Poulette de Bresse
braisée à l'estragon. Soufflé chaud Marguerite.

❁❁❁ Le Cottage – Hôtel Le Cottage ⩽ 🖢 🎐 ⅙ 🍽 🅿

Le Port – ☎ 04 50 60 71 10 – www.cottagebise.com – Ouvert fin avril-début oct.
Formule 31 € 🍷 – Menu 49 € (semaine)/78 € – Carte environ 75 €
Un restaurant cossu et bourgeois, une terrasse avec le lac pour horizon et de belles saveurs classiques, préparées avec d'excellents produits... On passe ici un
moment gastronomique bien sympathique !

à Angon 2 km au Sud par D 909a – ⊠ 74290

⛪ Les Grillons 🗄 🖢 ♨ 🛜 🛁 🅿

1199 rte d'Angon – ☎ 04 50 60 70 31 – www.hotel-grillons.com – Ouvert 1er mai-10 oct.
32 ch – ♦80/126 € ♦♦138/192 € – ⊆ 10 € – ½ P
Un hôtel-restaurant traditionnel tenu par la même famille depuis trois générations. Accueil charmant, belle piscine et chambres fraîches donnant presque toutes sur le lac : aucun doute, ces Grillons portent bonheur !

TALUYERS

✉ 69440 (Rhône) – 2 150 hab. – Alt. 340 m – Voir carte n°**44-B2**

▶ Paris 485 km – Bourg-en-Bresse 102 km – Lyon 22 km – St-Étienne 41 km

Carte Michelin 327-H6

 Château Talluy ⏸ 🌐 🖥 🔥 🏧 ॐ 🍴 📶 **P**

144 r. du Pensionnat – ℰ 04 78 19 19 00 – www.chateautalluy.com

10 ch – ♦99/195 € ♦♦99/195 € – ⚌ 10 €

Bienvenue dans cet hôtel confortable, créé en 2011 dans un ancien château du 18ᵉ s. transformé un temps en orphelinat. Les chambres, originales, sont toutes décorées sur le thème d'un art : cinéma, théâtre, peinture, sculpture, etc. Cuisine de tradition au restaurant.

TAMNIÈS

✉ 24620 (Dordogne) – 368 hab. – Alt. 200 m – Voir carte n°**4-D3**

▶ Paris 522 km – Brive-la-Gaillarde 47 km – Périgueux 60 km –
Sarlat-la-Canéda 14 km

Carte Michelin 329-H6 – Guide Vert Michelin Périgord Quercy

🏠 **Laborderie** 🍴 🌊 ≼ ⏸ 🛏 📶 **P**

*Le Bourg – ℰ 05 53 29 68 59 – www.hotel-laborderie.com
– Ouvert 4 avril-1ᵉʳ nov.*

44 ch – ♦58/115 € ♦♦58/115 € – ⚌ 11 € – ½ P

Dans cette maison périgourdine, tout est paisible ! Vaste parc tourné vers la vallée et chambres d'esprit rustique ou plus moderne. Au restaurant, on apprécie une cuisine régionale à l'ancienne dans une atmosphère campagnarde. Et à la belle saison, on profite de la terrasse.

TANCARVILLE

✉ 76430 (Seine-Maritime) – 1 353 hab. – Alt. 10 m – Voir carte n°**33-C2**

▶ Paris 175 km – Caen 86 km – Le Havre 32 km – Pont-Audemer 24 km

Carte Michelin 304-C5 – Guide Vert Michelin Normandie Vallée de la Seine

✗✗✗ **La Marine** avec ch ≼ ⏸ 🍴 📶 🔥 **P**

🍴 *10 rte du Havre, au pied du pont (D 982) – ℰ 02 35 39 77 15
– www.lamarine-tancarville.com – Fermé sam. midi, dim. soir et lundi*

9 ch – ♦80/95 € ♦♦85/100 € – ⚌ 12 € – ½ P

Formule 15 € – Menu 18 € (semaine), 22/50 € – Carte 57/83 €

Premier atout : une vue immanquable sur la Seine et le célèbre pont de Tancarville. Deuxième atout : une cuisine traditionnelle bien tournée, faisant la part belle aux produits de la mer. Troisième atout : des chambres évoquant les mythiques paquebots transatlantiques ("France", "Normandie", etc.). On embarque sur cette Marine...

LA TANIA – 73 (Savoie) ➔ voir Courchevel

TANNERON

✉ 83440 (Var) – 1 464 hab. – Alt. 376 m – Voir carte n°**42-E2**

▶ Paris 903 km – Cannes 20 km – Draguignan 53 km – Grasse 20 km

Carte Michelin 340-Q4 – Guide Vert Michelin Côte d'Azur

✗ **Le Champfagou** ⏸ 🔥 **P**

au village – ℰ 04 93 60 68 30 – www.lechampfagou.fr – Fermé déc., le soir en oct.-nov., mardi soir et merc.

Formule 18 € – Menu 22 € (déj. en semaine), 30/45 € – Carte 35/58 €

Dans ce village perché sur les hauteurs, une auberge familiale tranquillement installée au milieu des mimosas... Ici, le chef réinterprète des classiques provençaux en utilisant de bons produits ; l'été, on court s'attabler sur la terrasse entourée de verdure.

TANUS

✉ 81190 (Tarn) – 519 hab. – Alt. 439 m – Voir carte n°**29-C2**

▶ Paris 668 km – Albi 33 km – Rodez 46 km – St-Affrique 62 km

Carte Michelin 338-F6

Hôtel des Voyageurs

11 av. Paul-Bodin – ✆ 05 63 76 30 06 – www.hoteldesvoyageurs-tarn.com – Fermé dim. soir et lundi sauf juil.-août
15 ch – †47/52 € ††52/58 € – ☕ 8 € – ½ P
Près de l'église, un endroit tout simple, avec un petit jardin ombragé par un saule pleureur et des chambres tout en sobriété. Atmosphère familiale, restaurant traditionnel sans prétention : l'hôtel de village par excellence.

TARARE

✉ 69170 (Rhône) – 10 541 hab. – Alt. 383 m – Voir carte n°**44-A1**
Paris 463 km – Lyon 45 km – Montbrison 60 km – Roanne 40 km
Carte Michelin 327-F4 – Guide Vert Michelin Lyon et sa région

Burnichon

1,5 km à l'Est par D 307 – ✆ 04 74 63 44 01 – www.hotel-burnichon.com – Fermé 22-30 déc.
34 ch – †50/58 € ††59/68 € – ☕ 8 € – ½ P
À l'entrée de la ville, une grosse bâtisse avec de belles chambres aux couleurs vives, fraîches et pimpantes ; le restaurant est plutôt traditionnel, et il y a même une piscine entourée de verdure ! Une adresse sympathique et bon marché.

Jean Brouilly (Eric Lambolez)

3 ter r. de Paris – ✆ 04 74 63 24 56 – www.restaurant-brouilly.com – Fermé 2-16 mars, 26 juil.-12 août, dim. soir, fériés le soir et lundi
Menu 28 € (semaine), 40/75 € – Carte 42/87 €
Dans un grand parc arboré bordant la route de Roanne, une belle maison bourgeoise datant de 1906 : un décor tout indiqué pour honorer la tradition ! Le classicisme culinaire est ici de mise, comme la générosité et la gentillesse. Une valeur sûre pour tous les amateurs...
➜ Terrine de foie gras et fruits secs, petit pain au maïs. Homard rôti aux épices douces et racines. Soufflé léger, cœur coulant.

TARASCON

✉ 13150 (Bouches-du-Rhône) – 13 105 hab. – Alt. 8 m – Voir carte n°**42-E1**
Paris 702 km – Arles 20 km – Avignon 24 km – Marseille 102 km
Carte Michelin 340-C3 – Guide Vert Michelin Provence

Méo (Johan Thyriot)

1 pl. du Colonel-Berrurier, (face à la gare) – ✆ 04 90 91 47 74 – www.meo-tarascon.fr – Fermé dim. soir, lundi et mardi
Menu 33 € (déj. en semaine), 43/77 € *(réservation conseillée)*
"Méo" pour Moment, Émotion et Osmose... Le nom ne ment pas ! Après avoir œuvré dans de belles maisons – dont une expérience au Japon –, ce jeune couple a posé ses valises dans cet ancien café proche de la gare. Leurs réalisations sont originales, soignées, inventives et... à prix doux !
➜ Cèpes et aubergine en une douce combinaison maraîchère. Queue de lotte poêlée, beurre d'asafoetida et bouillon comme un dashi. Cachées dans une nougatine, myrtilles en compotée et sorbet.

TARASCON-SUR-ARIÈGE

✉ 09400 (Ariège) – 3 427 hab. – Alt. 474 m – Voir carte n°**29-C3**
Paris 777 km – Ax-les-Thermes 27 km – Foix 18 km – Lavelanet 30 km
Carte Michelin 343-H7

Le Manoir d'Agnès

2 r. St-Roch – ✆ 05 61 02 32 81 – www.manoiragnes.com
15 ch – †102/127 € ††102/127 € – ☕ 10 € – ½ P
Rest *Saveurs du Manoir* – voir les restaurants ci-après
Un beau manoir du 19e s., situé le long de la route menant en Andorre. Les chambres, de facture sobre et contemporaine, séduisent avec leurs quelques touches de couleur, et l'ensemble est entretenu avec la plus grande attention !

X X **Saveurs du Manoir** – Hôtel Le Manoir d'Agnès 🕸 ⟵ 🔥 AK P
 2 r. St-Roch – Ω 05 61 64 76 93 – www.manoiragnes.com – Fermé 2 semaines
⊜ *en janv. et 2 semaines en nov., dim. soir et lundi*
⚘ Formule 15 € – Menu 19 € (déj. en semaine), 29/52 € – Carte 39/69 €
 Du relief, des textures affirmées et des produits de bonne qualité : voilà qui définit bien le travail du chef, Jean Cazorla. Croustillant d'asperge et son velouté,
filets de rouget au roulé d'aubergine... C'est léger, coloré ; bref : ce n'est rien de
moins qu'une nouvelle approche de la gastronomie ariégeoise.

à Rabat-les-Trois-Seigneurs 5,5 km au Nord-Ouest par D 618 et D 223 –
✉ 09400 – 319 hab. – Alt. 625 m

X **La Table de la Ramade** 🕸
 r. des Écoles – Ω 05 61 64 94 32 – www.latabledelaramade.com – Fermé janv.,
⊜ *mardi sauf juil.-août et merc.*
⚘ Menu 20/37 € – Carte 31/49 €
 Ce restaurant, niché au cœur d'un village ariégeois, est l'antre d'un jeune chef,
Grégory Rodriguez. Symphonie de chèvre bio de Pleychou, tomate et courgette ;
filet de canette laqué et wok de légumes croquants... Il concocte une cuisine du
marché colorée et goûteuse, avec quelques épices et une pointe d'originalité !

TARBES

✉ 65000 (Hautes-Pyrénées) – 42 888 hab. – Agglo. 76 750 hab. – Alt. 320 m
– Voir carte n°**28-A3**
▣ Paris 831 km – Bordeaux 218 km – Lourdes 19 km – Pau 44 km
Carte Michelin 342-M5

🏢 **Le Rex Hôtel** sans rest 🛏 🛗 ⟵ 🔥 🛜 🏋 🌊
 10 cours Gambetta – Ω 05 62 54 44 44 – www.lerexhotel.com Plan : AZ**b**
 86 ch – †135/380 € ††135/380 € – ⊑ 18 €
 Envie d'une nuit très branchée ? L'adresse est toute trouvée avec cette audacieuse architecture en verre qui s'anime de jeux de lumière la nuit. Dans les
chambres cohabitent créations design et confort dernier cri. Une réussite.

🏠 **Foch** sans rest 🛗 AK 🛜 🏋
 18 pl. de Verdun – Ω 05 62 93 71 58 – www.hotel-foch.eu Plan : AYZ**e**
 – Fermé vacances de Noël
 29 ch – †62/114 € ††72/114 € – 1 suite – ⊑ 8 €
 En plein centre-ville, établissement bordant une place animée. Chambres simples
et bien insonorisées, plus spacieuses et dotées d'agréables balcons aux deux derniers étages.

X X X **La Renaissance de l'Ambroisie** 🕸 ⟷
 48 r. de l'Abbé-Torné – Ω 05 62 93 09 34 Plan : AY**n**
 – www.restaurant-lambroisie.com – Fermé sam. midi, dim. soir et lundi
 Formule 18 € – Menu 25 € (déj. en semaine), 33/80 € – Carte 70/80 €
 Un ancien presbytère de 1882 au cadre classique, avec une agréable terrasse face
au jardin. Le cadre idéal pour déguster des plats de tradition française, mâtinés de
quelques petites notes japonisantes – un couple nippon régnant sur les cuisines,
mais démontrant un total investissement pour la gastronomie de l'Hexagone !

X **Le Petit Gourmand** 🍴 🕸 AK 🚫
 62 av. B.-Barère – Ω 05 62 34 26 86 – Fermé 2 semaines Plan : AY**b**
⊜ *en août, début janv., sam. midi, dim. soir et lundi*
⚘ Menu 20 € – Carte environ 36 €
 Sur une avenue proche du centre-ville de Tarbes, ce restaurant porte bien son
nom. Derrière les fourneaux, le chef réalise une savoureuse cuisine du marché
avec de beaux produits du terroir. On se régale du début à la fin !

X **Le Fil à la Patte** AK
 30 r. Georges-Lassalle – Ω 05 62 93 39 23 – Fermé 2 semaines Plan : AY**a**
 en août, 25 déc.-1er janv., dim. et lundi
 Formule 16 € – Menu 21/31 € – Carte environ 33 €
 L'atmosphère est conviviale et sans chichis ce restaurant où l'on s'attable
coude à coude autour de plats du marché et de saveurs qui fleurent bon le terroir. Le chef puise son inspiration dans les produits de qualité.

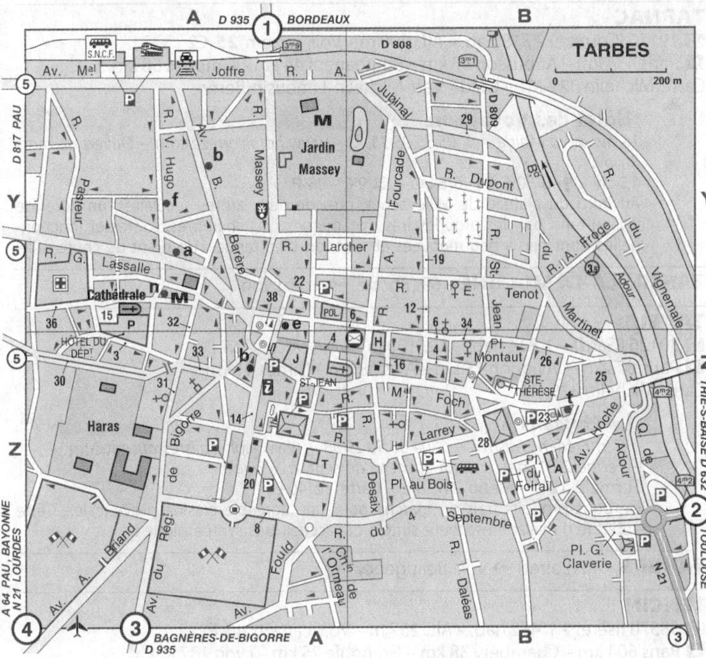

Brauhauban (R.)	ABZ	4	Laporte (R. H.)	BY	19	Péreire (R.)	BY	29
Clemenceau (R. G.)	ABY	6	Larcher (R. J)	ABY		Pradeau (Prom. du)	AZ	30
Cronstadt (R. de)	AZ	8	Leclerc (Allées Gén.)	AZ	20	Pyrénées (R. des)	AZ	31
Deville (R.)	BY	12	Magnoac (R. G.)	AY	22	Ramond (R.)	AYZ	32
Foch (R. Maréchal)	ABZ		Manent (R. G.)	AZ	3	Reffye (Cours)	AZ	33
Fourcade (R. A.)	BY		Marcadieu (Pl.)	BZ	23	St-Frai (R. Marie)	BYZ	34
Gambetta (Cours)	AZ	14	Marne (Av. de la)	BZ	25	Sède (R. de la)	AY	36
Gaulle (Pl. Gén.-de)	AY	15	Michelet (R.)	BZ	26	Verdun (Pl. de)	AYZ	38
Jean-Jaurès (Pl.)	BZ	16	Parmentier (Pl.)	BZ	28			

X **Trait Blanc**

9 r. Victor-Hugo – ✆ 05 62 38 11 87 – Fermé 1er-20 août, dim. soir et lundi Plan : AY**f**

Formule 19 € – Menu 24 € (déj. en semaine), 32/46 € – Carte 63/76 €

Une salle immaculée et tout en longueur : un Trait Blanc original et sympathique, signé par deux jeunes amis d'enfance. Cuisine du marché haute en... couleurs et sans ratures !

X **L'Étoile**

1 av. de la Marne – ✆ 05 62 93 09 30 – Fermé 24 juil.-14 août, mardi soir, merc. soir, dim. et lundi Plan : BZ**t**

Menu 20/38 € – Carte 40/70 €

Quartier animé, intérieur et accueil pleins de simplicité... et pour l'assiette, un chef qui aime mêler saveurs du Sud, herbes et épices. Ce petit restaurant est tenu par un frère et sa sœur – lui aux fourneaux, elle en salle.

rte de Lourdes par Juillan 4 km par ④ sur D 921A – ✉ 65290 Juillan

XXX **L'Aragon** avec ch rest, rest, P

2 ter rte de Lourdes – ✆ 05 62 32 07 07 – www.hotel-aragon.com – Fermé 10-16 août, 2-10 janv. et dim. soir

11 ch – †60 € ††70 € – ☐ 8 € – ½ P

Menu 29 € (semaine), 39/61 € – Carte 52/79 €

Recettes au goût du jour dans une plaisante salle à manger d'esprit zen (murs d'eau, fleurs...) ou sur la terrasse ombragée. Chambres thématiques (rugby, golf, mer, vin, etc.). Au Bistrot : décor actuel et tables simplement dressées.

Bistrot Formule 15 € – Menu 20 € – Carte 24/47 €

TARNAC

✉ 19170 (Corrèze) – 318 hab. – Alt. 700 m – Voir carte n°**25**-C2

▶ Paris 434 km – Aubusson 47 km – Bourganeuf 44 km – Limoges 68 km

Carte Michelin 329-M1 – Guide Vert Michelin Limousin Berry

🏠 Hôtel des Voyageurs   ‖○ 🛜

18 av. de la Mairie – ℰ 05 55 95 53 12 – www.hotelcorreze.com – Ouvert de mars à nov.

15 ch – ♦48/52 € ♦♦56/64 € – ☲ 9 € – ½ P

Au bord du plateau de Millevaches, près de deux arbres séculaires, un hôtel de village tenu par des propriétaires dynamiques : les chambres, sobres et fonction-nelles, sont peu à peu rénovées et sont fort bien tenues. Un point de chute utile.

TASSIN-LA-DEMI-LUNE – 69 (Rhône) ➜ voir Lyon

TAVEL

✉ 30126 (Gard) – 1 834 hab. – Alt. 100 m – Voir carte n°**23**-D2

▶ Paris 673 km – Avignon 15 km – Alès 68 km – Nîmes 41 km

Carte Michelin 339-N4

✗ Le Physalis   🖙 ᴀᴄ

127 r. Frédéric-Mistral – ℰ 04 66 50 29 53 – www.lephysalisrestaurant.com – Fermé 2-31 janv., mardi et merc. de sept. à Pâques

Formule 12 € – Menu 21/28 € – Carte 32/40 €

De bons produits frais du marché pour une agréable cuisine provençale... Cette auberge de village est toute simple et l'accueil très sympathique !

TAVERS – 45 (Loiret) ➜ voir Beaugency

TENCIN

✉ 38570 (Isère) – 1 462 hab. – Alt. 257 m – Voir carte n°**46**-F2

▶ Paris 604 km – Chambéry 38 km – Grenoble 25 km – Lyon 137 km

Carte Michelin 333-I6

✗✗ La Tour des Sens   🖙 🖙 &. ᴀᴄ 🅿

😊 *La Tour, 1 km rte de Theys – ℰ 04 76 04 79 67 – www.latourdessens.fr – Fermé 1 semaine vacances de printemps, 16-31 août, dim., lundi et fériés*

Menu 25 € (déj. en semaine), 31/73 € – Carte 40/75 €

Sur les hauteurs de Tencin, cette Tour saura combler vos cinq sens ! Pour la vue, ce sera la terrasse face au massif de la Chartreuse. Pour le goût, l'odorat et le tou-cher, la cuisine inventive du chef, féru de produits nobles, d'herbes et d'épices. Quant à l'ouïe... convivialité ou mots doux ?

TENDE

✉ 06430 (Alpes-Maritimes) – 2 114 hab. – Alt. 815 m – Voir carte n°**41**-D2

▶ Paris 888 km – Cuneo 47 km – Menton 56 km – Nice 78 km

Carte Michelin 341-G3 – Guide Vert Michelin Côte d'Azur

à St-Dalmas-de-Tende 4 km au Sud par D 6204 – ✉ 06430

🏠 Le Prieuré   ‖○ 🛏 🛜 🔅 🅿

r. J. Médecin – ℰ 04 93 04 75 70 – www.leprieure.org – Fermé 20-28 déc.

24 ch – ♦51/68 € ♦♦60/78 € – ☲ 8,50 € – ½ P

Le hameau est célèbre pour sa gare monumentale bâtie sur les ordres de Musso-lini. Original, cet ancien prieuré est aussi un ESAT, qui œuvre à l'insertion des per-sonnes handicapées par le travail. Chambres simples, préférez les plus récentes ; restaurant traditionnel, avec une agréable terrasse sous la treille.

à Castérino 15 km au Nord-Ouest par D 91 – ✉ 06430

🏠 Chamois d'Or   ‖○ 🛏 ≤ 🛏 🔌 🅿 🚗

Hameau de Castérino – ℰ 04 93 04 66 66 – www.hotelchamoisdor.net – Ouvert mai-oct.

22 ch – ♦90/125 € ♦♦90/125 € – ☲ 13 € – ½ P

Près de la vallée des Merveilles, ce chalet fait face à la montagne et au torrent. Intérieur élégant avec des chambres bien équipées et spacieuses pour certaines ; pour se restaurer, plats italiens et locaux.

✗ **Les Mélèzes** avec ch   ⟲ ⟨ ⅗ ch, **P**
  – *ℰ 04 93 04 95 95 – www.hotelrestaurant-lesmelezes.fr – Fermé 18 nov.-26 déc.,*
mardi et merc. hors saison
10 ch – ½ P seult 70 €   Menu 25/28 € – Carte 35/50 €
Retiré au bout d'une petite route sinueuse – idéal pour aller randonner dans la
vallée des Merveilles ! –, on trouve ce petit chalet au décor montagnard... On y
déguste une bonne cuisine du terroir, à prix doux. L'accueil est charmant et,
pour l'étape, de petites chambres sont à disposition.

TERRASSON-LAVILLEDIEU
✉ 24120 (Dordogne) – 6 261 hab. – Alt. 90 m – Voir carte n°**4-D1**
◨ Paris 497 km – Brive-la-Gaillarde 22 km – Lanouaille 44 km – Périgueux 53 km
Carte Michelin 329-I5 – Guide Vert Michelin Périgord Quercy

✗✗✗ **L'Imaginaire** (Vincent Laval) avec ch   ⟲ ⌂ **AC** ch, ✗ rest, ⟲ **P**
☼ *pl. du Foirail, direction église St-Sour – ℰ 05 53 51 37 27 – www.l-imaginaire.fr*
– Fermé dim. soir, mardi et merc. hors saison et lundi en juil.-août
7 ch – ♦85/175 € ♦♦85/175 € – ⌷ 13 € – ½ P
Formule 36 € – Menu 50/70 € – Carte 64/71 €
Où sont les portes de L'Imaginaire ? À l'entrée de la vallée de la Vézère, dans cet
ancien hospice du 17ᵉ s. et sa salle voûtée en pierre... Le chef, Vincent Laval, signe
une cuisine inspirée et fine ; original et malin : le menu dégustation composé de
plusieurs plats à la carte. Option bistrot "Côté Cour" le midi en semaine.
➔ Foie gras poché au jus de fraise, compotée fraise-rhubarbe. Cubique de ris de
veau laqué au caramel de carotte. Ma tarte au citron meringuée.

TERRAUBE
✉ 32700 (Gers) – 391 hab. – Alt. 150 m – Voir carte n°**28-B2**
◨ Paris 721 km – Agen 48 km – Auch 43 km – Toulouse 114 km
Carte Michelin 336-F6

⌂ **Maison Ardure**   ‖◯ ⟲ ⟨⊒ ⼛ ⊛ ⼫⼚ ⟲ **P**
lieu-dit Ardure, 2 km par D 42 rte de Lectoure – ℰ 05 62 68 59 56
– www.ardure.fr – Ouvert 1ᵉʳ avril-30 sept. , vacances de la Toussaint et
vacances de Noël
5 ch ⌷ – ♦101/111 € ♦♦106/116 €
Superbe manoir gascon du 17ᵉs. entouré d'un joli parc planté d'arbres fruitiers.
Chambres décorées avec goût selon des thèmes régionaux ou voyageurs. Beaux
espaces de détente. Le soir, découvrez à la table d'hôte une cuisine créative inspirée du terroir.

TERTENOZ – 74 (Haute-Savoie) ➔ voir Faverges

TÉTEGHEM – 59 (Nord) ➔ voir Dunkerque

TEYSSODE
✉ 81220 (Tarn) – 383 hab. – Alt. 270 m – Voir carte n°**29-C2**
◨ Paris 699 km – Albi 54 km – Castres 27 km – Toulouse 51 km
Carte Michelin 338-D9

⌂ **Domaine d'En Naudet** sans rest   ⟲ ⟨ ⟨⊒ ⼛ ⼫⼺ ✗ ⅗ ⟲ ⾙ **P**
D 43 – ℰ 05 63 70 50 59 – www.domainenaudet.com – Fermé 1 semaine
en mars et 1 semaine en oct.
5 ch ⌷ – ♦88 € ♦♦98 €
Perchée sur sa colline, cette propriété de caractère domine la campagne environnante... Les chambres distillent charme champêtre et confort, de nombreuses
activités sont proposées pour les enfants, et, au petit-déjeuner, on se régale des
œufs de la ferme... Quiétude bucolique et bel accueil en prime !

THANN
✉ 68800 (Haut-Rhin) – 7 930 hab. – Alt. 343 m – Voir carte n°**1-A3**
◨ Paris 464 km – Belfort 42 km – Colmar 44 km – Épinal 87 km
Carte Michelin 315-G10

Le Parc `10 & 🏊 🛁 🔊 🖐 🅿`

23 r. Kléber – ℰ 03 89 37 37 47 – www.alsacehotel.com
21 ch – †59/149 € ††69/169 € – ⌷ 16 € – ½ P
Dans un parc arboré, une belle maison bourgeoise du 19e s. aux allures de petit palais : salon noble et raffiné ; fresques, statues, lustres italiens ; jolies chambres cossues (toutes différentes) et restaurant classique.

 Aux Sapins `10 & 🔊 🅿`

3 r. Jeanne d'Arc – ℰ 03 89 37 10 96 – www.auxsapinshotel.fr
– Fermé 24 déc.-6 janv.
17 ch – †60/65 € ††60/65 € – ⌷ 9 € – ½ P
Un endroit simple, mais joli et accueillant ! Les chambres sont pimpantes et, en cas de fringale, l'on se restaure d'une cuisine traditionnelle sans chichis, ainsi que de tartes flambées (salle contemporaine et coquet bistrot façon winstub).

THANNENKIRCH

✉ 68590 (Haut-Rhin) – 460 hab. – Alt. 520 m – Voir carte n°**2-C2**
▶ Paris 436 km – Colmar 25 km – St-Dié 40 km – Sélestat 17 km
Carte Michelin 315-H7

 Le Clos des Sources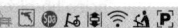

2 rte du Haut Koenigsbourg – ℰ 03 89 73 10 01 – www.leclosdessources.com
– Fermé 6 janv.-25 mars
35 ch – †69/129 € ††69/165 € – ⌷ 12 € – ½ P
Le nom de l'hôtel, quelque peu impersonnel, ne reflète en rien l'esprit chaleureux des lieux. Imaginez du lambris, de beaux tissus : bref, un vrai chalet douillet et tranquille, au pied du massif du Taennchel... Quant à l'espace balnéo, il est superbe. Un vrai coup de cœur !

 Auberge La Meunière `10 & < 🖐 🕴 & 🔊 🅿 🚗`

30 r. Ste-Anne – ℰ 03 89 73 10 47 – www.aubergelameuniere.com – Ouvert 25 mars-22 déc.
25 ch ⌷ – †58/70 € ††82/130 € – ½ P
Une auberge ravissante, avec de jolies chambres offrant de belles échappées sur la campagne. Pour mieux contempler le paysage, préférez celles avec un balcon ! Accueil charmant.

THARON-PLAGE

✉ 44730 (Loire-Atlantique) – Alt. 0 m – Voir carte n°**34-A2**
▶ Paris 437 km – Challans 53 km – Nantes 57 km – St-Nazaire 24 km
Carte Michelin 316-C5

✗ **Le Belem 🅽** `AK`

56 av. de la Convention – ℰ 02 40 64 90 06 – www.restaurantlebelem.fr
– Fermé 26 janv.-13 fév., 23 nov.-11 déc., merc. soir, dim. soir et lundi hors saison
Formule 18 € – Menu 21 € (semaine), 30/69 € – Carte 45/60 €
Une maquette du Belem, célèbre trois-mâts français datant de 1896, trône dans la salle à manger de cet élégant restaurant situé à deux pas de la mer. Comme prévu, les saveurs iodées ont la part belle dans le menu : goujonnettes de sole au romarin, filet de turbot farci de sa mousseline de merlan... Montez à bord !

LE THEIL – 15 (Cantal) ➜ voir Salers

THÉNAC – 17 (Charente-Maritime) ➜ voir Saintes

THENAY

✉ 36800 (Indre) – 888 hab. – Alt. 120 m – Voir carte n°**11-B3**
▶ Paris 299 km – Le Blanc 30 km – Châteauroux 33 km – Limoges 104 km
Carte Michelin 323-E7

✗ **Auberge de Thenay** avec ch   😘 🛜 & ch, ☆ 🤶 ᯤ
23 r. R.-d'Helbingue – 𝒞 02 54 47 99 00 – www.auberge-de-thenay.fr
– Fermé 1ᵉʳ-15 sept., 19 janv.-2 fév., mardi midi, dim. soir et lundi
3 ch – 🛏80 € 🛏🛏90 € – 🍽 10 €
Formule 14 € 🍷 – Menu 30/38 € *(réservation conseillée)*
Une véritable auberge, accueillante et chaleureuse, où l'on se régale notamment
de viandes rôties à la broche. Le propriétaire a vécu en Grande-Bretagne et organise des soirées irlandaises et écossaises (jolie carte de whiskys). Les chambres
sont agréables et originales : leur thème commande celui... du petit-déjeuner !

THÉOULE-SUR-MER

✉ 06590 (Alpes-Maritimes) – 1 538 hab. – Voir carte n°**42-E2**
▶ Paris 895 km – Cannes 11 km – Draguignan 58 km – Nice 42 km
Carte Michelin 341-C6 – Guide Vert Michelin Côte d'Azur

à Miramar 5 km par D 6098 - rte de St-Raphaël – ✉ 06590

🏨🏨 **Tiara Miramar Beach Hotel & Spa** Ⓝ   🍽 ᯤ ← 📶 ⌙ 😘 ♨ ✗
47 av. Miramar – 𝒞 04 93 75 05 05   📶 & 🆔 🛜 🏊 ⌙ P
– www.tiara-hotels.com
55 ch – 🛏180/980 € 🛏🛏180/980 € – 4 suites – 🍽 19 € – ½ P
Au cœur du massif de l'Esterel au creux d'une calanque de roches rouges, les
pieds dans l'eau. Depuis les chambres, parées de couleurs chatoyantes et de touches orientales, on distingue la jolie plage privée, en contrebas... La Méditerranée
(presque) pour soi seul.

🏨🏨 **Tiara Yaktsa**   🍽 ᯤ ← 📶 ⌙ 🔲 & 🆔 🛜 P
6 bd de l'Esquillon – 𝒞 04 92 28 60 30 – www.tiara-hotels.com – Ouvert avril-oct.
20 ch – 🛏150/2300 € 🛏🛏150/2300 € – 1 suite – 🍽 32 € – ½ P
Rest *Tiara Yaktsa* – voir les restaurants ci-après
Accrochée à la falaise, cette demeure abrite des chambres élégantes qui marient
l'Orient et la Méditerranée. Un cadre sublime avec, notamment, une piscine à
débordement bordée de transats et de lits balinais... d'où l'on profite d'une
superbe vue sur le massif de l'Esterel.

✗✗ **Tiara Yaktsa** – Hôtel Tiara Yaktsa   ← 📶 🛜 & 🆔 🤶 ⌙ P
6 bd de l'Esquillon – 𝒞 04 92 28 60 30 – www.tiara-hotels.com – Ouvert avril-oct.
Menu 85 € – Carte 55/70 €
Imaginez des produits familiers de nos contrées – veau, foie gras, volaille – sublimés par des saveurs d'ailleurs – gingembre, wasabi vodka... Voilà le détonant
cocktail qui vous attend ici ! Le résultat, très séduisant, doit beaucoup à la qualité
des ingrédients et à la maîtrise des différents types de cuisson.

✗✗ **Jilali B**   ← 🛜 🆔 ⇔ P
16 av. du Trayas – 𝒞 04 93 75 19 03 – www.jilalib.com – Fermé de mi-nov. à
fin janv., mardi sauf le soir de juin à août et lundi
Formule 29 € – Menu 39/130 € 🍷 – Carte 50/75 €
Face à la mer, avec une grande terrasse verdoyante et très méditerranéenne. De
bien jolis poissons issus de la pêche locale s'invitent à la carte, cuisinés sans chichis et avec beaucoup de fraîcheur – une simplicité appréciable dans la région.

THÉRONDELS

✉ 12600 (Aveyron) – 427 hab. – Alt. 965 m – Voir carte n°**29-D1**
▶ Paris 561 km – Aurillac 44 km – Chaudes-Aigues 48 km – Murat 43 km
Carte Michelin 338-I1

🏠 **Miquel**   🍽 📶 ⌙ 🛜 P
le bourg – 𝒞 05 65 66 02 72 – www.hotel-miquel.com – Fermé sam. et dim.
du 1ᵉʳ avril au 30 sept.
17 ch – 🛏65/80 € 🛏🛏65/80 € – 🍽 8 €
Au cœur du village, sur la place bordée de tilleuls, une bâtisse régionale avec des
chambres reposantes et confortables, dans un esprit assez nature (lambris peints,
tons doux) ; certaines donnent sur le jardin et la piscine.

THIERS

✉ 63300 (Puy-de-Dôme) – 11 232 hab. – Alt. 420 m – Voir carte n°**6**-C2
▶ Paris 388 km – Clermont-Ferrand 43 km – Lyon 133 km – St-Étienne 108 km
Carte Michelin 326-I7 – Guide Vert Michelin Auvergne

à Pont-de-Dore Sud-Ouest 6 km par D 2089 – ✉ 63920

🏠 **Eliotel**   🍴 🛏 & 🛜 **P**
*rte de Maringues – 𝒞 04 73 80 10 14 – www.eliotel.fr – Fermé 3-17 août et
20 déc.-14 janv.*
15 ch – †62/88 € ††62/88 € – ⌑ 9 € – ½ P
Voyez la vie en rose ! À l'image de la façade de cet hôtel-restaurant où les chambres sont spacieuses et bien tenues (préférez les plus récentes). Côté restaurant,
le chef mitonne recettes auvergnates et... spécialités bretonnes.

LE THILLOT

✉ 88160 (Vosges) – 3 618 hab. – Alt. 495 m – Voir carte n°**27**-C3
▶ Paris 434 km – Belfort 46 km – Colmar 72 km – Épinal 49 km
Carte Michelin 314-I5 – Guide Vert Michelin Alsace Lorraine

au Ménil 3,5 km au Nord-Est par D 486 – ✉ 88160 – 1 140 hab. – Alt. 524 m

🏠 **Les Sapins**   🍴 🛏 & 🛜 **P**
*60 Gde-Rue – 𝒞 03 29 25 02 46 – www.hotel-les-sapins.fr – Fermé
29 juin-10 juil., 16 nov.-7 déc., dim. soir et lundi midi*
22 ch – †57/82 € ††57/82 € – ⌑ 10 € – ½ P
Rest *Les Sapins* – voir les restaurants ci-après
Il n'est pas rare de surprendre la propriétaire en train de mettre ses confitures en
pot : sa boutique artisanale remporte un vif succès ! Accueil souriant, chambres
spacieuses et joliment décorées, bonne literie... une adresse sucrée.

🍴🍴 **Les Sapins**   🛏 🍴 & **P**
*60 Gde-Rue – 𝒞 03 29 25 02 46 – www.hotel-les-sapins.fr – Fermé
29 juin-10 juil., 16 nov.-7 déc., dim. soir et lundi midi*
Formule 14 € – Menu 24/49 € – Carte 38/58 €
Plantes vertes, tons clairs et de grandes baies vitrées : un cadre lumineux et assez
nature, parfait pour découvrir une bonne cuisine du marché – risotto à l'encre de
seiche, asperges vertes et crevettes sautées – où la truite occupe une place à
part (vapeur, meunière, en écailles de pomme de terre, etc.). Alléchant !

THIONNE

✉ 03220 (Allier) – 327 hab. – Alt. 275 m – Voir carte n°**6**-C1
▶ Paris 333 km – Clermont-Ferrand 101 km – Moulins 36 km – Nevers 89 km
Carte Michelin 326-I4

🏠 **La Maison du Lac**   🍴 🛏 🍴 & 🛜 **P**
*Les Clayeux, 4 km au Nord par D 161, rte de Chapeau – 𝒞 04 70 34 74 23
– www.hotel-maisondulac.com – Fermé 23 déc.-13 fév. et dim.*
7 ch – †72/77 € ††72/77 € – ⌑ 8 €
Du calme et de la verdure en cette bien nommée Maison du Lac, une jolie bâtisse
aux allures de fermette. Chambres sobres, fonctionnelles et lumineuses. Au restaurant, le patron concocte une sympathique cuisine traditionnelle... Agréable terrasse face à l'étang.

THIONVILLE

✉ 57100 (Moselle) – 40 951 hab. – Agglo. 131 746 hab. – Alt. 155 m
– Voir carte n°**26**-B1
▶ Paris 339 km – Luxembourg 32 km – Metz 30 km – Nancy 84 km
Carte Michelin 307-I2

🏠 **Kyriad Prestige** sans rest   📶 & 🎬 🛜 🧖
9 allée Raymond-Poincaré – 𝒞 03 82 50 34 67   Plan : CZ**t**
– www.kyriad-prestige-thionville.com
60 ch – †60/130 € ††60/130 € – ⌑ 14 €
En plein centre-ville, un hôtel récent qui propose des chambres contemporaines
et fonctionnelles (couettes, grandes douches), ainsi que deux salles de réunion,
dont une avec terrasse panoramique. Et le parking public est juste en bas !

THIONVILLE

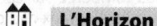

🏠 **Hôtel des Oliviers** sans rest   ⚒ 🛜 🛗

1 r. du Four-Banal – ☏ 03 82 53 70 27   Plan : DY**n**
– www.hoteldesoliviers.com – Fermé 23 déc.-2 janv.
26 ch – †49/66 € ††49/66 € – ☲ 9 €

Un petit hôtel familial dans une rue piétonne du centre, à quelques minutes de la
gare et des commerces. L'accueil est charmant et les chambres sont d'une tenue
irréprochable. L'été, on prend le petit-déjeuner en terrasse.

🍴🍴🍴 **Aux Poulbots Gourmets**   🕏 🍽

9 pl. aux Fleurs – ☏ 03 82 88 10 91   Plan : AV**p**
– www.poulbotsgourmets.com – Fermé 6-13 avril, 27 juil.-17 août, 1er-15 janv.,
sam. midi, dim. soir, merc. soir et lundi
Menu 48/69 € – Carte 54/73 €

On connaissait les poulbots de Montmartre, il faut désormais compter avec ceux
de Thionville, tant la réputation de cette table d'inspiration classique n'est plus à
faire ! De grandes baies vitrées, des chaises Lloyd Loom et des lustres modernes
participent au charme contemporain du lieu.

au Crève-Coeur – ✉ 57100

🏨 **L'Horizon**   🍽 🕏 ← 🛜 🛗 🅿

50 rte du Crève-Coeur – ☏ 03 82 88 53 65 – www.lhorizon.fr   Plan : AV**e**
– Fermé 20 déc.-20 janv. et dim. soir de nov. à mars
13 ch – †78/110 € ††98/150 € – ☲ 12 € – ½ P

On aime le classicisme de cette belle demeure tapissée de vigne vierge, son jardin fleuri et sa terrasse ombragée sur les hauteurs de Thionville. Une ambiance
feutrée que l'on retrouve dans les chambres, au cachet rétro, ainsi qu'au bar et
au restaurant.

THIONVILLE

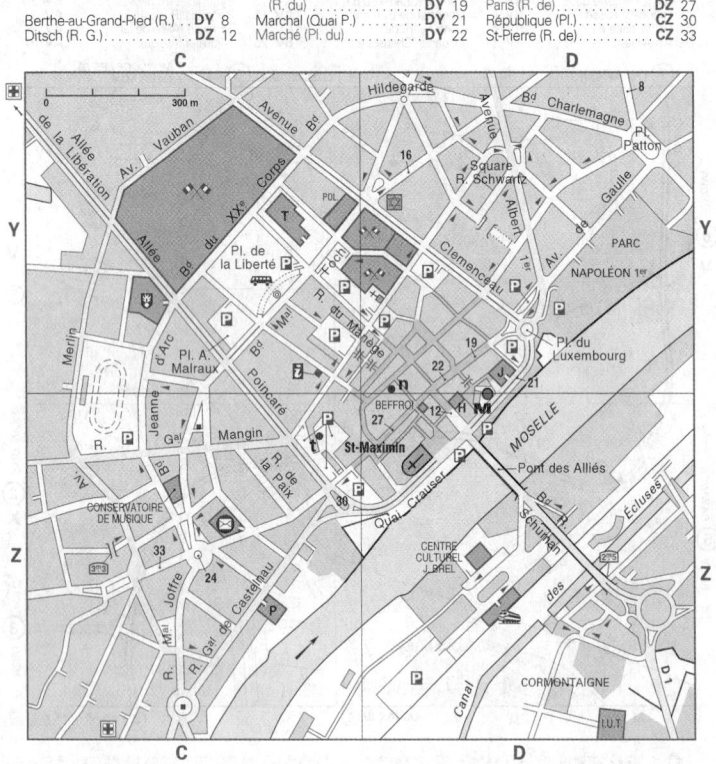

Auberge du Crève-Cœur

☆☆ ⟨ 🏠 ৬ ✿ 🅿️

9 Le Crève-Coeur – ☎ 03 82 88 50 52 — Plan : AV**b**
– www.aubergeducrevecoeur.com – Fermé dim. soir, lundi soir et merc.
Menu 30/54 € – Carte 41/64 €

Il y a fort à parier que vous ne ressortirez pas le cœur brisé de cette auberge familiale. Bacchus préside à la décoration (tonneaux fixés au mur, pressoir) et la cuisine du terroir se fait généreuse : pâté d'oie à la mode lorraine, lapin à la moutarde... Que l'on peut déguster en terrasse, en admirant la vue sur Thionville !

à Manom 4 km au Nord-Est – ⊠ 57100 – 2 618 hab. – Alt. 153 m

Les Étangs

☆☆ 🐟 🏠 ৬ 🛎 ✿ 🅿️

rte de Garche – ☎ 03 82 53 26 92 — Plan : BV**5**
– www.restaurantlesetangs.com – Fermé dim. soir, lundi et merc.
Menu 30 € (déj. en semaine), 38/65 € – Carte 53/67 €

À la sortie de Manom, prenez donc la route de Garche, vous tomberez sur cette bâtisse des années 1970, sa terrasse au bord de l'eau, sa salle aux faux-airs de club-house de golf. La cuisine, soignée et précise, explore les nouvelles tendances à travers des préparations fines et très goûteuses. Étang mieux !

THIRON-GARDAIS

⊠ 28480 (Eure-et-Loir) – 1 084 hab. – Alt. 237 m – Voir carte n°**11-B1**
◘ Paris 148 km – Chartres 48 km – Lucé 46 km – Orléans 95 km
Carte Michelin 311-C6 – Guide Vert Michelin Normandie Vallée de la Seine

X **La Forge**

1 r. Alfred Chasseriaud – ℰ 02 37 49 42 30 – www.a-la-forge.com – Fermé lundi et le soir sauf vend. et sam.
Formule 13 € – Menu 24/32 € – Carte 36/54 €
Les habitués ne s'y trompent pas : on se régale à prix doux dans cette ancienne forge... très chaleureuse. Le décor est coquet dans sa simplicité, pendant agréable d'une cuisine généreuse. À noter : une délicieuse tarte aux quetsches.

THIVIERS

✉ 24800 (Dordogne) – 3 113 hab. – Alt. 273 m – Voir carte n°**4**-C1
▶ Paris 449 km – Brive-la-Gaillarde 81 km – Limoges 62 km – Périgueux 34 km
Carte Michelin 329-G3 – Guide Vert Michelin Périgord Quercy

🏠 **Hôtel de France et de Russie** sans rest

51 r. du Gén.-Lamy – ℰ 05 53 55 17 80 – www.thiviers-hotel.com
12 ch – †62/82 € ††62/95 € – ⏛ 8 €
Le foie gras de Thiviers faisait jadis la joie des tsars... Aujourd'hui, on cultive ce souvenir dans cette jolie maison où flotte comme un parfum d'antan. Les chambres y sont bien tenues. Accueil pour les pèlerins en route vers St-Jacques-de-Compostelle. Une adresse à la croisée des chemins et de l'histoire.

THIZY

✉ 69240 (Rhône) – 6 373 hab. – Alt. 553 m – Voir carte n°**44**-A1
▶ Paris 414 km – Lyon 65 km – Montbrison 74 km – Roanne 22 km
Carte Michelin 327-E3

🏨 **La Terrasse**

*Le bourg Marnand, 2 km au Nord-Est par D 94 – ℰ 04 74 64 19 22
– www.laterrasse-marnand.com – Fermé vacances de la Toussaint, de fév. et dim. soir*
10 ch – †53 € ††64 € – ⏛ 7 € – ½ P
Une ancienne usine textile dans un village perché, cela donne parfois un bien agréable hôtel, avec de jolies chambres décorées – et parfumées – sur le thème des plantes aromatiques et ouvertes sur le jardin. Frais, coloré et chaleureux !

THOIRAS – 30 (Gard) → voir Anduze

THOIRY

✉ 01710 (Ain) – 5 461 hab. – Alt. 500 m – Voir carte n°**45**-C1
▶ Paris 523 km – Bellegarde-sur-Valserine 27 km – Bourg-en-Bresse 99 km – Gex 13 km
Carte Michelin 328-I3

🏨 **Holiday Inn**

67 av. du Mont-Blanc – ℰ 04 50 99 19 99 – www.holiday-inn.com/thoiryfrance
93 ch – †95/350 € ††95/350 € – 2 suites – ⏛ 17 €
Jouxtant la frontière suisse et l'aéroport de Genève, cet hôtel de chaîne dispose de chambres spacieuses et confortables. Préférez celles plus calmes, et avec vue sur le Jura, sur l'arrière. Une bonne étape pour la clientèle d'affaires.

XXX **Les Cépages** (Jean-Pierre Delesderrier)

465 r. Briand-Stresemann – ℰ 04 50 20 83 85 – www.lescepages.com – Fermé 2 semaines en oct., 1 semaine en janv., dim. soir, lundi et mardi
Menu 39 € (déj. en semaine), 59/139 € – Carte 92/134 € *(réservation conseillée)*
Dans cette maison bourgeoise des années 1830, le chef élabore une cuisine de facture classique, en accord avec des crus choisis – 1 200 références en cave ! Un conseil : ne manquez pas la formule incluant trois verres de vin. Enfin, reste le cadre élégant et le service tout sourire.
→ Homard aux arômes d'Asie. Poularde fermière et escargots du pays. La palette des desserts du moment.

LE THOLONET – 13 → voir Aix-en-Provence

THONES

✉ 74230 (Haute-Savoie) – 5 968 hab. – Alt. 650 m – Voir carte n°**46-F1**
◗ Paris 560 km – Annecy 21 km – Genève 59 km – Lyon 171 km
Carte Michelin 328-K5 – Guide Vert Michelin Alpes du Nord

⌂   **Le Clos Zénon**   ⏚ ⌂ ⪪ ⇦ ▣ & ⌖ 🛜 🅿

*4 rte de Bellossier – ℰ 04 50 02 10 86 – www.thones-chalet-gite.com
– Ouvert fin avril-début déc.*
5 ch ⊑ – ♦60/65 € ♦♦78/105 €
Une bonne adresse pour les amoureux de la nature ! Dans ce chalet récent au milieu d'un joli jardin avec piscine, les chambres sont douillettes et l'accueil chaleureux... Côté gourmandises : confitures maison au petit-déjeuner et table d'hôte d'inspiration régionale dans un décor savoyard (sur réservation).

THONON-LES-BAINS

✉ 74200 (Haute-Savoie) – 33 928 hab. – Alt. 431 m – Voir carte n°**46-F1**
◗ Paris 568 km – Annecy 75 km – Chamonix-Mont-Blanc 99 km – Genève 34 km
Carte Michelin 328-L2 – Guide Vert Michelin Alpes du Nord

🏨   **Savoie Léman**   ⏚ ⪪ 🛏 & 🛜 ⚲ 🅿

40 bd Carnot – ℰ 04 50 81 13 50 – www.hotel-savoieleman.eu   Plan : AY**a**
– Fermé vacances scolaires, sam. et dim.
30 ch – ♦65/90 € ♦♦80/90 € – 2 suites – ⊑ 9 €
Rest *Savoie Léman* – voir les restaurants ci-après
Cet hôtel d'application de l'École hôtelière de Thonon a beau être né en 1935, il n'a pas pris une ride. Les chambres y sont spacieuses, confortables et bien équipées ; préférez celles côté Léman. À conseiller aux amateurs d'institutions locales !

🏨   **Arc en Ciel** *sans rest*   ⇦ ⌧ ⼘ 🛜 ⚲ 🅿 🚗

18 pl. de Crête – ℰ 04 50 71 90 63   Plan : BZ**k**
– www.hotelarcencielthonon.com – Fermé 21 déc.-6 janv.
37 ch – ♦64/87 € ♦♦68/87 € – ⊑ 9 €
Près du centre-ville, cet établissement propose des chambres fonctionnelles, spacieuses et bien équipées (kitchenette pour certaines) ; toutes disposent d'un balcon ou d'une terrasse. Pour l'agrément, il y a même une petite piscine dans le jardinet.

🏠   **À l'Ombre des Marronniers**   ⏚ ⇦ 🛜 🅿

17 pl. de la Crête – ℰ 04 50 71 26 18   Plan : BZ**t**
– www.hotellesmarronniers.com – Fermé 26 avril-6 mai et 20 déc.-5 janv.
16 ch – ♦54/67 € ♦♦59/68 € – ⊑ 8 € – ½ P
Un hôtel des années 1960 aux airs de chalet, avec des chambres un peu désuètes mais propres, fonctionnelles et bon marché. Au restaurant, cuisine traditionnelle et spécialités montagnardes.

❅❅❅   **Le Prieuré** (Charles Plumex)   ✧
💮   *68 Grande-Rue – ℰ 04 50 71 31 89*   Plan : AY**f**
– www.plumex-le-prieure.com – Fermé 20 avril-6 mai, 2-18 nov., dim. soir, lundi et mardi
Menu 45 € 𝒴 (déj. en semaine), 65/85 € – Carte 80/100 €
Le chef, travailleur passionné, réalise une bonne cuisine du moment, et met un point d'honneur à choisir ses produits avec beaucoup d'attention. Son Prieuré est resté fidèle à lui-même, cossu et feutré : un véritable havre de paix pour les gourmands.
→ Foie gras en fausse poire, masqué de pistaches. Carré d'agneau, crème de panais et jus court. Soufflé chaud à l'eau-de-vie de framboises, cœur coulant au chocolat.

❅❅   **Raphaël Vionnet** 🆕   ❀ ⪪ ⇦ &

43 av. du Gén. Leclerc – ℰ 04 50 72 24 61   Plan : AY**b**
– www.raphaelvionnet.fr – fermé janv., 12 nov.-1ᵉʳ déc., lundi sauf juil.-août et mardi d'oct. à avril
Formule 30 € – Menu 49/105 € 𝒴 – Carte 78/93 €
À quelques mètres du port de Thonon, ce restaurant moderne offre une belle vue sur le Léman. Raphaël Vionnet, le chef, donne le meilleur de lui-même à chaque service : "tout-tomate" aux senteurs de verveine, filet de féra cuit à blanc aux girolles... Une cuisine qui ne manque pas de suite dans les idées.

THONON-LES-BAINS

✗✗ **Savoie Léman** – Hôtel Savoie Léman   🚻 **P**

40 bd Carnot – ℰ *04 50 81 13 50* – *www.hotel-savoieleman.eu*   Plan : AY**n**
– *Fermé vacances scolaires, sam. soir et dim.*
Menu 20 € (déj. en semaine)/32 € – Carte 20/40 €
Omble du Léman, selle d'agneau rôtie... Une agréable cuisine traditionnelle à déguster dans un cadre cossu, à moins que vous ne préfériez les spécialités de la brasserie dans un décor au diapason. Le tout pour un seul et même restaurant, celui de l'École hôtelière de Thonon, centenaire en 2012.

✗✗ **Les Alpes du Léman**

3 bis r. des Italiens – ℰ *04 50 26 51 24*   Plan : AZ**a**
– *Fermé 14 juil.-14 août, mardi soir en été, dim. soir et merc.*
Formule 21 € – Menu 30/67 € – Carte 48/57 € *(réservation conseillée)*
Un restaurant sobre et contemporain dans une rue commerçante de la station thermale. On y savoure une cuisine du marché soignée, concoctée avec de beaux produits et des poissons du lac au top de leur fraîcheur !

à Anthy-sur-Léman 6 km par ④ et D 33 – ⊠ 74200 – 1 953 hab. – Alt. 400 m

🏠 **L'Auberge d'Anthy** 🕙〇 ⑤ 🖨 🖩 🕹 🛜 🕍

2 r. des Écoles – ℰ 04 50 70 35 00 – www.auberge-anthy.com
13 ch – ♦61/80 € ♦♦75/98 € – � 9 € – ½ P
Rest *L'Auberge d'Anthy* – voir les restaurants ci-après
"Ici, on mange, on boit et on dort !" Telle est la devise de cette sympathique
auberge de village refusant tout superflu : petites chambres sobres, bistrot campagnard et restaurant du terroir. Le plaisir est complet, en toute simplicité.

✗ **L'Auberge d'Anthy** 🖨 🕢 🕹 🕅

*2 r. des Écoles – ℰ 04 50 70 35 00 – www.auberge-anthy.com – Fermé 2
semaines en avril, 29 sept.-13 oct., dim. soir et lundi sauf juil.-août*
Menu 19 € (déj. en semaine), 32/44 € – Carte 30/60 €
Ce petit hôtel-restaurant-café traditionnel mise tout sur des joies simples !
L'adresse est idéale pour apprécier le poisson du lac Léman (féra et omble), fourni
par des pêcheurs locaux. Et le chef aime aussi mettre en valeur les charcuteries et
fromages du terroir chablaisien.

aux Cinq Chemins 7 km par ④ – ⊠ 74200

🏨 **Denarié** 🕙〇 🖨 🖩 🖩 🕅 🛜 🕍 🅿

*25 r. de Séchex – ℰ 04 50 72 63 45 – www.hotel-denarie.fr
– Fermé 9-23 juin, 22 déc.-20 janv. et dim. soir sauf juil.-août*
14 ch – ♦86/115 € ♦♦86/170 € – ⊆ 10 € – ½ P
Près de la route mais néanmoins au calme, cet hôtel-restaurant distille un charme
savoyard simple et chaleureux. Les chambres sont décorées avec goût et l'on
peut se restaurer d'une cuisine régionale copieuse.

au Port-de-Séchex 7 km par ④ – ⊠ 74200

✗✗ **Le Clos du Lac** avec ch ⑤ 🕢 🕹 rest, 🕅 ch, 🛜 🅿

*2 rte des Meules, (Port de Séchex) – ℰ 04 50 72 48 81
– www.restaurant-leclosdulac.com – Fermé 1 semaine en juil., vacances de la
Toussaint, 3 semaines en janv., mardi sauf le soir en juil.-août, dim. soir et lundi*
3 ch – ♦73 € ♦♦73 € – ⊆ 12 € Formule 24 € – Menu 32/64 € – Carte 52/77 €
Dans cette vieille ferme restaurée, on a certes conservé les mangeoires en pierre,
mais tout est feutré et élégant. Le chef réalise une cuisine soignée et bien sentie,
mettant en avant ses trouvailles du marché et les beaux produits régionaux.
Quant aux chambres, récemment rénovées dans un style contemporain, elles
sont bien agréables.

à Bonnatrait 9 km par ④ – ⊠ 74140

✗✗✗ **Château de Coudrée** 🖨 🕢 ⇔ 🅿

*– ℰ 04 50 72 62 33 – www.coudree.fr – Fermé nov., merc. sauf le soir en saison et
mardi*
Formule 29 € 🍷 – Menu 42/88 € – Carte 64/91 €
Boiseries, tapisseries et splendeurs médiévales : voilà pour le décor de la salle et...
pour le passé. Car l'assiette, d'une belle finesse, est bien de notre temps ! Légumes bio du potager, poissons du lac et saveurs sont ici au rendez-vous. L'été, on
profite de la grande terrasse.

LE THOR

⊠ 84250 (Vaucluse) – 8 396 hab. – Alt. 50 m – Voir carte n°**42-E1**
🖪 Paris 696 km – Arles 84 km – Avignon 21 km – Marseille 89 km
Carte Michelin 332-C10 – Guide Vert Michelin Provence

🏠 **La Bastide Rose** 🕙〇 ⑤ 🖨 🖩 🕹 🕅 🛜 🅿

*99 chemin des Croupières – ℰ 04 90 02 14 33 – www.bastiderose.com
– Fermé de mi-janv. à mi-mars*
5 ch – ♦150/230 € ♦♦150/230 € – 2 suites – ⊆ 22 € – ½ P
Non loin d'Avignon, cette belle bastide est un vrai lieu culturel – musée à la
mémoire du journaliste Pierre Salinger, expos – avec le charme d'une maison de
famille : élégance, confort, vue sur le parc. Bien davantage qu'un simple hôtel !

THORÉ-LA-ROCHETTE

✉ 41100 (Loir-et-Cher) – 883 hab. – Alt. 75 m – Voir carte n°**11**-B2
◪ Paris 176 km – Blois 42 km – La Flèche 94 km – Le Mans 72 km
Carte Michelin 318-C5 – Guide Vert Michelin Châteaux de la Loire

✗ **Restaurant du Pont**
*15 r. du Mar.-de-Rochambeau – 𝒞 02 54 72 80 62 – http://
laurentcoucaud.wix.com/hoteldupont – Fermé 16 août-3 sept., 18 janv.-12 fév.,
mardi soir, dim. soir et lundi*
Menu 23/55 € – Carte 41/59 €
Sur le trajet du train touristique de la vallée du Loir, arrêtez-vous dans ce coquet
petit restaurant. On y déguste une appétissante cuisine traditionnelle où le terroir a la part belle. Mais gare ensuite à ne pas manquer le départ !

THORIGNÉ-SUR-DUÉ

✉ 72160 (Sarthe) – 1 622 hab. – Alt. 82 m – Voir carte n°**35**-D1
◪ Paris 178 km – Châteaudun 80 km – Mamers 44 km – Le Mans 30 km
Carte Michelin 310-M6

🏠 **Le Saint-Jacques**
*pl. du Monument – 𝒞 02 43 89 95 50 – www.hotel-sarthe.fr – Fermé 2 semaines
en août et 1 semaine en nov.*
15 ch – ♦56/80 € ♦♦65/90 € – ⌑ 10 € – ½ P
Rest *Le Saint-Jacques* – voir les restaurants ci-après
À l'entrée du village, cet hôtel-restaurant dispose de chambres simples et bien
tenues ; le grand jardin à l'arrière est agréable. Une sympathique petite étape !

✗✗ **Le Saint-Jacques**
*pl. du Monument – 𝒞 02 43 89 95 50 – www.hotel-sarthe.fr – Fermé 2 semaines
en août, 1 semaine en nov., dim. soir, mardi midi et lundi*
Formule 16 € – Menu 23/65 € ▾
Un jeune couple fait souffler un vent de fraîcheur sur ce restaurant classique :
nappes blanches et tables bien dressées côtoient des touches actuelles dans la
décoration. Le jeune chef est passionné et cela se sent : sa cuisine est rythmée
par les saisons et privilégie les produits du terroir local.

LE THORONET

✉ 83340 (Var) – 2 341 hab. – Alt. 120 m – Voir carte n°**41**-C3
◪ Paris 831 km – Brignoles 24 km – Draguignan 21 km – St-Raphaël 51 km
Carte Michelin 340-M5

🏠 **Hostellerie de l'Abbaye**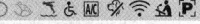
*r. Claudius Camail – 𝒞 04 94 73 88 81 – www.hotel-thoronet.com
– Fermé 1ᵉʳ janv.-1ᵉʳ fév.*
23 ch – ♦67/95 € ♦♦67/95 € – ⌑ 10 € – ½ P
Pour une étape à quelques kilomètres de la magnifique abbaye cistercienne du
Thoronet (12ᵉ-13ᵉ s.), une grande bâtisse d'esprit méridional, aux chambres
sobres et bien tenues, avec une piscine où il fait bon se rafraîchir. Recettes provençales au restaurant.

THOUARCÉ

✉ 49380 (Maine-et-Loire) – 1 863 hab. – Alt. 35 m – Voir carte n°**35**-C2
◪ Paris 318 km – Angers 29 km – Cholet 43 km – Saumur 38 km
Carte Michelin 317-G5

✗✗ **Le Relais de Bonnezeaux**
🐌 *2 km par rte d'Angers (D 24) – 𝒞 02 41 54 08 33
– www.lerelaisdebonnezeaux-49.com – Fermé le soir sauf vend. et sam.*
Formule 12 € – Menu 15 € (déj. en semaine), 38/60 €
En plein cœur du vignoble de Bonnezeaux, ce restaurant a été aménagé dans
une ancienne... gare de campagne. Original ! Le chef utilise de bons produits
pour créer une cuisine au goût du jour autour de menus de saison (pas de carte) ;
les cuissons sont justes, et les saveurs au rendez-vous.

THOUARS

✉ 79100 (Deux-Sèvres) – 9 622 hab. – Alt. 102 m – Voir carte n°**38**-B1
◨ Paris 336 km – Angers 71 km – Bressuire 31 km – Châtellerault 72 km
Carte Michelin 322-E3 – Guide Vert Michelin Poitou-Charentes

🏠 Hôtellerie St-Jean   ⅼ○ ≤ 🅰🅲 📶 🕭 🅿

25 rte de Parthenay – ✆ 05 49 96 12 60 – www.hotellerie-st-jean.com
– Fermé lundi en juil.-août et dim. soir
18 ch – ♦55 € ♦♦55/96 € – 교 8 € – ½ P
Rest *Hôtellerie St-Jean* ⊛ – voir les restaurants ci-après

Cette bâtisse des années 1970 n'a rien de remarquable, mais elle offre une jolie vue sur la vieille ville. Les chambres, fonctionnelles et impeccablement tenues, sont aussi plus calmes sur l'arrière.

✕✕ Hôtellerie St-Jean   ≤ 🏠 ఉ 🅰🅲 🅿
⊛
🟡   *25 rte de Parthenay – ✆ 05 49 96 12 60 – www.hotellerie-st-jean.com*
     – Fermé lundi en juil.-août et dim. soir
     Formule 16 € – Menu 19 € (semaine), 27/37 € – Carte 44/60 €

Comment imaginer que cet hôtel traditionnel cache une table très gourmande ? Le mérite en revient au chef, homme passionné, soucieux de dénicher les meilleurs produits et de les cuisiner avec soin. Son père cultive un grand potager dans les environs et lui fournit fruits et légumes. Excellent rapport tradition-prix !

à Ste-Verge 4 km au nord – ✉ 79100 – 1 421 hab. – Alt. 65 m

✕✕ Le Logis de Pompois   ఉఉ 🏠 ఉ ✿ 🅿

13 r. de la Gosselinière – ✆ 05 49 96 27 84 – www.logis-de-pompois.com – Fermé de fin juil. à début août, de fin déc. à mi-janv., dim. soir, lundi soir et mardi soir
Formule 30 € – Menu 30/50 €

Prenant ses aises dans l'ancien chai d'un élégant domaine viticole des 18ᵉ-19ᵉ s., le restaurant est associé à un centre d'aide par le travail. On joint donc l'utile à l'agréable en dégustant une cuisine d'aujourd'hui, accompagnée d'un beau choix de vins du Val de Loire.

THOURON

✉ 87140 (Haute-Vienne) – 513 hab. – Alt. 374 m – Voir carte n°**24**-B1
◨ Paris 380 km – Bellac 23 km – Guéret 79 km – Limoges 28 km
Carte Michelin 325-E5

🏠 La Pomme de Pin   ⅼ○ ⑂ 🍴 ⅏ 🅿

Étang de Tricherie, 2,5 km au Nord-Est par D 225 – ✆ 05 55 53 43 43 – Fermé 1ᵉʳ-25 sept., 25 janv.-12 fév., mardi midi et lundi
6 ch – ♦59/79 € ♦♦59/79 € – 교 7 € – ½ P

Champêtre et rustique à souhait ! Au bord d'un étang où l'on peut pêcher la carpe, cet ancien moulin en pierre est avenant... Les chambres sont chaleureuses et bien tenues, et l'on peut se restaurer de plats du terroir et de grillades.

THUIR

✉ 66300 (Pyrénées-Orientales) – 7 248 hab. – Alt. 99 m – Voir carte n°**22**-B3
◨ Paris 897 km – Figueres 56 km – Montpellier 168 km – Perpignan 16 km
Carte Michelin 344-H7

✕✕ Le Patio Catalan   🏠 ఉ ⅏
⊛
🟡   *4 pl. du Gén.-de-Gaulle – ✆ 04 68 53 57 28 – Fermé vacances de la Toussaint, 22 déc.-14 janv., merc. et jeudi*
     Menu 15 € (déj. en semaine), 24/43 € – Carte 25/50 €

De la tradition, de la simplicité, des produits bien choisis : voilà la recette du chef. Les habitués ont investi ce charmant restaurant rustique (juste en face des caves Byrrh et leurs énormes cuves) et ne le quittent plus !

THURY

✉ 21340 (Côte-d'Or) – 294 hab. – Alt. 382 m – Voir carte n°**8**-C2
◨ Paris 303 km – Autun 25 km – Avallon 80 km – Beaune 33 km
Carte Michelin 320-H7

Manoir Bonpassage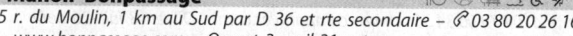

5 r. du Moulin, 1 km au Sud par D 36 et rte secondaire – $\mathcal{C}$ 03 80 20 26 16
– www.bonpassage.com – Ouvert 3 avril-31 oct.
9 ch – †62/85 € ††62/85 € – ⌧ 10 €
Une ferme en pleine campagne tenue par un couple hollandais très accueillant.
De vrais airs de maison d'hôtes (dîner sans chichis pour les résidents), une jolie
piscine et des chambres d'une tenue parfaite... Sympathique !

THURY-HARCOURT

✉ 14220 (Calvados) – 2 032 hab. – Alt. 45 m – Voir carte n°**32**-B2
🚪 Paris 257 km – Caen 28 km – Condé-sur-Noireau 20 km – Falaise 27 km
Carte Michelin 303-J6 – Guide Vert Michelin Normandie Cotentin

XX **Le Relais de la Poste** avec ch 🎽 🛜 **P**

 7 r. de Caen – $\mathcal{C}$ 02 31 79 72 12 – www.hotel-relaisdelaposte.com
10 ch – †65/100 € ††65/120 € – ⌧ 11 € – ½ P
Menu 18/39 € – Carte 26/51 €
Au cœur de la Suisse normande, cet ancien relais de poste transformé en restaurant fait tout de suite bonne impression avec sa cour intérieure, sa salle donnant
sur le jardin, etc. On y déguste de bonnes recettes traditionnelles, et l'on y trouve
même quelques chambres pour prolonger l'étape.

TIERCÉ

✉ 49125 (Maine-et-Loire) – 4 232 hab. – Alt. 30 m – Voir carte n°**35**-C2
🚪 Paris 278 km – Angers 22 km – Château-Gontier 34 km – La Flèche 34 km
Carte Michelin 317-G3

XX **La Table d'Anjou** 🎽 **AC**

16 r. d'Anjou – $\mathcal{C}$ 02 41 87 99 63 – www.latabledanjou.com
– Fermé 24 août-8 sept., 5-20 janv., dim. soir, mardi soir et merc.
Formule 17 € – Menu 29 € (semaine), 39/59 € – Carte 45/75 €
Une table d'une douceur tout angevine, reprise par un jeune couple de professionnels de retour dans la région après un parcours dans des établissements de
renom, elle en tant que sommelière, lui en tant que chef. La gastronomie d'aujourd'hui et les crus du val de Loire sont à l'honneur !

TIGNES

✉ 73320 (Savoie) – 2 365 hab. – Alt. 2 100 m – Voir carte n°**45**-D2
🚪 Paris 665 km – Albertville 85 km – Bourg-St-Maurice 31 km – Chambéry 134 km
Carte Michelin 333-O5 – Guide Vert Michelin Alpes du Nord

🏠 **Les Suites du Montana** 🍽 🌙 🗄 💻 🖥 🛜 🍴 🍷

Les Almes – $\mathcal{C}$ 04 79 40 01 44 – www.village-montana.com – Ouvert de mi-déc. à
mi-avril
27 suites – ½ P seult 233/344 € – 1 ch
Rest *Les Suites du Montana* – voir les restaurants ci-après
Sur les hauteurs de la station, ce "hameau" de cinq chalets allie tranquillité et
proximité des pistes du fameux Espace Killy. De grandes suites – de style
savoyard, tyrolien ou provençal – vous y attendent, avec balcon et même sauna
ou jacuzzi ! Le plus bel hôtel de Tignes.

🏠 **Village Montana** 🍽 🌙 🗄 💻 🖥 🛜 🍴 🍷

Les Almes – $\mathcal{C}$ 04 79 40 01 44 – www.vmontana.com – Ouvert fin juin à fin août
et fin nov. à début mai
78 ch ⌧ – †115/236 € ††236/438 € – 4 suites
Ces splendides chalets conjuguent tradition, calme et confort. Les chambres, spacieuses et familiales, disposent d'un balcon ouvert sur les pistes ; on profite également d'un espace de remise en forme avec hammam, sauna, jacuzzi et... piscine
extérieure chauffée à 32° C !

Les Campanules 🍽 🛏 ≼ ⚒ ⊕ 🗎 ⚿ 🤖 📶

– ✆ 04 79 06 34 36 – www.campanules.com – Ouvert 8 juil.-26 août
et 28 nov.-5 mai
25 ch ⊑ – ♦110/220 € ♦♦150/380 € – 14 suites – ½ P
Rest *Les Campanules* – voir les restaurants ci-après
Ce beau chalet est tenu par une famille aux petits soins... On propose des chambres douillettes et très confortables, ainsi que de superbes suites (dont certaines en duplex). Le must : se baigner dans la piscine extérieure – chauffée à 32° C – en regardant les pistes !

Le Paquis 🍽 🛏 ≼ 🗎 👤 📶

Le Rosset – ✆ 04 79 06 37 33 – www.hotel-lepaquis.fr – Ouvert 1er juil.-19 août et 16 nov.-5 mai
31 ch ⊑ – ♦70/105 € ♦♦90/380 € – 1 suite – ½ P
Dans ce chalet des années 1960, où domine l'esprit savoyard, des chambres bien tenues, et surtout une douceur de vivre omniprésente. À l'image de son bar chaleureux, en bois et lauze, et de son restaurant qui propose une cuisine traditionnelle et régionale.

Le Lévanna 🍽 ≼ 🗎 👤 📶 🚗

Le Rosset – ✆ 04 79 06 32 94 – www.levanna.com – Ouvert d'oct. à mai
40 ch ⊑ – ♦119/221 € ♦♦148/288 € – ½ P
Du nom d'un sommet à la frontière franco-italienne, ce chalet récent abrite des chambres cosy, dont certaines aménagées en duplex. Au restaurant, la carte, traditionnelle, s'agrémente de spécialités fromagères. Agréable terrasse côté pistes.

XXX Les Suites du Montana – Hôtel Les Suites du Montana 👤 ⚿

Les Almes – ✆ 04 79 40 01 44 – www.village-montana.com – Ouvert de mi-déc. à mi-avril et fermé le midi
Menu 50 € – Carte 60/84 €
Pas besoin d'être résident des Suites du Montana pour profiter de cet élégant restaurant, où les produits nobles sont à l'honneur : homard, turbot, bœuf charolais, belles volailles... En prime, les viandes rôtissent sous vos yeux !

XXX Les Campanules – Hôtel Les Campanules ≼ 🏠 ⚿

– ✆ 04 79 06 34 36 – www.campanules.com – Ouvert 8 juil.-26 août
et 28 nov.-5 mai
Formule 29 € – Menu 40 € (dîner), 48/55 € – Carte 55/69 €
De très bons produits, une maîtrise culinaire de tous les instants : voilà les deux atouts maîtres de ce restaurant offrant une superbe vue sur les montagnes et les pistes. L'ambiance est chaleureuse, d'autant que toute la famille est aux petits soins !

X La Ferme des 3 Capucines 🏠 P

– ✆ 04 79 06 35 10 – www.lafermedes3capucines.com – Ouvert juil.- août
et déc.-avril
Carte 32/50 € *(réservation conseillée)*
Cette ferme-laiterie atypique mérite qu'on s'y attarde... même s'il n'est pas possible d'admirer les vaches en hiver, car elles sont alors en fermage du côté d'Albertville. Au menu : une copieuse cuisine du terroir. Et bien sûr, l'on peut acheter le fromage maison !

au Val Claret 2 km au Sud-Ouest – ✉ 73320 – Alt. 2 100 m

Les Suites du Nevada 🍽 🖥 ⊕ 🧖 👤 � 📶 🚗

– ✆ 04 79 41 68 30 – www.jeanmichelbouvier.com – Ouvert 5 juil.-28 août et 11 oct.-2 mai
28 ch ⊑ – ♦135/420 € ♦♦250/630 € – 9 suites – ½ P
Rest *La Table en Montagne* – voir les restaurants ci-après
Original, cet hôtel donne à voir l'univers montagnard dans le plus pur style contemporain : tronçons de bois massif, blocs de pierre, béton, tons sombres, etc. Le luxe à l'état brut, pour amateurs avertis.

Le Ski d'Or

r. du Val Claret – *C* 04 79 06 51 60 – www.hotel-skidor.com – Ouvert 25 oct.-3 mai
27 ch ⌕ – †130/293 € †‡200/450 € – ½ P
Un beau bar-salon feutré avec cheminée, des chambres confortables et parées de bois dont la plupart donnent sur les montagnes : ce Ski d'Or respire la douceur de vivre ! Les nombreux services – ski-room, sauna, jacuzzi, hammam – ajoutent au plaisir du séjour.

La Table en Montagne – Hôtel Les Suites du Nevada

– *C* 04 79 01 11 43 – www.jeanmichelbouvier.com – Ouvert 5 juil.-28 août, 11 oct.-2 mai et fermé le midi
Menu 42/68 € – Carte 55/106 €
Chaleur du bois, tons dorés et verts, matériaux bruts : la décoration emprunte autant à l'univers de la forêt qu'au grand air des montagnes... Dans l'assiette, le terroir savoyard côtoie de bons produits de brasserie – telles les huîtres Gillardeau – dans des réalisations raffinées et franchement savoureuses.

Le Panoramic ⓝ

Glacier de la Grande-Motte, (accès pieton par le funiculaire de Tignes-Val-Claret) – *C* 04 79 06 47 21 – www.jeanmichelbouvier.com – Ouvert 4 déc.-3 mai et fermé le soir sauf jeudi
Carte 54/75 € *(réservation conseillée)*
On accède en funiculaire à ce restaurant d'altitude qui tutoie le ciel (3032 m !), pour un bol d'air et de gourmandise. Dans un intérieur douillet, tout de bois vêtu, une équipe en costume traditionnel nous sert une authentique cuisine au feu de bois, typique du terroir savoyard. Dépaysement garanti.

TILQUES – 62 (Pas-de-Calais) → voir St-Omer

TONNEINS

✉ 47400 (Lot-et-Garonne) – 8 866 hab. – Alt. 26 m – Voir carte n°**4-C2**
◘ Paris 683 km – Agen 44 km – Nérac 38 km – Villeneuve-sur-Lot 37 km
Carte Michelin 336-D3 – Guide Vert Michelin Aquitaine

Hôtel des Fleurs sans rest

66 r. Colisson, rte de Bordeaux – *C* 05 53 79 10 47 – www.hoteldesfleurs47.com – Fermé 1 semaine vacances de Noël, 1 semaine vacances de fév., vend. et sam. de mi-nov. à fin mars
26 ch – †45/76 € †‡45/82 € – ⌕ 9 €
Sur l'axe principal de la ville, sur la route de Bordeaux, un hôtel pratique et bon marché. Les chambres sont certes petites, quoique plus grande dans l'annexe, mais bien aménagées et d'une tenue irréprochable ; certaines sont très colorées... comme un parterre de fleurs ! Une étape fort commode.

Quai 36

36 cours de l'Yser – *C* 05 53 94 36 38 – www.quai36.fr – Fermé 3 semaines en août, 1er-11 janv., sam. midi, dim. soir, mardi soir, merc. soir et lundi
Formule 17 € – Menu 19 € (déj. en semaine), 29/60 € – Carte 40/60 €
L'enseigne fait référence à l'adresse, au bord de la Garonne. L'établissement est mené par une équipe jeune et dynamique ; on y apprécie une cuisine bien dans son temps, dans une salle où se mêle le baroque et le contemporain, tout en profitant de la jolie vue.

TONNERRE

✉ 89700 (Yonne) – 5 235 hab. – Alt. 156 m – Voir carte n°**7-B1**
◘ Paris 199 km – Auxerre 38 km – Châtillon-sur-Seine 49 km – Montbard 45 km
Carte Michelin 319-G4 – Guide Vert Michelin Bourgogne

L'Auberge de Bourgogne

D 905, 2 km par rte de Dijon – *C* 03 86 54 41 41
– www.aubergedebourgogne.com – Fermé 15 déc.-15 janv.
40 ch ⌕ – †72 € †‡86 € – ½ P
Rest *L'Auberge de Bourgogne* – voir les restaurants ci-après
Tout près des vignobles d'Épineuil, un hôtel des années 1990 disposant de chambres simples et mignonnes. Préférez-les sur l'arrière, pour la jolie vue champêtre.

✗ L'Auberge de Bourgogne 🕭 �& 🄰🄲 🅿

*D 905, 2 km par rte de Dijon – ℰ 03 86 54 41 41 – www.aubergedebourgogne.com
– Fermé 15 déc.-15 janv., ludi midi, sam. midi et dim.*
Formule 13 € – Menu 22/32 € – Carte 31/46 €
Derrière les baies vitrées de la grande salle à manger – récemment relookée – se
dessine le vignoble d'Épineuil : bien agréable vision ! La carte est résolument
tournée vers le terroir local : escargots au beurre d'ail, mignon de porc à la dijonnaise, crème brûlée au miel de Bourgogne... Avis aux amateurs.

TORCY – 71 (Saône-et-Loire) ➜ voir Creusot

TORNAC – 30 (Gard) ➜ voir Anduze

TOUL

✉ 54200 (Meurthe-et-Moselle) – 16 002 hab. – Alt. 209 m – Voir carte n°**26**-B2
◗ Paris 291 km – Bar-le-Duc 62 km – Metz 75 km – Nancy 23 km
Carte Michelin 307-G6

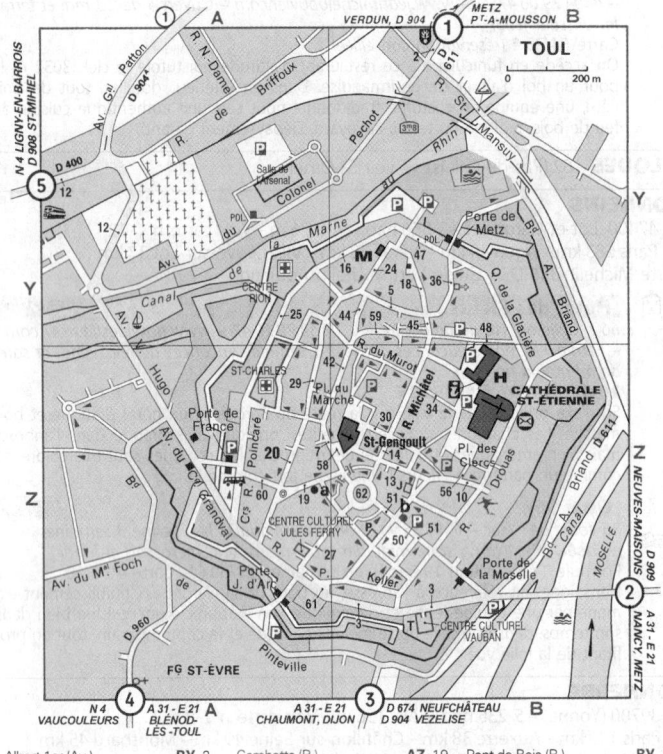

Albert-1er (Av.)	**BY** 2	Pont-de-Bois (R.)	**BY** 44
Anciens-Combattants		Porte-de-Metz (R.)	**BY** 47
d'Afrique-du-Nord (R.)	**BZ** 3	Qui-Qu'en-Grogne	
Baron-Louis (R.)	**BY** 5	(R.)	**BZ** 48
Carnot (R.)	**ABZ** 7	République (Pl. de la)	**BZ** 50
Châtelet (R. du)	**BZ** 10	République (R. de la)	**BZ** 51
Clemenceau (Av.)	**AY** 12	St-Waast (R.)	**BZ** 56
Corne-de-Cerf (R.)	**BZ** 13	Schmidt (Pl. P.)	**BZ** 58
Dr-Chapuis (R. du)	**BZ** 14	Tanneurs (R. des)	**BY** 59
Écuries-de-Bourgogne		Thiers (R.)	**AZ** 60
(R. des)	**BY** 16	Vauban (R.)	**AZ** 61
Foy (R. du Gén.)	**BY** 18	3-Évêchés (Pl. des)	**BZ** 62
Gambetta (R.)	**AZ** 19		
Gengoult (R. du Gén.)	**AZ** 20		
Gouvion-St-Cyr (R.)	**BY** 24		
Hôpital-Militaire (R.)	**AYZ** 25		
Jeanne-d'Arc (R.)	**ABZ** 27		
Joly (R.)	**AYZ** 29		
Lafayette (R.)	**BZ** 30		
Liouville (R.)	**BZ** 34		
Ménin (R. du)	**BY** 36		
Michâtel (R.)	**BZ**		
Petite-Boucherie (R.)	**ABZ** 42		
Pont-des-Cordeliers (R.)	**BY** 45		

La Villa Lorraine sans rest 📶 🅿
15 r. Gambetta – ℰ *03 83 43 08 95*
Plan : AZ**a**
– www.hotel-la-villa-lorraine.com – Fermé vacances de fév. et de la Toussaint
21 ch – †55 € ††60 € – ⌷ 7 €
Surprenant, ce petit hôtel du cœur de la cité était autrefois un théâtre. Derrière sa belle façade sur laquelle on peut encore lire "La Comédie", des chambres très simples, fonctionnelles et propres. Une adresse familiale qui se révèle sympathique !

✗✗ Brasserie K 📶 ᴚ ✿ 🅿
980 av. de l'Europe, (ZI Croix de Metz), rte de Pont-à-Mousson-2 km par ①
– ℰ *03 83 62 46 95 – Fermé sam. midi et dim.*
Formule 15 € 🍷 – Menu 20/38 € – Carte 29/56 €
Dans l'enceinte de l'ancienne usine Kléber, une brasserie au cadre contemporain : banquettes en velours, espace lounge-bar, et une agréable terrasse... Dans l'assiette, des charcuteries ibériques tranchées devant le client à l'andouillette de Troyes, que des bons produits !

✗ Le Commerce 📶 ᴬᴄ ✿
10 pl. de la République – ℰ *03 83 43 00 41*
Plan : BZ**b**
– www.restaurant-le-commerce.fr – Fermé dim. soir et lundi
Menu 19 € 🍷 (déj. en semaine), 26/30 € – Carte 30/45 €
Juste devant la place de la République, cette brasserie née en 1895 a su conserver son esprit Belle Époque : superbes faïences murales, jolies banquettes en velours et... cuisine traditionnelle d'inspiration lyonnaise, dont les incontournables tête de veau et langue à la sauce ravigote !

à Lucey 5 km par ⑤ et D 908 – ⌧ 54200 – 576 hab. – Alt. 260 m

✗✗ Auberge du Pressoir 🏡 📶 ᴚ 🅿
7 r. des Pachenottes – ℰ *03 83 63 81 91 – www.aubergedupressoir.com – Fermé 16-30 août, dim. soir, mardi soir, merc. soir et lundi*
Menu 16 € (déj. en semaine), 19/50 € – Carte 37/57 € *(réservation conseillée)*
L'ancienne gare du village est devenue un restaurant simple et moderne, bien en phase avec la cuisine du chef. Les menus ("Vigneron", "Pressoir", "Vendange") déclinent une cuisine résolument actuelle. En été, on se presse en terrasse pour profiter du soleil !

TOULON
⌧ 83000 (Var) – 163 974 hab. – Agglo. 556 920 hab. – Alt. 10 m
*– Voir carte n°***41-C3**
▶ Paris 835 km – Aix-en-Provence 86 km – Marseille 66 km
Carte Michelin 340-K7 – Guide Vert Michelin Côte d'Azur

🏨 Holiday Inn ⓝ ▯○ ⚏ ₤₆ 🛗 ᴬᴄ 📶 🎿 🛆
1 av. Rageot-de-la-Touche – ℰ *04 94 92 00 21*
Plan : EY**h**
– www.holidayinn.com/toulon-cityctr
80 ch – †90/250 € ††90/250 € – ⌷ 16 €
Cette structure originale est posée juste en face de la tour Concorde. Dans le grand hall lumineux, une verrière donne sur la piscine, en contrebas ; les chambres sont confortables et fonctionnelles, et l'accueil est aux petits soins. Le meilleur hôtel de la ville.

🏨 Ibis Styles ▯○ 🛗 ⚏ ᴬᴄ 📶 🎿 🛆
pl. Besagne – ℰ *04 98 00 81 00 – www.ibis.com*
Plan : GZ**r**
139 ch ⌷ – †72/122 € ††82/132 €
Un emplacement idéal, à proximité du port, du palais des congrès, de la vieille ville et même du stade Mayol, célèbre enceinte rugbystique. L'établissement se révèle agréable et fonctionnel, avec un choix entre deux types de chambres : les unes plutôt sobres, les autres très colorées.

🏠 Grand Hôtel de la Gare sans rest 🛗 ᴬᴄ 📶
14 bd Tessé – ℰ *04 94 24 10 00 – www.grandhotelgare.com*
Plan : FX**a**
39 ch – †62/72 € ††72/90 € – ⌷ 10 €
Un bon hôtel, situé face à la gare – on ne peut plus commode si l'on voyage en train – et à deux pas du centre-ville. Le décor des chambres évite trop de simplisme (mobilier cérusé, tons clairs, etc.), et le tout est tenu avec soin.

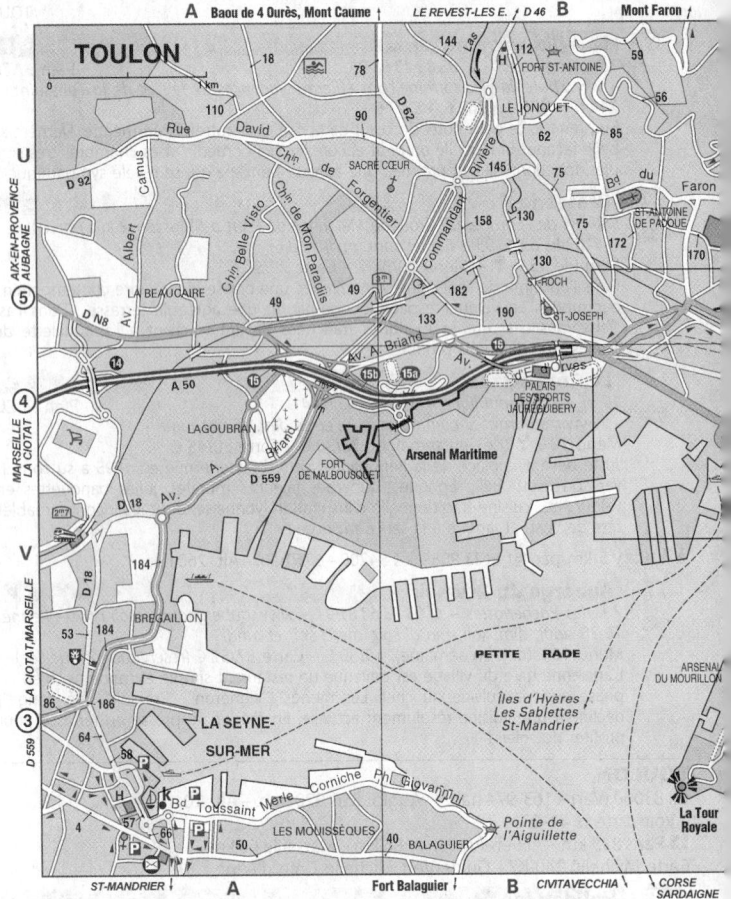

TOULON

A Baou de 4 Ourès, Mont Caume / *LE REVEST-LES E.* / *D 46* *B* *Mont Faron* /

ST-MANDRIER ↓ *A* *Fort Balaguier* ↓ *B* *CIVITAVECCHIA* \ *CORSE SARDAIGNE*

❌❌ **La Promesse** ♿ ♿ 🅰️ ♿

250 r. Jean-Jaurès – ☎ 04 94 98 79 39 Plan : FY**b**
– www.restaurant-lapromesse.fr – Fermé 15 juil.-15 août, 3 semaines en janv.,
dim. et lundi
Formule 25 € – Menu 29 € (déj. en semaine), 45/69 € – Carte 62/85 €
(réservation conseillée)

Aux commandes de cette Promesse alléchante, qui sort du lot à Toulon : Valérie
Costa, chef passionnée par les produits et les voyages – d'où sa carte métissée,
où la Provence rencontre des contrées plus lointaines... Un exemple ? Le homard
à la crème de crustacés et à l'écume de coco et citronnelle : incontournable !

❌ **Au Sourd** 🍴 ♿

10 r. Molière – ☎ 04 94 92 28 52 – www.ausourd.com Plan : GY**w**
– Fermé dim. et lundi
Menu 28 € (semaine)/35 € – Carte 66/97 €

Une véritable institution toulonnaise, créée par un artilleur de Napoléon III,
rendu sourd au combat ! Ce n'est pas une raison pour rester sourd aux argu-
ments du chef : sa cuisine attire depuis longtemps déjà des bancs entiers d'amateurs de poisson...

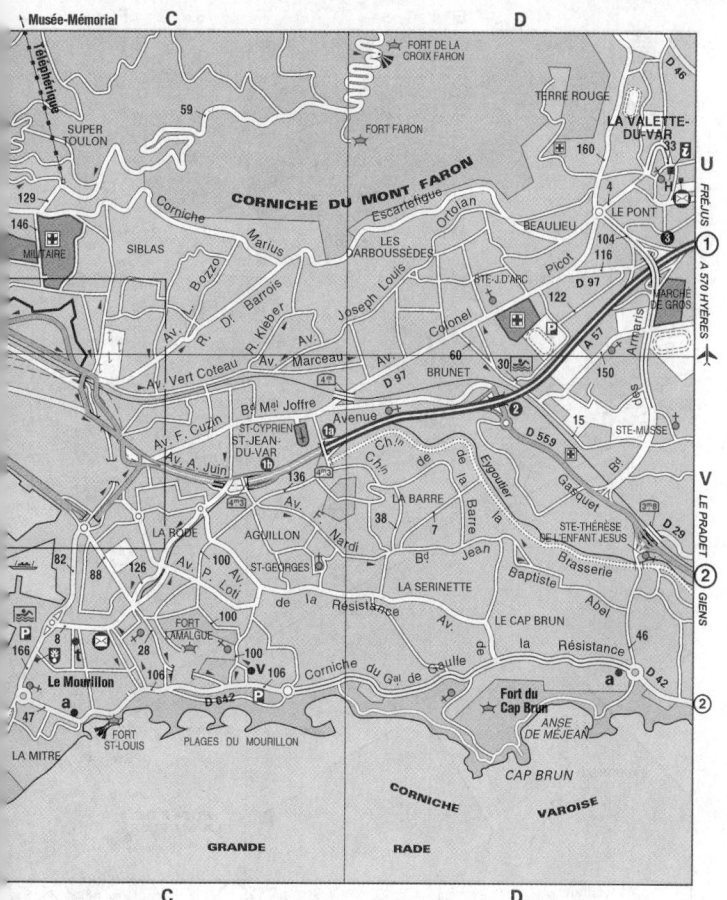

✂ **Carré 2 Vigne** [AC]

14 r. du Pomet – ℰ 04 94 92 98 21 Plan : GY**x**
– www.carre2vigne.com
– Fermé 26 juil.-16 août, dim. et lundi
Menu 27/36 € – Carte 40/50 €

L'adresse passe presque inaperçue dans la vieille ville, mais une fois la porte franchie, on est conquis par son esprit accueillant... Aux commandes : un jeune couple voyageur, installé ici après avoir notamment travaillé en Italie. L'Italie : c'est elle qui inspire la carte, éprise également de fraîcheur et des saisons !

✂ **Les P'tits Pins** ⓘ [AC]

237 pl. de la Liberté – ℰ 04 94 41 00 00 Plan : GY**p**
– www.lesptitspins.com – Fermé dim. et le soir sauf vend. et sam.
Formule 19 € – Menu 28 €

Sur la grande place de la Liberté, cette adresse sympathique étale sa forêt de chaises au soleil, faisant le bonheur des amateurs de farniente... Mais c'est surtout pour la bonne cuisine traditionnelle – chipirons, rouget, canard, ris de veau – que l'on fait le déplacement. Attention : c'est ouvert le midi uniquement !

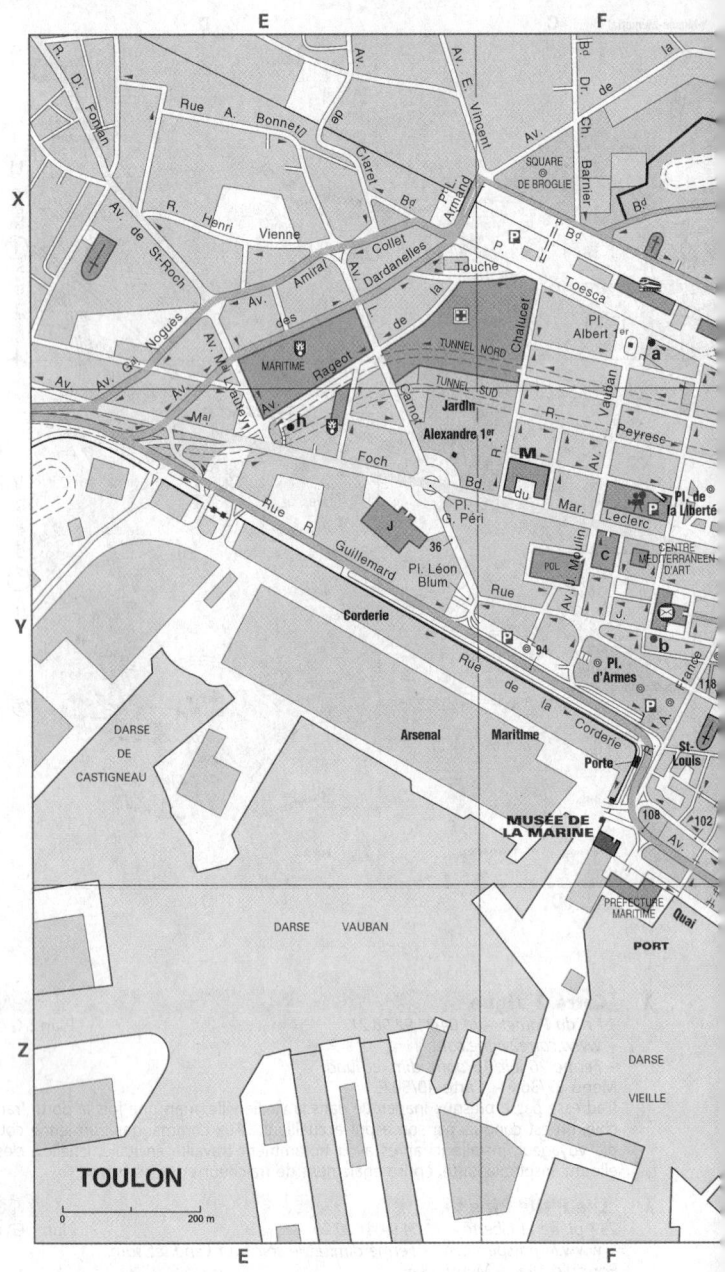

TOULON

0   200 m

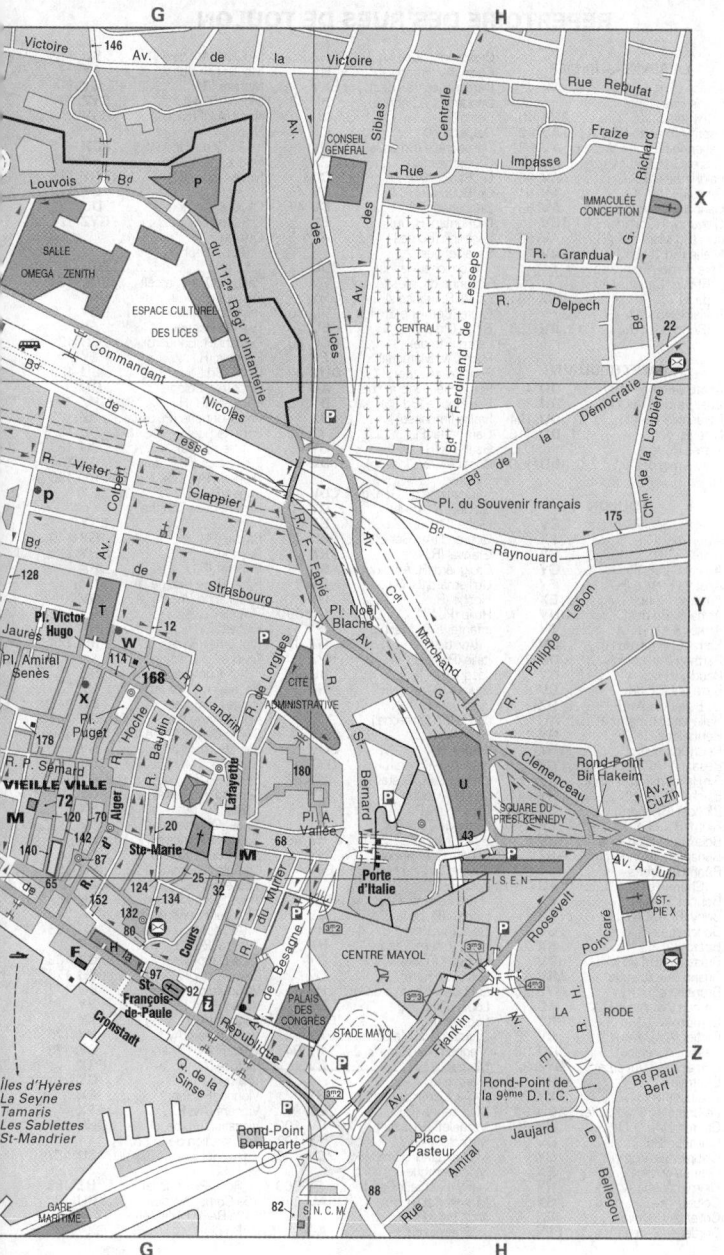

RÉPERTOIRE DES RUES DE TOULON

au Mourillon – ✉ 83000

La Corniche sans rest

17 littoral F.-Mistral – ✆ 04 94 41 35 12 Plan : CV**a**
– www.hotel-corniche.com
27 ch – †104/368 € ††104/368 € – 3 suites – ☕ 16 €
Près du port St-Louis et des plages du Mourillon, au départ de la route de la Corniche qui domine la baie, un hôtel toujours en ville mais déjà à la mer... La plupart des chambres, élégantes et confortables, ouvrent sur la Méditerranée. Le tout fort bien tenu : on sent que la famille propriétaire s'investit beaucoup !

Les Voiles Ⓝ sans rest

124 r. Gubler – ✆ 04 94 41 36 23 – www.hotel-voiles.com Plan : CV**v**
17 ch – †68/129 € ††95/180 € – ☕ 14 €
Totalement rénové en 2014, cet hôtel du quartier du Morillon rend un hommage appuyé à la régate Giraglia, fondée en 1953. Les chambres, résolument contemporaines et tout de blanc vêtues, sont confortables ; celles des derniers étages offrent une jolie vue sur la rade de Toulon.

Tables et Comptoir Ⓝ

3 bd Eugène-Pelletan – ✆ 04 94 10 83 29 – Fermé 2 semaines Plan : CV**t**
en juin, le midi en juil.-août, sam. midi et lundi de sept. à juin et dim.
Formule 18 € – Menu 40 € – Carte 38/66 €
Une salle plutôt rétro, des banquettes, des miroirs... Aucun doute : voilà un bistrot ! Le chef, originaire de Roanne, est un passionné et a déjà une longue expérience derrière lui ; il compose une bonne cuisine du marché où la fraîcheur des produits est le critère n° 1.

au Cap Brun – ✉ 83000

Les Pins Penchés

3182 av. de la Résistance – ✆ 04 94 27 98 98 Plan : DV**a**
– www.lespinspenches.com – Fermé mardi midi, dim. soir et lundi
Formule 48 € – Menu 68/78 €
Un must : la terrasse en balcon au-dessus de la mer et du cap Brun, bordée par un simple rideau de pins. Enchanteur ! Ce n'est pas le moindre attrait de cette élégante villa du 19e s., parfaite pour un repas gastronomique et... très romantique.

TOULOUSE

✉ 31000 (Haute-Garonne) – 447 340 hab. – Agglo. 892 115 hab. – Alt. 146 m
– Voir carte n°**28-B2**

▶ Paris 677 km – Barcelona 320 km – Bordeaux 244 km – Lyon 535 km
Carte Michelin 343-G3 – Guide Vert Michelin Pyrénées Toulouse Gers

© B. Boensch/imageBROKER/age fotostock

● Hôtels & maisons d'hôtes

ﾊﾎﾎﾊ Pullman Centre

🍴 ᵭ̶ 🛗 ⚙ 🏧 🛜 ⅏ 🚗
84 allées Jean-Jaurès – ☎ 05 61 10 23 10 Plan : **4FXv**
– www.pullmanhotels.com
125 ch – 🚹135/320 € 🚹🚹135/445 € – 6 suites – 🍽 26 € – ½ P
Attaché-case en main, vous vous dirigez vivement vers l'immeuble en briques
roses. Vous traversez le grand hall d'entrée en observant la mosaïque, à vos pieds ;
le décor, spacieux, aux lignes épurées, vous apaise. Direction la salle de séminaire... Et plus tard, le confort d'une chambre bien équipée !

ﾊﾎﾎﾊ Crowne Plaza

🍴 ᵭ̶ ⚙ ᵭ̶ 🏧 🛜 ⅏
7 pl. du Capitole – ☎ 05 61 61 19 19 Plan : **4EYt**
– www.crowneplaza.com/toulouse
162 ch 🍽 – 🚹120/415 € 🚹🚹120/415 € – 3 suites
Idéalement situé sur la place du Capitole, ce vaste hôtel répond parfaitement
aux besoins de la clientèle d'affaires : centre business très complet ; chambres
de facture classique ou plus contemporaine. Le restaurant donne sur un superbe
patio.

ﾎﾎﾎ Grand Hôtel de l'Opéra sans rest

⚙ ᵭ̶ 🏧 🛜 ⅏
1 pl. du Capitole – ☎ 05 61 21 82 66 Plan : **4EYa**
– www.grand-hotel-opera.com
48 ch – 🚹115/400 € 🚹🚹125/400 € – 6 suites – 🍽 19 €
En sortant d'une représentation de Verdi au Théâtre du Capitole, vous traverserez
la place pour découvrir ce couvent du 17ᵉ s. plein de charme, qui regorge d'éléments historiques ! Dans les chambres, le mobilier acajou côtoie des tentures en
velours rouge ou jaune... Un classicisme délicieux.

ﾎﾎﾎ Hôtel de Brienne sans rest

⚙ ᵭ̶ 🏧 ✂ 🛜 🅿 🚗
20 bd du Mar.-Leclerc – ☎ 05 61 23 60 60 Plan : **3DVn**
– www.hoteldebrienne.com
77 ch – 🚹80/100 € 🚹🚹95/140 € – 🍽 14 €
À deux pas du canal du même nom, l'établissement a été entièrement rénové
dans un style contemporain, avec un vrai travail de mise en valeur par les éclairages. Dans les chambres, le mobilier est pensé pour optimiser l'espace. Et on s'y
sent bien !

RÉPERTOIRE DES RUES DE TOULOUSE

 Mercure Compans Caffarelli   🍽 🖬 🕭 🕭 ⚅ 🛜 ⅏ 🛋

8 espl. Compans-Caffarelli – 𝒞 05 61 11 09 09   Plan : **3DVk**
– www.mercure-toulouse-compans-caffarelli.com
134 ch – ♥85/185 € ♥♥85/225 € – 2 suites – ⚏ 17 €
Ce Mercure ménage un accès direct au centre des congrès. Après une dure journée, on apprécie le calme des chambres, qui donnent toutes sur le patio ou le
jardin. Pour la clientèle d'affaires, un bel espace séminaire est disponible.

 Un symbole passé en rouge désigne une maison particulièrement charmante : 🏠🏠 ✕✕✕.

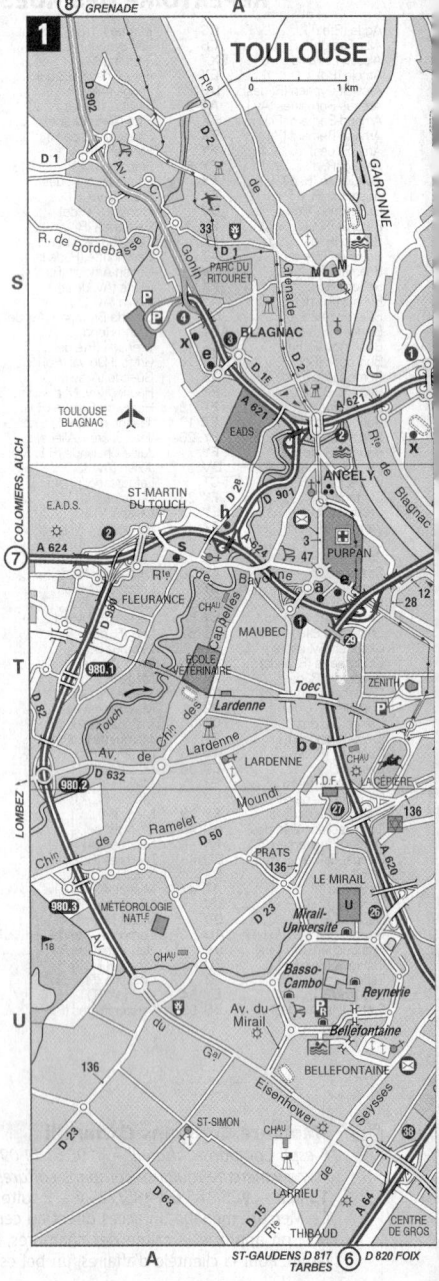

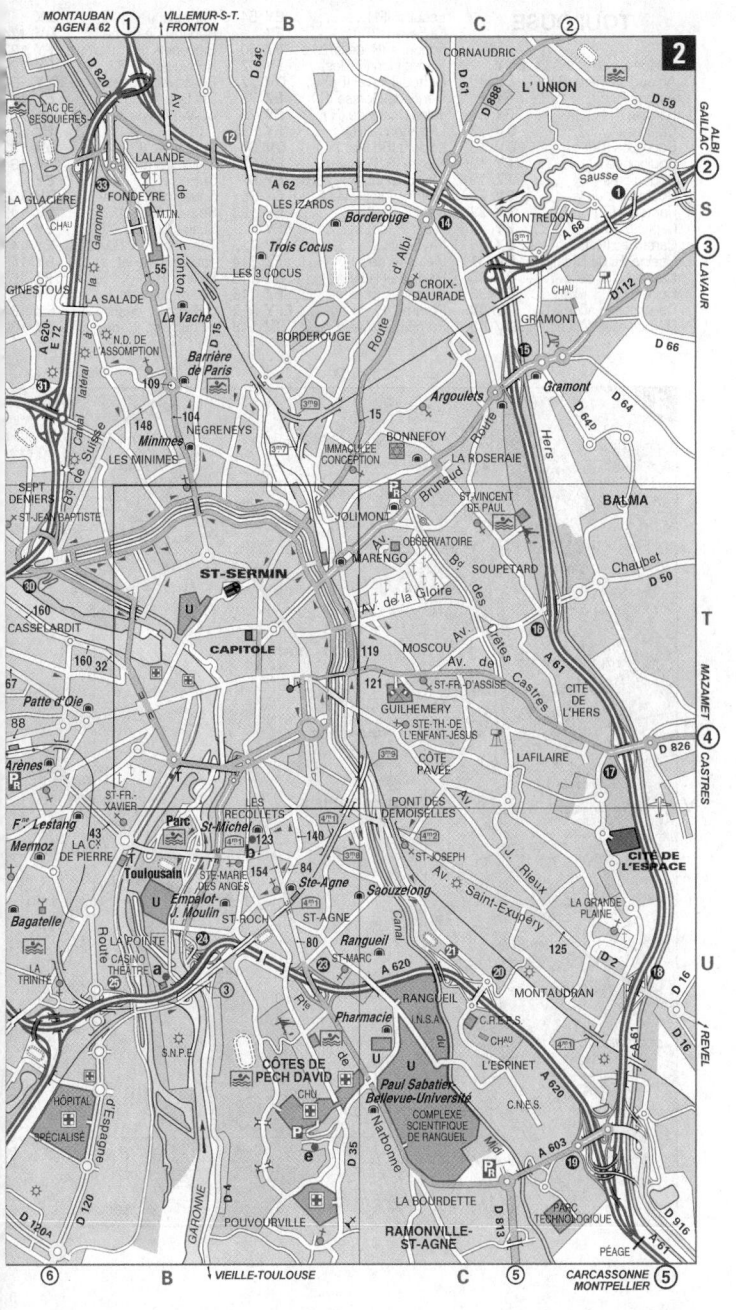

TOULOUSE

D

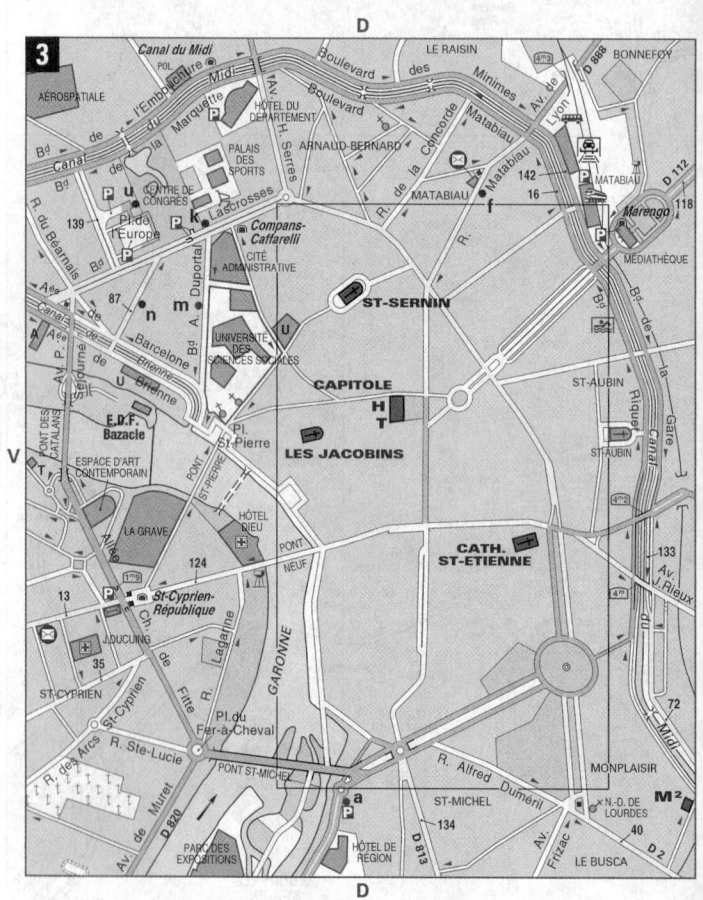

D

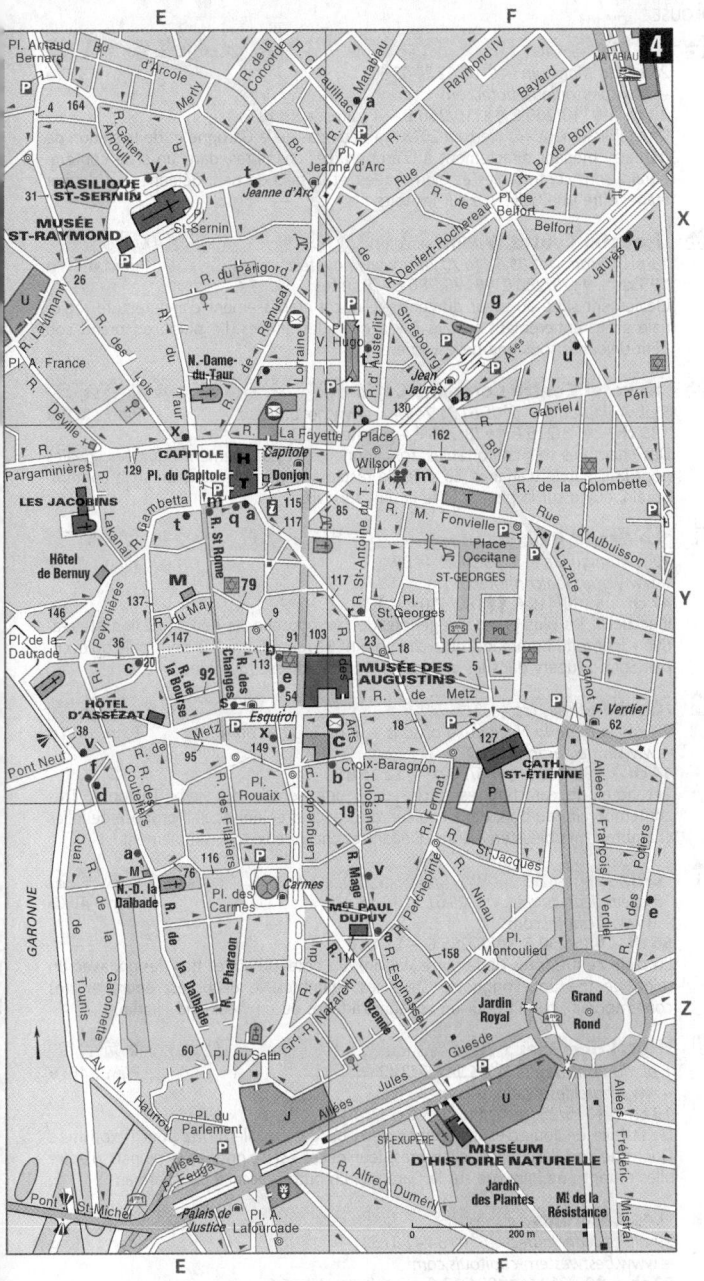

E

Pl. Arnaud Bernard
Bd d'Arcole
R. de la Concorde
R. C. Paulhac
R. Matabiau

F

Raymond IV
Bayard

4 164
R. Gaten-Arnoult
Mérly
Bd
Pl. Jeanne d'Arc
Rue
R. B. de Born

BASILIQUE ST-SERNIN
31
V
Jeanne d'Arc
t
Jeanne d'Arc
R. de
Pl. de Belfort

MUSÉE ST-RAYMOND
St-Sernin
R. Denfert-Rochereau
Belfort
X

U
26
R. Lautmant
Jaurès
V

Pl. A. France
R. du Taur
R. du Périgord
g
Strasbourg
Aées
u

R. des Lois
Déville
N.-Dame-du-Taur
de Rémusat
V. Hugo
Jean Jaurès
b

t
130
R. d'Austerlitz
R. Gabriel
Péri

R.
La Fayette
Place
162

Pargaminières
129
CAPITOLE
H
Capitole T
Wilson
m
R. de la Colombette

LES JACOBINS
Pl. du Capitole
Donjon
85
R. M. Fonvielle
P

Lakanal R. Gambetta
m
115
R. St-Antoine du
Place Occitane
Rue d'Aubuisson

Hôtel de Bernuy
t
R. St Rome
q a
117
ST-GEORGES

137
M
79
117
Pl.
R. Lazare

146
R. du May
9
St. Georges
POL

Pl. de la Daurade
36
147
91
103
23
18
5

c 20
92
b
54
des
MUSÉE DES AUGUSTINS
Carnot
F. Verdier

Changes
e
R. de Metz
62

HÔTEL D'ASSÉZAT
38
Esquirol
Arts
18

Pont Neuf
R. de Metz
95
X
149
CATH. ST-ÉTIENNE
127
Allées François

V
d
R. des Couteliers
C
Croix-Baragnon
P

Pl. Rouaix
R. Tolosane
R. Fermat
St-Jacques

GARONNE
116
76
19
Languedoc
R. Mage
R. Pharaon
R. Petchepirine
R. Ninau

a
N.-D. la Dalbade
Pl. des Carmes
Carmes
V
Pl. Montoulieu

Quai de Tounis
R. de la Dalbade
Mée PAUL DUPUY
114
158

60
Pl. du Salin
Ozenne
R. Esplanais
Jardin Royal
Grand Rond
Z

J
Allées
Jules
Guesde
U

Pont St-Michel
Allées P. Feuga
ST-EXUPÈRE
MUSÉUM D'HISTOIRE NATURELLE
Allées Frédéric Mistral

Palais de Justice
Pl. A. Lafourcade
R. Alfred Duméril
Jardin des Plantes
Mt de la Résistance

0   200 m

E   **F**

Le Pier sans rest ⬅️ 🏦 ⛐ 🆔 🛜 🛁 🚗
26 bd du Mar.-Juin – 𝒞 *05 62 24 03 60* Plan : **3DVa**
– *www.piertoulousehotel.com*
28 ch – ♦110/260 € ♦♦110/260 € – 4 suites – ☕ 18 €
Un établissement – ouvert en 2013 – à deux pas de la Garonne et de la station de tramway menant directement à l'aéroport. Les chambres, dans un style contemporain, sont confortables et bien tenues, et la salle de petit-déjeuner, au dernier étage, offre une belle vue sur les toits.

 Novotel Centre Wilson sans rest 🛗 🏦 🆔 🛜
13 pl. Wilson – 𝒞 *05 61 10 70 70* – *www.novotel.com* Plan : **4FXYp**
125 ch – ♦125/280 € ♦♦125/280 € – 8 suites – ☕ 17 €
Idéalement situé au cœur du centre-ville, cet établissement d'architecture régionale a été entièrement rénové il y a quelques années. Le plus : on prend son petit-déjeuner sous une belle verrière.

 Novotel Centre Compans Caffarelli 🍴 🍸 ⌁ 🏦 ⛐ 🆔 🛜 🛁 🚗
5 pl. A.-Jourdain – 𝒞 *05 61 21 74 74* – *www.novotel.com* Plan : **3DVu**
135 ch – ♦78/215 € ♦♦78/215 € – 2 suites – ☕ 16 €
Des chambres très confortables, fonctionnelles et parfaitement équipées, idéales pour la clientèle d'affaires. La salle de restaurant, décorée dans un style contemporain, ouvre sur la piscine et le jardin japonais.

 Le Grand Balcon sans rest 🏦 ⛐ 🆔 🛜
10 r. Romiguière – 𝒞 *05 34 25 44 09* Plan : **4EYx**
– *www.grandbalconhotel.com*
47 ch – ♦180/410 € ♦♦180/410 € – ☕ 18 €
Il accueillit les plus grandes légendes de l'Aéropostale. La déco – design et créative – leur rend hommage, et la chambre n° 32 reproduit fidèlement celle qu'occupait Saint-Exupéry dans les années 1930. Une adresse mythique !

 Garonne sans rest ⛐ 🆔 🛜
22 descente de la Halle-aux-Poissons – 𝒞 *05 34 31 94 80* Plan : **4EYd**
– *www.hotelgaronne.net*
14 ch – ♦95/180 € ♦♦95/260 € – ☕ 15 €
Cet hôtel de caractère est niché dans une venelle du vieux Toulouse. Très contemporain (du bois, de la couleur, des touches chinoises...), il propose de jolies chambres, meublées en wengé. Élégant et chaleureux, tout simplement !

 Citiz sans rest 🏦 ⛐ 🆔 🛜 🛁
18 allées Jean-Jaurès – 𝒞 *05 61 11 18 18* Plan : **4FXb**
– *www.citizhotel.com*
56 ch – ♦85/250 € ♦♦85/265 € – ☕ 18 €
En plein centre (près de la place Wilson), un hôtel urbain et très design, avec un salon de thé pour grignoter. Dans les chambres, le décor est épuré et très contemporain, parfait pour un voyage d'affaires ou un week-end citadin.

 Hôtel des Beaux Arts sans rest ⬅️ 🏦 🆔 🍸 🛜
1 pl. du Pont-Neuf – 𝒞 *05 34 45 42 42* Plan : **4EYv**
– *www.hoteldesbeauxarts.com*
19 ch – ♦115/255 € ♦♦115/255 € – ☕ 14 €
De la toile de Jouy d'esprit bonbonnière, ou de le paille de riz pour l'exotisme... Quel que soit l'esprit des chambres, leur décor est soigné, et la plupart d'entre elles offrent une jolie vue sur la Garonne. En outre, l'accueil est charmant !

Les Capitouls sans rest 🏦 ⛐ 🆔 🍸 🛜 🛁
29 allées Jean-Jaurès – 𝒞 *05 34 41 31 21* Plan : **4FXg**
– *www.bestwestern-capitouls.com*
53 ch – ♦90/212 € ♦♦90/212 € – 2 suites – ☕ 15 €
Au cœur de la Ville rose, non loin de la gare, on découvre cet ancien hôtel particulier plein de charme et de caractère. Les chambres, classiques, sont fonctionnelles et très bien insonorisées, et l'entretien de l'ensemble est irréprochable.

Mercure Wilson sans rest

7 r. Labéda – ✆ 05 34 45 40 60 Plan : **4FYm**
– www.mercure-toulouse-wilson.com
95 ch – 🚹92/200 € 🚹🚹92/200 € – 4 suites – ☕ 17 €
À deux pas de la place Wilson, l'hôtel se dévoile par sa façade en brique rouge, typiquement toulousaine ! Au confort des chambres s'ajoute le plaisir, quand viennent les beaux jours, de prendre le petit-déjeuner sur la terrasse intérieure.

Mermoz sans rest

50 r. Matabiau – ✆ 05 61 63 04 04 Plan : **3DVf**
– www.privilegetoulouse.com
51 ch – 🚹95/195 € 🚹🚹95/240 € – ☕ 17 €
Mermoz, héros de l'Aéropostale... Dans cet hôtel bien situé (entre gare et centre-ville), la décoration, actuelle et épurée, évoque par touches cette aventure du 20e s. Et côté cour, on découvre un îlot de verdure avec une piscine à débordement.

Athénée sans rest

13 bis r. Matabiau – ✆ 05 61 63 10 63 Plan : **4FXa**
– www.hotel-toulouse-athenee.com
35 ch – 🚹59/179 € 🚹🚹59/189 € – ☕ 10 €
À deux pas de la gare routière et du centre-ville. Les chambres sont avant tout pratiques et bien insonorisées. Pour l'agrément, le petit salon est vraiment joli.

Le Père Léon sans rest

2 pl. Esquirol – ✆ 05 61 21 70 39 – www.pere-leon.com Plan : **4EYs**
41 ch – 🚹90/150 € 🚹🚹90/150 € – ☕ 10 €
Dans le centre historique, cet hôtel – rénové en 2013 – propose des chambres confortables et bien tenues. Idéal pour les touristes ou la clientèle d'affaires qui ne souhaitent pas prendre leur voiture... Ici, tout est accessible à pied !

Le Clos des Potiers sans rest

12 r. des Potiers – ✆ 05 61 47 15 15 Plan : **4FZe**
– www.le-clos-des-potiers.com
9 ch – 🚹108/226 € 🚹🚹108/226 € – 1 suite – ☕ 14 €
Près du centre-ville, cette demeure bourgeoise cultive avec bonheur un certain esprit maison d'hôtes. Classicisme de bon ton et atmosphère très cosy : les amateurs du genre posent ici leurs valises avec plaisir...

St-Claire sans rest

29 pl. Nicolas-Bachelier – ✆ 05 34 40 58 88 Plan : **4FXu**
– www.stclairehotel.fr
16 ch – 🚹55/78 € 🚹🚹68/149 € – ☕ 12 €
La première chose qui frappe en entrant dans cet hôtel, c'est son intérieur lumineux et les teintes très claires utilisées dans la décoration. Quant aux chambres, elles séduisent par leur mobilier en bois peint, réalisé par un artisan local. Un ensemble sympathique.

Albert 1er sans rest

8 r. Rivals – ✆ 05 61 21 17 91 – www.hotel-albert1.com Plan : **4EXr**
47 ch – 🚹51/110 € 🚹🚹68/142 € – ☕ 12 €
Une jolie façade classique, différentes salles de réunions... mais surtout des chambres soignées, d'esprit rustique, avec un mobilier en bois massif et des sanitaires parfaitement entretenus. Voilà un bon point de chute à deux pas du Capitole !

Les Loges de St-Sernin sans rest

12 r. St-Bernard – ✆ 05 61 24 44 44 Plan : **4EXt**
– www.leslogesdesaintsernin.com – Fermé 24 oct.-3 nov.
4 ch ☕ – 🚹110/135 € 🚹🚹110/135 €
Sylviane Tatin a le sens de l'accueil... Ses chambres, situées au 2e étage d'un bel immeuble bourgeois, évoquent la Ville rose avec élégance et raffinement, et ont chacune une couleur de prédilection... Au petit-déjeuner, on se régale de confitures et gâteaux maison. Tatin, comme les sœurs Tatin ?

● Restaurants

XXX **Michel Sarran**　　　　　　　　　　　　　🏠 AC ⇄ ⌂🍴
⍟ ⍟ *21 bd A.-Duportal – ℰ 05 61 12 32 32*　　　　　Plan : **3**DV**m**
– *www.michel-sarran.com – Fermé août, vacances de Noël, merc. midi, sam. et dim.*
Menu 51 € 🍷 (déj.), 100/176 € 🍷 – Carte 111/144 € *(réservation conseillée)*
En léger retrait du centre-ville, la table de Michel Sarran est la référence à Toulouse : comment ne pas saluer une cuisine aussi bien exécutée, marquée pleinement par la personnalité de son chef, et valorisant des produits d'exception ? Le décor des salles, repensé en 2013, rend également un bel hommage à la région !
→ Tartare de homard bleu rafraîchi à la bisque froide et zestes d'orange. Porc noir de Bigorre en cocotte au thym, girolles et gras de jambon. Poires en soufflé à l'eau-de-vie.

XXX **Stéphane Tournié Les Jardins de l'Opéra**　　　　　🏠 AC ⇄
⍟ *1 pl. du Capitole – ℰ 05 61 23 07 76*　　　　　　Plan : **4**EY**q**
– *www.lesjardinsdelopera.fr – Fermé 10-17 août, 1ᵉʳ-5 janv., fériés le midi, dim. et lundi*
Menu 30 € (semaine), 59/99 € – Carte 90/97 €
Stéphane Tournié va à l'essentiel et le fait bien : de beaux produits (bio de préférence), des cuissons maîtrisées, de la finesse et du goût... À deux pas de la place du Capitole – dans une belle cour intérieure coiffée d'une verrière –, sa table est une valeur sûre.
→ Foie gras poché et huître dans un bouillon à la citronnelle. Cœur de ris de veau, sauce blanquette au citron et langoustine rôtie. Crémeux aux épices et copeaux de chocolat.

XXX **Anges et Démons**　　　　　　　　　　　　🎱 AC ⇄
1 r. Perchepinte – ℰ 05 61 52 66 69　　　　　　Plan : **4**FZ**a**
– *www.restaurant-angesetdemons.com – Fermé 5-13 janv., dim. soir, lundi et le midi sauf dim.*
Menu 39/75 €
De beaux murs en brique apparente et de superbes voûtes du 16ᵉs. au sous-sol : nous ne sommes ni au paradis ni en enfer, mais au cœur de Toulouse, à laquelle le rose va si bien ! Au menu, une cuisine recherchée, qui prête au péché de gourmandise...

XX **PY-R**　　　　　　　　　　　　　　　　🎱 AC
19 descente de la Hall-aux-Poissons – ℰ 05 61 25 51 52　　Plan : **4**EY**f**
– *www.py-r.com – Fermé 3 semaines en août, dim. et lundi*
Menu 26 € (déj. en semaine), 42/62 €
Dans une ruelle du vieux Toulouse, un superbe restaurant contemporain dans lequel le blanc domine... Aux fourneaux, le jeune chef réalise une cuisine du marché inventive et savamment composée. Œuf mollet, petits légumes, jarret de cochon et brisure de sable ; pluma de bellota rôti, polenta au parmesan... Un délice !

XX **Le Bibent**　　　　　　　　　　　　　　🏠 AC ✻ ⇄
5 pl. du Capitole – ℰ 05 34 30 18 37　　　　　　Plan : **4**EY**m**
– *www.maisonconstant.com*
Formule 25 € – Menu 34 € 🍷 (déj. en semaine) – Carte 39/57 €
Un emplacement privilégié, au cœur de la Ville rose, et un superbe décor Belle Époque : le chef Christian Constant (originaire de Montauban) a rendu à l'établissement tout son lustre de brasserie historique. On s'y presse pour ses grands classiques : haricots montalbanais, œufs mimosa...

XX **Les Quatre Petits Cochons**　　　　　　　　🏠 ♿ AC ✻
99 av. de Lardenne – ℰ 05 61 49 40 40 – Fermé vacances　　Plan : **1**AT**b**
de Noël, sam. et dim.
Formule 16 € – Menu 30/45 € – Carte 42/60 €
Ces Quatre Petits Cochons ont trouvé refuge dans une vraie maison de ville. On y déguste des plats joliment présentés, colorés et goûteux, au gré d'une carte qui suit les saisons. La cheminée est allumée tout l'hiver, et quand reviennent les beaux jours, on s'installe dans le jardin, parmi les arbres... sans craindre le loup !

XX **Le Fouquet's** 🛜 ᴀᴄ ✄ ⟷ **P.**

18 chemin de la Loge – ℰ *05 61 33 37 77* Plan : **2**BU**a**
– *www.lucienbarriere.com*
Formule 27 € ♆ – Menu 41 € – Carte 38/110 €
Dans cet immeuble de verre et d'acier, un casino, un théâtre et... le Fouquet's ! Feuilles d'or, acajou, cuir et photos de stars : dans un cadre opulent, on
savoure une cuisine au goût du jour, dans l'esprit brasserie haut de gamme. Et
l'accueil est plein d'attention !

XX **Le L** 🛜 ᴆ ᴀᴄ ⟷

24 pl. de la Bourse – ℰ *05 61 21 69 05* Plan : **4**EY**c**
– *www.restaurantlel.com* – *Fermé dim. et lundi*
Formule 16 € – Menu 39 € – Carte 35/50 €
Que vous inspire ce L mystérieux ? Sur la place de la Bourse, au cœur de la vieille
ville, cette ancienne bonnetterie est devenue un lieu contemporain et design :
tons chauds, bois sombre, belle table d'hôte près de la cave à vins. Une carte
inventive et une atmosphère inimitable... qui vous donnent des ailes !

XX **7 Place St-Sernin** 🛜 ᴀᴄ ⟷

7 pl. St-Sernin – ℰ *05 62 30 05 30* Plan : **4**EX**v**
– *www.7placesaintsernin.com* – *Fermé 3-16 août, lundi midi, sam. midi et dim.*
Formule 19 € – Menu 24 € (déj. en semaine), 27/63 € – Carte 55/75 €
Une belle toulousaine, colorée et chaleureuse, dont la terrasse donne sur la basilique chère à Nougaro. Pour les papilles : tradition et terroir revus et corrigés. Et
pour le portefeuille, un bon rapport qualité-prix !

XX **Émile** 🕸 🛜 ᴀᴄ

13 pl. St-Georges – ℰ *05 61 21 05 56* Plan : **4**FY**r**
– *www.restaurant-emile.com* – *Fermé vacances de Noël, lundi sauf le soir de mai
à sept. et dim.*
Menu 22 € (déj.), 37/57 € – Carte 48/70 €
Belle carte des vins, solide cuisine traditionnelle 100 % maison – produits frais et
producteurs locaux sont à l'honneur – et, cerise sur le gâteau, jolie terrasse sur
une agréable place. Quant à la vedette des lieux, c'est le cassoulet, évidemment !

XX **La Cendrée** ᴀᴄ
⊜⊜
11 r. des Tourneurs – ℰ *05 61 25 76 97* Plan : **4**EY**x**
– *www.lacendree.com* – *Fermé dim. soir*
Formule 13 € – Menu 16 € (déj. en semaine), 29/45 € – Carte 37/59 €
Des murs de briques, des tables drapées de blanc, une cheminée du 15e s. attisée
par un ancien soufflet de forge, des poutres apparentes... La Cendrée a du cachet !
Un décor auquel répond une cuisine légère et goûteuse, à l'image de ce saumon
poché et son délicieux risotto aux légumes verts. Service tout sourire.

X **Colmado** 🛜 ᴆ ᴀᴄ ᴣ
⊜⊜
1 r. des Trois-Journées – ℰ *05 61 42 52 82* Plan : **4**FY**a**
– *www.colmado.fr* – *Fermé dim. midi*
Formule 15 € – Menu 18 € (déj. en semaine) – Carte 38/51 €
À deux pas de la place Wilson, ce restaurant tendance n'hésite pas à piocher des
saveurs aux quatre coins du monde, et à faire évoluer sa carte au fil des saisons...
Une invitation au voyage comme, par exemple, cet effiloché de bœuf façon
sukiyaki et croquant de légumes thaï. Accueil et service tout sourire.

X **L'Empereur de Huê** ᴀᴄ

17 r. des Couteliers – ℰ *05 61 53 55 72* Plan : **4**EZ**a**
– *www.empereurdehue.com* – *Fermé le midi, dim. et lundi*
Menu 39 € (semaine) – Carte 50/70 € *(réservation conseillée)*
Une adresse à conseiller aux adeptes de mariages réussis : dans ce petit restaurant contemporain, la cuisine vietnamienne rencontre la culture culinaire française... pour le meilleur ! Et la décoration, épurée et chaleureuse, rend ce moment
encore plus précieux.

Chez Fifi 🗚

17 r. Croix-Baragnon – ✆ *05 61 53 34 24* – *www.chez-fifi.fr*   Plan : **FY**b
– *Fermé 12 juil.-17 août, dim. et lundi*
Menu 23 € (déj.), 46 €
Poussez la porte de ce sympathique restaurant du vieux Toulouse : un chef plein de métier y officie, signant une cuisine du marché savoureuse et joliment maîtrisée. La devise ? "Cuisine familiale et un peu plus..." Ainsi ce cabillaud à la tomate épicée sur un risotto à l'huile d'olive, ou cette joue de porc braisée.

Le Pic Saint Loup 🖾 🕸

7 r. St-Léon – ✆ *05 61 53 81 51*   Plan : **2BU**b
– *www.restaurantlepicsaintloup.com* – *Fermé 2 semaines en mai, 3 semaines en août, dim. et lundi*
Formule 14 € – Menu 17 € (déj. en semaine), 28/55 € – Carte 38/57 €
Le cadre est volontairement dépouillé, car ici c'est l'assiette qui est reine. Le chef aime faire son marché avec ses amis cuisiniers et cela se sent : de bons produits travaillés dans les règles de l'art et... du goût !

La Folie d'en Marge 🗚

8 r. Mage – ✆ *05 61 25 77 01* – *www.lafoliedenmarge.com*   Plan : **4FZ**v
– *Fermé août, dim. et lundi*
Menu 16 € (déj.)/29 € – Carte 32/54 € *(réservation conseillée)*
La table gastronomique de Frank Renimel (En Marge) a déménagé en périphérie de Toulouse, mais le jeune chef a conservé ce grain de folie au cœur de la ville. Au menu, une cuisine toujours audacieuse, goûteuse et colorée, mais désormais plus simple, parfaite pour un petit dîner en ville.

L'Air de Famille 🖾

20 pl. Victor-Hugo – ✆ *05 61 21 93 29*   Plan : **4FX**t
– *www.lairdefamille-restaurant.com* – *Fermé 3 semaines en août, 1 semaine à Noël, mardi soir, merc. soir, dim. et lundi*
Formule 19 € – Menu 31 € (dîner) – Carte 35/50 € dîner
C'est vrai, il y a ici comme un air de bistrot de famille avec ces tables serrées, ces vieilles affiches, ces vins à l'ardoise... Et dans l'assiette, on sent la patte du vrai cuisinier qui respecte les produits (du Sud jusqu'à la Loire !), en toute simplicité. Une adresse très sympathique.

Lo Specchio 🗚

60 r. des Tourneurs – ✆ *05 61 38 19 40*   Plan : **4EY**e
– *www.restaurant-lospecchio-toulouse.fr* – *Fermé 4-25 août et dim.*
Formule 16 € – Menu 20 € (déj. en semaine) – Carte 26/45 €
N'hésitez pas à venir contempler le reflet de ce Specchio ("miroir" en italien), situé dans une petite ruelle du centre de la ville rose. Dans une atmosphère conviviale, on déguste une cuisine fraîche et colorée, respectant parfaitement les saisons et... réalisée avec passion. Bref : un condensé d'Italie !

Genty Magre 🎎 ⇔

3 r. Genty-Magre – ✆ *05 61 21 38 60*   Plan : **4EY**b
– *www.legentymagre.com* – *Fermé 2-24 août, dim. et lundi*
Formule 17 € – Menu 38 € – Carte 45/63 €
Dans une petite rue du centre, ce restaurant lorgne vers l'esprit bistrot, et mêle le neuf (la déco contemporaine) avec l'ancien (les poutres apparentes, les murs en brique...). Côté cuisine, on revisite joyeusement le terroir avec de beaux produits et de bons vins. Chaleur au déjeuner, raffinement au dîner !

Brasserie du Stade 🗚 ⇔ 🅿

114 r. des Troënes ✉ *31200* – ✆ *05 34 42 24 20*   Plan : **1AS**x
– *www.stadetoulousain.fr* – *Fermé mi-juil. à mi-août, 20 déc.-1er janv., lundi soir, mardi soir, sam. et dim.*
Formule 24 € – Menu 29 € – Carte 38/51 €
Une vaste brasserie à la gloire du ballon ovale, dans l'enceinte même du stade. Entre maillots et trophées, on savoure une cuisine du marché simple et plaisante : essai transformé.

à Gratentour 15 km au Nord par D 4 et D 14 - (Plan : BS) – ✉ 31150
– 3 554 hab. – Alt. 174 m

🏠 **Le Barry** 10 ⚭ 🛏 ♨ 🗈 AC 📶 🖴 **P**
47 r. Barry – 𝒞 05 61 82 22 10 – www.lebarry.fr – Fermé 8-16 août et
19 déc.-2 janv.
22 ch – 🛏78/154 € 🛏🛏83/154 € – ☕ 9 € – ½ P
Une ferme de brique rose et son extension, dans un village de la grande banlieue toulousaine. Les chambres sont simples et propres, l'accueil familial, et le restaurant joue la
carte rustique, avec murs en briques et vieille cheminée. Un ensemble paisible...

à l'Union 7 km au Nord-Est - (Plan : CS) – ✉ 31240 – 11 792 hab. – Alt. 146 m

✕✕ **La Bonne Auberge** 🖼 & AC ⟷ **P**
⊛ 2 bis r. Autan-Blanc, N 88 – 𝒞 05 61 09 32 26 – www.bonneauberge31.fr
– Fermé 9-30 août, 21 déc.-7 janv., dim. et lundi
🔲 Menu 20 € (déj. en semaine), 29/58 € – Carte 39/56 €
Décorée avec juste ce qu'il faut de touches contemporaines (tons rouge orangé,
tableaux figuratifs), cette auberge conserve une âme rustique et chaleureuse... Le
chef et sa brigade ont le souci du beau produit, maîtrisent les cuissons et délivrent une cuisine colorée, généreuse et savoureuse. Une bonne auberge !

à Rouffiac-Tolosan 12 km par ② – ✉ 31180 – 1 791 hab. – Alt. 210 m

✕✕✕ **Ô Saveurs** (Daniel Gonzalez et David Biasibetti) 🏵 🖼 & AC ⟷
❀ 8 pl. des Ormeaux, (au village) – 𝒞 05 34 27 10 11 – www.o-saveurs.com – Fermé
1 semaine en mai, 15-31 août, 1 semaine en sept., en fév., sam. midi, dim. soir et lundi
Menu 28 € (déj. en semaine), 48/98 € – Carte 92/107 €
Daniel Gonzalez (ancien chef de la regrettée Frégate, à Toulouse) et David Biasibetti, c'est l'expérience et la fougue au service d'un même idéal : une cuisine éprise de
la Méditerranée, à l'image de ce pavé de bar rôti, aux pommes de terre truffées et
champignons des bois, qui vaut mieux qu'un discours... Généreux et audacieux !
➔ Fricassée de langoustines au foie gras et pleurotes, coulis de corail. Déclinaison
de veau de l'Aveyron. Assiette de chocolats grand cru.

à Montrabé 9 km par ③ et D 112 – ✉ 31850 – 3 700 hab. – Alt. 150 m

✕ **L'Instant...** 🖼 & AC **P**
⊛ chemin du Logis-Vieux – 𝒞 05 61 48 25 24 – www.restaurant-linstant.fr
– Fermé 10-17 août, lundi soir, mardi soir et dim.
Formule 14 € – Menu 18 € (déj. en semaine), 30/42 € – Carte 38/53 €
L'Instant... d'une parenthèse gourmande non loin de Toulouse ! Dans un décor
zen et épuré, on s'installe à l'une des tables d'un blanc immaculé pour manger
au coude-à-coude. Derrière les fourneaux, le chef signe une cuisine dans l'air du
temps avec quelques touches méridionales et asiatiques. Une bonne adresse.

à Rangueil 5 km au Sud-Est – ✉ 31400

✕ **Mas de Dardagna** 🖼 🖼 AC **P**
1 chemin de Dardagna, (près de l'hôpital Rangueil) Plan : 2BU**e**
– 𝒞 05 61 14 09 80 – www.masdedardagna.com – Fermé 3 semaines en août,
23 déc. au 2 janv., sam., dim. et fériés
Formule 22 € – Menu 32 € (dîner en semaine), 40/53 € (réservation conseillée)
Voilà une cuisine respectueuse des produits, simple et bien faite... Aucun doute,
cette ancienne ferme – typiquement toulousaine – est un joli repaire gourmand !
Et aux beaux jours, on peut même s'installer sous les canisses...

à Castanet-Tolosan 12 km par ⑤ et N 113 – ✉ 31320 – 11 090 hab. – Alt. 164 m

✕✕ **La Table des Merville** 🖼 & AC ⟷
⊛ 3 pl. Pierre-Richard – 𝒞 05 62 71 24 25 – www.table-des-merville.fr
– Fermé 12-27 avril, 2-16 août, 20-30 déc., dim. et lundi
Menu 25 € (déj. en semaine), 31/49 € – Carte 47/97 €
Une extension tout en verre sur une jolie place avec terrasse, des cuisines ouvertes sur la salle donnant l'impression que le chef travaille parmi les clients : Claudie
et Thierry Merville ont su créer un lieu original... Et les assiettes, aussi joliment
contemporaines et soignées, dégagent ce même parfum de "Mervilleux" !

à Pinsaguel 13km par ⑥ et D 120 – ⊠ 31120 – 2 597 hab. – Alt. 151 m

XX   **Le Gentiane**   ⬚ ⬚ ⬚ ⬚ **P**
⊗⊗   *7 r. du Cagire – ℰ 05 62 20 55 00 – www.legentiane.fr – Fermé 12-20 août,*
31 déc.-6 janv., dim. soir, lundi et mardi
Menu 15 € (déj. en semaine), 31/49 € – Carte 55/62 €
Entre autres vertus, la gentiane est connue pour stimuler l'appétit... Comme cet
endroit ! Après avoir tenu une épicerie fine à Toulouse, le couple Bachon a réalisé
son rêve : ouvrir un restaurant aux airs de maison privée, où l'on se rend "comme
chez des amis". À un détail près : ici, on est sûr de bien manger.

à Vigoulet-Auzil 13 km au Sud par D4 et D35ᵉ - (Plan : BU) – ⊠ 31320
– 939 hab. – Alt. 290 m

⌂   **Château d'Arquier** sans rest   ⬚ ⬚ ⬚ ⬚ **P** ⬚
17 av. des Pyrénées – ℰ 05 61 75 80 76 – www.arquier.com
3 ch ⬚ – †95/100 € ††95/160 €
Sur un coteau arboré, cette bâtisse typiquement toulousaine recèle le charme
bourgeois des maisons de famille (mobilier de style, peintures murales de Marc
Saint-Saëns...). Sur l'arrière, on profite d'une belle vue sur le vaste parc. Quel calme !

à Aureville 16 km au Sud par D 4 et D 4 ᶜ⁻ (Plan : BU) – ⊠ 31320
– 755 hab. – Alt. 260 m

XX   **En Marge** (Frank Renimel)   ⬚ ⬚ ⬚ **AC** ⬚ **P**
⊗⊗   *1204 rte de Lacroix-Falgarde, (lieu-dit Birol) – ℰ 05 61 53 07 24*
– www.restaurantenmarge.com – Fermé 21-25 avril, dim. et lundi
Menu 30 € (déj. en semaine), 49/140 € – Carte 105/160 €
Cette ferme du 19ᵉ s., transformée en élégant restaurant, est le repaire du jeune chef
Franck Renimel. Dans ce coin de campagne "En Marge" de la ville, il montre
qu'il a toujours la même envie de surprendre : avec talent et audace, il jongle
avec les saveurs et les textures... et fait mouche, sans dérouter !
➔ Cappuccino de champignons, foie gras et émulsion de volaille. Bœuf de Galice
et truffe noire. Vacherin à la pomme et fève tonka.

à Lacroix-Falgarde 13 km au Sud par D 4 - (Plan : BU) – ⊠ 31120
– 2 041 hab. – Alt. 154 m

XX   **Le Bellevue**   ⬚ ⬚ **P**
1 av. des Pyrénées – ℰ 05 61 76 94 97 – Fermé mardi sauf de mai à sept. et merc.
Formule 18 € – Menu 21 € (déj. en semaine), 30/44 € – Carte 45/60 €
Quand on s'promène au bord de l'eau... Le Gabin de la "Belle Équipe" n'aurait pas
renié cette ancienne guinguette et sa terrasse ombragée, perchée au bord de
l'Ariège. En cuisine, le sympathique chef mitonne des plats traditionnels qui mettent le terroir à l'honneur.

à Villeneuve-Tolosane 12 km au Sud-Ouest par D 15 – ⊠ 31270
– 8 748 hab. – Alt. 158 m

X   **D'Cadei**   ⬚ ⬚
8 pl. de l'Hôtel-de-Ville – ℰ 05 61 92 72 68 – www.dcadei.fr – Fermé dim. et lundi
Formule 16 € – Menu 23 € (déj. en semaine)/48 € – Carte 41/59 €
Des produits frais, du fait maison, tel est le credo du jeune chef, Damien Cadei. Sa
cuisine, il la veut méditerranéenne, colorée, parfumée d'herbes aromatiques, d'ail,
de légumes du soleil. Sans oublier la tradition régionale : foie gras, cassoulet...

à Tournefeuille 10 km à l'Ouest par D 632 - (Plan : AT) – ⊠ 31170
– 25 763 hab. – Alt. 155 m

XX   **L'Art de Vivre**   ⬚ ⬚ ⬚ ⬚ **P**
279 chemin Ramelet-Moundi – ℰ 05 61 07 52 52 – www.lartdevivre.fr
– Fermé vacances de printemps, 3 semaines en août, vacances de Noël, dim. soir,
lundi et mardi
Formule 20 € – Menu 26 € (déj. en semaine), 39/62 € – Carte 64/88 €
Une maison noyée dans la verdure, une terrasse donnant sur un petit cours
d'eau... Bucolique, n'est-ce pas ? Quant à la carte, elle révèle un Art de Vivre
dans l'air du temps, des plats plaisants et bien réalisés, et une cave de près
de 400 références !

à Purpan 6 km à l'Ouest par N 124 – ⊠ 31300

Palladia 🕍 🌀🕱🚳🏰🖥🕹🏧🕱🛜🖫🖳🚗

271 av. de Grande-Bretagne – ☏ 05 62 12 01 20   Plan : 1AT**e**
– www.hotelpalladia.com
90 ch – ⌖ – ♥97/137 € ♥♥199/209 € – 1 suite – ½ P
Hôtel d'affaires tout de verre et béton, situé entre l'aéroport et le centre-ville. Les chambres sont douillettes, spacieuses et bien insonorisées, et l'on peut profiter du spa après une réunion dans l'amphithéâtre ! Carte actuelle au restaurant.

Novotel Aéroport 🕍 🛏🕱🕹🖥🕹🏧🛜🖫🖳

23 impasse Maubec – ☏ 05 61 15 00 00   Plan : 1AT**a**
– www.novotel.com/0445
123 ch – ♥85/192 € ♥♥85/192 € – ⌖ 16 €
Idéal pour la clientèle d'affaires, mais aussi pour les familles : l'intérieur est coloré, dans un style actuel, et les chambres sont fonctionnelles et parfaitement équipées. Dehors, des jeux pour enfants et… un terrain de pétanque pour tous.

à St-Martin-du-Touch vers ⑦ – ⊠ 31300

🏠 Airport Hôtel *sans rest*   🕹🖥🕹🛜🖫🖳🚗

176 rte de Bayonne – ☏ 05 61 49 68 78   Plan : 1AT**s**
– www.airport-hotel-toulouse.com
45 ch – ♥65/90 € ♥♥75/120 € – 3 suites – ⌖ 10 €
À proximité de l'aéroport de Toulouse-Blagnac, un petit hôtel des années 1980, très pratique, où règne une atmosphère familiale. Les chambres sont fonctionnelles, propres et bien insonorisées… Simple et efficace !

🍴🍴 Le Cantou   🐌🛏🏠🔄🖳

98 r. Velasquez, D 2B – ☏ 05 61 49 20 21 – www.cantou.fr   Plan : 1AT**h**
– Fermé 15 août-3 sept., 21 déc.-7 janv., sam. et dim.
Menu 35 € (semaine), 45/65 € – Carte 55/67 €
On se croirait à la campagne et l'on est pourtant à deux pas de la ville et des pistes de l'aéroport. Découvrez donc cette ferme et son immense jardin, ainsi que la brique et le bois qui habillent chaleureusement son intérieur. Au menu : une cuisine calée sur le marché et une sélection de vins de 1 300 références !

à Colomiers 10 km par ⑦, sortie n° 3 puis direction Cornebarrieu par D 63 – ⊠ 31770 – 35 784 hab. – Alt. 182 m

🍴🍴🍴 L'Amphitryon (Yannick Delpech)   🐌🏠🏧🖳🔄🖳

🕸🕸 *chemin de Gramont – ☏ 05 61 15 55 55 – www.lamphitryon.com – Fermé 2 semaines en août, 1 semaine en janv. et sam. midi*
Menu 36 € (déj. en semaine), 79/132 € – Carte 105/155 €
Près du site aéronautique, un bel endroit cerné par la verdure, lumineux et au chic très contemporain… C'est ici qu'exerce Yannick Delpech, jeune chef dont le talent n'a pas attendu le nombre des années : très fines et soignées, ses assiettes sont à la fois inventives et solidement ancrées dans le classicisme et le Sud-Ouest. Un travail de haut vol !
→ Caviar bio des Pyrénées, lisette, crème de morue, raifort et vinaigre balsamique. Pigeonneau sur une tartine gourmande, cuisses en condiments, gnocchis et artichaut. Œuf coque, mangue fraîche, chocolat et sorbet mangue-passion.

à Blagnac 7 km au Nord-Ouest – ⊠ 31700 – 22 217 hab. – Alt. 135 m

Radisson Blu 🕍 🕹🖥🕹🏧🛜🖫🖳🚗

2 r. Dieudonné-Costes – ☏ 05 61 16 18 00   Plan : 1AS**x**
– www.radissonblu.com/hotel-toulouseairport
197 ch – ♥90/250 € ♥♥120/300 € – 3 suites – ⌖ 25 €
Tout près de l'aéroport, cet hôtel a l'âme résolument urbaine… Les chambres sont colorées, spacieuses et très tendance, et leur équipement dernier cri ravira la clientèle d'affaires ; on apprécie aussi le superbe patio planté de ceps de vigne et de lauriers roses.

Pullman 🕽 🖂 🖪 🏋 🖪 🗚 🛜 🖪 🅿

2 av. Didier-Daurat, dir. aéroport (sortie n° 3) — Plan : 1AS**e**
— *𝒞 05 34 56 11 11* — *www.pullmanhotels.com*
100 ch — 🛏120/260 € 🛏🛏138/282 € — ⊑ 26 €
Dans cet hôtel d'affaires, des espaces communs cosy, une vingtaine de chambres d'esprit contemporain (les autres classiques), ainsi que de bons équipements, dont une belle piscine dans l'espace bien-être. Restaurant traditionnel et carte de tapas au bar.

🍴 Jin Ji 🖧 🗚 🅿

23 r. des Mines — *𝒞 05 61 15 71 00* — *www.jinjiresto.com* — *Fermé en août, mardi soir, merc. soir, sam. midi, dim. et lundi*
Formule 17 € — Menu 24 € (déj.)/43 €
Venez déguster un "jin ji" (repas) coréen, préparé par une jeune chef... coréenne. Ici, honneur à la tradition en toute simplicité : le chou mariné (kimchi) est affiné sur place, et on n'utilise pas d'exhausteurs de goût ! Une adresse bien appréciée dans ce quartier résidentiel.

à Seilh 15 km par ⑧ — ⊠ 31840 – 3 042 hab. – Alt. 133 m

Mercure Golf de Seilh 🕽 🖂 ◁ 🏊 🖪 🏋 🖫 🖪 🗚 🛜 🖪 🚗

rte de Grenade — *𝒞 05 62 13 14 15* — *www.mercure-toulouse-golf-de-seilh.com*
— *Fermé 18 déc.-4 janv.*
170 ch — 🛏77/180 € 🛏🛏77/180 € — 2 suites — ⊑ 18 € — ½ P
Un resort propice aux affaires comme aux loisirs, au milieu de deux parcours de golf 18 trous. Chambres actuelles et fonctionnelles, aux teintes claires ; studios et appartements sont parfaits pour les longs séjours. Au restaurant, carte d'esprit méridional.

à Quint-Fonsegrives 12 km par ④ et D 826 — ⊠ 31130 – 4 986 hab. – Alt. 153 m

🍴 En Pleine Nature (Sylvain Joffre) 🖧 🕹 🗚 🕪
🕸

6 pl. de la Mairie — *𝒞 05 61 45 42 12* — *www.en-pleine-nature.com* — *Fermé 1 semaine en mai, août, sam. midi, dim., lundi et fériés*
Formule 25 € — Menu 30 € (déj.), 47/62 €
Ici, pas de menu : le jeune chef, Sylvain Joffre, se laisse la liberté de cuisiner selon ses envies, puisant dans la nature, invitant à une balade sur terre ou en mer... Le voyage séduit. De la finesse, du goût, de l'enthousiasme ! Un plaisir pour les papilles et les pupilles.
→ Cuisine du marché.

LE TOUQUET-PARIS-PLAGE

⊠ 62520 (Pas-de-Calais) – 4 538 hab. – Alt. 5 m – Voir carte n°**30-A2**
🖪 Paris 242 km – Abbeville 58 km – Arras 99 km – Boulogne-sur-Mer 30 km
Carte Michelin 301-C4

Westminster 🕽 🖂 🌐 🖪 🏋 🛜 🖪 🅿

av. du Verger — *𝒞 03 21 05 48 48* — *www.westminster.fr* — Plan : BZ**a**
114 ch — 🛏170/440 € 🛏🛏260/950 € — 1 suite — ⊑ 21 € — ½ P
Rest *Le Pavillon* ✿ **Rest** *Les Cimaises* — voir les restaurants ci-après
Ce séduisant palace de style anglo-normand est posté entre la mer et la pinède. L'intérieur est du même acabit : superbes ascenseurs dans le hall ; chambres de style Art déco et bar rétro chic. Sans oublier le très beau spa !

Holiday Inn 🕽 ◁ 🖙 🖂 🖪 🏋 🖪 🛜 🖪 🅿

av. du Mar.-Foch — *𝒞 03 21 06 85 85* — Plan : BZ**n**
— *www.holidayinnletouquet.com*
86 ch — 🛏129/309 € 🛏🛏129/309 € — 2 suites — ⊑ 17 € — ½ P
À deux pas du casino, ce bel établissement dispose de chambres fonctionnelles, dont certaines en duplex. L'adresse conviendra autant aux familles (piscine intérieure, espace jeux) qu'à la clientèle professionnelle (salles de séminaires).

Pointe du Touquet

BAIE DE LA CANCHE

Base nautique

MANCHE

CANCHE

PARC DES SPORTS DE LA CANCHE

CENTRE ÉQUESTRE

Aqualud

CASINO

Phare

Hôtel Westminster

Village suisse

Ste-Jeanne d'Arc

Casino du Palais

Pt de l'Hermitage

Centre sportif

PALAIS DES SPORTS

Palais de l'Europe

ÉCOLE HÔTELIÈRE

Base nautique de char à voile

Institut Thalassa

Camping

BERCK-PLAGE

N 39 ARRAS, ST-OMER
A 16 BOULOGNE, ABBEVILLE

Aboudaram (Av. L.)	**BZ** 2	Garet (Av. et R. L.)	**ABY** 26	Pins (Av. des) ... **BZ** 40
Atlantique (Av. de l')	**ABZ** 4	Genets (Av. des)	**ABZ** 27	Recoussine
Bardol (R. E.)	**BY** 6	Hubert (Av. L.)	**ABY** 29	(Av. F.) ... **BZ** 42
Bourdonnais (Av. de la)	**ABY** 10	Londres (R. de)	**AYZ** 31	Reine-May (Av. de la) .. **ABZ** 43
Bruxelles (R. de)	**AYZ** 12	Metz (R. de)	**AYZ** 33	St-Amand (R.) ... **AZ** 45
Calais (R. de)	**BY** 15	Monnet (R. J.)	**AZ** 34	St-Jean (Av. et R.) ... **ABZ** 46
Desvres (R. de)	**ABY** 18	Moscou		St-Louis (R.) ... **AZ** 47
Docteur-J.-Pouget		(R. de)	**AYZ** 35	Tourville (Av. de l'Amiral).. **ABY** 50
(Bd du)	**AYZ** 19	Oyats (Av. et R. des)	**ABZ** 37	Troènes (Av. des) ... **BZ** 52
Dorothée (R.)	**AZ** 21	Paix (Av. et R. de la)	**ABZ** 38	Verger (Av. du) ... **BZ** 54
Duboc (Av. et R. J.)	**ABY** 23	Paris (R. de)	**AYZ** 39	Whitley (Av. J.) ... **BZ** 56

⌂⌂⌂ Le Manoir Hôtel ⏸ ⌿ ⇘ ⊐ ⚒ ✖ ⚗ 🛜 ⚐ **P**

av. du Golf, 2,5 km par ② – ℰ 03 21 06 28 28 – www.manoirhotel.com
40 ch – ♦135/195 € ♦♦150/300 € – 1 suite – ⌂ 16 € – ½ P
Beaucoup de golfeurs aiment à séjourner dans ce beau manoir du début du 20ᵉ s. entouré d'un jardin fleuri. La raison de cet engouement ? La proximité immédiate de la forêt et des greens, mais aussi les chambres coquettes et le bar cultivant sa petite touche "british".

Bristol sans rest
17 r. Jean-Monnet – ✆ 03 21 05 49 95 – www.hotelbristol.fr Plan : AZ**x**
49 ch – †95/250 € ††95/250 € – ☕ 12 €
Entre plage et centre-ville, une coquette villa des années 1920 aux chambres petit à petit redécorées dans un style contemporain ; préférez donc les plus récentes. Bar feutré et agréable patio intérieur.

Castel Victoria sans rest
11 r. de Paris – ✆ 03 21 90 01 00 – www.castelvictoria.com Plan : AY**m**
25 ch – †50/115 € ††85/195 € – ☕ 12 €
Non loin du front de mer, cette ancienne pension de famille du début du 20e s. est devenue un bel hôtel design et contemporain, avec notamment des salles de bains ouvertes dans la plupart des chambres. Même si certaines sont petites (les "Cosy"), elles sont idéales pour se reposer après la plage. Agréable bar lounge.

Le Pavillon – Hôtel Westminster
av. du Verger – ✆ 03 21 05 48 48 – www.westminster.fr Plan : BZ**a**
– Ouvert 1er avril-1er janv. et fermé merc. sauf juil.-août, mardi et le midi
Menu 60 € (semaine), 95/145 € – Carte 83/115 €
Dans le cadre chic et classique de l'hôtel Westminster, beau palace des années 1930, on déguste une cuisine volontiers inventive, mettant en valeur des produits de qualité. La carte des vins, remarquable, est bien digne d'une bonne table.
➜ Calamar, jeune betterave et vinaigre vieux de Xérès. Bar sauvage, brocolis et pomme à cidre. Crème prise au cassis, biscuit pistache, fruits rouges et sorbet à la rhubarbe.

Le Village Suisse
52 av. St-Jean – ✆ 03 21 05 69 93 – www.levillagesuisse.fr Plan : BZ**e**
– Fermé 2 semaines fin nov., dim. soir d'oct. à avril, mardi midi et lundi
Menu 29/72 € 🍷 – Carte 42/74 €
Cette jolie villa, construite en 1905, surplombe des boutiques d'antiquités et dispose même d'une terrasse sur les toits de ces dernières ! En cas de vent frais, on pourra se réfugier dans la salle, récemment relookée et cosy, pour savourer la cuisine traditionnelle du chef, réalisée avec de beaux produits frais. L'adresse idéale pour les gourmands chineurs...

Le Paris
88 r. de Metz – ✆ 03 21 05 79 33 Plan : AZ**p**
– www.restaurant-leparis.com – Fermé 1 semaine fin juin, 1 semaine mi-déc., dim. soir hors saison, mardi et merc.
Formule 19 € – Menu 22 € (semaine)/36 € – Carte 43/55 €
À quelques rues du bord de mer, une table en prise sur le marché et les saisons, très appréciée des gourmets de la station ! Le cadre épuré, dans des teintes taupe et framboise, ne manque pas de cachet. Une adresse agréable.

Côté Sud
187 bd du Dr-Pouget – ✆ 03 21 05 41 24 Plan : AZ**n**
– www.le-touquet-cote-sud.fr – Fermé 23 fév.-11 mars, 22 juin-1er juil., 30 nov.-16 déc., lundi midi, merc. et dim. soir hors saison, mardi midi et lundi en juil. août
Formule 19 € – Menu 24 € (semaine), 35/55 € – Carte 47/66 €
On a beau être au Nord, on n'en a pas moins le soleil dans le cœur : la preuve avec Côté Sud ! Accueil sympathique dans ce restaurant situé le long de la digue du Touquet, face à la mer. Les gourmands y savourent une cuisine dans l'air du temps, honorant le poisson, dans un cadre aux teintes douces et reposantes...

Les Cimaises – Hôtel Westminster
av. du Verger – ✆ 03 21 06 74 95 – www.westminster.com Plan : BZ**a**
Formule 35 € 🍷 – Menu 42 € – Carte 55/82 €
Cette brasserie a été décorée dans l'esprit des années 1930. On y vient pour les buffets d'entrées et de desserts, les plats de poisson et la cuisine d'inspiration régionale.

TOURCOING

⊠ 59200 (Nord) – 92 018 hab. – Alt. 37 m – Voir carte n°**31-C2**
▶ Paris 234 km – Kortrijk 19 km – Gent 61 km – Lille 17 km
Carte Michelin 302-G3

Accès et sorties : voir plan de Lille

⌂ **Villa Paula** sans rest   ⇔ ⚡ 🛜 **P**
44 r. Ma Campagne – 𝒞 06 12 95 97 97   **plan de Lille 3**HR**e**
– www.villapaula.fr – Fermé 2 semaines en août
4 ch ⊡ – †130/200 € ††150/220 €
Dans les faubourgs de la ville, cette maison en brique rouge, datant de 1929, a
fière allure... et ne connaît pas la crise. De belles chambres au mobilier design,
une excellente literie et des équipements dernier cri : un ensemble fort séduisant,
avec même un jacuzzi dans le jardin !

✗✗ **La Baratte**   🖼 AC ⇔
395 r. du Clinquet – 𝒞 03 20 94 45 63   **plan de Lille 3**HR**d**
– www.la-baratte.com – Fermé 17-24 août, sam. midi, dim. soir et lundi
Formule 20 € ♈ – Menu 33/72 € – Carte 54/67 €
Une petite maison en briques dans un quartier résidentiel de Tourcoing. Surprise
à l'intérieur : on découvre une salle résolument contemporaine et élégante, avec
une agréable vue sur le jardin et sa terrasse en teck. Côté cuisine, le chef fait
montre d'inventivité... pour le bonheur du produit frais !

TOUR-DE-FAURE – 46 (Lot) ➜ voir St-Cirq-Lapopie

LA TOUR-DU-PIN

⊠ 38110 (Isère) – 7 931 hab. – Alt. 350 m – Voir carte n°**45-C2**
▶ Paris 516 km – Aix-les-Bains 57 km – Chambéry 51 km – Grenoble 67 km
Carte Michelin 333-F4 – Guide Vert Michelin Lyon et sa région

✗✗ **Le Bec Fin**
1 pl. Alfred-Boucher – 𝒞 04 74 97 58 79 – www.le-bec-fin-restaurant.com
– Fermé 1ᵉʳ-21 août, 1 semaine en janv., dim. soir et lundi
Menu 20 € (déj. en semaine), 31/51 €
Cette ancienne maison de négociant, jaune et pimpante, semble vous attendre
en souriant. Les menus mettent l'eau à la bouche : filet de pintade en croûte de
sésame, chou frisé au beurre de cardamome, etc. Dans l'assiette, c'est fin et
soigné, et il y a de la justesse dans les saveurs... Vive la tradition !

à St-Didier-de-la-Tour 3 km à l'Est par N 6 – ⊠ 38110 – 1 841 hab. – Alt. 380 m

✗✗✗ **Ambroisie**   ⇐ AC ⚡ **P**
64 rte du Lac – 𝒞 04 74 97 25 53 – www.restaurant-ambroisie.com
– Fermé 7-12 avril, 17-30 août, mardi, merc. et dim. soir
Menu 29 € (semaine)/80 € – Carte 60/70 € (réservation conseillée)
Une vue sur le lac, une ambiance feutrée (salle aux tons grège et chocolat), une
terrasse entourée de beaux platanes... Quoi de plus apaisant ? Ce cadre convient
à merveille à la cuisine proposée, fine et délicate : chaque plat a été mûrement
réfléchi, soigné, pour en faire ressortir les multiples parfums.

à Montagnieu 5 km au Sud par D 17 – ⊠ 38110 – 930 hab. – Alt. 500 m

✗ **Le Petit Dauphinois**   ⚹ AC **P**
1 rte de Virieu – 𝒞 04 74 97 27 23 – www.lepetitdauphinois.com – Fermé août,
15-31 déc. et merc.
Formule 13 € ♈ – Menu 20/35 € – Carte 27/39 € (réservation conseillée)
Dans cette maison traditionnelle, la cuisine est délicate, féminine, avec un pen-
chant pour les jolis produits. Le cadre, quant à lui, est délicieusement rétro, avec
deux grandes ardoises détaillant d'alléchantes propositions culinaires. La formule
brasserie met de bonne humeur avec des plats efficaces à prix doux.

à Rochetoirin 4 km au Nord-Ouest par N 6 et D 92 – ⊠ 38110
– 1 057 hab. – Alt. 449 m

XX **Le Rochetoirin** ⪦ 🏠 🕭 **P**

🔘 *10 rte de la Tour-du-Pin, (au village) – ℰ 04 74 97 60 38 – www.lerochetoirin.fr*
– Fermé 17-31 août, 23 déc.-11 janv., merc. soir, sam. midi, dim. soir et lundi
Menu 30/62 € – Carte 50/66 €
Non pas un, mais deux restaurants : bistrot (le "Tradi") et table de chef (le "Gas-
tro"). Deux faces d'une même envie pour cette équipe jeune et décomplexée !
Cuisses de grenouille – le dada du chef – ; carré d'agneau, ail confit et ratatouille ;
version contemporaine du vacherin chartreuse... Fraîcheur, couleur et mouvement.

TOURNEFEUILLE – 31 (Haute-Garonne) → voir Toulouse

TOURNEMIRE

⊠ 12250 (Aveyron) – 390 hab. – Alt. 460 m – Voir carte n°**29-D2**
🄳 Paris 671 km – Albi 94 km – Montpellier 115 km – Toulouse 171 km
Carte Michelin 338-K7

X **Auberge des Orchidées** 🏠 🕭 🄰🄲 ⇪ **P**

av. Hippolyte-Puech – ℰ 05 65 62 80 42 – Fermé en fév., dim. soir, lundi et mardi
Formule 15 € 🍷 – Menu 22/43 € – Carte 31/46 €
Une auberge charmante, située dans l'ancien hôtel de la gare, où l'on déguste de
délicieux plats du terroir (agneau, bœuf de l'Aubrac), qui jouent sur les couleurs,
les saveurs et les textures. De plus, on est à deux kilomètres à peine de Roquefort
et de son fromage... que l'on retrouve évidemment à la carte !

TOURNON-SUR-RHÔNE

⊠ 07300 (Ardèche) – 10 689 hab. – Alt. 125 m – Voir carte n°**43-E2**
🄳 Paris 545 km – Grenoble 98 km – Le Puy-en-Velay 104 km – St-Étienne 77 km
Carte Michelin 332-B3 – Guide Vert Michelin Ardèche Drôme

🏨 **Les Amandiers** sans rest 📳 🄰🄲 🛇 � **P**

13 av. de Nîmes – ℰ 04 75 07 24 10 – www.hotel-amandiers.com
– Fermé vacances de Noël
25 ch – ♦68/73 € ♦♦78/84 € – � 9 €
Bâtisse moderne fréquentée par la clientèle d'affaires en semaine. Les chambres y
sont climatisées et bien insonorisées, avec de grandes salles de bains. Une
adresse pratique à prix doux.

🏠 **Azalées** 🕪 🄰🄲 🛇 � 🛁 **P**

6 av. de la Gare – ℰ 04 75 08 05 23 – www.hotel-azalees.com
– Fermé 20 déc.-6 janv.
39 ch – ♦69/92 € ♦♦69/92 € – � 9 € – ½ P
Rest *Azalées* – voir les restaurants ci-après
Entre la gare et le centre-ville, deux bâtiments autour d'une cour, avec de petites
chambres propres et bien conçues.

XX **Le Tournesol** 🕸 🏠 ⇪

44 av. du Mar.-Foch, par ④ – ℰ 04 75 07 08 26 – www.letournesol.net – Fermé 1
semaine en fév., 1 semaine vacances de Pâques, 3 semaines en août, 1 semaine
vacances de la Toussaint, dim. soir, mardi et merc.
Formule 20 € – Menu 29/38 € – Carte 32/43 €
Un restaurant chaleureux, aux murs habillés de pierre ou de bois. Comme le tournesol, ici, la carte suit le soleil et les saisons. Les amateurs de vins apprécieront la
belle sélection de côtes-du-rhône exposés dans une cave vitrée. Prix attractifs.

XX **Azalées** – Hôtel Azalées 🏠 🄰🄲

6 av. de la Gare – ℰ 04 75 08 05 23 – www.hotel-azalees.com
– Fermé 20 déc.-6 janv.
Formule 10 € 🍷 – Menu 24/35 € – Carte 26/38 €
Tomates, poireaux, haricots vert, pommes de terre... Ici, les gourmands se régalent
d'une cuisine traditionnelle faisant la part belle aux légumes du potager familial.
Prix raisonnables.

✗ **Le Chaudron** 🏮 🍴

7 r. St-Antoine – 📞 *04 75 08 17 90 – Fermé 2 semaines en août, 24 déc.-2 janv.,
mardi soir, jeudi soir et dim.*
Formule 15 € ♦ – Menu 23/39 € – Carte 35/55 €
Un petit bistrot sympathique, dans une ruelle du centre-ville. Boiseries, banquet-
tes... et dans le chaudron du chef, les produits du marché. Joli choix de vins du
Rhône. Aux beaux jours, on profite de la terrasse ombragée.

TOURNUS

✉ 71700 (Saône-et-Loire) – 5 814 hab. – Alt. 193 m – *Voir carte n°8-C3*
▶ Paris 360 km – Bourg-en-Bresse 70 km – Chalon-sur-Saône 28 km – Mâcon 37 km
Carte Michelin 320-J10 – Guide Vert Michelin Bourgogne

🏨 **Greuze** 🍴 ⊗ 🏢 🅰🅲 📶 🅿

5 pl. de l'Abbaye – 📞 *03 85 51 77 77 – www.hotelgreuze.fr*   e
19 ch – ♦120/260 € ♦♦170/330 € – 2 suites – ⊒ 12 €
Rest *Greuze* ⊗ – voir les restaurants ci-après
Entre l'abbaye St-Philibert (10ᵉ-11ᵉ s.) et le centre-ville, une belle demeure bressane avec une agréable terrasse où l'on prend son petit-déjeuner aux beaux
jours. Les chambres se révèlent spacieuses et raffinées, d'esprit Louis XVI, Directoire, Empire...

🏨 **Le Rempart** 🍴 🏢 ♿ 🅰🅲 📶 🅿 🚗

2 av. Gambetta – 📞 *03 85 51 10 56 – www.lerempart.com*   x
29 ch – ♦119/249 € ♦♦139/269 € – 4 suites – ⊒ 16 € – ½ P
Rest *Quartier Gourmand* ⊗ – voir les restaurants ci-après
En 1956, lorsque le père du propriétaire a fondé cet hôtel sur les anciens remparts de Tournus, ce n'était qu'une affaire familiale toute simple... qui a crû et
embelli au fil des ans. Aujourd'hui, cette maison du 15ᵉ s. affiche un bel esprit
contemporain (excepté pour quelques chambres). Entre tradition et modernité !

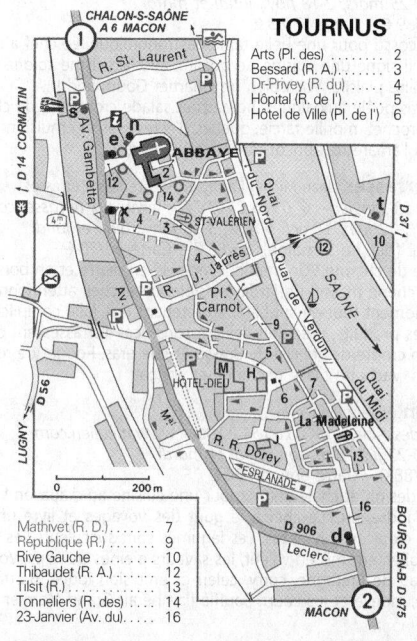

TOURNUS

Arts (Pl. des) 2
Bessard (R. A.) 3
Dr-Privey (R. du) 4
Hôpital (R. de l') 5
Hôtel de Ville (Pl. de l') . 6

Mathivet (R. D.) 7
République (R.) 9
Rive Gauche 10
Thibaudet (R. A.) 12
Tilsit (R.) 13
Tonneliers (R. des) 14
23-Janvier (Av. du) 16

🏠 Aux Terrasses
🍽 🛗 🔌 ℗ 🌐 📶 ♿

18 av. du 23-Janvier – ✆ 03 85 51 01 74 – www.aux-terrasses.com
– Fermé 1er-12 juin, 18 oct.-6 nov., 3-18 janv., dim. et lundi
25 ch – 🛏77/180 € 🛏🛏93/210 € – ☟ 17 €
Rest Aux Terrasses ✿ – voir les restaurants ci-après
Un hôtel familial qui prend du galon ! Ici, c'est simple et efficace : on prend ses
quartiers dans des chambres fonctionnelles, bien tenues, et les tarifs sont raisonnables. Pour un confort supérieur, on peut dormir "sous les toits", dans de magnifiques chambres contemporaines.

🏠 La Tour du Trésorier
🍽 🔌 🌐 📶 ♿ ℗

9 pl. de l'Abbaye – ✆ 03 85 27 00 47 – www.tour-du-tresorier.com
– Fermé 15 nov.-15 déc.
5 ch ☟ – 🛏150/190 € 🛏🛏150/190 €
Dans cette belle maison médiévale, flanquée d'une superbe tour, le charme historique le dispute à l'épure contemporaine et au raffinement. Autres atouts : un
accueil charmant, un magnifique jardin dominant la Saône et, à l'heure des gourmandises, une cuisine du marché et des dégustations de vins !

🍴🍴🍴 Greuze (Yohann Chapuis) – Hôtel Greuze
🔌 ♿ 🅰🅲 ℗

✿
1 r. Albert Thibaudet – ✆ 03 85 51 13 52 – www.restaurant-greuze.fr
– Fermé 18 nov.-4 déc., 21 janv.-6 fév., mardi et merc.
Menu 41/100 € – Carte 90/120 €
Cette jolie maison fut d'abord un orphelinat fréquenté par Jean Ducloux. Ce dernier s'était promis d'en faire un restaurant et il a tenu son pari avec le succès
que l'on sait... Aujourd'hui, le jeune Yohann Chapuis porte l'emblème en signant
une cuisine fine et délicate, inventive et aux visuels remarquables. L'histoire n'est
pas finie !
→ Cassolette d'écrevisses de Saône et épinards. Poitrine et cuisse de pigeonneau,
foie gras poêlé et blettes. Millefeuille à la vanille et caramel beurre salé.

🍴🍴🍴 Quartier Gourmand – Hôtel Le Rempart
♿ 🅰🅲 ℗

✿
2 av. Gambetta – ✆ 03 85 51 10 56 – www.lerempart.com
– Fermé 9-25 mars, 2-18 nov., lundi et mardi
Menu 39/89 € – Carte 67/83 €
Un décor cossu pour une belle table gastronomique. Le chef a le souci du travail
bien fait : il signe une cuisine de qualité, au classicisme soigné, où transparaît le
souci de faire plaisir... Voilà bien un Quartier Gourmand !
→ Foie gras poêlé aux algues, homard et salade croquante de chou chinois. Quenelle de brochet, morille farcie, queues d'écrevisses et émulsion des têtes au café.
Tiramisu à l'amaretto, abricot rôti et sorbet cacao.

🍴🍴 Aux Terrasses (Jean-Michel Carrette) – Hôtel Aux Terrasses
🌿 🏡 ♿ 🅰🅲

✿
18 av. du 23-Janvier – ✆ 03 85 51 01 74 – www.aux-terrasses.com
– Fermé 1er-12 juin, 18 oct.-6 nov., 3-18 janv., dim. et lundi
Menu 25 € (déj. en semaine), 36/85 € – Carte 58/70 €
Une étape de charme ! Un intérieur repensé en pierre et en bois avec de grandes
tables en chêne massif, un jardin paisible, un accueil attentionné... pour une cuisine du moment tout en subtilité, entretenant une jolie complicité avec le terroir.
Qualité des produits, précision des cuissons : ces Terrasses ont du bon !
→ Pâté en croûte de volaille de Bresse et foie gras. Rouget de roche rôti à la pâte
de chorizo. Vacherin glacé nectarine et abricot.

🍴🍴 Meulien (Valéry Meulien)
🅰🅲 ℗

✿
1 bis av. des Alpes – ✆ 03 85 51 20 86 – www.meulien.com
– Fermé 6-22 juil., dim. soir, lundi et mardi
Menu 39/88 € – Carte environ 86 €
Un cadre design et chaleureux... pour une cuisine au diapason ! Gingembre, combava, coriandre, etc. Le chef a le goût des voyages et livre une cuisine subtile,
parfumée d'épices enivrantes. Les légumes sont succulents, les produits bourguignons habilement mis en valeur, les saveurs pleines de peps. Voilà qui enchante...
→ Tourteau de Bretagne, curry, céleri et émulsion iodée. Bœuf charolais mariné
au whisky, moelle et jus court. Soufflé flambé au Grand Marnier et glacé d'orange
sanguine.

✗✗ **Le Terminus** avec ch ⌂ AC ⌘ ⌶ P

21 av. Gambetta – ✆ 03 85 51 05 54 – www.hotel-terminus-tournus.com **s**
– Restaurant : fermé merc. midi, jeudi midi et dim. midi, Hotel: fermé merc. de sept. à avril
11 ch – ✝70 € ✝✝70 € – ⌿ 11 € – ½ P
Formule 18 € – Menu 30 € – Carte 30/55 €
À la carte de cet ancien buffet de gare 1900 : une cuisine au goût du jour, fondée
sur la fraîcheur... Le midi, on déjeune côté brasserie ; le soir, on dîne dans une salle
plus intime et cosy. À l'étage, quelques chambres agréables et bien équipées.

à Jugy 5 km au Nord par D 182 – ⊠ 71240 – 309 hab. – Alt. 230 m

⌂ **Le Crot Foulot** ⍾ ⎘ ⌂ & AC ⌘ ⌶ P ⎚

– ✆ 03 85 94 81 07 – www.crotfoulot.com – Ouvert 15 fév.-5 nov.
5 ch ⌿ – ✝110/130 € ✝✝110/140 €
Cette maison de vigneron a été joliment restaurée par ses propriétaires, un couple de Belges tombés amoureux de la région. Résultat : des pierres, des poutres
et une décoration contemporaine raffinée, entre épure et nature. Monsieur,
ancien chef amoureux du poisson et des vins locaux, règne sur la table d'hôte.

à Le Villars 4 km au Sud par N 6 et D 210 – ⊠ 71700 – 263 hab. – Alt. 184 m

✗✗ **L'Auberge des Gourmets** ⌂ & AC P

9 pl. de l'Église – ✆ 03 85 32 58 80 – www.laubergedesgourmets.com
– Fermé 2-11 juin, 3-12 nov., 5-28 janv., dim. soir, mardi et merc.
Menu 27 € (semaine), 32/65 € – Carte 44/73 €
Une jolie petite auberge jaune aux volets bleus, cosy avec ses pierres et ses pou-
tres apparentes. Par la lucarne, on peut observer le chef s'affairer aux fourneaux...
avant d'apprécier ses recettes classiques et bien tournées !

à Ozenay 6 km au Sud-Ouest par D 14 – ⊠ 71700 – 223 hab. – Alt. 250 m

✗✗ **Le Relais d'Ozenay** ⌂ &

☺ *Le Bourg – ✆ 03 85 32 17 93 – www.le-relais-dozenay.com – Fermé*
21-30 oct., 1er-23 janv., mardi hors saison et merc.
Menu 21 € (déj. en semaine), 31/52 € – Carte 49/83 €
Un restaurant feutré et son agréable terrasse, dans un village pittoresque. Le chef,
passé par de bien belles maisons dont celle de Bernard Loiseau, travaille des produits de qualité, souvent bio et locaux. Résultat : une cuisine savoureuse,
accompagnée de bons vins du Mâconnais. Le tout à prix sage !

à Mancey 5 km à l'Ouest par D 215 – ⊠ 71240 – 388 hab. – Alt. 280 m

✗ **Auberge du Col des Chèvres** ⌂ P

☺ *Dulphey – ✆ 03 85 51 06 38 – www.auberge-coldeschevres.fr – Fermé dim. soir et*
lundi de déc. à mars, mardi et merc.
Formule 20 € – Menu 30/36 € – Carte environ 38 €
Le goût du terroir, le sens des produits et le charme de la campagne... Il y a un
peu de cela dans ce restaurant, et plus encore. De son joli parcours, le chef, Lau-
rent-Paul Para, a gardé le sens des produits et la maîtrise des cuissons. Ici, il
concocte des plats généreux, savoureux et sans chichi. On se régale !

TOURRETTES

⊠ 83440 (Var) – 2 784 hab. – Alt. 350 m – Voir carte n°**41-C3**
▶ Paris 884 km – Castellane 56 km – Draguignan 31 km – Fréjus 35 km
Carte Michelin 340-P4 – Guide Vert Michelin Côte d'Azur

au Sud 6 km sur D 56 – ⊠ 83440 Tourrettes

⌂⌂⌂⌂ **Terre Blanche** ⍾ ⎘ ⌂ ⚷ ⌷ ⚘ ↳ ✗ ▦ & AC ⌘ ⌶ ⚙ P ⊜

3100 rte de Bagnols-en-Forêt, (Domaine de Terre Blanche) – ✆ 04 94 39 90 00
– www.terre-blanche.com – Fermé 30 janv.-25 fév.
115 suites – ✝✝295/1600 € – ⌿ 46 €
Rest *Faventia* – voir les restaurants ci-après
Sentiment d'exclusivité sur les hauteurs de l'arrière-pays, entre St-Raphaël et Cannes... Tout semble idyllique dans ce domaine de 300 ha, dédié au repos des sens :
luxe sans ostentation (beaux matériaux naturels), espace (vastes suites disséminées dans 45 villas), piscines, golf 18 trous, plusieurs restaurants... Mention spéciale au spa, sommet du genre !

XXXX **Faventia** – Hôtel Terre Blanche　　　　　　　　　　📶 ♿ Ⓜ️ ❄️ ⟳ ⌁ **P**

3100 rte de Bagnols-en-Forêt, (Domaine de Terre Blanche) – 𝒞 04 94 39 90 00
– www.terre-blanche.com – Ouvert 1ᵉʳ avril-31 oct. et fermé dim., lundi et le midi
Menu 125/195 € – Carte 128/207 €

Délicieux moment au sein du luxueux domaine hôtelier de Terre Blanche, qui semble si protégé du monde extérieur ! En terrasse, le panorama est superbe, toute l'équipe est pleine d'attentions pour les clients, et la cuisine est dans la droite ligne de cet art de vivre dit à la française...

TOURRETTES-SUR-LOUP

✉ 06140 (Alpes-Maritimes) – 4 008 hab. – Alt. 400 m – Voir carte n°**42**-E2
D Paris 929 km – Grasse 18 km – Nice 29 km – Vence 6 km
Carte Michelin 341-D5 – Guide Vert Michelin Côte d'Azur

🏠　**Résidence des Chevaliers** sans rest　　　% ≤ 🛏 ⌁ ❄️ 🛜 **P** 🚗

521 rte du Caire – 𝒞 04 93 59 31 97
– www.hoteldeschevaliers06.monsite.wanadoo.fr – Ouvert 1ᵉʳ avril-1ᵉʳ oct.
12 ch – ♦100/210 € ♦♦130/210 € – � 14 €

Vue splendide sur la côte et le village, grande quiétude, jardin, jolie piscine : l'endroit idéal pour se reposer. Dans une veine rustique et provençale, cet hôtel ne manque pas de cachet ; les chambres sont simples et bien tenues.

X　　**Clovis** (Julien Bousseau)　　　　　　　　　　　　　　Ⓜ️

😊　*21 Grand-Rue, (accès piéton) – 𝒞 04 93 58 87 04 – www.clovisgourmand.fr*
– Fermé 3 semaines en déc., 2 semaines en janv., lundi et mardi
Formule 22 € – Menu 45/100 € ▼ *(réservation conseillée)*

Dans ce bistrot contemporain plutôt intime, le jeune chef maîtrise... l'art de la simplicité ! Respectueux des saisons, il aime décliner un même produit (fenouil, veau, etc.) autour d'une entrée et d'un plat. Originalité, fraîcheur, soin : la formule du plaisir.

➔ Daube de cèpes aux noisettes du Piémont et café. Jarret de veau braisé aux champignons des bois. Poire pochée et panée aux épices, mousse au chocolat et glace aux clous de girofle.

X　　**Le Médiéval**　　　　　　　　　　　　　　　　　　📶

🚗　*6 Grand-Rue, (accès piéton) – 𝒞 04 93 59 31 63 – Fermé 5-28 déc., merc. et jeudi*
Menu 20/35 € – Carte 32/46 €

Un restaurant tout simple tenu par deux frères avenants... Son atmosphère rustique, sa jolie terrasse ombragée le rendent bien sympathique ! On y savoure une cuisine traditionnelle copieuse et sans chichis, parfaite pour une étape.

TOURS

✉ 37000 (Indre-et-Loire) – 134 633 hab. – Agglo. 347 614 hab. – Alt. 60 m
– Voir carte n°**11-B2**
▶ Paris 237 km – Angers 124 km – Bordeaux 346 km – Le Mans 84 km
Carte Michelin 317-N4 – Guide Vert Michelin Châteaux de la Loire

© J. Palut/Fotolia.com

 Hôtels

 L'Univers ⚙ 🛏 ♿ AC ⚡ 🛜 🏋 🚗

5 bd Heurteloup – ℰ 02 47 05 37 12 – www.oceaniahotels.com Plan : CZ**u**
91 ch – ♦200/300 € ♦♦215/315 € – 3 suites – ⌑ 15 €
Accueil en grande pompe, dans le hall, avec une fresque représentant les plus célèbres clients de l'hôtel : Churchill, Hemingway... Depuis 1846, le meilleur établissement de Tours reçoit dans un esprit "petit palace" : marbre, boiseries, etc. Le must : siroter un cocktail au bar qui propose, en outre, une belle carte de whiskys.

Château Belmont ⚙ 🍴 🛜 🖥 🏋 🛏 ♿ AC 🛜 🏋 P 🚗

57 r. Groison – ℰ 02 47 46 65 00 – www.chateaubelmont.com Plan : U**v**
56 ch – ♦205/315 € ♦♦205/315 € – 9 suites – ⌑ 19 € – ½ P
Se croire à la campagne tout en étant en ville ! Cet hôtel, abrité dans un parc de 2,5 ha, est un véritable havre de paix. De surcroît, l'établissement offre un cadre épuré et chic.

Mercure Centre sans rest 🛏 ♿ AC 🛜 P 🚗

29 r. Édouard-Vaillant – ℰ 02 47 60 40 60 – www.mercure.com Plan : DZ**f**
92 ch – ♦89/175 € ♦♦89/175 € – ⌑ 15 €
Parfait pour une étape, ce Mercure récemment rénové a l'avantage d'être situé à deux pas de la gare. Les chambres donnent sur la rue ou la voie ferrée, mais l'insonorisation est excellente.

L'Adresse sans rest AC ⚡ 🛜

12 r. de la Rôtisserie – ℰ 02 47 20 85 76 – www.hotel-ladresse.com Plan : AY**u**
17 ch – ♦55 € ♦♦78/105 € – ⌑ 10 €
Dans le quartier historique du Plumereau, cette bâtisse du 18ᵉ s. est idéale pour une escapade. Pierres et poutres apparentes, dessus-de-lit en boutis, tons pastel... La déco, tout en simplicité et fraîcheur, met bien en valeur le charme des lieux. Cosy et chaleureux !

Ronsard sans rest ♿ AC 🛜

2 r. Pimbert – ℰ 02 47 05 25 36 – www.hotel-ronsard.com Plan : CY**b**
20 ch – ♦63/77 € ♦♦73/85 € – ⌑ 9 €
L'histoire ne dit pas si l'auteur des Sonnets pour Hélène aurait aimé l'endroit, lui qui vécut et mourut tout près, au Prieuré de St-Cosme. Quoi qu'il en soit, cet hôtel est parfait pour découvrir la ville. Accueil très aimable.

🏠 **Hôtel du Théâtre** sans rest ⌀ 🛜
57 r. de la Scellerie – ℰ 02 47 05 31 29 Plan : CY**t**
– www.hotel-du-theatre37.com
14 ch – ♦69/88 € ♦♦74/94 € – ⊑ 8 €
Dans cette maison du 15ᵉ s., face au Grand Théâtre, les trois coups du brigadier se font peut-être entendre ! Le cadre est intime. Rue animée, préférez les chambres – plus calmes – côté cour.

🏠 **Châteaux de la Loire** sans rest 📶 🛜
12 r. Gambetta – ℰ 02 47 05 10 05 – www.hoteldeschateaux.fr Plan : BZ**x**
– Ouvert 16 mars-18 déc.
30 ch – ♦55/80 € ♦♦55/90 € – ⊑ 9 €
Cet hôtel, entre la gare et le vieux Tours, dispose de chambres fonctionnelles assez confortables et d'un parking à proximité. Accueil sympathique et familial.

🔴 Restaurants

✕✕✕ **La Roche Le Roy** (Alain Couturier) 🍴 **P**
✿ *55 rte St-Avertin – ℰ 02 47 27 22 00 – www.rocheleroy.com* Plan : X**r**
– Fermé 22 fév.-9 mars, 3-27 août, dim. et lundi
Menu 35 € (déj.), 58/72 € – Carte 63/86 €
À deux minutes du centre-ville, dans cette charmante gentilhommière touran-gelle, on met un point d'honneur à réaliser une belle cuisine classique, avec maî-trise et soin. Accueil et service sont des plus charmants.
➔ Asperges vertes à l'œuf cassé, dentelle de parmesan et lard. Vol-au-vent aux morilles. Soufflé à l'orange et Grand Marnier.

✕✕✕ **Charles Barrier** 🍴 AK ⇔ **P**
101 av. de la Tranchée – ℰ 02 47 54 20 39 Plan : U**e**
– www.charles-barrier.fr – Fermé sam. midi et dim. sauf fériés
Formule 37 € – Menu 59/109 € – Carte 85/144 €
Cette institution, dont Charles Barrier a fait le renom dans les années 1970, demeure l'illustration du grand restaurant avec ses lustres en cristal, ses boiseries, ses tentures, son jardin fleuri… Si la carte reste ancrée dans la tradition gastronomique, le chef, Hervé Lussault, s'autorise des variations plus contempo-raines.

✕✕ **Le Thélème** AK
30 r. Charles-Gille – ℰ 02 47 61 28 40 – www.letheleme.com Plan : CZ**p**
– Fermé 2 semaines en août, sam. midi et dim.
Formule 24 € – Menu 28 € (semaine), 40/55 € – Carte 37/66 €
À deux pas du centre des congrès, ce restaurant dispose de trois niveaux façon mezzanine. La carte, elle, varie au rythme des saisons. Une cuisine aux saveurs marquées, gourmande et parfumée.

✕✕ **La Chope** AK
🍷 *25 bis av. de Grammont – ℰ 02 47 20 15 15* Plan : CZ**f**
– www.lachope.info – Fermé 20 juil.-3 août
Formule 18 € – Menu 20/27 € – Carte 34/56 €
L'écailler de Tours depuis 1902, avec son décor Belle Époque : banquettes en velours rouge, comptoir en zinc, miroirs et lampes tulipe. Grand choix d'huîtres (Gillardeau, Cancale), de poissons et de fruits de mer. Une belle et bonne brasserie.

✕✕ **L'Évidence** 🆕 AK ⌀
33 r. Colbert – ℰ 02 47 66 33 08 Plan : BCY**w**
– www.restaurant-levidence.com
Formule 24 € – Menu 33/66 €
À cent mètres à peine de la cathédrale, dans l'une des rues principales de Tours, ce restaurant s'impose… comme une évidence. Le jeune chef, véritable passionné, propose une cuisine créative et instinctive évoluant au fil des saisons ; il fait la part belle à de beaux produits : caviar, escargot, truffe…

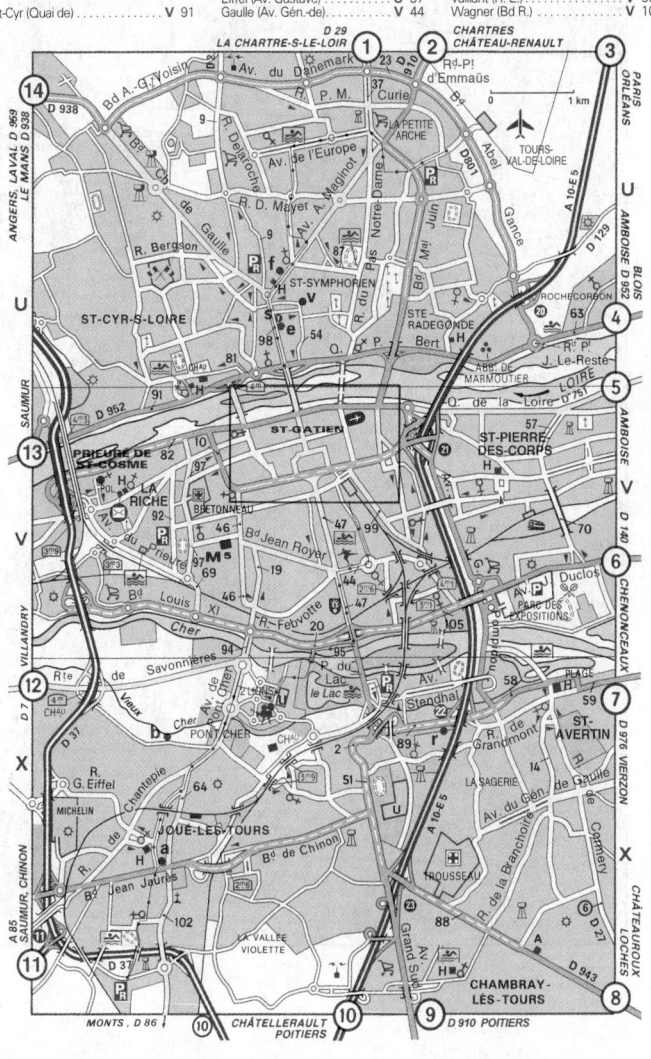

TOURS

✕✕ L'Odéon   🆎 ⇔

10 pl. du Gén.-Leclerc – ☎ 02 47 20 12 65   Plan : CZ**r**
– www.restaurant-lodeon.com – Fermé 6-19 août, 1er-15 janv. et dim.
Menu 23 € (déj. en semaine), 28/39 € – Carte 64/78 €
Ce restaurant est l'un des plus anciens de la capitale tourangelle – il est né en 1893 – mais il vit avec son temps, dans le décor comme dans l'assiette. Le chef signe une cuisine traditionnelle teintée d'originalité, exécutée avec soin. Bon choix de vins au verre.

✕ Le Saint-Honoré   🖨 ⚕

😊 *7 pl. des Petites-Boucheries – ☎ 02 47 61 93 82 – Fermé*   Plan : DY**a**
28 fév.-8 mars, 1er-16 août, 24 déc.-3 janv., sam. et dim.
Menu 28/47 € – Carte 43/56 € (réservation conseillée)
Installé dans une ancienne boulangerie de 1625, qui a conservé son four, ce restaurant a tout pour plaire aux amateurs d'authenticité. Le chef fait pousser ses légumes dans son potager et signe une cuisine délicate, gourmande, pleine de saveurs...

✕ La Famille By Bardet

10 r. Grosse-Tour – ☎ 02 47 39 24 83 – www.restaurant-lafamille.fr   Plan : AY**f**
– Fermé dim. soir, mardi midi, merc. midi, jeudi midi et vend. midi
Formule 28 € – Menu 35/58 € – Carte 56/72 €
Un restaurant arty et branché au cœur du vieux Tours. Derrière les fourneaux, le chef – un ancien autodidacte qui a épousé la fille de Jean Bardet, figure de la cuisine locale – a la passion de la cuisine chevillée au corps : son investissement paie dans l'assiette, savoureuse, colorée et parfumée ! Accueil très aimable.

✕ Barju   🖨

15 r. du Change – ☎ 02 47 64 91 12 – www.barju.fr – Fermé 1   Plan : ABY**t**
semaine en août, 1 semaine vacances de Noël, dim. et lundi
Formule 20 € – Menu 42 € (semaine)/84 € – Carte 56/85 € (réservation conseillée)
Ambiance animée et conviviale dans ce sympathique restaurant du vieux Tours ! La patte du chef ? Le goût des épices – acquis chez Roellinger – et la priorité aux saveurs de la mer. Une cuisine goûteuse et généreuse.

✕ Le Bistrot N'home ⓝ

😊 *11 r. de la Serpe – ☎ 09 81 00 62 21 – www.lebistrotnhome.fr*   Plan : AY**y**
– Fermé 1 semaine en fév., 1er-15 août, 1 semaine en déc., dim. et lundi
Formule 15 € – Menu 18 € (déj. en semaine), 24/29 € – Carte 28/50 €
Salade de tomates séchées, jambon de pays, brebis, pesto et comté ; cabillaud poché, vert et blanc de blettes et bouillon câpres et citron... Dans sa nouvelle adresse située non loin des halles, le chef compose une belle et bonne cuisine de saison, avec une majorité de produits locaux. Fraîcheur et saveurs : le bonheur !

✕ La Deuvalière   🆎 ⚘

18 r. de la Monnaie – ☎ 02 47 64 01 57   Plan : BY**e**
– www.restaurant-ladeuvaliere.com – Fermé sam. midi, dim. et lundi
Formule 19 € – Menu 34 €
Parcours atypique pour ce chef, originaire de Jérusalem, ex-officier de marine, formé à l'institut Bocuse... Une reconversion réussie : au fil des saisons, il signe des plats fort appétissants, toujours bien construits. Autre atout : le cadre chaleureux de cette maison du 15e s. (tuffeau, cheminée, etc.).

✕ Le Bistrot de la Tranchée   🆎

😊 *103 av. de la Tranchée – ☎ 02 47 41 09 08*   Plan : U**s**
– www.charles-barrier.fr
Formule 16 € – Menu 21/29 € – Carte environ 34 €
On y mange au coude-à-coude tant il attire de monde ! Aux fourneaux de ce sympathique bistrot, une équipe jeune et dynamique signe une belle cuisine canaille et gourmande. Le rapport qualité-prix est excellent ! À savoir : cette table dépend du restaurant Charles Barrier, mitoyen.

✗ Casse-Cailloux

26 r. Jehan-Fouquet – ✆ *02 47 61 60 64*　　　　　　　Plan : BZ**d**
– *www.casse-cailloux.fr* – *Fermé 1 semaine en mars, 3 semaines en août,*
24-31 déc., merc. midi, sam. et dim.
Formule 22 € ♈ – Menu 30 € *(réservation conseillée)*
Pas besoin de voir grand pour faire de la belle cuisine ! La preuve avec ce bistrot
de poche, où l'on sait ce que "bien manger" veut dire... Sur l'ardoise, le choix du
chef est ciblé et saisonnier ; dans l'assiette, cuissons et assaisonnements sont
impeccables.

✗ L'Atelier Gourmand

37 r. Étienne-Marcel – ✆ *02 47 38 59 87*　　　　　　　Plan : AY**z**
– *www.lateliergourmand.fr* – *Fermé 22 déc.-13 janv., sam. midi, lundi midi et*
dim.
Formule 17 € ♈ – Menu 25 € – Carte 33/44 €
Couleurs pétantes, chaises en plexi, tables inox... Entre ses murs du 15ᵉ s., ce restaurant arbore une déco qui décoiffe. Côté assiettes, l'adresse, tenue par deux frères, semble démontrer que la gourmandise est une affaire de gènes !

✗ Les Linottes

22 r. Georges-Courteline – ✆ *02 47 38 34 82*　　　　　Plan : AY**b**
– *www.leslinottesgourmandes.com* – *Fermé 3 semaines en août, dim. et lundi*
Formule 15 € – Menu 20 € (déj.)/30 € – Carte environ 35 € *(réservation conseil-*
lée)
Ambiance bistrot dans le cadre chaleureux (pierres et poutres apparentes, cheminée) de cette maison à colombages du vieux Tours. Les plats sont préparés en
cuisine par une chef au beau parcours ; on peut notamment opter pour le réjouissant menu proposé à l'ardoise. Les têtes de linotte – et les autres – apprécieront !

✗ L'Arôme

26 r. Colbert – ✆ *02 47 05 99 81* – *Fermé dim. et lundi*　　Plan : BY**m**
Formule 13 € – Menu 15 € (déj. en semaine), 28/41 € *(réservation conseillée)*
Le bouche-à-oreille le dit à juste titre : l'endroit est jeune, dynamique, sérieux et
fait la part belle à la cuisine du marché. On se régale à prix doux, par exemple
d'un marbré de cèpes accompagné de vins bien choisis. Une bonne adresse.

✗ Le Chien Jaune

74 r. Bernard-Palissy – ✆ *02 47 05 10 17* – *Fermé*　　　Plan : CZ**t**
22 déc.-5 janv. et dim.
Menu 16 € (déj. en semaine), 20/27 €
On ne présente plus cette institution tourangelle née en 1930, mais tout y a
récemment changé sous l'égide d'une nouvelle équipe : la salle conserve tout
son cachet (vieilles plaques publicitaires, murs couleur beurre, grand miroir, etc.)
et, au gré des saisons, la tradition bistrotière respire la fraîcheur du marché...

à Rochecorbon 6 km par ④ – ✉ 37210 – 3 272 hab. – Alt. 58 m

Les Hautes Roches

86 quai de Loire – ✆ *02 47 52 88 88* – *www.leshautesroches.com*
– *Fermé 15 fév.-3 avril*
14 ch – ✝185/300 € ✝✝185/300 € – � 21 € – ½ P
Rest *Les Hautes Roches* ✿ – voir les restaurants ci-après
Installé dans un ancien monastère en partie troglodyte, face à la Loire, cet hôtel
creusé dans le tuffeau a du caractère ! Seules les fenêtres percées dans la
falaise indiquent la présence de chambres. Une adresse insolite pour une expérience inédite.

Arthotel 🅝 sans rest

19 quai de la Loire – ✆ *02 47 22 24 44* – *www.art-hotel-tours.com*
28 ch – ✝147/312 € ✝✝147/312 € – ⊑ 19 €
Dans la périphérie de Tours, l'établissement est installé dans les murs du splendide château de la Taisserie. Une noble ascendance, que l'on oublie aussitôt en
découvrant l'intérieur : mobilier contemporain, contrastes noir-blanc, chambres
actuelles... Saisissant !

✕✕✕ Les Hautes Roches   ≤ 🛝 🕿 **P**

£3 *86 quai de Loire – ☎ 02 47 52 88 88 – www.leshautesroches.com – Fermé*
15 fév.-3 avril, dim. soir et lundi
Menu 60/95 € – Carte 75/95 €
Aux beaux jours, la terrasse qui domine le "fleuve royal" est incontournable, et
rivalise avec l'élégance épurée de la salle. Le chef, breton d'origine, marie les
influences océanes aux produits régionaux. Une cuisine franche et maîtrisée.
➜ Fricassée de petits encornets, sorbet et chutney de betterave. Suprême de turbot à la béarnaise, caviar de pomme de terre. Tarte fine aux pommes, glace au
lait d'amande.

✕✕ L'Oubliette   🕿 **P**

34 r. des Clouets – ☎ 02 47 52 50 49 – www.restaurant-loubliette.com – Fermé
23 août-9 sept., dim. soir, lundi et mer.
Formule 21 € – Menu 26 € (semaine), 36/51 € – Carte 38/64 €
Dans une maison troglodytique, avec une cour fleurie, ce restaurant intime est
parfait pour un dîner en amoureux et pour apprécier une cuisine soignée. Tout
est fait maison sauf le pain... de quoi ne pas passer aux oubliettes !

à Joué-lès-Tours 5 km au Sud-Ouest, par rte de Chinon – ✉ 37300
– 36 554 hab. – Alt. 65 m

🏛 Château de Beaulieu   ⊺◯ ⦚ ≤ 🛝 ⊛ & 🗚 ᵴ& **P**

67 r. de Beaulieu – ☎ 02 47 53 20 26   Plan : X**b**
– www.chateaudebeaulieu37.com
17 ch – ♦105/207 € ♦♦105/207 € – ⊆ 14 € – ½ P
Pour ceux qui aiment la vie de château, cette belle gentilhommière du 18ᵉ s.
dégage un charme sûr : moulures, mobilier de style, tissus choisis... Depuis le parc,
soigneusement entretenu, la vue porte jusqu'à la cité tourangelle.

🏛 Chéops   ⊺◯ 🖩 & 🛜 ᵴ& **P** ⌂

75 bd Jean-Jaurès – ☎ 02 47 67 72 72   Plan : X**a**
– http://hotel-tours.brithotel.fr/ – Fermé 19 déc.-4 janv.
58 ch – ♦62/130 € ♦♦62/130 € – ⊆ 10 € – ½ P
Près du centre de Joué, cet hôtel est intégré à un ensemble résidentiel. Parfait
pour un déplacement professionnel, il propose des chambres à la décoration
contemporaine, des salles de séminaire et un service de restauration.

à Fondettes 7 km au Nord-Ouest par D 952 – ✉ 37230 – 10 306 hab.

✕✕ Auberge de Port Vallières   🕿 🗚

☺ *195 quai des Bateliers, D 952, rte des bords de Loire – ☎ 02 47 42 24 04*
– www.auberge-de-port-vallieres.fr – Fermé 25 août-10 sept., 7-20 janv., dim. soir
et lundi
Formule 19 € – Menu 21 € (déj. en semaine), 31/62 € – Carte 53/70 €
Entre Tours et Angers, voici une halte toute trouvée ! Une savoureuse cuisine d'inspiration tourangelle vous attend dans ce restaurant élégant et chaleureux, dont le chef affectionne les beaux produits, tels les Saint-Jacques de plongée ou le homard. Service attentionné et prix doux.

au Nord 9 km par ②

✕✕ L'Arche de Meslay   🕿 & 🗚 **P**

⊜ *14 r. des Ailes ✉ 37210 Parçay-Meslay – ☎ 02 47 29 00 07*
☺ *– www.larchedemeslay.fr – Fermé 3 semaines en août, dim. et lundi sauf fériés*
Formule 17 € – Menu 19 € (semaine), 28/55 € – Carte 42/65 €
Le quartier un peu austère (près d'un rond-point) et le décor un brin kitsch – une
colonnade trône au centre de la salle – s'oublient très vite devant la finesse de la
cuisine, véritablement pleine de saveurs... À l'image de la spécialité du chef : la
bouillabaisse à la tourangelle – rouget, rascasse, rillons et andouillette !

TOURTOUR

✉ 83690 (Var) – 583 hab. – Alt. 652 m – Voir carte n°**41-C3**
🄳 Paris 827 km – Aups 10 km – Draguignan 17 km – Salernes 11 km
Carte Michelin 340-M4 – Guide Vert Michelin Côte d'Azur

La Bastide de Tourtour 🛏️ 🍴 ⊗ ≤ 🚃 ⤶ 🦶 ✂ 🍴 🐶 ⚓ 🔞 🛜 ⛵ P

rte de Flayosc, (au village) – ☏ *04 98 10 54 20 – www.bastidedetourtour.com*
25 ch – 🛏️125/365 € 🛏️🛏️165/365 € – 🍽️ 18 € – ½ P
Quel site ! Cette bastide – aux allures de château – domine le massif des Maures
et... toute la région. Une partie des chambres, avec balcon, ouvrent sur ce fabuleux panorama. Cependant, beaux matériaux et grand confort dessinent une
dimension... toute humaine.

La Petite Auberge 🛏️ 🍴 ⊗ ≤ 🚃 ⤶ 🔞 🛜 P

rte de Flayosc, 1,5 km par D 77 – ☏ *04 98 10 26 16 – www.petiteauberge.net
– Ouvert 15 mars-27 oct.*
15 ch – 🛏️80/186 € 🛏️🛏️80/226 € – 🍽️ 13 € – ½ P
En retrait du village, face au massif des Maures, un mas entouré de végétation...
et ouvert sur l'horizon côté piscine. Les chambres ne sont pas dénuées de romantisme ! On dîne dans un décor élégant d'une savoureuse cuisine traditionnelle.

Auberge St-Pierre 🛏️ 🍴 ⊗ ≤ 🚃 ⤶ 🔞 🦶 🍴 P

*534 chemin de Fonfiguière, 3 km à l'Est par D 51 et rte secondaire
–* ☏ *04 94 50 00 50 – www.aubergesaintpierre.com – Ouvert 5 avril-16 oct.*
16 ch – 🛏️90/127 € 🛏️🛏️90/137 € – 🍽️ 13 € – ½ P
Passez le bonjour aux chèvres et aux moutons ! Au cœur d'une ferme de 90 ha, cette
bâtisse du 16ᵉs. (poutres, pierres, mobilier rural) ne manque pas de cachet. Chambres
confortables et piscine assez originale. Cuisine du terroir face à la campagne...

🍴🍴🍴 La Table de la Baume ⓝ avec ch ⊗ ≤ 🚃 ⤶ 🍴 ✂ 🦶 ch, 🔞 ch, 🛜

2071 rte d'Aups – ☏ *04 83 13 27 27 – www.domaine-delabaume.com* P
– Ouvert 4 avril-2 janv.
5 ch – ½ P seult 220/425 €
Formule 40 € 🍷 – Menu 60 € 🍷 (déj.)/102 € 🍷 *(réservation conseillée)*
Tout est caractère et volupté dans cette superbe demeure provençale – où vécut le
peintre Bernard Buffet – toisant le majestueux massif des Maures ! Tomates, artichauts et aubergines, miel et huile d'olive : c'est sur cette production maison que se fonde la cuisine
du chef, gorgée de soleil et au fort accent méditerranéen. Idyllique...

🍴🍴 Les Chênes Verts avec ch ⊗ 🚃 🍴 🔞 P

rte de Villecroze, 2 km par D 51 – ☏ *04 94 70 55 06 – Fermé 1ᵉʳ juin-19 juil., dim.
soir, mardi et merc.*
3 ch – 🛏️100 € 🛏️🛏️110 € – 🍽️ 20 €   Menu 59/145 € – Carte 107/173 € *(réserver)*
Maison provençale isolée dans un joli cadre forestier. Cuisine régionale forte en
caractère (spécialités de truffes) servie dans deux confortables salles à manger
ou en terrasse.
→ Brouillade aux truffes. Ris de veau aux asperges. Le grand dessert.

🍴 La Table 🛏️ 🔞

1 Traverse du Jas, Les Ribas – ☏ *04 94 70 55 95 – www.latable.fr – Fermé
28 juin-7 juil., lundi de mi-oct. à mi-avril et mardi sauf du 15 juil. au 11 août*
Menu 28/43 € – Carte 49/76 € *(réserver)*
Charmant petit restaurant contemporain (tableaux, chaises design) situé à l'étage
d'une maison en pierre. La cuisine, savoureuse, valorise les produits du marché,
notamment les légumes.

LA TOUSSUIRE

✉ 73300 (Savoie) – Alt. 1 690 m – Voir carte n°**46**-F2
🚉 Paris 651 km – Albertville 78 km – Chambéry 91 km –
St-Jean-de-Maurienne 16 km
Carte Michelin 333-K6 – Guide Vert Michelin Alpes du Nord

Les Soldanelles 🛏️ 🍴 ≤ 🚃 🔞 🦶 🍴 🛜 P

r. des Chasseurs-Alpins – ☏ *04 79 56 75 29 – www.hotelsoldanelles.com – Ouvert
28 juin-31 août et 18 déc.-20 avril*
38 ch – 🛏️72/160 € 🛏️🛏️72/160 € – 🍽️ 12 € – ½ P
Du nom d'une fleur qui apparaît à la fonte des neiges... Perchée sur les hauteurs
de la station, face aux sommets, cette imposante bâtisse se prête à un séjour très
montagne : les pistes de ski sont toutes proches, et pour se revigorer, on peut
profiter de la piscine, de l'espace bien-être ou du restaurant traditionnel.

Le Beausoleil

– *℘ 04 79 56 74 59 – www.beausoleilhotel.com – Ouvert 21 juin-9 sept. et 21 déc.-24 avril*
19 ch ⌂ – †79/116 € – ††122/226 € – ½ P
Un beau chalet refait à neuf, parfait pour profiter du domaine skiable des Sybelles : il se trouve dans un quartier calme, à deux pas du départ des pistes et du centre de la station. Les lieux revisitent l'esprit montagne dans une belle veine contemporaine et avec un vrai souci du bien-être : un ensemble agréable...

TRACY-SUR-MER – 14 (Calvados) ➜ voir Arromanches-les-Bains

TRAENHEIM

✉ 67310 (Bas-Rhin) – 701 hab. – Alt. 200 m – Voir carte n°**1**-A1
🚩 Paris 471 km – Haguenau 54 km – Molsheim 8 km – Saverne 22 km
Carte Michelin 315-I5

✗ **Zum Loejelgucker**

17 r. Principale – ℘ 03 88 50 38 19 – www.loejelgucker-auberge-traenheim.com – Fermé 24 déc.-4 janv., lundi soir et mardi soir
Menu 13 € (déj. en semaine), 24/63 € ♈ – Carte 26/58 €
Dans un village viticole au pied des Vosges, cette ferme alsacienne du 18ᵉ s. ne manque pas de charme : bons plats régionaux avec quelques suggestions plus actuelles, boiseries sombres, fresques et cour fleurie l'été. Une maison sérieuse.

LA TRANCHE-SUR-MER

✉ 85360 (Vendée) – 2 740 hab. – Alt. 4 m – Voir carte n°**34**-B3
🚩 Paris 459 km – La Rochelle 64 km – La Roche-sur-Yon 40 km –
Les Sables-d'Olonne 39 km
Carte Michelin 316-H9 – Guide Vert Michelin Pays de la Loire

 Les Dunes

68 av. M. Samson – ℘ 02 51 30 32 27 – www.hotel-les-dunes.com – Ouvert 1ᵉʳ avril-30 sept.
45 ch – †53/117 € ††70/122 € – ⌂ 10 € – ½ P
Une grande maison face aux flots. Certaines chambres ont un balcon donnant sur la mer ; toutes sont fonctionnelles et impeccablement tenues. Quant à la piscine, abritée dans une jolie véranda et comme posée sur la plage, elle est très agréable...

à la Grière 2 km à l'Est par D 46 – ✉ 85360

Les Cols Verts sans rest

48 r. de Verdun – ℘ 02 51 27 49 30 – www.hotelcolsverts.com – Ouvert 4 avril-4 oct.
29 ch – †65/102 € ††70/115 € – ⌂ 11 €
Près de la plage, un établissement familial, avec des chambres fonctionnelles et bien tenues, plus petites mais plus aussi calme à l'annexe. Pour l'agrément, une piscine couverte dans un bâtiment voisin... sans colverts, il va s'en dire !

TRÉBEURDEN

✉ 22560 (Côtes-d'Armor) – 3 707 hab. – Alt. 81 m – Voir carte n°**9**-B1
🚩 Paris 525 km – Lannion 10 km – Perros-Guirec 14 km – St-Brieuc 74 km
Carte Michelin 309-A2 – Guide Vert Michelin Bretagne Nord

 Ti al Lannec

14 allée de Mezo Guen – ℘ 02 96 15 01 01 – www.tiallannec.com – Ouvert de mars à mi-nov.
26 ch – †142/366 € ††199/366 € – 7 suites – ⌂ 18 € – ½ P
Rest *Ti al Lannec* – voir les restaurants ci-après
C'est l'adresse idéale pour profiter de Trébeurden dans une atmosphère luxueuse et feutrée. Juchée sur une colline face à la mer, cette grande villa Belle Époque distille un charme sûr. Des meubles anciens, des tentures fleuries, un spa : délicieux.

Manoir de Lan-Kerellec

Allée Centrale de Lan-Kerellec – 𝒞 *02 96 15 00 00 – www.lankerellec.com*
– Ouvert de mi-mars à mi-nov.
19 ch – ♦135/525 € ♦♦155/525 € – ⌑ 22 € – ½ P
Rest *Manoir de Lan-Kerellec* ✿ – voir les restaurants ci-après
Dominant les îles de la Côte de Granit rose, ce noble manoir breton du début du 20ᵉ s. est bourré de charme : vastes chambres aux tissus chatoyants avec balcon ou terrasse, jardin luxuriant et restaurant spectaculaire... Rien que ça !

Le Toëno *sans rest*

56 corniche de Goas-Treiz, 1,5 km par rte de Trégastel – 𝒞 *02 96 23 68 78*
– www.hoteltoeno.com – Fermé 5 janv.-5 fév.
17 ch – ♦65/121 € ♦♦65/121 € – ⌑ 11 €
La route n'est pas loin mais, face à la mer, le ressac prend le dessus. C'est le genre de construction des années 1980 fonctionnelle, simple et confortable ; les balcons des chambres font face à la Manche. Idéal pour découvrir la région !

Manoir de Lan-Kerellec – Hôtel Manoir de Lan-Kerellec

✿ *Allée Centrale de Lan-Kerellec –* 𝒞 *02 96 15 00 00 – www.lankerellec.com*
– Ouvert de mi-mars à mi-nov. et fermé lundi midi, mardi midi et merc. midi
Formule 23 € – Menu 29 € (déj. en semaine), 45/88 € – Carte 71/116 €
Un cadre magique : la salle est couverte d'une splendide charpente en forme de carène de bateau renversée, et la vue porte sur la Manche et les îles... De quoi se laisser emporter par une cuisine inventive et variée, inspirée par des produits de la mer de première qualité. Spectacle total !
→ Maki de blé noir et langoustines, lait ribot au wasabi. Homard rôti au beurre demi-sel, caviar d'aubergine. Tarte citron meringuée, sorbet yaourt de brebis.

Ti al Lannec – Hôtel Ti al Lannec

14 allée de Mezo Guen – 𝒞 *02 96 15 01 01 – www.tiallannec.com – Ouvert de mars à fin nov.*
Menu 24 € (déj. en semaine), 44/79 € – Carte 55/120 €
Un restaurant bourré de charme avec ses beaux salons bourgeois. Dans la salle à manger panoramique, le spectacle vaut le coup d'œil et les produits de la mer valent... le coup de fourchette ! Judicieuse sélection de vins (bordeaux, appellations du Val de Loire...).

Le Quellen *avec ch*

18 corniche Goas-Treiz – 𝒞 *02 96 15 43 18 – www.le-quellen.com – Fermé 3 semaines en janv., dim. soir et lundi hors vacances scolaires*
10 ch – ♦55/72 € ♦♦58/75 € – ⌑ 9 € – ½ P
Formule 18 € – Menu 28/40 € – Carte 43/66 €
Deux frères, l'un en cuisine et l'autre en salle, veillent à la destinée de cette maison traditionnelle, privilégiant des produits marins de grande fraîcheur (menu homard, plateaux de fruits de mer, etc.). À l'étage, les chambres, récemment rafraîchies, appellent au repos.

TRÉBOUL – 29 (Finistère) → voir Douarnenez

TRÉDARZEC

✉ 22220 (Côtes-d'Armor) – 1 142 hab. – Alt. 59 m – Voir carte n°**9-B1**
◪ Paris 504 km – Rennes 153 km – St-Brieuc 57 km
Carte Michelin 309-C2

L'Abri des Barges

Le Moulin du Carpont, 3 km au Nord-Ouest par rte de Kerbors et rte secondaire
– 𝒞 *02 96 40 04 04 – www.abridesbarges.com – Ouvert 1ᵉʳ avril-30 nov. et fermé merc. midi et mardi*
Carte 33/47 € *(réservation conseillée)*
Ce bistrot convivial est installé dans l'ancienne étable d'un moulin à marée de la fin du 16ᵉ s., isolé sur les rives du Jaudy. Le chef – ancien photographe culinaire ! –, propose une courte carte, travaillant poissons et légumes locaux avec beaucoup de simplicité. Sa philosophie : le produit avant tout. Pari réussi !

TREFFORT

☒ 38650 (Isère) – 254 hab. – Alt. 618 m – Voir carte n°**45-C2**

◻ Paris 598 km – Grenoble 36 km – Monestier-de-Clermont 9 km – La Mure 43 km
Carte Michelin 333-G8

au bord du lac 3 km au Sud par D 110^E – ☒38650 Treffort

🏨 Le Château d'Herbelon

– ☎ 04 76 34 02 03 – www.chateau-herbelon.fr – Ouvert 1^{er}avril-31 oct. et fermé
dim. soir, lundi, mardi et merc. sauf juil.-août
10 ch – ♦93/165 € ♦♦93/165 € – ☑ 14 € – ½ P
Au bord du lac de Monteynard, cette demeure du 17^{e}s., recouverte de vigne vierge
et de rosiers grimpants, jouit d'un superbe isolement. Les chambres, spacieuses et
classiques, prêtent à la quiétude... L'hiver, une imposante cheminée réchauffe la
salle du restaurant ; aux beaux jours, on dresse des tables sur la pelouse.

TREFFORT

☒ 01370 (Ain) – 2 254 hab. – Alt. 280 m – Voir carte n°**44-B1**

◻ Paris 436 km – Bourg-en-Bresse 18 km – Lons-le-Saunier 57 km – Mâcon 51 km
Carte Michelin 328-F3 – Guide Vert Michelin Lyon et sa région

🍽 L'Embellie avec ch

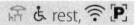

pl. du Champ-de-Foire – ☎ 04 74 42 35 64 – www.lembellie.org – Fermé 2
semaines en juin, vacances de Noël, sam. midi, dim. soir et lundi
8 ch – ♦45 € ♦♦55/65 € – ☑ 7,50 € – ½ P
Formule 13 € – Menu 15 € (déj. en semaine), 29/34 € – Carte 30/50 €
Une maison en pierre sur la place principale du village... L'affaire a été reprise par
un jeune couple "de retour au pays". Plein d'envie, le chef signe une jolie cuisine,
associant produits frais (dont la volaille de Bresse), recettes actuelles et petit
menu du jour. Quelle Embellie ! Chambres toutes simples pour l'étape.

TRÉGASTEL

☒ 22730 (Côtes-d'Armor) – 2 446 hab. – Alt. 58 m – Voir carte n°**9-B1**

◻ Paris 526 km – Lannion 11 km – Perros-Guirec 9 km – St-Brieuc 75 km
Carte Michelin 309-B2 – Guide Vert Michelin Bretagne Nord

🏠 Beau Séjour

5 plage du Coz-Pors – ☎ 02 96 23 88 02 – www.beausejoursarl.com
– Fermé 5 janv.-13 fév. et 16 nov.-19 déc.
12 ch – ♦65/195 € ♦♦65/195 € – ☑ 11 € – ½ P
Une situation idéale, près de la plage et du complexe aquatique du Forum. Les
chambres, dont la plupart sont tournées vers le large, rappellent un intérieur de
bateau ou une cabine de plage... Le résultat est original !

🏠 Hôtel de la Mer et de la Plage sans rest

plage du Coz-Pors – ☎ 02 96 15 60 00 – www.hoteldelamer-tregastel.com
– Ouvert 1er avril-12 nov.
19 ch – ♦70/145 € ♦♦70/145 € – ☑ 10 €
Sur la plage et près de l'aquarium marin, une bonne petite adresse, aux prix abordables, dont les chambres rendent hommage au monde du nautisme ; un esprit
que l'on retrouve partout dans l'établissement ! Quant à l'accueil, il est simple et
charmant.

à la plage de Landrellec 3 km au Sud par D 788 et route secondaire -☒22560
Pleumeur-Bodou

🍽🍽 Le Macareux

21 r. des Plages – ☎ 02 96 23 87 62 – www.lemacareux.com – Ouvert
14 fév.-14 oct. et fermé dim. soir sauf juil.-août, mardi midi et lundi
Menu 25 € (semaine), 39/52 € – Carte 40/106 €
Point besoin d'être un macareux pour se poser dans cette sympathique longère
bretonne, il vous suffit d'être amateur de bonne cuisine. Spécialités du chef : les
ormeaux, le homard et les fruits de mer, avec un coup de projecteur sur la pêche
locale. On fait le plein d'iode ! En bonus : une terrasse face à... la mer.

TRÉGUIER

22220 (Côtes-d'Armor) – 2 630 hab. – Alt. 40 m – Voir carte n°**9-B1**

Paris 509 km – Guingamp 28 km – Lannion 19 km – Paimpol 15 km

Carte Michelin 309-C2 – Guide Vert Michelin Bretagne Nord

Aigue Marine

5 r. Marcellin-Berthelot, (sur le port) – ✆ 02 96 92 97 00
– www.aiguemarine-hotel.com – Fermé fév., 15-23 nov., 23-26 déc., janv. et dim.
de nov. à mars

48 ch – †75/95 € ††80/134 € – 15 € – ½ P

Rest *Aigue Marine* – voir les restaurants ci-après

Les familles apprécieront à coup sûr cet hôtel aux chambres fonctionnelles – souvent avec balcon –, à choisir côté port ou côté piscine et jardin. Le matin, le petit-déjeuner est soigné et copieux !

Aigue Marine

5 r. Marcellin Berthelot, (sur le port) – ✆ 02 96 92 97 00
– www.aiguemarine-hotel.com – Ouvert 17 mars-8 nov. et fermé dim. soir
de sept. à juin, mardi midi, jeudi midi et vend. midi en juil.-août, sam. midi et
lundi

Formule 25 € – Menu 49/89 € – Carte 67/95 €

L'aigue-marine : une pierre fine que l'on portait en talisman au moment de partir en mer... Un nom porte-bonheur pour cette table océane dont le chef, enfant du pays, livre une interprétation très personnelle de la cuisine du large. Le poisson, parfaitement cuisiné et parfumé, brille du beau reflet de la fraîcheur.

→ Saint-Jacques de plongée, sucs de betterave, vinaigrette de mangue. Bar doré sur sa peau, jus de lapin-tomates. Agrumes, fromage blanc en mousse et émulsion, sablé breton.

rte de Lannion 2 km au Sud-Ouest par D 786 et rte secondaire – 22220 Tréguier

Kastell Dinec'h

lieu-dit le Castel, rte de Lannion – ✆ 02 96 92 92 92 – www.kastelldinech.com
– Fermé 14 déc.-9 mars

16 ch – †65/85 € ††75/135 € – 13 € – ½ P

Une maison en pierre comme on les aime, tout droit sortie du 17e s., hésitant entre la ferme et le manoir... Les chambres, cosy et soignées, sont réparties dans la maison principale et ses dépendances. En cuisine, madame mise sur la qualité (producteurs locaux, bio, etc.).

TRÉGUNC

29910 (Finistère) – 6 905 hab. – Alt. 45 m – Voir carte n°**9-B2**

Paris 543 km – Concarneau 7 km – Pont-Aven 9 km – Quimper 29 km

Carte Michelin 308-H7

Auberge Les Grandes Roches

r. des Grandes-Roches, 0,6 km au Nord-Est par rte secondaire – ✆ 02 98 97 62 97
– www.hotel-lesgrandesroches.com – Ouvert de début fév. à fin oct.

16 ch – †95/245 € ††95/245 € – 1 suite – 13 € – ½ P

Cette ferme bretonne du 19e s., avec ses deux chaumières, est entourée d'un parc fleuri de 9 ha où se dressent dolmens et menhirs. À l'intérieur, le cadre est rustique (cheminée en granit), les chambres offrent un calme olympien et le restaurant joue la carte de la tradition. Parfait pour découvrir ce pays de légendes...

TREIGNAC

19260 (Corrèze) – 1 368 hab. – Alt. 500 m – Voir carte n°**25-C2**

Paris 490 km – Brive-la-Gaillarde 74 km – Limoges 102 km – Tulle 40 km

Carte Michelin 329-L2 – Guide Vert Michelin Limousin Berry

Maison Grandchamp

9 pl. des Pénitents – ✆ 05 55 98 10 69 – www.hotesgrandchamp.com – Ouvert
1er avril-15 déc.

3 ch – †80/92 € ††80/92 €

Dans cette superbe maison familiale de la fin du 17e s., tout n'est que meubles anciens, portraits d'aïeux, souvenirs de voyages... Dans la cuisine, près du cantou, on savoure le menu du terroir concocté par Marielle. Beaucoup de charme et de coquetterie !

TREILLES

✉ 11510 (Aude) – 203 hab. – Alt. 103 m – Voir carte n°**22-B3**

▶ Paris 823 km – Carcassonne 89 km – Montpellier 127 km – Perpignan 37 km

Carte Michelin 344-I5

🍴 **L'Atelier de Claude Giraud**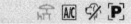

6 rte des Corbières – 𝒞 04 68 33 08 59 – Fermé en semaine d'oct. à Pâques et lundi midi d'avril à sept.

Menu 20 € (déj. en semaine) – Carte 37/58 € (réserver)

Dans un petit village des Corbières, un endroit improbable, meublé de bric et de broc, mais attachant et très convivial ! Comme le dit le chef, ici, tout se concentre dans l'assiette : une belle cuisine de produits, simple, savoureuse et bien ficelée. Aux beaux jours, profitez de la terrasse.

TRÉLAZÉ – 49 (Maine-et-Loire) → voir Angers

TRÉLON

✉ 59132 (Nord) – 3 032 hab. – Alt. 188 m – Voir carte n°**31-D3**

▶ Paris 218 km – Avesnes-sur-Helpe 15 km – Charleroi 53 km – Lille 115 km

Carte Michelin 302-M7

🍴🍴 **Le Framboisier**

rte du Val-Joly – 𝒞 03 27 59 73 34 – http://framboisier.terascia.com

– Fermé 16 fév.-3 mars, 17 août-2 sept., dim. soir, mardi soir et lundi sauf fériés

Formule 18 € – Menu 25/45 € – Carte 27/63 €

Un joli corps de ferme sur la route principale. Côté déco, on mêle le rustique et les touches plus actuelles ; côté papilles, on n'a d'yeux que pour la tradition aux accents régionaux.

TREMBLAY-EN-FRANCE – 93 (Seine-Saint-Denis) → voir Paris, Environs

---

LE TREMBLAY-SUR-MAULDRE

✉ 78490 (Yvelines) – 979 hab. – Alt. 132 m – Voir carte n°**18-A2**

▶ Paris 42 km – Houdan 24 km – Mantes-la-Jolie 32 km – Rambouillet 18 km

Carte Michelin 311-H3

🏠 **Les Chambres du Numéro 3 🆕**

4 r. du Gén.-de-Gaulle – 𝒞 01 34 87 80 96 – www.restaurant-numero3.fr

3 ch – †150 € ††150 € – ☲ 17 €

Cette maisonnette de village et sa grange accueillent trois belles chambres confortables et spacieuses, tout en beaux matériaux (bois, pierre). L'une d'entre elles, en duplex, domine la jolie cour pavée. Un ensemble élégant et accueillant, à l'unisson du restaurant Numéro 3 dont il dépend.

🍴🍴🍴 **Numéro 3** (Laurent Trochain)

3 r. du Gén.-de-Gaulle – 𝒞 01 34 87 80 96 – www.restaurant-numero3.fr

– Fermé merc. midi, lundi et mardi

Menu 50/100 € – Carte 63/82 €

Une métamorphose ! Oubliées les poutres, la cheminée et même la façade traditionnelle ; place à un cadre éminemment contemporain, géométrique et design. La cuisine respecte ses fondamentaux : beaux produits, geste soigné et recettes nouvelles. Avec un original "bar à fromages" et un espace caviste...

→ Salade de hareng et de pomme de terre revisitée. Homard dans tous ses états. Raviole aux fruits de la passion, crème glacée au chocolat blanc.

Le Bar à Fromages Menu 25 €

TRÉMOLAT

✉ 24510 (Dordogne) – 576 hab. – Alt. 53 m – Voir carte n°**4-C3**

▶ Paris 532 km – Bergerac 34 km – Brive-la-Gaillarde 87 km – Périgueux 46 km

Carte Michelin 329-F6 – Guide Vert Michelin Périgord Quercy

Le Vieux Logis 🕪 ⌿ ⇐ ⛫ ㋡ Ⓜ 🛜 🚿 P

Le Bourg – 𝒞 *05 53 22 80 06* – *www.vieux-logis.com*
23 ch – 🛉200/375 € 🛉🛉200/465 € – ☐ 25 € – ½ P
Rest *Le Vieux Logis* ✿ – voir les restaurants ci-après
Cet ancien prieuré est le vivant récit de l'histoire de la famille des propriétaires, vieille de presque cinq siècles ! Les chambres sont meublées avec goût et le jardin est superbe. Un Logis extrêmement chaleureux.

✕✕✕ Le Vieux Logis 🖨 🕼 P

✿ *Le Bourg* – 𝒞 *05 53 22 80 06* – *www.vieux-logis.com* – *Fermé merc. et jeudi de mi-oct. à mi-avril*
Menu 49 € (déj. en semaine), 68/108 € – Carte 104/124 €
Une valeur sûre que cette table de tradition, qui sait choisir ses produits et les accommoder avec justesse. De la belle gastronomie, classique sans être figée. Le cadre – un ancien séchoir à tabac, tout en pierre et bois peint – est tout à fait charmant.
➜ Foie gras cuit dans une marinade soja-gingembre, thon frais et compotée de tomates. Grenadin de veau rôti, raviole de jaune d'œuf et oignons croquants. "Paris-Trémolat" aux amandes et noix.

✕ Bistrot de la Place 🕼

Le Bourg – 𝒞 *05 53 22 80 69* – *www.vieux-logis.com* – *Fermé lundi et mardi du 15 oct. au 15 avril*
Formule 17 € – Menu 24/36 € – Carte 36/46 €
Une adresse pour se restaurer dans le village où Claude Chabrol tourna le film Le Boucher (1970). Vieilles pierres, poutres et cuisine de bistrot mettant en avant les produits du terroir : andouillette, confit de canard...

LE TRÉPORT

✉ 76470 (Seine-Maritime) – 5 261 hab. – Alt. 12 m – Voir carte n°**33-D1**
▶ Paris 180 km – Abbeville 37 km – Amiens 92 km – Blangy-sur-Bresle 26 km
Carte Michelin 304-I1 – Guide Vert Michelin Normandie Vallée de la Seine

🏨 Le Saint-Yves sans rest ⅙ 🕼 🛜 P

7 pl. Pierre-Sémard – 𝒞 *02 35 86 34 66* – *www.hotellesaintyves.com* – *Fermé 23 déc.-2 janv.*
22 ch – 🛉65/75 € 🛉🛉75/85 € – 3 suites – ☐ 10 €
Sur l'avant-port (il suffit d'emprunter la passerelle pour rejoindre le centre-ville), un hôtel traditionnel où l'on vous reçoit avec la plus grande amabilité. L'intérieur, de style bourgeois, est particulièrement net et soigné.

🏠 Villa Marine 🕪 🖨 ⅙ 🛜 ㋡

1 pl. Pierre-Sémard – 𝒞 *02 35 86 02 22* – *www.hotel-lavillamarine.com* – *Fermé 24-29 déc.*
33 ch – 🛉59/150 € 🛉🛉59/150 € – ☐ 10 € – ½ P
Rest *Villa Marine* – voir les restaurants ci-après
Non loin de la gare, face au port, un hôtel dont la modeste façade ne présage en rien des qualités réelles, l'ensemble ayant été rénové dans un esprit contemporain de bon goût. Les chambres – presque toutes en blanc et bleu – ne sont pas très grandes mais vraiment plaisantes.

✕ Villa Marine ⅙

1 pl. Pierre-Sémard – 𝒞 *02 35 86 02 22* – *www.hotel-lavillamarine.com* – *Fermé 23-29 déc., dim. midi de mi-nov. à mi-avril, dim. soir sauf juil.-août et sam. midi*
Formule 16 € – Menu 22/59 € – Carte 24/44 €
Une villa qui porte bien son nom : on l'imagine dressée fièrement contre les embruns venus de la mer, les jours de gros temps... À l'intérieur, dans une ambiance de bistrot chic, on déguste une délicieuse cuisine du marché, soignée et goûteuse, qui donne envie de s'attarder un jour de plus !

TRIEL-SUR-SEINE – 78 (Yvelines) ➜ voir Paris, Environs

TRIGANCE

✉ 83840 (Var) – 167 hab. – Alt. 800 m – Voir carte n°**41**-C2

▶ Paris 817 km – Castellane 20 km – Digne-les-Bains 74 km – Draguignan 43 km

Carte Michelin 340-N3 – Guide Vert Michelin Alpes du Sud

🏰 Château de Trigance ⅠⓄ 🕸 ⩽ 🛜 🅿

rte du château, accès par voie privée – ℰ 04 94 76 91 18
– *www.chateau-de-trigance.fr* – Ouvert d'avril à oct.
10 ch – †117/155 € ††117/200 € – ⌸ 15 € – ½ P

Cet hôtel occupe les murs d'un ancien château fort, véritable nid d'aigle dominant
la vallée du Verdon. L'ambiance médiévale imprègne les lieux, dans les chambres
– avec lits à baldaquin ! – comme au restaurant, qui prend ses aises dans une
salle sarrasine du 12ᵉs.

🏠 Le Vieil Amandier ⅠⓄ 🕸 🏊 ⅋ 🅿

montée de St-Roch – ℰ 04 94 76 92 92 – *http://levieilamandier.free.fr*
– Ouvert 20 avril-5 oct.
12 ch – †69/96 € ††69/96 € – ⌸ 11 € – ½ P

Au pied de ce village pittoresque, cette construction récente respecte l'esprit de la
région. Les chambres, tenues avec soin, disposent pour certaines d'une terrasse
ouvrant sur le jardin. Piscine, sauna et jacuzzi à disposition, restaurant traditionnel.

LA TRINITÉ-SUR-MER

✉ 56470 (Morbihan) – 1 639 hab. – Alt. 20 m – Voir carte n°**9**-B3

▶ Paris 488 km – Auray 13 km – Carnac 4 km – Lorient 52 km

Carte Michelin 308-M9 – Guide Vert Michelin Bretagne Sud

🏨 Le Lodge Kerisper sans rest 🕸 🛋 🏊 ⅋ 🛜 🏋 🅿

4 r. du Latz – ℰ 02 97 52 88 56 – *www.lodge-kerisper.com*
18 ch – †90/160 € ††90/240 € – 2 suites – ⌸ 14 €

Les bâtiments de cette ancienne ferme du 19ᵉ s. ont beaucoup de cachet : intérieur tout en matériaux nobles, meubles chinés et parquets bruts... Un véritable
"boutique hôtel" ! Et en annexe, une ravissante maison bretonne peut accueillir
jusqu'à dix personnes.

🏨 Le Petit Hôtel des Hortensias ⅠⓄ ⩽ 🛜

4 pl. Yvonne-Sarcey – ℰ 02 97 30 10 30 – *www.leshortensias.info*
6 ch – †99/200 € ††99/200 € – ⌸ 15 €
Rest *L'Arrosoir* – voir les restaurants ci-après

La silhouette nordique de cette charmante villa (1880) domine le port. Ambiance
guesthouse, tissus tendus, tons chauds... Un vrai cocon face au va-et-vient des
bateaux de plaisance.

🍴🍴🍴 L'Azimut 🎛 🏵 ⟳

1 r. du Men-Dû – ℰ 02 97 55 71 88 – *www.lazimut-latrinite.com* – Fermé mardi
et merc. sauf juil.-août
Menu 17 € ⾕ (déj. en semaine), 22/60 € – Carte 49/65 €

Ambiance maritime tous azimuts dans la salle à manger et agréable terrasse
offrant une échappée sur le port... À la carte, alliances terre et mer et recherche
esthétique.

🍴 L'Arrosoir – Le Petit Hôtel des Hortensias ⩽ ⅋

4 pl. Yvonne-Sarcey – ℰ 02 97 30 13 58 – *www.leshortensias.info* – Ouvert
de mi-mars à mi-nov. et fermé mardi midi, merc. midi et lundi
Formule 19 € – Carte 32/52 €

On entre dans ce restaurant par sa terrasse en teck grande ouverte sur la mer. À
l'intérieur, c'est un coquet décor de bistrot marin qui sert d'écrin à une jolie cuisine océane.

TRIZAY

✉ 17250 (Charente-Maritime) – 1 371 hab. – Alt. 20 m – Voir carte n°**38**-B2

▶ Paris 475 km – Rochefort 13 km – La Rochelle 52 km – Royan 36 km

Carte Michelin 324-E4 – Guide Vert Michelin Poitou-Charentes

au Lac du Bois Fleuri 2,5 km à l'Ouest par D 238, D 123 et rte secondaire – ⊠ 17250 Trizay

XXX   **Les Jardins du Lac** avec ch   

3 chemin Fontchaude – ℰ 05 46 82 03 56 – www.jardins-du-lac.com – Fermé 16 fév.-12 mars, dim. soir et lundi de nov. à mars
15 ch – ♦145/185 € ♦♦145/185 € – 1 suite – ⊒ 17 € – ½ P
Menu 36/60 € – Carte 60/90 €
Un grand jardin, un lac sur la route de Compostelle… Dans ce paisible restaurant, le chef, Johann Suire, fait des merveilles : noix de Saint-Jacques et leur risotto aux asperges ; filet de saint-pierre, purée de panais et poire, etc. On se régale ! Quant aux chambres, toutes face au lac, elles ont un charme indéniable.

LES TROIS-ÉPIS

⊠ 68410 (Haut-Rhin) – Alt. 658 m – Voir carte n°**2-C2**
◗ Paris 445 km – Colmar 11 km – Gérardmer 51 km – Munster 18 km
Carte Michelin 315-H8

🏠   **Villa Rosa**   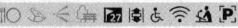

4 r. Thierry Schoeré – ℰ 03 89 49 81 19 – www.villarosa.fr – Ouvert 24 mars-11 nov. et 26 nov.-5 janv.
8 ch – ♦65/69 € ♦♦65/69 € – ⊒ 10 €
Le jardin de curé, les chambres, très mignonnes, et le sauna dans un cabanon font vite oublier la route toute proche… Les vendredi et samedi soirs, Anne-Rose concocte une bonne petite cuisine familiale et parfumée, essentiellement à base de produits bio et du potager. Cette villa nature évoque une véritable maison d'hôtes !

LE TRONCHET

⊠ 35540 (Ille-et-Vilaine) – 1 085 hab. – Alt. 65 m – Voir carte n°**10-D2**
◗ Paris 391 km – Dinan 19 km – Fougères 56 km – Saint-Malo 27 km
Carte Michelin 309-K4 – Guide Vert Michelin Bretagne Nord

🏢   **Golf & Country Club**   

Domaine St-Yvieux – ℰ 02 99 58 96 69 – www.saintmalogolf.com – Ouvert début mars à mi-oct.
29 ch – ♦90/115 € ♦♦110/140 € – ⊒ 12 € – ½ P
Pour résider au cœur de ce golf 27 trous, un ancien prieuré du 19e s. abritant de grandes chambres aux tons clairs, disposant d'une loggia ou d'une petite terrasse, face à l'étang ou aux greens. Brasserie et club-house.

TROUVILLE-SUR-MER

⊠ 14360 (Calvados) – 4 789 hab. – Alt. 2 m – Voir carte n°**32-A3**
◗ Paris 201 km – Caen 51 km – Le Havre 43 km – Lisieux 30 km
Carte Michelin 303-M3 – Guide Vert Michelin Normandie Vallée de la Seine

🏨   **Hostellerie du Vallon** sans rest

12 r. Sylvestre Lasserre – ℰ 02 31 98 35 00   Plan : BZ**v**
– www.hostellerie-du-vallon.fr
64 ch – ♦128/280 € ♦♦128/280 € – ⊒ 15 €
L'endroit est en léger retrait des quais, au calme ! De plus, cette hostellerie de style normand offre un joli panorama sur la station balnéaire. Et pour se détendre : chambres spacieuses, piscine, hammam...

🏢   **Le Flaubert** sans rest

2 r. Gustave-Flaubert – ℰ 02 31 88 37 23 – www.flaubert.fr   Plan : AY**t**
– Ouvert 8 fév.-11 nov.
31 ch ⊒ – ♦115/290 € ♦♦115/290 €
Il suffit de poser un pied dehors pour fouler les célèbres "planches" : cette villa à colombages très romantique (1936) est quasiment posée sur la plage ! Les chambres sont plutôt classiques et la moitié a vue sur la mer. Chabadabada...

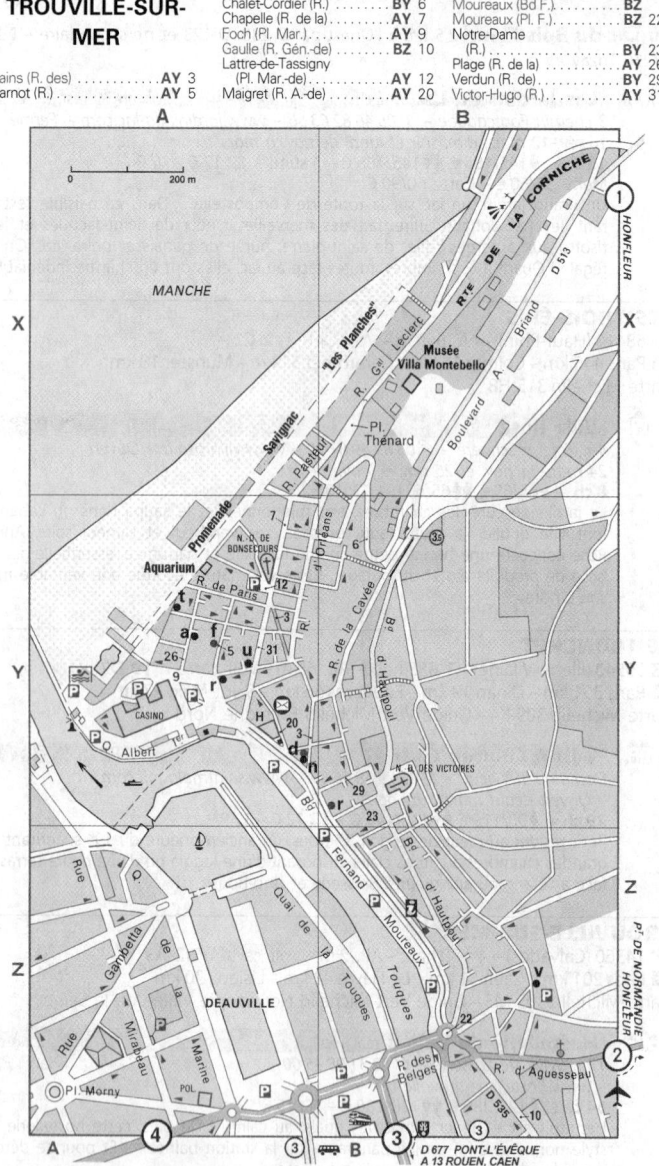

Le Fer à Cheval sans rest

11 r. Victor-Hugo – ☎ 02 31 98 30 20
– www.hotel-trouville.com

Plan : AY**u**

34 ch – ♦60/125 € ♦♦87/125 € – ☲ 13 €

On reconnaît cet établissement familial au cœur de Trouville à sa jolie façade typique. Les chambres sont confortables et feutrées, et l'on apprécie la proximité du casino et de la plage. Sans oublier l'accueil, plein de gentillesse !

Kyriad Prestige sans rest

4 pl. Foch – ℰ 02 31 87 38 38 – www.kyriadprestige.com   Plan : AY**r**
80 ch – †109/181 € ††109/181 € – ☲ 16 €

Hommes d'affaires et touristes apprécient cet hôtel fonctionnel mais gai : il fait face au casino et la plage se trouve à deux pas ! L'établissement compte également de nombreuses chambres, ce qui est bien pratique en période d'affluence.

Le Central

5 et 7 r. des Bains – ℰ 02 31 88 80 84   Plan : AY**n**
– www.le-central-trouville.com
23 ch – †98/107 € ††98/148 € – ☲ 10 € – ½ P

La halle aux poissons est en face ! Les chambres jouent la sobriété (tons harmonieux, mobilier en bois blanc patiné) et offrent, au choix, une vue sur le port, la rue ou les hauteurs de la station. La brasserie, très touristique, s'inspire des années 1930.

St-James sans rest

16 r. de la Plage – ℰ 02 31 88 05 23   Plan : AY**a**
– www.hotel-saint-james.fr – Fermé janv. et fév.
9 ch – †70/205 € ††70/205 € – ☲ 14 €

La plage n'est pas loin, les chambres sont bien tenues, il y a un salon style british et, l'hiver, de belles flambées dans la cheminée : pas de doute, ce petit hôtel de charme a bien des atouts !

La Régence

132 bd Fernand-Moureaux – ℰ 02 31 88 10 71   Plan : BY**r**
– www.la-regence.com
Formule 26 € – Menu 40/98 € – Carte 43/85 €

En passant sur le quai, on aperçoit les fastes de son superbe décor Napoléon III ; de nombreuses célébrités d'après-guerre appréciaient le lieu et on les comprend ! Homards, langoustes et beaux poissons frais sont à l'honneur. Et si vous vous y arrêtiez à votre tour ?

La Petite Auberge

7 r. Carnot – ℰ 02 31 88 11 07 – www.lapetiteaubergesurmer.fr   Plan : AY**f**
– Fermé 20-30 juin, 20-30 janv., mardi et merc.
Formule 29 € – Menu 40 € – Carte 54/75 € *(réservation conseillée)*

Dans une rue au cœur de Trouville, une Petite Auberge conviviale et vraiment mignonne où l'on se sent tout de suite bien. La table valorise le terroir et les produits régionaux. Dans l'assiette, c'est généreux, gourmand et savoureux. En bref, une adresse sympathique !

Les Mouettes

11 r. des Bains – ℰ 02 31 98 06 97   Plan : AY**d**
– www.brasserie-les-mouettes.com
Menu 15/31 € 🍷 – Carte 20/68 €

Imaginez un peu : Marguerite Duras, habituée des lieux, s'asseyant sur la terrasse et griffonnant sur un bout de papier jauni... Elle devait sûrement aimer cette ambiance de bistrot, le joli plafond peint et la terrasse sur le trottoir, sans oublier le pot-au-feu de la mer, le grand aïoli ou encore la fricassée de bulots.

TROYES

✉ 10000 (Aube) – 60 013 hab. – Agglo. 132 496 hab. – Alt. 113 m
– Voir carte n°**13-B3**
▶ Paris 170 km – Dijon 185 km – Nancy 186 km
Carte Michelin 313-E4 – Guide Vert Michelin Champagne Ardenne

Plans pages 1782, 1783

La Maison de Rhodes

18 r. Linard-Gonthier – ℰ 03 25 43 11 11   Plan : CY**e**
– www.maisonderhodes.com
7 ch – †209/250 € ††209/250 € – 4 suites – ☲ 20 €

Ces belles demeures du 17e s. nichent dans une ruelle pavée du vieux Troyes. Poutres, pierres, torchis, tomettes, mobilier ancien ou contemporain s'y marient avec élégance. Le soir, on peut profiter de l'intimité du restaurant pour un dîner à base de produits bio.

TROYES

Boucherat (R.) . . . . **CY** 4
Champeaux (R.) . . . . **BZ** 12
Charbonnet (R.) . . . . **BZ** 13
Clemenceau (R. G.) . . . . . . **BCY** 15
Comtes-de-Champagne (Q. des) . . . . **CY** 16
Dampierre (Quai) . . . . **BCY** 17
Delestraint (Bd Gén.-Ch.) . . . **BZ** 18
Driant (R. COl.) . . . . **BZ** 20
Girardon (R.) . . . . **CY** 22
Hennequin (R.) . . . . **CY** 23
Huez (R. Claude) . . . . **BYZ** 27
Israël (Pl. Alexandre) . . . . **BZ** 28
Jaillant-Deschaînets (R.) . . . . **BZ** 29
Jean-Jaurès (Pl.) . . . . **BZ** 31
Joffre (Av. Mar.) . . . . **BZ** 33
Langevin (Pl. du Prof.) . . . . . **BZ** 35
Libération (Pl. de la) . . . . **CZ** 49
Marché aux Noix (R. du) . . . . **BZ** 36
Michelet (R.) . . . . **CY** 39
Molé (R.) . . . . **BZ** 44
Monnaie (R. de la) . . . . **BZ** 45
Paillot-de-Montabert (R.) . . . **BZ** 47
Palais-de-Justice (R.) . . . . **BZ** 48
République (R. de la) . . . . . . **BZ** 51
St-Pierre (Pl.) . . . . **CY** 52
St-Rémy (Pl.) . . . . **BY** 53
Siret (R. Nicolas) . . . . **CZ** 79
Synagogue (R. de la) . . . . **BZ** 54
Tour-Boileau (R. de la) . . . . . . **BZ** 59
Trinité (R. de la) . . . . **BZ** 60
Turenne (R. de) . . . . **BZ** 61
Voltaire (R.) . . . . **BZ** 64
Zola (R. Émile) . . . . **BCZ**
1er-R.A.M. (Bd du) . . . . **BZ** 69

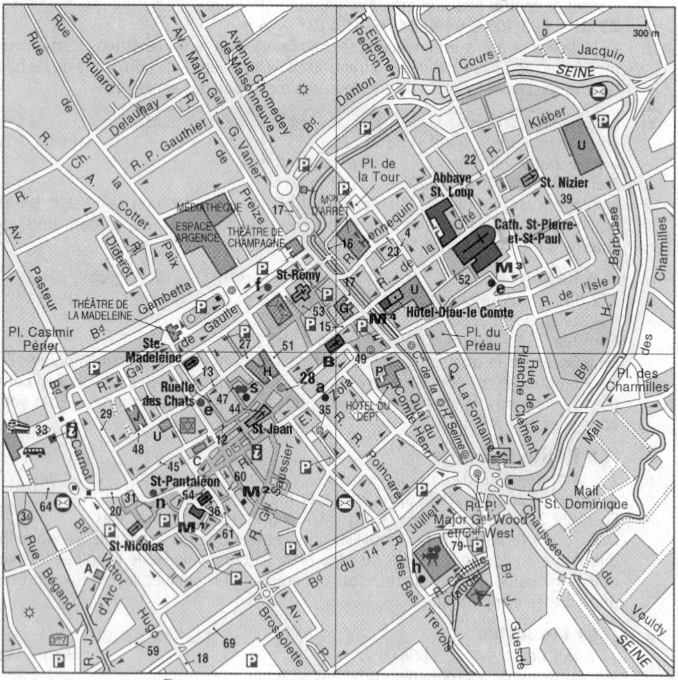

Le Champ des Oiseaux sans rest

20 r. Linard-Gonthier – ✆ 03 25 80 58 50 Plan : CY**e**
– www.champdesoiseaux.com
9 ch – 🚹199/250 € 🚹🚹199/250 € – 4 suites – ☕ 20 €
Dans ces trois maisons des 15e-16e s., on aime à s'attarder près du feu qui crépite en hiver ou dans la ravissante cour pavée aux beaux jours. La magie se prolonge dans les chambres : pierre de Bourgogne, tomettes, linge de qualité...

Mercure sans rest

11 r. des Bas-Trévois – ✆ 03 25 46 28 28 Plan : CZ**h**
– www.mercure-troyes.com
69 ch – 🚹110/182 € 🚹🚹110/182 € – 2 suites – ☕ 16 €
Bâti sur les fondations d'une ancienne bonneterie (dont on a conservé une machine à tisser), cet hôtel contemporain propose des chambres feutrées, très confortables, qui séduiront à la fois la clientèle d'affaires et les touristes de passage.

TROYES

Anatole-France (Av.) ..... **AX** 2
Brossolette (Av. Pierre) ... **AX** 6
Buffard (Av. M.) .... **AV** 8
Chanteloup (R. de) ...... **AX** 9
Clemenceau (R. G.) ...... **AV** 12

Croix-Blanche (R. de la) .... **AX** 13
Croncels (R. du Faubourg) .. **AX** 14
Jean-Jaurès (Av.) .... **AV** 18
Lattre-de-Tassigny
  (Av. Mar.-de) .... **AV** 21
Leclerc (Av. Gén.) .... **AV** 22
Marots (R. des) .... **AX** 24
Noës (R. des) .... **AX** 26

Notre-Dame-des-Prés
  (R.) .... **AX** 27
Pasteur (R.) .... **AV** 32
Salengro (Av. Roger) ..... **AV** 36
Salengro (R. Roger) ...... **AV** 37
Schuman (Av. Robert) .... **AV** 38
Vouldy (Chaussée du) ..... **AX** 42
1er Mai (Av. du) .... **AV** 48

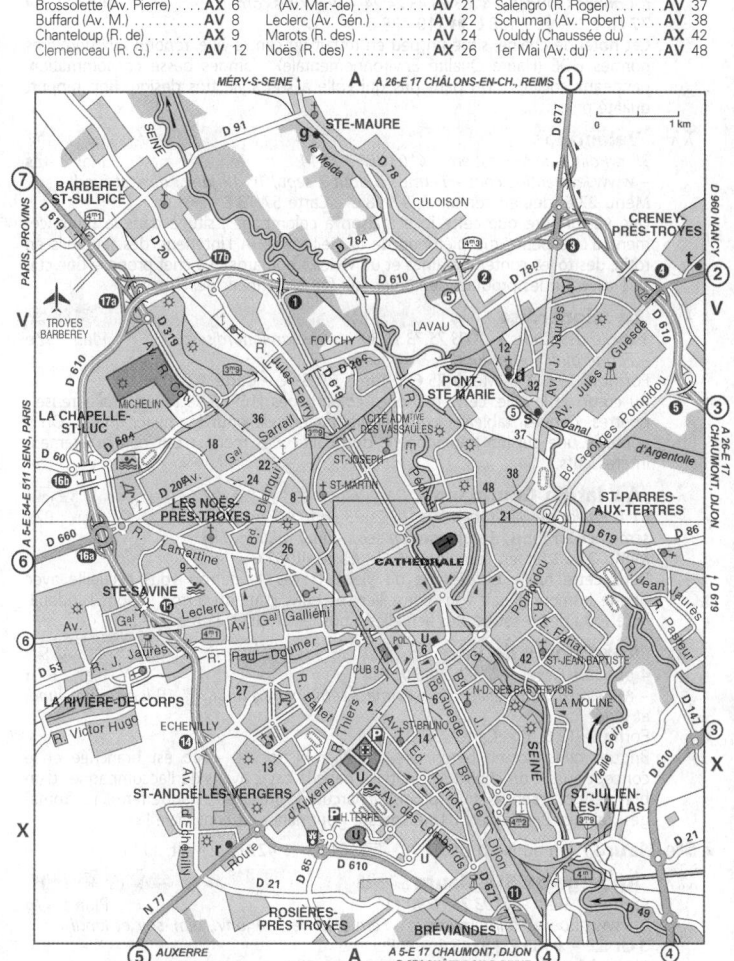

⊞ Le Relais St-Jean sans rest   ♨ ⅃⅃ ⌂ & AC 🛜 ⅍ 🚗

51 r. Paillot-de-Montabert – ℰ 03 25 73 89 90
– www.hotel-relais-saint-jean.com   Plan : BZ**s**

23 ch – †98/215 € ††98/215 € – ⌑ 16 €

Une jolie ruelle, une bâtisse à colombages du 16ᵉ s., voilà qui a du cachet. Sous les poutres, les chambres, modernes, ont un charme feutré. Les petits plus : le jacuzzi dans une charmante cave voûtée et l'accueil prévenant.

⊞ Hôtel de la Poste sans rest   📱 & AC 🛜 ⅍ 🅿 🚗

35 r. Emile-Zola – ℰ 03 25 73 05 05 – www.hotel-de-la-poste.com   Plan : BZ**a**

32 ch – †116/172 € ††116/172 € – 2 suites – ⌑ 16 €

Au cœur de la ville, près du secteur piétonnier, un ancien relais de poste entièrement rénové. Du coup, la plupart des chambres sont actuelles et cosy. Même ambiance feutrée au salon et dans la salle du petit-déjeuner.

Ibis Styles sans rest   🖪 🖭 ⚹ 🏧 🛜 🏂 🚗
r. Camille-Claudel – ☎ 03 25 43 24 24 – www.ibis.com   Plan : CZ**w**
77 ch 🖵 – †99/138 € ††110/138 €
Cet hôtel de chaîne, situé un peu en retrait du centre-ville, répond aux dernières
normes HQE (Haute Qualité Environnementale) : lampes basse consommation,
panneaux solaires... Un parti pris qui colle à son style très design. Bon rapport
qualité-prix.

XX **Valentino**   🍴
35 r. Paillot-de-Montabert – ☎ 03 25 73 14 14   Plan : BZ**s**
– www.levalentino.com – Fermé 16 août-7 sept., 1ᵉʳ-12 janv., dim. et lundi
Menu 27 € (déj. en semaine), 37/58 € – Carte 57/73 €
Une valeur sûre que cette jolie maison à colombages, située dans le renforce-
ment d'une petite rue piétonne de la vieille ville. À l'intérieur, des fauteuils en
rotin, des toiles contemporaines et un vivier à homards... Le chef propose une cuisine axée sur les produits de la mer, qui fait le bonheur des Troyens.

XX **La Mignardise**   🍴 ⚹ ⇔
1 ruelle des Chats – ☎ 03 25 73 15 30 – www.lamignardise.eu   Plan : BZ**e**
– Fermé dim. soir et lundi
Formule 19 € 🍷 – Menu 25 € 🍷 (déj.), 39/59 € – Carte 40/80 €
Au cœur de la ville, cette maison à colombages (16ᵉ s.) se révèle chaleureuse :
poutres, briques, tableaux contemporains, terrasse pour les beaux jours... On y
apprécie une cuisine traditionnelle de qualité ; les menus sont particulièrement
intéressants.

X **Au Jardin Gourmand**   🍴 🏧
31 r. Paillot-de-Montabert – ☎ 03 25 73 36 13 – Fermé 2   Plan : BZ**s**
semaines en mars, 3 semaines en sept., lundi midi et dim.
Menu 24 € (déj. en semaine)/36 € – Carte 40/67 €
Dans cette ruelle pittoresque du vieux Troyes, le patron vous accueille avec
bonne humeur. Il sait vous conseiller ses bons plats du terroir – dont l'andouillette – ou des recettes plus actuelles. Sous les glycines, la terrasse !

X **Aux Crieurs de Vin**   ⿻ 🍴
4 pl. Jean-Jaurès – ☎ 03 25 40 01 01   Plan : BZ**n**
– www.auxcrieursdevin.com – Fermé 3 semaines en août, 1ᵉʳ-10 janv., dim., lundi
et fériés
Formule 12 € 🍷 – Carte 22/33 €
Briques nues, sol en béton ciré, mobilier bistrot... la déco est branchée et le
concept aussi : on choisit sa bouteille dans la cave, avant de l'accompagner d'un
bon petit plat centré sur le produit (charcuterie artisanale, viande fermière, fromages de chez Bordier, etc.). Une adresse gourmande et conviviale !

à Ste-Maure 7 km au Nord par D 78 – ✉ 10150 – 1 427 hab. – Alt. 111 m

XXX **Auberge de Ste-Maure** avec ch   ⿻ 🍴 ⚹ rest, 🍴 ch, **P**
99 rte de Mery – ☎ 03 25 76 90 41   Plan : AV**g**
– www.auberge-saintemaure.fr – Fermé 22 déc.-14 janv., dim. soir et lundi
3 ch 🖵 – †135 € ††145 € – ½ P
Menu 30 € (semaine), 50/60 € – Carte 50/88 €
Cette auberge près de la rivière a évolué avec son époque. Le cadre est élégant
et repose sur des bases classiques ; la cuisine flirte avec la modernité : ainsi ce
dessert oscillant entre tarte au citron et cheesecake... Original pour passer la
nuit : trois roulottes en bois blond invitent à un voyage immobile.

à Pont-Ste-Marie 3 km au Nord-Est par D 77 – ✉ 10150 – 4 844 hab. – Alt. 110 m

X **Bistrot DuPont**   🍴 🏧 ⇔
5 pl. Ch.-de-Gaulle – ☎ 03 25 80 90 99   Plan : AV**s**
🖇 – www.bistrotdupont.com – Fermé 1 semaine à Pâques, 3 semaines en août,
vacances de Noël, jeudi soir, dim. soir et lundi
Menu 19 € (semaine), 28/35 € – Carte 32/56 € (réservation conseillée)
Au bord de la Seine, ce sympathique bistrot traditionnel joue la carte des bonnes
recettes à l'ancienne : blanquette, coq au vin, suprême de volaille, que l'on
dévore dans une ambiance animée... Et ne ratez pas la spécialité de la maison :
l'andouillette.

à Creney-près-Troyes 6 km au Nord-Est par D 960 – ⊠ 10150
– 1 662 hab. – Alt. 118 m

✕✕ Céladon-Côté Restaurant
😊

28 r. de la République – 𝒞 *03 25 82 58 13*   Plan : AV**t**
– *www.celadon-cote-restaurant.fr* – *Fermé 23 fév.-1ᵉʳ mars, 17-31 août, lundi,
mardi et le soir sauf vend. et sam.*
Formule 19 € – Menu 29 € (semaine), 41/64 € – Carte 53/84 €
Au cœur du village, l'ambiance de ce restaurant est feutrée, en partie grâce à son
agréable décor contemporain. La cuisine, dans l'air du temps, est savoureuse. Juste
à côté, au Zinc, c'est bons petits plats à l'ardoise et ambiance conviviale. Au choix !
Le Zinc 𝒞 *03 25 81 08 54* – *Menu 16/24 € (fermé merc., sam., dim. et le soir)*

à Moussey 10 km par ④, D 671 et D 444 – ⊠ 10800 – 587 hab. – Alt. 131 m

⭡ Domaine de la Creuse *sans rest*

– 𝒞 *03 25 41 74 01* – *www.domainedelacreuse.com* – *Fermé 20 déc.-5 janv.*
5 ch � – ♦110/130 € ♦♦115/135 €
Dans cette ferme champenoise du 18ᵉ s. perdue en pleine nature, les chambres qui entourent la cour intérieure aménagée en jardin sont vraiment adorables. Objets chinés, délicieux petit-déjeuner, accueil parfait, etc. Tout est très
"campagne chic"...

à St-André-les-Vergers 5 km au Sud-Ouest – ⊠ 10120 – 11 356 hab. – Alt. 112 m

✕✕ La Gentilhommière
🍃 ♿ **P**

180 rte d'Auxerre – 𝒞 *03 25 49 35 64*   Plan : AX**r**
– *www.lagentilhommiere10.fr*
Formule 19 € – Menu 23 € (semaine)/41 € – Carte 42/56 €
Ce pavillon moderne, à la sortie de Troyes, offre un cadre confortable, parfait
pour un dîner en toute intimité. La cuisine est traditionnelle, avec pour spécialité
l'œuf poché au champagne, mais fait aussi des clins d'œil à la modernité comme
ce chou farci déstructuré !

TRUN
⊠ 61160 (Orne) – 1 310 hab. – Alt. 90 m – Voir carte n°**33-C2**
◫ Paris 198 km – Alençon 60 km – Caen 63 km – Lisieux 47 km
Carte Michelin 310-J1

⭡ La Villageoise *sans rest*

66 r. de la République – 𝒞 *06 79 49 49 64* – *www.lavillageoise.fr* – *Ouvert d'avril
à déc.*
4 ch � – ♦60 € ♦♦75 €
Ses origines se perdent entre le 13ᵉ et le 17ᵉ s., mais sa vocation reste intacte :
cet ancien relais de poste se montre très accueillant – de surcroît avec un vrai
esprit de maison de famille, simple et frais. Voyez la chambre "Tourterelle"...

TULETTE
⊠ 26790 (Drôme) – 1 933 hab. – Alt. 147 m – Voir carte n°**44-B3**
◫ Paris 657 km – Avignon 56 km – Lyon 195 km – Valence 95 km
Carte Michelin 332-C8

⭡ K-Za

258 r. Paul Ruat – 𝒞 *04 75 98 34 88* – *www.maison-hotes-k-za.com* – *Fermé
18-25 fév. et 23-31 août*
5 ch � – ♦149/175 € ♦♦149/175 € – ½ P
Che bella casa ! Anne-Élisabeth, la maîtresse des lieux, est d'origine italienne. Et
c'est en véritable *mamma*, passionnée par la gastronomie, qu'elle vous reçoit
dans sa maison du 17ᵉ s. en galets roulés du Rhône, au superbe intérieur design.
À table, on savoure une cuisine inventive et des vins locaux.

TULLE
⊠ 19000 (Corrèze) – 14 666 hab. – Alt. 210 m – Voir carte n°**25-C3**
◫ Paris 475 km – Aurillac 83 km – Brive-la-Gaillarde 27 km –
Clermont-Ferrand 141 km
Carte Michelin 329-L4 – Guide Vert Michelin Limousin Berry

⚎ Inter-Hôtel sans rest ⚏ ⚐ ⚐ 🛜 ⚐

16 quai de la République – 𝒞 *05 55 26 42 00 – www.hotel-tulle.com*
50 ch – †79/82 € ††87/99 € – ⚌ 9 €
En centre-ville, le long de la Corrèze, un hôtel moderne et complètement relooké ; les chambres, confortables et spacieuses – surtout côté quai –, sont impeccablement tenues. Wifi gratuit, salle de réunion bien équipée, bon petit-déjeuner : parfait !

XX . La Toque Blanche ⚐ ⚐ ⚐

pl. M. Brigouleix – 𝒞 *05 55 26 75 41 – www.latoqueblanchetulle.com – Fermé 1 semaine en juil., dim. soir, mardi soir et lundi*
Formule 21 € – Menu 30 €
Au centre-ville, cette affaire familiale sent bon le terroir, et n'a pas volé sa réputation... Grenadin de veau et risotto de cèpes, tourtière pommes et pruneaux à l'armagnac : le chef met à profit les beaux produits de la région, qu'il travaille avec un plaisir communicatif.

LA TURBALLE

✉ 44420 (Loire-Atlantique) – 4 571 hab. – Alt. 6 m – Voir carte n°**34-A2**
◱ Paris 457 km – La Baule 13 km – Guérande 7 km – Nantes 84 km
Carte Michelin 316-A3 – Guide Vert Michelin Pays de la Loire

XX Le Terminus ⚐ ⚐ ⚐

18 quai St-Paul – 𝒞 *02 40 23 30 29 – www.laturballe.free.fr/restaurant-terminus – Fermé 2 semaines en fév., 2 semaines en oct., dim. soir, mardi soir et merc. hors saison*
Formule 16 € – Menu 28/51 € – Carte 30/70 €
On y descend pour la vue sur le port de La Turballe, dont on jouit depuis toutes les tables ! La cuisine explore évidemment les produits de la mer.

à Pen-Bron 3 km au Sud par D 92 – ✉ 44420

⚎ Pen Bron ⚐ ⚐ ⚐ ⚐ ⚐ ⚐ ⚐ ⚐ ⚐

– 𝒞 *02 28 56 77 99 – www.hotels-aptitudes.com – Fermé 18 déc.-11 janv.*
43 ch – †79/160 € ††79/195 € – ⚌ 13 € – ½ P
Tout à la pointe de la presqu'île guérandaise, face au Croisic... L'atout de cette maison bretonne : son aménagement moderne, pensé en détail pour les personnes à mobilité réduite. Restauration traditionnelle avec vue sur les flots.

LA TURBIE

✉ 06320 (Alpes-Maritimes) – 3 194 hab. – Alt. 495 m – Voir carte n°**42-E2**
◱ Paris 943 km – Monaco 8 km – Menton 13 km – Nice 16 km
Carte Michelin 341-F5 – Guide Vert Michelin Côte d'Azur

XXX Hostellerie Jérôme (Bruno Cirino) avec ch ⚐ ⚐ ⚐ ⚐ ⚐ ⚐
⚐
20 r. Comte-de-Cessole – 𝒞 *04 92 41 51 51 – www.hostelleriejerome.com – Ouvert 14 fév.-10 nov. et fermé lundi et mardi d'oct. à juin et le midi*
5 ch – †130/170 € ††130/170 € – ⚌ 16 €   Menu 78/138 € – Carte 100/135 €
Une noble hostellerie mêlant caractère des vieilles pierres – celles d'un réfectoire cistercien du 13ᵉ s. –, accueil délicat et savoureuse cuisine méridionale, signée par un chef épris des produits de la région. Son épouse, autodidacte passionnée, a constitué une cave de plus de 20 000 bouteilles ! Et les chambres distillent le même charme...
→ Gamberoni il violetto d'Oneglia, pêche blanche, verveine cristallisée. Pigeonneau à la réduction d'olive noire au vin de Bandol. Cassata glacée au lait de buflonne, herbes, baies et fleurs des garrigues.

X Café de la Fontaine ⚐ ⚐ ⚐
⚐
4 av. du Gén.-de-Gaulle – 𝒞 *04 93 28 52 79 – www.hostelleriejerome.com*
Carte environ 31 €
Repas au coude-à-coude entre des habitués gouailleurs et des gourmands ravis, atmosphère très conviviale : pas de doute, on est dans un authentique café de village. Ode aux terroirs ensoleillés, la cuisine – bistrotière et généreuse à souhait – est réalisée avec les meilleurs produits du marché et cela se sent !

TURCKHEIM

✉ 68230 (Haut-Rhin) – 3 731 hab. – Alt. 225 m – Voir carte n°**2**-C2
▶ Paris 471 km – Colmar 7 km – Gérardmer 47 km – Munster 14 km
Carte Michelin 315-H8

XX À l'Homme Sauvage   ﷽

*19 Grand'Rue – ☎ 03 89 27 56 15 – www.restaurant-hommesauvage.com
– Fermé mardi soir de nov. à avril, dim. soir et merc.*
Formule 14 € – Menu 31 € – Carte 33/60 €
Maryon et John tiennent une maison comme on les aime... Bien sûr, il y a la belle cuisine "ni trop gastro ni trop tradi" de John, gourmande et fine, mais aussi cette belle convivialité, cette atmosphère branchée avec ces tables en métal créées sur mesure, ces chaises design, etc. Nulle sauvagerie ici !

TURENNE

✉ 19500 (Corrèze) – 781 hab. – Alt. 350 m – Voir carte n°**24**-B3
▶ Paris 496 km – Brive-la-Gaillarde 15 km – Cahors 91 km – Figeac 76 km
Carte Michelin 329-K5 – Guide Vert Michelin Périgord Quercy

⌂ Maison des Chanoines   ﷽

*r. Joseph-Rouveyrol – ☎ 05 55 85 93 43 – www.maison-des-chanoines.com
– Ouvert 4 avril-11 oct.*
7 ch – †70/100 € ††80/140 € – �) 10 € – ½ P
Au cœur de ce beau village corrézien, cette demeure du 16ᵉ s. allie charme historique et confort, non sans évoquer une véritable maison d'hôtes (mobilier ancien, tableaux, etc.). Avis aux gourmets : la table gastronomique est très soignée, ne vous en privez pas...

TURQUANT

✉ 49730 (Maine-et-Loire) – 570 hab. – Alt. 68 m – Voir carte n°**35**-C2
▶ Paris 294 km – Angers 76 km – Châtellerault 68 km – Chinon 21 km
Carte Michelin 317-J5 – Guide Vert Michelin Pays de la Loire

⌂ Demeure de la Vignole sans rest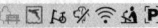

*imp. Marguerite-d'Anjou – ☎ 02 41 53 67 00 – www.demeure-vignole.com
– Ouvert 14 mars-15 nov.*
8 ch – †130/158 € ††130/158 € – 4 suites – �) 17 €
Ambiance guesthouse dans cette belle demeure bâtie à flanc de coteau. Chambres décorées avec goût – dont plusieurs troglodytiques, comme la piscine ! Terrasse face au vignoble.

TUSSON

✉ 16140 (Charente) – 247 hab. – Alt. 125 m – Voir carte n°**39**-C2
▶ Paris 421 km – Angoulême 41 km – Cognac 49 km – Poitiers 83 km
Carte Michelin 324-K4 – Guide Vert Michelin Poitou-Charentes

XX Le Compostelle   ﷽

*– ☎ 05 45 31 15 90 – www.lecompostelle-tusson.fr – Fermé 29 sept.-14 oct.,
1ᵉʳ-24 janv., dim. soir, lundi et jeudi*
Formule 25 € – Menu 31/55 € – Carte 48/58 €
Au cœur du village et sur l'antique route des pèlerins, un sympathique restaurant – un ancien relais de poste du 19ᵉ s. – où la rusticité des lieux se mêle à un style plus contemporain. Le chef réalise une jolie cuisine de produits et revisite avec simplicité la tradition régionale...

TY-SANQUER – 29 (Finistère) ➜ voir Quimper

UBERACH

✉ 67350 (Bas-Rhin) – 1 190 hab. – Alt. 175 m – Voir carte n°**1**-B1
▶ Paris 473 km – Baden-Baden 59 km – Offenburg 64 km – Strasbourg 38 km
Carte Michelin 315-J3

XX Restaurant de la Forêt   ﷽

*94 Grande-Rue – ☎ 03 88 07 73 17 – www.restaurant-de-la-foret-uberach.com
– Fermé 23 juil.-8 août, vacances de fév., lundi soir, mardi soir et merc.*
Menu 17 € (déj. en semaine), 43/47 € – Carte 40/50 €
Un accueil charmant, une cuisine traditionnelle concoctée avec les légumes et les herbes aromatiques du jardin... une Forêt très chaleureuse !

UCHAUD

✉ 30620 (Gard) – 4 187 hab. – Alt. 26 m – Voir carte n°**23**-C2
▶ Paris 726 km – Avignon 57 km – Montpellier 42 km – Nîmes 13 km
Carte Michelin 339-K6

⌂ **Le Huit** 〰 ⏏ ↻ ⊗ ♨ Ⓐ ⚡ ☕
8 pl. de l'Église – 𝒞 06 17 95 49 15 – www.le-huit.com – Fermé déc.-janv.
5 ch ⌷ – †170/290 € ††170/290 €
Face à l'église, une façade discrète cache ce petit havre de paix et de confort...
Murs anciens, chambres spacieuses, décor contemporain, belles salles de bains
et invitations à la détente (espace bien-être, piscine). Un ensemble de grande
qualité, d'une tenue parfaite.

UCHAUX

✉ 84100 (Vaucluse) – 1 408 hab. – Alt. 80 m – Voir carte n°**40**-A2
▶ Paris 645 km – Avignon 40 km – Montélimar 45 km – Nyons 37 km
Carte Michelin 332-B8

🏨 **Château de Massillan** 〰 ⏏ ↻ & Ⓐ 🎧 ⚡ 🅿
Hauteville, 3 km au Nord par D 11 et rte secondaire – 𝒞 04 90 40 64 51
– www.chateau-de-massillan.com – Ouvert 2 mai-30 sept.
19 ch – †195 € ††195/535 € – 1 suite – ⌷ 19 €
Rest *Château de Massillan* – voir les restaurants ci-après
Diane de Poitiers aurait séjourné dans ce châtelet des 16ᵉ-17ᵉ s. niché dans un
magnifique parc entouré de vignes... Pierres et poutres d'époque, tentures et
mobilier élégants : l'ensemble est splendide, et pour les esprits zen, une nouvelle
annexe a été créée dans un esprit bio et naturel.

🍴🍴 **Côté Sud** ⏏ 🛋 & 🅿
🐸 *rte d'Orange – 𝒞 04 90 40 66 08 – www.restaurantcotesud.com*
– Fermé 16 nov.-17 janv., lundi soir hors saison, mardi et merc.
Menu 25/40 € – Carte 48/56 € *(réservation conseillée)*
Une cuisine du marché soignée et bien tournée, goûteuse sans craindre la simplicité : voilà qui célèbre joliment la Provence... mais le patron n'a pas oublié ses origines bretonnes, avec pour spécialité le kouign amann ! Moment charmant dans
cette maison en pierre et son ravissant jardin.

🍴🍴 **Château de Massillan** – Hôtel Château de Massillan ⏏ 🛋 ↻ & 🅿
Hauteville, 3 km au Nord par D 11 et rte secondaire – 𝒞 04 90 40 64 51
– www.chateau-de-massillan.com – Ouvert 1ᵉʳ avril-30 oct. et lundi
sauf juil.-août
Formule 25 € – Menu 45 € (dîner), 55/65 € *(réservation conseillée)*
Fleur de courgette, sauce vierge et langoustines rôties ; carré d'agneau de Provence, caviar d'aubergine et artichauts barigoules : telles sont les spécialités du
chef, qui rend un délicieux hommage à la cuisine provençale et aux produits
locaux. Et l'on se repaît aussi du calme et de la beauté des lieux...

🍴🍴 **Le Temps de Vivre** 🛋 Ⓐ 🅿
322 rte de Bollène, (Les Farjons), 3,5 km au Nord par D 11 – 𝒞 04 90 40 66 00
– Fermé merc. et jeudi
Menu 25 € (déj. en semaine), 39/48 € – Carte 45/56 €
Chant des cigales, garrigue, vignes... Cette maison en pierre du 18ᵉ s. – mais au
décor contemporain – invite à prendre le temps de vivre, en particulier sur sa terrasse ombragée. Le chef est un sérieux professionnel : il suffit de le voir préparer
un fond de veau. Au menu : la générosité de la Provence, avec les légumes du
beau-père en saison !

UGINE

✉ 73400 (Savoie) – 7 075 hab. – Alt. 484 m – Voir carte n°**45**-C1
▶ Paris 581 km – Annecy 37 km – Chambéry 63 km – Lyon 162 km
Carte Michelin 333-L3 – Guide Vert Michelin Alpes du Nord

✕✕ La Châtelle

3 r. P.-Proust – ℰ 04 79 37 30 02 – www.lachatelle.com – Fermé sam. midi, dim. soir et lundi
Formule 19 € – Menu 27 € (déj. en semaine)/40 € – Carte 36/54 €
Une maison forte du 13ᵉ s. tout en vieilles pierres, un lieu de caractère pour un repas gastronomique. Sous les voûtes de la salle principale, on aurait célébré la messe sous la Révolution... Aujourd'hui, on y glorifie les saveurs et les bons vins ! Également une agréable salle en véranda, face à la belle terrasse.

L'UNION – 31 (Haute-Garonne) → voir Toulouse

UNTERMUHLTHAL – 57 (Moselle) → voir Baerenthal

URÇAY

✉ 03360 (Allier) – 298 hab. – Alt. 169 m – Voir carte n°**5-B1**
▶ Paris 297 km – La Châtre 55 km – Montluçon 34 km – Moulins 66 km
Carte Michelin 326-C3

✕ L'Étoile d'Urçay

42 rte Nationale – ℰ 04 70 06 92 66 – www.letoiledurcay.com – Fermé 23 nov.-8 déc., 16 fév.-9 mars, mardi soir, merc. soir et jeudi soir d'oct. à juin, dim. soir et lundi
Menu 13 € (semaine), 24 € ⍟/37 € – Carte 38/50 €
Après une balade dans la forêt de Tronçais toute proche, arrêtez-vous dans ce restaurant familial. Au son de la musique d'ambiance, on s'installe dans un décor classique pour apprécier des recettes traditionnelles bien ficelées. Le chef sélectionne les meilleurs produits et, dans l'assiette, cela se sent !

URIAGE-LES-BAINS

✉ 38410 (Isère) – Alt. 414 m – Voir carte n°**45-C2**
▶ Paris 576 km – Grenoble 11 km – Vizille 11 km
Carte Michelin 333-H7 – Guide Vert Michelin Alpes du Nord

🏛 Grand Hôtel

pl. Déesse-Hygie – ℰ 04 76 89 10 80 – www.grand-hotel-uriage.com – Fermé 20 déc.-11 janv.
38 ch ⌂ – †150/246 € ††199/299 € – 3 suites
Rest Les Terrasses ✿✿ – voir les restaurants ci-après
Véritable institution d'Uriage, ce bel hôtel Napoléon III, relié au centre thermal, invite à un voyage au pays des arts... D'un grand raffinement, les chambres répondent aux noms de Coco Chanel, Colette, Mistinguett, Pierre Bonnard, etc., autant d'hôtes illustres dont elles perpétuent le souvenir.

✕✕✕ Les Terrasses – Grand Hôtel

pl. Déesse-Hygie – ℰ 04 76 89 10 80 – www.grand-hotel-uriage.com – Fermé 17 août-3 sept., 20 déc.-22 janv., merc. midi, jeudi midi, dim. soir, lundi et mardi
Menu 69 € (déj.), 104/185 € – Carte 110/130 €
Une cuisine millimétrée, précise jusque dans les détails et sans sophistication inutile : Christophe Aribert a le don de rendre lisible chacune de ses recettes ! L'excellence des produits (en particulier du Vercors et du Dauphiné), les saveurs intenses et marquées : une expérience marquante, tout simplement...
→ Foie gras poêlé, fraise, vinaigre de Banyuls et Antésite. Truite du Vercors pochée-rôtie, champignons de Paris et benoîte urbaine. Raviole passion, glace caramel et sablé au beurre demi-sel.

✕ La Tour Maline

allée des Cèdres – ℰ 04 76 89 15 04 – www.la-tour-maline.fr – Fermé janv., 6-14 oct., mardi et merc.
Formule 22 € – Menu 28 € (déj. en semaine), 36/45 € – Carte 40/60 €
En bordure du magnifique parc thermal, c'est une curiosité que ce restaurant construit dans une jolie tour ronde en brique rouge, surmontée d'un petit toit conique. Le chef, passionné, redouble d'inventivité : tajine d'aile de raie et potimarron safrané, légumes de saison sautés aux épices... Moderne et malin !

au Sud 2 km par D 524 – ✉ 38410 Uriage-les-Bains

 Le Manoir des Alberges
251 chemin des Alberges – 𝒞 04 76 51 92 11 – www.lemanoirdesalberges.com
5 ch ⌑ – ♦120/140 € ♦♦120/140 €
Cette maison, construite à partir de 1903, surplombe un golf. Les cinq chambres, très différentes (styles bavarois, indien, ethnique, Art déco, etc.), sont très chaleureuses et impeccablement tenues. Tout aussi colorée, la grande salle à manger où la propriétaire propose une cuisine inventive.

URMATT

✉ 67280 (Bas-Rhin) – 1 461 hab. – Alt. 240 m – Voir carte n°**1-A2**
▶ Paris 487 km – Molsheim 15 km – Saverne 37 km – Sélestat 49 km
Carte Michelin 315-H5

 Clos du Hahnenberg
65 r. du Gén.-de-Gaulle – 𝒞 03 88 97 41 35 – www.clos-hahnenberg.fr
33 ch – ♦48/78 € ♦♦48/78 € – ⌑ 13 € – ½ P
Rest *Chez Jacques* – voir les restaurants ci-après
Ne vous fiez pas à l'apparence vieillissante de ce petit immeuble des années 1970, en retrait de la rue principale du village : il abrite des chambres séduisantes, offrant tout le confort nécessaire (écran plat, salle de bains avec baignoire, etc.).

 La Poste
74 r. du Gén.-de-Gaulle – 𝒞 03 88 97 40 55 – www.hotel-rest-laposte.fr
– Fermé 24 déc.-1er janv.
14 ch – ♦50/61 € ♦♦59/70 € – ⌑ 10 € – ½ P
On apprécie l'ambiance familiale de cette auberge villageoise centenaire. Les chambres sont confortables et parfaitement entretenues ; de jolis vitraux et boiseries rehaussent le décor des salles à manger, où l'on sert une cuisine régionale.

 Chez Jacques – Hôtel Clos du Hahnenberg
65 r. du Gén.-de-Gaulle – 𝒞 03 88 97 41 35 – www.clos-hahnenberg.fr – Fermé vacances de Noël, vend. soir et sam. midi
Formule 14 € – Menu 28/40 € – Carte 28/55 €
Surprise, le restaurant affiche des lignes très modernes, tout en pierre, bois au naturel et même peau de vache ! Un cadre original, pour une cuisine qui demeure sûre de ses classiques : priorité aux produits du terroir et aux spécialités alsaciennes...

URRUGNE – 64 (Pyrénées-Atlantiques) ➜ voir St-Jean-de-Luz

URVILLE-NACQUEVILLE

✉ 50460 (Manche) – 2 191 hab. – Alt. 20 m – Voir carte n°**32-A1**
▶ Paris 372 km – Caen 138 km – St-Lô 95 km
Carte Michelin 303-B1

 Le Landemer ⓝ
2 r. des Douanes – 𝒞 02 33 04 05 10 – www.le-landemer.com – Fermé 24 déc.-15 janv.
10 ch – ♦90/179 € ♦♦90/179 € – ⌑ 15 €
Au pied de la falaise, cette ravissante maison a vu passer du beau monde (Boris Vian, Françoise Sagan, Édith Piaf et Marcel Cerdan) et ce n'est pas un hasard : ses chambres, cosy et confortables, offrent une vue imprenable sur la Manche. Un établissement plein de charme.

USCLADES-ET-RIEUTORD

✉ 07510 (Ardèche) – 128 hab. – Alt. 1 270 m – Voir carte n°**44-A3**
▶ Paris 590 km – Aubenas 45 km – Langogne 41 km – Privas 59 km
Carte Michelin 331-G5

à Rieutord – ⊠ 07510

✗ **Ferme de la Besse**   P ⊅
– ℰ 04 75 38 80 64 – www.aubergedelabesse.com – Fermé 20 déc.-1ᵉʳ avril
Formule 15 € – Menu 30 € *(réservation conseillée)*
Une authentique ferme du 15ᵉ s. au toit de lauzes... Dans son décor rustique
superbement préservé (pierres, poutres, cheminée), on apprécie charcuterie,
cèpes, viandes locales...

USSAC – 19 (Corrèze) ➜ voir Brive-La-Gaillarde

USSEAU – 86 (Vienne) ➜ voir Châtellerault

USSEL
⊠ 19200 (Corrèze) – 9 948 hab. – Alt. 631 m – Voir carte n°**25**-D2
▶ Paris 444 km – Aurillac 99 km – Clermont-Ferrand 83 km – Guéret 101 km
Carte Michelin 329-O2 – Guide Vert Michelin Limousin Berry

✗ **Auberge de l'Empereur**   ⌂
La Goudouneche, (parc d'activité de l'Empereur), 5 km au Sud-Ouest par D 1089
– ℰ 05 55 46 04 30 – www.aubergedelempereur.com – Fermé dim. soir et lundi
Formule 26 € – Menu 31/60 € – Carte 40/65 € *(réservation conseillée)*
Au milieu de la verdure, cette ancienne grange est devenue une auberge coquette
et chaleureuse. Cheminée, charpente en coque de bateau renversée : l'endroit
a beaucoup de cachet ! Dans l'assiette, de jolis produits travaillés avec soin et
générosité : morilles de l'empereur, carré d'agneau au foin...

UTELLE
⊠ 06450 (Alpes-Maritimes) – 743 hab. – Alt. 800 m – Voir carte n°**41**-D2
▶ Paris 883 km – Levens 24 km – Nice 51 km – Puget-Théniers 53 km
Carte Michelin 341-E4 – Guide Vert Michelin Côte d'Azur

✗ **Bellevue**   ⩽ 🏠 �🍴 P
🔗 *5 av. René Millo – ℰ 04 93 03 17 19 – Fermé janv., merc. sauf juil.-août et le soir*
Menu 18 € (déj.), 27/37 € – Carte 25/57 €
Cette auberge rustique va si bien à ce village du bout du monde, avec sa terrasse
sous les platanes, sa vue imprenable sur la vallée et les montagnes, et ses petits
plats du terroir de l'arrière-pays niçois ! Et l'on peut louer un gîte pour profiter du
calme, si loin de l'agitation de la côte...

UZER
⊠ 07110 (Ardèche) – 442 hab. – Alt. 165 m – Voir carte n°**44**-A3
▶ Paris 663 km – Alès 63 km – Lyon 196 km – Privas 44 km
Carte Michelin 331-H6

⌂ **Château d'Uzer**   🍴 ⚅ 🏠 ⍿ ⚘ P ⊅
– ℰ 04 75 36 89 21 – www.chateau-uzer.com
5 ch ⚏ – ♦135/145 € ♦♦135/210 €
La fibre décorative des propriétaires, leur belle hospitalité, le mélange des styles ancien
et moderne, le jardin semi-sauvage, la piscine, le petit-déjeuner maison… Ce château
médiéval a tout pour plaire. Plats régionaux servis en terrasse aux beaux jours.

UZERCHE
⊠ 19140 (Corrèze) – 3 042 hab. – Alt. 380 m – Voir carte n°**24**-B3
▶ Paris 444 km – Brive-la-Gaillarde 38 km – Limoges 57 km – Périgueux 106 km
Carte Michelin 329-K3 – Guide Vert Michelin Limousin Berry

🏠 **Teyssier**   🍴 AK 🛜 P
r. Pont Turgot – ℰ 05 55 73 10 05 – www.hotel-teyssier.com – Fermé vacances de
Noël, mardi midi et merc. midi sauf de juil. à sept.
14 ch – ♦55/69 € ♦♦55/79 € – ⚏ 8 € – ½ P
Pour faire étape dans cette "perle du Limousin" qu'est Uzerche, près de la Vézère,
cette auberge du 18ᵉ s., toute blanche, se propose à vous. Certaines des chambres – simples et confortables – offrent une vue sur la rivière. Et l'on peut profiter
du restaurant traditionnel.

à St-Ybard 6 km au Nord-Ouest par D 920 et D 54 – ⌧ 19140
– 662 hab. – Alt. 320 m

※ **Auberge Saint-Roch** 🏠 AC 🍽

☜ *2 r. du Château –* ✆ *05 55 73 09 71 – www.auberge-saint-roch.fr*
(😊) *– Fermé 20 juin-7 juil., 20 déc.-20 janv., le soir d'oct. à mai (sauf sam. soir), dim.
soir, mardi soir et lundi*
Formule 12 € – Menu 14 € (déj. en semaine), 22/43 € – Carte 25/64 €
Que diriez-vous d'un magret de canard au miel ou d'une flognarde aux poires,
entre autres spécialités limousines ? Cette auberge campagnarde, au cœur du village, cultive des plaisirs simples... et les produits de son jardin ! La terrasse face à
l'église est bien agréable.

UZÈS

⌧ 30700 (Gard) – 8 626 hab. – Alt. 138 m – Voir carte n°**23-D2**
🚩 Paris 682 km – Avignon 39 km – Montpellier 93 km – Nîmes 38 km
Carte Michelin 339-L4 – Guide Vert Michelin Provence

🏨 **Hostellerie Provençale** 🍽 📶 AC 🛜

1-3 r. Grande-Bourgade – ✆ *04 66 22 11 06 – www.hostellerieprovencale.com*
9 ch – ✝87/121 € ✝✝101/151 € – ⬚ 14 € – ½ P
Rest *La Parenthèse –* voir les restaurants ci-après
À deux pas de la place aux Herbes, le plus vieil hôtel de la ville ne pouvait pas
mieux porter son nom ! Mobilier et tissus provençaux, pierres et poutres apparentes, tomettes et meubles chinés dans les chambres... On s'y sent bien, d'autant
plus que l'accueil est charmant.

🏨 **La Maison d'Uzès** 🍽 🐾 📶 AC 🛜 🛜

18 r. du Dr-Blanchard – ✆ *04 66 20 07 00 – www.lamaisonduzes.fr – Fermé
16 fév.-8 mars, 12-25 oct., lundi et mardi*
8 ch – ✝230/285 € ✝✝265/550 € – 1 suite – ⬚ 20 € – ½ P
Rest *La Table d'Uzès* ✿ – voir les restaurants ci-après
Dans la vieille ville, cet hôtel particulier du 17ᵉ s. accueille les voyageurs dans une
atmosphère cosy et feutrée ; les chambres, aux noms poétiques – L'Écrin, Les
Trois Lucarnes, La Dérobée, etc. –, sont confortables. Une charmante étape !

🏠 **Le Patio de Violette** sans rest 🛜 🔟 ⅗ AC 🛜 🏊 🅿

chemin Trinquelaïgues, lieu-dit la Perrine, au Nord – ✆ *04 66 01 09 83
– www.hotel-uzes-pontdugard.com*
25 ch – ✝60/90 € ✝✝60/90 € – ⬚ 10 €
À l'écart du centre-ville, cette villa contemporaine aux formes géométriques
abrite des chambres bien tenues, au décor épuré – certaines avec une terrasse
privative. Un établissement accueillant et parfaitement fonctionnel.

※※ **La Table d'Uzès** – Hôtel La Maison d'Uzès 🏠 🍽

✿ *18 r. du Dr-Blanchard –* ✆ *04 66 20 07 00 – www.lamaisonduzes.fr – Fermé
16 fév.-10 mars, 12-27 oct., lundi et mardi*
Menu 28 € 🍷 (déj. en semaine), 55/117 €
Des tables dressées avec soin, un décor plein d'élégance : cette adresse a le chic
pour nous mettre dans de bonnes dispositions. Avec des produits de grande qualité, le chef concocte des plats soignés et goûteux. Par beau temps, on s'installe
en terrasse, autour du tilleul... Tout simplement délicieux !
➜ Homard bleu, lentilles corail et lard de Colonnata. Taureau de Camargue,
câpres à queue et courgette zephyr. Pêche de vigne, sablé fleur de sel et sorbet
garrigue.

※※ **La Parenthèse** – Hostellerie Provençale 🏠

1-3 r. Grande-Bourgade – ✆ *04 66 22 11 06 – www.hostellerieprovencale.com
– Fermé dim. soir et lundi en hiver*
Formule 19 € – Menu 27/49 € – Carte 51/57 €
C'est bien à une jolie parenthèse qu'invite cette table charmante, imprégnée par
l'esprit chaleureux de la Provence. Au menu : de beaux produits et d'élégants
équilibres de saveurs. Les recettes méridionales sont revisitées avec gourmandise...

☒ **L'Artemise** avec ch   ⬡ ⬡ ⬡ ⬡ ⬡ ⬡ rest, AC ⬡ ch, 🛜 P

chemin de la Fontaine-aux-Bœufs, (par r. du Collège) – ℰ 04 66 63 94 14
– www.lartemise.com – Fermé début janv. à mi-mars
8 ch – †180/350 € ††180/350 € – ⬡ 15 €
Formule 35 € – Menu 55/70 € *(fermé jeudi midi hors saison, merc. sauf le soir
de mai à oct., lundi midi et mardi de mai à oct.)*
Avec son mobilier design et ses œuvres d'artistes contemporains, ce mas du 16ᵉs.
est plus que jamais dans le vent ! Aux commandes, un jeune chef inspiré qui
signe, au gré du marché, de savoureux menus surprises. Magnifiques chambres,
piscine et spa... pour transformer l'étape gourmande en séjour de charme.

☒ **Le 80 Jours**   ⬡ ⬡

2 pl. Albert-1ᵉʳ – ℰ 04 66 22 09 89 – *Fermé fév., lundi sauf juil.-août et dim.*
Formule 16 € – Menu 23 € (déj.), 29/39 € – Carte 45/52 €
Voûtes et vieilles pierres, décor ethnique, joli patio ombragé : il fait bon s'attabler
dans cette brasserie moderne dont l'enseigne évoque Jules Verne et... les voyages
du maître des lieux. De quoi donner envie de voguer, à son tour, vers d'autres
horizons – mais seulement après un bon repas.

à St-Quentin-la-Poterie 5 km au Nord par D 5 – ☒ 30700 – 2 958 hab. – Alt. 113 m

🏠 **Clos de Pradines**   ⬡ & ⬡ ⬡ ⬡ & AC 🛜 ⬡ P

pl. du Pigeonnier – ℰ 04 66 20 04 89 – *www.clos-de-pradines.com – Fermé
15-30 nov., 2 janv.-1ᵉʳ fév. et lundi midi sauf d'avril à sept.*
20 ch – †79/190 € ††79/190 € – ⬡ 13 € – ½ P
Rest *Clos de Pradines* – voir les restaurants ci-après
Sur les hauteurs du village, un hôtel-restaurant paisible, proposant de jolies chambres de
style néoprovençal, avec miniterrasse ou balcon orienté plein sud. Bon niveau de confort.

☒☒ **Clos de Pradines**   ⬡ ⬡

pl. du Pigeonnier – ℰ 04 66 20 04 89 – *www.clos-de-pradines.com – Fermé
15-30 nov., 2 janv.-1ᵉʳ fév. et lundi midi sauf d'avril à sept.*
Menu 28/54 € – Carte 37/53 €
Dès que la météo le permet, prenez la direction de la terrasse face au jardin, véritable belvédère sur la vallée... Un horizon verdoyant, fort agréable pour déguster
une cuisine gastronomique à l'accent régional, mais avant tout originale et soucieuse du bon produit !

VAAS

☒ 72500 (Sarthe) – 1 560 hab. – Alt. 41 m – Voir carte n°**35-D2**
▶ Paris 237 km – Angers 77 km – Château-du-Loir 8 km – Château-la-Vallière 15 km
Carte Michelin 310-K8 – Guide Vert Michelin Pays de la Loire

🏠 **Le Vedaquais**   ⬡ & ⬡ 🛜 ⬡ P

pl. de la Liberté – ℰ 02 43 46 01 41 – *www.vedaquais-72.com*
12 ch – †57/67 € ††57/67 € – ⬡ 9 € – ½ P
Vedaquais ? Ce sont les habitants de Vaas, tout simplement ! Cet hôtel-restaurant,
situé dans l'ancienne école et mairie du village, fait partie de l'histoire locale. Les
chambres sont bien tenues, fonctionnelles, et les tarifs très raisonnables.

LA VACHETTE – 05 (Hautes-Alpes) ➜ voir Briançon

VACQUEYRAS

☒ 84190 (Vaucluse) – 1 076 hab. – Alt. 117 m – Voir carte n°**42-E1**
▶ Paris 662 km – Avignon 35 km – Nyons 34 km – Orange 19 km
Carte Michelin 332-C9 – Guide Vert Michelin Provence

☒ **L'Éloge** ⓝ   & AC ⬡ P

rte de Vaison-la-Romaine – ℰ 04 90 62 64 81 – *www.restaurant-leloge.fr
– Fermé 21 fév.-9 mars, 24 déc.-4janv., dim. et lundi*
Formule 20 € ▼ – Menu 32/41 € – Carte environ 41 € *(nombre de couverts
limité, réserver)*
Éloge de la chère, mais aussi du vin, car nous sommes dans les anciens chais de
la coopérative locale ! Le cadre est une vraie surprise : une salle sans lumière
naturelle, devenue lounge contemporain ponctué de voilages blancs... Au menu :
une cuisine bien tournée, privilégiant les produits de la région avec simplicité.

à Montmirail 2 km à l' Est par rte secondaire – ✉ 84190

🏠 **Montmirail**   ⭕ ⅏ 🛏 ⌣ & ⌘ 🤙 **P**
Château des Eaux – ☎ *04 90 65 84 01 – www.hotelmontmirail.com
– Ouvert 15 avril-20 oct.*
36 ch – ♦63/77 € ♦♦72/144 € – ☷ 14 € – ½ P
Au pied des célèbres Dentelles de Montmirail, demeure de caractère (19ᵉs.) au
milieu d'un plaisant jardin planté de pins et de platanes. Chambres bien tenues.
Au restaurant, l'ambiance est cosy... c'est idéal pour déguster une appétissante
cuisine traditionnelle.

VACQUIERS

✉ 31340 (Haute-Garonne) – 1 322 hab. – Alt. 200 m – Voir carte n°**28**-B2
▣ Paris 658 km – Albi 71 km – Castres 80 km – Montauban 35 km
Carte Michelin 343-G2

⌂ **La Villa les Pins** sans rest   ⅏ 🛏 ⌘ 🤙 **P**
1660 rte de Bouloc, 2 km à l'Ouest par D 30 – ☎ *06 82 63 75 84 – www.lavillalespins.eu*
5 ch ☷ – ♦74/87 € ♦♦89/109 €
Dans un parc arboré, planté de quelques pins, cette demeure régionale évoque
une maison de famille. Le mobilier rustique s'accorde parfaitement avec la grande
cheminée en pierre du salon. À l'étage, les chambres, décorées à l'ancienne, donnent sur la cime des arbres... Quel calme !

VAGNAS

✉ 07150 (Ardèche) – 539 hab. – Alt. 200 m – Voir carte n°**44**-A3
▣ Paris 678 km – Alès 38 km – Aubenas 37 km – Mende 112 km
Carte Michelin 331-I7

🏠 **La Bastide d'Iris** sans rest   ⅏ 🛏 ⌣ & 🄰🄲 ⌘ 🤙 **P**
L'Estrade, D 579 – ☎ *04 75 88 44 77 – www.labastidediris.com – Fermé 21 déc.-18 janv.*
13 ch – ♦86/130 € ♦♦86/130 € – ☷ 14 €
Un jardin de roses, de lavande et d'oliviers ; une terrasse où l'on peut prendre
son petit-déjeuner ; des chambres coquettes et colorées (dont deux familiales) :
tels sont les atouts de cette bastide de construction récente, située à la sortie
du village.

VAGNEY

✉ 88120 (Vosges) – 4 024 hab. – Alt. 412 m – Voir carte n°**27**-C3
▣ Paris 437 km – Belfort 99 km – Épinal 40 km – Metz 163 km
Carte Michelin 314-I4

🍴 **Les Lilas**   🍽 ⌘ **P**
⊜ *12 r. du Général-de-Gaulle* – ☎ *03 29 23 69 47 – www.restaurantleslilas.fr – Fermé*
😊 *1ᵉʳ-10 juin, 17 août-4 sept., 6-20 janv., lundi soir, mardi soir et merc.*
Formule 13 € – Menu 18 € (semaine), 25/45 € – Carte 32/52 € *(réservation conseillée)*
Bons produits et tradition sont au programme de ces Lilas : asperges fraîches, fricassée de morilles et Belle de Morteau, gigot d'agneau de lait au piment de la
Vera... Le service est assuré par la patronne, aimable et accueillante ; on profite
également d'une jolie terrasse ombragée, dès que le soleil se montre.

VAILHAN

✉ 34320 (Hérault) – 171 hab. – Alt. 181 m – Voir carte n°**23**-C2
▣ Paris 740 km – Albi 173 km – Carcassonne 127 km – Montpellier 71 km
Carte Michelin 339-E7

🍴 **L'Auberge du Presbytère**   🍽 ⌣ & 🄰🄲 **P**
😊 *4 r. de l'Église* – ☎ *04 67 24 76 49 – www.aubergedupresbytere.fr – Fermé janv.,
lundi de nov. à fév., mardi et merc.*
Menu 31/46 € – Carte environ 40 € *(réservation conseillée)*
Un presbytère du 17ᵉ s. tout en vieilles pierres, dominant le lac des Olivettes : le
jeune couple maître des lieux en est tombé amoureux, on le comprend ! À l'unisson de la nature environnante, la cuisine cultive le goût des choses vraies : produits locaux, saisonnalité, fraîcheur... et prix doux.

VAISON-LA-ROMAINE

⊠ 84110 (Vaucluse) – 6 163 hab. – Alt. 193 m – Voir carte n°**40**-B2
🚹 Paris 664 km – Avignon 51 km – Carpentras 27 km – Montélimar 64 km
Carte Michelin 332-D8 – Guide Vert Michelin Provence

Burrhus ⓝ sans rest

2 pl. Monfort – ℰ 04 90 36 00 11 – www.burrhus.com
– Fermé 11 déc.-25 janv. et dim. en janv. et fév.
Plan : Y**n**

39 ch – 🛏64/97 € 🛏🛏64/97 € – ⊔ 9 €

De nombreux atouts pour cet établissement : une situation très centrale, des chambres alliant simplicité et esprit contemporain – avec des pièces de mobilier inspirées de grands noms du design –, des expositions d'art contemporain et une jolie terrasse pour le petit-déjeuner.

Les Tilleuls d'Élisée sans rest

1 av. Jules-Mazen, (chemin du Bon-Ange) – ℰ 04 90 35 63 04
– www.vaisonchambres.info – Fermé 25-31 déc. et 4 janv.
Plan : Y**d**

5 ch ⊔ – 🛏72/78 € 🛏🛏72/78 €

Entre le site antique et la cathédrale, une belle ferme de 1880 entourée d'oliviers et d'arbres fruitiers ; on loge dans des chambres simples et fraîches. Confitures maison.

Le Moulin à Huile avec ch

quai du Mar.-Foch – ℰ 04 90 36 20 67 – www.moulin-huile.com
– Fermé dim. soir et lundi
Plan : Z**e**

3 ch – 🛏140 € 🛏🛏160 € – ⊔ 20 € – ½ P
Menu 31/130 € – Carte 60/109 € (réservation conseillée)

Le classicisme est la marque de ce moulin à huile du 12ᵉ s. bordant l'Ouvèze : la salle voûtée avec ses napperons brodés et son argenterie ancienne, la terrasse ombragée au charme rétro, et la cuisine, pétrie de savoir-faire traditionnel (selle d'agneau rôtie dans son jus aux épices ; homard bleu dans un jus à l'huile d'olive).

Bistro du'O

1 r. du Château – ℰ 04 90 41 72 90 – www.bistroduo.fr – Fermé
16-30 nov., 17-30 janv., dim. et lundi
Plan : Z**f**

Formule 21 € – Menu 24 € (déj. en semaine), 32/45 € – Carte 45/70 €

"Bistro du'O" car l'adresse se trouve dans la ville haute (et même dans les anciennes écuries du château de Vaison, aux belles voûtes du 12ᵉ s.) et est tenue par... un jeune duo complice. Elle en salle, lui aux fourneaux, cuisinant au plus près des saisons et des producteurs locaux. Nous voilà... en haut de la gourmandise !

Le Bateleur

1 pl. Théodore-Aubanel – ℰ 04 90 36 28 04
– www.le-bateleur.com – Fermé sam. midi, dim. soir et lundi
Plan : Z**k**

Formule 19 € – Menu 24 € (déj. en semaine), 32/45 € – Carte 50/59 €

Changement de capitaine en 2014 pour ce Bateleur voisin de l'Ouvèze. Dorénavant chez lui, le chef, issu de maisons étoilées, signe une cuisine du marché au bel accent provençal : poulpe grillé, pomme de terre, ail, persil et piment ; jarret de veau confit, barigoule de légumes ; tarte au citron et crème au chocolat...

à Entrechaux 7 km par ②, D 938 et D 54 – ⊠ 84340 – 1 094 hab. – Alt. 280 m

---

St-Hubert

Le Village – ℰ 04 90 46 00 05 – http://restaurantsthubert.free.fr – Fermé
5-16 oct., 31 janv.-11 mars, lundi soir de nov. à fév., mardi et merc.

Menu 17 € (déj. en semaine), 29/53 € – Carte 35/69 €

Toute la douceur immuable de la tradition dans cet établissement tenu par la même famille depuis 1929. Le calme du village, le cadre rustique de la maison, la terrasse sous la glycine, et surtout la franchise et la générosité de la cuisine (faisant la part belle au gibier l'hiver et aux fruits de mer l'été) : ne changez rien...

VAISON-LA-ROMAINE

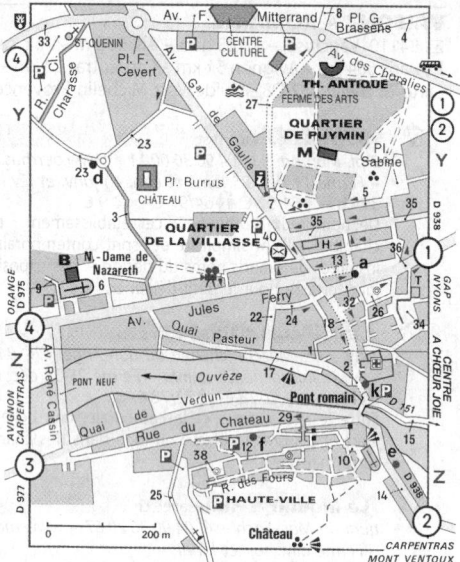

à Séguret 10 km par ③, D 977 et D 88 – ⊠ 84110 – 847 hab. – Alt. 250 m

Domaine de Cabasse
⫞○ ⊗ ≤ ⎚ ⅃ & P

rte de Sablet – ℰ 04 90 46 91 12 – *www.cabasse.fr* – *Fermé 1er janv.-31 mars*
23 ch – ♦70/180 € ♦♦70/180 € – ⊑ 15 € – ½ P
Au pied des Dentelles de Montmirail et du beau village de Séguret, au cœur
d'un domaine viticole en activité – visites et dégustations sont proposées –, il n'est
qu'à profiter de la quiétude des lieux, des senteurs et du soleil de la Provence... Chambres confortables et agréables ; joli restaurant où sont proposés les vins de la propriété.

Le Mesclun
⫞ AC ⇔

r. des Poternes, (accès piétonnier) – ℰ 04 90 46 93 43 – *www.lemesclun.com*
– *Fermé dim. soir, mardi soir et merc. de sept. à juin et merc. en juil.-août*
Formule 19 € – Menu 29/50 € – Carte 45/55 € *(réservation conseillée)*
Au cœur de ce charmant village médiéval à flanc de colline, un restaurant au
cadre contemporain feutré, doublé d'une agréable terrasse ombragée. Métissée
et originale, la carte invite au voyage, à l'image de ce tajine croustillant de poulet
fermier, légumes confits aux épices douces et parfums des souks du Caire...

à Rasteau 9 km par ④, D 975 et D 69 – ⊠ 84110 – 805 hab. – Alt. 200 m

Bellerive sans rest
⊗ ≤ ⎚ ⅃ AC ⅗ ⎙ P

rte de Violès – ℰ 04 90 46 10 20 – *www.hotel-bellerive.fr* – *Ouvert mars- oct.*
20 ch – ♦85/175 € ♦♦85/175 € – ⊑ 15 €
Une grande villa nichée au milieu des vignes, à l'issue d'un petit chemin... Toutes
les chambres, de style provençal, jouissent d'une terrasse ou d'une loggia ouvrant
sur le paysage : la vallée de l'Ouvèze, les Dentelles de Montmirail, le Ventoux au
loin. Quel écrin de calme et de verdure !

VAÏSSAC

⊠ 82800 (Tarn-et-Garonne) – 802 hab. – Alt. 134 m – Voir carte n°**29**-C2
▶ Paris 620 km – Albi 60 km – Montauban 23 km – Toulouse 76 km
Carte Michelin 337-F7

Terrassier 🛏 ⵣ 🛜 ♿ 🅿

205 r. du village – ℰ 05 63 30 94 60 – www.chezterrassier.net – Fermé 1 semaine en nov., 1er-15 janv., vend. soir, sam. midi et dim. soir
18 ch – ♦57/75 € ♦♦57/75 € – ⵣ 9 € – ½ P
Cette auberge tenue en famille est très pratique pour rayonner dans le Quercy et l'Albigeois... Les chambres sont bien tenues (plus récentes et spacieuses à l'annexe) ; au restaurant, madame concocte une sympathique cuisine traditionnelle et du terroir. Tarifs mesurés.

LE VAL

✉ 83143 (Var) – 4 191 hab. – Alt. 242 m – Voir carte n°**41-C3**
▶ Paris 818 km – Marseille 70 km – La Seyne-sur-Mer 63 km – Toulon 55 km
Carte Michelin 340-L5 – Guide Vert Michelin Côte d'Azur

🍴 **La Crémaillère** 🛖 🆎

23 r. Nationale – ℰ 04 94 86 40 00 – Fermé 24 fév.-4 mars, 17 nov.-2 déc., 22-26 déc., dim. soir sauf juil.-août, merc. soir sauf le soir en juil.-août et lundi
Formule 20 € – Menu 28/36 € – Carte 32/46 €
Dans cet accueillant restaurant familial situé au cœur du village, la Provence est reine : pressé de lapereau aux aromates, dos de loup sur une bohémienne de légumes au pistou... Le décor, avec ses tons jaunes et son mobilier rustique, joue sur le même registre ! Petite terrasse dans la rue.

VALADY

✉ 12330 (Aveyron) – 1 569 hab. – Alt. 350 m – Voir carte n°**29-C1**
▶ Paris 625 km – Decazeville 20 km – Rodez 20 km
Carte Michelin 338-G4

🍴🍴 **Auberge de l'Ady** 🆎 ⇔

1 av. du Pont-de-Malakoff, (près de l'église) – ℰ 05 65 72 70 24
– www.auberge-ady.com – Fermé 5-26 janv., 1 semaine début juil. et à la Toussaint, merc. soir d'oct. à avril, dim. soir, mardi soir et lundi
Menu 18 € (déj. en semaine), 29/70 € – Carte 49/67 €
Au cœur d'un village rural de l'Aveyron, une agréable auberge, épurée et contemporaine. On y sert une cuisine fraîche, savoureuse et bien dans son époque, privilégiant les produits bio : terrine de foie gras de canard fumé, compressé de jarret de porc au poivre du Sichuan... Avec 200 références de vins au choix !

LE VAL-ANDRÉ – 22 (Côtes-d'Armor) ➔ voir Pléneuf-Val-André

VALAURIE

✉ 26230 (Drôme) – 544 hab. – Alt. 162 m – Voir carte n°**44-B3**
▶ Paris 622 km – Montélimar 21 km – Nyons 33 km – Pierrelatte 14 km
Carte Michelin 332-B7

🏨 **Le Moulin de Valaurie** 🛏 🛖 ⵣ 🍽 ♿ 🛜 ♿ 🅿

Le Foulon – ℰ 04 75 97 21 90 – www.lemoulindevalaurie.com
16 ch – ♦99/225 € ♦♦99/225 € – ⵣ 14 € – ½ P
À l'extérieur du village, prenez un chemin bordé de vignes pour accéder à ce beau moulin du 19e s. Les chambres, décorées dans un esprit provençal (objets et meubles chinés), sont des plus charmantes. Restaurant traditionnel.

🏨 **Les Mejeonnes** 🛏 🛖 ⵣ ♿ 🆎 🛜 ♿ 🅿

9 chemin de la Méjeonne, 2 km rte de Montélimar – ℰ 04 75 98 60 60
– www.mejeonnes.com
26 ch – ♦72/132 € ♦♦72/132 € – ⵣ 12 €
C'est une charmante ferme en pierre, posée sur un coteau. On y loge dans des chambres sobres et épurées. Et quel plaisir de lézarder près de la piscine ! Cuisine du marché dans un agréable décor de bistrot.

VALBERG

✉ 06470 (Alpes-Maritimes) – Alt. 1 669 m – Voir carte n°**41-D2**
▶ Paris 803 km – Barcelonnette 75 km – Castellane 67 km – Nice 84 km
Carte Michelin 341-C3 – Guide Vert Michelin Alpes du Sud

☖ Le Chalet Suisse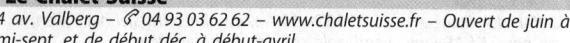

4 av. Valberg – ℰ 04 93 03 62 62 – www.chaletsuisse.fr – Ouvert de juin à mi-sept. et de début déc. à début-avril
23 ch – ♦77/97 € ♦♦98/124 € – 立 12 € – ½ P
Un vrai chalet de montagne au cœur de cette jolie station. Confort et détente au hammam et au sauna après une journée de balade ou de ski, bain de soleil sur la terrasse, pause au bar ou au restaurant, puis repos douillet... Pour des vacances-plaisir dans les Alpes du Sud !

☖ L'Adrech de Lagas

63 av. Valberg – ℰ 04 93 02 51 64 – www.adrech-hotel.com – Ouvert juin-sept. et déc.-mars
20 ch – ♦78/119 € ♦♦84/130 € – 立 11 € – ½ P
Au pied des pistes, un chalet avec un restaurant traditionnel et des chambres spacieuses – la plupart jouissant d'une loggia exposée plein sud. Pour les familles, l'établissement dispose également de duplex. Un point de chute utile.

☖ Blanche Neige

10 av. Valberg – ℰ 04 93 02 50 04 – www.hotelblancheneige.fr – Fermé avril, mai, oct. et nov.
17 ch – ♦65/105 € ♦♦75/170 € – 立 11 € – ½ P
Un chalet sympathique sur la rue principale de la station, avec de petites chambres colorées, d'esprit montagnard. Menu du jour au restaurant.

✗ Le Valbergan

2 rte Guillaume, (1ᵉʳ étage) – ℰ 04 93 02 50 28 – Fermé 25 juin-12 juil., mardi soir et merc. hors vacances scolaires
Menu 19 € (déj.)/45 € – Carte 43/65 €
Ce restaurant est niché au 1ᵉʳ étage d'un petit bâtiment de la localité, face au départ des pistes. On y découvre deux salles au cadre lumineux, d'esprit plutôt rustique. Les traditionnelles spécialités montagnardes sont au rendez-vous, accompagnées de plats plus actuels. Le rapport qualité-prix se démarque dans la station.

VALBONNE

✉ 06560 (Alpes-Maritimes) – 12 802 hab. – Alt. 250 m – Voir carte n°**42-E2**
▶ Paris 907 km – Antibes 14 km – Cannes 13 km – Grasse 11 km
Carte Michelin 341-D6 – Guide Vert Michelin Côte d'Azur

☖☖☖ Seventeen sans rest

241 chemin Font-de-Cuberté, rte de Cannes – ℰ 04 93 12 37 70
9 ch – ♦145/195 € ♦♦145/290 € – 8 suites – 立 15 €
Un établissement très design qui propose 17 – "seventeen" – chambres et appartements. Tout respire l'élégance : matériaux modernes, sobriété des couleurs (beige et taupe)... Et en prime, la terrasse permet de profiter de la douceur du climat provençal.

☖ La Bastide de Valbonne sans rest

107 chemin Font Cuberté, (rte de Cannes) – ℰ 04 93 12 33 40 – www.bastidedevalbonne.com
34 ch – ♦95/155 € ♦♦95/175 € – 立 15 €
La demeure d'inspiration provençale, fleurie et pimpante, avec ses murs jaunes et ses volets bleus. Les chambres, parfaitement tenues, disposent parfois d'une terrasse. Et, pour se détendre, on ne se refuse pas un plongeon dans la piscine. Parfait pour le farniente.

☖ Les Armoiries sans rest

pl. des Arcades – ℰ 04 93 12 90 90 – www.hotellesarmoiries.com
16 ch – ♦95/119 € ♦♦95/156 € – 立 12 €
C'est en marchant, quartier piéton oblige, que l'on arrive à cette bâtisse du 17ᵉ s. aux belles arcades, aussi pittoresque que le village lui-même. Les chambres y sont confortables et bien tenues. Le petit-déjeuner se prend sur la place baignée de lumière : tout le charme de l'arrière-pays grassois.

XX **Lou Cigalon**

6 bd Carnot – ℰ 04 93 12 01 61 – www.loucigalon.fr – Fermé 1er-7 sept., midi, dim. et lundi

Menu 42 € (dîner), 59/85 € – Carte 67/83 € *(réservation conseillée)*

Entrez dans cette charmante petite maison en pierre au cœur de Valbonne, vous ne le regretterez pas ! Dans l'assiette, une cuisine maîtrisée et créative, souvent originale : vous aimerez forcément ce lapin cuit au four avec chapelure de noisette, carottes, jus de volaille et quelques épices... Savoureux.

au golf d'Opio-Valbonne 2 km au Nord-Est par rte de Biot (D 4 et D 204) – ✉ 06650

🏠🏠🏠 **Château de la Bégude** 🍽 🦶 ⬅ 🖑 ⏚ ✕ 📺 🦶 🕰 🛜 🏋 🅿

rte de Roquefort les Pins – ℰ 04 93 12 37 00 – www.chateau-begude.com – Fermé 22 nov.-29 déc.

37 ch – 🛏90/210 € 🛏🛏110/370 € – 3 suites – 🍽 20 € – ½ P

Les amateurs de swing vont se régaler ! Cette bastide du 17 e s., flanquée de sa bergerie, est située au beau milieu du très réputé golf d'Opio. Les chambres, tout en harmonie de beiges, ont un certain cachet. Entre deux drives, direction le restaurant pour une formule simple et légère au déjeuner ; plus étoffée le soir avec des recettes régionales.

rte d'Antibes au Sud par D 3 – ✉ 06560 Valbonne

🏠 **Castel Provence** sans rest 🖑 ⏚ ✕ 🦶 🕰 🛜 🅿

30 chemin Pinchinade, à 2,5 km – ℰ 04 93 12 11 92 – www.hotelcastelprovence.fr

36 ch – 🛏95/170 € 🛏🛏95/195 € – 🍽 13 €

Cet hôtel récent, de style provençal, est parfait pour une courte escapade ou un voyage d'affaires. L'endroit est plutôt calme, les équipements fonctionnels, et la piscine et le jardin invitent à la détente.

XXX **Daniel Desavie** 🕰 🕰 🅿

1360 rte d'Antibes – ℰ 04 93 12 29 68 – www.restaurantdanieldesavie.fr – Fermé dim. et lundi

Formule 21 € – Menu 42 € (déj. en semaine), 49/60 € – Carte 58/100 €

La clientèle locale apprécie cette adresse dont la cuisine honore les saveurs provençales : fleurs de courgettes, turbot ou saint-pierre aux légumes, tarte au citron revisitée... Un classicisme qui sied également au décor, d'inspiration bourgeoise.

à Sophia-Antipolis 7 km au Sud-Est par D 3 et D 103 – ✉ 06560

🏠🏠🏠 **Sophia Country Club** 🍽 🦶 ⬅ ⏚ 🌀 ⎏ ✕ 📺 🦶 🕰 🛜 🏋 🅿
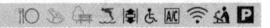

Les Lucioles 2 - 3550 rte Dolines – ℰ 04 92 96 68 78 – www.sophiacountryclub.com

155 ch – 🛏115/235 € 🛏🛏115/235 € – 🍽 19 € – ½ P

En plein cœur du parc de Sophia-Antipolis, ce complexe hôtelier propose de nombreux équipements sportifs, un restaurant-brasserie assez cossu – qui joue aussi la carte du bio et du sans gluten –, plusieurs bars et d'importantes salles de séminaire : business as usual.

🏠🏠🏠 **Mercure** 🍽 🦶 ⬅ ⏚ 📺 🦶 🕰 🛜 🏋 🅿

Les Lucioles 2 - r. Albert Caquot – ℰ 04 92 96 04 04 – www.mercure-antibes-sophia-antipolis.com

104 ch – 🛏99/235 € 🛏🛏99/235 € – 🍽 19 €

La technopole de Sophia-Antipolis fournit l'essentiel de la clientèle de cet hôtel confortable. Les chambres y sont fonctionnelles et bien tenues. Les essences méridionales du jardin, le calme, la piscine le font sortir du lot. Côté restaurant : salades en été et spécialités locales.

🏠🏠🏠 **Novotel** 🍽 🦶 ⬅ ⏚ ✕ 📺 🦶 🕰 🛜 🏋 🅿

Les Lucioles 1 - 290 r. Dostoievski – ℰ 04 92 38 72 38 – www.novotel.com

97 ch – 🛏137/207 € 🛏🛏137/207 € – 🍽 16 €

Un Novotel pratique et fonctionnel, où l'on peut même louer une voiture. Le petit plus : un cadre verdoyant et des parcours de santé tout proches. Plaisant, on dîne face aux pins parasols.

Relais Omega 🟡 🌊 🖥 & 𝖠𝖢 🛜 🗚 🅿 🚗

Les Lucioles 1 - 49 r. Ludwig Van Beethoven – 𝒞 *04 92 96 07 07
– www.hotelomega.com – Fermé 14 déc.-2 janv.*
60 ch – 🛏108/119 € 🛏🛏118/150 € – 🍽 15 €
L'hôtel a beau être presque entièrement dédié à une clientèle d'affaires (salles de réunion), le style provençal est aussi au rendez-vous – notamment dans certaines chambres, sinon fonctionnelles. Buffets de hors-d'œuvre et de desserts au restaurant.

VALCEBOLLÈRE
✉ 66340 (Pyrénées-Orientales) – 46 hab. – Alt. 1 470 m – Voir carte n°**22**-A3
▶ Paris 856 km – Bourg-Madame 9 km – Font-Romeu-Odeillo-Via 27 km –
Perpignan 107 km
Carte Michelin 344-D8

Auberge Les Ecureuils 🟡 🕊 🔚 🖾 𝓡 🎿 🅿

Carrer Gorro Blanc – 𝒞 *04 68 04 52 03 – www.aubergeecureuils.com
– Fermé 12 nov.-5 déc.*
19 ch – 🛏72/90 € 🛏🛏78/110 € – 🍽 10 € – ½ P
Dans un petit hameau au bout du monde, une ancienne bergerie authentique et charmante... Au cœur des Pyrénées, cette auberge chaleureuse est idéale pour crapahuter en montagne en toute saison ! Cheminée, murs en pierre, piscine à la romaine, hammam, restaurant traditionnel, etc. : atypique et plein de cachet...

VAL-CLARET – 73 (Savoie) → voir Tignes

VALDAHON
✉ 25800 (Doubs) – 5 238 hab. – Alt. 645 m – Voir carte n°**17**-C2
▶ Paris 436 km – Besançon 33 km – Morteau 33 km – Pontarlier 32 km
Carte Michelin 321-I4

Relais de Franche Comté 🟡 🔚 🛜 🎿 🅿

1 r. Charles-Schmitt – 𝒞 *03 81 56 23 18 – www.relais-de-franche-comte.com
– Fermé 27 avril-3 mai, 24-30 août, 18 déc.-11 janv., vend. sauf du 11 juil. au
23 août et dim. de sept. à juin*
20 ch – 🛏59/63 € 🛏🛏70/75 € – 🍽 10 € – ½ P
Rest *Relais de Franche Comté* – voir les restaurants ci-après
À l'entrée de la ville, cet hôtel-restaurant très fréquenté est un véritable lieu de vie, géré en famille. Chambres modernes et bien tenues. Un vrai relais en Franche-Comté.

Relais de Franche Comté 🔚 🍴 🅿

1 r. Charles-Schmitt – 𝒞 *03 81 56 23 18 – www.relais-de-franche-comte.com
– Fermé 27 avril-3 mai, 24-30 août, 18 déc.-11 janv., vend. soir et sam. midi sauf
du 11 juil. au 23 août et dim. soir de sept. à juin*
Menu 16 € (semaine), 19/57 € – Carte 24/52 €
La gastronomie franc-comtoise à portée de bourse : terrines maison, gibier, sauce au vin jaune et aux morilles, fromages locaux (comté, bleu de Gex), vins d'Arbois... Simplicité et authenticité au menu !

LE VAL-D'AJOL
✉ 88340 (Vosges) – 3 999 hab. – Alt. 380 m – Voir carte n°**27**-C3
▶ Paris 382 km – Épinal 41 km – Luxeuil-les-Bains 18 km –
Plombières-les-Bains 10 km
Carte Michelin 314-G5

La Résidence 🟡 🕊 🔚 🌊 🗙 & 🛜 🎿 🅿

5 r. des Mousses, par rte de Hamanxard – 𝒞 *03 29 30 68 52
– www.la-residence.com – Fermé 2-15 mars et 1ᵉʳ-25 déc.*
48 ch – 🛏57/72 € 🛏🛏70/101 € – 🍽 12 € – ½ P
Rest *La Résidence* – voir les restaurants ci-après
Adossée à un beau parc arboré et fleuri, une grande maison bourgeoise du milieu du 19ᵉ s. avec des chambres spacieuses et confortables, et des installations bien pensées (piscine couverte, sauna, etc.). Nouveauté : trois "chellos", de sympathiques chalets en bois volontairement spartiates et nature !

La Résidence

5 r. des Mousses, par rte de Hamanxard – ℰ 03 29 30 68 52
– www.la-residence.com – Fermé 2-15 mars, 1er-25 déc., dim. soir d'oct. à juin
sauf vacances scolaires et fériés
Formule 13 € – Menu 28/60 € – Carte 39/65 €
Au menu de cette maison de maître lorraine, une cuisine qui plonge ses racines
dans le terroir vosgien, et cultive la tradition comme le goût des bons produits.
Agréable terrasse face aux arbres centenaires du parc.

VAL-DE-SAANE

✉ 76890 (Seine-Maritime) – 1 458 hab. – Alt. 100 m – Voir carte n°**33**-C1
▶ Paris 172 km – Evreux 95 km – Rouen 42 km
Carte Michelin 304-F3

Auberge de La Mère Duval

pl. Daniel-Boucour – ℰ 02 35 32 30 13 – www.auberge-mere-duval.com – Fermé
mardi et merc.
Formule 17 € – Menu 25/45 € – Carte 25/55 €
Un jeune couple œuvre aujourd'hui aux destinées de cette jolie petite auberge de
pays, fondée en son temps par la mère Duval, dont les spécialités subsistent à la
carte : truite aux amandes, diplomate... Mais c'est là la seule pointe de nostalgie
de l'adresse qui joue la carte de la tradition avec une totale fraîcheur !

VAL-D'ESQUIÈRES – 83 (Var) → voir Ste-Maxime

VAL-D'ISÈRE

✉ 73150 (Savoie) – 1 602 hab. – Alt. 1 850 m – Voir carte n°**45**-D2
▶ Paris 667 km – Albertville 86 km – Chambéry 135 km
Carte Michelin 333-O5 – Guide Vert Michelin Alpes du Nord

Les Barmes de l'Ours

chemin des Carats – ℰ 04 79 41 37 00   Plan : A**b**
– www.hotellesbarmes.com – Ouvert de mi-déc. à mi-avril
56 ch ☲ – ✝265/1500 € ✝✝295/1530 € – 20 suites – ½ P
Rest *La Table de l'Ours* ✿ – voir les restaurants ci-après
Dans ce vaste hôtel, vous avez le choix du décor : scandinave, lodge américain, chalet d'alpage ou contemporain. Partout, les aménagements sont luxueux,
le confort à son apogée, jusqu'au restaurant gastronomique et à la rôtisserie.
Hibernation en vue !

Le Savoie

av. Olympique – ℰ 04 79 00 01 15 – www.lesavoie.com   Plan : A**d**
– Ouvert déc.-avril
14 ch ☲ – ✝430/980 € ✝✝430/4110 € – 11 suites – ½ P
Rest *Le Grain de Sel* – voir les restaurants ci-après
Ce chalet joue la carte du luxe discret, presque familial : salons intimes, chambres au style montagnard épuré – dont une suite "royale" sous une superbe charpente – et très beau spa. Un bel endroit pour des moments d'exception.

Christiania

r. du Parc-des-Sports – ℰ 04 79 06 08 25   Plan : A**a**
– www.hotel-christiania.com – Ouvert mi-déc. à mi-avril
68 ch ☲ – ✝320/1226 € ✝✝334/1381 € – 1 suite – ½ P
Charme indéniable pour ce chalet dont les chambres, de grand confort,
sont décorées dans un élégant style alpin. Après quelques descentes sur les pistes, vous aimerez vous installer devant la cheminée du salon ou sur la belle terrasse panoramique.

Avenue Lodge

av. Olympique – ℰ 04 79 00 67 67   Plan : A**z**
– www.hotelavenuelodge.com – Ouvert 9 déc.-12 avril
51 ch ☲ – ✝420/855 € ✝✝420/855 € – 3 suites – ½ P
"Noir, c'est noir" : tel pourrait être le nom de ce chalet où dominent les couleurs
sombres et tendance. Dans les chambres, tissus "peau de bête", bois wengé et
petit coin salon semblent réinventer l'imaginaire de l'hiver... Bistrot chic.

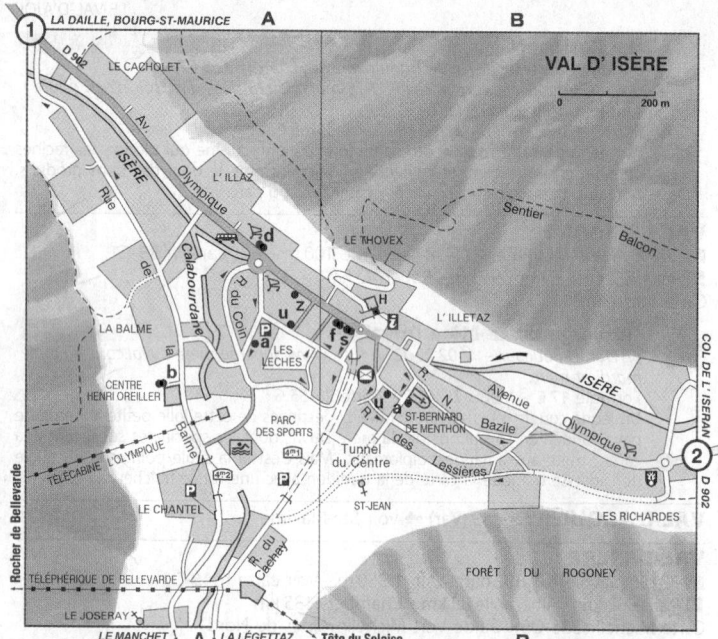

🏨 Le Tsanteleina

🍴 ⇐ 🔲 🕸 Ⅰ🔥 🖨 🎧 🚗

av. Olympique – 𝒞 04 79 06 12 13 – www.tsanteleina.com — Plan : B**s**
– Ouvert 4 déc.-3 mai

48 ch 🔲 – 🛏️165/405 € 🛏️🛏️235/570 € – 14 suites – ½ P
Rest *La Table des Neiges* – voir les restaurants ci-après

Du nom du plus haut sommet au-dessus de Val-d'Isère, un agréable hôtel, au cœur de l'animation de la mythique station. Les chambres sont spacieuses et chaleureuses, avec, côté sud, vue sur la piste olympique de Bellevarde ! Superbe espace bien-être.

🏨 Le Blizzard

🍴 ⇐ 🌊 🕸 Ⅰ🔥 🖨 🕭 🎧

av. Olympique – 𝒞 04 79 06 02 07 – www.hotelblizzard.com — Plan : B**f**
– Ouvert de début déc. à début mai

64 ch 🔲 – 🛏️460/1140 € 🛏️🛏️460/1140 € – 6 suites – ½ P
Rest *La Luge* – voir les restaurants ci-après

Blizzard, vous avez dit Blizzard ? Ici, point de tempête de neige, mais des chambres cosy, la plupart rénovées dans un esprit contemporain (certaines avec cheminée ou poêle). Très beau spa. Carte classique au restaurant, spécialités fromagères à La Luge.

🏨 La Savoyarde

🍴 Ⅰ🔥 🖨 🎧

r. Noël-Machet – 𝒞 04 79 06 01 55 – www.la-savoyarde.com — Plan : A**u**
– Ouvert 10 déc.-5 mai

50 ch 🔲 – 🛏️215/275 € 🛏️🛏️350/555 € – ½ P

Depuis 1954, La Savoyarde porte haut les couleurs de la région. Les chambres arborent évidemment un décor alpestre et se montrent chaleureuses. Nul doute que, par les froides soirées d'hiver, vous apprécierez la grande cheminée du salon.

🏨 Les 5 Frères 🆕

🍴 🖨 🕭 🎧

r. Nicolas-Bazile – 𝒞 04 79 06 00 03 – www.les5freres.com — Plan : B**u**
– Ouvert 20 juin-30 août et 28 nov.-3 mai

17 ch 🔲 – 🛏️220/315 € 🛏️🛏️235/405 € – ½ P

L'ancien hôtel Bellevue a fait peau neuve, sous l'impulsion des deux jeunes femmes propriétaires des lieux. L'intérieur, contemporain et soigné, ne renie pas les boiseries et l'héritage montagnard ; on se repose ici comme dans une maison de famille !

Les Lauzes *sans rest* 🖥 🛇 📶

pl. de l'Église – ⌀ *04 79 06 04 20* – *www.hotel-lauzes.com* Plan : B**a**
– *Ouvert 28 nov.-3 mai*
23 ch ⌨ – ♦126/195 € ♦♦148/206 €
Un charmant chalet au cœur du village, à deux pas de l'église baroque (18ᵉ s.).
Les chambres sont toutes bien tenues et confortables, mais préférez celles du
dernier étage, qui donnent sur les toits ! Une adresse sympathique.

🍴🍴🍴 La Table des Neiges – *Hôtel Tsanteleina*

av. Olympique – ⌀ *04 79 06 12 13* – *www.tsanteleina.com* Plan : B**s**
– *Ouvert 4 déc.-3 mai et fermé le midi*
Menu 57 € (dîner), 70/85 € – Carte 68/76 €
Les gourmands de Val-d'Isère connaissent bien cette adresse ! Dans la belle salle
sous charpente, une fondue savoyarde revisitée côtoie un délicieux veau façon
royale... De bons produits frais sont à l'honneur ; la carte est renouvelée régulièrement.

🍴🍴🍴 Le Grain de Sel – *Hôtel Le Savoie* ♿ 🛇

av. Olympique – ⌀ *04 79 00 01 15* – *www.lesavoie.com* Plan : A**d**
– *Ouvert déc.-avril et fermé le midi*
Menu 50/90 € – Carte 67/112 €
Sous une belle véranda, dans un décor sobre et contemporain, on déguste une
cuisine raffinée, voire sophistiquée, après avoir débuté la soirée – pourquoi pas ?
– au très chic bar à champagne.

🍴🍴🍴 La Table de l'Ours – *Hôtel Les Barmes de l'Ours* 🎪 ♿ 🛇

🕸 *chemin des Carats* – ⌀ *04 79 41 37 00* Plan : A**b**
– *www.hotellesbarmes.com* – *Ouvert de mi-déc. à mi-avril et fermé dim. et lundi
hors vacances scolaires et le midi*
Menu 89/185 € – Carte 102/140 €
Fraîcheur de tourteau et homard, pomelos et guacamole ; ris et rognons de veau,
gnocchis de pomme de terre et jus de coriandre... La table des Barmes de l'Ours
est à l'unisson de ce luxueux hôtel ! La cuisine du chef fait montre d'un véritable
sens de l'invention et de l'esthétisme ; elle évolue au fil des saisons.
→ Fondant de pieds de cochon, champignons et rillettes de porc noir, foie gras
rôti. Carré d'agneau frotté au piment doux, ris au praliné, épaule confite. Crémeux
au chocolat grand cru, praliné et granité citron vert.

🍴🍴 L'Atelier d'Edmond ⩵ 🏠

🕸🕸 *au Fornet, 2 km par* ② *, rte de l'Iseran* – ⌀ *04 79 00 00 82*
– *www.atelier-edmond.com* – *Ouvert juil.-août et mi-déc. à fin avril et fermé dim.
et le midi en juil.-août, mardi sauf le soir de mi-déc. à fin avril et lundi sauf
vacances de Noël*
Menu 58 € (déj. en semaine), 80/145 € – Carte 98/130 €
Un beau chalet à l'ancienne, tout en bois, avec vieux outils et lampes à pétrole
créant un joli éclairage la nuit venue : nostalgie et chaleur... Délicieux contraste
avec la cuisine de Benoît Vidal, pleinement ancrée dans le présent et aux arômes
puissants ! Les assiettes sont si belles qu'on ose à peine les toucher... Formule bistrot au déjeuner en été.
→ Ravioles d'huîtres au lard de la vallée d'Aoste, bouillon de bœuf au citron kaf-
fir. Suprême de pigeon mi-fumé et rôti, jus aux fèves de cacao. Feuille à feuille de
pain craquant au chocolat, crème glacée au foin.

🍴 La Luge – *Hôtel Le Blizzard* 🛇

av. Olympique – ⌀ *04 79 06 68 58* – *www.hotelblizzard.com* Plan : B**f**
– *Ouvert de début déc. à début mai et fermé le midi*
Carte 44/70 €
Quoi de plus amusant qu'une descente en luge ? Belle ambiance dans cette
auberge typiquement savoyarde, où l'on déguste évidemment... des spécialités fro-
magères, mais aussi des viandes rôties à la broche devant les clients. Effet garanti !

VALENÇAY

✉ 36600 (Indre) – 2 571 hab. – Alt. 140 m – Voir carte n°**11-B3**
▶ Paris 233 km – Blois 59 km – Bourges 73 km – Châteauroux 42 km
Carte Michelin 323-F4 – Guide Vert Michelin Châteaux de la Loire

à Veuil 6 km au Sud par D 15 et rte secondaire – ⊠ 36600 – 386 hab. – Alt. 140 m

XX **Auberge St-Fiacre**
5 r. de la Fontaine – 𝒞 *02 54 40 32 78 – Fermé 1ᵉʳ-24 sept., janv., mardi de sept.
à juin, dim. soir et lundi*
Menu 23 € (semaine), 32/48 € – Carte 37/51 €
Tommettes, cheminée, terrasse sous les marronniers et murmure d'un doux ruisseau : le charme d'une belle auberge rustique... et plus encore. Le chef concocte
une cuisine élégante, maîtrisée et pleine de saveurs : on se régale !

VALENCE

⊠ 26000 (Drôme) – 63 148 hab. – Agglo. 127 559 hab. – Alt. 126 m – Voir carte n°**43**-E2
▶ Paris 558 km – Avignon 126 km – Grenoble 96 km – St-Étienne 121 km
Carte Michelin 332-C4 – Guide Vert Michelin Ardèche Drôme

🏨 **Pic**   Plan : AX**f**
285 av. Victor-Hugo – 𝒞 *04 75 44 15 32*
– www.anne-sophie-pic.com – Fermé 28 déc.-20 janv.
15 ch – †190/410 € ††190/410 € – 1 suite – ⊑ 33 €
Rest *Pic* ❀❀❀ **Rest** *Le 7* ⊕ – voir les restaurants ci-après
L'une des grandes maisons nées avec la N 7 et qui accueille aujourd'hui... une
clientèle internationale, entre New York et Tokyo ! Aura d'une cuisine d'exception
et d'un art de l'accueil sans cesse renouvelé : les lieux sont d'un chic extrême,
valant un précis de styles contemporains, tel le jardin, véritable îlot zen en ville...

🏨 **Novotel**   Plan : AX**a**
217 av. de Provence – 𝒞 *04 75 82 09 09*
– www.novotelvalence.com
105 ch – †103/158 € ††103/158 € – 2 suites – ⊑ 16 €
Un bâtiment des années 1970 entre l'autoroute A 7 et un parc boisé – avec ruisseau et cascade –, lequel offre un cadre apaisant. Les chambres sont très fonctionnelles et confortables. Le jeudi, c'est... soirée jazz !

🏨 **Hôtel de France** *sans rest*   Plan : CZ**w**
16 bd du Gén.-de-Gaulle – 𝒞 *04 75 43 00 87*
– www.hotel-valence.com
46 ch – †91/189 € ††98/189 € – ⊑ 15 €
Joli immeuble moderne situé sur un grand boulevard du centre-ville et à deux
pas de l'office de tourisme. Dans les chambres, cosy et à l'insonorisation sans
faille, on se sent comme dans un cocon. De même dans le salon, où l'on peut se
lover devant la cheminée !

🏨 **Clos Syrah**   Plan : AX**b**
quartier Maninet, bd Pierre-Tézier, rte de Montéléger
– 𝒞 *04 75 55 52 52 – www.clos-syrah.com*
37 ch – †85/190 € ††85/190 € – ⊑ 12 € – ½ P
Rest *Clos Syrah* – voir les restaurants ci-après
En périphérie de Valence, cet hôtel-restaurant est apprécié de la clientèle d'affai-
res pour ses chambres pratiques, bien tenues... et disposant d'un juke-box.
Comme quoi la fonctionnalité n'empêche pas l'originalité !

🏨 **Atrium** ⓝ *sans rest*   Plan : DY**m**
20 r. Jean-Louis-Barrault – 𝒞 *04 75 55 53 62*
– www.atrium-hotel.fr
56 ch – †98 € ††108 € – ⊑ 14 €
Dans un imposant bâtiment légèrement à l'extérieur du centre-ville, cet Atrium a
subi une véritable cure de jouvence. Agréables chambres au mobilier design,
grand hall d'accueil et parking : l'ensemble est accueillant.

🏨 **Les Négociants**   Plan : CZ**a**
27 av. Pierre-Sémard – 𝒞 *04 75 44 01 86*
– www.hotel-lesnegociantsvalence.com
37 ch – †45/69 € ††54/69 € – ⊑ 9 € – ½ P
Pas de négoce en vue, mais la gare toute proche pour ce sympathique hôtel qui
se situe aussi non loin du vieux Valence ! Ses jolies chambres contemporaines
sont certes un peu petites mais bien tenues. Restaurant traditionnel.

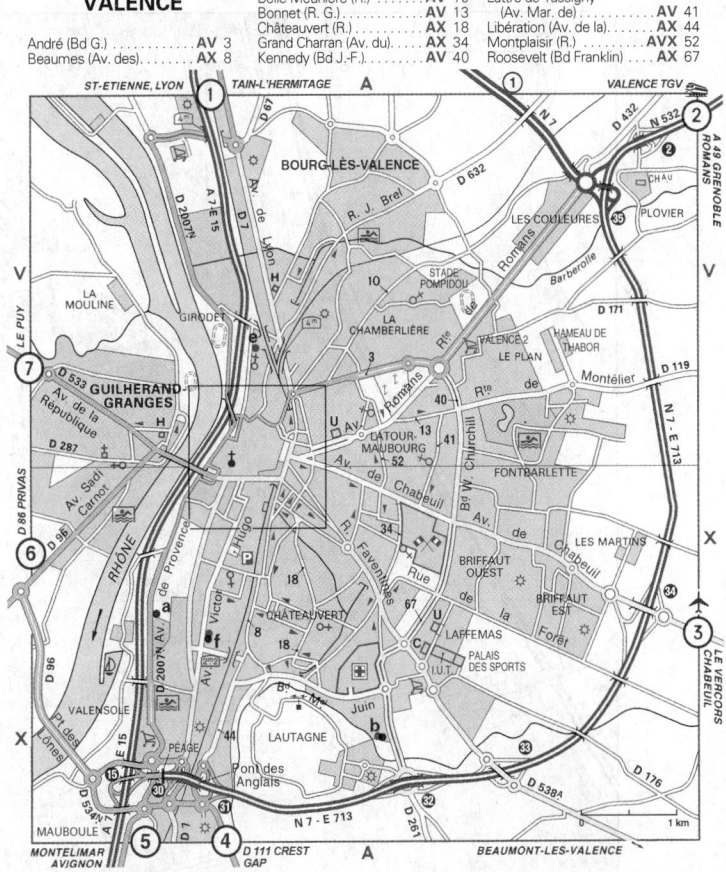

XXXXX **Pic** (Anne-Sophie Pic) – Hôtel Pic

⌨ 🍽 **AK** ⌨ **P**

✿✿✿ *285 av. Victor-Hugo* – ☎ *04 75 44 15 32*

Plan : AX**f**

– *www.anne-sophie-pic.com* – *Fermé 28 déc.-20 janv., dim. et lundi*

Menu 95 € (déj. en semaine), 160/320 € *(réservation conseillée)*

1934, 1973, 2007. Après André et Jacques, Anne-Sophie atteint l'excellence et confirme que l'histoire de la famille Pic est aussi celle de la plus grande cuisine. Toujours le même souci de la perfection, du meilleur produit et de l'assemblage inédit – à la pointe du goût de l'époque. Impeccable et impeccablement servi.

➜ Gelée et mousseux à la carotte, yaourt brassé à la fleur d'oranger et poivre voatsiperifery. Langoustine de casier saisie à la plancha, consommé à la tomate green zebra et à l'aspérule odorante. Fraises de pays au thé genmaicha.

XXX **Flaveurs** (Baptiste Poinot)

AK

✿ *32 Grande-Rue* – ☎ *04 75 56 08 40* – *www.flaveurs-restaurant.com*

Plan : CY**b**

– *Fermé 27 juil.-19 août, 1ᵉʳ-15 janv., merc. midi dim. et lundi*

Menu 38 € (déj. en semaine), 58/98 € *(réservation conseillée)*

Dans un décor coloré et chaleureux, une belle table gastronomique où chaque assiette atteste une réflexion mûrie, avec des produits excellents et une technique soignée. Ces flaveurs sont flatteuses !

➜ Homard bleu en vapeur douce, onctueux d'artichaut au jus de carapace. Omble chevalier fondant, jus de poulet aux champignons sauvages. Jeu de textures chocolat-mandarine et effluve de poivre des cimes.

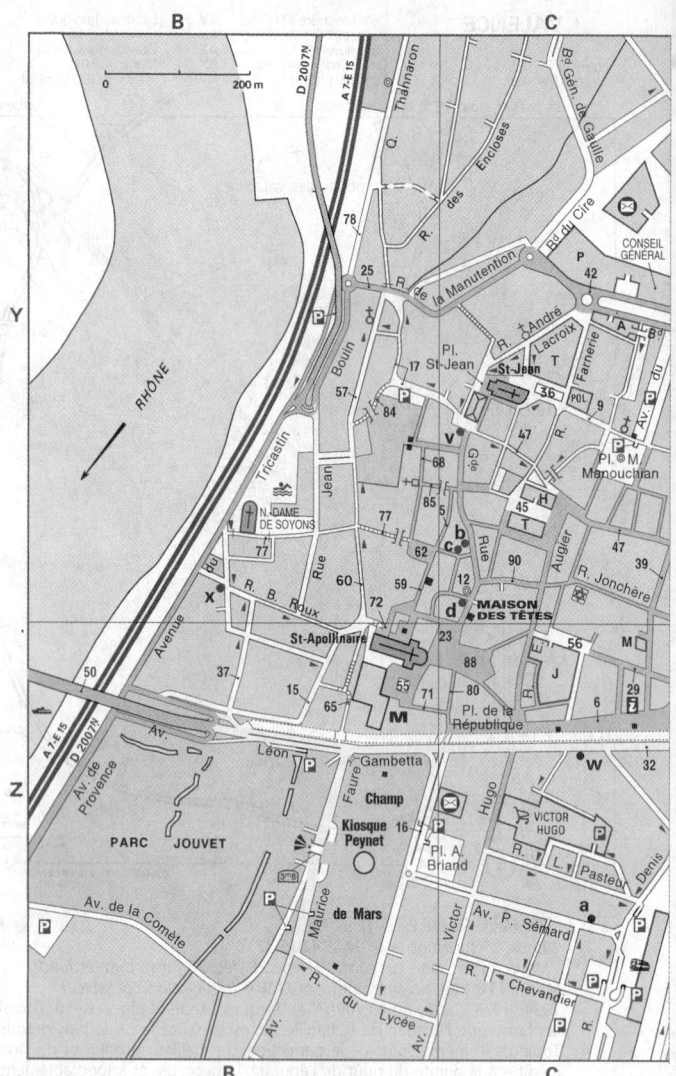

X X **L'Épicerie**

18 pl. St-Jean – ℰ 04 75 42 74 46

Plan : CY**v**

– www.pierre.seve.free.fr

– Fermé sam., dim. et fériés

Formule 18 € – Menu 24 € (semaine), 30/72 € – Carte 38/59 €

Au rayon épicerie, comptez désormais cette maison du 16ᵉ s. et son agréable terrasse ! Côté assiettes, le chef signe une cuisine traditionnelle. Côté salle, vous avez le choix entre un décor rustique ou design... de quoi satisfaire tout le monde !

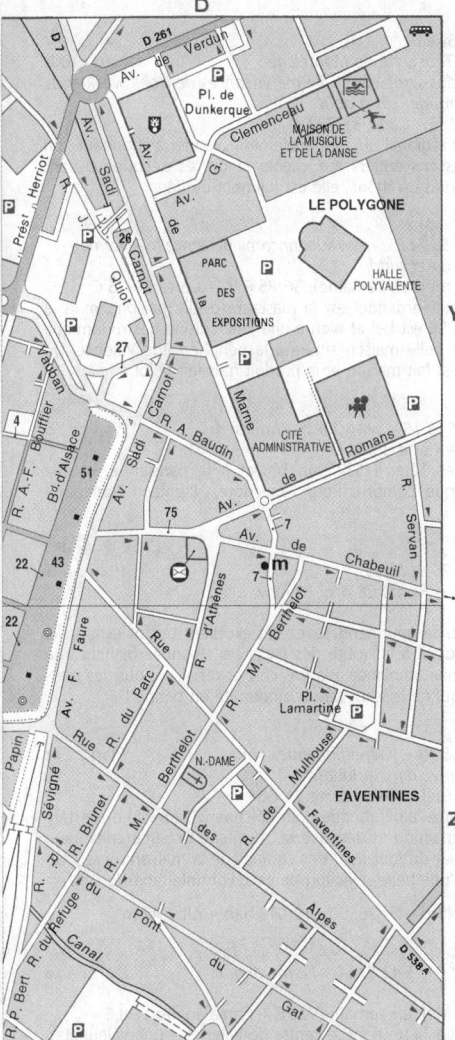

XX **La Cachette** (Masashi Ijichi)   🅑 🍴
£3 16 r. des Cévennes – ℰ 04 75 55 24 13 – Fermé 3 semaines   Plan : BY**x**
en janv., dim. et lundi
Menu 32 € (déj. en semaine), 55/100 € (réservation conseillée)
Dans la ville basse, une Cachette qui gagne à être découverte ! Le chef, d'origine
japonaise, prépare une cuisine inventive, fine et délicate. Quand le terroir drômois
rencontre l'esprit d'Asie... les papilles frétillent !
→ Gambero rosso à la plancha, artichauts et crème de crustacés. Pigeon de la
Drôme cuit au charbon, cuisses confites et sauce salmis. Passion au chocolat.

XX **Clos Syrah** – Hôtel Clos Syrah   🖨 🍴 **P**
quartier Maninet, bd Pierre-Tézier, rte de Montéléger   Plan : AX**b**
– 𝒞 04 75 55 52 52 – www.clos-syrah.com – Fermé vacances de Noël, week-ends de sept. à mai, midi sauf dim. de juin à août
Formule 22 € – Menu 26/35 € – Carte 37/73 €
Un restaurant traditionnel et régional qui met également... la mer à l'honneur : on présente un chariot de poissons entiers aux clients et on les découpe devant eux ! Quant à la carte des côtes-du-rhône, elle est joliment étoffée.

XX **Le Don Camillo** 🆕   🆊 **P**
336 r. Faventines – 𝒞 04 75 55 74 55 – www.ledoncamillovalence.fr – Fermé merc. soir, sam. midi, dim. soir et lundi
Formule 17 € – Menu 21 € (déj. en semaine), 36/85 € 🍷 – Carte 50/75 €
Comme on peut s'y attendre, Fernandel est la mascotte de la maison... mais la référence à l'Italie s'arrête là ! C'est bel et bien à une jolie cuisine gastronomique d'aujourd'hui qu'invite cette belle maison située à la périphérie de Valence. Du pain jusqu'aux glaces, tout est fait maison et le produit frais fait la loi.

X **Le Bistrot des Clercs**   🍴 🆊
48 Grande-Rue – 𝒞 04 75 55 55 15 – www.michelchabran.fr   Plan : CY**d**
Menu 25 € (semaine)/32 € – Carte 39/61 €
Près de la belle maison des Têtes (1532), un bistrot à la parisienne, cuisine copieuse et décor nostalgique compris. Pour l'anecdote, Napoléon Bonaparte séjourna dans ces murs !

X **Le 7** – Hôtel Pic   🍴 ♿ 🆊 ⅀ **P**
😊 *285 av. Victor-Hugo – 𝒞 04 75 44 53 86*   Plan : AX**f**
– www.anne-sophie-pic.com – Fermé 28 déc.-20 janv.
Menu 31 € – Carte 45/65 €
Sur l'historique N 7, belle étape gourmande avec cet excellent bistrot estampillé Pic. Le décor fait des clins d'œil à la "route des vacances" (bandes blanches au sol, bornes kilométriques) : une ambiance à la fois chic et canaille, pour des plats bistrotiers de belle tenue... qui ne laissent pas la modernité en panne !

X **Epithèque**   🆊
3 r. Pelleterie – 𝒞 04 75 56 08 40 – www.epitheque.com   Plan : CY**c**
– Fermé 3-25 août, 1er-12 janv., dim. et lundi
Formule 20 € – Menu 27 € (déj.)/35 € – Carte 25/60 €
Jolie formule que celle de cette "bibliothèque pour épicuriens", annexe du restaurant Flaveurs, version décontraction et découverte. Au menu : charcuteries ibériques, huîtres, éclairs salés, plat du jour (issu des cuisines de la maison mère), fromages, etc., accompagnés d'une belle sélection de vins. Formule tapas le soir.

à Bourg-lès-Valence 2 km au Nord – ✉ 26500 – 19 013 hab. - Alt. 142 m

X **Grenache** 🆕   🆊
🍽 *61 quai Maurice-Barjon – 𝒞 04 75 42 10 54 – Fermé dim. et*   Plan : AV**e**
lundi
Formule 15 € – Menu 18 € (déj. en semaine)/28 € – Carte environ 38 €
On connaît le restaurant La Cachette dans le centre de Valence – une valeur sûre de la gastronomie locale – ; voici son annexe bistrotière, 2 km au nord en longeant le Rhône. Une jolie adresse, associant ambiance chaleureuse, petits plats originaux et bien tournés, et belle sélection de vins au verre, grenache en tête !

à Pont de l'Isère 9 km par ① – ✉ 26600 – 2 945 hab. - Alt. 120 m

🏠🏠 **Michel Chabran**   🍽 🆊 📶 **P**
N 7 – 𝒞 04 75 84 60 09 – www.michelchabran.fr
11 ch – ♦110/175 € ♦♦130/350 € – ⅃ 23 € – ½ P
Rest *La Grande Table* 🌸 **Rest** *Espace Gourmand* – voir les restaurants ci-après
Depuis plus de 40 ans, sur la N 7 aux portes de Valence... Les vacances ne sont plus très loin lorsque l'on fait une pause dans cette confortable maison, qui a fait un art d'associer le gîte et le couvert ! En découvrant ses chambres cossues et contemporaines, on hésite à reprendre la route trop vite...

XXX **La Grande Table** – Hôtel Michel Chabran   🕸 🍴 AC ⇔ P

N 7 – 𝒞 04 75 84 60 09 – www.michelchabran.fr – Fermé 2-10 janv., dim., lundi, mardi et le midi

Menu 59/199 € – Carte environ 75 €

Une table de tradition bien connue dans la région. Le classicisme y est maître, ainsi que les vins des côtes du Rhône, ce qui ne gâche rien. Décor bourgeois, avec véranda côté jardin.

➜ Pommes de terre ratte écrasées à la truffe. Trilogie d'agneau, selle rôtie sur l'os, caillette aux herbes, nem aux légumes et jus à l'ail. Palet de chocolat Dulcey, cœur framboise.

X **Espace Gourmand** – Hôtel Michel Chabran   🍴 AC

N 7 – 𝒞 04 75 84 60 09 – www.michelchabran.fr – Fermé merc. soir, jeudi soir, vend. soir et sam. soir d'oct. à mai

Menu 32/69 € – Carte environ 55 €

Un "espace gourmand" au sein de la maison Chabran, véritable institution de la gastronomie régionale. Une sympathique alternative à la table gastronomique, autour de formules volontairement festives et décontractées, à l'image de la carte de tapas à partager ou du menu déjeuner express...

VALENCE-D'AGEN

✉ 82400 (Tarn-et-Garonne) – 5 143 hab. – Alt. 69 m – Voir carte n°**28**-B2

◨ Paris 645 km – Bordeaux 167 km – Montauban 64 km – Toulouse 93 km

Carte Michelin 337-B7

X **L'Entracte**   🍴 AC

20 r. des Limousins – 𝒞 05 63 39 06 02 – www.restaurant-47.com
– Fermé 25 août-10 sept., sam. midi, dim. et lundi

Formule 14 € – Menu 17 € (déj. en semaine) – Carte 30/47 €

Un bistrot chaleureux et un chef passionné : voilà qui augure un agréable Entracte ! En scène : une généreuse cuisine du marché où les produits régionaux tiennent le premier rôle et sont travaillés avec savoir-faire. Ajoutez-y une ambiance conviviale et des petits vins bien choisis... et vous avez le clou du spectacle.

VALENCIENNES

✉ 59300 (Nord) – 43 471 hab. – Agglo. 334 739 hab. – Alt. 22 m – Voir carte n°**31**-C2

◨ Paris 208 km – Arras 68 km – Bruxelles 105 km – Lille 54 km

Carte Michelin 302-J5

🏨 **Le Grand Hôtel**   �🍴 🛗 📶 🛁

8 pl. de la Gare – 𝒞 03 27 46 32 01   Plan : AX**d**
– www.grand-hotel-de-valenciennes.fr

79 ch – ♦68/145 € ♦♦68/145 € – 6 suites – ☲ 14 € – ½ P

Cet établissement des années 1920 appartient à la même famille depuis 1936, laquelle perpétue l'héritage avec professionnalisme ! Les chambres sont confortables et classiques, peu à peu rénovées dans un style contemporain. Au menu du restaurant : choucroute et viandes à la rôtissoire.

🏨 **Mercure** sans rest   🛗 ⚅ 📶 🛁

5 r. du St-Cordon – 𝒞 03 27 23 50 60 – www.mercure.com   Plan : BY**f**

87 ch – ♦98/175 € ♦♦98/175 € – ☲ 16 €

Une belle réussite que ce Mercure dernière génération, associant design épuré (béton brut et bois blond), fonctionnalité et grand confort. Le matin, on se restaure d'un copieux petit-déjeuner avec quelques produits bio. À noter : on profite de tarifs négociés pour le parking voisin, un atout en centre-ville !

🏨 **Auberge du Bon Fermier**   �🍴 ⚘ 📶

64 r. de Famars – 𝒞 03 27 46 68 25 – www.bonfermier.com   Plan : AY**n**
– Fermé le 24 déc.

16 ch – ♦74/92 € ♦♦88/110 € – ☲ 11 €

Vieilles pierres et briques : un authentique relais de poste du 17ᵉ s. ! Les chambres ont du caractère (meubles chinés) et, quand l'heure du repas sonne, on file aux écuries... enfin, au restaurant, qui propose une copieuse cuisine régionale (cochon de lait à la broche et gibier en saison).

VALENCIENNES

Le Chat Botté sans rest 🖥 ⌖ 🛜

25 r. Tholozé – 𝒞 03 27 14 58 59 – www.hotel-lechatbotte.com   Plan : AX**p**
– Fermé 24 déc.-1ᵉʳjanv.
33 ch – 🛏76/85 € 🛏🛏76/95 € – ⬜ 12 €
Ce Chat Botté a plus d'un tour dans son sac ! Juste en face de la gare, cet hôtel propose des chambres bien tenues, fonctionnelles et agréables. Rançon de son bon emplacement : le quartier est un peu bruyant... malgré le double vitrage.

↑ **Le Grand Duc** 🍴 🕭 🛜 **P**

104 av. de Condé – 𝒞 03 27 46 40 30 – www.legrandduc.fr   Plan : BV**a**
– Fermé août
5 ch – 🛏97 € 🛏🛏105 € – ⬜ 11 €
Cette maison bourgeoise a une âme d'artiste, comme son propriétaire. Non seulement elle mêle les styles avec goût (seventies, baroque...), mais elle accueille en son sein des soirées jazz et théâtre, sans oublier les cours de cuisine et la table d'hôte. Et le joli parc à l'anglaise se prête lui aussi à la fantaisie !

✕✕ **Le Musigny** (Emmanuel Hernandez)

🕸   *90 av. de Liège – 𝒞 03 27 41 49 30 – www.lemusigny.fr*   Plan : CV**t**
– Fermé 3 semaines en août, vacances de Noël, sam. midi, dim. soir et lundi
Formule 33 € 𝓣 – Menu 49/80 € – Carte 53/118 €
Si le jeune chef, passé par de grandes maisons, a choisi ce discret point de chute valenciennois, au décor sobre et épuré, sa cuisine délicate a rapidement conquis la ville. Produits choisis, tour de main précis et recettes nouvelles : la clé de son succès.
→ Duo de Lucullus en chaud-froid. Ris de veau, linguine et crème aux morilles. Beffroi de Valenciennes, chicorée et spéculos.

✕ **Negishi** ⌖ 🄰🄺 🚯

80 av. Georges-Clemenceau – 𝒞 03 27 25 72 31 – Fermé 3   Plan : AX**r**
semaines en août, sam. midi, dim. soir et lundi
Formule 13 € – Menu 28 € 𝓣 (dîner)/36 € 𝓣 – Carte 16/38 €
Ingénieur pour un groupe nippon implanté dans le Nord, Ichiro Negishi s'y est tellement plu qu'il a décidé de s'y installer en créant ce restaurant. Sushis et sashimis préparés devant le client, jolies spécialités (aubergine grillée sauce miso, crabe pané...), formule bento au déjeuner : tout est bon, comme au Japon !

à Artres 11 km par ④, D 958 et D 400 – ✉ 59269 – 1 027 hab. – Alt. 65 m

 La Gentilhommière 🍴 🕸 🕭 🛜 �️ **P**

2 r. de l'Église – 𝒞 03 27 28 18 80 – www.hotel-lagentilhommiere.com – Fermé
dim. soir et fériés
10 ch – 🛏75/85 € 🛏🛏85/100 € – ⬜ 11 €
Passé le porche, on découvre cette jolie ferme seigneuriale de 1756. Les chambres, spacieuses et agréables, donnent sur le jardin intérieur... Évidemment, on vient d'abord pour la quiétude, mais on peut aussi profiter du restaurant, de bonne tenue (cuisine actuelle).

à Raismes 5 km au Nord-Ouest par D 169 – ✉ 59590 – 12 687 hab. – Alt. 23 m

✕✕✕ **La Grignotière** 🕭 🕮 🄰🄺

6 r. Jean-Jaurès – 𝒞 03 27 36 91 99 – www.la-grignotiere.com – Fermé
10-24 août, 1ᵉʳ-12 janv., sam. midi, dim. soir et lundi
Menu 36/95 € – Carte 60/100 €
Menée par un jeune chef formé à bonne école, une table gastronomique "nouvelle génération", à l'élégant décor contemporain, aux portes de Valenciennes. Au menu, une fine cuisine qui ne manque ni de fraîcheur ni de parfums, telle cette entrée : asperges vertes de Pertuis, parmesan et trompettes-de-la-mort au vinaigre.

VALESCURE – 83 (Var) → voir St-Raphaël

VALGORGE
✉ 07110 (Ardèche) – 479 hab. – Alt. 560 m – Voir carte n°**44-A3**
▶ Paris 614 km – Alès 76 km – Aubenas 37 km – Langogne 46 km
Carte Michelin 331-G6 – Guide Vert Michelin Ardèche Drôme

Le Tanargue

Le Village – ℰ 04 75 88 98 98 – www.hotel-le-tanargue.com – Ouvert 28 mars-11 nov., fermé dim. soir et lundi d'oct. à début avril
22 ch – †44/55 € ††54/67 € – ⍁ 10 € – ½ P
Un hôtel familial au pied du massif du Tanargue. Les chambres sont cossues et scrupuleusement tenues, à des tarifs compétitifs ! Quelques balcons face au jardin ou à la vallée. Salle à manger d'inspiration rustique (vieux objets) ; vente de produits du terroir.

VALIGNAT – 03 (Allier) → voir Charroux

VALLAURIS – 06 (Alpes-Maritimes) → voir Golfe-Juan

VALLERAUGUE
✉ 30570 (Gard) – 1 047 hab. – Alt. 346 m – Voir carte n°**23**-C2
◗ Paris 684 km – Mende 100 km – Millau 75 km – Nîmes 86 km
Carte Michelin 339-G4

Hostellerie Les Bruyères

quai A.-Chamson – ℰ 04 67 82 20 06 – www.hotelvalleraugue.com – Ouvert 1er mai-30 sept.
20 ch – †56/69 € ††56/69 € – ⍁ 9 € – ½ P
Ancien relais de poste situé dans un pittoresque village cévenol. Un bel escalier dessert les chambres, rustiques, simples et très propres. Restaurant au décor champêtre, avec une charmante terrasse en surplomb de la rivière. Plats traditionnels.

rte du Mont-Aigoual 4 km sur D 986 – ✉ 30570

Auberge Cévenole

La Pénarié – ℰ 04 67 82 25 17 – Fermé 30 nov.-10 déc., lundi soir et mardi sauf juil.-août
6 ch – †45 € ††45 € – ⍁ 7 € – ½ P
L'Hérault musarde au pied de cette sympathique auberge de pays, située sur la route du mont Aigoual. Petites chambres fraîches et rustiques. Coquette salle à manger (poutres, cheminée, objets agricoles) et terrasse au-dessus de la rivière ; cuisine régionale.

VALLIÈRES-LES-GRANDES
✉ 41400 (Loir-et-Cher) – 852 hab. – Alt. 90 m – Voir carte n°**11**-A1
◗ Paris 211 km – Blois 26 km – Orléans 88 km – Tours 42 km
Carte Michelin 318-D7

Les Closeaux ⓝ

Lieu-dit Les Closeaux , 3,5 km au Nord-Ouest par D 28 et rte secondaire – ℰ 02 47 57 32 73 – www.lescloseaux.com – Fermé 12-26 nov., 21 déc.-22 janv., lundi midi en juil.-août, mardi et merc. sauf en juil.-août
Formule 15 € – Menu 22/31 € – Carte 26/47 €
Sous l'Ancien Régime, ces Closeaux – avec leur domaine de 10 hectares – faisaient office de relais de chasse pour les rois de France. Aujourd'hui, le chef des lieux privilégie les producteurs locaux et les circuits courts, et réalise une belle cuisine traditionnelle : millefeuille de betterave, langoustines rôties...

VALLOIRE
✉ 73450 (Savoie) – 1 249 hab. – Alt. 1 430 m – Voir carte n°**45**-D2
◗ Paris 664 km – Albertville 91 km – Briançon 52 km – Chambéry 104 km
Carte Michelin 333-L7 – Guide Vert Michelin Alpes du Nord

Christiania

av. de la Vallée-d'Or – ℰ 04 79 59 00 57 – www.christiania-hotel.com – Ouvert 15 juin-15 sept. et 20 déc.-15 avril
23 ch – †70/95 € ††75/125 € – ⍁ 15 € – ½ P
Belle situation au pied des pistes pour cet hôtel, le plus confortable de la station. Sous ses airs de grand chalet traditionnel, il cache des chambres originales, revisitant le style alpin dans une veine on ne peut plus cosy et chaleureuse... Avec le restaurant, voilà une "pension" idéale entre la Vanoise et les Écrins !

Grand Hôtel de Valloire et du Galibier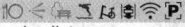
r. des Grandes-Alpes – 𝒞 04 79 59 00 95 – www.grand-hotel-valloire.com
– Ouvert 15 juin-15 sept. et 21 déc.-13 avril
37 ch – ✝70/108 € – ✝✝80/108 € – ⏛ 15 € – ½ P
Oubliez la façade un peu défraîchie ; face aux pistes, cet hôtel abrite des chambres lumineuses, plutôt spacieuses et bien tenues, une piscine, un espace fitness et restaurant traditionnel. Une bonne adresse.

VALLON-EN-SULLY
✉ 03190 (Allier) – 1 656 hab. – Alt. 192 m – Voir carte n°**5-B1**
◪ Paris 318 km – Bourges 86 km – Clermont-Ferrand 119 km – Moulins 89 km
Carte Michelin 326-C3 – Guide Vert Michelin Auvergne

XX **Auberge des Ris**
Les Ris, 2 km par D 2144, rte de Bourges – 𝒞 04 70 06 51 12
– www.aubergedesris.com – Fermé 2 semaines en janv. et oct., 1 semaine en juin, lundi soir, mardi et merc. midi
Formule 19 € – Menu 27/49 € – Carte 37/55 €
Bacchus n'aurait pas renié cette salle aux allures de chai, où tonneaux et pressoir font partie du décor. Derrière les fourneaux, un jeune chef dynamique concocte une cuisine savoureuse, mêlant tradition et recettes dans l'air du temps. Du goût, du parfum, de savoureux nectars : le dieu du vin est heureux, nous aussi.

VALLON-PONT-D'ARC
✉ 07150 (Ardèche) – 2 359 hab. – Alt. 117 m – Voir carte n°**44-A3**
◪ Paris 658 km – Alès 47 km – Aubenas 32 km – Avignon 81 km
Carte Michelin 331-I7 – Guide Vert Michelin Ardèche Drôme

 Le Clos des Bruyères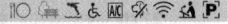
rte des Gorges – 𝒞 04 75 37 18 85 – www.closdesbruyeres.fr – Ouvert avril-sept.
32 ch ⏛ – ✝77/105 € – ✝✝89/122 € – ½ P
Les gorges de l'Ardèche vous tendent les bras depuis cet établissement récent et très fonctionnel : le cours d'eau n'est qu'à une centaine de mètres, avec une base de canoës... mais les moins téméraires pourront préférer la piscine, l'espace bien-être et le restaurant (cuisine au feu de bois).

 Belvédère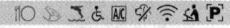
rte des gorges – 𝒞 04 75 88 00 02 – www.hotel-ardeche-beveldere.com – Ouvert fin mars-début oct.
30 ch – ✝69/109 € – ✝✝69/109 € – ⏛ 9 € – ½ P
À quelques centaines de mètres du célèbre pont d'Arc, creusé par l'Ardèche, cette imposante bâtisse est le point de départ idéal pour une excursion dans les gorges ! Ambiance feutrée dans les chambres (couleurs chaudes, terre cuite, meubles en bois peint) et piscine chauffée.

VALLOUX – 89 (Yonne) ➜ voir Avallon

VALMONT
✉ 76540 (Seine-Maritime) – 1 025 hab. – Alt. 60 m – Voir carte n°**33-C1**
◪ Paris 193 km – Bolbec 22 km – Dieppe 58 km – Fécamp 11 km
Carte Michelin 304-D3 – Guide Vert Michelin Normandie Vallée de la Seine

XX **Le Bec au Cauchois** (Pierre Caillet) avec ch
❄ *22 r. A.-Fiquet, 1,5 km à l'Ouest par rte de Fécamp – 𝒞 02 35 29 77 56*
– www.lebecaucauchois.com – Fermé 24 déc.-24 janv., dim. soir sauf juil.-août, mardi et merc.
5 ch – ✝85/115 € – ✝✝85/115 € – ⏛ 12 €
Menu 35 € (déj. en semaine), 47/83 € – Carte 59/78 € *(réservation conseillée)*
Meilleur Ouvrier de France 2011, le jeune chef s'avère évidemment un excellent technicien, qui dévoile aussi une belle sensibilité. Jeux sur les textures et les saveurs, produits d'ici et d'ailleurs, etc. : dans cette auberge du 19e s. bordée par un étang, le terroir normand arbore de nouvelles couleurs !
➜ Canard de Rouen en pâté en croûte, gelée au pommeau. Côte de veau fumée au foin, légumes du potager. Le sureau.

VALOGNES

✉ 50700 (Manche) – 7 057 hab. – Alt. 35 m – Voir carte n°**32**-A1

◪ Paris 336 km – Caen 103 km – Cherbourg 19 km – St-Lô 64 km

Carte Michelin 303-D2 – Guide Vert Michelin Normandie Cotentin

L'Agriculture

18 r. Léopold-Delisle – ✆ 02 33 95 02 02 – www.hotel-agriculture.com
– Fermé 22 déc.-6 janv.
30 ch – ✚59/66 € ✚✚66/75 € – ⊔ 10 € – ½ P
Une longue façade à l'air bonhomme, couverte de vigne vierge : un hôtel traditionnel au centre de Valognes, avec des chambres simples et bien tenues. Au restaurant, c'est tradition, avec en spécialité grillades et tête de veau. Pratique pour une étape au cœur de la presqu'île du Cotentin.

Manoir de Savigny sans rest

lieu-dit Savigny, 3 km au Sud-Est par D 976 et rte secondaire – ✆ 02 33 08 37 75
– www.manoir-de-savigny.com
5 ch ⊔ – ✚85/115 € ✚✚90/120 €
Dans la campagne valognaise, une allée de peupliers mène à cette ferme-manoir du 16ᵉ s. nichée dans un vaste parc. On emprunte un bel escalier de pierre pour gagner les chambres, toutes charmantes ("Rustique", "Baroque", etc.). Quiétude...

VALRAS-PLAGE

✉ 34350 (Hérault) – 4 465 hab. – Alt. 1 m – Voir carte n°**23**-C2

◪ Paris 767 km – Agde 25 km – Béziers 16 km – Montpellier 76 km

Carte Michelin 339-E9

Mira-Mar

bd Front de Mer – ✆ 04 67 32 00 31 – www.hotel-miramar.org
– Ouvert mars-oct.
27 ch – ✚65/110 € ✚✚65/110 € – 2 suites – ⊔ 10 € – ½ P
Les hispanophones auront compris que cet hôtel regarde la mer... Les chambres sont agréables, d'esprit méridional ou plus contemporain, avec balcon côté plage. Deux appartements pour les familles. Au restaurant, recettes dans l'air du temps faisant la part belle au poisson, avec vue sur la Grande Bleue.

Le Delphinium

av. des Élysées, (face au casino) – ✆ 04 67 32 73 10 – Fermé jeudi sauf fériés et dim. soir
Menu 29/35 €
Brandade de cabillaud, noix de Saint-Jacques poêlées aux poireaux, crème catalane : à deux pas du casino, ce restaurant discret cultive des plaisirs simples, sous l'égide d'une chef d'expérience.

VALS-LES-BAINS

✉ 07600 (Ardèche) – 3 531 hab. – Alt. 210 m – Voir carte n°**44**-A3

◪ Paris 629 km – Aubenas 6 km – Langogne 58 km – Privas 33 km

Carte Michelin 331-I6 – Guide Vert Michelin Ardèche Drôme

Grand Hôtel de Lyon

11 av. Paul-Ribeyre – ✆ 04 75 37 43 70 – www.grandhoteldelyon.fr
– Ouvert 4 avril-3 oct.
34 ch – ✚68/73 € ✚✚80/104 € – ⊔ 11 € – ½ P
Situation très centrale, à 100 m du parc de la source intermittente, pour cet hôtel familial abritant des chambres spacieuses et bien tenues. Piscine et solarium. De grandes baies vitrées éclairent l'agréable salle à manger ornée d'une fresque originale.

Helvie

5 av. Claude-Expilly – ✆ 04 75 94 65 85 – www.hotel-helvie.com – Fermé nov., 2 semaines en fév. et 1 semaine en mars
27 ch – ✚80/175 € ✚✚80/175 € – ⊔ 12 €
Rest *Le Vivarais* ✿ – voir les restaurants ci-après
À proximité du parc et du casino, cet hôtel Belle Époque conserve tout son éclat d'antan, chic et feutré. Chambres confortables, salon cossu, belle piscine et restaurant de qualité : le plaisir est complet !

⌂ **Château Clément**　　　　　　　　　🍴 🍸 ⟨ 🛎 ⌺ 🖺 🛜 🅿
*La Châtaigneraie – 𝒸 04 75 87 40 13 – www.chateauclement.com – Ouvert
15 mars-15 nov.*
5 ch 🛏 – †150/250 € ††180/370 €
Sur les hauteurs de la ville, cette belle maison de maître est avant tout une
demeure de famille... celle de Marie-Antoinette, Éric et leurs enfants. Leurs chambres d'hôtes comptent parmi les plus charmantes qui soient : superbes décors 19e
s., jardin de rocailles, terrasse panoramique, table bio... Un lieu rare !

⌂ **Villa Aimée**　　　　　　　　　　🍴 🍸 ⟨ 🛎 ⌺ 🕸 🛜 🅿
8 montée des Aulagniers – 𝒸 06 81 44 96 66 – www.villaaimee.com
4 ch 🛏 – †79/145 € ††89/155 €
Cette grande villa bourgeoise sur les hauteurs de la station (vue superbe) est une
mer de tranquillité... Ses propriétaires : un commandant de marine (parfois à
quai) et son épouse australienne. Cuisine internationale – principalement d'Asie
– à la table d'hôte.

🍴🍴🍴 **Le Vivarais** – Hôtel Helvie　　　　　　　　　　🕸 🍸 🅿
🏵 *5 av. Claude-Expilly – 𝒸 04 75 94 65 85 – www.hotel-helvie.com – Fermé nov., 2
semaines en fév., 1 semaine en mars, dim. soir sauf juil.-août et lundi*
Formule 20 € – Menu 35/89 € – Carte 73/115 €
La table d'un vrai artisan, scrupuleux dans le choix de ses produits (fournisseurs
locaux), rigoureux et élégant dans l'exécution de ses recettes... et entier dans son
envie de satisfaire les clients. Stéphane Polly a hissé son restaurant parmi les
meilleurs du département ; tout le terroir ardéchois est gagnant !
➜ Foie gras de canard poêlé, fine gelée à la verveine. Saint-pierre, risotto carnaroli aux petits légumes. Macaron aux myrtilles de pays, mousse légère au yaourt
vanillé.

VAL-THORENS
✉ 73440 (Savoie) – Alt. 2 300 m – Voir carte n°**46**-F2
▶ Paris 640 km – Albertville 60 km – Chambéry 109 km – Moûtiers 36 km
Carte Michelin 333-M6 – Guide Vert Michelin Alpes du Nord

🏨🏨🏨 **Altapura**　　　　　　🍴 🍸 ⟨ ⌺ 🌐 ⛊ 🎪 🛜 🧖 🚗
*rte du Soleil, (à l'entrée de la station) – 𝒸 04 80 36 80 36 – www.altapura.fr
– Ouvert 28 nov.-26 avril*
72 ch – †250/1010 € ††250/1010 € – 16 suites – 🛏 26 € – ½ P
Né au début des années 2010, l'établissement rivalise de luxe et d'élégance. Dans
les chambres, le charme montagnard côtoie l'épure contemporaine. Le must : un
spa de 1 000 m², où une salle igloo permet de goûter aux bienfaits des soins nordiques. Pour une délicieuse parenthèse au pays des neiges...

🏨🏨🏨 **Koh-I Nor** ⓝ　　　　　🍴 🍸 ⟨ ⌺ 🌐 ⛊ 🎪 ⛊ 🅰 🛜 🧖 🅿 🚗
*r. Gebroulaz – 𝒸 04 79 31 00 00 – www.hotel-kohinor.com – Fermé
26 avril-3 déc.*
60 ch 🛏 – ††360/1630 € – 3 suites – ½ P
Rest *Le Bistrot Gourmand* – voir les restaurants ci-après
Le dernier-né des hôtels de luxe des 3-Vallées a été baptisé d'après un célèbre
diamant, et l'on comprend pourquoi : tout en haut de la station, l'imposant bâtiment, de bois et de verre, resplendit ! Intérieur moderne et lumineux, service
attentionné et convivial... et vue sur les sommets.

🏨🏨 **Fitz Roy**　　　　　　　　🍴 🍸 ⟨ ⌺ 🌐 ⛊ 🎪 ⛊ 🛜 🧖
*pl. de l'Église – 𝒸 04 79 00 04 78 – www.hotelfitzroy.com
– Ouvert début déc.-mi avril*
53 ch – †295/660 € ††295/660 € – 5 suites – 🛏 22 € – ½ P
Rest *La Table du Roy* – voir les restaurants ci-après
Cette paisible institution, installée à 2 300 m d'altitude, a bénéficié d'un lifting
complet ! Décoration en pierre et chêne dans les parties communes, style montagnard contemporain dans les chambres ; certaines d'entre elles donnent directement sur les pistes.

Le Val Thorens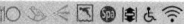

pl. de l'Église – 𝄆 *04 79 00 04 33* – *www.levalthorens.com* – *Ouvert 3 déc.-26 avril*
82 ch ⌂ – ♦155/760 € ♦♦155/760 € – 1 suite – ½ P
Au cœur de la station, cet établissement abrite des chambres spacieuses, toutes avec balcon, où l'esprit de la montagne se décline à travers de belles lignes contemporaines. L'espace bien-être ajoute à l'esprit chic et sport des lieux.

Le Sherpa

r. de Gébroulaz – 𝄆 *04 79 00 00 70* – *www.lesherpa.com* – *Ouvert 20 nov.-8 mai*
52 ch ⌂ – ♦80/300 € ♦♦110/320 € – 4 suites – ½ P
Ici, les pistes de ski sont à portée de bâton ! Dans les chambres la décoration est dans le ton : lambris et meubles en pin. Au restaurant, les résidents profitent de l'ambiance savoyarde, du buffet de desserts et des recettes de tradition, sauf le jeudi soir : fondue chinoise !

Trois Vallées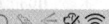

Grande Rue – 𝄆 *04 79 00 01 86* – *www.hotel3vallees.com* – *Ouvert 22 nov.-10 mai*
28 ch – ½ P seult 180/435 €
Un petit hôtel familial pour profiter du domaine des 3-Vallées. Les chambres sont coquettes et chaleureuses, dans un esprit très montagnard. Au bar, on sirote un verre en admirant les sommets, et l'espace bien-être (sauna, hammam, jacuzzi) vous tend les bras !

Jean Sulpice

(entrée station) – 𝄆 *04 79 40 00 71* – *www.jeansulpice.com*
– *Ouvert juil.-août, déc. à avril et fermé mardi midi et lundi en juil.-août*
Menu 79/169 € – Carte 127/219 €
À 2 300 m d'altitude, cette cuisine atteint des sommets : produits savoyards d'exception, jeux de textures (mousse, croustillant, velouté), cuissons et assaisonnements parfaits, harmonie des saveurs... Sous la baguette de Jean Sulpice et de son épouse, excellente sommelière, la magie opère !
➜ Huître, topinambours et foie gras. Féra du Léman, oseille et vanille. Pomme, meringue, miel de montagne et Antésite.

La Table du Roy – Hôtel Fitz Roy

pl. de l'Église – 𝄆 *04 79 00 04 78* – *www.hotelfitzroy.com*
– *Ouvert début déc.-mi avril*
Menu 65 €
Au sein de l'hôtel de luxe Fitz Roy, ce restaurant est au diapason. On y déguste une cuisine soignée et savoureuse, réalisée avec des produits de première fraîcheur : tartare d'omble chevalier, mascarpone au wasabi et pesto d'ortie... Un zeste d'originalité, des cuissons précises : que demander de plus ?

Le Bistrot Gourmand – Hôtel Koh-I Nor

r. Gébroulaz – 𝄆 *04 79 31 00 00* – *Ouvert 5 déc.-25 avril*
Carte 55/92 €
Dans ce récent hôtel perché au sommet de la station (2 400m), un Bistrot baigné de lumière, avec sa charpente en bois et ses hauts plafonds. Quel style ! Mais on est vite rappelé à l'essentiel : des plats fins et gourmands, sans esbroufe, à l'image de cette soupe de potimarron et de cet impeccable filet de turbot...

L'Épicurien

r. du Soleil, (Résidence le Montana) – 𝄆 *04 79 00 21 30*
– *www.restaurantmontana.fr* – *Ouvert 17 déc.-17 avril , fermé le midi et sam.*
Menu 49/90 € – Carte 79/129 €
Une authentique bonne table, menée par une équipe soucieuse de proposer le meilleur à ses clients : herbes alpestres et produits des artisans locaux se révèlent dans des recettes volontiers recherchées, délicates et fort joliment exécutées. Le décor, intime, chic et feutré, se prête idéalement à un dîner soigné.
➜ Saint-Jacques, carottes et panais. Féra, petits pois, pamplemousse et ail des ours. Fraises, consommé de ronce de mûrier et reine-des-prés.

✗ **Chalet de la Marine**

*sur la piste des Dalles, accès à ski par le télésiège des Cascades
– ℰ 04 79 00 11 90 – www.chaletmarine.com – Ouvert 10 déc.-10 mai*
Menu 45 € (dîner)/52 € – Carte 59/92 € déjeuner
Impossible de rester insensible au charme de ce chalet situé à 2 400 m d'altitude :
jolie salle tout en bois, objets agrestes, flambée dans la cheminée… Dans ce restaurant, tout est fait maison ; on se régale de bons plats traditionnels et d'un
généreux buffet de desserts. Cette adresse a vraiment une âme !

LE VALTIN

✉ 88230 (Vosges) – 89 hab. – Alt. 751 m – Voir carte n°**27**-D3
▶ Paris 440 km – Colmar 46 km – Épinal 55 km – Guebwiller 55 km
Carte Michelin 314-K4

✗✗ **Auberge du Val Joli** avec ch

*12 bis le Village – ℰ 03 29 60 91 37 – www.levaljoli.com – Fermé dim. soir, lundi
soir et mardi midi hors vacances scolaires et lundi midi sauf fériés*
7 ch – ♦82 € ♦♦82/140 € – ☐ 12 € – ½ P
Formule 20 € – Menu 23 € (semaine), 30/97 € ♈ – Carte 38/58 €
Au creux de la vallée, cette petite hostellerie vosgienne est tenue par la même
famille depuis 1968. On aime l'atmosphère rustique de la salle principale, ou
plus "nature" à côté de la large verrière donnant sur la terrasse… et cette généreuse cuisine mettant le terroir et la tradition à l'honneur !

LA VANCELLE – 67 (Bas-Rhin) ➔ voir Lièpvre

VANDOEUVRE-LÈS-NANCY – 54 (Meurthe-et-Moselle) ➔ voir Nancy

VANNES

✉ 56000 (Morbihan) – 52 784 hab. – Agglo. 76 899 hab. – Alt. 20 m
– Voir carte n°**9**-A3
▶ Paris 459 km – Quimper 122 km – Rennes 110 km – St-Brieuc 107 km
Carte Michelin 308-O9 – Guide Vert Michelin Bretagne Sud

Villa Kerasy sans rest

20 av. Favrel-et-Lincy – ℰ 02 97 68 36 83 — Plan : BY**r**
– www.villakerasy.com – Fermé janv. et 15 nov.-15 déc.
15 ch – ♦99/199 € ♦♦99/199 € – ☐ 15 €
Pondichéry, Cadix… les chambres évoquent les différentes escales de la légendaire Compagnie des Indes. Jardin japonais, espace bien-être inspiré par l'ayur-
veda, etc. Voilà un agréable établissement où l'élégance le dispute à la sérénité !

Best Western Vannes Centre

6 pl. de la Libération – ℰ 02 97 63 20 20 — Plan : AY**t**
– www.bestwestern-vannescentre.com – Fermé dim. du 4 oct. au 30 mars
58 ch – ♦99/159 € ♦♦109/199 € – ☐ 14 € – ½ P
Hôtel récent à deux pas du centre historique, idéal pour une clientèle d'affaires.
Chambres sobres et contemporaines ; salle de réunion et espace fitness. Au restaurant, on apprécie la cuisine traditionnelle.

Marébaudière sans rest

4 r. Aristide-Briand – ℰ 02 97 47 34 29 — Plan : BZ**r**
– www.marebaudiere.com
41 ch – ♦89/129 € ♦♦103/134 € – ☐ 13 €
En bordure du centre-ville, une bâtisse bretonne des années 1970. Les chambres,
fonctionnelles, spacieuses et confortables, déclinent le thème des quatre saisons…
Cet établissement s'adapte aussi bien à la clientèle d'affaires que touristique.

Manche-Océan sans rest

31 r. du Lt-Col.-Maury – ℰ 02 97 47 26 46 — Plan : AY**a**
– www.manche-ocean.com – Fermé 18 déc.-10 janv.
42 ch – ♦58/79 € ♦♦58/99 € – ☐ 10 €
Atmosphère familiale dans cet hôtel idéalement situé aux portes de la vieille ville.
Chambres fonctionnelles, colorées et bien tenues.

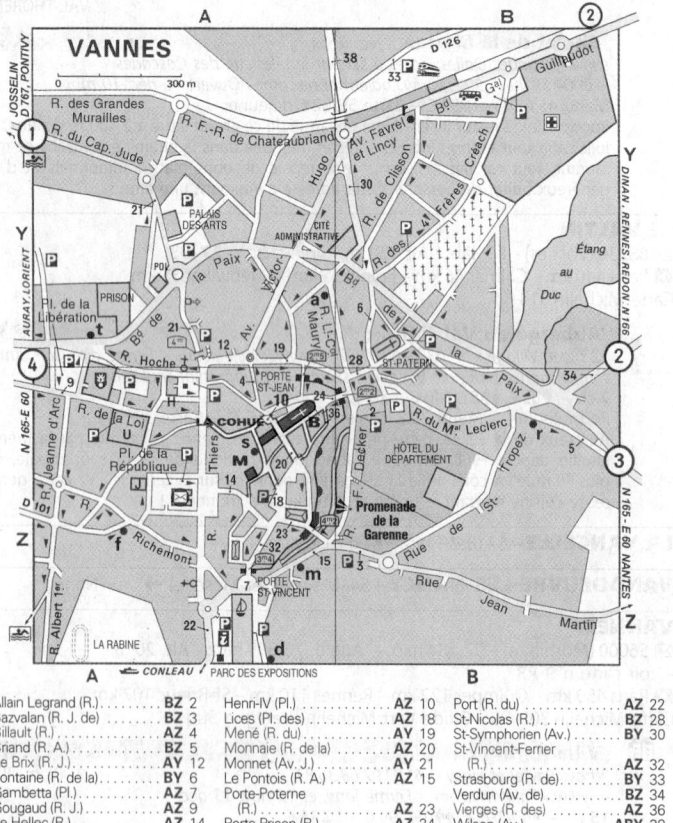

VANNES

0   300 m

XX   **Roscanvec** (Thierry Seychelles)   🍴

🟢   17 r. des Halles – ℰ 02 97 47 15 96 – www.roscanvec.com   Plan : AZ**s**
– Fermé 2 semaines en nov., 2 semaines en janv., mardi sauf juil.-août, dim. soir
et lundi
Formule 25 € – Menu 30 € (déj. en semaine), 48/70 € – Carte 61/76 €
(réservation conseillée)
Une maison à colombages près de la cathédrale... Classique ? On découvre
pourtant un vrai décor contemporain (avec vue sur les fourneaux au rez-de-
chaussée) et surtout une fine cuisine qui cultive franchement le goût de
l'époque, avec un beau respect des saveurs – le recours aux épices, par exemple, est tout en équilibre...
➔ Langoustines en carpaccio, gelée de bonite et chou-fleur en aigre-doux. Lotte
cuite à basse température, petits pois et bouillon de coquillages. Kouign amann
aux pommes, glace caramel à la fleur de sel.

X   **Les Remparts** 🟢   AC

🍽   6 r. Alexandre-le-Pontois – ℰ 02 97 47 52 44   Plan : AZ**m**
– www.restaurant-lesremparts.fr – Fermé sam. midi, dim. et lundi
Formule 11 € – Menu 19 € (déj. en semaine), 25/38 € – Carte 27/49 €
Face aux remparts du château, la cuisine bistronomique a trouvé un fer de lance !
Arrivé dans les lieux au printemps 2014, Anthony Evin met à l'honneur les producteurs locaux, le marché et les vins naturels : sa cuisine est un joli panaché
d'inspiration, de fraîcheur et de fine simplicité.

✗ **Le Vent d'Est**   ♿ 🄰🄲

23 r. Ferdinand-Le-Dressay – ✆ 02 97 01 34 53   Plan : AZ**d**
– Fermé 12-20 avril, 15-30 juin, dim. sauf le midi d'oct. à mars, jeudi soir et lundi
Formule 15 € – Menu 18 € (déj. en semaine), 26/26 € – Carte 28/48 €
Un Vent d'Est souffle sur la côte Ouest : face au port, cette véritable winstub
transporte en Alsace ! Flammekueche, choucroute, kougelhopf, etc. Les spécialités
de la région trônent à la carte, avec quelques incursions dans le terroir breton. Ou
comment deux régions se rencontrent... à petits prix et avec gourmandise.

✗ **L'Éden**   🀆

3 r. Pasteur – ✆ 02 97 46 42 62   Plan : AZ**f**
– www.restaurant-eden-vannes.fr – Fermé dim. et lundi
Formule 16 € – Menu 22/42 €
Voilà un jardin où les gourmands aiment se promener... à côté de l'ancien cinéma
Éden. Les habitués viennent y savourer une cuisine dans l'air du temps, qui ose
les associations originales.

au Nord 3 km par D 126- BY-✉ 56000 Vannes

✗✗ **La Gourmandière - La Table d'Olivier** (Olivier Samson)   🄰🄲 🄿

r. de Poignant, sortie St-Avé – ✆ 02 97 47 16 13 – www.la-gourmandiere.fr
– Fermé 13-22 avril, 16 août-3 sept., dim. soir, mardi, merc. et le midi en semaine
Menu 58/79 €
Une vraie Gourmandière ! Reprise par un chef chevronné, cette ancienne ferme
– entièrement rénovée en 2013 – à la sortie de la ville s'impose comme un refuge
de belle gastronomie : fraîcheur océanique, notes fruitées, délices sucrés... à travers un menu qui change deux fois par mois. Le midi, bonne cuisine traditionnelle au Bistr'Aurélia.
➔ Langoustine à cru, légumes acidulés. Homard, cocos et nectarine. Myrtille sauvage, crème diplomate.
La Gourmandière - Le Bistr'Aurélia Menu 26/38 € – Carte 38/46 € (fermé
merc., sam., dim., fériés et le soir)

à St-Avé 6 km au Nord par ① et D 767 (près du centre hospitalier spécialisé) –
✉ 56890 – 10 559 hab. – Alt. 50 m

✗✗✗ **Le Pressoir** (Vincent David)   🍸 🄰🄲 ⇕ 🄿

7 r. de l'Hôpital, à 1,5 km par rte de Plescop – ✆ 02 97 60 87 63
– www.le-pressoir.fr – Fermé dim. et lundi
Menu 29 € (déj. en semaine), 48/95 € – Carte 75/105 €
Une véritable institution que cette table vannetaise ! Le chef, Vincent David, signe
une vraie cuisine d'auteur, inspirée et soignée, où des produits de belle qualité
sont conjugués avec équilibre... Un établissement tout indiqué pour les gourmets
à la recherche de belles saveurs.
➔ Ormeau meunière en persillade, coquillages en viennoise et jus citronnelle-gin-
gembre. Homard breton rôti au beurre salé, bolognaise à l'estragon et confit d'aubergine. Soufflé chaud au chocolat grand cru.

à Meucon 9 km au Nord par ① et D 767 – ✉ 56890 – 2 166 hab. – Alt. 80 m

✗✗ **Le Tournesol**   🥂 🀆 ♿ 🌿 🄿

20 rte de Vannes – ✆ 02 97 44 50 50 – www.restaurant-le-tournesol.com – Fermé
16-23 fév., 2 semaines en juil., mardi soir, merc. soir, jeudi soir, dim. soir et lundi
Formule 16 € – Menu 20 € (déj. en semaine), 26/45 € – Carte 30/51 €
Un soupçon de charme rustique (pierres apparentes), deux cuillerées contemporaines et quelques notes de verdure avec un joli jardin... Ici, le décor est plaisant
et la cuisine dans l'air du temps.

à Conleau 4,5 km au Sud-Est - (Plan : AZ) – ✉ 56000

🏨 **Le Roof**   🍽️ 🞉 ≤ 🥂 🖥️ ♿ 🛜 🍸 🄿

10 allée des Frères-Cadoret – ✆ 02 97 63 47 47 – www.le-roof.com
40 ch – ♦85/163 € ♦♦89/189 € – ⬭ 13 € – ½ P
La presqu'île de Conleau domine une anse peuplée de voiliers... et c'est là que se
dresse cet hôtel-restaurant construit en 1989. Baignées de lumière, la majorité des
chambres ouvrent sur les flots et les rives constellées de pins qui font le charme
si pittoresque du golfe du Morbihan.

rte d'Arradon 5 km par ④ et D 101 – ✉ 56610

XX **L'Arlequin**   🖙 🛱 ⅋ **P**

parc d'activités de Botquelen -3 allée Denis- Papin – ✆ 02 97 40 41 41
– Fermé sam. midi, dim. soir et lundi
Formule 20 € – Menu 22/42 € – Carte 38/54 €
Cet Arlequin-là nous en fait voir de toutes les saveurs ! Sur des bases traditionnel-
les, le chef concocte une cuisine ancrée dans son époque et variant avec les sai-
sons. Salle agréable, ouverte sur la terrasse et le jardin fleuri.

à Arradon 7 km par ④, D 101, D 101^A et D 127 – ✉ 56610 – 5 454 hab. – Alt. 40 m

🏠 **Le Parc er Gréo** *sans rest*   ⌵ 🖙 🔟 ⅛ ⅋ 📶 **P**

9 r. Mané-Guen, au Gréo, 2 km à l'Ouest (dir. le Moustoir) – ✆ 02 97 44 73 03
– www.parcergreo.com – Fermé 3 janv.-5 fév.
13 ch – ♦74/114 € ♦♦99/174 € – 1 suite – ⌷ 14 €
On se sent bien dans cette jolie maison entourée de verdure et postée à une centaine de mètres du chemin des douaniers. Maquettes de bateaux et mobilier
chiné dans le salon, chambres raffinées et coquettes, piscine couverte. Charmant !

🏠 **Les Vénètes**   🔟 ⌵ ⩽ 📶

à la pointe, 2 km – ✆ 02 97 44 85 85 *– www.lesvenetes.com*
9 ch – ♦100/230 € ♦♦100/230 € – ⌷ 15 € – ½ P
Rest *Les Vénètes* – voir les restaurants ci-après
Ce petit hôtel des années 1960 est vraiment bien placé, pour ainsi dire les pieds
dans l'eau ! Dans les chambres, joliment aménagées, on jouit d'une vue exceptionnelle sur le golfe (balcons au 1er étage).

XX **Les Vénètes**   ⩽ 🛱 ⅛

à la pointe, 2 km – ✆ 02 97 44 85 85 *– www.lesvenetes.com – Fermé dim. soir*
Formule 29 € – Menu 39/79 € – Carte 78/123 €
Pour manger les pieds dans l'eau ! On s'installe dans la salle, superbement située
au bord de la *mor bihan* ("petite mer" en breton). Une vue qui met en valeur de
beaux produits iodés (huîtres et palourdes du golfe, poissons du jour, etc.).

à Séné 3 km par ③ – ✉ 56860 – 8 741 hab. – Alt. 16 m

X **Le Puits des Saveurs** 🄽   ⅛ 🄰🄲

⬡⬡ *rte de Nantes, Le Poulfanc –* ✆ 02 97 42 60 69 *– www.lepuitsdessaveurs.com*
– Fermé 24 déc.-3 janv., merc. soir, dim. soir et lundi
🄰 Menu 20 € (déj. en semaine), 30/40 € *(réservation conseillée)*
On oublie tout de la zone commerciale peu avenante où se trouve le restaurant dès
que l'on en découvre l'élégant et chaleureux décor, en camaïeu de gris et bois clair.
Le plaisir de l'assiette fait le reste : présentations soignées, saveurs enlevées, pro-
duits de qualité... Emmanuel Monnier puise son inspiration à la source du bon !

LES VANS

✉ 07140 (Ardèche) – 2 831 hab. – Alt. 170 m – Voir carte n°**44-A3**
▶ Paris 663 km – Alès 44 km – Aubenas 37 km – Pont-St-Esprit 66 km
Carte Michelin 331-G7 – Guide Vert Michelin Ardèche Drôme

🏠 **Le Carmel**   🔟 ⌵ 🖙 🔟 ⅛ 📶 ⅍ **P**

montée du Carmel – ✆ 04 75 94 99 60 *– www.le-carmel.com – Ouvert*
début mars à fin-oct.
26 ch – ♦45/55 € ♦♦62/92 € – ⌷ 11 € – ½ P
Rest *Le Carmel* – voir les restaurants ci-après
Dominant le bourg médiéval, cet ancien couvent carmélite (1847) abrite des
chambres de style provençal (murs ocre, mobilier en fer forgé). Et le joli jardin
avec piscine ajoute encore un charme certain à l'ensemble...

🏠 **La Seigneurie de Naves** 🄽   🔟 ⌵ 🖙 🔟 ⅋ 📶

Village de Naves – ✆ 06 62 04 45 11 *– www.seigneuriedenaves.com*
5 ch ⌷ – ♦85/135 € ♦♦85/135 €
Sur les hauteurs de ce village médiéval très préservé, cette seigneurie tout en
pierre et toits de tuiles forme un havre des plus charmants ! Escalier à vis, cheminée monumentale, chambres aux tons pastel, jardin verdoyant et piscine : l'alliance délicieuse d'un cadre plein de caractère et d'une atmosphère très paisible...

X 🎴 **Likoké** 🅰

☺ *7 rte de Païolive – 📞 04 75 88 09 74 – www.likoke.com – Fermé 1ᵉʳ fév.-5 mars, 24 mai-1ᵉʳ juin, 27 sept.-5 oct., déc., janv., sam. en juil.-août, lundi sauf juil.-août et dim.*

Menu 85/175 € *(réservation conseillée)*

Après une belle carrière en Belgique (en partie à la télévision), Piet Huysentruyt poursuit sa route en Ardèche... et c'est tant mieux ! Des saveurs bien marquées, une vraie harmonie dans les textures, des plats qui célèbrent le terroir, la fête, le savoir-vivre, bref : voilà une table bien dans sa peau, pleine de plaisir.

→ Cuisine du marché.

X **Le Carmel** – Hôtel le Carmel 🚘 📶 🍽 🅿

montée du Carmel – 📞 04 75 94 99 60 – www.le-carmel.com – Ouvert 1ᵉʳ avril-30 sept.

Formule 17 € 🍷 – Menu 25/45 € – Carte 36/53 €

Ouf ! l'ordre du Carmel n'interdit pas de faire bonne chère... car on se régale ici d'une cuisine traditionnelle soignée, rendant hommage au terroir : trilogie de poivron grillé, asperge blanche et filet de sardine, belle côte de veau parfaitement cuite, etc. Une table réjouissante.

VANVES – 92 (Hauts-de-Seine) → voir Paris, Environs

VARADES

✉ 44370 (Loire-Atlantique) – 3 501 hab. – Alt. 13 m – Voir carte n°**34-B2**

▶ Paris 333 km – Angers 40 km – Cholet 42 km – Laval 95 km

Carte Michelin 316-J3

XX **La Closerie des Roses** ≤ 🅰 🎽

🍽 *455 La Haute Meilleraie, 1,5 km au Sud par rte de Cholet – 📞 02 40 98 33 30 – www.lacloseriedesroses.com – Fermé 15 fév.-2 mars,*

😇 *24 août-2 sept., 19 oct.-4 nov., dim. soir, lundi soir, mardi soir et merc.*

Menu 19 € (déj. en semaine), 30/62 € – Carte 49/61 €

Ce restaurant est ancré depuis 1938 en bord de Loire : un site ravissant, presque en symbiose avec le fleuve... Et de la salle panoramique, on admire l'abbatiale de St-Florent-le-Vieil, illuminée le soir. Le chef achète son poisson aux pêcheurs du coin et concocte une délicieuse cuisine régionale. Le plaisir est complet.

VARENGEVILLE-SUR-MER

✉ 76119 (Seine-Maritime) – 1 020 hab. – Alt. 80 m – Voir carte n°**33-D1**

▶ Paris 199 km – Dieppe 10 km – Fécamp 57 km – Fontaine-le-Dun 18 km

Carte Michelin 304-F2 – Guide Vert Michelin Normandie Vallée de la Seine

à Vasterival 3 km au Nord-Ouest par D 75 et rte secondaire – ✉ 76119

🏠 **La Terrasse** 🎴 📶 ≤ 🚘 🍽 📶 🅿

rte de Vasterival – 📞 02 35 85 12 54 – www.hotel-restaurant-la-terrasse.com – Ouvert mi-mars au 10 oct. et vacances de la Toussaint

22 ch – 🚹65/80 € 🚺65/80 € – ⍒ 9 € – ½ P

Au bout d'une route bordée de pins, cette maison début du siècle (1902) est tenue par la même famille depuis quatre générations ! Ici, la moitié des chambres offrent une vue plongeante sur la mer, tout comme la salle du restaurant. Et pour se détendre, on s'installe dans le grand et beau jardin.

VARENNES – 58 (Nièvre) → voir Nevers

LA VARENNE-ST-HILAIRE – 94 (Val-de-Marne) → voir Paris, Environs (St-Maur-des-Fossés)

VARETZ – 19 (Corrèze) → voir Brive-la-Gaillarde

VARS

✉ 05560 (Hautes-Alpes) – 708 hab. – Alt. 1 650 m – Voir carte n°**41-C1**

▶ Paris 726 km – Barcelonnette 41 km – Briançon 46 km – Digne-les-Bains 126 km

Carte Michelin 334-I5 – Guide Vert Michelin Alpes du Sud

aux Claux – ✉ 05560

 L'Écureuil   ⏐O ≤ 🛜 **P**

allée Pierre Lelong – ☎ 04 92 46 50 72 – www.hotelecureuil.com
– Ouvert 1er juil.-31 août et 11 déc.-25 avril
20 ch – ♦60/134 € ♦♦70/194 € – �m² 11 € – ½ P
À 150 m des pistes, un beau chalet de bois blond, noyé sous les fleurs l'été... et la neige l'hiver. On est tout de suite conquis par l'ambiance chaleureuse des lieux, du salon avec cheminée jusqu'aux chambres très cosy. Une adresse qui sort du lot.

à Ste-Marie-de-Vars – ✉ 05560

 Alpage & Spa   ⏐O 🛁 🛗 ⚄ 🛜 **P**

– ☎ 04 92 46 50 52 – www.hotel-alpage.com – *Ouvert 15 juin-31 août et*
15 déc.-20 avril
17 ch ☂ – ♦60/80 € ♦♦120/190 € – ½ P
L'esprit des alpages habite cette ferme villageoise joliment rénovée, tout en pierre et bois. Des lieux spacieux et agréables à vivre : salons avec cheminée, billard, espace bien-être, restaurant traditionnel sous les voûtes de l'ancienne étable, etc.

VASTERIVAL – 76 (Seine-Maritime) ➜ voir Varengeville-sur-Mer

VAUCHOUX – 70 (Haute-Saône) ➜ voir Port-sur-Saône

VAUCHRÉTIEN

✉ 49320 (Maine-et-Loire) – 1 500 hab. – Alt. 67 m – Voir carte n°**35-C2**
◪ Paris 313 km – Angers 22 km – Cholet 66 km – Nantes 119 km
Carte Michelin 317-G5

⬆ **Le Moulin de Clabeau** sans rest

5 km au Nord par D 55 puis D 123 – ☎ 02 41 91 22 09 – www.gite-brissac.com
3 ch ☂ – ♦75 € ♦♦80 €
Pour les amoureux de la nature, des vignobles et des vieilles pierres, un moulin à eau de 1320 et sa belle maison de meunier du 19e s. Confitures et gâteaux maison au petit-déjeuner.

VAUCRESSON – 92 (Hauts-de-Seine) ➜ voir Paris, Environs

VAUDEVANT

✉ 07410 (Ardèche) – 201 hab. – Alt. 600 m – Voir carte n°**44-B2**
◪ Paris 558 km – Lyon 96 km – Privas 89 km – Saint-Étienne 67 km
Carte Michelin 331-J3

✗ **La Récré**   🖼 **P**
😊 – ☎ 04 75 06 08 99 – www.restaurant-la-recre.com – *Fermé de mi-nov. à mi-fév.,*
jeudi soir et vend. soir de sept. à avril, merc. soir, lundi et mardi
Formule 20 € – Menu 27/35 € *(réservation conseillée)*
Installé dans l'ancienne école de garçons du village, dont il a conservé les vestiges – tableau noir, cartes de géographie –, ce restaurant ne pouvait mieux porter son nom. On y découvre des créations pétillantes, qui piochent allègrement dans les produits du terroir : de quoi nous faire aimer les cours !

VAUGINES

✉ 84160 (Vaucluse) – 505 hab. – Alt. 375 m – Voir carte n°**42-E1**
◪ Paris 736 km – Digne-les-Bains 112 km – Apt 23 km – Cavaillon 36 km
Carte Michelin 332-F11

 L'Hostellerie du Luberon ⓝ   ⏐O ≤ 🛜 🄺 🛜 **P**

cours St-Louis – ☎ 04 90 77 27 19 – www.hostellerieduluberon.com – *Fermé fév.*
16 ch – ♦69/98 € ♦♦69/98 € – ☂ 11 € – ½ P
Face à la Vallée de la Durance, un hôtel-restaurant familial, où l'on se repose dans des chambres fonctionnelles et bien tenues. Piscine et agréable jardin.

VAULT-DE-LUGNY – 89 (Yonne) ➜ voir Avallon

VAULX

✉ 74150 (Haute-Savoie) – 851 hab. – Alt. 530 m – Voir carte n°**46**-F1
▶ Paris 539 km – Annecy 19 km – Genève 50 km – Lyon 158 km
Carte Michelin 328-I5

| ✗ | **Par Monts et Par Vaulx** | 🛐 🕭 ⇄ |

*Chef-Lieu – ℰ 04 50 60 57 20 – www.restaurant-vaulx.fr – Fermé 16-30 août,
25 déc.-5 janv., dim. soir, lundi soir, mardi soir et merc.*

Menu 14 € ♈ (déj. en semaine), 30/40 € – Carte 36/47 € *(réservation conseillée)*
Une bonne auberge de village, champêtre comme il se doit ! Le jeune chef
concocte une cuisine bistrotière goûteuse et vous régale, par exemple, d'un fromage de chèvre au pistou avec son caviar d'aubergine, d'une brochette de poulet
tandoori et de riz sauvage, ou encore d'un gaspacho de fraises... Le tout à
prix doux !

VAUX-EN-BEAUJOLAIS

✉ 69460 (Rhône) – 1 063 hab. – Alt. 360 m – Voir carte n°**43**-E1
▶ Paris 443 km – Lyon 49 km – Villeurbanne 58 km
Carte Michelin 327-G3 – Guide Vert Michelin Lyon et sa région

| ✗✗ | **Auberge de Clochemerle** (Romain Barthe) avec ch | 🛐 🕭 🛜 |

*r. Gabriel-Chevallier – ℰ 04 74 03 20 16 – www.aubergedeclochemerle.fr – Fermé
24 août-1er sept. et 2-23 janv.*
10 ch – ♦72/110 € ♦♦77/120 € – ⏛ 14 € – ½ P
Menu 42/78 € *(fermé lundi et mardi sauf fériés)*
Gabriel Chevallier s'inspira de Vaux-en-Beaujolais pour le décor de son roman Clochemerle, célèbre portrait de déchirements villageois. Mais fi des luttes intestines :
aujourd'hui, tout le monde se retrouve autour du menu surprise du chef qui travaille les fleurs et les herbes du jardin. Jolies chambres pour l'étape.
➔ Cuisine du marché

VAUX-LE-PÉNIL – 77 (Seine-et-Marne) ➔ voir Melun

VAUX-SOUS-AUBIGNY

✉ 52190 (Haute-Marne) – 695 hab. – Alt. 275 m – Voir carte n°**14**-C3
▶ Paris 304 km – Dijon 44 km – Gray 43 km – Langres 25 km
Carte Michelin 313-L8

| ✗✗ | **Auberge des Trois Provinces-Le Vauxois** avec ch | 🕭 ch, 🛜 |

*r. de Verdun – ℰ 03 25 88 31 98 – www.levauxois.fr – Fermé 1 semaine en oct., 3
semaines en janv., dim. soir et lundi*
9 ch – ♦55 € ♦♦65 € – ⏛ 7 €
Menu 23 € – Carte 45/59 € *(réservation conseillée)*
Derrière l'église, cette auberge sous une glycine cache bien son jeu ! Les lieux ont
en effet abrité un cabaret jusqu'en 1938. Désormais, dans la salle au décor sagement rustique, on déguste une bonne cuisine traditionnelle. Dans une annexe, au
calme, quelques chambres sont à disposition pour faire étape.

VELARS-SUR-OUCHE – 21 (Côte-d'Or) ➔ voir Dijon

VELLÈCHES

✉ 86230 (Vienne) – 396 hab. – Alt. 69 m – Voir carte n°**39**-C1
▶ Paris 302 km – Châtellerault 21 km – Joué-lès-Tours 60 km – Poitiers 58 km
Carte Michelin 322-J3

| ✗ | **La Table des Écoliers** | 🛐 🅰🅺 |

*1 bis r. de l'Étang, (derrière la mairie) – ℰ 05 49 93 35 51
– www.latabledesecoliers.com – Fermé 20 août-10 sept., dim. soir, lundi soir,
merc. soir et mardi*
Menu 19 € (semaine), 22/40 €
Sur la route entre Tours et Poitiers ? Faites un détour par votre enfance : pupitres,
cartes de géographie, etc., une vraie salle de classe pour... une authentique leçon
de gourmandise ! Les légumes proviennent d'une ferme toute proche.

VELLERON

✉ 84740 (Vaucluse) – 2 908 hab. – Alt. 87 m – Voir carte n°**42**-E1
▶ Paris 694 km – Avignon 27 km – Marseille 91 km – Nîmes 74 km
Carte Michelin 332-D10

X   **L'Auberge du Marché ❶**   🌣 **P**
*276 r. du Jas – ℰ 04 90 20 18 31 – www.laubergedumarche.com – Fermé mardi
et merc.*
Formule 18 € – Menu 36 € (dîner)/52 € – Carte 49/57 €
Rognons de veau aux saveurs de pain d'épices, magret de canard rôti à l'orange
et au miel de Provence... Une cuisine du marché entièrement faite maison, voilà
ce que propose le jeune couple qui a repris les rênes de cette maison datant
des années 1930. Avec un bon petit choix de vins régionaux pour accompagner
le tout !

VELLUIRE – 85 (Vendée) → voir Fontenay-le-Comte

VENAREY-LES-LAUMES

✉ 21150 (Côte-d'Or) – 2 913 hab. – Alt. 235 m – Voir carte n°**8**-C2
▶ Paris 259 km – Avallon 54 km – Dijon 66 km – Montbard 15 km
Carte Michelin 320-G4 – Guide Vert Michelin Bourgogne

X   **Le Bistrot de Louise**   🌣 ఉ **P**
*7 r. Eugène-Edon – ℰ 03 80 89 69 94 – www.regis-bolatre.com
– Fermé 24 août-2 sept., 1ᵉʳ-8 janv., dim. sauf le midi en été, lundi soir et mardi
soir*
Menu 14 € 🍷 (déj. en semaine), 19/24 € – Carte 31/39 €
Ce bistrot contemporain n'est autre que le poulain "urbain" de l'Auberge du Cheval Blanc, à Alise-Ste-Reine. On y déguste de bons petits plats traditionnels et
régionaux à prix doux ; quant à la sélection de vins au verre, elle ne déçoit pas.

à Alise-Ste-Reine 2 km à l'Est – ✉ 21150 – 611 hab. – Alt. 415 m

XX   **Auberge du Cheval Blanc**   🄰🄲 ⅙ **P**
*r. du Miroir – ℰ 03 80 96 01 55 – www.regis-bolatre.com – Fermé 24 août-2 sept.,
22 déc.-10 fév., dim. soir, lundi et mardi*
Formule 18 € – Menu 24 € (déj. en semaine), 31/47 € – Carte 42/60 €
Ah, qu'il est plaisant ce "petit" Cheval Blanc rustique, accueillant et agréablement
réchauffé l'hiver par un bon feu de bois. Côté papilles, l'alléchante petite carte va
à l'essentiel, avec des recettes traditionnelles et bourguignonnes. Voilà qui n'aurait sûrement pas déplu à Georges Brassens...

à Mussy-la-Fosse 3 km à l'Ouest par rte secondaire – ✉ 21150
– 75 hab. – Alt. 280 m

⌂   **Clos Mussy**   🕪 ॐ 🕪 🍴 ⅙ 🌣 **P** 🖚
8 r. du Château – ℰ 03 80 96 97 87 – www.closmussy.fr – Ouvert 15 avril- 15 oct.
3 ch ☴ – ♦70/85 € ♦♦85/100 €
Face au site d'Alésia, cette maison forte (16ᵉ s.) témoigne de l'architecture militaire du Moyen Âge. Chambres spacieuses au décor soigné pour des nuits très
paisibles ; table d'hôte – certains soirs et sur réservation – dans une grande salle
au charme tout médiéval (cheminée monumentale) : retour vers le passé !

VENCE

✉ 06140 (Alpes-Maritimes) – 19 160 hab. – Alt. 325 m – Voir carte n°**42**-E2
▶ Paris 923 km – Antibes 20 km – Cannes 30 km – Grasse 24 km
Carte Michelin 341-D5 – Guide Vert Michelin Côte d'Azur

🏰🏰🏰   **Château Saint-Martin & Spa**   🕪 ॐ ∈ 🍴 🅇 🖙 ⅙ ⅙ 🌣 ఉ 🄰🄲 ⅙
2490 av. des Templiers, 3 km par rte du col de Vence (D 2)   🖙 ఉ 🖚
*(Plan : A) – ℰ 04 93 58 02 02 – www.chateau-st-martin.com
– Ouvert 19 avril-19 oct.*
51 ch ☴ – ♦360/640 € ♦♦360/640 € – 12 suites
Rest *Le Saint-Martin* **Rest** *L'Oliveraie* – voir les restaurants ci-après
Cadre d'exception pour ce luxueux hôtel provençal dominant Vence et la mer
depuis son vaste parc planté d'oliviers. Décor classique, d'un parfait confort ; villas nichées dans la verdure ; superbe piscine et spa délicieux... Un endroit divin.

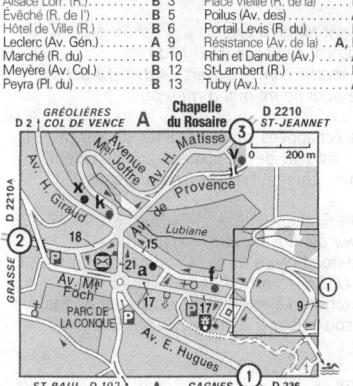

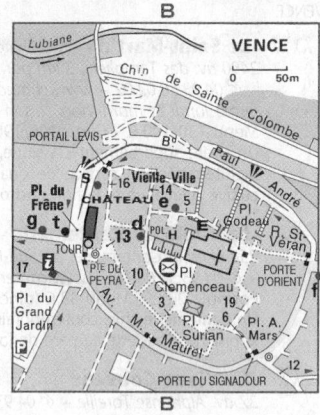

Cantemerle 🍽 🛏 🚪 ⛱ 📺 ♨ ♿ 🅰 🛎 📶 🧖 🅿

258 chemin Cantemerle, au Sud-Est par av. Col.-Meyère - (Plan : B)
– ☎ 04 93 58 08 18 – www.cantemerle-hotel-vence.com – Ouvert d'avril à mi-oct.
26 ch – 🛏180/257 € 🛏🛏180/587 € – 1 suite – ☕ 19 € – ½ P
Rest *La Table du Cantemerle* – voir les restaurants ci-après
Un jardin du Sud calme et délicat, deux piscines – dont une couverte, pour les
frileux –, de grandes chambres à l'élégance épurée (souvent en duplex) et un
bel espace bien-être... Les vacances et le farniente, tout simplement.

Diana sans rest 📶 🅰 ♨ 📶 🚗

79 av. des Poilus – ☎ 04 93 58 28 56 – www.hotel-diana.fr Plan : A**a**
27 ch – 🛏79/125 € 🛏🛏99/164 € – ☕ 12 €
Cet hôtel central et confortable propose des chambres de style provençal ou plus
contemporain. Pour se détendre, on profite du solarium et du jacuzzi sur le toit.
Quant au petit-déjeuner, il est servi dans la véranda ou dans le patio... De quoi
bien commencer sa journée.

Miramar sans rest ≤ 🚪 ⛱ 🅰 📶 🅿

167 av. Bougearel, au Sud-Est par av. Col.-Meyère, plateau St-Michel - (Plan : B)
– ☎ 04 93 58 01 32 – www.hotel-miramar-vence.com
18 ch – 🛏68/88 € 🛏🛏78/168 € – ☕ 10 €
Près du centre historique, cette maison des années 1920 a vraiment l'esprit Sud !
Les chambres, provençales, sont cosy ; au petit-déjeuner, on s'installe sur la belle
terrasse pour admirer les baous et la vallée.

Villa Roseraie sans rest 🚪 ⛱ ♨ 📶 🅿

128 av. Henri-Giraud – ☎ 04 93 58 02 20 Plan : A**x**
– www.villaroseraie.com – Ouvert de mi- fév. à mi-nov.
8 ch – 🛏87/161 € 🛏🛏87/198 € – 2 suites – ☕ 12 €
Un jardin aux airs d'oasis, une jolie petite piscine et cette agréable villa 1900, un
peu chargée mais tellement Provence ! Dans les chambres, tissus Souleiado, lits
ouvragés et fleurs séchées...

La Maison du Frêne sans rest 🅰 ♨ 📶

1 pl. du Frêne – ☎ 06 88 90 49 69 – www.lamaisondufrene.com Plan : B**t**
– Fermé 20 nov.-14 déc.
4 ch ☕ – 🛏162/185 € 🛏🛏162/185 €
Une belle demeure du 18ᵉ s., son escalier en fer forgé, ses tomettes superbes et,
partout, des œuvres d'art contemporain... C'est pop et design, frais, atypique et
très ludique. Le temps d'un séjour au chic décalé, les propriétaires – collection-
neurs chevronnés – sauront vont faire partager leur passion.

XXXX **Le Saint-Martin** – Hôtel Château Saint-Martin & Spa 🏠 🕭 ≼ ⅓ 🚾 ℅ ⇄
2490 av. des Templiers, 3 km par rte du col de Vence (D 2) (Plan : A) ⌁🕴
– ℰ 04 93 58 02 02 – www.chateau-st-martin.com – Ouvert 24 avril-18 oct. et
fermé lundi et mardi hors saison et le midi de mi-mai à mi-sept.
Menu 130/190 € – Carte 125/190 €
Un cadre superbement classique, des échappées sur les collines de Vence et la
Méditerranée, un service de qualité : au sein de ce luxueux établissement, on
cultive l'élégance et la fine gastronomie... comme l'art de vivre azuréen.

XX **La Table du Cantemerle** – Hôtel Cantemerle 🕀 🏠 **P.**
258 chemin Cantemerle, au Sud-Est par av. Col.-Meyère - (Plan : B)
– ℰ 04 93 58 08 18 – www.cantemerle-hotel-vence.com – Ouvert avril à mi-oct.
Formule 23 € – Menu 33 € (dîner), 47/55 € – Carte 45/66 €
Un Cantemerle chic, contemporain et raffiné. La terrasse est exquise et donne sur
la piscine ; l'assiette se pare de jolies couleurs méridionales... Esprit Sud !

XX **Le Vieux Couvent**
37 av. Alphonse-Toreille – ℰ 04 93 58 78 58 Plan : B**f**
– www.restaurant-levieuxcouvent.com – Fermé 5 janv.-13 fév., merc. sauf le soir
en juil.-août, jeudi sauf le soir d'avril à oct. et le midi en juil.-août du lundi au jeudi
Formule 29 € – Menu 32 € – Carte 45/55 € (réservation conseillée)
Pierres et voûtes séculaires font le cachet de cette petite maison, ancienne chapelle d'un séminaire du 17e s. Les plats du chef sont inspirés par la région et les
saisons : tout l'esprit de la Provence.

XX **La Farigoule** 🏠
🏵 *15 av. Henri-Isnard – ℰ 04 93 58 01 27* Plan : A**f**
– www.lafarigoule-vence.fr – Fermé fin nov.-26 déc., lundi hors saison et mardi
Menu 30/65 € – Carte 45/56 €
La farigoule ? Du côté de Vence, c'est comme cela que l'on appelle le thym, pardi !
À l'image de l'aromate, le restaurant ne manque ni de fraîcheur ni de parfums : terrine de lapin maison et confit d'échalotes, filet de daurade poêlé et sa marmelade
de tomates séchées, etc. On redécouvre la Provence... Joli patio verdoyant.

X **Les Bacchanales** (Christophe Dufau) 🕀 🏠 ℅ **P.**
🕭 *247 av. de Provence – ℰ 04 93 24 19 19* Plan : A**v**
– www.lesbacchanales.com – Fermé 21-26 déc., merc. sauf le soir en juil.-août, le
midi en semaine en juil.-août et mardi
Formule 28 € – Menu 40 € (déj. en semaine), 60/95 €
Une cuisine du marché créative, pleine de fraîcheur et sans cesse renouvelée ;
une atmosphère décontractée et contemporaine : est-il vraiment besoin de préciser que le chef est un passionné talentueux et que son restaurant lui ressemble ?
→ Gamberonis de San Remo, haricot coco et café. Veau «fassone», châtaigne,
truffe noire et pâte au vin. Chocolat noir, orange et safran.

X **L'Oliveraie** – Hôtel Château Saint-Martin & Spa ≼ 🕀 🏠 ℅ ⌁🕴
2490 av. des Templiers, 3 km par rte du col de Vence (D 2) (Plan : A)
– ℰ 04 93 58 02 02 – www.chateau-st-martin.com – Ouvert mi-mai à mi-sept. et
fermé le soir
Carte 71/148 €
L'endroit idéal pour déguster une cuisine gourmande et estivale – salades, poissons et viandes grillées, desserts aux fruits de saison –, dans un cadre idyllique :
en terrasse, au calme, face au vaste parc et à ses oliviers... Attention : le restaurant
n'est pas ouvert en cas de mauvais temps, pensez à réserver !

X **Auberge des Seigneurs** avec ch 🏠 🛜
1 r. du Dr-Binet – ℰ 04 93 58 04 24 Plan : B**s**
– www.auberge-seigneurs.com – Fermé de mi-déc. à mi-janv., dim. et lundi
6 ch – ♦70 € ♦♦90/95 € – ☲ 10 € – ½ P
Formule 25 € – Menu 34/40 € – Carte 46/57 €
Dans une aile du château de Villeneuve, cette authentique auberge rustique est...
hors du temps ! On se régale de plats provençaux et de viandes à la broche et,
pour l'étape, les chambres sont simples et bien tenues. Jolie terrasse.

✗ **La Litote** 🈺

5 r. de l'Évêché – ☏ *04 93 24 27 82 – www.lalitote.com* Plan : B**e**
– Fermé mi-nov.-mi-déc., 15 janv.-7 fév., dim. soir et lundi
Formule 16 € – Menu 22 € (déj.), 29/35 €
Ce petit restaurant se niche sur une placette de la vieille ville, là où les voitures ne vont pas... La terrasse sous le tilleul a le goût de la Provence, comme la cuisine du chef, inspirée par le marché et créative. Pas besoin d'en dire plus ; une vraie litote !

✗ **Les Agapes** 🈺 AK

4 pl. Clemenceau – ☏ *04 93 58 50 64 – www.les-agapes.net* Plan : B**d**
– Fermé 1 semaine en mai, 2 semaines en nov., 3 semaines en janv., dim. hors saison et lundi
Formule 18 € – Menu 28/39 € – Carte 42/65 €
Tartare de dorade au melon et basilic, pavé de bar accompagné d'artichauts barigoules, tarte aux oignons au chorizo... à l'ardoise, toute la fraîcheur des saisons. De belles agapes dans ce petit restaurant sympathique et contemporain !

✗ **Côté Jardin** 🈺 AK

10 av. Henri-Isnard – ☏ *04 93 24 78 13* Plan : B**g**
– www.cotejardinvence.com – Fermé 15-25 nov., 23 déc.-15 janv., dim. sauf le midi en saison et lundi
Formule 18 € – Menu 22 € (déj. en semaine)/28 € – Carte 25/39 €
Une longue salle aux tons pastel, des tableaux d'inspiration romantique, du mobilier en fer forgé... et surtout cette terrasse et son pont en bois plongeant dans la verdure : l'endroit a du charme. Dans l'assiette, des recettes légères, entre tarte aux légumes, tartare de saumon et grillades...

VENDÔME

✉ 41100 (Loir-et-Cher) – 16 849 hab. – Alt. 82 m – Voir carte n°**11-B2**
◨ Paris 169 km – Blois 34 km – Le Mans 78 km – Orléans 91 km
Carte Michelin 318-D5 – Guide Vert Michelin Châteaux de la Loire

🏨 **Le St-Georges** ⅠO 📶 ⅙ 🛜 🅿

14 r. de la Poterie – ☏ *02 54 67 42 10 – www.hotel-saint-georges-vendome.com*
27 ch – †79/120 € ††94/120 € – ☑ 10 € – ½ P
En centre-ville, le meilleur hôtel du secteur, fonctionnel et confortable (certaines chambres avec baignoire balnéo). Surprise côté restaurant, avec un beau décor ethnique ; quant au bar, il joue la carte cubaine !

🏠 **Mercator** ⅠO ⅙ 🛜 🖋 🅿

rte de Blois, 2 km – ☏ *02 54 89 08 08 – www.hotelmercator.fr – Fermé 24 déc.-1er janv.*
56 ch – †69/75 € ††75/85 € – ☑ 10 € – ½ P
Près d'un rond-point (mais bordé d'espaces verts), cet hôtel se révèle, malgré les apparences, sympathique et chaleureux. L'accueil familial et l'entretien très poussé ajoutent encore à l'intérêt de l'étape.

🏠 **Le Vendôme** sans rest 📶 🛜

15 fg Chartrain – ☏ *02 54 77 02 88 – www.hotelvendomefrance.com*
35 ch – †69/80 € ††75/97 € – ☑ 11 €
À deux pas de la vieille ville, un hôtel à la fois coquet et cosy (mobilier chiné, mansardes au dernier étage, piano à queue dans le salon, etc.), entièrement rafraîchi en 2014. On apprécie particulièrement l'accueil, très aimable.

✗ **Pertica** 🆕 AK

15 pl. de la République – ☏ *02 54 23 72 02 – www.restaurantpertica.com – Fermé 2 semaines en fév., 1 semaine en sept., dim. et lundi*
Menu 32/70 €
C'est dans le Perche ("Pertica" en latin), sa région d'origine, que le chef trouve les fruits et légumes qui agrémenteront ses créations. Il décline une bonne cuisine traditionnelle, mâtinée de touches asiatiques, jouant sur les textures et les saveurs. On opte parmi trois menus "mystère"... puis on se laisse porter !

VENOSC

⊠ 38520 (Isère) – 806 hab. – Alt. 1 000 m – Voir carte n°**45**-C2
▶ Paris 633 km – Gap 105 km – Grenoble 66 km – Lyon 166 km
Carte Michelin 333-J8 – Guide Vert Michelin Alpes du Nord

🏠 **Château de la Muzelle** 🍽 🌣 🖣 📶 🅿 🚗
946 rte du Bourg – 𝒞 04 76 80 06 71 – www.chateaudelamuzelle.com – Ouvert 29 mai-13 sept.
21 ch – †66/73 € ††73/103 € – ☲ 10 € – ½ P
De pimpants volets rouges égayent la sobre façade de ce petit château du 17e s. Chambres fonctionnelles et bien tenues, mansardées au deuxième étage. Ambiance familiale. Bonne cuisine traditionnelle mettant à profit les légumes du potager.

VENTABREN

⊠ 13122 (Bouches-du-Rhône) – 4 598 hab. – Alt. 210 m – Voir carte n°**40**-B3
▶ Paris 746 km – Aix-en-Provence 14 km – Marseille 33 km – Salon-de-Provence 27 km
Carte Michelin 340-G4 – Guide Vert Michelin Provence

XX **La Table de Ventabren** (Dan Bessoudo) ⩔ 🌣 ⅏
❀ *𝒞 04 42 28 79 33 – www.latabledeventabren.com – Fermé 1 semaine en oct., 23 déc.-31 janv., merc. soir et dim. soir d'oct. à avril, mardi midi de mai à sept. et lundi*
Formule 40 € ⅄ – Menu 64/89 € – Carte 60/95 € *(réservation conseillée)*
Au cœur d'un village pittoresque, une belle occasion de faire une pause gourmande sur une terrasse dominant la vallée. Le chef, un amoureux des bons produits, se fournit notamment chez les meilleurs producteurs locaux ; sa cuisine est fraîche, parfumée et met en relief de franches saveurs.
→ Maquereau cuit au sel à froid, salade de radis et coulis de poivron rouge. Filet de bœuf rôti, macaronis gratinés aux anchois et parmesan. Vacherin revisité, parfait glacé vanille et fruits rouges.

VENTRON

⊠ 88310 (Vosges) – 936 hab. – Alt. 630 m – Voir carte n°**27**-C3
▶ Paris 441 km – Épinal 56 km – Gérardmer 25 km – Mulhouse 51 km
Carte Michelin 314-J5

à l'Ermitage-du-Frère-Joseph 5 km au Sud par D 43 et D 43E - ⊠ 88310 Ventron

🏨 **Les Buttes** 🍽 🌣 ⩔ 🖥 ⬚ 🖧 ᚘ 📶 ᚙ 🅿
Ermitage Frère-Joseph – 𝒞 03 29 24 18 09 – www.ermitage-resort.com – Fermé 8 nov.-18 déc.
27 ch – †152/260 € ††152/260 € – 1 suite – ☲ 18 € – ½ P
Cadre montagnard chic, chambres douillettes (certaines avec jacuzzi) égayées d'images d'Épinal et salon cossu tapissé de dessins de Claudon : un chalet bien agréable ! Restaurant chaleureux et élégant, face aux pistes. Carte traditionnelle souvent renouvelée.

VERDUN

⊠ 55100 (Meuse) – 18 291 hab. – Alt. 198 m – Voir carte n°**26**-A1
▶ Paris 263 km – Bar-le-Duc 56 km – Châlons-en-Champagne 89 km – Metz 78 km
Carte Michelin 307-D4

🏨 **Hostellerie du Coq Hardi** 🍽 🖣 🖧 📶 ᚘ
8 av. de la Victoire – 𝒞 03 29 86 36 36 – www.coq-hardi.com Plan : CY**v**
33 ch – †81/103 € ††102/158 € – 2 suites – ☲ 20 € – ½ P
Rest *Le Chantaco* – voir les restaurants ci-après
Maison de tradition (1827) au charme rétro : collection de coqs dans le hall, feu de cheminée crépitant dans le salon, mobilier lorrain ; quelques chambres ont même de superbes lits à baldaquin...

X **Le Chantaco** – Hostellerie du Coq Hardi 🌣 🖧 ᚖ
8 av. de la Victoire – 𝒞 03 29 86 36 36 – www.coq-hardi.com Plan : CY**v**
– Fermé dim. soir et lundi hors saison
Formule 14 € ⅄ – Menu 23/35 € – Carte 40/60 €
Une brasserie moderne et épurée, avec ses belles cuisines (plancha, rôtissoire...) ouvertes sur la salle pour plus de convivialité. Chaque jour, le chef propose une viande à la broche et un menu à l'ardoise.

VERDUN

Alsace-Lorraine (Av.) . . . . CZ 2
Beaurepaire (R.) . . . . CZ 3
Belle-Vierge (R. de la) . . . . . . BY 4
Chevert (Pl.) . . . . CZ 5
Douaumont (Av. de) . . . . CY 6
Foch (Pl. Mar.) . . . . CY 7
Fort de Vaux (R. du) . . . . CZ 8
Frères-Boulhaut (R. des) . . . CY 9
Lattre-de-Tassigny (Av. Mar.-de) . . . . CY 10
Mautroté (R.) . . . . BY 13
Mazel (R.) . . . . CY 14
Prés.-Poincaré (R.) . . . . CZ 17
République (Quai de la) . . . . CY 18
Rû (R. de) . . . . BZ 19
St-Paul (R.) . . . . CY 20
St-Pierre (R.) . . . . BY 21
Soupirs (Allée des) . . . . BY 24

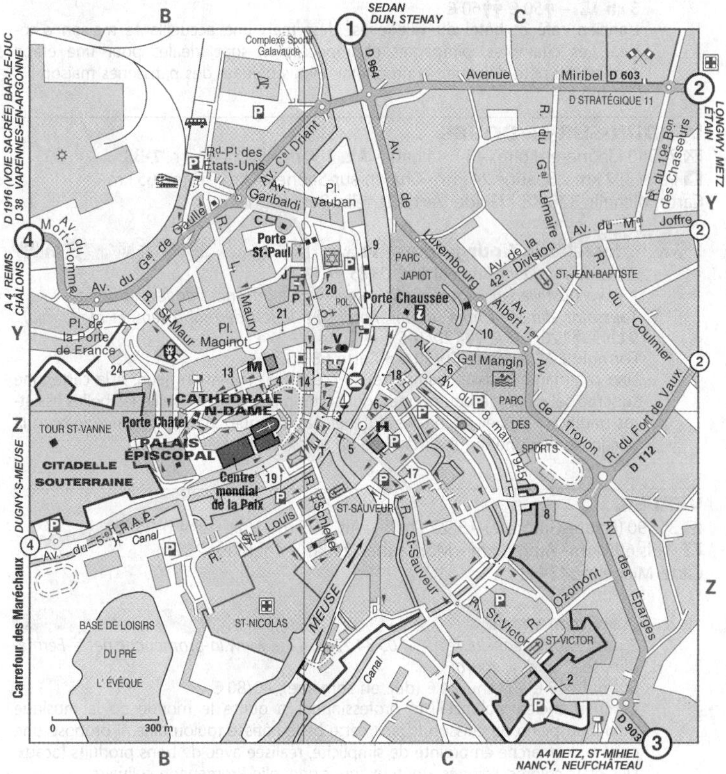

aux Monthairons 13 km par ④ et D 34 – ✉ 55320 – 387 hab. – Alt. 200 m

Hostellerie du Château des Monthairons

26 rte de Verdun – ☏ 03 29 87 78 55 – www.chateaudesmonthairons.fr – Fermé 2 janv.-12 fév., dim. et lundi du 15 nov. à Pâques

22 ch – †110/250 € ††110/250 € – 3 suites – ☕ 17 € – ½ P

Rest ***Hostellerie du Château des Monthairons*** – voir les restaurants ci-après

La Meuse forme un joli méandre au bord du parc qui entoure ce château (19e s.). Il règne ici un esprit évidemment aristocratique, et les chambres, suites et duplex sont élégants et confortables. Pour la détente : hammam, sauna, jacuzzi, etc.

Hostellerie du Château des Monthairons

26 rte de Verdun – ☏ 03 29 87 78 55 – www.chateaudesmonthairons.fr – Fermé 2 janv.-12 fév., dim. soir, lundi et mardi midi du 15 nov. à Pâques

Formule 28 € 🍷 – Menu 47/102 € – Carte 63/79 €

Effiloché d'aile de raie cuite au court-bouillon sur son lit de poireaux ; jarret de veau cuisiné à l'ancienne, poêlée forestière servie en cocotte : cette table châtelaine permet d'apprécier une cuisine mêlant joliment bases classiques et touches plus actuelles.

à Charny-sur-Meuse 8 km au Nord par D 38 – ⊠ 55100 – 561 hab. – Alt. 197 m

⌂   **Les Charmilles** sans rest   ⬚ ⌗ 🛜 **P** 🚫
      12 r. de la Gare – ✆ 03 29 86 93 49 – www.les-charmilles.com – Fermé janv.
      3 ch ⊊ – †50 € ††60 €
      L'ancien café et hôtel du village est désormais une accueillante maison d'hô-
      tes... Les chambres, pimpantes et impeccables, sont idéales pour une étape
      sereine. Au petit-déjeuner, la propriétaire vous prépare des pâtisseries maison !

VERDUN-SUR-LE-DOUBS

⊠ 71350 (Saône-et-Loire) – 1 144 hab. – Alt. 180 m – Voir carte n°**7**-B3
🚫 Paris 332 km – Beaune 24 km – Chalon-sur-Saône 24 km – Dijon 65 km
Carte Michelin 320-K8 – Guide Vert Michelin Bourgogne

ХХ   **Hostellerie Bourguignonne** avec ch   🕸 ⌂ 🛜 🆎 ch, 🛜 ⅍ **P**
      2 av. du Président Borgeot – ✆ 03 85 91 51 45
      – www.hostelleriebourguignonne.com – Fermé vacances de fév. et de la
      Toussaint, dim. soir hors saison, mardi sauf le soir de mai à sept. et merc. midi
      9 ch – †120/145 € ††120/145 € – ⊊ 14 € – ½ P
      Formule 22 € – Menu 50/80 € – Carte 68/132 €
      Une charmante bâtisse champêtre, au cœur d'un joli jardin fleuri. À la carte, une
      superbe sélection de bourgognes, qui accompagnent à merveille les belles assiet-
      tes traditionnelles et régionales du chef. Ne manquez pas la spécialité locale : la
      pôchouse verdunoise (une matelote de poissons de rivière).

VERFEIL

⊠ 31590 (Haute-Garonne) – 3 223 hab. – Alt. 225 m – Voir carte n°**29**-C2
🚫 Paris 695 km – Albi 63 km – Montauban 71 km – Toulouse 26 km
Carte Michelin 343-H3

Х   **La Promenade**   🛜 🆎
      2 promenade Jean-Jaurès – ✆ 05 34 27 85 42 – www.la-promenade.net – Fermé
      dim. soir, lundi et mardi
      Formule 19 € – Menu 24 € (déj. en semaine), 40/80 €
      Le chef, ancien violoncelliste professionnel, a quitté le monde de la musique
      pour... un piano de cuisson ! Dans cette belle bâtisse toulousaine, il propose une
      cuisine du marché empreinte de simplicité, réalisée avec de bons produits locaux.
      Des plats colorés, soignés, goûteux, pour une jolie Promenade culinaire.

VERGONCEY

⊠ 50240 (Manche) – 209 hab. – Alt. 70 m – Voir carte n°**32**-A3
🚫 Paris 352 km – Caen 120 km – Saint-Lô 86 km – Saint-Malo 60 km
Carte Michelin 303-D8

⌂   **Château de Boucéel** sans rest   ⬚ ⌂ 🛁 ⌗ 🛜 **P**
      Lieu-dit Boucéel, 4 km à l'Est par D 108, D 40 et D 308 – ✆ 02 33 48 34 61
      – www.chateaudebouceel.com – Fermé janv.
      5 ch ⊊ – †160/190 € ††165/195 €
      En pleine campagne normande, un très beau château (1763) au cœur d'un parc à
      l'anglaise. Pour les âmes romantiques, rien de tel qu'une balade autour des étangs
      avant de regagner la quiétude raffinée des chambres... Mobilier ancien, superbe
      parquet, portraits d'ancêtres : du style !

VERGONGHEON

⊠ 43360 (Haute-Loire) – 1 846 hab. – Alt. 440 m – Voir carte n°**6**-C2
🚫 Paris 470 km – Clermont-Ferrand 60 km – Le Puy-en-Velay 72 km – St-Flour 51 km
Carte Michelin 331-B1

La Petite École

à Rilhac, 3 km au Sud-Est par D 174 – ✆ 04 71 76 97 43
– www.restaurant-lapetiteecole.com – Fermé 2 semaines en juin, de mi-sept. à
début oct., 2 semaines en janv., mardi midi, sam. midi, dim. soir et lundi
Menu 30/38 € *(réservation conseillée)*
Ce restaurant a remplacé l'ancienne école du village voilà quelques années. La cuisine, fine et savoureuse, mérite un A sans hésitation. Copie parfaite pour cet agneau à la courgette, pois blonds et anchois, tout comme pour ce filet de lieu jaune à la cuisson précise. Une cantine de choix, sans fausse note !

VERN-D'ANJOU

✉ 49220 (Maine-et-Loire) – 2 267 hab. – Alt. 50 m – Voir carte n°**35**-C2
▶ Paris 327 km – Angers 36 km – Laval 68 km – Nantes 77 km
Carte Michelin 317-E3

Le Pigeon Blanc

13 r. de l'Église – ✆ 02 41 61 41 25 – www.lepigeonblanc.com
– Fermé 21 juil.-5 août, 20 janv.-11 fév., dim. soir, mardi et merc.
Formule 17 € – Menu 21 € (déj. en semaine), 30/65 € – Carte 45/65 €
Créé en 1962, ce Pigeon Blanc n'a pas fini de voltiger… Avec Sylvain, c'est aujourd'hui la troisième génération de la famille Belouin qui en prend la tête. Le jeune homme est tombé du nid très tôt pour aller se former chez les plus grands (Troisgros, Coutanceau) : sa cuisine, créative et généreuse, séduit !

VERNET-LES-BAINS

✉ 66820 (Pyrénées-Orientales) – 1 444 hab. – Alt. 650 m – Voir carte n°**22**-B3
▶ Paris 904 km – Mont-Louis 36 km – Perpignan 57 km – Prades 11 km
Carte Michelin 344-F7

Princess

r. des Lavandières – ✆ 04 68 05 56 22 – www.hotel-princess.fr
– Ouvert 20 mars-22 nov.
38 ch – ✝53/139 € ✝✝67/139 € – � 11 € – ½ P
Au pied du vieux Vernet, cette bâtisse dévoile un intérieur chaleureux et coloré… Les chambres, récemment rénovées et joliment décorées, ont presque toutes un balcon donnant sur la montagne.

VERNEUIL-SUR-AVRE

✉ 27130 (Eure) – 6 272 hab. – Alt. 155 m – Voir carte n°**33**-C3
▶ Paris 114 km – Alençon 77 km – Argentan 77 km – Chartres 57 km
Carte Michelin 304-F9 – Guide Vert Michelin Normandie Vallée de la Seine

Le Clos

98 r. de la Ferté-Vidame – ✆ 02 32 32 21 81 – www.leclos-normandie.com
10 ch – ✝180/230 € ✝✝180/230 € – 5 suites – ⊠ 25 € – ½ P
Rest *Le Clos* – voir les restaurants ci-après
Un petit bijou d'élégance et de raffinement… Ce castel normand cultive, derrière sa belle façade en briques polychromes, un luxe discret jusque dans les détails. L'esprit bourgeois du décor (meubles anciens, tissus signés, etc.), la qualité de l'accueil, la quiétude du superbe parc : tout garantit un séjour d'exception.

Hôtel du Saumon

89 pl. de la Madeleine – ✆ 02 32 32 02 36 – www.hoteldusaumon.fr – Fermé
20 juil.-10 août, 19 déc.-5 janv. et dim. de nov. à mars
29 ch – ✝49/75 € ✝✝49/75 € – ⊠ 9 €
Une situation privilégiée au cœur de Verneuil pour cet ancien relais de poste (18ᵉ s.) à la jolie façade rétro. Les chambres, classiques ou plus contemporaines, sont davantage spacieuses dans le bâtiment principal (également un bâtiment sur cour). Côté restaurant, inutile de préciser que le saumon est ici chez lui.

Le Clos – Hôtel Le Clos 🗱 📻 🛜 🅿

98 r. de la Ferté-Vidame – 𝄢 *02 32 32 21 81 – www.leclos-normandie.com*
– Fermé le midi sauf dim. et fériés

Formule 35 € – Menu 63 € (déj.), 77/99 € – Carte 78/98 €

Parquets anciens, tapis persans, moulures, trompe-l'œil, tables dressées dans les règles de l'art, etc. : le classicisme le dispute à l'élégance en ce Clos où la gastronomie se dédie au terroir normand comme aux recettes plus audacieuses.

VERNON

✉ 27200 (Eure) – 24 772 hab. – Alt. 32 m – Voir carte n°**33**-D2

▶ Paris 77 km – Beauvais 66 km – Évreux 34 km – Mantes-la-Jolie 25 km

Carte Michelin 304-I7 – Guide Vert Michelin Normandie Vallée de la Seine

Normandy 🍽 🖿 ⤢ 🛜 🖥 🚗

1 av. P.-Mendès-France – 𝄢 *02 32 51 97 97*   Plan : BY**t**
– www.le-normandy.net – Fermé vacances de Noël

50 ch – ♦76/86 € ♦♦76/86 € – ⭢ 11 € – ½ P

Un hôtel traditionnel au cœur de la cité, aux chambres plutôt spacieuses et confortables. Pratique à l'occasion d'une visite de la cité ou de Giverny et de la maison de Claude Monet, à moins de 5 km.

Le Lagon 🛜 ⚹

6 pl. de Paris – 𝄢 *02 32 64 45 98 – www.lelagon.fr – Fermé*   Plan : BY**d**
lundi

Formule 16 € – Menu 24/32 € – Carte 35/46 €

Un Lagon créé dans une ancienne banque, voilà qui est original ! Tons gris, turquoise et blanc, esprit lounge : il règne ici un esprit d'ailleurs, en particulier sur la belle terrasse en teck du toit. Côté saveurs, le chef surfe sur les tendances avec réussite. On est comme un poisson dans l'eau…

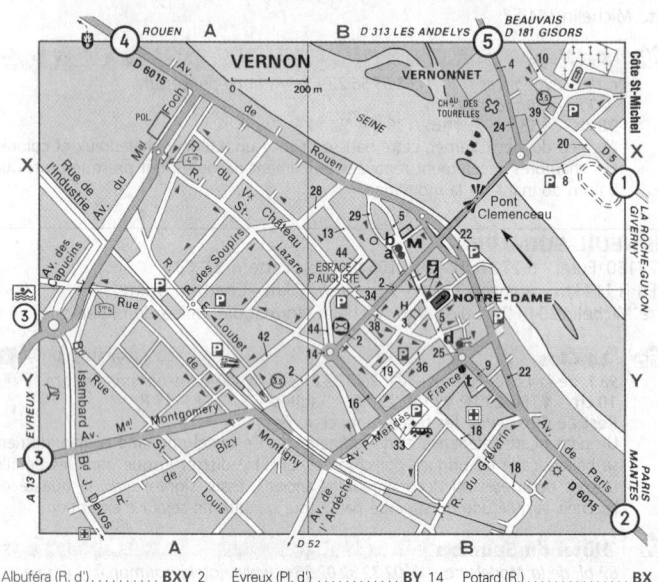

✗ **Le Bistro des Fleurs**　　　　　　　　　　　　　🏵 ⇄
☺ *73 r. Carnot – ℰ 02 32 21 29 19 – Fermé dim. et lundi*　　Plan : BX**b**
Menu 20 € ♈ – Carte 24/45 €

Un ancien bistrot de campagne, avec un beau comptoir où s'accoudent les clients pressés et une incontournable ardoise du jour. Courte, traditionnelle et allé-chante, celle-ci atteste le parti pris de la chef : rien que du frais, au gré du marché et de ses envies ! Dernière fleur : un excellent choix de vins au verre...

✗ **L'Envie**
71 r. Carnot – ℰ 02 32 51 16 80　　　　　　　　Plan : BX**a**
– www.lenvie-restaurantlounge.fr – Fermé 3-12 mars, 2-24 août, dim. et lundi
Formule 19 € – Menu 25 € – Carte 36/46 €

À la tête de cette Envie, un jeune couple qui a su inverser les rôles traditionnels : c'est madame qui œuvre en cuisine, et monsieur en salle. La déco aussi joue une carte contemporaine – d'esprit lounge –, comme les recettes proposées, inspirées par le marché et généreuses. Tout est fait maison, des entrées aux glaces !

VERNOUILLET – 28 (Eure-et-Loir) → voir Dreux

VERQUIÈRES – 13 (Bouches-du-Rhône) → voir St-Rémy-de-Provence

---

VERRIERES
✉ 86410 (Vienne) – 951 hab. – Alt. 115 m – Voir carte n°**39**-C2
🚩 Paris 368 km – Buxerolles 33 km – Châtellerault 68 km – Poitiers 31 km
Carte Michelin 322-J6

🏠 **Les Deux Porches** sans rest　　　　　　　　　　📶
1 pl. de la Mairie – ℰ 05 49 42 83 85 – www.hotel-des-deux-porches.fr
16 ch – ♦49/55 € ♦♦51/59 € – ⬜ 8 €

Un point de chute bien commode et aux prix mesurés, au cœur d'un petit village au sud de Poitiers. Les chambres sont simples, mais d'une tenue irrépro-chable. Petite restauration dans le bar contigu.

VERS
✉ 46090 (Lot) – 420 hab. – Alt. 132 m – Voir carte n°**29**-C1
🚩 Paris 575 km – Cahors 15 km – Montauban 84 km – Toulouse 135 km
Carte Michelin 337-F5

🏠 **La Truite Dorée**　　　　　　　🗑 🛏 ᕼ 🆐 📶 **P**
r. de la Barre – ℰ 05 65 31 41 51 – www.latruitedoree.fr – Fermé mi-déc. à mi-fév.
28 ch – ♦70/84 € ♦♦77/91 € – ⬜ 10 € – ½ P

En bord de Vézère – où fraie peut-être quelque truite dorée –, l'adresse bénéficie d'un cadre très mignon... Les chambres sont confortables, et certaines d'entre elles jouissent même d'une terrasse au bord de la rivière. Charmant !

VERSAILLES – 78 (Yvelines) → voir Paris, Environs

VERS-PONT-DU-GARD – 30 (Gard) → voir Pont-du-Gard

VERTOU – 44 (Loire-Atlantique) → voir Nantes

VERTUS
✉ 51130 (Marne) – 2 472 hab. – Alt. 85 m – Voir carte n°**13**-B2
🚩 Paris 139 km – Châlons-en-Champagne 30 km – Épernay 21 km – Montmirail 39 km
Carte Michelin 306-G9 – Guide Vert Michelin Champagne Ardenne

à Bergères-les-Vertus 3,5 km au Sud par D 9 – ✉ 51130 – 574 hab. – Alt. 108 m

Hostellerie du Mont-Aimé

4-6 r. de Vertus – ✆ 03 26 52 21 31 – www.hostellerie-mont-aime.com – Fermé 24 déc.-4 janv. et dim. de nov. à mars

61 ch – †90/120 € ††130/180 € – ☕ 14 € – ½ P

Rest *Hostellerie du Mont-Aimé* – voir les restaurants ci-après

Une étape que l'on a toutes les raisons... d'aimer ! En plein cœur du vignoble champenois, un hôtel en deux parties (le Mont-Aimé et les Dames de Champagne), aux chambres spacieuses, confortables et bien tenues, pour un maximum de confort. Les plus : une piscine couverte et un espace détente.

Hostellerie du Mont-Aimé

4-6 r. de Vertus – ✆ 03 26 52 21 31 – www.hostellerie-mont-aime.com – Fermé 24 déc.-4 janv. et dim. soir de nov. à mars

Menu 28 € (semaine), 45/90 € – Carte 62/87 €

Un cadre cossu et bourgeois, pour une cuisine traditionnelle généreuse qui valorise notamment les produits nobles. Autre plaisir, la belle carte des vins et ses nombreuses références de champagne.

LES VERTUS – 76 (Seine-Maritime) ➜ voir Dieppe

VESC

✉ 26220 (Drôme) – 285 hab. – Alt. 601 m – Voir carte n°**44**-**B3**

Paris 628 km – Lyon 165 km – Marseille 183 km – Valence 66 km

Carte Michelin 332-D6

Chez Mon Jules avec ch

5 r. Etienne-de-Vesc – ✆ 04 75 04 20 74 – www.chezmonjules.com – Fermé janv., lundi, mardi et merc. sauf juil.-août

3 ch ☕ – †75/95 € ††75/95 €

Formule 19 € – Menu 19 € (déj. en semaine), 29/37 € – Carte 34/66 €

Au cœur du village, voilà une sympathique adresse ! Dans la salle où objets chinés, vieilles affiches, tables et chaises en bois font bon ménage, on se régale d'une savoureuse cuisine du terroir. Aux beaux jours, on profite de la terrasse à l'ombre des canisses. On passerait bien la bague au doigt de ce Jules-là !

VESCOUS – 06 (Alpes-Maritimes) ➜ voir Gilette

VESOUL

✉ 70000 (Haute-Saône) – 15 623 hab. – Alt. 221 m – Voir carte n°**16**-**B1**

Paris 360 km – Belfort 68 km – Besançon 47 km – Épinal 91 km

Carte Michelin 314-E7 – Guide Vert Michelin Franche-Comté Jura

Le Caveau du Grand Puits

r. Mailly – ✆ 03 84 76 66 12 – Fermé 1 semaine en mai, 12 août-2 sept., 24 déc.-3 janv., merc. soir, sam. midi, dim. et fériés

Menu 20 € (semaine), 24/38 € – Carte 25/40 €

Dans cet ancien relais de diligence, nul besoin de voyager pour être le bienvenu ! Entrez donc dans la salle voûtée ou faufilez-vous dans la cour intérieure pour apprécier la goûteuse cuisine traditionnelle du chef. Accueil chaleureux.

à Épenoux 5 km par ①, rte de St-Loup-sur-Semouse et D10 – ✉ 70000 – 546 hab.

Château d'Épenoux

5 r. Ruffier-d'Épenoux – ✆ 03 84 75 19 60 – www.chateau-epenoux.com – Fermé 1er-9 janv.

5 ch ☕ – †110/134 € ††134 €

Petit château du 18e s. dans un parc planté d'arbres centenaires. Dans les chambres, à la tenue irréprochable, rien ne semble avoir changé depuis le Siècle des lumières : parquet, boiseries, moulures... La quintessence d'un cadre bourgeois.

VEUIL – 36 (Indre) ➜ voir Valençay

VEULES-LES-ROSES

✉ 76980 (Seine-Maritime) – 546 hab. – Alt. 15 m – Voir carte n°**33**-C1
▶ Paris 188 km – Dieppe 27 km – Fontaine-le-Dun 8 km – Rouen 57 km
Carte Michelin 304-E2 – Guide Vert Michelin Normandie Vallée de la Seine

🏠 **Douce France** sans rest   ⁂ ⇔ ⪪ 🛜 🛁
13 r. Dr. Pierre-Girard – 🞂 *02 35 57 85 30* – *www.doucefrance.fr* – *Fermé 11 janv.- 11 fév.*
20 ch – ♦99/179 € ♦♦99/179 € – 5 suites – ☑ 13 €
Sur les bords de la Veules, cet ancien relais de poste (17ᵉ s.), restauré dans les règles de l'art par des Compagnons, est absolument charmant. Dans les chambres, mobilier chiné et confort sont au rendez-vous. Et l'après-midi, on profite du joli salon de thé.

✗✗✗ **Les Galets**   🕸 🔠 ⇔
3 r. Victor-Hugo, (près de la plage) – 🞂 *02 35 97 61 33*
– www.restaurant-lesgalets-veuleslesroses.com – *Fermé janv., merc. sauf août et mardi*
Formule 30 € – Menu 39/80 € – Carte 56/79 € *(réservation conseillée)*
Pour un joli moment gastronomique, arrêtez-vous dans cette maison en brique toute proche d'une plage... de galets. Dans la salle ou la véranda, élégantes et lumineuses à souhait, on déguste des recettes bien dans l'air du temps pour lesquelles le chef privilégie les produits locaux. Cave judicieuse.

VEUVES

✉ 41150 (Loir-et-Cher) – 212 hab. – Alt. 62 m – Voir carte n°**11**-A1
▶ Paris 205 km – Bourges 135 km – Orléans 84 km – Poitiers 137 km
Carte Michelin 318-D7

✗ **L'Auberge de la Croix Blanche**   ⇔ 🈲 ⪪ 🕸 **P**
2 av. de la Loire – 🞂 *02 54 70 23 80* – *www.auberge-delacroixblanche.fr* – *Fermé merc. midi de Pâques à oct., merc. soir de nov. à Pâques, mardi soir de janv. à mars, dim. soir et lundi*
Formule 19 € – Menu 26/35 € – Carte 32/47 €
Point de voitures à cheval devant cet ancien relais de poste (1888), mais un décor suggestif qui n'est pas sans évoquer les folles équipées d'antan... On y déguste une généreuse cuisine traditionnelle, avec des produits de saison. Terrasse au jardin.

VEYNES

✉ 05400 (Hautes-Alpes) – 3 187 hab. – Alt. 827 m – Voir carte n°**40**-B1
▶ Paris 660 km – Aspres-sur-Buëch 9 km – Gap 25 km – Sisteron 51 km
Carte Michelin 334-C5 – Guide Vert Michelin Alpes du Sud

✗✗ **La Sérafine**   🕸 ⇔ 🈲
Les Parois, 2 km à l'Est par rte de Gap et D 20 – 🞂 *04 92 58 06 00*
– www.restaurantserafine.com – *Fermé 6 janv.-4 fév., mardi et merc. sauf fériés*
Menu 29/38 € *(réservation conseillée)*
Dans un hameau, cette jolie bergerie tout en pierre, datée du 18ᵉ s., conserve le nom de sa propriétaire... Ici, on fait profession de tradition ! Pour preuve, la cuisine est composée chaque jour au gré du marché. Agréable terrasse sous les arbres.

VEYRIER-DU-LAC – 74 (Haute-Savoie) ➜ voir Annecy

VÉZAC – 15 (Cantal) ➜ voir Aurillac

VÉZELAY

✉ 89450 (Yonne) – 433 hab. – Alt. 285 m – Voir carte n°**7**-B2
▶ Paris 221 km – Auxerre 52 km – Avallon 16 km – Château-Chinon 58 km
Carte Michelin 319-F7 – Guide Vert Michelin Bourgogne

🏠 **Poste et Lion d'Or** 🍴 ⬚ 🛏 ♿ 🄰🄲 ✗ 🛜 🛁 **P**

pl. du Champ-de-Foire – ⌀ *03 86 33 21 23* – *www.laposte-liondor.com*
– Fermé janv. et fév.
40 ch – ♟85/149 € ♟♟85/149 € – ☲ 13 € – ½ P
Rest *Poste et Lion d'Or* – voir les restaurants ci-après
Au pied de la colline de Vézelay, cet ancien relais de poste accueille les voyageurs
depuis plus de 200 ans ! Bon niveau de confort dans les chambres, dont certaines
– très prisées – donnent sur la campagne.

✗✗ **Poste et Lion d'Or** 🍴 🍽 🄰🄲 **P**

☚ *pl. du Champ-de-Foire* – ⌀ *03 86 33 21 23* – *www.laposte-liondor.com*
– Fermé janv., fév., dim. soir et lundi
Menu 16/51 € – Carte 39/47 € dîner
Vézelay demeure un haut lieu de pèlerinage spirituel... où l'on sait aussi cultiver
des nourritures bien terrestres ! Ainsi cet ancien relais de poste, posé au pied de
la colline, où l'on savoure une cuisine originale, fort bien ficelée et aux prix mesurés. Formule bistrot en semaine.

✗ **Le Bougainville**

28 r. St-Etienne – ⌀ *03 86 33 27 57* – *Ouvert de mi-fév. à mi-nov. et fermé mardi et merc.*
Menu 27/33 € – Carte environ 41 €
Dans une maison ancienne sur la rue principale menant à la basilique, le type
même du restaurant familial indémodable, tenu de longue date par un couple
de sérieux professionnels. Au milieu des compositions florales de la maîtresse
des lieux, on savoure une généreuse cuisine du terroir, réalisée dans les règles.

à St-Père 3 km au Sud-Est par D 957 – ✉ 89450 – 366 hab. – Alt. 148 m

🏠🏠 **L'Espérance** 🍴 🍽 ⬚ 🛏 🛜 🛁 **P**

rte de Vézelay – ⌀ *03 86 33 39 10* – *www.marc-meneau-esperance.com*
– Fermé de mi-janv. au 20 fév.
31 ch – ♟120/320 € ♟♟250/470 € – 10 suites – ☲ 28 € – ½ P
Rest *L'Espérance* ❀❀ – voir les restaurants ci-après
Serge Gainsbourg aimait à séjourner dans cette belle maison de maître tout en
pierre, située au pied de Vézelay. Esprit cottage, classique ou contemporain : plusieurs atmosphères et un seul cap... le raffinement.

✗✗✗✗ **L'Espérance** (Marc Meneau) 🍴 ⬚ 🄰🄲 **P**

❀❀ *rte de Vézelay* – ⌀ *03 86 33 39 10* – *www.marc-meneau-esperance.com*
– Fermé de mi-janv. au 20 fév., lundi midi, merc. midi et mardi sauf fériés
Menu 62 € (déj. en semaine), 98/204 € – Carte 152/209 € *(réservation conseillée)*
Quand un grand chef passe la main à un jeune talent, les bonnes surprises sont
au rendez-vous. À quatre mains, Marc Meneau et Yu Sugimoto réalisent une cuisine réglée sur les saisons, dans laquelle le geste créatif s'intègre parfaitement à
la belle tradition gastronomique de la maison. Le changement dans la continuité !
➜ Foie gras de canard au macis, rhubarbe cuite en gros sucre. Suprême de poularde en croûte de malt. Soufflé chaud à la groseille.

à Fontette 5 km à l'Est par D 957 – ✉ 89450

🏠 **Crispol** 🍴 🍽 ⬚ 🛏 ♿ ✗ **P** 🚗

rte d'Avallon – ⌀ *03 86 33 26 25* – *www.crispol.com* – *Ouvert mars-nov.*
12 ch – ♟87 € ♟♟87/95 € – ☲ 12 € – ½ P
Maison en pierre à l'entrée du village, avec la Colline éternelle en toile de fond.
L'annexe abrite de vastes chambres, datant des années 1990 et bien tenues. Au
restaurant, les baies ménagent une belle vue sur la basilique. Plats de tradition.

à Pierre-Perthuis 6 km au Sud-Est par D 957 et D 958 – ✉ 89450 – 136 hab. – Alt. 220 m

✗✗ **Les Deux Ponts** avec ch 🍽 ♿ rest, 🛜 🛁 **P**

1 rte de Vézelay – ⌀ *03 86 32 31 31* – *www.lesdeuxponts.com*
– Ouvert 15 mars-15 nov. et fermé mardi hors saison et merc.
7 ch – ♟65/70 € ♟♟65/70 € – ☲ 9 € – ½ P
Menu 24 € (déj.), 29/32 € – Carte 33/44 € *(réservation conseillée)*
Les murs sont anciens, mais le cadre est épuré et original : notez les amusants lustres
hollandais en verre... Côté saveurs, priorité au terroir de l'Yonne, avec quelques ponts
jetés vers les dernières tendances. Les chambres sont calmes, simples et bien tenues.

VIADUC DE GARABIT
✉ 15100 (Cantal) – Voir carte n°**5-B3**
▶ Paris 520 km – Aurillac 84 km – Mende 74 km – Le Puy-en-Velay 90 km
Carte Michelin 330-H5 – Guide Vert Michelin Auvergne

> **Beau Site** ⅠⓄ ⊰ 🛏 🛋 ⅀ 🍽 📶 🛎 🅟 🏊
> N 9 – ℰ 04 71 23 41 46 – www.beau-site-hotel.com – Ouvert mars-nov.
> **19 ch** – †70/88 € ††78/118 € – 5 suites – ⅀ 13 € – ½ P
> Le célèbre ouvrage de Gustave Eiffel, le lac ou le jardin : à vous de choisir la vue !
> Les chambres, coquettes et confortables, osent une déco moderne et colorée.
> Pour le reste, c'est cuisine régionale, tennis, piscine et aire de jeux pour les enfants.

Anglards-de-St-Flour 3 km au Nord – ✉ 15100 – 343 hab. – Alt. 840 m

> **La Méridienne** ⅠⓄ 🛋 ⅄ 📶 🛎 🅟
> – ℰ 04 71 23 40 53 – www.hoteldelameridienne.com – Fermé 19 déc.-16 janv.
> **16 ch** – †55/65 € ††55/75 € – ⅀ 9 € – ½ P
> Un établissement tenu en famille. C'est toujours avec le sourire que l'on vous
> mène aux chambres, pratiques, sans fioritures et très bien tenues (celles avec ter-
> rasse donnent sur le grand jardin). Une étape sympathique.

VIC-EN-BIGORRE
✉ 65500 (Hautes-Pyrénées) – 5 153 hab. – Alt. 216 m – Voir carte n°**28-A2**
▶ Paris 775 km – Aire sur l'Adour 53 km – Auch 62 km – Pau 47 km
Carte Michelin 342-M4

> **Le Réverbère** avec ch ⅄ 🛋 ⅄ rest, 🔠 rest, 📶
> 29 bd d'Alsace – ℰ 05 62 96 78 16 – www.hotellereverbere.com – Fermé
> 22-31 déc.
> **10 ch** – †61/63 € ††64/66 € – ⅀ 8 € – ½ P
> Formule 15 € – Menu 23/34 € – Carte environ 39 € (fermé sam. sauf le soir
> de juin à août et dim. soir)
> Venez vous régaler à la lumière de ce plaisant Réverbère, dont l'intérieur –entiè-
> rement relooké – se révèle moderne et lumineux. On vient y profiter des créa-
> tions du chef, au plus près du terroir : il travaille avec de nombreux producteurs
> locaux pour un résultat généreux et goûteux, plein de saveurs.

VIC-FEZENSAC
✉ 32190 (Gers) – 3 639 hab. – Alt. 110 m – Voir carte n°**28-A2**
▶ Paris 778 km – Auch 32 km – Bordeaux 182 km – Toulouse 106 km
Carte Michelin 336-D7

à Préneron 6 km au Sud-Ouest par N 124, D 157 et rte secondaire – ✉ 32190
– 145 hab. – Alt. 173 m

> **Auberge La Baquère** 🛋 ⅄ 🅟
> lieu-dit la Baquère – ℰ 05 62 06 42 75 – www.aubergelabaquere.com – Fermé 1
> semaine vacances de Noël, dim. soir et lundi
> Menu 18/49 € – Carte 36/50 €
> Cette ferme-auberge a beau être isolée en pleine campagne, les clients sont nom-
> breux. Et pour cause : canard, ramier, truite et anguille y sont cuisinés avec style.

VICHY
✉ 03200 (Allier) – 24 992 hab. – Alt. 340 m – Voir carte n°**6-C1**
▶ Paris 353 km – Clermont-Ferrand 55 km – Montluçon 99 km – Moulins 57 km
Carte Michelin 326-H6 – Guide Vert Michelin Auvergne

BELLERIVE-SUR-ALLIER

VICHY

Vichy Spa Hôtel Les Célestins

111 bd des États-Unis – ☎ *04 70 30 82 00 – www.vichy-spa-hotel.fr* Plan : BY**e**
126 ch – ✝140/447 € – ✝✝140/447 € – 5 suites – ☙ 21 € – ½ P
Hôtel moderne, au milieu du parc des Sources, à recommander aux curistes pour son accès direct au spa Vichy. Chambres très spacieuses et piscine panoramique. Gastronomie et diététique sont à l'honneur au N 3, qui bénéficie d'une jolie terrasse. Plats traditionnels et grillades au Bistrot.

Aletti Palace

3 pl. Joseph-Aletti – ☎ *04 70 30 20 20 – www.hotel-aletti.fr* Plan : BZ**u**
122 ch – ✝125/175 € – ✝✝140/195 € – 7 suites – ☙ 15 € – ½ P
Face au Grand Casino-Théâtre, cet hôtel élégant fut construit en 1906. Avec ses chambres spacieuses, ses décors classiques, ses grands salons pour les séminaires et les banquets, l'ensemble dégage une impression de luxe cossu.

Mercure Thermalia Ⓜ

1 av. Thermale – ☎ *04 70 30 52 52 – www.mercure.com* Plan : AY**h**
78 ch – ✝97/175 € – ✝✝97/175 € – ☙ 15 €
Entièrement réhabilité, cet hôtel attenant aux thermes accueille désormais sa clientèle dans de beaux espaces épurés ; aux étages, les chambres offrent tout le confort attendu (mobilier en bois brun, literie, etc.).

Pavillon d'Enghien

32 r. Callou – ☎ *04 70 98 33 30 – www.pavillondenghien.com* Plan : BY**b**
– Fermé 20 déc.-1er fév.
20 ch – ✝69/117 € – ✝✝69/117 € – ☙ 11 € – ½ P
Sympathique adresse dans un bâtiment du début du 20e s. disposant de chambres tendance, décorées avec beaucoup de goût. On est conquis par le joli petit jardin avec piscine, et la terrasse où l'on déguste les tajines de la patronne... Un endroit accueillant et plein de charme !

Les Nations

13 bd de Russie – ☎ *04 70 98 21 63 – www.lesnations.com* Plan : BZ**c**
– Ouvert 3 avril-18 oct.
71 ch – ✝72/119 € – ✝✝72/119 € – ☙ 12 € – ½ P
Situation centrale pour ce bel immeuble 1900 à la façade ouvragée. Le hall et les salons sont confortables ; les chambres sont spacieuses et bien tenues.

Arverna *sans rest*

12 r. Desbrest – ☎ *04 70 31 31 19* Plan : CY**g**
– www.arverna-hotels-vichy.com – Fermé 8 fév.-3 mars et 27 déc.-3 janv.
23 ch – ✝62/78 € – ✝✝72/96 € – ☙ 9 €
Un petit hôtel bien pratique, situé dans une rue calme du centre-ville. Les chambres sont sobres mais chaleureuses, et le service se révèle attentionné ; on apprécie également la présence d'un parking (à 200 m).

Maison Decoret (Jacques Decoret) *avec ch*

15 r. du Parc – ☎ *04 70 97 65 06 – www.maisondecoret.com* Plan : BZ**b**
– Fermé vacances de fév., mi-août à début sept., mardi et merc.
5 ch – ✝170/230 € – ✝✝170/230 € – ☙ 22 € – Formule 40 € – Menu 69/119 €
Une bâtisse du 19e s., une grande véranda cubique jouant sur la transparence : tel est le décor voulu par Jacques Decoret. Recherche esthétique et finesse sont au rendez-vous dans l'assiette, autour de très beaux produits. Et quelques chambres style maison d'hôtes rappelle l'esprit contemporain du lieu.
➔ Foie gras poêlé, infusion de pomme et verveine. Cocos tarbais, bar cuit doucement, pain de seigle et levure. Les dernières fraises de saison, tube transparent et mousse aux pastilles de Vichy.

L'Alambic

8 r. Nicolas-Larbaud – ☎ *04 70 59 12 71 – Fermé 7-23 fév.,* Plan : CY**u**
2-26 août, 22 déc.-2 janv., dim. soir, lundi et mardi
Menu 30/52 € – Carte 41/48 € *(réservation conseillée)*
Jean-Jacques et Marie-Ange se l'étaient promis : dans leur restaurant, il y aurait peu de couverts, pour pouvoir mieux régaler les clients. Pari réussi ! Sur une base traditionnelle, le chef marie les produits de saison avec gourmandise. C'est goûteux, parfumé et généreux... sans être alambiqué.

XX La Table d'Antoine 🛖 ᨦ AC

😊 *8 r. Burnol –* ⌀ *04 70 98 99 71 – www.latabledantoine.com* Plan : BZ**d**
*– Fermé 7-25 fév., 1 semaine en juin, jeudi soir d'oct. à avril, dim. soir et lundi
sauf fériés*
Formule 21 € – Menu 25 € (déj. en semaine), 32/69 € – Carte 52/73 €

Voyageur invétéré, le chef aime manier les épices et livre une cuisine gourmande
et parfumée. On sent la générosité du passionné... Quant au décor, entre pierre
de Volvic, verrière incrustée de motifs végétaux et cuir de Salers, il joue sur une
évocation contemporaine de l'Auvergne. Original !

XX La Table de Marlène ⩽ ᨦ AC ⟷

😊 *bd de Lattre-de-Tassigny, La Rotonde –* ⌀ *04 70 97 85 42* Plan : BY**a**
– www.restaurantlarotonde-vichy.com – Fermé 1 semaine en nov., janv., lundi et mardi
Menu 31/63 € – Carte 61/76 €

Une soucoupe posée sur un lac, voilà qui n'est pas banal ! À fleur d'eau, dans un
décor de verre et d'acier, on se régale d'une cuisine dans l'air du temps. Les bons
produits sont préparés avec justesse et les saveurs au rendez-vous. L'été, on peut
même profiter de la terrasse. Alors, prêt pour le décollage ?
Le Bistrot de la Rotonde Formule 18 € – Menu 24/28 € – Carte 31/38 € *(ouvert
d'avril à oct. et fermé mardi sauf juil.-août et lundi)*

XX Brasserie du Casino 🛖 ⟷

4 r. du Casino – ⌀ *04 70 98 23 06 – www.brasserie-du-casino.fr* Plan : BZ**a**
– Fermé 15-28 fév., 1ᵉʳ-8 mai, 14 juil.-5 août, mardi d'oct. à avril et merc.
Formule 19 € – Menu 29 € – Carte 29/59 €

Face à l'opéra, cette brasserie a conservé son cadre 1920 tout en boiseries
et miroirs. On y retrouve toutes les spécialités du genre, auxquelles le chef ajoute
sa propre patte : marbré de foie gras au torchon, sole meunière, filet de bœuf aux
morilles, etc.

XX L'Hippocampe AC

3 bd de Russie – ⌀ *04 70 97 68 37 – Fermé 14 juin-7 juil.,* Plan : BZ**z**
22 nov.-8 déc., mardi midi, dim. soir et lundi
Formule 22 € 🍷 – Menu 29/60 € – Carte 33/65 €

Près du parc des Sources, cet Hippocampe-là est un digne représentant de la
mer ! Homard breton, médaillon de lotte, bouillabaisse... Tout est frais et bien préparé. Joli décor contemporain avec vue directe sur les cuisines.

XX L'Escargot qui Tette avec ch 🛏 AC rest, 🛜 🔔

82 r. de Paris – ⌀ *04 70 30 16 30* Plan : CY**k**
– www.hotel-chambord-vichy.com – Fermé 20-30 juil. et 20 déc.-30 janv.
27 ch – ♦51/61 € ♦♦62/74 € – ☐ 10 € – ½ P
Formule 23 € – Menu 23 € (semaine), 32/50 € – Carte 35/60 € *(fermé dim. soir
et lundi)*

À la table de l'hôtel Chambord, l'escargot est la vedette d'une carte qui privilégie
les recettes traditionnelles. Que les plus pressés se rassurent : le service tout
comme les saveurs ne sont pas à la traîne... Une bonne adresse, au décor chaleureux, et quelques chambres pour l'étape.

X L'Etna 🆕 ᨦ AC

😊 *65 r. de Paris –* ⌀ *04 70 98 47 85 – www.etna-vichy.com* Plan : CY**f**
– Fermé 22-30 juin, 1ᵉʳ-17 déc., lundi et mardi
Formule 26 € – Menu 19 € (déj. en semaine), 26/40 € – Carte 31/50 €

Tout près de la gare, n'hésitez pas à venir vous réchauffer à la chaleur de cet irrésistible Etna ! Carpaccio di caprino, morue pochée dans un bouillon de tomate,
tiramisu al panettone : une cuisine transalpine pleine de saveurs ensoleillées,
que l'on dévore dans un intérieur spacieux... Une belle découverte !

X Le Pyl-Pyl 🛖 ᨦ AC ⟷

😊 *1 pl. de la Gare –* ⌀ *04 70 97 51 74 – www.pylpyl.fr – Fermé* Plan : CY**p**
dim. soir
Menu 20 € (déj. en semaine)/25 €

Ici, pas question de jouer à Pyl ou face avec les saveurs ! Dans sa cuisine ouverte sur la
salle, assez design, le chef – dont les initiales sont "Pyl" – concocte des recettes canailles, goûteuses et parfumées... Un conseil : pensez à réserver, c'est souvent complet.

à Creuzier-le-Vieux 4 km au Nord – ⊠ 03300 – 3 334 hab. – Alt. 400 m

XX   **La Fontaine**   🛏 🏠

16 r. de la Fontaine, (Z.I. Vichy-Rhue) – 🕻 04 70 31 37 45
– www.lafontainevichy.fr – Fermé 29 juin-5 juil., 26 août-4 sept., vacances de
Noël, dim. soir, mardi soir et merc.
Formule 18 € – Menu 27/44 € – Carte 37/58 €
Voilà une sympathique petite auberge, à 10mn de Vichy, où il fait bon s'arrêter
quelle que soit la saison. L'été on y mange au bord d'un ruisseau, sous une jolie
glycine. Et l'hiver, on s'installe au coin du feu pour savourer viandes grillées et
autres recettes traditionnelles. Ambiance conviviale.

à Bellerive-sur-Allier 3,5 km par ③ – ⊠ 03700

🏨   **Château du Bost** Ⓝ   ❚O 🚫 < 🛏 ⅙ 🗚 🤝 🄿

27 r. de Beauséjour – 🕻 04 70 59 59 59 – www.chateau-du-bost.com
8 ch – †80/180 € ††80/180 € – ⌧ 12 € – ½ P
Rest *Château du Bost* ⓐ – voir les restaurants ci-après
À l'extérieur de Vichy, dans un parc très paisible, ce château avec tours et douves
en eau (15ᵉ-19ᵉ s.) a été restauré dans un esprit contemporain original, à l'image
des grandes verrières qui ont été percées dans ses murs. On y trouve des chambres élégantes, zen et nature, offrant tout le confort nécessaire. Une réussite !

X   **Château du Bost** Ⓝ   🕸 < 🏠 ⅙ 🗚 🤝 🄿
ⓐ

27 r. de Beauséjour – 🕻 04 70 59 59 59 – www.chateau-du-bost.com – Fermé
dim. soir et lundi
Formule 20 € – Menu 23 € (déj. en semaine), 29/75 € ♥ – Carte environ 45 €
La table du Château du Bost nous accueille dans un cadre épuré, où de jolies toiles colorées attirent le regard. On s'y délecte d'une cuisine classique et parfaitement maîtrisée. Ravioles de plat de côtes, fondue de poireaux et émulsion de
foie gras ; carré d'agneau au jus réduit à la menthe... Délicieux !

VICQ

⊠ 03450 (Allier) – 327 hab. – Alt. 350 m – Voir carte n°5-B1
▶ Paris 391 km – Clermont-Ferrand 52 km – Guéret 110 km – Moulins 59 km
Carte Michelin 326-F6

⌂   **Sur le Chemin des Buvats**   ❚O 🚫 🛏 ⤬ ⅙ ⌢ 🄿

8 chemin des Buvats – 🕻 04 70 41 26 75 – www.chemindesbuvats.com
5 ch ⌧ – †85/100 € ††100/180 €
En pleine nature, cette ferme du 19ᵉ s respire la quiétude ! Sa transformation en
maison d'hôtes est l'œuvre d'un chef qui souhaitait se reconvertir et de sa compagne. Une réussite : la maison a été remarquée dans plusieurs magazines de
déco (esprit zen, belle piscine, bain norvégien, etc.) et sa table d'hôte, avec les
légumes du jardin, est très gourmande !

VIC-SUR-CÈRE

⊠ 15800 (Cantal) – 1 976 hab. – Alt. 678 m – Voir carte n°5-B3
▶ Paris 549 km – Aurillac 19 km – Murat 29 km
Carte Michelin 330-D5 – Guide Vert Michelin Auvergne

🏨   **Beauséjour**   ❚O 🛏 ⌅ 🖪 ⅙ ⌢ 🄿

4 av. André-Mercier – 🕻 04 71 47 50 27 – www.beausejour-vic.fr
– Ouvert 15 mai-30 sept.
41 ch – †67/110 € ††67/132 € – 4 suites – ⌧ 11 € – ½ P
Parfait pour se mettre au vert, même si on est là pour affaires. Bien que
datant des années 1830, ce grand établissement est toujours aussi pimpant,
avec des chambres et des suites spacieuses et impeccablement tenues. Le parc
est bien agréable.

Bel Horizon ⌂ 〇 🅿️

5 r. Paul-Doumer – ℰ 04 71 47 50 06 – www.hotel-bel-horizon.com – Fermé 15 nov.-15 déc.
24 ch – †55/63 € ††59/65 € – ⏢ 9 € – ½ P
Rest *Bel Horizon* – voir les restaurants ci-après
La perspective sur le Carladès justifie à elle seule le nom cet établissement traditionnel ; on est en face de la gare, d'où l'on peut rejoindre en dix minutes la station de ski du Lioran. Les chambres sont chaleureuses et bien tenues.

Family Hôtel ⌂

19 av. Émile-Duclaux – ℰ 04 71 47 50 49 – www.family-hotel.fr
55 ch – †49/63 € ††63/143 € – ⏢ 9 € – ½ P
Idéal pour les familles, cet ensemble hôtelier propose au choix des chambres fonctionnelles ou des studios, et diverses activités : piscines, tennis, animations, excursions... Sympathique pour un séjour sport et nature.

Bel Horizon – Hôtel Bel Horizon 🍴

5 r. Paul-Doumer – ℰ 04 71 47 50 06 – www.hotel-bel-horizon.com – Fermé 15 nov.-15 déc.
Formule 16 € – Menu 21/47 € – Carte 25/55 €
Une bâtisse blanche en bord de rue ; en contrebas, la piscine côtoie un bassin à truites, niché dans un petit jardinet. Les larges baies vitrées offrent pour horizon les monts environnants... Un cadre propice au travail d'Éric Bouyssou, qui réalise ici une cuisine généreuse et cultivant le goût du terroir.

au Col de Curebourse 6 km au Sud-Est par D 54 – ⊠ 15800 St-Clément Alt. 994 m

Hostellerie Saint-Clément 🏨

– ℰ 04 71 47 51 71 – www.hotelstclementcantal.com – Ouvert 11 avril-2 nov. et fermé dim. et lundi hors saison
21 ch – †68/78 € ††68/85 € – ⏢ 9 € – ½ P
Rest *Hostellerie Saint-Clément* – voir les restaurants ci-après
Il faut aller à 1 000 m d'altitude pour trouver cette grande bâtisse dans le style du pays. Depuis les chambres – certaines avec un balcon en bois –, on jouit d'une vue plongeante sur la vallée ou sur le jardin. Bien loin des bruits de la ville...

Hostellerie Saint-Clément 🍴🍴

– ℰ 04 71 47 51 71 – www.hotelstclementcantal.com – Ouvert 11 avril-2 nov. et fermé dim. soir et lundi soir hors saison et lundi midi
Menu 29/65 € – Carte 52/73 €
Aucun bandit de grand chemin ne rôde autour de cet établissement posé sur le col de Curebourse. Pressé de porc et lentilles, marmite du pêcheur (rouget, lotte, daurade, crevettes) : père et fils concoctent une cuisine pleine de goût et de saveurs, précise et gourmande, où les cuissons sont toujours justes.

VIDAUBAN

⊠ 83550 (Var) – 10 608 hab. – Alt. 60 m – Voir carte n°**41**-C3
🛣 Paris 841 km – Cannes 63 km – Draguignan 19 km – Fréjus 29 km
Carte Michelin 340-N5

La Bastide des Magnans avec ch 🍴🍴🍴

32 av. Galliéni, rte de La Garde-Freinet – ℰ 04 94 99 43 91
– www.bastidedesmagnans.com – Fermé 27 juin-4 juil., 23-31 déc., dim. soir et merc. soir de sept. à juin et lundi
5 ch – †80/90 € ††90/120 € – ⏢ 10 €
Formule 20 € – Menu 33/88 € – Carte 62/107 €
Malgré la proximité de la route, comment résister à cette charmante bastide du 18ᵉ s. et à sa terrasse, où l'on s'attable à l'ombre de platanes ? L'esprit de la région habite également la carte (telle cette tartelette de rouget façon pissaladière) et le choix de vins ! N'hésitez pas à profiter des chambres, bien confortables.

✗ **Concorde** ⌂

11 pl. Georges-Clemenceau – ℰ 04 94 73 01 19
– www.le-concorde-alexandre-viale.com – Fermé 2 semaines en juin, mardi soir
en hiver et merc.
Formule 19 € ♀ – Menu 30/50 € – Carte 35/70 €
Sur la place du village – où s'étend la terrasse aux beaux jours –, un restaurant
aussi provençal que convivial... Au menu, une cuisine de tradition généreuse
avec, en saison, des spécialités de gibier et de champignons. Le chef est un passionné, soucieux du travail bien fait et de fraîcheur !

VIEILLEVIE

✉ 15120 (Cantal) – 110 hab. – Alt. 220 m – Voir carte n°**5-B3**
▶ Paris 600 km – Aurillac 45 km – Entraygues-sur-Truyère 15 km – Figeac 44 km
Carte Michelin 330-C7 – Guide Vert Michelin Auvergne

⌂ **La Terrasse** ⏇ ⟐ 🍴 P

Le Bourg – ℰ 04 71 49 94 00 – www.hotel-terrasse.com – Ouvert de fin mars à
mi-nov.
23 ch – ♦54/77 € ♦♦54/77 € – ⟐ 10 € – ½ P
Rest *La Terrasse*☺ – voir les restaurants ci-après
En été, la terrasse face à la piscine embaume du parfum des glycines sur la treille.
Dans cet hôtel familial (depuis 1870) sur les rives du Lot, les chambres ne sont pas
toutes jeunes mais quelle vue sur les vertes collines !

✗ **La Terrasse** ⏇ ⌂ P
☺

Le Bourg – ℰ 04 71 49 94 00 – www.hotel-terrasse.com – Ouvert de fin mars à
mi-nov. et fermé dim. soir sauf juil.-août et lundi
Formule 18 € – Menu 28 € (semaine), 32/46 € – Carte 39/48 €
Au menu de cette auberge, une cuisine en mouvement, qui fait la part belle au
poisson, flirte avec les épices et les légumes méditerranéens, et n'oublie pas le terroir auvergnat. Chevreau à l'oseille, filet de sandre rôti au lard, bouillon de gingembre aux agrumes... C'est généreux et savoureux, plein d'imagination !

VIENNE

✉ 38200 (Isère) – 28 800 hab. – Alt. 160 m – Voir carte n°**44-B2**
▶ Paris 486 km – Grenoble 89 km – Lyon 31 km – St-Étienne 49 km
Carte Michelin 333-C4 – Guide Vert Michelin Lyon et sa région

⌂ **La Pyramide** ⏇ ⟐ ▤ & Ⓐ 🛜 ⅍ P 🚗

14 bd Fernand-Point, cours de Verdun, Sud du plan - (Plan AZ)
– ℰ 04 74 53 01 96 – www.lapyramide.com – Réouverture prévue en mai après
travaux
18 ch – ♦180/220 € ♦♦200/450 € – 4 suites – ⟐ 25 €
Rest *La Pyramide* ❀❀ Rest *L'Espace PH3* – voir les restaurants ci-après
Une étape historique sur la mythique N 7 : comme à la grande époque, on fait un
"stop over" à la Pyramide, moins par nécessité que par plaisir ! Haute gastronomie
au restaurant (également un bistrot, le PH3, où l'on cuisine devant vous) et
confort bourgeois dans les chambres. Pourquoi repartir ?

✗✗✗✗ **La Pyramide** (Patrick Henriroux) ❀❀ ⏇ ⌂ Ⓐ P
❀❀

14 bd Fernand-Point, cours de Verdun, Sud du plan - (Plan : AZ)
– ℰ 04 74 53 01 96 – www.lapyramide.com – Fermé 2 fév.-12 mars, mardi et
merc.
Menu 66 € ♀ (déj. en semaine), 98/160 € – Carte 136/196 €
Une institution sur la route du Midi, en son temps fief du célèbre Fernand Point !
Pas de nostalgie pour autant : dans un décor très design et extrêmement élé-
gant, Patrick Henriroux fait preuve d'un savoir-faire aussi discret qu'imparable.
Justesse, invention, subtilité...
➜ Crème soufflée de crabe dormeur au caviar, gaufrettes aux herbes. Déclinaison
de homard en trois services. Strate de chocolat grand cru et kalamansi.

GIVORS ,LYON ,ST-ÉTIENNE **A**

ST-ROMAIN-EN-GAL

CITÉ GALLO-ROMAINE

MUSÉE

D 502

Palais du Miroir

D 386

Pont de-Lattre-de-Tassigny

Rue

Jardin

Pl. A. Briand

Église

d'Herbouville

Tour Philippe-de-Valois

STE-COLOMBE

R. Garon

Petits

Av. Joubert

Cochard

R.

Pont Suspendu

Jaurès

Jean

Pl. St-Maurice

r

Nationale

C

Pl. St-Pierre

29

Boson

CONDRIEU TOURNON

D 386

RHONE

Quai

ANCNE ÉGLISE ST-PIERRE

Cours

Pl. des Allobroges

Pl. C. Jouffray

Verdun

Bd-Georges-Pompidou

N1

Riondet

Asiaticus

Bd

R.

Florentin

Laurent

Cour

de

D 1007

R.

VALENCE **A 7**
MARSEILLE

Musée de la Draperie

A

Pyramide

43

✂ Le Bec Fin ⚒ ⚒

7 pl. St-Maurice – ℰ 04 74 85 76 72 – Fermé mardi soir, merc. Plan : AY**r**
soir, jeudi soir, dim. soir et lundi
Menu 28 € (semaine), 39/66 € – Carte 40/67 €
Si ce n'est pas de la passion ! Voilà 35 ans que le chef, Roger Jolivet, régale sa
clientèle de délicieuses recettes traditionnelles. Pieds paquets, terrine maison aux
foies de volailles... Cette cuisine généreuse s'inscrit dans la grande tradition gastronomique de la région lyonnaise. Salutaire !

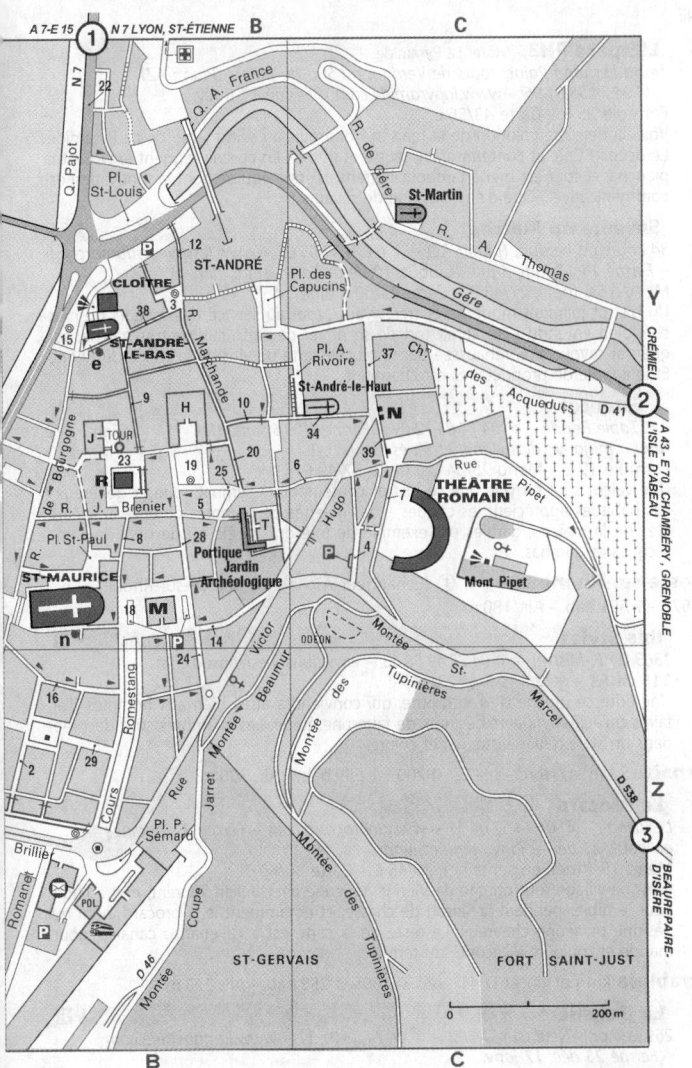

✂   ✗✗

Le Cloître

😋   *2 r. des Cloîtres – ℰ 04 74 31 93 57 – www.le-cloitre.net
– Fermé 11-17 août, sam. et dim.*

🕮 🍴 AℂC ⇩

Plan : BY**n**

Formule 16 € – Menu 20 € (déj.), 29/32 € – Carte 28/42 €

Ambiance jazzy et colorée dans ce restaurant de caractère, situé au pied de la cathédrale St-Maurice. Noix de Saint-Jacques en risotto au parmesan, andouillette artisanale veau et porc à la graine de moutarde, etc. Tout est préparé avec soin et accompagné d'un beau choix de vins...

✗✗ **L'Espace PH3** – Hôtel La Pyramide 🛜 AC
14 bd Fernand-Point, cours de Verdun, au Sud du plan - (Plan : AZ)
– 𝒞 04 74 53 01 96 – www.lapyramide.com – Fermé 1ᵉʳ-8 fév.
Formule 25 € – Carte 43/56 €
Voici la dernière création de la maison Henriroux, au sein même de La Pyramide.
Le décor ? Chic et contemporain, feutré et intime. En cuisine règnent le wok et la
plancha, et tout est mené tambour battant par une équipe dont la motivation est
communicative... Que d'énergie, que de saveurs !

✗ **Saveurs du Marché** 🎴 AC
34 cours de Verdun, (plan : AZ) – 𝒞 04 74 31 65 65 – www.lessaveursdumarche.fr
– Fermé 14-17 mai, 4 juil.-10 août, 19 déc.-4 janv., sam., dim. et fériés
Menu 16 € (déj.), 27/43 € – Carte 44/60 € dîner
Un bistrot joliment moderne et très vivant... tout au service des saveurs du mar-
ché, bien entendu ! On aurait tort de se priver de cette cuisine très fraîche, soi-
gnée et savoureuse, rehaussée par une belle carte de vins de la vallée du Rhône.
Et le couple de propriétaires est charmant...

✗ **L'Estancot** ♿
4 r. Table-Ronde – 𝒞 04 74 85 12 09 – Fermé 1ᵉʳ-16 sept., de Plan : BY**e**
Noël à mi-janv., dim., lundi et fériés
Formule 19 € – Menu 25/34 € – Carte 32/49 €
Une valeur sûre en ville que ce bistrot contemporain sympathique et généreux !
Les habitués apprécient les criques – des galettes de pommes de terre –, spécia-
lités de la maison, garnies par exemple de foie gras poêlé ou de noix de Saint-
Jacques et gambas.

à Chasse-sur-Rhône 8 km par ① (Échangeur A7 - sortie Chasse-sur-Rhône) –
✉ 38670 – 5 391 hab. – Alt. 180 m

🏨 **Ibis Styles** 🍽 📶 AC 🛜 ♨ P
1363 av F.-Mistral – 𝒞 04 72 49 58 68 – www.ibisstyleslyonsud.com
115 ch ⌨ – †72/149 € ††72/149 €
Une adresse proche de l'autoroute, qui conviendra aussi bien aux hommes d'affaires qu'aux voyageurs désireux de faire une étape. Les chambres sont décorées
dans un style minimaliste, gai et coloré.

à Serpaize 5 km au Nord-Est – ✉ 38200 – 1 559 hab. – Alt. 300 m

✗ **Le Brocard** 🛜 P
Le Village – 𝒞 04 74 57 04 51 – www.lebrocrard.com – Fermé 3 semaines
en août, 23 déc.-2 janv., dim. et lundi
Menu 15 € (déj. en semaine), 25/45 € – Carte 30/60 €
Dans ce village tout proche de Vienne, le jeune chef, Julien Taurant, met à l'honneur le gibier pendant la saison de chasse, et notamment le... brocard, nom qui
désigne un jeune chevreuil. Le reste de la carte est à l'avenant : canaille, gourmande et toujours à l'écoute du terroir.

à Estrablin 8 km par ② et D 41 – ✉ 38780 – 3 255 hab. – Alt. 223 m

🏨 **La Gabetière** sans rest 🍃 ⌿ 🛜 ♨ P
269 Le Logis Neuf, sur D 502 – 𝒞 04 74 58 01 31 – www.la-gabetiere.com
– Fermé 25 déc.-17 janv.
12 ch – †62/85 € ††78/85 € – ⌨ 10 €
Dans leur parc, ce charmant manoir du 16ᵉ s. et ses annexes ont un petit air
bucolique. Les chambres adoptent des styles variés et soignés (bonbonnière, provençal, ancien...). Pour les loisirs : une piscine et une aire de jeux.

à Chonas-l'Amballan 9 km au Sud par ④ et N 7 – ✉ 38121 – 1 557 hab. – Alt. 250 m

🏨 **Les Jardins de Clairefontaine** 🍽 🌿 ⌿ ♨ ✗ 📶 ♿ AC 🛜 ♨ P
chemin des Fontanettes – 𝒞 0474588152 – www.domaine-de-clairefontaine.fr
– Fermé 19 déc.-19 janv.
25 ch – †140/180 € ††140/180 € – ⌨ 15 € – ½ P
Rest Domaine de Clairefontaine ❄ – voir les restaurants ci-après
Tranquillité, espace et verdure : un environnement de choix pour ces chambres
aménagées dans les anciennes écuries du domaine. Charme champêtre et atmosphère apaisante font leur effet...

Le Cottage de Clairefontaine

616 chemin du Marais – ℰ 04 74 58 83 28 – www.domaine-de-clairefontaine.fr
– Fermé 9-22 fév.
11 ch – †95/200 € ††95/200 € – 1 suite – 立 13 € – ½ P
Rest *Le Cottage* – voir les restaurants ci-après
Ce Cottage – en fait une ancienne ferme – est niché dans le calme d'un petit
hameau sur les hauteurs du Rhône. Passé le grand hall de réception, on découvre
des chambres bien agencées, décorées dans les tons blanc et gris, avec du mobilier contemporain.

Domaine de Clairefontaine (Philippe Girardon)

chemin des Fontanettes – ℰ 04 74 58 81 52 – www.domaine-de-clairefontaine.fr
– Fermé 19 déc.-19 janv., lundi et mardi
Formule 25 € – Menu 33 € (déj. en semaine), 52/115 € – Carte 55/95 €
Cette élégante demeure du 18ᵉ s., nichée dans un parc de trois hectares, fut jadis
une villégiature pour les évêques de Lyon. C'est dans un cadre chaleureux que
l'on déguste une cuisine raffinée et subtile, qui révèle toute la saveur de produits
de qualité. Belle partition !
→ Foie gras de canard selon les quatre saisons. Pigeon des terres froides de
l'Isère, jus au vin de griotte. Stradivarius au chocolat, lait de poule aux noix de
Grenoble torréfiées.

Le Cottage – Hôtel le Cottage

616 chemin du Marais – ℰ 04 74 58 83 28 – www.domaine-de-clairefontaine.fr
– Fermé 9-22 fév.
Formule 22 € ☉ – Menu 26 € (déj. en semaine), 28/28 € – Carte 31/50 €
Le restaurant du Cottage est le nouveau repaire de Philippe Girardon, chef dont
la passion et l'expérience sont incontestables ; il réalise ici une cuisine bistrotière
à base de beaux produits frais, que l'on dévore dans la grande salle à manger ou
en terrasse, à l'ombre des platanes...

VIENNE-EN-VAL

✉ 45510 (Loiret) – 1 936 hab. – Alt. 112 m – Voir carte n°**12**-C2
▶ Paris 157 km – La Ferté-St-Aubin 22 km – Montargis 57 km – Orléans 23 km
Carte Michelin 318-J5

Auberge de Vienne

2 rte d'Orléans – ℰ 02 38 58 85 47 – www.aubergedevienne.com
– Fermé 16 fév.-10 mars et 24 août-8 sept.
Formule 20 € – Menu 29 € (semaine) – Carte 50/70 €
Dans cet ancien relais de poste du 19ᵉ s., aux portes de la Sologne, on se régale
d'une bonne cuisine classique qui évolue au gré des saisons. La spécialité de la
maison : le feuilleté de poires flambées à l'alcool de poire d'Olivet. Cadre feutré,
avec feu de cheminée l'hiver.

VIENNE-LE-CHÂTEAU

✉ 51800 (Marne) – 562 hab. – Alt. 129 m – Voir carte n°**14**-C2
▶ Paris 236 km – Châlons-en-Champagne 52 km – Saint-Memmie 50 km –
Verdun 49 km
Carte Michelin 306-L7

rte de Binarville 1 km au Nord par D 63 –✉51800 Vienne-le-Château

Le Tulipier

r. St-Jacques – ℰ 03 26 60 69 90 – www.letulipier.com – Fermé le week-end
de déc. à mars
35 ch – †84 € ††95 € – 立 11 € – ½ P
Sur les hauteurs du village, les amateurs de calme et de nature apprécieront cet
hôtel bordant la forêt d'Argonne. En plus de sa piscine couverte, c'est un bon
point de chute pour des activités de plein air. Une bonne adresse !

VIERZON

✉ 18100 (Cher) – 26 743 hab. – Alt. 122 m – Voir carte n°**12**-C2
◩ Paris 207 km – Bourges 39 km – Châteauroux 58 km – Orléans 84 km
Carte Michelin 323-I3 – Guide Vert Michelin Limousin Berry

XX **Les Petits Plats de Célestin** 🈯 �& 🆗 ⇦

20 av. Pierre-Sémard, (face à la gare) – ℰ 02 48 83 01 63
– www.lespetitsplatsdecelestin.com – Fermé 1ᵉʳ-10 mars, 3-12 mai, 16 août-1ᵉʳ
sept., 4-13 janv., dim. et lundi
Formule 20 € – Menu 25/39 € – Carte 32/50 €
"Des petits plats réconfortants, qu'on aime retrouver" : voilà ce que défend ce
Célestin ! La terrine et le saumon fumé comptent parmi les incontournables de
la maison, et l'on peut aussi se régaler d'un sandre au beurre rouge, d'une duxelles d'escargots ou d'une terrine de campagne aux champignons... Épatant.

à Méreau 4 km au Sud par D 918, rte d'Issoudun – ✉ 18120 – 2 437 hab. – Alt. 106 m

⌂ **Château le Briou d'Autry** sans rest ⌂ ⌂ 🈳 🛜 🅿

31 r. d'Autry – ℰ 06 88 49 98 98 – www.lebrioudautry.fr – Fermé 2 semaines
en août
5 ch ⌂ – †92/124 € ††92/124 €
Cette gentilhommière du 19ᵉ s. cultive l'esprit maison de famille. "Rodin", "George
Sand"... chaque chambre honore la mémoire d'un artiste. Aux beaux jours, on profite du parc.

rte de Tours 2,5 km au Nord-Ouest – ✉ 18100

XX **Le Champêtre** 🈯 ⇦ 🅿

89 rte de Tours – ℰ 02 48 75 87 18 – wwwlechampetre.com – Fermé 1 semaine
en fév., 20-30 août, dim. soir, lundi soir, mardi soir et merc.
Formule 19 € – Menu 23 € (semaine)/40 € – Carte 34/49 €
Une petite maison sympathique à la sortie de la ville. On y apprécie de savoureuses recettes du terroir dans un cadre un rien champêtre. Une adresse familiale où
se restaurer à prix raisonnables.

VIEUX-MOULIN – 60 (Oise) ➜ voir Compiègne

VIEUX-VILLEZ – 27 (Eure) ➜ voir Gaillon

VIGNOUX-SUR-BARANGEON

✉ 18500 (Cher) – 2 125 hab. – Alt. 157 m – Voir carte n°**12**-C3
◩ Paris 215 km – Bourges 26 km – Cosne-Cours-sur-Loire 69 km – Gien 70 km
Carte Michelin 323-J3

XXX **Le Prieuré** avec ch ⌂ ⌂ 🈯 🏊 & rest, 🆗 ch, 🛜 🅿

r. Jean Graczyk – ℰ 02 48 51 58 80 – www.le-prieure-hotel.com – Fermé vacances
de fév. et de la Toussaint, mardi et merc. hors saison
6 ch ⌂ – †60/90 € ††60/90 € – ½ P
Formule 18 € ⵙ – Menu 23 € (déj. en semaine), 28/35 € – Carte 28/43 €
Dans cet ancien presbytère du 19ᵉs., la gourmandise est loin d'être un péché ! On
y apprécie une cuisine dans l'air du temps : râble de lapin au romarin et son
caviar d'aubergines, meringue glacée à l'arabica et mousse vanille… À déguster
dans un décor clair, presque monacal. Belle terrasse.

VILLARD-DE-LANS

✉ 38250 (Isère) – 4 038 hab. – Alt. 1 040 m – Voir carte n°**45**-C2
◩ Paris 584 km – Die 67 km – Grenoble 34 km – Lyon 123 km
Carte Michelin 333-G7 – Guide Vert Michelin Alpes du Nord

⌂ **La Roseraie** ▯◯ ≤ ⌂ 🏢 🛜 🅿

309 av. Nobecourt – ℰ 04 76 95 11 99 – www.hotellaroseraie.com
– Fermé 5-18 avril et 5 nov.-15 déc.
20 ch – †79/139 € ††95/145 € – ⌂ 12 € – ½ P
Rest La Doline – voir les restaurants ci-après
Un joli rendez-vous à l'écart du village... Dans les étages, la vue sur le Vercors
est une invitation à la promenade. On aime autant les chambres, cosy et bien
décorées, que le restaurant, qui invite à la gourmandise.

La Doline – Hôtel La Roseraie

309 av. Nobecourt – ✆ 04 76 95 11 99 – www.ladoline.com – Fermé 5-18 avril, 5 nov.-15 déc. et le midi en hiver

Menu 25/39 € – Carte 39/59 €

Sous l'égide d'un jeune chef autodidacte, une petite table qui invente et s'invente. Le décor allie montagne et modernité, de même la carte : pièce de veau bio et ses ravioles de Romans, "cèpes du Vercors" (ces délicieuses meringues), etc.

au Sud-Ouest par D 215 et rte du col du Liorin – ✉ 38250 Villard-de-Lans

Auberge des Montauds

à Bois Barbu, aux Montauds : 4 km – ✆ 04 76 95 17 25 – www.auberge-des-montauds.fr – Fermé 7 avril-1er mai et 3 nov.-18 déc.

11 ch – †63/92 € ††75/92 € – ☕ 8 € – ½ P

Posée sur les alpages, en altitude, cette ancienne ferme semble vivre en symbiose avec la nature... Les chambres sont typiquement régionales et, à l'heure des repas, on peut manger raclette, fondue, truite fumée ou tête de veau. Une bouffée de Vercors.

La Ferme du Bois Barbu avec ch

à Bois-Barbu : 3 km – ✆ 04 76 95 13 09 – www.fermeboisbarbu.com – Fermé 17 oct.-2 nov. et merc. midi

8 ch – †72/75 € ††72/75 € – ☕ 10 € – ½ P

Formule 24 € – Menu 16 € (semaine), 21/29 €

Non loin des pistes de ski de fond et des chemins de randonnée, dans un environnement préservé – que la région est pittoresque ! –, une adresse sympathique, montagnarde mais nullement rude : au cœur de l'hiver, par exemple, le bon feu de cheminée va si bien à la cuisine du terroir...

au Balcon de Villard rte Côte 2000, 4 km au Sud-Est par D 215 et D 215B – ✉ 38250

Les Playes

Les Pouteils Côte 2000 – ✆ 04 76 95 14 42 – www.hotel-playes.com – Ouvert 12 mai-28 sept. et 13 déc.-13 avril

20 ch – †85/110 € ††98/140 € – ☕ 12 € – ½ P

Aux commandes de ce grand chalet, deux frères ont repris le flambeau à la suite de leurs parents. Avec en héritage, le souci de bien faire : les chambres sont coquettes, fidèles à l'esprit local, et la cuisine rend hommage aux produits du terroir.

à Corrençon-en-Vercors 6 km au Sud par D 215 – ✉ 38250 – 358 hab. – Alt. 1 105 m

Hôtel du Golf

Les Ritons – ✆ 04 76 95 84 84 – www.hotel-du-golf-vercors.fr – Ouvert 1er mai-24 oct. et 20 déc.-28 mars

17 ch – †100/120 € ††125/225 € – 5 suites – ☕ 14 € – ½ P

Rest *Le Bois Fleuri* ✿ – voir les restaurants ci-après

Quelle métamorphose pour ce qui n'était il y a cinquante ans qu'une minuscule auberge... L'œuvre de trois générations successives, qui ont créé un bel établissement sans perdre l'esprit de famille (aujourd'hui, le benjamin de la fratrie, menuisier, assure le travail du bois !). Espace, calme, grand confort, prestations variées : on quitte les lieux à regret...

Les Clarines

Les Ravauds – ✆ 04 76 95 81 81 – www.lesclarines.com – Fermé 6-30 avril et 2 nov.-18 déc.

16 ch – †100/185 € ††100/185 € – ☕ 14 € – ½ P

L'ambiance est chaleureuse dans ce petit hôtel situé au centre du village, à deux pas de l'église. Dans un décor montagnard actuel, on se prélasse au coin du feu ou dans l'espace spa, moderne et confortable (avec sauna, hammam et jacuzzi).

✗✗ **Le Bois Fleuri** – Hôtel du Golf

❀ ⪡ 🖐 🎍 **P**

🟢 *Les Ritons* – ✆ 04 76 95 84 84 – www.hotel-du-golf-vercors.fr
– *Ouvert 1er mai-24 oct. et 20 déc.-28 mars et fermé le midi sauf sam., dim. et fériés*
Menu 42/110 € – Carte 88/108 €

Point de ski de fond dans ce restaurant : le chef aime sortir des sentiers déjà tracés, mêler les saveurs et bousculer les papilles. Sa cuisine est équilibriste, et tissée autour d'une belle sélection de produits – notamment du Vercors... Côté vin, la carte honore les côtes-du-rhône, les bourgognes et les bordeaux.

→ Cèpe de Chartreuse cuit en croûte de pain, saucisson de bœuf bio de Méaudre. Pigeon cuit rosé, cuisse confite et rôtie, croquette d'abats, aubergine brûlée, cassis et citron. Mousse au fromage blanc du village et miel bio du Vercors.

LE VILLARS – 71 (Saône-et-Loire) → voir Tournus

VILLARS

✉ 84400 (Vaucluse) – 803 hab. – Alt. 330 m – Voir carte n°**42-E1**
▶ Paris 739 km – Aix-en-Provence 96 km – Avignon 58 km – Marseille 112 km
Carte Michelin 332-F10

✗ **La Table de Pablo**

🏡 🖳 🕸 **P**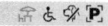

🟢 *Hameau des Petits-Cléments* – ✆ 04 90 75 45 18 – www.latabledepablo.com
– *Fermé 1er janv.-12 fév., merc. sauf le soir en saison, jeudi midi et sam. midi de sept. à mai*
Menu 31/57 € – Carte 41/55 € *(réservation conseillée)*

Pour goûter une cuisine délicate et volontiers créative, à base de beaux produits régionaux, ce restaurant entre vignes et cerisiers est tout trouvé : joue de porc du Ventoux confite au parfum de réglisse, loup en croûte de sel... Mention spéciale pour la paisible terrasse bercée par le chant des cigales !

VILLARS-LES-DOMBES

✉ 01330 (Ain) – 4 411 hab. – Alt. 281 m – Voir carte n°**43-E1**
▶ Paris 433 km – Bourg-en-Bresse 29 km – Lyon 37 km –
Villefranche-sur-Saône 29 km
Carte Michelin 328-D4 – Guide Vert Michelin Lyon et sa région

🏠 **Ribotel** *sans rest*

📶 🤙 🐾 **P**

rte de Lyon – ✆ 04 74 98 08 03 – www.ribotel.fr – *Fermé 20 déc.-12 janv.*
45 ch – †62/66 € ††65/70 € – 🖭 9 €

Une adresse qui dépanne aux portes du parc ornithologique, avec des chambres fonctionnelles et un petit salon pour la détente (fauteuils club, écran LCD). Prix mesurés.

à Bouligneux 4 km au Nord-Ouest par D 2 – ✉ 01330 – 309 hab. – Alt. 282 m

✗ **Le Thou**

🖐 🎍 🖳 🅚 ↺

Le Village – ✆ 04 74 98 15 25 – www.lethou.com – *Fermé 1 semaine début mars, 1 semaine fin août, 1 semaine début déc., 1 semaine fin fév., dim. soir et lundi*
Menu 29/59 € – Carte 40/55 €

Dès l'entrée de cette ancienne auberge de village superbement fleurie, on est séduit par sa charpente vitrée. La carte célèbre les terroirs de la Bresse et de la Dombes (cuisses de grenouilles fraîches, quenelles de volaille aux morilles). Une table appréciée dans les environs.

LA VILLE-BLANCHE – 22 (Côtes-d'Armor) → voir Lannion

VILLECHAUD – 58 (Nièvre) → voir Cosne-Cours-sur-Loire

VILLECOMTAL-SUR-ARROS

✉ 32730 (Gers) – 835 hab. – Alt. 177 m – Voir carte n°**28-A2**
▶ Paris 760 km – Aire-sur-l'Adour 67 km – Auch 48 km – Pau 70 km
Carte Michelin 336-D9

XXX **Le Rive Droite** 🖼 ⇔

*1 chemin Saint-Jacques – ℰ 05 62 64 83 08 – www.lerivedroite.com – Fermé
3-13 nov., merc. midi, lundi et mardi sauf du 15 juil. au 20 août*
Formule 25 € 🍷 – Menu 39/43 € – Carte environ 41 €
George Sand séjourna dans cette élégante chartreuse (18e s.) située au bord de la
rivière. L'ancien et le contemporain s'y mêlent avec brio, et la cuisine honore la tradition autant qu'elle ose une audacieuse créativité. Une adresse de grande qualité.

VILLECROZE

✉ 83690 (Var) – 1 275 hab. – Alt. 300 m – Voir carte n°**41-C3**
▶ Paris 835 km – Aups 8 km – Brignoles 38 km – Draguignan 21 km
Carte Michelin 340-M4 – Guide Vert Michelin Côte d'Azur

au Sud-Est 3 km par rte de Draguignan et rte secondaire – ✉ 83690 Salernes

🏠 **Au Bien Être** 🍽 & 🖕 ⏟ AK 🅿

*chemin du Bien-être – ℰ 04 94 70 67 57 – www.aubienetre.com
– Ouvert mars-oct.*
8 ch – †49/88 € ††49/88 € – ⏟ 9 € – ½ P
Un agréable pied-à-terre provençal, au grand calme, tenu par une famille accueillante. Les chambres sont fraîches et bien entretenues, et l'on profite d'une piscine
dans le jardin. Simplicité et confort !

VILLE D'AVRAY – 92 (Hauts-de-Seine) → voir Paris, Environs

VILLEDIEU-LES-POÊLES

✉ 50800 (Manche) – 3 833 hab. – Alt. 105 m – Voir carte n°**32-A2**
▶ Paris 314 km – Alençon 122 km – Avranches 26 km – Caen 82 km
Carte Michelin 303-E6 – Guide Vert Michelin Normandie Cotentin

🏨 **Manoir de l'Acherie** 🍽 🦢 🖕 & 🖕 🛜 🖬 🅿

*37 r. Michel-de-l'Épinay, à Ste-Cécile, 3,5 km à l'Est par D 975 et D 554 (sortie 38
sur A 84) – ℰ 02 33 51 13 87 – www.manoir-acherie.fr – Fermé 9-23 fév.
et 13 nov.-5 déc.*
18 ch – †70/120 € ††70/120 € – ⏟ 10 € – ½ P
Rest Manoir de l'Acherie 🏵 – voir les restaurants ci-après
Non loin de Villedieu-les-Poêles, ce manoir du 17e s. accueille les voyageurs dans
une ambiance familiale et rustique : le bois des poutres et des meubles se mêle à
la paille des chaises et à la pierre d'une grande cheminée... Jolie étape dans le
bocage normand !

🏨 **Le Fruitier** 🍽 🔌 & 🛜 🖬 🦢

3 r. Jules-Ferry, (pl. des Costils) – ℰ 02 33 90 51 00 – www.le-fruitier.com
48 ch – †61/114 € ††61/114 € – ⏟ 10 € – ½ P
Dans le centre de la "cité du cuivre", cette hôtellerie familiale a su donner à la
plupart de ses chambres un look contemporain et épuré, bienvenu pour une
étape. On pourra profiter du restaurant traditionnel (avec une formule bistrot au
déjeuner en semaine).

XXX **La Ferme de Malte** avec ch 🦢 🖕 🖼 🔌 & 🛜 🅿

*11 r. Jules-Tétrel – ℰ 02 33 91 35 91 – www.lafermedemalte.fr
– Fermé 24-26 déc., dim. soir, merc. soir et lundi*
4 ch – †80/100 € ††80/100 € – ⏟ 12 €   Menu 23/43 € – Carte 34/53 €
Cette ancienne ferme de l'ordre de Malte abrite des salles chaleureuses donnant
sur une terrasse. Cuisine traditionnelle et quelques préparations dans l'air du
temps. Chambres calmes et confortables pour prolonger l'étape.

XX **Manoir de l'Acherie** – Hôtel Manoir de l'Acherie 🖕 🖼 🍴 🅿
🏵
*37 r. Michel-de-l'Épinay, à Ste-Cécile, 3,5 km à l'Est par D 975 et D 554 (sortie 38
sur A 84) – ℰ 02 33 51 13 87 – www.manoir-acherie.fr
– Fermé 9-23 fév., 13 nov.-5 déc., dim. soir d'oct. à avril et lundi*
Formule 18 € – Menu 22/50 € – Carte 31/80 €
Au cœur du bocage, on se réfugie avec plaisir dans la chaleur de ce manoir du
17e s. Les plats du terroir régional sont à l'honneur, comme les grillades au feu
de bois dans la grande cheminée en pierre... Un vrai moment gourmand, version
pomme et crème fraîche !

VILLEDIEU-SUR-INDRE

✉ 36320 (Indre) – 2 749 hab. – Alt. 135 m – Voir carte n°**11**-B3
▶ Paris 280 km – Bourges 80 km – Châteauroux 14 km – Orléans 155 km
Carte Michelin 323-F5

✗✗ La Gourmandine

1 av. de la Gare – ☏ 02 54 29 87 91 – lagourmandine36 – Fermé 2 semaines en mars et en août, 1 semaine en janv., merc. soir, dim. soir et lundi, Formule 14 € – Menu 17 € (déj. en semaine)/49 € – Carte 44/74 €
Quinze ans passés dans le Puy-de-Dôme, puis retour au pays natal pour créer ce lieu chaleureux, feutré et élégant, où la pierre et le bois se conjuguent parfaitement.... Le patron donne beaucoup et concocte une cuisine très alléchante. Une carte volontairement courte, de beaux produits : on ne manque pas d'appétit !

VILLE-DU-PONT – 25 (Doubs) → voir Montbenoît

VILLEFRANCHE-DE-CONFLENT

✉ 66500 (Pyrénées-Orientales) – 238 hab. – Alt. 435 m – Voir carte n°**22**-B3
▶ Paris 898 km – Mont-Louis 31 km – Olette 11 km – Perpignan 51 km
Carte Michelin 344-F7

✗ L'Odyssée

44 r. St-Jacques – ☏ 04 34 52 93 51 – www.restaurantlodyssee.com – Fermé 12-16 août, 26 déc.-13 fév., mardi d'oct. à mai, dim. soir et lundi
Formule 20 € – Menu 28/60 € – Carte 48/66 €
Tel Ulysse retrouvant l'île d'Ithaque, on retourne avec plaisir à l'Odyssée, ce restaurant situé dans la ville fortifiée. Un jeune couple y concocte des recettes à quatre mains, colorées et fortes en goût, tels ces raviolis de bar et de moules du Mont-St-Michel aux légumes. L'été, on profite du patio : paisible Odyssée !

VILLEFRANCHE-DE-ROUERGUE

✉ 12200 (Aveyron) – 11 742 hab. – Alt. 230 m – Voir carte n°**29**-C1
▶ Paris 614 km – Albi 68 km – Cahors 61 km – Montauban 80 km
Carte Michelin 338-E4

🏠 Les Fleurines sans rest

17 bd Haute-Guyenne – ☏ 05 65 45 86 90 – www.lesfleurines.com
18 ch – ♦69/189 € ♦♦69/189 € – ☷ 11 €
À deux pas de la chapelle des Pénitents-Noirs, une engageante bâtisse en pierre, avec des chambres contemporaines. Sobre et design, mais néanmoins très cosy : le meilleur hôtel du centre-ville.

✗✗ L'Épicurien

8 bis av. Raymond-St-Gilles – ☏ 05 65 45 01 12
– www.restaurant-lepicurien-villefranche.fr – Fermé dim. soir et lundi
Menu 21 € (semaine), 31/60 € – Carte 48/62 €
Cassolette d'escargots en cocotte lutée, pied de cochon cuisiné au foie gras, encornet farci à la mousseline de saumon sauvage : terroir et tradition régionale sont à la carte de ce restaurant rustique et chaleureux. Les amateurs de fraîcheur apprécieront la terrasse abritée, idéale en fin de journée...

✗✗ Côté Saveurs

5 r. Belle-Isle – ☏ 05 65 65 83 64 – www.cote-saveurs.fr – Fermé 1er-15 juil., dim. et lundi
Menu 19 € (déj. en semaine), 31/60 € – Carte 54/66 €
Un lieu dans l'air du temps, cosy et contemporain (pierres apparentes, touches pop). La cuisine, colorée, fraîche et goûteuse, sait mettre en valeur le terroir aveyronnais : caille sur un blinis de cébettes et crème légère à l'arachide, ou encore lapin longuement confit au jus réduit au vin rouge et cumin... un régal !

✗ L'Assiette Gourmande

pl. André Lescure – ☏ 05 65 45 25 95 – lassiettegourmande.fr – Fermé 2 semaines en janv., dim. soir de nov. à mi-avril et merc.
Menu 15 € (semaine), 20/26 € – Carte 23/46 €
Au cœur de la vieille ville, cette maison du 13e s., rustique à souhait, est l'endroit idéal pour savourer des grillades et de bons petits plats régionaux... et cela se sait : le restaurant a très bonne réputation alentour !

au Farrou Nord 4 km par D 1^E – ✉ 12200

🏠 **Relais de Farrou** 〇 🦮 ⌧ ⅛ ❤ ♿ 𝔸ℂ 🛜 ♨ 🅿 ᗡ
– ☏ 05 65 45 18 11 – www.relaisdefarrou.com – Fermé 3-17 nov., 22-28 déc. et 25 janv.-7 fév.
26 ch – ♦72/106 € ♦♦84/122 € – ⌂ 11 € – ½ P
Rest *Relais de Farrou* – voir les restaurants ci-après
Entre route et rivière, ce relais de poste né en 1792 a su rester jeune et frais ! Les chambres sont contemporaines et confortables, et tout invite à se détendre : le tennis, le minigolf, la piscine, ou encore le fitness...

🍴 **Relais de Farrou** 🏦 🦮 🏠 ♿ 𝔸ℂ 🅿
– ☏ 05 65 45 18 11 – www.relaisdefarrou.com – Fermé 3-17 nov., 22-28 déc., 25 janv.-7 fév., sam. midi, dim. soir et lundi midi
Formule 16 € – Menu 24/50 € – Carte 42/57 €
Cette maison est chargée d'histoire : c'était autrefois un relais de poste, c'est désormais un relais gourmand ! Demi-homard grillé à la mousseline de pommes de terre aux truffes, veau de l'Aveyron à l'aligot et caviar d'aubergine : on se régale de jolis petits plats accompagnés de vins bien choisis.

VILLEFRANCHE-SUR-MER

✉ 06230 (Alpes-Maritimes) – 5 416 hab. – Alt. 30 m – Voir carte n°**42**-E2
▶ Paris 932 km – Beaulieu-sur-Mer 3 km – Nice 5 km
Carte Michelin 341-E5 – Guide Vert Michelin Côte d'Azur

Accès et sorties : Voir plan de Nice

🏠 **Versailles** 〇 ≪ ⌧ 🛋 𝔸ℂ 🛜 🅿
7 bd Princesse Grace de Monaco – ☏ 04 93 76 52 52 **k**
– www.hotelversailles.com – Ouvert d'avril à oct.
46 ch – ♦140/160 € ♦♦180/300 € – ⌂ 15 € – ½ P
Quelle vue idyllique sur le golfe ! Dans cet agréable hôtel familial, les chambres – de style contemporain – ont toutes vue balcon ou une terrasse donnant sur la rade. Pour un séjour au rythme de la Grande Bleue...

🏠 **Welcome** sans rest ≪ 🛋 𝔸ℂ 🛜
3 quai Amiral-Courbet – ☏ 04 93 76 27 62 – www.welcomehotel.com **n**
– Fermé 11 nov.-19 déc.
33 ch – ♦149/363 € ♦♦149/363 € – 2 suites – ⌂ 18 €
Welcome : un nom tout trouvé pour cet hôtel accueillant et confortable, jadis fréquenté par Jean Cocteau, qui décora la chapelle St-Pierre voisine. L'emplacement est idéal : face aux flots, chaque chambre dispose d'un balcon envahi par le soleil...

🏠 **La Fiancée du Pirate** sans rest ≪ ⌧ 𝔸ℂ 🛜 🅿
8 bd de la Corne d'Or – ☏ 04 93 76 67 40 – www.fianceedupirate.com **b**
– Fermé 18 nov.-29 déc. et 11 janv.- 5 fév.
15 ch – ♦78/150 € ♦♦88/160 € – ⌂ 12 €
À l'écart de l'agitation portuaire, un hôtel familial des plus sympathiques : les chambres jouent la carte contemporaine, la vue sur la baie est ravissante et, pour l'anecdote, le propriétaire est un ancien footballeur professionnel !

🏠 **La Flore** sans rest ≪ ⌧ 🛋 ♿ ❤ 🛜 🅿 ᗡ
5 bd Princesse Grace de Monaco – ☏ 04 93 76 30 30 – www.hotel-la-flore.fr **e**
31 ch – ♦109/230 € ♦♦179/230 € – ⌂ 12 €
Sur la corniche, cette bâtisse ocre domine la rade de Villefranche. Les chambres, décorées avec sobriété, disposent pour la plupart d'une agréable loggia donnant sur les flots... Aux beaux jours, on prend son petit-déjeuner en terrasse. À noter : quelques chambres familiales en duplex.

🍴 **La Mère Germaine** ≪ 🏠 ♿ ᗡ
9 quai Courbet – ☏ 04 93 01 71 39 – www.meregermaine.com **a**
– Fermé 9 nov.-27 déc.
Menu 47 € – Carte 70/110 €
Poisson frais et fruits de mer depuis 1938 : la Mère Germaine est une institution locale, où Cocteau avait notamment ses habitudes ! On le comprend tant le repas est agréable, attablé en terrasse face au port...

VILLEFRANCHE-SUR-MER

Cauvin (Av. V.) 2
Corderie (Quai de la) 3
Corne d'Or (Bd de la) 5
Courbet (Quai Amiral) 6
Église (R. de l') 7
Foch (Av. du Maréchal) 8
Gallieni (Av. Général) 9
Gaulle (Av. Général-de) 10
Grande-Bretagne (Av. de) 12
Joffre (Av. Maréchal) 14
Leclerc (Av. Général) 15
Marinières (Promenade des) . . . 16
May (R. de) 18
Obscure (R.) 19
Paix (Pl. de la) 20
Poilu (R. du) 22
Pollonais (Pl. A.) 24
Ponchardier (Quai Amiral) 25
Poullan (Pl. F.) 26
Sadi-Carnot (Av.) 28
Settimelli-Lazare (Bd) 30
Soleil d'Or (Av. du) 31
Verdun (Av. de) 32
Victoire (R. de la) 34
Wilson (Pl.) 35

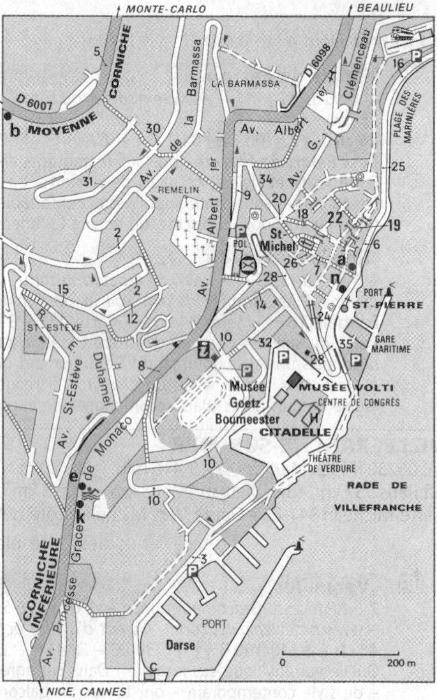

VILLEFRANCHE-SUR-SAÔNE

69400 (Rhône) – 35 640 hab. – Alt. 190 m – Voir carte n°**43**-E1
Paris 432 km – Bourg-en-Bresse 54 km – Lyon 33 km – Mâcon 47 km
Carte Michelin 327-H4 – Guide Vert Michelin Lyon et sa région

Ici & Là

384 bd Louis-Blanc – 04 37 55 09 09 – www.hotelicietla.com Plan : BZ**a**
78 ch – 95/180 € 115/210 € – 15 €
Rest *Belooga* – voir les restaurants ci-après
Un hôtel récent, créé à deux pas du centre-ville. Le bâtiment, très contemporain, répond aux normes Haute Qualité Environnementale ; les chambres se révèlent spacieuses, fonctionnelles et bien insonorisées. Une adresse agréable, ici et nulle part ailleurs.

Newport

610 av. de l'Europe, Z.I. Nord-Est – 04 74 68 75 59 Plan : DX**v**
48 ch – 66 € 76 € – 8 € – ½ P
Jouxtant le parc des expositions, près d'une route très passante, cet hôtel-restaurant est certes sans charme notable, mais très bien insonorisé, frais et soigneusement tenu. Bienvenu lors d'un déplacement professionnel ou autre.

La Ferme du Poulet avec ch

ch,
180 r. Georges-Mangin, Z.I. Nord-Est – 04 74 62 19 07 Plan : DX**s**
– www.lafermedupoulet.com – Fermé août, 1 semaine en déc., dim. soir et lundi
9 ch – 98 € 128 € – 16 € – ½ P
Menu 24 € (déj.), 36/75 € – Carte environ 64 €
Joli endroit que cette ferme du 17e s. tout en pierre, transformée en hôtel-restaurant. L'établissement est le repaire d'un couple de professionnels, qui a modernisé le décor et propose une cuisine de tradition fraîche et bien tournée, dans la lignée de la réputation des lieux.

Belooga – Hôtel Ici & Là

384 bd Louis-Blanc – ℰ 04 37 55 09 09 – www.hotelicietla.com — Plan : BZ**a**
Formule 19 € – Menu 24/65 € – Carte 49/69 €
Une brasserie chic et contemporaine, supervisée par les chefs Hervé Raphanael et
Guy Lassausaie. Tout y est fait maison, des amuse-bouches aux desserts, et le
menu change chaque semaine. Tartare de féra à l'huile de noisette, caille rôtie
dans sa cocotte aux raisins "prémices des vendanges" : original et savoureux !

Le Juliénas - Fabrice Roche

236 r. d'Anse – ℰ 04 74 09 16 55 – www.restaurant-lejulienas.com — Plan : BZ**v**
– Fermé 3 semaines en août, 1ᵉʳ-7 janv., sam. midi, lundi soir et dim.
Menu 27 € (déj.), 42/75 € – Carte 71/85 €
Du nom d'un cru du Beaujolais bien connu, cette table honore les produits de la
région… et la bonne cuisine en général. Le chef concocte une carte d'une belle
finesse, subtile et très aromatique. Un vrai plaisir ! Décor contemporain, avec une
agréable terrasse côté jardin.
➔ Foie gras poêlé, consommé de fruits rouges, cardamome et romarin. Pièce de
bœuf charolais, condiments cassis-cumin, jus aux olives. Fraises liées au jus,
mousse de lait vanillée, crème glacée basilic.

à Jassans-Riottier 4 km à l'Est par D 904 – ✉ 01480 – 6 044 hab. – Alt. 180 m

L'Embarcadère

15 av. de la Plage – ℰ 04 74 07 07 07 – www.georgesblanc.com – Fermé nov.
Formule 22 € 🍷 – Menu 27/55 € – Carte 39/57 €
"Cuisine de campagne au bord de l'eau" : voilà le credo de cette adresse griffée
Georges Blanc, au bord de la Saône, entre guinguette chic et brasserie contempo-
raine. Œuf de poule cressonnière aux escargots de Bourgogne, poulet de Bresse à
la crème : une tradition très tendance… Embarquement immédiat !

VILLEFRANCHE-SUR-SAÔNE

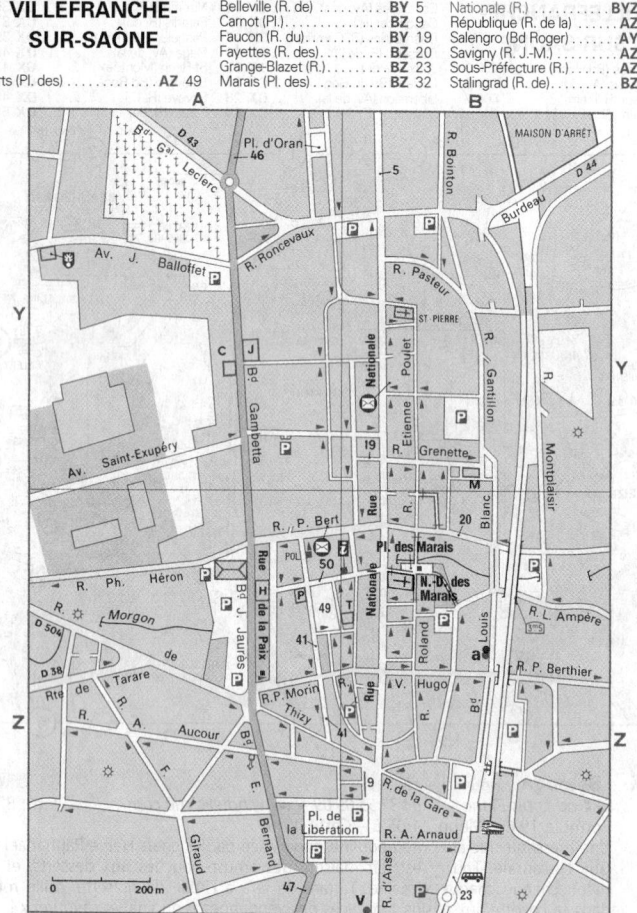

VILLEGENON

✉ 18260 (Cher) – 235 hab. – Alt. 297 m – Voir carte n°**12**-C2
▶ Paris 190 km – Bourges 49 km – Nevers 83 km – Orléans 82 km
Carte Michelin 323-L2

✗ La Récréation Gourmande 🎴 ⬥ AC ❀ P

Le Bourg – ✆ 02 48 73 45 36 – *Fermé 1ᵉʳ-15 juil., 26 déc.-8 janv., lundi soir, mardi soir et merc.*
Formule 12 € – Menu 20/27 € – Carte 26/39 €
Dans cette ancienne école, où trône un vieux poêle surmonté d'un bonnet d'âne, les mauvais élèves ne sont pas mis au pain sec et à l'eau ! Quel que soit le niveau de la classe, tout le monde se régale d'une cuisine de produits généreuse et goûteuse. Une agréable Récréation Gourmande...

VILLEMAGNE-L'ARGENTIÈRE – 34 (Hérault) → rattaché à Bédarieux

VILLEMONTAIS

✉ 42155 (Loire) – 977 hab. – Alt. 466 m – Voir carte n°**44-A1**
▶ Paris 404 km – Lyon 95 km – Roanne 13 km – Vichy 77 km
Carte Michelin 327-C4

⌂   **Domaine du Fontenay** sans rest   🔊 ⬅ ⚙ 📶 **P**
Lieu-dit Fontenay – ℰ *04 77 63 12 22 – www.domainedufontenay.com*
4 ch ☖ – ♦70 € ♦♦80 €
Au cœur de ce domaine viticole de la Côte Roannaise, entre les ceps, une belle
maison de métayer (1869), confortable et parfaitement tenue : on y pose ses valises avec plaisir. Les propriétaires aiment partager avec leurs hôtes leur passion
de la vigne !

VILLEMOYENNE

✉ 10260 (Aube) – 761 hab. – Alt. 130 m – Voir carte n°**13-B3**
▶ Paris 184 km – Troyes 21 km – Bar-sur-Aube 46 km – Châtillon-sur-Seine 51 km
Carte Michelin 313-F4

X   **Caffè Cosi**   🔊 ⬅ ⟳
30 r. Marcellin-Lévêque – ℰ *03 25 43 68 68 – Fermé merc. soir et jeudi soir
de déc. à mars, dim. soir, lundi et mardi*
Formule 21 € – Menu 32 €
Un ancien café de village transformé en trattoria italienne, ce n'est pas banal...
mais quand, en plus, il est tenu par la même famille depuis trois générations, on
tient là une véritable saga ! Les spécialités de la Botte sont revisitées avec soin et
fraîcheur ; le plat de jour est à prix doux : une adresse qui sort du lot.

VILLENEUVE-D'ASCQ – 59 (Nord) → voir Lille

VILLENEUVE-DE-BERG

✉ 07170 (Ardèche) – 2 836 hab. – Alt. 320 m – Voir carte n°**44-B3**
▶ Paris 628 km – Aubenas 16 km – Largentière 27 km – Montélimar 27 km
Carte Michelin 331-J6 – Guide Vert Michelin Ardèche Drôme

XX   **Auberge de Montfleury**   🔊 ⚙ **P**
à la gare, 4 km à l'Ouest par N 102, rte d'Aubenas – ℰ *04 75 94 74 13
– www.auberge-de-montfleury.fr – Fermé 17-30 mars, 15-30 nov., dim. soir, lundi
et mardi*
Formule 19 € – Menu 34/69 € – Carte 50/59 €
Le chef, un véritable passionné, compose de très belles assiettes entre terroir et
modernité ; les produits sont de qualité et les recettes témoignent d'une véritable
envie de faire plaisir. Son épouse n'est pas en reste, assurant, dans l'élégant cadre
contemporain de la salle, un service à la fois efficace et chaleureux !

XX   **La Table de Léa**   ⬅ 🔊 ⬅ 🅰 **P**
Le Petit Tournon, 1,5 km au Sud-Ouest par D 558 – ℰ *04 75 94 70 36
– www.restaurant-table-lea.com – Fermé nov., merc. soir et le midi du lundi au
jeudi*
Menu 26/60 € – Carte environ 58 € *(réservation conseillée)*
Dans cette ancienne grange, la chef élabore une cuisine du marché assez personnelle. Pendant ce temps-là, on profite de la belle terrasse sous les marronniers...

VILLENEUVE-LA-GARENNE – 92 (Hauts-de-Seine) → voir Paris, Environs

VILLENEUVE-LA-SALLE – 05 (Hautes-Alpes) → voir Serre-Chevalier

VILLENEUVE-LE-ROI – 94 (Val-de-Marne) → voir Paris, Environs

VILLENEUVE-LÈS-AVIGNON

✉ 30400 (Gard) – 12 266 hab. – Alt. 23 m – Voir carte n°**23-D2**
▶ Paris 678 km – Avignon 8 km – Nîmes 46 km – Orange 28 km
Carte Michelin 339-N5 – Guide Vert Michelin Provence

Plan : voir à Avignon

Le Prieuré

7 pl. du Chapitre – ℰ 04 90 15 90 15 – www.leprieure.com
– Ouvert d'avril à nov.   Plan : AV**t**
25 ch – †150/731 € ††150/731 € – 13 suites – ⌂ 27 € – ½ P
Rest Le Prieuré ✿ – voir les restaurants ci-après
Le palais des Papes n'est pas si loin... Au cœur de la cité médiévale de Villeneuve,
ce prieuré du 14ᵉ s. distille un je-ne-sais-quoi d'exclusivité. Vieilles pierres, dernier
chic contemporain, superbe jardin... à l'écart du monde.

La Magnaneraie

37 r. Camp-de-Bataille – ℰ 04 90 25 11 11   Plan : AV**b**
– www.magnaneraie.najeti.fr – Ouvert 7 mars-1ᵉʳ nov.
32 ch – †115/265 € ††115/265 € – 2 suites – ⌂ 16 € – ½ P
Rest La Magnaneraie – voir les restaurants ci-après
Cette élégante demeure du 15ᵉ s. propose des chambres contemporaines (styles
romantique, colonial...). Bar ouvert sur une terrasse ombragée de platanes, jardin
fleuri.

La Suite sans rest

65-67 r. de la République – ℰ 04 90 21 51 07
– www.hotellasuite.fr – Ouvert de mi-avril à mi-oct.   Plan : AV**a**
6 ch – †142/255 € ††142/360 € – 3 suites – ⌂ 10 €
Au cœur de la ville, ce petit hôtel de charme se niche dans une ancienne biscui-
terie du 17ᵉ s. Les chambres et les suites ont chacune leur univers : ethnique,
années pop, urbain... Bel espace détente et joli jardin. Une adresse à croquer !

XXX Le Prieuré – Hôtel Le Prieuré
✿

7 pl. du Chapitre – ℰ 04 90 15 90 15 – www.leprieure.com
– Ouvert d'avril à nov. et fermé dim. soir, mardi midi et lundi sauf de mai à sept.
Plan : AV**t**
Formule 40 € ♀ – Menu 50 € ♀ (déj.), 78/140 € – Carte 110/124 €
Une seule prière pour cette table bucolique : des produits de saison, mis en
valeur au fil du calendrier... Les préparations sont fines et délibérément simples.
Entre rosiers et glycine séculaire, la terrasse se révèle charmante.
→ Soupe glacée de homard bleu, caviar allégé à la crème fouettée. Agneau de
lait en trois façons, cannelloni d'aubergine à la menthe. Pêche de pays à la ver-
veine, parfait vanille et croustillant muesli.

XXX La Magnaneraie – Hôtel La Magnaneraie

37 r. Camp-de-Bataille – ℰ 04 90 25 11 11   Plan : AV**b**
– www.magnaneraie.najeti.fr – Ouvert 7 mars-1ᵉʳ nov. et fermé merc. midi et
dim. d'oct. à avril et sam. midi
Formule 19 € – Menu 26 € (déj. en semaine), 36/51 € – Carte 43/73 €
La Provence s'invite à la table de ce bel établissement des environs d'Avignon !
Terrine de foies de volaille, pavé de thon grillé et sa ratatouille, autant de préparations goûteuses et soignées que l'on déguste dans une salle élégante, éclairée
par un puits de jour.

VILLENEUVE-LÈS-BÉZIERS – 34 (Hérault) → voir Béziers

VILLENEUVE-LOUBET

✉ 06270 (Alpes-Maritimes) – 14 995 hab. – Alt. 10 m – Voir carte n°**42**-E2
▶ Paris 915 km – Antibes 12 km – Cannes 22 km – Grasse 24 km
Carte Michelin 341-D6 – Guide Vert Michelin Côte d'Azur

Voir plan de Cagnes-sur-Mer

à Villeneuve-Loubet-Plage – ✉ 06270

Villa Azur

1399 av. de la Batterie – ℰ 04 93 73 08 88   Plan : AZ**v**
– www.villa-azur.com
24 ch – †80/260 € ††95/290 € – ⌂ 12 €
Tout près de la célèbre marina Baie des Anges – complexe hôtelier labellisé
"Patrimoine du 20ᵉ s." –, cette villa accueille les vacanciers dans des chambres
claires et lumineuses, avec balcon. Le soir, on dîne sur la terrasse, en profitant
d'une magnifique vue sur le littoral...

La Flibuste-Martin's

chemin de la Batterie, (Port Marina Baie-des-Anges) — Plan : AY**e**
– ✆ 04 93 20 59 02 – www.restaurantlaflibuste.fr – *Fermé dim. soir de nov.*
à mars et lundi en nov. et en déc.
Formule 18 € – Menu 33 € – Carte 39/107 €
Sur la marina, les flibustiers d'un jour se donnent rendez-vous dans cet endroit plutôt chic pour déguster les produits de la pêche du jour : loup, turbot, chapon, saint-pierre... La bourride est bien entendu à la carte.

VILLENEUVE-SUR-LOT

✉ 47300 (Lot-et-Garonne) – 23 232 hab. – Alt. 51 m – Voir carte n°**4**-C2
▶ Paris 622 km – Agen 29 km – Bergerac 60 km – Bordeaux 146 km
Carte Michelin 336-G3 – Guide Vert Michelin Aquitaine

Le Moulin de Madame

rte de Casseneuil, 2 km au Nord par D 242 – ✆ 05 53 36 14 40
– *www.lemoulindemadame.fr* – *Fermé 21-29 déc.*
33 ch – ♦102/119 € ♦♦129/151 € – ☐ 12 € – ½ P
Un hôtel atypique, ouvert en 2012 dans un ancien moulin. Les chambres, confortables, sont toutes dotées d'une terrasse privative ; quant à celles du rez-de-chaussée, elles disposent d'un carré de pelouse donnant sur le Lot. De quoi vous donner envie de rester !

La Résidence sans rest

17 av. Lazare-Carnot – ✆ 05 53 40 17 03 — Plan : BZ**s**
– *www.hotellaresidence47.com* – *Fermé 26 déc.-12 janv.*
17 ch – ♦39/57 € ♦♦39/57 € – ☐ 8 €
Aux portes de la bastide médiévale, un hôtel fonctionnel et convivial tenu par un jeune couple motivé. Les chambres sont très bien tenues ; préférez toutefois celles – plus claires et calmes – situées côté cour, qui donnent sur les jardins voisins.

La Table des Sens (Hervé Sauton)

8 r. de Penne – ✆ 05 53 36 97 04 – www.latabledessens.com — Plan : BY**a**
– *Fermé 1 semaine en mai-juin, 2 semaines en sept.-oct., 1 semaine en janv.-fév., dim. soir, lundi et mardi*
Menu 26 € (déj. en semaine), 39/89 € – Carte 59/93 €
Dans cette rue commerçante, entre deux achats, arrêtez-vous dans ce restaurant ! Le chef a un joli parcours derrière lui et cela se sent : il travaille de beaux produits du terroir en les agrémentant d'épices et aromates venus d'ailleurs... Il en résulte une cuisine subtile et personnelle, qui célèbre les sens !
→ Raviole de homard bleu, bisque au vadouvan. Ris de veau caramélisé. Soufflé au Grand Marnier.

à Pujols 4 km au Sud-Ouest par D 118 – ✉ 47300 – 3 607 hab. – Alt. 180 m

La Toque Blanche

– ✆ 05 53 49 00 30 – www.la-toque-blanche.com – *Fermé vacances de fév., 24 juin-8 juil., 3 semaines en nov., dim. et lundi*
Formule 23 € – Menu 39/85 € ▼ – Carte 64/101 €
À l'écart de ce pittoresque village, une auberge au décor classique et cossu, où l'on savoure une cuisine traditionnelle fort bien troussée. Jolie terrasse panoramique sur les vallons environnants.

VILLENEUVE-SUR-TARN

✉ 81250 (Tarn) – Alt. 272 m – Voir carte n°**29**-C2
▶ Paris 714 km – Albi 33 km – Castres 67 km – Lacaune 44 km
Carte Michelin 338-G7

Hostellerie des Lauriers

– ✆ 05 63 55 84 23 – www.leslauriers.net – *Ouvert de mi-mars à mi-oct.*
9 ch – ♦51/64 € ♦♦62/78 € – ☐ 9 € – ½ P
Dans ce petit village, cette maison en pierre du pays (18ᵉ s.) se révèle idéale pour se mettre au vert, avec son parc bordant le Tarn, ses chambres simples et bien tenues, et la cuisine du terroir concoctée par la propriétaire avec des produits du cru et des herbes du potager... Accueillant et familial !

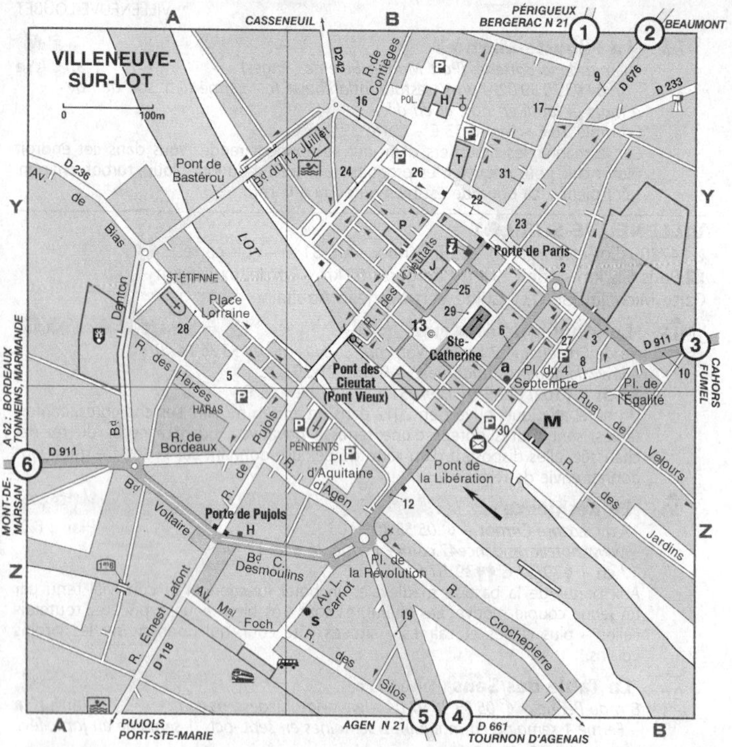

Bernard-Palissy (Bd) . . . . **BY** 2
Darfeuille (R.) . . . . **BY** 3
Droits-de-l'Homme (Pl. des) . . . . **AYZ** 5
La-Fayette (Pl.) . . . . **BY** 13
Fraternité (R. de la) . . . . **BY** 6
Gambetta (Av.) . . . . **BY** 8
Gaulle (Av. Gén.-de) . . . . **BY** 9
Goudounèche (Av. A.) . . . . . **BY** 10
Jeanne-de-France (Av.) . . . . . **BZ** 12
Lamartine (Allée) . . . . **BY** 16
Lattre-de-T. (Av. Mar.-de) . . . **BY** 17
Leclerc (Av. Gén.) . . . . **BZ** 19
Leygues (Bd G.) . . . . **BY** 22
Libération (Pl. de la) . . . . . . **BY** 23
Marine (Bd de la) . . . . **BY** 24
Paris (R. de) . . . . **BY** 25
République (Bd de la) . . . . . . **BY** 26
Ste-Catherine (R.) . . . . **BY** 29
St-Cyr-Cocquard (Bd) . . . . **BY** 27
St-Etienne (R.) . . . . **AY** 28
Valmy (Allées de) . . . . **BZ** 30
Victor-Hugo (Cours) . . . . **BY** 31

VILLENEUVE-TOLOSANE – 31 (Haute-Garonne) ➜ voir Toulouse

VILLENY

✉ 41220 (Loir-et-Cher) – 406 hab. – Alt. 132 m – Voir carte n°**12-C2**
▶ Paris 162 km – Blois 38 km – Orléans 37 km – Romorantin-Lanthenay 32 km
Carte Michelin 318-H6 – Guide Vert Michelin Châteaux de la Loire

Auberge de Villeny

6 Grand-Rue – ✆ 02 54 83 60 73 – www.villeny.com – Fermé dim. soir, lundi soir, mardi soir et merc.

Formule 13 € – Menu 25/35 € – Carte 30/52 €

Une coquette maison solognote à deux pas de l'église du village... logique puisqu'il s'agit de l'ancien presbytère ! Le chef fait plaisir avec sa cuisine assez savoureuse, qui mêle tradition, terroir, idées originales et générosité. Accueil et service aux petits soins.

VILLEREST – 42 (Loire) ➜ voir Roanne

VILLERS-BOCAGE

✉ 14310 (Calvados) – 3 007 hab. – Alt. 140 m – Voir carte n°**32-B2**
▶ Paris 262 km – Argentan 83 km – Avranches 77 km – Bayeux 26 km
Carte Michelin 303-I5 – Guide Vert Michelin Normandie Cotentin

XXX **Les Trois Rois** avec ch   🖨 � P
     2 pl. Jeanne d'Arc – ℰ *02 31 77 00 32* – *www.trois-rois.fr*
     12 ch – ♦♦81/99 € – ☖ 11 € – ½ P   Menu 29/51 € – Carte 59/72 €
     Dans cette maison familiale, plutôt classique et discrètement bourgeoise, le chef,
     véritable passionné, ose une cuisine recherchée, en phase avec la tendance du
     moment. Avis aux gourmands qui voudraient prolonger l'étape : les chambres
     ont été entièrement rénovées.

VILLERS-COTTERÊTS

✉ 02600 (Aisne) – 10 411 hab. – Alt. 126 m – Voir carte n°**37-C3**
▶ Paris 81 km – Compiègne 32 km – Laon 61 km – Meaux 41 km
Carte Michelin 306-A7

🏠 **Le Régent** sans rest   & ⅍ � 🏊 P
     26 r. du Gén.-Mangin – ℰ *03 23 96 01 46* – *www.hotel-leregent.com*
     – *Fermé 11-18 août et 22-29 déc.*
     30 ch – ♦83/90 € ♦♦105/120 € – ☖ 8 €
     Relais de poste du 18ᵉ s., organisé autour d'une cour pavée où trône un bel
     abreuvoir. Chambres au charme d'antan (meubles anciens) agrémentées de peti-
     tes touches contemporaines.

VILLERSEXEL

✉ 70110 (Haute-Saône) – 1 460 hab. – Alt. 287 m – Voir carte n°**17-C1**
▶ Paris 386 km – Belfort 41 km – Besançon 59 km – Lure 18 km
Carte Michelin 314-G7 – Guide Vert Michelin Franche-Comté Jura

🏠 **La Terrasse**   🍽 🖨 � P
     1 r. du quai Militaire, rte de Lure – ℰ *03 84 20 52 11*
     – *www.laterrasse-villersexel.com* – *Fermé vend. soir en janv.-fév.*
     10 ch – ♦52/59 € ♦♦64/85 € – ☖ 8,50 € – ½ P
     Rest *La Terrasse* – voir les restaurants ci-après
     À deux pas de l'office de tourisme, cette coquette maison appartient à la même
     famille depuis 1921. Les chambres, simples et parfaitement tenues, se parent de
     mille couleurs... Comme autant de rayons de soleil résistant au mauvais temps !

XX **La Terrasse**   🖨 🖨 P
     1 r. du quai Militaire, rte de Lure – ℰ *03 84 20 52 11*
∽ – *www.laterrasse-villersexel.com* – *Fermé vend. soir en janv.-fév.*
     Formule 13 € – Menu 16/37 € – Carte 25/53 €
     Comment résister à l'agréable terrasse ombragée de ce restaurant ? D'autant
     qu'on y déguste une goûteuse cuisine traditionnelle où les beaux produits ont la
     part belle. Et par mauvais temps, installez-vous dans la chaleureuse salle rustique.

VILLERS-LE-LAC

✉ 25130 (Doubs) – 4 445 hab. – Alt. 730 m – Voir carte n°**17-C2**
▶ Paris 471 km – Basel 116 km – Besançon 68 km – La Chaux-de-Fonds 18 km
Carte Michelin 321-K4 – Guide Vert Michelin Franche-Comté Jura

🏠 **Le France**   🍽 � 🏊 ∽
     8 pl. Cupillard – ℰ *03 81 68 00 06* – *www.hotel-restaurant-lefrance.com*
     – *Fermé vacances de la Toussaint et 22 déc.-22 janv.*
     12 ch – ♦58/78 € ♦♦68/98 € – ☖ 10 € – ½ P
     Rest *Le France* ✿ – voir les restaurants ci-après
     Cet établissement accueillant perpétue la tradition familiale : quatre générations
     s'y sont succédé depuis 1900 et l'adresse continue de vivre avec son temps.
     Espace bien-être avec des soins d'inspiration asiatique. Les prix sont mesurés.

Le France (Hugues Droz)

8 pl. Cupillard – ℰ 03 81 68 00 06 – www.hotel-restaurant-lefrance.com – Fermé vacances de la Toussaint, 22 déc.-22 janv., mardi midi d'oct. à mai, dim. soir et lundi
Menu 21 € (déj.), 35/80 € – Carte 39/75 €
Maîtrise technique, justesse des associations de saveurs, terroir et invention : Hugues Droz délivre une jolie leçon de cuisine. En salle, son épouse assure un accueil des plus charmants. Une valeur sûre.
→ Variation autour du homard, fleur de caviar, quinoa et bisque. Suprême d'oie aux girolles et noix, sauce savagnin. Transparence bananes-morilles, vinaigre balsamique et glace spéculos.

VILLERS-SUR-MER

✉ 14640 (Calvados) – 2 684 hab. – Alt. 10 m – Voir carte n°**32-A3**
▶ Paris 208 km – Caen 35 km – Deauville 8 km – Le Havre 52 km
Carte Michelin 303-L4 – Guide Vert Michelin Normandie Vallée de la Seine

Domaine de Villers

chemin Belvédère – ℰ 02 31 81 80 80 – www.domainedevillers.fr – Fermé 24-26 déc.
17 ch – †165/295 € ††165/295 € – � 21 €
Rest *Domaine de Villers* – voir les restaurants ci-après
Une situation idéale entre Deauville et Cabourg, sur les hauteurs, avec vue sur la baie... Ce manoir récent abrite des chambres luxueuses, déclinant différents styles : contemporain, marin, Art déco... Et pour se détendre encore davantage, on fait un petit détour au spa !

Domaine de Villers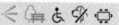

chemin Belvédère – ℰ 02 31 81 80 80 – www.domainedevillers.fr – Fermé 24-26 déc., le midi du lundi au vend.
Menu 38/80 € – Carte 58/108 €
On y vient pour sa terrasse panoramique et son cadre cossu, mais aussi sa cuisine de bonne facture, qui valorise les poissons et fruits de mer de la pêche côtière, les volailles et fromages fermiers... Mais pour en profiter, il faut venir le soir ou le dimanche midi pour le brunch !

VILLERVILLE – 14 (Calvados) → voir Honfleur

VILLETOUREIX

✉ 24600 (Dordogne) – 872 hab. – Alt. 67 m – Voir carte n°**4-C1**
▶ Paris 510 km – Angoulême 59 km – Bordeaux 119 km – Périgueux 35 km
Carte Michelin 329-D4 – Guide Vert Michelin Périgord Quercy

Le Moulin de Larcy

– ℰ 05 53 91 23 89 – www.le-moulin-de-larcy.com
3 ch ⊆ – †195/265 € ††195/265 €
Le murmure de la rivière, la végétation luxuriante, l'intérieur élégant mis en scène par un propriétaire décorateur : ce moulin du 18ᵉ s. est un havre de paix ! Chambres avec salon et cuisine privée. Table d'hôte sur demande.

VILLEURBANNE – 69 (Rhône) → voir Lyon

VILLIÉ-MORGON

✉ 69910 (Rhône) – 1 978 hab. – Alt. 262 m – Voir carte n°**43-E1**
▶ Paris 412 km – Lyon 54 km – Mâcon 23 km – Villefranche-sur-Saône 22 km
Carte Michelin 327-H3 – Guide Vert Michelin Lyon et sa région

à Morgon 2 km au Sud par D 68 – ✉ 69910

Le Morgon

– ℰ 04 74 69 16 03 – www.restaurantlemorgon.fr – Fermé 9-16 juil., 15 déc.-1ᵉʳ fév., fériés le soir, dim. soir, mardi soir et merc.
Menu 17 € (semaine), 21/43 € – Carte 26/45 €
Andouillette, ris de veau, coq au vin... Une halte ancrée dans le terroir et la tradition : voilà ce que propose cette sympathique auberge, située au cœur de ce village viticole beaujolais. L'hiver, réservez donc une table au coin du feu !

VILLIERS-LE-MAHIEU

✉ 78770 (Yvelines) – 700 hab. – Alt. 127 m – Voir carte n°**18-A2**
▶ Paris 53 km – Dreux 37 km – Évreux 63 km – Mantes-la-Jolie 18 km
Carte Michelin 311-G2

Château de Villiers-le-Mahieu

r. du Centre – ✆ 01 34 87 44 25 – www.chateauvilliers.com
– Fermé 23 déc.-1er janv.
95 ch – †245/445 € ††245/445 € – ☕ 21 €
Cerné de tours et de douves en eau, ce château du 17e s. (fondations du 13e s.) mêle charme du passé et goût du confort. Belles prestations dans les chambres (plusieurs annexes aux styles variés), spa de 700 m². Ambiance lounge au restaurant, cuisine actuelle.

VILLIERS-SUR-MARNE

✉ 52320 (Haute-Marne) – Voir carte n°**14-C3**
▶ Paris 282 km – Bar-sur-Aube 41 km – Chaumont 31 km – Neufchâteau 52 km
Carte Michelin 313-K4

La Source Bleue

2 km au Sud par D 194 – ✆ 03 25 94 70 35 – www.hotelsourcebleue.com
– Fermé 20 déc.-7 janv.
12 ch – †80/140 € ††80/140 € – 1 suite – ☕ 12 € – ½ P
Rest *La Source Bleue* – voir les restaurants ci-après
Un joli moulin à eau du 18e s. dans un grand parc baigné par une rivière... Les chambres se trouvent dans une bâtisse plus récente ; décorées dans un esprit Art déco, spacieuses et bien tenues, elles jouissent d'une terrasse privative face à l'étang ou la verdure... En prime : une belle roulotte pour les amateurs !

La Source Bleue

2 km au Sud par D 194 – ✆ 03 25 94 70 35 – www.hotelsourcebleue.com
– Fermé 20 déc.-7 janv., dim. soir, lundi et mardi
Menu 22 € (déj. en semaine), 32/50 € – Carte 48/68 €
On peut aimer les retours aux sources sans pour autant rejeter son époque ! Ici, les gourmands savourent une cuisine traditionnelle revisitée. Les recettes sont bien maîtrisées et accompagnées d'un joli choix de vins. Aux beaux jours, profitez de la terrasse les pieds dans l'eau. Service prévenant.

VINAY – 51 (Marne) ➜ voir Épernay

VINCELOTTES – 89 (Yonne) ➜ voir Auxerre

VINCENNES – 94 (Val-de-Marne) ➜ voir Paris, Environs

VINCEY – 88 (Vosges) ➜ voir Charmes

VINON-SUR-VERDON

✉ 83560 (Var) – 4 200 hab. – Alt. 280 m – Voir carte n°**40-B2**
▶ Paris 775 km – Aix-en-Provence 47 km – Brignoles 52 km – Digne-les-Bains 70 km
Carte Michelin 340-J3

Relais des Gorges avec ch

230 av. de la République – ✆ 04 92 78 80 24 – Fermé vacances de la Toussaint, 20-30 déc. et dim. soir
9 ch – †49 € ††60/70 € – ☕ 8 € – ½ P Menu 19/43 € – Carte 42/62 €
Une auberge bien nommée au cœur de ce village situé aux portes des gorges du Verdon. Avant de partir à la découverte de cette grandiose œuvre de la nature, on fait le plein de saveurs traditionnelles, en toute simplicité : carré d'agneau en croûte persillée, soufflé au Grand Marnier, etc. Quelques chambres pour passer la nuit.

VIOLAY

✉ 42780 (Loire) – 1 338 hab. – Alt. 830 m – Voir carte n°**44-A1**
▶ Paris 439 km – Clermont-Ferrand 119 km – Lyon 56 km – St-Etienne 69 km
Carte Michelin 327-F4

XX **Loïc Picamal** 🔃

(😊) *pl. du Monument* – 𝒞 *04 74 63 95 74* – *www.loic-picamal.com* – *Fermé vacances de fév., 2 semaines en août, 1 semaine en sept., lundi soir d'oct. à mai, mardi soir, dim. soir et merc.*
Formule 14 € – Menu 25/48 € – Carte 35/65 €
Un jeune couple a eu la bonne idée de reprendre cet ancien bar-tabac, et de le transformer en restaurant convivial. On y déguste des préparations franches, soignées, avec des saveurs bien marquées. On conseille notamment d'opter pour la volaille, que le chef achète à la ferme du coin : une merveille...

VIRE

✉ 14500 (Calvados) – 11 936 hab. – Alt. 275 m – Voir carte n°**32-B2**
▶ Paris 296 km – Caen 64 km – Flers 31 km – Laval 103 km
Carte Michelin 303-G6 – Guide Vert Michelin Normandie Cotentin

🏨 **Hôtel de France** 🔟 🛏 ও 🛜 ⚿

4 r. d'Aignaux – 𝒞 *02 31 68 00 35* – *www.hoteldefrancevire.com*
– *fermé 1-15 août, 19 déc.-4 janv., vend. et dim.*
20 ch – 🛏60/70 € 🛏🛏60/70 € – ⏚ 9 € – ½ P
Extérieurement, cette bâtisse en pierre du centre-ville a tout d'une maison de tradition. Néanmoins, les chambres, contemporaines et épurées, sont résolument dans l'air du temps. Idem au restaurant... où l'andouille de Vire est toutefois toujours à l'honneur !

rte de Flers 2,5 km par D 524 – ✉ 14500

XX **Manoir de la Pommeraie** ⬅ 🛜 🅿

(😊) *L'Auverre* – 𝒞 *02 31 68 07 71* – *www.manoirdelapommeraie.com* – *Fermé 20-28 avril, 3-20 août, 2-16 janv., dim. soir et lundi*
Formule 21 € 🍷 – Menu 31/54 € – Carte environ 45 €
Non loin de Vire, une maison du 18ᵉ s. rustique en apparence, délicate en réalité... Aux fourneaux œuvre un couple à la scène comme à la ville : Masako, japonaise et pâtissière, et Julien, formé comme elle dans plusieurs grandes maisons. Salée et sucrée, une bonne table !

VIRÉ

✉ 71260 (Saône-et-Loire) – 1 112 hab. – Alt. 225 m – Voir carte n°**8-C3**
▶ Paris 378 km – Cluny 23 km – Mâcon 20 km – Tournus 19 km
Carte Michelin 320-J11

🏨 **Frédéric Carrion Cuisine Hôtel** 🔟 🛏 ও 🔃 🛜 ⚿

pl. A. Lagrange – 𝒞 *03 85 33 10 72* – *www.relais-de-montmartre.fr*
– *Fermé 11-29 janv.*
10 ch – 🛏150/290 € 🛏🛏150/290 € – ⏚ 22 € – ½ P
Rest *Frédéric Carrion Cuisine Hôtel* ✿ – voir les restaurants ci-après
Au cœur de ce village connu pour son vin blanc, une belle bâtisse en pierre très élégante. Pop ou baroque, mais toujours avec un charme authentique, la déco charme. En complément du restaurant gastronomique, l'espace bien-être est agréable avec son hammam et son jacuzzi... Parfait pour une étape œnotouristique dans la région.

XX **Frédéric Carrion Cuisine Hôtel** 🎴 ও 🔃

(✿) *pl. A. Lagrange* – 𝒞 *03 85 33 10 72* – *www.relais-de-montmartre.fr*
– *Fermé 31 août-5 sept., 11-29 janv., sam. midi, mardi midi et lundi*
Menu 30 € (déj. en semaine), 58/95 € – Carte 77/89 €
Un lieu chic (drapés, lustres en verre de Murano) pour une cuisine tout en finesse. Le chef travaille les beaux produits régionaux et revisite avec soin les saveurs traditionnelles, rehaussées ici et là de quelques notes acidulées. Le tout accompagné d'une riche sélection de vins, en particulier de viré-clessés.
→ Foie gras poêlé, brioche et pêches en pickles. Poularde de Bresse en deux services. Soufflé au Grand Marnier, sorbet agrumes.

VIRY-CHÂTILLON – 91 (Essonne) → voir Paris, Environs

VISCOS

✉ 65120 (Hautes-Pyrénées) – 43 hab. – Alt. 800 m – Voir carte n°**28**-**A3**
Paris 880 km – Pau 75 km – Tarbes 50 km – Argelès-Gazost 17 km
Carte Michelin 342-L7

La Grange aux Marmottes

au village – ✆ 05 62 92 88 88 – www.grangeauxmarmottes.com – Fermé 11 nov.-20 déc.

15 ch – †72/135 € ††72/160 € – ☕ 11 € – ½ P

Rest ***La Grange aux Marmottes*** – voir les restaurants ci-après

À la recherche du calme absolu ? Vous serez séduit par cette ancienne grange en pierre située aux portes du parc national des Pyrénées. Les chambres sont douillettes et mignonnes : idéal pour dormir comme une marmotte en pays toy.

La Grange aux Marmottes

au village – ✆ 05 62 92 88 88 – www.grangeauxmarmottes.com – Fermé 11 nov.-20 déc.

Formule 15 € – Menu 22/35 € – Carte 33/56 €

La déco de ce restaurant est adorable ! Des objets en faïence, des fleurs séchées, du chêne massif ; pas de doute on est bien à la montagne. À table, la Gascogne épouse la Bigorre en noces gourmandes.

VITERBE

✉ 81220 (Tarn) – 353 hab. – Alt. 141 m – Voir carte n°**29**-**C2**
Paris 693 km – Albi 62 km – Castelnaudary 52 km – Castres 31 km
Carte Michelin 338-D8

Les Marronniers

2 Grand Rue – ✆ 05 63 70 64 96 – www.lesmarronniers-viterbe.com – Fermé 7-13 sept., 2-18 nov., lundi soir d'oct. à mars, mardi soir et merc.

Formule 13 € – Menu 21 € (semaine), 30/46 € – Carte 29/48 €

À la sortie du village, cette jolie maison est idéale pour une étape gourmande... Salle bourgeoise, jolie terrasse grande ouverte sur la campagne : on en oublierait presque de parler de la cuisine du chef, traditionnelle et bien ficelée.

VITRAC

✉ 24200 (Dordogne) – 878 hab. – Alt. 150 m – Voir carte n°**4**-**D3**
Paris 541 km – Brive-la-Gaillarde 64 km – Cahors 54 km – Périgueux 85 km
Carte Michelin 329-I7

Plaisance

lieu-dit Le Port – ✆ 05 53 31 39 39 – www.hotelplaisance.com – Ouvert 15 mars-11 nov.

47 ch – †65 € ††72/116 € – ☕ 10 € – ½ P

Dans cette bâtisse régionale construite en 1808 à flanc de rocher, le long de la Dordogne, l'accueil de la propriétaire est un modèle de gentillesse et d'attention. Les chambres sont confortables et plutôt élégantes ; sept d'entre elles se trouvent dans un ancien moulin voisin.

Le Clos Roussillon sans rest

1 km à l'Ouest par D 703 et rte secondaire – ✆ 05 53 28 13 00 – www.closroussillon-perigord.com – Ouvert 10 avril-31 oct.

31 ch – †62/85 € ††62/100 € – ☕ 9 €

Sur les hauteurs de Vitrac, un hôtel des années 1980 au milieu d'un parc. Les chambres sont fonctionnelles et confortables, offrant une vue agréable sur les alentours verdoyants ; certaines ont une kitchenette. Parfait pour un séjour en famille.

La Treille avec ch

Le Port – ✆ 05 53 28 33 19 – www.latreille-perigord.com – Fermé de mi nov. à mi mars, lundi et mardi sauf le soir en saison

8 ch – †51/56 € ††49/65 € – ☕ 9 € – ½ P

Formule 20 € – Menu 31/60 € – Carte 51/70 €

En toute logique, la maison est recouverte de vigne vierge et une treille orne sa terrasse... mais le nom de l'établissement vient du nom des propriétaires, les Latreille ! On y apprécie une copieuse cuisine traditionnelle.

VITRAC

☒ 15220 (Cantal) – 280 hab. – Alt. 490 m – Voir carte n°**5-A3**
▶ Paris 561 km – Aurillac 26 km – Figeac 44 km – Rodez 77 km
Carte Michelin 330-B6

🏠 **Auberge de la Tomette** 🍽 ⚐ ⚏ 🖪 🛜 **P**
– ℰ 04 71 64 70 94 – www.auberge-la-tomette.com – Ouvert 1ᵉʳ avril-11 nov.
17 ch – 🖃 – 📍69/82 € 📍📍99/119 € – ½ P
Une agréable auberge appréciée pour ses chambres claires et actuelles, son environnement fleuri, ses jeux pour enfants et son espace relaxation (sauna, hammam). Originale, la chambre dans une roulotte au fond du jardin !

VITRÉ

☒ 35500 (Ille-et-Vilaine) – 17 106 hab. – Alt. 106 m – Voir carte n°**10-D2**
▶ Paris 310 km – Châteaubriant 52 km – Fougères 30 km – Laval 38 km
Carte Michelin 309-O6 – Guide Vert Michelin Bretagne Sud

🏠 **Ibis** sans rest 📲 ⚐ 🆔 🛜 🚗
1 bd de Châteaubriant, 1 km par rte de Châteaubriant et Redon
– ℰ 02 99 75 51 70 – www.ibis.com
62 ch – 📍63/87 € 📍📍63/87 € – 🖃 10 €
Non loin du centre médiéval, un hôtel récent proposant des chambres fonctionnelles et bien tenues. Préférez celles situées sur l'arrière, plus au calme.

🍴 **Le Petit Bouchon** ⓝ ⚏
37 r. du Petit-Rachapt – ℰ 02 99 74 52 01 – www.lepetitbouchon.com – Fermé le
soir du lundi au jeudi, sam. midi et dim.
Formule 12 € – Menu 25/34 € – Carte 30/45 €
Non loin du centre historique, cette ancienne forge en pierre est devenue le rendez-vous des gastronomes locaux. On les comprend : le chef s'attache à travailler
les bons produits du pays (volaille de Janzé, andouille du Coglais...), qu'il met en
valeur dans des créations soignées et savoureuses. Le tout à prix doux !

VITRY-LE-FRANÇOIS

☒ 51300 (Marne) – 13 106 hab. – Alt. 105 m – Voir carte n°**13-B2**
▶ Paris 181 km – Bar-le-Duc 55 km – Châlons-en-Champagne 33 km – Verdun 96 km
Carte Michelin 306-J10 – Guide Vert Michelin Champagne Ardenne

🏨 **La Poste** 🍽 📲 🍽 🛜 🕍
1 r. Ste-Croix – ℰ 03 26 74 02 65 – www.hotellaposte.com
27 ch – 📍58/80 € 📍📍66/90 € – 🖃 9 € – ½ P
Bien situé face à la collégiale Notre-Dame (17ᵉ-18ᵉ s.), cet hôtel-restaurant traditionnel propose des chambres avant tout fonctionnelles et bien tenues. Une
étape utile.

🏠 **Hôtel de la Cloche** 🍽 🛜 🕍 🚗
34 r. Aristide-Briand – ℰ 03 26 74 03 84 – www.hotel-de-la-cloche.com
– Fermé dim. soir du 1ᵉʳ nov. au 30 avril
22 ch – 📍50/90 € 📍📍59/120 € – 🖃 8 €
Un hôtel-restaurant de tradition, à la fois fonctionnel, bien tenu et un rien vieille
France. Préférez les chambres situées sur l'arrière du bâtiment, nettement plus
calmes. Cuisine classique au Jacques Sautet et brasserie au Vieux Briscard.

VITTEL

☒ 88800 (Vosges) – 5 390 hab. – Alt. 347 m – Voir carte n°**26-B3**
▶ Paris 342 km – Belfort 129 km – Chaumont 84 km – Épinal 43 km
Carte Michelin 314-D3

🍴 **L'Appart** 🆔
227 r. de Verdun – ℰ 03 29 08 42 91 – Fermé 20-31 déc., mardi soir, merc. et sam.
Formule 24 € – Menu 29/44 € – Carte 35/72 € (réservation conseillée)
Dans ce restaurant, créé par deux autodidactes – aujourd'hui rompus au métier
–, le terroir se décline au pluriel. Charcuteries corses et italiennes, foie gras du
Sud-Ouest, sardines de Bretagne... On est embarqué dans un véritable tour de
France de la gourmandise. Un conseil : réservez, vous ne serez pas seul !

à l'Ouest 3 km par r. de la Vauviard –⊠88800 Vittel

L'Orée du Bois 🔟 ⬜⬜⬜⬜⬜⬜⬜⬜⬜⬜P
– ℰ 03 29 08 88 88 – www.loreeduboisvittel.fr
52 ch ⬜ – ♦83/105 € ♦♦93/105 € – ½ P
Face à l'hippodrome, dans un environnement arboré, un grand établissement conçu pour la détente : balnéothérapie, massages, hammam, soins esthétiques... et agréables chambres régulièrement rénovées, dont une vingtaine avec terrasse.

VIUZ-LA-CHIÉSAZ
⊠ 74540 (Haute-Savoie) – 1 257 hab. – Alt. 585 m – Voir carte n°**46-F1**
🛣 Paris 575 km – Annecy 16 km – Bourg-en-Bresse 143 km – Chambéry 43 km
Carte Michelin 328-J6 – Guide Vert Michelin Alpes du Nord

Domaine du Chainet 🔟 ⬜⬜⬜⬜⬜⬜P⬜
– ℰ 06 60 67 18 92 – www.domaine-du-chainet.fr
5 ch ⬜ – ♦80/115 € ♦♦90/115 €
Au bout d'un petit chemin au cœur des prés et des bois – où l'on peut parfois apercevoir des biches –, cette grande ferme en pierre se révèle confortable et douillette. Piscine, espace bien-être et, à la table d'hôte, agréable cuisine concoctée par la fille des propriétaires : du cachet, du charme et... la nature.

VIVÈS – 66 (Pyrénées-Orientales) → voir Boulou

VIVONNE
⊠ 86370 (Vienne) – 3 799 hab. – Alt. 103 m – Voir carte n°**39-C2**
🛣 Paris 354 km – Angoulême 94 km – Confolens 62 km – Niort 67 km
Carte Michelin 322-H6 – Guide Vert Michelin Poitou-Charentes

Le St-Georges 🔟 ⬜⬜⬜
12, Grande Rue, (près de l'église) – ℰ 05 49 89 01 89 – www.hotel-st-georges.com
– Fermé 21 déc.-7 janv.
30 ch – ♦58 € ♦♦68 € – ⬜8 € – ½ P
On raconte que c'est ici même que Ravaillac eut la terrible vision qui le conduisit au régicide... mais n'ayez crainte et dormez tranquille ! Dans cet hôtel, les chambres sont pratiques et bien tenues ; on peut aussi se restaurer d'une cuisine traditionnelle sans prétention, dans un cadre contemporain.

VIVY
⊠ 49680 (Maine-et-Loire) – 2 454 hab. – Alt. 29 m – Voir carte n°**35-C2**
🛣 Paris 311 km – Angers 57 km – Nantes 144 km – Saumur 12 km
Carte Michelin 317-I5

Château de Nazé sans rest ⬜⬜⬜⬜P⬜
– ℰ 02 41 51 80 91 – www.chateau-de-naze.com
5 ch ⬜ – ♦110 € ♦♦125 €
Voilà un bel exemple de néogothique angevin, entouré de douves soit, mais avec piscine. Le parc est très fleuri. Chambres spacieuses et petit-déjeuner maison.

VOIRON
⊠ 38500 (Isère) – 19 579 hab. – Alt. 290 m – Voir carte n°**45-C2**
🛣 Paris 546 km – Chambéry 43 km – Grenoble 29 km – Lyon 85 km
Carte Michelin 333-G5 – Guide Vert Michelin Alpes du Nord

près échangeur A 48 3 km par sortie n° 10

Palladior 🔟 ⬜⬜⬜⬜⬜⬜⬜P
4 r. A.-Bouffard-Roupé – ℰ 04 76 06 47 47 – www.hotel-voiron.fr
82 ch – ♦79/99 € ♦♦79/119 € – ⬜13 €
À proximité de l'échangeur autoroutier, ce bâtiment récent – et cubique – abrite des chambres contemporaines, fonctionnelles et très bien équipées. Un petit côté design que l'on retrouve également au restaurant (menu terroir).

VOISINS-LE-BRETONNEUX – 78 (Yvelines) → voir Paris, Environs (St-Quentin-en-Yvelines)

VOITEUR

✉ 39210 (Jura) – 754 hab. – Alt. 260 m – Voir carte n°**16-B3**
▶ Paris 409 km – Besançon 79 km – Dole 51 km – Lons-le-Saunier 12 km
Carte Michelin 321-D6

 Château Saint-Martin sans rest
par route de Lons-le-Saunier – ✆ *03 84 44 91 87 – www.juranatura.fr – Ouvert*
Pâques-Toussaint
4 ch ☲ – †100 € ††120 €
Un petit château champêtre, des animaux dans le jardin, des propriétaires artistes
(sculpture pour monsieur ; violon pour madame) : atmosphère conviviale garantie ! Les chambres cultivent leur élégance sobre, façon maison de famille (parquet, cheminées en marbre et meubles anciens) : on se sent bien.

VOLLORE-VILLE

✉ 63120 (Puy-de-Dôme) – 728 hab. – Alt. 540 m – Voir carte n°**6-C2**
▶ Paris 408 km – Clermont-Ferrand 58 km – Roanne 63 km – Vichy 52 km
Carte Michelin 326-I8

Château de Vollore sans rest
– ✆ *04 73 53 71 06 – www.chateauvollore.com – Fermé déc. et janv.*
5 ch ☲ – †150/200 € ††180/300 €
Bienvenue dans la demeure du général de La Fayette ! Aujourd'hui propriété de
ses descendants, le château offre une belle vue sur le Sancy. Salons en enfilade,
plafond vertigineux et chambres avec lits à baldaquin… Les historiens, chevronnés ou non, apprécieront.

VOLMUNSTER

✉ 57720 (Moselle) – 854 hab. – Alt. 250 m – Voir carte n°**27-D1**
▶ Paris 431 km – Metz 106 km – Strasbourg 87 km
Carte Michelin 307-P4

※※ **L'Argousier**
⚇ *1 r. de Sarreguemines –* ✆ *03 87 96 28 99 – www.largousier.fr – Fermé lundi soir,*
mardi et merc.
Formule 24 € – Menu 31/60 € – Carte 51/61 € *(réservation conseillée)*
Dans ce restaurant contemporain, la cuisine du jeune chef valorise joliment les
produits de saison et se révèle très convaincante. Les cuissons et assaisonnements
sont justes, les présentations soignées ; quant au service, il est aux petits oignons !

VONNAS

✉ 01540 (Ain) – 2 844 hab. – Alt. 200 m – Voir carte n°**43-E1**
▶ Paris 409 km – Bourg-en-Bresse 23 km – Lyon 69 km – Mâcon 21 km
Carte Michelin 328-C3 – Guide Vert Michelin Bourgogne

 Georges Blanc
pl. du Marché – ✆ *04 74 50 90 90 – www.georgesblanc.com – Fermé janv.*
30 ch – †195/800 € ††195/800 € – 13 suites – ☲ 30 € – ½ P
Rest *Georges Blanc* ✿✿✿ – voir les restaurants ci-après
D'une génération à l'autre, Vonnas est devenu… Blanc. Cette hôtellerie de grande
tradition cultive l'art de recevoir à la bressane ! Luxe sans ostentation, bois, pierre,
superbe parc : une image du terroir qui sait vivre avec son temps.

Résidence des Saules sans rest
pl. du Marché – ✆ *04 74 50 90 90 – www.georgesblanc.com – Fermé janv.*
16 ch – †99/260 € ††99/260 € – 4 suites – ☲ 30 €
Cette très jolie maison fleurie de géraniums est un peu l'annexe de l'hôtel Georges Blanc situé de l'autre côté de la place. Au-dessus de la boutique, les chambres sont confortables et ont même un balcon tandis que celles situées à l'arrière,
plus récentes, sont résolument contemporaines.

XXXX **Georges Blanc** – Hôtel Georges Blanc

🕸🕸🕸 *pl. du Marché – ℰ 04 74 50 90 90 – www.georgesblanc.com – Fermé janv., merc. midi, jeudi midi, lundi et mardi*

Menu 145/240 € – Carte 183/293 € *(réservation conseillée)*

Sa propre grand-mère avait été sacrée "meilleure cuisinière du monde" par Curnonsky. La tradition reste reine à Vonnas, sans être figée ! L'inspiration de Georges Blanc, c'est la Bresse et sa poularde, les sauces aux goûts profonds, les cuissons savantes qui révèlent les saveurs… Le plaisir de manger, tout simplement.

➜ Chartreuse de tourteau et caviar. Éclaté de homard au vin jaune, raviole à l'oseille et morilles. Savarin à la vanille et feuilles d'or, velours chocolat.

X **L'Ancienne Auberge**

pl. du Marché – ℰ 04 74 50 90 50 – www.georgesblanc.com – Fermé janv.

Formule 25 € � – Menu 36 € (déj. en semaine), 40/60 € – Carte 42/74 €

Un décor rétro à la mémoire de l'auberge – ex-fabrique de limonade – ouverte par la famille Blanc à la fin du 19e s. Photos d'époque, affiches anciennes, etc. Ici, on cultive une certaine nostalgie... qui sied à merveille à aux spécialités bressannes proposées par le chef.

VOSNE-ROMANEE

✉ 21700 (Côte-d'Or) – 389 hab. – Alt. 242 m – Voir carte n°**8-D1**

▶ Paris 330 km – Chalon-sur-Saône 49 km – Dijon 21 km – Dole 71 km

Carte Michelin 320-J7 – Guide Vert Michelin Bourgogne

🏨 **Le Richebourg**

ruelle du Pont – ℰ 03 80 61 59 59 – www.hotel-lerichebourg.com – Fermé 20-25 déc.

24 ch – ♦185/285 € ♦♦185/299 € – 2 suites – ⌁ 19 € – ½ P

Au cœur de ce village aux crus si célèbres, un hôtel actuel avec des chambres spacieuses et sobres. Il y a même une salle de séminaire. Et côté détente, rien ne manque : institut de beauté, sauna, hammam... et caviste.

VOUGEOT

✉ 21640 (Côte-d'Or) – 182 hab. – Alt. 239 m – Voir carte n°**8-D1**

▶ Paris 325 km – Beaune 27 km – Dijon 17 km

Carte Michelin 320-J6 – Guide Vert Michelin Bourgogne

🏠 **Le Clos de la Vouge**

1 r. du Moulin – ℰ 03 80 62 89 65 – www.hotel-closdelavouge.com – Fermé 30 nov.-1er mars

10 ch – ♦65/120 € ♦♦65/120 € – ⌁ 12 € – ½ P

Une ancienne ferme à l'entrée du village. Les chambres, petites mais coquettes, sont toutes différentes (rustique, orientale, savane, fleur bleue) et donnent de plain-pied sur la cour ; l'atmosphère est familiale et l'entretien soigné.

🏠 **Hôtel de Vougeot** sans rest

18 r. du Vieux-Château – ℰ 03 80 62 01 15 – www.hotel-vougeot.com – Fermé 20 déc.-20 janv.

16 ch – ♦66/130 € ♦♦66/130 € – ⌁ 12 €

Au cœur d'un domaine viticole, ce petit hôtel a du charme. Chambres sobres et agréables, dont quelques-unes avec terrasse sur les vignes ; cave de dégustation, assiettes de charcuterie et fromages régionaux sur demande... convivialité !

à Gilly-lès-Cîteaux 2 km à l'Est par D 251 – ✉ 21640 – 640 hab. – Alt. 227 m

🏰 **Château de Gilly**

2 pl du Château – ℰ 03 80 62 89 98 – www.chateau-gilly.com

48 ch – ♦170/840 € ♦♦170/840 € – 12 suites – ⌁ 25 € – ½ P

Rest *Clos Prieur* – voir les restaurants ci-après

Dans cet ensemble cistercien des 14e-17e s. règne la plus grande quiétude ! On musarde dans le parc à la française, on fait quelques brasses, puis on paresse près du bassin à truites... avant de trouver un parfait repos dans l'une des chambres – charmantes et raffinées – ou même les somptueuses suites.

🏠 L'Orée des Vignes sans rest 🕭 🖿 ఈ 🕭 🤶

6 rte d'Épernay – 𝒞 03 80 62 49 77 – www.oreedesvignes.com
– Fermé 18 déc.-10 janv.
26 ch – ♦79/195 € ♦♦79/195 € – ☲ 13 €

Dans cette ferme du 16ᵉ s. entièrement rénovée, les chambres sont assez spacieuses, fonctionnelles et bien tenues, à prix doux... Et il y a même un bar à vins dans le caveau.

🍴🍴🍴 Clos Prieur – Hôtel Château de Gilly 🕭 🖿 🛏 🤶 P

– 𝒞 03 80 62 89 98 – http://www.restaurant-closprieur.fr/ – Fermé dim. soir et
lundi du 17 nov. au 9 mars
Formule 23 € Menu 39 € (dîner), 58/78 € – Carte 47/74 €

Dans cette belle salle voûtée d'ogives – jadis cellier des moines (14ᵉ s.) –, on savoure une agréable cuisine gastronomique et l'on se sent vite d'humeur romantique et châtelaine.

à Flagey-Échezeaux 3 km au Sud-Est par D 971 et D 109 – ⌧ 21640
– 486 hab. – Alt. 227 m

🏠 Losset sans rest 🕭 ఈ 🅰🅲 🤶 P

10 pl. de l'Église – 𝒞 03 80 62 46 00 – www.hotel-losset-bourgogne.com
7 ch – ♦85/110 € ♦♦85/140 € – ☲ 12 €

Face à l'église, un hôtel familial avec des chambres confortables, dans un style rustique et chaleureux (poutres, mobilier d'ébéniste, parquet...). Note gourmande : le petit-déjeuner est très copieux.

🏠 Petit Paris sans rest 🕭 🖿 🤶 🤶 P

6 r. du Petit-Paris – 𝒞 03 80 62 84 09 – http://petitparis.bourgogne.free.fr
4 ch ☲ – ♦90 € ♦♦90 €

Un grand parc avec des arbres plus que centenaires, une atmosphère bucolique et un accueil charmant : une vraie maison de campagne que cette bâtisse du 17ᵉ s. Artiste, la propriétaire organise des ateliers de peinture et mosaïque pour enfants et adultes... Mettez-vous au vert !

🍴🍴 Simon 🕭 🛏 🅰🅲 🤶 🔾

12 pl. de l'Église – 𝒞 03 80 62 88 10 – www.restaurant-simon.fr
– Fermé 20 fév.-10 mars, 1ᵉʳ-14 août, 22-28 déc., dim. soir, mardi soir en hiver et
merc.
Menu 19 € (déj. en semaine), 40/75 € – Carte 52/73 € (réservation conseillée)

Dans cette sympathique auberge au cœur du village, on mange bien et à bon compte. Le chef concocte une appétissante cuisine actuelle à base de beaux produits, qui ravit touristes et fidèles. Et l'été, on profite de la jolie terrasse.

VOUGY – 74 (Haute-Savoie) → voir Bonneville

VOUHÉ

⌧ 17700 (Charente-Maritime) – 652 hab. – Alt. 22 m – Voir carte n°**38-B2**
D Paris 444 km – Niort 35 km – Poitiers 111 km – La Rochelle 36 km
Carte Michelin 324-F3

🏠 La Villa Cécile sans rest 🕭 🖿 🛗 🤶 🤶 P
 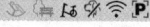

1 r. de Puyravault – 𝒞 05 46 00 61 50 – www.lavillacecile.fr
3 ch ☲ – ♦105/145 € ♦♦105/145 €

Dans un sympathique petit village, une belle maison d'architecte, respectueuse du style local et très cosy... Béton ciré, mobilier contemporain et grand confort dans les chambres, sauna et jacuzzi dans le jardin : idéal pour se ressourcer !

VOUILLÉ

⌧ 86190 (Vienne) – 3 612 hab. – Alt. 118 m – Voir carte n°**39-C1**
D Paris 345 km – Châtellerault 46 km – Parthenay 34 km – Poitiers 18 km
Carte Michelin 322-G5

XX **Cheval Blanc** avec ch

3 r. de la Barre – ☎ 05 49 51 81 46 – www.cheval-blanc-clovis.fr
– Fermé 22 fév.-8 mars et 28 juin-12 juil.
42 ch – †62 € ††62/78 € – ☲ 8,50 € – ½ P
Formule 15 € – Menu 21/47 € – Carte 30/48 €
Saumon fumé maison et sa mascarpone, mignon de porc à la graine de moutarde, flan de poires aux amandes... Étape revigorante dans cet hôtel-restaurant traditionnel, grand ouvert sur la rivière voisine.

VOUVRAY

✉ 37210 (Indre-et-Loire) – 3 062 hab. – Alt. 55 m – Voir carte n°**11-B2**
▶ Paris 240 km – Amboise 18 km – Blois 51 km – Château-Renault 25 km
Carte Michelin 317-N4 – Guide Vert Michelin Châteaux de la Loire

⌂ **Domaine des Bidaudières** sans rest

r. de Peu-Morier, rte de Vernou-sur-Brenne, par D 46 – ☎ 02 47 52 66 85
– www.bidaudieres.com
5 ch ☲ – †125/130 € ††130/150 €
Quel charme ! Ce beau castel en tuffeau du 18e s. domine la vallée de son parc somptueux. Toile de Jouy et meubles chinés dans les chambres, belle piscine et orangerie.

VOVES

✉ 28150 (Eure-et-Loir) – 3 019 hab. – Alt. 146 m – Voir carte n°**12-C1**
▶ Paris 99 km – Ablis 36 km – Bonneval 23 km – Chartres 25 km
Carte Michelin 311-F6

⌂ **Le Quai Fleuri**

15 r. Texier Gallas – ☎ 02 37 99 15 15 – www.quaifleuri.com
20 ch – †75/135 € ††85/155 € – 6 suites – ☲ 14 € – ½ P
Bonne surprise, ce village verdoyant tranche au milieu de la plaine beauceronne, si uniforme... On y trouve cet hôtel récent, flanqué d'un moulin reconstitué, emblème de la région, et son restaurant. Pour plus d'espace et un accès sur le parc, préférez les chambres de l'annexe.

VRON

✉ 80120 (Somme) – 852 hab. – Alt. 15 m – Voir carte n°**36-A1**
▶ Paris 211 km – Abbeville 27 km – Amiens 76 km – Berck-sur-Mer 17 km
Carte Michelin 301-D6

⌂ **L'Hostellerie du Clos du Moulin**

3 r. du Mar.-Leclerc – ☎ 03 22 23 74 75 – www.leclosdumoulin.fr – Fermé 21 déc.-14 janv.
13 ch ☲ – †109/129 € ††149/179 € – ½ P
Un beau jardin, des poutres et des vieilles pierres... du cachet ! Les chambres de ce joli domaine allient douceur champêtre et confort moderne. Pour rêver, comme le faisait Montand, "de la Picardie et des roses qu'on trouve là-bas"...

WAHLBACH – 68 (Haut-Rhin) ➜ voir Altkirch

WAILLY-BEAUCAMP

✉ 62170 (Pas-de-Calais) – 999 hab. – Alt. 39 m – Voir carte n°**30-A2**
▶ Paris 214 km – Amiens 86 km – Arras 89 km – Lille 139 km
Carte Michelin 301-D5

⌂ **La Prairière** sans rest

– ☎ 03 21 81 02 99 – www.laprairiere.com – Fermé 15 nov.-20 fév.
4 ch ☲ – †110/115 € ††115/120 €
Une ancienne ferme (18e s.) réhabilitée avec goût. On s'y repose dans de jolies chambres mêlant mobilier ancien et contemporain. En fin de journée, il fait bon se détendre dans le salon feutré où trône une superbe cheminée en brique et pierre. Au petit-déjeuner, on savoure les confitures maison.

WANGENBOURG

✉ 67710 (Bas-Rhin) – 1 362 hab. – Alt. 452 m – Voir carte n°**1-A1**
▶ Paris 469 km – Molsheim 30 km – Sarrebourg 36 km – Saverne 19 km
Carte Michelin 315-H5

Parc Hôtel

39 r. du Gén.-de-Gaulle – 𝒞 *03 88 87 31 72 – www.parchotelalsace.com*
– Ouvert 1ᵉʳ avril-5 nov.
29 ch – †84/90 € ††84/120 € – ☺ 12 € – ½ P
Cette grande maison vosgienne se dresse dans un parc peuplé d'arbres centenaires, propice à la sérénité... Accueil chaleureux, chambres spacieuses et confortables (modernes ou de style). Cuisine traditionnelle dans un cadre cossu.

LA WANTZENAU – 67 (Bas-Rhin) → voir Strasbourg

WENGELSBACH – 67 (Bas-Rhin) → voir Niedersteinbach

WESTHALTEN
✉ 68250 (Haut-Rhin) – 974 hab. – Alt. 240 m – Voir carte n°**1-A3**
🚗 Paris 480 km – Colmar 22 km – Guebwiller 11 km – Mulhouse 28 km
Carte Michelin 315-H9

XXX **Auberge du Cheval Blanc** avec ch

20 r. de Rouffach – 𝒞 *03 89 47 01 16 – www.auberge-chevalblc.com*
– Fermé 29 juin-9 juil., 5-29 janv., lundi et mardi
11 ch – †95/150 € ††120/150 € – ☺ 14 € – ½ P
Formule 26 € – Menu 41/89 € – Carte 61/89 €
Une maison cossue, tenue par la même famille depuis 1785. Dans la belle salle contemporaine, le repas s'accompagne évidemment de beaux vins d'Alsace, dont ceux de la propriété. Chambres pour l'étape.

XX **Auberge au Vieux Pressoir**

Domaine de Bollenberg, à Bollenberg – 𝒞 *03 89 49 60 04 – www.bollenberg.com*
– Fermé 26 janv.-9 fév., 22-29 déc., dim. soir de fin nov. à début mars et lundi
Menu 29 € (semaine), 36/79 € ♟ – Carte 35/75 €
Au cœur du vignoble, une véritable maison de vigneron qui nous plonge dans une belle atmosphère d'autrefois, attachante et pleine de cachet. Cuisine du terroir et dégustations de vins de la propriété.

WETTOLSHEIM – 68 (Haut-Rhin) → voir Colmar

WEYERSHEIM
✉ 67720 (Bas-Rhin) – 3 371 hab. – Alt. 140 m – Voir carte n°**1-B1**
🚗 Paris 486 km – Haguenau 18 km – Saverne 49 km – Strasbourg 21 km
Carte Michelin 315-K4

X **Auberge du Pont de la Zorn**

2 r. de la République – 𝒞 *03 88 51 36 87 – Fermé 16 fév.-1ᵉʳ mars,*
17 août-3 sept., merc. soir et le midi sauf dim.
Menu 30/40 € – Carte 26/45 € (réservation conseillée)
Reproductions de dessins signés Hansi, objets anciens, spécialités régionales et tartes flambées servies le soir : un concentré d'Alsace ! Bucolique terrasse en bord de Zorn.

WIERRE-EFFROY
✉ 62720 (Pas-de-Calais) – 781 hab. – Alt. 28 m – Voir carte n°**30-A2**
🚗 Paris 262 km – Abbeville 88 km – Boulogne-sur-Mer 14 km – Calais 29 km
Carte Michelin 301-D3

La Ferme du Vert

r. du Vert – 𝒞 *03 21 87 67 00 – www.fermeduvert.com – Fermé 4 janv.-6 fév.*
15 ch – †76/115 € ††76/135 € – 1 suite – ☺ 14 € – ½ P
Rest *La Ferme du Vert* – voir les restaurants ci-après
Le calme et la campagne réunis dans ce corps de ferme typiquement boulonnais (1809). Les chambres sont décorées avec goût et simplicité : idéal pour un séjour au vert. À noter pour les amateurs : on y vend la production de la fromagerie voisine !

Le Beaucamp sans rest
1 km au Sud par D 232, rte de Wimille – ℰ *03 21 30 56 13*
– www.lebeaucamp.com – Ouvert de début mars à mi-nov.
5 ch � – †95/100 € ††110/130 €
Un manoir familial (19ᵉs.) au milieu d'un grand parc aux arbres centenaires. Vieux objets, tableaux et mobilier ancien forment un ensemble tout à fait charmant... et d'un grand confort.

✗ **La Ferme du Vert** – Hôtel La Ferme du Vert
⊛ *r. du Vert –* ℰ *03 21 87 67 00 – www.fermeduvert.com – Fermé 4 janv.-6 fév.,*
sam. midi, lundi midi et dim.
Formule 20 € – Menu 28/55 € – Carte 32/54 €
Dans le cadre de cette ancienne ferme du 19ᵉ s., sous l'égide de trois frères, une fromagerie artisanale en activité (vente à emporter) et cet agréable restaurant où l'on déguste des petits plats traditionnels soignés et savoureux ! Le tout à petits prix.

WIHR-AU-VAL – 68 (Haut-Rhin) → voir Munster

WILLGOTTHEIM

✉ 67370 (Bas-Rhin) – 1 068 hab. – Alt. 240 m – Voir carte n°**1-A1**
▶ Paris 463 km – Metz 138 km – Saarbrücken 94 km – Strasbourg 33 km
Carte Michelin 315-J4

✗✗ **La Cour de Lise** avec ch
26 r. Principale – ℰ *03 88 64 93 36 – www.lacourdelise.fr – Fermé 1 semaine*
en sept., 3 semaine en janv., lundi et mardi
5 ch ⊑ – †80/95 € ††95/175 €
Menu 22 € (déj. en semaine), 55/65 € – Carte 38/60 € *(réservation conseillée)*
Une auberge devenue ferme, puis retournée à ses premières amours. Dans une salle coquette, on savoure une cuisine plutôt classique : soufflé aux champignons et beurre blanc, foie gras d'oie, mignon de veau aux girolles... Pour l'étape, des chambres tout en pierre apparente et mobilier chiné, romantiques et accueillantes.

WILLIERS

✉ 08110 (Ardennes) – 51 hab. – Alt. 277 m – Voir carte n°**14-C1**
▶ Paris 277 km – Arlon 44 km – Châlons-en-Champagne 174 km –
Charleville-Mézières 57 km
Carte Michelin 306-N4

🏠 **Chez Odette** ‖○ ⌂ 🛜 🦽
18 r. de l'Ancien Lavoir – ℰ *03 24 55 49 55 – www.chez-odette.com – Fermé 2*
semaines en mars, 2 semaine en oct., lundi, mardi sauf juil.-août, merc. et jeudi
13 ch – †185/275 € ††185/275 € – ⊑ 19 €
Odette tenait autrefois cette auberge, devenue aujourd'hui un hôtel plein de charme. Luxueuses, design, embellies d'objets chinés, les chambres surprennent dans ce petit village. À noter : au restaurant et au café, on sert les mêmes plats et boissons qu'à l'époque d'Odette...

WIMEREUX

✉ 62930 (Pas-de-Calais) – 7 312 hab. – Alt. 7 m – Voir carte n°**30-A2**
▶ Paris 269 km – Arras 125 km – Boulogne-sur-Mer 7 km – Calais 33 km
Carte Michelin 301-C3

🏨 **Atlantic Hôtel** ‖○ ≤ ‖⚫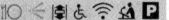
digue de mer – ℰ *03 21 32 41 01 – www.atlantic-delpierre.com – Fermé 20 janv.-25 fév.*
18 ch – †140/250 € ††140/250 € – ⊑ 15 €
Rest *La Liégeoise* – voir les restaurants ci-après
Sur la digue du front de mer, cet hôtel toise la Manche ! On observe les flots à loisir depuis toutes les chambres, qu'elles soient romantiques, de style balnéaire chic ou très contemporaines. Restaurant et brasserie de la mer ; espace bien-être (sauna, hammam).

🏠 Saint-Jean sans rest ♿ 🗚 📶

1 r. Georges-Romain – 𝒞 03 21 83 57 40 – www.hotel-saint-jean.fr
24 ch – †80/99 € ††85/115 € – ⌁ 12 €

À 300 m de la digue et de sa promenade, cet hôtel permet de prendre un grand bol d'air au bord de la mer ! Les chambres sont fonctionnelles et de bon confort. Petit espace détente (sauna, jacuzzi) et bar cosy où il fait bon se reposer.

🍽️🍽️🍽️ La Liégeoise ⌂ ≤ 🅿️

digue de mer – 𝒞 03 21 32 41 01 – www.atlantic-delpierre.com
– Fermé 20 janv.-25 fév., dim. soir et lundi
Menu 40/73 € – Carte 47/81 €

En étage, sur la digue : impossible d'échapper au panorama sur la mer ! L'élégant décor contemporain, tout en gris et vert, rappelle les tons de la Manche... On y apprécie huîtres chaudes, turbot grillé ou poché, bar à la plancha, etc.

🍽️🍽️ Épicure

1 r. Georges Pompidou – 𝒞 03 21 83 21 83 – Fermé 22 déc.-4 janv., merc. soir et dim.
Menu 27 € (semaine)/34 € – Carte 43/69 € *(réservation conseillée)*

La façade blanc et bleu a des airs de cabine de plage, la salle se révèle intime et bourgeoise... Côté cuisine, priorité aux produits de la mer – d'une belle fraîcheur –, à l'unisson de la Côte d'Opale.

WINKEL

✉ 68480 (Haut-Rhin) – 338 hab. – Alt. 575 m – Voir carte n°**1-A3**
🚗 Paris 466 km – Altkirch 23 km – Basel 35 km – Belfort 50 km
Carte Michelin 315-H12

🍽️🍽️ Au Cerf avec ch 📶 🛁

3 r. Principale – 𝒞 03 89 40 85 05 – Fermé 15-27 fév., dim. soir, lundi et jeudi
6 ch – †56/85 € ††58/79 € – ⌁ 8 € – ½ P Formule 18 € – Carte 39/72 €

À deux pas de la source de l'Ill, cette auberge accueillante prend des allures de winstub cossue. On y savoure une agréable cuisine traditionnelle ; pour l'étape, les chambres, situées sous les combles, sont plaisantes.

WISSEMBOURG

✉ 67160 (Bas-Rhin) – 7 780 hab. – Alt. 157 m – Voir carte n°**1-B1**
🚗 Paris 512 km – Haguenau 33 km – Karlsruhe 42 km – Sarreguemines 80 km
Carte Michelin 315-L2

🏠 Au Moulin de la Walk 🍽️ ⌂ ♿ 📶 🛁 🅿️

2 r. de la Walk – 𝒞 03 88 94 06 44 – www.moulin-walk.com Plan : A**s**
– Fermé 2-29 janv.
25 ch – †70/85 € ††79/85 € – ⌁ 11 € – ½ P
Rest *Au Moulin de la Walk* – voir les restaurants ci-après

Au bord d'une rivière, ces trois bâtiments ont été aménagés sur les vestiges d'un moulin dont la roue tourne encore. Le décor des chambres se décline en boiseries peintes, pour certaines, ou en teintes contemporaines pour d'autres ; une adresse confortable.

🏠 Hostellerie du Cygne 🍽️ 📶 🛁 🅿️

– 𝒞 03 88 94 00 16 – www.hostellerie-cygne.com Plan : B**a**
– Fermé 16 fév.-2 mars, 1er-16 juil. et 9-23 nov.
21 ch – †60/200 € ††70/220 € – 2 suites – ⌁ 12 € – ½ P
Rest *Hostellerie du Cygne* – voir les restaurants ci-après

Au cœur de Wissembourg, cette hostellerie familiale a de quoi satisfaire tous les voyageurs ! On y trouve plusieurs niveaux de confort, des petites chambres simples et rétro du Cygne, jusqu'aux deux suites modernes et spacieuses de l'Écrevisse.

🍽️🍽️ Hostellerie du Cygne – Hostellerie du Cygne 🗚

3 r. du Sel – 𝒞 03 88 94 00 16 – www.hostellerie-cygne.com Plan : B**a**
– Fermé 16 fév.-2 mars, 1er-16 juil., 9-23 nov., jeudi midi, dim. soir et merc.
Formule 16 € – Menu 35/70 € – Carte 44/72 €

Une winstub d'un côté, une salle de style alsacien Renaissance de l'autre, et dans les deux cas, une savoureuse cuisine traditionnelle. Une chose est sûre, le chant du cygne n'est pas près de se faire entendre... et ce ne sont pas les gourmands qui s'en plaindront.

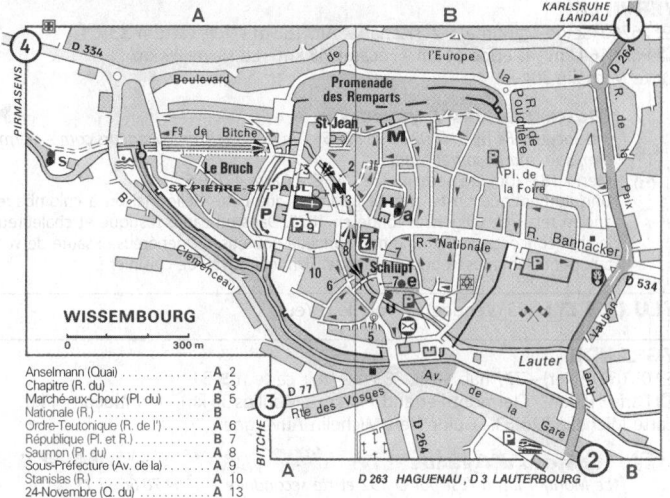

WISSEMBOURG

0   300 m

KARLSRUHE LANDAU

PIRMASENS

D 263 HAGUENAU, D 3 LAUTERBOURG

XX L'Ange

2 r. de la République – ℰ *03 88 94 12 11*   Plan : B**u**
*– www.restaurant-ange.com – Fermé 3 semaines en mars, 15-30 juin, 5-12 sept.,
dim. soir, lundi et mardi*
Menu 32/43 € – Carte 36/53 €

Spécialité de cette maison de 1617 ? Les recettes du terroir local... revues et corrigées à la mode contemporaine ! En revanche, le cadre joue la carte de la tradition, entre esprit alsacien et classicisme.

XX Au Moulin de la Walk – Hôtel Au Moulin de la Walk

2 r. de la Walk – ℰ *03 88 94 06 44 – www.moulin-walk.com*   Plan : A**s**
– Fermé 2-29 janv., 2-16 juil., vend. midi, dim. soir et lundi
Menu 39/55 € – Carte 37/62 €

Dans ce restaurant élégant, avec ses grandes baies vitrées et son poêle en faïence, on n'hésite pas à décliner le foie gras sous toutes ses formes et à honorer la cuisine traditionnelle (côte de veau et spaetzle, saumon, käseknepfle et beurre blanc, etc.). Bon appétit !

XX Au Pont M

3 r. de la République – ℰ *03 88 63 56 68 – www.aupontm.com*   Plan : B**e**
– Fermé dim. soir, lundi et mardi
Formule 15 € – Menu 29/55 € – Carte 40/52 €

Au cœur du quartier de la "Petite Venise", l'ancienne boucherie du coin est devenue un bistrot chic où l'on se presse pour profiter des trouvailles du chef, un véritable amoureux du produit. Le nec plus ultra ? Prendre son repas sur la terrasse, au bord de l'eau, avec vue sur l'église St-Pierre-et-St-Paul...

à Altenstadt 2 km par ② – ⊠ 67160

XX Rôtisserie Belle Vue

1 r. Principale – ℰ *03 88 94 02 30 – www.bellevue-wiss.fr – Fermé 16 fév.-5 mars,
3-27 août, dim. soir, lundi et mardi*
Menu 30/65 € – Carte 39/64 €

Dans cette grande maison familiale, on est reçu chaleureusement et on savoure une cuisine traditionnelle dans une atmosphère cossue. Plats du jour servis au bar-winstub.

WISSOUS – 91 (Essonne) → voir Paris, Environs

XONRUPT-LONGEMER – 88 (Vosges) → voir Gérardmer

YERVILLE

✉ 76760 (Seine-Maritime) – 2 372 hab. – Alt. 156 m – Voir carte n°**33**-C1
▶ Paris 164 km – Dieppe 44 km – Fécamp 48 km – Le Havre 69 km
Carte Michelin 304-F4

XX **Hostellerie des Voyageurs** ☜ **P**

☞ *3 r. Jacques-Ferny – ℰ 02 35 96 82 55 – www.hostellerie-voyageurs.com – Fermé*
dim. soir, mardi soir et lundi

☺ Menu 18 € (déj. en semaine), 28/41 € – Carte 47/59 €
Une authentique hostellerie de tradition, que cette belle maison à colombages,
ancien relais de diligences fondé en 1875. Dans un cadre rustique et chaleureux,
le chef concocte une cuisine traditionnelle goûteuse et généreuse : sauté de veau
aux petits légumes, tourte normande... Un vrai travail de cuisinier !

YEU (ÎLE D') – 85 (Vendée) ➜ voir Île d'Yeu

YGRANDE

✉ 03160 (Allier) – 777 hab. – Alt. 333 m – Voir carte n°**5**-B1
▶ Paris 310 km – Clermont-Ferrand 111 km – Moulins 34 km – Montluçon 41 km
Carte Michelin 326-E3 – Guide Vert Michelin Auvergne

🏰 **Château d'Ygrande** ⅠO ⤳ ⇆ ☜ ⚒ ⎌ 🔊 🛜 ⚓ **P**
Le Mont, 4 km à l'Est par D 192 et rte secondaire – ℰ 04 70 66 33 11
– www.chateauygrande.fr – Fermé janv., fév., mardi midi, dim. soir et lundi
sauf juil.-août
19 ch – †159/295 € ††159/295 € – ⚏ 16 € – ½ P
Rest Château d'Ygrande – voir les restaurants ci-après
Charme et élégance règnent dans ce château des années 1830. Des séjours à thème
sont proposés (équitation, randonnée) et le panorama sur la campagne est exquis.

XX **Château d'Ygrande** ☜ 🛱 ⚓ ⎌ **P**
Le Mont, 4 km à l'Est par D 192 et rte secondaire – ℰ 04 70 66 33 11
– www.chateauygrande.fr – Fermé janv., fév., mardi midi, dim. soir et lundi
sauf juil.-août
Formule 26 € – Menu 36/81 € – Carte 48/71 €
Du style ! Directoire pour être exact et... vraiment élégant. Le chef réalise une cuisine dans l'air du temps, valorisant le terroir. Pour l'anecdote : les légumes proviennent du potager du château. Un bon moment en perspective.

YSSINGEAUX

✉ 43200 (Haute-Loire) – 7 055 hab. – Alt. 829 m – Voir carte n°**6**-C3
▶ Paris 565 km – Ambert 73 km – Privas 98 km – Le Puy-en-Velay 27 km
Carte Michelin 331-G3 – Guide Vert Michelin Lyon Drôme Ardèche

🏠 **Le Bourbon** ⅠO 🛜 ⚓
5 pl. de la Victoire – ℰ 04 71 59 06 54 – www.le-bourbon.com – Fermé 2-15 janv.,
vend. soir, dim. soir et lundi hors saison et mardi midi
11 ch – †69/75 € ††79/85 € – ⚏ 12 € – ½ P
Sur une agréable place du centre-ville, cette auberge familiale est bien accueillante.
Les chambres y sont confortables et bien tenues. Au petit-déjeuner, on apprécie les
produits locaux. Le restaurant privilégie également les petits producteurs.

YVETOT

✉ 76190 (Seine-Maritime) – 11 725 hab. – Alt. 147 m – Voir carte n°**33**-C1
▶ Paris 171 km – Dieppe 57 km – Fécamp 35 km – Le Havre 58 km
Carte Michelin 304-E4 – Guide Vert Michelin Normandie Vallée de la Seine

🏠 **Le Manoir aux Vaches** sans rest ⤳ 🅰🅒 🛜 **P**
8 r. Felix-Faure – ℰ 02 35 95 65 65 – www.lemanoirauxvaches.com
9 ch ⚏ – †96/111 € ††116/146 €
Normande, Limousine, Charolaise... De belles chambres avec une mezzanine, toutes décorées avec goût et originalité sur le thème de la vache ! Un soin particulier
est apporté aux détails, tant au niveau de la décoration que de l'entretien.

L'OH |O 🛜

2 r. Guy-de-Maupassant – 𝒞 02 35 95 16 77 – www.hotel-du-havre.fr
23 ch – ♦65/72 € ♦♦65/84 € – ⌁ 12 € – ½ P
En plein centre-ville, un grand bâtiment traditionnel et engageant abrite cet hôtel familial. On s'y sent bien : les chambres, traditionnelles ou contemporaines, sont bien tenues et toutes personnalisées.

au Sud-Est 5 km sur D 5 –⊠76190 Yvetot

✕   **Auberge du Val au Cesne** avec ch   ⌘ ⇎ 🛜 ⚐ ℙ

140 Route Départementale 5 – 𝒞 02 35 56 63 06 – www.valaucesne.fr
5 ch – ♦129 € ♦♦168 € – ⌁ 10 € – ½ P   Menu 29/60 € �рᵀ – Carte 46/63 €
En pleine campagne, cette ravissante auberge normande du 17ᵉ s. propose, dans six petites salles rustiques (meubles anciens, cheminées, etc.), une bonne cuisine traditionnelle inspirée par les produits frais : terrine maison, canette à l'orange, turbot à l'oseille... Les chambres, tendues de tissus à motifs anciens, sont douillettes à souhait.

à Motteville 9 km à l'Est par D 929 et D 20 – ⊠ 76970 – 786 hab. – Alt. 160 m

✕✕   **Auberge du Bois St-Jacques**   ⌘ ও ℙ

 à la gare – 𝒞 02 35 96 83 11 – www.aubergebsj.com – Fermé 3 semaines
en août, dim. soir, lundi soir et mardi
Formule 12 € – Menu 19 € (semaine), 28/49 € – Carte environ 46 €
Ancien buffet de gare (1850), ce restaurant traditionnel est une vraie affaire de famille : le patron œuvre aux fourneaux avec un fils (spécialisé dans les macarons !) tandis que son épouse assure le service avec un deuxième, sommelier et... peintre à ses heures, comme les œuvres exposées l'attestent.

YVOIRE

⊠ 74140 (Haute-Savoie) – 879 hab. – Alt. 380 m – Voir carte n°**46**-F1
🄳 Paris 563 km – Annecy 71 km – Bonneville 41 km – Genève 26 km
Carte Michelin 328-K2 – Guide Vert Michelin Alpes du Nord

Villa Cécile |O ও ⇐ ⇎ ⌇ ⊛ 🛎 ও 🆎 ⚐ 🛜 ℙ ⇔

156 rte de Messery, par D 25 – 𝒞 04 50 72 27 40 – www.villacecile.com
15 ch – ♦160/330 € ♦♦160/330 € – ⌁ 19 € – ½ P
Non loin de la cité médiévale, une villa agréable et cossue. Piscines, jacuzzi, sauna, hammam et sympathique restaurant : détente assurée et... repos mérité dans l'une des très confortables chambres (lits king size) d'esprit marin ou "campagne chic". Merci Cécile !

Le Jules Verne |O ⇐ 🛎 ও 🆎 ⚐ 🛜 ⚐ ⇔

r. du Port, (au port de plaisance) – 𝒞 04 50 72 80 08 – www.hoteljulesverne.com
– Ouvert mars à oct.
17 ch – ♦140/250 € ♦♦140/330 € – ⌁ 18 € – ½ P
Vue imparable sur le lac Léman, terrasse ou balcon, raffinement (parquet, mobilier en bois), équipements et confort au top : les chambres de cet hôtel élégant ne manquent pas d'atouts. Au restaurant, les gourmands apprécieront le savoir-faire du chef et l'épicerie fine tenue par madame.

Le Pré de la Cure |O ⇐ ⇎ 🖼 🛎 ও 🛜 ⚐ ℙ ⇔

pl. de la Mairie – 𝒞 04 50 72 83 58 – www.pre-delacure.com
– Ouvert 5 mars-1ᵉʳ nov.
25 ch – ♦78/125 € ♦♦78/125 € – ⌁ 12 € – ½ P
Rest *Le Pré de la Cure* ⊕ – voir les restaurants ci-après
À l'entrée de la cité médiévale, cet établissement familial dispose de chambres spacieuses, contemporaines et épurées ; toutes ont vue sur le lac ou le jardin. Et pour se détendre on profite de la piscine couverte ou du jacuzzi. Un lieu agréable et vraiment reposant. Enfin, pour le déjeuner ou le dîner, le restaurant est épatant !

XX **Le Pré de la Cure** – Hôtel Le Pré de la Cure ⟨⟨ ⟨⟨ ⟨⟨ ⟨⟨ **P**

⟨⟨ *pl. de la Mairie* – ☎ 04 50 72 83 58 – www.pre-delacure.com
– *Ouvert 5 mars-1ᵉʳ nov.*

⟨⟨ Menu 20 € (semaine), 29/54 € – Carte 38/57 €

Une plongée dans le Léman ! Évidemment, il y a la vue, superbe, mais pas seulement... Le chef réalise une cuisine axée sur les produits de la pêche du lac et concocte des petits plats régionaux bien gourmands – tel ce filet de féra à la chair tendre et moelleuse et ses tagliatelles de carotte. Un régal !

XX **Vieille Porte** ⟨⟨ ⟨⟨

2 pl. de la Mairie – ☎ 04 50 72 80 14 – www.la-vieille-porte.com – *Fermé 11 nov.-10 fév. et lundi sauf juil.-août*
Formule 20 € – Menu 28/40 € – Carte 42/62 €

Maison du 14ᵉ s. appartenant à la même famille depuis 1587. Tomettes, poutres et pierres, terrasse à l'ombre des remparts : rien ne manque, et tout cela accompagne à merveille la sympathique cuisine traditionnelle et régionale du chef. Belle sélection de bordeaux à prix raisonnable.

XX **Restaurant du Port** avec ch ⟨⟨ ⟨⟨ 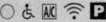 ch, ⟨⟨ ch, ⟨⟨

r. du Port – ☎ 04 50 72 80 17 – www.hotelrestaurantduport-yvoire.com
– *Ouvert 8 mars-26 oct. et fermé merc. hors saison*
7 ch – ♦160/250 € ♦♦160/250 € – ⟱ 18 € – ½ P
Formule 29 € – Menu 40/57 € – Carte 55/70 €

Plat phare de la maison ? Le filet de perche... Mais les autres poissons – le plus souvent issus du lac – ne sont évidemment pas en reste, et il fait bon les savourer dans cette jolie auberge du port de plaisance. Dans l'une des salles, on a presque les pieds dans l'eau ! Belles chambres de style lacustre.

YVOY-LE-MARRON

✉ 41600 (Loir-et-Cher) – 612 hab. – Alt. 129 m – Voir carte n°**12**-C2
◩ Paris 163 km – Blois 45 km – La Ferté-St-Aubin 13 km – Orléans 35 km
Carte Michelin 318-I6

🏠 **Auberge du Cheval Blanc** ⟨O ⟨⟨ ⟨⟨ ⟨⟨ **P**

1 pl. du Cheval-Blanc – ☎ 02 54 94 00 00 – www.aubergeduchevalblanc.com
– *Fermé 1ᵉʳ-19 mars et 20 déc.-7 janv.*
15 ch – ♦78/80 € ♦♦100/105 € – ⟱ 15 € – ½ P
Rest *Auberge du Cheval Blanc* – voir les restaurants ci-après

Au cœur de ce village solognot, un hôtel-restaurant à l'architecture locale, fort bien tenu. Les chambres sont chaleureuses et confortables, dans une veine classique soignée. Une bonne adresse.

XX **Auberge du Cheval Blanc** ⟨⟨ ⟨⟨

1 pl. du Cheval-Blanc – ☎ 02 54 94 00 00 – www.aubergeduchevalblanc.com
– *Fermé 1ᵉʳ-19 mars, 20 déc.-7 janv., mardi midi, merc. midi et lundi*
Menu 30/51 € – Carte 47/97 €

Après une balade en forêt solognote, installez-vous à la table du Cheval Blanc... Tomettes, poutres, trophées de chasse et bois sombre : tout un idéal champêtre ressuscité ! Terrine de foie gras de canard, fricassée de rognons de veau à la berrichonne : le patron rend hommage à la tradition avec un soin tout particulier.

YZEURES-SUR-CREUSE

✉ 37290 (Indre-et-Loire) – 1 440 hab. – Alt. 74 m – Voir carte n°**11**-B3
◩ Paris 318 km – Châteauroux 72 km – Châtellerault 28 km – Poitiers 65 km
Carte Michelin 317-O8

🏠 **Relais de La Mothe** ⟨O 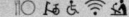 ⟨⟨ ⟨⟨ ⟨⟨

1 pl. du 11-Novembre – ☎ 02 47 91 49 00 – www.relaisdelamothe.com – *Fermé 1ᵉʳ-30 janv.*
22 ch – ♦71/95 € ♦♦123 € – ⟱ 10 € – ½ P

Nouveau départ pour ce relais de poste de 1880 récemment rénové. Les chambres sont spacieuses et confortables, et il fait bon se ressourcer à l'espace détente ou prendre un verre dans le salon au coin de la cheminée. Idéal pour un séjour au vert.

ZELLENBERG – 68 (Haut-Rhin) → voir Riquewihr

ZIMMERBACH

✉ 68230 (Haut-Rhin) – 850 hab. – Alt. 300 m – Voir carte n°**2-C2**

▶ Paris 491 km – Belfort 78 km – Colmar 14 km – Épinal 137 km

Carte Michelin 315-H8

✕ **Au Raisin d'Or**   ⏝ ✗ **P.**

1 r. de l'Église – ☎ 03 89 71 05 69 – www.raisindor.fr – Fermé 27 déc.-9 janv.,
mardi et merc.

Formule 15 € – Menu 25/39 € – Carte 30/50 €

Dans cette sympathique auberge "à la bonne franquette", les habitués sont nombreux et ne tarissent pas d'éloge sur les propositions du jour et les classiques du chef (tête de veau, quenelles de foie, bœuf gros sel, etc.). Généreux et délicieux !

ZONZA – 2A (Corse-du-Sud) ➜ voir Corse

ZOUFFTGEN

✉ 57330 (Moselle) – 933 hab. – Alt. 250 m – Voir carte n°**26-B1**

▶ Paris 341 km – Luxembourg 20 km – Metz 48 km – Thionville 18 km

Carte Michelin 307-H2

✕✕✕ **La Lorraine** (Marcel et Lucien Keff) avec ch

80 r. Principale – ☎ 03 82 83 40 46 – www.la-lorraine.fr – Fermé   **P.**
lundi et mardi

3 ch – ♦120 € ♦♦150 € – ☲ 21 €

Menu 45/110 € – Carte 79/103 €

Agréable moment dans cette belle maison bourgeoise : sous la grande véranda aux airs de jardin d'hiver, dont le sol vitré laisse apparaître la cave à vin, on apprécie une cuisine fine et joliment ciselée, qui tire notamment le meilleur du terroir lorrain. Petits plats du terroir dans l'annexe, La Stuff.

➜ Fricassée d'escargots de Cleurie, émulsion de pomme de terre et coulis de persil. Cochon de lait rôti dans sa peau croustillante. Œuf au chocolat noir, sabayon au rhum.

La Stuff Menu 36 € *(fermé sam. soir, dim. midi, lundi et mardi)*

J. Frumm/hemis.fr

Principauté de
Monaco

MONACO

– 36 950 hab. – Voir carte n°**42**-E2
Carte Michelin 341-F5 et 115-37 – Guide Vert Michelin Côte d'Azur

---

MONACO Capitale de la Principauté

✉ 98000 (Monaco) – 36 950 hab. – Alt. 163 m –
▶ Paris 949 km – Menton 11 km – Nice 23 km – San Remo 41 km

à Fontvieille

XX **Beefbar**   ⬱ 🏧 🚭
42 quai Jean-Charles-Rey – ✆ (00-377) 97 77 09 29   Plan : AV**a**
– www.beefbar.com
Formule 19 € 🍷 – Menu 39 € 🍷 (dîner) – Carte 65/120 €
Un "bar à viandes"... de bœuf (en provenance d'Europe, d'Amérique du Sud ou des
États-Unis) réservé aux carnivores. Cadre tendance, très prisé de la clientèle locale.

MONTE-CARLO Centre Mondain de la Principauté

(Monaco) – 15 507 hab. – Carte Michelin 341-F5 – Voir carte n°**42**-E2
▶ Paris 947 km – Menton 9 km – Monaco 2 km – Nice 20 km

🏨🏨🏨🏨 **Hôtel de Paris**   🍽⬱ 🔲 🌐 🛁 🛗 🏧 🛜 🐾 🚗
pl. du Casino – ✆ (00-377) 98 06 30 00   Plan : DY**y**
– www.hoteldeparismontecarlo.com
57 ch – ♦356/765 € ♦♦356/765 € – 15 suites – ⏹ 44 €
Rest *Le Louis XV-Alain Ducasse* ✿✿✿ – voir les restaurants ci-après
Des aménagements somptueux, un luxe sans fausse note, un espace bien-être
fabuleux : voilà ce qui a fait la légende du plus prestigieux des palaces monégas-
ques ! Un ambitieux programme de rénovation est prévu pour 2015, entraînant la
fermeture d'une partie des chambres. Ainsi perdurera le mythe de ce fleuron de
la Côte d'Azur...

🏨🏨🏨🏨 **Hermitage**   🍽⬱ 🔲 🌐 🛁 🛗 🏧 🐾 🚗
square Beaumarchais – ✆ (00-377) 98 06 40 00   Plan : DY**r**
– www.montecarloresort.com
230 ch – ♦435/2884 € ♦♦435/2884 € – 48 suites – ⏹ 41 €
Rest *Vistamar* ✿ – voir les restaurants ci-après
Derrière une foisonnante façade 1900, une coupole signée Eiffel, un déluge de
mosaïques, moulures, pampilles... Confort extrême, à la pointe de l'élégance
contemporaine dans les deux ailes rénovées. Beaux équipements pour sémin-ai-
res. Petite restauration et salon de thé au Limun Bar.

🏨🏨🏨 **Monte Carlo Bay Hotel and Resort**   🍽⬱ 🌊 🔲 🌐 🛁 🛗 🔥 🏧 🚭
40 av. Princesse-Grace – ✆ (00-377) 98 06 02 00   🛜 🐾 🚗
– www.montecarlobay.com   Plan : BU**r**
312 ch – ♦370/1200 € ♦♦370/1200 € – 22 suites – ⏹ 35 €
Rest *Le Blue Bay* ✿ – voir les restaurants ci-après
Né en 2005, ce palace monégasque s'étend sur quatre hectares gagnés sur la
mer... Un univers en soi, avec une extraordinaire "piscine-lagon" (bassin à fond
de sable), des jardins méditerranéens, de superbes chambres contemporaines,
plusieurs restaurants et un casino !

🏨🏨🏨 **Métropole**   🍽 🌊 🌐 🛁 🛗 ♿ 🏧 🛜 🐾 🚗
4 av. de la Madone – ✆ (00-377) 93 15 15 15   Plan : DX**z**
– www.metropole.com
69 ch – ♦370/790 € ♦♦370/790 € – 64 suites – ⏹ 43 €
Rest *Joël Robuchon Monte-Carlo* ✿✿ **Rest** *Yoshi* ✿ – voir les restaurants ci-
après
Luxe et raffinement à tous les étages de ce palace (1886) situé tout près du
casino et relooké par Jacques Garcia. Les beaux salons, le décor cossu et volontiers baroque des chambres, le magnifique spa, le bar feutré, le restaurant Odyssey imaginé par Karl Lagerfeld : les superlatifs manquent !

MONACO

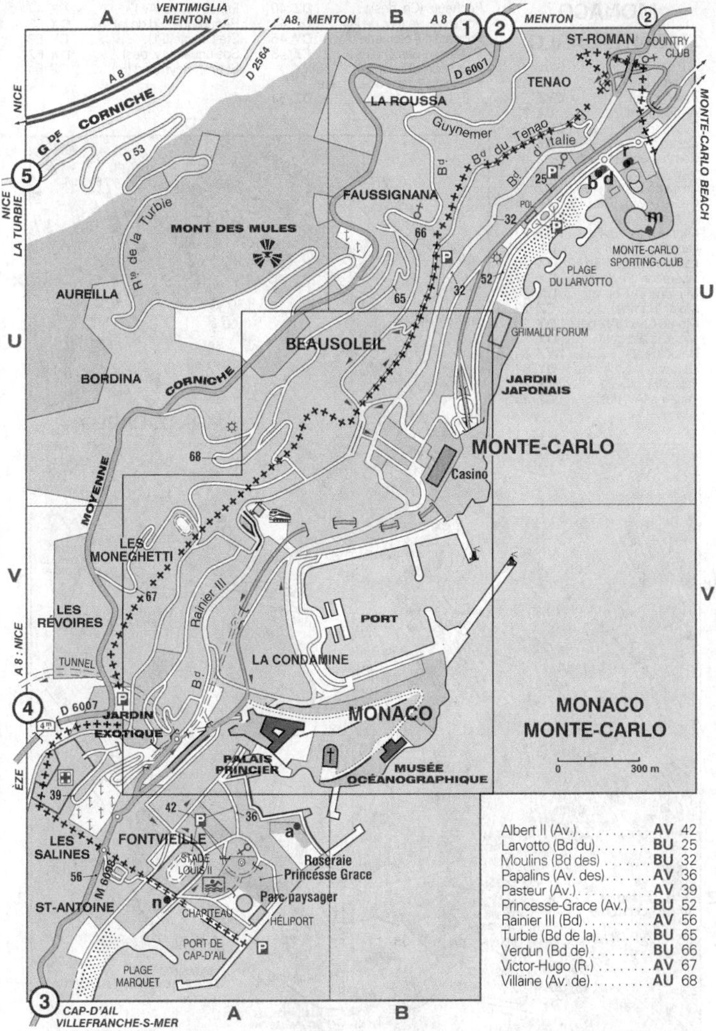
VENTIMIGLIA MENTON
A8, MENTON
A 8
MENTON
A
B
U
V
NICE
NICE LA TURBIE
A 8 : NICE
ÈZE
MONTE-CARLO BEACH
CAP-D'AIL VILLEFRANCHE-S-MER
G^{DE} CORNICHE
D 2564
D 53
D 6007
ST-ROMAN
COUNTRY CLUB
TENAO
LA ROUSSA
Guynemer
Bd du Tenao
Bd d'Italie
FAUSSIGNANA
MONT DES MULES
R^{te} de la Turbie
AUREILLA
MONTE-CARLO SPORTING-CLUB
PLAGE DU LARVOTTO
GRIMALDI FORUM
BEAUSOLEIL
BORDINA
CORNICHE
JARDIN JAPONAIS
MONTE-CARLO
Casino
MOYENNE
LES MONEGHETTI
LES RÉVOIRES
TUNNEL
Rainier III
PORT
LA CONDAMINE
MONACO
JARDIN EXOTIQUE
PALAIS PRINCIER
MUSÉE OCÉANOGRAPHIQUE
MONACO MONTE-CARLO
0
300 m
FONTVIEILLE
LES SALINES
STADE LOUIS II
Roseraie Princesse Grace
Parc paysager
ST-ANTOINE
CHAPITEAU
HÉLIPORT
PORT DE CAP-D'AIL
PLAGE MARQUET
M 6098

Albert II (Av.)	AV	42
Larvotto (Bd du)	BU	25
Moulins (Bd des)	BU	32
Papalins (Av. des)	AV	36
Pasteur (Av.)	AV	39
Princesse-Grace (Av.)	BU	52
Rainier III (Bd)	AV	56
Turbie (Bd de la)	BU	65
Verdun (Bd de)	BU	66
Victor-Hugo (R.)	AV	67
Villaine (Av. de)	AU	68

Méridien Beach Plaza

22 av. Princesse Grace, (à la plage du Larvotto) – ✆ (00-377) 93 30 98 80 – www.lemeridienmontecarlo.com Plan : BU**b**

391 ch – 🚹179/1549 € 🚹🚹179/1549 € – 12 suites – ☕ 35 €

Grand hôtel de style moderne avec sa plage privée. Les chambres les plus agréables sont panoramiques et donnent sur la mer. Superbes suites design, belles piscines et centre de conférences. Cuisine méditerranéenne à L'Intempo (ouvert 24 h/24). Espace plein air et ambiance balnéaire au Muse.

Une bonne table sans se ruiner ? Repérez les Bib Gourmand 😋.

MONACO
MONTE-CARLO

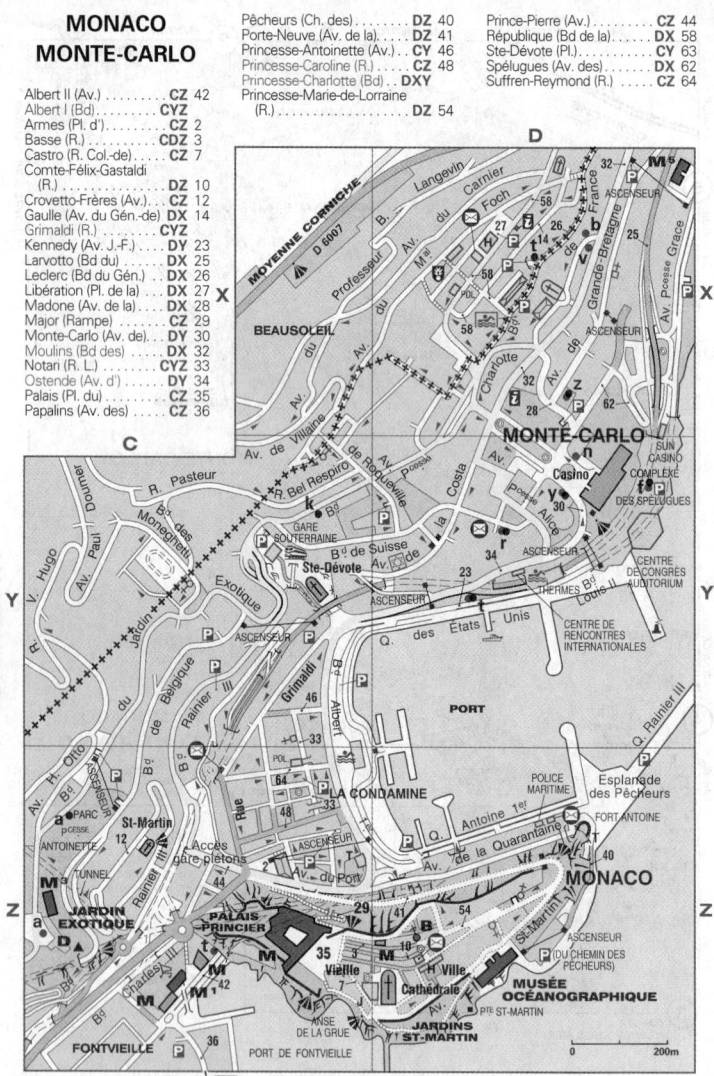

Fairmont Monte-Carlo

12 av. Spélugues – ℰ (00-377) 93 50 65 00
– www.fairmont.com/montecarlo

Plan : DY**f**

576 ch – †299/859 € – ††299/859 € – 26 suites – ☑ 38 €
Rest *Nobu* – voir les restaurants ci-après

Un immense complexe hôtelier avec centre de conférences, galerie marchande, spa, restaurants et casino. Toutes les chambres sont parées de couleurs fraîches, avec une vue superbe côté mer.

↑↑↑ **Port Palace** ⏸ ⊙ 🔊 💺 🖥 🎬 🛜 🚗
7 av. J.-F.-Kennedy – ℰ (00-377) 97 97 90 00 Plan : DY**t**
– www.portpalace.com
41 ch ⌂ – ♦232/452 € ♦♦23/452 € – 9 suites
Rest *La Marée* – voir les restaurants ci-après
Hôtel intime et luxueux, en face du port et de ses yachts. Grandes chambres élégantes (cuir piqué, tissus italiens, teintes apaisantes). Au sixième étage, les baies vitrées du restaurant offrent une vue imprenable sur le bassin !

↑↑↑ **Novotel** ⏸ ⊼ 🔊 💺 🖥 🎬 🛜 💪 🚗
16 bd Princesse-Charlotte – ℰ (00-377) 99 99 83 00 Plan : CY**k**
– www.novotel.com/5275
218 ch – ♦140/550 € ♦♦140/550 € – 11 suites – ⌂ 20 € – ½ P
Sur les hauteurs de la principauté, les anciens studios de RMC ont laissé place à cet hôtel contemporain. Préférez les chambres côté jardin, plus calmes. Solarium au 7e étage et, pour la détente, un espace loisir avec fitness et piscine...

↑ **Hôtel de France** sans rest 🎬 🛜
6 r. de la Turbie – ℰ (00-377) 93 30 24 64 Plan : CZ**a**
– www.monte-carlo.mc
26 ch ⌂ – ♦85/115 € ♦♦95/155 €
Non loin du port et de son animation, dans une ruelle au calme, cet immeuble ancien accueille de petites chambres fonctionnelles et très bien tenues. L'endroit parfait pour découvrir la principauté à des prix raisonnables !

✕✕✕✕✕ **Le Louis XV-Alain Ducasse** – Hôtel de Paris 🎩 🛜 🎬 🚺 🍽
✿✿✿ *pl. du Casino – ℰ (00-377) 98 06 88 64* Plan : DY**y**
– www.alain-ducasse.com – Fermé fév., mars, déc., mardi, merc. et le midi en semaine sauf du 24 juin au 26 août et fermé mardi et tous les midis du 24 juin au 26 août
Menu 230/310 € – Carte 190/320 €
Un décor mirifique – rafraîchi début 2015, dans le cadre de la rénovation de l'Hôtel de Paris qui se poursuivra au cours de l'année – pour une cuisine d'exception ! C'est ici qu'Alain Ducasse a forgé sa signature, imposant son nouveau classicisme culinaire, fait d'exigence et de maestria, toujours guidé par la vérité du produit. La Méditerranée est sublimée, même la simplicité devient émotion...
→ Gamberonis de San Remo, délicate gelée, caviar. Poitrine de pigeonneau et foie gras de canard et pommes de terre sur la braise. Baba au rhum, crème peu fouettée.

✕✕✕✕ **Joël Robuchon Monte-Carlo** – Hôtel Métropole 🎩 🎬 🍽
✿✿ *4 av. de la Madone – ℰ (00-377) 93 15 15 10* Plan : DX**z**
– www.metropole.com – Fermé 25 fév.-11 mars, merc. de sept. à juin et le midi du 13 juil. au 26 août
Menu 51 € (déj.)/199 € – Carte 80/265 €
La luxueuse salle à colonnades offre une vue sur les cuisines. À la carte, associations de saveurs inventives basées sur des produits nobles.
→ Tourteau relevé de fines herbes à l'avocat et tomate confite. Riz bomba dans un bouillon aux saveurs de paella. Cazette, noisettes grillées en soufflé chaud et fraîcheur expresso.

✕✕✕ **Vistamar** – Hôtel Hermitage ≤ 🛜 🎬 🚺 ♻
✿ *square Beaumarchais – ℰ (00-377) 98 06 98 98* Plan : DY**r**
– www.montecarloresort.com – Fermé le midi en août
Formule 46 € ♈ – Menu 65/130 € – Carte 95/124 €
Votre plat idéal ? Produits, cuissons, garnitures : ici, le chef et sa brigade vous composent une assiette "sur mesure"... et savent exaucer vos souhaits ! Beau décor moderne : teintes douces et terrasse regardant le port.
→ Soupe de poissons de roche de Méditerranée. Bouillabaisse "Vistamar" en trois services. Soufflé au Grand Marnier, nage de fraises aux zestes d'agrumes et crème glacée.

MONACO

XXX   **La Marée** – Hôtel Port Palace   88 ≤ 😤 AC 🍸

7 av. J.-F.-Kennedy – 𝒞 *(00-377) 97 97 80 00*   Plan : DY**t**
– www.portpalace.com – Fermé nov.
Menu 35 € (déj.) – Carte 70/120 €
Au 6ᵉ étage de l'hôtel Port Palace, la salle, bordée de grandes baies vitrées et par
une agréable terrasse, offre une vue imprenable sur le bassin et ses yachts. Cuisine au goût du jour.

XXX   **Le Blue Bay** – Monte Carlo Bay Hotel and Resort   😤 & 🍸 ⇔ ⊐🍸
ⵗ   *40 av. Princesse-Grace –* 𝒞 *(00-377) 98 06 03 60*   Plan : BU**r**
*– www.montecarlobay.com – Fermé 16 fév.-11 mars, 25 nov.-9 déc., dim. soir,
lundi et le midi*
Menu 78/88 € – Carte 79/104 €
Dans le cadre contemporain et élégant du Monte Carlo Bay Hotel and Resort,
avec une terrasse ouvrant grand sur la mer... Un superbe horizon pour la cuisine
du chef, Marcel Ravin, dont les recettes, soignées et parfumées, sont particulièrement marquées par les origines martiniquaises. Une véritable ode au métissage
culinaire !
→ Fruits et légumes des antipodes au confit de piment végétarien. Bar de ligne,
confiture d'algue à la pâte d'olive, fouyapin et panko d'huître. Vacherin aux marrons et rhum agricole.

XX   **Yoshi** – Hôtel Métropole   88 & AC 🍸
ⵗ   𝒞 *(00-377) 93 15 13 13*   Plan : DX**z**
– www.metropole.com
– Fermé 9-24 fév., lundi, mardi et le midi du 13 juil. au 25 août
Formule 31 € – Menu 61 € (déj.)/199 € – Carte 70/200 €
La seconde table de Joël Robuchon au Métropole rend hommage à la cuisine
nippone. Bouillons parfumés, sushis et makis y sont traités avec Yoshi
("bonté").
→ Boulette de crevettes au kombu. Entrecôte de bœuf Wagyu au wasabi et légumes arlequin. Namelaka au chocolat noir, glace au grué de cacao.

XX   **Maya Bay**   😤 & AC ⇔

24 av. Princesse-Grace – 𝒞 *(00-377) 97 70 74 67*   Plan : BU**d**
– www.mayabay.mc – Fermé nov., dim. et lundi
Formule 18 € – Menu 28 € (déj. en semaine), 35/65 € – Carte 38/345 €
Dans un même lieu, un restaurant japonais au cadre inventif et ultramo-
derne, et un restaurant thaïlandais, plus cosy, décoré de kimonos et d'orchidées.
Une même gamme de prix et de qualité ; il ne reste qu'à choisir entre le parfumé
et l'épure.
Sushi Bar Formule 18 € – Menu 25 € (déj. en semaine), 35/65 €
– Carte 20/129 €

XX   **La Trattoria**   😤 AC ⊐🍸

Sporting d'été - 26 av. Princesse-Grace – 𝒞 *(00-377)*   Plan : BU**m**
98 06 71 71 – www.alain-ducasse.com – Ouvert 7 mai-26 sept. et fermé le midi
Carte 62/106 €
Les atouts de cette trattoria chic montée sous la houlette d'Alain Ducasse ? Sa
terrasse face à la mer bien sûr, et ses antipasti, pâtes fraîches et poissons, cuisinés
à la toscane.

XX   **Café de Paris**   😤 AC

– 𝒞 *(00-377) 98 06 76 23 – www.montecarloresort.com*   Plan : DY**n**
Formule 35 € 🍸 – Carte 45/104 €
Un lieu mythique sur la place du casino. Le décor est Belle Époque et l'on y inventa
la recette des crêpes Suzette ! Cuisine de brasserie inspirée par la Méditerranée.

XX   **La Romantica**   😤 AC

3 av. Saint-Laurent – 𝒞 *(00-377) 93 25 65 66*   Plan : DX**b**
– Fermé 15 fév.-1ᵉʳ mars et dim.
Menu 39 € – Carte 45/65 €
En plein cœur de l'animation monégasque, la famille Grossi tient cette table
conviviale, dans laquelle on célèbre l'Italie du Nord... Tout un programme ! Les
plats – artichauts frits, loup de mer aux olives, pannacotta aux olives – sont frais
et bien réalisés : on passe un très bon moment.

✗✗ **Nobu** 🔟 – Hôtel Fairmont Monte-Carlo ≤ 😗 AC ⌘
12 av. Spélugues – ☏ *(00-377) 97 70 70 97* Plan : DY**f**
– www.fairmont.com/montecarlo – Fermé le midi
Menu 100/130 € – Carte 60/125 €
Furieusement tendance, Nobuyuki Matsuhisa s'est rendu célèbre à travers le monde grâce à une cuisine fusion ambitieuse, rencontre des saveurs latines et de la tradition japonaise. Son adresse monégasque tient cette promesse : les saveurs sont à la fête dans des créations d'une belle maîtrise.

✗ **La Chaumière** ≤ 😗 & AC
rond-point du Jardin-Exotique – ☏ *(00-377) 97 70 04 92* Plan : CZ**a**
– www.la-chaumiere.mc – Fermé dim. et lundi
Formule 19 € – Carte 42/55 €
Entre le Jardin exotique et le Musée national, un sympathique restaurant offrant une vue à couper le souffle sur Monaco et Monte-Carlo. Le chef concocte une jolie cuisine bistrotière aux accents de Provence : frais et savoureux !

✗ **La Mongolfière-Henri Geraci** 🔟 😗 AC
16 r. Basse – ☏ *(00-377) 97 98 61 59 – www.lamongolfiere.mc* Plan : CDZ**t**
– Fermé 7 fév.-7 mars, dim. et merc.
Menu 45 € (dîner)/70 € – Carte 30/70 € *(réservation conseillée)*
Dans une ruelle piétonne du rocher, à deux pas du palais princier, ce petit restaurant familial est un parfait contrepied à toutes les adresses branchées et "bling-bling" de Monaco ! En toute simplicité, le chef signe une cuisine soignée et goûteuse, parfois mâtinée d'influences asiatiques. Accueil charmant.

✗ **Loga** 😗 AC
25 bd des Moulins – ☏ *(00-377) 93 30 87 72 – www.loga.mc* Plan : DX**v**
– Fermé 2 semaines en août, merc. soir et dim.
Formule 15 € ⅄ – Menu 38 € ⅄ (dîner) – Carte 41/66 €
Une bonne petite adresse familiale proposant au déjeuner salades, pâtes et suggestions du jour, tandis que la carte est plus étoffée le soir – avec en particulier une escalope milanaise succulente ! Salon de thé l'après-midi.

à Monte-Carlo-Beach (France Alpes-Mar.) 2,5 km au Nord-Est (Plan : BU)
– ✉ 06190 Roquebrune-Cap-Martin

🏨 **Monte-Carlo Beach** ⅃○ ♨ ≤ ⌶ ☺ £ ✗ 🛏 & AC ⌘ 🛜 ⅏ P
av. Princesse-Grace – ☏ *04 93 28 66 66 – www.monte-carlo-beach.com*
– Ouvert 6 mars-25 oct.
31 ch – ♦355/1250 € ♦♦355/1250 € – 9 suites – ⊑ 39 €
Rest Elsa ✿ – voir les restaurants ci-après
Ce luxueux hôtel né dans les années 1930 dresse toujours sa belle façade couleur terracotta au-dessus de la mer... L'atmosphère des chambres, ouvertes sur les flots, évoque l'esprit des croisières (tons bleu et blanc, mobilier marin), et l'on peut profiter de l'impressionnant complexe balnéaire pour la détente.

✗✗ **Elsa** – Hôtel Monte-Carlo Beach 😗 AC ⌘
✿ *av. Princesse-Grace –* ☏ *04 93 28 66 57 – www.monte-carlo-beach.com*
– Ouvert 6 mars-25 oct.
Menu 45 € ⅄ (déj. en semaine)/98 € – Carte 70/155 €
On se noie dans les yeux de cette Elsa-là, qui offre une vue superbe sur la mer... et honore avec grande finesse la cuisine méditerranéenne. Le chef mise sur des produits 100 % bio et des poissons de première fraîcheur : ses recettes se révèlent très parfumées, sans fioritures ; le repas est un vrai plaisir.
➔ Légumes et herbes bio du jardin, huile d'olive extra vierge et sel de Camargue. Spaghetti de kamut, bottarga de mulet, oursin et caviar osciètre. Soufflé Elsa aux amandes de Sicile.

Voir aussi ressources hôtelières à Beausoleil et Cap d'Ail

MONACO

2015
LES CHIFFRES :
➜ NUMBERS:

26 ✿✿✿
80 ✿✿
503 ✿
646

Distinctions 2015

Index des établissements distingués, par région

→ *Awards 2015*
Thematic index by region

Les Tables étoilées 2015

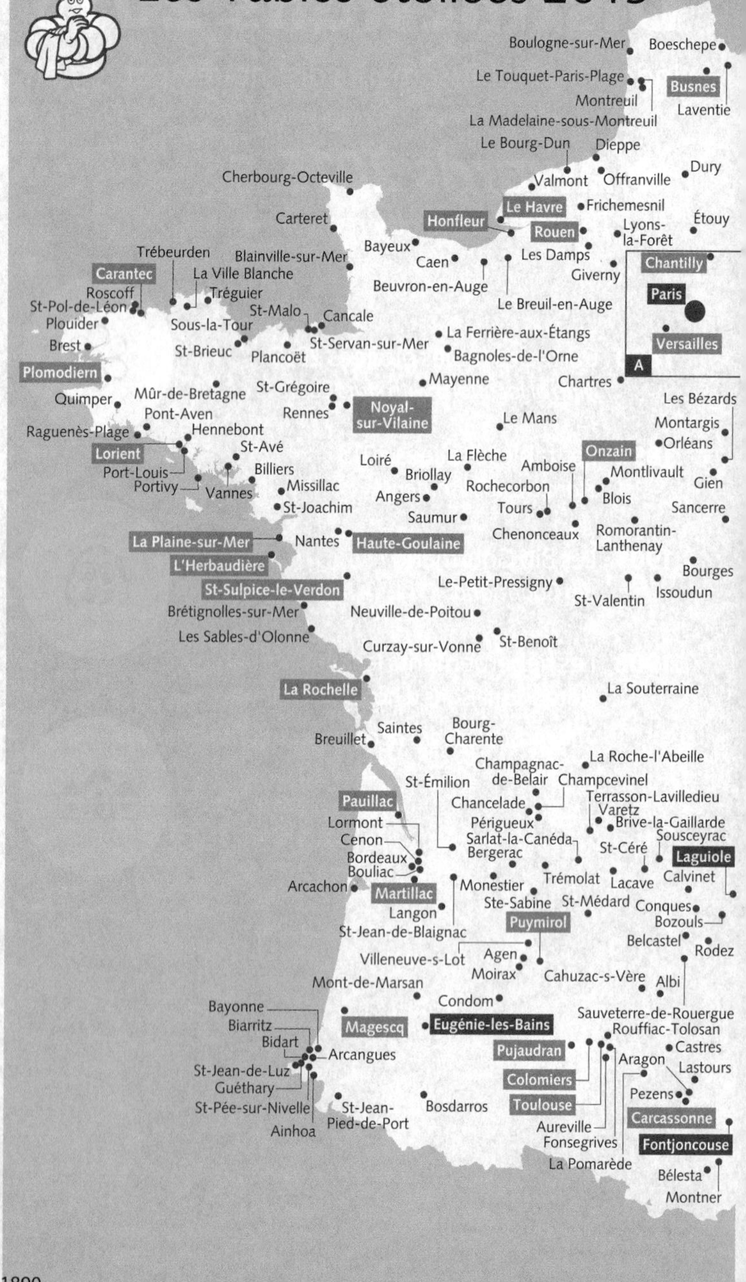

Boulogne-sur-Mer • • Boeschepe
Le Touquet-Paris-Plage • **Busnes**
Montreuil • Laventie
La Madelaine-sous-Montreuil •
Le Bourg-Dun • Dieppe
• Dury
Cherbourg-Octeville • Valmont • Offranville
• Frichemesnil • Étouy
Carteret • **Honfleur** **Le Havre** Lyons-la-Forêt
Trébeurden • Bayeux Caen • **Rouen** **Chantilly**
Carantec Blainville-sur-Mer • Les Damps Giverny **Paris**
Roscoff • La Ville Blanche Beuvron-en-Auge
St-Pol-de-Léon • Tréguier Le Breuil-en-Auge **Versailles**
Plouider • St-Malo • Cancale La Ferrière-aux-Étangs A
Brest • Sous-la-Tour St-Servan-sur-Mer • Bagnoles-de-l'Orne
St-Brieuc Plancoët • Mayenne Chartres • Les Bézards
Plomodiern St-Grégoire Montargis
Quimper • Mûr-de-Bretagne • Le Mans • Orléans
Pont-Aven Rennes **Noyal-sur-Vilaine** Montlivault Gien
Raguenès-Plage • Hennebont • Amboise **Onzain**
Lorient St-Avé Loiré La Flèche Rochecorbon Blois Sancerre
Port-Louis • Billiers Briollay
Portivy • Vannes Missillac Angers • Tours Romorantin-
• St-Joachim Saumur • Chenonceaux Lanthenay
La Plaine-sur-Mer • Nantes **Haute-Goulaine** Le-Petit-Pressigny • Bourges
L'Herbaudière St-Valentin • Issoudun
St-Sulpice-le-Verdon
Brétignolles-sur-Mer • Neuville-de-Poitou •
Les Sables-d'Olonne • Curzay-sur-Vonne • St-Benoît
La Rochelle La Souterraine •
Saintes Bourg-
Breuillet • Charente La Roche-l'Abeille •
St-Émilion Champagnac-
Pauillac de-Belair Champcevinel
Lormont Chancelade Terrasson-Lavilledieu
Cenon Périgueux • Varetz Brive-la-Gaillarde
Bordeaux Sarlat-la-Canéda Sousceyrac
Bouliac Bergerac St-Céré **Laguiole**
Arcachon • **Martillac** Monestier Trémolat Lacave Calvinet
Langon Ste-Sabine St-Médard Conques
St-Jean-de-Blaignac **Puymirol** Bozouls
Villeneuve-s-Lot Agen Belcastel Rodez
Mont-de-Marsan • Moirax Cahuzac-s-Vère Albi
Bayonne • Condom • Sauveterre-de-Rouergue
Biarritz **Magescq** **Eugénie-les-Bains** Rouffiac-Tolosan
Bidart Arcangues **Pujaudran** Aragon Castres
St-Jean-de-Luz **Colomiers** Lastours
Guéthary • **Toulouse** Pezens
St-Pée-sur-Nivelle St-Jean- Bosdarros Aureville **Carcassonne**
Ainhoa Pied-de-Port Fonsegrives **Fontjoncouse**
La Pomarède
Bélesta •
Montner

1890

La couleur correspond à l'établissement
le plus étoilé de la localité.

Paris ✳✳✳ La localité possède au moins
un restaurant 3 étoiles

Rouen ✳✳ La localité possède au moins
un restaurant 2 étoiles

Rennes ✳ La localité possède au moins
un restaurant 1 étoile

Bondues
Lille
Gruson
Valenciennes

St-Jean-aux-Bois

Zoufftgen
Sarreguemines
Reuilly-Sauvigny
Stiring-Wendel
Phalsbourg
Reims
Hagondange
Bitche
Lembach
Montchenot
Metz
Gundershoffen
Faulquemont
Languimberg
Sessenheim
Vinay
Belleville
Saverne
Marlenheim
Épernay
Châlons-en-
Nancy
Strasbourg
La Wantzenau
Champagne
Lunéville
Obernai
Rosheim
C
Sens
Colombey-
Épinal
les-Deux-Églises
Illhaeusern
Joigny
Auxerre
Mulhouse
St-Père
Prenois
Vauchoux
Danjoutin
Riedisheim
La Bussière-
Sierentz
sur-Ouche
Dijon
Saulieu
Pernand-Vergelesses
Montbéliard
Chamesol
Beaune
Sampans
Bonnétage
Puligny-
Dole
Villers-le-Lac
Montrachet
Levernois
Port-Lesney
Chassagne-Montrachet
Chagny
Arbois
St-Rémy
Malbuisson
Montceau-les-Mines
Tournus
Chamalières
Ambierle
D
Clermont-
Roanne
Vonnas
Ferrand
Veyrier-du-Lac
Chamonix-Mont-Blanc
Vichy
Chasselay
Annecy
Maringues
Megève
Bort-l'Étang
Lyon
Jongieux
St Martin-de-Belleville
Sarpoil
Vienne
Le-Bourget-
Val-d'Isère
du-Lac
Courchevel 1850
Val-Thorens
St-Donat-s-
St-Bonnet-le-Froid
l'Herbasse
Uriage-les-Bains
Alleyras
Valence
Corrençon-
Briançon
en-Vercors
Chaudes-
Charmes-
Aigues
sur-Rhône
Crest
St-Crépin
Vals-
Granges-
les-Bains
Grignan
les-Beaumont
Aumont-
Pont-de-l'Isère
Aubrac
Les Vans
B
Les Baux-
Moustiers-
E
Menton
Monte-Carlo
de-Provence
Ste-Marie
Gignac
Bonnieux
Draguignan
Callas
Nice
Garons
Tourtour
Le Cannet
Montpellier
Lorgues
Cannes
L'Île Rousse
Erbalunga
Sète
Arles
Les Arcs
La Napoule
Lumio
St-Florent
Béziers
Marseille
Ste-Maxime
Calvi
Narbonne
Cassis
St-Tropez
Leucate
Le Castellet
Perpignan
Île de Porquerolles
Ramatuelle
Collioure
Bormes-les-Mimosas
Banyuls-s-Mer
Ajaccio
Propriano
Cala Rossa
Porto-Vecchio

Les Tables étoilées 2015

La couleur correspond à l'établissement
le plus étoilé de la localité.

Île-de-France

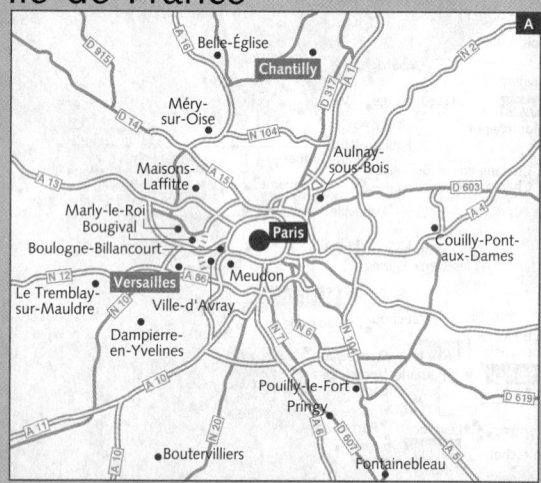

Provence

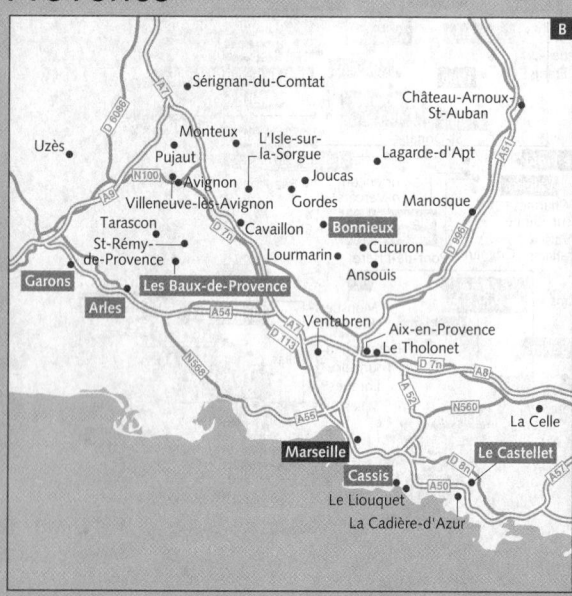

Alsace

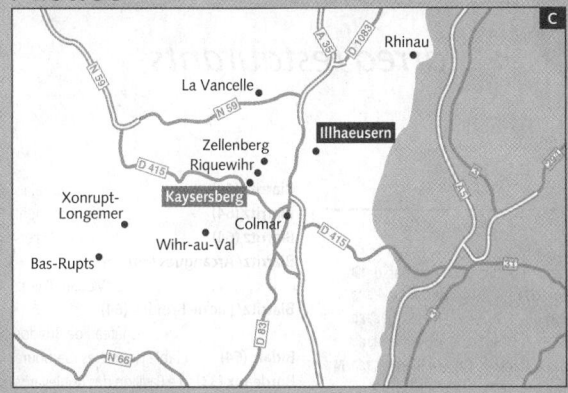

Rhinau

La Vancelle

Zellenberg
Riquewihr
Illhaeusern

Xonrupt-
Longemer

Kaysersberg

Colmar

Wihr-au-Val

Bas-Rupts

Rhône-Alpes

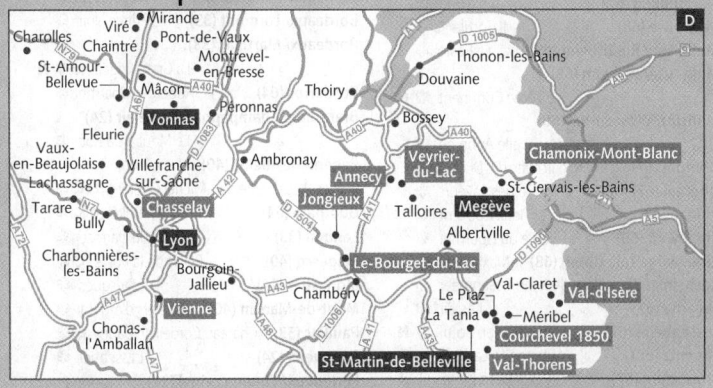

Charolles
Viré
Mirande
Pont-de-Vaux
Chaintré
Thonon-les-Bains
St-Amour-
Bellevue
Montrevel-
en-Bresse
Mâcon
Thoiry
Douvaine

Vonnas
Péronnas
Bossey
Fleurie
Chamonix-Mont-Blanc
Vaux-
en-Beaujolais
Villefranche-
sur-Saône
Ambronay
Annecy
**Veyrier-
du-Lac**
Lachassagne
Chasselay
Jongieux
St-Gervais-les-Bains
Tarare
Talloires
Megève
Bully
Lyon
Albertville
Charbonnières-
les-Bains
Bourgoin-
Jallieu
Le-Bourget-du-Lac
Val-Claret
Chonas-
l'Amballan
Vienne
Chambéry
Le Praz
Val-d'Isère
La Tania
Méribel
Courchevel 1850
St-Martin-de-Belleville
Val-Thorens

Côte-d'Azur

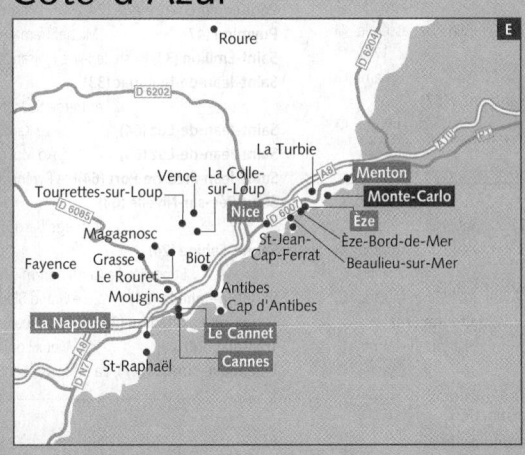

Roure

La Turbie
Vence
La Colle-
sur-Loup
Menton
Tourrettes-sur-Loup
Monte-Carlo
Nice
Magagnosc
Èze
St-Jean-
Cap-Ferrat
Èze-Bord-de-Mer
Fayence
Grasse
Biot
Beaulieu-sur-Mer
Le Rouret
Mougins
Antibes
Cap d'Antibes
La Napoule
Le Cannet
Cannes
St-Raphaël

1893

Les tables étoilées

→ Starred restaurants

● Alsace

Colmar (68)	L'Atelier du Peintre	✿
Colmar (68)	JY'S	✿
Colmar (68)	Rendez-vous de Chasse	✿
Gundershoffen (67)	Le Cygne	✿✿
Illhaeusern (68)	Auberge de l'Ill	✿✿✿
Kaysersberg (68)	64° Le Restaurant	✿✿
Lembach (67)	Auberge du Cheval Blanc	✿✿ **N**
Lièpvre/ La Vancelle (67)		
	Auberge Frankenbourg	✿
Marlenheim (67)	Le Cerf	✿
Mulhouse (68)	Il Cortile	✿✿
Mulhouse/ Riedisheim (68)	La Poste	✿
Mulhouse/ Rixheim (68)		
	Le 7ème Continent	✿ **N**
Munster/ Wihr-au-Val (68)		
	La Nouvelle Auberge	✿
Obernai (67)	La Fourchette des Ducs	✿✿
Obernai (67)	Le Bistro des Saveurs	✿
Rhinau (67)	Au Vieux Couvent	✿
Riquewihr (68)	La Table du Gourmet	✿
Riquewihr/ Zellenberg (68)	Maximilien	✿
Rosheim (67)	Hostellerie du Rosenmeer	✿
Saverne (67)	Kasbür	✿
Sessenheim (67)	Auberge au Bœuf	✿ **N**
Sierentz (68)	Auberge St-Laurent	✿
Strasbourg (67)	Buerehiesel	✿
Strasbourg (67)	Esprit Terroir	✿ **N**
Strasbourg (67)	Gavroche	✿
Strasbourg (67)	Girardin - La Casserole	✿
Strasbourg (67)	1741	✿
Strasbourg (67)	Umami	✿
Strasbourg/ La Wantzenau (67)		
	Relais de la Poste	✿

● Aquitaine

Agen (47)	Mariottat	✿
Agen/ Moirax (47)	Auberge Le Prieuré	✿
Ainhoa (64)	Ithurria	✿
Arcachon (33)	Le Patio	✿
Bayonne (64)	Auberge du Cheval Blanc	✿
Bergerac/ Moulin de Malfourat (24)		
	La Tour des Vents	✿
Biarritz (64)	L'Atelier	✿
Biarritz (64)	Du Palais	✿
Biarritz (64)	L'Impertinent	✿
Biarritz (64)	Les Rosiers	✿
Biarritz/ Arcangues (64)		
	Le Moulin d'Alotz	✿
Biarritz/ Lac de Brindos (64)		
	Château de Brindos	✿
Bidart (64)	Table des Frères Ibarboure	✿
Bordeaux (33)	Le Pavillon des Boulevards	✿
Bordeaux/ Bouliac (33)	Le Saint-James	✿
Bordeaux/ Cenon (33)	La Cape	✿
Bordeaux/ Lormont (33)	Le Prince Noir	✿
Bordeaux/ Martillac (33)		
	La Grand'Vigne	✿✿ **N**
Bosdarros (64)	Auberge Labarthe	✿
Brantôme/ Champagnac-de-Belair (24)		
	Le Moulin du Roc	✿
Eugénie-les-Bains (40)		
Les Prés d'Eugénie - Michel Guérard		✿✿✿
Guéthary (64)	Brikéténia	✿
Langon (33)	Claude Darroze	✿
Magescq (40)	Relais de la Poste	✿✿
Monestier (24)	Les Fresques	✿
Mont-de-Marsan (40)	Les Clefs d'Argent	✿
Pauillac (33)	Château Cordeillan Bages	✿✿
Périgueux (24)	L'Essentiel	✿
Périgueux/ Champcevinel (24)		
	La Table du Pouyaud	✿
Périgueux/ Chancelade (24)	L'Oison	✿
Puymirol (47)	Michel Trama	✿✿
Saint-Émilion (33)	Hostellerie de Plaisance	✿ **N**
Saint-Jean-de-Blaignac (33)		
	Auberge St-Jean	✿
Saint-Jean-de-Luz (64)	Le Kaïku	✿ **N**
Saint-Jean-de-Luz (64)	Zoko Moko	✿
Saint-Jean-Pied-de-Port (64)	Les Pyrénées	✿
Saint-Pée-sur-Nivelle (64)		
	L'Auberge Basque	✿
Sainte-Sabine (24)		
	Étincelles-La Gentilhommière	✿
Sarlat-la-Canéda (24)	Le Grand Bleu	✿
Terrasson-Lavilledieu (24)	L'Imaginaire	✿
Trémolat (24)	Le Vieux Logis	✿
Villeneuve-sur-Lot (47)	La Table des Sens	✿

→ **N**: nouvelle distinction.

→ **N**: newly awarded distinction.

● Auvergne

Alleyras (43)	Le Haut-Allier 🕸
Calvinet (15)	Beauséjour 🕸
Chaudes-Aigues (15)	Serge Vieira 🕸🕸
Clermont-Ferrand (63)	Apicius 🕸
Clermont-Ferrand (63)	Fleur de Sel 🕸
Clermont-Ferrand (63)	
	Jean-Claude Leclerc 🕸
Clermont-Ferrand (63)	
	Le Pré - Xavier Beaudiment 🕸
Clermont-Ferrand/ Chamalières (63)	
	Radio 🕸
Issoire/ Sarpoil (63)	La Bergerie 🕸
Lezoux/ Bort-l'Étang (63)	
	Château de Codignat 🕸
Maringues (63)	le Carrousel 🕸
Saint-Bonnet-le-Froid (43)	
	Régis et Jacques Marcon 🕸🕸🕸
Vichy (03)	Maison Decoret 🕸

● Bourgogne

Auxerre (89)	L'Aspérule 🕸 **N**
Beaune (21)	Le Bénaton 🕸
Beaune (21)	Le Clos du Cèdre 🕸
Beaune (21)	Le Jardin des Remparts 🕸
Beaune (21)	Loiseau des Vignes 🕸
Beaune/ Levernois (21)	
	Hostellerie de Levernois 🕸
Beaune/ Pernand-Vergelesses (21)	
	Le Charlemagne 🕸
La Bussière-sur-Ouche (21)	
	Abbaye de la Bussière 🕸
Chagny (71)	Maison Lameloise 🕸🕸🕸
Chaintré (71)	La Table de Chaintré 🕸
Chalon-sur-Saône/ Saint-Rémy (71)	
	L'Amaryllis 🕸
Charolles (71)	Frédéric Doucet 🕸
Chassagne-Montrachet (21)	Ed.Em 🕸
Dijon (21)	Loiseau des Ducs 🕸
Dijon (21)	Le Pré aux Clercs 🕸
Dijon (21)	Stéphane Derbord 🕸
Dijon (21)	William Frachot 🕸🕸
Dijon/ Prenois (21)	Auberge de la Charme 🕸
Fleurville/ Mirande (71)	La Marande 🕸
Joigny (89)	La Côte St-Jacques 🕸🕸
Mâcon (71)	Pierre 🕸
Montceau-les-Mines (71)	Le France 🕸
Puligny-Montrachet (21)	Le Montrachet 🕸
Saint-Amour-Bellevue (71)	
	Auberge du Paradis 🕸
Saint-Amour-Bellevue (71)	Au 14 Février 🕸
Saulieu (21)	Le Relais Bernard Loiseau 🕸🕸🕸
Sens (89)	La Madeleine 🕸
Tournus (71)	Aux Terrasses 🕸
Tournus (71)	Greuze 🕸

Tournus (71)	Meulien 🕸
Tournus (71)	Quartier Gourmand 🕸
Vézelay/ Saint-Père (89)	L'Espérance 🕸🕸
Viré (71)	Frédéric Carrion Cuisine Hôtel 🕸

● Bretagne

Billiers (56)	Domaine de Rochevilaine 🕸
Brest (29)	L'Armen 🕸
Brest (29)	Le M 🕸
Cancale (35)	Le Coquillage 🕸
Cancale (35)	La Table de Breizh Café 🕸
Carantec (29)	Patrick Jeffroy 🕸🕸
Hennebont (56)	Château de Locguénolé 🕸
Lannion/ La Ville Blanche (22)	
	La Ville Blanche 🕸
Lorient (56)	Henri et Joseph 🕸
Lorient (56)	L'Amphitryon 🕸🕸
Mûr-de-Bretagne (22)	
	Auberge Grand'Maison 🕸
Névez/ Raguenès-Plage (29)	Ar Men Du 🕸
Plancoët (22)	Maison Crouzil et Hôtel L'Écrin 🕸
Plomodiern (29)	L'Auberge des Glazicks 🕸🕸
Plouider (29)	La Butte 🕸
Pont-Aven (29)	Le Moulin de Rosmadec 🕸
Port-Louis (56)	Avel Vor 🕸
Quiberon/ Portivy (56)	
	Le Petit Hôtel du Grand Large 🕸
Quimper (29)	L'Ambroisie 🕸
Rennes (35)	Aozen 🕸 **N**
Rennes (35)	La Coquerie 🕸
Rennes/ Noyal-sur-Vilaine (35)	
	Auberge du Pont d'Acigné 🕸🕸
Rennes/ Saint-Grégoire (35)	Le Saison 🕸
Roscoff (29)	Le Brittany 🕸
Saint-Brieuc (22)	Aux Pesked 🕸
Saint-Brieuc (22)	Youpala Bistrot 🕸
Saint-Brieuc/ Sous-la-Tour (22)	
	La Vieille Tour 🕸
Saint-Malo (35)	Le Chalut 🕸
Saint-Malo/ Saint-Servan-sur-Mer (35)	
	Le St-Placide 🕸
Saint-Pol-de-Léon (29)	
	Auberge La Pomme d'Api 🕸
Trébeurden (22)	Manoir de Lan-Kerellec 🕸
Tréguier (22)	Aigue Marine 🕸
Vannes (56)	
	La Gourmandière - La Table d'Olivier 🕸
Vannes (56)	Roscanvec 🕸
Vannes/ Saint-Avé (56)	Le Pressoir 🕸

● Centre

Amboise (37)	Château de Pray 🕸
Les Bézards (45)	Auberge des Templiers 🕸
Blois (41)	Assa 🕸 **N**
Blois (41)	L'Orangerie du Château 🕸

➔ **N** : nouvelle distinction.

➔ **N** : newly awarded distinction.

Bourges (18)	Le Cercle ✿
Bourges (18)	Le d'Antan Sancerrois ✿
Chartres (28)	Le Grand Monarque ✿
Chenonceaux (37)	
	Auberge du Bon Laboureur ✿
Gien (45)	Côté Jardin ✿ **N**
Issoudun (36)	La Cognette ✿
Issoudun/ Saint-Valentin (36)	
	Au 14 Février ✿
Montargis (45)	La Gloire ✿
Montlivault (41)	La Maison d'à Côté ✿ **N**
Onzain (41)	Domaine des Hauts de Loire ✿✿
Orléans (45)	Le Lièvre Gourmand ✿
Le-Petit-Pressigny (37)	La Promenade ✿
Romorantin-Lanthenay (41)	
	Grand Hôtel du Lion d'Or ✿
Sancerre (18)	La Tour ✿
Tours (37)	La Roche Le Roy ✿
Tours/ Rochecorbon (37)	Les Hautes Roches ✿

● Champagne-Ardenne

Châlons-en-Champagne (51)	Jacky Michel ✿
Colombey-les-Deux-Églises (52)	
	Hostellerie la Montagne ✿
Épernay (51)	Les Berceaux ✿
Épernay/Vinay (51)	Hostellerie La Briqueterie ✿
Reims (51)	L'Assiette Champenoise ✿✿✿
Reims (51)	Le Foch ✿
Reims (51)	Le Millénaire ✿
Reims (51)	Le Parc Les Crayères ✿✿
Reims/ Montchenot (51)	Le Grand Cerf ✿

● Corse

Ajaccio (2A)	Palm Beach ✿
Calvi (2B)	La Table by la villa ✿
Erbalunga (2B)	Le Pirate ✿
L'Île-Rousse (2B)	Pasquale Paoli ✿
Lumio (2B)	Chez Charles ✿
Porto-Vecchio (2A)	Casadelmar ✿✿ **N**
Porto-Vecchio (2A)	La Table de Cala Rossa ✿
Propriano (2A)	Le Lido ✿
Saint-Florent (2B)	La Roya ✿

● Franche-Comté

Arbois (39)	Jean-Paul Jeunet ✿✿
Belfort/ Danjoutin (90)	Le Pot d'Étain ✿
Bonnétage (25)	L'Étang du Moulin ✿
Chamesol (25)	Mon Plaisir ✿
Dole (39)	La Chaumière ✿
Dole/ Sampans (39)	Château du Mont Joly ✿
Malbuisson (25)	Le Bon Accueil ✿
Montbéliard (25)	Le St-Martin ✿
Port-Lesney (39)	Château de Germigney ✿
Port-sur-Saône/ Vauchoux (70)	
	Château de Vauchoux ✿
Villers-le-Lac (25)	Le France ✿

➜ **N**: nouvelle distinction.

➜ **N**: newly awarded distinction.

● Île-de-France

Aulnay-sous-Bois (93)	
	Auberge des Saints Pères ✿
Bougival (78)	Le Camélia ✿
Boulogne-Billancourt (92)	
	Au Comte de Gascogne ✿
Boulogne-Billancourt (92)	MaSa ✿
Cergy-Pontoise/ Méry-sur-Oise (95)	
	Le Chiquito ✿
Couilly-Pont-aux-Dames (77)	
	Auberge de la Brie ✿
Dampierre-en-Yvelines (78)	
La Table des Blot - Auberge du Château ✿	
Étampes/ Boutervilliers (91)	
	Le Bouche à Oreille ✿ **N**
Fontainebleau (77)	L'Axel ✿
Maisons-Laffitte (78)	Tastevin ✿
Marly-le-Roi (78)	Le Village ✿
Meudon (92)	L'Escarbille ✿
Paris 1ᵉʳ	Le Baudelaire ✿
Paris 1ᵉʳ	Carré des Feuillants ✿✿
Paris 1ᵉʳ	La Dame de Pic ✿
Paris 1ᵉʳ	Le Grand Véfour ✿✿
Paris 1ᵉʳ	Jin ✿
Paris 1ᵉʳ	Kei ✿
Paris 1ᵉʳ	Le Meurice Alain Ducasse ✿✿✿
Paris 1ᵉʳ	Sur Mesure par Thierry Marx ✿✿
Paris 1ᵉʳ	Yam'Tcha ✿
Paris 2ᵉ	Le Céladon ✿
Paris 2ᵉ	Goust d'Enrico Bernardo ✿
Paris 2ᵉ	Passage 53 ✿✿
Paris 2ᵉ	Pur' - Jean-François Rouquette ✿
Paris 4ᵉ	L'Ambroisie ✿✿✿
Paris 4ᵉ	Benoit ✿
Paris 4ᵉ	Le Sergent Recruteur ✿
Paris 5ᵉ	Itinéraires ✿
Paris 5ᵉ	Sola ✿
Paris 5ᵉ	La Tour d'Argent ✿
Paris 5ᵉ	La Truffière ✿
Paris 6ᵉ	Hélène Darroze ✿
Paris 6ᵉ	Relais Louis XIII ✿
Paris 6ᵉ	Le Restaurant ✿
Paris 6ᵉ	Ze Kitchen Galerie ✿
Paris 7ᵉ	Aida ✿
Paris 7ᵉ	Arpège ✿✿✿
Paris 7ᵉ	
L'Atelier de Joël Robuchon - St-Germain ✿✿	
Paris 7ᵉ	Auguste ✿
Paris 7ᵉ	Les Climats ✿ **N**
Paris 7ᵉ	David Toutain ✿ **N**
Paris 7ᵉ	ES ✿
Paris 7ᵉ	Les Fables de La Fontaine ✿
Paris 7ᵉ	Garance ✿ **N**
Paris 7ᵉ	Gaya Rive Gauche par Pierre Gagnaire ✿
Paris 7ᵉ	Il Vino d'Enrico Bernardo ✿
Paris 7ᵉ	Jean-François Piège ✿✿

Paris 7e	Le Jules Verne ✿
Paris 7e	Le Violon d'Ingres ✿
Paris 8e	Alain Ducasse au Plaza Athénée ✿✿✿ **N**
Paris 8e	Apicius ✿
Paris 8e	L'Arôme ✿
Paris 8e	L'Atelier de Joël Robuchon - Étoile ✿✿
Paris 8e	114, Faubourg ✿
Paris 8e	Le Chiberta ✿
Paris 8e	Le Cinq ✿✿
Paris 8e	Le Diane ✿
Paris 8e	Dominique Bouchet ✿
Paris 8e	Épicure au Bristol ✿✿✿
Paris 8e	Helen ✿ **N**
Paris 8e	Il Carpaccio ✿
Paris 8e	Lasserre ✿
Paris 8e	Laurent ✿
Paris 8e	Okuda ✿
Paris 8e	Pavillon Ledoyen ✿✿✿ **N**
Paris 8e	Penati al Baretto ✿ **N**
Paris 8e	Pierre Gagnaire ✿✿✿
Paris 8e	La Scène ✿
Paris 8e	La Table du Lancaster ✿✿ **N**
Paris 8e	Taillevent ✿✿
Paris 8e	Le 39V ✿
Paris 9e	Jean ✿
Paris 11e	Qui plume la Lune ✿
Paris 11e	Septime ✿
Paris 12e	Au Trou Gascon ✿
Paris 14e	Cobéa ✿
Paris 15e	Le Quinzième - Cyril Lignac ✿
Paris 16e	L'Abeille ✿
Paris 16e	Akrame ✿
Paris 16e	Antoine ✿
Paris 16e	Astrance ✿✿✿
Paris 16e	etc... ✿
Paris 16e	La Grande Cascade ✿
Paris 16e	Hiramatsu ✿
Paris 16e	Le Pergolèse ✿
Paris 16e	Le Pré Catelan ✿✿✿
Paris 16e	Relais d'Auteuil ✿
Paris 16e	St-James Paris ✿
Paris 16e	Shang Palace ✿
Paris 16e	Les Tablettes de JL Nomicos ✿
Paris 17e	Agapé ✿
Paris 17e	La Fourchette du Printemps ✿
Paris 17e	Frédéric Simonin ✿
Paris 17e	Guy Savoy ✿✿✿
Paris 17e	Jacques Faussat - La Braisière ✿
Paris 17e	Michel Rostang ✿✿
Paris 17e	Rech ✿
Paris 18e	La Table d'Eugène ✿ **N**
Pouilly-le-Fort (77)	Le Pouilly ✿
Pringy (77)	L'Inédit ✿
Le Tremblay-sur-Mauldre (78)	Numéro 3 ✿
Versailles (78)	L'Angélique ✿

Versailles (78)	Gordon Ramsay au Trianon ✿✿✿
Ville-d'Avray (92)	Le Corot ✿

● Languedoc-Roussillon

Aumont-Aubrac (48)	Cyril Attrazic ✿
Banyuls-sur-Mer (66)	Le Fanal ✿
Bélesta (66)	La Coopérative ✿
Béziers (34)	Octopus ✿
Carcassonne (11)	La Barbacane ✿
Carcassonne (11)	Domaine d'Auriac ✿
Carcassonne (11)	Le Parc Franck Putelat ✿✿
Carcassonne/ Aragon (11)	La Bergerie ✿
Carcassonne/ Pezens (11)	L'Ambrosia ✿
Collioure (66)	Relais des Trois Mas ✿
Fontjoncouse (11)	
	Auberge du Vieux Puits ✿✿✿
Gignac (34)	Restaurant de Lauzun ✿
Lastours (11)	Le Puits du Trésor ✿
Leucate (11)	Klim et Ko ✿
Montner (66)	Auberge du Cellier ✿
Montpellier (34)	Le Jardin des Sens ✿
Montpellier (34)	Mia ✿ **N**
Montpellier (34)	La Réserve Rimbaud ✿
Narbonne (11)	La Table Saint-Crescent ✿
Nîmes/ Garons (30)	Alexandre ✿✿
Perpignan (66)	La Galinette ✿
La Pomarède (11)	
	Hostellerie de la Pomarède-Le Presbytère ✿
Pujaut (30)	Entre Vigne et Garrigue ✿
Sète (34)	La Coquerie ✿
Uzès (30)	La Table d'Uzès ✿
Villeneuve-lès-Avignon (30)	Le Prieuré ✿

● Limousin

Brive-la-Gaillarde (19)	La Table d'Olivier ✿
Brive-la-Gaillarde/ Varetz (19)	
	Château de Castel Novel ✿
La Roche-l'Abeille (87)	
	Le Moulin de la Gorce ✿
La Souterraine (23)	Château de la Cazine ✿

● Lorraine

Belleville (54)	Le Bistroquet ✿
Bitche (57)	Le Strasbourg ✿
Épinal (88)	Les Ducs de Lorraine ✿
Faulquemont (57)	Toya ✿
Forbach/ Stiring-Wendel (57)	
	La Bonne Auberge ✿
Gérardmer/ Bas-Rupts (88)	Les Bas-Rupts ✿
Gérardmer/ Xonrupt-Longemer (88)	
	Les Jardins de Sophie ✿
Hagondange (57)	Quai des Saveurs ✿
Languimberg (57)	Chez Michèle ✿
Lunéville (54)	Château d'Adoménil ✿
Metz (57)	La Citadelle ✿
Nancy (54)	La Maison dans le Parc ✿

➜ **N** : nouvelle distinction.

➜ **N** : newly awarded distinction.

Phalsbourg (57)	Au Soldat de l'An II ✿
Sarreguemines (57)	Auberge St-Walfrid ✿
Zoufftgen (57)	La Lorraine ✿

● Midi-Pyrénées

Albi (81)	David Enjalran - L'Esprit du Vin ✿
Belcastel (12)	Vieux Pont ✿
Bozouls (12)	Le Belvédère ✿
Cahuzac-sur-Vère (81)	Château de Salettes ✿
Castres (81)	Bistrot Saveurs ✿
Condom (32)	La Table des Cordeliers ✿
Conques (12)	Hervé Busset ✿
L'Isle-Jourdain/ Pujaudran (32)	
	Le Puits St-Jacques ✿✿
Lacave (46)	Château de la Treyne ✿
Lacave (46)	Pont de l'Ouysse ✿
Laguiole (12)	Bras ✿✿✿
Rodez (12)	Goûts et Couleurs ✿
Saint-Céré (46)	Les Trois Soleils de Montal ✿
Saint-Médard (46)	Gindreau ✿
Sauveterre-de-Rouergue (12)	Le Sénéchal ✿
Sousceyrac (46)	Au Déjeuner de Sousceyrac ✿
Toulouse (31)	Michel Sarran ✿✿
Toulouse (31)	
	Stéphane Tournié Les Jardins de l'Opéra ✿
Toulouse/ Aureville (31)	En Marge ✿
Toulouse/ Colomiers (31)	L'Amphitryon ✿✿
Toulouse/ Fonsegrives (31)	En Pleine Nature ✿
Toulouse/ Rouffiac-Tolosan (31)	Ô Saveurs ✿

● Nord-Pas-de-Calais

Béthune/ Busnes (62)	
	Le Château de Beaulieu ✿✿
Boeschepe (59)	Auberge du Vert Mont ✿
Boulogne-sur-Mer (62)	La Matelote ✿
Laventie (62)	Le Cerisier ✿
Lille (59)	La Laiterie ✿
Lille/ Bondues (59)	Val d'Auge ✿
Lille/ Gruson (59)	L'Arbre ✿
Montreuil (62)	Château de Montreuil ✿
Montreuil/ La Madelaine-sous-Montreuil (62)	
	La Grenouillère ✿✿
Le Touquet-Paris-Plage (62)	Westminster ✿
Valenciennes (59)	Le Musigny ✿

● Normandie

Bagnoles-de-l'Orne (61)	Le Manoir du Lys ✿
Barneville-Carteret/ Carteret (50)	
	La Marine ✿
Bayeux (14)	Château de Sully ✿
Beuvron-en-Auge (14)	Le Pavé d'Auge ✿
Blainville-sur-Mer (50)	Le Mascaret ✿
Le Bourg-Dun (76)	Auberge du Dun ✿
Le Breuil-en-Auge (14)	Le Dauphin ✿
Caen (14)	Ivan Vautier ✿
Caen (14)	Stéphane Carbone ✿
Caen (14)	À Contre Sens ✿
Cherbourg-Octeville (50)	Le Pily ✿
Clères/ Frichemesnil (76)	Au Souper Fin ✿
Dieppe (76)	Les Voiles d'Or ✿
Dieppe/ Offranville (76)	Le Colombier ✿ **N**
Flers/ La Ferrière-aux-Étangs (61)	
	Auberge de la Mine ✿
Giverny (27)	Le Jardin des Plumes ✿ **N**
Le Havre (76)	Jean-Luc Tartarin ✿✿
Honfleur (14)	SaQuaNa ✿✿
Lyons-la-Forêt (27)	La Licorne Royale ✿
Pont-de-l'Arche/ Les Damps (27)	
	L'Auberge de la Pomme ✿
Rouen (76)	Gill ✿✿
Rouen (76)	L'Odas ✿ **N**
Rouen (76)	Origine ✿
Valmont (76)	Le Bec au Cauchois ✿

● Pays-de-la-Loire

Angers (49)	Une Île ✿
Brétignolles-sur-Mer (85)	J.-M. Pérochon ✿
Briollay (49)	Château de Noirieux ✿
La Flèche (72)	Le Moulin des Quatre Saisons ✿
Île de Noirmoutier/ L'Herbaudière (85)	
	La Marine ✿✿
Loiré (49)	Auberge de la Diligence ✿
Le Mans (72)	Le Beaulieu ✿
Mayenne (53)	L'Éveil des Sens ✿
Missillac (44)	La Bretesche ✿
Nantes (44)	L'Atlantide ✿
Nantes/ Haute-Goulaine (44)	
	Manoir de la Boulaie ✿✿
La Plaine-sur-Mer (44)	Anne de Bretagne ✿✿
Les Sables-d'Olonne/ à l'anse de Cayola (85)	
	Cayola ✿
Saint-Joachim (44)	La Mare aux Oiseaux ✿
Saint-Sulpice-le-Verdon (85)	
	Thierry Drapeau ✿✿
Saumur (49)	Le Gambetta ✿

● Picardie

Amiens/ Dury (80)	L'Aubergade ✿
Belle-Église (60)	La Grange de Belle-Église ✿
Chantilly (60)	La Table du Connétable ✿✿
Clermont/ Étouy (60)	L'Orée de la Forêt ✿
Pierrefonds/ Saint-Jean-aux-Bois (60)	
	Auberge à la Bonne Idée ✿
Reuilly-Sauvigny (02)	Auberge Le Relais ✿

● Poitou-Charentes

Breuillet (17)	L'Aquarelle ✿
Curzay-sur-Vonne (86)	La Cédraie ✿
Jarnac/ Bourg-Charente (16)	La Ribaudière ✿
Neuville-de-Poitou (86)	St-Fortunat ✿

➔ **N** : nouvelle distinction.

➔ **N** : newly awarded distinction.

Poitiers/ Saint-Benoît (86)	
	Passions et Gourmandises ✿
La Rochelle (17)	Christopher Coutanceau ✿✿
Saintes (17)	La Table de Marion ✿

● Provence-Alpes-Côte d'Azur

Aix-en-Provence (13)	
	L'Esprit de la Violette ✿ **N**
Aix-en-Provence (13)	
	Le Clos - Jean-Marc Banzo ✿ **N**
Aix-en-Provence (13)	Pierre Reboul ✿
Aix-en-Provence/ Le Tholonet (13)	
	Le Saint-Estève ✿
Ansouis (84)	La Closerie ✿
Antibes (06)	Le Figuier de St-Esprit ✿
Antibes/ Cap d'Antibes (06)	Bacon ✿
Antibes/ Cap d'Antibes (06)	Les Pêcheurs ✿
Les Arcs (83)	Le Relais des Moines ✿
Arles (13)	L'Atelier de Jean-Luc Rabanel ✿✿
Arles (13)	La Chassagnette ✿
Avignon (84)	Christian Étienne ✿
Avignon (84)	Le Diapason ✿
Avignon (84)	La Vieille Fontaine ✿
Les Baux-de-Provence (13)	
	L'Oustaù de Baumanière ✿✿
Beaulieu-sur-Mer (06)	Restaurant des Rois ✿
Biot (06)	Les Terraillers ✿
Bonnieux (84)	La Bastide de Capelongue ✿✿
Bormes-les-Mimosas (83)	La Rastègue ✿
Briançon (05)	Le Pêché Gourmand ✿
La Cadière-d'Azur (83)	Hostellerie Bérard ✿
Callas (83)	
	Hostellerie Les Gorges de Pennafort ✿
Cannes (06)	La Palme d'Or ✿✿
Cannes (06)	Le Park 45 ✿
Cannes (06)	Sea Sens ✿
Cannes/ Le Cannet (06)	Villa Archange ✿✿
Cassis (13)	La Villa Madie ✿✿
Le Castellet/ Circuit Paul Ricard (83)	
	Christophe Bacquié ✿✿
Cavaillon (84)	Prévôt ✿
La Celle (83)	Hostellerie de l'Abbaye de la Celle ✿
Château-Arnoux-Saint-Auban (04)	
	La Bonne Étape ✿
La Ciotat/ Le Liouquet (83)	
	La Table de Nans - Auberge le Revestel ✿ **N**
La Colle-sur-Loup (06)	Alain Llorca ✿
Cucuron (84)	La Petite Maison de Cucuron ✿
Draguignan (83)	Côté Rue ✿
Èze (06)	Château Eza ✿
Èze (06)	La Chèvre d'Or ✿✿
Èze-Bord-de-Mer (06)	
	La Table de Patrick Raingeard ✿
Fayence (83)	Le Castellaras ✿ **N**
Gordes (84)	Les Bories ✿
Grasse (06)	La Bastide St-Antoine ✿

Grasse/ Magagnosc (06)	Au Fil du Temps ✿
Ile de Porquerolles (83)	
	Le Mas du Langoustier ✿
L'Isle-sur-la-Sorgue (84)	Le Vivier ✿
Joucas (84)	Hostellerie Le Phébus et Spa ✿
Lagarde-d'Apt (84)	Le Bistrot de Lagarde ✿
Lorgues (84)	Bruno ✿
Lourmarin (84)	Auberge La Fenière ✿
Mandelieu/ La Napoule (06)	L'Oasis ✿✿
Manosque (04)	Dominique Bucaille ✿
Marseille (13)	Alcyone ✿
Marseille (13)	AM par Alexandre Mazzia ✿ **N**
Marseille (13)	L'Épuisette ✿
Marseille (13)	
	Michel - Brasserie des Catalans ✿
Marseille (13)	Le Petit Nice ✿✿✿
Marseille (13)	Une Table au Sud ✿ **N**
Menton (06)	Mirazur ✿✿
Monteux (84)	
	Le Saule Pleureur - Laurent Azoulay ✿
Mougins (06)	Le Mas Candille ✿
Mougins (06)	Paloma ✿
Moustiers-Sainte-Marie (04)	
	La Bastide de Moustiers ✿
Nice (06)	L'Aromate ✿
Nice (06)	Chantecler ✿✿
Nice (06)	Flaveur ✿
Nice (06)	Keisuke Matsushima ✿
Orange/ Sérignan-du-Comtat (84)	
	Le Pré du Moulin ✿
Ramatuelle (83)	La Voile ✿ **N**
Roure (06)	Auberge le Robur ✿
Le Rouret (06)	Le Clos St-Pierre ✿
Saint-Crépin (05)	Les Tables de Gaspard ✿ **N**
Saint-Jean-Cap-Ferrat (06)	
	Grand Hôtel du Cap Ferrat ✿
Saint-Raphaël (83)	Archange ✿ **N**
Saint-Rémy-de-Provence (13)	
	La Maison de Bournissac ✿
Saint-Rémy-de-Provence (13)	
	La Maison Jaune ✿
Saint-Tropez (83)	La Vague d'Or ✿✿✿
Saint-Tropez (83)	Villa Belrose ✿
Sainte-Maxime (83)	La Badiane ✿
Tarascon (13)	Méo ✿
Tourrettes-sur-Loup (06)	Clovis ✿
Tourtour (83)	Les Chênes Verts ✿
La Turbie (06)	Hostellerie Jérôme ✿
Vence (06)	Les Bacchanales ✿
Ventabren (13)	La Table de Ventabren ✿

● Rhône-Alpes

Albertville (73)	Million ✿
Ambierle (42)	Le Prieuré ✿
Ambronay (01)	Auberge de l'Abbaye ✿
Annecy (74)	Le Belvédère ✿

➜ **N** : nouvelle distinction.

➜ **N** : newly awarded distinction.

Annecy (74) — La Ciboulette ✿
Annecy (74) — Le Clos des Sens ✿✿✿
Annecy/ Veyrier-du-Lac (74) — Yoann Conte ✿✿
Bourg-en-Bresse/ Péronnas (01) — La Marelle ✿
Le-Bourget-du-Lac (73) — Atmosphères ✿
Le-Bourget-du-Lac (73) — Auberge Lamartine ✿
Le-Bourget-du-Lac (73) — Le Bateau Ivre ✿✿
Le-Bourget-du-Lac (73) — La Grange à Sel ✿
Bourgoin-Jallieu (38) — Domaine des Séquoias ✿
Bully (69) — Auberge du Château ✿
Chambéry (73) — Côté Marché ✿
Chamonix-Mont-Blanc (74) — Albert 1er ✿✿
Chamonix-Mont-Blanc (74) — Auberge du Bois Prin ✿ N
Chamonix-Mont-Blanc (74) — Le Bistrot ✿
Charmes-sur-Rhône (07) — Le Carré d'Alethius ✿
Chasselay (69) — Guy Lassausaie ✿✿
Courchevel/ Courchevel 1850 (73) — Le Chabichou ✿✿
Courchevel/ Courchevel 1850 (73) — Cheval Blanc ✿✿
Courchevel/ Courchevel 1850 (73) — Le Kintessence ✿✿
Courchevel/ Courchevel 1850 (73) — Le Strato ✿
Courchevel/ Courchevel 1850 (73) — Pierre Gagnaire pour les Airelles ✿✿
Courchevel/ Courchevel 1850 (73) — La Table du Kilimandjaro ✿✿
Courchevel/ Le-Praz (73) — Azimut ✿
Courchevel/ La Tania (73) — Le Farçon ✿
Crest (26) — Kléber ✿
Douvaine (74) — Ô Flaveurs ✿
Fleurie (69) — Auberge du Cep ✿
Grignan (26) — Le Clair de la Plume ✿ N
Jongieux (73) — Les Morainières ✿✿
Lachassagne (69) — La Table de Lachassagne ✿
Lyon (69) — L'Alexandrin ✿
Lyon (69) — Au 14 Février ✿
Lyon (69) — Auberge de l'Île Barbe ✿
Lyon (69) — Le Gourmet de Sèze ✿
Lyon (69) — Les Loges ✿
Lyon (69) — Maison Clovis ✿
Lyon (69) — Mère Brazier ✿✿
Lyon (69) — Le Neuvième Art ✿✿ N
Lyon (69) — Pierre Orsi ✿
Lyon (69) — La Rémanence ✿
Lyon (69) — Takao Takano ✿
Lyon (69) — Les Terrasses de Lyon ✿
Lyon (69) — Les Trois Dômes ✿
Lyon (69) — Têtedoie ✿
Lyon/ Charbonnières-les-Bains (69) — La Rotonde ✿
Lyon/ Collonges-au-Mont-d'Or (69) — Paul Bocuse ✿✿✿

Megève (74) — Flocons de Sel ✿✿✿
Megève (74) — 1920 ✿
Megève (74) — La Table de l'Alpaga ✿
Méribel (73) — L'Ekrin ✿ N
Montrevel-en-Bresse (01) — Léa ✿
Pont-de-Vaux (01) — Le Raisin ✿ N
Roanne (42) — Troisgros ✿✿✿
Romans-sur-Isère/ Granges-les-Beaumont (26) — Les Cèdres ✿✿
Saint-Donat-sur-l'Herbasse (26) — Chartron ✿
Saint-Gervais-les-Bains (74) — Le Sérac ✿
Saint-Julien-en-Genevois/ Bossey (74) — La Ferme de l'Hospital ✿
Saint-Martin-de-Belleville (73) — La Bouitte ✿✿✿ N
Talloires (74) — L'Auberge du Père Bise ✿
Tarare (69) — Jean Brouilly ✿
Thoiry (01) — Les Cépages ✿
Thonon-les-Bains (74) — Le Prieuré ✿
Uriage-les-Bains (38) — Les Terrasses ✿✿
Val-d'Isère (73) — L'Atelier d'Edmond ✿✿ N
Val-d'Isère (73) — Les Barmes de l'Ours ✿
Valence (26) — La Cachette ✿
Valence (26) — Flaveurs ✿
Valence (26) — Pic ✿✿✿
Valence/ Pont-de-l'Isère (26) — La Grande Table ✿
Vals-les-Bains (07) — Le Vivarais ✿ N
Val-Thorens (73) — L'Épicurien ✿ N
Val-Thorens (73) — Jean Sulpice ✿✿
Les Vans (07) — Likoké ✿
Vaux-en-Beaujolais (69) — Auberge de Clochemerle ✿
Vienne (38) — La Pyramide ✿✿
Vienne/ Chonas-l'Amballan (38) — Domaine de Clairefontaine ✿
Villard-de-Lans/ Corrençon-en-Vercors (38) — Le Bois Fleuri ✿
Villefranche-sur-Saône (69) — Le Juliénas - Fabrice Roche ✿
Vonnas (01) — Georges Blanc ✿✿✿

● Principauté de Monaco

Monte-Carlo (MC) — Joël Robuchon Monte-Carlo ✿✿
Monte-Carlo (MC) — Le Blue Bay ✿ N
Monte-Carlo (MC) — Le Louis XV-Alain Ducasse ✿✿✿
Monte-Carlo (MC) — Vistamar ✿
Monte-Carlo (MC) — Yoshi ✿
Monte-Carlo/ Monte-Carlo-Beach (MC) — Elsa ✿

➜ N : nouvelle distinction.
➜ N : newly awarded distinction.

Bib Gourmand

Les bonnes tables à prix doux
→ *Good food at moderate prices*

● Alsace

Altwiller (67)	L'Écluse 16
Barr (67)	Aux Saisons Gourmandes
Bergheim (68)	Wistub du Sommelier
Berrwiller (68)	L'Arbre Vert
Birkenwald (67)	Au Chasseur
Blienschwiller (67)	Le Pressoir de Bacchus
Colmar (68)	Aux Trois Poissons
Colmar (68)	Côté Cour
Colmar/ Ingersheim (68)	
	La Taverne Alsacienne
Eguisheim (68)	La Grangelière
Eguisheim (68)	Le Pavillon Gourmand
Feldbach (68)	Cheval Blanc
Fouday (67)	Julien
Hattstatt (68)	L'Altévic **N**
Hegeney (67)	Belle Vue **N**
Illzach (68)	La Bistronomie
Itterswiller (67)	Winstub Arnold
Kaysersberg (68)	La Vieille Forge
Kaysersberg (68)	Winstub
Kruth (68)	Les Quatre Saisons
Labaroche (68)	La Rochette
Lembach (67)	D'Rössel Stub **N**
Leutenheim (67)	Auberge Au Vieux Couvent **N**
Natzwiller (67)	Auberge Metzger
Niedersteinbach (67)	Au Cheval Blanc
Obernai/ Ottrott (67)	À l'Ami Fritz
La-Petite-Pierre/ Graufthal (67)	
	Au Cheval Blanc
Ribeauvillé (68)	Au Relais des Ménétriers
Riquewihr (68)	Au Trotthus **N**
Riquewihr (68)	Le Sarment d'Or
Rosenau (68)	Au Lion d'Or
Saint-Hippolyte (68)	
	Winstub Rabseppi-Stebel
Saulxures (67)	Côté Bistrot **N**
Sélestat (67)	La Vieille Tour
Strasbourg (67)	Au Pont du Corbeau **N**
Strasbourg (67)	Le Bistrot du Boulanger
Strasbourg/ Entzheim (67)	Steinkeller
Strasbourg/ Illkirch-Graffenstaden (67)	
	Estaminet à l'Agneau **N**
Turckheim (68)	À l'Homme Sauvage

Weyersheim (67)	Auberge du Pont de la Zorn
Zimmerbach (68)	Au Raisin d'Or

● Aquitaine

Agen (47)	L'Atelier
Agen (47)	Le Margoton
Bayonne (64)	François Miura
Bergerac (24)	
	Le Repaire de Savinien "Nouvelle Ere" **N**
Bergerac (24)	Le Vin'Quatre **N**
Biarritz (64)	Le Clos Basque
Bidart (64)	Ahizpak Le Restaurant des Sœurs **N**
Bordeaux (33)	L'Air de Famille
Bordeaux (33)	Le Bistrot du Gabriel
Bordeaux (33)	Une Cuisine en Ville
Bordeaux (33)	Dubern - Bistrot Gourmand
Bordeaux (33)	Julien Cruège
Bordeaux (33)	La Table du Quai **N**
Briscous (64)	Maison Joanto **N**
Casteljaloux (47)	La Vieille Auberge
Coirac (33)	Le Flore
Daglan (24)	Le Petit Paris
Dax (40)	L'Amphitryon
Domme (24)	Cabanoix et Châtaigne
Guiche (64)	Le Gantxo
Langon/ Saint-Macaire (33)	Abricotier
Libourne (33)	Chez Servais
Milhac-d'Auberoche (24)	La Vieille Forge **N**
Ossès (64)	La Ferme Gourmande
Pau (64)	Café Anaïak **N**
Périgueux (24)	Le Grain de Sel
Périgueux (24)	Nicolas L **N**
Périgueux (24)	Un Parfum de Gourmandise **N**
Périgueux/ Chancelade (24)	La Verrière **N**
Pouillon (40)	L'Auberge du Pas de Vent
Puymirol (47)	La Poule d'Or
Roquefort (40)	Le St-Vincent
La Roque-Gageac (24)	La Belle Étoile
Saint-Étienne-de-Baïgorry (64)	Arcé
Saint-Julien-de-Lampon (24)	La Gabarre
Saint-Pée-sur-Nivelle (64)	Ttotta
Salies-de-Béarn (64)	Restaurant des Voisins **N**
Sauternes (33)	Saprien **N**

→ **N** : nouvelle distinction.

→ **N** : newly awarded distinction.

● Auvergne

Aurillac (15)	Quatre Saisons
Boudes (63)	Le Boudes La Vigne
Bouzel (63)	L'Auberge du Ver Luisant
Clermont-Ferrand (63)	Bath's
Clermont-Ferrand (63)	
	Le Comptoir des Saveurs **N**
Clermont-Ferrand (63)	L'Écureuil
Clermont-Ferrand/ Lempdes (63)	B2K6
Clermont-Ferrand/ Orcines (63)	
	Auberge de la Fontaine du Berger **N**
Clermont-Ferrand/ Orcines (63)	
	Auberge de la Baraque
Dunières (43)	La Tour
Issoire (63)	L'Atelier Yssoirien **N**
Mazaye (63)	Auberge de Mazayes
Le Mont-Dore (63)	La Golmotte
Montsalvy (15)	L'Auberge Fleurie
Pailherols (15)	L'Auberge des Montagnes
Pontgibaud/ La Courteix (63)	
	L'Ours des Roches
Le Puy-en-Velay (43)	Bambou et Basilic
Le Puy-en-Velay (43)	Tournayre
Reugny (03)	La Table de Reugny
Saint-Bonnet-le-Froid (43)	André Chatelard
Saint-Bonnet-le-Froid (43)	
	Bistrot la Coulemelle
Saint-Bonnet-le-Froid (43)	Le Fort du Pré
Saint-Flour (15)	Grand Hôtel de l'Étape
Saint-Julien-Chapteuil (43)	Vidal
Salers (15)	Le Bailliage
Sauxillanges (63)	Restaurant de la Mairie
Vallon-en-Sully (03)	Auberge des Ris
Vergongheon (43)	La Petite École
Vichy (03)	L'Alambic
Vichy (03)	La Table d'Antoine
Vichy (03)	La Table de Marlène
Vichy/ Bellerive-sur-Allier (03)	
	Château du Bost **N**
Vic-sur-Cère/ Col-de-Curebourse (15)	
	Hostellerie Saint-Clément
Vieillevie (15)	La Terrasse

● Bourgogne

Autun (71)	Le Chapitre
Avallon/ Valloux (89)	Auberge des Chenêts
Beaune/ Ladoix-Serrigny (21)	
	Les Terrasses de Corton
Chablis (89)	Au Fil du Zinc **N**
Chagny (71)	Pierre et Jean
Chalon-sur-Saône (71)	Auberge des Alouettes
Chalon-sur-Saône/	
Saint-Loup-de-Varennes (71)	Le Saint-Loup
Chambolle-Musigny (21)	Le Millésime
Cosne-Cours-sur-Loire/ Villechaud (58)	
	Le Chat

Le Creusot (71)	Le Restaurant
Le Creusot/ Montcenis (71)	Le Montcenis
Dijon (21)	DZ'envies
Dijon (21)	So
Dijon/ Velars-sur-Ouche (21)	
	L'Auberge Gourmande
Gevrey-Chambertin (21)	Chez Guy
L'Isle-sur-Serein (89)	Auberge du Pot d'Étain
Luzy (58)	Le Morvan
Mâcon (71)	Le Poisson d'Or
Meursault (21)	Le Chevreuil
Montbard/ Saint-Rémy (21)	La Mirabelle
Montceau-les-Mines/ Blanzy (71)	Le Plessis
Nuits-Saint-Georges (21)	La Cabotte
Nuits-Saint-Georges (21)	Le Chef Coq
Quarré-les-Tombes (89)	Le Morvan
Romanèche-Thorins (71)	Rouge et Blanc **N**
Saint-Germain-du-Bois (71)	
	Hostellerie Bressane
Saint-Julien-du-Sault (89)	Les Bons Enfants **N**
Saint-Martin-en-Bresse (71)	Au Puits Enchanté
Saint-Maurice-de-Satonnay (71)	
	Auberge des Grenouillats
Saint-Romain (21)	Les Roches
Tournus/ Mancey (71)	
	Auberge du Col des Chèvres
Tournus/ Ozenay (71)	Le Relais d'Ozenay
Venarey-les-Laumes/ Alise-Sainte-Reine (21)	
	Auberge du Cheval Blanc

● Bretagne

Baden (56)	Le Gavrinis
Cancale (35)	Côté Mer
Crozon/ Le Fret (29)	Hostellerie de la Mer
Dinard/ Saint-Lunaire (35)	Le Décollé
Douarnenez (29)	L'Insolite
Fouesnant/ Cap-Coz (29)	
	La Pointe du Cap Coz
La Guerche-de-Bretagne (35)	La Calèche
Guilliers (56)	Au Relais du Porhoët
Guingamp (22)	Le Clos de la Fontaine
Lorient (56)	L'Alto
Lorient (56)	Le Tire Bouchon **N**
Lorient (56)	Le Yachtman
Morlaix (29)	L'Estaminet
Pléneuf-Val-André/ Le-Val-André (22)	Le Sub
Ploubalay (22)	Restaurant de la Gare
Pont-Scorff (56)	L'Art Gourmand
Quiberon (56)	La Chaumine
Quimper/ Ty-Sanquer (29)	Auberge de Ti-Coz
Rennes (35)	Le Cours des Lices **N**
Saint-Brieuc (22)	Ô Saveurs
Saint-Brieuc/ Cesson (22)	La Croix Blanche
Saint-Guénolé (29)	Sterenn
Saint-Suliac (35)	La Ferme du Boucanier

→ **N** : nouvelle distinction.

→ **N** : newly awarded distinction.

Saint-Thégonnec (29)
Auberge Saint-Thégonnec
Vannes/ Séné (56) Le Puits des Saveurs **N**

● **Centre**

Aubigny-sur-Nère (18) La Chaumière **N**
Azay-le-Rideau (37) L'Aigle d'Or
Azay-le-Rideau (37) Auberge Pom'Poire
Le Blanc (36) Le Cygne
Bléré (37) La Boulaye
Bonny-sur-Loire (45)
Restaurant des Voyageurs
Bourges (18) Le Beauvoir **N**
Bracieux (41) Le Rendez-vous des Gourmets
Brou (28) L'Ascalier
Buzançais (36) L'Hermitage
Châteaudun (28) Aux Trois Pastoureaux **N**
Chilleurs-aux-Bois (45) Le Lancelot **N**
Chinon (37) Au Chapeau Rouge
Chinon (37) L'Océanic
Chisseaux (37) Auberge du Cheval Rouge **N**
Dreux (28) Le Saint-Pierre
Dreux/ Chérisy (28) Le Vallon de Chérisy
Gien (45) Le P'tit Bouchon **N**
L'Île-Bouchard (37) Auberge de l'Île
Langeais (37) Au Coin des Halles
Luynes (37) Le XII de Luynes
Lys-Saint-Georges (36) Auberge La Forge
Ménestreau-en-Villette (45)
Le Relais de Sologne **N**
Nérondes (18) Le Lion d'Or
Neuillé-le-Lierre (37) Auberge de la Brenne
Orléans (45) La Dariole
Orléans (45) Eugène
Orléans (45) La Parenthèse
Orléans/ La Chapelle-Saint-Mesmin (45)
Côté Saveurs
Oucques (41) Le Commerce
Plaimpied-Givaudins (18) Aux Marais
Saint-Benoît-sur-Loire (45) Grand St-Benoît
Sancerre (18) La Pomme d'Or
Savonnières (37) La Maison Tourangelle
Semblançay (37) La Mère Hamard
Tours (37) L'Arche de Meslay
Tours (37) Le Bistrot de la Tranchée
Tours (37) Casse-Cailloux
Tours (37) Le Chien Jaune **N**
Tours (37) Le Saint-Honoré
Tours/ Fondettes (37)
Auberge de Port Vallières
Vierzon (18) Les Petits Plats de Célestin

● **Champagne-Ardenne**

Bar-sur-Aube (10) La Toque Baralbine
Bar-sur-Seine (10) Le Val Moret
Charleville-Mézières (08) La Table d'Arthur "R"

Charleville-Mézières/ Montcy-Notre-Dame (08)
L'Auberge du Laminak
Nogent-sur-Seine (10) Beau Rivage

● **Corse**

Ajaccio (2A) Auberge du Prunelli **N**
Ajaccio (2A) U Licettu
Bastia (2B) La Corniche
Levie (2A) La Pergola **N**
Oletta (2B) A Magina
Solenzara (2A) A Mandria **N**

● **Franche-Comté**

Arbois/ Pupillin (39) Le Grapiot
Balanod (39) Philippe Bouvard
Bonlieu (39) La Poutre
Combeaufontaine (70) Le Balcon
Dole (39) Grain de Sel
Dole/ Parcey (39) Les Jardins Fleuris
Foussemagne (90) Le Relais d'Alsace **N**
Mirebel (39) Mirabilis
Ornans (25) Le Courbet
Ornans/ Saules (25) La Griotte
Port-Lesney (39) Le Bistrot Pontarlier **N**
Sochaux/ Étupes (25) Au Fil des Saisons **N**

● **Île-de-France**

Asnières-sur-Seine (92) La Petite Auberge
Bois-Colombes (92) Le Chefson
Châtillon (92) Barbezingue
La Garenne-Colombes (92) Le St-Joseph
Levallois-Perret (92) L'Audacieux
Maisons-Alfort (94) La Bourgogne
Paris 1er Café des Abattoirs **N**
Paris 1er Zen
Paris 2e Circonstances **N**
Paris 2e Pascade **N**
Paris 5e Aux Verres de Contact
Paris 5e Bibimbap
Paris 5e Bistro des Gastronomes
Paris 5e Kokoro **N**
Paris 5e Ribouldingue
Paris 6e Atelier Vivanda **N**
Paris 6e La Maison du Jardin
Paris 6e La Marlotte
Paris 7e Au Bon Accueil
Paris 7e Chez les Anges
Paris 7e Le Clos des Gourmets
Paris 7e Les Cocottes
Paris 7e La Laiterie Sainte Clotilde
Paris 7e Pottoka
Paris 8e Chez Cécile - La Ferme des Mathurins
Paris 8e Mandoobar **N**
Paris 8e Pomze
Paris 9e Les Affranchis
Paris 9e Braisenville **N**

→ **N** : nouvelle distinction.

→ **N** : newly awarded distinction.

Paris 9e	Les Canailles
Paris 9e	L'Office
Paris 9e	Oka **N**
Paris 9e	Le Pantruche
Paris 9e	Le Pré Cadet
Paris 10e	Chez Marie-Louise
Paris 10e	Chez Michel **N**
Paris 11e	Auberge Pyrénées Cévennes
Paris 11e	Caffé dei Cioppi
Paris 11e	Mansouria
Paris 11e	Tintilou
Paris 11e	Villaret
Paris 12e	Il Goto
Paris 13e	Impérial Choisy
Paris 13e	L'Ourcine
Paris 13e	Pho Tai **N**
Paris 13e	Tempero
Paris 14e	La Cantine du Troquet
Paris 14e	Le Cornichon
Paris 14e	L'Essentiel
Paris 15e	L'Atelier du Parc
Paris 15e	Beurre Noisette
Paris 15e	La Cantine du Troquet Dupleix
Paris 15e	Le Caroubier
Paris 15e	Le Casse Noix
Paris 15e	Le Pario
Paris 15e	Le Troquet
Paris 16e	A et M Restaurant
Paris 16e	Atelier Vivanda
Paris 17e	L'Entredgeu
Paris 17e	Graindorge
Paris 17e	Le Petit Verdot du 17ème
Paris 18e	Miroir
Paris 20e	Le Baratin
Puteaux (92)	L'Escargot 1903
Sainte-Geneviève-des-Bois (91)	
	La Table d'Antan
Tremblay-en-France (93)	La Jument Verte
Ville-d'Avray (92)	Le Café des Artistes
Vincennes (94)	La Rigadelle **N**

● Languedoc-Roussillon

Agde (34)	Le Bistrot d'Hervé **N**
Alès/ Méjannes-lès-Alès (30)	
	Auberge des Voutins
Berlou (34)	Le Faitout **N**
Bizanet (11)	La Table du Château
Conilhac-Corbières (11)	Auberge Côté Jardin
Cruzy (34)	Le Terminus
Cucugnan (11)	La Table du Curé
Florac (48)	L'Adonis
Florac/ Cocurès (48)	La Lozerette
Font-Romeu-Odeillo-Via (66)	La Chaumière
Gaujac (30)	La Maison
Générac (30)	L'Instant du Sud **N**

Lamalou-les-Bains/ Combes (34)	
	Auberge de Combes
Laroque-des-Albères (66)	Côté Saisons
Leucate (11)	35 B
Limoux (11)	Tantine et Tonton
Mende/ Chabrits (48)	La Safranière
Montpellier (34)	L'Artichaut **N**
Montpellier (34)	Prouhèze Saveurs **N**
Narbonne (11)	Petit Comptoir
Narbonne (11)	La Table des Cuisiniers Cavistes
Nîmes (30)	Aux Plaisirs des Halles
Nîmes (30)	Tendances Lisita
Palavas-les-Flots (34)	Le St Georges **N**
Perpignan (66)	Les Antiquaires
Perpignan (66)	Le Garriane
Pézenas (34)	L'Entre Pots
Pézenas (34)	Le Pré St-Jean **N**
Prats-de-Mollo-la-Preste (66)	Bellevue
Rasiguères (66)	Le Relais de Sceaury
Saint-André (66)	La Table de Cuisine
Saint-Chély-d'Apcher/ La Garde (48)	
	Le Rocher Blanc
Sallèles-d'Aude (11)	Les Écluses
Sérignan (34)	L'Harmonie
Sète (34)	Paris Méditerranée
Sète (34)	Le Petit Bistrot **N**
Vailhan (34)	L'Auberge du Presbytère
Villefranche-de-Conflent (66)	L'Odyssée

● Limousin

Brive-la-Gaillarde (19)	En Cuisine
Brive-la-Gaillarde (19)	La Toupine
Chénérailles (23)	Le Coq d'Or
Limoges (87)	La Cuisine
Limoges (87)	Le Vanteaux
Montgibaud (19)	Le Tilleul de Sully
La Roche-l'Abeille (87)	La Table du Moulin
La Souterraine/ Saint-Étienne-de-Fursac (23)	
	Nougier
Uzerche/ Saint-Ybard (19)	
	Auberge Saint-Roch

● Lorraine

La Bresse (88)	Le Clos des Hortensias
La Bresse (88)	La Table d'Angèle **N**
Col de la Schlucht (88)	Le Collet
Delme (57)	A la XIIe Borne
Metz (57)	La Brasserie Christophe Dufossé **N**
Nancy (54)	V Four
Saint-Quirin (57)	Hostellerie du Prieuré
Vagney (88)	Les Lilas
Le Valtin (88)	Auberge du Val Joli
Volmunster (57)	L'Argousier

→ **N** : nouvelle distinction.

→ **N** : newly awarded distinction.

● Midi-Pyrénées

Argelès-Gazost/ Saint-Savin (65) Le Viscos **N**
Aulon (65) Auberge des Aryelets
Ax-les-Thermes (09) Le Chalet
Bach (46) Auberge Lou Bourdié
Bagnères-de-Bigorre (65)

Le Jardin des Brouches **N**
Bozouls (12) À la Route d'Argent
Cahors (46) L'Ô à la Bouche
Cajarc (46) Jeu de Quilles **N**
Castéra-Verduzan (32) Le Florida
Castres/ Burlats (81) Le Castel de Burlats
Castres/ Les Salvages (81) Les Mets d'Adélaïde
Caussade/ Monteils (82) Le Clos Monteils
Dourgne (81) Hostellerie de la Montagne Noire
Dunes (82) Les Templiers
Espalion (12) Le Méjane
Gaillac (81) Vigne en Foule
Gramat (46) Le Relais des Gourmands
L'Isle-Jourdain (32) L'Échappée Belle
Laguiole (12) Gilles Moreau
Lectoure (32) L'Auberge des Bouviers **N**
Martres-Tolosane (31) Le Castet
Montréal (32) Daubin
Mur-de-Barrez (12) Auberge du Barrez
Pamiers (09) Deymier
Puy-l'Évêque/ Anglars-Juillac (46)

Clau del Loup
Rodez (12) Café Bras **N**
Rodez (12) Isabelle Auguy **N**
Rodez (12) Les Jardins de l'Acropolis
Saint-Girons/ Lorp-Sentaraille (09)

La Petite Maison
Saint-Jean-du-Bruel (12) Midi-Papillon
Tarascon-sur-Ariège (09) Saveurs du Manoir
Tarascon-sur-Ariège/Rabat-les-

Trois-Seigneurs (09) La Table de la Ramade
Tarbes (65) Le Petit Gourmand
Toulouse/ Castanet-Tolosan (31)

La Table des Merville
Toulouse/ L'Union (31) La Bonne Auberge
Valady (12) Auberge de l'Ady
Valence-d'Agen (82) L'Entracte
Vic-Fezensac/ Préneron (32)

Auberge La Baquère
Villefranche-de-Rouergue (12) Côté Saveurs

● Nord-Pas-de-Calais

Aire-sur-la-Lys/ Isbergues (62) Le Buffet
Boulogne-sur-Mer (62) L'Îlot Vert **N**
Calais (62) Au Côte d'Argent
Calais (62) Histoire Ancienne
Condette (62) L'Orée du Bois
Douai/ Brebières (62) Air Accueil
Dunkerque/ Coudekerque-Branche (59)

Le Soubise

Godewaersvelde (59) L'Estaminet du Centre
Liessies (59) Le Carillon
Lille (59) La Cense
Montreuil (62) L'Atelier 26 **N**
Nœux-les-Mines (62) L'Atelier des Saveurs **N**
Wierre-Effroy (62) La Ferme du Vert

● Normandie

Alençon (61) Rive Droite
Aumale (76) Villa des Houx
Bagnoles-de-l'Orne (61) Ô Gayot
Bayeux (14) L'Angle Saint-Laurent
Bayeux (14) La Rapière
Bellême/ Nocé (61) Auberge des 3 J
Cabourg/ Dives-sur-Mer (14) Chez le Bougnat
Caen (14) ArchiDona
Caen (14) Le Bouchon du Vaugueux
Caen (14) Café Mancel
Caen/ Hérouville-Saint-Clair (14) L'Espérance
Chandai (61) L'Écuyer Normand
Cherbourg-Octeville (50) Café de Paris
Cherbourg-Octeville (50) Le Vauban
Clères (76) Auberge du Moulin
La Croix-Saint-Leufroy (27) Le Cheval Blanc
Deauville (14) La Flambée
Dieppe (76) Bistrot du Pollet
Dieppe/ Neuville-lès-Dieppe (76)

Auberge du Vieux Puits
Évreux (27) La Gazette
Falaise (14) La Fine Fourchette
Flers (61) Au Bout de la Rue
Gasny (27) Auberge du Prieuré Normand
Grandcamp-Maisy (14) La Marée
Hambye (50) Auberge de l'Abbaye
Le Havre (76) La Petite Auberge
Honfleur (14) La Fleur de Sel
Houlgate (14) L'Éden
Juvigny-sous-Andaine (61) Au Bon Accueil
Lisieux/ Coquainvilliers (14) Sogni D'Italia
Louviers/ Saint-Étienne-du-Vauvray (27)

La Ferme de la Haute Crémonville
Mortagne-au-Perche/ Le Pin-la-Garenne (61)

La Croix d'Or
Nonancourt (27) Relais du Vieux Château
Ouistreham (14) La Table d'Hôtes
Le Pin-au-Haras (61) La Tête au Loup
Saint-Valery-en-Caux (76) Le Port
Servon (50) Auberge du Terroir
Villedieu-les-Poêles (50) Manoir de l'Acherie
Vire (14) Manoir de la Pommeraie
Yerville (76) Hostellerie des Voyageurs

● Pays-de-la-Loire

Aizenay (85) La Sittelle
Ancenis (44) La Toile à Beurre
Angers (49) Autour d'un Cep

→ **N** : nouvelle distinction.

→ **N** : newly awarded distinction.

Angers (49)	Le Petit Comptoir
La Bernerie-en-Retz (44)	L'Artimon
Bouin (85)	Le Martinet
Challans/ La Garnache (85)	Le Petit St-Thomas
Champagné (72)	Le Cochon d'Or
Cholet (49)	Le Pouce Pied
Le Croisic (44)	Le Saint-Alys
Doué-la-Fontaine (49)	Auberge Bienvenue
Évron (53)	La Toque des Coëvrons
Fontenay-le-Comte/ Velluire (85)	
	Auberge de la Rivière
Geneston (44)	Le Pélican
Île de Noirmoutier/ L'Herbaudière (85)	
	La Table d'Élise
Île de Noirmoutier/ Noirmoutier-en-l'Île (85)	
	Le Grand Four
Mesquer (44)	La Vieille Forge
Nantes (44)	La Divate
Nantes (44)	L'Océanide
Nantes/ Château-Thébaud (44)	
	Auberge La Gaillotière
Nantes/ Couëron (44)	Le François II
Nozay (44)	La Pierre Bleue
Pontchâteau (44)	Le 11 N
La Roche-sur-Yon (85)	Le Saint-Charles
Les Sables-d'Olonne (85)	La Pilotine
Les Sables-d'Olonne/ Château-d'Olonne (85)	
	La Ferme de Villeneuve
Saint-Gilles-Croix-de-Vie/ Coëx (85)	Le Balata
Saint-Jean-de-Monts (85)	Le Petit St-Jean
Sillé-le-Guillaume (72)	Le Bretagne
Varades (44)	La Closerie des Roses
Vern-d'Anjou (49)	Le Pigeon Blanc

● Picardie

Argoules (80)	Auberge du Coq-en-Pâte
Beauvais (60)	La Baie d'Halong
Laon (02)	Zorn - La Petite Auberge

● Poitou-Charentes

Angoulême (16)	Agape
Angoulême (16)	Le Terminus
Bonneuil-Matours (86)	Le Pavillon Bleu
Châtelaillon-Plage (17)	Les Flots
Cognac (16)	Le P'tit Yeuse
Coulombiers (86)	Auberge Le Centre Poitou
Coulon (79)	Le Central
Mansle/ Luxé (16)	Auberge du Cheval Blanc
Montendre (17)	La Quincaillerie
Montmorillon (86)	Le Lucullus
Mornac-sur-Seudre (17)	Les Basses Amarres
Pons (17)	Bordeaux
La Rochelle (17)	La Cuisine de Jules
Royan (17)	Les Filets Bleus
Saint-Palais-sur-Mer (17)	Les Agapes

Saint-Palais-sur-Mer (17)	
	Restaurant de la Plage
Saintes (17)	L'Adresse
Saintes (17)	Clos des Cours
Saujon (17)	Le Ménestrel
Thouars (79)	Hôtellerie St-Jean

● Provence-Alpes-Côte d'Azur

Aix-en-Provence/ Le Canet (13)	
	L'Auberge Provençale N
Antibes (06)	Oscar's
Arles (13)	Bistro À Côté
Avignon (84)	L'Agape N
Avignon (84)	L'Essentiel
Avignon (84)	Hiély-Lucullus
Bandol (83)	L'Espérance
Le Beausset (83)	Auberge La Cauquière N
Cairanne (84)	Coteaux et Fourchettes
Cannes (06)	Aux Bons Enfants
Cannes/ Le Cannet (06)	Bistrot des Anges
Cannes/ Le Cannet (06)	Bistrot St-Sauveur
Carros (06)	La Forge
Caseneuve (84)	Le Sanglier Paresseux
Castellane/ La Garde (04)	Auberge du Teillon
Château-Arnoux-Saint-Auban (04)	
	La Magnanerie
Draguignan/ Flayosc (83)	L'Oustaou
Fayence (83)	La Table d'Yves
Fontaine-de-Vaucluse (84)	Philip
Fréjus (83)	L'Amandier
Gassin (83)	La Verdoyante
Gémenos (13)	Les Arômes
Grambois (84)	Auberge des Tilleuls N
Hyères (83)	La Colombe N
L'Isle-sur-la-Sorgue (84)	La Balade des Saveurs
Les Issambres (83)	Chante-Mer
Istres (13)	La Table de Sébastien N
Mandelieu/ La Napoule (06)	Le Bistrot l'Étage
Manosque (04)	Sens et Saveurs
Marseille (13)	Axis
Marseille (13)	Bistro du Cours N
Marseille (13)	La Cantinetta
Marseille (13)	Le Malthazar
Mondragon (84)	La Beaugravière N
Mougins (06)	L'Amandier de Mougins
Moustiers-Sainte-Marie (04)	Les Santons
Nice (06)	Au Rendez-vous des Amis
Nice (06)	Bistrot d'Antoine
Nice (06)	Comptoir du Marché
Nice (06)	La Merenda
Nice (06)	Les Pêcheurs
Orange (84)	
	Le Mas des Aigras - Table du Verger N
Orange (84)	Le Parvis N
Rayol-Canadel-sur-Mer (83)	
	Le Relais des Maures

→ **N** : nouvelle distinction.

→ **N** : newly awarded distinction.

Richerenches (84)	O'Rabasse N
Le Rouret (06)	Bistro du Clos
Saint-Chamas (13)	Le Rabelais N
Saint-Julien-en-Champsaur (05)	Les Chenets
Saint-Raphaël (83)	Les Voiles
Saint-Rémy-de-Provence/ Maillane (13)	L'Oustalet Maïanen
Sainte-Cécile-les-Vignes (84)	Campagne, Vignes et Gourmandises
Sanary-sur-Mer (83)	La P'tite Cour N
Serre-Chevalier/ Le Monêtier-les-Bains (05)	La Table du Chazal
La Turbie (06)	Café de la Fontaine
Uchaux (84)	Côté Sud
Vaison-la-Romaine (84)	Bistro du'O
Vence (06)	La Farigoule
Villars (84)	La Table de Pablo

● Rhône-Alpes

Aiguebelette-le-Lac/ La Combe (73)	Chez Michelon N
Aix-les-Bains (73)	Auberge St-Simond
Annecy (74)	Café Brunet
Annecy (74)	Contresens
Annecy (74)	Le Denti
Anse (69)	Au Colombier
Aoste (38)	Au Coq en Velours
Aubenas (07)	M Restaurant
Bâgé-le-Châtel (01)	La Table Bâgésienne
Belleville (69)	Le Beaujolais
Belley/ Contrevoz (01)	Auberge de Contrevoz
Bonneville/ Vougy (74)	Le Bistro du Capucin
Bourg-en-Bresse (01)	Mets et Vins
Bourg-Saint-Maurice (73)	L'Arssiban
Bressieux (38)	Auberge du Château
Buellas (01)	L'Auberge Bressane de Buellas
Cevins (73)	La Fleur de Sel N
Chamonix-Mont-Blanc (74)	Atmosphère
Chamonix-Mont-Blanc (74)	Chez Constant N
Chamonix-Mont-Blanc (74)	La Maison Carrier
Chamonix-Mont-Blanc/ Argentière (74)	La Remise
La Chapelle-d'Abondance (74)	Les Cornettes
La Chapelle-d'Abondance (74)	Les Gentianettes
Cliousclat (26)	La Fontaine
Cliousclat (26)	La Treille Muscate
Coligny (01)	Au Petit Relais
Les Deux-Alpes (38)	Le Raisin d'Ours
Faverges (74)	Florimont
Gluiras (07)	Le Relais de Sully N
Grenoble (38)	La Brasserie du Fantin Latour
Gresse-en-Vercors (38)	Le Chalet

Lent (01)	Auberge Lentaise
Lyon (69)	Alex N
Lyon (69)	Argenson N
Lyon (69)	L'Art et la Manière
Lyon (69)	Balthaz'art
Lyon (69)	Le Bistrot des Voraces
Lyon (69)	Les Bonnes Manières N
Lyon (69)	Daniel et Denise Saint-Jean
Lyon (69)	Daniel et Denise Créqui
Lyon (69)	Danton N
Lyon (69)	Imouto N
Lyon (69)	Le Jean Moulin
Lyon (69)	Jour de Marché N
Lyon (69)	M Restaurant
Lyon (69)	L'Ourson qui Boit
Lyon (69)	Ponts et Passerelles
Lyon (69)	Les Saveurs de Py
Lyon (69)	La Table 101
Lyon (69)	33 Cité
Lyon/ Villeurbanne (69)	33 TNP
Les Marches (73)	Le K'ozzie N
Megève (74)	Flocons Village
Meillonnas (01)	Auberge Au Vieux Meillonnas
Menthon-Saint-Bernard (74)	Le Confidentiel
Méribel (73)	Le Cèpe N
Monestier-de-Clermont (38)	Au Sans Souci
Montanges (01)	L'Auberge du Pont des Pierres
Montarcher (42)	Le Clos Perché
Neyrac-les-Bains (07)	Brioude
Notre-Dame-de-Bellecombe (73)	La Ferme de Victorine
Nyons (26)	La Charrette Bleue
Plaisians (26)	Auberge de la Clue
Polliat (01)	Téjérina-Hôtel de la Place
Renaison (42)	Jacques Cœur
Saint-Alban-les-Eaux (42)	Le Petit Prince
Saint-Bonnet-le-Château (42)	La Calèche
Saint-Étienne (42)	Insens
Saint-Jean-sur-Veyle (01)	Le Grand Saint Jean-Baptiste
Servoz (74)	Les Gorges de la Diosaz
Tain-l'Hermitage (26)	Le Mangevins
Tain-l'Hermitage (26)	Le Quai
Tencin (38)	La Tour des Sens
La Tour-du-Pin/ Rochetoirin (38)	Le Rochetoirin
Valence (26)	Le 7
Vaudevant (07)	La Récré N
Vaulx (74)	Par Monts et Par Vaulx
Vienne (38)	Saveurs du Marché
Villefranche-sur-Saône/ Jassans-Riottier (01)	L'Embarcadère
Violay (42)	Loïc Picamal
Yvoire (74)	Le Pré de la Cure

➜ **N** : nouvelle distinction.

➜ **N** : newly awarded distinction.

Les hébergements les plus agréables

Hôtels & maisons d'hôtes de charme
→ *The most pleasant accommodation*

● Alsace

Colmar (68)	Hostellerie Le Maréchal 🏨
Colmar (68)	Les Têtes 🏨
Colmar (68)	Quatorze 🏠
Colroy-la-Roche (67)	
	Hostellerie La Cheneaudière 🏨
Fouday (67)	Julien 🏨
Fréland (68)	La Haute Grange 🏠
Guebwiller/ Murbach (68)	
	Le Schaeferhof 🏠
Gundershoffen (67)	Le Moulin 🏨
Illhaeusern (68)	Hôtel des Berges 🏨
Jungholtz (68)	Les Violettes 🏨
Lapoutroie (68)	Les Alisiers 🏨
Marlenheim (67)	Le Cerf 🏨
Mulhouse (68)	Villa Éden 🏠
Mulhouse/ Rixheim (68)	
	La Grange à Élise 🏠
Obernai (67)	Le Parc 🏨
Obernai (67)	À la Cour d'Alsace 🏨
Obernai/ Ottrott (67)	À l'Ami Fritz 🏨
Obernai/ Ottrott (67)	
	Hostellerie des Châteaux 🏨
Osthouse (67)	À la Ferme 🏨
Ribeauvillé (68)	Le Clos St-Vincent 🏨
Riquewihr (68)	Le B. Espace Suites 🏠
Saverne (67)	Le Clos de la Garenne 🏠
Sélestat (67)	
	Hostellerie Abbaye de la Pommeraie 🏨
Sélestat/ Rathsamhausen (67)	
	Les Prés d'Ondine 🏨
Sélestat/ Le Schnellenbuhl (67)	
	Hôtel de l'Illwald 🏨
Strasbourg (67)	Le Bouclier d'Or 🏨
Strasbourg (67)	
	Chut - Au Bain aux Plantes 🏠
Strasbourg (67)	Cour du Corbeau 🏨
Strasbourg (67)	Du côté de Chez Anne 🏠
Strasbourg (67)	Les Haras 🏨
Strasbourg (67)	Régent Contades 🏨
Strasbourg (67)	
	Régent Petite France et Spa 🏨

● Aquitaine

Agen/ Pont-du-Casse (47)	
	Château de Cambes 🏠
Arcachon (33)	Ville d'Hiver 🏨
Auriac-du-Périgord (24)	
	Le Moulin de Mitou 🏨
Avensan (33)	Le Clos de Meyre 🏠
La Bastide-Clairence (64)	
	Maison Maxana 🏠
Bazas/ Bernos-Beaulac (33)	Dousud 🏠
Beaumont-du-Périgord (24)	
	Le Coteau de Belpech 🏠
Belvès (24)	Clément V 🏨
Bergerac/ Saint-Nexans (24)	
	La Chartreuse du Bignac 🏨
Biarritz (64)	Beaumanoir 🏨
Biarritz (64)	
	Le Château du Clair de Lune 🏨
Biarritz (64)	Hôtel du Palais 🏨
Biarritz (64)	Nere-Chocoa 🏠
Biarritz (64)	Le Regina 🏨
Biarritz (64)	Hôtel de Silhouette 🏨
Biarritz (64)	Villa Le Goëland 🏠
Biarritz/ Arcangues (64)	
	Les Volets Bleus 🏠
Biarritz/ Lac de Brindos (64)	
	Château de Brindos 🏨
Bidarray (64)	Ostapé 🏨
Bidart (64)	
	Hostellerie des Frères Ibarboure 🏨
Bidart (64)	Villa L'Arche 🏨
Biron (24)	Le Prieuré 🏠
Biscarrosse/ Biscarrosse-Plage (40)	
	Grand Hôtel de la Plage 🏨
Bordeaux (33)	Le Boutique Hôtel 🏨
Bordeaux (33)	
	Grand Hôtel de Bordeaux et Spa 🏨
Bordeaux (33)	La Maison Bord'Eaux 🏠
Bordeaux (33)	Mama Shelter 🏠
Bordeaux/ Bouliac (33)	Le Saint-James 🏨
Bordeaux/ Martillac (33)	
	Les Sources de Caudalie 🏨

Brantôme (24) Les Jardins de Brantôme 🏨
Brantôme (24) Moulin de Vigonac 🏨
Brantôme (24) Le Moulin de l'Abbaye 🏨
Brantôme/ Bourdeilles (24)
Hostellerie Les Griffons 🏨
Brantôme/ Champagnac-de-Belair (24)
Le Moulin du Roc 🏨
Cancon/ Saint-Eutrope-de-Born (47)
Domaine du Moulin de Labique 🏠
Carsac-Aillac (24) La Villa Romaine 🏨
Eugénie-les-Bains (40) La Maison Rose 🏨
Eugénie-les-Bains (40)
Les Prés d'Eugénie 🏨
Gensac (33) Château de Sanse 🏨
Guéthary (64) Arguibel 🏠
Guéthary (64) Villa Catarie 🏨
Hossegor (40) Les Hortensias du Lac 🏨
Libourne/ La Rivière (33)
Château de La Rivière 🏠
Listrac-Médoc (33) Les Cinq Sens 🏠
Magescq (40) Relais de la Poste 🏨
Marquay (24) Maison de Marquay 🏠
Mauzac-et-Saint-Meyme-de-Rozens (24)
La Métairie 🏨
Monestier (24) Château des Vigiers 🏨
Monestier (24) Château des Baudry 🏠
Monpazier (24) Edward 1er 🏨
Moulon (33) 5 Lasserre 🏠
Moumour (64) Château de Lamothe 🏠
Nantheuil (24) Domaine de la Brugère 🏠
Néac (33) La Maison de Tournefeuille 🏠
Pauillac (33) Château Cordeillan Bages 🏨
Périgueux/ Annesse-et-Beaulieu (24)
Château de Lalande 🏨
Petit-Bersac (24)
Château Le Mas de Montet 🏨
Plazac (24) Béchanou 🏠
Puymirol (47) Michel Trama 🏨
Pyla-sur-Mer (33) La Co(o)rniche 🏨
Sabres (40) Auberge des Pins 🏨
Saint-Émilion (33)
Château Grand Barrail 🏨
Saint-Émilion (33)
Clos de la Barbanne 🏠
Saint-Émilion (33)
Hostellerie de Plaisance 🏨
Saint-Étienne-de-Baïgorry (64) Arcé 🏨
Saint-Front-de-Pradoux (24)
Château la Thuilière 🏠
Saint-Jean-de-Luz (64) La Devinière 🏨
Saint-Jean-de-Luz (64)
Maison Tamarin 🏠
Saint-Jean-de-Luz (64) Parc Victoria 🏨
Saint-Jean-de-Luz/ Urrugne (64)
Château d'Urtubie 🏨

Saint-Quentin-de-Caplong (33)
La Girarde 🏠
Sainte-Nathalène (24)
La Roche d'Esteil 🏠
Sare (64) Arraya 🏨
Sarlat-la-Canéda (24) Clos La Boëtie 🏨
Sauternes (33)
Relais du Château d'Arche 🏨
Seignosse (40) Villa de l'Étang Blanc 🏠
Trémolat (24) Le Vieux Logis 🏨
Villetoureix (24) Le Moulin de Larcy 🏠

● Auvergne

Alleyras (43) Haut-Allier 🏨
Bourbon-l'Archambault (03)
Grand Hôtel Montespan-Talleyrand 🏨
La Bourboule (63) La Lauzeraie 🏠
Lezoux/ Bort-l'Étang (63)
Château de Codignat 🏨
Meaulne (03) Manoir du Mortier 🏠
Moudeyres (43) Le Pré Bossu 🏨
Moulins (03) Le Clos de Bourgogne 🏨
Le Puy-en-Velay (43) Hôtel du Parc 🏨
Royat (63) Princesse Flore 🏨
Saint-Saturnin (63)
Château Royal de Saint-Saturnin 🏠
Salers (15) Le Bailliage 🏨
Salers (15) Saluces 🏠
Salers/ Le Theil (15)
Hostellerie de la Maronne 🏨
Vichy/ Bellerive-sur-Allier (03)
Château du Bost 🏨
Vicq (03) Sur le Chemin des Buvats 🏠
Vollore-Ville (63) Château de Vollore 🏠
Ygrande (03) Château d'Ygrande 🏨

● Bourgogne

Aillant-sur-Tholon (89)
Domaine du Roncemay 🏨
Autun (71) Moulin Renaudiots 🏠
Auxerre (89) Le Parc des Maréchaux 🏨
Auxerre/ Appoigny (89)
Le Puits d'Athie 🏠
Avallon/ Vault-de-Lugny (89)
Château de Vault de Lugny 🏨
Beaune (21) Le Cep 🏨
Beaune (21) Hostellerie Le Cèdre 🏨
Beaune (21) L'Hôtel 🏨
Beaune (21) Les Jardins de Loïs 🏠
Beaune (21) Maison Fatien 🏠
Beaune/ Challanges (21)
Château de Challanges 🏨
Beaune/ Levernois (21)
Hostellerie de Levernois 🏨
Beaune/ Levernois (21) Le Parc 🏠

Quimperlé (29) Château de Kerlarec ⌂

Rennes (35) Balthazar Hôtel et Spa 🏨🏨

Rennes (35) Le Coq-Gadby 🏨

Rennes/ Saint-Grégoire (35)

Les Patios 🏨

Roscoff (29) Le Brittany 🏨🏨

Roscoff (29) Le Temps de Vivre 🏨

Saint-Malo (35) Le Nouveau Monde 🏨🏨

Sainte-Anne-d'Auray (56) L'Auberge 🏨

Sainte-Anne-la-Palud (29) La Plage 🏨🏨

Trébeurden (22)

Manoir de Lan-Kerellec 🏨🏨

Trébeurden (22) Ti al Lannec 🏨🏨

Tréguier (22) Kastell Dinec'h ⌂

La Trinité-sur-Mer (56)

Le Lodge Kerisper 🏨

Vannes (56) Villa Kerasy 🏨

Vannes/ Arradon (56) Le Parc er Gréo 🏨

● Centre

Alluyes (28) Moulin de la Ronce ⌂

Amboise (37) Château de Pray 🏨

Amboise (37) Le Manoir Les Minimes 🏨🏨

Amboise/ Saint-Règle (37)

Château des Arpentis 🏨🏨

Argenton-sur-Creuse/ Bouesse (36)

Château de Bouesse 🏨

Azay-le-Rideau (37) Hôtel de Biencourt ⌂

Les Bézards (45)

Auberge des Templiers 🏨🏨🏨

Bourges (18) Hôtel d'Angleterre 🏨

Bourges (18) Villa C 🏨

Cangey (37) Le Fleuray 🏨

Cerdon (45) Les Vieux Guays ⌂

Chaumont-sur-Tharonne (41)

Le Mousseau ⌂

Chenonceaux (37)

Auberge du Bon Laboureur 🏨🏨

Ennordres (18) Les Chatelains ⌂

La Ferté-Beauharnais (41)

Château de la Ferté Beauharnais ⌂

Langeais (37) Domaine de Châteaufort ⌂

Langeais/ Saint-Patrice (37)

Château de Rochecotte 🏨🏨

Maisonnais (18) La Maison d'Orsan 🏨

Meung-sur-Loire (45) Relais Louis XI ⌂

Montbazon (37)

Domaine de la Tortinière 🏨🏨

Noizay (37) Château de Noizay 🏨🏨

Oinville-sous-Auneau (28)

Moulin de Lonceux ⌂

Onzain (41)

Domaine des Hauts de Loire 🏨🏨🏨

Sully-sur-Loire (45) La Closeraie ⌂

Tours (37) Château Belmont 🏨🏨

Tours/ Joué-lès-Tours (37)

Château de Beaulieu 🏨🏨

Tours/ Rochecorbon (37) Arthotel 🏨

Tours/ Rochecorbon (37)

Les Hautes Roches 🏨🏨

● Champagne-Ardenne

Colombey-les-Deux-Églises (52)

Hostellerie la Montagne 🏨🏨

Épernay (51) Jean Moët et Spa 🏨

Épernay (51) La Villa Eugène 🏨🏨

Épernay/ Avize (51) Les Avisés 🏨

Épernay/ Ay (51)

Le Manoir des Charmes ⌂

Épernay/ Vinay (51)

Hostellerie La Briqueterie 🏨🏨

Reims (51) L'Assiette Champenoise 🏨🏨

Reims (51) Domaine Les Crayères 🏨🏨🏨

Les Riceys (10) Marius 🏨

Troyes (10) Le Champ des Oiseaux 🏨🏨

Troyes (10) La Maison de Rhodes 🏨🏨

Troyes (10) Le Relais St-Jean 🏨

Troyes/ Moussey (10)

Domaine de la Creuse ⌂

Villiers-sur-Marne (52)

La Source Bleue 🏨

Williers (08) Chez Odette 🏨

● Corse

Ajaccio (2A) Dolce Vita 🏨🏨

Ajaccio (2A) Les Mouettes 🏨

Bastelica (2A) Artemisia ⌂

Bonifacio (2A) A Cheda 🏨

Bonifacio (2A) Genovese 🏨

Bonifacio (2A) U Capu Biancu 🏨🏨

Bonifacio (2A) Version Maquis ⌂

Calvi (2B) La Signoria 🏨🏨

Calvi (2B) La Villa 🏨🏨🏨

Corte (2B) Dominique Colonna 🏨

Eccica-Suarella (2A)

Carpe Diem Palazzu ⌂

Erbalunga (2B) Castel'Brando 🏨

L'Île-Rousse (2B) A Piattatella 🏨🏨

L'Île-Rousse (2B) Palazzu Pigna ⌂

Levie (2A) A Pignata 🏨

Muro (2B) Casa Theodora ⌂

Oletta (2B) U Palazzu Serenu 🏨🏨

Olmeto (2A) Marinca 🏨🏨

Porticcio (2A) Le Maquis 🏨🏨🏨

Porto-Vecchio (2A) Le Belvédère 🏨🏨

Porto-Vecchio (2A) Casadelmar 🏨🏨🏨

Porto-Vecchio (2A) Don Cesar 🏨🏨🏨

Porto-Vecchio (2A)

Grand Hôtel de Cala Rossa 🏨🏨🏨

Porto-Vecchio (2A)

La Plage Casadelmar 🏨🏨

● Languedoc-Roussillon

● Limousin

● Lorraine

Baerenthal/ Untermuhlthal (57) K 🏨

Épinal/ Fontenay (88) La Grange ⌂

Gérardmer (88) Le Manoir au Lac 🏨

Gérardmer/ Bas-Rupts (88)

Auberge de la Poulcière 🏠

Gérardmer/ Bas-Rupts (88)

Les Bas-Rupts 🏨

Lunéville (54) Château d'Adoménil 🏨

Nancy (54) Hôtel d'Haussonville 🏨

Nancy (54) Maison de Myon ⌂

Nancy (54) La Villa 1901 ⌂

Revigny-sur-Ornain (55)

La Maison Forte ⌂

Verdun/ Les Monthairons (55)

Hostellerie du Château des Monthairons 🏨

● Midi-Pyrénées

Albi (81) La Réserve 🏨

Auch (32) Château les Charmettes 🏨

Aujols (46) Lou Repaou ⌂

Ayguesvives (31) La Pradasse ⌂

Bagnères-de-Bigorre (65)

Les Petites Vosges ⌂

Barbotan-les-Thermes (32) La Bastide 🏨

Cahors/ Mercuès (46)

Château de Mercuès 🏨

Cahuzac-sur-Vère (81)

Château de Salettes 🏨

Cauterets (65) Lion d'Or 🏠

Conques (12) Hervé Busset 🏨

Cuq-Toulza (81) Cuq en Terrasses 🏠

Cuzance (46) Manoir de Malagorse ⌂

Gaillac (81) Domaine de Perches ⌂

Gramat (46) Moulin de Fresquet ⌂

Lacabarède (81) Demeure de Flore 🏨

Lacave (46) Château de la Treyne 🏨

Lacave (46) Pont de l'Ouysse 🏨

Lagrave (81) Château de Touny ⌂

Laguiole (12) Bras 🏨

Lascabanes (46)

Le Domaine de Saint-Géry ⌂

Marciac (32) La Villa Toscane 🏨

Marsolan (32) Lous Grits 🏨

Martel (46) Relais Ste-Anne 🏨

Mazamet (81) La Villa de Mazamet ⌂

Mirepoix (09) Relais Royal 🏨

Moissac (82) Le Manoir St-Jean 🏨

Montcuq (46) Four ⌂

Montesquiou (32)

Maison de la Porte Fortifiée ⌂

Puycelci (81) L'Ancienne Auberge 🏠

Puylaurens (81) Cap de Castel 🏠

Rocamadour (46) Troubadour 🏠

Rodez (12) Château de Labro 🏨

Rodez (12) Ferme de Bourran 🏨

Saint-Affrique-les-Montagnes (81)

Domaine de Rasigous 🏨

Saint-Cirq-Lapopie/ Tour-de-Faure (46)

Le Saint Cirq 🏨

Saint-Geniez-d'Olt (12)

Château de la Falque 🏨

Tarbes (65) Le Rex Hôtel 🏨

Terraube (32) Maison Ardure ⌂

Teyssode (81) Domaine d'En Naudet ⌂

Toulouse (31) Garonne 🏨

Toulouse (31) Le Grand Balcon 🏨

Toulouse (31) Les Loges de St-Sernin ⌂

Viscos (65) La Grange aux Marmottes 🏠

● Nord-Pas-de-Calais

Arras (62) La Corne d'Or ⌂

Béthune/ Busnes (62)

Le Château de Beaulieu 🏨

Béthune/ Gosnay (62)

La Chartreuse du Val St-Esprit 🏨

Boulogne-sur-Mer (62) La Matelote 🏨

Cassel (59) Châtellerie de Schoebeque 🏨

Hardelot-Plage (62)

Les Jardins d'Hardelot 🏨

Hesdin/ Gouy-Saint-André (62)

Le Clos de la Prairie 🏨

Lille (59) Barrière Lille 🏨

Lille (59) L'Hermitage Gantois 🏨

Lille/ Sainghin-en-Mélantois (59)

La Verdière ⌂

Montreuil (62) Château de Montreuil 🏨

Montreuil/ La Madelaine-

sous-Montreuil (62) La Grenouillère 🏨

Saint-Omer/ Tilques (62)

Château Tilques 🏨

Le Touquet-Paris-Plage (62)

Westminster 🏨

Tourcoing (59) Villa Paula ⌂

Valenciennes (59) Le Grand Duc ⌂

Wailly-Beaucamp (62) La Prairière ⌂

Wierre-Effroy (62) Le Beaucamp ⌂

● Normandie

Bagnoles-de-l'Orne (61) Bois Joli 🏨

Bagnoles-de-l'Orne (61)

Le Manoir du Lys 🏨

Barneville-Carteret/ Carteret (50)

Hôtel des Ormes 🏠

Barneville-Carteret/ Carteret (50)

La Marine 🏨

Bayeux (14) Château de Sully 🏨

Bayeux (14) Manoir Sainte Victoire ⌂

Bayeux (14) Le Petit Matin ⌂

Bayeux (14) Tardif Noble Guesthouse ⌂

Bayeux/ Audrieu (14)
Château d'Audrieu 🏡🏡

Bellême (61) Hôtel de Suhard 🏡

Beuvron-en-Auge (14) Le Pavé d'Hôtes 🏡

Caudebec-en-Caux (76)
Manoir de Rétival 🏡

Connelles (27) Le Moulin de Connelles 🏡🏡

Coutances (50)
Manoir de L'Ecoulanderie 🏡

Crépon (14) Ferme de la Rançonnière-
Manoir de Mathan 🏠🏠

Deauville (14) Manoir de Benerville 🏡

Deauville (14)
Les Manoirs de Tourgéville 🏡🏡

Deauville (14) Normandy-Barrière 🏡🏡🏡🏡

Deauville (14) 81 L'Hôtel 🏠🏠

Deauville (14) Royal-Barrière 🏡🏡🏡🏡

Deauville (14) Villa Joséphine 🏠

Derchigny (76) Manoir de Graincourt 🏡

Dieppe (76) La Villa Florida 🏡

Eu (76) Manoir de Beaumont 🏡

Fécamp (76) La Grande Maison 🏡

Fleury-sur-Andelle (27)
Château de Bonnemare 🏡

Fontaine-sous-Jouy (27)
Clos de Mondétour 🏡

Glanville (14) Le Clos Devalpierre 🏡

Le Havre (76) Vent d'Ouest 🏠🏠

Le Havre (76) Les Voiles 🏠

Honfleur (14) À L'École Buissonnière 🏡

Honfleur (14) La Chaumière 🏠🏠

Honfleur (14) Le Clos Bourdet 🏡

Honfleur (14) L'Écrin 🏠🏠

Honfleur (14) La Ferme St-Siméon 🏡🏡🏡

Honfleur (14) La Maison de Lucie 🏠🏠

Honfleur (14) Les Maisons de Léa 🏠🏠

Honfleur (14) La Petite Folie 🏡

Honfleur/ Barneville-la-Bertran (14)
Auberge de la Source 🏠🏠

Jumièges (76)
Domaine Le Clos des Fontaines 🏡🏡

Lyons-la-Forêt (27) Le Grand Cerf 🏠🏠

Lyons-la-Forêt (27)
Les Lions de Beauclerc 🏠

Lyons-la-Forêt (27) La Licorne 🏠🏠

Moutiers-au-Perche (61) Villa Fol Avril 🏠🏠

Négreville (50) Château de Pont Rilly 🏡

Néville (76) Nature et Lin 🏡

Notre-Dame-de-Livaye (14)
Aux Pommiers de Livaye 🏡

Port-en-Bessin (14) La Chenevière 🏡🏡

Rouen (76) Le Clos Jouvenet 🏡

Rouen/ Martainville-Épreville (76)
Sweet Home 🏡

Saint-Bômer-les-Forges (61)
Château de la Maigraire 🏡

Saint-Maclou (27) Château de
Saint-Maclou-la-Campagne 🏡

La Saussaye (27) Manoir des Saules 🏡🏡

Trouville-sur-Mer (14) St-James 🏠

Urville-Nacqueville (50) Le Landemer 🏠

Vergoncey (50) Château de Boucéel 🏡

Verneuil-sur-Avre (27) Le Clos 🏡🏡

Veules-les-Roses (76) Douce France 🏠

Yvetot (76) Le Manoir aux Vaches 🏡

● Pays-de-la-Loire

Alençon/ Saint-Paterne (72)
Château de Saint-Paterne 🏠🏠

Andrezé (49)
Le Château de la Morinière 🏡

Angers (49) 21 Foch 🏠

La Baule (44) Castel Marie-Louise 🏡🏡

La Baule (44) Hermitage Barrière 🏡🏡🏡🏡

Beaulieu-sur-Layon (49)
Château Soucherie 🏡

Beaurepaire (85)
Château de la Richerie 🏠🏠

Briollay (49) Château de Noirieux 🏡🏡🏡

Chambretaud (85)
Château du Boisniard 🏡🏡

Champigné (49)
Château des Briottières 🏡🏡

Cholet (49) Demeure l'Impériale 🏡

Le Croisic (44) Le Fort de l'Océan 🏡🏡

Drain (49) Le Mésangeau 🏡

Fontenay-le-Comte (85)
Le Logis de la Clef de Bois 🏡

Fontevraud-l'Abbaye (49)
Fontevraud L'Hôtel 🏠🏠

Le Mans/ Saint-Saturnin (72)
Domaine de Chatenay 🏠

Le Mans/ Savigné-l'Évêque (72)
La Villa des Arts 🏡

Missillac (44) La Bretesche 🏡🏡

Montsoreau (49) La Marine de Loire 🏠🏠

Nantes (44) Okko 🏠

Nantes (44) Sozo Hotel 🏠🏠

Nantes/ Sucé-sur-Erdre (44)
Les Arbres Rouges 🏡

La Plaine-sur-Mer (44)
Anne de Bretagne 🏡🏡

Pornichet (44) Château des Tourelles 🏡🏡

Pornichet (44) Sud Bretagne 🏡🏡

Saint-Calais (72) Château de la Barre 🏡

Saint-Michel-Mont-Mercure (85)
Château de la Flocellière 🏡

Saumur (49) Château de Verrières 🏡🏡

Saumur (49) Manoir Plessis Bellevue 🏡

Saumur (49) St-Pierre 🏠🏠

Turquant (49) Demeure de la Vignole 🏠🏠

Picardie

Amiens (80) Marotte 🏚️
Chantilly (60)
Auberge du Jeu de Paume 🏚️
La Chapelle-en-Serval (60)
Mont Royal 🏚️
Compiègne (60) Du Palais au Jardin 🏠
Courcelles-sur-Vesle (02)
Château de Courcelles 🏚️
Danizy (02) Domaine Le Parc 🏠
Fère-en-Tardenois (02)
Château de Fère 🏚️
Neuville-Bosc (60) Le Clos des Vignes 🏚️
Omiécourt (80) Château d'Omiécourt 🏠
Saint-Valery-sur-Somme (80)
Le Castel 🏠
Saint-Valery-sur-Somme (80)
Les Corderies 🏚️
Sainte-Preuve (02) Domaine de Barive 🏚️
Sainte-Preuve (02) Le Prieuré 🏠

Poitou-Charentes

Chadurie (16) Le Logis de Puygâty 🏠
Cognac (16) Château de l'Yeuse 🏚️
Dirac (16) Domaine du Châtelard 🏚️
Île de Ré/ Ars-en-Ré (17) Le Sénéchal 🏚️
Île de Ré/ La Flotte (17) Le Richelieu 🏚️
Île de Ré/ Saint-Martin-de-Ré (17)
La Baronnie Hôtel et Spa 🏚️
Île de Ré/ Saint-Martin-de-Ré (17)
Clos St-Martin 🏚️
Île de Ré/ Saint-Martin-de-Ré (17)
Hôtel de Toiras 🏚️
Île de Ré/ Saint-Martin-de-Ré (17)
La Maison Douce 🏚️
Île de Ré/ Saint-Martin-de-Ré (17)
Villa Clarisse 🏚️
Ile d'Oléron/ Dolus-d'Oléron (17)
Le Grand Large 🏚️
Jarnac (16) Château Saint-Martial 🏠
Jarnac (16) Ligaro 🏚️
Latillé (86) La Gentilhommière 🏠
Nieuil (16) Château de Nieuil 🏚️
Niort (79) La Chamoiserie 🏚️
Poitiers/ Aslonnes (86)
Le Moulin de Port Laverré 🏠
Pons/ Mosnac (17)
Moulin du Val de Seugne 🏚️
La Rochelle (17) La Monnaie 🏚️
Saint-Claud (16) Logis de la Broue 🏠
Saint-Sornin (17) La Caussolière 🏠
Saintes (17) Relais du Bois St-Georges 🏚️
Vouhé (17) La Villa Cécile 🏠

Provence-Alpes-Côte d'Azur

Aix-en-Provence (13) Cézanne 🏚️
Aix-en-Provence (13) Le Pigonnet 🏚️
Aix-en-Provence (13) Villa Gallici 🏚️
Aix-en-Provence/ Le Tholonet (13)
Les Lodges Sainte-Victoire 🏚️
Alleins (13) Domaine de Méjeans 🏠
Antibes/ Cap d'Antibes (06)
Cap d'Antibes Beach Hôtel 🏚️
Antibes/ Cap d'Antibes (06)
Hôtel du Cap-Eden-Roc 🏚️
Antibes/ Cap d'Antibes (06)
Impérial Garoupe 🏚️
Apt/ Saignon (84)
Chambre de Séjour avec Vue 🏠
Arles (13) Cloître 🏚️
Arles (13) Jules César 🏚️
Arles (13) L'Hôtel Particulier 🏚️
Aups/ Moissac-Bellevue (83)
Bastide du Calalou 🏚️
Aureille (13) Le Balcon des Alpilles 🏠
Avignon (84) La Mirande 🏚️
Avignon/ Le Pontet (84)
Auberge de Cassagne et Spa 🏚️
Bandol (83) Île Rousse 🏚️
Barcelonnette/ Jausiers (04)
Villa Morelia 🏚️
Le Barroux (84) Aube Safran 🏠
Les Baux-de-Provence (13)
La Cabro d'Or 🏚️
Les Baux-de-Provence (13)
Mas de l'Oulivié 🏚️
Beaulieu-sur-Mer (06)
La Réserve de Beaulieu et Spa 🏚️
Bonnieux (84)
La Bastide de Capelongue 🏚️
Bonnieux (84) Le Clos du Buis 🏚️
Boulbon (13) La Bastide de Boulbon 🏚️
Boulbon (13) La Maison Saint-Jean 🏠
Bras (83) Une Campagne en Provence 🏠
Briançon (05) La Chaussée 🏚️
La Cadière-d'Azur (83)
Hostellerie Bérard 🏚️
Cagnes-sur-Mer (06)
Château Le Cagnard 🏚️
Callas (83)
Hostellerie Les Gorges de Pennafort 🏚️
Cannes (06) Five Seas 🏚️
Cannes (06) Grand Hyatt Martinez 🏚️
Cannes (06) Majestic Barrière 🏚️
Carpentras/ Beaumes-de-Venise (84)
Le Clos Saint Saourde 🏠
Carpentras/ Beaumes-de-Venise (84)
Les Remparts 🏠

Carpentras/ Mazan (84)

Château de Mazan 🏰🏰

Le Castellet/ Circuit Paul Ricard (83)

Hôtel du Castellet 🏨🏨

Cavalière (83)

Le Club de Cavalière et Spa 🏨🏨

La Celle (83)

Hostellerie de l'Abbaye de la Celle 🏰🏰

Château-Arnoux-Saint-Auban (04)

La Bonne Étape 🏰🏰

Châteauneuf-Villevieille (06) La Parare 🏠

La Colle-sur-Loup (06) Alain Llorca 🏰🏰

La Colmiane (06) Le Green 🏠

Crillon-le-Brave (84) Crillon le Brave 🏰🏰

La Croix-Valmer (83) Les Trois Îles 🏠

La Croix-Valmer/ Gigaro (83)

Château de Valmer 🏰🏰

Cucuron (84) Le Pavillon de Galon 🏠

Draguignan (83) La Source Saint-Michel 🏠

Eygalières (13) Le Jardin de Tim 🏠

Eygalières (13) Mas du Pastre 🏠

Èze (06) Château de la Chèvre d'Or 🏰🏰

Èze (06) Château Eza 🏰🏰

Èze/ Col d'Èze (06)

La Bastide aux Camélias 🏠

Èze-Bord-de-Mer (06) Cap Estel 🏨🏨

Fontaine-de-Vaucluse (84)

Hôtel du Poète 🏨

Forcalquier (04) Auberge Charembeau 🏠

Forcalquier (04)

La Bastide Saint Georges 🏨🏨

Forcalquier/ Mane (04)

Couvent des Minimes 🏨🏨

Fréjus (83) La Bastide du Clos des Roses 🏨

Gargas (84) Domaine de la Coquillade 🏨🏨

Gordes (84)

La Bastide de Gordes et Spa 🏨🏨

Gordes (84) Les Bories et Spa 🏰🏰

Gordes (84) La Ferme de la Huppe 🏠

Grasse (06) La Bastide St-Antoine 🏨🏨

Grasse (06) Moulin St-François 🏠

Graveson (13) Le Cadran Solaire 🏠

Grimaud (83) Le Verger Maelvi 🏨

Guillestre/ Mont-Dauphin (05)

La Maison du Guil 🏠

Ile de Porquerolles (83)

Le Mas du Langoustier 🏰🏰

L'Isle-sur-la-Sorgue (84) Artishow 🏠

L'Isle-sur-la-Sorgue (84) Le Clos Violette 🏠

L'Isle-sur-la-Sorgue (84) Le Mas des Grès 🏠

L'Isle-sur-la-Sorgue (84)

La Maison sur la Sorgue 🏠

Joucas (84)

Hostellerie Le Phébus et Spa 🏰🏰

Juan-les-Pins (06) Belles Rives 🏰🏰

Juan-les-Pins (06) Juana 🏨🏨

Juan-les-Pins (06) Mademoiselle 🏠

Juan-les-Pins (06) Ste-Valérie 🏨🏨

Juan-les-Pins (06)

La Villa Cap d'Antibes 🏨🏨

Lorgues (83) Château de Berne 🏰🏰

Marseille (13) C2 🏰🏰

Marseille (13) Mama Shelter 🏠

Marseille (13) Le Petit Nice 🏰🏰

Maussane-les-Alpilles/ Paradou (13)

B design et Spa 🏨🏨

Maussane-les-Alpilles/ Paradou (13)

Du Côté des Olivades 🏨

Maussane-les-Alpilles/ Paradou (13)

La Maison du Paradou 🏠

Ménerbes (84) La Bastide de Marie 🏨

Modène (84) La Villa Noria 🏠

Mougins (06) Le Mas Candille 🏨🏨

Moustiers-Sainte-Marie (04)

La Bastide de Moustiers 🏰🏰

Moustiers-Sainte-Marie (04)

La Ferme Rose 🏠

Le Muy (83) Château des Demoiselles 🏠

Nice (06) Boscolo Exedra 🏨🏨

Nice (06) Excelsior 🏨

Nice (06) Hi Hotel 🏨

Nice (06) Hyatt Regency

Palais de la Méditerranée 🏨🏨

Nice (06) La Pérouse 🏰🏰

Nice (06) Le Negresco 🏨🏨🏨

Nice/ Saint-Roman-de-Bellet (06)

Villa Kilauea 🏠

Orange (84) Justin de Provence 🏠

Orgon (13) Le Mas de la Rose 🏨

Plan-de-la-Tour (83)

Mas des Brugassières 🏠

Poligny (05) Le Chalet des Alpages 🏠

Ramatuelle (83)

La Bastide de Ramatuelle 🏨

Ramatuelle (83)

La Réserve Ramatuelle 🏨🏨🏨

Ramatuelle (83)

La Vigne de Ramatuelle 🏨

Rayol-Canadel-sur-Mer (83)

Le Bailli de Suffren 🏰🏰

Roquebrune (06) Roquebrune 🏠

La Roque-sur-Pernes (84)

Château La Roque 🏠

Le Rouret (06) Hôtel du Clos 🏨

Roussillon (84) Le Clos de la Glycine 🏨

Saint-Jean-Cap-Ferrat (06)

Grand Hôtel du Cap Ferrat 🏨🏨🏨

Saint-Jean-Cap-Ferrat (06)

Royal Riviera 🏨🏨

Saint-Jean-Cap-Ferrat (06)

La Voile d'Or 🏨🏨

MICHELIN TRAVEL PARTNER
Société par actions simplifiées au capital de 11 288 880 EUR
27 Cours de l'Île Seguin - 92100 Boulogne Billancourt (France)
R.C.S. Nanterre 433 677 721

© Michelin et Cie, Propriétaires-Éditeurs 2014

Dépôt légal : 12-2014

Imprimé en Belgique, 12-2014

Sur du papier issu de forêts gérées durablement

Compogravure : JOUVE, Saran (France)

Impression : CASTERMAN, Tournai (Belgique)

Reliure : S.I.R.C., Marigny-le-Châtel (France)

Parution 2015

L'équipe éditoriale a apporté le plus grand soin à la rédaction de ce guide et à sa vérification.
Toutefois, les informations pratiques (formalités administratives, prix, adresses, numéros de téléphone, adresses Internet...) doivent être considérées comme des indications du fait de l'évolution constante de ces données : il n'est pas totalement exclu que certaines d'entre elles ne soient plus, à la date de parution du guide, tout à fait exactes ou exhaustives. Avant d'entamer toutes démarches (formalités administratives et douanières notamment), vous êtes invités à vous renseigner auprès des organismes officiels. Ces informations ne sauraient de ce fait engager notre responsabilité.